Hügel/Elzer
Wohnungseigentumsgesetz

Beck'sche Kurz-Kommentare

Wohnungs-eigentumsgesetz

Gesetz über das Wohnungseigentum und das Dauerwohnrecht (Wohnungseigentumsgesetz – WEG)

Erläutert von

Dr. Stefan Hügel

Notar

Honorarprofessor an der Friedrich-Schiller-Universität Jena

Dr. Oliver Elzer

Richter am Kammergericht

Richter am Berliner Anwaltsgerichtshof

Das Sachverzeichnis hat bearbeitet

Günther R. Hagen

Rechtsanwalt in München

3. Auflage 2021

C.H.BECK

Zitiervorschlag:
Hügel/Elzer WEG § … Rn. …

www.beck.de

ISBN 978 3 406 75662 7

Wilhelmstraße 9, 80801 München
Druck: Friedrich Pustet GmbH & Co. KG
Gutenbergstraße 8, 93051 Regensburg

Satz: Druckerei C. H. Beck Nördlingen
Umschlaggestaltung: Fotosatz Amann, Memmingen

CO_2 neutral
chbeck.de/nachhaltig

Gedruckt auf säurefreiem, alterungsbeständigem Papier
(hergestellt aus chlorfrei gebleichtem Zellstoff)

Vorwort

2007 legten wir aus Anlass der ersten großen Reform des Wohnungseigentumsrechts unser Buch *Das neue WEG-Recht* vor. Aufbauend auf der damaligen Zusammenarbeit entschlossen wir uns zu einem gemeinsamen Kommentar, der im Jahr 2015 in 1. Auflage erschien. Die nun in Kraft getretene umfassende Reform des Wohnungseigentumsgesetzes macht es erforderlich, dieses Werk der veränderten Rechtslage insgesamt anzupassen. Weite Teile der 2. Auflage mussten neu geschrieben werden, kaum ein Stein ist auf dem anderen geblieben. Dies ist vor allem der Tatsache geschuldet, dass die Grundkonzeption des WEG durch die Verankerung des „global player" Gemeinschaft der Wohnungseigentümer neu ausgerichtet wurde und damit die Stimmigkeit aller früheren Passagen dieses Buches auf die veränderte Rechtslage angepasst werden mussten. Anders als bei der ersten Reform 2007 reagieren wir aber nicht mit einem Einführungswerk zum veränderten WEG, sondern können schon mit Inkrafttreten des Gesetzes eine komplette neue Kommentierung des WEG anbieten, die unserer Ansicht nach nicht hinter der bisherigen Kommentierungstiefe zurückbleibt..

Unverändert bleibt auch die Grundkonzeption dieses Kommentars: Hinter jeder Antwort zu einer Frage stehen inhaltlich beide Autoren. Die hierzu notwendige Abstimmung erforderte viel Zeit und eine Menge Telefonate, sorgt aber hoffentlich für eine einheitliche und kompakte Bearbeitung. Um die Kompaktheit zu erhalten, wird weiterhin großer Wert auf die Vermeidung von Doppelbearbeitungen und Redundanzen gelegt; stattdessen mit Verweisungen gearbeitet. Wie bisher auch verzichten wir auf dic Nennung eines „Bearbeiters" der jeweiligen Norm. Vorgeschlagene Zitierweise bliebt somit *„Hügel/Elzer"*.

Soweit in den einzelnen Kommentierungen auf Rechtsprechung und Literatur verwiesen wird, muss immer beachtet werden, dass diese weitgehend zum alten Recht veröffentlich worden ist, auch wenn dies nicht jeweils ausdrücklich vermerkt ist. Soweit solche Fundstellen verwendet werden, ist aber die inhaltliche Aussage auf die veränderte Rechtslage übertragbar. Die in den jeweiligen Fundstellen zitierte Norm kann aber durchaus von der aktuellen Rechtslage abweichen.

Das zeitnahe Erscheinen dieses Buches war nur möglich, weil wir außerordentliche Hilfe durch Dritte erhalten haben. Zum einen von *„unserem"* Lektor Dr. Frank Lang vom Verlag C.H.Beck, der auch am Wochenende für uns gearbeitet hat, zum anderen von Günther R. Hagen, der das Schlagwortregister wie bisher auch fachkundig erststellt und damit einen echten Mehrwert für die Nutzer geschaffen hat. Eine unfassbar wertvolle Hilfe für uns war Harald Reicke, Berlin, der aus purer Begeisterung für diese Materie das gesamte Werk auf Rechtschreibung und sonstige Fehler durchsucht hat. Allen herzlichen Dank hierfür; ohne sie wäre vieles in dieser Zeit nicht möglich gewesen.

Weimar und Berlin, im Oktober 2020

Stefan Hügel
Oliver Elzer

Inhalt

Anhang

Literatur

Abramenko	Das neue WEG in der anwaltlichen Praxis, 2007
Abramenko	Handbuch WEG, 2. Aufl. 2014
Ahrens	Dingliche Nutzungsrechte, 2. Aufl. 2007
Armbrüster/Preuß/Renner/*Bearbeiter*	Beurkundungsgesetz und Dienstordnung für Notarinnen und Notare, 8. Aufl. 2019
Augustin	Gesetz über das Wohnungseigentum und das Dauerwohnrecht, Wohnungseigentumsgesetz, Kommentar, 1983
Bärmann	Die Wohnungseigentümergemeinschaft, Ein Beitrag zur Lehre von den Personenverbänden, Partner im Gespräch 22, 1986
Bärmann	Die WEer-Gemeinschaft als rechtliches Zuordnungsproblem, 1985 = Heft 165 der Schriftenreihe juristische Studiengesellschaft Karlsruhe, S. 36 ff.
Bärmann	Wohnungseigentum, 1991
Bärmann	Wohnungseigentumsgesetz, Kommentar, 14. Aufl. 2018
Bärmann/Pick	Wohnungseigentumsgesetz, 20. Aufl. 2020
Bärmann/Seuß	Praxis des Wohnungseigentums mit Muster und Formularen, 7. Aufl. 2017
Bamberger/Roth/Hau/Poseck/*Bearbeiter*	BGB, 4. Aufl. 2019
Bauer/Schaub	Kommentar zur Grundbuchordnung, 4. Aufl. 2018
Baumbach/Hueck/*Bearbeiter*	GmbHG, 22. Aufl. 2019
Baumbach/Lauterbach/Hartmann/Anders/Gehle	Zivilprozessordnung. Kommentar zur ZPO, 78. Aufl. 2020
Baur/Stürner	Sachenrecht, 18. Aufl. 2009
Becker/Kümmel/Ott	Wohnungseigentum, 2. Aufl. 2010
Becker/Ott/Suilmann	Wohnungseigentum, 3. Aufl. 2015
Beck'sches Formularbuch	Bürgerliches-, Handels- und Wirtschaftsrecht, *Hoffmann-Becking/Gebele (Hrsg.),* 13. Aufl. 2019
Beck'sches Formularbuch	Wohnungseigentumsrecht, *Müller (Hrsg.),* 4. Aufl. 2020
Beier	Die Freigabe von Immobilienvermögen bei der Insolvenz natürlicher Personen, 2013

Literatur

Belz .... Handbuch des Wohnungseigentums, 3. Aufl. 1996
Bielefeld .... Der Wohnungseigentümer, 9. Aufl. 2011
Binkowski .... Reichweite und Grenzen der Privatautonomie im Wohnungseigentumsrecht, 2011
Blaufuß .... Rechtsfähige Wohnungseigentümergemeinschaft und nichtrechtsfähige Gemeinschaft der Wohnungseigentümer, 2010
Boeckh .... Wohnungseigentumsrecht, 2007
Böttcher .... ZVG, 6. Aufl. 2016
Bornemann .... Der Erwerb von Sondernutzungsrechten im Wohnungseigentumsrecht, 2000
Brox/Walker .... Zwangsvollstreckungsrecht, 11. Aufl. 2018
Bub .... Das Finanz- und Rechnungswesen der Wohnungseigentümergemeinschaft, 3. Aufl. 2001
Bub/Treier .... Handbuch der Geschäfts- und Wohnraummiete, 5. Aufl. 2019
Bumiller/Harders/ Schwamb .... Freiwillige Gerichtsbarkeit FamFG, Kommentar, 12. Aufl. 2019

Carstens .... Satzungsrecht und Mehrheitsprinzip in der Wohnungseigentümergemeinschaft, 2010

Dassler/Schiffbauer/ Hintzen/Engels/ Rellermeyer/*Bearbeiter* ZVG, Kommentar, 15. Aufl. 2016
Daum .... Das Rechtssubjekt Wohnungseigentümergemeinschaft, 2012
Dauner-Lieb/Heidel/ Ring/*Bearbeiter* .... NomosKommentar BGB, 2. Aufl. 2016
Deckert/Elzer .... Die Eigentumswohnung, Loseblatt, Stand 2020
Demharter .... Grundbuchordnung, Kommentar, 31. Aufl. 2018
Drasdo .... Der Verwaltungsbeirat nach dem WEG, 4. Aufl. 2011
Drasdo .... Die Eigentümerversammlung nach dem WEG, 5. Aufl. 2014

Elzer .... Forderungsmanagement für WEG-Verwalter, 2019
Elzer/Fritsch/Meier ..... Wohnungseigentumsrecht, 3. Aufl. 2018
Erman .... Bürgerliches Gesetzbuch: BGB. Handkommentar, 20. Aufl. 2020

Fabis .... Vertragskommentar Wohnungseigentum, 3. Aufl. 2015
Fauser .... Die Haftungsverfassung der Wohnungseigentümergemeinschaft nach dem neuen WEG, 2007
Fauser .... Festschrift für Hanns Seuß zum 80. Geburtstag, 2007

FS Bärmann/Weitnauer .... Festschrift für Johannes Bärmann und Hermann Weitnauer, 1990
FS Bub .... Festschrift für Wolf-Rüdiger Bub zum 60. Geburtstag, 2007
FS Merle (2000) .... Festschrift für Werner Merle zum 60. Geburtstag, 2000
FS Merle (2010) .... Recht des Wohnens – Gestalten mit Weitblick, Festschrift für Werner Merle zum 70. Geburtstag, 2010
FS Müller (2019) .... Eine Leidenschaft für das Wohnungseigentum, Festschrift für Horst Müller zum 80. Geburtstag, 2019
FS Riecke (2019) .... Festschrift für Olaf Riecke 2019
FS Seuß (1987) .... Festschrift für Hanns Seuß zum 60. Geburtstag, 1987
FS Seuß (1997) .... Beiträge zum Wohnungseigentum und zum Mietrecht, Festschrift für Hanns Seuß zum 70. Geburtstag, 1997
FS Seuß (2007) .... Festschrift für Hanns Seuß zum 80. Geburtstag, 2007
FS Weitnauer .... Festschrift für Hermann Weitnauer, 1980
FS Wenzel .... Festschrift für Joachim Wenzel zum 65. Geburtstag, 2005

Gottschalg .... Die Haftung von Verwalter und Beirat in der Wohnungseigentümergemeinschaft, 3. Aufl. 2009
Greiner .... Wohnungseigentumsrecht, 4. Aufl. 2017
Grziwotz/Everts/Heinemann/Koller .... Grundstückskaufverträge, 2. Aufl. 2016

Haarmeyer/Hintzen ..... Zwangsverwaltung, 6. Aufl. 2016
Harz/Riecke/Schmid/Bearbeiter .... Handbuch des Fachanwalts Miet- und Wohnungseigentumsrecht, 6. Aufl. 2015
Häublein .... Sondernutzungsrechte und ihre Begründung im Wohnungseigentumsrecht, 2003
Hintzen .... Handbuch der Immobiliarvollstreckung, 3. Aufl. 1999
Hintzen .... Pfändung und Vollstreckung im Grundbuch, 4. Aufl. 2015
Hintzen/Wolf .... Zwangsvollstreckung, Zwangsversteigerung und Zwangsverwaltung, 2006
Hock/Klein/Hilbert/Deimann .... Immobiliarvollstreckung, 5. Aufl. 2011
Hogenschurz .... Das Sondernutzungsrecht nach dem Wohnungseigentumsgesetz, 2008

Literatur

Horst/Fritsch	Forderungsmanagement, 2005
Hügel	Beck'scher Online-Kommentar GBO
Hügel/Elzer	Das neue WEG-Recht, 2007
Hügel/Scheel	Rechtshandbuch Wohnungseigentum, 4. Aufl. 2018
Jauernig/Hess	Zivilprozessrecht, ZPR, 30. Aufl. 2011
Jennißen	Die Verwalterabrechnung nach dem Wohnungseigentumsgesetz, 7. Aufl. 2013
Jennißen	Wohnungseigentumsgesetz, 6. Aufl. 2019
Jennißen/Schmidt	Der WEG-Verwalter, Handbuch für Verwalter und Beirat, 2. Aufl. 2010
Junker (Hrsg.)	juris Praxis Kommmentar BGB, Band 2.1, 7. Aufl. 2014
Junker	Die Gesellschaft nach dem Wohnungseigentumsgesetz, 1993
Kefferpütz	Stimmrechtsschranken im Wohnungseigentumsrecht, Gebundene Ausgabe, 1994
Kleine-Möller/Merl/Glöckner	Handbuch des privaten Baurechts, 6. Aufl. 2019
Keller/Munzig	Grundbuchrecht, 8. Aufl. 2019
Kniffka/Koeble/Jurgeleit/Sacher	Kompendium des Baurechts, 5. Aufl. 2020
Köhler (Hrsg.)	Anwalts-Handbuch Wohnungseigentumsrecht, 4. Aufl. 2020
Krauß	Immobilienkaufverträge in der Praxis, 9. Aufl. 2020
Krüger	Der Modernisierungsbegriff im Miet- und WEG-Recht, 2009
Krüger/Hertel	Der Grundstückskauf, 12. Aufl. 2020
Krüger/Rauscher	Münchener Kommentar zur Zivilprozessordnung (ZPO), 5. Aufl. 2016–2017
Kümmel	Die Bindung der Wohnungseigentümer und deren Sondernachfolger an Vereinbarungen und Beschlüsse und Rechtshandlungen nach § 10 WEG, 2002
Lambert-Lang/Tropf/Frenz	Handbuch der Grundstückspraxis, 2. Aufl. 2005
Langhein/Naumann	NotarFormulare Wohnungseigentumsrecht, 2. Aufl. 2018
Limmer/Hertel/Frenz/Mayer (Hrsg.)	Würzburger Notarhandbuch, 5. Aufl. 2017
Löffler/Woldenga/Tank (Hrsg.)	Praxishandbuch Moderne Wohnunseigentumsverwaltung, 2. Aufl. 2011

Mediger .... Die ökologische Modernisierung von Eigentumswohnungen auf der Basis des neuen WEG, 2010
Meikel (Hrsg.) .... Grundbuchrecht, Kommentar zur Grundbuchordnung, 12. Aufl. 2020
Merle .... Das Wohnungseigentum im System des bürgerlichen Rechts, 1979
Müller .... Änderungen des sachenrechtlichen Grundverhältnisses der Wohnungseigentümer: – insbesondere durch den bevollmächtigten Bauträger, 2010
Müller .... Praktische Fragen des Wohnungseigentums, 6. Aufl. 2015
Munzig .... Teilungserklärung und Gemeinschaftsordnung, 2. Aufl. 2008
Musielak/Voit (Hrsg.) ... Kommentar zur Zivilprozessordnung: ZPO mit Gerichtsverfassungsgesetz, 17. Aufl. 2020

Niedenführ/Schmidt-Räntsch/Vandenhouten . WEG – Kommentar und Handbuch zum Wohnungseigentumsrecht, 13. Aufl. 2020

Ott .... Das Sondernutzungsrecht nach dem Wohnungseigentum, 2000

Palandt .... Kommentar zum Bürgerlichen Gesetzbuch, 79. Aufl. 2020
Pause .... Bauträgerkauf und Baumodelle, 6. Aufl. 2018
Prüfer .... Schriftliche Beschlüsse, gespaltene Jahresabrechnungen, 2001
Prütting/Wegen/Weinreich (Hrsg.) .... Bürgerliches Gesetzbuch (BGB), Kommentar, 15. Aufl. 2020

Riecke/Schmid (Hrsg.) ... Wohnungseigentumsrecht, Kommentar, 5. Aufl. 2019
Riecke/Schmidt/Elzer ... Die erfolgreiche Eigentümerversammlung, 5. Aufl. 2010
Röll .... Teilungserklärung und Entstehung des Wohnungseigentums, 1975
Röll/Sauren .... Handbuch für Wohnungseigentümer und Verwalter, 9. Aufl. 2008
Roquette/Otto .... Vertragsbuch Privates Baurecht, 2. Aufl. 2011
Rosenberg/Schwab/Gottwald .... Zivilprozessrecht, 18. Aufl. 2018
Ruge .... Begründung von Wohnungseigentum an Bestandsimmobilien, 2009

Literatur

Säcker/Rixecker/Oetker/Limperg (Hrsg.)	Münchener Kommentar zum BGB, 8. Aufl. 2020 ff.
Sauren	Wohnungseigentumsgesetz, 6. Aufl. 2014
Schmid/Kahlen	Wohnungseigentumsgesetz, 2007
Schmidt	Grenzen zulässiger Rechtsdienstleistungen durch den WEG-Verwalter, 2012
Schmidt (Hrsg.)	Münchener Kommentar zum HGB, 4. Aufl. 2016 ff.
Schmidt-Futterer	Mietrecht, Kommentar, 14. Aufl. 2019
Schnabel	Jahres- und Wohngeldabrechnung in der WEG, 2. Aufl. 2014
Schneider	Wohnungseigentumsrecht für Anfänger, 2015
Schöner/Stöber	Grundbuchrecht, 16. Aufl. 2020
Schulze/Dörner/Ebert/Hoeren/Kemper/Saenger/Schreiber/Schulte-Nölke/Staudinger	Handkommentar Bürgerliches Gesetzbuch (BGB), 9. Aufl. 2016
Schwab	Die Kompetenzen der Wohnungseigentümergemeinschaft, 1992
Soergel/Siebert/Hadding/Kießling (Hrsg.)	Bürgerliches Gesetzbuch (BGB) mit Einführungsgesetz und Nebengesetzen, Kommentar, 13. Aufl. 2011
Spielbauer/Then	Wohnungseigentumsgesetz, 3. Aufl. 2016
Staudinger	Kommentar zum Bürgerlichen Gesetzbuch (BGB) mit Einführungsgesetz und Nebengesetzen, 17. Aufl. 2017
Stein/Jonas	Kommentar zur Zivilprozessordnung (ZPO), 22. Aufl. 2013
Stöber	Zwangsversteigerungsgesetz: ZVG, Kommentar zum ZVG der Bundesrepublik Deutschland mit einem Anhang einschlägiger Texte und Tabellen, 22. Aufl. 2019
Suilmann	Das Beschlußmängelverfahren im Wohnungseigentumsrecht, 1998
Thomas/Putzo	Zivilprozessordnung, ZPO, Kommentar mit Gerichtsverfassungsgesetz und den Einführungsgesetzen, 41. Aufl. 2020
Timme	Wohnungseigentumsgesetz, 2. Aufl. 2014
v. Oefele/Winkler/Schlögel	Handbuch des Erbbaurechts, 6. Aufl. 2016

Weirich/Ivo .... Grundstücksrecht: Systematik und Praxis des materiellen und formellen Grundstücksrechts, 4. Aufl. 2015
Weitnauer .... Wohnungseigentumsgesetz, Kommentar, 9. Aufl. 2004
Werner/Pastor .... Der Bauprozess, 17. Aufl. 2020

Zöller .... Zivilprozessordnung (ZPO), Kommentar, 33. Aufl. 2020

Gesetz über das Wohnungseigentum und das Dauerwohnrecht (Wohnungseigentumsgesetz – WEG)[1]

Vom 15. März 1951
(BGBl. I S. 175, ber. S. 209)
BGBl. III/FNA 403-1

geänd. durch Art. 14 G über Maßnahmen auf dem Gebiete des Kostenrechts v. 7.8.1952 (BGBl. I S. 401), Art. X § 6, Art. XI § 4 Abs. 5 Nr. 15 G zur Änd. und Ergänzung kostenrechtlicher Vorschriften v. 26.7.1957 (BGBl. I S. 861), Art. 3 G zur Änd. des BGB und anderer Gesetze v. 30.5.1973 (BGBl. I S. 501), Art. 1 G zur Änd. des WohnungseigentumsG und der VO über das Erbbaurecht v. 30.7.1973 (BGBl. I S. 910), Art. 4 G zur Erhöhung von Wertgrenzen in der Gerichtsbarkeit v. 8.12.1982 (BGBl. I S. 1615), Art. 28 SteuerbereinigungsG v. 14.12.1984 (BGBl. I S. 1493), Art. 8 Abs. 4 Rechtspflege-VereinfachungsG v. 17.12.1990 (BGBl. I S. 2847), Art. 11 Investitionsförderungsg v. 22.3.1991 (BGBl. I S. 766), Art. 10 G zur Entlastung der Rechtspflege v. 11.1.1993 (BGBl. I S. 50), Art. 1 G zur Heilung des Erwerbs von Wohnungseigentum v. 3.1.1994 (BGBl. I S. 66), Art. 8 Abs. 11 KostenrechtsänderungsG 1994 v. 24.6.1994 (BGBl. I S. 1325), Art. 35 Insolvenzordnung-EinführungsG v. 5.10.1994 (BGBl. I S. 2911), Art. 7 Abs. 8 G über Fernabsatzverträge und andere Fragen des Verbraucherrechts sowie zur Umstellung von Vorschriften auf Euro v. 27.6.2000 (BGBl. I S. 897), Art. 2 Abs. 7 G zur Neuordnung des Gerichtsvollzieherkostenrechts v. 19.4.2001 (BGBl. I S. 623), Art. 7 Abs. 25 MietrechtsreformG v. 19.6.2001 (BGBl. I S. 1149), Art. 20 RechtsgeschäftsmodernisierungsG v. 13.7.2001 (BGBl. I S. 1542), Art. 39 ZivilprozessreformG v. 27.7.2001 (BGBl. I S. 1887), Art. 90 Siebente Zuständigkeitsanpassungs-VO v. 29.10.2001 (BGBl. I S. 2785), Art. 25 Abs. 10 OLG-Vertretungs-ÄndG v. 23.7.2002 (BGBl. I S. 2850), Art. 4 Abs. 36 KostenrechtsmodernisierungsG v. 5.5.2004 (BGBl. I S. 718), Art. 1 G zur Änd. des WohnungseigentumsG und anderer Gesetze v. 26.3.2007 (BGBl. I S. 370), Art. 8 G zur Änd. des Zugewinnausgleichs- und Vormundschaftsrechts v. 6.7.2009 (BGBl. I S. 1696), Art. 9 G zur Reform des Kontopfändungsschutzes v. 7.7.2009 (BGBl. I S. 1707), Art. 2 G zur Änd. des BGB zum besseren Schutz der Verbraucherinnen und Verbraucher vor Kostenfallen im elektronischen Geschäftsverkehr und zur Änd. des WohnungseigentumsG v. 10.5.2012 (BGBl. I S. 1084), Art. 3 MietrechtsÄndG v. 11.3.2013 (BGBl. I S. 434), Art. 4 Abs. 6 G zur Einführung eines Datenbankgrundbuchs v. 1.10.2013 (BGBl. I S. 3719), Art. 4 G zur Erleichterung der Umsetzung der Grundbuchamtsreform in BW sowie zur Änd. des EGZPO und des WohnungseigentumsG v. 5.12.2014 (BGBl. I S. 1962), Art. 1 WohnungseigentumsmodernisierungsG v. 16.10.2020 (BGBl. I S. 2187)

Nichtamtliche Inhaltsübersicht

[1] Überschrift neu gef. mWv 1.12.2020 durch G v. 16.10.2020 (BGBl. I S. 2187).

Teil 1[2]. Wohnungseigentum

Abschnitt 1[3]. Begriffsbestimmungen

§ 1[4] Begriffsbestimmungen

(1) Nach Maßgabe dieses Gesetzes kann an Wohnungen das Wohnungseigentum, an nicht zu Wohnzwecken dienenden Räumen eines Gebäudes das Teileigentum begründet werden.

(2) Wohnungseigentum ist das Sondereigentum an einer Wohnung in Verbindung mit dem Miteigentumsanteil an dem gemeinschaftlichen Eigentum, zu dem es gehört.

(3) Teileigentum ist das Sondereigentum an nicht zu Wohnzwecken dienenden Räumen eines Gebäudes in Verbindung mit dem Miteigentumsanteil an dem gemeinschaftlichen Eigentum, zu dem es gehört.

(4) Wohnungseigentum und Teileigentum können nicht in der Weise begründet werden, daß das Sondereigentum mit Miteigentum an mehreren Grundstücken verbunden wird.

(5) Gemeinschaftliches Eigentum im Sinne dieses Gesetzes sind das Grundstück und das Gebäude, soweit sie nicht im Sondereigentum oder im Eigentum eines Dritten stehen.

(6) Für das Teileigentum gelten die Vorschriften über das Wohnungseigentum entsprechend.

Abschnitt 2[5]. Begründung des Wohnungseigentums

§ 2 Arten der Begründung

Wohnungseigentum wird durch die vertragliche Einräumung von Sondereigentum (§ 3) oder durch Teilung (§ 8) begründet.

§ 3[6] Vertragliche Einräumung von Sondereigentum

(1) [1]Das Miteigentum (§ 1008 des Bürgerlichen Gesetzbuches) an einem Grundstück kann durch Vertrag der Miteigentümer in der Weise beschränkt

[2] Teil 1 Überschrift geänd. mWv 1.12.2020 durch G v. 16.10.2020 (BGBl. I S. 2187).

[3] Abschnitt 1 Überschrift eingef. mWv 1.12.2020 durch G v. 16.10.2020 (BGBl. I S. 2187).

[4] § 1 Abs. 4 eingef., bish. Abs. 4 und 5 werden Abs. 5 und 6 durch G v. 30.7.1973 (BGBl. I S. 910); Abs. 5 neu gef. mWv 1.12.2020 durch G v. 16.10.2020 (BGBl. I S. 2187).

[5] Bish. 1. Abschnitt wird Abschnitt 2 mWv 1.12.2020 durch G v. 16.10.2020 (BGBl. I S. 2187).

[6] § 3 Abs. 2 Satz 2 angef. durch G v. 30.7.1973 (BGBl. I S. 910); Abs. 3 angef. durch G v. 22.3.1991 (BGBl. I S. 766); Abs. 3 aufgeh. mWv 1.7.2007 durch G v. 26.3.2007

werden, daß jedem der Miteigentümer abweichend von § 93 des Bürgerlichen Gesetzbuches das Eigentum an einer bestimmten Wohnung oder an nicht zu Wohnzwecken dienenden bestimmten Räumen in einem auf dem Grundstück errichteten oder zu errichtenden Gebäude (Sondereigentum) eingeräumt wird. [2] Stellplätze gelten als Räume im Sinne des Satzes 1.

(2) Das Sondereigentum kann auf einen außerhalb des Gebäudes liegenden Teil des Grundstücks erstreckt werden, es sei denn, die Wohnung oder die nicht zu Wohnzwecken dienenden Räume bleiben dadurch wirtschaftlich nicht die Hauptsache.

(3) Sondereigentum soll nur eingeräumt werden, wenn die Wohnungen oder sonstigen Räume in sich abgeschlossen sind und Stellplätze sowie außerhalb des Gebäudes liegende Teile des Grundstücks durch Maßangaben im Aufteilungsplan bestimmt sind.

§ 4[7] Formvorschriften

(1) Zur Einräumung und zur Aufhebung des Sondereigentums ist die Einigung der Beteiligten über den Eintritt der Rechtsänderung und die Eintragung in das Grundbuch erforderlich.

(2) [1] Die Einigung bedarf der für die Auflassung vorgeschriebenen Form. [2] Sondereigentum kann nicht unter einer Bedingung oder Zeitbestimmung eingeräumt oder aufgehoben werden.

(3) Für einen Vertrag, durch den sich ein Teil verpflichtet, Sondereigentum einzuräumen, zu erwerben oder aufzuheben, gilt § 311b Abs. 1 des Bürgerlichen Gesetzbuchs entsprechend.

§ 5[8] Gegenstand und Inhalt des Sondereigentums

(1) [1] Gegenstand des Sondereigentums sind die gemäß § 3 Absatz 1 Satz 1 bestimmten Räume sowie die zu diesen Räumen gehörenden Bestandteile des Gebäudes, die verändert, beseitigt oder eingefügt werden können, ohne daß dadurch das gemeinschaftliche Eigentum oder ein auf Sondereigentum beruhendes Recht eines anderen Wohnungseigentümers über das bei einem geordneten Zusammenleben unvermeidliche Maß hinaus beeinträchtigt oder die äußere Gestaltung des Gebäudes verändert wird. [2] Soweit sich das Sondereigentum auf außerhalb des Gebäudes liegende Teile des Grundstücks erstreckt, gilt § 94 des Bürgerlichen Gesetzbuchs entsprechend.

(2) Teile des Gebäudes, die für dessen Bestand oder Sicherheit erforderlich sind, sowie Anlagen und Einrichtungen, die dem gemeinschaftlichen Gebrauch der Wohnungseigentümer dienen, sind nicht Gegenstand des Sonder-

---

(BGBl. I S. 370); Abs. 1 Satz 1 geänd., Satz 2 angef., Abs. 2 eingef., bish. Abs. 2 wird Abs. 3 und neu gef. mWv 1.12.2020 durch G v. 16.10.2020 (BGBl. I S. 2187).

[7] § 4 Abs. 3 neu gef. durch G v. 30.5.1973 (BGBl. I S. 501); Abs. 3 geänd. mWv 1.8.2002 durch G v. 23.7.2002 (BGBl. I S. 2850).

[8] § 5 Abs. 4 Sätze 2 und 3 angef. mWv 1.7.2007 durch G v. 26.3.2007 (BGBl. I S. 370); Abs. 1 Satz 1 geänd., Satz 2 angef., Abs. 2, Abs. 4 Sätze 1 und 2 geänd. und Satz 3 aufgeh. mWv 1.12.2020 durch G v. 16.10.2020 (BGBl. I S. 2187).

eigentums, selbst wenn sie sich im Bereich der im Sondereigentum stehenden Räume oder Teile des Grundstücks befinden.

(3) Die Wohnungseigentümer können vereinbaren, daß Bestandteile des Gebäudes, die Gegenstand des Sondereigentums sein können, zum gemeinschaftlichen Eigentum gehören.

(4) [1] Vereinbarungen über das Verhältnis der Wohnungseigentümer untereinander und Beschlüsse aufgrund einer solchen Vereinbarung können nach den Vorschriften des Abschnitts 4 zum Inhalt des Sondereigentums gemacht werden. [2] Ist das Wohnungseigentum mit der Hypothek, Grund- oder Rentenschuld oder der Reallast eines Dritten belastet, so ist dessen nach anderen Rechtsvorschriften notwendige Zustimmung nur erforderlich, wenn ein Sondernutzungsrecht begründet oder ein mit dem Wohnungseigentum verbundenes Sondernutzungsrecht aufgehoben, geändert oder übertragen wird.

§ 6 Unselbständigkeit des Sondereigentums

(1) Das Sondereigentum kann ohne den Miteigentumsanteil, zu dem es gehört, nicht veräußert oder belastet werden.

(2) Rechte an dem Miteigentumsanteil erstrecken sich auf das zu ihm gehörende Sondereigentum.

§ 7[9] Grundbuchvorschriften

(1) [1] Im Falle des § 3 Abs. 1 wird für jeden Miteigentumsanteil von Amts wegen ein besonderes Grundbuchblatt (Wohnungsgrundbuch, Teileigentumsgrundbuch) angelegt. [2] Auf diesem ist das zu dem Miteigentumsanteil gehörende Sondereigentum und als Beschränkung des Miteigentums die Einräumung der zu den anderen Miteigentumsanteilen gehörenden Sondereigentumsrechte einzutragen. [3] Das Grundbuchblatt des Grundstücks wird von Amts wegen geschlossen.

(2) [1] Zur Eintragung eines Beschlusses im Sinne des § 5 Absatz 4 Satz 1 bedarf es der Bewilligungen der Wohnungseigentümer nicht, wenn der Beschluss durch eine Niederschrift, bei der die Unterschriften der in § 24 Absatz 6 bezeichneten Personen öffentlich beglaubigt sind, oder durch ein Urteil in einem Verfahren nach § 44 Absatz 1 Satz 2 nachgewiesen ist. [2] Antragsberechtigt ist auch die Gemeinschaft der Wohnungseigentümer.

(3) [1] Zur näheren Bezeichnung des Gegenstandes und des Inhalts des Sondereigentums kann auf die Eintragungsbewilligung oder einen Nachweis gemäß Absatz 2 Satz 1 Bezug genommen werden. [2] Veräußerungsbeschränkungen (§ 12) und die Haftung von Sondernachfolgern für Geldschulden sind jedoch ausdrücklich einzutragen.

---

[9] § 7 Abs. 4 Satz 1 Nr. 1 geänd., Satz 2 angef. durch G v. 30.7.1973 (BGBl. I S. 910); Abs. 4 Sätze 3–6 angef. mWv 1.7.2007 durch G v. 26.3.2007 (BGBl. I S. 370); Abs. 2 aufgeh. mWv 9.10.2013 durch G v. 1.10.2013 (BGBl. I S. 3719); Abs. 2 neu gef., Abs. 3 Satz 1 geänd., Satz 2 angef., Abs. 4 Satz 1 Nr. 1 neu gef., Nr. 2 geänd., Sätze 3–6 aufgeh. mWv 1.12.2020 durch G v. 16.10.2020 (BGBl. I S. 2187).

(4) [1] Der Eintragungsbewilligung sind als Anlagen beizufügen:

1. eine von der Baubehörde mit Unterschrift und Siegel oder Stempel versehene Bauzeichnung, aus der die Aufteilung des Gebäudes und des Grundstücks sowie die Lage und Größe der im Sondereigentum und der im gemeinschaftlichen Eigentum stehenden Teile des Gebäudes und des Grundstücks ersichtlich ist (Aufteilungsplan); alle zu demselben Wohnungseigentum gehörenden Einzelräume und Teile des Grundstücks sind mit der jeweils gleichen Nummer zu kennzeichnen;
2. eine Bescheinigung der Baubehörde, daß die Voraussetzungen des § 3 Absatz 3 vorliegen.

[2] Wenn in der Eintragungsbewilligung für die einzelnen Sondereigentumsrechte Nummern angegeben werden, sollen sie mit denen des Aufteilungsplanes übereinstimmen.

(5) Für Teileigentumsgrundbücher gelten die Vorschriften über Wohnungsgrundbücher entsprechend.

§ 8[10] Teilung durch den Eigentümer

(1) Der Eigentümer eines Grundstücks kann durch Erklärung gegenüber dem Grundbuchamt das Eigentum an dem Grundstück in Miteigentumsanteile in der Weise teilen, daß mit jedem Anteil Sondereigentum verbunden ist.

(2) Im Falle des Absatzes 1 gelten § 3 Absatz 1 Satz 2, Absatz 2 und 3, § 4 Absatz 2 Satz 2 sowie der §§ 5 bis 7 entsprechend.

(3) Wer einen Anspruch auf Übertragung von Wohnungseigentum gegen den teilenden Eigentümer hat, der durch Vormerkung im Grundbuch gesichert ist, gilt gegenüber der Gemeinschaft der Wohnungseigentümer und den anderen Wohnungseigentümern anstelle des teilenden Eigentümers als Wohnungseigentümer, sobald ihm der Besitz an den zum Sondereigentum gehörenden Räumen übergeben wurde.

§ 9[11] Schließung der Wohnungsgrundbücher

(1) Die Wohnungsgrundbücher werden geschlossen:

1. von Amts wegen, wenn die Sondereigentumsrechte gemäß § 4 aufgehoben werden;
2. auf Antrag des Eigentümers, wenn sich sämtliche Wohnungseigentumsrechte in einer Person vereinigen.

(2) Ist ein Wohnungseigentum selbständig mit dem Rechte eines Dritten belastet, so werden die allgemeinen Vorschriften, nach denen zur Aufhebung des Sondereigentums die Zustimmung des Dritten erforderlich ist, durch Absatz 1 nicht berührt.

---

[10] § 8 Abs. 1 und 2 geänd., Abs. 2 Satz 2 aufgeh., Abs. 3 angef. mWv 1.12.2020 durch G v. 16.10.2020 (BGBl. I S. 2187).

[11] § 9 Abs. 1 Nr. 2 aufgeh., bish. Nr. 3 wird Nr. 2 mWv 1.12.2020 durch G v. 16.10.2020 (BGBl. I S. 2187).

(3) Werden die Wohnungsgrundbücher geschlossen, so wird für das Grundstück ein Grundbuchblatt nach den allgemeinen Vorschriften angelegt; die Sondereigentumsrechte erlöschen, soweit sie nicht bereits aufgehoben sind, mit der Anlegung des Grundbuchblatts.

Abschnitt 3[12]. Rechtsfähige Gemeinschaft der Wohnungseigentümer

§ 9a[13] Gemeinschaft der Wohnungseigentümer

(1) [1]Die Gemeinschaft der Wohnungseigentümer kann Rechte erwerben und Verbindlichkeiten eingehen, vor Gericht klagen und verklagt werden. [2]Die Gemeinschaft der Wohnungseigentümer entsteht mit Anlegung der Wohnungsgrundbücher; dies gilt auch im Fall des § 8. [3]Sie führt die Bezeichnung „Gemeinschaft der Wohnungseigentümer" oder „Wohnungseigentümergemeinschaft" gefolgt von der bestimmten Angabe des gemeinschaftlichen Grundstücks.

(2) Die Gemeinschaft der Wohnungseigentümer übt die sich aus dem gemeinschaftlichen Eigentum ergebenden Rechte sowie solche Rechte der Wohnungseigentümer aus, die eine einheitliche Rechtsverfolgung erfordern, und nimmt die entsprechenden Pflichten der Wohnungseigentümer wahr.

(3) Für das Vermögen der Gemeinschaft der Wohnungseigentümer (Gemeinschaftsvermögen) gelten § 18, § 19 Absatz 1 und § 27 entsprechend.

(4) [1]Jeder Wohnungseigentümer haftet einem Gläubiger nach dem Verhältnis seines Miteigentumsanteils (§ 16 Absatz 1 Satz 2) für Verbindlichkeiten der Gemeinschaft der Wohnungseigentümer, die während seiner Zugehörigkeit entstanden oder während dieses Zeitraums fällig geworden sind; für die Haftung nach Veräußerung des Wohnungseigentums ist § 160 des Handelsgesetzbuchs entsprechend anzuwenden. [2]Er kann gegenüber einem Gläubiger neben den in seiner Person begründeten auch die der Gemeinschaft der Wohnungseigentümer zustehenden Einwendungen und Einreden geltend machen, nicht aber seine Einwendungen und Einreden gegenüber der Gemeinschaft der Wohnungseigentümer. [3]Für die Einrede der Anfechtbarkeit und Aufrechenbarkeit ist § 770 des Bürgerlichen Gesetzbuchs entsprechend anzuwenden.

(5) Ein Insolvenzverfahren über das Gemeinschaftsvermögen findet nicht statt.

§ 9b[14] Vertretung

(1) [1]Die Gemeinschaft der Wohnungseigentümer wird durch den Verwalter gerichtlich und außergerichtlich vertreten, beim Abschluss eines

[12] Abschnitt 3 (§§ 9a, 9b) eingef. mWv 1.12.2020 durch G v. 16.10.2020 (BGBl. I S. 2187).

[13] Abschnitt 3 (§§ 9a, 9b) eingef. mWv 1.12.2020 durch G v. 16.10.2020 (BGBl. I S. 2187).

[14] Abschnitt 3 (§§ 9a, 9b) eingef. mWv 1.12.2020 durch G v. 16.10.2020 (BGBl. I S. 2187).

Grundstückskauf- oder Darlehensvertrags aber nur aufgrund eines Beschlusses der Wohnungseigentümer. 2 Hat die Gemeinschaft der Wohnungseigentümer keinen Verwalter, wird sie durch die Wohnungseigentümer gemeinschaftlich vertreten. 3 Eine Beschränkung des Umfangs der Vertretungsmacht ist Dritten gegenüber unwirksam.

(2) Dem Verwalter gegenüber vertritt der Vorsitzende des Verwaltungsbeirats oder ein durch Beschluss dazu ermächtigter Wohnungseigentümer die Gemeinschaft der Wohnungseigentümer.

Abschnitt 4[15]. Rechtsverhältnis der Wohnungseigentümer untereinander und zur Gemeinschaft der Wohnungseigentümer

§ 10[16] Allgemeine Grundsätze

(1) 1 Das Verhältnis der Wohnungseigentümer untereinander und zur Gemeinschaft der Wohnungseigentümer bestimmt sich nach den Vorschriften dieses Gesetzes und, soweit dieses Gesetz keine besonderen Bestimmungen enthält, nach den Vorschriften des Bürgerlichen Gesetzbuches über die Gemeinschaft. 2 Die Wohnungseigentümer können von den Vorschriften dieses Gesetzes abweichende Vereinbarungen treffen, soweit nicht etwas anderes ausdrücklich bestimmt ist.

(2) Jeder Wohnungseigentümer kann eine vom Gesetz abweichende Vereinbarung oder die Anpassung einer Vereinbarung verlangen, soweit ein Festhalten an der geltenden Regelung aus schwerwiegenden Gründen unter Berücksichtigung aller Umstände des Einzelfalles, insbesondere der Rechte und Interessen der anderen Wohnungseigentümer, unbillig erscheint.

(3) 1 Vereinbarungen, durch die die Wohnungseigentümer ihr Verhältnis untereinander in Ergänzung oder Abweichung von Vorschriften dieses Gesetzes regeln, die Abänderung oder Aufhebung solcher Vereinbarungen sowie Beschlüsse, die aufgrund einer Vereinbarung gefasst werden, wirken gegen den Sondernachfolger eines Wohnungseigentümers nur, wenn sie als Inhalt des Sondereigentums im Grundbuch eingetragen sind. 2 Im Übrigen bedürfen Beschlüsse zu ihrer Wirksamkeit gegen den Sondernachfolger eines Wohnungseigentümers nicht der Eintragung in das Grundbuch.

§ 11[17] Aufhebung der Gemeinschaft

(1) 1 Kein Wohnungseigentümer kann die Aufhebung der Gemeinschaft verlangen. 2 Dies gilt auch für eine Aufhebung aus wichtigem Grund. 3 Eine

[15] Bish. 2. Abschnitt wird Abschnitt 4 und Überschrift neu gef. mWv 1.12.2020 durch G v. 16.10.2020 (BGBl. I S. 2187).

[16] § 10 Abs. 1 eingef., Abs. 1–4 werden Abs. 2–5, neuer Abs. 2 Satz 3 angef., neuer Abs. 4 Satz 1 geänd. und Satz 2 angef., Abs. 6–8 angef. mWv 1.7.2007 durch G v. 26.3.2007 (BGBl. I S. 370); Abs. 1 aufgeh., bish Abs. 2 wird Abs. 1, Satz 1 geänd., Satz 3 aufgeh., Abs. 2 eingef., Abs. 3 Satz 1 geänd., Satz 2 angef., Abs. 4–8 aufgeh. mWv 1.12.2020 durch G v. 16.10.2020 (BGBl. I S. 2187).

[17] § 11 Abs. 2 neu gef. durch G v. 5.10.1994 (BGBl. I S. 2911); Abs. 3 angef. mWv 1.7.2007 durch G v. 26.3.2007 (BGBl. I S. 370); Überschrift geänd. und Abs. 3 neu gef. mWv 1.12.2020 durch G v. 16.10.2020 (BGBl. I S. 2187).

abweichende Vereinbarung ist nur für den Fall zulässig, daß das Gebäude ganz oder teilweise zerstört wird und eine Verpflichtung zum Wiederaufbau nicht besteht.

(2) Das Recht eines Pfändungsgläubigers (§ 751 des Bürgerlichen Gesetzbuchs) sowie das im Insolvenzverfahren bestehende Recht (§ 84 Abs. 2 der Insolvenzordnung), die Aufhebung der Gemeinschaft zu verlangen, ist ausgeschlossen.

(3) [1] Im Falle der Aufhebung der Gemeinschaft bestimmt sich der Anteil der Miteigentümer nach dem Verhältnis des Wertes ihrer Wohnungseigentumsrechte zur Zeit der Aufhebung der Gemeinschaft. [2] Hat sich der Wert eines Miteigentumsanteils durch Maßnahmen verändert, deren Kosten der Wohnungseigentümer nicht getragen hat, so bleibt eine solche Veränderung bei der Berechnung des Wertes dieses Anteils außer Betracht.

§ 12[18] Veräußerungsbeschränkung

(1) Als Inhalt des Sondereigentums kann vereinbart werden, daß ein Wohnungseigentümer zur Veräußerung seines Wohnungseigentums der Zustimmung anderer Wohnungseigentümer oder eines Dritten bedarf.

(2) [1] Die Zustimmung darf nur aus einem wichtigen Grunde versagt werden. [2] Durch Vereinbarung gemäß Absatz 1 kann dem Wohnungseigentümer darüber hinaus für bestimmte Fälle ein Anspruch auf Erteilung der Zustimmung eingeräumt werden.

(3) [1] Ist eine Vereinbarung gemäß Absatz 1 getroffen, so ist eine Veräußerung des Wohnungseigentums und ein Vertrag, durch den sich der Wohnungseigentümer zu einer solchen Veräußerung verpflichtet, unwirksam, solange nicht die erforderliche Zustimmung erteilt ist. [2] Einer rechtsgeschäftlichen Veräußerung steht eine Veräußerung im Wege der Zwangsvollstreckung oder durch den Insolvenzverwalter gleich.

(4) [1] Die Wohnungseigentümer können beschließen, dass eine Veräußerungsbeschränkung gemäß Absatz 1 aufgehoben wird. [2] Ist ein Beschluss gemäß Satz 1 gefasst, kann die Veräußerungsbeschränkung im Grundbuch gelöscht werden. [3] § 7 Absatz 2 gilt entsprechend.

§ 13[19] Rechte des Wohnungseigentümers aus dem Sondereigentum

(1) Jeder Wohnungseigentümer kann, soweit nicht das Gesetz entgegensteht, mit seinem Sondereigentum nach Belieben verfahren, insbesondere dieses bewohnen, vermieten, verpachten oder in sonstiger Weise nutzen, und andere von Einwirkungen ausschließen.

---

[18] § 12 Abs. 3 Satz 2 geänd. durch G v. 5.10.1994 (BGBl. I S. 2911); Abs. 4 angef. mWv 1.7.2007 durch G v. 26.3.2007 (BGBl. I S. 370); Abs. 4 Satz 1 geänd., Sätze 2, 4 und 5 aufgeh., bish. Satz 3 wird Satz 2, neuer Satz 3 angef. mWv 1.12.2020 durch G v. 16.10.2020 (BGBl. I S. 2187).

[19] § 13 neu gef. mWv 1.12.2020 durch G v. 16.10.2020 (BGBl. I S. 2187).

(2) Für Maßnahmen, die über die ordnungsmäßige Instandhaltung und Instandsetzung (Erhaltung) des Sondereigentums hinausgehen, gilt § 20 mit der Maßgabe entsprechend, dass es keiner Gestattung bedarf, soweit keinem der anderen Wohnungseigentümer über das bei einem geordneten Zusammenleben unvermeidliche Maß hinaus ein Nachteil erwächst.

§ 14[20] Pflichten des Wohnungseigentümers

(1) Jeder Wohnungseigentümer ist gegenüber der Gemeinschaft der Wohnungseigentümer verpflichtet,
1. die gesetzlichen Regelungen, Vereinbarungen und Beschlüsse einzuhalten und
2. das Betreten seines Sondereigentums und andere Einwirkungen auf dieses und das gemeinschaftliche Eigentum zu dulden, die den Vereinbarungen oder Beschlüssen entsprechen oder, wenn keine entsprechenden Vereinbarungen oder Beschlüsse bestehen, aus denen ihm über das bei einem geordneten Zusammenleben unvermeidliche Maß hinaus kein Nachteil erwächst.

(2) Jeder Wohnungseigentümer ist gegenüber den übrigen Wohnungseigentümern verpflichtet,
1. deren Sondereigentum nicht über das in Absatz 1 Nummer 2 bestimmte Maß hinaus zu beeinträchtigten und
2. Einwirkungen nach Maßgabe des Absatzes 1 Nummer 2 zu dulden.

(3) Hat der Wohnungseigentümer eine Einwirkung zu dulden, die über das zumutbare Maß hinausgeht, kann er einen angemessenen Ausgleich in Geld verlangen.

§ 15[21] Pflichten Dritter

Wer Wohnungseigentum gebraucht, ohne Wohnungseigentümer zu sein, hat gegenüber der Gemeinschaft der Wohnungseigentümer und anderen Wohnungseigentümern zu dulden:
1. die Erhaltung des gemeinschaftlichen Eigentums und des Sondereigentums, die ihm rechtzeitig angekündigt wurde; § 555a Absatz 2 des Bürgerlichen Gesetzbuchs gilt entsprechend;
2. Maßnahmen, die über die Erhaltung hinausgehen, die spätestens drei Monate vor ihrem Beginn in Textform angekündigt wurden; § 555c Absatz 1 Satz 2 Nummer 1 und 2, Absatz 2 bis 4 und § 555d Absatz 2 bis 5 des Bürgerlichen Gesetzbuchs gelten entsprechend.

---

[20] § 14 neu gef. mWv 1.12.2020 durch G v. 16.10.2020 (BGBl. I S. 2187).
[21] § 15 neu gef. mWv 1.12.2020 durch G v. 16.10.2020 (BGBl. I S. 2187).

§ 16[22] Nutzungen und Kosten

(1) [1]Jedem Wohnungseigentümer gebührt ein seinem Anteil entsprechender Bruchteil der Früchte des gemeinschaftlichen Eigentums und des Gemeinschaftsvermögens. [2]Der Anteil bestimmt sich nach dem gemäß § 47 der Grundbuchordnung im Grundbuch eingetragenen Verhältnis der Miteigentumsanteile. [3]Jeder Wohnungseigentümer ist zum Mitgebrauch des gemeinschaftlichen Eigentums nach Maßgabe des § 14 berechtigt.

(2) [1]Die Kosten der Gemeinschaft der Wohnungseigentümer, insbesondere der Verwaltung und des gemeinschaftlichen Gebrauchs des gemeinschaftlichen Eigentums, hat jeder Wohnungseigentümer nach dem Verhältnis seines Anteils (Absatz 1 Satz 2) zu tragen. [2]Die Wohnungseigentümer können für einzelne Kosten oder bestimmte Arten von Kosten eine von Satz 1 oder von einer Vereinbarung abweichende Verteilung beschließen.

(3) Für die Kosten und Nutzungen bei baulichen Veränderungen gilt § 21.

§ 17[23] Entziehung des Wohnungseigentums

(1) Hat ein Wohnungseigentümer sich einer so schweren Verletzung der ihm gegenüber anderen Wohnungseigentümern oder der Gemeinschaft der Wohnungseigentümer obliegenden Verpflichtungen schuldig gemacht, daß diesen die Fortsetzung der Gemeinschaft mit ihm nicht mehr zugemutet werden kann, so kann die Gemeinschaft der Wohnungseigentümer von ihm die Veräußerung seines Wohnungseigentums verlangen.

(2) Die Voraussetzungen des Absatzes 1 liegen insbesondere vor, wenn der Wohnungseigentümer trotz Abmahnung wiederholt gröblich gegen die ihm nach § 14 Absatz 1 und 2 obliegenden Pflichten verstößt.

(3) Der in Absatz 1 bestimmte Anspruch kann durch Vereinbarung der Wohnungseigentümer nicht eingeschränkt oder ausgeschlossen werden.

(4) [1]Das Urteil, durch das ein Wohnungseigentümer zur Veräußerung seines Wohnungseigentums verurteilt wird, berechtigt zur Zwangsvollstreckung entsprechend den Vorschriften des Ersten Abschnitts des Gesetzes über die Zwangsversteigerung und die Zwangsverwaltung. [2]Das Gleiche gilt für Schuldtitel im Sinne des § 794 der Zivilprozessordnung, durch die sich der Wohnungseigentümer zur Veräußerung seines Wohnungseigentums verpflichtet.

---

[22] § 16 Abs. 3–5 eingef., bish. Abs. 3 wird Abs. 6 und Satz 2 angef., bish. Abs. 4 wird Abs. 7, bish. Abs. 5 wird Abs. 8 und neu gef. mWv 1.7.2007 durch G v. 26.3.2007 (BGBl. I S. 370); Überschrift neu gef., Abs. 1 Satz 1 geänd., Satz 3 angef., Abs. 2 und 3 neu gef., Abs. 4–8 aufgeh. mWv 1.12.2020 durch G v. 16.10.2020 (BGBl. I S. 2187).

[23] Früherer § 18 Abs. 1 Satz 2 angef. mWv 1.7.2007 durch G v. 26.3.2007 (BGBl. I S. 370); Abs. 2 Nr. 2 geänd. mWv 11.7.2009 durch G v. 7.7.2009 (BGBl. I S. 1707); § 17 aufgeh., bish. § 18 wird § 17, Abs. 1 Satz 1 geänd., Satz 2 aufgeh., Abs. 2 neu gef., Abs. 3 aufgeh., bish. Abs. 4 wird Abs. 3, Abs. 4 angef. mWv 1.12.2020 durch G v. 16.10.2020 (BGBl. I S. 2187).

§ 18[24] Verwaltung und Benutzung

(1) Die Verwaltung des gemeinschaftlichen Eigentums obliegt der Gemeinschaft der Wohnungseigentümer.

(2) Jeder Wohnungseigentümer kann von der Gemeinschaft der Wohnungseigentümer

1. eine Verwaltung des gemeinschaftlichen Eigentums sowie
2. eine Benutzung des gemeinschaftlichen Eigentums und des Sondereigentums

verlangen, die dem Interesse der Gesamtheit der Wohnungseigentümer nach billigem Ermessen (ordnungsmäßige Verwaltung und Benutzung) und, soweit solche bestehen, den gesetzlichen Regelungen, Vereinbarungen und Beschlüssen entsprechen.

(3) Jeder Wohnungseigentümer ist berechtigt, ohne Zustimmung der anderen Wohnungseigentümer die Maßnahmen zu treffen, die zur Abwendung eines dem gemeinschaftlichen Eigentum unmittelbar drohenden Schadens notwendig sind.

(4) Jeder Wohnungseigentümer kann von der Gemeinschaft der Wohnungseigentümer Einsicht in die Verwaltungsunterlagen verlangen.

§ 19[25] Regelung der Verwaltung und Benutzung durch Beschluss

(1) Soweit die Verwaltung des gemeinschaftlichen Eigentums und die Benutzung des gemeinschaftlichen Eigentums und des Sondereigentums nicht durch Vereinbarung der Wohnungseigentümer geregelt sind, beschließen die Wohnungseigentümer eine ordnungsmäßige Verwaltung und Benutzung.

(2) Zur ordnungsmäßigen Verwaltung und Benutzung gehören insbesondere

1. die Aufstellung einer Hausordnung,
2. die ordnungsmäßige Erhaltung des gemeinschaftlichen Eigentums,
3. die angemessene Versicherung des gemeinschaftlichen Eigentums zum Neuwert sowie der Wohnungseigentümer gegen Haus- und Grundbesitzerhaftpflicht,
4. die Ansammlung einer angemessenen Erhaltungsrücklage,
5. die Festsetzung von Vorschüssen nach § 28 Absatz 1 Satz 1 sowie
6. [26]die Bestellung eines zertifizierten Verwalters nach § 26a, es sei denn, es bestehen weniger als neun Sondereigentumsrechte, ein Wohnungseigentümer wurde zum Verwalter bestellt und weniger als ein Drittel der Wohnungseigentümer (§ 25 Absatz 2) verlangt die Bestellung eines zertifizierten Verwalters.

---

[24] § 18 eingef. mWv 1.12.2020 durch G v. 16.10.2020 (BGBl. I S. 2187).
[25] § 19 neu gef. mWv 1.12.2020 durch G v. 16.10.2020 (BGBl. I S. 2187).
[26] Anwendbar ab 1.12.2022, beachte hierzu § 48 Abs. 4.

§ 20[27] Bauliche Veränderungen

(1) Maßnahmen, die über die ordnungsmäßige Erhaltung des gemeinschaftlichen Eigentums hinausgehen (bauliche Veränderungen), können beschlossen oder einem Wohnungseigentümer durch Beschluss gestattet werden.

(2) [1] Jeder Wohnungseigentümer kann angemessene bauliche Veränderungen verlangen, die

1. dem Gebrauch durch Menschen mit Behinderungen,
2. dem Laden elektrisch betriebener Fahrzeuge,
3. dem Einbruchsschutz und
4. dem Anschluss an ein Telekommunikationsnetz mit sehr hoher Kapazität

dienen. [2] Über die Durchführung ist im Rahmen ordnungsmäßiger Verwaltung zu beschließen.

(3) Unbeschadet des Absatzes 2 kann jeder Wohnungseigentümer verlangen, dass ihm eine bauliche Veränderung gestattet wird, wenn alle Wohnungseigentümer, deren Rechte durch die bauliche Veränderung über das bei einem geordneten Zusammenleben unvermeidliche Maß hinaus beeinträchtigt werden, einverstanden sind.

(4) Bauliche Veränderungen, die die Wohnanlage grundlegend umgestalten oder einen Wohnungseigentümer ohne sein Einverständnis gegenüber anderen unbillig benachteiligen, dürfen nicht beschlossen und gestattet werden; sie können auch nicht verlangt werden.

§ 21[28] Nutzungen und Kosten bei baulichen Veränderungen

(1) [1] Die Kosten einer baulichen Veränderung, die einem Wohnungseigentümer gestattet oder die auf sein Verlangen nach § 20 Absatz 2 durch die Gemeinschaft der Wohnungseigentümer durchgeführt wurden, hat dieser Wohnungseigentümer zu tragen. [2] Nur ihm gebühren die Nutzungen.

(2) [1] Vorbehaltlich des Absatzes 1 haben alle Wohnungseigentümer die Kosten einer baulichen Veränderung nach dem Verhältnis ihrer Anteile (§ 16 Absatz 1 Satz 2) zu tragen,

1. die mit mehr als zwei Dritteln der abgegebenen Stimmen und der Hälfte aller Miteigentumsanteile beschlossen wurde, es sei denn, die bauliche Veränderung ist mit unverhältnismäßigen Kosten verbunden, oder
2. deren Kosten sich innerhalb eines angemessenen Zeitraums amortisieren.

[2] Für die Nutzungen gilt § 16 Absatz 1.

(3) [1] Die Kosten anderer als der in den Absätzen 1 und 2 bezeichneten baulichen Veränderungen haben die Wohnungseigentümer, die sie beschlossen haben, nach dem Verhältnis ihrer Anteile (§ 16 Absatz 1 Satz 2) zu tragen. [2] Ihnen gebühren die Nutzungen entsprechend § 16 Absatz 1.

---

[27] 3. Abschnitt Überschrift aufgeh., § 20 neu gef. mWv 1.12.2020 durch G v. 16.10.2020 (BGBl. I S. 2187).

[28] § 21 neu gef. mWv 1.12.2020 durch G v. 16.10.2020 (BGBl. I S. 2187).

(4) ¹Ein Wohnungseigentümer, der nicht berechtigt ist, Nutzungen zu ziehen, kann verlangen, dass ihm dies nach billigem Ermessen gegen angemessenen Ausgleich gestattet wird. ²Für seine Beteiligung an den Nutzungen und Kosten gilt Absatz 3 entsprechend.

(5) ¹Die Wohnungseigentümer können eine abweichende Verteilung der Kosten und Nutzungen beschließen. ²Durch einen solchen Beschluss dürfen einem Wohnungseigentümer, der nach den vorstehenden Absätzen Kosten nicht zu tragen hat, keine Kosten auferlegt werden.

§ 22[29] Wiederaufbau

Ist das Gebäude zu mehr als der Hälfte seines Wertes zerstört und ist der Schaden nicht durch eine Versicherung oder in anderer Weise gedeckt, so kann der Wiederaufbau nicht beschlossen oder verlangt werden.

§ 23[30] Wohnungseigentümerversammlung

(1) ¹Angelegenheiten, über die nach diesem Gesetz oder nach einer Vereinbarung der Wohnungseigentümer die Wohnungseigentümer durch Beschluß entscheiden können, werden durch Beschlußfassung in einer Versammlung der Wohnungseigentümer geordnet. ²Die Wohnungseigentümer können beschließen, dass Wohnungseigentümer an der Versammlung auch ohne Anwesenheit an deren Ort teilnehmen und sämtliche oder einzelne ihrer Rechte ganz oder teilweise im Wege elektronischer Kommunikation ausüben können.

(2) Zur Gültigkeit eines Beschlusses ist erforderlich, daß der Gegenstand bei der Einberufung bezeichnet ist.

(3) ¹Auch ohne Versammlung ist ein Beschluß gültig, wenn alle Wohnungseigentümer ihre Zustimmung zu diesem Beschluß in Textform erklären. ²Die Wohnungseigentümer können beschließen, dass für einen einzelnen Gegenstand die Mehrheit der abgegebenen Stimmen genügt.

(4) ¹Ein Beschluss, der gegen eine Rechtsvorschrift verstößt, auf deren Einhaltung rechtswirksam nicht verzichtet werden kann, ist nichtig. ²Im Übrigen ist ein Beschluss gültig, solange er nicht durch rechtskräftiges Urteil für ungültig erklärt ist.

§ 24[31] Einberufung, Vorsitz, Niederschrift

(1) Die Versammlung der Wohnungseigentümer wird von dem Verwalter mindestens einmal im Jahre einberufen.

---

[29] § 22 neu gef. mWv 1.12.2020 durch G v. 16.10.2020 (BGBl. I S. 2187).

[30] § 23 Abs. 4 neu gef. mWv 1.7.2007 durch G v. 26.3.2007 (BGBl. I S. 370); Abs. 1 Satz 2 angef., Abs. 3 Satz 1 geänd., Satz 2 angef. mWv 1.12.2020 durch G v. 16.10.2020 (BGBl. I S. 2187).

[31] § 24 Abs. 3 eingef., bish. Abs. 3–5 werden Abs. 4–6 durch G v. 30.7.1973 (BGBl. I S. 910); Abs. 4 Satz 1 geänd. mWv 1.8.2001 durch G v. 13.7.2001 (BGBl. I S. 1542); Abs. 4 Satz 2 geänd., Abs. 7 und 8 angef. mWv 1.7.2007 durch G v. 26.3.2007 (BGBl. I S. 370); Abs. 2, 3 und 4 Satz 2 sowie Abs. 6 Satz 1 geänd., Abs. 6

(2) Die Versammlung der Wohnungseigentümer muß von dem Verwalter in den durch Vereinbarung der Wohnungseigentümer bestimmten Fällen, im übrigen dann einberufen werden, wenn dies in Textform unter Angabe des Zweckes und der Gründe von mehr als einem Viertel der Wohnungseigentümer verlangt wird.

(3) Fehlt ein Verwalter oder weigert er sich pflichtwidrig, die Versammlung der Wohnungseigentümer einzuberufen, so kann die Versammlung auch durch den Vorsitzenden des Verwaltungsbeirats, dessen Vertreter oder einen durch Beschluss ermächtigten Wohnungseigentümer einberufen werden.

(4) [1] Die Einberufung erfolgt in Textform. [2] Die Frist der Einberufung soll, sofern nicht ein Fall besonderer Dringlichkeit vorliegt, mindestens drei Wochen betragen.

(5) Den Vorsitz in der Wohnungseigentümerversammlung führt, sofern diese nichts anderes beschließt, der Verwalter.

(6) [1] Über die in der Versammlung gefaßten Beschlüsse ist unverzüglich eine Niederschrift aufzunehmen. [2] Die Niederschrift ist von dem Vorsitzenden und einem Wohnungseigentümer und, falls ein Verwaltungsbeirat bestellt ist, auch von dessen Vorsitzenden oder seinem Vertreter zu unterschreiben.

(7) [1] Es ist eine Beschluss-Sammlung zu führen. [2] Die Beschluss-Sammlung enthält nur den Wortlaut

1. der in der Versammlung der Wohnungseigentümer verkündeten Beschlüsse mit Angabe von Ort und Datum der Versammlung,
2. der schriftlichen Beschlüsse mit Angabe von Ort und Datum der Verkündung und
3. der Urteilsformeln der gerichtlichen Entscheidungen in einem Rechtsstreit gemäß § 43 mit Angabe ihres Datums, des Gerichts und der Parteien,

soweit diese Beschlüsse und gerichtlichen Entscheidungen nach dem 1. Juli 2007 ergangen sind. [3] Die Beschlüsse und gerichtlichen Entscheidungen sind fortlaufend einzutragen und zu nummerieren. [4] Sind sie angefochten oder aufgehoben worden, so ist dies anzumerken. [5] Im Falle einer Aufhebung kann von einer Anmerkung abgesehen und die Eintragung gelöscht werden. [6] Eine Eintragung kann auch gelöscht werden, wenn sie aus einem anderen Grund für die Wohnungseigentümer keine Bedeutung mehr hat. [7] Die Eintragungen, Vermerke und Löschungen gemäß den Sätzen 3 bis 6 sind unverzüglich zu erledigen und mit Datum zu versehen. [8] Einem Wohnungseigentümer oder einem Dritten, den ein Wohnungseigentümer ermächtigt hat, ist auf sein Verlangen Einsicht in die Beschluss-Sammlung zu geben.

(8) [1] Die Beschluss-Sammlung ist von dem Verwalter zu führen. [2] Fehlt ein Verwalter, so ist der Vorsitzende der Wohnungseigentümerversammlung

---

Satz 3, Abs. 7 und 8 aufgeh. mWv 1.12.2020 durch G v. 16.10.2020 (BGBl. I S. 2187).

verpflichtet, die Beschluss-Sammlung zu führen, sofern die Wohnungseigentümer durch Stimmenmehrheit keinen anderen für diese Aufgabe bestellt haben.

§ 25[32] Beschlussfassung

(1) Bei der Beschlussfassung entscheidet die Mehrheit der abgegebenen Stimmen.

(2) [1]Jeder Wohnungseigentümer hat eine Stimme. [2]Steht ein Wohnungseigentum mehreren gemeinschaftlich zu, so können sie das Stimmrecht nur einheitlich ausüben.

(3) Vollmachten bedürfen zu ihrer Gültigkeit der Textform.

(4) Ein Wohnungseigentümer ist nicht stimmberechtigt, wenn die Beschlußfassung die Vornahme eines auf die Verwaltung des gemeinschaftlichen Eigentums bezüglichen Rechtsgeschäfts mit ihm oder die Einleitung oder Erledigung eines Rechtsstreits gegen ihn betrifft oder wenn er nach § 17 rechtskräftig verurteilt ist.

§ 26[33] Bestellung und Abberufung des Verwalters

(1) Über die Bestellung und Abberufung des Verwalters beschließen die Wohnungseigentümer.

(2) [1]Die Bestellung kann auf höchstens fünf Jahre vorgenommen werden, im Fall der ersten Bestellung nach der Begründung von Wohnungseigentum aber auf höchstens drei Jahre. [2]Die wiederholte Bestellung ist zulässig; sie bedarf eines erneuten Beschlusses der Wohnungseigentümer, der frühestens ein Jahr vor Ablauf der Bestellungszeit gefasst werden kann.

(3) [1]Der Verwalter kann jederzeit abberufen werden. [2]Ein Vertrag mit dem Verwalter endet spätestens sechs Monate nach dessen Abberufung.

(4) Soweit die Verwaltereigenschaft durch eine öffentlich beglaubigte Urkunde nachgewiesen werden muss, genügt die Vorlage einer Niederschrift über den Bestellungsbeschluss, bei der die Unterschriften der in § 24 Absatz 6 bezeichneten Personen öffentlich beglaubigt sind.

(5) Abweichungen von den Absätzen 1 bis 3 sind nicht zulässig.

§ 26a[34] Zertifizierter Verwalter

(1) Als zertifizierter Verwalter darf sich bezeichnen, wer vor einer Industrie- und Handelskammer durch eine Prüfung nachgewiesen hat, dass er über die für die Tätigkeit als Verwalter notwendigen rechtlichen, kaufmännischen und technischen Kenntnisse verfügt.

---

[32] § 25 Überschrift, Abs. 1 und 3 neu gef., Abs. 4 aufgeh., bish. Abs. 5 wird Abs. 4 und geänd., Abs. 5 angef. mWv 1.12.2020 durch G v. 16.10.2020 (BGBl. I S. 2187).

[33] § 26 neu gef. mWv 1.12.2020 durch G v. 16.10.2020 (BGBl. I S. 2187).

[34] § 26a eingef. mWv 1.12.2020 durch G v. 16.10.2020 (BGBl. I S. 2187).

(2) [1]Das Bundesministerium der Justiz und für Verbraucherschutz wird ermächtigt, durch Rechtsverordnung nähere Bestimmungen über die Prüfung zum zertifizierten Verwalter zu erlassen. [2]In der Rechtsverordnung nach Satz 1 können insbesondere festgelegt werden:

1. nähere Bestimmungen zu Inhalt und Verfahren der Prüfung;
2. Bestimmungen über das zu erteilende Zertifikat;
3. Voraussetzungen, unter denen sich juristische Personen und Personengesellschaften als zertifizierte Verwalter bezeichnen dürfen;
4. Bestimmungen, wonach Personen aufgrund anderweitiger Qualifikationen von der Prüfung befreit sind, insbesondere weil sie die Befähigung zum Richteramt, einen Hochschulabschluss mit immobilienwirtschaftlichem Schwerpunkt, eine abgeschlossene Berufsausbildung zum Immobilienkaufmann oder zur Immobilienkauffrau oder einen vergleichbaren Berufsabschluss besitzen.

§ 27[35] Aufgaben und Befugnisse des Verwalters

(1) Der Verwalter ist gegenüber der Gemeinschaft der Wohnungseigentümer berechtigt und verpflichtet, die Maßnahmen ordnungsmäßiger Verwaltung zu treffen, die

1. untergeordnete Bedeutung haben und nicht zu erheblichen Verpflichtungen führen oder
2. zur Wahrung einer Frist oder zur Abwendung eines Nachteils erforderlich sind.

(2) Die Wohnungseigentümer können die Rechte und Pflichten nach Absatz 1 durch Beschluss einschränken oder erweitern.

§ 28[36] Wirtschaftsplan, Jahresabrechnung, Vermögensbericht

(1) [1]Die Wohnungseigentümer beschließen über die Vorschüsse zur Kostentragung und zu den nach § 19 Absatz 2 Nummer 4 oder durch Beschluss vorgesehenen Rücklagen. [2]Zu diesem Zweck hat der Verwalter jeweils für ein Kalenderjahr einen Wirtschaftsplan aufzustellen, der darüber hinaus die voraussichtlichen Einnahmen und Ausgaben enthält.

(2) [1]Nach Ablauf des Kalenderjahres beschließen die Wohnungseigentümer über die Einforderung von Nachschüssen oder die Anpassung der beschlossenen Vorschüsse. [2]Zu diesem Zweck hat der Verwalter eine Abrechnung über den Wirtschaftsplan (Jahresabrechnung) aufzustellen, die darüber hinaus die Einnahmen und Ausgaben enthält.

(3) Die Wohnungseigentümer können beschließen, wann Forderungen fällig werden und wie sie zu erfüllen sind.

(4) [1]Der Verwalter hat nach Ablauf eines Kalenderjahres einen Vermögensbericht zu erstellen, der den Stand der in Absatz 1 Satz 1 bezeichne-

---

[35] § 27 neu gef. mWv 1.12.2020 durch G v. 16.10.2020 (BGBl. I S. 2187).
[36] § 28 neu gef. mWv 1.12.2020 durch G v. 16.10.2020 (BGBl. I S. 2187).

ten Rücklagen und eine Aufstellung des wesentlichen Gemeinschaftsvermögens enthält. 2 Der Vermögensbericht ist jedem Wohnungseigentümer zur Verfügung zu stellen.

§ 29[37] Verwaltungsbeirat

(1) 1 Wohnungseigentümer können durch Beschluss zum Mitglied des Verwaltungsbeirats bestellt werden. 2 Hat der Verwaltungsbeirat mehrere Mitglieder, ist ein Vorsitzender und ein Stellvertreter zu bestimmen. 3 Der Verwaltungsbeirat wird von dem Vorsitzenden nach Bedarf einberufen.

(2) 1 Der Verwaltungsbeirat unterstützt und überwacht den Verwalter bei der Durchführung seiner Aufgaben. 2 Der Wirtschaftsplan und die Jahresabrechnung sollen, bevor die Beschlüsse nach § 28 Absatz 1 Satz 1 und Absatz 2 Satz 1 gefasst werden, vom Verwaltungsbeirat geprüft und mit dessen Stellungnahme versehen werden.

(3) Sind Mitglieder des Verwaltungsbeirats unentgeltlich tätig, haben sie nur Vorsatz und grobe Fahrlässigkeit zu vertreten.

Abschnitt 5[38]. Wohnungserbbaurecht

§ 30[39] Wohnungserbbaurecht

(1) Steht ein Erbbaurecht mehreren gemeinschaftlich nach Bruchteilen zu, so können die Anteile in der Weise beschränkt werden, daß jedem der Mitberechtigten das Sondereigentum an einer bestimmten Wohnung oder an nicht zu Wohnzwecken dienenden bestimmten Räumen in einem auf Grund des Erbbaurechts errichteten oder zu errichtenden Gebäude eingeräumt wird (Wohnungserbbaurecht, Teilerbbaurecht).

(2) Ein Erbbauberechtigter kann das Erbbaurecht in entsprechender Anwendung des § 8 teilen.

(3) 1 Für jeden Anteil wird von Amts wegen ein besonderes Erbbaugrundbuchblatt angelegt (Wohnungserbbaugrundbuch, Teilerbbaugrundbuch). 2 Im übrigen gelten für das Wohnungserbbaurecht (Teilerbbaurecht) die Vorschriften über das Wohnungseigentum (Teileigentum) entsprechend.

Teil 2[40]. Dauerwohnrecht

§ 31 Begriffsbestimmungen

(1) 1 Ein Grundstück kann in der Weise belastet werden, daß derjenige, zu dessen Gunsten die Belastung erfolgt, berechtigt ist, unter Ausschluß des

[37] § 29 neu gef. mWv 1.12.2020 durch G v. 16.10.2020 (BGBl. I S. 2187).

[38] Bish. 4. Abschnitt wird Abschnitt 5 mWv 1.12.2020 durch G v. 16.10.2020 (BGBl. I S. 2187).

[39] § 30 Überschrift neu gef. mWv 1.12.2020 durch G v. 16.10.2020 (BGBl. I S. 2187).

[40] Bish. II. Teil wird Teil 2 mWv 1.12.2020 durch G v. 16.10.2020 (BGBl. I S. 2187).

Eigentümers eine bestimmte Wohnung in einem auf dem Grundstück errichteten oder zu errichtenden Gebäude zu bewohnen oder in anderer Weise zu nutzen (Dauerwohnrecht). [2]Das Dauerwohnrecht kann auf einen außerhalb des Gebäudes liegenden Teil des Grundstücks erstreckt werden, sofern die Wohnung wirtschaftlich die Hauptsache bleibt.

(2) Ein Grundstück kann in der Weise belastet werden, daß derjenige, zu dessen Gunsten die Belastung erfolgt, berechtigt ist, unter Ausschluß des Eigentümers nicht zu Wohnzwecken dienende bestimmte Räume in einem auf dem Grundstück errichteten oder zu errichtenden Gebäude zu nutzen (Dauernutzungsrecht).

(3) Für das Dauernutzungsrecht gelten die Vorschriften über das Dauerwohnrecht entsprechend.

§ 32[41] Voraussetzungen der Eintragung

(1) Das Dauerwohnrecht soll nur bestellt werden, wenn die Wohnung in sich abgeschlossen ist.

(2) [1]Zur näheren Bezeichnung des Gegenstandes und des Inhalts des Dauerwohnrechts kann auf die Eintragungsbewilligung Bezug genommen werden. [2]Der Eintragungsbewilligung sind als Anlagen beizufügen:

1. eine von der Baubehörde mit Unterschrift und Siegel oder Stempel versehene Bauzeichnung, aus der die Aufteilung des Gebäudes sowie die Lage und Größe der dem Dauerwohnrecht unterliegenden Gebäude- und Grundstücksteile ersichtlich ist (Aufteilungsplan); alle zu demselben Dauerwohnrecht gehörenden Einzelräume sind mit der jeweils gleichen Nummer zu kennzeichnen;
2. eine Bescheinigung der Baubehörde, daß die Voraussetzungen des Absatzes 1 vorliegen.

[3]Wenn in der Eintragungsbewilligung für die einzelnen Dauerwohnrechte Nummern angegeben werden, sollen sie mit denen des Aufteilungsplans übereinstimmen.

(3) Das Grundbuchamt soll die Eintragung des Dauerwohnrechts ablehnen, wenn über die in § 33 Abs. 4 Nr. 1 bis 4 bezeichneten Angelegenheiten, über die Voraussetzungen des Heimfallanspruchs (§ 36 Abs. 1) und über die Entschädigung beim Heimfall (§ 36 Abs. 4) keine Vereinbarungen getroffen sind.

§ 33 Inhalt des Dauerwohnrechts

(1) [1]Das Dauerwohnrecht ist veräußerlich und vererblich. [2]Es kann nicht unter einer Bedingung bestellt werden.

---

[41] § 32 Abs. 2 Satz 2 Nr. 1 geänd., Satz 3 angef. durch G v. 30.7.1973 (BGBl. I S. 910); Abs. 1 Satz 2 angef. durch G v. 22.3.1991 (BGBl. I S. 766); Abs. 1 Satz 2 aufgeh., Abs. 2 Sätze 4–7 angef. mWv 1.7.2007 durch G v. 26.3.2007 (BGBl. I S. 370); Abs. 2 Sätze 4–7 aufgeh. mWv 1.12.2020 durch G v. 16.10.2020 (BGBl. I S. 2187).

(2) Auf das Dauerwohnrecht sind, soweit nicht etwas anderes vereinbart ist, die Vorschriften des § 14 entsprechend anzuwenden.

(3) Der Berechtigte kann die zum gemeinschaftlichen Gebrauch bestimmten Teile, Anlagen und Einrichtungen des Gebäudes und Grundstücks mitbenutzen, soweit nichts anderes vereinbart ist.

(4) Als Inhalt des Dauerwohnrechts können Vereinbarungen getroffen werden über:

1. Art und Umfang der Nutzungen;
2. Instandhaltung und Instandsetzung der dem Dauerwohnrecht unterliegenden Gebäudeteile;
3. die Pflicht des Berechtigten zur Tragung öffentlicher oder privatrechtlicher Lasten des Grundstücks;
4. die Versicherung des Gebäudes und seinen Wiederaufbau im Falle der Zerstörung;
5. das Recht des Eigentümers, bei Vorliegen bestimmter Voraussetzungen Sicherheitsleistung zu verlangen.

§ 34 Ansprüche des Eigentümers und der Dauerwohnberechtigten

(1) Auf die Ersatzansprüche des Eigentümers wegen Veränderungen oder Verschlechterungen sowie auf die Ansprüche der Dauerwohnberechtigten auf Ersatz von Verwendungen oder auf Gestattung der Wegnahme einer Einrichtung sind die §§ 1049, 1057 des Bürgerlichen Gesetzbuches entsprechend anzuwenden.

(2) Wird das Dauerwohnrecht beeinträchtigt, so sind auf die Ansprüche des Berechtigten die für die Ansprüche aus dem Eigentum geltenden Vorschriften entsprechend anzuwenden.

§ 35 Veräußerungsbeschränkung

[1] Als Inhalt des Dauerwohnrechts kann vereinbart werden, daß der Berechtigte zur Veräußerung des Dauerwohnrechts der Zustimmung des Eigentümers oder eines Dritten bedarf. [2] Die Vorschriften des § 12 gelten in diesem Falle entsprechend.

§ 36 Heimfallanspruch

(1) [1] Als Inhalt des Dauerwohnrechts kann vereinbart werden, daß der Berechtigte verpflichtet ist, das Dauerwohnrecht beim Eintritt bestimmter Voraussetzungen auf den Grundstückseigentümer oder einen von diesem zu bezeichnenden Dritten zu übertragen (Heimfallanspruch). [2] Der Heimfallanspruch kann nicht von dem Eigentum an dem Grundstück getrennt werden.

(2) Bezieht sich das Dauerwohnrecht auf Räume, die dem Mieterschutz unterliegen, so kann der Eigentümer von dem Heimfallanspruch nur Ge-

brauch machen, wenn ein Grund vorliegt, aus dem ein Vermieter die Aufhebung des Mietverhältnisses verlangen oder kündigen kann.

(3) Der Heimfallanspruch verjährt in sechs Monaten von dem Zeitpunkt an, in dem der Eigentümer von dem Eintritt der Voraussetzungen Kenntnis erlangt, ohne Rücksicht auf diese Kenntnis in zwei Jahren von dem Eintritt der Voraussetzungen an.

(4) [1] Als Inhalt des Dauerwohnrechts kann vereinbart werden, daß der Eigentümer dem Berechtigten eine Entschädigung zu gewähren hat, wenn er von dem Heimfallanspruch Gebrauch macht. [2] Als Inhalt des Dauerwohnrechts können Vereinbarungen über die Berechnung oder Höhe der Entschädigung oder die Art ihrer Zahlung getroffen werden.

§ 37[42] Vermietung

(1) Hat der Dauerwohnberechtigte die dem Dauerwohnrecht unterliegenden Gebäude- oder Grundstücksteile vermietet oder verpachtet, so erlischt das Miet- oder Pachtverhältnis, wenn das Dauerwohnrecht erlischt.

(2) Macht der Eigentümer von seinem Heimfallanspruch Gebrauch, so tritt er oder derjenige, auf den das Dauerwohnrecht zu übertragen ist, in das Miet- oder Pachtverhältnis ein; die Vorschriften der §§ 566 bis 566e des Bürgerlichen Gesetzbuches gelten entsprechend.

(3) [1] Absatz 2 gilt entsprechend, wenn das Dauerwohnrecht veräußert wird. [2] Wird das Dauerwohnrecht im Wege der Zwangsvollstreckung veräußert, so steht dem Erwerber ein Kündigungsrecht in entsprechender Anwendung des § 57a des Gesetzes über die Zwangsversteigerung und Zwangsverwaltung zu.

§ 38 Eintritt in das Rechtsverhältnis

(1) Wird das Dauerwohnrecht veräußert, so tritt der Erwerber an Stelle des Veräußerers in die sich während der Dauer seiner Berechtigung aus dem Rechtsverhältnis zu dem Eigentümer ergebenden Verpflichtungen ein.

(2) [1] Wird das Grundstück veräußert, so tritt der Erwerber an Stelle des Veräußerers in die sich während der Dauer seines Eigentums aus dem Rechtsverhältnis zu dem Dauerwohnberechtigten ergebenden Rechte ein. [2] Das gleiche gilt für den Erwerb auf Grund Zuschlages in der Zwangsversteigerung, wenn das Dauerwohnrecht durch den Zuschlag nicht erlischt.

§ 39 Zwangsversteigerung

(1) Als Inhalt des Dauerwohnrechts kann vereinbart werden, daß das Dauerwohnrecht im Falle der Zwangsversteigerung des Grundstücks abweichend von § 44 des Gesetzes über die Zwangsversteigerung und Zwangsverwaltung auch dann bestehen bleiben soll, wenn der Gläubiger einer dem

---

[42] § 37 Abs. 2 geänd. mWv 1.9.2001 durch G v. 19.6.2001 (BGBl. I S. 1149).

Dauerwohnrecht im Range vorgehenden oder gleichstehenden Hypothek, Grundschuld, Rentenschuld oder Reallast die Zwangsversteigerung in das Grundstück betreibt.

(2) Eine Vereinbarung gemäß Absatz 1 bedarf zu ihrer Wirksamkeit der Zustimmung derjenigen, denen eine dem Dauerwohnrecht im Range vorgehende oder gleichstehende Hypothek, Grundschuld, Rentenschuld oder Reallast zusteht.

(3) Eine Vereinbarung gemäß Absatz 1 ist nur wirksam für den Fall, daß der Dauerwohnberechtigte im Zeitpunkt der Feststellung der Versteigerungsbedingungen seine fälligen Zahlungsverpflichtungen gegenüber dem Eigentümer erfüllt hat; in Ergänzung einer Vereinbarung nach Absatz 1 kann vereinbart werden, daß das Fortbestehen des Dauerwohnrechts vom Vorliegen weiterer Voraussetzungen abhängig ist.

§ 40[43] Haftung des Entgelts

(1) [1] Hypotheken, Grundschulden, Rentenschulden und Reallasten, die dem Dauerwohnrecht im Range vorgehen oder gleichstehen, sowie öffentliche Lasten, die in wiederkehrenden Leistungen bestehen, erstrecken sich auf den Anspruch auf das Entgelt für das Dauerwohnrecht in gleicher Weise wie auf eine Mietforderung, soweit nicht in Absatz 2 etwas Abweichendes bestimmt ist. [2] Im übrigen sind die für Mietforderungen geltenden Vorschriften nicht entsprechend anzuwenden.

(2) [1] Als Inhalt des Dauerwohnrechts kann vereinbart werden, daß Verfügungen über den Anspruch auf das Entgelt, wenn es in wiederkehrenden Leistungen ausbedungen ist, gegenüber dem Gläubiger einer dem Dauerwohnrecht im Range vorgehenden oder gleichstehenden Hypothek, Grundschuld, Rentenschuld oder Reallast wirksam sind. [2] Für eine solche Vereinbarung gilt § 39 Abs. 2 entsprechend.

§ 41 Besondere Vorschriften für langfristige Dauerwohnrechte

(1) Für Dauerwohnrechte, die zeitlich unbegrenzt oder für einen Zeitraum von mehr als zehn Jahren eingeräumt sind, gelten die besonderen Vorschriften der Absätze 2 und 3.

(2) Der Eigentümer ist, sofern nicht etwas anderes vereinbart ist, dem Dauerwohnberechtigten gegenüber verpflichtet, eine dem Dauerwohnrecht im Range vorgehende oder gleichstehende Hypothek löschen zu lassen für den Fall, daß sie sich mit dem Eigentum in einer Person vereinigt, und die Eintragung einer entsprechenden Löschungsvormerkung in das Grundbuch zu bewilligen.

(3) Der Eigentümer ist verpflichtet, dem Dauerwohnberechtigten eine angemessene Entschädigung zu gewähren, wenn er von dem Heimfallanspruch Gebrauch macht.

---

[43] § 40 Abs. 1 Sätze 1 und 2 geänd. mWv 1.9.2001 durch G v. 19.6.2001 (BGBl. I S. 1149).

§ 42 Belastung eines Erbbaurechts

(1) Die Vorschriften der §§ 31 bis 41 gelten für die Belastung eines Erbbaurechts mit einem Dauerwohnrecht entsprechend.

(2) Beim Heimfall des Erbbaurechts bleibt das Dauerwohnrecht bestehen.

Teil 3[44]. Verfahrensvorschriften

§ 43[45] Zuständigkeit

(1) 1Die Gemeinschaft der Wohnungseigentümer hat ihren allgemeinen Gerichtsstand bei dem Gericht, in dessen Bezirk das Grundstück liegt. 2Bei diesem Gericht kann auch die Klage gegen Wohnungseigentümer im Fall des § 9a Absatz 4 Satz 1 erhoben werden.

(2) Das Gericht, in dessen Bezirk das Grundstück liegt, ist ausschließlich zuständig für

1. Streitigkeiten über die Rechte und Pflichten der Wohnungseigentümer untereinander,
2. Streitigkeiten über die Rechte und Pflichten zwischen der Gemeinschaft der Wohnungseigentümer und Wohnungseigentümern,
3. Streitigkeiten über die Rechte und Pflichten des Verwalters einschließlich solcher über Ansprüche eines Wohnungseigentümers gegen den Verwalter sowie
4. Beschlussklagen gemäß § 44.

§ 44[46] Beschlussklagen

(1) 1Das Gericht kann auf Klage eines Wohnungseigentümers einen Beschluss für ungültig erklären (Anfechtungsklage) oder seine Nichtigkeit feststellen (Nichtigkeitsklage). 2Unterbleibt eine notwendige Beschlussfassung, kann das Gericht auf Klage eines Wohnungseigentümers den Beschluss fassen (Beschlussersetzungsklage).

(2) 1Die Klagen sind gegen die Gemeinschaft der Wohnungseigentümer zu richten. 2Der Verwalter hat den Wohnungseigentümern die Erhebung einer Klage unverzüglich bekannt zu machen. 3Mehrere Prozesse sind zur gleichzeitigen Verhandlung und Entscheidung zu verbinden.

(3) Das Urteil wirkt für und gegen alle Wohnungseigentümer, auch wenn sie nicht Partei sind

(4) Die durch eine Nebenintervention verursachten Kosten gelten nur dann als notwendig zur zweckentsprechenden Rechtsverteidigung im Sinne

---

[44] III. Teil (§§ 43–58) als Teil 3 (§§ 43–45) neu gef. mWv 1.12.2020 durch G v. 16.10.2020 (BGBl. I S. 2187).

[45] Teil 3 (§§ 43–45) neu gef. mWv 1.12.2020 durch G v. 16.10.2020 (BGBl. I S. 2187).

[46] Teil 3 (§§ 43–45) neu gef. mWv 1.12.2020 durch G v. 16.10.2020 (BGBl. I S. 2187).

des § 91 der Zivilprozessordnung, wenn die Nebenintervention geboten war.

§ 45[47] Fristen der Anfechtungsklage

[1]Die Anfechtungsklage muss innerhalb eines Monats nach der Beschlussfassung erhoben und innerhalb zweier Monate nach der Beschlussfassung begründet werden. [2]Die §§ 233 bis 238 der Zivilprozessordnung gelten entsprechend.

Teil 4[48]. Ergänzende Bestimmungen

§ 46[49] Veräußerung ohne erforderliche Zustimmung

[1]Fehlt eine nach § 12 erforderliche Zustimmung, so sind die Veräußerung und das zugrundeliegende Verpflichtungsgeschäft unbeschadet der sonstigen Voraussetzungen wirksam, wenn die Eintragung der Veräußerung oder einer Auflassungsvormerkung in das Grundbuch vor dem 15. Januar 1994 erfolgt ist und es sich um die erstmalige Veräußerung dieses Wohnungseigentums nach seiner Begründung handelt, es sei denn, daß eine rechtskräftige gerichtliche Entscheidung entgegensteht. [2]Das Fehlen der Zustimmung steht in diesen Fällen dem Eintritt der Rechtsfolgen des § 878 des Bürgerlichen Gesetzbuchs nicht entgegen. [3]Die Sätze 1 und 2 gelten entsprechend in den Fällen der §§ 30 und 35 des Wohnungseigentumsgesetzes.

§ 47[50] Auslegung von Altvereinbarungen

[1]Vereinbarungen, die vor dem 1. Dezember 2020 getroffen wurden und die von solchen Vorschriften dieses Gesetzes abweichen, die durch das Wohnungseigentumsmodernisierungsgesetz vom 16. Oktober 2020 (BGBl. I S. 2187) geändert wurden, stehen der Anwendung dieser Vorschriften in der vom 1. Dezember 2020 an geltenden Fassung nicht entgegen, soweit sich aus der Vereinbarung nicht ein anderer Wille ergibt. [2]Ein solcher Wille ist in der Regel nicht anzunehmen.

---

[47] Teil 3 (§§ 43–45) neu gef. mWv 1.12.2020 durch G v. 16.10.2020 (BGBl. I S. 2187).

[48] IV. Teil wird Teil 4 mWv 1.12.2020 durch G v. 16.10.2020 (BGBl. I S. 2187).

[49] § 61 aufgeh. durch G v. 14.12.1984 (BGBl. I S. 1493); neu eingef. durch G v. 3.1.1994 (BGBl. I S. 66); bish. § 61 wird § 46 und Überschrift neu gef. mWv 1.12.2020 durch G v. 16.10.2020 (BGBl. I S. 2187).

[50] Bish. § 62 wird § 47 und neu gef. mWv 1.12.2020 durch G v. 16.10.2020 (BGBl. I S. 2187).

§ 48[51] Übergangsvorschriften

(1) [1] § 5 Absatz 4, § 7 Absatz 2 und § 10 Absatz 3 in der vom 1. Dezember 2020 an geltenden Fassung gelten auch für solche Beschlüsse, die vor diesem Zeitpunkt gefasst oder durch gerichtliche Entscheidung ersetzt wurden. [2] Abweichend davon bestimmt sich die Wirksamkeit eines Beschlusses im Sinne des Satzes 1 gegen den Sondernachfolger eines Wohnungseigentümers nach § 10 Absatz 4 in der vor dem 1. Dezember 2020 geltenden Fassung, wenn die Sondernachfolge bis zum 31. Dezember 2025 eintritt. [3] Jeder Wohnungseigentümer kann bis zum 31. Dezember 2025 verlangen, dass ein Beschluss im Sinne des Satzes 1 erneut gefasst wird; § 204 Absatz 1 Nummer 1 des Bürgerlichen Gesetzbuchs gilt entsprechend.

(2) § 5 Absatz 4 Satz 3 gilt in der vor dem 1. Dezember 2020 geltenden Fassung weiter für Vereinbarungen und Beschlüsse, die vor diesem Zeitpunkt getroffen oder gefasst wurden, und zu denen vor dem 1. Dezember 2020 alle Zustimmungen erteilt wurden, die nach den vor zu diesem Zeitpunkt geltenden Vorschriften erforderlich waren.

(3) [1] § 7 Absatz 3 Satz 2 gilt auch für Vereinbarungen und Beschlüsse, die vor dem 1. Dezember 2020 getroffen oder gefasst wurden. [2] Ist eine Vereinbarung oder ein Beschluss im Sinne des Satzes 1 entgegen der Vorgabe des § 7 Absatz 3 Satz 2 nicht ausdrücklich im Grundbuch eingetragen, erfolgt die ausdrückliche Eintragung in allen Wohnungsgrundbüchern nur auf Antrag eines Wohnungseigentümers oder der Gemeinschaft der Wohnungseigentümer. [3] Ist die Haftung von Sondernachfolgern für Geldschulden entgegen der Vorgabe des § 7 Absatz 3 Satz 2 nicht ausdrücklich im Grundbuch eingetragen, lässt dies die Wirkung gegen den Sondernachfolger eines Wohnungseigentümers unberührt, wenn die Sondernachfolge bis zum 31. Dezember 2025 eintritt.

(4) [1] § 19 Absatz 2 Nummer 6 ist ab dem 1. Dezember 2022 anwendbar. [2] Eine Person, die am 1. Dezember 2020 Verwalter einer Gemeinschaft der Wohnungseigentümer war, gilt gegenüber den Wohnungseigentümern dieser Gemeinschaft der Wohnungseigentümer bis zum 1. Juni 2024 als zertifizierter Verwalter.

(5) Für die bereits vor dem 1. Dezember 2020 bei Gericht anhängigen Verfahren sind die Vorschriften des dritten Teils dieses Gesetzes in ihrer bis dahin geltenden Fassung weiter anzuwenden.

§ 49[52] Überleitung bestehender Rechtsverhältnisse

(1) Werden Rechtsverhältnisse, mit denen ein Rechtserfolg bezweckt wird, der den durch dieses Gesetz geschaffenen Rechtsformen entspricht, in solche Rechtsformen umgewandelt, so ist als Geschäftswert für die Berech-

---

[51] Bish. § 63 wird § 48 und neu gef. mWv 1.12.2020 durch G v. 16.10.2020 (BGBl. I S. 2187).

[52] Bish. § 64 wird § 49 und neu gef. mWv 1.12.2020 durch G v. 16.10.2020 (BGBl. I S. 2187).

nung der hierdurch veranlassten Gebühren der Gerichte und Notare im Falle des Wohnungseigentums ein Fünfundzwanzigstel des Einheitswertes des Grundstückes, im Falle des Dauerwohnrechtes ein Fünfundzwanzigstel des Wertes des Rechtes anzunehmen.

(2) Durch Landesgesetz können Vorschriften zur Überleitung bestehender, auf Landesrecht beruhender Rechtsverhältnisse in die durch dieses Gesetz geschaffenen Rechtsformen getroffen werden.

Gesetz über das Wohnungseigentum und das Dauerwohnrecht (Wohnungseigentumsgesetz)

Vom 15. März 1951
BGBl. I S. 175, ber. S. 209
FNA 403-1
Zuletzt geänd. durch Art. 1 WohnungseigentumsmodernisierungsG v. 16.10.2020
(BGBL. I S. 2187)

Teil 1. Wohnungseigentum

Abschnitt 1. Begriffsbestimmungen

Begriffsbestimmungen

1 (1) **Nach Maßgabe dieses Gesetzes kann an Wohnungen das Wohnungseigentum, an nicht zu Wohnzwecken dienenden Räumen eines Gebäudes das Teileigentum begründet werden.**

(2) **Wohnungseigentum ist das Sondereigentum an einer Wohnung in Verbindung mit dem Miteigentumsanteil an dem gemeinschaftlichen Eigentum, zu dem es gehört.**

(3) **Teileigentum ist das Sondereigentum an nicht zu Wohnzwecken dienenden Räumen eines Gebäudes in Verbindung mit dem Miteigentumsanteil an dem gemeinschaftlichen Eigentum, zu dem es gehört.**

(4) **Wohnungseigentum und Teileigentum können nicht in der Weise begründet werden, daß das Sondereigentum mit Miteigentum an mehreren Grundstücken verbunden wird.**

(5) **Gemeinschaftliches Eigentum im Sinne dieses Gesetzes sind das Grundstück und das Gebäude, soweit sie nicht im Sondereigentum oder im Eigentum eines Dritten stehen.**

(6) **Für das Teileigentum gelten die Vorschriften über das Wohnungseigentum entsprechend.**

Literatur: *Bärmann,* Zur Dogmatik des gemeinen Raumeigentums, AcP 155, 1; *Bärmann,* Zur Theorie des Wohnungseigentums, NJW 1989, 1057; *Böttcher,* Veränderungen beim Wohnungseigentum, BWNotZ 1996, 80; *Elzer,* Überbau und Wohnungseigentumsrecht, FS Riecke, 2019, 83 = NotBZ 2020, 201; *Elzer,* Verfügungen über das Gemeinschaftseigentum, ZWE 2011, 16; *Froese,* Das Wohnungseigentum als verfassungsrechtliches Eigentum?, ZWE 2015, 250; *Hügel,* Der Rest vom Schützenfest, ZMR 2011, 182; *Hügel,* Die Umwandlung von Teileigentum zu Wohnungseigentum und umgekehrt, Festschrift für Wolf-Rüdiger Bub, (PiG 80) 2007, 137 = ZWE 2008,

120; *Hügel,* Die Begründung von Wohnungseigentum am selbständigen Gebäudeeigentum und dessen Behandlung im Rahmen von § 67 SachenRBerG, DtZ 1996, 66; *Hügel/Elzer,* Zwei Jahre neues WEG – oder: Das Wohnungseigentum auf dem Weg vom Immobilieneigentum zur gesellschaftsrechtlichen Beteiligung?, NZM 2009, 457; *Junker,* Die Gesellschaft nach dem Wohnungseigentumsgesetz, 1993; *Merle,* Das Wohnungseigentum im System des bürgerlichen Rechts, 1979; *Oppermann,* Grundstücksübergreifende Tiefgaragen bei Mehrhausanlagen, DNotZ 2015, 662; *Tersteegen,* Der Überbau in der notariellen Praxis, RNotZ 2006, 433; *Weber,* Zum Begriff des „Wohnens", NZM 2018, 70; *Weitnauer,* Zur Entstehung des WEG, ZWE 2001, 126; *Weikart,* Bestandsänderungen von Sondereigentumsgrundstücken, NotBZ 1997, 89; *Weitnauer,* Zur Dogmatik des Wohnungseigentums, WE 1994, 33.

Übersicht

A. Normzweck

1 § 1 WEG enthält **Legaldefinitionen,** die für den Sprachgebrauch des Gesetzes, aber auch für die Grundstruktur des Wohnungs- und Teileigentums von zentraler Bedeutung sind. Sie sind, anders als es die systematische Stellung vermuten lässt, nicht nur für den Teil 1, sondern auch für den Teil 3 von Bedeutung. Lediglich für den Teil 2 über das Dauerwohnrecht

enthält das WEG eigene Begriffsbestimmungen. Die Definitionen in § 1 WEG sind nicht erschöpfend, zentrale Begrifflichkeiten wie zB der Wohnungseigentümer (→ § 9a Rn. 2), die Wohnungseigentümergemeinschaft (→ § 9a Rn. 14) oder das Sondernutzungsrecht (→ § 10 Rn. 117) werden nicht definiert.

B. Die Eigentumsbegriffe des WEG

Das WEG unterscheidet in § 1 WEG vier verschiedene Eigentumsbegriffe, nämlich Wohnungseigentum, Teileigentum, Sondereigentum und gemeinschaftliches Eigentum: 2

I. Wohnungs- und Teileigentum

Das WEG unterscheidet in § 1 Abs. 1 WEG zwischen Wohnungs- und Teileigentum. Die Legaldefinitionen der beiden Begriffe finden sich in § 1 Abs. 2 und Abs. 3 WEG. Aus der Entstehungsgeschichte des WEG ist ersichtlich, dass die begriffliche Zweiteilung auf sprachlichen Überlegungen des Gesetzgebers beruht. Der Gesetzgeber wollte mit den Begrifflichkeiten Wohnungs- und Teileigentum keine unterschiedlichen (sachenrechtlich relevanten) Antipoden schaffen, sondern dem neu geschaffenen Institut Wohnungseigentum eine möglichst zutreffende und in der Laiensphäre verständliche Bezeichnung geben. Da ein einheitlicher Begriff für alle Erscheinungsformen von Sondereigentum nicht zu finden war, wurde stattdessen dieses Begriffspaar geschaffen. Ein einheitlicher Oberbegriff „Raumeigentum" wurde zudem deshalb nicht gewählt, weil der Gesetzgeber auf die populäre Bezeichnung „Wohnungseigentum" nicht verzichten wollte (*Hügel FS* Bub, 2007, 141). Gleichwohl wird für Wohnungs- und Teileigentum gelegentlich dieser einheitliche Oberbegriff „Raumeigentum" verwendet (vgl. OLG Hamm ZMR 2007, 213; OLG Frankfurt a. M. NZM 2006, 144; *Rapp* MittBayNot 1998, 77; *Diester* NJW 1970, 1107), zumal auch der Begriff Teileigentum als sprachlich missglückt kritisiert wurde (siehe *Gierke* ZgesHR 52, 147; RGRK/*Pritsch,*11 Aufl. 1962, § 1 Anm. 19). 3

Für **altrechtliches Stockwerkseigentum,** das vor Inkrafttreten des WEG entstanden ist, gelten dessen Regeln nach Art. 182 EGBGB fort. Ist die Begründung von Wohnungseigentum im Einzelfall nicht möglich, kann unter Umständen eine **Bruchteilsgemeinschaft** mit einer Verwaltungs- und Benutzungsregelung gem. §§ 741 ff., 1008 ff. BGB als **Ersatzlösung** dienen. 4

1. Rechtsnatur. Wohnungs- und Teileigentum stellen nach § 1 Abs. 2 und 3 WEG die **unauflösliche Verbindung** von Bruchteilsberechtigung am **gemeinschaftlichen Eigentum** (zum gemeinschaftlichen Eigentum → Rn. 30) mit dem **Sondereigentum** (zum Begriff des Sondereigentums → Rn. 29) an Räumen (zum Begriff des Raums → § 3 Rn. 27 ff.) dar. Dies bedeutet, Wohnungs- und Teileigentum bestehen aus zwei notwendigen rechtlichen Komponenten – Sondereigentum und Miteigentum am gemeinschaftlichen Eigentum. Fehlt es an einem von beiden Elementen, kann 5

Wohnungs- oder Teileigentum grundsätzlich nicht entstehen. Die Unauflöslichkeit dieser Verbindung findet ihre gesetzliche Absicherung in § 6 Abs. 1 WEG, der eine getrennte Veräußerung oder Belastung des Sondereigentums ohne den dazugehörigen Miteigentumsanteil ausschließt. Rechte am Miteigentumsanteil erstrecken sich zudem gem. § 6 Abs. 2 WEG kraft Gesetzes auf das Sondereigentum.

6 Der Miteigentumsanteil am gemeinschaftlichen Eigentum und das dazugehörige Sondereigentum bilden ein **einheitliches und untrennbares Ganzes,** das Wohnungseigentum. Deshalb unterliegen der Gebrauch und die sonstige Nutzung des gemeinschaftlichen Eigentums (§ 16 Abs. 1 WEG) ebenso wie der Gebrauch und die sonstige Nutzung des Sondereigentums insofern wesentlichen Beschränkungen, als die Inhaber des Sondereigentums auf die Interessen der Gesamtheit aller Teilhaber des gemeinschaftlichen Eigentums und diese auf die Einzelinteressen jedes Sondereigentümers Rücksicht nehmen müssen. Die §§ 13 bis 29 WEG tragen diesem „komplizierten Gebilde" (BGH NJW 1981, 282) Rechnung.

7 Durch die Möglichkeit der Begründung von Sondereigentum an Räumen eines Gebäudes enthält das WEG eine Durchbrechung des aus dem römischen Recht entwickelten und in das BGB (§§ 93, 94) übernommenen sog **Akzessionsprinzips, nämlich** der **Einheit des Eigentums am Grundstück und Gebäude** *(super ficies solo cedit)*. § 1 Abs. 1 WEG normiert, dass Wohnungs- und Teileigentum als Ausnahme von diesem Grundprinzip des deutschen Sachenrechtes ausschließlich nach Maßgabe des WEG begründet werden kann. Ziel des WEG ist es, durch die rechtliche **Verselbständigung des Wohnungs- und Teilungseigentums** gegenüber dem Miteigentum den Erwerb von Immobiliareigentum zu fördern. Hierzu ist das Wohnungseigentum dem Eigentum an einem Grundstück grundsätzlich gleichgestellt (BGH NJW 2008, 2982).

8 Wohnungs- und Teileigentum sind **verfassungsrechtliches Eigentum** iS des **Art. 14 Abs. 1 Satz 1 GG** (*Froese* ZWE 2015, 255) und **zivilrechtliches Eigentum** iS des **§ 903 BGB** (BGH NJW 2005, 2061; 1992, 978; KG ZWE 2001, 554; Staudinger/*Rapp* § 1 Rn. 15; aA *Junker,* Die Gesellschaft nach dem Wohnungseigentumsgesetz, 1993, 43). Sie können daher veräußert, vererbt oder belastet werden. Sie setzen sich zusammen aus dem Alleineigentum am Sondereigentum (§§ 903 ff. BGB) und dem Miteigentum am gemeinschaftlichen Eigentum (§§ 1008 ff. BGB). Dem Wohnungseigentümer stehen daher nicht nur Ansprüche aus Besitz, sondern auch solche aus Eigentum zu. Soweit diese jedoch das gemeinschaftliche Eigentum betreffen, gelten hierfür im Wohnungseigentumsrecht besondere Vorgaben (→ § 9a Rn. 89 ff.). Aufgrund ihrer untrennbaren Verknüpfung stehen Miteigentum am gemeinschaftlichen Eigentum und Sondereigentum **gleichrangig** nebeneinander (Bärmann/*Armbrüster* § 1 Rn. 9). Auch wenn für den einzelnen Wohnungseigentümer wirtschaftlich sein Sondereigentum im Vordergrund stehen mag (Riecke/Schmid/*Schneider* § 1 Rn. 5), kommt diesem rechtlich kein Vorrang zu. Aber auch der Miteigentumsanteil hat rechtlich keine höhere Bedeutung (so aber Riecke/Schmid/*Schneider* § 1 Rn. 5), weil er ohne Sondereigentum wohnungseigentumsrechtlich nicht existieren kann.

Das **dogmatische Verständnis** von Wohnungseigentum ist nach wie vor streitig. Die praktischen Folgen dieses Theorienstreites sind seit der gesetzlichen Anerkennung der Rechtsfähigkeit der Gemeinschaft der Wohnungseigentümer aber weitgehend unbedeutend. Problematisch war bis dahin vor allem die eigentumsrechtliche Zuordnung des Gemeinschaftsvermögens. Dieses stand den Wohnungseigentümern nach herrschender Meinung als Bruchteilseigentum zu. Ungeklärt war bei diesem Verständnis, wie der Übergang des Gemeinschaftsvermögens bei einem Eigentumswechsel auf den Erwerber verhindert werden konnte. Da das Gemeinschaftsvermögen jetzt auf Grund § 9a Abs. 1 und 3 WEG der Gemeinschaft der Wohnungseigentümer zusteht und bei dieser auch bei einem Eigentumswechsel verbleibt (→ § 9a Rn. 148), sind die alten praktischen Streitfragen hierzu erledigt. **9**

Jeder Wohnungseigentümer ist neben seiner Stellung als Bruchteilsmiteigentümer und Sondereigentümer auch (Zwangs-)Mitglied der Gemeinschaft der Wohnungseigentümer, eines personalen Verbandes, dessen Befugnissen er sich nicht entziehen kann. Insofern verdient die Theorie, die das Rechtsinstitut Wohnungseigentum als „**dreigliedrige Einheit** von Miteigentum, Sondereigentum und Teilhabe am Gemeinschaftsverhältnis" (*Bärmann* NJW 1989, 1057; MüKoBGB/*Commichau* Vor § 1 Rn. 27) versteht, Zustimmung, wobei unter Teilhabe am Gemeinschaftsverhältnis sowohl die Mitgliedschaft in der Gemeinschaft der Wohnungseigentümer als auch die Beteiligung an der daneben bestehenden Bruchteilsgemeinschaft zu verstehen ist (→ § 9a Rn. 20). Das früher herrschende Verständnis von einem **besonders ausgestalteten Miteigentum nach Bruchteilen** (BGH NJW 1989, 2534; BayObLGDNotZ 1998, 127; Bärmann/*Armbrüster* § 1 Rn. 7; Weitnauer/*Briesemeister* Vor § 1 Rn. 57; Staudinger/*Rapp* Einl Rn. 23 ff.; NK-BGB/*Heinemann* § 1 Rn. 1) lässt sich nach der Entscheidung des Gesetzgebers in § 9a Abs. 1 WEG für die (umfassende) Rechtsfähigkeit der Gemeinschaft der Wohnungseigentümer **nicht** aufrechterhalten, weil die unausweichliche Mitgliedschaft in einem körperschaftlich strukturierten Verband nicht nur ein untergeordnetes „Anhängsel" am Miteigentumsanteil bildet, sondern gleichbedeutend mit dem Miteigentum auf einer Stufe steht. Die Einordnung von Wohnungseigentum als grundstücksgleichem Recht (*Merle,* Das Wohnungseigentum im System des bürgerlichen Rechts, 1979, 165 ff.) ist abzulehnen, weil man grundsätzlich nur dann von einem grundstücksgleichen Recht ausgehen kann, wenn das Grundstück, auf das sich das Recht bezieht, daneben als selbständiger Gegenstand von Eigentumsrechten fortbesteht, wie dies vor allem beim Erbbaurecht der Fall ist. Hieran fehlt es beim Wohnungseigentum (Bärmann/*Armbrüster* § 1 Rn. 6). Das Verständnis von Wohnungseigentum als einer Beteiligung an einer dinglichen Gesellschaft (*Junker,* Die Gesellschaft nach dem Wohnungseigentumsgesetz, 1993, 75) ignoriert im Ergebnis die sachenrechtliche Beteiligung des Wohnungseigentümers am Grundstück und widerspricht dem Verständnis von Wohnungseigentum als echtem Immobilieneigentum, auch wenn sich das Wohnungseigentum durch die Reformen des WEG zum 1.7.2007 und zum 1.12.2020 deutlich einer gesellschaftsrechtlichen Beteiligung angenähert hat (→ § 9a Rn. 17). Eine ausführliche Darstellung des Theorienstreits findet sich bei Staudinger/*Rapp* Einl. Rn. 1 ff. **10**

11 **2. Verbindung von Sondereigentum und Miteigentumsanteil.** Mit **jedem** der nach §§ 3, 8 WEG gebildeten Miteigentumsanteile muss Sondereigentum verbunden werden. Es ist nicht möglich, mit dem einen Miteigentumsanteil Sondereigentum zu verbinden, mit dem anderen aber nicht. **„Isolierte Miteigentumsanteile"** dürfen bei der rechtsgeschäftlichen Begründung von Wohnungseigentum nicht entstehen (BGH NJW 1990, 447; *Hügel* ZMR 2004, 549; Staudinger/*Rapp* § 3 Rn. 6; zum isolierten Miteigentumsanteil → § 3 Rn. 113). Dagegen kann mit einem Miteigentumsanteil das Sondereigentum an mehreren sonderrechtsfähigen Raumeinheiten verbunden werden, zB mit einem Miteigentumsanteil das Sondereigentum an einer Wohnung, einer Garage und einem abgeschlossenen Kellerraum. Eine räumliche Verbindung der Nebenräume mit den Haupträumen ist nicht erforderlich (OLG München NZM 2009, 402; *Häublein* notar 2016, 180). Auch mehrere wirtschaftlich selbständige Einheiten können mit einem Miteigentumsanteil verbunden werden, zB mehrere Eigentumswohnungen (BayObLG DNotZ 1971, 473). Zudem muss jedes Sondereigentum mit einem Miteigentumsanteil verbunden werden; es darf kein **isoliertes Sondereigentum** gebildet werden.

12 **3. Unterscheidung.** Wohnungseigentum unterscheidet sich vom Teileigentum nur in der **Zweckbestimmung** des jeweiligen Sondereigentums. Diese beiden gesetzlich vorgegebenen Grundtypen der Nutzungsbefugnis schließen sich – vorbehaltlich einer anderen Vereinbarung – gegenseitig aus (BGH NZM 2018, 90 Rn. 8). Es kommt hierbei allein auf die bauliche Eignung der Räume und der daraus resultierenden Zweckbestimmung, nicht auf die jeweilige Art der tatsächlichen Nutzung an (OLG München NZM 2017, 45). So wird eine Wohnung, die zeitweilig als ärztliche Praxis genutzt wird, nicht zum Teileigentum. Eine **unterschiedliche Rechtsqualität** besitzen beide Formen **nicht** (OLG München ZWE 2011, 265; KG ZWE 2011, 84; MittBayNot 2008, 209; *Hügel* FS Bub, 2007, 137). Für Teileigentum gelten dementsprechend gemäß § 1 Abs. 6 WEG die Vorschriften für Wohnungseigentum entsprechend. Wird daher in einem Teilungsvertrag oder einer Teilungserklärung nur der Begriff Wohnungseigentümer verwendet, obwohl die Wohnungseigentümergemeinschaft aus Wohnungs- und Teileigentümern besteht, bezieht sich dieser Begriff auch auf die Teileigentümer der Gemeinschaft (OLG Hamm ZMR 2008, 60; AG Wiesbaden ZWE 2012, 325). Im Folgenden wird daher in diesem Kommentar grundsätzlich nicht zwischen Wohnungseigentum und Teileigentum unterschieden, sofern es im Einzelfall nicht auf diese Unterscheidung ankommt. Alle Ausführungen für Wohnungseigentum gelten somit auch für Teileigentum, soweit nicht ausdrücklich etwas anderes gesagt ist. **Unterschiede** gibt es insbesondere bei der Abgeschlossenheit (→ § 3 Rn. 39 ff.) und dem Maß des erlaubten Gebrauchs (→ § 10 Rn. 87 ff.).

13 **a) Wohnungseigentum.** Wohnungseigentum ist nach § 1 Abs. 2 WEG das Sondereigentum an einer Wohnung in Verbindung mit dem Miteigentumsanteil an dem gemeinschaftlichen Eigentum, zu dem es gehört. Mangels gesetzlicher Definition ist für den Begriff Wohnung (siehe hierzu *Weber* NZM 2018, 70 ff.) die Verkehrsauffassung auf Grundlage der baulichen

Gestaltung maßgebend (Palandt/*Wicke* § 1 Rn. 2). Eine Orientierung hierfür bietet Nr. 4 der „Allgemeinen Verwaltungsvorschrift für die Ausstellung von Bescheinigungen gemäß § 7 Abs. 4 Nr. 2 und § 32 Abs. 2 Nr. 2“ (BAnz 1974 Nr. 58, abgedruckt im → Anhang I.). Eine Wohnung ist hiernach „die Summe der Räume, welche die Führung eines Haushaltes ermöglichen. Dazu gehören stets eine Küche oder ein Raum mit Kochgelegenheit sowie Wasserversorgung, Ausguss und WC. Die Eigenschaft als Wohnung geht nicht dadurch verloren, dass einzelne Räume vorübergehend oder dauernd zu beruflichen oder gewerblichen Zwecken benutzt werden. Räume, die zwar zu Wohnzwecken bestimmt sind, aber die genannten Voraussetzungen nicht erfüllen, können nicht als Wohnung iS der oben aufgeführten Vorschriften angesehen werden.“ Erfüllen Räume nicht die Anforderungen an eine Wohnung, hat die zuständige Behörde eine beantragte Abgeschlossenheitsbescheinigung abzulehnen, wenn die betreffenden Räume in den Plänen als Wohnungseigentum ausgewiesen sind (→ § 3 Rn. 41).

Eine **Wohnung** dient dem Menschen dazu, seinen **Lebensmittelpunkt** **14** zu gestalten (BayObLG FGPrax 2005, 11), sie muss als Aufenthaltsraum für Menschen geeignet sein (BGH NZM 2018, 611 Rn. 13; NZM 2017, 677 Rn. 8). Nebenräume wie Garage, Tiefgaragenstellplätze, Abstellräume, Keller oder Boden können dazugehören und beeinträchtigen wegen der klar überwiegenden Wohnnutzung die Eigenschaft als Wohnung nicht. Eine bestimmte Mindestgröße ist nicht erforderlich (Staudinger/*Rapp* § 1 Rn. 4). Selbst Einzimmerappartements mit der erforderlichen Ausstattung können eine Wohnung sein (OVG Lüneburg DNotZ 1984, 390). An einzelnen Räumen kann hingegen kein Wohnungseigentum gebildet werden. Dies gilt zB für einen Keller- oder Hobbyraum (BayObLG NJW-RR 1998, 735), WC-Raum (OLG Düsseldorf NJW 1976, 1458) oder einzelne Hotelzimmer ohne die notwendige Ausstattung für Wohnungseigentum (OLG München ZWE 2017, 175 Rn. 18; OVG Lüneburg DNotZ 1974, 390; zur erforderlichen Ausstattung → § 3 Rn. 40). Möglich ist hier nur Teileigentum (OLG München ZWE 2017, 175 Rn. 18; OLG Naumburg NotBZ 2005, 221; BayObLG ZMR 2003, 588; *Drasdo* ZfIR 2014, 614; *Häublein* NotBZ 2004, 243). Andererseits kann auch ein **ganzes Gebäude,** unabhängig von der Anzahl der in ihm befindlichen Wohnungen (BGH ZWE 2012, 271; NJW 1968, 1230) oder ein einzelnes Haus eines Doppelhauses (BGH NZM 2001, 435; OLG Düsseldorf FGPRax 2004, 267) beziehungsweise einer Reihenhausanlage eine Wohnung iSv § 1 Abs. 1 und 2 WEG darstellen (→ § 5 Rn. 28). Weil beim Bau von Reihenhausanlagen bzw. Doppelhaushälften eine Realteilung des mit den Gebäuden zu bebauenden Grundstücks häufig an der nicht zulässigen oder sinnvollen Trennvermessung scheitert und zudem die Parzellierung des Grundstücks häufig eine Unzahl von Dienstbarkeiten, vor allem Leitungsrechte, erfordern würde, dient die Begründung von Wohnungseigentum in der Praxis deshalb als Ausweichlösung. Jedes Reihenhaus bildet eine Sondereigentumseinheit.

b) Teileigentum. Teileigentum ist nach § 1 Abs. 3 WEG das Sonder- **15** eigentum an nicht zu Wohnzwecken bestimmten Räumen eines Gebäudes in Verbindung mit dem Miteigentumsanteil an dem gemeinschaftlichen

Eigentum, zu dem es gehört. Damit ist alles, was mangels Nutzung zu Wohnzwecken nicht für die Begründung von Wohnungseigentum geeignet ist, einer Begründung von Teileigentum zugänglich. Hauptanwendungsbereich ist eine Nutzung für private (Keller, Hobbyraum), gewerbliche und geschäftliche Zwecke, aber auch sportliche, kulturelle und öffentliche Nutzungsabsichten zählen hierzu (Staudinger/*Rapp* § 1 Rn. 8). Zulässig und nach hM keine Gesetzesumgehung ist auch die Begründung von Teileigentum an einem Kellerraum verbunden mit dem Sondernutzungsrecht an Räumen zu Wohnzwecken (sog. Kellermodell, → § 3 Rn. 19). Anders als bei der Begründung von Wohnungseigentum kann bei Teileigentum die **subjektive Nutzungsabsicht** entscheidend sein, weil auch eine Einheit, die an sich alle Anforderungen für Wohnungseigentum erfüllt, als Teileigentum ausgewiesen werden kann (Staudinger/*Rapp* § 1 WEG Rn. 7). Im umgekehrten Fall ist dies nicht möglich, weil eine Einheit die den objektiven Anforderungen für eine Wohneinheit nicht genügt (→ § 3 Rn. 41), auch nicht als solche ausgewiesen werden kann.

16 **c) Gemischte Nutzung.** Im Grundbuch ist ein Sondereigentum entweder als Miteigentumsanteil verbunden mit dem Sondereigentum an einer bestimmten Wohnung und damit als Wohnungseigentum einzutragen oder als Miteigentumsanteil verbunden mit dem Sondereigentum an nicht zu Wohnzwecken dienenden Räumen und damit als Teileigentum zu bezeichnen (BayObLGZ 1997, 191). Nicht ausgeschlossen ist jedoch eine **Mischform,** indem zB mit dem Miteigentumsanteil das Sondereigentum an nicht zu Wohnzwecken dienenden Räumen im Erdgeschoss und dem Sondereigentum an einer Wohnung im Obergeschoss verbunden wird (OLG Düsseldorf ZWE 2016, 165; KG MittBayNot 2008, 209; BayObLGZ 1997, 191). In den Fällen einer **gemischten Verwendung** ist auch die Bezeichnung als Wohnungs- und Teileigentum möglich (§ 2 Satz 2 der Wohnungsgrundbuchverfügung vom 24.10.1995, BGBl. I 134 sowie das Muster Anlage 1 zur Wohnungsgrundbuchverfügung). Eine Mischform liegt aber nur vor, wenn nicht einer der Zwecke **offensichtlich überwiegt.** Dies ist beispielsweise bei Praxisräumen im Erdgeschoss gegeben, wenn diese mit den Wohnräumen im ersten Obergeschoss verbunden sind. Andererseits handelt es sich um Wohnungseigentum, wenn zu einer Wohnung im Gebäude auch ein Kellerraum gehört, sog. „unselbständiges Teileigentum" (vgl. BGH NZM 2015, 454 Rn. 10; *Wilsch* ZfIR 2020, 177; *Ott* NZM 2015, 486). Die Bezeichnung Wohnungs- und Teileigentum ist auch zu wählen, wenn eine Einheit ausdrücklich zur alternativen Nutzung für beide Nutzungszwecke vorgesehen ist (KG MittBayNot 2008, 209).

17 **d) Zweckbestimmung durch Eigentümer.** Die Festlegung, ob eine Sondereigentumseinheit als Wohnungseigentum oder als Teileigentum entstehen soll, wird durch die Miteigentümer nach § 3 WEG oder den teilenden Eigentümer im Rahmen der Aufteilung nach § 8 WEG vorgenommen. Hierbei ist es sogar möglich, die Nutzung einer Einheit für alle erdenklichen Nutzungsarten vorzusehen, nämlich zur Nutzung zu Wohnzwecken und/oder nicht zu Wohnzwecken (KG MittBayNot 2008, 209; zur Bezeichnung einer solchen Einheit → Rn. 19). Einigkeit besteht darüber, dass durch

die Bezeichnung als Wohnungs- oder Teileigentum eine **Zweckbestimmung im weiteren Sinne** erfolgt, weil hierdurch allgemein der Gebrauch und die sonstige Nutzung der Räume des Sondereigentums als Wohnung oder zu anderen als zu Wohnzwecken vorgegeben wird (BGH ZWE 2020, 180 Rn. 7; BayObLG WuM 1994, 222; *Wenzel* ZWE 2006, 62; *Ott* ZfIR 2005, 130; *Armbrüster* ZMR 2005, 247; *Rapp* MittBayNot 1998, 77). Auch wenn diese Vorgaben im Rahmen der sachenrechtlichen Begründung von Wohnungseigentum getroffen werden, kommt dieser Festlegung keine sachenrechtliche Bedeutung zu (→ Rn. 22). Für die Unterscheidung zwischen Wohnungs- und Teileigentum kommt es auf die bauliche Ausgestaltung der Räume und der hierzu getroffenen Zweckbestimmung an (→ Rn. 12).

Detailliertere Zweckbestimmungen für die einzelnen Einheiten über diese Grobjustierung hinaus erfolgen durch Gebrauchsregelungen in der Gemeinschaftsordnung, durch welche die zulässige Nutzung weiter konkretisiert werden kann (vgl. BGH NZM 2018, 90 Rn. 9). Eine solche sog. **Zweckbestimmung im engeren Sinne** stellt eine Vereinbarung nach § 10 Abs. 1 Satz 2 WEG dar (→ § 10 Rn. 93). Überschreitet ein Wohnungseigentümer die durch die Zweckbestimmung im weiteren oder engeren Sinne festgelegte Nutzungsmöglichkeit, handelt es sich um einen unzulässigen Gebrauch seiner Sondereigentumseinheit (→ § 10 Rn. 101 ff.). Zu beachten ist, dass die Zulässigkeit einer Nutzung nach dem WEG nur eine Rolle spielt für das zivilrechtliche Verhältnis der Wohnungseigentümer untereinander, aber keine Bedeutung besitzt für die öffentlich-rechtliche Zulässigkeit der Nutzung. 18

e) Bezeichnung der Grundbücher. Die Benennung einer Eigentumseinheit durch das Grundbuchamt als Wohnungs- oder Teileigentum ist eine Konsequenz der durch den teilenden Eigentümer vorgegebenen Gebrauchs- und sonstigen Nutzungsmöglichkeit. Der teilende Eigentümer muss eine Bezeichnung der Einheiten in der Teilungserklärung als Wohnungs- oder Teileigentum selbst nicht vornehmen. Es genügt, wenn er den beabsichtigten Nutzungszweck benennt, zB Gewerbe (vgl. KG MittBayNot 2008, 209). Das Grundbuchamt hingegen darf die Bezeichnung nicht offenlassen (BGH NZM 2018, 90 Rn. 9). Bezeichnet das Grundbuchamt eine Sondereigentumseinheit falsch, ist der sachenrechtliche Aufteilungsakt gleichwohl wirksam (OLG München ZWE 2017, 126), weil § 7 Abs. 1 WEG für die sachenrechtliche Entstehung des Rechtes nur die Eintragung des zu einem Miteigentumsanteil gehörenden Sondereigentums verlangt, nicht dessen zutreffende Bezeichnung als Wohnungs- oder Teileigentum. Es handelt sich um eine Unrichtigkeit tatsächlicher Art (vgl. hierzu Hügel/*Holzer* GBO § 22 Rn. 29), die durch Richtigstellung von Amts wegen beseitigt werden kann (OLG München NJW 2014, 3585; *Hügel* FS Bub, 2007, 148; Riecke/Schmid/*Schneider* § 7 Rn. 192; Schöner/Stöber Rn. 2872c; Bauer/v. Oefele/*v. Oefele* GBO AT V Rn. 233; aA OLG München ZWE 2017, 126; BayObLG BayObLG NJW-RR 1998, 735). Der betroffene Eigentümer besitzt zudem selbst einen Anspruch auf Grundbuchberichtigung. Auch die anderslautende Rechtsprechung (OLG München ZWE 2017, 126; BayObLG NJW-RR 1998, 735) geht nur von einer Widersprüchlichkeit iSv 19

§ 53 GBO aus und nicht vom Fehlen eines für die Entstehung eines dinglichen Rechtes wesentlichen Elementes.

20 Auch wenn die Bezeichnung als Wohnungs- und Teileigentum nur eine Bezeichnung tatsächlicher Art ist, nimmt sie dennoch am **öffentlichen Glauben** des Grundbuchs teil (Bärmann/*Armbrüster* § 1 Rn. 33; aA Schöner/Stöber Rn. 2872c). Die Zweckbestimmung stellt nämlich eine Vereinbarung dar, die durch Eintragung im Grundbuch gem. § 10 Abs. 3 WEG jeden Sondernachfolger bindet. Für im Grundbuch eingetragene Vereinbarungen wird weitgehend vertreten, dass sie am öffentlichen Glauben des Grundbuchs teilnehmen (→ § 10 Rn. 206). Die Ablehnung des Gutglaubensschutzes wäre vor diesem Hintergrund inkonsequent (Bärmann/*Armbrüster* § 1 Rn. 33).

21 **4. Umwandlung.** Die rechtliche Klassifizierung einer Umwandlung von Wohnungs- in Teileigentum und umgedreht wird nicht einheitlich vorgenommen. Die Einordnung ist aber wichtig für die praktische Umsetzung des Umwandlungsvorganges.

22 **a) Dogmatische Klassifizierung.** Die Umwandlung von Wohnungseigentum in Teileigentum und umgekehrt bedeutet nach hier vertretener Ansicht eine Änderung des festgelegten Gebrauchs und folglich eine **Inhaltsänderung durch Vereinbarung** aller Eigentümer nach §§ 5 Abs. 4, 10 Abs. 1, 3 WEG (BGH NZM 2018, 90 Rn. 6; NZM 2012, 613; OLG München ZWE 2017, 307; OLG Frankfurt ZWE 2015, 320; OLG München ZWE 2014, 164; KG MittBayNot 2008, 209; ZWE 2007, 201; OLG Hamm NZM 2007, 294; ausf. *Hügel* FS Bub, 2007, 137). Die Gegenansicht sieht in der Umwandlung eine „Abänderung eines notwendigen Teils des dinglichen Akts zur Begründung von Wohnungs- und Teileigentum", die auch nur durch einen dinglichen Rechtsakt entsprechend §§ 873, 877 BGB erfolgen könne (KG NZM 2004, 624; *Wenzel* ZWE 2006, 62; *Ott* ZfIR 2005, 129). Nach dieser Meinung bedarf es zu dieser (sachenrechtlichen) Umwandlung zwar keiner materiell-rechtlichen Einigung in der Form der Auflassung, da eine Veränderung der eigentumsrechtlichen Zuordnung mit Veränderung des bisherigen Gebrauchs nicht verbunden sei (BayObLG DNotZ 1998, 379; MüKoBGB/*Kanzleiter* § 925 Rn. 4), wohl aber einer sachenrechtlichen Veränderung durch Einigung und Eintragung in das Grundbuch nach §§ 873, 877 BGB. Ein solches sachenrechtliches Verständnis kann aber nicht überzeugen, weil in der sachenrechtlichen Begründungsurkunde gem. §§ 3, 8 WEG grundsätzlich nur der Gegenstand von Sonder- und Gemeinschaftseigentum festgelegt wird. Zudem würde dies zu zwei Zweckbestimmungsebenen führen, nämlich der Zweckbestimmung im weiteren Sinne mit sachenrechtlichem Gehalt und der Zweckbestimmung im engeren Sinne (→ Rn. 18) mit schuldrechtlicher Bedeutung. Widersprüche und Komplikationen wären unvermeidlich (ausführlich hierzu *Hügel* FS Bub, 2007, 137).

23 **b) Abändernde Vereinbarung.** Die Umwandlung von Wohnungs- in Teileigentum und umgekehrt stellt zwar eine Inhaltsänderung des jeweiligen Sondereigentums dar, berührt jedoch nicht das sachenrechtliche Grundver-

hältnis der Wohnungseigentümer. Sie erfordert somit materiell die Zustimmung der Wohnungseigentümer zur Veränderung und nur zur Wirkung gegen Sondernachfolger die Bewilligung sowie die Eintragung in das Grundbuch (→ § 10 Rn. 34 ff.). Das Erfordernis der Mitwirkung der Eigentümer an einer Veränderung (lediglich) der Gemeinschaftsordnung kann auch durch eine Regelung in der Gemeinschaftsordnung, die spätere Wohnungs- und Teileigentümer als Sondernachfolger von der Mitwirkung ausschließt (sog. Öffnungsklausel, → § 10 Rn. 169), abbedungen werden (OLG München ZWE 2014, 121; OLG München ZWE 2017, 307; KG MDR 2013, 837; ZWE 2011, 84; BayObLG RNotZ 2001, 118; MittBayNot 1998, 101; *Rapp* MittBayNot 1998, 77). In solchen Fällen bedarf es der Mitwirkung dieser Eigentümer bei einer späteren Umwandlung nicht (BayObLG RNotZ 2001, 119; OLG Hamburg ZMR 2003, 697). Dieser Möglichkeit steht die Rechtsprechung zu den sog. verdinglichten Ermächtigungen (BGH NJW 2003, 2165; BayObLG NJW 2005, 444; OLG Saarbrücken NZM 2005, 423, ausführlich → § 4 Rn. 6) nicht entgegen, weil deren Unzulässigkeit sich nur auf die sachenrechtliche Ebene bezieht (vgl. *Hügel* RNotZ 2005, 154). Wird die Ermächtigung zur einseitigen Umwandlung unter eine Bedingung gestellt, ist zur Eintragung der Umwandlung im Grundbuch der Nachweis des Bedingungseintritts in der Form des § 29 GBO zu führen (OLG München ZWE 2014, 121).

c) Zustimmung dinglich Berechtigter. Einer Umwandlung von Woh- 24
nungs- in Teileigentum oder umgekehrt müssen Berechtigte einer Hypothek, Grund- oder Rentenschuld sowie einer Reallast **nicht** zustimmen (OLG München ZWE 2014, 164; KG ZWE 2011, 84), weil mangels Klassifizierung als sachenrechtlicher Veränderungsakt die §§ 876, 877 BGB direkt keine Anwendung finden, sondern wegen der Einordnung als abändernde Vereinbarung § 5 Abs. 4 Satz 2 WEG einschlägig ist (OLG München ZWE 2014, 164; KG ZWE 2011, 84; *Hügel* FS Bub, 2007, 137; aA Erman/*Grziwotz* § 1 Rn. 9). Sind andere Rechte im Wohnungsgrundbuch eingetragen, zB beschränkte persönliche Dienstbarkeiten oder Grunddienstbarkeiten, sind die Zustimmungen der jeweiligen dinglich Berechtigten dann erforderlich, wenn in der Umwandlung eine rechtliche Beeinträchtigung dieser Rechte entsprechend §§ 876, 877 BGB zu sehen ist (vgl. BGH NJW 1984, 2409; OLG München ZWE 2014, 121; BayObLG DNotZ 1990, 381).

d) Neuer Aufteilungsplan. Für die reine Umwandlung von Teil- in 25
Wohnungseigentum und umgekehrt ist kein neuer Aufteilungsplan erforderlich, weil hierbei die Lage und die Grenzen des Sondereigentums unverändert bleiben (OLG Bremen ZWE 2002, 184).

e) Abgeschlossenheitsbescheinigung. Wird Teileigentum in Woh- 26
nungseigentum umgewandelt, muss dem Grundbuchamt eine geänderte Abgeschlossenheitsbescheinigung vorgelegt werden (KG ZMR 2015, 881; MDR 2013, 837; *Hügel* FS Bub, 2007, 152). Zwar wird durch eine reine Umwandlung in Wohnungseigentum die Abgeschlossenheit gegenüber anderem Sonder- oder dem gemeinschaftlichen Eigentum nicht beeinträchtigt.

Die Ausstattung eines Teileigentums muss aber nicht den Anforderungen an die Ausstattung eines Wohnungseigentums genügen (→ Rn. 15). Über eine geänderte Abgeschlossenheitsbescheinigung ist nachzuweisen, dass die umgewandelte Einheit den Anforderungen an Wohnungseigentum gerecht wird (→ § 3 Rn. 56). Trägt das Grundbuchamt die Umwandlung ohne eine geänderte Abgeschlossenheitsbescheinigung ein, ist die Eintragung gleichwohl wirksam, da § 3 Abs. 3 WEG mit dem Erfordernis der Abgeschlossenheit nur eine Sollvorschrift enthält (→ § 3 Rn. 43). Für die Umwandlung von Wohnungs- in Teileigentum ist hingegen eine geänderte Abgeschlossenheitsbescheinigung nicht notwendig.

27 **f) Eintragung der Umwandlung in das Grundbuch.** Durch die Umwandlungsvereinbarung wird das Grundbuch unrichtig. Das Grundbuchamt kann die Unrichtigkeit durch die ihm zur Eintragung vorgelegten Unterlagen selbst erkennen. Aus diesem Grund ist die Umbenennung eines Wohnungseigentumsgrundbuchs in ein Teileigentumsgrundbuch oder umgekehrt eine reine **Grundbuchberichtigung** nach § 22 GBO.

II. Sondereigentum und gemeinschaftliches Eigentum

28 Neben Wohnungs- und Teileigentum enthält § 1 WEG zwei weitere für das Wohnungseigentum wichtige Eigentumsbegriffe, nämlich das Sondereigentum und das gemeinschaftliche Eigentum.

29 **1. Sondereigentum.** Der Begriff Sondereigentum ist eine juristische Innovation, die durch das WEG geschaffen wurde (*Rapp* in Wohnungseigentum in Österreich und Deutschland, 29). Sondereigentum ist in § 3 Abs. 1 Satz 1 WEG **definiert** als Eigentum an einer bestimmten Wohnung oder an nicht zu Wohnzwecken dienenden Räumen in einem auf dem Grundstück errichteten oder zu errichtenden Gebäude. Unter Durchbrechung des sog. Akzessionsprinzips (→ § 1 Rn. 7) stellt Sondereigentum das Eigentum an Räumen dar (zum Gegenstand des Sondereigentums → § 5 Rn. 3 ff.). Das Sondereigentum ist als Alleineigentum ausgestaltet, das aus der gemeinschaftlichen Berechtigung der Miteigentümer des Grundstücks gelöst ist (BGH NJW 2008, 2982 Rn. 12). Seine Bedeutung ergibt sich aus der Gegenüberstellung zum gemeinschaftlichen Eigentum. Der Wohnungseigentümer kann, sofern nicht das Gesetz oder Rechte Dritter entgegenstehen, mit den in seinem Sondereigentum stehenden Räumen und Gebäudeteilen nach Belieben verfahren. Ihm steht die Verwaltung des Sondereigentums in Eigenverantwortung zu (vgl. BGH NJW 2003, 1393); für Maßnahmen am Sondereigentum besteht generell **keine Beschlusskompetenz** der Wohnungseigentümer (BGH NJW 2013, 3092 Rn. 14). Dieses **alleinige Herrschaftsrecht** kennzeichnet das Wesen des Sondereigentums (MüKoBGB/*Röll,* 3. Aufl. 1997, § 5 Rn. 8). Es darf nicht mit dem Wohnungseigentum, dessen Teil es bildet, verwechselt werden. Das Sondereigentum ist keine Belastung des Miteigentumsanteils, sondern eine **echte Eigentumszuweisung** an den jeweiligen Berechtigten (→ § 3 Rn. 3). Sachenrechtlich gesehen wächst dem einzelnen Miteigentumsanteil das Sondereigentum als echtes Eigentum an bestimmten Räumen zu (vgl. § 3 Abs. 1 Satz 1 WEG), mit der negativen Folge, dass die

übrigen Miteigentümer hieran ihr Miteigentum verlieren. Der Gegenstand des Sondereigentums ist in § 5 Abs. 1 und 2 WEG, dessen Inhalt in §§ 5 Abs. 4 Satz 1, 10 Abs. 2 und 3 WEG geregelt (zum Inhalt des Sondereigentums → § 5 Rn. 56 ff.).

2. Gemeinschaftliches Eigentum (§ 1 Abs. 5 WEG). Als gemeinschaftliches Eigentum werden in § 1 Abs. 5 WEG das **Grundstück** (BGH NZM 2019, 788 Rn. 5) und das Gebäude, soweit sie nicht im Sondereigentum oder Eigentum eines Dritten stehen, festgelegt. § 1 Abs. 5 WEG wurde durch das WEMoG neu gefasst und dadurch den Änderungen in § 3 WEG angepasst. Nach der dortigen Regelung sind auch Stellplätze außerhalb des Gebäudes sondereigentumsfähig, ebenso außerhalb des Gebäudes liegende Grundstücksteile. Dementsprechend zählen solche Bereiche des Grundstücks entgegen der früheren Rechtslage auch nicht mehr zum zwingenden gemeinschaftlichen Eigentum. Das **Gebäude,** hierzu gehören seine – im früheren Wortlaut der Vorschrift ausdrücklich aufgeführten – Teile, Anlagen und Einrichtungen, zählt ebenfalls zum gemeinschaftlichen Eigentum, soweit es nicht im Sondereigentum oder Eigentum eines Dritten steht. Deshalb sind nur **wesentliche Bestandteile** eines Grundstücks iSd WEG sondereigentumsfähig, nicht jedoch nichtwesentliche Bestandteile (→ § 5 Rn. 8). Zum Gemeinschaftseigentum zählen darüber hinaus gem. § 5 Abs. 2 WEG zwingend die Teile des Gebäudes, die für dessen Bestand oder Sicherheit erforderlich sind, sowie Anlagen und Einrichtungen, die dem gemeinschaftlichen Gebrauch der Wohnungseigentümer dienen, selbst wenn sie sich im Bereich der im Sondereigentum stehenden Räume befinden. Nach § 5 Abs. 3 WEG können an sich sondereigentumsfähige Gebäudebestandteile zu gemeinschaftlichem Eigentum erklärt werden (→ § 5 Rn. 41). **Nicht verwechselt** werden darf das gemeinschaftliche Eigentum iS von § 1 Abs. 5 WEG mit dem **Vermögen** der rechtsfähigen **Gemeinschaft der Wohnungseigentümer** (§ 9a Abs. 3 WEG). Dieses bildet eine hiervon getrennte Vermögensmasse. An dieser steht den Wohnungseigentümern keine Mitberechtigung eigentumsrechtlicher Art zu. Die Wohnungseigentümer sind nur Mitglieder der Gemeinschaft, der dieses Eigentum gehört (→ § 9a Rn. 138). 30

Das gemeinschaftliche Eigentum steht sämtlichen Wohnungseigentümern entsprechend ihren Miteigentumsanteilen zu. Dieses Gemeinschaftseigentum wird von der Gemeinschaft der Wohnungseigentümer für diese verwaltet (§ 18 Abs. 1 WEG). Den einzelnen Wohnungseigentümern gebührt ein ihrem Anteil entsprechender Bruchteil der Früchte des gemeinschaftlichen Eigentums (§ 16 Abs. 1 Satz 1 WEG). Die entsprechenden Kosten der Verwaltung und des Gebrauchs des gemeinschaftlichen Eigentums werden nach § 16 Abs. 2 WEG unter den Wohnungseigentümern verteilt. 31

III. Miteigentum an mehreren Grundstücken (§ 1 Abs. 4 WEG)

Nach § 1 Abs. 4 WEG kann Wohnungseigentum nicht in der Weise begründet werden, dass das Sondereigentum mit dem Miteigentum an mehreren Grundstücken verbunden wird. Es gilt somit der Grundsatz: Für jede Wohnungseigentümergemeinschaft nur ein Grundstück. Der umge- 32 kehrte Grundsatz gilt aber ebenso: Für jedes Grundstück nur eine Wohnungseigentümergemeinschaft.

33 **1. Ein Grundstück.** Wohnungseigentum kann nach § 1 Abs. 4 WEG nur an einem Grundstück im Rechtssinne gebildet werden. Diese Bestimmung wurde im Jahre 1973 nachträglich in das WEG eingefügt (BGBl. 1973 I 910), um den diesbezüglichen Meinungsstreit zu beenden (siehe hierzu F. *Schmidt* ZWE 2007, 280). Für die Vergangenheit enthält das betreffende Gesetz in Art. 3 § 1 Übergangsvorschriften.

Ein Grundstück im Rechtsinne ist ein im Bestandsverzeichnis des Grundbuchs unter einer selbständigen laufenden Nummer gebuchter, räumlich abgegrenzter Teil der Erdoberfläche (RGZ 84, 265; BayObLGZ 1954, 258). Dieses kann allerdings auch aus mehreren Flurstücksnummern bestehen (*Demharter* DNotZ 1996, 457). Soll eine einzige Wohnungseigentümergemeinschaft für mehrere Grundstücke gebildet werden, müssen diese demnach vor der Bildung von Wohnungs-/Teileigentum nach § 890 Abs. 1 BGB zu einem Grundstück vereinigt bzw. nach § 890 Abs. 2 BGB zugeschrieben werden (OLG Köln ZMR 2019, 974; OLG Frankfurt ZWE 2006, 343). Die Teilfläche eines Grundstücks kann nicht Wohnungseigentumsgrundstück sein (Staudinger/*Rapp* § 1 Rn. 25). Ein gemäß Art. 233 § 4 EGBGB fortbestehendes **Gebäudeeigentum** ist mangels dazugehörigen Grundstücks nicht aufteilbar nach dem WEG (OLG Jena DtZ 1996, 88; *Hügel* DtZ 1996, 66; aA *Heinze* DtZ 1995, 195).

34 **2. Grenzüberbau.** Durch einen Grenzüberbau sind mehrere Grundstücke betroffen. Nach dem Grundsatz der §§ 93, 94 BGB steht der Überbau grundsätzlich im Eigentum des Nachbarn und kann deshalb nicht in Wohnungseigentum aufgeteilt werden. Sofern jedoch der Überbau nach den allgemeinen sachenrechtlichen Regeln des BGB nicht selbständiges Eigentum ist, sondern das gesamte Gebäude als einheitliches Gebäude wesentlicher Bestandteil des Stammgrundstücks ist und ihm eigentumsrechtlich zugeordnet werden kann, ist die Bildung von Wohnungseigentum am Stammgrundstück und damit am gesamten Gebäude möglich.

35 Eine solche eigentumsrechtliche Zuordnung des Überbaus zum Stammgrundstück kommt bei einem **entschuldigten** oder **rechtmäßigen** Überbau nach § 912 Abs. 1 BGB in Betracht (ausf. hierzu *Elzer* FS Riecke, 2019, 83 ff.). Diese Möglichkeit scheidet aus, wenn der überbauende Eigentümer den Überbau ohne Zustimmung des Nachbarn vorsätzlich oder grob fahrlässig vornimmt, indem er sich beispielsweise vor der Bauausführung nicht vergewissert, wem der zur Bauausführung gehörende Grund gehört. Ebenso wenig ist der Überbau zu dulden, wenn er den Regeln der Baukunst nicht entspricht (BGH NZM 2008, 939).

36 Dem Grundbuchamt ist das Vorliegen eines entschuldigten oder rechtmäßigen Überbaus durch Erklärung des betroffenen Nachbarn in der Form des § 29 GBO nachzuweisen (OLG Karlsruhe BWNotZ 2013, 115; *Wicke* DNotZ 2006, 263; ausführlich hierzu Riecke/Schmid/*Schneider* § 1 Rn. 193 ff.). Die Eintragung einer Grunddienstbarkeit ist nicht erforderlich (Staudinger/*Rapp* § 1 Rn. 30; Palandt/*Wicke* § 1 Rn. 7; aA OLG Stuttgart DNotZ 1983, 444), jedoch zu empfehlen. Wurde der Überbau nämlich in

Ausübung einer Grunddienstbarkeit errichtet, zählt er wegen § 95 Abs. 1 Satz 2 BGB unproblematisch als rechtmäßiger Überbau zum Eigentum des herrschenden Grundstücks und ist einer wohnungseigentumsrechtlichen Aufteilung zugänglich (OLG Karlsruhe BWNotZ 2013, 115; OLG Stuttgart ZWE 2011, 410). Dies gilt selbst dann, wenn sich auf dem Stammgrundstück nur die Zufahrt zu einer auf dem Nachbargrundstück errichteten Tiefgarage befindet (siehe hierzu *Oppermann* DNotZ 2015, 662). Die Größe und die wirtschaftliche Bedeutung des überbauten Gebäudeteils ist für die eigentumsrechtliche Bewertung nämlich unerheblich (OLG Stuttgart ZWE 2011, 410). Ratsam ist in jedem Fall eine Bestellung der Dienstbarkeit vor Baubeginn, da die Wirkung einer nachträglichen Dienstbarkeit umstritten ist (vgl. *Tersteegen* RNotZ 2006, 452; Staudinger/*Rapp* § 1 Rn. 30).

An einem **„überhängenden Überbau"** ist die Begründung von Sondereigentum möglich, weil das überhängende Bauteil demjenigen gehört, von dessen Grundstück der Überhang ausgeht (KG ZWE 2015, 361; OLG Karlsruhe BWNotZ 2013, 115). Erker (LG Bautzen NZM 2001, 201 mit abw. Begr.), Balkone, Dachvorsprünge und Giebel stellen nämlich einen Überbau iSv §§ 912 ff. BGB dar, auch wenn sie keinerlei Verbindung zum überbauten Grundstück aufweisen (*Tersteegen* RNotZ 2006, 441). Kein Fall des Überbaus liegt vor, wenn das Gebäude vollständig auf dem fremden Grundstück errichtet worden ist (OLG Karlsruhe BWNotZ 1988, 91). **37**

3. Veränderungen am aufgeteilten Grundstück. a) Veräußerung einer Teilfläche. Soll eine **reale Teilfläche** des gemeinschaftlichen Grundstücks veräußert werden, müssen die Wohnungseigentümer nach den Bestimmungen der §§ 873 I, 925 Abs. 1 Satz 1 BGB vorgehen. Es handelt sich nicht um eine Verfügung über das gesamte Eigentum (BGH NJW 1994, 1470). Die Veräußerung kann nicht als Verwaltungsmaßnahme beschlossen oder vereinbart werden (BGH NJW 2013, 1962 Rn. 8; *Reymann* ZWE 2013, 316; *Elzer* ZWE 2011, 18; aA Weitnauer/*Lüke* Vor § 20 Rn. 3). Soll nur ein Wohnungs- oder Teileigentümer, bzw. der Verwalter handeln, muss jeder andere Wohnungs- und Teileigentümer diesem jeweils eine Vollmacht erteilen oder ein Handeln genehmigen, jeweils in der Form des § 29 GBO, wenn dieses Geschäft wirksam sein soll (*Reymann* ZWE 2013, 315; *Elzer* ZWE 2011, 18; aA *Weikart* NotBZ 1997, 91; Beck'sches Notarhandbuch/*Rapp* § 3 Rn. 139). Die Veräußerung eines realen Grundstücksteils berührt das sachenrechtliche Grundverhältnis der Wohnungseigentümer. In diesem Bereich sind allein die Wohnungseigentümer verfügungsberechtigt (*Hügel* ZMR 2011, 187). Eine wohnungseigentumsrechtliche Vertretungsmacht des Verwalters gibt es in diesem Bereich nicht und kann auch nicht über einen Beschluss oder eine Vereinbarung geschaffen werden (OLG München NJW 2010, 1467). **38**

Eine Eigentumsvormerkung kann nur in allen Wohnungsgrundbüchern gleichzeitig eingetragen werden, nicht in einem einzelnen Wohnungsgrundbuch (OLG Düsseldorf ZWE 2013, 208; KG ZMR 2012, 462; BayObLG MittBayNot 2002, 189). Die Abschreibung der Teilfläche ist ohne Auf- **39** hebung aller am gesamten Grundstück gebildeten Sondereigentumsrechte möglich, wenn die abzuschreibende Teilfläche sich nicht im Bereich von Sondereigentum befindet (KG ZMR 2012, 462; Weitnauer/*Briesemeister* § 1 Rn. 33; *Weikart* NotBZ 1997, 90; *Herrmann* DNotZ 1991, 609; aA OLG Saarbrücken Rpfleger 1988, 479). Befindet sich hingegen die maßgebliche Teilfläche im Bereich von Sondereigentum, steht einer Teilung § 1 Abs. 4 WEG entgegen. Es bedarf deshalb neben dem Veräußerungsakt der Teilaufhebung der sich im räumlichen Bereich der veräußerten Teilfläche befindlichen Sondereigentumsrechte in Auflassungsform (KG ZMR 2012, 462; OLG Frankfurt a. M. DNotZ 1991, 604; *Herrmann* DNotZ 1991, 609; *Weikart* NotBZ 1997, 91; *Böttcher* BWNotZ 1996, 90; aA *Röll* Rpfleger 1990, 278; Weitnauer/*Briesemeister* § 1 Rn. 33).

40 **b) Hinzuerwerb einer Fläche.** Soll eine reale Teilfläche durch die Miteigentümer hinzuerworben werden, müssen **alle Wohnungs- und Teileigentümer** in ihrer Eigenschaft als künftige gemeinschaftliche Miteigentümer **mitwirken** (*Hügel* DNotZ 2007, 773), und zwar persönlich oder durch einen Vertreter. Dieser kann der besonders bevollmächtigte Verwalter, ein bevollmächtigter Wohnungs- oder Teileigentümer oder jeder Dritte sein. Mitwirkung bedeutet, dass sämtliche Wohnungs- und Teileigentümer als gemeinsame Erwerber Erklärungen gegenüber dem Verkäufer und dem Grundbuchamt abgeben müssen (*Elzer* ZWE 2011, 17).

41 Das Gesetz räumt den Wohnungseigentümern keine Kompetenz ein, einen Zuerwerb durch die Miteigentümer zu beschließen. Der Erwerb weiteren gemeinschaftlichen Eigentums ist keine Verwaltung des bisherigen Verwaltungsgegenstandes, sondern ein *aliud.*

42 Soll die neue Fläche dem **aufgeteilten Grundstück** durch Vereinigung oder Zuschreibung **angefügt** werden, muss der Erwerb durch alle Wohnungseigentümer im Verhältnis derer Miteigentumsanteile erfolgen (OLG Zweibrücken DNotZ 1991, 605). Erforderlichenfalls müssen erst gleiche Eigentumsverhältnisse hergestellt werden. Das neue Flurstück wird dann dem vorhandenen Grundstück als Bestandteil nach § 890 Abs. 2 BGB zugeschrieben (OLG Frankfurt a. M. DNotZ 1993, 612) bzw. mit ihm nach § 890 Abs. 1 BGB vereinigt. Es bedarf hierbei zusätzlich einer Erklärung aller Wohnungseigentümer nach §§ 3, 4 WEG dergestalt, dass sich das Gemeinschaftsverhältnis auf die zugeschriebene Grundstücksfläche erstrecken soll (OLG Frankfurt a. M. ZWE 2006, 343; DNotZ 1993, 612; OLG Zweibrücken DNotZ 1991, 605; aA Weitnauer/*Briesemeister* § 1 Rn. 31). Eine Aufhebung des bestehenden Wohnungseigentums und Neubegründung nach Vereinigung und Zuschreibung ist nicht notwendig (LG Ravensburg Rpfleger 1990, 291; *Demharter* ZWE 2006, 346; *Röll* Rpfleger 1990, 277; aA OLG Saarbrücken Rpfleger 1988, 479). Bei der Zuschreibung erstrecken sich eingetragene Grundpfandrechte nach § 1131 BGB auf den erworbenen Miteigentumsanteil am zugeschriebenen Grundstück.

43 Wohnungs- und Teileigentümer können aber auch eine zusätzliche Fläche erwerben, **ohne** diese nach § 890 Abs. 1 und 2 BGB dem Wohnungseigentumsgrundstück **anzufügen.** Dieses Grundstück ist dann aber **kein**

gemeinschaftliches Eigentum iSv § 1 Abs. 5 WEG, sondern bloßes Miteigentum nach §§ 1008 ff. BGB. Der Erwerb vollzieht sich nach §§ 873, 925 BGB. Auf das Grundstück ist nicht das WEG, sondern es sind allein §§ 741 ff., 1008 ff. BGB anwendbar. Ohne eine Vereinigung bzw. Zuschreibung der zusätzlichen Fläche zum Wohnungseigentumsgrundstück fehlt der Wohnungseigentümerversammlung eine wohnungseigentumsrechtliche Regelungskompetenz. Durch eine Beschlussfassung gem. § 23 WEG in der Wohnungseigentümerversammlung kann somit keine verbindliche Gebrauchsregelung für diese neue Fläche getroffenen werden (OLG Frankfurt ZWE 2006, 341; ZWE 2006, 343). Die Wohnungs- und Teileigentümer können sich an diesem Grundstück zB einem Sondernutzungsrecht ähnliche Rechte einräumen. Fragen des WEG sind aber jeweils nicht berührt.

Als Alternative steht aber auch der Erwerb durch die **Gemeinschaft der Wohnungseigentümer** zur Verfügung (BGH NZM 2016, 387 Rn. 23; OLG Hamm ZMR 2010, 785; LG Deggendorf ZMR 2008, 909; → § 9a Rn. 79). In diesem Fall ist eine Vereinigung bzw. Zuschreibung mit dem aufgeteilten Grundstück mangels identischer Eigentumsverhältnisse nicht möglich. 44

c) Bestellung von Dienstbarkeiten. Mit der Anlegung der Wohnungs- oder Teileigentumsgrundbücher wird das bisherige Grundbuchblatt des Grundstückes nach § 7 Abs. 1 Satz 3 WEG geschlossen (→ § 7 Rn. 22). Gleichwohl **besteht** das Grundstück im Rechtssinne **fort** (OLG Hamm DNotZ 2001, 216; NK/*Heinemann* § 1 Rn. 6) und kann als Ganzes Gegenstand rechtsgeschäftlicher Verfügungen sein, insbesondere bei der Bestellung von Dienstbarkeiten (BGH NZM 2019, 448; OLG Zweibrücken ZWE 2014, 123; BayObLG ZMR 1995, 421; *Elzer* ZWE 2011, 19). In Betracht kommen sowohl Grunddienstbarkeiten als auch beschränkte persönliche Dienstbarkeiten. Berechtigter einer **beschränkten persönlichen Dienstbarkeit** kann ein Dritter, aber auch ein einzelner Wohnungseigentümer (OLG Zweibrücken ZWE 2014, 123) oder eine Gemeinschaft der Wohnungseigentümer sein (*Hügel* DNotZ 2007, 338). Für die Eintragung der Dienstbarkeit im Grundbuch ist die Bewilligung aller Wohnungseigentümer erforderlich. Die Eintragung erfolgt in allen Wohnungsgrundbüchern (BGH DNotZ 1990, 493; OLG Hamm DNotZ 2006, 623). Ebenso kann eine **Grunddienstbarkeit,** die ihrem Inhalt nach nur am gesamten Grundstück bestellt werden kann, durch Eintragung in allen Wohnungsgrundbüchern bestellt werden. Ist sie – zulässigerweise – zugunsten einer Sondereigentumseinheit bestellt, bedarf es nach Ansicht des BGH der Eintragung in das Grundbuch der herrschenden Einheit nicht, weil niemand herrschend und dienend zugleich sein kann (BGH NZM 2019, 448 Rn. 29). Dies ist jedoch zweifelhaft, weil die für eine Grunddienstbarkeit notwendige Eintragung am gesamten Grundstück nur durch Eintragung in allen Wohnungsgrundbüchern realisierbar ist (vgl. Wilsch NotBZ 2019, 459). 45

Abschnitt 2. Begründung des Wohnungseigentums

Arten der Begründung

2 Wohnungseigentum wird durch die vertragliche Einräumung von Sondereigentum (§ 3) oder durch Teilung (§ 8) begründet.

Übersicht

A. Normzweck

1 Die Vorschrift hat selbst keine Regelungsfunktion, sondern zeigt nur die Möglichkeiten auf, nach denen Wohnungseigentum begründet werden kann.

B. Begründungsmöglichkeiten

2 Der Gesetzgeber hat zwei Möglichkeiten der Begründung von Wohnungseigentum (→ § 1 Rn. 3) eröffnet. Zum einen steht die vertragliche Aufteilung unter Miteigentümern nach § 3 WEG (Teilungsvertrag), zum anderen die einseitige Teilungserklärung des Eigentümers nach § 8 WEG zur Verfügung. § 3 WEG ist die grundlegende Vorschrift für die vertragliche Begründung von Wohnungseigentum. In der Praxis erfolgt die Begründung von Wohnungseigentum in aller Regel über die Aufteilung durch den Alleineigentümer nach § 8 WEG. Möglich ist auch eine **Verbindung der Teilungsformen** nach § 3 WEG und § 8 WEG (OLG München MDR 2020, 915 Rn. 20; Bärmann/*Armbrüster* § 8 Rn. 5).

I. Allgemeines

3 Die Begründung von Wohnungseigentum ist ein **sachenrechtlicher Vorgang,** weil hierbei das ursprünglich einheitliche Gebäude in unterschiedliche Eigentumssphären aufgeteilt wird. Erforderlich ist daher nach den allgemeinen sachenrechtlichen Regeln bei der vertraglichen Begründung die Einigung der Grundstückseigentümer bzw. bei der einseitigen Aufteilung die Erklärung des Eigentümers sowie jeweils die Eintragung im Grundbuch (→ § 3 Rn. 4).

Beiden Begründungsformen gemeinsam ist, dass mindestens zwei Einheiten gebildet werden müssen, da es anderenfalls an einer Aufteilung fehlt. Eine Obergrenze für die Anzahl möglicher Sondereigentumseinheiten besteht hingegen nicht (Bärmann/*Armbrüster* § 2 Rn. 8). Der Unterschied zwischen den Teilungsarten besteht darin, dass bei der Aufteilung nach § 3 WEG eine Gemeinschaft schon besteht, wohingegen bei der Begründung nach § 8 WEG eine Gemeinschaft erst entstehen soll. Befindet sich das aufzuteilende Grundstück im Alleineigentum einer Person und möchte diese hieran Wohnungseigentumseinheiten bilden und (teilweise) veräußern, stehen ihr beide Varianten wahlweise zur Verfügung. Sie kann entweder Miteigentumsanteile veräußern und mit den Erwerbern später Wohnungseigentum vertraglich gem. § 3 WEG begründen oder zuerst gem. § 8 WEG aufteilen und anschließend die neu gebildeten Wohnungseigentumseinheiten an die Erwerber veräußern. Praktisch relevant ist jedoch nur die letzte Möglichkeit, weil diese insbesondere mit kostenrechtlichen Vorteilen verbunden ist. 4

Wohnungseigentum kann auf Grund des bestehenden **Typenzwanges im Sachenrecht** nur nach Maßgabe des WEG begründet werden. Innerhalb des Gesetzes, insbesondere bei der Regelung der Rechtsverhältnisse der Wohnungseigentümer untereinander, gewährt das WEG aber einen weiten Gestaltungsspielraum. Hierdurch kann auf die verschiedensten Bedürfnisse und Notwendigkeiten bei unterschiedlichen Gebäuden, vom Zweifamilienhaus angefangen bis zur Groß- und Mehrhausanlage, sachgerecht eingegangen werden. 5

Eine Teilung durch richterliche Entscheidung im Rahmen eines anhängigen Gerichtsverfahrens über die **Aufhebung einer Miteigentümergemeinschaft** ist gegen den Willen der Beteiligten nicht möglich (Weitnauer/*Briesemeister* § 2 Rn. 1; Riecke/Schmid/*Schneider* § 2 Rn. 6), weil die Bildung von Sondereigentum nicht als gleichartige Teilung in Natur iSv § 752 BGB verstanden werden kann (vgl. OLG Hamm NJW-RR 1992, 665). Ebenso wenig ist § 1568a BGB als Rechtsgrundlage für die Begründung von Wohnungseigentum geeignet (Timme/*Munzig* § 2 Rn. 4). 6

Eine Teilung durch **Verfügung von Todes** wegen ist nicht möglich. Zwar kann ein Erblasser durch Vermächtnis oder Teilungsanordnung bestimmen, dass eine zum Nachlass gehörende Immobilie in Wohnungseigentum aufzuteilen sei. Dies hat jedoch nur schuldrechtliche Wirkung; mit dem Erbfall ist noch kein Wohnungseigentum entstanden (*Hügel* ZErb 2005, 380). Es bedarf noch der Aufteilung durch die Erben durch Vertrag bzw. einseitige Erklärung (Weitnauer/*Briesemeister* § 2 Rn. 2). Der Anspruch auf Erbauseinandersetzung durch Begründung von Wohnungseigentum gem. § 3 WEG ergibt sich aus §§ 2042 Abs. 1, 2048 Satz 1 BGB in Verbindung mit der im Testament getroffenen Teilungsanordnung. Diese hat schuldrechtliche Wirkung wie eine Miterbenvereinbarung, sie ersetzt in ihrem Umfang den Teilungsplan und geht den gesetzlichen Regeln für die Auseinandersetzung vor (BGH NJW 2002, 2712). Können sich Miterben iRd Umsetzung der durch den Erblasser getroffenen Teilungsanordnung nicht über eine Gemeinschaftsordnung einigen, entscheidet das Prozessgericht über diese Regelungen nach billigem Ermessen (BGH NJW 2002, 2712). 7

Fehlt eine solche Anordnung des Erblassers über die Aufteilung in Wohnungseigentum ist die Begründung von Wohnungseigentum nur im Einvernehmen aller Miterben möglich.

II. Vertragliche Einräumung von Sondereigentum

8 Der Vertrag über die Einräumung von Sondereigentum verschafft jedem Miteigentümer Alleineigentum an bestimmten Räumen. Er ändert das dingliche Recht des jeweiligen Miteigentumsanteils durch die gegenseitige Einräumung von Sondereigentum (→ § 3 Rn. 3). Praktische Bedeutung hat die vertragliche Begründung von Wohnungseigentum vor allem bei den sog. Bauherrenmodellen (hierzu *Späth* ZfIR 2008, 183).

III. Einseitige Teilung gem. § 8

9 Abweichend von den Grundsätzen des geltenden Rechts, dass eine ideelle Teilung eines Grundstücks durch den Alleineigentümer und die quotenmäßig beschränkte Belastung eines im Alleineigentum stehenden Grundstücks ausschließt (vgl. § 1114 BGB, § 864 Abs. 2 ZPO; ganz hM, zB BGHZ 49, 253; OLG München MDR 2020, 915 Rn. 14; Palandt/*Herrler* § 1008 WEG Rn. 2; aA LG Memmingen MittBayNot 1999, 77 mit zust. Anm. *Rehle*), ermöglicht § 8 WEG dem Alleineigentümer eine Aufteilung in Wohnungseigentum, ohne dass eine Miteigentümergemeinschaft besteht **(sog. Vorratsteilung).**

IV. Aufteilungsurkunde

10 Regelmäßig wird bei der Begründung von Wohnungseigentum die sachenrechtliche Aufteilung sowie die Gemeinschaftsordnung **beurkundet.** Auch wenn in der Umgangssprache beides als **Teilungserklärung** bezeichnet wird, sollte man sich stets vergegenwärtigen, dass dies zwei völlig unterschiedliche Regelungsbereiche sind. Der sachenrechtliche Aufteilungsakt nach §§ 3 und 8 WEG muss eine Gemeinschaftsordnung (→ § 10 Rn. 20) nicht enthalten. Unterbleibt ein solches Regelungswerk, gelten die Bestimmungen der §§ 10 ff. WEG in unveränderter Form. Dem **Beurkundungszwang** des § 4 WEG unterliegt nur der sachenrechtliche Aufteilungsakt. Zudem wird häufig in der Teilungserklärung bereits der erste Verwalter bestellt. Auch dies ist ein von den beiden anderen Vorgängen zu unterscheidender Rechtsakt. Die Verwalterbestellung stellt keine Regelung mit Vereinbarungscharakter dar, selbst wenn sie in der Gemeinschaftsordnung enthalten ist. Die Bestellung des Verwalters erfolgt nämlich durch Beschlussfassung der Wohnungseigentümer (§ 26 Abs. 1 WEG). Vermischt man diese unterschiedlichen Regelungsebenen, werden leicht Unklarheiten erzeugt, insbesondere auf welche Weise in welchem Bereich Änderungen vorgenommen werden können. Sinnvollerweise sollte eine Teilungsurkunde wie folgt gegliedert sein:

1. Sachverhalt und Grundbuchstand,
2. Teilung gem. § 8 WEG bzw. § 3 WEG,
3. Gemeinschaftsordnung,

4. Verwalterbestellung, soweit dies für zulässig gehalten wird (siehe hierzu *Drasdo* RNotZ 2008, 87; *Deckert* FS Bub, PiG 80, 37; *Wenzel* FS Bub, PiG 80, 249 sowie → § 26 Rn. 115),
5. Grundbuchanträge.

V. Behördliche Genehmigungen

Die Aufteilung in Wohnungs- und Teileigentum kann im Einzelfall von einer öffentlich-rechtlichen Genehmigung abhängig sein. Siehe hierzu die Erläuterungen bei → § 7 Rn. 49 ff. **11**

Vertragliche Einräumung von Sondereigentum

3 (1) [1]**Das Miteigentum (§ 1008 des Bürgerlichen Gesetzbuches) an einem Grundstück kann durch Vertrag der Miteigentümer in der Weise beschränkt werden, daß jedem der Miteigentümer abweichend von § 93 des Bürgerlichen Gesetzbuches das Eigentum an einer bestimmten Wohnung oder an nicht zu Wohnzwecken dienenden bestimmten Räumen in einem auf dem Grundstück errichteten oder zu errichtenden Gebäude (Sondereigentum) eingeräumt wird.** [2]**Stellplätze gelten als Räume im Sinne des Satzes 1.**

(2) **Das Sondereigentum kann auf einen außerhalb des Gebäudes liegenden Teil des Grundstücks erstreckt werden, es sei denn, die Wohnung oder die nicht zu Wohnzwecken dienenden Räume bleiben dadurch wirtschaftlich nicht die Hauptsache.**

(3) **Sondereigentum soll nur eingeräumt werden, wenn die Wohnungen oder sonstigen Räume in sich abgeschlossen sind und Stellplätze sowie außerhalb des Gebäudes liegende Teile des Grundstücks durch Maßangaben im Aufteilungsplan bestimmt sind.**

Literatur: *Armbrüster,* Abweichungen der Bauausführung von Bauträgervertrag und Aufteilungsplan, ZWE 2005, 182; *Armbrüster,* Änderungsvorbehalte und Vollmachten zu Gunsten des aufteilenden Bauträgers, ZMR 2005, 244; *Demharter,* Isolierter Miteigentumsanteil beim Wohnungseigentum, NZM 2000, 1196; *Dreyer,* Mängel bei der Begründung von Wohnungseigentum, DNotZ 2007, 594; *Elzer,* Umwandlung von Gemeinschafts- in Sondereigentum, MietRB 2007, 78; *Griwotz,* Abgeschlossenheit einer Wohnung, MietRB 2013, 127; *Häublein,* Gestaltungsprobleme im Zusammenhang mit der abschnittsweisen Errichtung von Wohnungseigentumsanlagen, DNotZ 2000, 442; *Heinemann,* Wohnungseigentum unter der Erde, zu Wasser und in der Luft, ZMR 2017, 547; *Hügel,* Das Raum- und Zugangserfordernis im WEG als Sollvorschrift, FS Müller, 2019, 153; *Hügel,* Problemfelder und Konsequenzen mangelhafter Wohnungseigentumsbegründung in Deutschland, Wohnungseigentum in Österreich und Deutschland 2012, S. 149; *Hügel,* Das unvollendete oder substanzlose Sondereigentum, ZMR 2004, 549; *Hügel,* Sicherheit durch § 12 WEG bei der abschnittsweisen Errichtung von Mehrhausanlagen, DNotZ 2003, 517; *Klühs,* Dingliche und grundbuchverfahrensrechtliche Auswirkungen der Nichterrichtung von Wohnungs- und Teileigentum, NZM 2010, 730; *Lutter,* Die Grenzen des sog. Gutglaubensschutzes im Grundbuch, AcP 164, 122; *Müller,* Zu den sachenrechtlichen Änderungen durch das WEMoG, ZWE 2020, 44; *Müller,* Änderungen des sachenrechtlichen Grundverhältnisses der Wohnungseigentümer – insbesondere durch bevollmächtigten Wohnungseigentümer, 2010; *Ruge,* Begründung von Wohnungseigentum an Bestandsimmobilien, 2009; F. *Schmidt,* Gegenstand und Inhalt des Sondereigentums, FS Bärmann/Weitnauer, 1985, 38; *Streblow,* Änderungen von Teilungserklärungen nach Eintragung der Aufteilung in das Grundbuch, MittRhNotK 1987, 141; *Trautmann,* Abgeschlossenheit von Wohnungen, FS Merle, 2000, 313.

Übersicht

A. Normzweck

§ 3 WEG normiert einen der beiden Wege für die Begründung von Wohnungseigentum, nämlich die **vertragliche Begründung** durch Bruchteilseigentümer eines Grundstücks. Vom Gesetzgeber als Regelform für die Aufteilung in Wohnungseigentum gedacht, hat sich die vertragliche Begründung in der Praxis zum Ausnahmefall entwickelt und ist durch die einseitige Aufteilung nach § 8 WEG als Standardlösung ersetzt worden. Möglich ist auch eine Kombination einer Einräumung nach § 3 WEG und einer Teilung nach § 8 WEG (OLG München MDR 2020, 915 Rn. 20; KG NJW 1995, 62; → § 2 Rn. 2). 1

B. Teilungsvertrag (Einräumung von Sondereigentum)

I. Rechtsnatur

Der Vertrag über die Einräumung von Sondereigentum verschafft jedem Miteigentümer Alleineigentum an bestimmten Räumen. Er ändert das dingliche Recht des jeweiligen Miteigentumsanteils durch die gegenseitige Ein- 2 räumung von Sondereigentum. Er stellt somit einen Vertrag mit einem **dinglichen Inhalt** dar (BayObLGZ 1984, 198; Weitnauer/*Briesemeister* § 3 Rn. 20). Der Teilungsvertrag darf **nicht** mit der **Gemeinschaftsordnung,** also den Regelungen des Verhältnisses der Wohnungseigentümer untereinander und ihres Verhältnisses zur Gemeinschaft der Wohnungseigentümer, **verwechselt** werden. Teilungsvertrag (und Teilungserklärung nach § 8 WEG) bestimmen **Gegenstand** und **Grenzen** von Gemeinschafts- und Sondereigentum und damit die räumliche Erstreckung des Sondereigentums. Die Gemeinschaftsordnung hingegen ist die Summe aller Vereinbarungen der Wohnungseigentümer nach § 10 Abs. 1 WEG, mit denen die Wohnungseigentümer ihr Rechtsverhältnis untereinander und ihr Verhältnis zur Gemeinschaft der Wohnungseigentümer abweichend von den gesetzlichen Vorgaben regeln (→ § 10 Rn. 19). Hierdurch werden die Rechte und Pflichten der Wohnungseigentümer für die konkrete Wohnanlage bestimmt. Mit Eintragung im Grundbuch gem. § 10 Abs. 3 WEG werden die Vereinbarungen zum **Inhalt** des jeweiligen Sondereigentums. Der Inhalt des Sondereigentums ist somit letztlich nichts anderes als die Summe der Rechte und Pflichten, die aus dem Sondereigentum erwachsen (*F. Schmidt* FS Bärmann und Weitnauer, 1985, 47; *Häublein* DNotZ 2000, 450).

3 Der Teilungsvertrag unterliegt als sachenrechtliches Rechtsgeschäft folgerichtig einer besonderen Form (§ 4 WEG), wohingegen die Gemeinschaftsordnung als schuldrechtlicher (Kollektiv-)Vertrag nur wegen der Wirkung gegen Sondernachfolger nach § 10 Abs. 3 WEG der Eintragung in das Grundbuch bedarf. Durch den Vollzug des dinglichen Vertrages im Grundbuch (der Anlegung der Wohnungs- oder Teileigentumsgrundbücher) wird das bisherige Miteigentum an den zum Sondereigentum gehörenden Räumen allerdings nicht – wie es dem Wortlaut von § 3 WEG entnommen werden könnte – nur „beschränkt". Das Miteigentum an den einem Sondereigentum unterliegenden Räumen, Teilen, Einrichtungen und Anlagen wird durch den Teilungsvertrag vielmehr zu Gunsten des jeweiligen Sondereigentümers vollständig aufgehoben und diesem zum **Alleineigentum** zugewiesen. Die Einräumung von Sondereigentum gem. § 3 WEG ist daher eine **dingliche Neuzuweisung von Eigentum** (Staudinger/*Rapp* § 4 Rn. 3; aA Bärmann/*Armbrüster* § 3 Rn. 3; Weitnauer/*Briesemeister* § 3 Rn. 2; MüKoBGB/*Commichau* § 4 Rn. 4, die jeweils von einer Inhaltsänderung des vorhandenen Grundstücksmiteigentums ausgehen). Spätestens mit der Änderung von § 3 Abs. 1 Satz 1 WEG durch das WEMoG ergibt sich dies auch aus dem Gesetz, weil die Legaldefinition des Sondereigentums ausdrücklich verdeutlicht, dass Sondereigentum Eigentum iSd BGB ist (BT-Drs. 19/18791, 38).

II. Form

4 Das WEG stellt in § 4 Abs. 1 WEG für den Teilungsvertrag besondere **formelle Voraussetzungen** auf. Das Gesetz lehnt sich an die Form des § 873 Abs. 1 BGB an und erklärt für die Einräumung und Aufhebung von Sondereigentum die **Einigung** der Beteiligten über die Rechtsänderung und die **Eintragung in das Grundbuch** für notwendig. Ein Beschluss

(BayObLG NJW-RR 1987, 329) oder eine Vereinbarung iSv § 10 Abs. 1, 3 WEG sind für die Begründung von Sondereigentum mangels „sachenrechtlicher Qualität" hingegen nicht ausreichend.

III. Voraussetzung: Bruchteilseigentum

5 Die vertragliche Begründung von Wohnungseigentum setzt voraus, dass die Beteiligten bei Vertragsabschluss, zumindest aber zum Zeitpunkt der Anlegung der Wohnungsgrundbücher (LG Bielefeld Rpfleger 1985, 189), Miteigentümer **eines** Grundstücks (→ § 1 Rn. 33) iS der §§ 1008 ff. BGB sind. **Nur Bruchteilseigentum** kann mit Sondereigentum verbunden werden, nicht Gesamthandseigentum (Weitnauer/*Briesemeister* § 3 Rn. 11; NK-BGB/*Heinemann* § 3 WEG Rn. 3). Steht das Grundstück einer Gesellschaft bürgerlichen Rechtes, einer Erbengemeinschaft oder einer Gütergemeinschaft zu, können sich die Teilhaber nicht gem. § 3 WEG in der Weise auseinandersetzen, dass für die Einzelnen einzelnes Wohnungseigentum entsteht. Die Gesamthandsgemeinschaft muss vielmehr zuerst in **Bruchteilseigentum auseinandergesetzt** werden (OLG Hamm DNotZ 1968, 489). Soll das Grundstück einer Gesamthandsgemeinschaft ohne vorherige Auseinandersetzung in Bruchteilseigentum aufgeteilt werden, ist nicht § 3 WEG, sondern § 8 WEG einschlägig (OLG München MDR 2020, 915). Die Gemeinschaft setzt sich dann aber an dem aufgeteilten Eigentum fort.

6 Vor der Einräumung von Wohnungseigentum müssen nicht die Miteigentumsbruchteile vorliegen, die für die beabsichtigte Zuordnung des Sondereigentums vorgesehen sind. Vielmehr können im Teilungsvertrag die vorhandenen Miteigentumsanteile so verändert werden, dass die rechtstechnische Voraussetzung der Bindung des Sondereigentums an einen Miteigentumsanteil ermöglicht wird. So können bspw. bei Begründung von Wohnungseigentum durch zwei Ehepaare die Miteigentumsanteile zu je 1/2 für jedes Ehepaar zusammengelegt und diesen neu begründeten Miteigentumsanteilen je ein Sondereigentum zugeordnet werden. Es handelt sich hierbei nicht um eine unzulässige Unterteilung von Bruchteilsmiteigentum (so aber OLG Köln DNotZ 1983, 106), sondern um die Veränderung der Zahl der Miteigentumsanteile zur Begründung einer neuen Rechtsform, nämlich Wohnungseigentum, das durch die untrennbare (→ § 6 Rn. 1) Verbindung von Miteigentumsanteil und Sondereigentum entsteht (BGH DNotZ 1983, 487). Eine Zwischeneintragung im Grundbuch und Umschreibung der Miteigentumsanteile ist unnötig. Mit entsprechender Eintragung im Wohnungsgrundbuch ist der einheitliche, auf Bildung von Wohnungseigentum unter Zusammenlegung der Miteigentumsanteile gerichtete, dingliche Vertrag vollzogen; weitere Eintragungen sind nicht veranlasst (BGH NJW 1983, 1672; LG München Rpfleger 1969, 431; *Diester* Rpfleger 1969, 432; *Weitnauer* DNotZ 1960, 118).

IV. Funktion

7 Wohnungs- und Teileigentum bestehen gem. §§ 1 und 6 WEG in der **untrennbaren Verbindung** des Alleineigentums an einer Wohnung oder an sonstigen Raumeinheiten (Sondereigentum) mit dem ideellen Miteigentumsanteil am gemeinschaftlichen Eigentum, insbesondere dem Grundstück. Der **Teilungsvertrag** hat, wie die Teilungserklärung des Alleineigentümers nach § 8 WEG, zum einen die Aufgabe zu bestimmen, was im Gemeinschafts- und was im Sondereigentum stehen soll. Zum anderen müssen die Miteigentümer die Höhe und Anzahl der Miteigentumsrechte bestimmen.

8 **1. Festlegung von Sonder- und Gemeinschaftseigentum.** Der Teilungsvertrag muss festlegen, welche Räume oder Grundstücksflächen im Gemeinschafts- und welche im Sondereigentum stehen sollen. Der Teilungsvertrag bestimmt somit den Gegenstand des Sonder- und Gemeinschaftseigentums. Die Sondereigentumsbereiche werden durch ausdrückliche Nennung, Beschreibung und Kennzeichnung im Teilungsvertrag und Eintragung im Grundbuch aus dem Gemeinschaftseigentum herausgenommen und zum Sondereigentum erklärt. Dies geschieht im Teilungsvertrag durch Worte, wie etwa Beschreibung der Lage der Wohnung, und planmäßige Kennzeichnung im Aufteilungsplan (§ 7 Abs. 4 Nr. 1 WEG). Für die Abgrenzung von gemeinschaftlichem Eigentum und Sondereigentum kommt es damit auf den **Teilungsvertrag** und den **Aufteilungsplan** an (BayObLG ZMR 1992, 65).

9 Die Gegenstände des Sondereigentums müssen **positiv bestimmt** werden; was nicht ausdrücklich hierzu bestimmt wird, bleibt Gemeinschaftseigentum (OLG Hamm ZWE 2019, 173). Soll ein Raum nicht Sondereigentum werden, genügt die „Nichteinräumung" von Sondereigentum, d. h. das Schweigen in der Teilungserklärung bezüglich dieses Raumes (LG Itzehoe ZMR 2016, 904). Das Wohnungseigentumsgesetz gewährt den Miteigentümern und künftigen Wohnungseigentümern für die notwendigen Bestimmungen die Freiheit, im Rahmen gewisser, indes sehr weiter Grenzen (s. vor allem § 5 Abs. 2 WEG) autonom und emanzipiert von gesetzlichen Vorgaben festzulegen, was im Gemeinschafts- und was im Sondereigentum stehen soll (*Häublein* DNotZ 2000, 442).

10 Bei **Zweifelsfragen** über den Gegenstand des Sondereigentums bedarf es einer **Auslegung** des Teilungsvertrages und der Eintragungsunterlagen. Hierzu sind grundsätzlich der Text des Teilungsvertrages und der Aufteilungsplan heranzuziehen, welcher der Eintragungsbewilligung gem. § 7 Abs. 4 Nr. 1 WEG beizufügen ist. Der Aufteilungsplan verdrängt aber nicht den Inhalt des Teilungsvertrages. Stimmen die wörtliche Beschreibung des Gegenstandes von Sondereigentum im Text des Teilungsvertrages und die Angaben im Aufteilungsplan nicht überein, ist deswegen grundsätzlich keiner der sich widersprechenden Erklärungsinhalte vorrangig (BGH NJW 1995, 2851). Widersprechen sich die beiden Teile der Urkunde unauflösbar, ist eine wirksame Bestimmung von Sondereigentum nicht getroffen worden und die vom Fehler betroffenen Räume im Gemeinschaftseigentum verblieben (→ Rn. 81). Treffen die Wohnungseigentümer keine, keine eindeutige oder eine unzulässige Bestimmung, so liegt stets Gemeinschaftseigentum vor (OLG Hamm ZWE 2019, 173; BayObLG WuM 1991, 609).

11 **2. Bemessung der Miteigentumsanteile. a) Allgemeines.** Die Miteigentümer müssen im Teilungsvertrag Höhe und Anzahl der Miteigentums-

anteile bestimmen. Das Gesetz enthält **keine Vorgabe** darüber, welche Anzahl und welche Größe die Miteigentumsanteile haben müssen und ob und wie sie im Verhältnis zum Sondereigentum und etwaigen Sondernutzungsrechten stehen. Das WEG verlangt also insbesondere auch keine Entsprechung zwischen dem Wert der einzelnen Wohnungen und dem Anteil am gemeinschaftlichen Eigentum. Zwingend ist im Hinblick auf § 1 Abs. 2 und 3 WEG nur, dass mit jedem Sondereigentum ein – in welcher Größenordnung auch immer sich bewegender – Miteigentumsanteil am gemeinschaftlichen Eigentum verbunden wird. Wie dagegen das Verhältnis zwischen Sondereigentum und Miteigentumsanteil an dem gemeinschaftlichen Eigentum festgelegt wird und welche Gesichtspunkte dabei berücksichtigt werden, hat das Gesetz der freien Bestimmung durch die Bruchteilseigentümer und später durch die Wohnungseigentümer überlassen (BGH NZM 2012, 28 Rn. 11; NJW 1976, 1976).

Allgemein **gültige Vorgaben** für die notwendige Bestimmung der Anteile gibt es somit **nicht** (OLG Düsseldorf ZMR 2001, 378). Der Verkehrswert der einzelnen Sondereigentumseinheiten oder ihre Wohn- oder Nutzflächen müssen nicht mit der Höhe der Miteigentumsanteile korrelieren (BGH NJW 1986, 2759; 1976, 1976; OLG München RNotZ 2014, 434; OLG Hamburg ZMR 2003, 448; OLG Düsseldorf ZMR 2002, 293; BayObLG NZM 2000, 301). Die Miteigentumsanteile müssen auch nicht in einem bestimmten Verhältnis zueinander stehen (BGH MDR 1999, 833, NJW 1986, 2759; 1976, 1976). Aus diesem Grunde kann Sondereigentum auch **ohne Änderung** des damit verbundenen Miteigentumsanteils **im Umfang erweitert** werden (BGH DNotZ 1987, 208), während ebenso der wirtschaftliche Wert eines Miteigentumsanteils durch **Verkleinerung des zugehörigen Sondereigentums** verkürzt werden kann, ohne dass sich der nominelle Umfang des Miteigentumsanteils ändert oder angepasst werden muss (OLG Karlsruhe OLGReport 2004, 263; OLG Celle DNotZ 1975, 42). 12

Auch wenn die Bemessung der Miteigentumsanteile durch die Miteigentümer **frei** erfolgen kann (BGH NZM 2012, 28 Rn. 11; NJW 1976, 1976; OLG Düsseldorf FGPrax 2001, 101; BayObLG NZM 2000, 301), ist eine **weitgehende Übereinstimmung** zwischen dem jeweiligen Miteigentumsanteil und dem Wohnungswert oder der Wohn-/Nutzfläche gleichwohl **sinnvoll,** da sich die **Kostentragung** für das gemeinschaftliche Eigentum gem. § 16 Abs. 2 WEG subsidiär nach den gebildeten Miteigentumsanteilen richtet (für eine wertende Festlegung *Jürgens/Roschke* NotBZ 2016, 174). Im Hinblick auf die anteilige **Außenhaftung** der Wohnungseigentümer nach § 9a Abs. 4 Satz 1 WEG, die sich ebenfalls nach den im Grundbuch eingetragenen Miteigentumsanteilen richtet, sowie auf ein **Wertstimmrecht** (→ § 25 Rn. 23) erscheint eine Bemessung der Miteigentumsbruchteile nach Wohn-/Nutzfläche noch sinnvoller. 13

b) Änderung der Miteigentumsanteile. Eine Änderung der Höhe der vorhandenen Miteigentumsanteile ist jederzeit durch einen sachenrechtlichen Vertrag möglich. Dies kann zum einen durch eine Änderung des Teilungsvertrags unter Mitwirkung aller Wohnungseigentümer erfolgen. 14

Ausreichend ist aber auch ein Vertrag der durch die Änderung betroffenen Miteigentümer. So kann bspw. ein Wohnungseigentümer einen Teil seines Miteigentums durch zweiseitigen Vertrag auf einen anderen Wohnungseigentümer übertragen. Zwei Wohnungseigentümer können somit ihre Miteigentumsanteile untereinander verändern, also den einem Sondereigentum zugeordneten Miteigentumsanteil zu Gunsten des Miteigentumsanteils eines anderen Sondereigentums verringern oder zu dessen Lasten erhöhen (BGH NJW 1976, 1976; BayObLG ZMR 2000, 468; KG ZMR 1999, 204; 1998, 368). Einer Mitwirkung der anderen Wohnungseigentümer bedarf es zu diesen Veränderungen nicht. Die **Auflassung** der beteiligten Eigentümer muss bei gleichzeitiger Anwesenheit der Beteiligten vor einer zuständigen Stelle erklärt werden (BayObLG DNotZ 1986, 237). Die Änderung ist als sachenrechtliche Verfügung im **Grundbuch einzutragen.** Hierzu bedarf es einer **Unbedenklichkeitsbescheinigung** des Finanzamtes (§ 22 GrEStG).

15 Außerdem ist die **Zustimmung** an dem Wohnungseigentum **dinglich berechtigter Dritter** erforderlich, deren Miteigentumsanteil verringert werden soll (§§ 877, 876 BGB), wenn nicht nach der Art des dinglichen Rechtes eine Beeinträchtigung ausgeschlossen ist. Nicht zustimmen müssen Drittberechtigte an einem Wohnungs- oder Teileigentum, dessen Miteigentumsanteil vergrößert werden soll, da die Berechtigten durch eine Veränderung keinen Rechtsverlust erleiden. Grundpfandrechte und Reallasten am „vergrößerten" Anteil müssen auf den neuen Anteil nicht rechtsgeschäftlich erstreckt werden, weil diese Erstreckung kraft Gesetzes eintritt (OLG Karlsruhe ZWE 2013, 208; LG Lüneburg RNotZ 2005, 364; *Streuer* Rpfleger 1992, 181; aA OLG Hamm MittBayNot 1999, 291; BayObLG NJW-RR 1993, 1043). Selbst wenn man der Gegenansicht folgt, kann in der Zustimmung zur Änderung der Miteigentumsquote regelmäßig auch die Pfanderstreckungserklärung gesehen werden (OLG Hamm MittBayNot 1999, 291; NK/*Heinemann* § 6 Rn. 5). Eine Bestandteilzuschreibung gem. § 890 Abs. 2 BGB ist nicht erforderlich (Riecke/Schmid/*Schneider* § 6 Rn. 8; aA LG Bochum Rpfleger 1990, 291; *Streblow* MittRhNotK 1987, 151; *Schmidt* MittBayNot 1985, 244)

16 **c) Anspruch auf Abänderung der Miteigentumsanteile.** Da die aufteilenden Eigentümer grundsätzlich frei über die Höhe der Miteigentumsanteile entscheiden können, kann ein Anspruch eines Wohnungseigentümers auf Änderung der Miteigentumsquoten (allgemein zum Anspruch auf Änderung der sachenrechtlichen Aufteilung → Rn. 115) nur ausnahmsweise und nur bei grob unbilliger Quotenverteilung bestehen (BayObLGZ 1985, 47; insgesamt krit. zu einem solchen Anspruch *Briesemeister* ZMR 2003, 714). Bei der gerichtlichen Abwägung ist zu berücksichtigen, dass das Ungleichgewicht ggf. bereits seit Beginn der Gemeinschaft der Wohnungseigentümer angelegt war (OLG Düsseldorf ZMR 2004, 613; 2002, 293). Zu beachten ist außerdem das **Vertrauen** der übrigen Wohnungseigentümer **auf Fortbestand** der rechtlichen Situation (BayObLG ZMR 2003, 949; 2001, 997). Meist wird es dem abänderungswilligen Wohnungseigentümer zudem nur um eine Korrektur der ungerechten Kostenverteilung auf Grund der unausgewogenen Verteilung der Miteigentumsanteile gehen. In diesen Fällen ist eine Änderung des Kostenverteilungsschlüssels ausreichend und eine sachenrechtliche Neuverteilung der Miteigentumsanteile nicht erforderlich.

Ein eventueller Anspruch auf Abänderung der Miteigentumsquote kann **17** nicht auf § 10 Abs. 2 WEG gestützt werden. Ein Abänderungsanspruch im Hinblick auf die **sachenrechtlichen Grundlagen** ist nämlich in § 10 Abs. 2 WEG auf Grund seines Wortlauts und der systematischen Stellung der Norm **nicht** enthalten (BGH NZM 2012, 613 Rn. 9; → § 10 Rn. 181). Grundlage für einen solchen Anspruch, der vom einzelnen Wohnungseigentümer und nicht der Gemeinschaft der Wohnungseigentümer geltend gemacht werden muss, weil die dinglichen Grundlagen nicht in den Bereich der rechtsfähigen Gemeinschaft fallen (BGH NZM 2020, 67 Rn. 12; 2016, 387 Rn. 17; KG ZMR 2019, 521), ist vielmehr das Gemeinschaftsverhältnis der Wohnungseigentümer untereinander (BGH NZM 2012, 613 Rn. 11; ZMR 2007, 464). Umgekehrt kann allerdings auch nicht angenommen werden, dass § 10 Abs. 2 WEG diesen Fragenkreis abschließend regeln will und daher eine auf das Gemeinschaftsverhältnis der Wohnungseigentümer gestützte Klage im Einzelfall **sperren will.** § 10 Abs. 2 WEG ist nicht zu entnehmen, dass der im Einzelfall **anerkannte Anspruch** auf Änderung der Miteigentumsanteile durch § 10 Abs. 2 WEG **ausgeschlossen** sein soll. In besonders gelagerten Ausnahmefällen kann auf Grund des Gemeinschaftsverhältnisses nach Treu und Glauben für die Miteigentümer die Verpflichtung zur Änderung der Miteigentumsquoten bestehen. Erforderlich für einen solchem Anspruch ist das Vorliegen außergewöhnlicher Umstände, welche die Verweigerung der Zustimmung zu einer notariellen Änderungsvereinbarung als grob unbillig und damit als Verstoß gegen den Grundsatz von Treu und Glauben erscheinen lassen (BGH NZM 2012, 613 Rn. 11; NJW 2004, 1798).

Für einen Anspruch auf Änderung der Miteigentumsanteile kann vor **18** allem angesichts der in § 9a Abs. 4 Satz 1 WEG angeordneten **Außenhaftung** nach Miteigentumsanteilen im Einzelfall ein praktisches Bedürfnis bestehen (Bärmann/*Armbrüster* § 2 Rn. 86). Es ist denkbar, dass die Rspr. vor dem Hintergrund der anteiligen Außenhaftung die Anforderungen an einen Abänderungsanspruch in diesem Bereich überdenkt.

V. Verbindung von Bruchteilsmiteigentum und Sondereigentum

Nach § 3 Abs. 1 WEG muss mit **jedem** Miteigentumsanteil Sondereigen- **19** tum verbunden werden. Ausreichend ist, wenn der Miteigentumsanteil mit dem Sondereigentum an einem untergeordneten Raum wie etwa einer Garage, einem Abstellraum oder einem Stellplatz (§ 3 Abs. 1 Satz 2 WEG) verbunden ist. Deshalb ist auch die Begründung von sog. **Kellereigentum** möglich (OLG Hamm NJW-RR 1993, 1233; BayObLG NJW 1992, 700; abl. Staudinger/*Rapp* § 5 Rn. 18). Hierbei wird das Sondereigentum an Kellerräumen oder Garagen begründet und dann mit dem Sondernutzungsrecht an einer Wohnung verbunden. Diese Konstruktion kommt dann in Betracht, wenn eine **Abgeschlossenheitsbescheinigung** für die Wohnung, an der das Sondernutzungsrecht eingeräumt wird, nicht erreicht werden kann.

20 Mehrere Miteigentumsanteile können nicht mit einem einzigen Sondereigentum verbundenen werden. Notwendig ist stets die Verbindung *eines* Miteigentumsanteils mit Sondereigentum. Aus diesem Grund ist ein sog. **Mitsondereigentum** in dem Sinne, dass ein Raum nicht allen Wohnungseigentümern, sondern nur einer beschränkten Eigentümergruppe zugeordnet ist, nicht möglich (BGH NJW 1995, 2851; OLG Schleswig ZMR 2007, 726; *Commichau* DNotZ 2007, 622; *Häublein* NZM 2003, 786; siehe auch → § 5 Rn. 47). Möglich ist hingegen die Verbindung eines Miteigentumsanteils mit mehreren, wirtschaftlich (aber nicht rechtlich) selbständigen Sondereigentumseinheiten (BayObLGZ 1971, 102; → § 1 Rn. 11). Auch die Verbindung eines Miteigentumsanteils mit einer abgeschlossenen Wohnung und zusätzlichen außerhalb dieser Einheit liegenden Räumen wie Keller oder Garage ist möglich und auch üblich.

21 Sämtliche Miteigentumsanteile müssen mit Sondereigentum verbunden werden. **„Isolierte Miteigentumsanteile"** dürfen bei der rechtsgeschäftlichen Begründung von Wohnungseigentum nicht entstehen (BGH NJW 1990, 447; *Hügel* ZMR 2004, 549; Staudinger/*Rapp* § 3 Rn. 6), können aber ua Folge eines rechtlich unwirksamen Begründungsaktes sein (→ Rn. 81). Ebenso muss jedes Sondereigentum mit einem Miteigentumsanteil verbunden werden; es darf kein **isoliertes Sondereigentum** gebildet werden. Wird eine an sich sondereigentumsfähige Einheit nicht mit einem Miteigentumsanteil verbunden, ist der sachenrechtliche Vorgang insoweit unwirksam, dh die betroffene Einheit verbleibt im Gemeinschaftseigentum. Eine vollständige Aufteilung des Gebäudes in Sondereigentum ist nicht möglich, da notwendigerweise gemeinschaftliches Eigentum verbleibt.

VI. Räume eines Gebäudes

22 Sondereigentum kann nach § 3 Abs. 1 Satz 1 WEG an einer bestimmten Wohnung oder an nicht zu Wohnzwecken dienenden Räumen eines errichteten oder zu errichtenden Gebäudes eingeräumt werden. Da Stellplätze gem. § 3 Abs. 1 Satz 2 WEG als Räume gelten, ist die Begründung von Sondereigentum auch an Stellplätzen im Gebäude und im Freien zulässig (→ Rn. 58). Zur Erstreckung von Sondereigentum an außerhalb des Gebäudes liegenden Grundstücksteilen → Rn. 65.

23 **1. Gebäude.** Der Begriff **Gebäude** ist im WEG selbst nicht definiert und ein Unterbegriff des Begriffs „Bauwerk". Unter einem Bauwerk ist eine unter Verwendung von Arbeit und Material in Verbindung mit dem Erdboden hergestellte Sache zu verstehen (BGH NJW 1992, 1681). Gebäude iSd Wohnungseigentumsgesetzes ist eine **Baulichkeit,** die einer Nutzung zugängliche Räume enthält, die nach allen Seiten abgeschlossen sind (OLG Schleswig ZWE 2016, 371; LG Frankfurt a. M. NJW 1971, 759). Ein Gebäude kann über der Erde liegen – zB Doppel- oder Mehrfamilienhäuser, Reihenhäuser (BayObLG DNotZ 1966, 488), Garagen oder ggf. auch eine Fabrikhalle – oder unter ihr, zB ein Gebäude der U- oder S-Bahn (LG Frankfurt a. M. NJW 1971, 759; *Heinemann* ZMR 2017, 549; *Elzer* NotBZ

2017, 13). Eine Anlage aus „schwimmenden Häusern" ist ebenfalls ein Gebäude iSd WEG, wenn sie gem. §§ 93, 94 BGB fest mit dem Grund und Boden verbunden ist (OLG Schleswig ZWE 2016, 371; *Heinemann* ZMR 2017, 548). Eine überdachte Tankstelle (LG Münster DNotZ 1953, 148) ist mangels Raumes (→ Rn. 27) kein Gebäude.

2. Bestehendes oder zu errichtendes Gebäude. Wohnungseigentum kann an einem **bestehenden Gebäude,** gem. §§ 3 Abs. 1, 8 Abs. 1 WEG aber auch an einem zu **errichtenden Gebäude** begründet werden. Eine Aufteilung kann somit schon vorgenommen werden, wenn das Gebäude erst geplant oder projektiert ist. Es muss jedoch wegen des Bestimmtheitsgrundsatzes ein behördlich bestätigter oder wenigstens vorläufiger Aufteilungsplan (→ § 7 Rn. 40) vorhanden sein. In diesen Fällen wird zwar Wohnungseigentum begründet, bezüglich des Sondereigentums zunächst jedoch nur eine Anwartschaft, aus der mit Veräußerung des Sondereigentums durch den teilenden Eigentümer ein Anwartschaftsrecht des Erwerbers entsteht (OLG Hamburg NZM 2003, 109), das mit Errichtung des Gebäudes zum Vollrecht erstarkt. Das Sondereigentum entsteht dabei schrittweise mit der Errichtung der einzelnen Raumeinheiten (BGH NJW 2008, 2982; 1990, 1111; OLG Frankfurt a. M. ZMR 2012, 30; KG ZWE 2001, 554; *Streblow* MittRhNotK 1987, 141; aA *M. Müller* ZWE 2019, 407: bereits mit Vollzug der Teilung im Grundbuch), nicht erst mit der Fertigstellung der gesamten Wohnanlage. 24

Deshalb wird ein solches Sondereigentum auch als **„unvollendetes"** oder **„substanzloses"** Sondereigentum bezeichnet (vgl. BGH NZM 2019, 480 Rn. 22; *Hügel* ZMR 2004, 552). Zu Recht wird in diesem Zusammenhang darauf verwiesen, dass der Begriff „Anwartschaft" nicht im klassischen rechtlichen Sinne zu verstehen ist, sondern eher in einem tatsächlichen Sinn (Timme/*Gerono* § 3 Rn. 31). Es ist eine Aussicht auf Entstehung von Sondereigentum, deren Erfüllung davon abhängt, dass das sachliche Substrat, nämlich das Bauwerk, geschaffen wird (Staudinger/*Rapp* § 3 WEG Rn. 37). Das Sondereigentum entsteht dann schrittweise mit der Errichtung der einzelnen Raumeinheiten und nicht erst mit der Fertigstellung der gesamten Wohnanlage. Bis zu diesem Zeitpunkt fehlt der reale Gegenstand des Wohnungseigentums. Mit Vollzug der Begründungsurkunde im Grundbuch ist aber in jedem Fall ein dingliches Recht entstanden, wenn auch ohne reale Substanz. Dieses ist ab diesem Zeitpunkt selbständig rechtlich verkehrsfähig. Wird ein **Gebäude,** gleichgültig aus welchen Gründen, ganz oder teilweise **nicht erstellt** → Rn. 106 ff. 25

3. Wohnung. Gegenstand des Sondereigentums sind nach §§ 5 Abs. 1, 3 Abs. 1 WEG die durch die Teilungserklärung hierzu bestimmten Räume. Wohnung iSv § 3 Abs. 1 WEG ist daher zu verstehen als Oberbegriff für die Räume, die zu Wohnzwecken dienen (hierzu → § 1 Rn. 13) und somit als Bezeichnung einer Raumeinheit (*F. Schmidt* MittBayNot 2001, 442). 26

4. Raum. Wohnungseigentum ist primär Raumeigentum (*F. Schmidt* MittBayNot 2001, 442); Sondereigentum kann rechtsgeschäftlich nur an **Räumen** (→ § 5 Rn. 5) bzw. an unselbständigen Freiflächen gem. § 3 Abs. 2 WEG (→ Rn. 65) begründet werden. Das **Herrschaftsrecht** an dem 27 durch Gebäudeteile umschlossenen Raum macht den **Kern des Sondereigentums** und damit auch des Wohnungseigentums aus (ähnlich *Lechner* NZM 2005, 606).

28 Tauglicher Gegenstand eines Eigentumsrechts kann nach allgemeinen Grundsätzen nur eine Sache gem. § 90 BGB sein (vgl. *Müller,* Sachenrechtliches Grundverhältnis, 44). Ein Raum ist an sich kein körperlicher Gegenstand, er besteht aus Luft. Gleichwohl akzeptiert das WEG den Raum als Sache iSv § 90 BGB, erweitert hierdurch letztlich den Sachbegriff des BGB (Bärmann/*Armbüster* § 5 Rn. 8; *F. Schmidt* FS Bärmann/Weitnauer, 42; *Merle,* System, 46; aA Junker, Die Gesellschaft nach dem WEG, 6 ff.). Andererseits kann man sich vor diesem Hintergrund nicht vollständig von der (erforderlichen) Körperlichkeit der „Sache Raum" lösen.

29 Nicht ausreichend hierfür ist es, auf Sinn und Zweck abzustellen, den der Begriff „körperlich" verfolgt mit der Begründung, eine sinnliche Wahrnehmung der Grenzen sei auch im sonstigen Grundstücksrecht nicht möglich und könne deshalb im WEG auch nicht gefordert werden (so *Müller,* Sachenrechtliches Grundverhältnis, 44; Bärmann/*Armbrüster* § 5 Rn. 14). Dem ist entgegenzuhalten, dass die rechtlichen Grenzen eines Grundstücks in der Natur durch Grenzsteine gekennzeichnet (§ 919 BGB) und über den amtlichen Katasterlageplan (§ 2 Abs. 3 GBO) sichtbar sind (Staudinger/*Rapp* § 3 Rn. 21a). Zudem normiert das WEG in §§ 3, 5 WEG ausdrücklich, dass Sondereigentum grundsätzlich nur an einem Raum begründet werden kann. Aus diesem Grund fingiert § 3 Abs. 1 Satz 2 WEG für Stellplätze auch deren Raumeigenschaft, weil Sondereigentum ohne Raum nach der Idee des WEG nicht existieren soll. Lediglich für Freiflächen macht § 3 Abs. 2 WEG unter bestimmten Voraussetzungen eine Ausnahme. Dieser Unterschied in den Voraussetzungen kann nicht negiert werden. Das WEG unterscheidet sich insoweit vom sonstigen Grundstücksrecht.

30 Ein den wohnungseigentumsrechtlichen Voraussetzungen genügender Raum bedarf somit einer **physischen Existenz.** Gegenstand von Eigentum kann er erst durch Abgrenzungen innerhalb eines Gebäudes werden. Eigentum an einem solchem Raum ist daher seinem Wesen nach „Herrschaft über ummauerten Raum", genauer ausgedrückt über umschlossenen Raum (*F. Schmidt* MittBayNot 2001, 442; aA *Armbrüster* ZWE 2005, 190). (Nur) ein umgrenzter Raum ist demnach körperliches Objekt (*Merle* System, 46). Der Raumbegriff des WEG knüpft deshalb an einen „natürlichen" Raumbegriff an (*F. Schmidt* MittBayNot 2001, 442; aA *Müller* ZWE 2020, 445 ff. „normativer Raumbegriff").

31 **Natürlicher Raum** wiederum ist ein allseitig umschlossener Gebäudeteil (*F. Schmidt* FS Bärmann/Weitnauer, 46) und damit der lichte (umbaute) Raum in einem Gebäude vom Boden bis zur Decke mit den vier oder mehr Wänden (OLG Hamm ZWE 2016, 167; OLG München NZM 2006, 635; OLG Celle WE 1992, 48). Die Wände und Decken müssen als Voraussetzung für ein natürliches Raumgebilde von einer gewissen Dauerhaftigkeit und Stabilität sein (vgl. BGH NJW 1991, 1612; OLG Hamm ZWE 2016, 167). Ein Raum wird damit vor allem durch seine **dauerhafte Dreidimensionalität** charakterisiert (Staudinger/*Rapp* § 5 WEG Rn. 5). Ohne Raum scheidet eine Begründung von Sondereigentum in einem Gebäude aus. Für einen über den natürlichen Raumbegriff hinausgehenden juristischen Raumbegriff besteht weder eine Begründungsmöglichkeit noch ein Bedürfnis (aA *F. Schmidt* FS Bärmann/Weitnauer, 46; *Müller* ZWE 2020, 445 ff.). Sondereigentum soll nämlich nach der gesetzlichen Grundkonzeption nur bestehen, wenn das betreffende geometrische Gebilde seiner Beschaffenheit nach einem normalen Einfamilienhaus gleich Schutz der Privatsphäre bietet. Dies erfordert grundsätzlich einen realen, nicht nur einen juristischen Raum. Zu den Folgen eines „fehlenden Raumes" → Rn. 101.

Damit können entgegen der hM mangels Raumqualität weder **Balkone** (*Rapp* RNotZ 2012, 42; aA BGH NZM 2010, 205; NJW 1985, 1551; KG ZWE 2017, 84; OLG München ZWE 2012, 37; Bärmann/*Armbrüster* § 5 Rn. 58) noch **Dachterrassen** (aA BGH NZM 2018, 953 Rn. 7; NZM 2017, 328 Rn. 8; OLG München ZWE 2012, 316) oder **Dachgärten** in der Teilungserklärung als Raum zum Sondereigentum erklärt werden. Sie sind aber als wesentlicher Gebäudebestandteil auf Grund der gesetzlichen Anordnung in § 5 Abs. 1 WEG in den Grenzen des § 5 Abs. 1 WEG Sondereigentum der jeweiligen Einheit (→ § 5 Rn. 50). Auch der nicht überdachte Innenhof eines Gebäudes kann nicht zu Sondereigentum erklärt werden (Rapp MittBayNot 2016, 400; Schneider ZMR 2016, 303; aA OLG Hamm ZWE 2016, 167). Hingegen kann eine Garage, eine Lagerhalle oder ein Schuppen ein Raum sein. **32**

Für die einzelnen **Stellplätze** im Freien oder in einer **Tiefgarage,** denen erkennbar eine eigene Raumeigenschaft fehlt und damit an sich eine Sondereigentumsfähigkeit nicht zukommt, fingiert § 3 Abs. 1 Satz 2 WEG die Raumeigenschaft (hierzu → Rn. 59). Nur auf Grund dieser gesetzgeberischen Entscheidung können Stellplätze als Räume iSv § 3 Abs. 1 WEG behandelt werden. Die für die bisherige Gesetzeslage bestehende Diskussion, ob das WEG in § 3 Abs. 2 WEG aF nur die Abgeschlossenheit oder die Raumeigenschaft und die Abgeschlossenheit fingiert (vgl. hierzu F. Schmidt, FS Seuß, PiG 77, 248; Hügel NotBZ 2000, 349) hat sich mit dem WEMoG erledigt. **33**

VII. Abgeschlossenheit

1. Zweck des Abgeschlossenheitserfordernisses. Gem. § 3 Abs. 3 WEG (= § 3 Abs. 2 WEG aF) soll Sondereigentum nur eingeräumt werden, wenn die Wohnungen oder sonstigen Räume in sich **abgeschlossen** sind. Das Erfordernis des Raumabschlusses findet seinen Grund nach Ansicht des BGH insbesondere darin, dass zum Sondereigentum gem. § 13 Abs. 1 WEG – anders als beim schlichten Miteigentum nach Bruchteilen – die **alleinige** Sachteil- und Raumherrschaft des Sondereigentümers gehört. Dieser Herrschaftsbereich des Sondereigentums soll mittels Abgeschlossenheit nach § 3 Abs. 3 WEG sowohl **klar und dauerhaft** abgegrenzt als auch gegen widerrechtliches Eindringen **tatsächlich abgeschirmt** werden. Dem „Eigenheim auf der Etage" soll nach dem Plan des Gesetzes durch die Macht der Tatsachen der Burgfriede gewährt werden, den das Heim auf eigenem Grund und Boden von Natur aus hat; hierzu reichen feste, geschlossene Wände und verschließbare Zugänge aus. Eine weitergehende Funktion des **34**

Abgeschlossenheitserfordernisses ist dem Regelungszusammenhang des Wohnungseigentumsgesetzes nicht zu entnehmen (GmS-OGB NJW 1992, 3290).

35 Der Zweck des Abgeschlossenheitserfordernisses ist somit eine **eindeutige räumliche Abgrenzung** der Sondereigentumsbereiche untereinander sowie zum gemeinschaftlichen Eigentum, um hierdurch Streitigkeiten zu vermeiden, die im Stockwerkseigentum wegen der unklaren rechtlichen Verhältnisse entstanden sind (GmS-OGB NJW 1992, 3290). Diese gesetzliche Anforderung dient damit (nur) dem Schutz solcher Wohnungseigentümer, die durch eine fehlende oder weggefallene Trennung der verschiedenen Bereiche berührt werden, nicht aber dem Schutz anderer Wohnungseigentümer (BGH NJW 2001, 1212).

36 **2. Ausnahmen vom Abgeschlossenheitserfordernis.** Freiflächen iSv § 3 Abs. 2 WEG (→ Rn. 65) sind ebenso wie Stellplätze (→ Rn. 60) vom Abgeschlossenheitserfordernis, das für Räume gilt, ausgenommen. An dessen Stelle treten gem. § 3 Abs. 3 WEG Maßangaben für die betreffenden Flächen im Aufteilungsplan (→ Rn. 64, 71).

37 **3. Begriffsdefinition.** Eine **gesetzliche Definition** des Begriffes Abgeschlossenheit enthält das WEG **nicht.** Einen Anhalt gibt Nr. 5 der Allgemeinen Verwaltungsvorschrift für die Ausstellung von Bescheinigungen gem. § 7 Abs. 4 Nr. 2 und § 32 Abs. 2 Nr. 2 WEG v. 19.3.1974 (BAnz. 1974 Nr. 58, abgedruckt im → Anhang I.). Diese Verwaltungsvorschrift dient allerdings nur zur verwaltungstechnischen Umsetzung von § 3 Abs. 3 WEG. Sie kann den gesetzlich vorgegebenen Abgeschlossenheitsbegriff weder definieren noch inhaltlich ausgestalten, sondern muss sich ihrerseits an ihm messen und nach ihm auslegen lassen. Schon deshalb kann sie den – zuvor nach den Methoden der Gesetzesauslegung ermittelten – Inhalt des Abgeschlossenheitsbegriffs nicht zusätzlich durch bauordnungsrechtliche Anforderungen verengen (GmS-OGB NJW 1992, 3290). Aber auch darüber hinaus spielen Vorschriften des Bauplanungs- und Bauordnungsrechtes für die Frage der Abgeschlossenheit grundsätzlich keine Rolle (GmS-OGB NJW 1992, 3290; Staudinger/*Rapp* § 3 WEG Rn. 16). Abgeschlossenheit ist vielmehr ein **sachenrechtlicher Begriff,** der vom Bauplanungs- und Bauordnungsrecht unabhängig ist. Die Berücksichtigung bauordnungsrechtlicher Vorschriften würde die Gefahr landesrechtlicher Auflösung des bundesrechtlichen Abgeschlossenheitsbegriffs in sich bergen (GmS-OGB NJW 1992, 3290).

38 Nr. 5 der Allgemeinen Verwaltungsvorschrift für die Ausstellung von Bescheinigungen gem. § 7 Abs. 4 Nr. 2 und § 32 Abs. 2 Nr. 2 WEG v. 19.3.1974 (BAnz. 1974 Nr. 58, abgedruckt im → Anhang I.) kann daher nur als **Orientierungshilfe** für das Erfordernis der Abgeschlossenheit dienen, jedoch ohne letztverbindliche Entscheidungskompetenz. Nach dieser Vorschrift erfordert die Abgeschlossenheit **dreierlei:** Abgeschlossenheit gegenüber anderem Sonder- oder Gemeinschaftseigentum, Zugangsmöglichkeit und eine bestimmte Ausstattung.

a) Abgeschlossenheit von Wohnungseigentum. aa) Abgegrenztheit (eigentliche Abgeschlossenheit). Das Wohnungs- oder Teileigentum muss gegenüber anderem Sonder- und Gemeinschaftseigentum **klar abgegrenzt** sein. Dies erfordert es, dass das Sondereigentum baulich vollkommen von fremden Wohnungen und Räumen abgesondert ist, zB durch Wände und Decken. Soweit Nr. 5 der Verwaltungsvorschrift fordert, dass diese Wände und Decken den Anforderungen der Bauaufsichtsbehörden (Baupolizei) an Wohnungstrennwände und Wohnungstrenndecken entsprechen müssen, ist dies nach der Entscheidung des GmS-OGB nicht mehr zutreffend, weil hiernach Vorschriften des Bauplanungs- und Bauordnungsrechtes für die Frage der Abgeschlossenheit grundsätzlich keine Bedeutung zukommt (GmS-OGB NJW 1992, 3290). Zu abgeschlossenen Wohnungen können zusätzliche Räume außerhalb des Wohnungsabschlusses gehören (OLG Frankfurt a. M. ZWE 2018, 160; ZWE 2012, 34). Ausreichend ist, dass die miteinander verbundenen Räume in sich jeweils abgeschlossen sind (KG MDR 2013, 837). Zusätzliche Räume, die außerhalb des Wohnungsabschlusses liegen, müssen verschließbar sein. Unschädlich ist, wenn sich in dem Raum außerhalb der Wohnung ein über die Mindestausstattung hinausgehendes weiteres WC befindet (OLG Nürnberg ZWE 2012, 317) oder wenn zwischen zwei Wohnungen eine jederzeit **zu öffnende Verbindungstür** besteht (KG DNotZ 1985, 437). Der Abgeschlossenheit einer Wohnung oder Garage schadet es grundsätzlich auch nicht, wenn den übrigen Eigentümern durch Gebrauchsregelung das zeitweilige **Recht zum Betreten** eingeräumt wird (BayObLG NJW-RR 1989, 142). 39

bb) Zugangsmöglichkeit. Das Wohnungs- oder Teileigentum muss einen eigenen – abschließbaren – Zugang unmittelbar vom Freien, von einem Treppenhaus oder von einem Vorraum haben (OLG München ZWE 2018, 442; OLG Frankfurt ZWE 2018, 160; OLG München ZWE 2009, 25; BayObLG ZMR 1996, 509). Der notwendig freie Zugang kann in der Weise geschaffen werden, dass die Benutzung des im Nachbargebäude befindlichen und im Eigentum eines Dritten stehenden Treppenhauses durch eine **Grunddienstbarkeit** zu Gunsten aller jeweiligen Wohnungseigentümer sichergestellt wird (OLG Düsseldorf MDR 1987, 235; s. a. BayObLG ZMR 1984, 359). Zum Problem eines **fehlenden Zuganges** → Rn. 49. 40

cc) Ausstattung. Die Gesamtheit der Räume des Wohnungseigentums muss einen **selbständigen Haushalt** erlauben (BayVGH DWW 1976, 306; *Röll* MittBayNot 1991, 241). Anforderungen an die Ausstattung ergeben sich aus der Funktion des Wohnungseigentums. Zum Wohnen bedarf es einer Wasserversorgung, eines Ausgusses und einer Toilette innerhalb der Wohnung (KG MDR 2013, 837; OLG Zweibrücken ZMR 2001, 663; OLG Düsseldorf ZMR 1997, 662; BayObLG ZMR 1984, 359). Ferner bedarf es eines **Stromanschlusses,** der innerhalb der Wohnung liegen muss. **Innerhalb der Wohnung** muss auch wenigstens die Möglichkeit zur Installation einer **Küche** oder **Kochgelegenheit** bestehen; es reicht, wenn die bauseitigen Anschlüsse vorhanden sind. Bad, Dusche und Heizung (*Pfeilschifter/Wüstenberg* WuM 2004, 639; aA *Ruge* Begründung, 46) können fehlen. 41

Eigene **Zähler- und Messvorrichtungen** für Strom, Gas, Wasser oder Heizung müssen **nicht** vorhanden sein (Bärmann/*Armbrüster* § 3 Rn. 61).

42 **b) Abgeschlossenheit von Teileigentum.** Bei Teileigentum, zB einer Garage, einem Kellerraum, einem Schuppen, einem Stellplatz, einer Lagerhalle, gelten die Erfordernisse **sinngemäß** (Nr. 5 lit. b der Allgemeinen Verwaltungsvorschrift für die Ausstellung von Bescheinigungen gem. § 7 Abs. 4 Nr. 2 und § 32 Abs. 2 Nr. 2 WEG v. 19.3.1974 (BAnz. 1974 Nr. 58, abgedruckt im → Anhang I.). Es bedarf auch hier der Abgegrenztheit (eigentliche Abgeschlossenheit) und einer **freien Zugangsmöglichkeit.** Die **Ausstattung** kann aber hinter Wohnungseigentum zurückbleiben. Ein zum Sondereigentum gehörendes WC kann sich zB auch außerhalb der Einheit befinden (KG MDR 2013, 837). Hotelappartements, aber auch einzelne **Hotelzimmer** können abgeschlossen sein (OLG Naumburg NotBZ 2005, 221; *Drasdo* ZfIR 2014, 614; aA OVG Lüneburg DNotZ 1984, 390; LG Halle NotBZ 2004, 242 m. Anm. *Häublein*). Dass Hotelzimmer uU nur in **Verbindung mit weiteren Einrichtungen** des Hotels (Restaurant, Aufenthaltsräume etc.) eine wirtschaftliche und funktionelle Einheit bilden und nur so voll funktionsfähig sind, steht einer Abgeschlossenheit jedenfalls nicht entgegen, da auch beim klassischen Wohnungseigentum eine notwendige Anbindung zu anderen Eigentumsbestandteilen (insbesondere zu Gemeinschaftseigentum) besteht (OLG Naumburg NotBZ 2005, 221; BayObLG ZMR 2003, 588; OLG Oldenburg ZMR 1988, 195).

43 **4. Fehlen/Verlust der Abgeschlossenheit.** Das Gesetz enthält in § 3 Abs. 3 WEG lediglich eine **Sollvorschrift,** der Ordnungsfunktion zukommt. Die Abgeschlossenheit ist somit keine Voraussetzung für das Entstehen von Sondereigentum (BGH NJW 2011, 3237; 2008, 2982; 1990, 1111; OLG München ZWE 2017, 175 Rn. 18). Erfolgt die Eintragung im Grundbuch trotz eines Verstoßes gegen dieses Erfordernis ist gleichwohl das eingetragene Wohnungseigentum wirksam entstanden (OLG München NZM 2009, 402; BayObLG Rpfleger 1980, 295). Erkennt jedoch das Grundbuchamt, dass die Wohnungen nicht in sich abgeschlossen sind, so hat es die Anlegung der Wohnungsgrundbücher selbst dann zu verweigern, wenn eine Abgeschlossenheitsbescheinigung der Baubehörde vorliegt (BayObLGZ 71, 102).

44 Bei einer **nachträglichen Aufhebung** einer ursprünglich einmal vorhandenen Abgeschlossenheit – beispielsweise durch eine bauliche Vereinigung von zwei ursprünglich in sich abgeschlossenen Wohnungseinheiten mittels eines Wanddurchbruchs – wird die ursprünglich vorhandene Abgeschlossenheit der beiden Wohnungseinheiten tatsächlich beseitigt, was grundsätzlich einen der Teilungserklärung widersprechenden Zustand darstellt (BayObLG MittBayNot 1997, 366). Diese Aufhebung der Abgeschlossenheit stellt indes keinen nicht hinnehmbaren Nachteil für die übrigen Wohnungseigentümer dar und ist von diesen zu dulden (BGH NJW 2001, 1212). Zum einen lässt dies den Bestand und den Umfang des in der Teilungserklärung ausgestalteten Wohnungseigentums unberührt und führt nicht zur Unrichtigkeit des Grundbuchs. Zum anderen ist es Zweck des Abgeschlossenheitserfordernisses, die räumliche Abgrenzung der Sonder-

und Gemeinschaftseigentumsbereiche zu gewährleisten und dadurch Streitigkeiten zu vermeiden. Damit dient diese Vorschrift nur dem Schutz der Wohnungseigentümer, die durch die fehlende Trennung berührt werden (BGH NJW 2008, 2982; 2001, 1212; BayObLG NotBZ 2000, 415; *Rapp* MittBayNot 1995, 282; *Röll* WE 1997, 412; aA OLG Zweibrücken ZMR 2000, 254; OLG Köln WE 1995, 221; KG NJW-RR 1993, 909).

5. Verhältnis von § 3 Abs. 3 WEG zu § 5 Abs. 1 und 2 WEG. Vergleicht man die in Nr. 5 der Allgemeinen Verwaltungsvorschrift für die Ausstellung von Bescheinigungen gem. § 7 Abs. 4 Nr. 2 und § 32 Abs. 2 Nr. 2 WEG v. 19.3.1974 (BAnz. 1974 Nr. 58, abgedruckt im → Anhang I.) enthaltenen und von Rechtsprechung und Literatur zur Abgeschlossenheit herausgearbeiteten Kriterien, wird offensichtlich, dass diese teilweise auch aus gesetzlichen Vorgaben abgeleitet werden, insbesondere aus § 5 Abs. 1 und 2 WEG. Dies gilt maßgeblich zum Erfordernis des Raumabschlusses (hierzu → Rn. 27 ff.) und des Zugangserfordernisses. Letzteres wird allgemein aus § 5 Abs. 2 WEG hergeleitet (→ § 5 Rn. 35). Es ist keineswegs eine rein theoretische Frage, in welcher Norm die jeweilige Anforderung verortet wird, weil die Fehlerfolgen unterschiedlich sind. Fehlt es an einem Raum, kann Wohnungseigentum nicht begründet werden. Dasselbe gilt bei Fehlen eines Zuganges zum Sondereigentum, weil § 5 Abs. 2 WEG eine zwingende gesetzliche Vorgabe enthält. Ein Verstoß gegen das Abgeschlossenheitserfordernis bedeutet hingegen nur einen Verstoß gegen eine Sollvorschrift, der nicht die Unwirksamkeit der Begründung zur Folge hat (→ Rn. 43). **45**

Unstreitig kann die Begriffsdefinition in Nr. 5 der Allgemeinen Verwaltungsvorschrift für die Ausstellung von Bescheinigungen gem. § 7 Abs. 4 Nr. 2 und § 32 Abs. 2 Nr. 2 WEG v. 19.3.1974 (BAnz. 1974 Nr. 58, abgedruckt im → Anhang I.) **nicht** die gesetzlichen Begriffe in §§ 3, 5 WEG **verbindlich auslegen** (*Grziwotz* MietRB 2013, 129). Gesetzliche Anforderungen können nicht durch Verwaltungsvorschriften abgeändert werden. Wenn nun die gesetzlichen Voraussetzungen für das Entstehen von Sondereigentum auch in der allgemeinen Verwaltungsvorschrift zum Abgeschlossenheitserfordernis enthalten sind, führt dies nicht dazu, dass diese (nur) zu einer Frage der Abgeschlossenheit werden. Aus diesem Grund ist ua die Argumentation schief, wenn von dem Umstand, dass die feste Raumabgrenzung und das Zugangserfordernis von der herrschenden Meinung und der Verwaltungsvorschrift in § 3 Abs. 3 WEG hineingelesen werden, geschlossen wird, dass diese Voraussetzungen außerhalb dieser Norm **ohne** Bedeutung wären. Vielmehr handelt es sich insoweit um eine Doppelung, die im Rahmen von § 3 Abs. 3 WEG nichts Neues enthält. **Originär** ist das Raumerfordernis in **§ 5 Abs. 1 WEG** und das Zugangserfordernis in **§ 5 Abs. 2 WEG** enthalten. Diese zwingenden gesetzlichen Vorgaben würden umgangen, wenn man sie zusätzlich in das Abgeschlossenheitskriterium mithinzieht und sie deshalb ebenfalls als bloße **Sollanforderung** versteht. Das Gesetz verlangt vielmehr für die Begründung von Wohnungseigentum eine abgeschlossene Raumeinheit. Das bedeutet: beide Voraussetzungen müssen kumulativ vorliegen – Abgeschlossenheit und Raumeigenschaft. Das Raum- **46** erfordernis ist nicht identisch mit der Frage nach der Abgeschlossenheit (OLG Hamm ZWE 2016, 167; *Hügel* FS Müller, 154 ff; Jennißen/*Grziwotz* § 5 Rn. 10).

47 **a) Raumerfordernis.** Soweit hiergegen eingewendet wird, nicht der Raumbegriff, sondern die Abgeschlossenheit solle eine optisch wahrnehmbare Abgrenzung der Sondereigentumsbereiche und damit einen gewissen Schutz vor äußeren Einwirkungen gewährleisten und diese gesetzgeberische Entscheidung würde unterlaufen, wenn man eine wesentliche Funktion der Abgeschlossenheit bereits in den Begriff des Raumes hineinlese (so aber Bärmann/*Armbrüster* § 5 Rn. 13), kann dies nicht überzeugen. Bei einem solchen Verständnis bleibt für die Voraussetzung „Raum" **kein eigenständiger Bedeutungsgehalt** mehr. Wohnungseigentum ist aber im wesentlichen Raumeigentum. Mangels eines eindeutigen Raumbegriffs entstünden stattdessen erhebliche Abgrenzungsprobleme. Das alternativ vorgeschlagene Kriterium „Herrschaftsmacht" (Bärmann/*Armbrüster* § 5 Rn. 14, 17) kann in keinem Fall genügen. Auch hinsichtlich eines zweidimensionalen Bereichs lässt sich Herrschaftsmacht denken. Damit wären auch reine Grundstücksflächen sondereigentumsfähig. In jedem Fall wäre die Begründung von Sondereigentum auf einer reinen Grundstücksfläche auch außerhalb des Anwendungsbereichs von § 3 Abs. 2 WEG erfolgreich, wenn das Grundbuchamt unter Verstoß gegen § 3 Abs. 3 WEG eine solche Eintragung vornimmt. **Unverzichtbare Voraussetzung** für die wirksame Begründung von Sondereigentum muss das Vorhandensein eines **realen Raumes** oder eines **gesetzlich fingierten Raumes** ein. Fehlt es hieran, kann Sondereigentum nie entstehen (OLG Koblenz WE 1992, 19; aA BGH NJW 2016, 473 Rn 15; NJW 2008, 2982; OLG München BeckRS 2014, 09208; → Rn. 86).

48 Sondereigentumsfähig ist demnach – mit Ausnahme unselbständiger Freiflächen – nur ein Raum, der zudem abgeschlossen sein soll. Dieses zusätzliche für einen sondereigentumsfähigen Raum geforderte Element ist auch sinnvoll. Raumeigenschaft weisen auch Räume auf, die nach den schlechten Erfahrungen mit dem Stockwerkseigentum nach den Vorstellungen des Gesetzgebers nicht selbständige wohnungseigentumsrechtliche Einheiten bilden sollen. Dies gilt beispielsweise, wenn Küche und sanitäre Räume außerhalb der betreffenden Einheit liegen würden. Das Abgeschlossenheitserfordernis soll eine in sich selbständige, lebensfähige Einheit bewirken. Die Voraussetzung Raum würde hierfür nicht genügen. Fehlt es aber an diesem zusätzlichen Element, ist der Mangel nicht so gravierend, dass von einer Unwirksamkeit des Begründungsaktes auszugehen ist.

49 **b) Zugangserfordernis.** Nichts anderes kann für den Zugang zum Sondereigentum gelten. Der Anforderung eines freien und gesicherten Zugangs zum Sondereigentum wird regelmäßig dadurch entsprochen, dass das Sondereigentum entweder über gemeinschaftliches Eigentum oder von der Straße her zugänglich sein muss (Staudinger/*Rapp* § 3 WEG Rn. 15; ausführlich hierzu → § 5 Rn. 35). Versteht man die Anforderung des freien und ungehinderten Zuganges zu Unrecht **nur** als Element der Abgeschlossenheit, entsteht Wohnungseigentum gleichwohl, wenn das Grundbuchamt die

Grundbücher anlegt, obwohl ein Zugang in Wirklichkeit nicht gegeben ist. Die hM vertritt wohl diese Ansicht (OLG München ZWE 2017, 175 Rn. 18; NZM 2009, 402; MietRB 2009, 108; Bärmann/*Armbrüster* § 3 Rn. 64).

Konsequenz dieser Ansicht ist, dass dann gegebenenfalls dem Eigentümer **50**
des gefangenen Sondereigentums ein Notwegerecht analog § 917 BGB über fremdes Sondereigentum zustehen muss (so tatsächlich OLG München MietRB 2009, 108; Bärmann/*Armbrüster* § 3 Rn. 64; in diese Richtung auch OLG Celle ZWE 2009, 128). Diesem Ergebnis steht aber die Bestimmung in § 5 Abs. 2 WEG **entgegen,** nach der Anlagen und Einrichtungen, die dem **gemeinschaftlichen Gebrauch** dienen, nach § 5 Abs. 2 WEG zwingend dem gemeinschaftlichen Eigentum zuzurechnen sind. Für einen gemeinschaftlichen Gebrauch wiederum ist ausreichend, wenn ein Bedürfnis für den gemeinsamen Gebrauch **mehrerer,** nicht aber aller Wohnungseigentümer besteht (BGH NJW-RR 2012, 85 Rn. 10; OLG Hamm DNotZ 1987, 225; Bärmann/*Armbrüster* § 5 Rn. 35). Zugänge zum Gemeinschaftseigentum oder mehreren Sondereigentumseinheiten dienen notwendigerweise dem Gebrauch aller Wohnungseigentümer. Folgerichtig hat daher der BGH entschieden, dass ein Stellplatz und ein Verbindungsflur, die den einzigen Zugang zur gemeinschaftlichen Heizungsanlage und Versorgungseinrichtungen des Hauses darstellen, wegen der zwingenden Bestimmung des § 5 Abs. 2 WEG nicht Gegenstand des Sondereigentums sein können (BGH NJW 1991, 2909). Die Lösung über ein Notwegerecht ist dem Wohnungseigentumsrecht **fremd und systemwidrig.** Wird ein Raum oder ein Gebäudeteil von mehr als einem Wohnungseigentümer benötigt, ordnet § 5 Abs. 2 WEG zwingend als Lösung die Klassifizierung als Gemeinschaftseigentum an. Die Konstruktion eines Notwegerechtes würde dieses wohnungseigentumsrechtliche System aushöhlen. Das Zugangserfordernis ist keineswegs nur eine formelle Voraussetzung für die Begründung von Sondereigentum. Wird es missachtet, führt dieser Fehler zur materiellen Unwirksamkeit der Begründung mit der Folge, dass die Einheit, die an diesem Problem leidet, im gemeinschaftlichen Eigentum verbleibt (BayObLG DNotZ 2004, 386; *Hügel* FS Müller, 160).

6. Abgeschlossenheitsbescheinigung. Gem. § 7 Abs. 4 Satz 1 WEG **51**
sind dem Grundbuchamt zur Eintragung der Aufteilung zusammen mit der Eintragungsbewilligung eine mit Unterschrift und Siegel der Baubehörde versehene Bauzeichnung und eine Bescheinigung der Baubehörde beizufügen, dass die Voraussetzungen des § 3 Abs. 3 WEG vorliegen (Abgeschlossenheitsbescheinigung). Die Vorprüfung der Abgeschlossenheit durch die Baubehörde im Rahmen der Abgeschlossenheitsbescheinigung soll das Grundbuchamt entlasten und die Prüfung durch eine Behörde mit technischem Sachverstand garantieren. Die Abgeschlossenheitsbescheinigung stellt die einzige Möglichkeit dar, dem Grundbuchamt die Abgeschlossenheit nachzuweisen (OLG Frankfurt a. M. ZWE 2018, 160; ZWE 2012, 34). Ausführlich zur Abgeschlossenheitsbescheinigung → § 7 Rn. 43.

7. Abgeschlossenheit bei sachenrechtlichen Veränderungen. **52**
a) Unterteilung. In analoger Anwendung von § 8 WEG kann ein Woh-

nungseigentümer durch Erklärung gegenüber dem Grundbuchamt sein Wohnungseigentum unterteilen, sofern es teilungsfähig ist (BGH NJW 2012, 2434; 2004, 3413; 1968, 499; OLG München ZWE 2011, 267; aus der Lit. zB *Gaier* FS Wenzel, PiG 71, 146; siehe hierzu → § 8 Rn. 45). Dem Grundbuchamt müssen ein entsprechender Aufteilungsplan und die dazugehörige Abgeschlossenheitsbescheinigung für alle neu zu bildenden Sondereigentumseinheiten (OLG München ZWE 2011, 267) mitvorgelegt werden. Eine Zustimmung der übrigen Wohnungseigentümer ist grds. entbehrlich (BGH NJW 2012, 2434; 1968, 499; NZM 2004, 876; OLG München ZWE 2011, 267), ebenso die Zustimmung eventueller Grundpfandrechtsgläubiger (OLG Hamm DNotZ 2003, 941).

53 **b) Vereinigung/Zuschreibung.** Jeder Wohnungseigentümer kann mehrere ihm zustehende Wohnungseigentumsrechte – ohne Zustimmung der übrigen Wohnungseigentümer – zu einem einheitlichen Wohnungseigentum nach § 890 Abs. 1 BGB vereinigen (BGH NZM 2004, 876) bzw. analog § 890 Abs. 2 BGB zuschreiben (BGH NJW 2014, 1002; hierzu → § 8 Rn. 55 ff.). Das durch die Vereinigung gebildete Wohnungseigentum braucht **nicht** in sich abgeschlossen zu sein, eine neue Abgeschlossenheitsbescheinigung ist deshalb auch nicht erforderlich (OLG Hamburg ZMR 2004, 529; BayObLG MittBayNot 2000, 319; LG Köln ZMR 2015, 789). Es ist ausreichend, wenn die beiden zum neuen Wohnungseigentum gehörenden alten Sondereigentumseinheiten gegenüber dem übrigen Sonder- und Gemeinschaftseigentum **abgegrenzt** sind (BayObLG MittBayNot 2000, 319). Es entsteht – handelt es sich nicht nur um eine bauliche Vereinigung – ein einheitlicher, vereinigter Miteigentumsanteil, verbunden mit dem Sondereigentum an den vereinigten Wohnungen (BGH DNotZ 1983, 487; Beck'sches Notar-Handbuch/*Rapp* § 3 Rn. 92). Unschädlich ist, dass die zwei tatsächlichen Wohnungen mit unterschiedlichen Nummern bezeichnet sind (*Böttcher* Rpfleger 2005, 650), da § 7 Abs. 4 Nr. 1 WEG nur für die Erstaufteilung gilt (→ § 7 Rn. 37). Eine Zustimmung dinglich Berechtigter ist nicht erforderlich, da deren Rechte nicht beeinträchtigt werden (OLG Hamm DNotZ 2003, 355).

54 Die bauliche Realisierung der Vereinigung (zB mittels Wanddurchbruchs) und die damit verbundene Aufhebung der ursprünglich vorhandenen Abgeschlossenheit stellt für sich allein keinen nicht hinnehmbaren Nachteil der übrigen Wohnungseigentümer dar (BGH NJW 2001, 1212; BayObLG ZWE 2000, 575). Zum einen lässt dies den Bestand und den Umfang des im Teilungsvertrag ausgestalteten Wohnungseigentums unberührt und führt nicht zur Unrichtigkeit des Grundbuchs. Zum anderen ist es Zweck des in § 3 Abs. 3 WEG als Sollvorschrift ausgestalteten Abgeschlossenheitserfordernisses, die räumliche Abgrenzung der Sonder- und Gemeinschaftseigentumsbereiche zu gewährleisten und dadurch Streitigkeiten zu vermeiden. Damit dient diese Vorschrift nur dem Schutz der Wohnungseigentümer, die durch die fehlende Trennung berührt werden (BGH NJW 2001, 1212; BayObLG ZWE 2000, 575; *Rapp* MittBayNot 1995, 282; *Röll* WE 1997, 412; aA die frühere oberlandesgerichtliche Rspr., so OLG Zweibrücken ZMR 2000, 254; BayObLG WE 1997, 111).

c) Übereignung einzelner Räume. Die Veräußerung und der Erwerb eines Sondereigentumsraumes bedarf der notariellen Beurkundung nach § 4 Abs. 3 WEG, § 311b Abs. 1 BGB (ausführlich → § 4 Rn. 12 ff.). Verändern sich durch die Übertragung von Sondereigentum an einzelnen Räumen die Grenzen des bestehenden Sondereigentums, bedarf es grundsätzlich der Vorlage eines neuen bestätigten Aufteilungsplanes sowie einer **neuen Abgeschlossenheitsbescheinigung** (OLG München NZM 2009, 402; OLG Zweibrücken ZWE 2001, 395; → § 4 Rn. 14). 55

d) Umwandlung von Sonder- in Gemeinschaftseigentum und umgekehrt. Die **rechtsgeschäftliche Umwandlung** von Gemeinschaftseigentum zu Sondereigentum stellt einen sachenrechtlichen Vorgang dar, weil hierbei zivilrechtliches gemeinschaftliches Eigentum in Alleineigentum überführt wird. Dasselbe gilt für den umgekehrten Fall. Eine solche Umwandlung bedarf wegen § 4 Abs. 1, 2 WEG der Einigung aller Wohnungseigentümer in der Form der Auflassung (→ § 4 Rn. 5 ff.). Hierzu bedarf es der Vorlage eines neuen bestätigten Aufteilungsplans sowie einer neuen Abgeschlossenheitsbescheinigung für die von der Umwandlung betroffenen Einheiten, da hinsichtlich der neuen Räume die Abgrenzung zum übrigen Sonder- und Gemeinschaftseigentum noch nicht vorgenommen wurde. 56

8. Abgeschlossenheitsbescheinigung bei Inhaltsänderungen des Sondereigentums. Das Abgeschlossenheitserfordernis ist grundsätzlich **nur** eine Anforderung an den **sachenrechtlichen Begründungsakt** und damit auch nur bei Veränderung desselben zu beachten. Für Vereinbarungen, die gem. §§ 10 Abs. 1 und 3, 5 Abs. 4 Satz 1 WEG zum Inhalt des Sondereigentums gemacht werden sollen, gilt diese Voraussetzung nicht. Etwas **anderes** gilt jedoch bei der **Umwandlung von Teileigentum zu Wohnungseigentum.** Eine solche bedeutet zwar auch eine Änderung des festgelegten Gebrauchs und folglich eine Inhaltsänderung durch Vereinbarung aller Eigentümer nach §§ 5 Abs. 4, 10 Abs. 1, 3 WEG (→ § 1 Rn. 23). Gleichwohl muss zum Vollzug der Umwandlung von Teil- in Wohnungseigentum dem Grundbuchamt eine **geänderte Abgeschlossenheitsbescheinigung** vorgelegt werden (Beck'sches Notarhandbuch/*Rapp* § 3 Rn. 110). Zwar wird durch eine reine Umwandlung in Wohnungseigentum die Abgeschlossenheit ggü. anderem Sonder- oder Gemeinschaftseigentum nicht beeinträchtigt, jedoch genügt die **Ausstattung** eines Teileigentums nicht den Anforderungen an die Ausstattung eines Wohnungseigentums. Aus diesem Grund ist über eine geänderte Abgeschlossenheitsbescheinigung nachzuweisen, dass die umgewandelte Einheit den Anforderungen an Wohnungseigentum gerecht wird. Trägt das Grundbuchamt die Umwandlung ohne eine geänderte Abgeschlossenheitsbescheinigung ein, ist die Eintragung gleichwohl wirksam, da § 3 Abs. 3 WEG mit dem Erfordernis der Abgeschlossenheit nur eine Sollvorschrift enthält (→ Rn. 43). Für die Umwandlung von Wohnungs- in Teileigentum bedarf es hingegen keiner neuen Abgeschlossenheitsbescheinigung. 57

VIII. Stellplätze

58 **1. Vorbemerkung.** Im Unterschied zu normalen (Einzel-)Garagen stellen einzelne Stellplätze im Freien oder in einer Tiefgarage auf Grund fehlender dreidimensionaler Abgrenzungen keine (abgeschlossenen) Räume dar und sind somit an sich nicht sondereigentumsfähig. Das WEG begegnete nach bisherigem Recht diesem Manko, indem es in § 3 Abs. 2 Satz 2 aF WEG Stellplätze in einer Sammelgarage, nicht jedoch Stellplätze im Freien, als abgeschlossene Räume ansah, sofern ihre Flächen dauerhaft ersichtlich waren. Hierfür war eine sichtbare und jederzeit rekonstruierbare bauliche oder zeichnerische Festlegung in der Garage gemäß dem Aufteilungsplan notwendig (vgl. Nr. 6 der allg. Verwaltungsvorschrift; abgedruckt im Anhang).

59 Durch das WEMoG haben sich die Grundsätze für die Sondereigentumsfähigkeit von Stellplätzen insgesamt verändert. Zunächst enthält nun § 3 Abs. 1 Satz 2 WEG eine ausdrückliche **Fiktion** der **Raumeigenschaf**t für **alle Arten von Stellplätzen** (BT-Drs. 19/18791, 39). Hierdurch wird deutlich, dass auch nach der Neuausrichtung des WEG eine Sondereigentumsfähigkeit grundsätzlich nur bei Vorhandensein eines Raumes möglich sein soll (→ Rn. 27). Gleichzeitig wird das Erfordernis der Abgeschlossenheit für Stellplätze aufgegeben. An seine Stelle tritt nun die Bestimmung durch Maßangaben im Aufteilungsplan (§ 3 Abs. 3 WEG). Aus diesen Vorgaben ergibt sich aber auch, dass Sondereigentum an Stellplätzen nur nach § 3 Abs. 1 Satz 2 WEG und nicht als Sondereigentum an Freiflächen gem. § 3 Abs. 2 WEG begründet werden kann, weil durch die Fiktion eines Raums für Stellplätze erkennbar nur diese Variante – Begründung von Sondereigentum an Räumen – gesetzlich vorgesehen ist (*Müller* ZWE 2020, 445 ff.).

60 **2. Sondereigentumsfähigkeit.** Die Differenzierung zwischen Stellplätzen im Gebäude und im Freien hat das nun geltende Recht aufgegeben, und fingiert in § 3 Abs. 1 Satz 2 WEG sowohl für Stellplätze in Sammelgaragen als auch für Stellplätze im Freien die Raumeigenschaft und dadurch ihre Sondereigentumsfähigkeit. Dies bedeutet, anders als Freiflächen (→ Rn. 65) können Stellplätze alleiniger Gegenstand von Sondereigentum sein, d. h. an ihnen kann **selbständiges Teileigentum** begründet werden. Dies wird aus dem Wortlaut von § 3 Abs. 1 WEG allerdings so nicht deutlich, weil sich § 3 Abs. 1 Satz 1 WEG an sich nur mit der Sondereigentumsfähigkeit von Räumen in einem Gebäude beschäftigt und § 3 Abs. 1 Satz 2 systematisch zu § 3 Abs. 1 WEG zählt. Daraus ließe sich folgern, dass nur Stellplätze in Räumen als Raum i. S. v. § 3 Abs. 1 Satz 1 WEG gelten sollen, nicht jedoch Stellplätze im Freien. Die Gesetzbegründung geht allerdings vom Gegenteil aus (BT-Drs. 19/18791, 39).

61 Die Raumeigenschaft wird **nur** für **Stellplätze** fingiert. Dieser Begriff ist aber eher unspezifisch und sprachlich nicht eindeutig; auch die Gesetzesbegründung verwendet nur diesen allgemeinen Begriff. Inhaltlich ist davon auszugehen, dass damit Flächen für das Abstellen von Fahrzeugen aller Art, die für die Fortbewegung von Menschen geeignet sind, gemeint sind. Eine Differenzierung zwischen Stellplätzen für Pkw, Motor- oder Fahrräder er-

scheint sachfremd. Sofern die Fläche ausreichend ist, spricht auch nichts dagegen, einen Stellplatz für das Abstellen eines Wohnmobils oder Lkw zu begründen. Ausgeschlossen sind aber (Ab-)Stellplätze für Gegenstände, die keine Fortbewegungsmittel – für Menschen – sind (*Müller* ZWE 2020, 445 ff.). Der sachenrechtliche Begründungsakt ist somit unwirksam, wenn Sondereigentum an einer Fläche begründet werden soll, die nicht als Stellplatz geeignet ist.

Wird später die konkrete Nutzung eines solchen Stellplatzes – unzulässigerweise – geändert, führt dies nicht zu einer nachträglichen Unwirksamkeit der Begründung und Wegfall des Sondereigentums. Vielmehr verstößt eine solche Nutzung wie bei einer Nutzung von Teileigentum zu Wohnzwecken gegen eine Zweckbestimmung im weiteren Sinne (→ § 10 Rn. 87 ff.) und kann von den Miteigentümern untersagt werden. Sofern bei der Begründung selbständigen Teileigentums an einem Stellplatz eine Beschränkung – nur für Pkw – gewollt ist, kann dies bei der zulässigen Benutzung dieses Stellplatzes durch eine Zweckbestimmung im engeren Sinne (→ § 10 Rn. 93 ff.) in der Gemeinschaftsordnung umgesetzt werden. **62**

Damit haben sich einige Diskussionen erledigt, die in der Vergangenheit zu der Sondereigentumsfähigkeit von Stellplätzen existierten. Sondereigentumsfähig sind somit Stellplätze im Freien, in Tiefgaragen, in Parkhäusern, die nach Oben oder zur Seite offen sind (vgl. hierzu OLG Hamm MittBayNot 1998, 186; OLG Frankfurt DNotZ 1977, 635; OLG Köln DNotZ 1984, 700) und unabhängig davon, ob sich der Stellplatz auf einem ebenerdig gelegenen und von der Umgebung nicht abgegrenzten Dach einer Tiefgarage befindet. Gleiches gilt für die Sondereigentumsfähigkeit von **Carports.** **63**

Ebenso ist nun nach dem Willen des Gesetzgebers die Sondereigentumsfähigkeit auch für den einzelnen Stellplatz eines Doppel- oder Mehrfachparkers zu bejahen (BT-Drs. 19/18791, 39). Nach der Rspr. und teilweiser Ansicht in der Lit. war nach bisheriger Rechtslage kein Sondereigentum an den einzelnen Stellplätzen, sondern nur am **gesamten Doppelparker** möglich (BGH NJW 2014, 1879; ZMR 2012, 378; OLG Jena Rpfleger 2005, 309; BayObLG NJW-RR 1995, 783). Da nun § 3 Abs. 1 Satz 2 WEG die Raumeigenschaft für **alle Arten von Stellplätzen** fingiert (→ Rn. 60), ist die Rechtslage insoweit verändert. Damit haben sich auch die Probleme erledigt, die sich nach bisherigem Recht für die Klärung des Rechtsverhältnisses der Miteigentümer eines Mehrfachparkers ergeben haben (vgl. hierzu *Hügel/Elzer* DNotZ 2014, 403). Sofern an den einzelnen Stellplätzen eines Mehrfachparkers eigenes Teileigentum begründet wird, sorgt dies dafür, dass Hydraulik- und Hebeanlage von mehreren Eigentümern gebraucht werden und deshalb gem. § 5 Abs. 2 WEG zwingend im gemeinschaftlichen Eigentum aller Wohnungseigentümer stehen. Aus diesem Grund treffen die Kosten dieses Mehrfachparkers alle Wohnungseigentümer gemeinschaftlich, sofern in der Gemeinschaftsordnung keine – sinnvollerweise – abweichende Kostentragungsregelung getroffen wurde. **64**

3. Kennzeichnung. Stellplätze sind vom Abgeschlossenheitserfordernis, das für Räume gilt, ausgenommen. An dessen Stelle treten gem. § 3 Abs. 3 **65**

WEG Maßangaben für die betreffenden Flächen im Aufteilungsplan. Die Maßangaben müssen – ungeachtet des ohnehin bestehenden sachenrechtlichen Bestimmtheitserfordernisses – so genau sein, dass sie es im Streitfall ermöglichen, den räumlichen Bereich des Sondereigentums eindeutig zu bestimmen. Dafür muss sich aus dem Plan in der Regel die Länge und Breite der Fläche sowie ihr Abstand zu den Grundstücksgrenzen ergeben. Eine Markierungspflicht auf dem Grundstück ist dagegen – anders als nach § 3 Abs. 2 Satz 2 WEG aF – nicht erforderlich. Denn eine Markierung auf dem Grundstück führt nicht dazu, dass der räumliche Umfang des Sondereigentums genauer bestimmt wird, als dies bereits durch die Maßangaben im Aufteilungsplan der Fall ist. Selbstverständlich bleibt es den Wohnungseigentümern unbenommen, die Sondereigentumsbereiche dennoch auf dem Grundstück zu markieren; auf den Umfang des Sondereigentums wirkt sich dies aber nicht aus.

IX. Freiflächen

66 **1. Allgemeines.** Nach bisherigem Recht konnte Sondereigentum an außerhalb des Gebäudes liegenden Grundstückflächen nicht begründet werden, weil es an einem für die Begründung von Sondereigentum notwendigen Raum fehlt (→ Rn. 58). An solchen Flächen, wie Terrassen oder Gartenflächen, wurden bislang als Ersatzlösung Sondernutzungsrechte (→ § 10 Rn. 117 ff.) begründet. § 3 Abs. 2 WEG eröffnet nun die Möglichkeit, auch an Freiflächen Sondereigentum zu begründen. Der Gesetzgeber möchte mit dieser Neuerung das aus seiner Sicht streitanfällige Rechtsinstitut des Sondernutzungsrechtes (BT-Drs. 19/18791, 39) zurückdrängen und durch das weitgehend geklärte Rechtsinstitut des (Sonder-)Eigentums ersetzen. Keine Voraussetzung für die Erstreckung von Sondereigentum auf eine Grundstücksfläche ist, dass dieser Teil des Grundstücks dem betreffenden Wohnungseigentum unmittelbar vorgelagert ist (*Müller* ZWE 2020, 445 ff.). Ausgeschlossen ist die Erstreckung von Sondereigentum auf das gesamte Grundstück, weil die Grundstücksfläche, auf dem das aufgeteilte Gebäude steht, zwingend im gemeinschaftlichen Eigentum aller Wohnungseigentümer stehen muss (§ 1 Abs. 5 WEG).

67 **2. Anforderungen an eine Sondereigentumsfähigkeit.** § 3 Abs. 2 WEG beschränkt die Möglichkeit, Sondereigentum an einer Wohnung oder an nicht zu Wohnzwecken dienenden Räumen auf Freiflächen zu erstrecken, in Anlehnung an die Vorschriften für das Erbbaurecht (vgl. § 1 Abs. 2 ErbbauRG) und das Dauerwohnrecht (vgl. § 31 Abs. 1 Satz 2 WEG) in zweifacher Hinsicht:

68 **a) Kein selbständiges Sondereigentum.** Außerhalb des Gebäudes liegende Teile des Grundstücks können – mit Ausnahme von Stellplätzen (→ Rn. 60) – nicht alleiniger Gegenstand des Sondereigentums sein. Es ist daher nicht möglich, einen Miteigentumsanteil ausschließlich mit dem Sondereigentum an einem außerhalb des Gebäudes liegenden Teil des Grundstücks zu verbinden und hierdurch eigenständiges Teileigentum zu bilden. Da sich das Sondereigentum an dem Wohnungseigentum als Annex auf die

Grundstücksfläche erstreckt, können die Eigentumsverhältnisse am Wohnungseigentum als Hautsache und der Grundstücksfläche als Nebensache nur identisch sein (*Becker/Schneider* ZfIR 2020, 285).

b) Nebensache. Räume müssen gem. § 3 Abs. 2 WEG wirtschaftlich die Hauptsache des Sondereigentums bleiben. Der Begriff der wirtschaftlichen Hauptsache ist wie in § 1 Abs 2 ErbbauRG und § 31 Abs. 1 Satz 2 WEG zu verstehen. Entscheidend hierfür ist die allgemeine Verkehrsanschauung im Einzelfall, wobei aber kein zu enger Maßstab anzulegen ist (OLG München BeckRS 2012, 17466; Ingenstau/Hustedt § 1 Rn. 40; MüKo/*Heinemann* § 1 ErbbauRG Rn. 21). Dabei wird maßbeglich auf wirtschaftliche Kriterien abgestellt, die reine Flächengröße (Hügel/*Otto,* GBO, ErbbR Rn. 68) oder der reine Verkehrswert (OLG München BeckRS 2012, 17466; B/R/H/P/*Maaß* § 1 ErbbauRG Rn. 19) sind grundsätzlich ohne Belang. Terrassen und Gartenflächen werden in aller Regel nicht als wirtschaftliche Hauptsache anzusehen sein. Wie sich aus der negativen Formulierung in § 3 Abs, 2 WEG ergibt, wird vermutet, dass die Räume wirtschaftlich die Hauptsache bleiben. Es bedarf deshalb im Grundbuchverfahren einer Prüfung nur dann, wenn konkrete Anhaltspunkte für das Gegenteil bestehen (BT-Drs. 19/18791, 39). **69**

Abzustellen ist auf den Zeitpunkt der Begründung des Annexeigentums. Spätere (bauliche) Veränderungen können keine Rolle spielen (*Becker/Schneider* ZfIR 2020, 285). Die übrigen Miteigentümer können ihren diesbezüglichen Einfluss über § 13 Abs. 2 WEG geltend machen. Soll das (Annex-)Sondereigentum später an einen anderen Wohnungseigentümer übertragen werden, ist dies grundsätzlich möglich (→ § 4 Rn. 12 ff.), allerdings nur wenn es für das neue Wohnungseigentum ebenfalls wirtschaftlich nebensächlich ist, dh dem zugeordneten Wohnungseigentum wirtschaftlich untergeordnet ist (*Wilsch* FGPrax 2020, 5; *Müller* ZWE 2020, 445 ff.). Verstößt die Neuzuweisung zu einer anderen Einheit gegen das Gebot der Hauptsache des Wohnungseigentums, ist diese Verfügung als unwirksam anzusehen (*Müller* ZWE 2020, 445 ff.). **70**

3. Kennzeichnung. Die Freiflächen sind ebenso wie Stellplätze vom Abgeschlossenheitserfordernis, das für Räume gilt, ausgenommen. An dessen Stelle treten gem. § 3 Abs. 3 WEG Maßangaben für die betreffenden Flächen im Aufteilungsplan. Die Maßangaben müssen so exakt sein, dass sie eine eindeutige Bestimmung des räumlichen Bereichs des Sondereigentums ermöglichen. Dies erfordert einen Plan, der grundsätzlich die Länge und Breite der Fläche sowie ihren Abstand zu den Grundstücksgrenzen enthält (→ Rn. 65). **71**

4. Umfang des Sondereigentums. Das Sondereigentum an den Freiflächen umfasst nicht nur die Grundstücksoberfläche, sondern den betreffenden Teil des Grundstücks. Dies ergibt zum einen aus dem Wortlaut von § 3 Abs. 2 WEG, aber auch aus dem Wortlaut des § 1 Abs. 5 WEG, der zum Ausdruck bringt, dass unter den Voraussetzungen des § 3 Abs. 2 WEG nicht mehr das gesamte Grundstück im gemeinschaftlichen Eigentum der Wohnungseigentümer steht (*Müller* ZWE 2020, 445 ff.). Aus dem konsequenter- **72**

weise zur Anwendung kommenden § 905 BGB ergibt sich, das sich das Recht des Eigentümers auch auf den Raum über der Oberfläche und auf den Erdkörper unter der Oberfläche erstreckt (*Müller* ZWE 2020, 445 ff.). Bauliche Anlagen und Gebäude auf diesem Sondereigentum zählen wegen §§ 5 Abs. 1 Satz 2 WEG, 94 BGB kraft Gesetzes zu diesem Eigentum, sofern es sich um wesentliche Bestandteile handelt.

X. Entstehen der Wohnungseigentümergemeinschaft

73 Das WEG regelt nun das Entstehen der Gemeinschaft der Wohnungseigentümer entgegen der früheren Rechtslage explizit in § 9a Abs. 1 Satz 2 WEG. Sie entsteht mit Anlegung der Wohnungsgrundbücher (→ § 9a Rn. 32); ab diesem Zeitpunkt finden die Vorschriften des WEG Anwendung. Die Anlegung der Grundbücher dient somit als Äquivalent für die Eintragung von sonstigen Verbänden im Vereins-, Handel- oder Genossenschaftsregister (*Skauradszun* ZRP 2020, 34).

XI. Zustimmung dinglich Berechtigter

74 Die Aufteilung eines Grundstücks nach § 8 WEG ist ebenso wie die Begründung von Wohnungseigentum nach § 3 WEG als Teilung des Vollrechts anzusehen, auf welche die Vorschriften über die Änderungen eines belasteten Rechtes weder unmittelbar noch entsprechend anzuwenden sind. Der Vollzug der Teilungserklärung des Antragstellers ist damit nicht von der Zustimmung der Grundpfandgläubiger abhängig (BGH NJW 2012, 1226; OLG Celle ZWE 2012, 276; OLG München NJW 2011, 3588; OLG Oldenburg ZWE 2011, 224; KG ZWE 2011, 81; Staudinger/*Rapp* § 3 WEG Rn. 23; *Volmer* NotBZ 2012, 40; *Heinemann* ZfIR 2011, 256; *Schneider* ZNotP 2010, 387; aA OLG Frankfurt a. M. ZWE 2011, 405; *Kesseler* NJW 2010, 2317; *Böttcher* NotBZ 2010, 239).

75 Anders verhält es sich, wenn selbständig belastete Miteigentumsanteile nach § 3 WEG umgewandelt werden. Hier hat die Begründung von Wohnungseigentum zur Folge, dass sich das Belastungsobjekt von einem Miteigentumsanteil im Sinne von § 1008 BGB in einen Anteil am Grundstück verbunden mit dem Sondereigentum an einer bestimmten Raumeinheit wandelt, welcher durch das zugunsten der übrigen Miteigentümer begründete Sondereigentum beschränkt ist. Demgemäß bedarf bei einer selbständigen Belastung eines Miteigentumsanteils die Begründung von Wohnungseigentum in entsprechender Anwendung der §§ 876, 877 BGB der Zustimmung eines Grundpfandgläubigers (BGH NJW 2012, 1226; Bärmann/*Armbrüster* § 2 Rn. 26).

76 Ist eine **Belastung am gesamten Grundstück** eingetragen, setzt sie sich an allen Wohnungseinheiten fort; ein Grundpfandrecht wird **Gesamtrecht** nach § 1132 BGB. Sofern das Grundstück mit einer **Dienstbarkeit** belastet ist, führt die Aufteilung in Wohnungseigentum dazu, dass nach §§ 1090 Abs. 2, 1026 BGB diejenigen Teile des Grundstücks, die **außerhalb des Ausübungsbereichs** der Dienstbarkeit liegen, von dieser Belastung **frei**

werden (OLG Hamm ZWE 2000, 373; OLG Oldenburg NJW-RR 1989, 273).

XII. Gründungsmängel

1. Mängel des Rechtsgeschäfts. a) Unwirksame Willenserklärungen. Die Begründung von Wohnungseigentum gem. §§ 3, 8 WEG kann – wie jedes andere Rechtsgeschäft auch – daran leiden, dass der Begründungsakt an allgemeinen Mängeln des Rechtsgeschäftes leidet, weil er wegen Verstoßes gegen allgemeine zwingende gesetzliche Vorschriften nichtig oder anfechtbar ist. Solche Mängel bedingen die Unwirksamkeit des Teilungsvertrages. Ist aber die sachenrechtliche Willenserklärung unwirksam, ist die Aufteilung gescheitert, selbst wenn das Grundbuchamt die Wohnungsgrundbücher angelegt hat. Das Grundbuch bildet in einem solchen Fall einen unrichtigen Rechtszustand ab. Da die Eintragung im Grundbuch weder unzulässig noch widersprüchlich, sondern unrichtig ist, kann in diesen Fällen ein **gutgläubiger Erwerb** einer der zu Unrecht gebildeten Wohnungseinheiten gem. § 892 BGB in Betracht kommen. Erwirbt ein Dritter gutgläubig eine der im Grundbuch gebildeten Einheiten, wird der gesamte Gründungsakt mit Vollendung des gutgläubigen Erwerbs geheilt, denn Wohnungseigentum kann nicht nur an einer Wohnung entstehen (vgl. *Dreyer* DNotZ 2007, 611). Der Rechtsverkehr ist damit bei Auftreten eines solchen Fehlers über den öffentlichen Glauben des Grundbuchs und Gutglaubensschutz gesichert (BGH NJW 1990, 447; Weitnauer/*Briesemeister* § 3 Rn. 38; Staudinger/*Rapp* § 3 WEG Rn. 68). Die Beteiligten des Teilungsvertrages müssen sich zudem bis zur Geltendmachung der Unwirksamkeit oder Heilung durch gutgläubigen Erwerb trotz mangelnder Entstehung von Wohnungseigentum untereinander so behandeln lassen, als ob die Begründung wirksam wäre. Im Verhältnis der Beteiligten untereinander sind nämlich die Grundsätze der „faktischen", bzw. „fehlerhaften" Gesellschaft entsprechend anzuwenden (BGH NJW 1990, 447; *Dreyer* DNotZ 2007, 611). 77

b) Mangelnde sachenrechtliche Bestimmtheit/Widerspruch zwischen Teilungserklärung und Aufteilungsplan. Gegenstand des Sondereigentums sind nach § 5 WEG die durch Rechtsakt zum Sondereigentum erklärten Räume und deren wesentliche Bestandteile, sofern § 5 Abs. 1 bis Abs. 3 WEG dem nicht entgegensteht. Räume werden durch ausdrückliche Nennung, Beschreibung und Kennzeichnung in der Teilungserklärung und Eintragung im Grundbuch aus dem Gemeinschaftseigentum herausgenommen und zum Sondereigentum erklärt. Dies geschieht durch Worte, wie etwa Beschreibung der Lage der Wohnung, und planmäßige Kennzeichnung im Aufteilungsplan. Dieser sachenrechtliche Rechtsakt muss dem allgemeinen **sachenrechtlichen Bestimmtheitsgrundsatz** genügen. Der praktisch relevanteste Fall eines Verstoßes gegen den sachenrechtlichen Bestimmtheitsgrundsatz in diesem Bereich ist ein Widerspruch zwischen dem textlichen Teil des Teilungsvertrages und dem Aufteilungsplan (hierzu → § 7 Rn. 21), meist durch eine widersprüchliche Kennzeichnung der Sondereigentumsräume in der Teilungsurkunde und dem Aufteilungsplan (OLG Hamm NJW-RR 2012, 592; OLG München NZM 2008, 810). 78

79 Da die Grundbücher aber sowohl unter Bezugnahme auf den Teilungsvertrag als auch den beizufügenden Aufteilungsplan angelegt werden, bestimmen grundsätzlich beide gleichrangig den Gegenstand des Sondereigentums. Es muss **Identität** zwischen dem Aufteilungsvertrag nach § 3 WEG bzw. der Teilungserklärung nach § 8 WEG und dem Aufteilungsplan bestehen (BGH NJW 1995, 2851), da ansonsten eine sachenrechtliche Zuordnung der einzelnen Gebäudeteile nicht eindeutig möglich ist.

80 Bei **Zweifeln** kann der Inhalt des Grundbuchs durch das angerufene Gericht selbständig **ausgelegt** werden. Dabei ist auf den Wortlaut und Sinn der Eintragung sowie der darin in zulässiger Weise in Bezug genommenen Eintragungsbewilligung samt Anlagen abzustellen, wie sie sich für einen unbefangenen Betrachter als nächstliegende Bedeutung der Eintragung ergeben. Umstände außerhalb der Urkunde dürfen nur insoweit herangezogen werden, als sie nach den besonderen Umständen des Einzelfalls für jedermann ohne weiteres erkennbar sind. Was die Verfasser des Teilungsvertrages gewollt haben, ist danach ohne ausschlaggebende Bedeutung (BGH ZWE 2013, 131 Rn. 7; NZM 2010, 407; NJW 1995, 2851; OLG Hamm NJW-RR 2012, 592; OLG Düsseldorf FGPrax 2004, 267; → § 7 Rn. 20).

81 Bei einem **unlösbaren Widerspruch** zwischen dem Teilungsvertrag und dem Aufteilungsplan besteht kein Vorrang eines der sich widersprechenden Erklärungsinhalte (BGH NZM 2004, 876; NJW 1995, 2851; OLG München ZWE 2017, 175 Rn. 16; ZWE 2012, 487; 2010, 463; OLG Hamm NJW-RR 2012, 592). In einem solchen Fall entsteht kein Sondereigentum. Die betreffenden Teile verbleiben vielmehr im **Gemeinschaftseigentum** (BGH NJW 2004, 1798; 1995, 2851; OLG München ZWE 2017, 175 Rn. 16; ZWE 2012, 487; OLG Hamm DNotZ 2003, 945; OLG Hamburg NZM 2003, 110). Mit dem von der unwirksamen Aufteilung betroffenen Miteigentumsanteil ist ein Sondereigentum nicht verbunden, es handelt sich um einen sog. **„isolierten Miteigentumsanteil"** (BGH NJW 2004, 1798; 1995, 2851; OLG Hamm ZMR 2007, 213). Diese Grundsätze gelten auch dann, wenn sich der Mangel auf alle Räume des Gebäudes erstreckt (OLG München ZWE 2009, 39).

82 Ein isolierter Miteigentumsanteil kann zwar nicht rechtsgeschäftlich, jedoch als Folge gesetzlicher Bestimmungen entstehen. Dieser Miteigentumsanteil wächst den anderen Miteigentümern nicht entsprechend § 738 Abs. 1 BGB an. Das Vorliegen eines isolierten Miteigentumsanteils ist ein rechtlich nicht zulässiger Zustand, der auf Dauer nicht hingenommen werden muss. Er begründet deshalb iRd Zumutbarkeit die Verpflichtung aller Miteigentümer, den rechtlich unzulässigen Zustand zu beseitigen (BGH NJW 2004, 1798; OLG München NZM 2008, 810; *Demharter* NZM 2000, 1198). Zum Umgang mit isolierten Miteigentumsanteilen → Rn. 113.

83 Da Sondereigentum in einem solchen Fall mangels sachenrechtlicher Bestimmtheit nicht entsteht, ist eine gleichwohl erfolgte Grundbucheintragung in diesem Punkt inhaltlich unzulässig iSv § 53 Abs. 1 Satz 2 GBO, weil in sich widersprüchlich, und ohne rechtliche Wirkung. Sie kann daher auch **nicht** Grundlage für einen **gutgläubigen Erwerb** nach § 892 BGB sein (vgl. BGH NJW 1995, 2851; OLG Hamm NJW-RR 2012, 592).

c) Vergessene/zu viel verteilte Miteigentumsanteile. Bei der Bildung von Wohnungseigentum muss mit jedem Miteigentumsanteil am gemeinschaftlichen Eigentum Sondereigentum verbunden werden. Es gilt der Grundsatz der **Vollaufteilung.** Es ist nicht möglich, mit dem einen Miteigentumsanteil Sondereigentum zu verbinden, mit dem anderen aber nicht; „isolierte Miteigentumsanteile" dürfen bei der rechtsgeschäftlichen Begründung von Wohnungseigentum nicht entstehen. Ebenso wenig können zu viele Miteigentumsanteile gebildet werden. Vor allem durch Rundungen bei der Berechnung der Miteigentumsanteile werden gelegentlich nicht alle Miteigentumsanteile bei der Begründung von Wohnungseigentum verteilt oder zu viele Anteile gebildet. Stellt sich ein solcher Mangel als offensichtlicher Schreib- oder Rechenfehler dar, kann er durch eine Grundbuchberichtigung beseitigt werden (Riecke/Schmid/*Schneider* § 7 Rn. 186; *Röll* MittBayNot 1996, 175). Eine solche Korrektur wird aber nur in seltenen Ausnahmefällen möglich sein, weil sich der hierfür notwendige nachvollziehbare Verteilungs- oder Reduzierungsmaßstab kaum offensichtlich ergeben wird. **84**

Scheidet eine Korrektur als offensichtlicher Schreib- oder Rechenfehler aus, ist die Aufteilung bei einer **Überverteilung** insgesamt **unwirksam.** Eine Grundbucheintragung, die mehr als ein 1/1 Eigentum eines Grundstücks ausweist, ist nämlich rechtlich unmöglich mit der Folge, dass insoweit auch ein gutgläubiger Erwerb ausgeschlossen ist (Staudinger/*Rapp* § 3 WEG Rn. 47a; Riecke/Schmid/*Schneider* § 7 WEG Rn. 187). Legt das Grundbuchamt bei einer **Unterverteilung** gleichwohl die Wohnungsgrundbücher an, entsteht ein **isolierter Miteigentumsanteil.** Dies gilt selbst dann, wenn der vergessene Miteigentumsanteil eine Größe im Bagatellbereich aufweist. Zur Behandlung eines isolierten Miteigentumsanteils → Rn. 113. **85**

2. Untaugliches Objekt für Sondereigentum. a) Fehlende Raumeigenschaft. Ohne Raum scheidet eine Begründung von Sondereigentum grundsätzlich aus (→ Rn. 47). Fehlt es hieran kann Wohnungseigentum nicht entstehen. Als Sondereigentum ausgewiesene „Nichträume" verbleiben im Gemeinschaftseigentum. **86**

b) Abgeschlossenheit. Das Abgeschlossenheitserfordernis in § 3 Abs. 3 WEG stellt nur eine Sollanforderung für die Begründung von Wohnungseigentum dar. Bei einem Verstoß gegen dieses Erfordernis ist das eingetragene Wohnungseigentum weder nichtig noch anfechtbar, sondern vollwertig entstanden (BGH NJW 2011, 3237; 2008, 2982; 1990, 1111; → Rn. 43). **87**

c) Mangelnde Sondereigentumsfähigkeit. Ausgeschlossen als Gegenstand des Sondereigentums sind gem. § 5 Abs. 2 WEG **Räume,** die dem **gemeinschaftlichen Gebrauch** der Wohnungseigentümer zB als Heizraum (BGH NJW 1990, 447) oder Zugang (→ Rn. 50) dienen (hierzu auch → § 5 Rn. 29). Sie können nicht zum Sondereigentum erklärt werden (vgl. BGH NJW 1991, 2909, 1979, 2391; *Hügel/Elzer* DNotZ 2012, 6). Eine Festlegung in der Teilungserklärung, die entgegen dieser Bestimmung notwen- **88**

diges Gemeinschaftseigentum zu Sondereigentum erklärt, ist insoweit nichtig.

89 Dieser Fehler stellt **nicht** die **Wirksamkeit** des Teilungsvertrages **insgesamt** in Frage. Trägt das Grundbuchamt die an sich unwirksame Aufteilung dennoch ein, ist Wohnungseigentum an den nicht betroffenen Wohnungen entstanden. Die von dem Fehler tangierten Räume verbleiben jedoch im **gemeinschaftlichen Eigentum** (BGH NJW 1990, 447; OLG Frankfurt ZMR 1997, 367). Mit dem von der unwirksamen Aufteilung betroffenen Miteigentumsanteil ist kein Sondereigentum verbunden, es handelt sich um einen sog. **„isolierten Miteigentumsanteil"** (BGH NJW 2004, 1798; 1995, 2851; OLG Hamm ZMR 2007, 213), sofern sich die mangelnde Sondereigentumsfähigkeit auf die **gesamte Einheit** erstreckt. Von der Unwirksamkeit der gesamten Aufteilung kann hingegen nicht ausgegangen werden, da dies nicht einer interessensgerechten Auslegung der Teilungserklärung entspricht (BGH NJW 1990, 447; *Demharter* NZM 2000, 1196; *Röll* MittBayNot 1992, 243; *Ertl* WE 1992, 221; Palandt/*Wicke* § 3 WEG Rn. 3; Erman/*Grziwotz,* BGB, § 6 Rn. 1; aA *Weitnauer* MittBayNot 1991, 143; *Hauger* DNotZ 1992, 503; *Sauren,* WEG, § 3 Rn. 8). Diese Grundsätze gelten selbst dann, wenn sich der Mangel auf alle Raumeinheiten des Gebäudes erstreckt (OLG München ZWE 2009, 39). Alle Miteigentümer sind in einem solchen Fall auf Grund des zwischen ihnen bestehenden Gemeinschaftsverhältnisses verpflichtet, den Gründungsakt so zu ändern, dass keine isolierten Miteigentumsanteile auf Dauer verbleiben (→ Rn. 113).

90 Sind nur ein Raum oder **einzelne Räume** einer Einheit von diesem Fehler betroffen, entsteht Wohnungseigentum an den sondereigentumsfähigen Räumen. Das Vorliegen eines isolierten Miteigentumsanteils ist ausgeschlossen (OLG München ZWE 2012, 487), weil der Miteigentumsanteil mit den sondereigentumsfähigen Räumen verbunden ist. Die fehlerbehafteten Räume verbleiben im gemeinschaftlichen Eigentum.

91 Wird zwingendes gemeinschaftliches Eigentum im Aufteilungsplan als Sondereigentum ausgewiesen, entsteht eine inhaltlich unzulässige Eintragung iSv § 53 Abs. 1 Satz 2 GBO (OLG München ZWE 2012, 487). Sie ist ohne rechtliche Wirkung und kann daher auch **nicht** Grundlage für einen **gutgläubigen Erwerb** nach § 892 BGB sein.

92 Denkbar ist, eine unwirksame Begründung von Sondereigentumsrechten in eine Ausweisung von Sondernutzungsrechten bzw. in eine Regelung **umzudeuten,** nach der ein bestimmter Wohnungseigentümer die Kosten und Lasten bestimmter, in gemeinschaftlichem Eigentum stehender Räume oder Gegenstände nach § 16 Abs. 2 WEG zu tragen hat (→ § 5 Rn. 24). Sachenrechtlich hat die unzulässige Erklärung zum Sondereigentum aber keine Auswirkung.

93 **3. Divergenzen zwischen Aufteilungsplan und vollendetem Baukörper.** Meist entspricht der errichtete Baukörper mehr oder weniger nicht dem im Aufteilungsplan dargestellten Soll-Zustand. Solche Abweichungen der Ist-Beschaffenheit von der Soll-Beschaffenheit des Baukörpers sind rechtlich schwer zu bewältigen, weil die wohnungseigentumsrechtliche Auf-

teilung in die einzelnen Eigentumssphären durch die Teilungserklärung nebst dem Aufteilungsplan und nicht durch den realen Baukörper erfolgt.

a) Abweichungen innerhalb einer Einheit. Eine abweichende innere Ausgestaltung des Sondereigentums ist unbeachtlich, weil hierdurch die Grenzen zu fremdem Sondereigentum oder zum Gemeinschaftseigentum nicht tangiert werden (OLG Frankfurt a. M. ZMR 2012, 30; OLG Oldenburg DNotZ 1990, 48; BayObLG MittBayNot 1988, 236; OLG Hamm DNotZ 1987, 225). 94

b) Zusätzliche Räume/Einheiten. Werden zusätzliche Einheiten oder Räume gebaut, so verbleiben diese im Gemeinschaftseigentum, weil sie nur nach §§ 3, 4 WEG in Sondereigentum überführt werden können und sich die Begründungsurkunde über solche zusätzlichen Räume ausschweigt (OLG München MietRB 2005, 320; BayObLG NJW-RR 1990, 657; Staudinger/*Rapp* § 3 WEG Rn. 74). Etwas anderes gilt nur für nachträgliche bauliche Anlagen auf Grundstücksflächen, die gem. § 3 Abs. 2 WEG im Sondereigentum stehen. Diese befinden sich gem. §§ 5 Abs. 1 Satz 2 WEG, 94 BGB im Eigentum des betreffenden Wohnungseigentümers (→ § 5 Rn. 24). 95

c) Abweichungen zwischen verschiedenem Sondereigentum und/oder Gemeinschaftseigentum. Die Rechtsfolgen bei Abweichungen zwischen verschiedenem Sondereigentum und/oder Gemeinschaftseigentum werden kontrovers diskutiert. Da der Aufteilungsplan für das Wohnungseigentum eine vergleichbare Aufgabe wie das Liegenschaftskataster für die Lage eines Grundstücks in der Natur hat (→ § 7 Rn. 28), wäre es folgerichtig, jede Abweichung der Bauausführung vom Aufteilungsplan für eigentumsrechtlich unbeachtlich anzusehen (so nun auch BGH NJW 2016, 473; OLG Düsseldorf ZMR 2016, 895). Dieser sachenrechtlich stringenten Auffassung folgt die überwiegende Ansicht aber nicht. 96

aa) Herrschende Meinung in Rechtsprechung und Literatur. Bei **unwesentlichen (minimalen) Abweichungen** soll nach der herrschenden Meinung aus praktischen Erwägungen Sondereigentum entsprechend der tatsächlichen Bauausführung entstehen, sofern eine eindeutige Identifizierung möglich ist (OLG Hamburg ZWE 2002, 594; OLG Karlsruhe NJW 1993, 1294; *Lutter* AcP 164, 148 f.; NK-BGB/*Heinemann* § 2 WEG Rn. 15). Als Wesentlichkeitsgrenze wird hierbei eine Abweichung von weniger als 3 % vorgeschlagen (*Armbrüster* ZWE 2005, 188). 97

Bei **wesentlichen Abweichungen** folge die Abgrenzung von Sondereigentum untereinander und gegenüber dem gemeinschaftlichen Eigentum grundsätzlich dem durch Bezugnahme gem. § 7 Abs. 3 WEG zum Grundbuchinhalt gewordenen Aufteilungsplan, denn Ausgangspunkt für die Begründung von Sondereigentum seien nicht die tatsächlichen Raumverhältnisse, sondern der Grundbuchinhalt (OLG Frankfurt ZWE 2012, 30; OLG Zweibrücken NZM 2006, 586; KG NZM 2001, 1127). Sofern sich die im Sondereigentum stehenden Räume ohne weiteres nach dem Aufteilungsplan identifizieren lassen, entstehe Sondereigentum in den Grenzen des Aufteilungsplans, nicht im Umfang der tatsächlichen Begrenzung (BGH NJW 98

2011, 3237; 2008, 2982; OLG Zweibrücken NZM 2006, 586; BayObLG DNotZ 1999, 212; *Armbrüster* ZWE 2005, 190). Könne dagegen bei Zugrundelegen der Grundsätze der sachenrechtlichen Bestimmtheit die Identifizierung der einzelnen Einheiten gem. der tatsächlichen Bauausführung mit dem bestätigten Aufteilungsplan nicht mehr erfolgen, so sei Sondereigentum nicht entstanden mit der Folge, dass die betroffenen Einheiten im Gemeinschaftseigentum verblieben (BGH NJW 2011, 3237; 2008, 2982; 2004, 1798; OLG Frankfurt ZMR 2012, 30). Es entstünden auf diese Weise „isolierte Miteigentumsanteile" (BGH NJW 2004, 1798; 1995, 2851; OLG Hamm ZMR 2007, 213). Alle Miteigentümer seien aber auf Grund des zwischen ihnen bestehenden Gemeinschaftsverhältnisses verpflichtet, den Gründungsakt so zu ändern, dass keine isolierten Miteigentumsanteile auf Dauer verblieben (BGH NJW 2004, 1798; 1995, 2851; OLG München ZWE 2009, 39; OLG Hamm ZMR 2007, 213; → Rn. 113).

99 **bb) Kritik.** Zustimmung verdient die hM bei Beurteilung der **mangelnden Identifizierbarkeit.** Rechtsfolge kann hier nur das Verbleiben der betroffenen Räume im Gemeinschaftseigentum sein.

100 Die Lösung bei **unwesentlichen Abweichungen** folgt dagegen eher dem Gebot einer praktikablen Lösung als einer sachenrechtlich begründbaren Rechtsposition (ähnlich *Müller,* Änderungen des sachenrechtlichen Grundverhältnisses, 48). Im allgemeinen Grundstücksrecht werden solche „pragmatischen" Lösungen jedenfalls nicht vertreten.

101 Nach der herrschenden Ansicht kann bei **einer wesentlichen Abweichung,** aber noch möglicher Identifizierung der betroffenen Einheiten die durch den Aufteilungsplan gekennzeichnete Eigentumsgrenze durch einen Raum verlaufen mit der Folge, dass dieser Raum entlang der Grenze zwei unterschiedlichen Einheiten eigentumsrechtlich zugeordnet ist (BGH NJW 2008, 2982 [Luftschranken]; OLG München ZWE 2018, 442; ZWE 2014, 257; KG NZM 2001, 1127; *Armbrüster* ZWE 2005, 190). Dies soll deshalb unbedenklich sein, weil die mangelnde räumliche Abgrenzung (nur) einen Verstoß gegen das Gebot der Abgeschlossenheit darstelle. Ein Verstoß hiergegen berühre die Wirksamkeit der Aufteilung nicht (BGH NJW 2011, 3237; 2008, 2982). Eine fehlende Wand ist indes nicht oder nicht nur ein Problem der Abgeschlossenheit. Sondereigentum an einem **„Nichtraum"** ist nicht möglich (→ Rn. 86). Verläuft eine reine Luftschranke zwischen zwei geplanten Raumeinheiten, handelt es sich um *einen* Raum im natürlichen, „körperlichen" Sinn. Bei einer fehlenden Trennwand fehlt es deshalb an der Raumeigenschaft des betroffenen Raums für die Zugehörigkeit zu zwei verschiedenen Sondereigentumseinheiten (*Lutter* AcP 164, 148). Er verbleibt bis zur Behebung des Problems im gemeinschaftlichen Eigentum. Auf die Frage einer Abgeschlossenheit dieses „Nichtraumes" kommt es entgegen der hM nicht an (→ Rn. 47; aA Bärmann/*Armbrüster* § 5 Rn. 15).

102 Da Sondereigentum nur in den Grenzen entstehen kann, die sich aus dem Aufteilungsplan ergeben und gleichzeitig Sondereigentum ohne realen Raum nicht denkbar ist, kann dies für sämtliche Abweichungsfälle nur bedeuten, dass entgegen der Rechtsprechung (BGH NJW 2016, 473 Rn 15; NJW 2008, 2982 Rn. 10 ff) wirksames Sondereigentum entsprechend dem

Aufteilungsplan mangels Raums nicht entstanden ist (aA auch *Röll* MittBayNot 1991, 242; *Ertl* WE 1992, 221; Staudinger/*Rapp* § 3 WEG Rn. 78a, die Sondereigentum nach den Regeln des Überbaus gem. §§ 912 ff. BGB annehmen). Abweichungsfälle sind stattdessen so zu behandeln wie die Fälle, in denen das Gebäude nicht (vollständig) errichtet worden ist (→ Rn. 106 ff). Dies ist inhaltlich auch sachgerecht, weil das Gebäude hinsichtlich der Abweichungen eben tatsächlich nicht plangerecht vollständig errichtet wurde. Das Sondereigentum bleibt hinsichtlich der betroffenen Räume „unvollendet" (→ Rn. 25 ff). Aus diesem Umstand folgt ein Anspruch gegen alle Miteigentümer auf plangemäße Herstellung (vgl. BGH NZM 2018, 794 Rn. 12; NJW 2016, 473 Rn. 7; NJW 2015, 2027 Rn. 20; OLG Düsseldorf ZMR 2009, 706; OLG Hamm ZMR 2008, 227; BayObLG ZMR 2004, 524), der im Einzelfall unzumutbar oder unverhältnismäßig iSv § 242 BGB sein kann. Entscheidend für diese Beurteilung ist das Ausmaß der Abweichungen und der damit verbundenen Beeinträchtigungen. Gegebenenfalls sind die Wohnungseigentümer verpflichtet, die sachenrechtliche Aufteilungsurkunde so anzupassen, dass sie der tatsächlichen Bauausführung entspricht (BGH NJW 2016, 473 Rn. 22; NJW 2015, 2027 R. 21). Erst mit der Eintragung dieser Änderungsurkunde im Grundbuch entsteht dann Sondereigentum an den betroffenen Räumen.

Das (vorübergehende) Verbleiben der von den Abweichungen betroffenen 103
Räumen im Gemeinschaftseigentum stellt die betroffenen Eigentümer auch nicht schutzlos (so indes BGH NJW 2008, 2982). Vielmehr ist deren rechtliche Position im Ergebnis nicht schwächer als nach der hM. Befinden sich nämlich die betroffenen Räume im Gemeinschaftseigentum, bedarf es einer nachträglichen sachenrechtlichen Anpassungsurkunde. Hierzu sind die jeweiligen Eigentümer auf Grund des zwischen ihnen bestehenden Treueverhältnisses wie in den Fällen des isolierten Miteigentumsanteils (hierzu → Rn. 113) verpflichtet. Nichts anderes ergibt sich, wenn die Luftschranke die Eigentumsgrenze markieren würde. Die Anpassung an die tatsächlichen Raumgegebenheiten muss ebenfalls durch eine sachenrechtliche Änderungsurkunde der betreffenden Eigentümer erfolgen.

d) Abweichende Gebäudelage. Nach hM soll eine abweichende Ge- 104
bäudelage auf dem Grundstück unschädlich sein, wenn das gemeinschaftliche Eigentum vom Sondereigentum zweifelsfrei abgrenzbar ist (OLG Hamburg ZWE 2002, 594; BayObLG NJW-RR 1990, 332; Bärmann/*Armbrüster* § 2 Rn. 71). Dies trifft in dieser Allgemeinheit nicht zu. Sondereigentum wird entsprechend dem Aufteilungsplan an einem bestimmten Teil des sich im gemeinschaftlichen Eigentum befindlichen Grundstücks begründet. Wird das Gebäude an einem völlig anderen Teil des Grundstücks errichtet, scheitert die Begründung von Wohnungseigentum am sachenrechtlichen Bestimmtheitsgrundsatz.

4. Unvollendetes Gebäude. a) Stufenweise Entstehung. Eine Auftei- 105
lung in Wohnungs- und Teileigentum kann nach dem Wortlaut des Gesetzes in § 3 Abs. 1 WEG schon vorgenommen werden, wenn das Gebäude erst geplant oder projektiert ist. Wohnungseigentum entsteht dann schrittweise mit der Errichtung der einzelnen Raumeinheiten (→ Rn. 24).

106 **b) Fehlende Errichtung.** Wird das Sondereigentum nicht oder nicht plangemäß erstellt und bleibt damit das Sondereigentum substanzlos (vgl. BGH NZM 2019, 480 Rn. 22), soll nach wohl überwiegender Ansicht bei planwidriger Bauausführung die **Anwartschaft** endgültig **untergehen** (so OLG Hamm NZM 2006, 142; DNotZ 1992, 492), weil hierdurch die Herstellung des als Sondereigentum vorgesehenen Raumes dauerhaft unmöglich geworden ist. Dies soll jedoch nicht gelten, wenn der derzeitige Inhaber des Anwartschaftsrechtes nur die Bauabsicht endgültig aufgebe. Diese Rechtsposition könne nämlich veräußert und die vorgesehenen Räumlichkeiten vom Erwerber errichtet werden.

107 Diese Differenzierung überzeugt nicht. Zunächst ist es kaum möglich zu bestimmen, wann die endgültige planwidrige Bauausführung feststeht, die zum Erlöschen führen soll (vgl. *Dreyer* DNotZ 2007, 604). Die bloße planwidrige Errichtung kann es nicht sein, da diese nach allgemeiner Ansicht einen Anspruch auf plangemäße Verwirklichung nach sich zieht (OLG Hamm DNotZ 2003, 942; BayObLG ZfIR 2002, 466; → § 19 Rn. 58). Ein solcher Anspruch wäre sinnlos, wenn die Anwartschaft zu diesem Zeitpunkt bereits erloschen wäre. Die nicht mehr vorhandene Anwartschaft könnte auch bei plangemäßer Errichtung nicht mehr zum Sondereigentum erstarken. Es wäre ein Neubegründungsakt notwendig, eine Ansicht, die bei dem Anspruch auf plangemäße Errichtung – soweit ersichtlich – niemand vertritt. Schließlich würden hierdurch auch Missbrauchsmöglichkeiten eröffnet. Allein durch die – möglicherweise absichtliche – planabweichende Errichtung könnte der Erwerber um seine – sachenrechtliche – Anwartschaft gebracht werden. Ein durch planwidrige Bauausführung geschaffenes Hindernis kann auch wieder beseitigt werden. Ob die Beseitigung verlangt werden kann oder wegen eines nicht tragbaren Aufwandes am Grundsatz der Unverhältnismäßigkeit (vgl. Staudinger/*Rapp* § 3 WEG Rn. 73b) scheitert, ist eine Frage der Beziehungen der Beteiligten, die nichts mit Unmöglichkeit zu tun hat (*Weitnauer* MittBayNot 1991, 145).

108 Auch eine **„objektive Unmöglichkeit"** der Bauausführung (zB Bauverbot) kann den Untergang des Anwartschaftsrechts nicht begründen. Das **Anwartschaftsrecht** auf Wohnungseigentum ist ein **sachenrechtliches Gebilde,** das nicht einfach untergehen kann. Der eigentumsrechtlich zugeordnete Miteigentumsanteil kann nur durch ein sachenrechtliches Rechtsgeschäft auf die anderen Miteigentümer übertragen werden. Das gebildete Wohnungsgrundbuch könnte zudem nicht geschlossen werden, weil ein Nachweis über den Untergang, der § 29 GBO genügt, nicht zu führen ist (vgl. OLG München ZWE 2010, 459; *Klühs* ZWE 2010, 459). Bei gescheiterter Vollendung der Anwartschaft zum Vollrecht kann das aufgetretene Problem nur durch eine sachenrechtliche Anpassungsurkunde aller Miteigentümer gelöst werden (LG München ZWE 2017, 325). Aufgrund des zwischen den Miteigentümern bestehenden Treueverhältnisses besteht wie in den Fällen des isolierten Miteigentumsanteils (hierzu → Rn. 113) ein einklagbarer Anspruch auf eine solche Anpassung.

109 Werden ein Gebäude oder bestimmte Raumeinheiten, gleichgültig aus welchen Gründen, nicht erstellt, bleibt das Wohnungseigentum damit in dem Zustand wirksam, in dem es sich bei der Grundbucheintragung befand,

also der Substanz nach nur in dem eines Miteigentumsanteils am Grundstück (BGH NZM 2019, 480 Rn. 22; NJW 1990, 1111; *Demharter* NZM 2000, 1196 mwN). Dieses Recht ist selbständig rechtlich verkehrsfähig. Der Anspruch auf Realisierung des geplanten, aber noch nicht errichteten Sondereigentums besteht fort und geht grds. auch nach einem langen Zeitraum nicht unter (OLG Hamburg NZM 2003, 109; LG Köln ZWE 2012, 58). Eine entstandene Anwartschaft unterliegt als den dinglichen Rechten zugehörig nicht der Verwirkung (OLG Hamburg ZWE 2002, 592). Für das Rechtsverhältnis der Wohnungseigentümer gelten nach Anlegung der Wohnungsgrundbücher auch vor Gebäudeerrichtung die Bestimmungen des WEG, nicht §§ 741 ff. BGB (BGH NJW 1990, 1111; *Hügel* ZMR 2004, 549; *Weitnauer* MittBayNot 1991, 143). Dementsprechend besitzt der Berechtigte auch dann das volle Stimmrecht in der Eigentümerversammlung, wenn das Sondereigentum noch nicht errichtet worden ist (OLG Hamm ZMR 2006, 60).

c) Bauverpflichtung der Wohnungseigentümer. Streitig ist die Frage, **110**
ob die Existenz einer oder mehrerer substanzloser Sondereigentumseinheiten nur ein **Recht auf Bauerrichtung** oder eine **Bauverpflichtung** der Wohnungseigentümer untereinander zur Folge hat. Die wohl überwiegende Meinung in der Rechtsprechung (OLG Hamm NZM 2006, 142; OLG Hamburg NZM 2003, 109; in diese Richtung auch BGH NJW 2016, 473 Rn. 20) und Literatur (*Lutter* AcP 164 (1964), 144) nimmt Letzteres an. Sie begreift diese Bauverpflichtung als **dinglichen** Inhalt des Wohnungseigentums. Die für das Entstehen von Sondereigentum notwendige Komponente Sondereigentum werde durch die notwendig dinglich wirkende Bauverpflichtung der Gemeinschaft repräsentiert (so grundlegend *Lutter* AcP 164 (1964), 144). Teilweise wird der dingliche Charakter einer solchen Bauverpflichtung abgelehnt, diese aber aus § 19 Abs. 2 Nr. 2 WEG (§ 21 Abs. 4, 5 Nr. 2 WEG aF) hergeleitet (Bärmann/*Armbrüster* § 3 Rn. 35). Beide Ansätze können jedoch nicht überzeugen.

Das WEG statuiert in § 22 WEG eine Wiederaufbauverpflichtung nur, **111**
wenn das Gebäude nicht zu mehr als der Hälfte seines Wertes zerstört ist. Wenn aber eine gesetzliche angeordnete Wiederherstellung nur innerhalb dieser Grenzen vorgesehen ist, kann eine möglicherweise viel weitergehende (möglicherweise komplette) Neuerrichtung nicht Gegenstand des gesetzlichen Inhaltes des Wohnungseigentums sein und erst recht nicht aus einer Bestimmung über Verwaltungsmaßnahmen (§ 19 Abs. 2 Nr. 2 WEG, § 21 Abs. 5 Nr. 2 WEG aF) abgeleitet werden (Staudinger/*Rapp* § 3 WEG Rn. 38). Somit kann aus dem substanzlosen Sondereigentum grundsätzlich **keine** generelle **Verpflichtung** der übrigen Miteigentümer auf **Errichtung des Gebäudes** abgeleitet werden. Es bedeutet vielmehr das Recht des Inhabers eines substanzlosen Sondereigentums, selbst sein Sondereigentum zu errichten. Das haben die übrigen Wohnungseigentümer zu dulden und können es nicht verhindern. Eine Verpflichtung zum aktiven Tun folgt aus dem dinglichen Inhalt des Wohnungseigentumsrechtes jedoch nicht. Dieser so verstandene Anspruch auf eigene Realisierung des geplanten, aber noch nicht errichteten Sondereigentums besteht fort und geht grundsätzlich auch

nach einem langen Zeitraum nicht unter (OLG Hamburg NZM 2003, 109; LG Köln ZWE 2012, 58). Er ist nach § 902 BGB unverjährbar. Daneben besteht der schuldrechtliche Anspruch auf erstmalige plangemäße Errichtung des Gebäudes gegen die Miteigentümer, der jedoch durch die allgemeinen Voraussetzungen zu diesem Anspruch begrenzt ist (→ § 19 Rn. 58).

112 Möglich und zulässig ist jedoch, eine Bauverpflichtung der Wohnungseigentümer als Vereinbarung gem. § 10 Abs. 1 Satz 2 WEG zu statuieren und diese durch Eintragung im Grundbuch zum Inhalt des Sondereigentum gem. § 5 Abs. 4 WEG zu machen. In diesem Fall besteht eine Bauverpflichtung der Wohnungseigentümer untereinander zur Vollendung des Gebäudes (Staudinger/*Rapp* § 3 WEG Rn. 38). § 22 WEG sperrt eine solche Vereinbarung nicht, weil diese Vorschrift abdingbar ist (→ § 22 Rn. 22).

113 **5. Folgen eines isolierten Miteigentumsanteils.** Nicht abschließend geklärt ist, wie die Stellung eines „isolierten Miteigentümers" (→ Rn. 81) in der ansonsten nach überwiegender Ansicht intakten Wohnungseigentümergemeinschaft zu bewerten ist. Teils wird davon ausgegangen, dass der betreffende (isolierte) Miteigentümer in der Eigentümerversammlung kein Stimmrecht habe und nicht zum Mitgebrauch berechtigt sei, andererseits aber auch nicht an Kosten und Lasten des gemeinschaftlichen Eigentums zu beteiligen sei. Grund hierfür sei, dass diese Rechte und Pflichten an die fehlende Eigenschaft als Wohnungseigentümer anknüpften (*Demharter* NZM 2000, 1198). Die Gegenmeinung möchte die entstandene Lücke dadurch schließen, dass der „isolierte Miteigentumsanteil" wie die übrigen Wohnungseigentumsrechte behandelt wird (*Ertl* WE 1992, 219; *Wenzel* DNotZ 1993, 300; *Sauren,* WEG, § 3 Rn. 8). Die Bestimmungen des WEG sollen wie bei einer faktischen oder werdenden Eigentümergemeinschaft Anwendung finden (BGH NJW 2004, 1798; OLG Hamm ZMR, 213). Völlig zutreffend wird in diesem Zusammenhang darauf hingewiesen, dass es ein Nebeneinander von Miteigentümergemeinschaft und Wohnungseigentümergemeinschaft an demselben Grundstück nicht geben kann (*Demharter* NZM 2000, 1198; *Ertl* WE 1992, 219).

114 Dieses Problem lässt sich dadurch lösen, dass man den isolierten Miteigentumsanteil nicht im herkömmlichen Sinne versteht (ausführlich hierzu *Hügel* ZMR 2004, 549). Der Miteigentumsanteil ist mit der **Anwartschaft auf Sondereigentum** verbunden und mithin nicht „isoliert". Er ist als dingliches Recht vorhanden. Solchermaßen gebildete Miteigentumsanteile bleiben solange mit den Anwartschaften verbunden, bis entweder das Sondereigentum plangemäß oder in Übereinstimmung mit den zwingenden Vorschriften des WEG bzw. Anpassung der Teilungserklärung entstanden (LG München IMR 2017, 244) oder sie durch Schließung der Wohnungsgrundbücher und Anlegung des Grundbuchblattes für das Grundstück zum Erlöschen gebracht worden sind. Sondereigentum kann nämlich nach den zwingenden gesetzlichen Vorgaben des § 9 Abs. 1 Nr. 1 WEG nur durch einvernehmliche Aufhebung und Änderung im Grundbuch erlöschen. Dasselbe muss naturgemäß für Anwartschaften auf Sondereigentum gelten (*Hauger* DNotZ 1992, 502; *Weitnauer* WE 1991, 120; ebenso BGHZ 110, 36 für den Fall, dass die Errichtung der Wohnanlage infolge eines Bauverbotes unterblieben ist). Bis zum sachenrechtlichen Ausscheiden aus der Gemeinschaft gelten auch für den substanzlosen Miteigentumsanteil die Bestimmungen des WEG und die in der Teilungserklärung nebst Gemeinschaftsordnung festgelegten Regelungen (*Hügel* ZMR 2004, 553; siehe auch BGH NJW 2011, 3237). Ein isolierter Miteigentumsanteil vermittelt demnach ein volles Stimmrecht in der Eigentümerversammlung (BGH NZM 2019, 480 Rn. 22; OLG Hamm RNotZ 2005, 606; LG München ZWE 2017, 325). Er ist verkehrsfähig und damit übertragbar und belastbar (BGH NJW 2004, 3718).

XIII. Anspruch auf Änderung der sachenrechtlichen Aufteilung

Die sachenrechtliche Aufteilung in Sonder- und gemeinschaftliches Eigentum wird mit Eintragung im Grundbuch wirksam. Jeder Wohnungseigentümer kann sich so vor dem Erwerbsakt durch Einsicht in das Grundbuch über die Grenzen und den Umfang seines Eigentums informieren. Ein Anspruch auf Abänderung der sachenrechtlichen Aufteilung (zum Anspruch auf Änderung der Miteigentumsquote → Rn. 16) ist daher, insbesondere im Hinblick auf das Bestandsinteresse der übrigen Miteigentümer, in aller Regel ausgeschlossen. Nur in besonders gelagerten Ausnahmefällen kann auf Grund des Gemeinschaftsverhältnisses nach Treu und Glauben für die Miteigentümer die Verpflichtung zur Änderung der Aufteilung bestehen. Erforderlich für einen solchem Anspruch ist das Vorliegen **außergewöhnlicher Umstände,** die die Verweigerung der Zustimmung zu einer notariellen Änderungsvereinbarung als **grob unbillig** und damit als Verstoß gegen den Grundsatz von Treu und Glauben erscheinen lassen (BGH ZWE 2017, 169 Rn. 30; NZM 2012, 613 Rn. 11; NJW 2004, 1798; OLG Stuttgart RNotZ 2012, 571). Ein besonderer Fall des Anspruchs auf Änderung der sachenrechtlichen Grundlagen ist der Anspruch auf Korrektur bei Vorliegen eines isolierten Miteigentumsanteil (hierzu → Rn. 113). **115**

Ein eventueller Anspruch kann nicht auf § 10 Abs. 2 WEG gestützt werden (BGH NZM 2012, 613 Rn. 9), weil § 10 Abs. 2 WEG auf Grund seines Wortlauts und seiner systematischen Stellung sich nicht auf die sachenrechtliche Ebene bezieht. Umgekehrt sperrt § 10 Abs. 2 WEG eine auf das Gemeinschaftsverhältnis der Wohnungseigentümer gestützte Klage im Einzelfall nicht (BGH NJW 2013, 1962 Rn. 12; NZM 2012, 613 Rn. 11; → § 10 Rn. 187). Ein Anspruch auf Änderung der sachenrechtlichen Aufteilung muss vom einzelnen Wohnungseigentümer und nicht der Gemeinschaft der Wohnungseigentümer geltend gemacht werden und richtet sich gegen die übrigen Wohnungseigentümer, nicht gegen die Gemeinschaft der Wohnungseigentümer. **116**

Formvorschriften

4 (1) **Zur Einräumung und zur Aufhebung des Sondereigentums ist die Einigung der Beteiligten über den Eintritt der Rechtsänderung und die Eintragung in das Grundbuch erforderlich.**

(2) [1]**Die Einigung bedarf der für die Auflassung vorgeschriebenen Form.** [2]**Sondereigentum kann nicht unter einer Bedingung oder Zeitbestimmung eingeräumt oder aufgehoben werden.**

(3) **Für einen Vertrag, durch den sich ein Teil verpflichtet, Sondereigentum einzuräumen, zu erwerben oder aufzuheben, gilt § 311b Abs. 1 des Bürgerlichen Gesetzbuchs entsprechend.**

Literatur: *Drasdo,* Die Besonderheiten von in Form des Wohnungseigentums organisierten Time-Sharing-Objekten, FS Merle (2000), 129; *Ertl,* Zur Frage, ob die Umwandlung von gemeinschaftlichen Eigentum in Sondereigentum einer Einigung in Form der Auflassung bedarf, DNotZ 1990, 39; *Müller,* Änderungen des sachrechtlichen Grundverhältnisses der Wohnungseigentümer – insbesondere durch den bevollmächtigten Bauträger, 2010; *F. Schmidt,* Vormerkungen im Wohnungseigentum, FS Bärmann und Weitnauer (1990), 545.

Übersicht

A. Normzweck

1 § 4 WEG stellt in Abs. 1 und Abs. 2 für den dinglichen Vertrag nach § 3 WEG über die Einräumung und Aufhebung von Sondereigentum besondere

Anforderungen auf, in Abs. 3 für den schuldrechtlichen Verpflichtungsvertrag auf Einräumung, Erwerb oder Aufhebung von Sondereigentum. Entgegen der Gesetzesüberschrift enthält die Norm aber nicht nur Formvorschriften, sondern auch materielles Recht. Rein formelle Anforderungen sind nur in Abs. 2 Satz 1 für das dingliche und in Abs. 3 für das schuldrechtliche Geschäft enthalten (Bärmann/*Armbrüster* § 4 Rn. 1). Vor dem Hintergrund, dass die vertragliche Einräumung von Sondereigentum eine dingliche Neuzuordnung des Eigentums darstellt (→ § 3 Rn. 3), bezweckt § 4 WEG, die Aufhebung und Einräumung denselben Regeln zu unterwerfen, welche für die Eigentumsübertragung eines Grundstücks gelten (Bärmann/*Armbrüster* § 4 Rn. 2).

B. Anwendungsbereich von § 4 Abs. 1 und 2 WEG

I. Überblick

§ 4 WEG gilt für die **erstmalige** und die **nachträgliche vertragliche Einräumung** von Sondereigentum. Die Vorschrift setzt voraus, dass Miteigentum nach Bruchteilen am Grundstück besteht (Riecke/Schmid/*Schneider* § 4 Rn. 1). Ebenso gilt § 4 WEG bei der **Aufhebung** von Sondereigentum. Bei der einseitigen Teilung gem. § 8 WEG ist § 4 WEG hingegen nicht zu beachten. § 4 WEG ist auch anzuwenden, wenn nur ein Teil des mit einem Miteigentumsanteil verbundenen Sondereigentums aufgehoben oder gemeinschaftliches Eigentum in Sondereigentum umgewandelt oder einem vorhandenen Sondereigentum zugeschlagen werden soll sowie bei jeder sonstigen späteren Gegenstandsänderung des Sondereigentums, gleich welchen Umfanges (Weitnauer/*Briesemeister* § 3 Rn. 3). 2

Im Ergebnis ist § 4 WEG danach anzuwenden, wenn die (bloßen) Miteigentümer eines Grundstücks dies vertraglich in Wohnungseigentum aufteilen oder wenn Wohnungseigentümer ihren Teilungsvertrag nachträglich verändern wollen, also für die geplante Veränderung ein sachenrechtlicher Vertrag **aller** Grundstücksmiteigentümer notwendig ist. 3

Ist hingegen nur ein sachenrechtlicher Vertrag mehrerer, meist zweier, nicht aber aller Eigentümer ausreichend, ist § 4 WEG nicht einschlägig. Dies gilt zB für die Übertragung eines Teils eines Miteigentumsanteils (hierzu → § 3 Rn. 14) oder für die Übertragung eines im Sondereigentum stehenden Raums, sog. Neuzuteilung bestehenden Sondereigentums (hierzu → Rn. 12 ff.), auf einen anderen Miteigentümer. Hier erfolgt die sachenrechtliche Übertragung gem. §§ 873, 925 BGB (aA Bärmann/*Armbrüster* § 4 Rn. 11; Riecke/Schmid/*Schneider* § 6 Rn. 12: § 4 Abs. 1 und 2 WEG analog). Dies gilt auch für die Veräußerung oder den Erwerb einer bestehenden Wohnungseigentumseinheit. 4

II. Einzelfälle der Änderung bestehenden Wohnungseigentums

1. Umwandlung gemeinschaftlichen Eigentums in Sondereigentum. a) Rechtsgeschäftliche Umwandlung. Soll an in gemeinschaftlichem Eigentum stehenden **Räumen** neues Sondereigentum begründet wer- 5 den, bedarf dies eines neuen behördlich bestätigten **Aufteilungsplanes** nebst neuer **Abgeschlossenheitsbescheinigung** (BayObLG DNotZ 1999, 208) sowie einer Einigung sämtlicher Wohnungseigentümer als Miteigentümer in der Form der **Auflassung** und der Eintragung in das Grundbuch (OLG Hamm ZWE 2019, 173). Weder darf dem gemeinschaftlichen Eigentum ohne das Einverständnis aller Miteigentümer etwas weggenommen werden, noch darf bestehendes Sondereigentum den Miteigentümern als gemeinschaftliches Eigentum aufgedrängt werden (BGH NJW 2003, 2165; OLG München ZWE 2010, 459; BayObLG DNotZ 2002, 149). Da durch die Umwandlung das sachenrechtliche Grundverhältnis betroffen ist, fällt der Vorgang nicht in den Regelungsbereich des § 10 Abs. 1Satz 2 WEG (BGH NJW 2013, 1962 Rn. 9). Auch eine Umwandlung eines in gemeinschaftlichem Eigentum stehenden Raumes in Sondereigentum durch ein **Aufgebotsverfahren** ist **nicht** zulässig (OLG München ZWE 2010, 419).

6 Aus diesem Grund ist eine Regelung in der Gemeinschaftsordnung, nach der die Wohnungseigentümer zur Umwandlung gemeinschaftlichen Eigentums an Räumen in Sondereigentum ermächtigt werden oder solchen sachenrechtlichen Vorgängen antizipiert zugestimmt wird (sog. **verdinglichte Ermächtigung**), also eine bloße Vereinbarung nach § 10 Abs. 1 Satz 2 WEG, **nicht** ausreichend (BGH NJW 2003, 2165; BayObLG DNotZ 2002, 149; KG ZMR 1999, 204). Gegenstand einer Vereinbarung nach § 10 Abs. 1Satz 2 WEG kann nur eine Regelung sein, die sich auf die Innenbeziehung der Wohnungseigentümer untereinander erstreckt, auf den Inhalt des Sondereigentums. Ein Vertrag iSv § 4 Abs. 1 WEG betrifft nicht das Gemeinschaftsverhältnis der Wohnungseigentümer untereinander, sondern zielt auf die Eigentumsverhältnisse und damit auf sachenrechtliche Grundlagen durch Zuordnung von Flächen, Gebäudeteilen und Räumen, auf den Gegenstand des Sondereigentums (BGH NJW 2013, 1962 Rn. 9; hierzu → § 5 Rn. 4).

7 Nichts anderes ergibt sich, wenn eine Fläche, an der ein **Sondernutzungsrech**t besteht, in das **Sondereigentum** eines Wohnungseigentümers **überführt** werden soll. Diese Umwandlung bedarf einer Änderung des sachenrechtlichen Grundverhältnisses gem. § 4 WEG, weil auch hier Sondereigentum an einer im gemeinschaftlichen Eigentum stehenden Fläche eingeräumt wird. Vereinbarungen iSv § 10 Abs. 1 Satz 2 WEG oder Beschlüsse sind hierfür nicht ausreichend. Ein Anspruch auf Einräumung von Sondereigentum an einer Sondernutzungsfläche besteht regelmäßig nicht (OLG Saarbrücken NZM 2005, 423). Die Einräumung eines umfassenden Sondernutzungsrechtes einschließlich des Rechtes zur Bebauung kann auch nicht die vorweggenommene Einigung über die Einräumung von Sondereigentum zugunsten des Sondernutzungsberechtigten enthalten (BayObLG NZM 2000, 1235), weil hierin eine unzulässige verdinglichte Ermächtigung (→ Rn. 6) liegen würde. Ein solcher Anspruch kann sich allenfalls aus dem die Wohnungseigentümer verbindenden Gemeinschaftsverhältnis iVm § 242 BGB ergeben (hierzu → § 3 Rn. 105).

8 **b) Gesetzliche Umwandlung.** Anders als Räume werden die wesentlichen Bestandteile eines Gebäudes nicht rechtsgeschäftlich zum Gegenstand

des Sondereigentums bestimmt. Ob der Bestandteil einer Einheit Gegenstand des Sondereigentums ist, regelt abschließend § 5 Abs. 1 WEG. Liegen die dort normierten Voraussetzungen vor (→ § 5 Rn. 11 ff.), zählt der betreffende Bestandteil auf Grund gesetzlicher Anordnung zum Sondereigentum. Eine Rechtsmacht des teilenden Eigentümers zur Eigentumszuordnung von **Gebäudebestandteilen** zum Sondereigentum begründet das WEG nicht. Ändert sich die Funktion eines Gebäudeteils durch eine nachträgliche bauliche Maßnahme dergestalt, dass es nun nicht mehr nach § 5 Abs. 1 und 2 WEG zum gemeinschaftlichen Eigentum zu zählen ist (zB die Heizung dient nur noch der Versorgung einer einzigen Einheit), gehört dieser Bestandteil kraft Gesetzes zum betreffenden Sondereigentum. Eine diesbezügliche rechtsgeschäftliche Erklärung der Wohnungseigentümer ist weder nötig noch möglich. Deshalb ist auch eine Zustimmung dinglich Berechtigter zu dieser (gesetzlichen) Umwandlung nicht erforderlich (*Hügel* MittBayNot 2011, 290; *Müller,* Änderungen des sachenrechtlichen Grundverhältnisses, 115; aA OLG Düsseldorf ZWE 2010, 93).

2. Umwandlung von Sondereigentum in gemeinschaftliches Eigentum. a) Rechtsgeschäftliche Umwandlung. Für die Umwandlung von Sondereigentum an **Räumen** in gemeinschaftliches Eigentum ist § 4 WEG ebenfalls anzuwenden, weil hierbei bestehendes Sondereigentum aufgehoben wird. Ergebnis der Umwandlung ist, dass die hiervon betroffenen Räume sowie ihre wesentlichen Bestandteile iSv § 5 Abs. 1 WEG gemeinschaftliches Eigentum iSv § 1 Abs. 5 WEG werden. Es gelten im Übrigen die unter → Rn. 5 dargestellten Grundsätze entsprechend, es bedarf insbesondere einer Auflassung und der Eintragung in das Grundbuch (BGH NJW 1998, 3711; OLG München ZWE 2108, 442; ZWE 2017, 28; OLG Karlsruhe ZMR 2014, 303; OLG Stuttgart ZMR 2013, 54). Bestehendes Sondereigentum darf nämlich den Miteigentümern nicht als gemeinschaftliches Eigentum aufgedrängt werden (BGH NJW 2003, 2165; OLG Stuttgart ZMR 2013, 54; OLG München ZWE 2010, 459; BayObLG DNotZ 2002, 149). Ein Anspruch eines einzelnen Wohnungseigentümers auf Umwandlung kommt nur in Betracht, wenn sich die bisherige Rechtslage als untragbar erweist und eine Änderung dringend geboten erscheint (OLG Stuttgart ZMR 2013, 54; zum Anspruch auf Änderung der sachenrechtlichen Aufteilung allgemein → § 3 Rn. 115). Auch für diese Umwandlung ist ein Aufgebotsverfahren nicht zulässig (OLG München ZWE 2010, 419). 9

Eine rechtsgeschäftliche Umwandlung von Sondereigentum an **Gebäudebestandteilen** in gemeinschaftliches Eigentum ist in den Fällen des § 5 Abs. 3 WEG denkbar (→ § 5 Rn. 51 ff.). 10

b) Gesetzliche Umwandlung. Aufgrund der zwingenden Regelung in § 5 Abs. 2 WEG kommt es in bestimmten Fällen zu einer **Umwandlung** von im Sondereigentum stehenden **Gebäudebestandteilen** in Gemeinschaftseigentum **kraft Gesetzes.** Wird bspw. das vorhandene Heizungssystem dergestalt umgebaut, dass die zuvor im Sondereigentum stehenden Leitungen in den jeweiligen Einheiten nun in ein nur insgesamt funktionierendes Gesamtsystem integriert werden, muss das komplette Heizsystem inklusive aller Leitungen im gemeinschaftlichen Eigentum stehen. Dies ist 11 die Konsequenz aus § 5 Abs. 2 WEG (ausf. *Hügel* ZMR 2018, 113). Die übrigen Wohnungseigentümer können sich nicht gegen diesen Eigentumsübergang wehren (LG Koblenz ZWE 2015, 120; *Gaier* in FS Wenzel, PiG 71, 145 ff.). Eine Eintragung eines solchen Eigentumsüberganges in das Grundbuch ist weder nötig noch möglich. Ebenso wenig bedarf es der Zustimmung dinglich Berechtigter.

12 **3. Abspaltung/Tausch von Sondereigentum. a) Räume.** Die Abtrennung von Räumen, die im Sondereigentum eines Wohnungseigentümers stehen und die gleichzeitige Verbindung mit einer anderen Sondereigentumseinheit bewirkt eine Neuordnung des bestehenden Sondereigentums. Durch die zeitgleiche Abtrennung und Neuverbindung verstößt diese Veränderung nicht gegen § 6 Abs. 1 WEG (OLG München ZWE 2017, 309). Möglich ist auch ein vollständiger Tausch des Sondereigentums unter Beibehaltung des jeweiligen Miteigentumsanteils (BayObLG DNotZ 1984, 381). Da Sondereigentum echtes dingliches Eigentum ist, erfolgt die sachenrechtliche Übertragung nach den allgemeinen Regeln gem. §§ 873, 925 BGB (aA Bärmann/*Armbrüster* § 4 Rn. 11; Riecke/Schmid/*Schneider* § 6 Rn. 12: § 4 Abs. 1 und 2 WEG analog). Der schuldrechtliche Vertrag bedarf der **notariellen Beurkundung** nach § 4 Abs. 3 WEG, § 311b Abs. 1 BGB (OLG München NZM 2009, 402; OLG Zweibrücken ZWE 2001, 395; BayObLG, DNotZ 1984, 381). Der dingliche Rechtsübergang erfolgt nach § 873 BGB durch **Einigung und Eintragung.** Die Form des § 925 BGB ist zu beachten (OLG München ZWE 2019, 207; OLG Köln FGPrax 2007, 19; Palandt/*Wicke* § 6 WEG Rn. 3; *Tasche* DNotZ 1972, 715).

13 Ausreichend ist ein **zweiseitiger Vertrag** zwischen Veräußerer und Erwerber. Es bedarf weder einer gleichzeitigen Änderung der Miteigentumsanteile noch einer Mitwirkung der anderen Wohnungseigentümer (OLG München ZWE 2019, 207; ZWE 2017, 309; OLG München NZM 2009, 402; OLG Köln FGPrax 2007, 19; OLG Zweibrücken ZMR 2001, 663). Die Eintragung des Eigentumsüberganges am Sondereigentumsraum selbst ist unmittelbar nicht möglich, da das aufgelassene Objekt im Grundbuch nicht selbständig buchungsfähig ist. Ähnlich wie bei einem Zuflurstück muss daher durch einseitige Erklärung ggü. dem Grundbuchamt die Zuordnung des aufgelassenen Objektes zum vorhandenen Grundeigentum erfolgen. Dies geschieht analog § 890 BGB (OLG Hamburg DNotZ 1965, 176; *Streblow* MittRhNotK 1987, 152).

14 Sofern sich durch die Übertragung von Sondereigentumsräumen die Grenzen zwischen den bestehenden Sondereigentumseinheiten und dem gemeinschaftlichen Eigentum nicht verändern, wie zB beim Tausch von Kellerräumen, bedarf es für diesen Vorgang keines neuen behördlich bestätigten Aufteilungsplanes nebst Abgeschlossenheitsbescheinigung (OLG München ZWE 2019, 207; ZWE 2010, 421; OLG Zweibrücken ZWE 2001, 395; OLG Celle DNotZ 1975, 42; *Grziwotz* DNotZ 2009, 407; → § 3 Rn. 54). Etwas anderes ergibt sich auch nicht aus dem Nummerierungsgebot des § 7 Abs. 4 Nr. 1 WEG, weil dieses nur für die erstmalige Begründung von Wohnungseigentum zu beachten ist (BayObLG WE 1992, 290). Bei

einer späteren Veräußerung von Sondereigentumsräumen kann dagegen die **vorhandene Nummerierung beibehalten** werden (OLG München ZWE 2019, 207; ZWE 2017, 309). Dem widerspricht es, wenn dem Grundbuchamt das Recht eingeräumt wird, für den Fall, dass durch den Veränderungsvorgang Räume mit derselben Nummer zu unterschiedlichen Einheiten gehören, eine klarstellende Neunummerierung zur Vermeidung von Verwirrung zu verlangen (ähnlich *Grziwotz* MittBay 2011, 231; aA OLG München ZWE 2010, 421). Verändern sich jedoch durch die Übertragung von Sondereigentum an einzelnen Räumen die Grenzen des bestehenden Sondereigentums, bedarf es grundsätzlich der Vorlage eines **neuen bestätigten Aufteilungsplanes** sowie **einer neuen Abgeschlossenheitsbescheinigung** (OLG Zweibrücken ZWE 2001, 395).

Der Anspruch auf Übereignung eines Sondereigentumsraumes kann durch 15 eine **Vormerkung** nach § 883 BGB gesichert werden (LG Würzburg MittBayNot 1976 173 m. Anm. *Kirchner*). Dies ergibt sich daraus, dass es sich hier um einen Anspruch auf Beschaffung echten Eigentums handelt, nicht um einen Anspruch auf Änderung von Wohnungseigentum.

Sofern der veräußerte Raum zu einer Sondereigentumseinheit gehört, die 16 mit dinglichen Rechten – in der Regel Grundpfandrechten – belastet ist, muss der lastenfreie Eigentumsübergang sichergestellt werden. Hierzu ist materiellrechtlich die **Zustimmung** der **Inhaber dinglicher Rechte erforderlich.** Zur Begründung werden teilweise §§ 876, 877 BGB herangezogen (BayObLG MittBayNot 1993, 214), teils wird darin eine Aufhebung iSd § 875 BGB gesehen (*Streblow* MittRhNotK 1987, 151; *Schmidt* MittBayNot 1985, 244). Eine Nachverpfändung des neuen hinzukommenden Sondereigentums ist nicht notwendig, weil sich ein eventuelles Pfandrecht an der aufnehmenden Einheit kraft Gesetzes (§ 6 Abs. 2 WEG) auf das neue Sondereigentum erstreckt (OLG Karlsruhe ZWE 2013, 208; LG Düsseldorf MittRhNotK 1986, 78).

b) Grundstücksflächen. Dasselbe gilt für das nichtselbständige Sondereigentum an Grundstücksflächen iSv § 3 Abs. 2 WEG Soll eine solches (Annex-)Sondereigentum an einer Freifläche an einen anderen Wohnungseigentümer übertragen werden, ist dies grundsätzlich möglich, allerdings nur wenn es für das neue Wohnungseigentum ebenfalls wirtschaftlich nebensächlich ist, d. h. dem zugeordneten Wohnungseigentum wirtschaftlich untergeordnet ist (*Wilsch* FGPrax 2020, 5).

4. Unterteilung von Wohnungseigentum. Bestehendes Wohnungs- 17 eigentum kann analog § 8 WEG unterteilt werden (→ § 8 Rn. 41). Beschränkt sich der unterteilende Eigentümer jedoch nicht auf seine Einheit, sondern möchte er gleichzeitig Teile des Sondereigentums in gemeinschaftliches Eigentum überführen oder teilweise Sondereigentum neu begründen, bedarf dies wegen § 4 WEG der Einigung aller Wohnungseigentümer und der Eintragung in das Grundbuch (→ Rn. 5 und → Rn. 9).

5. Inhaltsänderung von Sondereigentum. § 4 WEG gilt nur für die 18 Einräumung und Aufhebung von Sondereigentum, mithin für eine sachenrechtliche Veränderung des Gegenstandes von Sondereigentum. Keine Anwendung findet die Vorschrift hingegen, soweit es sich um eine Inhaltsänderung von Sondereigentum gem. §§ 5 Abs. 4 Satz 1, 10 Abs. 1 und 2 WEG handelt (hierzu (→ § 5 Rn. 56 ff.). Da die **Umwandlung** von **Wohnungseigentum in Teileigentum** und umgekehrt eine solche Inhaltsänderung von Sondereigentum darstellt und nicht dem sachenrechtlichen Grundverhältnis zuzurechnen ist (→ § 1 Rn. 22), ist § 4 WEG auf einen solchen Umwandlungsakt nicht anzuwenden.

C. Einräumung und Aufhebung von Sondereigentum

I. Einigung über die Einräumung

19 § 4 Abs. 1 WEG lehnt sich an die Form des § 873 Abs. 1 BGB an und erklärt für die Einräumung von Sondereigentum die Einigung der Beteiligten über die Rechtsänderung und die Eintragung in das Grundbuch für notwendig. Die Einigung bedarf wegen § 4 Abs. 2 WEG der Form der **Auflassung** nach § 925 BGB (→ Rn. 4), muss somit bei gleichzeitiger Anwesenheit aller Teile vor einer zuständigen Stelle – in aller Regel einem Notar – erklärt werden. Persönliche Anwesenheit ist nicht erforderlich. Die Auflassungserklärung kann von einem Bevollmächtigten, Unterbevollmächtigten, vollmachtlosen Vertreter oder Nichtberechtigten unter den jeweiligen Anforderungen abgegeben werden (BayObLGR Rpfleger 1984, 11; Hügel/*Hügel*, GBO, § 20 Rn. 42 mwN).

20 Eine **Bedingung,** sowohl aufschiebend als auch auflösend, sowie eine Zeitbestimmung sind wegen § 4 Abs. 2 Satz 2 WEG ausgeschlossen. Ein Verstoß hiergegen führt zur **Nichtigkeit** des Teilungsvertrages.

21 Aus diesem Grund sind **Time-sharing**-Modelle im eigentlichen Sinne (wechselndes Eigentum in zeitlichen Intervallen) an einer (Ferien-)Wohnung nach dem WEG nicht begründbar. Ausweichmodelle können der Erwerb der Einheit durch eine Bruchteilsgemeinschaft gem. §§ 741 ff. BGB mit einer Verwaltungs- und Benutzungsregelung gem. § 1010 BGB oder durch eine Gesellschaft bürgerlichen Rechts mit entsprechendem Gesellschaftsvertrag sein. Time-sharing ist jedoch bei einem Dauerwohn- oder Dauernutzungsrecht zulässig (BGH NJW 1995, 2637), weil diese nur dienstbarkeitsähnliche Rechte (→ § 31 Rn. 4) sind (Staudinger/*Rapp* § 4 Rn. 9). Eine alternierende Nutzung von Ferienimmobilien ist zudem über eine entsprechende Gebrauchsregelungen gem. § 10 WEG konstruierbar. Zu weiteren Gestaltungsmöglichkeiten, insbesondere Treuhänderlösungen, und damit zusammenhängenden Fragestellungen siehe *Drasdo,* FS Merle, 129. Das frühere Teilzeit-Wohnrechtegesetz (TzWrG) vom 20.12.1996 (BGBl. I 2154), jetzt §§ 481 ff. BGB, regelt nur den Vertrieb, nicht aber die sachenrechtlichen Gestaltungsmöglichkeiten (Riecke/Schmid/*Schneider* § 4 Rn. 5).

22 Auch eine Bedingung oder Befristung dergestalt, dass das Wohnungseigentum an mehreren selbständigen Häusern dann endet, wenn eine Realteilung des Grundstücks für jedes Haus durchgeführt ist, scheitert an § 4 Abs. 2 Satz 2 WEG. Möglich ist jedoch eine schuldrechtliche Verpflichtung

der Wohnungseigentümer untereinander, nach der Realteilung einer Aufhebung des Wohnungseigentums zuzustimmen. § 11 Abs. 1 WEG steht einer solchen Verpflichtung nicht entgegen (BayObLG Rpfleger 1980, 110). Diese Verpflichtung bedarf jedoch gem. § 4 Abs. 3 WEG der notariellen Beurkundung und kann nicht als Vereinbarung der Wohnungseigentümer in der Gemeinschaftsordnung der betreffenden Wohnungseigentümergemeinschaft enthalten sein.

II. Einigung über die Aufhebung

Die Aufhebung von Wohnungseigentum folgt den für die **Einräumung** geltenden Regeln (→ Rn. 19). Wohnungseigentum kann danach nur durch Einigung **aller Wohnungseigentümer** als Miteigentümer in der Form der Auflassung und Eintragung im Grundbuch aufgehoben werden. 23

Werden **alle Sondereigentumsrechte** aufgehoben, entsteht eine Bruchteilsgemeinschaft gem. §§ 1008 ff., 741 ff. BGB (OLG Hamm ZMR 2016, 792). Eine Grunddienstbarkeit, die zugunsten des jeweiligen Eigentümers eines Wohnungseigentums eingetragen ist, erlischt kraft Gesetzes mit der Eintragung der Aufhebung im Grundbuch (OLG Hamm ZMR 2016, 791). Vereinbarungen der Wohnungseigentümer über ihr Verhältnis untereinander entfallen (OLG München ZWE 2010, 420). Damit entfallen auch alle diesbezüglichen Berechtigungen und Inhaltsbestimmungen gem. §§ 10 Abs. 1, Abs. 3, 5 Abs. 4 Satz 1 WEG. Eine Umdeutung in Benutzungsregelungen iSv §§ 741 ff., 1010 BGG ist nicht möglich (Staudinger/*Rapp* § 9 Rn. 12). Konsequenz ist, dass auch ursprünglich bestehende Sondernutzungsrechte untergehen. Denkbar ist aber, Gebrauchsregelungen durch eine explizite Bestimmung im Aufhebungsvertrag auch für die Bruchteilsgemeinschaft fortbestehen zu lassen. 24

Wird Sondereigentum an **einzelnen** Räumen aufgehoben, werden diese gemeinschaftliches Eigentum. Ist von der Aufhebung des Sondereigentums eine Raumeinheit insgesamt betroffen, muss der mit diesem Sondereigentum verbundene Miteigentumsanteil gleichzeitig auf die verbleibenden Wohnungseigentümer verteilt werden (BGH NJW 1990, 447; OLG München ZMR 2017, 421; OLG München ZWE 2010, 459; Riecke/Schmid/*Schneider* § 4 Rn. 9), weil sonst ein isolierter Miteigentumsanteils entstünde. Ein solcher kann rechtsgeschäftlich nicht begründet werden (hierzu → § 3 Rn. 82). 25

Ein **Verzicht** eines oder mehrerer, nicht aber aller Wohnungseigentümer gem. § 928 BGB auf sein bzw. ihr Wohnungseigentum ist wegen der besonderen gemeinschaftlichen Bindungen der Wohnungseigentümer untereinander nicht zulässig (BGH NJW 2007, 2547 Rn. 10; 1991, 2488; OLG Düsseldorf ZWE 2001, 26; aA OLG Düsseldorf ZMR 2007, 382; *Kanzleiter* NJW 1997, 907). Wohnungseigentum erschöpft sich nicht in der sachenrechtlichen Beziehung, sondern hat zugleich die Beteiligung an einer wechselseitige Rechte und Pflichten begründenden Wohnungseigentümergemeinschaft zum Inhalt. Kein Wohnungseigentümer darf sich diesen aus dem Gemeinschaftsverhältnis ergebenden Verpflichtungen durch Aufgabe des Rechtes entziehen (BGH NJW 2007, 2547 Rn. 19). 26

27 Zulässig ist hingegen ein Verzicht aller Wohnungseigentümer auf ihr Eigentum, weil in diesem Fall nämlich zugleich das ganze Eigentum am Grundstück aufgegeben wird. Diese rechtliche Situation entspricht dem Verzicht auf Alleineigentum nach § 928 Abs. 1 BGB.

III. Eintragung im Grundbuch

28 Neben der Einigung bedarf es zur rechtsgeschäftlichen Begründung oder Aufhebung von Sondereigentum der Eintragung in das Grundbuch. Meist wird die Einigung der Eintragung zeitlich vorausgehen, sie kann jedoch auch nach der Grundbucheintragung erfolgen (*Schöner/Stöber* Grundbuchrecht, Rn. 2843).

29 Da die vertragliche Einräumung von Sondereigentum eine Eigentumszuordnung der jeweiligen Räume auf den einzelnen Sondereigentümer bzw. die Aufhebung eine Eigentumsaufgabe darstellt, ist die gem. § 4 Abs. 2 WEG erforderliche Einigung eine **echte Auflassung** iSd § 925 BGB (Staudinger/*Rapp* § 4 WEG Rn. 4; aA OLG Zweibrücken OLGZ 1982, 263; Bärmann/*Armbrüster* § 4 Rn. 17; Meikel/*Böttcher* § 20 GBO Rn. 58). Auch ohne die ausdrückliche Anordnung in § 4 Abs. 2 WEG würden die für die Auflassung geltenden Formerfordernisse nach den allgemeinen Vorschriften (§§ 873, 925 BGB) gelten. Deshalb ist für die Grundbucheintragung der Nachweis der Einigung notwendig (**materielles Konsensprinzip** gem. § 20 GBO). Diese Konsequenz zieht auch die überwiegende Meinung, die in dieser Einigung keine echte Auflassung sieht, aber gleichwohl wegen Sinn und Zweck der Vorschrift § 20 GBO **entsprechend** anwenden will (Bärmann/*Armbrüster* § 4 Rn. 22; *Meikel/Böttcher* § 20 GBO Rn. 58; Bauer/v. Oefele/*Kössinger* 20 GBO Rn. 66; KEHE/*Munzig* § 20 GBO Rn. 15). Eine reine Eintragungsbewilligung in der Form der §§ 19, 29 GBO **genügt nicht** (Erman/*Grziwotz* § 4 Rn. 1, aA Weitnauer/*Briesemeister* § 4 Rn. 5).

30 Daneben muss auch § 925a BGB (Vorlage oder gleichzeitige Beurkundung des zugrundeliegenden Kausalgeschäftes) beachtet werden (Bärmann/*Armbrüster* § 4 Rn. 27; Staudinger/*Rapp* § 4 WEG Rn. 4; aA Weitnauer/*Briesemeister* § 4 Rn. 7). Diese Frage ist allerdings ohne große praktische Bedeutung, da in der Regel die notarielle Beurkundung der sachenrechtlichen Einigung nach § 4 Abs. 1, 2 WEG in einem **ohnehin** beurkundungspflichtigen Vertrag enthalten sein wird.

IV. Verpflichtung zur Einräumung oder Aufhebung von Sondereigentum (§ 4 Abs. 3 WEG)

31 **1. Notarielle Beurkundung.** Ein schuldrechtlicher Vertrag, durch den sich ein Teil zur Einräumung, zum Erwerb oder zur Aufhebung von Sondereigentum verpflichtet, bedarf wegen § 4 Abs. 3 WEG der Form des § 311b Abs. 1 Satz 1 BGB, somit der **notariellen Beurkundung.** Ein eventueller Formmangel wird durch den Vollzug der Einigung im Grundbuch entsprechend § 311b Abs. 1 Satz 2 BGB geheilt.

32 **2. Vormerkung.** Der schuldrechtliche Anspruch auf Einräumung oder Aufhebung von Sondereigentum kann durch Eintragung einer **Vormer-**

kung gem. § 883 BGB gesichert werden (*F. Schmidt,* FS Bärmann und Weitnauer, 552; Staudinger/*Rapp* § 4 Rn. 13). Dies ist unabhängig davon, ob die betreffenden Räume bereits errichtet oder erst noch zu errichten sind (OLG Köln DNotZ 1985, 450). Sowohl der vertragliche Anspruch eines, mehrerer oder aller Miteigentümer auf Einräumung von Sondereigentum (sog. **Sondereigentumsvormerkung,** *F. Schmidt,* FS Bärmann und Weitnauer, 552) als auch der schuldrechtliche Anspruch auf Übertragung eines Miteigentumsanteils mit noch zu begründendem Sondereigentum (**Eigentums- und Sondereigentumsvormerkung,** OLG Köln DNotZ 1985, 450; BayObLG DNotZ 1977, 544) kann durch Eintragung einer Vormerkung im Grundbuch des **noch ungeteilten** Grundstücks abgesichert werden (OLG Köln DNotZ 1985, 450; Riecke/Schmid/*Schneider* § 4 Rn. 21).

Der schuldrechtliche Anspruch, der durch die Vormerkung gesichert **33** werden soll, muss dabei nach Inhalt und Gegenstand **bestimmt** oder doch **bestimmbar** sein. Es bedarf hierzu nicht zwingend der Vorlage eines Aufteilungsplans oder des Bauplans für das Gebäude. Es genügt vielmehr, dass die Wohnung in der Eintragungsbewilligung so beschrieben ist, dass sie auf Grund der Beschreibung der Örtlichkeit zweifelsfrei festgestellt werden kann (BayObLG NJW-RR 1992, 663; OLG Köln DNotZ 1985, 450). Die bloße Bestimmbarkeit genügt jedoch wegen § 47 GBO nicht für die Höhe des zu übertragenden Miteigentumsanteils. Dieser bedarf einer **eindeutigen** Festlegung (Riecke/Schmid/*Schneider* § 4 Rn. 22; Staudinger/*Rapp* § 4 WEG Rn. 14).

Die Vormerkung kann an einem oder mehreren Miteigentumsanteilen **34** eingetragen werden (OLG Köln DNotZ 1985, 450; *F. Schmidt* FS Bärmann und Weitnauer, 552). Die Eintragung an allen Miteigentumsanteilen ist nicht erforderlich (aA BayObLG DNotZ 1977, 544; Staudinger/*Rapp* § 4 WEG Rn. 15). Auch wenn mangels Eintragung an allen Miteigentumsanteilen der vormerkungsgeschützte Anspruch nicht in jedem Fall durchgesetzt werden kann, bedeutet dies nämlich nicht, dass nur die Eintragung der Vormerkung an allen Miteigentumsanteilen zulässig ist. Zum einen ist nämlich auch eine sukzessive Eintragung denkbar, zum anderen wird ein Anspruch durch eine Vormerkung nur insoweit geschützt, wie der Anspruch reicht. Räumt nur ein oder räumen mehrere Miteigentümer einen Anspruch auf Einräumung von Sondereigentum ein, können auch nur der oder die Ansprüche vorgemerkt werden. Die möglicherweise mangelnde Durchsetzbarkeit wegen fehlender Zustimmung aller Miteigentümer ist solchen Ansprüchen immanent. Die Frage der Durchsetzbarkeit eines Anspruchs ist aber keine Frage des Grundbuch-, sondern eine des Prozessrechtes.

V. Zustimmung dinglich Berechtigter

Ist ein Grundpfandrecht am **gesamten** Grundstück eingetragen, setzt es **35** sich an allen Wohnungseinheiten fort; ein Grundpfandrecht wird Gesamtrecht. Eine Zustimmung ist somit **entbehrlich.** Sofern **ein** Miteigentumsanteil selbständig belastet ist, bedarf es der Zustimmung dinglich Berechtigter, weil durch die Aufteilung der Gegenstand des belasteten Miteigentumsanteils verändert wird (hierzu → § 3 Rn. 75). Ein dinglich gesichertes

Wohnrecht besteht hingegen nur an dem/den Wohnungseigentumsrecht/en fort, auf dessen/deren Ausübungsbereich sich das Wohnrecht bezieht (OLG Oldenburg NJW-RR 1989, 273).

VI. Neuer Aufteilungsplan/ Neue Abgeschlossenheitsbescheinigung

36 Durch die Aufhebung oder Neubegründung von Sondereigentum wird der Umfang des bestehenden Sondereigentums und des gemeinschaftlichen Eigentums verändert. Es bedarf deshalb eines neuen Aufteilungsplans nebst dazugehöriger Abgeschlossenheitsbescheinigung gem. § 7 Abs. 4 Satz 1 WEG (OLG München ZWE 2010, 459).

VII. Genehmigungen

37 Für die Eintragung der Einräumung von Sondereigentum im Grundbuch bedarf es unter Umständen unterschiedlicher behördlicher oder gerichtlicher Genehmigungen (hierzu → § 7 Rn. 49 ff.). Das Grundbuchamt darf die Einigung erst dann im Grundbuch eintragen, wenn die jeweilige Genehmigung vorgelegt wird.

Gegenstand und Inhalt des Sondereigentums

5 (1) [1]**Gegenstand des Sondereigentums sind die gemäß § 3 Absatz 1 Satz 1 bestimmten Räume sowie die zu diesen Räumen gehörenden Bestandteile des Gebäudes, die verändert, beseitigt oder eingefügt werden können, ohne daß dadurch das gemeinschaftliche Eigentum oder ein auf Sondereigentum beruhendes Recht eines anderen Wohnungseigentümers über das bei einem geordneten Zusammenleben unvermeidliche Maß hinaus beeinträchtigt oder die äußere Gestaltung des Gebäudes verändert wird.** [2]**Soweit sich das Sondereigentum auf außerhalb des Gebäudes liegende Teile des Grundstücks erstreckt, gilt § 94 des Bürgerlichen Gesetzbuchs entsprechend.**

(2) **Teile des Gebäudes, die für dessen Bestand oder Sicherheit erforderlich sind, sowie Anlagen und Einrichtungen, die dem gemeinschaftlichen Gebrauch der Wohnungseigentümer dienen, sind nicht Gegenstand des Sondereigentums, selbst wenn sie sich im Bereich der im Sondereigentum stehenden Räume oder Teile des Grundstücks befinden.**

(3) **Die Wohnungseigentümer können vereinbaren, daß Bestandteile des Gebäudes, die Gegenstand des Sondereigentums sein können, zum gemeinschaftlichen Eigentum gehören.**

(4) [1]**Vereinbarungen über das Verhältnis der Wohnungseigentümer untereinander und Beschlüsse aufgrund einer solchen Vereinbarung können nach den Vorschriften des Abschnitts 4 zum Inhalt des Sondereigentums gemacht werden.** [2]**Ist das Wohnungseigentum mit der Hypothek, Grund- oder Rentenschuld oder der Reallast**

eines Dritten belastet, so ist dessen nach anderen Rechtsvorschriften notwendige Zustimmung nur erforderlich, wenn ein Sondernutzungsrecht begründet oder ein mit dem Wohnungseigentum verbundenes Sondernutzungsrecht aufgehoben, geändert oder übertragen wird.

Literatur: *Abramenko,* Beschlusskompetenzen bei Rauchwarnmeldern (Einbau, Wartung, Kosten), ZWE 2013, 117; *Abramenko,* Die Umdeutung unwirksamer Eintragungen von Sondereigentum in Sondernutzungsrechte, Rpfleger 1998, 313; *Brandt,* Die Folgen einer missglückten Sondereigentumszuweisung in der Teilungserklärung, WuM 2016, 647; *Grziwotz,* Die Abgrenzung von Gemeinschafts- und Sondereigentum, NotBZ 2013, 161; *Häublein,* Wem gehört die Fußbodenheizung?, ZMR 2016, 935; *Häublein,* Die Abgrenzung von Sonder- und Gemeinschaftseigentum durch den BGH und deren Folgen für die notarielle Gestaltungspraxis, notar 2016, 179; *Heinemann,* Das Dach – sondereigentumsfähig?, ZMR 2017, 716; *Heinemann,* Nachbareigentum im Wohnungseigentumsrecht, ZMR 2016, 680; *Hügel,* Das Raum- und Zugangserfordernis im WEG als Sollvorschrift, FS Müller, 2019, 153; *Hügel,* Der gesetzliche Eigentumsübergang an Gebäudebestandteilen, ZMR 2018, 113; *Hügel/Elzer,* Sondernutzungsrechte am Sondereigentum – Zugleich Anmerkungen zum Beschl. des BGH v. 20.2.2014 – V ZB 116/13 –, DNotZ 2014, 403; *Hügel/Elzer,* Über die Grenzen des Sondereigentums, DNotZ 2013, 487; *Hügel/Elzer,* Vereinbarungen zum Sondereigentum?, DNotZ 2012, 4; *Kümmel,* Welche Bestandteile eines Gebäudes stehen im Sondereigentum? – Praktische Fragen zu § 5 Abs. 1 bis 3 WEG, FS Merle, PiG (2010), 207; *Lehmann-Richter,* Das BGH-Heizkörper-Urteil: Kritik und Konsequenzen, ZWE 2013, 69; *Leidner,* Der Zugang zu einer gemeinschaftlichen Heizungsanlage im Bereich sondereigentumsfähiger Räume – Eine systematische Annäherung, FS 25 Jahre Deutsches Notarinstitut 2018, 193; *Müller,* Zu den sachenrechtlichen Änderungen durch das WEMoG, ZWE 2020, 445 ff.; *Müller,* Änderungen des sachenrechtlichen Grundverhältnisses der Wohnungseigentümer – insbesondere durch bevollmächtigten Wohnungseigentümer –, 2010; *S. Ott,* Die Sondereigentumsfähigkeit von Terrassen, BWNotZ 2015, 130; *Röll,* Sondereigentum an Räumen mit zentralen Versorgungsanlagen und ihren Zugangsräumen, Rpfleger 1992, 94; *Schmid,* Die Heizung und ihre Peripherie, ZMR 2008, 862; *J.-H. Schmidt/Breiholdt/Riecke,* Zum Einbau von Rauchwarnmeldern in Wohnungseigentumsanlagen, ZMR 2008, 341; *F. Schmidt,* Gegenstand und Inhalt des Sondereigentums, MittBayNot 1985, 237; *F. Schmidt,* Balkone als Sondereigentum, MittBayNot 2001, 442; *Schneider;* Die sachenrechtliche Zuordnung von Rauchwarnmeldern in Eigentumswohnungsanlagen, ZMR 2010, 822; *Schultz,* Die Zuordnung von Thermostatventilen und Heizkörpern zum Sondereigentum und deren Auswirkung bei der Anwendung der Energieeinsparungs- und Heizkostenverordnung, DWE 2012, 97; *Schultz,* Der Einbau von Rauchwarnmeldern in Wohnungseigentumsanlagen, ZWE 2011, 21; *Steiner/Steiner* Balkone und Spitz- oder Dachböden: Abgrenzung Gemeinschafts-/Sondereigentum, Nutzen, Kosten NZM 2020, 578; *Wanderer,* Zur eigentumsrechtlichen Einordnung von Heizkostenverteilern, ZMR 2015, 438.

Übersicht

A. Normzweck

1 § 5 WEG behandelt **Gegenstand** und **Inhalt** des Sondereigentums. Der Gegenstand des Sondereigentums ist die räumliche Erstreckung des Sondereigentums und gehört damit zur dinglichen Aufteilung. Der Inhalt des Sondereigentums ist dagegen die Summe der Rechte und Pflichten, die aus dem Sondereigentum erwachsen (*F. Schmidt* FS für Bärmann und Weitnauer, 1985, 47; *Häublein* DNotZ 2000, 450; → § 3 Rn. 2).

2 Die **Sondereigentumsfähigkeit** ist in § 5 Abs. 1 WEG – als Sondervorschrift zu § 94 BGB – geregelt. Diese Norm bezog sich nach bisherigem Recht nur auf das Sondereigentum an Räumen, denn nach § 3 Abs. 1 WEG aF waren nur Räume sondereigentumsfähig. Da das nun geltende Recht in § 3 Abs. 1 Satz 2 WEG die Raumeigenschaft von Stellplätzen fingiert, auch wenn sie sich außerhalb des Gebäudes befinden und gem. § 3 Abs. 2 WEG Sondereigentum auch auf außerhalb des Gebäudes liegende Teile des Grundstücks erstreckt werden kann, wurde § 5 Abs. 1 WEG an die veränderte Rechtslage angepasst. § 5 Abs. 1 Satz 1 WEG gilt nun nur für Sondereigentum an Räumen, für außerhalb des Gebäudes liegenden Teile

des Grundstücks gilt dagegen § 5 Abs. 1 Satz 2 WEG. In § 5 Abs. 2 WEG wird die Sondereigentumsfähigkeit **zahlreichen Gegenständen abgesprochen.** Sowohl § 5 Abs. 1 als auch Abs. 2 WEG sind nicht dispositiv (BGH NJW 1968, 1230; Bärmann/*Armbrüster* § 5 Rn. 4). § 5 Abs. 3 WEG lässt die Bildung von Gemeinschaftseigentum an Gebäudebestandteilen zu, die an sich zum Sondereigentum zählen. § 5 Abs. 4 WEG ist iVm § 10 Abs. 3 WEG zu sehen und verdeutlicht die Möglichkeit, dass die Wohnungseigentümer Vereinbarungen über ihr Verhältnis untereinander und Beschlüsse aufgrund einer solchen Vereinbarung zum Inhalt des Sondereigentums machen können. Die Regelung in § 5 Abs. 4 Satz 2 WEG enthält eine Einschränkung im Hinblick auf die Notwendigkeit der Zustimmung dinglich Berechtigter bei der Eintragung solcher Vereinbarungen in das Grundbuch.

B. Gegenstand des Sondereigentums

Gegenstand des Sondereigentums (zum Begriff des Sondereigentums 3 → § 1 Rn. 29) sind nach § 5 Abs. 1 Satz 1 WEG die gemäß § 3 Abs. 1 Satz 1 WEG hierzu bestimmten **Räume** sowie die zu diesen Räumen gehörenden **Bestandteile des Gebäudes,** die verändert, beseitigt oder eingefügt werden können, ohne dass dadurch das gemeinschaftliche Eigentum oder ein auf Sondereigentum beruhendes Recht eines anderen Wohnungseigentümers über das bei einem geordneten Zusammenleben unvermeidliche Maß hinaus beeinträchtigt oder die äußere Gestaltung des Gebäudes verändert wird.

Darüber hinaus können auch **Grundstücksflächen** außerhalb des Gebäu- 4 des Gegenstand des Sondereigentums sein. Dies ergibt sich zum einen aus § 3 Abs. 1 Satz 2 WEG, der für **Stellplätze** die Raumeigenschaft fingiert und damit deren Sondereigentumsfähigkeit ermöglicht, zum anderen für sonstige Grundstücksfreiflächen wie Terrassen und Gartenflächen, soweit sich das Sondereigentum unter den Voraussetzungen des § 3 Abs. 2 WEG auf diese Flächen erstreckt.

I. Räume

1. Bestimmung zum Sondereigentum. Die Bestimmung eines **Rau-** 5 **mes** (→ § 3 Rn. 27 ff.) zum Sondereigentum erfolgt durch eine **sachenrechtliche Willenserklärung** des Eigentümers gem. § 3 WEG (→ § 3 Rn. 2) bzw. § 8 WEG (→ § 8 Rn. 3). Das **Herrschaftsrecht** an dem durch Gebäudeteile umschlossenen Raum macht den **Kern des Sondereigentums** und damit auch des Wohnungseigentums aus, nicht das Sondereigentum an Gebäudebestandteilen (Staudinger/*Rapp* § 5 WEG Rn. 5; ähnlich *Lechner* NZM 2005, 606). Für die Entstehung von Sondereigentum an Räumen muss eine **positive Bestimmung** getroffen werden; was nicht ausdrücklich hierzu bestimmt wird, bleibt Gemeinschaftseigentum (LG Itzehoe ZMR 2016, 904; → § 3 Rn. 9). Da der Teilungsvertrag bzw. die Teilungserklärung durch Eintragung im Grundbuch vollzogen werden, wird der **Gegenstand des Sondereigentums** letztlich durch das Grundbuch bestimmt. Durch die Bezugnahme gem. § 7 Abs. 3 WEG zählen Aufteilungsurkunde und Aufteilungsplan zum Inhalt des Grundbuchs (BGH NJW 2004, 1789; NJW 1995, 2851; OLG München ZWE 2017, 175; OLG Frankfurt a. M. ZMR 2012, 30; KG NZM 2001, 1127). Bestehen Unklarheiten über den Gegenstand des Sondereigentums, gelten für die dann erforderliche Auslegung demnach die für das Grundbuchrecht maßgeblichen Auslegungsgrundsätze (→ § 3 Rn. 10).

6 **2. Ausgeschlossenes Sondereigentum.** Dienen Räume dem **gemeinschaftlichen Gebrauch** der Wohnungseigentümer gem. § 5 Abs. 2 WEG (→ Rn. 29), verbleiben sie zwingend im gemeinschaftlichen Eigentum, selbst wenn sie in der Aufteilungsurkunde zum Sondereigentum erklärt worden sein sollten (→ Rn. 24). Befinden sich im zum Sondereigentum erklärten Raum Anlagen, die zwingend dem gemeinschaftlichen Gebrauch der Wohnungseigentümer dienen, kann dies ebenfalls das Entstehen von Sondereigentum am Raum verhindern (→ Rn. 30). Räume stehen damit nur im Sondereigentum, wenn sie im Teilungsvertrag/in der Teilungserklärung hierzu bestimmt wurden und nicht dem gemeinschaftlichen Gebrauch der Wohnungseigentümer dienen.

7 **3. Sondereigentum an selbständigen Gebäuden.** Bei selbständigen Gebäuden auf demselben Grundstück kann Wohnungseigentum an jedem der Gebäude selbständig begründet werden (allgM, zB BGH NJW 1968, 1230). Die konstruktiven Teile dieser Gebäude sind wegen § 5 Abs. 2 WEG nicht sondereigentumsfähig (→ Rn. 21). Auch an einer **Doppelhaushälfte** kann nicht insgesamt – also unter Einbeziehung ihrer konstruktiven Teile – Sondereigentum begründet werden können (→ Rn. 23). Etwas anderes gilt für bauliche Anlagen auf Grundstücksflächen, die gem. § 3 Abs. 2 WEG im Sondereigentum stehen. Diese befinden sich gem. §§ 5 Abs. 1 Satz 2 WEG, 94 BGB im Eigentum des betreffenden Wohnungseigentümers (→ Rn. 18).

II. Gebäudebestandteile

8 Nach § 5 Abs. 1 Satz 1 WEG sind Gegenstand des Sondereigentums auch diejenigen Bestandteile des Gebäudes, die verändert, beseitigt oder eingefügt werden können, ohne dass dadurch das gemeinschaftliche Eigentum oder ein auf Sondereigentum beruhendes Recht eines anderen Wohnungseigentümers über das bei einem geordneten Zusammenleben unvermeidliche Maß hinaus beeinträchtigt oder die äußere Gestaltung des Gebäudes verändert wird.

9 **1. Begriff.** Als Gebäudebestandteil sind **wesentliche** Bestandteile iSv § 93 BGB zu verstehen (BGH NJW 1979, 2391; 1975, 688; Müller, Änderungen des sachrechtlichen Grundverhältnisses der Wohnungseigentümer, 116). Nicht unter § 5 Abs. 1 Satz 1 WEG fallen nicht wesentliche Bestandteile (BGH NJW 1981, 455; 1979, 2391; *Lehmann-Richter* ZWE 2013, 70; *Schneider* ZMR 2010, 823). Die Begriffe „gemeinschaftliches Eigentum" und „Sondereigentum" beziehen sich stets und nur auf das Grundstück bzw. das oder die aufstehenden Gebäude. Neben gemeinschaftlichem Eigentum und Sondereigentum besteht das Alleineigentum eines Wohnungseigen-

tümers an seinen Sachen, zB seinen Einrichtungsgegenständen und am Zubehör des Sondereigentums. Wohnungseigentumsrechtliches Sondereigentum an unwesentlichen Bestandteilen gibt es nicht (Staudinger/*Rapp* § 5 Rn. 19). Sondereigentumsfähig sind somit nur Gebäudebestandteile, die entweder durch feste Verbindung mit dem Grundstück die Eigenschaft als wesentliche Bestandteile gem. §§ 93, 94 BGB erlangt haben oder zur Herstellung des Gebäudes eingefügt wurden und so gem. § 94 Abs. 2 BGB wesentlicher Bestandteil sind. Zubehör iSv § 97 BGB und Scheinbestandteile gem. § 95 BGB stehen damit nicht im wohnungseigentumsrechtlichen Sondereigentum.

Als wesentlich werden Bestandteile gem. § 93 BGB dann angesehen, **10** wenn sie nicht voneinander getrennt werden können, ohne dass der eine oder andere zerstört oder in seinem Wesen verändert wird. Hierbei ist es von Bedeutung, ob die Restsache nach der Abtrennung des Bestandteils noch in der bisherigen Weise benutzt werden kann, sei es auch erst, nachdem sie zu diesem Zweck wieder mit anderen Sachen verbunden wird (BGH DNotZ 2012, 520 Rn. 16; BGHZ 18, 226). Unerheblich ist, ob die Abtrennung mit hohem Aufwand verbunden ist, die Kosten der Abtrennung müssen vielmehr im Vergleich zu dem Wert des abzutrennenden Bestandteils unverhältnismäßig sein (BGH DNotZ 2012, 520 Rn. 27). Alle Bestandteile, die nicht im vorstehenden Sinne mit dem Gebäude verbunden sind, unterliegen eigentumsrechtlich nicht den Bestimmungen des WEG. Dies sind vor allem Einrichtungsgegenstände in den Sondereigentumseinheiten, aber auch Rauchwarnmelder, Heizkostenverteiler oder Mülltonnen (→ Rn. 50).

2. Zuordnung zum Sondereigentum. Anders als Räume können we- **11** sentliche Bestandteile eines Gebäudes **rechtsgeschäftlich nicht** zum Gegenstand des Sondereigentums bestimmt werden (BGH NJW 2013, 1154 Rn. 11; *Lehmann-Richter* ZWE 2013, 70; *Hügel/Elzer* DNotZ 2012, 5; *Jennißen* ZMR 2011, 974; *Müller,* Änderungen des sachrechtlichen Grundverhältnisses der Wohnungseigentümer, 115). Ob der Bestandteil einer Einheit Gegenstand des Sondereigentums ist, regelt abschließend der **nicht dispositive** § 5 Abs. 1 WEG. Wesentliche Bestandteile des im gemeinschaftlichen Eigentum stehenden Gebäudes sind **von Gesetzes wegen** und ohne weitere Bestimmung der Wohnungseigentümer Gegenstand des Sondereigentums. Eine Rechtsmacht des teilenden Eigentümers zur Eigentumszuordnung von Gebäudebestandteilen zum Sondereigentum begründet das WEG nicht (BGH NJW 2013, 1154 Rn. 11; OLG Stuttgart BeckRS 2005, 10526; *Hügel/Elzer* DNotZ 2012, 5; *Schneider* ZMR 2010, 824; *Kümmel* FS Merle, 216; Jennißen/*Grziwotz* § 5 Rn. 14).

Enthält der Teilungsvertrag bzw. die Teilungserklärung – wie in vielen **12** Fällen – gleichwohl eine Aussage zur Zuordnung von Gebäudebestandteilen zum Sondereigentum kommt dieser sachenrechtlich keine Bedeutung zu. Sie kann gegebenenfalls zur Verdeutlichung der Rechtslage für die Wohnungseigentümer sinnvoll sein (vgl. *Hügel/Elzer* DNotZ 2012, 11). Scheitert die Zuordnung an den dargestellten zwingenden wohnungseigentumsrechtlichen Vorgaben, kommt eine Umdeutung gem. § 140 BGB in Betracht. Denkbar ist, die unwirksame Zuordnung von Gebäudebestandteilen in eine

Regelung zur Kostentragung (OLG Karlsruhe ZWE 2011, 38; OLG München ZMR 2006, 68; OLG Karlsruhe NZM 2002, 220; BayObLG ZWE 2000, 178; *Häublein* Notar 2016, 184 ff.) oder in die Zuweisung eines Sondernutzungsrechts nebst entsprechender Kostentragungspflicht umzudeuten. Dies wird in aller Regel dem Willen der Beteiligten entsprechen, weil die Auflistung und Zuweisung bestimmter Gebäudeteile in der Teilungserklärung grundsätzlich deshalb erfolgt, um die (finanzielle) Verantwortlichkeit der jeweiligen Sondereigentümer für die zugewiesenen Gebäudeteile festzuhalten (*Brandt* WuM 2016, 649).

13 **3. Voraussetzungen für Sondereigentumsfähigkeit.** Für die besondere, auch von § 93 Abs. 1 BGB abweichende, sachenrechtliche Zuordnung von Gebäudebestandteilen zum Sondereigentum bedarf es folgender – **kumulativer** (*Häublein* notar 2016, 181; *Kümmel* FS Merle, 2010, 214) – Voraussetzungen:

14 **a) Raumzugehörigkeit.** Der Bestandteil muss nach § 5 Abs. 1 Satz 1 WEG zu einem im Sondereigentum stehenden Raum „gehören". Diese Voraussetzung ist immer erfüllt, wenn sich der Gebäudebestandteil innerhalb eines im Sondereigentum stehenden Raumes befindet, also in einem **räumlichen Zusammenhang** mit dem betreffenden Raum steht. Ausreichend ist darüber hinaus aber auch, wenn der Bestandteil einen **baulich funktionalen Zusammenhang** mit dem Raum besitzt (LG München ZWE 2013, 165; *Lehmann-Richter* ZWE 2013, 70; Staudinger/*Rapp* § 5 Rn. 22; Bärmann/*Armbrüster* § 5 Rn. 22; aA LG München ZMR 2011, 326: funktionaler und räumlicher Zusammenhang notwendig). Ein solcher ist gegeben, wenn der Bestandteil seiner Zweckbestimmung nach ausschließlich dieser Raumeinheit dient und für den Bestand oder den Gebrauch der anderen Sondereigentumseinheiten ohne Bedeutung ist (*Kümmel* FS Merle, 211). Diese Voraussetzung kann – ungeachtet der Andeutung in § 5 Abs. 2 WEG „im Bereich", die keinen Umkehrschluss erlaubt – auch gegeben sein, wenn sich der Bestandteil außerhalb des räumlichen Bereichs einer Sondereigentumseinheit befindet (*Hügel/Elzer* DNotZ 2013, 491; aA Jennißen/*Grziwotz* § 5 Rn. 15). So gehört zB eine Abwasserhebeanlage, die sich im gemeinschaftseigenen Heizungskeller befindet, aber lediglich der Wasserentsorgung einer einzelnen Eigentumswohnung dient, als Gebäudebestandteil zu den Sondereigentumsräumen, deren Abwässer sie entsorgt, und ist damit Gegenstand des Sondereigentums (OLG Düsseldorf ZWE 2001, 224; *Hügel/Elzer* DNotZ 2013, 495; aA wohl BGH NJW 2013, 1154). Ohne Bedeutung hierfür ist, ob der betreffende Gebäudeteil zum Sondereigentum erklärt wurde (→ Rn. 11; aA OLG Hamburg ZMR 2003, 527).

15 **b) Keine unzumutbare Beeinträchtigung.** Weiterhin müssen die Bestandteile verändert, beseitigt oder eingefügt werden können, ohne dass dadurch **das gemeinschaftliche Eigentum** oder ein auf **Sondereigentum** beruhendes Recht eines anderen Wohnungseigentümers über das bei einem geordneten Zusammenleben unvermeidlichen Maß hinaus beeinträchtigt wird. Die Formulierung verweist durch die identische Wortwahl inhaltlich auf § 14 Abs. 1 Nr. 2, Abs. 2 Nr. 1 WEG (→ § 14 Rn. 30). Der nun

geltende Wortlaut von § 5 Abs. 1 Satz 1 WEG bezweckt nur eine Anpassung an den geänderten § 14 WEG; inhaltliche Änderungen zum bisherigen Recht sind damit nicht bezweckt (BT-Drs. 19/18791, 40). Durch die Verweisung auf § 14 WEG kommt es zu einer Abwägung der betroffenen Interessen der Wohnungseigentümer.

c) Fehlende Veränderung der Gebäudegestaltung. Die Veränderung, Beseitigung oder das Einfügen der Bestandteile des Gebäudes darf schließlich nicht die äußere Gestaltung des Gebäudes verändern. Entscheidend hierfür ist die Verkehrsauffassung (Bärmann/*Armbrüster* § 5 Rn. 24). **16**

d) Kein zwingendes gemeinschaftliches Eigentum. Ebenso wie Räume stehen auch Gebäudebestandteile nur dann im Sondereigentum, wenn sie nicht auf Grund der nicht dispositiven Anordnung in § 5 Abs. 2 WEG zwingend zum gemeinschaftlichen Eigentum aller Wohnungseigentümer zählen (→ Rn. 21 ff.). **17**

III. Grundstücksflächen

Nach § 3 Abs. 1 Satz 2, Abs. 2 WEG sind unter bestimmten Voraussetzungen (→ § 3 Rn. 65 ff.) auch Grundstücksflächen sondereigentumsfähig. Für solche außerhalb des Gebäudes liegende Teile des Grundstücks ordnet § 5 Abs. 1 Satz 2 WEG an, dass § 94 BGB entsprechend anzuwenden ist. Dies bedeutet, alle Sachen, die fest mit diesem Flächensondereigentum verbunden sind, sind kraft Gesetzes ebenfalls Gegenstand des betreffenden Sondereigentums. Praktisch relevant ist dies insbesondere für Bauten und Gebäude, die auf diesen Flächen errichtet werden. Diese sind sachenrechtlich dem jeweiligen Sondereigentum zugeordnet. Die anderslautende Bestimmung in § 5 Abs. 1 Satz 1 WEG gilt für solche Gebäude insoweit nicht. Damit stehen solche Aufbauten insgesamt im Eigentum des betreffenden Sondereigentümers. Dies gilt auch für die konstruktiven Teile (→ Rn. 26) dieses Gebäudes. Ein solches Gebäude ist damit nicht in die Verwaltung des gemeinschaftlichen Eigentums eingebunden. Zuständig hierfür ist allein der betreffende Sondereigentümer. Somit sind zwei unterschiedliche Rechtsformen von Gebäudeeigentum auf demselben Grundstück möglich (*Becker/Schneider* ZfIR 2020, 285). **18**

Nach der Gesetzesbegründung gilt diese „exklusive“ Eigentumszuordnung von baulichen Anlagen auf Sondereigentumsflächen auch für zum Sondereigentum erklärte Stellplätze im Freien (BT-Drs. 19/18791, 40). Dies ist aber fraglich, weil die Begründung von Sondereigentum an Stellplätzen im Freien an sich der Begründung von Sondereigentum an Räumen und den hierfür geltenden Regeln folgt und zudem der Wortlaut von § 5 Abs. 1 Satz 2 WEG eine solche Interpretation nicht hergibt. Vom Ergebnis wird man aber eine analoge Anwendung von § 5 Abs. 1 Satz 2 WEG (nur) auf Stellplätze im Freien befürworten können (*Müller* ZWE 2020, 445 ff.). **19**

§ 5 Abs. 1 Satz 2 WEG betrifft jedoch nur die sachenrechtliche Zuordnung. Die davon losgelöste Frage, ob ein Wohnungseigentümer berechtigt ist, bauliche Veränderungen auf einem außerhalb des Gebäudes liegenden Teil des Grundstücks vorzunehmen, auf die sich sein Sondereigentum er- **20** streckt, beantwortet sich nach § 13 Abs. 2 WEG. Die Rechte der übrigen Wohnungseigentümer werden über diese Vorschrift gewahrt (→ § 13 Rn. 70).

IV. Fehlende Sondereigentumsfähigkeit gem. § 5 Abs. 2 WEG

21 Ausgeschlossen als Gegenstand des Sondereigentums sind gemäß § 5 Abs. 2 WEG Gebäudeteile, die für den **Bestand** und die **Sicherheit** des Gebäudes erforderlich sind sowie Anlagen und Einrichtungen, die dem **gemeinschaftlichen Gebrauch** der Wohnungseigentümer dienen, selbst wenn sie sich im Bereich der im Sondereigentum stehenden Räume oder Teile des Grundstücks befinden.

22 **1. Anwendungsbereich der Norm.** § 5 Abs. 2 WEG hat Bedeutung sowohl für Sondereigentum an Gebäudebestandteilen als auch für im Sondereigentum stehende **Grundstücksflächen.** Dies ergibt der insoweit angepasste Wortlaut der Vorschrift. Über seinen Wortlaut hinaus findet § 5 Abs. 2 WEG nicht nur Anwendung auf **Gebäudebestandteile,** sondern auch auf **Räume.** Sinn und Zweck der Regelung gebieten es, auch Räume in den Anwendungsbereich dieser Norm einzubeziehen (BGH NJW 1991, 2909; 1979, 2391; OLG München ZWE 2020, 276; OLG München ZWE 2019, 263 Rn. 12; OLG Hamm NJW-RR 1992, 1296; *Häublein* notar 2016, 181; *Hügel/Elzer* DNotZ 2012, 6). Räume, die dem gemeinschaftlichen Gebrauch der Wohnungseigentümer dienen, können kein Sondereigentum sein.

23 Die zwingende Eigentumszuordnung von Gebäudebestandteilen zum gemeinschaftlichen Eigentum im Rahmen von § 5 Abs. 2 WEG gilt wie bei § 5 Abs. 1 WEG nur für **wesentliche** Teile des Gebäudes und Anlagen (§ 93 BGB). § 5 Abs. 2 WEG stellt systematisch eine Einschränkung von § 5 Abs. 1 WEG dar und soll bestimmte – grundsätzlich sondereigentumsfähige – Bereiche der individuellen Dispositionsfreiheit eines Sondereigentümers entziehen. Dies ist wiederum nur möglich, wenn die betreffenden Teile des Gebäudes und die im § 5 Abs. 2 WEG genannten Anlagen zugleich wesentliche Bestandteile des Grundstücks oder des Gebäudes sind (BGH NJW 1975, 688; *Schneider* ZMR 2010, 824; Bärmann/*Armbrüster* § 5 Rn. 28). Aus diesem Grund können zB Rauchwarnmelder (→ Rn. 50) oder Mülltonnen (→ Rn. 50) nicht gemeinschaftliches Eigentum sein.

24 **2. Verstoß gegen § 5 Abs. 2 WEG.** Das WEG enthält in § 5 Abs. 2 WEG für die Bildung von Sondereigentum eine **absolute Grenze,** die nicht durch Billigkeitserwägungen relativiert werden kann (BGH NJW 1991, 2909; 1981, 455; OLG Schleswig ZMR 2006, 886). Für Gebäudeteile fehlt bereits die **Regelungskompetenz** (→ Rn. 11). Eine Festlegung im Teilungsvertrag/in der Teilungserklärung, die entgegen dieser Bestimmung notwendigerweise im gemeinschaftlichen Eigentum stehende Räume zu Sondereigentum erklärt, ist insoweit **nichtig.** Durch diese teilweise Nichtigkeit wird die Entstehung von Wohnungseigentum nicht insgesamt in Frage gestellt (BGH NJW 1990, 447; BayObLG NJW 1974, 152), die betreffen-

den Räume verbleiben jedoch im **gemeinschaftlichen Eigentum** (OLG München ZWE 2020, 276; OLG München ZWE 2019, 263; OLG Frankfurt ZMR 1997, 367; → § 3 Rn. 88). Denkbar ist, eine solche unzulässige Begründung von Sondereigentumsrechten in eine Ausweisung von Sondernutzungsrechten bzw. in eine Regelung **umzudeuten,** nach der ein bestimmter Wohnungseigentümer die Kosten und Lasten bestimmter, in gemeinschaftlichem Eigentum stehender Räume nach § 16 Abs. 2 WEG zu tragen hat, sofern sich ein entsprechender Wille im Rahmen der Auslegung feststellen lässt. Es gelten insoweit die Ausführungen zur vergeblichen Zuordnung von Gebäudebestandteilen entsprechend (→ Rn. 12). Sachenrechtlich hat die unzulässige Erklärung zum Sondereigentum aber keine Auswirkung.

Da § 5 Abs. 2 WEG zwingendes Recht zum Schutz der einzelnen Woh- **25** nungseigentümer am Mitgebrauch der von allen notwendigerweise zu benutzenden Räume, Anlagen und Einrichtungen des Gebäudes enthält, kann diese gesetzliche Vorgabe auch **nicht** durch die Begründung von **Sondernutzungsrechten,** die inhaltlich dem Sondereigentum gleich stehen, **umgangen** werden. Eine solch weitgehende Sondernutzungsrechtsbestellung wäre unwirksam (*Francastel* RNotZ 2015, 388; *Häublein* Sondernutzungsrechte, 115, offen gelassen von OLG München ZWE 2019, 263 Rn. 13). Zulässig sind jedoch Sondernutzungsrechte, die das Mitgebrauchsrecht der übrigen Wohnungseigentümer auf das im einzelnen Fall nötige Maß beschränken (OLG München ZWE 2019, 263 Rn. 13). Dieses eingeschränkte Mitgebrauchsrecht der anderen Wohnungseigentümer kann auch das Ergebnis einer sachnahen Auslegung sein (→ § 10 Rn. 137).

3. Bestand und die Sicherheit des Gebäudes. Zwingend zum gemein- **26** schaftlichen Eigentum gehören die Teile des Gebäudes, die für dessen **Bestand oder Sicherheit** erforderlich sind (§ 5 Abs. 2 WEG). Sie werden auch als **konstruktive Gebäudebestandteile** bezeichnet. Hierzu zählen insbesondere die tragenden Wände, das Fundament, die Geschossdecken und das Dach (→ Rn. 50 mwN). Der Begriff „konstruktive Bestandteile" darf jedoch nicht wörtlich überinterpretiert und dahingehend missverstanden werden, dass jeder konstruktive Bestandteil eines Gebäudes nicht sondereigentumsfähig ist. Nur solche Teile, die tatsächlich für den Bestand oder die Sicherheit erforderlich sind, unterfallen dem Anwendungsbereich der Vorschrift. So sind beispielsweise auch Heizkörper in den einzelnen Einheiten konstruktive Teile des Gebäudes, können jedoch unter bestimmten Umständen im Sondereigentum stehen (→ Rn. 50).

Ob Anlagen oder Einrichtungen für den Bestand oder die Sicherheit **27** erforderlich sind, bestimmt sich nach der Verkehrsauffassung (Bärmann/*Armbrüster* § 5 Rn. 34). Existiert eine öffentlich-rechtliche Pflicht zur Ausstattung des Gebäudes mit bestimmten Einrichtungen, ist eine Erforderlichkeit anzunehmen (OLG München ZMR 2008, 232).

Wird bei **selbständigen Gebäuden** auf demselben Grundstück Woh- **28** nungseigentum an jedem der Gebäude selbständig begründet, verbleiben die konstruktiven Teile dieser Gebäude wegen § 5 Abs. 2 WEG gleichwohl im gemeinschaftlichen Eigentum, soweit sie für den Bestand und die Sicherheit der einzelnen Gebäude erforderlich sind (BGH NZM 2001, 435; NJW 1968, 1230; OLG Düsseldorf FGPrax 2004, 267; 2004, 16; *Moosheimer* ZMR 2014, 604; NK/*Heinemann* § 5 Rn. 2; Bärmann/*Armbrüster* § 5 Rn. 32; aA Jennißen/*Grziwotz* § 5 Rn. 7; OLG Köln NJW 1962, 156). Dies gilt auch für die konstruktiven Teile von Doppelhaushälften (OLG Düsseldorf FGPrax 2004, 267). Als gestalterische Lösung bietet sich eine Regelung in der Gemeinschaftsordnung an, nach der die betreffenden Wohnungseigentümer umfangreiche Sondernutzungsrechte an diesem gemeinschaftlichen Eigentum erhalten, verbunden mit einer entsprechenden Gebrauchs– und Kostentragungsvereinbarung, sog. Mehrhausanlage (ausf. hierzu *Hügel* NZM 2010, 8; → § 9a Rn. 49 ff.). Etwas anderes gilt für das Eigentum an Gebäuden, die auf einer im Sondereigentum stehenden Grundstücksfläche stehen. Diese stehen insgesamt im Eigentum des betreffenden Wohnungseigentümers (→ § 3 Rn. 72).

29 **4. Gemeinschaftlicher Gebrauch. a) Allgemeines.** Anlagen und Einrichtungen, aber auch Räume (→ Rn. 22), die dem gemeinschaftlichen Gebrauch dienen, sind wegen § 5 Abs. 2 WEG ebenfalls nicht sondereigentumsfähig, selbst wenn sie sich im Bereich der im Sondereigentum stehenden Räume oder Teile des Grundstücks befinden. Durch die veränderte Formulierung in § 5 Abs. 2 WEG wird diese Vorschrift auf die Teile des Grundstücks erstreckt, die nach § 3 Abs. 1 Satz 2, Abs. 2 WEG zum Sondereigentum gehören. Aus diesem Grund sind etwa Versorgungsleitungen im Boden, die dem gemeinschaftlichen Gebrauch der Wohnungseigentümer dienen, stets gemeinschaftliches Eigentum, auch wenn sie in Bereichen verlegt sind, die in solchem Sondereigentum stehen. Insoweit besteht kein Unterschied zu entsprechenden Leitungen, die in Wänden verlegt sind, die sich im Bereich des Sondereigentums befinden. Für Erhaltungsmaßnahmen gilt § 14 Abs. 1 Nr. 2 WEG. Demnach besteht die Pflicht jedes Wohnungseigentümers, Einwirkungen auf das Sondereigentum, insbesondere das Betreten, zu dulden (BT-Drs. 19/18791, 40).

30 Die Frage nach einem gemeinschaftlichen Gebrauch beurteilt sich nach der Art der betreffenden Anlage oder Einrichtung, nach ihrer Funktion und Bedeutung für die Gemeinschaft der Wohnungseigentümer. Hierfür genügt nicht schon, dass sich eine Anlage zur gemeinsamen Nutzung eignet und anbietet; ihr Zweck muss vielmehr darauf gerichtet sein, der Gesamtheit der Wohnungseigentümer einen ungestörten Gebrauch ihrer Wohnungen und der Gemeinschaftsräume zu ermöglichen und zu erhalten. Die Anlage oder Einrichtung muss so auf die gemeinsamen Bedürfnisse der Wohnungseigentümer zugeschnitten sein, dass eine Vorenthaltung der gemeinschaftlichen Verfügungsbefugnis durch Bildung von Sondereigentum deren schutzwürdigen Belangen zuwiderlaufen würde (BGH NJW 1981, 455; OLG München ZWE 2017, 175 Rn. 22). Das trifft vornehmlich auf Anlagen und Einrichtungen zu, die als Zugang zu den Wohnungen und Gemeinschaftsräumen bestimmt sind, wie etwa in der Regel Fahrstühle, Treppenaufgänge und dergleichen, oder die zur Bewirtschaftung und Versorgung der Wohnungen und des Gemeinschaftseigentums dienen, wie zB Wasserleitungen, Gas- und Heizungsanlagen (BGH NJW 1981, 455; OLG München ZWE 2019, 263).

Gemeinschaftseigentum sind weiterhin alle **Räume mit Versorgungseinrichtungen** (OLG München ZWE 2020, 276) Hierzu zählen Heizungs- und Tankräume. Auch Fahrradräume für die Wohnungseigentümer und ein gemeinschaftlicher Waschraum sind zum gemeinschaftlichen Eigentum zu rechnen.

Da die sachenrechtliche Zuordnung der Funktion eines Gebäudebestand- 31
teils folgt, verändert sich folgerichtig mit einer **Funktionsänderung** auch die Eigentumszuordnung. Wird zB durch eine nachträgliche bauliche Maßnahme das ursprünglich mehreren Sondereigentumseinheiten dienende Teil so verändert, dass es nur noch einem Sondereigentum dient, kommt es – in aller Regel von den Wohnungseigentümern und dem Verwalter unbemerkt – zu einem **Eigentumswechsel.** Dieses Teil gehört zum betreffenden Sondereigentum. Eine diesbezügliche rechtsgeschäftliche Erklärung der Wohnungseigentümer ist weder nötig noch möglich. Dieselbe Aussage gilt aber auch im umgedrehten Fall. Wird ein vorhandenes Heizungssystem dergestalt umgebaut, dass die zuvor im Sondereigentum stehenden Leitungen oder Heizkörper in den jeweiligen Wohnungen nun in ein nur insgesamt funktionierendes Gesamtsystem integriert werden, beispielsweise beim nachträglichen Einbau eines hydraulischen Abgleichs, bewirkt dies eine eigentumsrechtliche Veränderung im Hinblick auf das komplette Heizsystem, das dann im gemeinschaftlichen Eigentum steht (Hügel ZMR 2018, 115). Dies ist die Konsequenz aus § 5 Abs. 2 WEG. Die Wohnungseigentümer können sich nicht gegen diesen Eigentumsübergang wehren (LG Koblenz ZWE 2015, 120; *Gaier,* FS Wenzel, PiG 71 (2005), 145 ff). Zu den möglichen finanziellen Konsequenzen eines solchen gesetzlichen Eigentumsüberganges siehe Hügel ZMR 2018, 115).

Für einen gemeinschaftlichen Gebrauch ist es nicht erforderlich, dass die 32
Gesamtheit der Wohnungs- und Teileigentümer von ihm profitiert; ausreichend ist, dass **mindestens zwei Wohnungs- oder Teileigentümer** (→ § 10 Rn. 4 ff.) auf die Nutzung der Anlage angewiesen sind. Denn das Wohnungseigentumsgesetz sieht dinglich verselbständigte Untergemeinschaften an einzelnen Gebäudeteilen nicht vor (BGH NJW 2016, 473 Rn. 19; ZWE 2012, 81; NJW 1995, 2851; LG Koblenz ZWE 2015, 120). Aus diesem Grund kann ein Vorflur für zwei Wohnungen nicht im Sondereigentum stehen (OLG Oldenburg DNotZ 1990, 48; OLG Hamm DNotZ 1987, 225; aA OLG München NZM 2009, 402; *Sauren/Welcker* ZWE 2009, 24: nur Verstoß gegen das Abgeschlossenheitserfordernis). Dem gemeinschaftlichen Gebrauch dienen Räume bereits dann, wenn sie von anderen Wohnungseigentümern für einen bestimmungsgemäßen Gebrauch jederzeit zugänglich sein müssen. Ob die faktische Nutzung gelegentlich oder ständig erfolgt, ist hingegen nicht entscheidend.

Sofern eine bestimmte Anlage auf Grund ihrer Zweckbestimmung zwin- 33
gend gemeinschaftliches Eigentum ist, bedeutet dies jedoch nicht automatisch, dass der Raum, in dem sich diese Anlage befindet, auch zugleich unabänderlich gemeinschaftliches Eigentum darstellt (OLG Bremen ZWE 2016, 324; OLG Schleswig ZMR 2006, 886). Entscheidend ist, ob die Wohnungseigentümer diesen Raum für einen „gemeinschaftlichen Gebrauch" benötigen. So liegt es, wenn der gemeinschaftliche Gebrauch der

Anlage oder Einrichtung einen ständigen Bedienungs-, Kontroll- und Wartungsaufwand erfordert (BGH NJW 1991, 2909; OLG Dresden NotBZ 2017, 227; *Elzer* NotBZ 2017, 16). Aufgrund des notwendigen permanenten gemeinschaftlichen Gebrauchs ist Sondereigentum an solchen Räumen ausgeschlossen (BGH NJW 1991, 2909; OLG München ZWE 2020, 276; OLG Dresden NotBZ 2017, 227; LG Duisburg NZM 2014, 169). Dies gilt in aller Regel für Räume, in denen die Zentraleinrichtungen der Hausversorgung liegen. Häufig wird es aber auch ausreichen, die Anlage oder Einrichtung (Ventil, Schalter, Zähler, Verteiler usw.) bei Anlass aufzusuchen – was der Sondereigentümer entsprechend § 14 Abs. 1 Nr. 2 WEG dulden muss. Sondereigentumsfähig können deshalb beispielsweise Kellerräume sein, in denen sich Wasser- und Gaszähler befinden (OLG Saarbrücken MittRhNotK 1998, 361; LG Duisburg NZM 2014, 169; aA OLG München ZWE 2020, 276; LG Hamburg ZWE 2010, 141) oder ein Badezimmer, in dem sich die Heizung in der Größe eines Reiskoffers befindet, weil jedenfalls eine moderne Heizungsanlage keinen ständigen Wartungsaufwand erfordert. Den schutzwürdigen Belangen der anderen Sondereigentümer wird durch die Duldungspflicht in § 14 Abs. 1 Nr. 2 WEG Rechnung getragen (OLG Bremen ZWE 2016, 324; aA OLG Dresden NotBZ 2017, 227).

34 Nach Ansicht der Rspr. hingegen können solche Räume dann sondereigentumsfähig sein, wenn der Raum nicht ausschließlich demselben Zweck dient wie die im gemeinschaftlichen Eigentum stehende Einrichtung oder Anlage. Hierzu reiche allerdings nicht jeder Sondervorteil aus (BGH NJW 1991, 2909; OLG Dresden NotBZ 2017, 227; OLG Bremen ZWE 2016, 324). Entscheidend sei, ob der Raum nach seiner Art, Lage und Beschaffenheit objektiv geeignet ist, neben der Unterbringung der betreffenden Anlage noch andere, zumindest annähernd gleichwertige Nutzungszwecke zu erfüllen (OLG Dresden NotBZ 2017, 227; OLG Bremen ZWE 2016, 324; OLG Schleswig ZMR 2006, 886). Das Kriterium „weiterer Zweck“ ist jedoch ungeeignet, die Sondereigentumsfähigkeit solcher Räume im Einzelfall zu begründen, weil es nur darauf ankommen kann, ob der betreffende Raum zum ständigen Gebrauch aller Wohnungseigentümer benötigt wird oder nicht.

35 **b) Zugangserfordernis.** Zugänge zum Gemeinschaftseigentum oder mehreren Sondereigentumseinheiten dienen immer dem Gebrauch aller Wohnungseigentümer und sind somit **nicht sondereigentumsfähig** (BGH NJW 1991, 2909; OLG München ZWE 2020, 276; OLG München ZWE 2019, 263; OLG Dresden NotBZ 2017, 227; OLG Frankfurt ZWE 2011, 414; *Hügel* ZWE 2009, 131). Räume können somit nur dann zum Sondereigentum erklärt werden, wenn sie nicht den einzigen Zugang zum Gemeinschaftseigentum bzw. zum Sondereigentum anderer Wohnungseigentümer bilden, weil ansonsten einer oder mehrere Miteigentümer und damit mindestens zwei Wohnungseigentümer diesen Raum zum gemeinschaftlichen Gebrauch benötigen (→ Rn. 32). Die Einräumung von Zugangsdienstbarkeiten als Ersatzlösung ist dem WEG fremd; § 5 Abs. 2 WEG verlangt die Eigentumslösung (Staudinger/*Rapp* § 5 Rn. 27b, 39). Diese

zwingende Zuweisung zum gemeinschaftlichen Eigentum macht jede andere Lösung überflüssig (aA Jennißen/*Grziwotz* § 5 Rn. 32). Mithin gehören zum gemeinschaftlichen Eigentum alle **Zugangsflächen** zum Gebrauch für mehr als eine Einheit (OLG München ZWE 2019, 263; OLG Oldenburg Rpfleger 1989, 365). Das Zugangserfordernis bezieht sich immer nur auf Räume als den eigentlichen Gegenständen des Sondereigentums, nicht auf den Zugang zu Bauteilen, die nach § 5 Abs. 2 WEG gemeinschaftliches Eigentum sind. Letztere, wie etwa tragende Wände, können sich nach dem Wortlaut des § 5 Abs. 2 WEG innerhalb der Sondereigentumseinheiten befinden (Leidner, FS 25 Deutsches Notarinstitut, 199; *F. Schmidt* MittBayNot 2001, 444).

Es gehört demnach zum rechtlich ordnungsmäßigen Zustand einer Wohn- **36**
anlage, dass jedes Sondereigentum über einen rechtlich gesicherten Zugang erreichbar ist, der nicht durch fremdes Sondereigentum führt und damit ausgeschlossen ist (OLG Zweibrücken ZWE 2011, 179; BayObLG ZMR 1996, 509). Dies ergibt sich nicht nur aus § 5 Abs. 2 WEG, sondern auch aus der Berechtigung des Eigentümers gem. § 13 Abs. 1 WEG, sein Sondereigentum nach Belieben zu nutzen (OLG Zweibrücken ZWE 2011, 179). Aus diesem Grund kann zB ein Stellplatz, der den einzigen Zugang zur gemeinschaftlich genutzten Heizanlage und zu den zentralen Versorgungseinrichtungen darstellt, nicht Sondereigentum sein (BGH DNotZ 1992, 224; OLG Schleswig ZMR 2006, 886).

Erfolgt der **Zugang** über einen **fremden Sondernutzungsbereich,** der **37**
einem Mitgebrauch der anderen Miteigentümer entgegensteht, stellt dies ebenfalls einen rechtlich nicht ordnungsmäßigen Zustand dar. Jedoch sperrt ein solches Sondernutzungsrecht nicht das Entstehen von Sondereigentum, weil der Zugang nicht durch ein solches Sondernutzungsrecht ausgeschlossen werden kann. Die vom Sondernutzungsrecht umfasste Fläche verbleibt nämlich im gemeinschaftlichen Eigentum und bleibt damit grundsätzlich der Gemeinschaft und ihren Schranken verhaftet. Aus dem Gemeinschaftsverhältnis der Wohnungseigentümer ergibt sich deshalb, dass der Sondernutzungsberechtigte dem betreffenden Eigentümer den Zugang zu seinem Sondereigentumsbereich zu gewähren hat, wenn dies die einzige Möglichkeit ist, den Raum der Zweckvereinbarung entsprechend zu nutzen (OLG München ZWE 2019, 263; OLG Zweibrücken ZWE 2011, 179; OLG Stuttgart WuM 2001, 293).

Dem Zugangserfordernis wird genügt, wenn der **Zugang vom Nach- 38**
bargrundstück aus möglich und auf Dauer durch die Eintragung einer Grunddienstbarkeit rechtlich gesichert ist (OLG Düsseldorf NJW-RR 1987, 333; LG Bamberg MittBayNot 2006, 418; Bärmann/*Armbrüster* § 3 Rn. 66). Da das Zugangserfordernis für jede Sondereigentumseinheit einzeln erfüllt sein muss, genügt es im Gegenzug, wenn bei einem Zugang vom Nachbargrundstück die Grunddienstbarkeit nur für die Wohnungseigentumseinheiten bestellt wird, die einen solchen Zugang vom Nachbargrundstück benötigen. Nicht erforderlich ist eine Grunddienstbarkeit für das gesamte, in Wohnungseigentum aufgeteilte Grundstück (so aber OLG Düsseldorf NJW-RR 1987, 333). Wird die Grunddienstbarkeit für das gem. § 1 Abs. 5 WEG im gemeinschaftlichen Eigentum stehende Grundstück bestellt, ist die Aus-

übung dieses Rechtes einer Vereinbarung der Wohnungseigentümer gem. § 10 Abs. 1, 3 WEG zugänglich (OLG Köln NJW-RR 1993, 982; Bärmann/*Suilmann* § 10 Rn. 85, → § 10 Rn. 68).

39 Das Zugangserfordernis gilt nicht für Räume (zB **Spitzboden**), die zwar zum Gemeinschaftseigentum gehören, die aber nur über eine Wohnung betreten werden können, wenn diesem Wohnungseigentümer ein Sondernutzungsrecht an diesem gemeinschaftlichen Eigentum zusteht (OLG Frankfurt/M. NJW-RR 1987, 1163) oder wenn der Raum seiner Beschaffenheit nach nicht zum ständigen Mitgebrauch aller Wohnungseigentümer bestimmt ist (KG ZWE 2017, 84; OLG Hamburg OLGR 2002, 66; BayObLG NZM 2001, 384) bzw. nach den tatsächlichen Verhältnissen eine Benutzung nur durch den betreffenden Wohnungseigentümer in Betracht kommt (BayObLG NJW-RR 1995, 908).

40 Das Zugangserfordernis bezieht sich sowohl auf den Zugang zu Räumlichkeiten als auch auf den **Zugang** zu **unbebauten Grundstücksteilen** im gemeinschaftlichen Eigentum (OLG Frankfurt a. M. ZWE 2011, 414; *Böttcher* ZNotP 2013, 132; aA OLG Hamm 2001, 338). Durch das Zugangserfordernis wird nämlich keineswegs nur die ungestörte Raumnutzung bezweckt, sondern das Mitgebrauchsrecht der Wohnungseigentümer am gesamten gemeinschaftlichen Eigentum rechtlich abgesichert. Aus diesem Grund ist eine Garage nicht sondereigentumsfähig, wenn sie den einzigen Zugang zu einer dahinterliegenden gemeinschaftlichen Grundstücksfläche bildet (aA OLG Hamm ZWE 2001, 338).

41 Ein Verstoß gegen das Zugangserfordernis ist ein Verstoß gegen den nicht disponiblen § 5 Abs. 2 WEG und führt zur Nichtigkeit der betreffenden Ausweisung von Sondereigentum (→ Rn. 24). Er kann nicht lediglich als Verletzung der Abgeschlossenheitsanforderung in § 3 Abs. 3 WEG angesehen werden (→ § 3 Rn. 49).

C. Gegenstand des gemeinschaftlichen Eigentums

42 Das Gesetz enthält in § 1 Abs. 5 WEG eine negative Abgrenzung des gemeinschaftlichen Eigentums zum Sondereigentum. Danach ist gemeinschaftliches Eigentum, was nicht Sondereigentum ist oder im Eigentum eines Dritten steht. Das Grundstück ist gem. § 1 Abs. 5 WEG stets gemeinschaftliches Eigentum. Das gemeinschaftliche Eigentum steht den Wohnungseigentümern entsprechend derer Miteigentumsanteile als Bruchteilseigentümer zu und ist vom Gemeinschaftsvermögen der Gemeinschaft der Wohnungseigentümer abzugrenzen (→ § 1 Rn. 30).

43 Die Gegenstände des gemeinschaftlichen Eigentums können somit im **Subtraktionsverfahren** ermittelt werden. Gemeinschaftseigentum ist das Gesamteigentum am Grundstück und Gebäude abzgl. derjenigen Gegenstände, die im Sondereigentum oder im Eigentum eines Dritten stehen (*Müller* ZWE 2020, 445 ff.; Staudinger/*Rapp* WEG § 1 Rn. 43).

D. Abgrenzung Sondereigentum/ Gemeinschaftseigentum

I. Allgemeines

44 Die Abgrenzung zwischen Sondereigentum und Gemeinschaftseigentum kann schwierig sein und hängt vom konkreten **Einzelfall** ab. Ihre praktische Bedeutung ist erheblich. In Bezug auf das Sondereigentum hat der Wohnungseigentümer die Stellung eines Alleineigentümers, somit insbesondere das alleinige Verfügungsrecht. Er trägt hierfür auch die Gefahr des zufälligen Untergangs sowie die Kosten der Erhaltung. Das gemeinschaftliche Eigentum steht sämtlichen Wohnungseigentümern hingegen entsprechend den gebildeten Miteigentumsbruchteilen zu. Konsequenterweise ordnet § 18 WEG an, dass dieses Gemeinschaftseigentum von der Gemeinschaft der Wohnungseigentümer verwaltet wird. Den Wohnungseigentümern stehen die Nutzungen gemeinschaftlich zu. Die entsprechenden Kosten haben die Eigentümer gemeinschaftlich zu tragen, wobei sich deren Verteilung nach § 16 WEG bestimmt. Nicht verwechselt werden darf das gemeinschaftliche (Bruchteilsmit-)Eigentum mit dem Gemeinschaftsvermögen der Gemeinschaft der Wohnungseigentümer. Dieses bildet eine hiervon getrennte Vermögensmasse (→ § 1 Rn. 30).

45 Ein Gegenstand, der zum Gemeinschaftseigentum zählt, kann nicht zum Sondereigentum gehören. Umgekehrt steht ein Gegenstand, der nicht dem Gemeinschaftseigentum zuzurechnen ist, im Sondereigentum, soweit Eigentumsrechte Dritter nicht etwas anderes ergeben. Es besteht eine gesetzliche **Vermutung für gemeinschaftliches Eigentum** bei Räumen, da Sondereigentum an Räumen nach § 1 Abs. 5 WEG nur insoweit entsteht, als es hierzu erklärt wurde (BayObLG ZWE 2000 78; → § 3 Rn. 9).

46 Aus der Aufteilungsurkunde müssen sich sachenrechtlich bestimmt der Gegenstand und der Umfang von Sonder- und Gemeinschaftseigentum erkennen lassen. **Widerspricht** der schriftliche Teil des Teilungsvertrages/der **Teilungserklärung** hinsichtlich der Zuordnung einzelner Räume zum Sonder- oder Gemeinschaftseigentum dem **Aufteilungsplan,** so entsteht bei Bezugnahme auf beide im Grundbuch an diesen Räumen kein Sonder-, sondern Gemeinschaftseigentum (BGH NJW 2004, 1798; → § 3 Rn. 81). Es besteht kein Vorrang eines der sich widersprechenden Erklärungsinhalte (BGH NJW 1995, 2851; OLG München ZWE 2017, 175 Rn. 16; ZWE 2012, 487; OLG Hamm NJW-RR 2012, 592).

47 Ein **abgesondertes Gemeinschaftseigentum** dergestalt, dass bestimmten Wohnungseigentümern ein Teil des Gemeinschaftseigentums unter Ausschluss der übrigen Wohnungseigentümer zusteht, gibt es nicht. Ebenso kann diesen Wohnungseigentümern kein **Mitsondereigentum** an bestimmten **Räumen** (zB Eingangsflur oder Dachboden exklusiv nur für zwei Wohnungen unter Ausschluss der anderen Wohnungseigentümer) gehören (BGH NJW 2016, 473 Rn. 19). Hier handelt es sich zwingend um gemeinschaftliches Eigentum (OLG Karlsruhe ZMR 2014, 303; OLG Schleswig DNotZ 2007, 620; BayObLG DNotZ 1998, 379; OLG Hamm DNotZ 1987, 225;

Röll DNotZ 1998, 345; zweifelnd *Häublein* NZM 2003, 787), denn die Rechtsfigur einer dinglich verselbständigten Untergemeinschaft an einzelnen Räumen ist dem Wohnungseigentumsrecht fremd (BGH NJW 2016, 473 Rn. 19; NJW 1995, 2851; BayObLG NZM 1999, 26). Sondereigentum muss immer einem einzigen Miteigentumsanteil zugeordnet sein. Die Einräumung von Sondernutzungsrechten und die Regelung der Lastentragung können in diesen Fällen einen Ausweg darstellen.

48 Ebenso wenig ist ein **„Nachbareigentum"** als lotrecht geteiltes Sondereigentum an trennenden **Gebäudeteilen** (zB nichttragende Wand zwischen zwei Wohnungen; Lattenrostabtrennung zwischen zwei Kellerräumen) anzuerkennen. Da eine solche Trennwand zur Abgrenzung von zwei Sondereigentumsbereichen erforderlich ist, dient sie dem gemeinschaftlichen Gebrauch von wenigstens zwei Miteigentümern und steht daher im gemeinschaftlichen Eigentum (→ Rn. 32). Das Rechtsinstitut „Nachbareigentum" missachtet diese wohnungseigentumsrechtlichen Vorgaben und stellt letztlich einen Verstoß gegen den „numerus clausus" der Sachenrechte dar (*Heinemann* ZMR 2016, 681; *Commichau* DNotZ 2007, 624; aA BGH NJW 2001, 1212; OLG Schleswig DNotZ 2007, 620; OLG München NZM 2006, 344; OLG Zweibrücken Rpfleger 1987, 106; offen gelassen von BGH NJW 2016, 473 Rn. 20).

II. Einzelfälle

49 Bei der nachstehenden Auflistung ist stets zu beachten, dass sich die Abgrenzung nur auf das in Sonder- und gemeinschaftliches Eigentum aufgeteilte Gebäude bezieht. Befindet sich ein Gebäude auf einer Grundstücksfläche, auf die sich das Sondereigentum gem. § 3 Abs. 2 WEG erstreckt, befindet sich das gesamte Gebäude – vorbehaltlich einer seltenen Ausnahme gem. § 5 Abs. 2 WEG – im Sondereigentum des betreffenden Wohnungseigentümers.

50
- **Abdichtungsanschluss:** Gemeinschaftliches Eigentum gem. § 5 Abs. 2 WEG (OLG München DNotZ 2007, 690; BayObLG NZM 2000, 867).
- **Abflussrohr:** Soweit Hauptleitung: gemeinschaftliches Eigentum. Dient das Rohr nur der Entsorgung einer Einheit, ist es als Bestandteil dieser Einheit Sondereigentum, auch soweit es durch gemeinschaftliches Eigentum verläuft (*Hügel/Elzer* DNotZ 2013, 494; aA BGH ZWE 2017, 216 Rn. 11; NJW 2013, 1154). Es kann im letzteren Fall aber gem. § 5 Abs. 3 WEG zum gemeinschaftlichen Eigentum erklärt werden.
- **Absperreinrichtungen:** Absperreinrichtungen für Kalt-/Warmwasser sind gem. § 5 Abs. 2 WEG gemeinschaftliches Eigentum (AG Bremen-Blumenthal ZMR 2018, 370).
- **Abstellplätze:** → Stellplätze.
- **Abwasserhebeanlage:** Wird die Hebeanlage für die Ver- und Entsorgung mehrerer Einheiten benötigt, zählt sie zum gemeinschaftlichen Eigentum (OLG Schleswig DNotZ 2007, 620; OLG Hamm ZMR 2005, 806). Dient die Abwasserhebeanlage lediglich der Wasserentsorgung einer einzelnen Eigentumswohnung gehört sie als Gebäudebestandteil zu der Sondereigentumseinheit, deren Abwässer sie entsorgt, und ist damit Ge-

genstand des Sondereigentums, selbst wenn sie sich im gemeinschaftseigenen Eigentum befindet (OLG Düsseldorf ZWE 2001, 224; → Rn. 12).
- **Abwasserleitung:** → Abflussrohr.
- **Alarmanlage:** Eine Alarmanlage für das gesamte Gebäude steht im gemeinschaftlichen Eigentum. Ist sie jedoch nur für die Sicherung einer Sondereigentumseinheit bestimmt und die äußere Gestaltung des Gebäudes nicht tangiert, zählt sie zum Sondereigentum (OLG München MDR 1979; 934).
- **Antennen:** Eine Gemeinschaftsantenne steht aufgrund § 5 Abs. 2 WEG im gemeinschaftlichen Eigentum. Versorgt sie hingegen nur eine Sondereigentumseinheit, gehört sie zu diesem Sondereigentum, soweit sie nicht die äußere Gestaltung des Gebäudes prägt.
- **Aufzug:** Im Regelfall gem. § 5 Abs. 2 WEG gemeinschaftliches Eigentum (OLG Celle NZM 2007, 217; OLG Hamburg ZMR 2006, 298). Soweit er im Einzelfall aber nur für eine Einheit dient, ist er sondereigentumsfähig.
- **Außenjalousien:** → Fensterläden.
- **Außenfassade:** Gemeinschaftliches Eigentum, weil Teil der äußeren Gestaltung (BayObLG NZM 2000, 282).
- **Außenputz:** Gehört zur äußeren Gestaltung, deshalb gemeinschaftliches Eigentum (OLG Düsseldorf BauR 1975, 61).
- **Außenwand:** Als tragender Gebäudeteil gemeinschaftliches Eigentum (BGH NJW 2008, 3122; BGH NJW 1968, 1230).
- **Badeeinrichtung:** Badewannen, Waschbecken, Duschwannen, Bidet und WC innerhalb einer Sondereigentumseinheit sind gem. § 5 Abs. 1 WEG Sondereigentum, soweit sie wesentlicher Bestandteil sind (→ Rn. 9). Falls sie im Einzelfall unwesentlicher Bestandteil sind, stehen sie als Zubehör im Eigentum des Wohnungseigentümers.
- **Balkon:** Einem Balkon fehlt entgegen der hM die Raumeigenschaft (→ § 3 Rn. 32). Er kann deshalb in der Teilungserklärung nicht zum Sondereigentum bestimmt werden (Staudinger/*Rapp* § 5 Rn. 7; aA BGH NZM 2010, 205; NJW 1985, 1551; KG ZWE 2017, 84; OLG München ZMR 2012, 119; OLG Hamm ZMR 2007, 296). Seine Bauteile stellen aber einen Bestandteil der zu ihm gehörenden Einheit dar und stehen deshalb kraft Gesetzes – auch ohne Zuordnung in der Teilungserklärung – im Sondereigentum (ebenso Riecke/Schmid/*Schneider* § 5 Rn. 37; aA *Rapp* RNotZ 2012, 43). Soweit aber durch eine Veränderung, Beseitigung oder Einfügung von Balkonteilen die Gestaltung des Gebäudes verändert wird, bleiben diese Balkonteile im gemeinschaftlichen Eigentum. Dies gilt für die konstruktiven Elemente wie Balkonaußenwände, Balkongeländer, Balkonplatte, Balkondecke, Isolierschicht oder Abdichtungsanschlüsse. Insoweit besteht Übereinstimmung mit der herrschenden Meinung (vgl. BGH ZWE 2010, 174; OLG Hamm ZMR 2007, 296; OLG München NZM 2007, 369; ZMR 2006, 68; OLG Hamburg ZMR 2003, 866). Folgt man jedoch der hM, ist eine Bestimmung des Balkons zum Sondereigentum erforderlich, widrigenfalls entsteht kein Sondereigentum (LG Wuppertal RNotZ 2009, 48 mit abl. Anm. *Hügel*). Gleichwohl sollen die übrigen Wohnungseigentümer in einem solchen Fall nicht zum Mit-

gebrauch berechtigt sein, weil für den betreffenden Eigentümer ein faktisches Sondernutzungsrecht bestehe (BayObLG NZM 2004, 384; *Häublein* MietRB 2004, 79).

- **Baum:** Als dauerhafte Bepflanzung sind Bäume wesentliche Bestandteile des Grundstücks und stehen als solche grundsätzlich im gemeinschaftlichen Eigentum (BGH NZM 2016, 363 Rn. 4). Etwas anderes gilt jedoch für Bäume, die auf einer im Sondereigentum stehenden Grundstückfläche stehen. Diese zählen gem. § 94 BGB zum Sondereigentum (→ Rn. 18).
- **Bauteile eines Doppelparkers:** Teile der Technik eines im Sondereigentum stehenden Doppelparkers, welche nur diesem Doppelparker dienen und nicht für die Gesamtanlage erforderlich sind, gehören als Bestandteil zum Sondereigentum (BGH ZWE 2012, 81). Dies gilt zB für Fahrbleche, Seiten- und Mittelträger (LG München ZWE 2013, 165). Betreibt eine Hebevorrichtung mehrere Einheiten dient sie dem gemeinschaftlichen Gebrauch und steht deshalb gem. § 5 Abs. 2 WEG im Gemeinschaftseigentum (BGH ZWE 2012, 81; KG ZWE 2005, 334; LG Dresden ZMR 2010, 979). Wird durch sie ausschließlich eine im Sondereigentum stehende Doppelstockgarage betrieben, zählt sie als Bestandteil zum Sondereigentum dieser Einheit (BGH ZWE 2012, 81; aA OLG Celle NZM 2005, 871; OLG Düsseldorf MittBayNot 2000, 110). Wird an jedem einzelnen Stellplatz Sondereigentum begründet (→ § 3 Rn. 64), befinden sich alle Bauteile gem. § 5 Abs. 2 WEG zwingend im gemeinschaftlichen Eigentum.
- **Blockheizkraftwerk:** Ist ein Blockheizkraftwerk wesentlicher Bestandteil des Gebäudes und dient es der Versorgung aller Wohnungseigentümer, zählt es gem. § 5 Abs. 2 WEG zum gemeinschaftlichen Eigentum (LG Hamburg ZWE 2020, 272). Wird es nur durch einen Eigentümer betrieben und erfolgt auch eine – nicht nur untergeordnete – Versorgung außerhalb der Gemeinschaft stehender Dritter, kann es sondereigentumsfähig sein (→ Heizungsanlage). Ist es hingegen nur Scheinbestandteil des Grundstücks, zählt es zum Eigentum des Anlagebetreibers (ausf. *Reymann* DNotZ 2015, 885; *Suilmann* ZWE 2014, 302).
- **Briefkasten:** Die gemeinsame Briefkastenanlage ist gem. § 5 Abs. 2 WEG gemeinschaftliches Eigentum. Briefschlitze in den Wohnungseingangstüren sind als deren wesentlicher Bestandteil ebenfalls wie diese gemeinschaftliches Eigentum (→ Türen).
- **Carport:** Das ist ein Kfz-Stelllatz mit einer auf Pfosten gelagerten Bedachung. Kann aufgrund der Fiktion in § 3 Abs. 1 Satz 2 WEG (→ § 3 Rn. 59) zum Sondereigentum erklärt werden.
- **Dach:** Gemeinschaftliches Eigentum, da für den Bestand des Gebäudes unerlässlich (BGH NZM 2001, 345). Hierzu gehören zwingend die Dachkonstruktion, die Dachunterspannbahn und die Dacheindeckung (*Heinemann* ZMR 2017, 717 mwN).
- **Dachfenster:** → Fenster.
- **Dachrinne:** Gemeinschaftliches Eigentum.
- **Dachterrasse:** Kann mangels Raumeigenschaft nicht zum Sondereigentum bestimmt werden (→ § 3 Rn. 32). Jedoch als Bestandteil einer Einheit sondereigentumsfähig; es gelten die Ausführungen zum Balkon entspre-

chend. Die hM geht jedoch von einer Sondereigentumsfähigkeit aus (BGH NZM 2018, 953 Rn. 7; NZM 2017, 328; OLG München ZWE 2012, 316; OLG Hamm ZMR 2007, 296). Der Belag einer Dachterrasse ist dann auch sondereigentumsfähig (OLG Celle ZMR 2007, 55). Die darunter liegenden Schichten zur Feuchtigkeitsisolierung und Wärmedämmung sind hingegen zwingend dem gemeinschaftlichen Eigentum zugeordnet (KG ZMR 2009, 135; OLG Hamm ZMR 2007, 296).

- **Dachvorbau:** Als Teil des Dachs (→ Dach) zwingend gemeinschaftliches Eigentum (aA BGH NZM 2017, 328).
- **Decken:** Geschossdecken sind für den Bestand des Gebäudes unerlässlich und zählen daher zum gemeinschaftlichen Eigentum (BGH ZWE 2017, 216 Rn. 12; OLG München ZMR 2008, 232). Etwas anderes gilt für Zwischendecken und Deckenverkleidungen. An ihnen besteht Sondereigentum (BGH ZWE 2017, 216 Rn. 12).
- **Doppelparker/Doppelstockgarage:** Ein Doppelparker insgesamt ist sondereigentumsfähig (BGH NJW 2014, 1879; ZWE 2012, 81; BayObLG NJW-RR 1995, 783, AG Rosenheim ZMR 2008, 923, *Ott* ZWE 2013, 158; *Böttcher* Rpfleger 2004, 25). Da § 3 Abs. 1 Satz 2 WEG die Raumeigenschaft fingiert (→ § 3 Rn. 59), ist die Sondereigentumsfähigkeit auch für den einzelnen Stellplatz eines Doppelparkers zu bejahen (→ § 3 Rn. 64). Wird der Doppelparker durch zwei Bruchteilseigentümer erworben, kann für diese Gemeinschaft dann eine Regelung nach § 1010 BGB oder nach Ansicht der Rspr. entsprechend § 15 WEG (BGH NJW 2014, 1879; OLG Jena ZWE 2000, 233; OLG Frankfurt/M. WE 2000, 151; BayObLG DNotZ 1995, 70) getroffen werden. Eine solche Benutzungsregelung der beiden Miteigentümer des Doppelparkers über § 15 WEG ist jedoch abzulehnen, da diese für sich eine eigene Eigentümergemeinschaft nach dem WEG nicht bilden können (*Hügel/Elzer* DNotZ 2014, 408; *Hügel* ZWE 2001, 42; *Basty* Rpfleger 2001, 169; → § 10 Rn. 7 f.). Es gibt nur eine Gesamteigentümergemeinschaft, die aber nicht für die Regelung des Innenverhältnisses der beiden Miteigentümer einer Sondereigentumseinheit zuständig ist. Die beiden Miteigentümer des Doppelparkers bilden (nur) eine Miteigentümergemeinschaft nach §§ 741 ff. BGB (*Hügel* ZWE 2001, 42; Schöner/Stöber Rn. 2836). Zu den Bauteilen eines Doppelparkers → Bauteile eines Doppelparkers.
- **Duplexgarage:** → Doppelparker.
- **Einbaumöbel:** Einbaumöbel in Sondereigentumseinheiten, vor allem Einbauküchen, stehen nur dann im Sondereigentum, wenn es sich um wesentliche Bestandteile handelt (→ Rn. 9). Daran wird es meist fehlen. In einem solchen Fall sind die Möbel sonderrechtsfähiges Zubehör und zählen grundsätzlich zum Eigentum des Sondereigentümers.
- **Estrich:** Ein der Wärme- oder Schallisolierung dienender Estrich steht im gemeinschaftlichen Eigentum (OLG Hamm ZMR 2007, 296; KG ZMR 2007, 639; BayObLG NJW-RR 1994, 598).
- **Eingangshalle:** Gemeinschaftliches Eigentum (BayObLG MDR 1981, 145).
- **Fahrstuhl:** → Aufzug.
- **Fassade:** → Außenfassade.

- **Fenster:** Diese sind einschließlich des Fensterrahmens und der Innenseiten gem. § 5 Abs. 2 WEG zwingend gemeinschaftliches Eigentum (BGH NZM 2019, 624 Rn. 7; ZWE 2014, 125; NJW 2012, 1722; OLG Karlsruhe NZM 2011, 204). Etwas anderes kann für Innenrahmen und Innenscheiben bei echten Doppelfenstern mit trennbarem Rahmen gelten (BayObLG ZWE 2000, 178).
- **Fenstergitter:** Als Teil der äußeren Gestaltung Gemeinschaftseigentum (KG ZMR 1994, 169).
- **Fensterläden:** Diese haben Einfluss auf die äußere Gestaltung des Gebäudes und sind deshalb gemeinschaftliches Eigentum (BGH NZM 2018, 794 Rn. 9; OLG München ZMR 2006, 952).
- **Feuchtigkeitsisolierung:** Gemeinschaftliches Eigentum gem. § 5 Abs. 2 WEG (OLG Köln ZMR 2002, 377).
- **Fliesen:** → Fußbodenbelag.
- **Flur:** Gemeinschaftliches Eigentum, soweit er den einzigen Zugang (→ Zugang) zu einem gemeinschaftlichen Raum oder zu einer gemeinschaftlichen Einrichtung wie Zentralheizung und/oder Versorgungsleitungen bildet (BayObLG DNotZ 2004, 386; BGH NJW 1991, 2909).
- **Fundament:** Zwingend gemeinschaftliches Eigentum.
- **Fußbodenbelag:** Bodenbeläge, gleich ob aus Fliesen, Teppich, Parkett, Laminat oder Fliesen gefertigt, sind sondereigentumsfähig (BGH NJW 2018, 2123; NJW 2015, 1442 Rn. 5; OLG Düsseldorf ZMR 2008, 224; OLG Hamm ZWE 2001, 391). Deshalb als Bestandteil einer Einheit Sondereigentum, sofern zu dieser Einheit gehörend. Sind sie im gemeinschaftlichen Eigentum verlegt, zählen sie zum gemeinschaftlichen Eigentum.
- **Fußbodenheizung:** Die Schlingen einer Fußbodenheizung sind als Bestandteil einer Einheit Sondereigentum (OLG Köln NZM 1999, 84; *Häublein* ZMR 2016, 936; aA OLG München IBRRS 2010, 2883). Dies gilt aber nur, wenn es sich nicht um ein einheitliches Heizungssystem handelt (→ Heizkörper).
- **Garagen:** Normale (Einzel-)Garagen sind sondereigentumsfähig. Die konstruktiven Teile wie Dach, Mauern und Tor zählen jedoch zum gemeinschaftlichen Eigentum (→ Rn. 26). Tiefgaragenstellplätze sind ebenso wie Stellplätze in Parkhäusern gem. § 3 Abs. 1 Satz 2 WEG sondereigentumsfähig.).
- **Garagenzufahrt:** Gemeinschaftliches Eigentum (OLG Zweibrücken ZWE 2011, 179).
- **Gegensprechanlage:** → Sprechanlage.
- **Geschossdecken:** → Decken.
- **Glasbausteine:** Glasbausteine in der Außenwand sind Fenster (→ Fenster) und damit gemeinschaftliches Eigentum (LG Bamberg ZWE 2016, 31).
- **Grundstück:** Gemeinschaftliches Eigentum (§ 1 Abs. 5 WEG; BGH NZM 2019, 788 Rn. 5), soweit sich nicht Sondereigentum gem. § 3 Abs. 2 WEG an ihm erstreckt.
- **Hebebühne eines Doppelparkers:** → Bauteile eines Doppelparkers.
- **Heizungsanlage:** Sofern wesentlicher Bestandteil des Gebäudes, ist sie grundsätzlich nicht sondereigentumsfähig, weil sie allen Wohnungseigen-

tümern dient (KG ZMR 2003, 375). Die Heizungsanlage nebst Heizraum kann aber dann sondereigentumsfähig sein, wenn die Versorgung mit Wärme nicht auf die zur Wohnungseigentumsanlage zählenden Gebäude beschränkt ist, sondern nach Art einer Fernheizung auch Gebäudekomplexe Dritter versorgt werden (BGH NJW 1975, 688; ablehnend MüKoBGB/*Commichau,* § 1 WEG Rn. 43). Eine Heizungsanlage, die nur eine einzelne Einheit, nicht mehrere oder alle Wohnungseigentümer mit Wärme versorgt, zählt als deren Bestandteil zum Sondereigentum (BayObLG ZWE 2000, 213).

- **Heizkörper:** Sofern der Heizkörper ausschließlich der Versorgung der Einheit dient, in der er sich befindet, steht er als Bestandteil im Sondereigentum (BGH NJW 2011, 2958; OLG Köln NZM 2003, 641; aA Jennißen/*Grziwotz,* § 5 Rn. 85; *Jennißen* ZMR 2011, 974 f.; *Schmid* ZMR 2008, 863). Sofern Heizkörper in ein Gesamtsystem dergestalt integriert sind, dass deren Ausbau zu einer Unterbrechung oder Funktionsbeeinträchtigung des betreffenden Gesamtkreislaufs führt, kann von einer Sondereigentumsfähigkeit nicht ausgegangen werden (*Rathke* ZWE 2010, 353; *Schmid* ZMR 2008, 863; *Schmidt* ZMR 2005, 670; *Ott* MietRB 2004, 131; aA wohl BGH NJW 2011, 2958; *Schultz* DWE 2012, 100). Insbesondere bei modernen Heizungsanlagen mit hydraulischem Abgleich ist von einem solchen Gesamtsystem auszugehen. In einen solchen Fall stehen alle Heizkörper im gemeinschaftlichen Eigentum. Sie können nicht durch Teilungsvertrag/Teilungserklärung oder nachträgliche Vereinbarung dem Sondereigentum zugeordnet werden (BGH NJW 2013, 1154 Rn. 11; *Hügel/Elzer* DNotZ 2012, 6; → Rn. 11).
- **Heizungsrohre:** Die Hauptleitungen für die Heizung bis zum Übergang in die Räume des Sondereigentums stehen im gemeinschaftlichen Eigentum (BGH NJW 2011, 2011, 2958; BayObLG WE 1989, 147; KG WE 1989, 97). Ab Übergang der Leitungen in die Räume des Sondereigentums sollen diese nach hM im Sondereigentum stehen (BGH NJW 2011, 2958; OLG Köln NZM 2003, 641; BayObLG WE 1989, 147; KG WE 1989, 97). Indes gelten die zu den Heizkörpern gemachten Ausführungen entsprechend. Im Ergebnis werden deshalb meist alle Heizungsrohre im gemeinschaftlichen Eigentum stehen.
- **Heizkörperventile:** Die eigentumsrechtliche Zuordnung dieser Ventile folgt der Eigentumszuordnung des betreffenden Heizkörpers (BGH NJW 2011, 2958; aA OLG München ZMR 2009, 65; OLG Stuttgart ZMR 2008, 243 stets gemeinschaftliches Eigentum; → Heizkörper). In aller Regel wird es sich um gemeinschaftliches Eigentum handeln.
- **Heizkostenverteiler:** → Verbrauchsmessgeräte
- **Heizungsraum:** Der Raum, in dem sich die gemeinsame Heizungsanlage befindet, ist gemeinschaftliches Eigentum (grds. OLG Dresden NotBZ 2017, 227).
- **Hydraulikanlage Doppelparker:** → Bauteile eines Doppelparkers.
- **Innenanstrich:** Farbe an Wänden und Decken des Sondereigentums ist gem. § 5 Abs. 1 WEG Sondereigentum.
- **Innenhof:** Der nicht überdachte Innenhof eines Gebäudes kann mangels Raumeigenschaft nicht als Raum zu Sondereigentum erklärt werden

(*Rapp* MittBayNot 2016, 400; *Schneider* ZMR 2016, 303; aA OLG Hamm ZWE 2016, 167; → § 3 Rn. 32). Denkbar ist jedoch eine Sondereigentumsfähigkeit als Grundstücksfläche gem. § 3 Abs. 2 WEG.

- **Innenwand:** Soweit tragende Wand gem. § 5 Abs. 2 WEG immer gemeinschaftliches Eigentum, selbst wenn sie sich innerhalb einer Einheit befindet (BGH NJW 2001, 1212; OLG Frankfurt ZMR 2009, 215). Nicht tragende Innenwände innerhalb einer Einheit stehen gem. § 5 Abs. 1 WEG im Sondereigentum. Zu Trennwänden zwischen zwei Einheiten oder zwischen Sonder- und Gemeinschaftseigentum → Trennwände.
- **Kamin:** Zwingendes gemeinschaftliches Eigentum (OLG Frankfurt ZMR 2009, 215; BayObLG ZMR 1999, 50).
- **Loggia:** → Balkon. Die Raumeigenschaft kann aber angenommen werden, wenn die Loggia komplett verglast ist.
- **Markisen:** Regelmäßig wird eine Markisenanlage die gesamte Außenfront des Hauses kennzeichnen und damit für die äußere Gestaltung des Gebäudes von Einfluss sein. In diesen Fällen befinden sich Markisen im Gemeinschaftseigentum (OLG Frankfurt NZM 2007, 523; BayObLG NJW-RR 1986, 178). Entscheidend ist aber der Einzelfall (OLG Zweibrücken NZM 2004, 428). So ist es auch denkbar, dass bei einer nur leichten Fixierung die Markise kein wesentlicher Bestandteil des Gebäudes ist und somit nicht den Bestimmungen des WEG unterliegt (→ Rn. 10).
- **Müllcontainer:** Regelmäßig kein wesentlicher Bestandteil und deshalb nach allgemeinen Bestimmungen sonderrechtsfähig (→ Rn. 10).
- **Müllschlucker:** Gemeinschaftliches Eigentum (§ 5 Abs. 2 WEG).
- **Mülltonne:** Kein wesentlicher Bestandteil und unterliegt deshalb nicht den Regelungen des WEG (aA Jennißen/*Grziwotz* § 5 Rn. 93; *Sauren*,WEG, § 1 Rn. 10M: gemeinschaftliches Eigentum). Ist vielmehr sonderrechtsfähig und wird in aller Regel dem Müllentsorgungsunternehmen gehören. Falls durch die Gemeinschaft der Wohnungseigentümer erworben, zählt sie zum Gemeinschaftsvermögen (§ 9a Abs. 3 WEG).
- **Parkett:** → Fußbodenbelag.
- **Photovoltaikanlage:** Eine dachintegrierte Anlage ist wesentlicher Gebäudebestandteil (*Welsch/Woinar* NotBZ 2014, 162; *Reymann* DNotZ 2010, 97), nicht hingegen eine als Aufdachanlage konstruierte Photovoltaikanlage (BGH NJW 2014, 845; OLG Nürnberg MittBayNot 2017, 146). Letztere ist damit grundsätzlich nicht Teil des gemeinschaftlichen Eigentums. Entscheidend ist aber immer die Konstruktion im Einzelfall (ausf. hierzu *Jacoby* NJW 2016, 2848). Soll die Anlage durch einen einzelnen Wohnungseigentümer betrieben werden, bietet sich die Einräumung eines Sondernutzungsrechtes für das betreffende Dachteil an (vgl. OLG Saarbrücken ZWE 2011, 82).
- **Rauchwarnmelder:** Mobile Rauchwarnmelder sind kein wesentlicher Gebäudebestandteil und damit weder gem. § 5 Abs. 1 WEG sondereigentumsfähig (*Abramenko* ZMR 2013, 645; *Schultz* ZWE 2011, 23) noch zählen sie zum gemeinschaftlichen Eigentum gem. § 5 Abs. 2 WEG (aA OLG Frankfurt ZMR 2009, 864; AG Ahrensburg ZMR 2009, 78; *Grziwotz* NotBZ 2013, 168: *Schmidt/Breiholdt/Riecke* ZMR 2008, 343 f.).

Vielmehr sind sie Zubehör iSv § 97 BGB und damit nach allg. Regeln sonderrechtsfähig (LG Hamburg ZWE 2012, 55; ZMR 2011, 387; *Böttcher* ZNotP 2013, 132; *Abramenko* ZWE 2013, 118; *Schneider* ZMR 2010, 825; Bärmann/*Armbrüster* § 5 Rn. 64; offen gelassen von BGH NJW 2013, 3092). Befinden sich die Rauchwarnmelder in Sondereigentumsräumen, werden sie in aller Regel im Eigentum des Sondereigentümers stehen, es sei denn die Gemeinschaft der Wohnungseigentümer hat sie erworben. In diesem Fall zählen sie zum Gemeinschaftsvermögen gem. § 9a Abs. 3 WEG. Gleiches gilt, wenn die Gemeinschaft der Wohnungseigentümer Rauchwarnmelder zur Ausstattung der im gemeinschaftlichen Eigentum stehenden Räume angeschafft hat. Wurden die Rauchwarnmelder bei der Errichtung des Gebäudes durch den Bauträger im gemeinschaftlichen Eigentum installiert, stehen sie als Zubehör des gemeinschaftlichen Eigentums im Miteigentum aller Wohnungseigentümer. Besteht nach der jeweiligen Landesbauordnung eine Pflicht des Grundstückseigentümers zum Einbau von Rauchwarnmeldern, ist nach hM die Gemeinschaft der Wohnungseigentümer verpflichtet, diese zu erfüllen (BGH NZM 2019, 214 Rn. 7; NJW 2013, 3092; LG Karlsruhe ZWE 2016, 26; LG Hamburg ZMR 2017, 501; ZWE 2012, 55; → § 9a Rn. 100).

- **Rollläden:** Regelmäßig sind Rollläden, vor allem die dazugehörigen Rollladenkästen für die äußere Gestaltung des Gebäudes von Bedeutung und deshalb Teil des gemeinschaftlichen Eigentums (OLG Saarbrücken ZMR 1997, 31; LG München ZMR 2013, 748; AG Würzburg ZMR 2016, 818; aA LG Memmingen Rpfleger 1978, 101). Der Rollladengurt hingegen steht im Sondereigentum, weil er kein wesentlicher Bestandteil des Rollladens ist (AG Würzburg ZMR 2016, 818).
- **Schließanlage:** Gemeinschaftliches Eigentum (BGH NJW 2014, 1653 Rn. 13; LG Hamburg ZWE 2017, 49).
- **Schornstein:** → Kamin.
- **Schwimmbad:** Ein Schwimmbad mit Sauna und Umkleidekabinen kann in der Teilungserklärung als Sondereigentum ausgewiesen werden, selbst wenn es ausschließlich auf diese Anlage zugeschnitten ist, da, anders als bei einer allein auf die Bedürfnisse der Eigentümer einer Wohnanlage abgestimmten Zentralheizung, einem entsprechend konzipierten Schwimmbad eine eigenständige, nach Art und Funktion von den Wohnungseigentümern losgelöste Bedeutung zukommen kann (BGH NJW 1981, 455).
- **Spitzboden:** Sofern in der Teilungserklärung nicht zum Sondereigentum erklärt, gemeinschaftliches Eigentum. Hinsichtlich des Zugangs zu einem im gemeinschaftlichen Eigentum stehenden Spitzboden → Rn. 39.
- **Sprechanlage:** Eine Haussprechanlage zählt zum gemeinschaftlichen Eigentum. Die zu der Haussprechanlage gehörende, in den Sondereigentumsräumen befindliche Gegensprechanlage befindet sich jedoch im Sondereigentum (OLG Köln NZM 2002, 865).
- **Steckdosen:** Befinden sich die Steckdosen im Gemeinschaftseigentum sind sie gemeinschaftliches Eigentum, im Bereich einer Sondereigentumseinheit gehören sie hingegen gem. § 5 Abs. 1 WEG zum Sondereigentum.

- **Stellplatz:** Ebenerdige Kfz-Abstellplätze im Freien sind gem. § 3 Abs. 1 Satz 2 WEG sondereigentumsfähig.
- **Stromleitung:** Hauptleitung steht im gemeinschaftlichen Eigentum (§ 5 Abs. 2 WEG). Nebenleitungen stehen ab Abzweigung in die Sondereigentumseinheiten gem. § 5 Abs. 1 WEG im Sondereigentum der betreffenden Einheit, sofern das Stromsystem nicht ausnahmsweise ein Gesamtsystem im Haus darstellt (→ Rn. 30).
- **Tankraum:** Gemeinschaftliches Eigentum gem. § 5 Abs. 2 WEG (KG ZMR 1989, 201; → Rn. 24).
- **Tapete:** Innerhalb einer Einheit gem. § 5 Abs. 1 Satz 1 WEG Sondereigentum.
- **Teppichboden:** → Fußbodenbelag.
- **Teppichklopfstange:** Gemeinschaftliches Eigentum (LG Karlsruhe ZWE 2009, 327).
- **Terrasse:** Aufgrund § 3 Abs. 2 WEG sondereigentumsfähig (→ § 3 Rn. 66).
- **Thermostatventile:** → Heizkörperventile.
- **Trennwand:** Wände zwischen gemeinschaftlichem Eigentum und Sondereigentum sind gem. § 5 Abs. 2 WEG gemeinschaftliches Eigentum (OLG Frankfurt a. M. ZMR 2009, 215). Tragende Wände zwischen zwei Sondereigentumseinheiten sind stets gemeinschaftliches Eigentum. Nichttragende Wände zwischen zwei Einheiten dienen beiden zur Abtrennung und stehen deshalb im gemeinschaftlichen Eigentum (→ Rn. 48).
- **Treppenhaus:** Dieses steht inklusive Treppen und Treppengeländer gem. § 5 Abs. 2 WEG im gemeinschaftlichen Eigentum (OLG München ZWE 2012, 487; NZM 2006, 378; OLG Celle NZM 2007, 217). Soweit ein Treppenhaus aber nur zum Erreichen einer Einheit dient, kann es zum Sondereigentum erklärt werden (OLG Hamm NJW-RR 1992, 1296).
- **Trittschalldämmung:** Gemeinschaftliches Eigentum (BGH NJW 2018, 2123; NJW 1991, 2480; OLG Frankfurt a. M. ZMR 2009, 215; KG ZMR 2007, 639; OLG Hamm ZWE 2001, 391). Anderes kann für eine unter dem Oberboden verlegte Folie zur Schalldämmung gelten (vgl. OLG Hamm ZWE 2018, 265).
- **Türen:** Türen innerhalb des gemeinschaftlichen Eigentums sind gemeinschaftliches Eigentum. Innentüren innerhalb einer Sondereigentumseinheit zählen hingegen zum Sondereigentum. Dies gilt nicht für Wohnungseingangstüren. Diese gehören zum gemeinschaftlichen Eigentum (BGH NZM 2016, 169 Rn. 33; ZWE 2014, 125; NZM 2014, 40; OLG München ZMR 2006, 797; OLG Düsseldorf NZM 2000, 193). Dasselbe gilt für die Hauseingangstüre.
- **Veranda:** → Balkon.
- **Verbrauchsmessgeräte:** Heizkostenverteiler werden meist kein wesentlicher Bestandteil sein und können deshalb weder Sonder- noch Gemeinschaftseigentum iSd WEG darstellen (aA OLG Hamburg ZMR 1999, 502; *Wanderer* ZMR 2015, 439; → Rn. 9). Stattdessen sind sie Zubehör iSv § 97 BGB und damit nach allg. Regeln sonderrechtsfähig (ebenso *Lehmann-Richter* ZWE 2013, 71). Wurden sie durch die Gemeinschaft der Wohnungseigentümer erworben, zählen sie dann zum Gemeinschaftsver-

mögen (§ 9a Abs. 3 WEG). Sofern die Messgeräte wesentlicher Bestandteil sind, zB Wasseruhren, gehören sie gem. § 5 Abs. 2 WEG zum gemeinschaftlichen Eigentum (OLG Hamburg ZMR 2004, 291).
- **Wärme-Contracting:** Wird die Heizungsanlage vom Contractor eingebaut, ist sie Scheinbestandteil des Gebäudes (§ 95 BGB) und gehört dem Betreiber. Wird sie dagegen nur vom Contractor gepachtet, stellt sie gemeinschaftliches Eigentum dar (vgl. *Schmid* ZMR 2008, 862).
- **Wand:** → Außenwand, → Innenwand und → Trennwand.
- **Wasserleitung:** Es gelten die Ausführungen zur Abwasserleitung; → Abflussrohr.
- **Wohnungseingangstüre:** → Türen.
- **Zähler:** → Verbrauchsmessgeräte.
- **Zugänge:** Flure und Flächen, die einen notwendigen Zugang zu gemeinschaftlichem Eigentum, zB zum Heizungsraum (OLG Schleswig ZMR 2006, 886) oder zu mehreren Sondereigentumseinheiten (OLG München ZWE 2012, 487) darstellen, sind gemeinschaftliches Eigentum (→ Rn. 35).

E. Vereinbartes gemeinschaftliches Eigentum (§ 5 Abs. 3 WEG)

Die Wohnungseigentümer können nach § 5 Abs. 3 WEG vereinbaren, 51
dass Bestandteile des Gebäudes, die nach § 5 Abs. 1 WEG Gegenstand des Sondereigentums sind, dennoch zum gemeinschaftlichen Eigentum gehören sollen, der „Mechanismus" der § 5 Abs. 1 WEG (→ Rn. 11) also außer Kraft gesetzt wird. Praktische Anwendungsfälle für solche abweichende Vereinbarungen sind weitgehend unbekannt. Dies dürfte darin begründet sein, dass, soweit die Wohnungseigentümer ein „Bedürfnis" an Bestandteilen im Bereich eines Sondereigentums haben, bereits § 5 Abs. 2 WEG von Gesetzes wegen das Gewünschte anordnet. Als möglicher Anwendungsbereich ist beispielsweise das Heizungssystem denkbar. Sofern sich die einzelnen Heizkörper im Einzelfall im Sondereigentum befinden (vgl. hierzu BGH NJW 2011, 2958; → Rn. 50) und diese Zuordnung den Eigentümern als unpassend erscheinen sollte, können durch eine Regelung gem. § 5 Abs. 3 WEG auch die im Sondereigentum befindlichen Teile der Heizungsanlage dem gemeinschaftlichen Eigentum zugeordnet werden.

Die Vorschrift lässt nur die Vereinbarung zusätzlichen gemeinschaftlichen 52
Eigentums an Gebäudebestandteilen zu. Die umgekehrte Regelung hingegen fehlt und ist nicht möglich (*Hügel/Elzer* DNotZ 2012, 6; *Kümmel* FS Merle, 217), weil anderenfalls der in § 5 Abs. 1 und 2 WEG verankerte Schutzmechanismus unterlaufen werden könnte. Die Grenze zwischen dem gemeinschaftlichen Eigentum und dem Sondereigentum kann somit nur zugunsten, nicht aber auch zuungunsten des gemeinschaftlichen Eigentums verschoben werden kann (BGH NJW 1968, 1230).

Eine Vereinbarung nach § 5 Abs. 3 WEG darf nicht mit einer Verein- 53
barung nach § 10 Abs. 1 Satz 2 WEG verwechselt werden (*Hügel/Elzer*

DNotZ 2012, 6). Letztere regelt nur den Inhalt des Sondereigentums. Bei der Zuordnung zum Sonder- oder Gemeinschaftseigentum geht es aber um den Gegenstand des Sondereigentums (→ Rn. 1). Es handelt sich somit um eine sachenrechtliche Erklärung, die den allgemeinen Regeln über die Umwandlung von Sonder- in gemeinschaftliches Eigentum (→ § 4 Rn. 9 ff.) zu folgen hat (Bärmann/*Armbrüster* § 5 Rn. 135; Jennißen/*Grziwotz* § 5 Rn. 34). Die Vorgaben des § 4 WEG sind deshalb zu beachten. Auf den Abschluss einer solchen Vereinbarung kann daher auch nicht im Wege des § 10 Abs. 2 WEG eingewirkt werden.

54 Der Wortlaut der Vorschrift schließt Räume nicht ein, sondern bezieht sich nur auf Gebäudebestandteile. Dies ist auch konsequent, weil über die Zuordnung von Räumen zum Sondereigentum die Wohnungseigentümer im Rahmen der Teilungserklärung selbst und autonom entscheiden können. Soll ein Raum im gemeinschaftlichen Eigentum verbleiben, darf er schlicht nicht zum Sondereigentum erklärt werden. Eine nachträgliche Änderung von Sonder- zu gemeinschaftlichem Eigentum ist gem. § 4 WEG möglich (→ § 4 Rn. 9 ff.). Anders stellt sich die Situation bei Gebäudebestandteilen dar. Hier erfolgt die Zuordnung zum Sondereigentum kraft gesetzlicher Anordnung. § 5 Abs. 3 WEG stellt hierzu ein Regulativ dar, dessen es bei Raumsondereigentum nicht bedarf (Bärmann/*Armbrüster* § 5 Rn. 136; Staudinger/*Rapp* § 5 Rn. 45; aA *Schmidt-Räntsch* ZWE 2012, 447; NK/*Heinemann* § 5 Rn. 14).

F. Umwandlung von Sondereigentum/ Gemeinschaftseigentum

55 Eine Umwandlung von Gemeinschaftseigentum zu Sondereigentum stellt einen sachenrechtlichen Vorgang dar, weil hierbei zivilrechtliches gemeinschaftliches Eigentum in Alleineigentum überführt wird. Dasselbe gilt für den umgekehrten Fall. Eine solche Umwandlung bedarf wegen § 4 Abs. 1, 2 WEG der Einigung aller Wohnungseigentümer in der Form der Auflassung und der Eintragung in das Grundbuch (→ § 4 Rn. 5 ff.).

G. Inhalt des Sondereigentums

I. Allgemeines

56 Die **Sachherrschaft** über das Sondereigentum stellt **kein dingliches Recht** dar. Sie beschränkt sich lediglich auf das Alleineigentum an Räumlichkeiten. Deshalb scheidet eine selbständige sachenrechtliche Verfügung über das Sondereigentum im Wege der Veräußerung oder Belastung aus (§ 6 Abs. 1 WEG). Eine solche kommt nur zusammen mit dem Miteigentumsanteil, zu dem es gehört, oder durch Abschreibung vom bisherigen verbundenen Miteigentumsanteil und Neuverbindung mit einem anderen Miteigentumsanteil infrage. Denn nur Sondereigentum und Miteigentum in ihrer Verbundenheit stellen, und zwar in Form des Wohnungs- oder Teileigentums, ein dingliches Recht dar.

§ 5 WEG enthält keine Aussage über die Rechtsstellung, welche das Sondereigentum verleiht. Insoweit ist auf § 13 WEG zu verweisen (→ § 13 Rn. 4 ff.). § 5 Abs. 4 Satz 1 WEG gibt lediglich den Hinweis darauf, dass Vereinbarungen der Wohnungseigentümer über ihr Verhältnis untereinander und Beschlüsse aufgrund einer solchen Vereinbarung durch Grundbucheintragung „verdinglicht" werden können und damit gegen jeden Sondernachfolger wirken. Die eigentliche Regelung hierzu ist in § 10 Abs. 3 WEG enthalten (→ § 10 Rn. 198 ff.). **57**

Wird eine Vereinbarung oder ein aufgrund einer solchen Vereinbarung gefasster Beschluss entsprechend § 10 Abs. 3 WEG im Grundbuch eingetragen, wird sie/er gem. § 5 Abs. 4 Satz 1 WEG zum Inhalt des Sondereigentums, gestaltet so Rechte und Pflichten des betroffenen Sondereigentums aus und entfaltet Wirkung gegenüber Sondernachfolgern des Alteigentümers. Ansprüche, die sich aus der Gemeinschaftsordnung herleiten lassen, werden dadurch aber nicht zum dinglichen Recht. Die herrschende Meinung spricht insoweit aber von einer verdinglichten Struktur der Gemeinschaftsordnung (→ § 10 Rn. 34). **58**

Der **Inhalt des Sondereigentums** ist im WEG **nicht abschließend geregelt.** Primär wird der Inhalt des Wohnungseigentums durch die §§ 903 ff. BGB be- und umschrieben (BGH NJW 1992, 978). Im Wohnungseigentumsrecht hat der Gesetzgeber jedoch der Privatautonomie bei der Inhaltsgestaltung des Sondereigentums den Vorrang vor der gesetzlichen Regelung eingeräumt (*Hügel* FS Wenzel, 2005, 219; *Prüfer* ZWE 2001, 398; Staudinger/*Rapp* § 5 WEG Rn. 66), indem er den Wohnungseigentümern Autonomie zur Ausgestaltung ihrer internen Rechtsbeziehungen übertragen hat. Die Vereinbarung oder der Beschluss nach §§ 5 Abs. 4, 10 Abs. 1 und 3 WEG ist hierbei das zentrale Gestaltungsmittel zur individuellen Anpassung des Inhaltes des Sondereigentums an das konkrete Gebäude. Dem liegt der Gedanke zugrunde, dass die Wohnungseigentümer selbst und besser in der Lage sind, den Inhalt ihres Sondereigentums zu bestimmen, als es der Gesetzgeber könnte (Staudinger/*Rapp* § 5 WEG Rn. 66). Im Ergebnis besteht im Wohnungseigentumsrecht eine „dingliche Vertragsfreiheit" bezüglich des Eigentumsinhaltes, die sonst nur in und über Eigentumsbelastungen zulässig ist (*F. Schmidt* FS Bärmann und Weitnauer, 1985, 47). Zum Inhalt des Sondereigentums ist auch die Zweckbestimmung im weiteren Sinne „Wohnungs- oder Teileigentum" zu zählen (→ § 1 Rn. 17). **59**

II. Vereinbarungen

Unproblematisch gilt § 5 Abs. 4 Satz 1 WEG für Vereinbarungen der Wohnungseigentümer. Alle einer Vereinbarung zugänglichen Regelungen (→ § 10 Rn. 52 ff.) können durch die Eintragung im Grundbuch zum Inhalt des Sondereigentums gemacht werden und damit bindende Wirkung gegenüber Sondernachfolgern entfalten. Eine Eintragung von Vereinbarungen im Grundbuch ist keine konstitutive Voraussetzung für die Wirksamkeit einer Vereinbarung, lediglich für die Bindung von Sondernachfolgern bedarf es der Grundbucheintragung (→ § 10 Rn. 201). **60**

III. Beschlüsse aufgrund einer Vereinbarung

61 **1. Neuregelung.** Das nun geltende Recht enthält durch die Neufassung von § 5 Abs. 4 Satz 1 WEG eine Veränderung zur bisherigen Rechtslage. Sie bewirkt im Zusammenspiel mit § 10 Abs. 3 Satz 1 WEG, dass Beschlüsse, die aufgrund einer vereinbarten **Öffnungsklausel** gefasst werden, in das Grundbuch eingetragen werden müssen, um gegen Sondernachfolger zu wirken. Dies dient dem Schutz der Erwerber vor unbekannten, aber womöglich besonders belastenden Beschlüssen (BT-Drs. 19/18791, 40).

62 Nach bisheriger Rechtslage mussten nach hM vereinbarungsändernde Beschlüsse nicht in das Grundbuch eingetragen werden, um gegen Sondernachfolger zu wirken. Dem lag die Vorstellung zugrunde, dass der notwendige Schutz der Erwerber nicht über die Eintragung im Grundbuch, sondern über die im geltenden § 24 Abs. 7 WEG aF vorgesehene Beschlusssammlung gewährleistet wird. Diese Konzeption hat sich nach Meinung des Gesetzgebers in der Praxis nicht bewährt (BT-Drs. 19/18791, 40).

63 Es erscheint ihm vorzugswürdiger, vereinbarungsändernde Beschlüsse in das **Grundbuch einzutragen.** Um das Grundbuch gleichzeitig nicht zu überfrachten und seine Informationsfunktion nicht zu beeinträchtigen, soll dies aber nur für Beschlüsse gelten, die aufgrund einer vereinbarten Öffnungsklausel gefasst werden. Beschlüsse, die aufgrund einer gesetzlichen Öffnungsklausel gefasst werden, wirken dagegen auch ohne Grundbucheintragung gegen Sondernachfolger (→ § 10 Rn. 168).

64 Nach Meinung des Gesetzgebers rechtfertigt sich diese **Differenzierung** dadurch, dass gesetzliche Öffnungsklauseln für jeden Erwerber unmittelbar aus dem Gesetz ersichtlich sind und vom Gesetzgeber gebilligte Zwecke verfolgen. Der Anwendungsbereich der gesetzlichen Öffnungsklauseln sei zudem auf konkrete Beschlussgegenstände beschränkt. Ein Erwerber könne daher dem Gesetz entnehmen, in welchen Bereichen er mit einer Änderung der Vereinbarung durch einen Beschluss rechnen müsse. Für vereinbarte Öffnungsklauseln gelte dies nicht in gleichem Maße (BT-Drs. 19/18791, 40; kritisch hierzu *Becker/Schneider* ZfIR 2020, 287).

65 **2. Eintragung im Grundbuch.** § 5 Abs. 4 Satz 1 WEG stellt allein darauf ab, ob ein Beschluss aufgrund einer Vereinbarung gefasst wurde. Um unnötige Auslegungsschwierigkeiten zu vermeiden, knüpft die Vorschrift allein an dieses **formale Merkmal** an. Er verzichtet damit auf eine Beschränkung des Kreises der eintragungsfähigen Beschlüsse durch inhaltliche Kriterien. Eine solche Beschränkung ist auch aus praktischer Sicht entbehrlich, weil anzunehmen ist, dass die Wohnungseigentümer nur solche Beschlüsse eintragen lassen werden, die aufgrund ihrer Bedeutung auch für Sondernachfolger gelten sollen. Ob ein Beschluss nach § 5 Abs. 4 Satz 1 WEG eintragungsfähig ist, ist rein **objektiv** zu bestimmen (BT-Drs. 19/18791, 41).

66 Weil ein Beschluss auf Grundlage einer gesetzlichen Öffnungsklausel nicht eintragungsbedürftig ist, ist er nach den allgemeinen Grundsätzen auch nicht eintragungsfähig (→ § 10 Rn. 214). Wiederholt eine Öffnungsklausel lediglich eine gesetzliche Beschlusskompetenz oder deckt sie sich inhaltlich mit

dieser, beruht der Beschluss im Ergebnis auf einer gesetzlichen Öffnungsklausel und ist damit nicht eintragungsfähig. Entscheidend ist auch hier eine **objektive Betrachtungsweise,** die subjektiven Vorstellungen der Wohnungseigentümer sind unerheblich.

Im Einzelfall kann es zu erheblichen Schwierigkeiten führen, ob der Beschluss nun (noch) auf einer gesetzlichen Öffnungsklausel beruht oder ob die dort eröffnete Beschlusskompetenz durch den Beschluss überschritten wird und er seine Legitimation durch eine allgemeine vereinbarte Öffnungsklausel erhält. Da die Beantwortung nicht nur für das Eintragungsverfahren Bedeutung hat, und dort durch das hierfür an sich nicht zuständige Grundbuchamt nur schwer entschieden werden könnte, sondern auch für die Frage nach einer Bindung von Sonderrechtsnachfolgern mit oder ohne Eintragung von materiell-rechtlicher Bedeutung ist, wird man in **Zweifelsfällen** von einer Eintragungsfähigkeit und **Eintragungspflicht** ausgehen müssen, weil nur so die notwendige Rechtssicherheit erreicht werden kann. So verstanden besteht eine **Vermutung** für die Eintragungspflicht von Beschlüssen aufgrund einer Öffnungsklausel zur Bindung von Sondernachfolgern. **67**

Damit kommt dem Grundbuchamt die materiellrechtliche Prüfung zu, ob ein vereinbarungsändernder Beschluss auf einer rechtsgeschäftlichen oder einer gesetzlichen Beschlusskompetenz beruht. Eine solche Prüfungskompetenz und -pflicht des Grundbuchamtes ist dem Grundbuchrecht an sich fremd und kann erhebliche Schwierigkeiten in der praktischen Umsetzung erzeugen (*Abramenko* ZMR 2020, 454). **68**

Die Eintragung des Beschlusses im Grundbuch kann im Wege der Bezugnahme erfolgen (§ 7 Abs. 3 Satz 1 WEG). Für den Nachweis des Beschlusses gegenüber dem Grundbuchamt sieht § 7 Abs. 2 Satz 1 WEG Erleichterungen vor → § 7 Rn. 62 ff. **69**

H. Zustimmung dinglich Berechtigter zu Vereinbarungen

I. Allgemeines

Soll eine Vereinbarung der Wohnungseigentümer oder ein Beschluss aufgrund einer Öffnungsklausel im Grundbuch eingetragen werden, wird hierdurch gem. § 5 Abs. 4 Satz 1 WEG der Inhalt der betroffenen Sondereigentumseinheiten verändert. Auch wenn diese Änderung nicht die Veränderung eines dinglichen Rechtes bedeutet, werden zutreffend auf diesen Vorgang die Bestimmungen der §§ 876, 877 BGB analog angewendet, weil es um die Änderung eines im Grundbuch eingetragenen Inhaltes geht. Dies bedeutet, die Inhaltsänderung eines Sondereigentums bedarf materiell-rechtlich der Zustimmung der im Grundbuch eingetragenen Drittberechtigten und grundbuchverfahrensrechtlich ihrer Bewilligung gem. § 19 GBO in der Form des § 29 GBO, soweit nicht ausgeschlossen werden kann, dass sie von der Änderung in ihrem Recht betroffen sind (vgl. BGH NJW 1984, 2409; BayObLG NJW 2005, 444; OLG Hamm NZM 1998, 673). **70**

II. Die Regelung in § 5 Abs. 4 Satz 2 WEG

71 § 5 Abs. 4 Satz 2 WEG schränkt dieses grundsätzliche Zustimmungserfordernis ein. Zur Eintragung einer Vereinbarung oder eines Beschlusses aufgrund einer Vereinbarung im Grundbuch ist bei Belastung des Wohnungseigentums mit einer Hypothek, Grund- oder Rentenschuld oder der Reallast eine Zustimmung solcher Berechtigten nämlich nur dann erforderlich, wenn ein **Sondernutzungsrecht begründet** oder ein mit dem Wohnungseigentum verbundenes Sondernutzungsrecht **aufgehoben, geändert** oder **übertragen** wird. Haben Vereinbarungen einen anderen Gegenstand zum Inhalt, bedarf es keiner Zustimmung dinglich Berechtigter, sofern das Wohnungseigentum mit einem der vorgenannten Rechte belastet ist. § 5 Abs. 4 gilt zudem nur für Vereinbarungen. Für **sachenrechtliche Veränderungen,** wie Übertragung von Miteigentumsanteilen oder Umwandlung von Sonder- in Gemeinschaftseigentum und umgekehrt gelten die §§ 876, 877 BGB unmittelbar, d. h. hierfür ist immer die Zustimmung dinglich Berechtigter notwendig. Die Erleichterungen in § 5 Abs. 4 Satz 2 WEG sind für diesen Bereich bedeutungslos.

72 Die Notwendigkeit der Gläubigerzustimmung bereitet bei der **Erstaufteilung** idR keine Schwierigkeiten, da zu diesem Zeitpunkt meist eine Belastung des Grundstücks noch nicht gegeben ist bzw. eine solche sich als Gesamtrecht an allen Wohnungseigentumseinheiten fortsetzt und die Zustimmung somit entbehrlich ist. Im Übrigen ändert § 5 Abs. 4 WEG nichts daran, dass die **Zustimmung entbehrlich** ist, wenn **keine Beeinträchtigung** des Rechtes vorliegt. Die Regelung in § 5 Abs. 4 Satz 2 WEG beinhaltet nämlich eine Einschränkung, nicht aber eine Erweiterung des Zustimmungserfordernisses, das sich weiterhin aus den §§ 876, 877 BGB ergibt (*Hügel/Elzer,* Das neue WEG-Recht, § 1 Rn. 8).

73 Bei der **gestuften Begründung** von Sondernutzungsrechten (→ § 10 Rn. 129) bedarf die spätere Zuweisung des Rechtes der **Zustimmung** der Wohnungseigentümer oder dinglich Berechtigter **nicht,** denn aufgrund der bereits vorhandenen negativen Komponente ist der Rechtsverlust schon vorher eingetreten (BGH ZWE 2012, 377; NJW 2012, 676 Rn. 21; KG ZWE 2007, 384; BayObLG NJW 2005, 444; OLG Frankfurt a. M. MittBayNot 1998, 443). Etwas anderes gilt jedoch, wenn die entziehende Komponente noch nicht in der Vereinbarung enthalten ist und lediglich eine Ermächtigung des aufteilenden Eigentümers zur nachträglichen Begründung von Sondernutzungsrechten vorhanden ist. Diese Ermächtigung bindet die dinglich Berechtigten nicht, sondern macht deren Zustimmung erforderlich (BayObLG DNotZ 2005, 390).

74 Liegen die Voraussetzungen für ein Wegfallen des Zustimmungserfordernisses nicht vor, verbleibt es bei der bisherigen Gesetzeslage, dh es müssen die Zustimmungen der jeweiligen dinglich Berechtigten eingeholt werden. Dies betrifft va die Fälle, in denen ein Recht in Abt. II des Grundbuchs eingetragen ist, wie **beschränkte persönliche Dienstbarkeiten, Grunddienstbarkeiten, Nießbrauch, Wohnungsrecht** sowie **Dauerwohn- und Dauernutzungsrechte.** Auch eingetragene Vormerkungen (*Armbrüster* ZWE 2008, 330) können eine Zustimmung der Berechtigten notwendig werden lassen.

In allen Fällen, in denen auch nach § 5 Abs. 4 Satz 2 WEG noch eine Zustimmung dinglich Berechtigter erforderlich ist und in denen das Einholen dieser Erklärungen zeitaufwendig und/oder kostspielig ist, bietet sich wie bisher der Weg über ein **Unschädlichkeitszeugnis** an. Alle Bundesländer haben ein auf Art. 120 iVm Art. 1 Abs. 2 EGBGB beruhendes Gesetz, das Unschädlichkeitszeugnis betreffend, erlassen (eine Auflistung der einzelnen landesrechtlichen Bestimmungen findet sich bei Meikel/*Böttcher,* GBO, § 27 Rn. 103). **75**

III. Altfälle

Bei der Begründung eines Sondernutzungsrechtes war nach bisherigem Recht gem. § 5 Abs. 4 Satz 3 WEG aF die Zustimmung eines dinglich Berechtigten zudem nicht erforderlich, wenn durch die Vereinbarung gleichzeitig das zu seinen Gunsten belastete Wohnungseigentum mit einem Sondernutzungsrecht verbunden wird. Eine **teleologische Reduktion** dergestalt, dass es sich um etwa gleichwertige und/oder gleichartige Sondernutzungsrechte handeln muss, war **nicht** möglich (OLG Köln FGPrax 2018, 62; OLG München ZWE 2013, 216; ZMR 2009, 870; *Armbrüster* ZWE 2008, 331; *Meffert* ZMR 2007, 518). Da das bisherige Recht Umgehungsstrategien im Hinblick auf eine notwendige Zustimmung von Grundpfandrechtsgläubigern geradezu provoziert hat und inhaltlich schwer zu begründen war (*Hügel/Elzer,* Das neue WEG-Recht, § 1 Rn. 22), wurde diese Vorschrift durch das WEMoG aufgehoben. **76**

Da jedoch durch diese Vorschrift in bestimmten Fällen eine Zustimmungsfreiheit angeordnet wurde, enthält § 48 Abs. 2 WEG eine Übergangsvorschrift für Altfälle. Nach ihr gilt § 5 Abs. 4 Satz 3 WEG aF weiterhin für Vereinbarungen und Beschlüsse, die vor Inkrafttreten des WEMoG getroffen oder gefasst wurden und nach dieser Vorschrift von einer Zustimmungspflicht befreit waren. Dies bedeutet, für solche Fälle gilt die Zustimmung dinglich Berechtigter weiterhin als entbehrlich. Damit soll verhindert werden, dass durch die Aufhebung von § 5 Abs. 4 Satz 3 WEG aF die entsprechenden Vereinbarungen oder Beschlüsse nachträglich schwebend unwirksam werden. **77**

Unselbständigkeit des Sondereigentums

6 (1) **Das Sondereigentum kann ohne den Miteigentumsanteil, zu dem es gehört, nicht veräußert oder belastet werden.**

(2) **Rechte an dem Miteigentumsanteil erstrecken sich auf das zu ihm gehörende Sondereigentum.**

Literatur: *Böttcher,* Veränderungen beim Wohnungseigentum, BWNotZ 1996, 80; *Tasche,* Kellertausch unter Wohnungseigentümern und verwandte Probleme, DNotZ 1972, 710; *Weikart,* Bestandsänderungen von Sondereigentumsgrundstücken, NotBZ 1997, 89.

A. Normzweck

1 In § 6 WEG ist die **untrennbare Verknüpfung** von Miteigentumsanteil und Sondereigentum gesetzlich verankert. Sondereigentum kann gem. § 6 Abs. 1 WEG selbständig weder übertragen noch belastet werden. Zudem wird es gem. § 6 Abs. 2 WEG von Belastungen des Miteigentumsanteils automatisch erfasst. Diese Untrennbarkeit der beiden Komponenten von Wohnungseigentum (→ § 1 Rn. 5) ist einer der zentralen Grundsätze des WEG. Zweck der Vorschrift ist es, zu verhindern, dass jemand in einer Wohnungseigentümergemeinschaft Sondereigentümer ist, ohne zugleich Miteigentümer zu sein, und umgekehrt. Es soll verhindert werden, dass Sondereigentum und Miteigentum auseinanderfallen, indem neue Personen zur Wohnungseigentümergemeinschaft stoßen, denen nur ein Element des Wohnungseigentums zukommt (BayObLG DNotZ 1984, 381).

2 Auch wenn die Vorschrift ihrem Wortlaut nach nur die Abhängigkeit des Sondereigentums vom Miteigentum zum Ausdruck bringt, kann daraus nicht ein Vorrang des Miteigentums vor dem Sondereigentum hergeleitet werden mit dem Ergebnis, dass Wohnungseigentum eine besondere Form des Miteigentums darstellt (→ § 1 Rn. 10; aA BayObLG DNotZ 1984, 381; NK/*Heinemann* § 6 Rn. 1), denn auch ein sondereigentumsloser Miteigentumsanteil ist wohnungseigentumsrechtlich ausgeschlossen. Die untrennbare Abhängigkeit von Sondereigentum und Miteigentum ist vielmehr wechselseitig. Weder darf ein isolierter Miteigentumsanteil (→ § 3 Rn. 89) noch ein isoliertes Sondereigentum (→ § 3 Rn. 21) bei der rechtsgeschäftlichen Begründung oder späteren Änderung von Wohnungseigentum entstehen (BGH NZM 2004, 876; *Hügel* ZMR 2004, 549).

B. Regelungsgehalt

I. Getrennte Veräußerung oder Belastung

3 Jeder Wohnungseigentümer kann über sein Wohnungseigentum frei verfügen (§ 13 Abs. 1 WEG). Die rechtsgeschäftliche Veräußerung erfolgt nach den Grundsätzen für die Übertragung eines Bruchteils an einem Grundstück. Eine isolierte Verfügung über das Sondereigentum hingegen ist gem. § 6 Abs. 1 WEG ausgeschlossen. Veräußerung, Belastung, Verpfändung oder Pfändung, sind nur bei gleichzeitigem Verfügen über den mit ihm verbundenen Miteigentumsanteil möglich. Verstößt eine Verfügung gegen § 6 Abs. 1 WEG, ist sie **unwirksam,** weshalb auch ein gutgläubiger Erwerb von Sondereigentum allein ausgeschlossen ist.

4 Aus dem in § 6 WEG niedergelegten Grundsatz der zwingenden Verbindung des Sondereigentums mit einem Miteigentumsanteil folgt auch, dass Sondernutzungsrechte und Ansprüche aus einer Gebrauchsregelung jedenfalls dann nicht mehr nach schuldrechtlichen Grundsätzen übertragen werden (und deshalb nicht nach § 398 BGB abtretbar sind), wenn diese Regelungen durch die Eintragung im Grundbuch zum Inhalt des Sondereigen-

tums (§ 5 Abs. 4 Satz 1 WEG) geworden sind und damit „dingliche Wirkung" erlangt haben (BGH NZM 2008, 732 Rn. 36). Solchermaßen eingetragene Sondernutzungsrechte können – ohne das Sondereigentum, dem sie zugeordnet sind – nur auf ein Mitglied der Wohnungseigentümergemeinschaft übertragen werden (→ § 10 Rn. 159), weil ihrer isolierten Übertragung auf einen außenstehenden Dritten § 6 Abs. 1 WEG entgegensteht.

II. Erstreckung von Belastungen

§ 6 Abs. 2 WEG bringt das Prinzip der Untrennbarkeit von Sondereigentum und Miteigentumsanteil in umgekehrter Richtung zum Ausdruck. Rechte am Miteigentumsanteil erstrecken sich immer auch auf mit diesem verbundenes Sondereigentum. Wird der Miteigentumsanteil mit Grundpfandrechten belastet oder anderweitig über ihn verfügt, so wird stets auch das Sondereigentum von dieser Rechtsänderung erfasst. 5

C. Abgrenzung zur Bestandsänderung

Hiervon zu unterscheiden sind Verfügungen im Verhältnis der Wohnungseigentümer untereinander, die eine Änderung des gebildeten Wohnungseigentums zur Folge haben (ausf. → § 4 Rn. 2 ff.). In diesen Fällen sind Verfügungen nur am Sondereigentum oder Miteigentum möglich, sofern es hierdurch nicht zu isoliertem Sondereigentum (→ § 3 Rn. 21) oder einem sondereigentumslosen Miteigentumsanteil (→ § 3 Rn. 89) kommt. Damit verbietet § 6 Abs. 1 WEG im Ergebnis nur isolierte Verfügungen im Verhältnis zu außenstehenden Dritten (Riecke/Schmid/*Schneider* § 6 Rn. 3). Zulässig sind zB die **Änderung** der Größe der jeweiligen **Miteigentumsanteile** (Quotenänderung) ohne gleichzeitige Änderung des Sondereigentums (→ § 3 Rn. 14) oder auch die Übertragung von Teilen des Sondereigentums ohne Miteigentumsanteil einschließlich des vollständigen Austausches innerhalb der Gemeinschaft durch Auflassung und Eintragung (→ § 4 Rn. 12 ff.). Zur **Unterteilung** und zur **Vereinigung** von Wohnungseigentum → § 8 Rn. 41 ff.). 6

Grundbuchvorschriften

7 (1) [1] **Im Falle des § 3 Abs. 1 wird für jeden Miteigentumsanteil von Amts wegen ein besonderes Grundbuchblatt (Wohnungsgrundbuch, Teileigentumsgrundbuch) angelegt.** [2] **Auf diesem ist das zu dem Miteigentumsanteil gehörende Sondereigentum und als Beschränkung des Miteigentums die Einräumung der zu den anderen Miteigentumsanteilen gehörenden Sondereigentumsrechte einzutragen.** [3] **Das Grundbuchblatt des Grundstücks wird von Amts wegen geschlossen.**

(2) [1] **Zur Eintragung eines Beschlusses im Sinne des § 5 Absatz 4 Satz 1 bedarf es der Bewilligungen der Wohnungseigentümer nicht, wenn der Beschluss durch eine Niederschrift, bei der die Unter-**

schriften der in § 24 Absatz 6 bezeichneten Personen öffentlich beglaubigt sind, oder durch ein Urteil in einem Verfahren nach § 44 Absatz 1 Satz 2 nachgewiesen ist. [2]Antragsberechtigt ist auch die Gemeinschaft der Wohnungseigentümer.

(3) [1]**Zur näheren Bezeichnung des Gegenstandes und des Inhalts des Sondereigentums kann auf die Eintragungsbewilligung oder einen Nachweis gemäß Absatz 2 Satz 1 Bezug genommen werden.** [2]**Veräußerungsbeschränkungen (§ 12) und die Haftung von Sondernachfolgern für Geldschulden sind jedoch ausdrücklich einzutragen.**

(4) [1]**Der Eintragungsbewilligung sind als Anlagen beizufügen:**

1. **eine von der Baubehörde mit Unterschrift und Siegel oder Stempel versehene Bauzeichnung, aus der die Aufteilung des Gebäudes und des Grundstücks sowie die Lage und Größe der im Sondereigentum und der im gemeinschaftlichen Eigentum stehenden Teile des Gebäudes und des Grundstücks ersichtlich ist (Aufteilungsplan); alle zu demselben Wohnungseigentum gehörenden Einzelräume und Teile des Grundstücks sind mit der jeweils gleichen Nummer zu kennzeichnen;**
2. **eine Bescheinigung der Baubehörde, daß die Voraussetzungen des § 3 Absatz 3 vorliegen.**

[2]**Wenn in der Eintragungsbewilligung für die einzelnen Sondereigentumsrechte Nummern angegeben werden, sollen sie mit denen des Aufteilungsplanes übereinstimmen.**

(5) **Für Teileigentumsgrundbücher gelten die Vorschriften über Wohnungsgrundbücher entsprechend.**

Literatur: *Abramenko,* Die Eintragung von Beschlüssen in das Grundbuch nach dem WEMoG, ZMR 2020, 453; *Becker,* Die Rechtsnatur der Abgeschlossenheitsbescheinigung nach dem WEG und das Prüfungsrecht des Grundbuchamtes, NJW 1991, 2742; *Bub,* Aufteilungsplan und Abgeschlossenheitsbescheinigung, WE 1991, 124; *Gottwald/Schiffner,* Die Befreiungsvorschrift des § 7 GrEStG – unter besonderer Berücksichtigung der Begründung und Aufhebung von Wohnungseigentum –, MittBayNot 2006, 125; *Grziwotz,* Abgeschlossenheit einer Wohnung, MietRB 2013, 127; *Grziwotz,* Pro Raum eine Nummer? – Anforderungen an den Aufteilungsplan, DNotZ 2009, 405; *Hügel,* Die Begründung von Wohnungseigentum mittels eines vorläufigen Aufteilungsplans, NotBZ 2003, 147; *Lotter,* Zum Inhalt des Aufteilungsplanes nach § 7 Abs. 4 Satz 1 Nr. 1 WEG, MittBayNot 1993, 144; *Schmid,* Nutzungsbeschränkung im Aufteilungsplan?, NZM 2010, 852.

Übersicht

A. Normzweck

§ 7 WEG enthält die für das Wohnungseigentum geltenden besonderen Grundbuchvorschriften. Weitere wohnungseigentumsrechtliche Grundbuchvorschriften finden sich in § 8 Abs. 2 WEG und § 9 WEG. Die Besonderheiten der Grundbuchführung sind in der „Verordnung über die Anlegung und Führung der Wohnungs- und Teileigentumsgrundbücher (WGV) idF vom 24.1.1995 geregelt (BGBl. I 134, abgedruckt unter Anhang I). Daneben gelten die allgemeinen Bestimmungen der Grundbuchordnung (GBO) und der Grundbuchverfügung (GBV). 1

B. Wohnungs- und Teileigentumsgrundbuch

I. Eigenes Grundbuchblatt

2 Die GBO bestimmt in § 3 GBO, dass grundsätzlich nur ein Grundstück, nicht hingegen ein Miteigentumsanteil an einem Grundstück im Grundbuch selbständig gebucht werden kann. Wohnungseigentum bzw. Teileigentum (hierzu → § 1 Rn. 5) hingegen ist in Abweichung vom reinen ideellen Miteigentumsanteil die untrennbare Verbindung eines Miteigentumsanteils mit dem Sondereigentum an bestimmten Räumen (§§ 1 Abs. 2 und 3 WEG). Diese sachenrechtliche Andersartigkeit findet grundbuchrechtlich ihren Niederschlag in § 7 Abs. 1 Satz 1 WEG mit dem Ergebnis, dass im Wohnungseigentumsrecht für jeden Miteigentumsanteil ein besonderes Grundbuchblatt (Wohnungsgrundbuch, Teileigentumsgrundbuch) anzulegen und damit auch eine eigene Grundakte zu führen ist. Grundbuchmäßig wird das Wohnungs- bzw. Teileigentum somit wie ein selbständiges Grundstück behandelt. Das Wohnungs- bzw. Teileigentumsgrundbuch ist das Grundbuch iS des BGB und der GBO (Weitnauer/*Briesemeister* § 7 Rn. 1). Wird das Sondereigentum sowohl an einer Wohnung als auch an nicht zu Wohnzwecken dienenden Räumen begründet, erhält das Grundbuchblatt die Bezeichnung „Wohnungs- und Teileigentumsgrundbuch" (§ 2 Satz 2 WGV).

3 Die Bezeichnung der jeweiligen Grundbücher als Wohnungsgrundbuch, Teileigentumsgrundbuch oder Wohnungs- und Teileigentumsgrundbuch erfolgt durch das Grundbuchamt als Konsequenz auf die durch den teilenden Eigentümer angegebene Gebrauchs- und Nutzungsmöglichkeit. Ausführlich hierzu und zu einer eventuellen Falschbezeichnung durch das Grundbuchamt siehe § 1 Rn. 19 f. bzw. zur Berichtigung nach einer Umwandlung von Wohnungs- in Teileigentum und umgekehrt § 1 Rn. 27.

4 Dem vor allem in der wohnungseigentumsrechtlichen Literatur (*v. Oefele/Schneider* ZMR 2007, 753; *v. Oefele/Schneider* DNotZ 2004, 740; *Kreuzer* ZWE 2003, 153; *Drasdo* ZWE 2003, 170) befürworteten Vorschlag der Einführung eines **Zentralgrundbuchs** für Wohnungseigentumssachen ist der Gesetzgeber leider nicht gefolgt mit der Begründung, durch eine solche Neuerung könnte die Einheitlichkeit des Rechts aufgegeben werden (BT-Drs. 16/887, 13).

II. Ausnahme: gemeinschaftliches Grundbuch

5 Von der Anlegung besonderer Grundbuchblätter konnte nach § 7 Abs. 2 WEG aF abgesehen werden, wenn hierdurch Verwirrung nicht zu besorgen war. Diese Vorschrift wurde zum 2.10.2013 (§ 4 Abs. 6 DaBaGG) aufgehoben. Denkbar war dies letztlich nur bei Vorliegen lediglich weniger Raumeinheiten und gleichmäßiger Belastung aller Einheiten. In diesen – praktisch höchst seltenen – Fällen konnte ein gemeinschaftliches Wohnungsgrundbuch bzw. gemeinschaftliches Teileigentumsgrundbuch bzw. gemeinschaftliches Wohnungs- und Teileigentumsgrundbuch angelegt werden. Die Möglichkeit bestand nur für die **vertragliche Aufteilung** gem. § 3 WEG, nicht

hingegen für die einseitige Teilungserklärung, da § 8 WEG nicht auf § 7 Abs. 2 WEG verwies. Zur Bereinigung von Altfällen siehe *Schneider* ZWE 2014, 350.

III. Inhalt der Eintragung

1. Eintragungsvermerk. Im **Bestandsverzeichnis** ist gem. § 3 Abs. 1 WGV einzutragen: Der Miteigentumsbruchteil am Grundstück unter Angabe des Bruchteils und der Bezeichnung des Grundstücks, das mit dem Miteigentumsanteil verbundene Sondereigentum an bestimmten Räumen sowie die Beschränkung des Miteigentums durch die Einräumung der zu den anderen Miteigentumsanteilen gehörenden Sondereigentumsrechte unter Angabe der Grundbuchblätter der übrigen Miteigentumsanteile (s. auch § 3 Abs. 1 WGV). 6

Gegenstand und Grenzen des gemeinschaftlichen Eigentums werden im Grundbuch nicht eingetragen, sie ergeben sich mittelbar aus dem Aufteilungsplan. Alles was im Aufteilungsplan nicht als Sondereigentum ausgewiesen ist, verbleibt im gemeinschaftlichen Eigentum. 7

2. Bezugnahme. Zur näheren Bezeichnung sowohl des **Gegenstandes** als auch des **Inhaltes** des Sondereigentums, wozu auch Sondernutzungsrechte zählen (→ Rn. 17), kann gem. § 7 Abs. 3 Satz 1 WEG auf die Eintragungsbewilligung oder auf einen Nachweis gem. § 7 Abs. 2 Satz 1 WEG (→ Rn. 70) Bezug genommen werden. Hierdurch soll die Übersichtlichkeit des Grundbuchs erhalten werden (vgl. § 44 Abs. 2 GBO). Gegenstand des Sondereigentums ist die räumliche Erstreckung des Sondereigentums. Inhalt des Sondereigentums ist dagegen die Summe der Rechte und Pflichten, die aus dem Sondereigentum erwachsen (→ § 5 Rn. 1). Hierzu zählen insbesondere alle im Grundbuch eingetragenen Vereinbarungen gem. §§ 10 Abs. 1 Satz 2, Abs. 3 WEG. Diese werden durch Grundbucheintragung gem. § 5 Abs. 4 Satz 1 WEG zum Inhalt des Sondereigentums (→ § 10 Rn. 34). Eine Ausnahme für die Eintragung durch Bezugnahme macht § 7 Abs. 3 Satz 2 WEG für vereinbarte Veräußerungsbeschränkungen (§ 12 WEG) und die Haftung von Sondernachfolgern für Geldschulden. Diese müssen ausdrücklich eingetragen werden (→ Rn. 11 ff.). 8

Worauf in zulässiger Weise Bezug genommen wird, gilt gleichermaßen als im Grundbuch eingetragen wie das unmittelbar Gebuchte. Es bildet mit dem Eintragungsvermerk eine Einheit, die einheitlich gelesen und gewürdigt werden kann (BGH NJW 1956, 1196; OLG Frankfurt a. M. NJW-RR 1997, 1447; Hügel/*Kral,* GBO, § 44 Rn. 103). Es nimmt demgemäß am öffentlichen Glauben des Grundbuchs teil (BGH NZM 2004, 876; OLG München ZWE 2013, 450; 2010, 463). Da die Bezugnahme auf die Eintragungsbewilligung auch den ihr als Anlage beigefügten Aufteilungsplan umfasst, wird auch dieser zum Inhalt des betreffenden Grundbuchs. Die Grundbucheintragung erfolgt daher im Wege einer **„doppelten Bezugnahme“** (BGH ZfIR 2004, 1006; OLG München ZWE 2017, 175 Rn. 16; ZWE 2010, 463; OLG Hamm NJW-RR 2012, 592). Zum Widerspruch zwischen beiden Grundbucheintragungen → Rn. 21 f. 9

10 Eine Bezugnahme auf die Bewilligungsurkunde ist grundsätzlich auch bei späteren **Änderungsurkunden** möglich. Wird jedoch bei der ursprünglichen Eintragung das veränderte Sondereigentum im Bestandsverzeichnis des Grundbuchs konkret bezeichnet, muss auch bei Eintragung der Änderung eine ausdrückliche Eintragung erfolgen, weil sonst für den unbefangenen Nutzer die Veränderung nicht ersichtlich ist (BGH NJW 2007, 3777; OLG Hamm ZWE 2019, 173).

11 **3. Ausdrückliche Eintragung. a) Veräußerungsbeschränkungen.** Vereinbarte Veräußerungsbeschränkungen sind nach § 7 Abs. 3 Satz 2 WEG **ausdrücklich** im Grundbuch einzutragen. Durch die ausdrückliche Eintragung wird die Veräußerungsbeschränkung mit ihrem vereinbarten Inhalt im Grundbuch eingetragen. Diese nach bisherigem Recht nur in § 3 Abs. 2 WGV (→ Anhang II) enthaltene Anforderung sorgt dafür, dass eine Bezugnahme im Eintragungsverfahren nicht ausreichend ist. Einzutragen ist die Veräußerungsbeschränkung im Bestandsverzeichnis. Notwendig, aber ausreichend ist es, wenn die Zustimmungsberechtigten und die vom Zustimmungsvorbehalt erfassten Veräußerungsfälle bzw. Ausnahmen in schlagwortartigen Formulierungen eingetragen werden (Bärmann/*Suilmann* § 12 Rn. 9; Staudinger/*Kreuzer* WEG § 12 Rn. 38). Wegen der Einzelheiten kann auf die Eintragungsbewilligung Bezug genommen werden (Bärmann/*Suilmann* § 12 Rn. 9).

12 **b) Erwerberhaftung.** Die Wohnungseigentümer können vereinbaren, dass der **rechtsgeschäftliche** Erwerber eines Wohnungseigentums für Wohngeldrückstände des Veräußerers haftet (BGH NJW 1994, 2950; BayObLG NZM 2002, 492). Mit Eintritt in die Eigentümergemeinschaft durch die Grundbuchumschreibung wird der Erwerber Verpflichteter aus einer solchen Vereinbarung. Ausgeschlossen ist eine Erwerberhaftung allerdings für den Erwerb durch Zuschlag in der Zwangsversteigerung (BGH NJW 1987, 1638; OLG Hamm MittRhNotK 1996, 266). Die Haftung eines Sondernachfolgers für Geldschulden muss nach § 7 Abs. 3 Satz 2 WEG – als Warnhinweis – ausdrücklich im Grundbuch eingetragen werden. Der Begriff der Geldschuld ist wie in § 288 Abs. 1 Satz 1 BGB zu verstehen (BT-Drs. 19/18791, 42).

13 **c) Unterlassene Eintragung.** Eine Veräußerungsbeschränkung oder eine Erwerberhaftung für Geldschulden ist gegen potentielle Erwerber **nur wirksam,** wenn sie ausdrücklich im Grundbuch eingetragen ist (BT-Drs. 18791, 42 und BT-Drs. 19/19369, 6). Unterlässt das Grundbuchamt die notwendige ausdrückliche Eintragung, sind diese Vereinbarungen nicht zum Inhalt des Sondereigentums gem. § 5 Abs. 4 Satz 1 WEG geworden (→ § 12 Rn. 8 ff.) und entfalten keine Wirkung.

14 **d) Altfälle.** Für Altfälle sieht § 48 Abs. 3 Satz 3 WEG für **Veräußerungsbeschränkungen** keine Übergangsvorschrift vor. Ist eine Veräußerungsbeschränkung vor Inkrafttreten des WEMoG nur durch Bezugnahme und nicht ausdrücklich im Grundbuch eingetragen, ist nach der Gesetzesbegründung mangels Eintragung eine Veräußerungsbeschränkung nicht wirksam entstanden, weil die ausdrückliche Eintragung nach – nicht unbe-

strittener (→ § 12 Rn. 10) – Ansicht des Gesetzgebers auch schon nach bisheriger Rechtslage konstitutiv gewesen sei (BT-Drs. 19/19369, 7).

Für eine vereinbarte, aber nicht ausdrücklich eingetragene **Erwerberhaftung** gewährt § 48 Abs. 3 Satz 3 WEG eine **Übergangsfrist** bis zum 31.12.2025. Ein Sondernachfolger ist an eine solche Vereinbarung gebunden, wenn die Sondernachfolge bis zum Ablauf dieser Frist eintritt. **15**

Wurden solche Vereinbarungen nur durch Bezugnahme eingetragen, kann die ausdrückliche Eintragung durch eine Richtigstellung des Grundbuchs **nachgeholt** werden. Unterbleibt allerdings eine solche Nachbesserung wird eine ursprünglich durch zulässige Bezugnahme erfolgte wirksame Eintragung ab dem 1.1.2026 im Falle einer Sonderrechtsnachfolge wirkungslos und ist ab diesem Zeitpunkt nicht mehr gem. § 5 Abs. 4 Satz 1 WEG Inhalt des Sondereigentums (kritisch hierzu *Wilsch* FGPrax 2020, 6). Eine ausdrückliche nachträgliche Eintragung erfolgt zudem nicht von Amts wegen durch das Grundbuchamt, sondern nur auf Antrag. **Antragsberechtigt** sind jeder Wohnungseigentümer sowie die Gemeinschaft der Wohnungseigentümer, vertreten durch den Verwalter (§ 9b Abs. 1 Satz 1 WEG). **16**

4. Sondernutzungsrechte. Sondernutzungsrechte stellen Vereinbarungen der Wohnungseigentümer dar (→ § 10 Rn. 118). Diese werden durch Eintragung im Grundbuch zum **Inhalt des Sondereigentums** (§ 5 Abs. 4 Satz 1 WEG), nicht aber zu einem gesonderten dinglichen Recht. Sie nehmen deshalb auch nicht an einem Rangverhältnis im Grundbuch teil (vgl. *Häublein* DNotZ 2004, 636). Sondernutzungsrechte können daher wie sonstige Vereinbarungen durch bloße Bezugnahme gem. § 7 Abs. 3 Satz 1 WEG eingetragen werden. Dies ist ausreichend, um sie gem. § 5 Abs. 4 Satz 1 WEG zum Inhalt des Sondereigentums zu machen (OLG Schleswig RNotZ 2017, 34; OLG München ZWE 2016, 51; ZWE 2013, 404; KG NJW-RR 1997, 205). **17**

In der Praxis werden Sondernutzungsrechte nicht selten zum Gegenstand eines Eintragungsvermerkes gemacht. Dies ist zulässig (OLG Frankfurt NZM 2008, 214; OLG München FGPrax 2006, 245; Riecke/Schmid/*Schneider* § 7 Rn. 181; *Ertl* Rpfleger 1979, 83; zu den Zweifeln gegen eine solche Eintragung wegen § 44 Abs. 2 GBO vgl. *Demharter* FGPrax 1999, 47) und zur Sicherheit des Rechtsverkehrs sogar empfehlenswert (OLG München ZWE 2013, 404; *Rieger* DNotZ 2020, 432). Die Grundbucheintragung erfolgt aber durch die Bezugnahme, nicht durch den Vermerk (*F. Schmidt,* FS Derleder, S. 439). Eine **Pflicht,** bezüglich von Sondernutzungsrechten ausdrücklich einen Vermerk im Bestandsverzeichnis einzutragen, besteht aber **nicht** (OLG Schleswig RNotZ 2017, 34; OLG München ZMR 2016, 896; OLG Zweibrücken ZMR 2007, 490; OLG München DNotZ 2007, 47). **18**

Sowohl die ausdrückliche als auch die Eintragung von Sondernutzungsrechten durch Bezugnahme erfolgt durch Eintragung in allen Wohnungs- und Teileigentumsgrundbüchern (OLG Frankfurt a. M. NZM 2008, 214; OLG München FGPrax 2006, 245).Werden Sondernutzungsrechte, gleich ob ausdrücklich oder durch Bezugnahme, im Grundbuch eingetragen, unterliegen sie als Inhalt einer Grundbucheintragung den Anforderungen des **19** sachenrechtlichen Bestimmtheitsgrundsatzes. Zu den Folgen eines Verstoßes gegen dieses Bestimmtheitserfordernis (→ § 10 Rn. 44), insbesondere einer widersprüchlichen Eintragung eines Sondernutzungsrechts → § 10 Rn. 140).

20 **5. Auslegung der Grundbucheintragung.** Bestehen Zweifel über den Inhalt eines im Grundbuch eingetragenen Rechts, ist eine Auslegung durch die Gerichte möglich. Dies gilt auch für die **Teilungserklärung** und den **Aufteilungsplan,** weil sie durch Bezugnahme zum Inhalt des Grundbuchs werden (→ Rn. 9). Bei Auslegung von Grundbucheintragungen ist auf den Wortlaut und den Sinn der Eintragung sowie der darin in zulässiger Weise in Bezug genommenen Eintragungsbewilligung samt Anlagen abzustellen, wie sich dieser für einen unbefangenen Betrachter als nächstliegende Bedeutung des Eingetragenen oder in Bezug Genommenen ergibt (BGH NJW 1995. 2851; OLG Frankfurt a. M. NZM 2013, 153; OLG Düsseldorf FGPrax 2004, 267; KG NZM 2000, 387). Umstände außerhalb der Urkunde dürfen nur insoweit herangezogen werden, als sie nach den besonderen Umständen des Einzelfalls für jedermann ohne weiteres erkennbar sind. Was die Verfasser des Teilungsvertrags gewollt haben, ist danach ohne ausschlaggebende Bedeutung (BGH NZM 2010, 407; NJW 1995, 2851; OLG Frankfurt a. M. NZM 2013, 153; OLG Hamm NJW-RR 2012, 592).

21 Da die Grundbücher sowohl unter Bezugnahme auf den Teilungsvertrag als auch den beizufügenden Aufteilungsplan angelegt werden, bestimmen grundsätzlich beide gleichrangig den Gegenstand des Sondereigentums. Es muss deshalb **Identität** zwischen dem Teilungsvertrag nach § 3 WEG bzw. der Teilungserklärung nach § 8 WEG und dem Aufteilungsplan bestehen (BGH NJW 1995, 2851). Bei einem **unlösbaren Widerspruch** zwischen dem Teilungsvertrag bzw. der Teilungserklärung und dem Aufteilungsplan besteht kein Vorrang eines der sich widersprechenden Erklärungsinhalte (OLG München ZWE 2017, 175 Rn. 16; → § 3 Rn. 81). Da Sondereigentum in einem solchen Fall mangels sachenrechtlicher Bestimmtheit nicht entsteht, ist eine gleichwohl erfolgte Grundbucheintragung in diesem Punkt inhaltlich unzulässig iSv § 53 Abs. 1 Satz 2 GBO, weil in sich widersprüchlich, und ohne rechtliche Wirkung. Sie kann daher auch **nicht** Grundlage für einen **gutgläubigen Erwerb** nach § 892 BGB sein (vgl. BGH NJW 1995, 2851; OLG Hamm NJW-RR 2012, 592).

IV. Schließung des Grundstücksgrundbuchs

22 Mit der Anlegung der Wohnungs- oder Teileigentumsgrundbücher ist das bisherige Grundbuchblatt des Grundstücks nach § 7 Abs. 1 Satz 3 WEG von Amts wegen zu schließen, sofern auf dem Grundbuchblatt nicht weitere, von der Teilung nicht erfasste Grundstücke gebucht sind. Gleichwohl **besteht** das Grundstück im Rechtssinne **fort** (OLG Hamm DNotZ 2001, 216; NK/*Heinemann* § 1 Rn. 6) und kann Gegenstand rechtsgeschäftlicher Verfügungen sein, insbesondere bei der Bestellung von Dienstbarkeiten (OLG Zweibrücken ZWE 2014, 123; BayObLG ZMR 1995, 421; *Elzer* ZWE 2011, 19) oder bei der Verkleinerung oder Vergrößerung des Grundstücks (Riecke/Schmid/*Schneider* § 7 Rn. 30; → § 1 Rn. 45).

War das aufgeteilte Grundstück als **Ganzes** Belastungsgegenstand dinglicher Rechte, setzen sich diese nach der Aufteilung an allen neuen Wohnungseigentumseinheiten fort. Grundpfandrechte und Reallasten werden Gesamtrechte (vgl. §§ 1132 Abs. 1 Satz 1, 1192 Abs. 1, 1200 Abs. 1, 1107 BGB). Die Zustimmung von Drittberechtigten ist nicht erforderlich (→ § 3 Rn. 74). Bei Grunddienstbarkeiten und beschränkten persönlichen Dienstbarkeiten richtet sich der betreffende Anspruch gegen sämtliche Miteigentümer, was die Zustimmung solcher Berechtigter ebenfalls entbehrlich macht (ausf. hierzu Riecke/Schmid/*Schneider* § 7 Rn. 43 ff.). Soweit aber die Aufteilung dazu führt, dass bestimmte Teile des Grundstücks außerhalb des Ausübungsbereichs der Dienstbarkeit liegen, werden diese Einheiten von der Belastung frei (OLG Hamm ZWE 2000, 373; OLG Oldenburg NJW-RR 1989, 273). 23

Zu **Verfügungen** am aufgeteilten Grundstück, insbesondere dessen Vergrößerung oder Verkleinerung sowie der Bestellung von Dienstbarkeiten → § 1 Rn. 38 ff. 24

C. Eintragungsvoraussetzungen

I. Allgemeine Voraussetzungen

Neben den in § 7 WEG genannten Anforderungen sind auch die allgemeinen Verfahrensvorschriften der GBO einzuhalten. Die Anlegung von Wohnungsgrundbüchern erfordert deshalb einen (formlosen) **Antrag** (§ 13 GBO) und eine **Bewilligung** des Betroffenen (§ 19 GBO). Bei der vertraglichen Aufteilung ist zusätzlich § 20 GBO (materielles Konsensprinzip) zu beachten, da auf Grund § 4 Abs. 2 Satz 1 WEG auch die für die Auflassung einschlägigen Normen der Grundbuchordnung Anwendung finden (str., → § 4 Rn. 4). Sowohl für die Bewilligung als auch die Einigung ist die Form des § 29 GBO zu beachten. 25

II. Beizufügende Anlagen gem. § 7 Abs. 4 Satz 1 WEG

Als **Anlagen** sind der Eintragungsbewilligung nach § 7 Abs. 4 Satz 1 WEG der **Aufteilungsplan** und die **Abgeschlossenheitsbescheinigung** beizufügen. 26

1. Beifügen. Beifügen bedeutet nicht Mitbeurkundung als Anlage (§§ 9 Abs. 1 Satz 3, 44 BeurkG), sondern Aufteilungsplan und Abgeschlossenheitsbescheinigung müssen zur Eintragung **vorgelegt** und die Zusammengehörigkeit mit der Eintragungsbewilligung deutlich werden (KG ZMR 2015, 881; OLG Düsseldorf ZWE 2010, 368; BayObLG DNotZ 2003, 275 mAnm *Schmidt; Hügel* NotBZ 2003, 149). Eine irgendwie geartete körperliche Verbindung mit dem Teilungsvertrag oder der Teilungserklärung ist nicht erforderlich. Es genügt, wenn der behördlich bestätigte Aufteilungsplan als „andere Voraussetzung der Eintragung" iSv § 29 Abs. 1 Satz 2 GBO mit dem Antrag auf Eintragung vorgelegt wird (OLG Düsseldorf ZWE 2010, 27

368). Der Aufteilungsplan steht somit als eigenständiges Element neben der Eintragungsbewilligung des Eigentümers und ist nicht ihr Bestandteil.

28 **2. Aufteilungsplan. a) Funktion.** Sondereigentum kann wirksam nur entstehen, wenn es bei der Begründung sachenrechtlich eindeutig von anderem Sondereigentum und dem gemeinschaftlichen Eigentum abgegrenzt wird (→ § 3 Rn. 8). Für diese notwendige Abgrenzung tritt der Aufteilungsplan im Wohnungseigentumsrecht an die Stelle der Vermessung und katastermäßigen Erfassung eines Grundstücks; er hat eine vergleichbare Aufgabe wie das Liegenschaftskataster für die Lage eines Grundstücks in der Natur (BGH NZM 2018, 794 Rn. 12; NJW 2016, 473 Rn. 10; NJW 2008, 2982 Rn. 12; OLG Düsseldorf ZMR 2016, 895). Durch die Bezugnahme der Eintragung auf die Bewilligung wird der Aufteilungsplan gem. § 7 Abs. 3 Satz 1 WEG Inhalt des Grundbuchs (BGH NJW 2008, 2982 Rn. 12; BGH NJW 1995, 2851) und sichert so die **sachenrechtlich** notwendige **Bestimmtheit** (BGH NJW 2016, 473 Rn. 10; OLG Zweibrücken NZM 2006, 586; BayObLG NJW-RR 2003, 446). Insoweit nimmt er auch am öffentlichen Glauben des Grundbuchs teil (OLG München ZWE 2010, 463; BayObLG DNotZ 1980, 745).

29 Häufig enthalten Aufteilungspläne über ihre sachenrechtliche Abgrenzungsfunktion hinaus **Nutzungsangaben** zu den Räumlichkeiten. Die Bedeutung solcher Nutzungsangaben kann in einem unverbindlichen Nutzungsvorschlag oder in einer Zweckbestimmungserklärung für die betreffende Raumeinheit liegen (ausführlich → § 10 Rn. 106). Bei Unklarheiten bedarf es einer nach objektiven Gesichtspunkten zu ermittelnden Auslegung (→ Rn. 20). Hierbei ist davon auszugehen, dass ein Aufteilungsplan seiner sachenrechtlichen Abgrenzungsfunktion entsprechend grundsätzlich nur die räumliche Abgrenzung und nicht die Nutzung der Räumlichkeiten regelt. Grundsätzlich ist es **nicht** seine Aufgabe, die Art und Weise des Gebrauchs zu regeln. Soll der Aufteilungsplan ausnahmsweise auch die Nutzung verbindlich regeln, muss dies eindeutig aus der Bezugnahme in der Teilungserklärung oder der Gemeinschaftsordnung hervorgehen (BGH NZM 2017, 224 Rn. 17; BGH NZM 2015, 595 Rn. 6; ZWE 2013, 20 Rn. 5; NZM 2010, 407 Rn. 8; OLG Düsseldorf ZMR 2016, 895; OLG Frankfurt NZM 2013, 153; krit. hierzu *Schmid* NZM 2010, 853).

30 **b) Anforderungen.** Der Aufteilungsplan ist in § 7 Abs. 4 Nr. 1 WEG definiert als „eine von der Baubehörde mit Unterschrift und Siegel oder Stempel versehene Bauzeichnung, aus der die Aufteilung des Gebäudes und des Grundstücks sowie die Lage und Größe der im Sondereigentum und der im gemeinschaftlichen Eigentum stehenden Teile des Gebäudes und des Grundstücks ersichtlich ist; alle zu demselben Wohnungseigentum gehörenden Einzelräume und Teile des Grundstücks sind mit der jeweils gleichen Nummer zu kennzeichnen.“ Er stellt somit einen amtlichen Plan dar, der den Anforderungen von Nr. 2 ff. der allg. Verwaltungsvorschrift für die Ausstellung von Bescheinigungen gemäß § 7 Abs. 4 Nr. 2 WEG und § 32 Nr. 2 vom 19.3.1974 (BAnz Nr. 58, abgedruckt im Anhang I) zu entsprechen hat. So muss er mindestens einen Maßstab von 1:100 besitzen. Bei bestehenden Gebäuden hat er dem tatsächlichen Baubestand und bei zu

errichtenden Gebäuden den bauaufsichtlichen Vorschriften zu entsprechen (BayVGH NZM 1999, 260).

Weil der Aufteilungsplan die Aufgabe hat, die sachenrechtliche Auftei- **31**
lung des ganzen Gebäudes und des Grundstücks nach Größe und Lage des gemeinschaftlichen Eigentums und Sondereigentums sowie deren exakte räumliche Abgrenzung zueinander zu ergeben (BGH NJW 2004, 1798; 1995, 2851), muss er diese **eindeutig** und **klar** erkennen lassen. Erforderlich sind hierzu Grundrisse der einzelnen Stockwerke einschließlich Keller, Dachgeschoss und eines evtl. Spitzbodens (BayObLG MittBayNot 1997, 291) sowie Schnitte und Ansichten des Gebäudes (BayObLG DNotZ 2003, 275). Die Innenaufteilung der einzelnen Einheiten muss sich aus dem Aufteilungsplan nicht ergeben, weil diese für die Eigentumszuordnung ohne Bedeutung ist. Eine Angabe von Wohnungs- oder Nutzungsflächengröße ist ebenfalls nicht erforderlich; diesbezügliche Angaben werden nicht Inhalt der Eintragung und nehmen am öffentlichen Glauben nicht teil (*Schöner/Stöber* Rn. 2852). Der Teilungsplan muss den Standort des Gebäudes angeben (OLG Hamm DNotZ 1977, 308). Erforderlich ist nach der Neufassung des § 7 WEG auch die eindeutige Kennzeichnung der Aufteilung der außerhalb des Gebäudes liegenden Teile des Grundstücks. Ein amtlicher Lageplan ist empfehlenswert, aber nicht erforderlich (*Schöner/Stöber* Rn. 2852; aA Riecke/Schmid/*Schneider* § 7 Rn. 88), sofern sich die Aufteilung aus dem verwendeten Plan mit der notwendigen sachenrechtlichen Bestimmtheit ergibt.

Soll an baulich selbständigen **Garagen** Sondereigentum begründet wer- **32**
den, sind dem Grundbuchamt mit dem Eintragungsantrag auch für diese Gebäudeteile (Räume) die in § 7 Abs. 4 WEG genannten Unterlagen vorzulegen (OLG Düsseldorf FGPrax 2000, 131). Verbleibt hingegen die baulich selbständige Garage im gemeinschaftlichen Eigentum, sind Ansichten und Schnitte entbehrlich, es genügt ein Grundrissplan (OLG Düsseldorf FGPrax 2000, 131; BayObLG NJW-RR 1993, 1040).

Stellplätze sowie außerhalb des Gebäudes liegende **Teile des Grund-** **33**
stücks müssen gem. § 3 Abs. 3 WEG durch Maßangaben im Aufteilungsplan bestimmt sein. Die Maßangaben müssen so genau sein, dass sie es im Streitfall ermöglichen, den räumlichen Bereich des Sondereigentums eindeutig zu bestimmen. Dafür muss sich aus dem Plan in der Regel die Länge und Breite der Fläche sowie ihr Abstand zu den Grundstücksgrenzen ergeben (BT-Drs. 19/18791, 39). Eine Markierungspflicht auf dem Grundstück ist dagegen – anders als nach § 3 Abs. 2 Satz 2 WEG aF – nicht erforderlich. Den Wohnungseigentümern bleibt es unbenommen, die Sondereigentumsbereiche dennoch auf dem Grundstück zu markieren; auf den Umfang des Sondereigentums wirkt sich dies aber nicht aus.

Durch die Siegelung der Behörde genügt der Aufteilungsplan den formel- **34**
len Anforderungen des § 29 Abs. 1 GBO im Grundbuchverkehr. Entspricht jedoch der Aufteilungsplan im Einzelfall nicht den formellen Anforderungen des Grundbuchrechts, hindert dies nicht die wirksame Begründung von Wohnungseigentum, wenn das Grundbuchamt gleichwohl die Aufteilung im Grundbuch vollzieht und der Aufteilungsplan im Übrigen den gesetzlichen Anforderungen entspricht (OLG München ZWE 2013, 450).

35 **c) Nummerierungsgebot. aa) Grundsatz.** Für den Aufteilungsplan fordert § 7 Abs. 4 Satz 1 Nr. 1 Satz 2 WEG, dass alle zu demselben Wohnungseigentum gehörenden Einzelräume und Teile des Grundstücks mit der jeweils **gleichen Nummer** zu kennzeichnen sind. Die Nummern müssen hingegen nicht fortlaufend sein. Diese formelle Anforderung dient dazu, durch eine eindeutige Identifikation der im Sondereigentum stehenden Räume und Teile des Grundstücks den unverzichtbaren **Bestimmtheitsgrundsatz** des Sachenrechts zu gewährleisten (OLG München ZWE 2019, 207; *Hügel* RNotZ 2009, 48; *Grziwotz* DNotZ 2009, 405). Das Nummerierungsgebot ist zwar keine reine Ordnungsvorschrift oder Sollvorschrift (Bärmann/*Armbrüster* § 7 Rn. 82; aA OLG Düsseldorf ZMR 2004, 611; Staudinger/*Rapp* § 7 Rn. 20), aber letztlich nicht mehr als eine verfahrensrechtliche Umsetzung und Gewährleistung der materiellen Anforderungen an den sachenrechtlichen Begründungsakt. Es verfolgt als formelle Anforderung darüber hinaus kein eigenständiges weiteres Ziel und enthält für die Begründung von Wohnungseigentum keine strengere Anforderung als es der sachenrechtliche Bestimmtheitsgrundsatz verlangt. Ein Verstoß gegen das Nummerierunsgebot ist deshalb nur relevant, wenn hierdurch zugleich der sachenrechtliche Bestimmtheitsgrundsatz verletzt wird (→ § 3 Rn. 78).

36 **bb) Anwendungsbereich.** Da eine rechtsgeschäftliche Kompetenz zur Begründung von Sondereigentum für Räume und Teile des Grundstücks besteht (→ § 5 Rn. 10), ist auch hierfür ein Aufteilungsplan erforderlich. Aus diesem Grund gilt das Nummerierungsgebot auch sowohl für die Begründung von Sondereigentum an Räumen als auch für die im Sondereigentum stehenden Teile des Grundstücks, was sich im Übrigen auch aus dem Wortlaut von § 7 Abs. 4 Satz 1 Nr. 1 Satz 2 WEG ergibt. Der Bereich zugewiesener **Sondernutzungsrechte** kann, muss aber nicht im Aufteilungsplan dargestellt werden (OLG München ZMR 2016, 305; OLG Düsseldorf ZWE 2010, 368), weil durch die Begründung von Sondernutzungsrechten keine Eigentumszuordnung erfolgt. Das Nummerierungsgebot kann für Sondernutzungsrechte deshalb keine Geltung beanspruchen (NK-BGB/*Heinemann* § 7 Rn. 5; aA OLG Düsseldorf ZMR 2004, 611; Bärmann/*Armbrüster* § 7 Rn. 83).

37 Das Nummerierungsgebot gilt nur für die Begründung von Wohnungseigentum (BayObLG WE 1992, 290). Bei einer späteren Veräußerung einzelner Sondereigentumsräume (→ § 4 Rn. 12 ff.) kann die vorhandene Nummerierung beibehalten werden. Bei **späteren Veränderungen** tritt das Erfordernis des § 7 Abs. 4 Satz 1 Nr. 1 Satz 2 WEG hinter den Grundsatz zurück, dass es möglich sein muss, aus dem Grundbuch alle Veränderungen des Gegenstands und des Umfangs des Sondereigentums und des gemeinschaftlichen Eigentums nachzuvollziehen (vgl. Staudinger/*Rapp* § 7 Rn. 21). Die neue Zuteilung lässt die Abgrenzung des jeweiligen Sondereigentums vom anderen Sondereigentum sowie vom gemeinschaftlichen Eigentum unberührt, die Grenzen verändern sich nicht (vgl. auch *Westermeier* MittBayNot 2004, 265). Die dingliche Zuordnung ergibt sich aus der Beschreibung in der geänderten Teilungserklärung (vgl. *Grziwotz* DNotZ 2009, 408). Der ursprüngliche Aufteilungsplan verliert so zwar an Aussage-

kraft, weil er durch Nachträge Veränderungen erfahren hat. Der Bestimmtheitsgrundsatz ist aber nicht berührt, weil die neue Zuordnung sich aus der Änderungsurkunde in Verbindung mit den dortigen Anlagen zu ergeben hat, die ihrerseits dem grundbuchrechtlichen Bestimmtheitserfordernis genügen müssen (OLG München ZWE 2019, 207: ZWE 2017, 309; OLG München ZWE 2010, 421).

cc) Verstöße. Das System der Durchnummerierung aller im Sonder- 38
eigentum stehenden Räume und Grundstücksteile wird in der Praxis häufig ganz oder teilweise missachtet bzw. modifiziert, obwohl bei stringenter Beachtung Verstöße gegen materiell rechtliche Vorgaben ausgeschlossen sind. Für den Umgang mit solchen Abweichungsfällen muss untersucht werden, ob trotz Verstoßes eine sachenrechtlich eindeutige Eigentumszuweisung vorliegt. Erforderlich hierfür ist eine Auslegung der jeweiligen Begründungsurkunde. Es gelten hierzu die unter → Rn. 20 dargestellten Grundsätze. Ist bei objektiver Betrachtung trotz dieses Verstoßes dem Bestimmtheitsgrundsatz genügt, ist Sondereigentum wirksam entstanden. Führt hingegen die fehlende Nummerierung zu unauflösbaren Auslegungsfragen, ist Sondereigentum nicht entstanden (→ § 3 Rn. 78).

Sofern die Zuordnung zum Sonder- und gemeinschaftlichen Eigentum 39
sachenrechtlich eindeutig ist, muss somit nicht jeder Raum, der zur selben Einheit gehört, mit derselben Nummer bezeichnet werden (BayObLG Rpfleger 1982, 21; Staudinger/*Rapp* § 7 Rn. 20). Dies gilt insbesondere für Kleinsträume wie Abstellkammern in einer Einheit. Bei Einzelräumen außerhalb der Einheit wie Keller, Speicher oder Hobbyraum wird dies hingegen regelmäßig ausscheiden. Ein Raum, gleich ob innerhalb der Einheit oder an sie angebaut, der von der Umgrenzung der Einheit umfasst und nur durch diese zugänglich ist, kann in aller Regel nur als Teil der betreffenden Sondereigentumseinheit verstanden werden (*Hügel* RNotZ 2009, 50). Entscheidend ist, ob die Einheiten im Aufteilungsplan so mit Nummern gekennzeichnet sind, dass für jeden objektiven Betrachter erkennbar ist, welche Räume und Grundstücksteile zu einer Sondereigentumseinheit zählen. Das Beifügen eines Buchstabens ist dann unproblematisch, wenn sich hierdurch keine Zuordnungsprobleme ergeben. Dasselbe gilt für farbige Umrandungen. Es kann genügen, wenn die zusammengehörigen Räume farbig umrandet und mit einer Nummer versehen sind (BayObLG Rpfleger 1982, 21; LG Köln ZMR 2003, 66).

d) Vorläufiger Aufteilungsplan. Abgeschlossenheitsbescheinigung und 40
behördlich bestätigter Aufteilungsplan müssen **bei der Beurkundung** des Teilungsvertrages bzw. der Teilungserklärung **noch nicht vorliegen.** Es genügt, wenn diese im Zeitpunkt der Antragstellung beim Grundbuchamt vorgelegt werden (→ Rn. 25). Unabhängig davon muss die jeweilige Aufteilungsurkunde jedoch dem sachenrechtlichen Bestimmtheitserfordernis genügen. Theoretisch kann dies auch zB durch eine Beschreibung im Text der Teilungserklärung erfolgen (*Peters* BWNotZ 1991, 88), wobei eine solche Vorgehensweise jedoch zumindest bei größeren Gebäuden kaum umzusetzen ist. In der Praxis verwendet man deshalb in den Fällen, in denen der behördlich bestätigte Aufteilungsplan bei Beurkundung der Aufteilungs-

urkunde noch nicht vorliegt, einen **vorläufigen Aufteilungsplan** (ausf. *Hügel* NotBZ 2003, 147). Dieser muss den Formvorschriften für die Begründung von Wohnungseigentum entsprechen, da er der Erfüllung des sachenrechtlichen Bestimmtheitserfordernisses dient und damit Teil der Urkunde ist. Dies bedeutet, die vorläufigen Aufteilungspläne sind der Urkunde als echter Bestandteil beizufügen (§§ 9 Abs. 1 Satz 3, 44 BeurkG).

41 Ein vorläufiger Aufteilungsplan dient somit (nur) der Erfüllung des sachenrechtlichen Bestimmtheitsgrundsatzes und stellt naturgemäß keinen behördlich bestätigten Aufteilungsplan iSv § 7 Abs. 4 Satz 1 Nr. 1 WEG dar. Erst wenn Letzterer vorliegt, kann die Aufteilungsurkunde dem Grundbuchamt zum Vollzug vorgelegt werden. Inhaltlich müssen der vorläufige und der endgültige Aufteilungsplan übereinstimmen, bei Abweichungen ist eine Nachbeurkundung erforderlich. Bei Übereinstimmung ist eine Nachtragsbeurkundung oder Identitätserklärung des Notars nicht notwendig (BayObLG DNotZ 2003, 275 m. Anm. *Schmidt*). Die erforderliche Überprüfung der Übereinstimmung von vorläufigem und endgültigem Aufteilungsplan muss das Grundbuchamt vornehmen (BayObLG DNotZ 2003, 275).

42 **e) Aufteilungsplan bei Unterteilung/Vereinigung von Wohnungseigentum.** Zur Notwendigkeit eines neuen Aufteilungsplanes bei Unterteilung oder Vereinigung von Wohnungseigentum → § 8 Rn. 41 und Rn. 55.

43 **3. Abgeschlossenheitsbescheinigung.** Gem. § 7 Abs. 4 Satz 1 Nr. 2 WEG ist zwingend zur Eintragung der Aufteilung im Grundbuch dem Grundbuchamt eine Abgeschlossenheitsbescheinigung vorzulegen. Mit dieser Bescheinigung der Bauaufsichtsbehörde ist dem Grundbuchamt gem. § 7 Abs. 4 Satz 1 Nr. 2 WEG nachzuweisen, dass die Voraussetzungen des § 3 Abs. 3 WEG vorliegen. Sondereigentum soll nach dieser Vorschrift nur eingeräumt werden, wenn die Wohnungen und sonstigen Räume in sich abgeschlossen sind (→ § 3 Rn. 38 ff.). Die Abgeschlossenheitsbescheinigung ist deshalb **formelle Eintragungsvoraussetzung,** ohne deren Vorliegen das Grundbuchamt Wohnungs- und Teileigentum nicht eintragen darf. Denn das Grundbuchverfahren ist streng formalisiert. Sonstige Ermittlungen oder Beweiserhebungen über das etwaige Vorliegen der Abgeschlossenheit trotz Fehlens einer Abgeschlossenheitsbescheinigung sind dem Grundbuchamt versagt. Andere Nachweisformen für die Abgeschlossenheit sind ausgeschlossen (OLG Frankfurt a. M. ZWE 2018, 160; BayObLG DNotZ 1991, 477; Staudinger/*Rapp* § 7 Rn. 28). Die Abgeschlossenheitsbescheinigung stellt vielmehr die einzige Möglichkeit dar, dem Grundbuchamt die Abgeschlossenheit nachzuweisen (OLG Frankfurt a. M. ZWE 2018, 160; ZWE 2012, 34). **Stellplätze** und **Grundstücksflächen** im Freien (§ 3 Abs. 1 Satz 2, Abs. 2 WEG) sind vom Abgeschlossenheitserfordernis, das für Räume gilt, **ausgenommen.** An dessen Stelle treten gem. § 3 Abs. 3 WEG Maßangaben für die betreffenden Flächen im Aufteilungsplan.

44 Die Vorprüfung der Abgeschlossenheit durch die Baubehörde im Rahmen der Abgeschlossenheitsbescheinigung soll das Grundbuchamt entlasten und die Prüfung durch eine Behörde mit technischem Sachverstand garantieren (Beck'sches Notarhandbuch/*Rapp* § 3 Rn. 34). Sie trifft aber keine

Aussage über die baurechtlich zulässige Nutzung (KG MittBayNot 2008, 209). Der teilende Eigentümer ist verpflichtet, der Baubehörde eine den tatsächlichen Gegebenheiten entsprechende Bauzeichnung vorzulegen (BayObLG MittBayNot 1994, 225). Die Baubehörde kann die Erteilung der Abgeschlossenheitsbescheinigung nicht davon abhängig machen, dass die Anforderungen des aktuellen Bauordnungsrechts des jeweiligen Bundeslandes hinsichtlich der Trennwände und Geschossdecken erfüllt sind (GmS-OGB, NJW 1992, 3290).

Die Bescheinigung der Abgeschlossenheit stellt keinen Verwaltungsakt dar, 45 sondern ist eine behördliche Wissensmitteilung (BGH NJW 1991, 1611). Aus diesem Grund ist im Versagungsfall die **allgemeine Leistungsklage** und nicht eine Verpflichtungsklage das richtige Rechtsmittel (BVerwG NJW 1997, 71; NJW-RR 1988, 649). Mangels Verwaltungsaktqualität kann die Abgeschlossenheitsbescheinigung durch die ausstellende Behörde ohne Bindung an die §§ 48 ff. VwVfG **aufgehoben** werden, wenn der betreffende Aufteilungsplan durch bauliche Veränderungen des Gebäudes unrichtig geworden ist und den Gegenstand des Sonder- und Gemeinschaftseigentums nicht mehr zutreffend darstellt (BVerwG NJW 1997, 71).

Eine einmal erteilte Abgeschlossenheitsbescheinigung **verfällt nicht,** sie 46 wird nicht durch Zeitablauf unwirksam. Dies gilt jedoch nur, sofern die Bescheinigung richtig ist, insbesondere der der Bescheinigung zugrunde liegende Aufteilungsplan mit den aktuellen wirklichen Verhältnissen betreffend die bescheinigte Abgeschlossenheit der Räume übereinstimmt. Ein langer Zeitraum zwischen der Erteilung und der Vorlage beim Grundbuchamt begründet noch keinen Zweifel an der Richtigkeit der Bescheinigung (OLG Schleswig RNotZ 2012, 335). Eine (neue) Abgeschlossenheitsbescheinigung ist zudem **entbehrlich,** wenn für das Grundbuchamt die Abgeschlossenheit durch eine frühere Antragstellung offen- oder aktenkundig iSv § 29 Abs. 1 Satz 2 GBO ist (Riecke/Schmid/*Schneider* § 7 Rn. 101; *Bub* WE 1991, 154). Dies kann im Ergebnis aber nur dann gegeben sein, wenn sich eine alte Abgeschlossenheitsbescheinigung in den Grundakten befindet. Damit ist auch in diesem Fall dem Formerfordernis des § 7 Abs. 4 Satz 1 Nr. 2 WEG genüge getan. Eine freie (baurechtliche) Beweiswürdigung ist dem Grundbuchamt in jedem Fall verwehrt (so aber *Bub* WE 1991, 154).

Die **Verwaltungsgebühren** für die Erteilung der Abgeschlossenheits- 47 bescheinigung richten sich nach jeweiligem Landesrecht. Die Höhe korreliert in aller Regel mit der Anzahl der gebildeten Einheiten. Hierbei soll es keinen Unterschied machen, ob es sich um Wohnungseinheiten oder um (kleine) Stellplatzeinheiten handelt. Diese fehlende Differenzierung verstoße nicht gegen das Äquivalenzprinzip (VG Düsseldorf BeckRS 2012, 57393), so dass die Gebühr im Einzelfall eine beträchtliche Höhe erreichen kann.

Zur Notwendigkeit einer neuen Abgeschlossenheitsbescheinigung bei 48 **Unterteilung** oder **Vereinigung** von Wohnungseigentum → § 3 Rn. 52 ff.

III. Weitere Eintragungsvoraussetzungen

1. Genehmigungen. Sowohl die Teilung gem. § 8 WEG als auch die 49 vertragliche Begründung nach § 3 WEG bedürfen unter den Voraussetzungen der §§ 1643 Abs. 1, 1821 Abs. 1 Nr. 1, 1908i, 1915 BGB der Genehmigung des **Familiengerichts bzw. des Betreuungsgerichts,** da die Begründung von Sondereigentum eine Verfügung über ein Grundstück nach § 1821 Abs. 1 Nr. 1 BGB darstellt (Riecke/Schmid/*Schneider* § 7 Rn. 75; Schöner/Stöber Rn. 2850; aA für die Teilungserklärung gem. § 8 WEG, KG ZWE 2015, 118; Bärmann/*Armbrüster* § 2 Rn. 33). Die Zustimmung eines **Ehegatten** gem. § 1365 BGB ist für die Teilung nach § 8 WEG nicht erforderlich, weil hierdurch das Vermögen des aufteilenden Eigentümers noch nicht geschmälert wird (Bärmann/*Armbrüster* § 2 Rn. 36).

50 Die Aufteilung in Teil- oder Wohnungseigentum kann zudem einer Genehmigung nach § 172 Abs. 1 Satz 4 BauGB bedürfen, wenn die jeweilige Landesregierung durch Rechtsverordnung eine solche Genehmigungspflicht für Gebiete eingeführt hat, für die Gemeinden eine Satzung zur Erhaltung der Zusammensetzung der Wohnbevölkerung nach § 172 Abs. 1 Nr. 2 BauGB **(Milieuschutz)** erlassen haben (zu Anwendungsproblemen dieser Norm DNotI-Report 1997, 160). Entsteht diese Verfügungsbeschränkung aber erst nach Eingang des Vollzugsantrags bei dem Grundbuchamt, ist sie wegen entsprechender Anwendung von § 878 BGB unbeachtlich (BGH NJW-RR 2020, 395 Rn. 11; DNotZ 2017, 119; KG MittBayNot 2019, 202).

51 Gemeinden können in **Fremdenverkehrsorten** die Bildung von Wohnungs- und Teileigentum, die Begründung von Wohnungs- und Teilerbbaurechten und von Dauerwohn- und Dauernutzungsrechten auf der Grundlage einer gemeindlichen Satzung von der Genehmigung durch die **Baugenehmigungsbehörde** abhängig machen (ausf. hierzu Hügel/*Hügel,* GBO, Verfügungsbeeinträchtigungen, Rn. 37 ff.). Die Notwendigkeit einer Genehmigung soll Fremdenverkehrsgemeinden in die Lage versetzen, dem Überhandnehmen von Zweitwohnungen und der daraus resultierenden Beeinträchtigung des Fremdenverkehrs entgegen zu treten (Schöner/Stöber Rn. 3831; kritisch zur Eignung dieses Instruments *Schelter* DNotZ 1987, 335). In einem solchen Fall darf die Aufteilungsurkunde nur dann vollzogen werden, wenn der Genehmigungsbescheid, ein Negativzeugnis, ein Fiktionszeugnis oder eine Freistellungserklärung der Gemeinde vorgelegt wird (*Grziwotz* DNotZ 2004, 682). Hat das Grundbuchamt trotz fehlender, aber erforderlicher Genehmigung eine Eintragung vorgenommen, ist das Grundbuch unrichtig (DNotI-Report 2008, 98). Möglich ist aber ein gutgläubiger Erwerb der vermeintlichen Wohnungs- und Teileigentumseinheiten (BayObLG DNotZ 1996, 32 für eine fehlende Teilungsgenehmigung). Um dies zu verhindern, kann die Baugenehmigungsbehörde das Grundbuchamt um die Eintragung der Verfügungsbeschränkung ersuchen (BeckOK Hügel/*Zeiser* GBO § 38 Rn. 115). Die Bildung von **Bruchteilsmiteigentum** verbunden mit einer Benutzungsregelung für die einzelnen Wohnungen nach § 1010 BGB fällt nach der Neufassung des § 22 Abs. 1 Nr. 4 BauGB ebenfalls unter dieses Genehmigungserfordernis.

52 In einem **Umlegungsgebiet** sind alle Verfügungen über Grundstücke oder Rechte an Grundstücken genehmigungspflichtig (§ 51 BauGB). Hierzu zählen auch die vertragliche und die einseitige Aufteilung in Wohnungseigentum, weil diese als Inhaltsänderung des Eigentums eine Verfügung iSd Vorschrift darstellen (Schöner/Stöber Rn. 3863). Die Genehmigung darf gem. § 51 Abs. 3 BauGB nur versagt werden, wenn Grund zur Annahme besteht, dass die Durchführung der Umlegung durch die Aufteilung unmöglich oder wesentlich erschwert werden würde.

Die vertragliche, nicht hingegen die einseitige Begründung von Woh- 53
nungseigentum bedarf entgegen der herrschenden Ansicht (KEHE/*Munzig* GBO, § 20 Rn. 147; Bauer/v Oefele/*Waldner* GBO, AT VIII Rn. 117) in **Sanierungsgebieten** einer Genehmigung der Sanierungsbehörde, soweit es bei der Begründung von Wohnungseigentum nach § 3 WEG auch zu einer (vorherigen) Übertragung von Miteigentumsbruchteilen kommt.

2. Zustimmung dinglich Berechtigter. Ist das geteilte Grundstück mit 54
dinglichen Rechten Dritter belastet, kann deren Zustimmung zur Eintragung erforderlich sein. Einzelheiten hierzu finden sich bei → § 3 Rn. 74 ff.

3. Unbedenklichkeitsbescheinigung nach dem GrEStG. Eine Tei- 55
lung nach **§ 3 WEG** durch Vertrag unter den Miteigentümern eines Grundstücks unterliegt der Steuerpflicht gem. § 1 Abs. 1 GrEStG, da Miteigentumsanteile aufgegeben werden und Alleineigentum erworben wird. Der der **Grunderwerbsteuer** unterliegende Tatbestand ist somit der Erwerb der restlichen Miteigentumsanteile hinsichtlich der jeweiligen Sondereigentumseinheit aus der Hand der anderen Miteigentümer. Da jedoch die Befreiungsvorschrift des § 7 Abs. 1 GrEStG anwendbar ist, ist nur ein etwaiger Mehrerwerb der Besteuerung unterworfen (BFH, BStBl 1980 II 667). Gleichwohl bedarf es zur Eintragung einer vertraglichen Aufteilung immer der Vorlage einer steuerlichen **Unbedenklichkeitsbescheinigung** gem. § 22 GrEStG (LG Saarbrücken NZM 1998, 924; Staudinger/Rapp § 4 WEG Rn. 23), weil es sich um einen grundsätzlich steuerpflichtigen Erwerbsvorgang nach § 1 GrEStG handelt. Ob der konkrete Erwerbsvorgang tatsächlich besteuert wird, ist hierfür unerheblich (OLG Celle FGPrax 2011, 218). Allein das Finanzamt ist zur Klärung von Zweifeln in tatsächlicher und rechtlicher Hinsicht am Bestehen eines steuerpflichtigen Vorgangs berechtigt (OLG Saarbrücken Rpfleger 2005, 20). Die Unbedenklichkeitsbescheinigung ist keine Wirksamkeitsvoraussetzung der dinglichen Rechtsänderung (BGH DNotZ 1952, 216; BayObLG Rpfleger 1975, 227). Fehlt sie, ist hierdurch das Grundbuch nicht unrichtig geworden; ein Amtswiderspruch darf nicht eingetragen werden (KEHE/*Munzig,* GBO, § 20 Rn. 177).

Zum Vollzug einer Teilung gem. **§ 8 WEG** hingegen muss **nie** eine 56
Unbedenklichkeitsbescheinigung vorgelegt werden. Dies gilt selbst dann, wenn Miteigentümer das Grundstück gemäß § 8 WEG aufteilen, weil in einem solchen Fall an jeder Sondereigentumseinheit wiederum Miteigentum der bisherigen Miteigentümer entsteht. Es fehlt an einem Rechtsträgerwechsel. Anstelle des Miteigentums an dem Gesamtobjekt besteht vielmehr Miteigentum an den einzelnen Eigentumswohnungen durch dieselben Personen (*Gottwald/Schiffner* MittBayNot 2006, 126).

IV. Prüfung durch das Grundbuchamt

57 **1. Allgemeines.** Das Grundbuchamt hat nach den allgemeinen grundbuchrechtlichen Grundsätzen zu prüfen, ob es einem Antrag nach §§ 3, 8 WEG entsprechen kann. Diese Prüfung betrifft sowohl die materiellen Voraussetzungen, insbesondere die Verfügungsbefugnis des Bewilligenden, als auch die formellen Voraussetzungen der Eintragung. Zu den formellen Voraussetzungen gehört insbesondere auch das Vorliegen eines den gesetzlichen Anforderungen genügenden **Aufteilungsplanes** sowie das Vorliegen der geforderten **Abgeschlossenheitsbescheinigung** als andere Eintragungsvoraussetzungen iSd § 29 Abs. 1 Satz 2 GBO. Das Grundbuchamt hat aber weder eine Berechtigung noch eine Verpflichtung zur Prüfung, ob die tatsächliche Bauausführung mit dem Plan oder der Bescheinigung übereinstimmt (Weitnauer/*Briesemeister* § 7 WEG Rn. 21; *Schöner/Stöber* Rn. 2856). Alleinige Prüfungsunterlagen für den behördlich bestätigten Aufteilungsplan und die Abgeschlossenheitsbescheinigung sind nämlich nur die vorgelegten Unterlagen, andere Beweismittel dürfen nicht erhoben werden (OLG Frankfurt a. M. ZWE 2012, 34).

58 **2. Aufteilungsplan.** Es besteht eine **Prüfungspflicht** des Grundbuchamtes, ob der **Aufteilungsplan** § 7 Abs. 4 Satz 1 Nr. 1 WEG entspricht (Weitnauer/*Briesemeister* § 7 WEG Rn. 20), insbesondere im Hinblick auf Vollständigkeit der Pläne, eine ordnungsmäßige Nummerierung und Zusammengehörigkeit der Pläne mit der vorgelegten Abgeschlossenheitsbescheinigung (Riecke/Schmid/*Schneider* § 7 Rn. 147).

59 **3. Abgeschlossenheitsbescheinigung.** Obwohl das Abgeschlossenheitserfordernis in § 3 Abs. 3 WEG nur als Sollvorschrift ausgestaltet ist (→ § 3 Rn. 43), hat das Grundbuchamt in eigener Verantwortung anhand der Eintragungsunterlagen zu prüfen, ob das Bauamt die behördliche Abgeschlossenheitsbescheinigung zu Recht erteilt hat (GmS-OGB NJW 1992, 3290; OLG Nürnberg NZM 2012, 867; OLG Düsseldorf ZMR 1997, 662), weil es nicht dazu beitragen darf, Wohnungs- oder Teileigentum ohne Abgeschlossenheit entstehen zu lassen (BayObLG DNotZ 1990, 260). Andererseits ist es nicht Aufgabe des Grundbuchamts, bei der Anlegung von Wohnungsgrundbüchern zu prüfen, ob die Baubehörde bei Erteilung der Abgeschlossenheitsbescheinigung die Erfüllung bautechnischer und baurechtlicher Anforderungen überprüft und zutreffend bejaht hat (BayObLG DNotZ 1990, 260). Das Grundbuchamt hat daher keine Ermittlungen anzustellen, ob die technischen Voraussetzungen für die Richtigkeit der Abgeschlossenheitsbescheinigung vorliegen (OLG Frankfurt a. M. ZWE 2012, 34; OLG Zweibrücken ZWE 2001, 395). Hiervon soll das Grundbuchamt gerade durch die Abgeschlossenheitsbescheinigung befreit werden (*Trautmann* ZWE 2004, 319). Die Prüfung des Grundbuchamtes ist daher im Wesentlichen auf Rechtsfragen im Zusammenhang mit der räumlichen Aufteilung des Gebäudes beschränkt (BGH NJW 1991, 1611; Riecke/Schmid/*Schneider* § 7 Rn. 152). Eine solche Überprüfung muss stattfinden, wenn hierzu Anlass besteht. Davon ist auszugehen, wenn im konkreten Einzelfall **begründete Zweifel** an der Richtigkeit bestehen (BayObLG

MittBayNot 1984, 184; Bärmann/*Armbrüster* § 7 Rn. 124) oder **offensichtliche Fehler** vorliegen (OLG Frankfurt a. M. ZWE 2012, 34; OLG Zweibrücken ZWE 2001, 395). Im Ergebnis bedeutet dies eine Verpflichtung des Grundbuchamtes zu einer **Evidenzkontrolle** (Riecke/Schmid/*Schneider* § 7 Rn. 152; Bärmann/*Armbrüster* § 7 Rn. 124).

4. Vereinbarungen/Gemeinschaftsordnung. Durch Eintragung im Grundbuch werden Vereinbarungen zum Inhalt des Sondereigentums (§ 5 Abs. 4 Satz 1 WEG). Verstößt eine getroffene Vereinbarung gegen eine rechtliche Vorgabe, würde damit das Grundbuch unrichtig. Hierbei darf das Grundbuchamt entsprechend dem das Grundbuchverfahren beherrschenden **Legalitätsgrundsatz** nicht mitwirken (BGH BeckRS 2012, 06466 Rn. 20; NJW 1961, 1301; ausf. hierzu Hügel/*Holzer,* GBO, § 1 Rn. 110 ff.). Andererseits hat das Grundbuchamt im Rahmen des formellen Konsensprinzips (§ 19 GBO) die Wirksamkeit der einer Eintragung zugrunde liegenden schuldrechtlichen oder sachenrechtlichen Vereinbarung grundsätzlich nicht zu prüfen (*Böttcher* ZNotP 2007, 301; *Holzer* NotBZ 2007, 29; vgl. auch *Wilsch* NZM 2007, 910). Der Gesetzgeber hat dem Legalitätsprinzip gegenüber dem formellen Konsensprinzip keinen Vorrang eingeräumt. Hieraus folgt, dass das Grundbuchamt grundsätzlich nur die Bewilligung auf ihre Wirksamkeit und den erforderlichen Inhalt zu überprüfen hat, nicht hingegen die dingliche Einigung oder das schuldrechtliche Grundgeschäft (OLG Zweibrücken RNotZ 2007, 212; BayObLG ZWE 2003, 381; OLG Hamm DNotZ 1979, 752). Hinzu kommt, dass als rechtliche Schranken von Vereinbarungen neben spezifischen wohnungseigentumsrechtlichen Vorgaben lediglich die allgemeinen Schranken (§§ 134, 138, 242 BGB) gelten (→ § 10 Rn. 57 ff.), deren Umfang im Einzelfall meist nur schwer zu ermitteln ist. Eine solche materielle inhaltliche Prüfung durch das Grundbuchamt ist weder im Grundbuchverfahrensrecht angelegt noch könnte das Grundbuchamt sie bewältigen (OLG Hamm ZWE 2017, 173 Rn. 11; OLG Stuttgart MittBayNot 2013, 306). Es ist nicht die Aufgabe des Grundbuchamtes zu erforschen, ob die Rechtsstellung der Wohnungseigentümer in unangemessener Weise ausgehöhlt wird (OLG Hamm ZWE 2017, 173 Rn. 11; OLG Düsseldorf DNotZ 1973, 552). Aus diesem Grund ist das Grundbuchamt nur bei **offensichtlichen Verstößen** gegen die allgemeinen Rechtsschranken berechtigt, die Eintragung von Vereinbarungen im Grundbuch abzulehnen (KG RNotZ 2018, 174; NotBZ 2017, 338; aA *Zimmer* NJW 2014, 341: keinerlei Prüfungskompetenz). Nur wenn die Nichtigkeit der Vereinbarung zweifelsfrei feststeht, ist es zur Zurückweisung des Eintragungsantrags berechtigt. Ist hingegen zur Feststellung der Wirksamkeit eine wertende Beurteilung unter Berücksichtigung aller Umstände des Einzelfalls erforderlich, ist dem Grundbuchamt die Prüfung verwehrt (KG NotBZ 2017, 338; OLG Köln NJW-RR 1989, 780; Bärmann/*Armbrüster* § 7 Rn. 127; aA Riecke/Schmid/*Schneider* § 7 Rn. 115). **60**

Anders als Vereinbarungen bedürfen **Beschlüsse** grundsätzlich zur Wirkung gegen Sondernachfolger nicht der Eintragung in das Grundbuch (→ Rn. 62 ff.). Aus diesem Grund sind sie nach hM auch nicht eintragungsfähig (→ § 10 Rn. 214). Erkennt das Grundbuchamt, dass es sich bei der zur **61**

Grundbucheintragung beantragen Regelung nicht um eine Vereinbarung, sondern um einen Beschluss handelt, muss es konsequenterweise dessen Eintragung ablehnen (vgl. OLG München NJW 2010, 450). Andererseits kann es im Einzelfall sehr schwierig sein abzugrenzen, ob es sich bei der Regelung um eine Vereinbarung oder einen Beschluss handelt. Aus diesem Grund ist das Grundbuchamt nur dann zur Antragsrückweisung berechtigt, wenn es sich bei der Regelung erkennbar und evident um einen Beschluss handelt.

D. Eintragung von Beschlüssen

I. Allgemeines

62 Nicht abschließend geklärt war bis zum Inkrafttreten des WEMoG, ob Mehrheitsentscheidungen auf Grund einer vereinbarten Öffnungsklausel (→ § 10 Rn. 169) zur Bindung von Sondernachfolgern einer Eintragung in das Grundbuch bedürfen. Nach hM war eine solche Entscheidung wegen § 10 Abs. 4 Satz 1 WEG als Beschluss zu qualifizieren und bedurfte deshalb keiner Eintragung in das Grundbuch. (OLG München NJW 2010, 450; *Lieder* notar 2016, 297; *Armbrüster* ZWE 2013, 243; *Müller* ZMR 2011, 105; *Schneider* NotBZ 2008, 447; Bärmann/*Suilmann* § 10 Rn. 147). Eine Mindermeinung ging davon aus, dass, sofern eine solche Mehrheitsentscheidung inhaltlich als Vereinbarung zu qualifizieren sei, sie nicht von der Regelung in § 10 Abs. 4 Satz 2 WEG erfasst werde und nur dann Sondernachfolger binde, wenn die so bewirkte Vereinbarung im Grundbuch eingetragen werde. (Voraufl. § 10 Rn. 154; *Elzer* ZWE 2017, 286; *Rapp* DNotZ 2009, 342; *Böttcher* Rpfleger 2009, 196).

63 Das WEG schließt sich nun inhaltlich der Mindermeinung an und ordnet für eine Bindung von Sondernachfolgern die Notwendigkeit einer Grundbucheintragung an. Aufgrund von § 5 Abs. 4 Satz 1 WEG iVm § 10 Abs. 3 Satz 1 WEG müssen Beschlüsse, die aufgrund einer vereinbarten Öffnungsklausel (→ § 10 Rn. 172) gefasst werden, in das Grundbuch eingetragen werden, um gegen Sondernachfolger zu wirken.

64 § 7 Abs. 2 WEG flankiert diesen Richtungswechsel in verfahrensrechtlicher Hinsicht, indem er die Eintragung solcher Beschlüsse aufgrund einer Öffnungsklausel in das Grundbuch erleichtert. Ohne die verfahrensrechtliche Erleichterung nach § 7 Abs. 2 Satz 1 WEG, die den allgemeinen Vorschriften der Grundbuchordnung (GBO) vorgeht, müssten alle Wohnungseigentümer die Eintragung des Beschlusses in öffentlich beglaubigter Form bewilligen (§§ 19, 29 GBO). Gerade in großen Gemeinschaften würde die Beschaffung dieser Bewilligungen einen großen Aufwand bedeuten. Zusätzliche Probleme würden entstehen, wenn Wohnungseigentümer nicht geschäftsfähig sind oder sich im Ausland aufhalten (BT-Drs. 19/18791, 42).

II. Eintragungsvoraussetzungen

65 **1. Antrag, Antragsberechtigung.** Eintragungen im Grundbuch erfolgen grundsätzlich nur auf Antrag (§ 13 GBO). Antragsberechtigt ist gem. § 13 Abs. 1 Satz 2 GBO jeder, dessen Recht von der Eintragung betroffen

wird oder zu dessen Gunsten die Eintragung erfolgen soll. Da durch die Eintragung der Inhalt aller Sondereigentumseinheiten verändert wird, ist damit **jeder** einzelne **Wohnungseigentümer** – allein – antragsberechtigt.

Darüber hinaus ist gem. § 7 Abs. 2 Satz 2 WEG auch die **Gemeinschaft der Wohnungseigentümer** antragsberechtigt. Den entsprechenden Antrag stellt in ihrem Namen der gem. § 9b Abs. 1 Satz 1 WEG vertretungsberechtigte Verwalter. Diese Vertretungsberechtigung der Gemeinschaft der Wohnungseigentümer ist auf Beschlüsse nach § 5 Abs. 4 Satz 1 WEG beschränkt. Erfolgt somit die Regelung durch eine Vereinbarung aller Wohnungseigentümer und nicht durch Beschluss, bedarf es nach den allgemeinen Grundsätzen einer Bewilligung aller Wohnungseigentümer gem. § 19 GBO für die Eintragung in das Grundbuch (*Abramenko* ZMR 2020, 455). **66**

2. Beschluss aufgrund Öffnungsklausel. Nur Beschlüsse, die auf einer **vereinbarten** Öffnungsklausel beruhen, bedürfen wegen § 5 Abs. 4 Satz 1 WEG zur Bindung von Sondernachfolgern der Eintragung in das Grundbuch. Hat hingegen der Beschluss seine Rechtsgrundlage in einer **gesetzlichen** Öffnungsklausel, bindet ein solcher Beschluss gem. § 10 Abs. 3 Satz 2 WEG Sondernachfolger auch ohne Grundbucheintragung. Zur Begründung für diese Differenzierung → § 5 Rn. 64. **67**

Weil ein Beschluss auf Grundlage einer gesetzlichen Öffnungsklausel nicht eintragungsbedürftig ist, ist er nach den allgemeinen Grundsätzen auch nicht eintragungsfähig (→ § 10 Rn. 214). Wiederholt eine Öffnungsklausel lediglich eine gesetzliche Beschlusskompetenz oder deckt sie sich inhaltlich mit dieser, beruht der Beschluss im Ergebnis auf einer gesetzlichen Öffnungsklausel und ist damit nicht eintragungsfähig. Entscheidend ist eine **objektive Betrachtungsweise,** die subjektiven Vorstellungen der Wohnungseigentümer sind unerheblich (BT-Drs. 19/19791, 41). **68**

Damit kommt dem Grundbuchamt die materiellrechtliche Prüfung zu, ob ein vereinbarungsändernder Beschluss auf einer rechtsgeschäftlichen oder einer gesetzlichen Beschlusskompetenz beruht. Eine solche Prüfungskompetenz und -pflicht des Grundbuchamtes ist dem Grundbuchrecht an sich fremd und kann erhebliche Schwierigkeiten in der praktischen Umsetzung erzeugen (*Abramenko* ZMR 2020, 454). **69**

3. Nachweis durch Niederschrift. Eine Eintragung im Grundbuch bedarf des Nachweises der Eintragungsvoraussetzungen in der Form des § 29 GBO. Eine schriftliche Fixierung eines Beschlusses genügt diesen Anforderungen nicht. Aus diesem Grund erleichtert § 7 Abs. 2 Satz 1 WEG diese formellen Voraussetzungen. Als Nachweis gegenüber dem Grundbuchamt für die Existenz eines Beschlusses i. S. v. § 5 Abs. 4 Satz 1 WEG genügt die Vorlage einer Niederschrift über den Beschluss, bei der die Unterschriften der in § 24 Abs. 6 WEG bezeichneten Personen öffentlich beglaubigt sind. Dies entspricht dem – auch bisher schon – in § 26 Abs. 3 WEG vorgesehenen Nachweis der Verwalterstellung gegenüber dem Grundbuchamt. **70**

4. Nachweis durch Urteil. Wurde der Beschluss im Wege der Beschlussersetzungsklage durch das Gericht gefasst, genügt die Vorlage des entsprechenden Urteils. Für die Form des Urteils sieht § 7 Abs. 2 Satz 1 WEG **71**

keine Sonderregelung vor. Es gilt deshalb § 29 GBO; es ist also dem Grundbuchamt zur Eintragung eine Ausfertigung oder beglaubigte Abschrift vorzulegen.

72 **5. Prüfung durch das Grundbuchamt.** Eine inhaltliche Überprüfung des Beschlusses durch das Grundbuchamt sieht das Gesetz **nicht** vor. Dies ist kein Versehen, sondern entspricht dem Willen des Gesetzgebers (BT-Drs. 19/18791, 42) und entspricht dem allgemeinen Grundsatz im Grundbuchverfahren, wonach das Grundbuchamt im Rahmen des **formellen Konsensprinzips** (§ 19 GBO) die Wirksamkeit des einer Eintragung zugrunde liegenden Rechtsgeschäfts grundsätzlich nicht zu prüfen hat (*Böttcher* ZNotP 2007, 301; *Holzer* NotBZ 2007, 29; vgl. auch *Wilsch* NZM 2007, 910). Es obliegt vielmehr den Wohnungseigentümern, Beschlüsse anzufechten, wenn sie von deren Rechtswidrigkeit ausgehen. Weder ist für die Eintragung eines Beschlusses dessen Bestandskraft erforderlich, noch hindert die Erhebung einer Klage gegen einen Beschluss dessen Eintragung in das Grundbuch (BT-Drs. 19/18791, 42). Lediglich die Eintragung eines rechtskräftig für ungültig erklärten Beschlusses kann und muss das Grundbuchamt verweigern, weil ein solcher Beschluss endgültig keine Rechtswirkung mehr entfaltet (*Abramenko* ZMR 2020, 455).

73 Eine **Ausnahme** von den dargestellten Grundsätzen wird man für **nichtige Beschlüsse** machen müssen. Nichtige Beschlüsse entfalten keinerlei Rechtswirkungen, ihre Eintragung würde somit auch den Inhalt des Sondereigentums nicht verändern können. Durch die Eintragung eines nichtigen Beschlusses würde vielmehr das Grundbuch unrichtig. Hierbei darf das Grundbuchamt entsprechend dem das Grundbuchverfahren beherrschenden **Legalitätsgrundsatz** nicht mitwirken (BGH BeckRS 2012, 06466 Rn. 20; NJW 1961, 1301; ausf. hierzu Hügel/*Holzer,* GBO, § 1 Rn. 110 ff.).

74 Andererseits wird die Nichtigkeit eines Beschlusses für das Grundbuchamt im Einzelfall meist nur schwer zu ermitteln sein. Eine damit einhergehende materielle inhaltliche Prüfung durch das Grundbuch ist weder im Grundbuchverfahrensrecht angelegt noch könnte sie vom Grundbuchamt bewältigt werden (OLG Hamm ZWE 2017, 173 Rn. 11; OLG Stuttgart MittBayNot 2013, 306). Aus diesem Grund ist das Grundbuchamt nur bei **offensichtlicher Nichtigkeit** berechtigt, die Eintragung eines Beschlusses im Grundbuch abzulehnen. Nur wenn die Nichtigkeit der Regelung zweifelsfrei feststeht, ist es zur Zurückweisung des Eintragungsantrags berechtigt. Ist hingegen zur Feststellung der Wirksamkeit eine wertende Beurteilung unter Berücksichtigung aller Umstände des Einzelfalls erforderlich, ist dem Grundbuchamt die Prüfung verwehrt (vgl. → Rn. 60). § 7 Abs. 2 Satz 1 WEG ist daher dahingehend teleologisch auszulegen, dass das Grundbuchamt die Eintragung offensichtlich nichtiger Beschlüsse zurückweisen kann (*Abramenko* ZMR 2020, 455; aA *Wilsch* FGPrax 2020, 2: inhaltliche Prüfung durch das Grundbuchamt).

75 Damit ist es möglich, dass durch einen rechtswidrigen oder nicht offensichtlich nichtigen Beschluss, das Grundbuch (vorübergehend) unrichtig wird. Zum Schutz vor einem möglicherweise gutgläubigen Erwerb (ausführlich → § 10 Rn. 162) können Wohnungseigentümer nach allgemeinen Regeln die

Eintragung eines **Rechtshängigkeitsvermerks** beantragen. Mit diesem richterrechtlich entwickelten Vermerk wird Sonderrechtsnachfolgern vermittelt, dass ein Rechtsstreit über ein eingetragenes Recht anhängig ist, und dadurch ein gutgläubiger Erwerb ausgeschlossen (*Abramenko* ZMR 2020, 457).

6. Altfälle. Grundsätzlich können nach dem nun geltenden Recht alle Beschlüsse aufgrund einer vereinbarten Öffnungsklausel im Grundbuch eingetragen werden. Eine zeitliche Beschränkung sieht § 5 Abs. 4 Satz 1 WEG nicht vor, so dass auch „Altbeschlüsse", die vor dem WEMoG gefasst wurden, im Grundbuch eingetragen werden können und zur Bindung von Sondernachfolgern auch müssen. Dies ergibt sich aus § 48 Abs. 1 Satz 1 WEG, nach dem §§ 5 Abs. 4, 7 Abs. 2, 10 Abs. 3 WEG auch für solche Beschlüsse gelten, die vor dem Inkrafttreten des WEMoG gefasst oder durch gerichtliche Entscheidung ersetzt wurden. 76

Um einen Untergang der auf diesem Weg getroffenen Regelungen im Falle einer Sonderrechtsnachfolge zu verhindern, ordnet § 48 Abs. 1 Satz 2 WEG an, dass ein solcher Beschluss bis zum 31.12.2025 alle Sondernachfolger auch ohne Eintragung im Grundbuch bindet. Diese Übergangsfrist soll den Wohnungseigentümern die Möglichkeit geben, die fehlende Grundbucheintragung nachzuholen. Unterbleibt aber eine Eintragung in diesem Zeitraum, entfällt die Wirksamkeit eines solchermaßen gefassten Beschlusses mit der ersten Sonderrechtsnachfolge. Ist über die Wirksamkeit eines solchen Beschlusses eine Klage anhängig, ist der Ablauf der Frist gem. §§ 48 Abs. 1 Satz 3 WEG, 204 Abs. 1 Nr. 1 BGB der Fristablauf gehemmt. 77

Teilung durch den Eigentümer

8 (1) **Der Eigentümer eines Grundstücks kann durch Erklärung gegenüber dem Grundbuchamt das Eigentum an dem Grundstück in Miteigentumsanteile in der Weise teilen, daß mit jedem Anteil Sondereigentum verbunden ist.**

(2) **Im Falle des Absatzes 1 gelten § 3 Absatz 1 Satz 2, Absatz 2 und 3, § 4 Absatz 2 Satz 2 sowie der §§ 5 bis 7 entsprechend.**

(3) **Wer einen Anspruch auf Übertragung von Wohnungseigentum gegen den teilenden Eigentümer hat, der durch Vormerkung im Grundbuch gesichert ist, gilt gegenüber der Gemeinschaft der Wohnungseigentümer und den anderen Wohnungseigentümern anstelle des teilenden Eigentümers als Wohnungseigentümer, sobald ihm der Besitz an den zum Sondereigentum gehörenden Räumen übergeben wurde.**

Literatur: *Armbrüster,* Änderungsvorbehalte und Vollmachten zu Gunsten des aufteilenden Bauträgers, ZMR 2005, 244; *Becker* Die Einpersonen-Eigentümergemeinschaft, FS Seuß (2007), 19; *Böttcher,* Vereinigung von Eigentumswohnungen, ZNotP 2013, 57; *Gaier,* Unterteilung von Wohnungseigentum, FS Wenzel (2005), 245; *Häublein,* Gestaltungsprobleme im Zusammenhang mit der abschnittsweisen Errichtung von Wohnungseigentumsanlagen, DNotZ 2000, 442; *Heismann,* Die werdende Wohnungseigentümergemeinschaft – ein traditionelles Rechtsinstitut des WEG auf dem dogmatischen Prüfstand, ZMR 2004, 10; *Hügel,* Änderungsvollmachten im Bauträgervertrag, NotBZ

2020, 182; *Hügel,* Sicherheit durch § 12 WEG bei der abschnittsweisen Errichtung von Mehrhausanlagen, DNotZ 2003, 517; *Krause,* Die Änderung von Teilungserklärungen auf Grund von Vollmachten oder Änderungsvorbehalten – Teil I und II, NotBZ 2001, 433 und NotBZ 2002, 11; *Kreuzer,* Änderung von Teilungserklärung und Gemeinschaftsordnung, ZWE 2002, 285; M. *Müller,* Zustimmungserfordernis bei Unterteilung von Wohnungs- oder Teileigentum, – Zum Regelungsgegenstand von Vereinbarungen gem. §§ 5 Abs. 4, 10 Abs. 3 WEG –; ZWE 2012, 22; *Ott,* Die Unterteilung von Wohnungs-/Teileigentum bei gleichzeitiger Änderung der Zweckbestimmung, DNotZ 2015, 483; *Röll,* Die Unterteilung von Eigentumswohnungen, DNotZ 1993, 158; *F. Schmidt,* (Un)zeitgemäße Betrachtungen – § 8 WEG im Wandel der Zeiten, FS Bub, 221; *J.-H. Schmidt,* Wohnungseigentum in der Gründungsphase – anwendbares Recht, Entstehung der Gemeinschaft und Erwerberschutz in Deutschland, PiG 93 (2012), Wohnungseigentum in Österreich und Deutschland, 107; *Streblow,* Änderungen von Teilungserklärungen nach Eintragung der Aufteilung in das Grundbuch, MittRhNotK 1987, 141; *Theilig,* Mitwirkung der übrigen Wohnungseigentümer bei der Unterteilung von Wohnungseigentum, NotBZ 2015, 291; *Vogel,* Probleme der Änderung von Teilungserklärung und Gemeinschaftsordnung beim Erwerb vom Bauträger, ZMR 2008, 270; *Wedemeyer,* Stimmrecht nach Unterteilung von Wohnungseigentum, NZM 2000, 638.

Übersicht

A. Normzweck

Abweichend von den Grundsätzen, dass eine ideelle Teilung eines Grundstücks durch den Alleineigentümer und die quotenmäßig beschränkte Belastung eines im Alleineigentum stehenden Grundstücks ausgeschlossen sind (vgl. § 1114 BGB, § 864 Abs. 2 ZPO; ganz hM, zB BGH NJW 1968, 499; OLG München MDR 2020, 915 Rn. 14; Palandt/*Herrler* § 1008 WEG Rn. 2; aA LG Memmingen MittBayNot 1999, 77), ermöglicht § 8 WEG dem Alleineigentümer eine Aufteilung in Wohnungseigentum, ohne dass eine Miteigentümergemeinschaft besteht **(sog. Vorratsteilung).** In der Praxis hat sich die Aufteilung nach § 8 WEG durchgesetzt, die vertragliche Begründung nach § 3 WEG ist auf seltene Ausnahmen beschränkt. Eine Aufteilung durch den Bauträger vor Übereignung der ersten Wohnung wäre ohne die durch § 8 WEG ermöglichte Vorratsteilung nicht denkbar. Möglich ist auch eine **Verbindung der Teilungsformen** nach § 3 WEG und § 8 WEG (→ § 2 Rn. 2). 1

B. Teilung

Grundsätzlich gelten für den Alleineigentümer bei der Begründung von Wohnungseigentum **dieselben Anforderungen** wie für die Miteigentümer 2 bei einer Begründung nach **§ 3 WEG** (→ § 3 Rn. 5 ff.), weil § 8 Abs. 2 WEG die Bestimmung des § 3 Abs. 1 Satz 2, Abs. 2 und Abs. 3 WEG ebenso wie §§ 5 bis 7 WEG für die Aufteilung für entsprechend anwendbar erklärt.

I. Teilungserklärung

3 **1. Rechtsnatur.** Für die Aufteilung nach § 8 Abs. 1 WEG genügt eine Erklärung gegenüber dem Grundbuchamt, das Eigentum an dem Grundstück in Miteigentumsanteile in der Weise zu teilen, dass mit jedem Anteil Sondereigentum an bestimmten Räumen verbunden ist (BayObLG NJW 1969, 883). Materiell-rechtlich stellt die Teilungserklärung eine **einseitige Willenserklärung** ggü. dem Grundbuchamt dar (BGH NJW-RR 2020, 395 Rn. 28; NJW 2017, 1546), auf welche die diesbezüglichen allgemeinen Regeln des BGB Anwendung finden, insb. ist § 180 BGB zu beachten. Eine Teilungserklärung durch einen **Nichtberechtigten** ist demnach **nichtig** und nicht genehmigungsfähig. Möglich ist jedoch bei Abwesenheit des Eigentümers wegen § 167 Abs. 2 BGB eine mündliche Vollmacht mit anschließender Vollmachtsbestätigung in der Form des § 29 GBO.

4 Diese Teilung ist keine inhaltliche Änderung des Alleineigentums, sondern nur eine **Teilung des Vollrechts,** so dass die §§ 873 ff. BGB nicht einschlägig sind (NK/*Heinemann* § 6 WEG Rn. 1). Die Erklärung ist bis zur Anlegung der Wohnungsgrundbücher widerruflich (KG ZWE 2016, 82). Sie kann nicht bedingt oder befristet abgegeben werden und muss das Sondereigentum gegen das gemeinschaftliche Eigentum klar und nachvollziehbar abgrenzen.

5 **2. Form.** Zur Eintragung selbst bedarf es gem. § 13 Abs. 1 Satz 1 GBO eines schriftlichen **Eintragungsantrags** (ersatzweise kann der Antrag auch zu Protokoll der Geschäftsstelle erklärt werden) und der **Eintragungsbewilligung** nach § 19 GBO (s. zum Eintragungsverfahren ausführlich *Schneider* ZfIR 2002, 115). Die Formvorschrift des **§ 4 WEG** findet für die Teilung nach § 8 WEG **keine Anwendung,** die Erklärung ist somit formfrei möglich, jedoch bedarf sie wegen § 29 GBO der öffentlichen Beglaubigung. In der Praxis ist jedoch die notarielle Beurkundung im Bauträgerbereich üblich, da so auf Grund § 13a BeurkG bei Abverkäufen die Möglichkeit der Bezugnahme eröffnet wird.

6 **3. Teilender Eigentümer.** Die Teilungserklärung ist von dem zum Zeitpunkt der Anlegung der Wohnungsgrundbücher **eingetragenen Eigentümer** des betroffenen Grundstücks (OLG Düsseldorf DNotZ 1976, 168) oder von dem zu diesem Zeitpunkt **Verfügungsberechtigten,** zB Insolvenzverwalter oder Testamentsvollstrecker, abzugeben. Der nachträgliche Eintritt der Verfügungsbeschränkung des teilenden Eigentümers hindert den Vollzug der Teilungserklärung nicht, wenn im Zeitpunkt der Antragstellung die Verfügungsbefugnis noch bestand. § 878 BGB ist auf die Teilungserklärung entsprechend anzuwenden (BGH NJW-RR 2020, 395 Rn. 11; DNotZ 2017, 119 Rn. 13; LG Leipzig MittBayNot 2000, 324; Palandt/*Herrler* § 878 Rn. 4; aA KG RNotZ 2017, 95; ZWE 2016, 82).

Teilender Eigentümer nach § 8 WEG kann auch eine **Mehrheit von Personen** (Bruchteilsgemeinschaft, Gesamthandsgemeinschaft) sein. Die **Gemeinschaft setzt sich** in diesem Fall an dem gebildeten Wohnungseigentum **fort** (OLG München MDR 2020, 915 Rn. 20). Teilt bspw. eine GbR ein Grundstück nach § 8 WEG auf, setzt sich eben diese Gesellschaft an allen neu gebildeten Wohnungseigentumseinheiten fort, es entstehen keine neuen Gesellschaften für jede Wohnungseinheit. Wird dies gewünscht, ist zusätzlich je eine Auflassung auf die an der einzelnen Eigentumswohnung bestehenden Gesellschaften erforderlich (BayObLG Rpfleger 1981, 58). 7

Die Aufteilung eines beschlagnahmten Grundstücks verstößt gegen das Verfügungsverbot aus § 23 Abs. 1 ZVG, §§ 135, 136 BGB, weil die Schaffung von Wohnungseigentum den unveränderten Fortgang des Versteigerungsverfahrens verhindert und zu erheblichen Verzögerungen führen kann (BGH ZWE 2012, 270). Sie ist deshalb nur wirksam, wenn der betreibende Gläubiger zustimmt (aA NK/*Heinemann* § 8 Rn. 1). 8

4. Inhalt der Teilungserklärung. Die Teilungserklärung legt ebenso wie der Teilungsvertrag gem. § 3 WEG fest, welche Räume (→ § 3 Rn. 8) des Gebäudes (→ § 3 Rn. 23 ff.) im gemeinschaftlichen Eigentum und welche im Sondereigentum stehen sollen. Die Teilungserklärung bestimmt somit den **Gegenstand** des Sonder- und des gemeinschaftlichen Eigentums. Die Sondereigentumsbereiche werden durch ausdrückliche Nennung, Beschreibung und planmäßige Kennzeichnung im Aufteilungsplan (§ 7 Abs. 4 Satz 1 Nr. 1 WEG) aus dem gemeinschaftlichen Eigentum herausgenommen und zum Sondereigentum erklärt. Was nicht zum Sondereigentum bestimmt wird, bleibt gemeinschaftliches Eigentum. Im Einzelnen gelten die Aussagen wie zu der Aufteilung gem. § 3 WEG, insbesondere muss die Teilungserklärung die nachfolgenden Anforderungen erfüllen: 9

a) Bestimmung der Höhe und Anzahl der Miteigentumsanteile. Der Alleineigentümer muss wie die Miteigentümer nach § 3 WEG Größe und Anzahl der Miteigentumsanteile bestimmen. Das Gesetz enthält dabei auch in § 8 WEG keine Bestimmung darüber, welche Größe Miteigentumsanteile haben müssen, wie ihre Anzahl zu sein hat und ob und in welchem Verhältnis sie zum Sondereigentum und zu etwaigen Sondernutzungsrechten stehen. In der Bemessung der Miteigentumsanteile ist der Alleineigentümer ebenso wie die Miteigentümer nach § 3 WEG grundsätzlich frei (ausführlich → § 3 Rn. 11 ff.). Zum Anspruch auf Änderung der Miteigentumsanteile → § 3 Rn. 16. 10

b) Bestimmung von Sonder- und Gemeinschaftseigentum. Der Alleineigentümer muss mit der Teilungserklärung Gegenstand und Grenzen der im Sondereigentum stehenden **Räume** (→ § 3 Rn. 27) sowie des gemeinschaftlichen Eigentums bestimmen. Zu den damit in Zusammenhang stehenden Fragen → § 3 Rn. 30 ff. 11

c) Aufteilungsplan/Abgeschlossenheitsbescheinigung. Zur Eintragung im Grundbuch sind dem Grundbuchamt neben der Teilungserklärung nach §§ 8 Abs. 2, 7 Abs. 4 Satz 1 Nr. 1 und Nr. 2 WEG als Anlagen ein 12

Aufteilungsplan (→ § 7 Rn. 28) und eine Abgeschlossenheitsbescheinigung (→ § 7 Rn. 43) beizufügen.

13 **d) Gemeinschaftsordnung.** Der sachenrechtlichen Teilungserklärung (sog. Teilungserklärung im engeren Sinne) wird in der Praxis ausnahmslos eine – rechtlich nicht notwendige – Gemeinschaftsordnung beigefügt. **Gemeinschaftsordnung** und **Teilungserklärung** sind begrifflich streng voneinander zu **trennen** (→ § 10 Rn. 20): Während die Teilungserklärung eine einseitige Erklärung des Alleineigentümers gegenüber dem Grundbuchamt mit sachenrechtlichem Inhalt ist und im Grundbuch eingetragen werden muss, ist die Gemeinschaftsordnung begrifflich die Zusammenfassung der Vereinbarungen der Wohnungseigentümer. Beides zusammen wird auch als Teilungserklärung im weiteren Sinne bezeichnet.

14 Dem teilenden Eigentümer steht es nach §§ 8 Abs. 2, 5 Abs. 4 WEG iVm § 10 Abs. 1 und Abs. 3 WEG frei, von ihm für richtig erachtete Regelungen für das spätere Verhältnis der Wohnungseigentümer untereinander durch Eintragung in das Grundbuch zum Inhalt des Sondereigentums zu machen mit der Folge, dass sie auch gegen Sondernachfolger wirken (BGH NJW 2007, 213 Rn. 15; 2004, 937; 1987, 650; ZMR 1979, 380). Es handelt sich der Sache nach um eine dem Eigentümer zustehende **Inhaltsbestimmung** seines Eigentums (*Wenzel* FS Bub, 261).

15 Die vom Alleineigentümer einseitig getroffenen und durch Eintragung in das Grundbuch „verdinglichten“ Bestimmungen sind zunächst weder Vereinbarung noch Beschluss (Timme/*Kral* § 8 Rn. 45). Für diese Regelungen ordnet § 8 Abs. 2 WEG durch seine Verweisung auf § 5 Abs. 4 WEG an, dass sie **mit Eintragung im Grundbuch** Inhalt des Sondereigentums sind und mit Beginn der Wohnungseigentümergemeinschaft (hierzu → § 9a Rn. 32) einer Vereinbarung gleichstehen (BGH NJW 2000, 3643; ZMR 1979, 380; BayObLG NZM 2001, 753).

16 Die vom Alleineigentümer im Voraus festgestellte Ordnung des Gemeinschaftsverhältnisses ist für Erwerber **verbindlich,** ohne dass es einer weiteren vertraglichen Vereinbarung bedürfte (OLG Oldenburg ZMR 1978, 245; KG NJW 1956, 1679). Auf die genaue oder auch nur ungefähre Kenntnis des neuen Wohnungseigentümers über den Inhalt der vom Alleineigentümer einseitig bestimmten Regelungen, auf eine Mitwirkung des Sondernachfolgers oder auf eine konkrete Einbeziehung der Teilungserklärung in den Kaufvertrag kommt es nicht an (BGH NJW 2004, 937; 1994, 1347; BayObLG ZWE 2002, 357; *Kümmel,* Die Bindung der Wohnungseigentümer, 52), weil die vom Alleineigentümer getroffenen Regelungen kraft Gesetzes als Inhalt des Sondereigentums gegenüber jedem Sondernachfolger gelten (*Wenzel* FS Bub, 2007, 261; → § 10 Rn. 29). Jeder Erwerber kann sich durch Einsicht in das Grundbuch über den Inhalt der Regelungen informieren.

17 Da nur Vereinbarungen durch Grundbucheintragung gem. §§ 8 Abs. 2, 5 Abs. 4 Satz 1 WEG zum Inhalt des Sondereigentums werden, gelten die vorherigen Aussagen nicht für Beschlüsse. An Beschlüsse sind Sondernachfolger auch **ohne Eintragung** im Grundbuch gebunden (→ § 10 Rn. 211). Diese Bindung folgt aus den allgemeinen Rechtsgrundsätzen und der Rechtsnatur von Beschlüssen. Da Beschlüsse nicht eintragungsbedürftig sind,

sind sie grds. auch **nicht eintragungsfähig** (BGHZ 127, 99; OLG München ZWE 2014, 167).

5. Eintragung im Grundbuch. Die Teilungserklärung bedarf des Vollzugs im Grundbuch. Im Rahmen der Grundbucheintragung wird bei der Teilung gem. § 8 WEG für jede Einheit **ein Wohnungsgrundbuch** angelegt. Hierbei kann im Hinblick auf Gegenstand und Inhalt gem. § 7 Abs. 3 WEG – mit Ausnahme einer Veräußerungsbeschränkung und Erwerberhaftung (→ § 7 Rn. 11 ff.) – Bezug auf die Eintragungsbewilligung genommen werden. Im Einzelnen gelten hierzu die Ausführungen → § 7 Rn. 8 ff., insbesondere auch die dargestellten Grundsätze für das **Prüfungsrecht des Grundbuchamtes** (→ § 7 Rn. 57 ff.). 18

6. Zustimmung dinglich Berechtigter. Die Aufteilung eines Grundstücks nach § 8 WEG ist als Teilung des Vollrechts zu verstehen, auf welche die Vorschriften über die Änderungen eines belasteten Rechts weder unmittelbar noch entsprechend anzuwenden sind (→ § 3 Rn. 74). Der Vollzug der Teilungserklärung des Antragstellers ist damit **nicht** von der **Zustimmung** eventueller Grundpfandgläubiger abhängig (BGH NJW 2012, 1226 Rn. 4; OLG Celle ZWE 2012, 276; OLG München NJW 2011, 3588; *Volmer* NotBZ 2012, 40; *Heinemann* ZfIR 2011, 255 (256); *Schneider* ZNotP 2010, 387; aA OLG Frankfurt a. M. ZWE 2011, 405; *Kesseler* NJW 2010, 2317; *Böttcher* NotBZ 2010, 239). 19

Ist eine **Belastung am gesamten Grundstück** eingetragen, setzt sie sich an allen Wohnungseinheiten fort; ein Grundpfandrecht wird **Gesamtrecht** nach § 1132 BGB. Sofern das Grundstück mit einer **Dienstbarkeit** belastet ist, führt die Aufteilung in Wohnungseigentum dazu, dass nach §§ 1090 Abs. 2, 1026 BGB diejenigen Teile des Grundstücks, die **außerhalb des Ausübungsbereichs** der Dienstbarkeit liegen, von dieser Belastung **frei** werden (OLG Hamm ZWE 2000, 373; OLG Oldenburg NJW-RR 1989, 273). 20

7. Auslegung. Die Auslegung der Teilungserklärung hat den für Grundbucheintragungen maßgeblichen Regeln zu folgen (*Wenzel* DNotZ 1993, 297). Hierbei ist vorrangig auf ihren Wortlaut und Sinn, wie er sich für einen unbefangenen Betrachter als nächstliegende Bedeutung des Eingetragenen ergibt, abzustellen (BGH ZWE 2020, 180; NJW 1995, 2851; OLG Frankfurt a. M. NZM 2013, 153; OLG Düsseldorf FGPrax 2004, 267). Damit kommt es für die Auslegung nicht auf den Willen des Erklärenden an, sondern auf das, was jeder gegenwärtige und zukünftige Betrachter als **objektiven Sinn** der Erklärung ansehen muss. Umstände außerhalb der Eintragung und der in ihr in Bezug genommenen Eintragungsbewilligung dürfen nur insoweit herangezogen werden, als sie nach den besonderen Umständen des Einzelfalles für jedermann ohne weiteres erkennbar sind (BGH NJW 2012, 3719 Rn. 14; 2012, 1722 Rn. 8; NZM 2010, 407 Rn. 6; NJW 1995, 2851; OLG Frankfurt a. M. NZM 2013, 153; OLG Hamm NJW-RR 2012, 592). 21

Verbleiben trotz Auslegung **unauflösbare Widersprüche** zwischen den einzelnen Teilen der Teilungserklärung, gelten im Einzelnen die Ausführungen → § 3 Rn. 81 ff.

II. Wirksamwerden der Teilung

22 Die Teilung wird mit **Anlegung aller Wohnungsgrundbücher** wirksam. Dies ergibt sich aus § 9a Abs. 1 Satz 2 WEG, der anordnet, dass dieser Zeitpunkt auch bei einer Teilung gem. § 8 WEG maßgeblich ist. Die Eigentumsverhältnisse am Grundstück setzen sich nach Vollzug der Teilung an jedem einzelnen Wohnungseigentumsgrundbuch fort.

23 Ein Anspruch auf Eigentumsverschaffung hinsichtlich einer Einheit ist im Grundbuch des Grundstücks jedoch schon **vor Vollzug der Teilung vormerkbar** (BGH NJW 2008, 2639 Rn. 15), wenn der Miteigentumsanteil ziffernmäßig oder auf andere Weise (OLG Düsseldorf DNotZ 1996, 39) und das Sondereigentum durch Bezugnahme auf einen Bau-/Aufteilungsplan (BayObLG NJW-RR 1992, 663) oder wörtliche Beschreibung (Palandt/ *Wicke* § 8 WEG Rn. 5) bestimmt bezeichnet ist.

III. Entstehen der Wohnungseigentümergemeinschaft

24 Die Wohnungseigentümergemeinschaft entsteht gem. § 9a Abs. 1 Satz 2 WEG – auch im Fall des § 8 WEG – mit Anlegung der Wohnungsgrundbücher. Ab diesem Zeitpunkt finden die Vorschriften des WEG Anwendung. Die Vorschrift macht das richterlich geschaffene Institut der sog. **werdenden Wohnungseigentümergemeinschaft, nicht aber den sog. werdenden Wohnungseigentümer** (→ Rn. 68 ff.), obsolet (→ § 9a Rn. 32).

IV. Einseitige Änderung der Teilungserklärung

25 **1. Berechtigung zur Änderung.** Vor Entstehung der Gemeinschaft der Wohnungseigentümer kann der Alleineigentümer seine Teilungserklärung durch eine einfache **einseitige Erklärung** in der Form des § 29 GBO beliebig ändern und seinen Bedürfnissen – oder denen künftiger Erwerber – anpassen, sofern die Voraussetzungen der §§ 3 Abs. 2, 7 Abs. 4 WEG vorliegen (OLG Düsseldorf ZMR 2001, 650; BayObLG ZMR 1984, 483; NJW 1974, 2134). Daran ändert sich grundsätzlich auch nichts mit dem Vollzug der Teilung und dem dadurch bewirkten Entstehen der Gemeinschaft der Wohnungseigentümer, solange die Wohnungseigentumsrechte noch in derselben Hand vereinigt sind. Ein Alleineigentümer ist an seine vorher abgegebene Erklärung mangels Einigung iSd § 873 BGB in keinerlei Weise gebunden. Wenn der Eigentümer nach § 9 Abs. 1 Nr. 2 WEG die Teilungserklärung durch einseitige Erklärung aufheben kann (→ § 9 Rn. 10), kann er als „Minus“ hierzu auch Änderungen erklären (OLG Düsseldorf ZMR 2001, 650; *Diester* NJW 1971, 1158).

26 Allerdings bedarf die Änderung der Teilungserklärung dann der **Zustimmung** eines Erwerbers, wenn für diesen eine **Eigentumsvormerkung** im Grundbuch eingetragen ist (BGH NJW 2020, 610 Rn. 12; BayObLG ZMR 2003, 857; DNotZ 1994, 223). Ab diesem Zeitpunkt ist eine Än-

derung der Teilungserklärung grundsätzlich nur dann möglich, wenn sämtliche (ggf. werdenden) Eigentümer der Änderung zustimmen (BGH NJW 2005, 10; BayObLG ZMR 2003, 857; DNotZ 1999, 667). Die Befugnis des teilenden Eigentümers zur einseitigen Änderung der Teilungserklärung **erlischt** dann.

Zur **nachträglichen Änderung der Aufteilung** wie beispielsweise Abspaltung und Tausch einzelner Räume, Umwandlung von Sondereigentum in gemeinschaftliches Eigentum und umgekehrt → § 4 Rn. 5 ff. Zur Unterteilung und Vereinigung von Wohnungseigentum → Rn. 41 und 55. 27

2. Änderungsvollmacht. Beim **Kauf vom Bauträger** muss grundsätzlich vor Verkauf der ersten Wohnung die notarielle Aufteilungserklärung nebst den – in aller Regel vorläufigen (→ § 7 Rn. 40) – Aufteilungsplänen vorliegen. Fast regelmäßig entsteht anschließend **Änderungsbedarf,** meist bedingt durch Änderungswünsche späterer Erwerber, Auflagen der Bauaufsichtsbehörde oder technische Notwendigkeiten. Solange der Bauträger als Alleineigentümer im Grundbuch eingetragen ist, kann er den wohnungseigentumsrechtlichen Begründungsakt allein und ohne die Mitwirkung eventueller Erwerber nachträglich ändern. Dies bedeutet aber nur, dass er für den grundbuchamtlichen Vollzug der Veränderung keiner Mitwirkung der Erwerber bedarf. Wird durch den Nachtrag auch der Kaufgegenstand eines Erwerbers geändert, muss der Bauträger hierzu auch vertraglich berechtigt sein. Aus diesem Grund ist auch in diesem Stadium bereits eine Zustimmung solcher durch Veränderungen betroffener Erwerber oder eine Änderungsvollmacht auch für den Bauträgervertrag erforderlich (ausführlich hierzu *Müller,* Änderung des sachenrechtlichen Grundverhältnisses, 173). Anderenfalls drohen dem Bauträger Schadenersatzansprüche wegen Nichterfüllung seiner Verpflichtungen aus dem Bauträgervertrag. 28

Mit der dinglichen Übertragung eines Wohnungseigentums auf einen Erwerber bzw. mit der Eintragung einer Auflassungsvormerkung (BGH NJW 2020, 610 Rn. 12; BayObLG ZMR 2003, 857; DNotZ 1994, 223) **endet** das Recht des Teilenden zur Änderung der sachenrechtlichen Aufteilung und es gelten ab diesem Zeitpunkt die §§ 3, 4 WEG. Das Grundbuchamt darf danach Änderungen der Teilungserklärung nur eintragen, wenn entweder der Vormerkungsberechtigte zustimmt oder eine entsprechende Vollmacht des Erwerbers zugunsten des Bauträgers in grundbuchtauglicher Form vorliegt. 29

Eine „Vollmacht" aller Wohnungseigentümer an den teilenden Eigentümer in der Gemeinschaftsordnung, eine sog. **verdinglichte Ermächtigung,** kann nicht vereinbart werden (BGH NJW 2013, 1962 Rn. 9; → § 4 Rn. 6). Eine wirksame Vollmachterteilung kann nur in den jeweiligen Erwerbsvertrag zwischen dem aufteilenden Bauträger und dem Erwerber aufgenommen werden. Dort sind solche Änderungsvollmachten grundsätzlich möglich (BGH NJW 2020, 610; OLG Hamburg ZMR 2003, 697; BayObLG ZMR 2002, 953; DNotZ 1994, 233; OLG Hamm ZWE 2000, 83; *Armbrüster* ZMR 2005, 248; *Hügel* DNotZ 2003, 525). Bei der Ausgestaltung solcher Änderungsvollmachten ergeben sich im Einzelnen zahlreiche Fragen, die immer wieder zu deren gerichtlicher Überprüfung 30 führen (ausführlich hierzu *Müller,* Änderung des sachenrechtlichen Grundverhältnisses, 173 ff.; *Hügel* NotBZ 2020, 182). Im Bereich des Grundbuchsrechts ist insbesondere zu beachten, dass grundbuchtaugliche Vollmachten dem grundbuchrechtlichen Bestimmtheitsgrundsatz sowie dem Erfordernis urkundlich belegter Eintragungsunterlagen genügen müssen (OLG München RNotZ 2009, 329; BeckOK Hügel/*Otto* GBO § 29 Rn. 77 ff.). In der Kautelarpraxis (ausführlich *Müller,* Änderung des sachenrechtlichen Grundverhältnisses, 174 ff.) erfolgt die Lösung dergestalt, dass dem Bauträger eine im Außenverhältnis unbeschränkt wirkende Vollmacht erteilt wird und der Erwerber dadurch geschützt wird, dass der Bauträger im Innenverhältnis sachgerechten Beschränkungen unterworfen wird (siehe hierzu BGH NJW 2020, 610). Diese müssen den Bauträger verpflichten, Lage, Größe und Umfang des Sondereigentums und etwaiger Sondernutzungsrechte nicht zu verändern sowie den Mitgebrauch des gemeinschaftlichen Eigentums des betreffenden Erwerbers bei Änderungen nicht unzumutbar zu beeinträchtigen. Ein Formulierungsvorschlag findet sich bei Hügel/Scheel § 18 Rn. 4.

31 **3. Zustimmung von Grundpfandrechtsgläubigern.** Solange die Teilungserklärung noch nicht vollzogen ist und deshalb bestellte Grundpfandrechte an den einzelnen Einheiten noch nicht im Grundbuch eingetragen sind, ist eine Gläubigerzustimmung zu nachträglichen Veränderungen der Aufteilung nicht erforderlich, da diesen ein Pfandrecht noch nicht zusteht. Sobald Grundpfandrechtsbestellungen jedoch dem Grundbuchamt vorgelegt worden sind, sind ab diesem Zeitpunkt die Zustimmungen der dinglich Berechtigten notwendig, soweit sie in ihren Rechten rechtlich nachteilig betroffen sind und eine Zustimmung nicht nach § 5 Abs. 4 Satz 2 WEG entbehrlich ist. Bei unwesentlichen, aber zustimmungspflichtigen nachträglichen Veränderungen kann in vielen Fällen ein Unschädlichkeitszeugnis die Gläubigerzustimmung entbehrlich machen (BayObLG FGPrax 2003, 215; NZM 2003, 987). Eine im Bauträgervertrag enthaltene Änderungsvollmacht für den Bauträger macht eine Gläubigerzustimmung nicht entbehrlich (BayObLG MittBayNot 1998, 180; DNotZ 1996, 297).

32 Die Notwendigkeit einer Zustimmung scheidet nur dann aus, wenn jede rechtliche, nicht bloß eine wirtschaftliche Beeinträchtigung ausgeschlossen ist (BGH DNotZ 1984, 695). Die Erleichterungen des § 5 Abs. 4 Satz 2 WEG gelten nicht, da diese nur für Vereinbarungen iSv § 10 WEG anwendbar sind.

33 Etwas anders gilt für den Fall der gestuften Begründung von Sondernutzungsrechten (→ § 10 Rn. 129), bei der in der Begründungsurkunde die Wohnungseigentümer vom Mitgebrauch ausgeschlossen werden (sog. „negative Komponente“) und die Zuweisung zu einer Sondereigentumseinheit nachträglich erfolgt (sog. „positive Komponente“), denn auf Grund der bereits vorhandenen negativen Komponente ist der Rechtsverlust schon vorher eingetreten (BGH ZWE 2012, 377; OLG Frankfurt a. M. MittBayNot 1998, 443; OLG Düsseldorf Rpfleger 1993, 193; BayObLG MittBayNot 1992, 226).

V. Abschnittsweise Begründung von Wohnungseigentum

Die Errichtung einer **Mehrhausanlage** (ausführlich hierzu → § 9a Rn. 53 ff.) auf einem Grundstück erfolgt meist nicht in einem Zug, sondern in verschiedenen Bauabschnitten. Der Grund hierfür liegt im Wesentlichen im erhöhten Finanzierungsaufwand und der komplizierteren Vermarktungssituation. Die rechtliche Gestaltung solcher Fälle ist kompliziert und kann va seit der geänderten Rechtsprechung zu der sog. „verdinglichten Ermächtigung" nicht als geklärt bezeichnet werden. Im Wesentlichen existieren drei Modelle: 34

1. Große Aufteilung. Bei der sog. „großen Aufteilung" wird bereits am gesamten Grundstück Wohnungseigentum begründet, sämtliche geplanten Gebäude werden in Sonder- und gemeinschaftliches Eigentum aufgeteilt. Der Nachteil dieser Lösung besteht darin, dass bereits zum Zeitpunkt der Aufteilung für alle Gebäude Aufteilungspläne vorliegen müssen. Meist ist das aber nicht der Fall, auch die Planung der Gebäude erfolgt in aller Regel abschnittsweise. Dieser Umstand ist schon dadurch bedingt, dass der Bauträger flexibel auf Kundenwünsche reagieren will. Die „große Aufteilung" hat sich im Ergebnis für die Praxis als ungeeignet erwiesen, auch wenn sie selbstverständlich den Idealfall bildet. 35

2. Kleine Aufteilung. Die **„kleine Aufteilung"** beinhaltet dagegen zunächst nur die Aufteilung des ersten Gebäudes. Dieses wird vollständig wie ein Einzelgebäude aufgeteilt. Alle Miteigentumsbruchteile werden mit Sondereigentum an diesem Haus verbunden. Bei der Realisierung der weiteren Baukörper werden dann von diesen Einheiten die entsprechenden Miteigentumsanteile wieder abgetrennt und mit dem Sondereigentum an den neu gebildeten Räumen des weiteren Gebäudes verbunden. Dieser Vorgang ist rechtlich sehr kompliziert und zudem sehr schwer umzusetzen und abzusichern. Dieses Modell wird daher in der Praxis – soweit ersichtlich – nicht verwendet (abratend von dieser Lösung zB *Röll* DNotZ 1977, 74). 36

3. Aufteilung mit „überdimensionalem Miteigentumsbruchteil". 37
Durchgesetzt hat sich die Aufteilung unter Bildung eines sog. **„überdimensionalen Miteigentumsanteils".** Hierbei wird ein sehr großer Miteigentumsanteil, der nicht wie sonst üblich der Wohn- und Nutzungsfläche der betreffenden Sondereigentumseinheit entspricht, gebildet. Er wird in aller Regel mit einem Tiefgaragenstellplatz oder einem Kellerraum verbunden und verbleibt beim aufteilenden Bauträger. Dieser unterteilt den Anteil anschließend und verbindet ihn mit den neu gebildeten Sondereigentumseinheiten der später entstehenden Gebäude. Der zunächst nicht aufgeteilte Rest verbleibt wegen § 1 Abs. 5 WEG im gemeinschaftlichen Eigentum. Bei der nachträglichen Aufteilung später fertig gestellter Gebäude müssen diese zunächst im gemeinschaftlichen Eigentum stehenden Gebäude teilweise in Sondereigentum umgewandelt werden. Die früher praktizierte Gestaltung über sog. „verdinglichte Ermächtigungen" in der Gemeinschaftsordnung ist nicht mehr möglich (→ Rn. 30).

Aus diesem Grund müssen die entsprechenden Regelungen anstatt in die Gemeinschaftsordnung in die jeweiligen Bauträgerverträge aufgenommen 38 werden. Der Anspruch des Bauträgers auf Bildung neuen Sondereigentums ergibt sich dann aus diesem Vertragsverhältnis. Da eine solche **Vollmachtserteilung** nur zwischen dem Ersterwerber und dem Bauträger Wirkung entfaltet, sollte eine Sicherung des Bauträgers durch die **Eintragung einer Vormerkung** im Grundbuch vorgenommen werden (*Häublein* DNotZ 2000, 442; *Röll* ZWE 2000, 446). Die noch zu überbauende Fläche ist genau zu bezeichnen und evtl. weitere wichtige Modalitäten sind anzugeben. Noch offene Punkte können einer Bestimmung des Bauträgers nach § 315 BGB überlassen bleiben (*Röll* ZWE 2000, 448.).

39 Da die „Vormerkungslösung" jedoch **kostenintensiv** ist und zu Schwierigkeiten bei der Beleihung der einzelnen Wohnungseinheit führen kann, bietet die Vereinbarung einer **Zustimmung zur Veräußerung** nach § 12 WEG eine interessante **Alternative** (hierzu *Hügel* DNotZ 2003, 517). Alle Wohnungseigentümer benötigen Sicherheit, dass das gesamte Areal bebaut wird. Eine bloße Vollmachtserteilung im Bauträgervertrag greift zu kurz. Es bedarf einer zweiten Regelungsebene. Die auf Grund der Rechtsprechung in der Gemeinschaftsordnung nicht mögliche Bevollmächtigung oder Ermächtigung ist im jeweiligen Bauträgervertrag enthalten. Die für das Verhältnis der Wohnungseigentümer untereinander wichtige Mitwirkungsverpflichtung bei der Realisierung der Gesamtanlage hingegen befindet sich in der Gemeinschaftsordnung der Eigentümergemeinschaft. Sofern der Ersterwerber im Fall der Weiterveräußerung nicht dafür Sorge trägt, dass auch der Zweiterwerber eine Vollmacht für den aufteilenden Eigentümer zur Bildung neuen Sondereigentums erteilt, kann die Zustimmung zur Veräußerung durch den Zustimmungsberechtigten verweigert werden. Der Erwerber gibt zu erkennen, dass er der Pflicht ggü. den anderen Wohnungseigentümern nicht nachkommen will und verhält sich damit gemeinschaftsordnungswidrig. Als Zustimmungsberechtigter bietet sich in solchen Fällen der aufteilende Bauträger an.

40 Diese Alternative kann jedoch anders als der Weg über eine Vormerkung derzeit juristisch noch nicht als gesichert bezeichnet werden (zustimmend Beck'sches Notarhandbuch/*Rapp,* § 3 Rn. 39; *Elzer* MietRB 2007, 81; *Müller,* Praktische Fragen des Wohnungseigentums, 21; *Böttcher* Rpfleger 2005, 654; ablehnend *Moosheimer* ZMR 2014, 603; *Armbrüster* ZMR 2005, 249) und im Hinblick auf § 12 Abs. 4 WEG nur eingeschränkt Sicherheit bieten. Solange jedoch der aufteilende Eigentümer auf Grund des überdimensionalen Miteigentumsanteils bei Geltung des **Wertprinzips** (→ § 25 Rn. 23) für das Stimmrecht die Mehrheit der Stimmen repräsentiert, ist er bis zu diesem Zeitpunkt vor einem Aufhebungsbeschluss in jedem Fall geschützt. Zudem wird in der Regel auch der überwiegende Teil der Wohnungseigentümer ein Interesse an der Realisierung der gesamten Mehrhausanlage besitzen und deshalb bis zu deren Gesamtfertigstellung die Veräußerungsbeschränkung nach § 12 WEG nicht durch Mehrheitsbeschluss aufheben. Eine Aufhebung zu diesem Zeitpunkt widerspräche außerdem ordnungsmäßiger Verwaltung (*Abramenko,* Das neue WEG in der anwaltlichen Praxis, 103) und könnte dementsprechend angefochten werden. Ggf. muss der Bauträger zum Zeitpunkt des Mehrheitsverlustes die restliche Planung grundbuchmäßig umsetzen.

VI. Unterteilung

1. Voraussetzungen. Wohnungseigentümer können ihr Wohnungseigentum in zwei oder mehrere Einheiten unterteilen, sofern es **teilungsfähig** ist (BGH NJW 2012, 2434 Rn. 8; 2004, 3413; 1968, 499; OLG München ZWE 2013, 355; 2011, 267; aus der Lit. zB *Gaier* FS Wenzel, PiG 71, 146). Hierbei wird der bestehende Miteigentumsanteil in mehrere Miteigentumsanteile aufgeteilt und diese wiederum mit Sondereigentum an den unterteilten Raumeinheiten verbunden. Erforderlich ist in analoger Anwendung von § 8 WEG (OLG München ZWE 2018, 442; *Ott* NZM 2015, 483; Bärmann/*Armbrüster* § 2 Rn. 93; aA Weitnauer/*Briesemeister* § 8 Rn. 3: § 7 GBO analog) eine einseitige Erklärung des Eigentümers ggü. dem Grundbuchamt in der Form des § 29 GBO. Im Einzelnen gelten die Ausführungen unter → Rn. 3 ff. entsprechend. Dem Grundbuchamt müssen folgerichtig ein entsprechender **Aufteilungsplan** und die dazugehörige **Abgeschlossenheitsbescheinigung** für alle neu zu bildenden Sondereigentumseinheiten vorgelegt werden. Eine Ausnahme gilt nur dann, wenn von vornherein bereits in sich abgeschlossene Räume durch Unterteilung getrennt werden (OLG München ZWE 2011, 267). 41

Die Unterteilung kann nur Räume erfassen, die zum Sondereigentum des unterteilten Wohnungseigentums gehört haben (BGH NJW 2004, 3413; OLG Karlsruhe ZMR 2014, 303; OLG Hamm ZMR 2012, 288), weil ansonsten in fremdes Eigentum eingegriffen würde. Die Aufteilung muss außerdem **vollständig** sein, und zwar sowohl im Hinblick auf den Miteigentumsanteil als auch in Bezug auf alle zum aufgeteilten Sondereigentum gehörenden Räume (*Müller* ZWE 2012, 22). Wird ein Raum, zB der Keller, vergessen, ist die gesamte Unterteilung unwirksam (OLG München MietRB 2007, 175; BayObLG DWE 1996, 41). Siehe auch → Rn. 54. 42

Es darf iRd Unterteilung **kein Sondereigentum** an Räumen **zu gemeinschaftlichem Eigentum** oder **gemeinschaftliches Eigentum zu Sondereigentum umgewandelt** werden. Hierzu bedürfte es wiederum der Einigung aller Wohnungseigentümer in der Form des § 4 Abs. 1 WEG (BGH NZM 2004, 876; NJW 1998, 3711; BayObLG WE 1999, 24; aA *Gaier* FS Wenzel, PiG 71, 154; → § 4 Rn. 5 ff.). Diese Anforderung bereitet bei der Aufteilung einer Wohnung in zwei Wohnungen als sog. „Eingangsflurproblem" nicht selten Schwierigkeiten. Es entsteht durch die Notwendigkeit eines neuen **Eingangsbereichs** für die beiden neu geschaffenen Wohnungen. IdR sollen die neuen Wohnungseingangstüren vom alten Eingangsflur der bisherigen Wohnung aus erreicht werden. Der gesamte Eingangsflur der alten Wohnung wird Teil des im gemeinschaftlichen Eigentum stehenden Flurs des Gebäudes. Da der Zugang zu einer Sondereigentumseinheit aber über gemeinschaftliches Eigentum führen muss und Mitsondereigentum der beiden Eigentümer der unterteilten Wohnungen an diesem Bereich nicht möglich ist (BayObLG DNotZ 1998, 379), muss der Eingangsflur in gemeinschaftliches Eigentum umgewandelt werden. 43

Ein **Anspruch** auf Mitwirkung an einer solchen Umwandlung lässt sich nicht aus § 10 Abs. 2 WEG herleiten, weil diese Norm sich nur auf ab- 44 ändernde Vereinbarungen, nicht aber auf die sachenrechtliche Zuordnung bezieht (BGH NZM 2012, 613 Rn. 9; → § 10 Rn. 169). Im Einzelfall kann sich ein solcher Anspruch nur aus dem Treueverhältnis der Wohnungseigentümer untereinander ergeben (→ § 3 Rn. 115).

45 **2. Zustimmung der übrigen Wohnungseigentümer.** Eine **Zustimmung der übrigen Wohnungseigentümer** zur Unterteilung ist grundsätzlich **entbehrlich** (BGH NJW 2012, 2434 Rn. 8; 1968, 499; NZM 2004, 876; OLG Düsseldorf ZWE 2020, 272; OLG München ZWE 2018, 442; ZWE 2013, 355). Diese Befugnisse des teilenden Wohnungseigentümers setzen aber voraus, dass der Status der übrigen Wohnungseigentümer gewahrt wird (BGH NJW 2012, 2434 Rn. 8). Da die Zustimmung der übrigen Miteigentümer nicht erforderlich ist, fehlt ihnen deshalb auch eine diesbezügliche Beschlusskompetenz. Folgerichtig ist ein Eigentümerbeschluss, durch den die Zustimmung zur Teilung einer Wohnungseigentumseinheit versagt wird, nichtig (BayObLG NZM 2003, 481).

46 Nach überwiegender Ansicht kann die Unterteilung in analoger Anwendung von **§ 12 WEG** durch eine Vereinbarung der Wohnungseigentümer oder durch die Teilungserklärung des Grundstückseigentümers von der **Zustimmung** anderer Wohnungseigentümer oder eines Dritten **abhängig** gemacht werden. Eine solche Zustimmung dürfe nur aus einem wichtigen Grunde versagt werden (BGH NJW 1968, 499; 1962, 1613; OLG München ZWE 2013, 409). Dem kann so nicht zugestimmt werden. Eine entsprechende Anwendung von § 12 WEG scheidet für die Begründung eines Zustimmungsvorbehalts in jedem Fall aus, weil auf Grund fehlender vergleichbarer Interessenlage die Voraussetzungen für eine Analogie nicht vorliegen (*Theilig* NotBZ 2015, 291; *Müller* ZWE 2012, 23). Die bloße Unterteilung führt nicht zu einem neuen Eigentümer (→ § 12 Rn. 22). Dies geschieht erst durch die Veräußerung einer unterteilten Einheit. Erst in diesem Zusammenhang kann § 12 WEG Wirkung entfalten. Die Grundlage für die Zulässigkeit eines Zustimmungserfordernisses kann indes in der allgemeinen Gestaltungsautonomie der Wohnungseigentümer gem. § 10 Abs. 1 Satz 2 WEG (→ § 10 Rn. 50 ff.) gesehen werden. Eine rechtsgeschäftliche Verfügungsbeschränkung iSv von § 137 Satz 1 BGB ist hierin nicht zu sehen. Es handelt sich bei einer solchen Zustimmungsregelung um einen Fall des § 137 Satz 2 BGB. Eine solche **schuldrechtliche Verpflichtung** ist **zulässig** (*Wenzel* ZWE 2008, 70) und betrifft in dieser Form nicht das sachenrechtliche Grundverhältnis der Wohnungseigentümer (aA *Müller* ZWE 2012, 23; → § 10 Rn. 66). Da ein solcher Zustimmungsvorbehalt auch nicht analog § 3 WGV ausdrücklich im Grundbuch eingetragen werden kann, ist er vom Grundbuchamt bei Vollzug der Unterteilung nicht von Amts wegen zu beachten. Verstößt der unterteilende Wohnungseigentümer gegen eine solche in der Gemeinschaftsordnung enthaltene Unterlassungsverpflichtung, ist die im Grundbuch eingetragene Unterteilung gleichwohl wirksam, der betreffende Wohnungseigentümer aber gem. §§ 280 Abs. 1 und 3, 283 BGB zum Schadenersatz bis hin zum Anspruch auf Rückgängigmachung der Unterteilung verpflichtet.

3. Bauliche Unterteilung. Die bauliche Umsetzung einer rechtlichen Unterteilung wird in aller Regel eine bauliche Veränderung am gemeinschaftlichen Eigentum zur Folge haben. Die hierfür erforderliche Zustimmung der übrigen Wohnungseigentümer gem. § 20 Abs. 1 WEG muss dem Grundbuchamt zur Eintragung der rechtlichen Unterteilung nicht vorgelegt werden (OLG München ZWE 2018, 442; ZWE 2013, 409, BayObLG DNotZ 1999, 210) 47

4. Zustimmung durch Grundpfandrechtsgläubiger. Sofern das unterteilte Wohnungseigentum mit Grundpfandrechten belastet ist, bedarf es **keiner Zustimmung** der **Grundpfandrechtsgläubige**r. Es gelten die Ausführungen → Rn. 31. 48

5. Aufteilung von Sondernutzungsrechten. Sind dem aufzuteilenden Wohnungseigentum ein oder mehrere Sondernutzungsrechte zugeordnet, sollten diese auf die neuen Einheiten verteilt werden. Enthält die Unterteilungserklärung keine Aussage zu vorhandenen Sondernutzungsrechten, stehen diese den neuen Einheiten gemeinschaftlich zu, wobei dieses Gemeinschaftsverhältnis mangels einer Regelung dann durch Auslegung definiert werden muss. 49

6. Auswirkungen auf das Stimmrecht. Zwar bedarf die spätere Aufteilung nicht der Zustimmung der übrigen Wohnungseigentümer (BGH NJW 1968, 499). Auch die anschließende Veräußerung einer neu geschaffenen Einheit ist – vorbehaltlich einer Vereinbarung gem. § 12 WEG – zustimmungsfrei (BGH NJW 1979, 870; 2004, 3413). Diese Befugnisse des teilenden Wohnungseigentümers setzen aber voraus, dass der Status der übrigen Wohnungseigentümer **gewahrt** wird. Dies ist nur dann gewährleistet, wenn die ursprüngliche Stimmenzahl **keine Änderung** erfährt. 50

Richtigerweise muss deshalb bei Geltung des **Kopfprinzips** das Stimmrecht aufgeteilt werden (BGH NJW 2012, 2434 Rn. 8; OLG Stuttgart NZM 2005, 312; LG München ZWE 2009, 456; *Mediger* NZM 2011, 143; *Wedemeyer* NZM 2000, 638), da es ansonsten zu einer Stimmrechtsmehrung zu Lasten der übrigen Wohnungseigentümer käme (aA OLG Düsseldorf NZM 2004, 234; KG NZM 2000, 671; *Briesemeister* FS Seuß, PiG 77, 52; *Gottschalg* NZM 2005, 89 eine volle Stimme für jede neue Einheit mit Eigentümerwechsel bezüglich einer der unterteilten Einheiten). Das für die Gegenansicht vorgebrachte Argument, bei Geltendmachung des Kopfprinzips komme es auch dann zu einer Stimmrechtsvermehrung, wenn einem Eigentümer mehrere Wohnungen gehören und er eine hiervon veräußert, kann nicht überzeugen. Sind bereits mehrere Einheiten wohnungseigentumsrechtlich gebildet, werden durch den Verkauf einer Einheit die Rechte der übrigen Miteigentümer nicht beeinträchtigt. Die latente Gefahr der Stimmrechtsmehrung ist bei Geltung des Kopfprinzips nämlich bereits in der Aufteilungserklärung angelegt. Ein neuer Wohnungseigentümer kann beim Erwerb erkennen, welche Anzahl von Einheiten in dem Anwesen vorhanden sind und dass es durch die Übertragung einer Einheit von einem Eigentümer, dem mehrere Wohnungen gehören, zu einer Änderung der Stimm- 51 rechtsverhältnisse kommen kann. Bei der **nachträglichen** Unterteilung würde jedoch ein Wohnungseigentümer allein die ursprünglich konzipierte Stimmrechtsregelung verändern, ohne dass dies für die Miteigentümer beim Eintritt in die Gemeinschaft ersichtlich ist.

52 Bei vereinbartem **Objektprinzip** ist die Aufteilung des Stimmrechts ebenfalls die sachgerechte Lösung (BGH NJW 2004, 3413; KG NZM 2004, 549; OLG Hamm ZWE 2002, 489; KG FGPrax 1999, 90), sofern die Gemeinschaftsordnung keine abweichende Regelung für diesen Fall enthält. Unproblematisch ist die veränderte Stimmkraft bei vereinbartem **Wertprinzip,** bei dem sich das **Stimmrecht nach den Miteigentumsanteilen** richtet.

53 **7. Folgen für die vereinbarte Zweckbestimmung.** Die bisherige Zweckbestimmung der Räume verändert sich durch die Unterteilung nicht. Auch unselbständige – nicht unmittelbar Wohnzwecken dienende – Räume wie Keller oder Speicher eines Wohnungseigentums ändern ihre Zweckbestimmung als Wohnungs- bzw. Teileigentum grundsätzlich nicht (BGH NZM 2015, 454; OLG Düsseldorf ZWE 2020, 272; OLG München ZWE 2013, 355). Etwas anderes muss jedoch gelten, wenn bei einer untergeordneten Mischnutzung (→ § 1 Rn. 16) – wie beispielsweise Wohnung mit Sondereigentum an einem Stellplatz – allein der abweichend genutzte Raum abgetrennt wird. Die Zweckbestimmung als Stellplatz ist bereits in der Teilungserklärung enthalten. Die Separierung des Stellplatzes als eigenständige Einheit durch eine Unterteilung kann nur dazu führen, dass an diesem Stellplatz Teileigentum entsteht (OLG München ZWE 2018, 442; 2013, 355; *Ott* NZM 2015, 486), auch wenn er vorher unselbständiger Teil einer Wohnungseigentumseinheit war. Wird im Rahmen der Unterteilung gleichzeitig eine Umwidmung von Teileigentum in Wohnungseigentum oder umgekehrt vorgenommen, liegt hierin zugleich eine abändernde Nutzungsvereinbarung, die eine Mitwirkung aller Wohnungseigentümer notwendig macht (→ § 1 Rn. 23). Fehlt es daran, ist entgegen der Rechtsprechung (BGH NZM 2015, 454 Rn. 12) die Unterteilung nicht unwirksam. Vielmehr ist die sachenrechtliche Unterteilung wirksam und lediglich die Veränderung der Zweckbestimmung nicht erfolgt.

54 **8. Folgen einer fehlerhaften Unterteilung.** Verstößt eine Unterteilung gegen das Gebot der vollständigen Unterteilung oder erfasst sie Räume, die im fremden Sondereigentum oder im gemeinschaftlichen Eigentum stehen, und erfolgt gleichwohl die Eintragung der Unterteilung, führt dies zu einer **inhaltlich unzulässigen** Grundbucheintragung (BGH NZM 2004, 976; OLG Karlsruhe ZMR 2014, 303). Solche Eintragungen sind unwirksam und entfalten keinerlei rechtliche Wirkungen, insbesondere keinen Vertrauensschutz (Bärmann/*Armbrüster* § 2 Rn. 105). Ein **gutgläubiger Erwerb** der unwirksam aufgeteilten neuen Einheiten **scheidet** deshalb **aus** (BGH NZM 2004, 976; OLG München Rpfleger 2007, 459; Riecke/Schmid/*Schneider* § 7 Rn. 243; aA *Böttcher* ZfIR 2008, 116; *Röll* MittBayNot 1988, 22). Siehe auch → Rn. 42.

VII. Vereinigung/Zuschreibung von Wohnungseigentumseinheiten

Stehen zwei räumlich benachbarte Wohnungseigentumsrechte im Eigentum desselben Eigentümers, kommt eine Vereinigung dieser Einheiten in Betracht. Hierbei ist zwischen der lediglich **rechtlichen Vereinigung ohne bauliche Maßnahmen** und der **baulichen Vereinigung** zu unterscheiden. Die rechtliche Vereinigung muss nicht mit einer baulichen Vereinigung der Einheiten einhergehen (BGH NJW 2001, 1212; *Böttcher* ZNotP 2013, 58; aA *Streuer* Rpfleger 1992, 185). 55

1. Rechtliche Zusammenlegung von Wohnungseinheiten. a) Vereinigung. Jeder Wohnungseigentümer **kann** eine Zusammenlegung mehrerer ihm – an demselben Grundstück (*Böttcher* ZNotP 2013, 57) – zustehender Wohnungseigentumsrechte – ohne Zustimmung der übrigen Wohnungseigentümer – zu einem einheitlichen Wohnungseigentum durch eine Vereinigung entsprechend § 890 Abs. 1 BGB realisieren (BGH NZM 2004, 876; NJW 2001, 1212; OLG Düsseldorf ZWE 2016, 165; OLG Hamburg ZMR 2004, 529; BayObLG NZM 2000, 1232). Es entsteht dabei ein einheitlicher, vereinigter Miteigentumsanteil, verbunden mit dem Sondereigentum an den vereinigten Wohnungen (BGH DNotZ 1983, 487; OLG Düsseldorf ZWE 2016, 165). Möglich ist nicht nur die Vereinigung von Wohnungs- und Teileigentum untereinander, sondern auch von Wohnungs- und Teileigentum, da eine gemischte Zweckbestimmung auch bei der Erstbegründung möglich ist (OLG Düsseldorf ZWE 2016, 165; → § 1 Rn. 16). 56

b) Zuschreibung. Auch eine Bestandteilzuschreibung in entsprechender Anwendung von § 890 Abs. 2 BGB, § 6 GBO ist – ohne Zustimmung der übrigen Wohnungseigentümer – möglich (BGH NJW 2014, 1002; LG Ravensburg Rpfleger 1976, 303; *Böttcher* ZNotP 2013, 57). In diesem Fall verliert die zugeschriebene Einheit ihre rechtliche Selbständigkeit und wird der anderen, die bestehen bleibt, zugeschrieben mit der Folge, dass die am Hauptwohnungseigentum eingetragenen Grundpfandrechte sich gem. § 1131 BGB von Gesetzes wegen auf das zugeschriebene Wohnungseigentum erstrecken. Im Übrigen gelten die Ausführungen zur Vereinigung entsprechend. 57

c) Vorteile einer Vereinigung/Zuschreibung. Die rechtliche Vereinigung zweier Wohnungseigentumseinheiten kann zu einer **Reduzierung der Grundsteuer** führen (*Westermeier* MittBayNot 2004, 266). Gelegentlich wird die Vereinigung zur **Verringerung der Verwaltergebühren** gewünscht, weil nach rechtlicher und baulicher Vereinigung das Verwalterhonorar nur noch für **eine Einheit** anfällt (AG Gelsenkirchen ZMR 2019, 899; AG Aachen ZMR 2009, 717; → § 26 Rn. 308). Aber auch zur Vermeidung eines gewerblichen Grundstückshandels bei der Veräußerung mehrerer Einheiten durch Privatpersonen kann die rechtliche Vereinigung die geeignete Strategie bilden, da aufgrund der sog. 3-Objekte-Regel bei der Veräußerung von mehr als drei Objekten innerhalb eines Zeitraums von fünf Jahren die Finanzverwaltung eine gewerbliche Tätigkeit vermutet. Die vor- 58 herige Vereinigung der zum Verkauf stehenden Einheiten sorgt dafür, dass der Veräußerer unter der steuerlich relevanten Schwelle bleibt (vgl. BFH NZM 2005, 115).

59 **d) Anforderungen.** Das durch die Vereinigung gebildete neue Wohnungseigentum muss **nicht** in sich **abgeschlossen** sein (OLG Düsseldorf ZWE 2016, 165; OLG Hamburg ZMR 2004, 529; BayObLG NZM 2000, 1232; siehe ausführlich hierzu → § 3 Rn. 53), eine neue Abgeschlossenheitsbescheinigung ist deshalb entbehrlich (OLG Hamburg ZMR 2004, 529; LG Köln ZMR 2015, 789). Es genügt, wenn die zum neuen Wohnungseigentum gehörenden Sondereigentumseinheiten ggü. dem übrigen Sonder- und gemeinschaftlichen Eigentum abgegrenzt sind. Die unterschiedliche Nummerierung der Räume ist ohne Belang (*Böttcher* Rpfleger 2005, 650), da § 7 Abs. 4 Satz 1 Nr. 1 WEG nur für die Erstaufteilung gilt (OLG Düsseldorf ZWE 2016, 165; → § 7 Rn. 37). Ebenso ist kein neuer Aufteilungsplan erforderlich, weil sich der Gegenstand des (vereinigten) Sondereigentums aus dem bereits vorhandenen Aufteilungsplan unkompliziert ergibt.

60 Es ist nicht erforderlich, dass die zu vereinigenden Einheiten neben oder übereinander liegen (OLG München ZWE 2009, 25; *Böttcher* ZNotP 2013, 60: aA BayObLG DNotZ 2003, 352), weil zum einen § 5 Abs. 2 Satz 2 GBO nicht entsprechend gilt und zum anderen auch bei der Erstbegründung mit einem Miteigentumsanteil das Sondereigentum an mehreren, an sich selbständigen Raumeinheiten begründet werden kann.

61 Eine **Zustimmung** der **übrigen Wohnungseigentümer** ist **nicht** erforderlich, da deren Rechte nicht beeinträchtigt werden (OLG Hamburg ZMR 2004, 529; BayObLG NZM 2000, 1232). Im Grundbuch eingetragene Belastungen bleiben in ihrem bisherigen Umfang bestehen und erstrecken sich nicht automatisch auf die anderen an der Vereinigung beteiligten Einheiten (Bärmann/Seuß/*Schneider* § 2 Rn. 210). Aus diesem Grund ist auch die Zustimmung dinglich Berechtigter an den vereinigten Wohnungseinheiten entbehrlich. Sie werden nicht in ihren Rechten beeinträchtigt.

62 Eine Vereinigung bzw. Zuschreibung ist ausgeschlossen, wenn durch sie die Gefahr der Verwirrung iSv §§ 5 Abs. 1 Satz 1, 6 Abs. 1 Satz 1 GBO besteht. Dies ist der Fall, wenn durch sie das Grundbuch derart unübersichtlich und schwer verständlich wird, dass die Rechtslage nicht mehr mit der für den Grundbuchverkehr gebotenen Klarheit und Bestimmtheit erkennbar ist und Rechtsstreitigkeiten drohen. Auch Probleme bei der Zwangsvollstreckung können zur Verwirrung führen. Bei einer **unterschiedlichen Belastung** mit Grundpfandrechten ist wegen § 5 Abs. 1 Satz 2 GBO Verwirrung zu besorgen, wenn die zu vereinigenden oder zuzuschreibenden Einheiten mit unterschiedlichen Grundpfandrechten oder Reallasten bzw. mit denselben Grundpfandrechten oder Reallasten in unterschiedlicher Rangfolge belastet sind (vgl. hierzu *Böttcher* ZNotP 2013, 370). Auch wenn die Grundbuchämter diese Ordnungsvorschriften beachten müssen, führt ein Verstoß hiergegen nicht zur Unwirksamkeit einer gleichwohl eingetragenen Vereinigung bzw. Zuschreibung (*Böhringer* NotBZ 2014, 99).

63 **e) Stimmrecht.** Auf das **Stimmrecht** hat die Vereinigung folgende Auswirkungen: Beim **Wertprinzip** ergeben sich keine Besonderheiten. Die

betreffenden Miteigentumsanteile werden einfach addiert, die Stimmkraft ändert sich im Ergebnis nicht. Bei Geltung des **Kopfprinzips** ergeben sich ebenfalls keine Veränderungen. Beim Objektprinzip fällt durch die Vereinigung eine Stimme weg, der betreffende Wohnungseigentümer besitz nur noch eine Stimme (AG Dortmund BeckRS 2019, 13175). Dies wirkt sich aber auf die bestehenden Stimmrechte nur vorteilhaft iSe Verstärkung der Stimmkraft aus (*Gottschalg* NZM 2005, 89).

f) Sondernutzugsrechte. Besteht für eines der vereinigten Wohnungs- 64 eigentumsrechte ein Sondernutzungsrecht, so ist das durch die Vereinigung entstehende Wohnungseigentumsrecht ohne weiteres Berechtigter dieses Sondernutzungsrechtes. Es kommt zu einer automatischen „Erstreckung" auf das bisher nicht begünstigte Wohnungseigentum. Dies ergibt sich daraus, dass ein Berechtigter eines Sondernutzungsrechtes dieses ohne Zustimmung der übrigen Wohnungseigentümer übertragen kann (→ § 10 Rn. 160), was er gleichsam durch die Vereinigung auch macht. Eine entsprechende Anwendung der Grundsätze für die Grunddienstbarkeit scheidet daher aus (aA Beck'sches Notarhandbuch/*Rapp* § 3 Rn. 93).

2. Bauliche Vereinigung. In aller Regel wird die Vereinigung mehrerer 65 zusammenliegender Eigentumswohnungen nicht nur rechtlich, sondern auch oder nur faktisch durch Mauer- und/oder Deckendurchbrüche gewünscht. Fehlt es an einer baulichen Vereinigung, entsteht eine „Eigentumswohnung" im Rechtsinne, die tatsächlich aus zwei (baulich getrennten) Wohnungen besteht. Dies ist unproblematisch, weil dieser Zustand auch bei der Neubegründung von Wohnungseigentum zulässig ist (→ § 1 Rn. 11).

Bauliche Vereinigungen bringen keine rechtlichen Schwierigkeiten mit 66 sich, wenn die notwendigen baulichen Maßnahmen – in der Regel ein Wand- oder Deckendurchbruch – an einer **nichttragenden** Wand vorgenommen werden sollen. Nichttragende Wände zwischen zwei Sondereigentumseinheiten befinden sich zunächst im gemeinschaftlichen Eigentum aller Wohnungseigentümer (aA BayObLG WE 1997, 118; *Rapp* MittBayNot 1995, 283; vgl. → § 5 Rn. 48), sodass eine Zustimmung der übrigen Wohnungseigentümer zu den baulichen Maßnahmen nach § 20 Abs. 1 WEG erforderlich ist, solange sich diese Einheiten im unterschiedlichen Eigentum befinden. Dies gilt nicht (mehr), wenn sich beide Einheiten in der Hand eines einzigen Eigentümers befinden. Soll eine **tragende Wand** durchbrochen werden, bedeutet dies eine **bauliche Veränderung** des gemeinschaftlichen Eigentums, die grundsätzlich wegen § 20 Abs. 1 WEG der **Zustimmung** aller Wohnungseigentümer in Form eines zustimmenden Beschlusses bedarf. Nur wenn **kein wesentlicher Eingriff** in die Substanz des gemeinschaftlichen Eigentums erfolgt, insb. keine Gefahr für die konstruktive Stabilität des Gebäudes und dessen Brandsicherheit geschaffen wird, ist eine Zustimmung der übrigen Wohnungseigentümer entbehrlich (BGH NJW 2001, 1212). Eine evtl. notwendige Zustimmung der Miteigentümer zur baulichen Vereinigung ist jedoch für das Grundbuchverfahren ohne Bedeutung (*Böttcher* ZNotP 2013, 59).

Durch den Wanddurchbruch wird zudem die ursprünglich vorhandene 67 Abgeschlossenheit der beiden Wohnungseinheiten tatsächlich beseitigt, was grundsätzlich einen der Teilungserklärung widersprechenden Zustand darstellt (BayObLG MittBayNot 1997, 366). Diese **Aufhebung der Abgeschlossenheit** stellt für sich allein jedoch **keinen nicht hinnehmbaren Nachteil** der übrigen Wohnungseigentümer dar und ist somit von diesen zu dulden. Mit der tatsächlichen Beseitigung der in § 3 Abs. 3 WEG vorausgesetzten Abgeschlossenheit der Sondereigentumsbereiche ist nämlich kein Nachteil der übrigen Wohnungseigentümer verbunden. Zum einen lässt dies den Bestand und den Umfang des in der Teilungserklärung ausgestalteten Wohnungseigentums unberührt und führt nicht zur Unrichtigkeit des Grundbuchs. Zum anderen ist es Zweck des in § 3 Abs. 3 WEG als Sollvorschrift ausgestalteten Abgeschlossenheitserfordernisses, die räumliche Abgrenzung der Sonder- und Gemeinschaftseigentumsbereiche zu gewährleisten und dadurch Streitigkeiten zu vermeiden. Damit dient diese Vorschrift nur dem Schutz der Wohnungseigentümer, die durch die fehlende Trennung berührt werden (BGH NJW 2001, 1212; BayObLG ZWE 2000, 575; *Rapp* MittBayNot 1995, 282; *Röll* WE 1997, 412; aA die frühere oberlandesgerichtliche Rspr., so OLG Zweibrücken ZMR 2000, 254; BayObLG WE 1997, 111).

C. Werdender Wohnungseigentümer

I. Allgemeines

68 **1. Entwicklung.** Wohnungseigentümer ist nur der in Übereinstimmung mit der wahren Rechtslage im Wohnungsgrundbuch eingetragene Eigentümer (→ § 9a Rn. 2). Beim Erwerb eines noch zu errichtenden Wohnungseigentums vom Bauträger findet die Eigentumsumschreibung nicht selten Jahre nach dem Besitzübergang auf den Erwerber statt. Da für eine Wohnungseigentümergemeinschaft nach alter Rechtslage mindestens **zwei verschiedene Eigentümer** vorhanden sein mussten (BGH ZWE 2020, 267 Rn. 15; NJW 2008, 2639 Rn. 12; KG ZMR 2019, 521), weil eine Ein-Personen-Gesellschaft auf Grund der Regelung in § 10 Abs. 7 Satz 4 WEG aF nicht denkbar war (BGH NJW 2008, 2639 Rn. 12), entstand eine Wohnungseigentümergemeinschaft bei der Teilung nach § 8 WEG grundsätzlich erst mit der Grundbuchumschreibung einer Wohnungseigentumseinheit auf einen neuen Eigentümer und damit zu einem sehr späten Zeitpunkt.

69 Meist hat ein Erwerber vom Bauträger aber auf Grund einer rechtlich verfestigten Erwerbsposition ein berechtigtes Interesse, die mit dem Wohnungseigentum verbundenen Mitwirkungsrechte vorzeitig auszuüben. Deshalb war nach der Rspr. in diesem Bereich eine vorverlagerte Anwendung des WEG geboten (BGH ZWE 2020, 267; NJW 2012, 2650 Rn. 5; 2008, 2639 Rn. 12; 2004, 1798), weil bei einer rein sachenrechtlichen Betrachtung der aufteilende Eigentümer für diesen Zeitraum mangels Existenz einer Gemeinschaft weiterhin Alleineigentümer der Wohnanlage war und damit die alleinige Entscheidungs- und Verwaltungskompetenz besaß. Dies war Grund für die Entwicklung des Rechtsinstituts der sog. **werdenden Wohnungseigentümergemeinschaft** durch die Rechtsprechung.

Voraussetzung für die Anwendung dieser Rechtsfigur war grundsätzlich neben einem gültigen Erwerbsvertrag eine eingetragene Vormerkung sowie das Vorhandensein einer tatsächlichen Gemeinschaft durch Inbesitznahme. Lagen diese Anforderungen vor, wurde ein solcher, im Grundbuch noch nicht eingetragener, Erwerber unabhängig von der Eigentumsposition bereits wie ein Wohnungseigentümer behandelt, zusammen mit den weiteren Erwerbern, welche die gleiche Rechtsposition einnahmen wie er, und dem aufteilenden Eigentümer (BGH ZWE 2020, 267 Rn. 10; NJW 2012, 2650 Rn. 5; 2008, 2639 Rn. 12; 2004, 1798). 70

Dieser Ansatz wirkte sich nach bisherigem Recht in zweierlei Hinsicht aus. Erstens markierte der Zeitpunkt, in dem ein Erwerber als erster die vorgenannten Voraussetzungen erfüllte, den zeitlichen Anwendungsbereich des WEG. Zweitens wurde der sog. werdende Wohnungseigentümer schon vor seiner Eintragung als Eigentümer im Grundbuch zum Mitglied der Gemeinschaft der Wohnungseigentümer und trat jedenfalls im Innenverhältnis im Hinblick auf das erworbene Wohnungseigentum an die Stelle des teilenden Eigentümers (BT-Drs. 19/18791, 43). 71

2. Neuregelung. Nach der Neuregelung in § 9a Abs. 1 Satz 2 WEG bedarf es der Konstruktion einer sog. werdenden Gemeinschaft nicht mehr, um die Anwendbarkeit des WEG vor der Eintragung des ersten Erwerbers als Wohnungseigentümer im Grundbuch zu begründen. Vielmehr ist das WEG bereits mit Anlegung der Wohnungsgrundbücher anwendbar (→ § 9a Rn. 32). Das richterrechtlich geschaffene Institut der werdenden Gemeinschaft hat damit seinen Anwendungsbereich verloren. 72

§ 9a Abs. 1 Satz 2 WEG betrifft dagegen nicht die Frage, ob und gegebenenfalls ab welchem Zeitpunkt einem Erwerber, der noch nicht als Wohnungseigentümer im Grundbuch eingetragen ist, Rechte und Pflichten nach dem WEG zukommen. Diese Frage regelt nun der neue § 8 Abs. 3 WEG. Diese gesetzliche Regelung ersetzt somit das richterrechtlich geschaffene Institut des sog. werdenden Wohnungseigentümers. 73

II. Voraussetzungen

1. Allgemeines. Nach § 8 Abs. 3 WEG ist derjenige, der einen Anspruch auf Übertragung von Wohnungseigentum gegen den teilenden Eigentümer hat, der durch Vormerkung im Grundbuch gesichert ist, und dem der Besitz an den zum Sondereigentum gehörenden Räumen übergeben wurde, gegenüber der Gemeinschaft der Wohnungseigentümer und den anderen Wohnungseigentümern anstelle des teilenden Eigentümers als Wohnungseigentümer anzusehen. 74

2. Ersterwerb. Nach dem Wortlaut gilt die Vorschrift nur für den **erstmaligen** Erwerb von Wohnungseigentum vom teilenden Eigentümer. Insoweit ergibt sich keine Änderung zum Rechtsinstitut des sog. werdenden Wohnungseigentümers. Denn nur in dieser Fallkonstellation besteht aufgrund der Besonderheiten des Bauträgervertragsrechts bei typisierter Betrachtung die Gefahr, dass ein erheblicher Zeitraum zwischen dem Übergang von Lasten und Nutzungen und dem Eigentumsübergang liegt. Gleichwohl 75 ist nach dem Wortlaut von § 8 Abs. 3 WEG aus Gründen der Rechtssicherheit (BT-Drs. 19/18791, 44) ein Erwerb vom Bauträger nicht tatbestandliche Voraussetzung. Erfasst sind vielmehr alle Verträge, aus denen sich ein Übertragungsanspruch ergibt, etwa auch Schenkungsverträge unter nahen Angehörigen (so bereits zur alten Rechtslage BGH ZWE 2020, 267 Rn. 10). Teilender Eigentümer ist die Person, in deren Eigentum das Grundstück in dem Zeitpunkt steht, in dem die Wohnungsgrundbücher angelegt werden, somit beispielsweise auch Eltern, die ihr Haus in Wohnungseigentum aufteilen und anschließend an ihre Kinder übertragen. Eine entsprechende Anwendung von § 8 Abs. 3 WEG bei der **Unterteilung** eines Wohnungseigentums durch einen Eigentümer und anschließender Weiterveräußerung (*Becker/Schneider* ZfIR 2020, 292) ist abzulehnen, weil diese Situation eher einem Zweiterwerb vergleichbar ist (→ Rn. 76).

76 **3. Abgrenzung zum Zweiterwerber.** Zweiterwerber ist, wer sein Wohnungseigentum nicht vom aufteilenden Bauträger, sondern von einem bereits im Grundbuch eingetragenen Wohnungseigentümer oder von einem im Grundbuch noch nicht eingetragenen werdenden Wohnungseigentümer erwirbt (BGH NJW 2015, 2877 Rn. 5; LG München ZWE 2018, 447; LG Stuttgart ZWE 2015, 121; *Wenzel* NZM 2008, 625 ff). Für solche Erwerber von Wohnungseigentum kann die Rechtsfigur des werdenden Wohnungseigentümers iSv § 8 Abs. 3 WEG nicht angewendet werden. Ein Zweiterwerber ist daher erst mit Eintragung im Wohnungsgrundbuch Wohnungseigentümer (BGH NJW 1989, 1087; OLG Zweibrücken WE 1999, 117; *Wenzel* DNotZ 1993, 302; kritisch hierzu OLG Saarbrücken NJW-RR 1998, 1094; *Deckert* WE 1990, 151). Die gilt auch, wenn ein Mitglied einer in Vollzug gesetzten Wohnungseigentümergemeinschaft sein Wohnungseigentum **unterteilt** und **weiterveräußert.** Auch solche Erwerber sind Zweiterwerber (*Reichert* ZWE 2017, 126; LG München ZWE 2018, 447; aA AG Rosenheim ZWE 2017, 135). Soweit Zweiterwerber in Literatur und Rechtsprechung ebenfalls als „werdender Wohnungseigentümer" bezeichnet werden, dürfen sie in keinem Fall mit dem „werdenden Wohnungseigentümer" im dargestellten Sinne gleichgesetzt werden. Sinnvollerweise sollte für den Zweiterwerb zur Vermeidung von Missverständnissen ganz auf diese Bezeichnung verzichtet werden.

77 **4. Vormerkung.** § 8 Abs. 3 WEG verlangt für den Status eines werdenden Wohnungseigentümers an sich nur die Eintragung einer Eigentumsvormerkung im betreffenden Wohnungsgrundbuch und die Besitzübergabe der jeweiligen Sondereigentumsräume an den Erwerber. Da jedoch eine Vormerkung nur den schuldrechtlichen Anspruch auf Verschaffung von Eigentum sichert und damit zu löschen wäre, wenn ihr kein gültiger Erwerbsvertrag zugrunde liegt, wird man – wie bisher zum richterrechtlich geschaffenen Rechtsinstitut des werdenden Wohnungseigentümers (vgl. BGH ZWE 2016, 169; NJW 2015, 2877 Rn. 5; NJW 2012, 2650 Rn. 5; 2008, 2639 Rn. 14) – auch für die Neuregelung in § 8 Abs. 3 WEG fordern müssen, dass tatbestandliche Voraussetzung ein rechtswirksamer Erwerbsvertrag ist, weil letztlich nur so die Vormerkung die gewünschte rechtlich verfestigte Erwerbsposition verschafft (ebenso *Becker/Schneider* ZfIR 2020,

290). Soweit nach bisheriger Rechtslage vertreten wurde, dass es der Sicherung durch eine Eigentumsvormerkung gleich stehe, wenn der Antrag auf Eigentumsumschreibung beim Grundbuchamt gestellt und damit ein dem späteren Vollrecht vergleichbares, übertragbares und pfändbares Anwartschaftsrecht für den Erwerber entstanden sei (*Wenzel* NZM 2008, 625), kann man das aufgrund des klaren Wortlauts der Norm nicht mehr vertreten.

5. Anlegung der Wohnungsgrundbücher. § 8 Abs. 3 WEG setzt einen durch Vormerkung im Grundbuch gesicherten Anspruch auf Übertragung von Wohnungseigentum voraus. Nach alter Rechtslage war nach hM die Anlegung der **Wohnungsgrundbücher** hierfür nicht erforderlich, dh die jeweiligen Eigentumsvormerkungen konnten auch am ungeteilten Grundstück eingetragen sein (BGH NJW 2008, 2639 Rn. 15; OLG Köln NZM 2000, 53 aA OLG München ZMR 2006, 308; BayObLG WE 1991, 201; *Schneider* ZfIR 2011, 550; *Becker* ZfIR 2008, 869). Das ist nun anders. Dies ergibt sich aus § 9a Absatz 1 Satz 2 WEG, nach dem auch im Falle des § 8 WEG die Gemeinschaft der Wohnungseigentümer mit der Anlegung der Wohnungsgrundbücher entsteht. Solange das Wohnungseigentum als sachenrechtliches Zuordnungsobjekt nicht existiert, sind aber auch die Vorschriften des WEG nicht anwendbar. Damit kann es nun werdende Wohnungseigentümer erst ab Anlegung aller Wohnungsgrundbücher geben. Diese Neuregelung begründet der Gesetzgeber mit Gründen der Rechtsklarheit (BT-Drs. 19/18791, 44). 78

6. Besitzübergabe. Für die von § 8 Abs. 3 WEG vorausgesetzte Besitzübergabe genügt es, wenn dem Erwerber die zum **Sondereigentum** gehörenden Räume übergeben wurden. Daraus ergibt sich, dass es weder auf eine Übergabe noch auf die Fertigstellung des gemeinschaftlichen Eigentums ankommt. Auch die Übergabe von außerhalb des Gebäudes liegenden Teilen des Grundstücks, auf die sich das Sondereigentum womöglich erstreckt, spielt keine Rolle (BT-Drs. 19/18791, 44). 79

Diese Tatbestandsvoraussetzung für das Vorliegen eines werdenden Wohnungseigentümers lässt sich – insbesondere für den Verwalter – nicht immer mit Sicherheit beurteilen. Man wird zumindest davon ausgehen können, dass sich ein werdender Wohnungseigentümer nicht auf diese Rechtsstellung berufen kann, wenn er es unterlässt, den Besitzwechsel dem Verwalter anzuzeigen. Eine solche Benachrichtigungsobliegenheit lässt sich als ungeschriebene Pflicht eines werdenden Wohnungseigentümers verstehen. 80

III. Rechtsfolgen

1. Gesetzliche Fiktion. Nach § 8 Abs. 3 WEG gilt mit Vorliegen der tatbestandlichen Voraussetzungen der betreffende Erwerber gegenüber der Gemeinschaft der Wohnungseigentümer und den anderen Wohnungseigentümern als Wohnungseigentümer, obwohl sachenrechtlich noch der teilende Eigentümer im Grundbuch steht. 81

2. Innenverhältnis. Der Wortlaut der Norm macht klar, dass diese Rechtsfolge nur im Innenverhältnis gegenüber der Gemeinschaft der Wohnungseigentümer und den anderen Wohnungseigentümern gilt, jedoch keine 82

Auswirkungen im Außenverhältnis haben soll. Der Erwerber tritt damit hinsichtlich der Rechte und Pflichten nach dem WEG an die Stelle des aufteilenden Eigentümers. Das Gleiche gilt für Rechte und Pflichten nach anderen Vorschriften als denen des WEG, etwa Ansprüche wegen Beeinträchtigung des Sondereigentums nach § 1004 BGB gegen Miteigentümer. Werdende Wohnungseigentümer haben somit im Innenverhältnis untereinander die **gleichen Rechte** und **Pflichten** wie **echte Wohnungseigentümer.** Dies hat zur Folge, dass der werdende Wohnungseigentümer die Verwaltungsrechte nach §§ 18 ff. WEG ausüben kann und gem. § 16 Abs. 2 WEG die Lasten und Kosten des gemeinschaftlichen Eigentums sowie die Kosten der Erhaltung, sonstigen Verwaltung und eines gemeinschaftlichen Gebrauchs des gemeinschaftlichen Eigentums zu tragen hat (BGH ZWE 2020, 267 Rn. 16; ZWE 2016, 169; NJW 2015, 2877 Rn. 5; NJW 2012, 2650 Rn. 5; 2008, 2639 Rn. 14 und 21).

83 Zu beachten ist im Gegenzug, dass **nur** der mit dem sachenrechtlichen Wohnungseigentum verbundene „Status" eines Mitglieds der „Gemeinschaft der Wohnungseigentümer" auf den Erwerber übergeht. Mit der Anerkennung eines „werdenden" Wohnungseigentümers geht mithin keine Verschiebung oder Vorwegnahme der **sachenrechtlichen Zuordnung** einher (BGH NJW 2012, 2650 Rn. 16). Die sachenrechtlichen Eigentumsrechte verbleiben vielmehr beim Veräußerer, weil aus dem ungeteilten Eigentum keine doppelte Verbandsmitgliedschaft erwachsen kann (*Wenzel* NZM 2008, 628). Dies bedeutet, Ansprüche aus dem Sondereigentum oder dem gemeinschaftlichen Eigentum gegenüber außerhalb der Gemeinschaft der Wohnungseigentümer stehenden Dritten stehen ihm nicht zu.

IV. Zeitliches Ende

84 Ungeklärt und lebhaft diskutiert war nach bisherigem Recht, wann der „Status" eines Erwerbers als „werdender Wohnungseigentümer" endete. Klar war zunächst, dass dies jedenfalls dann der Fall war, sobald ein Erwerber im Wohnungsgrundbuch eingetragen und damit zum „echten" Wohnungseigentümer wurde. Daran ändert sich auch nach neuem Recht nichts. Die bis zu diesem Zeitpunkt erlangte Rechtsposition der übrigen Erwerber als „werdende Wohnungseigentümer" endet hierdurch nicht (vgl. zum alten Recht BGH ZWE 2020, 267 Rn. 9; NJW 2012, 2650 Rn. 5; 2008, 2639 Rn. 16; OLG Köln NZM 2006, 301). Diese setzt sich dann zusammen aus dem aufteilenden Bauträger, den echten Wohnungseigentümern und den noch vorhandenen werdenden Wohnungseigentümern.

85 Kontrovers wurde aber beurteilt, ob die Rechtsfigur des werdenden Wohnungseigentümers für Erwerber, die **nach** diesem Zeitpunkt den Erwerbsvertrag abschließen, nicht mehr angewendet werden kann, sobald der **erste Erwerber** im **Wohnungsgrundbuch** eingetragen und er damit echter Wohnungseigentümer ist (so OLG Düsseldorf ZMR 2007, 126; BayObLG NJW 1990, 3216; *Moosheimer* ZMR 2015, 430; *Drabek* ZWE 2015, 200; *Elzer* ZMR 2008, 808; *Müller* FS Merle, PiG 86 (2010), 258; aA AG München ZMR 2015, 631; *Reymann* ZWE 2009, 243; *Wenzel* NZM 2008, 627; *Heismann* ZMR 2004, 13; *Coester* NJW 1990, 3184; LG Ellwangen NJW-

RR 1996, 973). Zu den Einzelheiten wurden die unterschiedlichsten Positionen in der Rechtsprechung und Literatur vertreten. Der BGH hat sich in einer neueren Entscheidung bei der Frage nach einer allgemeinen zeitlichen Grenze der Gegenmeinung angeschlossen (BGH ZWE 2020, 267 Rn. 17).

Das WEMoG beendet diese Diskussion, in dem es aus Gründen der **86** Rechtssicherheit in § 8 Abs. 3 WEG keine zeitliche Grenze für den Status als werdender Wohnungseigentümer vorsieht (BT-Drs. 19/18791, 44). Jeder Erwerb vom teilenden Eigentümer unterfällt der Norm, unabhängig davon, wie viel Zeit seit der Anlegung der Wohnungsgrundbücher oder dem Eigentumserwerb anderer Erwerber vergangen ist. Auch wenn diese durch das Gesetz geschaffene Klarheit grundsätzlich zu begrüßen ist, kann nicht übersehen werden, dass es bei längeren Zeiträumen bis zur Veräußerung der letzten Einheit durch den teilenden Eigentümer zur einer „Zweiklassengesellschaft" von Erwerber kommen kann. Zum einen die Erwerber, die direkt vom Erstaufteiler erwerben und damit mit Vorliegen der gesetzlichen Voraussetzungen als werdende Wohnungseigentümer eingestuft werden, und zum anderen Zweitwerber, die vom Erstwerber ihre Einheit erworben haben und nie als werdender Wohnungseigentümer klassifiziert werden können.

Schließung der Wohnungsgrundbücher

9 (1) **Die Wohnungsgrundbücher werden geschlossen:**

1. **von Amts wegen, wenn die Sondereigentumsrechte gemäß § 4 aufgehoben werden;**
2. **auf Antrag des Eigentümers, wenn sich sämtliche Wohnungseigentumsrechte in einer Person vereinigen.**

(2) **Ist ein Wohnungseigentum selbständig mit dem Rechte eines Dritten belastet, so werden die allgemeinen Vorschriften, nach denen zur Aufhebung des Sondereigentums die Zustimmung des Dritten erforderlich ist, durch Absatz 1 nicht berührt.**

(3) **Werden die Wohnungsgrundbücher geschlossen, so wird für das Grundstück ein Grundbuchblatt nach den allgemeinen Vorschriften angelegt; die Sondereigentumsrechte erlöschen, soweit sie nicht bereits aufgehoben sind, mit der Anlegung des Grundbuchblatts.**

Literatur: *Kreuzer,* Aufhebung von Wohnungseigentum, NZM 2001, 123; *Meyer-Stolte,* Übertragung von Grundpfandrechten bei Schließung der Wohnungsgrundbücher, Rpfleger 1991, 150; *Röll,* Die Aufhebung von Wohnungseigentum an Doppelhäusern, DNotZ 2000, 749; *Schmid,* Auflösung der Wohnungseigentümergemeinschaft und Abriss des Gebäudes, ZfIR 2011, 809.

Übersicht

A. Normzweck

1 § 9 WEG behandelt die Schließung der Wohnungsgrundbücher und damit weitgehend Grundbuchverfahrensrecht. Die Norm enthält **zwei Fälle der Schließung** der Wohnungsgrundbücher, nämlich auf Grund vertraglicher Aufhebung sowie auf Antrag des Alleineigentümers. § 9 WEG regelt allerdings nur den Fall, dass besondere Wohnungsgrundbücher angelegt sind. Nicht geregelt ist die Schließung eines – in der Praxis seltenen – gemeinschaftlichen Wohnungsgrundbuchs (§ 7 Abs. 2 WEG). Gleichwohl gelten die Bestimmungen des § 9 WEG auch in diesem Fall entsprechend (Staudinger/*Rapp* § 9 WEG Rn. 16; Bärmann/*Armbrüster* § 9 Rn. 45).

B. Fälle der Schließung

I. Vertragliche Aufhebung (§ 9 Abs. 1 Nr. 1 WEG)

2 Sofern die Wohnungseigentümer entsprechend § 4 WEG (Einigung und Eintragung) vertraglich die Aufhebung der Sondereigentumsrechte beschließen (ausführlich → § 4 Rn. 23 ff.), erlöschen diese mit der Eintragung der Aufhebung in den einzelnen Wohnungsgrundbüchern. Der schuldrechtliche Vertrag hierzu bedarf gem. §§ 4 Abs. 3 WEG, 311b Abs. 1 BGB der **notariellen Beurkundung,** die Einigung über die Aufhebung der Form der Auflassung gem. § 4 Abs. 2 WEG. Zudem muss die Aufhebung – wie jede sachenrechtliche Verfügung – im Grundbuch eingetragen werden. Dies bedeutet, dass zunächst die Aufhebung im Grundbuch eingetragen werden muss; erst dann folgt die Schließung der Wohnungsgrundbücher (Bärmann/*Armbrüster* § 9 Rn. 9). Für den Vollzug der Aufhebung im Grundbuch gilt das materielle Konsensprinzip gem. § 20 GBO (→ § 4 Rn. 29). Die Anlegung des Grundstücksgrundbuchs hat wegen § 9 Abs. 3 HS 2 WEG nur **deklaratorische Wirkung** (Staudinger/*Rapp* § 9 Rn. 2). Die Wohnungsgrundbücher sind nach § 9 Abs. 1 Nr. 1 WEG zwar von Amts wegen zu schließen, die Aufhebung ist aber nur auf Antrag einzutragen.

3 Mit der Aufhebung der Wohnungseigentumsrechte entsteht bei mehreren Wohnungseigentümern eine Gemeinschaft nach Bruchteilen gem. §§ 741 ff., 1008 BGB (→ § 4 Rn. 24). Alle sich aus den jeweiligen Wohnungseigentumsrechten ergebenden Beschränkungen entfallen. Eine Grunddienstbarkeit, die zugunsten des jeweiligen Eigentümers eines Wohnungseigentums eingetragen ist, erlischt kraft Gesetzes mit der Eintragung der Aufhebung im Grundbuch (OLG Hamm ZMR 2016, 791). Ebenso entfallen alle diesbezüglichen Berechtigungen und Inhaltsbestimmungen gem. §§ 10 Abs. 1

Satz 2, Abs. 3, 5 Abs. 4 Satz 1 WEG. Eine Umdeutung in Benutzungsregelungen iSv §§ 741 ff., 1010 Abs. 1 BGB ist nicht möglich (Staudinger/*Rapp* § 9 Rn. 12). Konsequenz ist, dass auch Sondernutzungsrechte entfallen. Freilich ist es möglich, inhaltsgleiche Gebrauchsregelungen durch eine Bestimmung im Aufhebungsvertrag auch für die Bruchteilsgemeinschaft anzuordnen.

II. Gegenstandslose Sondereigentumsrechte

Mit der Zerstörung des oder der aufgeteilten Gebäude ist das Sondereigentum zwar ohne Gegenstand, aber rechtlich in Form von Anwartschaftsrechten noch existent (→ § 3 Rn. 25) und könnte durch Wiederaufbau erneut zum Vollrecht erstarken. Kommt es zu keinem Wiederaufbau, eröffnete § 9 Abs. 1 Nr. 2 WEG aF die Möglichkeit mittels einer Bescheinigung der Baubehörde die Wohnungsgrundbücher zu schließen und damit die Wohnungseigentumsrechte zum Erlöschen zu bringen. Im Zuge der Reform des WEG durch das WEMoG wurde diese Variante mangels praktischer Bedeutung gestrichen. Die Wohnungseigentümer können in einem solchen Fall die Schließung der Wohnungsgrundbücher auch durch Aufhebung gem. §§ 4 Abs. 1, 9 Abs. 1 Nr. 1 WEG zum Erlöschen bringen. 4

III. Antragsrecht des Alleineigentümers (§ 9 Abs. 1 Nr. 2 WEG)

Haben sich **sämtliche Wohnungseigentumsrechte** – auf welche Weise auch immer – in einer Person **„vereinigt"** (= eine Person ist Eigentümer sämtlicher Wohnungseigentumsrechte), bleiben diese als selbständige Wohnungseigentumsrechte bestehen. Die Situation entspricht dem Zustand bei einer Aufteilung nach § 8 WEG, wenn noch keine Einheit veräußert wurde. 5

Der Eigentümer kann nach § 9 Abs. 1 Nr. 2 WEG die Schließung der Wohnungsgrundbücher beantragen. In diesem Fall entsteht Alleineigentum am ungeteilten Grundstück. Der Antrag bedarf wegen seiner rechtsgestaltenden Wirkung der Form des § 29 GBO (Weitnauer/*Briesemeister* § 9 Rn. 4). Die Sondereigentumsrechte erlöschen auf Grund der Anordnung in § 9 Abs. 3 Halbsatz 2 WEG nicht bereits mit der Schließung der Wohnungsgrundbücher, sondern erst mit der Anlegung des Grundstücksgrundbuchblattes. 6

Das Antragsrecht auf Schließung besteht auch, wenn sich alle Wohnungseigentumsrechte nur deshalb in der Hand eines einzigen Eigentümers befinden, weil es bei einer Teilung gem. § 8 WEG nicht zur Veräußerung einer Einheit gekommen ist (OLG Düsseldorf ZWE 2001, 386; *Diester* NJW 1971, 1158). Ein Fall der Vereinigung „in einer Person" liegt auch dann vor, wenn es sich um eine Personenmehrheit (Gesamthandsgemeinschaft, Bruchteilsgemeinschaft) handelt (OLG Köln NJW-RR 1997, 1443; Weitnauer/*Briesemeister* § 9 Rn. 5). Die Beteiligten müssen aber an allen Wohnungen im gleichen Gemeinschaftsverhältnis beteiligt sein. 7

Befinden sich mehrere, aber nicht alle Wohnungseigentumsrechte im Eigentum einer Person, ist die Schließung der Wohnungsgrundbücher gem. § 9 Abs. 1 Nr. 2 WEG ausgeschlossen. Die Vorschrift regelt allein den Fall, 8 dass das ungeteilte Grundstück wieder als Gegenstand des Rechtsverkehrs hergestellt wird (Bärmann/*Armbrüster* § 9 Rn. 7). Der Eigentümer kann diese Einheiten aber vereinigen (→ § 8 Rn. 55).

C. Zustimmung Dritter (§ 9 Abs. 2 WEG)

9 Gem. § 9 Abs. 2 WEG werden die allgemeinen Vorschriften, nach denen zur Aufhebung des Sondereigentums die Zustimmung eines Dritten (§§ 867, 877 BGB) erforderlich ist, nicht berührt.

I. Belastung einzelner Wohnungseigentumsrechte

10 Sind einzelne Wohnungseigentumsrechte **selbständig belastet,** ist die Zustimmung der dinglich Berechtigten deshalb erforderlich, weil sich der Inhalt des Belastungsgegenstandes verändert (OLG Brandenburg NotZB 2019, 43; OLG München ZWE 2010, 420; OLG Frankfurt a. M. ZMR 1990, 229; OLG Düsseldorf DNotZ 1979, 42). Das ehemalige Sondereigentum wird gem. §§ 93, 94 BGB gemeinschaftliches Eigentum. Das Zustimmungserfordernis gilt dann nicht, wenn eine Belastung auf allen Wohnungseigentumseinheiten mit demselben Rang eingetragen ist (OLG Frankfurt a. M. DNotZ 1991, 604; Bärmann/*Armbrüster* § 9 Rn. 27).

11 Zu prüfen ist aber, ob das Recht seinem Inhalt nach an einem Miteigentumsbruchteil überhaupt bestehen kann (zB Grundpfandrecht) oder nicht. Ist der Fortbestand des Rechtes am Miteigentumsanteil ausgeschlossen, muss entweder das Recht auf das gesamte Grundstück erstreckt werden oder durch eine Löschungsbewilligung des Berechtigten zur Löschung gebracht werden (Staudinger/*Rapp* § 9 Rn. 15).

II. Gesamtbelastung

12 Sofern alle Wohnungseigentumsrechte **einheitlich belastet** sind oder das Grundstück als Ganzes, ist eine Zustimmung der dinglich Berechtigten gem. §§ 877, 876 BGB nicht erforderlich, da ihre Rechte durch die Aufhebung nicht betroffen werden (OLG Brandenburg NotBZ 2019, 43; *Röll* DNotZ 2000, 751; Staudinger/*Rapp* § 9 Rn. 13). Das betreffende Recht **besteht unverändert** am nicht mehr aufgeilten Grundstück **fort** und ist bei Anlegung des Grundstücksgrundbuchblatts auf dieses zu übertragen.

D. Wirkung der Schließung

13 Die Schließung der Wohnungsgrundbücher ist eine grundbuchverfahrensrechtliche Reaktion auf das Erlöschen der Wohnungseigentumsrechte in den zwei Fällen des § 9 Abs. 1 WEG. Sie allein hat keine materiell-rechtliche Wirkung. Werden die Wohnungsgrundbücher ohne materiell-rechtliche Grundlage geschlossen, wird das Grundbuch unrichtig. Ein **gutgläubiger Erwerb** des nicht aufgeteilten Grundstücks ist aber **möglich** (Bärmann/*Armbrüster* § 9 Rn. 40).

Abschnitt 3. Rechtsfähige Gemeinschaft der Wohnungseigentümer

Gemeinschaft der Wohnungseigentümer

9a (1) [1]**Die Gemeinschaft der Wohnungseigentümer kann Rechte erwerben und Verbindlichkeiten eingehen, vor Gericht klagen und verklagt werden.** [2]**Die Gemeinschaft der Wohnungseigentümer entsteht mit Anlegung der Wohnungsgrundbücher; dies gilt auch im Fall des § 8.** [3]**Sie führt die Bezeichnung „Gemeinschaft der Wohnungseigentümer" oder „Wohnungseigentümergemeinschaft" gefolgt von der bestimmten Angabe des gemeinschaftlichen Grundstücks.**

(2) **Die Gemeinschaft der Wohnungseigentümer übt die sich aus dem gemeinschaftlichen Eigentum ergebenden Rechte sowie solche Rechte der Wohnungseigentümer aus, die eine einheitliche Rechtsverfolgung erfordern, und nimmt die entsprechenden Pflichten der Wohnungseigentümer wahr.**

(3) **Für das Vermögen der Gemeinschaft der Wohnungseigentümer (Gemeinschaftsvermögen) gelten § 18, § 19 Absatz 1 und § 27 entsprechend.**

(4) [1]**Jeder Wohnungseigentümer haftet einem Gläubiger nach dem Verhältnis seines Miteigentumsanteils (§ 16 Absatz 1 Satz 2) für Verbindlichkeiten der Gemeinschaft der Wohnungseigentümer, die während seiner Zugehörigkeit entstanden oder während dieses Zeitraums fällig geworden sind; für die Haftung nach Veräußerung des Wohnungseigentums ist § 160 des Handelsgesetzbuchs entsprechend anzuwenden.** [2]**Er kann gegenüber einem Gläubiger neben den in seiner Person begründeten auch die der Gemeinschaft der Wohnungseigentümer zustehenden Einwendungen und Einreden geltend machen, nicht aber seine Einwendungen und Einreden gegenüber der Gemeinschaft der Wohnungseigentümer.** [3]**Für die Einrede der Anfechtbarkeit und Aufrechenbarkeit ist § 770 des Bürgerlichen Gesetzbuchs entsprechend anzuwenden.**

(5) **Ein Insolvenzverfahren über das Gemeinschaftsvermögen findet nicht statt.**

Literatur: *Abramenko,* Die Eigentümergemeinschaft als Darlehensnehmerin, ZMR 2011, 173; *Abramenko,* Die Wohnungseigentümergemeinschaft als Eigentümerin in derselben Wohnanlage; ZWE 2010, 193; *Abramenko,* Die Folgen des Erwerbs von Sondereigentum durch den teilrechtsfähigen Verband, MietRB 2010, 125; *Armbrüster,* Der Grundstückserwerb durch Wohnungseigentümergemeinschaften, NZG 2017, 441; *Bork* Die Insolvenz der Wohnungseigentümergemeinschaft, ZinsO 2006, 1067; *Buhl,* Die Liquidation der Wohnungseigentümergemeinschaft, BWNotZ 2013, 130; *Daum,* Das Rechtssubjekt Wohnungseigentümergemeinschaft, 2012; *Dötsch,* Abnahme des Gemeinschaftseigentums, NZM 2017, 832; *Dötsch,* Haftung der Wohnungseigentümer für Verbindlichkeiten des Verbandes, ZWE 2012, 401; *Elzer,* Die Wohnungseigentümergemeinschaft als Vermieter von Gemeinschafts- und Sondereigentum, ZWE 2009, 12; *Graf,* Die Zweiergemeinschaft im Wohnungseigentumsrecht, ZMR 2018, 151; *Göken,* Die Mehrhausanlage im Wohnungseigentumsrecht, 1999; *Häublein,* Mehrhausanlagen und Rechtsfähigkeit der Gemeinschaft, ZWE 2010, 149; *Häublein,* Der Erwerb von Sondereigentum durch die Wohnungseigentümergemeinschaft, ZWE 2007, 474; *Häublein,* Die Mehrhausanlage in der Verwalterpraxis, NZM 2003, 785; *Hügel/Elzer,* Darlehensaufnahme durch die Wohnungseigentümergemeinschaft, DNotZ 2016, 247; *Jacoby,* Grundlagen der rechtsfähigen Gemeinschaft, ZWE 2020, 17; *Jacoby,* Zur Zuständigkeit von rechtsfähiger Gemeinschaft und Wohnungseigentümern, FS Riecke, 2019, 247; *Kümmel,* Die Bindung der Wohnungseigentümer und deren Sondernachfolger an Vereinbarungen, Beschlüsse und Rechtshandlungen nach § 10 WEG, 2002; *Meiners,* Die rechtsfähige Wohnungseigentümergemeinschaft – ein fremdnütziges Zweckgebilde, PiG 101 (2015); *Sauren,* Ausnahmen für öffentliche Abgaben im neuen Haftungssystem des BGH zum WEG, ZMR 2006, 750; *Skauradszun,* Das Zusammenspiel der Organe nach dem WEMoG am Beispiel der Veräußerungsbeschränkung, AnwZertMietR 13/2020 Anm. 1; *Skauradszun,* Neuausrichtung der Verwaltung in der vollrechtsfähigen WEG, ZRP 2020, 34; *Weber,* Grundstückserwerb durch die teilrechtsfähige WEG – Überlegungen zur ultra-vires-Doktrin, Gestaltungshinweise, ZWE 2017, 68; *Wenzel,* Die gesetzliche Treuhand der Wohnungseigentümergemeinschaft, Festschrift Gero Fischer, 2008, Satz 601.

Übersicht

A. Normzweck

1 § 9a Abs. 1 WEG normiert die von der Rspr. (BGH NJW 2005, 2061) durch Rechtfortbildung entwickelte Rechtsfähigkeit der Gemeinschaft der Wohnungseigentümer bezüglich des Umfanges ihrer Rechtsfähigkeit, des

Zeitpunktes ihres Entstehens sowie ihrer Bezeichnung. Diese Vorschrift ersetzt insoweit § 10 Abs. 6 WEG aF, richtet hierbei aber die rechtsfähige Gemeinschaft der Wohnungseigentümer neu aus, indem sie sie anderen Formen des Verbandsrechtes deutlich annähert. Abs. 2 tritt an die Stelle von § 10 Abs. 6 Satz 3 WEG aF und lässt eine Vergemeinschaftung individueller Rechte der Wohnungseigentümer durch Beschluss nicht mehr zu. § 9a Abs. 4 WEG entspricht wörtlich § 10 Abs. 8 WEG aF mit Ausnahme dessen ersatzlos gestrichenen Satzes 4. § 9a Abs. 5 WEG entspricht exakt § 11 Abs. 3 WEG aF.

B. Gemeinschaft der Wohnungseigentümer

I. Wohnungseigentümer

1. Definition. Wohnungseigentümer (Teileigentümer) iSd Gesetzes ist, wer im Wohnungsgrundbuch **als Eigentümer eingetragen** ist (BGH NJW 2012, 3232 Rn. 8; 1989, 1087; KG ZWE 2001, 329; OLG Hamm ZMR 2000, 128; OLG Saarbrücken ZMR 1998, 595; BayObLG NJW 1990, 3216; *Heismann* ZMR 2004, 10). Anderes gilt jedoch, wenn die Eintragung im Grundbuch mit der wahren Rechtslage nicht übereinstimmt. Der bloße Bucheigentümer **(Scheinwohnungseigentümer)** kann nicht als Wohnungseigentümer verstanden werden. Die faktische Zugehörigkeit zur Gemeinschaft der Wohnungseigentümer vermag die fehlende Rechtsstellung nicht zu ersetzen (BGH NJW 2012, 3232 Rn. 8; 1994, 3352; OLG Stuttgart MietRB 2006, 106; OLG Düsseldorf ZMR 2005, 719; KG ZWE 2001, 329; *Kühnemund* ZMR 2005, 747). Dieser Grundsatz gilt auch für die Fälle, in denen das Grundbuch nachträglich oder rückwirkend – zB durch Anfechtung – unrichtig wird (BGH NJW 1994, 3352; OLG Dresden NJW-RR 2010, 1168; OLG Düsseldorf ZMR 2005, 719; teilweise abw. OLG Stuttgart ZMR 2005, 983). 2

Umgekehrt ist trotz fehlender Grundbucheintragung Wohnungseigentümer auch, wer durch Erbfall oder durch Zuschlag in der Zwangsversteigerung gem. § 90 Abs. 1 ZVG **außerhalb des Grundbuchs** ein Wohnungseigentum erwirbt (BayObLG ZMR 2004, 524). Bei einem Treuhandverhältnis ist Wohnungseigentümer der im Grundbuch eingetragene Treuhänder (OLG Düsseldorf ZWE 2001, 615). Bei Veräußerung eines Wohnungseigentums ist der Erwerber erst mit der **dinglichen Rechtsänderung** im Grundbuch **Wohnungseigentümer** (BGH NJW 1994, 2950; OLG Zweibrücken WE 1999, 117; → Rn. 9), kann aber „werdender“ Wohnungseigentümer sein (→ Rn. 7). 3

Die „Einordnung“ einer Person als „Wohnungseigentümer“ bestimmt, wer Mitglied in der Gemeinschaft der Wohnungseigentümer ist, wer berechtigt ist die ordnungsmäßige Verwaltung des gemeinschaftlichen Eigentums und dessen Benutzung mit zu regeln, zB Inhaber des Stimmrechtes (→ § 25 Rn. 25), aber auch klagebefugt ist (→ Vor § 43 Rn. 10), wer die Kosten des gemeinschaftlichen Eigentums sowie die Kosten der Erhaltung und eines gemeinschaftlichen Gebrauchs des gemeinschaftlichen Eigentums zu tragen hat (→ § 16 Rn. 22). 4

5 **2. Miteigentümer von Wohnungseigentum.** Steht ein Wohnungseigentum mehreren gemeinschaftlich zu (zB Miteigentum von Ehegatten nach §§ 741 ff. BGB oder Erbengemeinschaft), ist **nicht jeder Berechtigte** dieser Gemeinschaft zugleich **Wohnungseigentümer** (OLG München ZWE 2012, 92 und KG DNotZ 2004, 634 jeweils im Hinblick auf die „Zuweisung" eines Sondernutzungsrechtes). Die Klassifizierung eines Bruchteilseigentümers als Wohnungseigentümer wäre nur denkbar, wenn man Bruchteilseigentum als **Volleigentum** ansieht (so zB *Madaus* AcP 212 (2012), 283). Nach ganz hM setzt sich aber bei einer Bruchteilsgemeinschaft die Rechtszuständigkeit hinsichtlich des gemeinschaftlichen Gegenstands aus den individuellen Bruchteilen jedes einzelnen Teilhabers zusammen (vgl. nur MüKoBGB/*Schmidt* § 741 Rn. 2). Soweit die Rechtsprechung (BGH NZM 2012, 837; OLG Nürnberg ZWE 2011, 419) und ein Teil der Literatur (*Häublein* DNotZ 2004, 634; Bärmann/*Suilmann* § 10 Rn. 7) der Ansicht sind, **jeder** Bruchteilseigentümer sei auch Wohnungseigentümer iSv §§ 9a ff. WEG, kann dem daher nicht gefolgt werden (*Elzer* AnwZert MietR 20/2012). Dies würde auch sachenrechtlich zu nicht akzeptablen Ergebnissen führen. Wäre jeder Miteigentümer Wohnungseigentümer, würde die betreffende Einheit zwingend gem. § 5 Abs. 2 WEG insgesamt im gemeinschaftlichen Eigentum stehen, weil dann die Räume und Raumbestandteile bei einer Mehrheit von Eigentümern von mehr als einem Wohnungseigentümer benötigt werden und daher unabänderlich dem gemeinschaftlichen Gebrauch unterfallen (→ § 5 Rn. 32).

6 Gehört eine Einheit mehreren Berechtigten, vermehrt sich hierdurch die Anzahl der „echten" Wohnungseigentümer somit nicht. Nur die jeweilige sachenrechtliche Einheit ist in das Gesamtgefüge eingebunden und damit die **Einheit** der Vielzahl **der Eigentümer Wohnungseigentümer** iSd Gesetzes. Das Verhältnis der Mitberechtigten richtet sich nicht nach dem WEG sondern nach dem jeweiligen Gemeinschaftsverhältnis (zB §§ 741 ff., §§ 2033 ff. BGB). Aus diesem Grund kann der einzelne Bruchteilseigentümer einer Einheit „Beschlüsse" über die (interne) Verwaltung des im gemeinsamen Bruchteilsseigentum stehenden Wohnungseigentums nicht im Beschlussanfechtungsverfahren gem. § 44 WEG anfechten und nur als gesetzlicher Prozessstandschafter der anderen Miteigentümer getrennt Beschlüsse anfechten (LG Frankfurt ZWE 2013, 469). Denkbar erscheint, im Rahmen der Verwaltung die einzelnen Mitberechtigten als „Wohnungseigentümer im weiteren Sinne" (so OLG Nürnberg ZWE 2011, 419) anzusehen, mit der Folge, dass jeder Mitberechtigte eines Wohnungseigentums **getrennt einzuladen** ist (KG NJW-RR 1996, 844) oder jeder Mitberechtigte in seiner Person das gemeinschaftliche Eigentum nutzen kann.

7 **3. Werdender Wohnungseigentümer.** Die Gemeinschaft der Wohnungseigentümer entsteht gem. § 9a Abs. 1 Satz 2 WEG mit Anlegung der Wohnungsgrundbücher. Nach § 8 Abs. 3 WEG ist derjenige, der einen Anspruch auf Übertragung von Wohnungseigentum gegen den teilenden Eigentümer hat, der durch Vormerkung im Grundbuch gesichert ist und dem der Besitz an den zum Sondereigentum gehörenden Räumen übergeben wurde, gegenüber der Gemeinschaft der Wohnungseigentümer und den

anderen Wohnungseigentümern anstelle des teilenden Eigentümers als Wohnungseigentümer anzusehen. Er wird als sog. werdender Wohnungseigentümer bezeichnet (ausf. → § 8 Rn. 68 ff.).

Werdende Wohnungseigentümer haben im Verhältnis untereinander und im Verhältnis zu den übrigen (echten) Wohnungseigentümern die **gleichen Rechte** und **Pflichten** wie **echte Wohnungseigentümer** (→ § 8 Rn. 82). Als werdender Wohnungseigentümer kann jedoch gem. § 8 Abs. 3 WEG nur derjenige angesehen werden, der vom teilenden Eigentümer erwirbt. 8

4. Zweiterwerber. Zweiterwerber ist, wer sein Wohnungseigentum nicht vom aufteilenden Bauträger, sondern von einem bereits im Grundbuch eingetragenen Wohnungseigentümer oder von einem im Grundbuch noch nicht eingetragenen werdenden Wohnungseigentümer (→ Rn. 7) erwirbt (BGH NJW 2015, 2877 Rn. 5; LG München ZWE 2018, 447; LG Stuttgart ZWE 2015, 121; *Wenzel* NZM 2008, 625 ff). Für solche Erwerber von Wohnungseigentum kann die Rechtsfigur des werdenden Wohnungseigentümers nicht angewendet werden. Ein Zweiterwerber ist daher erst mit Eintragung im Wohnungsgrundbuch Wohnungseigentümer (BGH NJW 1989, 1087; OLG Zweibrücken WE 1999, 117; *Wenzel* DNotZ 1993, 302; kritisch hierzu OLG Saarbrücken NJW-RR 1998, 1094; *Deckert* WE 1990, 151). Dies gilt auch, wenn ein Mitglied einer in Vollzug gesetzten Wohnungseigentümergemeinschaft sein Wohnungseigentum **unterteilt** und **weiterveräußert.** Auch solche Erwerber sind Zweiterwerber (*Reichert* ZWE 2017, 126; LG München ZWE 2018, 447; aA AG Rosenheim ZWE 2017, 135). Soweit Zweiterwerber in Literatur und Rechtsprechung ebenfalls als „werdender Wohnungseigentümer" bezeichnet werden, dürfen sie in keinem Fall mit dem „werdenden Wohnungseigentümer" im dargestellten Sinne gleichgesetzt werden. Sinnvollerweise sollte für den Zweiterwerb zur Vermeidung von Missverständnissen ganz auf diese Bezeichnung verzichtet werden. 9

5. Berechtigter eines isolierten Miteigentumsanteils. Scheitert die Begründung vollständigen Wohnungseigentums daran, dass der Eigentümer zwar Miteigentum, nicht aber Sondereigentum erlangt (isolierter Miteigentumsanteil, → § 3 Rn. 81, 113), ist der Eigentümer dennoch Wohnungseigentümer (*Hügel* ZMR 2004, 553) oder als Wohnungseigentümer (BGH NJW 2011, 3237 Rn. 17; 2004, 1798; OLG Hamm NZM 2007, 44; Bärmann/*Suilmann* § 10 Rn. 3) zu behandeln (aA *Dreyer* DNotZ 2007, 612). Dies folgt aus dem Umstand, dass es ein Nebeneinander von Miteigentümer- und Wohnungseigentümergemeinschaft an demselben Grundstück nicht geben kann (ausf. → § 3 Rn. 113). 10

II. Gemeinschaft

1. Entwicklung. Nach § 10 Abs. 6 Satz 1 WEG aF konnte die Gemeinschaft der Wohnungseigentümer iRd gesamten Verwaltung des gemeinschaftlichen Eigentums gegenüber Dritten und Wohnungseigentümern selbst Rechte erwerben und Pflichten eingehen. Sie war **Inhaberin** der „als Gemeinschaft" gesetzlich begründeten und rechtsgeschäftlich erworbenen 11

Rechte und Pflichten. Mit der Anerkennung einer (Teil-)Rechtsfähigkeit ging grundsätzlich die Fähigkeit einher, Rechte zu erwerben und Verbindlichkeiten einzugehen (§ 14 Abs. 2 BGB). Teilweise wurde darunter eine auf die Verwaltung des gemeinschaftlichen Eigentums **bereichsmäßig beschränkte** Rechtsfähigkeit verstanden (BGH NZM 2016, 387 Rn. 27; NJW 2005, 2061; KG ZMR 2019, 521); nur im gesamten Bereich der Verwaltung sei die Gemeinschaft der Wohnungseigentümer rechtsfähig (KG ZMR 2019, 521).

12 Hiergegen wurde mit guten Gründen angeführt, die gesetzliche Festlegung des Verbandszwecks könne nicht eine der Anwendung der – dem deutschen Recht fremden – **ultra-vires-Lehre** gleichkommende Beschränkung der Rechtsfähigkeit der Gemeinschaft der Wohnungseigentümer rechtfertigen (*Daum,* Das Rechtssubjekt Wohnungseigentümergemeinschaft, 41; *Weber* ZWE 2017, 69; *Krampen-Lietzke* RNotZ 2013, 579; *Lehmann-Richter* ZWE 2012, 466; *Maroldt* ZWE 2005, 363). Die Begrenzung auf die Verwaltung als Verbandszweck sei allenfalls für die Beurteilung einer Handlung des Verwalters als Missbrauch der Vertretungsmacht relevant. Hingegen sei nicht gesagt, dass die Gemeinschaft der Wohnungseigentümer als Rechtssubjekt jenseits der Verwaltung nicht handeln könne, ihr Handeln also unwirksam sei. Die Gemeinschaft der Wohnungseigentümer könne vielmehr ohne Rücksicht auf einen Zusammenhang mit der Verwaltung jede Rechtsposition einnehmen, soweit dem nicht besondere Rechtsvorschriften oder die Eigenart des speziellen Rechtsverhältnisses entgegenstehe (*Daum,* Das Rechtssubjekt Wohnungseigentümergemeinschaft, 48 ff.).

13 § 9a Abs. 1 WEG beendet diese Diskussion, indem das Gesetz der Gemeinschaft der Wohnungseigentümer nun auch sprachlich eine nicht auf den Bereich der gesamten Verwaltung des gemeinschaftlichen Eigentums beschränkte Rechtsfähigkeit und Prozessfähigkeit einräumt. Eine mögliche Beschränkung der Rechtsfähigkeit auf den Verbandszweck ist damit nicht mehr vertretbar. Die Gemeinschaft der Wohnungseigentümer steht vielmehr hinsichtlich ihrer Rechtsfähigkeit (nun) auf einer Stufe mit Verbänden wie dem eingetragenen Verein, den Personen- und Kapitalgesellschaften sowie der Genossenschaft (*Skauradszun* ZRP 2020, 34). Gleichwohl bestehen daneben individuelle Rechte und Pflichten der Wohnungseigentümer. Diese beziehen sich insbesondere auf das Sondereigentum, aber auch auf Verfügungen über das gemeinschaftliche Eigentum, weil das Gesetz in § 18 Abs. 1 WEG nur die Verwaltung des gemeinschaftlichen Eigentums der Gemeinschaft der Wohnungseigentümer zuweist. Zu dieser Frage im Rahmen einer Ausübungsbefugnis der Gemeinschaft der Wohnungseigentümer → Rn. 107.

14 **2. Begriff.** Die rechtsfähige Wohnungseigentümergemeinschaft wird im Gesetz als Gemeinschaft der Wohnungseigentümer bezeichnet, aber auch als „Wohnungseigentümergemeinschaft" (§ 9a Abs. 1 Satz 3 WEG). Die Gemeinschaft der Wohnungseigentümer als **Verband** (§ 9a WEG) ist von der Gemeinschaft der Bruchteilseigentümer am gemeinschaftlichen Eigentum iSv § 1 Abs. 5 WEG zu unterscheiden (→ Rn. 20). Denn soweit § 9 Abs. 1 Satz 1 WEG „die Gemeinschaft der Wohnungseigentümer" für rechtsfähig erklärt, ist damit nach hier vertretener Ansicht nicht die **Gesamtheit der Wohnungseigentümer,** sondern ein **neben** dieser Gemeinschaft stehender Verband mit eigenen Rechten, eigenen Pflichten und eigenem Vermögen gemeint. Zur klareren Unterscheidung wird daher hier der rechtsfähige Verband wie gesetzlich vorgesehen als „Gemeinschaft der Wohnungseigentümer" oder „Wohnungseigentümergemeinschaft" aber auch zur Verdeutlichung als Verband bezeichnet, die besonders ausgestaltete Bruchteilsgemeinschaft nach §§ 10 Abs. 1 Satz 1 WEG, 741 ff., 1008 ff. BGB hingegen mit „Gesamtheit aller Wohnungseigentümer" oder „Bruchteilsgemeinschaft".

3. Rechtsnatur der Gemeinschaft der Wohnungseigentümer. 15
Grundlagen der Gemeinschaft der Wohnungseigentümer sind das Gesetz, der Aufteilungsvertrag bzw. die Teilungserklärung und die Gemeinschaftsordnung. Nach § 9a Abs. 1 Satz 1 WEG kann diese Gemeinschaft der Wohnungseigentümer Rechte erwerben und Pflichten eingehen, ist somit rechtsfähig. Auch wenn die rechtsfähige Gemeinschaft der Wohnungseigentümer nach ihrer Entdeckung durch den BGH (NJW 2005, 2061) hierdurch eine gesetzliche Grundlage hat, bleibt ihre rechtliche Deutung schwierig. Sie lässt sich keinem der bekannten Verbände zuordnen, sondern ist ein **Verband „sui generis"** (BGH NJW 2005, 2061; ausf. hierzu *Fauser* Haftungsverfassung, 245) an der Schnittstelle von Schuld-, Verbands- und Sachenrecht (*Armbrüster* ZWE 2005, 375). Die Gemeinschaft der Wohnungseigentümer wird anders als die übrigen bekannten Verbandsformen nicht vertraglich begründet, sondern entsteht kraft Gesetzes zwischen den dinglich berechtigten Wohnungseigentümern eines Grundstücks und ist untrennbar an die Inhaberschaft des Wohnungseigentums gebunden (*Elzer* ZMR 2013, 770; *Dreyer* DNotZ 2007, 601). Sie ist gem. § 11 WEG unauflöslich, nicht insolvenzfähig (§ 9a Abs. 5 WEG) und wird primär durch den Verwalter als gesetzliches Organ vertreten (→ Rn. 28), der von Gesetzes wegen (§ 9b Abs. 1 Satz 1 WEG) zur umfassenden Vertretung berufen ist.

Die Gemeinschaft der Wohnungseigentümer ist weder juristische Person 16
noch rechtsfähige Personengesellschaft, sondern eine „Personenmehrheit, die durch Gesetz zu einer Organisation zusammengefasst ist (BGH ZMR 2015, 563 Rn. 45; NJW 2005, 2061). Am ehesten dürfte der Verein eine Orientierungshilfe bieten (BGH NJW 2005, 2061; *Lieder* DNotZ 2018, 178; aA *Jacoby* ZWE 2020, 18), weil die körperschaftlich strukturierte Gemeinschaft der Wohnungseigentümer und ihr Vermögen streng von ihren Mitgliedern zu trennen sind. Diese sind nur Mitglieder des Verbandes während der Zeit ihrer Eigentümerstellung. Danach scheiden sie wieder aus dem Verband aus, ohne vorher eine vermögensrechtliche Auseinandersetzung durchführen zu können. Die Gemeinschaft der Wohnungseigentümer tendiert damit **nicht** in Richtung **Personengesellschaft,** sondern ist eher **körperschaftlich** zu verstehen.

Mit der Neuausrichtung des WEG durch das WEMoG und dem hier- 17
durch neu eingefügten § 9a Abs. 1 WEG ist das verbandsrechtliche Verständnis der Gemeinschaft der Wohnungseigentümer weiter verstärkt worden. Wurde die Gemeinschaft der Wohnungseigentümer bisher überwiegend nur als teilrechtsfähig angesehen (vgl. BGH NZM 2016, 387 Rn. 27;

NJW 2005, 2061; KG ZMR 2019, 521), weil sie nach § 10 Abs. 6 WEG aF nur im Rahmen der Verwaltung des gemeinschaftlichen Eigentums Rechte erwerben und Pflichten eingehen konnte (→ Rn. 11), ist diese Beschränkung im Gesetzeswortlaut nun nicht mehr enthalten. Der Gesetzeswortlaut in § 9a Abs. 1 Satz 1 WEG ähnelt den Vorgaben in §§ 124 Abs. 1 HGB, 13 Abs. 1 GmbHG und 17 Abs. 1 GenG. In diesem Zusammenhang wird von einer Harmonisierung mit dem Verbandsrecht gesprochen (*Skauradszun* ZRP 2020, 34).

18 Trotz der Konstruktion einer rechtsfähigen Gemeinschaft der Wohnungseigentümer verbleibt ein Teil der Rechte und Pflichten bei den Wohnungseigentümern selbst. Durch diese Zweiteilung kommt es zu einer **Differenzierung** zwischen der **Gesamtheit der Wohnungseigentümer** als Teilhabern der Bruchteilsgemeinschaft (§ 10 Abs. 1 Satz 1 WEG iVm §§ 745, 746 BGB) und der **rechtsfähigen Gemeinschaft der Wohnungseigentümer.** Das Verhältnis dieser beiden Rechtskreise wird kontrovers diskutiert.

19 Trotz der zwingenden Trennung zwischen dem rechtsfähigen Verband sowie den Wohnungseigentümern als Bruchteilseigentümern des gemeinschaftlichen Eigentums meint ein Teil der Literatur (*Niedenführ* NJW 2007, 1843; *Bub* ZWE 2007, 19; *Wenzel* ZWE 2006, 463; *Armbrüster* ZWE 2006, 471; differenzierend *Daum,* Das Rechtssubjekt Wohnungseigentümergemeinschaft, 202), dass es sich stets um dieselbe Gemeinschaft handele (sog. **Einheitstheorie**). Sie trete – gleichsam januskopfartig – in zwei unterschiedlichen Bekleidungsformen auf. Einmal habe sie – bildlich ausgedrückt – den Mantel des Verbandes umgehängt, im anderen Fall schmücke sie sich mit dem Umhang der Bruchteilsgemeinschaft. Eine Trennung in zwei Gemeinschaften widerspreche dem Sinn und Zweck der Teilrechtsfähigkeit, die Handlungsfähigkeit der Gemeinschaft im Rechtsverkehr zu erleichtern, indem sie genau das Gegenteil bewirke. Bestimmung und Abgrenzung der Aufgaben und Zuständigkeiten der Gemeinschaft könnten demzufolge nur danach erfolgen, ob es sich um eine Angelegenheit der Verwaltung des gemeinschaftlichen Eigentums handele, es also um eine Art Geschäftsführung in Bezug auf die Verwaltung des Gemeinschaftseigentums gehe. Sei dies zu bejahen, seien Rechte und Pflichten der Gemeinschaft als Rechtsubjekt (Verband) zuzuordnen (*Wenzel* NZM 2006, 322).

20 Die überwiegende Ansicht in der Literatur lehnt diese Einheitstheorie zutreffenderweise ab und begreift die Bruchteilsgemeinschaft und den Verband Wohnungseigentümergemeinschaft als **zwei unterschiedliche Gemeinschaften** (sog. **Trennungstheorie;** grundlegend *Hügel* DNotZ 2005, 757 f.; *Abramenko* ZMR 2006, 410; *Demharter* NZM 2005, 491; *Gottschalg* FS Seuß, PiG 77, 114; *Jennißen* NZM 2006, 204; *Müller* FS Seuß, PiG 77, 213; *Sauren* ZWE 2006, 259; *J.-H. Schmidt* ZMR 2007, 91). Es bestehen zwei unterschiedliche Eigentumsbereiche. Einmal das gemeinschaftliche Eigentum iSv § 1 Abs. 5 WEG. Dieses ist den Wohnungseigentümern zwingend als Bruchteilseigentum zugeordnet; es besteht hieran eine Bruchteilsgemeinschaft. Daneben steht das **Vermögen** der **Gemeinschaft der Wohnungseigentümer.** An diesem – dem Gemeinschaftsvermögen (§ 9a Abs. 3 WEG) – stehen den einzelnen Wohnungseigentümern keine Eigentümerrechte zu. Das Verbandsvermögen ist dem Verband in alleiniger Berechtigung zugewiesen (→ Rn. 138). Eine **gleichzeitige Eigentumszuordnung** eines Rechtes zu diesen beiden Vermögenssphären ist **nicht denkbar.** Die Gemeinschaft der Wohnungseigentümer ist nicht mit den Wohnungseigentümern in ihrer Gesamtheit und ihrer Gemeinschaft nach §§ 741 ff. BGB identisch (BGH NZM 2007, 411 Rn. 10; OLG München ZWE 2018, 354; OLG München NZM 2013, 792).

Im Gegensatz zu anderen Verbänden gehört das Immobilieneigentum vermögensrechtlich den Verbandsmitgliedern, nicht aber dem aus den Wohnungseigentümern gebildeten Verband. Der Verband kann zwar auch Vermögensträger sein. Das Gesetz weist ihm aber zum Zwecke der Verwaltung nur das Verwaltungsvermögen zu, nicht aber den Verwaltungsgegenstand selbst. Mit der rechtsfähigen Gemeinschaft der Wohnungseigentümer und der **nicht** rechtsfähigen Miteigentümergemeinschaft existieren somit zwei unterschiedliche Zuordnungsobjekte für Rechte und Verbindlichkeiten (BGH NZM 2007, 411 Rn. 10; KG ZWE 2014, 24; OLG München NZM 2013, 792; *Daum,* Rechtssubjekt Wohnungseigentümergemeinschaft, 168). 21

Soweit gegen die Trennungstheorie vorgebracht wird, sie sei durch die Aufspaltung in zwei Gemeinschaftskreise zu kompliziert, ist dies unzutreffend. Die Trennungstheorie unterscheidet lediglich die Frage der Verwaltung und des Gegenstandes der Verwaltung sehr sorgfältig. Erst eine Unterscheidung der jeweiligen Zuordnungssubjekte erlaubt es, die Rechte und Pflichten der Wohnungseigentümer als Wohnungseigentümer, das der Gemeinschaft der Wohnungseigentümer zugeordnete Vermögen und die Rechte und Pflichten der Wohnungseigentümer als Verbandsmitglieder zu unterscheiden. 22

Auch wenn die Unterschiede zwischen den beiden Theorien im praktischen Ergebnis kaum zu erkennen sind, gelingt nur durch eine Trennung eine **sinnvolle Unterscheidung** von gemeinschaftlichem Eigentum und Gemeinschaftsvermögen (§ 9a Abs. 3 WEG). 23

4. Verbandszweck. Der Zweck des Verbandes Wohnungseigentümergemeinschaft ergibt sich zum einen aus § 18 Abs. 1 WEG: Die **Verwaltung des gemeinschaftlichen Eigentums** obliegt der Gemeinschaft der Wohnungseigentümer. Der Vorteil dieser Konstruktion liegt darin, dass hierdurch die Vertragskontinuität im Rechtsverkehr gewährleistet und eine eindeutige Vermögenszuordnung möglich ist (vgl. *Elzer* ZMR 2013, 772). Die Neuausrichtung des WEG durch das WEMoG hat durch die umfassende Stärkung der Gemeinschaft der Wohnungseigentümer und die damit korrelierende umfassende Vertretungsmacht des Verwalters dafür gesorgt, dass dieser Verbandszweck auch in der Außenvertretung Dritten gegenüber noch deutlicher zu sehen ist. Der Verband ist nach außen berechtigt und verpflichtet, nicht der einzelne Wohnungseigentümer. Die in ihrer Rechts- und Pflichtenstellung gestärkte Gemeinschaft der Wohnungseigentümer als rechtsfähiges Zweckgebilde wird in das Zentrum gestellt und umfassend mit der Verwaltung des gemeinschaftlichen Eigentums sowie dessen Schutz betraut. Im Gegenzug nähert sich die Position des an sich sachenrechtlich Berechtigten – des Wohnungseigentümers – mehr und mehr derjenigen eines Gesellschafters in einem Verband an (*Dötsch* ZfIR 2020, 222). 24

25 Gleichwohl kann nicht übersehen werden, dass es bei der Gemeinschaft der Wohnungseigentümer im Gegensatz zu anderen Verbandsformen an einem **gemeinsamen Zweck** fehlt, zu dessen Verfolgung sich die Wohnungseigentümer vertraglich zusammengeschlossen haben könnten. Dieser Verbandszweck ist vielmehr **gesetzlich** angeordnet und vorgegeben.

26 Der Zweck „Verwaltung des gemeinschaftlichen Eigentums" ist **unabdingbar** (→ § 10 Rn. 56); die Wohnungseigentümer können deshalb nicht vereinbaren, der Verband solle daneben noch andere Ziele verfolgen. Zwar können nach allgemeinen verbandsrechtlichen Prinzipien die Mitglieder den Verbandszweck grundsätzlich durch Vertrag ändern oder erweitern; indes nur, wenn die Regeln des konkreten Verbandes diese Privatautonomie überhaupt eröffnen. Bei der Gemeinschaft der Wohnungseigentümer erfolgt die Festlegung des Verbandszwecks aber nicht privatautonom, sondern durch das Gesetz, weshalb eine Änderung des Verbandszwecks ausscheidet (*Jacoby* ZWE 2020, 18; *Elzer* ZMR 2013, 772; *Lehmann-Richter* ZWE 2012, 463; aA MüKoBGB/*Commichau* § 10 WEG Rn. 97 f).

27 **5. Mitglieder.** Der Verband Wohnungseigentümergemeinschaft besteht aus den jeweiligen Wohnungseigentümern (→ Rn. 2 ff). Jeder Wohnungseigentümer ist mit dem Zeitpunkt des dinglichen Rechtserwerbes kraft Gesetzes und automatisch (Zwangs-) Mitglied (BGH ZMR 2015, 563 Rn. 35; aA *Meiners,* Die rechtsfähige Wohnungseigentümergemeinschaft; S. 76). Dasselbe gilt für werdende Wohnungseigentümer ab Vorliegen der hierfür notwendigen Voraussetzungen (→ Rn. 7).

28 **6. Handlungsorganisation. a) Organe.** Die Gemeinschaft der Wohnungseigentümer wird nach § 9b Abs. 1 Satz 1 WEG weitgehend unbeschränkt und unbeschränkbar durch den **Verwalter** im Rechtsverkehr vertreten. Die Verwaltung des gemeinschaftlichen Eigentums ist Aufgabe der Gemeinschaft der Wohnungseigentümer (§ 18 Abs. 1 WEG). Der Verwalter vertritt lediglich den insoweit verpflichteten Verband. Solchen Personen, deren rechtsgeschäftliche oder deliktische Handlungen von Gesetzes wegen einem Verband zugerechnet werden, der mit der Fähigkeit ausgestattet ist, Rechte zu erwerben und Verbindlichkeiten einzugehen, kommt nach allg. Verständnis Organstellung zu. Der Verwalter besitzt somit im Rahmen der Vertretung der Gemeinschaft der Wohnungseigentümer Organeigenschaft iSv § 31 BGB (BGH NJW 2014, 1294 Rn. 12; NZM 2014, 274, Rn. 16, NJW 20111, 1361 Rn. 10; LG Berlin ZMR 2018, 427: → § 18 Rn. 15). Der **Verwalter** ist originäres und unabdingbares **Organ** der Gemeinschaft der Wohnungseigentümer. Die Gemeinschaft der Wohnungseigentümer muss sich ein Wissen des Verwalters als seinem Organ zurechnen lassen. Das Wissen oder Kennenmüssen des Verwalters wirkt über § 166 Abs. 1 BGB unmittelbar gegenüber der Gemeinschaft der Wohnungseigentümer (→ § 9b Rn. 29).

29 Daneben kommt der **Eigentümerversammlung** als **Willensbildungsorgan** der Gemeinschaft der Wohnungseigentümer ebenfalls Organeigenschaft zu (→ § 18 Rn. 14). Auch hier wird deutlich, dass das WEG durch das WEMoG eine deutliche Annäherung an das allgemeine Gesellschaftsrecht erfahren hat.

b) Fehlende Organeigenschaft. Die einzelnen **Wohnungseigentümer** sind hingegen **kein Organ.** Sie sind (lediglich) Mitglieder des Kollektivorgans Wohnungseigentümerversammlung. Sie nehmen die Rechte und Pflichten des Organs wahr, ohne selbst Organ zu sein und werden insoweit als Organwalter bezeichnet (*Skauradszun* AnwZertMietR 13/2020 Anm. 1). Auch in einer verwalterlosen Gemeinschaft werden die Wohnungseigentümer trotz der gesetzlich bestehenden Gesamtvertretungsmacht für die Gemeinschaft **nicht** zum **(Ersatz)Organ** (→ § 9b Rn. 18). Dasselbe gilt bei einer Vertretung durch Wohnungseigentümer gegenüber dem Verwalter in den Fällen des § 9b Abs. 2 WEG. 30

Die Wohnungseigentümer können gem. § 29 WEG einen **Verwaltungsbeirat** zu wählen. Der Verwaltungsbeirat hat den Verwalter bei der Durchführung seiner Aufgaben zu unterstützen und zu überwachen (§ 29 Abs. 2 WEG). Er hat aber von Gesetzes wegen gegenüber den Wohnungseigentümern bzw. Dritten keine Rechte oder Pflichten; ebenso wenig nimmt er der Gemeinschaft der Wohnungseigentümer zustehende Rechte und Pflichten wahr. Seine Funktion beschränkt sich auf Unterstützung, Beratung sowie auf Prüfung von Verwaltungsunterlagen zur Vorbereitung von Verwaltungsentscheidungen. Er hat keine eigenen Entscheidungs- bzw. Verwaltungsbefugnisse, er ist kein Aufsichtsrat (*Bärmann/Becker* § 29 Rn. 2). Der Verwaltungsbeirat ist aus diesem Grund entgegen der wohl hM **kein Organ** des Verbandes Wohnungseigentümergemeinschaft (→ § 29 Rn. 4), 31

7. Beginn der Rechtsfähigkeit. Das WEG regelt nun das Entstehen der Gemeinschaft der Wohnungseigentümer entgegen der früheren Rechtslage explizit in § 9a Abs. 1 Satz 2 WEG. Sie entsteht – auch im Fall des § 8 WEG – mit Anlegung der Wohnungsgrundbücher; ab diesem Zeitpunkt finden die Vorschriften des WEG Anwendung. Die Vorschrift macht das richterlich geschaffene Institut der sog. **werdenden Wohnungseigentümergemeinschaft** obsolet (BT-Drs. 19/18791, 43; ausführl. hierzu→ § 8 Rn. 72 ff.). Die Anwendbarkeit der wohnungseigentumsrechtlichen Vorschriften und die Entstehung der Gemeinschaft der Wohnungseigentümer werden dadurch im Ergebnis zeitlich vorverlagert (→ § 8 Rn. 24). Die Gemeinschaft der Wohnungseigentümer wird damit ab einem sehr frühen Zeitpunkt handlungsfähig. Die Anlegung der Grundbücher dient somit als Äquivalent für die Eintragung sonstiger Verbände im Vereins-, Handels- oder Genossenschaftsregister (*Skauradszun* ZRP 2020, 34). Damit kann der Beginn der Rechtsfähigkeit des Verbandes anders als früher exakt bestimmt werden. Folge ist eine erheblich erhöhte Rechtssicherheit für den Rechtsverkehr beim Vertragsschluss mit Wohnungseigentümergemeinschaften. 32

a) Vertragliche Aufteilung (§ 3 WEG). Bei der Erstaufteilung durch Vertrag nach § 3 WEG entsteht die Gemeinschaft der Wohnungseigentümer in dem Zeitpunkt, zu dem alle Wohnungseigentumsrechte im Wohnungsgrundbuch eingetragen sind. Soweit in der Vergangenheit darüber nachgedacht wurde, auch bei der vertraglichen Begründung von Wohnungseigentum das Rechtsinstitut der werdenden Wohnungseigentümergemeinschaft zur Anwendung zu bringen, wenn im Einzelfall ein längerer Zeitraum bis zur Eintragung im Grundbuch verstrichen und die Entstehung von 33

Wohnungseigentum rechtlich gesichert war sowie sich der Besitz bereits bei den künftigen Wohnungseigentümern befand (LG Frankfurt a. M. ZMR 2020, 139; *Hügel* ZWE 2010, 124; Bärmann/*Suilmann* § 10 Rn. 20; aA KG ZWE 2001, 277; BayObLG NZM 2000, 665), hat sich diese Diskussion durch die Neuregelung erledigt.

34 **b) Einseitige Teilung (§ 8 WEG).** Nach der alten Rechtslage konnte es eine Ein-Personen-Wohnungseigentümergemeinschaft wegen der Regelung in § 10 Abs. 7 Satz 4 WEG aF nicht geben (vgl. Voraufl. § 10 Rn. 42). Bei einer Teilung nach § 8 WEG existierte eine Gemeinschaft der Wohnungseigentümer grundsätzlich erst mit der Eigentumsumschreibung des ersten Wohnungseigentums, da für eine Gemeinschaft mindestens zwei verschiedene Eigentümer vorhanden sein müssen (KG ZMR 2019, 521). Die Rechtsprechung hatte zur Vermeidung von nicht sachgerechten Ergebnissen vor allem beim Erwerb von Wohnungseigentum von einem Bauträger das Rechtsinstitut der werdenden Wohnungseigentümergemeinschaft geschaffen, weil bei einer rein sachenrechtlichen Betrachtung der aufteilende Eigentümer für diesen Zeitraum mangels Existenz einer Gemeinschaft weiterhin Alleineigentümer der Wohnanlage ist und damit die alleinige Entscheidungs- und Verwaltungskompetenz besäße. Sie hielt deshalb ist eine vorverlagerte Anwendung des WEG in diesen Fällen für geboten (BGH ZWE 2020, 267; NJW 2012, 2650 Rn. 5; 2008, 2639 Rn. 12; 2004, 1798; OLG Hamm DNotZ 2000, 215, 117).

35 Da jedoch § 9a Abs. 1 Satz 2 Hs. 2 WEG der Zeitpunkt der Entstehung der Gemeinschaft auch bei der einseitigen Teilung gem. § 8 WEG die Anlegung der Wohnungsgrundbücher ist, entsteht nun in diesen – und damit den Regelfällen – eine Ein-Personen-Gemeinschaft (→ Rn. 45). Diese wurde zwar schon vor dem WEMoG gefordert, war auf Grund der Regelung in § 10 Abs. 7 Satz 4 WEG aF aber nicht denkbar (BGH NJW 2008, 2639 Rn. 12; OLG Nürnberg ZWE 2013, 323; *Hügel* ZWE 2010, 124; *Elzer* ZMR 2008, 810; aA *F. Schmidt* ZMR 2009, 741; *Becker* ZWE 2007, 124). Diese zeitlich deutliche Vorverlagerung des Entstehungszeitpunktes bringt insbesondere bei der Teilung gem. § 8 WEG große praktische Vorteile mit sich. Bereits ab diesem Zeitpunkt kann die Gemeinschaft der Wohnungseigentümer am Rechtsverkehr teilnehmen und die notwendigen Ver- und Entsorgungsverträge, aber auch Versicherungen oder Verwaltungsverträge abschließen. Dies war bisher nicht möglich. Solche Verträge mussten zunächst durch den Bauträger abgeschlossen und nach Entstehen der (werdenden) Gemeinschaft der Wohnungseigentümer auf diese übergeleitet werden. Auch die Verwaltung einer solchen in Entstehung befindlichen Anlage kann bereits nach den Vorschriften des WEG erfolgen. So kann bereits der 1. Verwalter bestellt werden und ohne rechtliche Probleme zur 1. Wohnungseigentümerversammlung geladen werden.

36 Das Gesetz sieht keine Sondervorschriften für den Zeitraum vor, in dem nur der aufteilende Eigentümer (Bauträger) alleiniges Mitglied der Gemeinschaft ist (BT-Drs. 19/18791, 44). Hierdurch ist eine gewisse Missbrauchsgefahr eröffnet, weil den Alleinentscheidungen des Teilenden die Kontrolle durch Miteigentümer fehlt und dies einseitige, ihn begünstigende Maß-

nahmen geradezu provoziert. Die Gesetzesbegründung sieht das Problem, glaubt aber genügend Korrektive für die zukünftigen Wohnungseigentümer bereit zu halten. Zum einen könnten sie jederzeit Alleinbeschlüsse des teilenden Eigentümers durch einen gegenteiligen Neubeschluss aufheben, zum anderen würden Verträge der Ein-Personen-Gemeinschaft den verbraucherschützenden Vorschriften der §§ 305 ff. BGB unterfallen (kritisch hierzu → Rn. 43). Schon aus diesem Grund könnten sie nur in dem so vorgegebenen Rahmen abgeschlossen werden (BT-Drs. 19/18791, 44).

8. Ende der Rechtsfähigkeit. Das Gesetz enthält für die Beendigung der Gemeinschaft der Wohnungseigentümer keine besonderen Regelungen. Ein **Liquidationsverfahren** ist für die Gemeinschaft der Wohnungseigentümer **nicht** vorgesehen. Die Frage nach ihrer Beendigung lässt sich jedoch aus § 9a Abs. 1 Satz 2 WEG erschließen. Das Gesetz bringt deutlich zum Ausdruck, dass die Gemeinschaft der Wohnungseigentümer untrennbar an das Vorhandensein des sachenrechtlichen Wohnungseigentums gebunden ist, dessen Verwaltung sie dient. Die Gemeinschaft erlischt deshalb, wenn das Wohnungseigentum infolge der Schließung der Wohnungsgrundbücher untergeht (BT-Drs. 19/18791, 46). **37**

Für eine eventuell notwendige Liquidation des Gemeinschaftsvermögens sollen nach den Vorstellungen des Gesetzgebers (BT-Drs. 19/18791, 46) die allgemeinen Vorschriften gelten. Diese Ansicht kann nicht überzeugen (kritisch auch *Becker/Schneider* ZfIR 2020, 294). Vielmehr erlischt die rechtsfähige Gemeinschaft der Wohnungseigentümer genau zu dem Zeitpunkt, in dem die Wohnungsgrundbücher geschlossen werden. Damit wäre das Gemeinschaftsvermögen ab diesem Moment keinem Vermögenträger mehr zugeordnet, weil es mangels gesetzlicher Anordnung eine rechtsfähige Wohnungseigentümergemeinschaft in Liquidation nicht gibt. Ebenso wenig gibt es eine Vorschrift ähnlich § 10 Abs. 7 Satz 4 WEG aF, die einen Übergang des Gemeinschaftsvermögens auf eine bestimmte Person anordnet. Es bedarf vielmehr einer anderen Lösung (→ Rn. 147). **38**

Wird nach Aufhebung des einmal vorhandenen Wohnungseigentums zu einem späteren Zeitpunkt das Grundstück erneut in Wohnungseigentum aufgeteilt, entsteht erneut eine Gemeinschaft der Wohnungseigentümer. Allerdings ist dies eine **neue Gemeinschaft.** Die früheren vertraglichen Beziehungen der beendeten Gemeinschaft der Wohnungseigentümer bestehen nicht zu dieser neuen Gemeinschaft der Wohnungseigentümer. **39**

9. Bezeichnung. Die Gemeinschaft der Wohnungseigentümer führt gem. § 9a Abs. 1 Satz 3 WEG die **Bezeichnung** „Gemeinschaft der Wohnungseigentümer" oder „Wohnungseigentümergemeinschaft" gefolgt von der bestimmten Angabe des gemeinschaftlichen Grundstücks. Die Kennzeichnung des Grundstücks ist durch die **postalische Anschrift** (OLG München ZWE 2016, 256; OLG Rostock ZWE 2014, 122; LG Bremen Rpfleger 2007, 315) oder die **Grundbuchbezeichnung** des Stammgrundstücks oder der Wohnungseigentumsrechte möglich. **40**

10. Verbrauchereigenschaft. Nach bisher hM ist die Gemeinschaft der Wohnungseigentümer einem Verbraucher gem. § 13 BGB gleichzustellen, **41**

wenn ihm wenigstens ein Verbraucher angehört und er ein Rechtsgeschäft zu einem Zweck abschließt, der weder einer gewerblichen noch einer selbständigen beruflichen Tätigkeit dient (BGH ZMR 2015, 563). An sich sind Verbraucher nur natürliche Personen. Ähnlich wie bei der GbR (vgl. BGH NJW 2002, 368) stellt jedoch die überwiegende Ansicht auf die **Schutzbedürftigkeit** des einzelnen Wohnungseigentümers ab und unterstellt die Gemeinschaft der Wohnungseigentümer dem Schutz des Verbraucherrechtes (BGH ZWE 2020, 83 Rn. 21; ZMR 2015, 563 Rn. 33; OLG München NZM 2008, 894; LG Karlsruhe ZWE 2016, 25; LG Nürnberg-Fürth ZMR 2008, 831; *Armbrüster* ZWE 2014, 4; *Rapp* notar 2013, 366; *Gottschalg* NZM 2009, 219). Insbesondere die quotale Außenhaftung der einzelnen Wohnungseigentümer für die Verbindlichkeiten des Verbandes gebiete diesen Schutz durch das Verbraucherrecht (BGH ZMR 2015, 653 Rn. 39). Etwas anderes kann allerdings gelten, wenn die Gemeinschaft der Wohnungseigentümer selbst gewerblich tätig wird und deshalb als Unternehmer am Rechtsverkehr teilnimmt, etwa wenn in der Anlage ein Hotel betrieben wird (BGH ZMR 2015, 663 Rn. 51).

42 Schon die Anwendung des § 13 BGB auf die GbR ist allerdings **nicht unproblematisch** (BGH NZG 2017, 696 Rn. 34; vgl. *K. Schmid* JuS 2006, 5 f.). Im Wohnungseigentumsrecht gilt es darüber hinaus zu bedenken, dass die Gemeinschaft der Wohnungseigentümer bereits früher eher körperschaftlich zu verstehen ist und in Richtung Verein tendiert (→ Rn. 16). Vereine fallen aber nach überwiegender Ansicht nicht unter den Begriff des Verbrauchers iSv § 13 BGB (vgl. *Karsten Schmidt* JuS 2006, 3; Palandt/*Ellenberger* § 13 Rn. 2). Konsequenterweise lehnte deshalb eine Mindermeinung die Verbrauchereigenschaft der Gemeinschaft der Wohnungseigentümer ab (*LG Rostock* NZM 2007, 370; *Krampen-Lietzke* RNotZ 2013, 597; Michel/Schlüter/*Henniges* Kapitel 3 Rn. 488; MüKoBGB/*Micklitz* § 13 Rn. 19). Abzulehnen ist in jedem Fall der Ansatz, den Verbraucherschutz von der Zusammensetzung der Gemeinschaft der Wohnungseigentümer (überwiegend Verbraucher?) abhängig zu machen (BGH ZMR 2015, 563 Rn. 44). Wie sollte der Vertragspartner der Gemeinschaft der Wohnungseigentümer auch deren Zusammensetzung mit der nötigen Sicherheit beurteilen können? Obliegt ihm gar eine Kontrollpflicht? Ebenso wie bei der GbR ist die von der hM befürwortete Anwendung des § 13 BGB letztlich vom gewünschten Ergebnis her gedacht (*Hügel/Elzer* NZM 2009, 458 f.) und dogmatisch eher schwierig zu begründen.

43 Das WEMoG hat das Wohnungseigentumsrecht dem übrigen **Verbandsrecht stark angenähert,** es mit ihm harmonisiert (→ Rn. 17). Den übrigen Verbandsformen wird aber grundsätzlich der Schutz der verbraucherschützenden Vorschriften der §§ 305 ff BGB nicht gewährt. Hierfür gibt es auch kein rechtspolitisches Bedürfnis. Wenn nun die Begründung des Gesetzentwurfes (BT-Drs. 19/18791, 45) meint, eine Ein-Personen-Gemeinschaft, die bei der Teilung gem. § 8 WEG entsteht, sei in aller Regel Verbraucherin iSd § 13 BGB, kann das nicht überzeugen. In fast allen Fällen wird die Aufteilung durch ein Bauträgerunternehmen erfolgen, das auch mit größter Mühe entgegen der Gesetzesbegründung (BT-Drs. 19/22634 S. 42) nicht unter § 13 BGB zu subsumieren ist. Selbst der BGH verlangt für die Bejahung der

Verbrauchereigenschaft der Wohnungseigentümergemeinschaft natürliche Personen als Verbraucher in deren Mitte. Zur Verbrauchereigenschaft der Ein-Personen-Gemeinschaft könnte man also nur gelangen, wenn man auf die zukünftige Zusammensetzung der Gemeinschaft der Wohnungseigentümer abstellt und unterstellt, dass ihr Verbraucher angehören werden. Das kann nicht überzeugen (ebenso *Becker/Schneider* ZfIR 2020, 293).

Vielmehr ist davon auszugehen, dass der deutliche Schritt im Wohnungseigentumsrecht zum allgemeinen Verbandsrecht dazu führt, dass die Gemeinschaft der Wohnungseigentümer grundsätzlich **kein Verbraucher** ist (aA *Agatsy* ZMR 2020, 627). Das mag man bedauern, ist aber eine Konsequenz aus einer rechtspolitischen Entscheidung des Gesetzgebers. Letztlich ist der Verbraucherschutz für die Gemeinschaft aber auch deshalb nicht mehr so notwendig, weil unerfahrene Wohnungseigentümer kaum noch geschützt werden müssen: Im Rechtsverkehr handelt für die Gemeinschaft der Wohnungseigentümer nur noch der Verwalter, dem allein und ausschließlich die Verwaltung des gemeinschaftlichen Eigentums anvertraut ist. Der Gemeinschaft der Wohnungseigentümer kann durch das Handeln eines unerfahrenen Verbrauchers kein Schaden entstehen, weil in der Regel ein fachkundiger Verwalter für die Gemeinschaft der Wohnungseigentümer handelt. 44

C. Spezielle Erscheinungsformen

I. Ein-Personen-Gesellschaft

§ 9a Abs. 1 Satz 2 Hs. 2 WEG bestimmt als Zeitpunkt der Entstehung der Gemeinschaft auch bei der einseitigen Teilung gem. § 8 WEG die Anlegung der Wohnungsgrundbücher. Damit entsteht bei der Begründung von Wohnungseigentum regelmäßig eine Ein-Personen-Gemeinschaft. Das Gesetz sieht keine Sondervorschriften für eine solche Ein-Personen-Gemeinschaft vor. Für diese Gemeinschaft der Wohnungseigentümer gelten somit grundsätzlich alle einschlägigen wohnungseigentumsrechtlichen Vorgaben. Etwas Abweichendes kann sich im Einzelfall daraus ergeben, dass in diesem Zeitraum eine Eigentümersammlung stets eine Vollversammlung darstellt und damit bestimmte Formalien als überflüssig erscheinen, anderseits daraus, dass bestimmte Missbrauchsgefahren mangels Kontrolle durch andere Miteigentümer eröffnet sind (→ Rn. 36). Diese Ein-Personen-Gemeinschaft wird gem. § 9b Abs. 1 WEG grundsätzlich durch den Verwalter vertreten, was aber in der Praxis eher die Ausnahme darstellen dürfte. In aller Regel dürfte der aufteilende Eigentümer als alleiniger Gemeinschafter die Bestellung eines (Fremd-)Verwalters als überflüssig ansehen und die Verwaltung und damit auch gem. § 9b Abs. 1 Satz 2 WEG die Vertretung selbst übernehmen. Zu Beschlüssen der Ein-Personen-Gemeinschaft siehe (→ § 23 Rn. 13), zu Eigentümerversammlungen (→ § 23 Rn. 9 ff.). 45

II. Zweiergemeinschaft

Eine Zweiergemeinschaft ist eine solche, der nur zwei Wohnungseigentümer angehören (Bärmann/*Suilmann* § 18 Rn. 41; Riecke/Schmid/*Riecke* 46

§ 18 Rn. 39; Jennißen/*Heinemann* § 18 Rn. 30), unabhängig von der Anzahl der Wohnungseigentumsrechte. Wer Wohnungseigentümer ist bestimmt sich nach→ Rn. 2 ff. Somit ist eine Wohnungseigentumsanlage mit zehn Wohnungseigentumsrechten, die nur zwei Wohnungseigentümern gehören, ebenso eine Zweiergemeinschaft wie eine mit 2 Wohnungseigentumsrechten, die jeweils in Miteigentum stehen (vgl. BGH NJW-RR 2014, 452; 2014, 13; *Graf* ZMR 2018, 151). In einer Zweiergemeinschaft unterliegt die Ausübung der Eigentümerbefugnisse den allgemeinen Verwaltungsregeln der §§ 18 ff WEG. Wird ein erforderlicher Beschluss nicht gefasst, bedarf es daher einer Beschlussersetzungsklage (BGH NZM 2019, 788, 42 Rn. 16). Im Einzelfall kann die Vorbefassung der Eigentümerversammlung jedoch entbehrlich sein (BGH NZM 2019, 788, 42 Rn. 16; NJW 2010, 2129 Rn. 15).

III. Untergemeinschaften

47 **1. Untergemeinschaft an Sondereigentum.** Das WEG kennt **keine Mischform** aus Bruchteils- und Eigentümergemeinschaft. Mehrere Miteigentümer an einem Wohnungs- oder einem Teileigentum bilden daher **keine** eigene wohnungseigentumsrechtliche (Unter-)Eigentümergemeinschaft (*Ott,* Sondernutzungsrecht, 10). Miteigentümer eines Sondereigentums bilden stattdessen eine **Bruchteilsgemeinschaft** nach §§ 741 ff., 1008 ff. BGB (BGH NJW 2014, 1879 Rn. 9; NZM 2005, 238; 2000, 1063; OLG Frankfurt a. M. NZM 2007, 490; 2001, 527; OLG Karlsruhe Info M 2006, 298; KG MietRB 2004, 235; OLG Jena ZWE 2000, 232, BayObLG NJW-RR 1994, 1427; s. a. *Hügel* NZM 2004, 767 zum Miteigentum an einer Doppelstockgarage). Für die Eigentümergemeinschaft an der betreffenden Einheit gilt im Innenverhältnis das **jeweilige Gemeinschaftsrecht** und nicht das Wohnungseigentumsgesetz (BGH NZM 2000, 1063; OLG Frankfurt a. M. NZM 2007, 490; → Rn. 6).

48 Schließen die Mitberechtigten an einem Wohnungs- oder Teileigentum untereinander einen Vertrag, liegt keine Vereinbarung iSv § 10 Abs. 1 Satz 2 WEG vor. Eine Vereinbarung können grundsätzlich nur alle Eigentümer der Anlage treffen (→ § 10 Rn. 23). Eine Regelung unter den Mitberechtigten ist keine Vereinbarung iSd Wohnungseigentumsgesetzes (KG DNotZ 2004, 634; kritisch *Häublein* DNotZ 2004, 636). Miteigentümer an einem Sondereigentum können folglich über dieses allein keine Vereinbarungen iSv §§ 10 Abs. 1 WEG oder entsprechend diesen Bestimmungen treffen (LG Düsseldorf MittRhNotK 1987, 163; *Hügel/Elzer* DNotZ 2014, 409; *Hügel* ZWE 2001, 42; aA BGH NJW 2014, 1879; OLG Frankfurt a. M. Rpfleger 2000, 212; OLG Jena FGPrax 2000, 7; BayObLG NJW-RR 1994, 1427; *von Oefele* MittBayNot 2000, 441 für die Benutzung eines Doppelparkers). Bestimmungen der Miteigentümer sind allerdings nach § 1010 BGB möglich (OLG Karlsruhe Info M 2006, 298 m. Anm. *Möhrle*). Für eine solche Miteigentümergemeinschaft gilt nicht § 11 WEG (BGH NZM 2000, 1063).

49 **2. Mehrhausanlagen. a) Allgemeines.** Besteht eine Wohnungseigentumsanlage aus mehreren separaten Baukörpern – ggf. auch Reihen- oder

Einzelhäusern (sog. Mehrhausanlage) –, gelten nach dem WEG **keine Besonderheiten.** Die jeweiligen Häuser können nicht als Untergemeinschaften einer Obergemeinschaft verstanden werden. Die Wohnungs- und Teileigentümer sämtlicher Häuser einer Mehrhausanlage (ausf. hierzu *Sommer* ZWE 2019, 155; *Moosheimer* ZMR 2014, 602, 687; *Rüscher* ZWE 2011, 308; *Häublein* ZWE 2010, 149; *Hügel* NZM 2010, 8) bilden vielmehr eine **einzige Wohnungseigentümergemeinschaft.** In Mehrhausanlagen gibt es dementsprechend auch nur **eine Gemeinschaft der Wohnungseigentümer.**

b) Bildung von Untergemeinschaften im Innenverhältnis. Um den Besonderheiten einer Mehrhausanlage in der Praxis gerecht zu werden, wird bei der wohnungseigentumsrechtlichen Aufteilung einer Mehrhausanlage regelmäßig in der Gemeinschaftsordnung die Bildung von **„Untergemeinschaften"** vorgesehen. Jedes Gebäude soll im **Innenverhältnis** der Wohnungseigentümer untereinander soweit wie möglich verselbständigt und wirtschaftlich als eine einzige, getrennte Wohnungseigentumsanlage behandelt werden. Jede dieser Untergemeinschaften erhält eine eigene Verwaltungszuständigkeit mit selbständiger Beschlusskompetenz ihrer Mitglieder zugewiesen. Eine separate Tiefgarage wird in diesen Fällen meist wie ein selbständiges Gebäude behandelt. In jedem Fall sind die Regelungen in der Gemeinschaftsordnung ausschlaggebend dafür, welche Aufgaben und Befugnisse den „verselbständigten" Untergemeinschaften und welche der Gesamtgemeinschaft zustehen (ausf. hierzu *Elzer* notar 2016, 201). 50

Solche Untergemeinschaften besitzen freilich **keine eigene rechtliche Existenz,** sondern sind Ergebnis einer in der Gemeinschaftsordnung der Gesamteigentümergemeinschaft enthaltenen Vereinbarung. Sie haben niemals originär-eigene, sondern stets nur von der Gesamtgemeinschaft **abgeleitete Satzungs- und Organisationsbefugnisse** (*Wenzel* NZM 2006, 324) und sind (nur) Teil der rechtsfähigen Gesamteigentümergemeinschaft und selbst **nicht rechtsfähig** (BGH WuM 2018, 100 Rn. 18; OLG München BeckRS 2013, 12513; OLG Koblenz ZWE 2011, 91; LG Frankfurt a. M. ZMR 2014, 142; LG München NZM 2011, 125; LG Koblenz ZWE 2011, 91; *Gottschalg* NZM 2013, 62; *Rüscher* ZWE 2011, 309; *Armbrüster* ZWE 2011, 110; *Häublein ZWE 2010, 156; Hügel* NZM 2010, 9; *Wenzel* NZM 2006, 324; *Jennißen* NZM 2006, 206). Sie besitzen keine eigene Gemeinschaftsordnung. Es gibt auch nur einen Verwalter für die Gesamteigentümergemeinschaft; die Bestellung eines Verwalters für die Untergemeinschaft ist nichtig (→ § 26 Rn. 8). 51

c) Übertragung von Zuständigkeiten auf die Untergemeinschaft. Die in der jeweiligen (Unter-) Eigentümergemeinschaft belegenen Wohnungseigentumsrechte erhalten regelmäßig das umfassende **Sondernutzungsrecht** am gesamten **gemeinschaftlichen Eigentum** des entsprechenden Gebäudes (→ § 5 Rn. 28) inklusive der Berechtigung der jeweiligen Wohnungseigentümer, allein über bauliche Veränderungen hieran zu entscheiden. Die entsprechenden Wohnungseigentümer sollen auch allein die Kosten der **Instandsetzung und Instandhaltung** tragen. Ein solcher Umlageschlüssel hat allerdings **keine Außenwirkung** (BGH WuM 2018, 52

100 Rn. 18). Alle Wohnungseigentümer der Gesamtanlage haften gem. § 9a Abs. 4 Satz 1 WEG dem Vertragspartner entsprechend ihrer Miteigentumsquote für die Kosten solcher nur eine Untergemeinschaft betreffenden Verträge. Das Risiko einer Haftung der übrigen Miteigentümer kann durch eine Vereinbarung des Inhaltes minimiert werden, dass der Verwalter solche Verträge im Namen der „Gesamtgemeinschaft", aber im Interesse der Untergemeinschaft nur dann abschließt, wenn die betreffende Untergemeinschaft die Bezahlung durch vorhandene Finanzmittel oder durch eine vorherige Sonderumlage garantieren kann (ausführlich hierzu *Hügel* NZM 2010, 11). Eine Lösung dergestalt bindet jedoch den Verwalter nur im Innenverhältnis und lässt die anteilige Außenhaftung unberührt.

53 Die Gemeinschaftsordnung kann auch **getrennte Abrechnungskreise** je Gebäude vorsehen, die dann wiederum in die gemeinsame Abrechnung zu integrieren sind. Im Ergebnis bedeutet dies jedoch, dass infolge einer solchen Regelung zusätzliche Wirtschaftspläne sowie Abrechnungen für jedes Haus und für die Gesamtgemeinschaft durch den Verwalter zu erstellen und den Untergemeinschaften und der Gesamtgemeinschaft jeweils zur Beschlussfassung vorzulegen sind (→ § 28 Rn. 351 ff.). Es wird meist für jedes Haus auch eine **eigene –** (nur) buchhalterische – **Instandhaltungsrückstellung (Erhaltungsrückstellung)** gebildet. Eine solche zulässige (BGH WuM 2018, 100 Rn. 19; NZM 2015, 544 Rn. 22; KG ZMR 2008, 67; *Armbrüster* ZWE 2011, 111; *Häublein* NZM 2003, 788) Regelung über die Bildung einer „eigenen" Instandhaltungsrückstellung bedeutet aber letztlich nur eine rechnerische gesonderte Ausweisung der für ein bestimmtes Gebäude gebildeten Instandhaltungsrückstellung, weil sich die Instandhaltungsrückstellung im Eigentum der „Gesamteigentümergemeinschaft" befindet (BGH NZM 2015, 544 Rn. 22; *Hügel* NZM 2010, 13; *Häublein* ZWE 2010, 156).

54 Auch in einer Mehrhausanlage kommt eine **Vereinbarung** grundsätzlich nur dann zustande, wenn ihr **sämtliche** Wohnungseigentümer zustimmen (OLG Düsseldorf ZMR 2003, 765; OLG Hamm DNotZ 1985, 442; AG Fürth MietRB 2005, 39). Denkbar ist aber eine Öffnungsklausel (→ § 10 Rn. 169 ff.) für den Abschluss bestimmter Vereinbarungen nur durch die Eigentümer eines Hauses. Ohne abweichende Regelung in der Gemeinschaftsordnung können die Angelegenheiten von Untergemeinschaften grundsätzlich nur in einer **Versammlung sämtlicher Wohnungseigentümer** geregelt werden.

IV. Übergemeinschaften/Dachgemeinschaften

55 Ein Vertrag, durch den die Miteigentümer **zweier selbständiger Eigentümergemeinschaften** ein gemeinsames Verwaltungs- und Wirtschaftswesen unter Verdrängung der gesetzlichen Verwaltungsbefugnisse der einzelnen Gemeinschaft vereinbaren (Übergemeinschaft, Dachgemeinschaft), ist wegen Verstoßes gegen zwingende Vorschriften des Wohnungseigentumsrechts und Umgehung des **sachenrechtlichen Typenzwanges** nichtig (OLG Hamm NZM 2004, 787; OLG Düsseldorf NZM 2003, 446; OLG Köln ZMR 2000, 561). Eine solche Gemeinschaft, ist keine Gemeinschaft von Wohnungseigentümern iSd Gesetzes.

V. Wirtschaftsgemeinschaft von Wohnungseigentümern

Schließen sich mehrere Eigentümergemeinschaften zu einer **Wirtschaftsgemeinschaft** zusammen, zB um gemeinsam einen **Ferienwohnpark** zu betreiben, ist auf diese nicht das Recht des Wohnungseigentumsgesetzes, sondern in der Regel das Recht der **Gesellschaft nach bürgerlichem Recht** anzuwenden (OLG Köln ZMR 2000, 561; BayObLG ZMR 1999, 418). 56

D. Die rechtsfähige Gemeinschaft der Wohnungseigentümer im Rechtsverkehr

I. Gesetzliche Ausgangslage (§ 9a Abs. 1 Satz 1 WEG)

Nach § 9a Abs. 1 Satz 1 WEG kann die Gemeinschaft der Wohnungseigentümer gegenüber Dritten oder Wohnungseigentümern Rechte erwerben und Pflichten eingehen, vor Gericht klagen oder verklagt werden. Sie ist **Inhaberin** aller „als Gemeinschaft" gesetzlich begründeten und rechtsgeschäftlich erworbenen **Rechte und Pflichten.** Sie kann somit sowohl Gläubigerin und Schuldnerin rechtsgeschäftlicher Verpflichtungen sein, als auch gesetzlichen Pflichten unterworfen, aber auch berechtigt sein. 57

II. Begriff und Wesen der Rechtsfähigkeit

Eine **gesetzliche Definition** des Begriffs der Rechtsfähigkeit besteht **nicht.** Klar ist jedoch, dass mit Anerkennung einer Rechtsfähigkeit grundsätzlich die Fähigkeit einhergeht, Rechte zu erwerben und Verbindlichkeiten einzugehen (§ 14 Abs. 2 BGB). Bis zur Änderung des § 10 Abs. 6 Satz 1 WEG aF durch § 9a Abs. 1 Satz 1 WEG konnte die Gemeinschaft der Wohnungseigentümer „im Rahmen der gesamten Verwaltung des gemeinschaftlichen Eigentums" Rechte erwerben und Pflichten eingehen. Aus dieser gesetzlich so beschriebenen Rechtsfähigkeit wurde überwiegend eine (nur) Teilrechtsfähigkeit der Gemeinschaft der Wohnungseigentümer abgeleitet. Hiergegen wurde angeführt, die gesetzliche Festlegung des Verbandszwecks könne nicht eine der Anwendung der dem deutschen Recht fremden **ultra-vires-Lehre** gleichkommende Beschränkung der Rechtsfähigkeit rechtfertigen. Diese beiden unterschiedlichen theoretischen Ausgangspunkte kamen aber nicht zu gegenläufigen praktischen Ergebnissen, weil entweder der Gemeinschaft der Wohnungseigentümer für bestimmte Angelegenheiten keine Rechtsfähigkeit zukam oder auch bei einer umfassenden Rechtsfähigkeit der Verwalter nach der alten Rechtslage **mangels Vertretungsmacht** den Verband nicht wirksam verpflichten konnte (vgl. zu dieser Diskussion → Rn 11 f.). 58

Außerhalb des Verwaltungsbereichs war demnach vor dem Inkrafttreten des WEMoG ein Handeln der Gemeinschaft der Wohnungseigentümer ausgeschlossen, die Rechtsfähigkeit des Verbandes war faktisch auf den Bereich der **Verwaltung des gemeinschaftlichen Eigentums beschränkt** (vgl. 59

Lieder DNotZ 2018, 178; *Lehmann-Richter* ZWE 2012, 463; *Häublein* ZWE 2007, 476 f).

60 Der Gesetzgeber hat auf diesen Befund mit § 9a Abs. 1 Satz 1 WEG reagiert, der in seinem Wortlaut eine Beschränkung auf den Verwaltungsbereich nicht mehr enthält. Damit soll nach der Gesetzesbegründung die oben dargestellte Diskussion beendet werden, weil eine mögliche Beschränkung der Rechtsfähigkeit auf den Verbandszweck dem deutschen Recht fremd sei (BT-Drs. 19/18791, 45). Die **Rechtsfähigkeit der Gemeinschaft** ist damit **unbeschränkt.** Nachdem sich in der zu diesem Themenkreis veröffentlichten Rechtsprechung und Literatur aber auch nach der alten Rechtslage eine sehr großzügige Linie durchgesetzt hatte, die im Ergebnis viel von der jetzigen Rechtslage vorwegnahm, kann auf diese Ergebnisse weiterhin aufgebaut werden. Neu ist allerdings die in § 9b Abs. 1 WEG gesetzlich angeordnete, umfassende Vertretungsmacht des Verwalters für die Gemeinschaft der Wohnungseigentümer, die dazu führt, dass der Verwalter für und gegen die Gemeinschaft auch außerhalb des Verwaltungsbereichs Rechte erwerben und Pflichten eingehen kann. Zugespitzt könnte man formulieren, dass die nachfolgenden Darstellungen über den Umfang der Rechtsfähigkeit überflüssig sind, weil die Gemeinschaft der Wohnungseigentümer, vertreten durch den Verwalter, **alle Rechte** erwerben und **Pflichten** eingehen kann, die für einen Verband möglich sind.

III. Vertretung, Wissenszurechnung

61 Die Gemeinschaft der Wohnungseigentümer wird gem. § 9b Abs. 1 Satz 1 WEG gerichtlich und außergerichtlich durch den Verwalter als Organ der Gemeinschaft vertreten (ausf.→ § 9b Rn. 5). Hat die Gemeinschaft keinen Verwalter, wird sie gem. § 9b Abs. 1 Satz 2 WEG durch die Wohnungseigentümer gemeinschaftlich vertreten (→ § 9b Rn. 17). Die Vertretung der Gemeinschaft der Wohnungseigentümer gegenüber dem Verwalter erfolgt durch den Vorsitzenden des Verwaltungsbeirats oder einem durch Beschluss hierzu ermächtigten Wohnungseigentümer (→ § 9b Rn. 24 ff.).

62 Die Gemeinschaft der Wohnungseigentümer muss sich ein Wissen des Verwalters als ihrem Organ zurechnen lassen (→ § 9b Rn. 29). Das Wissen eines einzelnen oder mehrerer Wohnungseigentümer ist der Gemeinschaft der Wohnungseigentümer hingegen nicht zurechenbar (→ § 9b Rn. 30). Zur Wissenszurechnung bei Gesamtvertretung durch alle Wohnungseigentümer (→ § 9b Rn. 31).

IV. Umfang der Rechtsfähigkeit

63 **1. Sachlich.** Nach § 9a Abs. 1 Satz 1 WEG besitzt die Gemeinschaft der Wohnungseigentümer umfassende Rechtsfähigkeit. Eine Beschränkung der Rechtsfähigkeit auf den Verwaltungsbereich sieht das Gesetz nicht mehr vor. Die **dinglichen Grundlagen** fallen gleichwohl **nicht** in den Bereich der rechtsfähigen Wohnungseigentümergemeinschaft (vgl. BGH NZM 2020, 67 Rn. 12; 2016, 387 Rn. 17; KG ZMR 2019, 521), weil die sachenrechtliche Berechtigung den Wohnungseigentümern in ihrer individuellen Rechts-

stellung als Bruchteilsmiteigentümer zugeordnet ist. Die gesetzliche Neuregelung hat an dieser Zweiteilung nichts geändert. Alle dinglichen Veränderungen am gemeinschaftlichen Eigentum und am Sondereigentum können daher nur durch die Wohnungseigentümer in der durch § 4 Abs. 1 und 2 WEG oder §§ 873, 925 BGB bestimmten Form erfolgen (OLG München NJW 2010, 1467, ausf. hierzu *Hügel* ZMR 2011, 182; *Elzer* ZWE 2011, 16). Auch eine Veräußerung des gemeinschaftlichen Grundstücks oder eines Teils von diesem betrifft die sachenrechtlichen Grundlagen der Bruchteilseigentümergemeinschaft. Verfügungen über das gemeinschaftliche Eigentum als Ganzes, insbesondere (ggf. teilweise) Veräußerungen, der Erwerb weiteren gemeinschaftlichen Eigentums, können nur unter Mitwirkung aller Wohnungseigentümer erfolgen. Hierzu zählt insbesondere auch die Bestellung von Dienstbarkeiten (AG Erfurt ZWE 2015, 409) oder Baulasten am aufgeteilten Grundstück (hierzu → § 1 Rn. 45). Zur Frage einer diesbezüglichen Ausübungsbefugnis → Rn. 107.

Unabhängig von der unbeschränkten Rechtsfähigkeit der Wohnungseigentümergemeinschaft ist die Intention des WEG nach wie vor, die Verwaltung des gemeinschaftlichen Eigentums durch die Konstruktion eines rechtsfähigen Verbandes zu erleichtern. Dieser vertritt die Wohnungseigentümer gegenüber Dritten im Rechtsverkehr, aber auch gegenüber den einzelnen Wohnungseigentümern. Die Neuausrichtung durch die unbeschränkte Rechtsfähigkeit ermöglicht es zwar, dass die Gemeinschaft der Wohnungseigentümer auch außerhalb des Verwaltungsbereichs handeln kann, gleichwohl darf die Intention des Gesetzes nicht ausgeblendet werden. Das Handeln des Verwalters muss nach wie vor ordnungsmäßiger Verwaltung entsprechen. 64

Für die Wirksamkeit einer Handlung des Verwalters ist allerdings **nicht** entscheidend ist, ob die betreffende Maßnahme **ordnungsmäßiger Verwaltung** entspricht. Die Reichweite der Rechtsfähigkeit des Verbandes Wohnungseigentümergemeinschaft muss zum Schutz des Rechtsverkehrs abstrakt feststehen. Ob darüber hinaus der Rahmen der Ordnungsmäßigkeit eingehalten wurde, betrifft nur das **Innenverhältnis** der Wohnungseigentümer und der Gemeinschaft der Wohnungseigentümer bzw. deren Verhältnis zum Verwalter (OLG Celle ZMR 2008, 310; *Daum,* Das Rechtssubjekt Wohnungseigentümergemeinschaft, 37; *Häublein* ZWE 2017, 432; *Schneider* ZMR 2006, 815). Handelt der Verwalter somit außerhalb dieses Bereichs, bindet seine Handlung die Gemeinschaft der Wohnungseigentümer, er macht sich jedoch unter Umständen schadenersatzpflichtig (→ § 9b Rn. 16). 65

2. Zeitlich. a) Altverträge. Verträge, die **vor** Entdeckung des Verbandes Wohnungseigentümergemeinschaft durch die Gesamtheit der Wohnungseigentümer abgeschlossen wurden, sind in der Regel **entsprechend auszulegen** (BGH NZM 2014, 81 Rn. 15; NJW 2012, 1948 Rn. 21), dh sie gelten als zwischen der Gemeinschaft der Wohnungseigentümer und dem Dritten abgeschlossen. 66

b) Rechtshandlungen vor Beginn der Rechtsfähigkeit. Rechtsfähigkeit kann der Gemeinschaft der Wohnungseigentümer erst mit Beginn ihrer Existenz zukommen, dh erst ab Anlegung der Wohnungsgrundbücher 67

(→ Rn. 32). Schließt der aufteilende Bauträger schon zu einem früheren Zeitpunkt mit Dritten Verträge, zB Ver- und Entsorgungsverträge oder den Verwaltervertrag, was nach der nun geltenden Regelung nicht mehr oft vorkommen dürfte, gelten diese daher nicht für die Gemeinschaft der Wohnungseigentümer nach deren Entstehen einfach fort. Solche Verträge bedürfen vielmehr der ausdrücklichen Überleitung auf den entstandenen Verband.

68 Möglich sind hierfür drei Wege (im Einzelnen Bärmann/Seuß/*Elzer* § 3 Rn. 13 ff): Vertragsschluss durch den Bauträger und anschließende Übernahme durch den Verband gem. § 415 BGB, Vertragsschluss im Namen des Bauträgers zugleich (als vollmachtloser Vertreter) für die später entstehende Gemeinschaft der Wohnungseigentümer oder Vertragsschluss durch den Bauträger als vollmachtloser Vertreter nur im Namen des Verbandes als des (künftigen) Vertragspartners. In allen drei Varianten bedarf es einer Bestätigung des Vertrags durch die Gemeinschaft der Wohnungseigentümer (LG Köln ZWE 2015, 35). Eine konkludente Genehmigung ist möglich, liegt aber nicht im „rügelosen" Ablauf einer Eigentümerversammlung (Bärmann/Seuß/*Elzer* § 3 Rn. 15). Eine konkludente Genehmigung liegt auch nicht in einem das Rechtsgeschäft genehmigenden Beschluss (Bärmann/Seuß/*Elzer* § 3 Rn. 15), weil ein Beschluss als Internum der Wohnungseigentümer zusätzlich einer Willenserklärung des Verbandes Wohnungseigentümergemeinschaft nach außen bedarf (vgl. *Hügel* ZMR 2008, 3; aA Bärmann/*Suilmann* § 10 Rn. 71).

V. Einzelne der Gemeinschaft obliegende Maßnahmen

69 **1. Allgemeine Verwaltungsmaßnahmen.** Der Gemeinschaft der Wohnungseigentümer obliegt es, sämtliche Verträge mit Dritten zu schließen, soweit es dieser bei der Verwaltung des gemeinschaftlichen Eigentums bedarf. Hierzu zählen zB Dienstverträge mit einem Hausmeister oder dem Verwalter, Kaufverträge (BGH NZM 2007, 363), Mietverträge für die Versammlung der Eigentümer, Werkverträge mit Handwerkern, Schneeräumverträge, Anwaltsverträge, Versicherungsverträge, Verträge mit Trägern der Daseinsvorsorge (BGH NZM 2014, 81 Rn. 13), zB Straßenreinigung (BGH NJW 2012, 1948), Gas (BGH ZMR 2007, 472), Wasser (BGH NZM 2010, 284) oder Strom. Soweit die Wohnungseigentümergemeinschaft zur Erfüllung ihrer Aufgaben mit Dritten Verträge abschließt, haben diese Verträge Schutzwirkung zugunsten der einzelnen Wohnungseigentümer (BGH NZM 2018, 719 Rn. 39).

70 Alle durch die Gemeinschaft erworbenen **Sachen** und **Rechte** sowie die entstandenen Verbindlichkeiten sind vermögensmäßig dem Gemeinschaftsvermögen zugeordnet (→ Rn. 137 f.). Werden die angeschafften Sachen durch Einbau wesentliche Bestandteile des Grundstücks, zählen sie nicht mehr zum Gemeinschaftsvermögen, sondern zum gemeinschaftlichen Eigentum am Grundstück iSv § 1 Abs. 5 WEG (→ Rn. 142).

71 **2. Sozialansprüche.** Weiterhin ist die Gemeinschaft der Wohnungseigentümer Inhaberin der sich aus dem Gemeinschaftsverhältnis ergebenden Sozialansprüche. Hierzu zählen insbesondere der sich gegen den einzelnen Eigentümer richtende Anspruch auf ordnungsmäßige Verwaltung, vornehmlich auf eine ausreichende Finanzausstattung, sowie der Anspruch auf Zahlung des Hausgeldes (BGH BeckRS 2017, 109303; NZM 2016, 446 Rn. 4; OLG Hamburg ZMR 2008, 152; OLG München NZM 2007, 647; *Wenzel* ZWE 2006, 465).

3. Verwaltervertrag. Der **Verwaltervertrag** ist ebenfalls (nur) ein Vertrag zwischen der Gemeinschaft der Wohnungseigentümer und dem **Verwalter** (→ § 26 Rn. 205). Der Verwaltervertrag ist jedenfalls ein Vertrag mit Schutzwirkung für die Wohnungseigentümer (BGH WuM 2020, 233 Rn. 13;→ § 26 Rn. 210). Er kann aber auch ausdrücklich oder schlüssig als Vertrag zu Gunsten der Wohnungseigentümer iSv § 328 BGB ausgestaltet werden (→ § 26 Rn. 212). **72**

4. Wahrung der Verkehrssicherungspflicht. Die originäre **Verkehrssicherungspflicht** für ein Grundstück trifft grundsätzlich den Grundstückseigentümer, das sind im Wohnungseigentumsrecht die Wohnungseigentümer als Miteigentümer dieses Grundstücks. Damit handelt es sich nicht um eine eigene Pflicht der Gemeinschaft der Wohnungseigentümer, sie besitzt aber eine diesbezügliche Ausübungsbefugnis (→ Rn. 100). **73**

5. Erhaltung (Instandhaltung und Instandsetzung). Der Gemeinschaft der Wohnungseigentümer obliegt gem. § 18 Abs. 1 WEG die Verwaltung des gemeinschaftlichen Eigentums, wozu auch Erhaltungsmaßnahmen zählen. Die Wohnungseigentümer beschließen lediglich über die einzelnen Maßnahmen (§ 19 Abs. 1 WEG). Damit obliegt im Gegensatz zum früheren Recht (vgl. BGH NZM 2015, 53 Rn. 20) den Wohnungseigentümern nicht mehr selbst die ordnungsmäßige Instandhaltung und Instandsetzung des gemeinschaftlichen Eigentums. Die Grundkonzeption des WEG über die Durchführung oder das Unterlassen von Instandhaltungs- und Instandsetzungsmaßnahmen hat sich insoweit geändert. Die Erhaltungslast (Instandhaltungs- und Instandsetzungslast) liegt damit als eigene Pflicht (§ 9a Abs. 1 Satz 1 WEG) bei der Gemeinschaft der Wohnungseigentümer. Die Wohnungseigentümergemeinschaft erfüllt insoweit eine eigene Pflicht und nimmt nicht eine Pflicht der Wohnungseigentümer iSv § 9a Abs. 2 WEG wahr. **74**

6. Kreditaufnahme. Die Gemeinschaft der Wohnungseigentümer **kann** Kreditverträge schließen (BGH ZWE 2015, 453; NJW 2012, 3719; OLG Hamm ZWE 2012, 378; LG Düsseldorf ZMR 2013, 823; *Abramenko* ZMR 2011, 173; *Bub* ZWE 2010, 246; *Derleder* ZWE 2010, 10; *Elzer* NZM 2009, 59; *J.-H. Schmidt* ZMR 2007, 91). Hiervon zu trennen ist die Frage, ob und ggf. unter welchen Voraussetzungen die Aufnahme eines Kredits, bei dem es nicht nur um die Deckung eines kurzfristigen Finanzbedarfs in überschaubarer Höhe geht, den Grundsätzen einer **ordnungsmäßigen Verwaltung** entspricht (vgl. dazu *Hügel/Elzer* DNotZ 2016, 251; *Drasdo* NZM 2014, 289; *Elzer* ZWE 2014, 19; *Abramenko* ZMR 2011, 897; → § 28 Rn. 11). Die Aufnahme eines langfristigen, hohen Kredits kann nach Abwägung im Einzelfall rechtmäßig sein (BGH ZWE 2015, 453). Kriterien für die Beurteilung sind insbesondere die wirtschaftliche Vernünftigkeit der durch den beabsichtigten Kredit zu finanzierenden Maßnahme, deren Kosten-Nutzen- **75**

Analyse und ihre Nachhaltigkeit. Zu bedenken ist ebenso die Angemessenheit der Kreditkonditionen (Höhe der Zinsen, Laufzeit, Bedingungen der Bank etc.) und, ob hierdurch staatliche Fördermittel gesichert werden können. Um den Wohnungseigentümern eine hinreichende Tatsachengrundlage für ihre Entscheidung zu verschaffen, sollen regelmäßig drei Kreditangebote ausreichend, aber auch erforderlich sein (LG Itzehoe ZMR 2019, 897). Zu beachten sind zudem die Wirkungen des Beschlusses für die einzelnen Wohnungseigentümer, insbesondere einer unverhältnismäßigen Belastung. Eine zu **restriktive Betrachtung** ist **nicht** angezeigt (LG Düsseldorf ZMR 2013, 823; *Elzer* NZM 2009, 59 ff.). Das Risiko einer Nachschusspflicht als Folge der Kreditaufnahme muss jedoch vor der entsprechenden Beschlussfassung erörtert worden sein (BGH ZWE 2105, 453). Zur Vertretung beim Abschluss eines Kreditvertrages → § 9b Rn. 10.

76 **7. Verband als Inhaber dinglicher Rechte. a) Allgemeines.** Die Gemeinschaft der Wohnungseigentümer ist **grundbuchfähig** (BGH NJW 2005, 2061; *Hügel* DNotZ 2005, 768; *Rapp* MittBayNot 2005, 458; *Häublein* FS Seuß, PiG 77, 133). Jede Eintragung im Grundbuch hat gem. § 15 GBV den Berechtigten **eindeutig zu bezeichnen.** § 9a Abs. 1 Satz 3 WEG bestimmt hierzu, dass jede Gemeinschaft die Bezeichnung „Gemeinschaft der Wohnungseigentümer" oder „Wohnungseigentümergemeinschaft" gefolgt von der bestimmten Angabe des gemeinschaftlichen Grundstücks zu führen hat (→ Rn. 40).

77 **b) Rechte in Abt. II und III des Grundbuchs.** Die Gemeinschaft der Wohnungseigentümer kann Berechtigte von **Grundschulden** oder **Hypotheken** aller Art sein (*Hügel* DNotZ 2005, 769; *Wilsch* RNotZ 2005, 358; *Rapp* MittBayNot 2005, 458). Die Gemeinschaft der Wohnungseigentümer kann weiterhin Berechtigte einer **beschränkten persönlichen Dienstbarkeit** sein (KG ZWE 2016, 23). Zu beachten ist, dass es bei einer Aufhebung des Wohnungseigentums zu einem Erlöschen der beschränkten persönlichen Dienstbarkeit kommt (*Hügel* DNotZ 2007, 338).

78 **c) Immobilienerwerb. aa) Zulässigkeit.** Die Gemeinschaft der Wohnungseigentümer kann ein oder mehrere **Wohnungseigentumsrechte** in der eigenen oder einer fremden (OLG München ZWE 2016, 256) Wohnungseigentumsanlage erwerben (OLG München ZWE 2017, 93; OLG Frankfurt MietRB 2015, 210; OLG Hamm NZM 2009, 914; OLG Celle ZMR 2008, 310; *Hügel* DNotZ 2005, 771f;). Ein solcher Erwerb entspricht grundsätzlich **ordnungsmäßiger Verwaltung,** wenn er zur Erhaltung, Sicherung, Verbesserung oder zur gewöhnlichen Nutzung des gemeinschaftlichen Eigentums oder des Gemeinschaftsvermögens erforderlich und geeignet ist (OLG Hamm NJW 2010, 3587; vgl. hierzu *Abramenko* ZWE 2010, 452) oder wenn das Grundstück für die Wohnungseigentumsanlage von Beginn an eine dienende und auf Dauer angelegte Funktion hatte und diese mit dem Erwerb aufrechterhalten werden soll (BGH NZM 2016, 387 Rn. 34; *Weber* ZWE 2017, 70). Als Beispiele können der Erwerb der **Hausmeisterwohnung,** eines **Abstellraums,** von **Stellplätzen** oder eines **Fahrradraums** genannt werden. Ebenso kann der Erwerb einer Wohnung

von einem finanziell stark belasteten Eigentümer als zulässiger Eigentumserwerb angesehen werden (*Häublein* FS Seuß, PiG 77, 132; *Wenzel* ZWE 2006, 464; *Jennißen* NZM 2006, 205). Zumindest als Dauerzustand ausgeschlossen ist der Erwerb **aller Wohnungseigentumsrechte** durch die Gemeinschaft der Wohnungseigentümer **(Keinmann-Gemeinschaft).** Auch wenn dies kaum praktisch relevant sein dürfte, ist eine solche Konstruktion allenfalls für einen kurzen Übergangszeitraum denkbar, weil kein funktionsfähiges Willensbildungsorgan (Wohnungseigentümerversammlung) mehr vorhanden wäre (vgl. für die GmbH Baumbach/Hueck/*Kersting,* GmbHG, § 33 Rn. 19).

Auch der Erwerb einer zusätzlichen **realen Grundstücksfläche,** nicht aber des aufgeteilten Grundstücks (§ 1 Abs. 5 WEG) ist möglich (BGH NZM 2016, 387 Rn. 23; OLG Hamm ZMR 2010, 785; LG Bremen ZMR 2015, 475) ebenso wie der Erwerb eines Miteigentumsanteils an einem Teileigentum (Doppel-/Vierfachparker) in der Nachbaranlage (OLG München ZWE 2016, 256). Der Vorteil eines solchen Erwerbes besteht darin, dass der **Verwalter** beim **Erwerbsvorgang allein** handeln kann und somit nicht die formgebundene Mitwirkung aller Wohnungseigentümer erforderlich ist (→ § 1 Rn. 40 ff.). Der Erwerb des mit einem aufgeteilten Erbbaurecht belasteten Grundstücks durch die Wohnungserbbauberechtigungsgemeinschaft als Verband ist grundsätzlich ebenfalls zulässig (*Schneider* ZMR 2016, 482). 79

Da der Erwerb einer Immobilie – auch im Wege einer Zwangsversteigerung – eine Maßnahme der Verwaltung darstellt, können die Wohnungseigentümer im Rahmen ordnungsmäßiger Verwaltung einen solchen mit **Mehrheit beschließen** (BGH NZM 2016, 387 Rn. 24; OLG München ZWE 2017, 93; ZWE 2016, 256; OLG Frankfurt a. M. MietRB 2015, 210; LG Bremen ZMR 2015, 475; *Häublein* FS Seuß, PiG 77, 148; *Wenzel* ZWE 2006, 469). Der Beschluss unterliegt nicht dem Formzwang des § 311b Abs. 1 BGB (BGH NZM 2016, 387 Rn. 28; LG Bremen ZMR 2015, 475; AG Bremen-Blumenthal ZWE 2014, 227). Unerheblich ist, ob der Erwerb als eine Maßnahme ordnungsmäßiger Verwaltung iSv § 19 Abs. 1 WEG anzusehen ist. Die Frage der Ordnungsmäßigkeit betrifft nur das Innenverhältnis der Wohnungseigentümer (→ Rn. 65). Nicht allein entscheidend für die Ordnungsmäßigkeit des Beschlusses ist, ob der Erwerb über Kreditmittel finanziert werden muss (*Armbrüster* NZG 2017, 445; *Weber* ZWE 2017, 70). 80

bb) Formelle Anforderungen. Nach bisherigem Recht war der Verwalter von Gesetzes wegen für einen Immobilienerwerb durch die Wohnungseigentümergemeinschaft nicht zur Vertretung des Verbandes Wohnungseigentümergemeinschaft berechtigt. Sollte er diese vertreten, bedurfte es daher eines nicht beurkundungsbedürftigen (BGH NZM 2016, 387 Rn. 30) **Beschlusses** gem. § 27 Abs. 3 Satz 1 Nr. 7 WEG aF, mit dem der Verwalter **Vertretungsmacht** für den Erwerbsvorgang erhielt (OLG München ZWE 2017, 93). Diese Rechtslage ist unverändert geblieben, weil eine gesetzliche Vertretungsmacht des Verwalters für Immobiliengeschäfte wegen § 9b Abs. 1 WEG auch nach dem neuen Recht nicht besteht. Es bedarf vielmehr eines diesbezüglichen Ermächtigungsbeschlusses. Die Vertretungs- 81 berechtigung des Verwalters muss dem Grundbuchamt in der **Form des § 29 GBO** nachgewiesen werden (→ § 9b Rn. 9). Die nach früherem Recht teilweise geforderte Zuordnung der Immobilie zum Gemeinschaftsvermögen (vgl. *Schneider* ZMR 2016, 481) entfällt hingegen, weil die Rechtsfähigkeit der Gemeinschaft der Wohnungseigentümer nicht mehr auf den Verwaltungsbereich beschränkt ist.

82 **cc) Verband als Wohnungseigentümer.** Ist die Gemeinschaft der Wohnungseigentümer Eigentümerin einer Einheit und damit Wohnungseigentümerin, **ruht** das hiermit verbundene **Stimmrecht** (→ § 25 Rn. 26). Der Verband ist normaler Wohnungseigentümer und hat sich daher wie jeder andere Wohnungseigentümer gem. § 16 Abs. 2 WEG an den Kosten und Lasten des gemeinschaftlichen Eigentums zu beteiligen. Die Kosten seines Sondereigentums trägt er allein. Die Wohnungseigentümer treffen diese Lasten nur mittelbar über die Pflicht zur Ausstattung des Verbandes mit den notwendigen finanziellen Mitteln. Ausführlich zu den Folgen eines Immobilienerwerbes durch den Verband Wohnungseigentümergemeinschaft in der „eigenen" Wohnungseigentumsanlage *Daum,* Das Rechtssubjekt Wohnungseigentümergemeinschaft, 75 ff.; *Abramenko* ZWE 2010, 193 ff.

83 **8. Sonstige Rechte und Pflichten.** Neben den vorgenannten Rechten und Pflichten ist weiterhin zu bejahen die **Wechsel- und Scheckfähigkeit** der Gemeinschaft der Wohnungseigentümer (*Abramenko* ZMR 2005, 589; *Elzer* MietRB 2005, 250; *Hügel* DNotZ 2005, 755), die **Arbeitgebereigenschaft** (BAG NZM 2013, 382), die **Erbfähigkeit** (*Abramenko* ZMR 2005, 589; *Elzer* MietRB 2005, 250; *Hügel* DNotZ 2005, 755; *Sauren* ZWE 2006, 266) sowie die Möglichkeit, in einem **Haus- und Grundeigentümerverein** Mitglied zu werden (AG Hannover ZMR 2008, 743). Nach Ansicht der Rechtsprechung soll die Gemeinschaft der Wohnungseigentümer auch **grundrechtsfähig** sein, zB den Schutz der Wohnung aus Art. 13 GG wahrnehmen können (BGH NZM 2013, 622). Darüber hinaus kann die Gemeinschaft der Wohnungseigentümer eine gewerbliche **Mitunternehmerschaft** iSd § 15 Abs. 1 Satz 1 Nr. 2 EStG z. B. durch Betrieb eines Blockheizkraftwerks mit Stromeinspeisung begründen (BFH NZM 2019, 186).

84 **9. Gerichtliche Verfahren. a) Parteifähigkeit.** Die Gemeinschaft der Wohnungseigentümer ist gem. § 9a Abs. 1 Satz 1 WEG sowohl gegenüber Dritten als auch, zB in einem Verfahren nach § 43 Abs. 2 Nr. 2 WEG, gegenüber den Wohnungseigentümern parteifähig. Die Gemeinschaft der Wohnungseigentümer kann als solche klagen und verklagt werden, ohne dass es auf den aktuellen Mitgliederbestand ankommt. Im Verwaltungsgerichtsverfahren besitzt sie **Beteiligtenfähigkeit** nach § 61 VwGO (OVG Lüneburg ZWE 2017, 423; OVG Münster ZWE 2012, 381; OVG Berlin-Brandenburg ZWE 2010, 50; VG Ansbach ZWE 2013, 471; aA *Drasdo* NJW-Spezial 2010, 99).

85 **b) Prozessfähigkeit.** Die Gemeinschaft der Wohnungseigentümer ist prozessfähig. Sie wird vor Gericht gesetzlich durch den Verwalter nach § 9b Abs. 1 Satz 1 WEG vertreten. Fehlt ein Verwalter, wird sie durch die Wohnungseigentümer gemeinschaftlich vertreten.

c) Bezeichnung. Der Verband Wohnungseigentümergemeinschaft muss, wenn er klagt oder verklagt wird, nach § 9a Abs. 1 Satz 3 WEG die Bezeichnung „Gemeinschaft der Wohnungseigentümer" oder „Wohnungseigentümergemeinschaft" gefolgt von der bestimmten Angabe des gemeinschaftlichen Grundstücks führen, zB nach der postalischen Anschrift oder nach der Grundbucheintragung (→ Rn. 40). 86

d) Prozesskostenhilfe. Für die Wohnungseigentümergemeinschaft besteht die Möglichkeit, **Prozesskostenhilfe** zu erhalten (BGH ZMR 2019, 514; NZM 2010, 586; LG Hamburg ZWE 2010, 140; LG Berlin NZM 2007, 493; s. hierzu *Krumbügel* NZM 2010, 810). 87

e) Ausführliches zum Prozessrecht. Zum Prozessrecht der Gemeinschaft der Wohnungseigentümer ausführlich Vor § 43 Rn. 61 ff. 88

E. Ausübungsbefugnis der Gemeinschaft der Wohnungseigentümer für Rechte und Pflichten der Wohnungseigentümer

I. Allgemeines zur Regelung in § 9a Abs. 2 WEG

Die Gemeinschaft der Wohnungseigentümer übt gem. § 9a Abs. 2 WEG die sich aus dem **gemeinschaftlichen Eigentum** ergebenden Rechte sowie solche Rechte der Wohnungseigentümer aus, die eine einheitliche Rechtsverfolgung erfordern, und nimmt die entsprechenden Pflichten wahr. Da gem. § 18 Abs. 1 WEG die Verwaltung des gemeinschaftlichen Eigentums der Gemeinschaft der Wohnungseigentümer als Aufgabe zugewiesen ist, verwaltet konsequenterweise die Gemeinschaft der Wohnungseigentümer in Abkehr von § 1011 BGB auch die sich aus diesem gemeinschaftlichen Eigentum ergeben Rechte (BT-Drs. 19/18791, 46). Die Vorschrift begründet somit eine Ausübungsbefugnis der Gemeinschaft der Wohnungseigentümer für individuelle Rechte und Pflichten der Wohnungseigentümer. Eine solche Ausübungsbefugnis wurde erstmals mit der WEG-Reform zum 1.7.2007 in § 10 Abs. 6 Satz 3 WEG aF in das WEG eingeführt. 89

Im Gegensatz zum nun geltenden Recht **differenzierte** die Vorgängervorschrift § 10 Abs. 6 Satz 3 WEG aF zwischen **gemeinschaftsbezogenen** und **sonstigen** Rechten und Pflichten. Soweit eine Gemeinschaftsbezogenheit zu bejahen war, bestand eine **unmittelbare Ausübungsbefugnis** des Verbandes. Handelte es sich hingegen um sonstige Rechte und Pflichten, die gemeinschaftlich geltend gemacht werden konnten oder zu erfüllen waren, bedurfte es für eine diesbezügliche Ausübungsbefugnis der Gemeinschaft der Wohnungseigentümer einer **vorherigen Entscheidung** der Wohnungseigentümer durch eine entsprechende Beschlussfassung, durch die sie das Recht oder die Pflicht zum Gegenstand der Ausübungsbefugnis des Verbandes machten. Solche Rechte und Pflichten waren zwar potenziell für eine Ausübung oder eine Erfüllung durch die Gemeinschaft der Wohnungseigentümer geeignet, unterlagen aber keinem Zwang zur gemeinschaftlichen Ausübung. Diese beiden Varianten wurden als **„geborene" und „gekorene"** 90

Ausübungsbefugnis bezeichnet (BGH NZM 2019, 636 Rn. 11; *Wenzel* ZWE 2006, 467).

91 Die Neuregelung in § 9a Abs. 2 WEG verabschiedet sich von diesem Konzept. Die Gemeinschaft übt die sich aus dem gemeinschaftlichen Eigentum ergebende Rechte aus und nimmt die entsprechenden Pflichten wahr, ohne dass es einer diesbezüglichen Beschlussfassung der Wohnungseigentümer bedarf. Die Gesetzesbegründung sieht in einer erst durch Beschlussfassung im Außenverhältnis wirkenden Ausübungsbefugnis einen Widerspruch zum berechtigten Interesse des Rechtsverkehrs an einer klaren Zuordnung von Rechten und Pflichten (BT-Drs. 19/18791, 46). Dasselbe gilt für solche Rechte und Pflichten der Wohnungseigentümer, die eine einheitliche Rechteverfolgung erfordern. Diese **Zuweisung** an die Gemeinschaft der Wohnungseigentümer ist **zwingend** und unterliegt keinem Wahlrecht der Wohnungseigentümer. Anders formuliert: Für die in der Vorschrift genannten Rechte und Pflichten besteht stets eine geborene Ausübungsbefugnis der Wohnungseigentümergemeinschaft.

II. Umfang der Ausübungsbefugnis

92 **1. Abgrenzung. a) Rechte und Pflichten der Gemeinschaft.** Die Vorschrift ist zunächst von § 9a Abs. 1 Satz 1 WEG abzugrenzen. Soweit ein Recht oder eine Pflicht zum **Gemeinschaftsvermögen** der Gemeinschaft der Wohnungseigentümer zählt, ist die Gemeinschaft der Wohnungseigentümer als Inhaberin des Rechtes oder der Pflicht direkt berechtigt oder verpflichtet, diese sind ihr vermögensrechtlich zugeordnet, eines Rückgriffs auf § 9a Abs. 2 WEG bedarf es insoweit nicht. Zudem betrifft die Ausübungsbefugnis nur Rechte und Pflichten, die nicht auf wohnungseigentumsrechtlichen Vorschriften beruhen; sog. **Sozialansprüche und -pflichten** fallen **nicht** in den Anwendungsbereich von § 9a Abs. 2 WEG. Denn soweit das WEG den Wohnungseigentümern in einzelnen Vorschriften Rechte und Pflichten zuweist, gehen diese Vorschriften der Anwendung von § 9a Abs. 2 WEG vor (BT-Drs. 19/18791, 46).

93 Es lassen sich demnach **zwei Bereiche** unterscheiden, in denen die Gemeinschaft der Wohnungseigentümer im **Rechtsverkehr** auftritt. Zum einen der Bereich, in dem sie **eigene** Rechte und Pflichten wahrnimmt (§ 9a Abs. 1 Satz 1 WEG). Zum anderen der Bereich, in dem sie – treuhänderisch – **fremde** Rechte ausübt und fremde Pflichten wahrnimmt (*Elzer* NVwZ 2013, 1626).

94 **b) Rechte und Pflichten aus dem Sondereigentum.** Rechte aus dem Sondereigentum stehen ausschließlich dem Sondereigentümer zu (→ § 13 Rn. 3 ff.); Pflichten hat er allein zu erfüllen. In bestimmten Situationen sind jedoch sowohl das gemeinschaftliche Eigentum als auch das Sondereigentum betroffen. Dies gilt insbesondere bei Lärm- oder Geruchsimmissionen, die beide Eigentumssphären beeinträchtigen. Diese beidseitige Betroffenheit führt aber nicht dazu, dass die Gemeinschaft der Wohnungseigentümer die Rechte des Sondereigentümers, die seinen räumlichen Bereich betreffen, gem. § 9a Abs. 2 WEG geltend machen kann (vgl. BGH NZM 2020, 664 Rn. 16 zum alten Recht) oder nach dem Schwerpunkt der

Betroffenheit entschieden werden muss, wer die Schutzrechte geltend machen kann. § 9a Abs. 2 WEG bezieht sich nicht auf das Sondereigentum der einzelnen Wohnungseigentümer. Ist der räumliche Bereich des Sondereigentums betroffen, steht die Ausübungs- und Prozessführungsbefugnis für die darauf bezogenen Abwehransprüche allein dem betroffenen Wohnungseigentümer zu. Es gehört zu den unentziehbaren Rechten des Sondereigentümers, solche unmittelbaren Beeinträchtigungen abwehren zu können; dies gilt unabhängig davon, ob und inwieweit sich die Störungsquelle auf andere Bereiche des Hauses auswirkt (BGH NZM 2020, 664 Rn. 18 zum alten Recht). Soweit das gemeinschaftliche Eigentum betroffen ist, übt die Gemeinschaft der Wohnungseigentümer die Rechte gegen den Störer aus, soweit das Sondereigentum betroffen ist, stehen allein dem Sondereigentümer die Abwehrrechte aus §§ 14 Abs. 2 Nr. 1 WEG, 1004 BGB zur Verfügung. Sind beide Bereiche betroffen, besteht konsequenterweise eine parallele Zuständigkeit zum Schutz vor den beide Eigentumsbereiche beeinträchtigenden Immissionen.

2. Wesen der Ausübungsbefugnis. Die Gemeinschaft der Wohnungseigentümer kann die ihr zur Ausübung zugewiesenen Rechte im eigenen Namen einklagen. Diese Zuordnung der Rechtswahrnehmung durch die Gemeinschaft führt allerdings zu keinem **Inhaberwechsel.** Inhaber der Rechte und Pflichten bleiben die Wohnungseigentümer. Der Gemeinschaft der Wohnungseigentümer kommt nur eine gleichsam dienende Funktion zu (vgl. BGH NZM 2015, 787 Rn. 9). Die Ausübungsbefugnis des Verbandes wird dementsprechend materiell als ein gegenständlich beschränktes, **treuhänderisches Verwaltungsrecht** des Verbandes in Bezug auf Rechte und Pflichten der Wohnungseigentümer und verfahrensrechtlich als eine **gesetzliche Prozessstandschaft** beschrieben (BGH NZM 2016, 360 Rn. 24; NJW 2011, 1531 Rn. 8; 2010, 933 Rn. 9; OLG Köln ZWE 2014, 26). 95

Ist ein Recht oder eine Pflicht der Gemeinschaft der Wohnungseigentümer zur Ausübung zugewiesen, können die Wohnungseigentümer selbst diesbezüglich nicht handeln. Die Zuständigkeit der Gemeinschaft der Wohnungseigentümer besteht von Gesetzes wegen. Handelt die Gemeinschaft der Wohnungseigentümer trotz bestehender Zuständigkeit nicht, kann sie gegebenenfalls gem. § 18 Abs. 2 WEG verklagt werden (OLG München ZMR 2011, 316). 96

3. Rechte oder Pflichten aus dem gemeinschaftlichen Eigentum. 97
a) Allgemeines. § 9a Abs. 2 WEG lehnt sich in seiner 1. Alternative an § 1011 BGB an. Nach dieser Vorschrift kann jeder Miteigentümer die Ansprüche aus dem Eigentum Dritten gegenüber in Ansehung der ganzen Sache geltend machen. § 9a Abs. 2 WEG modifiziert diesen Gedanken dahingehend, dass diese Ansprüche gegenüber **Dritten** nicht durch die Wohnungseigentümer, sondern durch **die Gemeinschaft der Wohnungseigentümer** geltend zu machen sind. Inhaltlich sind dies vor allem die dinglichen Ansprüche aus §§ 1004, 985 BGB. Mit der Formulierung „aus dem gemeinschaftlichen Eigentum ergebenden Rechte“ wird deutlich, dass sich § 9a Abs. 2 WEG wie § 1011 BGB nur auf **gesetzliche** Rechte bezieht, die sich aus dem gemeinschaftlichen Eigentum ergeben. Obwohl

nicht Anspruch „aus dem Eigentum“, gehört hierher auch der Besitzschutz nach §§ 859, 861, 862, 867 und 1007 BGB. Dazu gehören namentlich ebenfalls: Schadenersatzansprüche wegen Eigentumsverletzung; Ansprüche auf Herausgabe des Erlangten im Fall des § 816 BGB; außerdem auch sonstige Fälle der Eingriffskondiktion wegen Eingriffs in den Zuweisungsgehalt des Eigentums (MüKo/*Schmidt* § 1011 Rn. 2 mwN).

98 Daneben unterfallen aber der Ausübungsbefugnis der Gemeinschaft der Wohnungseigentümer nach dem insoweit eindeutigen Gesetzeswortlaut auch die vorbezeichneten Rechte, die sich aus dem gemeinschaftlichen Eigentum ergeben und sich gegen andere **Miteigentümer** richten. Erfasst sind damit insbesondere auch Ansprüche aus § 1004 BGB gegen Miteigentümer wegen einer Beeinträchtigung des gemeinschaftlichen Eigentums. Hierin liegt eine Änderung zur bisherigen Rechtslage, weil solche Rechte der gekorenen Ausübungsbefugnis zugeordnet waren und deshalb bis zu einer anderslautenden Beschlussfassung grundsätzlich von jedem Wohnungseigentümer allein geltend gemacht werden konnten. Im Ergebnis bedeutet dies eine Erweiterung der sog. geborenen Ausübungsbefugnis auf diejenigen Rechte, die sich aus dem gemeinschaftlichen Eigentum ergeben, nach bisherigem Recht aber in den Anwendungsbereich der sog. gekorenen Ausübungsbefugnis gefallen sind.

99 **b) Gesetzliche Rechte aus dem gemeinschaftlichen Eigentum.** Der Ausübungsbefugnis unterfallen unter anderem folgende Rechte:

- Die Ansprüche auf Schadenersatz wegen **Verletzung des gemeinschaftlichen Eigentums** (BGH NZM 2019, 636 Rn. 12; NZM 2019, 256; NJW 2014, 1090; 2011, 1351; 1993, 727; *Häublein* FS Merle, 157).
- Die Geltendmachung der **nachbarrechtlichen Schutzrechte und Schadenersatzansprüche** wegen Beeinträchtigung des gemeinschaftlichen Eigentums, wie zB Ansprüche auf Beseitigung eines rechtswidrigen und unentschuldigten Überbaus und Herausgabe der Grundstücksfläche (OLG München ZWE 2011, 37) sowie von Entgeltansprüchen wegen unberechtigter Nutzung des gemeinschaftlichen Eigentums (OLG München ZWE 2011, 37; *Elzer* ZWE 2011, 20; *Dötsch* NJW 2010, 914),
- Die Geltendmachung gemeinschaftlicher Ansprüche gegen einen Wohnungseigentümer oder einen Dritten auf **Beseitigung und Unterlassung** einer **Störung** des gemeinschaftlichen Eigentums (BGH NZM 2020, 107 Rn. 6; NZM 2019, 788 Rn. 5; NZM 2019, 256 Rn. 6; NJW-RR 2018, 333 Rn. 8; NZM 2017, 37; ZMR 2016, 383 Rn. 17; NZM 2015, 787 Rn. 5; NZM 2015, 220 Rn. 6; NJW 2014, 1090 Rn. 6), insbesondere der Anspruch auf Beseitigung baulicher Veränderungen des gemeinschaftlichen Eigentums und Wiederherstellung des vorherigen Zustandes gem. § 1004 Abs. 1 BGB (BGH NZM 2019, 788, 42 Rn. 5; NZM 2019, 256 Rn. 6).
- Der Anspruch auf Einräumung eines **Notwegerechtes** (BGH NJW 2006, 3426).
- Im **öffentlich-rechtlichen Nachbarrech**t zählen die subjektiv-öffentlichen Rechte in Bezug auf das gemeinschaftliche Eigentum (OVG Berlin-Brandenburg ZWE 2011, 426; ZWE 2010, 50; *Elzer* NVwZ 2013, 1626), wie eine Klage gegen eine Baugenehmigung bezüglich des Nachbarschafts-

grundstücks (BayVGH ZMR 2015, 499; VG Augsburg ZWE 2018, 52) oder ein Normenkontrollantrag gegen die Festsetzungen in einem Bebauungsplan zum Bereich der Ausübungsbefugnis der Gemeinschaft der Wohnungseigentümer. Die zwischenzeitlich ergangene neuere Rspr. (vgl. BVerwG NZM 2019, 826 Rn. 13) ist insoweit überholt.

c) Pflichten. Zu den Pflichten, die der Ausübungsbefugnis unterfallen, **100**
zählen ua:

- Die Verkehrssicherungspflicht obliegt primär den Wohnungseigentümern als Grundstückseigentümern (→ Rn. 73). Die Wahrung der **Verkehrssicherungspflicht** ist dementsprechend eine Pflicht, die sich aus dem gemeinschaftlichen Eigentum ergibt und unterfällt somit der Ausübungsbefugnis der Gemeinschaft der Wohnungseigentümer (vgl. zum alten Recht BGH WuM 2020, 233; BGH NJW 2012, 1724 Rn. 12; OLG Oldenburg NZM 2014, 501; OLG München ZMR 2006, 226m Anm *Elzer;* LG Saarbrücken ZWE 2014, 361; *Rühlicke* ZWE 2007, 269; *Wenzel* NZM 2006, 323; *Fritsch* ZWE 2005, 386).
- Die Erfüllung einer von den Wohnungseigentümern gesamtschuldnerisch zu tragenden **Abgabenschuld,** Gebühr oder eines Beitrages (BGH NJW 2014, 1093 Rn. 11; OLG Hamm ZMR 2009, 464; *Schmid* NZM 2009, 686; *Elzer* MietRB 2009, 137; aA *Wenzel* IMR 2009, 208). Diese Pflicht verdrängt allerdings nicht eine unmittelbare gesamtschuldnerische Haftung der Wohnungseigentümer im Außenverhältnis zur anspruchsberechtigten Behörde. Soweit das jeweilige Landesgesetz als abgabeverpflichtet nämlich die Wohnungseigentümer (gesamtschuldnerisch) statuiert, kann mangels Gesetzgebungskompetenz Bundesrecht nichts Abweichendes regeln (*Becker/Schneider* ZfIR 2020, 294)
- Unterlassungs- und Beseitigungsansprüche des **Grundstücksnachbarn** gegen die Eigentümer des Grundstücks (BGH NZM 2016, 360).
- Richtet sich die Pflicht zum Einbau von **Rauchwarnmeldern** nach dem jeweiligen Landesbaurecht (ausf. hierzu *Euba* IMR 2016, 135) an die Gesamtheit der Wohnungseigentümer als Grundstückseigentümer, ist nach hM die Gemeinschaft der Wohnungseigentümer verpflichtet, diese zu erfüllen (BGH NZM 2019, 214 Rn. 7; NJW 2013, 3092; LG Karlsruhe ZWE 2016, 26; LG Hamburg ZMR 2017, 501; ZWE 2012, 55). Ein Beschluss zum Einbau von Rauchwarnmeldern entspricht nach der Rspr. regelmäßig auch dann ordnungsmäßiger Verwaltung, wenn er Wohnungen einbezieht, in denen Rauchwarnmelder bereits angebracht sind (BGH NZM 2019, 214 Rn. 16 ff.) Dies gilt nicht, wenn die LBauO sich nur an einen Teil der Eigentümer – nämlich die Wohnungseigentümer – richtet (BGH NJW 2013, 3092; AG Karlsruhe ZMR 2015, 160). In einem solchen Fall kann die Verpflichtung zum Einbau von Rauchwarnmeldern nicht dem gesamten gemeinschaftlichen Eigentum zugeordnet werden. Da es eine gekorene Ausübungsbefugnis nicht mehr gibt, besitzen die Wohnungseigentümer auch kein Zugriffsermessen (so für das alte Recht BGH NJW 2013, 3092 Rn. 12; NJW 2011, 1351; *Abramenko* ZWE 2013, 120) nebst einer diesbezüglichen Beschlusskompetenz. Rauchwarnmelder sind in der Regel freilich im Sondereigentum zu installieren. § 9a Abs. 2 WEG

hat indessen nur einen Anwendungsbereich für die Verwaltung gemeinschaftlichen Eigentums (vgl. *Abramenko* ZMR 2013, 646). Zur sachenrechtlichen Einordnung von Rauchwarnmeldern (→ § 5 Rn. 50).

- Die Erfüllung gegen die Wohnungseigentümer als Grundstückseigentümer gerichteter **Schadenersatzansprüche** eines **Nachbarn** (BGH NZM 2012, 435 Rn. 14).
- Die **Abwehr** vom gemeinschaftlichen Eigentum ausgehender **Gefahren** (aA OVG Berlin-Brandenburg ZWE 2013, 234).

101 **4. Erfordernis einheitlicher Rechtsverfolgung. a) Allgemeines.** Neben den Rechten und Pflichten, die sich aus dem gemeinschaftlichen Eigentum ergeben, übt die Gemeinschaft der Wohnungseigentümer nach der 2. Alternative auch solche Rechte und Pflichten der Wohnungseigentümer aus, die eine einheitliche Rechtsverfolgung erfordern. Das sind zunächst Rechte und Pflichten, die sich aus Verträgen der Wohnungseigentümer mit Dritten ergeben, die einen **Bezug zum gemeinschaftlichen Eigentum** aufweisen. Solche Rechte und Pflichten der Wohnungseigentümer lassen eine einheitliche Rechtsverfolgung als geboten erscheinen.

102 Gemeint sind hiermit primär Rechte aus Erwerbsverträgen, mit denen die Wohnungseigentümer ihr Wohnungseigentum vom Bauträger erworben haben. Nach der Gesetzesbegründung knüpft diese Regelung an das Kriterium der Gemeinschaftsbezogenheit in § 10 Abs. 6 Satz 3 WEG aF an, versucht aber diesen „konturlosen" Begriff zu vermeiden (BT-Drs. 19/18791, 46). Inhaltlich setzt die Vorschrift auf die ständige Rspr. des VII. Zivilsenats des BGH zum Bauträgerrecht auf. Es geht um die Geltendmachung gemeinschaftsbezogener Individualgewährleistungsrechte durch den Erwerber eines Wohnungseigentums gegenüber dem Bauträger (→ Rn. 116 ff.). Mängel der Bauleistung am gemeinschaftlichen Eigentum begründen nämlich grundsätzlich vertraglich begründete, **individuelle Mängelrechte** des jeweiligen Erwerbers, gleichzeitig aber auch in der Sache **gleichgerichtete Ansprüche** sämtlicher Wohnungseigentümer gegenüber dem Bauträger (BGH NJW 1979, 2207). Nach der Rspr. (BGH NJW 2007, 1952; 2006, 3275; 1998, 2967; 1979, 2207) sind die jeweiligen Mängelrechte auf die Notwendigkeit einer **Gemeinschaftsbindung** des Anspruchs hin zu überprüfen. Dies geschieht, ausgehend vom Grundsatz der individuellen Rechtsausübung, anhand der Kriterien des **Koordinationsbedarfes** innerhalb der Wohnungseigentümer und des **Schuldnerschutzes.** Gemeint sind damit solche Rechte und Ansprüche der Wohnungseigentümer, die das **gemeinschaftliche Eigentum** betreffen und die nur **gemeinschaftlich** geltend gemacht werden können. Grund für die Kollektivierung der Ansprüche durch die Rspr. ist somit die Sicherstellung einer einheitlichen Mittelverwendung sowie der Schutz des Bauträgers vor einer doppelten Inanspruchnahme durch die Erwerber (BGH NJW 2015, 2874 Rn. 12; NJW 2007, 1952; *Suilmann* ZWE 2013, 303; *Hügel* ZMR 2008, 858).

103 Eine Gemeinschaftsbezogenheit kann vor diesem Hintergrund bejaht werden, wenn schutzwürdige Belange der Wohnungseigentümer oder des Schuldners an einer einheitlichen Rechtsverfolgung das grundsätzlich vorrangige Interesse des Rechtsinhabers, seine Rechte selbst und eigenverant-

wortlich auszuüben und prozessual durchzusetzen, deutlich überwiegen (BGH NZM 2019, 256 Rn. 11; NJW 2015, 2875 Rn. 13). Hierbei ist eine wertende Betrachtung geboten (BGH NZM 2019, 256 Rn. 11). Kennzeichnend für eine **solche Rechtsausübungsbefugnis** ist, dass nach der Interessenlage der Wohnungseigentümer oder aus Gründen des Schuldnerschutzes ein gemeinschaftliches Vorgehen **erforderlich** ist (BGH NZM 2019, 636 Rn. 12; NZM 2019, 256 Rn. 11; 2016, 360 Rn 18; NJW 2014, 1093 Rn. 6; 2013, 3092 Rn. 10; 2011, 1351 Rn. 9). Eine **gemeinschaftsbezogene Pflicht** liegt vor, wenn eine Verpflichtung, die im Außenverhältnis **alle** Wohnungseigentümer als Eigentümer des gemeinschaftlichen Eigentums gleichermaßen trifft, nach der Interessenlage ein gemeinsames Vorgehen erfordert (BGH NZM 2016, 360 Rn. 18; NZM 2016, 169 Rn. 23; NZM 2015, 53 Rn. 22).

Hinsichtlich seines **Sondereigentums** ist jeder Erwerber befugt, die ihm **104**
zustehenden Mängelrechte **selbständig** und ohne Abstimmung mit den übrigen Wohnungseigentümern auszuüben, soweit der vorhandene Mangel ausschließlich sein Sondereigentum betrifft (BGH NJW 2007, 1952 Rn. 18). Es besteht kein Abstimmungsbedarf hinsichtlich der Rechtsverfolgung bei Baumängeln am Sondereigentum. Auch eine unterschiedliche Inanspruchnahme des Bauträgers droht hier nicht.

b) Anwendungsbeispiele. Eine einheitliche Rechtsverfolgung durch die **105**
Gemeinschaft der Wohnungseigentümer erfordern beispielsweise:

- Die **Vermietung gemeinschaftlichen Eigentums** (OLG Koblenz ZMR 2013, 435; *Wenzel* NZM 2006, 322; *Merle* ZWE 2006, 130). Die Miete steht der Gemeinschaft der Wohnungseigentümer als Vermieterin zu, nicht den Wohnungseigentümern als Grundstückseigentümern.
- Bestimmte Rechte aus Erwerbsverträgen, mit denen die Wohnungseigentümer ihr Wohnungseigentum vom **Bauträger** erworben haben und die eine einheitliche Rechtsverfolgung erfordern. Dies ist insbesondere der Anspruch eines Erwerbers von Wohnungseigentum gegen den Bauträger auf **Minderung** und **kleinen Schadenersatz** (ausführl. hierzu → Rn. 116 ff.).
- Die Erfüllung von **Aufwendungsersatzansprüchen** aus berechtigter Geschäftsführung ohne Auftrag oder **Notgeschäftsführung** (OLG Hamm ZMR 2008, 228; OLG München ZMR 2008, 321).

c) Grenzen der einheitlichen Rechtsverfolgung. Der Wortlaut dieser **106**
Alternative enthält an sich keine Beschränkung auf Rechte aus dem gemeinschaftlichen Eigentum, es könnten vielmehr auch Rechte darunterfallen, die sich aus dem Sondereigentum der Wohnungseigentümer ergeben. Gleichwohl ist die Ausübungsbefugnis inhaltlich auf **Verwaltungsangelegenheiten** des gemeinschaftlichen Eigentums **beschränkt,** eine Änderung zur bisherigen Rechtslage (vgl. hierzu BGH ZWE 2018, 81) ist durch § 9a Abs. 2 WEG nicht eingetreten. Eine Ausübungsbefugnis für Rechte oder Pflichten, die allein dem **Sondereigentümer** zugeordnet sind, muss **ausscheiden.** Das Sondereigentum ist und bleibt auch nach der Neufassung des WEG echtes Eigentum des jeweiligen Wohnungseigentümers (→ § 3 Rn. 3),

eine Ausübungsbefugnis der Gemeinschaft der Wohnungseigentümer über fremdes Eigentum kann es nicht geben. Dies ergibt sich zum einen daraus, dass dieser Bereich durch die Rechtsprechung zum Bauträgerrecht der Kollektivierung der Ansprüche entzogen war. Zudem ergibt sich aus der Gesetzesbegründung, dass mit der Neuregelung wegen der in Art. 2 Abs. 1 GG geschützten Privatautonomie der Wohnungseigentümer eine Einengung der Ausübungsbefugnis erzielt werden soll (BT-Drs. 19/18791, 47). Eine Ausweitung der Ausübungsbefugnis in den Sondereigentumsbereich steht hierzu in eklatantem Widerspruch.

107 Gleichzeitig besteht die Ausübungsbefugnis nur für Rechte **aus** dem gemeinschaftlichen Eigentum. Schon sprachlich zählt hierzu nicht eine Verfügung **über** das gemeinschaftliche Eigentum. Zudem ist der Gemeinschaft der Wohnungseigentümer nur die Verwaltung des gemeinschaftlichen Eigentums zugewiesen, nicht jedoch das sachenrechtliche Grundverhältnis. **Sachenrechtliche Verfügungen** sind daher **nicht** dem Regime der Gemeinschaft der Wohnungseigentümer unterstellt (vgl. zum alten Recht BGH NZM 2020, 67 Rn. 12; OLG München MietRB 2010, 142; *Lieder* DNotZ 2018, 204; *Hügel* ZMR 2011, 187), gleich ob es sich um eine Änderung der sachenrechtlichen Aufteilung oder um eine sachenrechtliche Verfügung über das aufgeteilte Grundstück handelt. Hierzu zählen auch zB die Bestellung einer Dienstbarkeit am aufgeteilten Grundstück (→ § 1 Rn. 45), der Verzicht auf ein Recht (zB Grunddienstbarkeit), das zugunsten des Wohnungseigentumsgrundstücks bestellt wurde (AG Charlottenburg ZWE 2011, 103; *Reymann* ZWE 2013, 317) oder die Bestellung einer Baulast (*Hügel* ZMR 2011, 186). Nach der ausdrücklichen Grundwertung des WEG sollen die sachenrechtlichen Grundlagen als individuelles Recht bei den einzelnen Wohnungseigentümern verbleiben und damit der Mehrheitsmacht entzogen sein.

108 Unabhängig davon besteht nach Ansicht des BGH aber eine Beschlusskompetenz der Wohnungseigentümer zur **Vorbereitung** der Veränderung der sachenrechtlichen Grundlagen (BGH NZM 2020, 67 Rn. 15), weil dies als Verwaltungsbeschluss anzusehen sei. Hierunter sollen nach Ansicht der Rspr. auch Maßnahmen fallen, die eine Veränderung der sachenrechtlichen Grundlagen der Gemeinschaft vorbereiten, damit die Wohnungseigentümer diese anschließend aus eigenem Entschluss umsetzen können (BGH NZM 2020, 67).

109 **5. Umfang der Ausübungsbefugnis.** Die Gemeinschaft der Wohnungseigentümer kann im Rahmen einer ihr zustehenden Ausübungsbefugnis im Zweifel alle Erklärungen abgeben, die im Zusammenhang mit der Erfüllung notwendig werden. Zur alten Rechtslage (§ 10 Abs. 6 Satz 3 WEG aF) war nicht abschließend geklärt, ob hierzu auch das Recht gehörte, über ein **Recht** der Wohnungseigentümer zu **verfügen** (bejahend LG München ZWE 2012, 99; *Becker* MietRB 2007, 183; ablehnend AG Ratingen ZWE 2016, 458; Voraufl. § 10 Rn. 238; *Elzer* MietRB 2013, 315; *Klinck* WM 2006, 417), weil ausweislich der alten Gesetzeslage die Wohnungseigentümergemeinschaft nur für den Verwaltungsbereich, nicht aber für den Verfügungsbereich vorgesehen war und außerhalb dieses Bereichs die Gemeinschaft der Wohnungseigentümer nicht handlungsfähig war (→ Rn. 12). Virulent wurde diese Frage insbesondere bei der Möglichkeit, im Prozess **im Rahmen eines Vergleichs** Verfügungen zu treffen. Da durch die Gesetzesänderung in § 9a Abs. 1 Satz 1 WEG jedoch die Rechtsfähigkeit der Gemeinschaft im Außenverhältnis nicht mehr auf den Verwaltungsbereich beschränkt ist, dürfte dieses Problem nun geklärt sein. Aufgrund der umfassenden Rechtsfähigkeit der Gemeinschaft der Wohnungseigentümer gepaart mit der umfassenden Vertretungsmacht des Verwalters ist es der Gemeinschaft der Wohnungseigentümer nun möglich, Prozessvergleiche abzuschließen. Dies jedoch stets nur, soweit es sich um die Ausübung der Rechte aus dem gemeinschaftlichen Eigentum oder um eine erforderliche einheitliche Rechtsverfolgung aus vertraglichen Rechten der Wohnungseigentümer mit Bezug zum gemeinschaftlichen Eigentum handelt.

6. Haftung des Verbandes/Freistellungsanspruch der Wohnungseigentümer. Soweit die Gemeinschaft der Wohnungseigentümer Pflichten der Wohnungseigentümer wahrnimmt, haftet die Gemeinschaft der Wohnungseigentümer **unmittelbar** mit ihrem Vermögen (*Dötsch* ZWE 2012, 401; *Heinemann* MietRB 2008, 113; *Elzer* ZMR 2006, 628). Sie ist hierbei verpflichtet, eine gemeinschaftsbezogene Verbindlichkeit so zu behandeln, als wäre sie ausschließlich gegen sie selbst gerichtet. Sie hat diese Verbindlichkeit zu begleichen, soweit diese berechtigt ist (OLG Hamm ZMR 2009, 464) oder, wenn Zweifel an deren Rechtsmäßigkeit bestehen, im Zusammenwirken mit dem in Anspruch genommenen Wohnungseigentümer Maßnahmen zu ergreifen, um die Forderung abzuwehren. Mit dieser aus § 9a Abs. 2 WEG folgenden Verpflichtung geht ein entsprechender Freistellungsanspruch des in Anspruch genommenen Wohnungseigentümers einher (BGH NJW 2014, 1093 Rn. 13). Erfüllt der betreffende Wohnungseigentümer die Schuld aus eigenen Mitteln, steht ihm gegen die Gemeinschaft der Wohnungseigentümer ein aus § 9a Abs. 2 WEG folgender Erstattungsanspruch zu (BGH NJW 2014, 1093 Rn. 14; KG ZMR 2009, 786; *Becker* ZWE 2014, 17; *Schmid* ZWE 2009, 325). 110

7. Ausschließliche Zuständigkeit der Wohnungseigentümergemeinschaft. a) Rechte. Ist die Gemeinschaft der Wohnungseigentümer für einen Anspruch ausübungsbefugt, übt **allein** sie dieses Recht für die Wohnungseigentümer aus (§ 9a Abs. 2 WEG). Die Ausübungsbefugnis der Gemeinschaft der Wohnungseigentümer schließt die individuelle Ausübung dieser Rechte durch die Wohnungseigentümer aus (BGH NJW-RR 2018, 333 Rn. 6; NZM 2015, 787 Rn. 6; NZM 2015, 220 Rn. 13; NJW 2012, 1724; 2007, 1952; OLG Hamm ZMR 2010, 389; *Suilmann* ZWE 2013, 307; *Hügel/Elzer* NZM 2009, 461). Wird die Gemeinschaft der Wohnungseigentümer nicht tätig, kann der einzelne Eigentümer nur seinen Anspruch auf ordnungsmäßige Verwaltung nach § 18 Abs. 2 WEG gegen die Gemeinschaft der Wohnungseigentümer geltend machen (OLG München ZWE 2011, 37). 111

b) Pflichten. Soweit das öffentliche Recht, vornehmlich das kommunale Abgabenrecht, eine unmittelbare Verpflichtung des Wohnungseigentümers 112 anordnet, besteht diese neben der Ausübungsbefugnis der Gemeinschaft der Wohnungseigentümer. Die Verpflichtung der Gemeinschaft der Wohnungseigentümer aufgrund § 9a Abs. 2 WEG hindert nämlich nicht die Geltung einer im kommunalen Abgabenrecht statuierten (gesamtschuldnerischen) Haftung der Wohnungseigentümer (BGH NJW 2014, 1093; ZWE 2010, 365; ZMR 2009, 854; BVerwG NJW 2006, 791; OLG Hamm ZMR 2009, 464; VGH Baden-Württemberg ZMR 2009, 160; aA *Sauren* ZMR 2006, 751). Die Wohnungseigentümer bleiben in einem solchen Fall neben der Gemeinschaft der Wohnungseigentümer kumulativ verpflichtet (BGH NJW 2014, 1093; *Dötsch/Greiner* ZWE 2014, 345; aA *Armbrüster* ZWE 2019, 393; *Becker* ZWE 2016, 255; offen gelassen von BGH NZM 2016, 360 Rn 18; NJW 2012, 1724 Rn. 12;).

113 **8. Prozessstandschaft.** Es ist vorstellbar, dass ein oder mehrere **Wohnungseigentümer** Rechte der Gemeinschaft der Wohnungseigentümer oder Rechte, für deren Geltendmachung die Gemeinschaft der Wohnungseigentümer nach § 9a Abs. 2 WEG zuständig ist, im Wege der Prozessstandschaft im eigenen Namen geltend machen (→ Vor § 43 Rn. 14). Eine Prozessstandschaft des **Verwalters** hingegen ist grundsätzlich ausgeschlossen (→ Vor § 43 Rn. 12).

114 **9. Wegfall der gekorenen Ausübungsbefugnis/Altfälle.** Den Wohnungseigentümern steht nach § 9a Abs. 2 WEG keine gekorene Ausübungsbefugnis mehr zu, d. h. sie besitzen keine Entscheidungskompetenz mehr über die Vergemeinschaftung bestimmter, an sich den Wohnungseigentümern zustehender Rechte (→ Rn. 89 ff.). Auf Beschlüsse, mit denen die Wohnungseigentümer Rechte und/oder Pflichten vergemeinschaftet und der Gemeinschaft der Wohnungseigentümer zur Ausführung/Ausübung nach § 10 Abs. 6 Satz 3 Hs. 2 WEG aF zugewiesen haben, können keine weiteren Maßnahmen gestützt werden (BT-Drs. 19/18791, 46). Das WEG in seiner geltenden Fassung ist jeweils als ein gesetzliches Verbot zu verstehen (BT-Drs. 19/18791, 47; aA *Becker/Schneider* ZfIR 2020, 298). Diese Rechtsfolge ergibt sich aus den allgemeinen Grundsätzen (vgl. zu § 134 BGB Staudinger/*Sack/Seibl,* BGB, 2017, § 134 Rn. 55; Palandt/*Ellenberger* § 134 Rn. 12a). Bei einer laufenden Klage ist diese ggf. für erledigt zu erklären oder es muss zu einem Parteiwechsel kommen.

115 Soweit solche Beschlüsse die Rechtsgrundlage für bereits **bestehende** Rechtsgeschäfte oder Realhandlungen bilden, ändert sich nichts. Insoweit gilt der Grundsatz, dass für die Wirksamkeit eines Rechtsgeschäftes die bei seinem Abschluss bestehenden Regeln und Umstände maßgeblich sind, weil Wirksamkeitshindernisse von den Parteien nur in diesem Zeitpunkt beachtet werden können.

III. Ausübungsbefugnis für werkvertragliche Rechte und Pflichten der Wohnungseigentümer gegen den Bauträger

116 **1. Allgemeines.** Die Gemeinschaft der Wohnungseigentümer übt auch solche Rechte und Pflichten der Wohnungseigentümer aus, die eine einheitliche Rechtsverfolgung erfordern. Das sind vor allem Rechte und Pflich-

ten, die sich aus Verträgen der Wohnungseigentümer mit Dritten ergeben, die einen **Bezug zum gemeinschaftlichen Eigentum** aufweisen (→ Rn. 101). Gemeint sind hiermit primär Rechte aus Erwerbsverträgen, mit denen die Wohnungseigentümer ihr Wohnungseigentum vom Bauträger erworben haben. Da diese Rechte eine sehr hohe praktische Bedeutung besitzen, werden sie im Folgenden ausführlicher dargestellt.

Dem Erwerb eines neuen Wohnungseigentums liegt in der Regel ein **117** Vertrag mit einem Bauträger zugrunde, der sog. Bauträgervertrag. Dieser Vertrag ist ein **gemischter Vertrag eigener Art,** der keinem Vertragstyp des BGB voll zuzuordnen ist, sondern Elemente des Kaufrechtes für den Teil des Grundstücks, des Werkvertrags für den Teil der Bauerstellung und des Auftrags- und Geschäftsbesorgungsrechtes für sonstige Betreuungen enthält (BGH NJW 2005, 1115; 2001, 818; 1979, 2207). Es handelt sich gleichwohl um einen **einheitlichen** Vertrag in Form eines Typenmischvertrags (BGH NJW 2002, 511; *Thode* ZNotP 2004, 211). Auf die gewählte Bezeichnung „Kaufvertrag“, „Verkäufer“, „Käufer“ kommt es nicht an (BGH ZWE 2016, 318 Rn. 22; NZM 2006, 21; NJW 2005, 1115; 1985, 1551). Diese rechtliche Klassifizierung gilt auch für die Sanierung und Renovierung von **Altbauten** (BGH NZM 2005, 187; NJW 1989, 2748) und auch dann, wenn die Bauleistungen bei Vertragsabschluss bereits abgeschlossen sind (BGH NJW 2005, 1115). Die Bauleistung und damit auch die Ansprüche wegen **Mängeln** am Bau unterliegen nach ganz hM **Werkvertragsrecht** (vgl. BGH ZWE 2016, 318; NJW 2014, 1377 Rn. 28; 2010, 3089; *Hügel* ZMR 2008, 858). Erfolgt die Veräußerung hingegen erst (drei) Jahre nach Errichtung, richtet sich die Sachmängelhaftung nach Kaufrecht (BGH NJW 2016, 1575 Rn. 25).

2. Rechte wegen Mängeln am Sondereigentum. Hinsichtlich seines **118** Sondereigentums ist jeder Erwerber befugt, die ihm zustehenden Mängelrechte **selbständig** und ohne Abstimmung mit den übrigen Wohnungseigentümern auszuüben, soweit der vorhandene Mangel ausschließlich sein Sondereigentum betrifft (BGH NJW 2007, 1952 Rn. 18). Es besteht kein Abstimmungsbedarf hinsichtlich der Rechtsverfolgung bei Baumängeln am Sondereigentum. Auch eine unterschiedliche Inanspruchnahme des Bauträgers droht hier nicht. Ein **Beschluss** der Wohnungseigentümer, der in die Mängelrechte des einzelnen Erwerbers bezüglich dessen Sondereigentums eingreift, ist **nichtig** (*Ott* ZWE 2017, 108).

3. Rechte wegen Mängeln am gemeinschaftlichen Eigentum. Der **119** Erwerber eines neuen Wohnungseigentums ist zum einen individueller Vertragspartner des Bauträgers, gleichzeitig aber wegen seiner Beteiligung am gemeinschaftlichen Eigentum in eine Gemeinschaft eingebunden. Mängel der Bauleistung am gemeinschaftlichen Eigentum begründen somit grundsätzlich vertraglich begründete, **individuelle Mängelrechte** des jeweiligen Erwerbers, gleichzeitig aber auch in der Sache **gleichgerichtete Ansprüche** sämtlicher Wohnungseigentümer gegenüber dem Bauträger (BGH NJW 1979, 2207). Darüber hinaus ist nach überwiegender Ansicht bereits die Beseitigung anfänglicher Baumängel bzw. die erstmalige Herstellung eines mangelfreien Zustandes des gemeinschaftlichen Eigentums eine der

Gemeinschaft der Wohnungseigentümer obliegende Aufgabe der Instandhaltung und Instandsetzung (Erhaltung) nach § 19 Abs. 2 Nr. 2 WEG. Dieses Mit- und Nebeneinander der individuellen Ansprüche der Wohnungseigentümer in ihrer wohnungseigentumsrechtlichen Einbindung ergibt Schwierigkeiten bei der Frage, wie das Verhältnis der unterschiedlichen Ansprüche zueinander und gegenüber dem Bauträger zu beurteilen ist.

120 Die Rspr. (BGH NJW 2007, 1952; 2006, 3275; 1998, 2967; 1979, 2207) nimmt zu Recht eine vermittelnde Position ein: Die jeweiligen Mängelrechte sind danach auf die Notwendigkeit einer **Gemeinschaftsbindung** des Anspruchs hin zu überprüfen. Dies geschieht, ausgehend vom Grundsatz der individuellen Rechtsausübung, anhand der Kriterien des **Koordinationsbedarfes** innerhalb der Wohnungseigentümer und des **Schuldnerschutzes.** Der Gesichtspunkt des Schuldnerschutzes beinhaltet, dass der Bauträger Schutz vor unterschiedlicher Inanspruchnahme durch die Erwerber verdient. Ein Mangel könnte ansonsten bei rein individueller Lösung ein Nebeneinander von Ansprüchen auf Nachbesserung, Schadenersatz wegen Nichterfüllung sowie Minderung je nach Vorstellung der Wohnungseigentümer auslösen. Es ist deshalb bei Geltendmachung von Mängelrechten danach zu **differenzieren,** ob durch den betreffenden Anspruch eine mehrfache Inanspruchnahme des Bauträgers zu befürchten ist bzw. ein Abstimmungsbedarf innerhalb der Wohnungseigentümer besteht.

121 **a) Primäre Mängelrechte.** Die sog. primären Mängelrechte, zu denen **Nacherfüllung** (BGH NJW 2007, 1952 Rn. 18), **Selbstvornahme** und das Verlangen eines **Kostenvorschusses** (BGH NJW 2007, 1952 Rn. 18; OLG Düsseldorf ZWE 2010, 336) zählen, werden nach ganz herrschender Meinung als **nicht gemeinschaftsbezogen** verstanden. Die Geltendmachung dieser Rechte beeinträchtigt die schutzwürdigen Belange des Bauträgers nicht, weil alle Erwerber primär nur diese Mängelbeseitigungsansprüche besitzen. Diese Rechte sind nicht gemeinschaftsbezogen. Dementsprechend besitzt die Gemeinschaft der Wohnungseigentümer für diese Rechte **keine (geborene) Ausübungsbefugnis.** Jeder Erwerber kann diese Rechte individuell gegenüber dem Bauträger verfolgen.

122 Hierzu zählt auch der Anspruch auf Kostenvorschuss. Dieser kann zwar selbständig, aber nur mit der Maßgabe geltend gemacht werden, dass er an die Gemeinschaft der Wohnungseigentümer zu zahlen ist (BGH NJW 2007, 1952 Rn. 18)

123 Nach Ansicht des BGH müssen die Wohnungseigentümer allerdings einen gemeinschaftlichen Willen darüber bilden, wie die ordnungsmäßige Herstellung des Gemeinschaftseigentums zu bewirken ist. Dies gelte nicht nur im Hinblick auf die Erfüllungs- oder Nacherfüllungsansprüche, sondern auch im Hinblick auf die Ansprüche auf Vorschuss oder Aufwendungsersatz (BGH NJW 2007, 1952). In diesem Sinne ist die Ausübung dieser Rechte durch die Gemeinschaft der Wohnungseigentümer **„förderlich“.** Die primären Mängelrechte waren somit **„sonstige Rechte“** iSd § 10 Abs. 6 Satz 3 WEG aF (BGH NJW 2014, 1377 Rn. 32; 2010, 3089; 2007, 1952; OLG Düsseldorf NZM 2008, 844; *Wenzel* NJW 2007, 1905; aA *Kümmel* ZfIR 2014, 468). Durch die Entscheidung der Wohnungseigentümer zu einer gemeinschaftlichen Geltendmachung konnten sie der Ausübungsbefugnis der Gemeinschaft der Wohnungseigentümer (des Verbandes) unterstellt (BGH NJW 2014, 1377 Rn. 32; 2010, 3089; 2007, 1952) werden. Für sie bestand nach alter Rechtslage eine **„gekorene" Ausübungsbefugnis** (→ Rn. 102).

An dieser Rechtslage hat sich trotz Aufhebung des § 10 Abs. 6 Satz 3 WEG aF nichts geändert. Dies ergibt sich daraus, dass die hier skizzierte Rspr. bereits vor Inkrafttreten von § 10 Abs. 6 Satz 3 WEG aF entwickelt worden war und damit durch dessen Streichung nicht beeinflusst werden konnte (BT-Drs. 19/18791, 47). Der Grund für die Möglichkeit einer gemeinsamen Verfolgung auch dieser Mängelrechte liegt vielmehr darin, dass die Erhaltung des gemeinschaftlichen Eigentums gem. § 19 Abs. 2 Nr. 2 WEG grundsätzlich auch eine Verwaltungsangelegenheit ist, über welche die Wohnungseigentümer durch Beschluss entscheiden können und deren Wahrnehmung dann durch die Gemeinschaft der Wohnungseigentümer erfolgt. Die Neuverortung dieser Verwaltungsaufgabe in § 19 Abs. 2 Nr. 2 WEG anstelle von § 21 Abs. 5 Nr. 2, Abs. 3 WEG aF hat inhaltlich keine Veränderung bewirkt. Die Wohnungseigentümer besitzen Beschlusskompetenz bezüglich der ordnungsmäßigen erstmaligen mangelfreien Herstellung des Gemeinschaftseigentums. Im Bereich der primären Mängelrechte müssen die Wohnungseigentümer jedoch ihre Kompetenz nicht ausüben. Unterlassen sie eine Beschlussfassung hinsichtlich einer gemeinschaftlichen Ausübung, können diese Rechte weiterhin vom jeweiligen Wohnungseigentümer individuell ausgeübt werden. Erfolgt jedoch eine solche Beschlussfassung, wird die Verfolgung der Mängelrechte zu einer Verwaltungsangelegenheit, die dann wegen § 18 Abs. 1 WEG durch die Gemeinschaft der Wohnungseigentümer umgesetzt wird. Damit besteht für die Wahrnehmung der primären Mängel weiterhin nach einer entsprechenden Beschlussfassung eine Zuständigkeit der Gemeinschaft der Wohnungseigentümer. **124**

Im Regelfall wird es die ordnungsmäßige Verwaltung sogar **erfordern,** die auf das Gemeinschaftseigentum bezogenen Erfüllungs- und Nacherfüllungsansprüche auf die Wohnungseigentümergemeinschaft zur Ausübung zu übertragen, weil eine ordnungsmäßige Verwaltung grundsätzlich einen gemeinschaftlichen Willen über das Vorgehen gegen den Bauträger erfordert (BGH NJW 2010, 933 Rn. 11). Von einer Rechtsverfolgung durch den Verband darf nur bei Vorliegen **besonderer Gründe abgesehen** werden (BGH NJW 2010, 933 Rn. 11). Die Befugnis zur Vergemeinschaftung der primären Mängelrechte besteht selbst dann, wenn nur (noch) einem Mitglied der Gemeinschaft solche Rechte gegenüber dem Bauträger zustehen (BGH NJW 2010, 933 Rn. 10; OLG Köln ZWE 2015, 28). **125**

Durch den Beschluss, dass die Gemeinschaft der Wohnungseigentümer die Nacherfüllung verlangen soll, wird dem einzelnen Erwerber die Möglichkeit genommen, eben denselben Anspruch neben der (werdenden) Gemeinschaft zu verfolgen (BGH NJW 2007, 1952 Rn. 21; OLG Düsseldorf NZM 2008, 844; *Wenzel* NJW 2007, 1908; aA *Kümmel* ZfIR 2014, 469; *Ott* NZM 2007, 505). Ab Beschlussfassung fehlt dem einzelnen Wohnungseigentümer die Prozessführungsbefugnis. Diese Rechtsbeschränkung der Erwerberrechte ist dem jeweiligen Bauträgervertrag „immanent" (BGH NZM 2010, 204; NJW **126**

2007, 1952 Rn. 22; *Wenzel* ZWE 2006, 112). Sofern jedoch ein Erwerber vor Vergemeinschaftung dem Bauträger eine Frist zur Mängelbeseitigung gesetzt hat, kann sich die Wohnungseigentümergemeinschaft nach der betreffenden Beschlussfassung auf diese Fristsetzung stützen (OLG Hamm ZWE 2011, 225).

127 Ein Wohnungseigentümer kann trotz einer Vergemeinschaftung seine **individuellen Ansprüche** aus dem Bauträgervertrag **selbständig** verfolgen, solange sein Vorgehen **gemeinschaftsbezogene Interessen** der Wohnungseigentümer oder **schutzwürdige Interessen** des Bauträgers **nicht beeinträchtigt** (BGH NJW 2014, 1377 Rn. 32). Ebenso kann ein Erwerber nach hM trotz einer Vergemeinschaftung wegen Mängeln des gemeinschaftlichen Eigentums dem Bauträger gegenüber ein Zurückbehaltungsrecht geltend machen (OLG Stuttgart NJW 2013, 699; OLG Düsseldorf ZWE 2010, 267). Dem ist **nicht** zu folgen. Die Zurückbehaltung zielt auf eine mangelfreie Werkleistung, also eine Nachbesserung ab. Das Recht, Nachbesserung zu verlangen, hat zunächst zwar jeder Wohnungseigentümer. Haben die Wohnungseigentümer die Mängelrechte indes vergemeinschaftet, ist es allein an dem Verband Wohnungseigentümergemeinschaft, dieses Mangelrecht auszuüben. Nach einer Vergemeinschaftung müssen daher grundsätzlich sämtliche Wohnungseigentümer beschließen, was verlangt wird (*Elzer* MietRB 2013, 314). Grundsätzlich hat ein Erwerber auch nicht die Möglichkeit, mit einem Ersatzanspruch wegen Mängeln des gemeinschaftlichen Eigentums gegen eine von ihm noch geschuldete restliche Vergütung aufzurechnen. Es fehlt insoweit die für eine Aufrechnung erforderliche Gegenseitigkeit (BGH NJW 2007, 1957 Rn. 75).

128 Treffen der Bauträger und ein Erwerber bei bestehender Ausübungsbefugnis des Verbandes Wohnungseigentümergemeinschaft und ohne Beschluss der Wohnungseigentümer einen **Vergleich,** der eine Reduzierung des individuellen Kaufpreises auch wegen der Mängel am gemeinschaftlichen Eigentum beinhaltet, so ist dieser Vergleich gegenüber den anderen Wohnungseigentümern zunächst unwirksam (KG NZM 2004, 303; OLG Hamm NZM 2001, 1144), kann jedoch nachträglich genehmigt werden.

129 **b) Sekundäre Mängelrechte.** Die sog. sekundären Mängelrechte bestehen **aus Minderung** und sog. **„kleinem“ Schadenersatz.** Dem Verlangen von Minderung oder kleinem Schadenersatz kommt rechtlich eine **Gestaltungswirkung** zu, da hierdurch das Wahlrecht hinsichtlich der bestehenden Mängelrechte ausgeübt wird. Durch Ausübung dieser Rechte erlöschen nach der Konzeption des Werkvertragsrechtes grundsätzlich der Nacherfüllungsanspruch, das Recht zur Selbstvornahme sowie das Recht zum Rücktritt (Palandt/*Sprau* § 634 Rn. 5). Auch das Schadenersatzverlangen gestaltet das Rechtsverhältnis um, da hierdurch der Nacherfüllungsanspruch des Erwerbers ausgeschlossen ist (*Derleder* NZM 2003, 87).

130 Bei unterschiedlicher Ausübung der Mängelrechte wäre der Bauträger einer **doppelten Inanspruchnahme** ausgesetzt. Der Schuldnerschutz gebietet es daher, das **Wahlrecht** nur durch **alle Wohnungseigentümer gemeinsam** ausüben zu lassen (BGH NJW 2007, 1952; 2006, 2254; 1998, 2967; KG NZM 2004, 303). Minderung und kleiner Schadenersatz sind

ihrer Natur nach daher **gemeinschaftsbezogen** und lassen eigenständiges Vorgehen des einzelnen Wohnungseigentümers nicht zu (BGH NJW 2015, 2874 Rn. 9; NJW 2010, 3089 Rn. 22; 2007, 1952). Für sie besteht eine **Ausübungsbefugnis** der Gemeinschaft der Wohnungseigentümer. Eine selbständige Rechtsverfolgung durch einzelne Wohnungseigentümer ist ausgeschlossen. Die individuellen Rechte der einzelnen Erwerber aus dem Bauträgervertrag sind von vornherein von der Zuständigkeit der Gemeinschaft für die das gemeinschaftliche Eigentum betreffenden Fragen überlagert. Diese Rechtsbeschränkung der Erwerberrechte ist dem jeweiligen Bauträgervertrag immanent (BGH NJW 2007, 1952; *Wenzel* ZWE 2006, 112). Die **Auswahl des Rechtes** ist einer Entscheidung durch Mehrheitsbeschluss der Wohnungseigentümer zugänglich. Die Wohnungseigentümer besitzen eine diesbezügliche **Beschlusskompetenz** (*Wenzel* ZWE 2006, 112). Beruhen allerdings die Ansprüche auf Minderung und „kleinem Schadenersatz" beim Erwerb eines gebrauchten Wohnungseigentums ausschließlich auf **kaufrechtlichen Bestimmungen,** fallen sie jedenfalls dann, wenn die Haftung für Sachmängel ausgeschlossen und eine Beschaffenheitsvereinbarung nicht getroffen wurde, nicht in den Anwendungsbereich des § 9a Abs. 2 WEG. Sie sind in diesem Fall nicht gemeinschaftsbezogen und können individuell geltend gemacht werden (BGH NJW 2015, 2874).

c) Fristsetzungen. Zur Geltendmachung eines Mangelrechtes ist dem 131
Bauträger grundsätzlich eine angemessene Frist zu setzen, §§ 281 Abs. 1 Satz 1, 637 Abs. 1 BGB. Für die primären Mängelrechte kann vor einer Vergemeinschaftung jeder Erwerber dem Bauträger eine Frist setzen. Nach einer Vergemeinschaftung kann nur noch der Verband Wohnungseigentümergemeinschaft handeln. Für die sekundären Mängelrechte ist die Fristsetzung allein Sache des Verbandes Wohnungseigentümergemeinschaft (BGH NJW 2010, 3089; 2002, 1952; *Wenzel* NJW 2007, 1907). Für die Rückabwicklungsrechte (→ Rn. 133) kann grundsätzlich jeder Erwerber dem Bauträger eine Frist setzen. Haben die Wohnungseigentümer die Ausübung der primären Mängelrechte vergemeinschaftet, ist der einzelne Wohnungseigentümer jedenfalls dann nicht gehindert, dem Bauträger eine Frist zur Mängelbeseitigung mit Ablehnungsandrohung zu setzen, wenn die fristgebundene Aufforderung zur Mängelbeseitigung mit den Interessen der Wohnungseigentümergemeinschaft nicht kollidiert oder schützenswerte Interessen des Bauträgers nicht beeinträchtigt (BGH NJW 2014, 1377; 2010, 3089).

d) Selbständiges Beweisverfahren. Jeder Wohnungseigentümer als Er- 132
werber kann ohne besondere Ermächtigung ein selbständiges Beweisverfahren zur Feststellung von Mängeln am gemeinschaftlichen Eigentum einleiten, jedenfalls soweit eine Ausübungsbefugnis nicht besteht. Das von einem Wohnungseigentümer selbständig durchgeführte Beweisverfahren hemmt die Verjährung seiner Gewährleistungsansprüche (§ 204 Abs. 1 Nr. 7 BGB). Etwas anderes gilt, wenn eine Ausübungsbefugnis der Gemeinschaft der Wohnungseigentümer besteht. Nach § 9a Abs. 2 WEG ist dann diese zur Durchführung berufen, sofern nicht durch Beschluss ein Wohnungseigentümer ermächtigt wurde (OLG Koblenz NZM 2008, 248f). Eine solche

Ermächtigung kann schon darin liegen, dass die Wohnungseigentümer den Prozessstandschafter dazu ermächtigt haben, alle rechtlich notwendigen Schritte einzuleiten (BGH ZMR 2004, 47). Besteht keine Ausübungsbefugnis der Gemeinschaft der Wohnungseigentümer, kann diese kein selbständiges Beweisverfahren beantragen, eine Hemmung der Verjährung tritt nicht ein. Die Wohnungseigentümer können den Antrag auf Durchführung durch die Gemeinschaft der Wohnungseigentümer aber mit Wirkung ex nunc genehmigen (BGH NZM 2013, 652 Rn. 12).

132a Zum selbständigen Beweisverfahren wegen Mängeln des gemeinschaftlichen Eigentums auch → Vor § 43 Rn. 70 ff.

133 **e) Rücktritt, großer Schadenersatz.** Möchte der Erwerber sich wegen eines Baumangels vom Vertrag lösen, stehen ihm hierzu das Recht zum Rücktritt vom Vertrag (§ 634 Nr. 3, 1. Fall BGB) oder auf Schadenersatz statt der ganzen Leistung (§§ 634 Nr. 4, 280 Abs. 1, 281 Abs. 1 Satz 3 BGB) als Möglichkeit zur Verfügung. Da beide Rechte auf Rückgängigmachung des individuellen Vertragsverhältnisses gerichtet sind, ist durch sie **keine mehrfache Inanspruchnahme** des Bauträgers zu befürchten. Der Bauträger tritt lediglich wieder an die Stelle des Erwerbers (BGH NJW 1979, 2207), die anderen Vertragsverhältnisse bleiben dadurch unberührt. Das berechtigte Interesse der übrigen Erwerber an einer mangelfreien Herstellung des gemeinschaftlichen Eigentums wird hierdurch ebenso wenig wie ein Schuldnerschutz des Bauträgers berührt. Somit kann jeder Erwerber selbständig und unabhängig seine Rechte auf Rücktritt vom Vertrag und Schadenersatz statt der ganzen Leistung geltend machen. Diese Rechte sind **nicht gemeinschaftsbezogen** (BGH NJW 2014, 1377; 2010, 3089; 2007, 1952; 2006, 3275; *Schulze-Hagen* ZWE 2007, 117).

134 Der Erwerber eines Wohnungseigentums ist grundsätzlich allerdings nur berechtigt, vom Vertrag zurückzutreten oder Schadenersatz statt der ganzen Leistung zu verlangen bzw. hierfür die Voraussetzungen zu schaffen, solange durch sein Vorgehen gemeinschaftsbezogene **Interessen der anderen Wohnungseigentümer** oder **schützenswerte Interessen** des Veräußerers **nicht beeinträchtigt** sind (BGH NJW 2014, 1377 Rn. 32; 2010, 3089). Sofern ein **relevanter Interessenkonflikt** zwischen dem individuell gegen den Bauträger vorgehenden Wohnungseigentümer und den anderen Wohnungseigentümern gegeben ist, kann ein einzelner Wohnungseigentümer nicht einseitig sein Interesse an der Mängelbeseitigung verfolgen und damit auch keine wirksame Mängelbeseitigungsaufforderung abgeben. Auch diese Einschränkung der individuellen Erwerberrechte ist nach Ansicht der Rspr. einem Bauträgervertrag immanent (BGH NJW 2014, 1377 Rn. 39; aA *Ott* ZWE 2017, 109). Hat der einzelne Wohnungseigentümer als Erwerber die Voraussetzungen für einen Rücktritt oder einen Schadenersatz statt der ganzen Leistung erst einmal geschaffen, können diese Rechte nicht durch einen Vergleich mit dem Bauträger oder durch ein Tun des Bauträgers gefährdet werden (BGH NJW 2006, 3275; *Wenzel* IMR 2007, 129; aA OLG Hamm NZM 2007, 413).

135 **f) Verjährung.** Ist die Gemeinschaft der Wohnungseigentümer auf Grund der Gemeinschaftsbezogenheit des betreffenden Anspruchs ausübungsbefugt, übt sie dieses Recht für die Wohnungseigentümer aus (§ 9a Abs. 2 WEG). Die durch die Gemeinschaft der Wohnungseigentümer geltend zu machenden Mängelrechte gegen den Bauträger sind erst dann verjährt, wenn für den letzten Erwerber Verjährung eingetreten ist, weil die Gemeinschaft der Wohnungseigentümer nur gebündelt die einzelnen Rechte aller Erwerber geltend macht (OLG München ZWE 2013, 53). Führt die Gemeinschaft der Wohnungseigentümer wegen bestehender Mängel mit dem Bauträger Verhandlungen, werden daher die Mängelrechte der Wohnungseigentümer gehemmt (BGH NJW-RR 2013, 1169 Rn. 12). Etwas anderes gilt ab dem Zeitpunkt, in dem ein Wohnungseigentümer zulässigerweise die Durchsetzung des großen Schadenersatzes oder Rücktritts in die eigenen Hände nimmt (BGH NJW 2010, 3089).

g) Wegfall der gekorenen Ausübungsbefugnis. Den Wohnungseigentümern steht nach § 9a Abs. 2 WEG keine gekorene Ausübungsbefugnis mehr zu, dh sie besitzen keine Entscheidungskompetenz mehr über die Vergemeinschaftung bestimmter, an sich den Wohnungseigentümern zustehender Rechte (→ Rn. 91). Für das Bauträgerrecht gilt dies allerdings nicht. Denn die Möglichkeit einer Vergemeinschaftung beruht in diesem Bereich nicht auf § 10 Abs. 6 Satz 3 Fall 2 WEG aF, sondern auf anderer Rechtsgrundlage (→ Rn. 124). Die Streichung der gekorenen Ausübungsbefugnis hat daher keine Auswirkungen auf eine Vergemeinschaftung von Rechten gegenüber dem Bauträger (BT-Drs. 19/18791, 47). **135a**

4. Abnahme. Jeder einzelne Erwerber hat – bezogen auf das gemeinschaftliche Eigentum – einen Anspruch auf Errichtung der gesamten Wohnungseigentumsanlage. Demzufolge ist jeder Erwerber auf Grund seines Vertrages mit dem Bauträger berechtigt, aber auch verpflichtet, sein Sondereigentum und das gesamte **gemeinschaftliche Eigentum** abzunehmen (vgl. BGH NJW 1985, 1551). Die Abnahme des gemeinschaftlichen Eigentums ist kein Recht aus dem gemeinschaftlichen Eigentum iSv § 9a Abs. 2 1. Alternative, weil sich dieses Recht aus den jeweiligen Erwerbsverträgen ergibt. In Betracht käme für eine Ausübungsbefugnis der Gemeinschaft der Wohnungseigentümer somit nur die 2. Alternative dieser Norm. Die Abnahme des gemeinschaftlichen Eigentums muss jedoch **nicht zwingend** gemeinschaftlich geltend gemacht oder erfüllt werden (*Elzer* DNotZ 2017, 169; aA *Rapp* MittBayNot 2012, 174). Vielmehr ist Abnahme ein in der alten Diktion sog. sonstiges Recht bzw. sonstige Pflicht, welche nach bisherigem Recht die Möglichkeit einer Vergemeinschaftung in sich barg (LG München BeckRS 2013, 09934; AG München NJW 2011, 2222; *Elzer* ZWE 2017, 116; *Krick* MittBayNot 2014, 409; *v. Oefele* DNotZ 2011, 260; *Hügel* ZMR 2008, 856). Nach überwiegender Ansicht bestand noch nicht einmal die Möglichkeit der Vergemeinschaftung, vielmehr war das Recht bzw. die Pflicht zur Abnahme ausschließlich individuell zu verstehen (so OLG Düsseldorf ZWE 2020, 71; LG München ZWE 2017, 39; AG München IMR 2015, 504; *Dötsch* NZM 2017, 837; *Magel* ZNotP 2015, 85; *Kümmel* ZfIR 2014, 473; *Popescu* ZWE 2014, 112; *Suilmann* ZWE 2013, 305; *Ott* ZWE 2013, 257; *Pauly* ZMR 2011, 536; *Vogel* FS Merle, 382; *Pause* NZBau 2009, 427). Nach nun geltender Rechtslage besteht **136**

somit auch nach der 2. Alternative des § 9a Abs. 2 WEG keine Ausübungsbefugnis der Gemeinschaft der Wohnungseigentümer für eine Abnahme des gemeinschaftlichen Eigentums beim Erwerb vom Bauträger. Die dargestellte Streitfrage hat sich durch die gesetzliche Neuregelung erledigt.

F. Gemeinschaftsvermögen

I. Zuordnung

137 **1. Allgemeines.** Die Gemeinschaft der Wohnungseigentümer kann gem. § 9a Abs. 1 Satz 1 WEG Rechte erwerben und Verbindlichkeiten eingehen. Hieraus ergibt sich unmittelbar, dass die Wohnungseigentümergemeinschaft Trägerin eigenen Vermögens sein kann. § 9a Abs. 3 WEG bezeichnet dieses Vermögen der Gemeinschaft der Wohnungseigentümer als Gemeinschaftsvermögen. Dieser Begriff ist präziser als der bisher für dieses Vermögen verwendete Begriff des Verwaltungsvermögens. Zum Gemeinschaftsvermögen zählen alle durch die Gemeinschaft der Wohnungseigentümer erworbenen Sachen und Rechte sowie die entstandenen Verbindlichkeiten.

138 Das Gemeinschaftsvermögen **unterscheidet** sich grundlegend vom **gemeinschaftlichen** Eigentum. Die beiden Vermögensmassen müssen daher strikt voneinander getrennt betrachtet werden. Das Gemeinschaftsvermögen steht im Eigentum der Gemeinschaft der Wohnungseigentümer. Über dieses verfügt grundsätzlich der Verwalter. Das gemeinschaftliche Eigentum (→ § 1 Rn. 30) steht hingegen eigentumsrechtlich den Wohnungseigentümern als Teilhabern in einer Gemeinschaft nach Bruchteilen zu (BGH NJW 2011, 1351 Rn. 7). Isolierte Verfügungen über das gemeinschaftliche Eigentum können nur die Wohnungseigentümer treffen. Beschlüsse sind nicht möglich. Wird über Wohnungseigentum verfügt, dessen Teil immer auch gemeinschaftliches Eigentum ist, kann nur der einzelne Wohnungseigentümer handeln.

139 **2. Vermögen vor Entstehung des Verbandes.** Soweit Vermögenswerte nach Entstehung der Gemeinschaft der Wohnungseigentümer (→ Rn. 32) erworben und/oder begründet werden, stehen sie in ihrem Vermögen. Vor Entstehung eines Verbandes können Vermögenswerte im Falle des § 8 Abs. 1 WEG hingegen nur im Eigentum des aufteilenden Eigentümers stehen. Ein Eigentumswechsel nach Entstehen der Gemeinschaft der Wohnungseigentümer findet nicht von Gesetzes wegen statt, sondern nur – ggf. konkludent – **rechtsgeschäftlich,** also durch Einigung und Übergabe. Hat der aufteilende Eigentümer bereits Verträge bezüglich der Verwaltung des gemeinschaftlichen Eigentums (zB Versicherungs-, Ver- und Entsorgungsverträge) geschlossen, können diese ggf. auf die Gemeinschaft der Wohnungseigentümer übergeleitet werden (→ Rn. 68). Durch das frühzeitige Entstehen der rechtsfähigen Gemeinschaft der Wohnungseigentümer gem. § 9a Abs. 1 Satz 2 WEG wird dies aber nur noch in Ausnahmefällen vorkommen.

II. Gegenstände des Gemeinschaftsvermögens

Die Gegenstände des Gemeinschaftsvermögens ergeben sich letztlich aus der umfassenden Rechtsfähigkeit der Gemeinschaft der Wohnungseigentümer. Alle durch die Gemeinschaft erworbenen **Sachen** und **Rechte** sowie die entstandenen **Verbindlichkeiten** gehören dazu. Zum Gemeinschaftsvermögen zählen insbesondere alle Forderungen, die der Gemeinschaft der Wohnungseigentümer zustehen (siehe hierzu *Hogenschurz* ZWE 2020, 61; *Müller* ZWE 2012, 473 ff.). Dies sind vor allem Sozialansprüche, dh alle Ansprüche gegenüber den Wohnungseigentümern aus Abrechnungen, Wirtschaftsplänen und Sonderumlagen, aber auch alle Forderungen aus vertraglichen Beziehungen, bei denen die Gemeinschaft der Wohnungseigentümer Vertragspartner ist. Zum Gemeinschaftsvermögen zählen neben der **Instandhaltungsrückstellung** bzw. nun **Erhaltungsrücklage** iSv § 19 Abs. 2 Nr. 4 WEG die Beträge auf Bankkonten (Giro- oder Sparkonten, Depots), auf denen die von den Wohnungseigentümern (oder für sie von Dritten) für die Verwaltung gezahlten Beiträge liegen (LG Lüneburg ZMR 2019, 295). Hierzu gehören aber auch alle Sachen, die der Verband erworben hat, wie Heizöl, Gas, Einrichtungsgegenstände, Gartengeräte, Werkzeug, Kehrmaschinen, Wäschespinnen und dergleichen. Hat die Gemeinschaft der Wohnungseigentümer Immobilieneigentum oder sonstige dingliche Rechte erworben, zählen auch diese **Sachenrechte** zum Gemeinschaftsvermögen. 140

Zum Gemeinschaftsvermögen gehören weiter die Gegenstände, die auf Grund ihrer fehlenden Eigenschaft als wesentlicher Bestandteil weder Sonder- noch gemeinschaftliches Eigentum sind, aber durch die Gemeinschaft der Wohnungseigentümer angeschafft wurden, insbesondere Zubehör iSv § 97 BGB (*Schmidt* ZWE 2012, 343). Dies gilt zB für Rauchwarnmelder, Mülltonnen oder Heizkostenverteiler (→ § 5 Rn. 50). Etwas anders gilt jedoch, soweit die Gemeinschaft der Wohnungseigentümer zwar die Sache erwirbt, diese aber durch Einbau zum **wesentlichen Bestandteil** des Gebäudes gem. §§ 93, 94 BGB wird (*Müller* ZWE 2012, 473). In einem solchen Fall kommt es zu einem gesetzlichen Eigentumsübergang in das **gemeinschaftliche Eigentum** der Wohnungseigentümer iSd § 1 Abs. 5 WEG. 141

Auch die **Miete** oder Pacht für die Vermietung/Verpachtung des gemeinschaftlichen Eigentums sind Teil des Gemeinschaftsvermögens, sofern die Gemeinschaft der Wohnungseigentümer Vermieter/Verpächter ist (→ Rn. 105). Schließlich sind auch die **Verwaltungsunterlagen,** zB Verträge, Policen, Protokolle und die Beschluss-Sammlung (*Elzer* WE 2007, 198), Kontenblätter, Journale, Rechnungen, Belege, Abrechnungen und Wirtschaftspläne **Bestandteil des Gemeinschaftsvermögens.** Einen etwaigen Herausgabeanspruch an den Verwaltungsunterlagen bei einem Verwalterwechsel muss die Gemeinschaft der Wohnungseigentümer geltend machen (→ § 26 Rn. 364). 142

Die Rechte und Pflichten, die der Verband gem. § 9a Abs. 2 WEG für die Wohnungseigentümer wahrnimmt, sind hingegen **nicht** Teil des Gemeinschaftsvermögens (Timme/*Dötsch* § 10 Rn. 591; Bärmann/*Suilmann* 143

§ 10 Rn. 342; aA Riecke/Schmid/*Lehmann-Richter* § 10 Rn. 360). Die Gemeinschaft der Wohnungseigentümer besitzt **nur** eine **Ausübungsbefugnis,** wird jedoch nicht zur Anspruchsinhaberin (→ Rn. 95).

144 **Nicht** zum Gemeinschaftsvermögen gehören ihrem Ursprung nach ferner **Schadenersatzansprüche** wegen Beschädigung des gemeinschaftlichen Eigentums (→ Rn. 99) oder Schadenersatzansprüche, die aus den Baumängelgewährleistungsrechten wegen des gemeinschaftlichen Eigentums resultieren (Timme/*Dötsch* § 10 Rn. 591; *Wenzel* ZWE 2006, 18; aA *Bork* ZInsO 2005, 1069; → Rn. 119). Solche Schadenersatzansprüche sind zwar außergerichtlich und gerichtlich gem. § 9a Abs. 2 WEG von der Gemeinschaft der Wohnungseigentümer geltend zu machen; Inhaber der Ansprüche sind aber die Wohnungseigentümer (LG Nürnberg-Fürth NJW 2013, 2131; *Lehmann-Richter* ZWE 2007, 414/415). Trotz dieser Rechtsinhaberschaft sind die Erträge aus der Geltendmachung dieser Rechte und Pflichten Teil des Gemeinschaftsvermögens. Für sie muss daher **kein „zweites Gemeinschaftsvermögen“** gebildet werden (Bärmann/*Suilmann* § 10 Rn. 342; Riecke/Schmid/*Lehmann-Richter* § 10 Rn. 360; aA *Dötsch* NZM 2018, 363). Zwar handelt es sich wirtschaftlich um persönliches Vermögen der Eigentümer, gleichwohl zählt auch die Vereinnahmung und Verwaltung der in Ausübungsbefugnis erlangten Vermögenswerte zur Verwaltung des gemeinschaftlichen Eigentums und wird mit Vereinnahmung durch den Verband zum Gemeinschaftsvermögen.

145 Es gilt nichts anderes als bei der Vermietung gemeinschaftlichen Eigentums (→ Rn. 142). Der hierdurch erzeugte potenzielle Gläubigerzugriff auf diese Vermögenswerte steht dem nicht entgegen, weil die Eigentümer an einem „zweiten Gemeinschaftsvermögen“ zwar einen quotalen Anteil hätten (*Wenzel* ZWE 2006, 18), sie aber in dieser Höhe Verbandsgläubigern nach § 9a Abs. 4 WEG sowieso persönlich haften würden.

III. Übergang des Gemeinschaftsvermögens bei Ende der Rechtsfähigkeit

146 Nach § 10 Abs. 7 Satz 4 WEG aF ging das Verwaltungsvermögen auf den Eigentümer des Grundstücks über, wenn sich sämtliche Wohnungseigentumsrechte in einer Person vereinigen. Das Gesetz begründete mit dieser Regelung eine gesetzlich angeordnete **Gesamtrechtsnachfolge.** Durch die ersatzlose Aufhebung dieser Vorschrift enthält das WEG keine Vorschrift mehr, wem das Gemeinschaftsvermögen bei Beendigung der Gemeinschaft der Wohnungseigentümer gehört. Da die Beendigung durch eine notariell beurkundete Aufhebungserklärung erfolgt, wird in aller Regel die Verteilung des Gemeinschaftsvermögens dort mitgeregelt werden.

147 Sollte dies im Einzelfall unterbleiben, soll nach der Gesetzesbegründung das Vermögen des untergegangenen Verbandes durch ein Liquidationsverfahren aufgeteilt werden. Da allerdings die rechtsfähige Gemeinschaft der Wohnungseigentümer genau zu dem Zeitpunkt erlischt, in dem die Wohnungsgrundbücher gelöscht werden, wäre das Gemeinschaftsvermögen ab diesem Moment keinem Vermögenträger mehr zugeordnet. Es gibt mangels gesetzlicher Anordnung keine rechtsfähige Wohnungseigentümergemeinschaft in Liquidation. Ebenso wenig gibt es eine Vorschrift ähnlich § 10 Abs. 7 Satz 4 WEG aF, die einen Übergang des Gemeinschaftsvermögens auf eine bestimmte Person/en anordnet. Das WEG trifft vielmehr **keine** Aussage dazu wie das Gemeinschaftsvermögen zu verteilen ist. Auch § 11 Abs. 3 WEG kann nicht unmittelbar angewendet werden (→ 11 Rn. 17). Sachgerecht erscheint es, an § 16 Abs. 1, Abs. 2 WEG (so für § 17 WEG aF *Buhl* BWNotZ 2013, 135; *Daum,* Das Rechtssubjekt Wohnungseigentümergemeinschaft, 2012, 147; Jennißen/*Heinemann* § 17 Rn. 12) oder – noch besser – an die jeweils **geltenden gewillkürten Umlageschlüssel** für die Aufbringung des Gemeinschaftsvermögens anzuknüpfen (Jennißen/*Heinemann* § 17 Rn. 12; aA *Daum,* Das Rechtssubjekt Wohnungseigentümergemeinschaft, 2012, 146). Diese Umlageschlüssel geben besser den Umfang an, in welchem sich ein Wohnungseigentümer an der Ansammlung des zu verteilenden Gemeinschaftsvermögens beteiligt hat. Für Schulden kann jeder Wohnungseigentümer nach § 755 Abs. 1 BGB bei der Aufhebung der Gemeinschaft verlangen, dass diese zunächst – soweit möglich – aus den Guthaben und Geldern des Verbandes berichtigt werden. Ansonsten sind Verbindlichkeiten analog § 9a Abs. 4 WEG nach Miteigentumsanteilen von den Wohnungseigentümern zu tragen.

IV. Übergang des Gemeinschaftsvermögens bei Eigentümerwechsel?

Das Gemeinschaftsvermögen steht ausschließlich im Eigentum der Gemeinschaft der Wohnungseigentümer. Keinem der Wohnungseigentümer steht ein Anteil an diesem Vermögen zu (vgl. OLG Köln MittBayNot 2014, 531; LG Darmstadt ZWE 2015, 261). Aus diesem Grund ist es weder nötig noch möglich bei der Übertragung von Wohnungseigentum auch die für das betreffende Wohnungseigentum gebuchte Erhaltungsrücklage (Instandhaltungsrücklage) oder einen sonstigen Anteil am Gemeinschaftsvermögen mit zu übertragen (*Hügel* NotBZ 2008, 176). Ob die getrennte Ausweisung eine Kaufpreisteils für die angesammelte Instandhaltungsrücklage zu einer Reduzierung der Grunderwerbsteuer führt, ist noch nicht abschließend durch den BFH geklärt (vgl. hierzu *Elzer* MittBayNot 2014, 533). 148

G. Anteilige Außenhaftung/Haftungssystem des Verbandes Wohnungseigentümergemeinschaft

I. Anteilige Haftung

Das WEG enthält in § 9a Abs. 4 WEG das Modell einer **teilschuldnerischen Außenhaftung.** Die Vorschrift entspricht wörtlich § 10 Abs. 8 WEG aF mit Ausnahme dessen Satz 4, der ersatzlos aufgehoben wurde. Jeder Wohnungseigentümer haftet einem Gläubiger der Gemeinschaft der Wohnungseigentümer nach dem **Verhältnis seines Miteigentumsanteils** gem. § 16 Abs. 1 Satz 2 WEG für deren Verbindlichkeiten (ausf. *Dötsch* ZWE 2012, 401). Die Gläubiger der Gemeinschaft der Wohnungseigentümer 149 können **entweder** diese als selbständige Trägerin von Rechten und Pflichten (§ 9a Abs. 1 Satz 1 WEG) direkt in Anspruch nehmen **oder** sich **unmittelbar an die Wohnungseigentümer** halten. Unerheblich für die Haftung des einzelnen Wohnungseigentümers ist, ob er seine fälligen Beitragszahlungen an die Gemeinschaft der Wohnungseigentümer beglichen hat oder nicht. Diese Haftung der Wohnungseigentümer ist § 128 Satz 1 HGB nachgebildet. Die **anteilige Außenhaftung** trifft nur den **wahren Wohnungseigentümer.** Stellt sich heraus, dass der in Anspruch Genommene nur Bucheigentümer (→ Rn. 2), nicht aber der wahre Berechtigte ist, besteht keine Haftung aus § 9a Abs. 4 Satz 1 WEG. Die Haftung trifft nicht den **werdenden Wohnungseigentümer** (→ Rn. 7), weil § 9a Abs. 4 Satz 1 WEG eine Haftungsnorm im Außenverhältnis ist, und gem. § 8 Abs. 3 WEG die Rechtsfigur des werdenden Wohnungseigentümers nur im Innenverhältnis der Wohnungseigentümer und der Gemeinschaft der Wohnungseigentümer Anwendung findet (→ § 8 Rn. 82).

150 § 9a Abs. 4 WEG ist einer **Vereinbarung** nach § 10 Abs. 1 Satz 2 WEG **nicht** zugänglich, weil hierdurch Rechtsbeziehungen zu Dritten geregelt werden würden (BGH WuM 2018, 100 Rn. 18). Hingegen kann iRd vertraglichen Regelungen mit dem Dritten vereinbart werden, dass nur die Gemeinschaft der Wohnungseigentümer und nicht die Wohnungseigentümer selbst nach § 9a Abs. 4 Satz 1 WEG für die Erfüllung der vertraglichen Verpflichtungen einzustehen haben.

151 Auch wenn durch die Regelung in § 9a Abs. 4 Satz 1 WEG eine unmittelbare Inanspruchnahme eines einzelnen Eigentümers für die gesamte Verbindlichkeit der Gemeinschaft der Wohnungseigentümer durch Gläubiger ausgeschlossen ist, kann gleichwohl im Einzelfall eine **Haftung in unbegrenzter Höhe** auf den einzelnen Eigentümer zukommen. Sofern nämlich die Gemeinschaft nicht über die notwendigen finanziellen Mittel verfügt, bedarf es der Erhebung einer Sonderumlage zur Deckung der Finanzierungslücke. Fallen einzelne oder gar alle anderen Wohnungseigentümer auf Grund finanzieller Probleme faktisch für die Begleichung der beschlossenen Sonderumlage aus, führt dies wirtschaftlich zu einer unbeschränkten Nachschusspflicht des einzig liquiden Wohnungseigentümers. Wollen die Wohnungseigentümer dieses Risiko vermeiden oder eine unmittelbare anteilige, ggf. nicht im Einklang mit dem internen Umlageschlüssel stehende Inanspruchnahme durch einen Gläubiger verhindern, können sie dies nur durch eine **ausreichende Mittelzufuhr** in die Erhaltungsrücklage bewirken. Hierzu sind sie auch verpflichtet, weil auf Grund der ihnen obliegenden Treuepflicht eine Pflicht besteht, den Verband mit ausreichenden finanziellen Mittel zur Erfüllung seiner laufenden und künftigen Aufgaben auszustatten (BGH NJW 2005, 2061).

II. Auseinanderfallen von Außenhaftung und Innenhaftung

152 Die **anteilsmäßige Außenhaftung** besteht in Höhe des jeweiligen **Miteigentumsanteils.** Dieser im Außenverhältnis durch die Wohnungseigentümer nicht abänderbare Haftungsschlüssel **entspricht** in vielen Fällen **nicht** dem **internen Umlageschlüssel,** insbesondere bei sog. Mehrhausanlagen (hierzu → Rn. 52). Die Kostenverteilung nach Miteigentumsbruchteilen gem. § 16 Abs. 2 WEG stellt nämlich nur eine gesetzliche „Faust- und Hilfsregel" dar, die dann gilt, wenn die Gemeinschaftsordnung keine abweichende Regelung enthält. Da die holzschnittartige Kosten- und Lastenverteilung des § 16 Abs. 2 WEG aber oft nicht sachgerecht ist, wird in der Praxis fast regelmäßig ganz oder für bestimmte Kostenarten von diesem Umlageschlüssel abgewichen. Somit wird aber häufig die interne Kostenverteilung nicht der anteiligen Außenhaftung nach Miteigentumsbruchteilen entsprechen.

III. Sonderfälle einer gesamtschuldnerischen Haftung

153 Die Begrenzung der Haftung der Wohnungseigentümer für Verbandsschulden auf die Höhe des Verhältnisses ihrer Miteigentumsanteile greift **nicht,** wenn sich die Wohnungseigentümer entweder neben der Gemeinschaft der Wohnungseigentümer klar und eindeutig auch **persönlich verpflichtet** haben (BGH NZM 2010, 284; NJW 2005, 2061) oder eine **Gesamtschuld gesetzlich** anderweitig vorgesehen ist. Soweit das öffentliche Recht, vornehmlich das kommunale Abgabenrecht, eine gesamtschuldnerische Haftung der Wohnungseigentümer anordnet, bleibt diese gemeinsame Haftung trotz des Haftungssystems in § 9a Abs. 4 Satz 1 WEG bestehen. Die Rechtsfähigkeit hindert nämlich nicht die Geltung einer im kommunalen Abgabenrecht statuierten gesamtschuldnerischen Haftung (BGH NJW 2014, 1093; ZWE 2010, 365; ZMR 2009, 854; BVerwG NJW 2006, 791; OLG Hamm ZMR 2009, 464; VGH Baden-Württemberg ZMR 2009, 160; aA *Sauren* ZMR 2006, 751). Eine solche gesamtschuldnerisch zu tragende Abgabenschuld stellt eine **gemeinschaftsbezogene Pflicht** iSd § 9a Abs. 2 WEG dar (→ Rn. 100).

154 Zudem kann eine gesamtschuldnerische Haftung des einzelnen Wohnungseigentümers in Betracht kommen, wenn die Wohnungseigentümer im Rahmen einer vertraglichen Beziehung mit einem **Dritten** eine **entsprechende Vereinbarung** getroffen haben.

IV. Haftungsvoraussetzungen

155 Die Haftung der Wohnungseigentümer nach § 9a Abs. 4 Satz 1 WEG besteht (nur) für Verbindlichkeiten der **Gemeinschaft der Wohnungseigentümer.** Hierzu zählen neben den **rechtsgeschäftlich** begründeten Verpflichtungen auch alle sonstigen **gesetzlichen** Ansprüche gegen den Verband, bspw. wegen Verletzung der Verkehrssicherungspflicht, sowie die den Verband treffenden Verbindlichkeiten (*Dötsch* ZWE 2012, 401). Erfasst sind auch Forderungen gegen den Verband aus dem öffentlichen Recht, etwa Steuerschulden.

156 Ein Anspruch aus § 9a Abs. 4 S. 1 WEG steht auch einem Wohnungseigentümer zu, wenn er einen Anspruch gegen die Gemeinschaft der Wohnungseigentümer, der in keinem Zusammenhang mit seiner Stellung als Wohnungseigentümer steht, wie zB beim Verkauf einer Sache an den Verband. Ansprüche aus dem Gemeinschaftsverhältnis (sog. **Sozialverbindlich-**

keiten) unterfallen hingegen **nicht** dem quotalen Binnenausgleich nach § 9a Abs. 4 S. 1 WEG. Hierzu gehören Aufwendungsersatzansprüche, die einem Wohnungseigentümer wegen Tilgung einer Verbindlichkeit des Verbandes zustehen, und zwar auch dann, wenn die Tilgung eine Notgeschäftsführungsmaßnahe darstellt (BGH NZM 2019, 415 Rn. 16; Palandt/*Wicke* § 10 Rn. 41; aA OLG München NZM 2008, 115; LG Frankfurt a. M. NZM 2015, 546; AG Bremen NZM 2010, 906).

157 Die anteilige Haftung besteht nach dem Wortlaut des Gesetzes zudem nur, wenn die entsprechende Verbindlichkeit während der **Zugehörigkeit** des in Anspruch genommenen Eigentümers **zur Gemeinschaft entstanden** oder während dieses Zeitraums **fällig** (§ 271 BGB) geworden ist. Durch diese **zeitliche Beschränkung** wird sichergestellt, dass die Verbindlichkeiten von dem Wohnungseigentümer zu erfüllen sind, dem die entsprechenden Leistungen zugutekommen. Die Beurteilung dieser beiden Haftungsvoraussetzungen richtet sich nach dem Rechtsverhältnis zwischen der Gemeinschaft der Wohnungseigentümer und dem Gläubiger, das Grundlage für den Anspruch des Gläubigers ist.

V. Unmittelbarkeit der Haftung

158 Die anteilige Außenhaftung der Wohnungseigentümer besteht **gleichzeitig** und **unmittelbar** neben der Haftung der Gemeinschaft der Wohnungseigentümer für ihre Verbindlichkeiten. Ein in Anspruch genommener Wohnungseigentümer kann den Gläubiger nicht darauf verweisen, zunächst bei der Gemeinschaft der Wohnungseigentümer die Befriedigung seiner Forderungen zu versuchen. Die direkte Inanspruchnahme eines Wohnungseigentümers ist somit auch dann zulässig, wenn die Gemeinschaft der Wohnungseigentümer über eine ausreichende Finanzausstattung verfügt. Die Einrede der Vorausklage steht einem Wohnungseigentümer nämlich nicht zu. **Unerheblich** für die Haftung des einzelnen Wohnungseigentümers ist zudem, ob er seine fälligen **Beitragszahlungen** beglichen hat oder nicht.

VI. Einwendungen und Einreden des haftenden Wohnungseigentümers

159 Wird ein Wohnungseigentümer für Verbindlichkeiten der Gemeinschaft der Wohnungseigentümer in Anspruch genommen, kann er nach § 9a Abs. 4 Satz 2 WEG neben den in seiner Person begründeten auch die der Gemeinschaft der Wohnungseigentümer zustehenden Einwendungen und Einreden geltend machen. Es ist ihm jedoch nach dieser Vorschrift verwehrt, seine Einwendungen und Einreden, die ihm selbst gegen die Wohnungseigentümergemeinschaft zustehen, geltend zu machen. Der Gläubiger soll nämlich nicht mit Fragen aus dem Innenverhältnis zwischen dem Wohnungseigentümer und der Gemeinschaft der Wohnungseigentümer belastet werden (BT-Drs. 16/887, 66).

160 Das System der Einwendungen und Einreden in § 9a Abs. 4 WEG ist weitgehend dem Vorbild der **Bürgenhaftung** nachgebildet, wie sich aus § 9a Abs. 4 Satz 3 WEG ergibt, der für die Einrede der Anfechtbarkeit und

Aufrechenbarkeit § 770 BGB ausdrücklich für entsprechend anwendbar erklärt. Da § 9a Abs. 4 Satz 3 WEG aber nur auf § 770 BGB verweist, steht dem haftenden Wohnungseigentümer die Einrede der **Vorausklage** nach § 771 BGB **nicht** zu (*Derleder/Fauser* ZWE 2007, 5; krit. hierzu *Abramenko* ZMR 2006, 496).

VII. Verhältnis der haftenden Wohnungseigentümer untereinander und zum Verband

Werden Wohnungseigentümer von einem Gläubiger anteilig in Anspruch **161** genommen, sind sie weder untereinander noch mit der Gemeinschaft der Wohnungseigentümer Gesamtschuldner. Das Verhältnis zum Verband entspricht der Rechtslage bei Inanspruchnahme einer OHG und eines persönlichen Gesellschafters nach §§ 128, 129 HGB (*Derleder/Fauser* ZWE 2007, 5).

Begleicht ein Wohnungseigentümer seinen Haftungsanteil durch Zahlung **162** an den Gläubiger, wird nur er von seiner Haftung befreit, nicht die übrigen Wohnungseigentümer. Eigenleistungen, die ein anderer Wohnungseigentümer erbringt, reduzieren dementsprechend nur dessen Haftung, nicht aber die Haftung der anderen Wohnungseigentümer (Timme/*Dötsch* § 10 Rn. 633; *Derleder/Fauser* ZWE 2007, 5; vgl. auch *Elzer* NZM 2009, 60). Die Verbindlichkeit der Gemeinschaft der Wohnungseigentümer ggü. dem Gläubiger wird allerdings gleichzeitig um den entsprechenden Anteil verringert. Zahlt der Wohnungseigentümer dagegen an die Gemeinschaft der Wohnungseigentümer seinen beschlossenen Beitrag, um dem Verband die Begleichung der Schuld zu ermöglichen, wird er durch diese Zahlung nicht von seiner Außenhaftung nach § 9a Abs. 4 Satz 1 WEG befreit. Reduziert die Gemeinschaft der Wohnungseigentümer die Verbindlichkeit durch Zahlung, führt dies zu einer entsprechenden Verringerung des Haftungsumfangs eines jeden Eigentümers (Bärmann/*Suilmann* § 10 Rn. 383; Timme/*Dötsch* § 10 Rn. 632).

VIII. Nachhaftung

Die anteilige Haftung besteht gemäß § 9a Abs. 4 Satz 1 WEG nur, wenn **163** die entsprechende Verbindlichkeit während der **Zugehörigkeit** des in Anspruch genommenen Eigentümers **zur Gemeinschaft entstanden** oder während dieses Zeitraums **fällig** geworden ist. Diese Haftung ist zeitlich dadurch beschränkt, dass die Nachhaftungsvorschrift des § 160 HGB für entsprechend anwendbar erklärt ist. Damit haftet der ausgeschiedene Wohnungseigentümer nur für solche Verbindlichkeiten der Gemeinschaft der Wohnungseigentümer, die während seiner Zugehörigkeit **fällig** geworden sind oder während dieser Zeit begründet worden sind und vor Ablauf von **fünf Jahren** nach seinem Ausscheiden fällig werden. Dies jedoch nur, wenn die Ansprüche in einer in § 197 Abs. 1 Nr. 3 bis 5 BGB, § 160 Abs. 2 HGB bezeichneten Art besonders festgestellt worden sind oder eine Vollstreckungshandlung der in § 160 Abs. 1 HGB bezeichneten Art erfolgt ist.

Die Dauer der Zugehörigkeit zur Gemeinschaft der Wohnungseigentümer **164** berechnet sich nach den allgemeinen wohnungseigentumsrechtlichen

Grundsätzen. Hiernach besteht eine Wohnungseigentümergemeinschaft aus den im Grundbuch eingetragenen Wohnungseigentümern, nur diese sind Mitglieder des Verbandes Wohnungseigentümergemeinschaft. Dies bedeutet, dass die Nachhaftungsfrist bei einem rechtsgeschäftlichen Eigentumswechsel mit dem **Vollzug** der Übereignungsurkunde im **Grundbuch** bzw. bei einem Eigentumsübergang außerhalb des Grundbuchs nach den hierfür maßgeblichen Vorschriften zu laufen beginnt. Die **anteilige Außenhaftung** trifft demgemäß nur den **wahren Wohnungseigentümer.** Stellt sich heraus, dass der in Anspruch Genommene nur Bucheigentümer, nicht aber der wahre Berechtigte ist, besteht keine Haftung aus § 9a Abs. 4 Satz 1 WEG (→ Rn. 2).

165 Anders als das Personengesellschaftsrecht (§ 130 HGB) kennt das WEG hingegen keine persönliche Haftung des eintretenden Mitglieds für Altschulden des Verbandes (*Dötsch* ZWE 2013, 402).

IX. Haftung des Wohnungseigentümers gegenüber der Gemeinschaft der Wohnungseigentümer

166 Die Haftung eines Wohnungseigentümers ggü. der Gemeinschaft der Wohnungseigentümer richtet sich zunächst nach den allgemeinen Grundsätzen. Verletzt ein Wohnungseigentümer die ihm obliegende Pflicht zur ordnungsmäßigen Verwaltung, haftet er an sich neben allen anderen Miteigentümern, denen dieselbe Pflichtverletzung zur Last gelegt wurde, gesamtschuldnerisch auf Schadenersatz. So trifft bspw. jeden Wohnungseigentümer die Pflicht, der Gemeinschaft der Wohnungseigentümer durch entsprechende Beschlussfassung zur ordnungsmäßigen Verwaltung die finanzielle Grundlage zur Begleichung der laufenden Verpflichtungen zu verschaffen (vgl. *Wenzel* ZWE 2006, 7). Verstößt er gegen diese Pflicht, etwa dadurch, dass er nicht auf einen Beschluss über ausreichende finanzielle Mittel der Gemeinschaft der Wohnungseigentümer hinwirkt, haftet er für entsprechende Schäden (BGH NJW 2005, 2061). Ein solches Ergebnis widerspräche der in § 9a Abs. 4 Satz 1 WEG enthaltenen Haftungsbegrenzung.

167 § 10 Abs. 8 Satz 4 WEG aF schränkte diese an sich unbeschränkte Haftung ein. Die Haftung eines Wohnungseigentümers ggü. der Gemeinschaft der Wohnungseigentümer wegen nicht ordnungsmäßiger Verwaltung richtete sich ebenfalls nach § 10 Abs. 8 Satz 1 WEG aF Ein Wohnungseigentümer haftete auch ggü. dem Verband **nur in Höhe seines Miteigentumsanteils.** Damit sollte ein **Gleichlauf** der Haftung der Wohnungseigentümer ggü. der Gemeinschaft der Wohnungseigentümer mit der Haftung des Wohnungseigentümers ggü. deren Gläubigern erreicht werden.

168 Durch das WEMoG wurde diese Privilegierung des betreffenden Wohnungseigentümers aufgehoben, weil sie nach Ansicht des Gesetzgebers nicht gerechtfertigt sei. Verletze ein Wohnungseigentümer schuldhaft seine Pflichten und müsse er für den daraus entstehenden Schaden einstehen, sei eine quotale Begrenzung seiner Einstandspflicht zulasten der übrigen Miteigentümer nicht gerechtfertigt (BT-Drs. 19/18791, 48). Damit haftet nun ein schadenersatzpflichtiger Wohnungseigentümer gegenüber der Gemeinschaft der Wohnungseigentümer voll für den durch ihn verursachten Schaden.

X. Durchsetzung der Haftung

Für die Zwangsvollstreckung gegen die einzelnen Wohnungseigentümer auf Grund ihrer anteiligen Außenhaftung ist ein gegen sie gerichteter Titel erforderlich. Ein Titel gegen die Gemeinschaft der Wohnungseigentümer genügt nicht, ebenso wie ein Schuldtitel gegen die offene Handelsgesellschaft für die Vollstreckung gegen die Gesellschafter nicht ausreicht (§ 129 Abs. 4 HGB). **169**

XI. Sicherheiten der Gläubiger für diese Haftung

Die anteilige Haftung für Verbindlichkeiten der Gemeinschaft der Wohnungseigentümer ist eine **originär eigene Verbindlichkeit jedes Wohnungseigentümers.** Ist die Verbindlichkeit durch einen Bauvertrag begründet, den der Verband mit einem Bauwerkunternehmer abgeschlossen hat, stehen dem Unternehmer die Sicherungsrechte der §§ 650e und f BGB ggü. der Gemeinschaft der Wohnungseigentümer zu. Eine **Sicherungshypothek** nach § 650e BGB kann der Bauunternehmer an sich nur verlangen, wenn der Besteller des Werkes mit dem Grundstückseigentümer im Zeitpunkt der Geltendmachung des Anspruchs unter formaler Betrachtung rechtlich identisch ist (OLG Hamm, BauR 1999, 407; Palandt/*Sprau* § 650e Rn. 5). Eine Übereinstimmung nach wirtschaftlicher Betrachtungsweise genügt in der Regel nicht (BGH NJW 1988, 225; OLG Celle NJW-RR 2003, 236; OLG Frankfurt a. M. MDR 2001, 1405). **170**

Vertragspartner des Werkunternehmers ist aber die Gemeinschaft der Wohnungseigentümer, die den Bauauftrag auslöst, nicht die Bruchteilsgemeinschaft der Wohnungseigentümer (→ Rn. 69). Allerdings muss sich der Eigentümer eines Grundstücks von einem Unternehmer im Bereich der dinglichen Haftung gem. § 242 BGB wie ein Besteller behandeln lassen, wenn Treu und Glauben es ausschließen, dass sich der Eigentümer des Grundstücks auf die Personenverschiedenheit des Bestellers beruft (BGH NJW 1988, 255; Palandt/*Sprau* § 650e Rn. 5 mwN, krit. zu diesem Argument *Derleder/Fauser* ZWE 2007, 6). Bei einer Wohnungseigentumsanlage sind es in erster Linie die Wohnungseigentümer, die über den Abschluss eines Bauhandwerkervertrags entscheiden. Sie haben also eine wirtschaftlich und rechtlich beherrschende Stellung. Hinzu kommt, dass allein die Wohnungseigentümer – nicht die Gemeinschaft der Wohnungseigentümer – einen Nutzen aus einer entsprechenden Bauleistung haben. **171**

Zudem trifft jeden Wohnungseigentümer eine eigene Verbindlichkeit ggü. dem Werkunternehmer auf Grund der Verpflichtung der Gemeinschaft der Wohnungseigentümer aus § 9a Abs. 4 Satz 1 WEG. Dies lässt es gerechtfertigt erscheinen, die Wohnungseigentümer auch iRd § 650e BGB haften zu lassen und dem Werkunternehmer einen **Anspruch auf Einräumung einer Sicherungshypothek** am jeweiligen Wohnungseigentum zuzuerkennen. Der Anspruch auf Einräumung der Sicherungshypothek besteht aber **172** nur iHd jeweiligen anteiligen Mithaftung (*Armbrüster* ZWE 2008, 167; Bamberger/Roth/*Voit,* BGB, § 650e Rn. 15).

XII. Anspruchskonkurrenz

173 Aus der Entscheidung des BGH zur Rechtsfähigkeit der Wohnungseigentümergemeinschaft (BGH NJW 2005, 2061) wird deutlich, dass die Wohnungseigentümer uU entsprechend der für das Körperschaftsrecht entwickelten Grundsätze Gläubigern ggü. direkt haften können. In Betracht kommt insb. eine **Durchgriffshaftung** analog § 826 BGB, die zB begründet sein kann, wenn die Wohnungseigentümer vorsätzlich und in sittenwidriger Weise die nötigen finanziellen Mittel zur Bewirtschaftung vorenthalten oder entzogen haben (BGH NJW 2005, 2061; *Abramenko* ZMR 2005, 587; *Elzer* WE 2005, 197; *Klein* ZWE 2006, 61; krit. hierzu *Armbrüster* ZWE 2005, 377). Diese Haftung besteht wegen §§ 826, 840 Abs. 1 BGB in gesamter Höhe und als Gesamtschuld. Das Haftungsprivileg des § 9a Abs. 4 Satz 1 WEG begünstigt die Wohnungseigentümer in diesem Fall nicht, weil nicht eine deliktische Handlung des Verbandes, sondern der Wohnungseigentümer selbst den Anspruch begründet. Eine Durchgriffshaftung besteht somit ggf. **neben** einer Haftung aus § 9a Abs. 4 Satz 1 WEG.

H. Insolvenz der Gemeinschaft der Wohnungseigentümer

174 Im Zuge der Novellierung des WEG zum 1.7.2007 wurde die Frage intensiv diskutiert, ob die rechtsfähige Gemeinschaft der Wohnungseigentümer insolvenzfähig ist. Der Gesetzgeber hat diese Frage mit § 11 Abs. 3 WEG aF entschieden. Der nun geltende § 9a Abs. 5 WEG entspricht inhaltlich § 11 Abs. 3 WEG aF. Nach dieser Vorschrift findet ein Insolvenzverfahren über das Gemeinschaftsvermögen der Gemeinschaft der Wohnungseigentümer nicht statt (kritisch hierzu *Skauradszun* ZRP 2020, 35). Argument für diese Lösung ist im Wesentlichen, dass die Kosten eines Insolvenzverfahrens in keinem angemessenen Verhältnis zu den Vorteilen eines solchen Verfahrens gestanden hätten. Es ist nämlich zu bedenken, dass das gemeinschaftliche Eigentum den eigentlichen Wert darstellt und nicht das Gemeinschaftsvermögen. Das gemeinschaftliche Eigentum steht aber den Wohnungseigentümern als Bruchteilseigentum zu und zählt gerade nicht zum Gemeinschaftsvermögen ((→ § 1 Rn. 30). Zudem würde es wohl zu erheblichen praktischen Schwierigkeiten wegen der sich überschneidenden Tätigkeiten des Insolvenzverwalters und des Wohnungseigentumsverwalters kommen.

175 Damit steht den Gläubigern einer Gemeinschaft der Wohnungseigentümer ein nicht insolvenzfähiger Verband gegenüber. Dies bedeutet indes nicht unbedingt einen Nachteil für die Gläubiger. Eine Vollstreckung in das Vermögen des Verbandes ist bis zur vollständigen Befriedung möglich. Gegebenenfalls müssen die Wohnungseigentümer durch Sonderumlagen für eine ausreichende Liquidität sorgen. Der entsprechende Anspruch der Gemeinschaft der Wohnungseigentümer gegen seine Mitglieder unterliegt ebenfalls der Pfändung durch die Gläubiger.

Vertretung

9b (1) [1]**Die Gemeinschaft der Wohnungseigentümer wird durch den Verwalter gerichtlich und außergerichtlich vertreten, beim Abschluss eines Grundstückskauf- oder Darlehensvertrags aber nur aufgrund eines Beschlusses der Wohnungseigentümer.** [2]**Hat die Gemeinschaft der Wohnungseigentümer keinen Verwalter, wird sie durch die Wohnungseigentümer gemeinschaftlich vertreten.** [3]**Eine Beschränkung des Umfangs der Vertretungsmacht ist Dritten gegenüber unwirksam.**

(2) **Dem Verwalter gegenüber vertritt der Vorsitzende des Verwaltungsbeirats oder ein durch Beschluss dazu ermächtigter Wohnungseigentümer die Gemeinschaft der Wohnungseigentümer.**

Übersicht

A. Normzweck

Die Vorschrift regelt die Vertretung der Gemeinschaft der Wohnungseigentümer. Diese ist gem. § 9b Abs. 1 Satz 1 WEG grundsätzlich dem Verwalter übertragen. Ist die Gemeinschaft der Wohnungseigentümer ver- 1 walterlos, erfolgt die Vertretung nach § 9b Abs. 1 Satz 2 WEG durch die Wohnungseigentümer gemeinschaftlich. § 9b Abs. 2 WEG regelt die Vertretung der Gemeinschaft der Wohnungseigentümer gegenüber dem Verwalter.

B. Vertretung der Gemeinschaft der Wohnungseigentümer

I. Entwicklung

2 Der Verwalter hatte auch nach bisherigem Recht (§ 27 Abs. 3 WEG aF) in bestimmtem Umfang das Recht zur Vertretung der Gemeinschaft der Wohnungseigentümer. Daneben besaß der Verwalter aber auch das Recht, in einigen Angelegenheiten die Wohnungseigentümer in ihrer individuellen Rechtsposition zu vertreten (§ 27 Abs. 2 WEG aF). Ihm kam durch diese doppelte Vertretungsmacht eine **Zwitter- oder Doppelnatur** zu (vgl. LG Hamburg ZWE 2016, 38; *Hügel* DNotZ 2005, 764).

3 Diese beidseitige Vertretungsmacht wurde durch das WEMoG aufgehoben, weil sie inhaltlich nicht mehr notwendig ist. Die Gemeinschaft der Wohnungseigentümer ist bezüglich des gemeinschaftlichen Eigentums umfassend zur Vertretung im Rechtsverkehr vorgesehen. Die Wohnungseigentümer treten nach außen nicht mehr in Erscheinung, allein zuständig für alle rechtsgeschäftlichen Erklärungen im Außenverhältnis ist die Gemeinschaft der Wohnungseigentümer. Selbst bei Beschlussanfechtungsklagen ist durch die in § 44 Abs. 2 WEG statuierte Passivlegitimation der Gemeinschaft der Wohnungseigentümer eine Vertretung der einzelnen Wohnungseigentümer durch den Verwalter entbehrlich. Soweit die Gemeinschaft der Wohnungseigentümer aufgrund der ihr nach § 9a Abs. 2 WEG zugewiesenen Ausübungsbefugnis bestimmte Rechte und Pflichten der Wohnungseigentümer wahrnimmt, bedarf es auch insoweit keiner Vertretungsmacht für die Wohnungseigentümer. Alle anderen Rechte und Pflichten können und müssen die Wohnungseigentümer selbst ausüben und wahrnehmen (BT-Drs. 19/18791, 48). Mangels praktischer Notwendigkeit sieht das WEG dementsprechend nun auch keine Vertretungsmacht des Verwalters für die Wohnungseigentümer mehr vor.

4 Nach bisherigem Recht war die Vertretungsmacht des Verwalters für die Gemeinschaft der Wohnungseigentümer beschränkt, konnte jedoch gem. § 27 Abs. 3 WEG aF durch die Wohnungseigentümer erweitert werden. Diese Beschränkung in der Außenvertretung gibt das geltende Recht auf und verkehrt es in das Gegenteil. Die **Vertretungsmacht des Verwalters** ist bis auf zwei Ausnahmen **unbeschränkt,** kann vielmehr sogar gem. § 9b Abs. 1 Satz 3 WEG **nicht eingeschränkt** werden. Lediglich für den Abschluss eines Grundstückskaufvertrages oder eines Darlehensvertrages bedarf es eines diesbezüglichen Beschlusses der Wohnungseigentümer (→ Rn. 6 ff). Die Vertretungsmacht des Verwalters entspricht damit weitgehend der Vertretungsmacht eines GmbH-Geschäftsführers (vgl. §§ 35 Abs. 1 Satz 1, 37 Abs. 2 GmbHG). Mit dieser nach außen unbeschränkbaren Vertretungs-

macht soll der Rechtsverkehr mit der Gemeinschaft der Wohnungseigentümer erleichtert werden. Jeder ihrer Vertragspartner kann sich im Gegensatz zur bisherigen Rechtslage darauf verlassen, dass der Verwalter zum Abschluss eines Rechtsgeschäftes berechtigt ist. Gleichzeitig soll dessen unbeschränkte Vertretungsmacht die Effizienz der Teilnahme der Gemeinschaft der Wohnungseigentümer am Rechtsverkehr erhöhen (BT-Drs. 19/18791, 48).

II. Vertretung durch den Verwalter

1. Grundsatz. Der Verwalter vertritt die Gemeinschaft der Wohnungs- 5
eigentümer gem. § 9b Abs. 1 Satz 1 WEG gerichtlich und außergerichtlich. Lediglich für den Abschluss eines Grundstückskaufvertrags oder eines Darlehensvertrags bedarf es eines diesbezüglichen Beschlusses der Wohnungseigentümer. Diese gesetzlich definierte Vertretungsmacht kann wegen § 9b Abs. 1 Satz 3 WEG weder durch Vereinbarung noch durch Beschluss beschränkt werden. Durch diese – weitgehend – **umfassende gesetzliche Vertretungsmacht** wird ein Problem beseitigt, dass durch eine Entscheidung des BGH entstanden war, in der das Gericht auf einseitige Rechtsgeschäfte der Gemeinschaft der Wohnungseigentümer § 174 Satz 1 BGB anwandte mit der Folge, dass diese bei mangelnder Vorlage der Vollmacht zurückgewiesen werden konnten (BGH NJW 2014, 1587). Die Neuregelung der Vertretungsmacht des Verwalters beseitigt dieses Problem, weil auf unbeschränkt und unbeschränkbar vertretungsberechtigte Organe § 174 BGB nicht anwendbar ist (BGH NJW 2002, 1194; Palandt/*Ellenberger* § 174 Rn. 4). Dass der Verwalter nicht in einem – an sich sehr wünschenswertem – Register eingetragen ist, ändert daran nichts, weil die Rechtsmacht des Verwalters auf einer gesetzlichen Ermächtigung beruht, von der nicht abgewichen werden kann. Grundsätzlich kann somit der Rechtsverkehr auf die Vertretungsmacht eines Verwalters vertrauen. Eventuelle dennoch mit der Inanspruchnahme gesetzlicher Vertretung verbundene Unsicherheiten über das Bestehen einer behaupteten Vertretungsmacht mutet § 174 BGB dem Erklärungsempfänger zu (vgl. BGH NJW 2002, 1194).

2. Ausnahme: Grundstücks- und Darlehensverträge. a) Grund- 6
stückskaufvertrag. Soll der Verwalter die Gemeinschaft der Wohnungseigentümer beim Abschluss eines Grundstückskaufvertrags vertreten (→ § 9a Rn. 78), ist er wegen § 9b Abs. 1 WEG gesetzlich nicht zur Vertretung ermächtigt. Unter Grundstückskaufvertrag sind alle Verträge zu verstehen, die einem Erwerb oder der Veräußerung von Grundstückseigentum gleichkommen, wie Erwerb oder Veräußerung von Wohn- und Teileigentum oder eines Erbbaurechtes. Die Einschränkung der Vertretungsmacht gilt jedoch **nur** für den **Abschluss** des Vertrags, nicht aber für Erklärungen im Rahmen der Vertragsabwicklung; auch sonstige dingliche Rechtsgeschäfte sind von der Beschränkung nicht betroffen (BT-Drs. 19/22634, 43).

Für den Abschluss eines solchen Vertrags bedarf der Verwalter eines nicht 7
beurkundungsbedürftigen (BGH NZM 2016, 387 Rn. 30) **Beschlusses,** mit dem er **Vertretungsmacht** für den Erwerbsvorgang erhält (OLG München ZWE 2017, 93). Damit bedarf es inhaltlich zweier Beschlüsse, nämlich einer Beschlussfassung gem. § 19 Abs. 1 WEG, mit der die Wohnungseigen-

tümer den Erwerb oder die Veräußerung beschließen, und eines Beschlusses über eine diesbezügliche Vertretungsmacht des Verwalters gem. § 9b Abs. 1 WEG. Ausweislich der Begründung des Rechtsausschusses des Bundestages soll der Verwalter nämlich die Gemeinschaft der Wohnungseigentümer nur dann beim Abschluss vertreten, wenn er insoweit das Vertrauen der Wohnungseigentümer genießt (BT-Drs. 19/22634, 43). Die Vertretungsmacht ergibt sich somit aus einem diesbezüglichen Ermächtigungsbeschluss. Eine kombinierte Beschlussfassung ist jederzeit zulässig.

8 Da die Wohnungseigentümer Beschlusskompetenz zur Erweiterung der Vertretungsmacht des Verwalters in diesem Bereich besitzen und der Grundsatz gilt, dass die Wohnungseigentümer Beschlussangelegenheiten auch durch Vereinbarung regeln können (→ § 10 Rn. 13), ist auch eine Regelung in der Gemeinschaftsordnung möglich, in der die Erweiterung der Vertretungsmacht des Verwalters auch für solche Rechtsgeschäfte begründet wird (vgl. OLG Hamm ZWE 2017, 173 Rn. 17 zum alten Recht). Dies ergibt auch daraus, dass durch das WEMoG die Autonomie der Wohnungseigentümer gestärkt und nicht eingeschränkt werden soll (BT-Drs. 19/18791, 85). Die Einschränkung der Vertretungsmacht ist somit **dispositiv** und einer Vereinbarung der Wohnungseigentümer zugänglich.

9 Die Vertretungsberechtigung des Verwalters auf Grund eines Ermächtigungsbeschlusses muss dem Grundbuchamt in der **Form des § 29 GBO** nachgewiesen werden. Dieser Nachweis ist über eine entsprechende Anwendung von § 26 Abs. 3 WEG zu erbringen (OLG München ZWE 2017, 93; OLG Hamm NZM 2009, 914; *Krampen-Lietzke* RNotZ 2013, 589; *Hügel* NotBZ 2008, 176; *Schneider* Rpfleger 2007, 177). Dem Grundbuchamt ist hierfür eine Niederschrift über den **Ermächtigungsbeschluss** vorzulegen. Die Unterschriften des Versammlungsvorsitzenden und eines Wohnungseigentümers und, falls ein Verwaltungsbeirat bestellt ist, auch von dessen Vorsitzendem oder seinem Stellvertreter, unter diese Niederschrift müssen öffentlich beglaubigt sein. Ein eventuell notwendiger Nachweis der Verwaltereigenschaft ist dem Grundbuchamt über eine unmittelbare Anwendung von § 26 Abs. 3 WEG zu erbringen (→ Rn. 13). Der Ermächtigungsbeschluss ist gem. § 23 Abs. 4 Satz 2 WEG vom Grundbuchamt solange als gültig zu betrachten, bis er durch ein rechtskräftiges Urteil für ungültig erklärt ist (OLG München ZWE 2017, 93; OLG Hamm NZM 2009, 914).

10 **b) Darlehensvertrag.** Der Verwalter bedarf auch für den Abschluss eines Darlehensvertrags für die Gemeinschaft der Wohnungseigentümer eines entsprechenden Ermächtigungsbeschlusses der Wohnungseigentümer. Es gelten insoweit die Ausführungen in Rn. 7 und 8. Da ein Darlehensvertrag nicht der Form des § 29 GBO bedarf, gelten diese Formerfordernisse für den Nachweis des Beschlusses (→ Rn. 9) nicht.

11 Nach dem Wortlaut von § 9b Abs. 1 WEG bedarf der Abschluss jeder Art von Darlehensverträgen durch den Verwalter eines Ermächtigungsbeschlusses der Wohnungseigentümer. Die Wohnungseigentümer können einen solchen Ermächtigungsbeschluss für den Einzelfall, aber auch grundsätzlich generell für die Zukunft, für den jeweils bestellten oder für alle Verwalter fassen. Zulässig ist auch eine entsprechende Vereinbarung in der Gemeinschaftsordnung (→ Rn. 8).

Da bereits die Überziehung eines Bankkontos einen Darlehensvertrag dar- 12
stellt (vgl. § 504 BGB), ist die Einrichtung eines Kontos für die Gemeinschaft der Wohnungseigentümer mit Kontokorrentrahmen durch den Verwalter nur wirksam, wenn ein entsprechender Ermächtigungsbeschluss vorliegt. Nicht möglich erscheint, eine Bagatellgrenze zu bestimmen, bis zu deren Erreichen der Verwalter im Rahmen der „laufenden Verwaltung" solche Rechtsgeschäfte vornehmen kann, auch wenn eine solche Überziehung im Einzelfall von untergeordneter Bedeutung iSv § 27 Abs. 1 Nr. 1 WEG sein sollte. Dies widerspricht zunächst dem klaren Wortlaut des § 9b Abs. 1 Satz 2 Hs. 2 WEG, zum anderen würde dieser Rahmen stets vom Einzelfall, insbesondere der Größe der betreffenden Gemeinschaft abhängen. Zum anderen ist die Frage nach einer Berechtigung einer bestimmten Handlung durch den Verwalter im Verhältnis zu den Wohnungseigentümern (§ 27 WEG) strikt zu trennen von dem Problem einer Vertretungsmacht im Außenverhältnis für diese Handlung (§ 9b Abs. 1 WEG). Schließlich ist eine Bagatellgrenze nicht mit dem Gedanken der Rechtsicherheit im Rechtsverkehr in Einklang zu bringen.

3. Nachweis der Verwalterstellung. Da ein Verwalterregister nach der- 13
zeitigem Recht nicht existiert und ein besonderer Vertretungsnachweis für den Verwalter auch sonst nicht vorgesehen ist, kann seine Legitimation nur im Rahmen des allgemeinen Nachweises über seine Bestellung erbracht werden. Dieser erfolgt mittels einer Niederschrift über die Eigentümerversammlung, in der die Verwalterbestellung erfolgte. Zum Nachweis gegenüber dem Grundbuchamt müssen für diesen Zweck die Unterschriften des unterzeichnenden Versammlungsleiters und der in § 24 Abs. 6 Satz 2 WEG genannten weiteren Personen öffentlich beglaubigt werden (→ § 26 Rn. 175). Einen Nachweis über die ordnungsmäßige Bestellung des Verwalters bzw. die Verwaltereigenschaft stellt ein solches Schriftstück im Rechtsverkehr aber nicht dar. Auch vor diesem Hintergrund wäre ein Verwalterregister mit einer daraus folgenden Möglichkeit eines Vertretungsnachweises höchst sinnvoll (*Becker/Schneider* ZfIR 2020, 294).

4. Fehlende Vertretungsmacht. Der Verwalter vertritt die Gemein- 14
schaft der Wohnungseigentümer als deren Organ gem. § 9b Abs. 1 Satz 1 WEG bis auf zwei Ausnahmen vollumfänglich. Trotz dieser umfassenden Vertretungsmacht gelten für ihn die allgemeinen rechtlichen Einschränkungen, insbesondere die Restriktionen des **§ 181 BGB.** Demzufolge kann er die Gemeinschaft der Wohnungseigentümer weder bei Rechtsgeschäften mit sich selbst noch als Vertreter eines Dritten vertreten, so zB bei Abschluss des Verwaltervertrages. Etwas anderes gilt nur, wenn das Rechtsgeschäft ausschließlich in der Erfüllung einer Verbindlichkeit besteht.

Der in § 181 BGB enthaltene Rechtsgrundsatz gilt **auch** für die **gericht-** 15
liche Vertretung der Gemeinschaft der Wohnungseigentümer. Ist zB der Verwalter auch Wohnungseigentümer und erhebt er eine Beschlussanfechtungsklage gem. § 44 Abs. 1 WEG, ist er von der Vertretung der Gemeinschaft der Wohnungseigentümer im Prozess ausgeschlossen. Auch der Ge-

schäftsführer einer GmbH kann nicht gegen seine Gesellschaft einen Prozess führen und sie dabei vertreten (vgl. BeckOK BGB/*Schäfer* § 181 Rn. 16). Diesen Gedanken muss man auch auf die Fälle übertragen, in denen der Verwalter zwar nicht Wohnungseigentümer ist und damit formal der Rechtsgedanke des § 181 BGB nicht vorliegt, der Verwalter aber eng mit dem Kläger verbunden ist, beispielsweise wenn der Wohnungseigentümer Alleingesellschafter der zum Verwalter berufenen GmbH ist. In diesen (klaren) Fällen einer Interessenkollision gilt ebenfalls der Ausschluss von der Vertretungsmacht (vgl. hierzu BGH NZM 2017, 418 Rn. 20).

16 **5. Missbrauch der Vertretungsmacht.** Die Vertretungsmacht des Verwalters ist weitgehend unbeschränkt. Im Gegenzug kann die Gemeinschaft der Wohnungseigentümer den Verwalter wegen Verletzung seiner Verpflichtungen aus dem Verwaltervertrag auf Schadenersatz in Anspruch nehmen (§ 280 Abs. 1 BGB), wenn er diese Rechtstellung zum Nachteil der Gemeinschaft missbraucht (vgl. *Wenzel* ZWE 2006, 469). Das kann insbesondere dann der Fall sein, wenn er evident nachteilige Rechtsgeschäfte zu Lasten der Gemeinschaft der Wohnungseigentümer abschließt. Solche Verträge sind nämlich auf Grund bestehender Vertretungsmacht bindend, das Risiko eines Missbrauchs der Vertretungsmacht trägt der Vertretene. Den Vertragspartner trifft keine Prüfungspflicht, ob und inwieweit der Vertreter im Innenverhältnis gebunden ist, von seiner nach außen unbeschränkten Vertretungsmacht nur begrenzten Gebrauch zu machen (BGH NJW-RR 2016, 1138 Rn. 23; NJW 2011, 66 Rn. 29; NJW 1999, 2883). Etwas anders gilt nur bei einem kollusiven Zusammenwirken bzw. wenn der Vertragspartner den Missbrauch der Vertretungsmacht offensichtlich hätte erkennen können (vgl. Palandt/*Ellenberger* § 164 Rn. 13 f.).

III. Gesamtvertretung durch die Wohnungseigentümer

17 **1. Allgemeines.** (Nur) wenn die Gemeinschaft der Wohnungseigentümer keinen Verwalter hat, sind die Wohnungseigentümer gemeinschaftlich zu deren Vertretung berechtigt (§ 9b Abs. 1 Satz 2 WEG). Diese Neuregelung weicht von der bisherigen Regelung in § 27 Abs. 3 Satz 3 WEG aF ab. Nach dieser Regelung konnten die Wohnungseigentümer bei Fehlen eines Verwalters einen oder mehrere Wohnungseigentümer durch Mehrheitsbeschluss zur Vertretung ermächtigen. Diese Möglichkeit entfällt, gesetzlich angeordnet ist nun die Gesamtvertretung durch alle Wohnungseigentümer.

18 Durch diese gesetzlich angeordnete Vertretungsmacht der Wohnungseigentümer in einer verwalterlosen Gemeinschaft werden die Wohnungseigentümer aber **nicht** zum **Ersatzorgan** an Stelle des fehlenden Organs Verwalter. Nur dem Verwalter kommt Organstellung zu (→ § 9a Rn. 28). Hat dieses Amt keinen Träger, ist es unbesetzt. § 9b Abs. 1 Satz 2 WEG enthält nur eine Ersatzvertretungsmacht, nicht aber eine Bestimmung über ein Ersatzorgan. Unabhängig davon sind die Wohnungseigentümer verpflichtet, in solchen Fällen bestimmte Pflichten des Verwalters zu erfüllen, soweit dies für eine reibungslose Organisation ihres Zusammenlebens notwendig erscheint.

2. Verwalterlose Gemeinschaft. Die Gemeinschaft der Wohnungseigentümer hat dann keinen Verwalter, wenn aus **rechtlicher** Sicht die Funktion des Verwalters nicht besetzt ist, dh die Gemeinschaft im Wortsinn „verwalterlos" ist. Dies ist der Fall, wenn kein Verwalter bestellt wurde, seine Amtszeit abgelaufen ist (BGH NZM 2011, 515 Rn. 7), der Verwalter das Amt niedergelegt hat, er abberufen wurde oder seine Bestellung für unwirksam oder für nichtig erklärt wurde. Dasselbe gilt bei Tod des Verwalters. **Nicht** entscheidend ist, ob ein wirksam bestellter Verwalter **tatsächlich** nicht in der Lage ist, sein Amt auszuüben, sei es aus gesundheitlichen oder sonstigen Gründen, zB bei länger andauernder Abwesenheit. Auch ein in der Insolvenz befindlicher Verwalter hat noch – bis zum Widerruf durch die Wohnungseigentümer – sein Amt inne. Dies ist eine Veränderung zum bisherigen Recht und damit begründet, dass durch die unbeschränkte Vertretungsmacht des Verwalters im Rechtsverkehr Rechtssicherheit über dessen Kompetenz herrschen muss und die Möglichkeit einer Vertretung nicht erst durch Auslegung gewonnen werden kann. 19

3. Umfang der Vertretungsmacht. Die Vertretungsmacht der Wohnungseigentümer entspricht der Vertretungsmacht des Verwalters. Diese Ersatzvertretungsbefugnis der Wohnungseigentümer kann aufgrund § 9b Abs. 1 Satz 3 WEG ebenso wenig wie die Vertretungsmacht des Verwalters durch Vereinbarung oder Beschluss eingeschränkt werden Es handelt sich um den Fall einer Gesamtvertretung, der dem WEG auch nach dem alten Recht bereits bekannt war (§ 27 Abs. 3 Satz 2 WEG aF). 20

Dies bedeutet, die Wohnungseigentümer können für die Gemeinschaft der Wohnungseigentümer verbindliche Erklärungen **aktiv** nur **gemeinsam** bewirken. Die Wohnungseigentümer müssen jedoch nicht gleichzeitig handeln, die Erklärungen können auch **sukzessive** erfolgen. Jedoch müssen die bereits abgegebenen Erklärungen noch in Kraft sein, wenn die Letzte erfolgt. Den Wohnungseigentümern steht es frei, durch eine Erklärung **aller** Wohnungseigentümer einen oder mehrere von ihnen zur Vertretung zu ermächtigen. Eine Ermächtigung durch einen Mehrheitsbeschluss scheidet hingegen aus, weil eine diesbezügliche gesetzliche Beschlusskompetenz fehlt. Sie besteht gem. § 9b Abs. 2 WEG nur im Verhältnis zum Verwalter. 21

Die Wohnungseigentümer vertreten die Gemeinschaft der Wohnungseigentümer auch **passiv** bei der Entgegennahme von Willenserklärungen und Zustellungen, aber auch im Rahmen eines Rechtstreits. Soll oder muss der Gemeinschaft der Wohnungseigentümer etwas zustellt oder mitgeteilt werden, genügt hierfür analog §§ 170 Abs. 3 ZPO, 125 Abs. 2 Satz 3 HGB, 78 Abs. 2 Satz 2 AktG, 25 Abs. 1 Satz 3 GenG die Zustellung an **einen Wohnungseigentümer** (AG Wiesloch ZWE 2011, 290, *Abramenko* ZMR 2016, 848; *Merle* ZWE 2006, 370). Ein Wohnungseigentümer, dem gegenüber eine Willenserklärung für die Gemeinschaft der Wohnungseigentümer abgegeben wurde, hat die übrigen Gesamtvertretungsberechtigten über die Zustellung zu informieren. Verletzt er diese sich aus der Treuepflicht ergebende Informationspflicht, kann er der Gemeinschaft der Wohnungseigentümer gegenüber gem. § 280 Abs. 1 BGB schadenersatzpflichtig werden (Bärmann/*Becker* § 27 Rn. 284). 22

23 Aufgrund der Kompliziertheit und der mit der Gesamtvertretung zusammenhängenden Probleme wird eine Gesamtvertretung nur bei sehr kleinen Anlagen praktisch umzusetzen sein. Ein Verwalter dürfte noch mehr zum Regelfall für die Verwaltung einer Wohnungseigentumsanlage werden und die Anzahl verwalterloser Anlagen deutlich abnehmen.

IV. Vertretung gegenüber dem Verwalter

24 **1. Allgemeines.** Der Verwalter ist bei Rechtsgeschäften mit sich selbst außergerichtlich wegen § 181 BGB oder gerichtlich nach den allgemeinen prozessrechtlichen Grundsätzen von der Vertretung der Gemeinschaft der Wohnungseigentümer ausgeschlossen ist (→ Rn. 14 f). Um die durch diesen Ausschluss entstehende Blockade aufzulösen, sieht § 9b Abs. 2 WEG vor, dass der Vorsitzende des Verwaltungsbeirats oder ein durch Beschluss dazu ermächtigter Wohnungseigentümer in diesen Fällen die Gemeinschaft der Wohnungseigentümer gegenüber dem Verwalter vertritt. Die Vorschrift lehnt sich insoweit an § 46 Nr. 8 GmbHG an (BT-Drs. 19/18791, 49). Das Gesetz belässt es somit nicht bei der (unpraktischen) Gesamtvertretung iSv § 9b Abs. 1 Satz 2 WEG, sondern bestimmt den Vorsitzenden des Verwaltungsbeirats zum Vertreter bzw. eröffnet alternativ eine Beschlusskompetenz für die Wohnungseigentümer, einen aus ihrem Kreis zum Vertreter zu bestimmen.

25 **2. Umfang.** Die Norm gewährt **nur** eine Vertretungsmacht bzw. Beschlusskompetenz zur Regelung der Vertretung der Gemeinschaft der Wohnungseigentümer gegenüber dem **Verwalter.** Nur für dieses Rechtsverhältnis besteht Vertretungsmacht bzw. Beschlusskompetenz zur Einräumung einer Vertretungsmacht, außerhalb dieses Bereichs kann der Vorsitzende des Verwaltungsbeirats bzw. können einzelne oder mehrere Wohnungseigentümer nicht durch Beschluss anstelle eines Verwalters oder gar neben dem Verwalter zur Vertretung der Gemeinschaft der Wohnungseigentümer berufen werden. Der Gesetzgeber wollte eine solche Möglichkeit bewusst zum Schutz der Minderheit ausschließen (BT-Drs. 19/18791, 49).

26 Diese Vertretungsmacht des Vorsitzenden des Verwaltungsbeirats bzw. des ermächtigten Wohnungseigentümers hat sich jedoch auf den Vollzug des Willens und der Entscheidungen der Wohnungseigentümer zu beschränken. Die Willensbildungskompetenz der Gemeinschaft der Wohnungseigentümer verbleibt bei den Wohnungseigentümern. Sie ist (allein) in § 19 WEG geregelt (→ § 19 Rn. 3).

27 **3. Mögliche Vertreter.** Gesetzlich wird die Gemeinschaft der Wohnungseigentümer gegenüber dem Verwalter gem. § 9b Abs. 2 WEG zunächst durch den Vorsitzenden des Verwaltungsbeirats vertreten. Fehlt ein solcher, können die Wohnungseigentümer durch Beschluss einen Miteigentümer zur Vertretung gegenüber dem Verwalter ermächtigen. Aufgrund des klaren Wortlauts kann nur ein, aber nicht mehrere Wohnungseigentümer ermächtigt werden. Nicht eindeutig ist, ob ein solcher Ermächtigungsbeschluss auch bei Existenz eines Verwaltungsbeirats und damit eines Vorsitzenden dieses Gremiums möglich ist. Da der Wortlaut dies nicht aus-

schließt und zudem der Vorsitzende des Verwaltungsbeirats im Einzelfall verhindert sein kann bzw. aus sonstigen Gründen ausscheidet, ist es zulässig, auch bei Vorhandensein eines Vorsitzenden des Verwaltungsbeirats einen anderen Wohnungseigentümer zur Vertretung zu ermächtigen. In einem solchen Fall kommt es zu einer doppelten (Einzel-)Vertretungsmacht, weil die gesetzliche Vertretungsmacht des Vorsitzenden des Verwaltungsbeirats nicht durch den Ermächtigungsbeschluss erlischt.

4. Befreiung von § 181 BGB. Auch wenn dies eine Ausnahme sein 28 dürfte, kann der Verwalter gem. § 9b Abs. 2 WEG zum Abschluss des Vertrages mit sich selbst ermächtigt werden, sofern er Mitglied der betreffenden Gemeinschaft der Wohnungseigentümer ist und er von den Beschränkungen des § 181 BGB befreit wird, was grundsätzlich möglich ist (vgl. Palandt/*Ellenberger* § 181 BGB Rn. 17). Es ist kein Grund ersichtlich, weshalb in dem Beschluss über die Erteilung der Vertretungsmacht nicht auch an sich von § 181 BGB ausgeschlossene Rechtsgeschäfte gestattet werden könnten. Eine entsprechende Vertretungsmacht berechtigt nur zum Abschluss des betreffenden Rechtsgeschäftes, die Willensbildung selbst erfolgt durch die Wohnungseigentümer. Soweit in jüngeren Entscheidungen in einer im Verwaltervertrag enthaltenen Befreiung von § 181 BGB ein Verstoß gegen §§ 307 ff. BGB gesehen wird (OLG München ZMR 2009, 64; OLG Düsseldorf NZM 2006, 936; LG Frankfurt ZWE 2018, 38 Rn. 8), kann dies jedenfalls für das neue Recht nicht übertragen werden. Die Entscheidungen befassen sich mit der inhaltlichen Ausgestaltung von Verwalterverträgen, in denen dem Verwalter Befreiung von § 181 BGB erteilt wurde. Hier geht es aber jeweils nur um die Vertretungsmacht zum Abschluss eines Vertrages durch ein Insichgeschäft, nicht um die Befreiung von § 181 BGB für zukünftige Rechtsgeschäfte auf Grundlage dieses Verwaltervertrags. Die Entscheidungskompetenz über den Inhalt des Vertrages verbleibt bei den Wohnungseigentümern, lediglich der Abschluss des inhaltlich genehmigten Vertrags wird übertragen.

V. Wissenszurechnung

1. Existenz eines Verwalters. Die Gemeinschaft der Wohnungseigentü- 29 mer **muss** sich ein Wissen des **Verwalters** als ihres Organs **zurechnen** lassen. Das Wissen oder Kennenmüssen des Verwalters wirkt über § 166 Abs. 1 BGB unmittelbar gegenüber der Gemeinschaft der Wohnungseigentümer. Hierbei ist auch privates Wissen des Verwalters in Abkehr von der früheren Rechtslage (vgl. hierzu Voraufl. § 27 Rn. 99) der Gemeinschaft der Wohnungseigentümer zuzurechnen (vgl. BGH WM 1995, 830; Palandt/*Ellenberger* § 166 Rn. 4). Die Angleichung der Gemeinschaft der Wohnungseigentümer an sonstige Gesellschaftsformen (→ § 9a Rn. 17) bedingt auch diese Änderung.

Das Wissen eines einzelnen oder mehrerer **Wohnungseigentümer** ist der 30 Gemeinschaft der Wohnungseigentümer hingegen grundsätzlich **nicht** zurechenbar. Möglicherweise kann man im Einzelfall einen oder mehrere Wohnungseigentümer als sog. Wissensvertreter (vgl. BGH DNotZ 1993, 166; Palandt/*Ellenberger* § 166 Rn. 6) ansehen, wenn sie beispielsweise im

Rahmen ihrer Funktion als Verwaltungsbeirat Informationen erlangen, die an die Gemeinschaft der Wohnungseigentümer weitergeleitet werden müssen.

31 **2. Gesamtvertretung.** Hat die Gemeinschaft der Wohnungseigentümer keinen Verwalter oder ist ein solcher für bestimmte Rechtsgeschäfte von der Vertretung ausgeschlossen, erfolgt die Vertretung durch alle Wohnungseigentümer gemeinschaftlich. Bei Gesamtvertretern genügt das Wissen eines der gesamtberechtigten Vertreter (vgl. BGH NJW 1999, 284; NJW 1990, 975 B/R/H/P/*Schöpflin* § 26 Rn. 21; Baumbach/Hueck/*Zöllner/Noack* § 35 Rn. 147; Lutter/Hommelhoff § 36 Rn. 2 ff). Dies ergibt sich aus einer Analogie zu §§ 170 Abs. 3 ZPO, 125 Abs. 2 Satz 3 HGB, 78 Abs. 2 Satz 2 AktG, 25 Abs. 1 Satz 3 GenG (→ Rn. 22).

VI. Actio pro socio

32 Einzelne Wohnungseigentümer sind grundsätzlich nicht befugt, Rechte der Gemeinschaft der Wohnungseigentümer durchzusetzen. Gesetzlich vorgesehen ist hierfür das Organ Verwalter. Gleichwohl sind Situationen denkbar, in denen der Verwalter – rechtsmissbräuchlich – seinen Verpflichtungen aus seiner Amtsstellung nicht nachkommt. In diesen Fällen kann er durch die Wohnungseigentümer abberufen werden (→ § 26 Rn. 145 ff.) bzw. die Gemeinschaft der Wohnungseigentümer kann ihn im Wege der Vornahmeklage auf Erfüllung gerichtlich in Anspruch nehmen und/oder eine einstweilige Verfügung erwirken (→ § 26 Rn. 166). Fehlt ein Verwaltungsbeirat, müssen die Wohnungseigentümer in diesem Falle nach § 9b Abs. 2 WEG über die Vertretung der Gemeinschaft der Wohnungseigentümer beschließen (→ Rn. 24 ff.).

33 Kommt ein solcher Beschluss nicht zu Stande, weil beispielsweise die Mehrheit der anderen Wohnungseigentümer kollusiv mit dem Verwalter zusammenarbeitet und/oder eine Beschlussanfechtung als unnötiger Umweg bzw. zu zeitaufwändig erscheint, ist es im Ausnahmefall denkbar, die Gemeinschaft der Wohnungseigentümer durch einen einzelnen Wohnungseigentümer vertreten zu lassen. Begründet werden könnte dies über das im Gesellschaftsrecht anerkannte Rechtsinstitut der actio pro socio. Hierunter versteht man im Personen- und Kapitalgesellschaftsrecht das Recht jedes Gesellschafters, von Mitgesellschaftern Erfüllung ihrer Verpflichtungen gegenüber der Gesellschaft zu verlangen und im eigenen Namen Klage auf Leistung an die Gesellschaft zu erheben (MüKo/*Schäfer* § 705 Rn. 204). Die Befugnis bezieht sich ausschließlich auf Sozialansprüche, dh auf solche Verpflichtungen von Gesellschaftern, die ihre Grundlage unmittelbar oder mittelbar im Gesellschaftsvertrag haben. Ausgeschlossen ist das Rechtsinstitut, wenn das zuständige Organ tatsächlich die Ansprüche für die Gesellschaft verfolgt. Es kommt zudem nur als „subsidiäre" Zuständigkeit in Betracht, wenn eine interne Einwirkung aussichtslos oder als unnötiger Umweg bzw. als zu zeitaufwändig erscheint (BGH WM 1982, 928; OLG Düsseldorf DB 1993, 2474; Baumbach/Hueck/Fastrich § 13 Rn. 39).)

34 Die Anwendung dieses Rechtsinstituts auch im Wohnungseigentumsrecht erscheint auch deshalb naheliegend, weil es gerade für gesellschaftsrechtliche

Verbände entwickelt wurde, denen die Gemeinschaft der Wohnungseigentümer durch das WEMoG deutlich angenähert wurde (→ § 9a Rn. 17). Erscheint die Rechtswahrnehmung durch einen einzelnen Wohnungseigentümer über den Umweg der Geltendmachung durch die Gemeinschaft der Wohnungseigentümer als aussichtslos oder kaum realisierbar, könnte die actio pro socio somit eine denkbare Lösung sein.

VII. Vertretungsmacht aufgrund von Altbeschlüssen

Die Neuregelung in § 9b Abs. 2 WEG weicht von der bisherigen Regelung in § 27 Abs. 3 Satz 3 WEG aF ab. Nach dieser Regelung konnten die Wohnungseigentümer bei Fehlen eines Verwalters einen oder mehrere Wohnungseigentümer durch Mehrheitsbeschluss zur Vertretung ermächtigen. Solche Ermächtigungsbeschlüsse verlieren mit Inkrafttreten der Neuregelung ex tunc ihre Wirkung. Eine Vertretung der Gemeinschaft der Wohnungseigentümer kann zukünftig somit nicht mehr auf solche alten Ermächtigungsbeschlüsse gestützt werden. Soweit die Beschlüsse bereits gefasst worden waren, auf ihnen aber noch keine Maßnahme fußt, ist das WEG in seiner geltenden Fassung jeweils als ein gesetzliches Verbot zu verstehen (BR-Drs. 168/20, 49; aA *Becker/Schneider* ZfIR 2020, 298). Diese Rechtsfolge ergibt sich aus den allgemeinen Grundsätzen (vgl. zu § 134 BGB Staudinger/*Sack/Seibl,* BGB, 2017, § 134 Rn. 55; Palandt/*Ellenberger* § 134 Rn. 12a). **35**

Soweit die Beschlüsse die Rechtsgrundlage für bereits **bestehende** Rechtsgeschäfte oder Realhandlungen bilden, ändert sich nichts. Insoweit gilt der Grundsatz, dass für die Wirksamkeit eines Rechtsgeschäftes die bei seinem Abschluss bestehenden Regeln und Umstände maßgeblich sind, weil Wirksamkeitshindernisse von den Parteien nur in diesem Zeitpunkt beachtet werden können. **36**

Abschnitt 4. Rechtsverhältnis der Wohnungseigentümer untereinander und zur Gemeinschaft der Wohnungseigentümer

Allgemeine Grundsätze

10 (1) [1]**Das Verhältnis der Wohnungseigentümer untereinander und zur Gemeinschaft der Wohnungseigentümer bestimmt sich nach den Vorschriften dieses Gesetzes und, soweit dieses Gesetz keine besonderen Bestimmungen enthält, nach den Vorschriften des Bürgerlichen Gesetzbuches über die Gemeinschaft.** [2]**Die Wohnungseigentümer können von den Vorschriften dieses Gesetzes abweichende Vereinbarungen treffen, soweit nicht etwas anderes ausdrücklich bestimmt ist.**

(2) **Jeder Wohnungseigentümer kann eine vom Gesetz abweichende Vereinbarung oder die Anpassung einer Vereinbarung verlangen,**

soweit ein Festhalten an der geltenden Regelung aus schwerwiegenden Gründen unter Berücksichtigung aller Umstände des Einzelfalles, insbesondere der Rechte und Interessen der anderen Wohnungseigentümer, unbillig erscheint.

(3) [1] **Vereinbarungen, durch die die Wohnungseigentümer ihr Verhältnis untereinander in Ergänzung oder Abweichung von Vorschriften dieses Gesetzes regeln, die Abänderung oder Aufhebung solcher Vereinbarungen sowie Beschlüsse, die aufgrund einer Vereinbarung gefasst werden, wirken gegen den Sondernachfolger eines Wohnungseigentümers nur, wenn sie als Inhalt des Sondereigentums im Grundbuch eingetragen sind.** [2] **Im Übrigen bedürfen Beschlüsse zu ihrer Wirksamkeit gegen den Sondernachfolger eines Wohnungseigentümers nicht der Eintragung in das Grundbuch.**

Literatur: *Abramenko,* Öffnungsklauseln: Der aktuelle Stand nach der Rechtsprechung des BGH, MietRB 2019, 316; *Armbrüster,* Die Treuepflicht der Wohnungseigentümer, ZWE 2002, 333; *Binkowski,* Reichweite und Grenzen der Privatautonomie im Wohnungseigentumsrecht, 2010; *Bornemann,* Der Erwerb von Sondernutzungsrechten im Wohnungseigentumsrecht, 2000; *Drasdo,* Die Begründung von Kostentragungspflichten bei der Einräumung von Sondernutzungsrechten, RNotZ 2018, 94; *Elzer,* Öffnungsklauseln und Beschlusskompetenz, ZNotP 2019, 228; *Elzer,* Verdinglichung eines „schuldrechtlichen" Sondernutzungsrechts am Beispiel von Kfz-Stellplätzen, NZM 2016, 529; *Elzer,* Aktuelle Entwicklungen zu Grundlagen und Umfang eines Sondernutzungsrechts, NotBZ 2013, 289; *Elzer,* Baurechte eines Sondernutzungsberechtigten, AnwZert MietR 4/2012; *Elzer,* Die Begründung von Sondernutzungsrechten durch „Zuweisungserklärung" eines Nichteigentümers, AnwZert MietR 3/2011; *Falkner,* Sondernutzungsrechte – Übertragung und gestreckte Begründung, ZNotP 2017, 251; *Francastel,* Die Begründung von Sondernutzungsrechten in der notariellen Praxis, RNotZ 2015, 385; *Fritsch,* Wie können Wohnungseigentümer gemeinschaftlich zur verbindlichen Auslegung oder Änderung unklarer Vereinbarungen in der Gemeinschaftsordnung gelangen?, FS Riecke, 2019, 111; *Göken,* Die Mehrhausanlage im Wohnungseigentumsrecht, 1999; *Häublein,* Sondernutzungsrechte und ihre Begründung im Wohnungseigentumsrecht, 2000; *Hogenschurz,* Sondernutzungsrechte in der Grundbuchpraxis, ZfIR 2014, 717; *Hogenschurz,* Das Sondernutzungsrecht nach WEG, 2008; *Hügel,* Der verdinglichte Ehevertrag, FS Koch (2019), 363; *Hügel,* Vom Umgang mit Sondernutzungsrechten, FS Riecke, 2019, 233;*Hügel,* Drum prüfe, wer sich ewig bindet – oder – die Grenzen der Gestaltungsautonomie im Wohnungseigentumsrecht, FS 25 Jahre Deutsches Notarinstitut 2018, 149; *Hügel,* Privatautonomie versus Grundrechtsschutz – oder: Rauchverbot im Wohnungseigentum, FS Steiner (2009), 349 = ZWE 2010, 18; *Hügel,* Der „Eintritt" in schuldrechtliche Vereinbarungen, FS Wenzel PiG (2005), 219; *Hügel,* Zuordnung eines Sondernutzungsrechts zum Miteigentumsanteil an einer Eigentumswohnung, NZM 2004, 766; *Hügel,* Die Mehrheitsvereinbarung im Wohnungseigentumsrecht, DNotZ 2001, 186; *Hügel/Elzer,* Sondernutzungsrechte am Sondereigentum – Zugleich Anmerkungen zum Beschl. des BGH v. 20.2.2014 – V ZB 116/13, DNotZ 2014, 403; *Kümmel,* Die Bindung der Wohnungseigentümer und deren Sonderrechtsnachfolger an Vereinbarungen, Beschlüsse und Rechtshandlungen nach § 10 WEG, 2002; *Lieder/Pommerening,* Materielle Beschlusskontrolle im Wohnungseigentumsrecht, NotBZ 2019, 403; *Lieder,* Öffnungs- und Mehrheitsklauseln im Wohnungseigentums- und Gesellschaftsrecht, notar 2016, 283; *Lutz,* Das gemeinschaftliche Sondernutzungsrecht in der notariellen Praxis, NotBZ 2014, 209; *Ott,* Das Sondernutzungsrecht im Wohnungseigentum, 2000; *Rieger,* Vorbehalten, zugewiesen und vergessen: Zur nachträglichen Eintragung zugewiesener Sondernutzungsrechte, DNotZ 2020, 431; *Schmenger,* Begründung, Änderung, Übertragung und Erlöschen von dinglichen und schuldrechtlichen Sondernutzungsrechten, BWNotZ 2003, 73; *Schmid,* Sondernutzungsrecht Garten, ZWE 2015, 109; *Schmid,* Der „Kernbereich" elementarer Mitwirkungsrechte des Wohnungseigentümers, NJW 2011, 1841; *F. Schmidt,* Die Entwicklung des Sondernutzungsrechts von den Anfängen bis heute, FS Derleder, 2015, 425; *Spielbauer,* Sondernutzungsrechte – Begriff, Begründung, Übertragbarkeit und guter Glaube, ZWE 2017, 19.

Übersicht

A. Normzweck

§ 10 WEG befasst sich mit dem Verhältnis der Wohnungseigentümer untereinander. Die Vorschriften über die BGB-Gemeinschaft in §§ 741 ff. BGB sind für eine Gemeinschaft von Miteigentümern nicht ausreichend. Es treten spezifische Regelungskonflikte auf, u. a. wegen des Nebeneinanders von gemeinschaftlichem Eigentum und Sondereigentum, der Besonderheiten des gemeinsamen Gebrauchs einschließlich der dadurch verursachten Kosten, der Existenz eines Gemeinschaftsvermögens neben dem gemeinschaftlichen Eigentum und vielfältiger, im gemeinsamen Interesse geschlossener Verträge. Daher mussten für das Verhältnis der Wohnungseigentümer **stärker detaillierte Sondervorschriften** geschaffen werden. Durch diese Sondervorschriften unterscheidet sich die Gemeinschaft der Wohnungseigentümer im Ergebnis wesentlich von der Bruchteilsgemeinschaft an einem Grundstück nach §§ 741 ff., 1008 ff. BGB (BGH NJW 1993, 727). 1

Die Gemeinschaft der Bruchteilseigentümer am gemeinschaftlichen Eigentum iSv § 1 Abs. 5 WEG ist von der Gemeinschaft der Wohnungs- 2 eigentümer als **Verband** (§ 9a WEG) zu unterscheiden (→ § 9a Rn. 18 ff.). Denn soweit § 9a Abs. 1 Satz 1 WEG „die Gemeinschaft der Wohnungseigentümer" für rechtsfähig erklärt wird, ist damit nach hier vertretener Ansicht nicht die **Gesamtheit der Wohnungseigentümer,** sondern ein **daneben** stehender Verband mit eigenen Rechten, eigenen Pflichten und eigenem Vermögen gemeint. Zur klareren Unterscheidung wird daher hier der rechtsfähige Verband wie gesetzlich vorgesehen als „Gemeinschaft der Wohnungseigentümer" bezeichnet, die besonders ausgestaltete Bruchteilsgemeinschaft nach §§ 10 Abs. 1 Satz 1 WEG, 741 ff., 1008 ff. BGB hingegen mit „Gesamtheit aller Wohnungseigentümer" oder „Bruchteilsgemeinschaft".

B. Verhältnis der Wohnungseigentümer untereinander (§ 10 Abs. 1 WEG)

I. Allgemeines

3 **1. Anwendbare Rechtsvorschriften.** Das Verhältnis der Wohnungseigentümer untereinander als Teilhaber eines Miteigentums bestimmt sich gem. § 10 Abs. 1 WEG primär nach dem Wohnungseigentumsgesetz und den gewillkürten Bestimmungen der Wohnungseigentümer, subsidiär nach den Vorschriften des Bürgerlichen Gesetzbuches über die Gemeinschaft an einem Grundstück in §§ 741 ff., 1008 ff. BGB. Nach der Systematik des Bürgerlichen Gesetzbuches werden die besonderen Vorschriften in Bezug auf das Gemeinschaftsverhältnis und auf die daraus hervorgehenden Ansprüche **ihrerseits ergänzt** durch die für Schuldverhältnisse **allgemein geltenden Bestimmungen** (BGH NJW 1991, 2637).

4 Gesetzliche Vorgaben für das Gemeinschaftsverhältnis sind im Abschnitt 4 des Teils 1 des WEG, nämlich den §§ 10 ff., enthalten. Das Gesetz hat eine doppelte Funktion. Zum einen bestimmt es, was zwingend ist und weder durch Vereinbarung noch durch einen Beschluss geändert werden kann. Zum anderen hat es eine Hilfsfunktion, indem es immer dann anzuwenden ist, wenn keine anderweitige Vereinbarung getroffen ist. Das **WEG** enthält **keine abschließende Aufzählung der Bereiche,** in denen die **Wohnungseigentümer** zu selbständigen Regelungen **entscheidungsbefugt** sind. Ihre diesbezügliche Kompetenz ergibt sich vielmehr aus den einzelnen Bestimmungen und deren Auslegung.

5 Maßgebliche **Ausgangsvorschrift** zur Bestimmung des Inhaltes und Umfanges der Regelungskompetenz der Wohnungseigentümer ist **§ 10 Abs. 1 Satz 2 WEG.** Diese Vorschrift enthält eine grundsätzlich **umfassende Regelungskompetenz** und erlaubt den Wohnungseigentümern, von den Vorschriften des WEG abweichende Vereinbarungen über ihr Verhältnis zueinander zu treffen, soweit gesetzlich nicht zwingend etwas anderes bestimmt ist. Ziel dieser autonomen Zuständigkeit ist es, durch ein selbstgesetztes Regelungswerk ein dauerhaftes Zusammenleben der Wohnungseigentümer als gleichberechtigte Mitglieder zu sichern. Dieses Verhältnis wird zutreffend als ein „intensiviertes" Nachbarschaftsverhältnis be-

schrieben (*Merle,* Das Wohnungseigentum im System des bürgerlichen Rechts, 160).

6 **2. Wohnungseigentümer.** Wohnungseigentümer (Teileigentümer) iSd Gesetzes ist, wer im Wohnungsgrundbuch **als Eigentümer eingetragen** ist (BGH NJW 2012, 3232 Rn. 8; 1989, 1087; KG ZWE 2001). Ausführlich → § 9a Rn. 2.

7 **3. Besonderes Schuld- und Treueverhältnis.** Alle Wohnungseigentümer sind Miteigentümer des gemeinschaftlichen Eigentums und Alleineigentümer des Sondereigentums. Das WEG lässt es nicht zu, diese beiden Eigentumssphären voneinander zu trennen. Nach § 6 WEG ist das Sondereigentum vielmehr unselbstständig und kann ohne den Miteigentumsanteil, zu dem es gehört, nicht veräußert oder belastet werden. Aus dieser zwingenden Verbindung folgt, dass die Wohnungseigentümer in ihrer **doppelten Rechte- und Pflichtenstellung** zueinander als Eigentümer in einer **besonderen schuldrechtlichen Sonderbeziehung** stehen, dem auf einem gesetzlichen Schuldverhältnis beruhenden **Gemeinschaftsverhältnis** (BGH NZM 2014, 303 Rn. 12; NJW 2013, 1962 Rn. 12; 2012, 2725 Rn. 17; MDR 1999, 924; *Armbrüster* FS Wenzel (2005), 91). Aus diesem Gemeinschaftsverhältnis ergeben sich für die Wohnungseigentümer umfassende **Treue- und Rücksichtnahmepflichten** iSv § 241 Abs. 2 BGB (BGH NZM 2014, 303 Rn. 12), die den Wohnungseigentümern ein Mindestmaß an Loyalität **untereinander** abverlangen (BGH NJW 2007, 432; ZMR 2005, 547). Letztlich ist hieraus auch die Geltung des **Gleichbehandlungsgrundsatzes** im Wohnungseigentumsrecht (BGH NJW-RR 2013, 335; NJW 2010, 3508 Rn. 10) abzuleiten (*Elzer* ZWE 2013, 445). Die auf dem Gemeinschaftsverhältnis ruhenden Treue- und Rücksichtnahmepflichten folgen wie dieses selbst den Regelungen des WEG und den gem. § 10 Abs. 1 Satz 1 WEG ergänzend anwendbaren Bestimmungen des Bürgerlichen Gesetzbuches über die Bruchteilsgemeinschaft (BGH NJW 2004, 3413; 2002, 2712; *Armbrüster* ZWE 2001, 333 ff.).

8 Nach der Rechtsprechung des BGH obliegt diese Treuepflicht auch der Gemeinschaft der Wohnungseigentümer gegenüber den einzelnen Wohnungseigentümern (BGH NJW-RR 2013, 335 Rn. 19; NJW 2012, 2955 Rn. 19) sowie den einzelnen Wohnungseigentümern gegenüber der Gemeinschaft der Wohnungseigentümer (BGH NJW 2012, 2955 Rn. 19; 2005, 2061; LG Stuttgart ZMR 2016, 733).

9 **4. Verwaltungszuständigkeit.** Das Sondereigentum eines jeden Wohnungseigentümers obliegt seiner eigenen Verwaltung. Das **gemeinschaftliche Eigentum** hingegen wird gem. § 18 Abs. 1 WEG von der Gemeinschaft der Wohnungseigentümer verwaltet. Zum Begriff „Verwaltung" ausführlich → § 18 Rn. 3 ff. Die Wohnungseigentümer besitzen jedoch gem. § 19 Abs. 1 WEG Beschlusskompetenz zur Regelung der ordnungsmäßigen Verwaltung und Benutzung des gemeinschaftlichen Eigentums. Sie bleiben damit inhaltlich für Entscheidungen in Verwaltungsangelegenheiten zuständig; die Umsetzung der Verwaltung erfolgt allerdings über die Gemeinschaft der Wohnungseigentümer.

II. Handlungsinstrumente: Vereinbarungen und Beschlüsse

10 **1. Allgemeines.** Das WEG stellt den Wohnungseigentümern für ihre Verwaltungsentscheidungen zwei Handlungsformen zur Verfügung: **Vereinbarung und Beschluss.** Tertium non datur (*Hügel* DNotZ 2001, 186; *Wenzel* ZWE 2000, 3). Weiterhin bestimmt das Gesetz, in welchen Fällen die Wohnungseigentümer das Instrument Vereinbarung oder Beschluss zur Anwendung bringen müssen. Beide Regelungsinstrumente besitzen **unterschiedliche Rechtsqualität,** nicht nur graduelle Unterschiede (*Hügel* DNotZ 2001, 179; Bärmann/*Merle* § 23 Rn. 26). Sie sind für verschiedene Regelungsbereiche gedacht. Verwaltungsangelegenheiten können grundsätzlich mittels eines Beschlusses geregelt werden. Die grundlegenden Angelegenheiten bedürfen hingegen einer (vertraglichen) Vereinbarung aller Wohnungseigentümer. Eine Bestandskraft (→ § 23 Rn. 127 ff.) ist dementsprechend auch nur für Beschlüsse vorgesehen, da es in diesen untergeordneten Bereichen den Wohnungseigentümern zugemutet werden kann, sich innerhalb einer bestimmten Frist gegen eine möglicherweise rechtswidrige Entscheidung zu wehren. Verzichten die Wohnungseigentümer darauf, den Beschluss anzufechten, müssen sie die getroffene Regelung grundsätzlich hinnehmen.

11 Gem. § 23 Abs. 1 WEG unterliegen nur solche Angelegenheiten einer Beschlussfassung durch die Mehrheit, über die nach dem WEG oder einer Vereinbarung der Wohnungseigentümer beschlossen werden darf. Die **Mehrheitsherrschaft bedarf somit einer Legitimation durch eine Kompetenzzuweisung** (→ § 23 Rn. 3). Eine Beschlusskompetenz ist vorgesehen nur für untergeordnete Belange wie ordnungsmäßige Verwaltung und Benutzung des gemeinschaftlichen Eigentums (§ 19 Abs. 1 WEG). Hierdurch unterscheidet sich das WEG bewusst von körperschaftlich organisierten Verbänden des Gesellschaftsrechtes (BGH NJW 2000, 3500). Der Beschluss ist anders als im Gesellschaftsrecht **nicht** als **umfassendes** Regelungsinstrument ausgestaltet. Als Zweck des Mehrheitsprinzips kann im Wohnungseigentumsrecht ausschließlich das Interesse an einer effektiven Organisation angesehen werden, es geht nicht um eine demokratische Willensbildung innerhalb der Eigentümergemeinschaft (*Graßhof* ZWE 2003, 37). Dementsprechend sind der Mehrheitsmacht immer durch das verfassungsrechtlich geschützte Immobilieneigentum „Wohnungseigentum" Grenzen gesetzt. **Außerhalb der Verwaltung** gilt grundsätzlich das **Vertragsprinzip,** das eine Vereinbarung erfordert (*Häublein* ZWE 2001, 4).

12 Die WEG-Novellen zum 1.7.2007 und 1.12.2020 haben die **Beschlusskompetenz** zwar deutlich erweitert. Hierdurch wurde der dargestellte Grundsatz aber nicht geändert. Fehlt eine Beschlusskompetenz, ist ein gleichwohl gefasster Beschluss weiterhin grundsätzlich unwirksam (BGH NJW 2000, 3500). Diese Differenzierung zwischen Beschluss und Vereinbarung ist einer der grundlegenden Gedanken des WEG und findet konsequenterweise Ausfluss darin, dass sich **beide Instrumente** im Hinblick auf **Abschluss, Inhalt, Form, Bindung von Rechtsnachfolgern** und eventueller Zustimmung am Wohnungseigentum dinglich Berechtigter **unterscheiden.**

13 Vereinbarung und Beschluss stehen den Wohnungseigentümern zwar **nicht in gleicher Weise** als Regelungsinstrumente zur Verfügung (*Wenzel* ZWE 2001, 233). Andererseits geht die Vereinbarung dem Beschluss nach der Struktur des Gesetzes und dem auch das WEG beherrschenden Vertragsprinzip in bestimmtem Umfang vor. Ob die Vereinbarung tatsächlich als die „höhere Norm" verstanden werden kann (so *Lüke* ZfIR 2000, 881; *Rapp* DNotZ 2000, 865; *Suilmann* Beschlussmängelverfahren, 17, aA *Wenzel* FS Bub (2007), 255), mag dahinstehen. In jedem Fall haben die Eigentümer die Möglichkeit, statt eines Beschlusses eine Vereinbarung zu wählen, sofern nicht ausnahmsweise das WEG zwingend die Beschlussform vorschreibt (zB § 26 Abs. 1 Satz 1 WEG). Es steht den Eigentümern nämlich grundsätzlich **frei, Angelegenheiten zu vereinbaren,** die nach dem Gesetz bloß beschlossen werden müssten (OLG München ZMR 2019, 524; *Wenzel* ZWE 2004, 136; *Schuschke* NZM 2001, 498; *Lüke* ZfIR 2000, 883). In diese Richtung können die Eigentümer die Regelungsinstrumente Beschluss und Vereinbarung in bestimmten Umfang **wechseln** (vgl. *Häublein* ZMR 2000, 425). In umgekehrter Richtung gilt diese Aussage nicht uneingeschränkt. Die Eigentümer können grundsätzlich keine Beschlüsse fassen, wenn eine Vereinbarung notwendig ist (BGH NJW 2000, 3500). Etwas anderes gilt – nach hM (→ Rn. 169) – nur, wenn eine Vereinbarung **(Öffnungsklausel)** diese Angelegenheit einer Regelung durch Beschluss öffnet. Zwischen Vereinbarung und Beschluss besteht also in Richtung auf den Beschluss hin eine gewisse **Austauschbarkeit** (kritisch *Häublein* ZMR 2000, 425; *Lüke* ZfIR 2000, 883).

14 **2. Abgrenzung Vereinbarung/Beschluss. a) Gesetzliche Vorgaben.** Für die Frage, wann das Gesetz **eine Vereinbarung als Instrument erfordert** und wann ein Beschluss die richtige, jedenfalls aber mögliche Handlungsform ist, kann von **drei Prüfsteinen** ausgegangen werden (*Wenzel* FS Bub (2007), 255; *Wenzel* ZWE 2004, 233). Eine Vereinbarung ist danach erforderlich und ein Beschluss nichtig, wenn die Wohnungseigentümer für ihr Verhältnis untereinander oder ihrem Verhältnis zur Gemeinschaft der Wohnungseigentümer eine Regelung treffen in Änderung oder Ergänzung verbindlicher Normen (gesetzlicher Bestimmungen bzw. anderer Vereinbarungen). Eine Vereinbarung ist demnach nötig, wenn **grundlegende** und **wesentliche Regeln** für das Zusammenleben der Wohnungseigentümer **generell** und **auf Dauer** getroffen werden, die über den konkreten Einzelfall hinaus Bedeutung besitzen, wohingegen Beschlüsse die laufende Verwaltung im konkreten Einzelfall zum Gegenstand haben (vgl. *Lüke* ZfIR 2000, 884; *Schmack/Kümmel* ZWE 2000, 443).

15 **b) Praktische Abgrenzungsprobleme.** In der Praxis lässt sich nicht immer zweifelsfrei beurteilen, ob eine durch sämtliche Wohnungseigentümer getroffene Regelung als Vereinbarung oder allstimmiger Beschluss aufzufassen ist.

16 Notwendig ist in diesen Fällen eine **Auslegung** des Willens der Wohnungseigentümer (OLG Zweibrücken ZMR 2001, 734). Umstritten ist, ob hierbei primär auf den **objektiven Erklärungswillen** der Wohnungseigentümer (Bärmann/*Suilmann* § 10 Rn. 177; *Häublein* ZMR 2001, 169) oder auf den **Inhalt der Regelung** (OLG Hamburg ZMR 2008, 154; OLG

Hamm ZMR 2005, 400; BayObLG NZM 2001, 529; OLG Düsseldorf FGPrax 2001, 105) abzustellen ist. Zwar ist zuzugeben, dass von dem Regelungsinhalt nicht ohne Weiteres auf die Regelungsform geschlossen werden kann (*Wenzel* FS Deckert, 522). Andererseits kann die Zulässigkeit der Regelungsform sehr wohl ein **Indiz** für die beabsichtigte Regelung darstellen, denn die Beteiligten wollen im Zweifel eine wirksame Regelung treffen.

17 In den meisten Fällen werden die Wohnungseigentümer keinen eindeutig feststellbaren Willen bzgl. der Regelungsform besitzen. Ihr Wille ist nicht auf einen Beschluss oder eine Vereinbarung gerichtet, sondern auf ein Rechtsgeschäft mit entsprechendem Inhalt und Wirkungen (Weitnauer/*Lüke* § 10 Rn. 28; aA LG Hamburg ZWE 2016, 458). In diesen – und damit den meisten – Fällen erscheint es sachgerecht, sich am **Regelungsgegenstand** zu orientieren. Der Regelungsgegenstand dient so gedacht als **Indiz für den Willen** der Wohnungseigentümer (*Häublein,* Sondernutzungsrechte und ihre Begründung im Wohnungseigentumsrecht, 179; ähnlich *Deckert* WE 1999, 2; *Wenzel* FS Deckert, 525). Sofern sich die Wohnungseigentümer jedoch erkennbar und **unzweideutig** für eine Regelung durch Beschluss bzw. Vereinbarung entschieden haben, ist dieser **Wille** zu **akzeptieren.** Ggf. handelt es sich um eine unwirksame Regelung auf Grund einer unzulässigen Regelungsform.

18 Diese Aussagen besitzen Relevanz insbesondere für eine unter Mitwirkung aller Wohnungseigentümer getroffene Regelung. Betrifft sie das Grundverhältnis der Wohnungseigentümer in Ergänzung oder Abweichung von Vorschriften des WEG oder von eingetragenen Vereinbarungen, dann liegt eine Vereinbarung vor, ansonsten ein allstimmiger Beschluss, sofern sich nicht ein anderer Wille der Wohnungseigentümer feststellen lässt. Eine reine **Falschbezeichnung ist unschädlich.** Ein Beschluss bleibt ein Beschluss, auch wenn er mit Vereinbarung, TOP, Neuregelung oder sonst wie überschrieben wird. Ebenso bleibt eine Vereinbarung eine Vereinbarung, auch wenn sie als Beschluss oder anders bezeichnet wird (OLG Düsseldorf FGPrax 2001, 105). Haben bspw. die Wohnungseigentümer eine Regelung hinsichtlich eines Sondernutzungsrechts „beschlossen", liegt der Sache nach eine Vereinbarung über die Abänderung der Gemeinschaftsordnung vor (BayObLG NZM 2001, 529; aA LG Hamburg ZWE 2016, 458). Da in diesen Fällen jedoch die Wohnungseigentümer kein „Vereinbarungsbewusstsein" besitzen, sind solche Vereinbarungen stets nur **schuldrechtlicher Natur.** Mangels Grundbucheintragung sind sie vom Untergang bedroht (→ Rn. 39).

C. Vereinbarungen der Wohnungseigentümer/ Gemeinschaftsordnung

I. Begriff

19 Jeder Wohnungseigentümer ist auf Grund seiner Mitberechtigung am gemeinschaftlichen Eigentum zugleich Miteigentümer und Teilhaber iSv § 742 BGB. Für das Verhältnis der Wohnungseigentümer als Teilhaber gelten zunächst die Bestimmungen der §§ 10 ff. WEG. § 10 Abs. 1 Satz 2 WEG erlaubt den Wohnungseigentümern, von den Vorschriften des WEG abweichende Vereinbarungen über ihr Verhältnis zueinander oder ihrem Verhältnis zur Gemeinschaft der Wohnungseigentümer zu treffen, soweit gesetzlich nicht zwingend etwas anderes bestimmt ist. Das WEG räumt auf diese Weise den Eigentümern **autonome Regelungskompetenz** für ihr Gemeinschaftsverhältnis ein. Die **Gesamtheit solcher** das Verhältnis der Wohnungseigentümer untereinander oder zur Gemeinschaft der Wohnungseigentümer regelnden **Vereinbarungen** wird **Gemeinschaftsordnung** genannt. Dieser Begriff wird teilweise aber auch weiter verstanden – Vereinbarungen, Beschlüsse und gerichtliche Entscheidungen (vgl. *Jacoby* ZWE 2013, 61 mwN). Die Gemeinschaftsordnung bildet gleichsam die Grundordnung der Wohnungseigentümer, die ähnlich einer Satzung die Grundlage für das Zusammenleben der Wohnungseigentümer bildet (BGH NZM 2020, 107 Rn. 15; NZM 2018, 568 Rn. 22; NZM 2012, 613; OLG München ZWE 2016, 18); ihr kommt die Funktion einer Norm zu (vgl. BGH NJW 2006, 2187), ohne jedoch eine solche zu sein.

II. Abgrenzung zur sachenrechtlichen Aufteilung

Auch wenn die (erste) Gemeinschaftsordnung in der Regel im Rahmen des Aufteilungsvertrags bzw. der Teilungserklärung statuiert wird, darf die sachenrechtliche Aufteilung nicht mit der Gemeinschaftsordnung verwechselt werden (→ § 3 Rn. 2; § 8 Rn. 13). Durch die Begründung von Wohnungseigentum nach §§ 3, 8 WEG werden das sachenrechtliche Grundverhältnis der Wohnungseigentümer und damit die Grenzen des Sondereigentums untereinander und zum gemeinschaftlichen Eigentum festgelegt. Durch die Gemeinschaftsordnung wird hingegen der Inhalt des Sondereigentums gem. § 5 Abs. 4 Satz 1 WEG bestimmt (→ Rn. 34). Die sachenrechtliche Aufteilungserklärung muss eine Gemeinschaftsordnung nicht enthalten. Ohne sie gelten die Bestimmungen der §§ 10 ff. WEG. 20

Die Bestimmung des sachenrechtlichen Grundverhältnisses muss den hierfür angeordneten Formvorschriften entsprechen (→ § 3 Rn. 4; § 8 Rn. 5). Aus diesem Grund und weil die inhaltliche Ausgestaltung des Gemeinschaftsverhältnisses von einer vertraglichen Regelung der sachenrechtlichen Zuordnung qualitativ strikt zu unterscheiden ist, ist letzteres einer Vereinbarung gem. § 10 Abs. 1 Satz 2 WEG nicht zugänglich (BGH NZM 2020, 107 Rn. 15; ZMR 2019, 518 Rn. 11; NJW 2013, 1962 Rn. 9; 2012, 677 Rn. 12; 2003, 2165; ZMR 2012, 793 Rn. 8; → Rn. 66). 21

III. Rechtsnatur, Abschluss, Form

1. Existierende Wohnungseigentümergemeinschaft. Vereinbarungen sind (mehrseitige) Verträge der Wohnungseigentümer, durch die diese ihr Verhältnis untereinander regeln. Sie sind somit grundsätzlich rein **schuldrechtlicher Natur** (BGH NJW 1984, 612; OLG München ZMR 2019, 524; OLG Frankfurt a. M. ZWE 2006, 392; *Häublein* Sondernutzungsrechte und ihre Begründung im Wohnungseigentumsrecht, 24), die Kennzeich- 22 nung als **schuldrechtlicher Kollektivvertrag** (OLG Hamburg ZMR 2008, 154; OLG Köln DNotZ 2002, 227) ist zutreffend (ausf. *Hügel* FS Wenzel, 219). Für Vereinbarungen gelten deshalb die Vorschriften des Allgemeinen Teils des BGB und des Schuldrechts (Bärmann/*Suilmann* § 10 Rn. 66). So können sie auch widerruflich ausgestaltet (OLG München ZWE 2014, 265), aufschiebend oder auflösend bedingt geschlossen sein (OLG Zweibrücken DNotZ 2008, 531) und sind insbesondere einer **Auslegung** nach §§ 133, 157, 242 BGB zugänglich (→ Rn. 41 ff.).

23 Eine Vereinbarung kann auf Grund ihrer Eigenschaft als Vertrag aller Wohnungseigentümer grundsätzlich nur durch übereinstimmende Willenserklärung **aller Wohnungseigentümer** zustande kommen (zu Öffnungsklauseln → Rn. 169). Mehrere Eigentümer eines Wohnungseigentums oder Eigentümer von mehreren, aber nicht allen Wohnungseigentumseinheiten können demnach untereinander für sich eine Vereinbarung nicht treffen (BGH NJW 2014, 1879 Rn. 12; *Hügel* ZWE 2001, 44 f.).

24 Vereinbarungen können auf Grund ihrer Eigenschaft als schuldrechtlicher Vertrag im Gegensatz zu Beschlüssen auch durch **schlüssiges Verhalten** der Wohnungseigentümer zustande kommen. Eine – auch langjährige – abweichende Übung genügt für eine konkludent geschlossene Vereinbarung aber nicht (BGH NZM 2015, 787 Rn. 24; OLG München ZMR 2006, 955; OLG Frankfurt a. M. ZMR 2006, 873; OLG Hamburg ZMR 2006, 298; OLG Düsseldorf MietRB 2004, 141; BayObLG ZWE 2001, 433; LG Frankfurt a. M. ZWE 2014, 327). Es bedarf dazu weiterer Umstände, die auf einen entsprechenden **rechtsgeschäftlichen Bindungswillen** der Wohnungseigentümer schließen lassen (BGH NZM 2015, 787 Rn. 24). In der Regel wird dieser in einer entsprechenden „Beschlussfassung" oder Beratung in der Eigentümerversammlung zu finden sein. Aber auch andere Umstände können als Indiz für einen entsprechenden Rechtsbindungswillen dienen (OLG Hamburg MietRB 2004, 108).

25 Der Abschluss einer Vereinbarung ist auf Grund ihrer Einordnung als schuldrechtlicher Vertrag grds. **formfrei** möglich (OLG Frankfurt a. M. ZWE 2006, 392). Soll die Vereinbarung bereits von Gesetzes wegen Sonderrechtsnachfolger binden (§ 10 Abs. 3 WEG, → Rn. 201), bedarf sie der Eintragung in das Grundbuch und somit zumindest der öffentlichen Beglaubigung (§ 29 GBO). In der Praxis wird die erste Gemeinschaftsordnung – schon aus Kostengründen – immer mit der dinglichen Aufteilung nach §§ 3 und 8 WEG verbunden und erfüllt somit dieses vorgeschriebene Formerfordernis.

26 Der Abschluss einer Vereinbarung nach § 10 Abs. 1 Satz 2 WEG ist kein höchstpersönliches Rechtsgeschäft, **Vertretung** ist zulässig. Häufig werden dem aufteilenden Bauträger in der Gründungsphase Vollmachten oder Ermächtigungen erteilt, bis zum Abschluss der Gesamtmaßnahme Veränderungen an der Gemeinschaftsordnung vorzunehmen. Möglich ist die Erteilung einer Vollmacht/Ermächtigung in und außerhalb der Gemeinschaftsordnung.

27 **Änderungsvorbehalte** in der Gemeinschaftsordnung zugunsten einzelner Eigentümer sind möglich und stellen nach Ansicht der Rspr. Ermächtigungen für den betreffenden Eigentümer dar (BGH ZWE 2017, 169

Rn. 14; BGH NJW 2012, 676). Im Ergebnis sind sie eine spezielle Art einer Öffnungsklausel (→ Rn. 169). Der Berechtigte hat bei Ausübung seiner Ermächtigung die Belange der übrigen Wohnungseigentümer angemessen zu berücksichtigen (BGH NJW 2012, 676). Auf diese Weise sind diese nach § 315 BGB vor einem Missbrauch der Gestaltungsmacht geschützt. Der Berechtigte hat eine Art Treuhänderfunktion gegenüber den (zukünftigen) Miteigentümern (BGH NJW 2012, 676). Eine Ermächtigung (auch) für die Veränderung des **sachenrechtlichen Grundverhältnisses** kann mangels Satzungsautonomie **nicht** Inhalt der Vereinbarung nach § 10 Abs. 1 Satz 2 WEG sein (→ Rn. 66). Dies hat zur Folge, dass sie insoweit nicht durch Eintragung im Grundbuch Sonderrechtsnachfolger bindet.

Verbreitet sind auch **Vollmachten,** die außerhalb der Gemeinschaftsordnung – insbesondere in den **Erwerbsverträgen** – erteilt werden und etwa dem aufteilenden Eigentümer die nachträgliche Änderung der Gemeinschaftsordnung oder der Teilungserklärung (sachenrechtliches Grundverhältnis) erlauben (vgl. OLG München DNotZ 2008, 289; Bärmann/*Armbrüster* § 8 Rn. 28). Solche Vollmachten sind wegen der Privatautonomie der Eigentümer grundsätzlich zulässig. Da solche Vollmachten auch im Grundbuchverkehr verwendet werden sollen, sind deren Umfang und Bestimmtheit zu beachten. Völlig unbeschränkte Änderungsvollmachten können allerdings materiell-rechtlich nicht in Übereinstimmung mit den §§ 305 ff. BGB gebracht werden. Etabliert hat sich eine Lösung dergestalt, dass dem Bauträger eine im Außenverhältnis unbeschränkt wirkende Vollmacht erteilt wird und der Erwerber dadurch geschützt wird, dass der Bauträger im Innenverhältnis sachgerechten Beschränkungen unterworfen wird (→ § 8 Rn. 30). Enthält eine Vollmacht im Innenverhältnis zwischen Vollmachtgeber und Bevollmächtigtem konkrete Regelungen, unter welchen Voraussetzungen und in welchem Umfang Änderungen für den Erwerber zumutbar sind, wird sie in der Regel nicht gegen § 308 Nr. 4 BGB verstoßen (BGH NJW 2020, 610; *Basty* MittBayNot 2010, 132; *Kolb* MittRhNotK 1996, 258; aA LG Nürnberg-Fürth MittBayNot 2010, 132). Die konkrete Ausübung der Vollmacht unterliegt dann der Billigkeitskontrolle des § 315 Abs. 3 BGB. Das Grundbuchamt hat bei der Eintragung von auf Vollmachten gestützten Änderungen nur zu prüfen, ob die Vollmacht offensichtlich unwirksam ist (BGH NJW 2020, 610; OLG München RNotZ 2009, 329). 28

2. Einseitige Festsetzung durch den aufteilenden Eigentümer. 29
Meist wird die **erste Gemeinschaftsordnung** durch den aufteilenden **Bauträger** einseitig festgesetzt. Solche Festsetzungen sind zunächst weder eine Vereinbarung noch ein Beschluss. Für diese Festsetzungen fingiert indes § 8 Abs. 2 WEG durch seine Verweisung auf § 5 Abs. 4 WEG, dass sie einer Vereinbarung gleichstehen (BGH NZM 2020, 107 Rn. 16), jedoch erst ab Entstehen einer Gemeinschaft (→ § 9a Rn. 32). Die Verweisung auf § 5 Abs. 4 WEG zeigt jedoch auch, dass dies nur für „verdinglichte Vereinbarungen" gilt, die durch Eintragung im Grundbuch zum Inhalt des Sondereigentums werden. Für die später entstehende Gemeinschaft gelten dann ohne weiteres die vom teilenden Eigentümer getroffenen und im Grund-

buch eingetragenen Bestimmungen über den Inhalt des Sondereigentums und das Verhältnis der Wohnungseigentümer untereinander (BGH NJW 2011, 679; 2004, 937).

30 Da diese Vereinbarungen die zukünftigen Wohnungseigentümer nur binden, wenn sie durch Grundbucheintragung gem. § 5 Abs. 4 Satz 1 WEG zum Inhalt des Sondereigentums geworden sind, bedarf es hierzu der Bewilligung aller im Grundbuch eingetragener Eigentümer in der Form des § 29 GBO, dh zumindest notarieller Beglaubigung (vgl. OLG München ZWE 2012, 367).

31 Die durch den aufteilenden Bauträger gesetzte Gemeinschaftsordnung ist (gesetzlich) der durch alle Wohnungseigentümer vereinbarten Gemeinschaftsordnung gleichgesetzt. Die Gestaltungsfreiheit für Gemeinschaftsordnungen gilt auch dann, wenn der teilende Eigentümer die Regelungen in der Gemeinschaftsordnung vorgibt (BGH NJW 2011, 679). Jeder potenzielle Wohnungseigentümer kann sich vor Erwerb darüber Gewissheit verschaffen, welche Bestimmungen und Beschränkungen die maßgebliche Gemeinschaftsordnung enthält (BGH NJW 2004, 937). Erwirbt er das Wohnungseigentum in Kenntnis der Beschränkungen, akzeptiert er diese. Im Ergebnis besteht daher grundsätzlich **kein Unterschied** zwischen einseitig durch Bauträger gesetzten Statuten von Wohnungseigentümergemeinschaften und vertraglich durch Mitwirkung aller Wohnungseigentümer getroffenen Vereinbarungen (BGH NJW 2011, 679 Rn. 7; 2004, 937).

32 Im Einzelfall kann bei einer Inhaltskontrolle der Vereinbarung gem. § 242 BGB (→ Rn. 57) im Rahmen der Abwägung die einseitige Festlegung berücksichtigt werden. So kann verhindert werden, dass die Wohnungseigentümer nicht zumutbare inhaltliche Ausgestaltungen des teilenden Eigentümers hinnehmen müssen. Sie sind insoweit nach § 315 BGB vor einem Missbrauch der Gestaltungsmacht des teilenden Eigentümers geschützt (BGH NJW 2012, 676 Rn. 17), dem eine Art **Treuhänderfunktion** gegenüber den (zukünftigen) Miteigentümern zukommt. Der aufteilende Bauträger hat bei der Ausübung seines Gestaltungsermessens die Belange der übrigen Wohnungseigentümer angemessen zu berücksichtigen (*Häublein* Sondernutzungsrechte, 306 mwN).

33 Der aufteilende Eigentümer kann nach vollzogener Teilung die Teilungserklärung, die gesamte Gemeinschaftsordnung oder auch nur einzelne Regelungen **so lange alleine ändern,** wie die Wohnungseigentumsrechte noch in seiner Hand vereinigt sind und keine Eigentumsvormerkung für einen Erwerber eingetragen ist (BGH ZWE 2017, 169). Es gelten die Ausführungen → § 8 Rn. 28.

34 **3. Rechtsnatur eingetragener Vereinbarungen.** Mit der Eintragung einer Vereinbarung in das Grundbuch wird diese gem. § 5 Abs. 4 Satz 1 WEG zum Inhalt des Sondereigentums und gestaltet die mit ihm zusammenhängenden Rechte und Pflichten sämtlicher Wohnungseigentümer aus. Da die Wohnungseigentümer bezüglich des Regelungsinhaltes und damit auch des Inhaltes des Sondereigentums weitgehende Autonomie besitzen (BGH NJW 2018, 1309; 2015, 3371 Rn. 13; 2011, 679 Rn. 7), wird zu Recht festgestellt, dass im Wohnungseigentumsrecht eine **„dingliche Vertrags-**

freiheit" in Bezug auf den Eigentumsinhalt besteht, die sonst nur in und über Eigentumsbelastungen zulässig sei (*F. Schmidt* FS Bärmann und Weitnauer, 1985, 47). Der Eigentumsinhalt des Sondereigentums wird nicht gesetzlich um- oder vorgeschrieben, sondern unterliegt der Gestaltungsfreiheit der Wohnungseigentümer. Im Ergebnis bedeutet dies: Es gibt – soweit es nicht an einer Gemeinschaftsordnung fehlt – nicht ein a priori gesetzlich definiertes Sondereigentum, sondern immer nur ein Sondereigentum in seiner jeweiligen konkreten Ausgestaltung in der betreffenden Wohnungseigentumsanlage (ausf. *Hügel* FS Koch, 365). Anders formuliert: Das Eigentum enthält nur den vereinbarten Inhalt (Soergel/*Skaudarszun* § 10 Rn. 36). Diese Individualität der Sondereigentume in einer Wohnungseigentumsanlage ist die Folge der **„dinglichen Gestaltungsfreiheit"** im Wohnungseigentumsrecht und ist stets zu bedenken, wenn die jeweiligen Rechte und Pflichten eines Wohnungseigentümers geklärt werden müssen.

Gleichwohl werden Ansprüche, die sich aus der Gemeinschaftsordnung 35
herleiten lassen, durch die Eintragung im Grundbuch **nicht** zum **dinglichen Recht** (BGH NZM 2020, 107 Rn. 17; OLG München ZWE 2014, 265). Die Wirkung der Eintragung beschränkt sich darauf, dass sie das Sondereigentum ausgestaltet und die inhaltlichen Änderungen auch gegen Sonderrechtsnachfolger gelten. Damit entfalten sie aber keine absolute Wirkung gegenüber jedermann, sondern nur im Verhältnis der Wohnungseigentümer untereinander. Sachenrechtliche und gegen außenstehende Dritte wirkende Befugnisse werden dadurch nicht tangiert (*Ott,* Das Sondernutzungsrecht im Wohnungseigentum, 46).

Ein sachenrechtliches Verständnis eingetragener Vereinbarungen (so zB 36
S. Schmidt BWNotZ 1989, 55; *Röll* Rpfleger 1980, 91; *Bärmann* AcP 155 (1956), 12) kann damit als überholt angesehen werden. Ein rein **schuldrechtliches Verständnis,** nach dem die Eintragung im Grundbuch den Charakter der Vereinbarung als schuldrechtlichem Vertrag nicht ändere und § 10 Abs. 3 WEG nur dazu diene, eine Bindungswirkung des Sonderrechtsnachfolgers zu erreichen (*Häublein,* Sondernutzungsrechte und ihre Begründung im Wohnungseigentumsrecht, 32 ff.; *Lehmann-Richter/Wobst* ZWE 2020, 126; *Weitnauer* DNotZ 1990, 387 f.; *Ertl* DNotZ 1988, 4), erscheint allerdings auch **nicht** als **ausreichend.** Durch die Grundbucheintragung wird eine Vereinbarung nämlich nicht nur für die Vertragsbeteiligten verbindlich, sondern auch für Sonderrechtsnachfolger. Diese können das Sondereigentum nur mit dem modifizierten Inhalt erwerben. Die Grundbucheintragung hat keineswegs rein grundbuchverfahrensrechtliche Bedeutung (so *Häublein,* Sondernutzungsrechte und ihre Begründung im Wohnungseigentumsrecht, 38), sondern verändert den Inhalt des Sondereigentums und damit materielles Recht. Vorzugswürdig erscheint damit die sog. Theorie vom **Eigentum mit vereinbartem Inhalt** (BGH NZM 2020, 107 Rn. 18; *Armbrüster/Müller* ZWE 2007, 230 f.; *Ott,* Das Sondernutzungsrecht im Wohnungseigentum, 51; Bärmann/*Suilmann* § 10 Rn. 118).

4. Schuldrechtliche Vereinbarungen. Die **Eintragung** in das Grund- 37
buch ist **kein konstitutives Element** einer Vereinbarung. Die Eintragung ist allein eine Voraussetzung für die Bindung von Sonderrechtsnachfolgern

nach § 10 Abs. 3 WEG. Ein Zwang, Vereinbarungen mit einer solchen Wirkung zu versehen, besteht nicht. Die Eigentümer können frei entscheiden, ob sie eine einer Vereinbarung zugängliche Regelung mit „dinglicher" Wirkung ausstatten oder ob sie sich damit begnügen wollen, dass diese Vereinbarung nur in ihrem Innenverhältnis gilt. Nicht im Grundbuch eingetragene Vereinbarungen werden als schuldrechtliche Vereinbarungen bezeichnet. Sie entfalten nur **relative Wirkung.** Sie binden – wie nach allgemeinem Vertragsrecht – nur die an ihnen Beteiligten, also die Wohnungseigentümer, die zum **Zeitpunkt des Zustandekommens** der Vereinbarung Eigentümer der betreffenden Gemeinschaft sind und bei ihrem Abschluss mitgewirkt haben (BGH NJW 1984, 612; *Kümmel,* Die Bindung der Wohnungseigentümer und deren Sonderrechtsnachfolger, 7; *Häublein,* Sondernutzungsrechte und ihre Begründung im Wohnungseigentumsrecht, 24).

38 Nur im Einzelfall kann gegenüber den anderen Wohnungseigentümern aus dem Gemeinschaftsverhältnis (→ Rn. 7) ein Anspruch darauf bestehen, eine unterlassene „Verdinglichung" nachzuholen. Dies ist ua der Fall, wenn sich zweifelsfrei feststellen lässt, dass eine unbeschränkte „verdinglichte" Dauerregelung von allen Wohnungseigentümern gewollt war (BayObLG ZMR 2005, 382; *Schuschke* NZM 1999, 243).

39 **Schuldrechtliche Vereinbarungen** werden nach Ansicht der Rspr insgesamt **hinfällig,** wenn ein **Sonderrechtsnachfolger** in die Gemeinschaft eintritt und Vereinbarungen dieser Art nicht beigetreten ist (OLG Frankfurt a. M. ZWE 2006, 392; BayObLG RNotZ 2005, 233; OLG Saarbrücken MietRB 2005, 150; BayObLG NZM 2003, 321; OLG Köln NZM 2001, 1135; MüKoBGB/*Commichau* § 10 WEG Rn. 70). Begrifflich wird in diesem Zusammenhang meist vom **„Eintritt"** des Erwerbers in Vereinbarungen gesprochen. Es handelt sich allerdings nicht um ein einseitiges Eintrittsrecht des Erwerbers. Vielmehr müssen sowohl der neue Eigentümer als auch die übrigen Wohnungseigentümer ihre **Zustimmung** zum Eintritt des Erwerbers in schuldrechtliche Vereinbarungen erteilen. Erforderlich ist eine ausdrückliche Zustimmung des neuen Eigentümers, die allerdings auch konkludent erteilt werden kann. Eine positive Kenntnis des Sonderrechtsnachfolgers von der vorhandenen Vereinbarung allein genügt nicht, um eine Bindung an die Vereinbarung auszulösen (OLG München ZMR 2019, 524; OLG Hamm ZMR 2008, 159; OLG Zweibrücken NZM 2005, 343). Eine Übernahmeerklärung des Erwerbers ist im Zweifel restriktiv auszulegen (OLG München ZMR 2019, 524). Die Zustimmungen können grundsätzlich entgegen der hM auch noch **nach dem Eigentumswechsel** erteilt werden. Die Zustimmung der übrigen Wohnungseigentümer ist im Regelfall in Form einer stillschweigenden antizipierten Zustimmung, die in der schuldrechtlichen Vereinbarung selbst enthalten ist, gegeben (OLG München ZMR 2019, 524; ausf. *Hügel* FS Wenzel, 219).

40 (Nur) zugunsten von Sonderrechtsnachfolgern sollen schuldrechtliche Vereinbarungen auch ohne Grundbucheintragung nach allgemeinem Schuldrecht wirken (OLG München ZWE 2017, 213; BayObLG NZM 2003, 321; OLG Düsseldorf ZWE 2001, 384; OLG Hamm WE 1999, 70; *Häublein,* Sondernutzungsrechte und ihre Begründung im Wohnungseigentumsrecht, 45; krit. hierzu *Ott* WE 1999, 80; *Kümmel,* Die Bindung der Wohnungseigentümer und deren Sonderrechtsnachfolger, 70). Da Vereinbarungen in der Regel nicht nur Rechte, sondern im Gegenzug auch Pflichten für den Wohnungseigentümer enthalten, wird die Konstruktion eines Vertrages zu Gunsten Dritter schon vor diesem Hintergrund allerdings selten in Betracht kommen.

IV. Auslegung

1. Schuldrechtliche Vereinbarungen. Für die Auslegung rein **schuldrechtlich** wirkender Vereinbarungen gelten im Vergleich zum allgemeinen Vertragsrecht keine Besonderheiten. Sie sind wie sonstige Verträge auszulegen (§§ 133, 157 BGB). 41

2. Eingetragene Vereinbarungen. Eine im **Grundbuch eingetragene Vereinbarung** (→ § 7 Rn. 8) ist – wie Grundbucheintragungen allgemein – **objektiv** auszulegen (BGH NZM 2018, 953 Rn. 9; NJW-RR 2014, 527 Rn. 7; ZWE 2013, 131 Rn. 7; NJW 2013, 681 Rn. 7). Hierbei ist auf den Wortlaut und Sinn abzustellen, wie er sich aus unbefangener Sicht als nächstliegende Bedeutung der Eintragung ergibt. Umstände außerhalb der Eintragung können nur herangezogen werden, wenn sie nach den besonderen Verhältnissen des Einzelfalls für jedermann ohne weiteres erkennbar sind (BGH ZWE 2020, 180 Rn. 7; ZWE 2019, 322 Rn. 7; NZM 2019, 293 Rn. 18; WuM 2018, 100 Rn. 14; NJW 2017, 1167 Rn. 21; 2012, 1722 Rn. 8; 2010, 2513). 42

Möglich ist bei Vorliegen einer planwidrigen Regelungslücke auch eine **ergänzende Auslegung** (BGH ZWE 2020, 180 Rn. 10; NZM 2016, 727 Rn. 18; NJW 2004, 3413; OLG Köln ZMR 2004, 59; *Hügel* ZWE 2005, 81). 43

Verbleiben auch nach der Auslegung Unklarheiten, Widersprüche oder Unvollständigkeiten, ist ein nach dem grundbuchrechtlichen **Bestimmtheitsgrundsatz** zu ermittelnder Inhalt nicht feststellbar. Eine solche Vereinbarung ist mangels eines konkreten, feststellbaren Inhaltes unwirksam. In einem solchen Fall gilt weiterhin die gesetzliche oder die früher vereinbarte Regelung (BGH ZMR 2019, 518 Rn. 8; OLG Hamburg ZMR 2004, 614; Bärmann/*Suilmann* § 10 Rn. 132). 44

3. Altvereinbarungen. a) Allgemeines. Durch das WEMoG wurden die Grundstruktur sowie zahlreiche Vorschriften des WEG verändert. Vor diesem Hintergrund stellt sich die Frage, welche Bedeutung Altvereinbarungen in Gemeinschaftsordnungen haben, die vor dem Inkrafttreten der Neuregelung und in Unkenntnis der Neuausrichtung des Gesetzes gefasst und im Grundbuch eingetragen wurden. Viele Gemeinschaftsordnungen wiederholen zudem in bestimmten Passagen den Wortlaut des bei ihrer Errichtung geltenden Gesetzes. Grundsätzlich wird man zwar in einer reinen Gesetzeswiederholung keine Vereinbarung im wohnungseigentumsrechtlichen Sinne sehen können (→ Rn. 52). Dies kann sich jedoch bei einer späteren Gesetzesänderung verändern und zu der Frage führen, ob die frühere Gesetzeslage durch die entsprechende Vereinbarung perpetuiert werden sollte. Nach 45 allgemeinen Grundsätzen müsste im Wege der Auslegung geklärt werden, ob eine abweichende Vereinbarung im Sinne des § 10 Absatz 1 Satz 2 WEG vorliegt. In der Regel dürfte durch solche Vereinbarungen nicht bezweckt sein, dass diese Vorschriften auch gegenüber späteren Gesetzesänderungen Vorrang genießen. Vielmehr soll die Wiederholung gesetzlicher Vorschriften in der Gemeinschaftsordnung in der Regel nur den Wohnungseigentümern und dem Verwalter die Lektüre des Gesetzes ersparen (BT-Drs. 19/18791, 84). Letztlich lässt sich diese Frage nur durch Auslegung der Altvereinbarungen beantworten. § 47 WEG enthält für eine solche Auslegung eine Auslegungshilfe.

46 **b) Auslegungsvermutung.** § 47 WEG will sicherstellen, dass die geänderten Vorschriften des WEG in der Regel auch in den Gemeinschaften gelten, in denen Wohnungseigentum vor Inkrafttreten der Änderungen begründet worden ist (BT-Drs. 19/18791, 84). Deshalb stehen gem. § 47 WEG Vereinbarungen, die vor Inkrafttreten der Änderungen getroffen wurden, der Anwendung der geänderten Vorschriften nur dann entgegenstehen, wenn sich ein entsprechender Wille aus der Vereinbarung mit **hinreichender Deutlichkeit** ergibt.

47 Eine abweichende Vereinbarung, die der Anwendung der geänderten Vorschriften entgegensteht, ist nach § 47 Satz 1 WEG nur anzunehmen, wenn sich aus der Vereinbarung der Wille ergibt, dass die Vereinbarung auch gegenüber künftigen Gesetzesänderungen Vorrang genießen soll. Aufgrund der negativen Formulierung hat derjenige, der einen solchen Willen behauptet, diesen Willen zu beweisen. Der Wille muss sich dabei aus der Vereinbarung selbst ergeben (BT-Drs. 19/18791, 84). Gem. § 47 Satz 2 WEG ist das im Regelfall nicht anzunehmen. Im Einzelfall kann sich aber etwas anderes ergeben, wenn sich ein solcher Wille aus einer Vereinbarung und ihrem Kontext mit hinreichender Deutlichkeit ergibt.

48 Funktional ersetzt § 47 WEG die bisher geltenden § 12 Abs. 4 Satz 2, § 16 Abs. 5 und § 22 Abs. 2 Satz 2 WEG aF. Diese Vorschriften ordneten die Unabdingbarkeit einzelner Vorschriften an, die nachträglich in das WEG eingefügt wurden. So wurde sichergestellt, dass diese nachträglich eingefügten gesetzlichen Vorschriften Vorrang vor bereits bestehenden Vereinbarungen genossen. Allerdings wurde durch die Anordnung der Unabdingbarkeit die im WEG grundsätzlich bestehende Gestaltungsfreiheit empfindlich eingeschränkt und zwar sowohl für die Vergangenheit als auch für die Zukunft (BT-Drs. 19/18791, 85).

49 Die Auslegungsvorgabe in § 47 WEG in Form einer Vermutungsregel lässt privatautonomen Entscheidungen im Gegensatz zu einer gesetzlich angeordneten Unabdingbarkeit mehr Raum und ist deshalb nach Ansicht des Gesetzgebers vorzugswürdig (BT-Drs. 19/18791, 85). § 12 Abs. 4 Satz 2, § 16 Abs. 5 und § 22 Abs. 2 Satz 2 WEG wurden daher aufgehoben.

V. Möglicher Inhalt

50 **1. Grundsatz der autonomen Gestaltungsfreiheit.** Durch die den Wohnungseigentümern eingeräumte Autonomie zur Ausgestaltung ihrer internen Rechtsbeziehungen hat der Gesetzgeber im WEG der Privatauto-

nomie bei der Inhaltsgestaltung des Sondereigentums den Vorrang vor der gesetzlichen Regelung eingeräumt (*Hügel* FS Steiner, 2009, 349; *Hügel* FS Wenzel, 2005, 219; *Prüfer* ZWE 2001, 398). Dem liegt der Gedanke zugrunde, dass die Wohnungseigentümer selbst und besser in der Lage sind, den Inhalt ihres Sondereigentums zu bestimmen, als es der Gesetzgeber könnte (Staudinger/*Rapp* § 5 Rn. 66). Im Ergebnis besteht im Wohnungseigentumsrecht eine **„dingliche Vertragsfreiheit"** bezüglich des Eigentumsinhaltes, die sonst nur in und über Eigentumsbelastungen zulässig ist (→ Rn. 34). Diese erschöpft sich in der Wirkung nur gegenüber den Sondereigentümern als dingliche Ausgestaltung eines besonders intensivierten Nachbarschaftsverhältnisses (Staudinger/*Rapp* § 5 Rn. 66). Unmittelbare „Drittwirkung" nach außen können Vereinbarungen ihrer Genese nach nicht entwickeln (offen gelassen von BGH NZM 2008, 732 Rn. 27 f.).

Grundsätzlich sind Vereinbarungen jeder Art zulässig, nicht nur hinsicht- **51**
lich der Benutzung und Verwaltung des gemeinschaftlichen Gegenstandes, sofern sie nur das Verhältnis der Wohnungseigentümer untereinander oder deren Verhältnis zur Gemeinschaft der Wohnungseigentümer betreffen. Anders als für die dingliche Aufteilung besteht für die Gemeinschaftsordnung weitgehend **Gestaltungsfreiheit** (vgl. BGH NZM 2018, 953 Rn. 16; NJW 2018, 1309; NJW 2011, 679 Rn. 7; 2007, 213). Diese in § 10 Abs. 1 Satz 2 WEG zum Ausdruck kommende Autonomie beinhaltet die Möglichkeit, durch Vereinbarungen auch auf **Freiheitsrechte** und sonstige mit dem Wohnungseigentum verbundene Rechte zu **verzichten** (OLG Hamm ZWE 2017, 173 Rn. 14). Dies gilt auch für durch den aufteilenden Bauträger gesetzte Gemeinschaftsordnungen (BGH NJW 2011, 679 Rn. 7; 2004, 937; → Rn. 31).

2. Inhaltliche Anforderungen. a) Allgemeines. Einer Vereinbarung **52**
zugänglich sind, soweit gesetzlich nicht ausdrücklich etwas anderes bestimmt ist, alle Regelungen, die das Verhältnis der Wohnungseigentümer untereinander oder deren Verhältnis zur Gemeinschaft der Wohnungseigentümer betreffen. Aus dem Gesamtzusammenhang von § 10 Abs. 1 und 3 WEG ergibt sich, dass nicht jede Regelung der Wohnungseigentümer eine Vereinbarung iSd Vorschriften ist, sondern nur Verträge hierzu zählen, durch welche die Wohnungseigentümer ihr Gemeinschaftsverhältnis in **Abweichung** von oder **Ergänzung** dispositiver **gesetzlicher Vorschriften** sowie unter Abweichung von oder Aufhebung bestehender **Vereinbarungen** regeln (Bärmann/*Suilmann* § 10 Rn. 73). Reine gesetzeswiederholende Vereinbarungen oder Vereinbarungen mit Beschlussinhalt zählen hierzu nicht und können folgerichtig nicht über eine Grundbucheintragung verdinglicht werden (Bärmann/*Suilmann* § 10 Rn. 81).

b) Regelung des Gemeinschaftsverhältnisses. Die Kompetenz zum **53**
Abschluss wohnungseigentumsrechtlicher Vereinbarungen besteht nur zur Regelung des Gemeinschaftsverhältnisses untereinander oder zur Ausgestaltung der Rechtsbeziehung der Wohnungseigentümer zur Gemeinschaft der Wohnungseigentümer. Gemeint ist das Gemeinschaftsverhältnis der Wohnungseigentümer insgesamt. Regelungen nur eines **Teils der Wohnungseigentümer** sind **nicht** erfasst (→ Rn. 23; aA BGH NJW 2014, 1879

Rn. 13 für den „Sonderfall" einer Gebrauchsregelung zu Mehrfachparkern). Sonderbeziehungen bestimmter, aber nicht aller Wohnungseigentümer untereinander oder eine Regelung zwischen der Gemeinschaft der Wohnungseigentümer und Wohnungseigentümern in ihrer individuellen Rechtstellung können nicht Gegenstand einer Vereinbarung sein (Bärmann/*Suilmann* § 10 Rn. 74). Ebenso wenig sind Rechtsbeziehungen zu außerhalb der Gemeinschaft stehenden **Dritten** einer Vereinbarung zugänglich (→ Rn. 68).

54 **c) Rechtliche Regelung.** Gegenstand der Vereinbarung muss grundsätzlich eine Regelung im Rechtssinne sein, nicht eine konkrete Einzelfallentscheidung. Entscheidend hierfür ist, ob sich die Wirkung der Regelung in ihrem Vollzug erschöpft oder die Legitimierung künftiger Entscheidungen zum Ziel hat, damit neues Recht setzen und die Wohnungseigentümer für die Zukunft daran binden will (OLG München NJW 2008, 156; *Wenzel* ZWE 2004, 131; *Wenzel* ZWE 2001, 234).

55 **3. Schranken. a) Wohnungseigentumsrechtliche Schranken.** Die durch § 10 Abs. 1 Satz 2 WEG angesprochene **Vertragsfreiheit** der Wohnungseigentümer ist **nicht umfassend ausgestaltet.** Das WEG selbst begrenzt die Privatautonomie der Wohnungseigentümer bereits nach seinem Wortlaut und bestimmt an **folgenden Stellen** etwas anderes:

- **§ 9a Abs. 5 WEG:** Fehlende Insolvenzfähigkeit der Wohnungseigentümergemeinschaft.
- **§ 11 Abs. 1 Satz 3 WEG:** Eine abweichende Vereinbarung ist nur für den Fall zulässig, dass das Gebäude ganz oder teilweise zerstört wird und eine Verpflichtung zum Wiederaufbau nicht besteht.
- **§ 12 Abs. 2 Satz 1 WEG:** Die Zustimmung zu einer Veräußerung darf nur aus einem wichtigen Grunde versagt werden.
- **§ 17 Abs. 3 WEG:** Der in § 17 Abs. 1 WEG bestimmte Anspruch kann durch Vereinbarung der Wohnungseigentümer nicht eingeschränkt oder ausgeschlossen werden.
- **§ 26 Abs. 1 Satz 3 WEG:** Beschränkungen der Bestellung oder Abberufung des Verwalters sind nicht zulässig.
- **§ 26 Abs. 2 Hs. 2 WEG:** Die wiederholte Bestellung eines Verwalters bedarf eines erneuten Beschlusses der Wohnungseigentümer, der frühestens ein Jahr vor Ablauf der Bestellungszeit gefasst werden kann.

56 Darüber hinaus versteht die hM den Wortlaut des § 10 Abs. 1 Satz 2 WEG in dem Sinne, dass sich eine **Unabänderbarkeit** auch durch **Auslegung** einer Vorschrift ergeben kann (OLG Hamm ZMR 2009, 219; BayObLGZ 1980, 331; aA Bärmann/*Merle* § 23 Rn. 144). Hierzu wird man nach dem Inkrafttreten des WEMoG das **Verwaltungsmonopol** (siehe hierzu *Skauradszun* ZRP 2020, 35) der Gemeinschaft der Wohnungseigentümer zählen müssen. Die Verwaltung des gemeinschaftlichen Eigentums obliegt dieser Gemeinschaft, nicht den Wohnungseigentümern. Würde durch eine Vereinbarung dieser **Grundgedanke** des WEG (vgl. §§ 14 Abs. 1, 18 WEG) dergestalt verändert, dass die Verwaltung wie nach bisherigem Recht durch die Wohnungseigentümer erfolgt, wird man von einer Unzulässigkeit einer solchen Vereinbarung ausgehen müssen, weil diese

Grundkonstruktion des WEG unabänderlich ist. Ebenso ist der Verbandszweck der Gemeinschaft der Wohnungseigentümer, nämlich „Verwaltung des gemeinschaftlichen Eigentums“, **unabdingbar;** die Wohnungseigentümer können nicht vereinbaren, der Verband solle daneben noch andere Ziele verfolgen (→ § 9a Rn. 26).

b) Sonstige Grenzen. Schranken für den Inhalt der Gemeinschaftsordnung ergeben sich zunächst aus den allgemeinen **Grenzen der Privatautonomie** gem. §§ 134, 138, 242 BGB (BGH NJW 2019, 2083 Rn. 7; NJW 2011, 679 Rn. 7; 1987, 650; KG RNotZ 2018, 174; NotBZ 2017, 338; OLG Frankfurt a. M. NJW-RR 2004, 662; *Hügel* FS Steiner, 355). **57**

Der Kontrollmaßstab des § 242 BGB wird im Wohnungseigentumsrecht zu Recht aus dem Gemeinschaftsverhältnis (hierzu → Rn. 7) abgeleitet (vgl. hierzu BGH ZNotP 2007, 95; *Armbrüster* FS Merle, 2000, 11). Hierbei ist zu beachten, dass eine **Inhaltskontrolle** über § 242 BGB als tiefer Eingriff in die Privatautonomie und Gestaltungsfreiheit der Wohnungseigentümer **Ausnahmefällen** vorbehalten bleiben muss. Eine Inhaltskontrolle von Gemeinschaftsordnungen scheint deshalb nur angezeigt, wenn sich die (später hinzukommenden) Wohnungseigentümer vor Erwerb des Wohnungseigentums nicht ausreichend Gewissheit verschaffen konnten, ob die Gemeinschaftsordnung für sie nicht hinnehmbare belastende Beschränkungen enthält. **58**

Auf die Gemeinschaftsordnung sind hingegen die Bestimmungen über **Allgemeine Geschäftsbedingungen** gem. §§ 305 ff. BGB sowohl bei der vertraglichen als auch bei der einseitigen Errichtung **nicht** – auch nicht entsprechend – anwendbar. (KG NotBZ 2017, 338; BayObLG NJW-RR 1992, 83; *Binkowski* Reichweite und Grenzen der Privatautonomie im Wohnungseigentumsrecht, 120 ff.; Bärmann/*Suilmann* § 10 Rn. 105; tendenziell auch BGH NJW 2012, 676 Rn. 14; 2002, 3240; aA *Pauly* ZMR 2013, 16). Dies ist im Wesentlichen darin begründet, dass die Teilungserklärung mit Gemeinschaftsordnung als Organisationsvertrag und nicht als normaler Austauschvertrag einzustufen ist (*Prüfer* ZWE 2001, 401). Die Anwendung der §§ 305 ff. BGB auf mehrseitige Verträge, zu denen Vereinbarungen als Kollektivvertrag (hierzu → Rn. 22) zählen, ist zudem problematisch und kann nur als ungeklärt bezeichnet werden (vgl. hierzu *Zwanziger* in Kanzleiter/Spickhoff, Mehrseitige und drittbegünstigende Verträge, 46 ff.). **59**

c) Kernbereichslehre. Eine nicht durch privatautonome Regelungen überwindbare Hürde kann nach der Rspr. für eine wohnungseigentumsrechtliche Vereinbarung im Einzelfall aus einem Eingriff in den nicht antastbaren **Kernbereich des Wohnungseigentums** (BGH NJW 2019, 2083 Rn. 7; NZM 2014, 275 Rn. 10; NJW 2012, 72 Rn. 10; 2011, 679 Rn. 8; 2004, 937; 2000, 3500; ZMR 1995, 416) abgeleitet werden. Die sog. Kernbereichslehre differenziert hierbei zwischen unverzichtbaren, mehrheitsfesten und stimmrechtsfesten Mitgliedschaftsrechten. Eine absolute Schranke finde hiernach die Gestaltungsfreiheit, wo die **personenrechtliche Gemeinschaftsstellung** eines Wohnungseigentümers völlig ausgehöhlt werde (BGH WuM 2018, 100 Rn. 23; OLG Hamm ZWE 2017, 173 Rn. 14; *Schmidt* ZWE 2001, 137). **60**

61 Aus diesem Grund seien Regelungen nach § 134 BGB nichtig, die durch einen allgemeinen Ausschluss des Wohnungseigentümers vom Stimmrecht das mitgliedschaftsrechtliche Element des Wohnungseigentums missachten (BGH NZM 2014, 275 Rn. 10; NJW 2011, 679; 1987, 650; LG Karlsruhe ZWE 2017, 283). Da das Stimmrecht ein wesentliches Mittel zur Mitgestaltung der Gemeinschaftsangelegenheiten bilde, dürfe es nur ausnahmsweise und lediglich unter eng begrenzten Voraussetzungen eingeschränkt werden (BGH NZM 2019, 480 Rn. 17; NJW 2002, 3704). Erst recht sei ein allgemeiner und auch nur vorrübergehender Ausschluss von Versammlungen der Wohnungseigentümer unzulässig, weil dem Mitglied dadurch nicht nur faktisch sein Stimmrecht genommen, sondern ihm darüber hinaus die ebenfalls in den Kernbereich elementarer Mitgliedschaftsrechte fallende Befugnis abgeschnitten werde, auf die Willensbildung der Gemeinschaft durch Rede und Gegenrede Einfluss zu nehmen (BGH NJW 2011, 679; LG Nürnberg-Fürth ZMR 2010, 719; aA *Priester* GmbHR 2013, 229; *Gottschalg* NZM 2012, 272). Als unverzichtbare Rechte werden weiterhin die Anfechtung fehlerhafter Beschlüsse sowie teilweise die actio pro socio angesehen (*Buck,* Mehrheitsentscheidungen mit Vereinbarungsinhalt im Wohnungseigentumsrecht, 2001, 69 ff. mwN). Als unzulässiger Eingriff in den Kernbereich und Verstoß gegen die unabänderlichen Strukturprinzipien des Wohnungseigentumsrechtes wird zudem eine dem Verwalter erteilte allumfassende Vollmacht zur Vertretung sämtlicher Wohnungseigentümer für alle mit dem Wohnungseigentum zusammenhängenden Angelegenheiten verstanden (OLG Frankfurt (NZM 2015, 457).

62 Diese Rspr. überzeugt nicht. Ihren eigentlichen Anwendungsbereich hat die Kernbereichslehre nämlich im Bereich der mehrheitsfesten Mitgliedschaftsrechte. Der wesentliche Inhalt der Rechte eines Wohnungseigentümers kann **nicht durch Mehrheitsbeschluss** eingeschränkt werden, sondern muss einer Vereinbarung vorbehalten bleiben (BGH NJW 2004, 937; 2000, 3500). Die Judikatur (ebenso *Schmid* NJW 2011, 1842) wendet diese „ungeschriebenen materiellen Grenzen formell legitimierter Beschlussmacht" (Bärmann/*Suilmann* § 10 Rn. 97) ohne nähere Begründung auch auf das Vertragsrecht an. Dies widerspricht jedoch zum einen allgemeinen Vertragsgrundsätzen und zum anderen der Rspr. des BGH selbst, nach der durch Vereinbarungen sogar auf Freiheitsrechte und sonstige mit dem Wohnungseigentum verbundene Rechte verzichtet werden kann (BGH NJW 2004, 937). Entgegen der Rspr. sind somit Vereinbarungen, die das Stimmrecht begrenzen, ebenso wie im Gesellschaftsrecht, in dem Erweiterungen der in § 47 Abs. 4 GmbHG normierten Stimmverbote allgemein als zulässig angesehen werden (ausf. hierzu *Priester* GmbHR 2013, 225), möglich. Soweit mit der Kernbereichslehre die Unzulässigkeit von Veränderungen der sachenrechtlichen Grundlagen durch Vereinbarung oder Beschluss begründet wird (vgl. *Buck* WE 1998, 93; *Demharter* MittBayNot 1996, 417), ist der Rückgriff auf den Kernbereich **überflüssig,** weil sachenrechtliche Veränderungen stets einer Vereinbarung oder einem Beschluss entzogen sind und nur durch einen notariell beurkundeten sachenrechtlichen Vertrag erfolgen können (→ Rn. 66). Schließlich bleibt unklar, was der Kernbereich eines Wohnungseigentumsrechtes sein soll. Das Gesetz definiert diesen nicht,

räumt den Eigentümern im Gegenteil inhaltlich „dingliche Gestaltungsfreiheit" ein. Letztlich ist der „Kernbereich" nur ein Schlagwort, mit dem entweder eine bereits kraft Gesetzes der Autonomie der Wohnungseigentümer vorenthaltene und damit zwingende Regelung (zB keine Mehrheit von Verwaltern) oder die Vermeidung unbilliger Ergebnisse im Einzelfall begründet werden sollen (ebenso *Lieder/Pommerening* NotBZ 2019, 408; *Lieder* notar 2016, 291 „Floskel", 296). Hierzu ist aber § 242 BGB als Rechtsgrundlage ebenso geeignet.

Unabhängig von der dogmatischen Herleitung muss eine **richterliche Korrektur** der gesetzlich gewährten Gestaltungsfreiheit **Ausnahmefällen** vorbehalten bleiben (ebenso *Lieder* notar 2016, 296). Schließlich ist auch das Verdikt der Unwirksamkeit einer bestimmten Vereinbarung in aller Regel nicht erforderlich. Bedarf ein Wohnungseigentümer im Einzelfall des Schutzes vor einer ihn gravierend belastenden Vereinbarung, kann eine sachgerechte Lösung im Einzelfall über eine **Ausübungskontrolle** gefunden werden (vgl. hierzu *Binkowski,* Reichweite und Grenzen der Privatautonomie im Wohnungseigentumsrecht, 134 ff.). Den Wohnungseigentümern ist es dann im konkreten Einzelfall verwehrt, sich auf die Wirksamkeit der betreffenden Vereinbarung zu berufen (BGH NJW 2004, 937; OLG Frankfurt a. M. NZM 2004, 231; BayObLG NZM 2002, 26), bspw. wenn bei vorhandenem Hundeverbot einer der Wohnungseigentümer wegen Erblindung einen Blindenhund benötigt. 63

d) Rechtsfolgen der Unwirksamkeit. Verstößt eine Vereinbarung gegen eine gesetzliche Schranke, ist sie unwirksam. Ist die Vereinbarung nach § 139 BGB teilbar, so bleibt sie um Übrigen wirksam. Die **Nichtigkeit der gesamten Gemeinschaftsordnung** tritt nur ausnahmsweise ein, nämlich dann, wenn ihre Aufrechterhaltung vom Willen der Wohnungseigentümer nicht mehr getragen wird (vgl. BGH NJW 2010, 1660). 64

Das **Grundbuchamt** darf die **Eintragung** einer Vereinbarung im Grundbuch nur bei **offensichtlichen Verstößen** gegen die allgemeinen Rechtsschranken **ablehnen.** Eine materielle inhaltliche Prüfung von Vereinbarungen durch das Grundbuchamt ist weder im Grundbuchverfahrensrecht angelegt noch könnte sie vom Grundbuchamt bewältigt werden (→ § 7 Rn. 60). 65

4. Vereinbarungen im sachenrechtlichen Bereich. Gegenstand einer Vereinbarung nach § 10 Abs. 1, 3 WEG kann nur eine Regelung sein, die sich auf die Innenbeziehung der Wohnungseigentümer untereinander erstreckt, dh auf den Inhalt des Sondereigentums. Ein sachenrechtlicher Vertrag betrifft nicht das Gemeinschaftsverhältnis der Wohnungseigentümer untereinander, sondern zielt auf die Eigentumsverhältnisse und damit auf sachenrechtliche Grundlagen durch Zuordnung von Räumen, dh auf den Gegenstand des Sondereigentums. Aus diesem Grund sind Vereinbarungen mit sachenrechtlichem Regelungsgehalt **unzulässig,** entfalten keinerlei Wirkung (BGH ZMR 2019, 518 Rn. 11; NJW 2013, 1962 Rn. 9; hierzu → Rn. 20). Hierfür sind stets die für sachenrechtliche Rechtsgeschäfte geltenden Vorschriften einzuhalten. 66

Konsequenterweise ist eine Regelung in der Gemeinschaftsordnung, nach der ein oder mehrere Wohnungseigentümer zur Umwandlung gemeinschaft- 67 lichen Eigentums an Räumen in Sondereigentum ermächtigt werden oder solchen sachenrechtlichen Vorgängen antizipiert zugestimmt wird (sog. **verdinglichte Ermächtigung**) ebenfalls unwirksam (BGH NJW 2003, 2165; BayObLG DNotZ 2002, 149; KG ZMR 1999, 204; → § 4 Rn. 6).

68 **5. Rechtsbeziehungen zu Dritten. Parteien** einer das Innenverhältnis der Wohnungseigentümergemeinschaft regelnden Vereinbarung können nur die **Wohnungseigentümer** sein. **Kein** Gegenstand der Gemeinschaftsordnung können Rechtsbeziehungen zu Dritten sein, wie Gebrauchsregelungen hinsichtlich eines Nachbargrundstücks oder der Verwaltervertrag. Vereinbarungen zugänglich sind nur Regelungen des Gemeinschaftsverhältnisses der Wohnungseigentümer untereinander (→ Rn. 53). Ebenso wenig kann die anteilige Außenhaftung der Wohnungseigentümer gegenüber Gläubigern des Verbandes Wohnungseigentümergemeinschaft gem. § 9a Abs. 4 WEG abbedungen werden (BGH NJW 2018, 1309). Sofern aber zB an einem fremden Grundstück eine **Grunddienstbarkeit** zugunsten des Grundstücks der Eigentümergemeinschaft bestellt ist, ist deren Nutzung einer Regelung in der Gemeinschaftsordnung zugänglich (OLG Köln NotBZ 2006, 436; BayObLG Rpfleger 1990, 354). Dasselbe gilt, wenn die Gemeinschaft der Wohnungseigentümer Berechtigte einer **beschränkten persönlichen Dienstbarkeit** ist (→ § 9a Rn. 77).

69 Die Wohnungseigentümer können sich allerdings gegenseitig zu einem bestimmten Verhalten gegenüber einem Dritten verpflichten, sog. **Verpflichtungsvereinbarung** (vgl. *Elzer* ZNotP 2019, 111), sofern sich dies dem Innenverhältnis der Wohnungseigentümer oder deren Verhältnis zur Gemeinschaft der Wohnungseigentümer iSv § 10 Abs. 1 Satz 1 WEG zuordnen lässt. Sie können deshalb etwa einen Kontrahierungszwang zum Abschluss eines **Betreuungsvertrags** mit einem Dritten vereinbaren, um die vereinbarte Gebrauchsregelung „Betreutes Wohnen" (→ Rn. 112) zu ermöglichen (BGH NJW 2019, 1280; NJW 2007, 213 Rn. 15; OLG München ZWE 2016, 18; anders wohl Timme/*Dötsch* § 10 Rn. 118). Auch die Pflicht, einem bestimmten **Verwaltervertrag** zuzustimmen, kann aus diesem Grund vereinbart werden (Weitnauer/*Lüke* § 10 Rn. 38), ebenso wie die Pflicht, das Sondereigentum dem jeweiligen Betreiber des Hotels in der Wohnungseigentumsanlage zur Nutzung zu überlassen (BayObLG NJW-RR 1999, 739), oder im Falle eines Wohnungserbbaurechtes die Verpflichtung, dem Verwalter die Befugnis zur Einziehung des Erbbauzinses zu erteilen (OLG München ZWE 2016, 18).

70 **6. Vereinbarungen mit Beschlussinhalt.** In der Praxis finden sich oft Regelungen in Gemeinschaftsordnungen, die nicht das Gemeinschaftsverhältnis in Abweichung oder Ergänzung vom WEG betreffen und einer Vereinbarung nach den allgemeinen Grundsätzen nicht zugänglich sind. Beispiele hierfür sind die Bestellung des ersten Verwalters oder Regelungen zum Verwalterhonorar. Ebenso sind häufig „untergeordnete" Gebrauchs- und Verwaltungsregelungen enthalten, bei denen unklar ist, ob ihnen „Vereinbarungscharakter" zukommen soll. Beispiel hierfür ist die **Hausordnung.** In diesem Zusammenhang wird von Vereinbarungen mit Beschlussinhalt gesprochen (vgl. Timme/*Dötsch* § 10 Rn. 133).

Die Besonderheit solcher Vereinbarungen in Beschlussangelegenheiten soll darin bestehen, dass sie durch Beschluss geändert werden können. Ein solcher Wille der Wohnungseigentümer für eine beschlussweise Änderung müsse allerdings im Wege der Auslegung festgestellt werden (*Elzer* ZMR 2006, 734). Hierbei sei von Bedeutung, ob die Vereinbarung etwas regele, was von besonderem Interesse für die Eigentümer sei und sie daher eine **beschlussfeste Regelung** darstelle. Die Auslegung könne aber auch ergeben, dass die Vereinbarung beschlussoffen sein soll (vgl. OLG Oldenburg ZMR 1978, 245; *Elzer* ZMR 2006, 734; aA *Keuter* FS Deckert, 205). Für die Auslegung entscheidend soll sein, ob die Vereinbarung erkennbar **rechtsgestaltende Wirkung** für alle Zukunft entfalten und deshalb nur einstimmig abgeändert werden sollte (OLG Oldenburg ZMR 1978, 245; BayObLG Rpfleger 1975, 367). Im Zweifel sei aus Gründen der Praktikabilität anzunehmen, dass eine Vereinbarung in Beschlussangelegenheiten **beschlussoffen** sei (BayObLG ZMR 2002, 64; NZM 1998, 239; MDR 1992, 373; OLG Frankfurt a. M. ZMR 1991, 113). 71

Diese Rechtsfigur erscheint indes **überflüssig.** Ist der Regelungsgegenstand einer Vereinbarung entzogen, kann er auch nicht durch Aufnahme in die Gemeinschaftsordnung rechtliche Wirkung erzeugen. Die betreffenden Passagen sind als Vereinbarung rechtlich inhaltsleer. Dies gilt insbesondere für die Bestellung des ersten Verwalters (→ Rn. 76; aA hM → § 26 Rn. 115) oder das Verwalterhonorar, dass in einem Vertrag mit dem Verwalter zu regeln ist. 72

Soweit es um die Bedeutung einer in der Gemeinschaftsordnung enthaltenen **Hausordnung** geht, also die Verkörperung sämtlicher hausbezogener Gebrauchs- und Verwaltungsregelungen für das gemeinschaftliche, aber auch das jeweilige Sondereigentum, bedarf es hingegen einer **Auslegung.** Dieser Regelungsbereich ist einer Vereinbarung gem. § 10 Abs. 1, 3 WEG grundsätzlich zugänglich (→ § 19 Rn. 41). Enthält die Gemeinschaftsordnung eine Hausordnung, stellt diese damit grundsätzlich eine oder mehrere Vereinbarungen dar. Da jedoch eine Hausordnung in der Regel keine grundlegende Bedeutung für die Wohnungseigentümer besitzt, wird man durch Auslegung mit der hM zu dem Ergebnis gelangen können, dass sie grundsätzlich durch einen Beschluss geändert werden kann (BayObLG NJW-RR 1992, 343; ZMR 1976, 310; OLG Frankfurt a. M. NJW-RR 1990, 1430; OLG Oldenburg ZMR 1978, 245; LG München ZWE 2018, 176). Die Begründung liegt jedoch nicht darin, dass dies die Besonderheit einer Vereinbarung mit Beschlussinhalt ist. Vielmehr ergibt die Auslegung, dass die Vereinbarung beschlussoffen sein soll (*Schmid* NJW 2013, 2146; *Elzer* ZMR 2006, 734). Hierin liegt ein besonderer Fall einer **Öffnungsklausel** (→ Rn. 169). Die Auslegung kann indes auch ergeben, dass diese Regelung – auf Grund ihrer Bedeutung – nicht beschlussoffen sein soll (→ § 19 Rn. 41). Sinnvollerweise sollte in der Gemeinschaftsordnung die Zulässigkeit einer Abänderung durch Beschluss ausdrücklich geregelt werden. 73

7. Von Dritten gesetzte Inhalte. Die Eigentümer können vereinbaren, dass Dritte – meistens der aufteilende Bauträger (→ Rn. 29) oder der Verwalter – entsprechend §§ 315, 317 BGB einen Teil ihrer Vereinbarungen nach billigem Ermessen – ggf. anhand vorgegebener Parameter – bestimmen 74 sollen. Soweit Dritte in rechtmäßiger Weise Kompetenzen der Wohnungseigentümer ausüben, handelt es sich bei den von ihnen getroffenen Bestimmungen um eine in Vertretung der Wohnungseigentümer getroffene **vertragliche Regelung** und damit um eine **Vereinbarung** (offen gelassen von KG NZM 2004, 910). Dies ist etwa anzunehmen, wenn zB der Verwalter die Kompetenz übertragen bekommen hat, autonom für die Eigentümer einen Umlageschlüssel zu bestimmen, Gebrauchs- und Nutzungsregelungen zu bestimmen (→ Rn. 96), die Inhalte der Hausordnung festzulegen (→ § 19 Rn. 49 ff.) oder die Entscheidung zu treffen, wie ein Teileigentum gewerblich zu gebrauchen und zu nutzen ist.

75 Ob die Wohnungseigentümer neben dem Dritten, dem sie Befugnisse übertragen haben, weiterhin selbst zuständig bleiben, ist danach zu beurteilen, ob die Kompetenzverlagerung **konkurrierend** oder **verdrängend** gemeint ist. Wird etwa einem Verwalter eine bestimmte Befugnis übertragen, ist durch Auslegung zu klären, ob die Rechtsmacht des Verwalters die Macht der Eigentümer verdrängen soll oder nur zusätzlich neben diese tritt (*Elzer* ZMR 2005, 883). Ist eine **konkurrierende Verlagerung** gewollt, können die Eigentümer regelmäßig weiterhin auch eigene Entscheidungen im jeweiligen Kompetenzbereich treffen (BGH NJW 1996, 1216; KG ZMR 1998, 657; *Elzer* ZMR 2005, 883). Welche Form der Kompetenzverlagerung vorliegt, ist eine Frage der Auslegung. Im Zweifel ist von der gesetzlichen Zuständigkeit der Wohnungseigentümer und damit von einer konkurrierenden Verlagerung auszugehen.

76 **8. Bestimmung des ersten Verwalters in der Gemeinschaftsordnung.** Der erste Verwalter soll nach bisher hM (BGH NJW 2013, 3360 Rn. 8; 2012, 3232 Rn. 11) bereits durch die Miteigentümer im Teilungsvertrag oder den Alleineigentümer in der Teilungserklärung bestimmt werden können (siehe dazu → § 26 Rn. 115). Eine Verwalterbestellung in der Teilungserklärung stellt unabhängig von ihrer Zulässigkeit in jedem Fall keine Regelung mit Vereinbarungscharakter über das Verhältnis der Wohnungseigentümer untereinander (→ Rn. 53) dar (ebenso z. B. *Becker/Schneider* ZfIR 2020, 302; *Ott* ZWE 2016, 160; aA KG ZMR 2018, 692). Die Bestellung des Verwalters erfolgt nämlich durch Beschlussfassung der Wohnungseigentümer (§ 26 Abs. 1 WEG) und ist einer Vereinbarung nicht zugänglich. Aus diesem Grund kann eine Bindung der Wohnungseigentümer an eine solche Verwalterbestellung auch nicht über §§ 5 Abs. 4 Satz 1, 10 Abs. 3 WEG begründet werden. Da der erste Verwalter nun unmittelbar nach Anlegung der Wohnungsgrundbücher und dem damit verbundenen Entstehen der Gemeinschaft der Wohnungseigentümer (→ § 9a Rn. 32) durch Beschluss bestellt werden kann, besteht für diese Konstruktion auch kein praktisches Bedürfnis mehr.

77 **9. Weitere Einzelfälle zulässiger/unzulässiger Vereinbarungen. Zulässig** ist die Vereinbarung einer **Haftung** des Erwerbers für **Wohngeldrückstände** bei einem rechtsgeschäftlichen Erwerb (BGH NJW 1994, 2950; → § 7 Rn. 12), nicht jedoch im Wege der Zwangsversteigerung (BGH NJW 1987, 1638), ebenso eines **außergerichtlichen Güteverfahrens** als Verfahrensvoraussetzung bei Streitigkeiten innerhalb der Wohnungseigentümergemeinschaft (→ Vor §§ 43 ff. Rn. 18) oder von **Geldstrafen,** die bei bestimmten Zuwiderhandlungen durch Mehrheitsbeschluss verhängt werden (KG NotBZ 2017, 338; BayObLG NJW-RR 1986, 179), Verzugszinsenregelungen (BayObLG WE 1988, 200) sowie die Unterwerfung unter die **sofortige Zwangsvollstreckung** (§ 794 Abs. 1 Nr. 5 ZPO) wegen des Hausgeldes (→ § 28 Rn. 349).

Nichtig ist nach der Rspr. der völlige **Ausschluss des Stimmrechtes** (→ Rn. 61) oder der **Ausschluss** von der **Eigentümerversammlung** bei Verzug mit Hausgeldzahlungen (→ Rn. 61 und → § 25 Rn. 20). Unwirksam sind ferner Vereinbarungen im **sachenrechtlichen Bereich** (→ Rn. 66). Auch eine verdinglichte Vereinbarung, dass alle schuldrechtlichen Vereinbarungen auch ggü. einem Sonderrechtsnachfolger wirksam sein sollen, ist nicht möglich (OLG Hamm DNotZ 2008, 382; *Grziwotz* MietRB 2008, 278;→ Rn. 201). 78

10. Gerichtlicher Vergleich. Ein gerichtlicher Vergleich über eine Vereinbarung steht einer normalen Vereinbarung der Wohnungseigentümer gleich (OLG Köln ZMR 2004, 59). Er bindet damit Sonderrechtsnachfolger nur, falls er im Grundbuch eingetragen ist (OLG München ZWE 2014, 265; *Drasdo* ZMR 2007, 503; *Häublein* ZMR 2001, 170; aA LG Koblenz ZMR 2001, 228). Etwas anderes kann nur gelten, wenn mit dem Vergleich lediglich ein Streit über die Auslegung einer bereits im Grundbuch eingetragenen Vereinbarung beendet wird und durch ihn keine neue oder veränderte Vereinbarung zustande kommen soll. Sind alle Wohnungseigentümer an einem Vergleich mit Vereinbarungsinhalt beteiligt, sollten deshalb der Antrag auf Grundbucheintragung und die Eintragungsbewilligungen in das Vergleichsprotokoll aufgenommen werden (*Becker* ZWE 2002, 437), weil dies die nach § 29 GBO erforderliche Form ersetzt (OLG München ZWE 2014, 167; *Dötsch* NZM 2013, 630). Möglicherweise können Rechtsnachfolger trotz fehlender Grundbucheintragung aber zur Duldung der im Vergleich getroffenen Regelungen verpflichtet sein (hierzu OLG Zweibrücken FGPrax 2001, 183). 79

11. Gläubigerzustimmung. Bei der **Erstaufteilung** ergeben sich in der Regel keine Schwierigkeiten, da zu diesem Zeitpunkt meist eine Belastung des Grundstückes noch nicht gegeben ist bzw. eine solche sich als Gesamtrecht an allen Wohnungseigentumseinheiten fortsetzt und die Zustimmung somit entbehrlich ist. Für **spätere Vereinbarungen** ist gem. § 5 Abs. 4 Satz 2 WEG die Zustimmung dinglich Berechtigter in bestimmten Fällen notwendig (→ § 5 Rn. 50 ff.). 80

D. Spezielle Vereinbarungen

I. Vereinbarung über Benutzung/Gebrauch

1. Allgemeines. Die Wohnungseigentümer können ihr gesamtes Zusammenleben durch **Vereinbarungen** abweichend vom Gesetz oder bereits bestehenden Vereinbarungen regeln, insbesondere die Benutzung des Sondereigentums und des gemeinschaftlichen Eigentums. „Benutzung meint 81

Gebrauch und Nutzung des Eigentums. Da aufgrund § 15 WEG aF der Begriff „Gebrauch" in Rspr. und Lit. verwendet wurde, wird diese Terminologie auch hier verwendet." Eine Gebrauchsbestimmung erweitert den nach §§ 16 Abs. 1 Satz 3, 14 Abs. 1 WEG grundsätzlich erlaubten (Mit-) Gebrauch, schränkt diesen (teilweise) ein, konkretisiert oder ändert ihn. Regelmäßig sind in der Gemeinschaftsordnung Bestimmungen zur Kostentragung und zu den Umlageschlüsseln, aber auch Verwaltungsregelungen für das gemeinschaftliche Eigentum und das Sondereigentum enthalten. Bis zum Inkrafttreten des WEMoG enthielt das Gesetz in § 15 WEG eine ausdrückliche Bestimmung für Gebrauchsregelungen. Nach § 15 Abs. 1 WEG aF konnten die Wohnungseigentümer den Gebrauch des Sondereigentums und des gemeinschaftlichen Eigentums durch Vereinbarung regeln. Da sich diese Kompetenz aber bereits aus § 10 Abs. 1 Satz 2 WEG ergibt, wurde diese Bestimmung ersatzlos aufgehoben.

82 Die bisher in § 15 Abs. 2 WEG aF enthaltene Kompetenz zur Regelung eines ordnungsmäßigen Gebrauchs durch **Mehrheitsbeschluss** der Wohnungseigentümer ist inhaltlich nun in § 19 Abs. 1 WEG enthalten. Der Beschluss bedarf einer einfachen Mehrheit – soweit nichts anderes vereinbart ist (OLG Hamm NZM 2009, 163). Zur diesbezüglichen Beschlussfassung siehe umfassend → § 19 Rn. 12 ff.

83 **2. Begriff des Gebrauchs.** Gebrauch ist die **tatsächliche** Verwendung des Sonder- und/oder gemeinschaftlichen Eigentums, vor allem Gehen, Laufen, Schlafen, Spielen, Treten, Wohnen. Aus § 13 Abs. 1 WEG folgt, dass zum Gebrauch des Sondereigentums insbesondere das Bewohnen gehört; Vermieten und Verpachten sind hingegen Nutzungen. Kein Gebrauch ist die **Verwaltung** des Sonder- und/oder gemeinschaftlichen Eigentums, die Erhaltung des Sonder- und/oder gemeinschaftlichen Eigentums oder bauliche Maßnahmen am gemeinschaftlichen Eigentum; bauliche Maßnahmen am **Sondereigentum** unterfallen hingegen dem Gebrauchsbegriff. Beschließen die Wohnungseigentümer **für den Gebrauch** des gemeinschaftlichen Eigentums ein **Entgelt** zu verlangen, zB für eine Sauna (OLG Düsseldorf FGPrax 2003, 158) oder eine Waschmaschine, handelt es sich um **keine Gebrauchsregelung,** sondern um die Verwaltung des gemeinschaftlichen Eigentums (→ § 21 Rn. 8; aA Bärmann/*Suilmann* § 15 Rn. 27). Der Begriff „Gebrauch" ist vor allem von „sonstigen" Nutzungen (Rn. 81) und baulichen Veränderungen (§ 20 Abs. 1 WEG) abzugrenzen (Jennißen/*Schultzky* § 15 Rn. 4; aA Bärmann/*Suilmann* § 15 Rn. 2, der Gebrauch und Nutzung gleichstellt). Die **Unterscheidung** zu § 16 Abs. 1 Satz 3 WEG folgt dabei aus dem Gesetz. Zentrales Abgrenzungskriterium zu § 20 Abs. 1 WEG ist hingegen die Frage, ob ein **Substanzeingriff** ins gemeinschaftliche Eigentum vorliegt (= bauliche Veränderung) oder ob das gemeinschaftliche Eigentum bloß umdekoriert wird (Gebrauch). Siehe dazu auch Rn. 143 ff. sowie im Einzelnen → § 20 Rn. 8.

84 Keine Gebrauchsbestimmung ist der (teilweise) **Entzug des Alleingebrauchs** nach § 13 Abs. 1 WEG oder **des Mitgebrauchs** nach § 16 Abs. 1 Satz 3 WEG. Ein Gebrauchsentzug ist keine Regelung des Gebrauchs, weil eine Gebrauchsbestimmung den (Mit-)Gebrauch weiterhin

voraussetzt (BGH NZM 2016, 861 Rn. 15; NJW 2000, 3500). Wird der **Mitgebrauch** (und in der Regel auch die Mitnutzung) des gemeinschaftlichen Eigentums durch eine Vereinbarung dauerhaft **entzogen** und allein einem einzelnen Wohnungseigentum/Wohnungseigentümer/Miteigentümer **zugewiesen,** spricht man von einem **Sondernutzungsrecht** (dazu → Rn. 117; ein entsprechender Beschluss wäre nichtig (→ Rn. 127). Ausführlich zum Problem, ob bereits ein Sondernutzungsrecht oder noch eine Gebrauchsbestimmung vorliegt siehe → § 19 Rn. 29 ff.

3. Regelungsgegenstand. Regelungsgegenstand einer Gebrauchsbestimmung sind das **Sondereigentum** und/oder das **gemeinschaftliche** Eigentum. Für das **gemeinschaftliche Eigentum** finden sich nicht selten Anordnungen zum **allgemeinen Benutzung** der Anlage (→ Rn. 112), zB als Anlage für das „betreute" Wohnen (BGH NJW 2007, 213 Rn. 15; *Rapp* MittBayNot 2012, 434), Begegnungsstätte (OLG Hamm ZMR 2006, 149, dort für das Teileigentum), Boarding-Haus (OLG Saarbrücken ZMR 2006, 554, dort für Wohnungseigentum), als Hotel (BayObLG NZM 2003, 520), Studentenwohnheim oder Heim, aber auch für einzelne Räume (Abstellraum, Fahrradkeller, Trockenraum, Wäschekeller) oder Flächen (Garten, Stellplatz, Terrasse). 85

Eine Regelungskompetenz für ein **Nachbargrundstück** (OLG Hamm ZWE 2006, 346; OLG Düsseldorf FGPrax 2003, 121) oder für ein im Miteigentum der Wohnungseigentümer stehendes weiteres Grundstück **besteht nicht,** solange dieses nicht mit dem gemeinschaftlichen Grundstück **vereinigt** ist (OLG Frankfurt a. M. ZWE 2006, 341). Eine Gebrauchsregelung ist aber ausnahmsweise auch für Flächen auf fremden Grundstücken möglich, wenn für das fremde Grundstück eine Dienstbarkeit besteht (OLG Stuttgart ZMR 1990, 306; Jennißen/*Schultzky* § 15 Rn. 6). 86

4. Zweckbestimmung im weiteren Sinne. a) Begriff. In der Bezeichnung eines Sondereigentums als Wohnungs- oder Teileigentum nach § 1 Abs. 2, Abs. 3 WEG (→ § 1 Rn. 17) liegt eine Vereinbarung über den zulässigen Gebrauch (BGH ZWE 2020, 180 Rn. 7; NZM 2018, 754 Rn. 7; OLG Hamm NZM 2007, 294; KG ZMR 2007, 299). Die hM spricht von einer Zweckbestimmung im weiteren Sinne, weil durch die Bezeichnung eines Sondereigentums als Wohnungs- oder Teileigentum allgemein der Gebrauch der Räume eines Sondereigentums als Wohnung oder zu anderen als zu Wohnzwecken vorgegeben wird (BGH NZM 2018, 90; BayObLG WuM 1994, 222; *Elzer* ZNotP 2019, 188; *Wenzel* ZWE 2006, 62; *Ott* ZfIR 2005, 130). Zweckbestimmungen im weiteren Sinne bestimmen wenigstens **grob,** welcher Gebrauch erlaubt ist. Diese beiden **Grundtypen** der Nutzungsbefugnis schließen sich, soweit eine Vereinbarung nicht etwas anderes regelt, gegenseitig aus (BGH NZM 2018, 90 Rn. 8). Nähere Konkretisierungen können durch eine Vereinbarung nach § 10 Abs. 1 Satz 2 WEG oder einen Beschluss nach § 19 Abs. 1 WEG getroffen werden. Hält sich die Nutzung an die vereinbarte Zweckbestimmung, kann aus dem **Charakter der Wohnanlage** und den diesen prägenden örtlichen Verhältnissen **keine** einschränkende Auslegung des zulässigen Gebrauchs hergeleitet werden (BGH NZM 2019, 293 Rn. 24). 87

88 **b) Bezeichnung eines Sondereigentums als „Wohnungseigentum".** Wohnungseigentum ist zum „Wohnen" bestimmt (→ § 1 Rn. 13). Der Begriff des Wohnens ist **weit** zu verstehen (BGH NZM 2018, 90 Rn. 10; OLG Braunschweig ZWE 2019, 124). Sein nach § 14 WEG zulässiger Gebrauch bestimmt sich nach diesem Zweck (BGH NJW-RR 2012, 1292 Rn. 7; NJW 2010, 3093 Rn. 15). „Wohnen" meint vor allem Aufhalten, Ausruhen, Schlafen, Essen, Toilette, „Informationsbeschaffung" über jegliche Medien, aber auch gelegentliches Feiern und jegliche Ausübung individueller Freiheit und Entfaltung der Persönlichkeit, die in Räumen üblich ist, zB Musizieren, Malen, Schreiben, aber auch Religionsausübung. Kein bloßes „Wohnen" ist hingegen die Ausübung und Wahrnehmung eines Berufes oder Gewerbes, das Unterrichten, zB der Unterricht von Musikschülern, das Behandeln von Dritten, etwa als Arzt oder Psychologe, das berufliche Schreiben. Ebenfalls nicht zu Wohnzwecken dient die Nutzung als stationäre Pflegeeinrichtung oder Heim. Eine solche Nutzung ist dadurch gekennzeichnet, dass die Unterkunft in einer für eine Vielzahl von Menschen bestimmten Einrichtung erfolgt, deren Bestand von den jeweiligen Bewohnern unabhängig ist und in der eine heimtypische Organisationsstruktur an Stelle der Eigengestaltung der Haushaltsführung und des häuslichen Wirkungskreises tritt (BGH NZM 2019, 293 Rn. 15; NZM 2018, 90 Rn. 19).

89 Neben dem „originären" Gebrauch ist allerdings auch **nicht abwehrbar,** was nach einer typisierenden Betrachtungsweise (allgemein → Rn. 101 ff.) die Miteigentümer **nicht mehr stört** als ein Wohngebrauch. Denn die Miteigentümer erfahren in diesem Falle keinen Nachteil, den es abzuwehren gälte oder der abwehrbar wäre. Neben dem „Wohnen" kann daher auch der nichtstörende Gebrauch eines Wohnungseigentums zu **anderen Zwecken** jedenfalls nicht von den Miteigentümern unterbunden werden. Ein solcher nichtstörender Gebrauch liegt in der Regel im Gebrauch eines Wohnungseigentums als Ingenieur-Planungsbüro **ohne** Publikumsverkehr, als **Patentanwaltskanzlei** (BGH NJW 2010, 3093 Rn. 16; OLG Zweibrücken ZMR 1997, 482; OLG Köln NZM 2002, 258) oder als psychologische Einzelpraxis. Für die Frage, ob der Gebrauch als „Büro" für einen Beruf oder Gewerbe möglich ist, kommt es auf die Art des Bürobetriebs an (BayObLG ZMR 2001, 41). **Unzulässig** ist hingegen jeder typischerweise über einen Wohngebrauch hinausgehende gewerbliche Gebrauch der (eigenen) Wohnung, etwa zur (werk-)täglichen Erbringung von Betreuungsdienstleistungen ggü. Dritten in Form einer Pflegestelle für bis zu fünf Kleinkinder (BGH NJW-RR 2012, 1292 Rn. 7; LG Köln ZMR 2012, 39). Eine solche **teilgewerbliche Nutzung** ist vom – ggf. auch ausgeübten – Wohnen nicht mehr getragen und ist störende Ausübung eines Gewerbes oder Berufes (BGH NJW-RR 2012, 1292 Rn. 7). Unzulässig ist auch der Gebrauch als Anwaltskanzlei, als Arztpraxis mit typischerweise erheblichem Patientenverkehr, als Aussiedlerheim (OLG Hamm WE 1992, 135), als Laden (BayObLG ZMR 2000, 778; NJW-RR 1993, 149) als Pflegeheim (OLG Köln GuT 2007, 101) oder die Ausübung der Prostitution (OLG Zweibrücken IMR 2009, 279; OLG Hamburg Info M 2009, 21; LG Hamburg ZMR 2008, 828).

90 Zur Vermietung eines Wohnungseigentums als Ferienwohnung oder an wechselnde Gäste bzw. zur Unterbringung von Flüchtlingen → § 13 Rn. 18.

c) Bezeichnung eines Sondereigentums als „Teileigentum". Teileigentum darf grundsätzlich zu jedem Zweck genutzt werden, der nicht dem Wohnen zuzuordnen ist (BGH NZM 2019, 293 Rn. 21; NZM 2018, 90 Rn. 9; ZWE 2011, 396). Das „echte" Teileigentum dient **gewerblichen** Zwecken. Zulässig ist danach grundsätzlich **jegliches** nicht anstößige (§§ 134, 138 BGB) Gewerbe zu üblichen Öffnungszeiten, soweit nichts anderes vereinbart ist, aber auch ein (freikirchliches) Gemeindezentrum (OLG Frankfurt a. M. NZM 2013, 153; LG Berlin ZWE 2018, 450) oder Boardinghouse (LG Frankfurt NZM 2018, 95). Unzulässig ist hingegen wegen negativer Auswirkungen auf den Verkehrswert (BayObLG DWE 1981, 58; LG Nürnberg-Fürth NZM 2000, 54) die Ausübung der Prostitution. 91

Wird der **Nebenraum** eines Wohnungseigentums – dogmatisch ungenau 92
– als Teileigentum angesprochen, vor allem als Abstell- (OLG Frankfurt a. M. ZWE 2012, 35), Boden-, Hobby- (BGH ZWE 2011, 396), Keller- oder Lagerraum (BayObLG ZMR 1994, 234), Speicher (OLG Düsseldorf ZMR 2004, 610) oder Weinkeller (BayObLG ZMR 1990, 230), dürfen dort Dinge abgestellt (OLG Zweibrücken ZMR 2006, 316; OLG Düsseldorf ZMR 1997, 373) oder Hobbies betrieben werden (OLG Düsseldorf ZMR 1997, 373). Ferner darf ein Nebenraum als Party- oder Werkraum, als Waschküche (BayObLG ZMR 1993, 530) oder als Keller gebraucht werden (BGH ZWE 2011, 396 mwN). Zu „Kellerräumen" bestimmte Räume eines Wohnungseigentums dürfen nur als Keller oder in einer Weise genutzt werden, die nicht mehr stört oder beeinträchtigt (→ Rn. 101) als ein Gebrauch als Keller (OLG Schleswig ZMR 2006, 891). Kellerräume dürfen daher vor allem als Lager- oder Abstellraum gebraucht werden (OLG Zweibrücken ZMR 2006, 316; OLG Düsseldorf NJW-RR 1997, 907; BayObLG ZfIR 2000, 47). Ein Gebrauch als Wohnung scheidet wegen des intensiveren Gebrauchs hingegen aus (BayObLG WE 1998, 398; WE 1995, 358; ZMR 1993, 29). Zu Hobbyzwecken dürfen Kellerräume gebraucht werden, wenn dies – was in der Regel anzunehmen ist – nicht mehr stört als der bestimmungsgemäße Gebrauch (OLG Düsseldorf NJW-RR 1997, 907). Auch der Gebrauch als Partyraum, Werkraum, Abstellraum oder Waschküche ist zulässig. Der Gebrauch als gewerbliches Büro ist hingegen unzulässig (BayObLG ZMR 1993, 530).

5. Zweckbestimmungen im engeren Sinne. a) Überblick. Die Wohnungseigentümer können zum gemeinschaftlichen Eigentum und zum Sondereigentum Gebrauchsregelungen iSv § 10 Abs. 1 Satz 2 WEG **vereinbaren.** Solche Gebrauchsregelungen finden sich in der Regel als Teil der Gemeinschaftsordnung (→ Rn. 19), können aber natürlich **stets** getroffen werden. Die hM nennt vereinbarte Gebrauchsregelungen häufig „Zweckbestimmungen mit Vereinbarungscharakter" (vgl. BGH NZM 2015, 787 Rn. 18; NJW-RR 2010, 667 Rn. 5; OLG Frankfurt a. M. NZM 2013, 153). Diese Terminologie macht klar, dass es sich um keinen Beschluss handelt. Allerdings kann eine Bestimmung nur eine Vereinbarung oder ein Beschluss sein, nicht aber bloß einen solchen „Charakter" haben. Es sollte daher zur begrifflichen Klarheit besser von einer vereinbarten – im Gegensatz zu einer beschlossenen – Zweckbestimmung gesprochen werden. 93

94 Die im Sondereigentum stehenden Räume können bei Einhaltung der vorgegebenen Zweckbestimmung auf unterschiedlichste Weise genutzt werden. Inhalt von Gebrauchsregelungen kann es sein, eine von mehreren **Nutzungsmöglichkeiten konkret festzulegen,** sei es bestimmte Nutzungsformen zu gebieten oder andere zu verbieten. Da die Nutzung einer Sondereigentumseinheit nach § 13 Abs. 1 WEG grundsätzlich nach den Vorstellungen des betreffenden Eigentümers innerhalb der gesetzlichen Vorgaben in dessen Belieben gestellt ist, kann eine **Einschränkung dieser Nutzungsfreiheit nicht** durch **Beschluss** erfolgen (→ § 19 Rn. 22).

95 **b) Einzelne Beispiele.** Beispiele für eine solche Vereinbarung sind etwa die Gebrauchsanordnungen wie Arztpraxis (OLG Stuttgart ZMR 1987, 60), Café (OLG Hamburg ZMR 1998, 714), Geschäftsraum (BayObLG MDR 1982, 496), Gewerbe (LG Karlsruhe ZWE 2011, 99), gewerbliche Einheit oder gewerbliche Nutzung (OLG Hamm ZMR 2006, 149; OLG Düsseldorf ZMR 2004, 448), Kontakt- und Informationsstelle (OLG Zweibrücken ZMR 2006, 76), Laden (BGH NZM 2020, 107 Rn. 15; NZM 2015, 787; KG MietRB 2007, 148), Lagerraum (BayObLG ZMR 1994, 234), Restaurant (LG München I ZWE 2011, 275), Sauna (BayObLG ZMR 2000, 689 (690); ZMR 1994, 423), Schwimmbad (BayObLG ZMR 1088, 435), Supermarkt (OLG Frankfurt a. M. NZM 2013, 153) oder Zahnklinik (OLG Düsseldorf ZMR 2004, 449).

96 **c) Verbot und Beschränkung bestimmter Nutzungsarten.** Die im WEG eröffnete „dingliche Vertragsfreiheit" (→ Rn. 50) ermöglicht weitgehende Regelungen zum zulässigen Gebrauch des Sonder- und gemeinschaftlichen Eigentums. So kann durch **Vereinbarung,** nicht aber durch Mehrheitsbeschluss, auch das **Verbot eines bestimmten** – an sich nach §§ 13, 14 WEG zulässigen – **Gebrauchs** geschaffen werden. Möglich ist zB der völlige Ausschluss des Musizierens (OLG Hamm NJW 1981, 465), der Tierhaltung (BGH NJW 1995, 2036; OLG Frankfurt a. M. Rpfleger 1978, 414) und der Berufs- oder Gewerbeausübung (BayObLGZ 75, 233). Ebenfalls zulässig ist die Vereinbarung einer **Konkurrenzschutzklausel** für einen bestimmten Sondereigentümer (BayObLG FGPrax 1997, 141; OLG Hamm FGPrax 1997, 96; *Hörndler* ZWE 2020, 323) oder eines **Vermietungsverbots** (BGH NJW 2019, 2083 Rn. 9; NJW 2010, 3093; OLG Celle NZM 2005, 184; *Ehmann* ZWE 2016, 348; *Armbrüster* 2004, 217; aA *Drado* NJW-Spezial 2016, 354). Zulässig erscheint auch die Vereinbarung eines Rauchverbots (*Hügel* FS Steiner, 355). Es kann auch eine Beschränkung dergestalt vereinbart werden, dass eine bestimmte **Nutzung** oder ein bestimmter Gebrauch nur mit **Erlaubnis des Verwalters,** auf Grund eines Mehrheitsbeschlusses oder nur mit Zustimmung eines anderen Wohnungseigentümers zulässig ist (grundlegend BGH NJW 1962, 1613 unter II. 3), zB zur **Vermietung** von Sondereigentum (LG Koblenz ZWE 2016, 412). Widerspricht jedoch eine Gebrauchsbeschränkung der Zweckbestimmung im weiteren Sinne beispielsweise dergestalt, dass in einem Wohnungseigentum durch die vereinbarte Gebrauchsbeschränkung Wohnen faktisch nicht mehr möglich ist, ist eine solche Vereinbarung nur wirksam, wenn zugleich die Zweckbestimmung im weiteren Sinne mitgeändert wird. Unterbleibt dies, ist die Verein-

barung widersprüchlich (→ Rn. 44) und damit rechtlich bedeutungslos (*Hügel* FS 25 Jahre Deutsches Notarinstitut, 160).

Eine Grundrechtsverletzung (Art. 14 Abs. 1 GG) oder ein Eingriff in § 13 Abs. 1 WEG kann in solchen und anderen Beschränkungen jeweils nicht gesehen werden. Der Inhalt des betroffenen Sondereigentums wurde nur so geschaffen oder mit Zustimmung des Eigentümers verändert. Ein Eigentum ohne die Beschränkung bestand nie und besteht nicht (→ Rn. 34). 97

Die Durchsetzung einer Gebrauchsvereinbarung, vor allem eines Verbots oder Gebots, kann im Einzelfall allerdings gegen Treu und Glauben (§ 242 BGB) verstoßen (BGH NZM 2004, 227; NJW 1995, 2036); OLG Hamm ZMR 2005, 897; OLG Frankfurt a. M. NZM 2004, 231; BayObLG FGPrax 2002, 15; → Rn. 63). Dies ist der Fall, wenn es an einem **berechtigten** Interesse für ein Festhalten am Verbot fehlt (BGH NZM 2004, 227; *Derleder* ZWE 2006, 223). Dies gilt etwa dann, wenn ein Wohnungseigentümer aus gesundheitlichen Gründen auf ein Tier **angewiesen** ist, zB auf einen Blindenhund, oder bei einer nicht beeinträchtigenden, mobilen Parabolantenne. 98

In der Praxis finden sich vor allem Bestimmungen, die nähere Anordnungen treffen, wie ein **Teileigentum** gebraucht werden darf (→ Rn. 95). **Ohne** Anordnung darf ein Teileigentum für **jedes Gewerbe** gebraucht werden – was häufig unangemessen erscheint. Zu in „Teileigentum" stehenden Nebenräumen → Rn. 92. 99

6. Auslegung. a) Allgemeines. Gebrauchsvereinbarungen sind **wie jede andere** Vereinbarung (dazu → Rn. 41 ff.) auszulegen. Eine Auslegung ist jedenfalls geboten, soweit eine vereinbarte Gebrauchsregelung sprachlich ungenau gefasst ist oder soweit sich Anordnungen widersprechen. Bei der Auslegung des hypothetischen Willens des aufteilenden Eigentümers ist zu berücksichtigen, dass dieser grundsätzlich nicht dahin geht, den Eigentümern eine bestimmte Gestaltung ihres Privat- oder Berufslebens vorzugeben und das ihnen zustehende Recht zur Nutzung ihres Eigentums über Gebühr einzuschränken (BGH ZWE 2020, 180 Rn. 10). 100

b) Typisierende Betrachtungsweise. aa) Überblick. Ein Wohnungs-/Teileigentümer ist **nicht** darauf beschränkt, sein Wohnungs-/Teileigentum ausschließlich zu dem in § 1 Abs. 2, Abs. 3 WEG bzw. § 10 Abs. 1, Abs. 3 WEG vorgesehenen Gebrauch zu gebrauchen. Aus Art. 2 GG iVm § 13 Abs. 1 WEG folgt das Recht, ein Wohnungs- und/oder Teileigentum auch **zu anderen Zwecken** zu gebrauchen und zu nutzen. Entscheidend ist, ob ein anderer Gebrauch die übrigen Wohnungseigentümer über das Maß hinaus beeinträchtigt, das bei **einem typischen Gebrauch** (typisierende Betrachtungsweise) zu erwarten ist (BGH ZWE 2020, 180 Rn. 10; NZM 2020, 107 Rn. 24; 2018, 754 Rn. 8; ZMR 2018, 529 Rn. 13; NZM 2018, 90 Rn. 10; NZM 2015, 787 Rn. 21; NJW 2014, 2640 Rn. 7; 2010, 3093 Rn. 16; OLG Frankfurt a. M. ZWE 2012, 35). Diese Sichtweise **überzeugt** auch. Es besteht kein rechtlich schützenswertes Interesse an einer Unterbindung des Unerlaubten, aber nicht Störenden (§ 226 BGB). Zu prüfen ist daher stets, welche Störungen und Beeinträchtigungen von dem bestimmungswidrigen Gebrauch **üblicherweise** (nicht konkret) ausgehen. 101

102 Für eine typisierende Betrachtungsweise ist in einem **ersten Schritt** zu prüfen, welche Störungen und Beeinträchtigungen von einem bestimmungswidrigen Gebrauch ausgehen. Der zweckbestimmungsgemäße Gebrauch bildet dann für das Störungsmoment die obere „Messlatte" (ein „Begriffswandel" muss nicht in die rechtliche Bewertung einbezogen werden). In einem **zweiten Schritt** ist dann zu klären, ob der andere, tatsächliche Gebrauch nach einem objektiven Maßstab mehr stört. Eine „massive Störung" oder eine Beeinträchtigung „im Übermaß" sind nicht erforderlich (BayObLG ZMR 2000, 778). Unerheblich ist danach zB, ob der gegenwärtige Betreiber eines Restaurationsbetriebes noch nach 22.00 Uhr Fleisch klopft oder nicht. Entscheidend ist, ob in einem „normalen" Restaurant um diese Zeit noch solche Störungen zu erwarten sind. Eine typisierende Betrachtungsweise bedeutet allerdings nicht, dass die konkreten Umstände des Einzelfalls für die Beurteilung einer Mehrbelastung gänzlich außer Betracht zu bleiben haben (OLG Frankfurt a. M. ZWE 2012, 35; OLG München MDR 2005, 1102). Auch diese Umstände sollen von Bedeutung sein, da die Beantwortung der Frage, ob eine Mehrbeeinträchtigung gegenüber dem vereinbarten Nutzungszweck zu bejahen ist, nicht unerheblich davon abhängt, welches Gepräge und welchen Zuschnitt das abweichend von der Zweckbestimmung betriebene Unternehmen oder eine freiberufliche Tätigkeit aufweist (OLG Hamm ZMR 2005, 219). Eine typisierende Betrachtungsweise kann es ferner erfordern, den Gebrauch nach seiner Art und Durchführung sowie den damit verbundenen Folgen (zB zu erwartende Besucherfrequenz, Besucherstrukturen, Begleitkriminalität) zu konkretisieren und auf die örtlichen Gegebenheiten (zB Umfeld, Charakter der Anlage und die diesen prägenden Verhältnisse, Lage im Gebäude) und zeitlichen Verhältnisse (etwa Öffnungszeiten) zu beziehen (LG OLG München I ZWE 2011, 275).

103 **bb) Prüfsteine.** Prüfsteine sind ua Öffnungszeiten (zB OLG Zweibrücken FGPrax 2006, 113), wobei es – sofern nichts anderes bestimmt – auf die aktuellen ankommt, Lärm- und Geruchsbeeinträchtigungen, die Häufigkeit von Störungen, der Charakter und die nähere Umgebung der Wohnungseigentumsanlage, die Frage, was für Gebiet vorliegt (Wohn- oder Gewerbegebiet) oder die Art des Publikums.

104 **cc) Einzelfälle.** Für die Frage, welche Nutzung bei einer typisierenden Betrachtungsweise im Einzelnen noch zulässig ist und welche hingegen einen Verstoß darstellt, hat sich eine nur schwer überschaubare, uferlose und in sich **häufig nicht konsistente** Kasuistik entwickelt. Beispiele:

105 • **Büro:** Die Bezeichnung als Büro oder Praxis lässt den Betrieb einer Gaststätte nicht zu (BGH ZMR 2018, 529 Rn. 12). Als Büro ist vielmehr ein Arbeitsraum zu verstehen, in welchem im Wesentlichen schriftliche Arbeiten erbracht werden (LG Bochum ZMR 2018, 850).
• **Café:** Ist ein Teileigentum im Jahre 1985 als „Café„ bezeichnet worden, so darf in den Räumlichkeiten nicht von 11.00 Uhr vormittags bis 4.00 Uhr morgens ein Gaststättenbetrieb unterhalten werden. Mit der Bezeichnung „Café„ ist nur ein Gaststättenbetrieb vereinbar, dessen Angebots-

schwerpunkt in der Verabreichung von „Kaffee und Kuchen" liegt (OLG Hamburg ZMR 1998, 714). Ein mit Spielgeräten ausgestattetes Bistro ist unzulässig (OLG Zweibrücken WE 1997, 474).

- **Gaststätte:** In der Regel keine Nutzung als Gemeindezentrum oder Kirchenraum möglich (LG Itzehoe ZMR 2019, 441).
- **Geschäftsraum:** Die – höchst ungenaue – Zweckbestimmung eines Teileigentums als „Geschäftsraum" ist **weit gefasst** und geht über eine Nutzung als Laden hinaus, weil diese vor allem durch die Abwicklung von Verkaufsgeschäften unter Einhaltung von Ladenschlusszeiten gekennzeichnet ist. Die Zweckbestimmung „Geschäftsräume" lässt nach der maßgebenden nächstliegenden Bedeutung für einen unbefangenen Betrachter alle gewerblichen Nutzungsmöglichkeiten offen. Bei dem Begriff „Geschäftsräume" handelt es sich um einen umfassenden Oberbegriff, der sowohl eine Nutzung als Laden als auch als Gaststätte zulässt (BayObLGZ 1982, 1). Etwa der Betrieb einer Chemischen Reinigung, und zwar nicht nur als Annahmestelle, sondern auch als Reinigungsbetrieb, ist von der Zweckbestimmung Geschäftsräume umfasst (BayObLG ZMR 1994, 425). In einem Geschäftsraum ist ein Speiserestaurant, ein Rauchwarenladen oder eine sonstige bezeichnete gewerbliche Betätigung zulässig (BayObLG MDR 1982, 496). Der Betrieb eines bis in die frühen Morgenstunden geöffneten Nachtlokals mit Musikveranstaltungen ist jedenfalls dann zulässig, wenn eine solche gewerbliche Nutzung dem Charakter der Wohnanlage entspricht (KG ZMR 1989, 25).
- **Gewerbliche Nutzung:** Der Begriff „gewerbliche Einheit" oder „gewerbliche Nutzung" stellt auf einen umfassenden Zweck ab (OLG Hamm ZMR 2006, 149). Er ist idS zu verstehen, dass grundsätzlich jede gesetzlich zulässige gewerbliche Nutzung einer Teileigentumseinheit gestattet ist (OLG Hamm ZMR 2006, 149; OLG Düsseldorf FGPrax 2003, 202; BayObLG NZM 2000, 871). Eine gewerbliche Nutzung erlaubt daher den Betrieb einer Zahnklinik, jedenfalls soweit sich nicht aus dem Charakter oder der baulichen Gestaltung der Wohnungseigentumsanlage Einschränkungen ergeben (OLG Düsseldorf ZMR 2004, 449). Ferner ist eine Nutzung als Kontakt- und Informationsstelle für Menschen mit psychischer Behinderung (OLG Zweibrücken ZMR 2006, 76), als Begegnungsstätte eines deutsch-kurdischen Kulturvereins (OLG Hamm ZMR 2006, 149) oder zur Schulung und Unterrichtung von Asylbewerbern oder Aussiedlern in der Zeit von Montag bis Freitag von 8.00 bis 15.30 Uhr zulässig (BayObLG ZMR 1992, 33). Auch die Nutzung als Restaurant ist möglich (KG DWE 2000, 73). Unzulässig ist hingegen die Errichtung einer Bierschwemme (BGH DWW 1964, 89) oder eines Saunabetriebs außerhalb der allgemeinen Ladenschlusszeiten (BayObLG NJW-RR 1986, 317).
- **Kur-Café:** Mit der Zweckbestimmung eines Teileigentums als „Kur-Café, im Untergeschoss als Weinstube" ist der Betrieb eines Speise- und eines Pilslokals mit Musikunterhaltung nicht vereinbar (BayObLG ZMR 2001, 51).
- **Laden:** Nach allgemeinem Sprachgebrauch wird unter einem „Laden" eine Verkaufsstätte zum Vertrieb von Waren an jedermann verstanden (BGH ZWE 2020, 180 Rn. 11; NZM 2020, 107 Rn. 21; 2018, 909

Rn. 12; NZM 2015, 787 Rn. 20; LG München ZMR 2018, 443). Der Begriff „Laden“ erlaubt damit eine gewerbliche Nutzung. Das typische Geschäft für einen Laden ist der Warenkleinverkauf durch den Einzelhandel und das Waren verkaufende Handwerk (OLG München GuT 2007, 40; BayObLGZ 1980, 154). Die gewerbliche Nutzung muss aber nicht in einem Ladengeschäft bestehen. Der Beschreibung eines Teileigentums als „Laden“ ist dabei eine Nutzungsbeschränkung jedenfalls dahin gehend zu entnehmen, dass die Räume grundsätzlich nur als Laden während der normalen zum Zeitpunkt der Errichtung der Anlage geltenden Ladenöffnungszeiten genutzt werden dürfen (OLG München ZMR 2007, 484; GuT 2007, 40; OLG Köln WuM 2005, 71; OLG Hamburg ZMR 2002, 455; BayObLG ZMR 1996, 335; aA OLG Hamm NZM 2007, 805). Die Nutzung eines als „Laden“ gewidmeten Teileigentums für Zwecke eines wie auch immer gearteten Restaurationsbetriebes (Restaurant, Gaststätte, Lokal, Eiscafé, Bistro) ist danach (BGH NZM 2020, 107 Rn. 21; 2018, 909 Rn. 12; NZM 2015, 787 Rn. 20; OLG Celle ZMR 2004, 689; BayObLG ZMR 2000, 775; LG Berlin ZWE 2019, 124; LG München ZMR 2019, 65; ZMR 2018, 443) ebenso wie ein (Fisch-)Großhandelsgeschäft (OLG München GuT 2007, 40) nicht zulässig; die Nutzung als Bäckerei schon (OLG München ZMR 2006, 884). Die Rechtsprechung geht auch nicht mehr von dem Betrieb eines Ladens aus, wenn nicht nur Getränke und Speisen zum Verkauf angeboten werden, sondern sich die Besucher auch zum Verzehr dieser Lebensmittel in den dafür eingerichteten Räumen aufhalten (KG NJOZ 2007, 2393; NJW-RR 1987, 1073). Die Abwägung ergibt hier nämlich, dass schon auf Grund weiter reichender Öffnungszeiten am Abend und am Wochenende mit einer Störung zu rechnen ist, aber auch deshalb, weil bei einem Restaurationsbetrieb im Verhältnis zum Ladengeschäft mit vermehrten Geruchsentwicklungen und einem andersartigen Publikumsverkehr zu rechnen ist (OLG Köln NJW-RR 1995, 851; OLG Karlsruhe NJW-RR 1994, 146). Auch eine Kleingaststätte mit Öffnungszeiten bis 22.00 Uhr stört danach grundsätzlich mehr als eine Nutzung des Teileigentums als Laden (BayObLG ZMR 2000, 234). Auch der Betrieb einer Stehpizzeria in einem Laden ist (OLG Düsseldorf ZMR 1993, 222) ebenso unzulässig wie die Nutzung eines Ladens als Sportstudio (OLG Schleswig NZM 2003, 483) oder ein Office- und Partyservice (OLG Hamburg ZMR 2003, 770). Unzulässig ist ferner der Betrieb einer chemischen Reinigung (BayObLG WE 1998, 194; BayObLGZ 1980, 154; OLG Hamm ZMR 1979, 51). Unzulässig sind außerdem: ein Automaten-Sonnenstudio außerhalb der gesetzlichen Ladenöffnungszeiten unbeaufsichtigt durch Personal des Betreibers (BayObLG WE 1996, 479), eine Begegnungsstätte für Menschen (KG NJOZ 2007, 2393), eine Fisch-Großhandlung (OLG München GuT 2007, 40 = NJOZ 2007, 1106), ein Pizza-Liefer-Service (BayObLG WE 1998, 507), ein Sex-Kino, ein Sex-Shop (LG Passau MDR 1983, 758; zw.), eine Spielothek oder ein Spielsalon (BayObLGZ 1990 Nr. 5; OLG Frankfurt a. M. DWE 1986, 64), eine Sportvereinskantine, ein Tagescafé/Tanzcafé (BayObLG DWE 1986, 126; ZMR 1980, 251), eine Teestube mit Spielsalon (BayObLG WuM 1985, 235), der Betrieb einer Kindertagesstätte oder eines „Schülerladens“

bei Betreuung von bis zu 13 Kindern im Alter von 6–12 Jahren und in der Zeit von Montag bis Freitag zwischen 8.00 Uhr und 17.00 Uhr (KG NJW-RR 1992, 1102), ein Sportstudio (OLG Schleswig NZM 2003, 483). Ein Imbiss kann hingegen zulässig sein. Die Frage beurteilt sich auch hier danach, ob der Betrieb unter den konkreten Umständen des Einzelfalls die übrigen Wohnungseigentümer insbesondere im Hinblick auf Öffnungszeiten sowie Lärm- und Geruchsbeeinträchtigung mehr stört und beeinträchtigt als die zweckbestimmte Nutzung (OLG Schleswig ZMR 2004, 463; aA BayObLG NZM 2000, 288): Der Betrieb einer Imbissstube als Verkaufsstelle für warme Speisen zum Mitnehmen oder zum Verzehr an Ort und Stelle ist mit der Zweckbestimmung als Laden nicht vereinbar). Auch ein Bistro, dessen Betreiber die in Ausweitung befindlichen Ladenöffnungszeiten beachtet, darf in einem als „Laden" bestimmten Teileigentum jedenfalls bei einer Anlage außerhalb eines reinen Wohngebiets auch bei einzelnen/seltenen Störungen durch „Partys" weiter betrieben werden (OLG Hamburg ZMR 2002, 455). Bei der Bezeichnung als Laden ist unter Berücksichtigung der Ausstrahlungswirkung von § 22 BImSchG grundsätzlich auch ein Eltern-Kind-Zentrum möglich, sofern sich aus der Teilungserklärung nicht Gegenteiliges ergibt (BGH ZWE 2020, 180).

- **Ladenlokal/Ladengeschäft:** Mit der Zweckbestimmung eines Teileigentums als „Ladenlokal" lässt sich der Betrieb einer Stehpizzeria – auch außerhalb der gesetzlichen Ladenschlusszeiten – nicht vereinbaren (OLG Düsseldorf ZMR 1993, 222). Unzulässig ist auch der Betrieb einer Eisdiele (OLG Schleswig DWE 2000, 130) oder eines „Playothek-Freizeitcenters".
- **Ladenwohnung:** Eine Ladenwohnung darf als Café für Drogenabhängige oder drogengefährdete Personen gewerblich genutzt werden, die dort zur allgemeinen Geschäftszeit außer kleinen Speisen und Getränken auch medizinische Versorgung und Rechtsrat sowie Gelegenheit zur Körperpflege erhalten (KG WE 1999, 218).
- **Sauna:** In einem als „Sauna, Ruheraum, Duschraum, Tauchbecken" bezeichneten Teileigentum darf eine Sauna gewerbsmäßig betrieben werden (BayObLG NJW-RR 1994, 1036). Die übrigen Eigentümer brauchen aber nicht zu dulden, dass in den Räumen eine Sauna in der Art betrieben wird, dass den Besuchern die Aufnahme sexueller Kontakte in den Räumen der Sauna ermöglicht oder erleichtert wird. Der Betrieb eines „Pärchentreffs" oder „Swinger-Clubs" ist deshalb grundsätzlich unzulässig (BayObLG ZMR 2000, 689).
- **Schwimmbad:** In einem als Schwimmbad bezeichneten Teileigentum darf kein Fitness-Center betrieben werden (BayObLG ZMR 1988, 435).
- **Speicher:** Die Bezeichnung von Räumen als Abstell- oder Speicherraum kann als eine Vereinbarung auszulegen sein oder nur der Beschreibung der Räume dienen (OLG Düsseldorf ZMR 2004, 610). Die Bezeichnung dieser Räume als „Sondereigentum" rechtfertigt nicht den Schluss, ihre Nutzung zu Wohnzwecken sei zulässig. In der Teilungserklärung als „Speicherräume" oder „Abstellräume" oÄ bezeichnete Räumlichkeiten, die sich über der im Dachgeschoss liegenden Wohnung befinden, dürfen im Allgemeinen nicht als Wohnräume genutzt werden (OLG Düsseldorf WE 1997, 468; BayObLG WE 1995, 90). Etwas anderes kann gelten, wenn die

betreffenden Räume baulich von vornherein voll als Wohnräume ausgeführt worden sind.

- **Weinkeller:** Ist ein Teileigentum als „Weinkeller, Kegelbahn, Windfang, Abstellraum, Kühlraum, WC, Vorplatz“ bezeichnet, stellt diese Bezeichnung eine Zweckbestimmung dar. Mit dieser Zweckbestimmung ist der Betrieb einer Diskothek oder die Führung einer Gaststätte mit Tanzbetrieb nicht vereinbar (BayObLG ZMR 1990, 230).

106 **c) Eintragungen in anderen Urkunden. aa) Aufteilungsplan.** Häufig enthalten Aufteilungspläne über ihre sachenrechtliche Abgrenzungsfunktion hinaus Nutzungsangaben zu den Räumlichkeiten. Die Bedeutung solcher Nutzungsangaben kann in einem unverbindlichen Nutzungsvorschlag oder in einer Zweckbestimmung für die betreffende Raumeinheit liegen. Bei Unklarheiten bedarf es einer nach objektiven Gesichtspunkten zu ermittelnden Auslegung (→ § 7 Rn. 29). Ist in einem Aufteilungsplan für einen Raum eine **Nutzungsangabe** enthalten (zumeist Eintragungen des Architekten in der Bauzeichnung), zB Kinderwagenkeller oder Trockenraum, handelt es sich in der Regel um einen unverbindlichen Nutzungsvorschlag, aus dem sich keine Rechte herleiten lassen (OLG Düsseldorf NJW 2008, 2194; OLG Zweibrücken ZMR 2006, 76; OLG Schleswig ZMR 2004, 68; OLG Hamburg ZMR 2002, 372; → § 7 Rn. 29). Eine Eintragung im Aufteilungsplan ist grundsätzlich keine Vereinbarung iSv § 10 Abs. 1 Satz 2 WEG.

107 Soll der Aufteilungsplan **ausnahmsweise** auch den Gebrauch verbindlich regeln, muss dies eindeutig aus der Bezugnahme in der Teilungserklärung oder der Gemeinschaftsordnung hervorgehen (BGH NZM 2013, 153 Rn. 5; NJW-RR 2010, 667 Rn. 8; OLG Frankfurt a. M. NZM 2013, 153; krit. *Schmid* NZM 2010, 853). Kommt der Bezeichnung – ausnahmsweise – die Eigenschaft einer Zweckbestimmung zu, ist sie Vereinbarung (OLG Zweibrücken FGPrax 2006, 113; BayObLG FGPrax 2005, 143).

108 **bb) Bauzeichnungen.** Eine Zweckbestimmung, die sich nur aus Bauzeichnungen in der bauordnungsbehördlichen Bauakte ergibt, die aber nicht Gegenstand des grundbuchrechtlichen Eintragungsverfahrens war, bindet die Wohnungseigentümer nicht (OLG Hamburg ZMR 2003, 770).

109 **d) Widersprüche. aa) Widerspruch zwischen Teilungserklärung und Gemeinschaftsordnung.** Im Einzelfall können sich in der (sachenrechtlichen) Teilungserklärung gemachte Angaben zu einem Raum und Angaben im Rahmen der Gemeinschaftsordnung widersprechen, zB „Laden mit Lager“ einerseits und „Nutzung als Gewerbe“ andererseits. Nach ganz hM gehen dann die Regelungen in der Gemeinschaftsordnung den Nutzungsbezeichnungen in der Teilungserklärung **vor** (OLG Frankfurt a. M. ZWE 2008, 433; OLG München NJOZ 2007, 4196; OLG Schleswig NJOZ 2008, 3415; OLG Düsseldorf ZMR 2004, 448; BayObLG ZMR 1998, 184; BayObLGZ 1988, 238).

110 Dem ist in dieser Allgemeinheit **nicht** zu folgen. Entscheidend ist auch in diesen Fällen das Ergebnis einer vorgenommenen Auslegung. Vorstellbar ist, dass Gebrauchsangaben zu einem Raum in der Teilungserklärung **bedeutungslos** sind. Dieser Fall ist möglich, wenn die Angabe keine Vereinbarung sein soll, wird aber selten vorkommen. Ein Beispiel wäre der Begriff „Hausmeisterwohnung". IdR wurde bereits mit der Teilungserklärung eine Gebrauchsvereinbarung bestimmt. Liegt es so, dann ist die Antwort auf die Frage, was gilt, eine Frage der Auslegung **widersprechender Vereinbarungen.** Dass die eine Vereinbarung die andere „sticht" kann sich aber nur aus der Auslegung der konkreten Unterlagen geben. Eine Regel ist nicht erkennbar, allenfalls die, dass bei sich widersprechenden Vereinbarungen **beide** keinen Platz greifen. Bei einem **unauflöslichen Widerspruch** sind Gebrauchsbestimmungen – wie stets bei sich widersprechenden Vereinbarungen – unwirksam (→ Rn. 44). Zum Widerspruch einer Gebrauchsbestimmung (Zweckbestimmung im engeren Sinne) zur Zweckbestimmung im weiteren Sinne → Rn. 96.

bb) Widerspruch in der Gemeinschaftsordnung. Widersprechen sich zwei Gebrauchsbestimmungen in der Gemeinschaftsordnung, ist die Frage, was gilt, wieder eine Frage der Auslegung. Vertretbar ist als deren Ergebnis, dass die umfassendste Vereinbarung maßgeblich ist (BayObLG NJW-RR 1994, 1038). Bei einem **unauflöslichen Widerspruch** sind die Gebrauchsbestimmungen – wie stets bei sich widersprechenden Vereinbarungen – unwirksam (→ Rn. 44). 111

7. Besondere Fälle von Gebrauchsvereinbarungen. a) Ausschließlich bestimmter Nutzerkreis (Betreutes Wohnen). Wohnungseigentumsanlagen werden oft **ausschließlich** für eine **bestimmte Wohnform** konzipiert. Gängige Varianten sind Anlagen zur ausschließlichen Nutzung als **Ferienwohnungen, Studentenwohnungen** oder **Hotelanlagen** (ausf. hierzu *Drasdo* ZfIR 2014, 613). Gleiches gilt für das sog. **Betreute Wohnen** (s. hierzu *Michel/Schlüter* Handbuch Betreutes Wohnen, 2012; *Burgmair* Heime, „betreutes Wohnen", sonstige Pflegeeinrichtungen und WEG, ZWE 2020, 313; *Rapp* notar 2013, 359; *Heinemann* MietRB 2013, 363; MittBayNot 2002, 69; *Forst* RNotZ 2003, 292), bei dem die Wohnungseigentumsanlage speziell auf die Bedürfnisse älterer oder gebrechlicher Menschen abgestimmt ist. Durch eine Kombination verschiedenster Leistungsangebote neben der reinen Wohnnutzung soll das eigenständige Wohnen dieser Personengruppe ohne Umzug in ein besonderes Pflegeheim ermöglicht werden. Allen Nutzungsformen gemeinsam ist das Vorhalten bestimmter Einrichtungen und Räume zur optimalen Realisierung der vereinbarten Nutzung. Aufgrund dieser Vorhaltekosten kann eine kostenmäßig vernünftige Umsetzung des Konzeptes nur erreicht werden, wenn alle Sondereigentumseinheiten sich an der Nutzungskonzeption beteiligen. 112

Die Umsetzung ist durch eine Vereinbarung der Wohnungseigentümer zu erreichen, nach der ein Gebrauch des Sonder- und des gemeinschaftlichen Eigentums nur durch eine bestimmte Personengruppe (zB Personen ab einem bestimmten Alter oder einer bestimmten Pflegebedürftigkeit, Studenten, Hotelgäste) gestattet ist (ausf. hierzu Michel/Schlüter/*Henniges* Kapitel 3 Rn. 446 ff.). Solche ausschließlichen Nutzungsregelungen sind zulässig (BGH NJW 2007, 213 Rn. 15; *Rapp* notar 2013, 361). Für Wohnungseigentümer, die nicht zu dieser vereinbarten Nutzergruppe zählen, kann als Gebrauchsregelung des Sondereigentums eine Vermietungspflicht (OLG 113

Karlsruhe MietRB 2004, 206; BayObLG WE 1988, 202; *Drasdo* ZfIR 2014, 616; *Heinemann* MietRB 2013, 364), auch an einen gewerblichen Zwischenmieter (BayObLG DNotI-Report 1998, 140), begründet werden. Hierin liegt eine zulässige Gebrauchsvereinbarung.

114 Eine in der Gemeinschaftsordnung enthaltene Verpflichtung der einzelnen Wohnungseigentümer zum Abschluss eines Betreuungsvertrags mit einem bestimmten Betreuungsunternehmen ist ebenfalls möglich. Die Laufzeit eines solchen Vertrages darf jedoch zwei Jahre nicht übersteigen (BGH NJW 2019, 1280; NJW 2007, 213 Rn. 15). Eine zulässige Gestaltungsalternative ist die Bestellung eines Ferienbetriebsrechtes, wonach die Wohnung nur als Ferienwohnung bewirtschaftet und einem wechselnden Personenkreis zur Verfügung gestellt werden darf. Eine beschränkte persönliche Dienstbarkeit mit einem solchen Inhalt ist rechtlich möglich (BGH DNotZ 2003, 533). Der Vertrag mit einem Betreuungsunternehmen ist grundsätzlich durch die Gemeinschaft der Wohnungseigentümer abzuschließen (*Rapp* notar 2013, 363; *Heinemann* MietRB 2013, 366; Michel/Schlüter/*Henniges* Kapitel 3 Rn. 478).

115 **b) Reihenhäuser.** Bei dem Bau von Reihenhausanlagen bzw. Doppelhaushälften scheitert die Realteilung der jeweiligen Grundstücke häufig an der rechtlich nicht möglichen Parzellierung, die zudem häufig eine Unzahl von Dienstbarkeiten, vor allem Leitungsrechte erfordern würde. Bei der wohnungseigentumsrechtlichen Lösung solcher Sachverhalte bilden alle Häuser eine Wohnungseigentümergemeinschaft, jedes Reihenhaus bildet eine Sondereigentumseinheit. Dem betreffenden Wohnungseigentümer wird das umfassende Sondernutzungsrecht am gesamten (zwingenden) gemeinschaftlichen Eigentum, soweit es sein Haus betrifft, zugewiesen. Diesbezüglich erhält er die alleinige Entscheidungskompetenz; im Gegenzug wird er verpflichtet, insoweit auch die Erhaltungskosten und Lasten allein zu tragen. Dasselbe gilt für die Grundstücksfläche, die nach der Planung zu diesem Reihenhaus gehören soll. Die Betriebs- und Verwaltungskosten sind, soweit möglich, zu trennen. Ein Verwalter ist in aller Regel entbehrlich, aber nicht ausschließbar (§ 26 Abs. 1 Satz 3 WEG). Die Eigentümer werden im Ergebnis so behandelt werden, als wäre eine Realteilung erfolgt.

116 **c) Mehrhausanlage.** Werden auf einem Grundstück mehrere Baukörper errichtet, spricht man von einer Mehrhausanlage. Zur Gestaltung der Gemeinschaftsordnung einer solchen Anlage → § 9a Rn. 49 ff.

II. Sondernutzungsrechte

117 **1. Allgemeines. a) Begriff; Rechtsnatur.** Die Wohnungseigentümer können vereinbaren, dass einem Wohnungseigentümer ein über § 16 Abs. 1 Satz 3 WEG hinausgehendes **alleiniges** Gebrauchs- und ggf. Nutzungsrecht an Teilen (OLG München ZMR 2007, 561), Räumen (OLG München RNotZ 2009, 541; BayObLG NJW 1974, 152; AG Oberhausen ZMR 2013, 145) oder Flächen des **gemeinschaftlichen** Eigentums eingeräumt und zugleich der Mitgebrauch der anderen Wohnungseigentümer an diesen Teilen, Räumen oder Flächen beschränkt – in der Regel ausgeschlossen –

wird (BGH NJW 2017, 1167 Rn. 9; NZM 2016, 861 Rn. 11; NZM 2012, 837 Rn. 11; NJW 2012, 676 Rn. 10; OLG München NZM 2015, 942 Rn. 6). Die Einräumung eines solchen Gebrauchs- oder Nutzungsrechts enthält eine **entziehende und** eine **zuweisende Komponente** (BGH NZM 2018, 568 Rn. 8; ZWE 2107, 169 Rn. 10; NZM 2012, 157; OLG Schleswig RNotZ 2017, 34; OLG Hamm ZWE 2015, 211; OLG München ZWE 2011, 265). Dieses Recht, das die sachenrechtliche Zuordnung nicht berührt (BGH ZMR 2019, 518 Rn. 12; NZM 2018, 568 Rn. 16; NJW 2015, 549 Rn. 19; OLG Nürnberg MittBayNot 2017, 262), wird in der Praxis und im Gesetz (§ 5 Abs. 4 Satz 2 WEG) als „Sondernutzungsrecht" bezeichnet. Wirtschaftlich steht ein Sondernutzungsrecht dem Sondereigentum nahe. Die unwirksame Einräumung von Sondereigentum an Räumen oder Gebäudebestandteilen kann daher ggf. nach §§ 133, 157 BGB als ein Sondernutzungsrecht ausgelegt oder gem. § 140 BGB in ein solches umgedeutet werden (→ § 5 Rn. 12, 14).

Durch den Entzug des Mitgebrauchs und der dadurch bedingten Änderung der gesetzlichen Regelung in § 16 Abs. 1 Satz 3 WEG stellt die Begründung eines Sondernutzungsrechtes rechtlich eine **gesetzesändernde Vereinbarung** dar (BGH NJW 2017, 1167 Rn. 9; NZM 2016, 861 Rn. 11; NJW 2000, 3500). Bestehende Sondernutzungsrechte unterfallen ebenso wie Sondereigentum durch ihre absolute Ausschluss- und Zuweisungsfunktion der Eigentumsgarantie des Art. 14 Abs. 1 Satz 1 GG (BVerfG NZM 2005, 182; *Lechner* NZM 2005, 610; → Rn. 151). **118**

b) Abgrenzungen. aa) Gebrauch. Ob ein Sondernutzungs- und kein bloßes **Gebrauchsrecht** vorliegt, ist nach hM anhand der Prüfsteine Ausschließlichkeit, Bestimmtheit, Dauer, Gegenleistung, Kompensation und Widerruflichkeit zu ermitteln (→ § 19 Rn. 24 ff.). **119**

bb) Miete/Pacht; Leihe. Ob Miete und kein Sondernutzungsrecht vorliegt, ist vor allem danach zu beurteilen, ob der Berechtigte an die Gemeinschaft der Wohnungseigentümer für den Gebrauch eine Gegenleistung zu entrichten hat und ob das Gebrauchsrecht kündbar ist. Eine Miete kann in ihren Wirkungen einem Sondernutzungsrecht gleichkommen. Dann ist der Beschluss, den Mietvertrag zu schließen, nichtig (→ § 19 Rn. 22). Entsprechendes gilt für eine lang andauernde Leihe. **120**

2. Verdinglichte und schuldrechtliche Sondernutzungsrechte. a) Überblick. Da ein Sondernutzungsrecht eine „normale" Vereinbarung der Wohnungseigentümer ist, gelten die Ausführungen zu schuldrechtlichen und verdinglichten Vereinbarungen grundsätzlich auch für sie. Nur mit Eintragung im Grundbuch wirkt die – an sich formlos mögliche – Vereinbarung eines Sondernutzungsrechtes nach § 10 Abs. 3 gegen Sonderrechtsnachfolger (OLG Schleswig RNotZ 2017, 34; OLG Frankfurt ZWE 2016, 171). Inhaltlich unterscheiden sich schuldrechtliche und dingliche Sondernutzungsrechte nicht, sie besitzen nur unterschiedliche Wirkung gegenüber Sonderrechtsnachfolgern. Wichtig ist diese Differenzierung auch im Hinblick auf die Übertragung eines Sondernutzungsrechtes (→ Rn. 159 ff.). **121**

122 **b) Verdinglichte Sondernutzungsrechte. aa) Überblick.** Ein Sondernutzungsrecht ist „verdinglicht", wenn es nach §§ 5 Abs. 4 Satz 1, 10 Abs. 3 WEG durch Eintragung im Grundbuch **zum Inhalt des Sondereigentums** gemacht wurde. Hierzu bedarf es der Einigung aller Wohnungseigentümer bzw. einer diese Vereinbarung ersetzenden Erklärung des Grundstückseigentümers bei der einseitigen Aufteilung gem. § 8 Abs. 1 WEG, jeweils in der Form des § 29 GBO, und der Eintragung in das Grundbuch (KG NZM 2015, 429). Ferner bedarf es uU der Zustimmung dinglich berechtigter Dritter (→ § 5 Rn. 71). Zur Art und Weise der Eintragung → § 7 Rn. 17.

123 **bb) Bestimmtheit.** Wegen seiner Eintragung im Grundbuch muss ein „verdinglichtes" Sondernutzungsrecht dem **Bestimmtheitserfordernis** des Sachen- und Grundbuchrechts genügen. Die dem Sondernutzungsrecht unterliegenden Teile, Räume oder Flächen müssen daher **hinreichend bestimmt** sein (BGH NZM 2012, 464 Rn. 10; NJW 2012, 676 Rn. 13; OLG Nürnberg NZM 2018, 571; OLG Schleswig RNotZ 2017, 34; OLG München ZWE 2016, 51). Dieser Anforderung kann durch wörtliche Beschreibung oder Kennzeichnung auf einem Lageplan (BGH NJW 2002, 2247; KG ZWE 2007, 447), der nicht zwingend Teil des Aufteilungsplans sein muss (OLG Nürnberg NZM 2018, 571 Rn. 22; OLG Düsseldorf ZWE 2010, 368; OLG Frankfurt a. M. DNotZ 2007, 470), genügt werden. Es ist ausreichend, wenn ein Sachkundiger die Grenzen des räumlichen Ausübungsbereichs eindeutig feststellen kann (BayObLG NotBZ 2005, 158). Das Nummerierungsgebot des § 7 Abs. 4 Satz 1 WEG gilt für die Begründung von Sondernutzungsrechten nicht, da es sich nur auf den sachenrechtlichen Aufteilungsakt bezieht (aA OLG Düsseldorf ZMR 2004, 611). Sind die Grenzen auch im Wege der Auslegung nicht zu ermitteln, z. B. weil die wörtliche Beschreibung in der Teilungserklärung und der Lageplan nicht übereinstimmen, gibt es kein Sondernutzungsrecht (OLG München ZWE 2017, 211; OLG Düsseldorf ZWE 2010, 368; OLG Hamburg ZMR 2006, 468; ausf. *Hügel* FS Riecke, 2019, 235 f.). Dies kann insbesondere zutreffen, wenn die Grenzen der unterschiedlichen Sondernutzungsflächen breit farblich markiert sind und die Farben ineinander übergehen (AG Hamburg Blankenese BeckRS 2019, 10929). Im Zweifelsfall besteht eine Vermutung für das Recht zum gemeinsamen Gebrauch durch alle Wohnungseigentümer, da ohne ausdrückliche Einräumung eines Sondernutzungsrechtes das gemeinschaftliche Eigentum grundsätzlich dem Mitgebrauch aller Wohnungseigentümer (§ 16 Abs. 1 Satz 3 WEG) unterliegt (BayObLG ZWE 2000, 78).

124 **cc) Wirkungen.** Wird ein Sondernutzungsrecht im Grundbuch eingetragen, handelt es sich nicht mehr um einen lediglich schuldrechtlichen Anspruch des Berechtigten auf Alleingebrauch (BGH ZWE 2020, 328 Rn. 30; NJW 1979, 548). Das Sondernutzungsrecht mit seinem konkreten Inhalt und Umfang wird durch die Eintragung zum **Inhalt des Sondereigentums** (→ § 5 Rn. 58 f.) und erlangt damit **„dingliche" Wirkung** (BGH NJW 2000, 3643; *Rieger* DNotZ 2020, 432). Das eingetragene Sondernutzungsrecht wird dadurch aber weder ein **selbständiges** dingliches

noch gar ein **grundstücksgleiches** Recht, sondern bleibt schuldrechtliches Gebrauchsrecht (BGH ZWE 2020, 328 Rn. 30; NJW 1979, 548; *Falkner* ZNotP 2017, 252). Diese Inhaltsänderung des Sondereigentums hat damit nur Bedeutung im Innenverhältnis der Wohnungseigentümer untereinander (BGH ZWE 2020, 328 Rn. 39). In Abweichung von dem in § 16 Abs. 1 Satz 3 WEG statuierten Mitgebrauch des gemeinschaftlichen Eigentums wird einem bestimmten Wohnungseigentümer zwar der Gebrauch unter Ausschluss der übrigen Miteigentümer eingeräumt. Dies bewirkt aber nur eine Umgestaltung des Gemeinschaftsverhältnisses, nicht jedoch die Begründung eines dinglichen Rechtes (→ Rn. 35). Die „dingliche Wirkung" besteht vor allem darin, dass der Sonderrechtsnachfolger eines durch die Vereinbarung von seinem Mitgebrauchsrecht ausgeschlossenen Wohnungseigentümers das schuldrechtliche Sondernutzungsrecht gegen sich gelten lassen muss (BGH NJW 2000, 3643). Weil ein im Grundbuch eingetragenes Sondernutzungsrecht zum Inhalt des Sondereigentums geworden ist, kann es nicht verwirkt sein (KG NJW-RR 2007, 236; OLG Hamburg ZMR 2003, 522; aA OLG Celle NZM 2007, 840; OLG Köln NJWE-MietR 1996, 203; LG Hamburg IMR 2014, 4181) und unterfällt der **Eigentumsgarantie** des Art. 14 Abs. 1 GG (→ Rn. 151).

c) Schuldrechtliche Sondernutzungsrechte. Nicht im Grundbuch eingetragene Sondernutzungsrechte werden als schuldrechtliche Sondernutzungsrechte bezeichnet (OLG Saarbrücken ZWE 2018, 206; OLG Köln NZM 1998, 864; AG München ZMR 2018, 86; *Rieger* DNotZ 2020, 432). Inhaltlich unterscheiden sich „schuldrechtliche" und „dingliche" Sondernutzungsrechte grundsätzlich nicht. Beides sind Vereinbarungen der Wohnungseigentümer über ihr Verhältnis untereinander. Das schuldrechtliche Sondernutzungsrecht muss allerdings als rein schuldrechtliche Vereinbarung dem sachenrechtlichen Bestimmtheitsgrundsatz nicht genügen; es muss nur **bestimmbar** sein (vgl. OLG Frankfurt a. M. DNotZ 2007, 470; OLG Hamm NZM 2000, 660). Schuldrechtliche Sondernutzungsrechte besitzen eine unterschiedliche Wirkung gegenüber Sonderrechtsnachfolgern. Ein schuldrechtliches Sondernutzungsrecht geht nämlich nach hM **wie jede andere** schuldrechtliche Vereinbarung (→ Rn. 39) grundsätzlich in dem Augenblick **unter,** in dem ein neuer Erwerber nach einer Veräußerung durch Eintragung im Grundbuch Mitglied der Gemeinschaft der Wohnungseigentümer geworden ist (OLG Zweibrücken NZM 2005, 343; OLG Köln NZM 2001, 1135; *Elzer* NotBZ 2013, 292), es sei denn, der Erwerber tritt in die Vereinbarung ein. Gleiches gilt beim Erwerb in der Zwangsversteigerung. Soll ein schuldrechtliches Sondernutzungsrecht **verdinglicht** werden, müssen der Eintragung gem. § 19 GBO sämtliche Wohnungseigentümer (OLG München BeckRS 2014, 13644; ZWE 2013, 357; MietRB 2012, 268) in der Form des § 29 GBO und unter den Voraussetzungen des § 5 Abs. 4 Satz 2 WEG auch dinglich Berechtigte zustimmen. 125

3. Begründung. a) Allgemeines. Ein Sondernutzungsrecht entsteht durch eine – ggf. schlüssige (BGH ZWE 2017, 169 Rn. 16; 2013, 131 Rn. 11) – **Vereinbarung** iSv § 10 Abs. 1 Satz 2 WEG (dazu → Rn. 24) oder nach §§ 8 Abs. 2, 5 Abs. 4 Satz 1 WEG (BGH NZM 2018, 568 126

Rn. 13; ZWE 2017, 169 Rn. 10; NZM 2012, 464 Rn. 11; NJW 2012, 676 Rn. 10). Einer Verdinglichung müssen grundsätzlich **dinglich Berechtigte** der anderen Wohnungseigentumsrechte zustimmen (→ § 5 Rn. 71 ff.). Sofern eine „Verdinglichung" durch Eintragung in das Grundbuch nicht beabsichtigt ist, bedarf die Vereinbarung eines Sondernutzungsrechtes keiner Form. Eine Beglaubigung der Unterschriften aller Wohnungseigentümer ist nur wegen § 29 GBO für die Grundbucheintragung notwendig. Soll das Sondernutzungsrecht verdinglicht werden, besteht eine Pflicht des Grundbuchamtes zur ausdrücklichen Eintragung dieses Sondernutzungsrechtes in das Grundbuch nicht, es genügt die Bezugnahme im Grundbuch auf die Bewilligungsurkunde (→ § 7 Rn. 17). Dem Grundbuchamt ist es jedoch gestattet, eine ausdrückliche Eintragung vorzunehmen. Aufgrund des schuldrechtlichen Charakters von Sondernutzungsrechten ist sowohl eine auflösend als auch eine aufschiebend bedingte Bestellung rechtlich zulässig (OLG Zweibrücken DNotZ 2008, 531).

127 Die Begründung eines Sondernutzungsrechtes im Wege eines **Beschlusses** ist **nicht** möglich (BGH NJW 2014, 1879 Rn. 16; NJW 2000, 3500). Zu einem **Vermietungsbeschluss,** der einem Beschluss zur Begründung eines Sondernutzungsrechtes nahekommen kann, → § 16 Rn. 120. Zur Begründung eines Sondernutzungsrechtes auf Grundlage einer **Öffnungsklausel** → Rn. 172. Die unwirksame Einräumung von Sondereigentum kann ggf. nach §§ 133, 157 BGB als ein Sondernutzungsrecht ausgelegt oder gem. § 140 BGB in ein solches umgedeutet werden (→ § 5 Rn. 12, 14). Ein **Gericht** kann durch eine auf § 10 Abs. 2 WEG beruhende Entscheidung ein Sondernutzungsrecht begründen. **Nicht** möglich ist dies jedoch durch eine Beschlussersetzungsklage (→ Rn. 190).

128 **b) Bestimmung durch den Einzelnen: Zuweisungsvarianten. aa) Überblick.** In vielen Fällen steht bei der Begründung von Wohnungseigentum zwar fest, dass an bestimmten Teilen, Räumen und Flächen Sondernutzungsrechte entstehen sollen, nicht aber, welches Wohnungseigentum oder welcher Wohnungseigentümer insoweit berechtigt sein soll. Der aufteilende Eigentümer möchte beim Abverkauf der Wohnungseigentumsrechte möglichst flexibel auf die Wünsche der Erwerber reagieren können. Als Gestaltungen haben sich im Wesentlichen **drei Varianten** – mit Unterfällen – etabliert. Der aufteilende Eigentümer kann ggf. **zusätzlich** berechtigt sein, den Inhalt des Gebrauchsrechtes des Sondernutzungsberechtigten zu verändern oder zu bestimmen (BGH NZM 2012, 464 Rn. 8; NJW 2012, 676 Rn. 12).

129 **bb) Gestufte Begründung.** Die wohl häufigste Lösung besteht darin, dass in der Gemeinschaftsordnung zunächst die Sondernutzungsflächen nur von der Benutzung durch alle Eigentümer ausgeschlossen werden **(negative Komponente)** und einem Wohnungseigentümer, idR dem Bauträger, das Recht vorbehalten bleibt, diese Sondernutzungsrechte mit von ihm bestimmten Wohnungen zu verbinden **(positive Komponente),** sog. **gestreckte** oder **gestufte Begründung** (vgl. BGH NZM 2012, 464 Rn. 8; NJW 2012, 676 Rn. 12; OLG Düsseldorf NZM 2020, 111 Rn. 19; OLG Hamm ZWE 2015, 211; kritisch hierzu *Rieger* DNotZ 2020, 436). Nach teilweiser Ansicht kann das Zuweisungsrecht auch einem außerhalb der Gemeinschaft stehenden Dritten eingeräumt werden (vgl. OLG Stuttgart ZWE 2012, 488; LG München II MittBayNot 2004, 366; *Häublein* MittBayNot 2012, 382; *Elzer* AnwZert MietR 3/2011; *Schneider* Rpfleger 2001, 536). Bis zur „Zuweisung" dürfen die Teile, Flächen und Räume keinem Wohnungseigentümer **positiv** zugewiesen sein (*Häublein* MittBayNot 2012, 382; *Elzer* AnwZert MietR 3/2011), weil anderweitig ein Sondernutzungsrecht schon entstanden wäre.

Diese Ermächtigung ist ein einseitiges **Leistungsbestimmungsrecht** iSv **130** § 315 BGB (BGH DNotZ 2012, 551; *Krüger* ZfIR 2012, 184; aA *Francastel* RNotZ 2015, 409). Das Zuweisungsrecht unterliegt nicht der Pfändung durch Gläubiger des Bauträgers (OLG Stuttgart, ZWE 2002, 542). Es erlischt in dem Zeitpunkt, zu dem der Bauträger nicht mehr Mitglied der Wohnungseigentümergemeinschaft ist (BGH NJW 2012, 676; OLG Frankfurt ZWE 2016, 171; aA LG München, MittBayNot 2004, 366). Sofern die Gemeinschaftsordnung nicht etwas anderes vorsieht, steht die Nutzung der nicht zugewiesenen Flächen wegen § 16 Abs. 1 Satz 3 WEG dann wieder den Wohnungseigentümern gemeinschaftlich zu. Ist bestimmt, dass das Zuweisungsrecht „mit dem Verkauf der letzten Wohnungs- oder Teileigentumseinheit in der Wohnanlage" endet, soll dieser Zeitpunkt bereits der Verkauf und nicht erst der Vollzug der Veräußerung als dingliche Rechtsänderung sein (OLG München ZWE 2013, 319). Nach wohl überwiegender Ansicht kann das Zuweisungsrecht allerdings so gestaltet werden, dass es nicht mit Ausscheiden des Berechtigten aus der Gemeinschaft endet (OLG Frankfurt ZWE 2016, 171; OLG Stuttgart ZWE 2012, 488; *Häublein* MittBayNot 2012, 383; *Schneider* ZWE, 2012, 172).

Der **Zustimmung** der **Wohnungseigentümer** oder **dinglich Berech-** **131** **tigter** bedarf die Zuweisung des Rechtes **nicht,** denn aufgrund der bereits verwirklichten negativen Komponente ist der Rechtsverlust schon vorher eingetreten (BGH ZWE 2012, 377; OLG München ZWE 2016, 19; KG ZWE 2015, 402; OLG Frankfurt a. M., MittBayNot. 1998, 443). Etwas anderes gilt jedoch, wenn die entziehende Komponente noch nicht in der Vereinbarung enthalten ist und lediglich eine Ermächtigung des aufteilenden Eigentümers zur nachträglichen Begründung von Sondernutzungsrechten vorhanden ist. Diese Ermächtigung bindet die dinglich Berechtigten nicht, sondern macht deren Zustimmung erforderlich (BayObLG ZMR 2005, 300). Bei einem auf einer „Zuweisung" beruhenden Sondernutzungsrecht handelt es sich – nach der Zuweisung – zunächst um eine bloße schuldrechtliche Berechtigung. Soll es Bestand haben, muss es also verdinglicht werden. Hierzu ist es nicht ausreichend, wenn nur der Ausschluss der anderen Wohnungseigentümer (negative Komponente) im Grundbuch eingetragen wird; es muss vielmehr auch die Zuweisung im Grundbuch der begünstigten Einheit ausdrücklich oder durch Bezugnahme eingetragen werden (OLG München ZWE 2017, 213; OLG Frankfurt ZWE 2016, 171; aA *Falkner* ZNotP 2017, 260).

Ist das Bestimmungsrecht durch Grundbucheintragung iSv § 5 Abs. 1 **132** Satz 1 WEG Inhalt des Sondereigentums, muss es dem **sachenrechtlichen Bestimmtheitsgrundsatz** genügen (BGH ZWE 2017, 169 Rn. 14; NZM

2012, 464 Rn. 13; OLG Nürnberg NZM 2018, 571 Rn. 24). Eine Ermächtigung des Zuweisungsberechtigten, die Verdinglichung **allein** durchzuführen, muss – ist sie **Inhalt des Sondereigentums** – ebenfalls bestimmt sein (BGH NJW-RR 2012, 711 Rn. 9; NJW 2012, 676 Rn. 13; OLG Nürnberg NZM 2018, 571 Rn. 24; OLG München ZWE 2016, 19). Die Ermächtigung „Teile der Gartenflächen als Terrassen zur Sondernutzung" zuzuordnen, ist deshalb unwirksam, weil sie offenlässt, auf **welche** Flächen des gemeinschaftlichen Eigentums sich die Befugnis bezieht (BGH NJW-RR 2012, 711 Rn. 12). Dem Bestimmtheitsgrundsatz ist hingegen genügt, wenn sich die Abänderungsbefugnis auf in einer weiteren Anlage gekennzeichnete Flächen bezieht, wenn die Flächen aus einem Lageplan ersichtlich oder in anderer Form beschrieben sind oder wenn der Berechtigte sämtliche Außenflächen zuweisen darf (vgl. OLG Nürnberg NZM 2018, 571 Rn. 14). Besonders umfassende Zuweisungsvorbehalte können freilich an einer Inhaltskontrolle scheitern, da sie keine klare Vorstellung davon vermitteln, welche nachteiligen Veränderungen erlaubt sind.

133 Ist eine Ermächtigung nur **schuldrechtlich** vereinbart und nicht verdinglicht, gilt der sachen- und grundbuchrechtliche **Bestimmtheitsgrundsatz nicht.** Sie ist schon wirksam, wenn erkennbar ist, welche Teile, Flächen und Räume für die Begründung herangezogen werden können; sie muss Ausmaß und Umfang der daraus folgenden Belastungen für die Wohnungseigentümer zweifelsfrei erkennen lassen (BGH NJW-RR 2012, 711 Rn. 16).

134 **cc) Späteres Abtrennen.** Eine zweite Gestaltungsmöglichkeit besteht darin, sämtliche Sondernutzungsrechte sofort **vollständig zu begründen** und sie mit **einer einzigen Einheit** zu verbinden (OLG München ZWE 2011, 264; KG RNotZ 2007, 151). Beim Verkauf einer Wohnungseinheit wird das dazugehörige Sondernutzungsrecht von dieser Einheit abgetrennt und mit der verkauften Wohnung verbunden. Die Zustimmung der dinglich Berechtigten der anderen Einheiten bedarf es auch bei dieser Lösung nicht, da die Sondernutzungsflächen von Anfang an der gemeinschaftlichen Nutzung entzogen worden sind. Der Nachteil dieser Gestaltung besteht darin, dass häufig nicht mit Sicherheit beurteilt werden kann, welche Einheit am längsten im Eigentum des Bauträgers verbleibt. Dieser wird der Bauträger regelmäßig die Sondernutzungsflächen zuordnen wollen.

135 **dd) Aufschiebende Bedingung.** Die dritte Variante besteht darin, die übrigen Miteigentümer in der Gemeinschaftsordnung unter der **aufschiebenden Bedingung** der Zuweisung eines Sondernutzungsrechtes von der Mitbenutzung bestimmter Teile des gemeinschaftlichen Eigentums auszuschließen (OLG Düsseldorf NZM 2020, 111 Rn. 19; OLG Hamm ZMR 2018, 59; OLG Frankfurt ZWE 2016, 171; OLG Stuttgart MittBayNot 2013, 306). Diese Zuweisungsbefugnis soll anders als bei der gestuften Begründung durch den Zuweisungsberechtigten auch noch nach seinem Ausscheiden aus der Gemeinschaft vorgenommen werden dürfen (OLG Frankfurt ZWE 2016, 171; OLG Stuttgart MittBayNot 2013, 306; *Häublein* MittBayNot 2012, 383; *Rieger* DNotZ 2020, 436; *Schneider* ZWE, 2012, 172). Auch bei dieser Gestaltung ist zur Zuweisung des Sondernutzungsrechtes weder die Mitwirkung der übrigen Miteigentümer noch die Zustimmung dinglich Berechtigter erforderlich (BayObLZ 1985, 378). Dieser Lösungsweg bringt es aber mit sich, dass bis zum Bedingungseintritt die Nutzung der betreffenden Flächen bei den Wohnungseigentümern verbleibt. Dies wird oft nicht gewollt sein. So wird bspw. der Bauträger die Mieteinnahmen für fertig gestellte, aber noch nicht verkaufte Pkw-Stellplätze selbst vereinnahmen wollen.

4. Gegenstand. Als Gegenstand eines Sondernutzungsrechtes in Betracht kommt das gesamte **gemeinschaftliche** Eigentum, vor allem Garten- oder Terrassenflächen, Stellplätze, Keller- oder Bodenräume, aber auch Anlagen, Einrichtungen und wesentliche Gebäudebestandteile. An einem **Sondereigentum** können Sondernutzungsrechte hingegen nicht begründet werden (BGH NJW 2014, 1879 Rn. 11; *Hügel/Elzer* DNotZ 2014, 403). Ob an einem Balkon ein Sondernutzungsrecht eingeräumt werden kann, richtet sich an der sachenrechtlichen Einordnung eines Balkons aus (→ § 5 Rn. 50). Hält man den Balkon für einen Raum, kann an ihm ein Sondernutzungsrecht begründet werden, wenn es an einer Zuweisung des Raums zum Sondereigentum fehlt. 136

Der Einräumung steht es nicht in jedem Fall entgegen, dass der entsprechende Raum oder die entsprechende Fläche der **einzige Zugang** zu einem Sonder- (OLG München ZWE 2019, 263; ZWE 2014, 257; OLG Zweibrücken ZWE 2011, 179) oder zum gemeinschaftlichen Eigentum ist (BGH NJW 1991, 2909; BayObLG NJWE-MietR 1997, 80). Den Miteigentümern steht in solchen Fällen allerdings das Recht zu, die dem Sondernutzungsrecht unterliegenden Flächen **für einen Übergang** mit zu gebrauchen. Dies kann jedoch nur für einen gelegentlichen Mitgebrauch gelten, weil anderenfalls der Inhalt des Sondernutzungsrechtes auf Alleingebrauch unzulässig ausgehöhlt werden würde. Denkbar ist dies z. B. für die Betretung des sich im gemeinschaftlichen Eigentum befindlichen und nur durch zum Sondernutzungsrecht erklärte Flächen zugänglichen Dachbodens. Es darf sich somit nur um ein **untergeordnetes Mitbenutzungsrecht** handeln. Sofern sich im Einzelfall jedoch die Einräumung eines Sondernutzungsrechtes an Räumen oder Flächen als offensichtliche Umgehung von § 5 Abs. 2 WEG darstellt, weil sie durch die anderen Miteigentümer zwingend und dauerhaft mitbenutzt werden müssen, kann dies zur Unwirksamkeit des Sondernutzungsrechtes führen (→ § 5 Rn. 25; *Francastel* RNotZ 2015, 388; *Häublein* Sondernutzungsrechte, 115; offen gelassen von OLG München BWNotZ 2019, 94 Rn. 13). Zulässig sind Sondernutzungsrechte, die das Mitgebrauchsrecht der übrigen Wohnungseigentümer auf das im einzelnen Fall nötige Maß beschränken und damit das Sondernutzungsrecht des Berechtigten einschränken (OLG München BWNotZ 2019, 94 Rn. 13). 137

5. Berechtigter. Berechtigter eines Sondernutzungsrechtes kann nur der **Eigentümer** eines Wohnungs- oder Teileigentums der entsprechenden **Wohnungseigentumsanlage** sein (BGH NZM 2012, 464 Rn. 8; NJW 2012, 676 Rn. 9) bzw. mehrere gemeinsam (OLG Düsseldorf RNotZ 2010, 573; *Schneider* Rpfleger 1998, 13; „Mitsondernutzungsrecht“). So ist ein gemeinschaftliches Sondernutzungsrecht denkbar und sinnvoll für das gesam- 138 te gemeinschaftliche Eigentum eines Gebäudes zugunsten der Wohnungseigentümer dieses Gebäudes, wie zB bei Mehrhausanlagen (sog. „Gruppensondernutzungsrecht" vgl. *Hügel* NZM 2010, 11), Reihen- oder Doppelhäusern (BayObLG WE 1994, 17; im Einzelnen *Lutz* NotBZ 2014, 209 ff.); zwischen den Mitberechtigten sollen §§ 741 ff. BGB grundsätzlich analog gelten (BayObLG WE 1994, 17; *Lutz* NotBZ 2014, 209), sofern das Gemeinschaftsverhältnis nicht in der Sondernutzungsvereinbarung selbst geregelt ist.

139 Einem bloßen **Miteigentumsbruchteil** an einem Wohnungseigentumsrecht soll nach überwiegender Ansicht ein Sondernutzungsrecht zugeordnet werden können (BGH NZM 2012, 837 Rn. 10; OLG Nürnberg ZWE 2011, 419). Dies ist jedenfalls für „verdinglichte" Sondernutzungsrechte **abzulehnen** (wie hier OLG München ZWE 2012, 92; KG DNotZ 2004, 634; OLG Jena ZWE 2000, 232; BayObLG DNotZ 1995, 70), weil eine Vereinbarung durch Eintragung in das Grundbuch zum Inhalt des (gesamten) Sondereigentums wird und ein Miteigentümer nicht Wohnungseigentümer ist (→ § 9a Rn. 5), jedenfalls aber das Sondernutzungsrecht nicht nur einem bloßen Bruchteil, sondern nur einem Sondereigentum insgesamt (so auch BGH ZWE 2017, 169 Rn. 26), zugeordnet sein kann (*Hügel* NZM 2004, 767). Vor diesem Hintergrund ist ein **persönliches** Sondernutzungsrecht nicht vorstellbar (*Drasdo* RNotZ 2018, 94; *Elzer* NZM 2016, 531; Bärmann/*Suilmann* § 13 Rn. 59; aA OLG Düsseldorf MittBayNot 2020, 449 Rn. 19; *Falkner* ZNotP 2017, 254; *Schneider* Rpfleger 1998, 13).

140 **6. Inhalt. a) Allgemeines.** Ein Sondernutzungsrecht kann auf Grund der Privatautonomie im Rahmen der Gesetze **frei** gestaltet werden (BGH NZM 2012, 837 Rn. 11). Welchen Inhalt es hat, welche Rechte und Pflichten der Sondernutzungsberechtigte hat, muss vereinbart werden. Das Recht des Sondernutzungsberechtigten reicht deshalb grundsätzlich so weit, wie es ihm eingeräumt ist. Es kann auch ohne Beschränkung auf eine bestimmte Gebrauchs-/Nutzungsart eingeräumt werden (BayObLG DNotZ 1999, 672). Die Auffassung, ein Sondernutzungsrecht müsse sich stets auf einen **bestimmten** Gebrauch beschränken (so *Röll* Rpfleger 1978, 352), findet im Gesetz keine Stütze (BayObLGZ 1981, 56). Im Zweifel bedarf es einer **Auslegung** (ausf. *Hügel* FS Riecke, 2019, 234 ff). Hierbei kann ggf. auch die Beschaffenheit der betroffenen Fläche berücksichtigt werden (BayObLG ZMR 1996, 510; OLG Stuttgart ZMR 2001, 731). Handelt es sich um ein schuldrechtliches Sondernutzungsrecht gilt für die Auslegung der Bestimmbarkeitsgrundsatz, ist das Sondernutzungsrecht verdinglicht, gilt für die **Auslegung** → Rn. 42. Verbleiben auch nach der Auslegung **Unklarheiten, Widersprüche oder Unvollständigkeiten,** ist ein nach dem grundbuchrechtlichen Bestimmtheitsgrundsatz zu ermittelnder Inhalt **nicht feststellbar** (→ Rn. 44). In einem solchen Fall gilt weiterhin die gesetzliche oder die früher vereinbarte Regelung (OLG Hamburg ZMR 2004, 614), d. h. es verbleibt im Regelfall beim gemeinschaftlichen Mitgebrauch des gemeinschaftlichen Eigentums gem. § 16 Abs. 1 Satz 3 WEG durch die Wohnungseigentümer (*Hügel* FS Riecke, 2019, 235).

b) Rechte. aa) Gebrauch. Ohne gegenteiligen Hinweis ist grundsätzlich davon auszugehen, dass es dem Berechtigten erlaubt ist, das betreffende gemeinschaftliche Eigentum nach seinem Belieben und allein zu gebrauchen. Es widerspricht nämlich Sinn und Zweck eines Sondernutzungsrechtes, wenn der Sondernutzungsberechtigte dauerhaft den Mitgebrauch seiner Sondernutzungsfläche durch andere Wohnungseigentümer dulden muss (BGH NZM 2018, 568 Rn. 13; NZM 2017, 447). Die Wohnungseigentümer können freilich eine Gebrauchsbestimmung, zB Gebrauch einer Fläche als „Garten“ oder „Stellplatz“, vereinbaren, grundsätzlich aber nicht beschließen (→ § 19 Rn. 14 ff.). Auf einer als „Stellplatz“ gewidmeten Fläche darf zB nicht dauerhaft ein Wohnmobil (BayObLG NJW-RR 2002, 1526; WE 1992, 348) oder ein Container abgestellt oder eine Garage errichtet werden (OLG Hamm NZM 1998, 921). Auch die dauerhafte Nutzung eines solchen Stellplatzes als Lagerfläche ist ausgeschlossen (LG Hamburg ZMR 2015, 142). Auf einer „Terrasse“ darf kein Fahrzeug dauerhaft abgestellt, in einem „Garten“ darf nicht geparkt werden. 141

Ist der Gebrauch/die Nutzung für einen bestimmten Zweck zugelassen, ist eine andere Benutzung nur denkbar, wenn die geänderte Nutzung die übrigen Eigentümer nicht mehr beeinträchtigt als die vorgesehene (BGH ZWE 2012, 377). Auch ohne ausdrückliche Beschränkung darf der Sondernutzungsberechtigte wegen § 14 Abs. 2 Nr. 1 WEG von seinem Recht nur in solcher Weise Gebrauch machen, dass andere Miteigentümer nicht in vermeidbarer Weise beeinträchtigt werden (BayObLG ZMR 2005, 132). Im Einzelfall muss der Berechtigte einen **vorübergehenden Mitgebrauch** dulden, etwa nach § 14 Abs. 1 Nr. 2 WEG (→ § 14 Rn. 20 ff.) oder ein Durchgangsrecht (OLG Hamm NZM 2010, 481; OLG Frankfurt a. M. IBR 2006, 1174; KG NJW-RR 1990, 333; → § 16 Rn. 137). Ferner kann ein Sondernutzungsberechtigter im Einzelfall sogar **verpflichtet** sein, sein Recht im Ergebnis völlig aufzugeben. Schreibt zB eine Baugenehmigung Besucherparkplätze vor, kann ein Wohnungseigentümer, dem Sondernutzungsrechte an Kfz-Stellplätzen zustehen, nach Treu und Glauben verpflichtet sein, die Stellplätze allen Wohnungseigentümern gegen Zahlung eines angemessenen Ausgleichs zu überlassen (BGH NZM 2018, 568; BayObLG ZMR 2002, 368; KG ZMR 1999, 356). Letztlich richtet sich einer solchen Anspruch nach § 10 Abs. 2 WEG (→ Rn. 181 ff.). 142

bb) Bauliche Veränderungen. Zu baulichen Veränderungen ist der Sondernutzungsberechtigte grundsätzlich nur befugt, wenn ihnen die anderen Wohnungseigentümer gem. § 20 WEG zustimmen (BGH NZM 2014, 245 Rn. 7). Bei der Frage nach der Zulässigkeit einer baulichen Maßnahme muss zunächst geklärt werden, ob es sich tatsächlich um eine bauliche Maßnahme handelt oder nur um ein bloßes Gebrauchen. Nach hier vertretener Ansicht ist insoweit nach dem Merkmal des **Substanzeingriffs** zu unterscheiden: Bleibt durch eine Maßnahme die bauliche Substanz des im gemeinschaftlichen Eigentum stehenden Gebäudes auf Dauer unangetastet, handelt es sich danach um eine des Gebrauchs. Wird hingegen dauerhaft in die Substanz des im gemeinschaftlichen Eigentum stehenden Gebäudes oder des Grundstücks (vor allem durch Einbetonieren oder vergleichbare Maß- 143 nahmen) eingegriffen, handelt es sich um eine bauliche Veränderung (siehe auch BGH NZM 2010, 46 Rn. 19; OLG Frankfurt a. M. MDR 2010, 1108; LG München ZMR 2018, 862; LG München I ZMR 2016, 61; LG Düsseldorf NZM 2013, 427). Siehe zu dieser Abgrenzung ausführlich→ § 20 Rn. 20 ff.

144 Die Zustimmung zu einer baulichen Maßnahme kann im Wege des Beschlusses (dazu → § 20 Rn. 26 ff.) oder durch eine Vereinbarung erteilt werden (zur Vereinbarung s BGH NZM 2014, 245 Rn. 7; BeckRS 2012, 15865 Rn. 7 = ZMR 2012, 883; NJW 2012, 676 Rn. 8). Eine Zustimmungsvereinbarung soll dabei „als bereits erteilt“ gelten, „soweit bauliche Veränderungen Eingang in die Beschreibung des Sondernutzungsrechts gefunden haben“ oder wenn sie „nach dem Inhalt des jeweiligen Sondernutzungsrechts üblicherweise vorgenommen werden und der Wohnungseigentumsanlage dadurch kein anderes Gepräge verleihen“ (BGH NJW 2017, 1167 Rn. 16; NZM 2014, 245 Rn. 7; BeckRS 2012, 15865 Rn. 7 = ZMR 2012, 883; NJW 2012, 676 Rn. 8). Ist ein Wohnungseigentümer zB berechtigt, auf einem seinem Sondernutzungsrecht unterliegenden Balkon im Rahmen der Bauvorschriften nach freiem Ermessen einen – nicht näher beschriebenen – Wintergarten zu errichten, ist dies dahin auszulegen, dass der Balkon rundum verglast und als Innenwohnbereich genutzt werden darf, also das „Wohnen“ in diesem Bereich gestattet ist (OLG Düsseldorf ZWE 2001, 79). Ist ein Sondernutzungsrecht an einer **Terrasse** eingeräumt, darf der Berechtigte die Terrasse als solche errichten (BGH BeckRS 2012, 15865 Rn. 7 = ZMR 2012, 883; NJW 2012, 676 Rn. 8) und – soweit das so bestimmt ist – auch eingrenzen (BGH BeckRS 2012, 15865 Rn. 12), **ohne** eine ausdrückliche Regelung diese aber nicht überdachen (BGH NZM 2014, 245 Rn. 7; OLG Köln MDR 1996, 1235) oder verglasen (OLG Köln MDR 1996, 1235) oder in den Garten hinein vergrößern (BayObLG NJW-RR 1997, 971; OLG Celle OLGR 1996, 193; OLG Hamburg ZMR 1989, 466). Auch der Bau einer Treppe vom Garten zur Terrasse und die Errichtung einer Pergola sind unzulässig (OLG Köln OLGR 1997, 205).

145 Zu beachten ist aber, dass zB in einer erheblichen Vergrößerung einer Terrasse eine **Veränderung des Sondernutzungsrechtes** liegt und die Zustimmung zu einer baulichen Veränderung allein deshalb nicht genügt, sondern es einer diesbezüglichen Vereinbarung der Wohnungseigentümer bedarf, um den Inhalt des Sondernutzungsrechts zu erweitern (AG Wedding ZMR 2017, 604; *Hügel* NotBZ 2018, 31). Nach der Regelung in § 21 Abs. 1 WEG kann es jedoch durch die Beschlussfassung und die darin liegende Gestattung der baulichen Maßnahme, gepaart mit der alleinigen Kostentragungspflicht des Sondernutzungsberechtigten, dazu kommen, dass für ihn auf Grund § 21 Abs. 1 Satz 2 WEG ein **faktisches Sondernutzungsrecht** geschaffen wird. Nach § 21 Abs. 1 Satz 2 WEG gebührt ihm nämlich bei alleiniger Kostenpflicht auch die ausschließliche Nutzung der baulichen Veränderungen. Dieses faktische Sondernutzungsrecht ist jedoch davon bedroht, dass andere Miteigentümer gem. § 21 Abs. 4 Satz 1 WEG gegen angemessenen finanziellen Ausgleich eine Mitbenutzung verlangen.

Besteht an einer **Gartenfläche** ein Sondernutzungsrecht (ausf. hierzu *Schmid* ZWE 2015, 109), sind ohne entsprechende Erlaubnis grundsätzlich die Errichtung eines Gartenhäuschens oder Geräteschuppens (OLG Köln OLGR 1997, 205), eines Zauns, einer Steinwand (LG Frankfurt a. M. ZWE 2014, 221) oder die Errichtung einer Pergola (OLG Köln OLGR 1997, 205) unzulässig. Die Errichtung eines Zauns ist hingegen zulässig, wenn es heißt, dass „jeder Eigentümer, dem ein Garten als Sondernutzung zugewiesen ist, berechtigt ist, soweit nicht baurechtliche Vorschriften entgegenstehen, den Bereich des seinem Sondernutzungsrecht unterliegenden unbebauten Grundstückes auf eigene Kosten durch eine Hecke oder Zaun auf d. Grenze zum Sondernutzungsrecht des benachbarten Wohnungseigentümers abzugrenzen“ (LG Itzehoe ZMR 2009, 479). Der Sondernutzungsberechtigte des Gartens darf diesen „gärtnerisch gestalten“ (LG Hamburg ZMR 2011, 226: übliche gärtnerische Pflege, Rückschnitt, Anpflanzungen, Entfernungen). Das bloße Aufstellen eines Trampolins, einer nicht einbetonierten Schaukel oder eines lose aufgestellten Kletterhäuschens sind keine baulichen Veränderungen (OLG Düsseldorf NJW 1989, 1187), sondern Gebrauch. Besteht an einem **Stellplatz** ein Sondernutzungsrecht, ist ohne besondere Regelung die Errichtung eines Carports unzulässig. 146

cc) Nutzungen. Die sonstigen Nutzungen der einem Sondernutzungsrecht unterliegenden Flächen stehen nach Sinn und Zweck **abweichend** von § 16 Abs. 1 Satz 3 WEG mangels anderweitiger Vereinbarung allein dem Berechtigten zu (BayObLG NZM 1998, 335; OLG Düsseldorf ZMR 1996, 96; LG Hamburg ZMR 2011, 585; *Drasdo* RNotZ 2018, 95). Der Berechtigte kann die seinem Sondernutzungsrecht unterliegenden Flächen und Räume daher insbesondere vermieten (BGH NJW-RR 2014, 1040 Rn. 13), verpachten oder in sonstiger Weise nutzen (*Drasdo* RNotZ 2018, 95). 147

dd) Belastungen. Das Sondernutzungsrecht ist **kein dingliches Recht** (→ Rn. 35) und daher grundsätzlich **nicht selbständig** belastbar (BGH ZWE 2020, 328 Rn. 30; OLG München ZWE 2013, 321; OLG Schleswig ZWE 2012, 42; BayObLG DNotZ 1998, 384). Eine Dienstbarkeit kann jedoch an einem Wohnungseigentum mit dem Inhalt eingetragen werden, dass eine Sondernutzungsfläche den Ausübungsbereich der Dienstbarkeit am Wohnungseigentum darstellt. Die Sondernutzungsfläche soll sogar der alleinige Ausübungsbereich der Dienstbarkeit sein können (BGH ZWE 2020, 328 Rn. 34; *Ott* DNotZ 1998, 132; aA OLG Düsseldorf DNotZ 2020, 44; OLG Schleswig ZWE 2012, 42; BayObLG DNotZ 1998, 384), was inhaltlich einer direkten Belastung des Sondernutzungsrechts gleichkommt. 148

ee) Unterteilung. Der Sondernutzungsberechtigte darf sein Recht **unterteilen** und zB an der seinem Recht unterliegenden Gartenfläche weitere Sondernutzungsrechte begründen. Die anderen Wohnungseigentümer müssen an der Unterteilung ebenso wie die an den anderen Einheiten dinglich Berechtigten grundsätzlich nicht mitwirken (BayObLG DNotZ 1998, 30; *Grziwotz* MietRB 2008, 382). Etwas anderes gilt für die dinglich Berechtig- 149 ten des Wohnungseigentums, dem das Sondernutzungsrecht zugeordnet ist (s. a. OLG Schleswig ZWE 2002, 427 zum Tausch).

150 **ff) Verzicht.** Der Sondernutzungsberechtigte kann auf sein Sondernutzungsrecht **nicht** „verzichten" (→ Rn. 163). Er kann den anderen Wohnungseigentümern indessen den Mitgebrauch wieder erlauben. Eine Pflicht zum „Verzicht" ist sogar anzunehmen, wenn die Miteigentümer wieder einen Mitgebrauch haben **müssen** (*Grziwotz* MietRB 2008, 277 (278); *Ott* Das Sondernutzungsrecht, 2000, 167 ff.; → Rn. 142).

151 **gg) Schutzrechte, Verwaltungsrechte.** Im Grundbuch eingetragene Sondernutzungsrechte genießen nach überwiegender Ansicht **eigentumsrechtlichen Schutz,** weil sie durch die Eintragung zum Inhalt des Sondereigentums geworden sind und dementsprechend dem Schutz des Sondereigentums unterfallen (BGH ZWE 2020, 328 Rn. 39; OLG Düsseldorf DNotZ 2020, 44; OLG Schleswig ZWE 2012, 42; BayObLG DNotZ 1998, 384; OLG München ZWE 2007, 490; *Ott* Das Sondernutzungsrecht im Wohnungseigentum, 2000, 132 ff; Bärmann/*Suilmann,* WEG, § 13 Rn. 131). Der Sondernutzungsberechtigte konnte daher nach bisherigem Recht die dinglichen Ansprüche im Hinblick auf die seinem Sondernutzungsrecht unterliegenden Räume oder Flächen wahrnehmen.

152 Trotz § 9a Abs. 2 WEG hat sich an diesen Rechten des Sondernutzungsberechtigten nichts geändert Zwar verbleiben die betreffenden Räume, Flächen oder Anlagen sachenrechtlich im gemeinschaftlichen Eigentum aller Wohnungseigentümer, was zunächst für eine Rechtswahrnehmung durch die Gemeinschaft der Wohnungseigentümer spräche. Wenn jedoch das Sondernutzungsrecht den Eigentumsschutz des Sondereigentums genießt, muss dies auch auf die Rechtswahrnehmung im Außenverhältnis durchschlagen. Auch wenn man nur auf den sachenrechtlichen Befund abstellen würde, müsste man anerkennen, dass das Recht, wie ein Alleineigentümer gegen Nachbarn und Dritte vorzugehen, integraler Teil der Vereinbarung des Sondernutzungsrechtes ist und damit eine Ermächtigung des Sondernutzungsberechtigten zur Rechtswahrnehmung für die Gemeinschaft der Wohnungseigentümer darstellt.

153 Der Sondernutzungsberechtigte kann daher entsprechend § 985 BGB zB Herausgabe der seinem Recht unterliegenden Flächen verlangen (BGH ZWE 2020, 328 Rn. 39; LG München I ZMR 2010, 794). Dieser Anspruch kann grundsätzlich nicht verjähren, ggf. aber verwirkt werden. Jedenfalls bei verdinglichten Sondernutzungsrechten ist gegenüber einem anderen Wohnungseigentümer sogar § 906 Abs. 2 Satz 2 BGB **analog** anwendbar (BGH ZWE 2020, 328 Rn. 39; NJW 2014, 458 Rn. 20). Der Berechtigte kann ferner nach §§ 1004, 1011 BGB Störungs-Unterlassung verlangen (BGH ZWE 2020, 328 Rn. 39; OLG Düsseldorf ZMR 2001, 217; BayObLG NZM 1998, 335; NJW-RR 1990, 1105; NJW-RR 1986, 93) oder Beseitigung bereits erfolgter Störungen, etwa eigenmächtiger Anpflanzungen. Ferner hat der Berechtigte Besitzschutz- und Abwehransprüche wegen verbotener Eigenmacht (OLG Düsseldorf ZMR 2001, 217; KG ZMR 1999, 357).

Erfolgt die Störung durch einen Miteigentümer, kann sich der Sondernutzungsberechtigte allein hiergegen wehren, weil ihm dieser Anspruch aufgrund einer alle Wohnungseigentümer bindenden Vereinbarung gegenüber dem Störer zusteht. Dieses Recht steht dem Sondernutzungsberechtigten auch nach neuem Recht **individuell** gegenüber einem Miteigentümer zu. Dies ergibt sich aus § 14 Abs. 2 Nr. 1 WEG, der zwar einen solchen Anspruch gegenüber Miteigentümern nur für Sondereigentum begründet. Jedoch wurde § 14 WEG aF nach bisherigem Recht auf Sondernutzungsrechte analog angewendet (vgl. OLG Düsseldorf ZWMR 2006, 459), was auch nach neuem Recht sachgerecht ist. Ebenso steht dem Sondernutzungsberechtigten ein **Aufopferungsanspruch** in entsprechender Anwendung von § 14 Abs. 3 WEG zu für Schäden, die an Flächen entstehen, die seinem Sondernutzungsrecht unterliegen (OLG Düsseldorf ZMR 2006, 459; differenzierend Bärmann/*Suilmann* § 14 Rn. 80; → 14 Rn. 82). **154**

Die **Verwaltungsrechte** bezüglich Sondernutzungsflächen befinden sich grundsätzlich bei der Gemeinschaft der Wohnungseigentümer (§ 18 Abs. 1 WEG). Die Wohnungseigentümer können jedoch mittels Vereinbarung die Verwaltung einem Wohnungseigentümer – dem Sondernutzungsberechtigten – (BGH NZM 2014, 396 Rn. 10) oder einer Gruppe von Wohnungseigentümern (OLG Köln NZM 2000, 1019, LG Düsseldorf ZMR 2016, 976) übertragen (→ § 18 Rn. 18). In welchem Umfang die Kompetenzverlagerung erfolgt, ist eine Frage der Auslegung der betreffenden Vereinbarung. In aller Regel wird Inhalt eines Sondernutzungsrechtes sein, dass die betreffende Fläche auch vom Sondernutzungsberechtigten allein verwaltet werden soll, da Sondernutzungsrechte nach der Verkehrsanschauung dem Sondereigentum gleichgestellt sein sollen. **155**

c) Pflichten. aa) Überblick. Unabhängig von der konkreten Gebrauchsbestimmung werden die Rechte des Sondernutzungsberechtigten vom allgemeinen **Pflichtenkanon des § 14 WEG** beschränkt, insbesondere gilt § 14 Abs. 1 Nr. 2 WEG auch zu Lasten eines Sondernutzungsberechtigten (BGH NZM 2019, 788 Rn. 14; *v Rechenberg* ZWE 2005, 50/51). So kann im Einzelfall der vorübergehende Mitgebrauch durch andere Wohnungseigentümer zu dulden sein, beispielsweise weil dies für Erhaltungsmaßnahmen notwendig ist oder weil für die Miteigentümer ein Durchgangsrecht bestehen muss (OLG Hamm NZM 2010, 481; OLG Frankfurt a. M. IBR 2006, 1174; KG NJW-RR 1990, 333). Im extremen Ausnahmefall kann ein Sondernutzungsberechtigter als ultima ratio sogar verpflichtet sein, sein Recht völlig aufzugeben. Denkbar ist dies, wenn nur so öffentlich-rechtliche Auflagen erfüllt werden können. So kann ein Wohnungseigentümer, dem ein Sondernutzungsrecht an einem Kfz-Stellplatz zusteht, nach Treu und Glauben verpflichtet sein, den Stellplatz allen Wohnungseigentümern gegen Zahlung eines angemessenen Ausgleichs zu überlassen, wenn nur so Auflagen in der Baugenehmigung eingehalten werden können oder diese Fläche als Rettungsweg frei gehalten werden muss (BGH NZM 2018, 568 Rn. 16; BayObLG ZMR 2002, 368; KG ZMR 1999, 356). Grundlage für einen solchen Anspruch ist § 10 Abs. 2 WEG (→ Rn. 142). **156**

157 **bb) Erhaltungsmaßnahmen.** Die Teile, Räume und/oder Flächen, an denen ein Sondernutzungsrecht eingeräumt ist, bleiben **gemeinschaftliches** Eigentum (BGH WuM 2015, 47 Rn. 19). Die Pflicht zur Erhaltung der dem Sondernutzungsrecht unterliegenden Teile, Räume und Flächen trifft die Gemeinschaft der Wohnungseigentümer; die damit korrespondierende Pflicht, die Kosten zu tragen (§ 16 Abs. 2 WEG), grundsätzlich **alle** Wohnungseigentümer (BGH WuM 2015, 47 Rn. 19; KG ZMR 2005, 569; OLG Hamburg ZMR 2004, 614). Dem WEG ist kein Grundsatz zu entnehmen, demzufolge derjenige, der zu einem Gebrauch nicht berechtigt ist, keine Kosten zu tragen hat (BGH NJW 1984, 2576). Die Wohnungseigentümer können allerdings etwas **anderes** vereinbaren (BGH WuM 2015, 47 Rn. 19; KG ZMR 2009, 135; BayObLG ZMR 02, 953). Eine solche Vereinbarung kann – wie stets – auch **schlüssig** getroffen werden (BayObLG ZMR 2004, 357; ZMR 2001, 830). Gibt es eine „Kostenvereinbarung" ist diese in der Regel bloß ein vereinbarter **Umlageschlüssel.** Soll der Sondernutzungsberechtigte auch befugt sein, das gemeinschaftliche Eigentum insoweit ausnahmsweise **allein** zu **verwalten,** muss dieses zusätzlich vereinbart werden.

158 **cc) Verkehrssicherungspflichten.** Wurden dem Sondernutzungsberechtigten bei der Rechtseinräumung gleichzeitig Pflichten übertragen, die grundsätzlich alle Wohnungseigentümer treffen, so zB die Verkehrssicherungspflicht an der Sondernutzungsfläche, entfaltet diese Übertragung nur Wirkung gegenüber der Gemeinschaft der Wohnungseigentümer bzw. unter den Wohnungseigentümern, nicht aber gegenüber Dritten. Die Wahrung der Verkehrssicherungspflicht im Hinblick auf das gemeinschaftliche Eigentum ist stets eine Aufgabe der Gemeinschaft der Wohnungseigentümer (BGH NJW 2012, 1724 Rn. 12; OLG Oldenburg NZM 2014, 501; OLG München ZMR 2006, 226 mAnm Elzer; LG Saarbrücken ZWE 2014, 361; Rühlicke ZWE 2007, 269; Wenzel NZM 2006, 323; Fritsch ZWE 2005, 386; → 9a Rn. 100). Erfüllt der Sondernutzungsberechtigte die ihm übertragene Pflicht nicht, kann und muss sich der Dritte unmittelbar an die Gemeinschaft der Wohnungseigentümer wenden. Möglich ist nur ein Innenregress gegenüber dem säumigen Sondernutzungsberechtigten.

159 **7. Erwerb/Übertragung. a) Allgemeines.** Sondernutzungsrechte können (nur) zwischen Wohnungseigentümern derselben Wohnungseigentumsanlage erworben bzw. veräußert werden (BGH NZM 2008, 732). Die Wohnungseigentümer können untereinander ein Sondernutzungsrecht isoliert, also ohne Sondereigentum übertragen. Es lassen sich sogar Teile eines Sondernutzungsrechtes übertragen, etwa beschränkt auf eine genau bezeichnete Hälfte eines Dachbodens (BayObLG ZMR 1991, 313); dazu muss das Sondernutzungsrecht zuvor geteilt werden.

160 **b) Verdinglichte Sondernutzungsrechte.** Ein verdinglichtes Sondernutzungsrecht wird grundsätzlich durch einen Vertrag zwischen dem abgebenden und dem aufnehmenden Wohnungseigentümer übertragen (BayObLG DNotZ 1988, 30). Die Wohnungseigentümer müssen sich analog §§ 877, 873 BGB über die Inhaltsänderung ihrer jeweiligen Sondereigen-

tumsrechte einigen (BGH NZM 2008, 732 Rn. 36). Die Änderung muss außerdem im Grundbuch eingetragen werden (BGH NJW 1979, 548; OLG München ZMR 2016, 896; ZWE 2012, 92). Die Einigung bedarf keiner Form, wegen § 29 GBO ist jedoch eine Unterschriftsbeglaubigung erforderlich. Eine **Mitwirkung** der übrigen Wohnungseigentümer ist – ist nichts anderes entsprechend § 12 WEG vereinbart (→ § 12 Rn. 22) – für die Übertragung **nicht** erforderlich (BGH NJW 1979, 548 unter III. 3; BayObLG MittBayNot 1999, 180). Ist das abgebende Wohnungseigentum mit dem Recht eines Dritten belastet, ist dessen Zustimmung zur Übertragung unter den Voraussetzungen der §§ 876, 877 BGB erforderlich, weil es zu einer Inhaltsänderung des abgebenden Sondereigentums kommt (BGH ZWE 2020, 328 Rn. 43). Beim Kauf/Erwerb eines Sondereigentums geht ein verdinglichtes Sondernutzungsrecht als Inhalt des Sondereigentums ohne weiteres und ohne besondere Abrede vom Verkäufer auf den Erwerber/Käufer über. Zur Sicherung des Anspruchs auf Übertragung eines verdinglichten Sondernutzungsrechtes kann eine Vormerkung am Wohnungseigentum eingetragen werden (BayObLG DNotZ 1979, 307).

c) Schuldrechtliche Sondernutzungsrechte. Ein schuldrechtliches **161**
Sondernutzungsrecht wird gem. §§ 398, 413 BGB isoliert durch einen Abtretungsvertrag zwischen Veräußerer und Erwerber übertragen (BGH NJW 1979, 548; OLG Saarbrücken ZWE 2018, 206; OLG Schleswig RNotZ 2017, 34; OLG München ZMR 2016, 896; ZMR 2015, 469; KG ZMR 2007, 387; aA *Lehmann-Richter* ZWE 2018, 388). Eine Mitwirkung Anderer ist nicht erforderlich (BGH NJW 1979, 548). Ein schuldrechtliches Sondernutzungsrecht geht beim Kauf/Erwerb eines Sondereigentums **nicht als Inhalt** des Sondereigentums vom Verkäufer auf den Erwerber/Käufer über. Die hM nimmt indes an, dass das Sondernutzungsrecht als begünstigende Vereinbarung wegen der Bestimmung des § 746 BGB letztlich auch auf den Käufer/Erwerber übergeht (OLG München BeckRS 2014, 13644; NJOZ 2014, 1330). Andere vertreten, dass § 746 BGB **nicht** anwendbar sei. Sie kommen im Ergebnis meist aber auch zu einer Übertragung, da sie dem Käufer/Erwerber den „Eintritt" in die dem schuldrechtlichen Sondernutzungsrecht zugrunde liegende Vereinbarung erlauben. Wird eine andere Einheit veräußert, geht ein schuldrechtliches Sondernutzungsrecht unter, wenn und soweit der Erwerber nicht in die Vereinbarung, mit der das schuldrechtliche Sondernutzungsrecht begründet wurde, eintritt (OLG Frankfurt a. M. NZM 2008, 214).

d) Gutgläubiger Erwerb. Wird ein **verdinglichtes Sondernutzungs-** **162**
recht rechtsgeschäftlich (mit-)erworben, kann es gutgläubig erworben werden (BGH ZWE 2017, 169; OLG München ZMR 2016, 896; OLG Hamm ZWE 2009, 169; LG München ZWE 2019, 316; *Hogenschurz* ZfIR 2014, 723; aA OLG Hamm NJW-RR 1993, 1295; *Demharter* DNotZ 1991, 28; *Weitnauer* DNotZ 1990, 392). Der gutgläubige Erwerb entsprechend § 892 BGB setzt freilich ein **Verkehrsgeschäft** voraus. Wenn Wohnungseigentum hingegen zB durch Zuschlag in der Zwangsversteigerung erworben wird, kommt ein gutgläubiger Erwerb nicht in Betracht. **Anders** ist es ferner, wenn die Eintragung des Sondernutzungsrechtes nicht nur unrichtig, son-

dern – etwa wegen Unbestimmtheit – **inhaltlich unzulässig** ist (OLG München DNotZ 2007, 946; LG München ZW 2019, 316). Ferner ist es anders, wenn die Eintragung des Sondernutzungsrechtes **widersprüchlich** und deshalb inhaltlich unzulässig ist (→ § Rn. 44). In diesen Fällen kann es einen gutgläubigen Erwerb **nicht** geben.

163 **8. Änderung/Aufhebung.** Die Wohnungseigentümer können den Inhalt eines Sondernutzungsrechtes jederzeit wieder durch eine Vereinbarung **ändern.** Ein Beschluss wäre nichtig (OLG Köln ZMR 2002, 702; LG Hamburg ZWE 2016, 458; LG Frankfurt a. M. BeckRS 2010, 32690; → § 15 Rn. 38). Ein Sondernutzungsrecht kann mithin auch wieder **aufgehoben** werden (*Grziwotz* MietRB 2008, 276). Bei einem schuldrechtlichen (→ Rn. 125) und auch bei einem verdinglichten (→ Rn. 122 ff.) Sondernutzungsrecht bedarf es jeweils einer **Vereinbarung** (BGH NJW 2000, 3643 unter III. 2; *Grziwotz* MietRB 2008, 278). Ein einseitiger Verzicht des Berechtigten (BGH NJW 2000, 3643) genügt nicht (→ Rn. 150). Im Einzelfall kann sich als ultima ratio aus § 10 Abs. 2 WEG, nicht jedoch aus § 242 BGB, ein **Anspruch** gegen den Sondernutzungsrechtsberechtigten auf Aufhebung des Rechtes ergeben, etwa wenn die Fläche zwingend benötigt wird, um unabwendbare behördliche Auflagen zu erfüllen (BGH NZM 2018, 568 Rn. 16). Bei einem verdinglichten Sondernutzungsrecht muss die Inhaltsänderung des Sondereigentums **zusätzlich** noch im Grundbuch eingetragen werden, wenn sie gegen Sonderrechtsnachfolger wirken soll (BGH NJW 2000, 3643; → Rn. 122). An der bloßen „Löschung" eines Sondernutzungsrechtes mit der Folge, dass es nicht mehr Inhalt des Sondereigentums ist, müssen die übrigen Wohnungseigentümer nicht mitwirken. Denn die Löschung hebt nur die dingliche Wirkung auf, nicht das Recht (BGH NJW 2000, 3643; OLG Düsseldorf NZM 2014, 136; BayObLG ZWE 2000, 347). Zur Änderung oder Aufhebung eines Sondernutzungsrechtes ist, weil es sich um eine Änderung des Inhaltes des belasteten Sondereigentums handelt, gegebenenfalls die Zustimmung Drittberechtigter unter den Voraussetzungen der §§ 876, 877 BGB erforderlich (BGH ZWE 2020, 328 Rn. 43).

164 **9. Zwangsvollstreckung.** Ist ein Sondernutzungsrecht **verdinglicht** (→ Rn. 122 ff.), kann die Zwangsvollstreckung weder gem. § 857 ZPO unmittelbar in das Sondernutzungsrecht betrieben werden noch – wegen § 6 WEG – allein in das Sondereigentum, dessen Inhalt es bestimmt, sondern nur gem. § 864 ZPO in das Wohnungseigentum (OLG Stuttgart NZM 2002, 884; *Ott* ZWE 2010, 335; ZWE 2001, 18; *Schneider* Rpfleger 1998, 53; aA LG Stuttgart DWE 1989, 72; *Schmid* ZfIR 2011, 736; *Schuschke* NZM 1999, 830). Ein Gläubiger kann allerdings in die Früchte des Sondernutzungsrechtes (→ Rn. 147) nach §§ 829, 835 ZPO vollstrecken. Ein **schuldrechtliches Sondernutzungsrecht** (→ Rn. 125) ist hingegen ein selbständiges Vermögensrecht, das gem. §§ 857, 835 Abs. 1 ZPO gepfändet und zur Einziehung überwiesen werden kann. Berechtigt hierzu ist allerdings nur ein Wohnungseigentümer (*Ott* ZWE 2010, 335). Hält ein Wohnungseigentümer treuhänderisch Sondernutzungsrechte, sind die sich aus dem Treuhandverhältnis ergebenden Ansprüche ohne Titel pfändbar (BGH NJW

2010, 2346 Rn. 15). Das Recht, Sondernutzungsrechte durch Zuweisung an einzelne Miteigentümer zu begründen, soll hingegen nicht pfändbar sein (OLG Stuttgart NZM 2002, 884).

10. Rechtsstreit. Streitigkeiten über ein Sondernutzungsrecht, ua über seinen Geltungsbereich, unterfallen § 43 Abs. 2 Nr. 1 WEG (BGH NJW 2011, 384 Rn. 7). **165**

III. Öffnungsklauseln

Grds. muss der Abschluss oder die Veränderung einer Vereinbarung den Anforderungen an das Zustandekommen einer Vereinbarung genügen (→ Rn. 22 ff.). Es gibt jedoch Konstellationen, in denen das Erfordernis der Mitwirkung aller Wohnungseigentümer entbehrlich ist. **166**

1. Gesetzliche Öffnungsklauseln. Das WEG enthält spezielle Beschlusskompetenzen, auf deren Grundlage die Wohnungseigentümer vorhandene Vereinbarungen durch Beschluss aufheben bzw. verändern können (vgl. *Jacoby* ZWE 2013, 61). Es handelt sich im Wesentlichen um §§ 16 Abs. 2 Satz 2, § 12 Abs. 4 und § 21 Abs. 5 WEG. Da der Gesetzgeber Beschlusskompetenz zur Veränderung der bestehenden Gemeinschaftsordnung durch einen einfachen Mehrheitsbeschluss geschaffen hat, wird dadurch das Statut der Gemeinschaft auch ohne Eintragung dieser Veränderung im Grundbuch unrichtig. Diese Beschlüsse bedürfen – wie sonstige Beschlüsse auch (→ Rn. 212) – zur Bindung von Sonderrechtsnachfolgern keiner Eintragung in das Grundbuch. Die dem WEG ursprünglich immanente **Publizität** für auch für Sonderrechtsnachfolger verbindliche Vereinbarungen wird insoweit **aufgegeben,** was einen Systembruch zur Folge hat. **167**

Für Beschlüsse nach § 12 Abs. 4 WEG, mit denen eine vorhandene Veräußerungsbeschränkung aufgehoben werden kann, lässt das Gesetz eine Eintragung der Aufhebung der Veräußerungsbeschränkung zu (→ § 12 Rn. 83). Zu anderen Fällen gesetzlicher Öffnungsklauseln schweigt das Gesetz und lässt vielmehr eine Grundbucheintragung nur bei vereinbarten Öffnungsklauseln zu. Hieraus ergibt sich, dass Beschlüsse aufgrund gesetzlicher Öffnungsklauseln weder einer Eintragung bedürfen noch eintragungsfähig sind (→ § 7 Rn. 68). **168**

2. Vereinbarte Öffnungsklauseln. a) Vereinbarung einer Öffnungsklausel. Die Gestaltungsautonomie (→ Rn. 50) erlaubt es den Wohnungseigentümern, eine Vereinbarung in die Gemeinschaftsordnung aufzunehmen, wonach diese allgemein oder in bestimmten Fällen nicht durch Vereinbarung aller Wohnungseigentümer, sondern mit der (qualifizierten) Mehrheit der Wohnungseigentümer geändert werden kann, sog. Öffnungsklausel (BGH NJW 1985, 2832; zur Gestaltung von Öffnungsklauseln *Hügel* ZWE 2001, 578). Möglich ist auch eine Öffnungsklausel im Beschlussbereich dergestalt, dass zB ein Beschluss, der nach dem Gesetz ein bestimmtes Quorum benötigt, auch mit einfacher Mehrheit zustande kommen kann (LG Hamburg ZWE 2019, 378). Die Vereinbarung einer Öffnungsklausel stellt eine normale Vereinbarung dar, gleich ob sie in der ersten mit der **169**

Teilungserklärung beurkundeten Gemeinschaftsordnung enthalten ist oder nachträglich eingeführt wird.

170 Dritte – zB eingetragene Grundpfandrechtsgläubiger – müssen **nicht analog** §§ 877, 876 BGB zustimmen, wenn eine **Öffnungsklausel** im Grundbuch eingetragen werden soll (*Lieder* notar 2016, 298; *Gaier* ZWE 2005, 42; *Wenzel* ZWE 2004 134; *Schneider* Rpfleger 2002, 504; *Hügel* ZWE 2002, 505; *Ott* ZWE 2001, 467; aA *Wilsch* FGPrax 2020, 4; *Becker* ZWE 2002, 345; *Schmack* ZWE 2001, 91). Auch für die nachträgliche Eintragung einer Öffnungsklausel in das Grundbuch sind zwar gem. § 19 GBO die Bewilligungen sämtlicher eingetragener Miteigentümer erforderlich, nicht aber die Zustimmung eines Drittberechtigten, da dessen dingliche Rechtsposition **durch die Öffnungsklausel** noch nicht beeinträchtigt wird (OLG Düsseldorf ZMR 2004, 284; *Lieder* notar 2016, 298; *Schneider* ZMR 2004, 287; *Kreuzer* PiG 63, 261).

171 **b) Anwendungsbereich.** Der Anwendungsbereich einer Öffnungsklausel hängt von ihrem Inhalt ab. Möglich sind spezielle Öffnungsklauseln nur für bestimmte Regelungsbereiche. Zulässig sind aber auch **allgemeine Öffnungsklauseln,** die alle Gegenstände erfassen, die iÜ zu vereinbaren (BGH NJW 2019, 2083 Rn. 19; *Lieder* notar 2016, 293; *Häublein* FS Bub, 2007, 122; *Schneider* ZMR 2004, 286; *Becker* ZWE 2002, 342; *Buck* Mehrheitsentscheidungen, 62 mwN; *Hügel* ZWE 2001, 580; aA *Rapp* DNotZ 2000, 864 (868); *Wudy* MittRhNotK 2000, 389) oder allstimmig bzw. mit einem gesetzlich angeordneten Quorum zu beschließen wären. Eine Öffnungsklausel muss keine Fallgruppen nennen, in denen eine Mehrheitsentscheidung möglich ist. Auch eine weit gefasste Öffnungsklausel berührt nicht die Frage der grundbuchrechtlichen Bestimmtheit (*Lieder* notar 2016, 293; *Schneider* ZMR 2004, 286).

172 Eine allgemeine Öffnungsklausel erlaubt es auch, ein **Sondernutzungsrecht** zu begründen (*Lieder* notar 2016, 293; *Gaier* ZWE 2005, 40; *Wenzel* ZNotP 2004, 171; *Wenzel* FS Deckert, 528; *Häublein,* Sondernutzungsrechte, 215 ff.; *Hügel* DNotZ 2001, 183; aA *OLG Köln* ZMR 1998, 373; *Spielbauer* ZWE 2017, 20; *Schneider* NotBZ 2008, 449; *Becker* ZWE 2002, 345).

173 **c) Rechtmäßigkeit einer Entscheidung auf Grundlage einer Öffnungsklausel.** Mehrheitsentscheidungen der Wohnungseigentümer auf Grundlage einer vereinbarten Öffnungsklausel müssen wie alle anderen Maßnahmen ebenfalls **ordnungsmäßiger Verwaltung** entsprechen und damit im Ergebnis nicht willkürlich sein, ein **sachlicher Grund** für die Änderung ist **nicht** notwendig (Jacoby ZWE 2013, 64), sofern nicht etwas anderes in der Öffnungsklausel als Voraussetzung vereinbart ist.

174 Auch wenn Öffnungsklauseln ihre Rechtfertigung in der Gestaltungsautonomie der Wohnungseigentümer haben (*Elzer* ZWE 2017, 286) und damit entgegen der hM dem Vertragsrecht und nicht dem Beschlussrecht zuzuordnen sind, darf das „Ob“ und das „Wie“ der Änderung nicht willkürlich sein. Mehrheitsentscheidungen auf der Basis einer Öffnungsklausel, die unverzichtbare oder unentziehbare, aber verzichtbare Rechte der Sondereigentümer betreffen, unterliegen darüber hinaus einer besonderen Missbrauchskontrolle. Dem überstimmten Sondereigentümer darf ohne seine Zustim-

mung ein „mehrheitsfestes" Recht nicht genommen werden. Nach Ansicht des BGH ist dies dann der Fall, wenn durch die Änderung in den Kernbereich des Wohnungseigentums (→ Rn. 60) eingegriffen oder gegen das Belastungsverbot (BGH NJW 2019, 2083 Rn. 7; NZM 2016, 727 Rn. 17; NZM 2015, 88) verstoßen wird. Dies ist bspw. der Fall, wenn die Mehrheit ohne die Zustimmung des betroffenen Sondereigentümers die Zweckbestimmung seiner Einheit verändert (BGH NJW 2019, 2083 Rn. 19) oder ein ihm zustehendes Sondernutzungsrecht aufhebt.

In vielen Fällen enthalten Öffnungsklauseln besondere **Wirksamkeitsvoraussetzungen** für solche Mehrheitsentscheidungen. Meist wird eine qualifizierte Mehrheit für die Abänderung verlangt. Noch **nicht geklärt** ist, wie es sich auswirkt, wenn diese Voraussetzungen nicht erfüllt sind, also etwa das genannte Quorum nicht erreicht wird oder es an sachlichen Gründen fehlt, der Versammlungsleiter aber dennoch einen positiven Beschluss verkündet. Teilweise wird ein solcher Beschluss nur für anfechtbar gehalten (LG Berlin ZMR 2015, 327; LG München ZWE 2014, 186; 2011, 102; *Becker* ZWE 2002, 343). Die Gegenansicht hält den Beschluss hingegen für nichtig, weil es an der Legitimation der Mehrheitsmacht und damit an der **Beschlusskompetenz** fehlt (AG Lichtenberg ZWE 2012, 321; Timme/*Dötsch* § 10 Rn. 249; *Elzer* ZWE 2012, 324; *Derleder* ZWE 2008, 253 (258)). 175

d) Rechtliche Qualifizierung von Entscheidungen auf Grundlage einer Öffnungsklausel. Bis zum WEMoG war die rechtliche Einordnung von Mehrheitsentscheidungen auf Grund solcher Öffnungsklauseln nicht abschließend geklärt (ausf. Voraufl. § 10 Rn. 153 ff.). Nach hier vertretener Ansicht stellten sie entgegen der hM **Vereinbarungen** dar, wenn deren Inhalt nach den allgemeinen Abgrenzungskriterien als Vereinbarung gewertet werden muss. Es handelt sich um eine Vereinbarung, die entgegen den allgemeinen Grundsätzen nicht von allen Wohnungseigentümern, sondern der Mehrheit getroffen wird (sog. **Mehrheitsvereinbarung,** ausf. *Hügel* DNotZ 2001, 176). Da § 10 Abs. 3 Satz 1 WEG nun aber ausdrücklich die Eintragung von Beschlüssen aufgrund von Öffnungsklauseln erlaubt bzw. zur Bindung von Sonderrechtsnachfolgern sogar anordnet, hat der Gesetzgeber eine rechtliche Qualifizierung getroffen, weil dies in der Zusammenschau nur dann sinnvoll ist, wenn solche Mehrheitsentscheidung mit Vereinbarungsinhalt gesetzlich als Beschluss qualifiziert werden. Festzuhalten ist aber, dass Mehrheitsentscheidungen mit Vereinbarungsinhalt, die auf Grundlage einer rechtsgeschäftlichen Öffnungsklausel ergehen, nur dann **Sonderrechtsnachfolger binden,** wenn die als Beschluss bewirkte Regelung **im Grundbuch eingetragen** wird. 176

e) Eintragung im Grundbuch. Das WEG ordnet in § 5 Abs. 4 Satz 1 WEG für eine Bindung von Sonderrechtsnachfolgern an eine auf Grundlage einer **rechtsgeschäftlichen,** nicht aber einer gesetzlichen Öffnungsklausel getroffenen Regelung die Notwendigkeit einer Grundbucheintragung an (→ § 7 Rn. 67). Durch die Eintragung wird diese Regelung dann zum Inhalt des Sondereigentums. Das Eintragungsverfahren ist in § 7 Abs. 2 WEG geregelt (→ § 7 Rn. 62 ff.). 177

178 **f) Altfälle.** Auch „Altbeschlüsse", die vor dem WEMoG gefasst wurden, können und müssen zur Bindung von Sonderrechtsnachfolgern im Grundbuch eingetragen werden. Für sie gilt eine Übergangsfrist bis zum 31.12.2025 (→ § 7 Rn. 76). Zudem kann gem. § 48 Abs. 1 Satz 3 WEG jeder Wohnungseigentümer verlangen, dass ein solcher Altbeschluss erneut gefasst wird, sofern die für die Grundbucheintragung des Altbeschlusses erforderliche Form (§ 29 GBO) aufgrund praktischer Unmöglichkeit nicht mehr erlangt werden kann. Der Anspruch auf Beschlusswiederholung setzt aber schon begrifflich voraus, dass ein Altbeschluss tatsächlich gefasst wurde.

IV. Änderung einer Vereinbarung/Gemeinschaftsordnung

179 **1. Allgemeines.** Für Änderungen von Vereinbarungen bzw. der Gemeinschaftsordnung ergeben sich keine Abweichungen im Vergleich zum Abschluss einer Vereinbarung bzw. zum erstmaligen Erstellen einer Gemeinschaftsordnung. Es bedarf hierzu einer Vereinbarung aller Wohnungseigentümer (BGH NZM 2018, 568 Rn. 13). Es gelten die diesbezüglichen Ausführungen (→ Rn. 22 ff.). Die abändernde Vereinbarung, auch einer verdinglichten, kann auch schlüssig zustande kommen. Eine bloß langjährige, abweichende Übung allein führt grundsätzlich aber noch nicht zu einer Änderung der Gemeinschaftsordnung (→ Rn. 24). Es bedarf vielmehr eines diesbezüglichen Rechtsbindungswillens der Wohnungseigentümer. Soll die Änderung auch Sonderrechtsnachfolger binden, muss sie im Grundbuch eingetragen werden (vgl. OLG München ZWE 2014, 265).

180 Die **Aufhebung** einer Vereinbarung ist der Unterfall einer Änderung. Dementsprechend bedarf es zur Aufhebung einer Vereinbarung als „actus contrarius" ebenfalls einer Vereinbarung. Ein diesbezüglicher Beschluss ist – besteht keine Öffnungsklausel (→ Rn. 169) – nichtig (BGH NZM 2009, 866 Rn. 7; BGHZ 145, 158; AG Wiesbaden MietRB 2014, 109). Aus diesem Grund kann ua der Berechtigte eines Sondernutzungsrechtes dieses nicht **einseitig** aufheben (→ Rn. 150).

181 **2. Anspruch auf Abänderung.** Kommt es zwischen den Wohnungseigentümern zu keiner einvernehmlichen Änderung des dispositiven Gesetzes oder einer bestehenden Vereinbarung, gibt § 10 Abs. 2 WEG jedem Wohnungseigentümer (→ 9a Rn. 2) unter bestimmten Voraussetzungen einen **Anspruch** darauf, eine vom Gesetz **abweichende Vereinbarung,** die **Anpassung** einer Vereinbarung oder die **Aufhebung** einer Vereinbarung zu verlangen. Der Anspruch setzt nicht voraus, dass sich tatsächliche oder rechtliche Umstände nachträglich verändert haben; er kommt vielmehr auch in Betracht, wenn Regelungen der Gemeinschaftsordnung von Anfang an verfehlt oder sonst unbillig waren (BGH ZMR 2019, 518 Rn. 14). Lässt sich der gewünschte Inhalt durch eine **Auslegung** der bestehenden Vereinbarung (→ Rn. 41 ff) erzielen, ist für einen Anspruch gem. § 10 Abs. 2 WEG **kein** Raum (BGH NZM 2016, 727), Nicht indes, weil die Auslegung einer Anpassung nach dieser Vorschrift vorrangig ist (so BGH NZM 2016, 727 Rn. 18), sondern weil das gewünschte, allerdings durch Auslegung erst gewonnene, Ergebnis bereits existiert.

a) Anspruchsvoraussetzungen. Weil sich der Anspruch auf Abänderung durch eine Vereinbarung richtet, ist Voraussetzung, dass eine vereinbarte oder die gesetzliche Ausgestaltung des schuldrechtlichen Gemeinschaftsverhältnisses durch eine Regelung ersetzt werden soll, durch die das Verhältnis der Wohnungseigentümer untereinander generell oder im Hinblick auf eine bestimmte Frage über den konkreten Fall hinaus geändert werden soll (BGH NJW 2010, 2129). Eine bloße **Einzelfallregelung** wird von § 10 Abs. 2 WEG grundsätzlich **nicht** erfasst (→ Rn. 54). 182

Ein Anspruch eines einzelnen Wohnungseigentümers auf Abänderung bestehender Vereinbarungen kann gem. § 10 Abs. 2 WEG entgegen der früheren restriktiven Haltung der Rspr (vgl. zB BGH NJW 2004, 3413; KG NZM 2004, 549; OLG Düsseldorf NZM 1998, 867) leichter begründet sein (ausführlich hierzu *Greiner* ZWE 2012, 410). Jeder Wohnungseigentümer kann eine abweichende Vereinbarung verlangen, soweit ein **Festhalten an der geltenden Regelung** aus schwerwiegenden Gründen unter Berücksichtigung aller Umstände des Einzelfalls, insbesondere der Rechte und Interessen der anderen Wohnungseigentümer, für ihn (BGH NZM 2019, 480 Rn. 15; NZM 2016, 727 Rn. 11; ZWE 2010, 330) **unbillig** erscheint. 183

Es bedarf einer **Abwägung** der gesamten Umstände des Einzelfalls (BGH NZM 2018, 754 Rn. 13; NZM 2016, 727 Rn. 11; ZMR 2011, 485; NJW 2010, 3296; LG München ZMR 2014, 54). Die Rechte und Interessen der anderen Wohnungseigentümer müssen aber weiterhin in die Abwägung einbezogen werden. Hierbei ist zu berücksichtigen, dass sich jeder Wohnungseigentümer auf den Bestand des vorhandenen Regelungswerks verlassen können muss. Es müssen allerdings konkrete, über das rein formale, an der Einhaltung der Gemeinschaftsordnung hinausgehende Interesse der übrigen Wohnungseigentümer gegen die Anpassung sprechen (BGH ZMR 2019, 518 Rn. 20; NZM 2018, 754 Rn. 13). Der Grundsatz der Rechtssicherheit geht insoweit dem Abänderungsinteresse des einzelnen Wohnungseigentümers vor. Niemand wird zum Erwerb einer Eigentumswohnung gezwungen. Erwirbt er aber eine Wohnung in Kenntnis der bestehenden Vereinbarungen, kann er sich grundsätzlich nicht im Nachhinein auf deren Unwirksamkeit berufen (*Hügel* FS 25 Jahre Deutsches Notarinstitut, 155). Unterlässt er das durch Grundbucheinsicht mögliche Studium der ihn bindenden Vereinbarungen, kann nichts anderes gelten. Die **Anforderungen** an einen Anpassungsanspruch sind damit **erheblich** (BGH ZWE 2010, 173; LG München ZMR 2014, 54). 184

Ein schwerwiegender Grund kann beispielsweise darin liegen, dass die vorgegebene Zweckbestimmung einer Sondereigentumseinheit eine Nutzung ausschließt, die nach der baulichen Ausstattung der Räume möglich wäre, und objektive Gründe dafürsprechen, dass diese Nutzung an sich eröffnet werden sollte (BGH ZMR 2019, 518 Rn. 15). Die Gefahr einer Majorisierung bei Abstimmungen durch ein vereinbartes Wertprinzip für die Stimmkraft (→ § 25 Rn. 23) begründet grundsätzlich keinen Anspruch auf Abänderung, weil einem tatsächlichen Missbrauch durch eine Anfechtung begegnet werden kann (OLG Köln ZMR 2009, 311), hingegen kann bei einer grundsätzlich verfehlten Stimmrechtsverteilung ein Anspruch unter Umständen gegeben sein (BGH NZM 2019, 480.). Als ulima ratio kann im 185

Einzelfall auch ein Anspruch auf Aufhebung eines Sondernutzungsrechtes begründet sein (BGH NZM 2018, 568).

186 **b) Anspruchsumfang.** Der Anspruch richtet sich auf Abänderung einer bestehenden Vereinbarung sowie auf Zustimmung zur Eintragung der Anpassung in das **Grundbuch** (*Hügel/Elzer* NZM 2009, 460; *Rapp* DNotZ 2009, 345), weil die gerichtlich erzwungene neue Vereinbarung wie jede andere Vereinbarung auch Sonderrechtsnachfolger nur bei Eintragung im Grundbuch bindet (*Elzer* ZWE 2010, 253) und ansonsten der Anspruch beim Eintritt eines neuen Wohnungseigentümers in die Gemeinschaft erneut geltend gemacht werden müsste (*Hügel/Elzer* NZM 2009, 460). Der Anspruch auf Zustimmung zur Eintragung der Abänderung im Grundbuch muss im Prozess ausdrücklich geltend gemacht und beantragt werden. Das sog. **Belastungsverbot** (BGH NZM 2016, 727 Rn. 17; NZM 2015, 88) schränkt den Umfang der begehrten Abänderung nicht ein (BGH NZM 2016, 727 Rn. 16).

187 § 10 Abs. 2 WEG enthält **keine allgemeine Beschlusskompetenz** zur Abänderung bestehender Vereinbarungen (*Rapp* DNotZ 2009, 345; *Derleder* ZWE 2008, 255; *Merle* ZWE 2007, 472; aA *Klimesch* ZMR 2009, 344; *Abramenko* ZMR 2007, 424). Auch ein Anpassungsanspruch im Hinblick auf die **sachenrechtlichen Grundlagen** der Gemeinschaft ist in § 10 Abs. 2 WEG auf Grund des klaren Wortlauts und der systematischen Stellung der Norm **nicht** enthalten, kann sich aber im Einzelfall aus § 242 BGB ergeben (BGH NZM 2018, 568 Rn. 16; NJW 2013, 1962 Rn. 12; NZM 2012, 613 Rn. 11/12; → § 3 Rn. 115).

188 **c) Anspruchsinhaber.** Inhaber eines Anspruchs gem. § 10 Abs. 2 WEG ist jeder, der als Wohnungseigentümer anzusehen ist (→ 9a Rn. 2), dh auch ein werdender Wohnungseigentümer (→ § 9a Rn. 7). Eine Durchsetzung des Anspruchs durch die Gemeinschaft der Wohnungseigentümer ist nicht zulässig, weil § 10 Abs. 2 WEG ein Individualrecht der Wohnungseigentümer regelt (BGH NJW 2018, 1254 Rn. 8; LG Nürnberg-Fürth ZMR 2017, 91).

189 **d) Anspruchsgegner.** Anspruchsgegner des Anspruches aus § 10 Abs. 2 WEG sind (nur) die **Wohnungseigentümer** – auch ein werdender (→ § 9a Rn. 7) –, welche ihre Zustimmung verweigern (*Elzer* MietRB 2011, 30; Timme/*Dötsch* § 10 Rn. 293). Erforderlich ist allerdings eine Zustimmung in der Form des § 29 GBO (*Elzer* MietRB 2011, 214), weil nur so der Fortbestand der begehrten Änderung gesichert ist (→ Rn. 198).

190 Erfüllen die Anspruchsgegner den Anspruch auf Abänderung nicht freiwillig, obwohl die Voraussetzungen vorliegen, sind die anderen Wohnungseigentümer als notwendige Streitgenossen im **Wege der Leistungsklage** auf Zustimmung zur Änderung in Anspruch zu nehmen (*Rapp* DNotZ 2009, 346), die nach § 894 ZPO zu vollstrecken ist. Es ist darauf hinzuweisen, dass die Durchsetzung einer Leistungsklage nach neuem Recht praktisch äußerst schwierig werden dürfte, weil die §§ 44, 45, 50 WEG aF weggefallen sind. Bei größeren Gemeinschaften wird schon die Beschaffung einer aktuellen Eigentümerliste kaum zu realisieren sein und auch die Zustellung an alle

beklagten Miteigentümer dürfte eine extreme Hürde darstellen. Gleichwohl scheidet eine Beschlussersetzungsklage als Alternative aus (so BGH NZM 2019, 480 Rn. 11; NZM 2016, 861 Rn. 26 zum alten Recht), weil sie dogmatisch unpassend ist und sich weder aus dem Gesetzeswortlaut noch aus der Gesetzesbegründung etwas Gegenteiliges ergibt.

e) Zeitpunkt der Änderung. Die betreffende Vereinbarung gilt solange, **191** bis ihre Änderung **rechtskräftig** durchgesetzt ist. Es muss klar und eindeutig sein, welche Vereinbarungen für die Wohnungseigentümer maßgeblich sind. Aus diesem Grund kann ein Abänderungsanspruch auch **nicht einredeweise** gegen eine bestehende Vereinbarung verwendet werden (BGH NZM 2018, 754 Rn. 17; NZM 2018, 568 Rn. 23).

f) Zustimmung dinglich Berechtigter. Soll die erstrittene Verein- **192** barung im Grundbuch zur Wirkung gegen Sonderrechtsnachfolger eingetragen werden, muss die Zustimmung dinglich Berechtigter, sofern nach den allgemeinen Bestimmungen erforderlich (→ § 5 Rn. 71), eingeholt werden (aA *Rapp* DNotZ 2009, 346; Timme/*Dötsch* § 10 Rn. 312). Nachdem diese nicht mehr Rechte haben können als der Vollrechtsinhaber, sind sie allerdings zur Abgabe der Zustimmungserklärung verpflichtet (BGH ZWE 2020, 328 Rn. 45; *Francastel* RNotZ 2015, 402).

g) Verhältnis zu anderen Abänderungsmöglichkeiten. Neben § 10 **193** Abs. 2 WEG bestehen andere Möglichkeiten, geltende Vereinbarung zu verändern, nämlich Abänderungsentscheidungen auf Grund **vereinbarter** (→ Rn. 169) und **gesetzlicher Öffnungsklauseln** (→ Rn. 167). Auch vereinbarte oder gesetzliche Öffnungsklauseln erlauben – soweit dies von ihrem Anwendungsbereich erfasst ist – die Änderung einer Vereinbarung. § 242 BGB scheidet dagegen neben dem kodifizierten Änderungsanspruch des WEG aus (BGH NMZ 2018, 568 Rn. 11).

Für das Verhältnis zwischen § 10 Abs. 2 WEG und den **gesetzlichen** **194** **Öffnungsklauseln** ist zu unterscheiden. Soweit die bestehende Gemeinschaftsordnung durch **Beschluss** auf Dauer abgeändert werden kann (§§ 12 Abs. 4, 16 Abs. 2, 21 Abs. 5 WEG), gehen diese speziellen Änderungsmöglichkeiten auf Grund des identischen Regelungsgegenstandes dem allgemeinen Abänderungsanspruch aus § 10 Abs. 2 WEG vor (wohl auch OLG Hamm ZMR 2008, 156; aA *Rapp* DNotZ 2009, 348; *Becker* ZWE 2008, 226; *Abramenko* ZMR 2007, 426). In jedem Fall fehlt aber in diesen Fällen für eine Abänderungsklage nach § 10 Abs. 2 das Rechtsschutzbedürfnis, solange sich die Eigentümerversammlung nicht mit der Angelegenheit befasst hat (OLG Düsseldorf NZM 2010, 479). Für die Erzwingung einer Vereinbarung gibt es so lange **kein Rechtsschutzbedürfnis** wie es für den Regelungsgegenstand auch eine **Beschlusskompetenz** gibt.

Sofern die Voraussetzungen für eine auf einer **vereinbarten Öffnungs-** **195** **klausel** beruhende Änderungsmöglichkeit **geringer sind** als die nach § 10 Abs. 2 WEG, besteht für eine auf § 10 Abs. 2 WEG gestützte Klage aus denselben Gründen wie im Verhältnis zu § 16 Abs. 2 Satz 2 WEG **kein Rechtsschutzbedürfnis** (→ Rn. 173).

196 Begehrt ein Wohnungseigentümer für einen konkreten Fall eine Änderung, verhindert ein möglicher Anspruch gem. § 10 Abs. 2 WEG nicht anderweitige Abänderungsmöglichkeiten. So steht ihm bei dem Wunsch nach Abänderung des Umlageschlüssels die Möglichkeit einer Veränderung gem. § 21 Abs. 5 WEG für den **Einzelfall oder** eine **generelle Anpassung** gem. § 10 Abs. 2 WEG alternativ zur Verfügung, da beide Möglichkeiten verschiedene Regelungsgegenstände haben (BGH NZM 2010, 205).

197 **h) Verjährung des Anspruchs.** Ob und innerhalb welcher Frist der Änderungsanspruch verjährt, ist umstritten. Teilweise wird der Anspruch mit Verweis auf § 902 BGB (*Rapp* DNotZ 2009, 346) oder den Charakter der Norm als Dauerverpflichtung (*Schmid* WuM 2010, 657) für unverjährbar gehalten. Andere Stimmen gehen von der Regelverjährung nach §§ 195, 199 BGB aus (*Abramenko* ZMR 2010, 739). Da der Anspruch letztlich seine Herkunft in dem besonderen Gemeinschaftsverhältnis der Wohnungseigentümer und der daraus resultierenden Rechte- und Pflichtenstellung (→ Rn. 7) hat, ist er als besondere Ausformung dieser Pflichtenstellung ebenso wie dieser **unverjährbar.**

V. Bindung von Sonderrechtsnachfolgern an Vereinbarungen

198 **1. Allgemeines.** Anders als Beschlüsse binden Vereinbarungen der Wohnungseigentümer Sonderrechtsnachfolger **ohne** eine Eintragung im Grundbuch grundsätzlich nicht (→ Rn. 37). Für Beschlüsse der Wohnungseigentümer (→ Rn. 209 ff.) kehrt das WEG hingegen bewusst zu den Bestimmungen über die Gemeinschaft in § 1010 Abs. 1 BGB und zum Prinzip des § 746 BGB zurück. Beschlüsse binden Sonderrechtsnachfolger auch ohne Eintragung. Nur für Beschlüsse aufgrund einer vereinbarten Öffnungsklausel gilt etwas anderes (→ Rn. 177).

199 **2. Bindung an Vereinbarungen (§ 10 Abs. 3 WEG). a) Sinn und Zweck.** § 10 Abs. 3 WEG verfolgt **zwei Ziele.** Zum einen den Schutz des Sonderrechtsnachfolgers. Er soll gegen sich nur solche Vereinbarungen gelten lassen müssen, die nach §§ 10 Abs. 3, 5 Abs. 4 WEG zum Inhalt des Sondereigentums gemacht worden und durch die Grundbucheintragung für ihn publik sind. Zum andern schützt § 10 Abs. 3 WEG die Eigentümer gegen einen Verlust ihrer Regelungen durch Eintritt eines neuen Eigentümers in ihre Gemeinschaft (*Schneider* ZfIR 2002, 113; Bärmann/*Suilmann* § 10 Rn. 112). Solange und soweit diese „verdinglicht" sind, gelten sie gegen jeden Eigentümer, auch gegen den, der sich der Gemeinschaft der Wohnungseigentümer erst später durch Kauf eines Wohnungseigentums anschließt.

200 **b) Begriff des Sonderrechtsnachfolgers.** Der Begriff Sonderrechtsnachfolger ist an §§ 746, 1010 Abs. 1 BGB angelehnt. Sonderrechtsnachfolger ist, wer durch **Rechtsgeschäft** (zB Kauf oder Schenkung) oder durch Zuschlag in der **Zwangsversteigerung** (BGH NZM 2017, 37) Wohnungseigentum erwirbt (BayObLG WE 1988, 202). **Kein** Sonderrechtsnachfolger iSv § 10 Abs. 3 WEG ist ein **Gesamtrechtsnachfolger.** Wichtigster Fall einer Gesamtrechtsnachfolge ist der Erbfall (§ 1922 Abs. 1 BGB). Auf Erben

geht gem. § 1922 Abs. 1 BGB das Vermögen des Wohnungseigentümers als Ganzes über. Der Erbe tritt in alle Rechte und Pflichten des Erblassers ein und ist wie dieser an sämtliche Vereinbarungen der Wohnungseigentümer und Beschlüsse der Eigentümerversammlung gebunden. Die Bindung an die für den Rechtsvorgänger verbindlichen Bestimmungen folgt aus der Tatsache der Gesamtrechtsnachfolge auch ohne besondere Anordnung. Verschmelzungen, Abspaltungen oder Ausgliederungen nach dem UmwG sind ebenfalls Fälle der Gesamtrechtsnachfolge. Bei einem Formwechsel nach §§ 190 ff. UmwG kommt es erst gar nicht zu einem Rechtsträgerwechsel (Bärmann/*Suilmann* § 10 Rn. 123).

c) Eintritt der Bindung. Die Bindung eines Sonderrechtsnachfolgers an Vereinbarungen tritt nur dann ein, wenn eine Vereinbarung nach § 10 Abs. 3, 5 Abs. 4 Satz 1 WEG im Grundbuch eingetragen und dadurch zum Inhalt des Sondereigentums gemacht wurde. Voraussetzung ist eine **Bewilligung aller Wohnungseigentümer** in der Form des § 29 GBO, weil hierdurch die Vereinbarung zum Inhalt eines jeden Sondereigentums wird. Aufgrund dieses „dinglichen Charakters" ist gegebenenfalls eine betreuungsgerichtliche bzw. familiengerichtliche Genehmigung gem. § 1821 Abs. 1 Nr. 1 BGB erforderlich (OLG Hamm ZWE 2016, 131). § 10 Abs. 3 WEG, der sich an den Grundgedanken des § 1010 BGB, vor allem aber an § § 2 ErbbauRG anlehnt (*Weitnauer* DNotZ 1990, 387), macht die Bindung eines Sonderrechtsnachfolgers an eine Vereinbarung nur von ihrer **Eintragung im Grundbuch** abhängig. Die Bindung an eine eingetragene Vereinbarung ist nicht rechtsgeschäftlich – es bedarf keiner Zustimmung (s. dazu *Hügel* FS Wenzel, 219 ff.; *Merle* FS Wenzel, 251 ff.) –, sondern tritt **von Gesetzes wegen** ein und ist an keine weiteren Voraussetzungen geknüpft. 201

Ohne Eintragung der Vereinbarung im Grundbuch ist eine gesetzliche Bindung des Sonderrechtsnachfolgers nicht möglich. Aus diesem Grund ist eine verdinglichte Vereinbarung, nach der alle schuldrechtlichen Vereinbarungen auch ggü. einem Sonderrechtsnachfolger wirksam sein sollen, nicht möglich (→ Rn. 78). Bei fehlender Eintragung ist ein Sonderrechtsnachfolger auch dann nicht an eine Vereinbarung gebunden, wenn die Eintragung nur versehentlich bei Neuanlegung eines Grundbuchblattes nicht wieder eingetragen wurde (aA OLG Hamm NJW-RR 1993, 1295). Eine Bindung an Vereinbarungen jenseits von § 10 Abs. 3 WEG kann nur **rechtsgeschäftlich** herbeigeführt werden (OLG Zweibrücken NZM 2005, 343; OLG Hamm ZMR 1996, 671; NJW-RR 1993, 1295; *Häublein* DNotZ 2005, 746). In der Regel wird dazu allerdings eine einseitige Erklärung des Erwerbers ausreichen (→ Rn. 39). 202

Ob ein Sonderrechtsnachfolger **Einsicht** in das **Grundbuch** genommen hat, ist für die Bindung nach §§ 10 Abs. 3, 5 Abs. 4 Satz 1 WEG **irrelevant.** Die Wirkung des § 10 Abs. 3 WEG tritt auch ein, wenn der Sonderrechtsnachfolger in Bezug auf ihn belastende oder begünstigende Regelungen gutgläubig ist. Der Sonderrechtsnachfolger muss auch solche Regelungen gegen sich gelten lassen, die er nicht kennt, nicht kennen kann (BayObLG ZWE 2002, 357) oder ablehnt. 203

204 Eine **Bindung** findet andererseits **nicht** statt, wenn der Sonderrechtsnachfolger zwar den Inhalt einer Vereinbarung zB aus seinem oder einem anderen Kaufvertrag kennt (OLG Zweibrücken NZM 2005, 343; KG ZMR 2001, 656; OLG Hamm ZMR 1996, 671) oder kennen könnte, diese Vereinbarung aber nicht, oder noch nicht im Grundbuch eingetragen ist (OLG Düsseldorf WE 1997, 191; OLG Hamm NJW-RR 1993, 1295; BayObLG WM 1989, 528; *Weitnauer* WE 1994, 60; aA *Ertl* DNotZ 1979, 271).

205 Der Sonderrechtsnachfolger wird spätestens mit dem Entstehen des Wohnungseigentumsrechtes in seiner Person gebunden, also mit seiner **Eintragung im Grundbuch** oder mit Zuschlag in der Zwangsversteigerung. Der werdende Wohnungseigentümer wird bereits dann gebunden, wenn die gesetzlichen Voraussetzungen für diese Rechtstellung vorliegen (dazu → § 8 Rn. 74 ff.).

206 Gestaltungsautonomie besteht nach § 10 Abs. 1 Satz 2 WEG für das **Verhältnis der Eigentümer untereinander** (→ Rn. 53). Nur in diesem Rahmen können Vereinbarungen auch nach § 10 Abs. 3 WEG Rechtsnachfolger binden. Verlässt eine Regelungen diesen Bereich der Satzungsautonomie, stellt sie keine Vereinbarung der Eigentümer iSv § 10 Abs. 1 Satz 2 WEG dar und kann daher auch Rechtsnachfolger nicht binden. Umgekehrt sind sämtliche Vereinbarungen iSd § 10 Abs. 1 Satz 2 WEG eintragungsfähig. Daher können etwa auch Vereinbarungen mit einem Inhalt, für den auch Beschlusskompetenz bestehen würde, eingetragen werden (BayObLG Rpfleger 1974, 314; *F. Schmidt* PiG 32, 67 (71); *Schmack/Kümmel* ZWE 2000, 436; aA *Wenzel* ZWE 2001, 226). Denn es steht den Eigentümern frei, die in Rede stehende Materie anstatt durch Beschluss vertraglich zu regeln (→ Rn. 13).

207 **3. Guter Glaube an eingetragene Vereinbarungen.** Eine unwirksame, aber dennoch eingetragene („verdinglichte") Vereinbarung kann **Grundlage eines guten Glaubens** sein. Zwar sind Vereinbarungen ihrem Ursprung nach schuldrechtliche Verträge (→ Rn. 22). Sie werden aber durch Eintragung im Grundbuch gem. § 5 Abs. 4 Satz 1 WEG zum Inhalt des Sondereigentums und gestalten so ein dingliches Recht aus (→ Rn. 34). Diese Wirkung rechtfertigt die analoge Anwendung von §§ 893, 892 BGB für verdinglichte Vereinbarungen mit der Folge, dass das Sondereigentum so erworben wird, wie es durch die zu Unrecht erfolgte Eintragung im Grundbuch ausgewiesen wird. Ein gutgläubiger Erwerb knüpft aber an die Eintragung einer Vereinbarung im Grundbuch an.

208 Fraglich ist, ob dies auch für Beschlüsse gilt, die auf Grundlage einer Öffnungsklausel wegen § 5 Abs. 4 Satz 1 WEG zur Wirkung gegen Sonderrechtsnachfolger im Grundbuch eingetragen werden müssen (→ Rn. 177). Da diese genauso wie Vereinbarungen den Inhalt des dinglichen Sondereigentums ausgestalten, spricht alles dafür, auch solchermaßen eingetragene Beschlüsse als Grundlage für einen gutgläubigen Erwerb anzuerkennen. Dafür spricht auch, dass ein solcher Beschluss inhaltlich einer Vereinbarung entspricht und deshalb gleichbehandelt werden sollte.

209 Der gute Glaube an im Grundbuch eingetragene Vereinbarungen ist daher bei einem **rechtsgeschäftlichen Erwerb** von Wohnungseigentum ge-

schützt (BGH NJW 2007, 3204 Rn. 22). Insbesondere der gutgläubige Erwerb von Sondernutzungsrechten ist daher möglich (→ Rn. 162). Der Schutz umfasst den Inhalt der Vereinbarung im Hinblick auf die Gültigkeit gegenüber **allen** Wohnungseigentümern, weil eine Vereinbarung als Vertrag aller Miteigentümer nur insgesamt wirksam sein kann. Wenn ein Wohnungseigentum hingegen durch **Zuschlag in der Zwangsversteigerung** originär erworben wird, kommt ein **gutgläubiger Erwerb** nicht in Betracht (BayObLG ZMR 1994, 231; *Briesemeister* IMR 2009, 166; Bärmann/*Suilmann* § 10 Rn. 127; s. a. LG Hamburg ZMR 2011, 585). Voraussetzung für einen gutgläubigen Erwerb ist jedoch stets, dass die Eintragung im Grundbuch **nicht widersprüchlich** und deshalb unzulässig ist (OLG Zweibrücken ZWE 2013, 85; *Böttcher* ZNotP 2014, 57; → Rn. 44). Dies gilt insbesondere für eine Verletzung des **Bestimmtheitsgrundsatzes.** Lassen sich bspw. der Text der Eintragungsbewilligung und die Angaben im Lageplan hinsichtlich eines Sondernutzungsrechtes auch nicht durch Auslegung in Einklang bringen und verbleibt ein nicht ausräumbarer Widerspruch, ist ein Sondernutzungsrecht nicht entstanden (OLG Frankfurt a. M. ZWE 2006, 243; BayObLG NotBZ 2005, 263; → Rn. 44). Da das Grundbuch in einem solchen Fall widersprüchlich ist, scheidet ein gutgläubiger Erwerb aus (allgemein BGH NJW 1995, 2851 unter III. 3).

E. Beschlüsse

I. Allgemeines

Ein wesentliches Merkmal der Wohnungseigentümergemeinschaft ist die den Wohnungseigentümern in bestimmten Angelegenheiten gesetzlich eingeräumte Möglichkeit, durch Beschluss einen von dem Einzelwillen unterschiedlichen Gesamtwillen und damit eine von der Rechtssphäre der Individualität unterschiedliche Rechtssphäre der Mitgliedergesamtheit zu bilden (Beschlusskompetenz; → § 23 Rn. 2 ff.). Ein solcher Beschluss ist nach hM mehrseitiges Rechtsgeschäft in der besonderen Form eines Gesamtaktes, durch den mehrere gleichgerichtete Willenserklärungen gebündelt werden (→ Vor §§ 23 ff. Rn. 1). Solange eine Wohnungseigentümergemeinschaft nicht besteht, können Beschlüsse nicht wirksam gefasst werden (im Einzelnen → Vor §§ 23 ff. Rn. 2 f.). 210

Das WEG sieht für die Beschlussfassung ein **formelles Verfahren** vor, weil Beschlüsse anders als Vereinbarungen nicht der Zustimmung oder Mitwirkung aller Wohnungseigentümer bedürfen. Das Formerfordernis dient dem Schutz der überstimmten oder nicht abstimmenden Eigentümer. Aus diesem Grund können **Beschlüsse** im Gegensatz zu Vereinbarungen nach § 10 Abs. 1 Satz 2 WEG **nicht durch konkludentes Handeln bzw. stillschweigende Zustimmung** zustande kommen (→ Vor §§ 23 ff. Rn. 2 f.). 211

II. Grundsatz: Bindung an Beschlüsse

An Beschlüsse sind Sonderrechtsnachfolger (→ Rn. 200) gem. § 10 Abs. 3 Satz 2 WEG auch **ohne Eintragung** im Grundbuch gebunden. Diese 212

Bindung folgt aus den allgemeinen Rechtsgrundsätzen und der Rechtsnatur von Beschlüssen. Die Besonderheit eines Beschlusses ist es gerade, dass er regelmäßig auch die überstimmten Mitglieder der Gemeinschaft bindet. Die **Rechtfertigung** hierfür liegt im Wesentlichen darin, dass es sich bei den Gegenständen einer zulässigen Beschlussfassung stets um **untergeordnete Punkte** handelt.

213 Die Bindung kann nur bestehen, wenn der Inhalt eines Beschlusses **bestimmt und klar** ist (BGH NJW 2010, 933 Rn. 12; grundlegend NJW 1998, 3713). Ist hierzu eine Auslegung erforderlich, gelten dafür dieselben Grundsätze wie für die Auslegung einer „verdinglichten" Vereinbarung (→ Vor §§ 23 ff. Rn. 78 f.).

214 Da Beschlüsse nicht eintragungsbedürftig sind, sind sie grds auch **nicht eintragungsfähig** (BGHZ 127, 99; OLG München ZWE 2014, 167; NJW 2010, 450; BayObLG NJW 1995, 202; Bärmann/*Suilmann* § 10 Rn. 189). Aus diesem Grund bedürfen sie auch keiner Zustimmung dinglich Berechtigter (aA *Sauren* ZMR 2008, 516). Die Wirksamkeit von Beschlüssen gegen Sonderrechtsnachfolger ist auch von einer Aufnahme in die Beschluss-Sammlung nach § 25 Abs. 5 WEG unabhängig (*Niedenführ* NJW 2007, 1841; → § 24 Rn. 171). Jeder Sonderrechtsnachfolger ist an sie gebunden, gleichgültig, ob er sie kennt oder kennen müsste. Er kann sich durch Einsicht in die Beschluss-Sammlung (§ 25 Abs. 5 WEG) Kenntnis hiervon verschaffen.

III. Bindung an Beschlüsse aufgrund Öffnungsklausel

215 § 5 Abs. 4 Satz 1 WEG bestimmt für eine Bindung von Sonderrechtsnachfolgern an eine auf Grundlage einer **rechtsgeschäftlichen,** nicht aber einer gesetzlichen Öffnungsklausel getroffene Regelung die Notwendigkeit einer Grundbucheintragung (→ § 5 Rn. 61 ff.). Mit der Eintragung wird diese Regelung dann zum Inhalt des Sondereigentums. Erst ab diesem Zweitpunkt bindet sie – wie Vereinbarungen – auch Sonderrechtsnachfolger. Für die Bindung von Sonderrechtsnachfolgern gelten deshalb die Ausführungen zur Eintragung von Vereinbarungen im Grundbuch entsprechend (→ Rn. 34 ff.).

Aufhebung der Gemeinschaft

11 (1) [1] **Kein Wohnungseigentümer kann die Aufhebung der Gemeinschaft verlangen.** [2] **Dies gilt auch für eine Aufhebung aus wichtigem Grund.** [3] **Eine abweichende Vereinbarung ist nur für den Fall zulässig, daß das Gebäude ganz oder teilweise zerstört wird und eine Verpflichtung zum Wiederaufbau nicht besteht.**

(2) **Das Recht eines Pfändungsgläubigers (§ 751 des Bürgerlichen Gesetzbuchs) sowie das im Insolvenzverfahren bestehende Recht (§ 84 Abs. 2 der Insolvenzordnung), die Aufhebung der Gemeinschaft zu verlangen, ist ausgeschlossen.**

(3) [1] **Im Falle der Aufhebung der Gemeinschaft bestimmt sich der Anteil der Miteigentümer nach dem Verhältnis des Wertes ihrer**

Wohnungseigentumsrechte zur Zeit der Aufhebung der Gemeinschaft. 2 Hat sich der Wert eines Miteigentumsanteils durch Maßnahmen verändert, deren Kosten der Wohnungseigentümer nicht getragen hat, so bleibt eine solche Veränderung bei der Berechnung des Wertes dieses Anteils außer Betracht.

Literatur: *Becker* Die Unauflöslichkeit der Gemeinschaft, WE 1998, 128; *Buhl,* Die Liquidation der Wohnungseigentümergemeinschaft, BWNotZ 2013, 130; *Drasdo* Das Dilemma ist da – Streit um die Insolvenzfähigkeit der Wohnungseigentümergemeinschaft, NZI 2006, 209; *Kreuzer,* Aufhebung von Wohnungseigentum, NZM 2001, 123; *Kreuzer,* Wertverschiebung auf Grund baulicher Änderungen, WE 1996, 451; *Röll,* Die Aufhebung von Wohnungseigentum an Doppelhäusern, DNotZ 2000, 749; *Schmid,* Auflösung der Wohnungseigentümergemeinschaft und Abriss des Gebäudes, ZfIR 2011, 809.

Übersicht

A. Normzweck

§ 11 WEG schließt die Auflösungsmöglichkeiten, die es für die Gemeinschaft nach dem BGB gibt (Teilungsversteigerung gemäß §§ 749 Abs. 1, 753 Abs. 1 BGB, Versteigerung durch Gläubiger gemäß § 753 Abs. 1 BGB), aus. Im Gegensatz zur Gemeinschaft nach dem BGB ist die **Miteigentümergemeinschaft** nach dem WEG auf Bestand gerichtet; § 11 gibt dem Wohnungseigentum die hierfür notwendige Sicherheit und garantiert so letztlich 1 erst die Verkehrsfähigkeit des Wohnungseigentums. **Sachenrechtlich** wird die durch § 11 WEG primär angestrebte Beständigkeit von **§ 6 WEG flankiert.** Auch diese Vorschrift will das Wohnungseigentum als Einheit erhalten. Die **fehlende Insolvenzfähigkeit** der Gemeinschaft der Wohnungseigentümer ergibt sich nun nicht mehr § 11 Abs. 3 WEG, sondern ist in § 9a Abs. 5 WEG enthalten.

2 Stattdessen ist nun § 17 WEG aF als Abs. 3 in § 11 WEG enthalten. Wesentliche Aufgabe von § 11 Abs. 3 WEG ist es zu bestimmen, in welcher Höhe ein Wohnungseigentümer am **gemeinschaftlichen** Eigentum als einem „Teil" seines Wohnungseigentums beteiligt ist, wenn die Wohnungseigentümergemeinschaft **aufgehoben und auseinandergesetzt** wird. § 11 Abs. 3 WEG zielt ferner mittelbar (nämlich durch die besondere Wahl des Berechnungsparameters für die Auseinandersetzung, → Rn. 18 f.) darauf ab, die Wohnungseigentümer während des Bestehens einer Wohnungseigentümergemeinschaft iSv §§ 741 ff. BGB dazu anzuhalten und zu stimulieren, ihr Sondereigentum in einen guten Zustand zu versetzen und in diesem auch zu erhalten (*Kreuzer* NZM 2001, 123).

B. Aufhebung der Gemeinschaft

I. Allgemeines

3 § 11 WEG bestimmt **nicht,** dass die Gemeinschaft der Wohnungseigentümer **unauflöslich** ist (BGH NJW 2007, 2547). Das Gesetz will nur verhindern, dass ein Einzelner (oder ein Pfändungsgläubiger bzw. Insolvenzverwalter eines Wohnungseigentümers) **einseitig** die Aufhebung der Eigentümergemeinschaft zur Unzeit und gegen den Willen der anderen Wohnungseigentümer betreibt. Eine Aufhebung der Eigentümergemeinschaft kommt in folgenden **Fällen** in Betracht:

- in den Fällen des § 9 Abs. 1 WEG (vertragliche Aufhebung; Vereinigung aller Wohnungseigentumsrechte in einer Person (→ § 9 Rn. 2 ff.);
- durch ein einseitiges Verlangen im Falle von § 11 Abs. 1 Satz 3 WEG (→ Rn. 11);
- Verzicht aller Wohnungseigentümer auf das Grundstückseigentum gem. § 928 BGB.

II. Gemeinschaft

4 Das Unauflöslichkeitsgebot betrifft nur die Gemeinschaft der Wohnungseigentümer nach dem WEG. Nicht einschlägig ist § 11 WEG für Bruchteilsgemeinschaften an einem Wohnungseigentumsrecht (LG Hamburg ZMR 2002, 625; LG Berlin Rpfleger 1976, 149). Bereits von seinem Gegenstand her ist die Aufhebung einer bloßen Miteigentümergemeinschaft nach §§ 741 ff., 1008 BGB von § 11 WEG nicht erfasst. Mehrere Eigentümer eines Wohnungseigentums bilden zudem **keine (Unter) Gemeinschaft** iSd Wohnungseigentumsgesetzes, sondern eine **bloße Miteigentümergemeinschaft** gem. §§ 741 ff., 1008 BGB (→ § 9a Rn. 7).

III. Einseitiges Aufhebungsverlangen

5 Nach dem Leitmodell des § 749 Abs. 1 BGB kann jeder Miteigentümer eines Grundstücks nach Bruchteilen (§ 1008 BGB) jederzeit die Aufhebung der Gemeinschaft verlangen, insbesondere die Versteigerung des unteilbaren Grundstücks gem. §§ 753 Abs. 1 Satz 1 BGB, 180 ff. ZVG (BGH NJW 2006, 849; 1984, 1968). Diese Möglichkeit der **jederzeitigen Aufhebbarkeit** einer Bruchteilsgemeinschaft entspricht **nicht den Bedürfnissen** der zu einer Gemeinschaft verbundenen Wohnungseigentümer. Keinem Wohnungseigentümer darf es im Grundsatz möglich sein, die Aufhebung der Gemeinschaft der Wohnungseigentümer zu verlangen. Garant für dieses Interesse ist der nach § 11 Abs. 1 Satz 3 WEG ausdrücklich **unabdingbare** § 11 Abs. 1 Satz 1 WEG. Vor allem diese Bestimmung vermittelt dem einzelnen Wohnungseigentümer eine **gesicherte Rechtsstellung** (BGH NJW 2002, 1647; *Armbrüster* DNotZ 1999, 570).

6 Dies gilt nach § 11 Abs. 1 Satz 2 WEG – anders als nach § 749 Abs. 2 Satz 1 BGB – **auch** für eine **Aufhebung aus wichtigem Grund.** Eine Vereinbarung, die diesem Inhalt des § 11 WEG entgegensteht und einem Wohnungseigentümer das Recht einräumt, einseitig die Aufhebung der Gemeinschaft zu verlangen, ist ebenso wie ein entsprechender Beschluss gem. § 134 BGB **nichtig** (BayObLG Rpfleger 1980, 110). § 11 Abs. 1 Satz 1 und 2 WEG stellt auf diese Weise sicher, dass die Gemeinschaft nicht durch die Initiative Einzelner aufgelöst werden muss und dass das die Eigentümer verbindende gesetzliche Schuldverhältnis (→ § 10 Rn. 7) jedenfalls nicht einseitig beendet werden kann (OLG Zweibrücken ZWE 2002, 603). Aus diesem Grund ist auch eine Aufgabe eines Wohnungseigentumsrechtes durch einen Wohnungseigentümer gem. § 928 BGB ausgeschlossen (→ § 4 Rn. 26). Will ein Wohnungs- oder Teileigentümer aus der Gemeinschaft der Wohnungseigentümer ausscheiden, ist dies nur durch Veräußerung des Wohnungseigentums möglich.

C. Vertragliche Aufhebung

7 Unberührt von § 11 WEG bleibt die Möglichkeit der Wohnungseigentümer, das Sondereigentum nach § 4 WEG unter Mitwirkung **aller** Eigentümer vertraglich aufzuheben. Die Wohnungseigentümer sind vor allem nicht daran gehindert, die Gemeinschaft **einvernehmlich** durch **reale Grundstücksteilung** aufzuheben (BayObLG WE 1984, 124; Rpfleger 1980, 110). Wie §§ 4 Abs. 1 und 9 Abs. 1 Nr. 1 WEG verdeutlichen, können die Wohnungseigentümer jederzeit einen **Vertrag** mit dem Zweck schließen, die Sondereigentumsrechte und damit die Eigentümergemeinschaft aufzuheben. Ein solcher Vertrag bedarf der Form der §§ 311b Abs. 1 Satz 1, 925 Abs. 1 Satz 1 BGB (→ § 9 Rn. 2; Bärmann/*Suilmann* § 11 Rn. 15; aA Weitnauer/*Lüke* § 11 Rn. 4), weil § 4 Abs. 3 WEG **entsprechend anwendbar** ist, sowie gegebenenfalls der Zustimmung dinglich Berechtigter.

8 Die Wohnungseigentümer können sich bereits bei Begründung der Gemeinschaft verpflichten, diese zu einem fixen Zeitpunkt oder bei Eintritt

einer Bedingung aufzuheben. Eine entsprechende Vereinbarung kann aber auch zu jedem späteren Zeitpunkt geschlossen werden. Ein solcher Vertrag widerspricht nicht dem Rechtsgedanken des § 11 WEG. Dieser will nur verhindern, dass eine Auflösung der Gemeinschaft gegen den Willen auch nur eines Eigentümers möglich ist (BayObLG Rpfleger 1980, 110). Im Falle der Aufhebung bestimmt sich der Anteil der Miteigentümer grundsätzlich gem. § 11 Abs. 3 Satz 1 WEG nach dem Verhältnis des Wertes ihrer Wohnungseigentumsrechte zur Zeit der Beendigung der Gemeinschaft (→ Rn. 3).

9 Weigert sich ein Wohnungseigentümer, an einer vereinbarten Aufhebung teilzunehmen, ist der **Anspruch** der anderen Wohnungseigentümer **auf Zustimmung** zur Aufhebung im Verfahren nach § 43 Abs. 2 Nr. 1 WEG vor dem **Wohnungseigentumsgericht** zu verfolgen (BayObLG WuM 1999, 231; Rpfleger 1980, 110). Davon zu unterscheiden sind die Ansprüche, die sich **aus der Aufhebung** der Gemeinschaft, vor allem gem. §§ 752 ff. ZPO, ergeben können. Für diese Ansprüche ist das Prozessgericht zuständig. Sie können erst erfolgreich geltend gemacht werden, nachdem die Verpflichtung zur Aufhebung der Gemeinschaft **rechtskräftig** ausgesprochen worden ist (BayObLG WuM 1999, 231).

D. Zerstörung des Wohngebäudes

I. Allgemeines

10 Wird das Gebäude ganz oder teilweise zerstört, besteht die Gemeinschaft der Wohnungseigentümer fort. Die Gemeinschaft wandelt sich bei einer Zerstörung des Wohngebäudes nicht (wieder) in eine Bruchteilsgemeinschaft gem. §§ 741 ff. BGB um, sondern bleibt eine **voll entstandene Gemeinschaft der Wohnungseigentümer** (*Buhl* BWNotZ 2013, 134) deren Mitglieder freilich in Ermangelung einer Substanz allesamt nur **substanzlose Miteigentumsanteile** besitzen (→ § 3 Rn. 25). Die Wohnungsgrundbücher werden indes nur unter den Vorrausetzungen des § 9 WEG geschlossen (→ § 9 Rn. 4 ff.). Bis dahin besteht die Gemeinschaft der Wohnungseigentümer fort.

II. Begründung eines Aufhebungsanspruchs durch Vereinbarung

11 Die Wohnungseigentümer können aber abweichend vom Grundsatz des § 11 Abs. 1 Satz 1 WEG im Wege der Vereinbarung gem. § 10 Abs. 1 und 3 WEG sich gem. § 11 Abs. 1 Satz 3 WEG das **Recht einräumen,** die Aufhebung der Gemeinschaft zu verlangen, wenn das Gebäude ganz oder teilweise zerstört ist und eine Verpflichtung zum Wiederaufbau nicht vereinbart ist (→ § 22 Rn. 13). Diese Vereinbarung kann entweder bereits als Teil der ersten Gemeinschaftsordnung oder nachträglich getroffen werden. Da sie eine normale wohnungseigentumsrechtliche Vereinbarung darstellt, bedarf sie nur für die Bindung von Sondernachfolgern einer Eintragung im Grundbuch (Weitnauer/*Lüke* § 11 Rn. 4; Bärmann/*Suilmann* § 11 Rn. 19). Eine Aufhebungsabsprache unter den Wohnungseigentümern durch Be-

schluss ist unwirksam, selbst wenn diese einstimmig erfolgt oder unangefochten bleibt (Palandt/*Wicke* § 11 Rn. 1).

§ 11 Abs. 1 Satz 3 WEG ist **analog** anwendbar, wenn das Gebäude aus **Rechtsgründen** (zB öffentlich-rechtliches Bauverbot) oder **tatsächlichen Gründen** (zB Insolvenz des Bauträgers) nicht mehr errichtet werden kann (Bärmann/*Suilmann* § 11 Rn. 24; Weitnauer/*Lüke* § 11 Rn. 9). Dies bedeutet, auch für diese Fälle kann ein Aufhebungsanspruch vereinbart werden. 12

III. Anspruch auf Aufhebung bei Unterbleiben des Wiederaufbaus

Besteht keine Wiederaufbaupflicht (→ § 22 Rn. 2 ff.) und einigen sich die Wohnungseigentümer auch nicht darauf, das Gebäude wieder aufzubauen, besteht grundsätzlich kein Anspruch auf Aufhebung der Gemeinschaft. Dies ergibt sich aus §§ 9 Abs. 1 Nr. 1, 4, 11 Abs. 1 Satz 3 WEG und ist von den Wohnungseigentümern hinzunehmen (vgl. BGH NJW 2007, 2547). Nur in **Ausnahmefällen** kann es auch ohne entsprechende Vereinbarung einen **Anspruch** auf Mitwirkung zur **Aufhebung** der Gemeinschaft der Wohnungseigentümer aus §§ 242, 313 BGB iVm dem die Eigentümer verbindenden Gemeinschaftsverhältnis (→ § 10 Rn. 7) geben (BayObLG ZMR 2002, 291; *Röll* WE 1997, 95). Ein solcher Anspruch auf Aufhebung der Eigentümergemeinschaft gegen die übrigen Eigentümer kann beispielsweise in den Fällen der wirtschaftlichen Wertlosigkeit des Wohnungs- oder Teileigentums („Schrottimmobilie") unter Berücksichtigung des der Regelung in § 22 WEG zu Grunde liegenden Gedankens, wonach kein Eigentümer zur Mitwirkung an dem Wiederaufbau des Gebäudes gezwungen werden kann, wenn dieser ab einem bestimmten Maß unwirtschaftlich ist, nach Treu und Glauben gem. § 242 BGB in Betracht kommen (BGH NJW 2007, 2547). 13

E. Aufhebung der Gemeinschaft durch Pfändungsgläubiger und Insolvenzverwalter

I. Grundsatz

Das strikte Verbot der einseitigen Aufhebung müssen auch **Pfändungsgläubiger** und Insolvenzverwalter wegen § 11 Abs. 2 WEG gegen sich gelten lassen. Ebenso wie jeder Wohnungseigentümer, können sie abweichend von § 751 Satz 2 BGB **nicht** die Aufhebung der Gemeinschaft verlangen. Da es nach § 11 Abs. 1 WEG grundsätzlich keinen Aufhebungsanspruch eines Wohnungseigentümers gibt, kann ein solcher auch nicht gepfändet werden. Auch ein möglicher Anspruch auf Pfändung des Anteils an der Gemeinschaft kann frühestens nach Aufhebung der Gemeinschaft realisiert werden (Weitnauer/*Briesemeister* § 3 Rn. 124). Entsprechendes gilt für den Insolvenzverwalter (OLG Düsseldorf NJW 1970, 1137 zum Konkursverwalter): Entgegen § 84 InsO kann auch der Insolvenzverwalter nicht die Aufhebung verlangen. Für Gläubiger verbleiben daher 14 grundsätzlich nur die allgemeinen Möglichkeiten der Zwangsvollstreckung in unbewegliche Sachen gem. § 866 Abs. 1 ZPO und den Vorschriften des ZVG: Zwangsversteigerung, Zwangsverwaltung oder Eintragung einer Zwangshypothek. Besonderheiten ergeben sich nicht (Weitnauer/*Briesemeister* § 3 Rn. 124).

II. Aufhebungsvertrag oder Aufhebungsanspruch

15 Gläubiger eines Wohnungseigentümers können nur nach den §§ 864 ff. ZPO in das Wohnungseigentum vollstrecken. Etwas anderes gilt, wenn die Wohnungseigentümer einen Aufhebungsvertrag (→ Rn. 7) geschlossen haben oder ein außerordentlicher Aufhebungsanspruch (→ Rn. 13) besteht. In diesen Fällen kann auch ein Pfändungsgläubiger oder der Insolvenzverwalter die Aufhebung verlangen (Weitnauer/*Lüke* § 11 Rn. 10). Der Gläubiger des Wohnungseigentümers kann dessen Anspruch auf Aufhebung der Gemeinschaft der Wohnungseigentümer (Versteigerung des ganzen Grundstücks gem. §§ 180 ff. ZVG) sowie auf Teilung und Auszahlung des Erlöses gem. §§ 857, 829 ZPO **pfänden** und sich nach § 835 ZPO **überweisen** lassen (BGH NJW 2006, 849; 1984, 1968). Der Anspruch auf Auseinandersetzung kann jedenfalls dem zur Ausübung überlassen werden (§ 857 Abs. 3 ZPO), dem auch das übertragbare künftige Recht auf den dem Miteigentumsanteil entsprechenden Teil des Versteigerungserlöses abgetreten worden ist (BGH NJW 2006, 849). Deshalb kann auch der Aufhebungsanspruch auf eine den Anteilen entsprechende Teilung und Auskehrung des Versteigerungserlöses gepfändet und überwiesen werden (BGH NJW 1984, 1968; LG Hamburg ZMR 2002, 625; MDR 1977, 1019; aA KG NJW 1953, 1832).

F. Verteilung nach Aufhebung

I. Allgemeines

16 § 11 Abs. 3 WEG ist anwendbar, wenn die Wohnungseigentümergemeinschaft **aufgehoben** wird (→ § 9 Rn. 2 und § 4 Rn. 23 ff.) und damit das jeweilige **Wohnungseigentum untergeht.** Wird nur das **Sondereigentum** sämtlicher Wohnungseigentümer aufgehoben, ist die Vorschrift nicht betroffen. Da auch für diesen Fall, also bei Fortbestehen der Wohnungseigentümergemeinschaft als Gemeinschaft nach §§ 741 ff., 1008 ff. BGB, ggf. ein Bedürfnis danach besteht, den Wert der bestehen bleibenden Rechte zueinander **neu** zu bestimmen, bietet sich insoweit eine **Analogie** zu § 11 Abs. 3 WEG an (Timme/*Dötsch* § 17 Rn. 9; aA Bärmann/*Suilmann* § 17 Rn. 7). § 11 Abs. 3 WEG ist – insgesamt – abdingbar (*Kreuzer* WE 1995, 451 für § 17 WEG aF). Die Wohnungseigentümer sind zB berechtigt, nach § 10 Abs. 1 Satz 2 WEG für die Berechnung des Wertes ihrer Anteile am gemeinschaftlichen Eigentum vom Gesetz abweichende Maßstäbe zu wählen.

II. Aufhebung der Gemeinschaft der Wohnungseigentümer

17 § 11 Abs. 3 Satz 1 WEG trifft **keine** Aussage dazu, mit welchem Wert das der Gemeinschaft der Wohnungseigentümer nach § 9a Abs. 3 WEG zugewiesene Gemeinschaftsvermögen im Falle einer Aufhebung der Wohnungseigentümergemeinschaft zu bemessen und wie das Gemeinschaftsvermögen zu verteilen ist (→ § 9a Rn. 147). Zur Verteilung könnte man eine analoge Anwendung des § 11 Abs. 3 WEG erwägen – was im Ergebnis aber fern liegt (*Daum,* Das Rechtssubjekt Wohnungseigentümergemeinschaft, 2012, 144; aA *Schmid* ZfIR 2011, 812). Sachgerechter erscheint es, an § 16 Abs. 2, Abs. 1 WEG (*Buhl* BWNotZ 2013, 135; *Daum,* Das Rechtssubjekt Wohnungseigentümergemeinschaft, 2012, 147; Jennißen/*Heinemann* § 17 Rn. 12) oder – noch besser – an die jeweils **geltenden gewillkürten Umlageschlüssel** für die Aufbringung des Verwaltungsvermögens anzuknüpfen (Jennißen/*Heinemann* § 17 Rn. 12; aA *Daum,* Das Rechtssubjekt Wohnungseigentümergemeinschaft, 2012, 146). Diese Umlageschlüssel geben besser als die Höhe der jeweiligen Verkehrswerte der Sondereigentumsrechte den Umfang an, in welchem sich ein Wohnungseigentümer an der Ansammlung des zu verteilenden Verwaltungsvermögens beteiligt hat. Für Schulden kann jeder Wohnungseigentümer nach § 755 Abs. 1 BGB bei der Aufhebung der Gemeinschaft verlangen, dass diese zunächst – soweit möglich – aus den Guthaben und Geldern des Verbandes berichtigt werden.

III. Berechnung

18 **1. Überblick.** Für die Berechnung der Anteile ist der **wirtschaftliche Wert** der jeweiligen Wohnungseigentumsrechte zu ermitteln. **Berechnungszeitpunkt** ist nach § 11 Abs. 3 Satz 1 WEG der Zeitpunkt der „Aufhebung". Dies ist entgegen der wohl hM (Jennißen/*Heinemann* § 17 Rn. 16; Bärmann/*Suilmann* § 17 Rn. 11) nicht der Zeitpunkt der tatsächlichen Teilung, sondern der Zeitpunkt, in dem sich die Wohnungseigentümer auf eine Aufhebung **verständigt** haben (→ Rn. 7) oder der Anspruch auf Aufhebung (→ Rn. 11) **geltend** gemacht wurde. Bei der Ermittlung haben ua die Nutz- oder Wohnfläche sowie die Zahl der Zimmer einer Wohnung, die Ausstattung der Einheiten mit Bad und Heizung, das Alter, auch bei Um- und Zubauten, ihr Erhaltungszustand und die Lage einer Einheit im Gebäude eine Bedeutung. Das Verhältnis der nach § 47 GBO gebildeten Miteigentumsanteile ist grundsätzlich unerheblich, hat im Einzelfall freilich eine Indizwirkung. Belastungen des Sondereigentums – die jeder Wohnungseigentümer für sich berichtigen muss – und Verbindlichkeiten der Gemeinschaft der Wohnungseigentümer sind nicht zu berücksichtigen. Ist Sondereigentum nicht mehr vorhanden, ist etwa das Gebäude zerstört, muss der Wert aus tatsächlichen Gründen, soweit eine Schätzung anders – zB anhand von Fotos – nicht möglich ist, nach der Größe der im Grundbuch festgelegten Miteigentumsanteile ermittelt werden (*Kreuzer* NZM 2001, 123).

19 Der wirtschaftliche Wert **kann** einvernehmlich – ggf. unter Zugrundelegung eines an § 194 BauGB orientierten Verkehrswertgutachtens – festgelegt

werden. Einigen sich die Wohnungseigentümer nicht, kann aber auch auf Feststellung des Werts **geklagt** werden.

20 **2. Wertveränderungen. a) Sondereigentum.** Sorgt ein Wohnungseigentümer durch Erhaltungs- und/oder Modernisierungsmaßnahmen des Sondereigentums dafür, dass sich der Wert seines Wohnungseigentums erhöht, kommt ihm dies im Falle der Aufhebung der Wohnungseigentümergemeinschaft durch Erhöhung seines Anteils am Miteigentum zu Gute.

21 **b) Gemeinschaftliches Eigentum. aa) Grundsatz.** Haben sich **sämtliche** Wohnungseigentümer an einer Wertverbesserung des gemeinschaftlichen Eigentums durch freiwillige tätige Mithilfe und/oder durch Tragung von Kosten beteiligt, wird etwa auf Kosten aller das Treppenhaus instand gesetzt, das Dach neu eingedeckt oder die Fassade renoviert, werden sämtliche Wohnungseigentumsrechte im Wert gesteigert. Nach § 11 Abs. 3 Satz 1 WEG bestimmt sich daher auch in diesem Falle der Wert nach dem Wert der jeweiligen Wohnungseigentumsrechte. Das Gesetz vernachlässigt bewusst, dass die Wohnungseigentümer an der Aufbringung der Kosten für diese Wertsteigerung ggf. **unterschiedlich** beteiligt waren, etwa nach § 16 Abs. 2 WEG in Höhe der Miteigentumsanteile, ggf. aber auch nach §§ 16 Abs. 3, 21 Abs. 5 WEG auf Grundlage eines gewillkürten Schlüssels.

22 **bb) § 11 Abs. 3 Satz 2 WEG.** Haben nach § 21 Abs. 1 und 3 WEG nur einige Wohnungseigentümer die Kosten für eine Maßnahme aufgebracht, und ist durch diese Maßnahme der Wert des gemeinschaftlichen Eigentums (noch) messbar gestiegen, ist der Anwendungsbereich des § 11 Abs. 3 Satz 2 WEG eröffnet. Dieser ordnet aus Gründen der Gerechtigkeit an, dass es bei der Berechnung des Wertes der Wohnungseigentumsrechte zu berücksichtigen ist, wenn sich ein Wohnungseigentümer an wertsteigernden baulichen Maßnahmen nicht beteiligt hat. Liegen die baulichen Maßnahmen längere Zeit zurück, wird die Anordnung häufig leerlaufen. Lässt sich eine Wertsteigerung aber noch nachweisen, so bleibt die an sich vorhandene Wertsteigerung bei der Berechnung des Wertes dieses Anteils außer Betracht (zur Berechnung ua *Kreuzer* WE 1996, 455).

G. Art und Weise der Auseinandersetzung

23 Art und Weise der Auseinandersetzung regeln – sofern nicht etwas anders durch Vereinbarung bestimmt ist – §§ 752 ff. BGB. Die Miteigentümer haben sich danach grundsätzlich durch Teilung in Natur auseinanderzusetzen, ohne Rücksicht darauf, was vorher als gemeinschaftliches Eigentum oder Sondereigentum angesehen worden ist (§ 752 Satz 1 BGB). Da eine solche Auseinandersetzung freilich grundsätzlich **nicht** in Betracht kommt, müssen das gemeinschaftliche Eigentum oder Sondereigentum nach § 753 Abs. 1 Satz 1 BGB in der Regel verkauft oder versteigert werden (§§ 752 ff. BGB, 180 ff. ZVG). Der dabei erzielte Erlös ist dann nach dem durch § 11 Abs. 3 WEG bestimmten Wert zu verteilen.

Veräußerungsbeschränkung

12 (1) **Als Inhalt des Sondereigentums kann vereinbart werden, daß ein Wohnungseigentümer zur Veräußerung seines Wohnungseigentums der Zustimmung anderer Wohnungseigentümer oder eines Dritten bedarf.**

(2) [1]**Die Zustimmung darf nur aus einem wichtigen Grunde versagt werden.** [2]**Durch Vereinbarung gemäß Absatz 1 kann dem Wohnungseigentümer darüber hinaus für bestimmte Fälle ein Anspruch auf Erteilung der Zustimmung eingeräumt werden.**

(3) [1]**Ist eine Vereinbarung gemäß Absatz 1 getroffen, so ist eine Veräußerung des Wohnungseigentums und ein Vertrag, durch den sich der Wohnungseigentümer zu einer solchen Veräußerung verpflichtet, unwirksam, solange nicht die erforderliche Zustimmung erteilt ist.** [2]**Einer rechtsgeschäftlichen Veräußerung steht eine Veräußerung im Wege der Zwangsvollstreckung oder durch den Insolvenzverwalter gleich.**

(4) [1]**Die Wohnungseigentümer können beschließen, dass eine Veräußerungsbeschränkung gemäß Absatz 1 aufgehoben wird.** [2]**Ist ein Beschluss gemäß Satz 1 gefasst, kann die Veräußerungsbeschränkung im Grundbuch gelöscht werden.** [3]**§ 7 Absatz 2 gilt entsprechend.**

Literatur: *Abramenko,* Die Zustimmung des Verwalters zur Veräußerung, MietRB 2012, 215; *Baer,* Veräußerungsbeschränkung nach § 12 WEG und Verwalterzustimmung, ZfIR 2017, 656; *Commichau,* Sinn und Zweck der Verwalterzustimmung, FS Merle, 2010, 101; *Drasdo,* Die Aufhebung der Veräußerungsbeschränkung nach § 12 WEG, RNotZ 2007, 264; *Elzer,* Aktuelles zur Veräußerungsbeschränkung nach § 12 Abs. 1 WEG, NotBZ 2019, 370; *Froese;* Veräußerungsbeschränkungen im Wohnungseigentumsrecht – verfassungsrechtlich gebotener Schutzmechanismus oder unzulässige Beschränkung der Eigentumsrechte?, ZWE 2015, 390; *Först,* Wer trägt die Kosten bei einer erforderlichen Zustimmung zum Eigentumsübergang nach § 12 WEG?, IMR 2014, 272; *Füllbeck,* Kosten der Verwalterzustimmung, ZMR 2012, 1; *Grziwotz,* Verwalterzustimmung und Schrottimmobilien NZM 2009, 812; *Häublein,* Veräußerungszustimmung und Selbstauskunft, FS Derleder, 2015, 175; *Häublein* Verweigerung der Veräußerungszustimmung aus wichtigem Grund gem. § 12 Abs. 2 WEG, ZMR 2014, 777; *Hogenschurz,* Besonderheiten der Veräußerungszustimmung gem. § 12 WEG im Grundbuchverfahren, ZfIR 2020, 453; *Hogenschurz,* Die Verweigerung der Veräußerungszustimmung aus wichtigem Grund – Effektiver Schutz der Wohnungseigentümer vor unliebsamen Miteigentümern?–, FS Müller, 2019, 141; *Hogenschurz,* Veräußerungszustimmung durch den Verwaltungsbeirat, ZMR 2014, 774; *Hügel,* Aktuelles zur Veräußerungsbeschränkung nach § 12 WEG, MittBayNot 2016, 109; *Hügel,* Sicherheit durch § 12 WEG bei der abschnittsweisen Errichtung von Mehrhausanlagen, DNotZ 2003, 517; *Liessem,* Zur Verwalterzustimmung bei Veräußerung von Wohnungseigentum, NJW 1988, 1306; *Schneider/Karsten,* Wer trägt die Kosten der Verwalterzustimmung nach § 12 WEG?, RNotZ 2011, 238; *Skauradszun,* Das Zusammenspiel der Organe nach dem WEMoG am Beispiel der Veräußerungsbeschränkung, AnwZertMietR 13/2020 Anm. 1; *Weber,* Widerruf der Veräußerungszustimmung im Wohnungseigentums- und Erbbaurechtsgesetz, ZWE 2017, 341; *Wenderoth,* Die Veräußerungszustimmung des WEG-Verwalters, GE 2017, 267; *Wenzel,* Beschlusskompetenz zur Aufhebung einer Veräußerungsbeschränkung gemäß § 12 WEG, ZWE 2008, 69; *Wilsch,* Die Aufhebung von Veräußerungsbeschränkungen nach § 12 Abs. 4 WEG, NotBZ 2007, 305.

Übersicht

A. Normzweck

1 Das Gesetz gestattet in § 12 WEG, die Veräußerung eines Wohnungseigentums von der Zustimmung anderer Eigentümer oder eines Dritten – meist des Verwalters – abhängig zu machen, um das Eindringen persönlich oder wirtschaftlich unzuverlässiger Personen in die Gemeinschaft zu verhindern (BGH NZM 2019, 542 Rn. 9; NJW 2013, 299 Rn. 13; 2012, 2434 Rn. 11; OLG Saarbrücken NZM 2019, 182 Rn. 12; OLG Karlsruhe NZM 2013, 196; KG NZM 2004, 588). Gerade weil die Gemeinschaft der Wohnungseigentümer unauflösbar (§ 11 Abs. 1 WEG) und auf Dauer angelegt ist, kann ein Interesse daran bestehen, auf die Auswahl künftiger Wohnungseigentümer einen gewissen Einfluss zu nehmen. Allerdings schränkt § 12 Abs. 2 Satz 1 WEG die Abwehrmöglichkeiten dadurch wieder erheblich ein, dass die Veräußerungszustimmung nur im Fall eines **wichtigen Grundes** und nicht etwa nach Belieben versagt werden kann. § 12 Abs. 3 Satz 2 WEG stellt klar, dass das Zustimmungserfordernis auch bei einer Veräußerung im Wege der **Zwangsversteigerung** oder durch den **Insolvenzverwalter** gilt. Eine vereinbarte Veräußerungsbeschränkung kann schließlich durch Mehrheitsbeschluss aufgehoben werden (§ 12 Abs. 4 WEG).

2 Die dem § 5 ErbbauRG nachgebildete Vorschrift (BGH NZM 2019, 438 Rn. 17) ist nach Auffassung der Rechtsprechung als Ausnahmevorschrift zu § 137 Satz 1 BGB **eng** auszulegen (BGH NJW 1962, 1613; OLG Saarbrücken NZM 2019, 182 Rn. 12; OLG Karlsruhe NZM 2013, 196; OLG Saarbrücken ZWE 2012, 132; OLG Hamm NotBZ 2012, 274) und hat im Vorfeld der **WEG-Novelle 2007** erhebliche Kritik erfahren. Teilweise wurde sogar vorgeschlagen, sie ganz zu streichen, weil sie die Wohnungseigentümergemeinschaft nicht wirkungsvoll vor Eindringlingen schützen könne, unnötigen Verwaltungsaufwand verursache und die verfassungsmäßigen Eigentümerbefugnisse einschränke (vgl. *Hügel* ZWE 2005, 134). Zudem wird die Vorschrift nach allgemeiner Einschätzung regional sehr unterschiedlich gehandhabt, ohne dass dafür ein sachlicher Grund erkennbar wäre (vgl. *Hügel/Elzer,* Das neue WEG-Recht, § 4 Rn. 6). Andererseits sieht der Gesetzgeber nach wie vor ein legitimes Bedürfnis, beispielsweise kleinen Wohnungseigentümergemeinschaften in ländlich geprägten Regionen, einen gewissen Schutz vor Gefahren für die Homogenität zu erlauben (BT-Drs. 16/887, 21). Die aktuelle gesetzliche Regelung trifft einen Kompromiss, indem sie zwar die Möglichkeit der Statuierung eines Zustimmungserfordernisses beibehält, die Wohnungseigentümer aber gem. § 12 Abs. 4 WEG in unabdingbarer Weise ermächtigt, das Zustimmungserfordernis mit

einfachem Mehrheitsbeschluss wieder aufzuheben. Das WEMoG hat dieses Rechtsinstitut sogar wieder gestärkt, indem es die nach bisherigem Recht nicht einschränkbare Beschlusskompetenz zur Aufhebung eines bestehenden Zustimmungserfordernisses (§ 12 Abs. 4 Satz 2 WEG aF) durch Streichung dieser Vorschrift wieder der allgemeinen Gestaltungsfreiheit unterworfen hat.

B. Begründung einer Veräußerungsbeschränkung

I. Vereinbarung

3 Die Begründung einer Veräußerungsbeschränkung erfordert eine **Vereinbarung** der Wohnungseigentümer nach § 10 Abs. 1 WEG oder eine Erklärung des teilenden Eigentümers nach § 8 WEG, die nach Entstehen einer Wohnungseigentümergemeinschaft einer Vereinbarung gleichsteht (→ § 8 Rn. 15). Auch die Wiederbegründung einer durch Beschluss aufgehobenen Veräußerungsbeschränkung bedarf mangels gesetzlicher Beschlusskompetenz einer Vereinbarung aller Wohnungseigentümer und kann auch nicht durch einen den Aufhebungsbeschluss rückgängig machenden Zweitbeschluss wieder hergestellt werden (OLG München ZWE 2104, 267; *Wenzel* ZWE 2008, 73; *Hügel* DNotZ 2007, 353; *Häublein* ZMR 2007, 414; *Wilsch* NotBZ 2007, 310; zweifelnd *Sauren* MietRB 2005, 137; → Rn. 80).

II. Eintragung im Grundbuch

4 **1. Fehlende Grundbucheintragung.** Die Wirkung einer Veräußerungsbeschränkung beurteilt sich zunächst nach den allgemeinen Aussagen zur Bindung von Wohnungseigentümern an getroffene Vereinbarungen. Ohne eine Eintragung im Grundbuch ist eine Veräußerungsbeschränkung eine **schuldrechtliche Vereinbarung** (→ § 10 Rn. 37 ff.), die (nur) Wirkungen im Innenverhältnis der Wohnungseigentümer erzeugt (Riecke/Schmid/*Schneider* § 12 Rn. 11) und im Falle einer Sonderrechtsnachfolge grundsätzlich untergeht. Eine zustimmungswidrige Veräußerung wird mit Eintragung im Grundbuch sachenrechtlich wirksam vollzogen, kann jedoch Schadenersatzansprüche der übrigen Wohnungseigentümer nach sich ziehen (*Wenzel* ZWE 2008, 70).

5 **2. „Verdinglichte" Veräußerungsbeschränkung.** Mit der Eintragung wird eine Veräußerungsbeschränkung hingegen zum Inhalt des Sondereigentums und bindet damit gem. § 10 Abs. 3 WEG auch Sonderrechtsnachfolger (→ § 10 Rn. 199). Durch die Grundbucheintragung wird die absolute Rechtswirkung des § 12 Abs. 3 WEG erzeugt und damit das Zustimmungserfordernis für einen Dritten zum Erwerbshindernis (*Deckert* WE 1998, 82; Staudinger/*Kreuzer* § 12 Rn. 36). Das Grundbuchamt hat eine verdinglichte Veräußerungsbeschränkung von Amts wegen zu beachten (BGH NZM 2019, 542 Rn. 7; OLG München ZMR 2018, 534; KG ZWE 2015, 173).

3. Zustimmung dinglich Berechtigter. Dinglich Berechtigte müssen einer Veräußerungsbeschränkung nicht zustimmen, wenn diese mit dem Teilungsvertrag oder der Teilungserklärung beurkundet wird (Timme/*Hogenschurz* § 12 Rn. 3; Riecke/Schmid/*Schneider* § 12 Rn. 5; aA Bärmann/*Suilmann* § 12 Rn. 6f.). Soll eine Veräußerungsbeschränkung nachträglich begründet werden, gelten die allgemeinen Ausführungen zur Zustimmung dinglich Berechtigter für die Grundbucheintragung nachträglicher Vereinbarungen. In aller Regel wird eine Zustimmung wegen § 5 Abs. 4 Satz 2 WEG entbehrlich sein, → § 5 Rn. 72ff. 6

4. Ausdrückliche Grundbucheintragung. Vereinbarte Veräußerungsbeschränkungen sind nach § 7 Abs. 3 Satz 2 WEG **ausdrücklich** im Grundbuch einzutragen. Durch die ausdrückliche Eintragung wird die Veräußerungsbeschränkung mit ihrem vereinbarten Inhalt im Grundbuch eingetragen. Diese nach bisherigem Recht nur in § 3 Abs. 2 WGV (→ Anhang II) enthaltene Anforderung sorgt dafür, dass eine Bezugnahme im Eintragungsverfahren nicht ausreichend ist. Einzutragen ist die Veräußerungsbeschränkung im Bestandsverzeichnis. Notwendig, aber ausreichend ist es, wenn die Zustimmungsberechtigten und die vom Zustimmungsvorbehalt erfassten Veräußerungsfälle bzw. Ausnahmen in schlagwortartigen Formulierungen eingetragen werden (Bärmann/*Suilmann* § 12 Rn. 9; Staudinger/*Kreuzer* WEG § 12 Rn. 38). Wegen der Einzelheiten kann auf die Eintragungsbewilligung Bezug genommen werden (Bärmann/*Suilmann* § 12 Rn. 9). 7

5. Fehlende Eintragung. Wird eine Veräußerungsbeschränkung versehentlich **nicht ausdrücklich** im Bestandsverzeichnis, sondern nur unter Bezugnahme eingetragen, war dies nach **bisheriger Rechtslage** ohne Bedeutung. Das Gebot der ausdrücklichen Eintragung war (nur) in § 3 Abs. 2 WGV enthalten. Der Vorschrift kam nach überwiegender Ansicht aber nur formelle Rechtsnatur zu; sie wurde als ist reine **Ordnungsvorschrift** klassifiziert. Wurde die ausdrückliche Eintragung – fehlerhaft – unterlassen, war bei Bezugnahme auf die Eintragungsbewilligung die Veräußerungsbeschränkung daher gleichwohl **wirksam** (OLG München ZMR 2006, 961; *Wenzel* ZWE 2008, 69; Riecke/Schmid/*Schneider* § 12 Rn. 17; Bärmann/*Suilmann* § 12 Rn. 9; aA Erman/*Grziwotz* § 12 Rn. 4; Staudinger/*Kreuzer* Rn. 38; Beck-Notar-HdB/*Rapp* § 3 Rn. 172). Es gab nach überwiegender Ansicht keinen Vorrang des Eintragungsvermerkes gegenüber der Eintragungsbewilligung (Riecke/Schmid/*Schneider* § 12 Rn. 17). § 3 Abs. 2 WGV wäre als Verordnung zur Führung des Grundbuchs auch ungeeignet gewesen, eine materiell rechtliche Abweichung vom allgemeinen Recht zu bestimmen. 8

Durch die Neufassung von § 7 Abs. 3 Satz 2 WEG hat sich dies geändert. Der Wortlaut „jedoch" und die systematische Stellung lassen nur den Schluss zu, dass die Eintragung durch Bezugnahme nicht möglich, sondern nur eine ausdrückliche Eintragung zulässig ist (→ § 7 Rn. 11). Eine Wirkung gegen potentielle Erwerber ist auch nach der Gesetzesbegründung **nur wirksam,** wenn die Veräußerungsbeschränkung im Grundbuch eingetragen ist (BT-Drs. 18791, 42 und BT-Drs. 19/19369, 6); Unterlässt das Grundbuchamt die notwendige ausdrückliche Eintragung, ist die Veräußerungsbeschränkung nicht zum Inhalt des Sondereigentums gem. § 5 Abs. 4 Satz 1 WEG 9 geworden, sondern kann allenfalls schuldrechtliche Wirkung im Innenverhältnis der Wohnungseigentümer entfalten (→ Rn. 4). Im Gegensatz zum früheren Recht ist daher bei unterlassener Eintragung ein gutgläubiger Erwerb gem. § 892 BGB möglich. Damit führt das gesetzliche Erfordernis der konstitutiven Eintragung zu einer Schwächung der rechtlichen Wirkung eines vereinbarten Zustimmungserfordernisses, sorgt im Umkehrschluss aber für eine erhöhte Rechtssicherheit. Unterlässt das Grundbuchamt versehentlich die Eintragung einer vereinbarten Veräußerungsbeschränkung, ist eine solche nicht entstanden und kann ohne die an sich vereinbarte Zustimmung veräußert werden. Dieses vom Gesetzgeber angestrebte Ergebnis dient dem Erwerberschutz (BT-Drs.19/19369, 6).

10 Für **Altfälle** sieht § 48 Abs. 3 Satz 3 WEG keine Übergangsvorschrift vor. Ist eine Veräußerungsbeschränkung vor Inkrafttreten des WEMoG nur durch Bezugnahme und nicht ausdrücklich im Grundbuch eingetragen, ist nach der Gesetzesbegründung mangels Eintragung eine Veräußerungsbeschränkung nicht wirksam entstanden, weil die ausdrückliche Eintragung auch schon nach bisheriger Rechtslage (→ Rn. 8) konstitutiv gewesen sei (BT-Drs. 19/19369, 7). Die ausdrückliche Eintragung kann jedoch auf Antrag nachgeholt werden (→ § 7 Rn. 76).

11 **6. Fehlerhafte Eintragung.** Widerspricht die ausdrückliche Eintragung unlösbar dem vereinbarten Inhalt, handelt es sich um eine unzulässige Eintragung, die zur Unwirksamkeit der Eintragung führt und einem gleichwohl erfolgten Erwerb nicht entgegensteht (BGH NJW-RR 2005, 10; *Hogenschurz* ZfIR 2020, 455). Aus diesem Grund bedarf auch dann keiner Zustimmung, wenn eine Ausnahme vom Zustimmungserfordernis fälschlicherweise im Grundbuch eingetragen ist (LG München II MittBayNot 1994, 137; Bärmann/*Suilmann* § 12 Rn. 9; Jennißen/*Grziwotz* § 12 Rn. 4 zur alten Rechtslage), weil es insoweit an einer ausdrücklichen Eintragung der Veräußerungsbeschränkung fehlt.

III. Zeitliche Geltung

12 Die Geltung einer Veräußerungsbeschränkung setzt das **Bestehen** einer **Gemeinschaft der Wohnungseigentümer** voraus. Das ergibt sich schon aus der Rechtsnatur einer Veräußerungsbeschränkung als Vereinbarung. Entweder wird sie bei einer bestehenden Wohnungseigentümergemeinschaft durch die Wohnungseigentümer vereinbart oder sie gilt bei Setzung durch den aufteilenden Alleineigentümer gem. § 8 Abs. 2 WEG mit dem Entstehen einer Gemeinschaft als Vereinbarung der Wohnungseigentümer (→ § 8 Rn. 15). Vor der Existenz einer Gemeinschaft der Wohnungseigentümer kann somit eine Veräußerungsbeschränkung keine Wirkung entfalten. Ebenso wenig ist sie auf eine Veräußerung nach **Auflösung** oder **Beendigung** der Gemeinschaft anzuwenden (*Wenzel* ZWE 2008, 70).

13 **Sog. werdende** Wohnungseigentümer haben im Verhältnis untereinander die gleichen Rechte und Pflichten wie echte Wohnungseigentümer. Für sie sind grundsätzlich die Vorschriften des WEG anzuwenden (BGH ZWE 2020, 267; NJW 2012, 2650 Rn. 5; → § 8 Rn. 82). Nach bisheriger Rechtslage entfalteten damit Veräußerungsbeschränkungen nach überwie-

gender Ansicht auch für **werdende Wohnungseigentümer** Wirkung (KG ZWE 2018, 397; ZWE 2018, 314; *Elzer* NotBZ 2019, 375; *Wenzel* ZWE 2008, 70; Timme/*Hogenschurz* § 12 Rn. 19; zweifelnd *Dötsch* ZWE 2011, 387; aA OLG Hamm NJW-RR 1994, 975; *Weber* MittBayNot 2018, 559). Da jedoch durch die Neuregelung in § 9a Abs. 1 Satz 2 WEG die Wohnungseigentümergemeinschaft mit Anlegung der Wohnungsgrundbücher und damit zu einem viel früheren Zeitpunkt entsteht, hat sich diese Streitfrage erledigt.

Die **Erstveräußerung** durch den aufteilenden Eigentümer ist zustim- **14**
mungsfrei, wenn eine Gemeinschaft noch nicht entstanden ist, dh wenn die Wohnungsgrundbücher noch nicht angelegt sind (§ 9a Abs. 1 Satz 2 WEG). In aller Regel wird jedoch für den Erwerber eine Eigentumsvormerkung im Grundbuch eingetragen, so dass die Veräußerungsbeschränkung dann wegen § 8 Abs. 2 WEG bereits für die Erstveräußerung Beachtung findet. Ab diesem Zeitpunkt entfaltet eine Veräußerungsbeschränkung wie jede andere Vereinbarung Wirkung gegen jeden Wohnungseigentümer und damit auch beim **Erstverkauf** durch einen **Bauträger** (BGH NJW 1991, 1613 ff.). Durch die zeitliche Vorverlagerung des Entstehens einer Gemeinschaft der Wohnungseigentümer ist damit bei Vorhandensein einer Veräußerungsbeschränkung in der Gemeinschaftsordnung eine Änderung der bisherigen Rechtslage eingetreten, weil nach bisheriger Praxis die Wohnungsgrundbücher häufig erst nach der Veräußerung angelegt wurden.

Die Heilungsvorschrift des § 46 WEG (= § 61 WEG aF) kann in diesen **15**
Fällen keine Hilfe bieten, weil sie zeitlich nur für Altfälle vor dem 15.1.1994 Anwendung finden kann. Sinnvollerweise wird man den Erstverkauf aber in der Gemeinschaftsordnung vom Zustimmungserfordernis ausnehmen. Dies gilt insbesondere vor dem Hintergrund, dass bei Abverkauf durch den Bauträger in aller Regel noch kein Verwalter bestellt sein wird, somit die Zustimmung durch den Alleineigentümer erklärt werden müsste, dessen Zustimmungserklärung aber nach teilweiser Ansicht an § 181 BGB scheitert (→ Rn. 41). Sichere Abhilfe kann nur eine **Ausnahmereglung** für den **Erstverkauf** durch den Bauträger in der Vereinbarung der Veräußerungsbeschränkung bieten.

C. Umfang und Gegenstand einer Veräußerungsbeschränkung

I. Allgemeines

Die Veräußerung von Wohnungseigentum unterliegt nur dann einem **16**
Zustimmungsvorbehalt, wenn die Wohnungseigentümer eine diesbezügliche Vereinbarung getroffen haben. Den Wohnungseigentümern steht es hierbei frei, nur bestimmte Fälle einer Veräußerungsbeschränkung zu unterwerfen bzw. bestimmte Fälle von einem solchen Erfordernis auszunehmen. Die Veräußerungsbeschränkung kann somit auf bestimmte Fälle **begrenzt** oder für bestimmte Verfügungen **ausgeschlossen** werden, als Ausnahme von § 137 Satz 1 BGB (→ Rn. 2) aber nicht erweitert werden. Häufig werden

zB die Erstveräußerung, Veräußerungen an Ehegatten oder Abkömmlinge von einer Veräußerungsbeschränkung ausgenommen.

17 Dementsprechend beurteilt sich der Umfang eines Zustimmungsvorbehalts stets nach dessen vereinbartem und im Grundbuch eingetragenem Inhalt. Als Grad der Präzision gilt wie für jede „verdinglichte" Vereinbarung der **sachenrechtliche Bestimmtheitsgrundsatz** (→ § 10 Rn. 44). Es muss klar und eindeutig feststehen, welchen Inhalt die Veräußerungsbeschränkung hat und welcher Personenkreis gegebenenfalls zustimmungsfrei erwerben können soll (*Wenzel* ZWE 2008, 70). Verstößt ein bestehender Zustimmungsvorbehalt gegen diese sachenrechtliche Anforderung, ist er unwirksam mit der Folge, dass eine Veräußerung zustimmungsfrei ist.

18 Gleichwohl entstehen in der Praxis immer wieder Auslegungsfragen (→ Rn. 33). Hierfür gelten die Grundsätze für die Auslegung von Grundbucheintragungen (KG ZWE 2014, 311; OLG Saarbrücken ZWE 2012, 132; *Hogenschurz* ZfIR 2020, 454; → § 10 Rn. 42 ff.).

19 Die **Grenzen** für den Inhalt von Veräußerungsbeschränkungen finden sich in den allgemeinen Grenzen für die Gestaltungsfreiheit der Wohnungseigentümer durch Vereinbarungen (→ § 10 Rn. 57), insbesondere darf in dem Zustimmungsvorbehalt kein Verstoß gegen § 138 BGB liegen. **Unzulässig** ist daher grundsätzlich ein Zustimmungserfordernis für **bestimmte Personengruppen** wie Kinderreiche oder Ausländer (OLG Zweibrücken MittBayNot 1994, 44). Unzulässig ist auch ein **Gebot,** das Wohnungseigentum nur an bestimmte Personen zu veräußern (BayObLG MittBayNot 1986, 88).

II. Keine Belastungszustimmung

20 Anders als im Fall eines Erbbaurechtes (vgl. § 5 ErbbauG), ist ein Zustimmungsvorbehalt in § 12 WEG nur für den Fall der Veräußerung zugelassen, **nicht** aber für den Fall der **Belastung** eines Wohnungseigentumsrechtes mit einem beschränkten dinglichen Recht, wie z. B. einem Grundpfandrecht, Nießbrauch oder Wohnungsrecht (BGH NZM 2019, 438 Rn. 19; OLG München ZWE 2016, 337). Die Gestaltungsautonomie der Wohnungseigentümer durch Vereinbarungen ist durch § 137 Satz 1 BGB insoweit begrenzt. Dies gilt selbst dann, wenn die Belastung den wirtschaftlichen Wert des Wohnungseigentums aushöhlt, etwa im Fall eines lebenslangen Nießbrauchs für einen noch jungen Begünstigten oder der Belastung mit einer Grundschuld über den Verkehrswert der betreffenden Einheit.

21 Möglich ist aber die Vereinbarung einer Belastungszustimmung, die gem. § 10 Abs. 1 Satz 2 WEG nur im Innenverhältnis der Wohnungseigentümer wirkt und durch Eintragung im Grundbuch zum Inhalt des Sondereigentums gemacht werden kann (BGH NZM 2019, 438 Rn. 19; NJW 1962, 1613; OLG München ZWE 2016, 337). Ein Verstoß hiergegen lässt die Belastung gleichwohl wirksam entstehen, kann jedoch Schadenersatzpflichten des betreffenden Wohnungseigentümers begründen.

III. Gegenstand

22 Eine Beschränkung kann für **alle** oder **einzelne** Wohnungseigentumsrechte vereinbart werden, nicht aber nur für Teile eines Sondereigentums

(Bärmann/*Suilmann* § 12 Rn. 11; aA Riecke/Schmid/*Schneider* § 12 Rn. 8). Nur was wirksam veräußert werden kann, kann auch in der Veräußerung beschränkt werden (*Wenzel* ZWE 2008. 70). Entsprechend § 12 WEG kann ein Zustimmungsvorbehalt auch für die Übertragung von **Sondernutzungsrechten** vereinbart werden (BGH DNotZ 1979, 168 unter III. 3). Entgegen der hM kann die **Unterteilung** eines Wohnungseigentumsrechtes mangels einer Eigentumsübertragung hingegen **nicht** analog § 12 WEG einem grundbuchrechtlich relevanten Zustimmungsvorbehalt unterworfen werden. Die Teilung ohne gleichzeitige Eigentumsübertragung stellt keine Veräußerung dar (*Wenzel* ZWE 2008, 72; *Hallmann* MittRhNotK 1985, 3); dies gilt auch dann, wenn sich hierdurch die Stimmenverhältnisse verschieben sollten (→ § 8 Rn. 46). Möglich ist nur eine schuldrechtlich wirkende Verpflichtung (→ § 8 Rn. 46).

D. Veräußerung

I. Begriff

Veräußerung ist die **rechtsgeschäftliche,** vollständige oder teilweise (KG NZM 2012, 317) **Übertragung** des Wohnungseigentums unter Lebenden; darunter fällt sowohl das **schuldrechtliche** Verpflichtungsgeschäft als auch das **dingliche** Rechtsgeschäft, also die Auflassung (BGH NJW 2012, 3232 Rn. 9; OLG Hamm NZM 2012, 389; OLG Saarbrücken ZWE 2012, 132). Nach der ausdrücklichen Regelung in § 12 Abs. 3 Satz 2 WEG steht eine Veräußerung im Wege der **Zwangsvollstreckung** oder durch den **Insolvenzverwalter** der rechtsgeschäftlichen Veräußerung gleich. 23

Etwas anderes gilt, wenn nur die Miteigentumsquoten unter den Wohnungseigentümern durch Übertragung verändert werden (→ § 3 Rn. 14). Der reine „ideelle" Miteigentumsanteil ist kein Wohnungseigentumsrecht iSd § 12 Abs. 1 WEG. Entgegen der hM (KG NZM 2012, 317; OLG Hamm NZM 2001, 953; *Wenzel* ZWE 2008, 71) ist eine solche Übertragung zustimmungsfrei. 24

II. Abgrenzung zu anderen Fällen der Rechtsnachfolge

Eine Zustimmung ist immer nur für ein Rechtsgeschäft erforderlich, bei dem das Eigentum durch Auflassung übergeht. Werden andere Rechtsfiguren gewählt, die jemand eine Beteiligung am Eigentum durch Vorgänge außerhalb des Grundbuchs verschaffen, bedarf es keiner Zustimmung. 25

Nicht unter § 12 WEG fällt demnach eine **Gesamtrechtsnachfolge** und Rechtsübertragung **kraft Gesetzes** wie Erbfolge und Enteignung (KG ZWE 2014, 311; *Wenzel* ZWE 2008, 71; *Hügel* ZWE 2006, 180) oder Verschmelzung, Spaltung sowie Ausgliederung nach dem UmwG (OLG Jena ZWE 2014, 123; LG Darmstadt Rpfleger 2008, 21). Auch die Übertragung eines Anteils an einem gesamthänderisch gehaltenen Vermögen, wie eine Erbteilsabtretung oder die Übertragung eines GbR-Anteils, unterfällt nicht § 12 WEG (OLG Celle ZWE 2011, 270; OLG München DNotZ 2007, 950; ausf. hierzu *Wenzel* ZWE 2008, 71). Gleiches gilt für die Ver- 26 einbarung einer Gütergemeinschaft oder das Ausscheiden aus einer Erbengemeinschaft durch Abschichtung.

III. Keine Rechtsnachfolge

27 Die Eintragung einer **Eigentumsvormerkung** ist noch nicht als Veräußerung iSd § 12 Abs. 1 WEG zu verstehen. Aus diesem Grund kann für die Eintragung einer Vormerkung ein Zustimmungserfordernis durch Regelung in der Gemeinschaftsordnung nicht begründet werden (OLG Hamm NZM 2012, 389; BayObLG NJW 1964, 1962). Denkbar ist aber eine rein schuldrechtlich wirkende diesbezügliche Vereinbarung (→ Rn. 20).

28 Erst recht fehlt den Wohnungseigentümern die Rechtsmacht, gem. § 12 WEG die Wirksamkeit eines **Mietvertrages** über ein Sondereigentum (→ § 13 Rn. 31) von ihrer Zustimmung abhängig zu machen (Staudinger/*Kreuzer* WEG § 12 Rn. 22). Zwar geht dieser wie ein dingliches Recht auf einen Erwerber über („Kauf bricht nicht Miete", § 566 BGB); gleichwohl handelt es sich dabei aber nur um einen rein schuldrechtlichen Nutzungsvertrag und nicht um eine Veräußerung. Möglich ist es allerdings, die Vermietung oder Verpachtung von einer Zustimmung abhängig zu machen (→ § 10 Rn. 96). Für den Fall einer bloßen **Unterteilung** von Wohnungseigentum kommt ein Zustimmungsvorbehalt ebenfalls **nicht** in Betracht (→ Rn. 21).

IV. Teleologische Reduktion für bestimmte Fälle der Veräußerung?

29 Für die Frage, ob eine Veräußerung iSd § 12 WEG vorliegt, ist auf Grund der erforderlichen sachenrechtlichen Klarheit **eine formale Betrachtungsweise,** nicht hingegen eine Interessenabwägung geboten. Auch wenn der Zweck einer Veräußerungsbeschränkung der Schutz der Gemeinschaft vor problematischen Erwerbern ist, kann dieses Kriterium bei der Anwendung im Einzelfall keine Rolle spielen, weil anderenfalls die Bewertung des Einzelfalls in den Entscheidungsspielraum des Grundbuchamtes gestellt wäre. Dies ist mit den formalen Verfahrensgrundsätzen des Grundbuchrechtes nicht zu vereinbaren und würde im Übrigen das Grundbuchamt auch überfordern (vgl. OLG Hamm ZMR 2007, 212). Entscheidend ist somit nur, ob es zu einer rechtsgeschäftlichen Übertragung von Wohnungseigentum kommt. In den Fällen, in denen ein Teil der Rspr. über eine Interessenabwägung entgegen der hier vertretenen Ansicht eine Ausnahme von § 12 WEG macht, wird stattdessen in aller Regel ein Anspruch auf Zustimmung bestehen (→ Rn. 71 ff.).

30 Das Zustimmungserfordernis gilt mithin auch für Veräußerungen an **Mitglieder der Wohnungseigentümergemeinschaft** (KG NZM 2012, 317; OLG Hamm NZM 2001, 953). Zwar ist in diesem Fall der Erwerber kein fremder Dritter, jedoch kommt es zu einer Eigentumsübertragung durch Auflassung. Zudem können die Wohnungseigentümer ein berechtigtes Interesse daran haben, zu verhindern, dass der Erwerber mit dem Hinzuerwerb zusätzliche Lasten- und Kostentragungspflichten übernimmt und seinen Ein-

fluss in der Gemeinschaft erhöht (OLG Nürnberg ZWE 2016, 20; KG NZM 2012, 317; BayObLG MittBayNot 1977, 122). Sind mehrere Personen Eigentümer eines Wohnungseigentumsrechtes, sind auch gegenseitige Übertragungen von Mitberechtigungen an diesem Recht zustimmungspflichtig.

Eine (einzige) **Ausnahme** gilt bei einer Veräußerung **aller Wohnungseigentumsrechte** an einen Erwerber. In diesem Fall ist – auch für das Grundbuchamt – ersichtlich, dass der Schutzbereich des § 12 WEG nicht eröffnet sein kann (OLG Hamm ZWE 2012, 276; OLG Saarbrücken ZWE 2012, 132). In der Veräußerung aller Einheiten durch die bisherigen Wohnungseigentümer liegt die Zustimmung zu dieser Veräußerung. Etwas anderes gilt aber bei Veräußerung eines Wohnungseigentumsrechtes an die Gemeinschaft der Wohnungseigentümer (aA OLG Hamm NZM 2009, 914; *Armbrüster* NZG 2017, 447; *Schneider* ZfIR 2016, 469). 31

Auch der **Anlass** für die Veräußerung spielt für die Frage des Zustimmungsvorbehaltes keine Rolle. Daher unterliegt eine Veräußerung auch dann dem Zustimmungserfordernis, wenn sie durch die Geltendmachung eines **Vorkaufsrechtes** zustande kommt (*Wenzel* ZWE 2008, 72). Selbst die **Rückübertragung** von Wohnungseigentum bedarf der Zustimmung, falls sich die Vertragsparteien auf eine Rückabwicklung geeinigt haben oder sie auf Grund eines durch Vormerkung gesicherten, in das Belieben des Berechtigten gestellten Rückübertragungsanspruchs erfolgt (OLG Hamm NZM 2012, 389; NZM 2011, 157; BayObLGZ 1976, 328). Das Gegenteil gilt aber für die Rückabwicklung eines Übertragungsvertrags nach wirksamer Anfechtung bzw. auf Grund entsprechender Gestaltungserklärung (Rücktritt, Geltendmachung des so genannten großen Schadenersatzes), weil ansonsten dem Käufer die ihm gesetzlich eingeräumten Rechte beschnitten würden und der Zweck des § 12 WEG nicht darin liegt, unliebsamen Wohnungseigentümern den Wiedereintritt in die Gemeinschaft trotz entgegenstehender gerichtlicher Entscheidung zu verwehren (OLG Hamm NZM 2012, 389; NZM 2011, 157). 32

V. Weitere Einzelfälle

- Ob die Veräußerung **entgeltlich** oder **unentgeltlich** erfolgt, ist bedeutungslos, es sei denn, das Zustimmungserfordernis ist ausdrücklich an einen „Verkauf" geknüpft (KG ZWE 2014, 311; NZM 2013, 239). Deshalb bedarf die Schenkung eines Wohnungseigentums keiner Zustimmung, wenn diese ausdrücklich nur für einen Verkauf vereinbart ist (KG ZMR 2011, 399). 33
- Ist eine Ausnahme vom Zustimmungsvorbehalt für die **Veräußerung an Ehegatten** vorgesehen, erfasst diese nicht eine Übertragung an den geschiedenen Ehegatten nach Rechtskraft der Scheidung (KG NZM 2012, 317) oder die Übertragung von einer Gesellschaft bürgerlichen Rechts, deren Gesellschafter miteinander verheiratet sind, auf diese zum Bruchteilseigentum (KG NZM 2016, 731).
- Bedarf eine Veräußerung der Zustimmung mit Ausnahme einer Veräußerung an Verwandte, erfasst die Ausnahme nicht die Veräußerung an eine

Gesellschaft bürgerlichen Rechts, deren Gesellschafter alle miteinander verwandt sind (KG ZWE 2012, 41).

- Ist die Veräußerung des Wohnungseigentums von der Zustimmung des Verwalters mit Ausnahme der Erstveräußerung abhängig, ist diese Ausnahme „verbraucht“, wenn die teilende Eigentümerin eine **Gesellschaft bürgerlichen Rechts** ist und die entstandenen Wohnungseigentumsrechte auf ihre Gesellschafter übertragen werden. Die weitere Veräußerung von einem Gesellschafter auf einen Dritten ist danach zustimmungspflichtig (KG ZWE 2014, 311).
- Eine **zustimmungsfreie Erstveräußerung** erfasst auch eine Erstveräußerung nach vielen Jahren (OLG Köln NJW-RR 1992, 1430) oder durch die Erben des Ersteigentümers (LG Aachen WuM 1993, 287), nicht jedoch die (erneute) Veräußerung durch eine Person, in deren Hand sich nach der Erstveräußerung sämtliche Wohnungseigentumsrechte vereinigt haben (KG NZM 2019, 181).
- Die Übertragung des Wohnungseigentums von einer **Erbengemeinschaft** auf einen der **Miterben** ist eine Veräußerung iSv § 12 Abs. 1 WEG, auch wenn sie der Auseinandersetzung nach §§ 2042 ff. BGB dient (OLG Nürnberg ZWE 2016, 20; KG DNotZ 2012, 621). Selbst die Übertragung eines Wohnungseigentums von einer Erbengemeinschaft auf **sämtliche Erben** zu Bruchteilen stellt eine Veräußerung dar, weil nur auf den formalen Veräußerungsvorgang und nicht auf die Interessenlage der Beteiligten abgestellt werden kann (Staudinger/*Kreuzer* § 12 Rn. 16; aA OLG Karlsruhe NZM 2013, 196; LG Lübeck Rpfleger 1991, 201; Bärmann/*Suilmann* § 12 Rn. 18). Es wird aber in aller Regel ein Anspruch auf Zustimmung bestehen (→ Rn. 71).
- Auch die Eigentumsübertragung von einer GmbH & Co. KG auf ihre beiden alleinigen Kommanditisten bedarf der Zustimmung (OLG Hamm ZMR 2007, 212).
- Erlaubt die Veräußerungsbeschränkung Ausnahmen bei der Veräußerung an **Abkömmlinge** des Eigentümers, greift diese Klausel auch, wenn dessen Erben das Wohnungseigentum an einen Abkömmling übertragen (KG DNotZ 2012, 621).

E. Zustimmungsberechtigter

34 Nach § 12 Abs. 1 WEG kann die Veräußerung von der Zustimmung anderer Wohnungseigentümer oder eines Dritten abhängig gemacht werden.

I. Wohnungseigentümer

35 Als Zustimmungsberechtigter können alle, einer oder eine bestimmte Anzahl von Wohnungseigentümern vereinbart werden. Möglich ist auch, die jeweiligen Mitglieder des Verwaltungsbeirats zu Zustimmungsberechtigten zu bestimmen, wobei deren Bestellung in der Praxis zahlreiche Probleme mit sich bringt (vgl. hierzu OLG Hamm ZWE 2013, 329; *Hogenschurz* ZMR 2014, 774) und daher sinnvollerweise vermieden wird. Soweit sich die

Zusammensetzung der Gemeinschaft der Wohnungseigentümer verändert, sind immer die jeweiligen Wohnungseigentümer zum Zeitpunkt der Zustimmungserteilung zur Zustimmung berechtigt und verpflichtet; die Zustimmung eines früheren Wohnungseigentümers reicht demgegenüber nicht aus (OLG Saarbrücken ZWE 2012, 132; OLG Celle NZM 2005, 260). Ändert sich nach Erteilung der Zustimmung durch den Wohnungseigentümer dessen Eigentümerstellung, gelten die Ausführungen zur Änderung in der Person des Verwalters entsprechend (→ Rn. 43). Sind als Zustimmungsberechtigte ein oder mehrere Wohnungseigentümer **namentlich** benannt und scheidet dieser oder scheiden diese durch Veräußerung oder Tod aus dem Kreis der Eigentümer aus, ist durch Auslegung zu ermitteln, ob hierdurch das Zustimmungserfordernis entfällt oder nunmehr durch alle Wohnungseigentümer wahrgenommen werden soll (vgl. hierzu OLG Saarbrücken NZM 2019, 182). Als zustimmungsberechtigt wird überwiegend auch der **werdende Wohnungseigentümer** angesehen (→ Rn. 13), wobei als Nachweis für dessen Rechtsstellung die Eintragung einer Eigentumsvormerkung als ausreichend angesehen wird (KG ZWE 2018, 397; *Elzer* NotBZ 2019, 375).

Die Veräußerung kann auch von einem **Mehrheitsbeschluss** der Woh- 36
nungseigentümer abhängig gemacht werden. Stets ist jedoch – gegebenenfalls durch Auslegung – zu klären, wer konkret zustimmungsberechtigt ist. So soll eine Bestimmung, nach der zur Veräußerung die Zustimmung der „Mehrheit der übrigen Wohnungseigentümer“ erforderlich ist, dahingehend auszulegen sein, dass als zustimmungsberechtigt die Eigentümerversammlung bezeichnet ist, die darüber im Rahmen ordnungsmäßiger Verwaltung zu entscheiden hat (OLG Hamm NZM 2015, 827). Sieht die Gemeinschaftsordnung hingegen allgemein die Zustimmung der anderen Wohnungseigentümer als erforderlich an, kann deren Zustimmung grundsätzlich nicht durch einen Mehrheitsbeschluss in der **Wohnungseigentümerversammlung** erteilt werden (Riecke/Schmid/*Schneider* § 12 Rn. 77; aA *Skauradszun* AnwZertMietR 13/2020 Anm. 1; Bärmann/*Suilmann* § 12 Rn. 23). Die Zustimmung der anderen bzw. übrigen Wohnungseigentümer kann nämlich nur im Sinne einer eigenständigen Zustimmungserklärung eines jeden Eigentümers verstanden werden. Solche rechtsgeschäftlichen Zustimmungserklärungen können nicht durch einen Mehrheitsbeschluss ersetzt werden. Hierfür fehlt eine Beschlusskompetenz. Ein gleichwohl in diesen Fällen erteilter Zustimmungsbeschluss ist mangels Beschlusskompetenz nichtig.

II. Dritter

1. Allgemein. Auch ein Dritter, also ein Nichtwohnungseigentümer, 37
kann zur Erteilung der Zustimmung berechtigt werden. Meist wird es sich hier um den Verwalter handeln. Die Veräußerung kann aber ebenso von der Zustimmung eines **Grundpfandrechtsgläubigers** abhängig gemacht werden, da es sich bei einer Vereinbarung nach § 12 WEG um eine Veräußerungsbeschränkung und nicht um ein Veräußerungsverbot handelt, somit durch eine solche Regelung keine Verpflichtung iSv § 1136 BGB begründet wird, vielmehr eine Veräußerung im Rahmen von § 12 Abs. 2 WEG wei-

terhin möglich bleibt (*Hügel* DNotZ 2003, 527; Bärmann/*Suilmann* § 12 Rn. 28; aA Weitnauer/*Lüke* § 12 Rn. 14; Staudinger/*Kreuzer* § 12 Rn. 32a; Erman/*Grziwotz* § 12 Rn. 20; Riecke/Schmid/*Schneider* § 12 Rn. 86; offen gelassen von BGH NZM 2019, 542 Rn. 9). Aber auch andere Dritte, zB der aufteilende **Bauträger** (*Hügel* DNotZ 2003, 527), können als Zustimmungsberechtigte vereinbart werden.

38 **2. Verwalter.** Meist wird die Erteilung einer in der Gemeinschaftsordnung vorgesehenen Veräußerungszustimmung auf den Verwalter übertragen. Das Zustimmungserfordernis durch den Verwalter kann auch so ausgestaltet werden, dass bei Verweigerung durch den Verwalter oder fehlender Entscheidung innerhalb einer bestimmten Frist die Entscheidung durch die Wohnungseigentümer erfolgen soll (vgl. OLG Zweibrücken NJW-RR 1994, 1103; OLG Hamm NJW-RR 1993, 279).

39 Der Verwalter nimmt bei der Ausübung seiner Zustimmungsbefugnis meist kein eigenes Recht wahr, sondern ein solches der Wohnungseigentümer, als deren Stellvertreter er handelt (vgl. BGH ZWE 2020, 188 Rn. 6; NJW 2013, 299 Rn. 13; 2012, 3232 Rn. 13; ZWE 2011, 321). (Nur) in einem solchen Fall können die Wohnungseigentümer – auch ohne eine Vorlage des Verwalters oder des betroffenen Wohnungseigentümers – dessen Zustimmungsbefugnis an sich ziehen und die Zustimmung des Verwalters ersetzen (BGH NJW 2013, 299; 2012, 3232; ZWE 2011, 321). Zuständig für solche Entscheidungen ist die Eigentümerversammlung, die mit Mehrheit an Stelle des Verwalters über die – an sich diesem – übertragene Verwaltungsangelegenheit beschließt (BGH NJW 2013, 299 Rn. 14; OLG Düsseldorf NZM 2020, 113 Rn. 11). Dies ist jedoch stets eine Frage des Einzelfalls, so dass auch ein **eigenes Zustimmungsrecht** möglich und zulässig ist, das nur durch den Verwalter ausgeübt werden kann (BGH ZWE 2011, 321 Rn. 9; *Abramenko* MietRB 2012, 218; aA *Skauradszun* AnwZert-MietR 13/2020 Anm. 1).

40 Ist im Einzelfall ein zustimmungsberechtigter Verwalter nicht bestellt, ist die Zustimmung der anderen Wohnungseigentümer erforderlich und ausreichend (BGH NJW 2012, 3232; OLG Jena ZWE 2014, 123). Es bedarf hierzu auch keines förmlichen Beschlusses; die Erklärung aller übrigen Wohnungseigentümer reicht aus (BGH NJW 2012, 3232; OLG Jena ZWE 2014, 123). Daneben ist aber auch ein Beschluss der Wohnungseigentümer möglich, sofern das Zustimmungsrecht des Verwalters nicht als eigenes Zustimmungsrecht ausgestaltet ist.

41 Die Zustimmung des Verwalters zu einer Veräußerung, bei der er selbst Vertragspartei des Veräußerungsvertrages ist, scheitert an **§ 181 BGB.** Zwar ist § 181 BGB in den Fällen, in denen der Verwalter selbst erwirbt, nicht unmittelbar anwendbar (OLG Hamm ZWE 2020, 336 Rn. 4; OLG Düsseldorf ZWE 2020, 71), weil die Zustimmungserklärung gegenüber dem Veräußerer abgegeben wird. Gleichwohl ist auch in dieser Konstellation ein Interessenkonflikt vorgezeichnet, weil niemand sich selbst im Interesse der Wohnungseigentümer zuverlässig kontrollieren wird. Dies rechtfertigt es, § 181 BGB entgegen der hM in der Rechtsprechung (OLG Hamm BeckRS 2020, 11651; OLG Düsseldorf ZWE 2020, 71; KG DNotZ 2004, 391;

BayObLG NJW-RR 1986, 1077) anzuwenden (LG Hagen RNotZ 2007, 349; *Böttcher* NJW 2008, 2094).

Zum Wechsel in der Person des Verwalters durch gesellschaftsrechtliche Umwandlungsvorgänge → § 26 Rn. 29.

F. Zustimmung

I. Dogmatische Einordnung und deren Bedeutung

Auf die Zustimmung nach § 12 WEG sind nach überwiegender Meinung, insbesondere der Rechtsprechung, die §§ 182 ff. BGB anzuwenden (BGH NZM 2019, 542 Rn. 9; OLG München ZWE 2017, 313; OLG Frankfurt a. M. ZMR 2012, 383; OLG Saarbrücken ZWE 2012, 132; OLG Hamm NZM 2010, 709; KG ZMR 2009, 784; aA Bauer/v. Oefele/Kössinger, GBO § 19 Rn. 199 ff: „Fungibilitätseinschränkung"). Da wegen § 12 Abs. 3 WEG bis zur Erteilung der Zustimmung sowohl der schuldrechtliche als auch der dingliche Vertrag schwebend unwirksam sind (BGH NJW 1960, 2093; OLG Köln NJW-RR 1996, 1296), würde dies an sich bedeuten, dass die Zustimmung zu beiden Rechtsgeschäften vorliegen muss, bis die dingliche Einigung gem. § 873 Abs. 2 BGB bindend geworden und der Umschreibungsantrag beim Grundbuchamt eingegangen ist. 42

Mit der Zustimmungsbedürftigkeit beider Rechtsgeschäfte soll aber der Gleichlauf des rechtlichen Schicksals von schuldrechtlichem und sachenrechtlichem Rechtsgeschäft erreicht werden. Diesem Regelungsziel liefe es zuwider, wenn ein Widerruf der Zustimmung zum Verfügungsgeschäft noch zu einem Zeitpunkt möglich wäre, in dem das Verpflichtungsgeschäft bereits wirksam und bindend geworden ist (BGH NZM 2019, 542 Rn. 21). Die Zustimmung ist deshalb – unabhängig von ihrer dogmatischen Einordnung – **unwiderruflich,** sobald die schuldrechtliche Vereinbarung über die Veräußerung wirksam geworden ist (BGH NZM 2019 542 Rn. 16; OLG München NZM 2012, 388; OLG Düsseldorf DNotZ 2011, 625; Hügel ZWE 2010, 457). Eine einmal erteilte Zustimmung ist somit nicht widerrufbar (BGH NZM 2019 542 Rn. 16; OLG Düsseldorf DNotZ 2011, 625; Weber ZWE 2017, 347). Auch eine Veränderung der Rechtstellung des Zustimmenden nach erteilter Zustimmung, aber vor Vollzug der Veräußerung im Grundbuch ist bedeutungslos. 43

II. Berechtigung zur Zustimmung

Die Berechtigung zur Zustimmung muss grundsätzlich im **Zeitpunkt** der **Abgabe der Willenserklärung** vorliegen (LG Wuppertal MittRHNotK 1982, 207; MüKo/*Commichau* § 12 WEG Rn. 14). Dies gilt sowohl für den Fall, dass der Verwalter oder ein sonstiger Dritter zur Zustimmung berechtigt ist, als auch für den Fall, dass die Zustimmung durch die Wohnungseigentümer erfolgen soll. Auch eine „rückwirkende" Verwalterbestellung macht die durch den Scheinverwalter erteilte Zustimmung nicht wirksam (OLG Hamm WE 1996, 33; Timme/*Hogenschurz* § 12 Rn. 45). 44

III. Form der Zustimmung

45 Die Zustimmung ist formfrei, bedarf jedoch wegen § 29 GBO der öffentlichen Beglaubigung (OLG München ZMR 2018, 534). Die Zustimmung eines Verwalters bedarf des Nachweises seiner Ernennung nach § 26 Abs. 3 WEG (BGH NJW 2013, 299). Soweit die Verwalterbestellung nicht bereits aus der Teilungserklärung hervorgeht, **weist der Verwalter seine Bestellung** durch eine notariell beglaubigte Fassung des Beschlussprotokolls der Wohnungseigentümerversammlung (§§ 24 Abs. 6, 26 Abs. 3 WEG; → § 24 Rn. 145 ff.) mit dem Bestellungsbeschluss nach (KG ZWE 2015, 173). **Ausnahmen** von einem nach § 12 Abs. 1 WEG vereinbarten Zustimmungserfordernis (zB zustimmungsfreie Veräußerung unter Ehegatten) bedürfen ebenfalls des Nachweises in der **Form** des § 29 Abs. 1 Satz 2 GBO (KG ZWE 2014, 310).

46 Erfolgt die Zustimmung durch einen **Beschluss** der Wohnungseigentümer, ist dieser grundsätzlich nur **anfechtbar,** selbst wenn im Falle der Versagung ein wichtiger Grund nicht vorlag. Da die Verweigerung der Genehmigung rechtsgestaltend auf das schwebend unwirksame Veräußerungsgeschäft einwirkt, muss nämlich zu einem nachprüfbaren Zeitpunkt feststehen, ob der Veräußerungsvertrag endgültig unwirksam wird (BGH NJW 2012, 3232 Rn. 17). Das Formerfordernis des § 29 GBO wird durch eine notariell beglaubigte Fassung des Beschlussprotokolls der Wohnungseigentümerversammlung erfüllt. Wird die Zustimmung im schriftlichen Verfahren gem. § 23 Abs. 3 WEG gefasst, bedarf es der Vorlage aller Zustimmungserklärungen in öffentlich beglaubigter Form (LG Karlsruhe ZWE 2017, 362).

IV. Kosten

47 Zu unterscheiden sind die Kosten für die erforderliche notarielle Beglaubigung der Zustimmungserklärung und die Kosten eines etwa dem Verwalter für die Abgabe seiner Zustimmungserklärung geschuldeten Honorars.

48 **1. Notargebühren.** Gegenüber dem Notar haftet nur der Verwalter, dessen Unterschrift beglaubigt wird, als Veranlassungsschuldner für die durch die Beglaubigung seiner Erklärung entstehenden Kosten (OLG Brandenburg NotBZ 2009, 28; OLG Hamm NJW-RR 1989, 974; LG Düsseldorf ZWE 2018, 401; *Wochner* ZNotP 1998, 489). Der Verwalter hat jedoch einen Rückgriffsanspruch gegen die Gemeinschaft der Wohnungseigentümer (OLG Hamm NJW-RR 1989, 974; *Schneider/Karsten* RNotZ 2011, 239).

49 **2. Verwalterhonorar.** Dem Verwalter steht mangels eines gesetzlichen Honoraranspruchs für die Bearbeitung und Erteilung der Verwalterzustimmung ein Sonderhonorar nur zu, wenn dies ausdrücklich im Verwaltervertrag mit der Wohnungseigentümergemeinschaft als Vertragspartner vereinbart ist (*Först* IMR 2014, 273; *Füllbeck* ZMR 2012, 2). Aus diesem Grund ist auch die Gemeinschaft der Wohnungseigentümer originär Schuldner einer vereinbarten Sondervergütung. Fehlt es an einer Sondervergütungsverein-

barung, gehört die Zustimmungserteilung zur normalen Verwaltertätigkeit und ist mit der regulären Verwaltervergütung abgegolten.

3. Verteilung und Veränderung der Kostentragung. a) Grundsätzliche Verteilung. Die Kosten einer Zustimmungserteilung sind grundsätzlich von der Gemeinschaft der Wohnungseigentümer zu tragen (KG NJW-RR 1997, 1231; OLG Hamm Rpfleger 1989, 451; LG Karlsruhe ZWE 2017, 362; *Göhmann* RNotZ 2012, 270; *Schneider/Karsten* RNotZ 2011, 238). Da sie Kosten der Verwaltung des gemeinschaftlichen Eigentums darstellen, werden sie nach dem allgemeinen Umlageschlüssel des § 16 Abs. 2 WEG unter allen Wohnungseigentümern verteilt. Diese grundsätzliche Kostenverteilung ist auch interessengerecht, weil die Veräußerungszustimmung dem Schutz der anderen Wohnungseigentümer dient. 50

b) Überwälzung. Oft ist die originäre Kostenschuldnerschaft der Gemeinschaft der Wohnungseigentümer unbekannt bzw. wird von den Beteiligten als nicht sachgerecht empfunden. Ziel ist es, dem Erwerber oder Veräußerer nach dem Verursacherprinzip die Kosten zu übertragen, die mit der Veräußerung der Einheit entstanden sind. Eine Übernahme der Kosten durch eine entsprechende Regelung im Erwerbsvertrag durch den Erwerber ist regelmäßig unwirksam (OLG Hamm ZWE 2018, 399; LG Düsseldorf ZWE 2018, 401). Die Nichterhebung der Notarkosten gegenüber dem Verwalter verbunden mit einer entsprechenden Kostennote an den Erwerber kann sogar einen Verstoß gegen das Wettbewerbsrecht darstellen (LG Duisburg NZM 2019, 758). 51

Die Abwälzung der Kosten auf den Veräußerer oder Erwerber durch eine entsprechende Regelung im **Verwaltervertrag** ist ebenfalls unwirksam. Da beide nicht Vertragspartner des Verwaltervertrags sind (→ § 26 Rn. 205), stellt eine solche Vereinbarung einen unwirksamen Vertrag zu Lasten Dritter dar (*Gottschalg* NZM 2000, 477). 52

Ein **Kostenverteilungsbeschluss** gem. **§ 16 Abs. 2 Satz 2 WEG,** nach dem die Kosten für die Verwalterzustimmung vom Erwerber zu tragen sind, scheitert daran, dass ein solcher Beschluss nicht ordnungsmäßiger Verwaltung entsprechen würde. Er könnte nämlich nur mit der Abrechnung und damit mit Rückwirkung beschlossen werden. Eine rückwirkende Änderung des Umlageschlüssels scheidet jedoch aus (→ § 16 Rn. 64). Denkbar ist allerdings ein – auf die Zukunft bezogener – Beschluss nach **§ 16 Abs. 2 Satz 2 WEG,** mit dem die besonderen Kosten der Verwaltung dem betroffenen Wohnungseigentümer auferlegt werden (→ § 16 Rn. 46 ff.). 53

Möglich ist eine Regelung in der **Gemeinschaftsordnung,** nach der der veräußernde Wohnungseigentümer die Kosten der Veräußerungszustimmung zu tragen hat (*Schneider/Karsten* RNotZ 2011, 239). Eine Kostentragungspflicht des Erwerbers hingegen kann nicht vereinbart werden, weil dieser zum Zeitpunkt der Kostenentstehung noch nicht Mitglied der Gemeinschaft ist (KG DNotZ 1998, 390; *Först* IMR 2014, 273). Ist der Veräußerer in der Gemeinschaftsordnung wirksam zur Kostentragung verpflichtet, kann er seinerseits im Erwerbsvertrag die Kosten auf den Erwerber übertragen. Die jeweilige Kostentragungspflicht gilt aber immer nur im jeweiligen Rechtsverhältnis (vgl. KG DNotZ 1998, 390). 54

G. Wichtiger Grund

I. Allgemeines

55 Die Zustimmung darf nach § 12 Abs. 2 Satz 1 WEG nur aus wichtigem Grund versagt werden. Die Beschränkung der Versagung auf einen wichtigen Grund ist **unabdingbar,** eine anderslautende Bestimmung in einer Gemeinschaftsordnung somit unwirksam (OLG Düsseldorf NZM 2005, 787). Eine lediglich schuldrechtliche Veräußerungsbeschränkung, die gegen § 12 Abs. 2 Satz 1 WEG verstößt, ist hingegen möglich (OLG München ZMR 2006, 961; OLG Düsseldorf NZM 2005, 787; *Hogenschurz* FS Müller, 142). Die Wohnungseigentümer können vereinbaren, welche Tatsachen einen wichtigen Grund darstellen. Sie können dadurch aber nicht einen unwichtigen Grund zu einem wichtigen Grund erklären (OLG Hamm NJW-RR 1993, 279; BayObLGZ 1980, 20).

II. Definition

56 Ein wichtiger Grund liegt vor, wenn der **Erwerber** im Hinblick auf seine Person oder seine wirtschaftliche Leistungsfähigkeit für die anderen Wohnungseigentümer unzumutbar ist, weil auf Grund konkreter Anhaltspunkte objektiv begründete Zweifel bestehen, die erwarten lassen, dass der Erwerber nicht willens oder in der Lage sein wird, seinen Pflichten gegenüber dem Verband Wohnungseigentümergemeinschaft nachzukommen und die Rechte der anderen Wohnungseigentümer zu achten (BGH NJW 2012, 2434; OLG Köln ZMR 2010, 54; OLG Frankfurt a. M. NZM 2006, 380). Ausschlaggebend ist somit eine **persönliche** oder **finanzielle** Unzuverlässigkeit des Erwerbers (BGH ZWE 2020, 188 Rn. 13; ZWE 2013, 21). Der wichtige Grund muss **objektiv vorliegen** und nicht nur subjektiv von den Wohnungseigentümern so empfunden werden. Notwendig sind konkrete Anhaltspunkte dafür, dass eine **gemeinschaftswidrige Gefahr** für das Funktionieren der Wohnungseigentümergemeinschaft besteht (OLG Frankfurt NZM 2006, 380; OLG Düsseldorf NZM 2005, 787; BayObLG MittBayNot 1972, 291), die letztlich das weitere Zusammenleben in der Wohnungseigentümergemeinschaft unzumutbar macht.

57 In jedem Fall muss es sich aber um Umstände von **Gewicht** handeln, nicht nur um Unzuträglichkeiten, persönliche Spannungen oder Vorkommnisse, wie sie in jedem Gemeinschafts- und Nachbarschaftsverhältnis immer wieder einmal auftreten können. Eigenschaften des Erwerbers, die dem Zustimmungsberechtigten lediglich unerwünscht sind, bloße Antipathie (OLG Köln ZMR 2010, 54; OLG Zweibrücken ZWE 2006, 46; LG München ZMR 2018, 863) oder reine Zweckmäßigkeitserwägungen (OLG Frankfurt a. M. NZM 2006, 380) reichen für die Versagung nicht aus. In jedem Fall ist das Zustimmungserfordernis zugunsten des Veräußerers **eng** auszulegen (OLG Saarbrücken ZWE 2012, 132; OLG Brandenburg ZMR 2009, 703; OLG Zweibrücken DNotZ 2006, 295). Die Voraussetzungen hierfür sind allerdings geringer als die für die Entziehung des

Wohnungseigentums (BayObLG NZM 2002, 255; LG Köln ZMR 2009, 552).

III. Schutz gegenüber Erwerber

Der Schutz der anderen Wohnungseigentümer besteht nur gegenüber dem Erwerbsinteressenten. Die gemeinschaftswidrige Gefahr muss also ihre Ursache in der Person des Erwerbers haben, ohne dass es auf ein Verschulden dieser Person ankommt (OLG Brandenburg ZMR 2009,703; OLG Frankfurt a. M. NZM 2006, 380; BayObLG NZM 2002, 255; OLG Zweibrücken NJW-RR 1994, 1103). Der erforderliche wichtige Grund für eine Versagung liegt deshalb nur vor, wenn der Erwerbsinteressent für die anderen Wohnungseigentümer unzumutbar ist (BGH NJW 2012, 2434; OLG Frankfurt a. M. NZM 2006, 380). Gründe in der Person des **Veräußerers,** zB dessen Hausgeldrückstände oder sonstige frühere Pflichtverstöße (OLG Brandenburg ZMR 2009, 703; OLG Köln NZM 2004, 879), sind **nicht** zu berücksichtigen, da das Eindringen neuer unerwünschter Personen und nicht die Realisierung sonst nicht durchsetzbarer Ansprüche Sinn der Vereinbarung ist (OLG Köln ZfIR 2002, 144; BayObLG NJW-RR 1993, 280). Aus diesem Grund kann die Genehmigung auch nicht als Druckmittel verwendet werden, um ein rückständiges Verwalterhonorar einzutreiben (*Müller* WE 1998, 459) oder eine Vorschusszahlung auf künftige Wohngelder bzw. die Beglaubigungskosten für die Zustimmungserklärung bzw. den Nachweis der Verwalterbestellung durchzusetzen (vgl. *Wenzel* ZWE 2008, 71; *Deckert* WE 1998, 84; *Müller* WE 1998, 459). Der Zustimmungsberechtigte darf auch nicht den sonstigen Inhalt der notariellen Urkunde als Verweigerungsgrund heranziehen (OLG Hamburg ZMR 2004, 850). 58

IV. Fallgruppen

Die Verweigerungsgründe lassen sich in zwei Gruppen, nämlich in verhaltensbedingte und wirtschaftliche Gründe, einteilen (*Grziwotz* NZM 2009, 813). 59

1. Mangelnde finanzielle Leistungsfähigkeit. Ein wichtiger Grund für die Verweigerung der Zustimmung zur Veräußerung eines Wohnungseigentums liegt vor, wenn zu befürchten ist, dass der Erwerber seine finanziellen Verpflichtungen ggü. der Gemeinschaft der Wohnungseigentümer nicht erfüllen kann (BGH ZWE 2020, 188 Rn. 13; AG Ansbach ZMR 2016, 648; *Wenderoth* GE 2017, 267). Diese Vermutung ist in aller Regel begründet, wenn ein Insolvenzverfahren über das Vermögen des Erwerbsinteressenten eröffnet oder mangels Masse abgelehnt wurde, wenn er bereits eine eidesstattliche Versicherung abgeben musste oder sich in Privatinsolvenz befindet (vgl. *Liessem* NJW 1988, 1306). Ein wichtiger Grund kann bereits darin liegen, dass eine erschwerte Geltendmachung von Hausgeldansprüchen absehbar ist (AG Berlin-Wedding ZWE 2013, 127), zB bei fehlendem festem Wohnsitz, fehlender Zustellungsadresse oder problematischer Zustellung im Ausland. Entsprechendes gilt, wenn der Erwerber bereits Mitglied der Wohnungseigentümergemeinschaft ist und über einen längeren Zeitraum erheb- 60 liche Wohngeldrückstände aufgebaut hat (LG Köln ZMR 2009, 552). Entscheidend ist aber **allein** die finanzielle Lage des Erwerbers, nicht sonstiger Personen aus seinem Umfeld (*Häublein* ZMR 2014, 778). Stehen umfangreiche Sanierungsarbeiten am Gebäude bevor, die eine erhebliche finanzielle Belastung für die Wohnungseigentümer mit sich bringen, muss sich die finanzielle Leistungsfähigkeit des Erwerbers auch hierauf erstrecken (LG Köln IMR 2014, 524).

61 Die Zustimmung kann ferner versagt werden, wenn ein Erwerbsinteressent **kein eigenes Einkommen** nachweisen kann (LG Köln ZMR 2000, 704). Allerdings dürfen die Wohnungseigentümer bzw. der Verwalter bei der Entscheidung über die Versagung der Zustimmung die künftige Zahlungsunfähigkeit eines Erwerbsinteressenten wegen Zugehörigkeit zu einer bestimmten Gruppe (Student, Berufsanfänger) nicht einfach unterstellen (OLG Köln ZMR 2010, 54). Ebenso wenig kann ggü. einem Erwerbsinteressenten in einer **haftungsbeschränkten Rechtsform** (GmbH, GmbH & Co. KG etc.) die Zustimmung ohne weitere Anhaltspunkte mit der Begründung verweigert werden, dass solche Gesellschaften allein auf Grund ihrer satzungsmäßigen Haftungsbeschränkung niemals ihre finanzielle Leistungsfähigkeit sicherstellen können (OLG Brandenburg ZMR 2009, 703; BayObLG NJW-RR 1988, 1425; LG Düsseldorf ZMR 2016, 978). Dies muss auch für Gesellschaften ausländischen Rechtes gelten.

62 **2. Drohendes Fehlverhalten.** Ein wichtiger Grund für die Versagung der Zustimmung ist ferner gegeben, wenn das **Verhalten oder Äußerungen** des Erwerbsinteressenten eine erhebliche Störung der Hausgemeinschaft befürchten lassen. So ist die Verweigerung der Zustimmung etwa gerechtfertigt, wenn Tatsachen vorliegen, die die Annahme rechtfertigen, der Erwerber werde sich in die Wohnungseigentümergemeinschaft dauerhaft nicht einfügen, insbesondere die Rechte der anderen Wohnungseigentümer missachten, oder wenn er sich in der Vergangenheit bereits wiederholt **gemeinschaftswidrig** verhalten hat. Obwohl auch in diesen Fällen der wichtige Grund objektivierbar vorliegen muss, kommt es bei der rechtlichen Bewertung unvermeidlich auf Prognosen und Wertungen an.

63 Ausreichend ist ein konkretes Fehlverhalten in Form von Bedrohungen, Beleidigungen und sonstigen Übergriffen (OLG Köln ZMR 2010, 54). Ein wichtiger Grund kann in der Unfähigkeit des Erwerbers liegen, sich in eine Gemeinschaft einzugliedern, zB durch nachgewiesene Streitsucht. Meinungsverschiedenheiten zwischen dem Erwerber und einem Wohnungseigentümer, persönliche Spannungen oder Vorkommnisse, wie sie bei jedem Gemeinschaftsverhältnis immer wieder einmal auftreten (OLG Frankfurt a. M. NZM 2006, 380), oder eine bloße Antipathie (OLG Köln ZMR 2010, 54; OLG Zweibrücken NZM 2006, 144) oder Animositäten (AG München ZMR 2018, 276) reichen als wichtiger Grund für die Verweigerung der Zustimmung aber in der Regel nicht aus. Eine Alkohol- oder Drogensucht mit der Gefahr der Verwahrlosung der Wohnung kann genügen.

64 Das Zustimmungserfordernis darf jedoch nicht dazu missbraucht werden, unter dem Deckmantel eines wichtigen Grundes eine möglichst homogene oder sympathische **soziale Zusammensetzung** der Gemeinschaft **der**

Wohnungseigentümer zu erzwingen und bspw. kinderreiche Familien, studentische Wohngemeinschaften (OLG Zweibrücken MittBayNot 1994, 44), Ausländer, Angehörige anderer Religionen oder gleichgeschlechtliche Lebensgemeinschaften wegen ihrer Gruppenzugehörigkeit fernzuhalten (*Wenzel* ZWE 2008, 71; siehe auch → Rn. 19).

Nach hier vertretener Ansicht kann die Zustimmung aus wichtigem Grund auch verweigert werden, wenn der Erwerber eines Wohnungseigentums in einer Mehrhausanlage, die abschnittsweise errichtet wird, eine durch den Veräußerer an den Bauträger erteilte Vollmacht nicht im eigenen Namen bestätigt, weil hierdurch die Realisierung des Gesamtprojekts gefährdet und damit eine erhebliche Störung der Gemeinschaft zu befürchten ist (ausf. hierzu *Hügel* DNotZ 2003, 517; → § 8 Rn. 39). 65

Die vor dem Erwerb angekündigte **gemeinschaftswidrige Nutzung** eines Wohnungseigentums als Teileigentum oder umgekehrt kann eine Versagung rechtfertigen (OLG Düsseldorf NJW-RR 1997, 268), ebenso eine die anderen Wohnungseigentümer belastende, bereits erfolgte und nicht genehmigte Vornahme einer baulichen Veränderung des gemeinschaftlichen Eigentums (LG Köln ZMR 2009, 552; AG Philippsburg ZMR 2018, 545) sowie die beabsichtigte Überlassung des Wohnungseigentums zur weiteren Benutzung an den wegen nachhaltiger Störungen des Gemeinschaftsfriedens zur Veräußerung verurteilten früheren Wohnungseigentümer (BayObLG NJW-RR 1999, 452). Anders als bei den Fällen fehlender finanzieller Leistungsfähigkeit, kann demnach ein wichtiger Grund zur Versagung gegeben sein, wenn begründete Zweifel bestehen, dass **ein vom Erwerber verschiedener Nutzer** der Wohnung sich in die Hausgemeinschaft einpassen wird. Die Nutzung oder Mitbenutzung durch diesen Dritten muss allerdings mit hinreichender Sicherheit zu erwarten sein (*Häublein* ZMR 2014, 778). 66

V. Darlegungslast/Nachforschungspflicht

Die Darlegungslast für das tatsächliche Bestehen eines Ablehnungsgrundes trägt der Zustimmungsberechtigte (OLG Köln ZMR 2010, 54; OLG Brandenburg ZMR 2009, 703; OLG Frankfurt a. M. NZM 2006, 380; LG München ZMR 2018, 863). Entscheidend sind bei Klageerhebung die Verhältnisse zum Zeitpunkt der letzten mündlichen Verhandlung in der Tatsacheninstanz (OLG Köln ZMR 2010, 54). 67

Der Verwalter bzw. die Wohnungseigentümer sind **nicht** dazu verpflichtet, vor Erteilung der Zustimmung **umfassende Nachforschungen** über die Person des Erwerbers oder seine finanziellen Verhältnisse anzustellen. Andererseits genügt es nicht, stets nur auf öffentlich bekannte oder gemeinschaftsbekannte Informationen zurückzugreifen (aA Bärmann/*Suilmann* § 12 Rn. 31). Zum einen besteht eine Nachforschungspflicht, wenn sich aus den bereits vorhandenen Informationen und Materialien Anhaltspunkte für eine weitere Überprüfung ergeben (*Froese* ZWE 2015, 391; *Müller* Praktische Fragen, 100). Darüber hinaus hat der Zustimmungsberechtigte den Veräußerer grundsätzlich zur Person des Erwerbers zu befragen. Da nämlich der Veräußerer seinerseits verpflichtet ist, dem Zustimmungsberechtigten ihm zugängliche Informationen bezüglich des Erwerbers auszuhändigen bzw. den 68

Erwerber sogar zu einer Selbstauskunft zu veranlassen (OLG Hamburg ZMR 2004, 850; OLG Köln NJW-RR 1996, 1296; KG ZMR 1990, 68; *Hogenschurz* FS Müller, 145), wird man eine **Pflicht** des Zustimmungsberechtigten **zur Nachfrage** beim Veräußerer schwerlich verneinen können (*Häublein,* FS Derleder, S. 180).

H. Wirkung der Genehmigung/Versagung

69 Bis zur Erteilung der Zustimmung sind nach § 12 Abs. 3 WEG sowohl der schuldrechtliche als auch der dingliche Vertrag **schwebend unwirksam** (BGH NJW 1960, 2093; OLG Köln NJW-RR 1996, 1296; *Baer* ZfIR 2017, 656), und zwar gegenüber jedermann (OLG Hamm NZM 2001, 955). Die Veräußerung wird mit dem Zugang der Zustimmung rückwirkend wirksam (OLG München ZWE 2016, 337; LG Frankfurt a. M. NJW-RR 1996, 1080; Riecke/Schmid/*Schneider* § 12 Rn. 73; Jennißen/*Grziwotz* § 12 Rn. 38; aA Bärmann/*Suilmann* § 12 Rn. 36; Weitnauer/*Lüke* § 12 Rn. 13). Dies gilt sowohl für den schuldrechtlichen als auch für den dinglichen Vertrag, die Zustimmung erfolgt also immer einheitlich (*Froese* ZWE 2015, 392; *F. Schmidt* ZWE 2010, 396). Die Genehmigung gilt erst mit der Rechtskraft einer Entscheidung nach § 43 WEG als verweigert (OLG Hamm WuM 1997, 289); in diesem Fall sind der schuldrechtliche Vertrag und die Auflassung **endgültig unwirksam.**

70 Wird die Zustimmung durch einen Beschluss der Wohnungseigentümer versagt, wird dieser im Regelfall auch dann **bestandskräftig** (→ § 23 Rn. 169), wenn ein wichtiger Grund zu **Unrecht** angenommen worden ist (BGH NJW 2012, 3232; aA OLG Köln ZMR 2010, 54; OLG Brandenburg ZMR 2009, 703; BayObLG NZM 2003, 481). Will sich der Veräußerer gegen die Versagung der Zustimmung wehren, muss er somit rechtzeitig Anfechtungsklage erheben (aA OLG Köln ZMR 2010, 54; BayObLG NZM 2003, 481).

I. Durchsetzung des Zustimmungsanspruchs und Schadenersatzansprüche

I. Anspruch auf Erteilung der Zustimmung

71 Nach § 12 Abs. 2 Satz 2 WEG kann ein Anspruch auf Zustimmung positiv für bestimmte Fälle (zB Veräußerung an Abkömmlinge) vereinbart werden. Unabhängig davon kann der Veräußerer die **Erteilung der Zustimmung verlangen** und im Klageweg gegen den Verwalter bzw. gegen die Wohnungseigentümer durchsetzen (BGH ZWE 2011, 321 Rn. 9; aA *Skauradszun* AnwZertMietR 13/2020 Anm. 1 gegen die Gemeinschaft der Wohnungseigentümer), wenn kein wichtiger Grund für eine Ablehnung des Erwerbers vorliegt. Da dem Grundbuchamt die Zustimmung in der Form des § 29 GBO nachgewiesen werden muss, umfasst der Anspruch die Zustimmung in dieser Form (OLG Hamm DNotZ 1992, 429).

Ein **Anspruch** auf Erteilung der Zustimmung wird jedoch erst fällig, wenn der Veräußerer die ihm obliegenden Nachweispflichten gegenüber dem Zustimmungsberechtigten erfüllt hat (→ Rn. 67). Ob er hierzu alle kaufvertraglichen Abreden offen zu legen hat, weil der Verwalter für die Zustimmungserteilung den Vertragsinhalt kennen müsse (so OLG Celle ZMR 2009, 545), erscheint sehr zweifelhaft. Diesem obliegt nur die Kontrolle hinsichtlich der persönlichen und finanziellen Eignung des Erwerbers. Dafür ist die Kenntnis des gesamten Vertragsinhaltes nicht erforderlich. 72

Bei der Geltendmachung des Anspruchs auf Erteilung der Zustimmung gegenüber dem Verwalter handelt es sich um eine Streitigkeit iSv § 43 Abs. 2 Nr. 3 WEG, hingegen um eine nach § 43 Abs. 2 Nr. 1 WEG, wenn die Wohnungseigentümer die Zustimmungsberechtigten sind. Der Erwerber hat hingegen keinen Anspruch auf Erteilung der Zustimmung, weil er mit dem Verwalter und den übrigen Wohnungseigentümern noch nicht in einem Gemeinschaftsverhältnis steht. Die fehlende Zustimmungserklärung wird im Fall einer erfolgreichen Klage gem. § 894 ZPO durch die rechtskräftige gerichtliche Entscheidung ersetzt (OLG Zweibrücken ZMR 2006, 219). 73

Betreibt ein Gläubiger die Zwangsversteigerung eines Wohnungseigentums, ist er befugt, den Anspruch des veräußernden Wohnungseigentümers auf Zustimmung zur Veräußerung selbständig geltend zu machen (BGH NZM 2014, 556). 74

Liegt das Zustimmungsrecht beim Verwalter, ist dieser für eine Klage auf Erteilung der Zustimmung zum Verkauf von Wohnungseigentum nur **passivlegitimiert,** solange die Wohnungseigentümer die Zustimmung nicht selbst verweigern oder Vorgaben für ihre Erteilung getroffen haben. Ist das geschehen, sind nur die Wohnungseigentümer passivlegitimiert (BGH ZWE 2011, 321 Rn. 9; OLG Köln ZMR 2010, 54). 75

II. Schadenersatzansprüche bei verweigerter oder verspäteter Veräußerungszustimmung

Der Zustimmungsberechtigte, in der Regel der Verwalter, ist verpflichtet, seine Zustimmung inklusive eines etwa erforderlichen Verwalternachweises gem. § 26 Abs. 3 WEG unverzüglich zu erteilen, nachdem ihm alle Informationen vorliegen, derer er für die Zustimmung bedarf. Als angemessene Frist werden zwei Wochen angesehen (OLG Düsseldorf ZMR 2003, 956; *Wenderoth* GE 2017, 269), wobei dies letztlich immer eine Frage des Einzelfalls ist. 76

Verweigert der Zustimmungsberechtigte zu Unrecht die Veräußerungszustimmung oder zögert er deren Erteilung in der erforderlichen grundbuchtauglichen Form über den angemessenen Bearbeitungszeitraum hinaus, **verletzt** er schuldhaft seine **Pflichten** ggü. dem veräußerungswilligen Wohnungseigentümer. In einem solchen Fall ist er dem veräußerungswilligen Wohnungseigentümer, nicht hingegen dem Erwerber, zum Schadenersatz verpflichtet (BGH ZWE 2020, 188 Rn. 13; OLG Brandenburg ZMR 2009, 703; OLG Düsseldorf NZM 2005, 787), weil dieser nicht Mitglied der Wohnungseigentümergemeinschaft oder Partei des Verwalter- 77 vertrages ist (Staudinger/*Kreuzer* § 12 Rn. 77). An eine pflichtwidrige Zustimmungsversagung sind aber hohe Anforderungen zu stellen. Nicht ausreichend sind Zweifel. Der Verwalter besitzt bei seiner Einschätzung einen Beurteilungsspielraum. Dieser ist erst überschritten, wenn die Bewertung unvertretbar und nicht nachvollziehbar ist (BGH ZWE 2020, 188 Rn. 14).

78 In Fällen, in denen ernstliche Zweifel bestehen, ob ein wichtiger Grund zur Versagung der beantragten Zustimmung vorliegt, ist ein zustimmungsberechtigter Dritter, meist der Verwalter, berechtigt, zunächst von den Wohnungseigentümern eine Weisung einzuholen. Unterlässt es der Verwalter, bei zweifelhafter Rechtslage unverzüglich eine Weisung der Eigentümergemeinschaft einzuholen, so haftet er auf Ersatz des dem Veräußerer entstandenen Verzögerungsschadens (OLG Brandenburg ZMR 2009, 703; OLG Düsseldorf NZM 2005, 787).

III. Schadenersatz bei fehlerhafter Zustimmung

79 Hat der Verwalter die Zustimmung fehlerhaft und/oder ohne vorherige Überprüfung erteilt und stellt sich dann die finanzielle oder persönliche Unzuverlässigkeit des Erwerbers heraus, kann dies Schadenersatzansprüche der Gemeinschaft der Wohnungseigentümer als Vertragspartner des Verwalters begründen (OLG Hamburg ZMR 2004, 850; *Häublein,* FS Derleder, S. 187; *Abramenko* MietRB 2012, 218).

J. Erleichterte Aufhebung von Veräußerungsbeschränkungen gem. § 12 Abs. 4 WEG

I. Allgemeines

80 § 12 Abs. 4 WEG enthält eine **Beschlusskompetenz** zur Aufhebung bestehender Veräußerungsbeschränkungen, die mit der WEG-Novelle 2007 neu in das WEG eingeführt und durch das WEMoG modifiziert wurde. Diese Kompetenz war nach bisheriger Rechtslage (§ 12 Abs. 4 Satz 2 WEG aF) einer abweichenden Regelung durch die Wohnungseigentümer nicht zugänglich. Durch Streichung dieser Vorschrift wurde das Prinzip der Vertragsfreiheit wieder gestärkt. Die Wohnungseigentümer können nunmehr durch Vereinbarung regeln, dass eine Beschlusskompetenz zur Aufhebung einer vereinbarten Veräußerungsbeschränkung nicht bestehen soll. Die bisherige Einschränkung der Gestaltungsfreiheit hält der Gesetzgeber für unangemessen (BT-Drs. 19/18791, 51). Die **Wiedereinführung** einer aufgehobenen Veräußerungsbeschränkung bedarf mangels gesetzlicher Beschlusskompetenz hingegen einer Vereinbarung. Eine durch Beschluss aufgehobene Veräußerungsbeschränkung kann nicht durch Zweitbeschluss wiederbegründet werden (→ Rn. 3), weil ein Zweitbeschluss immer nur in den Angelegenheiten zulässig ist, in denen es Beschlusskompetenz gibt. Hieran fehlt es im vorliegenden Fall.

II. Mehrheitsbeschluss

Die Aufhebung der Veräußerungsbeschränkung erfolgt durch Beschluss der Wohnungseigentümer. Ausreichend für den Aufhebungsbeschluss ist eine **einfache Mehrheit** (§ 25 Abs. 1 WEG). Diese berechnet sich nach dem für die jeweilige Gemeinschaft geltenden Stimmrechtsprinzip. Nach bisheriger Rechtslage war diese Frage umstritten, weil § 12 Abs. 4 Satz 2 WEG aF eine Einschränkung dieser Beschlusskompetenz verbot. Daraus wurde teilweise gefolgert, dass für die Berechnung der Mehrheit unabdingbar das Kopfprinzip des § 25 Abs. 2 WEG zugrunde gelegt werden müsse (*Merle* ZWE 2009, 18; *Deckert* ZMR 2008, 590; *Häublein* ZMR 2007, 410; *Drasdo* RNotZ 2007, 265; aA LG Frankfurt (Oder) ZWE 2015, 369; *Rapp* DNotZ 2009, 347; *Wenzel* ZWE 2008, 74; Riecke/Schmid/*Schneider* § 12 Rn. 68c;). Diese Streitfrage hat sich durch die Neufassung von § 12 Abs. 4 WEG erledigt. 81

Bei einer **Mehrhausanlage** kann eine bestehende Veräußerungsbeschränkung nur insgesamt aufgehoben werden. Die Aufhebung durch die Untergemeinschaft eines Hauses reicht materiell-rechtlich nicht aus (OLG Hamm ZWE 2012, 489). 82

III. Grundbuchberichtigung

Da Veräußerungsbeschränkungen im Grundbuch eingetragen sind und vom Grundbuchamt von Amts wegen zu beachten sind, solange sie dort eingetragen sind (→ Rn. 5), selbst wenn ein Aufhebungsbeschluss gefasst worden ist, bedarf es einer Löschung der Veräußerungsbeschränkung im Grundbuch. **Konstitutiv** für die Aufhebung einer bestehenden Veräußerungsbeschränkung ist allerdings das Vorliegen eines entsprechenden Aufhebungsbeschlusses, nicht dessen Eintragung im Grundbuch. Die Löschung einer im Grundbuch eingetragenen Veräußerungsbeschränkung gemäß § 12 Abs. 4 Satz 2 WEG bedeutet daher eine **Grundbuchberichtigung** nach § 22 GBO (OLG Hamm ZWE 2012, 489; OLG München ZWE 2011, 418; ausf. hierzu *Wilsch* NotBZ 2007, 305). Da Beschlüsse solange gültig sind, bis sie durch eine gerichtliche Entscheidung aufgehoben worden sind, kann ab diesem Zeitpunkt auch die Grundbuchberichtigung betrieben werden. Die **Bestandskraft** des Eigentümerbeschlusses ist **nicht** Voraussetzung für die Löschung (OLG München ZWE 2014, 267; *Drasdo* RNotZ 2007, 265). 83

Für die Löschung verweist § 12 Abs. 4 Satz 3 WEG auf § 7 Abs. 2 WEG. 84
Der erforderliche Unrichtigkeitsnachweis bedarf der Form des § 29 GBO, ist also durch öffentliche bzw. öffentlich beglaubigte Urkunde zu führen. Ausreichend ist nach § 7 Abs. 2 WEG eine Niederschrift, bei der die Unterschriften der in § 24 Abs. 6 WEG bezeichneten Personen öffentlich beglaubigt sind und mit der dem Grundbuchamt der gefasste Beschluss nachgewiesen wird (→ § 7 Rn. 70). Dies bedeutet, dem Grundbuchamt ist mit dem Antrag auf Löschung eine Niederschrift über den Aufhebungsbeschluss vorzulegen, wobei die Unterschriften des Versammlungsvorsitzenden und eines Wohnungseigentümers und, falls ein Verwaltungsbeirat bestellt ist, auch dessen Vorsitzenden oder seines Stellvertreters öffentlich beglaubigt sein

müssen. Daneben ist aber auch eine Löschung aufgrund der Bewilligung aller Wohnungseigentümer möglich (OLG München ZWE 2011, 418).

85 Die Löschung erfolgt nur auf Antrag gem. § 13 GBO. **Antragsberechtigt** für die Löschung im Grundbuch ist der jeweilige Eigentümer eines Wohnungseigentums. Im Gegensatz zur bisherigen Rechtslage (vgl. hierzu OLG München ZWE 2014, 267; *Wilsch* NotBZ 2007, 308) ist nun aber auch die Gemeinschaft der Wohnungseigentümer gem. § 7 Abs. 2 Satz 2 WEG antragsberechtigt. Diese wird regelmäßig durch den Verwalter gem. § 9b Abs. 1 Satz 1 WEG vertreten (→ § 9b Rn. 5).

86 Erfolgt eine gerichtliche Aufhebung des Beschlusses, ist die Aufhebung der Veräußerungsbeschränkung rückwirkend beseitigt und die Veräußerungsbeschränkung gilt fort. Das Grundbuch, in dem die Aufhebung eingetragen war, ist dann wieder unrichtig und muss erneut berichtigt werden. Hat allerdings jemand auf Grund der im Grundbuch eingetragenen Aufhebung der Veräußerungsbeschränkung in dieser Zeit zustimmungsfrei erworben, war es ein wirksamer gutgläubiger Erwerb (OLG München ZWE 2014, 267; *F. Schmidt* ZWE 2014, 269; *Wilsch* NotBZ 2007, 309; *Drasdo* RNotZ 2007, 267).

Rechte des Wohnungseigentümers aus dem Sondereigentum

13 (1) **Jeder Wohnungseigentümer kann, soweit nicht das Gesetz entgegensteht, mit seinem Sondereigentum nach Belieben verfahren, insbesondere dieses bewohnen, vermieten, verpachten oder in sonstiger Weise nutzen, und andere von Einwirkungen ausschließen.**

(2) **Für Maßnahmen, die über die ordnungsmäßige Instandhaltung und Instandsetzung (Erhaltung) des Sondereigentums hinausgehen, gilt § 20 mit der Maßgabe entsprechend, dass es keiner Gestattung bedarf, soweit keinem der anderen Wohnungseigentümer über das bei einem geordneten Zusammenleben unvermeidliche Maß hinaus ein Nachteil erwächst.**

Literatur: *Armbrüster,* Kollisionen zwischen Gemeinschaftsordnung und Mietvertrag, ZWE 2004, 217; *Drasdo,* Die Wohnraumüberlassung an Flüchtlinge, npoR 2017, 7; *Dötsch,* Der Unterlassungsanspruch bei rechtswidriger Nutzung des vermieteten Sondereigentums, WuM 2017, 493; *Dötsch,* „Drittwirkung“ von Gebrauchsregelungen (§ 15 WEG) gegenüber Mietern?, WuM 2013, 90; *Dötsch,* Bindung des Mieters an Gebrauchsregelungen der Wohnungseigentümer (§ 15 WEG)?, MietRB 2012, 211; *Ehmann,* Vermietung an Flüchtlinge, ZWE 2016, 342; *Elzer,* Die Gebundenheit des Mieters eines Sondereigentums, MietRB 2006, 75; *Horst,* Gemeinschaftsanlagen – Die Nutzungsmöglichkeiten und -grenzen des Mieters, MietRB 2011, 53; *Jacoby,* Ahndung von Verstößen des Mieters gegen Gebrauchsregelungen der Eigentümer, ZWE 2012, 70; *Kümmel,* Abwehransprüche der Wohnungseigentümer gemäß § 1004 BGB gegen Mieter und sonstige Nutzer des Sonder- und Gemeinschaftseigentums, ZWE 2008, 273; *Lehmann-Richter,* Vermietetes Wohnungseigentum: Gebrauch und Kostenumlage, ZWE 2019, 105; *Lüke,* Vermietung von Sondereigentum unter Berücksichtigung der Aufgaben des Verwalters, ZWE 2004, 291; *Monschau,* Versorgungssperren gegen den Mieter von Wohnungseigentum, MietRB 2012, 242; *Müller,* Nutzung und Gebrauch von Sonder- und Gemeinschaftseigentum bei Vermietung von Wohnungs- und Teileigentum, ZMR 2001, 506; *Nüßlein,* Die Divergenzen zwischen Wohnungseigentums-

und Mietrecht, 2006; *Schmid,* Rechte des behinderten Mieters des Wohnungseigentümers – Zustimmungsanspruch nach § 554a BGB?, AnwZert MietR 7/2014; *Schmid,* Der behinderte Mieter in der Wohnungseigentumsanlage, NJW 2014, 1201; *Schmid,* Was hat der Immobilienverwalter mit dem Mieter eines Wohnungseigentümers zu tun?", ZfIR 2013, 718; *Suilmann,* Vermietetes Wohnungseigentum: Erhaltung und Veränderung des gemeinschaftlichen Eigentums, ZWE 2019, 114; *Suilmann,* Versorgungssperren gegen den Mieter von Wohnungseigentum, ZWE 2012, 111.

Übersicht

A. Sinn und Zweck

1 Wohnungseigentum ist die **Einheit** von Miteigentum am gemeinschaftlichen Eigentum mit Sondereigentum an Räumen und/oder Flächen und den zu diesen nach § 5 Abs. 1 bis Abs. 3 WEG gehörenden wesentlichen Bestandteilen. Substanzloses Sondereigentum (→ § 3 Rn. 25) ist ebenso wie isoliertes Sondereigentum (→ § 3 Rn. 21) grundsätzlich nicht vorstellbar. § 6 Abs. 1 WEG ordnet die Unselbstständigkeit des Sondereigentums ausdrücklich an. Vor diesem Hintergrund wäre es möglich, anzunehmen, dass das Sondereigentum isoliert betrachtet, keinen eigenen „eigentumsrechtlichen" Schutz erfährt. Dieser Sichtweise tritt § 13 Abs. 1 WEG entgegen. Er stellt klar, dass (auch) die im Sondereigentum stehenden Räume und/oder Flächen und wesentlichen Bestandteile (→ § 5 Rn. 7) Eigentum iSv § 903 BGB sind und dem Wohnungseigentümer (→ § 9a Rn. 2) insoweit die Rechte und Pflichten zustehen, wie sie jedem anderen (Allein-)Eigentümer zustehen.

2 Der Gebrauch und die Nutzungen des **gemeinschaftlichen** Eigentums und die diesbezüglichen der Rechte der Miteigentümer waren bisher in § 13 Abs. 2 WEG aF geregelt. Diese Zweiteilung in § 13 WEG hat der Gesetzgeber aufgehoben. § 13 beschäftigt sich nunmehr nur noch mit den Rechten des Wohnungseigentümers aus dem Sondereigentum. Das **Mitgebrauchsrecht** eines jeden Wohnungseigentümers am gemeinschaftlichen Eigentum regelt § 16 Abs. 1 Satz 3 WEG, die diesbezügliche Fruchtziehung § 16 Abs. 1 Satz 1 WEG.

B. Rechte des Wohnungseigentümers als Sondereigentümer (§ 13 Abs. 1 WEG)

I. Allgemeines

Jeder Wohnungseigentümer kann, soweit das Gesetz nicht entgegensteht, gem. § 13 Abs. 1 WEG mit seinem Sondereigentum nach Belieben verfahren, insbesondere dieses bewohnen, vermieten, verpachten oder in sonstiger Weise nutzen und andere von Einwirkungen ausschließen. 3

Durch die Streichung der Worte „soweit Rechte Dritter nicht entgegenstehen" in § 13 Abs. 1 WEG aF ist klargestellt, dass § 13 Abs. 1 WEG die Rechte des Wohnungseigentümers gegenüber den anderen Wohnungseigentümern regelt. Die Rechtsstellung eines Wohnungseigentümers als Sondereigentümer gegenüber Dritten ergibt sich allein aus § 903 BGB, da Wohnungseigentum – bezogen auf das Sondereigentum – Alleineigentum ist, das aus der gemeinschaftlichen Berechtigung der Miteigentümer gelöst und sachenrechtlich als echtes Eigentum iSv § 903 BGB verfasst ist (BGH NJW 2020, 921 Rn. 18; 2019, 2083 Rn. 16). Diese Sichtweise wird durch die Neufassung von § 3 Abs. 1 Satz 1 WEG („Eigentum an Räumen") ausdrücklich klargestellt. 4

Das Sondereigentum ist durch das Grundgesetz geschützt (BVerfG NJW 2010, 220 Rn. 23; BGH NJW 2020, 921 Rn. 18). Es soll seinem Eigentümer als Grundlage privater Initiative und in eigenverantwortlichem privatem Interesse von Nutzen sein und genießt einen besonders ausgeprägten Schutz, soweit es um die Sicherung der persönlichen Freiheit des Einzelnen geht (s. a. BVerfG NJW 2000, 2573). Daraus ergibt sich, dass der Wohnungseigentümer als (Sonder-)Eigentümer mit den im Sondereigentum stehenden Räumen, Flächen und wesentlichen Bestandteilen (→ § 5 Rn. 7) **nach Belieben** verfahren kann, **soweit** nicht das Gesetz, Vereinbarungen, zB ein Vermietungsgebot (→ Rn. 96) oder ein Vermietungsverbot (→ Rn. 96; → § 10 Rn. 96), Beschlüsse oder Rechte Dritter entgegenstehen. 5

Der Wohnungseigentümer hat die umfassende Befugnis zu tatsächlichen und rechtlichen Einwirkungen auf die im Sondereigentum stehenden Räume, Flächen und wesentlichen Bestandteile. In **tatsächlicher** Hinsicht darf er sie verwalten (→ Rn. 5), in den Grenzen des § 13 Abs. 2 WEG baulich verändern (→ Rn. 7), gebrauchen (→ Rn. 8), benutzen (→ Rn. 12) oder alles dieses unterlassen. In **rechtlicher** Hinsicht darf der Wohnungs- als Sondereigentümer über die im Sondereigentum stehenden Räume teilweise verfügen, zB darf er Räume verkaufen oder tauschen (→ § 4 Rn. 12). Belastet oder vererbt werden kann allerdings nur das Wohnungseigentum als **Ganzes** (→ § 1 Rn. 5). Auch eine **Aufgabe** des Sondereigentums ist ebenso wie die des Wohnungseigentums insgesamt (→ § 4 Rn. 1 ff. und § 11 Rn. 6) nicht möglich. Ein Wohnungseigentümer kann daher zB nicht bei einer Unterteilung den anderen Wohnungseigentümern einen in Sondereigentum stehenden Raum aufdrängen (→ § 8 Rn. 43 und insoweit sein Eigentum daran aufgeben. 6

Mit den Eigentümerrechten korrespondieren die **Eigentümerpflichten** (→ Rn. 63). Den Sondereigentümer treffen als Vermieter etwa die Verkehrs- 7 sicherungspflichten. Ferner muss der Wohnungseigentümer als Sondereigentümer sein Sondereigentum iRd § 14 Abs. 2 Nr. 1 WEG erhalten (→ § 14 Rn. 57 ff.) und die Vorschriften des öffentlichen Rechtes beachten.

II. Eigentümerrechte

8 **1. Inhalt.** Welchen „Inhalt" ein Sondereigentum hat, lässt sich **nicht allgemein** beantworten (OLG München ZWE 2020, 276 Rn. 29 = BeckRS 2020, 10040). Denn nach §§ 10 Abs. 3, 5 Abs. 4 Satz 1 WEG können Vereinbarungen über das Verhältnis der Wohnungseigentümer untereinander zum **Inhalt des Sondereigentums** gemacht werden. Das Sondereigentum **entsteht** und/oder **besteht** dann nur mit diesem Inhalt (→ § 10 Rn. 34). Der konkrete Inhalt eines Sondereigentums muss daher im Einzelfall geklärt werden. Zur Frage, ob es einen Kernbereich (auch) des Sondereigentums gibt, → § 10 Rn. 60.

9 **2. Verwaltung.** Das Sondereigentum ist kein Gegenstand der Verwaltung durch die Gemeinschaft der Wohnungseigentümer iSv § 18 WEG (BGH NJW 2013, 3092 Rn. 14). Ein Beschluss mit dem Ziel, Sondereigentum zu verwalten, ist wegen fehlender Beschlusskompetenz **nichtig** (BGH NZM 2017, 224 Rn. 23; NJW-RR 2014, 527 Rn. 6; NJW 2014, 379 Rn. 6; 2013, 3092 Rn. 14; 2011, 2958 Rn. 10). Es besteht selbst dann keine Beschlusskompetenz, wenn eine öffentlich-rechtliche Vorschrift Maßnahmen am Sondereigentum erfordert (BGH NJW 2013, 3092 Rn. 14).

10 **3. Hausrecht.** Der Wohnungs- ist als Sondereigentümer Inhaber des Hausrechts in Bezug auf sein Sondereigentum (BVerfG NJW 2010, 220 Rn. 21; *Wenzel* ZWE 2009, 165). Er kann **frei** darüber entscheiden, wem er den **Zutritt** gestattet, wem er ihn verwehrt und wem er das Sondereigentum überlässt. Das Hausrecht schließt das Recht ein, den Zutritt nur zu bestimmten Zwecken zu erlauben und die Einhaltung dieser Zwecke mittels eines Hausverbots durchzusetzen (BGH NJW 2012, 1725 Rn. 8; 2006, 1054 Rn. 7; 2006, 377 Rn. 25). Das Hausrecht findet seine Grenzen in § 14 Abs. 1 Nr. 2 (→ § 14 Rn. 20 ff.), im Gemeinschaftsverhältnis der Wohnungseigentümer (→ § 10 Rn. 56 ff.) sowie in den Bestimmungen des allgemeinen Rechtes. Geraten das Hausrecht des Sondereigentümers und das der anderen Wohnungseigentümer wegen ihres Sondereigentums oder wegen des gemeinschaftlichen Eigentums in einen Konflikt, ist dieser nach dem Grundsatz der praktischen Konkordanz (→ § 14 Rn. 16) „fallbezogen" zu lösen (BVerfG NJW 2010, 220 Rn. 24).

11 **4. Bauliche Veränderungen.** Der Wohnungs- als Sondereigentümer ist befugt, das Sondereigentum im Rahmen des § 13 Abs. 2 WEG (→ Rn. 70) baulich zu verändern (BayObLG NJW-RR 1988, 587; NJW-RR 1986, 954) oder es iRd § 5 Abs. 1 WEG zu beseitigen. Dem steht § 20 WEG nicht entgegen. Dieser erfasst bereits von seinem Anwendungsbereich **keine** baulichen Veränderungen, die sich auf das **Sondereigentum beschränken** (BGH NJW 2011, 2958 Rn. 10; OLG Düsseldorf ZMR 2007, 206; OLG Hamburg NZM 2003, 109; → § 20 Rn. 6). Ob eine das Sondereigentum baulich verändernde Maßnahme zulässig ist, bemisst sich allein an § 13

Abs. 2 WEG. Dies gilt **auch dann,** wenn sich eine Umgestaltung des Sondereigentums nachteilig auf das gemeinschaftliche Eigentum „auswirkt" (aA BayObLG ZMR 1996, 46; Bärmann/*Merle* § 22 Rn. 8a). Etwas anderes gilt nur dann, wenn eine bauliche Veränderung des Sondereigentums in das gemeinschaftliche Eigentum **eingreift;** in diesem Fall ist § 20 WEG unmittelbar anwendbar.

5. Benutzung. a) Überblick. Der Wohnungs- als Sondereigentümer ist 12 berechtigt, die im Sondereigentum stehenden Räume und die zu seinen Räumen gehörenden wesentlichen Bestandteile nach seinem **Belieben** zu benutzen (zum Begriff → § 10 Rn. 81), vor allem sie zu bewohnen. Es besteht aber kein Zwang, die Wohnung zu bewohnen, soweit der Nichtgebrauch nicht zu einem Schaden anderen Eigentums führt (→ § 14 Rn. 60).

b) Keine Nachteilszufügung (§ 14 Abs. 1 Nr. 2 WEG). Sondereigen- 13 tum ist vom Eigentümer so zu benutzen, dass den anderen Wohnungseigentümern über das bei einem geordneten Zusammenleben unvermeidliche Maß hinaus **kein Nachteil** erwächst (§ 14 Abs. 1 Nr. 2, Abs. 2 Nr. 1 WEG).

c) Benutzungsbestimmungen (§ 14 Abs. 1 Nr. 1 WEG). Der Woh- 14 nungs- als Sondereigentümer ist verpflichtet, das Sondereigentum so zu benutzen, dass die Benutzung **nicht gegen Vereinbarungen und Beschlüsse** verstößt.

Den Umfang, welche Benutzung im Einzelfall erlaubt ist, etwa die zu- 15 lässigen Geräusche, die Möglichkeit und Reichweite der Musikausübung, die Möglichkeit und Reichweite der Tierhaltung, bestimmen vor allem **Benutzungsvereinbarungen.** Dies sind zum einen die Bestimmungen, ob Räume dem Wohnen und/oder Nichtwohnen dienen, § 1 Abs. 2, Abs. 3 WEG (→ § 1 Rn. 17). Zum anderen sind es die Benutzungsvereinbarungen nach § 10 Abs. 1 Satz 2 WEG (→ § 10 Rn. 81). Es kann unter Beachtung von § 242 BGB beispielsweise vereinbart werden, dass ein Eigengebrauch des Sondereigentümers ausscheidet und dieser nur befugt ist, die im Sondereigentum stehenden Räume und die zu diesen gehörenden wesentlichen Bestandteile zu vermieten, zu verpachten oder durch Dritte gebrauchen zu lassen (→ § 10 Rn. 96).

Im Einzelfall sind außerdem **Benutzungsbeschlüsse** zu beachten 16 (→ § 19 Rn. 11 ff.). Die Hausordnung kann etwa Regelungen zur Hausmusik und/oder zur Tierhaltung im Sondereigentum treffen. Ferner sind Beschlüsse aufgrund einer Öffnungsklausel zu beachten (→ § 10 Rn. 169).

III. Nutzungen

1. Überblick. Der Wohnungs- als Sondereigentümer ist berechtigt, die 17 im Sondereigentum stehenden Räume und/oder Flächen und die zu diesen nach § 5 Abs. 1 WEG gehörenden wesentlichen Bestandteile, zu **nutzen,** also vor allem, sie zu vermieten oder zu verpachten oder iRd § 14 Abs. 1 Nr. 2 WEG nicht zu nutzen. Die Wohnungseigentümer können etwas anderes vereinbaren (→ § 10 Rn. 50 ff.).

18 § 13 Abs. 1 WEG erlaubt auch kurzfristige Vermietungen und/oder Verpachtungen, die dazu führen, dass der Mieter/Pächter sehr häufig wechselt (BGH NJW 2019, 2083 Rn. 5; ZMR 2011, 396; NJW 2010, 3093 Rn. 14; LG München ZWE 2016, 264). Dies gilt auch dann, wenn an Geflüchtete und/oder Asylbegehrende oder Medizintouristen vermietet und/oder verpachtet wird, oder an einen gewerblichen Untervermieter oder den Staat (LG Koblenz ZWE 2017, 133; LG Braunschweig ZWE 2016, 258; krit. hierzu *Ehmann* ZWE 2016, 342).

19 Wenn eine Vermietung und/oder Verpachtung zu wiederholten groben Verstößen gegen die Pflichten des Wohnungseigentümers aus § 14 Abs. 1, 2 WEG führt, kann sie unzulässig sein und/oder werden (s. a. BGH ZMR 2011, 396 = BeckRS 2010, 31044 Rn. 7). Denn die „Nichtnutzung" ist gegenüber der Entziehung nach § 17 WEG grundsätzlich das mildere Mittel.

20 **2. Benutzungsrechte eines Drittnutzers (räumlich). a) Sondereigentum.** Ein Drittnutzer erlangt durch den Vertrag mit dem Wohnungseigentümer vor allem das Recht, die Räume und Flächen und wesentlichen Bestandteile zu benutzen, die im Sondereigentum des Wohnungseigentümers stehen.

21 **b) Gemeinschaftliches Eigentum. aa) Überblick.** Der Wohnungseigentümer ist berechtigt, zur Ausübung auch sein Mitgebrauchsrecht am gemeinschaftlichen Eigentum zu übertragen (näher → § 16 Rn. 17). Beispielsweise darf der Mieter neben dem Sondereigentum in aller Regel auch das gemeinschaftliche Eigentum mitgebrauchen (BVerfG NJW 1996, 2858; BGH BeckRS 2020, 8756 Rn. 35; NJW 2011, 2717 Rn. 21; OLG Düsseldorf ZMR 1996, 96; *Lehmann-Richter* ZWE 2019, 106). Reichweite und Umfang des Mitgebrauchs können im Vertrag zwischen dem Wohnungseigentümer und dem Drittnutzer bestimmt werden. Der Mitgebrauch an Außenflächen, etwa einem Kfz-Stellplatz, kann dort zB ausgeschlossen sein. Regelt der Vertrag die Frage des Mitgebrauchs nicht ausdrücklich, ist das gemeinschaftliche Eigentum auch **ohne** besondere Erwähnung zur Ausübung überlassen (BGH NJW 1967, 154 unter 2. a).

22 Das Recht zum Mitgebrauch deckt alle mit dem Wohnen und/oder der Benutzung von Geschäftsräumen typischerweise verbundenen Umstände (BGH BeckRS 2020, 8756 Rn. 35; NJW 2007, 146 Rn. 9). Ohne weitere Absprache sind sämtliche Geräte, Grundstücks-, Gebäudeteile und Gemeinschaftsflächen mitvermietet, die nach der Verkehrssitte typischerweise für die Benutzung durch den Drittnutzer und seinen Gebrauch und seinen Zugang zum Sondereigentum in Betracht kommen (BGH NJW 2007, 146 Rn. 9; 1967, 15 unter 2. a); OLG Düsseldorf GE 2009, 1187). Das sind etwa für die Wohnraum- und Gewerberaummiete das Treppenhaus (BVerfG NJW 2000, 2658), der Gebrauch des Hofes des Mietshauses, sofern es nicht um den dauerhaften Gebrauch für einen Pkw als Stellplatz geht (OLG Düsseldorf GE 2009, 1187; LG Wuppertal WuM 1996, 267), eingebaute Geräte, unter Umständen nicht aber Keller, Abstellflächen oder ein Garten (KG NZM 2007, 515; OLG Köln NJW-RR 1994, 334).

Mitüberlassen sind außerdem die Teile, die zum Gebrauch der Räume notwendig sind. Hierzu gehören etwa Treppen, Personenaufzüge (LG Berlin ZMR 1986, 89), Flure, Zugänge und Zufahrten, gemeinschaftliche Toiletten und andere Gemeinschaftsräume, Terrassen, soweit diese nicht einer bestimmten Wohnung zuzuordnen sind, Waschküchen (LG Hamburg WuM 1995, 533), Böden oder ein Trockenplatz (AG Neuss ZMR 1960, 297). Das Gebrauchsrecht gilt auch für Besucher des Drittnutzers und Lieferanten (BGH NJW 2007, 146 Rn. 9). Die Fassade gehört bei der Wohnraummiete in der Regel nicht zur Mietsache (OLG Saarbrücken MDR 2005, 1283). Bei der Gewerberaummiete wird die Benutzung jedenfalls der höher gelegenen Wandteile, auch durch den Mieter des betreffenden Stockwerkes, vom Mietgebrauch nicht umfasst (OLG Saarbrücken MDR 2010, 1180). 23

Der vermietende Sondereigentümer darf – wenn er nicht selbst eine andere Wohnung bewohnt – nach Übertragung seines Mitgebrauchsrechtes an einen Mieter das gemeinschaftliche Eigentum allerdings nicht auch noch **selbst** weiter gebrauchen, wenn durch den Doppelgebrauch Rechte der anderen Eigentümer beeinträchtigt werden. 24

bb) Sondernutzungsrechte. Ist der vermietende Wohnungseigentümer Sondernutzungsberechtigter, darf ein Drittnutzer die dem Sondernutzungsrecht unterliegenden Flächen allein gebrauchen, sofern ihm das der Wohnungseigentümer gestattet (→ § 10 Rn. 147). 25

3. Benutzungsbeschränkungen. a) Vertragliche. Der Wohnungseigentümer sollte seinem Mieter vertraglich nur eine Benutzung gestatten, die **auch ihm** nach §§ 1 Abs. 2, Abs. 3, 13 Abs. 1 WEG **erlaubt** ist (BGH BeckRS 2020, 8756 Rn. 47; NJW 2020, 921 Rn. 13). Denn die vom Wohnungseigentümer abgeleitete Befugnis des Drittnutzers kann in Bezug auf das gemeinschaftliche Eigentum nicht weiter reichen als die Befugnis des Eigentümers selbst (→ Rn. 35; BGH NJW 2020, 1354 Rn. 5; 2020, 921 Rn. 12). Der Wohnungseigentümer und der Drittnutzer sind vertraglich allerdings **nicht gehindert,** abweichende Benutzungsbeschränkungen zu bestimmen. ZB kann für Räume, die im Sondereigentum eines Teileigentümers stehen und nur zum Abstellen von Dingen gewidmet sind, bestimmt werden, dass der Mieter/Pächter diese als Ladengeschäft zum Verkauf von Lebensmitteln benutzen darf. 26

b) Wesentliche Beeinträchtigung der anderen Wohnungseigentümer. Der Drittnutzer darf die anderen Wohnungseigentümer nicht wesentlich beeinträchtigen. Für den vermietenden Wohnungseigentümer ordnet dies § 14 Abs. 2 Nr. 1 WEG an. Für den Drittnutzer folgt die Pflicht aus §§ 903 Satz 1, 906 Abs. 1, 1004 Abs. 1 BGB. Die Gemeinschaft der Wohnungseigentümer kann nach § 9a Abs. 2 WEG iVm § 1004 Abs. 1 BGB vom Drittnutzer die Unterlassung wesentlicher Einwirkungen verlangen. Wann eine nach § 1004 Abs. 1 BGB abwehrfähige Beeinträchtigung vorliegt, beurteilt sich bei Immissionen entsprechend § 906 Abs. 1 Satz 1 BGB nach dem Empfinden eines verständigen Durchschnittsmenschen und dem, was diesem unter Würdigung anderer öffentlicher und 27 privater Belange zuzumuten ist (BGH BeckRS 2020, 10168 Rn. 20; NZM 2019, 293 Rn. 27).

28 **c) Bestimmungen der Wohnungseigentümer. aa) Überblick.** Die Wohnungseigentümer haben die Möglichkeit, auf die Benutzung eines Sondereigentums einzuwirken. Ein **Beschluss,** der eine Vermietung und/oder Verpachtung untersagt oder wesentlich einschränkt, wäre nichtig. Dies gilt nach hM auch dann, wenn der Beschluss auf einer Öffnungsklausel beruht (BGH NJW 2019, 2083 Rn. 13 ff.). Benutzungsbeschlüsse können das Recht, zu vermieten und/oder zu verpachten, mithin nicht entziehen, sondern nur inhaltlich bestimmen (→ § 19 Rn. 14). Anders ist es aber in Bezug auf **Vereinbarungen.** Mit solchen kann auf die Benutzung eines Wohnungs- und/oder Teileigentums eingewirkt werden.

29 **bb) Vereinbarungen.** Eine Vereinbarung kann die Pflicht zur **Vermietung/Verpachtung anordnen** (BGH NJW 2007, 213 Rn. 15; OLG Karlsruhe OLGR 2004, 214; BayObLG NZM 1998, 210; *Rapp* MittBayNot 2012, 432; *Heinemann* MietRB 2013, 365; MittBayNot 2002, 71). Dies ist beispielsweise in Wohnungseigentumsanlagen vorstellbar, die als Ferien-, Senioren- oder Studentenwohnanlage dienen sollen. Eine Vereinbarung kann aber auch das Recht, zu vermieten und/oder zu verpachten, entziehen (BGH NJW 2019, 2083 Rn. 9; 2010, 3093 Rn. 14; OLG Frankfurt a. M. NJW-RR 2004, 662; *Ehmann* ZWE 2016, 348; *Kümmel* ZMR 2010, 382). Dies ist etwa vorstellbar, wenn die Wohnungseigentümer darauf bedacht sind, dass jeder Eigentümer seine Wohnung selbst bewohnt und Investoren und die damit verbundenen besonderen Probleme vermieden werden sollen.

30 Es ist es ferner möglich und in Bezug auf die Benutzung der Räume, die im Sondereigentum eines Teileigentümer stehen, sogar üblich, die Benutzung von Räumen zu **beschränken** (s. a. BayObLGZ 1978, 305; *Armbrüster* ZWE 2008, 365; *Ruthmann* Wohnungseigentumsrechtliche Bindungen bei Mietverträgen über Wohnungseigentum, 30; aA *Fritz/Schacht* NZM 2008, 155; *Lüke* ZWE 2004, 292; *Gottschalg* ZWE 2000, 50). Hier kommt beispielsweise die Vereinbarung in Betracht, dass Räume nur als Laden, als Praxis, als Restaurant usw. dienen sollen.

31 Die Wohnungseigentümer können die Vermietung und/oder Verpachtung auch entsprechend § 12 Abs. 1 WEG von der **Zustimmung** eines Dritten abhängig zu machen (BGH NJW 1962, 1613; OLG Frankfurt a. M. NZM 2005, 910; BayObLG ZMR 2004, 133; LG Köln ZWE 2018, 327); der Mietvertrag ist freilich auch ohne Zustimmung wirksam (BGH NJW 1996, 714; OLG Frankfurt a. M. NJW-RR 2005, 1604; BayObLG NJW-RR 1988, 17; → § 12 Rn. 28).

32 **cc) Folgen für den Drittnutzer. (1) Überblick.** Für die Frage, welche Benutzungsrechte der Drittnutzer im Verhältnis zu den anderen Wohnungseigentümern hat, ist in der Theorie zu unterscheiden.

33 **(2) Gemeinschaftliches Eigentum.** Die vom Wohnungseigentümer abgeleitete Benutzungsbefugnis des Drittnutzers reicht in Bezug auf das gemeinschaftliche Eigentum letztlich unstreitig nicht weiter als die Benutzungsbefugnis des Eigentümers (BGH NZM 2020, 664 Rn. 20; NJW 2020,

921 Rn. 13). Der Drittnutzer darf das gemeinschaftliche Eigentum in Bezug auf die anderen Wohnungseigentümer daher nur so benutzen, wie es auch der Wohnungseigentümer dürfte, von dem er sein Recht ableitet. Ob die Benutzung durch eine **verdinglichte** oder **schuldrechtliche** Vereinbarung oder durch **Beschluss** bestimmt ist, ist unerheblich.

(3) Sondereigentum. Die vom Wohnungseigentümer abgeleitete Benutzungsbefugnis des Drittnutzers reicht in Bezug auf das Sondereigentum ferner unstreitig nicht weiter als die Benutzungsbefugnis des Eigentümers, soweit die Benutzungsbefugnis durch eine **verdinglichte** Vereinbarung bestimmt wird (BGH NJW 2020, 921 Rn. 18). In den im Sondereigentum stehenden Räumen eines Wohnungseigentums darf daher grundsätzlich kein Gewerbe betrieben werden. Und in den im Sondereigentum stehenden Räumen eines Teileigentums darf grundsätzlich nicht gewohnt werden. Bestimmt eine Benutzungsvereinbarung, dass in den im Sondereigentum stehenden Räumen eines Teileigentums nur ein Laden betrieben werden darf, ist die Benutzung als Eisverkaufsstelle (Eisdiele) mit Bestuhlung unzulässig (BGH NJW 2020, 921 Rn. 20). Nach einer **typisierenden Betrachtungsweise** kann jeweils etwas anderes gelten (→ § 10 Rn. 101). 34

Noch umstritten ist demgegenüber, was für **Benutzungsbeschlüsse** und/oder **schuldrechtliche Benutzungsvereinbarungen** gilt (dazu *Dötsch* WuM 2017, 497; *Bonifacio* ZWE 2013, 196; ZWE 2012, 70). Nach hM ist der Drittnutzer allerdings auch solchen Benutzungsbestimmungen unterworfen (KG NJW-RR 1997, 713; LG Hamburg ZMR 2012, 354; *Jacoby* ZWE 2012, 73). Das Argument ist dasselbe wie bei den verdinglichten Vereinbarungen: Der Vermieter könne einem Drittnutzer keine weitergehenden Rechte übertragen, als er selbst habe (OLG Frankfurt a. M. NJW-RR 1993, 981; LG Hamburg ZWE 2012, 290; *Bonifacio* ZWE 2013, 196 (198); AG Hannover ZMR 2010, 153). Nach aA binden Beschlüsse nur Wohnungseigentümer (LG Nürnberg-Fürth ZMR 2010, 69; AG Hannover ZMR 2010, 153; *Lehmann-Richter* ZWE 2019, 105 (107); *Briesemeister* ZWE 2010, 25). Für schuldrechtliche Vereinbarungen gelte nichts anderes (*Armbrüster/Müller* FS Seuß, 2007, 3 (7 ff.); *Armbrüster/Müller* ZMR 2007, 323; *Blank* PiG 15, 1984, 39; *Merle* WE 1993, 150). Hier wird im Kern mit § 1004 BGB argumentiert und werden Benutzungsbeschlüssen und/oder schuldrechtlichen Benutzungsvereinbarungen sachenrechtliche Wirkungen abgesprochen. 35

Stellungnahme. Nach hier vertretener, überprüfter und geänderter Ansicht (siehe Vorauflage § 13 Rn. 17) sind Drittnutzer auch schuldrechtlichen Benutzungsvereinbarungen und Benutzungsbeschlüssen unterworfen. Denn der Wohnungseigentümer, von dem der Drittnutzer seine Nutzungsbefugnis ableitet, kann diesem nicht mehr an Rechten übertragen, als er selbst im Verhältnis zu den anderen Wohnungseigentümern hat (BGH NZM 2020, 664 Rn. 20; NJW 2020, 921 Rn. 18). Zwischen den verschiedenen Benutzungsbestimmungen ist kein Unterschied zu machen. Daher ist beispielsweise ein Mieter an die Haus- und/oder Gemeinschaftsordnung gebunden (BGH NZM 2020, 664 Rn. 20). 36

4. Erhaltungsmaßnahmen. Der Wohnungs- als Sondereigentümer muss die Mietsache nach § 535 Abs. 1 Satz 2 BGB erhalten. Soweit es um die im 37

Sondereigentum stehenden Räume und die im Sondereigentum stehenden wesentlichen Gebäudeteile geht, gelten keine Besonderheiten.

38 Etwas anderes gilt in Bezug auf das gemeinschaftliche Eigentum. Für dessen Erhaltung kann der vermietende Sondereigentümer nur im Rahmen der §§ 18 Abs. 2 Nr. 1, 19 Abs. 1, 19 Abs. 2 Nr. 2 WEG sorgen. Diese „Fesselung" ändert aber nichts daran, dass der vermietende Sondereigentümer für die Erhaltung des gemeinschaftlichen Eigentums einstehen muss und sich nicht auf „Unmöglichkeit" berufen kann (BGH NZM 2005, 820; OLG Zweibrücken NJW-RR 1995, 270; KG NJW-RR 1990, 1166; *Suilmann* WuM 2013, 88). § 536a BGB ist bei gemeinschaftlichem Eigentum nicht anwendbar (*Schultzky* MietRB 2012, 64; aA *Nüßlein* Die Divergenzen zwischen Wohnungseigentums- und Mietrecht, 2006, 29)

39 **5. Barrierereduzierung, E-Mobilität und Einbruchsschutz.** Der Mieter kann nach § 554 Abs. 1 BGB verlangen, dass ihm der Vermieter bauliche Veränderungen der Mietsache erlaubt, die dem Gebrauch durch Menschen mit Behinderungen, dem Laden elektrisch betriebener Fahrzeuge oder dem Einbruchsschutz dienen. Der Anspruch besteht nicht, wenn die bauliche Veränderung dem Vermieter auch unter Würdigung der Interessen des Mieters nicht zugemutet werden kann. Der Mieter kann sich im Zusammenhang mit der baulichen Veränderung zur Leistung einer besonderen Sicherheit verpflichten.

40 Der Wohnungseigentümer muss als Vermieter diese Mieterrechte nach § 20 Abs. 2 Satz 1 WEG gegenüber den anderen Wohnungseigentümern geltend machen und notfalls im Wege einer Beschlussersetzungsklage durchsetzen.

41 **6. Abwehransprüche. a) Vermieter.** Benutzt der Drittnutzer Sondereigentum so, wie es den vertraglichen Abreden entspricht (dazu BGH NJW 2008, 216 Rn. 12), hat der Wohnungseigentümer als Vermieter gegen ihn keine Ansprüche. Dies gilt auch dann, wenn die Benutzung im Verhältnis zu den anderen Wohnungseigentümern verboten und zu unterlassen wäre. Etwas anderes gilt aber, wenn der Mieter das Maß überschreitet, das §§ 903 Satz 1, 906 Abs. 1, 1004 Abs. 1 BGB beschreiben. Benutzt der Drittnutzer das Sondereigentum im Übrigen in einer Weise, die ihm nach § 535 Abs. 1 Satz 1 BGB **nicht** erlaubt ist, kann der vermietende Sondereigentümer von ihm nach § 541 BGB Unterlassung verlangen (BGH NJW 2007, 2180 Rn. 6) und nach Abmahnung gem. § 541 BGB auf Unterlassung klagen. Hierzu ist der überlassende Wohnungseigentümer sogar nach § 14 Abs. 2 Nr. 1 WEG verpflichtet (→ § 14 Rn. 65 ff.), sofern die Benutzung anderem Eigentum nachteilig ist.

42 Will ein Wohnungseigentümer auf einen Drittnutzer nicht einwirken – oder kann er es nach den ihn mit diesem verbindenden vertraglichen Abreden nicht – schuldet er dem Gestörten oder den Gestörten zB wegen einer Mietminderung nach § 280 Abs. 1 BGB unmittelbar Schadenersatz (→ § 14 Rn. 69). Die Gemeinschaft der Wohnungseigentümer ist insoweit nicht verpflichtet.

b) Abwehransprüche der anderen Wohnungseigentümer. Benutzt der Drittnutzer das **gemeinschaftliche** Eigentum in einer Weise, die gegen § 14 Abs. 1 Nr. 1 oder Nr. 2 WEG verstößt, kann ihn die Gemeinschaft der Wohnungseigentümer nach § 9a Abs. 2 WEG iVm § 1004 Abs. 1 WEG auf Unterlassung und/oder Beseitigung in Anspruch nehmen (s. a. BGH NZM 2020, 664 Rn. 20; BeckRS 2020, 8756 Rn. 47; NJW 2020, 1354 Rn. 5; 2020, 921 Rn. 12). Auf die vertraglichen Abreden des Wohnungseigentümers und des Drittnutzers kommt es nicht an. **43**

Für das Sondereigentum gilt nichts anderes, soweit es um verdinglichte Vereinbarungen geht (→ Rn. 34), nach hier vertretender Ansicht aber auch nicht, soweit es um Beschlüsse und schuldrechtliche Vereinbarungen geht (→ Rn. 36). **44**

7. Einstellung der Versorgungsleistungen. Die Wohnungseigentümer können gegen einen Wohnungseigentümer auch dann eine Versorgungssperre (→ § 28 Rn. 339 ff.) beschließen, wenn er sein Sondereigentum Dritten überlassen hat (BGH NJW 2009, 1947 Rn. 35; 2005, 2622 unter II. 2. a). Der Versorgungssperre steht also nicht entgegen, dass Sondereigentum von einem Dritten gebraucht wird oder dass ein Drittnutzer den ihm obliegenden Zahlungsverpflichtungen gegenüber dem Wohnungseigentümer vollständig nachkommt (BGH NJW 2009, 1947 Rn. 35; KG ZWE 2002, 182; OLG Hamm OLGZ 1994, 269; *Suilmann* ZWE 2012, 111; *Monschau* MietRB 2012, 242). **45**

8. Unzulässige Veränderungen des gemeinschaftlichen Eigentums. Der Drittnutzer darf das gemeinschaftliche Eigentum nicht verändern. Verstößt er gegen diese Pflicht, kann die Gemeinschaft der Wohnungseigentümer ihn nach § 9a Abs. 2 WEG iVm §§ 903, 985, 1004 Abs. 1 BGB auf Herausgabe oder Unterlassung und/oder Rückgängigmachung in Anspruch nehmen. Dass etwa der Mietvertrag zum Gebrauch in dem veränderten Zustand **berechtigt,** führt im Verhältnis zu den anderen Wohnungseigentümern zu **keiner** anderen Beurteilung (BGH NJW 2007, 432 Rn. 18; 1996, 714). Der Wohnungseigentümer, der selbst (mittelbarer) Störer iSv § 1004 Abs. 1 BGB ist (OLG Düsseldorf ZWE 2001, 116; OLG Köln ZMR 2001, 65), kann nichts unternehmen. § 9a Abs. 2 WEG ist abschließend. **46**

Stammt der unzulässige Eingriff vom Vermieter, kann der Mieter als Zustandsstörer auf Duldung in Anspruch genommen werden (BGH NJW 2007, 432 Rn. 10; *Kümmel* ZWE 2008, 277) und ist gem. § 1004 Abs. 1 Satz 1 BGB zB verpflichtet, einen Rückbau zu dulden. Der Mieter beherrscht die Quelle der Störung und hat die Möglichkeit zur Beseitigung, jedenfalls aber – was ausreicht – die Pflicht zur Duldung des Rückbaus (BGH NJW 2007, 432 Rn. 18; *Kümmel* ZWE 2008, 277). **47**

9. Schadenersatzanspruch der anderen Wohnungseigentümer. Beschädigt der Drittnutzer gemeinschaftliches Eigentum und/oder anderes Sondereigentum, schuldet er nach § 823 BGB Schadenersatz. Im Verhältnis der Wohnungseigentümer zum Mieter gilt § 548 Abs. 1 BGB nicht (BGH NJW 2011, 2717 Rn. 17). Der Wohnungseigentümer schuldet Schaden- **48**

ersatz, soweit § 278 Satz 1 BGB anwendbar ist (BGH NJW 2014, 1653 Rn. 12; → § 14 Rn. 70).

49 **10. Betriebskostenabrechnung.** Zur Betriebskostenabrechnung für eine vermietete Wohnung → § 28 Rn. 172).

IV. Schutzrechte

50 **1. Überblick.** Dem Wohnungs- als Sondereigentümer steht der Schutz des Eigentümers beispielsweise nach §§ 227 Abs. 2, 1004 Abs. 1 BGB gegen Wohnungseigentümer und jeden Dritten zu. Ferner kann nur der Wohnungs- als Sondereigentümer nach § 985 BGB Herausgabe des Sondereigentums verlangen und Schutz nach §§ 823 ff. BGB geltend machen. Im Übrigen steht dem Wohnungs- als Sondereigentümer als Teilbesitzer der Besitzschutz nach §§ 861, 862, 865 BGB zu.

51 **2. Gegen Wohnungseigentümer.** Wird das Sondereigentum etwa durch die Zuführung von Gasen, Dämpfen, Gerüchen, Rauch, Ruß, Wärme, Geräusch, Erschütterungen und ähnliche Einwirkungen wesentlich beeinträchtigt, und geht die Störung von einem anderen Wohnungseigentümer aus, kann ein Wohnungs- als Sondereigentümer gegen diese Störung nach § 14 Abs. 2 Nr. 1 WEG vorgehen und ua Unterlassung und/oder Beseitigung verlangen. Daneben besteht die Möglichkeit, im Rahmen von §§ 903, 906 BGB nach § 1004 Abs. 1 BGB Unterlassung und/oder Beseitigung zu verlangen (→ § 14 Rn. 48).

52 Entsprechendes gilt, wenn ein anderer Wohnungseigentümer gegen seine Pflicht verstößt, die gesetzlichen Regelungen, Vereinbarungen und Beschlüsse einzuhalten und es dadurch zu einer konkreten Störung des Sondereigentums kommt (*Elzer* FD-ZVR 2020, 429759; BR-Drs. 168/20, 56; → § 14 Rn. 51).

53 Ein Anspruch aus § 18 Abs. 2 Nr. 2 WEG gegen die Gemeinschaft der Wohnungseigentümer, gegen den Störer vorzugehen, besteht nicht (→ § 18 Rn. 99)

54 **3. Gegen Drittnutzer.** Wird das Sondereigentum von einen Drittnutzer gestört, besteht die Möglichkeit, gegen die Störung im Rahmen von §§ 903, 906 BGB nach § 1004 Abs. 1 BGB mit dem Verlangen auf Unterlassung und/oder Beseitigung vorzugehen. Ein Anspruch aus § 18 Abs. 2 Nr. 2 WEG gegen die Gemeinschaft der Wohnungseigentümer, gegen den Störer vorzugehen, besteht auch hier nicht.

55 **4. Überschneidungsfälle.** Werden das gemeinschaftliche und das Sondereigentum beeinträchtigt, ist der Wohnungs- als Sondereigentümer ungeachtet § 9a Abs. 2 WEG iVm § 1004 Abs. 1 BGB, §§ 14 Abs. 1 Nr. 1, 18 Abs. 1 WEG berechtigt, konkrete Störungen seines Sondereigentums nach § 1004 Abs. 1 BGB und/oder § 14 Abs. 2 Nr. 1 WEG abzuwehren (→ § 14 Rn. 48; s. a. BGH NZM 2020, 664 Rn. 18). Das Sondereigentum darf allerdings nicht nur deshalb beeinträchtigt sein, weil das gemeinschaftliche Eigentum beeinträchtigt ist. Dass etwa der Verkehrswert des Sondereigentums sinkt oder dessen Vermietbarkeit durch eine Störung des gemeinschaft-

lichen Eigentums erschwert wird, reicht nicht. Die Geruchs- und Lärmbelästigungen müssen das Sondereigentum aber auch nicht in einem besonderen Maß treffen (→ § 14 Rn. 50).

Die „Mitstörung“ des gemeinschaftlichen Eigentums kann der einzelne Wohnungseigentümer nach § 14 Abs. 2 Nr. 1 WEG wegen § 9a Abs. 2 WEG iVm § 1004 Abs. 1 BGB, §§ 14 Abs. 1 Nr. 1, 18 Abs. 1 WEG nicht abwehren. 56

5. Öffentlich-rechtlicher Nachbarschutz. a) Gegen Nachbarn. Der Wohnungs- als Sondereigentümer kann die Beeinträchtigung der im Sondereigentum stehenden Gebäudeteile gegen einen Nachbarn **allein** verfolgen (VGH München NZM 2004, 235). Das Wohnungseigentum steht in seiner Gesamtheit, aber auch isoliert in Bezug auf die im Sondereigentum stehenden Gebäudeteile unter dem Schutz des Art. 14 Abs. 1 GG und vermittelt Rechte, deren Verletzung durch einen Verwaltungsakt gem. § 42 Abs. 2 VwGO zur Klage befugt (VGH München ZWE 2013, 100; ZMR 2009, 722; VG München ZWE 2012, 147). 57

Ob das Sondereigentum beeinträchtigt ist, ist Frage des Einzelfalls und zB zu bejahen, sofern der Behörde bei ihrer Entscheidung über die Baugenehmigung auch der Schutz der nachbarlichen Interessen des „Sondereigentums“ aufgetragen ist (BVerwG Buchholz 406.19 Nachbarschutz Nr. 110; VG München ZWE 2012, 147), vor allem bei der Unterschreitung von Abstandsflächen (VGH München ZMR 2009, 722), aber auch bei positiven und negativen Immissionen und anderen Fällen. 58

Die Fragen, ob Sondereigentum „im gleichen Maß wie andere Sondereigentumsrechte und/oder das gemeinschaftliche Eigentum“ oder „im gleichen Maß wie alle anderen Sondereigentümer sowie das Anwesen insgesamt“ betroffen ist, ist angesichts des Eigentumsschutzes, den (auch) die im Sondereigentum stehenden Gebäudeteile erfahren, nicht zu stellen und irrelevant (aA VGH München ZWE 2013, 100; VG München ZWE 2014, 382). Eine gegebenenfalls festzustellende Beeinträchtigung der im Sondereigentum stehenden Gebäudeteile wird nicht kleiner, nur weil anderes Sondereigentum oder das gemeinschaftliche Eigentum in gleicher Weise beeinträchtigt ist (*Elzer* NVwZ 2013, 1626). 59

b) Gegen Miteigentümer. Zwischen den Wohnungseigentümern als Miteigentümern gibt es grundsätzlich **keine** öffentlich-rechtlichen Nachbarschutzansprüche (BVerfG NJW-RR 2006, 726; BVerwG NVwZ 1998, 954; NVwZ 1989, 250; VGH München ZWE 2017, 425 Rn. 12; VG München BeckRS 2019, 28959 Rn. 26). Das öffentlich-rechtliche Nachbarrecht wird durch die speziell auf das Nachbarschaftsverhältnis einer Wohnungseigentümergemeinschaft zugeschnittenen §§ 13 bis 15 WEG **verdrängt** (BVerfG NJW-RR 2006, 726; VGH München ZWE 2017, 425 Rn. 12; BayObLG ZMR 2002, 610; OLG Köln ZMR 1998, 46). 60

Dies gilt auch gegenüber Störungen, die ein Dritter bei der baulichen Nutzung des gemeinschaftlichen Grundstücks verursacht (BVerwG NVwZ 1998, 954). Eine im Verhältnis zwischen Wohnungseigentümern erhobene Baunachbarklage ist danach wegen fehlender Klagebefugnis abzuweisen und 61 die Wohnungseigentümer sind auf den Zivilrechtsweg zu verweisen (BGH NJW-RR 1991, 907).

62 Etwas anderes gilt, wenn die WEG-Vorschriften **abbedungen** wurden (BayObLG NZM 2005, 69; BayObLG ZMR 2001, 563; ZMR 2000, 234; *Elzer* MietRB 2006, 105; ZMR 2006, 457).

V. Eigentümerpflichten

63 Den Wohnungs- als Sondereigentümer treffen als – von § 13 Abs. 1 WEG nicht genannte – Kehrseite **sämtliche Pflichten,** die das Sondereigentum betreffen. Er muss zB die Verkehrssicherungspflichten erfüllen oder andere vor den Gefahren schützen, die ihnen wegen des Zustandes des Sondereigentums drohen.

64 Werden etwa in einem im Sondereigentum stehenden Raum gefährliche Gegenstände und Materialien gelagert, ist nur der Sondereigentümer „Störer" iSd öffentlichen Rechts (OVG Münster ZWE 2011, 166). Verlangt eine Vorschrift des öffentlichen Rechts, dass der Wohnungseigentümer als Sondereigentümer das Sondereigentum verändern muss, zB einen Rauchwarnmelder einbauen muss, ist nur der Sondereigentümer verpflichtet. Der Wohnungseigentümer als Sondereigentümer ist ferner allein und ohne die Miteigentümer verpflichtet, für die **Erhaltung** seines Sondereigentums zu sorgen. Die anderen Wohnungseigentümer können insoweit ein Tun erst verlangen, wenn ihrem Sondereigentum oder dem gemeinschaftlichen Eigentum die Nichterhaltung **nachteilig** ist (→ § 14 Rn. 60).

VI. Schadenersatz

65 Wird Sondereigentum beschädigt, gebührt der Schadenersatz seinem Eigentümer. Dritte können dem Sondereigentümer ua aus Vertrag, Quasivertrag oder aus § 823 BGB Schadenersatz schulden.

66 Die Gemeinschaft der Wohnungseigentümer schuldet dem Sondereigentümer bei Verschulden nach § 280 BGB Schadenersatz, wenn sie ihre Pflichten zur Erhaltung des gemeinschaftlichen Eigentums verletzt und dadurch das Sondereigentum einen Nachteil erfährt (→ § 18 Rn. 78 ff.). Ohne ein Verschulden kommt ein Anspruch nach § 14 Abs. 3 WEG in Betracht.

67 Wird Sondereigentum **durch** einen Mangel am **gemeinschaftlichen** Eigentum beeinträchtigt, besteht jenseits von § 14 Abs. 3 WEG kein Anspruch entsprechend § 906 Abs. 2 Satz 2 BGB (BGH NJW 2010, 2347 Rn. 17).

68 Erleidet ein Sondereigentum hingegen einen Schaden aus dem Bereich eines anderen Sondereigentums, kommt eine Analogie zu § 906 Abs. 2 Satz 2 BGB in Betracht (BGH NJW 2014, 458); dieser Anspruch kann auch einem Mieter zustehen (BGH NJW 2014, 458). § 906 Abs. 2 Satz 2 BGB ist ferner für Schäden anwendbar, die von einem echten Nachbargrundstück ausgehen.

VII. Grenzen

69 Die Eigentumsgrenzen des Sondereigentums – so wie sich das jeweilige Sondereigentum konkret nach §§ 10 Abs. 3, 5 Abs. 4 Satz 1 WEG darstellt

(→ Rn. 50) – sind grundsätzlich dieselben wie bei § 903 BGB. Besondere „WEG-Grenzen" folgen aus den Rücksicht- und Treuepflichten (→ § 10 Rn. 7), aus § 14 Abs. 2 Nr. 1 WEG, der als Grundnorm des innergemeinschaftlichen Nachbarrechts notwendige Schranke zu § 13 WEG ist (→ § 14 Rn. 1) und nachteiligen Gebrauch untersagt, sowie aus den Benutzungsbestimmungen der Wohnungseigentümer (→ Rn. 28 ff.).

C. Bauliche Veränderungen (§ 13 Abs. 2 WEG)

I. Allgemeines

Für bauliche Veränderungen des Sondereigentums enthielt das WEG nach bisherigem Recht keine gesetzliche Regelung, deren Grenzen ergaben sich aus § 14 Nr. 1 WEG aF. Der Wohnungseigentümer als Sondereigentümer war – aufgrund seiner rechtlichen Qualität als Eigentümer iSv § 903 BGB – **allein** und ohne Mitwirken der Miteigentümer befugt, das Sondereigentum (→ § 5 Rn. 3 ff.) baulich zu verändern (BayObLG NJW-RR 1988, 587; NJW-RR 1986, 954). Nur die Zulässigkeit baulicher Veränderungen am gemeinschaftlichen Eigentum war durch § 22 WEG aF gesetzlich geregelt. Diese Bestimmung erfasste **keine** baulichen Veränderungen, die sich auf das **Sondereigentum beschränken** (BGH NJW 2011, 2958 Rn. 10; OLG Düsseldorf ZMR 2007, 206; OLG Hamburg NZM 2003, 109). § 13 Abs. 2 WEG enthält nunmehr eine ausdrückliche Regelung für bauliche Maßnahmen am Sondereigentum, die über eine ordnungsmäßige Instandhaltung und Instandsetzung (Erhaltung) hinausgehen. Der Begriff „bauliche Veränderung" wird in § 13 Abs. 2 WEG nur deshalb nicht verwendet, weil solche nach § 20 Abs. 1 WEG auf das gemeinschaftliche Eigentum begrenzt sind (BT-Drs. 19/18791, 51), inhaltlich besteht jedoch mit Ausnahme der verschiedenen Eigentumssphären kein Unterschied. 70

II. Erhaltung

1. Begriff. Die Pflicht zur Instandhaltung und/oder Instandsetzung des gemeinschaftlichen Eigentums obliegt nach § 18 Abs. 1 WEG der Gemeinschaft der Wohnungseigentümer. Steht der zu erhaltende wesentliche Bestandteil hingegen im Sondereigentum, trifft diese Pflicht – vorbehaltlich einer abändernden Vereinbarung – den jeweiligen Wohnungs- als Sondereigentümer (*Jacoby* ZWE 2017, 150). Das nach bisherigem Recht bekannte Begriffspaar Instandhaltung und Instandsetzung fasst § 13 Abs. 2 WEG durch den **Oberbegriff Erhaltung** zusammen, weil nach Meinung des Gesetzgebers eine Differenzierung weder sinnvoll noch notwendig ist (BT-Drs. 19/18791, 51). Auch wenn dieser Unterscheidung häufig keine praktische Bedeutung zukommt (vgl. BGH ZWE 2017, 216 Rn. 19; 2000, 25), kann im Einzelfall durchaus bewusst zwischen Instandhaltung und Instandsetzung differenziert und eine hieran anschließende abweichende Kostenverteilung angeknüpft werden (vgl. BGH ZWE 2017, 216 Rn. 19; NZM 2009, 866 Rn. 9). Da aber mit dem neuen Begriff Erhaltung in jedem Fall keine inhaltlichen Veränderungen zur bisherigen Rechtslage einhergehen, 71 können die zu den beiden Begriffen Instandhaltung/Instandsetzung herausgearbeiteten Erkenntnisse auch nach dem jetzt geltenden Recht zur Erläuterung herangezogen werden, wenn es um die Frage geht, ob eine bestimmte bauliche Veränderung noch als Erhaltungsmaßnahme eingeordnet werden kann.

72 **2. Definitionen. a) Instandhaltung.** Unter Instandhaltung werden alle Maßnahmen verstanden, die geeignet sind, normale und gebrauchsbedingte Abnutzungserscheinungen zu beseitigen und vor drohenden Schäden zu schützen. Die Maßnahmen müssen dazu dienen, den bei der Begründung des Wohnungseigentums bestehenden technisch einwandfreien, gebrauchs- und funktionsfähigen Zustand sowie den bestimmungsgemäßen Gebrauch einer baulichen Anlage aufrechtzuerhalten. Dies geschieht durch pflegende, erhaltende und vorsorgende Maßnahmen (BSG BeckRS 2015, 65733; BayObLG ZMR 2004, 607; OLG Hamm ZWE 2002, 600; ausführlich → § 19 Rn. 56).

73 **b) Instandsetzung.** Unter einer Instandsetzung ist die Wiederherstellung des ursprünglichen ordnungsmäßigen Zustandes zu sehen (BSG BeckRS 2015, 65733; OLG Hamm ZWE 2009, 261; BayObLG ZWE 2002, 222). Hierzu zählt die Beseitigung von Schäden und Mängel, die zB durch Alterung, Abnutzung, Witterungseinflüsse entstehen oder die auf außergewöhnlichen Umständen und Ereignissen beruhen (*Elzer* ZWE 2008, 153; ausführlich → § 19 Rn. 57).

74 **c) Beeinträchtigung des gemeinschaftlichen Eigentums.** Verändert ein Wohnungseigentümer sein Sondereigentum und greift er dabei (vorübergehend) in das gemeinschaftliche Eigentum ein, handelt es sich um eine bauliche Veränderung des Sondereigentums und des gemeinschaftlichen Eigentums. § 13 Abs. 2 WEG und § 20 WEG sind dann gleichzeitig anzuwenden. § 20 WEG gilt für die bauliche Veränderung des gemeinschaftlichen Eigentums. Ob eine das Sondereigentum baulich verändernde Maßnahme zulässig ist, bemisst sich allein an § 13 Abs. 2 WEG. Durch die Verweisung von § 13 Abs. 2 WEG auf § 20 WEG ergeben sich jedoch weitgehend identische Rechtsfolgen. Dies gilt auch dann, wenn sich eine Umgestaltung des Sondereigentums nachteilig auf das gemeinschaftliche Eigentum „auswirkt".

75 **d) Abgrenzung zum Gebrauch.** Der Gebrauch des Sondereigentums steht dem betreffenden Wohnungseigentümer gem. § 13 Abs. 1 WEG **grundsätzlich** nach seinem Belieben zu (→ Rn. 12). Die Abgrenzung einer Erhaltungsmaßnahme zum (bloßen) Gebrauch erfolgt nach dem Merkmal des **Substanzeingriffs** (→ § 20 Rn. 20). Bleibt die bauliche Substanz des im Sondereigentumseigentum stehenden Gebäudeteils auf Dauer unangetastet, handelt es sich danach um Gebrauch. Wird hingegen dauerhaft in die Substanz des oder der im Sondereigentum stehenden Gebäudeteiles oder Grundstücksfläche eingegriffen, handelt es sich um eine bauliche Veränderung (LG München I ZMR 2018, 447; *Hügel* NotBZ 2018, 22 mwN; aA OLG Hamburg ZMR 2005, 394; LG Hamburg ZMR 2016, 562).

III. Anwendung des § 20 WEG

1. Allgemeines. Gehen die angedachten baulichen Maßnahmen über die ordnungsmäßige Erhaltung hinaus, benötigt der betreffende Wohnungseigentümer eine Gestattung gem. § 20 Abs. 1 WEG durch Beschluss der Wohnungseigentümer, jedoch nur dann, wenn keinem der anderen Miteigentümer über das bei einem geordneten Zusammenleben unvermeidliche Maß hinaus ein Nachteil erwächst. Damit greift § 13 Abs. 2 WEG ebenso wie § 20 Abs. 3 WEG auf den Maßstab des § 14 Abs. 1 Nr. 2 WEG zurück. Damit soll sichergestellt werden, dass das Recht jedes Wohnungseigentümers, auf Entscheidungen über bauliche Veränderungen durch das Zustimmungserfordernis maßgebend Einfluss zu nehmen, grundsätzlich gewahrt bleibt. In diese aus dem Eigentum fließende Befugnis (§ 903 BGB) darf nur eingegriffen werden, soweit Wohnungseigentümer von der Maßnahme gar nicht oder nur ganz geringfügig betroffen sind (vgl. BGH NZM 2014, 201 Rn. 12). An eine Beeinträchtigung dürfen keine hohen Anforderungen gestellt werden (vgl. BGH NZM 2014, 201 Rn. 12; 2013, 193 Rn. 6). 76

2. Nachteil. Nachteil ist jede nach dem Empfinden eines verständigen Wohnungseigentümers nicht ganz unerhebliche, vermeidbare und zu vermeidende **Beeinträchtigung** (BGH NZM 2014, 245 Rn. 11; 2014, 201 Rn. 8; NJW 2013, 1439 Rn. 4; 2012, 2725 Rn. 12; 2012, 72 Rn. 14; NJW-RR 2012, 140 Rn. 8; 2011, 949 Rn. 5). Entscheidend ist, ob ein Wohnungseigentümer sich nach der Verkehrsanschauung in entsprechender Lage verständlicherweise beeinträchtigt fühlen kann (BGH NZM 2019, 293 Rn. 25; NZM 2014, 245 Rn. 11; 2014, 201 Rn. 8; 2012, 239 Rn. 8). Bei Auslegung und Anwendung des Nachteilsbegriffs sind nach hM Art. 14 Abs. 1 Satz 1, 13 Abs. 1 GG zu beachten. Konflikte sind nach dem **Grundsatz der praktischen Konkordanz** fallbezogen zu lösen. Dieser fordert, dass nicht eine der widerstreitenden Rechtspositionen bevorzugt und maximal behauptet wird, sondern alle einen möglichst schonenden Ausgleich erfahren. Die Gerichte sind gehalten, bei der Auslegung und Anwendung die betroffenen Grundrechte zu einem angemessenen Ausgleich zu bringen (BVerfG NJW 2010, 220 Rn. 19). 77

Das Zusammenleben in einer Wohnungseigentumsanlage verlangt bei Entscheidungen über bauliche Veränderungen stets ein starkes Maß an Rücksichtnahme (BGH NJW 2014, 1233 Rn. 12). Der Charakter der Wohnanlage ist hierbei zu berücksichtigen (OLG Düsseldorf ZMR 2008, 223; OLG Hamm ZMR 2007, 880; BayObLG NJW-RR 1993, 336). Maßgebend sind allerdings nur **konkrete** und **objektive Kriterien** (BVerfG ZMR 2010, 206; BGH NZM 2014, 245 Rn. 11; 2014, 201 Rn. 8; 2012, 239; NJW 2012, 72), bei technischen Fragen beispielsweise die Regeln der Bautechnik, insbes. DIN-Normen (BGH NJW 2015, 1422; 2012, 2725) und VDI-Richtlinien (BayObLG WuM 1993, 287). Es besteht eine Tendenz, im Zweifel und bereits bei **geringen Beeinträchtigungen** einen Nachteil anzunehmen (BVerfG ZMR 2005, 634 (635); s. a. → § 20 Rn. 125 ff.). 78

79 **3. Unvermeidliche Maß.** Für einen Wohnungseigentümer **unvermeidbar** und damit grundsätzlich unerheblich sind solche Beeinträchtigungen, die beim Zusammenleben nach Art und Weise des Gebäudes **nicht zu umgehen** oder **grundsätzlich sozialadäquat** sind (§ 14 Rn. 33). Wird durch die bauliche Maßnahme diese Wesentlichkeitsschwelle nicht überschritten, bedarf der bauwillige Sondereigentümer keiner Gestattung für die Erhaltungsarbeiten.

80 **4. Anwendungsfälle. a) Allgemeines.** Ein Großteil der hier dargestellten Erläuterungen beruht auf Rechtsprechung und Literatur zu baulichen Veränderungen am gemeinschaftlichen Eigentum. Eine bauliche Veränderung des Sondereigentums an **Räumen** im aufgeteilten Gebäude dürfte auf wenige praktische Anwendungsbeispiele beschränkt bleiben, weil die überwiegende Gebäudesubstanz sich wegen § 5 Abs. 1 und 2 WEG im gemeinschaftlichen Eigentum befindet. Nur soweit an wesentlichen Gebäudeteilen überhaut Sondereigentum bestehen kann, kann daher § 13 Abs. 2 WEG Beachtung beanspruchen. Denkbar ist dies beispielsweise für die Umgestaltung des Bodenbelags oder der Wandverkleidung.

81 Nach § 3 Abs. 2 WEG ist nach der nun geltenden Rechtslage jedoch auch Sondereigentum an **Freiflächen** möglich. Plant dort ein Wohnungseigentümer beispielsweise die Errichtung eines Gartenhauses ist der Anwendungsbereich des § 13 Abs. 2 WEG eröffnet. Für diese neuen Fälle dürfte durchaus § 13 Abs. 2 Bedeutung besitzen.

82 **b) Veränderung des „optischen Gesamteindrucks".** Eine Beeinträchtigung kann darin liegen, dass durch die bauliche Veränderung der architektonische, optische Gesamteindruck verändert wird (BGH NJW-RR 2019, 73; NJW 2013, 1439 Rn. 5; 2012, 72 Rn. 14; s. a. NJW 2014, 1090 Rn. 11). Notwendig ist ein Vorher-Nachher-Vergleich, bei dem der optische Gesamteindruck vor der baulichen Maßnahme dem als Folge der baulichen Maßnahme entstandenen optischen Gesamteindruck gegenüberzustellen ist (BGH NZM 2017, 328 Rn. 15). Bei der wertenden Betrachtung ist hingegen nicht zu prüfen, ob sich das Erscheinungsbild des Gebäudes „positiv" oder „negativ" verändert hat (BGH NZM 2017, 328 Rn. 13). Gerade bei der Neuerrichtung größerer oder kleinerer Gebäude auf im Sondereigentum stehenden Freiflächen wird dieser Gesichtspunkt (ausführlich § 20 Rn. 128 ff.) bei der Prüfung von § 13 Abs. 2 WEG eine Rolle spielen.

83 **c) Immissionen.** Die Beeinträchtigung anderer Wohnungseigentümer kann in der Entstehung oder Verstärkung unwägbarer Immissionen (Gase, Dämpfe, Gerüche, Rauch, Ruß, Wärme, Geräusche, Erschütterungen und ähnliche Einwirkungen) liegen (BayObLG NZM 2003, 114; OLG Köln NZM 2000, 764; OLG Zweibrücken ZMR 1999, 589; LG Karlsruhe ZWE 2012, 138), sofern die Beeinträchtigung dauerhaft, nicht nur unwesentlich und Folge einer baulichen Veränderung ist. Für die Frage, was „Nachteil" ist, kann grundsätzlich auf technische Regelungswerke zurückgegriffen werden (→ § 14 Rn. 39). Verringert ein Wohnungseigentümer durch Auswechseln des Bodenbelages (Parkett statt Teppich) in seinem Sondereigentum den Trittschallschutz, so übersteigen die damit einhergehenden Beeinträchtigun-

gen anderer Wohnungseigentümer das bei einem geordneten Zusammenleben unvermeidliche Maß hingegen nicht, solange die Anforderungen der DIN 4109 an den Trittschallschutz eingehalten werden (BGH NJW 2012, 2725 Rn. 9); das bloße Auswechseln ist allerdings an §§ 13, 14 WEG zu messen.

d) Nutzungserweiterung. Ein Nachteil kann – ohne Berücksichtigung der Gebrauchsabsicht (BayObLG NZM 2005, 263; OLG Karlsruhe ZMR 1999, 65) – in der bloßen Möglichkeit einer intensiveren Nutzung liegen (BGH NJW 2012, 72 Rn. 14; 2010, 446 Rn. 22). Errichtet beispielsweise ein Wohnungseigentümer auf einer in seinem Eigentum stehenden Freifläche eine größere Terrasse oder einen Gartenpavillon, führt dies in aller Regel zu einer intensiveren Nutzung dieser Fläche, die in einen nicht hinnehmbaren Nachteil umschlagen kann. **84**

5. Gestattung. Überschreiten die angedachten Erhaltungsmaßnahmen am Sondereigentum die in § 13 Abs. 2 WEG definierte Schwelle, bedarf der betreffende Sondereigentümer einer Gestattung gem. § 20 WEG für diese baulichen Veränderungen. Eine solche Gestattung kann entweder durch eine **Vereinbarung** (→ § 20 Rn. 52) der Wohnungseigentümer erfolgen, die bereits in der ersten Gemeinschaftsordnung enthalten sein kann, oder durch einen **Mehrheitsbeschluss** der Wohnungseigentümer. Dies dürfte der Regelfall sein. Für einen solchen Beschluss gelten keine abweichenden Besonderheiten im Vergleich zu einem Beschluss zu baulichen Veränderungen am gemeinschaftlichen Eigentum. Insoweit kann daher auf die dortigen Ausführungen verwiesen werden (→ § 20 Rn. 26 ff.). Insbesondere gilt auch § 20 Abs. 3 WEG entsprechend. Dies bedeutet, der bauwillige Sondereigentümer kann verlangen, dass ihm die Erhaltungsmaßnahme gestattet wird, wenn alle Miteigentümer zustimmen, deren Rechte durch die Baumaßnahme über das bei einem geordneten Zusammenleben unvermeidliche Maß hinaus beeinträchtigt werden (→ § 20 Rn. 137). Andererseits gelten für ihn auch bei Erhaltungsmaßnahmen am Sondereigentum die Beschränkungen des § 20 Abs. 4 WEG (→ § 20 Rn. 148 ff.), auch wenn praktische Anwendungsfälle für diese Grenze allenfalls für bauliche Veränderungen am Sondereigentum an Freiflächen, nicht aber an Räumen, vorstellbar sind. **85**

D. Abdingbarkeit

§ 13 Abs. 1 und 2 WEG sind jeweils insgesamt abdingbar, soweit sich nicht aus den allgemeinen Schranken für den Abschluss von Vereinbarungen etwas anderes ergibt (→ § 10 Rn. 56 ff.). **86**

Pflichten des Wohnungseigentümers

14 (1) **Jeder Wohnungseigentümer ist gegenüber der Gemeinschaft der Wohnungseigentümer verpflichtet,**

1. die gesetzlichen Regelungen, Vereinbarungen und Beschlüsse einzuhalten und

2. das Betreten seines Sondereigentums und andere Einwirkungen auf dieses und das gemeinschaftliche Eigentum zu dulden, die den Vereinbarungen oder Beschlüssen entsprechen oder, wenn keine entsprechenden Vereinbarungen oder Beschlüsse bestehen, aus denen ihm über das bei einem geordneten Zusammenleben unvermeidliche Maß hinaus kein Nachteil erwächst.

(2) **Jeder Wohnungseigentümer ist gegenüber den übrigen Wohnungseigentümern verpflichtet,**

1. deren Sondereigentum nicht über das in Absatz 1 Nummer 2 bestimmte Maß hinaus zu beeinträchtigten und
2. Einwirkungen nach Maßgabe des Absatzes 1 Nummer 2 zu dulden.

(3) **Hat der Wohnungseigentümer eine Einwirkung zu dulden, die über das zumutbare Maß hinausgeht, kann er einen angemessenen Ausgleich in Geld verlangen.**

Literatur: *Blank,* Tierhaltung in Eigentums- und Mietwohnungen, NJW 2007, 729; *Deckert,* „Wenn sie ausflippen" – Störenfriede in der Wohnanlage, NZM 2011, 648; *Dötsch,* Schäden im Sondereigentum infolge seiner gemeinschaftsbezogenen Inanspruchnahme: Abzug „neu für alt"?, NZM 2014, 489; *Lehmann-Richter/Wobst,* Direktansprüche gegen zweckwidrig nutzende Mieter – zugleich Anmerkung zum Eisdielenfall des BGH (V ZR 271/18), ZWE 2020, 123; *Lüke,* Zu den Duldungspflichten des Wohnungseigentümers bei Instandsetzungs- und Instandhaltungsmaßnahmen, FS Seuß 1997, 207; *Schmid,* Die Haftung des Wohnungseigentümers für seinen Mieter, MietRB 2011, 28; *Schmid,* Grundrechte und Gebrauchsrechte des Wohnungseigentümers, MDR 2010, 64.

Übersicht

A. Sinn und Zweck

I. Überblick

1 Während § 13 WEG die Rechte des Wohnungseigentümers zum Gegenstand hat, regelt § 14 WEG die Pflichten des Wohnungseigentümers. Die Vorschrift unterscheidet zwischen den Pflichten der Wohnungseigentümer gegenüber der Gemeinschaft der Wohnungseigentümer (Abs. 1) und den Pflichten gegenüber den Miteigentümern (Abs. 2). § 14 Abs. 2 Nr. 1 WEG enthält dabei die **„goldene Regel"** des Wohnungseigentumsrechts (→ Rn. 47). In § 14 Abs. 3 WEG ist der nach bisherigem Recht in § 14 Nr. 4 Hs. 2 WEG aF verortete verschuldensunabhängige Aufopferungsanspruch enthalten.

2 **§ 14 Abs. 1 WEG** ist in Zusammenhang mit § 18 Abs. 1 WEG zu sehen. Die Verwaltung des gemeinschaftlichen Eigentums obliegt ausschließlich der Gemeinschaft der Wohnungseigentümer; sie besitzt das Verwaltungsmonopol. Eine Abänderung dieses Grundgedankens des WEG

dürfte unzulässig sein, auch wenn sich die **Unabänderbarkeit** nicht unmittelbar aus dem Wortlaut der Norm ergibt (→ § 10 Rn. 56). Hingegen ist **§ 14 Abs. 2 WEG** als Vorschrift über das Innenverhältnis der Wohnungseigentümer untereinander einer **abändernden** Vereinbarung gem. § 10 Abs. 1 Satz 2 WEG zugänglich. Den Anspruch aus **§ 14 Abs. 3 WEG** können die Wohnungseigentümer – wie bisher § 14 Nr. 4 Hs. 2 WEG aF auch – **vollständig abbedingen** (LG München I ZWE 2014, 185 zum alten Recht).

II. Anwendungsbereich

3 § 14 WEG begründet sowohl **Leistungs- und Duldungspflichten** gegenüber der **Gemeinschaft der Wohnungseigentümer** (Abs. 1) als auch für und gegen die **Wohnungseigentümer** in deren Binnenverhältnis (Abs. 2). Die Verpflichtungen bestehen im Hinblick auf das gemeinschaftliche Eigentum und das Sondereigentum.

4 § 14 WEG normiert Pflichten für die Wohnungseigentümer. Die Rechtsbeziehungen zu **Dritten** regeln hingegen die allgemeinen Vorschriften des Privat- und öffentlichen Rechts. Auch nach Sinn und Zweck unterliegen Dritte, zB der Mieter eines Wohnungseigentümers, **nicht** den Verpflichtungen aus § 14 WEG (BGH ZMR 2015, 950 Rn. 12; KG NJW-RR 2006, 658; *Schmid* ZfIR 2009, 505; *von Rechenberg* ZWE 2005, 53; *Hogenschurz* ZfIR 2005, 762; *Gaier* ZWE 2004, 116; aA *Scholz* NZM 2008, 390; *Briesemeister* ZMR 2007, 663). Es besteht nur aus § 14 Abs. 1 WEG ein Duldungsanspruch gegen den **vermietenden** Wohnungseigentümer, der gegen den Mieter vorgehen muss (→ Rn. 16; § 13 Rn. 20 ff). Gleiches gilt für andere Nutzer.

5 § 14 WEG berührt aber insgesamt nur das **schuldrechtliche** Gemeinschaftsverhältnis der Wohnungseigentümer untereinander und das Verhältnis der Gemeinschaft der Wohnungseigentümer zu den Wohnungseigentümern. § 14 hat hingegen **keinen Einfluss** auf die daneben bestehenden **sachenrechtlichen** Kompetenzen der Wohnungseigentümer, die sich aus ihrem Eigentum ergeben. Das bedeutet beispielsweise: Abwehrrechte der Sondereigentümer aus § 1004 BGB bleiben von der Norm unberührt und bestehen gegebenenfalls parallel zu Ansprüchen aus § 14 WEG.

B. Pflichten gegenüber der Gemeinschaft (§ 14 Abs. 1 WEG)

I. § 14 Abs. 1 Nr. 1 WEG

6 **1. Allgemeines.** Nach bisheriger Rechtslage enthielt § 15 Abs. 3 WEG aF den schuldrechtlichen Anspruch eines jeden Wohnungseigentümers, einen Gebrauch der im Sondereigentum stehenden Gebäudeteile und des gemeinschaftlichen Eigentums (BGH NZM 2017, 37) zu verlangen, der dem Gesetz, den Vereinbarungen und Beschlüssen und, soweit sich die Regelung hieraus nicht ergibt, dem Interesse der Gesamtheit der Wohnungseigentümer nach billigem Ermessen entspricht (Abwehranspruch). Dieser

Anspruch aus § 15 Abs. 3 WEG aF ergab sich aus den Binnenbeziehungen der Wohnungseigentümer und galt deshalb nur in deren Innenverhältnis (*Dötsch* WuM 2017, 493). Er stand neben dem sachenrechtlichen § 1004 BGB (BGH NZM 2017, 37; NJW 2015, 1442 Rn. 5; NJW 2012, 2725 Rn. 6).

Gem. § 21 Abs. 4 WEG aF konnte zudem jeder Wohnungseigentümer 7
eine Verwaltung verlangen, die den Vereinbarungen und Beschlüssen und, soweit solche nicht bestehen, dem Interesse der Gesamtheit der Wohnungseigentümer nach billigem Ermessen entspricht. Dieser Anspruch auf ordnungsmäßige Verwaltung korrespondierte mit der aus dem gesetzlichen Schuldverhältnis der Wohnungseigentümer erwachsenden Pflicht der einzelnen Wohnungseigentümer, zur ordnungsmäßigen Verwaltung des gemeinschaftlichen Eigentums zusammenzuwirken (BGH NJW 2010, 2347 Rn. 24).

§ 14 Abs. 1 Nr. 1 WEG soll nach den Vorstellungen des Gesetzgebers 8
inhaltlich an die Stelle dieser beiden Bestimmungen treten, zugleich aber die bisherige Differenzierung zwischen Verwaltung und Gebrauch vermeiden (BT-Drs. 19/18791, 52). Die Pflicht eines jeden Wohnungseigentümers, das gesamte für die Gemeinschaft geltende Regelwerk einzuhalten, ist nun in § 14 Abs. 1 Nr. 1 WEG enthalten. Dieses Regelwerk setzt sich aus den Vorschriften des WEG sowie den Vereinbarungen und den Beschlüssen der Wohnungseigentümer zusammen (BT-Drs. 19/18791, 52). Inhaltlich ist diese Bestimmung an sich nicht erforderlich, weil sich die betreffenden Pflichten bereits unmittelbar aus dem Gesetz, der Vereinbarung oder dem Beschluss ergeben und dementsprechend vom betreffenden Wohnungseigentümer zu beachten sind. Die gesetzliche Wirkung der Vorschrift beschränkt sich genau genommen nur auf die **Regelung des Anspruchsberechtigten,** nämlich der Gemeinschaft der Wohnungseigentümer. Bei genauerer Betrachtung wird zudem deutlich, dass § 14 Abs. 1 Nr. 1 WEG den Anspruch aus § 15 Abs. 3 WEG aF eines jeden einzelnen Wohnungseigentümers nicht vollständig kompensiert.

Bei dem Anspruch der Gemeinschaft der Wohnungseigentümer auf Ein- 9
haltung der für die Gemeinschaft geltenden Regeln handelt es sich – wie bisher auch bei § 14 WEG aF – um einen **schuldrechtlichen** Anspruch, der in dem Gemeinschaftsverhältnis der Wohnungseigentümer seine Rechtfertigung findet. § 14 Abs. 1 Nr. 1 WEG steht insoweit **neben** dem sachenrechtlichen § 1004 BGB. Ihren Anspruch kann die Gemeinschaft der Wohnungseigentümer **auch** auf diesen stützen – wobei die Tatbestandsvoraussetzungen **nicht identisch** sind, da § 14 Abs. 1 Nr. 1 WEG keine Wiederholungsgefahr verlangt.

2. Anspruchsinhaber. Der Anspruch auf Einhaltung aller in der betref- 10
fenden Gemeinschaft geltenden Regel steht gem. § 14 Abs. 1 Nr. 1 WEG entgegen der bisherigen Rechtslage der **Gemeinschaft der Wohnungseigentümer** zu. Da sich dieser Anspruch auf Beachtung des Regelwerks richtet und nicht auf Beseitigung einer konkreten Störung eines Wohnungseigentümers, insbesondere in seinem Sondereigentum, erscheint es dem Gesetzgeber sachgerecht, die damit zusammenhängenden Auseinanderset-

zungen nicht zwischen den einzelnen Wohnungseigentümern führen zu lassen, sondern mit der Gemeinschaft der Wohnungseigentümer (BT-Drs. 19/18791, 52). Bilaterale Streitigkeiten zwischen Wohnungseigentümern über „formale“ Fragen sollen damit der Vergangenheit angehören. Die Unterbindung von Verstößen ist allein Aufgabe der Gemeinschaft der Wohnungseigentümer (*Lehmann-Richter/Wobst* ZWE 2020, 127). Der nach bisherigem Recht bestehende Individualanspruch eine jeden Wohnungseigentümers gegen die anderen Miteigentümer gem. § 15 Abs. 3 WEG aF besteht nicht mehr.

11 Die Zuweisung des Anspruchs an die Gemeinschaft der Wohnungseigentümer ist die Folge der Grundentscheidung des WEMoG in § 18 Abs. 1 WEG, die Verwaltung des gemeinschaftlichen Eigentums allein der Gemeinschaft zu übertragen. Da der einzelne Wohnungseigentümer im Gegenzug keinen eigenen Anspruch mehr auf Beachtung des Regelwerkes gegen Miteigentümer besitzt (§ 21 Abs. 4 WEG aF), hat jeder Wohnungseigentümer nunmehr gem. § 18 Abs. 2 Nr. 2 WEG als Korrelat einen Anspruch gegen die Gemeinschaft der Wohnungseigentümer auf Einschreiten gegen den betreffenden Wohnungseigentümer (→ § 18 Rn. 112).

12 § 14 Abs. 1 Nr. 1 WEG suggeriert zwar, dass der Anspruch auf Unterlassung und/oder Beseitigung ein eigenes Recht der Gemeinschaft der Wohnungseigentümer sei, da die Pflicht als eine Pflicht gegenüber der Gemeinschaft der Wohnungseigentümer benannt ist. Es handelt sich wie bei § 9a Abs. 2 WEG nach Sinn und Zweck aber nur um eine Ausübungsbefugnis. Denn die Gemeinschaft der Wohnungseigentümer ist weder aus dem Gesetz, noch aus einer Vereinbarung noch aus einem Beschluss berechtigt. Diese Rechte und Pflichten bestehen nur im Verhältnis der Wohnungseigentümer untereinander. Die Gemeinschaft der Wohnungseigentümer ist also streng genommen nicht Inhaberin des Anspruchs auf Unterlassung und/oder Beseitigung, sondern übt diesen auch nach § 14 Abs. 1 WEG nur für die Wohnungseigentümer aus. Einer (gesetzlichen) Vergemeinschaftung über § 9a Abs. 2 WEG bedarf es gleichwohl auf Grund des klaren Wortlauts der Norm nicht.

13 **3. Anspruchsumfang.** Der Anspruch richtet sich auf Einhaltung des **gesamten** für die betreffende Gemeinschaft geltenden **Regelwerks** (*Lehmann-Richter/Wobst* ZWE 2020, 127), bestehend aus dem Gesetz, Vereinbarungen und Beschlüssen. Hat das unrechtmäßige Verhalten zu einem Schaden geführt, kann neben dem Anspruch aus § 14 Abs. 1 Nr. 1 WEG auch ein Anspruch auf Schadenersatz aus §§ 241 Abs. 2, 280 Abs. 1 Satz 1 BGB bestehen.

14 **4. Anspruchsvoraussetzungen.** Die Verpflichtung jeden Wohnungseigentümers besteht im Hinblick auf das gesamte Regelwerk der betreffenden Gemeinschaft. Das Nichtbeachten des Regelkanons kann in einem Tun oder Unterlassen bestehen. Der Anspruch hat bei der Verletzung einer bestehenden Regelung keine weiteren Voraussetzungen.

15 Der Anspruch aus § 14 Abs. 1 Nr. 1 WEG richtet sich ausschließlich auf die **abstrakte** Einhaltung des Regelwerkes. Benutzt zB ein Eigentümer Räume seiner Teileigentumseinheit entgegen der Bestimmung in der Teilungserklärung für eine andere als die zugelassene Nutzung, kann die Gemeinschaft der Wohnungseigentümer den betreffenden Wohnungseigentümer auf Einhaltung der zulässigen Benutzung in Anspruch nehmen, auch wenn die abweichende Nutzung keine konkreten Störungen erzeugt. Geht es hingegen um konkrete Beeinträchtigungen des gemeinschaftlichen Eigentums (z. B. Lärm, Geruchsbelästigung), übt die Gemeinschaft der Wohnungseigentümer auf Grund der ihr in § 9a Abs. 2 WEG zugewiesenen Ausübungsbefugnis die sich hieraus ergebenden sachenrechtlichen Abwehransprüche aus dem gemeinschaftlichen Eigentum aus (→ § 9a Rn. 97). Handelt es sich hingegen um eine konkrete Beeinträchtigung des Sondereigentums, ist allein der betreffende Sondereigentümer zur Abwehr berechtigt (→ § 9a Rn. 94).

5. Anspruchsgegner. Der Anspruch aus § 14 Abs. 1 Nr. 1 WEG richtet **16**
gegen die **Wohnungseigentümer.** Es ist ein schuldrechtlicher Anspruch, der aus dem Binnenverhältnis der Wohnungseigentümer entspringt. Dementsprechend müssen nur Wohnungseigentümer die Verpflichtungen gegenüber der Gemeinschaft der Wohnungseigentümer erfüllen. Für **Fremdnutzer,** also Nichtwohnungseigentümer, etwa den Mieter oder Nießbraucher, gilt § 14 Abs. 1 WEG **nicht** unmittelbar (BGH ZMR 2015, 950 Rn. 12; Bärmann/*Suilmann* § 14 Rn. 51). Was sie zu beachten haben, ergibt sich aus dem jeweiligen Vertrag (→ § 13 Rn. 26 ff.) bzw. aus § 15 WEG.

II. § 14 Abs. 1 Nr. 2 WEG

1. Allgemeines. § 14 Abs. 1 Nr. 2 WEG begründet die Pflicht jedes **17**
Wohnungseigentümers, das Betreten und andere Einwirkungen durch die Gemeinschaft der Wohnungseigentümer auf das Sondereigentum und das gemeinschaftliche Eigentum zu dulden, die den Vereinbarungen oder Beschlüssen entsprechen oder, falls keine entsprechenden Vereinbarungen oder Beschlüsse bestehen, aus denen ihm kein über das bei einem geordneten Zusammenleben unvermeidliche Maß hinausgehender Nachteil erwächst. Der Wortlaut der Norm macht deutlich, dass nur eine **Duldungspflicht,** aber **kein Abwehrrecht** der Wohnungseigentümer begründet wird.

Aus der Vorschrift folgt vor allem die Pflicht, Erhaltungs- und andere **18**
Baumaßnahmen zu dulden, welche die Gemeinschaft der Wohnungseigentümer durchführt. Die Vorschrift betrifft zunächst alle Einwirkungen, die einer Vereinbarung oder einem Beschluss entsprechen, also durch deren Ausführung bedingt sind. Zu dulden sind demnach etwa Immissionen wie Baulärm, der durch die Ausführung eines Beschlusses über die Erhaltung des gemeinschaftlichen Eigentums verursacht wird. Die Vorschrift gilt auch für andere Einwirkungen wie etwa das Betreten des Sondereigentums; dieser Unterfall der Einwirkung wird aufgrund seiner besonderen praktischen Bedeutung im Wortlaut hervorgehoben (BT-Drs. 1918791, 52).

Ähnliche Pflichten folgen aus dem im Gemeinschaftsverhältnis wurzeln- **19**
den Rücksichtnahmegebot (→ § 10 Rn. 7) und können auch aus Bestimmungen der Wohnungseigentümer erwachsen, etwa wenn einem Woh-

nungseigentümer nach einer Vereinbarung ein Ausbaurecht zusteht oder wenn ihm eine bauliche Veränderung gestattet ist.

20 **2. Betreten des Sondereigentums. a) Überblick.** Die Verpflichtung zur Duldung des Betretens des Sondereigentums war bisher in § 14 Nr. 4 HS 1 WEG aF enthalten. Sie findet sich nun in § 14 Abs. 1 Nr. 2 WEG. Die alte und die neue Vorschrift lehnen sich an § 904 Satz 1 BGB an. Eine inhaltliche Änderung durch diese Neuverortung ist weder bezweckt noch erfolgt. Soweit das alte Recht von „gestatten" sprach, ist ein Unterschied zu „dulden" nach der neuen Formulierung nicht erfolgt. Die zur alten Regelung gefundenen Erkenntnisse können daher übertragen werden.

21 **b) Erforderlichkeit.** Nach § 14 Nr. 4 HS 1 WEG aF bestand eine Gestattungsverpflichtung zur Betretung nur, wenn, soweit und solange dies „erforderlich" ist. Die Erforderlichkeit ist nun nicht mehr im Wortlaut der Norm enthalten. Andererseits darf nicht übersehen werden, dass die Verpflichtung nach § 14 Abs. 1 Nr. 2 WEG den Schutzbereich des Grundrechtes auf Unverletzlichkeit der Wohnung berührt (OLG Zweibrücken NJW-RR 2001, 730). Bei Auslegung und Anwendung der Duldungspflicht sind daher Bedeutung und Tragweite u. a. dieses Grundrechtes zu berücksichtigen (BayObLGZ 1996, 146). Eine Beeinträchtigung ist danach zB nur im notwendigen Maße zulässig und unterliegt dem **Verhältnismäßigkeitsgebot.** Aus diesem Grund besteht eine Pflicht zur Duldung des Betretens nur, wenn dies im konkreten Fall erforderlich ist, auch wenn diese Anforderung nicht mehr explizit in der Vorschrift enthalten ist. Eine inhaltliche Änderung zur bisherigen Rechtslage besteht daher nicht.

22 Ob ein Betreten erforderlich ist, ist immer eine Frage des **Einzelfalls** (s. a. BayObLG ZMR 2004, 762; OLG Hamm DWE 1984, 126). Bei der Beurteilung sind die widerstreitenden Interessen und der grundrechtliche Schutz der Wohnung zu beachten. Die Beeinträchtigungen des Sondereigentümers und seines Eigentums sind nur zulässig, soweit diese notwendig, erforderlich und zumutbar sind. Ist es zB möglich, Erhaltungsmaßnahmen vom Bereich des gemeinschaftlichen Eigentums auszuführen, ist dieser Weg **vorrangig,** sofern die Maßnahme dann nicht erheblich teurer wird (BayObLG NJWE-MietR 1996, 36). Erhaltungsmaßnahmen müssen analog § 555a Abs. 2 BGB ausreichende Zeit vorher bekannt gegeben (→ Rn. 24) und in der Regel während der **üblichen Arbeitszeiten** durchgeführt werden (BayObLG ZMR 1988, 345). Die vorgesehene Tageszeit und Dauer sind so einzurichten, dass sie möglichst wenig belasten, andererseits aber ermöglichen, das Notwendige durchzuführen. Übliche Zeiten sind werktags, tagsüber, nicht zur Unzeit, etwa am frühen Morgen oder späten Abend (10.00–13.00 Uhr und 15.00–18.00 Uhr). Ist eine Zeit unüblich und liegt kein Notfall vor, kann der Zutritt verwehrt werden.

23 Ein **allgemeines Betretungsrecht** räumt § 14 Abs. 1 Nr. 2 WEG allerdings **nicht** ein. Die Wohnungseigentümer können **weitere** Verpflichtungen vereinbaren. Verletzt ein Wohnungseigentümer seine Duldungspflicht, macht er sich schadenersatzpflichtig (BayObLG ZMR 1988, 345; *Schmid* DWE 2011, 47). Analog § 555a Abs. 3 Satz 2 BGB ist dem Wohnungseigentümer auf sein Verlangen hin für seinen Anspruch aus § 14 Abs. 3

WEG **vor** einer Durchsetzung eine Sicherheit zu leisten (KG NJW-RR 1986, 696; skeptisch BayObLG WuM 2004, 736). Der Duldungsanspruch ist unverjährbar (*Schmid* DWE 2012, 93).

c) Ankündigung. Erhaltungsmaßnahmen sind dem Wohnungseigentümer entsprechend § 555a Abs. 2 BGB rechtzeitig formfrei anzukündigen (BayObLG ZfIR 1999, 929; ZMR 1988, 345; AG Hamburg-Blankenese ZMR 2013, 570). Was rechtzeitig ist, beurteilt sich nach den Umständen des Einzelfalls. Abzuwägen sind ua die zu erwartenden Beeinträchtigungen des Sondereigentums und seiner Nutzer sowie die Dringlichkeit der Maßnahme. IdR sind 2 Wochen ausreichend, aber auch notwendig. Die Ankündigungspflicht entfällt, wenn mit der Erhaltungsmaßnahme nur eine unerhebliche Einwirkung verbunden oder ihre sofortige Durchführung zwingend erforderlich ist. Beispiele sind dringende Reparaturen nach einem Rohrbruch, des zerstörten Dachs nach einem Unwetter oder Schäden nach einem Brand. Auch hier ist jeweils nach den Umständen zu werten. Stets ist eine Abwägung der jeweils betroffenen Interessen erforderlich. Grundsätzlich ist nach § 242 BGB auch in solchen Ausnahmefällen so früh wie möglich eine wenigstens rudimentäre Mitteilung darüber erforderlich, was/wann/von wem geschehen wird. Anzukündigen sind ua Art, Umfang und Erforderlichkeit der Erhaltungsmaßnahme sowie deren voraussichtlicher Beginn und die Dauer der Arbeiten, mithin ihr Ende. 24

d) Umfang der Duldungsverpflichtung. Duldung heißt vor allem „Hinnehmen". Beispiele hierfür sind das Betretenlassen der im Sondereigentum stehenden Räume, das Ertragen von Gerüchen, Lärm, Messungen, Wartungen, vorbereitende Maßnahmen (BayObLG NJWE-MietR 1996, 229; *v Rechenberg* ZWE 2005, 49), Unterbrechungen der Versorgung, das **Aufbrechen, Beschädigen und Zerstören** der im Sondereigentum stehenden Gebäudeteile (BGH NJW 2003, 826 unter II. 1.; OLG Frankfurt a. M. NZM 2007, 251), um Arbeiten am gemeinschaftlichen Eigentum vornehmen oder um das Vorliegen eines Erhaltungsbedarfs feststellen zu können, zB durch das Abschlagen von Bad- oder Balkonfliesen, und im Einzelfall sogar eine vorübergehende Räumung (vgl. LG Mannheim WuM 87, 272 zum Mietrecht). Zu dulden ist aber auch der Einbau von Anlagen und Einrichtungen, die dem gemeinschaftlichen Gebrauch der Wohnungseigentümer dienen und an keinem anderen Ort angebracht werden können, jedenfalls wenn sie gesetzlich vorgeschrieben sind (BGH NJW 2013, 3092 Rn. 18 für Rauchwarnmelder). Der Wohnungseigentümer muss **grundsätzlich nicht aktiv mitwirken,** etwa Möbel beiseitestellen, Gardinen abnehmen oder Tröge beiseite räumen (BayObLG WE 1996, 152; s. a. LG Berlin NJW-RR 1996, 1163 zum Mietrecht). Er darf eine Erhaltungsmaßnahme aber auch nicht behindern, er schuldet zB **Terminabsprachen** (s. a. BGH NJW 2009, 1736 Rn. 16). **Grenzen** der Duldungsverpflichtung bilden das Gemeinschaftsverhältnis (→ § 10 Rn. 7) und §§ 242, 226 BGB (s. a. BGH NJW 1972, 723). 25

e) Anlass der Duldungsverpflichtung. Anlass der Duldungsverpflichtung ist in der Regel eine Vereinbarung oder ein Beschluss der Wohnungs- 26 eigentümer, zu deren Umsetzung eine Betretung des Sondereigentums notwendig wird. Inhaltlich wird es sich hierbei meist um die **Erhaltung** des gemeinschaftlichen Eigentums (→ § 19 Rn. 55 ff.) handeln. Auf die Bestandskraft eines Beschlusses kommt es – wie stets – nicht an (→ § 23 Rn. 163 f.). Der Vorschrift unterfallen aber auch **Kontrollen** des Zustandes des gemeinschaftlichen Eigentums (OLG Hamburg ZMR 2000, 479; BayObLGZ 1996, 146; *von Rechenberg* ZWE 2005, 53; aA *J.-H. Schmidt* ZMR 2001, 309) oder zur Ermittlung von Schäden und Besichtigungen im **Vorfeld** von Erhaltungsmaßnahmen. Auch das Betreten zur Begleitung und/ oder Einweisung von Handwerkern bzw. Sachverständigen (OLG Hamburg ZMR 2002, 71) kann umfasst sein. Notwendig, aber auch ausreichend ist ein **konkreter** Anhaltspunkt, dass Erhaltungsmaßnahmen erforderlich sind (OLG München ZMR 2006, 389; OLG Celle ZMR 2004, 364; OLG Zweibrücken NJW-RR 2001, 730).

27 Die Duldungspflicht zum Betreten des Sondereigentums besteht auch,

- wenn es um die Ermittlung eines Mängelanspruchs gegen den Bauträger geht (aA BGH NJW 2013, 2687 Rn. 8);
- wenn eine unzulässige bauliche Veränderung beseitigt werden soll;
- zur Erhaltung im Sondereigentum anderer Wohnungseigentümer stehender Räume oder Gebäudeteile, **soweit** eine Erhaltung **nur** so möglich ist (OLG Frankfurt a. M. NJOZ 2005, 1441; BayObLGZ 1977, 313);
- zum Vollzug einer Versorgungssperre (OLG Frankfurt a. M. NZM 2006, 869; OLG München NJW-RR 2005, 598; *Bonifacio* ZMR 2012, 332; *Elzer* ZMR 2005, 884; *Gaier* ZWE 2004, 116; → § 28 Rn. 334);
- zum Ablesen (LG Bad Kreuznach NJWE-MietR 1996, 204; aA *Schmid* DWE 2011, 47) oder zum Einbau von Wärmemengen- (LG Frankfurt a. M. ZMR 1997, 156; s. a. BayObLG NJW-RR 1988, 273) oder Wasserzählern (*Armbrüster* ZWE 2002, 150) oder Ablesegeräten;
- zur Vermessung der Wohn-/Nutzfläche für eine Umlage der Verwaltungs- oder Betriebskosten nach Wohn- und Nutzflächen (aA *v Rechenberg* ZWE 2005, 50);
- § 14 Abs. 1 Nr. 2 WEG gilt ferner analog auch zu Lasten eines Sondernutzungsberechtigten (BGH NZM 2019, 788 Rn. 14; *v Rechenberg* ZWE 2005, 50/51).

28 **f) Durchsetzung.** Duldet ein Wohnungseigentümer **nicht freiwillig** eine angedachte Maßnahme durch die Gemeinschaft der Wohnungseigentümer, kann nur die Gemeinschaft der Wohnungseigentümer den Duldungsanspruch gegen ihn durchsetzen (LG Frankfurt ZMR 2016, 560: LG Berlin ZMR 2010, 978; *Elzer* WE 2005, 196). Die Durchsetzung des Duldungsanspruchs ist nach Titulierung (allein) nach § 890 ZPO möglich, auch wenn neben der Duldung positive Handlungen erforderlich sind (Jennißen/*Hogenschurz* § 14 Rn. 17a), zB eine Türöffnung.

29 **3. Andere Einwirkungen.** Neben dem Betreten seines Sondereigentums hat jeder Wohnungseigentümer auch andere Einwirkungen auf sein Sondereigentum und/oder das gemeinschaftliche Eigentum zu dulden, wenn diese den Vereinbarungen oder Beschlüssen der Wohnungseigentümer entspre-

chen. Meist werden diese in Immissionen wie Lärm oder Geräuschen liegen, die durch die Umsetzung beschlossener Erhaltungsmaßnahmen entstehen. Bestehen solche Regelung der Wohnungseigentümer nicht, sind Einwirkungen gleichwohl zu dulden, wenn durch sie kein über das bei einem geordneten Zusammenleben unvermeidliche Maß hinausgehender Nachteil erwächst, wie z. B. normale Wohngeräusche (→ Rn. 33), soweit sie auf einem **zulässigen** Gebrauch eines Wohnungseigentümers oder eines Dritten beruhen. Abwehrrechte nach § 1004 Abs. 1 BGB bestehen dann nicht.

4. Nachteil. Das Betreten ist genauso wie jede andere Einwirkung nur dann zulässig, wenn dies vereinbart oder beschlossen wurde oder bei einem geordneten Zusammenleben unvermeidlich ist, insbesondere im Zusammenhang mit einer Notmaßnahme. Soweit nämlich die Pflicht zur Duldung nicht durch Vereinbarung oder Beschluss geregelt ist, ist jeder Wohnungseigentümer verpflichtet, Einwirkungen zu dulden, aus denen ihm über das bei einem geordneten Zusammenleben unvermeidliche Maß hinaus kein Nachteil erwächst. Dies entspricht dem Maßstab des bisherigen § 14 Nr. 1 WEG aF (BT-Drs. 19/18719, 52), der ebenso wie die jetzige Regelung letztlich auf dem Rechtsgedanken des § 906 Abs. 1 Satz 1 BGB beruht. Wann eine abwehrfähige Beeinträchtigung vorliegt, beurteilt sich hiernach bei Immissionen nach dem Empfinden eines verständigen Durchschnittsmenschen und dem, was diesem unter Würdigung anderer öffentlicher und privater Belange zuzumuten ist (BGH NZM 2020, 664 Rn Rn. 20; NJW 2015, 2023 Rn. 10). 30

a) Begriff. Nachteil ist jede nicht ganz unerhebliche, vermeidbare und zu vermeidende (→ Rn. 33) **Beeinträchtigung** (BGH NZM 2014, 245 Rn. 11; 2014, 201 Rn. 8; NJW 2013, 1439 Rn. 4; 2012, 2725 Rn. 12; 2012, 72 Rn. 14; NJW-RR 2012, 140 Rn. 8; 2011, 949 Rn. 5). Nur **konkrete** und **objektive** Beeinträchtigungen können ein Nachteil sein (BVerfG ZMR 2010, 206; BGH NZM 2014, 245 Rn. 11; 2014, 201 Rn. 8; 2012, 239 Rn. 8; NJW 2012, 72 Rn. 14). Entscheidend ist, ob sich nach der Verkehrsanschauung unter Beachtung der Grundrechte (→ Rn. 35), der Wertungen des öffentlichen Rechtes (→ Rn. 38) und technischer Grenz- und Richtwerte (→ Rn. 39) ein Wohnungseigentümer in der entsprechenden Lage verständlicherweise beeinträchtigt fühlen kann (BGH NZM 2019, 293 Rn. 25; NZM 2014, 245 Rn. 11; 2014, 201 Rn. 8; 2012, 239 Rn. 8; 2011, 512 Rn. 5). Es besteht eine Tendenz, im Zweifel und bereits bei **geringen Beeinträchtigungen** einen Nachteil anzunehmen (BVerfG ZMR 2005, 634; s. a. → § 20 Rn. 125 ff.). Zur Auslegung, was nachteilig ist, kann im Einzelfall eine **Vereinbarung** herangezogen werden (BGH NZM 2012, 239 Rn. 8). 31

Die bloße **Befürchtung** einer Beeinträchtigung ist grundsätzlich noch keine Beeinträchtigung (LG Frankfurt a. M. ZWE 2014, 98). Etwas anderes soll gelten, wenn die Befürchtung auf Grund konkreter Umstände als „nachvollziehbar und verständlich erscheint" (BGH NJW 2010, 1533 Rn. 14; s. a. AG München ZMR 2013, 668) oder wenn eine Befürchtung die „Vermietbarkeit und Verkäuflichkeit" erschwert (BGH NZM 2014, 201 Rn. 10; OLG München ZMR 2007, 391; OLG Karlsruhe NZM 2006, 746) – was 32 jeweils allenfalls **ausnahmsweise** gelten kann. Völlig **belanglose Nachteile** mit Bagatellcharakter stellen keine Beeinträchtigung dar (BGH NZM 2014, 201 Rn. 8; OLG Düsseldorf ZWE 2010, 92). Eine **Verbesserung** des gemeinschaftlichen Eigentums ist keine Beeinträchtigung (BGH NJW 2012, 72 Rn. 15; LG Itzehoe ZMR 2010, 640). Keine Beeinträchtigung liegt ferner vor, wenn ein Wohnungseigentümer mit seiner Maßnahme einen Zustand geschaffen hat, der dem entspricht, was auch die übrigen Eigentümer erklärtermaßen erreichen wollen (OLG Düsseldorf NJW-RR 2007, 1024).

33 **b) Unvermeidbar.** Für einen Wohnungseigentümer **unvermeidbar** und damit grundsätzlich unerheblich sind solche Beeinträchtigungen, die beim Zusammenleben nach Art und Weise des Gebäudes **nicht zu umgehen** oder **grundsätzlich sozialadäquat** sind. Hierzu gehören ua **Gerüche** (OLG Düsseldorf NZM 2008, 489) und **Wohngeräusche,** die durch den **„allgemein üblichen"** Gebrauch eines Wohnungseigentums (etwa durch Baden, Bohren, Duschen, Feiern, Gäste bewirten, Gehen, Grillen, Kinderspielen, Kochen und seine Gerüche, Laufen, Musik abspielen, Musizieren, Rauchen, Sägen, Streiten, Stühle rücken, Telefonieren, Tierhaltung) oder Teileigentums (sämtliche Gerüche und Geräusche, die bei einem gewerblichen Gebrauch entstehen, wie Musik in einer Gaststätte oder Betrieb eines Restaurants auch nach 22.00 Uhr) entstehen. Dieser Gebrauch kann freilich jeweils in einen **unzulässigen umschlagen,** zB tägliches Feiern, ständiges Stühle rücken, bewusstes Trampeln, zu lautes Radio hören, ewiger Streit, Vielzahl von – ggf. gefährlichen – Tieren, ständiges Abbrennen von Duftkerzen, oder andere starke Gerüche (OLG Köln NJW-RR 1998, 83), intensives Rauchen (LG Frankfurt ZWE 2014, 171; AG München ZWE 2014, 363) usw. Nichts anderes gilt für die im gemeinschaftlichen Eigentum stehenden Räume und Flächen. Ihr Mitgebrauch durch ua Abstellen (etwa: Fahrräder, Kinderwagen, Kfz, Motorräder, Rollatoren), Fahnen aufhängen, Gehen, Grillen, Hunde ausführen, Laufen, Spielen, Türschmuck, Wäsche aufhängen ist grundsätzlich unvermeidbar. Anderes gilt wieder, wenn das im Einzelnen festzustellende „Übliche/Normale" überschritten wird.

34 Unvermeidbar, jedenfalls der Sache nach nicht nachteilig sind Beeinträchtigungen durch einen Gebrauch, auf den der Störer ua nach seinen Grundrechten einen **Anspruch** hat (→ Rn. 35 ff.).

35 **c) Beachtung der Grundrechte: Grundsatz der praktischen Konkordanz.** Bei Prüfung, ob ein Tun oder „Nichttun" beeinträchtigt, sind die jeweils betroffenen **Grundrechte** zu berücksichtigen (BVerfG NJW 2010, 220 Rn. 18; NZM 2005, 182 unter II. b) aa); BGH NJW 2012, 3719 Rn. 10; NZM 2004, 227 unter III. 2. a) aa). Bei Auslegung und Anwendung, **was** als zu unterlassender Nachteil zu verstehen ist, sind mithin die widerstreitenden grundrechtlich geschützten Rechtspositionen auf Grund einer fallbezogenen Abwägung zu einem angemessenen Ausgleich zu bringen (BVerfG NJW 2010, 220 Rn. 19 mwN). Konflikte sind nach dem **Grundsatz der praktischen Konkordanz** fallbezogen zu lösen. Dieser Grundsatz fordert, dass nicht eine der widerstreitenden Rechtspositionen bevorzugt und maximal durchgesetzt wird, sondern alle Interessen einen

möglichst schonenden Ausgleich erfahren (BVerfG NJW 2010, 220 Rn. 24). Der Grundsatz der praktischen Konkordanz untersagt jeden Eingriff, der nicht zur Herstellung eines ungestörten Gebrauchs des gemeinschaftlichen Eigentums oder des Sondereigentums anderer Wohnungseigentümer notwendig ist (BVerfG NJW 2010, 220 Rn. 15).

In Betracht kommen vor allem folgende Grundrechte für die Gebrauchsrechte eines Wohnungseigentümers (s. a. *Schmid* MDR 2010, 65) sowie die eines Dritten, dem das Wohnungseigentum überlassen ist, etwa einem Mieter: 36

- Art. 2 Abs. 1, Art. 1 Abs. 1 GG (Freie Entfaltung der Persönlichkeit), etwa für den Umfang der gesetzlichen Gebrauchsrechte nach § 13 Abs. 1 WEG oder für das Recht der Videoüberwachung.
- Art. 3 GG (Gleichheit vor dem Gesetz), etwa für das Recht beeinträchtigter Wohnungseigentümer oder ihrer Mieter auf Barrierefreiheit (*Schmid* NJW 2014, 1202). Dazu → § 20 Rn. 62 ff.
- Art. 4 Abs. 1 GG (Glaubens-, Gewissens- und Bekenntnisfreiheit), etwa für das Recht auf eine fest installierte Parabolantenne (→ § 20 Rn. 99).
- Art. 5 Abs. 1 Satz 1 GG (Medienfreiheit), etwa für das Recht auf eine fest installierte Parabolantenne (→ § 20 Rn. 99). Ein Grundrecht auf eine „optimale" Grundversorgung, zB auf den Empfang ganz bestimmter Sender, gibt es grundsätzlich nicht (LG Hamburg ZMR 2014, 743; ZMR 2009, 796; LG Frankfurt a. M. NJW-RR 2013, 1357); im Einzelfall kann aber anderes gelten.
- Art. 13 GG (Unverletzlichkeit der Wohnung), etwa für die Duldungspflichten nach § 14 Abs. 1 Nr. 2. Dazu → Rn. 21 ff.
- Art. 14 Abs. 1 und Abs. 2 GG (Eigentum), vor allem für den Umfang der gesetzlichen Gebrauchsrechte nach § 13 Abs. 1 WEG oder für das Hausrecht. Art. 14 GG sichert den konkreten Bestand in der Hand des einzelnen Eigentümers und seine Verfügungsbefugnis über den Eigentumsgegenstand (BVerfG NJW 1979, 699; 1969, 309).

d) Nachbarrechtliche Vorschriften des Privatrechts. Die nachbarrechtlichen Vorschriften des Privatrechtes werden grundsätzlich durch die speziell auf das Nachbarschaftsverhältnis zwischen Wohnungseigentümern zugeschnittenen §§ 13 und 14 WEG **verdrängt** (BayObLG NJW-RR 2002, 1022; OLG Köln NJW-RR 1998, 83). Die auf dem Gemeinschaftsverhältnis der Miteigentümer beruhenden Schranken haben ggü. den Schranken, die das allgemeine Nachbarrecht errichtet, Vorrang (OLG Stuttgart ZMR 2001, 730). Das Nachbarrecht kann indessen in geeigneten Fällen auf Grund seiner **Leitbildfunktion** in die Abwägung der gegenseitigen Interessen einbezogen werden (OLG Frankfurt a. M. NJW-RR 2006, 517; BayObLG NZM 2005, 69; KG KGR 1996, 43). Etwas anderes gilt ferner, wenn die WEG-Vorschriften ausnahmsweise **abbedungen** wurden (BayObLG NZM 2001, 769). Dann wird man die nachbarrechtlichen Vorschriften des Privat- (§§ 906 ff. BGB) und des öffentlichen Rechtes unmittelbar anwenden müssen. 37

e) Öffentlich-rechtliche Vorschriften. Viele öffentlich-rechtliche, hier nur **beispielhaft** zu nennende **Gesetze** können nach hM mit ihren Wertun- 38 gen auf das Wohnungseigentumsrecht und die Frage, was Nachteil ist, **ausstrahlen.** Nahe liegt das für solche Bestimmungen, die insbesondere den besonderen Konflikt zwischen Menschen regeln, die nahe beieinander wohnen und ihren jeweiligen Gebrauch (Geräusche, Gerüche usw) aufeinander **abstimmen** müssen. Bejaht wurde eine Wertungsübernahme zB bei von **Kindern ausgehenden Geräuschen** für die Wertungen des § 22 Abs. 1a BImSchG (BGH NZM 2012, 687 Rn. 11) oder für die Installation einer **Videoüberwachungsanlage** für § 6a BDSG (BGH NJW 2013, 3089 Rn. 6; NZM 2011, 512 Rn. 10). Bei Streitigkeiten über die **Bepflanzung unmittelbar benachbarter Gartenteile,** an denen jeweils einem der Eigentümer ein Sondernutzungsrecht zusteht, sollen **nachbarrechtliche Vorschriften** entsprechend anwendbar sein können (BayObLG ZMR 2000, 546; NJW-RR 1996, 463), zB die in dem jeweiligen Land geltenden nachbarrechtlichen Bestimmungen über die Grenzabstände von Bäumen und Sträuchern und ihren Rückschnitt sowie über Ausschlussfristen für die Geltendmachung von Beseitigungsansprüchen (BGH NJW 2007, 3636 Rn. 9). Daneben sollen Vorschriften des Denkmalschutz-, Immissions- oder des öffentlichen Baurechtes für die Beurteilung, was Nachteile sind, wesentliche Anhaltspunkte geben können (VG München ZMR 2011, 1001; s. a. BVerfG NZM 2005, 182 (183) unter II. 2. b) bb)). § 906 Abs. 1 Satz 2 BGB soll hingegen keine Bedeutung zukommen (BGH NZM 2014, 201 Rn. 11) – was nicht überzeugt, solange man iÜ die Leitwirkung anderer Normen anerkennt.

39 **f) Technische Grenz- und Richtwerte.** Für die Frage, was „Nachteil" ist, kann im **Einzelfall** auch auf technische Regelungswerke zurückgegriffen werden. Dies überzeugt, wenn das Regelungswerk **allgemeingültig** beschreibt, welche Immissionen in der Regel hinzunehmen/nicht hinzunehmen sind. Bevor das Regelungswerk angewendet wird, ist diese vorrangige Frage zu prüfen. Etwa DIN-Normen – private technische Regelungen mit Empfehlungscharakter – sollen einen „prägenden" Charakter haben (BGH NJW 2012, 2725 Rn. 9; OLG Düsseldorf ZMR 2008, 223; OLG Frankfurt a. M. NZM 2005, 68; LG Hamburg ZMR 2010, 605; s. a. BGH NJW 2013, 2271 Rn. 30). Werden die darin enthaltenen Grenz- oder Richtwerte **überschritten, kann** das für eine erhebliche Beeinträchtigung sprechen. Für den **„Schallschutz"** (das Maß des hinzunehmenden Schalls) enthält die DIN 4109 in der seit dem Jahr 1989 geltenden Fassung auch im Wohnungseigentumsrecht zu beachtende Anforderungen (BGH ZWE 2020, 374 Rn. 9; NJW 2018, 2123 Rn. 9; NJW 2012, 2725 Rn. 9; NJW-RR 1986, 755, 756; BayObLG WuM 1992, 497). Entgegen der früher hM (vgl. BGH NJW 2012, 2725 Rn. 14; OLG München NJW 2008, 592; OLG Düsseldorf NJW-RR 2008, 681) ist zu der Beurteilung der zulässigen Werte aber **nicht** das **besondere Gepräge** der Wohnanlage mitheranzuziehen. Der einzuhaltende Schallschutz richtet sich grundsätzlich nach den zur Zeit der Errichtung des Gebäudes geltenden DIN-Normen (BGH ZWE 2020, 374 Rn. 8; ZMR 2019, 55 Rn. 9; NJW 2018, 2123 Rn. 9; NJW 2015, 1442). Waren die bei Errichtung des Gebäudes als WEG-Anlage erreichten und prägenden Trittschallwerte erheblich besser als nach den damals geltenden DIN-Nor-

men, hat dieser Umstand keinen Einfluss auf das maßgebliche Schallschutzniveau (BGH NJW 2015, 1442 Rn. 15). Wird allerdings in **erheblichem Umfang** durch grundlegende Um- oder Ausbauten wie etwa einem Dachgeschossausbau in die Gebäudesubstanz eingegriffen, müssen die aktuellen technischen Vorgaben und damit auch die nunmehr geltenden Schallschutzwerte beachtet werden. Dies gilt nicht für Sanierungsmaßnahmen, die der üblichen Instandsetzung oder (ggf. zugleich) der Modernisierung des Sondereigentums dienen (BGH ZMR 2019, 55 Rn. 9; NJW 2018, 2123 Rn. 15).

Störende Geräusche können allerdings **nicht in jedem Fall starr** nach physikalisch gemessenen Lautstärken iVm DIN-Normen beurteilt werden; im Einzelfall kann es geboten sein, **zusätzliche Feststellungen** zur Lästigkeit der Geräuschimmissionen zu treffen (BGH NJW 2012, 2725 Rn. 16; OLG Düsseldorf NZM 2008, 288). Bei einer erheblichen Verfehlung der Schallschutznormen allein durch typische Wohngeräusche liegt die störende Empfindung in der darunter befindlichen Wohnung aber in der Regel auf der Hand (OLG Düsseldorf NZM 2008, 288; OLG Schleswig OLGR 2007, 935). **40**

g) Behördliche Genehmigungen. Erlaubt eine öffentlich-rechtliche Genehmigung des Baurechtes einen bestimmten Gebrauch eines Wohnungs- oder Teileigentums, die nach einer Vereinbarung oder einem Beschluss indes **nicht** zulässig ist, ist der Gebrauch gleichwohl **nur im Rahmen des Vereinbarten/Beschlossenen** möglich (BayObLG ZMR 2004, 925). Eine behördliche Genehmigung berührt das Verhältnis der Wohnungseigentümer untereinander nicht (OLG Köln NZM 2000, 296). Die behördliche Genehmigung zur (Um-)Nutzung eines Raums ist im Verhältnis der Wohnungseigentümer untereinander **unerheblich** (BGH ZMR 2011, 967 Rn. 7). Öffentlich-rechtliche Anforderungen und Genehmigungen ergehen im Übrigen in der Regel vorbehaltlich der Rechte Dritter und können eine privatrechtlich erforderliche Zustimmung nicht ersetzen (OLG Köln NZM 2000, 296; OLGR Köln 1999, 137). **41**

h) In Sonderheit: Bauliche Veränderungen. Zur Frage, wann eine **bauliche Veränderung** nachteilig ist → § 20 Rn. 125 ff. **42**

C. Pflichten gegenüber den übrigen Wohnungseigentümern (§ 14 Abs. 2 WEG)

§ 14 Abs. 2 betrifft die Pflichten der Wohnungseigentümer untereinander. Die Vorschrift ist zudem auf die Abwehr von Beeinträchtigungen des Sondereigentums beschränkt. Die Pflicht, das gemeinschaftliche Eigentum nicht zu beeinträchtigen, besteht nur gegenüber der Gemeinschaft der Wohnungseigentümer (→ Rn. 10). Dadurch werden die Zuständigkeiten zur Abwehr von Beeinträchtigungen klar geordnet: Die Abwehr von Beeinträchtigungen des gemeinschaftlichen Eigentums ist Aufgabe der Gemeinschaft der Wohnungseigentümer, da ihr die Verwaltung des gemeinschaftlichen Eigentums zugewiesen ist (§ 18 Abs. 1 WEG). **43**

44 Eine § 15 Abs. 3 WEG aF entsprechende Regelung, nach der die Wohnungseigentümer untereinander einen den Vereinbarungen und Beschlüssen (zum Beispiel der Hausordnung) entsprechenden Gebrauch verlangen können, sieht das nun geltende Recht nicht mehr vor. Denn soweit ein Verstoß gegen das Regelwerk keinen Wohnungseigentümer konkret beeinträchtigt, erscheint es dem Gesetzgeber sachgerecht, dass die damit zusammenhängenden Auseinandersetzungen nicht zwischen einzelnen Wohnungseigentümern geführt werden, sondern mit der Gemeinschaft der Wohnungseigentümer (BT-Drs. 19/18791, 539.

I. § 14 Abs. 2 Nr. 1 WEG

45 **1. Allgemeines.** § 14 Abs. 2 Nr. 1 WEG begründet die **Pflicht** jedes Wohnungseigentümers, fremdes **Sondereigentum** nicht durch ein Verhalten zu beeinträchtigen, das den Vereinbarungen oder Beschlüssen widerspricht. Soweit entsprechende Vereinbarungen und Beschlüsse fehlen, ist jeder Wohnungseigentümer verpflichtet, Beeinträchtigungen zu unterlassen, aus denen einem anderen Wohnungseigentümer ein Nachteil erwächst, der über das bei einem geordneten Zusammenleben unvermeidliche Maß hinausgeht. Die Vorschrift entspricht nach Auffassung des Gesetzgebers inhaltlich § 14 Nr. 1 WEG a. F. (BT-Drs. 19/18791, 53).

46 Der Wortlaut der Vorschrift spiegelt diese Auffassung indes nicht wieder. § 14 Abs. 2 Nr. 1 WEG enthält wörtlich nämlich nur die Verpflichtung, fremdes Sondereigentum nicht über das in § 14 Abs. 1 Nr. 2 WEG bestimmte Maß hinaus zu beeinträchtigen. § 14 Nr. 1 WEG aF hingegen enthielt im Wortlaut diese Verpflichtung auch für das gemeinschaftliche Eigentum. Gleichwohl wird man den Anwendungsbereich der nunmehr geltenden Norm dahingehend verstehen müssen, dass die Verpflichtung des Wohnungseigentümers auf ein sozialadäquates Verhalten sowohl für das Sondereigentum als auch für das gemeinschaftliche Eigentum gilt. Dies ergibt sich zunächst daraus, dass nach der Gesetzesbegründung eine Veränderung der Rechtslage nicht erfolgen sollte. Weiterhin lassen auch §§ 5 Abs. 1 und 20 Abs. 3 WEG diese generelle Verpflichtung zu einem sozialadäquaten Verhalten in jedweder Beziehung erkennen. Und schließlich ließe sich diese Verpflichtung auch aus dem besonderen Gemeinschaftsverhältnis der Wohnungseigentümer ableiten (→ Rn. 10 Rn. 7). Damit besteht die Verpflichtung zu einem Unterlassen der beschriebenen Beeinträchtigungen sowohl in Bezug auf das **Sondereigentum** als auch in Bezug auf das **gemeinschaftliche Eigentum.** Hinsichtlich des Sondereigentums ist jeder beeinträchtigte Sondereigentümer selbst gem. § 14 Abs. 2 Nr. 1 WEG abwehrberechtigt (→ Rn. 48), hinsichtlich des gemeinschaftlichen Eigentums besteht eine Ausübungsbefugnis der Gemeinschaft der Wohnungseigentümer gem. § 9a Abs. 2 WEG (→ 9a Rn. 97).

47 Damit enthält diese Vorschrift die **goldene Regel** oder den **Kant'schen Imperativ** für das Wohnungseigentumsrecht. Kein Wohnungseigentümer soll das Sondereigentum eines anderen Wohnungseigentümers über das bei einem geordneten Zusammenleben unvermeidliche Maß hinaus beeinträchtigen.

2. Abgrenzung/Anspruchsinhaber. Beeinträchtigungen des **Sondereigentums** kann jeder Wohnungseigentümer **selbst** abwehren. Als Anspruchsgrundlage kommen sowohl § 14 Abs. 2 Nr. 1 WEG als auch § 1004 BGB in Betracht. Der individuelle Rechtsschutz gem. § 14 Abs. 2 Nr. 1 WEG besteht aber nur bezüglich des jeweiligen Sondereigentums. 48

Hinsichtlich des **gemeinschaftlichen Eigentums** macht den Duldungsanspruch aus § 14 Abs. 1 WEG die **Gemeinschaft der Wohnungseigentümer** geltend. Materiell-rechtlich hat zwar jeder Wohnungseigentümer daneben einen eigenen individuellen sachenrechtlichen Anspruch aus § 1004 BGB, dass Beeinträchtigungen des gemeinschaftlichen Eigentums unterbleiben. § 9a Abs. 2 WEG weist die Ausübung dieser Ansprüche aber der Gemeinschaft der Wohnungseigentümer zu. Ein einzelner Wohnungseigentümer ist für beide Anspruchsgrundlagen nicht prozessführungsbefugt. 49

Das Sondereigentum darf allerdings nicht nur deshalb beeinträchtigt sein, weil das gemeinschaftliche Eigentum beeinträchtigt ist. Dass etwa der Verkehrswert des Sondereigentums sinkt oder dessen Vermietbarkeit durch eine Störung des gemeinschaftlichen Eigentums erschwert wird, reicht nicht. Die Geruchs- und Lärmbelästigungen müssen das Sondereigentum aber auch nicht in einem besonderen Maß treffen. Die „Mitstörung" des gemeinschaftlichen Eigentums kann der einzelne Wohnungseigentümer nicht abwehren (→ Rn. 9a Rn. 94). 50

Der Anspruch aus § 14 Abs. 2 Nr. 1 WEG richtet sich auf Abwehr **konkreter Beeinträchtigungen.** Diese können sich (auch) aus Benutzungen ergeben, die Vereinbarungen und/oder Beschlüssen widersprechen (BR-Drs. 168/20, 56). Dies ist dem Wortlaut des § 14 Abs. 2 Nr. 1 WEG nicht unmittelbar zu entnehmen. Die von konkreten Beeinträchtigungen losgelöste Pflicht der Wohnungseigentümer, das in der Gemeinschaft geltende Regelwerk einzuhalten, besteht nur gegenüber der Gemeinschaft der Wohnungseigentümer (→ Rn. 10). 51

In Bezug auf den Anspruch auf Unterlassung und/oder Beseitigung aus § 14 Abs. 2 Nr. 1 WEG könnte man fragen, ob der gestörte Wohnungseigentümer daneben gegen die Gemeinschaft der Wohnungseigentümer aus § 18 Abs. 2 Nr. 2 WEG einen Anspruch hat, für ihn die Beeinträchtigungen abzuwehren. Der Wortlaut des § 18 Abs. 2 Nr. 2 WEG lässt das an sich zu. Nach Sinn und Zweck muss der gestörte Wohnungseigentümer aber selbst vorgehen. 52

3. Gebrauchspflichten. a) Überblick. § 14 Abs. 2 Nr. 1 WEG zwingt einen Wohnungseigentümer, das Sondereigentum der anderen Wohnungseigentümer nicht über das in § 14 Abs. 1 Nr. 2 WEG bestimmte Maß hinaus zu beeinträchtigen. Damit enthält die neue Vorschrift die auch nach bisherigem Recht in § 14 Nr. 1 aF enthaltene Verpflichtung, von dem eigenen Sonder- und dem gemeinschaftlichen Eigentum nur in solcher Weise Gebrauch zu machen, dass dadurch keinem der anderen Wohnungseigentümer über das bei einem geordneten Zusammenleben unvermeidliche Maß hinaus ein Nachteil erwächst. Es besteht für jeden Wohnungseigentümer die Pflicht zu einem **schonenden, nicht nachteiligen** Gebrauch des 53

Sonder- und des gemeinschaftlichen Eigentums (Gebot der gegenseitigen Rücksichtnahme). § 14 WEG wird insoweit als „Grundnorm des innergemeinschaftlichen Nachbarrechts" verstanden, der die notwendige Schranke zu § 13 WEG bilde (BVerfG NJW 2010, 220 Rn. 17). Der Inhalt der Gebrauchsrechte kann durch Vereinbarungen nach § 10 Abs. 1 Satz 2 WEG und Beschlüsse nach § 19 Abs. 1, Abs. 2 WEG **ausgestaltet** werden. Die Wohnungseigentümer sind insoweit befugt, durch eine Vereinbarung den möglichen und zulässigen Gebrauch **zu verbieten oder einzuschränken** (→ § 10 Rn. 96). Ein Beschluss nach § 19 Abs. 2 WEG kann den möglichen und zulässigen Gebrauch hingegen nur **konkretisieren,** darf aber nicht zu einem Gebrauchsentzug führen (→ § 19 Rn. 14).

54 **b) Erhebliche Beeinträchtigungen. aa) Allgemeines.** Ob durch einen Gebrauch ein **erheblicher,** vermeidbarer Nachteil erwächst, ist stets Frage des **Einzelfalls** unter Beachtung ua der fallbezogenen Umstände, der betroffenen Grundrechte (→ Rn. 35), der technischen Grenz- und Richtwerte (→ Rn. 39), der öffentlich-rechtlichen Wertungen (→ Rn. 38), der Bauausführung des Gebäudes, der örtlichen Gegebenheiten, der Lage und des Charakters des Gebäudes (OLG München NZM 2005, 509), der Miteigentümer (Alter, Ethnie usw), der Bestimmungen der Wohnungseigentümer und vielem mehr. Es ist die **Regel,** dass ein Gebrauch in einer Anlage einen Nachteil darstellt, in einer anderen aber nicht. Soweit im Folgenden zu einigen „Standardfällen" Ausführungen gemacht werden, ist also zu beachten, dass sie für den **Einzelfall** zu **überprüfen** und **kritisch zu hinterfragen** sind. Ferner ist für die Falllösung **zunächst** zu fragen, ob es den Gebrauch regelnde, wirksame **Vereinbarungen** oder **Beschlüsse** gibt.

bb) Einzelfälle. Überblick für den Fall, dass in einer Wohnungseigentumsanlage **nichts** Besonderes bestimmt ist:

55 **(1) Sondereigentum:**

- **Bodenbelag:** Ein Wohnungseigentümer darf den Bodenbelag in seiner Einheit verändern, wenn das bisherige Schallschutzniveau (= das bei Errichtung eines Gebäudes als Wohnungseigentumsanlage oder seiner Umwandlung dazu) erhalten bleibt (BGH ZWE 2020, 374 Rn. 10; NJW 2018, 2123 Rn. 14; NJW 2012, 2725 Rn. 10). Etwas anderes gilt, wenn die Verlegung des neuen Belags **nicht sachgerecht** erfolgte (dann müssen Fehler beseitigt werden) oder der vorhandene Belag für das Schallschutzniveau prägend oder vereinbart war (BGH NJW 2012, 2725 Rn. 14). Dann muss der alte Belag der Art nach ggf. beibehalten werden.
- **Geräusche:** Normale, unvermeidbare Geräusche sind hinzunehmen. Ferner ist es nicht zu beanstanden, wenn ein Wohnungseigentümer im üblichen Rahmen (Geburtstag, Feiertage) feiert. Etwas anderes gilt, wenn ein Wohnungseigentümer regelmäßig schreit, trampelt, die Möbel rückt oder die Tür knallen lässt (OLG Düsseldorf NJW 2009, 3377); diese Geräusche sind vermeidbar. Nämliches gilt, wenn ein Wohnungseigentümer regelmäßig in seiner Einheit Stöckelschuhe trägt. Musikalische Wiedergaben und Darbietungen in einem Teileigentum liegen grundsätzlich im Rah-

men rechtmäßiger und zulässiger Nutzung von Gaststättenräumen (BayObLG NJW-RR 1994, 337; OLG Hamm OLGZ 1986, 167).
- **Heizen:** Ein Wohnungseigentümer darf sein Sondereigentum heizen wie er will. Etwas anderes gilt, wenn durch eine Nichtbeheizung Schäden am gemeinschaftlichen Eigentum zu befürchten sind.
- **Musizieren:** Ein Wohnungseigentümer darf, soweit es die üblichen Grenzen der Dauer und der Lautstärke nicht überschreitet, in seiner Einheit musizieren (BGH NJW 1998, 3713; BayObLG NJW-RR 1994, 337). Das Musizieren innerhalb der eigenen Wohnung ist Bestandteil eines sozial üblichen Verhaltens und „Element der Zweckbestimmung der Wohnanlage". Musizieren, das außerhalb der eigenen Wohnung nicht zu hören ist, kann nicht durch Gebrauchsregelungen beschränkt werden, weil durch ein solches Musizieren kein anderer Wohnungseigentümer beeinträchtigt wird. Anderslautende Bestimmungen sind insoweit nichtig.
- **Prostitution:** Die Prostitutionsausübung in einem Wohnungs- oder Teileigentum ist grundsätzlich unzulässig (OLG Zweibrücken ZWE 2009, 142). Dies gilt auch dann, wenn die anderen Bewohner der Wohnungseigentumsanlage vorwiegend Studenten sind und lediglich „Hausfrauensex" angeboten wird (OLG Zweibrücken ZWE 2009, 142). IdR stellt die Prostitutionsausübung in einer Wohnungseigentumsanlage für die anderen Wohnungseigentümer jedenfalls wegen der Minderung des Wertes der Wohnungseigentumsrechte einen nicht mehr hinnehmbaren Nachteil dar. Etwas anderes kann gelten, wenn die überwiegend gewerblich genutzte Anlage in einem Rotlichtbezirk liegt (KG ZMR 2000, 402). Anders kann es auch in einer großen Wohnungseigentumsanlage ohne Kinder sein (OLG Köln ZMR 2009, 387).
- **Rauchen:** Einem Wohnungseigentümer ist es grundsätzlich erlaubt, im Bereich seines Sondereigentums zu rauchen. Im Einzelfall gilt aber anderes (LG Frankfurt ZWE 2014, 171; AG München ZWE 2014, 363; grundlegend BGH NJW 2015, 2023). Etwas grundsätzlich anderes kann bei einem schlecht isolierten Altbau mit „Strohdecken" gelten: Übermäßiges Rauchen dürfte dort nicht zulässig sein (Rauch, der in Schlaf- und Ruheräume eindringt, ist dort „vermeidbar"). Entlüften ins Treppenhaus ist unzulässig.
- **Ruhezeiten:** Ist nichts Besonderes durch Vereinbarung oder Beschluss bestimmt, sind jedenfalls die allgemein in einer Gemeinde geltenden Ruhezeiten einzuhalten. Diese Ruhezeiten konkretisieren unter den Wohnungseigentümern, was ein „vermeidbarer Nachteil" ist.
- **Teileigentum:** Zum zulässigen Gebrauch eines Teileigentums s. a. → § 10 Rn. 91.
- **Tiere:** Tierhaltung ist im Bereich des Sondereigentums zulässig, wenn von ihr Störungen der anderen Wohnungseigentümer nicht ausgehen können. Ist nichts Besonderes durch Vereinbarung (→ § 10 Rn. 50) oder Beschluss bestimmt, darf jeder Wohnungseigentümer daher in angemessenen Grenzen und ohne weiteres vor allem Kleintiere halten. Als „Kleintiere" zu verstehen sind ua Aquarienfische, Eidechsen, Hamster, Kleinvögel, Mäuse, Meerschweinchen, Zwergkaninchen, ggf. Leguane oder Chinchillas. Ob Tierhaltung im Übrigen zulässig ist, ist grundsätzlich eine Frage

des Einzelfalls. Stets ist dann unter Abwägung sämtlicher beteiligter Interessen zu entscheiden, ob und möglicherweise welche Tiere in welcher Anzahl gehalten werden dürfen. Eine solche Abwägung lässt sich nicht allgemein vornehmen. Die zu berücksichtigenden Umstände sind so individuell und vielgestaltig, dass sich jede schematische Lösung verbietet. Zu bedenken sind insbesondere Art, Größe, Verhalten und Anzahl der Tiere, Art, Größe, Zustand und Lage des Sondereigentums sowie des Gebäudes, in dem sich das Sondereigentum befindet, Anzahl, persönliche Verhältnisse, namentlich Alter, und berechtigte Interessen der Mitbewohner und Nachbarn, Anzahl und Art anderer Tiere im Haus. Unzulässig ist daher in der Regel eine große Anzahl von Tieren (OLG Frankfurt a. M. NJW-RR 2006, 517; LG Lüneburg ZMR 2012, 728), etwa 100 Papageien oder sehr viele Katzen oder Tiere, von denen ein unangenehmer Geruch ausgeht. Die Haltung von Raub- oder giftigen Tieren verstößt hingegen in der Regel gegen § 14 Abs. 2 Nr. 1 WEG (OLG Karlsruhe NZM 2004, 551). Bestimmte Tiere gelten generell als „gefährlich", ua Affen, Bären, Giftnattern oder giftige Spinnen, Grubenottern, Hyänen, Krokodile, Riesenschlangen, Seeschlangen, Skorpione, Trugnattern, Wildhunde oder -katzen oder Vipern. Katzen und Hunde dürfen grundsätzlich gehalten werden, sind sie nicht „gefährlich". Anderes gilt für bestimmte Hunde. Zu diesen zählen in der Regel Pitbull-Terrier, American Staffordshire-Terrier, Bullterrier oder Kreuzungen dieser Rassen. Zeitweiliges Kläffen, Jaulen, Bellen usw. eines Hundes ist sozialadäquat, jedenfalls hinzunehmen. Etwas anderes gilt hingegen für Hunde, die – aus welchen Gründen auch immer (Verhaltensstörungen, Erziehung, Veranlagung) – vielfach stören. Durch solche Hunde und ihre „Immissionen" entstehen erhebliche, vermeidbare Nachteile. Ein auf diese Weise störender Hund darf– ohne dass dieses besonders bestimmt werden müsste – nicht gehalten werden. Frei laufende (Kampf-)Hunde sind mithin – kann man sie qualifizieren – stets unzulässig (KG ZMR 2002, 970; AG München ZMR 2012, 307).

- **Wohneigentum:** Zum zulässigen Gebrauch eines Wohneigentums s. a. → § 10 Rn. 88.
- **Wohngerüche:** Wohngerüche sind unvermeidbar und iRd Üblichen hinzunehmen (OLG München NZM 2007, 215; BayObLG NZM 2001, 387; OLG Köln NJW-RR 1998, 83).

56 **(2) Gemeinschaftliches Eigentum:**

- **Fassade:** Einem Teileigentümer ist es gestattet, im angemessenen Rahmen die Fassade und ggf. auch die im **gemeinschaftlichen** Eigentum stehenden Flächen für Werbung zu gebrauchen (OLG Karlsruhe ZMR 2002, 218; BayObLG NZM 2000, 1236; KG NJW-RR 1995, 333). Die Fassade ist hingegen grundsätzlich kein Ort für Meinungsäußerungen (KG NJW-RR 1988, 846). Fahnen dürfen vorübergehend aufgehängt werden, vor allem bei internationalen Meisterschaften. Auch Lichterketten, zB in der Adventszeit, sind nur vorübergehend zulässig (s. a. LG Köln ZMR 2008, 993).
- **Grillen:** Jeder Wohnungseigentümer darf auf den im gemeinschaftlichen Eigentum stehenden Flächen grundsätzlich grillen (BayObLG NZM 2002,

533). Maßgebend sind ua Lage und Größe des Gartens/Balkons, die Häufigkeit des Grillens und das verwendete Grillgerät. Die Grenze bildet ein im Einzelfall festzustellendes „übermäßiges“ Grillen (BayObLG ZMR 2002, 686; LG Stuttgart ZMR 1996, 625).

- **Haustürschmuck:** Der Brauch, während der Advents- und Weihnachtszeit sowie in der Osterwoche an der Außenseite der Wohnungsabschlusstür Kranzschmuck oder Eier anzubringen, ist hinzunehmen (LG Düsseldorf NJW-RR 1990, 785).
- **Hunde:** Ein Wohnungseigentümer darf seinen Hund durch das Treppenhaus in seine Wohnung führen. Ferner ist es erlaubt, etwaige im gemeinschaftlichen Eigentum stehende Außenflächen wie Wege, Rasen oder andere Flächen mit einem Hund zu begehen. Unzulässig wäre es hingegen, wenn ein Wohnungseigentümer die Exkremente seines Hundes im gemeinschaftlichen Eigentum beließe. Ob ein Hund **anzuleinen** ist, ist Frage des Einzelfalls und va, ob das Nichtanleinen nachteilig ist (LG Itzehoe ZWE 2015, 32; aA AG München ZMR 2013, 573). „Gefährliche“ Hunde sind anzuleinen (OLG Karlsruhe NZM 2008, 776) vor allem „Kampfhunde“ (streitig ist, ob es Kampfhunde überhaupt gibt und welche Hunderassen ggf. hierzu gehören; die Wohnungseigentümer können grundsätzlich definieren, welche Hunde in ihrer Anlage als „Kampfhunde“ gelten sollen).
- **Parabolantenne:** Ob ein Wohnungseigentümer im Raum des gemeinschaftlichen Eigentums eine (mobile) Parabolantenne gebrauchen darf, ist auf Grund einer **fallbezogenen Abwägung** der beiderseits grundrechtlich geschützten Interessen zu beantworten (BVerfG ZMR 2004, 438; LG Hamburg BeckRS 2014, 17585; → Rn. 16). Hierbei ist auf Seiten des Wohnungseigentümers, der einen Anspruch auf Errichtung einer Parabolantenne geltend macht, neben Art. 14 GG (BVerfG ZMR 2005, 634) vor allem Art. 5 Abs. 1 Satz 1 Hs. 2 GG zu beachten (BGHZ 157, 322). Dem steht auf Seiten der widersprechenden Wohnungseigentümer deren durch die Duldung einer solchen Anlage berührtes Eigentumsrecht (Art. 14 Abs. 1 Satz 1 GG) ggü. In die Abwägung einzubeziehen sind: Internet, Kabelanschluss (OLG Celle NJOZ 2006, 3283; OLG München ZMR 2006, 309; LG Hamburg ZMR 2009, 872.
- **Rauchen:** In den Grenzen eines Mitgebrauchsrechtes hält sich ein Wohnungseigentümer, wenn er etwa beim Durchgang von der Straße in seine Wohnung im Treppenhaus raucht. Sucht ein Wohnungseigentümer hingegen das Treppenhaus extra zum Rauchen seiner Zigarre auf, ist das unzulässig (s. a. AG Hannover NZM 2000, 520).
- **Spielen:** Auf den im gemeinschaftlichen Eigentum stehenden Flächen darf gespielt werden.
- **Stellplatz:** Ein im gemeinschaftlichen Eigentum stehender Stellplatz darf grundsätzlich nur zum jeweils vorübergehenden Abstellen von Kfz gebraucht werden.
- **Treppenhaus:** Grundsätzlich unzulässig ist es, **dauerhaft** Dinge, zB Schränke, im Treppenhaus abzustellen (OLG München ZMR 2006, 712; KG ZMR 1993, 181; AG Oberhausen ZMR 2012, 60). Vorübergehendes Abstellen ist hingegen unvermeidbar.

– **Zwerge:** Das dauerhafte Aufstellen von Zwergen kann nach einer Abwägung nachteilig sein (OLG Hamburg NJW 1988, 2052; s. a. AG Essen-Borbeck NZM 2000, 309; aA AG Recklinghausen NJW-RR 1996, 657).

57 **4. Erhaltung des Sondereigentums. a) Allgemeines.** Die Vorgabe an jeden Wohnungseigentümer in § 14 Abs. 2 Nr. 1 WEG, fremdes Sondereigentum nicht durch sein eigenes Verhalten zu beeinträchtigen, bedeutet auch, sofern nichts anderes vereinbart ist, die in seinem **Sondereigentum** stehenden **Räume** (→ § 3 Rn. 27 ff.) sowie die nach § 5 Abs. 1 bis Abs. 3 WEG im Sondereigentum stehenden **wesentlichen Gebäudeteile** (→ § 5 Rn. 8) und Grundstücksflächen grundsätzlich auf **eigene Kosten** so zu **erhalten,** dass dadurch keinem der anderen Wohnungseigentümer bezogen auf deren Sondereigentum oder das gemeinschaftliche Eigentum über das bei einem geordneten Zusammenleben unvermeidliche Maß hinaus ein Nachteil. Diese Verpflichtung war nach bisheriger Rechtslage in § 14 Nr. 1 WEG aF ausdrücklich enthalten. Inhaltlich findet sie sich aber auch in § 14 Abs. 2 Nr. 1 WEG wieder, so dass insoweit eine Rechtsänderung nicht eingetreten ist und die dazu gewonnenen Erkenntnisse fortgelten.

58 Auf welche Art und Weise ein Wohnungseigentümer dieser Pflicht nachkommt, ist grundsätzlich seine Sache. Ein diesbezüglicher Beschluss ist in Ermangelung einer Beschlusskompetenz nichtig (OLG Düsseldorf ZMR 2002, 613).

59 Die Verpflichtung zur Erhaltung seines Sondereigentums aus § 14 Abs. 2 Nr. 1 WEG trifft jeden Wohnungseigentümer nur gegenüber den anderen Wohnungseigentümern. Führen unterlassene Erhaltungsmaßnahmen zu nicht zu tolerierenden Auswirkungen am gemeinschaftlichen Eigentum, stehen den anderen Wohnungseigentümern Ansprüche aus § 1004 BGB zu, die jedoch gem. § 9a Abs. 2 WEG durch die Gemeinschaft der Wohnungseigentümer geltend zu machen sind (→ 9a Rn. 94).

60 **b) Erhaltung.** Erhaltung meint die Instandhaltung und/oder Instandsetzung des Sondereigentums. Es muss also ein vom Ursprungszustand **abweichender** Zustand festgestellt werden. Eine **nicht** zu Schäden an anderem Eigentum führende bloße **Nichtbenutzung/Vernachlässigung** unterfällt daher nicht § 14 Abs. 2 Nr. 1 WEG (BayObLG NJW-RR 1990, 854). Ferner ist ein mangelhafter Zustand des Sondereigentums **so lange belanglos,** als von ihm keine Nachteile auf anderes Eigentum ausgehen (OLG Düsseldorf ZMR 1995, 86; BayObLG NJW-RR 1990, 854). Eine zum Sondereigentum gehörende Wasserleitung muss deshalb erst dann repariert werden, wenn ansonsten Feuchtigkeitsschäden für anderes Sondereigentum oder das gemeinschaftliche Eigentum entstehen oder ernsthaft entstehen können (BayObLG NJW-RR 1990, 854). Ferner sind etwa Defekte an im Sondereigentum stehenden Heizkörpern – soweit dies möglich ist – erst dann zu beheben, wenn anderenfalls die Gefahr der Durchfeuchtung von Wänden und Decken besteht. **Entsprechendes** gilt, wenn ein im Sondereigentum stehender Heizkörper zwar nicht defekt ist, die anderen Wohnungseigentümer aber eine **Beheizung erwarten dürfen.** Befinden sich zB im abgeschlossenen Kellerraum eines Wohnungseigentümers die Wasser-

zuleitungen für andere Einheiten, hat der Eigentümer des Kellers Vorsorge dafür zu treffen, dass die Wasserleitungen nicht einfrieren können (BayObLG ZMR 1989, 349). Die geschuldete Erhaltung umfasst auch die **vollständige Erneuerung** iSe Ersatzbeschaffung von Teilen des Sondereigentums, sofern durch anderweitige Maßnahmen ein ordnungsmäßiger Zustand nicht mehr hergestellt werden kann (BayObLG WuM 1993, 562; NJW 1975, 2296). Erhaltung meint ferner auch die erstmalige Herstellung eines ordnungsmäßigen Zustandes (BayObLG ZMR 1992, 66). Dass ein Wohnungseigentümer das Sondereigentum im nachteiligen Zustand vom Bauträger oder als Sondernachfolger erworben hat, ist **unerheblich** (*Schmid* ZWE 2009, 202).

c) Modernisierungs- und Kontrollpflicht. § 14 Abs. 2 Nr. 1 WEG 61 enthält **weder** eine Modernisierungspflicht (OLG Stuttgart OLGZ 1994, 524) noch eine Pflicht zur **regelmäßigen** Prüfung von Leitungen durch einen Fachmann (OLG Frankfurt a. M. ZfIR 2005, 708; BayObLG NJW-RR 1994, 717).

d) Durchführung. Muss das Sondereigentum erhalten werden, ist die 62 Maßnahme vom Wohnungseigentümer als Sondereigentümer selbst oder durch von ihm eingeschaltete Dritte sach- und fachgerecht durchzuführen (OLG Düsseldorf ZWE 2002, 230; BayObLG NZM 2000, 504). Die **anderen** Wohnungseigentümer können nur eine **Abwehr** verlangen (→ Rn. 51), grundsätzlich nicht aber im Wege der Selbstvornahme den Schäden entgegentreten (BayObLG ZMR 2004, 841; KG NZM 2005, 745).

Der Wohnungseigentümer schuldet für sein Sondereigentum den Zustand, 63 der dazu führt, dass keine Nachteile (→ Rn. 30) mehr von ihm ausgehen. **Maßstab** ist der „Ursprungszustand" (OLG Hamm ZMR 2001, 842 bei Errichtung der Wohnungseigentumsanlage (BGH NJW 2012, 2725 Rn. 10) oder Umwandlung eines bestehenden Hauses. Gingen **bereits** vom Sondereigentum im **Ursprungszustand** Nachteile aus, müssen sie die anderen Wohnungseigentümer **hinnehmen** (aA BayObLG DWE 1980, 60). Ein Wohnungseigentümer schuldet bei einer Erhaltungsmaßnahme also **keine Verbesserung,** etwa des Trittschalls (BGH NJW 2012, 2725 Rn. 11).

e) Schadenersatz. Schuldhafte Verstöße gegen die Verpflichtung aus 64 § 14 Abs. 2 Nr. 1 WEG führen nach § 280 BGB zur Schadenersatzhaftung (*Schmidt* ZMR 2005, 673).

5. Einschreiten gegen Dritte. a) Allgemeines. § 14 Abs. 2 Nr. 1 65 WEG gibt jedem Wohnungseigentümer eine **Anspruchsgrundlage** auf Grund derer er **verlangen** kann, dass ein Wohnungseigentümer, der sein Wohnungseigentum ganz oder teilweise Dritten überlässt, auf die Dritten einwirkt, um die Pflichten des § 14 Abs. 2 Nr. 1 WEG zu erfüllen. Mit diesem Anspruch korrespondiert notwendig die **Pflicht** des überlassenden Wohnungseigentümers, für die **Einhaltung** des § 14 Abs. 2 Nr. 1 WEG zu **sorgen** und insoweit auf den Dritten idS **einzuwirken** (→ Rn. 68). Ohne § 14 Abs. 2 Nr. 1 WEG folgten – ohne Unterschied in der Sache – die Rechte und Pflichten jeweils aus dem Gemeinschaftsverhältnis der Wohnungseigentümer (→ § 10 Rn. 7).

66 **b) Kreis der Dritten.** Der Kreis der Dritten wurde nach bisherigem Recht in § 14 Nr. 2 WEG aF definiert. Dritte waren nach bisherigem Recht die Personen, die dem Hausstand (= seinem Wohnungseigentum) oder Geschäftsbetrieb (Teileigentum) des Wohnungs- oder Teileigentümers angehören. Zum Wohnungseigentümer gehört seine **aktuelle Familie** (eine durch Partnerschaft, Heirat oder Abstammung begründete Lebensgemeinschaft). Zur Familie zählen vor allem Ehegatten, Lebenspartner, Kinder, Enkel, die Eltern, Großeltern, Geschwister, Nichten und Neffen. Dritte sind auch seine **Angehörigen;** Angehöriger ist, wer mit dem Wohnungseigentümer das Wohnungs- oder Teileigentum auf Dauer mitgebraucht, zB eine in der Wohnung zeitweise mitwohnende Pflegekraft eines pflegebedürftigen Wohnungseigentümers, ein Au-pair-Mädchen, Pflegekinder des Wohnungseigentümers oder Kinder des Lebenspartners.

67 Die Frage, wer unter diesen Begriff fällt, ist nach nun geltender Rechtslage unerheblich, weil sich die Einwirkungspflicht des Wohnungseigentümers auf Personen, denen er sein Wohnungseigentum überlassen hat, nicht mehr aus der bisherigen Norm ergibt, sondern aus der allgemeinen goldenen Regel in § 14 Abs. 2 Nr. 1 WEG. Jeder Wohnungseigentümer hat Beeinträchtigungen anderen Wohnungseigentümer über das definierte Maß hinaus zu unterlassen, gleich ob er selbst verantwortlich für die Beeinträchtigung ist oder Dritte, die mit seinem Einverständnis sein Wohnungseigentum nutzen. Gemeint sind also solche Personen, denen der Wohnungseigentümer den Gebrauch oder sogar die Nutzung der in Sonder- oder Miteigentum stehenden Grundstücks- oder Gebäudeteile **willentlich überlässt,** d. h. vor allem Mieter und Pächter (BayObLG ZMR 1994, 25; *Schmid* MietRB 2011, 29) sowie Nießbraucher (BGH NJW 2014, 2640 Rn. 11).

68 **c) Einwirkung durch den Wohnungseigentümer. aa) Pflicht.** Ein Wohnungseigentümer **muss** auf die Dritten (→ Rn. 66) **einwirken,** damit sie die in § 14 Abs. 2 Nr. 1 WEG bezeichneten Erhaltungs- (→ Rn. 57 ff.) und Gebrauchspflichten (→ Rn. 53 ff.) einhalten. Diese Pflicht beginnt bereits **mit der Überlassung.** Der Wohnungseigentümer darf zB keinen Mietvertrag abschließen, durch den einem Mieter ein unzulässiger Gebrauch gestattet wird. Ferner muss ein vermietender Wohnungseigentümer seinen Mieter verpflichten, die Grenzen des wohnungseigentumsrechlich zulässigen Gebrauchs einzuhalten (OLG Düsseldorf WE 1996, 347; BayObLG WE 1998, 352; *Merle* PiG 15, 19; *Ruthmann* Wohnungseigentumsrechtliche Bindungen, 20). Das WEG räumt dem Wohnungseigentümer mit diesen Pflichten allerdings keine **eigenständigen** Befugnisse zu ihrer Durchsetzung ein (BGH ZMR 1996, 148). Ob und in welchem Umfange er auf diese Personen **einwirken** kann, bestimmt sich allein nach **anderen** Vorschriften (*Merle* WE 1993, 148), zB nach §§ 535 ff. BGB. Der überlassende Wohnungseigentümer muss alles in seiner Macht Stehende unternehmen, damit der Dritte einem berechtigten Unterlassungsbegehren Folge leistet (BGH ZWE 2020, 374 Rn. 6; NJW 2014, 2640 Rn. 13; 1996, 714; 1995, 2036; OLG Schleswig ZMR 2004, 941; LG Hamburg ZMR 2008, 828). Der überlassende Wohnungseigentümer kann sich seiner Inanspruchnahme grundsätzlich nicht mit dem Hinweis entziehen, dass dem Dritten das bean-

standete Verhalten durch einen Vertrag erlaubt und er nicht in der Lage sei, die begehrte Unterlassung diesem gegenüber durchzusetzen (BGH NJW 1995, 2036; OLG Düsseldorf ZMR 2004, 931; OLG Celle ZMR 2004, 689). Selbst bei einem unkündbaren Gebrauchsüberlassungsverhältnis ist es nicht ausgeschlossen, dass sich der Wohnungseigentümer mit dem Dritten gütlich einigt und ihn – erforderlichenfalls unter finanziellen Opfern – zu einer Aufgabe der zu unterlassenden Nutzung veranlasst (BGH NJW 2014, 2640 Rn. 13). Welche Maßnahmen der überlassende Wohnungseigentümer ergreifen muss, kann ihm allerdings grundsätzlich nicht vorgeschrieben werden (BGH NJW 1995, 2036; BayObLG NJW-RR 1994, 337).

bb) Pflichtverstoß des Wohnungseigentümers. Will ein Wohnungs- 69
eigentümer auf Dritte nicht einwirken – oder kann es nach den ihn mit diesen verbindenden vertraglichen Abreden nicht – schuldet er dem Gestörten oder den Gestörten zB wegen einer Mietminderung nach § 280 Abs. 1 BGB **Schadenersatz** (OLG Saarbrücken NJW 2008, 80; BayObLG NZM 2002, 167; OLG Hamm NJW-RR 1996, 335). Auf ein Verschulden des überlassenden Wohnungseigentümers kommt es nicht an (*Kirchhoff* ZMR 1989, 325). Anders ist es bei einem **Auswahlverschulden** des Wohnungseigentümers. Der überlassende Wohnungseigentümer kann den anderen Wohnungseigentümern ferner nach § 831 BGB haften (*Schmid* MietRB 2011, 28, 29). Voraussetzung ist, dass der Wohnungseigentümer die Eignung und Zuverlässigkeit des Dritten nicht überprüft oder ihn nicht ausreichend überwacht hat (*Schmid* AnwZert MietR 16/2013).

cc) Pflichtverstoß des Dritten. Die Vorschrift regelt allerdings nicht die 70
Verantwortung des Wohnungseigentümers für das Verhalten des Fremdnutzers, sondern bestimmt nur eine Sorge- und Einwirkungspflicht (LG Hamburg ZMR 2016, 308). Die Frage, ob ein Wohnungseigentümer für die Pflichtverstöße des Dritten **einstehen** muss, bestimmt sich vor allem nach §§ 31, 278, 831 BGB (OLG Saarbrücken NJW 2008, 80; BayObLG NZM 2002, 167; OLG Düsseldorf NJW-RR 1995, 1165). Etwa nach § 278 BGB muss sich der überlassende Wohnungseigentümer in den dortigen Grenzen das **Verschulden** eines Mieters wie ein eigenes Verschulden zurechnen lassen (BGH NJW 2014, 1653 Rn. 12).

**d) Rechte der Wohnungseigentümer. aa) Gegen Wohnungseigen- 71
tümer.** Macht der Dritte vom Sondereigentum oder gemeinschaftlichen Eigentum einen **unzulässigen** Gebrauch (→ Rn. 53 ff.) oder hält er das Sondereigentum, obwohl er es muss, nicht in einem sachgerechten Zustand (→ Rn. 57 ff.) und wird dadurch das Sondereigentum anderer Wohnungseigentümer über das zu tolerierende Maß hinaus beeinträchtigt, können die anderen Wohnungseigentümer den **Überlassenden** als **mittelbaren Handlungsstörer** (BVerfG NJW 2010, 220 Rn. 18; BGH NJW 2014, 2640 Rn. 8 ff.) auf **Einwirkung** in Anspruch nehmen. Der überlassende Wohnungseigentümer muss **alle** ihm möglichen und zumutbaren Maßnahmen ergreifen, damit sich die in → Rn. 66 Genannten an die beschriebenen Pflichten halten.

72 **bb) Gegen Dritte.** Stört der Dritte das Sondereigentum, kann der **gestörte Wohnungseigentümer** unmittelbar von ihm Unterlassung verlangen (→ § 13 Rn. 41). Die Störung des **gemeinschaftlichen Eigentums** kann nur die Gemeinschaft der Wohnungseigentümer verfolgen (→ 13 Rn. 43).

II. § 14 Abs. 2 Nr. 2 WEG

73 § 14 Abs. 2 Nr. 2 WEG verpflichtet die Wohnungseigentümer untereinander – parallel zur Pflicht gegenüber der Gemeinschaft der Wohnungseigentümer nach § 14 Abs. 1 Nr. 2 WEG – Einwirkungen auf das Sondereigentum und das gemeinschaftliche Eigentum zu dulden, die den Vereinbarungen und Beschlüssen entsprechen oder, soweit solche fehlen, aus denen sich kein über das bei einem geordneten Zusammenleben unvermeidliche Maß hinausgehender Nachteil ergibt. Dies betrifft vor allem Erhaltungs- und Baumaßnahmen einzelner Wohnungseigentümer, ist aber nicht darauf beschränkt. Die Ausführungen zu § 14 Abs. 1 Nr. 2 WEG gelten entsprechend (→ Rn. 17 ff.). Die Vorschrift begründet lediglich eine **Duldungspflicht.** Einen korrespondierenden Anspruch der Wohnungseigentümer untereinander, nicht gerechtfertigte Einwirkungen, insbesondere auf das gemeinschaftliche Eigentum, zu unterlassen, enthält die Vorschrift nicht. Die Wohnungseigentümer können nach § 14 Abs. 2 Nr. 1 WEG lediglich verlangen, dass nicht gerechtfertigte Beeinträchtigungen ihres Sondereigentums unterbleiben. Die Abwehr nicht gerechtfertigter Beeinträchtigungen des gemeinschaftlichen Eigentums ist dagegen Aufgabe der Gemeinschaft der Wohnungseigentümer (BT-Drs. 19/18791, 53).

D. Entschädigungsanspruch (§ 14 Abs. 3 WEG)

I. Überblick

74 Nach § 14 Abs. 3 WEG kann ein Wohnungseigentümer, der eine Einwirkung zu dulden hat, die über das zumutbare Maß hinausgeht, angemessenen Ausgleich in Geld verlangen. Die Vorschrift tritt inhaltlich an die Stelle des bisherigen § 14 Nr. 4 HS 2 WEG aF, der allgemein als Ausprägung des Aufopferungsgedankens eingeordnet wurde (vgl. BGH NZM 2003, 197) weil der Geschädigte den Eingriff in sein Eigentum dulden muss (BGH ZWE 2017, 216 Rn. 29; NJW 2003, 826 unter II. 3. c; KG NZM 2000, 284). § 14 Abs. 3 WEG gestaltet den Anspruch in diesem Sinne als Aufopferungsanspruch aus. Tatbestandlich genügt deshalb nicht jede Einwirkung, sondern es fallen nur solche Einwirkungen unter die Regelung, die über das zumutbare Maß im Sinne einer Sonderopfergrenze hinausgehen (BT-Drs. 19/18791, 53). Es handelt sich dabei, wie sich schon aus dem Wortlaut ergibt, um einen von § 14 Abs. 1 Nr. 2 abweichenden Maßstab. Ein Verschulden ist nicht notwendig. Auf Rechtsfolgenseite ist nicht jeder adäquat-kausal verursachte Schaden zu ersetzen, sondern eine angemessene Entschädigung zu leisten. Der Wortlaut lehnt sich an § 906 Absatz 2 Satz 2 BGB an, so dass auf die für dessen Auslegung entwickelten Grundsätze zurückgegriffen werden kann (BT-Drs. 19/18791, 55).

II. Voraussetzungen

1. Schaden. Einzige Voraussetzung des Anspruchs ist, dass ein Wohnungseigentümer **durch** das – zu duldende – Einwirken der Gemeinschaft der Wohnungseigentümer oder eines Wohnungseigentümers **adäquat kausal** einen **Schaden** erlitten hat. Dem Geschädigten sind nach den Grundsätzen der §§ 249 ff. BGB sämtliche Schäden zu ersetzen (BGH NJW 2018, 3305; ZWE 2017, 216 Rn. 22; NJW 2003, 826; KG NZM 2000, 284). Dem beeinträchtigten Eigentümer dürfen keine unmittelbaren finanziellen Nachteile aus der Durchführung der Arbeiten zur Last fallen (KG NZM 2000, 284). Der Schaden kann am **Sondereigentum,** aber auch am gemeinschaftlichen Eigentum entstanden sein, soweit dem geschädigten Wohnungseigentümer hieran ein Sondernutzungsrecht zusteht (Jennißen/*Hogenschurz* § 14 Rn. 23; Bärmann/*Suilmann* § 14 Rn. 74 und 80). Der Anspruchsberechtigte ist **insoweit** geschädigt, wie er nach einer Vereinbarung **allein** für die Kosten der Erhaltung einzustehen hat (OLG Schleswig NZM 2007, 46). 75

§ 14 Abs. 3 WEG gilt auch, wenn das Sondereigentum zwar nicht betreten und benutzt wird, aber eine **gleichwertige Beeinträchtigung** bei der **Durchführung einer Baumaßnahme** oder in ihrem Vorfeld erfährt (OLG Schleswig NZM 2007, 46; OLG Köln WE 1997, 199; KG WE 1994, 51), zB wenn durch ein Baugerüst eine Mietminderung zu beklagen ist. Bei **Nichtdurchführung** einer Baumaßnahme, also bei zeitlich verzögerten oder vollständig unterbliebenen Maßnahmen im Bereich des gemeinschaftlichen Eigentums, gilt dies nicht (OLG Frankfurt a. M. ZWE 2009, 123; LG Hamburg ZWE 2012, 26; AG Kassel ZWE 2013, 130; aA OLG Köln NZM 1999, 83). Hier käme nur ein Anspruch entsprechend § 906 Abs. 2 Satz 2 BGB in Betracht, den die hM aber **ablehnt** (→ § 13 Rn. 67). 76

2. Umfang des Anspruchs. Für Art, Inhalt und Umfang des Anspruchs sind §§ 249 ff. BGB anzuwenden (BGH ZWE 2017, 216 Rn. 30; NZM 2003, 197; KG NZM 2000, 284; BayObLG NJW-RR 1994, 1104; LG Frankfurt a. M. BeckRS 2014, 17403). Der Anspruch umfasst primär **Substanzschäden** an den im Sondereigentum stehenden Gebäudeteilen inklusive einer Verschlechterung des Zustandes des Sondereigentums (BGH ZWE 2017, 216 Rn. 22; NZM 2016, 169 Rn. 26), aber auch am sonstigen Alleineigentum des Sondereigentümers. Sekundär zählen hierzu aber auch sämtliche **adäquat kausal** im Zusammenhang mit der Maßnahme stehenden Schäden (OLG München NZM 2008, 211), **nicht** hingegen Schäden, die infolge des die Maßnahme der Instandhaltung oder Instandsetzung auslösenden Mangels des gemeinschaftlichen Eigentums eingetreten sind (BGH NZM 2018, 719 Rn. 35; ZWE 2017, 216 Rn. 22; OLG München ZMR 2008, 562). Zu erstatten ist daher zB auch entgangener Gewinn (OLG Frankfurt a. M. ZMR 2006, 625; KG NZM 2000, 284), Umzugs-, Transport- und Lagerkosten (BGH NZM 2003, 197 unter II. 2. c), Kosten für Ersatzwohnraum (BGH NZM 2003, 197 unter II. 2. c), Säuberungskosten, Verdienstausfall, sofern er nicht auf einem freien Willensentschluss des Wohnungseigentümers beruht (KG NZM 2000, 284), entgangene Miete (BGH 77

NZM 2003, 197 unter II. 2. c; LG Frankfurt a. M. ZWE 2014, 403) in **voller** Höhe, also nebst Betriebskosten (LG Frankfurt a. M. BeckRS 2014, 17403), und ggf. nach den Grundsätzen des Großen Senats in Zivilsachen (BGH NJW 1986, 2037) eine Entschädigung für fehlenden Eigengebrauch (BayObLGZ 1987, 50), zB an Garten und Terrasse (BayObLG NJW-RR 1994, 1104). Verzögert der Geschädigte die Entscheidung, trifft ihn bei einer Naturalrestitution ggf. ein Mitverschulden. Nicht ersatzfähig sind grundsätzlich „auffangbare" Beeinträchtigungen des Gebrauchs, zB die Nichtnutzbarkeit von Nebenräumen (Bärmann/*Suilmann* § 14 Rn. 78). Ein Mitverschulden ist zu beachten. Der Geschädigte muss sich nach den allgemeinen Grundsätzen einen Abzug „Neu für Alt" anrechnen lassen (*Dötsch* NZM 2014, 491; aA *Gottschalg* NZM 2010, 427). Voraussetzung ist, dass eine messbare Vermögensmehrung eingetreten ist, der Geschädigte einen messbaren wirtschaftlichen Vorteil erlangt hat (BayObLG NZM 1998, 408; OLG Koblenz NJW-RR 1990, 149) – was nach den allgemeinen Regelungen der Verpflichtete beweisen muss (*Dötsch* NZM 2014, 492).

78 Ein Beschluss, der die Höhe der angemessenen Entschädigung festlegt, ist als „anspruchsvernichtend" nichtig (→ § 23 Rn. 8 „Anspruchsbegründung und -vernichtung"). Ferner haben die Wohnungseigentümer keine Beschlusskompetenz zu entscheiden, ob der Geschädigte Geld oder Naturalrestitution verlangen kann.

79 3. **Aufrechnung.** Streitig ist, ob mit dem Entschädigungsanspruch aufgerechnet werden darf (→ § 28 Rn. 296).

III. Verpflichteter

80 Nach bisheriger Rechtslage war nicht abschließend geklärt, wer Verpflichteter des Entschädigungsanspruchs gem. § 14 Nr. 4 Hs. 2 WEG aF war. Entsprechend § 10 Abs. 6 Satz 3 WEG aF war dies zum einen die Gemeinschaft der Wohnungseigentümer. Sie war verpflichtet, den Schaden eines Wohnungseigentümers zu erstatten (BGH ZMR 2019, 517 Rn. 11; NZM 2018, 719; NZM 2016, 169 Rn. 27; OLG Schleswig NJW-RR 2007, 448). Nach teilweiser Ansicht waren **daneben** allerdings **auch** die Wohnungseigentümer verpflichtet (*Elzer* ZMR 2006, 631; offengelassen von BGH NZM 2016, 169 Rn. 27).

81 Die nun geltende Regelung in § 14 Abs. 3 WEG differenziert danach, wem gegenüber die Verpflichtung zur Duldung der Einwirkung besteht. In den Fällen des § 14 Abs. 1 WEG ist dies die Gemeinschaft der Wohnungseigentümer (§ 14 Abs. 1 Nr. 2 WEG), dementsprechend ist sie im Gegenzug zur Entschädigung verpflichtet. Hat hingegen ein Wohnungseigentümer gegenüber einem anderen Wohnungseigentümer die Einwirkungen zu dulden (§ 14 Abs. 2 Nr. 2 WEG), kann er von diesem folgerichtig den Ausgleich verlangen.

IV. Analoge Anwendung

82 § 14 Abs. 3 WEG ist auf Schäden, die an Flächen entstehen, die einem **Sondernutzungsrecht** unterliegen, analog anwendbar (OLG Düsseldorf

ZMR 2006, 459; differenzierend Bärmann/*Suilmann* § 14 Rn. 80), soweit das Sondereigentum des Sondernutzungsberechtigten einen Schaden erleidet oder das gemeinschaftliche Eigentum, das der Sondernutzungsberechtigte nach einer Vereinbarung aber auf **eigene** Kosten erhalten muss. Keine Analogie ist möglich, wenn ein Wohnungseigentümer als „Entschädigung" eine Wiederherstellung einer **unerlaubt** vorgenommenen baulichen Veränderung verlangt.

Pflichten Dritter

15 Wer Wohnungseigentum gebraucht, ohne Wohnungseigentümer zu sein, hat gegenüber der Gemeinschaft der Wohnungseigentümer und anderen Wohnungseigentümern zu dulden:

1. die Erhaltung des gemeinschaftlichen Eigentums und des Sondereigentums, die ihm rechtzeitig angekündigt wurde; § 555a Absatz 2 des Bürgerlichen Gesetzbuchs gilt entsprechend;

2. Maßnahmen, die über die Erhaltung hinausgehen, die spätestens drei Monate vor ihrem Beginn in Textform angekündigt wurden; § 555c Absatz 1 Satz 2 Nummer 1 und 2, Absatz 2 bis 4 und § 555d Absatz 2 bis 5 des Bürgerlichen Gesetzbuchs gelten entsprechend.

Übersicht

A. Sinn und Zweck

1 § 15 WEG begründet einen Anspruch der Gemeinschaft der Wohnungseigentümer und einzelner Wohnungseigentümer gegen Drittnutzer auf Duldung von Erhaltungsmaßnahmen und baulicher Maßnahmen. Die Vorschrift ist systematisch betrachtet ungewöhnlich (*Becker/Schneider* ZfIR 2020, 296: „Fremdkörper"), weil das WEG, und insbesondere der Abschnitt 4 des WEG, in dem sich § 15 WEG befindet, das Rechtsverhältnis der Wohnungseigentümer untereinander und zur Gemeinschaft der Wohnungseigentümer regelt und nicht zu außerhalb der Gemeinschaft stehenden Dritten.

2 Der Gesetzgeber will mit dieser Norm sicherstellen, dass die Durchführung von Erhaltungsmaßnahmen und baulicher Maßnahmen nicht an Gebrauchsrechten Dritter scheitert. Insbesondere die Durchsetzung der nach dem WEG bestehenden Ansprüche eines Wohnungseigentümers auf bestimmte bauliche Veränderungen iSv § 20 Abs. 2 und 3 WEG soll nicht dadurch erschwert werden, dass ein anderer Wohnungseigentümer den Gebrauch seiner Wohnung einem Dritten überlassen hat. § 15 WEG unterscheidet dabei zwischen Erhaltungsmaßnahmen (§ 15 Nr. 1 WEG) und Maßnahmen, die über eine Erhaltung hinausgehen (§ 15 Nr. 2 WEG).

B. Duldungsverpflichtung

I. Verpflichteter

3 Adressaten der Duldungsverpflichtung sind **Drittnutzer** von Räumen, die im Sondereigentum stehen, also Nichtwohnungseigentümer. Hierzu zählen vor allem Mieter des Wohnungseigentums, aber auch dinglich Wohnungsberechtigte oder Nießbraucher sowie alle Personen, denen der Gebrauch überlassen wurde (BT-Drs. 19/18791, 54; krit. hierzu *Becker/Schneider* ZfIR 2020, 296). Die Pflichten der Wohnungseigentümer ergeben sich nicht aus § 15 WEG, sondern aus § 14 WEG.

II. Anspruchsinhaber

4 Die Duldungspflicht besteht gem. § 15 WEG gegenüber der **Gemeinschaft der Wohnungseigentümer** und gegenüber anderen **Wohnungseigentümern.** Entscheidend ist, ob es sich um Maßnahmen am gemeinschaftlichen Eigentum handelt, dann ist Anspruchsinhaber die Gemeinschaft der Wohnungseigentümer, oder ob es sich um eine Maßnahme am Sondereigentum handelt, dann steht der Anspruch dem betreffenden Sondereigentümer zu. Die Duldungspflicht besteht dagegen **nicht** gegenüber dem

Wohnungseigentümer, von dem der Drittnutzer sein Gebrauchsrecht ableitet, typischerweise also seinem Vermieter. Denn § 15 WEG hat nicht die Funktion, die Rechte des überlassenden Wohnungseigentümers aus dem Rechtsverhältnis, das der Überlassung zugrunde liegt, zu modifizieren. Dafür besteht auch kein Bedürfnis, weil der überlassende Wohnungseigentümer auf die Gestaltung dieses Rechtsverhältnisses Einfluss nehmen kann (BT-Drs. 19/18791, 54).

III. Erhaltungsmaßnahmen (§ 15 Nr. 1 WEG)

1. Begriff. § 15 Nr. 1 WEG enthält die Pflicht des Drittnutzers, Erhaltungsmaßnahmen am gemeinschaftlichen und am Sondereigentum zu dulden. Im Begriff Erhaltung sind die nach bisherigem Recht bekannte Begriffe Instandhaltung und Instandsetzung enthalten (→ § 13 Rn. 71 ff.). Unter **Instandhaltung** werden alle Maßnahmen verstanden, die geeignet sind, normale und gebrauchsbedingte Abnutzungserscheinungen zu beseitigen und vor drohenden Schäden zu schützen. Unter einer **Instandsetzung** ist die Wiederherstellung des ursprünglichen ordnungsmäßigen Zustandes zu sehen (BSG BeckRS 2015, 65733; OLG Hamm ZWE 2009, 261; BayObLG ZWE 2002, 222). Ausführlich hierzu → § 19 Rn. 56 ff. **5**

2. Rechtzeitige Ankündigung. Die Verpflichtung zur Duldung der Erhaltungsmaßnahme besteht nur, wenn sie dem Drittnutzer rechtzeitig angekündigt wurde. § 15 Nr. 1 WEG erklärt insoweit § 555a Abs. 2 BGB für entsprechend anwendbar. Nach § 555a Abs. 2 BGB sind Erhaltungsmaßnahmen rechtzeitig anzukündigen, es sei denn, sie sind nur mit einer unerheblichen Einwirkung auf die Mietsache verbunden oder ihre sofortige Durchführung ist zwingend erforderlich (vgl. PWW/Elzer § 555a BGB Rn. 6 ff). **6**

Die Ankündigung der angedachten Erhaltungsmaßnahmen ist **form- und fristfrei** möglich, muss jedoch rechtzeitig erfolgen. Nur die rechtzeitige und vollständige Erfüllung der Ankündigungspflicht löst die Fälligkeit der Duldungspflicht aus (vgl. BGH NJW 2012, 63 Rn. 19). **7**

Was rechtzeitig ist, beurteilt sich nach den Umständen des Einzelfalls. Abzuwägen sind die zu erwartenden Beeinträchtigungen des Nutzers, die Dringlichkeit der Maßnahme sowie der Umfang der Maßnahme (BGH NJW 2015, 2419). Ferner ist zu berücksichtigen, dass der Drittnutzer sich auf die Arbeiten einstellen und entsprechende Vorkehrungen treffen muss (vgl. LG Berlin GE 2019, 920). Das kann bei Berufstätigkeit die Beantragung von Urlaub usw sein, ggf. die Absprache mit Dritten, um Zutritt zur Wohnung zu gewähren oder um während der Arbeiten durch Anwesenheit in der Wohnung die eigenen Interessen zu gewährleisten (LG Berlin GE 2018, 997). Auch wenn § 15 Nr. 1 WEG nicht auf § 555c Abs. 1 BGB verweist, setzt dies voraus, dass die Ankündigung den voraussichtlichen Beginn und die Dauer der Arbeiten enthält, weil nur so der Nutzer des Wohnungseigentums die notwendigen Dispositionen treffen kann. In der Regel sind 2 Wochen ausreichend, aber auch notwendig (PWW/*Elzer* § 555a BGB Rn. 12). **8**

9 **3. Ankündigender.** Die Ankündigung obliegt demjenigen, der zu seinen Gunsten die Duldungspflicht auslösen will. Dies ist abhängig davon, wer die Maßnahme durchführen will, die **Gemeinschaft der Wohnungseigentümer** oder ein **einzelner Wohnungseigentümer.** Die Gemeinschaft der Wohnungseigentümer wird hierbei gem. § 9b Abs. 1 Satz 1 WEG vertreten durch den Verwalter. Ein einzelner Wohnungseigentümer kann sich durch einen Bevollmächtigten (§ 174 BGB) vertreten lassen.

10 **4. Ausnahmen von einer Ankündigung.** Die Ankündigungspflicht entfällt, wenn mit der Erhaltungsmaßnahme nur eine unerhebliche Einwirkung verbunden oder ihre sofortige Durchführung zwingend erforderlich ist. Beispiele sind dringende Reparaturen nach einem Rohrbruch, des zerstörten Dachs nach einem Unwetter oder Schäden nach einem Brand. Auch hier sind die Umstände des Einzelfalls entscheidend. Stets ist eine Abwägung der jeweils betroffenen Interessen erforderlich. Grundsätzlich ist nach § 242 BGB auch bei solchen Ausnahmesituationen so früh wie möglich eine wenigstens rudimentäre Mitteilung darüber erforderlich, was wann von wem geschehen wird. Anzukündigen sind ua Art, Umfang und Erforderlichkeit der Erhaltungsmaßnahme sowie deren voraussichtlicher Beginn und die Dauer der Arbeiten, mithin ihr Ende.

11 **5. Duldung.** Sofern die Voraussetzungen des § 15 Nr. 1 WEG vorliegen, hat der Drittnutzer Erhaltungsmaßnahmen am Sonder- und Gemeinschaftseigentum grundsätzlich zu dulden. Unerheblich ist, ob sich aus dem (Miet-) Vertrag mit dem vermietenden Wohnungseigentümer etwas anderes ergibt. Verstößt der vermietende Wohnungseigentümer durch Vornahme der Erhaltungsmaßnahmen gegen die Vorgaben des Mietvertrages, macht er sich gegebenenfalls schadenersatzpflichtig. Dies lässt aber die Duldungspflicht aus § 15 Nr. 1 WEG unberührt.

12 Duldung heißt vor allem „Hinnehmen" (PWW/*Elzer* § 555a BGB Rn. 7; Palandt/*Weidenkaff* § 555a Rn. 3). Beispiele hierfür sind das Betretenlassen der im Sondereigentum stehenden Räume, das Ertragen von Gerüchen, Lärm, Messungen, Wartungen, vorbereitende Maßnahmen (BayObLG NJWE-MietR 1996, 229; *v Rechenberg* ZWE 2005, 49), Unterbrechungen der Versorgung, das **Aufbrechen, Beschädigen und Zerstören** der im Sondereigentum stehenden Gebäudeteile (BGH NJW 2003, 826; OLG Frankfurt a. M. NZM 2007, 251), um Arbeiten am gemeinschaftlichen Eigentum vornehmen oder um das Vorliegen eines Erhaltungsbedarfs feststellen zu können, zB durch das Abschlagen von Bad- oder Balkonfliesen, und im Einzelfall sogar eine vorübergehende Räumung (vgl. LG Mannheim WuM 1987, 272 zum Mietrecht). Zu dulden ist aber auch der Einbau von Anlagen und Einrichtungen, die dem gemeinschaftlichen Gebrauch der Wohnungseigentümer dienen und an keinem anderen Ort angebracht werden können, jedenfalls wenn sie gesetzlich vorgeschrieben sind (BGH NJW 2013, 3092 Rn. 18 für Rauchwarnmelder). Der Drittnutzer muss grundsätzlich **nicht aktiv mitwirken,** etwa Möbel beiseitestellen, Gardinen abnehmen oder Tröge beiseite räumen (BayObLG WE 1996, 152; s. a. LG Berlin NJW-RR 1996, 1163 zum Mietrecht). Er darf eine Erhaltungsmaßnahme aber auch nicht behindern, er schuldet zB **Terminabsprachen** (s. a.

BGH NJW 2009, 1736 Rn. 16). **Grenzen** der Duldungsverpflichtung bilden §§ 242, 226 BGB (s. a. BGH NJW 1972, 723).

6. Anwendungsbereich. a) Gemeinschaftliches Eigentum. Im Wesentlichen wird man sich bei der Duldungspflicht des Drittnutzers an der früher in § 14 Nr. 4 Hs. 2 WEG aF, nun in § 14 Abs. 1 Nr. 2 WEG enthaltenen Verpflichtung eines Wohnungseigentümers zur Betretung und Benutzung seines Sondereigentums, soweit dies zur Erhaltung des gemeinschaftlichen Eigentums erforderlich ist, orientieren können. Der Inhalt der Duldungsverpflichtung ist weitgehend deckungsgleich, lediglich der Adressat der Pflicht ist ein anderer. Die Beeinträchtigungen sind nur zulässig, soweit diese notwendig, erforderlich und zumutbar sind (→ § 14 Rn. 20 ff.). 13

b) Sondereigentum. Grundsätzlich gelten für das Sondereigentum die Ausführungen zum gemeinschaftlichen Eigentum (→ Rn. 13) entsprechend. Sofern der betreffende Sondereigentümer Berechtigter eines Sondernutzungsrechtes für einen Raum, eine Anlage oder Fläche ist und ihm nach dem Inhalt des Sondernutzungsrechtes die Erhaltung dieses, an sich im gemeinschaftlichen Eigentum befindlichen Sondernutzungsrechtsgegenstandes übertragen worden ist, ist es gerechtfertigt, die Verpflichtung des Drittnutzers auch auf die Erhaltung des Sondernutzungsrechtsgegenstandes zu übertragen. 14

IV. Bauliche Veränderungen (§ 15 Nr. 2 WEG)

1. Allgemeines. § 15 Nr. 2 WEG enthält die Pflicht eines Drittnutzers, bauliche Maßnahmen zu dulden, die über Erhaltungsmaßnahmen hinausgehen. § 15 Nr. 2 WEG bezieht sich dabei – genauso wie § 15 Nr. 1 WEG – sowohl auf das Sondereigentum als auch auf das gemeinschaftliche Eigentum. Der Sache nach geht es um bauliche Veränderungen. Da aber der Begriff der baulichen Veränderung nach § 20 Abs. 1 WEG auf das gemeinschaftliche Eigentum begrenzt ist, spricht das Gesetz allgemein von Maßnahmen, die über die Erhaltung hinausgehen. 15

Diese Duldungspflicht besteht aber nicht unbegrenzt, weil § 15 Nr. 2 WEG die entsprechende Anwendung der § 555c Abs. 1 Satz 2 Nr. 1 und 2, Abs. 2 bis 4, § 555d Abs. 2 bis 5 BGB anordnet. Über diese Verweisung kommen die mietrechtlichen Vorschriften über den Inhalt der Ankündigung von Modernisierungsarbeiten und den Härteeinwand des Mieters gegenüber solchen Maßnahmen zur Anwendung. Die Vorgaben über den Inhalt einer Ankündigung nach § 15 Nr. 2 WEG gehen deutlich über die Anforderungen an eine Ankündigung gem. § 15 Nr. 1 WEG hinaus. 16

2. Ankündigung. Die geplanten baulichen Maßnahmen sind – anders als Erhaltungsmaßnahmen gem. § 15 Nr. 1 WEG – spätestens drei Monate vor ihrem Beginn in **Textform** (§ 126b BGB) anzukündigen. Die Ankündigung muss Angaben enthalten über die Art und den voraussichtlichen Umfang der baulichen Veränderung in wesentlichen Zügen sowie den voraussichtlichen Beginn und die voraussichtliche Dauer der baulichen Maßnahme (§ 555c Abs. 1 Satz 2 Nr. 1 und 2 BGB). Ebenso wie bei § 15 Nr. 1 WEG 17 löst nur die rechtzeitige und vollständige Erfüllung der Ankündigungspflicht die Fälligkeit der Duldungspflicht aus (→ Rn. 7).

18 **a) Art.** Der Begriff „Art" nimmt Bezug auf § 555b BGB. Anzugeben ist damit gem. § 555c Abs. 1 Satz 2 Nr. 1 BGB, welche baulichen Veränderungen die Gemeinschaft der Wohnungseigentümer oder der Wohnungseigentümer plant. Die geplante Maßnahme muss nur nach der Art konkret bezeichnet werden (Palandt/Weidenkaff § 555c Rn. 6). Gemeint ist damit der Gegenstand der baulichen Veränderung.

19 **b) Voraussichtlicher Umfang. Umfang** meint einerseits die Intensität eines Eingriffs (Lärm, Schmutz, Erschütterungen) in die Mietsache, aber auch, welche baulichen Veränderungen genau innerhalb des Wohnungseigentums geplant sind (Prüfsteine: wo? was? von wem? welche Auswirkungen?).

20 Der Begriff **„voraussichtlich"** meint eine Prognose; es geht um eine Wahrscheinlichkeit aufgrund des Wissens zum Zeitpunkt der Modernisierungsankündigung. Um die Wahrscheinlichkeit plausibel zu machen, kann es notwendig sein, dass aktiv die Planungen mitgeteilt werden, wie sie sich dem Vermieter zum Zeitpunkt der Modernisierungsankündigung darstellen, und die Tatsachen, aus denen sich die Prognose erschließen lässt. Wird die Prognose ohne Verschulden verfehlt, berührt das die Wirksamkeit der Modernisierungsankündigung nicht, weil eine Prognose letztlich immer ein Wahrscheinlichkeitsurteil darstellt. Für Prognosen gelten dementsprechend keine Wahrheits- oder Richtigkeitskriterien, sondern nur Sorgfaltsmaßstäbe (*Hügel* ZWE 2005, 207). Ein der Maßnahme immanentes Prognoserisiko kann sich deshalb nie auf die Rechtmäßigkeit auswirken. War die Prognose jedoch objektiv unhaltbar, fehlt es an einer wirksamen Modernisierungsankündigung (PWW/*Elzer* § 555c BGB Rn. 12).

21 **c) Wesentliche Züge.** Art (→ Rn 18) und voraussichtlicher Umfang (→ Rn 19) sind nur in ihren jeweils wesentlichen Zügen anzugeben. Diese Einschränkung streicht heraus, dass an eine Ankündigung keine überhöhten Anforderungen zu stellen sind. Dieser Sinn ist für die Auslegung, was bei einer entsprechenden Anwendung von § 555c Abs. 1 Satz 2 BGB zu fordern ist, Leitlinie und prägend. Eine bloß stichwortartige Beschreibung genügt idR allerdings nicht. Bei baulichen Veränderungen, für deren Beurteilung es umfangreicher technischer Darlegungen bedürfte, ist es ausreichend, wenn der Vermieter die bauliche Maßnahme so genau beschreibt, dass der Mieter sie unter Zuhilfenahme einer bautechnisch oder juristisch sachkundigen Person beurteilen kann (BGH NJW 2002, 2036). 3) In der Ankündigung für eine bauliche Veränderung kann der Ankündigende insbesondere hinsichtlich der energetischen Qualität von Bauteilen auf allgemein anerkannte Pauschalwerte Bezug nehmen. (vgl. § 555c Abs. 3 BGB).

22 **d) Voraussichtlicher Beginn und voraussichtliche Dauer.** Zum voraussichtlichen Beginn sind möglichst genaue Angaben zu machen (AG Hamburg-St. Georg ZMR 2010, 647, 648), am besten ein Datum und eine Uhrzeit (aA *Harsch* WuM 2013, 578, 579; *Hannemann* IMR 2013, 435, 440). Die Angabe einer Kalenderwoche genügt idR freilich (AG Köln WuM

1979, 212), die Angabe eines bloßen Zeitraums mit dem Hinweis, der konkrete Termin werde noch angezeigt/abgestimmt, hingegen nicht (AG Hamburg-Blankenese WuM 2010, 151). Keinesfalls genügt eine Ankündigung für eine Jahreszeit oder für mehrere Monate. Bei einem zB durch Handwerkerverschulden bedingten, leicht verspäteten Baubeginn muss nicht erneut ein Ankündigungsschreiben gefertigt werden, wenn noch ein ausreichender zeitlicher Zusammenhang mit dem ursprünglichen Termin besteht. Damit der Drittnutzer von ihm als notwendig angesehene Vorbereitungen treffen kann, sind auch solche Änderungen indes mitzuteilen. Er hat dann die Möglichkeit, seine Pflicht zur Duldung erneut zu prüfen – sofern sich jetzt eine Härte erweist, die unter Zugrundelegung der bisherigen Angaben nicht bestand (s. a. LG Berlin WuM 2010, 88). Bei größeren Verzögerungen oder stark verspätetem Baubeginn (Daumenregel: mehr als 2 Wochen) muss grds. erneut eine Ankündigung erfolgen.

Voraussichtliche Dauer meint zweierlei: die tägliche Beanspruchung des **23** Drittnutzers (Tageszeit, zB zwischen 8.00 und 16.00 Uhr) und einen zeitlichen Rahmen, in denen der durch die entsprechende Anwendung von § 555d Abs. 2 BGB Geschützte eine nicht unerhebliche Härte erfährt. Die Angabe von Beginn und Ende (→ Rn 22) muss so genau sein, dass sich der Drittnutzer darauf einstellen kann. Die Angabe »mehrere Wochen« oder »mehrere Monate« ist danach ungenügend. Erweist sich eine vertretbare Prognose (→ Rn 20) als falsch, ist das für die Ankündigung selbst grds. unschädlich. Ankündigungswidrige kleinere Verzögerungen sind hinzunehmen (LG Berlin WuM 10, 88).

e) Hinweis auf Härteeinwand. In entsprechender Anwendung von **24** § 555c Abs. 2 BGB soll der Drittnutzer zu seinem Schutz auf die Form und die Frist des Härteeinwandes nach § 555d Abs. 3 Satz 1 BGB hingewiesen werden. Ein bloßer Hinweis auf die Norm genügt nicht. Der Hinweis darf keine verwirrenden oder ablenkenden Zusätze enthalten (LG Berlin IMR 15, 272). Die Folgen eines Verstoßes sind in dem ebenfalls für anwendbar erklärten § 555d Abs. 5 BGB geregelt. Fehlt der erforderliche Hinweis kann der Drittnutzer seine Begründung für das Vorliegen einer besonderen Härte grundsätzlich jederzeit formfrei und ohne eine Frist einhalten zu müssen, mitteilen und begründen. Solche Umstände, die eine Härte im Hinblick auf die baulichen Veränderungen begründen, sind allerdings grds. nur dann zu berücksichtigen, wenn sie spätestens bis zum Beginn der baulichen Veränderung mitgeteilt werden (vgl. § 555d Abs. 5 Satz 2 BGB).

f) Hinweis auf Mieterhöhung. Ist der Drittnutzer Mieter des Woh- **25** nungseigentums, muss die Ankündigung **keine** Angabe zu einer etwaigen Mieterhöhung enthalten. Denn eine Mieterhöhung betrifft nur das Verhältnis zwischen dem vermietenden Wohnungseigentümer und dem Mieter. § 555c Absatz 1 Satz 2 Nr. 3 BGB ist deshalb aus der Verweisung ausgenommen. Ob der Vermieter nach Durchführung einer Baumaßnahme durch die Gemeinschaft der Wohnungseigentümer das Recht hat, nach § 559 BGB die Miete zu erhöhen, bestimmt sich allein nach den mietrechtlichen Vorschriften. Das Gleiche gilt für die Frage, ob der Vermieter gegenüber seinem Mieter die Pflicht zur ordnungsmäßigen Ankündigung der

Baumaßnahme erfüllt hat. Diesbezügliche Versäumnisse des Vermieters berühren die Duldungspflicht nach § 15 Nr. 2 WEG nicht. § 15 Nr. 2 WEG regelt ausschließlich die Duldungspflicht des Mieters. Etwaige Rechte des Mieters im Zusammenhang mit der Baumaßnahme (etwa Aufwendungsersatzansprüche und Sonderkündigungsrechte) bleiben unberührt (BT-Drs. 19/18791, 55).

26 **3. Mitteilungspflicht des Drittnutzers.** Nach Zugang (§ 130 BGB) der Ankündigung einer baulichen Veränderung hat der Drittnutzer für sämtliche Betroffene iSv Rn. 31 als Obliegenheit demjenigen, der die bauliche Veränderung vornehmen will, solche Interessen (→ Rn 34 ff) mitzuteilen, die einer Duldung entgegenstehen können. Die Mitteilung soll dem Bauwilligen mehr Planungssicherheit geben.

27 Die Mitteilung hat bis zum Ablauf des Monats, der auf den Zugang der Modernisierungsankündigung bei ihm folgt, in Textform (§ 126b BGB) zu erfolgen. Für die Wahrung dieser materiellen Ausschlussfrist ist der Zugang der Mitteilung beim Ankündigenden maßgeblich (§ 130 BGB). Sämtliche ernsthaft in Frage kommenden Härtegründe sind entsprechend § 555c Abs. 2 Nr. 1 BGB ihrem Kern nach zu benennen und zu begründen. Der jeweilige Drittnutzer muss konkret darlegen, warum seiner Meinung nach eine Härte für ihn oder die anderen Geschützten vorliegt. Notwendig ist dazu eine einzelfallbezogene und auf die bauliche Veränderung zugeschnittene Begründung.

28 Hat der Ankündigende in der Ankündigung unter Verstoß gegen § 555c Abs. 2 BGB nicht auf die Form und die Frist des Härteeinwandes hingewiesen, kann der Drittnutzer seine Interessen entsprechend § 555d Abs. 5 Satz 1 BGB grds. jederzeit formfrei und ohne Einhaltung einer Frist mitteilen und begründen. Solche Umstände, die eine Härte begründen, sind allerdings grds. nur dann zu berücksichtigen, wenn sie spätestens bis zum Beginn der baulichen Maßnahme mitgeteilt werden (vgl. § 555d Abs. 5 Satz 2 BGB). Etwas anderes gilt, wenn eine ordnungsmäßige Ankündigung, die Ausschlussfrist (→ Rn 17) auslösen könnte, insgesamt fehlt (*Hinz* NZM 2013, 209, 226).

29 Umstände, die eine Härte im Hinblick auf die Duldung begründen, sind nach Fristablauf nur noch dann zu berücksichtigen, wenn der Drittnutzer ohne Verschulden an der Einhaltung der Frist gehindert war (es gelten §§ 233 ff ZPO analog) und er die Umstände (→ Rn 33 ff) sowie die Gründe der Verzögerung (etwa: Abwesenheit, Behinderung, Krankheit, Urlaub) unverzüglich (§ 121 BGB) in Textform mitteilt. Der Drittnutzer muss also sofort aktiv werden, nachdem der Umstand, der ihn an der Mitteilung gehindert hat, entfallen oder auf ein Maß gemindert ist, das eine Mitteilung möglich macht.

30 **4. Entbehrlichkeit der Ankündigung.** Die dargestellten Anforderungen an eine Ankündigung gelten gem. § 555c Abs. 4 BGB analog nicht für bauliche Veränderungen, die nur mit einer **unerheblichen Einwirkung** auf das genutzte Wohnungseigentum verbunden sind (→ Rn. 10). Ob die Einwirkungen unerheblich sind, ist im Einzelfall nach der Härte iSv § 555d Abs. 2 BGB zu beurteilen, die ein Drittnutzer erfährt. Es geht insbesondere um die voraussichtliche Dauer (→ Rn 22) und den voraussichtlichen Um-

fang (→ Rn 19), mithin die Intensität der baulichen Veränderungen. Sind die Wohnräume betroffen, ist eine Maßnahme idR erheblich, zB wenn sie sich mehr als wenige Stunden hinzieht. Als unerheblich betrachtet wurden bislang zB der Einbau eines Wasserzählers (BGH NJW 2011, 1499 Rz 18), einer Klingelanlage (AG Berlin-Charlottenburg GE 1989, 683) oder von Rauchwarnmeldern (BGH NJW 2015, 2487 Rn. 12) sowie der Anschluss der Mietsache an das Breitbandkabelnetz (AG Hamburg WuM 1990, 498).

5. Duldung. Nach § 15 Nr. 2 WEG hat der Drittnutzer Maßnahmen, 31 die über eine Erhaltung des gemeinschaftlichen Eigentums oder des Sondereigentums hinausgehen, zu dulden, wenn die gesetzlichen Voraussetzungen eingehalten werden. Duldung heißt vor allem „Hinnehmen" (→ Rn. 12).

6. Ausschluss der Duldungspflicht. Eine Duldungspflicht besteht nach 32 § 555d Abs. 2 BGB analog nicht, wenn die bauliche Veränderung für den Drittnutzer, seine Familie oder einen Angehörigen seines Haushalts eine vom Drittnutzer zu beweisende (BGH NJW 2008, 1218 Rn. 16) **Härte** bedeuten würde, die auch unter Würdigung der berechtigten Interessen des Bauwilligen sowie von Belangen der Energieeinsparung und des Klimaschutzes nicht zu rechtfertigen ist. Zu prüfen ist: a. Feststellung einer Härte (→ Rn. 33) = Ermittlung etwaiger Interessen des Drittnutzers, die gegen die Durchführung der baulichen Veränderung sprechen. b. Ermittlung berechtigter Interessen, die für die Durchführung der baulichen Maßnahme stehen. c. Abwägung der ggf. vorliegenden betroffenen Interessen. Die Abwägung obliegt dem Tatrichter, der auf Grund einer umfassenden Würdigung aller Umstände des Einzelfalls die Interessen gegeneinander abzuwägen hat (BGH NJW 2011, 1220 Rn. 16; NJW 2008, 3630 Rn. 30; LG Berlin NJW 2016, 2582). Die Beweislast trägt der Drittnutzer (KG GE 2007, 907).

a) Härte für Drittnutzer. Härte ist ein Eingriff in **schützenswerte,** 33 **erhebliche Interessen** des Drittnutzers. Zu diesen Interessen zählen solche des konkreten Drittnutzers selbst oder eines von mehreren Drittnutzern, nach § 555d Abs. 2 Satz 1 BGB analog aber auch solche (ggf. nur) seiner aktuellen Familie oder auch einer durch Partnerschaft, Heirat oder Abstammung begründeten Lebensgemeinschaft mit dem Nutzer in den Räumen des Wohnungseigentums. Zur Familie gehören Ehegatten, Lebenspartner, Kinder, Enkel, die Eltern, Großeltern, Geschwister, Nichten und Neffen; §§ 383 ZPO, 52 StPO gelten entsprechend (BGH NJW 10, 1290 Rn. 22). Auch Angehörige zählen dazu. Hierunter ist eine Person zu verstehen, die mit dem Drittnutzer das Wohnungseigentum auf Dauer angelegt mitgebraucht, zB eine in der Wohnung zeitweise mit wohnende Pflegekraft eines pflegebedürftigen Drittnutzers, ein Au-pair-Mädchen, Pflegekinder oder Kinder des Lebenspartners (BT-Drs. 14/4553, 38). Es kommt auf eine individuelle Betrachtung, auf den konkreten Drittnutzer an. Keine Härte kann für bloß vorübergehend aufgenommene Personen geltend gemacht werden wie etwa Besucher, Pensions- oder Feriengäste oder kurzzeitig Beschäftigte.

Schützenswerte Interessen des Drittnutzers können liegen im Schutz des 34 Besitzes an der Wohnung (Art. 13 Abs. 1 GG), der Gesundheit (Art. 2 Abs. 2 Satz 1 GG), der allgemeinen Lebensplanung (Art. 2 Abs. 1 GG), zB in der Gestaltung und Dekoration der Mietsache, im Ausnahmefall aber auch in einer Behinderung, des Alters sowie ideeller Interessen. Dazu können zählen auch – vorübergehend – eine Krankheit, eine bevorstehende Prüfung, eine Schwangerschaft, ein geplanter Umzug oder – bei Gewerberäumen – auch wirtschaftliche Aspekte (BGH NJW 2013, 223 Rn. 27: existenzbedrohendes wirtschaftliches Risiko).

35 Geschützte Interessen können auch durch die für die angekündigte bauliche Veränderung vorzunehmenden Bauarbeiten (Schmutz, Dreck, Erschütterungen, Intensität usw) verletzt werden (AG Bremen WuM 2017, 493). Je länger die geplanten baulichen Veränderungen dauern und je umfangreicher die Modernisierungsmaßnahmen sind, desto eher ist eine Härte anzunehmen (LG Berlin WuM 2016, 282, 283). Je länger die Arbeiten innerhalb der Wohnung andauern und je umfangreicher das entsprechende Vorhaben ist, desto eher ist eine Härte anzunehmen. Die vorübergehende Räumung einzelner Zimmer, ein Zwischenumzug oder ein Ausweichen in ein Hotel kommen idR nur in Betracht, wenn besonders schwerwiegende, zwingende Gründe für die bauliche Veränderung sprechen oder der Fremdnutzer durch den vorübergehenden Wohnungswechsel nicht wesentlich in seinen Lebensgewohnheiten beeinträchtigt wird, was zB bei einem alleinstehenden Nutzer mit geringem Hausrat und vorwiegend aushäusiger Lebensweise (ausnahmsweise) der Fall sein kann (LG Berlin NJW 2016, 2582; WuM 2015, 486). Dass mit der Durchführung der baulichen Veränderung als solcher (wesentliche) Beeinträchtigungen verbunden sind, kann idR die Duldungspflicht allerdings nicht dauerhaft ausschließen (BGH NJW 2008, 1218 Rn. 16). Etwas anderes kann idR nur bei Krankheit (LG Berlin IMR 2015, 272: Bauchspeicheldrüsenkrebs; LG Berlin IMR 2015, 396: »Dekompensation« bis zur existentiellen Krise), hohem Alter, bei Behinderungen oder Vergleichbarem gelten (s. a. LG Berlin GE 2014, 55). Die Beeinträchtigungen können indes dazu führen, dass die bauliche Veränderung zu einem anderen Zeitpunkt durchzuführen ist, zB im Sommer (s. a. LG Berlin GE 2015, 791), zu einer anderen Tageszeit oder an einem anderen Tag.

36 Eine Härte kann in dauerhaften **baulichen Folgen** aufgrund einer baulichen Veränderung liegen, va im Verlust von Wohnfläche (LG Berlin GE 2015, 916: dort verneint), im erheblichen Verlust von Fenster- oder Stellflächen, in negativen Änderungen des Wohnungsgrundrisses (BGH NJW 2008, 1218 Rn. 23), der Senkung der Raumhöhe, schädlichen Baustoffen, Verschattung der Räume oder anderen maßgeblichen Belästigungen (AG Hamburg WuM 2002, 487: Müllcontainerbox vor Schlafzimmerfenster). Was gilt ist Frage des Einzelfalls, vor allem des individuellen Interesses des Betroffenen an der Beibehaltung.

37 **b) Für die bauliche Veränderung sprechende Interessen.** Abzuwägende Interessen der Gemeinschaft der Wohnungseigentümer oder des Wohnungseigentümers, je nachdem in welcher Eigentumssphäre die bauliche Veränderung erfolgen soll (→ Rn. 4), sind insbesondere die in § 20 Abs. 2 WEG angesprochenen Interessen, nach denen jeder Wohnungseigentümer eine bauliche Veränderung verlangen kann, nämlich wenn diese dem Gebrauch durch Menschen mit Behinderung, dem Laden elektrisch betriebener

Fahrzeuge, dem Einbruchsschutz und dem Anschluss an ein Telekommunikationsnetz mit sehr hoher Kapazität dienen. Aber auch die beabsichtigte bessere wirtschaftliche Nutzung des betreffenden Wohnungseigentums, die Verbesserung der Vermietungschancen, eine mögliche Inanspruchnahme öffentlicher Fördermittel (vgl. LG Mönchengladbach ZMR 2007, 402), steuerliche Vorteile, Versicherungsschutz (LG Halle/Saale ZMR 2014, 986) oder günstige Darlehen können für die bauliche Veränderung sprechen.

Interessen anderer Gebäudemitbenutzer sind zu berücksichtigen. Deren Interesse kann in einem höheren Komfort des durch sie genutzten Wohnungseigentums liegen. Ihr Interesse besteht idR darin, in den Genuss der baulichen Veränderung zu kommen. 38

Für eine bauliche Veränderung können entsprechend § 555d Abs. 2 Satz 1 BGB Belange der Energieeinsparung und des Klimaschutzes streiten. Dabei liegt zwar nahe, dass die bauliche Veränderung eher zu dulden ist, je mehr Energie eingespart wird. Dieses ist aber kein zusätzlicher Prüfstein, sondern erhöht das Gewicht der baulichen Veränderung im Rahmen der Abwägung. 39

c) Abwägung. Die gegenläufigen Interessen der von der baulichen Veränderung Betroffenen müssen untereinander abgewogen werden. Wie allgemein bei einer Abwägung besteht hierbei ein Ermessenspielraum. 40

C. Prozessuale Durchsetzung

Die Frage, ob ein Drittnutzer die Erhaltung des gemeinschaftlichen Eigentums und des Sondereigentums oder Maßnahmen, die über die Erhaltung hinausgehen, dulden muss, ist keine WEG-Streitigkeit iSv § 43 Abs. 2 WEG. Örtlich ausschließlich zuständig ist nach §§ 24, 26 ZPO das Gericht, in dessen Bezirk das Grundstück iSv § 1 Abs. 5 WEG belegen ist. Die sachliche Zuständigkeit ist streitwertabhängig und bestimmt sich entsprechend § 9 Satz 1 GKG (vgl. auch BGH NZM 2019, 135 Rn. 3). 41

Der Antrag muss genau beschreiben, welche Maßnahmen zu dulden sind. Beispiel: „Die beklagte Partei wird verurteilt – bei Vermeidung der gerichtlichen Festsetzung eines der Höhe nach in das Ermessen des Gerichtes gestellten Ordnungsgeldes, ersatzweise Ordnungshaft oder Ordnungshaft bis zu 6 Monaten – folgende Maßnahmen zu dulden [und der klagenden Partei sowie den von ihr beauftragten Handwerkern Zutritt zu … zu gewähren].“ Im Einzelfall ist eine einstweilige Verfügung vorstellbar. 42

Nutzungen und Kosten

16 (1) [1]**Jedem Wohnungseigentümer gebührt ein seinem Anteil entsprechender Bruchteil der Früchte des gemeinschaftlichen Eigentums und des Gemeinschaftsvermögens.** [2]**Der Anteil bestimmt sich nach dem gemäß § 47 der Grundbuchordnung im Grundbuch eingetragenen Verhältnis der Miteigentumsanteile.** [3]**Jeder Wohnungseigentümer ist zum Mitgebrauch des gemeinschaftlichen Eigentums nach Maßgabe des § 14 berechtigt.**

(2) [1]**Die Kosten der Gemeinschaft der Wohnungseigentümer, insbesondere der Verwaltung und des gemeinschaftlichen Gebrauchs des gemeinschaftlichen Eigentums, hat jeder Wohnungseigentümer nach dem Verhältnis seines Anteils (Absatz 1 Satz 2) zu tragen.** [2]**Die Wohnungseigentümer können für einzelne Kosten oder bestimmte Arten von Kosten eine von Satz 1 oder von einer Vereinbarung abweichende Verteilung beschließen.**

(3) **Für die Kosten und Nutzungen bei baulichen Veränderungen gilt § 21.**

Literatur (zur älteren Literatur siehe Vorauflage): *Elzer,* Überlegungen zum Entwurf einer Gemeinschaftsordnung für eine Mehrhausanlage vor dem Spiegel aktueller BGH-Rechtsprechung, notar 2016, 201; *Elzer,* Vereinbarte Umlageschlüssel im Wohnungseigentumsrecht – Ein Überblick, MietRB 2014, 92; *Elzer,* Der abändernde Zweitbeschluss: Vom notwendigen Ausgleich zwischen Schutzbedürftigkeit und Flexibilität, ZMR 2007, 237; *Hügel,* Die verbrauchsabhängige Verteilung der Kosten von Sonder- und Gemeinschaftseigentum ZWE 2005, 204; *Jennißen/Kemm,* Die Auswirkungen des neuen Mess- und Eichrechts auf die Jahresabrechnung von Wohnungseigentümergemeinschaften, ZWE 2017, 390; *Schmid,* Zählerablesungen in Miet- und Eigentumswohnungen, MietRB 2011, 158; *Schultzky,* Ansprüche gegen einzelne Wohnungseigentümer als Kostenverteilungsschlüssel, ZWE 2018, 198; *Zehelein,* Ungeeichte Zähler in Betriebskostenabrechnung und Mietprozess unter dem neuen Eichrecht, NZM 2017, 794.

Übersicht

A. Entstehungsgeschichte

1 Die Bestimmung des § 16 WEG findet sich von Anfang an im Gesetz. Bereits das Gesetz zur Änderung des Wohnungseigentumsgesetzes und anderer Gesetze vom 26.3.2007 (BGBl. I 370) hatte § 16 WEG allerdings stark umgeformt und neben Anpassungen im Absatz 8 (dem früheren Absatz 5)

mit den neuen Absätzen 3 und 4 durch den neuen Absatz 5 geschützte gesetzliche Öffnungsklauseln geschaffen, die geltenden Umlageschlüssel dauerhaft (§ 16 Abs. 3 WEG aF) bzw. im Einzelfall (§ 16 Abs. 4 WEG aF) zu verändern. Das Gesetz zur Förderung der Elektromobilität und zur Modernisierung des Wohnungseigentumsgesetzes und zur Änderung von kosten- und grundbuchrechtlichen Vorschriften vom 16.10.2020 hat § 16 WEG dann bis auf den Absatz 1 vollständig umgeformt. Zum einen hat es die amtliche Überschrift von „Nutzungen, Lasten und Kosten" geändert in „Nutzungen und Kosten". Im Absatz 1 hat es im Satz 1 ferner die bisherigen Wörter „Nutzungen des gemeinschaftlichen Eigentums" durch die Wörter „Früchte des gemeinschaftlichen Eigentums und des Gemeinschaftsvermögens" ersetzt und als den Satz 2 den bisherigen § 13 Abs. 2 Satz 1 WEG aF angefügt. Ferner hat es Absatz 2 völlig neu gefasst und Absatz 3 als „Erinnerungsnorm" neu eingeführt.

B. Sinn und Zweck

§ 16 WEG trifft Bestimmungen zur Umlage der Früchte des gemeinschaftlichen Eigentums, zur Umlage von Kosten und zum Mitgebrauch des gemeinschaftlichen Eigentums. Absatz 1 Satz 1 und Satz 2 widmen sich insoweit der Frage, was für die Früchte gilt, und ordnen für diese den gesetzlichen Umlageschlüssel an. Absatz 1 Satz 3 regelt, was für den Mitgebrauch des gemeinschaftlichen Eigentums gilt. Absatz 2 Satz 1 sagt, dass die Wohnungseigentümer die Kosten der Gemeinschaft der Wohnungseigentümer zu tragen haben und bestimmt hierfür den gesetzlichen Umlageschlüssel. Absatz 2 Satz 2 gibt den Wohnungseigentümern eine Beschlusskompetenz, für einzelne Kosten oder bestimmte Arten von Kosten einen vom Gesetz oder einer Vereinbarung abweichenden Umlageschlüssel zu bestimmen. Absatz 3 stellt klar, dass § 21 WEG für Kosten und Nutzungen baulicher Veränderungen § 16 WEG verdrängt. 2

C. Früchte (§ 16 Abs. 1 Satz 1, Satz 2 WEG)

I. Sinn und Zweck

§ 16 Abs. 1 Satz 1 WEG ordnet jedem Wohnungseigentümer einen Anteil an den Früchten des gemeinschaftlichen Eigentums (§ 1 Abs. 5 WEG) und des Gemeinschaftsvermögens (§ 9a Abs. 3 WEG) zu. § 16 Abs. 1 Satz 2 WEG bestimmt dazu den gesetzlichen Umlageschlüssel. Auf welchem Weg ein Wohnungseigentümer den ihm gebührenden Anteil erhält, regelt er nicht (→ Rn. 8). 3

II. Früchte

1. Früchte des gemeinschaftlichen Eigentums. Früchte des gemeinschaftlichen Eigentums sind die unmittelbaren und mittelbaren Sach- (§ 99 Abs. 1 BGB) und Rechtsfrüchte (§ 99 Abs. 2 BGB) des gemeinschaftlichen 4

Eigentums (die Erträge). Dies sind die Erzeugnisse der unbebauten Grundstücksflächen, zB Blumen, Gemüse oder Obst sowie das Holz gefällter oder durch Unwetter entwurzelter Bäume oder Nutzungsentschädigungen aus rechtsgrundloser Bereicherung (OLG Düsseldorf NJW-RR 1987, 1163), etwa für die Nutzung eines Gebäudes, das ein Sondernutzungsberechtigter in Überschreitung der ihm eingeräumten Rechte errichtet und vermietet hat (OLG Düsseldorf NJW-RR 1987, 1163), oder für Dachgeschossflächen, die ein Wohnungseigentümer unberechtigt in seine Dachgeschosswohnung einbezogen hat (KG FGPrax 2004, 216).

5 **2. Früchte des Gemeinschaftsvermögens.** Früchte des Gemeinschaftsvermögens sind zB vertragliche Zinsen aus Bankguthaben und Dividenden aus Wertpapieren, aber auch Verzugszinsen auf Hausgeldrückstände (zum alten Recht BGH NJW 2014, 145 Rn. 7; 2012, 2797 Rn. 16).

6 Der Gemeinschaft der Wohnungseigentümer stehen zunächst auch Entgelte (Einnahmen) für die Benutzung des gemeinschaftlichen Eigentums zu, zB für Schwimmbad und Sauna (OLG Hamm OLGZ 1975, 157), für die Nutzung eines Tennisplatzes oder einer im gemeinschaftlichen Eigentum stehenden Maschine.

III. Gesetzlicher Umlageschlüssel (§ 16 Abs. 1 Satz 2 WEG)

7 Der Anteil an den Früchten des gemeinschaftlichen Eigentums und am Gemeinschaftsvermögen bestimmt sich nach dem gem. § 47 GBO im Grundbuch eingetragenen Verhältnis der Miteigentumsanteile der Wohnungseigentümer.

IV. Anspruch auf Früchte

8 § 16 Abs. 1 Satz 1 WEG ist ebenso wie § 16 Abs. 2 Satz 1 WEG keine Anspruchsgrundlage und räumt dem einzelnen Wohnungseigentümer keinen unmittelbaren Anspruch auf Auskehr des ihm gebührenden Anteils an den Früchten ein (LG Berlin ZMR 2019, 532 = BeckRS 2018, 40306 Rn. 10). Vielmehr bedarf es daher eines Beschlusses, ob und in welcher Höhe die Anteile an den Früchten ausgekehrt werden (LG Berlin ZMR 2019, 532 = BeckRS 2018, 40306 Rn. 10). Möglich ist aber auch, die Anteile durch Beschluss etwa der Erhaltungsrücklage zuzuordnen.

D. Mitgebrauch (§ 16 Abs. 1 Satz 3 WEG)

I. Sinn und Zweck und Allgemeines

9 § 16 Abs. 1 Satz 3 WEG bestimmt, in welchem Umfange die Miteigentümer am gemeinschaftlichen Eigentum ein Mitgebrauchsrecht haben. Er verweist insoweit allgemein auf § 14 WEG. Gemeint ist indes § 14 Abs. 1 Nr. 2 WEG.

II. Begriff

Mitgebrauch ist das Recht jedes Wohnungseigentümers, persönliche Gebrauchsvorteile aus dem gemeinschaftlichen Eigentum zu ziehen, dh an diesem Mitbesitz iSd § 866 BGB auszuüben (BGH NJW 2017, 64 Rn. 28). Die Befugnis eines Wohnungseigentümers zum Mitgebrauch ist personenbezogen, unteilbar und nicht etwa quotal entsprechend seinem Miteigentumsanteil beschränkt (BGH NJW 2017, 64 Rn. 28; Erman/*Elzer* BGB § 866 Rn. 3). 10

III. Umfang

1. Grundsatz. Ohne eine nach § 10 Abs. 1 Satz 2 WEG vereinbarte (→ § 10 Rn. 15) oder nach § 19 Abs. 1 WEG (→ § 19 Rn. 3) beschlossene Benutzungsbeschränkung steht den Wohnungseigentümern der Mitgebrauch am gemeinschaftlichen Eigentum unabhängig von der Größe oder Anzahl der ihnen zustehenden Miteigentumsanteile in gleichem Umfange zu. 11

Eine völlige Gleichheit ist freilich unmöglich (OLG Frankfurt a. M. ZMR 1997, 606; Rpfleger 1982, 64). Vor allem der Gebrauch des einen Miteigentümers am gemeinschaftlichen Eigentum schließt in der Regel den gleichzeitigen Gebrauch eines anderen Miteigentümers aus (→ § 18 zu Turnusregelungen). Ist ein gleichzeitiger vorübergehender Mitgebrauch nicht möglich, kann ein Wohnungseigentümer im Einzelfall nach § 18 Abs. 2 Nr. 2 WEG einen Anspruch auf eine Benutzungsbestimmung haben, zB für den Gebrauch an Stellplätzen (KG NJW-RR 1994, 912; BayObLG NJW-RR 1993, 205) oder Außenanlagen, der nach § 44 Abs. 1 Satz 2 WEG durchsetzbar ist. 12

2. Vermietung oder Verpachtung. Mitgebrauch des gemeinschaftlichen Eigentums iSd § 16 Abs. 1 Satz 3 WEG ist nach hM auch die Vermietung oder Verpachtung im gemeinschaftlichen Eigentum stehender Flächen oder Räume, zB ganzer Wohnungen (Hausmeisterwohnung), Kellerräume, Bodenräume, Garagen, Parkflächen, Parkplätze (BGH NJW-RR 2013, 335) oder Freiflächen (BGH NZM 2016, 861). An die Stelle des Mitgebrauchs tritt dann allerdings der Sache nach die davon zu unterscheidende Fruchtziehung (→ Rn. 4) als bloße Mitnutzung. 13

3. Isoliertes Miteigentum; „faktisches Sondernutzungsrecht". Im Einzelfall ist gemeinschaftliches Eigentum, zB ein Spitzboden oder ein (gegebenenfalls nachträglich angebauter, aufgeständerter) Balkon, nur erreichbar, wenn man zuvor im Sondereigentum stehende Räume durchquert. Räume, die den einzigen Zugang zu einem im gemeinschaftlichen Eigentum stehenden Raum bilden, stehen zwar grundsätzlich im gemeinschaftlichen Eigentum (→ § 5 Rn. 50). Eine Ausnahme wird von der hM aber angenommen, wenn es sich um im gemeinschaftlichen Eigentum stehende Räume handelt, die von ihrer Beschaffenheit her „nicht zum ständigen Mitgebrauch aller Wohnungseigentümer" bestimmt sind (→ § 5 Rn. 39). 14

Ist gemeinschaftliches Eigentum auf diese Weise „isoliert", soll nach hM allenfalls ein eingeschränkter Mitgebrauch zulässig sein (OLG Köln NZM 15

2001, 385). Erlaubt sei nur ein gelegentliches Betreten des örtlich isolierten gemeinschaftlichen Eigentums (BayObLG NJW-RR 2001, 801; NJW-RR 1995, 908; grundlegend NJW-RR 1992, 81; LG Duisburg NZM 2014, 169 (171)) oder das Abstellen von Gegenständen (OLG Köln NZM 2001, 385). Dies müsse der Sondereigentümer entsprechend § 14 Abs. 1 Nr. 2 WEG dulden (BayObLG NJW-RR 2001, 801; 1995, 908; grundlegend 1992, 81). In bestimmten Fällen wird nach Lage des im gemeinschaftlichen Eigentum stehenden Raums ein Mitgebrauch sogar jenseits von § 14 Abs. 1 Nr. 2 WEG als völlig ausgeschlossen angesehen, zB bei einem (nachträglich) angebauten Balkon (BayObLG NJW-RR 2004, 1240) oder bei einem Spitzboden (OLG Hamm ZWE 2001, 122). **Stellungnahme.** Dieser Sichtweise ist im Ergebnis vor allem aus praktischen Gründen zu folgen. Seine Grundlage findet dieses Denken im Gemeinschaftsverhältnis der Wohnungseigentümer (→ § 10 Rn. 7), nach dem sich die Wohnungseigentümer beim Mitgebrauch des gemeinschaftlichen Eigentums Rücksichtnahme schulden.

16 **4. „Naturgemäße Bestimmung".** Der Mitgebrauch des gemeinschaftlichen Eigentums soll ferner durch eine „naturgemäße Bestimmung" eingeschränkt sein können (OLG Frankfurt a. M. ZMR 1997, 606 für eine Mehrhausanlage; ähnlich Bärmann/*Suilmann* § 13 Rn. 90). **Stellungnahme.** Dieser Sichtweise ist nicht zu folgen. Weder aus § 242 BGB noch aus dem Gemeinschaftsverhältnis der Wohnungseigentümer noch gar aus § 14 Abs. 1 Nr. 2 WEG ist zB bei einer Mehrhausanlage herzuleiten, dass ein (Mit-) Eigentümer sein Eigentum nicht gebrauchen darf. Aus dem Gemeinschaftsverhältnis der Wohnungseigentümer (→ § 10 Rn. 7) kann im Einzelfall etwas anderes folgen.

IV. Übertragung zur Ausübung

17 Jeder Wohnungseigentümer ist befugt, sein Mitgebrauchsrecht am gemeinschaftlichen Eigentum Dritten zur Ausübung gemeinsam mit seinem Sondereigentum zu überlassen, zB einem Mieter BGH BeckRS 2020, 8756 Rn. 35; NJW 2020, 921 Rn. 13) oder dem Berechtigten einer Grunddienstbarkeit (BGH BeckRS 2020, 8756 Rn. 35). Die Überlassung ist auch isoliert vorstellbar, zB bei Vermietung eines Stellplatzes. Dieses Recht besteht nach Maßgabe der §§ 10 Abs. 1 Satz 2, 14 Abs. 1, Abs. 2, 19 Abs. 1 WEG. Der Wohnungseigentümer kann sein Mitgebrauchsrecht also nur dergestalt übertragen, dass der Drittnutzer – wie er selbst – zum Mitgebrauch unter Einhaltung der Benutzungsregelungen der Wohnungseigentümer berechtigt ist (BGH BeckRS 2020, 10168 Rn. 20; BeckRS 2020, 8756 Rn. 47; NJW 2020, 921 Rn. 13). Verstößt der Drittnutzer gegen eine Benutzungsregelung, überschreitet er seine Befugnisse und beeinträchtigt unmittelbar das Eigentum der anderen Wohnungseigentümer BGH BeckRS 2020, 10168 Rn. 20; NJW 2020, 921 Rn. 13). Die Wohnungseigentümer haben daher gegen einen Drittnutzer, der bei der Benutzung des gemeinschaftlichen Eigentums gegen eine vereinbarte oder beschlossene Gebrauchsregelung verstößt, einen Unterlassungsanspruch aus § 1004 Abs. 1 BGB (→ § 13 Rn. 43; BGH BeckRS 2020, 10168 Rn. 20; BeckRS 2020, 8756 Rn. 47; NJW 2020, 921 Rn. 13). Dies gilt auch dann, wenn ihm der

Wohnungseigentümer diese Benutzung gestattet haben sollte. Der Anspruch wird nach § 9a Abs. 2 WEG von der Gemeinschaft der Wohnungseigentümer ausgeübt.

V. Benutzungsgrenzen

Die Gebrauchsbefugnis des einzelnen Wohnungseigentümers findet ihre **18** Grenzen vor allem in der Pflicht zur gegenseitigen Rücksichtnahme (§ 14 Abs. 1 Nr. 2 WEG) und zum ordnungsmäßigen Gebrauch iSv § 18 Abs. 2 Nr. 2 WEG (BGH NJW 2017, 64 Rn. 28). Daneben können sich Benutzungsgrenzen aus Benutzungsvereinbarungen nach § 10 Abs. 1 Satz 2 WEG oder Benutzungsbeschlüssen aus § 19 Abs. 1 WEG ergeben. Aus diesem Grund darf zB in der Regel ein Teileigentümer, nicht aber ein Wohnungseigentümer, an der Fassade dauerhaft werben (→ § 14 Rn. 56 „Fassade").

Ein dauerhafter Mitgebrauch, zB an einem Kamin oder an einem Teil des **19** Treppenhauses, ist unzulässig, wenn dadurch die anderen Wohnungseigentümer vom Mitgebrauch ausgeschlossen werden (BayObLG ZMR 1985, 239; LG Frankfurt a. M. NJOZ 2016, 888 (890); LG München I ZWE 2008, 488; AG München ZWE 2014, 212 (213)).

Ein Mitgebrauch ist ferner ausgeschlossen, wenn an der entsprechenden **20** Fläche oder dem entsprechenden Raum ein Sondernutzungsrecht besteht (→ § 10 Rn. 7 ff.).

VI. Gebrauchsbeeinträchtigungen

Beeinträchtigt ein Wohnungseigentümer den Mitgebrauch, kann die Ge- **21** meinschaft der Wohnungseigentümer von ihm nach § 14 Abs. 1 Nr. 1 WEG bzw. nach § 9a Abs. 2 WEG iVm § 1004 Abs. 1 BGB Unterlassung verlangen. Beeinträchtigt ein Drittnutzer den Mitgebrauch, kann die Gemeinschaft der Wohnungseigentümer von ihm nach § 9a Abs. 2 WEG iVm § 1004 Abs. 1 BGB Unterlassung verlangen. Hierauf hat jeder Wohnungseigentümer nach § 18 Abs. 2 Nr. 2 WEG jeweils einen Anspruch, den er nach § 44 Abs. 1 Satz 2 WEG erzwingen kann.

E. Umlageschlüssel für Kosten der Gemeinschaft der Wohnungseigentümer (§ 16 Abs. 2 Satz 1 WEG)

I. Allgemeines

1. Sinn und Zweck. a) Umlageschlüssel. Sinn und Zweck des § 16 **22** Abs. 2 Satz 1 WEG ist es nach hier vertretener, bislang nicht unumstrittener Ansicht ausschließlich, den gesetzlichen Umlageschlüssel für die Verteilung der Kosten der Gemeinschaft der Wohnungseigentümer, insbesondere der Verwaltung und des gemeinschaftlichen Gebrauchs des gemeinschaftlichen Eigentums, zu bestimmen (*Becker/Schneider* ZfIR 2020, 281 (296)). Analog ist § 16 Abs. 2 Satz 1 WEG für die Ansammlung der Erhaltungsrücklagen (→ § 19 Rn. 35 ff.) anzuwenden. Eine Beschlusskompetenz, diesen Schlüssel zu ändern, gibt es nicht (→ § 23 Rn. 8 „Erhaltungsrücklagen"). Auf die

Kosten für Wärme und Warmwasser ist § 16 Abs. 2 Satz 1 WEG weder unmittelbar noch entsprechend anwendbar (→ Rn. 25).

23 **b) Anspruchsgrundlage.** § 16 Abs. 2 Satz 1 WEG ist hingegen ungeachtet des gegebenenfalls irreführenden Wortlautes „hat jeder Wohnungseigentümer … zu tragen" keine Anspruchsgrundlage (zum alten Recht BGH NZM 2017, 445 Rn. 6; NJW 2018, 2044 Rn. 6; NJW-RR 2012, 217 Rn. 9). Aus § 16 Abs. 2 Satz 1 WEG folgt keine „abstrakte Beitragspflicht". Ein Zahlungsanspruch der Gemeinschaft der Wohnungseigentümer gegen einen einzelnen Wohnungseigentümer folgt auch nicht „aus der Mitgliedschaft, die untrennbar mit dem Wohnungseigentum verbunden ist" (mehrdeutig gegebenenfalls BGH NJW-RR 2012, 217 Rn. 9). Ein Zahlungsanspruch der Gemeinschaft der Wohnungseigentümer folgt jenseits von § 19 Abs. 3 Satz 2 WEG und anderen schuld-, delikts- und sachenrechtlichen Anspruchsgrundlagen allein aus einem auf § 28 Abs. 1 Satz 1, Abs. 2 Satz 1 WEG beruhenden Beschluss (BGH NJW 2019, 988 Rn. 8; NZM 2017, 445 Rn. 6; NJW-RR 2012, 217 Rn. 9; *Elzer* ZMR 2014, 259). Anders als bei der Bruchteilsgemeinschaft nach § 748 BGB entstehen also erst durch so einen Beschluss im Rahmen der allgemeinen Beitragspflicht die Verbindlichkeiten jedes einzelnen Wohnungseigentümers dem Grunde und der Höhe (BGH NZM 2017, 216 Rn. 23; NJW 1996, 725 unter II. 2. a); 1993, 593 unter I. 2. a). Vor einem Beschluss fehlt es nicht nur an der Fälligkeit, die aus § 28 Abs. 3 WEG oder aus § 271 BGB folgt, sondern an einer Forderung überhaupt (BGH NJW 2017, 2608 Rn. 23; 1993, 593 unter I. 2. a). Für eine Zweiergemeinschaft gilt nichts anderes (ohne Stellungnahme zum alten Recht BGH NZM 2019, 415 Rn. 25).

24 **2. Anwendungsbereich. a) Kosten der Gemeinschaft der Wohnungseigentümer.** § 16 Abs. 2 Satz 1 WEG bestimmt den gesetzlichen Umlageschlüssel für die Kosten der Gemeinschaft der Wohnungseigentümer. „Kosten" idS sind sämtliche Ausgaben, die dem gemeinschaftlichen Eigentum und nicht dem Sondereigentum zuzuordnen sind. Sie ruhen von Gesetzes wegen auf dem gemeinschaftlichen Eigentum oder lassen sich dessen Gebrauch zuordnen. Kann nicht geklärt werden, ob Kosten im Sonder- oder im gemeinschaftlichen Eigentum anfallen, handelt es sich im Zweifel um Kosten des gemeinschaftlichen Eigentums und damit solche der Gemeinschaft der Wohnungseigentümer (s. a. OLG Köln ZMR 2007, 68).

25 **b) Kosten für Wärme und Warmwasser.** Für die Umlage der Kosten des Betriebs der zentralen Warmwasserversorgungsanlage und des Betriebs der zentralen Heizungsanlage ist der in § 16 Abs. 2 Satz 1 WEG bestimmte Umlageschlüssel nicht anwendbar (BGH BeckRS 2019, 39775 Rn. 10). Für die Umlage dieser Kosten müssen die Wohnungseigentümer daher zunächst einen Umlageschlüssel bestimmen (→ Rn. 97; BGH BeckRS 2019, 39775 Rn. 10). Fehlt es hieran, ist grundsätzlich § 9a HeizkostenV anzuwenden (OLG Hamburg ZMR 2004, 769 (770); *Elzer* MietRB 2014, 92 (94); *Rüscher* ZfIR 2012, 435); etwas anderes gilt, wenn ausnahmsweise § 7 Abs. 1 Satz 2 HeizkostenV einschlägig ist. Einer subsidiären Anwendung von § 16

Abs. 2 Satz 1 WEG wird durch § 3 HeizkostenV die Tür versperrt (aA OLG Köln NZM 2005, 20; NJW-RR 2002, 1308 (1309); *Abramenko* ZWE 2007, 61 (62)).

c) Lasten und Kosten des Sondereigentums. Auch für die Lasten und Kosten des Sondereigentums gilt § 16 Abs. 2 Satz 1 WEG nicht (s. a. BGH NJW 2003, 3476 unter III. 1. b) bb); OLG Hamburg ZMR 2004, 936). Für eine solche Anordnung gibt es auch kein Bedürfnis, solange die im Sondereigentum anfallenden Lasten und Kosten unmittelbar gegenüber Dritten abgerechnet werden. Etwas anderes gilt indes, soweit ein Dritter gegenüber der Gemeinschaft der Wohnungseigentümer die im Sondereigentum anfallenden Kosten und Lasten, zB Wasserkosten oder Kosten des individuellen Mülls, abrechnet. In diesem Falle ist zu klären, wie die ggü. dem Dritten vertraglich geregelte Kosten- und Lastentragung im Außenverhältnis angemessen in das Innenverhältnis umzusetzen ist („Transmissionsriemen"). Fehlt es hier an einer stets möglichen Vereinbarung (BGH NJW 2007, 3492 Rn. 11; OLG Hamm ZMR 2004, 774) oder an einem Beschluss, ist nach hM § 16 Abs. 1 Satz 2 WEG analog anzuwenden (s. a. BGH NJW 2007, 3492 Rn. 12; OLG München ZMR 2007, 811 (812)). Das „Beteiligungsverhältnis an dem Grundstück" bilde „den natürlichen Maßstab für den Ausgleich unter den Miteigentümern, der für das Innenverhältnis der Wohnungseigentümer grundsätzlich maßgebend" sei (BGH NJW 2007, 3492 Rn. 12). 26

d) Verteilung unter mehreren Wohnungseigentümern. Ein → Rn. 26 entsprechendes Problem stellt sich, wenn eine Gruppe von Wohnungseigentümern unter sich Kosten verteilen muss und hierfür ein Umlageschlüssel fehlt. Nach hM soll das Verhältnis der Miteigentumsanteile im Zweifel auch hier anwendbar sein (s. a. BGH NJW 2007, 3492 Rn. 12; 2007, 30 Rn. 24). Dem ist auch zu folgen. § 21 Abs. 3 Satz 1, Abs. 4 Satz 2 WEG ordnet diese Verteilung für die dortigen Nutzergruppen sogar ausdrücklich an. Bei § 21 Abs. 1 Satz 1 WEG gilt nichts anderes. 27

3. Gesetzlicher Umlageschlüssel (§ 16 Abs. 1 Satz 2 WEG). Die Kosten der Gemeinschaft der Wohnungseigentümer hat jeder Wohnungseigentümer nach dem Verhältnis seines Anteils iSv § 16 Abs. 1 Satz 2 WEG zu tragen. Etwas anderes gilt im Anwendungsbereich des § 21 WEG. Ein Wohnungseigentümer muss sich an Kosten der Gemeinschaft der Wohnungseigentümer auch dann beteiligen, wenn er Einrichtungen oder einen wesentlichen Gebäudeteilbestandteil, etwa eine Garage, ein Parkhaus, einen Spielplatz oder eine Terrasse nicht iSv § 16 Abs. 1 Satz 3 WEG mitgebraucht (→ Rn. 35 „Wohnungsleerstand/kein Gebrauch möglich/keine Nutzungsmöglichkeit"). 28

II. Kosten

1. Begriff. Kosten der Gemeinschaft der Wohnungseigentümer sind sämtliche Ausgaben, die der Gemeinschaft der Wohnungseigentümer insbesondere bei der Verwaltung (→ Rn. 31 ff.), der Erhaltung (→ Rn. 37) und dem gemeinschaftlichen Gebrauch des gemeinschaftlichen Eigentums 29

(→ Rn. 33 ff.) entstehen. Die praktisch bedeutsamen Kosten der Verwaltung und des gemeinschaftlichen Gebrauchs des gemeinschaftlichen Eigentums hebt § 16 Abs. 2 Satz 1 WEG lediglich exemplarisch hervor (BR-Drs. 168/20, 59). Kosten iSd Gesetzes sind daher zB auch die Ausgaben, die der Gemeinschaft der Wohnungseigentümer entstehen, soweit diese nach § 9a Abs. 2 WEG die Rechte der Wohnungseigentümer wahrnimmt, die sich aus dem gemeinschaftlichen Eigentum ergeben oder die eine einheitliche Rechtsverfolgung erfordern; dasselbe gilt für die entsprechenden Pflichten. Hierzu gehört etwa die Pflicht, die Lasten des gemeinschaftlichen Eigentums zu erfüllen (→ Rn. 38 ff.).

30 Eine Unterscheidung der verschiedenen Kosten ist für die Gemeinschaft der Wohnungseigentümer bedeutungslos, nicht aber für das Verhältnis der Wohnungseigentümer untereinander. Die Wohnungseigentümer sind zwar verpflichtet, sämtliche Kosten der Gemeinschaft der Wohnungseigentümer zu tragen. Eine Unterscheidung und Einordnung ist aber für vereinbarte (→ Rn. 120 ff.) und beschlossene (→ Rn. 44 ff.) Umlageschlüssel von großer Bedeutung, da diese stets an einzelne Kosten oder bestimmte Arten von Kosten anknüpfen. Ferner soll der Verwaltungslast eine Kostentragungspflicht anhängen (→ § 19 Rn. 97). Schließlich ist eine Unterscheidung für vermietende Wohnungseigentümer wichtig. Denn diese können nach § 556 Abs. 1 Satz 1 BGB nur vereinbaren, dass der Mieter die Betriebskosten trägt. Diese sind gem. § 556a Abs. 3 Satz 1 BGB im Übrigen grundsätzlich nach dem für die Verteilung zwischen den Wohnungseigentümern jeweils geltenden Maßstab umzulegen.

31 **2. Verwaltungskosten. a) Überblick.** Kosten der Verwaltung sind, wie ua aus § 1 Abs. 2 BetrKV folgt, sämtliche Kosten, die für die Verwaltung des gemeinschaftlichen Eigentums anfallen, aber weder Betriebs- noch Erhaltungs- noch Gebrauchskosten sind (s. a. *Becker* ZWE 2008, 217 (220)). Auf eine „Erforderlichkeit" oder „Rechtmäßigkeit" kommt es bei der Begriffsbildung nicht an. Notwendig, aber auch ausreichend ist, dass Kosten bei der Verwaltung des gemeinschaftlichen Eigentums oder des Verwaltungsvermögens – gegebenenfalls auch unberechtigt – anfallen. Solche Kosten kann ein vermietender Wohnungseigentümer nicht auf seinen Mieter umlegen.

32 **b) Ausgesuchte Kosten im „ABC".**

- **Administrative Kosten.** Administrative Kosten, zB Arbeiten Dritter anstelle des Verwalters, sind Verwaltungskosten.
- **Berechnung der Wohn- und Nutzfläche** (→ Rn. 84 ff.).
- **Beschlusssammlung.** Die Kosten für die Aufbewahrung und die Führung der Beschlusssammlung sind Verwaltungskosten.
- **Darlehen.** Die Raten für ein Darlehen (→ Rn. 35; § 28 Rn. 8 ff.) sind Verwaltungskosten.
- **Eigentum.** Die Kosten für ein im gemeinschaftlichen Eigentum stehendes Wohnungs- oder Teileigentum (BayObLG DWE 1985, 125; *Köhler* WE 1999, 55) oder ein Wohnungseigentum der Gemeinschaft der Wohnungseigentümer sind Verwaltungskosten.
- **Ersatzansprüche.** Die Kosten für den Ersatz des Schadens im Falle des § 14 Abs. 3 WEG sind Verwaltungskosten. So liegt es auch, wenn ein

Wohnungseigentümer einen Gläubiger der Gemeinschaft der Wohnungseigentümer nach § 9a Abs. 4 Satz 1 Hs. 1 WEG im Außenverhältnis befriedigt und ihm gegen die Gemeinschaft der Wohnungseigentümer ein Erstattungsanspruch zusteht. Ersatzansprüche idS sind ferner die Ausgleichansprüche eines Wohnungseigentümers nach § 18 Abs. 3 WEG, auf Grund eines Auftrags nach § 670 BGB (BayObLG ZMR 2003, 951 (953)), zB wenn ein Wohnungseigentümer im Namen der Gemeinschaft der Wohnungseigentümer als Standschafter tätig war, auf Grund einer berechtigten Geschäftsführung ohne Auftrag nach §§ 677, 683 Satz 1, 670 BGB, auf Grund einer unberechtigten, aber genehmigten Geschäftsführung ohne Auftrag nach §§ 684 Satz 2, 683, 677, 670 BGB, auf Grund einer unberechtigten und ungenehmigten Geschäftsführung nach §§ 684 Satz 1, 812, 818 Abs. 2 BGB oder auf Grund ungerechtfertigter Bereicherung.

- **Hauswart-/Hausmeisterkosten.** Hauswart-/Hausmeisterkosten sind teilweise Verwaltungs-, teilweise aber auch Betriebskosten (BGH NZM 2020, 457 Rn. 17 ff.).
- **Mietkosten.** Mietkosten, zB für den Raum für die Versammlung der Wohnungseigentümer, sind Verwaltungskosten.
- **Rechtsstreit.** Die Kosten sämtlicher Rechtsstreitigkeiten der Gemeinschaft der Wohnungseigentümer (s. a. BGH NJW 2014, 2197 Rn. 13; OLG München ZMR 2007, 140 (141); *Hügel* ZWE 2008, 265 (267); *Elzer* ZMR 2007, 430 (431)), zB die Kosten eines Rechtsstreits gem. § 17 WEG oder einer Hausgeldklage, sind Verwaltungskosten. Gewinnt die Gemeinschaft der Wohnungseigentümer einen Rechtsstreit gegen einen Wohnungseigentümer, ist dieser Anspruch nicht in die Einzelabrechnung des Wohnungseigentümers einzustellen. Denn die Gemeinschaft der Wohnungseigentümer muss ihren prozessualen oder materiellen Kostenerstattungsanspruch außerhalb der Abrechnung verfolgen. Verliert die Gemeinschaft der Wohnungseigentümer den Prozess, sind die Kosten hingegen nach § 16 Abs. 2 Satz 1 WEG auf sämtliche Wohnungseigentümer umzulegen, auch den obsiegenden (zum alten Recht BGH NJW 2014, 2197 Rn. 12; aA BeckRS 2019, 9147 Rn. 23; OLG Frankfurt a. M. NZM 2006, 302; *Becker* ZWE 2014, 170 (171)). Muss die Gemeinschaft der Wohnungseigentümer einem obsiegenden Wohnungseigentümer dessen Prozesskosten erstatten, gilt nichts anderes. Auch die dafür nötigen Mittel sind auf alle Wohnungseigentümer umzulegen (zum alten Recht *Niedenführ* ZMR 2018, 168 (170); *Drasdo* NZM 2015, 65 (67); *Greiner* ZWE 2015, 149 (157); ohne Stellungnahme BGH ZWE 2014, 261 Rn. 17; aA *Mengwasser* ZfIR 2014, 731 (733)).
- **Verwaltung des Gemeinschaftsvermögens.** Die Kosten der Verwaltung des Gemeinschaftsvermögens sind Verwaltungskosten. Hierzu gehören zB Kontoführungs- oder Rechtsberatungskosten (BGH NJW 2007, 1869 Rn. 16).
- **Versammlung der Wohnungseigentümer.** Die Kosten der Versammlung sind Verwaltungskosten.
- **Verwalter.** Die Vergütung des Verwalters, auch seine Sondervergütungsansprüche, sowie etwaige Aufwendungsersatzansprüche, sind Verwaltungskosten.

- **Verwaltungsbeirat.** Die Kosten des Verwaltungsbeirates, zB eine Haftpflichtversicherung, Reisekosten, Anmietung eines Raums, Aufwendungsersatzansprüche etc., sind Verwaltungskosten.
- **Zwangsversteigerung.** Die Kosten für eine Maßnahme der Zwangsversteigerung, zB eines Verfahrens nach § 10 Abs. 1 Nr. 2, Abs. 3 ZVG, sind Verwaltungskosten.

33 **3. Kosten des gemeinschaftlichen Gebrauchs. a) Überblick.** Kosten des „gemeinschaftlichen Gebrauchs" sind die Betriebskosten, die der Gemeinschaft der Wohnungseigentümer für den Betrieb des gemeinschaftlichen Eigentums anfallen (s. a. *Becker* ZWE 2008, 217 (218)). Soweit solche Kosten eine bestimmte „Einheit" (= das zu einem Wohnungseigentum gehörende Sondereigentum) betreffen und allein dieser zuzurechnen sind, handelt es sich hingegen um Kosten des Sondereigentums. Zu den im Sondereigentum anfallenden Betriebskosten gehören vor allem der im Sondereigentum verbrauchte Strom (BayObLG ZMR 2004, 843 (844)), das dort ge- und verbrauchte Wasser und das Abwasser (BGH NJW 2003, 3476 unter III. 1. b) bb). Daneben sind hierher in der Regel die Kosten für das Kabelfernsehen zu zählen (OLG Hamm ZMR 2004, 774). Auf dem Sondereigentum, nicht auf dem gemeinschaftlichen Eigentum ruhen ferner die Kosten für den individuellen Abfall (OLG Oldenburg ZMR 2005, 814; VG Karlsruhe ZMR 2005, 662; *Elzer* WE 2004, 220) und die Kosten für einen Energieausweis (AG München ZMR 2012, 54).

34 **b) Ausgesuchte Einzelfälle im „ABC".** Haben die Wohnungseigentümer nichts anderes durch Vereinbarung oder Beschluss bestimmt und hat auch kein Gericht etwas anderes angeordnet, gilt beispielsweise Folgendes:

35
- **Anfängliche Baumängel** → § 19 Rn. 58 ff.
- **Anlagen im gemeinschaftlichen Eigentum (§ 5 Abs. 2 WEG)**
  - Kosten des Betriebs im gemeinschaftlichen Eigentum stehender Wasch- und Trockenmaschinen, Wäscheschleudern oder Bügler, des Betriebs sonstiger im gemeinschaftlichen Eigentum stehender Einrichtungen, zB Alarmanlagen, Notstromaggregate, Brandmelder, Feuerlöscher, Müllschlucker und -beseitigungsanlagen, Blitzschutzanlagen, Schwimmbäder oder Saunen sind Betriebskosten und nach § 16 Abs. 2 Satz 1 WEG umzulegen.
- **Allgemeinstrom** → Stromkosten (§ 2 Nr. 11 BetrKV); zum Betriebsstrom → Heiz- und Warmwasserkosten (§ 2 Nr. 4 bis 6 BetrKV).
- **Aufzug** → Personen- oder Lastenaufzug (§ 2 Nr. 2, Nr. 3 BetrKV).
- **Bauabschnittsweise Fertigstellung**
  - Ein Bauträger hat sich an den Kosten des gemeinschaftlichen Eigentums grundsätzlich auch dann zu beteiligen, wenn bestimmte „Einheiten" (= das zu einem Wohnungseigentum gehörende Sondereigentum) noch nicht fertig gestellt worden sind (BayObLG NJW-RR 1987, 714, 715; *Müller* PiG 64, 195 (202)). Eine Einschränkung nach § 242 BGB, insbesondere für die verbrauchsabhängigen Kosten für Wasser, Abwasser, Strom und Heizung, ist nicht geboten.

– Um eine Änderung der hierin gegebenenfalls liegenden Unbilligkeit zu erreichen, muss etwas anderes vereinbart (so bei BGH NJW 2012, 2578 Rn. 13) oder beschlossen werden. Unter den Voraussetzungen der §§ 10 Abs. 2 WEG, 44 Abs. 1 Satz 2 WEG hat jeder Wohnungseigentümer einen solchen Anspruch. Für die Zwischenzeit kann nach §§ 935, 940 ZPO eine Regelung getroffen werden (BGH NJW 1995, 2791 unter IV. 2. c).

- **Bauordnungsrecht** → Öffentliches Recht.
- **Beleuchtung (§ 2 Nr. 11 BetrKV)**
  – Die Kosten der Beleuchtung des gemeinschaftlichen Eigentums gehören als Betriebskosten zu den Kosten des gemeinschaftlichen Gebrauchs.
- **Beirat** → Verwaltungsbeirat.
- **Betriebsstrom** → Heiz- und Warmwasserkosten (§ 2 Nr. 4 bis 6 BetrKV).
- **Breitbandkabelanschluss/Gemeinschafts-Antennenanlage (§ 2 Nr. 15 BetrKV)**
  – Die laufenden Kosten des Betriebs der mit einem Breitbandkabelnetz verbundenen hauseigenen Verteilanlage, an die sämtliche „Einheiten" (= das zu einem Wohnungseigentum gehörende Sondereigentum) angeschlossen sind, sind – außer zB bei einer im gemeinschaftlichen Eigentum stehenden Hausmeisterwohnung – Kosten des Sondereigentums (BGH NJW 2007, 3492 Rn. 10; OLG München ZMR 2007, 811 (812)). Entsprechendes gilt für die Gemeinschafts-Antennenanlage (OLG Celle NJW-RR 1987, 465).
  – Die Wohnungseigentümer können nach § 16 Abs. 2 Satz 2 WEG oder durch eine Vereinbarung eine Regelung für die Verteilung dieser Kosten treffen – es sei denn, es bestehen individuelle Verträge der Wohnungseigentümer mit dem Anbieter (LG Düsseldorf IMR 2013, 378).
  – Besteht eine Regelungskompetenz, ist eine Verteilung vor allem dann ordnungsmäßig und ermessensfehlerfrei, wenn in der im Vertrag der Gemeinschaft der Wohnungseigentümer mit dem Anbieter getroffenen Bestimmung, wie sich die Kosten errechnen, zugleich der Umlageschlüssel im Innenverhältnis erblickt wird (*Elzer* ZMR 2007, 812 ff.).
  – Haben die Wohnungseigentümer indessen keine Bestimmung darüber getroffen, wie die Kosten eines Breitbandkabelanschlusses zu verteilen sind, richtet sich die Verteilung nach § 16 Abs. 2 Satz 1 WEG analog BGH NJW 2007, 3492 Rn. 12;).
- **Darlehen**
  – Hat die Gemeinschaft der Wohnungseigentümer einen (Verbraucher-) Darlehensvertrag geschlossen (→ § 28 Rn. 8 ff.), sind die Annuität und die Bearbeitungskosten grundsätzlich auf alle Wohnungseigentümer nach § 16 Abs. 2 Satz 1 WEG umzulegen.
  – Sieht der Darlehensbeschluss allerdings vor, dass sich einzelne Wohnungseigentümer an Tilgung und Zins nicht beteiligen müssen, sind diese von der Annuität auszunehmen. Der Darlehensbeschluss ist inso-

weit der Sache nach auch Beschluss nach § 16 Abs. 2 Satz 2 WEG – und sollte das auch klarstellen (s. a. *Jennißen* ZWE 2017, 116 (123); *Drasdo* NZM 2014, 289 (295)). Nur unter den anderen Wohnungseigentümern gilt dann § 16 Abs. 2 Satz 1 WEG.

- **Eichkosten**
  - Die Eichkosten für die Zähler im Zusammenhang mit der Versorgung mit Wärme und Warmwasser sind Kosten der Versorgung mit Wärme → Heiz- und Warmwasserkosten (§ 2 Nr. 4 bis 6 BetrKV).
  - Die übrigen Eichkosten sind Betriebskosten.
  - Die Kosten für den Austausch von Messgeräten sind bis zur Höhe der ersparten Eichkosten wie Eichkosten zu behandeln. Im Übrigen sind es Kosten der Instandsetzung.
- **Einnahmen aus anderen Kalenderjahren**
  - Erfüllt ein Dritter oder ein Wohnungseigentümer eine Verbindlichkeit, die einem anderen Kalenderjahr zuzuordnen ist, oder wird im Wege der Zwangsvollstreckung oder im Rahmen eines Insolvenzverfahrens eine Einnahme erzielt, die einem anderem Wirtschaftsjahr zuzuordnen ist, ist diese Einnahme nach § 16 Abs. 2 Satz 1 WEG auf alle Wohnungseigentümer umzulegen.
- **Energieausweis**
  - Da es sich bei der Pflicht um eine individuelle Pflicht des vermietenden Wohnungseigentümers handelt, geht es um Betriebskosten des Sondereigentums.
- **Entziehungskosten (Kosten eines Rechtsstreits gem. § 17 WEG).** Es handelt sich um Verwaltungskosten (→ Rn. 32).
- **Ersatz des Schadens im Falle des § 14 Abs. 3 WEG** → Rn. 32.
- **Fehlerhafte Anordnungen; „gelebtes falsches Recht“**
  - In vielen Wohnungseigentumsanlagen werden wesentliche, im gemeinschaftlichen Eigentum stehende Gebäudebestandteile auf Grund unwirksamer Anordnungen oder auf Grund eines falschen Verständnisses, welche Bauteile im Sondereigentum stehen, auf Kosten des Wohnungseigentümers erhalten, dessen Einheit (= das zu einem Wohnungseigentum gehörende Sondereigentum) sie zugeordnet werden können. Dies betrifft vor allem Balkone, Fenster und Wohnungseingangstüren und/oder Teile von ihnen.
  - Auch in diesen Fällen gilt freilich § 16 Abs. 2 Satz 1 WEG, soweit nichts anderes ausdrücklich oder schlüssig vereinbart oder wirksam nach § 16 Abs. 2 Satz 2 WEG beschlossen wurde.
- **Garage** → Rn. 25 „Abrechnungseinheiten/Abrechnungsgruppen/Benutzergruppen“, „Garage“, „Teileigentum“
- **Gärtnerische Erstausstattung und Gartenpflege (§ 2 Nr. 10 BetrKV)**
  - Für die Kosten der Gartenpflege → Reinigung.
  - Die Kosten der gärtnerischen Erstausstattung – Anlage und Bepflanzung – sowie einer zusätzlichen Bepflanzung sind Erhaltungskosten (OLG Düsseldorf GE 2000, 888; BayObLGZ 1985, 164 (167)).
- **Gebäudereinigung und Ungezieferbekämpfung (§ 2 Nr. 9 BetrKV)**
  - → Reinigung.

- **Gebrauch oder Gebrauchsmöglichkeit**
  - Eine Unterscheidung danach, ob Kosten (oder Lasten) einem Wohnungseigentümer nützen oder nicht, trifft das Gesetz nicht.
  - Ein Wohnungseigentümer muss für Kosten auch dann aufkommen, wenn er Einrichtungen, zB das Treppenhaus, einen Aufzug, eine Garagenzufahrt, eine Garage, einen Kinderspielplatz, einen Fahrradkeller, einen Waschmaschinen- oder einen Tischtennisraum oder einen Parkplatz nicht gebraucht (BGH NJW 1984, 2576 unter II. 2; OLG Celle NZM 2007, 217 (218); OLG Schleswig ZMR 2006, 889 (890)); BayObLG ZMR 2005, 639 (640); LG Frankfurt a. M. WuM 2017, 352).
  - Ein Grundsatz, wonach ein Wohnungseigentümer Kosten für solche Einrichtungen nicht zu tragen hat, die ihm persönlich keinen Nutzen bringen, besteht nicht (→ Rn. 28).
- **Gemeinschaftsantenne** → Breitbandkabelanschluss.
- **Hausgeldausfall**
  - Zahlt ein Wohnungseigentümer sein Hausgeld nicht, und muss daher weitere Liquidität aufgebracht werden, ist die Sonderumlage oder die Kostenposition auf alle Wohnungseigentümer umzulegen, auch den Hausgeldschuldner, der den Ausfall veranlasst hat.
- **Hauswart/Hausmeister (§ 2 Nr. 14 BetrKV)**
  - Die Kosten für einen Hauswart/Hausmeister sind – jedenfalls im Wesentlichen – Betriebskosten und nach § 16 Abs. 2 WEG umzulegen (BayObLG WE 1986, 62; KG WE 1994, 14), sofern nichts anderes bestimmt ist.
- **Heiz- und Warmwasserkosten (§ 2 Nr. 4 bis 6 BetrKV)**
  - Zur Umlage der Kosten für Heizung und Warmwasser → Rn. 91 ff.
- **Instandhaltung/Instandsetzung** → Rn. 37.
- **Legionellen**
  - → Instandhaltung/Instandsetzung.
  - → Trinkwasseranlage (Überprüfung).
  - → „öffentliches Recht".
- **Mehrhausanlage**
  - Besteht eine Wohnungseigentumsanlage aus mehreren separaten Baukörpern – gegebenenfalls mit jeweils mehreren Wohn- oder Gewerbeeinheiten, oder auch Reihen- oder Einzelhäusern oder gemischte Anlagen –, gelten grundsätzlich keine Besonderheiten (→ § 9a Rn. 52; Mehrhausanlage). Auch die Kosten, die nur auf eines von mehreren Häusern entfallen und nach einer entsprechenden Erfassung, Messung oder Zählung auf deren Wohnungseigentümer verteilt werden könnten, sind grundsätzlich von allen Wohnungseigentümern zu tragen.
  - Die Wohnungseigentümer können allerdings vereinbaren oder – soweit der Anwendungsbereich jeweils eröffnet ist – beschließen, die „absonderbaren" und getrennt erfassbaren Betriebs-, Verwaltungs- sowie Instandsetzungs- und Instandhaltungskosten, die auf eines der Häuser „entfallen", abweichend von § 16 Abs. 2 Satz 1 WEG den Bewohnern dieses Hauses aufzuerlegen.

- **Öffentliches Recht**
  - Richtet das öffentliche Recht eine Anforderung an die Wohnungseigentumsanlage in Bezug auf das **gemeinschaftliche** Eigentum, handelt es sich um eine Instandsetzung im weiteren Sinne. Geht es hingegen um das Sondereigentum, muss der jeweilige Wohnungseigentümer selbst die Kosten tragen (BGH NJW-RR 2017, 462 Rn. 23; ZfIR 2013, 511 Rn. 14).
  - Die Kosten, etwa für einen Rettungsweg (AG Aachen ZMR 2015, 398), unterfallen daher der Erhaltung. Auch die Kosten für die Erfüllung bauordnungsrechtlicher Anforderungen an das gemeinschaftliche Eigentum unterfallen als Instandsetzungsmaßnahme im weiteren Sinne (→ § 19 Rn. 67) § 16 Abs. 2 Satz 1 WEG. Dies gilt auch für die Kosten der Ermittlung der erforderlichen Maßnahmen.
- **Personen- oder Lastenaufzug (§ 2 Nr. 2, Nr. 3 BetrKV)**
  - Die Kosten des Betriebs des Personen- oder Lastenaufzugs, auch in einer Mehrhausanlage (→ § 9a Rn. 52), sind, wenn nicht eine andere Kostenverteilung vereinbart oder beschlossen ist, auf alle Wohnungseigentümer umzulegen (BGH NJW 1984, 2576 unter II. 2; BayObLG ZWE 2005, 230; NZM 2000, 850).
  - Dies gilt auch dann, wenn ein Wohnungseigentümer den Personen- oder Lastenaufzug nicht benutzt. Ein allgemeiner Grundsatz, wonach ein Wohnungseigentümer Kosten für solche Einrichtungen nicht zu tragen hat, die ihm persönlich keinen Nutzen bringen, besteht nicht (→ Rn. 28).
  - Etwas anderes kann nach § 21 WEG oder einem Kostenvertrag gelten.
  - Betriebskosten eines Aufzugs sind nach § 2 Nr. 7 BetrKV die Kosten des Betriebsstroms, die Kosten der Beaufsichtigung, der Bedienung, Überwachung und Pflege der Anlage, der regelmäßigen Prüfung ihrer Betriebsbereitschaft und Betriebssicherheit einschließlich der Einstellung durch eine Fachkraft sowie die Kosten der Reinigung der Anlage.
- **Rauchwarnmelder**
  - Wartungskosten für im gemeinschaftlichen Eigentum oder im Gemeinschaftsvermögen stehende Rauchwarnmelder sind nach § 16 Abs. 2 Satz 1WEG umzulegen (LG Dortmund ZWE 2017, 138). Die Wohnungseigentümer können etwas anderes vereinbaren oder nach § 16 Abs. 2 Satz 2 WEG beschließen (*Riecke* NZM 2016, 217 (220)), zB nach Anzahl der Rauchwarnmelder, die sich im jeweiligen Sondereigentum befinden (→ Rn. 72).
  - Die Umlage als sonstige Betriebskosten nach § 2 Nr. 17 BetrKV vom vermietenden Wohnungseigentümer auf seinen Mieter setzt eine mietvertragliche Abrede unter ausdrücklicher Benennung der Kosten im Mietvertrag voraus. Ist es nicht so, ist nach einer Auffassung die Umlage als Folge einer Modernisierung zulässig (AG Burgwedel ZMR 2010, 800; AG Lübeck ZMR 2008, 302). Nach aA muss der Mieter die Betriebskosten für die eingebauten Rauchwarnmelder mangels mietvertraglicher Grundlage nicht tragen (AG Bielefeld NZM 2011, 775; AG Potsdam ZMR 2009, 458).

- Streitig ist ferner, was gilt, wenn die Rauchwarnmelder angemietet sind. Nach einer Auffassung sind Anmietungs-/Leasingkosten umlagefähig (LG Magdeburg, NJW 2012, 544; AG Hamburg-Altona ZMR 2014, 801). Nach richtiger Ansicht widerspricht die Umlage den Grundsätzen des Betriebskostenrechts (LG Hagen ZMR 2016, 701; AG Düsseldorf ZMR 2019, 962; AG Dortmund WuM 2017, 203; AG Hamburg-Wandsbek ZMR 2014, 804; AG Schönebeck ZMR 2011, 646).

• **Reinigungskosten**
  - Die Kosten der Gebäudereinigung und Ungezieferbekämpfung, der Reinigung des Treppenhauses, der Schornsteine und der Dachrinne, der Pflege der Gartenflächen einschließlich der Erneuerung und Entfernung von Pflanzen und Gehölzen sowie der Pflege von Spielplätzen einschließlich der Erneuerung von Sand, außerdem der Pflege unbebauter Grundstücksflächen sind Instandhaltungskosten (LG Nürnberg-Fürth NZM 2009, 363 (364); KG WuM 1993, 562).

• **Rettungsweg** → „öffentliches Recht".

• **Schädlingsbekämpfung**
  - Die Kosten für Schädlingsbekämpfung im gemeinschaftlichen Eigentum sind Betriebskosten und nach § 16 Abs. 2 WEG umzulegen, sofern nichts anderes bestimmt ist.

• **Schneeräumunternehmen**
  - Die Kosten für ein Schneeräumunternehmen sind Betriebskosten und nach § 16 Abs. 2 WEG umzulegen, sofern nichts anderes bestimmt ist.

• **Schornsteinreinigung (§ 2 Nr. 12 BetrKV)**
  - → Reinigungskosten.

• **Sondernutzungsrechte**
  - → § 10 Rn. 47ff.; → § 19 Rn. 99.
  - Unterliegt eine Fläche oder ein Raum einem Sondernutzungsrecht, haben nach § 16 Abs. 2 Satz 1 WEG dennoch grundsätzlich sämtliche Wohnungseigentümer die Lasten und Kosten zu tragen, sofern nichts anderes ausdrücklich (BayObLG ZMR 2004, 357; NZM 2001, 1138 (1140)) oder schlüssig vereinbart ist.
  - Gegen eine Auslegung, wonach der Sondernutzungsberechtigte bestimmte Kosten allein zu tragen hat, spricht ein auf Grund eines Sondernutzungsrechts erhöhter Miteigentumsanteil (OLG Celle NZM 1998, 577).

• **Sonderumlage**
  - Beschließen die Wohnungseigentümer eine Sonderumlage, ist der zu erhebende Betrag nach § 16 Abs. 2 Satz 1 WEG umzulegen.

• **Sonstige Betriebskosten (§ 2 Nr. 17 BetrKV)**
  - Sonstige Betriebskosten sind nach § 16 Abs. 2 WEG umzulegen, sofern nichts anderes bestimmt ist.

• **Stecken gebliebener Bau**
  - Wird eine Wohnungseigentumsanlage nicht vollständig fertig gestellt (→ § 22 Rn. 15ff.), sind die Kosten der mangelfreien Fertigstellung des gemeinschaftlichen Eigentums – soweit bereits eine Wohnungseigen-

tümergemeinschaft, wenigstens eine werdende, entstanden ist – nach dem gesetzlichen (§ 16 Abs. 2 Satz 1 WEG), vereinbarten oder einem nach § 16 Abs. 2 Satz 2 WEG beschlossenen Umlageschlüssel unter Einbeziehung des teilenden Eigentümers als Eigentümer der nicht verkauften Wohnungen oder dessen Insolvenzverwalters (*Ott* NZM 2004, 134 (137)) umzulegen (BayObLG ZWE 2000, 214 (215); OLG Frankfurt a. M. WuM 1994, 36).

– Dass der Bauträger zahlungsunfähig ist, rechtfertigt es nicht, ihn von vornherein von einer Kostenbeteiligung auszunehmen (BayObLG ZWE 2000, 214 (215). Für die Berechnung ist unerheblich, dass gegebenenfalls einer der Wohnungseigentümer vor der Insolvenz mehr an den Bauträger bezahlt hat als andere (OLG Frankfurt a. M. ZMR 1991, 272; OLG Hamm NJW 1984, 2708; LG Bonn ZMR 1985, 63 (64); *Ott* NZM 2004, 134 (137); aA OLG Hamburg OLGZ 1990, 308; OLG Karlsruhe NJW 1981, 466 (467); Jennißen/*Hogenschurz* § 22 Rn. 83). Die Überzahlung hat ihren Grund im jeweiligen Erwerbsvertrag und ist dort auszugleichen – soweit die Wohnungseigentümer nicht von § 16 Abs. 2 Satz 2 WEG Gebrauch machen.

- **Straßenreinigung und Müllbeseitigung (§ 2 Nr. 8 BetrKV)**
  – Ist nach § 16 Abs. 2 Satz 2 WEG oder durch eine Vereinbarung nichts anderes bestimmt, sind die Kosten der Straßenreinigung und Müllbeseitigung des gemeinschaftlichen Eigentums nach § 16 Abs. 2 WEG zu verteilen (BayObLGZ 1972, 150 (155); LG Frankfurt a. M. WuM 2017, 352). Vertragspartner eines Entsorgungsunternehmens ist in der Regel die Gemeinschaft der Wohnungseigentümer.
  – Fallen im Sondereigentum Müllkosten an, sind diese nach dem für das Sondereigentum vereinbarten oder beschlossenen Umlageschlüssel zu verteilen (aA OLG Schleswig ZMR 2006, 889 (890); BayObLG NJW 1972, 1376). Fehlt es an einem gewillkürten Umlageschlüssel, ist § 16 Abs. 2 WEG subsidiär anzuwenden. Vertragspartner eines Entsorgungsunternehmens ist auch für im Sondereigentum angefallenen Müll in der Regel die Gemeinschaft der Wohnungseigentümer.
  – Kann nicht geklärt werden, wo Kosten der Müllentsorgung anfallen, handelt es sich um Kosten des gemeinschaftlichen Eigentums (OLG Köln ZMR 2007, 68).
- **Stromkosten (§ 2 Nr. 11 BetrKV)**
  – Die Kosten für Strom, zB für den gemeinschaftlichen Aufzug, für das Treppenhaus und die Außenanlagen (Beleuchtung), sind Betriebskosten und nach § 16 Abs. 2 Satz 1 WEG umzulegen, sofern nichts anderes bestimmt ist.
  – → Betriebsstrom.
- **Teileigentum**
  – Der Teileigentümer unterfällt § 16 Abs. 2 Satz 1 WEG (OLG Hamburg ZMR 2005, 72) – auch wenn er nur einen Stellplatz hat. Ohne besondere Vereinbarung muss er sich daher an sämtlichen Kosten beteiligen (OLG Hamm DNotZ 2006, 692; OLG Düsseldorf FGPrax 2004, 16).

- **Tiefgarage**
  - → Teileigentum;
  - „Abrechnungseinheiten/Abrechnungsgruppen/Benutzergruppen“;
  - „Garage“.
- **Trinkwasseranlage (Überprüfung)**
  - Für die Überprüfung der Trinkwasseranlage sind als deren Eigentümer (§ 5 Abs. 2 WEG: VG Düsseldorf ZWE 2016, 54) sämtliche Wohnungseigentümer verantwortlich (LG Saarbrücken ZWE 2016, 187; AG Heiligenstadt ZMR 2014, 490; *Pfeifer* MietRB 2018, 276; *Böck/Pause* ZWE 2013, 346; aA AG Hoyerswerda ZWE 2013, 332). Die Kosten fallen der Gemeinschaft der Wohnungseigentümer an.
  - Die Kosten für die Installation von Probeentnahmehähnen sind Instandsetzungskosten im weiteren Sinne.
- **Unberechtigte Ausgaben**
  - Ausgaben, die der Verwalter unter Verstoß gegen seine Pflichten verursacht, zB für die Reparatur eines Sondereigentums oder durch einen eigenmächtigen Vertragsschluss, sind grundsätzlich nach § 16 Abs. 2 Satz 1 WEG auf alle Wohnungseigentümer umzulegen.
  - Entsprechendes gilt, wenn der Verwalter wegen seiner Pflichtwidrigkeit Schadenersatz leistet.
  - Eine Ausnahme gilt auch dann nicht, wenn die Zuordnung der Ausgaben zu einem Wohnungseigentum oder einem Sondernutzungsrecht „unzweifelhaft“ ist (aA LG Hamburg ZMR 2018, 66).
- **Veräußerungszustimmung**
  - → § 12 Rn. 47 ff.
- **Verbrauchszähler**
  - Die Anschaffung und Installation von Verbrauchszählern unterfällt idR.
  - → Eichung.
- **Versicherungskosten (§ 2 Nr. 13 BetrKV)**
  - Die Kosten für Versicherungsprämien für das gemeinschaftliche Eigentum, auch soweit das Sondereigentum mitversichert ist (→ § 21 Rn. 98), sind Betriebskosten und nach § 16 Abs. 2 Satz 1 WEG umzulegen, sofern nichts anderes bestimmt ist.
- **Wäschepflege (§ 2 Nr. 17 BetrKV)**
  - Die Kosten für Wäschepflege im gemeinschaftlichen und für das gemeinschaftliche Eigentum und das Verwaltungsvermögen sind Betriebskosten und nach § 16 Abs. 2 Satz 1 WEG umzulegen, sofern nichts anderes bestimmt ist.
- **Wartungskosten**
  - § 2 BetrKV versteht bestimmte Wartungs- als Betriebskosten, nämlich: Kosten der Gartenpflege, § 2 Nr. 10 BetrKV, Kosten der Reinigung und Wartung von Etagenheizungen und Gaseinzelfeuerstätten, § 2 Nr. 2 BetrKV, Kosten der Wartung von Warmwassergeräten, § 2 Nr. 5c) BetrKV, Kosten der Wartung von Wassermengenreglern, § 2 Nr. 5d) BetrKV, Reinigungskosten eines Personen- oder Lastenaufzugs, § 2 Nr. 7 BetrKV).

– Bei einem Vollwartungsvertrag ist zu differenzieren (BGH V ZR 195/17 Rn. 16). Die Kosten der Mängelbeseitigung sind Erhaltungskosten, während die übrigen Anteile Betriebskosten sind.

- **Wasser-/Abwasserkosten/Entwässerung (§ 2 Nr. 2, Nr. 3 BetrKV)**
  – Bei einem Wasserverbrauch im Bereich des gemeinschaftlichen Eigentums, zB zur Treppenhausreinigung, zur Pflege der Außenanlagen oder des Gartens, handelt es sich um Kosten des gemeinschaftlichen Eigentums (BayObLGZ 1972, 150 (155)). Die Kosten des Bezuges des Wassers und des Abtransportes des Abwassers müssen daher nach § 16 Abs. 2 Satz 1 WEG umgelegt werden, wenn die Wohnungseigentümer nichts anderes bestimmen. Wird Wasser im Sondereigentum bezogen oder ist es von dort weg zu transportieren (Abwasser), handelt es sich um Betriebskosten des Sondereigentums.
  – In beiden Fällen wird – sofern nicht ausnahmsweise ein Wohnungseigentümer nach außen selbst Vertragspartei ist – allerdings die Gemeinschaft der Wohnungseigentümer der Vertragspartner des Wasserunternehmens sein. Nach „innen" haftet ein Sondereigentümer der Gemeinschaft der Wohnungseigentümer nach dem von den Wohnungseigentümern bestimmten Umlageschlüssel, subsidiär nach § 16 Abs. 2 Satz 1 WEG.
  – Der Verbrauch wird in der Regel durch Zähler erfasst, deren Einbau teilweise gesetzlich vorgeschrieben ist. Eine Verteilung der Wasserkosten auf Grund der von den Zählern ermittelten Ergebnisse kommt aber nur dann in Betracht, wenn alle Wohnungen mit Wasserzählern ausgestattet sind (OLG Düsseldorf NJW-RR 2002, 731 (732)).
- **Wohnungsleerstand/kein Gebrauch möglich/keine Nutzungsmöglichkeit**
  – Ein Wohnungsleerstand oder die fehlende Nutzungsmöglichkeit eines Raums oder einer Fläche, zB in Ermangelung einer Baugenehmigung, befreien einen Wohnungseigentümer nicht von der Verpflichtung, die Kosten zu tragen (→ Rn. 28; OLG Düsseldorf NZM 1998, 867; LG Berlin BeckRS 2018, 24091 Rn. 5; *Müller* PiG 64, 195 (202)). Die Lastentragungspflicht des einzelnen Wohnungseigentümers besteht grundsätzlich unabhängig von der Benutzung oder Nichtbenutzung seines Sondereigentums (OLG Celle OLGR 2000, 137 (138); OLG Hamm OLGZ 1982, 20; LG Berlin NZM 2019, 101 Rn. 5).
  – Das gilt sowohl für die fixen Kosten, wie etwa für Versicherungen, Hausmeister, Verwaltervergütung ua, als auch für die verbrauchsabhängigen Kosten für Heizung, Strom oder Wasser etc.
  – Eine Ausnahme gilt nur für die Heiz- und Warmwasserkosten (→ Rn. 81 ff.). Die Verteilung dieser Kosten richtet sich nach der HeizkostenV, wonach ein Teil der Heiz- und Warmwasserkosten verbrauchsabhängig umzulegen ist.
  – Ist eine Verteilung unbillig, kann der benachteiligte Wohnungseigentümer einen Anspruch auf Änderung des Umlageschlüssels haben. Ferner ist vorstellbar, dass er sein Eigentum aufgibt.

c) Wärme und Warmwasser. Zu den Kosten der Gemeinschaft der Wohnungseigentümer gehören auch die Kosten für Wärme und Warmwasser (→ Rn. 91 ff.). 36

4. Erhaltungskosten. Die Gemeinschaft der Wohnungseigentümer hat sämtliche Kosten der Erhaltung des gemeinschaftlichen Eigentums zu tragen. Hierunter fallen auch die Kosten für eine (modernisierende) Instandsetzung und Instandhaltung (→ § 19 Rn. 71), für die erstmalige ordnungsmäßige Herstellung des gemeinschaftlichen Eigentums (→ § 19 Rn. 58), für öffentlich-rechtlich vorgeschriebene bauliche Veränderungen (→ § 19 Rn. 67) und für die Erfüllung der Verkehrssicherungspflichten (→ § 19 Rn. 70). Auch die Kosten aller Reparaturmaßnahmen am im gemeinschaftlichen Eigentum stehenden Grundstück und am Gebäude/an Gebäuden bei Beschädigung durch Brand, Sturm, Wasser oder durch Abnutzung und Alterung sind solche Kosten. Ferner die im Vorfeld von Erhaltungsmaßnahmen entstehenden Kosten, zB Gutachterkosten (BGH NJW-RR 2017, 462 Rn. 21) oder die Kosten eines selbständigen Beweisverfahrens; aA LG München I NZM 2013, 684: sonstige Verwaltungskosten). Wird die Wohnungseigentumsanlage vom teilenden Eigentümer nicht vollständig fertig gestellt (stecken gebliebener Bau, → § 22 Rn. 5 ff.), gehört auch die mangelfreie Fertigstellung des gemeinschaftlichen Eigentums zu § 16 Abs. 2 Satz 1 WEG (BayObLG ZWE 2000, 214 (215)). Macht eine Erhaltungsmaßnahme Arbeiten an einem Sondereigentum notwendig, unterfallen auch diese Kosten § 16 Abs. 2 Satz 1 WEG, sofern nicht § 14 Abs. 3 WEG anwendbar ist (OLG Düsseldorf NZM 1999, 507). 37

5. Lasten. a) Überblick. Ordnet ein Gesetz an, dass die Gemeinschaft der Wohnungseigentümer selbst eine Last des gemeinschaftlichen Eigentums zu tragen hat, ist sie dazu nach § 9a Abs. 1 WEG originär verpflichtet. Etwa § 20 Abs. 2 Satz 1 SchfHwG ordnet diese Trägerschaft der Gemeinschaft der Wohnungseigentümer an (s. a. *Elzer* ZWE 2014, 195 (198)). 38

Müssen die Wohnungs- als Miteigentümer Lasten des gemeinschaftlichen Eigentums erfüllen, handelt es sich um eine Pflicht iSv § 9a Abs. 2 WEG, die sich aus dem gemeinschaftlichen Eigentum ergibt (s. a. BGH NJW 2014, 1093 Rn. 13; *Becker* ZfIR 2012, 403 (410)). Diese Pflicht muss die Gemeinschaft der Wohnungseigentümer erfüllen (VG Darmstadt NZM 2007, 417 (418); *Elzer* NVwZ 2014, 607 (608); *Schmid* NZM 2010, 683 (686)), obwohl sie auf den Wohnungseigentümern ruht (BGH NZM 2010, 672 Rn. 14; VG Gelsenkirchen ZMR 2009, 570; *Drasdo* NJW-Spezial 2010, 33). Wird ein Wohnungseigentümer für eine Last in Anspruch genommen, kann er daher von der Gemeinschaft der Wohnungseigentümer Freistellung (BGH NJW 2014, 1093 Rn. 13) bzw. Erstattung verlangen, wenn er gezahlt hat (BGH NJW 2014, 1093 Rn. 14). Behörden handeln ermessensfehlerhaft, wenn sie den Bescheid gegen einen Wohnungseigentümer richten (*Elzer* NVwZ 2014, 607 (608)). 39

b) Einzelfälle. Lasten des gemeinschaftlichen Eigentums sind Gesamtbelastungen, nach denen analog § 1132 Abs. 1 BGB Leistungen aus sämtlichen Wohnungseigentumsrechten in voller Höhe verlangt werden können. 40

Haftet ein Wohnungseigentümer für eine Leistung nicht als Gesamtschuldner, sondern nur anteilig neben den anderen Wohnungseigentümern, liegt keine Last vor. Zu unterscheiden sind öffentliche und private Lasten.

41 Zu den privatrechtlichen Lasten des gemeinschaftlichen Eigentums gehören vor allem die Zinsen von Hypothekenforderungen und Grundschulden (BGH NJW 1986, 2438 unter 1. b) aa), auf Grund einer Rentenschuld oder einer Reallast zu entrichtende Leistungen oder eine als Entschädigung für einen Überbau oder ein Notwegrecht zu zahlende Geldrente (§§ 917 Abs. 2, 912 Abs. 2 BGB). Öffentliche Lasten des gemeinschaftlichen Eigentums sind Verpflichtungen, die auf öffentlichem Recht (Bundes- oder Landesrecht) beruhen, durch wiederkehrende oder einmalige Geldleistung zu erfüllen sind und nicht nur die persönliche Haftung des Schuldners, sondern auch die dingliche Haftung des gemeinschaftlichen Eigentums, vor allem des Grundstücks voraussetzen (BGH NJW 2013, 3515 Rn. 12; NZM 2012, 875 Rn. 4; NJW 1989, 107 unter 1.). Aus der gesetzlichen Regelung muss eindeutig hervorgehen, dass die Abgabenverpflichtung auf dem Grundstück lastet (BGH NZM 2010, 672 Rn. 8).

42 Öffentlich-rechtliche Lasten des gemeinschaftlichen Eigentums sind vor allem Abgaben, kommunale Beiträge und Gebühren (BGH NZM 2010, 672 Rn. 7). Öffentlich-rechtliche Lasten sind ferner zB die Kosten des bevollmächtigten Bezirksschornsteinfegers, § 20 Abs. 2 Satz 1 SchfHwG (dazu *Horst* ZWE 2014, 203). Eine öffentliche Last endet mit dem Erlöschen der Gebührenschuld (BGH NZM 2010, 672 Rn. 16). Abfallgebühren sind keine Lasten des Grundstücks, weil sie nicht für das Grundstück als solches erhoben werden, sondern für die Erzeugung von Abfällen (*Hügel* ZWE 2005, 204 (210); *Greiner* ZMR 2004, 319 (320)). Erschließungsbeiträge iSv § 134 BauGB (OVG Münster NJW-RR 1992, 1234; VG Darmstadt ZMR 2009, 160; *Mohr* ZMR 2009, 95) und die Grundsteuern (§ 12 GrStG) gehören hingegen zu den Lasten des Sondereigentums. Auch die Deichacht ist eine Last des Sondereigentums (OLG Oldenburg ZMR 2005, 814).

43 **6. Aufbauschulden.** Bestellen die Miteigentümer und bloß künftigen Wohnungseigentümer bei einem Bauträger als Werkunternehmer gemeinschaftlich Werkleistungen (Bauherrengemeinschaft), haften sie für diese Herstellungskosten entgegen § 427 BGB im Zweifel, also wenn eine gesamtschuldnerische Haftung nicht ausdrücklich vereinbart ist, auf Grund einer konkludent vereinbarten Haftungsbeschränkung nur im vereinbarten künftigen Anteilsverhältnis und – bei Fehlen einer Vereinbarung – analog § 16 Abs. 2 Satz 1 WEG im Verhältnis ihrer Miteigentumsanteile (BGH NJW-RR 1989, 465 unter 1.). Dies soll auch dann gelten, wenn eine Außengesellschaft bürgerlichen Rechts auftritt (BGH NJW 2002, 1642 unter II. 2. b), was angesichts der Haftungsverfassung der GbR nicht überzeugt: Primär haftet die GbR, daneben aber als Gesamtschuldner ihre Mitglieder (§ 128 HGB). Unerheblich ist, worauf sich die jeweiligen Werkleistungen beziehen, welchen Umfang (Höhe der Kosten) sie haben und wie begütert der einzelne Wohnungseigentümer ist (*Elzer* ZMR 2005, 574 (575)). Beauftragt ein Wohnungseigentümer einen Bauhandwerker mit der Ausführung von Sonderwünschen, schuldet er den Werklohn allein.

F. Beschlossene Umlageschlüssel (§ 16 Abs. 2 Satz 2 WEG)

I. Sinn und Zweck

§ 16 Abs. 2 Satz 2 WEG ist an die Stelle von § 16 Abs. 3, Abs. 4 WEG aF getreten und gibt den Wohnungseigentümern die umfassende Beschlusskompetenz, den gesetzlichen oder einen vereinbarten Umlageschlüssel für die meisten Kosten und Kostenarten zu ändern. Er soll das System gegenüber § 16 Abs. 3, Abs. 4 WEG aF übersichtlicher machen und es den Wohnungseigentümern erleichtern, über eine angemessene Kostenverteilung zu beschließen (BR-Drs. 168/20, 59). **44**

Beschlüsse nach § 16 Abs. 2 Satz 2 WEG sind in der Regel auch steuerrechtlich verbindlich (BFH NJW 1979, 80). **45**

II. Anwendungsbereich

1. Grundsatz. § 16 Abs. 2 Satz 2 WEG gibt zum einen Beschlusskompetenz, für sämtliche denkbaren Kosten vom gesetzlichen Umlageschlüssel des § 16 Abs. 2 Satz 1 WEG abzuweichen. Zum anderen ermöglicht er es aber auch, einen nach § 10 Abs. 1 Satz 2 WEG vereinbarten Umlageschlüssel, mithin eine Umlagevereinbarung, zu ändern (zum alten Recht bereits BGH NJW-RR 2018, 1162 Rn. 15; NJW 2012, 2578 Rn. 12; 2011, 2202 Rn. 7; 2010, 3298 Rn. 7; grundlegend NJW 2010, 2654 Rn. 9). Wann die Wohnungseigentümer die Umlagevereinbarung getroffen haben, die nach § 16 Abs. 2 Satz 2 WEG geändert werden soll, ist unerheblich (zum alten Recht BGH NJW-RR 2011, 1165 Rn. 11; NJW 2010, 2654 Rn. 9). § 16 Abs. 2 Satz 2 WEG wird, wie § 16 Abs. 3 WEG zeigt, von § 21 Abs. 5 Satz 1 WEG im Hinblick auf Kosten verdrängt, die auf baulichen Veränderungen nach § 20 WEG beruhen. **46**

2. Erstmalige Begründung einer Kostentragungspflicht. § 16 Abs. 3 WEG aF räumte den Wohnungseigentümern keine Beschlusskompetenz ein, einen Wohnungseigentümer, der nach einer Vereinbarung von der Tragung bestimmter Kosten oder der Kostentragungspflicht insgesamt befreit war, durch Beschluss zu beteiligen (BGH NZM 2016, 727 Rn. 15; NJW 2012, 2578 Rn. 13; aA *Jennißen* ZWE 2017, 116 (118); *Elzer* NJW 2010, 3473 (3474)). Mit der Bezugnahme auf § 16 Abs. 2 WEG aF knüpfe § 16 Abs. 3 WEG aF an eine dem Grunde nach bestehende Kostentragungspflicht an und begründe lediglich die Möglichkeit zur Veränderung des Umlageschlüssels. Die erstmalige Begründung einer Kostentragungspflicht unter Aufhebung einer vereinbarten Kostenbefreiung stelle keine Veränderung eines Umlageschlüssels dar, sondern eine Erweiterung des Kreises der Kostenschuldner. Es ist nicht erkennbar, dass § 16 Abs. 2 Satz 2 WEG hieran etwas ändern soll. **47**

3. Erstmalige Freistellung von Kosten. Entsprechend → Rn. 47 sollte es § 16 Abs. 3 WEG aF auch nicht erlauben, einen Wohnungseigentümer **48**

von Kosten vollständig zu befreien (AG Leverkusen ZMR 2017, 105). Dieser knüpfe nach Wortlaut und seiner Systematik an die (nicht) bestehende Kostentragungspflicht an und beabsichtige nicht, den Kreis der Kostenschuldner zu beschränken. Es ist nicht erkennbar, dass § 16 Abs. 2 Satz 2 WEG hieran etwas ändern soll.

III. Tatbestandsvoraussetzung

49 **1. Überblick.** Einzige Tatbestandsvoraussetzung für einen Beschluss nach § 16 Abs. 2 Satz 2 WEG ist es, dass es sich bei den zu regelnden Kosten um Kosten der Gemeinschaft der Wohnungseigentümer handelt. Ob solche Kosten für das gemeinschaftliche Eigentum oder das Sondereigentum anfallen, spielt für die Beschlusskompetenz keine Rolle. Notwendig, aber auch ausreichend ist, dass die Kosten von der Gemeinschaft der Wohnungseigentümer zu begleichen sind. Eine Grenze ist nur erreicht, wenn die Kosten, deren Umlageschlüssel gestützt auf § 16 Abs. 2 Satz 2 WEG geändert werden soll, unmittelbar gegenüber Dritten abgerechnet werden. Gegenstand der Beschlussfassung bei im Sondereigentum angefallenen Kosten ist die Frage einer gerechten Verteilung der nach innen individuell verursachten, nach außen aber von der Gemeinschaft der Wohnungseigentümer zu tragenden Kosten. Dass diese Kosten anders als die für das gemeinschaftliche Eigentum angefallenen Kosten gegebenenfalls – nämlich über Erfassungsgeräte – individuell zurechenbar sind, spielt nicht für die Beschlussmacht, sondern nur für ihre ordnungsmäßige Ausübung eine Rolle. Nicht ordnungsmäßig ist es in der Regel, alle Wohnungseigentümer an einer Kostenposition gleichmäßig zu beteiligen, wenn die individuelle Verursachung (stark) voneinander abweicht und eine Messung möglich und verhältnismäßig ist.

50 **2. Einordnung der Kosten.** Ob es sich um Kosten der Verwaltung (→ Rn. 31 ff.), der Erhaltung (→ Rn. 37), des gemeinschaftlichen Gebrauchs des gemeinschaftlichen Eigentums (→ Rn. 33) oder um andere Kosten handelt, ist auf Tatbestandsseite unerheblich. Für die Ausübung des Ermessens und die Ordnungsmäßigkeit spielt die Einordnung allerdings eine große Rolle. Vor allem für Erhaltungskosten bietet es sich teilweise an, diese nicht von allen Wohnungseigentümern tragen zu lassen.

IV. Rechtsfolgen

51 **1. Überblick.** Die Beschlusskompetenz aus § 16 Abs. 2 Satz 2 WEG bezieht sich auf einzelne Kosten (→ Rn. 33), aber auch auf bestimmte Arten von Kosten (→ Rn. 34). Der Beschluss nach § 16 Abs. 2 Satz 2 WEG kann ferner einen Einzelfall regeln. Er kann aber auch bestimmen, dass er dauerhaft die Umlage der Kosten regeln soll. Es kann etwa abstrakt beschlossen werden, dass jeder Wohnungseigentümer die Kosten für den Austausch derjenigen Fenster und Türen nebst deren Bauteilen zu tragen hat, die sich im Bereich seines Sondereigentums befinden. Wird eine entsprechende Kostenverteilung, wie es möglich ist, nur für einzelne Fälle beschlossen, kann

sich daraus ein Anspruch der übrigen Wohnungseigentümer auf eine Gleichbehandlung ergeben – Gebot der sogenannten Maßstabskontinuität.

52 Eine generelle Veränderung des § 16 Abs. 2 Satz 1 WEG, zB die Bestimmung der Wohnflächen anstelle der Größe der Miteigentumsanteile, soll § 16 Abs. 2 Satz 2 WEG nicht ermöglichen. Der Sache nach ist das freilich dennoch erreichbar, wenn die Wohnungseigentümer nämlich für alle denkbaren Kostenarten und alle einzelnen Kosten denselben Umlageschlüssel bestimmen.

53 **2. Einzelne Kosten.** Einzelne Kosten iSd Gesetzes sind konkret bestimmbare, einmalig anfallende Kosten der Gemeinschaft der Wohnungseigentümer. Die Wohnungseigentümer können nach § 16 Abs. 2 Satz 2 WEG beispielsweise über die Verteilung der Kosten einer konkreten Erhaltungsmaßnahme, etwa eines Fensteraustausches, beschließen. Weitere Einzelfälle:

- Verbrauchszähler;
- Kopierkosten;
- Kosten, die im Zusammenhang mit einer Anschriftenermittlung entstehen;
- Kosten für die Ausstellung von Bescheinigungen über haushaltsnahe Dienstleistungen;
- Kosten, die durch eine Sammelüberweisung entstehen, weil der Überweisung nicht ohne Weiteres entnommen werden kann, für welche Einheiten sie geleistet wurde (OLG Düsseldorf ZMR 2001, 723 f. = BeckRS 2001, 30173105);
- Kosten, die im Zusammenhang mit Problemen beim SEPA-(Basis-)Lastschriftverfahren entstehen (LG Itzehoe ZMR 2018, 259 (260));
- Kosten, die für eine weitere Versammlung entstehen;
- eine Sondervergütung für eine Zustimmung nach § 12 WEG;
- Kosten für Nachfragen bei der SCHUFA Holding AG des Verbandes der Vereine Creditreform eV;
- Kosten einer Versorgungssperre;
- Kosten eines Grundstückserwerbs (s. a. BGH NJW 2016, 2177 Rn. 42; AG Bremen-Blumenthal ZWE 2014, 227 (228));
- Verlangt eine Versicherung für die Wohnungseigentumsanlage in Bezug auf Räume, die im Sondereigentum stehen, eine besondere hohe Prämie, können diese Mehrkosten auf den entsprechenden Wohnungseigentümer verlagert werden (zum alten Recht Dötsch ZMR 2014, 169 (177);
- Kosten für die technische Betreuung einer Anlage (s. a. BGH NJW-RR 2018, 1162 Rn. 14; LG Itzehoe ZMR 2018, 259 (260)).
- Hat die Gemeinschaft gegen einen Wohnungseigentümer einen Schadensersatzanspruch, kann sie diesen hingegen nicht nachträglich auf diesen umlegen.

54 **3. Arten von Kosten (Kostenpositionen).** Der Begriff „Kostenart“ ist weit zu verstehen und ist letztlich synonym mit dem mietrechtlichen Begriff der „Kostenposition“. Er bezieht sich allerdings sowohl auf regelmäßig wiederkehrende Kostenpositionen als auch auf unregelmäßig wiederkehrende, aber gleichartige Kostenpositionen (BR-Drs. 168/20, 60).

55 Die Wohnungseigentümer können nach § 16 Abs. 2 Satz 2 WEG etwa beschließen, dass jeder Wohnungseigentümer die Kosten für den Austausch derjenigen Fenster zu tragen hat, die sich im Bereich seines Sondereigentums befinden.

V. Der Beschluss

56 **1. Überblick.** Soweit die Tatbestandsvoraussetzungen (→ Rn. 49 ff.) erfüllt sind, besteht für die Wohnungseigentümer nach § 16 Abs. 2 Satz 2 WEG ein Ermessen, sich zwischen verschiedenen ordnungsmäßigen Wegen für einen Beschluss zur anderweitigen Umlage der jeweiligen konkreten Kosten (→ Rn. 53) oder der abstrakten Kostenarten (→ Rn. 54) zu entscheiden.

57 Das Ermessen der Wohnungseigentümer lässt es grundsätzlich auch zu, von Regelungen abzusehen und es beim Gesetz oder einer Umlagevereinbarung zu belassen.

58 **2. Mehrheit.** Ob eine Mehrheit erreicht ist, ist anhand des gesetzlichen Kopfprinzips (→ § 25 Rn. 21) oder eines vereinbarten Prinzips (→ § 25 Rn. 22) zu ermitteln. Der früheren Ansicht, aus dem Tatbestandsmerkmal des § 16 Abs. 3 WEG aF „durch Stimmenmehrheit" könne hergeleitet werden, dass der Berechnung der Mehrheit stets das Kopfprinzip zu Grunde zu legen sei, ist im geltenden Recht der Boden entzogen (zum alten Recht *Hügel/Elzer* NZM 2009, 457 (463); *Derleder* ZWE 2008, 253 (258); *Müller* ZWE 2008, 278 (281); differenzierend *Lehmann-Richter* ZWE 2012, 77 (79); aA *Becker* ZWE 2008, 217 (224); *Häublein* ZMR 2007, 409 (410); ohne Stellungnahme BGH NJW 2012, 921 Rn. 111).

59 **3. Ankündigung und Transparenz (Beschlusswillen).** Soll der geltende Umlageschlüssel in einer Versammlung der Wohnungseigentümer nach § 16 Abs. 2 Satz 2 WEG geändert werden, ist dies nach § 23 Abs. 2 WEG ausdrücklich und gesondert mit der Ladung anzukündigen (BGH NJW 2012, 603 Rn. 12; 2010, 2654 Rn. 16; s. a. BGH NJW-RR 2018, 1162 Rn. 18). Ein Wohnungseigentümer muss etwa mit der bloßen Ankündigung eines Beschlusses nach §§ 28 Abs. 1 Satz 1, 28 Abs. 2 Satz 1 WEG nicht damit rechnen, dass der gesetzliche oder gewillkürte Umlageschlüssel für einzelne Kosten oder bestimmte Arten von Kosten geändert werden soll (s. a. OLG Düsseldorf ZMR 2005, 895 (896)). Aus dem Beschluss muss ferner hinreichend konkret hervorgehen, dass die Wohnungseigentümer das Bewusstsein hatten, eine Änderung der bisherigen Kostenverteilung zu beschließen.

60 **4. Beschlussfehlerlehre. a) Ordnungsmäßigkeit im Allgemeinen.** Der Beschluss nach § 16 Abs. 2 Satz 2 WEG muss ordnungsmäßiger Verwaltung entsprechen (BR-Drs. 168/20, 60). Dies ist der Fall, wenn er einen angemessenen Ausgleich zwischen den Interessen aller Wohnungseigentümer an einem reibungslosen Zusammenleben einerseits und den Individualinteressen des einzelnen Wohnungseigentümers andererseits findet. Hier ist ua zu fragen, ob der Verursachung angemessen Rechnung getragen wird. Ordnungsmäßigkeit fordert weiter, dass der Beschluss formell und materiell

rechtmäßig sein muss – seinem Zustandekommen also keine Fehler anhaften. Ferner verlangt der Begriff der „Ordnungsmäßigkeit" eine Korrelation zwischen Erfassungs- und Verteilungsmaßstab (*Becker* ZWE 2008, 217 (221); *Hügel/Elzer,* Das neue WEG-Recht, § 5 Rn. 23). Zur Bestimmtheit des Beschlusses → § 23 Rn. 40 ff.

Das Gesetz macht für die Ordnungsmäßigkeit des zu bestimmenden Umlageschlüssels bewusst (BR-Drs. 168/20, 60) keine inhaltlichen Vorgaben. Selbst für die Erhaltungskosten ist die Regelung des § 16 Abs. 4 Satz 1 WEG aF nicht übernommen worden, dass der Verteilungsmaßstab dem Gebrauch oder der Möglichkeit des Gebrauchs Rechnung tragen muss. Diese Anordnung würde nach Ansicht des Gesetzgebers das Ermessen der Wohnungseigentümer unnötig einschränken (BR-Drs. 168/20, 60). Im Rahmen des Ermessens seien an dieser Stelle jedoch in der Regel der Gebrauch und die Möglichkeit des Gebrauchs zu berücksichtigen (BR-Drs. 168/20, 60). 61

b) „Sachlicher Grund". Für die Änderung des geltenden Umlageschlüssels bedarf es eines „sachlichen Grundes". Dies bedeutet jedoch nur, dass sowohl das „Ob" als auch das „Wie" einer Änderung nicht willkürlich sein dürfen (BGH NJW 2019, 2083 Rn. 14; NJW-RR 2011, 1165 Rn. 11; 2011, 1646 Rn. 8; grundlegend NJW 2011, 2202 Rn. 8). Dem Erfordernis eines sachlichen Grundes kommt damit neben der Ordnungsmäßigkeit im Allgemeinen keine eigenständige Bedeutung zu (LG Köln BeckRS 2018, 29565 Rn. 14; im Einzelnen *Elzer* ZMR 2007, 237 (239)), sondern ist Teil der dortigen Prüfung (*Hügel/Elzer,* Das neue WEG-Recht, § 5 Rn. 23). 62

c) Schutzwürdige Belange (Zweitbeschlüsse). Nach hM kann jeder Wohnungseigentümer nach § 18 Abs. 2 Nr. 2 WEG verlangen, dass ein weiterer Beschluss über dieselbe Angelegenheit (Zweitbeschluss) „schutzwürdige Belange aus Inhalt und Wirkungen des Erstbeschlusses berücksichtigt" (LG Itzehoe ZMR 2011, 998; *Fritsch* MietRB 2007, 244 (248); *Schmidt* ZMR 2007, 913 (916); → Vor §§ 23 Rn. 31 ff.). Die dabei einzuhaltenden Grenzen sollen sich nach den Umständen des Einzelfalls richten. **Stellungnahme.** Dieser Ansicht ist nicht zu folgen. Jedenfalls überzeugt diese Ansicht nicht für auf § 16 Abs. 2 Satz 2 WEG beruhende Beschlüsse (*Hügel/Elzer,* Das neue WEG-Recht, § 5 Rn. 33 ff.; *Elzer* ZMR 2007, 237 (239); aA *Becker* ZWE 2008, 217 (224)). Die Besonderheit eines Zweitbeschlusses besteht allein darin, dass im Gegensatz zum Erstbeschluss mitzubedenkende Rechtspositionen – mögen diese „rechtlich" oder „tatsächlich" sein – bestehen. Diese im Gegensatz zur Ausgangsentscheidung (Erstbeschluss) zu beachtenden Rechtspositionen können nicht dazu führen, einen Beschluss bereits deshalb als nicht ordnungsmäßig anzusehen, weil eben das Interesse der Gesamtheit eine andere Regelung erfordert oder schon erlaubt. Der einzelne Eigentümer kann und darf angesichts gesetzlich garantierter Mehrheitsmacht niemals damit rechnen, dass sich ein bestimmter Sondervorteil stets perpetuiert. Die Wohnungseigentümer sind nach dem gesetzgeberischen Modell jederzeit und ohne besonderen Grund befugt, über eine schon geregelte gemeinschaftliche Angelegenheit erneut zu beschließen, soweit der Beschluss nur ordnungsmäßig ist. 63

64 **d) Rückwirkung neuer Umlageschlüssel. aa) Grundsätze.** Der Beschluss, einen Umlageschlüssel zu ändern, ist nur für die künftige Wirtschaftspläne und darauf beruhende Abrechnungen ordnungsmäßig (BGH NJW 2016, 2177 Rn. 44; 2011, 2202 Rn. 11). Etwas anderes gilt, wenn besondere Umstände vorliegen (LG Berlin ZWE 2017, 33 (34)). Dies ist der Fall, wenn der bisherige Umlageschlüssel unbrauchbar oder in hohem Maße unpraktikabel ist oder dessen Anwendung zu grob unbilligen Ergebnissen führt (BGH NJW 2011, 2202 Rn. 11; grundlegend NJW 2010, 2654 Rn. 11; OLG Hamm ZMR 2007, 293 (295)). Ferner gilt etwas anderes bei einem noch nicht abgeschlossenen Vorgang, wenn sich bei typisierender Betrachtung noch kein schutzwürdiges Vertrauen herausgebildet hat (BGH NJW 2011, 2202 Rn. 11; grundlegend NJW 2010, 2654 Rn. 11). Dies dürfte bei solchen Vorgängen die Regel sein.

65 **bb) Wirtschaftsplan und Jahresabrechnung.** Die Wohnungseigentümer können nach diesen Grundsätzen jederzeit einer neuen Wirtschaftsperiode neue Umlageschlüssel zu Grunde legen und auf ihrer Grundlage den Wirtschaftsplan und die Einzelwirtschaftspläne beschließen. Der Jahresabrechnung können hingegen grundsätzlich keine neuen Umlageschlüssel zu Grunde gelegt werden. Etwas anderes gilt dann, wenn es von vornherein keinen Wirtschaftsplan und keine Einzelwirtschaftspläne gab oder der jeweilige Genehmigungsbeschluss für ungültig erklärt wurde. Ähnlich liegt es, wenn dem Wirtschaftsplan und den Einzelwirtschaftsplänen unzutreffende, aber stets angewandte Umlageschlüssel zu Grunde lagen. Auch in diesem Falle ist es ausnahmsweise möglich, die Umlageschlüssel zu ändern, das Geübte anzupassen und die Änderungen der Abrechnung zu Grunde zu legen (LG Hamburg ZMR 2013, 465 (466)).

66 **cc) Konkret bestimmbare, einmalig anfallende Kosten.** Haben die Wohnungseigentümer für konkret bestimmbare, einmalig anfallende Kosten einen von § 16 Abs. 2 Satz 2 WEG abweichenden Umlageschlüssel bestimmt, gilt das Verbot der Rückwirkung nicht. Denn hier geht es nicht um eine Verhaltenssteuerung. Für Erhaltungskosten sollte das Rückwirkungsverbot allerdings auch in diesem Falle angewendet werden. Es ist nicht einzusehen, dass ein Wohnungseigentümer, der erwarten durfte, dass die Erhaltungskosten von allen Wohnungseigentümern getragen werden, mit dem Umstand konfrontiert wird, die Kosten allein zu tragen. Anders ist es, wenn der Wohnungseigentümer es allein durch seinen Gebrauch in der Hand hatte, für eine gute Erhaltung zu sorgen. Dann musste er erwarten, allein die Kosten zu tragen und konnte sein Verhalten darauf einstellen.

67 **e) Vermietetes Sondereigentum.** Ist ein Sondereigentum vermietet, müssen die Wohnungseigentümer diesen Umstand bei der Abwägung, welche Maßnahme ordnungsmäßiger Verwaltung entspricht, einbeziehen. Denn für ein vermietetes Sondereigentum können sich aus einer Änderung der Umlageschlüssel Abrechnungsprobleme ergeben (*Schmid* ZMR 2005, 27 (28)). Dies gilt allerdings nur, wenn die Mietvertragsparteien von § 556a Abs. 3 BGB abgewichen sind. Führen die Wohnungseigentümer erstmals eine verursachungsbezogene Abrechnung ein, könnte der vermietende Woh-

nungseigentümer den mietrechtlichen Abrechnungsmaßstab im Übrigen durch einseitige Erklärung nach § 556a Abs. 2 BGB anpassen; Entsprechendes gilt, wenn die Voraussetzungen des § 6 Abs. 4 Satz 2 HeizkostenV vorliegen (*Schmid* ZMR 2005, 27 (28)).

f) Ermessen. aa) Überblick. Wollen die Wohnungseigentümer einen Umlageschlüssel im Wege des § 16 Abs. 2 Satz 2 WEG ändern, ist ihnen auf Grund des Selbstorganisationsrechts (→ § 18 Rn. 53 ff.) ein weites Ermessen eingeräumt (BGH NJW-RR 2011, 1646 Rn. 8; 2011, 1165 Rn. 10; NJW 2011, 2202 Rn. 8). Die Wohnungseigentümer dürfen danach jeden Umlageschlüssel wählen, der den Interessen aller und den Interessen einzelner Wohnungseigentümer angemessen ist und nicht zu einer ungerechtfertigten Benachteiligung Einzelner führt (BGH NJW-RR 2011, 1646 Rn. 8; NJW 2011, 2202 Rn. 8; 2010, 3298 Rn. 17). An die ermessensfehlerfreie Auswahl eines angemessenen Umlageschlüssels sind insoweit keine strengen Anforderungen zu stellen. Jede Änderung wirkt sich auf die Kostenlast des einen oder anderen Wohnungseigentümers aus (BGH NJW-RR 2011, 1646 Rn. 8; NJW 2010, 3298 Rn. 17; LG Karlsruhe ZWE 2016, 92 (93)). Für einen Beschluss nach § 16 Abs. 2 Satz 2 WEG können eine höhere Kostengerechtigkeit, Anreize zur Kostensenkung oder die Anpassung an die vorhandenen Bedingungen sprechen. Wichtiges Abwägungsmoment ist im Übrigen die Wahrung der Kontinuität des Außen- und Innenverhältnisses. Liegt einem Vertragsschluss ein bestimmter Maßstab zu Grunde, berechnet zB ein Kabelanbieter seine Kosten nach einem bestimmten System, ist dieses soweit möglich auch der Verteilung im Innenverhältnis zu Grunde zu legen. Was gilt, ist stets eine Frage des Einzelfalls und der Bemessung der Miteigentumsanteile (s. a. BGH NJW-RR 2011, 1646 Rn. 11). 68

bb) Einzelfälle im „ABC“. 69

- **Abwasser.** Die Änderung des gesetzlichen Umlageschlüssels zum Umlageschlüssel „Anzahl von Wohnungseigentumsrechten – Einheiten“ (→ Rn. 73) soll ordnungsmäßig sein (AG Kassel BeckRS 2013, 22555).
- **Allgemeinstrom/Hausstrom.** Die Änderung des gesetzlichen Umlageschlüssels zum Umlageschlüssel „Anzahl von Wohnungseigentumsrechten – Einheiten“ soll ordnungsmäßig sein (AG Kassel BeckRS 2013, 22555; AG Hannover ZMR 2009, 558). Die Kosten fielen im Wesentlichen für alle Wohnungen gleich an und seien nicht an die Grundstücksgröße bzw. an das Grundstück gekoppelt.
- **Bank- und Geldkosten.** Die Änderung des gesetzlichen Umlageschlüssels zum Umlageschlüssel „Anzahl von Wohnungseigentumsrechten – Einheiten“ (→ Rn. 73) soll ordnungsmäßig sein (AG Hannover ZMR 2009, 558). Die Kosten fielen im Wesentlichen für alle Wohnungen gleich an und seien nicht an die Grundstücksgröße bzw. an das Grundstück gekoppelt.
- **Gartenpflege.** Die Änderung des gesetzlichen Umlageschlüssels zum Umlageschlüssel „Anzahl von Wohnungseigentumsrechten – Einheiten“ (→ Rn. 73) soll nicht ordnungsmäßig sein (AG Hannover ZMR 2009, 558). Es sei kein „sachlicher Grund“ dafür ersichtlich, die Kosten, die durch das Grundstück als solches verursacht werden, nicht auch nach dem gesetzlichen Umlageschlüssel zu verteilen. Dem ist nicht zu folgen. Der

gesetzliche Umlageschlüssel korreliert nicht mit der Grundstücksgröße, allenfalls mit den Wohn- und Nutzflächen. Ein Umlageschlüssel „Anzahl von Wohnungseigentumsrechten – Einheiten" ist daher nicht zu beanstanden.

- **Hausmeister/Hausreinigung.** Die Änderung des gesetzlichen Umlageschlüssels zum Umlageschlüssel „Anzahl von Wohnungseigentumsrechten – Einheiten" (→ Rn. 73) soll nicht ordnungsmäßig sein, wenn es für eine Änderung keinen „tragfähigen Grund" gibt und sich die Änderung als „willkürlich" darstelle, weil sie offenbar keinen anderen Zweck verfolge als den, dass einige Wohnungseigentümer sich auf Kosten anderer „schadlos" halten wollten (LG Nürnberg-Fürth NZM 2009, 363 (364)).
- **Heiz- und Warmwasserkosten** → Rn. 91 ff.
- **Versicherung. Haftpflicht- und Gebäudeversicherung.** Die Änderung des gesetzlichen Umlageschlüssels zum Umlageschlüssel „Anzahl von Wohnungseigentumsrechten – Einheiten" (→ Rn. 25) soll nicht ordnungsmäßig sein (AG Hannover ZMR 2009, 558). Es sei kein „sachlicher Grund" dafür ersichtlich, die Kosten, die durch das Grundstück als solches verursacht werden, nicht auch nach dem gesetzlichen Umlageschlüssel zu verteilen. Dem ist nicht zu folgen (AG Kassel BeckRS 2013, 22555). Der gesetzliche Umlageschlüssel korreliert nicht mit der Grundstücksgröße, allenfalls mit den Wohn- und Nutzflächen. Ein Umlageschlüssel „Anzahl von Wohnungseigentumsrechten – Einheiten" ist nicht zu beanstanden. **Wohngebäudeversicherung (Selbstbeteiligung).** Der Beschluss, die Kosten der Selbstbeteiligung einer Wohngebäudeversicherung einem Wohnungseigentümer zu überantworten, in dessen Sondereigentum ein Leitungswasserschaden aufgetreten ist, soll § 18 Abs. 2 WEG widersprechen, wenn diesem keine Exkulpationsmöglichkeit vorbehalten bleibt, die Haftung mithin verschuldensunabhängig bei jeglicher Verursachung des Schadens im Bereich des Sondereigentums eingreift (AG Lemgo NZM 2018, 405).
- **Haus-/Flurreinigung.** Die Änderung des gesetzlichen Umlageschlüssels zum Umlageschlüssel „Anzahl von Wohnungseigentumsrechten – Einheiten" (→ Rn. 73) soll nicht ordnungsmäßig sein (LG Itzehoe ZMR 2018, 696). Dem ist nicht zu folgen. Der gesetzliche Umlageschlüssel korreliert nicht mit der Größe der zu reinigenden Flächen, allenfalls mit den Wohn- und Nutzflächen. Ein Umlageschlüssel „Anzahl von Wohnungseigentumsrechten – Einheiten" ist nicht zu beanstanden.
- **Hausmeister/Gartenpflege/Winterdienst.** Die Änderung des gesetzlichen Umlageschlüssels zum Umlageschlüssel „Anzahl von Wohnungseigentumsrechten – Einheiten" (→ Rn. 73) soll ordnungsmäßig sein (AG Kassel BeckRS 2013, 22555).
- **Kabelkosten.** Die Änderung des gesetzlichen Umlageschlüssels zum Umlageschlüssel „Anzahl von Wohnungseigentumsrechten – Einheiten" (→ Rn. 73) soll nicht zu beanstanden sein (LG Nürnberg-Fürth NZM 2009, 363 (364)). Mit dem Kabelanschluss werde in jeder „Einheit" derselbe Zugang zum Empfang des Kabelprogramms gewährt.
- **Müllkosten.** Die Änderung des gesetzlichen Umlageschlüssels in der Weise, dass ein Teileigentümer seine Müllkosten zu tragen hat und dass

die restlichen Kosten auf die übrigen Wohnungseigentümer im Verhältnis der Anteile aufgeteilt werden, soll nicht zu beanstanden sein (AG Mitte ZMR 2018, 869). Die Ausnahme eines Wohnungseigentümers von den Müllkosten ist nicht zu beanstanden (LG Berlin ZWE 2017, 33), wenn dieser eine eigene Mülltonne hat. Die Änderung des gesetzlichen Umlageschlüssels zum Umlageschlüssel „Anzahl der Bewohner/Eigentümer/Nutzer- bzw. Personen" (→ Rn. 74) soll nicht zu beanstanden sein (LG Frankfurt a. M. ZWE 2016, 34). Die Änderung des gesetzlichen Umlageschlüssels zum Umlageschlüssel „Anzahl von Wohnungseigentumsrechten – Einheiten" (→ Rn. 73) soll hingegen zu beanstanden sein (LG Itzehoe ZMR 2018, 696). Dem ist nicht zu folgen (AG Kassel BeckRS 2013, 22555). Der gesetzliche Umlageschlüssel korreliert nicht mit der Menge des anfallenden Mülls, allenfalls mit den Wohn- und Nutzflächen. Ein Umlageschlüssel „Anzahl von Wohnungseigentumsrechten – Einheiten" ist nicht zu beanstanden, wenn auch ein Umlageschlüssel „Verbrauch/Verursachung" (→ Rn. 77) anzustreben ist.

- **Personenaufzug.** Die Änderung des gesetzlichen Umlageschlüssels zum Umlageschlüssel „Aufzugspunkte" soll unproblematisch sein (LG Nürnberg-Fürth NZM 2009, 363 (364)).
- **Schornsteinfeger.** Die Änderung des gesetzlichen Umlageschlüssels zum Umlageschlüssel „Anzahl von Wohnungseigentumsrechten – Einheiten" (→ Rn. 73) soll ordnungsmäßig sein (AG Kassel BeckRS 2013, 2255; AG Hannover ZMR 2009, 558). Die Kosten fielen im Wesentlichen für alle Wohnungen gleich an und seien nicht an die Grundstücksgröße bzw. an das Grundstück gekoppelt.
- **Sonstige Verwaltungskosten.** Die Änderung des gesetzlichen Umlageschlüssels zum Umlageschlüssel „Anzahl von Wohnungseigentumsrechten – Einheiten" (→ Rn. 73) soll ordnungsmäßig sein (AG Hannover ZMR 2009, 558). Die Kosten fielen im Wesentlichen für alle Wohnungen gleich an und seien nicht an die Grundstücksgröße bzw. an das Grundstück gekoppelt.
- **Straßenreinigung.** Die Änderung des gesetzlichen Umlageschlüssels zum Umlageschlüssel „Anzahl von Wohnungseigentumsrechten – Einheiten (→ Rn. 73) soll nicht ordnungsmäßig sein (AG Hannover ZMR 2009, 558). Es sei kein „sachlicher Grund" dafür ersichtlich, dass die Kosten, die durch das Grundstück als solches verursacht werden, nicht auch nach dem gesetzlichen Umlageschlüssel zu verteilen. Dem ist nicht zu folgen (AG Kassel BeckRS 2013, 22555). Der gesetzliche Umlageschlüssel korreliert nicht mit der Grundstücksgröße, allenfalls mit den Wohn- und Nutzflächen. Ein Umlageschlüssel „Anzahl von Wohnungseigentumsrechten – Einheiten" ist nicht zu beanstanden.
- **Trinkwasseranlage.** Die Änderung des gesetzlichen Umlageschlüssels zum Umlageschlüssel „Anzahl von Wohnungseigentumsrechten – Einheiten (→ Rn. 73), ist nicht zu beanstanden (LG Saarbrücken ZWE 2016, 187).
- **Verwalterhonorar.** Die Änderung des gesetzlichen Umlageschlüssels zum Umlageschlüssel „Anzahl von Wohnungseigentumsrechten – Einheiten (→ Rn. 73), ist nicht zu beanstanden (LG Berlin ZWE 2017, 33). Dem ist zu folgen. Die Änderung des Umlageschlüssels „Anzahl von Wohnungs-

eigentumsrechten – Einheiten (→ Rn. 73) zum gesetzlichen Umlageschlüssel soll nicht ordnungsmäßig sein (LG Lüneburg ZWE 2013, 27). Dem ist nicht pauschal zu folgen. Ob es so liegt, ist eine Frage des Einzelfalls.
- **Verwaltung.** Die Änderung des gesetzlichen Umlageschlüssels zum Umlageschlüssel „Anzahl von Wohnungseigentumsrechten – Einheiten" (→ Rn. 73) soll ordnungsmäßig sein (AG Kassel BeckRS 2013, 22555).

70 **g) Mängel.** Ist ein auf § 16 Abs. 2 Satz 2 WEG beruhender Beschluss nicht ordnungsmäßig (→ Rn. 60 ff.), leidet er zB unter einem Ermessensfehler (→ Rn. 68) oder verstößt er gegen das Verbot der Rückwirkung (→ Rn. 64), ist er fehlerhaft und anfechtbar. Nichtigkeit ist nur anzunehmen, wenn ein allgemeiner Nichtigkeitsgrund vorliegt (→ § 23 Rn. 121 ff.) und/oder außerhalb des Anwendungsbereichs des § 16 Abs. 2 Satz 2 WEG (→ Rn. 46) beschlossen wird (BGH NJW 2012, 2578 Rn. 14; *Schmidt* ZMR 2007, 913 (923)).

VI. Überblick zu abweichenden Umlageschlüsseln

71 **1. Allgemeines.** Bestimmen die Wohnungseigentümer einen von § 16 Abs. 2 Satz 1 WEG abweichenden Umlageschlüssel, muss dieser ausreichend bestimmt sein (→ § 23 Rn. 140 ff.). Müssen die Wohn- und Nutzflächen noch vermessen werden, ist ein Beschluss, der allein auf die Wohn- und Nutzflächen abstellt, allerdings selbst nicht zu unbestimmt (LG München I ZMR 2008, 915; offen gelassen von LG Frankfurt (Oder) ZWE 2017, 274). Er muss aber noch ergänzt werden (→ Rn. 85). Anders liegt es, wenn im Beschluss auf die „tatsächlich genutzte Wohnfläche" abgestellt wird (LG Frankfurt (Oder) ZWE 2017, 274).

72 **2. Anzahl von Anschlüssen/Anlagen.** Die Wohnungseigentümer können die Anzahl von Anschlüssen, etwa Breitbandkabel, Kabelfernsehen, Telefonbuchsen, als Umlageschlüssel vereinbaren. Entsprechendes gilt für die Anzahl von Anlagen, zB von Rauchwarnmeldern (LG Dortmund ZWE 2017, 138).

73 **3. Anzahl von Wohnungseigentumsrechten (Einheiten).** Die Wohnungseigentümer können die Anzahl der Wohnungseigentumsrechte („Einheiten") der Wohnungseigentumsanlage als Umlageschlüssel vereinbaren, etwa für die Vergütung des Verwalters (fehlt es daran, ist diese nach § 16 Abs. 2 Satz 1 WEG umzulegen) oder für Kabelkosten (LG Nürnberg NZM 2009, 363 (364)). Eine solche Vereinbarung kann – wie stets – kein Gegenstand des Verwaltervertrags sein. Unterteilt ein Wohnungseigentümer sein Wohnungseigentumsrecht rechtlich (→ § 8 Rn. 45 ff.), gibt es „Einheiten" nach Maßgabe seiner Unterteilung (BayObLG ZWE 2001, 317 (318). Der Wohnungseigentümer – oder nach einer Veräußerung mehrere Wohnungseigentümer – tragen nach einer Unterteilung also mehr Kosten als vorher. Vereinigt ein Wohnungseigentümer mehrere Wohnungseigentumsrechte (→ § 8 Rn. 41 ff.), ist er hingegen fiktiv so zu behandeln, als sei er Eigentümer der vorherigen Wohnungseigentumsrechte. Einem Wohnungseigen-

tümer ist es nämlich nicht möglich – ist nichts anderes vereinbart – in den Umlageschlüssel „Anzahl Einheiten" negativ einzugreifen und seine Kosten zu verringern, die der anderen Wohnungseigentümer aber zu erhöhen. Etwas anderes kann nur für die Verwaltervergütung gelten, soweit diese nach „Einheiten" bemessen wird (s. a. AG Gelsenkirchen ZMR 2019, 899).

4. Anzahl der Bewohner/Eigentümer/Nutzer- bzw. Personen. Die Wohnungseigentümer können die Anzahl der Bewohner/Eigentümer/Nutzer- bzw. Personen als Umlageschlüssel vereinbaren. Dieser Umlageschlüssel setzt voraus, dass die jeweilige Anzahl eindeutig messbar/zählbar und klar ist, wer zB „Person" ist (gemeldete? tatsächlich anwesende? Kinder? Erwachsene? Gäste?) und auf welche Zeiten (Stunden? Tage? Wochen? Monate?) abzustellen ist (AG Unna ZMR 2019, 162 (164)). Ist zB eine Umlegung nach der Kopfzahl der in einem Sondereigentum ständig lebenden Personen vereinbart, ist das Register nach dem Melderechtsrahmengesetz keine hinreichend exakte Grundlage für die Feststellung (BGH NZM 2008, 242 Rn. 8). Denn es kommt auf die tatsächliche Benutzung an, nicht auf die melderechtliche Registrierung (BGH NZM 2008, 242 Rn. 8). **74**

Für einen Beschluss, jeder Wohnungseigentümer müsse spätestens bis zum 10. Januar eines jeden Jahres schriftlich und ohne gesonderte Aufforderung an den Verwalter melden, in welchem Monat des abgelaufenen Wirtschaftsjahres wie viele Personen in seinem Sondereigentum gewohnt haben, fehlt es bereits an einer Beschlusskompetenz. Außerdem ist der Beschluss unbestimmt, da er nicht zwischen ständigen Bewohnern und Besuchern differenziert – ab welcher Besuchsdauer wären diese zu melden? (LG Rostock ZWE 2016, 183). In der Regel wird ein Umlageschlüssel „Anzahl der Bewohner/Eigentümer/Nutzer- bzw. Personen" mangels Bestimmtheit (→ § 23 Rn. 40 ff.) daher nicht anzuwenden sein (AG Unna ZMR 2019, 162 (164)). **75**

5. Gebrauch oder die bloße Gebrauchsmöglichkeit. Die Wohnungseigentümer können den Gebrauch oder die bloße Gebrauchsmöglichkeit – sofern eindeutig messbar/zählbar – als Umlageschlüssel vereinbaren. IdR wird ein Umlageschlüssel „Gebrauch" mangels Bestimmtheit (→ § 23 Rn. 40 ff.) allerdings nicht anzuwenden sein. **76**

6. Verbrauch/Verursachung. a) Allgemeines. Die Wohnungseigentümer können als Umlageschlüssel den Verbrauch oder die Verursachung vereinbaren oder beschließen. Der Verbrauch/die Verursachung muss in diesem Fall durch – sofern gesetzlich verlangt – geeichte Messgeräte, zB Zähler oder Waagen, ermittelt werden (BayObLG NZM 2005, 609). Fehlen entsprechende Einrichtungen oder Geräte zur Erfassung, müssen die Wohnungseigentümer die Einführung entsprechender Messgeräte beschließen. Die Einbaukosten sind nach § 16 Abs. 2 Satz 1 WEG zu verteilen, sofern keine gewillkürte Bestimmung erfolgt. **77**

b) Keine Eichung. Umstritten ist, ob der Umlageschlüssel „Verbrauch" auch dann anwendbar ist, wenn der individuelle Verbrauch nur durch nicht geeichte Messgeräte gemessen werden konnte. Hier ist zwischen dem Messgerät und dem -ergebnis zu unterscheiden. Der Einsatz von Messgeräten nach Ablauf ihrer Eichfrist verstößt gegen das öffentliche Recht (OVG **78**

Münster NVwZ-RR 2016, 807; VG Köln ZWE 2015, 292). Ein Beschluss, der den Weitereinsatz eichpflichtiger Wärme- oder Warmwasserverbrauchserfassungsgeräte nach Ablauf der Eichfrist vorsieht, widerspricht daher den Grundsätzen ordnungsmäßiger Verwaltung (BayObLGZ 1998, 97; *Lammel* jurisPR-MietR 1/2019). Dem Verwalter ist es öffentlich-rechtlich außerdem nicht erlaubt, die Messergebnisse zu verwerten (OVG Münster NVwZ-RR 2016, 807; VG Köln ZWE 2015, 292).

79 Legt der Verwalter die Messergebnisse der Jahresabrechnung dennoch zu Grunde, kann man fragen, ob der Umlageschlüssel „Verbrauch" dann eingesetzt werden kann oder ob bis zu einer Eichung § 16 Abs. 2 Satz 1 WEG anzuwenden ist. Nach hM ist zu vermuten, dass auch das Messergebnis nicht geeichter Geräte den Verbrauch richtig wiedergibt. Es ist also möglich, die Messergebnisse zunächst als Umlageschlüssel einzusetzen (BGH NJW 2011, 598 Rn. 13; OLG München ZWE 2011, 126 (127); 2012, 497 (498); LG Limburg NJW-Spezial 2018, 706; *Zehelein* NZM 2017, 794; *Pfeifer* MietRB 2015, 83 (87)). Die Vermutung kann aber erschüttert werden. Nach einer anderen Ansicht ist der Einsatz der Messergebnisse ungeachtet ihrer Richtigkeit verboten und die Jahresabrechnung bezogen auf die entsprechende Kostenposition erfolgreich und ohne weitere Prüfung anfechtbar (*Lammel* jurisPR-MietR 1/2019; *Jennißen/Kemm* ZWE 2017, 390 (394); *Blank* MDR 2017, 369 (370); *Schmid* DWE 2015, 60). **Stellungnahme.** Die hM überzeugt. Sie führt zwar dazu, dass der Anfechtungskläger das falsche Messergebnis darlegen und beweisen muss. Damit sind seine Interessen aber auch ausreichend gewahrt.

80 **7. Verteilung nach Häusern/Untergemeinschaften (Mehrhausanlagen).** Kosten, die rechnerisch nur auf eines von mehreren Häusern einer Mehrhausanlage (→ § 9a Rn. 49) entfallen und nach einer entsprechenden Erfassung, Messung oder Zählung auf deren Wohnungseigentümer verteilt werden könnten, sind grundsätzlich von allen Wohnungseigentümern zu tragen.

81 Aus Gründen der „Kostengerechtigkeit" kann es sich daher anbieten, von diesen wohnungseigentumsrechtlichen Grundsätzen abzuweichen und als besonderen Umlageschlüssel bestimmte Betriebs-, Verwaltungs-, Erhaltungs- und Modernisierungskosten, die auf ein Haus entfallen, durch Vereinbarung den Wohnungseigentümern aufzuerlegen, deren Sondereigentum in diesem Haus liegt (OLG Köln ZMR 2002, 379 (380); *Jennißen* ZWE 2017, 116 (117); *Gottschalg* DWE 2007, 40). Dies setzt allerdings voraus, dass diese Kosten zumindest bestimmbar sind. Ist angeordnet, dass die jeweils an einem Haus allein zur Nutzung berechtigten Wohnungseigentümer die auf sie entfallenden ausscheidbaren und tatsächlich messbaren Kosten allein zu tragen haben, so fallen darunter nur solche Kosten, die von vornherein auch wirklich absonderbar sind und ohne weiteres bestimmten Wohnungseigentümern allein zugeordnet werden können (BayObLG ZMR 1993, 231). Nicht darunter fallen also solche Kosten, die die Wohnungseigentümer gemeinsam treffen, im Innenverhältnis aber erst nachträglich nach einem festzulegenden Umlageschlüssel umgelegt werden müssten, um dadurch eine Trennung und Zuordnung zu ermöglichen (BayObLG ZMR 1993, 231).

Um die Kosten zu kennzeichnen, die allein von einem Kreis von Wohnungseigentümern zu tragen sind, bietet sich die Aufzählung dieser Kosten an. Dieses Vorgehen hat naturgemäß den Nachteil, dass gegebenenfalls Kostenpositionen übersehen werden. Die Praxis neigt überwiegend zu einer anderen Lösung. Diese soll in einer abstrakten Umschreibung der Kosten liegen. Die übliche Formulierung beschreibt die betroffenen Kosten etwa als die „absonderbaren und getrennt erfassbaren" oder als die „ausscheidbaren" Kosten. Der große Nachteil dieser Lösung liegt darin, dass der Umlageschlüssel „absonderbar und getrennt erfassbar" bzw. „ausscheidbar" der Auslegung zugänglich und bedürftig ist (BGH NJW-RR 2012, 1291 Rn. 11; OLG Oldenburg ZMR 2005, 814; BayObLG ZMR 1993, 231). Nicht unter den Umlageschlüssel fallen also solche Kosten, die die Wohnungseigentümer „gemeinsam" treffen, im Innenverhältnis aber erst nachträglich nach einem festzulegenden Umlageschlüssel verteilt werden müssten, um dadurch eine Trennung und Zuordnung zu ermöglichen (BGH NJW-RR 2012, 1291 Rn. 11; BayObLG ZMR 1993, 231). Unklar sind etwa die Kostenpositionen „Gartengestaltung", „Müllentsorgung", „Winterdienst", „Versicherungsbeiträge", „Vergütung des Verwalters", „Hausmeisterkosten". **82**

Ferner ist häufig unklar, wie die Kosten, die bestimmte Wohnungseigentümer treffen sollen, unter diesen zu verteilen sind. Soll insoweit nicht § 16 Abs. 2 Satz 1 WEG gelten, müssen zwei Umlageschlüssel angeordnet werden: Einer, der die Kosten auf einen Kreis von Wohnungseigentümern umlegt, und einer, der im Kreis gelten soll. Inhalt einer Vereinbarung kann es auch sein, dass die Früchte ausschließlich den Wohnungseigentümern des jeweiligen Gebäudes zustehen. Werden Kosten und Lasten getrennt erfasst und verteilt, so ist dies gegebenenfalls dahingehend auszulegen, dass auch die Früchte entsprechend zu verteilen sind (*Häublein* NZM 2003, 785). **83**

8. Wohn- und Nutzfläche. a) Allgemeines. Die Wohnungseigentümer können entsprechend dem Mietrecht die Wohn- und/oder Nutzfläche als Umlageschlüssel vereinbaren (LG Frankfurt a. M. ZMR 2018, 789 = BeckRS 2018, 9683 Rn. 13). Stellt ein Umlageschlüssel nur auf „Wohnfläche" ab, tritt bei einem Teileigentum an die Stelle der Wohn- die Nutzfläche (OLG Frankfurt a. M. NZM 2007, 490 (492); BayObLG NZM 2001, 141; LG München I ZMR 2008, 915; AG Unna ZMR 2019, 162 (163)). Die Größe der Flächen kann im Verhältnis der Wohnungseigentümer zueinander und abweichend von einer Berechnung vereinbart werden (OLG Frankfurt a. M. NZM 2007, 490 (492); *Schmidt* ZMR 2007, 913 (927)). Findet sich in der Teilungserklärung eine Größenangabe, soll hierin eine solche Größenvereinbarung liegen (LG Dortmund ZMR 2016, 721 = BeckRS 2016, 12757 Rn. 3; AG Unna ZMR 2019, 162 (163)). Diese Vereinbarung soll selbst dann maßgeblich sein, wenn der Teilungserklärung eine Bauzeichnung beigegeben ist, die andere Größen nennt (LG Dortmund ZMR 2016, 721 = BeckRS 2016, 12757 Rn. 3). **Stellungnahme.** Dieser Sichtweise ist zuzustimmen, wenn eine Auslegung ergibt, dass die Angaben in der Teilungserklärung eine Vereinbarung sind. Dies wird selten anzunehmen sein. Liegt es aber so, ist im Verhältnis der Wohnungseigentümer unter- **84**

einander nicht auf etwa tatsächlich vorhandene Wohn-/Nutzflächen, über deren Größe bzw. Berechnung die Beteiligten sich nicht einig werden, sondern auf die vereinbarten Flächen abzustellen (OLG Frankfurt a. M. NZM 2007, 490 (492); BayObLGZ 1996, 58 (61)). Hieran ist der Verwalter gebunden. Er ist nicht befugt, von sich aus der Jahresabrechnung anderweitige Maßstäbe zu Grunde legen. Die Wohnungseigentümer können allerdings auch vereinbarte Wohnflächen nach § 16 Abs. 2 Satz 2 WEG anders festlegen (LG Frankfurt a. M. ZMR 2018, 789 = BeckRS 2018, 9683 Rn. 14).

85 **b) Flächen stehen nicht fest.** Stehen die Flächen, etwa eine Flächenliste, nicht fest, gibt es zB nur „ca.-Flächen“ oder gar keine Angaben, kann der Umlageschlüssel „Wohn- und/oder Nutzfläche“ erst dann angewendet werden, wenn die Wohnungseigentümer die Flächen vereinbaren oder beschließen (KG ZMR 2002, 376; AG Norderstedt ZMR 2013, 577; AG Oberhausen ZMR 2012, 487; AG Charlottenburg NJW-RR 2010, 90; s. a. OLG Hamburg ZMR 2004, 614 (615); unzutreffend AG Berlin-Charlottenburg ZWE 2014, 282: Beschluss nicht möglich). Der Beschluss muss die Art und Weise der Ermittlung der Wohn- und/oder Nutzflächen vorgeben. Bis zur Bestimmung der genauen Wohn- und/oder Nutzflächen ist der Umlageschlüssel „Wohn- und/oder Nutzfläche“ in diesem Falle noch nicht anwendbar (LG Frankfurt (Oder) ZWE 2017, 274; AG Berlin-Charlottenburg ZWE 2014, 282). Die Kosten der Berechnung der Wohn- und/oder Nutzflächen sind Verwaltungskosten (→ Rn. 32).

86 **c) Zweifel.** Ist unklar, nach welchen Maßstäben die Berechnung der Wohn- und/oder Nutzfläche durchgeführt werden soll, kommt es auf Ortsüblichkeit an (zum Mietrecht BGH NJW 2009, 2295 Rn. 19; 2007, 2624 Rn. 13; s. a. BayObLGZ 1996, 58 (61) und AG Berlin-Charlottenburg ZWE 2014, 282). Bei Wohnraum soll in der Regel die Heranziehung der WoFlV zur Ermittlung der Wohnfläche vertretbar sein (LG Itzehoe ZWE 2014, 330; *Pfeifer* MietRB 2019, 52). Der Wegfall der Ermächtigungsgrundlage in 19 Abs. 1 WoFG aF zum 1.1.2007 stehe dem nicht entgegen. Art. 125a Abs. 1 Satz 1 GG ordne deren Fortgeltung an, solange nicht die Landesregierungen von ihrer Verordnungskompetenz nach § 19 Satz 2, 3 WoFG Gebrauch machten. Für Geschäftsräume gilt die WoFlV zwar nicht (§ 2 Abs. 3 Nr. 3 WoFlV); gleichwohl sollen in die Wohnung integrierte Geschäftsräume (zB das häusliche Arbeitszimmer) regelmäßig in die Wohnfläche mit einbezogen werden können (LG Itzehoe ZWE 2014, 330 (331); *Hinz* WuM 2009, 633 (642)). Auch das Teileigentum soll nach § 3 WoFlV ermittelt werden können, jedenfalls, sofern nach dem Gesamtcharakter des Gebäudes der Wohnraum dominiert (LG Itzehoe ZWE 2014, 330 (331)). Vorstellbar ist indes auch, diese Flächen nach der DIN 277-2 zu ermitteln. Zur Bestimmtheit im Übrigen → § 23 Rn. 40 ff.

87 **d) Vermieter.** Der vermietende Wohnungseigentümer, der die Betriebskosten auf seinen Mieter nach Wohn- und/oder Nutzfläche umlegen will, hat nach § 18 Abs. 2 Nr. 2 WEG keinen Anspruch auf (Neu-) Berechnung der Wohn- und/oder Nutzfläche, wenn dieser Umlageschlüssel zwischen den Wohnungseigentümern nicht gilt. Etwas anderes ist anzunehmen, wenn

der Umlageschlüssel Wohn- und/oder Nutzfläche auch unter den Wohnungseigentümern gilt und ernsthaft zweifelhaft ist, dass die verwandten Wohn- und/oder Nutzflächen richtig sind.

Dies gilt auch dann, wenn die verwandten Wohn- und/oder Nutzflächen voraussichtlich nur unerheblich von den tatsächlichen abweichen. Eine Kosten-Nutzen-Rechnung ist insoweit nicht anzustellen. **88**

VII. Erzwingung eines Beschlusses

Ein Beschluss nach § 16 Abs. 2 Satz 2 WEG kann im Wege einer Beschlussersetzungsklage nach § 44 Abs. 1 Satz 2 WEG nach § 18 Abs. 2 Nr. 1 WEG erzwungen werden (BGH NJW-RR 2019, 909 Rn. 11; ZWE 2011, 170 unter II. 2; *Hügel/Elzer,* Das neue WEG-Recht, § 5 Rn. 50). Einerseits reicht es für den Erfolg dieser Beschlussersetzungsklage noch nicht aus, dass (auch) die beanspruchte Umlage ordnungsmäßiger Verwaltung entspricht. Andererseits bedarf es aber ausnahmsweise auch keiner Ermessensreduktion auf null (→ § 18 Rn. 44 ff.). **89**

Vielmehr ist es analog § 10 Abs. 2 WEG notwendig, aber auch ausreichend, dass ein Festhalten am geltenden Umlageschlüssel aus schwerwiegenden Gründen unter Berücksichtigung aller Umstände des Einzelfalls, insbesondere der Rechte und Interessen der anderen Wohnungseigentümer, als unbillig erscheint (BGH NJW-RR 2019, 909 Rn. 12; 2017, 462 Rn. 21; BGHZ 184, 88 Rn. 27 = ZWE 2011, 170 unter II. 2). Denn dann könnte eine Umlagevereinbarung erzwungen werden. Für einen Umlagebeschluss kann nichts anderes gelten. **90**

G. Kosten für Wärme und Warmwasser

I. Überblick

Die Kosten für Wärme und Warmwasser sind nach § 2 Nr. 4 bis Nr. 6 BetrKV solche des Betriebs und gehören daher zu den Kosten des gemeinschaftlichen Gebrauchs des gemeinschaftlichen Eigentums (→ Rn. 36). Sie sind besonders darzustellen, weil § 16 Abs. 2 Satz 1 WEG für ihre Umlage auf die Wohnungseigentümer nicht anwendbar ist. Denn die Wohnungseigentümer müssen die Umlageschlüssel selbst bestimmen (→ Rn. 25). **91**

II. Betroffene Kosten

Die HeizkostenV regelt abschließend, welche Kosten „Heiz- und Warmwasserkosten" sind (BGH NJW 2009, 667 Rn. 13). Für die Wohnungseigentümer selbst ist das unerheblich, da unter ihnen auch solche Kosten umzulegen sind, die keine Heiz- und Warmwasserkosten sind. Anders ist es aber für vermietende Wohnungseigentümer. Überblick: **92**

- Zu den Kosten des Betriebs der zentralen Heizungsanlage einschließlich der Abgasanlage gehören nach § 7 Abs. 2 Satz 1 HeizkostenV: **93**
  - Die Kosten der im Laufe des Abrechnungsjahres verbrauchten Brennstoffe und ihrer Lieferung; bei Gas und Strom ergeben sich diese aus den

im Abrechnungsjahr bezahlten Rechnungen, bei Ölheizungen ist der Verbrauch durch Gegenüberstellung des Anfangs- und Endbestandes zu ermitteln – unter Berücksichtigung von Zukäufen und dem Prinzip „first in, first out".

– Die Kosten des Betriebsstromes. Diese fallen ua an: für Brenner, Umwälz- oder Ölpumpe, Regelungssystem, Schaltuhr, Kompressor, Wärmefühler. Der Betriebsstrom (→ Rn. 34) muss ermittelt werden und ist kein Teil des Allgemeinstroms (BGH ZWE 2017, 43 Rn. 13; NJW 2008, 1801 Rn. 32). Überblick:
  – Ist ein Zwischenzähler gesetzt worden, sind die Werte zu Beginn und am Ende der Abrechnungsperiode abzulesen und der Verbrauch entsprechend den Stromkosten zu bewerten. Jeder Wohnungseigentümer hat nach § 18 Abs. 2 Nr. 2 WEG als gesetzliche Anforderung ungeachtet der dafür anfallenden Kosten einen Anspruch auf einen Zwischenzähler. Ein Beschluss, der den Einbau ablehnt, entspricht keiner ordnungsmäßigen Verwaltung (aA *Bub/Bernhard* FD-MietR 2016, 382572). Wegen Verstoßes gegen § 7 Abs. 2 HeizkostenV könnte der Beschluss sogar nichtig sein. Der Fall liegt insoweit anders als der, Kaltwasserzähler einzubauen.
  – Ist kein Zwischenzähler gesetzt, ist der Betriebsstrom zu schätzen (BGH ZWE 2017, 43 Rn. 14; NJW 2008, 1801 Rn. 32). Welche „Schätzmethode" die Wohnungseigentümer wählen, steht in ihrem Ermessen. Das Ermessen ist überschritten, wenn die Wohnungseigentümer einen „offenkundig ungeeigneten Maßstab" wählen (BGH ZWE 2017, 43 Rn. 14). Die „Schätzmethode" ist durch eigenständigen Beschluss anzuordnen (aA *Becker* ZWE 2017, 43 (44)). Die Schätzung kann sich zum einen auf einen Bruchteil der Brennstoffkosten stützen (BGH ZWE 2017, 43 Rn. 14). Um den Rahmen von 3% bis 10% näher zu bestimmen sind ua folgende Prüfsteine zu beachten (*Wall* jurisPR-MietR 24/2016): Die Art der Anlage (erzeuge sie zusätzlich Wärme für die Warmwasseraufbereitung – verbundene Anlage –, werde zumeist zusätzlicher Strom für eine Zirkulationspumpe benötigt), die Art des Energieträgers (in fernwärmebeheizten Häusern seien die Betriebsstromkosten niedriger als in solchen mit Kesselanlagen, da ua der Stromverbrauch für den Brenner entfalle), die Einbindung erneuerbarer Energien (eine Solaranlage zB benötige zusätzlich Betriebsstrom).
  – Der niedrigste Wert von 3% ist danach angemessen für ein fernwärmebeheiztes Gebäude ohne zentrale Warmwassererwärmung mit einer hocheffizienten Umwälzpumpe. Der höchste Wert von 10% sei hingegen anzusetzen für ein älteres öl- oder gasbeheiztes kleines Haus mit zentraler Warmwasseraufbereitung und älterer Pumpentechnik (*Wall* jurisPR-MietR 24/2016).
  – Ferner soll es möglich sein, sich an einer Berechnung zu orientieren, die auf dem Stromverbrauchswert der angeschlossenen Geräte (Anschlusswert × Laufdauer [= 24 Stunden] × Heiztage × Strompreis) beruht (BGH ZWE 2017, 43 Rn. 14; LG Berlin GE 1984, 83; *Lammel*

HeizkostenV § 7 Rn. 91). Diese Methode ist allerdings mit einem erheblichen Aufwand verbunden (*Wall* jurisPR-MietR 24/2016). Zudem ist das Berechnungsergebnis bei nicht regelbaren Pumpen sehr ungenau. Das gilt erst recht, wenn die Anzahl der jährlichen Heiztage geschätzt werden muss (*Wall* jurisPR-MietR 24/2016). Ein weiterer Ansatz soll darin bestehen, den Stromverbrauch je Quadratmeter Gebäudewohnfläche zugrunde zu legen (*Wall* jurisPR-MietR 24/2016). Danach sei in den meisten Gebäuden ein Betriebsstromverbrauch zwischen 1,5 kWh/m^2 und 2,5 kWh/m^2 zutreffend.
  - Der vermietende Wohnungseigentümer muss die Grundlagen der Schätzung dem Mieter offenlegen (BGH NJW 2008, 1801 Rn. 32).
- Die Kosten der Bedienung, Überwachung und Pflege der Anlage, der regelmäßigen Prüfung ihrer Betriebsbereitschaft und Betriebssicherheit einschließlich der Einstellung durch eine Fachkraft, der Reinigung der Anlage und des Betriebsraums.
- Die Kosten der Messungen nach dem Bundes-Immissionsschutzgesetz.
- Die Kosten der Anmietung oder anderer Arten der Gebrauchsüberlassung einer Ausstattung zur Verbrauchserfassung;
- Die Kosten der Verwendung einer Ausstattung zur Verbrauchserfassung einschließlich der Kosten der Eichung.
- Die Kosten der Berechnung, Aufteilung und Verbrauchsanalyse.

• Zu den Kosten der Wärmelieferung gehören nach § 7 Abs. 4 HeizkostenV: **94**
- Das Entgelt für die Wärmelieferung.
- Die Kosten des Betriebs der zugehörigen Hausanlagen entsprechend § 7 Abs. 2 HeizkostenV.

• Zu den Kosten des Betriebs der zentralen Warmwasserversorgungsanlage gehören nach § 8 Abs. 1 Satz 1 HeizkostenV: **95**
- Die Kosten der Wasserversorgung, soweit sie nicht gesondert abgerechnet werden.
- Die Kosten der Wassererwärmung entsprechend § 7 Abs. 2 Satz 1 HeizkostenV.

• Zu den Kosten der Wasserversorgung gehören:
- Die Kosten des Wasserverbrauches.
- Die Grundgebühren und die Zählermiete.
- Die Kosten der Verwendung von Zwischenzählern.
- Die Kosten des Betriebs einer hauseigenen Wasserversorgungsanlage und einer Wasseraufbereitungsanlage einschließlich der Aufbereitungsstoffe.

• Zu den Kosten der Warmwasserlieferung gehören nach § 8 Abs. 4 HeizkostenV:
- Das Entgelt für die Lieferung des Warmwassers.
- Die Kosten des Betriebs der zugehörigen Hausanlagen entsprechend § 7 Abs. 2 HeizkostenV.

• Die Kosten einer Zwischenablesung (§ 9b HeizkostenV)

Keine Heiz- und Warmwasserkosten und damit § 16 Abs. 2 Satz 1 WEG unterfallend sind danach ua die folgenden Kosten: **96**

- eine eigene Arbeitsleistung der Organe der Gemeinschaft der Wohnungseigentümer;
- Kosten für die Beleuchtung des Heizraums;
- Kosten für Lagerhaltung;
- Leasingkosten für Brenner;
- Mietkosten für Öltank;
- Trinkgelder (LG Mannheim WuM 1978, 209);
- Kosten für ein Trockenheizen;
- Herstellung des Öltanks und der Verbindungsleitungen (BGH NJW 2009, 667 Rn. 13);
- Kosten für die Reparatur der Heizungsanlage (BayObLG NJW-RR 1997, 715: Instandsetzungskosten);
- die Kosten einer Tank-Haftpflichtversicherung (LG Köln ZMR 2017, 249; BayObLG NJW-RR 1997, 715);
- Kosten für die Überwachung der Öllieferung;
- Wartungskosten für Feuerlöschgeräte (AG Stuttgart WuM 1997, 231);
- Kosten für eine Neubeschichtung des Heizöltanks (LG Frankenthal ZMR 1985, 302: Instandsetzungskosten);
- Kosten für einen Nutzerwechsel (BGH NJW 2008, 575 Rn. 17);
- Zinskosten.

III. Umlageschlüssel

97 **1. Überblick.** Die HeizkostenV gibt keine Umlageschlüssel, sondern nur einen Rahmen für mögliche Umlageschlüssel vor (BGH BeckRS 2019, 39775 Rn. 10). Dies gilt grundsätzlich auch bei Rohrwärmeverlusten (→ Rn. 102, BGH BeckRS 2019, 39775 Rn. 15). Der von der HeizkostenV gesetzte Rahmen muss von den Wohnungseigentümern ausgefüllt werden, bevor eine Umlage möglich ist (BGH BeckRS 2019, 39775 Rn. 10). Anders ist es nach § 7 Abs. 1 Satz 2 HeizkostenV für den erfassten Wärmeverbrauch. In Gebäuden, die das Anforderungsniveau der Wärmeschutzverordnung vom 16.8.1994 (BGBl. I, 2121) nicht erfüllen, die mit einer Öl- oder Gasheizung versorgt werden und in denen die freiliegenden Leitungen der Wärmeverteilung überwiegend gedämmt sind, sind danach von den Kosten des Betriebs der zentralen Heizungsanlage 70 vom Hundert nach dem erfassten Wärmeverbrauch der Nutzer zu verteilen. Wegen des Vorrangs der HeizkostenV ist es nicht möglich, einen gegen ihre Vorgaben verstoßenden Umlageschlüssel zu bestimmen (→ Rn. 25; BGH BeckRS 2019, 39775 Rn. 8). Die Wohnungseigentümer können eine Bestimmung des Umlageschlüssels nur innerhalb der Rahmen der HeizkostenV treffen (BGH BeckRS 2019, 39775 Rn. 10; *Becker* ZWE 2008, 217 (223)). Haben die Wohnungseigentümer einen gegen die HeizkostenV verstoßenden Umlageschlüssel gewählt, ist dieser unwirksam und ist nach § 9a HeizkostenV abzurechnen (→ Rn. 25; LG Lübeck ZMR 2011, 747; aA OLG Karlsruhe WuM 2001, 458 (460); BayObLG WuM 2004, 737; LG München I ZMR 2012, 394 (396); LG Itzehoe ZWE 2011, 274).

2. Bestimmung. a) Überblick. Über die Umlageschlüssel bestimmen die Wohnungseigentümer durch Vereinbarung nach § 10 Abs. 1 Satz 2 WEG (BGH BeckRS 2019, 39775 Rn. 10). Ein anderer Weg ist die Bestimmung durch Beschluss nach § 16 Abs. 2 Satz 2 WEG (BGH BeckRS 2019, 39775 Rn. 10; NJW 2012, 1434 Rn. 8; 2010, 3298 Rn. 7; LG Stuttgart ZMR 2018, 867 (868); LG Frankfurt a. M. ZMR 2018, 789 = BeckRS 2018, 9683 Rn. 14; aA LG München I ZMR 2016, 232, das § 3 HeizkostenV nennt). 98

Der Verwalter (BGH NJW 2012, 1434 Rn. 8) oder zB ein Abrechnungsunternehmen sind nicht befugt, die Umlageschlüssel zu bestimmen. Die Wohnungseigentümer können eine vom Verwalter nach § 27 Abs. 1 WEG oder einem Abrechnungsunternehmen getroffene Bestimmung allerdings in ihren Willen übernehmen und durch einen transparenten (→ s. a. Rn. 53) Beschluss nach § 16 Abs. 2 Satz 2 WEG genehmigen (LG Stuttgart ZMR 2018, 867 (868); s. a. *Greiner* ZMR 2018, 822 (824)). 99

b) Vereinbarung. Ein Umlageschlüssel für die Kosten des Betriebs der zentralen Heizungsanlage bzw. der zentralen Warmwasserversorgungsanlage, der die in § 7 Abs. 1 HeizkostenV und § 8 Abs. 1 HeizkostenV genannten Höchstsätze von 70 vom Hundert überschreitet, kann vereinbart werden (s. a. zum alten Recht OLG Düsseldorf NJW 1986, 386; *Demmer* MDR 1981, 529 (533)). Rechtsgeschäftliche Bestimmungen iSv § 10 HeizkostenV sind in Bezug auf das WEG nach Sinn und Zweck allein Vereinbarungen. Ein Umlageschlüssel, der die in § 7 Abs. 1 HeizkostenV und § 8 Abs. 1 HeizkostenV genannten Höchstsätze überschreitet, soll allerdings „Zweifeln im Hinblick auf die Verteilungsgerechtigkeit" begegnen (BGH NJW 2010, 3298 Rn. 15). Dass daraus eine Nichtigkeit folgt, ist nicht zu erkennen. Im Einzelfall kann es geboten sein, dass die Wohnungseigentümer nach § 16 Abs. 2 Satz 2 WEG etwas Abweichendes beschließen. Ihr Ermessen kann insoweit auf null reduziert sein (→ § 18 Rn. 44). 100

c) Beschluss. aa) Grundsätze und Mängel. Innerhalb der durch die HeizkostenV jeweils vorgegebenen Bandbreite haben die Wohnungseigentümer ein Ermessen (BGH NJW 2010, 3298 Rn. 13 ff.; LG München I ZMR 2016, 232). Sie dürfen also für die Zukunft grundsätzlich jeden nach der HeizkostenV zulässigen Maßstab wählen, der ihren Interessen angemessen ist und nicht zu einer ungerechtfertigten Benachteiligung Einzelner führt (BGH NJW 2010, 3298 Rn. 17; AG Niebüll ZWE 2013, 227). Ein Beschluss, der gegen die HeizkostenV verstößt, ist nach § 134 BGB nichtig (*Abramenko* ZWE 2007, 61 (66)). 101

bb) § 7 Abs. 1 Satz 3 HeizkostenV. (1) Grundsatz. In Gebäuden, in denen die freiliegenden Leitungen der Wärmeverteilung überwiegend ungedämmt sind und deswegen ein wesentlicher Anteil des Wärmeverbrauches nicht erfasst wird, können die Wohnungseigentümer gem. § 7 Abs. 1 Satz 3 HeizkostenV bestimmen, dass der Wärmeverbrauch der Nutzer nach den anerkannten Regeln der Technik bestimmt wird. Als „anerkannte Regeln der Technik" kommen zurzeit eine messtechnische Ermittlung, ein Bilanzverfahren und eine rechnerische Ermittlung in Betracht. Unter ande- 102 rem das Beiblatt „Verfahren zur Berücksichtigung der Rohrwärmeabgabe" der VDI-Richtlinie 2077 soll anerkannte Regeln der Technik beschreiben (BGH NZM 2017, 697 Rn. 11; NJW-RR 2015, 778 Rn. 20; LG Nürnberg-Fürth NZM 2015, 598 (600)). Auch bei hohen Rohrwärmeverlusten scheidet das gem. § 7 Abs. 1 Satz 3 HeizkostenV mögliche Korrekturverfahren nach VDI 2077, Blatt 3.5 allerdings aus, wenn die Wohnungen mit Wärmezählern, aber nicht mit Heizkostenverteilern ausgestattet sind (LG Dortmund BeckRS 2018, 25663 Rn. 10). Haben sich die Wohnungseigentümer der VDI-Richtlinie 2077 bedient, müssen einem Mieter weder deren Anwendungsvoraussetzungen mitgeteilt werden noch muss dem Mieter die VDI-Richtlinie 2077 zur Verfügung gestellt werden. Liegen die Voraussetzungen des § 7 Abs. 1 Satz 3 HeizkostenV allerdings nicht vor, haben die Wohnungseigentümer kein Ermessen. Ein von der HeizkostenV nicht vorgesehener Umlageschlüssel kann nicht bestimmt werden (LG Frankfurt a. M. BeckRS 2017, 133790 Rn. 19; aA AG Hamburg-St. Georg ZWE 2016, 285 (286)). § 7 Abs. 1 Satz 3 HeizkostenV ist auf überwiegend ungedämmte, aber nicht freiliegende Leitungen der Wärmeverteilung auch nicht analog anwendbar (BGH BeckRS 2019, 39775 Rn. 13; NZM 2017, 697 Rn. 18). Ein entsprechender Umlageschlüssel ist nichtig.

103 **(2) Ermessensreduktion.** Dass nicht die ganze abgegebene Wärmeenergie auch gemessen wird, steht einer Verteilung gem. § 7 Abs. 1 Satz 1 HeizkostenV freilich noch nicht entgegen (BayObLG NJW-RR 1993, 663; LG München I MietRB 2014, 211). Sind indes gewisse Grenzwerte erreicht, nach hier vertretener Ansicht eine Erfassungsrate von unter 20 % (s. a. LG Köln BeckRS 2018, 9423 Rn. 18 = ZMR 2018, 440; LG München I MietRB 2014, 211; AG Hamburg-St. Georg ZWE 2016, 285 (286); LG Mühlhausen, ZMR 2010, 766, AG Neuss ZMR 2013, 235, AG Lichtenberg, ZMR 2012, 145 und AG Brühl, ZMR 2010, 883), ist zwingend nach § 7 Abs. 1 Satz 3 HeizkostenV vorzugehen. Das Ermessen der Wohnungseigentümer ist insoweit auf null reduziert (→ § 18 Rn. 44; LG Köln BeckRS 2018, 9423 Rn. 18 = ZMR 2018, 440; LG Nürnberg-Fürth NZM 2015, 598 (600); LG Dresden WuM 2014, 30; LG Neubrandenburg WuM 2013, 541).

104 **cc) § 7 Abs. 1 Satz 5 Hs. 1 HeizkostenV.** Eine Verteilung der Grundkosten unter Einbeziehung unbeheizter Nutzfläche (§ 7 Abs. 1 Satz 5 Hs. 1 HeizkostenV) widerspricht bei einem großen Flächenanteil nicht beheizbarer innenliegender Räume (LG Karlsruhe NZM 2016, 558) oder wenn nicht jeder Wohnungseigentümer einen Balkon hat (LG Schwerin ZMR 2014, 484) im Einzelfall billigem Ermessen. Sind einerseits Terrassen oder sonstige Freiflächen vorhanden, welche in die Wohnflächenberechnung nach der Wohnflächenverordnung Eingang finden, und sind andererseits beheizbare Räume vorhanden, welche in der Wohnflächenverordnung keine Berücksichtigung finden, soll nur der Maßstab „beheizte Räume" der Billigkeit entsprechen (LG Frankfurt a. M. ZMR 2018, 789 = BeckRS 2018, 9683 Rn. 16; KG WuM 2006, 35).

dd) Rohrwärmeabgabe. In den Fällen der sog. Rohrwärmeabgabe (→ Rn. 102) können die Kosten des Wärmeverbrauchs auch dann nicht nach § 9a HeizkostenV verteilt werden, wenn von den elektronischen Heizkostenverteilern infolge der Rohrwärmeverluste weniger als 20 % der abgegebenen Wärmemengen erfasst werden (BGH BeckRS 2019, 39775 Rn. 16). 105

3. Zu bestimmende Umlageschlüssel. a) Ausstattung zur Verbrauchserfassung (§ 5 HeizkostenV). Im Geltungsbereich von § 5 Abs. 2 Satz 2 HeizkostenV kann die Gemeinschaft der Wohnungseigentümer bei unterschiedlichen Nutzungs- oder Gebäudearten oder aus anderen sachgerechten Gründen eine Vorerfassung nach Nutzergruppen durchführen. Dann ist eine Vorerfassung von Nutzergruppen in der Weise erforderlich, dass der Anteil jeder Nutzergruppe am Gesamtverbrauch durch einen gesonderten Zähler erfasst wird (BGH BeckRS 2010, 00122 Rn. 14; NZM 2008, 767 Rn. 24). Liegt es so, muss nach § 6 Abs. 2 HeizkostenV bestimmt werden, wie die so erfassten Anteile sich zueinander verhalten sollen. Die Kosten sind zunächst mindestens zu 50 vom Hundert nach dem Verhältnis der erfassten Anteile am Gesamtverbrauch auf die Nutzergruppen aufzuteilen. Werden die Kosten nicht vollständig nach dem Verhältnis der erfassten Anteile am Gesamtverbrauch aufgeteilt, sind die übrigen Kosten der Versorgung mit Wärme nach der Wohn- oder Nutzfläche oder nach dem umbauten Raum auf die einzelnen Nutzergruppen zu verteilen; es kann auch die Wohn- oder Nutzfläche oder der umbaute Raum der beheizten Räume zu Grunde gelegt werden. Die übrigen Kosten der Versorgung mit Warmwasser sind nach der Wohn- oder Nutzfläche auf die einzelnen Nutzergruppen zu verteilen. Die Kostenanteile der Nutzergruppen sind dann nach Absatz 1 auf die einzelnen Nutzer zu verteilen. 106

b) § 7 Verteilung der Kosten der Versorgung mit Wärme (§ 7 HeizkostenV). Für die Verteilung der Kosten der Versorgung mit Wärme müssen die Wohnungseigentümer nach der HeizkostenV ua folgende Umlageschlüssel bestimmen: 107

- Gem. § 7 Abs. 1 Satz 1 HeizkostenV zwei Umlageschlüssel im Hinblick auf sämtliche Kosten des Betriebs der zentralen Heizungsanlage: 108
  - Soweit die Voraussetzungen des § 7 Abs. 1 Satz 2 HeizkostenV nicht vorliegen, ein Umlageschlüssel für den erfassten Wärmeverbrauch (§ 7 Abs. 1 Satz 1, Satz 3 und Satz 4 HeizkostenV). Mindestens 50 vom Hundert, höchstens 70. Der Umlageschlüssel gilt für die Verteilung der Kosten der Wärmelieferung entsprechend (§ 7 Abs. 3 HeizkostenV).
  - Ein Umlageschlüssel für die Verteilung der übrigen, also der verbrauchsunabhängigen Kosten. Diese sind entweder nach der Wohn- oder Nutzfläche oder nach dem umbauten Raum zu verteilen. Alternativ können die Wohn- oder Nutzfläche oder der umbaute Raum der beheizten Räume zu Grunde gelegt werden.
- Gem. § 8 Abs. 1 HeizkostenV ein Umlageschlüssel für den erfassten Warmwasserverbrauch (mindestens 50 vom Hundert, höchstens 70). Die übrigen Kosten des Betriebs der zentralen Warmwasserversorgungsanlage, also die verbrauchsunabhängigen Kosten, sind nach Wohn- oder Nutzfläche zu verteilen.

109 **c) Kostenverteilung in Sonderfällen (§ 9a HeizkostenV).** Kann der anteilige Wärme- oder Warmwasserverbrauch von Nutzern für einen Abrechnungszeitraum wegen Geräteausfalls oder aus anderen zwingenden Gründen nicht ordnungsmäßig erfasst werden, ist er nach § 9a Abs. 1 Satz 1 HeizkostenV von der Gemeinschaft der Wohnungseigentümer auf der Grundlage des Verbrauches der betroffenen Räume in vergleichbaren Zeiträumen oder des Verbrauches vergleichbarer anderer Räume im jeweiligen Abrechnungszeitraum oder des Durchschnittsverbrauches des Gebäudes oder der Nutzergruppe zu ermitteln. Diese Bestimmung ist von den Wohnungseigentümern zu treffen. Überschreitet die von der Verbrauchsermittlung nach § 9a Abs. 1 Satz 1 HeizkostenV betroffene Wohn- oder Nutzfläche oder der umbaute Raum 25 vom Hundert der für die Kostenverteilung maßgeblichen gesamten Wohn- oder Nutzfläche oder des maßgeblichen gesamten umbauten Raums, sind die Kosten allerdings ausschließlich nach den nach § 7 Abs. 1 Satz 5 HeizkostenV und § 8 Abs. 1 HeizkostenV für die Verteilung der übrigen Kosten zu Grunde zu legenden Maßstäben zu verteilen.

110 **4. Änderung der Umlageschlüssel.** Der jeweils geltende Umlageschlüssel kann durch Vereinbarung, aber auch durch Beschluss für die Zukunft wieder geändert werden (BGH BeckRS 2019, 39775 Rn. 11; NJW 2010, 3298 Rn. 9). Ob die ursprüngliche Bestimmung durch eine Vereinbarung, etwa im Rahmen der Gemeinschaftsordnung, getroffen wurde, ob eine Öffnungsklausel besteht oder ob die ursprüngliche Regelung durch einen Beschluss bestimmt war, ist unerheblich (BGH NJW 2010, 3298 Rn. 11; *Becker* ZWE 2008, 217 (223); *Schmid* WE 2007, 7).

111 § 6 Abs. 4 Satz 2 HeizkostenV ist unter den Wohnungseigentümern nicht anwendbar. In der Regel wird aus dem Vertrauensgedanken sowie entsprechend § 6 Abs. 4 Satz 3 HeizkostenV eine Änderung nur für künftige Abrechnungszeiträume möglich sein. Die rückwirkende Änderung des Schlüssels ist mithin grundsätzlich unzulässig (LG Hamburg IMR 2014, 430; s. a. → Rn. 64 ff.).

112 Eine Änderung liegt nicht „inzident" im Beschluss nach § 28 Abs. 2 Satz 1 WEG (s. a. BGH BeckRS 2019, 39775 Rn. 11; aA wohl *Greiner* ZMR 2018, 822 (824).

IV. Mängel der Verbrauchserfassung (§ 9a Abs. 1 HeizkostenV)

113 Kann der anteilige Wärme- oder Warmwasserverbrauch wegen Geräteausfalls oder aus anderen zwingenden Gründen (vgl. BGH BeckRS 2018, 23183 Rn. 10; NJW-RR 2013, 909 Rn. 2; NZM 2006, 102 Rn. 15) nicht ordnungsgemäß erfasst werden, ist er auf der Grundlage des Verbrauches der betroffenen Räume in vergleichbaren Zeiträumen oder des Verbrauches vergleichbarer anderer Räume im jeweiligen Abrechnungszeitraum oder des Durchschnittsverbrauches des Gebäudes oder der Nutzergruppe zu ermitteln und bei der Kostenverteilung anstelle des erfassten Verbrauches zu Grunde zu legen (§ 9a Abs. 1 HeizkostenV).

114 Welcher Weg zu gehen ist, müssen die Wohnungseigentümer gesondert (aA *Schmid* DWE 2015, 60) beschließen (OLG Hamburg WuM 2001, 460; LG Itzehoe ZWE 2014, 91; *Schmid* DWE 2015, 60). Als Schätzmethode ist

in der Regel das individuelle Vergleichsverfahren der Schätzung nach Durchschnittsverbrauch des Gebäudes vorzuziehen (AG Berlin-Charlottenburg IMR 2018, 300 = BeckRS 2017, 141485; ZWE 2014, 226). Überschreitet die von der Verbrauchsermittlung nach § 9a Abs. 1 HeizkostenV betroffene Wohn- oder Nutzfläche oder der umbaute Raum 25 vom Hundert der für die Kostenverteilung maßgeblichen gesamten Wohn- oder Nutzfläche oder des maßgeblichen gesamten umbauten Raums, sind die Kosten nach § 9a Abs. 2 HeizkostenV nach den nach § 7 Abs. 1 Satz 5 HeizkostenV und § 8 Abs. 1 HeizkostenV für die Verteilung der übrigen Kosten zu Grunde zu legenden Maßstäben zu verteilen. Welcher Weg zu gehen ist, müssen die Wohnungseigentümer wiederum beschließen (OLG Düsseldorf ZWE 2007, 111; *Schmid* DWE 2015, 60).

§ 9a Abs. 2 HeizkostenV ist entsprechend anwendbar, wenn keine Ver- **115**
brauchserfassungsgeräte vorhanden sind oder keine Vergleichsmaßstäbe für eine Schätzung nach § 9a Abs. 1 HeizkostenV vorliegen (s. a. BayObLG ZMR 2004, 359).

V. Eichfrist abgelaufen

Ist die Eichfrist für die Wärmemengenzähler abgelaufen (§ 34 Abs. 1 **116**
Satz 1 MessEG), ist wegen § 37 Abs. 1 Satz 1 MessEG streitig, was gilt (→ Rn. 78 ff.). Im Einzelfall kommen Schadenersatzansprüche gegen die Gemeinschaft (BayObLG NJW-RR 1999, 1243; OLG München ZWE 2011, 126) oder das Abrechnungsunternehmen (aA *Schmid* DWE 2015, 60 (61)) in Betracht. Ferner besteht ein Anspruch auf Vornahme geeigneter technischer Maßnahmen für die Zukunft (BayObLG NZM 1998, 813).

VI. Vermietende Wohnungseigentümer

Nicht nur die Wohnungseigentümer, sondern auch der vermietende Woh- **117**
nungseigentümer und der Mieter einen Umlageschlüssel vereinbaren (§§ 556, 556a BGB). Der vermietende Wohnungseigentümer wird in aller Regel nach § 556a Abs. 1 BGB verfahren. Er kann mit seinem Mieter aber auch einen anderen, nach der HeizkostenV zulässigen Umlageschlüssel vereinbaren (AG Tiergarten WuM 1989, 86). Er kann dem Mieter aber keine Kosten auferlegen, die er selbst nicht zu tragen hat. Ändern die Wohnungseigentümer einen Umlageschlüssel, ist der vermietende Wohnungseigentümer berechtigt, diesen Schlüssel auch für das Verhältnis zum Mieter durch Erklärung zu bestimmen (§ 6 Abs. 4 Satz 2 Nr. 3 HeizkostenV). Der vermietende Wohnungseigentümer hat im Übrigen nach § 556 Abs. 3 Satz 1 Hs. 1 BGB jährlich über die Heiz- und Warmwasserkosten nach den Grundsätzen für die Betriebskostenabrechnung abzurechnen. Die Heizkosten sind dabei nach dem Leistungsprinzip umzulegen. Solange Heiz- und Warmwasserverbrauchskosten nicht verbrauchsabhängig entsprechend der HeizkostenV – inklusive Ersatzverfahren nach § 9a HeizkostenV – abgerechnet werden, kann der Mieter die Kosten um 15 % kürzen (§ 12 HeizkostenV). Der Wohnungseigentümer muss zur Wahrung seiner Interessen die verbrauchsabhängige Abrechnung gegenüber den anderen Wohnungseigentü-

mern notfalls gerichtlich durchsetzen. Liegen die gesetzlichen Voraussetzungen vor, hat der vermietende Sondereigentümer gegebenenfalls einen Schadenersatzanspruch gegen die sich weigernden Eigentümer in Höhe der vom Mieter nicht gezahlten 15 % der Heizkosten.

VII. Bestimmung der Art und Weise der Verbrauchserfassung

118 Die Wohnungseigentümer müssen gem. § 19 Abs. 1 WEG iVm § 3 HeizkostenV nach billigem Ermessen im Übrigen auch die Art und Weise der Verbrauchserfassung bestimmen (BGH BeckRS 2019, 39775 Rn. 10; NJW 2010, 3298 Rn. 13 ff.). Nach § 5 HeizkostenV sind zur Erfassung des anteiligen Wärmeverbrauchs Wärmezähler oder Heizkostenverteiler, zur Erfassung des anteiligen Warmwasserverbrauchs Warmwasserzähler oder andere geeignete Ausstattungen zu verwenden. Die HeizkostenV bestimmt damit nicht, welcher Art die Verbrauchserfassungsgeräte sein müssen. Bei der Wahl des Systems können die Wohnungseigentümer daher nach freiem Ermessen entscheiden – soweit die Geräte den Regeln der Technik entsprechen. Außerdem müssen die Wohnungseigentümer darüber beschließen – oder eine Vereinbarung schließen – ob die Erfassungsgeräte gekauft, gemietet, geleast oder anders erlangt werden (OLG Düsseldorf WuM 2008, 570 (572)). Hierbei sind die Bindungen vermietender Wohnungseigentümer angemessen zu beachten.

119 Die Geräte zur Verbrauchserfassung stehen nach § 5 Abs. 2 WEG als wesentlicher Gebäudebestandteil im gemeinschaftlichen Eigentum. Dies gilt nach § 946 BGB auch dann, wenn die Gemeinschaft der Wohnungseigentümer oder ein Wohnungseigentümer die Anschaffung bezahlt hat. Die Kosten für die Anbringung der Ausstattung (Wärmezähler/Heizkostenverteiler, Warmwasserzähler oder andere geeignete Ausstattungen) sind daher nach § 16 Abs. 2 Satz 1 WEG zu verteilen, soweit nichts anderes bestimmt ist, § 3 Satz 3 HeizkostenV; Entsprechendes gilt für die Anschaffung sowie die Kosten für die Erhaltung (OLG Stuttgart NJOZ 2008, 1075; OLG Hamm NZM 2001, 1130).

H. Umlagevereinbarungen (§ 10 Abs. 1 Satz 2 WEG)

I. Überblick

120 Die Wohnungseigentümer sind gem. § 10 Abs. 1 Satz 2 WEG befugt, für die Kosten iSv § 16 Abs. 2 Satz 1 WEG ausdrücklich oder im Einzelfall sogar schlüssig (→ § 10 Rn. 24; OLG Celle ZMR 2007, 55; OLG Hamburg ZMR 2006, 298; LG Köln ZMR 2013, 218) etwas Abweichendes zu vereinbaren (BGH NJW 2012, 2578 Rn. 13; 2012, 1722 Rn. 7; 2007, 24 Rn. 24; LG Hamburg ZMR 2016, 902; *Elzer* MietRB 2014, 92 (94)). Solche Umlagevereinbarungen sind idR auch steuerrechtlich verbindlich (BFH NJW 1979, 80). Darin, dass den Wirtschaftsplänen und/oder Abrechnungen jahrelang falsche Umlageschlüssel zu Grunde liegen, liegt allerdings weder eine abweichende Vereinbarung (LG Frankfurt (Oder) ZWE 2017, 274) noch ein Beschluss nach § 16 Abs. 2 Satz 2 WEG (LG Frankfurt (Oder) ZWE 2017, 274).

Ob die Wohnungseigentümer eine Umlagevereinbarung treffen, steht in ihrem Ermessen (→ § 18 Rn. 35 ff.). Jeder abweichend bestimmte Umlageschlüssel hat Vor- und Nachteile und kann zu einer Verteilung führen, die den tatsächlichen Vorteilen des Gebrauchs oder der Kostenverursachung innerhalb der Wohnungseigentümer nicht oder nicht angemessen genug entspricht (BGH NJW 2007, 3492 Rn. 11). Was für Altvereinbarungen gilt, ist an § 47 WEG zu messen. 121

Weichen die Wohnungseigentümer im Wege der Vereinbarung vom gesetzlichen Umlageschlüssel ab, sind in ausreichend bestimmter Weise vier Regelungen zu treffen. Erstens muss bestimmt sein, ab wann die Regelung gelten soll. Zweitens muss angeordnet sein, welche Kosten oder bestimmte Arten von Kosten erfasst sein sollen. Drittens ist zu klären, ob Kostenpositionen des gemeinschaftlichen und/oder des Sondereigentums gemeint sind. Und viertens muss genau bestimmt sein, was anstelle des Gesetzes im Einzelnen als Umlageschlüssel gelten soll. 122

II. Bestimmtheit und Auslegung

1. Allgemeines. Eine Umlagevereinbarung muss wie jede Vereinbarung klar und eindeutig ihrem Inhalt nach feststellbar sein (stRspr, etwa BGH NJW-RR 2020, 959 Rn. 6; NZM 2019, 624 Rn. 7; ZWE 2019, 322 Rn. 7; NJW 2017, 1167 Rn. 19; ZWE 2014, 125 Rn. 10; NJW 2012, 1722 Rn. 7). Unklare und/oder undurchführbare Umlageschlüssel ändern § 16 Abs. 2 Satz 1 WEG nicht ab und sind unwirksam (BGH NJW-RR 2018, 1419 Rn. 9; 2017, 527 Rn. 14). 123

Für die Auslegung einer Umlagevereinbarung gelten die allgemeinen Grundsätze (→ § 10 Rn. 41). Ein vereinbarter Umlageschlüssel soll dabei nach hM „eng" auszulegen sein (KG ZMR 2009, 135 (136); LG Köln BeckRS 2018, 36385 Rn. 14; IMR 2018, 520). Trifft eine Umlagevereinbarung nach einer Auslegung keine klare und eindeutige Regelung, soll es beim gesetzlichen Umlageschlüssel, also bei § 16 Abs. 2 Satz 1 WEG bleiben (BGH NJW 2019, 3780 Rn. 7; NJW-RR 2017, 527 Rn. 14; NJW 2012, 1722 Rn. 7; LG Köln IMR 2018, 520). Trifft nach einer Vereinbarung einen Wohnungseigentümer für das gemeinschaftliche Eigentum die Erhaltungslast (§ 19 Rn. 89), soll aus dieser Verwaltungskompetenz auch die Pflicht folgen, die damit verbundenen Kosten zu tragen (BGH ZWE 2019, 322 Rn. 10). 124

2. Einzelfälle. In der bisherigen Rechtsprechung sind ua folgende Einzelfälle entschieden worden: 125

- **Abdichtung und konstruktiver Unterbau der Dachterrasse:** Heißt es, ein Wohnungseigentümer müsse Schäden an Außenfenstern, Rollläden, Balkonen oder Terrassen, Wohnungsabschlusstüren oder Garagentoren auf seine Kosten beseitigen, soweit sich diese im räumlichen Bereich des Sondereigentums befinden, soll der konstruktive Unterbau der Dachterrasse einschließlich der Abdichtung davon nicht erfasst sein (KG ZMR 2009, 135). Denn der „räumliche Bereich" des Sondereigentums werde von den Außenwänden und Decken der ihm zugeordneten Wohnräume und der

Oberfläche der Terrasse sowie des darüber befindlichen Luftraums umfasst. Die Isolierschicht der Terrasse befinde sich nicht innerhalb dieser Bereiche, sondern darunter oder dazwischen. Diese Auslegung überzeugt nicht → „Balkon" und → „ausschließlicher Gebrauch".

- **Abrechnungseinheiten/Abrechnungsgruppen/Benutzergruppen:**
  – Sieht eine Umlagevereinbarung vor, dass zwischen Wohnungen und Tiefgaragenstellplätzen getrennte Abrechnungseinheiten gebildet werden und die Instandsetzung und Instandhaltung von gemeinschaftlichen Flächen, Hauszeilen, Anlagen und Einrichtungen, deren Nutzung nur einem oder einer bestimmten Anzahl von Eigentümern oder Dritten zusteht, den Nutzungsberechtigten obliegen, sollen allein die Teileigentümer der Tiefgarage die Kosten für Reparaturen an der im Bereich der Tiefgarage befindlichen Bodenplatte und den Stützpfeilern zu tragen haben (BayObLG ZMR 2004, 765). Dies ist zweifelhaft, da Bodenplatte und Stützpfeiler für das Gesamtgebäude von Interesse sind.
  – Ist vorgesehen, dass die Kosten der Erneuerung der Tiefgarage, an der Nutzungsrechte bestehen – ausgenommen Fundamente, Boden, tragende Mauern und Decken –, von den Nutzungsberechtigten allein zu tragen sind, entspricht es der nächstliegenden Bedeutung, dass die Kosten für die Erneuerung des Tores und der Beleuchtung der Tiefgarage allein von den Nutzungsberechtigten zu tragen sind (BayObLGR 2002, 469).
- **Außenwände:** Eine Umlagevereinbarung, wonach ein Wohnungseigentümer verpflichtet ist, Gebäudeteile, Anlagen und Teile von diesen, die entweder in seinem Sondereigentum stehen oder sich als gemeinschaftliches Eigentum im Bereich seines Sondereigentums befinden, instand zu halten, soll nicht die **Außenwände erfassen (LG Hamburg ZMR 2018, 256 (257)).** Dies ist unzutreffend. Das Gegenteil ist – wie bei → ausschließlichen Gebrauch, → Dachterrassenabdichtung → Balkonen und → Gebäudeteilen – richtig.
- **Ausschließlicher Gebrauch:** → Gebrauch/Gebrauchsmöglichkeit.
- **Balkone:** Eine Umlagevereinbarung, wonach Balkone, die zum ausschließlichen Gebrauch durch einen Wohnungseigentümer bestimmt sind, auf dessen Kosten in Stand zu setzen und in Stand zu halten sind, ist nicht einschränkend dahin auszulegen, dass hiervon Kosten ausgenommen sind, welche die im gemeinschaftlichen Eigentum stehenden Balkonteile betreffen (→ „Gebäudeteile"; BGH NJW 2013, 681 Rn. 9; LG Itzehoe ZWE 2016, 464; aA OLG Schleswig ZMR 2006, 963; OLG Düsseldorf ZMR 1998, 304).
- **Baumängel, anfängliche:** Eine Umlagevereinbarung erfasst grundsätzlich nicht die ursprünglichen Baumängel (s. also BGH NJW-RR 2020, 959 Rn. 7 für eine Mehrhausanlage).
- **Betriebs- und Instandhaltungskosten technischer Anlagen.** Sieht die Gemeinschaftsordnung vor, dass „die Betriebs- und Instandhaltungskosten technischer Anlagen, die ausschließlich einzelnen Wohnungseigentümern zugute-kommen, insbes. Lifte", „nur von diesen Eigentümern zu tragen sind" und fährt der Aufzug/Lift nicht in den Keller, sollen die Erdgeschoss-

eigentümer von den Betriebs- und Instandhaltungskosten, nicht aber den Instandsetzungskosten, auszunehmen sein (LG München I ZMR 2018, 70).

- **Dachterrassenabdichtung:** Eine Umlagevereinbarung, wonach ein Wohnungseigentümer verpflichtet ist, Gebäudeteile, Anlagen und Teile von diesen, die entweder in seinem Sondereigentum stehen oder sich als gemeinschaftliches Eigentum im Bereich seines Sondereigentums befinden, instand zu halten hat, ist die Fassade einschließlich ihres Farbanstrichs aber davon ausgenommen, soll die Umlagevereinbarung eine Dachterrassenabdichtung durch Erneuerung der Dachschweißbahnen und der Dämmung nicht erfassen (LG Hamburg ZMR 2016, 902). Die Abdichtung der Dachterrasse befinde sich nicht „im Bereich“ des Sondereigentums (LG Hamburg ZMR 2016, 902; → Abdichtung und konstruktiver Unterbau der Dachterrasse). Dies ist unzutreffend. Das Gegenteil ist – wie bei → Balkonen, → ausschließlichen Gebrauch und → Gebäudeteilen – richtig.
- **Fenster und Türen:**
  - Verpflichtet eine Umlagevereinbarung den einzelnen Wohnungseigentümer zur Instandhaltung und Instandsetzung von im gemeinschaftlichen Eigentum stehenden Türen und Fenstern, die sich im Bereich seines Sondereigentums befinden, nimmt sie aber den Farbanstrich der Außenseite der Wohnungsabschlusstüren und der Fenster davon aus, führt dies dazu, dass die Instandsetzung von Fenstern und Türen im Wege der vollständigen Erneuerung auf Kosten aller Wohnungseigentümer durchzuführen ist (BGH NJW 2019, 3780 Rn. 8; ZWE 2014, 125 Rn. 13; NJW 2012, 1722 Rn. 9).
  - Obliegt nach einer Umlagevereinbarung die Behebung von Glasschäden an Fenstern und Türen im Bereich des Wohnungseigentums dem jeweiligen Wohnungseigentümer, so gilt dies auch für den Austausch trüb oder blind gewordener Glasscheiben (BayObLG NZM 2001, 1081).
  - Obliegen nach einer Umlagevereinbarung dem einzelnen Wohnungseigentümer die Kosten für die Instandsetzung von Fenstern, so soll hierunter keine Instandsetzungspflicht für einen wintergartenähnlichen Glasvorbau fallen (BayObLG ZMR 2002, 846).

– Ist nach einer Vereinbarung ein Wohnungseigentümer auf seine Kosten zur alleinigen sach- und fachgerechten Instandhaltung und Instandsetzung der Teile des gemeinschaftlichen Eigentums verpflichtet, die nur seinem Sondereigentum dienen oder an denen ihm das alleinige Gebrauchsrecht zusteht, insbesondere wegen der Bodenbeläge der Balkone und der Rollläden, soll er nicht verpflichtet sein, die Kosten für Fensterreparaturen allein zu tragen. Es fehle an der Ausschließlichkeit, da Fenster wegen des Zweckes der Abgeschlossenheit nicht nur dem Wohnungseigentümer als Sondereigentümer dienten und er an diesen auch nicht das alleinige Gebrauchsrecht habe (LG Köln IMR 2018, 520). Dem ist nicht zu folgen. Nach Sinn und Zweck und den allgemeinen Überlegungen (→ Gebäudeteile) soll der Wohnungseigentümer gerade für Fenster, die hauptsächlich, wenn auch nicht ausschließlich ihm „dienen“ und seinem Gebrauch unterliegen, und zwar in der Regel seinem alleinigen, die Kosten und nach der Klausel auch die Erhaltungslast (→ § 19 Rn. 83 ff.) tragen.

- **Garage** → Teileigentum.
- **Garten:** Die Vereinbarung, „die gärtnerische Gestaltung der Sondernutzungsfläche geht zu Lasten des jeweiligen Sondernutzungsberechtigten", soll keine eindeutige und unmissverständliche Zuweisung an den einzelnen Sondernutzungsberechtigten enthalten, im gemeinschaftlichen Eigentum stehende Bäume auf eigene Kosten instandzuhalten bzw. instandzusetzen (AG München WuM 2018, 180).
- **Gebäudeteile:** Eine Umlagevereinbarung, nach der ein Wohnungseigentümer die Kosten der Instandhaltung und Instandsetzung sämtlicher Gebäudeteile, Anlagen und Einrichtungen des Gemeinschaftseigentums, an denen er den Alleinbesitz hat, allein zu tragen hat, soll ua so zu verstehen sein, dass Wohnungseigentümer von Wohnungen, die mit einem Balkon ausgestattet sind, für sämtliche diesbezüglich entstehenden Instandsetzungs- und Instandhaltungskosten aufkommen müssen (BGH NJW 2015, 3713 Rn. 16). Eine Einschränkung hinsichtlich der konstruktiven sowie der abdichtenden Bestandteile lasse sich dem klaren Wortlaut der Klausel nicht entnehmen (BGH NZM 2017, 147 Rn. 25). Auch eine Umlagevereinbarung, nach der Einrichtungen, Anlagen und Gebäudeteile, die nach der Beschaffenheit oder dem Zweck des Bauwerkes oder gemäß der Teilungserklärung zum ausschließlichen Gebrauch durch einen Wohnungseigentümer bestimmt sind (zB Balkone, Terrassen, Veranden, Einstellplätze), von dem entsprechenden Wohnungseigentümer auf seine Kosten instandzusetzen und instandzuhalten sind, soll sämtliche Kosten erfassen (BGH NJW 2013, 681 Rn. 9). Die Ansicht, ein Wohnungseigentümer habe nach einer Umlagevereinbarung „Gebäudeteile, die sich im Bereich seines Sondereigentums befinden, auf eigene Kosten instand zu setzen", erfasse nicht die Abdichtung des Daches (LG Hamburg ZMR 2016, 902), ist danach unzutreffend.
- **Gebrauch/Gebrauchsmöglichkeit:** Heißt es, Einrichtungen, Anlagen und Gebäudeteile, die nach der Beschaffenheit oder dem Zweck des Gewerkes oder gemäß der Teilungserklärung zum ausschließlichen Gebrauch durch einen Wohnungseigentümer bestimmt sind (zB Balkone, Terrassen, Veranden), seien von ihm auf seine Kosten instandzuhalten und instandzusetzen, ist diese Erhaltungsvereinbarung **umfassend** zu verstehen (BGH NJW 2015, 3713 Rn. 16). Muss daher ein Wohnungseigentümer solche Einrichtungen, Anlagen und Gebäudeteile, die nach der Beschaffenheit oder dem Zweck des Bauwerkes oder gemäß der Gemeinschaftsordnung zum „ausschließlichen Gebrauch" durch ihn bestimmt sind, auf seine Kosten instandhalten und instandsetzen, muss er die Kosten der Reparatur des Bodens einer in seinem Eigentum stehenden Dachterrasse tragen (BGH NJW-RR 2018, 1419 Rn. 13).
- **Herstellung:** Sicht eine Vereinbarung vor, der ausbauberechtigte Dachgeschosseigentümer habe sich an den Kosten und Lasten ab „Herstellung" der „Wohnung" (= des Sondereigentums) zu beteiligen hat, ist er an den Kosten und Lasten ab dem Zeitpunkt zu beteiligen, wenn er die Wohnung im Wesentlichen hergestellt hat (KG ZMR 2002, 150). Eine Herstellung soll bereits dann anzunehmen sein, wenn sich die ausstehenden

Arbeiten auf den Bereich der typischen Sonderwünsche im Rahmen eines Bauträgervertrags beziehen und die Bezugsfertigstellung im Hinblick auf die wirtschaftliche Verwertung hinausgezögert wird (KG ZMR 2002, 150). Zu einer Vereinbarung in Bezug auf einen Dachrohling, nach der Hausgeld erst „nach Baubeginn" zu zahlen ist, s. AG Mitte GE 2018, 596.

- **Instandhaltung und Instandsetzung:**
  - Unterscheidet eine Umlagevereinbarung begrifflich zwischen Instandhaltung und Instandsetzung von Bauteilen, die zum gemeinschaftlichen Eigentum gehören, und weist sie nur die Pflicht zu deren **Instandhaltung** einem Sondereigentümer zu, ist die Instandsetzung im Zweifel „Sache der Gemeinschaft" (= aller Wohnungseigentümer) mit der Folge, dass auch alle Wohnungseigentümer die Kosten tragen müssen (BGH NJW-RR 2017, 527 Rn. 19; s. auch LG Berlin BeckRS 2019, 3740 Rn. 8). Etwa die Umlagevereinbarung, die anordnet, dass ein Wohnungseigentümer die Kosten der Instandhaltung der zum gemeinschaftlichen Eigentum gehörenden Teile des Gebäudes (insbesondere Wände, Decken, Böden, Türen, Fenster, Rollläden) einschließlich der äußeren Fenster, trägt, soweit sich diese Teile im Bereich der zum Sondereigentum gehörenden Räumlichkeiten befinden, betrifft nur die Instandhaltung (BGH NJW-RR 2017, 527 Rn. 20).
  - Bestimmt eine Umlagevereinbarung, dass die im gemeinschaftlichen Eigentum stehenden Teile, Anlagen und Einrichtungen der Wohnanlage auf gemeinsame Kosten dauernd in gutem Zustand zu erhalten, Schäden an den nach außen weisenden Fenstern und Türen der Wohnung aber von den Wohnungseigentümern auf ihre Kosten zu beseitigen sind, erfasst die Umlagevereinbarung nur die Instandsetzung (BGH NZM 2009, 866 Rn. 9).
  - Auch die Umlagevereinbarung, die es dem jeweiligen Sondernutzungsberechtigten auferlegt, bestimmte Flächen bestimmungsgemäß zu verwenden und voll zu unterhalten und zu pflegen, und zwar auf eigene Kosten (im Fall: Terrassenflächen, die zugleich als Dach darunter gelegener Garagen dienen), umfasst es nicht, dass über die Instandhaltung und deren Kosten hinaus weitergehend auch die Instandsetzung und die dadurch entstehenden Kosten auf den Sondernutzungsberechtigten allein abgewälzt werden sollen (KG NJW-RR 2009, 1387).
- **Lasten:** Umfasst eine Umlagevereinbarung die „Betriebskosten", gilt für die Umlage der Kosten und Lasten das Gesetz (BGH NZM 2003, 952 (953) unter III. 2. b) aa).
- **Räumlicher Bereich:**
  - Siehe → „Abdichtung und konstruktiver Unterbau der Dachterrasse".
  - Nach manchen ist unklar, wie man den räumlichen Bereich definieren soll (*Jennißen* ZWE 2017, 116). Das überzeugt im Ergebnis nicht, spricht doch auch § 5 Abs. 1 WEG von „zu diesen Räumen gehörenden Bestandteile[n] des Gebäudes" und § 5 Abs. 2 WEG, wenn sie sich im Bereich der im Sondereigentum stehenden Räume befinden".

- **Schäden:** Muss ein Wohnungseigentümer nach einer Vereinbarung „Schäden" beheben (Instandsetzung), sind davon die Kosten der Instandhaltung nicht erfasst (BGH NJW-RR 2010, 227 Rn. 9).
- **Sondernutzungsrecht:** Die Vereinbarung „jede Vertragspartei [ist] für die zu ihrer Sondernutzung zugeteilte Fläche unterhaltspflichtig" soll dahin zu verstehen sein, dass nur diejenigen Wohnungseigentümer die Kosten der Instandsetzung von Balkonen tragen müssen, die über einen solchen Balkon verfügen und deren Balkon obendrein Mängel aufweist (AG Hamburg ZMR 2018, 265). → Unterhaltung.
- **„Spätere" Instandsetzungsmaßnahmen:** Die Vereinbarung, „auch hinsichtlich …späterer Instandsetzungsmaßnahmen … sind entsprechend der jeweiligen Verwaltungseinheit zu teilen und zuzuordnen" soll dahin zu verstehen sein, dass nur diejenigen Wohnungseigentümer die Kosten der Instandsetzung zu tragen haben, die ihr Sondereigentum in dem entsprechenden Gebäude haben (BGH V ZR 199/19 Rn. 9). **Stellungnahme.** Dem ist nicht zu folgen, da, wie der BGH selbst einräumt, der Wortlaut nicht eindeutig ist.
- **Teileigentum:**
  - Eine Bestimmung, die die „Gemeinschaft der Wohnungseigentümer" anteilig mit den Lasten und Kosten des gemeinschaftlichen Eigentums belastet, soll dahin auszulegen sein, dass sich dieser Umlageschlüssel auf sämtliche Sondereigentümer und damit auch auf die Eigentümer von Garagen bezieht, an denen selbständige Teileigentumsrechte begründet worden sind. Die Garageneigentümer müssten sich deshalb an den Kosten des Wohngebäudes ebenso beteiligen wie umgekehrt die Wohnungseigentümer an den Kosten der Garagen (OLG Hamm ZWE 2006, 433). So liegt es auch, wenn die Verwaltungskosten für jedes Wohnungseigentum gleich zu bemessen sind (AG Unna ZMR 2019, 162 (163)). In diesem Falle sind die Teileigentümer nicht von den Verwaltungskosten ausgenommen.
  - Ist nichts anderes vereinbart, müssen sich auch die Wohnungseigentümer, die keinen Stellplatz haben an den Kosten für eine Reparatur einer Garage/eines Parkhauses beteiligen (→ Rn. 28; OLG Frankfurt a. M. BeckRS 2005, 10545).
- **Tiefgarage** → Abrechnungseinheiten/Abrechnungsgruppen/Benutzergruppen; → Teileigentum.
- **Unterhaltung:** Muss ein Wohnungseigentümer auf eigene Kosten Bauteile des gemeinschaftlichen Eigentums „unterhalten" bzw. in einem „verkehrssicheren Zustand" erhalten, soll er die Instandhaltung, aber auch die Instandsetzung tragen müssen (BGH BeckRS 2019, 7940 Rn. 13; LG Hamburg BeckRS 2017, 137112 Rn. 37).
- **Verkehrssicherer Zustand:** → Unterhaltung.
- **Wohn-/Nutzfläche:**
  - Sind die Wohnflächen für die Verteilung der Kosten und Lasten des gemeinschaftlichen Eigentums maßgebend, ist die nächstliegende Bedeutung, dass bei einem Teileigentum die Nutzfläche maßgebend ist.

– Eine Vereinbarung oder ein Beschluss, mit dem die Kosten nach der „tatsächlich genutzten Wohnfläche" umzulegen sind, ist mangels Bestimmtheit nichtig (LG Frankfurt (Oder) ZWE 2017, 274).

III. Unvollständigkeit und Unklarheit

Bleibt ein durch eine Umlagevereinbarung hinreichend bestimmter Umlageschlüssel unvollständig, können die Wohnungseigentümer diesen durch Beschluss ergänzen. Sieht ein Umlageschlüssel zB die Verteilung der Bewirtschaftungskosten nach anteiligen Wohn- bzw. Nutzflächen vor, ohne zu klären, von welchen Wohn- bzw. Nutzflächen auszugehen ist, kann die Vermessung und die genaue Festlegung der anteiligen Wohn- und Nutzflächen beschlossen werden (→ Rn. 85). **126**

Bleibt eine Umlagevereinbarung auch nach Auslegung allerdings unklar, besteht nach abzulehnender hM keine Möglichkeit, diese im Wege des Beschlusses auszulegen (→ § 23 Rn. 8 „Auslegung"). Freilich können die Wohnungseigentümer den Verwalter anweisen, wie er die Umlagevereinbarung verstehen soll (→ § 27 Rn. 81). **127**

IV. Umdeutung einer sachenrechtlichen Zuordnung

Wird ein wesentlicher Gebäudebestandteil unwirksam dem Sondereigentum „zugewiesen", kann die Zuordnung gegebenenfalls gem. § 140 BGB (→ § 23 Rn. 82) in ein Sondernutzungsrecht (→ § 5 Rn. 12; *Brandt/Hansen* WuM 2016, 647 (649); DNotI-Report 2018, 163 (164)), gegebenenfalls aber auch in eine Umlagevereinbarung (→ § 5 Rn. 12; OLG Karlsruhe ZWE 2011, 38; OLG München ZMR 2006, 68; BayObLG ZWE 2000, 178; OLG Düsseldorf NZM 1998, 269; OLG Hamm ZMR 1997, 193; LG Dortmund ZWE 2015, 40; *Emmerich* ZWE 2017, 161 (166); *Jennißen* ZWE 2017, 116 (117); *Brandt/Hansen* WuM 2016, 647 (649); *Bonifacio* MietRB 2010, 91 ff.) zu den Erhaltungskosten – oder eines Teiles von ihnen – umgedeutet werden. **128**

Es kommt insoweit darauf an, was die Wohnungseigentümer bzw. der Aufteiler im Falle einer Teilungserklärung mit verbundener Gemeinschaftsordnung im Zeitpunkt des Vertragsabschlusses/im Zeitpunkt der Teilungserklärung bei Kenntnis der Nichtigkeit vereinbart hätten. Insoweit gelten die allgemeinen Ausführungen zur Auslegung (→ § 10 Rn. 41 ff.) entsprechend. Maßgeblich ist, ob sich konkrete Anhaltspunkte finden, dass Erhaltungskosten der betroffenen wesentlichen Gebäudebestandteile – oder eines Teiles von ihnen – dem jeweiligen Wohnungseigentümer unabhängig von der eigentumsrechtlichen Zuordnung aufgebürdet werden sollten (*Bonifacio* MietRB 2010, 91 (92)). **129**

Der unnötigen weiteren Bestimmung, dass jeder Wohnungseigentümer sein Sondereigentum auf seine Kosten instandzuhalten und instandzusetzen hat, bedarf es dazu nicht (aA OLG Düsseldorf NZM 1998, 269; OLG Hamm ZMR 1997, 193; LG Dortmund ZWE 2015, 40 (41)); das Fehlen kann aber ein Auslegungsanzeichen sein. Das „Ersatzgeschäft" darf in seinen rechtlichen Wirkungen nicht weiterreichen als das unwirksame Rechtsgeschäft. **130**

Es ist also ua zu fragen, welche Kosten welcher Gebäudebestandteile in welchem Umfange erfasst sein sollen und ob es um die ganze Erhaltung und nicht nur um die Instandhaltung oder nur um die Instandsetzung geht und ferner, ob auch die Verwaltungskompetenz (→ § 19 Rn. 89 ff.) – oder ausnahmsweise nur diese – erfasst sein soll. Für eine Umdeutung muss der Wille der Wohnungseigentümer erkennbar sein, auf jeden Fall eine entsprechende Kostenzuordnung vorzunehmen. Bei Zweifeln gilt → Rn. 123.

V. Erzwingung einer Umlagevereinbarung

131 Im Sonderfall kann die Abwägung aller Umstände dazu führen, dass nur eine Maßnahme, etwa eine verbrauchsabhängige Umlage, ordnungsmäßiger Verwaltung entspricht (BGH NJW 2003, 3476 unter III. 2a). Kommt in diesem Falle eine Umlagevereinbarung bzw. die Änderung einer bestehenden Umlagevereinbarung nicht zustande, kann ein Wohnungseigentümer mit Blick auf § 16 Abs. 2 Satz 2 WEG dennoch keine Umlagevereinbarung oder die Anpassung einer Umlagevereinbarung nach § 10 Abs. 2 WEG verlangen (BGH ZWE 2011, 170 unter II. 2). Hierfür besteht kein Rechtsschutzbedürfnis, da nach § 16 Abs. 2 Satz 2 WEG auch vereinbarte Umlageschlüssel durch Beschluss geändert werden können. Stattdessen ist daher im Wege der Beschlussersetzung nach § 44 Abs. 1 Satz 2 WEG auf einen Beschluss nach § 16 Abs. 2 Satz 2 WEG zu klagen (→ Rn. 89).

I. Öffnungsklauseln

132 Eine Änderung des geltenden Umlageschlüssels ist auch auf Grund eines Beschlusses möglich, wenn eine Vereinbarung die Änderung des geltenden Umlageschlüssels durch Beschluss erlaubt (→ § 10 Rn. 166). Für die Änderung des geltenden Umlageschlüssels auf Grund einer Öffnungsklausel bedarf es neben den vereinbarten Voraussetzungen dabei „sachlicher Gründe“ (→ § 10 Rn. 173). Hierbei handelt es sich allerdings nur um einen rechtlichen Gesichtspunkt, der bei der Beantwortung der Frage zu berücksichtigen ist, ob die beschlossene Änderung den Grundsätzen einer ordnungsmäßigen Verwaltung entspricht (BGH NJW-RR 2011, 1165 Rn. 11). Sowohl das „Ob“ als auch das „Wie“ der auf der Öffnungsklausel beruhenden Änderung dürfen nicht willkürlich sein (BGH NJW 2019, 2083 Rn. 14). Nach hM ist im Übrigen das „Belastungsverbot“ zu beachten (→ § 23 Rn. 8 „Belastungsverbot“).

J. Kostenverträge

133 Die Wohnungseigentümer können vereinbaren, dass ein Wohnungseigentümer allein die Kosten oder Lasten einer Maßnahme tragen muss (→ § 19 Rn. 89 ff.). Die Wohnungseigentümer können aber auch vereinbaren, dass ein Wohnungseigentümer sie von den Kosten, die sie eigentlich mittragen müssten – in der Regel geht es um Erhaltungs-, Errichtungs- und Folgekosten –, freihalten muss. Insoweit kann man von einem Kostenvertrag sprechen (*Sommer* ZWE 2016, 154 (158); *Becker* GE 2008, 1412). So ein Vertrag ist mit der Gemeinschaft der Wohnungseigentümer zu schließen. Es kann ua durch eine Bürgschaft oder eine Reallast versucht werden, die Schuld des Verpflichteten abzusichern (*Sommer* ZWE 2016, 154 (158)).

K. Kosten und Nutzungen bei baulichen Veränderungen (§ 16 Abs. 3 WEG)

§ 16 Abs. 3 WEG stellt klar, dass für Nutzungen und Kosten bei baulichen **134**
Veränderungen allein § 21 WEG gilt.

L. Kompetenzverlagerungen

Die Wohnungseigentümer können durch Vereinbarung die Befugnisse des **135**
Verwalters über die vom Gesetz vorgesehenen Pflichten und Rechte hinaus erweitern. Es kommt daher auch in Betracht, dass der Verwalter nach §§ 315, 317 BGB einen gewillkürten Umlageschlüssel bestimmt oder den geltenden ändert (→ § 26 Rn. 63; BayObLG ZMR 2004, 211; *Hügel* MietRB 2005, 12; offen gelassen von KG ZMR 2005, 899 (900); aA *Jennißen* ZWE 2017, 116 (117)); ein derartiger Umlageschlüssel ist der Sache nach ein vereinbarter.

M. Abdingbarkeit

Sämtliche Absätze des § 16 WEG sind abdingbar. **136**

Entziehung des Wohnungseigentums

17 (1) **Hat ein Wohnungseigentümer sich einer so schweren Verletzung der ihm gegenüber anderen Wohnungseigentümern oder der Gemeinschaft der Wohnungseigentümer obliegenden Verpflichtungen schuldig gemacht, daß diesen die Fortsetzung der Gemeinschaft mit ihm nicht mehr zugemutet werden kann, so kann die Gemeinschaft der Wohnungseigentümer von ihm die Veräußerung seines Wohnungseigentums verlangen.**

(2) **Die Voraussetzungen des Absatzes 1 liegen insbesondere vor, wenn der Wohnungseigentümer trotz Abmahnung wiederholt gröblich gegen die ihm nach § 14 Absatz 1 und 2 obliegenden Pflichten verstößt.**

(3) **Der in Absatz 1 bestimmte Anspruch kann durch Vereinbarung der Wohnungseigentümer nicht eingeschränkt oder ausgeschlossen werden.**

(4) [1] **Das Urteil, durch das ein Wohnungseigentümer zur Veräußerung seines Wohnungseigentums verurteilt wird, berechtigt zur Zwangsvollstreckung entsprechend den Vorschriften des Ersten Ab-**

schnitts des Gesetzes über die Zwangsversteigerung und die Zwangsverwaltung. [2]Das Gleiche gilt für Schuldtitel im Sinne des § 794 der Zivilprozessordnung, durch die sich der Wohnungseigentümer zur Veräußerung seines Wohnungseigentums verpflichtet.

Literatur: *Abramenko,* Die Abmahnung im Entziehungsverfahren, ZMR 2012, 73; *Deckert,* „Wenn sie ausflippen" – Störenfriede in der Wohnanlage, NZM 2011, 648; *Drasdo,* Neues vom wohnungseigentumsrechtlichen Entziehungsverfahren, NJW-Spezial 2007, 433; *Heinemann,* Vereinbarungen zur Entziehung des Wohnungseigentumsrechts, MietRB 2012, 29; *Heinemann,* Der Streitwert der Entziehungsklage nach der WEG-Reform, MietRB 2008, 90; *Hogenschurz,* Die Verjährung des Entziehungsanspruchs gemäß § 18 WEG, ZMR 2015, 607; *Schmid,* Die Kosten des Verfahrens auf Entziehung des Wohnungseigentums, DWE 2014, 4; *Schmid,* Die Entziehung des Wohnungseigentums, ZfIR 2013, 129; *Schneider,* Ausgewählte Besonderheiten bei der Zwangsvollstreckung des wohnungseigentumsrechtlichen Entziehungsurteils, NZM 2014, 498.

Übersicht

A. Sinn und Zweck

1 Nach bisherigem Recht waren die Vorschriften über die Entziehung des Wohnungseigentums in §§ 18, 19 WEG aF enthalten. § 17 WEG fasst diese beiden Vorschriften zusammen und passt sie an das geltende Recht an. § 17 Abs. 1 WEG dient dazu, die grundsätzlich bestehende Unauflöslichkeit der Wohnungseigentümergemeinschaft (→ § 11 Rn. 3 ff.) **abzumildern.** Er gibt dazu – ähnlich wie §§ 626, 737 BGB, §§ 140 ff. HGB – das Recht, bei einer schweren Verletzung der gegenüber den anderen Wohnungseigentümern oder der Gemeinschaft der Wohnungseigentümer bestehenden Verpflichtungen (→ Rn. 9 ff.) von einem Wohnungseigentümer nach einem entsprechenden Beschluss (→ Rn. 18 ff.) die Veräußerung seines Wohnungseigentums zu verlangen. Die Verpflichtung, das Wohnungseigentum zu veräußern, gehört freilich zu den **schwersten** aller möglichen Eingriffe in das Eigentum (BVerfG NJW 1994, 24). Der Eigentümer verliert das wesentliche Eigentumsrecht, nämlich eine Sache innezuhaben, und kann nur noch im Wege der Veräußerung darüber verfügen. Eine derartige Verpflichtung gegen den Willen des Eigentümers ist daher nur bei Vorliegen **enger** Voraussetzungen zulässig (BVerfG NJW 1994, 241). Das Verlangen auf Veräußerung darf mit Blick auf die Eigentumsgarantie des Art. 14 Abs. 1 Satz 1 GG nur letztes Mittel sein und kann nur als **letztes** Mittel eingesetzt werden (BGH NZM 2018, 1024 Rn. 15; NZM 2018, 468 Rn. 9; NZM 2017, 37; NJW 2011, 3026 Rn. 4; 2007, 1353 Rn. 14; OLG München ZMR 2008, 412). **Vorrangig** ist grundsätzlich das Verlangen nach Unterlassung einer Störung (BGH NZM 2018, 468 Rn. 10; NZM 2017, 37; BeckRS 2010, 31044 Rn. 7), soweit dieser Weg Erfolg versprechend ist. § 17 Abs. 4 Satz 1 WEG entspricht in modifizierter Form § 19 Abs. 1 Satz 1 WEG aF; § 17 Abs. 4 Satz 2 knüpft an § 19 Abs. 3 WEG aF an, erweitert die Vorschrift jedoch auf weitere Vollstreckungstitel.

B. Berechtigter

2 Nach § 17 Abs. 1 Satz 1 WEG, einer Spezialvorschrift gegenüber § 18 Abs. 2 Nr. 1 WEG und deshalb wie dieser (→ § 18 Rn. 92) entgegen der wohl hM (ua *Hogenschurz* ZMR 2015, 607; *Schmid* ZfIR 2013, 133) unverjährbar, ist die **Gemeinschaft der Wohnungseigentümer** berechtigt, die Veräußerung eines Wohnungseigentums zu **verlangen,** soweit dafür die Voraussetzungen nach § 17 Abs. 2, Abs. 1 WEG vorliegen. Hierin liegt eine Veränderung zur bisherigen Rechtslage, nach welcher der Gemeinschaft der Wohnungseigentümer nur die Ausübung des Entziehungsrechts zugewiesen war (§ 18 Abs. 1 Satz 2 WEG aF), Inhaber dieses Anspruchs aber die Wohnungseigentümer waren. Materiell-rechtlich steht nun aber der Anspruch der Gemeinschaft der Wohnungseigentümer zu. Die Einordnung des Entziehungsrechtes als **eigenes Recht** der Gemeinschaft der Wohnungseigentümer (§ 9a Abs. 1 Satz 1 WEG) wirkt etwas überraschend, weil es sich inhaltlich um die Geltendmachung von Rechten aus dem Miteigentum

handelt und daher eine Ausübungsbefugnis für die Gemeinschaft (§ 9a Abs. 2 WEG) näher liegend gewesen wäre. Trotz dieser gesetzlichen Klassifizierung als Recht des Verbandes beschließen die Wohnungseigentümer gem. §§ 19, 18 WEG im Innenverhältnis über die Ausübung dieses Rechtes. Kommt kein Beschluss zustande und/oder übt die Gemeinschaft der Wohnungseigentümer trotz Vorliegen der Voraussetzungen das Entziehungsrecht nicht aus, kann bzw. muss jeder Wohnungseigentümer seinen Anspruch auf ordnungsmäßige Verwaltung gegen die Gemeinschaft der Wohnungseigentümer einklagen. Die Klage ist begründet, wenn sich das Ermessen der Wohnungseigentümer „auf null" reduziert hat (→ § 18 Rn. 93). Das Recht, Veräußerung zu verlangen, kann – wie jedes Recht – **verwirkt** werden.

C. Anspruchsgegner

3 Anspruchsgegner ist ein Wohnungseigentümer. Bei einem **werdenden** Wohnungseigentümer, auf den § 17 WEG entsprechend anwendbar ist (*Schneider* NZM 2014, 499; *Abramenko* ZMR 2012, 78), ist Gegenstand des Verlangens die Veräußerung des Anwartschaftsrechtes. Steht ein Wohnungseigentum im Gesamthandseigentum und stört nur ein Eigentümer, kann die Entziehung der ganzen Einheit **von allen** Miteigentümern verlangt werden (LG Köln ZMR 2002, 227; offen gelassen von BayObLG NJW-RR 1999, 887). Auch bei **Bruchteilseigentum** kann das Wohnungseigentum insgesamt entzogen werden, wenn nur ein Miteigentümer einen Entziehungstatbestand verwirklicht (BGH NZM 2018, 1024 Rn. 12; *Schmid* ZfIR 2013, 131, zur Abwendungsbefugnis → Rn. 35). Die Miteigentümer eines Wohnungseigentums können die Entziehung dadurch abwehren, dass sie den störenden Miteigentümer aus ihrer Gemeinschaft ausschließen.

D. Veräußerungsverlangen

I. Überblick

4 Von einem Wohnungseigentümer kann die Veräußerung verlangt werden, wenn er sich erstens einer so schweren Verletzung der ihm gegenüber den anderen Wohnungseigentümern oder der Gemeinschaft der Wohnungseigentümer obliegenden Verpflichtungen schuldig gemacht, dass diesen die Fortsetzung der Gemeinschaft mit ihm nicht mehr zugemutet werden kann (→ Rn. 9); § 17 Abs. 2 WEG verweist hierfür auf die Pflichten der Wohnungseigentümer aus § 14 Abs. 1 und 2 WEG (→ Rn. 13 ff.). Zweitens muss das Verlangen beschlossen sein (→ Rn. 18). Und drittens muss der störende Wohnungseigentümer vor einem Entziehungsbeschluss grundsätzlich abgemahnt worden sein (→ Rn. 5 ff.).

II. Abmahnung (§ 17 Abs. 2 WEG)

5 **1. Notwendigkeit und Sinn und Zweck.** Der „störende" Wohnungseigentümer muss – auch in einer Zweiergemeinschaft (*Abramenko* ZMR

2012, 74) – grundsätzlich **vor** einem Entziehungsbeschluss durch eine **Abmahnung** (BGH NZM 2018, 468 Rn. 9; NJW 2011, 3026 Rn. 4; 2007, 1353 Rn. 6) gewarnt werden (BGH NJW 2007, 1353 Rn. 23). Grund hierfür ist die **einschneidende** Wirkung der Entziehungsklage (→ Rn. 1). Auf eine Abmahnung kann **verzichtet** werden, wenn sie unzumutbar ist oder offenkundig keine Aussicht auf Erfolg bietet (BGH NZM 2018, 468 Rn. 9; NJW 2011, 3026 Rn. 4; 2007, 1353 Rn. 15).

2. Inhalt. Die Abmahnung muss informieren, was zu tun ist, um die Folgen des § 17 WEG zu **vermeiden.** Sie zielt darauf ab, dem Wohnungseigentümer ein bestimmtes, als Entziehungsgrund beanstandetes Fehlverhalten vor Augen zu führen, verbunden mit der Aufforderung, dieses Verhalten aufzugeben oder zu ändern (BGH NJW 2011, 3026 Rn. 8; *Abramenko* ZMR 2012, 78). Die Abmahnung soll dem Betroffenen eine Möglichkeit zur Verhaltensänderung geben. Was der Wohnungseigentümer auf die Abmahnung zur Rechtfertigung oder Erklärung seines Verhaltens vorbringt, ist auszuwerten. Hat ein Entziehungsbeschluss den Erklärungsgehalt einer Abmahnung, kann er als solche ausgelegt werden. Die „abmahnende Wirkung" entfällt nicht dadurch, dass der Entziehungsbeschluss später für ungültig erklärt wird (BGH NJW 2011, 3026 Rn. 8). Hat ein Entziehungsbeschluss diesen Erklärungsgehalt aber nicht, kann er nicht in eine Abmahnung umgedeutet werden (BGH NJW 2011, 3026 Rn. 8). 6

3. Durchführung. Die Abmahnung ist eine formfreie rechtsgeschäftsähnliche Erklärung. Nach bisheriger Rechtslage konnte sie durch den Verwalter oder jeden beliebigen Wohnungseigentümer (BGH NZM 2019, 630 Rn. 6; NJW 2011, 3026 Rn. 8; 2007, 1353 Rn. 23), nicht aber durch (nicht ermächtigte) Dritte ausgesprochen werden (*Abramenko* ZMR 2012, 73). Da der Anspruch auf Entziehung nun aber der Gemeinschaft der Wohnungseigentümer und nicht mehr den Wohnungseigentümern zusteht und zusätzlich ihr allein die Verwaltung zugewiesen ist, kann die Abmahnung nach nun geltendem Recht **nur** durch die **Gemeinschaft der Wohnungseigentümer** ausgesprochen werden. Die Abmahnung ist nicht selbständig angreifbar (BGH NJW 2007, 1353 Rn. 19; *Abramenko* ZMR 2012, 74). 7

Den Wohnungseigentümern stand es nach bisherigem Recht frei, die Abmahnung auch zu beschließen (siehe BGH NZM 2019, 630 Rn. 6; *Abramenko* ZMR 2012, 76), wobei der abzumahnende Wohnungseigentümer entsprechend § 25 Abs. 5 WEG aF vom Stimmrecht ausgeschlossen war (*Abramenko* ZMR 2012, 76). Da ein Beschluss jedoch stets nur ein Internum im Verhältnis der Wohnungseigentümer untereinander darstellt und nicht mit Außenwirkung versehen ist (vgl. *Lehmann-Richter* ZWE 2015, 193; *Hügel* ZMR 2008, 2; Jacoby ZWE 2008, 327), kann in der reinen Beschlussfassung der Wohnungseigentümer keine Abmahnung der Gemeinschaft der Wohnungseigentümer gegenüber dem betroffenen Wohnungseigentümer gesehen werden. Aus diesem Grund kann – anders als nach bisherigem Recht – eine Abmahnung nicht durch Beschluss der Wohnungseigentümer erfolgen. Denkbar ist jedoch, in der Beschlussverkündung durch den Verwalter zugleich eine Abmahnungserklärung gegenüber dem betroffenen Wohnungseigentümer zu sehen, wenn dieser in der Versammlung anwesend ist. 8

III. Entziehungsgründe

9 **1. Überblick.** Die Wohnungseigentümer treffen eine Reihe normierter Pflichten, ua nach § 14 Abs. 1 und 2 WEG sowie nach einem Beschluss gem. § 28 Abs. 2 WEG. Ferner haben die Wohnungseigentümer nach dem sie verbindenden Gemeinschaftsverhältnis ungeschriebene Rücksichtnahme- und Treuepflichten (→ § 10 Rn. 7). Verletzt ein Wohnungseigentümer eine oder mehrere dieser Pflichten, muss für ein Veräußerungsverlangen untersucht werden, ob die Verletzung **schwer** und eine Fortsetzung der Gemeinschaft **unzumutbar** ist.

10 Im Gegensatz zur früheren Rechtslage, nach der eine Pflichtverletzung gegenüber den anderen Wohnungseigentümern vorliegen musste (§ 18 Abs. 1 Satz 1 WEG aF), kann nun die Pflichtverletzung auch gegenüber der Gemeinschaft der Wohnungseigentümer erfolgt sein. Da die Verwaltung des gemeinschaftlichen Eigentums in deren Händen liegt, somit z. B. die Pflicht zur Kostentragung gegenüber der Gemeinschaft der Wohnungseigentümer besteht, ist diese Erweiterung folgerichtig und notwendig.

11 Wann eine schwere und unzumutbare Verletzung vorliegt, kann **nicht abstrakt** beantwortet werden, sondern ist in der Regel **Gegenstand einer Gesamtabwägung.** Wie bei §§ 543 Abs. 1, 569 Abs. 2 BGB entzieht sich der Begriff einer Definition und ist stets das Ergebnis einer – sorgfältigen – wertenden Betrachtung (BGH BeckRS 2010, 03756 Rn. 8; s. a. NJW 2014, 2566 Rn. 15; LG Hamburg ZMR 2016, 487). Herauszuarbeiten ist, was jeweils für die andere Seite spricht, zB Alter des Wohnungseigentümers, Dauer seiner Zugehörigkeit zur Gemeinschaft, Grad eines etwaigen Verschuldens, Krankheit, Häufigkeit, Dauer und Schwere des Pflichtverstoßes. Bei der Abwägung spielt ua eine Rolle, ob die Verletzung schuldhaft ist, ob sie sich wiederholt, aus welcher Sphäre sie stammt, wie eng die Wohnungseigentümer zusammenleben, wie lange die Pflichtverletzung zurückliegt usw. Das Verhalten des Störers darf nicht isoliert bewertet werden (BGH BeckRS 2010, 03756 Rn. 8). Das vorgeworfene Verhalten darf auch nicht „provoziert“ oder sonst treuwidrig herbeigeführt werden (BGH BeckRS 2010, 03756 Rn. 10; s. a. NJW 2014, 2566 Rn. 23). Die Begriffe sind wegen des Eigentumseingriffs (→ Rn. 1) jeweils **eng** auszulegen (BVerfG NJW 1994, 241; LG Hamburg ZMR 2016, 487). Unzumutbarkeit ist nur dann anzunehmen, wenn weniger einschneidende Maßnahmen erfolglos geblieben sind (BGH NJW 2007, 1353 Rn. 12; → Rn. 1). Ein **Verschulden ist nicht zwingend** (BVerfG NJW 1994, 241 unter B. 2. b) bb); LG Hamburg ZMR 2016, 487; LG Tübingen ZMR 1995, 179; AG Tübingen ZMR 2011, 919). Soweit eine Verletzung nicht schuldhaft ist, müssen aber wieder **besondere** Gründe vorliegen (BVerfG NJW 1994, 241). Besteht keine Wiederholungsgefahr, kann eine Verpflichtung zur Veräußerung zulässig sein, wenn die einmalige Verletzung **von einer besonderen Schwere** ist (BVerfG NJW 1994, 241 unter B. 2. b) bb).

12 Die Gründe müssen aus der **Sphäre des Auszuschließenden** kommen. Dies schließt es nicht aus, dass die Gründe durch Haushalts- oder Familienangehörige bzw. Mieter verursacht werden: die Zurechnung folgt aus § 14 WEG (→ § 14 Rn. 28 ff.). Bei Fehlverhalten Dritter wird im Übrigen in der

Regel ein **eigenes** Fehlverhalten des Wohnungseigentümers darin liegen, dass er gravierende Störungen, zB des Hausfriedens, hinnimmt und keine Schritte gegen den Dritten einleitet. Die Verletzung muss einem anderen Wohnungseigentümer, dessen Haushalts- oder Familienangehörigen bzw. Mietern bzw. der Gemeinschaft der Wohnungseigentümer gelten. Die Grundsätze der Kündigung von Dauerschuldverhältnissen mit personenrechtlichem Charakter sind anwendbar.

2. Grober Verstoß gegen § 14 WEG (§ 17 Abs. 2 WEG). § 17 Abs. 2 **13** WEG nennt die Voraussetzungen, bei deren Vorliegen eine unzumutbare Pflichtverletzung anzunehmen sein kann. Diese liegt nach § 17 Abs. 2 WEG darin, dass ein Wohnungseigentümer trotz Abmahnung (→ Rn. 5 ff.) wiederholt gröblich gegen eine ihm nach § 14 Abs. 1 und 2 WEG obliegende Pflicht (→ § 14 Rn. 6 ff., Rn. 17 ff., Rn. 43 ff.) verstößt.

Aus dem Wort „wiederholt" und dem Erfordernis einer Abmahnung (die **14** einem Verstoß gilt) ist zu schließen, dass **mindestens drei Verstöße** erforderlich sind: Einer vor der Abmahnung und zwei („wiederholt") danach (OLG Düsseldorf ZMR 1991, 314). Bei ständig andauernden Verstößen bedarf es mehrerer Abmahnungen. Für die Abmahnung gelten die allgemeinen Anforderungen (→ Rn. 5 ff.). „Gröblich" meint grob fahrlässig. Ein solcher Verstoß gegen § 14 WEG kann auch darin liegen, dass der Wohnungseigentümer den Besitz an dem Sondereigentum dem Voreigentümer be- oder überlässt, dem das Wohnungseigentum nicht lediglich wegen Zahlungsverzugs entzogen worden ist (BGH NZM 2017, 37; KG NZM 2017, 47).

3. Einzelfälle. Überblick für angenommene Verstöße (diese sind allenfalls **15** Leitbild; entscheidend ist der Einzelfall, → Rn. 11):

- fortlaufend unpünktliche Erfüllung von Hausgeld- und anderen Zahlungsansprüchen (BGH NJW 2007, 1353 Rn. 7);
- schwere, fortdauernde Beleidigungen/Beschimpfungen (KG NJW 1967, 2268; AG Tübingen ZMR 2011, 919);
- Duldung eines vom Mieter betriebenen Bordells (LG Nürnberg NJW 1963, 720) oder unsittlichen Verhaltens;
- Tätlichkeiten oder Straftaten gegen die übrigen Wohnungseigentümer (etwa Einbrüche in fremde Keller und Sachbeschädigungen), aber auch schwere, wiederholte Beleidigungen (KG NJW 1967, 2268; LG Stuttgart NJW-RR 1997, 589);
- Androhung oder Durchführung von Straftaten,
- Gewalttätigkeiten (LG Nürnberg-Fürth ZMR 1985, 347; AG Dachau ZMR 2006, 319);
- Verschmutzungen (AG Erlangen ZMR 2004, 539);
- Jahrelange Verhinderung notwendiger Arbeiten am gemeinschaftlichen Eigentum (LG Hamburg ZMR 2016, 487);
- Fäkalgerüche (LG Tübingen NJW-RR 1995, 650).

Ein Pflichtverstoß liegt hingegen **nicht** vor, wenn ein Wohnungseigentü- **16** mer wiederholt seine gesetzlichen Eigentümerrechte gewahrt und geklagt hat (BGH NZM 2019, 630 Rn. 11; OLG Köln NZM 2004, 260; LG

Stuttgart NJW-RR 1987, 589). Etwas anderes kann aber gelten, wenn die Geltendmachung von Eigentümerrechten rechtsmissbräuchlich erscheint, weil sie letztlich zur Verfolgung wohnungseigentumsfremder oder gar – feindlicher Ziele eingesetzt wird (BGH NZM 2019, 630 Rn. 13). Ferner wird zutreffend ein Pflichtverstoß abgelehnt, wenn ein Wohnungseigentümer sich zwar strafbar macht, seine Tat aber in keinem rechtlichen Zusammenhang mit den Wohnungseigentümern steht (KG NJWE-MietR 1996, 133).

17 **4. Hausgeldverzug.** Nach bisheriger Rechtslage enthielt das WEG in § 18 Abs. 2 Nr. 2 Hs. 1 WEG aF ein Regelbeispiel für eine unzumutbare Pflichtverletzung. Es war erfüllt, wenn sich ein Wohnungseigentümer mit seinem geschuldeten Hausgeld iwS in Höhe eines Betrages, der drei vom Hundert des Einheitswertes seines Wohnungseigentums überstieg, länger als drei Monate in Verzug (§ 286 BGB) befand **(Hausgeldverzug).** Dieses Regelbeispiel wurde ersatzlos gestrichen, weil die in § 10 Abs. 1 Nr. 2 ZVG enthaltene Möglichkeit einer vorrangigen Befriedigung im Zwangsversteigerungsverfahren eine effektive Möglichkeit für die Gemeinschaft der Wohnungseigentümer zur Eintreibung ausstehender Hausgelder darstellt, zumindest aber kein Grund mehr besteht, für diese Fälle einen gesonderten Entziehungsgrund in das WEG aufzunehmen. Selbstredend stellt nämlich die fortlaufende Verletzung der Pflicht zur Lasten- und Kostentragung eine Verletzung von § 14 Abs. 1 WEG dar, die auch nach jetziger Rechtslage eine Entziehung rechtfertigen kann. Dies war auch schon für die bisherige Rechtslage anerkannt. Auch in der Vergangenheit konnte, auch wenn der Verzugsbetrag **unter** dem in § 18 Abs. 2 Nr. 2 WEG aF genannten Maß zurückblieb, eine **fortlaufend unpünktliche Erfüllung** des Hausgeldes die Entziehung rechtfertigen. Der Unterschied besteht nur darin, dass eine mathematische Berechnung für das Vorliegen eines Entziehungsgrundes wegen rückständiger Hausgelder nun nicht mehr möglich ist, sondern es stets einer **Einzelfallbetrachtung** bedarf.

IV. Entziehungsbeschluss

18 **1. Allgemeines.** Auch wenn der Anspruch auf Entziehung der Gemeinschaft der Wohnungseigentümer zusteht, muss das Verlangen nach § 17 Abs. 1 WEG grundsätzlich **beschlossen** werden. Die Einladung zur Versammlung (→ § 23 Rn. 75 ff.) muss **deutlich** erkennen lassen, dass über ein Entziehungsverlangen beschlossen werden soll (OLG Düsseldorf ZMR 1998, 244). Zur Bezeichnung iSv § 23 Abs. 2 WEG genügt in der Regel der Begriff „Abmeierungsklage" (KG NJW-RR 1996, 526). Der Beschluss muss seinem Inhalt nach **unzweifelhaft** die Veräußerung des Wohnungseigentums eines konkreten Wohnungseigentümers verlangen (BayObLG NJW-RR 1999, 887; WuM 1990, 95; OLG Hamm OLGZ 1990, 57). Eine Räumungsfrist kann, muss aber nicht gesetzt werden (LG Tübingen NJW-RR 1995, 650).

19 **2. Mehrheit.** Ein Entziehungsbeschluss bedurfte nach bisheriger Rechtslage nach § 18 Abs. 3 Satz 2 WEG aF einer **qualifizierten** Mehrheit. Diese

Vorschrift wurde ersatzlos gestrichen. Ein erhöhtes Quorum ist nach Ansicht des Gesetzgebers nicht mehr sachgerecht. Wenn ein Entziehungsgrund vorliege, bestehe ein berechtigtes Interesse, den störenden Wohnungseigentümer aus der Gemeinschaft zu entfernen. Es sei nicht gerechtfertigt, die Durchsetzung dieses Interesses durch eine qualifizierte Mehrheit zu erschweren. Der betroffene Wohnungseigentümer sei durch das gerichtliche Entziehungsverfahren ausreichend geschützt (BT-Drs. 19/18791, 57). Ausreichend ist demnach ein **einfacher Mehrheitsbeschluss.**

Der störende Wohnungseigentümer ist gem. § 25 Abs. 4 WEG von der Abstimmung ausgeschlossen (BGH NJW 1972, 1667; BayObLG NJW 1993, 603), so dass es bezogen auf die stimmberechtigten Wohnungseigentümer einer „absoluten Mehrheit" (zum Begriff → *Elzer* ZMR 2014, 105) bedarf (OLG Rostock ZMR 2009, 470; KG NJW-RR 1992, 1298); dies gilt grundsätzlich auch für **Mehrhausanlagen** (BayObLG Rpfleger 1972, 144). Ein Negativbeschluss (→ Vor §§ 23 ff. Rn. 65 ff.) kann nach § 43 Abs. 2 Nr. 4 WEG mit dem Antrag auf positive Beschlussfassung angegriffen werden (KG FGPrax 1996, 94). Die Klage hat Erfolg, wenn sich das Ermessen für einen Beschluss auf null reduziert hat. 20

3. Anfechtung. Der Entziehungsbeschluss kann vom zur Veräußerung Verpflichteten **angefochten** werden. Im Rahmen der Anfechtungsklage sind die **formellen** Voraussetzungen der Beschlussfassung (→ Vor §§ 23 ff. Rn. 8 ff.) zu prüfen (BGH NJW 2011, 3026 Rn. 6). Formelle Voraussetzung und Gegenstand der Anfechtungsklage ist nach hM **ferner,** ob eine **Abmahnung** (→ Rn. 5 ff.) vorliegt (BGH NJW 2011, 3026 Rn. 7). Diese Sichtweise ist vertretbar und pragmatisch, dogmatisch allerdings falsch: Eine fehlende Abmahnung wäre ersichtlich kein formeller Beschlussmangel (*Elzer* Info M 2011, 397). Die „materiellen" Gründe – die Frage, ob ein Entziehungsgrund nach § 17 Abs. 1, Abs. 2 WEG vorliegt – sind dem Verfahren der Entziehungsklage (→ Rn. 25 ff.) vorbehalten (BGH NJW 2011, 3026 Rn. 6; OLG Rostock ZMR 2009, 470; BayObLG NJW-RR 1999, 887). Der Gebührenstreitwert für den Streit um den Beschluss über die Entziehung beträgt 20 % des Verkehrswertes des betroffenen Wohnungseigentums (BGH BeckRS 2011, 20721 Rn. 14; OLG Rostock ZMR 2009, 470). 21

4. Erfüllung. Erfüllt der Verpflichtete seine Verpflichtung aus dem Entziehungsbeschluss – ggf. nach Fristsetzung – **nicht** freiwillig, kann gegen ihn im Wege der **Entziehungsklage** auf Veräußerung geklagt werden (→ Rn. 25) und ist das **Veräußerungsurteil** entsprechend dem ZVG durchzusetzen (→ Rn. 31). Befugt insoweit jeweils zu handeln, ist nach § 17 Abs. 1 WEG nur die Gemeinschaft der Wohnungseigentümer. Etwas anderes gilt auch nicht in einer „Zweiergemeinschaft" (→ Rn. 23). 22

E. Zweiergemeinschaft

Für Zweiergemeinschaften (→ § 9a Rn. 50) galt nach § 18 Abs. 1 Satz 2 WEG aF eine Besonderheit. Das Entziehungsrecht konnte ausnahmsweise von jedem Wohnungseigentümer selbst ausgeübt werden. Diese Ausnahme 23 hat das nun geltende Recht im Interesse der Rechtsvereinheitlichung aufgegeben. Auch bei Vorliegen einer Zweiergemeinschaft steht nun der Anspruch auf Entziehung der Gemeinschaft der Wohnungseigentümer zu und wird durch diese geltend gemacht. Bei einer Zweiergemeinschaft tritt an die Stelle des Entziehungsbeschlusses (→ Rn. 18) ferner ausnahmsweise die Entziehungsklage (BGH NJW-RR 2014, 452 Rn. 8; BeckRS 2010, 03756 Rn. 7). Der Anspruch aus § 17 Abs. 1 WEG, Veräußerung des Wohnungseigentums verlangen zu können, **scheidet aus,** wenn der klagende andere Wohnungseigentümer ebenso gegen seine Pflichten verstößt und der Anspruch auf Veräußerung mit umgekehrten Parteirollen begründet wäre (BGH BeckRS 2010, 03756 Rn. 8).

24 Nicht übersehen werden kann, dass diese Änderung zwar der Rechtsvereinheitlichung dient, im Einzelfall aber zu **erheblichen Problemen** bei der Rechtsdurchsetzung führen kann. Im Regelfall wird für eine Zweiergemeinschaft nämlich kein Verwalter bestellt, so dass die Gemeinschaft der Wohnungseigentümer durch beide Wohnungseigentümer gemeinschaftlich gem. § 9b Abs. 1 Satz 2 WEG vertreten werden muss. Der betroffene Wohnungseigentümer wird bei Klage der Gemeinschaft der Wohnungseigentümer gegen sich selbst kaum mithelfen, so dass unklar bleibt, wer die Gemeinschaft vertreten kann. Entweder wendet man im Rahmen der Vertretungsmacht § 25 Abs. 4 WEG analog an mit der Folge, dass der klagende Eigentümer allein vertretungsberechtigt ist oder der klagende Eigentümer muss erst die Bestellung eines Verwalters verlangen und notfalls einklagen. Ein Verwalter, dessen Hauptfunktion in der Durchsetzung einer Entziehungsklage liegt, wird sich aber nur schwer finden lassen.

F. Entziehungsklage und Veräußerungsurteil

I. Überblick

25 Durch einen Entziehungsbeschluss wird eine Verpflichtung zur Veräußerung begründet, die Wirkung der Entziehung aber **nicht** erzeugt (*Elzer* MietRB 2011, 302). Entspricht der Störer einem Entziehungsbeschluss nicht, muss er zunächst zur Veräußerung seines Wohnungseigentums verklagt (Entziehungsklage) und verurteilt werden (Veräußerungsurteil).

II. Entziehungsklage

26 **1. Überblick.** Das Entziehungsurteil war nach bisherigem Recht in § 19 Abs. 1 WEG aF geregelt. § 17 Abs. 4 Satz 1 WEG entspricht mit modifiziertem Inhalt dieser Vorschrift. Gestrichen wurde der bisherige Satz 2 (Ausübungsbefugnis für die Gemeinschaft), weil er aufgrund der Zuordnung des Entziehungsrechtes zur Gemeinschaft der Wohnungseigentümer überflüssig wurde. § 17 Abs. 4 Satz 2 WEG knüpft an § 19 Abs. 3 WEG aF an, erweitert die Vorschrift jedoch auf weitere Vollstreckungstitel.

27 Gegenstand einer von § 17 Abs. 4 WEG **vorausgesetzten** Entziehungsklage („Eigentumsentziehungsklage"; „Veräußerungsklage"; „Abmeierungsklage"; Muster ua bei Beck'sches Prozessformularbuch/*Elzer* II. H. 10) ist die

Frage, ob ein Wohnungseigentümer sein Wohnungseigentum (BGH NJW 2006, 3428) oder ein Miteigentümer seinen Miteigentumsanteil (→ § 17 Rn. 3) veräußern muss. Der Klageantrag lautet grundsätzlich: *„Der Beklagte wird verurteilt, sein in der Wohnungseigentumsanlage Y.-Straße Nr. …, … (PLZ, Ort), gelegenes Wohnungseigentum mit der Nr. …, bestehend aus einem … Miteigentumsanteil, verbunden mit dem Sondereigentum an der Wohnung …, im Aufteilungsplan bezeichnet mit Nr. …, eingetragen im Grundbuch des AG (…), Blatt (…), zu veräußern"* (*Elzer* MietRB 2011, 302). Ziel der Entziehungsklage ist das **Veräußerungsurteil** (→ Rn. 31).

2. Zulässigkeit. Örtlich und sachlich zuständig für die Entziehungsklage ist nach § 43 Abs. 2 Nr. 2 WEG, § 23 Nr. 2c) GVG das AG als WEG-Gericht (BGH NJW-RR 2014, 452 Rn. 4; → § 43 Rn. 11). **Prozessführungsbefugt** ist nach § 17 Abs. 1 WEG nur die Gemeinschaft der Wohnungseigentümer, auch wenn es sich um eine Zweiergemeinschaft (→ Rn. 21) handelt. Ob die Gemeinschaft der Wohnungseigentümer die Klage erhebt, das Verfahren ruhen lässt oder die Klage zurücknimmt, müssen die Wohnungseigentümer durch Beschluss entscheiden (BayObLGZ 1975, 53). 28

3. Begründetheit. Das Gericht hat für die Begründetheit der Entziehungsklage zu prüfen, ob es einen nicht nichtigen Entziehungsbeschluss (→ Rn. 18 ff.) gibt und ob sich der beklagte Wohnungseigentümer einer so schweren Verletzung der ihm ggü. anderen Wohnungseigentümern oder der Gemeinschaft der Wohnungseigentümer obliegenden Verpflichtungen schuldig gemacht hat (→ Rn. 9 ff.), dass den anderen Wohnungseigentümern die Fortsetzung der Gemeinschaft mit ihm nicht mehr zugemutet werden kann (OLG München ZMR 2008, 412; BayObLG NJW-RR 1999, 887; KG NJW-RR 1994, 855). 29

Für die jeweiligen Voraussetzungen trägt die Gemeinschaft der Wohnungseigentümer die **Beweislast** (AG Dachau ZMR 2006, 319). Der **Gebührenstreitwert** bestimmt sich nach dem Verkehrswert des zu veräußernden Wohnungseigentumsrechtes (BGH NZM 2014, 247 Rn. 10; NJW 2006, 3428). 30

III. Veräußerungsurteil

Ist die Entziehungsklage zulässig und begründet, ergeht das Veräußerungsurteil. Es hat die Wirkungen des § 894 Satz 1 ZPO, ersetzt aber **nicht** die zur Veräußerung erforderlichen Erklärungen Dritter, etwa die Genehmigung des Vormundschaftsgerichtes bei Minderjährigen oder unter Betreuung stehenden Personen oder die Zustimmung nach § 12 WEG. Nach § 704 Abs. 1 ZPO kann das Veräußerungsurteil auch ein Versäumnisurteil sein (LG Rostock ZMR 2013, 675). Aus dem Veräußerungsurteil kann 30 Jahre lang **vollstreckt** werden (§ 197 Abs. 1 Nr. 3 BGB). Das rechtskräftige Veräußerungsurteil führt gem. § 25 Abs. 4 WEG dazu, dass der verurteilte Wohnungseigentümer kein Stimmrecht mehr besitzt (→ § 25 Rn. 111). 31

IV. Andere Vollstreckungstitel

32 Nach § 19 Abs. 3 WEG aF stand ein gerichtlicher oder vor einer Gütestelle geschlossener Vergleich in seinen Wirkungen einem Veräußerungsurteil (→ Rn. 6) gleich. § 17 Abs. 4 Satz 2 WEG erweitert diese Vorgängervorschrift dahingehend, dass alle Vollstreckungstitel nach § 794 ZPO, insbesondere auch vollstreckbare Urkunden gem. § 794 Abs. 1 Nr. 5 ZPO und für vollstreckbare erklärte Anwaltsvergleiche gem. § 794 Abs. 1 Nr. 4b ZPO einem Veräußerungsurteil gleich stehen. Eine unterschiedliche Behandlung der verschiedenen Vollstreckungstitel ist nach Ansicht des Gesetzgebers nicht sachgerecht (BT-Drs. 19/18791, 57).

G. Vollstreckung

I. Gläubiger

33 Vollstreckungsberechtigt ist nach nun geltendem Recht die **Gemeinschaft der Wohnungseigentümer** als materiell-rechtlicher Inhaber des Entziehungsanspruchs. Ein Zwangsversteigerungsverfahren zur Vollstreckung eines Entziehungsurteils ist **separat** zu führen und kann nicht mit einer Vollstreckungsversteigerung verbunden werden (*Schneider* NZM 2014, 499; aA BT-Drs. 16/887, 27). Das Entziehungsurteil verpflichtet jedoch nur zur Veräußerung des Wohnungseigentums. Ein Anspruch auf Räumung und Herausgabe des Wohnungseigentums steht deshalb nur dem Erwerber, nicht hingegen der Gemeinschaft der Wohnungseigentümer zu (BGH NZM 2017, 37; KG NZM 2017, 47; ZMR 2015, 956).

II. Anzuwendende Vorschriften

34 § 17 Abs. 4 Satz 1 WEG ordnet die **entsprechende** Anwendung der §§ 1 bis 161 ZVG an (da diese Vorschriften vor allem auf Zwangsversteigerungen wegen **Geldforderungen** verfasst sind, ist für jede zu prüfen, **ob und wie** sie angewendet werden kann). In der Antragstellung beim Vollstreckungsgericht ist die Zustimmung zu einer freiwilligen Veräußerung des Schuldners zu sehen. Die Wirkungen des § 23 ZVG bleiben hinsichtlich aller sonstigen rechtsgeschäftlichen Verfügungen und solcher im Wege der Zwangsvollstreckung (*Schneider* NZM 2014, 499). Der Titel steht im Rang des § 10 Abs. 1 Nr. 5 ZVG (*Schmidberger* ZMR 2012, 168; nach aA ist er „ranglos" (*Schneider* NZM 2014, 499; *Klose* MietRB 2009, 187; Jennißen/*Heinemann* WEG § 19 Rn. 29). Die Rangklassen 6, 7 und 8 des § 10 Abs. 1 ZVG, sofern diese Ansprüche rechtzeitig geltend gemacht werden, sind daher beim geringsten Gebot nicht zu beachten (*Schneider* NZM 2014, 500). Keine Probleme bestehen bei der Anwendung ua von § 15 ZVG, §§ 20, 23 ZVG (Beschlagnahmewirkung). § 30a ZVG ist nicht anwendbar (*Schneider* NZM 2014, 500). § 81 Abs. 1 ZVG ist zu **modifizieren:** Der zur Veräußerung Verpflichtete muss nach Sinn und Zweck des § 17 WEG als Bieter im Versteigerungsverfahren ausgeschlossen sein (*Schneider* NZM 2014, 500; *Abramenko,* Das neue WEG, § 8 Rn. 14; BeckOK WEG/*Hogenschurz* § 19

Rn. 8; aA *Böttcher* Rpfleger 2009, 191; Jennißen/*Heinemann* § 19 Rn. 44). Ein etwaiger Übererlös gebührt dem vormaligen Wohnungseigentümer (*Schneider* NZM 2014, 500).

III. Abwendungsbefugnis

1. Überblick. Beruhte das Veräußerungsurteil auf § 18 Abs. 2 Nr. 2 WEG aF, konnte der zur Veräußerung Verpflichtete dem Veräußerungsurteil die **Vollstreckbarkeit nehmen.** § 19 Abs. 2 WEG aF war insoweit **Spezialvorschrift** ggü. § 767 ZPO. Voraussetzung war, dass der Verpflichtete die Zahlungsverpflichtungen, wegen deren Nichterfüllung er verurteilt worden war, einschließlich der Verpflichtung zum Ersatz der durch den Rechtsstreit und das Versteigerungsverfahren entstandenen Kosten sowie die fälligen weiteren Verpflichtungen zur Lasten- und Kostentragung iSv § 362 Abs. 1 BGB erfüllte. Kam der zur Veräußerung Verpflichtete erst **nach** der letzten mündlichen Verhandlung, aber vor Zuschlag seinen Verpflichtungen iSv § 19 Abs. 2 WEG aF nach, konnte er nach § 767 ZPO klagen (KG FGPrax 2004, 91). § 19 Abs. 2 WEG aF wurde ersatzlos gestrichen. Dies ist konsequent, weil die Vorschrift auf das ebenfalls gestrichene Regelbeispiel des § 18 Abs. 2 Nr. 2 WEG aF aufbaute. Die gesetzlich normierte Abwendungsbefugnis ist somit entfallen. 35

2. Entsprechende Anwendung von § 19 Abs. 2 WEG aF. Beruhte das Veräußerungsurteil auf einer fortlaufend, nicht nur geringfügig unpünktlichen Erfüllung von Hausgeld- und anderen Zahlungsansprüchen, konnte § 19 Abs. 2 WEG aF analog angewendet werden, sofern eine Prognose die sichere Annahme erlaubte, dass der Wohnungseigentümer künftig das Hausgeld und die anderen Zahlungsansprüche erfüllen werde. Ein nicht störender Miteigentümer konnte zudem analog § 19 Abs. 2 WEG aF die Wirkungen des Urteils dadurch abwenden, dass er den Miteigentumsanteil des störenden Miteigentümers erwarb, den störenden Miteigentümer dauerhaft und einschränkungslos aus der Wohnanlage entfernte und der Wohnungseigentümergemeinschaft alle Kosten ersetzte, die dieser durch den Rechtstreit und das Zwangsversteigerungsverfahren entstanden waren (BGH NZM 2018, 1024 Rn. 12). 36

Eine analoge Anwendung von § 19 Abs. 2 WEG aF scheidet nach Streichung dieser Vorschrift nach nun geltender Rechtslage aus. Denkbar ist, dass die Rechtsprechung in Zukunft eine Abwendungsbefugnis in diesen Fällen nicht mehr über eine analoge Anwendung dieser Norn, sondern im Einzelfall mit dem Rechtsgedanken des § 242 BGB begründen wird. 37

H. Abdingbarkeit (§ 17 Abs. 3 WEG)

Der Anspruch der Gemeinschaft der Wohnungseigentümer, die Veräußerung zu verlangen (→ Rn. 2), kann nach § 17 Abs. 3 WEG durch eine Vereinbarung **nicht eingeschränkt** oder **ausgeschlossen** werden. Erleichterungen sind hingegen möglich (OLG Düsseldorf NZM 2000, 873; LG Bonn MittRhNotK 1996, 271; Jennißen/*Heinemann* § 18 Rn. 43). So kön- 38 nen zB weitere Entziehungsgründe vereinbart werden, wenn diese in ihrer Art und Weise § 17 Abs. 1 Satz 1 WEG nahekommen, oder die grundsätzliche Notwendigkeit einer Abmahnung (→ Rn. 5) abbedungen werden.

Verwaltung und Benutzung

18 (1) **Die Verwaltung des gemeinschaftlichen Eigentums obliegt der Gemeinschaft der Wohnungseigentümer.**

(2) **Jeder Wohnungseigentümer kann von der Gemeinschaft der Wohnungseigentümer**

1. eine Verwaltung des gemeinschaftlichen Eigentums sowie
2. eine Benutzung des gemeinschaftlichen Eigentums und des Sondereigentums

verlangen, die dem Interesse der Gesamtheit der Wohnungseigentümer nach billigem Ermessen (ordnungsmäßige Verwaltung und Benutzung) und, soweit solche bestehen, den gesetzlichen Regelungen, Vereinbarungen und Beschlüssen entsprechen.

(3) **Jeder Wohnungseigentümer ist berechtigt, ohne Zustimmung der anderen Wohnungseigentümer die Maßnahmen zu treffen, die zur Abwendung eines dem gemeinschaftlichen Eigentum unmittelbar drohenden Schadens notwendig sind.**

(4) **Jeder Wohnungseigentümer kann von der Gemeinschaft der Wohnungseigentümer Einsicht in die Verwaltungsunterlagen verlangen.**

Literatur (zur älteren Literatur siehe Vorauflage zu §§ 20, 21 WEG): *Elzer,* Änderungsvorschläge zum Wohnungseigentumsmodernisierungsgesetz, AnwZert MietR 13/2020; *Lehmann-Richter/Wobst,* Direktansprüche gegen zweckwidrig nutzende Mieter, ZWE 2020, 123; *Skauradszun,* Neuausrichtung der Verwaltung in der vollrechtsfähigen WEG, ZRP 2020, 34; *Skauradszun/Harnack,* Das Zusammenspiel der Organe nach dem WEMoG am Beispiel der Veräußerungsbeschränkung, AnwZert MietR 13/2020.

Übersicht

A. Entstehungsgeschichte

§ 18 WEG ist durch das Gesetz zur Förderung der Elektromobilität und **1** zur Modernisierung des Wohnungseigentumsgesetzes und zur Änderung von kosten- und grundbuchrechtlichen Vorschriften vom 16.10.2020 in das Gesetz eingefügt worden. Er entspricht, allerdings mit starken Akzentverschiebungen, § 21 Abs. 1, Abs. 2 und Abs. 4 WEG aF (§ 21 Abs. 3, 5 WEG aF finden sich in § 19 WEG). Absatz 4 ist neu, entstammt aber grundsätzlich dem bisherigen Denken (→ Vorauflage § 28 Rn. 230 ff.). Absatz 3 entspricht wörtlich § 21 Abs. 2 WEG aF, ist aber anders zu verstehen, da der Notgeschäftsführer jetzt für die Gemeinschaft der Wohnungseigentümer tätig wird. Absatz 2 ähnelt in seinem ersten Fall äußerlich § 21 Abs. 4 WEG aF, ist aber auch wegen der Verwaltungszuständigkeit der Gemeinschaft der Wohnungseigentümer anders gelagert. Völlig neu ist der Anspruch, der in seinem zweiten Fall geregelt ist. Absatz 1 hat die auch in § 21 Abs. 1 WEG aF angesprochene AnwZert MietR 13/2020; Frage zum Inhalt, wer das gemeinschaftliche Eigentum verwaltet, beantwortet sie aber ganz anders. Absatz 1 ist insoweit der Schwerpunkt der Reform und Schlüsselnorm (*Skauradszun* ZRP 2020, 34 (35)). Von ihm aus sind alle WEG-Vorschriften völlig neu zu durchdenken.

B. Sinn und Zweck

2 § 18 WEG ist neben § 19 WEG die Norm zu den Kernsätzen der Verwaltung des gemeinschaftlichen Eigentums. In Absatz 1 bestimmt er, dass die Verwaltung der Gemeinschaft der Wohnungseigentümer obliegt. Absatz 2 gibt jedem Wohnungseigentümer gegen die Gemeinschaft der Wohnungseigentümer einen Anspruch auf ordnungsmäßige Verwaltung des gemeinschaftlichen Eigentums sowie auf eine ordnungsmäßige Benutzung des gemeinschaftlichen Eigentums und des Sondereigentums. Absatz 3 widmet sich der Notgeschäftsführung. Absatz 4 statuiert ein Recht auf Einsicht in die Verwaltungsunterlagen.

C. Verwaltung des gemeinschaftlichen Eigentums, § 18 Abs. 1 WEG

I. Begriff

3 **1. Überblick.** Das Gesetz definiert den Begriff der Verwaltung nicht, sondern setzt ihn voraus. Er ist nach bisher hM weit zu verstehen (BGH NJW-RR 2020, 72 Rn. 16; NJW 2016, 2177 Rn. 26).

4 Bei §§ 20, 21 WEG aF konnte und wurde er in Anlehnung an §§ 744 Abs. 1, 745 Abs. 1 Satz 1 BGB als Oberbegriff für Geschäftsführung im Innenverhältnis und Vertretung nach außen verstanden (*Armbrüster/Kräher* ZWE 2014, 1). So liegt es bei § 18 Abs. 1 WEG im Kern auch. Der von ihm eingesetzte Begriff „Verwaltung“ blickt nämlich zum einen auf das Außenverhältnis der Gemeinschaft der Wohnungseigentümer gegenüber Dritten in Form von Realakten, aber vor allem in Form von Rechtsgeschäften und damit auf die Vertretung des Gemeinschaftsvermögens und des gemeinschaftlichen Eigentums. Die rechtsgeschäftliche (Außen-)Vertretung der Gemeinschaft der Wohnungseigentümer ist stets Teil der Verwaltung, über welche die Wohnungseigentümer nach § 19 Abs. 1 WEG oder der Verwalter nach § 27 WEG entscheiden. Die Frage, ob ein Außenhandeln der Gemeinschaft der Wohnungseigentümer nach §§ 164 ff. BGB auch zuzurechnen ist, wird allerdings in § 9b Abs. 1, Abs. 2 WEG geregelt.

5 Zum anderen meint der Begriff „Verwaltung“ stets auch das Innenverhältnis, also das Verhältnis der Gemeinschaft der Wohnungseigentümer gegenüber Wohnungseigentümern, Drittnutzern, ihren Organen sowie das Verhältnis der Wohnungseigentümer untereinander. Diese Art der Verwaltung findet grundsätzlich nach §§ 18 bis 29 WEG statt, kann aber auch vereinbart werden. Besteht nach § 12 Abs. 1 WEG eine Veräußerungsbeschränkung, ist die Erteilung der danach notwendigen Zustimmung allerdings auch Gegenstand der Verwaltung. Entsprechendes gilt für die Bestimmung eines Umlageschlüssels nach § 16 Abs. 2 Satz 2 WEG, oder ein Verlangen nach § 17 Abs. 1 WEG. Schließlich sind – wie aus § 19 Abs. 2 Nr. 1 WEG und § 18 Abs. 2 Nr. 1 WEG folgt – nach § 19 Abs. 1 WEG beschlossene Bestimmungen, welche Benutzung (noch) zulässig ist („Zweckbestim-

mungen im engeren Sinne“), Verwaltungsregelungen. Nur der eigentliche Gebrauch iSv §§ 13 Abs. 1, 16 Abs. 1 Satz 3 WEG ist keine Verwaltung.

2. Inhalte. a) Überblick. Inhaltlich umfasst der Begriff „Verwaltung“ nach hM die Verwaltungsentscheidungen (*Armbrüster/Kräher* ZWE 2014, 1) und die Verwaltungsmaßnahmen (BGH NJW 2015, 3713 Rn. 10). 6

b) Verwaltungsentscheidungen. Die Verwaltungsentscheidungen treffen grundsätzlich die Wohnungseigentümer nach § 10 Abs. 1 Satz 2 WEG durch eine Vereinbarung oder nach § 19 Abs. 1 WEG durch einen Beschluss. Die Verwaltungsvereinbarungen liegen dabei besonders, da ihre Änderungen systemwidrig nach § 10 Abs. 2 WEG nicht gegenüber der Gemeinschaft der Wohnungseigentümer durchgesetzt werden können, sondern nur gegenüber den Wohnungseigentümern (→ § 10 Rn. 189; → § 44 Rn. 77). Nach § 27 Abs. 1 WEG ist ferner auch der Verwalter berechtigt und verpflichtet, Verwaltungsentscheidungen zu treffen. Dies ist dann der Fall, wenn die Voraussetzungen des § 27 Abs. 1 oder Abs. 2 WEG vorliegen oder wenn die Wohnungseigentümer den Verwalter insoweit nach § 10 Abs. 1 Satz 2 WEG oder nach § 27 Abs. 2 WEG ermächtigt haben. 7

c) Verwaltungsmaßnahmen. Verwaltungsmaßnahmen sind sämtliche Maßnahmen, die in tatsächlicher oder rechtlicher Hinsicht auf eine Änderung des bestehenden Zustands des gemeinschaftlichen Eigentums abzielen oder sich als Geschäftsführung (BGH NJW 1999, 2108 unter III. 3; 1997, 2106 unter I. 1.; 1993, 727 unter II. 2. b) oder als Vertretung in Bezug auf das gemeinschaftliche Eigentum gegenüber Dritten darstellen. Die Vertretungsmacht bestimmen § 9b Abs. 1, Abs. 2 WEG. 8

3. Verfügungen über das gemeinschaftliche Eigentum als Ganzes. Eine Veräußerung des gemeinschaftlichen Grundstücks oder eines Teiles von diesem betrifft die sachenrechtlichen Grundlagen der Bruchteilseigentümergemeinschaft. Verfügungen über das gemeinschaftliche Eigentum als Ganzes, insbesondere (gegebenenfalls teilweise) Veräußerungen, der Erwerb weiteren gemeinschaftlichen Eigentums, die Bestellung von Dienstbarkeiten oder etwa die Erklärung von Baulasten, sind mithin keine Verwaltung (BGH NJW-RR 2020, 72 Rn. 12; NJW 2016, 2177 Rn. 17; 2013, 1962 Rn. 8; DNotI-Report 2018, 11 ff.; *Hügel* ZMR 2011, 182 ff.; *Elzer* ZWE 2011, 16 ff.). 9

4. Aufgabe des gemeinschaftlichen Eigentums. Gegenstand der Verwaltung ist es auch nicht, das gemeinschaftliche Eigentum aufzugeben (BGH NZM 2010, 46 Rn. 20; OLG Braunschweig OLGZ 1966, 571 (573)). Gemeinschaftliches Eigentum kann auch nicht dadurch – wirtschaftlich betrachtet – aufgegeben werden, dass es umgewidmet wird (BayObLG BayObLGR 2003, 63), oder dass die Wohnungseigentümer auf eine Instandsetzung, zB einer maroden Aufzugsanlage oder eines Müllschluckers, dauerhaft verzichten (BayObLG BayObLGR 1996, 25). Bei der Bestimmung, gemeinschaftliches Eigentum nicht mehr zu benutzen, zB einen Aufzug (OLG Saarbrücken NJOZ 2007, 1109), einen Müllschlucker (OLG Frankfurt a. M. NZM 2004, 910; BayObLG NZM 2002, 447) oder eine Hei- 10 zungsanlage, handelt es sich jeweils um einen (gegebenenfalls faktischen, zB durch eine Nichtreparatur) totalen Gebrauchsentzug, der nicht beschlossen werden kann. Etwas anderes gilt nur dann, wenn das Gesetz oder eine behördliche Maßnahme den Gebrauchsentzug anordnet und ein etwaiger Beschluss diese jeweils nur umsetzt, da dann der Bereich des § 16 Abs. 1 Satz 3 WEG sich geändert hat (im Ergebnis so AG Bonn ZMR 2012, 995 zur Schließung einer Müllwurfanlage).

11 **5. Änderung der sachenrechtlichen Grundlagen.** Keine Verwaltung ist schließlich eine Einwirkung der Wohnungseigentümer auf die Teilungserklärung oder den Teilungsvertrag. Eine solche Einwirkung ist nur durch eine sachenrechtliche Vereinbarung möglich. Maßnahmen, die eine Änderung der sachenrechtlichen Grundlagen bloß vorbereiten sollen, sollen nach hM allerdings zur Verwaltung gehören und könnten mehrheitlich beschlossen werden (BGH NJW-RR 2020, 72 Rn. 16). Dieser „Vorbereitungsbeschluss" soll nicht ordnungsmäßig sein, wenn schon bei der Beschlussfassung absehbar ist, dass einzelne Wohnungseigentümer an der späteren Umsetzung nicht mitwirken werden und hierzu zweifelsfrei auch nicht (ausnahmsweise) verpflichtet seien (BGH NJW-RR 2020, 72 Rn. 17). Überzeugender wäre es insgesamt, auch die Vorbereitung der Änderung der sachenrechtlichen Grundlagen nicht als Verwaltung zu verstehen.

II. Träger der Verwaltung

12 **1. Allgemeines.** Die Verwaltung des gemeinschaftlichen Eigentums obliegt nach § 18 Abs. 1 WEG allein der Gemeinschaft der Wohnungseigentümer. Das gilt nicht nur im Außenverhältnis gegenüber Dritten, sondern „aus Gründen der Rechtssicherheit" (BR-Drs. 168/20, 63) auch im Innenverhältnis gegenüber den Wohnungseigentümern. Soweit das WEG einzelne Pflichten im Rahmen der Verwaltung in einzelnen Vorschriften aufführt, ausgestaltet und an den Verwalter (§§ 24 Abs. 1, Abs. 5, 28 Abs. 1 Satz 2, Abs. 2 Satz 2, 44 Abs. 2 Satz 2 WEG), an einen Wohnungseigentümer (§ 24 Abs. 3) oder die Verwaltungsbeiräte adressiert (§§ 24 Abs. 3, 29 Abs. 2 Satz 2 WEG), handelt es sich stets um Pflichten der Gemeinschaft der Wohnungseigentümer (BR-Drs. 168/20, 63). Insoweit bestimmt das Gesetz jeweils lediglich die Organzuständigkeit (BR-Drs. 168/20, 63). Ohne Adressierung ist stets der Verwalter als Organ berufen, zB bei § 18 Abs. 4 WEG (BR-Drs. 168/20, 65).

13 **2. Organe der Gemeinschaft der Wohnungseigentümer.** Die Gemeinschaft der Wohnungseigentümer erfüllt die ihr zugewiesene Aufgabe, das gemeinschaftliche Eigentum zu verwalten, durch ihre Organe (→ § 9a Rn. 28 ff.).

14 Die Willensbildung liegt grundsätzlich bei den Wohnungseigentümern. Diese sind in ihrer Gesamtheit als Willensbildungsorgan der Gemeinschaft der Wohnungseigentümer dazu berufen, nach § 10 Abs. 1 Satz 2 WEG oder nach § 19 Abs. 1 WEG die Verwaltungsentscheidungen zu treffen, soweit nicht der Verwalter selbst nach § 27 Abs. 1 WEG von Gesetzes wegen oder nach § 27 Abs. 2 WEG nach Beschluss der Wohnungseigentümer oder nach

einer Vereinbarung entscheidungsbefugt ist. Ferner vertreten die Wohnungseigentümer die Gemeinschaft der Wohnungseigentümer, wenn diese keinen Verwalter hat (§ 9b Abs. 1 Satz 2 WEG). Hat die Gemeinschaft der Wohnungseigentümer keinen Verwalter, liegt auch die Verwaltung im Übrigen grundsätzlich in der Hand der Wohnungseigentümer. Diesen sind allerdings nach einer Auslegung nicht alle Organpflichten zugewiesen, die der Verwalter erfüllen müsste. Was insoweit gilt, ist eine Frage des Einzelfalls.

Der Verwalter ist hingegen vor allem das Ausführungs- (§ 27 WEG) und **15** Vertretungsorgan (§ 9b Abs. 1 Satz 1 WEG) der Gemeinschaft der Wohnungseigentümer. Er setzt mithin die Entscheidungen der Wohnungseigentümer um und wird dabei durch den Verwaltungsbeirat unterstützt und überwacht (§ 29 Abs. 2 WEG). Daneben kann er aber auch selbst Entscheidungen für die Gemeinschaft der Wohnungseigentümer treffen, wenn er nämlich nach § 27 Abs. 1 WEG von Gesetzes wegen oder nach §§ 10 Abs. 1 Satz 2, 27 Abs. 2 WEG nach Willkür der Wohnungseigentümer entscheidungsbefugt ist. Seine Entscheidungen sind denen der Wohnungseigentümer dabei stets untergeordnet. Die Wohnungseigentümer können ihn also jederzeit anweisen (→ § 27 Rn. 81 ff.) und seine Rechte im Innenverhältnis nach § 27 Abs. 2 WEG durch Beschluss erweitern, aber auch beschränken. Eine Möglichkeit, auch seine Vertretungsmacht zu beschränken, haben die Wohnungseigentümer allerdings nicht (§ 9b Abs. 1 Satz 3 WEG).

3. Erfüllungsgehilfen. Bedient sich die Gemeinschaft der Wohnungs- **16** eigentümer bei der Erfüllung ihrer Pflichten eines Dritten, etwa eines Handwerkers, ist dieser ihr Erfüllungsgehilfe (*Becker/Schneider* ZfIR 2020, 281 (298); zum alten Recht BGH BeckRS 2019, 40170 Rn. 8; NJW 2018, 3305 Rn. 38). Das schädigende Verhalten ihrer Vertragspartner ist ihr daher zuzurechnen (§ 278 BGB). Ein Wohnungseigentümer kann von der Gemeinschaft der Wohnungseigentümer insoweit Schadenersatz verlangen (*Becker/Schneider* ZfIR 2020, 281(298)). Für Schäden, die einem Wohnungseigentümer, auch einem Vertragspartner der Gemeinschaft der Wohnungseigentümer, durch das Verhalten des Verwalters entstehen, gelten diese Grundsätze entsprechend.

III. Abbedingung

1. Überblick. Den Wohnungseigentümern stehen grundsätzlich zwei **17** Möglichkeiten zur Verfügung, in die vom Gesetz vorgesehenen Verwaltungsstrukturen einzugreifen, nämlich die Vereinbarung und der Beschluss. Während die Vereinbarung sich insoweit als grundsätzlich unproblematisch erweist und für sie nur gilt, die Grenzen zu erfragen, ist beim Beschluss schon fraglich, ob es eine Beschlusskompetenz gibt.

2. Vereinbarung. Die Wohnungseigentümer besitzen nach § 10 Abs. 1 **18** Satz 2 WEG die Möglichkeit, im Wege der Vereinbarung die Struktur der Verwaltung, so wie sie im Gesetz vorgesehen ist, zu verändern. Sie können zB von der Verwaltung durch die Gemeinschaft der Wohnungseigentümer punktuell abweichen und einem Wohnungseigentümer (BGH NZM 2014, 396 Rn. 10), einer Gruppe von Wohnungseigentümern (OLG Köln NZM

2000, 1019; BayObLG DNotZ 1985, 414; LG Düsseldorf ZMR 2016, 796 (798)), dem Verwalter (→ § 27 Rn. 76; s. a. LG Hamburg ZMR 2013, 918 (920)) oder einem Dritten für Teile des gemeinschaftlichen Eigentums eine Verwaltungskompetenz konkurrierend oder verdrängend übertragen (OLG München ZWE 2009, 27 (30); OLG Düsseldorf NJW-RR 1998, 13; KG ZMR 1998, 657; *Elzer* ZMR 2006, 733, 735; ZMR 2005, 882, 883). Welche Form der Kompetenzverlagerung vorliegt und wie diese zu verstehen ist, ist eine Frage der Auslegung. Eingriffe in die Verwaltungsstrukturen finden sich, wenn an einem Raum oder einer Fläche des gemeinschaftlichen Eigentums oder für wesentliche Gebäudebestandteile ein Sondernutzungsrecht begründet worden ist. Eine Kompetenz, die Verwaltung durch die Gemeinschaft der Wohnungseigentümer insgesamt zu unterbinden, besteht allerdings nicht.

19 Die Wohnungseigentümer können auch neue Verwaltungsstellen schaffen, zB einen Bau- (OLG Celle ZMR 2001, 642 (643)) oder einen Wahlausschuss, einen Arbeitskreis oder einen Sonderausschuss für bestimmte einzelne Aufgaben. Die Anzahl der „Mitglieder" eines solchen Ausschusses und die genauen Aufgaben festzulegen, liegt im Ermessen der Wohnungseigentümer (BGH NZM 2010, 325 Rn. 8). Die Bestimmung, welche Personen tätig werden, muss lediglich den Grundsätzen einer ordnungsmäßigen Verwaltung entsprechen.

20 Zur Frage, welche Grenzen solchen Vereinbarungen gesetzt sind, siehe im Zusammenhang → § 10 Rn. 55 ff.

21 **3. Beschluss. a) Allgemeines.** Zur Frage, ob es möglich ist, auf die Verwaltungsstrukturen durch Beschluss einzuwirken, ist zwischen dem Verwalter und anderen Personen zu unterscheiden.

22 **b) Verwalter. aa) Grundsatz.** Die Wohnungseigentümer sind nach § 27 Abs. 2 WEG entsprechend § 27 Abs. 3 Satz 1 Nr. 7 WEG aF befugt, dem Verwalter durch einen Beschluss weitere Verwaltungsmaßnahmen zu übertragen bzw. ihm diese zu entziehen und auf sich zu verlagern. Nach § 27 Abs. 2 WEG können sie durch Beschluss weitere Verwaltungsmaßnahmen bestimmen, über die nach ihrer Willkür eine Beschlussfassung nach § 19 Abs. 1 WEG nicht geboten und eine Entscheidung des Verwalters möglich ist, oder umgekehrt bestimmen, dass ihre Beschlussfassung geboten ist (→ § 27 Rn. 70 ff.). Gemeint sind jeweils konkrete Verwaltungsmaßnahmen und -entscheidungen, aber auch abstrakt beschriebene Verwaltungsbereiche. Beispielweise kann dem Verwalter durch Beschluss erlaubt werden, das gemeinschaftliche Eigentum an einen konkreten Mieter zu vermieten. Es kann aber auch beschlossen werden, dass der Verwalter befugt sein soll, das gemeinschaftliche Eigentum zu vermieten, solche Verträge wieder zu kündigen und neue nach seinem Ermessen abzuschließen. Häufig fallen die Entscheidungen sowieso unter § 27 Abs. 1 Nr. 1 WEG (→ § 27 Rn. 36).

23 **bb) Verwaltervertrag.** Die Entscheidung, welche Verwaltungsmaßnahmen und -entscheidungen der Verwalter treffen kann, kann bereits im Verwaltervertrag erwähnt werden. Jedenfalls der vom Verwalter gestellte Verwaltervertrag unterliegt insoweit zwar einer Kontrolle nach §§ 305 ff. BGB.

Sollte im Verwaltervertrag mit Bezug auf § 27 Abs. 1 WEG eine Regelung erwähnt werden, die die Gemeinschaft der Wohnungseigentümer entgegen den Geboten von Treu und Glauben unangemessen benachteiligt oder nicht klar und verständlich ist, wäre diese Regelung daher nach § 307 BGB unwirksam.

Eine Unangemessenheit ist im Verhältnis zwischen der Gemeinschaft der Wohnungseigentümer und dem Verwalter in Bezug auf Verwaltungsmaßnahmen allerdings kaum vorstellbar. Denn es geht allein um die Frage, wie der Verwalter als Organ der Gemeinschaft der Wohnungseigentümer das gemeinschaftliche Eigentum verwalten soll. Dass der Verwalter für die Gemeinschaft der Wohnungseigentümer umfangreich Verwaltungsmaßnahmen wahrnimmt, dürfte für diese grundsätzlich nicht nachteilig sein. Die Interessen der Wohnungseigentümer sind als „Drittinteresse" grundsätzlich unbeachtlich (BGH NJW 1982, 178 unter II. 3a) bb); *Elzer* AnwZert MietR 16/2010). Anders läge es nur, wenn der Verwaltervertrag als Vertrag zugunsten der Wohnungseigentümer wäre. Die Wohnungseigentümer treffen als Willensbildungsorgan der Gemeinschaft der Wohnungseigentümer freilich diese Entscheidung auch selbst und sind nach § 27 Abs. 2 WEG im Übrigen jederzeit berechtigt, in das durch den Verwaltervertrag vorgegebene Gefüge einzugreifen und die Rechte und Pflichten des Verwalters durch einen Beschluss wieder einzuschränken oder sogar noch zu erweitern. 24

Allerdings muss der Inhalt des Verwaltervertrags von den Wohnungseigentümern durch Beschluss „genehmigt" werden. Denn dieser Beschluss ist der von § 27 Abs. 2 WEG vorgesehene Akt (näher → § 27 Rn. 79). 25

c) Dritte. aa) Grundsatz. In Bezug auf Dritte gibt es keine § 27 Abs. 2 WEG vergleichbare Bestimmung. Die Wohnungseigentümer haben aber die Möglichkeit, nach § 19 Abs. 1 WEG zu beschließen, dass bestimmte Verwaltungsmaßnahmen nicht vom Verwalter und nicht von ihnen in der Versammlung durch Beschluss, sondern von einem Dritten, zB einem Verwaltungsbeirat, wahrgenommen werden sollen (OLG München ZWE 2009, 27 (30); OLG Düsseldorf ZWE 2001, 219 (221); LG Hamburg ZWE 2019, 214 Rn. 54; LG Frankfurt a. M. ZMR 2018, 791 = BeckRS 2018, 9675 Rn. 31; LG Dortmund ZMR 2017, 993 = BeckRS 2016, 128625 Rn. 11). 26

Auch diese Entscheidung ist „Verwaltung" iSv § 18 Abs. 1 WEG. Dies gilt unabhängig von der Frage, ob die Wohnungseigentümer die notwendigen Entscheidungen über das „Ob" und „Wie", nach § 19 Abs. 1 WEG selbst treffen. Die Frage, in welchem Umfang Verwaltungskompetenz verlagert werden kann, ist eine der Ordnungsmäßigkeit des Beschlusses nach § 19 Abs. 1 WEG. Der Beschluss muss einerseits gewährleisten, dass die grundsätzliche Entscheidungskompetenz bei den Wohnungseigentümern verbleibt. Je größer eine Wohnungseigentümergemeinschaft ist, desto eher wird dabei eine Verlagerung sinnvoll sein (OLG Düsseldorf ZWE 2001, 219 (221)). Zum anderen müssen die finanziellen Risiken für die Wohnungseigentümer begrenzt und vor allem überschaubar bleiben (OLG München ZWE 2009, 27 (30); LG Hamburg ZWE 2019, 214 Rn. 54). Eine solche Begrenzung kann etwa durch ein festes Jahresbudget, dessen Höhe sich nach der anteiligen Belastung für die einzelnen Wohnungseigentümer zu orientie- 27 ren hat, herbeigeführt werden. Denkbar ist auch eine gegenständliche Beschränkung, weil auch dadurch das Risiko für die einzelnen Wohnungseigentümer kalkulierbar bleibt (OLG Düsseldorf ZWE 2001, 219 (221)). Gewährleistet der Beschluss diese Grenzen nicht, ist er anfechtbar, aber grundsätzlich nicht nichtig (*Lehmann-Richter* § 21 Rn. 48).

28 **bb) Verwaltervertrag.** Für den Beschluss nach §§ 9b Abs. 2, Fall 2 19 Abs. 1 WEG, zB die Verwaltungsbeiräte oder einen Verwaltungsbeirat zum Aushandeln und zum Abschluss eines Verwaltervertrags zu ermächtigen, gilt nichts anderes (LG Berlin ZWE 2019, 89 Rn. 5). Welche Rechte die Verwaltungsbeiräte im Einzelnen haben sollen, muss der Beschluss selbst regeln. Ob die Verwaltungsbeiräte auch befugt sein sollen, Entscheidungen nach § 27 Abs. 2 WEG zu treffen, ist eine Frage der Auslegung des Beschlusses (LG Berlin ZWE 2019, 89 Rn. 5).

IV. Verwaltungsgegenstand

29 Die Verwaltung betrifft originär das gemeinschaftliche Eigentum. Sie betrifft aber auch das Gemeinschaftsvermögen. §§ 18, 19, 27 WEG, aber auch §§ 23–25 WEG sind insoweit entsprechend anwendbar (§ 9a Abs. 3 WEG). Das Sondereigentum ist hingegen kein Gegenstand der Verwaltung.

V. Verwaltungspflichten

30 **1. Geschriebene Pflichten.** Zu den gesetzlichen Aufgaben der Gemeinschaft der Wohnungseigentümer zählen nach § 18 Abs. 1 die in §§ 18 Abs. 2 und Abs. 4, 19 Abs. 2, 20 Abs. 2 und Abs. 3, 23 Abs. 2, 24 Abs. 1, Abs. 4, 24 Abs. 5, 24 Abs. 6, 25 Abs. 4, 28 Abs. 1 Satz 1, Abs. 2 Satz 1 und Abs. 3. Weitere gesetzliche Pflichten können vor allem aus Vorschriften des öffentlichen Rechts folgen, zB nach § 18 Abs. 2 Satz 1 ZensG oder § 9 Abs. 1 Satz 4 des Rundfunkbeitragsstaatsvertrags.

31 **2. Ungeschriebene Pflichten.** Neben den ausdrücklichen Pflichten muss die Gemeinschaft der Wohnungseigentümer die Pflichten erfüllen, die nach Sinn und Zweck von Gesetzes wegen an sie nach § 18 Abs. 1 WEG zu richten sind oder die die Rechtsprechung entwickelt hat. Überblick im „ABC“:

32 • **Angebote (Konkurrenz- und Alternativangebote):**
  – **Allgemeines:** Es ist grundsätzlich erforderlich, dass die Gemeinschaft der Wohnungseigentümer vor einem Vertragsschluss die Ermessensausübung der Wohnungseigentümer vorbereitet. Nach bislang, durchaus kritisch zu sehender hM sind dazu Angebote einzuholen (LG Hamburg ZMR 2020, 681 (682); LG Itzehoe ZWE 2018, 178 Rn. 13; ZMR 2018, 259 (261); LG Berlin NZM 2018, 874 Rn. 8; LG Dortmund IMR 2016, 383; ZWE 2015, 182; LG Karlsruhe ZWE 2013, 417; *Hogenschurz* AnwZert MietR 9/2016). Dabei ist nicht nur in der näheren Umgebung oder in der Gemeinde, sondern grundsätzlich in einem Umkreis zu fragen, der es einem Unternehmer noch wirtschaftlich erscheinen lässt, ein Angebot abzugeben (s. a. *Luhmann/Letzner* NZM 2019, 243 (245)). Dieser Unternehmer kann sich auch in einem anderen

Land befinden (s. a. *Jacoby* ZWE 2019, 20 (21)). Mit einem Angebot reagiert ein Anbieter, etwa ein Dienstleister oder Werkunternehmer, auf die Anfrage der Gemeinschaft der Wohnungseigentümer und legt die Bedingungen fest, unter denen er bereit ist, beispielsweise einen Bauvertrag zu erfüllen oder Dienstleistungen zu erbringen. Angebote zielen nicht auf die geplante Maßnahme – die muss vorher feststehen –, sondern auf die Auswahl eines geeigneten Vertragspartners (*Jacoby* ZWE 2019, 20 (21); *Hogenschurz* AnwZert MietR 9/2016). Im Einzelnen gilt Folgendes:

– Bei Vertragsschlüssen genügen die Wohnungseigentümer durch die Einholung von Angeboten zum einen dem Grundsatz der Wirtschaftlichkeit (→ § Rn. 49 ff.; LG Itzehoe ZWE 2018, 178 Rn. 14; ZMR 2018, 259 (261); LG Berlin BeckRS 2018, 4096 Rn. 6; *Elzer* ZMR 2018, 166). Schließt die Gemeinschaft der Wohnungseigentümer bei der Verwaltung des gemeinschaftlichen Eigentums einen Vertrag, müssen die Wohnungseigentümer sich daher mit den angebotenen vertraglichen Leistungen im Rahmen ihres Selbstorganisationsrechts auseinandersetzen. Als Grundlage dieser Ermessensausübung bedarf es in der Regel mehrerer Angebote. Durch die Einholung dieser Angebote soll nicht nur, aber doch vor allem gewährleistet werden, dass die Wirtschaftlichkeit beachtet wird und nicht zu Lasten der überstimmten Minderheit überteuerte Aufträge erteilt werden (s. a. BGH NZM 2011, 515 Rn. 13: „rechnerische Betrachtung"). Nach dem Wirtschaftlichkeitsgebot müssen die Wohnungseigentümer fragen, welches mehrerer inhaltlich vergleichbarer Angebote wirtschaftlich vertretbar ist. Der Entscheidungsspielraum der Wohnungseigentümer ist dabei noch nicht überschritten, wenn sie nicht die wirtschaftlich vorteilhafteste Versorgungsvariante wählen (BayObLG NZM 1999, 767 (769); LG Itzehoe ZWE 2018, 178 Rn. 15). Der Entscheidungsspielraum der Wohnungseigentümer ist hingegen mit der Folge der fehlenden Ordnungsmäßigkeit überschritten bei Kosten für Maßnahmen, die nicht erforderlich, sinnlos oder völlig überteuert sind. So liegt es etwa, wenn sich die Wohnungseigentümer auf unangemessene, marktunübliche, überhöhte Entgelte einlassen; so liegt es bei Wartungsverträgen über Einrichtungen und Anlagen, die keinem regelmäßigen Verschleiß unterliegen und von denen auch keine Gefahr ausgeht; so liegt es für Kosten, die nicht geschuldet werden, oder für Zahlungen, die trotz Verjährung der Forderung erbracht werden. Auch gegen überhöhte Gebühren und Steuern müssen die Wohnungseigentümer mit Rechtsbehelfen vorgehen.
– Angebote können den Wohnungseigentümern „Stärken und Schwächen" der einzelnen Angebote aufzuzeigen (BGH NJW 2012, 3175 Rn. 10; NZM 2011, 515 Rn. 13).
– Angebote dienen ferner dem Zweck, technische Lösungen zu finden und zu wählen, die eine dauerhafte Beseitigung von Mängeln und Schäden versprechen (LG Itzehoe ZMR 2018, 259 (261); LG Karlsruhe ZWE 2013, 417; LG Hamburg ZWE 2012, 285).

– **Änderungen/Nachträge:** Ist ein Angebot für eine Bauleistung eingeholt worden und zeigt sich während der Bauphase, dass es Änderungen bedarf, sollen nur dann wieder Angebote eingeholt werden müssen, wenn sich entweder auf der preislichen oder der technischen Ebene derartig gravierende Umgestaltungen ergäben, dass eine ordnungsmäßige Verwaltung eine neue Ermessensausübung erfordere (LG Itzehoe ZWE 2018, 178 Rn. 20). Das ist allerdings ein Zirkelschluss: ob eine Änderung gravierend ist und sich preislich oder technisch auswirkt, kann häufig nur durch Einholung weiterer Angebote geklärt werden – auch wenn sich hierdurch eine Baumaßnahme verzögert.
– **Anzahl:** Wie viele Angebote erforderlich sind, können die Wohnungseigentümer nach ihrem Ermessen festlegen (BGH NJW 2012, 3175 Rn. 10). Die instanzielle Rechtsprechung verlangt in der Regel wenigstens drei Angebote (LG Itzehoe ZWE 2018, 178 Rn. 13; LG Berlin NZM 2018, 874 Rn. 8; LG Dortmund IMR 2016, 383; LG Frankfurt a. M. WuM 2017, 353; NJW 2015, 1397; LG Dortmund ZWE 2015, 182; LG Karlsruhe ZWE 2013, 417). Die Anzahl der Vergleichsangebote sagt über die Qualität der mit ihrer Hilfe gewonnenen Argumentation allerdings nicht unbedingt etwas aus (*Jacoby* ZWE 2019, 20 (21); *Hogenschurz* AnwZert MietR 9/2016). Bereits durch die Auswahl der drei Anbieter bestehen große Einflussmöglichkeiten (*Hogenschurz* AnwZert MietR 9/2016).
  – **Ausnahmen:** Keines Angebots bedarf es, wenn ein Unternehmer ein Monopol auf eine Leistung hat. Ferner ist eine Ausnahme bei einer Notreparatur anzuerkennen, die eine Notmaßnahme im Sinne von → Rn. 128 ist (s. a. LG Frankfurt a. M. ZMR 2018, 791 = BeckRS 2018, 9675 Rn. 25). Ist hingegen ein Preis gesetzlich reglementiert, zB für Steuerberater (StBVV) oder Rechtsanwälte (RVG), ist keine Ausnahme anzuerkennen (aA OLG München NZM 2009, 821 und LG Hamburg ZMR 2016, 135 Rn. 44 bei Mindestsätzen; AG München ZMR 2017, 268 für Rechtsanwälte). Denn bei einem Vergleich geht es nicht nur um den Preis, sondern auch um die Person und vor allem ihre Sachkunde. Eine Ausnahme ist wegen des Zwecks, Angebote einzuholen, grundsätzlich ferner nicht zu machen bei:
  – → „Bagatellen" (siehe dort);
  – → „Folgeaufträgen" (siehe dort);
  – einer „vorbereitenden Begutachtung";
  – einem „Vertrauensverhältnis" zu einer bestimmten Person, etwa wenn ein Architekt seit Jahren mit einem Auftrag vertraut ist;
  – bei „flankierenden Maßnahmen".
  – Anders ist es hingegen, wenn Ersatzteile oder Zubehörstücke zu Maschinen und Geräten vom Lieferanten der ursprünglichen Leistung beschafft werden sollen und diese Stücke in brauchbarer Ausführung von anderen Unternehmen nicht oder nicht unter wirtschaftlichen Bedingungen bezogen werden können.
– **Bagatellen:** Es bedarf nach hM nur dann eines Angebots, wenn ein gewisser „Schwellenwert" überschritten ist. Dieser beträgt in der Regel

1000 EUR (s. a. § 4 Unterschwellenvergabeordnung – UVgO; aA LG Dortmund ZWE 2017, 96 und 2015, 374: 5.000 EUR; LG Karlsruhe ZWE 2013, 417: 3.000 EUR; LG Hamburg BeckRS 2016, 129249 Rn. 29: 2.000 EUR). Nach anderen soll eine Orientierung am Volumen des Wirtschaftsplans sinnvoll sein (LG Frankfurt a. M. BeckRS 2018, 9679 Rn. 5 = ZMR 2018, 788: Volumen von unter 5 % des Wirtschaftsplans). Die Bestellung des Verwalters, für die es grundsätzlich auch mehrerer Angebote bedarf (→ § 26 Rn. 81), ist nie eine Bagatelle idS (s. a. LG Dortmund ZWE 2017, 96).

- **Folgeaufträge:** Die Pflicht, Angebote einzuholen, gilt grundsätzlich auch dann, wenn es um „Folgeaufträge" geht (BayObLG NZM 2002, 564; aA wohl OLG München NZM 2009, 821; *Luhmann/Letzner* NZM 2019, 243 (245): „bekannten und bewährt"). Etwas anderes gilt bei geringfügigen Nachbestellungen im Anschluss an einen bestehenden Vertrag, wenn kein höherer Preis als für die ursprüngliche Leistung erwartet wird, und die Nachbestellungen insgesamt 20 % des Wertes der ursprünglichen Leistung nicht überschreiten (s. a. LG Berlin ZMR 2018, 849 (850)).
- **Inhalte/Anforderungen:**
  - Die Angebote müssen vergleichbar sein (LG Dortmund ZWE 2015, 182; aA ggf. LG Hamburg ZMR 2020, 681 (682)). Dieser Anforderung dürften in der Regel nur Angebote auf der Grundlage einer ingenieur-technischen Ausschreibung genügen. Bezieht sich ein Angebot nur auf einen wesentlichen Gebäudebestandteil, sind die Bestandteile aber vergleichbar, sollen zB in einer Mehrhausanlage mehrere Heizungsanlagen eingebaut werden, wird aber nur ein Angebot für eine Heizungsanlage abgegeben, kann das reichen, wenn die Gesamtkosten durch einfache Vervielfachung ermittelt werden können (LG Itzehoe ZWE 2018, 178 Rn. 26). Eine eventuell unterschiedliche Rabattierung soll einer Vergleichbarkeit nicht entgegenstehen (LG Itzehoe ZWE 2018, 178 Rn. 19).
  - Die Angebote müssen aktuell sein (nicht älter als 6 Monate).
  - Die Angebote müssen aussagekräftig sein (LG Dortmund IMR 2016, 383). Es reichen zB nicht bloße Kostenschätzungen (s. a. LG Hamburg ZWE 2012, 329; LG München I ZMR 2008, 488).
  - Die Angebote müssen vollständig sein. Hieran fehlt es etwa, wenn ein Angebot nicht sämtliche Kosten berücksichtigt (LG Itzehoe ZWE 2018, 178 Rn. 17). Eine Ausnahme soll im Einzelfall gelten, wenn eine Erhaltungsmaßnahme mehrere, im Wesentlichen identische Maßnahmen umfasst, das eingeholte Angebot jedoch nur eine oder jedenfalls nicht alle Maßnahmen abbildet (LG Itzehoe ZWE 2018, 178 Rn. 18).
  - Die Angebote müssen in der Regel detailliert sein.
  - Die Angebote dürfen sich nicht auf die Angabe eines Pauschalpreises beschränken (*Hogenschurz* AnwZert MietR 9/2016).
  - Die Angebote müssen in der Regel schriftlich abgegeben werden (LG Karlsruhe ZWE 2013, 417; LG Hamburg ZMR 2012, 388; aA LG Itzehoe ZWE 2018, 178 Rn. 22).

- **Monopol:** → Ausnahmen.
- **Niederschrift:** Für die Bestimmtheit eines Beschlusses kann es geboten sein, das Angebot des ausführenden Unternehmens mit den darin enthaltenen Arbeiten als Anlage zur Niederschrift und darauf Bezug zu nehmen (AG Dortmund ZMR 2016, 146).
- **Notfall:** → Ausnahmen.
- **Schadenersatz:** Legt die Gemeinschaft der Wohnungseigentümer keine ausreichende Anzahl von Angeboten vor, verletzt sie ihre Pflichten. Beschließen die Wohnungseigentümer, ohne ausreichende Angebote eingeholt zu haben, schuldet sie allerdings keinen Schadenersatz, soweit sie die Wohnungseigentümer ausreichend über die Notwendigkeit mehrerer Angebote informiert hatte (zum alten Recht zu weitgehend LG Berlin NZM 2018, 874 Rn. 9).
- **Übersendung/Aufklärung:** Die Gemeinschaft der Wohnungseigentümer muss die Angebote nicht grundsätzlich mit der Ladung an die Wohnungseigentümer übersenden (BGH NZM 2020, 663 Rn. 11; LG Itzehoe ZWE 2018, 178 Rn. 15; LG Düsseldorf ZMR 2016, 795 = BeckRS 2016, 19717; LG München I ZWE 2015, 423). Ob es so liegt, ist vielmehr eine Frage des Einzelfalls (LG München I ZWE 2015, 423). Häufig reicht die Übersendung eines Preisspiegels bzw. der Kurzfassung eines eingeholten Gutachtens aus, sofern die Gemeinschaft der Wohnungseigentümer ausdrücklich anbietet, dass die vollständigen Unterlagen im Original (→ § 25 Rn. 155) nach vorheriger Terminvereinbarung in ihren Geschäftsräumen eingesehen werden können (LG Düsseldorf ZMR 2016, 795 = BeckRS 2016, 19717; LG München I ZWE 2015, 423; s. a. BGH NZM 2020, 663 Rn. 14). Ferner muss den Wohnungseigentümern Gelegenheit zur Einsichtnahme am Tag der Versammlung gegeben werden (LG Itzehoe ZWE 2018, 178 Rn. 15). Die Gemeinschaft der Wohnungseigentümer hat dort über sämtliche Umstände von Relevanz aufzuklären – soweit die Sachkunde ihrer Organe das zulässt.
- **Verstöße:** Werden keine Angebote eingeholt – oder sind diese nicht miteinander aussagekräftig vergleichbar (BGH NJW 2012, 3175 Rn. 10) –, ist die Ermessensausübung wegen unzureichender Tatsachengrundlage fehlerhaft (→ 42; BGH NJW 2012, 3175 Rn. 10; LG Frankfurt a. M. WuM 2017, 353; LG Dortmund ZWE 2015, 182).
- **Verwaltervertrag:** Zum Verwaltervertrag → § 26 Rn. 81. Bei der Neubestellung eines Verwalters ist es regelmäßig geboten, den Wohnungseigentümern die Angebote der Bewerber oder jedenfalls deren Namen und die Eckdaten ihrer Angebote grundsätzlich innerhalb der Einladungsfrist des § 24 Abs. 4 Satz 2 WEG zukommen zu lassen (BGH NZM 2020, 663 Rn. 14).

• **Auskunft und Information:**

- **Allgemeines:** Die Gemeinschaft der Wohnungseigentümer ist ferner zu einer Beratung der Wohnungseigentümer verpflichtet (zum alten Recht OLG Köln NJW 2009, 3245), zB zum Zwangsversteigerungsverfahren (zum alten Recht BGH NJW 2018, 1613 Rn. 11) oder zum Zustand des gemeinschaftlichen Eigentums und den davon ausgehenden Auswirkungen auf das Sondereigentum. Die Gemeinschaft der Wohnungseigentümer hat die Wohnungseigentümer jedenfalls über tatsächliche Zweifelsfragen aufzuklären und ihnen, jedenfalls auf Verlangen, gegebenenfalls einen Vorschlag zum weiteren Vorgehen zu machen (zum alten Recht BGH NJW 1995, 1216 unter III. 2. b). Die Gemeinschaft der Wohnungseigentümer hat aktiv solche Nachrichten als „erforderlich" zu geben, damit das gemeinschaftliche Eigentum sachgerecht verwaltet werden kann. Eine „Rechtsberatung" ist hiermit nicht gemeint. Auf eine Unterrichtung der Wohnungseigentümer und auf die Vorbereitung einer sachgerechten Beschlussfassung über das weitere Vorgehen darf die Gemeinschaft der Wohnungseigentümer auch dann nicht verzichten, wenn die Wohnungseigentümer Gelegenheit gehabt hätten, sich über den Stand der Dinge zu informieren (zum alten Recht BGH NJW-RR 2020, 68 Rn. 21). Denn sie muss davon ausgehen, dass diese zB Gutachten nicht vollständig lesen. Im Interesse der Wohnungseigentümer ist sie hingegen gezwungen, Gutachten vollständig zu verarbeiten, Schlüsse daraus zu ziehen und den Wohnungseigentümern zu unterbreiten (BGH NJW-RR 2020, 68 Rn. 21 und Rn. 22). Weitere Beispiele sind der drohende Ablauf einer Verjährung (zum alten Recht BGH NJW-RR 2020, 68 Rn. 10; OLG München ZMR 2009, 629; BayObLG ZMR 2003, 216; ZWE 2001, 263; *Suilmann* ZWE 2017, 61 (64)) – ausreichend ist in der Regel der allgemeine Hinweis auf die Regelverjährung und ihren Beginn –, der Hinweis auf Mängelrechte (zum alten Recht BGH NJW-RR 2020, 68 Rn. 10), Informationen zum Inhalt der bestehenden Gesetze und zum Inhalt neuer Gesetze mit Bezug zum gemeinschaftlichen Eigentum, zB BGB, WEG, gegebenenfalls bestehende Fördermöglichkeiten, die angemessene Vorbereitung der Ermessensausübung durch Einholung von Angeboten (→ Angebote), neue, für die Verwaltung des Wohnungseigentums bedeutsame Gerichtsentscheidungen, vor allem der obersten Gerichtshöfe des Bundes.

- **Adressen:** Die Gemeinschaft der Wohnungseigentümer muss den Wohnungseigentümern Auskunft über die Namen und Adressen der anderen Wohnungseigentümer geben (→ Eigentümerliste), nicht aber deren E-Mail-Adresse (zum alten Recht LG Düsseldorf NJW 2019, 530 Rn. 13; AG Düsseldorf ZMR 2018, 453).
- **Erhaltung:** → § 27 Rn. 103 ff.
- **Versammlung:** Die Gemeinschaft der Wohnungseigentümer muss bereits mit der Ladung (zum alten Recht BGH NJW 2018, 2550 Rn. 77), aber auch in der Versammlung Hinweise, Auskünfte und Informationen geben, damit die Wohnungseigentümer sachgerecht über den konkreten Gegenstand beschließen können (zum alten Recht LG Frankfurt a. M. ZWE 2017, 48; *Gottschalg* FS Seuß, 113 (118)). Der Gemeinschaft der Wohnungseigentümer obliegen zwar keine Pflichten, rechtliche Hinweise zu erteilen oder die Wohnungseigentümer zu belehren. Notwendig sind aber Hinweise und Informationen ua zu folgenden Punkten:
  - Beschlussanlass (Wunsch der Wohnungseigentümer, behördliche Weisung, Gesetzeserfüllung/-änderung);

  - Beschlusskompetenz (zum alten Recht LG Dresden ZWE 2013, 97);
  - Beschlussgegenstand (zum alten Recht LG Frankfurt a. M. ZWE 2017, 48);
  - zu erreichende Mehrheit;
  - Haftungsrisiken einzelner Wohnungseigentümer bei einer vom Vorgesehenen abweichenden, aber absehbaren Entwicklung;
  - Beschlussfolgen (drohende Anfechtung, Folgenbeseitigungsansprüche, Gesetzesverstoß);
  - Instandsetzungsbedarf und Folgen für das Sondereigentum (zum alten Recht BGH NJW 2018, 2550 Rn. 77; im Einzelnen → § 27 Rn. 105 ff.);
  - Handlungsalternativen im Zwangsversteigerungsverfahren (zum alten Recht BGH NJW 2018, 1613 Rn. 11);
  - Ordnungsmäßigkeit einer Maßnahme (zum alten Recht LG Dresden ZWE 2013, 97);
  - Stellungnahme und Abfassung eines konkreten Beschlussantrags, der zur Abstimmung gestellt werden kann und bestimmt genug ist;
  - Stimmrecht der Wohnungseigentümer und Irrtümer hierüber (zum alten Recht BGH NJW-RR 2017, 464 Rn. 17);
  - abzuwägende Punkte für die Ermessensentscheidung;
  - Schilderung von Handlungsalternativen;
  - Schilderung, was gilt, wenn über einen Gegenstand nicht beschlossen wird;
  - Stellungnahme zum Anfechtungsrisiko;
  - Erläuterung zur Höhe eines Ansatzes im Wirtschaftsplan;
  - Gesetzeslage.
- **Schadenersatz:** Kann ein Wohnungseigentümer gegen einen Vertragspartner der Gemeinschaft der Wohnungseigentümer einen Schadenersatzanspruch aus einem Vertrag mit Schutzwirkung für ihn haben, ist die Gemeinschaft der Wohnungseigentümer verpflichtet, den Wohnungseigentümer jedenfalls insoweit zu unterstützen, als sie ihm alle erforderlichen Informationen zukommen lässt (zum alten Recht BGH NJW 2018, 3305 Rn. 39).

• **Buchführung:** Die Gemeinschaft der Wohnungseigentümer hat die Pflicht zu einer ordnungsmäßigen Buchführung.

• **Eigentümerliste:** Die Gemeinschaft der Wohnungseigentümer ist zur Führung einer Eigentümerliste und Auskunft hierüber verpflichtet (zum alten Recht BGH NZM 2018, 685 Rn. 10; 2013, 126 Rn. 9). Es ist Aufgabe der Gemeinschaft der Wohnungseigentümer, die für das Erstellen einer korrekten Eigentümerliste erforderlichen Ermittlungen anzustellen, um zB eine möglichst verlässliche Auskunft über die Zusammensetzung der Wohnungseigentümergemeinschaft im Zeitpunkt der Rechtshängigkeit der Klage geben zu können (zum alten Recht BGH NZM 2018, 685 Rn. 13). Verfügt die Gemeinschaft der Wohnungseigentümer bei Verlangen eines Wohnungseigentümers nicht über eine Eigentümerliste – die im Falle eines Rechtsstreits auf den Tag der Rechtshängigkeit bezogen sein muss (zum alten Recht BGH NZM 2018, 685 Rn. 12) –, muss sie eine Eigentümerliste anfertigen oder aber eine bereits mit einem anderen Datum vorhandene Eigentümerliste vorlegen und etwaige Änderungen in der Zusammensetzung der Wohnungseigentümer oder Änderungen bei den ladungsfähigen Anschriften in einem Begleitschreiben – bei einem Rechtsstreit in der Regel gegenüber dem Gericht – mitteilen (zum alten Recht BGH NZM 2018, 685 Rn. 12). Für die Wohnungseigentümer, zB einen Ersteigerer oder Erben, besteht aus ihrer Treuepflicht gegenüber der Gemeinschaft der Wohnungseigentümer (→ § 10 Rn. 8) im Übrigen eine Obliegenheit, dem Verwalter – sofern es einen gibt, ansonsten den anderen Wohnungseigentümern – einen Eigentümerwechsel unverzüglich mitzuteilen (zum alten Recht BGH NZM 2013, 653 Rn. 18; LG München I ZWE 2013, 463), vor allem einen solchen außerhalb des Grundbuchs. Erfüllen sie diese nicht, kommt Schadenersatz in Betracht.

- **Finanzen:** Die Gemeinschaft der Wohnungseigentümer hat die Pflicht, für geordnete finanzielle Verhältnisse zu sorgen (zum alten Recht OLG Düsseldorf NZM 1998, 768 (769)). Diese Pflicht ist Annex zur Pflicht, Wirtschaftsplan und Abrechnung im Entwurf vorzulegen sowie der Pflicht, zur Erhaltung des gemeinschaftlichen Eigentums beizutragen. Inhalt der Pflicht ist neben dem Hausgeldinkasso vor allem das Gebot, Liquiditätsprobleme zu beheben.
- **Verkehrssicherungspflichten**
  - **Gemeinschaftliches Eigentum:** Die Verkehrssicherungspflichten im Zusammenhang mit dem gemeinschaftlichen Eigentum ruhen von Gesetzes wegen auf allen Wohnungseigentümern. Sie werden gegenüber den Wohnungseigentümern und gegenüber Dritten nach § 9a Abs. 2 WEG von der Gemeinschaft der Wohnungseigentümer „erfüllt", also organisiert (→ § 9a Rn. 73; *Jacoby* ZWE 2017, 149 (155); 2014, 9 (10); ohne Stellungnahme BGH BeckRS 2019, 40170 Rn. 8; s. a. NJW 2012, 1724 Rn. 12). Der Verwalter kann die Ausübung der Verkehrssicherungspflichten vertraglich übernehmen (→ § 26 Rn. 303).
  - **Sondereigentum:** Die Verkehrssicherungspflichten im Zusammenhang mit dem Sondereigentum treffen allein den jeweiligen Eigentümer.
- **Vertragsmanagement:** Die Gemeinschaft der Wohnungseigentümer ist verpflichtet, sämtliche Verträge, zB Dienstleistungsverträge, Gasverträge, Stromverträge, Versicherungsverträge oder Wartungsverträge, einer regelmäßigen Überprüfung der Vertragskonditionen und einer Überprüfung auf Gesetzesänderungen, auf aktuelle Rechtsprechung und konkurrierende Angebote zu unterziehen. Ferner ist zu klären, ob es eines Vertrags noch bedarf oder ob ein neuer zu schließen ist.
- **Zwangsversteigerung:** Die Gemeinschaft der Wohnungseigentümer ist verpflichtet, nach § 45 Abs. 3 ZVG die gem. § 10 Abs. 1 Nr. 2 ZVG bevorrechtigten Hausgeldansprüche im Zwangsversteigerungsverfahren anzumelden (zum alten Recht BGH NJW 2018, 1613 Rn. 8). Kommt nicht eine Anmeldung, wohl aber ein eigenes Zwangsversteigerungsverfahren oder ein Beitritt in Betracht, ist die Gemeinschaft der Wohnungseigentümer regelmäßig verpflichtet, die Wohnungseigentümer über diese Mög-

lichkeit zu informieren und eine Beschlussfassung über das weitere Vorgehen bzw. über das Einholen von Rechtsrat herbeizuführen (zum alten Recht BGH NJW 2018, 1613 Rn. 11).

33 **3. Bestimmung der Wohnungseigentümer.** Die Wohnungseigentümer können bestimmen, dass die Gemeinschaft der Wohnungseigentümer weitere Pflichten erfüllen muss. Als weitere Pflichten kommen ua die folgenden in den Blick:

34
- Nach einer Vereinbarung die Bestimmung des Inhalts von Vereinbarungen der Wohnungseigentümer, etwa ein anderer Umlageschlüssel.
- Nach einer Vereinbarung die Zustimmung nach § 12 Abs. 1 WEG zu einer Veräußerung (zum alten Recht BGH NJW 2012, 3232 Rn. 13; NZM 2011, 719 Rn. 6).
- Nach einer Vereinbarung die Zustimmung zu einer abweichenden Benutzung (zum alten Recht BGH NJW 1962, 1613 unter II. 3; s. a. NZM 2012, 687 Rn. 11), etwa zur Benutzung eines Wohnungseigentums zur Ausübung eines Gewerbebetriebs oder Berufs (so im Fall BGH NJW 2019, 1673).
- Nach einer Vereinbarung die Zustimmung zu einer Vermietung, Verpachtung oder sonstigen Gebrauchsüberlassung (zum alten Recht BGH NJW 2019, 1673).
- Nach einer Vereinbarung die Verteilung der Gebrauchsrechte an Kellern oder die Zuweisung von Stellplätzen.
- Nach einer Vereinbarung die Bestimmung der Inhalte einer Hausordnung.
- Nach einer Vereinbarung die Zustimmung zu einer baulichen Veränderung.
- Nach einer Vereinbarung die Abhaltung von Versammlungen für „Untergemeinschaften" (zum alten Recht BGH NJW-RR 2012, 1291 Rn. 10).
- Nach einer Vereinbarung die Erstellung „hausbezogener" Wirtschaftspläne und Abrechnungen (zum alten Recht BGH NJW-RR 2012, 1291 Rn. 10).

VI. Ermessen

35 **1. Einführung.** Das WEG gibt der Gemeinschaft der Wohnungseigentümer bei der Frage, wie sie das gemeinschaftliche Eigentum und das Gemeinschaftsvermögen verwaltet, ein Selbstorganisationsrecht (zum alten Recht BGH NJW 2015, 3651 Rn. 14; 2015, 549 Rn. 14; 2012, 1884 Rn. 10; 2010, 3298 Rn. 17). Der Begriff „Selbstorganisationsrecht" meint, dass es vorrangig an der Gemeinschaft der Wohnungseigentümer ist, zu bestimmen, was nach billigem Ermessen unter den Wohnungseigentümern „Recht" ist (Staatsfreiheit). Aus dem Selbstorganisationsrecht entspringt ein Ermessen, was Notwendigkeit und Zweckmäßigkeit jeglicher Verwaltungsentscheidungen und Verwaltungsmaßnahmen angeht (zum alten Recht BGH NJW 2020, 988 Rn. 18; 2015, 3713 Rn. 12; NZM 2015, 595 Rn. 15 ff.; NJW 2012, 1724 Rn. 4; NZM 2010, 325 Rn. 8; *Elzer* ZMR 2006, 85 ff.). Eine Verwaltung, die dem Interesse der Gesamtheit der Wohnungseigentümer

nach billigem Ermessen entspricht, definiert § 18 Abs. 2 Nr. 1 WEG als „ordnungsmäßige Verwaltung". Billigem Ermessen entspricht dabei, was dem geordneten Zusammenleben in der Gemeinschaft und dem Interesse der Gesamtheit der Wohnungseigentümer dient (OLG Hamm NJW-RR 2004, 1310 (1311); OLG Köln NZM 1998, 870).

2. Entschließungs- und Auswahlermessen. Ermessen besteht in zwei „Richtungen". Die Gemeinschaft der Wohnungseigentümer hat zum einen Ermessen, ob sie eine zulässige Maßnahme überhaupt treffen will (Entschließungsermessen). Und sie hat Ermessen, welche von mehreren zulässigen Maßnahmen sie im Fall des Tätigwerdens ergreifen will (Auswahlermessen). 36

3. Abwägung. Soweit Ermessen eingeräumt ist, muss die Gemeinschaft der Wohnungseigentümer alle für und gegen eine Maßnahme sprechenden Umstände abwägen (zum alten Recht BGH NJW 2003, 3476 unter III. 1. d) bb); *Armbrüster* ZWE 2002, 145 (149); *Bub* ZWE 2001, 457 (459)). Hat eine ordnungsmäßige Abwägung stattgefunden, ist jede vertretbare Entscheidung hinzunehmen (OLG Düsseldorf WuM 1999, 352; WE 1991, 251). Es kommt für die Vertretbarkeit nicht darauf an, dass eine Regelung, gegebenenfalls aus Sicht einer Minderheit, in jeder Hinsicht notwendig und zweckmäßig ist (OLG Hamburg WE 1993, 87); stets können mehrere Maßnahmen ermessensfehlerfrei sein. 37

Sind mehrere Entscheidungen möglich und vertretbar, kann die Gemeinschaft der Wohnungseigentümer frei wählen, für welche sie sich entscheidet (BayObLG NJW-RR 2004, 1378; OLG Saarbrücken WE 1998, 69 (71)). Sie muss weder die Maßnahme, die am leichtesten umsetzbar ist, noch die kostengünstigste wählen (BayObLG ZMR 2004, 927 (926); ZMR 2003, 951; OLG Düsseldorf WuM 1999, 35) und ist auch berechtigt, auf (Schadenersatz-)Ansprüche gegenüber Wohnungseigentümern oder Dritten, zB dem Verwalter (→ dazu § 26 Rn. 396), zu verzichten (BayObLG WuM 2004, 736; AG Wuppertal BeckRS 2012, 06885) oder diese zu erlassen. 38

4. Ermessensgrenzen. Ermessen wird primär durch das Gesetz, durch Vereinbarungen, durch Gerichtsentscheidungen und andere Beschlüsse eingeengt (BGH NJW 2003, 3476). Eine Begrenzung folgt etwa daraus, dass eine Maßnahme gesetzlich vorgeschrieben ist. Daneben kommen als allgemeine Erwägungen zB bei Erhaltungsmaßnahmen vor allem in Betracht als „Wirtschaftlichkeitsgrundsatz" (→ Rn. 49) eine Kosten-Nutzen-Analyse (→ § 19 Rn. 103), die finanziellen Möglichkeiten der Wohnungseigentümer (BayObLG NZM 2002, 531; LG Köln ZWE 2011, 50), grobe Unbilligkeit iSv § 242 BGB, das Diskriminierungsverbot, der Gleichbehandlungsgrundsatz, Rechtsmissbrauch (BayObLG ZMR 2002, 605 (606)), die Treuepflicht (keine Sondervorteile, keine Sondernachteile), Verträge, zB Verteilung der Kosten für die Nutzung eines Kabelanschlusses nach „Einheiten" (OLG Hamm ZMR 2004, 774 (775); *Hogenschurz* ZMR 2003, 901 (902)), oder der Kernbereich des Wohnungseigentums. 39

5. Ermessensfehler. a) Allgemeines. Wird Ermessen falsch ausgeübt, ist eine Entscheidung nicht ordnungsmäßig. Stimmen alle Wohnungseigen- 40 tümer einer Maßnahme zu, liegt grundsätzlich kein Ermessensmangel vor. Allstimmige Beschlüsse (→ Vor §§ 23 ff. Rn. 73) sind daher in der Regel ordnungsmäßig. Das ist aber nicht zwingend. Auch dann, wenn ein Wohnungseigentümer einem Beschluss zugestimmt hat, ist er grundsätzlich befugt diesen anzufechten. Man wird aber annehmen müssen, dass die Gründe, die der Wohnungseigentümer benennt, iSv § 531 Abs. 2 ZPO neu sind.

41 **b) Ermessensüberschreitung.** Als eine Ermessensüberschreitung ist vor allem ein Verstoß gegen das Gesetz, eine Vereinbarung oder gegen einen Beschluss anzusehen. Ermessen ist ferner überschritten, wenn gleiche Sachverhalte verschieden behandelt werden. Eine Ungleichbehandlung ist nicht von dem den Wohnungseigentümern bei der Beschlussfassung zustehenden Ermessensspielraum gedeckt. Das Selbstorganisationsrecht geht nicht so weit, durch einen nur von der Mehrheit getragenen Beschluss einzelne Störer gegenüber anderen ohne sachlichen Grund zu bevorzugen (BGH NJW-RR 2013, 335 Rn. 19; 2010, 3308 Rn. 12; Gleichbehandlungsgrundsatz → § 23 Rn. 161).

42 **c) Ermessensunterschreitung.** Damit die Wohnungseigentümer von ihrem Auswahlermessen sinnvoll Gebrauch machen können, ist es notwendig, dass ihnen eine ausreichende Entscheidungsgrundlage zur Verfügung steht. Ein Beschluss ist daher anfechtbar, wenn die Wohnungseigentümer ihre Entscheidung auf der Basis einer unzureichenden Tatsachengrundlage treffen (BGH NJW 2018, 1749 Rn. 14; 2015, 3651 Rn. 46; LG Frankfurt a. M. ZWE 2018, 274 Rn. 9; ZMR 2017, 579; NZM 2014, 439). Bei Erhaltungsmaßnahmen ist es zB erforderlich, dass der Schadenumfang und der Instandsetzungsbedarf vorher festgestellt werden (BGH NJW 2018, 1749 Rn. 14; BayObLG NJW-RR 1999, 307 (308)); außerdem sind in der Regel mehrere Angebote einzuholen (OLG Köln ZMR 2004, 148; BayObLG ZWE 2002, 466 (467)).

43 **d) Ermessensfehlgebrauch.** Der Ermessensfehlgebrauch stellt innerhalb der Ermessensfehler die größte Gruppe dar. Seine Feststellung bereitet freilich auch die meisten Probleme. Ermessen wird grundsätzlich dann fehlgebraucht, wenn sich eine bestimmte Entscheidung nicht an dem Interesse der Gesamtheit der Wohnungseigentümer nach billigem Ermessen ausrichtet. Ein Verstoß sind zB sachfremde Erwägungen, eine Ermessensausübung aus persönlichen Gründen oder eine aus Opportunismus.

44 **6. Ermessensreduktion auf null. a) Überblick.** Im Einzelfall kann sich Ermessen verengen. Dies ist der Fall, wenn nur eine einzige Entscheidung ordnungsmäßiger Verwaltung entspricht und sich das Ermessen insoweit „auf null" reduziert hat (BGH NJW 2015, 3713 Rn. 13 und Rn. 16; NZM 2015, 53 Rn. 10; NJW 2013, 3089 Rn. 5; 2012, 1724 Rn. 5). Jede andere Entscheidung stellt sich in einem solchen Fall als ermessensfehlerhaft dar.

45 **b) Entschließungsermessen.** Zum einen kann sich das Ermessen zu handeln so verengen, dass es allein ordnungsmäßiger Verwaltung entspricht, zu handeln (Entschließungsermessen). Dies ist der Fall, wenn die Wohnungs-

eigentümer vereinbart haben, eine Maßnahme zu treffen, die aber noch der Ausgestaltung bedarf, oder wenn das Gesetz für das „Ob" keinen Spielraum lässt. Dies ist vor allem bei Verwaltungsmaßnahmen nach § 19 Abs. 2 WEG der Fall.

c) Auswahlermessen. Zum anderen ist es ausnahmsweise möglich, dass auch für das „wie" (Auswahlermessen) keine Entscheidungsmöglichkeiten bestehen und sich das Ermessen (auch) insoweit auf null reduziert hat (BGH NJW 2019, 3780 Rn. 14). 46

d) Prozessuales. Nimmt die Gemeinschaft der Wohnungseigentümer ihr Selbstorganisationsrecht pflichtwidrig nicht wahr und hat sich das Ermessen für das „Ob" und gegebenenfalls auch das „Wie" eines Beschlusses auf null verengt, kann nach § 44 Abs. 1 Satz 2 WEG eine Beschlussersetzungsklage erhoben werden (→ § 44 Rn. 79 ff.). 47

7. Gerichtliche Überprüfung. Ermessensausübung ist einer gerichtlichen Regelung weitgehend entzogen (BGH NZM 1998, 955 unter II. 2. b); OLG Frankfurt a. M. NZM 2009, 440). Ausgeübtes Ermessen ist nämlich nur hinsichtlich seiner Voraussetzungen und Grenzen nachprüfbar. Insbesondere ist zu fragen, ob die Gemeinschaft der Wohnungseigentümer wesentliche Gesichtspunkte außer Acht gelassen, sich zu den Denkgesetzen in Widerspruch gesetzt oder sonst von ihrem Ermessen einen dem Sinn und Zweck des Gesetzes widersprechenden Gebrauch gemacht hat. Ein richterlicher Eingriff, insbesondere auch die Abänderung und Ersetzung einer Regelung durch eine andere, kommt nur dann in Betracht, wenn außergewöhnliche Umstände ein Festhalten an einem Beschluss oder einer Vereinbarung als grob unbillig und damit als gegen Treu und Glauben verstoßend erscheinen lassen (BGH NZM 1998, 955 unter II. 2. e). 48

VII. Wirtschaftlichkeitsgebot

1. Überblick. Nach dem auch im Wohnungseigentumsrecht geltenden Grundsatz der Wirtschaftlichkeit (BGH NJW 2020, 988 Rn. 30; 2019, 3780 Rn. 10; NZM 2018, 611 Rn. 9; grundlegend *Elzer* ZMR 2018, 166) dürfen grundsätzlich nur solche Kosten vertraglich festgelegt werden, die bei gewissenhafter Abwägung aller Umstände und bei ordentlicher Geschäftsführung gerechtfertigt sind. Maßgebend ist der Standpunkt eines vernünftigen Wohnungseigentümers, der ein vertretbares Kosten-Nutzen-Verhältnis im Auge behält. Schließt die Gemeinschaft der Wohnungseigentümer bei der Verwaltung des gemeinschaftlichen Eigentums einen Vertrag, muss sie sich auch aus diesem Grunde mit den angebotenen vertraglichen Leistungen im Rahmen ihres Selbstorganisationsrechts (→ Rn. 35) auseinandersetzen. 49

2. Inhalt. Nach dem Wirtschaftlichkeitsgebot muss die Gemeinschaft der Wohnungseigentümer bei ihrer Willensbildung in der Regel fragen, welches mehrerer inhaltlich vergleichbarer Angebote wirtschaftlich vertretbar ist. Das Ermessen ist allerdings noch nicht überschritten, wenn sie nicht die wirtschaftlich vorteilhafteste Versorgungsvariante wählt. Die Gemeinschaft der 50

Wohnungseigentümer muss sich nicht stets für das preisgünstige Angebot entscheiden (LG Itzehoe ZWE 2018, 178 Rn. 15). Das Ermessen ist allerdings überschritten bei Kosten für Maßnahmen, die nicht erforderlich, sinnlos oder völlig überteuert waren.

51 So liegt es etwa in folgenden Fällen:

52
- Wenn sich die Gemeinschaft der Wohnungseigentümer auf unangemessene, marktunübliche, überhöhte Entgelte einlässt.
- Bei Wartungsverträgen über Einrichtungen und Anlagen, die keinem regelmäßigen Verschleiß unterliegen und von denen auch keine Gefahr ausgeht.
- Bei Kosten, die nicht geschuldet werden.
- Bei Zahlungen, die trotz Verjährung der Forderung erbracht werden.
- Bei überhöhten Abgaben (gegen diese muss die Gemeinschaft der Wohnungseigentümer mit Rechtsbehelfen vorgehen.

53 **3. Verstoß.** Verstößt die Gemeinschaft der Wohnungseigentümer gegen das Wirtschaftlichkeitsgebot, ist der entsprechende Beschluss nicht ordnungsmäßig. Er ist aber auch nicht nichtig. Kosten, die unter Missachtung des Wirtschaftlichkeitsgebots entstanden sind, sind dennoch nach den geltenden Umlageschlüsseln auf die Wohnungseigentümer umzulegen. Schadenersatzansprüche der Wohnungseigentümer sind grundsätzlich nicht vorstellbar: ein Wohnungseigentümer muss vielmehr im Wege der Anfechtungsklage gegen den entsprechenden Beschluss vorgehen. Der Mieter eines Wohnungseigentümers kann hingegen Schadenersatzansprüche haben. Verletzt der vermietende Wohnungseigentümer schuldhaft das Wirtschaftlichkeitsgebot, schuldet er nämlich Schadenersatz. Dieser richtet sich auf Freihaltung des Mieters von den unnötigen Kosten (BGH NZM 2015, 132 Rn. 11; NJW 2011, 3028 Rn. 13).

D. Anspruch auf Verwaltung, § 18 Abs. 2 Nr. 1 WEG

I. Sinn und Zweck

54 Sinn und Zweck des § 18 Abs. 2 Nr. 1 WEG ist es zum einen, den Wohnungseigentümern einen Anspruch auf eine ordnungsmäßige Verwaltung zu geben. Er entspricht im Kern § 21 Abs. 4 aF WEG (BR-Drs. 168/20, 64). Der Anspruch richtet sich aber nicht mehr gegen die anderen Wohnungseigentümer (vgl. dazu Vorauflage → § 21 Rn. 32), sondern gegen die Gemeinschaft der Wohnungseigentümer, da nach § 18 Abs. 1 WEG allein dieser und nicht den Wohnungseigentümern umfassend die Verwaltung des gemeinschaftlichen Eigentums obliegt. Zum anderen ist § 18 Abs. 2 Nr. 1 WEG Maßstab für jegliches Verwaltungshandeln.

55 Jede Verwaltungsentscheidung und jede Verwaltungsmaßnahme muss danach ordnungsmäßig sein, darf also nicht gegen das Interesse der Gesamtheit der Wohnungseigentümer nach billigem Ermessen verstoßen, und muss den gesetzlichen Regelungen, Vereinbarungen und Beschlüssen entsprechen.

Diese Funktion hat ua für Beschlussklagen eine große Bedeutung. Sie ist aber Leuchtturm für alles Tun.

II. Anwendungsbereich

§ 18 Abs. 2 Nr. 1 WEG ist anwendbar, wenn es um den Verwaltungsgegenstand (→ Rn. 29), also die Verwaltung des gemeinschaftlichen Eigentums und die Verwaltung des Gemeinschaftsvermögens geht. Für die Verwaltung des Sondereigentums hat die Gemeinschaft der Wohnungseigentümer hingegen keine Rechte. Das Sondereigentum wird allein vom jeweiligen Sondereigentümer verwaltet (→ § 13 Rn. 9). Ein entsprechender Beschluss wäre nichtig (→ § 13 Rn. 9). Die Gemeinschaft der Wohnungseigentümer kann allerdings eine Maßnahme im Sondereigentum einklagen. 56

Das ist dann der Fall, wenn der entsprechende Sondereigentümer ausnahmsweise handeln muss, weil die anderen Wohnungseigentümer vom Zustand seines Sondereigentums einen Nachteil erfahren. So liegt es zB, wenn durch eine zum Sondereigentum gehörende Wasserleitung Feuchtigkeitsschäden für anderes Sondereigentum oder das gemeinschaftliche Eigentum entstehen oder ernsthaft entstehen können (s. a. BayObLG NJW-RR 1990, 854). Im Übrigen sind die Wohnungseigentümer befugt, etwas anderes zu vereinbaren und auch die Verwaltung des Sondereigentums – jedenfalls teilweise – in die Hand der Verwaltung der Gemeinschaft der Wohnungseigentümer zu geben (s. a. *Jacoby* ZWE 2017, 149 (150)). 57

III. Berechtigter und Verpflichteter

Nach § 18 Abs. 2 Nr. 1 WEG ist jeder Wohnungseigentümer (→ § 9a Rn. 2) anspruchsberechtigt. Der Verwalter oder Dritte, zB Drittnutzer, haben hingegen aus § 18 Abs. 2 Nr. 1 WEG keinen Anspruch. 58

Verpflichtet ist grundsätzlich die Gemeinschaft der Wohnungseigentümer. Für die Gemeinschaft der Wohnungseigentümer handelt ihr zuständiges Organ. Ein einzelner Wohnungseigentümer ist verpflichtet, wenn die Wohnungseigentümer ihm durch eine Vereinbarung Verwaltungskompetenz übertragen haben (→ Rn. 18). 59

Bedarf es eines Beschlusses, sind die Wohnungseigentümer berufen, in Umsetzung der Verpflichtung der Gemeinschaft der Wohnungseigentümer nach § 19 Abs. 1 WEG einen Beschluss zu fassen. Es kann aber auch sein, dass es nach § 27 Abs. 1, Abs. 2 WEG keines Beschlusses bedarf. Dann muss der Verwalter das Entsprechende veranlassen. 60

IV. Tatbestandsvoraussetzungen

1. Überblick. Nach § 18 Abs. 2 Nr. 1 WEG kann eine Verwaltung des gemeinschaftlichen Eigentums und des Gemeinschaftsvermögens verlangt werden, die dem Interesse der Gesamtheit der Wohnungseigentümer nach billigem Ermessen (ordnungsmäßige Verwaltung) entspricht. Ferner kann eine Verwaltung verlangt werden, die, soweit solche bestehen, den gesetzlichen Regelungen, Vereinbarungen und Beschlüssen entspricht. 61

62 **2. Ordnungsmäßige Verwaltung. a) Begriff der Ordnungsmäßigkeit.** § 18 Abs. 2 Nr. 1 WEG definiert den Begriff der ordnungsmäßigen Verwaltung als eine Verwaltung, die dem Interesse der Gesamtheit der Wohnungseigentümer nach billigem Ermessen entspricht (zum alten Recht BGH NJW-RR 2019, 401 Rn. 16; NJW 2015, 613 Rn. 10). Ob dies der Fall ist, lässt sich nur nach sorgfältiger Abwägung aller relevanten Umstände des Einzelfalls und unter Berücksichtigung der allseitigen Interessen der betroffenen Wohnungseigentümer feststellen (BGH NJW-RR 2019, 401 Rn. 16; NJW 2015, 613 Rn. 18).

63 Im Interesse der Gesamtheit der Wohnungseigentümer liegt eine Verwaltung vor allem, wenn sie bei objektiv vernünftiger Betrachtungsweise unter Berücksichtigung der besonderen Umstände des Einzelfalls nützlich ist (KG ZMR 2004, 780; BayObLG NJOZ 2004, 90 (92); *Elzer* ZMR 2007, 237). Eine Maßnahme ist nützlich, wenn sie bei objektiv vernünftiger Betrachtungsweise unter Berücksichtigung der besonderen Umstände des Einzelfalls dem geordneten Zusammenleben der Wohnungseigentümer als Eigentümer dient (OLG München ZMR 2006, 311; KG ZMR 2004, 780). Für die Beurteilung der Nützlichkeit spielt neben der konkreten Situation der Wohnungseigentumsanlage auch die finanzielle Leistungsfähigkeit der Wohnungseigentümer eine Rolle. Bei der Beurteilung von Ordnungsmäßigkeit/Nützlichkeit ist auf den Maßstab eines vernünftigen, wirtschaftlich denkenden und sinnvollen Neuerungen gegenüber aufgeschlossenen Hauseigentümers abzustellen (BayObLG NJW-RR 2003, 663 (664); OLG Düsseldorf NZM 1999, 766).

64 Eine ordnungsmäßige Verwaltungsmaßnahme (→ Rn. 8) oder Verwaltungsentscheidung (→ Rn. 7) muss einen angemessenen Ausgleich zwischen den Interessen aller Wohnungseigentümer an einem reibungslosen Zusammenleben einerseits und den Individualinteressen des einzelnen Wohnungseigentümers andererseits finden (*Elzer* ZMR 2006, 85). Partikularinteressen (Sonderinteressen) eines Wohnungseigentümers oder Dritter sind grundsätzlich unbeachtlich. Etwas anderes gilt, wenn der ein Sonderinteresse verlangende Wohnungseigentümer besondere Gründe anführen kann und diese Gründe einen Schutz erfahren müssen, zB Barrierefreiheit (→ § 20 Rn. 63), die Religions- und Informationsfreiheit oder der Anspruch auf ein Tier, etwa einen Blindenhund. Umgekehrt können Partikularinteressen dazu führen, dass ein Wohnungseigentümer vom Stimmrecht nach § 25 Abs. 4 WEG oder wegen Missbrauchs ausgeschlossen ist (→ § 25 Rn. 124 ff.).

65 Bei Maßnahmen, die Kosten auslösen, muss die Maßnahme nach Maßgabe einer an den konkreten Bedürfnissen und Möglichkeiten ausgerichteten Kosten-Nutzen-Analyse (→ Rn. 49), unter Berücksichtigung der Verkehrsauffassung und der wirtschaftlichen Leistungsfähigkeit der Wohnungseigentümer sowie nach Maßgabe des Wirtschaftlichkeitsgebots (→ Rn. 49) als vertretbar erscheinen (OLG Dresden ZMR 2009, 301; OLG München ZMR 2006, 311; BayObLG NZM 2002, 531 (532)). Die beabsichtigte Maßnahme darf die Wohnungseigentümer in finanzieller Hinsicht grundsätzlich nicht überfordern (BayObLG NZM 2002, 531 (532)).

66 Grundsätzlich entspricht es nicht ordnungsmäßiger Verwaltung, Ansprüche nicht zu verfolgen, wenn diese schlüssig dargelegt sind und begründet erscheinen (LG Itzehoe ZWE 2015, 417). Die Wohnungseigentümer sind im Einzelfall aber berechtigt, zweifelhafte Ansprüche nicht zu verfolgen (LG Itzehoe ZWE 2015, 417; → Rn. 38). Ferner sind die Wohnungseigentümer berechtigt, die Einrede nach § 214 Abs. 1 BGB im Einzelfall nicht geltend zu machen.

67 **b) Prüfung.** Bei der gerichtlichen Prüfung der Ordnungsmäßigkeit nach § 44 WEG ist auf den Kenntnisstand der beschließenden Wohnungseigentümer abzustellen (→ § 44 Rn. 61). Stimmen sämtliche Wohnungseigentümer einer Wohnungseigentumsanlage einem Beschluss zu, ist dieser grundsätzlich ordnungsmäßig (OLG München ZWE 2016, 256 Rn. 19; s. a. BGH NJW 1998, 3713 unter III. 2. e); BayObLGZ 1973, 267; *Kümmel* ZWE 2001, 516 (518)).

68 **3. Gesetzliche Regelungen, Vereinbarungen und Beschlüsse.** Der Begriff „gesetzliche Regelungen" meint die Bestimmungen des WEG, aber auch die Bestimmungen jedes anderen Gesetzes, die eine Aussage darüber treffen, wie das gemeinschaftliche Eigentum zu verwalten ist. Der Begriff „Vereinbarungen" meint die Verwaltungsvereinbarungen der Wohnungseigentümer nach § 10 Abs. 1 Satz 2 WEG. Der Begriff „Beschlüsse" meint Verwaltungsbeschlüsse iSv § 19 Abs. 1 WEG (→ § 19 Rn. 3 ff.).

V. Anspruchsinhalt

69 **1. Überblick.** § 18 Abs. 2 Nr. 1 WEG gibt jedem Wohnungseigentümer einen Anspruch auf eine ordnungsmäßige Verwaltung. Ferner kann jeder Wohnungseigentümer eine Verwaltung verlangen, die, soweit solche bestehen, den gesetzlichen Regelungen, Vereinbarungen und Beschlüssen entspricht.

70 **2. Ordnungsmäßige Verwaltung. a) Grundsatz.** Nach § 18 Abs. 2 Nr. 1 WEG kann jeder Wohnungseigentümer verlangen, dass die Gemeinschaft der Wohnungseigentümer und ihre Organe sowie derjenige, dem die Verwaltung nach einer Vereinbarung übertragen ist, jede Verwaltungsmaßnahme (→ Rn. 8) und jede Verwaltungsentscheidung (→ Rn. 7) so treffen, dass sie einer ordnungsmäßigen Verwaltung entsprechen.

71 **b) Fehlender Beschluss. aa) Grundsatz.** Fehlt es an einem die Verwaltung regelnden Beschluss nach § 19 Abs. 1 WEG, kann jeder Wohnungseigentümer von der Gemeinschaft der Wohnungseigentümer nach § 18 Abs. 2 Nr. 1 WEG als Ziel einer ordnungsmäßigen Verwaltung diesen Beschluss verlangen. Ein Beschluss „fehlt" idS, wenn die Wohnungseigentümer keinen Beschluss fassen, obwohl sich das Ermessen, irgendeinen oder einen bestimmten Beschluss zu fassen, bereits auf null reduziert hat (→ Rn. 44). Ist es ausnahmsweise so, handelt ein Wohnungseigentümer im Übrigen rechtsmissbräuchlich, wenn er dennoch nicht mit „ja" stimmt. Seine Stimme ist daher nicht mitzuzählen (→ § 25 Rn. 133). Neben dem

Beschluss ist – sofern dies erforderlich ist – auch seine Durchführung innerhalb angemessener Frist geschuldet (OLG München NZM 2009, 402).

72 **bb) Bestehender Beschluss muss geändert werden.** Ein Beschluss „fehlt" ausnahmsweise auch dann, wenn außergewöhnliche und/oder schwerwiegende Umstände ein Festhalten an einem bereits bestehenden Beschluss als grob unbillig und damit als gegen Treu und Glauben verstoßend erscheinen lassen (BGH NJW 2016, 1310 Rn. 17; 2013, 3089 Rn. 22; NZM 2012, 835 Rn. 17; OLG Frankfurt a. M. NZM 2009, 440; NJW-RR 2007, 377; BayObLG ZMR 1999, 494; NJW 1991, 1620 (1621)). Ein solcher Anspruch auf Eingriff in bereits bestehende Regelungen ist möglich, wenn sich die Umstände tatsächlich geändert haben (BGH NJW 2016, 1310 Rn. 17; NZM 2012, 835 Rn. 17; ZWE 2012, 218 Rn. 9). Entsprechendes muss gelten, wenn sich die rechtlichen Umstände oder die höchstrichterliche Rechtsprechung geändert haben (s. a. BGH NJW 2011, 2512 Rn. 18; 2010, 3582 Rn. 16).

73 Etwas anderes gilt, wenn es sich unterhalb des aufgezeigten strengen Maßstabs bloß um eine nicht ordnungsmäßige Regelung handelt. Eine vorhandene, ordnungswidrige Regelung sperrt aus Gründen der Rechtssicherheit und des Rechtsfriedens den Anspruch aus § 18 Abs. 2 Nr. 1 WEG (*Schmid* ZfIR 2009, 721 (723); Jennißen/*Suilmann* § 21 Rn. 140; aA LG München I ZMR 2017, 925; *Bub* ZWE 2000, 194 (204)). Es gibt daher grundsätzlich auch keinen Anspruch auf einen Zweitbeschluss (→ Vor §§ 23 ff. Rn. 64).

74 **cc) Fehlende Beschlusskompetenz.** Haben die Wohnungseigentümer für den zu regelnden Gegenstand keine Beschlusskompetenz (→ § 23 Rn. 3 ff.), kann von der Gemeinschaft der Wohnungseigentümer allerdings keine Vereinbarung verlangt werden. Denn der Anspruch aus § 10 Abs. 2 WEG ist systemwidrig ein Anspruch gegen die anderen Wohnungseigentümer und ist gegen diese zu verfolgen. Unklar ist, was gilt, wenn eine Öffnungsklausel besteht und die Klage sich daher sowohl gegen die Gemeinschaft der Wohnungseigentümer (Beschlussersetzungsklage) als auch gegen die anderen Wohnungseigentümer (Klage auf Vereinbarung) richten kann. Hier ist nach § 139 ZPO das Klageziel zu ermitteln.

75 **3. Regelungen, Vereinbarungen und Beschlüsse.** Besteht für die Verwaltung eine gesetzliche Regelung, eine Vereinbarung oder ein Beschluss, die bestimmen, was wie wann zu tun ist, kann jeder Wohnungseigentümer nach § 18 Abs. 2 Nr. 1 WEG von der Gemeinschaft der Wohnungseigentümer verlangen, dass diese Bestimmungen von ihr selbst und ihren Organen, den Wohnungseigentümern, aber auch von Drittnutzern eingehalten werden (s. a. BT-Drs. 89/22634, 42). Die geschuldete Verwaltung kann aber auch ein bloßes reales Handeln sein, zB die Reinigung des Treppenhauses, das Auswechseln einer kaputten Glühbirne oder die Herausgabe einer Verwaltungsunterlage.

76 Verpflichtet eine Vereinbarung einen Wohnungseigentümer, das gemeinschaftliche Eigentum zu erhalten, muss die Gemeinschaft der Wohnungseigentümer diese Pflicht überwachen und bei Pflichtverletzungen einschreiten. Vor allem aber muss die Gemeinschaft der Wohnungseigentümer dafür

sorgen, dass der Verwalter seine Pflichten erfüllt, zB Beschlüsse durchführt, zur Versammlung lädt, Wirtschaftspläne vorlegt und abrechnet. Dies gilt auch für ihre anderen Organe.

VI. Grenze

Die Grenze des Anspruchs aus § 18 Abs. 2 Nr. 1 WEG beschreiben das Schikaneverbot des § 226 BGB und der Grundsatz von Treu und Glauben. Es ist ferner vorstellbar, dass ein Wohnungseigentümer rechtsmissbräuchlich handelt, wenn er sich auf § 18 Abs. 2 Nr. 1 WEG beruft. 77

VII. Schadenersatz

1. Überblick. Wenn die Gemeinschaft der Wohnungseigentümer eine erforderliche Verwaltungsmaßnahme nicht oder mangelhaft durchführt oder eine Verwaltungsentscheidung nicht oder mangelhaft trifft, kann der Wohnungseigentümer, der durch die Pflichtverletzung einen Schaden erlitten hat, nach § 18 Abs. 2 Nr. 1, Abs. 1 WEG iVm § 280 Abs. 1 BGB von der Gemeinschaft der Wohnungseigentümer Schadenersatz verlangen (*Becker/Schneider* ZfIR 2020, 281(298); *Skauradszun* ZRP 2020, 34 (35)). 78

Neben dem Anspruch auf Schadenersatz steht im Einzelfall ein Aufopferungsanspruch aus § 14 Abs. 3 WEG. Beide Ansprüche können in einem einheitlichen Rechtsstreit im Wege der Anspruchshäufung (§ 260 ZPO) nebeneinander geltend gemacht werden (BGH NJW 2012, 2955 Rn. 14), stellen aber zwei prozessual selbständige Ansprüche dar (BGH NJW 2012, 2955 Rn. 14). 79

2. Tatbestandsvoraussetzungen. a) Bestehende Regelung. Der Anspruch auf Schadenersatz hat bei der Verletzung einer bestehenden Regelung keine weiteren Voraussetzungen als das Verschulden der Gemeinschaft der Wohnungseigentümer, das nach § 280 Abs. 1 Satz 2 BGB allerdings zu vermuten ist. Dieser Anspruch besteht zB, wenn ein Beschluss nicht durchgeführt wird. Ferner liegt es so, wenn der Verwalter nicht zur Versammlung lädt, nicht handelt, obwohl er dazu nach § 27 Abs. 1 WEG befugt ist, keinen Wirtschaftsplan vorlegt, nicht abrechnet oder bei seiner Pflichterfüllung irgendeinen Fehler begeht. Erfüllt ein Wohnungseigentümer seine Pflichten nicht, zB der, dem für die Erhaltung eines Teils des gemeinschaftlichen Eigentums die Verwaltung übertragen ist, gilt nichts anderes. 80

Nach hM schließt die Bestandskraft eines Beschlusses den Einwand, er habe nicht ordnungsmäßiger Verwaltung entsprochen, einen an ihn geknüpften Schadenersatzanspruch grundsätzlich aus (dazu → § 23 Rn. 171). Lehnen es die Wohnungseigentümer allerdings durch Beschluss ab, eine Maßnahme am gemeinschaftlichen Eigentum durchzuführen, die ein Wohnungseigentümer zur Behebung von Schäden an seinem Sondereigentum verlangt, und erhebt der Wohnungseigentümer Anfechtungsklage und zugleich eine auf die begehrte Maßnahme bezogene Beschlussersetzungsklage, sollen Schadenersatzansprüche wegen einer verzögerten Erhaltungsmaßnahme nicht dadurch ausgeschlossen werden, dass der betroffene Wohnungs- 81 eigentümer nachfolgende Vertagungsbeschlüsse nicht anficht (zum alten Recht BGH NJW 2018, 2550 Rn. 46).

82 **b) Fehlende Regelung.** Fehlt es an einer Regelung (s. a. → Rn. 71) und erleidet ein Wohnungseigentümer deswegen einen Schaden, muss die Gemeinschaft der Wohnungseigentümer auch diesen Schaden unter den Voraussetzungen von § 280 Abs. 1 BGB ausgleichen (*Dötsch* ZfIR 2020, 221 (225)). zum alten Recht BGH NJW 2018, 2550 Rn. 24; 2016, 1310 Rn. 18; NZM 2015, 53 Rn. 21). So liegt es etwa im Einzelfall, wenn die Wohnungseigentümer keine Erhaltungsmaßnahme beschließen (zum alten Recht BGH NZM 2018, 615 Rn. 36).

83 Weitere Voraussetzung ist hier allerdings, dass der Wohnungseigentümer, der Schadenersatz verlangt, hinreichend versucht hat, die anderen Wohnungseigentümer zu einer (anderen) Beschlussfassung zu veranlassen (OLG Frankfurt a. M. ZMR 2009, 382 (384)). Es gilt also grundsätzlich die Forderung der Vorbefassung der anderen Wohnungseigentümer (→ Vor §§ 43 ff. Rn. 7 ff.). Wer nichts für einen Beschluss unternimmt, kann auch von der Gemeinschaft der Wohnungseigentümer kein Handeln verlangen.

84 **c) Umfang.** Zu ersetzen ist der durch die Pflichtverletzung adäquat verursachte Schaden (BGH NZM 2018, 615 Rn. 122). Die Verpflichtung zum Schadenersatz setzt ab dem Zeitpunkt ein, an dem eine bestimmte Beschlussfassung objektiv geboten erscheint (*Abramenko* ZfIR 2019, 477 (482)). Bei einer verzögerten Erhaltungsmaßnahme hat die Gemeinschaft der Wohnungseigentümer beispielsweise den Schaden zu ersetzen, der durch die verspätete Klärung der Ursächlichkeit der Verzögerung der Erhaltungsmaßnahme für den Schaden am gemeinschaftlichen Eigentum entstanden ist (s. a. BGH NZM 2018, 615 Rn. 38). Die Verpflichtung zum Schadenersatz endet zu dem Zeitpunkt, ab dem eine rechtskräftige Beschlussersetzung möglich gewesen wäre.

85 **3. Regress. a) Überblick.** Musste die Gemeinschaft der Wohnungseigentümer Schadenersatz leisten, können Ihr Regressansprüche zustehen.

86 **b) Verwalter.** Der Verwalter kann regresspflichtig sein, wenn er schuldhaft seine Pflichten verletzt hat. Zu den Einzelheiten → § 26 Rn. 382 ff.

87 **c) Wohnungseigentümer. aa) Überblick.** Auch ein Wohnungseigentümer kann der Gemeinschaft der Wohnungseigentümer in Bezug auf die Verwaltung Schadenersatz schulden. Dies ist der Fall, wenn ein Wohnungseigentümer schuldhaft seine Pflicht, an einer Beschlussfassung mitzuwirken, verletzt hat. So liegt es, wenn er bei einem Beschluss nach § 19 Abs. 1 WEG, bei dem das Ermessen der Wohnungseigentümer auf null reduziert war (→ Rn. 44), nicht mit ja gestimmt hat (zum alten Recht BGH NZM 2015, 53 Rn. 24). Diese Pflicht beruht auf der Treue, die jeder Wohnungseigentümer der Gemeinschaft der Wohnungseigentümer schuldet (→ § 10 Rn. 8). Sie kann aber auch unmittelbar aus § 19 Abs. 1 WEG abgeleitet werden, der § 21 Abs. 3 WEG aF entwachsen ist. Die sprachliche Anpassung („beschließen" anstelle von „können beschließen") soll den Willen des Gesetzgebers verdeutlichen, dass mit der Beschlusskompetenz nach § 19 Abs. 1 WEG eine

Pflicht zur Mitwirkung an einer Beschlussfassung einhergeht (BR-Drs. 168/20, 65).

bb) Verpflichtete. Verpflichtet ist der Wohnungseigentümer, der sich durch eine Nein-Stimme bei bekanntem Beschlussgegenstand gegen diesen gewandt hat. Aber auch der Wohnungseigentümer, der sich der Stimme enthalten oder an der Versammlung nicht teilgenommen hat und sich auch nicht hat vertreten lassen, hat pflichtwidrig gehandelt (zum alten Recht BGH NZM 2018, 615 Rn. 36; 2015, 53 Rn. 21). Die pflichtwidrig handelnden Wohnungseigentümer haften der Gemeinschaft der Wohnungseigentümer als Gesamtschuldner (zum alten Recht BGH NJW 2018, 2550 Rn. 100). **88**

cc) Verschulden. Der Regressanspruch der Gemeinschaft der Wohnungseigentümer setzt ein Verschulden des in Anspruch genommenen Wohnungseigentümers voraus. Dieses Verschulden wird nach § 280 Abs. 1 Satz 2 BGB vermutet. Ein Wohnungseigentümer muss aus diesem Grunde darlegen und gegebenenfalls beweisen, dass ihn kein Verschulden trifft. Hier kommt den Wohnungseigentümern die BGH-Rechtsprechung zugute, dass ein Wohnungseigentümer ein pflichtwidriges Abstimmungsverhalten grundsätzlich nur dann zu vertreten hat, wenn die Gemeinschaft der Wohnungseigentümer mit der Einberufung der Versammlung der Wohnungseigentümer in hinreichend deutlicher Weise über den Instandsetzungsbedarf des gemeinschaftlichen Eigentums und den von seinem bestehenden Zustand ausgehenden Auswirkungen auf das Sondereigentum betroffener Wohnungseigentümer informiert hatte (BGH NZM 2018, 615 Rn. 77). Von dem vermuteten Verschulden können sich die Wohnungseigentümer daher dadurch entlasten, dass sie auf eine diesen Anforderungen nicht genügende Unterrichtung in der Einberufung einer Eigentümerversammlung verweisen (BGH NZM 2018, 615 Rn. 77). Etwas anderes gilt dann, wenn den Wohnungseigentümern die Umstände, die die Stimmpflicht begründen, bereits bekannt waren oder sie während der Teilnahme an der Versammlung der Wohnungseigentümer über diese unterrichtet wurden (BGH NZM 2018, 615 Rn. 77). **89**

Ändert ein Wohnungseigentümer sein Abstimmungsverhalten und kommt er also seiner Mitwirkungspflicht später nach, ist er für den Schaden, der durch einen gleichwohl nicht zustande gekommenen Beschluss entsteht, nicht verantwortlich (BGH NZM 2018, 615 Rn. 123). Für die Erfüllung der Mitwirkungspflicht ist der Wohnungseigentümer darlegungs- und beweisbelastet, der (zunächst) pflichtwidrig gehandelt hat (BGH NZM 2018, 615 Rn. 123). **90**

d) Streitverkündung (§ 72 Abs. 2 ZPO). Um die Regressansprüche der Gemeinschaft der Wohnungseigentümer zu wahren, wird der Verwalter regelmäßig verpflichtet sein, sich selbst und/oder Wohnungseigentümern namens der Gemeinschaft der Wohnungseigentümer nach § 72 Abs. 2 ZPO den Streit zu verkünden, vor allem, um den Ablauf der Verjährung zu hindern (*Dötsch* ZWE 2020, 215 (218)). Tut er dies nicht, verletzt er abermals seine Pflicht und schuldet Schadenersatz (*Dötsch* ZWE 2020, 215 **91**

(218)). Der Streit kann dem Verwalter oder einem Wohnungseigentümer allerdings auch von einem auf Seiten der Gemeinschaft der Wohnungseigentümer als Streithelfer beigetretenem Wohnungseigentümer verkündet werden (MüKoZPO/*Schultes* ZPO § 67 Rn. 5).

VIII. Verjährung

92 Die Sicherstellung einer ordnungsmäßigen Verwaltung ist eine ständig neu entstehende Dauerverpflichtung der Gemeinschaft der Wohnungseigentümer. Der Anspruch darauf kann nicht verjähren (zur Verwaltung BGH NZM 2012, 508 Rn. 10; *Schmid* WuM 2010, 655 (657)).

IX. Prozessuales

93 Nach § 18 Abs. 2 Nr. 1 WEG kann jeder Wohnungseigentümer nach einer Vorbefassung der anderen Wohnungseigentümer (→ Vor §§ 43 ff. Rn. 7 ff.) von der Gemeinschaft der Wohnungseigentümer in einer Klage die Einhaltung einer ordnungsmäßigen Verwaltung verlangen. Die Klage unterfällt § 43 Abs. 2 Nr. 2 WEG. Besteht die ordnungsmäßige Verwaltung in der Fassung eines Beschlusses, kann auf diesen geklagt werden. Diese Klage unterfällt §§ 43 Abs. 2 Nr. 4, 44 Abs. 1 Satz 2 WEG. Der Antrag muss dahin gehen, dass das Gericht folgenden Beschluss „…" ersetzen soll. Wird ein Beschluss nach § 16 Abs. 2 Satz 2 WEG angestrebt oder sollen die Wohnungseigentümer von einer Öffnungsklausel für einen Umlageschlüssel Gebrauch machen, hat eine Klage Erfolg, wenn neben den in § 16 Abs. 2 Satz 2 WEG oder in der Öffnungsklausel genannten Voraussetzungen die des § 10 Abs. 2 WEG erfüllt sind (→ § 16 Rn. 90).

X. Abbedingung

94 Die Wohnungseigentümer können die Pflichten der Gemeinschaft der Wohnungseigentümer aus § 18 Abs. 2 Nr. 1 WEG nicht abbedingen. Zur Frage, welche Grenzen solchen Vereinbarungen gesetzt sind, siehe im Zusammenhang → § 10 Rn. 55 ff.

E. Anspruch auf ordnungsmäßige Benutzung, § 18 Abs. 2 Nr. 2 WEG

I. Sinn und Zweck

95 Nach § 14 Abs. 1 Nr. 1 WEG ist ein Wohnungseigentümer gegenüber der Gemeinschaft der Wohnungseigentümer verpflichtet, die gesetzlichen Regelungen, Vereinbarungen und Beschlüsse einzuhalten. Verletzt ein Wohnungseigentümer diese Pflicht und benutzt er sein Sondereigentum oder das gemeinschaftliche Eigentum in einer Weise, die ihm nicht erlaubt ist, kann nach § 14 Abs. 1 Nr. 1 WEG nur die Gemeinschaft der Wohnungseigentümer gegen ihn vorgehen. Entsprechendes gilt nach § 9a Abs. 2 WEG bei bestimmten Störungen Dritter in Bezug auf § 1004 BGB (→ § 9a Rn. 99).

Sinn und Zweck des § 18 Abs. 2 Nr. 2 WEG ist es vor diesem Hintergrund, die Wohnungseigentümer insoweit nicht rechtlos zu stellen. § 18 Abs. 2 Nr. 2 WEG gibt ihnen dazu einen Anspruch gegen die Gemeinschaft der Wohnungseigentümer, gegen den störenden Wohnungseigentümer oder einen Drittnutzer vorzugehen. Das Vorgehen selbst vollzieht sich nach § 14 Abs. 1 Nr. 1 WEG bzw. § 9a Abs. 2 WEG iVm § 1004 Abs. 1 BGB, aber gegebenenfalls auch nach §§ 677 ff., 812 ff., 823 ff., 985 ff. BGB. § 18 Abs. 2 Nr. 2 WEG hat vor diesem Hintergrund entgegen der Gesetzesbegründung (BR-Drs. 168/20, 64) daher allenfalls sehr mittelbar etwas mit § 15 Abs. 3 WEG aF zu tun und ist letztlich ohne Vorbild im bisherigen Recht. 96

II. Anwendungsbereich

1. Gemeinschaftliches Eigentum. § 18 Abs. 2 Nr. 2 WEG ist immer anwendbar, wenn es um die Benutzung des gemeinschaftlichen Eigentums geht. Denn gegenüber einem Wohnungseigentümer, der dieses stört, ist nach § 9a Abs. 2 Fall 1 WEG iVm § 1004 Abs. 1 BGB und/oder § 14 Abs. 1 Nr. 1 WEG allein die Gemeinschaft der Wohnungseigentümer zu einem Handeln befugt (*Lehmann-Richter/Wobst* ZWE 2020, 123 (127)). Bei Drittnutzern gilt nichts anderes (*Lehmann-Richter/Wobst* ZWE 2020, 123 (127); s. a. BT-Drs. 19/22634, 42). Denn der Anspruch aus § 1004 Abs. 1 BGB auf Unterlassung und Beseitigung und andere gesetzliche Ansprüche sind nach § 9a Abs. 2 Fall 1 WEG allein von der Gemeinschaft der Wohnungseigentümer durchzusetzen. Es handelt sich jeweils um ein sich aus dem gemeinschaftlichen Eigentum ergebendes Recht. 97

2. Sondereigentum. Beim Sondereigentum ist zu unterscheiden. § 18 Abs. 2 Nr. 2 WEG ist anwendbar, soweit es um eine „abstrakte" Störung des Sondereigentums geht (→ § 14 Rn. 15). Denn ein Wohnungseigentümer selbst hat nach § 14 Abs. 2 Nr. 1 WEG keinen Anspruch, gegen eine Störung durch einen anderen Wohnungseigentümer vorzugehen, durch die er in Bezug auf sein Sondereigentum keinen konkreten Nachteil erfährt. Vielmehr ist es allein Aufgabe der Gemeinschaft der Wohnungseigentümer, rein „formale" Verstöße zu unterbinden (*Lehmann-Richter/Wobst* ZWE 2020, 123 (127)). Insoweit geht es in der Theorie zB um die rechtswidrige Benutzung der im Sondereigentum stehenden Räume eines Teileigentums, von der ein Wohnungseigentümer keinen konkreten Nachteil erfährt. Etwa in einer Mehrhausanlage ist das vorstellbar. Bei Drittnutzern gilt nichts anderes. Der Anspruch aus § 1004 Abs. 1 BGB auf Unterlassung und Beseitigung ist zwar ein Anspruch des in seinem Eigentum gestörten Wohnungseigentümers. Es ist aber anzunehmen, dass es iSv § 9a Abs. 2 Fall 2 WEG ein Recht ist, dass eine einheitliche Rechtsverfolgung erfordert (→ § 9a Rn. 101 ff.). Es wäre nicht einzusehen, dass die Rechtsverfolgung bei abstrakten Störungen insoweit zwischen dem Wohnungseigentümer und dem Drittnutzer, etwa seinem Mieter oder Pächter, auseinanderfällt. 98

Anders ist es hingegen entgegen dem Wortlaut, aber nach seinem Sinn und Zweck (→ Rn. 95), den Gesetzesmaterialien (BR-Drs. 168/20, 6) und der Systematik, wenn ein Wohnungseigentümer von der Benutzung fremden Sondereigentums durch einen anderen Wohnungseigentümer einen konkre- 99 ten Nachteil iSv § 14 Abs. 1 Nr. 2 WEG erfährt. Denn dann ist er nach § 14 Abs. 2 Nr. 1 WEG berechtigt, gegen diesen Wohnungseigentümer selbst zB auf Unterlassung vorzugehen. In diesem Falle gibt es keinen Bedarf, dass er zusätzlich gegen die Gemeinschaft der Wohnungseigentümer einen Anspruch auf ein Einschreiten hat. Denn insoweit ist er in einer Rechtsdurchsetzung nicht gefesselt. Dies gilt auch bei einem Drittnutzer. Anspruchsgrundlage gegenüber dem Dritten ist § 1004 Abs. 1 BGB. Eine einheitliche Rechtsverfolgung iSv § 9a Abs. 2 Fall 2 WEG ist hier nicht „erforderlich".

III. Berechtigter und Verpflichteter

100 Anspruchsberechtigt ist jeder Wohnungseigentümer. Verpflichtet ist die Gemeinschaft der Wohnungseigentümer. Für die Gemeinschaft der Wohnungseigentümer handelt ihr zuständiges Organ.

101 Bei einer Störungsunterlassung/Störungsbeseitigung sind die Wohnungseigentümer berufen, nach § 19 Abs. 1 WEG einen Beschluss zu fassen. In diesem ist ua zu regeln, wann und auf welche Art und Weise gegen den Störer vorgegangen wird, ob dieser verklagt wird, ob und welcher Rechtsanwalt eingeschaltet wird und wo die für das Vorgehen notwendigen Mittel herkommen sollen. Im Einzelfall kann es aber auch sein, dass es nach § 27 Abs. 1, Abs. 2 WEG keines Beschlusses bedarf (→ § 27 Rn. 66). Dann muss der Verwalter das Entsprechende veranlassen.

IV. Tatbestandsvoraussetzungen

102 **1. Überblick.** Ein Wohnungseigentümer oder ein Drittnutzer, zB ein Mieter oder Pächter oder Nießbraucher, darf das gemeinschaftliche Eigentum oder Sondereigentum nur in einer Art und Weise benutzen (→ Rn. 106), die den gesetzlichen Regelungen, Vereinbarungen und Beschlüssen (→ Rn. 109) oder dem Interesse der Gesamtheit der Wohnungseigentümer nach billigem Ermessen (→ Rn. 110) entspricht.

103 **2. Ordnungsmäßige Benutzung. a) Überblick.** § 18 Abs. 2 Nr. 2 WEG definiert den Begriff der ordnungsmäßigen Benutzung als eine Benutzung, die dem Interesse der Gesamtheit der Wohnungseigentümer nach billigem Ermessen entspricht. Ob eine Benutzung ordnungsmäßig ist, richtet sich nach der Verkehrsanschauung, wobei sowohl individuelle Bedürfnisse einzelner Bewohner als auch Charakter und Lage der Wohnungseigentumsanlage zu berücksichtigen sind (BGH NJW 1998, 3713 unter III. 2. e).

104 Ordnungsmäßig ist vor allem der Gebrauch, den § 14 Abs. 1 Nr. 2 WEG gestattet und der nicht gegen gesetzliche oder vereinbarte Vorschriften verstößt (BGH NZM 2015, 595 Rn. 14; NJW 2000, 3211 unter III. 2; 1998, 3713 unter III. 2. e). Eine Benutzung muss also das Gesetz, vor allem §§ 13 Abs. 1, 14 Abs. 1 Nr. 2 WEG, und die Vereinbarungen und Beschlüsse beachten. Eine Benutzung ist ferner nur dann ordnungsmäßig, wenn sie sonstige bürgerlich-rechtliche Verpflichtungen auch gegenüber Dritten und insbesondere öffentlich-rechtliche Vorschriften beachtet (OLG Köln ZMR 2000, 565). Unbeachtlich sind hingegen die Interessen Dritter (*Elzer* NJW 2013, 3542; aA BGH NJW 2013, 3089 Rn. 9).

Die Einzelheiten sind anhand der konkreten Umstände des Einzelfalls unter Berücksichtigung der Beschaffenheit und Zweckbestimmung des gemeinschaftlichen Eigentums bei Beachtung des Gebots der allgemeinen Rücksichtnahme in Abwägung der allseitigen Interessen zu ermitteln. Die Eigentümer besitzen hierbei einen Ermessenspielraum (BGH NZM 2015, 595 Rn. 14; NJW 2000, 3211; 1998, 3713 unter III. 2. e); *Kümmel* ZWE 2001, 518). 105

b) Begriff. aa) Gebrauch. Der Begriff „Benutzung" umfasst zum einen den Begriff „Gebrauch" (BR-Drs. 168/20, 64). Gebrauch meint die selbstnützige, tatsächliche Verwendung des Sonder- und/oder gemeinschaftlichen Eigentums, vor allem Gehen, Laufen, Schlafen, Spielen, Treten, Wohnen. Aus § 13 Abs. 1 WEG folgt, dass zum Gebrauch des Sondereigentums insbesondere das Bewohnen gehört. Kein Gebrauch ist die Verwaltung des Sonder- und/oder gemeinschaftlichen Eigentums (→ Rn. 3), die Erhaltung des Sonder- und/oder gemeinschaftlichen Eigentums oder bauliche Maßnahmen. 106

Keine Gebrauchsbestimmung ist hingegen ein Verbot, Bauteile zu entfernen (BGH NJW 2011, 2958 Rn. 12), oder eine Sanktion für einen unzulässigen Gebrauch, zB eine Strafzahlung (OLG Frankfurt a. M. NZM 2005, 910; OLGZ 1979, 25; s. a. Schmid ZWE 2011, 347). Keine Gebrauchsbestimmung ist ferner die Bestimmung einer Leistungspflicht, zB die Anordnung, defekte Bauteile, etwa Heizkörperventile oder Heizkörper, auszutauschen. 107

bb) Nutzung. Der Begriff „Benutzung" umfasst zum anderen aber auch die „Nutzung" des Sonder- und/oder gemeinschaftlichen Eigentums. Denn es macht keinen Unterschied, ob ein Wohnungseigentümer oder ein Drittnutzer gegen eine Gebrauchs- oder gegen eine Nutzungsvereinbarung verstößt. Darf ein Teileigentümer sein Sondereigentum zB nicht als Restaurant gebrauchen, vermietet er die Räume aber zu diesem Zweck, ist nicht sein Gebrauch (diesen übt der Mieter aus), sondern seine Nutzung rechtswidrig. 108

3. Gesetzliche Regelungen, Vereinbarungen und Beschlüsse. Der Begriff „gesetzliche Regelungen" meint die Bestimmungen des WEG, aber auch die Bestimmungen jedes anderen Gesetzes, die eine Aussage darüber treffen, wie das gemeinschaftliche Eigentum und das Sondereigentum benutzt werden dürfen. Der Begriff „Vereinbarungen" meint die Gebrauchs- und/oder Nutzungsvereinbarungen der Wohnungseigentümer nach § 10 Abs. 1 Satz 2 WEG. Der Begriff „Beschlüsse" meint schließlich Benutzungsbeschlüsse iSv § 19 Abs. 1 WEG. 109

4. Interesse der Gesamtheit der Wohnungseigentümer. Mit dem „Interesse der Gesamtheit der Wohnungseigentümer" knüpft § 18 Abs. 2 Nr. 2 WEG an solche Verhaltensweisen eines Wohnungseigentümers oder Drittnutzers an, die zwar nicht durch gesetzliche Regelungen, Vereinbarungen und Beschlüsse geregelt und nach diesen zu unterlassen sind, die aber vermeidbar sind, den Gebrauch mehr als unwesentlich beeinträchtigen und daher nach §§ 1004 Abs. 1, 903, 906 Abs. 1 BGB zu unterlassen sind, da sie nicht ordnungsmäßig sind. 110

V. Anspruchsinhalt

111 **1. Überblick.** § 18 Abs. 2 Nr. 2 WEG gibt jedem Wohnungseigentümer einen Anspruch auf eine ordnungsmäßige Benutzung. Ferner kann jeder Wohnungseigentümer eine Benutzung verlangen, die, soweit solche bestehen, den gesetzlichen Regelungen, Vereinbarungen und Beschlüssen entsprechen.

112 **2. Ordnungsmäßige Benutzung. a) Grundsatz.** Nach § 18 Abs. 2 Nr. 2 WEG kann jeder Wohnungseigentümer verlangen, dass die Gemeinschaft der Wohnungseigentümer darauf achtet, dass die Benutzung des gemeinschaftlichen Eigentums und des Sondereigentums einer ordnungsmäßigen Benutzung entspricht.

113 **b) Fehlender Beschluss. aa) Grundsatz.** Fehlt es an einem die Benutzung regelnden Beschluss nach § 19 Abs. 1 WEG, kann jeder Wohnungseigentümer von der Gemeinschaft der Wohnungseigentümer nach § 18 Abs. 2 Nr. 2 WEG als Ziel einer ordnungsmäßigen Benutzung diesen Beschluss verlangen. Ein Beschluss „fehlt" idS, wenn die Wohnungseigentümer keinen Beschluss fassen, obwohl sich das Ermessen, irgendeinen oder einen bestimmten Beschluss zu fassen, bereits auf null reduziert hat (→ Rn. 44). Ist es ausnahmsweise so, handelt ein Wohnungseigentümer im Übrigen rechtsmissbräuchlich, wenn er dennoch nicht mit „ja" stimmt. Seine Stimme ist daher nicht mitzuzählen (→ § 25 Rn. 133). Neben dem Beschluss ist – sofern dies erforderlich ist – auch seine Durchführung innerhalb angemessener Frist geschuldet (OLG München NZM 2009, 402).

114 **bb) Bestehender Beschluss muss geändert werden.** Ein Beschluss „fehlt" ausnahmsweise auch dann, wenn außergewöhnliche und/oder schwerwiegende Umstände ein Festhalten an einem bereits bestehenden Beschluss als grob unbillig und damit als gegen Treu und Glauben verstoßend erscheinen lassen (BGH NJW 2016, 1310 Rn. 17; 2013, 3089 Rn. 22; NZM 2012, 835 Rn. 17; OLG Frankfurt a. M. NZM 2009, 440; NJW-RR 2007, 377; BayObLG ZMR 1999, 494; NJW 1991, 1620 (1621)). Ein solcher Anspruch auf Eingriff in bereits bestehende Regelungen ist möglich, wenn sich die tatsächlichen Umstände geändert haben (BGH NJW 2016, 1310 Rn. 17; NZM 2012, 835 Rn. 17; ZWE 2012, 218 Rn. 9). Entsprechendes muss gelten, wenn sich die rechtlichen Umstände oder wenn sich die höchstrichterliche Rechtsprechung geändert haben (s. a. BGH NJW 2011, 2512 Rn. 18; 2010, 3582 Rn. 16).

115 Etwas anderes gilt, wenn es sich unterhalb des aufgezeigten strengen Maßstabs bloß um eine nicht ordnungsmäßige Regelung handelt. Eine vorhandene, ordnungswidrige Regelung sperrt aus Gründen der Rechtssicherheit und des Rechtsfriedens den Anspruch aus § 18 Abs. 2 Nr. 2 WEG (*Schmid* ZfIR 2009, 721 (723); Jennißen/*Suilmann* § 21 Rn. 140; aA LG München I ZMR 2017, 925; *Bub* ZWE 2000, 194 (204)). Es gibt daher grundsätzlich auch keinen Anspruch auf Zweitbeschluss (→ Vor §§ 23 ff. Rn. 64).

116 **cc) Fehlende Beschlusskompetenz.** Haben die Wohnungseigentümer für den zu regelnden Gegenstand keine Beschlusskompetenz (→ § 23

Rn. 3 ff.), kann von der Gemeinschaft der Wohnungseigentümer allerdings keine Vereinbarung verlangt werden. Denn der Anspruch aus § 10 Abs. 2 WEG ist systemwidrig ein Anspruch gegen die anderen Wohnungseigentümer und ist gegen diese zu verfolgen. Unklar ist insoweit, was gilt, wenn eine Öffnungsklausel besteht und die Klage sich daher sowohl gegen die Gemeinschaft der Wohnungseigentümer (Beschlussersetzungsklage) als auch gegen die anderen Wohnungseigentümer (Klage auf Vereinbarung) richten kann. Hier ist nach § 139 ZPO das Klageziel zu ermitteln.

3. Regelungen, Vereinbarungen und Beschlüsse. Besteht für die Be- **117**
nutzung eine gesetzliche Regelung, eine Vereinbarung oder ein Beschluss, kann jeder Wohnungseigentümer nach § 18 Abs. 2 Nr. 2 WEG von der Gemeinschaft der Wohnungseigentümer verlangen, dass diese Bestimmungen von ihr selbst und ihren Organen, den Wohnungseigentümern, aber auch von Drittnutzern eingehalten werden.

VI. Grenze

Zu den Grenzen gilt → Rn. 77 entsprechend. **118**

VII. Schadenersatz

Zum Schadenersatz gelten → Rn. 78 entsprechend. **119**

VIII. Verjährung

Die Sicherstellung einer ordnungsmäßigen Verwaltung ist eine ständig **120**
neu entstehende Dauerverpflichtung der Gemeinschaft der Wohnungseigentümer. Der Anspruch darauf kann nicht verjähren (zur Verwaltung BGH NZM 2012, 508 Rn. 10; *Schmid* WuM 2010, 655 (657)).

IX. Prozessuales

Haben die Wohnungseigentümer pflichtwidrig keinen Benutzungs- **121**
beschluss nach § 19 Abs. 1 WEG gefasst, kann jeder Wohnungseigentümer gegen die Gemeinschaft der Wohnungseigentümer eine Beschlussersetzungsklage nach § 44 Abs. 1 Satz 2 WEG erheben. Der Antrag muss dahin gehen, dass das Gericht folgenden Beschluss „…" ersetzen (= treffen) soll.

X. Abbedingung

Die Wohnungseigentümer können die Pflichten der Gemeinschaft der **122**
Wohnungseigentümer aus § 18 Abs. 2 Nr. 2 WEG nicht abbedingen. Zur Frage, welche Grenzen solchen Vereinbarungen gesetzt sind, siehe im Zusammenhang → § 10 Rn. 55.

F. Notgeschäftsführung, § 18 Abs. 3 WEG

I. Einführung

123 Jeder Wohnungseigentümer ist nach §§ 18 Abs. 3, 9a Abs. 3 WEG berechtigt, ohne Zustimmung die Verwaltungsmaßnahmen (→ Rn. 8) und Verwaltungsentscheidungen (→ Rn. 7) zu treffen, die zur Abwendung eines dem gemeinschaftlichen Eigentum oder dem Gemeinschaftsvermögen unmittelbar drohenden Schadens notwendig sind (allgemein *Bub* ZWE 2009, 245 ff.; s. a. §§ 727 Abs. 2 Satz 2, 2038 Abs. 1 Satz 2 Hs. 2 BGB).

124 Entspricht die Notgeschäftsführungsmaßnahme dem Willen der anderen Wohnungseigentümer und ist die Maßnahme ordnungsmäßig, verdrängt § 18 Abs. 3 WEG dabei die anderen Vorschriften der Geschäftsführung ohne Auftrag. Liegen die Voraussetzungen des § 18 Abs. 3 WEG nicht vor, ist die Maßnahme des einzelnen Miteigentümers hingegen grundsätzlich unzulässig (OLG Hamburg ZMR 2007, 129 (130)). Fügt ein Wohnungseigentümer den anderen Wohnungseigentümern oder der Gemeinschaft der Wohnungseigentümer durch seine Notgeschäftsführung einen Schaden zu, muss er diesen ersetzen, zB nach § 823 BGB oder §§ 241, 280 BGB. Der berechtigte Notgeschäftsführer haftet entsprechend § 680 BGB allerdings nur beschränkt für Vorsatz und grobe Fahrlässigkeit.

II. Tatbestandsvoraussetzungen

125 **1. Gemeinschaftliches Eigentum/Gemeinschaftsvermögen.** Für eine Notgeschäftsführung muss dem gemeinschaftlichen Eigentum oder dem Gemeinschaftsvermögen ein Schaden drohen (LG Frankfurt a. M. ZMR 2018, 791 = BeckRS 2018, 9675 Rn. 26). Unter den Begriff des gemeinschaftlichen Eigentums fallen auch einem Sondernutzungsrecht unterliegende Flächen. Droht der Schaden einem Sondereigentum, kann der Handelnde gegen den anderen Sondereigentümer Ansprüche nach §§ 677 ff., 812 ff. BGB besitzen.

126 **2. Unmittelbar drohender Schaden.** Ein Schaden droht unmittelbar, wenn in die Substanz des gemeinschaftlichen Eigentums oder des Gemeinschaftsvermögens ohne ein sofortiges Tun nachhaltig negativ „eingegriffen" werden würde oder wurde – zB durch einen Sturm, eindringendes Wasser, Feuer – ein verständiger Wohnungseigentümer nicht länger abwarten würde und weder der Verwalter noch die anderen Miteigentümer zur Behebung der Notlage „herangezogen" (beteiligt/befragt) werden können (s. a. OLG Frankfurt a. M. ZMR 2009, 382 (383); OLG Hamm ZWE 2009, 369 (372)).

127 Ein Schaden droht damit nicht unmittelbar, wenn dem Eingreifenden zugemutet werden kann, auf ein Tun des Verwalters oder auf die Zustimmung der anderen Wohnungseigentümer zu warten (BGH NJW 2016, 1310 Rn. 7; LG Frankfurt a. M. ZMR 2018, 791 = BeckRS 2018, 9675 Rn. 26). Das ist insbesondere der Fall, wenn ein gefahrträchtiger Zustand bereits längere Zeit besteht (BGH NJW 2016, 1310 Rn. 7) und der Verwalter

bereits längere Zeit Kenntnis von der Situation hat (BGH NJW 2016, 1310 Rn. 7; OLG Hamburg ZMR 2007, 129 (130)). Dass sich der Verwalter weigert, selbst etwas zu unternehmen, ändert nichts. Dann muss notfalls eine Versammlung der Wohnungseigentümer erzwungen werden. Ist ein Schaden bereits eingetreten, sind Maßnahmen möglich, die weitere Schäden verhindern oder erreichen, dass eine unmittelbar drohende Vertiefung eines Schadens abgewendet werden kann.

3. Notwendig. Eine Maßnahme ist notwendig (bloße „Nützlichkeit" reicht nicht, OLG Schleswig ZMR 2010, 710), wenn sie den Eintritt eines unmittelbar drohenden (→ Rn. 126) Schadens verhindert und die Gefahrenlage beseitigt, oder einem eingetretenen Schaden – dessen Beseitigung dringlich ist – entgegentritt. Eine Maßnahme ist ferner notwendig, wenn der Handelnde einen Anspruch auf die von ihm eigenmächtig durchgeführte Maßnahme besaß. Dies ist der Fall, wenn die Maßnahme nach einer Ermessensreduktion als einzige den Grundsätzen ordnungsmäßiger Verwaltung entsprach (→ Rn. 44). Maßgebend ist jeweils eine objektive Betrachtungsweise aus der Sicht eines vernünftig und wirtschaftlich denkenden Beobachters zurzeit der Handlung (BGH NJW 1952, 1252 (1253) zum Erbrecht); dabei sind die allgemeinen wirtschaftlichen Verhältnisse zu berücksichtigen (s. a. OLG Hamm NZG 2000, 642 (643)) sowie weiter, ob die ordnungsmäßige Verwaltung auch den Eingriff in das Recht der anderen verträgt, das gemeinschaftliche Eigentum grundsätzlich gemeinsam verwalten zu können (BGH NJW 1952, 1252 (1253) zum Erbrecht). 128

Wie bei Maßnahmen nach §§ 935 ff. ZPO gilt grundsätzlich das „Verbot der Vorwegnahme der Hauptsache". Notwendig sind daher in der Regel nur Maßnahmen, die sofort und unmittelbar das Gewollte vorläufig regeln. Etwas anderes gilt, wenn nur eine endgültige Beseitigung Abhilfe schafft oder aus anderen Gründen vertretbar ist, zB wegen der Kosten. Um der Gemeinschaft der Wohnungseigentümer ihr Recht nach § 18 Abs. 1 WEG auf eine Verwaltung zu wahren, ist die Frage der Notwendigkeit eng zu beantworten (s. a. *Bub* ZWE 2009, 245 (246)). Haben die anderen Wohnungseigentümer eine Maßnahme abgelehnt (s. a. BGH NJW 2016, 1310 Rn. 7), kommt eine Notstandsmaßnahme nicht in Betracht, es sei denn, die rechtlichen und/oder tatsächlichen Verhältnisse hätten sich erheblich geändert. 129

III. Rechtsfolgen

1. Notmaßnahmen. Liegen die Tatbestandsvoraussetzungen vor, darf jeder Wohnungseigentümer die Maßnahmen treffen, die zur Abwendung eines dem gemeinschaftlichen Eigentum unmittelbar drohenden Schadens notwendig sind (Notmaßnahmen). Nicht möglich ist die Vornahme oder Beauftragung von Arbeiten, die einer dauerhaften Beseitigung der Schadenursache dienen (BGH NJW 2016, 1310 Rn. 7). 130

Unter den Begriff „Notmaßnahmen" fallen zum einen tatsächliche Maßnahmen, zB bei einem Rohrbruch der vorläufige Abschluss der Leckage, bei Heizungsausfall die vorläufige Reparatur der Heizungsanlage, die Deckung eines beschädigten Daches, das Auspumpen eines vollgelaufenen Kellers usw. sowie präventives Handeln gegen Gefahren, zB Feuer, Gas, Öl. 131

132 Ferner sind rechtliche Maßnahmen zulässig, wenn den Wohnungseigentümern oder der Gemeinschaft der Wohnungseigentümer ansonsten Rechtsverluste entstehen. Dies kann im Wege der actio pro socio auch die Einleitung eines Rechtsstreits namens der Gemeinschaft der Wohnungseigentümer zur Hemmung drohender Verjährung (s. a. OLG Frankfurt a. M. ZMR 2009, 382 (383); AG Offenbach ZMR 2016, 741) oder die Einlegung eines Rechtsmittels sein. Rechtliche Maßnahme kann ferner gegebenenfalls die Geltendmachung eines Abwehrrechts gegen einen Nachbarn sein (VGH München NZM 2006, 230). Zur Einberufung der Versammlung → § 24 Rn. 78.

133 **2. Vertragsschlüsse und Verfügungen.** Der Notgeschäftsführer darf zur Gefahrenabwehr nur im eigenen Namen Verträge schließen. Eine Kompetenz, unmittelbar die Gemeinschaft der Wohnungseigentümer oder die anderen Wohnungseigentümer zu vertreten und schuldrechtlich oder sachenrechtlich durch Vertrag zu binden, folgt aus § 18 Abs. 3 WEG nicht (Bärmann/*Merle* § 21 Rn. 8; aA *Bub* ZWE 2009, 245 (246)). Auch Verfügungen über Gegenstände des Gemeinschaftsvermögens oder über gemeinschaftliche Gegenstände sind dem Notgeschäftsführer nicht möglich.

134 **3. Aufwendungsersatzanspruch.** Ein Notgeschäftsführer handelt für die Gemeinschaft der Wohnungseigentümer und erzeugt Verwaltungskosten iSv § 16 Abs. 2 WEG (OLG München NJW-RR 2008, 534). Sofern dem Notgeschäftsführer durch die Notgeschäftsführung nach §§ 670, 257 Satz 1 BGB ein Aufwendungsersatzanspruch zusteht, sind ihm etwaige Ansprüche von der Gemeinschaft der Wohnungseigentümer auszugleichen (BGH NZM 2019, 415 Rn. 5). Der Anspruch ist auf Zahlung von Geld gerichtet. Der Notgeschäftsführer kann mit seinen Ansprüchen aufrechnen, zB gegen eine Hausgeldforderung. Der Aufwendungsersatzanspruch verjährt in drei Jahren (OLG Hamm ZMR 2008, 228 (231)).

135 Der Anspruch richtet sich gegen die Gemeinschaft der Wohnungseigentümer (BGH NZM 2019, 415 Rn. 5; 2011, 454 Rn. 23; OLG Hamm ZWE 2009, 369 (372); OLG München NJW-RR 2008, 534). Dem Notgeschäftsführer steht daneben nach hM nicht das Recht zu, seine Aufwendungen gem. § 9a Abs. 4 Satz 1 Hs. 1 WEG bei den Miteigentümern anteilsmäßig einzufordern (BGH NZM 2019, 415 Rn. 20. Dies soll sogar dann gelten, wenn das Gemeinschaftsvermögen nicht ausreicht, den Aufwendungsersatzanspruch zu erfüllen (BGH NZM 2019, 415 Rn. 21). Einen Anspruch auf „Vorschuss" gibt es nicht (LG Karlsruhe ZWE 2016, 282), liegen in diesem Falle doch schon die Voraussetzungen des § 18 Abs. 3 WEG nicht vor. Offen ist, was bei zerstrittenen Zweiergemeinschaften bei Stimmenpatt gilt.

136 **4. Überschreiten des Notgeschäftsführungsrechts. a) Erhaltungsmaßnahmen.** Liegen die Voraussetzungen des § 18 Abs. 3 WEG nicht vor, kommen nach hM bei Erhaltungsmaßnahmen keine Ansprüche aus Geschäftsführung ohne Auftrag gem. § 683 Satz 1 oder Satz 2 BGB oder aus ungerechtfertigter Bereicherung nach §§ 812 ff. BGB in Betracht (BGH NJW 2019, 3780 Rn. 9 ff.). § 19 Abs. 1 WEG schließe ihre Anwendung aus; die Vorschrift geht als speziellere Norm stets vor (BGH NJW 2019, 3780 Rn. 10; NJW 2016, 1310 Rn. 13).

Das gelte auch dann, wenn die von dem Wohnungseigentümer durchgeführte Maßnahme „ohnehin" hätte vorgenommen werden müssen (BGH NJW 2019, 3780 Rn. 11). Hierfür sprächen bereits Abgrenzungs- und Beweisschwierigkeiten. Vor allem aber bleibe den Wohnungseigentümern auch in den Fällen der Ermessensreduzierung auf null (→ Rn. 44) regelmäßig ein Gestaltungsspielraum. Es sei insbesondere ihre Sache, zu entscheiden, ob sie eine Maßnahme isoliert oder zusammen mit anderen Arbeiten durchführen und welche Handwerker sie beauftragen wollen (BGH NJW 2019, 3780 Rn. 14 f.). Dies gelte auch dann, wenn ein Wohnungseigentümer eine Erhaltungsmaßnahme in der irrigen Annahme durchführt hat, er habe diese auf eigene Kosten vorzunehmen (BGH NJW 2019, 3780 Rn. 20). Ein Ausgleich nach den allgemeinen Vorschriften der Geschäftsführung ohne Auftrag oder des Bereicherungsrechts liefe auch in diesem Falle vor allem den schutzwürdigen Interessen der anderen Wohnungseigentümer zuwider. Hinzu komme, dass es häufig schwierig sei, irrtümliches von eigenmächtigem Handeln abzugrenzen (BGH NJW 2019, 3780 Rn. 21 f). **137**

Stellungnahme. Handelt ein Wohnungseigentümer eigenmächtig, ist der hM zuzustimmen. Das WEG stellt ausreichende Mittel zur Verfügung, eine Erhaltungsmaßnahme durchzusetzen. Handelt ein Wohnungseigentümer indes irrtümlich, versagen diese Instrumente (s. a. BGH NJW 2019, 3780 Rn. 18). Dann ist aber auch nicht erkennbar, dass Ansprüche aus Geschäftsführung ohne Auftrag oder aus ungerechtfertigter Bereicherung verdrängt wären. Es ist nach einer Abwägung insoweit auch nicht erkennbar, dass die anderen Wohnungseigentümer schutzwürdig wären (*Gsell* ZWE 2019, 490 (491)). **138**

b) Andere Maßnahmen. Für andere als Erhaltungsmaßnahmen gelten die Ausführungen zu → Rn. 136 ff. entsprechend. Holt ein Wohnungseigentümer wegen des Zustands des gemeinschaftlichen Eigentums zB eigenmächtig ein Gutachten ein, kann er dafür keinen Aufwendungsersatz verlangen. **139**

IV. Pflicht zur Notgeschäftsführung

Jeder Wohnungseigentümer ist nach dem Gemeinschaftsverhältnis (→ Rn. 7) grundsätzlich verpflichtet, einen für ihn erkennbar gewordenen drohenden Schaden vom gemeinschaftlichen Eigentum abzuwenden (OLG Oldenburg DWE 1988, 64; LG Aachen ZMR 1993, 233; *Bub* ZWE 2009, 245). Verletzt ein Wohnungseigentümer diese Pflicht, schuldet er nach § 280 Abs. 1 BGB Schadenersatz (*Armbrüster* ZWE 2002, 333 (339)). **140**

V. Verwalter

Unter den parallel liegenden Voraussetzungen ist auch der Verwalter zu einer Notgeschäftsführung befugt (→ § 27 Rn. 45 ff.; BGH NJW 2016, 1310 Rn. 7). **141**

VI. Abbedingung

Die Wohnungseigentümer können das Recht zur Notgeschäftsführung durch einen Wohnungseigentümer abbedingen. **142**

G. Einsichtnahme in die Verwaltungsunterlagen, § 18 Abs. 4 WEG

I. Sinn und Zweck und Allgemeines

143 § 18 Abs. 4 WEG gibt jedem Wohnungseigentümer als zentralen Teil seiner Informationsrechte (BR-Drs. 168/20, 65) einen Anspruch auf Einsichtnahme in die Verwaltungsunterlagen. Diese Verwaltungsunterlagen sind Teil des Gemeinschaftsvermögens (→ § 9a Rn. 42 ff.) und stehen im Eigentum der Gemeinschaft der Wohnungseigentümer. Jeder Wohnungseigentümer hat einen Anspruch darauf, sämtliche Verwaltungsunterlagen einzusehen (OLG Hamm ZWE 2008, 193 (194); BayObLG NJWE-MietR 1997, 14).

144 Dem Anspruch auf Einsichtnahme stehen datenschutzrechtliche Vorgaben nicht entgegen. Art 6 Abs. 1 Unterabsatz 1 Buchstabe c) DSGVO lässt eine Verarbeitung ua zu, wenn die Verarbeitung zur Erfüllung einer rechtlichen Verpflichtung erforderlich ist, welcher der Verantwortliche unterliegt (*Beckers* ZWE 2019, 297 (302); s. a. OLG München NJW-RR 2007, 1516 (1517); OLG Karlsruhe NJOZ 2003, 427 (428); KG NZM 2000, 828 (829)). Freilich muss die Gemeinschaft der Wohnungseigentümer vor Gewährung von Informationen, die personenbezogene Daten enthalten (etwa von Kunden, Lieferanten, etc.), sorgfältig prüfen, dass die Grenzen des Informationsanspruchs eingehalten werden.

II. Tatbestandsvoraussetzungen

145 **1. Anspruchsteller/Anspruchsverpflichteter. a) Anspruchsteller. aa) Wohnungseigentümer.** Der Anspruchsteller muss „Wohnungseigentümer" sein. Wohnungseigentümer idS ist auch der ausgeschiedene, sofern er noch betroffen ist (KG NZM 2000, 828 (829)). Das Einsichtsrecht umfasst ferner das Recht, sich von Dritten, etwa einem Rechtsanwalt, begleiten zu lassen (LG Frankfurt a. M. ZMR 2016, 982; LG Hamburg ZWE 2012, 283).

146 **bb) Ermächtigung. (1) Überblick.** Ein Wohnungseigentümer kann einen Dritten ermächtigen, in die Verwaltungsunterlagen Einsicht zu nehmen. Dieser Dritte kann ein Rechtsanwalt, ein Vertrauter, aber auch ein Mieter (LG Hamburg ZMR 2020, 329; LG Saarbrücken ZMR 2019, 798 = BeckRS 2019, 30787 Rn. 22) sein. Dieser Dritte muss keiner Schweigepflicht/Vertraulichkeit unterworfen sein (aA LG Hamburg ZMR 2020, 329 (330); AG Köln ZMR 2019, 1016; *Beckers* ZWE 2019, 297 (303)). Der Datenschutz steht dem nicht grundsätzlich entgegen. Nach Art 6 Abs. 1 Unterabsatz 1 Buchstabe f) DSGVO ist die Verarbeitung zur Wahrung der berechtigten Interessen des Wohnungseigentümers grundsätzlich erforderlich (*Beckers* ZWE 2019, 297 (303)). Bei der Einsichtnahme muss nur das notwendige Maß gewahrt werden.

147 **(2) Einsichtsrechte des Mieters eines Wohnungseigentümers.** Mieter müssen Nachzahlungen auf Nebenkosten erst dann leisten, wenn ihnen auf Verlangen Einsicht in die Originalbelege gewährt wurde (→ § 25

Rn. 155). Dem Mieter steht gegenüber der Nachforderung des Vermieters ein Zurückbehaltungsrecht nach § 273 Abs. 1 BGB zu, solange der Vermieter ihm keine Überprüfung der Abrechnung ermöglicht hat (BGH NJW 2006, 1419 Rn. 21). Auch im Übrigen dürfte der Mieter ein Belegprüfungs- und Belegeinsichtsrecht haben. Der Datenschutz steht dem nicht entgegen. Die Einsichtnahme ist nach Art. 6 Abs. 1 Unterabsatz 1 Buchstabe b) DS-GVO rechtmäßig, da sie für die Erfüllung des Mietvertrages erforderlich ist (*Zehelein* NJW 2020, 1572; s.a. BGHNJW 2018, 1599 Rn. 17). Eine Pseudonymisierung der Nutzer ist unzulässig (*Zehelein* NJW 2020, 1572).

Der vermietende Wohnungseigentümer muss insoweit nicht nur Einsicht **148** in die in seinen Händen befindlichen Belege gewähren, sondern auch in die von der Gemeinschaft der Wohnungseigentümer verwalteten Verwaltungsunterlagen (mittelbar BGH NZM 2012, 96 Rn. 5; LG Frankfurt a. M. NJWE-MietR 1997, 147; *Langenberg* NZM 2007, 105 (106)). Ein Recht, in die entsprechenden Beschlüsse Einsicht zu nehmen, soll der Mieter hingegen nicht haben (BGH NZM 2012, 96 Rn. 5). Dies überzeugt angesichts § 556a Abs. 3 BGB nicht. Danach sind die Betriebskosten grundsätzlich nach dem für die Verteilung zwischen den Wohnungseigentümern jeweils geltenden Maßstab umzulegen. Dieser Maßstab kann nach § 16 Abs. 2 Satz 2 WEG bestimmt worden sein. Dies muss der Mieter überprüfen können.

Damit der Mieter Einsicht nehmen kann, muss der vermietende Sonder- **149** eigentümer seinen Mieter bevollmächtigen, sein Einsichtsrecht aus § 18 Abs. 4 WEG wahrzunehmen. Auf diese Vollmacht hat der Mieter einen Anspruch. Umgekehrt kann der vermietende Wohnungseigentümer in der Regel verlangen, dass der Mieter von der Bevollmächtigung Gebrauch macht. Es wäre vom Mieter treuwidrig, den Vermieter vor größere Mühen bei der Besorgung der Unterlagen zu stellen, wenn es ihm ein Leichtes ist, den Verwalter aufzusuchen und Einsicht zu nehmen (AG Frankfurt a. M. DWW 1999, 158 (159)). Der vermietende Wohnungseigentümer muss entweder dem Mieter selbst Einsicht gewähren oder dafür sorgen, dass dem Mieter Einsicht in die Belege gewährt wird.

Ort der Einsichtnahme ist – wenn vertraglich nichts vereinbart ist – der **150** Sitz des Vermieters (BGH NJW 2006, 1419 Rn. 21) bzw. der Sitz Verwaltung (BGH NJW 2011, 1137 Rn. 9). Hat der Verwalter seinen Sitz am Ort der Wohnungseigentumsanlage, ist es dem Mieter ohne Weiteres zuzumuten, zur Belegeinsicht den Verwalter in dessen Büro aufzusuchen (AG Frankfurt a. M. DWW 1999, 158 (159)). Hat der Verwalter seinen Sitz an einem anderen Ort, hat der Mieter gegebenenfalls einen Anspruch auf Kopien (→ Rn. 167 entsprechend).

b) Anspruchsverpflichteter. Anspruchsverpflichtet ist die Gemeinschaft **151** der Wohnungseigentümer. Für diese erfüllt die Pflicht grundsätzlich der Verwalter (BR-Drs. 168/20, 65). Verpflichteter ist der aktuelle Verwalter. Der ehemalige Verwalter schuldet keine Einsichtnahme (*Schmid* ZWE 2014, 389), sondern Herausgabe der Verwaltungsunterlagen an die Gemeinschaft der Wohnungseigentümer (→ § 26 Rn. 364).

152 Hat die Gemeinschaft der Wohnungseigentümer allerdings keinen Verwalter, sind die Wohnungseigentümer gegenseitig zu Einsichtnahme, aber auch zur Aufbewahrung verpflichtet.

153 **2. Verwaltungsunterlagen. a) Begriff und Allgemeines.** In grundsätzlich jeder Wohnungseigentumsanlage gibt es in Bezug auf das gemeinschaftliche Eigentum und in Bezug auf das Gemeinschaftsvermögen „Unterlagen". Diese Unterlagen sind die „Verwaltungsunterlagen".

154 **b) Gegenstand.** Die Verwaltungsunterlagen müssen nicht schriftlich sein (BR-Drs. 168/20, 65). Notwendig ist nur ein „Medium". Zu den Verwaltungsunterlagen gehören daher zB auch Dateien, Bildträger, Lichtbilder usw. Zu den Verwaltungsunterlagen gehören sämtliche originären Unterlagen in Bezug auf die Verwaltung des gemeinschaftlichen Eigentums sowie sämtliche Unterlagen, die später entstanden sind, etwa aus der Geschäftsbesorgung des Verwalters (BayObLG ZMR 2001, 819; NJWE-MietR 1997, 14; WuM 1996, 661), zB selbst angelegte Akten, sonstige Unterlagen und auch Dateien (BGH NJW-RR 2004, 1290 unter II. 1.; LG Itzehoe ZMR 2015, 54). Zu den Verwaltungsunterlagen gehören auch die einen Miteigentümer betreffende Einzelabrechnung (LG Karlsruhe ZWE 2009, 325; s. a. BGH NJW 2018, 1599 Rn. 17 zum Mieter) oder Unterlagen, die Ansprüche der Gemeinschaft der Wohnungseigentümer gegen Dritte oder einen anderen Wohnungseigentümer belegen. Überblick zu den häufigsten Verwaltungsunterlagen:

155
- Abgeschlossenheitsbescheinigung;
- Aufteilungsplan;
- behördliche Schreiben und Bescheide;
- Bauunterlagen, soweit sie die Errichtung der Wohnungseigentumsanlage betreffen und insbesondere für Gewährleistungs- und sonstige Ansprüche gegenüber den am Bau Beteiligten von Bedeutung sind (BayObLG ZMR 2001, 819; OLG Hamm NJW-RR 1988, 268);
- Beschlusssammlung;
- Betriebsanleitungen;
- Brandschutzunterlagen;
- Buchführungsunterlagen;
- eine Liste mit Namen und Anschriften aller Wohnungseigentümer (Eigentümerliste);
- Energieausweise;
- Gemeinschaftsordnung;
- sämtliche Gesamt- und Einzelabrechnungen;
- Gewährleistungsunterlagen;
- sämtliche Kontoauszüge und sonstige Unterlagen für das Konto der Gemeinschaft der Wohnungseigentümer;
- sämtliche Korrespondenz mit Bezug auf die Wohnungseigentumsanlage;
- Kostenangebote;
- Pläne zur Lage und Größe der Sondernutzungsrechte;
- sämtliche Rechnungen;
- Schlüsselpläne und -bücher;

- Steuer- und Sozialversicherungsunterlagen für beschäftigte Arbeitnehmer (s. a. *Köhler* ZWE 2002, 255 (256));
- technische Beschreibungen;
- Teilungserklärung;
- Überweisungsträger und sonstige Belege;
- Unterlagen zu Rechtsstreitigkeiten;
- sämtliche Versammlungsniederschriften mit Eigentümerbeschlüssen nebst Einberufungsschreiben;
- sämtliche Verträge der Gemeinschaft der Wohnungseigentümer mit Dritten oder mit Wohnungseigentümern;
- Vollmachtsurkunden;
- Wartungsbücher (für Aufzüge, Notstromaggregate usw);
- sämtliche Wirtschaft- und Einzelwirtschaftspläne.

c) Aufbewahrung. Zur Aufbewahrung der Verwaltungsunterlagen im Zusammenhang → § 25 Rn. 35 ff. **156**

3. Besonderes rechtliches Interesse. Das Einsichtsrecht des Wohnungseigentümers unterliegt keinen weiteren Voraussetzungen (s. a. BGH NJW 2011, 1137 Rn. 8; LG Saarbrücken ZMR 2019, 798 = BeckRS 2019, 30787 Rn. 21; LG Frankfurt a. M. ZMR 2016, 982; *Schmid* ZWE 2014, 389). Der Einsichtnehmende muss also kein besonderes rechtliches Interesse geltend machen (OLG Köln OLGR 2001, 220 (221); BayObLG NZM 2000, 873 (874); KG NZM 2000, 828 (829); LG Saarbrücken ZMR 2019, 798 = BeckRS 2019, 30787 Rn. 21). Dies gilt auch dann, wenn er einen Dritten ermächtigt (aA LG Saarbrücken ZMR 2019, 798 = BeckRS 2019, 30787 Rn. 22; LG Hamburg ZWE 2012, 283). **157**

Ein berechtigtes Interesse des Wohnungseigentümers an einer Einsichtnahme durch Dritte kann jedenfalls bereits die fehlende Sachkunde des Wohnungseigentümers oder aber auch die Stellung des Bevollmächtigten als Vertrauter und insbesondere auch Mieter des Wohnungseigentümers begründen (LG Saarbrücken ZMR 2019, 798 = BeckRS 2019, 30787 Rn. 22; LG Hamburg ZWE 2012, 283 (284)). **158**

III. Rechtsfolgen

1. Allgemeines. Das Einsichtsrecht kann jederzeit und ohne Anlass wahrgenommen werden (BGH NJW 2011, 1137 Rn. 8; BayObLG ZMR 2004, 839). **159**

2. Durchführung. a) Überblick. Fehlt es an einer Bestimmung (→ Rn. 70), ist der Verwalter berechtigt, für eine Einsichtnahme auf seine allgemeinen Bürozeiten zu verweisen (OLG Köln NZM 2006, 702). Der Wunsch, Einsicht zu nehmen, ist grundsätzlich eine angemessene Zeit zuvor anzukündigen, (BayObLG NZM 2000, 874; KG NZM 2000, 828). Der Verwalter ist ohne Vereinbarung nicht verpflichtet, feste Sprechzeiten einzurichten (*Bub/von der Osten* FD-MietR 2011, 315581). **160**

Reagiert der Verwalter auf ein Ersuchen um Terminabsprache nicht, kann ein Wohnungseigentümer sein Erscheinen zu einem bestimmten Termin **161** innerhalb der Bürozeiten ankündigen und dann sofortige (§ 271 Abs. 1 BGB) Einsicht verlangen (*Schmid* ZWE 2014, 389 (391)). Belege sind geordnet vorzulegen. Während der Einsicht können der Verwalter, seine Angestellten oder von ihm beauftragte Personen anwesend sein. Ein Recht zur unbeaufsichtigten Einsicht gibt es nicht (*Schmid* ZWE 2014, 389 (391)).

162 **b) Geschäftsräume. aa) Grundsatz.** Der Verwalter nimmt seine Aufgaben und Pflichten im Schwerpunkt in seinen Geschäftsräumen wahr. Haben die Gemeinschaft der Wohnungseigentümer und der Verwalter keine Vereinbarung getroffen, wo eine Einsichtnahme zu gewähren ist, kann ein Wohnungseigentümer daher eine Einsichtnahme grundsätzlich nur in den Geschäftsräumen des Verwalters verlangen (zum alten Recht BGH NJW 2011, 1137 Rn. 9). Verlegt der Verwalter seinen Sitz, ist das grundsätzlich hinzunehmen, gegebenenfalls aber Anlass, ihn abzuberufen.

163 **bb) Ausnahme.** Nach Treu und Glauben (zum alten Recht BGH NJW 2011, 1137 Rn. 11) und unter Zumutbarkeitsgesichtspunkten gilt anderes, wenn:

164
- Ein Wohnungseigentümer weit entfernt von den Geschäftsräumen des Verwalters wohnt und ihm für eine bloße Einsichtnahme eine Anreise unzumutbar wäre (Jennißen/*Jennißen* § 28 Rn. 177).
- Bei großer Entfernung zwischen dem Sitz des Verwalters und der Wohnungseigentumsanlage (OLG Köln NJW-RR 2002, 375 (376));
- Es um die Vorbereitung für die Versammlung der Eigentümer geht und nicht mehr genügend Zeit besteht, den Verwalter aufzusuchen (BGH NJW 2011, 1137 Rn. 11; LG Itzehoe ZMR 2016, 395 (396)).
- Einem Wohnungseigentümer ein Aufsuchen des Verwalters unzumutbar wäre, zB wenn er bei einer Einsichtnahme beim Verwalter um seine körperliche Unversehrtheit fürchten muss (OLG NZM 1998, 722).
- Ein Wohnungseigentümer erkrankt oder körperlich in der Weise behindert ist, dass ihm ein Aufsuchen nicht zumutbar ist. Es soll allerdings einem 500 km entfernt wohnenden Wohnungseigentümer mit einer Schwerbehinderung zu 80 % – sofern er reisefähig ist – grundsätzlich zumutbar sein, einmal pro Jahr zu den Versammlungen anzureisen und am Vortag der Versammlung Einsicht in die Unterlagen am Sitz des Verwalters zu nehmen – zumindest dann, wenn der Verwalter seinen Sitz in der Nähe der Wohnungseigentumsanlage hat und die Unterlagen nicht für die Vorbereitung der Versammlung benötigt werden (LG Itzehoe IMR 2016, 382).

165 **c) Versammlung.** Die Gemeinschaft der Wohnungseigentümer muss – ist nichts anderes vereinbart oder sonst bestimmt – in der Versammlung der Eigentümer keine Einsichtnahme gewähren (LG Itzehoe ZWE 2008, 445; aA OLG Köln NJW-RR 2007, 808; 2002, 375 (376)).

166 **d) Datenschutz.** Bei der Einsichtnahme sind zwingende datenschutzrechtliche Vorgaben zu beachten (BR-Drs. 168/20, 65). Die Einsichtnahme ist nach Art. 6 Abs. 1 Unterabsatz 1 Buchstabe c) DS-GVO rechtmäßig. Je nach Einzelfall dürfen unter Beachtung des Grundsatzes der Datenminimierung und der Zweckgebundenheit nur die erforderlichen Daten zur Einsicht

zur Verfügung gestellt werden (*Beckers* ZWE 2019, 297 (303)). So wird beispielsweise die Vorlage der Bankverbindungen der Miteigentümer bei einer Einsichtnahme in die Verwaltungsunterlagen in der Regel nicht erforderlich sein (*Beckers* ZWE 2019, 297 (303)). Die übrigen Eigentümer sind nach Art. 13 DSGVO über eine Einsichtnahme zu informieren. Dies kann gezielt bei jeder Datenerhebung oder umfänglich vorab geschehen (*Beckers* ZWE 2019, 297 (303)). Die Unterzeichnung einer Vertraulichkeitsvereinbarung ist nicht erforderlich (*Beckers* ZWE 2019, 297 (303)). Zum Mieter → Rn. 147 ff.

3. Kopien und Abschriften. a) Einsichtnahme in den Geschäftsräumen. Ein Wohnungseigentümer hat entsprechend dem Mietrecht (vgl. BGH NJW 2006, 1419 Rn. 24) grundsätzlich nur im Rahmen der Einsichtnahme einen Anspruch, sich Abschriften zu machen oder Auszüge anzufertigen, die Verwaltungsunterlagen mit einem selbst mitgebrachten Kopiergerät (KG NZM 2000, 828 (829)) zu kopieren oder auf Fertigung und Aushändigung von Fotokopien (Ausdrucken) auf eigene Kosten (BGH NJW 2011, 1137 Rn. 11; OLG München NJW-RR 2007, 1516; BayObLG BayObLGR 2001, 2; OLG Hamm NZM 1998, 724), sofern der Verwalter über ein Kopiergerät verfügt. 167

b) Einsichtnahme außerhalb der Geschäftsräume. Ist ein Wohnungseigentümer allerdings berechtigt, ausnahmsweise eine Einsichtnahme außerhalb der Geschäftsräume zu verlangen (→ Rn. 63), ist die Gemeinschaft der Wohnungseigentümer verpflichtet, Kopien bzw. einen Ausdruck zu übersenden. Das Ersuchen muss sich auf vorhandene und hinreichend genau bezeichnete Unterlagen beziehen (OLG Hamm NZM 1998, 724). Für die Frage, wie viele Kopien bzw. welcher Umfang an Ausdrucken verlangt werden können, können die räumliche Entfernung des Berechtigten vom Ort der möglichen Einsichtnahme und die Zumutbarkeit einer Anreise wichtig sein. Außerdem ist auf die Anzahl der geforderten Kopien (Ausdrucke) sowie der mit einem Kopieren (Ausdrucken) verbundene Zeitaufwand zu berücksichtigen. Seine Grenze findet das Recht auf Kopien (Ausdrucke) im Schikane- und Missbrauchsverbot nach §§ 226, 242 BGB. 168

4. Herausgabe. Ein Recht auf Herausgabe der Verwaltungsunterlagen besteht nach § 18 Abs. 4 WEG nicht (zur Niederschrift im alten Recht BGH NJW-RR 2011, 1578 Rn. 3; NJW 2011, 1137 Rn. 9). Überlässt die Gemeinschaft der Wohnungseigentümer die Verwaltungsunterlagen dennoch einem Wohnungseigentümer zur Prüfung, kommt in der Regel ein Leihvertrag zustande (zur Niederschrift BGH NJW-RR 2011, 1578 Rn. 3). 169

5. Bestimmungen der Wohnungseigentümer. Die Wohnungseigentümer können die Einzelheiten des Einsichtsrechts vereinbaren, aber auch beschließen. 170

IV. Grenzen

Das Einsichtsrecht kann mehrfach wahrgenommen werden (LG Frankfurt a. M. ZMR 2016, 982; LG Hamburg ZWE 2012, 283). Seine Grenzen 171 findet es wie der Anspruch auf Auskunft (→ Rn. 75) im Schikane- und Missbrauchsverbot der §§ 226, 242 BGB (OLG München NJW-RR 2007, 1516 (1517); BayObLG ZMR 2004, 839 (840); NJW-RR 2000, 1466 (1467); OLG Köln OLGR 2001, 220 (221); LG Düsseldorf ZMR 2012, 805).

V. Verletzung

172 **1. Überblick.** Wird ein Beschluss gefasst, in dessen Vorfeld das Einsichtsrecht eines Wohnungseigentümers verletzt wurde, ist der Beschluss allein aus diesem Grunde anfechtbar (LG Itzehoe ZWE 2014, 133). Ferner können einem Wohnungseigentümer bei der Verletzung seines Einsichtsrechts Schadenersatzansprüche zustehen. Die Weigerung des Verwalters, Einsicht in die Verwaltungsunterlagen zu gewähren, kann Grund für seine Abberufung sein. Ferner kann die Weigerung eine Wiedereinsetzung in den vorigen Stand nach § 45 Satz 2 WEG rechtfertigen.

173 **2. Klage auf Einsicht.** Gewährt die Gemeinschaft der Wohnungseigentümer keine Einsichtnahme in die Verwaltungsunterlagen, kann ein Wohnungseigentümer gegen sie gestützt auf § 18 Abs. 4 WEG Klage auf Einsichtnahme erheben. Die Klage hat Erfolg, wenn die Tatbestandsvoraussetzungen vorliegen (→ Rn. 45 ff.).

VI. Abbedingung

174 Die Wohnungseigentümer können die Einzelheiten zum Einsichtsrecht vereinbaren, das Einsichtsrecht aber nicht ausschließen (*Schmid* ZWE 2014, 389 (390)) oder Entsprechendes beschließen (keine Beschlusskompetenz). Im Verwaltervertrag kann das Recht auf Einsichtnahme näher geregelt, aber nicht der Sache nach einschränkt werden.

H. Auskünfte

175 Die Gemeinschaft der Wohnungseigentümer ist entsprechend § 18 Abs. 4 WEG verpflichtet, einem Wohnungseigentümer zur Abrechnung, zum Wirtschaftsplan, aber auch in Übrigen in Bezug auf die Verwaltung des gemeinschaftlichen Eigentums Auskunft zu erteilen. Anders als bei dem Einsichtsrecht (→ Rn. 43 ff.), soll es sich nach bisherigem Denken „in erster Linie“ nicht um einen individuellen Anspruch des einzelnen Wohnungseigentümers handeln, sondern um einen allen Wohnungseigentümern als unteilbare Leistung zustehenden Anspruch (zum alten Recht BGH NJW 2011, 1137 Rn. 14).

176 Daher könne der einzelne Wohnungseigentümer die Auskunft grundsätzlich nur in der Versammlung der Wohnungseigentümer verlangen. Machten die Wohnungseigentümer von ihrem Auskunftsrecht allerdings keinen Gebrauch, stehe der Auskunftsanspruch jedem einzelnen Wohnungseigentümer zu (zum alten Recht BGH NJW 2011, 1137 Rn. 14). Außerdem bestehe ein Individualanspruch des einzelnen Wohnungseigentümers dann, wenn

sich das Auskunftsverlangen auf Angelegenheiten beziehe, die ausschließlich ihn beträfen (zum alten Recht BGH NJW 2011, 1137 Rn. 14).

Stellungnahme. Diese Sichtweise überzeugt nicht mehr. Die Pflicht der Gemeinschaft der Wohnungseigentümer besteht gegenüber jedem Wohnungseigentümer individuell. Jeder Wohnungseigentümer kann daher individuell zu sämtlichen Fragen Auskunft verlangen. **177**

I. Abdingbarkeit

Zu Absatz 1 (→ Rn. 54, zu Absatz 2 (→ Rn. 122), zu Absatz 3 (→ Rn. 142) und zu Absatz 4 (→ Rn. 74). **178**

Regelung der Verwaltung und Benutzung durch Beschluss

19 (1) **Soweit die Verwaltung des gemeinschaftlichen Eigentums und die Benutzung des gemeinschaftlichen Eigentums und des Sondereigentums nicht durch Vereinbarung der Wohnungseigentümer geregelt sind, beschließen die Wohnungseigentümer eine ordnungsmäßige Verwaltung und Benutzung.**

(2) **Zur ordnungsmäßigen Verwaltung und Benutzung gehören insbesondere**

1. **die Aufstellung einer Hausordnung,**
2. **die ordnungsmäßige Erhaltung des gemeinschaftlichen Eigentums,**
3. **die angemessene Versicherung des gemeinschaftlichen Eigentums zum Neuwert sowie der Wohnungseigentümer gegen Haus- und Grundbesitzerhaftpflicht,**
4. **die Ansammlung einer angemessenen Erhaltungsrücklage,**
5. **die Festsetzung von Vorschüssen nach § 28 Absatz 1 Satz 1 sowie**
6. **die Bestellung eines zertifizierten Verwalters nach § 26a, es sei denn, es bestehen weniger als neun Sondereigentumsrechte, ein Wohnungseigentümer wurde zum Verwalter bestellt und weniger als ein Drittel der Wohnungseigentümer (§ 25 Absatz 2) verlangt die Bestellung eines zertifizierten Verwalters.**

Literatur (zu älteren Literatur siehe die Vorauflage zu § 21): *Elzer,* Änderungsvorschläge zum Wohnungseigentumsmodernisierungsgesetz, AnwZert MietR 13/2020.

Übersicht

* Anwendbar ab 1.12.2022, beachte hierzu § 48 Abs. 4

A. Entstehungsgeschichte

1 § 19 WEG ist durch das Gesetz zur Förderung der Elektromobilität und zur Modernisierung des Wohnungseigentumsgesetzes und zur Änderung von kosten- und grundbuchrechtlichen Vorschriften vom 16.10.2020 geformt worden. Er entspricht im Charakter §§ 15 Abs. 2, 21 Abs. 3, Abs. 5 und Abs. 7 WEG aF. Die Wohnungseigentümer entscheiden nach Absatz 1 Fall 1 allerdings nicht mehr wie nach § 21 Abs. 3 WEG aF für sich selbst, sondern als Willensbildungsorgan der Gemeinschaft der Wohnungseigentümer, die nach § 18 Abs. 1 WEG das gemeinschaftliche Eigentum verwaltet. Ferner ist in Absatz 1 als zweiter Fall die Beschlusskompetenz aus § 15 Abs. 2 WEG aF hinzugenommen worden, wiederum für die Gemeinschaft der Wohnungseigentümer. Absatz 2 hat vor allem sprachliche Veränderungen, aber auch Modernisierungen im Übrigen erfahren und ist jetzt mit Bezug auf § 18 Abs. 1, Abs. 2 Nr. 1 WEG zu lesen. Außerdem sind zu Unrecht § 21 Abs. 5 Nr. 6, Abs. 6 WEG aF entfallen (dazu Vorauflage → § 21 Rn. 126 ff.). Diese zwei Bestimmungen haben nach Ansicht des Gesetzgebers an „praktischer Relevanz" verloren, sodass von ihrer Aufnahme in den Katalog abgesehen wurde (BR-Drs. 168/20, 66). Sollte im Einzelfall die Notwendigkeit einer solcher Maßnahme bestehen, folge der Anspruch des Wohnungseigentümers aus § 18 Abs. 2 WEG (BR-Drs. 168/20, 66). Diese Begründung trägt freilich nicht, da § 21 Abs. 5 Nr. 6 WEG aF einem Wohnungseigentümer einen Duldungsanspruch gegeben hatte (dazu Vorauflage → § 21 Rn. 130) und es ferner an einer § 21 Abs. 6 WEG aF entsprechenden Norm fehlt. Außerdem handelt es sich bei den Maßnahmen, die § 21 Abs. 6 WEG aF unterfielen, jeweils um bauliche Veränderungen, sodass jetzt § 20 Abs. 2 Satz 1 WEG entsprechend anzuwenden ist (→ § 20 Rn. 101). § 19 Abs. 2 Nr. 6 WEG ist auf Initiative des Rechtsausschusses des Bundestages in das Gesetz eingefügt worden (BT-Drs. 19/22634).

B. Sinn und Zweck

Absatz 1 räumt den Wohnungseigentümern für die Verwaltung des gemeinschaftlichen Eigentums und die Benutzung des gemeinschaftlichen Eigentums sowie für die Benutzung des Sondereigentums eine Beschlusskompetenz (→ § 23 Rn. 3 ff.) ein. Diese Rechte können im Einzelfall zu einer Pflicht werden. Absatz 2 führt Beispiele für das an, was ua zu einer ordnungsmäßigen Verwaltung iSv § 18 Abs. 2 Nr. 1 WEG gehört, und hätte daher besser bei § 18 WEG geregelt werden sollen. 2

C. Verwaltungsbeschlüsse (§ 19 Abs. 1 Fall 1 WEG)

I. Sinn und Zweck

Die Fassung von § 19 Abs. 1 Fall 1 WEG ist an § 21 Abs. 3 WEG aF angelehnt. Die Bestimmung gibt den Wohnungseigentümern die Kompetenz, über die Verwaltung des gemeinschaftlichen Eigentums oder des Gemeinschaftsvermögens (§ 9a Abs. 3 WEG) im Wege des Beschlusses zu handeln. Die Wohnungseigentümer bilden durch den Beschluss insoweit formal jeweils den Willen der Gemeinschaft der Wohnungseigentümer (BR-Drs. 168/20, 63). Kommt es bei ihrer Willensbildung zu Mängeln oder findet eine notwendige Willensbildung nicht statt, haftet daher die Gemeinschaft der Wohnungseigentümer auf Schadenersatz (→ § 18 78 ff.). Allerdings kann ein Wohnungseigentümer im Verhältnis zur Gemeinschaft der Wohnungseigentümer seine Pflichten verletzen und dieser daher seinerseits Schadenersatz schulden (→ § 18 Rn. 85 ff.). 3

II. Tatbestandsvoraussetzungen

1. Verwaltung des gemeinschaftlichen Eigentums oder des Gemeinschaftsvermögens. Es muss sich um einen Beschluss zur Verwaltung des gemeinschaftlichen Eigentums oder des Gemeinschaftsvermögens handeln. 4

2. Keine entgegenstehende Vereinbarung. Eine Beschlusskompetenz für einen Verwaltungsbeschluss nach § 19 Abs. 1 Fall 1 WEG besteht nicht, sofern die entsprechende Verwaltungsmaßnahme (→ § 18 Rn. 8) oder Verwaltungsentscheidung (→ § 18 Rn. 7) bereits durch eine Vereinbarung geregelt ist. Handeln die Wohnungseigentümer entgegen einer Vereinbarung und soll der Beschluss dauerhaft etwas Abweichendes bestimmen, besteht keine Beschlusskompetenz und der Beschluss ist nichtig (→ § 23 Rn. 8 „Vereinbarung“). 5

3. Entgegenstehender Beschluss. Ist die Verwaltungsmaßnahme (→ § 18 Rn. 8) oder Verwaltungsentscheidung (→ § 18 Rn. 7) bislang nur Gegenstand eines anderen Beschlusses gewesen, steht dieser Beschluss einer erneuten Beschlussfassung nach § 19 Abs. 1 WEG nicht entgegen. Es sind 6 nach hM bei der erneuten Beschlussfassung aber die Grundsätze des Zweitbeschlusses zu beachten (→ Vor §§ 23 ff. WEG Rn. 31 ff.).

7 **4. Ordnungsmäßigkeit.** Ein Verwaltungsbeschluss dient zwar stets einer ordnungsmäßigen Verwaltung iSv § 18 Abs. 2 Nr. 1 WEG. Dass er einer ordnungsmäßigen Verwaltung entsprechen muss, ist aber keine Tatbestandsvoraussetzung. Fehlt es einem Verwaltungsbeschluss daher an einer Ordnungsmäßigkeit, kann er auf eine fristgemäße Anfechtung zwar für ungültig erklärt werden (BGH NJW 2000, 3500 unter III. 4; OLG Hamm ZMR 2005, 898). Wird die Anfechtungs- oder Begründungsfrist verpasst, erwächst aber auch er in Bestandskraft, selbst wenn er rechtswidrig ist (→ § 23 Rn. 69).

III. Rechtsfolge

8 **1. Überblick.** Liegen die Tatbestandsvoraussetzungen des § 19 Abs. 1 Fall 1 WEG vor, haben die Wohnungseigentümer die Möglichkeit, zur Verwaltung des gemeinschaftlichen Eigentums und zur Verwaltung des Gemeinschaftsvermögens einen Verwaltungsbeschluss zu fassen. Bei der Beschlussfassung entscheidet nach § 25 Abs. 1 WEG die Mehrheit der abgegebenen Stimmen. Zur Beschlussfassung im Übrigen siehe umfassend → Vor §§ 23 ff. Rn. 1 ff., zu den allgemeinen Beschlussfragen und -mängeln siehe → § 23 Rn. 52 ff. Zum Zweitbeschluss → Vor § 23 Rn. 51 ff.

9 **2. Beispiele.** § 19 Abs. 1 Fall 1 WEG unterfallen die in § 19 Abs. 2 angesprochenen Beschlüsse. Ferner die Geschäftsordnungsbeschlüsse (→ § 24 Rn. 134), sowie die Beschlüsse nach §§ 24 Abs. 5, 26 Abs. 1 Satz 1, 27 Abs. 2, 28 Abs. 1 Satz 1, 28 Abs. 2 Satz 1, 29 Abs. 1 Satz 1 WEG.

10 **3. Pflicht zur Beschlussfassung.** Die sprachliche Fassung „beschließen" soll den Willen des Gesetzgebers verdeutlichen, dass mit der Beschlusskompetenz aus § 19 Abs. 1 Fall 1 WEG eine Pflicht der Wohnungseigentümer gegenüber der Gemeinschaft der Wohnungseigentümer zur Mitwirkung an einer Beschlussfassung einhergehen kann (BR-Drs. 168/20, 65). Diese Pflicht zur Mitwirkung besteht dann, wenn das Ermessen, einen Beschluss zu fassen, auf null reduziert ist (→ § 18 Rn. 44). Wirkt ein Wohnungseigentümer in einem solchen Falle an einer Beschlussfassung nicht mit, schuldet er der Gemeinschaft der Wohnungseigentümer Schadenersatz (→ § 18 Rn. 87).

D. Benutzungsbeschlüsse (§ 19 Abs. 1 Fall 2 WEG)

I. Sinn und Zweck

11 § 19 Abs. 1 Fall 2 WEG ist an § 15 Abs. 2 WEG aF angelehnt. Er gibt den Wohnungseigentümern die Kompetenz, über eine ordnungsmäßige Benutzung des gemeinschaftlichen Eigentums und des Sondereigentums im Wege des Beschlusses zu handeln. Die Wohnungseigentümer bilden dabei allerdings nicht, wie im alten Recht, ihren eigenen Willen, sondern formal den der Gemeinschaft der Wohnungseigentümer (BR-Drs. 168/20, 63).

Kommt es zu Mängeln, haftet daher die Gemeinschaft der Wohnungseigentümer auf Schadenersatz (→ § 18 Rn. 78 ff.). Allerdings kann ein Wohnungseigentümer im Verhältnis zur Gemeinschaft der Wohnungseigentümer seine Pflichten verletzen und dieser daher seinerseits Schadenersatz schulden (→ § 18 Rn. 87 ff.).

II. Tatbestandsvoraussetzungen

1. Benutzung des gemeinschaftlichen oder des Sondereigentums. Es muss sich um einen Beschluss zur Benutzung des gemeinschaftlichen Eigentums oder zur Benutzung des Sondereigentums handeln. **12**

2. Keine entgegenstehende Vereinbarung. a) Änderung. § 19 Abs. 1 Fall 2 WEG gewährt den Wohnungseigentümern keine Beschlusskompetenz, wenn die entsprechende Benutzung bereits abschließend durch eine Vereinbarung geregelt ist. Ein Benutzungsbeschluss, der eine nach einer Vereinbarung zulässige Benutzung einengen oder ändern wollte („vereinbarungsändernder Beschluss"), wäre daher nichtig (BGH NJW 2004, 937 unter III. 2. c) aa) (1); NJW 2000, 3500 unter III. 2. a; OLG München ZMR 2008, 560; OLG Saarbrücken NZM 2006, 588). Dies gilt auch, wenn der Beschluss nur „zeitweise" gelten soll (Bärmann/*Suilmann* § 15 Rn. 72; aA OLG Schleswig NZM 2005, 669). **13**

§ 19 Abs. 1 Fall 2 WEG gibt daher zB keine Beschlusskompetenz, eine Vermietung von Räumen, die im Sondereigentum stehen, zu verbieten (BGH NJW 2010, 3093 Rn. 11; OLG Celle NZM 2005, 184; OLG Düsseldorf NZM 2001, 238; LG Berlin WuM 2013, 499; AG Düsseldorf ZWE 2013, 181). Dies soll auch dann gelten, wenn ein Benutzungsbeschluss nicht auf § 19 Abs. 1 Fall 2 WEG, sondern auf einer Öffnungsklausel beruht (BGH NJW 2019, 2083 Rn. 17), selbst dann, wenn die Wohnungseigentümer kein generelles, sondern ein spezielles Vermietungsverbot beschließen, mit dem nur bestimmte, nämlich kurzzeitige Vermietungen untersagt werden (BGH NJW 2019, 2083 Rn. 17). **14**

b) Ergänzung/Konkretisierung. Ein Benutzungsbeschluss, der eine vereinbarte Benutzungsbestimmung ergänzt oder konkretisiert, ist hingegen möglich (OLG Düsseldorf NZM 2005, 345). Ferner ist ein Beschluss denkbar, wenn nach allgemeinen Überlegungen oder nach einer typisierenden Betrachtungsweise (→ § 10 Rn. 101 ff.) auch ein anderer als der vereinbarte Gebrauch zulässig wäre und der Beschluss diesen ausdrücklich erlaubt (OLG Zweibrücken NZM 2006, 937) – mithin klarstellt, was sowieso gilt. **15**

3. Entgegenstehender Beschluss. Ist der Gegenstand bislang nur Gegenstand eines anderen Beschlusses gewesen, steht dieser einer erneuten Beschlussfassung nicht entgegen. Es sind nach hM bei der erneuten Beschlussfassung aber die Grundsätze des Zweitbeschlusses zu beachten (→ Vor §§ 23 ff. WEG Rn. 51). **16**

4. Ordnungsmäßigkeit. Ein Benutzungsbeschluss dient zwar stets einer ordnungsmäßigen Benutzung iSv § 18 Abs. 2 Nr. 2 WEG. Dass er einer ordnungsmäßigen Benutzung entsprechen muss, ist aber keine Tatbestands- **17**

voraussetzung. Fehlt es einem Benutzungsbeschluss daher an einer Ordnungsmäßigkeit, kann er auf eine fristgemäße Anfechtung zwar für ungültig erklärt werden (BGH NJW 2000, 3500 unter III. 4; OLG Hamm ZMR 2005, 898). Wird die Anfechtungs- oder Begründungsfrist verpasst, erwächst aber auch er in Bestandskraft, selbst wenn er rechtswidrig ist (→ § 23 Rn. 69).

III. Rechtsfolge

18 **1. Überblick.** Liegen die Tatbestandsvoraussetzungen des § 19 Abs. 1 Fall 2 WEG vor, haben die Wohnungseigentümer die Möglichkeit, zur Benutzung des gemeinschaftlichen Eigentums und zur Benutzung des Sondereigentums einen Beschluss zu fassen (Benutzungsbeschluss). Bei der Beschlussfassung entscheidet nach § 25 Abs. 1 WEG die Mehrheit der abgegebenen Stimmen, soweit nichts anderes vereinbart ist (OLG Hamm NZM 2009, 163).

19 Die sprachliche Fassung „beschließen" soll den Willen des Gesetzgebers verdeutlichen, dass mit der Beschlusskompetenz aus § 19 Abs. 1 Fall 2 WEG eine Pflicht gegenüber der Gemeinschaft der Wohnungseigentümer zur Mitwirkung an einer Beschlussfassung einhergehen kann (BR-Drs. 168/20, 65). Diese Pflicht zur Mitwirkung besteht, wenn das Ermessen, einen Beschluss zu fassen, auf null reduziert ist (→ § 18 Rn. 44). Wirkt ein Wohnungseigentümer in einem solchen Falle an einer Beschlussfassung nicht mit, schuldet er der Gemeinschaft der Wohnungseigentümer Schadenersatz (→ § 18 Rn. 87).

20 **2. Einzelheiten. a) Allgemeines.** Zur Beschlussfassung siehe → Vor §§ 23 ff. Rn. 1 ff., zu den allgemeinen Beschlussfragen und -mängeln siehe → § 23 Rn. 152 ff. Zum Zweitbeschluss → Vor § 23 Rn. 51 ff. Gegenstand eines Benutzungsbeschlusses kann einerseits eine umfassende Benutzungsregelung sein (Hausordnung, Grillordnung, Parkordnung, Parkplatzordnung, Saunaordnung, Waschordnung usw.). Andererseits können auch punktuelle Regelungen Gegenstand eines Benutzungsbeschlusses sein, etwa nach Art, Anzahl, Dauer, Häufigkeit, Intensität, „Öffnungszeiten", Ort, Zeit usw. (BayObLG ZWE 2001, 606).

21 **b) Beschlussgrenzen. aa) Kein Entzug einer Benutzungsmöglichkeit. (1) Überblick.** Eine Benutzungsbeschluss kann eine nach §§ 13 Abs. 1, 16 Abs. 1 Satz 3 WEG iVm §§ 903, 1004 BGB grundsätzlich erlaubte Benutzung jederzeit einschränken, konkretisieren oder ändern. Ein möglicher Benutzungsbeschluss ist daher beispielsweise die Bestimmung, den Gebrauch eines im gemeinschaftlichen Eigentum stehenden Raums oder einer Fläche zu ändern, zB die Umwidmung eines allen Wohnungseigentümern für allgemeine Zwecke dienenden Raums in ein Archiv (LG Köln ZWE 2012, 230) oder in ein Hausmeisterbüro (OLG Düsseldorf, NZM 2002, 867) oder die Bestimmung, einen Stellplatz künftig als Grillplatz zu gebrauchen. Denn in diesen Fällen besteht jeweils weiterhin eine Gebrauchsmöglichkeit, wenn auch eine geänderte.

22 Ein Benutzungsbeschluss darf eine vom Gesetz oder einer Vereinbarung erlaubte Benutzung hingegen nicht vollständig verbieten bzw. ausschließen

(LG Koblenz NZM 2017, 377; AG Würzburg ZMR 2015, 423) oder eine Benutzung erlauben, die von Gesetzes wegen oder aufgrund einer Vereinbarung verboten ist (LG München I ZMR 2012, 477; Schmid ZWE 2014, 114, 115; Merle DWE 1986, 2). Eine solche Bestimmung änderte der Sache nach das Gesetz und/oder die Vereinbarung ab und wäre in Ermangelung einer Beschlusskompetenz nichtig (→ § 23 Rn. 3 ff.). Eine Benutzungsbestimmung durch Benutzungsbeschluss setzt also stets den Mitgebrauch weiterhin voraus (BGH NZM 2016, 861 Rn. 15; NJW 2000, 3500).

(2) Sondernutzungsrecht. Kein Benutzungsbeschluss ist daher die Einräumung eines Sondernutzungsrechts (→ § 10 Rn. 117 ff.). Denn auch dieser Benutzungsbeschluss würde den Mitgebrauch der Wohnungseigentümer nach § 16 Abs. 1 Satz 3 WEG dauerhaft ausschließen. **23**

Ob ein Sondernutzungsrecht oder ein bloßer Benutzungsbeschluss vorliegt, ist ua anhand der Kriterien Ausschließlichkeit, Bestimmtheit, Dauer, Gegenleistung, Kompensation, Widerruflichkeit zu ermitteln (*Wenzel* ZWE 2001, 231). Wesentlicher Prüfstein ist die Frage, ob der Mitgebrauch (und in der Regel auch die Mitnutzung) des gemeinschaftlichen Eigentums entzogen und allein einem einzelnen Wohnungseigentum/Wohnungseigentümer/Miteigentümer zugewiesen wird (BGH NJW 2000, 3500); OLG München ZMR 2008, 560; LG Köln ZWE 2012, 187). Davon zu unterscheiden ist die Konkretisierung des weiterhin gemeinschaftlichen Gebrauchs BayObLG FGPrax 2005, 113, dort falsch entschieden). **24**

Weisen Wohnungseigentümer sich bestimmte, im gemeinschaftlichen Eigentum stehende Räume (BayObLG NJW 1974, 152: Garage; AG Oberhausen ZMR 2013, 145: Kellerräume) oder Flächen jeweils zum Alleingebrauch und unter dauerndem Entzug eines Mitgebrauchs zu, liegt zB ein Sondernutzungsrecht vor (BGH NZM 2016, 861 Rn. 11; OLG Düsseldorf NZM 2003, 767; KG NJW-RR 1987, 653; OLG Karlsruhe MDR 1983, 672; LG Karlsruhe ZWE 2012, 102). So ist in der Erlaubnis, im Treppenhaus Schränke (OLG Düsseldorf NZM 2004, 107; LG Karlsruhe ZWE 2012, 102) oder Garderoben (OLG München NZM 2006, 378; BayObLG NZM 1998, 336) aufzustellen, ein Sondernutzungsrecht zu sehen (aA OLG Hamm FGPrax 2005, 113; LG Nürnberg-Fürth ZMR 2009, 317; BayObLG NJW-RR 1993, 1165). Ein Gebrauchsentzug ist ferner der Beschluss, der den Gebrauch einer im gemeinschaftlichen Eigentum stehenden Grundstücksfläche als Parkplatz so regelt, dass nicht alle Wohnungseigentümer während der Zeit von 18.00 Uhr bis 8.00 Uhr dort ein Fahrzeug abstellen dürfen (aA OLG Frankfurt a. M. ZMR 2008, 398). Gebrauchsentzug und damit Sondernutzungsrecht ist aber auch die Zuweisung von Teilen des gemeinschaftlichen Eigentums an einzelne Wohnungseigentümer zum alleinigen Gebrauch, etwa Wasseranschlüsse (OLG München ZMR 2007, 561). Ohne Bedeutung hierfür ist, ob alle Wohnungseigentümer eine gleichwertige Fläche zur alleinigen Nutzung erhalten, weil in diesen Fällen die Entziehung der Mitgebrauchsberechtigung an den übrigen Flächen nur wirtschaftlich, nicht aber rechtlich kompensiert wird (BGH NZM 2016, 861 Rn. 15). **25**

Turnusregelungen – die Regelung, welcher Wohnungseigentümer wann und wie lange einen Gebrauch an einem im gemeinschaftlichen Eigentum **26** stehenden Raum oder einer Fläche hat, zB an einem Stellplatz mit einer Ladestation (→ § 20 Rn. 81) – sind demgegenüber grundsätzlich eine Konkretisierung des gemeinschaftlichen Gebrauchs und kein Sondernutzungsrecht und kommen diesem auch nicht gleich (BGH NZM 2016, 861 Rn. 18; NJW 2014, 1879 Rn. 16). Ein Turnussystem bezweckt nämlich eine gleichförmige Regelung des Gebrauchs und entzieht nicht den Mitgebrauch (*Häublein,* Sondernutzungsrecht, 2003, 200 ff.; aA *Bornemann,* Der Erwerb von Sondernutzungsrechten im WEG, 2000, 57; *Schweiger,* Sondernutzungsrechte im Wohnungseigentum, 1987, 50). Etwas anderes kann gelten, wenn die zeitabschnittsweise alleinige Nutzung länger andauert. Je länger diese ist, desto eher ist von einem (befristeten) Sondernutzungsrecht auszugehen (s. a. BGH NZM 2016, 861 Rn. 17).

27 **bb) Kernbereich des Wohnungseigentumsrechts.** Eine weitere Beschlussgrenze auch für Benutzungsbeschlüsse ist nach hM der Kernbereich des Wohnungseigentums (BGH NJW 2019, 2083 Rn. 7; 2015, 549 Rn. 15; NZM 2004, 227 unter III. 2. c) bb) (1); NJW 1995, 2036 unter III. 2. b); → § 23 Rn. 133 ff.). Ein Eingriff in diesen Kernbereich führt grundsätzlich zur Nichtigkeit eines Benutzungsbeschlusses (BGH NJW 2019, 2083 Rn. 7; 2015, 549 Rn. 15; NZM 2004, 227 unter III. 2. c) bb) (2). Richtet sich der Eingriff gegen ein Individualrecht, das zwar nicht entziehbar ist, auf dessen Ausübung aber verzichtet werden kann, hat die fehlende Zustimmung eines Wohnungseigentümers ihm gegenüber allerdings nach bislang hM zunächst lediglich die schwebende Unwirksamkeit des Beschlusses zur Folge (Vor §§ 23 ff. Rn. 74).

28 Akzeptiert man für Beschlüsse (zu Vereinbarungen → § 10 Rn. 60 ff.) einen Kernbereich des Wohnungseigentums, muss man für jedes grundrechtlich geschützte Recht fragen, ob es durch eine beschlossene Benutzungsbestimmung beschränkt oder untersagt werden darf. Nach einer Abwägung kann dann kein völliges Musizierverbot (BGH NJW 1998, 3713; OLG Zweibrücken MDR 1990, 1121; OLG Hamm NJW-RR 1986, 500), kein generelles Verbot von Parabolantennen (BGH ZMR 2004, 438; LG Hamburg ZMR 2014, 743) oder kein völliges Bade- und Duschverbot beschlossen werden. Es gibt dann auch keine Beschlusskompetenz dafür, den Betrieb einer Waschmaschine und das Trocknen von Wäsche innerhalb des Sondereigentums zu untersagen (OLG Frankfurt a. M. NJW-RR 2002, 82). Nach einer Abwägung ist ferner zB ein Beschluss, der ein generelles Haustierhaltungsverbot oder ein generelles Hundehaltungsverbot anordnet, grundsätzlich nichtig (OLG Saarbrücken NJW 2007, 779; KG NJW 1992, 2577; OLG Karlsruhe ZMR 1988, 184; OLG Stuttgart MDR 1982, 583; aA BGH NJW 1995, 2036 unter III. 2; OLG Frankfurt a. M. ZWE 2011, 363; OLG Hamm ZMR 2005, 897; BayObLG NZM 2002, 26).

29 **c) Einzelfälle. aa) Überblick.** Wohnungseigentümer können grundsätzlich für jeden Bereich des Sondereigentums eine Gebrauchsbestimmung treffen, also für die im Sondereigentum stehenden Räume, aber auch für die wesentlichen Gebäudebestandteile, die nach § 5 Abs. 1 bis Abs. 3 WEG im Sondereigentum stehen. Ferner kann für jeden Bereich des gemeinschaftlichen Eigentums eine Gebrauchsbestimmung getroffen werden.

bb) Flächen. In Bezug auf Flächen sind ua Bestimmungen vorstellbar zu Balkonen, etwa Wäschetrocknen (OLG Düsseldorf NJW-RR 2004, 376), zur Benutzung von Terrassen und/oder Dachterrassen, zur Benutzung des Gartens, vor allem Art und Weise der Bepflanzung, Höhe der Pflanzen, zu anderen Außenbereichen, zB Bepflanzung, Gartenzwerge oder Grillen (LG München I ZMR 2013, 475; LG Düsseldorf NJW-RR 1991, 1170), Parkverbot, Spielen, zB Fußball (OLG Frankfurt a. M. ZMR 1991, 353; LG Hamburg ZMR 2003, 878), zu Spielplätzen, zu Pkw-Stellplätzen, zu Treppenhäusern (→ Rn. 34), zu Müllflächen (zB OLG Düsseldorf NJW-RR 2004, 376), zu Wäscheküchen, zu Wandflächen, Gebrauch der Fassade, zB Fahnen, optische Gestaltung, Parabolantennen, Transparente, oder zu Wegen. 30

cc) Räume. Im Bezug auf Räume können die Wohnungseigentümer anlagenfremde Dritte vom Gebrauch ausschließen, Fragen der Belüftung klären (BayObLG WuM 1992, 707), Aussagen zur Häufigkeit eines Gebrauchs oder zum Zutritt treffen (OLG Köln WuM 1997, 696; BayObLGZ 1972, 94; AG Aachen ZMR 2004, 70) oder zum Rauchen. Ferner kann bestimmt werden wie die Räume zu gebrauchen sind, zB für Fahrräder, den Hausmeister, für Kinderwagen, zum Waschen (OLG Köln ZMR 2000, 564) oder für das Abstellen von Müll(tonnen). 31

dd) Wesentliche Gebäudebestandteile. Zu wesentlichen Gebäudebestandteilen sind Regelungen möglich zu den Anlagen und Einrichtungen, zB das Abschließen von Türen, oder der Gebrauch des Personenaufzuges (LG Karlsruhe ZWE 2014, 172; AG Freiburg ZWE 2014, 274). 32

ee) ABC-Liste. Eine „ABC-Liste“, die Fälle erfassen will, bei denen man einen Benutzungsbeschluss fasst und über seine Ordnungsmäßigkeit berichtet, ist nicht möglich und zugleich auch gefährlich. Dass in einer bestimmten Wohnungseigentumsanlage eine beschlossene Benutzungsbestimmung sich im Ergebnis als ordnungsmäßig erwiesen hat, kann nämlich für eine andere Wohnungseigentumsanlage allenfalls indizielle Bedeutung haben – und sich durchaus als falsch erweisen. Die nachfolgenden Punkte greifen daher nur besonders häufige Bestimmungen auf. Die Aussagen betreffen stets den Einzelfall und müssen auf ihre Gültigkeit für die konkrete Situation einer Wohnungseigentumsanlage überprüft werden. Ordnungsmäßigkeit ist immer nur für eine konkrete Situation prüfbar. Überblick (ergänzend ist die Liste zu Beschlüssen und/oder Vereinbarungen im Rahmen der Hausordnung zu lesen → Rn. 50): 33

- **Abschließen von Türen:** Möglich ist grundsätzlich ein Beschluss, ob und wie lange die Hauseingangstür abgeschlossen wird – soweit der Brandschutz beachtet wird (BayObLG WE 1991, 202; OLG Frankfurt a. M. NZM 2009, 440; NJW-RR 2007, 377; LG Frankfurt a. M. NJW-RR 2015, 968; KG ZMR 1985, 345; *Horst* DWE 2008, 110; *Jacoby* WE 2000, 156). Ein Beschluss soll das Ermessen der Wohnungseigentümer überschreiten, wenn er für die Nachtstunden vorsieht, dass die Haustür verschlossen zu halten ist (LG Frankfurt a. M. NJW-RR 2015, 968). 34

- **Beheizung:** Ein Beschluss zur Heizperiode und zu den zur Verfügung zu stellenden Temperaturen oder einer Nachtabsenkung ist grundsätzlich möglich (BayObLG WuM 1993, 291), beruht aber jeweils auf § 19 Abs. 1 Fall 1 WEG. Nach hM kann ferner eine Beheizungspflicht zur Abwendung von Schäden beschlossen werden (BGH NJW 2011, 2958 Rn. 18; Bärmann/*Suilmann* § 15 Rn. 56) – was überzeugt, aber problematisch ist, weil eine Beheizungspflicht Leistungspflicht ist (→ § 23 Rn. 8 „Anspruchsbegründung und -vernichtung“). Logischer wären allein Ansprüche auf Schadenersatz bei Nichtbeheizung und Eintritt eines Schadens.
- **Belüftung:** Eine Belüftungsregelung für den Waschkeller, den Heizungsraum, die übrigen Kellerräume und das Treppenhaus ist nicht zu beanstanden, wenn die Regelung die Pflichten aus § 14 Abs. 1 Nr. 2 WEG zur gegenseitigen Rücksichtnahme konkretisiert (BayObLG WuM 1992, 707).
- **Duschen und Baden:** Ein Beschluss, wann geduscht und gebadet werden darf – soweit dies nach außen wahrnehmbar ist – ist grundsätzlich möglich (BayObLG WuM 1991, 300).
- **Fassade:** Die Wohnungseigentümer können grundsätzlich regeln, ob und wie die Fassade gebraucht werden darf, zB in Bezug auf Blumenkästen (BayObLG ZMR 2001, 819; WuM 1991, 512), Fahnen, Katzennetze (BayObLG FGPrax 2003, 123), Meinungsäußerungen (AG Erfurt NZM 2011, 319), Schilder, Transparente oder Werbung (OLG Frankfurt a. M. Rpfleger 1982, 64; LG Aurich NJW 1987, 448). Ein Teileigentümer hat einen Anspruch auf angemessene Werbung für sein im Teileigentum betriebenes Unternehmen (OLG Hamm OLGZ 1980, 274; *Glaser* MDR 1955, 644); allerdings darf die Lichtreklame nicht stark stören.
- **Lärm** → Ruhezeiten: Die Wohnungseigentümer können den Gebrauch lauter Geräte, zB Klimageräte (BayObLG NZM 2002, 493), grundsätzlich einschränken, soweit hiervon Störungen über das Maß des § 906 Abs. 1 BGB ausgehen.
- **Hausverbot:** Das Verbot, dass Dritte, das gemeinschaftliche Eigentum nicht oder nur zu bestimmten Zeiten gebrauchen dürfen, ist grundsätzlich möglich (BGH NJW 2006, 1054 Rn. 7; OLG München ZMR 2005, 811). Die Möglichkeit, ein Hausverbot auszusprechen, folgt aus dem Hausrecht der Wohnungseigentümer (→ § 13 Rn. 10). Das Hausrecht schließt das Recht ein, den Zutritt nur zu bestimmten Zwecken zu erlauben und die Einhaltung dieser Zwecke mittels eines Hausverbots durchzusetzen (BGH NJW 2006, 1054 Rn. 7; 2006, 377 Rn. 25). Das Hausverbot muss allerdings beachten, dass der Dritte ggf. das Sondereigentum erreichen will. Auch für dieses kann allerdings grundsätzlich eine Gebrauchsbestimmung getroffen werden. Diese muss freilich die Grundrechte des Sondereigentümers beachten (s. a. BVerfG NJW 2010, 220; LG Koblenz NJW-RR 2012, 16; *Abramenko* ZWE 2011, 442).
- **Parabolantenne:** Die Frage der Anbringung einer fest installierten Parabolantenne ist entsprechend § 20 Abs. 2 Satz 1 WEG zu beantworten (→ § 20 Rn. 99). Fragen einer mobilen Parabolantenne können hingegen nach § 19 Abs. 1 WEG grundsätzlich geregelt werden. Ein generelles Verbot von Parabolantennen kann nach hM allerdings nicht durch Beschluss angeordnet werden.

- **Parken:** Die Wohnungseigentümer können die Frage, wie, wann und von wem im gemeinschaftlichen Eigentum stehende, keinem Sondernutzungsrecht unterliegende Stellplätze zu gebrauchen sind, grundsätzlich regeln (KG NJW-RR 1996, 586). Ferner kann zur Frage, was auf Parkplätzen abgestellt wird und wie lange, eine Bestimmung getroffen werden.
- **Rauchen:** Die Wohnungseigentümer können grundsätzlich Bestimmungen zum Rauchen treffen, vor allem im Treppenhaus, auf Terrassen und Balkonen (BayObLG NZM 1999, 504).
- **Ruhezeiten:** Ruhezeiten können grundsätzlich beschlossen werden (BGH NJW 1998, 3713 unter III. 2. B; OLG Frankfurt a. M. NZM 2004, 31 (32); BayObLG NZM 2002, 492). Was gilt, ist Frage des Einzelfalls (OLG Stuttgart FGPrax 1998, 101; OLG Zweibrücken MDR 1990, 1121; BayObLG NJW 1985, 2138; *Derleder* FS Seuß, 1987, 115). Berufsmusiker können grundsätzlich nicht verlangen, bevorzugt behandelt zu werden (BGH NJW 2019, 773 Rn. 14; OLG Frankfurt a. M. NZM 2004, 31); ggf. greift hier aber § 242 BGB. Eine Ermessensgrenze ist dort zu ziehen, wo der Beschluss entweder ein völliges Musizierverbot oder eine einem völligen Musizierverbot praktisch gleich zu setzende Reglementierung enthält (BGH NJW 1998, 3713 unter III. 2. b). Das Musizieren innerhalb der eigenen Wohnung ist Bestandteil eines sozial üblichen Verhaltens und Element der Zweckbestimmung der Wohnanlage. Es darf zwar auf bestimmte Zeiten und einen bestimmten Umfang beschränkt, nicht jedoch insgesamt verboten werden (BGH NJW 1998, 3713 unter III. 2. b). Die Beschränkung des Musizierens auf Zimmerlautstärke, also so, dass das Musizieren in anderen Wohnungen nicht zu hören ist, kann dem völligen Ausschluss eines Musizierens gleichkommen (BayObLG NJW 2001, 3635). Musizieren, das außerhalb der eigenen Wohnung nicht zu hören ist, kann nicht durch Gebrauchsregelungen beschränkt werden, weil durch ein solches Musizieren kein anderer Wohnungseigentümer beeinträchtigt wird (BGH NJW 1985, 2138);
- **Spielen:** Das Spielen von Kindern kann nicht generell verboten werden; jedoch ist es zulässig, Spielen und Toben im Treppenhaus oder sonstigen Gemeinschaftseinrichtungen zu beschränken oder zu untersagen. Besteht ein gemeinsamer Spielplatz, so muss Kindern dort das Spielen zu normalen Tageszeiten (ausgenommen festgelegte Ruhezeiten) erlaubt sein, allerdings immer in einem Rahmen, der nicht zu unzumutbaren Belästigungen führt.
- **Stellplätze** → Parken.
- **Tätige Mithilfe** → Rn. 50.
- **Tiere** → Rn. 50.
- **Treppenhaus:** Die Wohnungseigentümer können grundsätzlich Bestimmungen dazu treffen, was im Treppenhaus abgestellt, zB Fahrräder, Fußmatten, Kinderwagen (OLG Hamm NJW-RR 2002, 10; OLG Hamburg ZMR 1993, 126), Lagergut (LG Hamburg ZMR 2011, 232), Pflanzen, Rollatoren, Rollstühle, Schirme, religiöse Figuren, Schuhe (OLG Hamm NJW-RR 1988, 1171) oder aufgehängt werden darf, zB Bilder (OLG Hamburg ZMR 1993, 126; s. a. BGH NZM 2007, 37 Rn. 9 zum Mietrecht). Das Tragen von Fahrrädern kann nicht verboten werden (aA LG München I ZWE 2018, 176 Rn. 10). Eine Regelung zur Treppenhaus-

reinigung ist möglich (BayObLG WuM 1994, 403). Diese darf aber nicht den Wohnungseigentümern auferlegt werden (→ tätige Mithilfe).

- **Vermietung:** Die Wohnungseigentümer können nach hM beschließen, im gemeinschaftlichen Eigentum stehende Flächen und/oder Räume zu vermieten (BGH NZM 2016, 861 Rn. 15; ZMR 2013, 288 Rn. 19; OLG Hamburg ZMR 2003, 957; LG Berlin ZMR 2018, 847; LG München I ZMR 2017, 925). Das können ganze Wohnungen (Hausmeisterwohnung), aber auch Kellerräume, Bodenräume, Garagen, Parkflächen, Parkplätze oder Freiflächen sein. Eine Einschränkung ist nur dort geboten, wo eine Vermietung/Verpachtung im Ergebnis zur Begründung eines einem Sondernutzungsrecht gleichkommenden Rechts führt (OLG Düsseldorf NZM 2005, 623; LG Hamburg ZMR 2016, 57; *Drasdo* FS Blank, 2006, 618). Ob es so liegt, ist eine Frage des Einzelfalls und der Darlegungen (Elzer IMR 2016, 154; Elzer MietRB 2015, 283, 285). Ein mit einem Wohnungseigentümer abgeschlossener Mietvertrag muss daher einem Drittvergleich standhalten. Aus diesem Grund kann ein atypisch langfristiger Mietvertrag nicht wirksam abgeschlossen werden (OLG Frankfurt a. M. OLGR 2005, 334: 30 Jahre); ein entsprechender Beschluss wäre nichtig (OLG Frankfurt a. M. OLGR 2005, 334; aA OLG Hamburg ZMR 2003, 957). Auch Ketten-Mietverträge für je ein Jahr jeweils mit demselben Eigentümer sind bedenklich. Ferner muss eine beschlossene Vermietung zu einer angemessenen und marktüblichen Miete führen. Vermieter ist stets die Gemeinschaft der Wohnungseigentümer. Der Verwalter hat für den Abschluss des Mietvertrags von Gesetzes wegen häufig Verwaltungskompetenz nach § 27 Abs. 2 WEG. Im übrigen bedarf es eines Ermächtigungsbeschlusses (→ § 27 Rn. 36). Ein Beschluss, der eine Vermietung des Sondereigentums verbieten oder beschränken wollte, wäre nichtig (BGH NJW 2010, 3093 Rn. 11).
- **Videoüberwachung:** Die hM versteht den Anbau einer Videokamera als bauliche Veränderung (BGH NJW 2013, 3089 Rn. 10; NZM 2012, 239 Rn. 6; NJW-RR 2011, 949 Rn. 4; aA OLG München NZM 2005, 668).
- **Wohnungseingangstüren:** Die Wohnungseigentümer können Bestimmungen dazu treffen, ob und welcher Schmuck wie lange an die Außenseite gehängt werden darf, zB Kränze oder Ostereier.

IV. Auslegung

35 Benutzungsbeschlüsse nach § 19 Abs. 1 Fall 2 WEG sind wie jeder andere Beschluss (→ Vor §§ 23 Rn. 78 ff.) auszulegen. Eine Auslegung ist vor allem geboten, soweit eine beschlossene Benutzungsregelung sprachlich ungenau gefasst ist oder soweit sich Anordnungen widersprechen.

V. Zustimmung(en) zu einer Benutzung

36 Der Verwalter hat nach § 27 Abs. 1 WEG keine Möglichkeit, eine unzulässige Benutzung zu „gestatten“. Auf entsprechende Erklärungen kann sich ein Wohnungseigentümer oder Drittnutzer nicht berufen (BayObLG WE 1998, 398; *Hesse* MietRB 2005, 179). Der Verwalter ist zB nicht in der

Lage, namens der (übrigen) Wohnungseigentümer bzw. der Gemeinschaft der Wohnungseigentümer einem Teileigentümer den Gebrauch eines unselbständigen Teileigentums zu Wohnzwecken zu gestatten (BayObLG WE 1998, 398). Etwas anderes gilt, wenn dem Verwalter die Befugnis übertragen worden ist, eine Gebrauchsänderung zu gestatten. In einer bloßen Veräußerungszustimmung iSv § 12 WEG liegt keine Billigung eines bestimmten Gebrauchs. Zu öffentlich-rechtlichen Genehmigungen → § 14 Rn. 41.

E. Einzelne Maßnahmen (§ 19 Abs. 2 WEG)

I. Einführung

Um die Anwendung von § 18 Abs. 2 Nr. 2 WEG zu erleichtern, beschreibt der nicht abschließend gemeinte § 19 Abs. 2 WEG („insbesondere") in seinen Nummern 1 bis 5 solche Maßnahmen, die in jedem Falle zu einer ordnungsmäßigen, dem Interesse der Gesamtheit der Wohnungseigentümer entsprechenden Verwaltung und Benutzung gehören und nach § 18 Abs. 2 WEG von der Gemeinschaft der Wohnungseigentümer verlangt werden können. Insoweit ist ein Ermessen für das „Ob" (Entschließungsermessen; → § 18 Rn. 36) nicht vorhanden. **37**

Neben den in § 19 Abs. 2 WEG ausdrücklich genannten Maßnahmen gehören zu den Verwaltungsangelegenheiten sämtliche anderen Maßnahmen, die in tatsächlicher oder rechtlicher Hinsicht für die Erhaltung, Sicherung, Verbesserung und gewöhnliche Benutzung des gemeinschaftlichen Eigentums erforderlich und geeignet sind oder sonst sich als Geschäftsführung zugunsten der Wohnungseigentümer in Bezug auf das gemeinschaftliche Eigentum darstellen (BGH NJW 1993, 727 unter II. 2. b). Hierzu gehören etwa Beschlüsse zur Versammlung der Wohnungseigentümer, Beschlüsse zum Verwaltungsbeirat oder Maßnahmen gegen den Bauträger wegen Rechten aus den individuellen Erwerbsverträgen der Wohnungseigentümer als Erwerber von Wohnungseigentum (BGH NJW-RR 2020, 72 Rn. 7). Der Unterschied zu den in § 19 Abs. 2 WEG genannten Maßnahmen besteht darin, dass die Wohnungseigentümer für diese Maßnahmen nicht nur für das „Wie", sondern grundsätzlich auch für das „Ob" ein Ermessen haben. Es bedarf also stets einer Abwägung im Einzelfall. Eine Maßnahme kann hier nur verlangt werden, wenn sich das Ermessen insoweit auf null reduziert hat. **38**

II. Eigentümer-Hausordnung (§ 19 Abs. 2 Nr. 1 WEG)

1. Begriff und Zweck. Eine Hausordnung ist eine Verkörperung sämtlicher hausbezogener Benutzungs- und Verwaltungsregelungen für das gemeinschaftliche, aber auch das jeweilige Sondereigentum (BayObLG ZMR 2004, 924; OLG Schleswig ZMR 2002, 865 (869); OLG Karlsruhe ZMR 1999, 281 (282)). Sie enthält im wesentlichen Verhaltensvorschriften, mit denen der Schutz des Gebäudes, die Aufrechterhaltung von Sicherheit und Ordnung und die Erhaltung des Hausfriedens sichergestellt werden sollen, wobei insbesondere die §§ 13, 14, 16 WEG, §§ 903, 903, 1004 BGB, das **39**

öffentliche Recht und die Verkehrssicherungspflichten zu beachten sind (LG Frankfurt a. M. ZWE 2015, 413; NJW-RR 2015, 968; LG München I ZWE 2013, 413). Welchen „Namen" die Zusammenfassung oder ihre isolierte Darstellung hat und ob sie überhaupt einen hat, ist unerheblich. So finden sich ua die Begriffe „Gartenordnung" (BayObLG ZMR 2005, 132), „Benutzungsordnung" (BayObLG ZMR 2004, 924), „Kellernutzungsregelungen" OLG Karlsruhe WuM 1999, 51), „Saunaordnung" oder schlicht „Richtlinie".

40 Sinn und Zweck einer Hausordnung ist es va, die sich aus dem Gesetz für die Benutzung gemeinschaftlichen Eigentums und/oder Sondereigentums abstrakt ergebenden Pflichten auszuarbeiten und zu veranschaulichen (BayObLG ZMR 2005, 132). Daneben soll ein störungsfreies, geordnetes und harmonisches Zusammenleben gefördert werden, Interessenskonflikte geregelt und damit die Sicherheit und Ordnung und der Hausfrieden sichergestellt und erhalten werden (OLG Frankfurt a. M. NJW-RR 2007, 377; LG München I ZWE 2010, 399; *Wenzel* NZM 2004, 542 (544)).

41 **2. Wege der Entstehung. a) Vereinbarung.** Eine Hausordnung, besser die durch diesen Sammelbegriff repräsentierten Gebrauchsregelungen und die gegenstandsbezogenen Verwaltungsregelungen, kann Regelungsgegenstand einer Vereinbarung sein. In diesem Falle gelten für ihre Entstehung, Änderung, Abschaffung, ihre Form etc alle Regelungen, die für Vereinbarungen gelten (*Heinemann* MietRB 2009, 57). Ist die Hausordnung oder sind Teile von ihr durch eine Vereinbarung bestimmt, muss untersucht werden, ob es Ziel der Vereinbarung war, eine Regelung „beschlussfest" zu machen (→ § 10 Rn. 70). Soweit die Bestimmung der Hausordnung bezweckte, ihre Inhalte einer Regelung durch Beschluss zu entziehen, muss dies angenommen werden. Die Änderung der Hausordnung ist dann nur als „actus contrarius" (= gegenteiliger Akt, gegenteilige Rechtshandlung) wieder durch eine Vereinbarung möglich. Soweit die Bestimmung durch Vereinbarung hingegen eher zufällig erfolgte, muss eine „Vereinbarung in Beschlussangelegenheiten" (→ § 10 Rn. 70) angenommen werden. Dann kann, weil der Sache nach eine konkludente Öffnungsklausel besteht, auch eine vereinbarte Hausordnung durch einen Beschluss geändert werden (BayObLGZ 1991, 421 (422); OLG Frankfurt a. M. NJW-RR 1990, 1430; OLG Oldenburg ZMR 1978, 245; LG München I ZWE 2018, 176 Rn. 4, aber ohne notwendige Differenzierung).

42 **b) Beschluss.** Eine Hausordnung kann nach § 19 Abs. 1 Fall 2 WEG auch beschlossen werden. Die Kompetenz, eine Hausordnung zu beschließen, wird nach hM nicht dadurch in Frage gestellt, dass eine Vereinbarung die Aufstellung der Hausordnung durch den Verwalter vorsieht (KG ZMR 1992, 68 (69)).

43 **c) Bestimmung durch Verwalter.** Eine Vereinbarung, nicht aber ein Beschluss nach § 27 Abs. 2 (→ § 27 Rn. 65; s. a. OLG Stuttgart NJW-RR 1987, 976; LG Frankfurt a. M. NZM 2014, 798; *Schmid* NJW 2013, 2145 (2146)) kann vorsehen, dass die Hausordnung vom Verwalter aufgestellt wird (BayObLG ZWE 2002, 175; ZMR 2002, 64; OLG Düsseldorf OLGR

2003, 74; KG ZMR 1992, 68 (69)). Macht der Verwalter von dieser Kompetenz Gebrauch, nimmt die Rechtsprechung an, dass die Regelung keine Vereinbarung darstellt (BayObLG NJW-RR 1992, 343 (344); ZMR 2002, 64; OLG Stuttgart NJW-RR 1987, 976). Dem ist im aktuellen Recht zu folgen. Der Verwalter kann nach § 27 Abs. 1 WEG letztlich an Stelle der Wohnungseigentümer beschließen. Die Wohnungseigentümer können daher von durch den Verwalter gesetzten Bestimmungen im Wege des Beschlusses abweichen und etwas anderes bestimmen (BayObLG ZMR 2002, 64; NJW-RR 1992, 343 (344); KG ZMR 1992, 68 (69)).

d) Gericht. Fehlt eine Hausordnung oder ist sie unvollständig, kann subsidiär nach § 44 Abs. 1 Satz 2 WEG das Wohnungseigentumsgericht angerufen werden, eine Hausordnung aufzustellen, abzuändern oder zu ergänzen (OLG Hamm NJW 1969, 884). Eine vom Gericht angeordnete Hausordnung ist Beschluss und kann daher ohne weiteres wieder durch Beschluss geändert werden (OLG Frankfurt a. M. NZM 2009, 440; KG ZMR 1996, 393). **44**

3. Ermessen. Für die Frage, ob die Gemeinschaft der Wohnungseigentümer den Wohnungseigentümern eine Hausordnung gibt, besteht kein Ermessen. Für das „Ob" ist das Ermessen auf null reduziert (→ § 18 Rn. 44). Für das, „was" durch eine Hausordnung geregelt wird, mit welchem Inhalt und auf welche Weise (Beschluss, Vereinbarung, Bestimmung Dritter) Regelungen getroffen werden, besteht hingen grundsätzlich ein Ermessen (OLG Frankfurt a. M. NJW-RR 2009, 949; NZM 2004, 31 (32)). Entscheidungen zur Hausordnung sind daher gerichtlich grundsätzlich nur auf Ermessensfehler hin überprüfbar (OLG Frankfurt a. M. NJW-RR 2009, 949; 2007, 377). **45**

4. Regelungsunterworfene. a) Wohnungseigentümer. Primäre Regelungsunterworfene sind die Wohnungseigentümer, natürlich auch werdende (*Elzer* MietRB 2006, 75 (78)). „Unterwerfen" müssen sich aber auch die Personen, die dem Hausstand oder dem Geschäftsbetrieb des Wohnungseigentümers angehören oder denen er sonst den Gebrauch und/oder die Benutzung der im Sonder- oder gemeinschaftlichen Eigentum stehenden Grundstücks- oder Gebäudeteile bzw. Räume überlässt (Drittnutzer). **46**

b) In Sonderheit Mieter. aa) Mietvertrag. Ein Mieter ist an eine Hausordnung der Wohnungseigentümer nach § 535 BGB im Verhältnis zum vermietenden Sondereigentümer vertraglich gebunden, wenn die Hausordnung durch eine Vereinbarung zwischen dem vermietenden Sondereigentümer und ihm Vertragsbestandteil des Mietvertrags geworden ist (BGH NJW 2004, 775 unter II. 2. b) bb); 1991, 1750 unter II. 6). Zur Einbeziehung genügt die Erwähnung (Bezugnahme) der Hausordnung in einzelnen Paragrafen des Mietvertrags oder ihre Beifügung als Anlage. Ist die (geltende) Eigentümer-Hausordnung Bestandteil des Mietvertrags, kann der vermietende Sondereigentümer daher von seinem Mieter deren Einhaltung nach §§ 535, 241 BGB verlangen (*Schmid* NJW 2013, 2145 (2148)). **47**

48 **bb) Fehlende Regelung.** Fehlen mietvertragliche Regelungen, ändert das nichts. Der Wohnungseigentümer, von dem der Mieter seine Nutzungsbefugnis ableitet, kann diesem nicht mehr an Rechten übertragen, als er selbst im Verhältnis zu den anderen Wohnungseigentümern hat (→ § 13 Rn. 33 ff.). Die Wohnungseigentümer haben daher gegen den Mieter, der bei der Benutzung des gemeinschaftlichen Eigentums gegen eine von den Wohnungseigentümern vereinbarte oder beschlossene Gebrauchsregelung verstößt, einen Unterlassungsanspruch aus § 1004 Abs. 1 BGB (BGH BeckRS 2020, 10168 Rn. 20; NJW 2020, 921 Rn. 13). Nichts anderes gilt für jegliche Vereinbarungen in Bezug auf die Benutzung des Sondereigentums (BGH BeckRS 2020, 10168 Rn. 20; s. a. NJW 2020, 921 Rn. 18).

49 **5. Gegenstände. a) Allgemeines.** Eigentlicher Gegenstand einer Hausordnung sind nach § 19 Abs. 1 Fall 2 WEG beschlossene oder gem. § 10 Abs. 1 WEG vereinbarte Benutzungsregelungen. Das können allgemeine Sorgfalts-, Sicherheits- und Gefahrvorbeugungspflichten sein, aber auch Benutzungsregelungen für gemeinschaftliche Flächen, Räume und Einrichtungsgegenstände sowie Ruhezeiten. Wichtig ist stets, dass die getroffenen Regelungen ausreichend bestimmt sind (für Beschlüsse → § 23 Rn. 140 ff.; OLG Köln NZM 2005, 61; BayObLG NZM 2002, 171; *Heinemann* MietRB 2009, 57 (58)). Etwa eine Bestimmung, die Ruhezeiten festlegt, in denen jedes „unnötige und störende Geräusch" zu vermeiden und die Ruhe „beeinträchtigende Tätigkeiten" zu unterlassen sind, genügt mangels Objektivierbarkeit unnötiger und störender Geräusche nicht dem Bestimmtheitserfordernis und ist unwirksam (OLG Düsseldorf NJW 2009, 3377). Entsprechendes gilt für eine Regelung, die Singen und Musizieren nur in „nicht belästigender Weise und Lautstärke" gestattet (BGH NJW 1998, 3713 unter III. 2. d).

b) Gegenstände im „ABC".

50
- Abstandsregelungen (→ „Pandemie");
- Abstellen von Sachen, zB Kfz, Zweiräder oder Gegenstände im Treppenhaus (→ Treppenhaus);
- Abschluss von Türen (→ Rn. 34);
- Aufstellen von Getränkeautomaten (BayObLG NJW-RR 1990, 1104);
- Baden und Duschen (→ Rn. 34);
- Beheizung (→ Rn. 34);
- Beleuchtung;
- Belüftung (→ Rn. 34);
- Bepflanzungsvorgaben, auch im Bereich eines Sondernutzungsrechts;
- Epidemie (→ Pandemie);
- Fassade (→ Rn. 34);
- Fensteröffnung (BayObLG Rpfleger 1982, 218; OLG Karlsruhe MDR 1976, 758);
- Feuerschutz (OLG Frankfurt a. M. NJW-RR 2007, 377; BayObLGZ 1972, 94 (96));
- Gartenarbeit (→ tätige Mithilfe);
- Gebrauch gemeinschaftlicher Einrichtungen, etwa:
  - Fahrradkeller;
  - Garten;

  - Grillen (LG München I ZWE 2013, 413; LG Düsseldorf NJW-RR 1991, 1170; AG Wuppertal Rpfleger 1977, 445)) und Grillplatz (AG Wuppertal Rpfleger 1977, 445);
  - Tiefgarage (besteht eine gemeinsame Tiefgarage oder ein Parkplatz, so kann der Gebrauch eingeschränkt werden, zB durch das Verbot, nicht verkehrstüchtige Fahrzeuge dort abzustellen oder Kfz-Reparaturen auszuführen);
  - Müllanlagen (eine Regelung, nach der die jeweiligen Eigentümer für das Bereitstellen der Abfallbehältnisse verantwortlich sind, soll nicht ordnungsmäßig sein, OLG Düsseldorf NJW-RR 2004, 376);
- Hausverbot (→ Rn. 34);
- Heizverhalten (auch Heizperiode, Raumtemperatur etc); die Wohnungseigentümer können zB beschließen, die Heizungsanlage in den Sommermonaten in Betrieb zu halten oder abzustellen (BayObLG WuM 1993, 291 (292));
- Klingel- und Briefkastenanlagen; bei Klingel- und Briefkastenanlagen kann eine einheitliche Gestaltung von Namensschildern vorgegeben werden, nicht aber ein generelles Werbeverbot (*Hogenschurz* MietRB 2004, 310);
- Konkretisierung der Sorgfaltspflichten zur Sicherheitsvorsorge und Gefahrenverhütung; dazu gehören auch Feuerschutzregelungen;
- Lärm (Ruhezeiten);
- Parabolantenne (→ Rn. 34);
- Pandemie, etwa:
  - Abstandsregelungen für den Außenbereich, Garagenanlagen, den Personenaufzug und/oder das Treppenhaus;
  - Gebot, im Personenaufzug oder im Treppenhaus eine Mund-Nasen-Bedeckung zu tragen;
  - Hygienemaßnahmen;
  - Maßnahmen zum Infektionsschutz;
  - Verbot, im Treppenhaus längere Unterhaltungen zu führen oder dort zu singen;
- Parken (→ Rn. 34);
- Rauchen (→ Rn. 34);
- Reinigungspflichten innen und außen (Treppenhaus- und Gehwegreinigung; s. a. → tätige Mithilfe);
- Ruhezeiten (→ Rn. 34);
- Sauna;
- Spielen von Kindern:
  - Das Spielen von Kindern kann nicht generell verboten werden; jedoch ist es zulässig, das Spielen und Toben im Treppenhaus oder sonstigen Gemeinschaftseinrichtungen zu beschränken oder zu untersagen;
  - Besteht ein gemeinsamer Spielplatz, so muss Kindern dort das Spielen zu normalen Tageszeiten (ausgenommen festgelegte Ruhezeiten) erlaubt sein, allerdings immer in einem Rahmen, der nicht zu unzumutbaren Belästigungen führt;
- Stellplätze (KG NJW-RR 1996, 586);
- Sorgfalts-, Sicherheits- und Gefahrvorbeugungspflichten;

- Tätige Mithilfe:
  - Soweit ein Hausordnungsbeschluss eine im Übrigen nicht bereits geschuldete Leistung auferlegen will (Tätige Mithilfe), ist er nichtig (allgemein → § 23 Rn. 8 [Anspruchsbegründung und -vernichtung]). Nichtig ist daher ua der Beschluss, wonach Wohnungseigentümer verpflichtet sind, turnusmäßig nach einem Reinigungsplan das Treppenhaus, Hausflure und gemeinschaftliche Keller zu reinigen (OLG Düsseldorf NZM 2004, 554; KG ZWE 2002, 273 (275); aA BayObLGZ 1991, 422; LG Stuttgart ZWE 2011, 43 (44)), Abfallbehältnisse bereitzustellen (OLG Düsseldorf NJW-RR 2004, 376), Gartenpflegearbeiten durchzuführen (OLG Köln NZM 2005, 261; OLG Düsseldorf NZM 2004, 554; KG NJW-RR 1994, 207), Erhaltungsarbeiten durchzuführen (OLG Düsseldorf NJW-RR 2004, 376; NZM 2004, 554; OLG Hamm MDR 1982, 150; LG Dortmund ZMR 2018, 615 (616)), oder der Beschluss, einen der Wohnungseigentümer als Hauswart zu bestimmen und ihm Gartendienst zu übertragen (OLG Düsseldorf NJW-RR 2004, 376). Steht es einem Wohnungseigentümer frei, für die Handlungspflicht auf eigene Kosten einen Dritten einzuschalten, ändert sich nichts (LG Dortmund ZMR 2018, 615 (616)).
  - Nach hM ist ein Beschluss zur tätigen Mithilfe ferner nichtig, wenn er der Erfüllung der Verkehrssicherungspflichten (zB Winterdienst) dient (BGH NJW 2012, 1724 Rn. 12; ähnlich OLG Düsseldorf WuM 2008, 570 (571); NJW-RR 2004, 376; KG ZMR 1994, 70 (72); *Schmidt/Riecke* ZMR 2005, 252 (263); aA LG München I ZWE 2010, 399). Eine Verpflichtung der einzelnen Wohnungseigentümer, etwa die Räum- und Streupflicht im Wechsel zu erfüllen, kann mithin nur durch Vereinbarung begründet werden (BGH NJW 2012, 1724 Rn. 12).
- Tierhaltung (dazu ua *Blank* NZM 2007, 729; *Voscherau* HambGE 2007, 12):
  - Ein Verbot der Tierhaltung ist nach hM durch Vereinbarung zulässig (BGH NJW 1995, 2036; OLG Düsseldorf ZMR 1998, 45; OLG Karlsruhe ZMR 1988, 184). Ausnahmsweise kann jedoch die Durchsetzung dieser Vereinbarung gegen Treu und Glauben verstoßen (BGH NJW 1995, 2036 (2037); OLG Hamm ZMR 2005, 897; BayObLG FGPrax 2002, 15 (16)). Dies gilt insbesondere dann, wenn ein Wohnungseigentümer aus gesundheitlichen Gründen auf ein Tier angewiesen ist, zB auf einen Blindenhund. Ob von einem vereinbarten Verbot auch Kleintiere erfasst werden, ist eine Frage der Auslegung und im Zweifel zu verneinen.
  - Die Wohnungseigentümer können durch Beschluss grundsätzlich bestimmte „gefährliche“ Tiere oder Rassen verbieten (OLG Karlsruhe FGPrax 2004, 104; OLG Frankfurt a. M. NJW-RR 1993, 981), die Anzahl regeln (KG NJW-RR 1998, 1386; OLG Schleswig ZMR 2004, 940 = BeckRS 2004, 08594; LG Lüneburg ZMR 2012, 728), Regelungen zum Anleinen treffen (BayObLG NZM 2004, 792; LG Lüneburg ZMR 2012, 728), Hunde im Aufzug verbieten (LG Karlsruhe ZWE 2014, 172) oder eine Kotbeseitigungspflicht einführen (OLG Hamburg ZMR 2008, 151 = BeckRS 2008, 02584). Wird das Halten von Klein-

tieren, Vögeln oder Zierfischen eingeschränkt, ist das in der Regel nicht ordnungsmäßig, da von diesen ausgehende Störungen in der Regel nicht nach außen wahrnehmbar sind.
- Ein Beschluss, der die Tierhaltung völlig untersagt, soll nach hM nicht ordnungsmäßig sein, soll aber in Bestandskraft erwachsen können und nicht nichtig sein (BGH NJW 1995, 2036; OLG Düsseldorf NZM 2005, 345; BayObLG NJW-RR 2002, 226; KG NJW-RR 1998, 1385; aA OLG Saarbrücken NJW 2007, 779). **Stellungnahme.** Dem ist nicht zu folgen. Insoweit es sich um den Entzug eines erlaubten, nämlich nicht störenden Gebrauchs handelt, etwa der Goldfisch, ist der Beschluss teilnichtig, da ein Entzug eines nicht störenden Gebrauchs nicht beschlossen werden kann (→ Rn. 21). Der Beschluss ist hingegen allenfalls anfechtbar, soweit es um einen störenden Gebrauch geht.
- In einer Hausordnung kann auch eine Regelung über einen Leinenzwang von störenden Hunden und störenden Katzen enthalten sein (LG Frankfurt a. M. ZWE 2015, 413).

• Treppenhaus (→ Rn. 34);
• Trockenraum bzw. Waschküche und Wäschetrockner (OLG Frankfurt a. M. NZM 2001, 1136; KG ZMR 1985, 131 (132));
• Vermietung (→ Rn. 34);
• Verschließen der Hauseingangstür (→ Rn. 34);
• Wäschetrocknen (eine Regelung, wonach „das sichtbare Aufhängen und Auslegen von Wäsche, Betten usw auf Balkonen, Terrasse, im Gartenbereich und in den Fenstern usw für unzulässig erklärt wird“, soll nicht ordnungsmäßig sein, OLG Düsseldorf NJW-RR 2004, 376);
• Winterdienst (→ tätige Mithilfe).

6. Grenzen. Ist die Hausordnung oder sind Teile von ihr vereinbart, unterliegt diese Bestimmung den Grenzen, denen eine Vereinbarung unterliegt. Schranken für den Inhalt einer Vereinbarung ergeben sich vor allem aus den Grenzen der Vertragsfreiheit nach §§ 134, 138 BGB und einer Überprüfung nach § 242 BGB (BGH NZM 2004, 227 unter III. 2. b) aa). Eine beschlossene Hausordnungsregelung muss sich hingegen an den Beschlusskompetenzen, im Falle einer Anfechtung im Übrigen ua daran messen lassen, ob sie ordnungsmäßig ist (*Heinemann* MietRB 2009, 57 (58); *Elzer* ZMR 2006, 733 (736)). Ordnungsmäßigkeit iSv § 18 Abs. 2 Nr. 2 WEG ist anzunehmen, wenn die jeweilige Bestimmung einen angemessenen Ausgleich zwischen den Interessen aller Wohnungseigentümer an einem reibungslosen Zusammenleben einerseits und den Individualinteressen des einzelnen Wohnungseigentümers andererseits findet. Eine Ordnungswidrigkeit kann sich daraus ergeben, dass die Wohnungseigentümer bei ihren Bestimmungen gegen das Gleichbehandlungsgebot (→ § 23 Rn. 61) verstoßen haben. So kann es etwa liegen, wenn ohne Sachgrund verschiedene Lärmquellen voneinander unterschieden werden (BGH NJW 1998, 3713 unter III. 2. e); LG Frankfurt a. M. NJW-RR 2018, 76 Rn. 10). 51

7. Sanktionen. Es besteht im geltenden Recht keine Beschlusskompetenz, Verstöße gegen eine Hausordnung durch Beschluss mit einem 52

„Strafgeld" zu sanktionieren (s. a. OLG Frankfurt a. M. OLGZ 1979, 25). Eine Sanktion kann hingegen vereinbart werden.

53 **8. Abwehransprüche.** Verstößt ein Wohnungseigentümer gegen eine bestimmte, durch die Hausordnung ausgedrückte Regelung, kann er von der Gemeinschaft der Wohnungseigentümer in Bezug auf das gemeinschaftliche Eigentum und abstrakte Störungen des Sondereigentums als Störer nach § 14 Abs. 1 Nr. 1 WEG, oder nach § 9a Abs. 2 WEG iVm § 1004 Abs. 1 BGB in Anspruch genommen werden. Hierauf hat jeder Wohnungseigentümer nach § 18 Abs. 2 Nr. 2 WEG einen Anspruch. Der einzelne Wohnungseigentümer kann den Anspruch hingegen nur in Bezug auf eine konkrete Störung seines Sondereigentums iSv § 14 Abs. 2 Nr. 1 WEG, § 1004 Abs. 1 BGB geltend machen. Zu Verstößen eines Drittnutzers → § 13 Rn. 41 ff.

III. Erhaltung (§ 19 Abs. 2 Nr. 2 WEG)

54 **1. Allgemeines.** Die Instandhaltung und/oder Instandsetzung des gemeinschaftlichen Eigentums (Erhaltung) ruht nach § 18 Abs. 1 WEG auf der Gemeinschaft der Wohnungseigentümer. Für die Frage, wie diese ihrer Pflicht nachkommt, ob und in welchen Schritten sie eine sachlich gebotene (modernisierende) Erhaltung durchführt, besteht ein Ermessen (zum alten Recht BGH NJW 2011, 2958 Rn. 8). Die Pflicht, für eine Erhaltung zu sorgen, kann allerdings durch eine Vereinbarung ganz oder teilweise auf einen Wohnungseigentümer übertragen werden (→ Rn. 89). Steht der zu erhaltende wesentliche Gebäudebestandteil hingegen im Sondereigentum, trifft die Erhaltungspflicht den jeweiligen Wohnungseigentümer als Sondereigentümer (*Jacoby* ZWE 2017, 149 (150)). Die Wohnungseigentümer können allerdings etwas anderes vereinbaren.

55 **2. Begriff der Erhaltung. a) Überblick.** Aus § 13 Abs. 2 WEG folgt, dass der Begriff „Erhaltung" die Instandhaltung und die Instandsetzung des gemeinschaftlichen Eigentums meint. Instandhaltung und Instandsetzung sind weitgehend inhaltsgleiche Begriffe. Ihrer begrifflichen Unterscheidung kommt wegen der identischen Rechtsfolgen grundsätzlich keine praktische Bedeutung zu (BGH NJW-RR 2017, 527 Rn. 19; NJW 1999, 2108 unter III. 3). Etwas anderes gilt, wenn eine Umlagevereinbarung wegen der Kosten zwischen Instandsetzung und Instandhaltung ausdrücklich und bewusst unterscheidet (BGH NJW-RR 2017, 527 Rn. 19; NZM 2009, 866 Rn. 99) oder wenn eine andere Regelung die Instandhaltung und die Instandsetzung unterscheidet.

56 **b) Instandhaltung.** Instandhaltung meint den Inbegriff der Maßnahmen, die geeignet sind, normale und gebrauchsbedingte Abnutzungserscheinungen zu beseitigen und vor drohenden Schäden zu schützen (BSG SGb 2015, 630 = BeckRS 2015, 65733; *Elzer* ZWE 2008, 153). Die Maßnahmen müssen dazu dienen, den bei der Begründung des Wohnungseigentums bestehenden technisch einwandfreien, gebrauchs- und funktionsfähigen Zustand sowie den bestimmungsgemäßen Gebrauch einer baulichen Anlage

aufrechtzuerhalten. Dies geschieht durch pflegende, erhaltende und vorsorgende Maßnahmen (BSG SGb 2015, 630 = BeckRS 2015, 65733; BayObLG ZMR 2004, 607 (608); ZMR 1996, 447 (448); OLG Hamm ZWE 2002, 600 (602)).

c) Instandsetzung. Unter einer Instandsetzung ist die Wiederherstellung 57
des ursprünglichen ordnungsmäßigen Zustands zu sehen (BSG SGb 2015, 630 = BeckRS 2015, 65733; OLG Hamm ZWE 2009, 261; BayObLG ZWE 2002, 222 (223). Unter einer Instandsetzung lässt sich die Beseitigung größerer Schäden und Mängel fassen, die zB durch Alterung, Abnutzung, Witterungseinflüsse (vgl. § 1 Abs. 2 Nr. 2 BetrKV), unterlassene oder unzureichende Durchführung der laufenden Instandhaltungen oder durch Einwirkung Dritter entstanden sind oder auf außergewöhnlichen Umständen und Ereignissen beruhen (*Elzer* ZWE 2008, 153).

d) Erstmalige ordnungsmäßige Herstellung. aa) Überblick. Zum 58
Begriff der Erhaltung werden nach hM auch solche Maßnahmen gezählt, die zu einer erstmaligen ordnungsmäßigen Herstellung/Erstellung des gemeinschaftlichen Eigentums erforderlich sind (stRspr, exemplarisch BGH NJW-RR 2018, 1165 Rn. 11; NZM 2018, 611 Rn. 10; NJW-RR 2017, 462 Rn. 26; NZM 2016, 523 Rn. 10; NJW 2015, 2027 Rn. 20). Mit dem Begriff „ordnungsmäßige Ersterstellung/Herstellung" sind allerdings verschiedene Probleme zu fassen. Dies ist zum einen die Korrektur einer planwidrigen Errichtung (BGH NJW-RR 2018, 1165 Rn. 11/12; NJW-RR 2017, 1042 Rn. 7; NZM 2016, 523 Rn. 10; NJW 2016, 473 Rn. 7). Weiter gehört hierher eine Maßnahme, die einen anfänglichen Baumangel ausgleicht, der vom geschuldeten Bausoll (→ Rn. 60) abweicht (BGH NZM 2018, 611 Rn. 10 und Rn. 18; OLG Schleswig OLGR 2003, 451 (452); LG Köln ZWE 2013, 263). Im Einzelfall etwa der nachträgliche Einbau einer automatischen Regelanlage für die Zentralheizung eines Wohn- und Geschäftshauses, wenn der Einbau schon bei Errichtung der Wohnungseigentumsanlage vorgesehen, später aber unterblieben ist (OLG Hamm OLGZ 1982, 260). Auch die Schaffung eines Zugangs zu einem öffentlichen Weg über das gemeinschaftliche Grundstück (BGH NJW 2006, 3426 Rn. 13) und die Vollendung eines stecken gebliebenen Baus (→ § 22 Rn. 15 ff.) sind im Übrigen begrifflich eine erstmalige ordnungsmäßige Herstellung/Erstellung.

bb) Begriff des „ordnungsmäßigen Zustands". Für die Frage, wel- 59
cher Zustand des gemeinschaftlichen Eigentums erstmalig ordnungsmäßig ist, ist zwischen Eigentumsgrenzen und dem baulichen Soll-Zustand zu unterscheiden:

- **Eigentumsgrenzen.** Für die Eigentumsgrenzen zwischen dem gemein- 60
  schaftlichen Eigentum und Sondereigentum ist der erstmalig ordnungsmäßige Zustand aus dem Teilungsvertrag/der Teilungserklärung (BGH NZM 2016, 523 Rn. 12) iVm dem Aufteilungsplan zu entwickeln (BGH NJW-RR 2018, 1165 Rn. 11/12; NJW 2016, 473 Rn. 10). Wie die Wohnungseigentumsanlage tatsächlich errichtet wurde, wo sich also Wände und Räume befinden, ist für die Ermittlung hingegen unerheblich.

- **Baulicher Soll-Zustand.**
  - Der bauliche Soll-Zustand ergibt sich nicht aus dem Bauordnungsrecht oder den Festlegungen in der Baugenehmigung, sondern im Einzelfall aus den Vereinbarungen der Wohnungseigentümer (BGH NJW-RR 2018, 776 Rn. 25; LG Hamburg ZMR 2018, 974), etwa zu Sondernutzungsflächen. Die Gemeinschaftsordnung wird in der Regel allerdings keine Anordnungen treffen. Anders liegt es allerdings zB bei Zeichnungen, soweit diese vom Willen der Wohnungseigentümer getragen sind, etwa einem Plan, wo ein Müllplatz sein soll (LG Hamburg ZWE 2019, 82 Rn. 11).
  - Ist nach §§ 1 Abs. 2, 10 Abs. 1 WEG vereinbart, dass Räume dem Wohnen dienen sollen, muss nach hM ferner ein Wohnen auch möglich sein (BGH NZM 2018, 611 Rn. 10 und Rn. 16). Und ist nach §§ 1 Abs. 3, 10 Abs. 1 WEG vereinbart, dass Räume nicht zu Wohnzwecken dienen sollen, muss nach hM ein Gewerbe möglich sein (BGH NZM 2018, 611 Rn. 10 und Rn. 16). Gibt es weitere Vereinbarungen, was vor allem für das Teileigentum vorstellbar ist, zB Büro, Laden, Restaurant usw, beschreiben diese nach hM den baulichen Soll-Zustand. **Stellungnahme.** Dem ist jeweils nicht zuzustimmen. Solche Vereinbarungen bestimmen die (noch) zulässige Benutzung, treffen aber keine Aussage zum baulichen Zustand des gemeinschaftlichen Eigentums.
  - Für den übrigen baulichen Soll-Zustand kommt es auf die Erwerbsverträge mit dem Bauträger an (OLG Hamm ZWE 2007, 491 (492); BayObLG ZWE 2000, 312; LG Hamburg ZMR 2018, 974; ohne Stellungnahme BGH NJW-RR 2018, 1165 Rn. 18; aA *Hogenschurz* ZfIR 2019, 9 (13)) – soweit es diese gibt und sie übereinstimmen – sowie auf Aussagen des Bauträgers in Prospekten, Exposees und Maklerunterlagen oder auf die Baugenehmigung (BGH NZM 2016, 523 Rn. 12; kritisch *Schmidt* ZWE 2017, 238 (244)), sofern feststellbar ist, dass die Wohnungseigentümer diesen Zustand unter sich als Soll-Zustand vereinbart haben (s. a. Staudinger/*Lehmann-Richter* § 21 Rn. 161). Dies ist zB nicht feststellbar, wenn die jeweiligen Erwerber mit dem Bauträger ein verschiedenes Bausoll verabredet haben. In diesem Falle wird man auf die ursprüngliche, zunächst für sämtliche Wohnungseigentümer geltende Baubeschreibung abstellen können. Gibt es diese – wie häufig – nicht, haben die Wohnungseigentümer eine Beschlusskompetenz, anzuordnen, was als Soll-Zustand angenommen werden muss (*Elzer* ZWE 2017, 113).
  - Sonderwünsche der Erwerber sind für den baulichen Soll-Zustand unbeachtlich, es sei denn, die Sonderwünsche hätten zur Änderung des allgemein geschuldeten Bausolls geführt (s. a. *Drasdo* NJW-Spezial 2005, 241).

61 **cc) Anspruch.** Jeder Wohnungseigentümer kann von der Gemeinschaft der Wohnungseigentümer nach § 18 Abs. 2 Nr. 1 WEG, § 19 Abs. 2 Nr. 2 WEG eine erstmalige ordnungsmäßige Herstellung/Erstellung verlangen (zum alten Recht BGH NJW-RR 2017, 1042 Rn. 7; NJW 2016, 473 Rn. 7; 2006, 3426 Rn. 13), sofern die Wohnungseigentümer den unvoll-

ständigen Errichtungszustand nicht durch einen (einfachen) Beschluss nach § 19 Abs. 1 WEG nachträglich zum Sollzustand (→ Rn. 60) erhoben haben (s. a. LG Hamburg ZMR 2017, 324). Gegen den Bauträger gerichtete Ansprüche entbinden die Wohnungseigentümer nicht von einer Mitwirkung daran, die erforderliche Erhaltung selbst in Angriff zu nehmen.

dd) Grenzen. (1) Verjährung/Verwirkung/Verzicht. Der Anspruch auf erstmalige ordnungsmäßige Herstellung/Erstellung kann verwirkt werden (BGH NJW 2016, 473 Rn. 30), allerdings nicht verjähren (→ § 18 Rn. 120; LG Köln ZWE 2012, 58). Ein Anspruch auf erstmalige ordnungsmäßige Herstellung/Erstellung besteht ferner nicht, wenn der Anspruch stellende Wohnungseigentümer auf seinen Anspruch verzichtet hat; der Verzicht seines Rechtsvorgängers ist allerdings unbeachtlich (aA BayObLG ZMR 2001, 48). **62**

(2) Korrektur der Bauausführung. Der Anspruch, eine Korrektur der Bauausführung in Bezug auf die Eigentumsgrenzen zu verlangen, wird durch den Grundsatz von Treu und Glauben (§ 242 BGB) begrenzt (BGH NZM 2018, 611 Rn. 18 und Rn. 19; NJW 2016, 473 Rn. 21). Er entfällt deshalb, wenn seine Erfüllung nach den Umständen des Einzelfalls nicht zuzumuten ist (BGH NZM 2018, 611 Rn. 18; NJW 2016, 473 Rn. 21). **63**

So kann es nach der Rechtsprechung etwa liegen, wenn die plangerechte Herstellung tiefgreifende Eingriffe in das Bauwerk erfordert oder Kosten verursacht, die auch unter Berücksichtigung der berechtigten Belange der von der abweichenden Bauausführung unmittelbar betroffenen Wohnungseigentümer „unverhältnismäßig" sind (BGH NJW 2016, 473 Rn. 22; 2015, 2027 Rn. 21) – Opfergrenze (*Elzer* ZMR 2018, 166 (168)). Klarer ist, geht es um die Kosten, eine Analogie zu § 22 WEG. Es handelt sich insoweit nämlich – der Sache nach – um einen „stecken gebliebenen Bau" (→ § 22 Rn. 15 ff.), da die Wohnungseigentümer die unvollkommene Bauleistung auf eigene Kosten fertig stellen sollen. Ist eine Erfüllung im Einzelfall unzumutbar, sind die Wohnungseigentümer verpflichtet, Teilungserklärung/-vertrag und Aufteilungsplan so zu ändern, dass diese der tatsächlichen Bauausführung entsprechen (BGH NZM 2018, 611 Rn. 18; NJW 2016, 473 Rn. 22). Die Interessen der hiervon nachteilig betroffenen Wohnungseigentümer werden dadurch gewahrt, dass sie jedenfalls gravierende Abweichungen zu Lasten ihres Sondereigentums unter Umständen nur gegen eine Ausgleichszahlung hinnehmen müssen (BGH NJW 2015, 2027 Rn. 21). **64**

(3) Anfängliche oder spätere Baumängel. Weist das gemeinschaftliche Eigentum anfängliche oder spätere Baumängel auf, können sich die Wohnungseigentümer nicht darauf berufen, ihnen seien die damit einhergehenden Kosten nicht zuzumuten (BGH NZM 2018, 611 Rn. 20; NJW 2015, 613 Rn. 12). Vorstellbar ist allerdings im Einzelfall, einen Raum zu einem unselbständigen Teileigentum nach § 10 Abs. 1 Satz 2 WEG umzuwidmen (ohne Stellungnahme BGH NZM 2018, 611 Rn. 22). Dies könnte allerdings nur als ultima ratio und regelmäßig nur gegen Zahlung einer entsprechenden Entschädigung in Betracht gezogen werden (BGH NZM 2018, 611 Rn. 22). **65**

66 **ee) Kosten.** Die Wohnungseigentümer können für die Umlage der Kosten von § 16 Abs. 2 Satz 2 WEG Gebrauch machen. Die Bestimmung, dass nur wenige oder nur ein Wohnungseigentümer die Kosten zu tragen haben, dürfte allerdings in aller Regel nicht ordnungsmäßig sein. Insoweit gelten die Überlegungen zu anfänglichen Baumängeln entsprechend (→ Rn. 65).

67 **e) Öffentlich-rechtlich vorgeschriebene bauliche Veränderungen.** Als Erhaltung sind auch öffentlich-rechtlich (etwa bau- oder energierechtlich) vorgeschriebene bauliche Veränderungen anzusehen (BGH NJW-RR 2018, 1165 Rn. 13; NZM 2018, 611 Rn. 21; NJW-RR 2017, 1042 Rn. 7; 2017, 462 Rn. 26; NZM 2016, 523 Rn. 10). Die Anforderungen können Teil eines Gesetzes sein, Gegenstand eines Verwaltungsaktes (zB zur Herstellung eines zweiten Rettungsweges), einer Allgemeinverfügung oder eines öffentlich-rechtlichen Vertrags, der nicht zu verhindern war. Wird durch Beschluss die öffentlich-rechtlich gebotene Erfüllung untersagt, ist er gemäß § 134 BGB nichtig.

68 Zu solchen öffentlich-rechtlich notwendigen Anpassungsmaßnahmen gehören ua (s. a. *Gottschalg* NZM 2001, 729 (731)) die Errichtung von und die Ausstattung mit der vorbereitenden Leitungsinfrastruktur und der Ladeinfrastruktur für die Elektromobilität in bestehenden Gebäuden nach dem GEIG (→ § 20 Rn. 86), der Einbau selbstschließender Sicherheitstüren in Aufzugskabinen, der Einbau einer Messeinrichtung, der Einbau einer Entlüftungsanlage (BayObLG NJW 1981, 690), die Installation von Wärme- und Warmwasserzählern sowie Heizkostenverteilern, der Einbau landesrechtlich vorgeschriebener Kaltwasserzähler (BGH ZMR 2003, 937 (940); OLG Hamburg ZMR 2004, 937 (938); LG Hamburg ZMR 2011, 495 (496)), die Einrichtung eines Kinderspielplatzes, die Bereitstellung von Kfz-Stellplätzen und Feuerwehrzufahrten sowie Nachrüstungsverpflichtungen nach dem GEIG.

69 Die Wohnungseigentümer können für die Umlage der Kosten von § 16 Abs. 2 Satz 2 WEG Gebrauch machen. Die Bestimmung, dass nur wenige oder nur ein Wohnungseigentümer die Kosten zu tragen haben, dürfte allerdings in aller Regel nicht ordnungsmäßig sein. Insoweit gelten die Überlegungen zu anfänglichen Baumängeln entsprechend (→ Rn. 65).

70 **f) Verkehrssicherungspflichten.** Zum Begriff der Erhaltung gehören ferner Maßnahmen zur Erfüllung der Verkehrssicherungspflichten in Bezug auf das gemeinschaftliche Eigentum. Die Wohnungseigentümer können für die Umlage der Kosten von § 16 Abs. 2 Satz 2 WEG Gebrauch machen. Die Bestimmung, dass nur wenige oder nur ein Wohnungseigentümer die Kosten zu tragen haben, dürfte allerdings in aller Regel nicht ordnungsmäßig sein.

71 **g) Modernisierende Erhaltungen (Instandsetzungen). aa) Einordnung.** Dem Begriff der Erhaltung unterfallen nach bislang hM auch solche Maßnahmen, die eine zwischenzeitlich eingetretene technische Entwicklung berücksichtigen und über eine bloße Reparatur des gemeinschaftlichen Eigentums und eine Herstellung des bisherigen Zustands hinausgehen (vgl. § 22 Abs. 3 WEG aF). Diese Einordnung ist allerdings zweifelhaft geworden, weil es in der Begründung zum WEMoG zwar heißt, § 20 und trete an

die Stelle von § 20 Abs. 1, Abs. 2 WEG aF (BR-Drs. 168/20, 66). Es heißt an der entscheidenden Stelle aber auch, eine modernisierende Instandsetzung könne „wie jede bauliche Veränderung mit einfacher Mehrheit beschlossen werden" (BT-Drs. 168/20, 76).

Diese Verortung in § 20 WEG ist nach hier vertretener Ansicht als ein Redaktionsfehler anzusehen. Modernisierende Erhaltungen sollten weiterhin unter den Begriff der Erhaltung fallen. Zwar ist ihre Einordnung in den einen oder anderen Bereich für die Beschlusskompetenz und die zu erreichende Stimmenmehrheit unbeachtlich. Sowohl Erhaltungsbeschlüsse als auch Beschlüsse über bauliche Veränderungen bedürfen jeweils nur einer einfachen Mehrheit. Ein Unterschied ergibt sich aber aus der unterschiedlichen Regelung, wer die Kosten zu tragen hat, und des jeweils anzuwendenden Umlageschlüssels. Denn für Erhaltungsbeschlüsse gilt die Bestimmung des § 16 Abs. 2 Satz 1 WEG. Danach haben alle Wohnungseigentümer sich an den Kosten einer modernisierenden Erhaltung zu beteiligen und diese sind, bestimmen die Wohnungseigentümer nichts anderes, nach der Größe ihrer Miteigentumsanteile unter ihnen zu verteilen. Für den Beschluss über eine bauliche Veränderung wäre hingegen für die Kosten und den anzuwendenden Umlageschlüssel zu unterscheiden, welcher Absatz von § 21 WEG anzuwenden ist. Danach wäre vorstellbar, dass die Kosten einer modernisierenden Erhaltung von dem Verlangenden zu tragen sind (§ 21 Abs. 1 WEG), von den Wohnungseigentümern, die mit „ja" gestimmt haben (§ 21 Abs. 3 WEG), oder von allen Wohnungseigentümern (§ 21 Abs. 2 WEG). Diese Differenzierung überzeugt nicht für Maßnahmen, die der Erhaltung des gemeinschaftlichen Eigentums dienen. Im Übrigen führte sie zu Schwierigkeiten, weil jeder Wohnungseigentümer auf eine modernisierende Erhaltung einen Anspruch haben kann (→ Rn. 78), diese in der Regel aber nicht § 20 Abs. 2 Satz 1 WEG unterfallen dürfte. Wenn doch, wäre es jedenfalls ungerecht, wenn der verlangende Wohnungseigentümer in diesem Falle die Kosten allein zu tragen hätte (§ 21 Abs. 1 WEG). 72

bb) Begriff. Eine modernisierende Erhaltung ist eine nicht unerhebliche Reparatur oder die Abwendung eines erheblichen anstehenden Schadens, bei der über die Reparatur eines Mangels hinaus das gemeinschaftliche Eigentum iSv § 555b Nr. 1 bis Nr. 5 BGB durch eine technisch bessere und wirtschaftlich sinnvollere Lösung verändert wird (LG Itzehoe ZWE 2018, 178 Rn. 11). Zur Unterscheidung von einer baulichen Veränderung müssen die Erhaltungs- die Modernisierungskosten überwiegen. Für die Erhaltung kommt es auf das konkrete Bauteil an. Geht es zB um Fenster, ist nicht auf den allgemeinen Gesamtzustand der Fenster abzustellen, sondern darauf, ob das einzelne Fenster reparaturbedürftig ist bzw. ausgetauscht werden muss (OLG München BeckRS 2009, 25708; LG Itzehoe ZWE 2016, 462). Wenn bezogen auf das einzelne Fenster ein Austausch wirtschaftlich sinnvoller ist als eine Erhaltungsmaßnahme, kann von einer modernisierenden Erhaltung ausgegangen werden. Eine modernisierende Erhaltung liegt jedoch nicht vor, wenn ein ordnungsmäßiges oder mit verhältnismäßig geringem Aufwand zu reparierendes Fenster gegen ein anderes ausgetauscht wird (OLG München BeckRS 2009, 25708; LG Itzehoe ZWE 2016, 462 (463)). 73

74 Der Begriff „modernisierende Erhaltung“ deckt auch solche Maßnahmen ab, die gegenüber dem bisherigen Zustand eine technisch „bessere“ und/oder wirtschaftlich sinnvollere Lösung zur Behebung eines Mangels darstellen (BGH NJW 2013, 1439 Rn. 10; LG Itzehoe ZWE 2018, 178 Rn. 11). Eine technisch bessere und modernere Lösung ist einer bloßen Reparatur sogar vorzuziehen, wenn sie wirtschaftlich sinnvoll ist (*Elzer* ZMR 2018, 166 (168)). Dieses ist dann Fall, wenn die Maßnahme nicht nur der Beseitigung ursprünglicher Mängel des gemeinschaftlichen Eigentums dient, sondern auf Grund neuer Erfahrungen der technischen Entwicklung geboten ist.

75 Für die Frage, welche Maßnahme technisch besser ist, ist zu klären, ob sich die Maßnahme allgemein bereits bewährt und durchgesetzt hat (bewährte Maßnahme). Für die Frage, was wirtschaftlich sinnvoller ist, ist hingegen regelmäßig eine Kosten-Nutzen-Analyse (allgemein → § 18 Rn. 49) anzustellen (BGH NJW 2013, 1439 Rn. 10; WuM 1992, 644 (645); KG NJW-RR 1994, 1358; *Elzer* ZMR 2018, 166 (168)). Nach der Rechtsprechung liegt der maximale Zeitraum, bei dem noch von einer wirtschaftlich sinnvollen Amortisation der Mehraufwendungen für modernisierende Erhaltungen gesprochen werden kann, bei etwa 10 Jahren ((BGH NJW 2013, 1439 Rn. 17; OLG Hamm FD-MietR 2009, 279733; KG FGPrax 1996, 95; LG Bremen ZMR 2015, 776). Dies erscheint aber als zu eng (*Elzer* ZMR 2018, 166 (168)). Im Einzelfall sind auch längere Zeiträume hinnehmbar. Im Prozess bedarf es zur Klärung in der Regel eines Sachverständigengutachtens.

76 **cc) Ordnungsmäßigkeit.** Für die Frage, ob ein Beschluss über eine modernisierende Erhaltung ordnungsmäßig ist, bedarf es neben der allgemeinen Ordnungsmäßigkeitsprüfung einer Abwägung aller Vor- und Nachteile einer bloßen Reparatur des vorhandenen Zustands einerseits und der Herstellung eines neuen, modernisierten Zustands andererseits (OLG Hamm NJOZ 2009, 4543). Maßstab ist der eines vernünftigen, wirtschaftlich denkenden und erprobten Neuerungen gegenüber aufgeschlossenen Hauseigentümers. Bei der Auswahl mehrerer gleichermaßen Erfolg versprechender Maßnahmen besteht – wie stets – Ermessen. Vor der Maßnahme sind – wie stets – Angebote einzuholen und Kostenvergleiche anzustellen. Bei der Ausübung des Ermessens ist ua zu berücksichtigen, ob und inwieweit das gemeinschaftliche Eigentum durch die in Aussicht genommenen Baumaßnahmen optisch bedeutsam (zB Klinker statt Putz) verändert werden würde (OLG Düsseldorf ZWE 2002, 420). Das Entschließungs-, ggf. aber auch das Auswahlermessen ist auf null reduziert, wenn eine konkrete Maßnahme gesetzlich oder durch eine behördliche Anordnung vorgeschrieben ist.

77 Zu den abzuwägenden Vor- und Nachteilen gehören ua: Die Funktionsfähigkeit der/des bisherigen Anlage/Bauteils. Das Verhältnis zwischen wirtschaftlichem Aufwand und zu erwartendem Erfolg (LG Nürnberg-Fürth ZMR 2011, 750). Die künftigen laufenden Kosten (LG Nürnberg-Fürth ZMR 2011, 750). Die langfristige Sicherung des Energiebedarfs (LG Nürnberg-Fürth ZMR 2011, 750). Gesichtspunkte der Umweltverträglichkeit (LG Nürnberg-Fürth ZMR 2011, 750). Die Frage, ob sich die geplante Modernisierung bewährt und durchgesetzt hat (OLG Hamburg ZMR 2005, 803; LG Nürnberg-Fürth ZMR 2011, 750). Der wirtschaftliche Aufwand

und der zu erwartende Erfolg (BayObLG ZWE 2002, 315 (317); KG NJW-RR 1994, 1358; *Demharter* ZMR 1987, 201 (203)).

dd) Verlangen nach einer modernisierenden Erhaltung. Nach § 18 Abs. 2 Nr. 1 WEG kann bei einem Reparaturbedarf jeder Wohnungseigentümer einen Anspruch auf eine modernisierende Erhaltung haben (OLG Schleswig OLGR 2003, 451 (454)). Im Falle der Reparaturbedürftigkeit ist es ein Gebot wirtschaftlicher Vernunft, nicht nur die Wiederherstellung des früheren Zustands ins Auge zu fassen, sondern auch eine inzwischen eingetretene Entwicklung des technischen Fortschritts zu berücksichtigen, die bei verhältnismäßig geringfügigen zusätzlichen Aufwendungen für die Zukunft einen relativ großen Nutzen bringt, sich also durchaus „auszahlt“ (KG NJW-RR 1989, 463). **78**

Ob und in welchem Umfang ein solcher Anspruch besteht, ist eine Frage des Einzelfalls. Im Rahmen der Beurteilung einer begehrten modernisierenden Erhaltung ist auf ein zumutbares Kosten-Nutzen-Verhältnis abzustellen (BayObLG FGPrax 2005, 18; OLG Schleswig OLGR Schleswig 2003, 451 (454)). Unwesentliche Beeinträchtigungen, etwa des Trittschalls, sind hinzunehmen (OLG Schleswig OLGR Schleswig 2003, 451 (454); BayObLG DWE 1980, 60 (61)). Sind die Kosten für die Gesamtheit der Wohnungseigentümer unzumutbar, ist der Anspruch in der Regel ausgeschlossen; es kann geboten sein, dem betroffenen Wohnungseigentümer in geeigneter Weise einen – auch finanziellen – Ausgleich zu verschaffen (BayObLG NJW-RR 1990, 332 (333); OLG Celle OLGZ 1981, 106 (108)). **79**

Ein Verlangen wird Erfolg haben, wenn die Kosten gering sind und der Verlangende ohne die Maßnahme einen schwerwiegenden Mangel hinzunehmen hätte (OLG Schleswig OLGR Schleswig 2003, 451 (454); WuM 1999, 180 (181)). Eine konkrete Maßnahme kann in der Regel – soweit keine Ermessensreduktion für das „Ob“ und das „Wie“ anzunehmen ist – nicht verlangt werden. Bei der Auswahl mehrerer gleichermaßen Erfolg versprechender Maßnahmen besteht Ermessen. **80**

ee) „ABC“ modernisierender Erhaltungen. Welche Baumaßnahme als „modernisierende“ Erhaltung verstanden werden kann, ist stets Frage des Einzelfalls. Die veröffentlichten Entscheidungen dürfen nicht darüber hinwegtäuschen, dass dieselbe Maßnahme unter anderen Verhältnissen gegebenenfalls anders zu beurteilen ist; dies ist zwingend, wenn das Bauteil nicht wesentlich zu erhalten ist. Die nachfolgende Liste kann daher nur Anhalt sein, welche Maßnahmen in der Vergangenheit unter dem Begriff „modernisierende Erhaltung“ geprüft wurden, und Fälle zeigen, in denen ein schadhaftes Bauteil „modernisiert“ wurde: **81**

- **Balkon:** **82**
  - Installation von Leichtmetallgeländern anstelle massiver Balkonbrüstungen (OLG München MDR 2006, 867) – was zweifelhaft ist: es handelt sich ggf. um eine rein optische Veränderung.
  - Der Abriss reparaturbedürftiger Balkone und der Neubau in Ständerbauweise soll keine modernisierende Erhaltung sein (AG Pinneberg ZWE 2018, 465 Rn. 42).

- **Dach:**
  - Reparatur eines im Zeitpunkt der Bildung des Wohnungseigentums vorhandenen, jetzt defekten Flachdaches und Wiederherstellung der ursprünglichen Walmdachkonstruktion (KG NJW-RR 1994, 528; BayObLGZ 1990, 28).
  - Austausch eines zu reparierenden Flachdachs gegen ein Pult- oder Walmdach (BayObLG ZWE 2002, 222 (223); NZM 1998, 338).
  - Dämmung und Reparatur eines maroden Dachs (LG Braunschweig ZMR 2019, 139 = BeckRS 2018, 39073 Rn. 22).
- **Fassade:**
  - Erneuerung einer reparaturbedürftigen Fassadenverkleidung unter Anbringung eines zusätzlichen Wärmeschutzes (OLG Hamm FGPrax 2007, 69; BayObLG NZM, 2002, 75; KG FGPrax 1996, 95; OLG Düsseldorf NZM 2000, 1067; LG Berlin ZMR 2018, 347).
  - Anbringung eines Wärmedämmverbundsystems, um eine erhebliche Risse aufweisende Fassade zu erhalten (OLG Frankfurt a. M. ZMR 2011, 737 (738); OLG Düsseldorf ZWE 2002, 420).
- **Fenster:**
  - Austausch maroder Holz- gegen Kunststofffenster (LG München I BeckRS 2008, 02432; BayObLG BayObLGR 2005, 266; WuM 1991, 56; OLG Köln ZMR 1998, 49 (50)) – wobei auf das einzelne Fenster abzustellen ist (OLG München BeckRS 2009, 25708; LG Itzehoe ZWE 2016, 462).
  - Etwas anderes kann sich ergeben, wenn eine so hohe Zahl von Fenstern austauschbedürftig ist, dass die verbleibenden Fenster nicht ins Gewicht fallen und zum Zeitpunkt der Notwendigkeit ihres Austauschs erheblich höhere Kosten anfallen würden, als dies bei einer Miterledigung im Rahmen des Großauftrags der Fall sein würde (OLG München BeckRS 2009, 25708; LG Itzehoe ZWE 2016, 462).
- **Heizung:**
  - Umstellung einer defekten Heizung von Öl auf Erdgas (LG Köln ZWE 2010, 278 (279); OLG Celle WE 1993, 224).
  - Ersetzung einer defekten zentralen Heizungsanlage (Wärmepumpenanlage) durch eine kostengünstigere Gas-Heizungsanlage (KG NJW-RR 1994, 1358).
  - Austausch einer reparaturbedürftigen Heizungsanlage. Dies gilt insbesondere dann, wenn mit dem Austausch der Heizungsanlage gleichzeitig der Einbau der Brennwerttechnik verbunden ist, die technisch derzeit den neuesten Stand darstellt und mit der nachweislich ein Einsparpotenzial von 15 bis 25 % der Heizkosten erreicht werden kann (AG Ludwigsburg WuM 2009, 251).
  - Umstellung einer 30 Jahre alten Öl-Zentral-Heizung auf Fernwärme (LG Nürnberg-Fürth ZMR 2011, 750).

83 **ff) Kosten.** Die Wohnungseigentümer können für die Umlage der Kosten von § 16 Abs. 2 Satz 2 WEG Gebrauch machen.

84 **3. Inhalt. a) Allgemeines.** Eine ordnungsmäßige Erhaltung beinhaltet neben den Reparaturen des gemeinschaftlichen Eigentums insbesondere

Pflege- und Erhaltungsmaßnahmen, die das Eintreten von Schäden verhindern sollen (BayObLG NJW-RR 1996, 1166; 1991, 976; KG WuM 1993, 562). Bestehen Anhaltspunkte für einen Schadeneintritt, müssen die Wohnungseigentümer freilich nicht abwarten, bis konkrete Schäden größeren Ausmaßes tatsächlich eingetreten sind (BayObLG NJW-RR 1996, 1166; BayObLGZ 1988, 271 (284)).

b) Maßstab (Sollzustand). Um zu beurteilen, ob eine Erhaltungsmaßnahme erforderlich oder gar zwingend ist, muss geklärt werden, wie das gemeinschaftliche Eigentum baulich beschaffen sein muss (BGH NZM 2018, 611 Rn. 10) – Sollzustand. Maßgeblich hierfür sollen nach hM zunächst die Vorgaben des Teilungsvertrags/der Teilungserklärung und der Gemeinschaftsordnung sein (BGH NZM 2018, 611 Rn. 10. Das gemeinschaftliche Eigentum müsse so beschaffen sein, wie es die Wohnungseigentümer vereinbart hätten. Das gelte auch dann, wenn es sich um anfängliche Mängel handele (BGH NZM 2018, 611 Rn. 10 und Rn. 16). **Stellungnahme.** Dem ist zuzustimmen. War allerdings ein Zustand von Anfang an schlecht, ein Keller zB feucht, ist eben dieser Zustand der „Sollzustand", wenn nichts anderes vereinbart ist. Ein Wohnungseigentümer kann von den anderen Wohnungseigentümern in diesem Falle keine Erhaltung verlangen, da der Sollzustand erreicht ist. 85

c) Erhaltungs-/Instandsetzungsplan (Sanierungsplan). Zur Planung und Koordinierung können sich die Wohnungseigentümer eines Erhaltungs-/Instandsetzungsplans (Sanierungsplans) bedienen (BGH NZM 2018, 611 Rn. 27). Ein Erhaltungsplan enthält eine Prognose, zu welchen Zeitpunkten welche Instandsetzungsmaßnahmen voraussichtlich erforderlich werden und wie ihnen zu begegnen ist. In einen Erhaltungsplan sind sämtliche bekannten Mängel des gemeinschaftlichen Eigentums bzw. erwartete Reparaturen einzustellen. 86

Mit einem Erhaltungsplan kann mittels einer Prioritätenliste – die bei neuen Erkenntnissen ggf. aktualisiert werden muss – eine sachgerechte Planung über einen längeren Zeitraum hinweg vorgenommen werden (OLG Hamburg NZM 2010, 521). Unzulässig ist es, einen Erhaltungsplan „blind abzuarbeiten". Ob ein Erhaltungsplan beschlossen wird, steht ebenso wie seine spätere Fortentwicklung grundsätzlich im Ermessen (BGH NJW 2012, 1724 Rn. 5). Ein darauf gerichteter Anspruch besteht, wenn auf Grund besonderer Umstände nur ein solcher Beschluss ordnungsmäßiger Verwaltung entspricht (BGH NJW 2012, 1724 Rn. 5). 87

4. Träger der Erhaltungspflicht. a) Grundsatz. Die Pflicht, das gemeinschaftliche Eigentum zu erhalten, ruht nach § 18 Abs. 1 WEG auf der Gemeinschaft der Wohnungseigentümer. Der einzelne Wohnungseigentümer ist von Gesetzes wegen hingegen nicht verpflichtet, das gemeinschaftliche Eigentum zu erhalten (zum alten Recht *Armbrüster/Kräher* ZWE 2014, 1 (7); *Jacoby* ZWE 2017, 149 (155)); ZWE 2014, 8 (12); *Elzer* NZM 2012, 718 (723)). Kommt die Gemeinschaft der Wohnungseigentümer ihrer Verpflichtung, das gemeinschaftliche Eigentum zu erhalten, nicht nach, kann einem Wohnungseigentümer gegen sie ein Schadenersatzanspruch zustehen 88

(→ § 18 Rn. 78 ff.; zum alten Recht BGH NJW 2018, 2550 Rn. 36; 2012, 2955 Rn. 9). Ferner muss ein Wohnungseigentümer durch seine Stimmabgabe im Einzelfall an der Erhaltung mitwirken (→ § 18 Rn. 87).

89 **b) Übertragung der Erhaltungspflicht. aa) Allgemeines.** Die Wohnungseigentümer können vereinbaren, dass nicht die Gemeinschaft der Wohnungseigentümer, sondern ein Wohnungseigentümer geschlossene Bereiche („Wirtschaftseinheiten" bei Mehrhausanlagen, Anlagen mit Tiefgaragenbereichen, bei der faktischen Realteilung von Reihenhaus- oder Doppelhausanlagen, bei der Begründung von Sondernutzungsrechten) oder Teile des gemeinschaftlichen Eigentums (zB Garagentore, Brandschutzeinrichtungen, Aufzüge, Fenster, Türen, Rollläden, Balkone, Dachterrassen, Loggien, Mehrfachparker) selbständig erhalten muss (BGH ZWE 2019, 322 Rn. 10; NJW 2017, 1167 Rn. 19; NZM 2014, 396 Rn. 10; NJW 2013, 681 Rn. 9; 2012, 1722 Rn. 7; *Häublein* AnwZert MietR 24/2019). Insoweit spricht man von der Übertragung der Erhaltungslast. Was insoweit für Altvereinbarungen gilt, folgt aus § 47 WEG.

90 Ein entsprechender Beschluss wäre hingegen nichtig (BGH NJW 2012, 1724 Rn. 11; 2011, 1220 Rn. 15; 2010, 3093 Rn. 10; → § 23 Rn. 8). Dies soll auch für Beschlüsse gelten, die auf einer Öffnungsklausel (→ § 10 Rn. 166 ff.), beruhen – soweit diese eine Übertragung erlaubt (BGH NZM 2016, 727 Rn. 15; NJW 2015, 549 Rn. 16; aA *Elzer* ZfIR 2016, 722 (723); → § 23 Rn. 8 „Belastungsverbot").

91 **bb) Auslegung.** Ob einen Wohnungseigentümer durch eine Vereinbarung die Erhaltungslast treffen soll, oder ob im Ergebnis bloß ein vereinbarter Umlageschlüssel vorliegt, ist eine Frage der Auslegung. Die Übertragung der Erhaltungslast muss klar und eindeutig sein (BGH ZWE 2019, 322 Rn. 10).

92 Durch die Delegierung einer Kostenlast wird nicht zwingend zusätzlich die Befugnis übertragen, zu entscheiden, was wann zu tun ist (s. a. BayObLG ZMR 1997, 37). Eindeutig soll es hingegen sein, wenn ein Wohnungseigentümer verpflichtet ist, Räumlichkeiten bzw. Flächen „auf eigene Kosten zu unterhalten und instandzuhalten" (BGH ZWE 2019, 322 Rn. 10; s. a. NJW 2017, 1167 Rn. 22). Verpflichtet eine Vereinbarung die einzelnen Wohnungseigentümer zur Erhaltung im gemeinschaftlichen Eigentum stehender Türen und Fenster, ist aber der Farbanstrich der Außenseite jeweils davon ausgenommen, soll das hingegen nicht den Schluss erlauben, dass alle anderen Maßnahmen dem einzelnen Wohnungseigentümer obliegen, sondern führt im Zweifel dazu, dass der Austausch der Fenster und der Wohnungsabschlusstüren von sämtlichen Wohnungseigentümern bestimmt werden kann (BGH NZM 2014, 396 Rn. 13). Heißt es, die Kosten der Unterhaltung der einzelnen Doppel- bzw. Vierfachparker in der Tiefgarage werden von den jeweiligen Eigentümern eines Mehrfachparkers getragen, soll auch damit die Erhaltungslast nicht gemeint sein (BGH ZWE 2019, 322 Rn. 13).

93 Im Zweifel liegt ein bloßer Umlageschlüssel vor (BGH ZWE 2019, 322 Rn. 7; LG Berlin ZMR 2019, 536 = BeckRS 2018, 40455 Rn. 4).

cc) Anfängliche Baumängel. Umstritten ist, ob die Übertragung der Erhaltung auch auf anfängliche, von einem Bauträger zu verantwortenden Mängeln anwendbar ist. Die hM nimmt an, dass die anfängliche Mängelbeseitigung von sämtlichen Wohnungseigentümern zu leisten ist und dass eine entgegenstehende Vereinbarung nur Fälle nach erstmaliger mangelfreier Herstellung des gemeinschaftlichen Eigentums meint (KG ZMR 2009, 135 (136); OLG München NZM 2007, 369; BayObLG ZMR 2003, 366 (368); LG Berlin ZMR 2018, 426 (427); LG München I ZMR 2017, 923 (925); LG Köln ZMR 2017, 262; *Schmidt* ZWE 2017, 238 (247); *Jennißen* ZWE 2017, 116 (117)). Eine Mindermeinung vertritt demgegenüber die Ansicht, dass ein Wohnungseigentümer bereits für eine Beseitigung der anfänglichen Baumängel zuständig sein kann (OLG München NJW 2007, 2418; LG Koblenz ZWE 2015, 269; LG München I ZWE 2012, 47). 94

Stellungnahme. Überzeugender ist die hM. Zum einen kann nur erhalten werden, was schon einmal fertig war (*Jennißen* ZWE 2017, 116 (117)). Ferner kann nur bei dieser Sichtweise der Wohnungseigentümer durch sein Verhalten (seine Sorgfalt) versuchen, Schäden am gemeinschaftlichen Eigentum entgegenzuwirken, um so die Erhaltungslast und die daraus resultierenden Kosten möglichst gering zu halten (LG Köln ZMR 2017, 262). Jedenfalls geht es um die erstmalige plangerechte Herstellung des Eigentums. Diese ist – wie die erstmalige Verwirklichung der sachenrechtlichen Abgrenzung nach Maßgabe des Aufteilungsplans (BGH NJW 2016, 473 Rn. 20) – aber von allen Wohnungseigentümern gleichermaßen zu gewährleisten (ohne Stellungnahme BGH NJW-RR 2017, 462 Rn. 21). Denn jeder Wohnungseigentümer hat einen Anspruch auf erstmalige Herstellung des ordnungsmäßigen Zustands auf Kosten sämtlicher Wohnungseigentümer. 95

dd) Folgen einer Übertragung. (1) Überblick. Fraglich ist, welche Rechte der Gemeinschaft der Wohnungseigentümer verbleiben, wenn die Erhaltungslast auf einen Wohnungseigentümer durch Vereinbarung übertragen wurde. Nach einer Ansicht ist die entsprechende Vereinbarung abschließend (BayObLG ZWE 2005, 96 (99); ZMR 2004, 841 = BeckRS 2004, 35318 Rn. 14; OLG München NJW 2007, 2418; *Emmerich* ZWE 2017, 161 (165); Jennißen/*Heinemann* § 21 Rn. 73). Die Wohnungseigentümer können danach die Erhaltung nicht mehr selbst durch Beschluss bestimmen – er wäre nichtig (LG Hamburg ZWE 2014, 410 (411)). Dem Wohnungseigentümer, den die Erhaltungslast trifft, ist dann bei einer Pflichtverletzung eine Frist zu setzen (BayObLG ZMR 2004, 607) und er nach §§ 43 Abs. 2 Nr. 1, 18 Abs. 2 Nr. 1 WEG ggf. auf Abhilfe zu verklagen (s. a. *Vogel* ZMR 2010, 653 (654)) oder es ist ggf. nach §§ 935 ff. ZPO vorzugehen. Nach einer anderen Ansicht besteht ungeachtet der Übertragung der Erhaltung auf einen Wohnungseigentümer eine konkurrierende Verwaltungszuständigkeit und die Gemeinschaft der Wohnungseigentümer kann dann das gemeinschaftliche Eigentum weiterhin auch verwalten (*Vogel* ZMR 2010, 653 (655)). Nach dieser Ansicht können die Wohnungseigentümer also ungeachtet der Übertragung der Erhaltungslast weiterhin über eine Erhaltung nach § 19 Abs. 1 WEG beschließen. **Stellungnahme.** Was gilt, 96 ist eine Frage der Auslegung der Vereinbarung. In der Regel und im Zweifel wird diese dahin zu verstehen sein, dass die Gemeinschaft der Wohnungseigentümer weiterhin über eine Erhaltung auch selbst bestimmen kann (*Häublein* AnwZert MietR 24/2019).

97 **(2) Kosten.** Trifft einen Wohnungseigentümer die Erhaltungslast, hat er nach hM auch die ihm durch eine Erhaltungsmaßnahme entstehenden Kosten zu tragen (BGH ZWE 2019, 322 Rn. 10: selbstverständlich; NJW-RR 2017, 527 Rn. 14; NJW 2017, 1167 Rn. 19).

98 **(3) Schadenersatz.** Verursacht ein Wohnungseigentümer bei ihm übertragenen Erhaltungsmaßnahmen einen Schaden, haftet er der Gemeinschaft der Wohnungseigentümer nach § 280 Abs. 1 BGB (Jennißen/*Heinemann* § 21 Rn. 73; zu Ausbaurechten *Lehmann-Richter* ZWE 2017, 193 (198)). Der Schädiger hat kein Recht, den Anspruch um seinen Miteigentumsanteil oder einen anderen Anteil zu „kürzen".

99 **c) Sondernutzungsrechte.** Für die Erhaltung und die damit im Zusammenhang stehenden Kosten einer Fläche, die einem Sondernutzungsrecht unterliegt, sind grundsätzlich sämtliche Wohnungseigentümer zuständig (→ § 10 Rn. 157). Etwas anderes gilt, wenn die Pflicht dem Sondernutzungsberechtigten im Wege einer ausdrücklichen oder schlüssig getroffenen Vereinbarung übertragen wurde (BGH ZWE 2019, 322 Rn. 10; NJW 2017, 1167 Rn. 18 ff.; → § 10 Rn. 157). Allein in der Begründung eines Sondernutzungsrechts liegt allerdings noch keine solche schlüssige Vereinbarung.

100 Gegen eine Auslegung, wonach der Sondernutzungsberechtigte bestimmte Kosten allein zu tragen hat, spricht ein auf Grund eines Sondernutzungsrechts erhöhter Miteigentumsanteil (OLG Celle NZM 1998, 577; aA wohl *Schmid* WuM 2008, 631 (633)). Wird dem jeweiligen Sondernutzungsberechtigten indes etwa auferlegt, die Terrassenflächen bestimmungsgemäß zu verwenden und „auf eigene Kosten voll zu unterhalten und zu pflegen", wurde jedenfalls die Instandhaltung und deren Kosten dem Sondernutzungsberechtigten aufgebürdet. Aus der Regelung soll sich indes nicht ergeben, dass der Sondernutzungsberechtigte auch die Instandsetzung der Terrassenfläche und die dadurch entstehenden Kosten tragen muss (BGH NZM 2009, 866 Rn. 8; KG ZMR 2009, 135 (136). Bestimmt eine Vereinbarung hingegen, dass die jeweiligen Sondernutzungsberechtigten den Unterhalt der ihnen zugewiesenen Flächen des Galerie- (Speicher-) Geschosses zu bestreiten haben, ebenso die Kosten von Erneuerungen und Renovierungen, folgt aus der Erwähnung von Kosten der „Erneuerung" neben den Kosten der „Renovierungen", dass die Sondernutzungsberechtigten nicht nur die Kosten von Schönheitsreparaturen, sondern auch von Eingriffen in die Bausubstanz zu tragen haben (BayObLG NZM 2001, 1138).

101 **5. Beschluss. a) Mehrheit.** Erhaltungsmaßnahmen können nach § 19 Abs. 1 WEG mit einfacher Stimmenmehrheit beschlossen werden (OLG München NZM 2009, 402; BayObLGZ 1992, 146; *Bub* ZWE 2009, 245).

b) Ordnungsmäßigkeit. aa) Überblick. Ist das gemeinschaftliche Eigentum zu erhalten, besteht kein Ermessen für das „Ob". Für den Beschluss, welche Maßnahme mit welchen Mitteln auf welche Art und Weise angegangen wird, besteht hingegen Ermessen (BGH NJW 2019, 3780 Rn. 10). Bei der Prüfung ist ua folgenden Fragen nachzugehen: 102

- Welche von mehreren notwendigen Maßnahmen zuerst ansteht. Für den Beschluss, welche Maßnahme mit welchen Mitteln auf welche Art und Weise oder welche von mehreren anstehenden Maßnahmen zuerst durchgeführt werden soll, besteht Ermessen (BGH NJW 2019, 3780 Rn. 10; NZM 2018, 611 Rn. 9; 2015, 53 Rn. 10; NJW 2012, 2955 Rn. 8; 2011, 2958 Rn. 8). Dass Ermessen erlaubt es, für anstehende Erhaltungsmaßnahmen eine Prioritätenliste zu führen und diese „abzuarbeiten" (OLG Hamburg ZMR 2010, 129; LG Stuttgart NZI 2016, 326 (327)). In einem solchen Fall wird das Ermessen allerdings nur dann im Sinne ordnungsmäßiger Verwaltung ausgeübt, wenn alle im Laufe der Zeit neu hinzukommenden Erkenntnisse nicht von vornherein ausgeklammert und auf unabsehbare Zeit nach hinten verschoben werden. Eine Prioritätenliste muss daher überprüft und ggf. angepasst werden (OLG Hamburg ZMR 2010, 129). Lehnt die Mehrheit der Wohnungseigentümer die Aktualisierung einer Prioritätenliste ab und beruft sie sich über Jahre darauf, ein Miteigentümer müsse sich „gedulden", kommt dies im Ergebnis der Ablehnung der Ermessensausübung gleich (OLG Hamburg ZMR 2010, 129). Im Einzelfall ist es möglich, dass trotz hoher finanzieller Belastung das Verschieben einer konkreten Erhaltungsmaßnahme angesichts einer fortschreitenden Verschlechterung des Bauzustands nicht mehr in Frage kommt (BGH NZM 2015, 53 Rn. 12). Ferner ist vorstellbar, dass in einer Nicht-Reparatur faktisch eine unzulässige „Stilllegung" einer Anlage liegt (LG Stuttgart NZI 2016, 326 (327) für einen Filter für ein Schwimmbad). 103
- Welchen Mängeln im Einzelnen entgegenzutreten ist bzw. welche Mängel eingetreten sind (BGH NZM 2015, 53 Rn. 10; NJW 2012, 2955 Rn. 8; 2011, 2958 Rn. 8).
- Welche Ursachen die Mängel haben (LG Düsseldorf ZMR 2016, 795; LG Hamburg ZMR 2012, 723). Unter Berücksichtigung der konkreten Umstände des Einzelfalls und der Höhe der voraussichtlichen Kosten ist zu prüfen, ob hierzu die Beauftragung eines Sachverständigen erforderlich ist. Je nach Fallgestaltung bedarf es eines Sachverständigen oder die Wohnungseigentümer können sich auf die Feststellungen eines mit dem Objekt vertrauten, fachkundigen Handwerkers verlassen (LG Düsseldorf ZMR 2016, 795; LG Hamburg ZMR 2010, 791).
- Ob die geplanten Maßnahmen den allgemein anerkannten Stand der Technik sowie die Regeln der Baukunst beachten (BGH NZM 2018, 611 Rn. 23; NJW 2013, 2271 Rn. 25).
- Ob durch Angebote aufgeklärt ist, welche Möglichkeiten der Mangelbehebung in Betracht kommen (LG Düsseldorf ZMR 2016, 795; LG Hamburg ZMR 2012, 723).
- In welchen Schritten vorzugehen ist (BGH NJW 2011, 2958 Rn. 8).

- Wie die Mittel für die geplante Erhaltungsmaßnahme aufgebracht werden (→ Rn. 109). Der Erhaltungsbeschluss entspricht dabei grundsätzlich nur dann ordnungsmäßiger Verwaltung, wenn die Kostenfrage mitgeregelt ist (BGH NJW 2016, 1310 Rn. 17; 2011, 2958 Rn. 8). Das ist allerdings nicht erst dann der Fall, wenn die erforderlichen Mittel bereits durch die Erhaltungsrücklage aufgebracht sind. Es genügt, dass die Aufbringung der Mittel durch die Wohnungseigentümer gesichert ist (BGH NJW 2011, 2958 Rn. 8).
- Ob eine Kosten-Nutzen-Analyse (→ § 18 Rn. 49) vorgenommen worden ist (BGH NJW 2019, 3780 Rn. 10; 2015, 613 Rn. 10). Es kann danach im Einzelfall ordnungsmäßiger Verwaltung entsprechen, aus wirtschaftlichen Gründen keine Erhaltungsmaßnahme zu ergreifen (LG Köln ZWE 2011, 50 (51)), zB bei einer Heizungsanlage keinen Zwischenzähler zur Ermittlung des Betriebsstroms einzubauen, oder diese Erhaltungsmaßnahme wenigstens zunächst zurückzustellen; ein möglicher, aber eher seltener Fall (*Elzer* ZMR 2018, 166 (167)). Andererseits ist es möglich, dass trotz hoher finanzieller Belastung das Verschieben von Erhaltungsmaßnahmen angesichts einer fortschreitenden Verschlechterung des Bauzustands nicht mehr in Frage kommt (BGH NJW 2015, 613 Rn. 12; LG Köln ZWE 2011, 50 (51)). Ein Anspruch sogar auf sofortige Durchführung irgendeiner Maßnahme besteht dann, wenn allein dieses Vorgehen ordnungsmäßiger Verwaltung entspricht. (BGH NZM 2018, 611 Rn. 9).
- Ob die beabsichtigte Maßnahme die einzelnen Wohnungseigentümer in finanzieller Hinsicht überfordert (BGH NZM 2018, 611 Rn. 9; BayObLG NZM 2002, 531; LG Köln ZWE 2011, 50 (51)). Ist eine Maßnahme nicht zwingend (BGH NZM 2018, 611 Rn. 9), kann es im Einzelfall ordnungsmäßiger Verwaltung entsprechen, aus wirtschaftlichen Gründen keine Erhaltungsmaßnahmen zu ergreifen oder diese zunächst zurückzustellen (BGH NZM 2018, 611 Rn. 9; LG Köln ZWE 2011, 50 (51)).

104 **bb) Bestimmtheit.** Wie jeder Beschluss, muss ein Erhaltungsbeschluss für seine Ordnungsmäßigkeit „bestimmt" gefasst sein (LG Rostock ZMR 2018, 368 = BeckRS 2017, 146316 Rn. 3; LG Hamburg ZWE 2011, 286 (288); dazu im Einzelnen → § 23 Rn. 140 ff.). Dazu muss er, wird kein zweistufiges Verfahren gewählt (→ Rn. 107), ua Folgendes erkennen lassen:

105
- Was soll genau an welchem Bauteil gemacht werden?
- Welche Kosten gibt es prognostisch?
- Wie werden die Kosten aufgebracht (kann auch Gegenstand eines weiteren Beschlusses sein)?
- Wer soll die Erhaltungsmaßnahme aufgrund welches Angebots durchführen?
- Wann wird die Erhaltungsmaßnahme durchgeführt – jedenfalls wenn es vermietende Wohnungseigentümer gibt, mit Blick auf § 555a BGB.

106 **cc) Ermessensreduktion.** Ein Anspruch eines Wohnungseigentümers auf sofortige Durchführung einer sachgerechten Erhaltung, wobei die aktuellen Baustandards maßgeblich sind, besteht, wenn allein dieses Vorgehen ordnungsmäßiger Verwaltung iSv § 18 Abs. 2 Nr. 1 WEG entspricht (BGH

NZM 2018, 611 Rn. 9; NJW 2015, 613 Rn. 10). So soll es liegen, wenn bauliche Mängel vorhanden sind, die den zweckentsprechenden Gebrauch bzw. eine solche Nutzung des Sondereigentums erheblich beeinträchtigen oder sogar ausschließen (BGH NZM 2018, 611 Rn. 10). Grundsätzlich müsse sich das gemeinschaftliche Eigentum jedenfalls in einem solchen baulichen Zustand befinden, dass das Sondereigentum zum vereinbarten Zweck (= Wohnen oder Gewerbe, siehe § 1 Abs. 2 und Abs. 3 WEG) genutzt bzw. gebraucht werden könne (BGH NZM 2018, 611 Rn. 10). Etwa massive Durchfeuchtungen der Innen- und Außenwände müssten weder im Wohnungs- noch im Teileigentum hingenommen werden, und zwar auch dann nicht, wenn gesundheitsschädlicher Schimmel (noch) nicht aufgetreten sei (BGH NZM 18, 611 Rn. 13). Das gelte auch dann, wenn es sich um „anfängliche Mängel" handele (BGH NZM 2018, 611 Rn. 10). **Stellungnahme.** Dem ist zuzustimmen. Um zu beurteilen, ob es so liegt, muss allerdings geklärt werden, wie das gemeinschaftliche Eigentum beschaffen sein muss (BGH NZM 2018, 611 Rn. 10; → Rn. 60). Liegt es so, kommt trotz hoher finanzieller Belastung das Verschieben von Erhaltungsmaßnahmen grds. nicht mehr in Frage (BGH NZM 2018, 611 Rn. 9; NJW 2015, 613 Rn. 12). Zur Grenze → Rn. 64. Zu Schadenersatzansprüchen → § 18 Rn. 78 ff.

c) Zweistufiges Verfahren: Grundlagenbeschluss. Bei Erhaltungsmaßnahmen ist ein „zweistufiges Verfahren" möglich, wenn auch nicht zwingend (LG Rostock ZMR 2018, 368 = BeckRS 2017, 146316 Rn. 10; *Riecke* NZM 2016, 217 (221); *Elzer* ZWE 2012, 163 (165/166); *Wenderoth* ZMR 2011, 85). Dieses Verfahren liegt darin, zunächst entsprechend § 304 ZPO einen Grundlagenbeschluss zu fassen, dessen Inhalt die Art der geplanten Maßnahme ist, und erst danach – nach Einholung von Angeboten – den eigentlichen Erhaltungsbeschluss zu fassen (BayObLGZ 2004, 210 (213); LG Rostock ZMR 2018, 368 = BeckRS 2017, 146316 Rn. 10; LG Düsseldorf ZMR 2016, 795). **107**

Hierin liegen zwei Beschlüsse, die jeweils nach ihrem eigenen Gegenstand anfechtbar sind. Das „Ob" einer Erhaltungsmaßnahme ist dabei allein Gegenstand eines Grundlagenbeschlusses (LG München I ZWE 2013, 185), das „Wie" hingegen allein Gegenstand des Ausführungs-Beschlusses. Bei einer Anfechtung gegenüber dem Ausführungs-Beschluss ist also nicht mehr angreifbar, dass es überhaupt zu einer Erhaltungsmaßnahme kommen soll (OLG Frankfurt a. M. ZWE 2009, 285). Beide Beschlüsse brauchen jeweils eine einfache Mehrheit. **108**

6. Kosten. a) Überblick. Die Kosten für eine Erhaltungsmaßnahme sind grundsätzlich nach dem dafür vereinbarten oder nach § 16 Abs. 2 Satz 2 WEG beschlossenen Umlageschlüssel, subsidiär nach § 16 Abs. 2 Satz 1 WEG umzulegen (BGH NZM 2015, 53 Rn. 16). Es kann ferner nach § 10 Abs. 1 Satz 2 WEG vereinbart werden, dass ein Wohnungseigentümer die Kosten für eine Erhaltungsmaßnahme allein zu tragen hat. Ferner kann die Gemeinschaft der Wohnungseigentümer mit einem Wohnungseigentümer einen Kostenvertrag schließen. Muss nicht ein Einzelner die Kosten tragen, sind diese grundsätzlich dem Gemeinschaftsvermögen zu entnehmen, durch Sonderumlage zu erheben oder durch Kredit zu decken. Bei der Höhe der **109**

Kosten ist ggf. § 650m Abs. 2 Satz 1 BGB (s. a. *Schulze-Hagen* ZWE 2010, 72 (73)), vor allem aber § 650f BGB (s. a. *Schulze-Hagen* ZWE 2010, 72 (74); aA LG Hamburg ZMR 2018, 254 = BeckRS 2017, 145048 Rn. 38; *Skrobek* ZMR 2015, 919 (920)) zu beachten. Unabweisbare Aufwendungen für eine Maßnahme der Erhaltung selbst bewohnten Wohneigentums sind als Bedarf für die Unterkunft anzuerkennen und vorbehaltlich einer Kostensenkungsaufforderung nicht auf die Höhe der angemessenen Aufwendungen begrenzt (BSG BeckRS 2015, 65733).

110 **b) Nutzungsrechte/Ausbaurechte.** Besitzt ein Wohnungseigentümer am gemeinschaftlichen Eigentum ein „Nutzungsrecht", zB ein Sondernutzungsrecht, liegt allein hierin aber noch keine Übertragung der Kostentragungspflicht (→ Rn. 89). Ist ein Wohnungseigentümer auf Grund einer verdinglichten Vereinbarung berechtigt, seine im Sondereigentum stehenden Räume auszubauen und dabei auch in das gemeinschaftliche Eigentum einzugreifen, geht die Rechtsprechung davon aus, dass der Ausbauberechtigte nicht nur die Kosten der Errichtung, sondern auch die Folgekosten zu tragen hat (OLG Celle ZMR 2007, 55). Entsprechendes soll im Wege der Auslegung zu ermitteln sein, wenn eine Zustimmung zu einer baulichen Veränderung, zB zur Errichtung einer Dachterrasse im Sondernutzungsbereich der Dachgeschosswohnungen, unter der Bedingung erteilt wurde, dass der Ausbauberechtigte die Kosten trägt. Mit diesen Ansichten ist indes Vorsicht geboten. Die Folgekosten sind nur dann vom Ausbauberechtigten allein zu tragen, wenn sich dies aus einer Vereinbarung ausdrücklich oder zweifelsfrei nach Auslegung ergibt (s. a. *Lehmann-Richter* ZWE 2017, 193 (197)).

111 **7. Baumangel und nachbarrechtlicher Ausgleichsanspruch.** Wird die Benutzung des Sondereigentums durch einen baulichen Mangel des gemeinschaftlichen Eigentums beeinträchtigt, steht dem Sondereigentümer kein nachbarrechtlicher Ausgleichsanspruch in entsprechender Anwendung von § 906 Abs. 2 Satz 2 BGB zu (BGH NJW 2010, 2347 Rn. 17). Ein Wohnungseigentümer kann hingegen wegen eines Mangels des Sondereigentums oder im Bereich des Sondereigentums gegen einen anderen Wohnungseigentümer in entsprechender Anwendung von § 906 Abs. 2 Satz 2 BGB einen verschuldensunabhängigen Ausgleichsanspruch haben (BGH NJW 2014, 458 Rn. 6; OLG München NZM 2008, 211; OLG Stuttgart NJW 2006, 1744; eingehend *Dötsch* MietRB 2006, 333). Dieser Anspruch kann auch seinem Mieter zustehen (BGH NJW 2014, 458 Rn. 8). Entsprechendes dürfte für einen Mangel des Sondereigentums gelten, der das gemeinschaftliche Eigentum schädigt.

112 **8. Prozessuales.** Verlangt ein Wohnungseigentümer eine Erhaltung und kann er sich damit nicht gegen die anderen Wohnungseigentümer durchsetzen, kommt also kein Beschluss nach § 19 Abs. 1 Fall 1 WEG zustande, ist eine Beschlussersetzungsklage gem. § 44 Abs. 1 Satz 2 WEG gegen die Gemeinschaft der Wohnungseigentümer zu richten, sofern die Erhaltungsmaßnahme nicht auf Grund einer Vereinbarung von einem Einzelnen geschuldet ist und nicht der Bereich des § 22 WEG erreicht ist. Anspruchsgrundlage ist § 18 Abs. 2 Nr. 1 WEG. Die Klage auf eine konkrete Erhaltung hat Erfolg, wenn nur diese infrage kommt (BGH NJW 2012, 2955 Rn. 8). Hat die Gemeinschaft der Wohnungseigentümer hingegen eine Wahl, wie sie dem Anliegen begegnet, kann sie nur verurteilt werden, Ermessen auszuüben. Richtig ist es dann, dass das Gericht nur die Maßnahme als solche anordnet („Ob"), die Art und Weise („Wie") aber den Wohnungseigentümern überlasst (*Schmid* ZfIR 2010, 90 (91)).

IV. Versicherungen (§ 19 Abs. 2 Nr. 3 WEG)

1. Allgemeines. a) Überblick. Zu einer ordnungsmäßigen Verwaltung des gemeinschaftlichen Eigentums iSv § 18 Abs. 2 Nr. 1 WEG gehören wenigstens die angemessene Versicherung des gemeinschaftlichen Eigentums zum Neuwert sowie eine Versicherung der Wohnungseigentümer gegen Haus- und Grundbesitzerhaftpflicht. **113**

Welche Versicherungsverträge die Gemeinschaft der Wohnungseigentümer schließt, können die Wohnungseigentümer vereinbaren, aber auch nach § 19 Abs. 1 Fall 1 WEG beschließen. Der Beschluss muss ordnungsmäßiger Verwaltung entsprechen. Die Gemeinschaft der Wohnungseigentümer muss sich nicht für den günstigsten Vertragspartner entscheiden. In der Regel sind vor Abschluss eines Vertrags mehrere Angebote einzuholen. Für das „Ob" einer angemessenen Versicherung des gemeinschaftlichen Eigentums zum Neuwert sowie die Versicherung der Wohnungseigentümer gegen Haus- und Grundbesitzerhaftpflicht besteht kein Ermessen. Für das „Ob" ist das Ermessen insoweit auf null reduziert (→ Rn. § 18 Rn. 44). Für den Abschluss weiterer Versicherungen (→ Rn. 121) und für die Frage, wer der Versicherer zu welchen Bedingungen für welchen Zeitraum sein soll, besteht hingegen ein Ermessen. **114**

b) Versicherungsumfang und Versicherungsbedingungen. Welcher Versicherungsumfang und welche Versicherungsbedingungen der gesetzlich vorgesehenen und anderer Versicherungen angemessen sind, richtet sich nach den Umständen des Einzelfalls, insbesondere nach Lage, Zustand, Größe und Alter der Wohnungseigentumsanlage und ist in regelmäßigen Abständen, vor allem nach Renovierungs-, Modernisierungs- oder Umbaumaßnahmen, grundsätzlich anzupassen (*Armbrüster* ZMR 2003, 1 (5)). **115**

c) Versicherungsnehmer und Versicherter. Versicherungsnehmer ist jeweils die Gemeinschaft der Wohnungseigentümer (BGH NZM 2007, 88 Rn. 14; OLG Hamm ZMR 2008, 401; LG Karlsruhe ZWE 2019, 324 Rn. 23; s. a. BGH NZM 2017, 40 Rn. 6). Versicherte sind hingegen die jeweiligen Wohnungseigentümer (*Dötsch* ZMR 2014, 169; *Armbrüster* ZWE 2009, 109), vor allem für das gemeinschaftliche Eigentum, zum Teil aber für das mitversicherte Sondereigentum. **116**

d) Abschluss und Beendigung. Mit welchem Versicherer zu welchen Bedingungen ein Vertrag geschlossen, geändert oder gekündigt wird, müssen die Wohnungseigentümer nach § 19 Abs. 1 Fall 1 WEG für die Gemeinschaft der Wohnungseigentümer bestimmen (*Greiner* NZM 2013, 481 (483)). Denn Versicherungsverträge unterfallen in der Regel wohl nicht § 27 Abs. 1 WEG (→ § 27 Rn. 42), jedenfalls nicht den in → Rn. 121 genannten. Etwas anderes **117**

kann vereinbart werden (zB: „Die Auswahl der Versicherer, die Festlegung der Versicherungssummen und die Vereinbarung des Vertragsinhalts obliegen dem Verwalter") oder nach § 27 Abs. 2 WEG beschlossen werden.

118 § 27 Abs. 1 WEG verlangt vom Verwalter allerdings zu prüfen, ob die erforderlichen Versicherungen abgeschlossen und inhaltlich ausreichend sind (*Dötsch* NZM 2018, 353 (355)). Während des Laufs einer Versicherung muss der Verwalter dem Versicherer ferner die ihm bekannten Umstände anzeigen, die für die Übernahme des Risikos durch den Versicherer oder im Übrigen erheblich sind (*Armbrüster* ZWE 2012, 201 (202)). Außerdem muss der Verwalter ein Auge auf die Versicherungssumme und ihre Angemessenheit haben, die Prämien bedienen (*Armbrüster* ZWE 2012, 201 (203)) und dem Versicherer nachträgliche Gefahrerhöhungen anzeigen (*Armbrüster* ZWE 2012, 201 (203)).

119 **2. Die Versicherungen. a) Angemessene Versicherung des gemeinschaftlichen Eigentums.** Eine angemessene Versicherung des gemeinschaftlichen Eigentums ist aller Regel eine verbundene Wohngebäudeversicherung (*Greiner* NZM 2013, 481 (483)). Diese umfasst grundsätzlich sowohl das gemeinschaftliche Eigentum als auch die im Sondereigentum stehenden Räume und wesentliche Gebäudeteile (OLG Hamm ZMR 2008, 401; OLG Köln NZM 2000, 887). Sie dient vor allem dazu, das Gebäude im Falle der Zerstörung neu aufbauen zu können (s. a. → § 22) und umfasst meistens Schäden durch Brand, Blitzschlag, Explosion, Anprall oder Absturz eines bemannten Flugkörpers, seiner Teile oder seiner Ladung. Ferner sind häufig Folgeschäden versichert, die durch Rauch, Ruß und Löschwasser, Niederreißen und Aufräumen des Gebäudes oder von Gebäudeteilen entstehen. Gegenstände in den Wohnungen sind normalerweise nicht umfasst.

120 **b) Versicherung gegen Haus- und Grundbesitzerhaftpflicht.** Die Versicherung der Wohnungseigentümer gegen Haus- und Grundbesitzerhaftpflicht dient dem Schutz gegen die aus dem gemeinschaftlichen Eigentum auf Grund gesetzlicher Haftpflichtbestimmungen privatrechtlichen Inhalts drohenden Risiken. Insbesondere sollen Schadenersatzansprüche oder Ansprüche wegen Verletzung einer Verkehrssicherungspflicht abgewehrt werden können. Versichert sind grundsätzlich Personen- und Sachschäden.

121 **c) Weitere Versicherungen.** Die von § 19 Abs. 2 Nr. 3 WEG genannten Versicherungen stellen einen Mindestversicherungsschutz dar (*Abramenko* ZMR 2015, 827; *Armbrüster* ZWE 2012, 201; *Sauren/Welcker* MietRB 2008, 60). Als weitere Versicherungen sind nach billigem Ermessen ua in Betracht zu ziehen:

122
- eine Bauherrenhaftpflichtversicherung (dazu *Dötsch* NZM 2014, 296 ff.);
- eine Elementarversicherung;
- eine Gebäudeglasversicherung;
- eine Gewässerschadenhaftpflichtversicherung (Ölschadenversicherung);
- eine Leitungswasserschadenversicherung;
- eine Rechtsschutzversicherung;
- eine Sturm- und Hagelschadenversicherung;
- eine Wohnungs- und Grundstücksrechtsschutz-Versicherung.

3. Schadenabwicklung. a) Gemeinschaftliches Eigentum. Für die Abwicklung von Versicherungsschäden am gemeinschaftlichen Eigentum ist die Gemeinschaft der Wohnungseigentümer zuständig, die durch den Verwalter als ihrem Organ handelt (*Armbrüster* ZWE 2012, 201 (204)). Die Gemeinschaft der Wohnungseigentümer muss zB den Schadeneintritt unverzüglich melden und Nachfragen wahrheitsgemäß beantworten. Ferner hat die Gemeinschaft der Wohnungseigentümer nach Möglichkeit für die Abwendung und Minderung des Schadens zu sorgen (§ 82 Abs. 1 VVG). Insoweit kommt in Betracht, zB einsturzgefährdete Bereiche und die Schadenstelle vor dem Zutritt von Unbefugten zu sichern, Anlagen und Geräte abzuschalten (sofern nicht sicherheitsrelevant), die Umwelt gegen auslaufende Flüssigkeiten und/oder Löschwasser zu sichern, verbliebene Rauchgase ins Freie abzuleiten, Hauptwasserhähne bei Wasserschäden zu schließen, den Schadenverlauf zu dokumentieren und ggf. Unterstützung durch Schadenfachleute anzufordern; ggf. ist eine außerordentliche Versammlung einzuberufen. **123**

Muss das Schadenbild verändert werden, ist die Gemeinschaft der Wohnungseigentümer im Einzelfall zu einer umfangreichen Foto-Dokumentation verpflichtet. Der Versicherer hat Aufwendungen nach § 82 Abs. 1 und 2 VVG, auch wenn sie erfolglos bleiben, insoweit zu erstatten, als man sie den Umständen nach für geboten halten durfte. **124**

b) Sondereigentum. Für die Abwicklung von Schäden am Sondereigentum ist die Gemeinschaft der Wohnungseigentümer hingegen nicht zuständig (zum alten Recht *Abramenko* ZMR 2015, 827 (829 ff.)). Dies gilt auch dann, wenn das Sondereigentum über das gemeinschaftliche Eigentum mitversichert ist (KG NJW-RR 1992, 150). Abgesehen von Notmaßnahmen, der zügigen Meldung des Schadenfalls und der Unterstützung des Sondereigentümers durch Information sowie Bereitstellung erforderlicher Unterlagen trifft die Gemeinschaft der Wohnungseigentümer auch dann keine Pflicht zur Durchführung einer Schadenabwicklung (zum alten Recht BayObLG NJW-RR 1996, 1298; *Greiner* NZM 2013, 481 (492)). **125**

Will ein Wohnungseigentümer selbst handeln, muss er durch die Gemeinschaft der Wohnungseigentümer, vertreten durch den Verwalter (zum alten Recht OLG Saarbrücken ZfSch 2017, 156; *Abramenko* ZMR 2015, 827 (830)) ermächtigt werden (§ 44 Abs. 1 Satz 1 VVG). Wenn es die Gemeinschaft der Wohnungseigentümer „ohne billigenswerten Grund" ablehnt, den Anspruch eines geschädigten Wohnungseigentümers geltend zu machen, soll ausnahmsweise aber auch eine Verfügungsbefugnis eines Wohnungseigentümers ohne Ermächtigung angenommen werden können (zum alten Recht OLG Köln NJW-RR 2003, 1612; NZM 2000, 887; OLG Hamm NJW-RR 1995, 1419; s. a. OLG Saarbrücken ZfSch 2017, 156). Etwas anderes gilt wieder, wenn im Versicherungsvertrag vereinbart ist, dass der Versicherer sich nicht mit den Wohnungseigentümern auseinandersetzen muss (*Dötsch* ZMR 2014, 169 (171); *Greiner* NZM 2013, 481 (492)) – worauf sich die Gemeinschaft der Wohnungseigentümer allerdings nach § 18 Abs. 2 Nr. 1 WEG grundsätzlich nicht einlassen darf. In diesem Fall muss die Gemeinschaft der Wohnungseigentümer und dadurch der für sie handelnde Ver- **126** walter auch für das Sondereigentum handeln und ggf. sogar klagen (*Dötsch* ZMR 2014, 169 (171)). Der Versicherung soll im Übrigen nach § 242 BGB versagt sein können, sich auf die Klausel zu berufen, wenn die Wohnungseigentümer durch Beschluss einer (auch gerichtlichen) Geltendmachung des Versicherungsanspruchs durch einen Wohnungseigentümer ausdrücklich zugestimmt und zu erkennen gegeben hat, dass die Gemeinschaft der Wohnungseigentümer den Anspruch nicht (mehr) geltend machen will (LG Münster BeckRS 2019, 39067 Rn. 35).

127 Wird ein Entschädigungsanspruch durch die Gemeinschaft der Wohnungseigentümer auch in Ansehung des Sondereigentums geltend gemacht, hat sie im Übrigen die Bindungen aus einem gesetzlichen Treuhandverhältnis zum Sondereigentum zu berücksichtigen, insbesondere dafür Sorge zu tragen, dass diesem der zustehende Entschädigungsbetrag tatsächlich zufließt (OLG Hamm ZMR 2008, 401; LG Karlsruhe ZWE 2019, 324 Rn. 26). Geschieht dies nicht oder nicht vollständig, kann sich die Gemeinschaft der Wohnungseigentümer schadenersatzpflichtig machen (OLG Hamm ZMR 2008, 401). Sie haftet dabei für Verwalter und/oder die Wohnungseigentümer gem. § 31 BGB (*Dötsch* ZMR 2014, 169 (172); *Elzer* IMR 2010, 237).

128 **c) Umgang mit der Versicherungssumme.** Die Versicherungssumme in Bezug auf das gemeinschaftliche Eigentum ist eine Einnahme und als solche in der Gesamtabrechnung aufzuführen. Sie ist nach § 16 Abs. 1 WEG auf die Wohnungseigentümer nach dem dafür geltenden Umlageschlüssel zu verteilen, in der Regel nach der Größe der Miteigentumsanteile. Steht die Versicherungssumme ganz oder teilweise einem Wohnungseigentümer für das Sondereigentum zu, ist sie ihm unmittelbar oder über die Gemeinschaft der Wohnungseigentümer als Treuhänderin auszukehren. Die Versicherungssumme für das Sondereigentum ist keine Einnahme der Gemeinschaft der Wohnungseigentümer und hat in der Abrechnung – außer bei der Kontenentwicklung – keinen Platz. Jedenfalls darf die Versicherungssumme als „Pseudoeinnahme“ nicht auf die Wohnungseigentümer umgelegt werden.

129 **d) Selbstbehalt. aa) Schaden tritt nur im (mitversicherten) Sondereigentum auf.** Ist zur Senkung der Versicherungsprämie ein Selbstbehalt (Eigenbeteiligung) vereinbart worden (zu Problemen des Selbstbehalts *Dötsch* NZM 2018, 353 (367)) und tritt ein versicherter Schaden nur im (mitversicherten) Sondereigentum auf, muss sich der geschädigte Wohnungseigentümer den Selbstbehalt in voller Höhe entgegenhalten lassen. Die Gegenansicht, nach der die Gemeinschaft der Wohnungseigentümer dem geschädigten Wohnungseigentümer den nicht versicherten Schaden zahlen soll und dieser unter sämtlichen Wohnungseigentümern als „Ausgleichsanspruch“ zu verteilen ist (LG Karlsruhe ZWE 2019, 324 Rn. 37; *Dötsch* NZM 2018, 353 (366); ZMR 2014, 169 (175)), überzeugt wohnungseigentumsrechtlich nicht (*Armbrüster* ZWE 2019, 327 (328); s. a. *Abramenko* ZMR 2015, 827 (935)). Die Eigenbeteiligung war nach Eintritt der Bestandskraft des entsprechenden Beschlusses nach hM zwar nicht rechtmäßig, schloss aber Schadenersatzansprüche aus (→ § 23 Rn. 71). „Ausgleichsansprüche“ analog § 906 BGB kommen wegen eines Schadens des gemeinschaftlichen Eigentums, der einen Schaden am Sondereigentum verursacht, nicht in Betracht (→ Rn. 111).

bb) Schaden nimmt Ausgang in einem anderen Sondereigentum. 130
Hat der Schaden seinen Ausgang in einem anderen Sondereigentum genommen, kann sich der Geschädigte nicht an die anderen Wohnungseigentümer, sondern nach § 280 BGB oder analog § 906 BGB (→ Rn. 111; → § 13 Rn. 61) an den anderen Sondereigentümer halten.

Ein geschädigter Miteigentümer ist zwar verpflichtet, nicht den schädigen- 131
den Miteigentümer auf Schadenausgleich in Anspruch zu nehmen, wenn der geltend gemachte Schaden Bestandteil des versicherten Interesses ist, der Gebäudeversicherer nicht Regress nehmen könnte und nicht besondere Umstände vorliegen, die ausnahmsweise eine Inanspruchnahme des Schädigers durch den Geschädigten rechtfertigen (BGH NJW 2007, 292 Rn. 10; LG Hamburg ZWE 2013, 262). Hat der Geschädigte wegen eines Selbstbehalts aber keinen vollen Versicherungsschutz, kann er insoweit vom Miteigentümer Ausgleich verlangen. Tritt der Schaden sowohl im gemeinschaftlichen Eigentum als auch im Sondereigentum ein, ist der Selbstbehalt – ist nichts anderes vereinbart – nach den Grundsätzen des Gemeinschaftsverhältnisses der Wohnungseigentümer quotal zu verteilen (*Armbrüster* ZWE 2009, 109 (113)). Es kann in Ermangelung einer Beschlusskompetenz nicht beschlossen werden, dass der betreffende Wohnungseigentümer eine etwaige Eigenbeteiligung im Schadenfall allein zu tragen hat (*Armbrüster* ZWE 2009, 109 (112); aA OLG Köln ZMR 2004, 298; AG Lemgo NZM 2018, 405 Rn. 9; *Dötsch* ZMR 2014, 169 (177)).

4. Sondereigentum. a) Allgemeines. Für eine isolierte Versicherung 132
des Sondereigentums (ua Hausrat-, Privat-Haftpflicht-, Rechtsschutz-, Betriebs- und Berufshaftpflichtversicherung, aber auch Feuer- und/oder Gebäudeversicherung) muss jeder Wohnungseigentümer selbst sorgen (*Abramenko* ZMR 2015, 827 (829 ff.)). Eine Versicherung steht ihm jeweils frei (OLG Köln OLGR 2003, 283 (284)), wenn nichts anderes vereinbart ist; ein entsprechender Beschluss wäre nichtig (LG Dresden ZWE 2013, 97).

Im Falle einer Vereinbarung ändert sich nichts daran, dass weiterhin allein 133
der Sondereigentümer verwaltungsbefugt ist (aA *Dötsch* ZMR 2014, 171 (173)). Wird ein Wohnungseigentümer durch einen anderen Wohnungseigentümer geschädigt, ist er verpflichtet, nicht den schädigenden Miteigentümer auf Schadenausgleich in Anspruch zu nehmen, wenn der geltend gemachte Schaden Bestandteil des versicherten Interesses ist, der Gebäudeversicherer nicht Regress nehmen könnte und nicht besondere Umstände vorliegen, die ausnahmsweise eine Inanspruchnahme des Schädigers durch den Geschädigten rechtfertigen (BGH NJW 2007, 292 Rn. 8). Hat der Verwalter im eigenen Namen eine Leitungswasserversicherung abgeschlossen, die auch Schäden am Sondereigentum umfasst, hat bei Eintritt eines Schadens am Sondereigentum allein der Eigentümer für die Behebung und Begrenzung des Schadens zu sorgen (BayObLG NJW-RR 1996, 1298).

134 **b) Mitversicherung.** Da eine verbundene Wohngebäudeversicherung in der Regel nicht zwischen dem Sondereigentum und dem gemeinschaftlichen Eigentum differenziert (→ Rn. 9), schließt die Gemeinschaft der Wohnungseigentümer, die Versicherungsnehmerin ist (→ Rn. 116), den Versicherungsvertrag auch insoweit für fremde Rechnung iSd § 43 Abs. 1 VVG ab (BGH NZM 2017, 40 Rn. 6). Der einzelne Wohnungseigentümer ist somit auch für das Sondereigentum Mitversicherter (OLG Saarbrücken ZfSch 2017, 156; OLG Hamm ZWE 2008, 133; OLG Frankfurt a. M. r+s 2007, 21; LG Karlsruhe BeckRS 2018, 41648 Rn. 24). Erfasst ein Versicherungsschutz auch das Sondereigentum, hat dies aber natürlich nicht zur Folge, dass sich die Pflicht zur Erhaltung auch auf das Sondereigentum erstreckt (OLG Köln OLGR 2003, 283 (284); KG NJW-RR 1992, 150);

V. Erhaltungsrücklage (§ 19 Abs. 2 Nr. 4 WEG)

135 **1. Sinn und Zweck.** Die Wohnungseigentümer sind, wie § 28 Abs. 1 Satz 1 WEG zeigt, befugt, durch Beschluss Rücklagen vorzusehen. Eine dieser Rücklagen ist die Erhaltungsrücklage. Sie ist keine Rückstellung iSv § 249 HGB, sondern die Ansammlung einer angemessenen Geldsumme, die der wirtschaftlichen Absicherung künftig notwendiger Erhaltungsmaßnahmen am gemeinschaftlichen Eigentum dient (BFH DStR 2016, 1108 Rn. 15). Die Erhaltungsrücklage soll sicherstellen, dass auch bei plötzlich auftretendem hohem Reparaturbedarf die notwendigen Mittel vorhanden sind, das gemeinschaftliche Eigentum zu erhalten, und dass die Wohnungseigentumsanlage nicht wegen fehlender Mittel verwahrlost (BFH DStR 2016, 1108 Rn. 15; OLG München NZM 2007, 734 (735); OLG Hamm ZWE 2002, 600). Ferner soll die Erhaltungsrücklage sicherstellen, dass zahlungsschwache Miteigentümer Reparaturen langfristig mitansparen, damit sie nicht wegen einer sonst erforderlichen, gegebenenfalls hohen Sonderumlage zahlungsunfähig werden.

136 Für die Frage, ob Maßnahmen aus den Mitteln der Erhaltungsrücklage bezahlt werden, ob eine Sonderumlage erhoben oder ob ein Darlehen aufgenommen wird, besteht ein Ermessen (*Jennißen* ZWE 2014, 199 (202)). Es besteht kein Anspruch, zunächst die Erhaltungsrücklage anzugreifen oder auszuschöpfen (BayObLG NZM 2004, 745 (746); OLG Köln NZM 1998, 878). Allerdings wird es in der Regel keiner ordnungsmäßigen Verwaltung entsprechen, die Mittel der Erhaltungsrücklage „zurückzuhalten". Anders kann es aber beispielsweise liegen, wenn diese Mittel zeitnah eingesetzt werden sollen.

137 Dient eine Rücklage der Erhaltung bestimmter Räume, muss damit keine Instandhaltungslast der Wohnungseigentümer korrelieren, denen diese Räume gehören (aA LG Düsseldorf ZWE 2019, 419 Rn. 46 ff.).

138 **2. Bildung einer Erhaltungsrücklage.** Die Bildung einer Erhaltungsrücklage kann vereinbart werden. Sie kann nach § 19 Abs. 1 Fall 1 WEG aber auch beschlossen werden. Für die Bildung einer Erhaltungsrücklage besteht insoweit kein Ermessen. Für das „Ob" ist das Ermessen auf null reduziert. Für den Beschluss, in welcher Höhe Mittel angesammelt werden, bei der Bemessung des jährlichen Beitrages zur Erhaltungsrücklage, für die

Art und Weise ihrer Aufbringung (Raten, Sonderumlage, Kredit) und für die Höhe der Erhaltungsrücklage haben die Wohnungseigentümer hingegen ein Ermessen (BGH NZM 2011, 515 Rn. 24).

3. Eigentümer und Schuldner der Erhaltungsrücklage. Die Erhaltungsrücklage ist Teil des Gemeinschaftsvermögens und steht nach § 9a Abs. 3 WEG formell und eigentumsrechtlich der Gemeinschaft der Wohnungseigentümer zu (→ § 9a Rn. 140; BGH NZM 2015, 544 Rn. 22; BFH DStR 2016, 1108 Rn. 13). Die Wohnungseigentümer haben an ihr keinen „Anteil", über den sie verfügen oder in den ihre Gläubiger vollstrecken können (BFH DStR 2016, 1108 Rn. 13; LG Lüneburg ZMR 2019, 295 (296)). „Wirtschaftlich" – ohne dass § 771 ZPO anwendbar wäre – steht die Erhaltungsrücklage allerdings den Wohnungseigentümern zu (*Elzer* MittBayNot 2014, 532). Die Wohnungseigentümer sind die Mitglieder der Gemeinschaft der Wohnungseigentümer und damit wie die Gesellschafter einer GmbH oder Mitglieder eines Vereins gleichsam seine Eigentümer. Ferner sind die Mittel der Erhaltungsrücklage nicht für die Gemeinschaft der Wohnungseigentümer, sondern für die Erhaltung des gemeinschaftlichen Eigentums – Eigentum der Wohnungseigentümer – einzusetzen. Auch nach Ansicht des BFH ist daher jeder Wohnungseigentümer an der Erhaltungsrücklage „beteiligt" (BFH NJW-RR 2012, 527 Rn. 10). Sie vermittele dem Wohnungseigentümer einen „geldwerten Anspruch" auf Bezahlung von Aufwendungen aus der Erhaltungsrücklage. Dieser Anspruch könne übertragen werden (BFH NJW-RR 2012, 527 Rn. 10). 139

Die Erhaltungsrücklage wird von den Wohnungseigentümern als Teil des Hausgeldes aufgebracht. Ist ein Wohnungseigentümer hilfebedürftig, muss der Träger der Grundsicherungsleistungen die auf diesen Wohnungseigentümer entfallenden Beiträge für die Erhaltungsrücklage als Kosten der Unterkunft übernehmen (LSG Rheinland-Pfalz ZMR 2010, 293). 140

4. Zweckbindung. a) Grundsatz. Mit dem Beschluss nach § 28 Abs. 1 Satz 1 WEG sind die (künftigen) Mittel der Erhaltungsrücklage nach hM „zweckgebunden". Die Wohnungseigentümer können die Zweckbindung durch eine Vereinbarung noch genauer festlegen (BayObLG NZM 2004, 745 (746)). Eine „Zweckbindung" ist ferner für Mittel zu bejahen, die auf eine Sonderumlage gezahlt werden, deren Zweck eine Erhaltungsmaßnahme ist. Entsprechendes gilt für Darlehensmittel für Erhaltungs- oder Baumaßnahmen. An der eingetretenen Zweckbindung ändert es nichts, wenn das Hausgeld zunächst auf einem „allgemeinen" Konto eingeht und von dort erst auf ein davon getrenntes Rücklagenkonto weitergeleitet wird (BGH NJW 2010, 2127 Rn. 15). 141

b) Die Zwecke im Einzelnen. Die Erhaltungsrücklage darf vor allem für die Finanzierung von Erhaltungsmaßnahmen eingesetzt werden (OLG München NJW 2008, 1679). Als „Annex" gehören dazu die Kosten für die Feststellung des entsprechenden Bedarfs durch Dritte, vor allem Gutachterkosten (BGH NZM 2015, 864 Rn. 13; OLG München OLGR 2006, 330, 331), nicht aber eine etwaige „Sondervergütung" des Verwalters (OLG Düsseldorf NZM 2005, 628); bei dieser „Sondervergütung" handelt es sich 142 um Verwaltungskosten (→ § 16 Rn. 32). Die Erhaltungsrücklage darf ferner eingesetzt werden für die Behebung anfänglicher Baumängel, wenn deren Beseitigung durch den Bauträger nicht mehr zu erwarten ist (BayObLG NJW 1978, 1387), für Maßnahmen der Verkehrssicherung, die Erfüllung behördlicher oder gesetzlicher Auflagen und modernisierende Erhaltungen.

143 Eine Erhaltungsrücklage darf hingegen nicht eingesetzt werden für die Finanzierung baulicher Veränderungen (hier ist nur eine Sonderrückstellung, → Rn, 163 eine Sonderumlage oder ein Darlehen möglich), für Anwaltshonorare (OLG Frankfurt a. M. MDR 1974, 848), für Heizkosten oder zur Abdeckung von Hausgeldrückständen in Bezug auf die Betriebs- und Verwaltungskosten (BayObLG NZM 2004, 745; OLG Saarbrücken NJW-RR 2000, 87) oder für den Erwerb von Sachen, etwa eines Grundstücks.

144 **c) Umwidmung (Entwidmung). aa) Einzelfall.** Die Wohnungseigentümer sind berechtigt, die Mittel der Erhaltungsrücklage umzuwidmen und sie als Betriebs- und Verwaltungsmittel oder als Mittel für eine bauliche Veränderung zu verwenden oder an sich auszukehren (OLG München NJW 2008, 1679). Eine solche Umwidmung entspricht ordnungsmäßiger Verwaltung, wenn die Mittel der Erhaltungsrücklage die vorgesehene Höhe überschreiten (OLG Saarbrücken NJW-RR 2000, 87; s. a. LG Frankfurt a. M. IMR 2014, 389).

145 Eine Umwidmung soll aber auch dann möglich sein, wenn eine „eiserne Reserve" erhalten bleibt (LG Frankfurt a. M. BeckRS 2020, 15007 Rn. 13; LG Düsseldorf ZMR 2016, 126). Die Höhe dieser „eisernen Reserve" soll von den Umständen des Einzelfalls (OLG München NJW 2008, 1679; OLG Saarbrücken NJW-RR 2000, 87; LG Frankfurt a. M. IMR 2014, 389) und der Erhaltungsplanung (→ Rn. 86) abhängen. **Stellungnahme.** Dieser Maßstab ist grundsätzlich zu weit. Ordnungsmäßiger Verwaltung entspricht eine Umwidmung in der Regel nur dann, wenn sie nicht zur Unterschreitung der angemessenen Höhe führt (→ Rn. 150; LG München I ZWE 2017, 286; LG Köln ZWE 2012, 279 (280)). Etwas anderes kann nur in begründeten Einzelfällen gelten und nur dann, wenn notwendige Betriebs- und Verwaltungsmittel kurzfristig nicht auf eine andere Art und Weise aufgebracht werden können. Stehen absehbar Erhaltungsmaßnahmen an und werden die Mittel dafür voraussichtlich vollständig benötigt, entspricht eine Umwidmung keinesfalls einer ordnungsmäßigen Verwaltung, da an ihrer Stelle eine Sonderumlage zu erheben oder ein Darlehensvertrag zu schließen wäre. Das soll durch die Erhebung einer Erhaltungsrücklage aber gerade verhindert werden (→ Rn. 135).

146 Im Übrigen ist bei einer Umwidmung der für die Betriebs- und/oder Verwaltungskosten geltende Umlageschlüssel zu beachten. Weicht dieser von § 16 Abs. 2 Satz 1 WEG ab, müssen die entwidmeten Mittel in der Regel zur Abwehr von Ungerechtigkeiten entsprechend angepasst werden.

147 **bb) Abstrakt-generell für die Zukunft.** Ein Beschluss, der die Mittel der Erhaltungsrücklage dauerhaft entwidmet, widerspricht den Grundsätzen ordnungsmäßiger Verwaltung. Streitig ist, ob der Beschluss in diesem Falle anfechtbar (so *Bub/Bernhard* FD-MietR 2017, 387272) oder nichtig ist (so

Abramenko ZWE 2015, 72 (75)). Richtig ist, dass der Beschluss nur anfechtbar ist.

cc) Verwalterermächtigung. Der Verwalter kann durch Beschluss nach §§ 19 Abs. 1 Fall 1, 27 Abs. 2 WEG ermächtigt werden, die Umwidmung vorzunehmen (LG München I ZWE 2017, 286; LG Frankfurt a. M. IMR 2014, 389; LG Köln ZWE 2012, 279 (280); s. a. *Drasdo* NZM 2010, 217 (224)), sofern dieser Beschluss ausreichend bestimmt ist (→ § 23 Rn. 140 ff.; LG München I ZWE 2017, 286). **148**

5. Umlageschlüssel. Gesetzlicher Umlageschlüssel zur Aufbringung der Erhaltungsrücklage ist § 16 Abs. 2 Satz 1 WEG (→ § 16 Rn. 22). Wollen die Wohnungseigentümer von diesem Umlageschlüssel bei einer Sonderumlage, die einer Erhaltungsmaßnahme dient, im Einzelfall abweichen, können sie nach § 16 Abs. 2 Satz 2 WEG vorgehen. Wollen die Wohnungseigentümer den Umlageschlüssel zur Aufbringung der Erhaltungsrücklage dauerhaft ändern, bedarf es allerdings einer Vereinbarung (→ § 23 Rn. 8 „Erhaltungsrücklage“). **149**

6. Höhe der Erhaltungsrücklage. a) Überblick. Bei der Bemessung des jährlichen Beitrages zur Erhaltungsrücklage, für die Art und Weise ihrer Aufbringung (Raten, Sonderumlage, Kredit) und für die Gesamthöhe der Erhaltungsrücklage haben die Wohnungseigentümer jeweils ein Ermessen (BGH NZM 2011, 515 Rn. 24; LG München I ZWE 2017, 286). Dieses Ermessen können sie bis zu seiner unteren oder oberen Grenze ausschöpfen (OLG Hamm ZMR 2006, 879; OLG Düsseldorf NZM 2002, 959; *Jennißen* ZWE 2014, 199 (200)). Die Höhe der Erhaltungsrücklage kann allerdings auch vereinbart werden; besteht keine Öffnungsklausel, kann diese Vereinbarung nicht durch Beschluss geändert werden (aA *Jennißen* ZWE 2014, 199 (200)). **150**

b) Berechnung der Höhe. aa) Allgemeine Grundsätze; Erhaltungsplan. Die Gesamthöhe der Erhaltungsrücklage wird maßgeblich vom Zustand einer Wohnungseigentumsanlage geprägt. Prüfsteine für die Ermittlung einer angemessenen Höhe können weiter sein: vor allem und vorrangig der zu erwartende Erhaltungsbedarf und der dazu erforderliche Kapitaleinsatz (OLG München ZMR 2008, 410 (411)), die Beschaffenheit/der bauliche Zustand der Wohnungseigentumsanlage, ihre Größe, ihre Lage in der Umwelt, bauliche Besonderheiten, das Alter des Gebäudes oder der Gebäude, ihre Reparaturanfälligkeit (OLG München ZMR 2008, 410 (411)) sowie die wirtschaftlichen Verhältnisse der Wohnungseigentümer (LG München I ZWE 2017, 286). **151**

Notwendig zur Ermittlung ist damit in der Regel ein Erhaltungsplan (→ Rn. 145). Zur „individuellen Instandhaltungsrückstellungsplanung – IIRP“ von v. *Hauff/Hoffmann* s. WE 1996, 288. Soweit es um die Prognose der anstehenden Maßnahmen im Sinne einer Bedarfsermittlung geht, ist es dabei Aufgabe der Gemeinschaft der Wohnungseigentümer, einen Erhaltungsplan zu erstellen und zu führen. Einen verbindlichen Erhaltungsplan haben grundsätzlich die Wohnungseigentümer zu beschließen. **152**

153 **bb) Weitere Wege.** Nicht Grenze (aA AG Mettmann ZMR 2009, 720), im Einzelfall aber Anhaltspunkt für die Berechnung der Höhe der Erhaltungsrücklage ist § 28 II. BV (OLG Düsseldorf NZM 2002, 959; *Jennißen* ZWE 2014, 199 (200); v. *Hauff/Hoffmann* WE 1996, 225 (251); *Peters,* Instandhaltung und Instandsetzung von Wohnungseigentum, 1984). § 28 II. BV legt fest, welche Erhaltungskosten je Quadratmeter Wohnfläche im Anwendungsbereich der Verordnung höchstens angesetzt werden dürfen. Die Erhaltungsrücklage bezieht sich freilich nicht auf die im Sondereigentum stehenden Wohnungen, sondern auf das gemeinschaftliche Eigentum. Die Größe der Wohnung ist somit grundsätzlich kein geeigneter Parameter für die Bemessung (BT-Drs. 17/6288, 2).

154 Weiterer Anhaltspunkt kann die so genannte „Peters'sche Formel" sein (dazu *Peters,* Instandhaltung und Instandsetzung von Wohnungseigentum, 1984). Sie geht davon aus, dass im Laufe von ca. 80 Jahren Lebensdauer eines Gebäudes Erhaltungskosten in Höhe des 1,5-fachen der Herstellungskosten anfallen. Für neuere Wohnungseigentumsanlagen (bezugsfertig nach 1990) führt sie meist zu überhöhten Ansätzen.

155 **cc) Faustformel.** Als Faustregel für die Berechnung einer angemessenen Höhe der Erhaltungsrücklage gilt für Neuanlagen eine jährliche Zuweisung zur Erhaltungsrücklage von 0,8 bis 1,0 % des Kaufpreises ab Baufertigstellung (LSG Rheinland-Pfalz ZMR 2010, 293; LSG Baden-Württemberg ZFSH/SGB 2007, 347).

156 **7. Absonderung und Anlage.** Die Erhaltungsrücklage kann auf einem „eigenen" Bankkonto abgesondert werden; eine gesetzliche Forderung ist dies nicht (BGH NJW 2010, 2127 Rn. 15; LG Dortmund BeckRS 2018, 31981 Rn. 19). Notwendig, aber auch ausreichend ist ein „Buchhaltungskonto Erhaltungsrücklage" (BGH NJW 2010, 2127 Rn. 15; OLG Saarbrücken NJW-RR 2006, 731 (733)). Sofern dieses vereinbart oder beschlossen ist, kann die Erhaltungsrücklage „geteilt" und zB nominell für einzelne Häuser einer Mehrhausanlage (→ § 9a Rn. 53 ff.) geführt und gebucht werden (BGH NJW 2018, 1309 Rn. 19; NZM 2015, 544 Rn. 22). Ob die der Erhaltungsrücklage zuzurechnenden Mittel anzulegen sind und gegebenenfalls „Wie", ist grundsätzlich zu beschließen. Fehlt es an einer Entscheidung, wird der Verwalter als verpflichtet angesehen, jedenfalls größere Beträge, die nicht in naher Zukunft benötigt werden, verzinslich anzulegen (→ § 27 Rn. 161).

157 **8. Entnahmen aus der Erhaltungsrücklage.** Eine Entnahme von Mitteln aus der Erhaltungsrücklage muss ihrem Zweck (→ Rn. 141 ff.) dienen. Über die Entnahme entscheiden grundsätzlich die Wohnungseigentümer durch Beschluss (OLG München NJW 2008, 1679; BayObLG NZM 2004, 745; LG München I ZWE 2017, 286). Notwendig ist ein ausdrücklicher und transparenter Beschluss (LG Berlin ZWE 2014, 460; AG Stralsund BeckRS 2018, 2547; *Jennißen* ZWE 2014, 199 (202); aA LG Köln BeckRS 2012, 06654 = IMR 2012, 199; offen gelassen von LG Düsseldorf ZMR 2016, 126 (127)). Die Wohnungseigentümer müssen mithin die Maßnahme

und ferner beschließen, dass die Kosten für diese mit den Mitteln der Erhaltungsrücklage bewirkt werden sollen.

Dem Verwalter ist eine Entnahme nach § 27 Abs. 1, Abs. 2 WEG erlaubt **158** (s. a. *Jennißen* ZWE 2014, 199 (202)). Etwas anderes gilt auch nicht zur Deckung von Liquiditätslücken, da es an den Wohnungseigentümern ist, zu bestimmen, woher die Mittel für eine Erhaltungsmaßnahme kommen. Entnahmen ohne Ermächtigung können die Wohnungseigentümer allerdings genehmigen; eine solche Genehmigung liegt nicht in der bloßen Genehmigung einer Abrechnung (LG Berlin ZWE 2014, 460; AG Stralsund BeckRS 2018, 2547).

Haben die Wohnungseigentümer einen Beschluss nach § 16 Abs. 2 Satz 2 **159** WEG gefasst und die Kosten einer Erhaltungsmaßnahme nur einigen Wohnungseigentümern auferlegt, dürfen die Mittel der Erhaltungsrücklage nicht genutzt werden. Bei Beschlüssen nach § 22 WEG ist zu unterscheiden, welcher Absatz des § 21 WEG anwendbar ist (s. a. BGH NJW 1992, 978 unter III. 4. b) aa). Solange eine angemessene Höhe der Erhaltungsrücklage nicht erreicht ist, kann bestimmt werden, Kosten für Erhaltungsmaßnahmen nicht durch vorhandene Mittel der Erhaltungsrücklage zu decken (BayObLG Rpfleger 1981, 284) oder jedenfalls nur zum Teil Mittel der Erhaltungsrücklage zu nutzen und die übrigen Kosten im Wege einer Sonderumlage zu erheben.

9. Mehrhausanlage („Untergemeinschaften"). In einer Mehrhaus- **160** anlage (→ § 9a Rn. 53 ff.) gelten für die Erhaltungsrücklage grundsätzlich keine Besonderheiten. Die Mittel der Wohnungseigentümer, deren Sondereigentum in einem Gebäude oder Teil einer Mehrhausanlage – etwa einem Gebäudekomplex (BGH NZM 2015, 544 Rn. 22) – liegt, sind weder auf einem separaten Bankkonto noch buchhalterisch gesondert zu führen. Die Wohnungseigentümer können allerdings etwas anderes vereinbaren (BGH NZM 2015, 544 Rn. 22).

Haben die Wohnungseigentümer einer Mehrhausanlage etwa vereinbart, **161** dass sämtliche Lasten und Kosten „soweit möglich für Untergemeinschaften getrennt zu ermitteln und abzurechnen sind", sollen die Wohnungseigentümer der jeweiligen „Untergemeinschaften" bereits aus diesem Grunde zur Ansammlung buchungstechnisch getrennter Erhaltungsrücklagen verpflichtet sein (BGH NJW 2018, 1309 Rn. 19; aA LG Stuttgart ZMR 2019, 547 (548)). Der Verwalter kann ferner angewiesen werden, die Mittel, die die Bewohner eines Mehrhauses angesammelt haben, „separat" anzulegen, in der Abrechnung auszuweisen und zur Bezahlung von diesen Bewohnern ausgelöster Verträge oder von diesen zu tragender Erhaltungsmaßnahmen zu nutzen (BGH NZM 2015, 544 Rn. 22; s. a. NJW 2018, 1309 Rn. 27). In jedem Fall handelt sich aber auch dann um eine Erhaltungsrücklage, die vermögensrechtlich nur der Gemeinschaft der Wohnungseigentümer zusteht.

10. Steuerrecht. Beiträge zur Erhaltungsrücklage sind mit ihrer Zahlung **162** aufgrund ihrer Zuordnung zum Gemeinschaftsvermögen aus dem frei verfügbaren Vermögen des einzelnen Wohnungseigentümers abgeflossen. Die Zahlung eines auf die Erhaltungsrücklage geschuldeten Betrages beim einzelnen Wohnungseigentümer kann nach der Rechtsprechung für vermietende Wohnungseigentümer dennoch erst dann als Werbungskosten abgezogen werden, wenn der Verwalter sie für die Gemeinschaft der Wohnungseigentümer tatsächlich für die Erhaltung des gemeinschaftlichen Eigentums oder für andere Maßnahmen verausgabt, die durch die Erzielung von Einnahmen aus Vermietung und Verpachtung veranlasst sind (BFH NJW-RR 2012, 527 Rn. 14; ZMR 2009, 380). Beim Erwerb eines Wohnungseigentumsrechts im Wege der Zwangsversteigerung ist der „Miterwerb" eines in der Erhaltungsrücklage angesammelten „Guthabens" nicht in die grunderwerbssteuerrechtliche Gegenleistung einbezogen (BFH DStR 2016, 1108 Rn. 10; NJW-RR 1992, 656). Bei einem rechtsgeschäftlichen Erwerb gilt nichts anderes (FG Köln ZWE 2018, 188 Rn. 25; anhängig im Verfahren BFH II R 49/17).

VI. Rücklagenbeschlüsse

163 **1. Überblick.** Die Wohnungseigentümer sind, wie § 28 Abs. 1 Satz 1 WEG zeigt, befugt, durch Beschluss weitere Rücklagen vorzusehen. Der Beschluss, eine Rücklage zu bilden, und also Mittel für einen bestimmten künftigen Zweck anzusammeln, und in welcher Höhe, beruht auf § 19 Abs. 1 WEG (BR-Drs. 168/20, 85). Diese Rücklagen unterscheiden sich von der Erhaltungsrücklage. Für diese besteht für „Ob" kein Ermessen, nur für das „Wie". Bei allen anderen Rücklagen ist das anders. Für diese haben die Wohnungseigentümer ein Ermessen, ob sie diese bilden und wie sie diese ausgestalten wollen. Für die Rücklagen gelten → § Rn. 35 ff. entsprechend.

164 **2. Mögliche Gegenstände. a) Liquiditätsrücklage.** Die Liquiditätsrücklage ist ein Mittel, kurzfristigen Liquiditätsengpässen zu begegnen (s. a. *Abramenko* ZWE 2015, 72 (77); *Jennißen/Kümmel/Schmidt* ZMR 2012, 758 (762); *Casser/Schultheis* ZMR 2012, 375 (377)). „Liquiditätsengpass" meint, dass die Gemeinschaft der Wohnungseigentümer fällige Forderungen zu befriedigen hat, für deren Begleichung keine ausreichenden liquiden Mittel zur Verfügung stehen, obwohl deren Eingang eingeplant oder prognostiziert war (s. a. LG München I ZWE 2017, 286). Ohne eine Zwischenfinanzierung würde dies dazu führen, dass die Gemeinschaft der Wohnungseigentümer fällige Forderungen nicht erfüllen kann. Dies könnte zB Verzugskosten, Schadenersatzansprüche, aber auch einen fehlenden Versicherungsschutz zur Folge haben. Eine Liquiditätsrückstellung hat also den Zweck, bei Hausgeldausfällen, zur Zahlung hoher Versicherungsprämien, zum Einkauf von Brennstoffen oder zB bei plötzlichen Schadenfällen dem Verband Wohnungseigentümergemeinschaft kurzfristig ausreichende Mittel zu verschaffen.

165 Kommt es unterjährig zu einem Liquiditätsengpass, bedient man sich in der Praxis neben einer Liquiditätsrücklage häufig der Mittel der Erhaltungsrücklage (*Drasdo* NZM 2010, 217 (224)). Dieser Weg ist aber nicht ordnungsmäßig. Denn die von einem Wohnungseigentümer nach § 28 Abs. 1 Satz 1 WEG auf die Erhaltungsrücklage gezahlten Mittel sind bereits mit dem Beschluss zweckgewidmet (→ § 19 Rn. 141) und dürfen vom Ver-

walter ohne eine Bestimmung der Wohnungseigentümer mit ihrem Eingang auf dem für das Hausgeld bestimmten Konto nur für den Zweck „Instandhaltung und Instandsetzung" eingesetzt werden (BGH NJW 2010, 2127 Rn. 15). Soll der Verwalter die Mittel der Erhaltungsrücklage dennoch für einen Liquiditätsengpass nutzen, müssen die Wohnungseigentümer das vereinbaren oder sie müssen es in den zulässigen Grenzen als „Entwidmung" beschließen (→ § 19 Rn. 144).

b) Modernisierungsrücklage (bauliche Veränderungen). Die Erhaltungsrücklage darf – kommt es zu keiner „Umwidmung" (*Dötsch* ZWE 2018, 61 (64)) – nicht für die Finanzierung einer und damit Modernisierung einer baulichen Veränderung eingesetzt werden. Stattdessen müssen die Wohnungseigentümer eine Sonderumlage bilden oder die Gemeinschaft der Wohnungseigentümer muss ein Darlehen aufnehmen. Alternativ ist es aber auch möglich, zur Finanzierung einer geplanten konkreten oder möglichen abstrakten Modernisierung prospektiv die erforderlichen Mittel anzusammeln (Modernisierungsrücklage; *Dötsch* ZWE 2018, 61 (64)). Es gelten die unter → Rn. 135 ff. dargestellten Grundsätze. **166**

c) Weitere Rücklagen. Die Wohnungseigentümer sind befugt, für den Erwerb von Sachen, etwa eines Grundstücks, Mittel anzusammeln. Ferner ist es möglich und sinnvoll, eine Rücklage für Rechtsstreitigkeiten der Gemeinschaft der Wohnungseigentümer zu bilden. **167**

3. Ordnungsmäßigkeit. Ob ein Rücklagenbildungsbeschluss ordnungsmäßig ist, bestimmt sich nach § 18 Abs. 2 Nr. 1 WEG und kann nicht allgemein beantwortet werden. Der Beschluss, eine Liquiditätsrücklage anzusammeln, wird allerdings in der Regel ordnungsmäßig sein (*Dötsch* ZWE 2018, 61 (66)). Der Beschluss, eine Modernisierungsrückstellung anzusammeln, wird häufig hingegen nicht ordnungsmäßig sein, weil eine Sonderumlage oder eine Darlehensaufnahme näher liegen (*Dötsch* ZWE 2018, 61 (66)). Eine Rücklage für den Erwerb von Sachen wird häufig nicht ordnungsmäßig sein, weil eine Sonderumlage oder eine Darlehensaufnahme näher liegen. Eine Rücklage für Rechtsstreitigkeiten der Gemeinschaft der Wohnungseigentümer wird regelmäßig ordnungsmäßig sein (s. a. *Dötsch* ZWE 2018, 61 (66)). **168**

4. Pflicht zur Zahlung und Umlageschlüssel. Die Pflicht jedes Wohnungseigentümers, sich an der Ansammlung einer Rücklage zu beteiligen, folgt wie bei der Erhaltungsrücklage aus einem Beschluss nach § 28 Abs. 1 Satz 1 WEG. Mit den Rücklagenmitteln sollen die Kosten der Gemeinschaft der Wohnungseigentümer bestritten werden. Diese hat jeder Wohnungseigentümer gem. § 16 Abs. 2 Satz 1 WEG nach dem Verhältnis seines Anteils (§ 16 Abs. 1 Satz 2 WEG) zu tragen. Die Wohnungseigentümer können etwas anderes bestimmen (aA *Dötsch* ZWE 2018, 61 (67). **169**

5. Verwaltung. Eine Rücklage ist auf einem Konto der Gemeinschaft der Wohnungseigentümer zu verwalten und buchhalterisch gesondert darzustellen. Sie ist nach § 28 Abs. 3 Satz 1 WEG im Vermögensbericht auf- **170**

zuführen. Eine Rücklage ist entsprechend der Erhaltungsrücklage abzurechnen (→ *Dötsch* ZWE 2018, 61 (65); Staudinger/*Häublein* § 28 Rn. 93).

VII. Vorschüsse nach § 28 Abs. 1 Satz 1 (§ 19 Abs. 2 Nr. 5 WEG)

171 Jeder aktuelle Wohnungseigentümer hat nach § 19 Abs. 2 Nr. 5 WEG einen Anspruch auf die Festsetzung von Vorschüssen nach § 28 Abs 1 Satz 1 WEG (→ § 28 Rn. 3).

VIII. Zertifizierter Verwalter (§ 19 Abs. 2 Nr. 6 WEG)

172 **1. Gesetzgebungsgeschichte und Sinn und Zweck.** § 19 Abs. 2 Nr. 6 WEG ist auf Initiative des Rechtsausschusses des Bundestages in das Gesetz eingefügt worden. Der Gesetzgeber erkennt damit an, dass sich mit dem Gesetz zur Förderung der Elektromobilität und zur Modernisierung des Wohnungseigentumsgesetzes und zur Änderung von kosten- und grundbuchrechtlichen Vorschriften vom 16.10.2020 die Anforderungen an eine qualifizierte Verwaltung von Wohnungseigentumsanlagen erhöht haben (BT-Drs. 19/22634). Der zunehmende Bedarf an einer fachkundigen Verwaltung resultiere ferner aus den immer komplexer werdenden gesellschaftlichen und rechtlichen Zusammenhängen, die die Verwaltertätigkeit prägten. Der Rechtsausschuss hielt es daher für erforderlich, den Wohnungseigentümern das rechtliche Instrumentarium dafür bereit zu stellen, dass sie nach ihren Bedürfnissen und ihrem Ermessen die Verwaltung einer sach- und fachkundigen Person übertragen können (BT-Drs. 19/22634, 46). Zur ordnungsmäßigen Verwaltung gehört aus diesem Grund die Bestellung eines zertifizierten Verwalters nach § 26a WEG.

173 **2. Anwendbarkeit.** Um den Personen, die sich zertifizieren lassen wollen, den Industrie- und Handelskammern, die nach § 26a Abs. 1 WEG die Prüfung abzunehmen haben, und dem Bundesministerium der Justiz und für Verbraucherschutz, das nach § 26a Abs. 2 Satz 1 WEG ermächtigt ist, durch Rechtsverordnung nähere Bestimmungen über die Prüfung zum zertifizierten Verwalter zu erlassen, Zeit für die Vorbereitung auf die Zertifizierungsverfahren zu gewähren, ist § 19 Abs. 2 Nr. 6 WEG nach § 48 Abs. 4 Satz 1 WEG erst ab dem 1.12.2022 anwendbar. Ferner fingiert § 48 Abs. 4 Satz 2 WEG, dass Personen, die am 1.12.2020 Verwalter einer Gemeinschaft der Wohnungseigentümer waren, gegenüber den Wohnungseigentümern dieser Gemeinschaft der Wohnungseigentümer bis zum 1.6.2024 als zertifizierter Verwalter gelten.

174 **3. Tatbestandsvoraussetzungen. a) Grundsatz.** Grundsätzlich kann jeder Wohnungseigentümer in jeder beliebigen Wohnungseigentumsanlage verlangen, dass nicht irgendein Verwalter bestellt wird, sondern gerade ein iSv § 26a Abs. 1 WEG zertifizierter Verwalter. Kommen die Wohnungseigentümer diesem Anspruch nicht nach, kann der Verlangende eine Beschlussersetzungsklage erheben. Ein Ermessen besteht insoweit nicht. Den Wohnungseigentümern steht es ohne Verlangen allerdings frei, mit einem

Verwalter, der nicht über ein Zertifikat verfügt, aber das Vertrauen aller Wohnungseigentümer besitzt, weiterhin zusammenzuarbeiten (BT-Drs. 19/22634, 46).

b) Ausnahme. Etwas anderes gilt ausnahmsweise, wenn kumulativ drei Bedingungen erfüllt sind: 175

- **Anzahl der Sondereigentumsrechte.** Es gibt nur acht oder weniger Sondereigentumsrechte. 176
- **Es gibt einen Wohnungseigentümer-Verwalter.** Einer der Wohnungseigentümer der zu betrachtenden Wohnungseigentumsanlage ist zum Verwalter bestellt. Ist der Verwalter kein Wohnungseigentümer, ist diese Anforderung nicht erfüllt.
- **Anzahl der Verlangenden:** Weniger als ein Drittel der Wohnungseigentümer (§ 25 Abs. 2 WEG) verlangen die Bestellung eines zertifizierten Verwalters. Diese Voraussetzung soll sicherstellen, dass der als Verwalter tätige Wohnungseigentümer über hinreichenden Rückhalt in der Gemeinschaft verfügt (BT-Drs. 19/22634, 46).

Der Gesetzgeber begründet diese Ausnahme mit der Annahme, in „Kleinanlagen" (= in der Wohnungseigentumsanlage gibt es nur acht oder weniger Sondereigentumsrechte) nehme der Verwaltungsaufwand typischerweise einen geringeren Umfang ein (BT-Drs. 19/22634, 46). 177

F. Abdingbarkeit

Absatz 1 ist nicht abdingbar. Sonst müssten die Wohnungseigentümer alle Verwaltungsentscheidungen durch Vereinbarung treffen. Absatz 2 ist auch nicht abdingbar, da er nur konkretisiert, was ordnungsmäßig ist. 178

Bauliche Veränderungen

20 (1) **Maßnahmen, die über die ordnungsmäßige Erhaltung des gemeinschaftlichen Eigentums hinausgehen (bauliche Veränderungen), können beschlossen oder einem Wohnungseigentümer durch Beschluss gestattet werden.**

(2) [1]**Jeder Wohnungseigentümer kann angemessene bauliche Veränderungen verlangen, die**

1. **dem Gebrauch durch Menschen mit Behinderungen,**
2. **dem Laden elektrisch betriebener Fahrzeuge,**
3. **dem Einbruchsschutz und**
4. **dem Anschluss an ein Telekommunikationsnetz mit sehr hoher Kapazität**

dienen. [2]**Über die Durchführung ist im Rahmen ordnungsmäßiger Verwaltung zu beschließen.**

(3) **Unbeschadet des Absatzes 2 kann jeder Wohnungseigentümer verlangen, dass ihm eine bauliche Veränderung gestattet wird, wenn**

alle Wohnungseigentümer, deren Rechte durch die bauliche Veränderung über das bei einem geordneten Zusammenleben unvermeidliche Maß hinaus beeinträchtigt werden, einverstanden sind.

(4) **Bauliche Veränderungen, die die Wohnanlage grundlegend umgestalten oder einen Wohnungseigentümer ohne sein Einverständnis gegenüber anderen unbillig benachteiligen, dürfen nicht beschlossen und gestattet werden; sie können auch nicht verlangt werden.**

Literatur (zur älteren Literatur siehe Vorauflage): *Becker/Schneider,* WEG-Reform 2020: Anmerkungen zum Regierungsentwurf des WEMoG, ZfIR 2020, 281; *Dötsch,* WEG-Reform: Endlich der Durchbruch für die Förderung der Elektromobilität im Immobilienrecht?, ZWE 2020, 215; *Dötsch,* WEG-Reform 2020 – Übersicht zum Recht der baulichen Veränderungen nach dem Regierungsentwurf, ZfIR 2020, 221; *Dötsch,* E-Mobilität im Miet- und Wohnungseigentum – Noch ein Anlauf, ZMR 2019, 741; *Elzer,* Änderungsvorschläge zum Wohnungseigentumsmodernisierungsgesetz, AnwZert MietR 13/2020; *Elzer,* Der Baum im Wohnungseigentumsrecht, FS Müller, 2019, 81; *Hinz,* (Total-)Reform des Wohnungseigentumsrechts?, ZMR 2020, 374; *Hübner,* E-Mobilität in vermieteten Tiefgaragen – ein Startversuch mit Hindernissen und vielen offenen Fragen, ZfIR 2020, 37; *Hügel,* Bauliche Veränderungen des Wohnungseigentums – terra incognita für den Notar?, NotBZ 2018, 20; *Mediger,* Neue Regeln für bauliche Veränderungen im RefE WEMoG oder: „weniger ist mehr", NZM 2020, 269.

Übersicht

A. Entstehungsgeschichte

1 Eine Bestimmung zu baulichen Veränderungen fand sich von Anfang an im Gesetz. Diese hatte ihren Platz bei § 22 WEG aF. Ihr damaliger Absatz 2 und zwischenzeitlicher Absatz 4 ist der heutige § 22 WEG. Das Gesetz zur Änderung des Wohnungseigentumsgesetzes und der Verordnung über das Erbbaurecht vom 30.7.1973 (BGBl. I 910) fügte in § 22 WEG aF zwei weitere Absätze ein. Einen Absatz 2, der sich Modernisierungen widmete, und einen Absatz 3 zu modernisierenden Instandsetzungen. Das Gesetz zur Förderung der Elektromobilität und zur Modernisierung des Wohnungseigentumsgesetzes und zur Änderung von kosten- und grundbuchrechtlichen Vorschriften vom 16.10.2020 hat sich formal von diesem Konzept gelöst. Absatz 1 entspricht allerdings zusammen mit Absatz 3, der § 22 Abs. 1 Satz 2 WEG aF wiederholt, im Kern der Regelung, die von Anfang an bestand. Auch seine Absätze 2 und 4 enthalten Elemente von § 22 Abs. 1, Abs. 2 WEG aF. Eine Bestimmung, die sich explizit „Modernisierungen" und/oder modernisierenden Instandsetzungen widmet, kennt das aktuelle Recht allerdings nicht mehr.

B. Sinn und Zweck

2 § 20 ist an die Stelle von § 22 Abs. 1, Abs. 2 WEG aF getreten. Seine Neufassung verfolgt insbesondere drei Ziele (BR-Drs. 168/20, 67). Erstens hielt der Gesetzgeber die Beschlussmehrheiten in § 22 Abs. 1, Abs. 2 Satz 1 WEG aF für nicht mehr zeitgemäß (BR-Drs. 168/20, 67). Bei der Beschlussfassung entscheidet deshalb nach § 25 Abs. 1 WEG bereits die Mehrheit der abgegebenen Stimmen. Absatz 4 zeigt für diesen Beschluss auf, wann er ua nicht ordnungsmäßig ist, entzieht die Beschlusskompetenz aber nicht. Ferner zeigt Absatz 4 auf, wann kein Anspruch nach Absatz 2 Satz 1 und Absatz 3 besteht. Zweitens ermöglicht das Gesetz durch zwei Anspruchsgrundlagen in Absatz 2 Satz 1 und Absatz 3, eine bauliche Veränderung gegen den Willen der Mehrheit der Wohnungseigentümer durchzusetzen. Absatz 3 entspricht insoweit § 22 Abs. 1 Satz 2 WEG aF, Absatz 2 dem „verlangt werden" in § 22 Abs. 1 Satz 1 WEG aF. Drittens stellt das Gesetz durch § 20 Abs. 3 WEG jetzt mittelbar klar, dass jede bauliche Veränderung eines sie legitimierenden Beschlusses bedarf. Dieser Beschluss nach § 20 Abs. 1 WEG soll die Wohnungseigentümer über alle baulichen Veränderungen des gemeinschaftlichen Eigentums informieren. Für den bauwilligen Wohnungseigentümer soll er den Vorteil haben, dass er durch dessen Bestandskraft Rechtssicherheit gewinnt (BR-Drs. 168/20, 67).

3 Absatz 1 definiert vor diesem Hintergrund, was eine bauliche Veränderung ist, und gibt den Wohnungseigentümern für Beschlüsse zu diesen eine Beschlusskompetenz, die unterschiedlich ausgeübt werden kann. Absatz 2 Satz 1 gibt jedem Wohnungseigentümer in den Grenzen von Absatz 4 einen Anspruch auf eine angemessene bauliche Veränderung. Er stellt in seinem Satz 2 klar, dass die Wohnungseigentümer für die dem Absatz 2 unterfallenden Maßnahmen wie auch bislang ein Direktionsrecht haben. Absatz 3 gibt jedem Wohnungseigentümer einen weiteren Anspruch auf eine bauliche Veränderung. Die ihm unterfallenden baulichen Veränderungen müssen nicht angemessen sein. Die Wohnungseigentümer haben für die Umsetzung dieses Anspruchs auch kein Direktionsrecht. Absatz 4 zeigt Grenzen auf, wann ein Beschluss, der Absatz 1 unterfällt, nicht mehr ordnungsmäßig ist. Ferner klärt er, wann ein Gestattungsbeschluss nicht verlangt werden kann.

C. Anwendungsbereich

I. Gemeinschaftliches Eigentum

4 **1. Überblick.** § 20 WEG betrifft Maßnahmen am gemeinschaftlichen Eigentum (s. a. BGH NJW 2014, 1090 Rn. 7). Er hat den Regelungskonflikt im Blick, was gilt, wenn das gemeinschaftliche Eigentum verändert werden soll. Zur Problematik, was gilt, wenn ein Drittnutzer, vor allem ein Pächter oder Mieter, in das gemeinschaftliche Eigentum eingreifen will, → Rn. 16.

2. Räume/Flächen, die einem Sondernutzungsrecht unterliegen. 5
Unterliegt ein Raum oder eine Fläche einem Sondernutzungsrecht, stehen der Raum und/oder die Fläche im gemeinschaftlichen Eigentum. § 20 WEG ist daher unmittelbar anwendbar (BGH NJW 2014, 1090 Rn. 7; ZMR 2012, 883 Rn. 7; NJW 2012, 676 Rn. 8). Aus diesem Grunde bedarf auch der Sondernutzungsberechtigte eines Beschlusses nach § 20 Abs. 1 WEG, wenn er das gemeinschaftliche Eigentum baulich verändern will, beispielsweise durch Errichtung eines Gartenhauses oder eines fest im Boden verankerten Zaunes, im Einzelfall auch durch die Verankerung einer Schaukel oder eines Trampolins im Boden oder durch Auswechselung eines Terrassenbelages. Insbesondere bei einem Sondernutzungsrecht ist in der Praxis allerdings die Gestattung bestimmter baulicher Veränderungen vereinbart (→ Rn. 52).

II. Sondereigentum

Für bauliche Veränderungen des Sondereigentums gilt nach § 13 Abs. 2 WEG die Bestimmung des § 20 WEG mit der Maßgabe entsprechend, dass der Wohnungs- und/oder Teileigentümer als Sondereigentümer keiner Gestattung nach § 20 Abs. 3, Abs. 1 WEG bedarf, soweit keinem der anderen Wohnungseigentümer über das bei einem geordneten Zusammenleben unvermeidliche Maß hinaus ein Nachteil erwächst. Mithin bedarf es bei einer baulichen Veränderung eines Beschlusses. Anders liegt es, wenn ausnahmsweise die Tatbestandsvoraussetzungen von Absatz 3 vorliegen. 6

III. Erhaltung

§ 20 WEG regelt Maßnahmen, die über die ordnungsmäßige Erhaltung des gemeinschaftlichen Eigentums (§§ 18 Abs. 2 Nr. 1, 19 Abs. 2 Nr. 2 WEG) hinausgehen. Sein Anwendungsbereich ist daher nicht eröffnet für eine Instandhaltung oder Instandsetzung des gemeinschaftlichen Eigentums, für modernisierende Instandsetzungen iSv § 22 Abs. 3 WEG aF (→ § 19 Rn. 71), für die erstmalige ordnungsmäßige Herstellung/Erstellung des gemeinschaftlichen Eigentums (→ § 19 Rn. 58), für die Erfüllung der Verkehrssicherungspflichten (→ § 19 Rn. 70) und für gesetzliche und behördliche Anordnungen (→ § 19 Rn. 67). 7

IV. Benutzung

§ 20 WEG ist vor allem bei Veränderungen an unbebauten Grundstücksteilen wegen der Frage, ob § 16 Abs. 2 Satz 1 WEG oder § 21 WEG anwendbar ist, von bloßen Benutzungsregelungen (→ § 19 Rn. 11 ff.) abzugrenzen. Nach hier vertretener Ansicht ist insoweit nach dem Merkmal des Substanzeingriffs zu unterscheiden (→ Rn. 20): Bleibt durch eine Maßnahme die bauliche Substanz des im gemeinschaftlichen Eigentum stehenden Gebäudes auf Dauer unangetastet, handelt es sich um eine Benutzung. Wird hingegen dauerhaft in die Substanz des im gemeinschaftlichen Eigentum stehenden Gebäudes oder des Grundstücks (vor allem durch Einbetonieren 8 oder vergleichbare Maßnahmen) eingegriffen, handelt es sich um eine bauliche Veränderung.

9 Die Verwendung einer im gemeinschaftlichen Eigentum stehenden Fläche als Grillplatz oder als Waschküche, zum Sonnenbaden oder zum Fußball spielen ist danach eine Benutzung. Auch wenn eine Rasen- oder Hoffläche freigegeben wird oder sie – gegebenenfalls teilweise – künftig als Kinderspielplatz genutzt werden soll, ist das eine Benutzung (OLG Saarbrücken NJW-RR 1990, 24 (25)). Ferner können die bloße Pflasterung eines Hofes oder das Aufstellen von Pflanzenkübeln keine bauliche Veränderung sein. Was gilt, ist abhängig von der Frage einer Verfestigung im Boden.

V. Gärtnerische Gestaltung (Pflanzen)

10 **1. Überblick.** Nach der Rechtsprechung soll die Entscheidung, Fassadengrün zu entfernen (OLG Düsseldorf NZM 2005, 149) und eine Hecke dauerhaft erheblich zurückzuschneiden, ein Beschluss zu einer baulichen Veränderung sein können (BayObLG ZWE 2005, 118). Die gärtnerische Gestaltung einer Fläche (der übliche Baumschnitt, das Auslichten von Bäumen, die Erneuerung abgestorbener Pflanzen sowie das Rasenmähen und Heckenschneiden, vgl. BGH NJW 2015, 549 Rn. 9) soll hingegen keine bauliche Veränderung sein (BayObLGZ 1975, 201 (206)). **Stellungnahme.** Bei der gärtnerischen Gestaltung des gemeinschaftlichen Eigentums handelt es sich immer um eine Frage seiner Benutzung (→ Rn. 20).

11 **2. Bäume.** Die Entfernung und/oder Behandlung eines „kranken" Baumes dient der Erhaltung des gemeinschaftlichen Eigentums (BayObLG NJOZ 2001, 2117; BayObLGZ 1985, 164 (167); *Elzer* FS Müller, 2019, 81 (83)). Der entsprechende Beschluss ist nach § 19 Abs. 1 WEG zu fassen. Dies gilt auch dann, wenn der Baum im Weg steht (*Elzer* FS Müller, 2019, 81 (83)) oder aus anderen Gründen stört, etwa wenn er den Lichteinfall erheblich beeinträchtigt (OLG Köln NJW-RR 1997, 14; LG Dortmund ZMR 2016, 221), seine Wurzeln die Pflasterung, eine Mauer oder das Flachdach einer Tiefgarage durchwachsen und damit zerstören, oder wenn die Früchte des Baumes, etwa Kastanien, oder sein Harz unter ihm abgestellte Pkw schädigen. Entsprechendes gilt, wenn von einem Baum Gefahren ausgehen.

12 Geht hingegen von einem gesunden, nicht störenden Baum keine Gefahr aus, wird von der hM unterschieden. Eine bauliche Veränderung soll anzunehmen sein, wenn die Bäume – oder auch ein einzelner Baum – die gärtnerische Gestaltung des gemeinschaftlichen Grundstücks so nachhaltig beeinflussen, dass sie den optischen Gesamteindruck der Wohnungseigentumsanlage maßgeblich prägen mit der Folge, dass ihre Beseitigung den „Charakter" der Außenanlagen deutlich verändern würde (OLG Schleswig WuM 2007, 587; OLG Köln NZM 1999, 623; LG Berlin ZWE 2016, 467). Werde dagegen in einer größeren Wohnungseigentumsanlage ein einzelner Baum – oder mehrere Bäume – aus einer größeren Baumgruppe entfernt, ohne dass dies spürbare Auswirkungen auf den optischen Gesamteindruck der gärtnerischen Anlage mit sich bringe, könne darin „eher eine Maßnahme der gärtnerischen Pflege bzw. Gestaltung der Gartenanlage gesehen werden"

(OLG Schleswig WuM 2007, 587; OLG Düsseldorf NZM 2003, 980 (981)). **Stellungnahme.** Diese differenzierende Sichtweise ist abzulehnen (*Elzer* FS Müller, 2019, 81 (87)). Auf die Prägung kommt es nicht an. Das Bepflanzen des gemeinschaftlichen Eigentums, beispielsweise mit einer Hecke, oder die Beseitigung einer Bepflanzung ist keine bauliche Veränderung. Beim Bepflanzen oder Entfernen und Zurückschneiden von Pflanzen wird nicht in die Bausubstanz des im gemeinschaftlichen Eigentum stehenden Gebäudes oder substanziell ins Grundstück eingegriffen. Es handelt sich um eine Gestaltungsfrage und damit um eine Frage der Benutzung (*Elzer* FS Müller, 2019, 81 (87)).

VI. Notgeschäftsführung und ordnungsmäßige Verwaltung

Wenn ein Wohnungseigentümer nach § 18 Abs. 3 WEG ohne Zustimmung der anderen Wohnungseigentümer Maßnahmen treffen darf, die zur Abwendung eines dem gemeinschaftlichen Eigentum unmittelbar drohenden Schadens notwendig sind, kann hierin der Sache nach eine bauliche Veränderung liegen. Diese unterfällt aber nicht § 20 Abs. 1 WEG und bedarf keines Beschlusses nach § 20 Abs. 1 WEG (BayObLG NZM 2000, 513; Jennißen/*Hogenschurz* § 22 Rn. 10). Auch Maßnahmen ordnungsmäßiger Verwaltung, wie zB der Einbau von Kaltwasserzählern, unterlagen im Einzelfall nach hM nicht dem Anwendungsbereich des § 20 Abs. 1 WEG (BGH NJW 2003, 3476 unter III. 1. c) aa) (2); LG Hamburg ZMR 2011, 495 (496)), obwohl es sich um keine Erhaltung handelte. Für diese Ausnahmen besteht im aktuellen Recht allerdings kein Bedarf mehr. 13

VII. Entsprechende Anwendung

1. Bebauung des Nachbargrundstücks. § 20 WEG ist nicht entsprechend anzuwenden, wenn zu klären ist, ob die Wohnungseigentümer bzw. die Gemeinschaft der Wohnungseigentümer der Bebauung eines Nachbargrundstücks zustimmen. Etwas anderes gilt, wenn mit den Maßnahmen zugleich eine substanzielle Veränderung des gemeinschaftlichen Eigentums verbunden ist (OLG Köln FGPrax 1995, 191). 14

2. Belastungen des Grundstücks. Ob § 20 Abs. 1 WEG entsprechend anzuwenden ist, wenn es um eine Belastung des gemeinschaftlichen Eigentums geht, zB um eine Baulast, ist streitig (bejahend BGH NJW 2010, 446 Rn. 20; *Schmidt-Räntsch* ZfIR 2014, 497 (507); verneinend *Hügel* ZMR 2011, 182; *Elzer* ZWE 2011, 16 (19); s. a. *Dötsch* NJW 2010, 911 (914)). 15

3. Drittnutzer. Will ein Drittnutzer, etwa ein Pächter oder Mieter, am gemeinschaftlichen Eigentum Veränderungen vornehmen, will er zB eine Mobilfunksendeanlage errichten (dazu BGH NJW 2014, 1233), einen Parkbügel einbetonieren, eine Heizungsanlage errichten/verändern, eine Fotovoltaik- oder eine Solarthermieanlage errichten oder will er Wände versetzen, erfahren die Wohnungseigentümer durch solche Maßnahmen in der Regel eine Beeinträchtigung, die sich nicht anders auswirkt als eine bauliche Veränderung. Diese Fälle unterfallen dennoch nicht § 20 WEG (aA BGH NJW 2014, 1233 Rn. 6), da es um keine bauliche Veränderung geht – 16 soweit nicht ein Wohnungseigentümer um Gestattung bittet, zB der vermietende Wohnungseigentümer (dann ist § 20 WEG unmittelbar anwendbar). Dass der Dritte Veränderungen vornimmt und in welchem Umfang, muss daher nach § 9a Abs. 2 WEG Gegenstand eines Vertrags mit der Gemeinschaft der Wohnungseigentümer sein. Die Genehmigung dieses Vertrags unterfällt § 19 Abs. 1 WEG.

D. Beschlüsse nach § 20 Abs. 1 WEG

I. Sinn und Zweck

17 § 20 Abs. 1 WEG gibt den Wohnungseigentümern eine Beschlusskompetenz, über bauliche Veränderungen bereits mit einfacher Mehrheit zu beschließen. Dieses niedrige Quorum soll es erleichtern, bauliche Veränderungen häufiger als im alten Recht zu beschließen. Die nicht bauwillige Minderheit soll dies hinnehmen, aber durch die Vorschriften über die Kostentragung einen Schutz erfahren (BR-Drs. 168/20, 67). Gegen ihren Willen müssen Wohnungseigentümer danach nur die Kosten bestimmter, vom Gesetz als besonders sinnvoll erachteter Maßnahmen tragen (§ 21 Abs. 2 WEG). Die Kosten anderer baulicher Veränderungen sind hingegen allein von der beschließenden Mehrheit zu tragen (vergleiche § 21 Abs. 3 WEG).

II. Begriff der baulichen Veränderung

18 **1. Überblick. a) Allgemeines.** § 20 Abs. 1 WEG definiert Maßnahmen, die über die ordnungsmäßige Erhaltung des gemeinschaftlichen Eigentums hinausgehen, als bauliche Veränderungen. Diese Legaldefinition ist unzureichend und bedarf folgender Präzisierung: Eine bauliche Veränderung ist positiv jede Maßnahme eines Wohnungseigentümers, die über eine ordnungsmäßige Erhaltung des gemeinschaftlichen Eigentums hinausgeht (→ § 19 Rn. 55 ff.; BT-Drs. 168/20, 58), dieses durch Eingriff in die Substanz des gemeinschaftlichen Eigentums umgestaltet (→ Rn. 20) und auf Dauer angelegt ist (→ Rn. 24).

19 **b) Bauträger.** Eine bauliche Veränderung liegt nicht vor, wenn der Bauträger in das gemeinschaftliche Eigentum eingreift, beispielsweise ein Wohnungseigentum auf Verlangen des künftigen Wohnungseigentümers abweichend von Plänen erstellt (BGH NJW 2015, 2027 Rn. 14; OLG Frankfurt a. M. NJW-RR 2008, 395 (397); OLG Zweibrücken NZM 2002, 253; LG Dessau-Roßlau ZWE 2015, 40; aA LG Itzehoe ZMR 2018, 628 = BeckRS 2018, 14722 Rn. 19). In einem solchen Falle besteht allerdings gegebenenfalls ein Anspruch der Wohnungseigentümer untereinander auf Herstellung eines den Plänen entsprechenden Zustands (BGH NJW 2015, 2027 Rn. 20; OLG Frankfurt a. M. NJW-RR 2008, 395 (397); BayObLG NJW-RR 1994, 276; → § 19 Rn. 58 ff.).

20 **2. Umgestaltung durch Substanzeingriff.** Umgestaltung meint die Schaffung eines „Soll-Zustands" des gemeinschaftlichen Eigentums gegen-

über seinem „Ist-Zustand" (zum Maßstab → § 19 Rn. 60) oder die Schaffung neuer Einrichtungen, Anlagen oder Räume, neuer Funktionalitäten oder einer veränderten Optik. Hierzu bedarf es eines Substanzeingriffs. Dieses Element der Begriffsbildung ist allerdings streitig. Denn nach namhaften Stimmen soll ein Substanzeingriff oder eine bauliche Tätigkeit am oder im gemeinschaftlichen Eigentum zur Bildung des Begriffes „bauliche Veränderung" nicht notwendig sein (exemplarisch OLG Hamburg ZMR 2005, 394; LG Hamburg ZMR 2016, 562; AG Oberhausen ZMR 2012, 62 (63); *J.-H. Schmidt* AnwZert MietR 8/2010). Ausschlaggebend soll nach diesen allein sein, ob der bauliche Ausgangszustand des gemeinschaftlichen Eigentums durch die Umgestaltung im „erzielten Ergebnis" verändert wird (Jennißen/*Hogenschurz* § 22 Rn. 3a).

Stellungnahme. Diese Haltung überzeugt nicht (BGH NZM 2010, 46 Rn. 19; OLG Frankfurt a. M. MDR 2010, 1108; LG München I ZMR 2016, 61; LG Düsseldorf NZM 2013, 427; AG München ZMR 2018, 277 (278); Bärmann/*Merle* § 22 Rn. 30; offen gelassen von BGH NZM 2004, 227 unter II. 2. a). Eine Veränderung des gemeinschaftlichen Eigentums, welche dieses ohne einen erheblichen Eingriff in die Bausubstanz umgestaltet, ist keine bauliche Veränderung, sondern ein – gegebenenfalls unzulässiges – Benutzen (→ Rn. 8; Bärmann/Pick/*Emmerich* WEG § 22 Rn. 38). Dieses Ergebnis ist augenfällig, wenn auch begrifflich, wenn man in andere Lebensbereiche schaut: stellt jemand auf dem öffentlichen Land etwas ab, mag es noch so schwer sein, ist dieses keine bauliche Veränderung. Eine Maßnahme ohne erheblichen Substanzeingriff – aufstellen, anleuchten, hinlegen – ist immer ein Benutzen. 21

Nicht als bauliche Veränderung sind danach ua die folgenden Maßnahmen zu verstehen: 22

- das **Aufstellen** von Biertischen, Bänken und Schirmen (BayObLG NZM 2003, 569; aA *Schmidt* AnwZert MietR 8/2010), eines Sandkastens (aA LG Frankfurt a. M. ZWE 2015, 183), einer Schaukel (aA LG Frankfurt a. M. ZWE 2015, 183), eines Trampolins, eines Whirlpools (aA LG Stuttgart ZWE 2016, 416), eines beweglichen Wäscheständers, eines Containers, eines Kübels, einer nicht fest und dauerhaft installierten Wäschespinne, die nur bei Bedarf in ein im Boden lose eingelassenes Führungsrohr geschoben wird (OLG Zweibrücken NZM 2000, 293), eines Pflanztroges (BayObLG NJWE-MietR 1997, 279 (280)), einer mobilen Parabolantenne (LG Hamburg ZMR 2010, 61; aA OLG Köln NJW-RR 2005, 530), einer mobilen Terrasse (LG München I ZMR 2016, 61), eines Schrankes in einer Balkonnische (aA OLG Köln NZM 1999, 911); 23
- die **Anbringung** einer Fahne ohne Substanzeingriff, etwa während einer Weltmeisterschaft, oder die Anbringung eines Katzennetzes an vorhandenen Einrichtungen (aA OLG Zweibrücken NZM 1998, 376; AG Wiesbaden ZMR 2012, 62);
- das **Verlegen** von Gehwegplatten (aA BayObLGZ 1975, 201 (206); LG Hamburg ZWE 2011, 283 (284)); die Schaffung einer befestigten Terrasse oder eines befestigten Weges sind hingegen Substanzeingriffe (LG Berlin GE 2016, 1520);

- die **Entfernung** von Fassadengrün;
- das **Anstrahlen** der Hauswand durch Licht;
- eine mit **Kabelbindern** an der Balkonbrüstung angebrachte **Lichterkette** oder die Befestigung anderer Dinge an der Fassade, zB mit Bändern (aA LG Köln ZMR 2009, 993);
- die Bepflanzung des gemeinschaftlichen Eigentums und seine gärtnerische Gestaltung (→ Rn. 10);
- Ein nicht unerheblicher Eingriff in die **Pigmentierung der Fassade** und bauliche Veränderung ist hingegen eine neue Farbgebung (OLG Hamburg ZMR 2005, 394; KG NJW-RR 1993, 1105; LG München I ZMR 2012, 137). Auch die **feste** Anbringung von Markisen (BFH BB 1990, 1185) und Außenrollläden ist jeweils eine bauliche Veränderung – sieht man in der Markise einen wesentlichen Gebäudebestandteil. Ebenso liegt es, wenn ein Trampolin dauerhaft und fest mit dem Boden verbunden wird (LG Hamburg ZMR 2016, 562 (563)).

24 **3. Auf Dauer angelegt.** Eine bauliche Veränderung setzt eine auf Dauer angelegte Maßnahme an realen Teilen des gemeinschaftlichen Eigentums voraus (OLG Zweibrücken NZM 2000, 293 (294)). Maßgeblich ist das erzielte Ergebnis, nicht mit welchen Mitteln es erreicht wird (OLG Hamburg ZMR 2005, 394). Ob eine Maßnahme als nur vorübergehend oder auf Dauer anzusehen ist, ist eine Frage des Einzelfalls (OLG Zweibrücken NZM 2000, 293). Nur vorübergehende Umgestaltungen sind Frage ordnungsmäßigen Gebrauchs (*Niedenführ* NZM 2001, 1105 (1106)).

25 **4. Einzelfälle.** Die Vorstellung, es sei möglich, Einzelfälle aufzählen, die stets als bauliche Veränderung und nicht als Erhaltungsmaßnahme anzusehen sind, etwa als „ABC-Liste", ist verfehlt (Jennißen/*Hogenschurz* § 22 Rn. 84 ff.; aA Bärmann/*Merle* § 22 Rn. 34 ff.). Ob eine Maßnahme bauliche Veränderung oder Erhaltungsmaßnahme ist, entzieht sich ganz offensichtlich einer pauschalierenden Betrachtungsweise. Etwa die Erneuerung einer Balkonbrüstung kann – je nach den Feststellungen im Einzelfall – eine Erhaltung oder eine bauliche Veränderung sein (BGH NJW 2013, 1439 Rn. 8). Nichts anderes gilt für jede andere Maßnahme.

III. Der Beschluss

26 **1. Überblick.** Die Wohnungseigentümer können nach § 20 Abs. 1 WEG beschließen, dass die Gemeinschaft der Wohnungseigentümer eine bauliche Veränderung vornehmen soll (Vornahmebeschluss). Sie können aber auch durch Beschluss bestimmen, dass einem Wohnungseigentümer die (Eigen-) Vornahme einer baulichen Veränderung gestattet wird (Gestattungsbeschluss). Die zweigliedrige gesetzliche Formulierung soll der Verdeutlichung dieser beiden Möglichkeiten dienen (BR-Drs. 168/20, 68). Ein Gestattungsbeschluss kann, wie § 20 Abs. 2 Satz 2 WEG zeigt, in bestimmten Fällen an Auflagen und Bedingungen geknüpft werden (dazu → Rn. 113).

27 Welchen Weg die Wohnungseigentümer wählen, ist eine Frage ordnungsmäßiger Verwaltung. Dabei ist abzuwägen, ob es richtig ist, die Baudurch-

führung und die etwaigen Mängelrechte in die Hand eines Wohnungseigentümers zu geben. Gestatten die Wohnungseigentümer eine bauliche Veränderung, ist nach den Grundsätzen des Zweitbeschlusses im Übrigen davon auszugehen, dass sie auch nach einer Gestattung berechtigt sind, sich später anders zu entscheiden und die bauliche Veränderung durch die Gemeinschaft der Wohnungseigentümer durchführen oder – soweit vertraglich möglich – zu Ende führen zu lassen.

2. Vornahmebeschluss. Mit einem Vornahmebeschluss bestimmen die Wohnungseigentümer, dass die Gemeinschaft der Wohnungseigentümer die bauliche Veränderung selbst durchführt. Sie müssen dann festlegen, auf welche Art und Weise, durch wen, wann, aufgrund welcher vertraglichen Grundlagen die Gemeinschaft der Wohnungseigentümer durch ihre Organe mit welchen Mitteln handeln soll. Die Wohnungseigentümer können im Falle des § 20 Abs. 2 Satz 2 WEG ferner bestimmen, dass die Gemeinschaft der Wohnungseigentümer gegen den bauwilligen Wohnungseigentümer einen Anspruch auf Vorschuss hat (→ Rn. 42). 28

3. Gestattungsbeschlüsse. a) Gestattungen nach § 20 Abs. 1, Abs. 2 Satz 2 WEG. Mit einem Gestattungsbeschluss nach § 20 Abs. 1, Abs. 2 Satz 2 WEG erlauben es die Wohnungseigentümer, dass ein Wohnungseigentümer eine bauliche Veränderung selbst durchführt. Sie können dabei einerseits das Konzept des bauwilligen Wohnungseigentümers, das ausreichend bestimmt sein muss (→ Rn. 38), ohne Bedingungen/Auflagen gestatten. Wie aus § 20 Abs. 2 Satz 2 WEG folgt, können sie von dem Konzept aber auch abweichen und dem bauwilligen Wohnungseigentümer vorgeben, wie er die bauliche Veränderung umzusetzen hat. Auch diese Vorgabe muss „bestimmt" sein. 29

b) Gestattungen nach § 20 Abs. 1, Abs. 3 WEG. Bei einem Gestattungsbeschluss nach § 20 Abs. 3 WEG haben die Wohnungseigentümer hingegen keine Möglichkeit, auf die Art und Weise der baulichen Veränderung einzuwirken. Liegen die Tatbestandsvoraussetzungen des § 20 Abs. 3 WEG vor, besteht für die Wohnungseigentümer für das „Ob" und das „Wie" kein Ermessen (→ Rn. 142). 30

c) Folgen der Gestattung. aa) Überblick. Haben die Wohnungseigentümer einem Wohnungseigentümer eine bauliche Veränderung des gemeinschaftlichen Eigentums gestattet, ist der Wohnungseigentümer berechtigt, etwaige Verträge im eigenen Namen zu schließen, und ist verpflichtet, die Ansprüche der Dritten zu erfüllen. 31

Wie mittelbar § 15 Nr. 2 WEG zu entnehmen ist, ist es ferner allein die Aufgabe des begünstigten Wohnungseigentümers und nicht nach § 18 Abs. 1 WEG die Aufgabe der Gemeinschaft der Wohnungseigentümer, die Baumaßnahme praktisch durchzuführen. Es muss dazu ua für eine „Baufreiheit" sorgen", muss Versicherungen abschließen, muss beim Einsatz eines Gerüstes gegebenenfalls Versicherungen der Gemeinschaft der Wohnungseigentümer informieren oder muss die anderen Wohnungseigentümer benachrichtigen. Es ist ferner ungeachtet des § 18 Abs. 1 WEG allein an ihm, 32 etwaige Mängelansprüche in Bezug auf das gemeinschaftliche Eigentum gegen einen Dritten durchzusetzen und die entsprechende Wahl zu treffen.

33 **bb) Drittnutzer.** Gibt es in der Wohnungseigentumsanlage Drittnutzer, muss der Wohnungseigentümer die bauliche Veränderung nach § 15 Nr. 2 WEG spätestens drei Monate vor ihrem Beginn in Textform ankündigen, § 555c Abs. 1 Satz 2 Nr. 1 und Nr. 2, Abs. 2 bis 4 BGB und § 555d Abs. 2 bis 5 BGB gelten insoweit entsprechend.

34 **4. Grundlagenbeschluss.** Sowohl bei einem Vornahme-, als auch bei einem Gestattungsbeschluss ist eine „gespaltene" Beschlussfassung möglich. Mit einem ersten Beschluss wird zunächst über das „Ob" der baulichen Veränderung beschlossen (Grundlagenbeschluss). Mit dem zweiten Beschluss wird dann das „Wie" der baulichen Veränderung geregelt (*Greiner* ZWE 2019, 243 (249)).

35 **5. Beschlussmehrheit.** Ein auf § 20 Abs. 1 WEG beruhender Vornahme-, Gestattungs- oder Grundlagenbeschluss unterfällt jeweils § 25 Abs. 1 WEG, bedarf also nur einer einfachen Mehrheit der abgegebenen Stimmen. Zu Zählfehlern → § 25 Rn. 11.

36 **6. Ordnungsmäßigkeit. a) Überblick.** Ein auf § 20 Abs. 1 WEG oder auf § 20 Abs. 1, Abs. 2 Satz 2 WEG beruhender Vornahme-, Gestattungs- oder Grundlagenbeschluss müssen jeweils einer ordnungsmäßigen Verwaltung iSv § 18 Abs. 2 Nr. 1 WEG entsprechen. Die Frage der Ordnungsmäßigkeit ist zum einen an § 20 Abs. 4 Hs. 1 WEG zu messen. Bauliche Veränderungen, die die Wohnungseigentumsanlage grundlegend umgestalten oder einen Wohnungseigentümer ohne sein Einverständnis gegenüber anderen unbillig benachteiligen, dürfen danach nicht beschlossen und nicht gestattet werden (zu den Einzelheiten → Rn. 147 ff.).

37 Wie die negative Formulierung in § 20 Abs. 4 Hs. 1 WEG verdeutlichen soll („dürfen nicht beschlossen und gestattet werden"), regelt er die Ordnungsmäßigkeit nicht abschließend (BR-Drs. 168/20, 73). Ein Vornahme-, Gestattungs- oder Grundlagenbeschluss kann auch aus anderen Gründen als nicht ordnungsmäßig angesehen werden. In Betracht kommen zum einen die allgemeinen Beschlussmängel, insbesondere die formellen. Zum anderen ist aber auch § 18 Abs. 2 Nr. 1 WEG zu beachten (BR-Drs. 168/20, 73). Bei der Prüfung, ob in Bezug auf eine bauliche Veränderung eine ordnungsmäßige Verwaltung vorliegt, sind allerdings die Wertungen von § 20 Abs. 4 Hs. 1 WEG zu berücksichtigen (BR-Drs. 168/20, 73). Bauliche Veränderungen, die das dortige Maß nicht erreichen und mehrheitlich beschlossen werden, sind von der überstimmten Minderheit deshalb grundsätzlich hinzunehmen. Dies gilt insbesondere für Beeinträchtigungen des optischen Gesamteindrucks.

38 **b) Grundsatz der Bestimmtheit. aa) Überblick.** Ein Vornahme-, Gestattungs- oder Grundlagenbeschluss muss dem Grundsatz der Bestimmtheit (→ § 23 Rn. 140) genügen. Dazu muss der Beschluss die bauliche Veränderung nach Art, Maß und Umfang genau beschreiben (OLG Düsseldorf NZM 2006, 702 (793)) Es muss für jeden klar sein, was, wann, wo, von

wem, mit welchen Mitteln (→ Rn. 41) errichtet/verändert/eingebaut/abgebaut usw wird. Von der hM wird es zwar für möglich erachtet, auch eine „allgemeine" Gestattung zu erteilen, nach der es im Belieben des Bauwilligen stehen soll, wie und was er baut, also eine Art „Blankettzustimmung" (OLG Düsseldorf NZM 2006, 702 (793); OLG Zweibrücken NZM 2000, 293 (294); OLG Karlsruhe NZM 1998, 526; BayObLG WE 1997, 236 (237)). **Stellungnahme:** Dem ist aber nicht zu folgen. Der Gegenstand des Vornahme- oder Gestattungsbeschlusses muss stets klar sein (s. a. OLG Düsseldorf ZWE 2002, 88 (89)). Die Wohnungseigentümer müssen wenigstens im Kern wissen, was sie erwartet.

bb) Bezugnahmen. Die Wohnungseigentümer sind berechtigt, im Beschluss zur Erreichung der notwendigen Bestimmtheit auf Zeichnungen, Pläne, Baubeschreibungen, Gutachten, behördliche Genehmigungen oder Bilder Bezug zu nehmen und diese als Anlage zur Niederschrift zu nehmen (→ § 23 Rn. 142; OLG München ZMR 2006, 230; *Elzer* MietRB 2007, 150). 39

cc) Folgen der Unbestimmtheit. Ergibt sich weder aus dem Beschluss noch aus sonstigen, aus der Niederschrift ersichtlichen Umständen hinreichend eindeutig, welches Ausmaß die bauliche Veränderung haben soll, ist der Beschluss zu unbestimmt und kann auf Antrag für ungültig erklärt werden (OLG München ZMR 2006, 230), kann aber auch nichtig sein (→ § 23 Rn. 144). Etwa ein Beschluss über die Überdachung einer Terrasse ist zu unbestimmt, wenn er weder etwas zum Umfang der Überdachung noch zur Dachneigung noch zum dafür zulässig verwendbaren Material noch zur farblichen Gestaltung aussagt (OLG München ZMR 2006, 230). So liegt es auch für einen Beschluss, nach dem eine bauliche Veränderung „laut Gutachten" durchgeführt werden soll, wenn dieses Gutachten zwar eindeutig bestimmt, was gelten soll, aber nicht mit der Niederschrift verbunden (aA BayObLG NZM 1999, 910). 40

c) Finanzielle Mittel für die bauliche Veränderung. aa) Überblick. Bei jedem Vornahme- oder Gestattungsbeschluss muss für seine Ordnungsmäßigkeit feststehen, mit welchen Mitteln die bauliche Veränderung durchgeführt werden soll. Insoweit ist zu unterscheiden. 41

bb) Gestattungs- und Vornahmebeschlüsse gegenüber privilegierten baulichen Veränderungen. Die Kosten einer baulichen Veränderung, die einem Wohnungseigentümer gestattet oder die auf sein Verlangen nach § 20 Abs. 2 Satz 1 WEG durch die Gemeinschaft der Wohnungseigentümer durchgeführt werden soll, hat nach § 21 Abs. 1 WEG dieser Wohnungseigentümer zu tragen. Im Beschluss nach § 20 Abs. 1 WEG ist zu regeln, ob der begünstigte Wohnungseigentümer einen Kostenvorschuss leisten oder ob die Gemeinschaft der Wohnungseigentümer die Maßnahme vorfinanzieren muss. Kommt es zu keiner Vorfinanzierung, was in der Regel nicht ordnungsmäßig sein dürfte, ist zu bestimmen, ob es zu einer Sonderumlage und/oder zu einem Darlehensvertrag kommen soll. Die Wohnungseigentümer sind hingegen nicht berechtigt, die Mittel der Erhaltungsrücklage zu entnehmen (→ § 19 Rn. 142). 42

43 **cc) § 21 Abs. 2 WEG.** Die Kosten einer baulichen Veränderung, die § 21 Abs. 2 WEG unterfällt, müssen nach § 21 Abs. 2 WEG alle Wohnungseigentümer tragen. Für die Ordnungsmäßigkeit des Vornahmebeschlusses muss feststehen, ob die Mittel für die bauliche Veränderung selbst, aber auch für Sachverständige, für Ansprüche nach § 14 Abs. 3 WEG, für Versicherungen, Sicherheiten, Rechtsanwälte oder für Prozesse, durch eine Sonderumlage und/oder einen Darlehensvertrag aufgebracht werden. Die Wohnungseigentümer sind auch an dieser Stelle nicht berechtigt, die Mittel der Rücklage zu entnehmen (→ § 19 Rn. 142).

44 **dd) § 21 Abs. 3 WEG.** Die Kosten anderer als der in § 21 Abs. 1, Abs. 2 WEG bezeichneten baulichen Veränderungen haben nach § 21 Abs. 3 Satz 1 WEG die Wohnungseigentümer, die sie beschlossen haben, nach dem Verhältnis ihrer Anteile (§ 16 Abs. 1 Satz 2 WEG) zu tragen. Da es nicht um einen Gestattungsbeschluss geht, muss zunächst die Gemeinschaft der Wohnungseigentümer die Mittel aufbringen. Für die Ordnungsmäßigkeit muss feststehen, ob die Mittel für die bauliche Veränderung selbst, aber auch für Sachverständige, für Ansprüche nach § 14 Abs. 3 WEG, für Versicherungen, Sicherheiten, Rechtsanwälte oder für Prozesse, durch eine Sonderumlage und/oder einen Darlehensvertrag aufgebracht werden. Die Wohnungseigentümer sind nicht berechtigt, die Mittel der Erhaltungsrückstellung zu entnehmen (→ § 19 Rn. 142).

45 **d) Umlageschlüssel.** Die Wohnungseigentümer können gemeinsam mit der Beschluss nach § 20 Abs. 1 WEG nach der Bestimmung des § 21 Abs. 5 Satz 1 WEG den für die bauliche Veränderung nach § 21 Abs. 1 bis Abs. 3 WEG gesetzlich vorgesehenen Umlageschlüssel ändern oder bestätigen (→ § 21 Rn. 69 ff.). Machen sie von dieser Beschlusskompetenz keinen Gebrauch, ändert das nichts an der Ordnungsmäßigkeit des Beschlusses nach § 20 Abs. 1 WEG. Wegen der in der Regel bestehenden Unsicherheit, ob die Kosten nach § 21 Abs. 2 WEG oder § 21 Abs. 3 WEG umzulegen sind, wird es sich allerdings häufig anbieten, von der Änderungs-/Klarstellungsmöglichkeit des § 21 Abs. 5 Satz 1 WEG parallel zu dem Beschluss nach § 20 Abs. 1 WEG Gebrauch zu machen.

46 **7. Wirkungen des Beschlusses.** Der Beschluss nach § 20 Abs. 1 WEG legitimiert die ihm zugrunde liegende bauliche Veränderung. Nach Ansicht des BGH können die Wohnungseigentümer dennoch eine Beeinträchtigung erfahren. Bejaht hat er dies für einen Beschluss zu einem erheblichen Eingriff in das gemeinschaftliche Eigentum, also grundlegende Um- oder Ausbauten, etwa einen Dachgeschossausbau (BGH NJW 2018, 2123 Rn. 15). Als Rechtsfolge einer solchen Beeinträchtigung soll der bauende Wohnungseigentümer ungeachtet des Beschlusses, der ihm dieses Tun erlaubte, verpflichtet sein, das gemeinschaftliche Eigentum und gegebenenfalls auch das Sondereigentum in seinem Zustand baulich zu verbessern, indem „aktuelle technische Vorgaben" (im Fall: aktuelle Schallschutzwerte) beachtet werden (BGH NJW 2018, 2123 Rn. 15).

47 **Stellungnahme.** Dem ist nicht zuzustimmen. Ein bestandskräftiger Beschluss nach § 20 Abs. 1 WEG macht es den Wohnungseigentümern un-

möglich, sich gegenüber der konkreten Bauplanung, der sie zugestimmt haben, auf eine Beeinträchtigung zu berufen. War die Bauplanung allerdings nicht konkret genug, kann der Beschluss die Baumaßnahme nicht decken.

8. Negativbeschluss. Lehnen es die Wohnungseigentümer ab, gegen eine bauliche Veränderung vorzugehen, liegt hierin kein Gestattungsbeschluss (aA AG Friedberg ZWE 2014, 464). Die Wohnungseigentümer haben nur einen negativen Beschluss gefasst (→ Vor §§ 23 ff. WEG Rn. 65 ff.). Sie haben entschieden, nicht gegen eine bauliche Veränderung vorgehen zu wollen. In diesem Beschluss liegt keine Gestattung. 48

9. Niederschrift. Da in der Regel nicht absehbar ist, ob die Einschätzung der Wohnungseigentümer zutrifft, dass eine bauliche Veränderung § 21 Abs. 2 WEG unterfällt, sind die Wohnungseigentümer, die gegenüber dem Beschlussantrag nach § 20 Abs. 1 WEG mit „Ja" gestimmt haben, in der Niederschrift zu erfassen. Haben die Wohnungseigentümer eine bauliche Veränderung beschlossen, die § 21 Abs. 3 WEG unterfällt, ergibt sich die Forderung nach einer Sicherung der „Ja-Stimmen" unmittelbar aus dem Gesetz. Denn nach § 21 Abs. 3 Satz 1 WEG sind die Kosten auf die Wohnungseigentümer umzulegen, die sie beschlossen haben. 49

IV. Nachgeholter Gestattungsbeschluss

Die Wohnungseigentümer können einen Gestattungsbeschluss auch dann fassen, wenn die bauliche Veränderung bereits durchgeführt ist (BGH BeckRS 2020, 13131 Rn. 10; OLG Düsseldorf NZM 2005, 791; OLG Köln NZM 2001, 293; BayObLG NJW-RR 2000, 1399; LG Hamburg ZMR 2016, 800 (801); LG Bonn ZMR 2016, 794; LG Itzehoe ZWE 2014, 329; LG Stuttgart ZWE 2014, 372; *Dötsch* MietRB 2014, 244). Auch dieser Beschluss ist an den Voraussetzungen des § 20 Abs. 1, Abs. 4 WEG zu messen. Der Gestattungsbeschluss kann noch im Rahmen eines gegen die unzulässige bauliche Veränderung geführten Prozesses gefasst werden (BGH BeckRS 2020, 13131 Rn. 10). Er führt dann zur Abweisung der Beseitigungsklage (BGH BeckRS 2020, 13131 Rn. 10), wenn der Rechtsstreit nicht in der Hauptsache für erledigt erklärt wird (LG Stuttgart ZWE 2014, 372). 50

V. Kosten der baulichen Veränderung

Welcher Wohnungseigentümer die Kosten der baulichen Veränderung zu tragen hat, bestimmen § 21 Abs. 1 bis Abs. 3 WEG. Die Wohnungseigentümer können etwas anderes vereinbaren oder nach § 21 Abs. 5 Satz 1 WEG beschließen. 51

VI. Gestattungsvereinbarung

1. Überblick. Die Wohnungseigentümer können Gegenstände, die zu beschließen sind, stets auch vereinbaren. Die Wohnungseigentümer können daher eine Gestattung iSv § 20 Abs. 1 WEG bereits in einer Vereinbarung aussprechen und damit den Beschluss nach § 20 Abs. 1 WEG vorwegneh- 52 men (BGH NJW 2014, 1090 Rn. 8; ZWE 2013, 131 Rn. 9; 2012, 377 unter II. 1a); NJW 2012, 676 Rn. 8). Die Gestattungsvereinbarung kann bereits in der Gemeinschaftsordnung enthalten sein (OLG München NJOZ 2019, 1562 Rn. 49; LG Hamburg ZWE 2017, 450 Rn. 15), zB für den Ausbau des Daches (BGH NZM 2016, 473) oder des Dachbodens (LG Hamburg ZWE 2017, 450 Rn. 15), den Anbau eines Personenaufzuges, einen Balkonanbau oder den Bau eines Wintergartens. Gestattungsvereinbarungen können sich auch bei Sondernutzungsrechten finden (vgl. etwa BGH NJW 2017, 1167 Rn. 14).

53 **2. Umfang. a) Bauliche Veränderung.** Eine Gestattungsvereinbarung ist nach ihrem Zweck umfassend zu verstehen und deckt sämtliche Maßnahmen für die bauliche Veränderung ab. Bestehen allerdings mehrere Möglichkeiten der Gestaltung, ist insoweit nichts vereinbart und ist die eine Möglichkeit nachteiliger als die andere, haben die anderen Wohnungseigentümer ein vom Ausbauenden zu beachtendes Recht, die Einzelheiten durch Beschluss nach § 19 Abs. 1 WEG zu bestimmen (siehe auch BayObLG NJWE-MietR 1997, 256).

54 **b) Verwaltung.** Ob ein Wohnungseigentümer infolge einer Gestattungsvereinbarung auch berechtigt und/oder verpflichtet sein soll, dass entsprechende wesentliche Bauteil des gemeinschaftlichen Eigentums oder die Fläche oder den Raum vollständig oder in Bezug auf bestimmte Aspekte zu verwalten, sollte in der Gestattungsvereinbarung ausdrücklich geregelt werden. Fehlt es hieran, ist auszulegen, ob der Wohnungseigentümer insoweit berechtigt und verpflichtet sein soll. Die Ausführungen zu einer Erhaltungsvereinbarung → § 19 Rn. 91 gelten hier entsprechend. → § 19 Rn. 96 gilt für die Frage entsprechend, welche Kompetenz den Wohnungseigentümern verbleibt.

55 **3. Verdinglichung.** Haben die Wohnungseigentümer eine bauliche Veränderung durch eine Gestattungsvereinbarung erlaubt, ist ein Sondernachfolger an diese gebunden, wenn sie nach §§ 10 Abs. 3, 5 Abs. 4 Satz 1 WEG zum Inhalt des Sondereigentums geworden ist. Ohne Eintragung ist eine Bindung hingegen nicht vorstellbar. Ist allerdings durch eine nicht verdinglichte Gestattungsvereinbarung dem Vorgänger im Recht die Genehmigung zur baulichen Veränderung erteilt worden, kann sich der Sondernachfolger darauf analog § 746 BGB, jedenfalls aber nach dem die Wohnungseigentümer verbindenden Treueverhältnis (→ § 10 Rn. 7) berufen.

56 „Für" einen Sondernachfolger wirkt eine Gestattungsvereinbarung auch ohne Eintragung, so dass ihn begünstigende Regelungen erhalten bleiben (BayObLG NZM 2003, 3212; OLG Düsseldorf NZM 2001, 530; OLG Hamm NZM 1998, 873; *Bub* FS Wenzel, 2007, 123 (139)). Gegen den Sondernachfolger – also zu seinem Nachteil – wirkt eine Gestattungsvereinbarung aber nicht, so dass sie in der Regel insgesamt „hinfällig" wird (→ § 10 Rn. 39 f.). Ein Sondernachfolger wird an eine Gestattungsvereinbarung freilich gebunden, wenn er in sie rechtsgeschäftlich eintritt (OLG

Zweibrücken NZM 2005, 343; OLG Hamm ZMR 1996, 671 (674); *Häublein* DNotZ 2005, 741 (746)).

VII. Zustimmung des Verwalters

Zum Teil ist vereinbart, dass der jeweilige Verwalter einer baulichen Veränderung zustimmen muss (vgl. etwa BGH NZM 2017, 328 Rn. 25; LG Hamburg ZWE 2016, 229 (230); LG München I ZWE 2011, 423; zu praktischen Fragen *Hogenschurz* MietRB 2017, 148 und *Abramenko* ZMR 2013, 241). In diesem Falle ist auszulegen, ob die Zustimmung neben einen Vornahme- oder Gestattungsbeschluss treten soll oder ob der Verwalter anstelle der Wohnungseigentümer die bauliche Veränderung billigen soll (BGH NZM 2017, 328 Rn. 25; *Hogenschurz* MietRB 2017, 148). Das Tun des Verwalters kann nicht als Beschluss der Wohnungseigentümer verstanden werden (s. a. BGH NJW 2014, 1879 Rn. 16). 57

Hat ein Wohnungseigentümer die notwendige Zustimmung des Verwalters nicht eingeholt, ist dieses unbeachtlich, wenn der Wohnungseigentümer einen Anspruch auf Gestattung hat OLG Köln NZM 2001, 53 (54)). Zur Klage auf Zustimmung gelten die Ausführungen zu § 12 Abs. 1 WEG entsprechend, → § 12 Rn. 71. 58

VIII. Abweichende Ausführung

Eine vom Vornahme- oder Gestattungsbeschluss abweichende Ausführungsweise oder spätere Änderung ist von diesem Beschluss nicht mehr gedeckt und unzulässig (OLG Düsseldorf NZM 2006, 702 (793); BayObLG MDR 1995, 569; OLG Karlsruhe NZM 1998, 526). 59

IX. Aufhebende Beschlüsse (Zweitbeschluss)

Die Wohnungseigentümer können einen Beschluss nach § 20 Abs. 1 WEG jederzeit und ohne Angabe von Gründen durch einen weiteren Beschluss wieder aufheben (OLG Frankfurt a. M. OLGR 2005, 334). Ob dieser Beschluss ordnungsmäßig ist, beurteilt sich nach den allgemeinen Maßstäben (s. a. OLG Frankfurt a. M. OLGR 2005, 334). 60

X. Bauliche Veränderung und Sondernutzungsrecht

Erlangt ein Wohnungseigentümer durch eine bauliche Veränderung faktisch ein Alleingebrauchsrecht an einem Raum oder einer Fläche, sollte darin bislang zugleich die Einräumung eines Sondernutzungsrechts liegen und sollte der Beschluss nach § 20 Abs. 1 WEG aus diesem Grunde nichtig sein (BGH ZWE 2017, 224 Rn. 32; *Hogenschurz* ZWE 2017, 208 (210)). Diese Ansicht ist jedenfalls im aktuellen Recht nicht mehr vertretbar. § 21 Abs. 1, Abs. 2, Abs. 3 WEG ordnen jeweils ausdrücklich an, dass denjenigen Wohnungseigentümern, welche die Kosten für eine bauliche Veränderung zu tragen haben, die Nutzungen daran zustehen, worunter auch das Alleingebrauchsrecht zu verstehen ist. 61

E. Privilegierte Veränderungen (§ 20 Abs. 2 WEG)

I. Sinn und Zweck und Allgemeines

62 § 20 Abs. 2 Satz 1 WEG begründet für jeden Wohnungs- und/oder Teileigentümer einen Anspruch auf Gestattung einer baulichen Veränderung. Er enthält einen Katalog privilegierter Maßnahmen. Der Katalog ist nicht abschließend (→ Rn. 98 ff.). Wenn die Voraussetzungen der jeweiligen Nummer vorliegen, hat der Wohnungseigentümer einen Anspruch auf Fassung eines Vornahme- oder Gestattungsbeschlusses § 20 Abs. 1 WEG (BR-Drs. 168/20, 69).

II. Baumaßnahmen für einen barrierefreien Zugang (Nr. 1)

63 **1. Überblick.** Jeder Wohnungseigentümer kann nach § 20 Abs. 2 Satz 1 Nr. 1 WEG angemessene bauliche Veränderungen verlangen, die dem Gebrauch durch Menschen mit Behinderungen dienen. § 20 Abs. 2 Satz 1 Nr. 1 WEG bezieht sich sowohl auf das gemeinschaftliche Eigentum, das sich im Bereich der Wohnung eines Wohnungseigentümers befindet, als auch auf das übrige gemeinschaftliche Eigentum (BR-Drs. 168/20, 69).

64 **2. Wohnungseigentümer.** Zum Begriff des Wohnungseigentümers (→ § 9a Rn. 2). Vom Begriff erfasst sind auch Dritte iSv § 14 Nr. 2 WEG aF, also die Personen, die dem Hausstand oder Geschäftsbetrieb des Wohnungs- oder Teileigentümers angehören (s. a. BR-Drs. 168/20, 69: „auch Angehörige"). Zum Wohnungseigentümer gehört seine aktuelle Familie (eine durch Partnerschaft, Heirat oder Abstammung begründete Lebensgemeinschaft). Zur Familie zählen vor allem Ehegatten, Lebenspartner, Kinder, Enkel, die Eltern, Großeltern, Geschwister, Nichten und Neffen; §§ 383 ZPO, 52 StPO gelten entsprechend (s. a. BGH NJW 2010, 1290 Rn. 22). Angehöriger ist, wer mit dem Wohnungseigentümer das Wohnungs- oder Teileigentum auf Dauer mitgebraucht, zB eine in der Wohnung zeitweise mitwohnende Pflegekraft eines pflegebedürftigen Wohnungseigentümers, ein Au-pair-Mädchen, Pflegekinder des Wohnungseigentümers oder Kinder des Lebenspartners; § 138 InsO ist entsprechend anwendbar. Es kommt auf eine individuelle Betrachtung, auf den konkreten Wohnungseigentümer an. Nicht erfasst sind bloß vorübergehend aufgenommene Personen, wie Besucher, Pensions- oder Feriengäste, kurzzeitig Beschäftigte. Beim Teileigentum sind es die Beschäftigten.

65 Nach § 554 Abs. 1 Satz 1 BGB kann der Mieter eines Wohnungseigentümers von diesem unter den Voraussetzungen der §§ 535, 241 Abs. 1 BGB verlangen, dass er im Verhältnis zu den anderen Wohnungseigentümern eine bauliche Veränderung nach § 20 Abs. 2 Satz 1 Nr. 1 WEG durchsetzt (*Elzer* MietRB 2007, 150).

66 **3. Menschen mit Behinderungen.** Menschen mit Behinderungen sind entsprechend § 2 Abs. 1 Satz 1 SGB IX Menschen, die körperliche, seelische, geistige oder Sinnesbeeinträchtigungen haben, die sie in Wechsel-

wirkung mit einstellungs- und umweltbedingten Barrieren an der gleichberechtigten Teilhabe an der Gesellschaft mit hoher Wahrscheinlichkeit länger als sechs Monate hindern können (vgl. auch BR-Drs. 168/20, 69: „körperlich oder geistig eingeschränkte Personen“). Eine Beeinträchtigung liegt vor, wenn der Körper- und Gesundheitszustand von dem für das Lebensalter typischen Zustand abweicht (§ 2 Abs. 1 Satz 2 SGB IX). Menschen sind von Behinderung bedroht, wenn eine Beeinträchtigung nach Satz 1 zu erwarten ist (§ 2 Abs. 1 Satz 3 SGB IX). Es ist im Einzelfall nicht zu beanstanden, wenn eine Baumaßnahme für einen barrierefreien Zugang bereits ohne konkreten Anlass umgesetzt wird (AG Hamburg-Altona ZMR 2010, 480).

4. Dem Gebrauch dienen. Dem Gebrauch durch Menschen mit Behin- 67
derungen dienen alle baulichen Veränderungen, die für sie erforderlich oder auch nur förderlich sind (BR-Drs. 168/20, 69). Der Begriff des „Gebrauchs“ meint, dass der Wohnungseigentümer von der baulichen Veränderung einen Vorteil erfährt. Ob und in welchem Umfang ein Wohnungseigentümer auf die bauliche Veränderung angewiesen ist, ist bedeutungslos (BR-Drs. 168/20, 69). Diese abstrakte Betrachtungsweise soll nicht nur Streitigkeiten über die Notwendigkeit im Einzelfall vermeiden, sondern auch dem gesamtgesellschaftlichen Bedürfnis nach barrierefreiem oder -reduziertem Wohnraum Rechnung tragen (BR-Drs. 168/20, 69).

5. Einzelne Maßnahmen. a) Überblick. Eine bauliche Veränderung, 68
die dem Gebrauch durch Menschen mit Behinderungen dient, ist beispielsweise die Aufstellung einer Rollatorenbox, ein Stromanschluss, der Bau einer Rollstuhlrampe im Eingangsbereich (BGH ZWE 2017, 224 Rn. 22; AG Hamburg-Altona ZMR 2010, 480), der Einbau eines Schrägliftes im Treppenhaus, der Einbau eines Treppenliftes (BGH ZWE 2017, 224 Rn. 22) nebst notwendiger neuer Treppenausführung (OLG München NZM 2008, 848; LG Erfurt NZM 2003, 402; LG Hamburg NZM 2001, 767 (768)), oder der Einbau eines Handlaufs (LG Köln MietRB 2011, 354).

Keine dienende Maßnahme ist hingegen die bloße Gewährung eines Stell- 69
platzes (aA *Schmid* NJW 2014, 1201 (1204)) oder die Zurverfügungstellung eines Platzes für eine Unterstellmöglichkeit eines Elektromobils. Hierbei handelt es sich jeweils nicht um bauliche Veränderungen. Ob ein Wohnungseigentümer insoweit einen Anspruch auf eine Fläche hat, zum Beispiel durch Abschluss eines entsprechenden Mietvertrags oder durch die Einräumung eines Sondernutzungsrechts, ist eine allgemeine Frage die nach § 10 Abs. 2 WEG oder nach einer Reduzierung des entsprechenden Ermessens zu beantworten ist.

b) Personenaufzüge. aa) Möglichkeit. Ein Wohnungseigentümer soll 70
nach der bisherigen Rechtsprechung nicht verlangen können, nachträglich einen Personenaufzug einzubauen (BGH ZWE 2017, 224 Rn. 23 ff.). Der BGH hat diese Sichtweise im Kern mit dem Nachteil begründet, den die anderen Wohnungseigentümer durch einen entsprechenden Einbau erfahren würden (BGH ZWE 2017, 224 Rn. 23). Diese Begründung ist im aktuellen Recht nicht tragfähig, da § 20 Abs. 2 Satz 1 Nr. 1 WEG einen Nachteil,

den die anderen Wohnungseigentümer durch den Einbau eines Personenaufzuges haben könnten, nicht zu einem Tatbestandsmerkmal erhoben hat (s. a. BR-Drs. 168/20, 75, wo der Einbau eines Personenaufzuges ausdrücklich genannt ist).

71 **bb) Angemessenheit.** Es ist vorstellbar, den Einbau eines Personenaufzuges als nicht mehr iSv § 20 Abs. 2 Satz 1 WEG „angemessen" anzusehen. Wann eine Maßnahme unangemessen ist, ist unter Berücksichtigung aller Umstände zu entscheiden (→ Rn. 106). Nach diesem Maßstab ist es vorstellbar, in bestimmten Wohnungseigentumsanlagen den Einbau eines Personenaufzuges zu billigen, in anderen aber nicht. Die Frage, was hier gilt, dürfte ua von den baulichen Gegebenheiten abhängen, beispielsweise von der Frage, ob der Personenaufzug im Treppenhaus aufgestellt oder außen an der Gebäudehülle angebracht werden soll, von der Frage, welchen Platz der Personenaufzug einnehmen soll, also seines Umfanges und der Art und Weise der baulichen Ausführung, der Frage, in welcher Art und Weise das Treppenhaus durch den Einbau einen Nachteil erfahren würde, und den Fragen, wie die Überprüfungs- und Wartungspflichten eingehalten werden können und welche Haftungsrisiken für die Gemeinschaft der Wohnungseigentümer im Verhältnis zu den Wohnungseigentümern und zu Dritten entstehen. Dem Beschluss würde nicht entgegenstehen, dass der entsprechende Wohnungseigentümer an der Fläche, auf der der Personenaufzug errichtet wird, ein Sondernutzungsrecht erhielte (→ Rn. 61).

72 Jedenfalls in der Regel dürfte der Einbau eines Personenaufzuges nicht als unangemessen angesehen werden können. Für diese Einschätzung ist auch zu beachten, dass die Wohnungseigentümer nach § 20 Abs. 2 Satz 2 WEG Weisungen erteilen können, zum Beispiel den Abschluss bestimmter Versicherungen oder bestimmter Verträge. Ferner können die Wohnungseigentümer für einen etwaigen Rückbau gegebenenfalls eine Sicherheitsleistung verlangen (insoweit kritisch BGH ZWE 2017, 224 Rn. 28).

III. Laden elektrisch betriebener Fahrzeuge (Nr. 2)

73 **1. Überblick.** Jeder Wohnungseigentümer kann nach § 20 Abs. 2 Satz 1 Nr. 2 WEG angemessene bauliche Veränderungen verlangen, die dem Laden elektrisch betriebener Fahrzeuge dienen. Handelt es sich um Maßnahmen, die über die Erhaltung des Sondereigentums hinausgehen, zum Beispiel um die Errichtung einer Lademöglichkeit auf einem Stellplatz, gilt er entsprechend. Soweit für das Laden elektrisch betriebener Fahrzeuge keine bauliche Veränderung erforderlich ist, sondern lediglich die Nutzung des bestehenden gemeinschaftlichen Eigentums, ist § 20 Abs. 2 Satz 1 Nr. 2 WEG nicht anwendbar (BR-Drs. 168/20, 69). Vielmehr besteht insoweit ein Recht zum Mitgebrauch nach § 16 Abs. 1 Satz 3 WEG. Zum Begriff des Wohnungseigentümers (→ § 9a Rn. 2). Nach § 554 Abs. 1 BGB kann der Mieter eines Wohnungseigentümers von diesem gegebenenfalls verlangen, dass er eine bauliche Veränderung nach § 20 Abs. 2 Satz 1 Nr. 2 WEG durchsetzt.

2. Lademöglichkeit. Der Begriff der „Lademöglichkeit" ist im Hinblick auf die technische und rechtliche Weiterentwicklung ohne Rückgriff auf die Ladesäulenverordnung oder andere Regelwerke autonom zu bestimmen (BR-Drs. 168/20, 69). Nahe liegt, die „Lademöglichkeit" in Anlehnung an den „Ladepunkt" iSv § 2 Nr. 9 des Gebäude-Elektromobilitätsinfrastruktur-Gesetz (GEIG) anzusehen, also als eine Einrichtung, die zum Aufladen elektrisch betriebener Fahrzeuge geeignet und bestimmt ist. 74

In Betracht kommen für Garagenstellplätze zurzeit vor allem die einfache Ladesteckdose (Haushaltssteckdose) und Wallboxen (*Hübner* ZfIR 2020, 37 (40)) und für den Außenbereich Ladesäulen (*Hübner* ZfIR 2020, 37 (40)). 75

3. Elektrisch betriebene Fahrzeuge. Der Begriff „elektrisch betriebenes Fahrzeug" ist autonom ohne Rückgriff auf das Elektromobilitätsgesetz (EmoG) zu bilden (BR-Drs. 168/20, 69). Erfasst sind neben den im EmoG genannten Fahrzeugen (ein reines Batterieelektrofahrzeug, ein von außen aufladbares Hybridelektrofahrzeug oder ein Brennstoffzellenfahrzeug) etwa auch elektrisch betriebene Zweiräder oder spezielle Elektromobile für Gehbehinderte (BR-Drs. 168/20, 69). 76

4. Dienen. Dem Laden elektrisch betriebener Fahrzeuge dienen alle baulichen Veränderungen, die es ermöglichen, die Batterie eines elektrisch betriebenen Fahrzeuges zu laden (BR-Drs. 168/20, 69). Dem Laden dient ferner, was zur Umsetzung von Vorgaben des Messstellenbetriebsgesetzes oder zur Teilnahme an einem Flexibilitätsmechanismus nach § 14a des Energiewirtschaftsgesetzes erforderlich ist (BR-Drs. 168/20, 70). Hierzu gehören zB Veränderungen, die zum Einbau und Betrieb der notwendigen Mess- und Steuereinrichtungen erforderlich sind, Veränderungen von Zählerschränken oder die kommunikative Anbindung der Ladeeinrichtung an ein intelligentes Messsystem (BR-Drs. 168/20, 70). Eine Lademöglichkeit muss nicht nur für die Entnahme von Elektrizität eingesetzt werden (BR-Drs. 168/20, 69). 77

5. Umfang. Der Anspruch aus § 20 Abs. 2 Satz 1 Nr. 2 WEG umfasst zum einen die Anbringung eines Ladepunktes oder einer Ladestation an der Wand – „Wallbox" (BR-Drs. 168/20, 69). Er betrifft zum anderen aber auch die „Ladeinfrastruktur", also die Summe aller elektrotechnischen Verbindungen, Mess-, Steuer- und Regelungseinrichtungen, einschließlich Überstrom- und Überspannungsschutzeinrichtungen, die zur Installation, zum Betrieb und zur Steuerung von Ladepunkten für die Elektromobilität notwendig sind, sowie die „Leitungsinfrastruktur", also die Gesamtheit aller Leitungsführungen zur Aufnahme von elektro- und datentechnischen Leitungen in Gebäuden oder im räumlichen Zusammenhang von Gebäuden vom Stellplatz über den Zählpunkt eines Anschlussnutzers bis zu den Schutzelementen (s. a. BR-Drs. 168/20, 69). 78

Der Anspruch beschränkt sich nicht auf die Ersteinrichtung eines Ladepunktes oder einer Ladestation, sondern betrifft auch deren Verbesserung (BR-Drs. 168/20, 69), zB durch die Installation eines Lastmanagementsystems oder die Erweiterung der Hausanschlussleistung. 79

80 **6. Mitgebrauch (§ 16 Abs. 1 Satz 3 WEG). a) Überblick.** § 20 Abs. 2 Satz 1 Nr. 2 WEG räumt einem Wohnungseigentümer nicht das Recht ein, ein zu ladendes Fahrzeug für die Zeit des Ladevorganges im Bereich des gemeinschaftlichen Eigentums abzustellen. Ein solcher Anspruch besteht nur, wenn der Wohnungseigentümer das Recht hat, das zu ladende Fahrzeug im Bereich der begehrten Lademöglichkeit abzustellen. Keine Rolle spielt es, ob sich dieses Recht aus dem Sondereigentum, einem Sondernutzungsrecht oder lediglich dem Recht zum Mitgebrauch einer gemeinschaftlichen Abstellfläche ergibt. Fehlt es an einer Möglichkeit, das gemeinschaftliche Eigentum für die Zeit des Ladevorganges mit zu gebrauchen und hat der Wohnungseigentümer an irgendeinem Stellplatz auch kein Teileigentum oder kein Sondernutzungsrecht, ist die Herstellung einer Lademöglichkeit nach den Materialien (BR-Drs. 168/20, 69) nicht angemessen (→ Rn. 106).

81 **b) Kapazitätsprobleme.** Entstehen beim Mitgebrauch Kapazitätsprobleme, müssen diese nach allgemeinen Regeln gelöst werden, etwa durch einen Beschluss, der regelt, wann welcher Wohnungseigentümer das gemeinschaftliche Eigentum gebrauchen darf (→ § 19 Rn. 26). Dabei sind alle interessierten Wohnungseigentümer gleich zu behandeln, ungeachtet der Tatsache, wie lange sie das gemeinschaftliche Eigentum schon gebrauchen (→ § 23 Rn. 161).

82 **c) Faktisches Sondernutzungsrecht.** Ein Wohnungseigentümer erhält durch den Umstand, dass er die Kosten der Installation einer Lademöglichkeit getragen hat, kein Alleingebrauchsrecht an einem bestimmten Stellplatz, der dieser Lademöglichkeit zugeordnet ist. Nicht nur er darf ein Fahrzeug auf diesem Stellplatz abstellen, um dort sein elektrisch betriebenes Fahrzeug beispielsweise jeden Abend wieder aufzuladen. Zwar ist der Wohnungseigentümer, dem eine Maßnahme nach § 20 Abs. 2 Satz 1 Nr. 2 WEG gestattet wurde, nach § 21 Abs. 1 Satz 2 WEG allein berechtigt, diese zu nutzen, worin der Sache nach ein einem Sondernutzungsrecht liegt (→ § 21 Rn. 17). Dieses Alleingebrauchsrecht besteht aber nur für die Lademöglichkeit, nicht für den vor diesem liegenden Stellplatz.

83 Möglich ist es, an dem Stellplatz ein Sondernutzungsrecht zu bestellen oder diesen dem entsprechenden Wohnungseigentümer zu vermieten, solange nicht auch andere Wohnungseigentümer ihr Recht anmelden und durchsetzen, die Lademöglichkeit mitzugebrauchen. Insoweit gelten die vorstehenden Ausführungen zu den Kapazitätsproblemen entsprechend.

84 **7. Beschränkte Kräfte.** Die Wohnungseigentümer sind nicht befugt, den Anspruch aus § 20 Abs. 2 Satz 1 Nr. 2 WEG mit Blick auf beschränkte Kapazitäten etwa der gemeinschaftlichen Elektroinstallationen abzulehnen (BR-Drs. 168/20, 70). Entweder teilen sich in einem solchen Fall alle an der Nutzung interessierten Wohnungseigentümer die beschränkten Kapazitäten oder sie rüsten die bestehenden Elektroinstallationen gemeinsam auf und tragen nach § 21 Abs. 1 Satz 1 WEG die dafür notwendigen Kosten gemeinsam (BR-Drs. 168/20, 70).

8. Später hinzutretende Wohnungseigentümer. Die Nutzung und Kostenbeteiligung durch später hinzutretende Wohnungseigentümer regelt § 21 Abs. 4 WEG (BR-Drs. 168/20, 70). 85

9. Gebäude-Elektromobilitätsinfrastruktur-Gesetz – GEIG. 86

a) Überblick. Das GEIG soll Art. 8 Abs. 2 bis 6 der Richtlinie (EU) 2018/ 87
844 des Europäischen Parlaments und des Rates vom 30.5.2018 in nationales Recht umsetzen (BR-Drs. 111/20, 1). Es regelt die Errichtung von und die Ausstattung mit der vorbereitenden Leitungsinfrastruktur und der Ladeinfrastruktur für die Elektromobilität in zu errichtenden und bestehenden Gebäuden. Nach § 8 Abs. 1 GEIG hat die Gemeinschaft der Wohnungseigentümer und haben die Wohnungseigentümer (vgl. § 2 Nr. 1 GEIG) dafür zu sorgen, dass jeder Stellplatz mit der Leitungsinfrastruktur für die Elektromobilität ausgestattet wird, wenn ein Wohngebäude, das über mehr als zehn Stellplätze innerhalb des Gebäudes verfügt, einer größeren Renovierung unterzogen wird, also einer Renovierung, bei der mehr als 25 Prozent der Oberfläche der Gebäudehülle einer Renovierung unterzogen werden, welche den Parkplatz oder die elektrische Infrastruktur des Gebäudes umfasst.

Wird ein Wohngebäude, das über mehr als zehn an das Gebäude angrenzende Stellplätze verfügt, einer größeren Renovierung unterzogen, welche den Parkplatz oder die elektrische Infrastruktur des Parkplatzes umfasst, so haben nach § 8 Abs. 2 GEIG die Gemeinschaft der Wohnungseigentümer und die Wohnungseigentümer dafür zu sorgen, dass jeder Stellplatz mit der Leitungsinfrastruktur für die Elektromobilität ausgestattet wird. Was für gemischt genutzte Gebäude gilt, bestimmt § 12 GEIG.

b) Anspruch. Jeder Wohnungseigentümer hat einen Anspruch gegen die Gemeinschaft der Wohnungseigentümer, dass das GEIG beachtet wird. Bei den ihm unterfallenden Maßnahmen handelt es sich allerdings nicht um eine bauliche Veränderung, sondern um Erhaltungsmaßnahmen. 88

IV. Einbruchsschutz (Nr. 3)

1. Überblick. Jeder Wohnungseigentümer kann nach § 20 Abs. 2 Satz 1 Nr. 3 WEG angemessene bauliche Veränderungen verlangen, die dem Einbruchsschutz dienen. Zum Begriff des Wohnungseigentümers (→ § 9a Rn. 2). Nach § 554 Abs. 1 Satz 1 BGB kann der Mieter eines Wohnungseigentümers von diesem gegebenenfalls verlangen, dass dieser eine bauliche Veränderung nach § 20 Abs. 2 Satz 1 Nr. 3 WEG durchsetzt. 89

2. Einbruchsschutz. Der Begriff „Einbruchsschutz“ meint technische Vorrichtungen, welche darauf abzielen, das Wohnungseigentum oder die Wohnungseigentumsanlage gegen das das Eindringen oder Einbrechen Unbefugter zu schützen. Eine solche technische Vorrichtung kann eine Stahlgittertür vor der Wohnungseingangstür sein (OLG Köln NZM 2005, 463). Ferner kommen Schutzgitter vor den Fenstern einer Parterrewohnung in Betracht (OLG Düsseldorf NZM 2005, 264; OLG Köln NZM 2004, 385, KG NZM 2001, 341; OLG Zweibrücken NJW-RR 2000, 893). 90

91 Denkbar sind auch Rollläden, eine Alarmanlage, eine Schrankenanlage, ein Zaun, eine Schließanlage oder eine einbruchhemmende Verglasung nach DIN EN 356. Dem Einbruchsschutz dient im Einzelfall aber auch eine Videoanlage (*Horst* DWW 2014, 362; s. a. *Mediger* NZM 2020, 269 (275)). Insoweit sind die Vorgaben des Datenschutzes zu beachten und nach § 20 Abs. 2 Satz 2 WEG zu regeln.

92 **3. Dienen.** Eine bauliche Veränderung dient dem Einbruchsschutz, wenn sie geeignet ist, den widerrechtlichen Zutritt zu einzelnen Wohnungen oder zu der Wohnungseigentumsanlage insgesamt zu verhindern, zu erschweren oder auch nur unwahrscheinlicher zu machen (BR-Drs. 168/20, 70).

V. Anschluss an ein Telekommunikationsnetz (Nr. 4)

93 **1. Überblick.** Jeder Wohnungseigentümer kann nach § 20 Abs. 2 Satz 1 Nr. 4 WEG angemessene bauliche Veränderungen verlangen, die dem Anschluss an ein Telekommunikationsnetz mit sehr hoher Kapazität dienen. Zum Begriff des Wohnungseigentümers (→ § 9a Rn. 2).

94 **2. Anschluss.** Der Begriff „Anschluss" meint insbesondere das Verlegen von Glasfaserkomponenten bis in das Sondereigentum des Wohnungseigentümers, aber auch alle Maßnahmen am gemeinschaftlichen Eigentum, die dafür notwendig sind (BR-Drs. 168/20, 71).

95 **3. Telekommunikationsnetz mit sehr hoher Kapazität.** Der Begriff des „Telekommunikationsnetzes mit sehr hoher Kapazität" ist angelehnt an das in Art. 2 Nr. 2 der Richtlinie (EU) 2018/1972 des europäischen Parlaments und des Rates vom 11.12.2018 über den europäischen Kodex für die elektronische Kommunikation (Amtsblatt L 321/36 v. 17.12.2018, 36) definierte „Netz mit sehr hoher Kapazität" (BR-Drs. 168/20, 71).

96 Ein „Netz mit sehr hoher Kapazität" ist entweder ein elektronisches Kommunikationsnetz, das komplett aus Glasfaserkomponenten zumindest bis zum Verteilerpunkt am Ort der Nutzung besteht, oder ein elektronisches Kommunikationsnetz, das zu üblichen Spitzenlastzeiten eine ähnliche Netzleistung in Bezug auf die verfügbare Down- und Uplink-Bandbreite, Ausfallsicherheit, fehlerbezogene Parameter, Latenz und Latenzschwankung bieten kann; die Netzleistung kann als vergleichbar gelten, unabhängig davon, ob der Endnutzer Schwankungen feststellt, die auf die verschiedenen inhärenten Merkmale des Mediums zurückzuführen sind, über das das Netz letztlich mit dem Netzabschlusspunkt verbunden ist.

97 **4. Dienen.** Eine bauliche Veränderung dient dem Anschluss an ein Telekommunikationsnetz mit sehr hoher Kapazität, wenn der Anschluss dem Wohnungseigentümer in seinem Sondereigentum dessen Nutzung eröffnet (BR-Drs. 168/20, 71).

VI. Entsprechende Anwendung

98 **1. Überblick.** Obwohl § 20 Abs. 2 Satz 1 WEG abschließend formuliert ist, ist er ua aus verfassungsrechtlichen, aber auch aus systematischen Grün-

den entsprechend anzuwenden auf solche Fälle, die § 20 Abs. 2 Satz 1 WEG gleichstehen.

2. Parabolantennen (Antennenschüssel oder Satellitenschüssel). Ein Wohnungseigentümer kann – ist nichts anderes vereinbart (LG Hamburg ZWE 2016, 229 (231)) – entsprechend § 20 Abs. 2 Satz 1 WEG einen Anspruch auf die feste Montierung einer Parabolantenne haben (mobile Parabolantennen unterfallen § 19 WEG). Ob die Anbringung verlangt werden kann, ist nach dem Grundsatz der „praktischen Konkordanz" (einführend *Kalenborn* JA 2016, 6 ff.) durch eine fallbezogene Abwägung der jeweils grundrechtlich geschützten Interessen zu beantworten (BVerfG NJW 1995, 1665 (1666); BGH NJW 2004, 937 unter III. 2. a) aa) (1)). Denn verfassungsrechtlich geschützte Rechtsgüter müssen in der Problemlösung einander so zugeordnet werden, dass jedes von ihnen Wirklichkeit gewinnt (*Hesse* Grundzüge des Verfassungsrechts, 20. Aufl. 1995, Rn. 72). **99**

Dem Anspruch auf Anbringung einer fest montierten Parabolantenne können ein vorhandener Kabel- (BGH NJW 2004, 937 unter III. 2. a) aa) (1); OLG Celle NJOZ 2006, 3283; OLG München ZMR 2006, 309; LG Hamburg ZMR 2014, 743 (744); ZMR 2010, 61 (62); AG Hattingen ZMR 2014, 576) oder ein Internetanschluss (LG Frankfurt a. M. NJW-RR 2013, 1357) entgegenstehen. Was gilt, ist eine Frage des Einzelfalls. Kabel- und/oder Internetanschluss sind dabei nicht vergleichbar, wenn die Parabolantenne dem Berechtigten einen Zugang zB zu religiösen Inhalten verschafft, den Kabel- und/oder Internetanschluss nicht leisten können (OLG München NJW 2008, 235). Hat ein Wohnungseigentümer seine ursprüngliche Staatsangehörigkeit aufgegeben und die deutsche angenommen, schränkt das den Schutz des Informationsinteresses des Art. 5 Abs. 1 GG natürlich nicht ein (BGH NJW 2010, 438 Rn. 10; VerfGH Berlin GE 2007, 1178). **100**

3. § 21 Abs. 5 Nr. 6 WEG aF. Nach § 21 Abs. 5 Nr. 6 WEG aF gehörte die Duldung aller Maßnahmen, die zur Herstellung einer Fernsprechteilnehmereinrichtung, einer Rundfunkempfangsanlage oder eines Energieversorgungsanschlusses zugunsten eines Wohnungseigentümers erforderlich sind zu einer ordnungsmäßigen, dem Interesse der Gesamtheit der Wohnungseigentümer entsprechenden Verwaltung. Die Erklärungen, die zur Vornahme der Maßnahmen erforderlich sind, waren vom Verwalter namens der Gemeinschaft der Wohnungseigentümer abzugeben. **101**

Nach den Materialien sollen diese Maßnahmen jetzt §§ 18, 19 WEG unterfallen (→ Rn. 1). Diese Verortung trägt aber nicht. Denn die Maßnahmen, die § 21 Abs. 5 Nr. 6 WEG aF meinte, nämlich den Anschluss an ein Energieversorgungsnetz (Heizung, Gas, Wasser, Strom), den Anschluss an Medien (das Rundfunk- und Fernsprechnetz, auch Telefax), den Anschluss an einen Fernseh- und/oder Internetempfang bzw. sämtliche Anschlüsse für andere leitungsgebundene Medien (→ Vorauflage § 21 Rn. 127), beinhalten jeweils denklogisch privilegierte bauliche Veränderungen. Aus diesem Grunde ist § 20 Abs. 2 Satz 1 WEG auf sie entsprechend anzuwenden. **102**

103 **4. Klimaschutz.** Im begründeten Einzelfall ist vorstellbar, dass ein Wohnungseigentümer entsprechend § 20 Abs. 2 Satz 1 WEG einen Anspruch auf eine angemessene (→ Rn. 106) Anlage oder Einrichtung hat, die als Modernisierungsmaßnahme iSv § 555b BGB anzusehen ist und die nach einer Abwägung den privilegierten baulichen Veränderungen gleichstehen muss. Dies ist beispielsweise und vorrangig in solchen Wohnungseigentumsanlagen vorstellbar, die als Reihenhausanlage errichtet wurden, bei Mehrhausanlagen, bei Doppelhäusern und gegebenenfalls auch für den Eigentümer des Dach-, Erd- oder Kellergeschosses. Bei den Anlagen oder Einrichtungen ist immer auch zu prüfen, ob sie § 20 Abs. 3 WEG unterfallen.

104 Es kann sich beispielsweise um den Einbau eines Blockheizkraftwerkes oder eine Fotovoltaik- oder Solarthermieanlage handeln. Vorstellbar ist aber auch ein Fensteraustausch, die Installation von Lüftungsanlagen mit Wärmerückgewinnung, die Umstellung von einer Ofen- auf eine Gasetagenheizung mit Warmwasserversorgung, der Anschluss einer mit einer Gasetagenheizung ausgestatteten Wohnung an das aus Anlagen der Kraft-Wärme-Kopplung gespeiste Fernwärmenetz, die Umstellung von GAMAT-Außenwandheizern auf Fernwärme, die Verbesserung der Wärmedämmung der Gebäudehülle, von Fenstern, Außentüren und -wänden, Dächern, Kellerdecken und obersten Geschossdecken, die Verminderung des Energieverlustes bzw. Energieverbrauchs der Heizungs- und Warmwasseranlage (zB der hydraulische Abgleich und Wärmedämmung freiliegender Rohrleitungen), der Einbau einer neuen Heizung, von Thermostatventilen oder von Wärmeschutzglas, die Verklinkerung einer Hauswand, der Einbau einer drehzahlgeregelten Umwälzpumpe, die Erneuerung von Ventilatoren und Aufzugsmotoren, der Einbau eines Isolierglasfensters mit Lüftung, der Einbau von Kalt- und Warmwasserzählern. Ferner kommt im begründeten Einzelfall die Errichtung von Windenergieanlagen (Windkraftwerke) oder Mikrowindanlagen in Betracht.

105 **5. Weitere Fälle.** Ein Anspruch entsprechend § 20 Abs. 2 Satz 1 WEG ist im Einzelfall ferner anzuerkennen, damit ein Wohnungseigentümer die wirtschaftliche Verwertung seines Sondereigentums herstellen kann, zB den Umbau einer Ladeneinheit, für das Anbringen eines Verkaufsschildes an der Außenwand, soweit man dieses nicht als bloße Gebrauchsausübung ansieht, bei einer behördlichen Anordnung nur an einen Sondereigentümer oder bei einer Verlegung und dem Bau eines Müllhauses, wenn nur die Verlegung dem öffentlichen Recht entspricht (LG Hamburg ZWE 2015, 184 (185); s. a. LG München I BeckRS 2017, 150834 Rn. 7).

VII. Angemessenheit

106 Jede bauliche Veränderung nach § 20 Abs. 2 Satz 1 WEG muss „angemessen" sein. Dieser Begriff soll es im Einzelfall ermöglichen, objektiv unangemessene Forderungen zurückzuweisen (BR-Drs. 168/20, 69). Wann eine Maßnahme idS unangemessen ist, soll unter Berücksichtigung aller Umstände entschieden werden (BR-Drs. 168/20, 69). Ein Ermessen oder ein Einschätzungsspielraum soll den Wohnungseigentümern durch den Begriff nicht eingeräumt werden (BR-Drs. 168/20, 69). Als Beispiel nennen

die Materialien exemplarisch das Verlangen nach der Gestattung einer baulichen Veränderung für das Laden elektrisch betriebener Fahrzeuge, wenn der Verlangende keine Möglichkeit hat, das gemeinschaftliche Eigentum zum Laden mitzugebrauchen (→ Rn. 80).

VIII. Grenzen des § 20 Abs. 4 Hs. 2 WEG

Die angestrebte bauliche Veränderung darf die Wohnungseigentumsanlage weder iSv § 20 Abs. 4 Hs. 1 WEG grundlegend umgestalten noch einen Wohnungseigentümer ohne sein Einverständnis gegenüber anderen unbillig benachteiligen. Eine grundlegende Umgestaltung wird bei den nach § 20 Abs. 2 Satz 1 WEG privilegierten Maßnahmen zumindest typischerweise allerdings nicht anzunehmen sein (BR-Drs. 168/20, 72). Zu den Einzelheiten → Rn. 147 ff. **107**

IX. Verlangen

Der privilegierte Wohnungseigentümer muss ein Verlangen nach einer privilegierten baulichen Veränderung iSv § 20 Abs. 2 Satz 1 WEG nach § 18 Abs. 1 WEG gegenüber der Gemeinschaft der Wohnungseigentümer aussprechen, die in der Regel von einem Verwalter vertreten wird. Einer besonderen Form bedarf es nicht. **108**

X. Rechtsfolge (§ 20 Abs. 2 Satz 2 WEG)

1. Überblick. Ist ein Wohnungseigentümer nach § 20 Abs. 2 Satz 1 WEG berechtigt, eine privilegierte bauliche Veränderung zu verlangen, hat er nach § 20 Abs. 2 Satz 2 WEG einen Anspruch, dass die anderen Wohnungseigentümer über die Durchführung der entsprechenden baulichen Veränderung(en) im Rahmen ordnungsmäßiger Verwaltung (§ 18 Abs. 2 Nr. 1 WEG) nach § 20 Abs. 1 WEG beschließen. **109**

Der Vertreter der Gemeinschaft der Wohnungseigentümer hat bei einem Verlangen einen entsprechenden Beschlussvorschlag in die Tagesordnung der nächsten Versammlung aufzunehmen (BR-Drs. 168/20, 69) und/oder einen schriftlichen Beschluss nach § 23 Abs. 3 WEG zu initiieren (BR-Drs. 168/20, 69). Kommt ein schriftlicher Beschluss nicht zustande, macht das eine Befassung der Versammlung der Wohnungseigentümer allerdings nicht überflüssig; auch reicht das Verfahren nach § 23 Abs. 3 WEG nicht als genügende Vorbefassung (→ Vor §§ 43 ff. Rn. 7) für eine Beschlussersetzungsklage. In besonders gelagerten Fällen, zB wenn vor kurzem die ordentliche Versammlung stattgefunden hat, ein Wohnungseigentümer oder ein Drittnutzer seines Sondereigentums aber aufgrund eines Unfalls zeitnah auf einen barrierefreien Zugang angewiesen ist, ist unverzüglich eine außerordentliche Versammlung einzuberufen. Dies gilt gegebenenfalls auch für die Herstellung einer Lademöglichkeit. **110**

2. Vornahme- oder Gestattungsbeschluss. a) Allgemeines. Die Wohnungseigentümer haben nach § 20 Abs. 2 Satz 2 WEG zum einen die Wahl, ob sie einen Vornahme- (→ Rn. 28) oder einen Gestattungsbeschluss **111**

(→ Rn. 29) fassen. Denn der Begriff der „Durchführung" bezieht sich sowohl auf die baulichen Details, als auch auf die Frage, wer die Baumaßnahme durchführt (BT-Drs. 168/20, 71). Hierin liegt eine Neuerung gegenüber dem bisherigen Recht. In beiden Fällen handelt es sich um einen Beschluss nach § 20 Abs. 1 WEG.

112 Die Wohnungseigentümer haben zum anderen teilweise für das „Wie" der baulichen Veränderung ein Ermessen (BT-Drs. 168/20, 71). Denn der Anspruchsberechtigte hat in der Regel keinen Anspruch auf eine bestimmte Durchführung der privilegierten baulichen Veränderung(en) (BT-Drs. 168/20, 71).

113 **b) Bedingungen und Auflagen (Direktionsrecht). aa) Überblick.** Die Wohnungseigentümer sind sowohl bei einem Vornahme-, als auch bei einem Gestattungsbeschluss berechtigt, über die Art und Weise der privilegierten baulichen Veränderung mitzubestimmen (s. a. *Zschieschack* ZWE 2019, 238 (239); BGH ZWE 2017, 224 Rn. 15; NJW 2004, 937 unter III. 2. a) cc). Sie können im Rahmen des Interessenausgleichs und ihres Ermessens ua die folgenden Bedingungen und/oder Auflagen aufstellen. Aufgrund der Vielgestaltigkeit der denkbaren Fälle macht das Gesetz insoweit keine Vorgaben (BT-Drs. 168/20, 71):

114
- Bei einem Vornahmebeschluss können die Wohnungseigentümer bestimmen, dass der bauwillige Wohnungseigentümer der Gemeinschaft der Wohnungseigentümer einen angemessenen Kostenvorschuss leisten muss (*Dötsch* ZWE 2020, 215 (220) schlägt eine Sonderumlage vor). Dies gilt für die bauliche Veränderung selbst, aber auch zB für eine Sondervergütung des Verwalters. Die Belastungen der Gemeinschaft der Wohnungseigentümer und ihrer Organe in Bezug auf einen Vornahmebeschluss dürfen nicht unterschätzt werden. Eine Vorfinanzierung durch die Gemeinschaft der Wohnungseigentümer ist in aller Regel nicht ordnungsmäßig.
- Die Wohnungseigentümer können Vorgaben für die bauliche Durchführung machen, etwa die Verwendung bestimmter Materialien oder die Vorgabe, Kabel unter Putz zu verlegen (BT-Drs. 168/20, 71).
- Die Wohnungseigentümer können verlangen, dass alle Verträge, die der bauwillige Wohnungseigentümer schließt, Verträge zu Gunsten der Gemeinschaft der Wohnungseigentümer sein müssen.
- Die Wohnungseigentümer können für die bauliche Veränderung Vorgaben machen, zB welche Wallbox eingesetzt wird. Ohne diese Vorgabe droht gegebenenfalls ein „Wallbox-Patchwork", bei dem ein Lastmanagement nicht betriebssicher gewährleistet ist (*Hübner* ZfIR 2020, 37 (40)).
- Die Wohnungseigentümer können bestimmen, dass beispielsweise eine Lademöglichkeit oder eine Maßnahme für einen barrierefreien Zugang an einem unauffälligen, aber technisch geeigneten Ort installiert wird (BGH NJW 2004, 937 unter III. 2. b) bb). Bei der Auswahl zwischen mehreren gleich geeigneten Standorten steht den Wohnungseigentümern ein Bestimmungsrecht zu. Die Auswahl darf zu erheblichen, nicht aber zu unzumutbaren Mehrkosten führen (s. a. OLG Frankfurt a. M. NJW-RR 2005, 1034).

- Die Wohnungseigentümer können verlangen, dass die bauliche Veränderung baurechtlich und denkmalschutzrechtlich zulässig ist (BGH ZWE 2017, 224 Rn. 26).
- Die Wohnungseigentümer können bestimmen, dass die bauliche Veränderung durch einen Fachmann durchgeführt wird, um eine Beschädigung oder eine erhöhte Reparaturanfälligkeit des gemeinschaftlichen Eigentums zu vermeiden (BGHZ NJW 2004, 937 unter III. 2. b) bb).
- Die Wohnungseigentümer können bestimmen, dass der Begünstigte ein etwaiges Haftungsrisiko durch eine Versicherung abdeckt und/oder Sicherheit für die voraussichtlichen Kosten des Rückbaus einer Anlage erbringt (BGH ZWE 2017, 224 Rn. 28; OLG Celle WE 2002, 8 *Dötsch* ZWE 2020, 215 (220)). Die Gemeinschaft der Wohnungseigentümer hat eine ihr als Sicherheit überlassene Geldsumme in diesem Fall grundsätzlich bei einem Kreditinstitut zu dem für Spareinlagen mit dreimonatiger Kündigungsfrist üblichen Zinssatz anzulegen. Etwas anderes kann bestimmt werden.

bb) Grenzen. Die Entscheidungsmacht der Wohnungseigentümer nach § 20 Abs. 2 Satz 2 WEG ist nicht schrankenlos, sondern wird durch die Vorgaben ordnungsmäßiger Verwaltung beschränkt (BT-Drs. 168/20, 71). Da der Wohnungseigentümer einen Anspruch besitzt, geht es nicht um das „Ob“, sondern allein um das „Wie“ einer privilegierten baulichen Veränderung. Die Wohnungseigentümer sind mithin nicht berechtigt, durch eine Bedingung und/oder Auflage den Anspruch auf eine privilegierte bauliche Veränderung der Sache nach zu vereiteln. Ferner müssen die Bedingungen und/oder Auflagen einer ordnungsmäßigen Verwaltung entsprechen. Hieran fehlt es beispielsweise, wenn die Wohnungseigentümer für die bauliche Veränderung einen Ort oder eine Art und Weise ihrer Durchführung bestimmen, die den grundrechtlich geschützten Interessen des Anspruchstellers nicht gerecht wird. **115**

Erwächst eine nicht ordnungsmäßige Bedingung oder Auflage in Bestandskraft, besteht ausnahmsweise ein Anspruch auf Neubefassung und auf einen ordnungsmäßigen Zweitbeschluss (→ Vor §§ 23 ff. Rn. 51 ff.). **116**

XI. Beschlussersetzungsklage

Fassen die Wohnungseigentümer keinen Vornahme- oder Gestattungsbeschluss (→ Rn. 111), kann der Anspruchsberechtigte gegen die Gemeinschaft der Wohnungseigentümer nach § 44 Abs. 1 Satz 2 WEG eine Beschlussersetzungsklage auf den einen oder anderen Beschluss erheben (*Dötsch* ZWE 2020, 215 (222)). **117**

Der Klageantrag muss die begehrte privilegierte bauliche Veränderung bezeichnen und klarmachen, ob der Kläger einen Vornahme- oder Gestattungsbeschluss anstrebt. Die konkrete Art und Weise der Durchführung der baulichen Veränderungen kann und muss in der Regel in das Ermessen des Gerichts gestellt werden (BT-Drs. 168/20, 68), da das Ermessen der Wohnungseigentümer für das „Wie“ selten auf null reduziert sein wird. Insoweit muss der klagende Wohnungseigentümer denkbare Varianten darstellen, um **118** die gerichtliche Ermessensentscheidung vorzubereiten (→ § 44 Rn. 193 ff.; *Dötsch* ZfIR 2020, 221 (228)).

119 Der klagende Wohnungseigentümer ist für die Voraussetzungen des § 20 Abs. 2 Satz 1 WEG darlegungs- und beweisbelastet (*Dötsch* ZWE 2020, 215 (222)). Etwas anderes gilt für die Angemessenheit. Die Unangemessenheit muss die Gemeinschaft der Wohnungseigentümer darlegen und beweisen.

XII. Feststellungsklage

120 Ein Wohnungseigentümer kann auf Feststellung klagen, dass eine bauliche Veränderung nach § 20 Abs. 2 Satz 1 WEG privilegiert ist. Damit ein solcher Antrag nicht wegen eines mangelnden Rechtsschutzbedürfnisses abgewiesen wird, bedarf es aber grundsätzlich einer Vorbefassung der Wohnungseigentümer (→ Vor §§ 43 ff. Rn. 7).

XIII. Kosten (§ 21 Abs. 1 Satz 1 WEG)

121 Die Kosten der baulichen Veränderung hat nach § 21 Abs. 1 Satz 1 WEG der Wohnungseigentümer zu tragen. Nur ihm gebühren auch die Nutzungen.

F. Neutrale bauliche Veränderungen (§ 20 Abs. 3)

I. Sinn und Zweck

122 § 20 Abs. 3 WEG begründet für jeden Wohnungseigentümer unter seinen Tatbestandsvoraussetzungen (→ 124) einen Anspruch auf Gestattung (→ 142) einer ganz konkreten baulichen Veränderung.

II. Verhältnis zum Absatz 2 (Anspruchskonkurrenz)

123 Der Anspruch aus § 20 Abs. 3 WEG besteht „unbeschadet" des Anspruchs aus Absatz 2. Zu einer Anspruchskonkurrenz der Absätze kann es kommen, wenn eine nach Absatz 2 privilegierte Maßnahme keine relevante Beeinträchtigung auslöst (BT-Drs. 168/20, 72) oder ein Einverständnis (→ 137) aller beeinträchtigten Wohnungseigentümer vorliegt. Dem Anspruchsberechtigten steht es dann frei, ob er sein Verlangen auf Absatz 2 oder Absatz 3 stützt (BT-Drs. 168/20, 72).

III. Tatbestandsvoraussetzungen

124 **1. Allgemeines.** Die Bestimmung des § 20 Abs. 3 WEG regelt zwei Tatbestände. Zum einen geht es um eine bauliche Veränderung, die für einige oder alle Wohnungseigentümer zwar nachteilig ist, mit der die beeinträchtigten Wohnungseigentümer aber einverstanden sind. Und zum anderen geht es um bauliche Veränderungen, die den anderen Wohnungseigentümern nicht iSv § 14 Abs. 1 Nr. 2 WEG nachteilig sind (*Dötsch* ZfIR 2020, 221 (229)).

2. Nachteilige bauliche Veränderungen (§ 14 Abs. 1 Nr. 2 WEG). 125
a) Überblick. Eine Beeinträchtigung iSv § 20 Abs. 3 WEG liegt vor, wenn sie über das bei einem geordneten Zusammenleben unvermeidliche Maß hinausgeht. Der Rückgriff auf den Maßstab des § 14 Abs. 1 Nr. 2 WEG soll sicherstellen, dass das Recht jedes Wohnungseigentümers, auf Entscheidungen über bauliche Veränderungen durch das Zustimmungserfordernis maßgebend Einfluss zu nehmen, grundsätzlich gewahrt bleibt. In diese aus dem Eigentum fließende Befugnis (§ 903 BGB) darf nur eingegriffen werden, soweit Wohnungseigentümer von der Maßnahme gar nicht oder nur ganz geringfügig betroffen sind (s. a. BGH NZM 2014, 201 Rn. 12). An eine Beeinträchtigung dürfen keine hohen Anforderungen gestellt werden (s. a. BGH NZM 2014, 201 Rn. 12; 2013, 193 Rn. 6).

b) Nachteil. aa) Überblick. Bei der Beurteilung können im Einzelfall 126
auch bauliche Besonderheiten zu berücksichtigen sein (BGH NJW-RR 2018, 1165 Rn. 29), etwa ein besonderes Interesse an einem Wärmeschutz (BGH NJW-RR 2018, 1165 Rn. 29). Werden diverse einzelne Baumaßnahmen beschlossen, darf nicht nur jede einzelne Teilbaumaßnahme für sich allein, isoliert betrachtet und auf Nachteile gem. § 14 Abs. 1 Nr. 2 WEG hin untersucht werden. Es ist vielmehr auch das Gesamtvorhaben zu beurteilen (BayObLG NJW-RR 1992, 272; LG München I ZWE 2011, 423). Haben die Wohnungseigentümer vereinbart, dass sie in allen Zweifelsfragen bei der Anwendung des Wohnungseigentumsgesetzes so zu behandeln sind, als seien sie unbeschränkte Alleineigentümer eines selbständigen parzellierten Grundstücks mit den darauf errichteten Gebäuden, ist nach – abzulehnender – Ansicht ein Nachteil zu verneinen, wenn ein Alleineigentümer in der konkreten Situation berechtigt wäre, die bauliche Veränderung vorzunehmen (BGH NJW-RR 2012, 140 Rn. 8).

Bei Auslegung und Anwendung des Nachteilsbegriffs sind nach hM 127
Art. 14 Abs. 1 Satz 1, 13 Abs. 1 GG zu beachten (BVerfG NJW 2010, 220 Rn. 19). Die Gerichte sind also gehalten, bei der Auslegung und Anwendung die betroffenen Grundrechte zu einem angemessenen Ausgleich zu bringen (BVerfG NJW 2010, 220 Rn. 19). Bei der Abwägung sollen ferner das Verbot der Benachteiligung Behinderter und das Nutzungsrecht eines Mieters zu beachten sein (BVerfG NZM 2000, 539; OLG Köln NJW-RR 2007, 1026). Das Zusammenleben in einer Wohnungseigentumsanlage verlangt bei Entscheidungen über bauliche Veränderungen stets ein starkes Maß an Rücksichtnahme (BGH NJW 2014, 1233 Rn. 12).

bb) Veränderung des „optischen Gesamteindrucks". (1) Feststel- 128
lung eines Nachteils: wertende Betrachtung. Eine Beeinträchtigung kann darin liegen, dass durch die bauliche Veränderung der architektonische, optische Gesamteindruck verändert wird (BGH NJW-RR 2019, 73; NJW 2013, 1439 Rn. 5; 2012, 72 Rn. 14; s. a. NJW 2014, 1090 Rn. 11), zB durch Anbau einer fest installierten Parabolantenne (Rn. 99; BGH ZWE 2010, 29 (30); LG München I ZMR 2010, 795), durch Verkleidung des Balkons, durch den Anbau eines Vordaches (BGH NZM 2017, 328), durch den Anbau einer Markise oder den Anbau von Außenrollläden. Die Feststellung, ob die Veränderung eines wesentlichen Gebäudebestandteils zu

einer erheblichen optischen Veränderung des gesamten Gebäudes – nicht bloß des Bauteils, sofern es bereits vorher vorhanden war (BGH NZM 2017, 328 Rn. 12) – geführt hat, erfordert eine umfassende Wertung, bei der insbesondere die Bedeutung des eingebauten und/oder veränderten Bauteils für den Gesamteindruck des Gebäudes und die Auswirkungen der vorgenommenen Veränderung für diesen Gesamteindruck zu berücksichtigen sind (BGH NZM 2017, 328 Rn. 13).

129 Notwendig ist ein Vorher-Nachher-Vergleich, bei dem der optische Gesamteindruck vor der baulichen Maßnahme dem als Folge der baulichen Maßnahme entstandenen optischen Gesamteindruck gegenüberzustellen ist (BGH NZM 2017, 328 Rn. 15). Dabei ist ua festzustellen, welche Bedeutung der veränderte, hinzugefügte oder entfernte wesentliche Gebäudebestandteil für den optischen Gesamteindruck hat, ob durch die bauliche Maßnahme Elemente verändert werden, die diesen Eindruck prägen, und ob sich das Bauteil trotz der Veränderungen in Gestalt, Form und Farbgebung in das Gesamtbild einfügt (BGH NZM 2017, 328 Rn. 18). Bei der wertenden Betrachtung ist hingegen nicht zu prüfen, ob sich das Erscheinungsbild des Gebäudes „positiv" oder „negativ" verändert hat (BGH NZM 2017, 328 Rn. 13). Eine bauliche Veränderung ist nicht nachteilig, wenn bereits eine Vielzahl früherer Veränderungen zu einem uneinheitlichen Gesamteindruck geführt hat, der durch die geplante Maßnahme nicht mehr verstärkt wird (BGH NZM 2017, 328 Rn. 16; OLG Zweibrücken ZMR 1999, 431; BayObLG ZMR 1999, 839).

130 **(2) Standort des Betrachters.** Auf den Standort des Betrachters kommt es für die Bewertung nicht an (BGH NZM 2017, 328 Rn. 16; OLG Celle ZMR 2004, 363; LG Hamburg ZMR 2016, 800; LG Frankfurt a. M. ZWE 2014, 327; LG Karlsruhe IMR 2014, 391). Es genügt, dass die bauliche Veränderung „irgendwo von außen" wahrnehmbar ist (OLG Zweibrücken ZMR 2004, 61; LG Hamburg ZMR 2016, 800; LG München I ZWE 2009, 173), also zB von der Straße, vom Hof oder Garten oder auch von der Wohnung eines anderen Eigentümers (BayObLG NZM 1999, 1146; ZMR 1999, 118). Es ist mithin nicht erforderlich, dass die nachteilige Veränderung des optischen Gesamteindrucks aus der Wohnung des Beeinträchtigten selbst sichtbar ist (OLG Celle WuM 1995, 338; LG Hamburg ZMR 2016, 800; LG München I ZWE 2009, 173). Eine Beeinträchtigung liegt nur dann nicht vor, wenn die Veränderung lediglich aus einer „ganz ungewöhnlichen Perspektive", wie etwa aus der Luft oder von einer für Wohnungseigentümer gewöhnlich nicht zugänglichen Dachfläche zu erkennen ist (LG Frankfurt a. M. ZWE 2014, 327).

131 **(3) Prozessuales.** Die Prüfung, ob eine optische Beeinträchtigung vorliegt, obliegt in erster Linie den Tatsachengerichten und kann vom Rechtsmittelgericht nur eingeschränkt daraufhin überprüft werden (OLG München ZMR 2006, 309), ob das Tatsachengericht alle wesentlichen Umstände berücksichtigt hat und von zutreffenden und verfahrensfehlerfrei festgestellten Tatsachen ausgegangen ist (BGH NZM 2017, 328 Rn. 11; BayObLG NJW-RR 1997, 771).

cc) Wesentlicher Substanzeingriff (Statik). Wird durch eine bauliche Veränderung in die „Substanz“ des gemeinschaftlichen Eigentums eingegriffen, liegt allein darin noch keine Beeinträchtigung. Ein Substanzeingriff macht eine Maßnahme erst zu einer baulichen Veränderung (→ Rn. 20). Eine Beeinträchtigung kann daher erst vorliegen, wenn in Folge einer baulichen Veränderung in die Statik des im gemeinschaftlichen Eigentum stehenden Gebäudes eingegriffen wird (BGH NJW 2012, 72 Rn. 14; BayObLGZ 1990, 120 (122)). Wird zB eine tragende, gem. § 5 Abs. 1 und Abs. 2 WEG im gemeinschaftlichen Eigentum stehende Wand oder Decke durchbrochen, ist ein Nachteil nur dann ausgeschlossen, wenn keine Gefahr für die konstruktive Stabilität des Gebäudes und dessen Brandsicherheit geschaffen wurde (BGH NJW 2001, 1212 (1214); 1992, 978). Ein wesentlicher Eingriff und damit eine Beeinträchtigung sind hingegen etwa zu verneinen, wenn der Wanddurchbruch nach sachkundiger Planung und statischer Berechnung durch ein Fachunternehmen nach den Regeln der Baukunst ausgeführt worden ist. 132

dd) Zuführung neuer unwägbarer Stoffe. Die Beeinträchtigung anderer Wohnungseigentümer kann nach hM in der Entstehung oder Verstärkung unwägbarer Immissionen (Gase, Dämpfe, Gerüche, Rauch, Ruß, Wärme, Geräusche, Erschütterungen und ähnliche Einwirkungen) liegen (BayObLG NZM 2003, 114; OLG Köln NZM 2000, 764; OLG Zweibrücken ZMR 1999, 589; LG Karlsruhe ZWE 2012, 138). **Stellungnahme.** Dem ist zuzustimmen, wenn die Beeinträchtigung dauerhaft, nicht nur unwesentlich und Folge einer baulichen Veränderung ist. Wird freilich nur ein Müllplatz verlegt, ohne baulich in die Substanz des gemeinschaftlichen Eigentums einzugreifen, liegt entgegen der hM (aA BayObLG NZM 2003, 114; OLG Köln NZM 2000, 764; LG Hamburg ZWE 2015, 184; LG Berlin GE 2008, 1573) nur eine Benutzung vor. Auch bloß kurzfristige, vorübergehende Lärmbeeinträchtigungen, die bei der Vornahme baulicher Veränderungen notwendig, aber nur vorübergehend auftreten, stellen keinen Nachteil dar (aA BayObLGZ 1990, 120 (122)). Entsprechendes gilt für Schmutz und Dreck als Folge einer baulichen Veränderung, soweit diese Beeinträchtigungen nur während der Bauzeit zu erleiden sind. Erhebliche, normale Wohngeräusche übersteigende Lärmbelästigungen als Folge einer baulichen Veränderung müssen hingegen nicht hingenommen werden. Normale Wohngeräusche als Folge einer baulichen Veränderung übersteigen aber in der Regel nicht das in § 14 Abs. 1 Nr. 2 WEG bestimmte Maß, und sind als im geordneten Zusammenleben unvermeidbare Beeinträchtigungen hinzunehmen (OLG Köln NZM 2001, 53 (54)). 133

Nach der Rechtsprechung des BGH liefern für die Konkretisierung, welche unwägbaren Stoffe nachteilig iSv § 14 Abs. 1 Nr. 2 WEG sind, die in § 906 Abs. 1 Satz 2 BGB genannten immissionsrechtlichen Grenz- und Richtwerte keinen brauchbaren Maßstab (BGH NJW 2014, 1233 Rn. 12). **Stellungnahme.** Dem ist nicht zu folgen. Auch zwischen Wohnungseigentümern liegt in der Regel eine wesentliche Beeinträchtigung (nur) dann vor, wenn die in Gesetzen oder Rechtsverordnungen festgelegten Grenz- oder Richtwerte von den nach diesen Vorschriften ermittelten und bewerteten Einwirkungen überschritten werden. Für die Frage, was „Nachteil“ ist, kann 134 daher grundsätzlich auf technische Regelungswerke zurückgegriffen werden (→ § 14 Rn. 39). Richtig ist zwar, dass die Frage, ob die Entstehung oder Verstärkung unwägbarer Stoffe beeinträchtigt, nicht starr zu bejahen ist, wenn die in Gesetzen oder Rechtsverordnungen festgelegten Grenz- oder Richtwerte von den nach diesen Vorschriften ermittelten und bewerteten Einwirkungen überschritten werden. Diese Aussage ist aber in § 906 Abs. 1 Satz 2 BGB bereits enthalten („in der Regel“). Im Einzelfall kann es daher geboten sein, zB zusätzliche Feststellungen zur Lästigkeit einer Geräuschimmission zu treffen (BGH NJW 2012, 2725 Rn. 16) – wenn auch bei einer erheblichen Verfehlung der Schallschutznormen eine Beeinträchtigung regelmäßig auf der Hand liegt (OLG Düsseldorf NZM 2008, 288 (290); OLG Schleswig OLGR 2007, 935). Verringert ein Wohnungseigentümer durch Auswechseln des Bodenbelages (Parkett statt Teppich) in seinem Sondereigentum den Trittschallschutz, so übersteigen die damit einhergehenden Beeinträchtigungen anderer Wohnungseigentümer das bei einem geordneten Zusammenleben unvermeidliche Maß hingegen nicht, solange die Anforderungen der DIN 4109 an den Trittschallschutz eingehalten werden (BGH NJW 2012, 2725 Rn. 9); das bloße Auswechseln ist allerdings an §§ 13, 14 WEG zu messen.

135 **ee) Weitere Fälle im Überblick:**

- **Erschwerung der Erhaltung:** Wird durch eine bauliche Veränderung die Erhaltung des gemeinschaftlichen Eigentums erschwert, führt sie ggf. auch zu Mehrkosten, liegt darin ein Nachteil (BGH NJW-RR 2019, 73 Rn. 14; NJW 2014, 1090 Rn. 12). Eine angebotene finanzielle Kompensation lässt den Nachteil nicht entfallen, sondern kann nur als Mittel dienen, um die anderen Wohnungseigentümer zu der Erteilung der Zustimmung zu bewegen (BGH NJW 2014, 1090 Rn. 12).
- **Intensivere Nutzung/Vergrößerung nutzbarer Fläche:** Ein Nachteil kann – ohne Berücksichtigung der Gebrauchsabsicht (BayObLG NZM 2005, 263; OLG Karlsruhe ZMR 1999, 65 (66)) – in der bloßen Möglichkeit einer intensiveren Nutzung liegen (BGH NJW 2012, 72 Rn. 14; 2010, 446 Rn. 22), zB mit der Schaffung eines direkten Zuganges vom Balkon in den Garten oder – im Einzelfall – in einem Wand- oder Deckendurchbruch (BGH NJW 2001, 1212 (1213)), sofern dadurch eine vermehrte und mehr störende Nutzung der miteinander verbundenen Räumlichkeiten erfolgt. Allein mit dem geschaffenen direkten Zugang ist eine solche Gefahr nicht verbunden (BGH NJW 2001, 1212 (1213)). Auch in der Vergrößerung der nutzbaren Fläche, zB der Aufstockung eines Hauses – und damit einer wesentlich intensiveren Nutzung – oder im Bau einer Terrasse, liegt ein Nachteil (BGH NJW 2012, 72 Rn. 14; 2010, 446 Rn. 22).
- **Kosten:** Die Kosten einer baulichen Veränderung begründen keinen Nachteil. Die Kosten einer baulichen Veränderung, die einem Wohnungseigentümer gestattet wird, hat nach § 21 Abs. 1 Satz 1 WEG dieser Wohnungseigentümer zu tragen.
- **Minderung des Miet- oder Verkaufswerts:** Die Befürchtung weiter Teile der Bevölkerung und die ernsthafte Möglichkeit einer Minderung des Miet- oder Verkaufswerts eines Wohnungseigentumsrechts sollen ein

Nachteil sein können, zB die Errichtung einer Mobilfunkanlage (BGH NJW 2014, 1233 Rn. 10).

- **Negative Immissionen:** Nimmt ein neues Bauteil einer Wohnung Licht, eine „gute Aussicht" oder wird der Fernsehempfang schlechter, liegt darin zwar keine Beeinträchtigung nach § 1004 BGB (BGH NJW 1991, 1671 unter 1. b), ggf. aber eine Beeinträchtigung iSv § 14 Abs. 1 Nr. 2 WEG (OLG Hamm ZMR 2002, 543 (544); BayObLG ZMR 2001, 640).
- **Schäden am fremden Sondereigentum:** Eine nachteilige Beeinträchtigung liegt in der Regel darin, dass es durch die bauliche Veränderung zu Schäden eines fremden Sondereigentums kommt. Wird eine nicht tragende Wand in einem Sondereigentum durchbrochen, ist dieses von den übrigen Wohnungseigentümern ohne weiteres hinzunehmen. In diesem Fall liegt weder ein Eingriff in die Substanz des gemeinschaftlichen Eigentums vor, eine solche Wand steht im Sondereigentum (BGH NJW 2001, 1212 unter III. 4. a), noch sind eine Beeinträchtigung der Statik oder sonstige Nachteile ernsthaft zu befürchten.
- **Wand- oder Deckendurchbruch:** Ein Wand- oder Deckendurchbruch innerhalb eines Sondereigentums ist nachteilig, wenn ein wesentlicher Eingriff in die Substanz des gemeinschaftlichen Eigentums durch einen Eingriff in die Gebäudestatik vorliegt (→ Rn. 132). Ein Nachteil ist hingegen ausgeschlossen, wenn kein vernünftiger Zweifel daran besteht, dass keine Gefahr für die konstruktive Stabilität des Gebäudes und dessen Brandsicherheit geschaffen wurde. Wenn durch einen Wand- oder Deckendurchbruch die Abgeschlossenheit (→ § 3 Rn. 34 ff.) verloren geht oder Wand- oder Deckendurchbruch zu einem der Teilungserklärung widersprechenden Zustand führen, stellt dies nicht schon deshalb einen für die anderen Wohnungseigentümer nicht hinnehmbaren Nachteil dar (BGH NJW 2001, 1212 unter III. 2. b).
- **Verstärkte Einsehbarkeit:** Eine Beeinträchtigung kann darin liegen, dass ein Balkon angebaut oder ein Fenster geschaffen oder ein Personenaufzug gebaut wird (BayObLG ZMR 2005, 377 (378); OLG Hamburg ZMR 2003, 524) und damit das gemeinschaftliche oder das Sondereigentum besser einsehbar wird.

ff) Behördliche Genehmigungen/Nachbarrecht. Zu behördlichen Genehmigungen → § 14 Rn. 41, zum Nachbarrecht → § 14 Rn. 37. 136

c) Einverständnis. Der Begriff des „Einverständnisses" meint ein Einverstanden-Sein mit einer baulichen Veränderung (BT-Drs. 168/20, 72), eine Billigung. Möglich ist eine Willenserklärung. Ausreichend ist aber jede rechtsgeschäftsähnliche Handlung (BT-Drs. 168/20, 72). Eine besondere Form für das Einverständnis ist nicht erforderlich. Ein formloses Einverständnis kann dem Anspruchsberechtigten aber im Rahmen einer Beschlussersetzungsklage den ihm obliegenden Beweis erschweren (BT-Drs. 168/20, 72). 137

Noch unklar ist, ob ein Einverständnis widerruflich ist (zur Zustimmung vgl. *Ott* ZWE 2002, 61 (65); *Niedenführ* NZM 2001, 1105 (1107); s. a. OLG Hamm ZWE 2002, 232 (233)). Nach hier vertretener Ansicht ist das Einverständnis bis zu einer Beschlussfassung nach § 20 Abs. 1 WEG widerruf- 138 lich und von dem, der den Gestattungsbeschluss verkündet, vor der Verkündung zu prüfen.

139 **3. Kein Nachteil für andere Wohnungseigentümer.** Der Anspruch aus § 20 Abs. 3 WEG ist nach seinem Sinn und Zweck gegeben, wenn kein Wohnungseigentümer durch die bauliche Veränderung in rechtlich relevanter Weise beeinträchtigt wird (BT-Drs. 168/20, 72). In diesem Falle bedarf es auch keines Einverständnisses (BT-Drs. 168/20, 72).

140 **4. Grenzen des § 20 Abs. 4 Hs. 2 WEG.** Die angestrebte bauliche Veränderung darf die Wohnungseigentumsanlage weder iSv § 20 Abs. 4 Hs. 1 WEG grundlegend umgestalten noch einen Wohnungseigentümer ohne sein Einverständnis gegenüber anderen unbillig benachteiligen. Zu den Einzelheiten → Rn. 147 ff.

141 **5. Verlangen.** Der privilegierte Wohnungseigentümer muss ein Verlangen iSv § 20 Abs. 3 WEG nach § 18 Abs. 1 WEG gegenüber der Gemeinschaft der Wohnungseigentümer aussprechen, die in der Regel von einem Verwalter vertreten wird. Einer besonderen Form bedarf es nicht.

IV. Rechtsfolge

142 Liegen die Tatbestandsvoraussetzungen vor (→ Rn. 124), hat ein Wohnungseigentümer einen Anspruch auf einen Gestattungsbeschluss (→ Rn. 29 ff.). Für die Wohnungseigentümer besteht für das „Ob" und auch für das „Wie" des Beschlusses kein Ermessen (BT-Drs. 168/20, 72). Der Vertreter der Gemeinschaft der Wohnungseigentümer hat einen entsprechenden Beschlussvorschlag in die Tagesordnung der nächsten Versammlung aufzunehmen (BR-Drs. 168/20, 69) und/oder einen schriftlichen Beschluss nach § 23 Abs. 3 WEG zu initiieren (BR-Drs. 168/20, 69).

143 Kommt ein schriftlicher Beschluss nicht zustande, macht das eine Befassung der Versammlung der Wohnungseigentümer allerdings nicht überflüssig; auch reicht das Verfahren nach § 23 Abs. 3 WEG nicht als genügende Vorbefassung (→ Vor §§ 43 ff. Rn. 7). In besonders gelagerten Fällen, zB wenn vor kurzem die ordentliche Versammlung stattgefunden hat, ein Wohnungseigentümer oder ein Drittnutzer seines Sondereigentums aber aufgrund eines Unfalls zeitnah auf einen barrierefreien Zugang angewiesen ist, ist unverzüglich eine außerordentliche Versammlung einzuberufen.

V. Beschlussersetzungsklage

144 Fassen die Wohnungseigentümer keinen Gestattungsbeschluss (→ Rn. 29 ff.), kann der Anspruchsberechtigte gegen die Gemeinschaft der Wohnungseigentümer nach § 44 Abs. 1 Satz 2 WEG eine Beschlussersetzungsklage erheben. Der Klageantrag muss sich auf eine konkrete bauliche Veränderung samt der Art und Weise ihrer Durchführung beziehen (BT-Drs. 168/20, 72). Ein Ermessen des Gerichts hinsichtlich der Durchführung besteht genauso wenig wie ein Ermessen der Wohnungseigentümer (BT-Drs. 168/20, 72). Der klagende Wohnungseigentümer ist für die Voraus-

setzungen darlegungs- und beweisbelastet. Er muss also ua das Einverständnis der anderen Wohnungseigentümer beweisen.

VI. Feststellungsklage

Ein Wohnungseigentümer kann auf Feststellung klagen, dass eine bauliche Veränderung nicht nachteilig ist (OLG Düsseldorf ZWE 2010, 92; ZMR 2007, 206; LG München I ZWE 2010, 98). Damit ein solcher Antrag nicht wegen eines mangelnden Rechtsschutzbedürfnisses abgewiesen wird, bedarf es aber grundsätzlich einer Vorbefassung (→ Vor §§ 43 ff. Rn. 7). 145

VII. Kosten (§ 21 Abs. 1 Satz 1 WEG)

Die Kosten der baulichen Veränderung hat nach § 21 Abs. 1 Satz 1 WEG der Wohnungseigentümer zu tragen. Nur ihm gebühren auch die Nutzungen. 146

G. Grenzen (§ 20 Abs. 4 WEG)

I. Sinn und Zweck

§ 20 Abs. 4 Hs. 1 WEG bestimmt, wann ein Beschluss nach § 20 Abs. 1 WEG ua nicht ordnungsmäßig ist. § 20 Abs. 4 Hs. 2 WEG begrenzt die Ansprüche eines Wohnungseigentümers nach § 20 Abs. 2 Satz 1 WEG und/oder § 20 Abs. 3 WEG. 147

II. Grundlegende Umgestaltung der Wohnungseigentumsanlage

1. Allgemeines. Das Gesetz definiert nicht, was unter einer grundlegenden Umgestaltung zu verstehen ist (s. a. *Hinz* ZMR 2020, 374 (376)). In den Materialien heißt es, ob eine grundlegende Umgestaltung vorliege, sei im Einzelfall unter Berücksichtigung aller Umstände zu entscheiden (BR-Drs. 168/20, 72). Ferner finden sich dort mehrere Grenzsteine. Erstens soll der Bezugspunkt für die Frage, ob eine grundlegende Umgestaltung vorliegt, die gesamte Wohnungseigentumsanlage sein. Zweitens wird die Ansicht geäußert, eine grundlegende Umgestaltung sei nur im Ausnahmefall und bei den nach Absatz 2 privilegierten Maßnahmen zumindest typischerweise gar nicht anzunehmen (BR-Drs. 168/20, 72). Und drittens wird ausgeführt, der Begriff der grundlegenden Umgestaltung sei enger zu verstehen als der Begriff der Eigenartsänderung iSv § 22 Abs. 2 WEG aF (BR-Drs. 168/20, 72). 148

2. Anknüpfungspunkte für eine Begriffsbildung. a) Überblick. Nach hier vertretener Ansicht sollten für die Antwort auf die Frage, ob eine grundlegende Umgestaltung einer Wohnungseigentumsanlage vorliegt, zwei Prüfsteine maßgeblich sein (s. a. zum alten Recht LG Hamburg ZWE 2019, 214Rn. 31). Einerseits, ob durch eine bauliche Veränderung das charakteristische Aussehen einer Wohnungseigentumsanlage maßgeblich umgestaltet wird (insoweit ähnlich *Mediger* NZM 2020, 269 (271)). Und andererseits, ob 149 durch eine bauliche Veränderung die bisherige typische Nutzung der Wohnungseigentumsanlage aufgegeben wird, soweit sich diese feststellen lässt.

150 Das charakteristische Aussehen kann etwa darin bestehen, dass das Gebäude ein „Jugendstilhaus" oder ein Haus im „Bauhausstil" ist oder als Plattenbau errichtet worden ist (LG Hamburg ZWE 2019, 214 Rn. 31). Als „Nutzung" kann der Einsatz eines Gebäudes als Studentenwohnheim, für betreutes Wohnen, als Ferienanlage, als Hotel, als Anlage für „gehobene Ansprüche", als Anlage für den „kleinen Geldbeutel", als modernes Geschäftsgebäude usw angesehen werden.

151 **b) Grundlegende Umgestaltung des Aussehens.** Eine grundlegende Umgestaltung des Aussehens kann darin bestehen, dass ein Haus mit Flachein Walmdach erhalten soll, es aufgestockt wird, ein weiterer Bauteil angebaut wird oder Teile des Hauses abgerissen werden sollen. Die Änderung eines Teiles des äußeren Aussehens, etwa der Anbau von Balkonen, wird in der Regel noch keine Änderung des charakteristischen Aussehens sein (s. a. LG Frankfurt a. M. NJOZ 2019, 1467 Rn. 21; AG Hannover ZWE 2011, 145; aA LG Lüneburg ZMR 2011, 830). Das charakteristische Aussehen der Wohnungseigentumsanlage kann auch nicht dadurch verändert werden, dass der optische Gesamteindruck nachteilig verändert wird (BR-Drs. 168/20, 73). Entsteht ein uneinheitlicher Gesamteindruck, wenn zB nur einzelne und nicht alle Balkone an der Front eines Hauses verglast werden oder wenn beim Bau von Dachgauben in einer vorhandenen Dachgeschosswohnung die Symmetrie des Hauses nicht eingehalten wird, liegt darin noch keine grundlegende Umgestaltung; allerdings kann darin eine unbillige Benachteiligung liegen (→ Rn. 153).

152 **c) Grundlegende Umgestaltung der Nutzung.** Eine grundlegende Umgestaltung der Nutzung ist der vollständige Wechsel von einer zu einer anderen Nutzung. Werden nur untergeordnete Teile umgenutzt, reicht das nicht.

III. Unbillige Benachteiligung

153 **1. Überblick.** Ein Wohnungseigentümer wird gegenüber anderen Wohnungseigentümern unbillig benachteiligt, wenn die beabsichtigte bauliche Veränderung für ihn zu einem beachtenswerten Nachteil führt.

154 **2. Begriff der Benachteiligung. a) Überblick.** Eine Benachteiligung liegt vor, wenn einem Wohnungseigentümer Nachteile zugemutet werden, die bei wertender Betrachtung nicht durch die mit der baulichen Veränderung verfolgten Vorteile ausgeglichen werden (BT-Drs. 168/20, 72; s. a. BGH NJW-RR 2018, 1165 Rn. 29). Die bauliche Veränderung muss ferner zu einer treuwidrigen Ungleichbehandlung der Wohnungseigentümer führen, indem die Nachteile einem oder mehreren Wohnungseigentümern in größerem Umfang zugemutet werden als den übrigen Wohnungseigentümern (BT-Drs. 168/20, 72), sie also zu einer treuwidrigen Ungleichbehandlung führt (s. a. BGH NJW 2011, 1220 Rn. 13; LG Frankfurt a. M. NJOZ 2019, 1467 Rn. 22; *Hogenschurz* MietRB 2011, 197 (200); allgemein → § 23 Rn. 161). Bei der Abwägung sind insbesondere die Belange behinderter

Wohnungseigentümer zu berücksichtigen (BT-Drs. 168/20, 72). Der Begriff „Benachteiligung" ist erheblich restriktiver auszulegen als eine bloße Beeinträchtigung iSv § 20 Abs. 3 WEG (s. a. LG Frankfurt a. M. NJOZ 2019, 1467 Rn. 21).

b) Einverständnis. Keine Benachteiligung liegt vor, wenn ein Woh- 155
nungseigentümer mit den Nachteilen, die er durch eine bauliche Veränderung erfährt, einverstanden ist. Der Begriff „einverstanden" ist wie in Absatz 3 zu verstehen (→ Rn. 137).

3. Beispiele. a) Kosten. Die Kosten einer baulichen Veränderung kön- 156
nen im Ausnahmefall eine unbillige Benachteiligung darstellen. So kann es beispielsweise liegen, wenn ein Wohnungseigentümer wegen der Kosten, die auf ihn nach § 21 Abs. 2 WEG entfallen, gezwungen wäre, sein Wohnungseigentum zu veräußern.

b) Immissionen. Im Einzelfall kann eine unbillige Benachteiligung darin 157
liegen, dass ein Wohnungseigentümer durch eine bauliche Veränderung negative Immissionen, zB den Entzug von Licht, eine erhöhte Einsehbarkeit, etwa durch einen Personenaufzug, oder echte Immissionen erfährt, zB Gerüche, Geräusche, etwa durch einen Personenaufzug (*Dötsch* ZMR 2019, 741 (748)).

c) Erschwerung des Zuganges. Im Einzelfall kann eine bauliche Ver- 158
änderung, etwa eine Lademöglichkeit oder ein Personenaufzug, einem Wohnungseigentümer den Zugang zu seinem Sondereigentum, sei es seine Wohnung, sei es sein Stellplatz, erschweren (*Dötsch* ZMR 2019, 741 (748)). Hierin liegt eine unbillige Benachteiligung.

d) Optischer Gesamteindruck. Eine unbillige Benachteiligung kann 159
nicht in der bloßen Veränderung des optischen Gesamteindrucks liegen (BR-Drs. 168/20, 73). Anders wäre es ausnahmsweise, wenn das hinzunehmende Maß grob bzw. erheblich (LG Frankfurt a. M. NJOZ 2019, 1467 Rn. 21) überschritten ist. Im Übrigen dürften Änderungen des optischen Gesamteindrucks der Wohnungseigentumsanlage in der Regel alle Wohnungseigentümer gleichmäßig betreffen (LG Düsseldorf ZMR 2012, 805 (807); aA *Bub* ZWE 2008, 205 (211)).

IV. Verstöße

§ 20 Abs. 4 WEG beschränkt nicht die durch § 20 Abs. 1 WEG einge- 160
räumte Beschlusskompetenz (BR-Drs. 168/20, 73). Das verdeutlicht sein Wortlaut durch die Verwendung des Wortes „dürfen" (BR-Drs. 168/20, 73). Wird im WEG dagegen die Beschlusskompetenz definiert, verwendet es das Wort können (BR-Drs. 168/20, 73). Ein Beschluss, der gegen § 20 Abs. 4 WEG verstößt, ist daher nicht nichtig (BR-Drs. 168/20, 73). Er kann aber für ungültig erklärt werden.

H. Ansprüche gegen unzulässige bauliche Veränderungen

I. Allgemeines

161 Verändert ein Wohnungseigentümer das gemeinschaftliche Eigentum baulich, ohne dazu aufgrund einer Vereinbarung (→ Rn. 52) oder eines Beschlusses nach § 20 Abs. 1 WEG berechtigt zu sein, verhält er sich pflichtwidrig. In diesem Falle bestehen gegen ihn mehrere Ansprüche.

II. Unterlassung und/oder Beseitigung

162 **1. Anspruchsinhaber.** Der Anspruch auf Unterlassung und/oder Beseitigung einer Störung des gemeinschaftlichen Eigentums steht jedem Wohnungseigentümer zu. Er ist allerdings ein sich aus dem gemeinschaftlichen Eigentum ergebendes Recht, das nach § 9a Abs. 2 Fall 1 WEG von der Gemeinschaft der Wohnungseigentümer ausgeübt wird (→ § 9a Rn. 99). Die Gemeinschaft der Wohnungseigentümer übt es als „Verwaltungstreuhänderin" aus. Im Prozess ist die Gemeinschaft der Wohnungseigentümer gesetzliche Prozessstandschafterin, die als eigenes Rechtssubjekt ihr fremde Abwehrrechte im eigenen Namen geltend macht (BGH NJW 2010, 2814 Rn. 5). Die Wohnungseigentümer sind nicht prozessführungsbefugt.

163 **2. Anspruchsgegner. a) Überblick.** Anspruchsgegner einer rechtswidrigen baulichen Veränderung als Handlungsstörer (das ist, wer eine Maßnahme durch eigene Handlung oder pflichtwidrige Unterlassung adäquat verursacht, BGH NZM 2007, 130 Rn. 9; NJW 2005, 1366) ist der im Zeitpunkt der Durchführung eingetragene Wohnungseigentümer (LG Nürnberg-Fürth ZMR 2009, 483 (485)). Der Anspruch auf Beseitigung gem. §§ 1004 Abs. 1 BGB ist also gegen den Wohnungseigentümer geltend zu machen, während dessen Eigentumszeit die baulichen Maßnahmen veranlasst worden sind (OLG Düsseldorf ZMR 2006, 622 (624); OLG Celle ZMR 2004, 689 (691); OLG Köln NJW-RR 2004, 88).

164 Etwas anderes gilt, wenn die rechtswidrige Baumaßnahme von einem Dritten stammt, zB einem Mieter, und der Wohnungseigentümer für diesen nicht einzustehen hat. Dies ist der Fall, wenn er ihm das Sondereigentum nicht mit der Erlaubnis zum Stören überlassen hat, oder er versucht hat, dessen Störungen zu unterbinden (BGH NJW 2006, 992 Rn. 5). Insoweit handelt es sich zwar um keine bauliche Veränderung, aber um ein nach § 823 Abs. 1 BGB verbotenes Tun.

165 **b) Sondernachfolger.** Die Pflicht, eine widerrechtliche bauliche Veränderung zurückzubauen, geht nicht auf einen Sondernachfolger über (KG ZMR 2007, 639; OLG Hamburg ZMR 2006, 377 (378)). Eine Rechtsnachfolge ist nicht vorstellbar, weil es an einer gesetzlichen Überleitung von Verbindlichkeiten aus Rechtsverstößen eines Rechtsvorgängers (seiner „Schuld") auf den Nachfolger fehlt (OLG Celle ZMR 2004, 689 (691); OLG Köln NJW-RR 2004, 88; *Hügel* MietRB 2005, 71 (72)); anders liegt es nur bei einer Gesamtrechtsnachfolge gem. § 1922 Abs. 1 BGB (OLG Hamburg ZMR 2006, 377 (378); OLG Celle ZMR 2004, 689 (691)).

Der Sondernachfolger des Handlungsstörers ist allerdings Zustandsstörer 166
(das ist, wer nicht selbst handelt, nach dessen maßgeblichem Willen aber der das Eigentum beeinträchtigende Zustand aufrechterhalten wird, von dessen Willen also die Beseitigung des Zustands abhängt, BayVerfGH NZM 2005, 494; KG ZMR 2006, 528 (529)). Dem Zustandsstörer obliegen verschiedene Pflichten:

- Er ist verpflichtet, die Beseitigung der Störung zu dulden (OLG Düsseldorf 167
  ZWE 2008, 290 (292); KG ZMR 2007, 639; 2006, 528 (529)); diese Pflicht folgt in der Regel allerdings bereits aus § 14 Abs. 1 Nr. 1 WEG.
- Neben einer Duldung kann im Einzelfall außerdem Unterlassung der Benutzung und gegebenenfalls die Zahlung einer Nutzungsentschädigung verlangt werden (OLG Köln NJW-RR 2004, 88).
- Schließlich kann der Sondernachfolger nach hM im Einzelfall sogar zur Beseitigung verpflichtet sein (OLG München NZM 2009, 707). Das soll dann der Fall sein, wenn ihm die Störung „zurechenbar" ist (BGH NZM 2010, 365 Rn. 14). Dies soll voraussetzen, dass der Sondernachfolger nicht nur tatsächlich und rechtlich in der Lage ist, die Störung zu beseitigen, sondern zudem, dass die Störung bei der gebotenen wertenden Betrachtung durch seinen maßgebenden Willen zumindest „aufrechterhalten" wird (BGH NZM 2010, 365 Rn. 14; NJW 2007, 432 Rn. 14). **Stellungnahme.** Dem ist Ergebnis zuzustimmen. In diesen besonderen Ausnahmefällen ist der Zustands- allerdings im Ergebnis als Handlungsstörer anzusehen.

3. Drittnutzer. Hat ein Wohnungseigentümer sein Sondereigentum ei- 168
nem Drittnutzer überlassen, hat er es vor allem vermietet, kann der Drittnutzer als Zustandsstörer auf Duldung in Anspruch genommen werden (→ § 13 Rn. 47). Hat der Drittnutzer die Veränderung vorgenommen, schuldet er nach § 823 Abs. 1 BGB Schadenersatz.

4. Erwerber vom Bauträger. Der Wohnungseigentümer, dessen bauli- 169
che Sonderwünsche als Erwerber vom Bauträger umgesetzt werden (egal zu welchem Zeitpunkt), ist weder Zustands- noch Handlungsstörer (BGH NJW 2015, 2027 Rn. 16). Zum Bauträger Rn. 9.

5. Inhalt. Der Beseitigungsanspruch ist darauf gerichtet, die Beeinträchti- 170
gungen für die Zukunft abzustellen (*Niedenführ* NZM 2001, 1105 (1110)). Ist eine bauliche Veränderung nicht oder noch nicht vollständig durchgeführt, besteht, wenn die begründete Besorgnis eines künftigen Eingriffs besteht, ein Anspruch auf Unterlassung gem. §§ 1004 Abs. 1 BGB (BayObLG WuM 1993, 294).

III. Weitere Ansprüche

Neben dem Anspruch auf Unterlassung und/oder Beseitigung einer Stö- 171
rung des gemeinschaftlichen Eigentums steht der Anspruch auf Wiederherstellung des ursprünglichen Zustands (BGH NJW 2019, 1216 Rn. 7; 2014,

1090 Rn. 17). In seltenen Ausnahmefällen kann diesem das Schikaneverbot entgegenstehen (OLG Karlsruhe ZMR 2001, 224; BayObLG ZWE 2000, 216; OLG Oldenburg WuM 1997, 391).

172 Ferner kommen ein Anspruch auf Verschaffung des unmittelbaren Mitbesitzes am gemeinschaftlichen Eigentum aus §§ 902, 985, 1004 Abs. 1 BGB und/oder ein Schadenersatzanspruch aus §§ 823 Abs. 1, 249 BGB gegen einen Wohnungseigentümer oder gegen Drittnutzer in Betracht (BGH 2019, 1216 Rn. 7; NJW 2014, 1090 Rn. 17).

173 Zur Vorbereitung eines Beseitigungsanspruchs kann ein Auskunftsanspruch gegen den gegeben sein, der die baulichen Veränderungen vorgenommen hat (OLG Düsseldorf NJWE-MietR 1997, 182 (182)). Der Auskunftsanspruch besteht auch bei Veräußerung des Wohnungseigentums während des anhängigen Verfahrens aus dem Gesichtspunkt nachwirkender Treuepflicht fort, weil im Zweifel nur der Antragsgegner als möglicher Störer die Einzelheiten kennt, die zur Beurteilung eines Anspruchs nach § 1004 BGB erforderlich sind (OLG Düsseldorf NJWE-MietR 1997, 182 (182)).

174 Es handelt sich bei allen diesen Ansprüchen jeweils um sich aus dem gemeinschaftlichen Eigentum ergebende Rechte, die nach § 9a Abs. 2 WEG von der Gemeinschaft der Wohnungseigentümer ausgeübt werden (→ § 9a Rn. 89 ff.). Es gelten daher Rn. 99 ff. entsprechend.

IV. Beschlüsse

175 Ein Beschluss, mit dem ein Wohnungseigentümer beispielsweise zur Beseitigung einer baulichen Veränderung aufgefordert wird, begründet keine eigenständige Grundlage für den Beseitigungsanspruch (→ § 23 Rn. 8). In vielen Fällen wird ein entsprechender Beschluss allerdings keinen Anspruch begründen wollen, sondern dient lediglich der Vorbereitung des gerichtlichen Verfahrens. Was gilt, darf im Prozess nicht offengelassen werden (BGH NJW 2010, 3093 Rn. 5).

V. Einreden des Schuldners

176 **1. Verjährung. a) Überblick.** Der Anspruch auf Unterlassung und Beseitigung verjährt gem. §§ 195, 199 Abs. 5 BGB in drei Jahren nach der Zuwiderhandlung (BGH NJW 2007, 2183 Rn. 15; OLG Hamm ZMR 2009, 386; LG Hamburg ZMR 2012, 128). § 902 Abs. 1 Satz 1 BGB, wonach Ansprüche aus eingetragenen Rechten nicht der Verjährung unterliegen, ist auf § 1004 BGB nicht anzuwenden (BGH NJW 2011, 1068 Rn. 5; 2007, 2183 Rn. 14). Sollen wiederholte gleichartige Störungen abgewehrt werden, die zeitlich unterbrochen auftreten, löst jede neue Einwirkung einen neuen Anspruch aus (BGH NJW 2016, 53 Rn. 13; NZM 2015, 495 Rn. 11; NJW-RR 2006, 235 Rn. 11). Dies ist bei baulichen Veränderungen in der Regel allerdings nicht vorstellbar. Denn bei einer abgeschlossenen Verletzungshandlung steht der Umstand, dass der Eingriff noch fortwirkt, dem Beginn der Verjährung nicht entgegen (BGH NJW 2010, 1292 Rn. 17).

b) Veränderung. Die Verjährung führt lediglich dazu, dass die übrigen Eigentümer eine faktische Duldungspflicht trifft. Diese Rechtsposition gibt dem betreffenden Eigentümer aber nicht die Befugnis, den errichteten Zustand weiter zu verändern, etwa indem er den von ihm geschaffenen baulichen Zustand modernisiert oder instand setzt (OLG Düsseldorf NZM 2009, 442; LG Frankfurt a. M. ZWE 2014, 326; s. a. BGH NJW 2016, 53 Rn. 15). 177

c) Duldung. Auch nach Eintritt der Verjährung bleibt der von dem Störer geschaffene Zustand rechtswidrig. Die Wohnungseigentümer können daher mit einfacher Mehrheit beschließen, den rechtmäßigen Zustand herstellen zu lassen (BGH NZM 2019, 788 Rn. 7; NJW 2013, 1962 Rn. 9; 2011, 1068 Rn. 9; 2011, 1069 Rn. 18; LG Berlin GE 2020, 208; LG Frankfurt a. M. ZWE 2018, 356 Rn. 14). Die Kosten sind Verwaltungskosten iSv § 16 Abs. 2 Satz 1 WEG und wie diese umzulegen. Der Wohnungseigentümer, der in das gemeinschaftliche Eigentum eingegriffen hat, muss diesen Rückbau dulden (BGH NJW 2011, 1068 Rn. 9; *Klimesch* ZMR 2012, 428 (429)). Ist er hierzu nicht bereit, kann er auf Duldung verklagt werden. Der einzelne Wohnungseigentümer ist hierzu nicht klagebefugt (BGH NZM 2019, 788 Rn. 13). 178

2. Verwirkung. Der Anspruch, einer baulichen Veränderung entgegenzutreten, kann nach § 242 BGB verwirkt werden. Dies setzt voraus, dass zu einem Zeitablauf besondere, auf dem Verhalten des Berechtigten beruhende Umstände hinzutreten, die das Vertrauen des Verpflichteten rechtfertigen, der Berechtigte werde seinen Anspruch nicht mehr geltend machen. Ob eine Verwirkung vorliegt, richtet sich nach den vom Tatrichter festzustellenden und zu würdigenden Umständen des Einzelfalls. In einer kleinen Wohnungseigentümergemeinschaft können die tatbestandlichen Voraussetzungen einer Verwirkung leichter erfüllt sein als bei einer großen, die aus nicht weiter miteinander verbundenen Wohnungseigentümern besteht (BayObLG WuM 2005, 148). 179

Verwirkung kann sich immer nur auf einen bestimmten Zustand beziehen. Ein gegebenenfalls auch konkludent erteiltes Einverständnis mit einer an sich unzulässigen Benutzung kann Rechtswirkungen immer nur für die dem Berechtigten bekannte Art der Nutzung entfalten und ist im Falle einer nicht vorhergesehenen Ausweitung der Benutzung widerruflich (OLG Celle ZMR 2004, 689 (690); OLG Köln NJW-RR 1995, 851; ZMR 1997, 47). Aus der Hinnahme einer bestimmten, aus Sicht der Wohnungseigentümer vielleicht noch verträglichen Benutzung ergibt sich auch mit Rücksicht auf Treu und Glauben kein Vertrauenstatbestand auf eine beträchtliche Ausweitung. Erhebliche Ausweitungen einer bisher hingenommenen Beeinträchtigung können Anlass sein, gegen einen Störer tätig zu werden. Wenn zB ein Baum so hoch wächst, dass er den Bewohnern oberer Etagen Licht und Sicht raubt, steht dem Beseitigungsverlangen nicht entgegen, dass in früherer Zeit mit dem Hochwachsen des Baumes gerechnet werden musste (OLG Köln ZMR 1997, 47). 180

181 **3. Treu und Glauben und Schikaneverbot.** Dem Anspruch auf Beseitigung steht nicht der allgemeine Rechtsgedanke des § 275 Abs. 2 BGB entgegen (aA OLG Düsseldorf NJW-RR 2007, 1024). Er kann aber durch §§ 226, 242 BGB begrenzt sein (BGH NJW-RR 2019, 73 Rn. 13; OLG Karlsruhe ZMR 2001, 224; BayObLG ZWE 2000, 216). So soll es auch liegen, wenn alle Wohnungseigentümer – wenn auch unwirksam – einer baulichen Veränderung zugestimmt haben (BGH NJW-RR 2019, 73 Rn. 19 ff.). Eine Duldungspflicht kann außerdem aus dem Rücksichtnahmegebot (→ § 10 Rn. 7) folgen.

182 **4. Anspruch auf bauliche Veränderung.** Soweit die übrigen Wohnungseigentümer durch eine bauliche Veränderung nicht über das unvermeidliche Maß hinaus beeinträchtigt werden, besteht nach § 20 Abs. 3 WEG ein Anspruch auf Zustimmung zur baulichen Maßnahme (→ Rn. 142). Dieser Anspruch kann einem Anspruch auf Beseitigung entgegengehalten werden (BGH NJW-RR 2018, 1165 Rn. 27; 2012, 140 Rn. 6) Die ist auch bei einem Anspruch aus § 20 Abs. 2 Satz 1 WEG vorstellbar, nämlich dann, wenn ganz ausnahmsweise eine konkrete Ausführung verlangt werden kann und das Direktionsrecht (→ Rn. 113 ff.) nicht verletzt ist.

I. Prozessrecht

I. Klage auf Beseitigung/Unterlassung

183 Die Klage gegen einen Wohnungseigentümer als Handlungs- (→ Rn. 163) oder Zustandsstörer (→ Rn. 167) wegen einer baulichen Veränderung ist nach § 43 Abs. 2 Nr. 1 WEG eine WEG-Streitigkeit. Dies gilt auch dann, wenn der Handlungsstörer kein Wohnungseigentümer mehr ist. Klägerin ist die Gemeinschaft der Wohnungseigentümer. An der Zuständigkeit ändert sich nichts, wenn § 20 WEG ganz oder teilweise abbedungen ist.

184 Der Klageantrag richtet sich in der Regel auf Beseitigung, zB „Der Beklagte wird verurteilt, die…. [konkrete bauliche Veränderung; Ort der baulichen Veränderung] zu beseitigen“; entsprechend ist ein Duldungsantrag zu formulieren. Haftet ein Wohnungseigentümer auf Beseitigung, muss die Auswahl unter den geeigneten Abwehrmaßnahmen nämlich ihm überlassen bleiben (BGH NJW-RR 1996, 659 unter I.; KG NJW-RR 2007, 1604).

II. Beschlussersetzungsklagen

185 Begehrt ein Wohnungseigentümer nach Absatz 2 Satz 2 oder Absatz 3 einen Gestattungsbeschluss, kann er eine Beschlussersetzungsklage erheben (→ Rn. 117 und → Rn. 144). Für einen Vornahmebeschluss nach Absatz 1 gilt nichts anderes. Hier besteht ein Anspruch, wenn sich das Ermessen der Wohnungseigentümer für eine bauliche Veränderung ausnahmsweise auf null reduziert hat.

III. Klage auf Feststellung

Ein Wohnungseigentümer kann auf Feststellung klagen, eine bauliche Änderung am gemeinschaftlichen Eigentum sei mangels Nachteils zustimmungsfrei und müsse deshalb nicht von ihm beseitigt werden. Dieser Klage fehlt das Rechtsschutzbedürfnis, wenn der Kläger nicht zuvor gemäß § 20 Abs. 1 Satz 1 WEG einen Beschluss hierüber herbeigeführt hat (→ Vor §§ 43 ff. Rn. 7). Die Vorbefassung kann im Einzelfall allerdings entbehrlich sein (→ Vor §§ 43 ff. Rn. 9). **186**

IV. Zwangsvollstreckung

Die Erzwingung baulicher Veränderungen oder die Erzwingung einer Rückbauverpflichtung (OLG Frankfurt a. M. NZM 2008, 210; BayObLG ZfIR 2000, 404) ist, sofern das Sondereigentum nicht vermietet oder der Mieter einverstanden ist (sonst § 888 ZPO), nach § 887 ZPO durchzuführen. Der selbständige Anspruch gegen den vermietenden Sondereigentümer auf mietrechtliche Einwirkung ist gem. § 888 ZPO zu vollstrecken, eine Duldung nach § 890 ZPO (BGH NJW 1996, 714 unter 2c); OLG Düsseldorf ZMR 2003, 349; aA OLG Köln OLGR 2000, 438). **187**

J. Abdingbarkeit

Absatz 1 ist abdingbar (zum alten Recht OLG Hamburg ZMR 2006, 702; OLG Köln NZM 2002, 1033; LG Hamburg NJOZ 2018, 1250 Rn. 18). Die Wohnungseigentümer können zB die Beschlussanforderungen erhöhen (OLG Hamm NZM 2009, 163; BayObLG NZM 1998, 161) oder senken (BayObLG NJW-RR 1990, 209 (210)). Vorstellbar ist auch eine Vereinbarung, bauliche Veränderungen nur oder zusätzlich an eine Zustimmung des Verwalters oder eines Dritten zu binden (→ Rn. 57). Ist § 20 Abs. 1 WEG abbedungen, sind die allgemeinen nachbarrechtlichen Vorschriften des Privatrechts (insbesondere §§ 906 ff. BGB und das etwaige landesrechtliche Nachbarrecht) und des öffentlichen Rechts, soweit sie drittschützenden Charakter haben, entsprechend anzuwenden (BayObLG NZM 2001, 769; LG Hamburg NJOZ 2018, 1250 Rn. 21). Absatz 2, Absatz 3 und Absatz 4 sind ihrem jeweiligen Sinn und Zweck entsprechend nicht abdingbar. **188**

Nutzungen und Kosten bei baulichen Veränderungen

21 (1) [1] **Die Kosten einer baulichen Veränderung, die einem Wohnungseigentümer gestattet oder die auf sein Verlangen nach § 20 Absatz 2 durch die Gemeinschaft der Wohnungseigentümer durchgeführt wurden, hat dieser Wohnungseigentümer zu tragen.** [2] **Nur ihm gebühren die Nutzungen.**

(2) [1] **Vorbehaltlich des Absatzes 1 haben alle Wohnungseigentümer die Kosten einer baulichen Veränderung nach dem Verhältnis ihrer Anteile (§ 16 Absatz 1 Satz 2) zu tragen,**

1. die mit mehr als zwei Dritteln der abgegebenen Stimmen und der Hälfte aller Miteigentumsanteile beschlossen wurde, es sei denn, die bauliche Veränderung ist mit unverhältnismäßigen Kosten verbunden, oder
2. deren Kosten sich innerhalb eines angemessenen Zeitraums amortisieren.

[2] Für die Nutzungen gilt § 16 Absatz 1.

(3) **[1] Die Kosten anderer als der in den Absätzen 1 und 2 bezeichneten baulichen Veränderungen haben die Wohnungseigentümer, die sie beschlossen haben, nach dem Verhältnis ihrer Anteile (§ 16 Absatz 1 Satz 2) zu tragen. [2] Ihnen gebühren die Nutzungen entsprechend § 16 Absatz 1.**

(4) **[1] Ein Wohnungseigentümer, der nicht berechtigt ist, Nutzungen zu ziehen, kann verlangen, dass ihm dies nach billigem Ermessen gegen angemessenen Ausgleich gestattet wird. [2] Für seine Beteiligung an den Nutzungen und Kosten gilt Absatz 3 entsprechend.**

(5) **[1] Die Wohnungseigentümer können eine abweichende Verteilung der Kosten und Nutzungen beschließen. [2] Durch einen solchen Beschluss dürfen einem Wohnungseigentümer, der nach den vorstehenden Absätzen Kosten nicht zu tragen hat, keine Kosten auferlegt werden.**

Literatur: *Dötsch,* WEG-Reform: Endlich der Durchbruch für die Förderung der Elektromobilität im Immobilienrecht?, ZWE 2020, 215; *Dötsch,* WEG-Reform 2020 – Übersicht zum Recht der baulichen Veränderungen nach dem Regierungsentwurf, ZfIR 2020, 221; *Elzer,* Änderungsvorschläge zum Wohnungseigentumsmodernisierungsgesetz, AnwZert MietR 13/2020; *Mediger,* Neue Regeln für bauliche Veränderungen im RefE WEMoG oder: „weniger ist mehr", NZM 2020, 269; *Mediger,* WEG-Reform 2020: Nutzungen und Kosten bei baulichen Veränderungen nach § 21 WEG-E, AnwZert MietR 15/2020.

Übersicht

A. Entstehungsgeschichte

1 Die Bestimmung ist durch das Gesetz zur Förderung der Elektromobilität und zur Modernisierung des Wohnungseigentumsgesetzes und zur Änderung von kosten- und grundbuchrechtlichen Vorschriften vom 16.10.2020 in das Gesetz eingefügt worden. Seine Absätze 1 bis 3 treten in Bezug auf den gesetzlichen Umlageschlüssel für Modernisierungen iSv § 22 Abs. 2 WEG aF an die Stelle von § 16 Abs. 2 WEG aF und bieten drei Umlageschlüssel an. Für bauliche Veränderungen im Übrigen ersetzt § 21 die Bestimmung des § 16 Abs. 6 WEG aF. Neu ist, dass jeweils ausdrücklich bestimmt wird, wer die Nutzungen an einer baulichen Veränderung hat. § 21 Abs. 4 WEG ist ohne Vorbild. § 21 Abs. 5 WEG gewährt eine Beschlusskompetenz, etwas zu bestimmen, das von den gesetzlichen Umlageschlüsseln, aber auch vom Vorschlag, wer nutzungsberechtigt ist, abweicht. Er entspricht damit jedenfalls teilweise § 16 Abs. 4 WEG aF. Absatz 2 hat seine Fassung erst auf Initiative des Rechtsausschusses des Bundestages erhalten (BT-Drs. 19/22634).

B. Sinn und Zweck

2 § 21 WEG enthält drei gesetzliche Umlageschlüssel, bestimmt, wer die Nutzungen an einer baulichen Veränderung haben soll und regelt teilweise, welcher Umlageschlüssel unter den Wohnungseigentümern anzuwenden ist, welche die Kosten der baulichen Veränderung zu tragen haben.

3 Absatz 1 korrespondiert mit § 20 Abs. 2 Satz 1, Abs. 3 WEG. Er regelt für die dortigen Ansprüche, welcher Wohnungseigentümer die Kosten der verlangten baulichen Veränderungen zu tragen hat und wem die Nutzungen gebühren.

4 Absatz 2 benennt bestimmte bauliche Veränderungen, für die sich die Wohnungseigentümer ohne ein entsprechendes Verlangen mehrheitlich nach § 20 Abs. 1 WEG entschieden haben, und bestimmt für diese, dass alle Wohnungseigentümer die Kosten der baulichen Veränderung zu tragen haben. Ferner regelt er, wie diese Kosten auf die Wohnungseigentümer umzulegen sind, wem die Nutzungen an diesen baulichen Veränderungen gebühren und wie diese umzulegen sind.

5 Absatz 3 bestimmt, welche Wohnungseigentümer die Kosten baulicher Veränderungen zu tragen haben, die nicht den Absätzen 1 und 2 unterfallen. Ferner ordnet er an, wie die Kosten unter diesen Wohnungseigentümern zu verteilen sind, und was für die Nutzungen gilt.

Absatz 4 widmet sich dem Problem, was für einen Wohnungseigentümer gilt, der nachträglich an den Nutzungen einer baulichen Veränderung partizipieren will. 6

Absatz 5 gibt den Wohnungseigentümern eine Beschlusskompetenz, die Kosten und Nutzungen abweichend von den gesetzlichen Vorschlägen zu verteilen. Dieser Beschluss tritt neben den Beschluss nach § 20 Abs. 1 WEG. 7

C. Anwendungsbereich

§ 21 WEG betrifft bauliche Veränderungen, die nach § 20 Abs. 1 WEG beschlossen werden und für die die Wohnungseigentümer nichts Abweichendes vereinbart haben. Die Kosten einer Maßnahme im Sondereigentum, die § 13 Abs. 2 WEG unterfällt, muss der Wohnungseigentümer hingegen allein tragen. Für modernisierende Erhaltungen sind entgegen Überlegungen in den Materialien des WEMoG (BR-Drs. 168/20, 76) die Bestimmungen des § 19 Abs. 1 Fall 1, Abs. 2 Nr. 2 WEG anwendbar (→ § 19 Rn. 71 ff.). 8

D. § 21 Abs. 1 WEG

I. Sinn und Zweck und Anwendungsbereich

§ 21 Abs. 1 Satz 1 WEG ist der gesetzliche Umlageschlüssel für bauliche Veränderungen, die einem Wohnungseigentümer gestattet oder die auf sein Verlangen nach § 20 Abs. 2 Satz 1 WEG durch die Gemeinschaft der Wohnungseigentümer durchgeführt worden sind. § 21 Abs. 1 Satz 2 WEG regelt, wem in Bezug auf diese baulichen Veränderungen die Nutzungen gebühren. Die Wohnungseigentümer dürfen nach § 21 Abs. 5 Satz 1 WEG von beiden Regelungen in den Grenzen von § 21 Abs. 5 Satz 2 WEG etwas Abweichendes bestimmen. 9

II. Kosten (§ 21 Abs. 1 Satz 1 WEG)

1. Gestattungsbeschluss. a) Überblick. Haben die Wohnungseigentümer die bauliche Veränderung gestattet, muss der begünstigte Wohnungseigentümer ihre Kosten tragen. Der Begriff „Kosten“ ist weit zu verstehen. Er umfasst die Kosten der baulichen Veränderung selbst, aber auch ihre Erhaltungs-, Betriebs- und Verwaltungskosten (BR-Drs. 168/20, 74). Der begünstigte Wohnungseigentümer hat daher beispielsweise die Kosten für eine Verkehrssicherung oder von Reparaturarbeiten zu tragen. Ferner ist vorstellbar, dass sich die Gemeinschaft der Wohnungseigentümer mit den Eigentümern benachbarter Grundstücke an den Kosten der Ertüchtigung eines Versorgungsnetzes zu beteiligen hat. Auch diese Kosten treffen allein den begünstigten Wohnungseigentümer. 10

b) Umlage. Fallen beim begünstigten Wohnungseigentümer selbst Kosten an, muss er die damit verbundenen Verbindlichkeiten erfüllen. Fallen auf Seiten der Gemeinschaft der Wohnungseigentümer Kosten an, sind diese zunächst von der Gemeinschaft der Wohnungseigentümer zu tragen, jedoch 11 in der Jahresabrechnung allein auf den begünstigten Wohnungseigentümer umzulegen. Für diese Umlage ist § 21 Abs. 1 Satz 1 WEG der gesetzliche Umlageschlüssel, sofern die Wohnungseigentümer nicht anderes nach § 21 Abs. 5 Satz 1 WEG beschlossen haben.

12 **c) Mehrere Wohnungseigentümer.** Haben mehrere Wohnungseigentümer die Gestattung erhalten, sind die Kosten unter diesen entsprechend § 16 Abs. 2 Satz 1 WEG umzulegen (BR-Drs. 168/20, 74) bzw. von ihnen nach diesem Schlüssel zu tragen.

13 **d) Sondernachfolge.** Die Pflicht eines Wohnungseigentümers, die Kosten zu tragen, geht auf seinen Sondernachfolger über. Dies gilt selbst dann, wenn der Sondernachfolger an der entsprechenden baulichen Veränderung, zB an einer Lademöglichkeit, einer Rollstuhlrampe oder einem Personenaufzug kein Interesse hat. Die Kostenfreistellung der anderen Wohnungseigentümer wirkt uneingeschränkt gegenüber jedermann. Der den rechtsgeschäftlichen Erwerber schützende öffentliche Glaube des Grundbuchs (§ 892 BGB) kommt nicht zum Tragen. Die Schutzwirkung des § 892 BGB ist auf eintragungsfähige Rechte, Verfügungsbeschränkungen und Tatsachen begrenzt. Hierzu zählt die in § 21 Abs. 1 WEG getroffene Anordnung nicht (zu § 16 Abs. 6 WEG aF siehe BGH NJW 1992, 978 und KG ZMR 2005, 402 (403)). Hierauf hat der Notar hinzuweisen.

14 **2. Vornahmebeschluss.** Haben die Wohnungseigentümer einen Vornahmebeschluss gefasst, sollte in diesem in der Regel bestimmt sein, dass der begünstigte Wohnungseigentümer der Gemeinschaft der Wohnungseigentümer für die bauliche Veränderung Vorschuss zu leisten hat (→ § 20 Rn. 42). Haben die Wohnungseigentümer auf diese Bestimmung verzichtet, sind die Baukosten von der Gemeinschaft der Wohnungseigentümer zu tragen, zunächst auf alle Wohnungseigentümer umzulegen und vom begünstigten Wohnungseigentümer zurückzuverlangen. Die Gemeinschaft der Wohnungseigentümer hat gegen diesen Wohnungseigentümer einen Aufwendungsersatzanspruch aus §§ 675, 670 BGB. Im Übrigen gelten → Rn. 10 ff. entsprechend.

15 **3. Aufwendungsersatz bei teilweisen Erhaltungsmaßnahmen.** Stellt sich bei der Durchführung einer baulichen Veränderung heraus, dass das gemeinschaftliche Eigentum teilweise auch zu erhalten ist, muss der begünstigte Wohnungseigentümer die Gemeinschaft der Wohnungseigentümer mit der Problematik befassen und ihre Entscheidung abwarten. Führt er die Erhaltungsmaßnahme ohne Befassung durch, hat er keinen Erstattungsanspruch (→ 18 Rn. 136 ff.); liegen die Voraussetzungen des § 18 Abs. 3 WEG vor, gilt etwas anderes.

III. Nutzungen (§ 21 Abs. 1 Satz 2 WEG)

16 **1. Fruchtziehung.** Der Begriff „Nutzung" iSv § 21 Abs. 1 Satz 2 WEG meint das Recht, die Früchte der baulichen Veränderung zu ziehen. Dies kann beispielsweise eine Miete oder Pacht oder Nutzungsgebühr sein.

17 **2. Gebrauch.** Der Begriff „Nutzung" meint ferner das Recht, die bauliche Veränderung unter Ausschluss der anderen Wohnungseigentümer allein zu gebrauchen. Insoweit handelt es sich, solange keine anderen Wohnungseigentümer von Anfang an oder nach § 21 Abs. 4 Satz 1 WEG an der baulichen Veränderung eine Teilhabe anstreben, um ein beschlossenes Sondernutzungsrecht, zB an einem Personenaufzug oder an einer Lademöglichkeit. Kommt es zu einem Mitgebrauch, handelt es sich der Sache nach um ein Gruppensondernutzungsrecht.

18 Allerdings gewährt nicht jeder Vorteil, den ein Wohnungseigentümer aufgrund der baulichen Veränderung genießt, ein Alleingebrauchsrecht. Ein Wohnungseigentümer, der einen Zaun, die Überdachung des Eingangsbereiches oder eine besonders gesicherte Hauseingangstür verlangt und erhalten hat, muss es hinnehmen, dass die anderen Wohnungseigentümer und/oder Drittnutzer an den Vorteilen dieser baulichen Veränderungen ohne Kostenbeteiligung teilhaben (BT-Drs. 168/20, 74). Denn sie haben daran zwingend nach § 16 Abs. 1 Satz 3 WEG ein Mitgebrauchsrecht, können sich dem Gebrauch nicht entziehen und handeln also nicht rechtswidrig, auch wenn sie gegenüber der baulichen Veränderung nicht mit „Ja" gestimmt haben (BT-Drs. 168/20, 74; OLG Schleswig NZM 2007, 650 (651)).

E. § 21 Abs. 2 WEG

I. Sinn und Zweck

19 § 21 Abs. 2 Satz 1 WEG ist der gesetzliche Umlageschlüssel für bauliche Veränderungen, für die kein Wohnungseigentümer erfolgreich eine Gestattung erbeten hat und die mit zwei Dritteln der abgegebenen Stimmen und der Hälfte aller Miteigentumsanteile beschlossen wurden, es sei denn, die bauliche Veränderung wäre mit unverhältnismäßigen Kosten verbunden, oder deren Kosten sich innerhalb eines angemessenen Zeitraums amortisieren.

20 § 21 Abs. 2 Satz 1 Nr. 1 WEG liegt der Gedanke zugrunde, dass eine bauliche Veränderung, die von einem so großen Teil der Wohnungseigentümer befürwortet wird, typischerweise sinnvoll und angemessen ist und deshalb von allen Wohnungseigentümern bezahlt werden sollte (BT-Drs. 19/22634, 44 – Vorabfassung). Diese Vermutung ist fragwürdig, da das Gesetz neben den Miteigentumsanteilen nur auf die abgegebenen Stimmen abhebt, und kann im Übrigen widerlegt werden. Ist die bauliche Veränderung mit unverhältnismäßigen Kosten verbunden, scheidet nämlich eine Kostentragung der überstimmten Minderheit aus. § 21 Abs. 2 Satz 1 Nr. 2 WEG spricht durch die Amortisation für sich selbst.

21 § 21 Abs. 2 Satz 2 WEG regelt, wem die Nutzungen dieser baulichen Veränderungen gebühren. Die Wohnungseigentümer dürfen nach § 21 Abs. 5 Satz 1 WEG von beiden Regelungen in den Grenzen von § 21 Abs. 5 Satz 2 WEG etwas Abweichendes bestimmen.

II. Tatbestandsvoraussetzungen

22 **1. 2/3 aller Stimmen (§ 21 Abs. 2 Satz 1 Nr. 1 WEG). a) Gesetzgebungsgeschichte.** Der Entwurf des Gesetzes zur Förderung der Elektromobilität und zur Modernisierung des Wohnungseigentumsgesetzes und zur Änderung von kosten- und grundbuchrechtlichen Vorschriften vom 16.10.2020 sah vor, dass alle Wohnungseigentümer die Kosten zu tragen haben, wenn die bauliche Veränderung der Anpassung an den Zustand dient, der bei Anlagen vergleichbarer Art in der Umgebung üblich ist (BR-Drs. 168/20, 75). Diese Bestimmung war von den Sachverständigen im Rechtsausschuss des Bundestages stark kritisiert worden (vgl. Protokoll 19/96). Der Rechtsausschuss meinte, sie könne einerseits zu weitgehende Folgen haben (in einer Umgebung mit sehr hohem baulichen Standard), andererseits die Entwicklung der konkreten Wohnanlage behindern (in einer Umgebung mit sehr niedrigem baulichen Standard). Er hat dann die jetztige Formulierung entwickelt (BT-Drs. 19/22634, 44 – Vorabfassung).

23 **b) Beschlussanforderungen. aa) Mehr als zwei Drittel der abgegebenen Stimmen.** Damit alle Wohnungseigentümer die Kosten zu tragen haben, ist erforderlich, dass mehr als zwei Drittel der abgegebenen Stimmen „Ja“ lauten. Im Einzelfall ist abweichend das vereinbarte Stimmrechtsprinzip anzuwenden. Ein Wohnungseigentümer, der Eigentümer mehrerer Wohnungseigentumsrechte ist, ist mehrfach stimmberechtigt. Ist in einer Mehrhausanlage (→ § 9a Rn. 52 ff.) vereinbart worden, dass bestimmte Gegenstände nur von einigen Wohnungseigentümern zu ordnen sind, ist für die Berechnung des Quorums nur auf diese Wohnungseigentümer abzustellen.

24 **bb) Mehrheit der Miteigentumsanteile.** Die dem Beschluss zustimmenden Wohnungseigentümer müssen mindestens die Hälfte sämtlicher Miteigentumsanteile iSv § 16 Abs. 2 Satz 1 WEG repräsentieren. Diese Anforderung soll Missbräuche jedenfalls erschweren.

25 **cc) Zweitbeschlüsse und modifizierende Beschlüsse.** Für Zweitbeschlüsse und modifizierende Beschlüsse gelten die Ausführungen entsprechend.

26 **c) Unverhältnismäßige Kosten. aa) Überblick.** Ist die bauliche Veränderung mit unverhältnismäßigen Kosten verbunden, scheidet eine Kostentragung der überstimmten Minderheit aus. In diesem Falle ist § 21 Abs. 3 WEG anwendbar. Maßgeblich für die Frage, ob unverhältnismäßige Kosten vorliegen, sind die zu erwartenden Bau- (BT-Drs. 19/22634, 44 ff. – Vorabfassung), aber auch die zu erwartenden Folgekosten für Gebrauch und Erhaltung (BT-Drs. 19/22634, 44 ff. – Vorabfassung). Diese Kosten sind in das Verhältnis zu den Vorteilen zu setzen, welche die bauliche Veränderung verspricht (BT-Drs. 19/22634, 44 ff. – Vorabfassung). Dies verlangt eine wertende Betrachtung (BT-Drs. 19/22634, 44 ff. – Vorabfassung). Dabei ist ein objektiver, auf die konkrete Wohnungseigentumsanlage bezogener Maßstab anzulegen (BT-Drs. 19/22634, 44 ff. – Vorabfassung). Entscheidend sind deshalb nicht die Bedürfnisse und finanziellen Mittel des einzelnen überstimmten Wohnungseigentümers, sondern die der Gesamtheit der Woh-

nungseigentümer (BT-Drs. 19/22634, 44 ff. – Vorabfassung). Je nach Charakter der Wohnungseigentumsanlage und der Alters- und Sozialstruktur der Wohnungseigentümer kann die Bewertung also unterschiedlich ausfallen.

Bei besonders hohen Kosten ist eine Unverhältnismäßigkeit auch dann nicht ausgeschlossen, wenn alle Wohnungseigentümer finanziell in der Lage sind, diese Kosten zu tragen (BT-Drs. 19/22634, 44 ff. – Vorabfassung). 27

bb) Maßgeblicher Zeitpunkt. Wie bei § 21 Abs. 2 Satz 1 Nr. 2 WEG (→ Rn. 38), kommt es allein auf die ex-ante-Beurteilung zum Zeitpunkt der Beschlussfassung an, also auf die zu erwartenden Kosten; die sich erst später zeigenden tatsächlichen Kosten spielen keine Rolle (BT-Drs. 19/22634, 44 ff. – Vorabfassung). Da es um eine Abgrenzung zu § 21 Abs. 3 Satz 1 WEG geht, muss insoweit ein objektiver Maßstab nach dem Stand von Wissenschaft und Technik maßgeblich sein. Die Wohnungseigentümer müssen daher für die Beurteilung in der Regel ein Gutachten eines öffentlich bestellten Sachverständigen erstellen und sich das Vorliegen einer Verhältnismäßigkeit bestätigen lassen. Dabei ist zu beachten, dass für Prognosen keine Wahrheits- oder Richtigkeitskriterien gelten, sondern nur Sorgfaltsmaßstäbe. Es bietet sich an, insoweit auf die verwaltungsrechtliche Rechtsprechung und Literatur zu Prognoseentscheidungen zurückzugreifen (s. a. *Hügel,* Dritte als Betroffene verkehrsberuhigender Maßnahmen, 1991, 70 ff.). 28

d) Gestaltung des Abstimmungsverfahrens. aa) Überblick. Die jetzige Fassung des § 21 Abs. 2 Satz 1 Nr. 1 WEG kann – so wie die vorher ins Auge gefasste Lösung – dazu führen, dass die individuelle Kostentragungspflicht erst nach der Beschlussfassung feststeht, wenn nämlich im Vorfeld nicht abgeschätzt werden kann, ob das Quorum erreicht wird (BT-Drs. 19/22634, 45 – Vorabfassung). Dieses Problem kann durch eine geeignete Gestaltung des Abstimmungsverfahrens gelöst werden. 29

bb) Subtraktionsverfahren. Insbesondere in kleineren Gemeinschaften kann es sinnvoll sein, die Abstimmung im Subtraktionsverfahren (→ § 25 Rn. 9) vorzunehmen. Dabei wird nicht nach den „Ja"-Stimmen, sondern nach den „Nein"-Stimmen gefragt. So kann jeder Wohnungseigentümer, wenn er sieht, dass die Zahl der „Nein"-Stimmen ein Drittel übersteigt, das Quorum also nicht erreicht werden kann, seine Hand auch noch heben. 30

cc) Beschluss unter einer Bedingung. Daneben ist es auch möglich, den Beschluss – nicht die Stimmen (→ § 25 Rn. 48) nach § 20 Abs. 1 WEG unter die Bedingung einer entsprechenden Kostentragung zu stellen (BT-Drs. 19/22634, 45 – Vorabfassung). Jeder Wohnungseigentümer, der die Baumaßnahme befürwortet, sich aber höchstens entsprechend seinem Miteigentumsanteil an den Kosten beteiligen möchte, kann dann mit „Ja" stimmen, denn wirksam wird der Beschluss nur dann, wenn es nach dem Stimmverhalten zu einer entsprechenden Kostentragung durch alle Wohnungseigentümer kommt (BT-Drs. 19/22634, 45 – Vorabfassung). 31

2. Amortisation (§ 21 Abs. 2 Satz 1 Nr. 2 WEG). a) Begriff der Amortisation. Der Begriff der „Amortisation" iSv § 21 Abs. 2 Satz 1 Nr. 2 32

WEG meint, dass die Mittel, welche die Gemeinschaft der Wohnungseigentümer für die bauliche Veränderung aufgewendet hat, durch Einsparungen gedeckt werden, die auf die bauliche Veränderung zurückzuführen sind. Gemeint sind „gebäudebezogene" Kosten. Eine Kostenamortisation ohne Gebäudebezug (zB durch steigende Kraftstoffpreise) reicht nicht (s. a. *Dötsch* ZWE 2020, 215 (217)).

33 Amortisieren müssen sich die Aufwendungen, die andernfalls nicht angefallen wären.

34 Kosten, die für Erhaltungsmaßnahmen sowieso erforderlich gewesen wären, gehören entsprechend § 559 Abs. 2 Hs. 1 BGB also nicht zu den aufgewendeten Kosten. Auch die Gebrauchs-, Verwaltungs- und Erhaltungskosten nach der mangelfreien Durchführung der baulichen Veränderung sind unbeachtlich. Überwiegen die Erhaltungskosten, handelt es sich um eine modernisierende Erhaltung (→ § 19 Rn. 71). Soweit die Materialien zum WEMoG zur Erläuterung, welche Kosten eine Amortisation umfassen muss, Ausführungen zur modernisierenden Erhaltung (→ § 19 Rn. 71) enthalten (BR-Drs. 168/20, 76), sind diese nach hier vertretener Ansicht als Redaktionsfehler anzusehen. Denn eine modernisierende Erhaltung ist keine bauliche Veränderung (→ Rn. 8), sondern eine Erhaltungsmaßnahme (→ § 19 Rn. 71). Für diese ist daher § 16 Abs. 2 Satz 1 WEG der gesetzliche Umlageschlüssel.

35 **b) Angemessener Zeitraum.** Das Gesetz schreibt bewusst nicht vor, welcher Zeitraum iSv von § 21 Abs. 2 Satz 1 Nr. 2 WEG „angemessen" ist.

36 In den Materialien findet sich allerdings der Hinweis, der 10-Jahres-Zeitraum, den die Rechtsprechung für die Ordnungsmäßigkeit einer modernisierenden Instandsetzung entwickelt hatte (→ § 19 Rn. 75), sei „nicht statisch" zu übertragen (BR-Drs. 168/20, 76). Der Zeitraum könne in Abhängigkeit von der konkreten Maßnahme auch überschritten werden, etwa um sinnvolle Maßnahmen der energetischen Sanierung auf Kosten aller Wohnungseigentümer zu ermöglichen (BR-Drs. 168/20, 76). Der Rechtsausschuss des Bundestages hat hierzu mitgeteilt, es sei erwogen worden, den maßgeblichen Amortisationszeitraum gesetzlich zu präzisieren. Davon sei aber abgesehen worden, um im Einzelfall zu sachgerechten Ergebnissen zu gelangen. Die Ausführungen in der Regierungsbegründung erschienen dem Rechtsausschuss jedoch zu weitgehend. Der Zeitraum von 10 Jahren, auf den auch die Rechtsprechung abstellt (BGH NJW 2013, 1439 Rn. 10), „sollte aber in jedem Fall ein wichtiger Anhaltspunkt sein" (BT-Drs. 19/22634, 42 – Vorabfassung).

37 Unter dieser Unklarheit kann nicht subsumiert und § 21 Abs. 2 WEG nicht von § 21 Abs. 3 WEG abgegrenzt werden. Nach hier vertretener Ansicht muss sich eine Amortisation daher längstens in einem Zeitraum von 15 Jahren vollziehen, also innerhalb einer halben Generation. Jeder Zeitraum, der darüber hinaus geht, kann sowieso nicht sicher prognostiziert werden.

38 **c) Maßgeblicher Zeitpunkt.** Für die Anwendung des § 21 Abs. 2 Satz 1 Nr. 2 WEG ist die Beurteilung zum Zeitpunkt der Beschlussfassung maßgeblich. Ob sich diese Beurteilung als „wahr" oder „unwahr" erweist, kann keine Rolle spielen (BR-Drs. 168/20, 76). Da es um eine Abgrenzung zu § 21 Abs. 3 Satz 1 WEG geht, muss insoweit ein objektiver Maßstab nach dem Stand von Wissenschaft und Technik maßgeblich sein. Die Wohnungseigentümer müssen daher für die Beurteilung in der Regel ein Gutachten eines öffentlich bestellten Sachverständigen erstellen und sich das Vorliegen einer Amortisation bestätigen lassen. Dabei ist zu beachten, dass für Prognosen keine Wahrheits- oder Richtigkeitskriterien gelten, sondern nur Sorgfaltsmaßstäbe. Es bietet sich an, insoweit auf die verwaltungsrechtliche Rechtsprechung und Literatur zu Prognoseentscheidungen zurückzugreifen (s. a. *Hügel,* Dritte als Betroffene verkehrsberuhigender Maßnahmen, 1991, 70 ff.).

3. Keine erfolgreiche Gestattung. § 21 Abs. 2 WEG ist nur „vorbehaltlich" des § 21 Abs. 1 WEG anwendbar. Eine bauliche Veränderung, welche die Gemeinschaft der Wohnungseigentümer für einen Wohnungseigentümer nach § 20 Abs. 1, Abs. 2 WEG durchgeführt hat, ist mithin nicht von § 21 Abs. 2 WEG erfasst, auch wenn sie die dort genannten Voraussetzungen erfüllt (BR-Drs. 168/20, 75). **39**

III. Rechtsfolgen

1. Kosten (§ 21 Abs. 2 Satz 1 WEG). Sind die Tatbestandsvoraussetzungen erfüllt, sind sämtliche Kosten grundsätzlich auf alle Wohnungseigentümer nach dem Verhältnis ihrer Anteile (§ 16 Abs. 1 Satz 2 WEG) umzulegen. Erfasst sind die Kosten, die auf einer baulichen Veränderung beruhen, für welche die Tatbestandsvoraussetzungen erfüllt sind. Gemeint sind damit nicht nur die Baukosten. Erfasst sind nach Sinn und Zweck von § 21 Abs. 2 WEG ebenso wie bei § 21 Abs. 1 und Abs. 3 WEG die Folgekosten des Gebrauchs und der Erhaltung (BR-Drs. 168/20, 75) und sämtliche weiteren Kosten. **40**

2. Nutzungen (§ 21 Abs. 2 Satz 2 WEG). Für die Nutzungen gilt gem. § 21 Abs. 2 Satz 2 WEG die Bestimmung des § 16 Abs. 1 WEG entsprechend. Die Früchte der baulichen Veränderung, beispielsweise Mieteinnahmen oder ein Entgelt für Strom, stehen danach allen Wohnungseigentümern im Verhältnis ihrer Miteigentumsanteile zu (§ 16 Abs. 1 Satz 1 und 2 WEG). Zugleich sind alle Wohnungseigentümer zum Mitgebrauch der baulichen Veränderung berechtigt (§ 16 Abs. 1 Satz 3 WEG), etwa einer Lademöglichkeit oder eines Personenaufzuges. **41**

IV. Unsicherheiten

Wird unter den Wohnungseigentümern gestritten, ob § 21 Abs. 2 WEG oder § 21 Abs. 3 WEG anwendbar ist, oder ist der Verwalter unsicher, können die Wohnungseigentümer den Verwalter anweisen, wie er die Kosten umlegen soll. Ferner können die Wohnungseigentümer jederzeit einen Beschluss nach § 21 Abs. 5 Satz 1 WEG fassen. **42**

V. Prozessuales

43 Die Frage der Unverhältnismäßigkeit iSv § 21 Abs. 2 Satz 1 Nr. 1 WEG bzw. der Amortisation iSv § 21 Abs. 2 Satz 1 Nr. 2 WEG wird bei einem Streit, ob Kosten nach § 21 Abs. 2 WEG oder § 21 Abs. 3 WEG umzulegen sind, regelmäßig nur durch ein Gutachten zu ermitteln sein. Die negative Formulierung des § 21 Abs. 2 Satz 1 Nr. 1 WEG soll dabei zum Ausdruck bringen, dass derjenige die Unverhältnismäßigkeit zu beweisen hat, der sie behauptet.

F. § 21 Abs. 3 WEG

I. Sinn und Zweck und Anwendungsbereich

44 § 21 Abs. 3 Satz 1 WEG ist der gesetzliche Umlageschlüssel für bauliche Veränderungen, die nicht § 21 Abs. 1 WEG und nicht § 21 Abs. 2 WEG unterfallen. § 21 Abs. 3 Satz 2 WEG regelt, wem die Nutzungen solcher baulichen Veränderungen gebühren. Die Wohnungseigentümer dürfen nach § 21 Abs. 5 Satz 1 WEG von beiden Regelungen in den Grenzen von § 21 Abs. 5 Satz 2 WEG etwas Abweichendes bestimmen.

II. Kosten (§ 21 Abs. 3 Satz 1 WEG)

45 **1. Überblick.** Erfasst sind die Kosten, die auf einer baulichen Veränderung beruhen, die § 21 Abs. 3 Satz 1 WEG unterfällt. Erfasst sind nicht damit nicht nur die Baukosten. Gemeint sind nach Sinn und Zweck des § 21 Abs. 3 WEG ebenso wie § 21 Abs. 1 und Abs. 2 WEG und entsprechend § 16 Abs. 6 WEG aF die Folgekosten des Gebrauchs und der Erhaltung (BR-Drs. 168/20, 75) und sämtliche Folgekosten (*Dötsch* ZWE 2020, 215 (217)).

46 **2. Betroffene Wohnungseigentümer. a) Überblick.** Die Kosten sind auf die Wohnungseigentümer umzulegen, die den Beschluss nach § 20 Abs. 1 WEG gefasst haben. Wer dies ist, muss sich aus der Niederschrift ergeben. Fehlt es an dieser Angabe, sind die Kosten auf sämtliche Wohnungseigentümer umzulegen, jedenfalls bis die Wohnungseigentümer sich einigen, wer betroffen ist, oder ein Urteil dies rechtskräftig feststellt. Bis dahin besteht in der Theorie ein Schadenersatzanspruch gegen die Gemeinschaft der Wohnungseigentümer und ein Regressanspruch der Gemeinschaft der Wohnungseigentümer gegen die Person des Verwalters oder die Person, welche die Versammlung geleitet oder den schriftlichen Beschluss initiiert hat.

47 **b) Sondernachfolge.** Die Pflicht eines Wohnungseigentümers, die Kosten zu tragen, geht auf seinen Sondernachfolger über (→ Rn. 13).

48 **3. Umlageschlüssel unter den betroffenen Wohnungseigentümern.** Die Kosten sind unter den betroffenen Wohnungseigentümern nach dem Verhältnis ihrer Anteile (§ 16 Abs. 1 Satz 2 WEG) umzulegen.

III. Nutzungen (§ 21 Abs. 3 Satz 2 WEG)

Für die Nutzungen gilt gem. § 21 Abs. 3 Satz 2 WEG die Bestimmung des § 16 Abs. 1 WEG entsprechend. Die Früchte der baulichen Veränderung, beispielsweise Mieteinnahmen oder ein Entgelt für Strom, stehen danach allen betroffenen Wohnungseigentümern im Verhältnis ihrer Miteigentumsanteile zu (§ 16 Abs. 1 Satz 1 und 2 WEG). Zugleich sind alle betroffenen Wohnungseigentümer zum Mitgebrauch der baulichen Veränderung berechtigt (§ 16 Abs. 1 Satz 3 WEG). Dies kommt zB bei einer Lademöglichkeit oder einem Personenaufzug in Betracht. Insoweit handelt es sich der Sache nach um ein Gruppensondernutzungsrecht. Anders liegt es bei den baulichen Veränderungen, denen sich die anderen Wohnungseigentümer nicht entziehen können, zB dem unnötigen Anstrich des Treppenhauses, der Errichtung einer Schranke, einer Beleuchtung usw. 49

G. § 21 Abs. 4 WEG

I. Sinn und Zweck

§ 21 Abs. 4 Satz 1 WEG ist eine Anspruchsgrundlage. Sind seine Tatbestandsvoraussetzungen erfüllt, kann ein Wohnungseigentümer verlangen, dass ihm gestattet wird, neben anderen Wohnungseigentümern die Nutzungen einer baulichen Veränderung zu ziehen. Durch § 21 Abs. 4 WEG soll insbesondere einem Wohnungseigentümer, der einer baulichen Veränderung zunächst nicht zugestimmt hatte, ermöglicht werden, seine Meinung zu ändern (BR-Drs. 168/20, 77). Es soll erreicht werden, dass die Vorteile baulicher Veränderungen auch denjenigen Wohnungseigentümern oder ihren Rechtsnachfolgern zugutekommen, die zunächst, etwa aus finanziellen Gründen, gegen sie gestimmt haben (BR-Drs. 168/20, 77) oder noch nicht Wohnungseigentümer waren. 50

§ 21 Abs. 4 Satz 2 WEG regelt, was gilt, wenn der Anspruch erfüllt ist. 51

Die Wohnungseigentümer dürfen nach § 21 Abs. 5 Satz 1 WEG von beiden Regelungen in den Grenzen von § 21 Abs. 5 Satz 2 WEG etwas Abweichendes bestimmen (BR-Drs. 168/20, 78). 52

II. Tatbestandsvoraussetzungen

1. Anspruchsberechtigt. Anspruchsberechtigt ist jeder (werdende) Wohnungseigentümer. Drittnutzer haben keinen eigenen Anspruch nach § 21 Abs. 4 Satz 1 WEG. Es ist aber vorstellbar, dass ein Wohnungseigentümer für einen Drittnutzer nach § 554 BGB einen Mitgebrauch anstrebt bzw. anstreben muss. 53

2. Keine Berechtigung, Nutzungen zu ziehen. Der Anspruchsberechtigte muss nach § 21 Abs. 1, Abs. 2, Abs. 3 oder Abs. 5 WEG davon ausgeschlossen sein, an den Nutzungen einer baulichen Veränderung teilzuhaben (BR-Drs. 168/20, 77). 54

55 **3. Verlangen.** Der Wohnungseigentümer muss gegenüber der Gemeinschaft der Wohnungseigentümer, die in der Regel von einem Verwalter vertreten wird, das Verlangen aussprechen, an den Nutzungen einer baulichen Veränderung teilzuhaben. Einer besonderen Form bedarf es für dieses Verlangen nicht.

56 **4. Billiges Ermessen.** Die Teilhabe an den Nutzungen, insbesondere am Mitgebrauch, muss billigem Ermessen entsprechen. Dies ist der Regelfall. Besondere Umstände können den Anspruch ausnahmsweise aber auch ausschließen (BR-Drs. 168/20, 77). Kapazitätsprobleme sind in der Regel kein besonderer Umstand (BR-Drs. 168/20, 77), da alle Wohnungseigentümer gleich zu behandeln sind (→ § 23 Rn. 161). Die zunächst berechtigten Wohnungseigentümer haben grundsätzlich kein besseres Recht als ein Nachzügler (BR-Drs. 168/20, 77).

III. Rechtsfolgen

57 **1. Gestattungsbeschluss. a) Überblick.** Der Anspruch nach § 21 Abs. 4 Satz 1 WEG ist auf die Fassung eines Beschlusses gerichtet, der dem Wohnungseigentümer die Teilhabe an den Nutzungen gegen angemessenen Ausgleich gestattet (BR-Drs. 168/20, 77).

58 **b) Bauliche Veränderung.** Das Verlangen nach einem Mitgebrauch kann dazu führen, dass die bauliche Veränderung aufzurüsten ist und/oder, dass es weiterer baulicher Veränderungen bedarf. In diesem Sonderfall müssen die Wohnungseigentümer entsprechend § 20 Abs. 1, Abs. 2 Satz 2 WEG in Bezug auf diese Aufrüstung und/oder bauliche Veränderung so beschließen, wie sie es auch gegenüber dem ersten Verlangen mussten (BR-Drs. 168/20, 69).

59 **c) Mehrheit.** Der Beschluss unterfällt § 25 Abs. 1 WEG und ist daher durch alle Wohnungseigentümer zu fassen (BR-Drs. 168/20, 77).

60 **d) Beschlussersetzungsklage.** Kommt der Beschluss nicht zustande, kann der Anspruchsberechtigte den Anspruch im Wege einer Beschlussersetzungsklage verfolgen (§ 44 Abs. 1 Satz 2 WEG). Liegen die Tatbestandsvoraussetzungen vor, steht dem Gericht für die Beschlussinhalte das Ermessen der Wohnungseigentümer zu.

61 **2. Angemessener Ausgleich. a) Überblick.** Die Wohnungseigentümer müssen in dem Gestattungsbeschluss einen angemessenen Ausgleich in Geld bestimmen (BR-Drs. 168/20, 77). Der „Ausgleich“ soll sich auf die bis zum Gestattungsbeschluss angefallenen Kosten beziehen (BR-Drs. 168/20, 77). „Kosten“ idS sind vor allem die Baukosten, dem Grunde nach aber auch die bisherigen Betriebs- und Erhaltungskosten. Der Maßstab der „Angemessenheit“ soll es regelmäßig gebieten, den Wohnungseigentümer nur an solchen Kosten zu beteiligen, die sich zumindest mittelbar auch auf seine zukünftigen Nutzungen der baulichen Veränderung auswirken (BR-Drs. 168/20, 78). Laufende Betriebskosten sind daher regelmäßig nicht auszugleichen. Aus demselben Grund sollen auch zwischenzeitliche Verschlechterungen beim Ausgleich der angefallenen Herstellungskosten zu berücksichtigen sein.

b) Zahlungsberechtigter. Der Ausgleich ist an die Gemeinschaft der Wohnungseigentümer zu zahlen (BR-Drs. 168/20, 78). Er soll im Rahmen der Jahresabrechnung auf die Wohnungseigentümer umgelegt werden, welche die auszugleichenden Kosten ursprünglich zu tragen hatten. Es dürfte nichts dagegen sprechen, im Beschluss als zahlungsberechtigt sofort die Wohnungseigentümer zu bestimmen, denen der Ausgleich gebührt. 62

3. Kosten. a) Für den Verlangenden. Mit des Fassung des Gestattungsbeschlusses hat sich der Anspruchsberechtigte an den Kosten nach Maßgabe von § 21 Abs. 3 WEG zu beteiligen (→ Rn. 45 ff.). Die Pflicht, die Kosten zu tragen, geht auf seinen Sondernachfolger über (→ Rn. 13 und → Rn. 47). Ferner ist der Ausgleichsbetrag fällig. 63

b) Aufrüstung. Durch das Verlangen nach einem Mitgebrauch kann es notwendig werden, weitere bauliche Veränderungen vorzunehmen und/oder die bisherige bauliche Veränderung umzubauen. Dies kann zB bei einer Lademöglichkeit der Fall sein. Es ist vorstellbar, dass es das Verlangen nach einem Mitgebrauch erforderlich macht, beispielsweise ein Lastmanagementsystem einzubauen oder die Hausanschlussleistung zu erweitern (BR-Drs. 168/20, 78). Diese Maßnahmen sind von den Wohnungseigentümern nach § 20 Abs. 1, Abs. 2 Satz 2 WEG zu beschließen. 64

Die Erst- und Folgekosten der weiteren baulichen Veränderung bzw. der „Aufrüstung“ der vorhandenen baulichen Veränderung haben der Verlangende und die Wohnungseigentümer entsprechend § 16 Abs. 2 Satz 1 WEG zu tragen, welche die Nutzungen an der Lademöglichkeit bislang haben und auch fortsetzen wollen. 65

c) Verzicht auf weitere Nutzung. Möchte sich ein Wohnungseigentümer, dem bislang die Nutzungen einer baulichen Veränderung zustanden, beispielsweise an einer Lademöglichkeit, an den Kosten der weiteren baulichen Veränderung und/oder Aufrüstung nicht beteiligen, ist das hinzunehmen. Er verliert dann die Nutzungen, muss aber auch keine Kosten mehr tragen. Weitere Einwirkungsmöglichkeiten hat dieser Wohnungseigentümer nicht. So kann er nicht auf eine bauliche Veränderung „verzichten“ und damit den gesetzlichen Umlageschlüssel ändern. Im seltenen Einzelfall kann er allerdings einen Anspruch auf einen Beschluss nach § 21 Abs. 5 Satz 1 WEG haben. 66

4. Nutzungen (§ 21 Abs. 4 Satz 2 WEG). Für die Nutzungen gilt gem. § 21 Abs. 4 Satz 2 WEG über § 21 Abs. 3 WEG der § 16 Abs. 1 WEG entsprechend. Die Früchte der baulichen Veränderung, beispielsweise Mieteinnahmen oder ein Entgelt für Strom, stehen danach allen begünstigten Wohnungseigentümern im Verhältnis ihrer Miteigentumsanteile zu (§ 16 Abs. 1 Satz 1 und 2 WEG). Zugleich sind alle begünstigten Wohnungseigentümer zum Mitgebrauch der baulichen Veränderung berechtigt (§ 16 Abs. 1 Satz 3 WEG), etwa einer Lademöglichkeit oder eines Personenaufzuges. 67

Entstehen durch einen nachträglichen Mitgebrauch eines Wohnungseigentümers Kapazitätsprobleme, müssen diese nach allgemeinen Regeln gelöst werden, etwa durch einen Benutzungsbeschluss, der regelt, wann 68 welcher Wohnungseigentümer das veränderte gemeinschaftliche Eigentum gebrauchen darf (BR-Drs. 168/20, 77).

H. § 21 Abs. 5 WEG

I. Sinn und Zweck

69 § 21 Abs. 5 Satz 1 WEG gibt den Wohnungseigentümern die Beschlusskompetenz, von den gesetzlichen Umlageschlüsseln für bauliche Veränderungen abzuweichen. In seinem Anwendungsbereich verdrängt er § 16 Abs. 2 Satz 2 WEG.

70 § 21 Abs. 5 Satz 2 WEG regelt, dass dieser Beschluss aus materiellen Gründen nur anfechtbar ist, wenn seine Voraussetzungen nicht vorliegen. Die Beschlusskompetenz soll es den Wohnungseigentümern ermöglichen, Klarheit über die Verteilung der Kosten und Nutzungen einer baulichen Veränderung zu schaffen (BR-Drs. 168/20, 78). Dafür besteht ein Bedürfnis insbesondere dann, wenn zwischen den Wohnungseigentümern umstritten ist, ob eine bestimmte bauliche Veränderung den Vorschriften des Absatzes 2 oder des Absatzes 3 unterfällt, ob also alle oder nur bestimmte Wohnungseigentümer kostentragungspflichtig sind (BR-Drs. 168/20, 78).

II. Anwendungsbereich

71 § 21 Abs. 5 Satz 1 WEG ist auf alle Absätze des § 21 WEG anwendbar. Er ermöglicht es, von allen Regelungen in Bezug auf Kosten und/oder Nutzungen etwas Abweichendes zu bestimmen.

III. Beschluss

72 **1. Mehrheit.** Der Beschluss unterfällt § 25 Abs. 1 WEG und ist daher durch alle Wohnungseigentümer mit einfacher Mehrheit zu fassen (BR-Drs. 168/20, 77).

73 **2. Beschlussinhalte. a) Überblick.** Der Beschluss muss in ausreichend bestimmter Weise regeln, was für die Kosten und/oder Nutzungen abweichend vom Gesetz gelten soll. Was insoweit gilt, unterliegt dem Ermessen der Wohnungseigentümer und muss ordnungsmäßig sein.

74 **b) Deklaratorische Beschlüsse.** Der Beschluss kann auch bestimmen, was bereits von Gesetzes wegen gelten würde. Beispielsweise können die Wohnungseigentümer deklaratorisch anordnen, dass die Kosten einer baulichen Veränderung nach dem Verhältnis ihrer Anteile (§ 16 Abs. 1 Satz 2 WEG) zu tragen sind, und dass für die Nutzungen § 16 Abs. 1 WEG gelten soll, obwohl die bauliche Veränderung ohnehin § 21 Abs. 2 WEG unterfällt. Diese Beschlussfassung entspricht sogar dem Zweck des § 21 Abs. 5 Satz 1 WEG, bei Zweifeln, ob § 21 Abs. 2 oder Abs. 3 WEG anwendbar ist, unter den Wohnungseigentümern für Klarheit zu sorgen. Diese Klarheit wird durch die Bestandskraft des Beschlusses oder im Falle einer Anfechtungsklage durch die Rechtskraft des Anfechtungsurteils erreicht.

3. Beschlussgrenzen für Kosten (§ 21 Abs. 5 Satz 2 WEG). 75
a) Überblick. Durch den Beschluss dürfen keinem Wohnungseigentümer Kosten auferlegt werden, der nicht schon nach den gesetzlichen Vorschriften zur Kostentragung verpflichtet ist. Die Kosten dürfen mithin nur unter den ohnehin nach § 20 Abs. 2, Abs. 3 WEG schon kostentragungspflichtigen Wohnungseigentümern nach einem anderen als dem gesetzlichen Schlüssel verteilt werden. Beispiel: Die bauliche Veränderung, beispielsweise der Anbau eines Personenaufzuges, unterfällt § 21 Abs. 3 WEG. Dann haben nur die Wohnungseigentümer die Kosten zu tragen und hätten nur ein Recht auf die Nutzungen, die mit „Ja" gestimmt haben. Nach § 21 Abs. 5 Satz 1 WEG darf dann nicht bestimmt werden, dass sämtliche Wohnungseigentümer die Kosten zu tragen haben und an den Nutzungen teilhaben können.

b) Verstöße. Überschreitet ein Beschluss die Beschlussgrenzen, ist er 76
nicht nichtig. Der Verstoß führt nur dazu, dass er auf eine Anfechtungsklage hin aufzuheben ist. Das verdeutlicht der Wortlaut durch die Verwendung des Wortes „dürfen" (BR-Drs. 168/20, 79).

4. Beschlussersetzungsklage. Kommt der Beschluss nicht zustande, 77
kann der Anspruchsberechtigte den Anspruch im Wege einer Beschlussersetzungsklage verfolgen (§ 44 Abs. 1 Satz 2 WEG). Liegen die Tatbestandsvoraussetzungen vor, steht dem Gericht für die Beschlussinhalte das Rechtsfolgeermessen der Wohnungseigentümer zu. Weitere Voraussetzung ist, dass ein Beschluss iSv § 44 Abs. 1 Satz 2 WEG ausnahmsweise notwendig ist; ein seltener Einzelfall.

I. Abdingbarkeit

Die Wohnungseigentümer können von allen Absätzen etwas Abweichen- 78
des vereinbaren.

Wiederaufbau

22 Ist das Gebäude zu mehr als der Hälfte seines Wertes zerstört und ist der Schaden nicht durch eine Versicherung oder in anderer Weise gedeckt, so kann der Wiederaufbau nicht beschlossen oder verlangt werden.

Literatur: *Alsdorf,* Rechtsverhältnisse beim zerstörten Wohnungseigentum, BlGBW 1977, 88; *Buhl,* Die Liquidation der Wohnungseigentümergemeinschaft, BWNotZ 2013, 130; *Dötsch,* Grenzen der Instandsetzungspflicht – Bildet § 22 Abs. 4 WEG eine allgemeine „Opfergrenze" bei Baumängeln?, ZfIR 2018, 577; *Ott,* Der stecken gebliebene Bau nach Insolvenz des Bauträgers Folgeprobleme für Gemeinschaft und Verwaltung, NZM 2003, 134; *Riesenberger,* Der steckengebliebene Bau, FS Deckert, 2002, 395; *Rix,* Der steckengebliebene Bau, 1991, 48.

Übersicht

A. Entstehungsgeschichte

1 § 22 findet sich bereits als Absatz 2 des § 22 im Gesetz über das Wohnungseigentum und das Dauerwohnrecht vom 15.3.1951 (BGBl. I 175). Durch das Gesetz zur Änderung des Wohnungseigentumsgesetzes und der Verordnung über das Erbbaurecht vom 30.7.1973 (BGBl. I 910) wurde er durch Einfügung zweier weiterer Absätze zum Absatz 4, blieb aber inhaltlich unverändert. Auch das Gesetz zur Förderung der Elektromobilität und zur Modernisierung des Wohnungseigentumsgesetzes und zur Änderung von kosten- und grundbuchrechtlichen Vorschriften vom 16.10.2020 (BGBl. I 2187) hat Absatz 4 inhaltlich unverändert gelassen. Er hat allerdings die Absätze 1 bis 3 des § 22 WEG gestrichen. Diese finden sich im aktuellen Recht, aber stark modifiziert, in den §§ 19, 20 WEG.

B. Sinn und Zweck

2 Nach § 19 Abs. 2 Nr. 2 WEG gehört es zu einer ordnungsmäßigen Verwaltung, das gemeinschaftliche Eigentum zu erhalten (→ § 19 Rn. 54 ff.). Jeder Wohnungseigentümer kann dies von der Gemeinschaft der Wohnungseigentümer nach § 18 Abs. 2 Nr. 1 WEG verlangen und notfalls einklagen.

Eine solche Erhaltung ist allerdings kritisch zu sehen und auf ihre Wirtschaftlichkeit zu hinterfragen, wenn das gemeinschaftliche Eigentum erhebliche Schäden und Verwüstungen erlitten hat. Der Frage, was dann gilt, und der Pflicht der Wohnungseigentümer, bei einem Wiederaufbau „zusammenzuwirken“ (BR-Drs. 75/51 zu § 22), widmet sich § 22 WEG.

C. Wiederaufbau

I. Tatbestandsvoraussetzungen

1. Gebäude. a) Begriff. Zum Begriff des „Gebäudes“ iSv § 22 → § 3 Rn. 23. Bei einer Mehrhausanlage bilden alle Gebäude das „Gebäude“ iSv § 22 (→ Rn. 5). 3

b) Wert des Gebäudes. aa) Objektive Verkehrswertermittlung vor und nach Zerstörung. Das Gebäude (→ Rn. 3) muss zu mehr als der Hälfte seines Wertes zerstört (→ Rn. 6) sein. Der Restwert des Gebäudes nach der Zerstörung ist dazu mit seinem Verkehrswert (§ 194 BauGB) zum Zeitpunkt des Schadenseintrittes zu vergleichen. Beispiel: Ein Gebäude ist zu mehr als der Hälfte seines Wertes zerstört, wenn die Reparaturkosten eines Gebäudes mit einem Wert von 4 Mio. EUR mehr als 2 Mio. EUR betragen. Wertveränderungen nach der Zerstörung des Gebäudes sind wegen der darin liegenden Zufälligkeit und der Gefahr von Manipulationen sowie wegen der unabsehbaren Veränderungen der Baukosten unerheblich (aA LG München I ZWE 2017, 325 Rn. 21). Der Verkehrswert ist im Übrigen objektiv zu bestimmen. Eine Beschlusskompetenz, den Verkehrswert nach der Vorstellung der Wohnungseigentümer zu bestimmen, besteht daher nicht (*Dötsch* ZfIR 2018, 577 (586)). Auf den Wert von Grund und Boden kommt es nicht an (LG München I ZWE 2017, 325 Rn. 20; *Dötsch* ZfIR 2018, 577 (586); *Buhl* BWNotZ 2013, 130 (133)). 4

bb) Gesamtes gemeinschaftliches Eigentum. Maßgeblich ist der Wert des (gesamten) gemeinschaftlichen Eigentums (OLG Schleswig NJW-RR 1998, 15; KG NJWE-MietR 1997, 205 (206); *Dötsch* ZfIR 2018, 577 (586); Jennißen/*Hogenschurz* § 22 Rn. 81; Staudinger/*Häublein* § 22 Rn. 144; aA Bärmann/*Merle* § 22 Rn. 374). Dies folgt vor allem aus einer systematischen Überlegung. § 22 WEG will Beschlüssen nach § 19 Abs. 1 WEG und Verlangen nach §§ 18 Abs. 2 Nr. 1, 10 Abs. 2 WEG Schranken setzen. Diese gelten immer dem gemeinschaftlichen Eigentum. Kosten und Sorge für das Sondereigentum treffen daher den jeweiligen Wohnungseigentümer und können keine Berechnungsgröße sein. Der Streit, was maßgeblich ist, dürfte in der Regel freilich unerheblich sein, da die Ergebnisse grundsätzlich identisch sind. Denn im Sondereigentum stehen im Wesentlichen nur Luft, nicht tragende Wände, und Einbauten. Bei mehreren Gebäuden kommt es auf alle an. Für Mehrhausanlagen (→ § 9a Rn. 49 ff.) gelten – ist nichts anderes vereinbart – also keine Besonderheiten (aA *Merle* WE 1997, 81; offen gelassen von OLG Schleswig NJW-RR 1998, 15; KG NJWE-MietR 1997, 205 (206)). 5

6 **2. Zerstörung. a) Begriff.** Ein Gebäude ist „zerstört", wenn seine Funktionsfähigkeit ganz oder teilweise entfallen ist (*Buhl* BWNotZ 2013, 130 (133)). Dies ist vor allem der Fall, wenn seine Mauern nicht mehr standfest sind, es an einem Dach fehlt oder das Treppenhaus nicht betretbar ist. Grund für eine Zerstörung können Naturkatastrophen wie Erdbeben, Erdrutsche, Überflutungen/Überschwemmungen, Waldbrände, Blitze, aber auch Krieg, Feuer oder Vandalismus sein. Eine Beschlusskompetenz, die Frage der Zerstörung zu bestimmen, besteht nicht (*Dötsch* ZfIR 2018, 577 (586)).

7 **b) Mangelnde Erhaltungsmaßnahmen.** Für die Frage, ob eine „Zerstörung" vorliegt, kommt es nicht auf die Ursache, sondern auf die Wirkung an. Der eigentlichen Zerstörung stehen daher nach Sinn und Zweck der langsame Verfall eines Gebäudes und seine darauf beruhende Baufälligkeit in Ermangelung regelmäßiger Erhaltungsmaßnahmen gleich (LG München I ZWE 2017, 325 Rn. 20; aA *Dötsch* ZfIR 2018, 577 (585); Staudinger/*Häublein* § 22 WEG Rn. 142).

II. Rechtsfolgen

8 **1. Deckung der Kosten. a) Beschlusskompetenz, Verlangen und Kosten.** Ist das Gebäude (→ Rn. 3) zwar zu mehr als der Hälfte seines Wertes (→ Rn. 4) zerstört, sind die zu behebenden baulichen Mängel aber durch eine Versicherung (→ § 19 Rn. 113) oder in anderer Weise (zB Schadenersatzansprüche, Erhaltungsrücklage) gedeckt, können die Wohnungseigentümer seinen Wiederaufbau gem. § 19 Abs. 1 WEG beschließen und kann ein Wohnungseigentümer diesen gem. § 18 Abs. 2 Nr. 1 WEG von der Gemeinschaft der Wohnungseigentümer verlangen. Notfalls ist der Anspruch auf Erhaltung aus § 18 Abs. 2 Nr. 1 WEG im Wege der Beschlussersetzungsklage nach § 44 Abs. 1 Satz 2 WEG durchzusetzen. Da es sich um einen Erhaltungsanspruch handelt, muss das Ermessen der Wohnungseigentümer zum „ob" einer Wiederherstellung dann reduziert sein (allgemein → § 18 Rn. 44); ua ist deshalb eine Kosten-Nutzen-Analyse (allgemein → § 18 Rn. 49) anzustellen. In der Regel entspricht nur eine zeitnahe Wiederherstellung ordnungsmäßiger Verwaltung. Beim „wie" haben die Wohnungseigentümer grundsätzlich freie Hand. Allerdings müssen die Grenzen des gemeinschaftlichen und des Sondereigentums eingehalten und das frühere Bauniveau grundsätzlich wieder erreicht werden. Es ist nicht erforderlich, dass die zu behebenden baulichen Mängel finanziell vollständig abgedeckt sind. Es reicht, dass mehr als die Hälfte der Kosten für den Wiederaufbau abgedeckt sind (Jennißen/*Hogenschurz* § 22 Rn. 82). Die restlichen Kosten sind Erhaltungskosten und wie diese umzulegen (→ § 16 Rn. 37 ff.).

9 **b) Gegenstand.** Aufzubauen ist entsprechend § 19 Abs. 2 Nr. 2 WEG das gemeinschaftliche Eigentum (Bärmann/*Merle* § 22 Rn. 381; aA *Alsdorf* BlGBW 1977, 88 (89); *Röll* WE 1997, 94). Das Sondereigentum muss jeder Wohnungseigentümer selbst und auf eigene Kosten wiedererrichten (*Dötsch* ZfIR 2018, 577 (586)).

2. Keine Kostendeckung. a) Keine Beschlusskompetenz. Sind die Kosten für den Wiederaufbau nicht versichert und auch nicht anderweitig gedeckt, bedarf es für den Wiederaufbau eines zerstörten Gebäudes einer Vereinbarung. Ein Beschluss wäre wegen Gesetzesverstoßes nichtig (aA Staudinger/*Häublein* § 22 Rn. 139). Er kann daher auch nicht verlangt werden. 10

b) Kein Verlangen. § 22 WEG erteilt ferner ohne Unterscheidung einem „Verlangen“ eine Absage. Damit ist zum einen einer Beschlussersetzungsklage nach § 44 Abs. 1 Satz 2 WEG, zum anderen aber auch einer Klage nach § 10 Abs. 2 WEG der Weg versperrt. 11

c) Folgen für Gemeinschaften. aa) Grundsatz. Die vollständige, jedenfalls aber überwiegende Zerstörung des Gebäudes und sein „Nichtaufbau“ bedeuten nicht das Ende der Gemeinschaft der Wohnungseigentümer und selbstverständlich auch nicht die Beendigung der Wohnungseigentümergemeinschaft iSv §§ 741 ff., 1008 ff. BGB. 12

bb) Vereinbarung. Die Wohnungseigentümer können sich gem. § 11 Abs. 1 Satz 3 WEG allerdings im Wege der Vereinbarung das Recht einräumen, die Aufhebung zu verlangen (→ § 11 Rn. 11). Besteht eine Aufhebungsvereinbarung bzw. ein Aufhebungsanspruch, können ausnahmsweise auch Pfändungsgläubiger und Insolvenzverwalter die Aufhebung verlangen bzw. den Aufhebungsanspruch selbständig pfänden (OLG Hamm NJW-RR 1992, 665). 13

Haben die Wohnungseigentümer eine solche Vereinbarung vergessen, besteht keine Wiederaufbaupflicht und einigen sich die Wohnungseigentümer auch nicht, das Gebäude wieder aufzubauen, kann es in Ausnahmefällen auch ohne entsprechende Vereinbarung einen Anspruch auf Mitwirkung zur Aufhebung der Gemeinschaft der Wohnungseigentümer aus §§ 242, 313 BGB iVm dem die Eigentümer verbindenden Gemeinschaftsverhältnis geben (→ § 11 Rn. 13; BayObLG ZMR 2002, 291 (292); *Röll* WE 1997, 94 (95)); anderenfalls würde das Grundstück für immer brachliegen und wäre für seine Eigentümer wertlos. 14

D. Stecken gebliebener Bau

I. Allgemeines

Die Erwerber als (ggf. noch werdende) Wohnungseigentümer können einen Anspruch auf Ersterstellung des Wohngebäudes oder der Wohngebäude haben. Dies ist der Fall, wenn die Errichtung der Wohnungseigentumsanlage stecken geblieben ist. Ein Bau ist idS „stecken geblieben“, wenn er nach Insolvenz des Bauträgers oder aus anderen Gründen nur von den Erwerbern selbst oder Dritten fertig gestellt werden kann und Ansprüche gegenüber Dritten jedenfalls praktisch ausscheiden. Im Rahmen der Restfertigstellung eines stecken gebliebenen Baus besteht ein berechtigtes Interesse eines Wohnungseigentümers iSv § 12 GBO daran, in die Grundakten der Miteigentümer inklusive der Erwerbsverträge Einsicht zu nehmen (OLG Hamburg ZMR 2008, 814). 15

II. Entsprechende Anwendung von § 22 WEG

16 Der Anspruch auf Fertigstellung eines stecken gebliebenen Baus besteht nach hM nur dann, wenn die Voraussetzungen des § 22 WEG entsprechend erfüllt sind (BayObLG NZM 2003, 66 (67); OLG Frankfurt a. M. WuM 1994, 36; OLG Hamm NJW 1984, 2708). Nach aA kann eine Fertigstellung in jedem Fall verlangt werden (OLG Hamm Rpfleger 1978, 182; *Ott* NZM 2003, 134 (136); *Rix,* Der steckengebliebene Bau, 48 ff.; Bärmann/*Merle* § 22 Rn. 396; Staudinger/*Häublein* § 22 Rn. 147). **Stellungnahme.** Zu folgen ist grundsätzlich der hM. Die Bestimmung des § 22 WEG beschreibt allgemein die „Opfergrenze", wann die Wohnungseigentümer voneinander einen substanziellen (Wieder-)Aufbau verlangen können (*Elzer* ZMR 2018, 166 (168)).

17 Da es sich um einen Erhaltungsanspruch iSv § 19 Abs. 2 Nr. 2 WEG handelt, muss das Ermessen der Wohnungseigentümer zum „ob" einer „Restfertigstellung" reduziert sein (allgemein → § 18 Rn. 44); ua ist deshalb eine Kosten-Nutzen-Analyse (allgemein → § 18 Rn. 49) anzustellen (OLG Dresden ZMR 2008, 812 (813)). In der Regel entspricht aber nur eine zeitnahe Restfertigstellung ordnungsmäßiger Verwaltung.

III. Rechtsfolgen

18 **1. Errichtung des gemeinschaftlichen Eigentums.** Das gemeinschaftliche Eigentum ist so zu errichten, dass ein erstmalig ordnungsmäßiger Zustand erreicht wird.

19 **2. Errichtung des Sondereigentums.** Entsprechend § 22 WEG (→ Rn. 9) besteht nur ein Anspruch auf Herstellung des gemeinschaftlichen Eigentums (→ § 19 Rn. 58 ff.; aA OLG Dresden ZMR 2008, 812 (813); *Riesenberger* FS Deckert, 2002, 395 (411)). Die Entscheidung BGH NJW 2016, 473 Rn. 20 steht dieser Ansicht nicht entgegen, da die Mauern, welche die Räume des Sondereigentums verschiedener Wohnungseigentumsrechte trennen, gemeinschaftliches Eigentum sind (→ § 5 Rn. 48).

20 **3. Umlageschlüssel.** Die Kosten der mangelfreien Fertigstellung des gemeinschaftlichen Eigentums sind – soweit bereits eine Wohnungseigentümergemeinschaft entstanden ist – der Sache nach Erhaltungskosten (→ § 16 Rn. 37 ff.) und wie diese zu verteilen (OLG Frankfurt a. M. WuM 1994, 36; BayObLG ZMR 1983, 419). Die Kosten sind somit nach § 16 Abs. 2 Satz 1 WEG unter allen Wohnungseigentümern unter Einbeziehung auch des teilenden Eigentümers – meist des Bauträgers – als Eigentümer der nicht verkauften Wohnungseigentumsrechte oder dessen Insolvenzverwalters (*Ott* NZM 2004, 134 (137)) umzulegen (BayObLG ZWE 2000, 214 (215); OLG Frankfurt a. M. WuM 1994, 36).

21 Dass der insolvente Bauträger zahlungsunfähig ist, rechtfertigt es nicht, ihn von einer Kostenbeteiligung nach § 16 Abs. 2 Satz 1 WEG auszunehmen (BayObLG ZWE 2000, 214 (215)). Die Schuld ist Masseschuld. Für § 16 Abs. 2 Satz 1 WEG ist es unerheblich, dass ggf. einer der Wohnungseigentümer vor der Insolvenz mehr an den Bauträger bezahlt hat als ein anderer

Wohnungseigentümer (OLG Frankfurt a. M. ZMR 1991, 272; OLG Hamm NJW 1984, 2708; LG Bonn ZMR 1985, 63 (64); *Ott* NZM 2004, 134 (137); aA OLG Hamburg OLGZ 1990, 308; OLG Karlsruhe NJW 1981, 466 (467); Jennißen/*Hogenschurz* § 22 Rn. 83). Die Überzahlung hat ihren Grund im jeweiligen Erwerbsvertrag und ist dort auszugleichen, soweit die Wohnungseigentümer nach ihrem Ermessen nicht von § 16 Abs. 2 Satz 2 WEG Gebrauch machen.

E. Abdingbarkeit

§ 22 ist vollständig abdingbar (KG NJWE-MietR 1997, 205 (206); BayObLG ZMR 1996, 98 (100); *Dötsch* ZfIR 2018, 577 (584); Staudinger/*Häublein* § 22 Rn. 141). Weder § 10 Abs. 1 WEG noch allgemeine Überlegungen setzen der Willkür der Wohnungseigentümer Grenzen. 22

Vor §§ 23 ff. WEG

Literatur (zur älteren Literatur siehe Vorauflage): *Abramenko,* Die Haftung der Wohnungseigentümer für ihr Stimmverhalten, FS Merle, 2010, 1; *Becker,* Rechtsschutz bei unterbliebener oder fehlerhafter Feststellung und Bekanntgabe des Ergebnisses des Eigentümerbeschlusses, MietRB 2003, 53; *Becker,* Ergebnisfeststellung und Beschlusstatbestand, ZWE 2002, 93; *Becker/Gregor,* Feststellung und Bekanntgabe des Beschlussergebnisses, ZWE 2001, 245; *Bonifacio,* Die Auslegung von Beschlüssen der Wohnungseigentümer unter Berücksichtigung der Bedeutung der Versammlungsniederschrift, ZMR 2006, 583; *Elzer,* Minderheitenschutz im Wohnungseigentumsrecht, MDR 2015, 1050; *Elzer,* Verkündung und Verkündungsprobleme, MietRB 2008, 378; *Elzer,* Die fehlerhafte Verkündung eines positiven Beschlusses, ZWE 2007, 165; *Elzer,* Der abändernde Zweitbeschluss: Vom notwendigen Ausgleich zwischen Schutzbedürftigkeit und Flexibilität, ZMR 2007, 237; *Gottschalg,* Rückabwicklung aufgehobener Wohnungseigentumsbeschlüsse, NZM 2001, 113; *Häublein,* Mehrhausanlagen und Rechtsfähigkeit der Gemeinschaft, ZWE 2010, 149; *Lieder/Pommerening* Materielle Beschlusskontrolle im Wohnungseigentumsrecht, NotBZ 2019, 403; *Lüke,* Der Zweitbeschluss, ZWE 2000, 98; *Niedenführ,* Feststellung des Abstimmungsergebnisses durch Schlussfolgerung, NZM 2002, 854; *Ott,* Folgenbeseitigungsanspruch und einstweiliger Rechtsschutz im Beschlussanfechtungsverfahren, FS Riecke, 2019, 333; *Rüscher,* Beschlusskompetenzen bei wirtschaftlichen Untergemeinschaften, ZWE 2011, 308; *Schmid,* Zur Auslegung von Wohnungseigentümerbeschlüssen, ZWE 2013, 442; *Schmidt,* Verkündung rechtswidriger Beschlüsse, ZWE 2016, 385.

Übersicht

A. Der Beschluss

I. Begriff

1 Ein Beschluss iSv § 23 Abs. 1 WEG ist außer zu Beginn der Gemeinschaft der Wohnungseigentümer (§ 9a Abs. 1 Satz 2 WEG), wo es zunächst nur einen Wohnungseigentümer gibt, ein mehrseitiges Rechtsgeschäft in der besonderen Form eines Gesamtaktes, durch den mehrere gleichgerichtete Willenserklärungen gebündelt werden und das auf Herbeiführung eines rechtlichen Erfolges gerichtet ist (BGH NJW-RR 2012, 217 Rn. 9; NJW 2002, 3629 unter III. 1. b) aa); grundlegend NJW 1998, 3713 unter III. 3). Ein Beschluss ist damit die rechtliche Fassung eines einheitlichen Willens aus den Einzelwillen der an der Beschlussfassung Teilnehmenden.

2 Der Beschluss unterscheidet sich zwar nicht grundlegend von einer Vereinbarung, wohl aber von einem Vertrag. Denn der Beschluss besteht nicht aus gegenseitigen, in Bezug aufeinander abgegebenen, sondern aus gleichgerichteten Willenserklärungen (BGH NJW 1998, 3713 unter III. 3). Zudem setzt er nicht die Willensübereinstimmung aller Wohnungseigentümer voraus, sondern bindet auch die überstimmten oder einer Versammlung ferngebliebenen Wohnungseigentümer (BGH NJW 1998, 3713 unter III. 3). Dennoch erfüllt der Beschluss insoweit die Merkmale eines Rechtsgeschäftes, als sein wesentlicher Bestandteil eine Willenserklärung oder mehrere Willenserklärungen sind und er die kollektive und rechtsverbindliche Entscheidung der Wohnungseigentümer über einen Antrag zum Ausdruck bringt (BGH NJW 1998, 3713 unter III. 3). Jedenfalls soll dies dort gelten, wo Beschlüsse eine nicht lediglich „interne Wirkung" haben, sondern auf die Begründung, Änderung oder Aufhebung rechtlicher Befugnisse oder Pflichten gerichtet sind (BGH NJW 1998, 3713 unter III. 3).

3 Diese Chance einer inneren Willensbildung durch Beschluss findet sich etwa auch beim Verein in §§ 28, 32 ff. und 70 BGB, bei den Personengesellschaften in § 712 BGB und § 119 HGB sowie bei der Bruchteilsgemeinschaft in § 745 Abs. 1 Satz 1 BGB, im AktG (§§ 77 Abs. 2, 108, 119), im GmbHG (§§ 47 bis 51) und im GenG (§ 48 GenG).

II. Beschlussfunktionen

4 **1. Festlegungs-Ordnungsfunktion.** Beschlüsse haben vor allem die Aufgabe, den gemeinschaftsinternen Willen der Wohnungseigentümer festzulegen und damit eine Sache zu „ordnen". Durch einen Beschluss wollen und können die Wohnungseigentümer ihre Beziehungen als „Wohnungseigentümer" und Mitinhaber des gemeinschaftlichen Eigentums oder als Inhaber des Sondereigentums innerhalb des durch das Gesetz bereits abstrakt bestimmten Rahmens konkret-individuell und angepasst gerade auf die Verhältnisse einer bestimmten Wohnungseigentumsanlage regeln. Ferner können die Wohnungseigentümer, wie auch § 9a Abs. 3 WEG zeigt, durch einen Beschluss den Willen der Gemeinschaft der Wohnungseigentümer fixieren. Eine Ordnungs- und Festlegungsfunktion haben vor allem „positi-

ve“ Beschlüsse. Diese Funktion ist nach hM aber auch für Negativbeschlüsse anzuerkennen (→ Rn. 65 ff.).

5 Die Ordnungs- und Festlegungsfunktion ist grundsätzlich allerdings immer nur vorläufig. Denn die Wohnungseigentümer können durch einen Zweitbeschluss (→ Rn. 51 ff.) oder eine Vereinbarung jederzeit anderes bestimmen. Nur in Ausnahmefällen, nämlich dann, wenn einem Wohnungseigentümer ein schützenswerter Vorteil aus einem Beschluss erwächst, kann diese Wirkung einem weiteren Beschluss gegebenenfalls entgegenstehen (→ Rn. 56).

6 **2. Anspruchsbegründung.** Beschlüsse können außerdem die Aufgabe haben, Ansprüche zu begründen. Diese Aufgabe haben Beschlüsse nach § 28 Abs. 1 Satz 1, Abs. 2 Satz 1 WEG. Im Übrigen räumt das WEG aber keine Beschlusskompetenz ein, einen Anspruch zu begründen oder zu vernichten (→ § 23 Rn. 8).

7 **3. Deklaratorische Beschlüsse.** Zum Teil regelt ein Beschluss nichts, sondern wiederholt, was bereits durch Vereinbarung oder Gesetz geregelt ist. Soll der Beschluss nur etwas beschreiben, aber nichts anordnen, ist er überflüssig, aber nicht nichtig (BGH NJW 2017, 1167 Rn. 16; 2010, 933 Rn. 13; *Elzer* MietRB 2005, 207). Ein deklaratorischer Beschluss wird zwar zum Teil für nicht ordnungsmäßig und daher für anfechtbar gehalten (KG NJW-RR 1993, 1404 (1405); LG Karlsruhe ZWE 2009, 355 (357)). Wiederholungen seien überflüssig und allenfalls geeignet, Unsicherheiten in die bestehende Rechtslage zu tragen. Deshalb widersprächen sie ordnungsmäßiger Verwaltung. Dem ist aber nicht zu folgen. Es handelt sich auch bei einem deklaratorischen Beschluss um einen Beschluss (aA *F. Schmidt* ZWE 2009, 353) und es spricht nichts dagegen, dass sich die Wohnungseigentümer durch einen Beschluss an das bereits Geltende gleichsam erinnern (BGH NJW 2010, 933 Rn. 13; *Elzer* ZMR 2005, 892 (893)).

III. Form

8 Beschlüsse bedürfen keiner besonderen Form. Sie können sogar „schlüssig“ (konkludent) gefasst werden. Allerdings bedarf es für ihre Entstehung stets der Feststellung und Verkündung durch den Versammlungsleiter oder Initiator eines schriftlichen Beschlusses (→ Rn. 20), sodass es schlüssige Beschlüsse in der Praxis eigentlich nicht gibt. Die Wohnungseigentümer können etwas anderes vereinbaren.

IV. Zeitliche Grenzen

9 Beschlüsse unterliegen keinen zeitlichen Grenzen. Sie können künftige Fälle regeln oder abgeschlossene Sachverhalte bestimmen (OLG Hamm ZMR 2007, 293 (295); OLG Karlsruhe NJW-RR 2001, 1306; BayObLG WuM 1992, 156 (157)). Haben die Wohnungseigentümer es in zurückliegenden Jahren zB versäumt, Nachschüsse einzufordern oder die beschlossenen Vorschüsse anzupassen, können sie dies noch nachholen. Bei der Beschlussfassung sind allerdings die Belange der Wohnungseigentümer zu beachten, die auf die bestehende Rechtslage und etwaige mit dem neuen

Beschluss aufzuhebende Erstbeschlüsse vertraut haben. Etwa die rückwirkende Änderung eines Umlageschlüssels ist daher grundsätzlich nicht möglich (→ § 16 Rn. 64; BGH NJW 2011, 2202 Rn. 11; 2010, 2654 Rn. 11).

V. Entstehungsvoraussetzungen (Tatbestand)

1. Überblick. Entstehungsvoraussetzungen (Tatbestand) eines Beschlusses sind die Bedingungen, die vorliegen müssen, damit ein Beschluss zustande kommen kann (*Elzer* ZWE 2007, 165 (166)). Fehlt es an einer solchen Entstehungsvoraussetzung, gibt es keinen Beschluss. Die Wohnungseigentümer müssen außerdem das Bewusstsein haben, etwas zu beschließen (BGH NJW-RR 2018, 1162 Rn. 18), etwa eine Änderung des bisherigen Umlageschlüssels (→ § 16 Rn. 59). Zur Stimmrechtsausübung → § 25 Rn. 47 ff. Zur Stimmrechtsausübung von Miteigentümern → § 25 Rn. 30. 10

Entstehungsvoraussetzungen idS sind: ein hinreichend bestimmter Beschlussantrag (→ Rn. 12 ff.), die Abstimmung über den Beschlussantrag (→ Rn. 16 ff.), eine ausreichende Beschlussmehrheit (→ Rn. 19) und die Feststellung und Verkündung des Abstimmungsergebnisses (→ Rn. 20 ff.). Ist dieser Tatbestand erfüllt, ist seine Rechtsfolge die Bindung der dem Beschluss Unterworfenen. 11

2. Beschlussantrag. Damit es zu einem Beschluss kommen kann, müssen die Stimmberechtigten über einen Beschlussantrag abstimmen. Liegt kein Beschlussantrag vor, fixiert der Verwalter aber einen Beschluss, kann es dennoch keinen Beschluss geben; auch dann nicht, wenn der Versammlungsleiter einen solchen verkündet (BayObLG ZMR 1996, 151 (154)). Ein Beschlussantrag ist auf die Herbeiführung einer bestimmten Rechtswirkung gerichtet und hält den Inhalt des zu fassenden Beschlusses fest (*Becker* ZWE 2002, 94 (95)). Er ist daher so zu formulieren, dass sein Inhalt hinreichend bestimmt ist (→ § 23 Rn. 140 ff.). 12

In einer Versammlung der Wohnungseigentümer kann nur über den jeweils gestellten Antrag abgestimmt werden. Über ein Weniger gegenüber dem gestellten Antrag können die Wohnungseigentümer nur abstimmen, wenn auch ein dem Weniger entsprechender Antrag gestellt wird (OLG München ZMR 2009, 224). Ein Beschlussantrag kann nach den allgemeinen Rechtsgrundsätzen vom Versammlungsleiter, von jedem Wohnungseigentümer (*Müller* ZWE 2000, 237 (243)), aber auch von Dritten formuliert und gestellt werden. Der Verwalter ist berechtigt, Beschlussanträge zu formulieren, ist aber nicht berechtigt, in der Versammlung Beschlussanträge zu stellen (*Müller* ZWE 2000, 237 (243); MüKoGmbHG/*Drescher* § 47 Rn. 17 für den Geschäftsführer). 13

Der Gegenstand eines Beschlussantrags (→ § 23 Rn. 75 ff.), ggf. aber auch der Beschlussantrag selbst sind nach § 23 Abs. 2 WEG mit der Ladung anzukündigen. Wird ein Beschlussantrag erst in der Versammlung der Eigentümer gestellt, leidet ein auf seiner Grundlage gefasster Beschluss unter einem Ladungsmangel (→ § 24 Rn. 104) und ist anfechtbar. Ein Beschlussantrag kann „positiv" oder „negativ" formuliert sein. Ein „positiver" Antrag ist etwa der Antrag, eine Abrechnung zu genehmigen. Ein „negativ" formulierter Antrag ist etwa der Antrag, das Fällen eines Baumes abzulehnen. Ein 14

Beschluss, der für Beschlussanträge die Schriftform und eine schriftliche Begründung vorschreibt, ist nichtig (→ § 23 Rn. 8).

15 Ist ein Beschlussantrag vom Verwalter schuldhaft unbestimmt formuliert worden, hat dieser seine Pflichten verletzt. Denn der Verwalter muss sicherstellen, dass Beschlussanträge „präzise" formuliert sind (*Rau* ZMR 1998, 1 (2)). Beruht ein Beschluss auf einem fehlerhaften Formulierungsvorschlag des Verwalters, ist gegen diesen daher ein Schadenersatzanspruch vorstellbar.

16 **3. Abstimmungsverfahren und -vorgang; Mehrheit.** Für die Entstehung eines Beschlusses muss über einen Beschlussantrag (→ Rn. 12) abgestimmt werden (BGH NZG 2009, 1307 Rn. 7) Informiert der Versammlungsleiter zu einem Punkt, ohne dass es zu einer Abstimmung kommt, oder tauschen die Wohnungseigentümer sich über eine Angelegenheit aus, treffen sie aber zu dieser keine Bestimmung, gibt es keinen Beschluss (OLG Frankfurt a. M. ZMR 2009, 463; BayObLG WE 1988, 66).

17 Das Gleiche gilt, wenn die Wohnungseigentümer noch keine verbindliche Regelung herbeiführen wollen, zB bei einer grundsätzlich zulässigen (OLG Celle OLGR 2006, 617; LG Stuttgart WuM 1991, 213; *Müller* ZWE 2000, 237 (241)) Probeabstimmung (*Deckert* WE 1995, 196 (200)). Ob eine Probeabstimmung vorliegt oder bereits eine anfechtbare Regelung, ist danach zu unterscheiden, was der Versammlungsleiter angekündigt hat und wovon die Wohnungseigentümer objektiv ausgehen durften (KG NJW-RR 1992, 720).

18 Dem Grunde nach muss über jeden mit der Tagesordnung angekündigten Gegenstand abgestimmt werden. Etwas anderes gilt, wenn nur die Ablehnung des Beschlussantrags ordnungsmäßiger Verwaltung entspräche und der also ordnungsmäßige Negativbeschluss (→ Rn. 65 ff.) für den Antragsteller keine rechtlichen Folgen hätte (OLG München MietRB 2007, 145). Das Abstimmungsverfahren beginnt mit der Aufforderung zur Stimmabgabe durch den Versammlungsleiter. Wortmeldungen sind nach diesem Zeitpunkt unzulässig (*Müller* ZWE 2000, 237 (244)). Der Abstimmungsvorgang endet mit Abgabe der letzten Stimme (*Müller* ZWE 2000, 237 (244)). Wenn Stimmzettel genutzt werden (→ § 25 Rn. 47), endet die Abstimmung mit „Ablieferung" der eingesammelten Stimmzettel beim Versammlungsleiter (*Müller* ZWE 2000, 237 (244); aA BayObLG ZWE 2000, 470).

19 Ein Beschlussantrag erreicht eine Mehrheit, wenn mehr Wohnungseigentümer für als gegen ihn stimmen. Zu den Einzelheiten → § 25 Rn. 6 ff.

20 **4. Feststellung und Verkündung. a) Allgemeines.** Damit ein Beschluss „entstehen" kann, muss der Versammlungsleiter noch in der Versammlung (BGH NJW 2001, 3339 unter III. 3. a); *Bub* in FS Seuß, 2007, 53 (69)) oder im Falle des § 23 Abs. 3 WEG der Initiator außerhalb der Versammlung (→ § 23 Rn. 111 ff.) das positive oder negative Abstimmungsergebnis feststellen (→ Rn. 21) und den Beschluss, das Beschlussergebnis, verkünden (BGH WuM 2020, 522 Rn. 14 und Rn. 25; *Becker* ZWE 2002, 94 (95); *Hügel* NotBZ 2001, 409 (413); *Zöllner* FS Lutter, 821 (822)). Feststellung und Bekanntgabe sind unabdingbare Voraussetzungen dafür, dass überhaupt ein Beschluss zustande kommt (BGH NJW-RR 2019, 73 Rn. 15 und Rn. 16; NJW 2014, 1090 Rn. 8; 2001, 3339 unter III. 3. a);

aA Staudinger/*Häublein* WEG § 23 Rn. 37, der Feststellung und Verkündung auf der „der Ebene der Wirksamkeit" eingeordnet sehen will). Diese Sichtweise wird aus § 24 Abs. 6 WEG und aus allgemeinen Überlegungen hergeleitet (BGH NJW 2001, 3339 unter III. 3a; OLG München MietRB 2007, 70).

b) Feststellung. Die Feststellung des Abstimmungsergebnisses und der Schluss des Versammlungsleiters, dass ein Beschluss zustande gekommen ist, sind jeweils ein „innerer" Vorgang des Versammlungsleiters oder Initiators. Er muss prüfen, ob die abgegebenen Stimmen rechtsgültig waren und ob die gültigen Ja-Stimmen die Nein-Stimmen überwiegen. Fehlt ausnahmsweise ein Vorsitzender, kommt es darauf an, ob sich die Wohnungseigentümer über ein aus dem Abstimmungsergebnis gefolgertes Beschlussergebnis einig sind. Die Einigung hat dann die Wirkung einer Feststellung durch einen Versammlungsleiter (BGH NJW 2001, 3339 unter III. 3. a) aa). 21

c) Verkündung. aa) Überblick. In einer Versammlung der Wohnungseigentümer muss, nachdem der Versammlungsleiter das Abstimmungsergebnis festgestellt hat, allen Anwesenden das Feststellungsergebnis mündlich oder schriftlich ausdrücklich mitgeteilt werden. Nach hM soll sich eine Verkündung außerdem „in konkludenter Weise" (schlüssig) vollziehen können (BGH NJW 2001, 3339 unter III. 3. a) dd) (1); OLG München ZWE 2008, 351; LG Berlin GE 2015, 983; LG Düsseldorf ZMR 2011, 898 (900)). Das bedeutet, dass der Versammlungsleiter das Abstimmungsergebnis zwar nicht mündlich oder schriftlich fixiert, auf Grund seines Verhaltens in der Versammlung aber in anderer Weise darauf geschlossen werden kann, dass ein Beschluss zustande gekommen ist. 22

Stellungnahme. Dieser Ansicht ist grundsätzlich zuzustimmen. Um eine schlüssige Beschlussfeststellung und -verkündung annehmen zu können, sind mit Blick auf § 10 Abs. 3 Satz 2 WEG aber nur solche Umstände zu berücksichtigen, die für jedermann und ohne weiteres erkennbar sind (BGH NJW 2001, 3339 unter III. 3. a) dd) (1)). Für ein solches Verhalten kann man daran denken, dass der Versammlungsleiter etwa sehr „beredt" lächelt oder eine Handlung vornimmt, die nur sinnvoll ist, wenn ein Beschluss gefasst wurde. Dies kann etwa dann angenommen werden, wenn der Versammlungsleiter über eine Sonderumlage für eine zuvor besprochene und abgestimmte Baumaßnahme abstimmen lässt. Die hM misst allerdings auch einer Niederschrift eine Bedeutung für eine konkludente Beschlussfeststellung und -verkündung zu. Für die Annahme jedenfalls einer konkludenten Feststellung und Verkündung soll in der Regel die Wiedergabe eines eindeutigen Abstimmungsergebnisses in der Niederschrift genügen, es sei denn, dass sich das aus der Niederschrift ableitbare Beschlussergebnis nach den zu berücksichtigenden Umständen, insbesondere auf Grund der protokollierten Erörterungen, vernünftigerweise in Frage stellen lässt (BGH NJW 2001, 3339 unter III. 3. a) dd) (1); OLG München ZWE 2008, 351; LG München I ZWE 2017, 234; LG Berlin GE 2015, 983). Dem kann zwar für die Frage der Feststellung ohne weiteres gefolgt werden. Wenn der Versammlungsleiter sein „Erleben" in der Niederschrift schriftlich fixiert, liegt es mehr als nahe, dass er eine entsprechende Feststellung bereits in der Versammlung für 23 sich in „seiner Welt" auch getroffen hat. Die Niederschrift ist hingegen keine Hilfstatsache für die Frage, ob der Versammlungsleiter ein Abstimmungsergebnis auch verkündet hat (*Elzer* MietRB 2007, 70). Die Niederlegung des Abstimmungsergebnisses hat für die Frage der Verkündung keinen Aussagewert, schon gar nicht im Sinne einer „Vermutung" (aA *F. Schmidt* ZWE 2006, 164 (166); *Wenzel* ZWE 2001, 1 (4)). Denn eine Protokollierung „ersetzt" nicht die Verkündung des Abstimmungsergebnisses. Sie erlaubt ferner keinen Schluss darauf, dass eine Verkündung in der Versammlung mündlich oder auf andere Weise schlüssig erfolgt ist (aA *Becker* ZWE 2006, 157 (158); *F. Schmidt* ZWE 2006, 164 (166)).

24 **bb) Ein-Personen-Versammlung.** Der Umstand, dass sich nur ein Abstimmender und ein Versammlungsleiter gegenüberstehen, ändert nichts daran, dass auch in dieser Situation eine „Abstimmung", eine „Feststellung" und eine „Verkündung" über das Ergebnis stattfinden müssen. Dabei wird es als „Abstimmung" ausreichen, dass der Versammlungsleiter den entsprechenden Beschlussantrag benennt und der Wohnungseigentümer ihm mitteilt, wie er über diesen denkt und ob er dem Beschlussantrag zustimmt oder nicht. Nach dieser „Beschlussfassung" muss dann der Versammlungsleiter das Ergebnis feststellen und den positiven oder negativen Beschluss verkünden (*Elzer* MietRB 2008, 378).

25 Sind Versammlungsleiter und Abstimmender personenidentisch, ist es allerdings ausreichend, wenn die Beschlussfassung dokumentiert und den Wohnungseigentümern angemessen mitgeteilt wird. Gibt es nur einen Wohnungseigentümer, bedarf es nicht einmal der Mitteilung.

26 **cc) Verkündung nicht ordnungsmäßiger Beschlüsse.** Der Verwalter ist grundsätzlich verpflichtet, auch Beschlüsse, die nicht ordnungsmäßig und anfechtbar sind, zu verkünden (BGH WuM 2020, 522 Rn. 31; aA LG München I WuM 2009, 426; AG Oberhausen ZMR 2011, 76 (77); *Abramenko* ZWE 2015, 72 (77)); *H. Merle* DWE 2003, 47; *Kümmel/v. Seldeneck* GE 2002, 382; *Deckert* ZMR 2008, 585 (592); *Häublein* NJW 2005, 1466 (1468)). Hat er Bedenken, muss er eine Weisung der Wohnungseigentümer im Wege eines Geschäftsordnungsbeschlusses einholen.

27 **d) Subsidiäre Feststellung und Verkündung durch das Gericht.** Hat der Versammlungsleiter oder der Initiator eines Beschlussverfahrens nach § 23 Abs. 3 WEG versehentlich oder absichtlich das Abstimmungsergebnis nicht festgestellt und/oder nicht verkündet, kann gegen die Gemeinschaft der Wohnungseigentümer in einem Verfahren entsprechend § 44 Abs. 1 WEG auf Feststellung und Verkündung des Abstimmungsergebnisses und mithin des Beschlusses selbst durch das Gericht geklagt werden (→ § 44 Rn. 5).

28 Umstritten ist, ob neben der Feststellung zugleich auch die Ordnungsmäßigkeit des nicht festgestellten Beschlusses Streitgegenstand dieses Rechtsstreits ist (→ § 44 Rn. 7).

29 **5. Vereinbarte Entstehungsvoraussetzungen.** Wohnungseigentümer können in Ergänzung zu den gesetzlichen Vorschriften besondere Beschlussanforderungen vereinbaren. Beispielsweise können sie vereinbaren, dass ein Beschluss zu protokollieren ist, wobei das Protokoll vom Verwalter und zwei

Wohnungseigentümern zu unterzeichnen ist (BGH NJW 2016, 568 Rn. 17; NJW 1997, 2956 unter III. 1; OLG Frankfurt a. M. ZWE 2008, 481; OLG München NJW 2008, 156 (157)), die Eintragung eines Beschlusses in ein Protokoll- (OLG Köln NZM 2007, 133) oder Beschlussbuch (OLG Düsseldorf NZM 2005, 24; LG Saarbrücken ZWE 2011, 47) erforderlich ist oder ein Beschluss eine bestimmte Mehrheit erreichen muss. Ist in der Versammlung nur der Verwalter anwesend, der zugleich Mehrheitseigentümer ist, soll es genügen, wenn nur er das Protokoll unterzeichnet (BGH NJW 2016, 568).

6. Fehlen einer Entstehungsvoraussetzung. a) Gesetzliche. Fehlt es an einer gesetzlichen Entstehungsvoraussetzung, wird diese Lücke unterschiedlich beurteilt und differenziert betrachtet. Übereinstimmung besteht darin, dass kein Beschluss zustande kommen kann, wenn es an einer Versammlung gefehlt hat. Übereinstimmung besteht auch darin, dass es ohne Beschlussantrag zu keinem Beschluss kommen kann. Etwas anderes soll hingegen für die Stimmenmehrheit gelten. Denn diese wird als bloßer formeller Beschlussmangel begriffen. 30

b) Vereinbarte. Haben die Wohnungseigentümer eine Beurkundung oder Protokollierung vereinbart und fehlt es hieran, soll nach hM ohne Unterscheidung im Einzelfall ein Beschluss grundsätzlich nur anfechtbar sein (BGH NJW 2012, 2512 Rn. 16; 1997, 2956; OLG Frankfurt a. M. ZWE 2011, 363 (364); OLG Schleswig ZMR 2006, 721). Die dazu geäußerte Überlegung, dass im Zweifel „eine § 23 Abs. 2 WEG vergleichbare Gültigkeitsvoraussetzung" des gefassten Beschlusses vorliege, ist indessen eher fernliegend (aA BGH NJW 1997, 2956; s. a. 2012, 2512 Rn. 16). Und auch eine Anknüpfung an § 23 Abs. 2 WEG ist ebenso verwirrend wie sie in die Irre führt. 31

Es sollte daher besser wie folgt differenziert werden: 32

- Wenn sich im Wege der Auslegung ermitteln lässt, dass es den Wohnungseigentümern bei der Beurkundung oder Protokollierung eines Beschlusses nur um die Sicherung ihrer gefassten Beschlüsse ging, ist keine Entstehungsvoraussetzung, sondern eine Beweiserleichterung/Beweissicherung vereinbart (so in den Fällen KG ZMR 1993, 532; OLG Köln OLGZ 1979, 282 (284)). Wird in diesem Falle gegen eine Protokollierung oder die Aufnahme in ein besonderes Buch verstoßen, liegt kein Beschlussmangel, sondern ein gewillkürter Mangel vor, der in aller Regel keine Auswirkungen hat, wenn der Beschluss auf andere Weise „gesichert" ist.
- Wenn sich hingegen im Wege der Auslegung ermitteln lässt, dass es sich zB bei der Aufnahme in ein Buch um eine Entstehungsvoraussetzung handelt, ist der Beschluss ohne Aufnahme nicht entstanden (OLG München NJW 2008, 156 (157); *Bub/Bernhard* FD-MietR 2016, 374754; *Bub* FS Seuß, 2007, 53 (57); *Becker* ZWE 2016, 2 (4)). Fehlt eine Entstehungsvoraussetzung, so verhindert dies nämlich, dass überhaupt ein Beschluss entsteht und ein Mangel überhaupt einen Bezugspunkt hätte.
- Bleibt eine Auslegung unklar, so ist im Zweifel anzunehmen, dass die Wohnungseigentümer eine bloße Beweiserleichterung/Beweissicherung einführen wollten.

VI. Regelungsunterworfene

33 **1. Wohnungseigentümer.** An einen jedenfalls nicht nichtigen Beschluss ist jeder Wohnungseigentümer gebunden (→ § 23 Rn. 163 ff.). Dies folgt aus den allgemeinen Rechtsgrundsätzen und der Rechtsnatur von Beschlüssen. Die Besonderheit eines Beschlusses ist es gerade, dass er regelmäßig auch die überstimmten und nicht anwesenden oder sich enthaltenden Wohnungseigentümer bindet. § 10 Abs. 3 Satz 2 WEG stellt dies für Sondernachfolger klar.

34 Etwas anderes gilt für Sondernachfolger nur für Beschlüsse, die auf einer Öffnungsklausel beruhen. Diese müssen für eine Bindung nach § 10 Abs. 3 Satz 1 WEG zum Inhalt des Sondereigentums gemacht worden sein.

35 **2. Verwalter.** Die Wohnungseigentümer können durch Beschluss im Wege der Weisung die gesetzlichen und gewillkürten Pflichten des Verwalters konkretisieren und näher ausgestalten (→ § 27 Rn. 81).

36 **3. Drittnutzer.** Mittelbar haben Beschlüsse auch für solche Personen Bedeutung, die Benutzungsrechte in Bezug auf das gemeinschaftliche Eigentum oder das Sondereigentum von einem Wohnungseigentümer oder der Gemeinschaft der Wohnungseigentümer ableiten. Das können etwa die Besucher eines Wohnungseigentümers sein, aber auch seine Mieter. Diese Personen sind mittelbar Beschlüssen unterworfen.

VII. Beschluss und Beschlussausführung

37 Ein Beschluss ist ein Instrument der Willensbildung, nicht der Ausführung des Willens. Die „Fassung" eines Beschlusses (sein Zustandekommen) ist daher von seiner „Ausführung" (einem Handeln nach „außen") zu unterscheiden (*Suilmann,* Beschlussmängelverfahren, 15). Es gibt zwar Beschlüsse, die die Rechtslage gestalten und keiner Durchführung bedürfen.

38 Es gibt aber auch viele Beschlüsse, die ohne Ausführung durch eine Geschäftsführungshandlung oder ein Rechtsgeschäft keine Wirkungen entfalten. Etwa Verträge kommen nicht durch Beschlüsse, sondern allein durch Willenserklärungen zustande (*Hügel* ZMR 2008, 1 (4); *Jacoby* AnwZert MietR 7/2008; Das private Amt, 2007, 550; aA OLG Karlsruhe IBR 2015, 490; *Greiner* ZWE 2008, 454; s. a. BGH NJW-RR 2003, 1196 unter II. 1). Ausnahmen gelten nur, wenn das Gesetz es bei bestimmten innerorganisatorischen Akten anordnet. Eine solche Regelung enthält § 26 Abs. 1 WEG für die Bestellung (allerdings muss der Verwalter bereit sein, das Amt anzunehmen).

VIII. Die Folgen aufgehobener Beschlüsse

39 **1. Innenverhältnis (Folgenbeseitigung). a) Allgemeines.** Wird ein Beschluss rechtskräftig für ungültig erklärt oder wird seine Nichtigkeit festgestellt, kann ein Wohnungseigentümer einen Anspruch auf Folgenbeseitigung haben (LG München I ZMR 2020, 687 (688); KG ZMR 2009, 790; NZM 1998, 579; BayObLG ZWE 2000, 265 (267); LG München I ZMR 2016, 731; ZWE 2009, 84 (87); *Elzer* MietRB 2016, 300 ff.; *Drabek* ZWE

2015, 385 ff.; *Bonifacio* ZMR 2010, 163 (164); *Gottschalg* NZM 2001, 113 (114); skeptisch *Ott* FS Riecke, 2019, 333 (335)).

40 Folgenbeseitigung meint, dass Maßnahmen, die auf einem Beschluss beruhen, wieder rückgängig gemacht werden. In Betracht kommt eine solche Rückgängigmachung zwar nicht für „Gebrauchsbeschlüsse", also solche die regeln, welcher Gebrauch erlaubt/verboten ist, oder für beschlossene Umlageschlüssel. Eine Rückgängigmachung ist aber für eine Erhaltungsmaßnahme und eine bauliche Veränderung, aber auch in Folge eines Beschlusses, auf dem Zahlungsansprüche der Gemeinschaft der Wohnungseigentümer beruhen, möglich. Ferner ist es möglich, dass die Wohnungseigentümer als Folgenbeseitigung bloß einen Beschlussmangel beseitigen (*Ott* FS Riecke, 2019, 333 (336)).

41 **b) Voraussetzungen und Anspruchsinhaber.** Der Folgenbeseitigungsanspruch beruht auf § 18 Abs. 2 WEG (*Schmid* ZWE 2013, 111 (112)). Seine Voraussetzung ist allein, dass ein Beschluss rechtskräftig für ungültig erklärt oder seine Nichtigkeit festgestellt wird. Auf ein Verschulden kommt es nicht an. Anspruchsinhaber ist jeder Wohnungseigentümer (*Gottschalg* NZM 2001, 113 (115)); *Wenzel* WE 1998, 455 (456)).

42 **c) Anspruchsinhalt. aa) Beschluss nach §§ 28 Abs. 1 Satz 1, 28 Abs. 2 Satz 1, 19 Abs. 3 Satz 2 WEG.** Wird ein Beschluss nach §§ 28 Abs. 1 Satz 1, 28 Abs. 2 Satz 1, 19 Abs. 3 Satz 2 WEG für ungültig erklärt oder wird seine Nichtigkeit festgestellt, ist die Rechtsgrundlage entfallen. Jeder Wohnungseigentümer kann daher nach §§ 812 ff. BGB ohne weiteres eine Rückzahlung verlangen (LG München I ZMR 2019, 995 = BeckRS 2018, 45365 Rn. 50; *Zschieschack* ZMR 2020, 171; *Elzer* ZMR 2014, 259). Eines Beschlusses, der dies eigens bestimmte, bedarf es nicht (LG München I ZMR 2019, 995 = BeckRS 2018, 45365 Rn. 50; *Elzer* ZMR 2014, 259; aA KG NZM 1998, 579). Die Wohnungseigentümer können allerdings versuchen, durch einen weiteren Beschluss erneut eine Rechtsgrundlage zu schaffen (BGH NJW 2014, 2197 Rn. 21).

43 **bb) Beschlüsse über Erhaltungsmaßnahmen und bauliche Veränderungen.** Geht es um Beschlüsse über Erhaltungsmaßnahmen und bauliche Veränderungen, gilt in der Theorie grundsätzlich nichts anderes. Der Folgenbeseitigungsanspruch ist darauf gerichtet, dass der frühere Zustand möglichst wiederhergestellt wird (*Schmid* ZWE 2013, 111 ff.). Eigentlich müsste der Verwalter, soweit er eine Vertretungsmacht hat, die Maßnahme also rückgängig machen lassen. Anspruchsinhalt muss aus rechtlichen und praktischen Gründen in der Regel aber eine Beschlussfassung sein (LG München I ZMR 2020, 687 (688)). Diese muss bestimmen, ob und wie und durch wen dem Folgenbeseitigungsanspruch Rechnung getragen wird (LG München I ZMR 2020, 687 (688)). Denn eine erfolgreiche Anfechtung muss nicht zwingend zur Folge haben, dass die aufgrund des Beschlusses durchgeführten Maßnahmen unbrauchbar sind (BGH NJW 2011, 2660 Rn. 15; LG München I ZMR 2020, 687 (688)). Möglich ist zB, den Erstbeschluss zu wiederholen, etwa, wenn er nur formell fehlerhaft

war. Ferner ist es möglich, einen dem ersten Beschluss entsprechenden Beschluss zu fassen, der materiell rechtmäßig ist. Kommt ausnahmsweise nur eine Rückgängigmachung in Betracht, ist zu beschließen, die auf dem für ungültig erklärten oder nichtigen Beschluss beruhenden Maßnahmen rückgängig zu machen (LG München I ZMR 2020, 687 (688)). Für das „Ob" dieses Beschlusses besteht kein Ermessen. Die Wohnungseigentümer können aber bestimmen, auf welche Art und Weise die Maßnahme von wem mit welchen Mitteln rückgängig gemacht wird („Wie").

44 **cc) Verträge.** Ist die Entscheidung, einen Vertrag zu schließen, rückgängig zu machen, besteht, sofern die Wohnungseigentümer nichts anderes beschließen, ein Anspruch, diesen, soweit dies möglich ist, zu beenden (= zu kündigen, aufzuheben).

45 **dd) Zahlungen.** Hat der Verwalter aufgrund eines für ungültig erklärten Beschlusses an einen Dritten oder die Wohnungseigentümer Zahlungen geleistet, müssen die Wohnungseigentümer klären, ob sie den Fehler des für ungültig erklärten Beschlusses beheben oder ob sie die Zahlungen zurückverlangen wollen. Liegt es so, ist über ein außergerichtliches bzw. gerichtliches Vorgehen gegen den Dritten, den Wohnungseigentümer oder den Verwalter zu entscheiden (LG München I ZMR 2016, 731).

46 **d) Grenze.** Der Folgenbeseitigungsanspruch findet seine Grenze im Schikaneverbot (§ 226 BGB) und dem Grundsatz von Treu und Glauben (§ 242 BGB) iVm dem die Wohnungseigentümer verbindenden Gemeinschaftsverhältnis (→ § 10 Rn. 7 ff.; LG München I ZMR 2020, 687 (688)). In der Regel spricht gegen einen Rechtsmissbrauch, wenn die Wohnungseigentümer sich des Risikos einer Beschlussdurchführung ungeachtet einer Anfechtungsklage bewusst waren.

47 **e) Kosten.** Entstehen für eine Folgenbeseitigung Kosten, müssen diese nach § 16 Abs. 2 WEG – ist nichts anderes bestimmt – grundsätzlich von allen Wohnungseigentümern getragen werden (BGH NJW 2011, 2660 Rn. 15; aA *Gottschalg* NZM 2001, 113 (115)).

48 **2. Außenverhältnis.** Erklärt ein Urteil einen Beschluss als Folge einer Anfechtungsklage nach §§ 44 Abs. 1 Satz 1, 23 Abs. 4 WEG von Anfang an rechtskräftig für ungültig, ist der Beschluss, soweit er einer Ausführung bedurfte, nicht mehr auszuführen. Bedurfte er keiner Ausführung, gilt die Rechtslage vor der Beschlussfassung. Sind auf Grund des Beschlusses Rechtsgeschäfte vorgenommen oder Realakte unternommen worden, entfällt zwar durch die Ungültigerklärung nachträglich eine Pflicht zur Beschlussausführung. Die Aufhebung des Beschlusses ändert aber an der gesetzlichen Vertretungsmacht des Verwalters nichts, so dass die Verträge auch nach einer Ungültigerklärung des sie initiierenden Beschlusses grundsätzlich analog § 47 FamFG wirksam sind (*Elzer* NZM 2009, 57 (62); zur alten Rechtslage *Gottschalg* NZM 2001, 113 (114); *Wenzel* WE 1998, 455 (456); *Keith* Rechtsfolgen, PiG 14, 21; *Merle* PiG 6, 65 (77)).

IX. Aufschiebende und auflösende Bedingungen

Beschlüsse können unter einer aufschiebenden Bedingung iSv § 158 Abs. 1 BGB gefasst werden (OLG Köln NZM 2005, 23; *Mediger* AnwZert MietR 14/2018). Wohnungseigentümer können auch vereinbaren, Beschlüsse „vorbehaltlich der späteren Zustimmung eines anderen Wohnungseigentümers" zu fassen (OLG Köln NZM 2005, 23). Aufschiebend bedingte Beschlüsse sind erst mit Eintritt der Bedingung festzustellen und dann wie schriftliche Beschlüsse zu verkünden (aA Bärmann/*Merle* § 23 Rn. 173). Auch ein auflösend bedingter Beschluss ist vorstellbar (*Häublein* ZWE 2008, 362 (370)), soweit nicht die getroffene Regelung selbst bedingungsfeindlich ist. Zur bedingt abgegebenen Stimme → § 25 Rn. 48. **49**

X. Teilbarkeit

Ein Beschluss ist teilbar und kann dann auch nur teilweise im Wege der Anfechtungsklage angegriffen (→ § 44 Rn. 158) oder nur teilweise für ungültig oder nichtig erklärt werden, wenn die Wohnungseigentümer mit einem Beschluss mehrere Willenserklärungen getroffen und damit mehrere Gegenstände geregelt haben. So liegt es etwa, wenn der Verwalter in einem Beschluss bestellt und zugleich der Verwaltervertrag genehmigt wird. Und so liegt es etwa auch, wenn in einem Beschluss eine Erhaltungsmaßnahme (§ 19 Abs. 2 Nr. 2 WEG) und ihre Kosten besonders geregelt werden. In diesen Fällen „verstecken" sich in einem „Beschlusskleid" letztlich zwei oder auch mehrere Beschlüsse. Dies erkennt man ua daran, dass die Wohnungseigentümer die Willenserklärungen jeweils in gesonderten Beschlüssen hätten treffen können. **50**

B. Der Zweitbeschluss

I. Allgemeines

Wohnungseigentümer können über eine schon im Wege des Beschlusses geregelte gemeinschaftliche Angelegenheit erneut im Wege des „Zweitbeschlusses" beschließen (BGH ZWE 2014, 261 Rn. 21; NJW 2010, 3298 Rn. 14; 2001, 3339 unter III. 4. b); grundlegend NJW 1991, 979 unter III. 1). Die Befugnis, mehrfach über einen Gegenstand zu beschließen und gegebenenfalls die bisherige Entscheidung zu ändern, zu ergänzen oder zu bestätigen, ist selbstverständlich, folgt aus den Vorschriften, die den Wohnungseigentümern Beschlussmacht einräumen, und ergibt sich wohl auch aus der „autonomen Beschlusszuständigkeit der Wohnungseigentümer" (BGH NJW 2001, 3339 unter III. 4. b); 1991, 979 unter III. 1; LG München I ZMR 2017, 187; *Elzer* ZMR 2007, 237 (238); ZWE 2007, 165 (174)). **51**

II. Voraussetzungen

1. Überblick. Für einen Zweitbeschluss gibt es keine Entstehungs- oder Tatbestandsvoraussetzungen, die nicht auch für den Erstbeschluss gelten **52**

würden. Es bedarf entgegen der Rechtsprechung auch keines sachlichen Grundes, sich nochmals mit einer Angelegenheit zu beschäftigen und diese gegebenenfalls anders, jedenfalls aber zu entscheiden (*Fritsch* WE 2006, 148; *Wenzel* IMR 2006, 56; aA OLG Frankfurt a. M. NJW-RR 2007, 304; OLG Köln NZM 2002, 454; BayObLG NJW-RR 1995, 395; LG Itzehoe NJW-RR 2010, 944 (945)).

53 Aus welchen Gründen erneut über eine Angelegenheit beschlossen werden soll, ist völlig unerheblich. Notwendig, aber auch ausreichend ist, dass der neue Beschluss unter keinen formellen oder materiellen Mängeln leidet und nicht nichtig ist. Der neue Beschluss muss bloß „aus sich heraus einwandfrei" sein (BGH NJW 2001, 3339 unter III. 4. b); 1991, 979 unter III. 1). Außerdem dürfen sowohl das „Ob" als auch das „Wie" einer Änderung nicht willkürlich sein. Für die Beschlusskompetenzen aus § 16 Abs. 3 und Abs. 4 WEG a. F. bzw. auf Grund einer Öffnungsklausel, die die Änderung eines Umlageschlüssels erlaubt, hat der BGH im Übrigen bereits klargestellt, dass es keines sachlichen Grundes bedarf (BGH NJW 2019, 2083 Rn. 11).

54 **2. Für ungültig erklärter Vorgängerbeschluss.** Dass eine gerichtliche Entscheidung einen Beschluss rechtskräftig für ungültig erklärt hat, steht einem erneuten inhaltsgleichen Beschluss über denselben Gegenstand nicht entgegen, da sich die materielle Rechtskraft der Entscheidung nur auf den konkreten, für ungültig erklärten Beschluss erstreckt (BGH NJW 2003, 3476 unter III. 1. e) cc); BayObLG NJW-RR 1994, 658; KG NZM 2004, 263; LG Hamburg ZWE 2011, 823).

55 Etwas anderes gilt, wenn sich die tatsächlichen oder rechtlichen Umstände nicht geändert haben. In diesem Fall wäre ein inhaltsgleicher Zweitbeschluss nichtig (LG München I ZMR 2016, 143; LG Hamburg ZWE 2011, 283; AG Neukölln ZMR 2005, 235; s. a. KG NJW-RR 1994, 1358; *Lüke* ZWE 2000, 98 (100)). Die grundlose inhaltsgleiche Wiederholung früherer Beschlüsse, die bereits erfolgreich rechtskräftig angefochten worden sind, ist rechtsmissbräuchlich und verstößt gegen den „Kernbereich" (→ § 23 Rn. 133 ff.). Bei einer anderen Sichtweise und bloßen Anfechtbarkeit solcher Beschlüsse käme es zu einer unnützen Vermehrung von Anfechtungsverfahren und einer Erschwerung des Rechtsschutzes. Die in früheren Anfechtungsverfahren obsiegenden Wohnungseigentümer wären stets und immer wieder gezwungen, einen inhaltsgleich gefassten Beschluss erneut innerhalb der kurzen Frist des § 45 Satz 1 WEG anzufechten. Eine solche Verschiebung der Risiken ist unbillig. Etwas anderes kann auch dann nicht gelten, wenn gegen den inhaltsgleichen Erstbeschluss noch ein Rechtsmittel anhängig ist (*Bub/von der Osten* FD-MietR 2011, 317145). Die Gründe, die für eine Nichtigkeit des rechtskräftigen Erstbeschlusses gelten, gelten auch gegenüber diesem Beschluss. Wieder ist es eine sinnlose Verdoppelung der Verfahren und wieder wird der beschwerte Wohnungseigentümer gezwungen, zu klagen.

III. Schutzwürdige Belange

56 Nach hM kann jeder Wohnungseigentümer nach § 18 Abs. 2 Nr. 1 WEG verlangen, dass ein Zweitbeschluss schutzwürdige Belange aus Inhalt und Wirkungen des Erstbeschlusses berücksichtigt (BGH NJW 2001, 3339 unter

III. 4. b); 1991, 979 unter III. 1; OLG Frankfurt a. M. IMR 2006, 56; OLG Hamm ZWE 2006, 228 (230); BayObLG ZMR 2002, 525 (526); LG München I ZMR 2018, 447; ZMR 2017, 187; LG Lüneburg ZMR 2016, 986; LG Hamburg ZWE 2015, 220).

Die dabei einzuhaltenden Grenzen sollen sich nach den Umständen des Einzelfalls richten (BGH NJW 2001, 3339 unter III. 4. b); 1991, 979 unter III. 1). Welche Grenzen hierunter zu verstehen sind, ist ungeklärt. Eine Verletzung ist etwa wohl anzunehmen, wenn ein Wohnungseigentümer durch den abändernden Zweitbeschluss einen rechtlichen Nachteil im Verhältnis zur Regelung des Erstbeschlusses erleidet (OLG Frankfurt a. M. OLGR 2005, 334 (345); OLG Düsseldorf ZWE 2000, 368). Das soll jedoch nicht bedeuten, dass durch den abändernden Beschluss etwaige tatsächliche Vorteile erhalten bleiben müssen (OLG Düsseldorf ZMR 2001, 130 (131); ZWE 2000, 368; OLG Saarbrücken ZMR 1998, 50). Ein Zweitbeschluss soll auch nicht in wohlerworbene Rechte eingreifen dürfen, soweit nicht überwiegende „sachliche Gründe" für die neue Regelung sprächen (OLG Köln NZM 2002, 454). Rein tatsächliche Vorteile sollen jedenfalls irrelevant sein (OLG Frankfurt a. M. OLGR 2005, 334 (345); OLG Saarbrücken ZMR 1998, 50 (52)). 57

Verfolgt man die bekannt gewordenen Entscheidungen auf ihren Kern zurück, sind vor allem fünf Prüfsteine für die Annahme schutzwürdiger Belange gefunden worden: wenn ein Wohnungseigentümer durch den Zweitbeschluss einen rechtlichen Nachteil im Verhältnis zur Regelung des Erstbeschlusses erleidet, wenn ein Zweitbeschluss in wohlerworbene Rechte (individuelle, subjektive Sonderrechte) eingreift, wenn der Erstbeschluss einem Wohnungseigentümer eine günstige Rechtsposition geschaffen hat; wenn ein Wohnungseigentümer auf Grund des Erstbeschlusses schutzwürdige Vorkehrungen getroffen hat, die sich als sinnlos (nutzlos) erweisen würden und wenn es für den Zweitbeschluss keinen nachvollziehbaren Grund gab. 58

Stellungnahme. Der hM ist nicht zu folgen. Sie ist als Folge bloßen, nicht gesetzesgeleiteten und gesetzesfremden Richterrechts abzulehnen und aufzugeben (*Elzer* ZMR 2007, 237 (240)). Das Gesetz schließt es gegenüber dem Richterrecht aus, Partikularinteressen, „wohlerworbenen Rechten" oder „Sondervorteilen" einen besonderen Raum einzuräumen. Jede Entscheidung muss sich nach §§ 21 Abs. 4, 15 Abs. 3 WEG a. F. vor allem an dem Interesse der Gesamtheit der Wohnungseigentümer messen lassen. Schlagen sich hingegen in einer Regelung vor allem Partikularinteressen nieder, ist diese Regelung gerade nicht ordnungsmäßig. 59

Ein Zweitbeschluss ist daher keinen besonderen Schranken unterworfen. Die Besonderheit eines Zweitbeschlusses besteht allein darin, dass im Gegensatz zum Erstbeschluss mitzubedenkende Rechtspositionen – mögen diese „rechtlich" oder „tatsächlich" sein – bestehen. Diese im Gegensatz zur Ausgangsentscheidung (Erstbeschluss) zu beachtenden Rechtspositionen vermögen es aber nicht, einen Beschluss bereits deshalb als nicht ordnungsmäßig anzusehen, weil das Interesse der Gesamtheit eine andere Regelung erfordert oder schon erlaubt. Der einzelne Wohnungseigentümer kann und darf angesichts gesetzlich garantierter Mehrheitsmacht niemals damit rechnen, dass sich ein bestimmter Sondervorteil perpetuiert. Hat ein Wohnungseigentümer 60 durch den Erstbeschluss eine rechtlich vorteilhafte Stellung erworben, ist diese im Rahmen der nach §§ 19 Abs. 1, 18 Abs. 2 WEG geforderten Abwägung mit einzubeziehen. Es ist aber nicht zu beanstanden, wenn sich die Wohnungseigentümer mehrheitlich letztlich für eine Änderung entscheiden und dadurch eine individuelle Rechtsposition, ein Sonderrecht, zerstören.

IV. Inhaltlich identische Regelung

61 Wird eine mit dem Erstbeschluss inhaltlich identische Regelung getroffen (bestätigender Zweitbeschluss), wird in der Regel bezweckt, die Anfechtbarkeit eines anderen Beschlusses (Erstbeschlusses) wegen etwaiger formeller oder materieller Beschlussmängel zu beseitigen (BayObLG ZWE 2002, 315). Welche Wirkungen er hat, beurteilt sich nach dem Willen der Wohnungseigentümer. Überblick:

- Vorstellbar und naheliegend ist ein Wille, mit dem Zweitbeschluss eine Angelegenheit neu zu ordnen und daneben zugleich den (gegebenenfalls sogar bestandskräftigen) Erstbeschluss und seine Wirkungen aufzuheben. Ist ein bestätigender Zweitbeschluss so gefasst oder im Wege der Auslegung so zu verstehen, richtet sich eine Bindung nur noch nach dem Zweitbeschluss. Wird der Zweitbeschluss angefochten und durch ein Gericht rechtskräftig für ungültig erklärt, lebt der Erstbeschluss allerdings wieder auf, und zwar ex tunc (BayObLG ZMR 1997, 478 (480); *Müller* ZWE 2000, 557 (560)).
- Vorstellbar ist ferner ein bestätigender Zweitbeschluss, der die Wirkungen eines ordnungswidrigen Erstbeschlusses zunächst unberührt lassen will (BGH NJW 1994, 3230 (3231); OLG Frankfurt a. M. ZWE 2013, 211). Erwächst ein Zweitbeschluss in diesem Falle in Bestands- oder Rechtskraft, ist zu klären, wie sich dies auf den Erstbeschluss „auswirken" soll. Die hM nimmt an, dass die Mängel des Erstbeschlusses in diesem Falle „geheilt" werden. Diese Wirkung ist indes nur schwer vorstellbar und im Ergebnis auch abzulehnen: Denn dann wäre der Erstbeschluss von Anfang an als mangelfrei anzusehen. Eine solche Heilung ist indes im Wege des Beschlusses nicht herstellbar. Nicht einmal eine Vereinbarung (ein Vertrag) ist in der Lage, einen mangelhaften vorherigen Vertrag zu „heilen". Der Mangel eines Erstbeschlusses kann im Wege des Beschlusses nicht ausgelöscht werden. Vorstellbar ist aber etwas anderes. Die Wohnungseigentümer können wollen, dass der Zweitbeschluss auf den Zeitpunkt des Erstbeschlusses zurückwirkt. Dann ist zwar nicht der Erstbeschluss geheilt, aber der Zweitbeschluss wirkt ex tunc ab dem Zeitpunkt, an dem der Erstbeschluss wirken sollte, sofern eine Rückwirkung möglich ist. Oder der Zweitbeschluss soll wenigstens ab seiner Bestandskraft „heilende" Wirkungen haben. Dann besitzt der Erstbeschluss freilich bis zu diesem Zeitpunkt Wirkungen – seine Wirkungen gehen nur ex nunc unter. Dann behält der Erstbeschluss nicht entfallende Wirkungen bis zur Bestandskraft des Zweitbeschlusses. Werden bei diesem Modell (Aufhebung der Wirkungen des Erstbeschlusses) Erst- und Zweitbeschluss angefochten, ist der Mangel des Erstbeschlusses erst bedeutungslos, wenn der gegen den Zweitbeschluss gerichtete Anfechtungsantrag rechtskräftig abgewiesen wird.

- Vorstellbar ist schließlich ein bestätigender Zweitbeschluss, der die Wirkungen des Erstbeschlusses unberührt lassen soll. Dies ist vor allem dann der Fall, wenn ein nichtiger Erstbeschluss zur Klarstellung durch einen weiteren Beschluss deklaratorisch „aufgehoben" wird.

Ein inhaltsgleicher Zweitbeschluss, der nicht zur Vermeidung formaler Fehler gefasst wurde, soll ordnungsmäßiger Verwaltung widersprechen, wenn er allein in der Hoffnung gefasst wird, durch die Wiederholung werde die Minderheit die Anfechtungsfrist versäumen oder aufgrund psychischer oder finanzieller Erschöpfung auf die Anfechtung verzichten (→ § 48 Rn. 42; KG NJW-RR 1994, 1358; LG Hamburg NZM 2012, 281 (282); AG Hamburg-Altona ZWE 2015, 222; s. a. LG Itzehoe ZMR 2011, 998 und *Lüke* ZWE 2000, 91 (100)). Nach hier vertretener Ansicht besitzen Wohnungseigentümer sogar keine Beschlusskompetenz, einen Beschluss, der bereits in einer Anfechtungsklage von einem Gericht rechtskräftig für ungültig erklärt worden ist, inhaltsgleich zu wiederholen, wenn sich die tatsächlichen oder rechtlichen Umstände nicht geändert haben (AG Neukölln ZMR 2005, 235). **62**

Auch wenn die Wohnungseigentümer grundsätzlich berechtigt sind, über eine schon geregelte Angelegenheit erneut zu beschließen, verstößt die grundlose inhaltsgleiche Wiederholung früherer Beschlüsse, die bereits erfolgreich rechtskräftig angefochten worden sind, rechtsmissbräuchlich gegen den Kernbereich der Mitgliedschaft und ist unzulässig. Wiederholende inhaltsgleiche Beschlüsse haben zwar – auch soweit sich die Umstände nicht geändert haben – nicht denselben Streitgegenstand, wenn sie zu unterschiedlichen Zeitpunkten gefällt werden. Bei einer anderen Sichtweise und bloßen Anfechtbarkeit solcher Beschlüsse käme es aber zu einer unnützen Vermehrung von Anfechtungsverfahren und einer Erschwerung des Rechtsschutzes. Die in früheren Anfechtungsverfahren obsiegenden Wohnungseigentümer wären stets und immer wieder gezwungen, einen inhaltsgleich gefassten Beschluss erneut innerhalb der kurzen Frist des § 45 Satz 1 WEG anzufechten. Eine solche Verschiebung der Risiken ist unbillig (→ Rn. 55). **63**

V. Anspruch auf Zweitbeschluss

Jeder Wohnungseigentümer besitzt aus § 18 Abs. 2 WEG einen Anspruch auf eine ordnungsmäßige Verwaltung. Folge dieses Anspruchs wäre eigentlich, dass er grundsätzlich auch einen Anspruch darauf hat, dass eine Angelegenheit, die bereits durch Beschluss geregelt wurde, erneut auf die Tagesordnung einer Versammlung gesetzt wird und dass darüber Beschluss gefasst wird. Dem Verlangen auf einen Zweitbeschluss steht indes ein bereits gefasster und ordnungsmäßiger Beschluss grundsätzlich entgegen. **64**

C. Der Negativbeschluss

I. Allgemeines

Wird ein Beschlussantrag (→ Rn. 12) mehrheitlich abgelehnt oder verfehlt ein Beschlussantrag die von Gesetzes wegen oder nach einer Vereinbarung **65**

(LG Itzehoe ZWE 2016, 462) erforderliche Mehrheit, handelt es sich hM nach um einen Negativbeschluss (stRspr, exemplarisch BGH NJW 2015, 3713 Rn. 8; 2012, 1722 Rn. 5; 2010, 2129 Rn. 13; grundlegend 2001, 3339 unter II. 3). Die „formal einwandfrei zustande gekommene Ablehnung eines Beschlussantrags" durch die Wohnungseigentümer habe „Beschlussqualität", sei Beschluss (BGH NJW 2002, 3704; 2001, 3339 unter II. 3). Folge dieses Denkens ist, dass ein Negativbeschluss angefochten werden kann. Blickt man auf die Rechtsfolgen eines Negativbeschlusses überzeugt die hM allerdings nicht vollständig. Denn der „Negativbeschluss" ist nicht auf die Herbeiführung irgendeiner Rechtsfolge gerichtet. Ein Bedürfnis, eine „Nichtentscheidung" als Beschluss anzuerkennen, ist damit nicht erkennbar. Notwendig ist im Einzelfall seine gerichtliche Überprüfung. Dies würde aber auch eine bloße Feststellungsklage ermöglichen.

II. Anforderungen

66 Auch ein Negativbeschluss muss nach hM ordnungsmäßiger Verwaltung entsprechen (BGH NJW 2015, 3713 Rn. 8 und Rn. 11; 2010, 2129 Rn. 13; LG Hamburg ZMR 2011, 319).

III. Rechtsfolgen

67 Ein Negativbeschluss lässt die Rechtslage grundsätzlich unverändert. Aus ihm kann nicht auf den Willen geschlossen werden, das Gegenteil zu wollen. Die Grundsätze des Zweitbeschlusses (→ Rn. 51 ff.) gelten nicht. Ansprüche aus §§ 18 Abs. 2 Nr. 2WEG werden nicht ausgeschlossen (unzutreffend LG München I ZMR 2016, 802).

68 Dem Negativbeschluss kommt vor allem keine materielle Bindungswirkung („Sperrwirkung") zu (BGH NJW-RR 2019, 976 Rn. 16; NJW 2015, 3713 Rn. 13; 2012, 1722 Rn. 5; NJW-RR 2012, 1292 Rn. 11; unzutreffend daher BGH NZM 2012, 687 Rn. 10), sondern nur eine „formelle Bindungswirkung" idS, dass die Wohnungseigentümer den zur Abstimmung gestellten Antrag ablehnend beschieden haben (*Wenzel* ZMR 2005, 413 (414); *Schmidt* ZfIR 2001, 791 (793)). Durch einen Negativbeschluss wird festgelegt, dass das mit dem Beschlussantrag verfolgte Ziel, sein Zweck, nicht eintreten soll. Will ein Wohnungseigentümer im Wege der Leistungsklage den Beschluss erreichen, den die Wohnungseigentümer im Wege des Negativbeschlusses abgelehnt haben, muss sich das Ermessen der Wohnungseigentümer insoweit auf „null" reduziert haben (→ § 23 Rn. 44).

IV. Rechtskraft

69 Wurde ein Negativbeschluss erfolgreich angefochten, steht mit einem rechtskräftigen Urteil fest, dass eine Handlungspflicht der Wohnungseigentümer besteht. Denn die Ablehnung einer beantragten Maßnahme kann nur dann ordnungsmäßiger Verwaltung widersprechen, wenn eine Pflicht zum Handeln besteht (BGH NZM 2018, 615 Rn. 29).

D. Der Nichtbeschluss (Scheinbeschluss)

Von einem „Nichtbeschluss“ (Scheinbeschluss) wird gesprochen, wenn es an den Voraussetzungen fehlt, die mindestens vorliegen müssen, damit wenigstens ein mangelhafter Beschluss zustande kommt. Ein „Nichtbeschluss“ idS ist vor allem eine Entscheidung mehrerer, aber nicht sämtlicher Wohnungseigentümer außerhalb einer Versammlung der Eigentümer (BGH NJW 2020, 1134 Rn. 22; OLG Hamm NJW-RR 2008, 450 (451); BayObLG ZMR 2003, 363 (364); *Deckert* ZMR 2000, 21). Ferner ist von einem Nichtbeschluss und damit von einem grundsätzlich rechtlich irrelevanten Verhalten auszugehen, wenn es noch keine Gemeinschaft von Wohnungseigentümern gibt, die Wohnungseigentümer über einen Punkt gesprochen, aber keine Entscheidung dazu getroffen haben, einem schriftlichen Beschluss nicht alle Stimmberechtigten zugestimmt haben (BayObLG ZWE 2001, 590 (593)), oder eine Abstimmung stattfindet, nachdem die Versammlung der Eigentümer bereits beendet ist (BayObLG NZM 1998, 1010; aA KG NJW-RR 1989, 16 (17)). **70**

Nach zutreffender, freilich streitiger Ansicht liegt auch dann ein Nichtbeschluss vor, wenn eine nicht einmal potenziell befugte Person eine Versammlung der Wohnungseigentümer einberufen hat. Haben die Wohnungseigentümer einen Beschlussantrag abgelehnt, wurde auch diese Entscheidung früher als Nichtbeschluss angesehen (BayObLG ZWE 2000, 305 (306); OLG Düsseldorf ZWE 2000, 279 (280). Nach heutiger Dogmatik liegt in diesen Fällen ein „Negativbeschluss“ vor (→ Rn. 65). Nach einer Minderansicht ist schließlich auch dann vom einem Nichtbeschluss auszugehen, wenn der Versammlungsleiter vorsätzlich oder versehentlich ein positives Beschlussergebnis verkündet, obwohl es an den notwendigen Entstehungsvoraussetzungen fehlt. **71**

E. Der einstimmige Beschluss

Ein Beschluss ist einstimmig, wenn kein in einer Versammlung der Wohnungseigentümer anwesender Stimmberechtigter gegen den Beschlussantrag gestimmt hat. Beispiel: Haben zB von 100 Wohnungseigentümern 20 für einen Beschlussantrag gestimmt und haben sich die anderen 80 enthalten, ist ein Beschluss „einstimmig“. Ist in einer Versammlung nur ein Wohnungseigentümer anwesend und stimmt dieser für eine Maßnahme, ist auch dieser Beschluss „einstimmig“, selbst wenn es 150 Wohnungseigentümer geben sollte (BayObLG NJW-RR 1996, 254; *Ertl* WE 1996, 370 (371)). **72**

F. Der allstimmige Beschluss

Ein Beschluss ist allstimmig, wenn sämtliche Wohnungseigentümer anwesend oder vertreten sind und sämtliche Stimmberechtigten einem Beschlussantrag zustimmen (*Deckert* ZMR 2002, 21 (24)). Allstimmige Beschlüsse sind **73** von einer Vereinbarung abzugrenzen. Siehe dazu im Einzelnen → § 10 Rn. 19 ff.

G. Der „schwebende" Beschluss

74 Nach bislang hM (s aber BGH NZM 2019, 476 Rn. 25 „zweifelhaft") gibt es neben nichtigen auch „schwebende" Beschlüsse (BGH NZM 2019, 476 Rn. 25; NJW 2015, 549 Rn. 15; NZM 2004, 227 unter III. 2. c) bb) (2); *Bub* FS Seuß, 2007, 53; *Becker* ZWE 2002, 341 (344); *Buck,* Mehrheitsentscheidungen, 77).

75 Dieser Schwebezustand wird zum einen für den Fall befürwortet, dass ein unentziehbares und „mehrheitsfestes" (durch Beschluss nicht entziehbares), aber verzichtbares Individualrecht verletzt wird (→ s. a. § 23 Rn. 6). **Stellungnahme.** Dem sollte weiterhin gefolgt werden (*Lieder/Pommerening* NotBZ 2019, 403 (410); aA *Bub* FS Seuß, 2007, 53 (71)). Es gibt Rechtsbereiche eines Wohnungseigentümers, in die jedenfalls durch Beschluss nicht eingegriffen werden kann. Es handelt sich um solche, bevorzugt grundrechtlich gesicherte Rechte, die man als durch Beschluss „unentziehbar" ansehen muss. Dieser „schwebende" Beschluss wird wirksam, wenn der Zustimmungsberechtigte zustimmt, und unwirksam, wenn die Zustimmung (schlüssig) verweigert wird (BGH NJW 2015, 549 Rn. 15 und Rn. 20).

76 Zum anderen werden schwebende Beschlüsse für den Fall erwogen, dass es an einer Entstehungsvoraussetzung für einen Beschluss fehlt, zB an der Verkündung. **Stellungnahme.** Dem ist hingegen nicht zu folgen (s. a. *Bub* FS Seuß, 2007, 52 (69); s. a. OLG Düsseldorf ZMR 2005, 218 (219)). Fehlt es an einer Entstehungsvoraussetzung, gibt es keinen Beschluss. Ein Beschluss, dem es an einer Wirksamkeitsvoraussetzung fehlt, „schwebt" nicht (*Bub* FS Seuß, 2007, 53 (69)); er ist vielmehr nicht existent. Fehlt es etwa an der Feststellung und Verkündung eines Abstimmungsergebnisses, handelt es sich deshalb nicht um einen schwebend unwirksamen, sondern um einen unvollständigen Nichtbeschluss (*Elzer* ZWE 2007, 165 (168); *Bub* FS Seuß, 2007, 53 (69)).

77 Wollte man an der Rechtsfigur der schwebenden Unwirksamkeit nicht festhalten, wäre der Beschluss in Ermangelung einer Beschlusskompetenz nichtig (*Berkenharn* NZM 2019, 479 (480); ohne Stellungnahme BGH NZM 2019, 476 Rn. 26).

H. Auslegung von Beschlüssen

I. Objektive Auslegung

78 **1. Grundsatz.** Beschlüsse sind, wenn sie sich „über den Tag hinaus" einem Punkt widmen, aus sich heraus auszulegen – objektiv und normativ – (stRspr; exemplarisch BGH NJW 2016, 2177 Rn. 20; 2015, 1378 Rn. 19; 2015, 549 Rn. 8; 2014, 2861 Rn. 24), ohne dass es auf die subjektiven Vorstellungen der an der Beschlussfassung Beteiligten ankommt (BGH NJW

2010, 3093 Rn. 9; grundlegend 1998, 3713). Maßgebend für die Auslegung ist der objektive Inhalt und Sinn eines Beschlusses, wie er sich aus unbefangener Sicht als nächstliegende Bedeutung des Beschlusswortlauts ergibt (stRspr, BGH NJW 2012, 3719 Rn. 14; 1998, 3713).

Auszugehen ist vom protokollierten Wortlaut (stRspr, exemplarisch BGH NJW 2016, 2177 Rn. 20; 2010, 3093 Rn. 9). Umstände, die keinen Eingang in den Beschlusswortlaut gefunden haben, dürfen für die Auslegung nur dann herangezogen werden, wenn sie nach den besonderen Verhältnissen des Einzelfalls für jedermann ohne weiteres – zB aus der Niederschrift oder aus der Einladung und ihren Anlagen (LG Frankfurt a. M. ZMR 2018, 430 (431) – erkennbar sind (stRspr, exemplarisch BGH NJW 2016, 2177 Rn. 20; 1998, 3713). Die Vernehmung eines Zeugen ist nicht möglich, da dieser nur seine subjektive Sicht wiedergibt (*Schultz* ZMR 2018, 432; aA LG Frankfurt a. M. ZMR 2018, 430 (431)). **79**

2. Ausnahmen. Vereinbarungen, die nicht verdinglicht sind, sind nicht „objektiv", sondern nach §§ 133, 157 BGB auszulegen (→ § 10 Rn. 41). Diese Auslegung bietet sich auch für Beschlüsse an, die **nur** die Beschlussfassenden binden, bei denen sämtliche Wohnungseigentümer bei der Beschlussfassung unmittelbar beteiligt waren und die sich in einer Einzelfallmaßnahme erschöpfen (kritisch *Bonifacio* ZMR 2006, 583 (584); aA *Schmid* ZWE 2013, 442). Regelt ein Beschluss nur einen „abgeschlossenen Einzelfall", kann eine Auslegung gegebenenfalls auch an andere Punkte anknüpfen und auch solche Aspekte aufgreifen, die jenseits dessen liegen, was jedermann bekannt sein kann (*Müller* ZWE 2000, 237 (247)). **80**

II. Rechtsmittelgerichte

Rechtsmittelgerichte können einen angefochtenen Beschluss selbst auslegen und sind nicht auf eine begrenzte Nachprüfung der Auslegung durch den Tatrichter verwiesen (BGH NJW 2011, 2660 Rn. 18; 2010, 3093 Rn. 8; 1998, 3713), wenn der Beschluss Regelungen enthält, die auch für Sondernachfolger gelten sollen (BGH NJW 2009, 2449 Rn. 11; 1998, 3713; OLG Frankfurt a. M. ZWE 2008, 481). Etwas anderes gilt, wenn der Beschluss einen Einzelfall regelt. In diesem Falle ist für Revisionsgerichte die Auslegung grundsätzlich Sache des Tatrichters. Das Revisionsgericht kann eine Auslegung nur dann selbst vornehmen, wenn die tatrichterliche Auslegung rechtsfehler- oder lückenhaft ist. Die Auslegung des Tatrichters ist lediglich insoweit überprüfbar, als gesetzliche Auslegungsregeln, Denkgesetze und Erfahrungssätze verletzt sind oder wesentlicher Auslegungsstoff außer Acht gelassen worden ist (BGH NZG 2014, 985 Rn. 52; NJW 2009, 2449 Rn. 11). **81**

III. Umdeutung

Haben Eigentümer mehrheitlich etwas vereinbaren wollen, ist die Vereinbarung auch dann unwirksam, wenn sie als Beschluss wirksam wäre (*Wenzel* NZM 2003, 217 (220)). Allstimmige Beschlüsse (→ Rn. 73) können nach hM hingegen im Ergebnis in eine Vereinbarung umgedeutet werden **82**

(→ § 10 Rn. 14 ff.), wenn kein Vertreter mitgestimmt hat, dessen Vollmacht sich nur auf eine Beschlussfassung mit ihrer fristgebundenen Anfechtungsmöglichkeit bezog.

IV. Ergänzende Auslegung

83 Wie auch andere Rechtsgeschäfte, können Beschlüsse grundsätzlich ergänzend ausgelegt werden (OLG Köln ZWE 2000, 488 (489); BayObLG WuM 1993, 482 (483)). Für eine ergänzende Auslegung muss festgestellt werden, ob der Beschluss eine Frage nicht geregelt hat, aber nach Sinn und Zweck hätte regeln sollen (Feststellung der Regelungslücke). Im Anschluss ist zu fragen, ob das WEG oder eine Vereinbarung eine angemessene Regelung bereithält (Notwendigkeit der Lückenfüllung). In einem dritten Schritt ist zu fragen, welche Regelung die Wohnungseigentümer bei einer angemessenen Abwägung der berührten Interessen nach Treu und Glauben redlicherweise getroffen hätten, wenn sie den nicht geregelten Fall bedacht hätten (eigentliche Lückenfüllung). Lassen sich allerdings hinreichende Anhaltspunkte für den mutmaßlichen Willen der Wohnungseigentümer nicht finden, etwa, weil mehrere gleichwertige Auslegungsmöglichkeiten in Betracht kommen, scheidet eine ergänzende Auslegung aus.

I. Beschlussfassung in Mehrhausanlagen

I. Allgemeines

84 Besteht eine Wohnungseigentumsanlage aus mehreren separaten Baukörpern (Mehrhausanlage; → § 9a Rn. 52 ff.) – gegebenenfalls mit jeweils mehreren Wohn- oder Gewerbeeinheiten oder auch Reihen- oder Einzelhäusern oder gemischte Wohnungseigentumsanlagen –, sind von Gesetzes wegen keine Besonderheiten zu beachten. Soll etwas anderes gelten, müssen die Wohnungseigentümer durch eine Vereinbarung abweichende Bestimmungen treffen, wo und soweit das Gesetz eine solche Abweichung zulässt und billigt.

II. Stimmrecht

85 Um für sämtliche Gegenstände eine Diskussion und Abstimmung sämtlicher Wohnungseigentümer zu verhindern, kann vereinbart werden, dass bestimmte Wohnungseigentümer für eine bestimmte Materie allein stimmberechtigt sind (BGH NJW-RR 2012, 1291 Rn. 10; OLG Düsseldorf ZMR 2006, 142; OLG Zweibrücken NZM 2005, 751; *Elzer* notar 2016, 201 (205)). Sie kann auch konkludent geschlossen werden (→ § 10 Rn. 24). So liegt es aber noch nicht, wenn es einen vereinbarten Umlageschlüssel gibt, der nur bestimmten Wohnungseigentümern bestimmte Kosten für einen Teilbereich auferlegt (aA LG Hamburg ZWE 2011, 133 (136)). Zu den Vereinbarungsgrenzen → § 25 Rn. 19. Zum „Blockstimmrecht" → Rn. 86. Aus einem Stimmrecht nur einiger Wohnungseigentümer folgt weder eine Notwendigkeit noch eine Möglichkeit einer Teilversammlung.

Ohne Vereinbarung darf – auch bei einem beschränkten Stimmrecht – keine Teilversammlung abgehalten werden (→ § 23 Rn. 26). Das auf Grund einer Vereinbarung beschränkte Stimmrecht nur einiger Wohnungseigentümer müssen diese daher in der „Gesamtversammlung" ausüben. Fehlt es an einer Vereinbarung für eine Teilversammlung, besteht aber ein teilweise beschränktes Stimmrecht, können die nur einigen Wohnungseigentümern zugeordneten Materien innerhalb der normalen Versammlung der Eigentümer einen besonderen „TOP-Block" bilden. Dieses meint, dass Fragen, die nur bestimmten Wohnungseigentümern zugeordnet sind, am Anfang oder Ende einer Versammlung als Tagesordnungspunkt stehen können (so bei LG München I ZMR 2017, 328).

III. Besondere Angelegenheiten (Blockstimmrecht)

Nach überkommener, auf das BayObLG zurückgehender Meinung (BayObLG NJW 1962, 492; BayObLGZ 1975, 177 (180)) können für Angelegenheiten, die sich ausschließlich auf einen eindeutig abgegrenzten oder abgrenzbaren Teil eines Hauses oder einer Mehrhausanlage (→ § 9a Rn. 52 ff.) beziehen und von denen nur ein bestimmter Teil von Wohnungseigentümern berührt wird, getrennte Versammlungen durchgeführt werden (OLG München FGPrax 2007, 74 (76); BayObLG DNotZ 1985, 414). Auch das Stimmrecht soll in einem solchen Fall auf diejenigen beschränkt sein, die von der Angelegenheit betroffen sind (OLG Düsseldorf OLGR 2005, 525 (526); 2005, 295 (297); OLG Zweibrücken OLGR 2004, 585 (586); BayObLG ZMR 2004, 209 (210); offen gelassen von BGH NZM 2015, 544 Rn. 20); häufig Blockstimmrecht genannt. Dies soll zB vorstellbar sein für bauliche Veränderungen (OLG München FGPrax 2007, 74 (76); BayObLGZ 1975, 177 (180)), für Gebrauchs- (BayObLG NJW 1962, 492) und für Verwaltungsregelungen (BayObLG ZMR 2000, 319 (320)). 86

Stellungnahme. Dieser Sichtweise ist nicht zu folgen (*Schultzky* ZWE 2017, 251 (255); ZMR 2011, 521; *Rüscher* ZWE 2011, 308 (309); *Hügel* NZM 2010, 8 (15); *Häublein* ZWE 2010, 149 (155)). Denn dem Gesetz ist ein Betroffenheitsstimmrecht unbekannt (→ § 23 Rn. 28; → § 25 Rn. 25; *Ott* MietRB 2009, 208). Eine Teilversammlung kann auch keine Folge „natürlicher Gegebenheiten" sein. Die Verwaltung des gemeinschaftlichen Eigentums steht grundsätzlich allen Wohnungseigentümern gemeinsam zu. Soweit die Wohnungseigentümer über die ordnungsmäßige Verwaltung durch Stimmenmehrheit beschließen, sind grundsätzlich alle Wohnungseigentümer nach § 25 Abs. 1 und Abs. 2 WEG stimmberechtigt. Der Ausschluss eines Wohnungseigentümers von der Teilnahme und die Kappung seiner Teilnahmerechte an der Versammlung (→ § 23 Rn. 50 ff.) kann nur die Folge einer Vereinbarung und freiwilligen Preisgabe von Rechten sein. 87

J. „Delegierte" Beschlussmacht

Wohnungseigentümer können – soweit das WEG nicht zwingend ist und auch andere Gründe nicht entgegenstehen – ihre Kompetenz, eine 88

Angelegenheit durch einen Beschluss zu ordnen, im Wege der Vereinbarung auf einen Kreis von Wohnungseigentümern, einen Wohnungseigentümer oder auf einen Dritten im Wege einer negativen Öffnungsklausel „delegieren". Eine Kompetenzverlagerung auf andere Wohnungseigentümer kommt vor allem in Mehrhausanlagen in Betracht (→ Rn. 84 ff.). Eine Kompetenzverlagerung auf Dritte kommt zB für die Aufstellung der Hausordnung, die Veräußerungszustimmung, die Verteilung von Kellern, Erklärungen zum Gebrauch oder zu baulichen Veränderungen in Betracht.

89 Bestimmt ein Dritter auf Grund einer Ermächtigung eine Regelung, nimmt die Rechtsprechung an, dass die Regelung keine Vereinbarung darstellt, jedenfalls durch einen Beschluss geändert werden kann (BayObLG NJW-RR 1992, 343 (344); s. a. ZMR 2002, 64; OLG Stuttgart NJW-RR 1987, 976). **Stellungnahme.** Dieser Sichtweise ist nicht zu folgen. Ein Dritter kann nicht anstelle der Wohnungseigentümer „beschließen". Bei der Bestimmung, auf die der Entschluss des Dritten iSv § 317 BGB durch seine Bekanntgabe einwirkt, handelt es sich um eine Vereinbarung, deren Inhalt der Dritte bestimmt (*Elzer* ZMR 2006, 733 (735)).

Wohnungseigentümerversammlung

23 (1) [1] **Angelegenheiten, über die nach diesem Gesetz oder nach einer Vereinbarung der Wohnungseigentümer die Wohnungseigentümer durch Beschluß entscheiden können, werden durch Beschlußfassung in einer Versammlung der Wohnungseigentümer geordnet.** [2] **Die Wohnungseigentümer können beschließen, dass Wohnungseigentümer an der Versammlung auch ohne Anwesenheit an deren Ort teilnehmen und sämtliche oder einzelne ihrer Rechte ganz oder teilweise im Wege elektronischer Kommunikation ausüben können.**

(2) **Zur Gültigkeit eines Beschlusses ist erforderlich, daß der Gegenstand bei der Einberufung bezeichnet ist.**

(3) [1] **Auch ohne Versammlung ist ein Beschluß gültig, wenn alle Wohnungseigentümer ihre Zustimmung zu diesem Beschluß in Textform erklären.** [2] **Die Wohnungseigentümer können beschließen, dass für einen einzelnen Gegenstand die Mehrheit der abgegebenen Stimmen genügt.**

(4) [1] **Ein Beschluss, der gegen eine Rechtsvorschrift verstößt, auf deren Einhaltung rechtswirksam nicht verzichtet werden kann, ist nichtig.** [2] **Im Übrigen ist ein Beschluss gültig, solange er nicht durch rechtskräftiges Urteil für ungültig erklärt ist.**

Literatur: *Abramenko,* Die inhaltliche Bestimmtheit eines Beschlusses der Wohnungseigentümer, ZfIR 2014, 725; *Bassenge,* Nichtursächlichkeit von Verfahrensmängeln, FS Merle, 2000, 17; *Becker,* Folgen fehlerhafter Beschlussverkündung durch den Versammlungsleiter, ZWE 2006, 157; *Becker,* Beschlusskompetenz kraft Vereinbarung – sog. Öffnungsklausel, ZWE 2002, 341; *Bub,* Der Mehrheitsbeschluss im Überblick, ZWE 2000, 194; *Buck,* Mehrheitsentscheidungen mit Vereinbarungsinhalt im Wohnungseigentumsrecht, 2001; *Deckert,* Die korrekte Verkündung von Entscheidungsergebnissen der Eigentümer einer Wohnungseigentümergemeinschaft durch den Verwalter, ZMR 2008, 585; *Derleder,* Die neuen Mehrheitsbefugnisse der Wohnungseigentümer nach der WEG-Reform, ZWE 2008, 253; *Elzer,* Wohnungseigentumsrecht und Gleichbehandlungsgrundsatz, ZWE 2013, 444; *Elzer,* Die Tagesordnung im Wohnungseigentumsrecht, MietRB 2009, 89; *Elzer,* Aktuelles zur Eigentümerversammlung, ZMR 2009, 7; *Emde,* Die Bestimmtheit von Gesellschafterbeschlüssen, ZIP 2000, 59; *Häublein,* Schriftliche Beschlüsse 2.0, NZM 2017, 656; *Hogenschurz,* Die Bestimmtheit von Eigentümerbeschlüssen, MietRB 2018, 91 ff. und 123 ff.; *Hogenschurz,* Unbestimmtheit von Eigentümerbeschlüssen und Ausschluss von Anfechtungsgründen gemäß § 46 Abs. 1 Satz 2 WEG, ZMR 2011, 928; *Hogenschurz,* Zur heilenden Wirkung der Vollversammlung der Wohnungseigentümer, ZMR 2009, 824; *Hügel,* Die Gestaltung von Öffnungsklauseln, ZWE 2001, 578; *Huff,* Die Versammlung der Eigentümer im Internet – Sinnvolle Möglichkeit für „moderne" Gemeinschaften, FS Deckert, 2002, 173; *Kreuzer,* Zweierlei Beschlüsse nach dem WEG?, FS Seuß, 2007, 155; *Kümmel,* Voraussetzungen für die Verkündung positiver Beschlüsse durch den Versammlungsleiter, ZWE 2006, 278; *Kümmel,* Beschlüsse auf Grund „schuldrechtlicher" Öffnungsklausel, ZWE 2002, 68; *Lieder/Pommerening* Materielle Beschlusskontrolle im Wohnungseigentumsrecht, NotBZ 2019, 403; *Mankowski,* Die virtuelle Wohnungseigentümerversammlung, ZMR 2002, 246; *Müller,* Feststellung und Verkündung fehlerhafter Beschlüsse durch den Verwalter, ZWE 2015, 303; *Müller,* Die unerkannten Folgen unterbliebener oder fehlerhafter Beschlussverkündung – Eine Nachbetrachtung zum BGH-Beschluss vom 23.8.2001, FS Deckert, 2002, 255; *Müller,* Die Beschlussfassung, ZWE 2000, 237; *Patermann,* Zum Anwendungsbereich des § 23 Abs. 4 WEG, ZMR 1991, 361; *Pauli,* Corona-Krise und WEG: Online-Versammlung im aktuellen und künftigen Recht, AnwZert MietR 9/2020; *Riecke,* Der Bestimmtheitsgrundsatz im Wohnungseigentum, ZMR 2018, 173; *Rüscher,* Beschlusskompetenzen bei wirtschaftlichen Untergemeinschaften, ZWE 2011, 308; *Schmid,* Der Gleichbehandlungsgrundsatz im Wohnungseigentumsrecht, ZWE 2011, 70; *F. Schmidt,* Die konkludente Beschlussfeststellung, ZWE 2006, 164; *F. Schmidt,* Schriftliches Beschlussverfahren, ZWE 2000, 155.

Übersicht

A. Entstehungsgeschichte

1 Die Bestimmung des § 23 WEG findet sich von Anfang an im Gesetz. Sie blieb bis zum Jahr 2020 grundsätzlich unverändert. Das Gesetz zur Änderung des Wohnungseigentumsgesetzes und anderer Gesetze v. 26.3.2007 formte zwar den Absatz 4 um. Die Neufassung dieses Absatzes sollte aber nur klarstellen, dass bei einem Verstoß gegen unverzichtbare Rechtsnormen nicht nur die Klagefrist von einem Monat nicht gilt, sondern der Beschluss nichtig ist, ohne dass es einer gerichtlichen Ungültigerklärung bedürfte, und verlagerte die Klagefrist ins Verfahrensrecht (§ 46 Abs. 1 Satz 2 WEG a. F.). Das Gesetz zur Förderung der Elektromobilität und zur Modernisierung des Wohnungseigentumsgesetzes und zur Änderung von kosten- und grundbuchrechtlichen Vorschriften vom 16.10.2020 hat die Regelung hingegen leicht „aufgefrischt". Es hat in § 23 Abs. 1 Satz 2 WEG die Möglichkeit der elektronischen Kommunikation geschaffen. Ferner hat es für die Zustimmung zu schriftlichen Beschlüssen die Textform eingeführt. Durch Initiative des Rechtsauschusses wurde im Übrigen die Möglichkeit geschaffen, jedenfalls für einen einzelnen Gegenstand einen schriftlichen Mehrheitsbeschluss zu fassen (BT-Drs. 19/22634).

B. Sinn und Zweck

2 § 23 Abs. 1 Satz 1 WEG bestimmt, dass Beschlüsse grundsätzlich in einer Versammlung zu fassen sind. § 23 Abs. 1 Satz 2 WEG gibt eine Beschlusskompetenz, eine elektronische Kommunikation und ihren Umfang zu einer Präsenzversammlung zu ermöglichen. Für die Einberufung der Versammlung der Wohnungseigentümer ordnet § 23 Abs. 2 WEG an, dass die jeweiligen Gegenstände zu bezeichnen sind. § 23 Abs. 3 WEG trifft Anordnungen für Beschlüsse außerhalb der Versammlung. Aufgabe von § 23 Abs. 4

WEG ist die Klärung, dass Beschlüsse, die gegen eine zwingende Rechtsvorschrift verstoßen, nichtig sind. Für alle anderen Beschlüsse ordnet er hingegen an, dass sie gültig sind und alle ihnen Unterworfenen von der Beschlussfassung an binden, solange sie nicht durch ein rechtskräftiges Urteil für ungültig erklärt werden.

C. Beschlusskompetenzen

I. Allgemeines

3 Bloße Mehrheitsherrschaft bedarf der Legitimation durch Kompetenzzuweisung (BGH NJW 2000, 3500 unter III. 2. c). Wohnungseigentümer können eine Angelegenheit daher nur dann durch einen Beschluss ordnen, wenn das WEG oder eine Vereinbarung ihnen eine Entscheidung durch Beschluss erlauben.

II. Gesetzliche Beschlusskompetenzen

4 Nach dem WEG können die Wohnungseigentümer in einer Angelegenheit nach §§ 9b Abs. 2, 12 Abs. 1 und Abs. 4 Satz 1, 16 Abs. 2 Satz 2, 17 Abs. 1, 19 Abs. 1 und Abs. 3 Satz 1 und Satz 2, 20 Abs. 1, § 21 Abs. 4 Satz 1 und Abs. 5 Satz 1, 23 Abs. 1 Satz 2 und Abs. 3 Satz 2, 24 Abs. 3, 26 Abs. 1 Satz 1, 27 Abs. 2, 28 Abs. 1 Satz 1 und Abs. 2 Satz 1 und 29 Abs. 1 Satz 1 WEG einen Beschluss fassen. In anderen Gesetzen finden sich keine weiteren Beschlusskompetenzen (aA OLG Hamburg ZMR 2004, 936 (937)). ZB folgt die notwendige Beschlusskompetenz für Entscheidungen zur HeizkostenV nicht aus § 3 Satz 2 HeizkostenV, sondern aus § 19 Abs. 1 WEG (*Schmid* MDR 1990, 297 (298)).

III. Vereinbarte Beschlusskompetenzen (Öffnungsklauseln)

5 Wohnungseigentümer sind befugt, sich durch eine Vereinbarung weitere Beschlusskompetenzen einzuräumen. Siehe dazu im Einzelnen → § 10 Rn. 166 ff. Beschlüsse, die auf der Grundlage einer allgemeinen Öffnungsklausel mit der erforderlichen Mehrheit gefasst werden, sind grundsätzlich nur insoweit materiell überprüfbar, als das „Ob“ und das „Wie“ der Änderung nicht willkürlich sein dürfen (BGH NJW 2019, 2083 Rn. 14).

6 Einer weiterreichenden Kontrolle sollen Beschlussgegenstände unterliegen, die unverzichtbare oder unentziehbare, aber verzichtbare („mehrheitsfeste“) Rechte betreffen. Eine solchermaßen abgestufte Inhaltskontrolle diene dazu, die Einhaltung fundamentaler inhaltlicher Schranken zum Schutz der Minderheit sicherzustellen (BGH NJW 2019, 2083 Rn. 14).

IV. Fehlende Beschlusskompetenz (Nichtigkeit)

7 Fehlt den Wohnungseigentümern für einen Beschlussgegenstand eine Beschlusskompetenz, ist der entsprechende Beschluss grundsätzlich nichtig (→ Rn. 121 ff.; BGH NJW 2019, 1673 Rn. 5; NZM 2018, 905 Rn. 10;

NJW 2018, 1254 Rn. 6). Anders ist es allerdings, wenn ein Beschluss ausnahmsweise keine Regelung trifft, die Grundlage mehrerer Entscheidungen oder Legitimation mehrfachen Handelns ist (→ Rn. 127 ff.). Überblick zu ausgesuchten Einzelfällen im „ABC“:

8 • **Abrechnung:**
  – Von Gesetzes wegen besteht keine Beschlusskompetenz, bereits nach § 28 Abs. 1 Satz 1 WEG geschuldete Hausgeldansprüche nach § 28 Abs. 2 Satz 1 WEG erneut zu begründen.
  – Entsteht die Gemeinschaft der Wohnungseigentümer im Laufe eines Jahres und werden Nachschüsse eingefordert, die aus der Zeit vor Entstehung stammen, besteht keine Beschlusskompetenz (OLG Köln NZM 2003, 806 (807); KG NJW-RR 1992, 1168).
  – Die Aufnahme von Ersatzansprüchen gegen einen Wohnungseigentümer in die Nachschüsse hat die Nichtigkeit des darauf bezogenen Teiles zur Folge (s. a. BGH NJW 2012, 2796 Rn. 9; NZM 2012, 30 Rn. 52).
• **Anspruchsbegründung und -vernichtung:**
  – Von Gesetzes wegen besteht keine Beschlusskompetenz, die persönliche Leistungs- und/oder Unterlassungspflicht eines Wohnungseigentümers (BGH NJW 2015, 549 Rn. 18; 2014, 2861 Rn. 5; 2012, 1724 Rn. 11; 2011, 1220 Rn. 15; 2010, 2801 Rn. 10; grundlegend NZM 2010, 285 Rn. 10; s. a. *Schmidt/Riecke* ZMR 2005, 252 ff.) oder eines Dritten, zB des Mieters (LG Dresden ZWE 2013, 97), zu begründen. Gemeint ist zB die Pflicht, etwas zu tun, beispielsweise Schnee zu räumen, das Treppenhaus zu reinigen, Gartenarbeiten, eine bauliche Veränderung rückgängig zu machen oder das gemeinschaftliche Eigentum zu erhalten (→ Belastungsverbot).
  – Von Gesetzes wegen besteht keine Beschlusskompetenz, Ansprüche iSv § 194 BGB zu vernichten (BGH NJW 2015, 3713 Rn. 12; OLG Düsseldorf ZMR 2006, 459; *Bub/Bernhard* FD-MietR 2009, 286174). So ist zB ein Beschluss, der einen Aufopferungsanspruch nach § 14 Abs. 3 WEG „verkürzen“ (OLG Düsseldorf FGPrax 2006, 104; LG Frankfurt a. M. ZWE 2014, 403) oder einen Ersatzanspruch „vernichten“ will, nichtig (BGH NJW 2015, 3713 Rn. 12).
  – Unproblematisch ist hingegen ein „Vorbereitungs/Abmahnbeschluss“ (LG München I ZMR 2017, 304). Mit diesem wird ein Wohnungseigentümer auf eine (Unterlassungs-)Pflicht ohne den Willen, die Pflicht durch den Beschluss zu begründen, hingewiesen (BGH NZM 2010, 285 Rn. 8 ff.; LG Stuttgart ZMR 2015, 340). Entscheidend ist, ob der Beschluss eine Aussage zu dem Bestehen oder Nichtbestehen eines Anspruchs auf Beseitigung bzw. Unterlassung enthält oder dies dem gerichtlichen Verfahren gegen den betroffenen Wohnungseigentümer überlässt. Ein Vorbereitungs-/Abmahnbeschluss ist nur auf formelle Fehler hin überprüfbar (LG München I ZMR 2017, 304).
  – „Tätige Mithilfe; → § 18 Rn. 50.
• **Auslegung:**
  – Nach hM besteht keine Beschlusskompetenz, die Gemeinschaftsordnung – also Vereinbarungen der Wohnungseigentümer – auszulegen (LG

München I ZMR 2012, 582; AG Potsdam BeckRS 2018, 4272; AG Heidelberg ZMR 2015, 969). Das Gesellschaftsrecht sieht hingegen eine Beschlusskompetenz für Beschlüsse vor, mit denen über die Satzungskonformität bestimmter Maßnahmen entschieden wird (BGH DNotZ 2014, 788 Rn. 8). Sie sind dort ebenso wie sonstige Gesellschafterbeschlüsse auf Anfechtungs- oder Nichtigkeitsklage eines Gesellschafters gerichtlich überprüfbar (BGH DNotZ 2014, 788 Rn. 8; NJW-RR 2003, 826 (828)). Hieran sollte sich das Wohnungseigentumsrecht sowohl für Vereinbarungen als auch für Beschlüsse orientieren.
  - Jedenfalls können die Wohnungseigentümer den Verwalter anweisen, wie er die Vereinbarungen der Wohnungseigentümer verstehen soll (→ § 27 Rn. 76).
- **Bausoll:** Die Wohnungseigentümer haben eine Beschlusskompetenz, zu bestimmen, welches Bausoll der Bauträger in Bezug auf das gemeinschaftliche Eigentum aus den Erwerbsverträgen schuldet, wenn er den Erwerbern ein unterschiedliches Bausoll versprochen hat (*Elzer* ZWE 2017, 112 (113)).
- **Belastungsverbot:**
  - Es besteht nach hM keine Beschlusskompetenz, einem Wohnungseigentümer die Erhaltungspflicht/-last für das gemeinschaftliche Eigentum zu übertragen (→ § 19 Rn. 90; „Belastungsverbot"; → „Anspruchsbegründung und -vernichtung"). Nach Ansicht des BGH gilt das auch dann, wenn die Entscheidung auf einer Öffnungsklausel (→ § 10 Rn. 66) beruht (BGH NZM 2016, 727 Rn. 17; NJW 2015, 549 Rn. 16).
- **Benutzung (Gebrauch):**
  - Von Gesetzes wegen besteht keine Beschlusskompetenz, eine nach dem Gesetz (§ 14 Abs. 1 Nr. 2 WEG) oder einer Vereinbarung grundsätzlich zulässige Benutzung einzuengen oder zu entziehen (OLG Düsseldorf ZMR 2003, 861 (862); OLG Frankfurt a. M. NJW-RR 2002, 82; BayObLG WuM 2002, 381; LG Koblenz ZWE 2017, 135). Stets kann es nur um eine Konkretisierung des Maßes nach § 14 Abs. 1 Nr. 2 WEG gehen.
- **Darlehensbeschluss:** Für einen auf einen Verbraucherdarlehensvertrag gerichteten Darlehensbeschluss besteht eine Beschlusskompetenz (→ § 28 Rn. 8 ff.).
- **Entlastung:** Ein Wohnungseigentümer kann einem Verwaltungsbeirat oder dem Verwalter nicht für die Ansprüche eines anderen Wohnungseigentümers eine Entlastung erteilen (→ § 28 Rn. 357 ff.).
- **Erfüllung:** Von Gesetzes wegen besteht keine Beschlusskompetenz, festzustellen, dass ein rechtskräftig titulierter Anspruch auf Beseitigung einer baulichen Veränderung trotz gewisser Maßabweichungen erfüllt ist (OLG Hamm ZMR 2001, 654).
- **Erhaltungsrücklage:** Von Gesetzes wegen besteht keine Kompetenz, den für die Ansammlung der Erhaltungsrücklage als Umlageschlüssel analog anzuwendenden § 16 Abs. 2 Satz 1 WEG durch Beschluss zu ändern (BGH NJW 2011, 2202 Rn. 13; NZM 2010, 622 Rn. 15).

- **Gesetz:** Bezweckt ein Beschluss, vom Gesetz oder einer Vereinbarung abzuweichen, und soll die so abgeänderte gesetzliche oder vereinbarte Bestimmung Grundlage weiterer Angelegenheiten sein, ist er in Ermangelung einer Beschlusskompetenz nichtig (im Einzelnen → Rn. 127 ff.).
- **Haftung:** Von Gesetzes wegen besteht keine Kompetenz, die Haftung eines Wohnungseigentümers für Verpflichtungen seines Rechtsvorgängers durch Beschluss zu begründen (BGH NJW 2012, 2796 Rn. 11; NJW-RR 2012, 217 Rn. 11; NJW 1999, 3713).
- **Kontaktaufnahme:** → „Anspruchsbegründung und -vernichtung". Es besteht keine Kompetenz für einen Beschluss über ein Verbot der Kontaktaufnahme von Wohnungseigentümern zu Mietern anderer Wohnungseigentümer ohne deren Wissen (LG Frankfurt a. M. NZM 2018, 628 Rn. 5).
- **Leistungs- und/oder Unterlassungspflicht:** → „Anspruchsbegründung und -vernichtung".
- **Nutzungen:** Von Gesetzes wegen besteht keine Kompetenz, durch Beschluss den Umlageschlüssel des § 16 Abs. 1 Satz 2 WEG zu ändern (OLG Düsseldorf NZM 2003, 28).
- **Rauchwarnmelder:**
  - Die Wohnungseigentümer können den Einbau von Rauchwarnmeldern, aber auch deren regelmäßige Kontrolle und Wartung beschließen, wenn das Landesrecht eine eigentumsbezogene Einbaupflicht vorsieht (BGH NJW-RR 2019, 401 Rn. 7; NJW 2013, 3092 Rn. 7; LG Düsseldorf BeckRS 2017, 149048 Rn. 13; LG Hamburg ZMR 2017, 501; LG Dortmund ZMR 2016, 642; LG Karlsruhe NJW 2016, 1333; LG Braunschweig NJW-RR 2014, 1041). Dies gilt nach hM unabhängig davon, ob sich die Pflicht an die Gemeinschaft der Wohnungseigentümer, an sämtliche Wohnungseigentümer oder an den einzelnen Wohnungseigentümer richtet (BGH NJW 2013, 3092 Rn. 8). Grundsätzlich versteht die hM die Einbaupflicht in allen drei Fällen als Pflicht nach § 9a Abs. 2 WEG. Dies bedeutet, dass die Gemeinschaft der Wohnungseigentümer die Einbaupflicht erfüllen muss, die Wohnungseigentümer aber beschließen müssen, auf welche Art und Weise, durch wen und mit welchen Mitteln. Die Beschlusskompetenz umfasst auch die Entscheidung über eine regelmäßige Kontrolle und Wartung der Rauchwarnmelder (BGH NJW-RR 2019, 401 Rn. 9).
  - Richtet das Landesrecht die Einbaupflicht allerdings nur an den jeweiligen Wohnungseigentümer, soll die Einbaupflicht nur dann § 9a Abs. 2 WEG unterfallen, wenn sämtliche Sondereigentümer eine Einbaupflicht hätten. Da die Bauordnungen nur die Ausstattung von Wohnungen vorschrieben, fehle es an dieser Voraussetzung, sobald es in einer Wohnungseigentumsanlage auch Teileigentum gebe.
- **Realhandlung:** Es besteht von Gesetzes wegen keine Kompetenz, zu beschließen, dass der Verwalter „real" handeln soll, etwa die Pflicht, eine Glühbirne auszutauschen, einen Brief in den Briefkasten zu werfen, den Rasen zu mähen oder das Treppenhaus zu reinigen.

- **Rechtsschöpfung:** Von Gesetzes wegen besteht keine Beschlusskompetenz, sich einmalig gesetzlich nicht vorgesehene Rechte zu verschaffen.
- **Sachenrecht:**
  - Für Änderungen der Grenzen und des Gegenstandes des gemeinschaftlichen Eigentums und des Sondereigentums bzw. der Anzahl und Größe der Miteigentumsanteile besteht keine Beschlusskompetenz BGH NJW 2016, 2177 Rn. 17; NJW-RR 2012, 1036 Rn. 8); sie kann auch nicht vereinbart werden.
  - Auch für die Begründung einer schuldrechtlichen Pflicht zur Mitwirkung an einer solchen Änderung besteht keine Beschlusskompetenz (BGH NJW 2016, 2177 Rn. 17; 2013, 1962 Rn. 8). Diese Pflicht kann auch nicht die Folge eines Beschlusses sein, der auf einer Öffnungsklausel beruht: die Wohnungseigentümer könnten nach § 10 Abs. 1 Satz 2 WEG die sachenrechtlichen Grundlagen auch nicht vereinbaren.
- **Sondereigentum:**
  - Von Gesetzes wegen besteht keine Beschlusskompetenz, in die Verwaltung des Sondereigentums einzugreifen (→ § 13 Rn. 9). Will ein Wohnungseigentümer seine Rechte abtreten, kann dieses Angebot aber durch Beschluss angenommen werden. Im Folgenden ist dieser Beschluss dann auszuführen.
- **Sondernutzungsrecht:**
  - Von Gesetzes wegen besteht keine Beschlusskompetenz, ein Sondernutzungsrecht zu begründen (→ § 10 Rn. 127; BGH ZWE 2017, 224 Rn. 31; LG Berlin ZMR 2019, 707).
  - Ein Beschluss kann ferner nichtig sein, wenn er ein Sondernutzungsrecht seinem Inhalt nach ändert, es „aushöhlt".
- **Tätige Mithilfe:** → „Anspruchsbegründung und -vernichtung"; → § 19 Rn. 50.
- **Umlageschlüssel:** Von Gesetzes wegen besteht keine Beschlusskompetenz, den Umlageschlüssel für die Ansammlung der Erhaltungsrückstellung zu ändern (BGH NJW 2011, 2202 Rn. 13).
- **Vereinbarung:** Regelt eine Vereinbarung die konkrete Frage, können die Wohnungseigentümer durch einen Beschluss nicht dauerhaft etwas anderes bestimmen. Der Beschluss ist dann in Ermangelung einer Beschlusskompetenz nichtig (im Einzelnen → Rn. 127 ff.).
- **Vergemeinschaftung:** Die Wohnungseigentümer können keine Rechte oder Pflichten vergemeinschaften.
- **Verkehrssicherungspflichten:**
  - Von Gesetzes wegen besteht nach hM keine Beschlusskompetenz, Regelungen zur Erfüllung der Verkehrssicherungspflichten (zB Winterdienst, Treppenhausreinigung) durch den Wohnungseigentümer zu treffen (BGH NJW 2012, 1724 Rn. 12).
  - Zur „tätigen Mithilfe" → § 19 Rn. 50.
- **Versammlung:**
  - Es besteht keine Beschlusskompetenz, über die Frage der Teilnahmeberechtigung – und damit über den Grundsatz der Nichtöffentlichkeit – zu entscheiden (→ Rn. 65; → § 24 Rn. 32).

- Es besteht keine Beschlusskompetenz darüber zu entscheiden, ob eine Person ein Stimmrecht hat.
- Von Gesetzes wegen soll keine Beschlusskompetenz bestehen, für Beschlussanträge die Schriftform und eine schriftliche Begründung vorzuschreiben (KG ZWE 2002, 413). Auch ein Beschluss, der verpflichten soll, die für eine bestimmte elektronische Ladung erforderlichen elektronischen Kommunikationseinrichtungen zu schaffen, oder einen Wohnungseigentümer zwingt, sich eine E-Mail-Adresse zuzulegen und diese für die Kommunikation mit dem Verwalter zu nutzen, ist daher nichtig.
- Missbraucht ein regelmäßig zum Versammlungsleiter gewillkürt Bestellter seine Rechte, kann die Beschlusskompetenz des § 24 Abs. 5 Fall 2 WEG dennoch nicht eingeschränkt werden.

• **Wirtschaftsplan:** Von Gesetzes wegen besteht keine Beschlusskompetenz, generell die Fortgeltung von Vorschüssen zur Kostentragung zu beschließen (BGH NJW-RR 2019, 843 Rn. 8).
• **Zweitbeschluss:** Wohnungseigentümer besitzen keine Kompetenz, einen Beschluss, der bereits in einer Anfechtungsklage von einem Gericht rechtskräftig für ungültig erklärt worden ist, inhaltsgleich zu wiederholen, wenn sich die tatsächlichen oder rechtlichen Umstände nicht geändert haben (→ Vor §§ 23 ff. WEG Rn. 62).

D. Versammlung der Wohnungseigentümer (§ 23 Abs. 1 WEG)

I. Allgemeines

9 **1. Überblick.** Sofern die Wohnungseigentümer über eine Angelegenheit in Bezug auf das gemeinschaftliche Eigentum oder das Gemeinschaftsvermögen (§ 9a Abs. 3 WEG) aufgrund des Gesetzes oder nach einer Öffnungsklausel beschließen dürfen (→ Rn. 5), geschieht dies nach § 23 Abs. 1 WEG grundsätzlich in ihrer Versammlung. Außer nach § 23 Abs. 3 WEG ist eine Beschlussfassung im Übrigen nicht möglich. Übersendet etwa eine Person „Beschlüsse" an die übrigen Wohnungseigentümer und erhält darauf keinen Widerspruch, handelt es sich um ein Nullum, um „Scheinbeschlüsse" (OLG Hamm NJW-RR 2008, 250 (251)). Auch bei einem zufälligen Zusammentreffen auf einem Balkon können – handelt es sich nicht um eine Universalversammlung (→ Rn. 29) – keine Beschlüsse gefasst werden (OLG Hamm NJW-RR 2008, 250 (251)). Regelungen zur Einberufung und Organisation der Versammlung finden sich in §§ 23 Abs. 2, 24 und 25 WEG.

10 Die Versammlung der Eigentümer dient vor allem dazu, Erörterung und Beschlussfassung in denjenigen Angelegenheiten zu ermöglichen, über die durch Beschluss (→ Rn. 4) entschieden werden kann (OLG Stuttgart NJW-RR 1986, 1277). Sind alle Wohnungseigentümer anwesend, kann auch eine Vereinbarung getroffen werden, was zu Abgrenzungsproblemen führen kann (→ § 10 Rn. 19 ff; → Vor §§ 23 ff. WEG Rn. 73). Für die Versammlung der Wohnungseigentümer kann man vor allem drei Funktionsbereiche ausmachen (s. a. *Mankowski* ZMR 2002, 246 (247); *Becker,* Teilnahme an der

Versammlung der Wohnungseigentümer, 12 ff.): eine Willensbildungs-, eine Beratungs- und eine Kontrollfunktion; hinzu kommt die Versammlung als Ort der Information. „Hintergeht" ein Wohnungseigentümer diese Funktionen und klagt er unmittelbar auf eine Willensbildung, ist die Klage grundsätzlich unzulässig (→ Vor §§ 43 ff. WEG Rn. 7 f.).

2. Begriff. a) Überblick. Die Versammlung der Wohnungseigentümer ist eine von einem dazu wenigstens potenziell Berechtigten (→ § 24 Rn. 82) einberufene physische Zusammenkunft aller in einer bestimmten Wohnungseigentumsanlage potenziell Stimmberechtigten (→ § 25 Rn. 19 ff.) oder ihrer Vertreter (→ § 25 Rn. 64 ff.) an einem Versammlungsort (→ § 24 Rn. 17) und an einer Versammlungsstätte (→ § 24 Rn. 17) zu dem vorrangigen Zweck, sich über die Verwaltung auszutauschen und diese im Wege des Beschlusses zu ordnen. 11

Ohne Einberufung, die an sämtliche Teilnahmeberechtigte (meist zugleich Stimmberechtigte) gerichtet sein und diesen eine Teilnahme ermöglichen muss, liegt keine Versammlung vor. Etwa eine spontane Zusammenkunft bloß Mehrerer ist keine Versammlung (OLG Hamm NJW-RR 2008, 450 (451); BayObLG ZMR 2003, 363 (364)). Bereits „tatbestandlich" liegt auch dann keine Versammlung vor, wenn ein Wohnungseigentümer oder ein Dritter nur zu einer „Informationsveranstaltung" oder nur einen Teil der Wohnungseigentümer einlädt oder wenn sich spontan ein Teil der Wohnungseigentümer zusammenfindet. Ein Beschluss kann grundsätzlich nur in einer Versammlung der Wohnungseigentümer und unter Beachtung der hierfür in §§ 23 bis 25 WEG vorgeschriebenen Förmlichkeiten gefasst werden (BGH NJW 2020, 1134 Rn. 20). In einer anderen Zusammenkunft getroffene Entscheidungen sind rechtlich bedeutungslose Nichtbeschlüsse (BayObLG NZM 2003, 199 (200); OLG Hamm WE 1993, 24 (25); *Röll* FS Schippel, 267 (271)). Etwas anderes gilt nur bei Universalversammlungen (→ Rn. 29). 12

b) Ein-Personen-Versammlung. aa) Vor Anlegung der Wohnungsgrundbücher. Der Alleineigentümer kann vor der Entstehung der Gemeinschaft der Wohnungseigentümer keine Versammlungen als Wohnungseigentümer abhalten und kann keine Beschlüsse iSd WEG fassen. Träfe er eine Anordnung, etwa wer Verwalter sein soll, könnte diese Anordnung noch nicht als WEG-Beschluss verstanden werden und wäre unbeachtlich. Solche „Beschlüsse" erstarken später auch nicht zu einem Beschluss der Wohnungseigentümer. Sie müssten vom Alleineigentümer nachgeholt werden. 13

bb) Nach Anlegung der Wohnungsgrundbücher. (1) Überblick. Mit Anlegung der Wohnungsgrundbücher und Entstehung der Gemeinschaft der Wohnungseigentümer (§ 9a Abs. 1 Satz 2 WEG) ist der Alleineigentümer hingegen berechtigt, die Gemeinschaft der Wohnungseigentümer zu vertreten, wenn sie keinen Verwalter hat (§ 9b Abs. 1 Satz 2 WEG), und den Willen der Gemeinschaft der Wohnungseigentümer allein durch Beschlüsse zu organisieren (*Becker/Schneider* ZfIR 2020, 281(292)). 14

15 So liegt es im Übrigen auch, wenn es im Laufe der Zeit dazu kommt, dass es nur noch einen Wohnungseigentümer gibt. Denn die Gemeinschaft der Wohnungseigentümer geht in diesem Fall nicht unter.

16 **(2) Beschlussfassung.** Eine formale Eigentümerversammlung ist für eine Beschlussfassung des Alleineigentümers unnötig. Eine Eigentümerversammlung, die §§ 23 ff. WEG beachten wollte, oder das Verfahren nach § 23 Abs. 3 WEG (auf dieses deuten hin *Becker/Schneider* ZfIR 2020, 281(292)), wäre für seine Beschlussfassung zwar möglich und zulässig. Da es mit Anlegung der Wohnungsgrundbücher zunächst nur einen Wohnungseigentümer gibt, kann dieser aber mit sich selbst jederzeit an jedem Ort ohne vorherige Organisation eine Universalversammlung (→ 29) abhalten und dort den Willen der Gemeinschaft der Wohnungseigentümer bestimmen und die Beschlüsse für eine ordnungsmäßige Verwaltung und Benutzung fassen.

17 In einer solchen Universalversammlung bedarf es keiner Feststellung und Verkündung der vom Alleineigentümer gefassten Beschlüsse BayObLG NJW-RR 1996, 524 (525); aA OLG München FGPrax 2008, 58). Entsprechend § 24 Abs. 6 Satz 1 WEG hat er stattdessen unverzüglich (→ § 24 Rn. 157) nach der Beschlussfassung über seine Beschlüsse eine Niederschrift aufzunehmen (zu deren Inhalten → § 24 Rn. 137 ff.), diese Niederschrift entsprechend § 48 Abs. 3 Satz 1 GmbHG zu unterschreiben und die Niederschrift selbst aufzubewahren oder dem bereits bestellten Verwalter zu übergeben. Fertigt ein Protokollant die Niederschrift, ist dies ausreichend. In diesem Falle muss nach allgemeinen Überlegungen allerdings auch er die Niederschrift unterschreiben. In Bezug auf die weiteren Inhalte der Niederschrift (→ § 24 Rn. 140) ist hingegen großzügig zu verfahren. Wie im Recht der Einpersonen-GmbH wird beispielsweise im Einzelfall ein Schreiben an einen Dritten als ausreichend anzusehen sein (s. a. BGH NJW 1997, 741 unter I. 1). Notwendig, aber auch ausreichend ist es stets, wenn das Ziel der Protokollierung, nämlich Sicherheit über den Inhalt eines Beschlusses zu schaffen und Manipulationen auszuschließen, in Form einer anderen schriftlichen Dokumentation mit gleicher Gewissheit erreicht wurde (BGH NJW 1995, 1750 unter II. 2. b) bb), etwa durch eine Klage (BGH NJW 2010, 64 Rn. 7).

18 Fertigt der Alleineigentümer keine Niederschrift, hindert dies nicht die Wirksamkeit der von ihm gefassten Beschlüsse (vgl. zum GmbHG nur MüKoGmbHG/*Liebscher* § 48 Rn. 192; ohne Stellungnahme BGH NJW 1995, 1750 unter II. 2. b) bb). Denn die Aufnahme eines Beschlusses in die Niederschrift ist, ist von den Wohnungseigentümern nichts anderes vereinbart, auch in allen anderen Fällen keine Entstehungs- oder Wirksamkeitsvoraussetzung für einen Beschluss (→ Vor §§ 23 ff. 10 ff.). Ohne Niederschrift ist es im Einzelfall aber gegebenenfalls schwierig, den genauen Inhalt eines Beschlusses zu ermitteln. Insoweit ist an Verträge, die Beschlüsse ausführen, an andere Schriftstücke oder andere schriftliche Dokumentationen anzuknüpfen, die wie eine Niederschrift wirken, nicht aber an Zeugen (OLG Hamm NJW-RR 2006, 1189 (1191)), zB den Verwalter. Wesentlich ist es nämlich, den Schutz des Rechtsverkehrs zu verwirklichen. Der Rechtsverkehr wäre aber der Gefahr erheblicher Manipulationen ausgesetzt, könnte

der Alleineigentümer ohne zeitnahe Dokumentation, aber durch Zeugen von ihm behauptete Beschlüsse belegen.

(3) Nachweis der Verwaltereigenschaft (§ 26 Abs. 3 WEG). Soweit die Verwaltereigenschaft durch eine öffentlich beglaubigte Urkunde nachgewiesen werden muss, genügt nach § 26 Abs. 3 WEG die Vorlage einer Niederschrift über den Bestellungsbeschluss, bei der die Unterschriften der in § 24 Abs. 6 bezeichneten Personen öffentlich beglaubigt sind. Insoweit ist fraglich, was für die Niederschrift des Alleineigentümers gilt, wenn dieser den ersten Verwalter bestellt. 19

Die ähnlich liegende Niederschrift des Initiators eines schriftlichen Beschlusses wird bislang nach § 26 Abs. 3 WEG nicht als ausreichend angesehen (BayObLG NJW-RR 1986, 565 (566); s. a. KG ZWE 2012, 426). § 24 Abs. 6 WEG könne auf bloße Erklärungen bestimmter Personen über das Ergebnis einer schriftlichen Beschlussfassung nicht übertragen werden (BayObLG NJW-RR 1986, 565 (566)). **Stellungnahme.** Dem ist nicht zu folgen. Bei der Ein-Personen-Versammlung muss die Unterschrift nur dieser Person genügen (siehe auch BGH NJW 2016, 568 Rn. 16 zu einer Protokollierungsklausel). Dies folgt aus einer historischen, aber auch einer systematischen Auslegung. 20

(4) Streit über Beschlussfassung. Ist streitig, ob es einen nicht in einer formalen Niederschrift beurkundeten Beschluss gibt und welchen Inhalt er hat, trifft den die Beweislast, der sich auf den konkreten Beschluss als ihm günstig beruft. Zur Beweiskraft der Niederschrift → Vor §§ 43 ff. WEG Rn. 33. Zum Nachweis der Verwaltereigenschaft genügt die Vorlage einer Niederschrift über den Bestellungsbeschluss, bei der die Unterschrift des Alleineigentümers und gegebenenfalls eines Protokollanten (→ Rn. 17) öffentlich beglaubigt sind. Hat die Gemeinschaft der Wohnungseigentümer einen Nachteil, wenn sie einen Beschluss des Alleineigentümers nicht beweisen kann, schuldet er ihr Schadenersatz. Die Beschlüsse des Alleineigentümers sind nach § 44 Abs. 1 WEG angreifbar. 21

c) Versammlung der Miteigentümer eines Wohnungseigentumsrechts. Miteigentümer eines Wohnungseigentumsrechts können sich versammeln, vor allem um ihr Stimmrecht zu organisieren. Ihre Versammlung ist aber keine Versammlung iSv § 23 Abs. 1 WEG. Fassen Miteigentümer auf einer Versammlung Beschlüsse, handelt es sich um solche nach § 745 Abs. 1 BGB (→ § 44 Rn. 3; LG Frankfurt a. M. BeckRS 2020, 4874 Rn. 10). Die Entscheidungen spielen für die anderen Wohnungseigentümer nur eine mittelbare Rolle und sind nicht Beschluss iSd Wohnungseigentumsrechts. 22

d) Versammlung von Bauherren. Die Versammlung der Wohnungseigentümer ist von der Versammlung einer Gemeinschaft von Bauherren abzugrenzen. Denn die Versammlung der Bauherren ist keine Versammlung der Wohnungseigentümer und kann zu dieser auch nicht werden. Haben sich mehrere Personen dazu entschieden, Wohnungseigentum zu begründen, und ist der Zweck der Gemeinschaft nicht ausnahmsweise durch Entstehung 23 des Wohnungseigentums entfallen, muss später eine Abgrenzung von Entscheidungen nach dem Beschlussgegenstand unternommen werden.

24 **e) Versammlung von Übergemeinschaften/Dachgemeinschaften.** Wollen sich die Wohnungseigentümer mehrerer Wohnungseigentumsanlagen gemeinsam versammeln, können sie dieses als Gesellschaft bürgerlichen Rechts nach § 705 BGB. Ein Vertrag, durch den die Wohnungseigentümer zweier Wohnungseigentumsanlagen ein gemeinsames Verwaltungs- und Wirtschaftswesen unter Verdrängung der jeweiligen gesetzlichen Verwaltungsbefugnisse vereinbaren (Übergemeinschaft, Dachgemeinschaft), wäre gem. § 134 BGB hingegen nichtig (OLG Hamm NZM 2004, 787; OLG Düsseldorf NZM 2003, 446; OLG Köln ZMR 2000, 561).

25 **f) „Stuttgarter Modell".** Als Möglichkeit einer Beschlussfassung – vor allem in einer Mehrhausanlage (→ Vor §§ 23 ff. WEG Rn. 84; → § 9a Rn. 52 ff.) – soll ein „Stuttgarter Modell" vorstellbar sein (OLG Stuttgart FGPrax 1997, 17; AG Karlsruhe-Durlach ZMR 2010, 565; *Hügel* NZM 2010, 8 (15)). Nach diesem Modell werden auf Grundlage einer Vereinbarung für jedes Haus einer Mehrhausanlage separate Versammlungen mit gleicher Tagesordnung einberufen. Die Wohnungseigentümer üben dann ihr Stimmrecht im Wege einer „kombinierten Beschlussfassung" aus (→ § 25 Rn. 53). Soweit Gemeinschaftsangelegenheiten betroffen sind, muss dann allen Teilversammlungen die gleiche Tagesordnung/Beschlussvorlage zugrunde liegen und den von der Abstimmung ausgeschlossenen Wohnungseigentümern muss ein Teilnahme- und Rederecht in der jeweiligen Teilversammlung eingeräumt werden (*Hügel* NZM 2010, 8 (15)).

26 **3. Teilversammlung. a) Möglichkeit.** Eine Vereinbarung kann vorsehen, dass zu bestimmten Punkten nur bestimmte Wohnungseigentümer in einer eigenen Versammlung zusammenkommen sollen (Teilversammlung; → Vor §§ 23 ff. WEG Rn. 86).

27 **b) Einzuladende.** Bestimmt eine Vereinbarung, dass nur bestimmte Wohnungseigentümer stimmberechtigt sind, und ist zugleich vereinbart, dass eine Teilversammlung abgehalten werden soll, sind jedenfalls die dort Stimmberechtigten zu laden (LG Köln ZWE 2010, 278 (279)). Nach hier vertretener Ansicht sollten hingegen sämtliche Wohnungseigentümer geladen, wenigstens jedoch auf die Versammlung „aufmerksam" gemacht werden (s. a. *Rüscher* ZWE 2011, 308 (311); aA BayObLG DNotZ 1985, 414), da sie dort bis auf das Stimmrecht sämtliche Rechte eines Wohnungseigentümers haben. Um diese Rechte auszuüben, müssen sie von der Versammlung aber eine Kenntnis haben. Die Ladung sämtlicher Wohnungseigentümer empfiehlt sich selbst auf dem Boden der wohl hM dann, wenn auf der Teilversammlung Gegenstände behandelt werden, die jeden Wohnungseigentümer betreffen können – was indes wegen der Außen- und Innenhaftung eines Wohnungseigentümers fast auf alle Punkte zutrifft.

28 **c) Versammlungsrechte.** In einer Teilversammlung sind sämtliche Wohnungseigentümer stimmberechtigt. Etwas anderes kann vereinbart werden. Ein „Betroffenheitsstimmrecht" ist nicht anzuerkennen (→ Vor §§ 23 ff.

WEG Rn. 87). An einer Teilversammlung haben jedenfalls die dort stimmberechtigten Wohnungseigentümer die Versammlungsrechte. Aber auch für die anderen Wohnungseigentümer gilt dies (LG München I ZMR 2017, 328; *Rüscher* ZWE 2011, 308 (309); *Schultzky* ZMR 2011, 521; *Häublein* ZWE 2010, 149 (156); *Elzer* MietRB 2010, 344 (345)). Denn der Ausschluss vom Stimmrecht hat nie zur Folge, dass die anderen Versammlungs- und Teilnahmerechte (→ § 23 Rn. 50 ff.) untergehen (aA *Rüscher* ZWE 2011, 308 (311); *Häublein* ZWE 2010, 149 (156)). Da jeder Wohnungseigentümer teilnahmeberechtigt ist, kann in seiner Anwesenheit kein Verstoß gegen den Grundsatz der Nichtöffentlichkeit (→ § 24 Rn. 32) gesehen werden (LG München I ZMR 2017, 328; *Scheff/Schmidt* MDR 2010, 186 (187)).

4. Universalversammlungen (Vollversammlungen). a) Begriff. 29
Kommen sämtliche Wohnungseigentümer durch eine Einigung oder auf Grund einer Ladung in einer Stätte zusammen, sind sie also in Person erschienen oder wirksam vertreten, liegt eine Universalversammlung (Vollversammlung) vor. So liegt es auch, wenn es vor allem im Fall des § 9a Abs. 1 Satz 2 WEG nur einen Wohnungseigentümer gibt.

b) Wirkungen. Die Universalversammlung heilt entsprechend § 51 30
Abs. 3 GmbHG sämtliche Einberufungsmängel (BGH NJW-RR 2011, 1519 Rn. 7), wenn die Wohnungseigentümer allstimmig (→ Vor §§ 23 ff. WEG Rn. 73) und mit dem Wissen, dass die gesetzlichen Vorschriften etwas anderes bestimmen (BayObLG ZMR 1997, 93; NJW-RR 1992, 787; OLG Stuttgart NJW-RR 1986, 315), auf die im Vorfeld einer Versammlung ansonsten notwendigen Schritte (Ladungen, Tagesordnung, etc) verzichten und festlegen, eine Versammlung abzuhalten und dort über bestimmte Angelegenheiten zu beschließen (BGH NJW-RR 2011, 1519 Rn. 7). Die Tatsache allein, dass ein Wohnungseigentümer bei einer Universalversammlung anwesend ist und sich an der Abstimmung beteiligt, muss allerdings nicht zwingend bedeuten, dass von einer die Einladungsmängel heilenden Universalversammlung auszugehen ist (BGH NZG 2009, 385 Rn. 6). Eine Heilung ohne Verzicht kommt nicht in Betracht (aA LG Hamburg ZMR 2011, 824 (825)). Einer ausdrücklichen „Rüge" des Ladungsmangels bedarf es nicht (LG Hamburg ZMR 2017, 427; zum Gesellschaftsrecht BGH NZG 2009, 385 Rn. 2 ff.).

II. Online-Teilnahme (§ 23 Abs. 1 Satz 2 WEG)

1. Überblick. Die Wohnungseigentümer können nach § 23 Abs. 1 Satz 2 31
WEG beschließen, dass Wohnungseigentümer an einer Präsenzversammlung auch ohne Anwesenheit an deren Ort teilnehmen und sämtliche oder einzelne ihrer Versammlungsrechte ganz oder teilweise im Wege elektronischer Kommunikation (interaktive Zwei-Wege-Direktverbindung in Echtzeit, vgl. Art. 8 Abs. 1 Buchstabe b) der Aktionärsrechte-RL) ausüben können. Diese Beschlusskompetenz ermöglicht es nicht, die gesetzlich als Normalfall vorgesehene Präsenzversammlung („an deren Ort") insgesamt zugunsten einer reinen Online-Versammlung abzuschaffen (*Pauli* AnwZert MietR 9/2020).

Es ist hingegen möglich, dass sämtliche Wohnungseigentümer an der Präsenzversammlung nur elektronisch teilnehmen (*Pauli* AnwZert MietR 9/2020).

32 Etwas von § 23 Abs. 1 Satz 2 WEG Abweichendes kann vereinbart werden. Ferner kann eine Online-Teilnahme vereinbart werden.

33 **2. Beschlussinhalt. a) Online-Teilnahme.** Die Wohnungseigentümer müssen beschließen, dass die Möglichkeit bestehen soll, an einer, mehreren oder allen Versammlungen im Wege elektronischer Kommunikation teilzunehmen. Der Datenschutz ist dabei zu wahren. Verfügt ein Wohnungseigentümer nicht über die verlangte technische Ausstattung, ist das hinzunehmen, da er an der Präsenzversammlung teilnehmen kann.

34 **b) Elektronische Kommunikation. aa) Überblick.** Die Wohnungseigentümer müssen über die notwendige technische Ausgestaltung der Online-Teilnahme auf Seiten der Gemeinschaft der Wohnungseigentümer und auf Seiten der Wohnungseigentümer beschließen. Anzustreben ist eine wechselseitige Kommunikation in Echtzeit (*Pauli* AnwZert MietR 9/2020).

35 **bb) Ausgestaltung.** Das WEG selbst regelt im Hinblick auf künftige technische Entwicklungen die technische Ausgestaltung der Online-Teilnahme bewusst nicht (BR-Drs. 168/20, 79). Vorgeschrieben ist lediglich ein beliebiger elektronischer Kommunikationsweg nach Ermessen der Wohnungseigentümer. Der Beschluss muss insoweit festlegen, welche Technik die Gemeinschaft der Wohnungseigentümer einsetzen soll, und muss die technischen Anforderungen an die Hardware und die Software der elektronisch teilnehmenden Wohnungseigentümer bestimmen und angemessen und verständlich beschreiben.

36 **cc) Begriff.** Der Begriff „elektronische Kommunikation" erfasst alle sprach- und/oder bildbasierten elektronischen Kommunikationsmittel sowie elektronische Textkommunikation (*Pauli* AnwZert MietR 9/2020). Zulässig ist zB eine Teilnahme per Video und Ton, etwa über ein soziales Netzwerk oder andere Dienste, aber auch nur per Ton, im Wege der E-Mail oder mit einem Messangerdienst (*Pauli* AnwZert MietR 9/2020). Insoweit kann beschlossen werden, in welcher Art die elektronische Kommunikation stattfinden soll und eine elektronische Kommunikationsform, beispielsweise eine konkrete Anwendung, festlegen (*Pauli* AnwZert MietR 9/2020). Der Beschluss kann zur Prüfung der Teilnahmeberechtigung und zur Klärung des Stimmrechts ferner vorschreiben, dass sich ein Wohnungseigentümer etwa mit Hilfe eines Codes zur Teilnahme und/oder zur Stimmrechtsausübung legitimieren muss (s. a. MüKoAktG/*Kubis* § 118 Rn. 83).

37 **c) Betroffene Versammlungsrechte.** Die Wohnungseigentümer müssen im Beschluss bestimmen, welche Versammlungsrechte ganz oder teilweise im Wege elektronischer Kommunikation ausgeübt werden können. Vorstellbar ist zB, dass ein auf der Versammlung nicht präsenter Wohnungseigentümer nur zuhören kann. Ferner ist vorstellbar, dass ein Wohnungseigentümer zwar Bild und Ton empfangen kann, aber weder ein Rede-, Antrags- oder ein Recht zur Abstimmung hat. In der Regel ist anzustreben,

dass ein Wohnungseigentümer grundsätzlich sämtliche Versammlungsrechte elektronisch wahrnehmen kann. Das Recht, einen Vertreter zurückzuweisen und seine Vollmacht zu prüfen, dürfte allerdings technisch nicht ohne weiteres umsetzbar sein.

Ist nichts im Einzelnen bestimmt, gilt der Regelfall und ist beschlossen, 38 dass jeder Wohnungseigentümer sämtliche Versammlungsrechte im Wege elektronischer Kommunikation ausüben können soll.

d) Nichtöffentlichkeit. Die Versammlung der Wohnungseigentümer ist 39 grundsätzlich nicht öffentlich (→ § 24 Rn. 32). Diese Anforderung muss jeder Wohnungseigentümer wahren, der Versammlungsrechte jenseits der Präsenzversammlung wahrnimmt. Der Versammlungsleiter ist nur dazu aufgerufen, die Plausibilität etwaiger elektronischer Zugangsvoraussetzungen zu prüfen. Ohne begründeten Zweifel ist er jedoch nicht verpflichtet, die Einhaltung der technischen oder rechtlichen Voraussetzung in der Sphäre des Wohnungseigentümers zu prüfen. Da insoweit auch kein Teilnahmefehler vorliegt, kann weder der betroffene noch ein anderer Wohnungseigentümer hieraus einen Anfechtungsgrund herleiten (s. a. MüKoAktG/*Kubis* § 118 Rn. 88).

e) Vertretung. Ein Wohnungseigentümer kann sich auch bei seiner elek- 40 tronischen Teilnahme an einer Präsenzversammlung vertreten lassen, wobei eine Vertreterklausel → § 25 Rn. 82 anzuwenden ist. Der Beschluss muss insoweit klären, wie der Versammlungsleiter und andere Wohnungseigentümer die Vertretungsmacht prüfen können.

f) Ordnungsmäßigkeit. Die Rechtmäßigkeit des Beschlusses richtet sich 41 nach dem allgemeinen Grundsatz ordnungsmäßiger Verwaltung. Dass Wohnungseigentümer die Möglichkeit elektronischer Kommunikation nicht nutzen können, ist bei der Beurteilung unerheblich. Jeder Wohnungseigentümer hat stets die Möglichkeit, an der weiterhin notwendigen Präsenzversammlung teilzunehmen.

3. Durchführung. a) Schaffung der Voraussetzungen. Haben die 42 Wohnungseigentümer eine Online-Teilnahme beschlossen, muss die Gemeinschaft der Wohnungseigentümer zum einen die Voraussetzungen dafür schaffen. Dies betrifft sowohl die Hardware- und Software-Ausstattung als auch die Bereitstellung individueller Zugangswege als Legitimationsnachweis (MüKoAktG/*Kubis* § 118 Rn. 88). Entsprechende Hardware ist anzuschaffen, zu leihen, zu mieten oder anderweitig zu organisieren. Der Verwalter kann das Equipment stellen, ist dazu aber nicht verpflichtet. Zum anderen muss die Gemeinschaft der Wohnungseigentümer den Wohnungseigentümern nach Maßgabe des Beschlusses die dort vorgesehene elektronische Kommunikation und die Wahrung der dort bestimmten Versammlungsrechte ermöglichen. Der Versammlungsleiter hat die technische Absicherung der elektronischen Teilnahme jederzeit zu überwachen.

b) Zugangsweg und Legitimationsnachweis. Der Zugangsweg zur 43 Versammlung und ein etwaiger Legitimationsnachweis sind sämtlichen Wohnungseigentümern grundsätzlich mit der Ladung zur Versammlung mitzuteilen. Da es an einer § 121 Abs. 3 Satz 3 Nr. 2 Buchstabe b) AktG entsprechenden Vorschrift fehlt, nach der die Modalitäten der elektronischen Stimmabgabe bereits in der Einberufungsbekanntmachung publiziert werden müssen, muss mit der Ladung auf diese Modalitäten allerdings nicht zwingend hingewiesen werden.

44 **c) Versammlung.** Für die Versammlung ist ua zu regeln, wie eine Teilnahme durch einen Wohnungseigentümer oder seinen oder deren Vertreter stattfindet, wie Redebeiträge berücksichtigt werden und wie Abstimmungen durchgeführt werden (*Pauli* AnwZert MietR 9/2020). Eine Aufzeichnung ist zulässig, wenn die Wohnungseigentümer einverstanden sind. Wie auch im Aktienrecht (BT-Drs. 14/8769, 19) kann ein Wohnungseigentümer der Aufzeichnung seiner Redebeiträge nicht widersprechen.

45 **4. Technische Störungen. a) Überblick.** Ist die Gemeinschaft der Wohnungseigentümer für eine technische Störung verantwortlich, fällt zB der Ton und/oder das Bild aus, oder kann ein Wohnungseigentümer nicht mehr mit den Präsenzteilnehmern kommunizieren oder seine anderen ihm eigentlich zu ermöglichenden Versammlungsrechte nicht wahren, ist die Versammlung bei einer absehbaren Reparaturmöglichkeit zunächst zu unterbrechen.

46 Ist eine Reparatur zeitlich nicht absehbar, ist die Versammlung zu beenden (s. a. auch den Musterbeschluss von *Pauli* AnwZert MietR 9/2020). Entsprechendes gilt, wenn zB wegen einer Netzstörung eine Übertragung von Bild und Ton in die eine oder andere Richtung gestört ist. Tritt bei einem Wohnungseigentümer eine Störung auf, ist zB sein Monitor defekt, sein Internetanschluss gestört oder zu langsam, ist dafür hingegen allein der Wohnungseigentümer verantwortlich. Hier gilt nichts anderes, als wenn der Wohnungseigentümer im Stau stünde oder aus Gründen, die er zu vertreten hat, nicht an der Präsenzversammlung teilnehmen kann.

47 **b) Anfechtung.** Eine Anfechtungsklage kann entsprechend § 243 Abs. 3 Nr. 1 AktG nicht auf die durch eine technische Störung verursachte Verletzung von Rechten, die auf elektronischem Wege wahrgenommen worden sind, gestützt werden, es sei denn, der Gemeinschaft der Wohnungseigentümer ist grobe Fahrlässigkeit oder Vorsatz vorzuwerfen. Die Darlegungs- und Beweislast für das Verschulden der Gemeinschaft der Wohnungseigentümer trifft den Anfechtungskläger.

III. Versammlungsrechte

48 **1. Überblick.** Unter dem Begriff „Versammlungsrechte" sind mehrere Rechte zusammenzufassen. Zu den Versammlungsrechten gehört zB der Anspruch, dass jeder Wohnungseigentümer grundsätzlich die Aufnahme eines Gegenstandes auf die Tagesordnung verlangen kann (→ Rn. 51). Weiter gehören zu den Versammlungsrechten das Recht auf Einladung (→ § 24 Rn. 3) und das Recht auf Ladung (→ § 24 Rn. 77). Jeder Wohnungseigentümer hat ferner das Recht, an der Versammlung höchstpersönlich teilzunehmen (→ Rn. 30) und dort zu reden (→ Rn. 36 ff.).

49 Jeder Wohnungseigentümer besitzt ferner das Recht, sich in der Versammlung vertreten zu lassen (→ § 25 Rn. 64). Jeder Wohnungseigentümer hat ferner grundsätzlich ein Stimmrecht (→ § 25 Rn. 19 ff.) und gegebenenfalls ein Recht auf Begleitung. Schließlich darf jeder Wohnungseigentümer prüfen, ob andere Teilnehmer an der Versammlung so wie er ein Teilnahmerecht haben.

50 **2. Teilnahmerecht. a) Überblick.** Das Teilnahmerecht gehört nach hM zu den unentziehbaren Rechten eines Wohnungseigentümers (OLG Köln OLGR 2005, 181 (182); OLG Saarbrücken ZMR 2004, 67; LG Karlsruhe ZWE 2013, 36 (37); *Becker,* Versammlung der Eigentümer, 64 ff.; → Rn. 35). Zum Teilnahmerecht zu zählen sind das Stimmrecht, das Recht auf Anwesenheit, das Beschlussantragsrecht, das Rederecht und das Frage- und Anhörungsrecht. Wesentlichster Inhalt des Teilnahmerechts ist das Stimmrecht (dazu → § 25 Rn. 19 ff.). Das Teilnahmerecht und die aus ihm folgenden Einzelrechte bestehen jedoch auch dann, wenn das Stimmrecht „ruht" oder wenn ein Wohnungseigentümer ausnahmsweise nicht stimmberechtigt ist.

51 Wohnungseigentümer haben ein Teilnahmerecht, grundsätzlich aber keine „Teilnahmepflicht" (BGH NJW 2018, 2550 Rn. 24). Die Teilnahme ist grundsätzlich freiwillig und auch nicht erzwingbar (aA *Schmid* ZfIR 2010, 673). Dies folgt bereits daraus, dass sich jeder Stimmberechtigte der Stimme enthalten kann. Eine Stimmenthaltung steht einer Nichtteilnahme aber gleich.

52 Als Obliegenheit ist eine Teilnahmepflicht freilich zu bejahen. Denn aus dem Gemeinschaftsverhältnis (→ § 10 Rn. 7 ff.) erwächst die Pflicht, an einer ordnungsmäßigen Verwaltung mitzuwirken (BGH NJW 1999, 2108 unter III. 3). Diese Pflicht korrespondiert mit dem Anspruch aus § 18 Abs. 2 WEG auf eine ordnungsmäßige Verwaltung. Etwa eine zwingende Erhaltungsmaßnahme begründet eine mittelbare Pflicht zur Beteiligung an Beschlüssen, zumindest durch einen weisungsgebundenen Vertreter (*Abramenko* ZfIR 2019, 477 (481). Verletzt ein Wohnungseigentümer diese Pflicht, kann er Schadenersatz schulden (→ § 18 Rn. 87 ff.). Ein Eigentümer kann deshalb ferner gerichtlich gegen seinen Willen gezwungen werden, einen bestimmten Beschluss mit zu fassen oder einer Vereinbarung zuzustimmen (*Schmid* ZfIR 2010, 673).

53 Eine Obliegenheit besteht danach, wenn nach § 18 Abs. 2 WEG nur ein (positiver) Beschluss ordnungsmäßiger Verwaltung entspricht und ohne Beschlussfassung einem Miteigentümer ein durch eine Anfechtung nicht behebbarer Schaden droht. Verstößt ein Wohnungseigentümer gegen diese Obliegenheit, macht er sich schadenersatzpflichtig (→ § 18 Rn. 88).

54 **b) Recht auf Anwesenheit.** Jeder Teilnahmeberechtigte darf an der Versammlung der Wohnungseigentümer vom Anfang bis zum Ende teilnehmen (Recht auf Anwesenheit). Wer teilnahmeberechtigt ist, verstößt nicht gegen den Grundsatz der Nichtöffentlichkeit (→ § 24 Rn. 32).

55 **c) Beschlussantragsrecht.** Jeder Wohnungseigentümer kann Anträge auf Beschlussfassung stellen (Beschlussantragsrecht). Diese Anträge können sich

dem bloßen Ablauf der Versammlung widmen. Sie können aber auch darin bestehen, dass ein Wohnungseigentümer über seinen Antrag eine verbindliche Beschlussfassung wünscht.

56 **d) Rederecht. aa) Überblick.** Jeder Wohnungseigentümer hat das Recht, zu jedem Punkt im Rahmen des Möglichen zu reden (Rederecht). Das Rederecht gewährleistet gleichsam „rechtliches Gehör". Es ist nicht abhängig vom Stimmrecht. Grundsätzlich darf jeder Wohnungseigentümer solange reden, wie er es für notwendig erachtet.

57 **bb) Redezeit.** Das Rederecht darf nur ausnahmsweise beschränkt oder entzogen werden, etwa bei Beleidigungen oder wenn ein Wohnungseigentümer völlig unsachlich wird (OLG Saarbrücken ZMR 2004, 67). Die Wohnungseigentümer können Redezeitbeschränkungen bestimmen (LG Frankfurt a. M. ZWE 2018, 366 Rn. 14; subsidiär steht das Beschränkungsrecht auch dem Versammlungsleiter zu. Bei Redezeitbeschränkungen ist der Grundsatz der Verhältnismäßigkeit zu wahren (LG Frankfurt a. M. ZWE 2018, 366 Rn. 14; s. a. LG München I ZMR 2008, 488). Primär sind die Wohnungseigentümer § berechtigt, die Redezeit durch eine Geschäftsordnungsmaßnahme (→ § 24 Rn. 125) zu beschränken oder zu entziehen (BayObLG NZM 1999, 852; OLG Stuttgart NJW-RR 1986, 1277; zum Gesellschaftsrecht BGH NJW 2010, 1604 Rn. 11).

58 Eine Redezeitbeschränkung – genannt werden 3 bis 10 Minuten (OLG Stuttgart NJW-RR 1986, 1277; *Bub/von der Osten* FD-MietR 2008, 256226; s. a. BVerfG NZG 2000, 192) – ist allerdings nur vertretbar, wenn sie aus sachlichen Gründen angeordnet wird (OLG Stuttgart NJW-RR 1986, 1277), vor allem, wenn sich sehr viele Wohnungseigentümer zu einem Gegenstand äußern wollen. Hier ist es sachlich richtig – damit alle zu Wort kommen – die Redezeit zu beschränken. Gibt es beispielsweise 30 Wohnungseigentümer, die zu einem Gegenstand reden wollen, ist es in der Regel möglich, dem Einzelnen nur wenig Zeit, beispielsweise 3 Minuten, zuzugestehen. Es ist zu erwarten, dass durch die vielen Beiträge alle Argumente angebracht werden, wenn auch nicht durch einen Wohnungseigentümer. Gibt es hingegen nur wenige Wohnungseigentümer, die reden wollen, ist diesen naturgemäß mehr Zeit zu gewähren, beispielsweise 10 Minuten.

59 **e) Frage- und Anhörungsrecht.** Jeder Teilnahmeberechtigte kann eine angemessene Auskunft über die zur Beschlussfassung anstehenden Punkte, aber auch über den Inhalt der Verwaltung verlangen (allgemein → § 28 Rn. 241). Ein „Präsentationsrecht" (Anhörungsrecht), etwa eine Vorstellung der Kandidaten eines Verwalteramtes, besteht hingegen nicht (OLG München NJW-RR 2008, 26).

60 **f) Entziehbarkeit und Grenzen.** Das Teilnahmerecht ist weder durch eine Vereinbarung noch durch einen Beschluss vollständig entziehbar. Ein präventiver Ausschluss ist generell nicht zulässig (AG Offenbach ZMR 2016, 738 (740)). Stört ein Wohnungseigentümer allerdings den Ablauf der Versammlung der Eigentümer, zB durch einen trotz Abmahnung unbeirrt fortgesetzten, lautstarken Redeschwall, kann er als „ultima Ratio" (= das letzte mögliche Mittel) und nur für den weiteren Verlauf von der Versammlung –

also nicht präventiv – ausgeschlossen werden (AG Offenbach ZMR 2016, 738 (739)). Voraussetzung ist, dass der Versammlungsausschluss verhältnismäßig, also geeignet ist, die Störungen abzustellen und dass es kein milderes Mittel gibt, das den Störungen in gleicher Weise entgegenwirkt (AG Offenbach ZMR 2016, 738 (739); aA *Abramenko* IMR 2016, 422). Ein milderes Mittel ist es etwa, einem Wohnungseigentümer das Rederecht (→ Rn. 30) zu begrenzen oder es gegebenenfalls und unter besonderen Voraussetzungen ganz zu entziehen. Ferner ist zu beachten, den „Störenfried" nach einer „Läuterungsphase" vor der Tür („cooling-off") einmalig wiederum zur Versammlung zuzulassen (→ Rn. 64; AG Offenbach ZMR 2016, 738 (739); aA *Abramenko* IMR 2016, 422). Eine mittelbare Beeinträchtigung des Teilnahmerechts kann darin liegen, dass sich der Versammlungsleiter weigert, über ein beantragtes Rauchverbot abstimmen zu lassen (OLG Köln NJW 2000, 3580).

g) Prozessuales. Kündigt der Verwalter einem Wohnungseigentümer an, ihn nicht (mehr) zur Versammlung zuzulassen, kann der Wohnungseigentümer gegen die Gemeinschaft der Wohnungseigentümer auf Feststellung seines Teilnahmerechts klagen. Anders ist es, wenn die anderen Wohnungseigentümer das Teilnahmerecht in Abrede stellen. Dann ist die Klage gegen diese zu erheben. 61

3. Teilnahmeberechtigte. a) Originäre. Teilnahmeberechtigt sind die zu Recht Einzuberufenden (→ § 24 Rn. 3) bzw. ihre gewillkürten oder gesetzlichen Vertreter. Ein originäres Teilnahmerecht besitzen ferner die jeweiligen Amtsträger sowie ihre Mitarbeiter (KG ZWE 2001, 75 (76); *Weber* NZM 2016, 697 (699); *Armbrüster/Roguhn* ZWE 2016, 105 (107); *Schmid* ZWE 2012, 480 (482)). Die Wohnungseigentümer können vor allem den Verwalter nicht von der Versammlung ausschließen (aA *Scheff/Schmidt* MDR 2010, 186 (189)). Auch einem Mitglied des Verwaltungsbeirates, das nicht zugleich Wohnungseigentümer ist, steht jedenfalls in dem Umfang ein Anwesenheitsrecht zu, als der Aufgabenbereich des Verwaltungsbeirates betroffen ist (OLG Hamm FGPrax 2007, 7; *Armbrüster/Roguhn* ZWE 2016, 105 (107)). Lässt sich ein Amtsträger vertreten, besitzt der Vertreter ein Teilnahmerecht (OLG München ZMR 2005, 728 (729)). 62

b) Gekorene. aa) Vereinbarung. Ein Wohnungseigentümer darf einen Begleiter oder Beistand zur Versammlung hinzuziehen, wenn eine Vereinbarung es erlaubt (*Jennißen/Intveen* NJW 2007, 2881 (2883)). Wohnungseigentümer können umgekehrt auch vereinbaren, ob und wann ein Begleiter von der Versammlung ausgeschlossen ist. In einer Vertreterklausel (→ § 25 Rn. 82) kann eine solche Vereinbarung nicht erkannt werden (BayObLG ZMR 1997, 478; OLG Karlsruhe WuM 1986, 229). Etwas anderes gilt bei dem Bestehen einer ausdrücklichen „Berater- oder Besucherklausel" (KG ZMR 1986, 91). 63

bb) Beschluss. Über die Frage, ob ein nicht teilnahmeberechtigter Dritter an der Versammlung der Eigentümer teilnehmen darf, und damit auch über den Grundsatz der Nichtöffentlichkeit (→ § 24 Rn. 32), kann nach hM – sogar konkludent durch „Nichtrüge" (LG München I ZMR 2015, 490 64

(491); LG Düsseldorf ZWE 2012, 44) – abgestimmt werden (OLG Frankfurt a. M. OLGR 2005, 736 (739); BayObLG NJW-RR 2004, 1312; LG Karlsruhe ZWE 2010, 377 (379); LG Dresden ZMR 2007, 491; *Armbrüster/Roguhn* ZWE 2016, 105 (111); *Schmid* ZWE 2012, 480 (481); *Briesemeister* AnwZert MietR 19/2009). Ein entsprechender Beschluss nach § 19 Abs. 1 WEG wäre eine Geschäftsordnungsmaßnahme (LG München I ZMR 2015, 490 (491); → § 24 Rn. 125) und nach den für diese geltenden Regeln zu ahnden.

65 **Stellungnahme.** Der hM ist außer bei Beschlüssen über die Teilnahme von Beratern, die sämtliche Wohnungseigentümer beraten sollen (→ Rn. 70), nicht zu folgen (s. a. *Abramenko* AnwZert MietR 19/2011; *Sauren* ZWE 2007, 21 (25)). Es besteht keine Beschlusskompetenz, über die Frage der Teilnahmeberechtigung und damit über den Grundsatz der Nichtöffentlichkeit (→ § 24 Rn. 32) zu entscheiden (→ Rn. 8; AG München ZMR 2014, 406). Auf einen etwaigen „Widerspruch" oder eine „Rüge" kommt es nicht an (*Armbrüster/Roguhn* ZWE 2016, 105 (112); aA OLG Hamburg ZMR 2007, 550 (552); LG München I ZMR 2015, 490 (491)). Ein Beschluss wäre im Übrigen in aller Regel nicht ordnungsmäßig (*Armbrüster/Roguhn* ZWE 2016, 105 (111): nur bei Beratern). Gibt es keinen Anspruch auf Teilnahme eines Dritten (→ Rn. 66 ff.), ist nicht erkennbar, dass das Interesse eines Einzelnen an einer Durchbrechung des Grundsatzes der Nichtöffentlichkeit das Interesse der anderen Wohnungseigentümer an Nichtöffentlichkeit überwiegen könnte (s. a. *Armbrüster/Roguhn* ZWE 2016, 105 (111).

66 **c) Anspruch auf Teilnahme Dritter, insbesondere von Beratern.** Grundsätzlich ist es jedem Wohnungseigentümer zuzumuten, sich anhand der Tagesordnung vor der Versammlung Rat zu holen und seine Meinung in der Versammlung selbst oder durch einen zulässigerweise bestellten Vertreter vortragen zu lassen. Ein Wohnungseigentümer kann daher – ist nichts anderes vereinbart – nur ausnahmsweise nach dem Gemeinschaftsverhältnis (→ § 10 Rn. 7 ff.) einen Anspruch darauf haben, einen Dritten hinzuziehen (OLG Saarbrücken ZMR 2004, 67; *Becker,* Versammlung der Eigentümer, 219; kritisch *Lüke* WE 1993, 260 (262)); zum Gesellschaftsrecht BGH NJW 2009, 2300 Rn. 17).

67 Dieser Anspruch ist vor allem anzunehmen, wenn ein Wohnungseigentümer ein berechtigtes, die Interessen der anderen Wohnungseigentümer überwiegendes und durch eine Beratung im Vorfeld nicht entfallenes (BGH NJW 1993, 1329 unter III. 2) Interesse daran hat, gerade in der Versammlung einen Berater hinzuzuziehen. Das Interesse kann sich sowohl aus persönlichen als auch aus sachlichen Gründen ergeben (BayObLG ZMR 2002, 844 (845); ZMR 1997, 478). Diese Gründe müssen gewichtiger sein als das Interesse anderer Wohnungseigentümer, die Versammlungen auf den eigenen Kreis zu beschränken. Ferner ist eine Ausnahme anzuerkennen, wenn schwerwiegende Entscheidungen zu fällen sind, dem Wohnungseigentümer die erforderliche Sachkunde fehlt und er sie sich vorher auch nicht angemessen beschaffen kann (zum Gesellschaftsrecht BGH NJW 2009, 2300 Rn. 17). Eine besonders schwierige Angelegenheit liegt grundsätzlich nicht

vor, wenn der Beschluss eine Frage betrifft, die wiederholt auftritt (BayObLG ZMR 1997, 478 (479)). Eine Abwägung, ob der Berater – und gegebenenfalls für welche Tagesordnungspunkte – anwesend sein darf, kann nur in der Versammlung stattzufinden.

Prüfsteine für das Bedürfnis eines Wohnungseigentümers, sich begleiten 68
zu lassen, sind etwa Art, Bedeutung und Schwierigkeit der jeweils anstehenden Tagesordnungspunkte (OLG Düsseldorf NJW-RR 1995, 1294), die individuellen Fähigkeiten des jeweiligen Wohnungseigentümers, zB hohes Lebensalter (BGH NJW 1993, 1329 unter III. 2), eine Erkrankung, nachgewiesene Schwerhörigkeit (LG Lüneburg ZMR 2019, 220 (221)), fehlende Sprachkenntnis (→ Rn. 72), geistige Gebrechlichkeit oder das Unvermögen, seinen Standpunkt angemessen zu vertreten (BayObLG ZMR 1997, 478 (479)), Ort und Zeit der Versammlung, die Größe einer Eigentümergemeinschaft. Ist der Berater nach seinem Beruf zur Verschwiegenheit verpflichtet, soll auch dies zu berücksichtigen sein. In kleineren Eigentümergemeinschaften ist das Interesse der übrigen Wohnungseigentümer, von äußeren Einflussnahmen ungestört beraten und abstimmen zu können, hoch zu veranschlagen (BGH NJW 1993, 1329 unter III. 2). Zerstrittenheit begründet in der Regel nicht das berechtigte Interesse an der Hinzuziehung eines Rechtsanwaltes (OLG Hamm ZMR 2004, 699 (700); BayObLG ZMR 2002, 844 (845)). Ein Bedürfnis kann auch dann bejaht werden, wenn die anderen Wohnungseigentümer zur Beratung ihrer Interessen gegen einen Wohnungseigentümer einen Rechtsanwalt als Berater hinzugezogen haben (AG Schöneberg GE 2016, 667).

Wird ein Berater durch Beschluss (→ Rn. 64) von der Versammlung aus- 69
geschlossen, obwohl der begleitete Wohnungseigentümer einen Anspruch auf Begleitung und Beratung hatte, ist der Beschluss nicht ordnungsmäßig. Ein solche Geschäftsordnungsmaßnahme (→ § 24 Rn. 125) ist allerdings nicht gesondert anfechtbar (→ § 24 Rn. 132). Anfechtbar sind nur die jeweiligen, unter dem Beratungsmangel leidenden Beschlüsse.

d) Beratung sämtlicher Wohnungseigentümer. Von der persönlichen 70
Beratung im Individualinteresse zu unterscheiden ist eine im Gesamtinteresse (BayObLG NJW-RR 2004, 1312; *Armbrüster/Roguhn* ZWE 2016, 105 (109); *Scheff/Schmidt* MDR 2010, 186 (188); *Briesemeister* AnwZert MietR 19/2009). Die Wohnungseigentümer sind berechtigt, sich in ihrer Gesamtheit in der Versammlung etwa von einem Rechtsanwalt informieren zu lassen. Hierüber kann im Wege einer Geschäftsordnungsmaßnahme (→ § 24 Rn. 125) beschlossen werden (*Jennißen/Intveen* NJW 2007, 2881). Eine Beratung ist selbst dann möglich, wenn ein Interessengegensatz zwischen einem einzelnen Wohnungseigentümer und der Gesamtheit der übrigen hervorgetreten ist (*Armbrüster/Roguhn* ZWE 2016, 105 (109); aA OLG Köln ZWE 2009, 139; OLG München NZM 2006, 868 (869); BayObLG NZM 2004, 388).

Der „Widerspruch" eines Wohnungseigentümers, etwa desjenigen, wegen 71
dessen Fehlverhaltens eine Beratung erst erforderlich wurde, ist unerheblich (*Jennißen/Intveen* NJW 2007, 2881; aA OLG Köln ZWE 2009, 139; BayObLG NJW-RR 2004, 1312). Allein entscheidend ist, dass für die Woh-

nungseigentümer in ihrer Gesamtheit nach objektiven Maßstäben ein Bedürfnis an rechtlicher Beratung besteht (OLG Köln ZWE 2009, 139; BayObLG NJW-RR 2004, 1312), das nur in der Versammlung letztlich sachgerecht erfüllbar ist (OLG Köln ZWE 2009, 139; OLG Hamm ZMR 2004, 699 (700)). Im Übrigen kann die Versammlung jedenfalls so lange unterbrochen werden. Es ist nicht erforderlich, den Wohnungseigentümern vorab bekannt zu geben, dass nicht zur Gemeinschaft gehörende Berater eingeladen werden (BayObLG NJW-RR 2004, 1312; *Jennißen/Intveen* NJW 2007, 2881 (2882). Ausreichend ist eine adhoc-Beschlussfassung zur Frage, ob die Beratung in Anspruch genommen werden soll.

72 **e) Dolmetscher.** Ein ausländischer Wohnungseigentümer ist jederzeit berechtigt, dass ein Dolmetscher ihn in die Versammlung begleitet (AG Wiesbaden ZWE 2013, 285; → Rn. 68). Die Überschreitung der Dolmetschertätigkeit macht diesen freilich zum „Dritten" (AG Hamburg-Altona ZMR 2005, 823; *Scheff/Schmidt* MDR 2010, 186 (189)). Der Dolmetscher muss sich daher auf die Übersetzungstätigkeit beschränken und eigener Äußerungen enthalten (*Schmid* ZWE 2012, 480 (484)).

73 **f) Gäste.** Gäste dürfen an der Versammlung teilnehmen, wenn sämtliche Wohnungseigentümer mit der Teilnahme einverstanden sind (OLG Köln ZWE 2009, 139). Eine Beschlussmacht oder ein Recht des Versammlungsleiters, hierüber zu bestimmen, bestehen nicht (aA LG Dresden ZMR 2007, 492; → Rn. 64). Es kann auch nicht beschlossen werden, die Versammlungen zweier Anlagen gemeinsam stattfinden zu lassen (OLG Köln NZM 2002, 617).

74 **4. Verletzungen des Teilnahmerechts.** Wird ein Wohnungseigentümer zu Unrecht von der Teilnahme abgehalten – dieses ist schon anzunehmen, wenn die Versammlung auf einen, wie das Einberufungsorgan weiß, unzumutbaren Zeitpunkt (zum Gesellschaftsrecht BGH NJW 2009, 2300 Rn. 17) oder an einen unzumutbaren Ort einberufen wird oder wenn der Wohnungseigentümer einen Anspruch darauf hat, sich während der Versammlung beraten zu lassen, und ihm diese Beratung unzumutbar verwehrt wird (zum Gesellschaftsrecht BGH NJW 2009, 2300 Rn. 17) – ist ein dennoch gefasster Beschluss anfechtbar (AG Offenbach ZMR 2016, 738 (739)), im Einzelfall aber auch nichtig. Eine Ungültigerklärung scheidet aus, wenn feststeht, dass sich die Verletzung des Teilnahmerechts auf das Abstimmungsergebnis nicht ausgewirkt hat (BGH BeckRS 2020, 7544 Rn. 18; BGH NJW 2011, 6 Rn. 10; AG Offenbach ZMR 2016, 738 (739); *Elzer* ZWE 2010, 234 (235)). Anders verhält es sich jedoch bei schwerwiegenden Verstößen, die dazu führen, dass das Teilnahme- und Mitwirkungsrecht eines Wohnungseigentümer in gravierender Weise unterlaufen wird (BGH BeckRS 2020, 7544 Rn. 18). Ein solcher Fall wird nicht schon angenommen werden können, wenn ein Wohnungseigentümer unbeabsichtigt – etwa, weil seine Einladung auf dem Postweg verlorengegangen ist – an der Versammlung nicht teilnehmen oder nicht vertreten sein kann (BGH BeckRS 2020, 7544 Rn. 18). Anders liegt es aber, wenn ein Wohnungseigentümer, der schon an mehreren Versammlungen teilgenommen hat,

zum Verwaltungsbeirat gewählt worden ist und zur anstehenden Versammlung erschienen ist, bei unveränderter Sachlage von der Teilnahme ausgeschlossen wird (BGH BeckRS 2020, 7544 Rn. 18). Eine solche Maßnahme stellt einen schwerwiegenden Eingriff in den Kernbereich elementarer Mitgliedschaftsrechte dar, bei dem es nicht darauf ankommt, ob die gefassten Beschlüsse auch bei einer Mitwirkung des (ausgeschlossenen) Mitgliedes die erforderliche Mehrheit gefunden hätten (BGH BeckRS 2020, 7544 Rn. 18; NZM 2017, 42 Rn. 17).

E. Bezeichnung der Beschlussgegenstände (§ 23 Abs. 2 WEG)

I. Sinn und Zweck

Sinn und Zweck von § 23 Abs. 2 WEG ist es vor allem, vor überraschenden Beschlüssen zu schützen (BGH NJW-RR 2012, 343 Rn. 9; KG ZMR 2009, 709; BayObLG ZMR 2005, 460 (461)). Die Wohnungseigentümer sollen durch die frühzeitige Bezeichnung die Möglichkeit haben, sich bereits anhand der Tagesordnung (→ Rn. 88) auf die Beratung und Beschlussfassung sämtlicher in der Versammlung anstehender Punkte vorzubereiten und sich zu entscheiden, ob sie wegen eines bestimmten Punktes an der Versammlung teilnehmen oder nicht (BGH NZM 2015, 595 Rn. 11; NJW-RR 2012, 343 Rn. 9; OLG München MietRB 2006, 322 (323); KG ZMR 2006, 794 (795); LG München I ZWE 2010, 138). 75

II. Bezeichnung

1. Grundsatz. a) Text. Die vorgesehenen Beschlussgegenstände sind in deutscher Sprache textlich so genau zu bezeichnen, dass die Wohnungseigentümer verstehen und überblicken können, was in tatsächlicher und rechtlicher Hinsicht erörtert und beschlossen werden soll und welche Auswirkungen der vorgesehene Beschluss auf die Gemeinschaft der Wohnungseigentümer und sie selbst hat (BGH NJW 2013, 3098 Rn. 22; NJW-RR 2012, 343 Rn. 9; LG Köln BeckRS 2018, 29565 Rn. 12). Die Bezeichnung muss mithin so gestaltet sein, dass sie den Wohnungseigentümer angemessen auf die Erörterung der Beschlussgegenstände vorbereitet (BGH NZM 2011, 515 Rn. 8). An die Bezeichnung dürfen „keine übertriebenen Anforderungen“ gestellt werden (KG ZMR 2009, 709; LG Hamburg ZMR 2010, 226 (228)). Was der Ladende für die ausreichende Bezeichnung eines Beschlussgegenstandes leisten muss und wann er im Einzelfall den Anforderungen (noch) genügt, ist weitgehend Tatfrage (OLG Zweibrücken OLGR 2003, 121; OLG Hamm NJW-RR 1993, 468; *Elzer* MietRB 2006, 73). 76

Häufig genügt zwar eine schlagwortartige Bezeichnung (BGH NZM 2015, 595 Rn. 11; NJW 2013, 3098 Rn. 22; NJW-RR 2012, 343 Rn. 9; LG Köln BeckRS 2018, 29565 Rn. 12), die Art und Weise der Bezeichnung ist aber vom Beschlussgegenstand abhängig und richtet sich außerdem stets nach den berechtigten Informationsbedürfnissen der Wohnungseigentümer (KG ZMR 2009, 709). Prüfsteine für die Abwägung können sein: 77

- Alter und ethnische Herkunft der Wohnungseigentümer;
- die Anzahl der Wohnungseigentümer;
- eine Vorbefassung der Wohnungseigentümer mit dem Gegenstand in anderen Versammlungen (BGH NZM 2015, 595 Rn. 12; BayObLG ZMR 2005, 460 (461); BayObLGZ 1992, 79 (84); LG Köln BeckRS 2018, 29565 Rn. 12);
- die Bedeutung eines Gegenstandes;
- die Frage, ob eine einfacher oder schwerer (komplizierter) Sachverhalt vorliegen;
- gegebenenfalls ein laufendes Gerichtsverfahren wegen eines Beschlussgegenstandes;
- neue Wohnungseigentümer in der Wohnungseigentumsanlage;
- die wirtschaftliche, tatsächliche, ideelle Bedeutung des Beschlussinhalts;
- der Wissensstand der Wohnungseigentümer (OLG München NZM 2006, 934 (935); OLG Köln OLGR 2003, 130; AG Düsseldorf ZMR 2008, 917).

78 **b) Unterlagen.** Eine ordnungsmäßige Beschlussfassung kann es im Einzelfall erfordern, den Wohnungseigentümern unabhängig von der ausreichenden Bezeichnung des Gegenstandes der Beschlussfassung in der Einladung eine Unterlage zur Verfügung zu stellen, um ihnen eine inhaltliche Befassung mit dem Beschlussgegenstand zu ermöglichen (→ § 24 Rn. 97).

79 **2. Beschlussfassung.** Die Wohnungseigentümer müssen bei jedem angekündigten Tagesordnungspunkt damit rechnen, dass nicht nur eine Aussprache stattfinden, sondern auch beschlossen werden soll. Es ist deshalb nicht notwendig, neben dem Beschlussgegenstand auch darauf hinzuweisen, dass über diesen Gegenstand abgestimmt werden soll (BayObLG ZMR 2005, 460 (461); 1998, 580 (581)). Die Wohnungseigentümer haben auch mit naheliegenden, mit der Bezeichnung in der Einladung eng verbundenen Beschlüssen zu rechnen (LG Berlin ZMR 2020, 679 (680); LG München IMR 2018, 297).

80 **3. Vorschläge zur Beschlussfassung.** Für eine Bezeichnung ist es nicht analog § 124 Abs. 3 Satz 1 AktG erforderlich, bereits den genauen Inhalt eines beabsichtigten Beschlusses oder einen konkreten Beschlusstext mitzuteilen (OLG Frankfurt a. M. OLGR 2006, 475 (476); OLG Köln NZM 2003, 122; BayObLG NZM 1999, 175; LG Frankfurt a. M. BeckRS 2018, 32697 Rn. 26; LG Köln BeckRS 2018, 29565 Rn. 12).

81 Eine „Vorformulierung“ der geplanten Beschlüsse ist zwar möglich, von Gesetzes wegen aber nicht erforderlich (AG Hamburg-Blankenese BeckRS 2020, 5937 Rn. 87; LG Düsseldorf NZM 2013, 795). Ferner sind die Wohnungseigentümer stets berechtigt, von einem angekündigten Beschlussantrag abzuweichen (LG Frankfurt a. M. BeckRS 2018, 32697 Rn. 26; LG München I ZWE 2010, 138), soweit sich dadurch der Beschlussgegenstand nicht ändert und ein „aliud“ (= etwas anderes) wird.

82 **4. Mehrere Beschlussgegenstände.** Hat ein Beschlussantrag mehrere Punkte zum Gegenstand – was den Beschluss teilbar macht (→ Vor §§ 23 ff.

WEG Rn. 50) –, soll zB neben einer Baumaßnahme auch über eine von dem geltenden Umlageschlüssel abweichende Kostenverteilung beschlossen werden, muss dieser weitere Beschlussgegenstand neben der Baumaßnahme gesondert und ausdrücklich angekündigt werden (s. a. LG Hamburg ZMR 2011, 824 (825)).

Besser ist es, beiden Beschlussgegenständen einen eigenen Beschluss zu widmen und über ihn gesondert mit einem eigenen Beschlussantrag abzustimmen. Dabei muss aber klar sein, wie der eine Beschluss vom anderen abhängt, ob er also auch dann beschlossen sein soll, wenn der andere Beschluss nicht zustande kommt oder für ungültig erklärt wird. **83**

5. Geschäftsordnungsmaßnahmen. Ein Antrag zu einer Geschäftsordnungsmaßnahme (→ § 24 Rn. 125) ist nicht anzukündigen und auch ohne Ankündigung in der Tagesordnung ohne weiteres zulässig (OLG Köln NJW 2000, 3580). Etwas anderes gilt, wenn es in Wahrheit um einen Geschäftsordnungsbeschluss (→ § 24 Rn. 134) geht, der Beschluss also einen Gegenstand hat, der für die nächste und die weiteren Versammlungen gelten soll. **84**

III. „Verschiedenes/Sonstiges"

Der als „Verschiedenes/Sonstiges" bezeichnete und angekündigte Tagesordnungspunkt lässt nur Beschlüsse über Gegenstände zu, mit denen man vernünftigerweise rechnen durfte und musste (OLG München ZMR 2006, 68 (70); BayObLG ZMR 1998, 649). Es können mithin keine wesentlichen Angelegenheiten beschlossen werden, sondern allenfalls Gegenstände von ganz untergeordneter Bedeutung (BayObLG WuM 2004, 366; LG Lüneburg ZMR 2006, 86). Welche Beschlussgegenstände von „untergeordneter Bedeutung" sind, ist Frage des Einzelfalls. Im Zweifel ist anzunehmen, dass kein Beschlussgegenstand von untergeordneter Bedeutung ist. **85**

IV. Ausgesuchte Einzelfälle im „ABC"

- **Benutzung (Gebrauch):** **86**
  - Der TOP „Nutzung der Gewerbeeinheit im ehemaligen Teeladen/Information durch den Verwalter – Beschlussfassung" deckt grundsätzlich kein gerichtliches Vorgehen gegen einen Teileigentümer (LG Nürnberg-Fürth ZWE 2011, 227).
  - Der TOP „Grillen in der Wohnanlage" im Zusammenhang mit der Überschrift „Beschluss über die Änderung bzw. Erweiterung der Hausordnung" deckt ein Grillverbot (LG München I ZWE 2013, 413).
- **Verwaltung:**
  - Der TOP „Abmeierungsklage" lässt erkennen, dass es um eine Beschlussfassung nach § 17 WEG über die Entziehung des Wohnungseigentums geht (KG ZMR 1996, 223 (225)). Ein TOP Unterrichtung der Eigentümergemeinschaft über die jüngsten Aktivitäten des Miteigentümers …, seinen aktuellen Schuldenstand gegenüber der Gemeinschaft und Beschlussfassungen hierzu deckt diese Frage hingegen nicht ab (OLG Düsseldorf ZMR 1998, 244 (245)).

- Der TOP „Beschluss über die Erneuerung der Heizungsanlage und Finanzierung aus WEV vom … 2007" und „Informationen wurden bereits für die WEV vom … zur Verfügung gestellt" ist unzureichend (LG Karlsruhe ZWE 2010, 377 (378)).
- Der TOP „Freiflächengestaltung" ist hinreichend bestimmt (BayObLG BayObLGR 2004, 388).
- Der TOP „Anfragen/Anregungen" lässt nur Beschlüsse von untergeordneter Bedeutung zu (BayObLG ZfIR 2002, 296 (300); s. a. → Rn. 85).

• **Bauliche Maßnahmen:**
- Der TOP „Beschluss über ergänzende und weiterführende Beschlüsse zur Großsanierung" reicht nicht aus, wenn über konkrete bauliche Einzelmaßnahmen beschlossen werden soll (OLG München NZM 2006, 934 (935)).
- Der TOP „Erneuerung der Aufzugsinnentüren iVm einer Neuausstattung der Aufzugskabine konform zur Schadenhäufigkeit" macht ersichtlich, dass hinsichtlich des Aufzugs eine Maßnahme der Instandsetzung geplant ist. Dies bedeutet gleichzeitig, dass auch dafür anfallende Kosten und die Art der Finanzierung (Sonderumlage oder Instandhaltungsrückstellung) zur Entscheidung anstehen (OLG Düsseldorf ZMR 2001, 723).
- Der TOP „Treppenveränderung" kann ausreichend sein, um auch eine Beschlussfassung über eine Entfernung der Treppe mit Gestattung der Neuerrichtung genügend zu bezeichnen (OLG München OLGR 2005, 606 (607)).
- Der TOP „Vorgehen wegen der Feuchtigkeitsschäden im Haus" deckt eine Beschlussfassung darüber und über die Beauftragung eines Sachverständigen zur Ermittlung der Ursachen der Schäden ab, auch wenn dies im Einladungsschreiben nicht ausdrücklich angekündigt wurde (OLG Köln NZM 2003, 121 (122)).

• **Verwalter (§ 27 WEG):**
- Der TOP „Erklärungen zum Verwaltervertrag (Haftung)" genügt für eine Beschlussfassung zur zeitlichen und betragsmäßigen Einschränkung der Verwalterhaftung (BayObLG ZMR 2003, 282).
- Der TOP „Haftung eines Eigentümers für Kosten und Schäden einer baulichen Veränderung des gemeinschaftlichen Eigentums und über die Erstattung zu Unrecht in Anspruch genommener Gelder der Eigentümer" deckt eine Beschlussfassung über die Ermächtigung des Verwalters zur gerichtlichen Geltendmachung dieser Ansprüche (BayObLG WE 1997, 239).
- Der TOP „Neuwahl eines Verwalters", „Neuwahl der Hausverwaltung" bzw. „Wahl eines Verwalters" macht erkennbar, dass damit nicht nur die Bestellung beschlossen werden soll, sondern auch die wesentlichen Bedingungen des Verwaltervertrags beraten und beschlossen werden können (OLG Schleswig NZM 2006, 822 (823)), insbesondere die Regelung der Vergütung und der Vertragsdauer (OLG München NJW-RR 2008, 1182 (1183)). Die Benennung eines konkreten Namens für das Amt des Verwalters in der Einladung ist nicht erforderlich.

- Ein TOP „Bestellung eines Verwalters" deckt sowohl einen Beschluss über die Bestellung des Verwalters als auch über die Höhe der Vergütung (BayObLG MDR 1985, 412).
- Unter dem Punkt „außerordentliche Kündigung des Verwaltervertrags" kann auch die Abberufung der Verwaltung beschlossen werden. Im umgekehrten Fall, wenn also die Abbestellung/Abberufung, nicht aber die Kündigung angekündigt ist, gilt nichts anderes (AG Charlottenburg ZWE 2013, 274).
- Der TOP „Wahl der B. Städtebau Immobilienverwaltung GmbH" deckt auch die Bestellung eines anderen Verwalters (LG Frankfurt a. M. BeckRS 2014, 11875).

• **Abrechnung/Wirtschaftsplan/Sonderumlage (§ 28 WEG):**
- Der TOP „Beschluss über Jahresabrechnung 2012 mit Gesamt-, Einzel- und Heizkostenabrechnung" deckt einen Beschluss, mit dem die Wohnungseigentümer die Gesamtabrechnung und die Einzelabrechnungen genehmigen (LG München I ZMR 2016, 232).
- Der TOP „Jahresabrechnung/Wirtschaftsplan/Sonderumlage" deckt keinen Beschluss, der einen Umlageschlüssel ändert. Wollen die Wohnungseigentümer vom gesetzlichen oder einem zuvor vereinbarten oder beschlossenen Umlageschlüssel abweichen, muss diese beabsichtige Änderung gesondert angekündigt werden.
- Der TOP „Festsetzung des Haus-/Wohngeldes/s. beil. Wirtschaftsplan" deckt nicht einen Beschluss ab, dass entgegen den Bestimmungen in der Gemeinschaftsordnung das Hausgeld für das gesamte Wirtschaftsjahr fällig sein soll, wenn der Eigentümer mit einem Monatsbetrag in Verzug gerät (OLG Köln NZM 2002, 169).
- Der TOP „Wirtschaftsplan" deckt die Beschlussfassung über eine Erhöhung der jährlichen Zuführung zur Instandhaltungsrückstellung.

• **Verwaltungsbeirat (§ 29 WEG):**
- Der TOP „Der Beirat wird neu gewählt" umfasst auch eine der Bestellung (Wahl) notwendigerweise vorausgehende Befassung, ob eine solche überhaupt durchgeführt werden soll (OLG München ZMR 2007, 996).

V. Verstöße

Wird ein Beschlussgegenstand unzureichend angekündigt, ist ein dennoch gefasster Beschluss ungeachtet des an § 32 Abs. 1 Satz 2 BGB angelehnten Wortlauts („gültig") nach hM wegen eines formellen Beschlussmangels (→ Rn. 95) nur anfechtbar (KG KGR 1999, 250 (253); OLG Köln OLGR 1996, 209). Der Verstoß ist sogar unbeachtlich, wenn feststeht, dass es bei ordnungsmäßiger Ladung zu demselben Beschluss gekommen wäre (BayObLG NZM 1999, 858; *Becker* WE 1999, 162; allgemein → Rn. 62). Ein Verstoß kann bei einer Universalversammlung geheilt werden (→ Rn. 18). 87

VI. Tagesordnung

1. Sinn und Zweck. Tagesordnung ist der Inbegriff aller im Einladungsschreiben (→ § 24 Rn. 96 ff.) angekündigten Beschlussgegenstände (*Elzer* 88

MietRB 2009, 89). Die Tagesordnung gibt der Versammlung der Eigentümer vor allem eine Ablauf- und Diskussionsordnung. In der Versammlung sind die einzelnen Tagesordnungspunkte grundsätzlich gemäß der in der Einladung angegebenen Reihenfolge zu behandeln. Verlässt ein Wohnungseigentümer die Versammlung in der berechtigten Annahme, der betreffende Punkt sei abgehandelt, ist ein danach gefasster Beschluss als nicht ordnungsmäßig anfechtbar (BayObLG NZM 1999, 672 (673); *Elzer* MietRB 2009, 89). Das Wiederaufgreifen eines bereits erledigten Tagesordnungspunktes ist nur dann zulässig, wenn die Entscheidung über die Neuabstimmung die – gesetzlichen und vereinbarten – Verfahrensvorgaben einhält und die Durchführung der Zweitabstimmung die Rechte der Wohnungseigentümer auf gleichberechtigte Teilhabe an der Willensbildung wahrt.

89 **2. Ersteller.** Die Tagesordnung ist – wie sich aus §§ 23 Abs. 2, 24 Abs. 1 WEG ergibt – grundsätzlich vom Einladenden aufzustellen, in der Regel also vom Verwalter (BGH NJW 2018, 2550 Rn. 62; BayObLG NJW-RR 2004, 1312; ZWE 2001, 538 (540)) nach pflichtgemäßem Ermessen (→ § 26 Rn. 74 ff.). Der einzelne Wohnungseigentümer ist weder verpflichtet, Anträge zur Tagesordnung zu stellen, noch muss er die Tätigkeit des Verwalters überwachen. Erkennt er, dass der Verwalter pflichtwidrig einen Antrag zur Tagesordnung unberücksichtigt lassen will, kann ein unterlassener Hinweis an den Verwalter nicht zu einem Schadenersatzanspruch führen (BGH NJW 2018, 2550 Rn. 62). Die Wohnungseigentümer oder ein bestimmtes Quorum von ihnen (OLG Düsseldorf NJW-RR 1986, 96 (97); OLG Hamm Rpfleger 1979, 342) haben ebenso wie Verwaltungsbeiräte grundsätzlich kein Mitwirkungsrecht (BGH NJW 2018, 2550 Rn. 62). Sind freilich die Ausnahmevoraussetzungen des § 24 Abs. 3 WEG erfüllt, erstreckt sich das Einberufungsrecht erst recht auf die Festlegung der Tagesordnung (OLG Frankfurt a. M. NJW 2009, 300 (301); OLG Düsseldorf NJW-RR 1986, 96 (97)). Lädt zur Versammlung ein dazu gerichtlich ermächtigter Wohnungseigentümer oder der Vorsitzende des Verwaltungsbeirates oder dessen Vertreter, haben diese die Tagesordnung zu erstellen.

90 **3. Inhalt.** Welche Beschlussgegenstände für eine Versammlung der Eigentümer vorzusehen sind, muss im Einzelfall entschieden werden. Der Ersteller der Tagesordnung hat bei der Gestaltung ein Ermessen (→ § 26 Rn. 74 ff.; *Häublein* ZMR 2004, 723 (725)). Maßstab für seine Ausübung ist, ob nach dem objektivierten Interesse der Gesamtheit der Wohnungseigentümer die Aufnahme eines Tagesordnungspunktes geboten ist. Muss der Verwalter zu einer Versammlung der Eigentümer nach § 24 Abs. 2 Var. 2 WEG laden, ist das Ermessen bei denjenigen Punkten begrenzt, die dem Einberufungsverlangen zugrunde liegen: diese müssen aufgenommen werden. Wenn eine Minderheit die Einberufung einer Versammlung verlangen darf, kann sie erst recht als „Minus" die Aufnahme einzelner Tagesordnungspunkte beanspruchen. Das Ermessen ist ferner reduziert, wenn ein Benennungsrecht der Wohnungseigentümer vereinbart ist.

91 **4. Anspruch auf Aufnahme eines Tagesordnungspunktes. a) Allgemeines.** Jeder Wohnungseigentümer kann das Recht haben, einen Punkt

auf die Tagesordnung der nächsten ordentlichen Versammlung setzen zu lassen (BGH NJW 2018, 2550 Rn. 62). Der Anspruch ist gem. § 18 Abs. 2 Nr. 1 WEG gegeben, wenn sachliche Gründe dafür vorliegen, den Punkt zu erörtern und zum Gegenstand einer Abstimmung zu machen (OLG Frankfurt a. M. NJW 2009, 300 (301); LG Hamburg ZWE 2013, 135; LG München I ZWE 2012, 144). Da Wohnungseigentümer ihre Angelegenheiten im Wesentlichen in der Versammlung regeln, muss im Zweifel jeder Punkt, den ein Wohnungseigentümer selbst für wichtig erachtet (gegebenenfalls kurz) auch erörtert werden können (LG München I ZWE 2012, 144).

Der Einladende ist in der Regel nicht gezwungen, die vom Antragsteller 92 bevorzugte Benennung und Formulierung des Gegenstandes zu übernehmen (OLG Saarbrücken OLGR 2004, 445 (446); BayObLG ZWE 2001, 538 (540); LG Frankfurt a. M. ZWE 2014, 337). Etwas anderes gilt, wenn vom Verlangenden bereits konkrete Beschlussanträge mitgeteilt werden. In diesem Falle muss der Ladende den Antrag so übernehmen, wie vom Antragsteller gewünscht. Sind für einen von einem Wohnungseigentümer verlangten Tagesordnungspunkt der Versammlung Angebote vorzulegen (→ § 18 Rn. 32), muss – sofern möglich – der Verwalter diese einholen – es sein denn, der Verlangende wird selbst tätig oder damit sind für die Gemeinschaft der Wohnungseigentümer Kosten verbunden, die der Verwalter nicht auslösen darf.

b) Prüfungsrecht des Verwalters. Der Einladende hat grundsätzlich 93 kein Recht, den gewünschten Tagesordnungspunkt auf Notwendigkeit/Richtigkeit/Sachlichkeit usw. zu prüfen. Wenn das Ziel eines Wohnungseigentümers allerdings darin besteht, durch seinen Antrag oder durch eine Vielzahl von Anträgen einen ordnungsmäßigen Ablauf der Versammlung der Eigentümer zu gefährden oder die Versammlung ihres Zweckes zu berauben, ist sein Vorgehen nach § 242 BGB rechtsmissbräuchlich. In diesem Falle ist der Einladende auch nicht verpflichtet, aus einer Vielzahl von Anträgen die herauszusuchen, die gegebenenfalls noch ordnungsmäßig wären (BayObLG ZWE 2001, 538 (540)). Der in Aussicht genommene Beschluss darf auch nicht von vornherein rechtswidrig und also unter allen Umständen anfechtbar sein. Dieses ist zB der Fall, wenn die Ladungsfrist nicht gewahrt werden und auf diese Frist auch nicht ausnahmsweise verzichtet werden kann (LG München I ZWE 2012, 144).

c) Durchsetzung des Anspruchs. Ist der Einladende nicht bereit, einen 94 bestimmten Beschlussgegenstand auf die Tagesordnung zu nehmen, kann gegen die Gemeinschaft der Wohnungseigentümer auf Aufnahme geklagt werden (zum alten Recht OLG Frankfurt a. M. ZMR 2004, 288; BayObLG NZM 2004, 108 (109); OLG Düsseldorf ZMR 1994, 521 (524); LG Hamburg ZWE 2013, 135). Ferner ist es möglich, den Anspruch gegen die Gemeinschaft der Wohnungseigentümer im Wege des einstweiligen Rechtsschutzes (Leistungsverfügung) zu verfolgen (LG München I MietRB 2011, 256). Die Leistungsverfügung ist gerechtfertigt, wenn der Verfügungskläger ausnahmsweise auf die sofortige Erfüllung des geltend gemachten Anspruchs so dringend angewiesen ist, dass er ein ordentliches Hauptsacheverfahren nicht abwarten könnte, ohne unverhältnismäßig großen, gar irreparablen

Schaden zu erleiden (VerfGH Berlin NZM 2011, 314; LG München I ZWE 2012, 144; MietRB 2011, 256).

95 **5. Ergänzung.** Der Einladende kann die Tagesordnung jederzeit unter Wahrung der Einberufungsfrist (→ § 24 Rn. 90) ergänzen. Der Verwaltungsbeiratsvorsitzende oder ein nach § 24 Abs. 3 WEG ermächtigter Wohnungseigentümer kann entsprechend § 24 Abs. 3 WEG die vom Verwalter erstellte Tagesordnung zum einen ergänzen, wenn sich der Verwalter pflichtwidrig weigert, einen Tagesordnungspunkt auf die Tagesordnung aufzunehmen (OLG Frankfurt a. M. NJW 2009, 300; *Elzer* MietRB 2009, 89), zum anderen, wenn der Verwalter das Minderheitenquorum des § 24 Abs. 2 WEG missachtet (OLG Düsseldorf NJW-RR 1986, 96).

F. Schriftliche Beschlussfassung

I. Sinn und Zweck

96 § 23 Abs. 3 WEG ermöglicht Beschlüsse außerhalb der Versammlung der Eigentümer. Er entspricht § 32 Abs. 2 BGB sowie § 48 Abs. 2 GmbHG. Gegenstand des Beschlusses kann jede Maßnahme sein, für die es eine Beschlusskompetenz (→ Rn. 3 ff.) gibt. Gegenständliche Beschränkungen gibt es nicht (Staudinger/*Häublein* § 23 Rn. 188).

II. Zustimmung iSv § 23 Abs. 3 Satz 1 WEG

97 **1. Überblick.** „Zustimmung" meint, dass jeder Stimmberechtigte gegenüber einem vorformulierten Beschlussantrag gegenüber dem Initiator mit „Ja" stimmen muss. Die Zustimmung muss dem Beschluss selbst, aber auch der Verfahrensweise gelten (LG München I ZMR 2015, 799 = BeckRS 2015, 13205).

98 Ein schriftlicher Beschluss kommt daher nur dann zustande, wenn erstens jeder damit einverstanden ist, dass außerhalb der Versammlung der Wohnungseigentümer beschlossen werden soll. Außerdem muss zweitens jeder dem ihm vorgelegten Beschlussantrag auch zustimmen. Nicht ausreichend ist es also, dass zwar sämtliche Wohnungseigentümer dem Verfahren als solches zustimmen, aber nur mehrheitlich abgestimmt wird (*Kümmel* ZWE 2000, 62 (63/64); *F. Schmidt* PiG 59, 125 (131)). In der Regel liegt in der Zustimmung zu einem Beschlussantrag zwar zugleich auch die (konkludente) Zustimmung zum schriftlichen Verfahren (*Kümmel* ZWE 2000, 62); umgekehrt gilt dies aber nicht. Eine Vertretung ist – wie stets (→ § 25 Rn. 64 ff.) – zulässig (Staudinger/*Häublein* § 23 Rn. 205). Der Antrag kann nicht mündlich sein (*Häublein* NZM 2017, 656 (658)); es reicht für diesen aber die Textform, etwa eine E-Mail (*Häublein* NZM 2017, 656 (658)).

99 **2. Widerruf.** Nach hM kann jeder Teilnehmer an einem schriftlichen Beschluss seine Stimmabgabe solange widerrufen, wie die Mitteilung des Beschlussergebnisses (Verkündung) nicht vorliegt (OLG Celle OLGR 2006, 617 (618); KG OLGZ 1974, 399 (403); OLG Hamburg MDR 1971, 1012; LG Hamburg ZWE 2018, 28 Rn. 48; *Kümmel* GE 2001, 1389). **Stellung-**

nahme. Diese Haltung überzeugt nicht mehr (LG Karlsruhe ZWE 2017, 362; *Elzer* ZWE 2012, 485 (486); Bärmann/Pick/*Emmerich* § 23 Rn. 81; Staudinger/*Häublein* § 23 Rn. 21). Der BGH hat für die in der Versammlung abgegebene Stimme entschieden, dass diese nach ihrem Zugang bei dem Versammlungsleiter nicht mehr widerrufen werden kann (BGH NJW 2012, 3372 Rn. 6; → § 25 Rn. 51). Beim schriftlichen Beschluss kann nichts anderes gelten.

3. Textform. Dem Beschlussverfahren und dem entsprechenden Beschlussantrag muss nach §§ 23 Abs. 3 Satz 1 WEG, 126b Abs. 1 BGB in Textform zugestimmt werden. Es bedarf also einer lesbaren Erklärung, in der die Person des Erklärenden genannt ist und die auf einem dauerhaften Datenträger abgegeben ist. **100**

Ein derartiger Datenträger ist jedes Medium, das es dem Empfänger ermöglicht, eine auf dem Datenträger befindliche, an ihn persönlich gerichtete Erklärung so aufzubewahren oder zu speichern, dass sie ihm während eines für ihren Zweck angemessenen Zeitraums zugänglich ist, und geeignet ist, die Erklärung unverändert wiederzugeben. Dies kann zB eine E-Mail oder ein Fax sein. Ausreichend ist aber auch jedes Schreiben, das eigenhändig unterschrieben ist. **101**

III. Erforderliche Mehrheit

1. Grundsatz (§ 23 Abs. 1 Satz 1 WEG). Grundsätzlich müssen nach § 23 Abs. 1 Satz 1 WEG sämtliche Wohnungseigentümer gegenüber einem Beschlussantrag im schriftlichen Verfahren und gegenüber dem Verfahren mit „Ja" stimmen. Verfehlt ein Beschlussantrag im schriftlichen Verfahren die notwendige Mehrheit sämtlicher Stimmen, ist daher zu verkünden, dass kein positiver Beschluss zustande gekommen ist (OLG Zweibrücken ZMR 2004, 60 (63); BayObLG NZM 2002, 300 (303); ZWE 2001, 590 (593)). **102**

Hat sich der Initiator verzählt oder Stimmen falsch bewertet und einen positiven Beschluss festgestellt und verkündet, ist streitig, was gilt. Nach einer Ansicht liegt dann ein anfechtbarer, aber wirksamer Beschluss vor (LG Hamburg ZWE 2018, 28 Rn. 50; *Breiholdt* ZMR 2010, 168 (171); *B. Müller* ZWE 2007, 56 (57); Staudinger/*Häublein* § 23 Rn. 230). Nach anderen Stimmen liegt ein Nichtbeschluss vor (BayObLG NZM 2002, 300 (301; ZWE 2001, 590 (593); WuM 1995, 227; OLG Frankfurt a. M. Rpfleger 1979, 217; LG München I ZWE 2014, 189; AG Hamburg-Wandsbek ZMR 2016, 316; *Elzer* ZWE 2007, 165 (168); *Deckert* ZMR 2002, 21 (25)). Diese Stimmen argumentieren, dass dann, wenn Einstimmigkeit erforderlich ist, fehlende Stimmen ein Wirksamwerden hinderten. **Stellungnahme.** Es sollte aus Gründen der Gleichbehandlung sämtlicher Zählfehler (→ § 25 Rn. 11) der ersten Ansicht gefolgt werden. Ein ausreichender und durchgreifender Grund, schriftliche Beschlüsse anders zu behandeln, ist nicht erkennbar. Anders wäre es nur, wenn man in den fehlenden Ja-Stimmen einen Tatbestandsmangel sähe (so *Elzer* ZWE 2007, 165 (168)). Diese Überlegung hat aber keine Gefolgschaft gefunden. **103**

104 **2. Abweichender Beschluss (§ 23 Abs. 3 Satz 2 WEG). a) Überblick.** Die Wohnungseigentümer können durch eine Initiative des Rechtsausschusses (BT-Drs. 19/22634) nach § 23 Abs. 3 Satz 2 WEG beschließen, dass für einen einzelnen Gegenstand die Mehrheit der abgegebenen Stimmen und die Zustimmung nur dieser Wohnungseigentümer genügt. In diesem Fall bedarf es abweichend von § 23 Abs. 3 Satz 1 WEG ausnahmsweise also nicht der Zustimmung und der Ja-Stimme sämtlicher Wohnungseigentümer.

105 **b) Tatbestandsvoraussetzungen. aa) Beschlussort.** Die Wohnungseigentümer müssen in einer Versammlung mehrheitlich oder schriftlich allstimmig nach § 23 Abs. 3 Satz 2 WEG beschließen, dass ein Beschluss zu einem konkreten Gegenstand mehrheitlich schriftlich gefasst werden kann.

106 **bb) Vorherige Befassung.** Die Wohnungseigentümer müssen sich mit dem Gegenstand noch nicht befasst haben. Zwar wird diese Gestaltung in den Materialen beispielhaft genannt (BT-Drs. 19/22634, 45 – Vorabfassung). Dort wird der Fall genannt, dass sich die Wohnungseigentümer in der Versammlung, zB mangels hinreichender Informationen, etwa noch nicht ausreicher Angebote, nicht in der Lage sehen, abschließend einen Beschluss über einen bestimmten Gegenstand zu fassen. Dieses Erfordernis ist aber zu keiner Tatbestandsvoraussetzung erhoben worden. Notwendig ist allerdings, dass der Gegenstand auf der Tagesordnung stand.

107 **cc) Beschlussgegenstand.** Der Beschluss nach § 23 Abs. 3 Satz 2 WEG muss immer einen einzelnen Gegenstand betreffen, was allerdings auch der Fall ist, wenn über eine Maßnahme und ihre Finanzierung ein Beschluss gefasst werden soll und also bei allen teilbaren Beschlüssen (→ Vor §§ 23 ff. Rn. 50). Allerdings ist es möglich, für mehrere konkrete Gegenstände auch mehrere Beschlüsse zu fassen. Keine Beschlusskompetenz besteht hingegen für einen Beschluss, abstrakt unbekannte Gegenstände nach § 23 Abs. 3 Satz 2 WEG mehrheitlich zu beschließen.

108 **dd) Beschlussmehrheit.** Der Beschluss bedarf der Mehrheit der abgegebenen Stimmen und der Zustimmung dieser Wohnungseigentümer. Anders ist es auch nicht bei einem Beschluss nach § 20 Abs. 1 WEG mit dem die Wohnungseigentümer darauf abzielen, dass alle Wohnungseigentümer nach § 21 Abs. 2 Nr. 1 WEG die Kosten zu tragen haben. Dieses Ziel wird aber nur erreicht, wenn der Gegenstand mit mehr als zwei Dritteln der abgegebenen Stimmen und der Hälfte aller Miteigentumsanteile beschlossen wurde, es sei denn, die bauliche Veränderung ist mit unverhältnismäßigen Kosten verbunden.

109 **ee) Beschlussinhalt.** Der Beschluss muss nur seinen Gegenstand benennen. Welche Mehrheit er erreichen muss, bestimmt § 23 Abs. 3 Satz 2 WEG. Der Beschluss kann regeln, wann oder bis wann der Verwalter oder ein Dritter die Wohnungseigentümer zur Stimmabgabe auffordern muss. Zwingend ist das nicht. Die Wohnungseigentümer können sich durch den Beschluss auch nur die Möglichkeit schaffen, schriftlich mehrheitlich über einen Gegenstand abzustimmen.

c) Mängel. Liegen die Tatbestandsvoraussetzungen (→ Rn. 105 ff.) nicht vor, ist ein dennoch schriftlich bloß mehrheitlich gefasster Beschluss in Ermangelung einer Beschlusskompetenz grundsätzlich nichtig (→ Rn. 7). Liegt allerdings nur ein Zählfehler vor, ist der Beschluss nur anfechtbar (→ Rn. 103). 110

IV. Initiative

Ein schriftlicher Beschluss setzt eine Initiative und damit das Bewusstsein der Wohnungseigentümer voraus, einen verbindlichen Beschluss zu fassen (BGH NJW 2015, 2425 Rn. 12; OLG Düsseldorf NZM 2020, 113 Rn. 12). Die Initiative kann von jedem Wohnungseigentümer (LG München I ZMR 2015, 799 = BeckRS 2015, 13205), nach hM aber auch vom Verwalter (OLG München ZMR 2007, 304 (305); Staudinger/*Häublein* § 23 Rn. 197; aA *Prüfer,* Schriftliche Beschlüsse, gespaltene Jahresabrechnungen, 33) und sogar von jedem beliebigen Dritten ausgehen. 111

Die Initiative muss allerdings unmissverständlich sein (BGH NJW 2015, 2425 Rn. 12; OLG Celle OLGR 2006, 617; KG OLGZ 1974, 399 (403); *Elzer* IMR 2007, 52; zum Gesellschaftsrecht s. a. BGH NJW 1959, 194 unter 3). Notwendig, aber auch ausreichend ist dazu, dass jedem Stimmberechtigten erkennbar und klar ist, dass seine Äußerung zu einer Entscheidung gefragt ist und nicht lediglich eine unverbindliche Meinungsäußerung herbeigeführt werden soll. 112

Einem mehrheitlichen Beschluss muss ein Beschluss nach § 23 Abs. 3 Satz 2 WEG vorausgehen. Zwischen Beschluss und Frist (→ Rn. 116) müssen 3 Wochen liegen. 113

V. Stimmberechtigung

Einem schriftlichen Beschluss müssen sämtliche Wohnungseigentümer zustimmen (OLG Zweibrücken ZMR 2004, 60 (63); BayObLG ZWE 2001, 590 (593); WuM 1995, 227 (228); LG München I ZMR 2015, 799 = BeckRS 2015, 13205), mithin auch die Wohnungseigentümer, die in der Versammlung vom Stimmrecht ausgeschlossen wären (BayObLG ZWE 2001, 590 (593); *Merle,* Bestellung und Abberufung, 45; aA *Kümmel* ZWE 2000, 62 (64); *F. Schmidt* PiG 59, 125 (129); Staudinger/*Häublein* § 23 Rn. 216). Denn § 48 Abs. 2 GmbHG ist nicht übertragbar. Haben die Wohnungseigentümer indessen vereinbart, dass für bestimmte Angelegenheiten nur ein Teil von ihnen stimmberechtigt ist, ist es für einen schriftlichen Beschluss notwendig, aber auch ausreichend, wenn nur die durch die Vereinbarung Bestimmten mit „Ja“ stimmen (*Häublein* NZM 2003, 785 (792); *Göken,* Die Mehrhausanlage im Wohnungseigentumsrecht, 57). 114

VI. Zustandekommen

1. Verfahren. Damit ein schriftlicher Beschluss entsteht, muss der Initiator einen Beschlussantrag vorformulieren und zur Abstimmung stellen. Die Abstimmung kann in der Weise geschehen, dass sämtliche Wohnungs- 115 eigentümer auf einem jeweils gesonderten Blatt dem Beschlussantrag zustimmen. Vorstellbar ist aber auch, dass sämtliche Wohnungseigentümer ihre „Zustimmung" auf ein und demselben Blatt erklären, dieses also unterschreiben, und das von allen Wohnungseigentümern unterzeichnete Blatt im Umlaufverfahren/Zirkularbeschluss dem Initiator wieder zugeht (*Röll* WE 1991, 308); die Verfahren lassen sich auch kombinieren.

116 **2. Frist.** Der Initiator muss den Abstimmenden für die Antwort eine Frist setzen. Gehen Zustimmungen zu spät und nach Ablauf der Frist ein, sind sie nicht zu berücksichtigen. Der Initiator kann das Verfahren aber neu beginnen, wenn absehbar ist, dass bei einer erneuten Fristsetzung alle Wohnungseigentümer mit Ja stimmen werden.

117 **3. Feststellung und Verkündung.** Ein Beschluss im schriftlichen Verfahren kommt erst mit seiner Feststellung (BGH NJW-RR 2019, 73 Rn. 15; LG Karlsruhe ZWE 2017, 362) und einer an alle Wohnungseigentümer gerichteten Mitteilung des Beschlussergebnisses (Verkündung) zustande (BGH NJW-RR 2019, 73 Rn. 15; NJW 2001, 3339 unter III. 3. a) cc) (5); OLG Düsseldorf ZWE 2020, 71 Rn. 20). Die Feststellung darf nicht unter einer Bedingung stehen (BGH NJW-RR 2019, 73 Rn. 15). Die Anforderungen „Feststellung" und „Verkündung" sind insoweit wie in der Versammlung der Eigentümer zu verstehen (→ Vor §§ 23 ff. WEG Rn. 20 ff.). Am besten ist eine Mitteilung in Textform an jeden Wohnungseigentümer.

118 Für die Unterrichtung genügt nach hM jede Form, bei der den „gewöhnlichen Umständen nach" mit einer Kenntnisnahme durch die Wohnungseigentümer gerechnet werden kann (BGH NJW 2001, 3339 unter III. 3. a) cc) (5); OLG Düsseldorf ZWE 2020, 71 Rn. 20; Staudinger/*Häublein* § 23 Rn. 224). Dies soll etwa durch einen Aushang oder ein Rundschreiben möglich sein (OLG Düsseldorf ZWE 2020, 71 Rn. 20), aber auch mündlich gegenüber sämtlichen Wohnungseigentümern oder in einer späteren Versammlung. Der Beschluss ist jedenfalls erst dann verkündet und die Anfechtungsfrist des § 45 Satz 1 WEG läuft, wenn die Mitteilung über seine Fassung dem letzten Wohnungseigentümer zugegangen ist (→ § 45 Rn. 31; Bärmann/Pick/*Emmerich* § 23 Rn. 80; aA OLG Düsseldorf ZWE 2020, 71 Rn. 20).

119 **4. Niederschrift.** Nach Willen des Gesetzgebers (BR-Drs. 168/20, 82) ist über schriftliche Beschlüsse entsprechend § 24 Abs. 6 WEG und ähnlich wie bei Beschlüssen des Alleineigentümers (→ § 23 Rn. 17) eine Niederschrift zu fertigen. Eine solche Niederschrift musste nach dem alten Recht zwar nicht gefertigt werden (OLG Düsseldorf NZM 2020, 113 Rn. 12; *Becker/Schneider* ZfIR 2020, 281 (300)). Es schloss eine Niederschrift aber auch nicht aus (*Schmidt* ZWE 2015, 105 (108); Bärmann/*Becker* § 26 Rn. 307). Sie war für die Beurkundung des schriftlichen Beschlusses stets angemessen, etwa bei der Bestellung eines Verwalters (*Schmidt* ZWE 2015, 105 (108)).

120 Keine Niederschrift idS ist allerdings die bloße Mitteilung des Initiators an die Wohnungseigentümer (117). Der Initiator muss vielmehr eine weitere Urkunde über den gefassten Beschluss aufsetzen und unterschreiben. Die

Unterschrift weiterer Personen entsprechend § 24 Abs. 6 Satz 2 WEG ist möglich (Bärmann/*Becker* § 26 Rn. 307), aber wie beim Alleineigentümer (→ Rn. 17) nicht zwingend. Die Niederschrift ist unverzüglich anzufertigen, nachdem der Beschluss entstanden ist. Dies ist der Zeitpunkt der Mitteilung des Beschlusses an den letzten Wohnungseigentümer. Ausreichend ist die Unterschrift des Initiators. Eine solche Niederschrift wird allerdings als nicht ausreichend angesehen, die Bestellung des Verwalters nachzuweisen (BayObLG NJW-RR 1986, 565 (566); s. a. KG ZWE 2012, 426). § 24 Abs. 6 WEG könne auf bloße Erklärungen bestimmter Personen über das Ergebnis einer schriftlichen Beschlussfassung nicht übertragen werden (BayObLG NJW-RR 1986, 565 (566)). Zum Nachweis sei daher die Zustimmung aller Wohnungseigentümer erforderlich, § 23 Abs. 3 WEG, die in der Form des § 29 Abs. 1 Satz 1 GBO nachzuweisen wären. **Stellungnahme.** Dieser Sichtweise ist im aktuellen Recht wie bei der Niederschrift der Beschlüsse des Alleineigentümers (→ Rn. 17) nicht zu folgen.

G. Beschlussnichtigkeit (§ 23 Abs. 4 Satz 1 WEG)

I. Allgemeines

Ein Beschluss ist nach § 23 Abs. 4 Satz 1 WEG nichtig, wenn er gegen **121** Vorschriften des WEG verstößt, auf deren Einhaltung nicht „verzichtet" werden kann (→ Rn. 123 f.). Nichtigkeit kann sich auch daraus ergeben, dass ein Beschluss seinem Inhalt nach gegen andere zwingende Vorschriften (→ Rn. 124 f.) oder gegen die guten Sitten (→ Rn. 131) verstößt, das Gesetz oder eine Vereinbarung dauerhaft ändern will (→ Rn. 127), in den „Kernbereich des Wohnungseigentums" eingreift (→ Rn. 133 ff.), gegen unverletzliche Strukturprinzipien verstößt (→ Rn. 138 ff.), zu unbestimmt ist (→ Rn. 140 ff.) oder die Grenzen der Beschlusskompetenz überschreitet (→ Rn. 3 ff.).

Wohnungseigentümer sind hingegen nicht befugt, Nichtigkeitsgründe zu **122** vereinbaren (aA *Becker* ZWE 2002, 341 (343)). Sind sie bestrebt, an einen Beschluss besondere Anforderungen zu richten, können sie indes Entstehungsgründe benennen (→ Vor §§ 23 ff. WEG Rn. 29 ff.).

II. Vorschriften des WEG

Schon nach ihrem Wortlaut durch Beschluss nicht veränderbar sind §§ 11 **123** Abs. 1 Satz 3, 12 Abs. 2 Satz 1, 12 Abs. 4 Satz 2, 26 Abs. 1 Satz 3, 26 Abs. 2 Hs. 2. Soweit das WEG einer beschlussweisen Handlungsmacht Grenzen setzt, muss die Grenze nach hM allerdings nicht bereits im Wortlaut einer Bestimmung zum Ausdruck kommen. Es soll vielmehr genügen, wenn sich die zwingende Natur der Bestimmung aus dem mit ihr verfolgten Zweck oder aus der Natur des Wohnungseigentums und der sich hieraus ergebenden Beziehungen der Wohnungseigentümer untereinander im Wege der Auslegung ergibt (BGH NJW-RR 2011, 1383 Rn. 52).

III. Andere zwingende Vorschriften

124 **1. Grundrechte.** Ein Beschluss kann Grundrechte grundsätzlich nicht einschränken (zum Verhältnis der Grundrechte zum Wohnungseigentumsrecht ua *Schmid* MDR 2010, 64 und *Hügel* FS Steiner, 2009, 342; s. a. → § 14 Rn. 35). Eine Ausnahme gilt, wenn ein Wohnungseigentümer auf einen grundrechtlichen Schutz ausdrücklich und im Bewusstsein dessen verzichtet.

125 **2. Öffentliche Pflichten.** Verstößt ein Beschluss gegen öffentliche, an das gemeinschaftliche Eigentum oder an das Sondereigentum anknüpfende Pflichten, zB nach einer Landesbauordnung, kann er anfechtbar oder nichtig sein. Was gilt, ist Frage der Auslegung (→ Rn. 160).

126 **3. Untergesetzliche Vorschriften.** Ein Beschluss ist nichtig, wenn er gegen untergesetzliche, aber zwingende Vorschriften verstößt (BGH NJW 2012, 3571 Rn. 5; 2009, 2132 Rn. 27). Etwa der Beschluss, dass ein nach § 56 Satz 2 ZVG Erwerbender Hausgeldrückstände bezahlen soll, verstößt ebenso wie die Vergabe von Instandsetzungsarbeiten an Schwarzarbeiter gegen § 134 BGB (BGH NJW 2012, 3571 Rn. 5). Auch ein generelles Haustierhaltungsverbot ist gem. § 134 BGB nichtig, weil es gegen den zwingenden Regelungsgehalt des § 14 Abs. 1 Nr. 2 WEG verstößt (der erlaubt ein nichtstörendes Verhalten); ein generelles Hundehaltungsverbot ist hingegen möglich, sofern ein Hund stört (→ § 19 Rn. 28).

IV. Vereinbarungs- und gesetzesändernde Beschlüsse

127 **1. Versuch der Änderung.** Bezweckt ein Beschluss, vom Gesetz abzuweichen oder eine Vereinbarung zu ändern, und soll die so abgeänderte gesetzliche oder vereinbarte Bestimmung Grundlage weiterer Angelegenheiten sein (gesetzes- oder vereinbarungsändernde Beschlüsse), ist er nichtig (BGH NJW 2004, 937 unter III. 2. c) aa) (2); 2000, 3500 unter III. 2. a).

128 **2. Falsche Anwendung.** Wird das Gesetz oder wird eine Vereinbarung im Einzelfall nur falsch angewandt und erschöpft sich der Beschluss in seinem Vollzug (BGH NJW 2011, 2202 Rn. 13; 2010, 2654 Rn. 15; 2010, 2513 Rn. 11), bezweckt die Maßnahme aber keine Regelung, die Grundlage mehrerer Entscheidungen oder Legitimation mehrfachen Handelns ist (gesetzes- oder vereinbarungswidrige Beschlüsse), ist ein Beschluss zwar nicht ordnungsmäßig, aber nicht nichtig, sondern nur anfechtbar (BGH NJW 2018, 3717 Rn. 15).

129 Es besteht in diesen Fällen mithin eine – einmalige – Beschlusskompetenz (BGH NJW 2018, 3717 Rn. 15; NJW 2000, 3500 unter III. 2. a); OLG Hamm ZMR 2005, 306 (308); BayObLG ZMR 2004, 763). Dies gilt ohne Öffnungsklausel (→ Rn. 5) auch dann, wenn eine Maßnahme die Benutzung, die Verwaltung oder eine Erhaltungsmaßnahme betrifft und nicht ordnungsmäßig ist (BGH NJW 2000, 3500 unter III. 4; *Wenzel* ZWE 2001, 226 (234); *Buck* WE 1998, 90 (92)).

130 **3. Unterscheidung.** Zur Unterscheidung, was vorliegt, ist nach hM darauf abzustellen, welche Folgen ein Beschluss erreichen soll. Die Beur-

teilung zwischen einer konkret-individuellen und einer generell-abstrakten Regelung ist dabei wesentliches (OLG Saarbrücken NZM 2006, 588 (590)), aber nicht alleiniges Unterscheidungsmerkmal.

V. Gute Sitten

Ein Beschluss ist nichtig, wenn er gegen die guten Sitten (§ 138 BGB) verstößt (BGH NJW 2012, 3571 Rn. 5; 2009, 2132 Rn. 27; grundlegend NJW 1970, 1316 unter II. 2. a). Etwa das Verbot, einen Rollstuhl im Flur abzustellen, kann gegen § 138 BGB verstoßen (OLG Düsseldorf ZMR 1984, 161). Auch ein Beschluss, der seinen Auswirkungen nach einem generellen Musizierverbot (→ § 18 Rn. 28) praktisch gleichkommt, soll seinem Inhalt nach „sittenwidrig" sein (OLG Hamm NJW 1981, 456); jedenfalls verstößt er gegen §§ 13 Abs. 1, 14 Abs. 1 Nr. 2 WEG in Verbindung mit den Grundrechten (→ § 14 Rn. 35). Führt eine Schiedsklausel (→ Vor §§ 43 ff. WEG Rn. 19) dazu, dass eine Partei benachteiligt bzw. dass ihr der notwendige Rechtsschutz entzogen wird, ist auch sie mit den guten Sitten unvereinbar (LG München I NJW-RR 2011, 162). 131

Die „rechtsmissbräuchliche Ausnutzung formaler Gestaltungsmöglichkeiten" (= ein grundsätzlich erlaubtes, aber im Einzelfall pflichtwidriges Tun), etwa eine fehlerhafte Unterbrechung der Versammlung (→ § 24 Rn. 28), soll hingegen nicht ausreichen, um Sittenwidrigkeit zu begründen (BGH NJW 2017, 666 Rn. 20). 132

VI. „Kernbereich des Wohnungseigentums"

1. Überblick. Ein Beschluss ist nach ganz hM auch dann nichtig, wenn er in den „Kernbereich des Wohnungseigentums" eingreift (BGH NJW 2015, 549 Rn. 13; 2009, 2132 Rn. 27; DNotZ 2004, 617 unter c) bb; → § 10 Rn. 60). Anders als das Gesellschaftsrecht (BGH NJW 2015, 859 Rn. 19; 2009, 669 Rn. 17; s. a. *Lieder/Pommerening* NotBZ 2019, 403 (408)) hat sich das Wohnungseigentumsrecht von diesem Begriff zu Unrecht (*Lieder/Pommerening* NotBZ 2019, 403 (408)) nicht gelöst (s. a. BGH NJW 2015, 549 Rn. 13; NZM 2014, 275 Rn. 10). 133

Ziel der Kernbereichslehre, die weder klare Konturen noch eine klare Begrifflichkeit besitzt (s. a. → § 10 Rn. 60), ist es, bestimmte, nicht vollständig benennbare Dinge ausnahmsweise „beschlussfest" zu machen. Die zum Teil vertretene Umschreibung, der Kernbereich des Wohnungseigentums sei der „wesentliche Inhalt der Nutzung von Wohnungseigentum", ist für eine Subsumtion unbrauchbar und tauscht einen weitschweifigen Begriff gegen einen anderen aus. Eine begriffliche Fassung erschwert außerdem, dass der Inhalt der „Lehre", auch um sich weitere Fälle nicht zu verbauen, gegebenenfalls unbeantwortet und offenbleiben muss (s. a. *Wenzel* ZWE 2000, 2; *Demharter* MittBayNot 1996, 417; *Buck* JR 1996, 237 (241)). 134

2. Dinglicher Kernbereich. Zu einem als „dinglich" zu beschreibenden Kernbereich (dazu ua BayObLG WE 1999, 76; MittRhNotK 1997, 360; KG WE 1998, 306; OLG Düsseldorf WE 1996, 68 (70)) werden häufig die Veränderungen der sachenrechtlichen Grundlagen des Wohnungseigentums, 135 also die Begründung, Aufhebung oder Änderung der Miteigentumsanteile oder des Sondereigentums und die nachträgliche Umwandlung gemeinschaftlichen Eigentums in Sondereigentum gezählt. Diese Bereiche sind indessen schon deshalb beschlussfest, weil es nicht um die Verwaltung des gemeinschaftlichen Eigentums geht und keine Beschlusskompetenz besteht (→ Rn. 8 „Sachenrecht"). Der Kernbereichslehre bedarf es für die Erklärung, warum ein Beschluss nichtig ist, also nicht (s. a. → § 10 Rn. 60 ff.).

136 **3. Kernbereich des Miteigentums.** Zum als mitgliedschaftlich zu verstehenden Kernbereich des Miteigentums sollen die Rechte eines Wohnungseigentümers gehören, die sein Eigentum in besonderer Weise „auszeichnen", vor allem die Verwaltungsrechte. Überblick:

137
- **Einberufung einer Versammlung.** Nicht abdingbar soll das Recht der Minderheit sein, gem. § 24 Abs. 2 WEG die Einberufung einer Versammlung der Eigentümer zu verlangen.
- **Stimmrecht.** Nach Ansicht des BGH ist das Stimmrecht „mitgliedschaftlich" (BGH NZM 2014, 275 Rn. 10; NJW 2011, 679 Rn. 10). Danach ist etwa eine Regelung nichtig, die das Stimmrecht an einen Zahlungsrückstand koppeln will.
- **Teilnahmerecht.** Das Recht zur Teilnahme an einer Versammlung gehört nach hM zu den unentziehbaren Rechten eines Wohnungseigentümers (→ Rn. 50 und → Rn. 74).
- **Übertragung von Entscheidungskompetenzen.** Die Übertragung der Entscheidungskompetenz über die Frage der Erneuerung oder Reparatur einer zentralen Heizungs- und Warmwasseranlage auf einen „Arbeitskreis" von Wohnungseigentümern soll den „Kernbereich" des Miteigentums verletzen.
- **Unentziehbare und unverzichtbare Individualrechte.** Nach Ansicht der Rechtsprechung gibt es unverzicht- und unentziehbare Rechte; BGH NJW 2019, 2083 Rn. 7). Was selbst durch Vereinbarung nicht geregelt werden könne, entziehe sich auch einer Regelung im Beschlusswege, etwa aufgrund einer Öffnungsklausel (BGH NJW 2019, 2083 Rn. 7). Ein Beschluss, der in unverzicht- und unentziehbare Rechte eingreift, soll nichtig sein (BGH NJW 2019, 2083 Rn. 7).
- **Unentziehbare, aber verzichtbare Individualrechte.** Nach Ansicht der Rechtsprechung gibt es unentziehbare, aber verzichtbare Rechte (BGH NJW 2019, 2083 Rn. 8). Einen in solche Rechte eingreifenden Beschluss sieht der BGH bislang als wirksam an, wenn die hiervon nachteilig betroffenen Wohnungseigentümer zustimmen; bis dahin sei er schwebend unwirksam und bei Verweigerung der Zustimmung endgültig unwirksam (BGH NJW 2019, 2083 Rn. 8; → Vor §§ 23 ff. WEG Rn. 74). Zu den unentziehbaren, aber verzichtbaren Rechten sollen die Vereinbarungen nach §§ 1 Abs. 2, Abs. 3, 10 Abs. 1 Satz 2 WEG gehören (BGH NJW 2019, 2083 Rn. 15). Diese sollen auf Grundlage einer allgemeinen Öffnungsklausel daher nur dann geändert werden können, wenn der hiervon nachteilig betroffene Wohnungseigentümer zustimme (BGH NJW 2019, 2083 Rn. 15). So soll es aber auch liegen, wenn auf der Grundlage einer allgemeinen Öffnungsklausel ein generelles Vermietungsverbot

(BGH NJW 2019, 2083 Rn. 17) oder ein spezielles Vermietungsverbot, mit dem nur bestimmte, nämlich kurzzeitige Vermietungen untersagt werden, beschlossen werden würde (BGH NJW 2019, 2083 Rn. 18). Ein Beschluss, der in unentziehbare, aber verzichtbare Individualrechte eingreift, soll nach bislang hM schwebend unwirksam sein (→ Vor §§ 23 ff. WEG Rn. 74).

4. Unverletzliche Strukturprinzipien. Ein Beschluss ist auch dann nichtig, wenn er gegen die „unverletzlichen Strukturprinzipien" des WEG verstößt. Nach hier vertretener Ansicht gehören zu diesen die Abgeschlossenheit (→ § 3 Rn. 34), Wohnungseigentum als „Eigentum" und die daraus erwachsenen wesentlichen Rechte, die Verbundenheit von Mit- und Sondereigentum (→ § 6 WEG), das Nebeneinander von gemeinschaftlichem Eigentum, Sondereigentum und Verwaltungsvermögen, die Verbundenheit der Eigentümer zu einer besonderen Gemeinschaft, auf der Pflichten und Rechte beruhen (→ § 10 Rn. 7), das Nebeneinander von Wohnungseigentümern und Gemeinschaft der Wohnungseigentümer, die Verwaltung durch die Gemeinschaft der Wohnungseigentümer nach § 18 Abs. 1 WEG, die Möglichkeit eines – aber auch nur eines – Verwalters (→ § 26 Rn. 1 ff.) und der Grundsatz der „Ämtertrennung", wonach zB der Verwalter nicht zugleich Verwaltungsbeirat sein kann (→ § 29 Rn. 24). **138**

Etwa ein Beschluss, durch den die Zustimmung zur Unterteilung eines Wohnungseigentums versagt wird, ist danach nichtig (BayObLG ZMR 2003, 689 (690)). Es kann auch nicht beschlossen werden, dass zwei unabhängige, aber von demselben Verwalter betreute, eine gemeinsame „Wohnsiedlung" bildende Gemeinschaften stets eine gemeinsame Versammlung abhalten (OLG Köln NZM 2002, 617). Eine aus mehreren Wohnungseigentümergemeinschaften (Häuserblöcken) gebildete „Dachgemeinschaft" (Gesamtanlage) kann ferner nicht wirksam über Abrechnungen und Wirtschaftspläne einzelner selbständiger Wohnungseigentümergemeinschaften beschließen (OLG Düsseldorf ZMR 2003, 765). **139**

VII. Bestimmtheit von Beschlüssen (inhaltliche Klarheit)

1. Allgemeines. Beschlüsse müssen – vor allem, wenn sie etwas über den Tag hinaus ordnen und eine Anordnung treffen – grundsätzlich wie ein Titel iSv § 794 ZPO bestimmt genug formuliert sein (BGH NJW-RR 2016, 985 Rn. 9; NZM 2016, 387 Rn. 39; NJW 2014, 2861 Rn. 25; 2010, 933 Rn. 12; grundlegend NJW 1998, 3713 unter III. 2. d); *Abramenko* ZfIR 2014, 725 (726); *Hogenschurz* MietRB 2018, 91; ZMR 2011, 928; umfassend *Riecke* ZMR 2018, 173). **140**

Ein Beschluss ist idS „bestimmt", wenn er aus sich heraus genau, klar, eindeutig und widerspruchsfrei erkennen lässt, was gilt (BGH NZM 2016, 387 Rn. 39). Einem Beschluss fehlt hingegen Bestimmtheit, wenn er keine sinnvolle, in sich geschlossene und verständliche Regelung enthält. Damit ein Beschluss „bestimmt" ist, muss er so ausführlich wie nötig beschreiben, was gelten soll. Er muss – gegebenenfalls durch Verweisung (→ Rn. 142) – sein Regelungsproblem (den Anlass seiner Entstehung) vollständig lösen. **141**

Außerdem muss er so formuliert werden, dass er in sich nicht widersprüchlich ist.

142 **2. Beschluss-Anlagen.** Lässt sich ein Gegenstand im Beschlusstext selbst nur schlecht oder gar nicht oder nur ungenau oder nur widersprüchlich darstellen, bedarf es für eine Herstellung von Bestimmtheit in der Regel einer Beschluss-Anlage. Ein Beschlusstext kann auch aus diesem Grunde selbst kurz sein und zur näheren Erläuterung auf eine Anlage Bezug nehmen (BGH NJW-RR 2016, 985 Rn. 9; LG Dortmund ZWE 2015, 40 (41); LG München I NJW 2011, 1974 (1975); *Elzer* MietRB 2007, 150). Eine solche Beschluss-Anlage kann zB ein Gutachten, ein Bild, eine Zeichnung, eine Baubeschreibung, ein Leistungsverzeichnis, ein Bauplan, eine Skizze etc sein.

143 Nimmt ein Beschluss Bezug auf ein bestimmtes Ereignis oder einen bestimmten Gegenstand, müssen diese mit hinreichender Sicherheit bestimmbar sein (BGH NJW-RR 2016, 985 Rn. 10; OLG Frankfurt a. M. OLGR 2006, 475 (476); BayObLG ZMR 1994, 494). Manchmal ist es erforderlich, den Aussteller oder Absender des in Bezug genommenen Schriftstückes anzugeben und im Einzelfall auch dessen Empfänger (*Hogenschurz* MietRB 2018, 91 (92)). Unbestimmtheit liegt auch dann vor, wenn das in Bezug genommene Dokument selbst unbestimmt ist, etwa weil der genehmigte Vergleichsvorschlag noch nicht existiert (AG München ZMR 2017, 684 (685); *Hogenschurz* MietRB 2018, 91 (92)) oder ein Kostenvoranschlag mehrere Ausführungsvarianten beinhaltet, von denen im Eigentümerbeschluss keine ausgewählt wird (*Hogenschurz* MietRB 2018, 91 (92)).

144 **3. Anfechtbar- oder Nichtigkeit.** Ist ein Beschluss unvollständig, unklar, widersprüchlich oder unbestimmt, ist er nach hM anfechtbar oder nichtig. Ergibt die Auslegung (zur Auslegung von Beschlüssen → Vor §§ 23 ff. WEG Rn. 78 ff.) einen durchführbaren Beschlussinhalt, beruht die Unbestimmtheit also nicht auf inhaltlicher Widersprüchlichkeit, ist der Beschluss nach hM anfechtbar (BGH NJW 1998, 3713 unter III. 4; OLG Hamburg ZMR 2008, 225 (226); OLG Düsseldorf ZMR 2008, 249 (250); LG Hamburg ZWE 2011, 284 (285)). Wenn ein Beschluss auf ein Ereignis oder einen Gegenstand Bezug nimmt, kann es genügen, dass wenigstens diese mit hinreichender Bestimmtheit feststellbar sind (BayObLG ZMR 2005, 639 (640); WuM 1993, 707).

145 Fehlt es einem Beschluss auch nach einer Auslegung indes an der erforderlichen Klarheit und Bestimmtheit oder ist er widersprüchlich („perplex“), ist er nichtig (OLG Hamburg ZMR 2008, 225 (226); OLG Düsseldorf NJW-RR 2008, 1467 (1470); BayObLG ZMR 2005, 639 (640); LG Hamburg ZWE 2011, 284 (285)). Besser wäre es, von einem Nichtbeschluss (→ Vor §§ 23 ff. WEG Rn. 70) zu sprechen. War der Beschlussantrag nicht ausreichend formuliert, fehlt es nämlich an einer Entstehungsvoraussetzung für einen Beschluss (→ Vor §§ 23 ff. WEG Rn. 80 ff.). Die auf einen unklaren Beschlussantrag ergehende Abstimmung muss notwendig ins „Leere“ gehen und kann zu keinem Beschluss führen. Ein dennoch verkündetes Ergebnis besitzt keine Substanz.

VIII. Rechtsfolge

1. Grundsatz. Ist ein Beschluss nichtig, bindet (→ Rn. 163) er die Regelungsunterworfenen (→ Vor §§ 23 ff. WEG Rn. 33 ff.) nicht (LG Hamburg ZMR 2016, 484). Nichtige Beschlüsse bedürfen keiner gerichtlichen „Ungültigerklärung" nach § 23 Abs. 4 Satz 2 WEG, sondern entfalten per se keine Rechtswirkungen; sie sind „ipso iure" (= durch das Recht selbst) nichtig (BGH NJW 2019, 1216 Rn. 21; NJW-RR 2011, 1383 Rn. 52). Ein nichtiger Beschluss kann daher eigentlich auch nicht angefochten werden. Dogmatisch betrachtet ist er nämlich nicht existent. Es kann nur **deklaratorisch** festgestellt werden, dass es keinen Beschluss gibt, der Wirkungen entfalten könnte (s. a. BGH NJW 2019, 1216 Rn. 21). 146

Ungeachtet dessen können nach hM auch nichtige Beschlüsse „angefochten" werden (→ § 44 Rn. 146). Ist ein Beschluss nichtig und liegt kein Fall des § 44 Abs. 3 WEG vor (→ Rn. 150), ist das im gerichtlichen Verfahren von Amts wegen zu berücksichtigen, auch dann, wenn die Nichtigkeit gerichtlich noch (noch) nicht festgestellt worden ist (BGH NJW 1989, 2059 unter III.; KG NZM 2016, 322 (323)). Ist ein Beschluss nichtig, kann jedermann dies jederzeit und in jedem Verfahren, in dem es auf die Wirksamkeit dieses Beschlusses – gegebenenfalls als Vorfrage – ankommt, geltend machen (BGH NJW-RR 2011, 1383 Rn. 49; NJW 1989, 2059 unter III; grundlegend NJW 1970, 1316 unter II. 2. a). 147

2. Teilnichtigkeit. Ist ein Beschluss teilbar (→ Vor §§ 23 ff. WEG Rn. 30) und ist nur ein Beschlussteil nichtig, ist nach § 139 BGB (→ § 44 Rn. 138) zu fragen, ob nach dem tatsächlichen oder hypothetischen Willen der Wohnungseigentümer zweifelsfrei davon auszugehen ist, dass der Beschluss auch als Teilregelung beschlossen worden wäre (stRspr, siehe nur BGH NJW 2019, 2083 Rn. 27). Im Zweifel ist der gesamte Beschluss nichtig. 148

3. Umdeutung. Ein nichtiger Beschluss kann gegebenenfalls nach § 140 BGB umgedeutet werden (BGH NJW 2015, 549 Rn. 21). 7). Bei der Umdeutung ist allerdings Zurückhaltung zu wahren (BGH NJW 2015, 549 Rn. 21; → § 44 Rn. 167). 149

4. § 44 Abs. 3 WEG: Nicht mehr geltend machen der Ungültigkeit. Wird durch Urteil eine Anfechtungsklage als unbegründet abgewiesen, so kann nach § 44 Abs. 3 WEG grundsätzlich auch nicht mehr geltend gemacht werden, der Beschluss sei nichtig (→ § 44 Rn. 72 ff.). Die Regelungsunterworfenen (→ Vor §§ 23 ff. WEG Rn. 33 ff.) sind ihm also trotz Nichtigkeit unterworfen und an ihn gebunden (→ Rn. 163). 150

Die Wohnungseigentümer können den Beschluss allerdings durch Zweitbeschluss (→ Vor §§ 23 ff. WEG Rn. 51 ff.) ändern, aufheben oder – geht es um formelle Fehler – erneut fassen. Da ein nichtiger Beschluss nie ordnungsmäßig sein kann, hat jeder Wohnungseigentümer auf einen solchen Zweitbeschluss – besteht für den Beschlussgegenstand eine Beschlusskompetenz (→ Rn. 3 ff.) – ausnahmsweise einen Anspruch: Ein Festhalten an einem nichtigen Beschluss ist nämlich grundsätzlich grob unbillig und verstößt damit gegen Treu und Glauben (→ § 18 Rn. 72). Besteht keine 151

Beschlusskompetenz (→ Rn. 3 ff.), hat der Wohnungseigentümer einen Anspruch auf eine Vereinbarung, die den nichtigen Beschluss aus der Welt schafft.

H. Beschlussfehler (§ 23 Abs. 4 Satz 2 WEG)

I. Sinn und Zweck

152 Das Gesetz unterscheidet nichtige (→ Rn. 121 ff.) und anfechtbare Beschlüsse. Bei bloß anfechtbaren Beschlüssen soll es in der Hand der Wohnungseigentümer liegen, einen Fehler zu rügen – und im Wege der Klage zu bekämpfen – oder ihn hinzunehmen. Die Anfechtung (§§ 43 Abs. 2 Nr. 4, 44 Abs. 1 Satz 1 WEG) ist damit vor allem ein Instrument des Minderheitenschutzes (BGH NJW 2018, 552 Rn. 12; *Elzer* MDR 2015, 1050 (1053)).

153 Vor diesem Hintergrund schützt § 23 Abs. 4 Satz 2 WEG im Verbund mit der in § 45 Satz 1 WEG geregelten Anfechtungsfrist die Wirkungen eines nicht nichtigen Beschlusses (KG ZMR 1997, 254 (255)). Es soll erreicht werden, dass alsbald Klarheit über die Rechtslage besteht. Ein nicht nichtiger Beschluss soll „gerichtsfest" sein und es soll verhindert werden, dass ein Wohnungseigentümer oder auch ein Dritter noch nach längerer Zeit mit Erfolg vor Gericht den Einwand erheben kann, der Beschluss sei mangelhaft (KG ZMR 1997, 254 (255)).

II. Wirksamkeitsvoraussetzungen und Unwirksamkeitsgründe

154 **1. Überblick.** Betrachtet man die Ordnungsmäßigkeit eines Beschlusses, können Entstehungsvoraussetzungen und Unwirksamkeitsgründe beschrieben werden.

155 **2. Entstehungsvoraussetzungen.** Ein Beschlussmangel muss einem Beschluss „anhaften". § 23 Abs. 4 WEG setzt daher unausgesprochen voraus, dass überhaupt ein Beschluss vorliegt. Damit von einem mangelhaften Beschluss gesprochen werden kann, müssen daher zuvor sämtliche Entstehungsvoraussetzungen vorliegen (dazu → Vor §§ 23 ff. WEG Rn. 10 ff.).

156 **3. Unwirksamkeitsgründe. a) Überblick.** Von den Entstehungsvoraussetzungen zu unterscheiden sind solche Momente, die der Ordnungsmäßigkeit eines Beschlusses entgegenstehen. Solche Unwirksamkeitsgründe führen dazu, dass ein (entstandener) Beschluss fehlerhaft und anfechtbar, gegebenenfalls aber auch nichtig ist. Als Mängel idS sind grob formelle und materielle Fehler zu unterscheiden. Ferner ist als Beschlussmangel ein Verstoß gegen den Gleichbehandlungsgrundsatz anzusehen (→ Rn. 161).

157 **b) Formelle Beschlussmängel. aa) Überblick.** Wenn auf dem Weg eines Antrags zu einem Beschluss gegen das Gesetz oder eine von den Wohnungseigentümern gesetzte Bestimmung verstoßen wird, der Fehler aber nicht zur Nichtigkeit führt und auch die Entstehungsvoraussetzungen nicht berührt, ist begrifflich von einem formellen Beschlussmangel zu sprechen. Ein solcher führt nicht dazu, dass ein unter ihm „leidender" Beschluss unwirksam ist. Sogar eine Vielzahl formeller Beschlussmängel führt grundsätzlich nicht zur Nichtigkeit (BGH NJW 2009, 2132 Rn. 27). Ein formeller Beschlussmangel führt aber dazu, dass eine Anfechtung allein auf ihn gestützt werden kann (LG München I ZWE 2016, 42; LG Hamburg ZWE 2011, 95 (96)) und kann sich ua in folgenden Fällen ergeben:

- Keine Beschlusskompetenz besteht, was zur Nichtigkeit führt (→ Rn. 7 ff.). **158**
- Ein Beschlussgegenstand wird in einer Ladung unter Verstoß gegen § 23 Abs. 2 WEG nicht oder nur unzureichend bezeichnet (→ Rn. 76 ff.).
- Ein Beschlussgegenstand wird erst nach Unterschreitung der Ladungsfrist, etwa in der Versammlung, benannt (→ § 24 Rn. 104).
- Der Einladende ist nicht mehr befugt einzuladen (→ § 24 Rn. 36 ff.). War der Ladende nicht einmal potenziell befugt, ist ein dennoch gefasster Beschluss allerdings nichtig.
- Der Einladende hält unter Verstoß gegen § 24 Abs. 4 Satz 1 WEG beim Ladungsschreiben nicht die Textform ein (→ § 24 Rn. 88).
- Es wird für eine konkrete Wohnungseigentumsanlage eine unzureichende Textform gewählt (→ § 24 Rn. 89).
- Der Einladende verstößt gegen die vereinbarte Ladungsfrist oder die des § 24 Abs. 4 Satz 2 WEG oder die Ladungsfrist ist jedenfalls in einer konkreten Wohnungseigentumsanlage in einer bestimmten Situation zu kurz (→ § 24 Rn. 104).
- Der Einladende lädt Stimmberechtigte versehentlich nicht.
- Die Versammlungszeit ist unangemessen (→ § 24 Rn. 22).
- Der Versammlungstag ist nicht angemessen (→ § 24 Rn. 22).
- Die Versammlung findet an einem ungenügenden Versammlungsort (→ § 24 Rn. 17 ff.) oder einer ungenügenden Versammlungsstätte statt (→ § 24 Rn. 17 ff.).
- Ein (wichtiger) Beschluss wird unter dem Punkt „Verschiedenes/Sonstiges“ gefasst.
- Die Versammlung fand in der Gegenwart eines nicht teilnahmeberechtigten Dritten statt (→ § 24 Rn. 34).
- Bei der Beschlussfassung waren Stimmberechtigte nicht beteiligt worden (→ § 25 Rn. 11).
- Bei der Beschlussfassung haben nicht Stimmberechtigte mitgestimmt (→ § 25 Rn. 11).
- Zählfehler (→ § 25 Rn. 11).
- Ein Beschluss ist nicht bestimmt genug, aber noch nicht völlig unbestimmt (→ Rn. 144).
- Das Rederecht eines Wohnungseigentümers ist unzulässig beschränkt worden (→ § 23 Rn. 56).
- Die Versammlungsleitung hat einen Wohnungseigentümer unzulässig aus der Versammlung verwiesen (→ § 24 Rn. 118).
- Die Versammlung lief „völlig ungeordnet“ ab (KG WE 1991, 133; BGH NJW 2009, 2132 Rn. 28 neigt hingegen zur Nichtigkeit).

bb) Prozessuales. Zur gerichtlichen Prüfung und zur Beweisführung bei formellen Beschlussmängeln s. im Einzelnen → § 44 Rn. 114 ff. **159**

160 **c) Materielle Beschlussmängel.** Ein materieller Beschlussmangel ist anzunehmen, wenn ein formell ordnungsmäßiger, aber auch ein formell nicht ordnungsmäßig zustande gekommener Beschluss (auch) inhaltliche Mängel aufweist. Überblick:

- Dies ist zum einen anzunehmen, wenn ein Beschluss nicht ordnungsmäßig ist (→ § 18 Rn. 62; § 18 R.n 103).
- Weiter ist ein Beschluss materiell nicht ordnungsmäßig, wenn er unter einem Ermessensfehler leidet (→ § 18 Rn. 40).
- Ferner liegt ein materieller Mangel vor, wenn der Beschlussinhalt mangelhaft ist, zB wenn
  - nach § 28 Abs. 1, Abs. 2 WEG Vor- oder Nachschüsse fehlerhaft sind,
  - die Regelung, die genehmigt werden soll, nicht ordnungsmäßig ist, beispielsweise ein Vertrag, der gegen das Recht verstößt oder den Wohnungseigentümern oder der Gemeinschaft der Wohnungseigentümer nachteilig ist.
- Ein materieller Mangel liegt auch dann vor, wenn ein Beschluss gegen den „ordre public“ (= die öffentliche Ordnung), ein Gesetz – nicht das WEG – oder eine Vereinbarung verstößt. Als Gesetze sind vor allem die Bestimmungen des öffentlichen Rechts beachtlich. Verstößt ein Beschluss gegen öffentlich-rechtliche Pflichten, kann er anfechtbar oder nichtig sein (BGH NZM 2012, 768 Rn. 9; aA OLG Hamm NZM 2001, 1084 (1085)). Was gilt, ist Frage der Auslegung. Verstößt ein Beschluss gegen öffentliches Recht, ist er jedenfalls nicht ordnungsmäßig (BGH NZM 2015, 595 Rn. 16/17). Öffentliche Pflichten führen zur Nichtigkeit, wenn sie dem Schutz gerade der Wohnungseigentümer dienen.

161 **d) Gleichbehandlungsgrundsatz.** Ein Beschluss ist in der Regel nur ordnungsmäßig, wenn er den auch unter den Wohnungseigentümern anwendbaren Grundsatz der Gleichbehandlung beachtet (BGH NZM 2013, 195 Rn. 19; NJW 2010, 3508 Rn. 10); LG Hamburg ZMR 2018, 358 (359); LG Dortmund ZWE 2017, 454 Rn. 6; *Elzer* MDR 2015, 1050 (1053); ZWE 2013, 444; *Schmid* ZWE 2011, 70; *Reymann* ZWE 2009, 233 (241)). Dieser verlangt, vergleichbare Sachverhalte im Verhältnis der Wohnungseigentümer grundsätzlich gleich zu behandeln, und verbietet eine willkürliche, sachlich nicht gerechtfertigte unterschiedliche Behandlung (BGH NZG 2008, 783 Rn. 10, 18 und 20; NJW 1998, 3713 unter III. 2. e); 1992, 892 unter V. 1.).

162 Wann Fälle „gleich“ liegen, wann eine „Ungleichbehandlung“ vorliegt und was als „sachlicher Grund“ anzuerkennen ist, ist jeweils Frage des Einzelfalls. Verstößt ein Beschluss gegen den Gleichbehandlungsgrundsatz, ist er – analog dem Recht der Körperschaften – in der Regel ermessensfehlerhaft (→ § 18 Rn. 40 und damit anfechtbar, aber nicht nichtig (*Elzer* ZWE 2013, 444; *Schmid* ZWE 2011, 70 (71)). Einen Anspruch auf „Gleichheit im Unrecht“ gibt es nicht.

III. Bindung bis zur Ungültigerklärung

163 **1. Sofortiger Eintritt.** Auch wenn ein Beschluss nicht ordnungsmäßig ist, bindet er nach seiner Rechtsnatur und nach den allgemeinen Grund-

sätzen sofort den Verwalter (BGH WuM 2019, 283 Rn. 11) und sämtliche an- und abwesenden Wohnungseigentümer (BGH NZM 2020, 755 Rn. 27), wenn er nicht nichtig ist (→ Rn. 121; BGH BeckRS 2020, 13131 Rn. 13; ZWE 2014, 265 Rn. 6; NJW 2013, 2271 Rn. 22; ZWE 2011, 403 unter II. B. 3. a) aa). Ist der Beschluss Grundlage einer Klage und ist er daneben im Wege der Anfechtungsklage angegriffen, ändert sich an dieser Bindung nichts (LG Frankfurt a. M. ZWE 2015, 427).

Eine Aussetzung des Verfahrens, das sich auf den Beschluss stützt, vor allem einer Hausgeldklage nach § 148 ZPO, kommt grundsätzlich nicht in Betracht (BGH NZM 2020 Rn. 32; BeckRS 2020, 13131 Rn. 13. Denn die Voraussetzungen für eine Aussetzung sind nicht gegeben. Da der Beschluss bis zur Entscheidung über die Anfechtungsklage gültig ist, ist das Ergebnis eines Anfechtungsverfahrens nicht iSd Gesetzes „vorgreiflich" (BGH NJW 2019, 1216 Rn. 24; ZWE 2014, 265 Rn. 7; AG Dortmund ZWE 2018, 410 Rn. 16). Anders liegt es, wenn der Beschluss womöglich nichtig ist. 164

2. Ungültigerklärung. a) Überblick. Die Bindung an einen nicht ordnungsmäßigen, aber nicht nichtigen Beschluss kann bekämpft und vernichtet werden. Dazu muss der Beschluss nach §§ 44 Abs. 1 Satz 1 WEG angefochten und durch rechtskräftiges Urteil ex tunc (von Anfang an) für ungültig erklärt werden. 165

b) Folgen einer teilweisen Ungültigerklärung. Sofern ein Beschluss teilbar ist (→ Vor §§ 23 ff. Rn. 50) und ein Mangel nur Teile des Beschlusses erfasst, oder sofern nur ein Beschlussteil nichtig ist, ist – abhängig vom Klageantrag (§ 308 ZPO) und dessen Auslegung – eine teilweise Ungültigerklärung bzw. teilweise Nichtigkeitsfeststellung vorstellbar (BGH NJW-RR 2017, 462 Rn. 26; NJW 2015, 549 Rn. 21; ZWE 2013, 47 Rn. 9). 166

Dies kommt indes nur dann in Betracht, wenn zweifelsfrei davon auszugehen ist, dass der (verbleibende) Beschluss(teil) von den Wohnungseigentümern auch als Teilregelung gefasst worden wäre. Dies zu prüfen, ist Aufgabe der Gerichte. 167

c) Aussetzung der Bindung. Die Bindung an einen Beschluss kann nach § 935 ZPO vorübergehend ausgesetzt werden (dazu → Vor §§ 43 ff. WEG Rn. 46). 168

3. Bestandskraft. a) Allgemeines. Wird die Anfechtungsfrist versäumt und wird auch eine Wiedereinsetzung nach § 45 Satz 2 WEG iVm §§ 233 ff. ZPO nicht gewährt, erwächst ein nicht nichtiger Beschluss in Bestandskraft (BGH NJW 2018, 3717 Rn. 17 Rn. 17; 2013, 65 Rn. 15; 2012, 3719 Rn. 8; NJW-RR 2012, 1292 Rn. 10; NJW 2009, 3655 Rn. 14). Entsprechendes gilt, wenn ein Beschluss zwar angefochten wird, die Anfechtungsklage aber rechtskräftig abgewiesen wird oder sich auf andere Weise erledigt, zB durch Klageverzicht, Klagerücknahme, Erledigterklärung oder Prozessvergleich. Dies dient dem Zweck, alsbald Klarheit zu schaffen, was gilt (BGH NJW 2018, 3717 Rn. 17; 1970, 1316 unter II 2a). 169

Bestandskraft meint, dass ein Wohnungseigentümer einen Beschluss nicht mehr im Wege der Anfechtungsklage angreifen kann. Die Bestandskraft 170 schützt also einen nicht ordnungsmäßigen Beschluss vor einer gerichtlichen Ungültigerklärung, führt aber nicht zu einer dauerhaften Bindung der Wohnungseigentümer. Diese sind durch die Bestandskraft eines „Erstbeschlusses" nicht daran gehindert, über eine geregelte gemeinschaftliche Angelegenheit im Wege des Zweitbeschlusses und seiner Regeln erneut zu beschließen (→ Vor §§ 23 ff. WEG Rn. 51). Zur Frage, was gilt, wenn ein Wohnungseigentümer geltend macht, dass der bestandskräftige Beschluss nicht ordnungsmäßiger Verwaltung entspricht und er einen weiteren Beschluss verlangt und diesen gegebenenfalls nach § 44 Abs. 1 Satz 2 WEG erzwingen will (→ 200).

171 **b) Schadenersatzansprüche.** Nach Ansicht vor allem des BGH schließt die Bestandskraft eines Beschlusses grundsätzlich einen Schadenersatzanspruch aus (BGH NJW 2012, 2955 Rn. 11; WuM 2012, 399 Rn. 9; NJW 2011, 2660 Rn. 16). Der inhaltlich fehlerhafte Beschluss werde zwar durch den Eintritt der Bestandskraft nicht fehlerfrei. Er bleibe aber nach § 23 Abs. 4 Satz 2 WEG gültig und bilde deshalb die Grundlage für das weitere Handeln. Dass sich Verwalter oder die Wohnungseigentümer an den bestandskräftigen Beschluss hielten, sei nicht pflichtwidrig (BGH NJW 2018, 2550 Rn. 44; NJW 2012, 2955 Rn. 11).

172 Lehnten es die Wohnungseigentümer allerdings durch Beschluss ab, eine Maßnahme am gemeinschaftlichen Eigentum durchzuführen, die ein Wohnungseigentümer zur Behebung von Schäden an seinem Sondereigentum verlangt, und erhebe der Wohnungseigentümer Anfechtungsklage und zugleich eine auf die begehrte Maßnahme bezogene Beschlussersetzungsklage, sollen Schadenersatzansprüche wegen einer verzögerten Instandsetzung nicht dadurch ausgeschlossen werden, dass der betroffene Wohnungseigentümer nachfolgende Vertagungsbeschlüsse nicht anficht (BGH NJW 2018, 2550 Rn. 46).

173 **Stellungnahme.** Dieser Sichtweise ist für positive Beschlüsse grundsätzlich zu folgen (aA *Armbrüster/Kräher* ZWE 2014, 1 (6); *Derleder* NJW 2012, 3132 (3133)). Für die Prüfung, ob ein Beschluss einer ordnungsmäßigen, dem Interesse der Gesamtheit der Wohnungseigentümer entsprechenden Verwaltung entspricht, sieht das Gesetz die Anfechtungsklage vor. Daneben ist eine Schadenersatzhaftung etwa für die Abgabe einer Stimme in dem einen oder anderen Sinne nicht anzuerkennen. Dies würde auch zu einer doppelten Überprüfung der Ordnungsmäßigkeit gefasster Beschlüsse führen. Kann der Kläger den Eintritt eines Schadens durch eine Anfechtungsklage verhindern, ist er daher aufgerufen, diesen Weg zu beschreiten (vgl. auch § 254 BGB). Dass darin eine unzulässige „Anspruchsvernichtung" durch Beschluss liegt (→ Rn. 8), ist nicht richtig. Es gibt aber Ausnahmen. Trotz eines Beschlusses hat eine auf § 18 Abs. 2 WEG gestützte Klage Erfolg, wenn außergewöhnliche Umstände ein Festhalten an einem Beschluss als grob unbillig und damit als gegen Treu und Glauben verstoßend erscheinen lassen (→ § 18 Rn. 72; ohne Stellungnahme BGH ZWE 2020, 78 Rn. 1 [dort wird ein Rechtsmissbrauch angenommen] und BGH NJW 2018, 2550 Rn. 43). In solchen Fällen kann man einem Begehren auf Schadenersatz ausnahmsweise nicht den Erfolg versagen.

Ferner ist ein Schadenersatzanspruch zu bejahen, wenn auch eine Anfechtungsklage den Eintritt des Schadens nicht verhindern konnte (*Elzer* NZM 2012, 718 (721); s. a. *Armbrüster/Kräher* ZWE 2014, 1 (7); *Abramenko* FS Merle, 2010, 1 (7); zum Gesellschaftsrecht BGH NJW 1995, 1739 unter II. 5. c; *Winter,* Mitgliedschaftliche Treuebindungen im GmbH-Recht, 1988, 320). Dann erscheint die Forderung nach Erhebung einer vorherigen Anfechtungsklage als „Förmelei". Ein Schadenersatz kann daher zB bei einer Verzögerung einer Erhaltungsmaßnahme des gemeinschaftlichen Eigentums und eines darauf beruhenden Schadens zu gewähren sein (OLG München NZM 2009, 402; 2009, 130 (131)). Fehlerhafte, bestandskräftige Negativbeschlüsse regeln hingegen nichts (→ Vor §§ 23 ff. WEG Rn. 65). Pflichtwidriges Verhalten bleibt daher trotz eines bestandskräftigen Negativbeschlusses stets pflichtwidrig. Dass ein Wohnungseigentümer gegebenenfalls dennoch keinen Schadenersatz verlangen kann, liegt im Einzelfall allenfalls an einer nicht erhobenen Verpflichtungs- bzw. Beschlussersetzungsklage (*Elzer* NZM 2013, 718 (719)). 174

I. Abdingbarkeit

§ 23 Abs. 1 WEG ist nicht mit dem Ziel vollständig abdingbar, nur noch schriftliche Beschlüsse zu erlauben oder sich nur noch virtuell zu versammeln. § 23 Abs. 2 WEG ist hingegen abdingbar (BayObLG WE 1991, 297; NJW 1970, 1136; OLG Hamm OLGZ 1979, 296 (300)). § 23 Abs. 3 WEG ist nach hM im Interesse des Minderheitenschutzes (dazu allgemein *Elzer* MDR 2015, 1050 ff.) insoweit als zwingende Vorschrift anzusehen, als die Zustimmung sämtlicher Wohnungseigentümer erforderlich ist (OLG Hamm WE 1993, 24 (25); OLGZ 1978, 292 (294); BayObLG MDR 1981, 320; zweifelnd OLG Schleswig NZM 2006, 822; aA *B. Müller* ZWE 2007, 56 (57); *Prüfer* WE 1998, 334). Nach hier vertretener Ansicht ist § 23 Abs. 3 WEG hingegen insgesamt abdingbar (wie hier Staudinger/*Häublein* § 23 Rn. 194), da das Gesetz ihn nicht als zwingend bezeichnet (arg. § 10 Abs. 1 Satz 2 WEG). § 23 Abs. 4 WEG ist als öffentliches Recht nicht abdingbar. 175

Einberufung, Vorsitz, Niederschrift

24

(1) **Die Versammlung der Wohnungseigentümer wird von dem Verwalter mindestens einmal im Jahre einberufen.**

(2) **Die Versammlung der Wohnungseigentümer muß von dem Verwalter in den durch Vereinbarung der Wohnungseigentümer bestimmten Fällen, im übrigen dann einberufen werden, wenn dies in Textform unter Angabe des Zweckes und der Gründe von mehr als einem Viertel der Wohnungseigentümer verlangt wird.**

(3) **Fehlt ein Verwalter oder weigert er sich pflichtwidrig, die Versammlung der Wohnungseigentümer einzuberufen, so kann die Versammlung auch durch den Vorsitzenden des Verwaltungsbeirats, dessen Vertreter oder einen durch Beschluss ermächtigten Wohnungseigentümer einberufen werden.**

(4) [1]Die Einberufung erfolgt in Textform. [2]Die Frist der Einberufung soll, sofern nicht ein Fall besonderer Dringlichkeit vorliegt, mindestens drei Wochen betragen.

(5) Den Vorsitz in der Wohnungseigentümerversammlung führt, sofern diese nichts anderes beschließt, der Verwalter.

(6) [1]Über die in der Versammlung gefaßten Beschlüsse ist unverzüglich eine Niederschrift aufzunehmen. [2]Die Niederschrift ist von dem Vorsitzenden und einem Wohnungseigentümer und, falls ein Verwaltungsbeirat bestellt ist, auch von dessen Vorsitzenden oder seinem Vertreter zu unterschreiben.

(7) [1]Es ist eine Beschluss-Sammlung zu führen. [2]Die Beschluss-Sammlung enthält nur den Wortlaut

1. **der in der Versammlung der Wohnungseigentümer verkündeten Beschlüsse mit Angabe von Ort und Datum der Versammlung,**
2. **der schriftlichen Beschlüsse mit Angabe von Ort und Datum der Verkündung und**
3. **der Urteilsformeln der gerichtlichen Entscheidungen in einem Rechtsstreit gemäß § 43 mit Angabe ihres Datums, des Gerichts und der Parteien,**

soweit diese Beschlüsse und gerichtlichen Entscheidungen nach dem 1. Juli 2007 ergangen sind. [3]Die Beschlüsse und gerichtlichen Entscheidungen sind fortlaufend einzutragen und zu nummerieren. [4]Sind sie angefochten oder aufgehoben worden, so ist dies anzumerken. [5]Im Falle einer Aufhebung kann von einer Anmerkung abgesehen und die Eintragung gelöscht werden. [6]Eine Eintragung kann auch gelöscht werden, wenn sie aus einem anderen Grund für die Wohnungseigentümer keine Bedeutung mehr hat. [7]Die Eintragungen, Vermerke und Löschungen gemäß den Sätzen 3 bis 6 sind unverzüglich zu erledigen und mit Datum zu versehen. [8]Einem Wohnungseigentümer oder einem Dritten, den ein Wohnungseigentümer ermächtigt hat, ist auf sein Verlangen Einsicht in die Beschluss-Sammlung zu geben.

(8) [1]Die Beschluss-Sammlung ist von dem Verwalter zu führen. [2]Fehlt ein Verwalter, so ist der Vorsitzende der Wohnungseigentümerversammlung verpflichtet, die Beschluss-Sammlung zu führen, sofern die Wohnungseigentümer durch Stimmenmehrheit keinen anderen für diese Aufgabe bestellt haben.

Literatur (zur älteren Literatur siehe Vorauflage): *Abramenko,* „Saalverweis" und die Befugnisse des Versammlungsleiters, MietRB 2020, 184; *Abramenko,* Teilnahme von Beratern an der Versammlung der Eigentümer, AnwZert MietR 19/2011; *Abramenko,* Einberufung der Versammlung der Eigentümer durch Unbefugte, ZWE 2005, 25; *Abramenko,* Die Bedeutung der Monatsfrist nach § 23 Abs. 4 Satz 2 WEG für die Berichtigung von Niederschriften über Versammlung der Eigentümer, ZMR 2003, 326; *Abramenko,* Die außergerichtliche Berichtigung der Niederschrift über eine Versammlung der Eigentümer, ZMR 2003, 245; *Armbrüster/Roguhn,* Der Grundsatz der Nichtöffentlichkeit der Versammlung – wen muss, wen darf man zulassen?, ZWE 2016, 105; *Becker,* Niederschrift über die Versammlung – Funktion, Inhalt, Form,

ZWE 2016, 2; *Becker,* Die Feststellung des Inhalts fehlerhaft protokollierter Eigentümerbeschlüsse, ZMR 2006, 489; *Becker,* Ergebnisfeststellung und Beschlusstatbestand, ZWE 2002, 93; *Becker,* Die Teilnahme an der Versammlung der Wohnungseigentümer, 1996; *Bonifacio,* Die Nichtigkeit von Wohnungseigentümerbeschlüssen bei fehlender Einladung zur Versammlung, NZM 2011, 10; *Bonifacio,* Die Auslegung von Beschlüssen der Wohnungseigentümer unter Berücksichtigung der Bedeutung der Versammlungsniederschrift, ZMR 2006, 583; *Briesemeister,* Die Teilnahme eines Rechtsanwalts an der Versammlung der Eigentümer, AnwZert MietR 19/2009; *Bub,* Der schwebend unwirksame Beschluss im Wohnungseigentumsrecht, FS Seuß, 2007, 53; *Dötsch/Hogenschurz,* Delegation des Vorsitzes in der Eigentümerversammlung und § 24 Abs. 5 WEG – Viel Lärm um Nichts?!, FS Riecke, 2019, 209; *Drabek,* Anspruch des einzelnen Wohnungseigentümers auf Ergänzung der Tagesordnung der Versammlung der Eigentümer, AnwZert MietR 25/2009; *Drabek,* Unter rechtlicher Betreuung Stehende als Wohnungseigentümer, FS Deckert, 2002, 105; *Drasdo,* Die Versammlung der Eigentümer nach WEG (2009); *Elzer,* Die Geschäftsordnung für Eigentümerversammlungen, MietRB 2011, 64; *Elzer,* Die Begleitung eines Wohnungseigentümers durch einen Dritten, MietRB 2010, *Elzer,* Die Tagesordnung im Wohnungseigentumsrecht, MietRB 2009, 89; *Gottschalg,* Versammlung der Eigentümer in (Schul-) Ferienzeiten? – Grenzen des Verwalterermessens bei der Terminierung, NZM 2009, 529; *Greiner,* Geschäftsordnungsbeschlüsse, ZWE 2016, 297; *Heggen,* Das Kreuz mit dem Verwalternachweis oder: Wer unterschreibt das Protokoll der Versammlung der Eigentümer wie?, RNotZ 2010, 455; *Heggen,* Die Unterschriften unter der Niederschrift über eine WEG-Versammlung, NotBZ 2009, 401; *Jennißen/Intveen,* Anwaltliche Teilnahme an der Versammlung der Eigentümer, NJW 2007, 2881; *Kümmel,* Die Versammlungsniederschrift – Erstellung, Inhalt, Berichtigung, MietRB 2003, 58; *Schmid,* Die Nichtöffentlichkeit der Wohnungseigentümerversammlung, ZWE 2012, 480; *Schultzky,* Die Einberufung der Eigentümerversammlung, MietRB 2018, 155; *Skauradszun,* Einberufung der Versammlung und Bezeichnung der Beschlussgegenstände, ZWE 2016, 61.

Übersicht

A. Entstehungsgeschichte

1 Die Bestimmung des § 24 WEG findet sich von Anfang an im Gesetz. Die Absätze 1 und 2 blieben stets unverändert. Absatz 3 wurde hingegen erst durch das Gesetz zur Änderung des Wohnungseigentumsgesetzes und der Verordnung über das Erbbaurecht vom 30.7.1973 (BGBl. I 910) ins Gesetz eingefügt. Er sollte den „zeitraubenden Umweg einer gerichtlichen Verwalterbestellung vermeiden" und die Gerichte entlasten, andererseits aber einem etwa vorhandenen Verwaltungsbeirat eine diesem „sachlich zukommende Befugnis" geben (BT-Drs. 7/62, 8). Absatz 4, der frühere Absatz 3, wurde seit 1951 mehrfach verändert. Zum einen wurde anstelle der Schrift- die Textform eingeführt, zum anderen wurde die ursprünglich angeordnete Einberufungsfrist von nur einer Woche, im Jahr 2007 auf zwei („in Berücksichtigung der heutigen Lebensgewohnheiten") und jetzt – auf Initiative des Rechtsausschusses (BT-Drs. 19/22634) – auf drei Wochen ausgedehnt. Das Gesetz zur Förderung der Elektromobilität und zur Modernisierung des Wohnungseigentumsgesetzes und zur Änderung von kosten- und grundbuchrechtlichen Vorschriften vom 16.10.2020 hat jetzt auch für Einberufungsverlangen die Textform eingeführt, hat die Möglichkeit geschaffen, dass die Wohnungseigentümer durch Beschluss einen Wohnungseigentümer für eine Einberufung ermächtigen, hat angeordnet, dass die Niederschrift unverzüglich zu fertigen ist und hat das Einsichtsrecht gestrichen (es findet sich der Sache nach in § 18 Abs. 4 WEG).

B. Sinn und Zweck

2 § 24 WEG bestimmt neben §§ 23, 25 WEG zentrale Fragen zur Versammlung der Wohnungseigentümer. Absatz 1 bis 4 regeln nämlich, zu welchem Zeitpunkt, von welcher Person und in welcher Form und Art und Weise die Versammlung der Wohnungseigentümer einzuberufen ist. Absatz 5 regelt hingegen, wer die Versammlung leitet. Absatz 6 enthält Regelungen zur Niederschrift. Absatz 7 und 8 treffen Bestimmungen zur Beschluss-Sammlung.

C. Allgemeine Fragen

I. Einzuladende

3 **1. Überblick.** Eine Ladung zur Versammlung der Wohnungseigentümer ist grundsätzlich nur wirksam, wenn sie dem Einzuladenden auch zugeht, § 130 Abs. 1 Satz 1 BGB entsprechend (BGH NJW 2013, 3098 Rn. 18). Die Wohnungseigentümer können allerdings auch die Fiktion des Zugangs vereinbaren (OLG Hamburg ZMR 2006, 704 (705); OLG Frankfurt MietRB 2005, 235). Das Recht, zur Versammlung der Wohnungseigentümer geladen zu werden, kann weder durch eine Vereinbarung noch durch einen Beschluss grundsätzlich ausgeschlossen werden (*Gottschalg* ZWE 2002, 50 (51); s. a. BGH NJW 2011, 679 Rn. 8). In einer Mehrhausanlage mit mehreren Versammlungen kann etwas anderes gelten. Denn hier kann vereinbart werden, dass für eine Teilversammlung (→ § 23 Rn. 26) nur bestimmte Wohnungseigentümer zu laden sind. Für die Antwort auf die Frage, wer zu laden ist, ist an die Funktionen der Versammlung (→ § 23 Rn. 11) anzuknüpfen (LG Düsseldorf ZWE 2012, 328). Zu laden ist danach, wer ein Stimmrecht besitzt (→ § 25 Rn. 19 ff.). Ferner ist der zu laden, der ein Rede-, Teilnahme- und/oder ein Antragsrecht besitzt (*Skauradszun* ZWE 2016, 61 (64)).

4 **2. Wohnungseigentümer. a) Überblick.** Zu laden sind sämtliche, dem Einladenden zum Zeitpunkt der Ladung bekannten Wohnungseigentümer (→ § 9a Rn. 2 ff.). Ist das Grundbuch unrichtig und ist dies dem Einberufenden bekannt, hat er den „wirklichen" Wohnungseigentümer einzuladen. Bei Personenvereinigungen ist grundsätzlich – soweit vorhanden – der gesetzliche Vertreter einzuladen, bei einer GmbH beispielsweise der Geschäftsführer, bei einer Aktiengesellschaft oder einem eingetragenen Verein der Vorstand oder bei einer GmbH & Co. KG der Geschäftsführer der Komplementär-GmbH. Bei einem mehrgliedrigen Vorstand genügt der Zugang der Einladung bei einem Vorstandsmitglied, §§ 78 Abs. 2 AktG, 28 Abs. 2 BGB. Auf das Stimmrecht eines Wohnungseigentümers kommt es insoweit nicht an (OLG Zweibrücken ZMR 2004, 60 (63); OLG Köln ZMR 2004, 299 (300); BayObLG NZM 2002, 616).

5 **b) Vertreter. aa) Überblick.** Hat der Einzuladende einen Empfangsvertreter bestimmt, ist die Ladung dorthin zu richten. Hat ein Wohnungseigentümer einen dem Einberufenden bekannten Vertreter bestellt, ist es eine Frage der Auslegung, ob (nur oder auch) dieser zu laden ist. Besteht eine Unklarheit, muss der Einladende nachfragen. Im Zweifel sind der Wohnungseigentümer und der Vertreter zu laden. Bei minderjährigen Wohnungseigentümern ist der gesetzliche Vertreter zu laden. Einer Ladung des Minderjährigen bedarf es nicht.

6 **bb) Parteien kraft Amtes.** Besteht eine gesetzliche Vertretung (→ Rn. 10), ist jedenfalls der Dritte zu laden (→ Rn. 10). Was für den Wohnungseigentümer gilt, ist jenseits der Nachlassverwaltung und Testa-

mentsvollstreckung vor allem für den Insolvenz- oder den Zwangsverwalter hingegen streitig. Nach einer Ansicht sind nur diese zu laden (exemplarisch Staudinger/*Häublein* § 24 Rn. 19). Nach der hM ist hingegen auch der Wohnungseigentümer zu laden (*Scheff/Schmidt* MDR 2010, 186 (189)). In den Fällen gesetzlicher Vertretung sei der Wohnungseigentümer zwar in der Regel nicht mehr oder nicht mehr vollständig stimmberechtigt. Er besitze aber ein ihm nicht vollständig entziehbares Rede-, Teilnahme- und auch ein Antragsrecht (aA LG Berlin ZMR 2009, 474 (475)). Um diese Rechte zu gewährleisten, sei auch der Wohnungseigentümer zu laden (*Scheff/Schmidt* MDR 2010, 186 (189)). Die Notwendigkeit einer Ladung folge ferner daraus, dass der Wohnungseigentümer zB nach Aufhebung einer Zwangsverwaltung oder am Ende des Insolvenzverfahrens zB aus einem Beschluss über den Wirtschaftsplan Hausgeld schulde (OLG München FGPrax 2007, 20; OLG Zweibrücken NJW-RR 2005, 1682; *Häublein* ZfIR 2005, 337). **Stellungnahme.** Was gilt, ist eine Frage des Einzelfalls. Grundsätzlich ist nur die Partei kraft Amtes zu laden. Dass ein Wohnungseigentümer nach Aufhebung der gesetzlichen Vertretung haftet, ist unerheblich. Etwas anderes gilt aber, wenn in der Versammlung ganz ausnahmsweise ein Punkt ansteht, für den die Partei kraft Amtes nicht zuständig ist. Das ist vor allem bei einer Zwangsverwaltung vorstellbar (→ 10).

cc) Wohnungseigentümer unter Betreuung. Steht ein Wohnungs- 7
eigentümer unter Betreuung, kommt es für die Frage, ob der Betreute oder der Betreuer zu laden ist, auf die Geschäftsfähigkeit des Betroffenen an (s. a. *Drabek* FS Deckert, 105, 137; ZWE 2000, 395 (396)). Soweit der Betreute geschäftsunfähig ist, kann er nur durch seinen Betreuer handeln, § 1902 BGB. Zu laden ist daher der Betreuer. Ist der Betreute hingegen geschäftsfähig, bleiben seine Kompetenzen von einer Betreuerbestellung unberührt, sofern nicht – das ist die „Gegenausnahme" – ein Einwilligungsvorbehalt angeordnet worden ist. Zu laden ist daher der Betreute. Bei Geschäftsfähigkeit des Betreuten führt § 1902 BGB im Umfang des dem Betreuer zugewiesenen Aufgabenkreises freilich zu einer Doppelzuständigkeit von Betreuer und Betreutem. Zu laden ist daher auch der Betreuer (*Skauradszun* ZWE 2016, 61 (64)).

c) Miteigentümer. Steht ein Wohnungseigentum mehreren zu, sind 8
sämtliche Mit- nach hM jeweils Wohnungseigentümer (→ § 9a Rn. 5) und daher gesondert einzuladen (*Skauradszun* ZWE 2016, 61 (64); *Drabek* ZWE 2000, 395 (396)); etwas anderes gilt, wenn sie einen gemeinsamen Empfangsvertreter (→ Rn. 5) bestimmt haben (§ 171 ZPO). Wer annimmt, dass die Mit- keine Wohnungseigentümer sind, vertritt nichts anderes: auch ein bloßer Miteigentümer hat ein eigenes Anwesenheits-, Rede- und ein Antragsrecht. § 18 GmbHG oder § 69 AktG sind in Ermangelung einer Gesetzeslücke jeweils nicht analog anwendbar. Bei einer Erbengemeinschaft ist jeder Miterbe zu laden (*Eichhorn* ZfIR 2017, 221 (227)). Bei Vorerbschaft ist der Vorerbe zu laden (*Eichhorn* ZfIR 2017, 221 (228)), nach Eintritt des Nacherbfalls der Nacherbe.

9 **d) Werdende Wohnungseigentümer; Zweiterwerber.** Neben den Wohnungseigentümern sind die werdenden Wohnungseigentümer (→ § 8 Rn. 68 ff.) einzuladen (BGH NJW 2012, 2650 Rn. 18; OLG Köln ZMR 2004, 859 (860); *Elzer* ZMR 2009, 7 (9)). Ein Zweiterwerber ist hingegen erst einzuladen, wenn er Wohnungseigentümer ist. Etwas anderes gilt, wenn der Eigentümer dem Verwalter eine anderslautende Weisung erteilt und dem Zweiterwerber Vertretungsmacht eingeräumt hat (→ Rn. 5; *Häublein* ZMR 2004, 723 (725)).

10 **3. Parteien kraft Amtes.** Anstelle eines Wohnungseigentümers kann von Gesetzes wegen oder nach Willkür eines Wohnungseigentümers eine Partei kraft Amtes der „Wohnungseigentümer" sein. Überblick:

- **Insolvenzverwaltung:**
  - Ist über das Vermögen eines Wohnungs- oder Teileigentümers das Insolvenzverfahren eröffnet worden, ist nur der Insolvenzverwalter zu laden (→ Rn. 6; *Skauradszun* ZWE 2016, 61 (65)). Durch die Eröffnung des Insolvenzverfahrens geht das Recht des Wohnungseigentümers als Schuldner, das zur Insolvenzmasse gehörende Vermögen zu verwalten und darüber zu verfügen, nach § 80 Abs. 1 InsO auf den Insolvenzverwalter über. Das Teilnahme-, Rede- und Antragsrecht sowie das Stimmrecht in der Versammlung der Eigentümer stehen allein dem Insolvenzverwalter zu, jedenfalls soweit der Beschlussgegenstand die Vermögenssphäre betrifft (BGH NJW-RR 2018, 39 Rn. 15; NZG 2011, 902 Rn. 7).
  - Im vorläufigen Insolvenzverfahren ist der vorläufige Insolvenzverwalter zu laden, wenn auf ihn die Verwaltungs- und Verfügungsbefugnis übergegangen ist (§§ 21 Abs. 2 Satz 1 Nr. 2, 22 Abs. 1 Satz 1 InsO).
  - Im Falle der Eigenverwaltung (§§ 270 ff. InsO) ist der Wohnungseigentümer zu laden.
  - Hat der Insolvenzverwalter ein Wohnungs-/Teileigentum freigegeben, ist wieder der Wohnungseigentümer verfügungsbefugt und ist insoweit nur der Wohnungseigentümer zu laden (BGH NJW-RR 2014, 1515 Rn. 6; NZI 2007, 173 Rn. 20).
- **Nachlassverwalter und Testamentsvollstrecker:** Nachlassverwalter und Testamentsvollstrecker üben als Partei kraft Amtes das Stimmrecht für das zum Nachlass gehörende Wohnungseigentum in eigenem Namen und aus eigenem Recht aus und sind anstelle der Erben zu laden (*Hügel* ZWE 2006, 174 (178); *Skauradszun* ZWE 2016, 61 (64); s. a. BGH NZG 2014, 945 Rn. 14).
- **Zwangsverwaltung:** Wird ein Wohnungs- oder Teileigentum zwangsverwaltet, ist grundsätzlich der Zwangsverwalter zu laden (*Drasdo* ZWE 2006, 68 (74)). Der Zwangsverwalter hat ein Teilnahme-, Rede- und Antragsrecht. Er übt ferner fast in allen Fällen das Stimmrecht des Wohnungseigentümers aus (→ § 25 Rn. 41; *Skauradszun* ZWE 2016, 61 (65)). Zum Wohnungseigentümer → Rn. 6.

11 **4. Amtsträger.** Amtsträger, etwa der amtierende Verwalter (wenn er nicht selbst lädt) oder ein Verwaltungsbeirat, der ausnahmsweise selbst nicht Wohnungseigentümer ist, sind zu laden (LG Düsseldorf ZWE 2012, 328).

Diese Personen haben ein Teilnahmerecht (→ § 23 Rn. 62) und müssen – um dieses angemessen wahrnehmen zu können – geladen werden (aA OLG Zweibrücken OLGR 2003, 121 (124); BayObLG NJW-RR 1988, 270). Der abberufene Verwalter ist – auch wenn seine Abberufung angefochten ist –nicht zu laden (s. a. OLG Zweibrücken OLGR 2003, 121 (123); OLG Hamm NZM 1999, 229 (230)).

5. Verstöße (Nichtladung). a) Grundsatz: Anfechtbarkeit. Wird ein Stimmberechtigter versehentlich nicht geladen, ist der entsprechende Beschluss – anders als im Gesellschaftsrecht (BGH NJW-RR 2006, 831 Rn. 9) – grundsätzlich nicht nichtig (→ § 23 Rn. 58). Der Ladungsmangel führt allerdings dazu, dass ein ohne den eigentlich Stimmberechtigten gefasster Beschluss anfechtbar ist (BGH NJW 2013, 3098 Rn. 18; 2012, 3571 Rn. 5; 2011, 3237 Rn. 33). 12

Die Beweislast für die Frage, ob eine Ladung zugegangen ist, tragen die den angefochtenen Beschluss verteidigenden Wohnungseigentümer (→ § 44 Rn. 115). 13

b) Ausnahme: Nichtigkeit. Etwas anderes gilt nach hM in besonders schwerwiegenden Ausnahmefällen (BGH NJW 2012, 3232 Rn. 21; 2012, 3571 Rn. 8). Jedenfalls die bewusste Umgehung eines Mitwirkungsrechts dürfe nicht sanktionslos bleiben (kritisch *Häublein* ZMR 2004, 723 (730)). Ein solcher Ausnahmefall liege vor, wenn ein Wohnungseigentümer in böswilliger Weise gezielt (= vorsätzlich) von der Teilnahme ausgeschlossen werden solle (BGH NJW 2012, 3571 Rn. 8; BayObLG ZMR 2005, 801; OLG Köln ZMR 2004, 299 (300); AG Philippsburg ZMR 2018, 1038). Sind alle Teil- zugleich Wohnungseigentümer, so genügt es alle Wohnungseigentümer einzuladen (AG München ZMR 2019, 154). Übersieht der Verwalter, dass es einen Teileigentümer gibt, der kein Wohnungseigentum hält, ist der Beschluss nur anfechtbar. Kann die Frage, ob eine Nichtladung versehentlich oder vorsätzlich war, nicht aufgeklärt werden, trifft die materielle Feststellungslast den Anfechtenden. 14

Einer vorsätzlichen Nichtladung kann der Fall gleichstehen, dass der Verwalter bei der Wahl des Versammlungsortes sein Ermessen (→ § 26 Rn. 74 ff.) pflichtwidrig überschreitet. Wählt der Verwalter beispielsweise einen Versammlungsort, von dem ihm positiv bekannt ist, dass ihn nicht alle Wohnungseigentümer aufsuchen können – etwa wegen einer körperlichen Behinderung oder einer bekannten und nachvollziehbaren Abneigung gegen den Ort –, kommt diese Wahl einer vorsätzlichen Nichtladung gleich (OLG Köln ZMR 2004, 299 (300)). 15

c) Sondernachfolger. Wird eine Person als „Wohnungseigentümer“ geladen, der sein Wohnungseigentum aber mittlerweile an einen Sondernachfolger veräußert hatte, und ist dieser bereits als Wohnungseigentümer anzusehen, **ohne** dass diese Veränderungen der Gemeinschaft der Wohnungseigentümer aber angezeigt worden sind, ist die **Nichtladung** des neuen Wohnungseigentümers unschädlich und gleichwohl gefasste Beschlüsse jedenfalls aus diesem Grunde nicht anfechtbar. Es ist Sache des jeweiligen Wohnungseigentümers, sicherzustellen, dass er oder sein Sondernachfolger 16 geladen werden können (BGH NJW 2013, 3098 Rn. 18; KG NJW-RR 1997, 1033; LG München I NJW-Spezial 2013, 355). Auch aus einem Eigentümerwechsel zwischen Einladung und Datum der Versammlung der Eigentümer kann der Erwerber keinen Ladungsmangel herleiten (KG NJW-RR 1997, 1033).

II. Versammlungsort und Versammlungsstätte

17 **1. Bestimmung der Wohnungseigentümer.** Welcher Versammlungsort (geografische Gemeinde) und welche Versammlungsstätte (Saal, Raum, etc.) vom Einzuladenden zu wählen sind, kann durch Vereinbarung (OLG Celle NZM 1998, 822) oder durch Beschluss nach § 19 Abs. 1 WEG bestimmt werden (LG Dortmund NJW-RR 2019, 208 Rn. 5).

18 **2. Fehlende Bestimmung. a) Überblick.** Fehlt es an einer Bestimmung zu Versammlungsort und Versammlungsstätte, unterfallen Auswahl und Festlegung dem Ermessen des Einberufenden (BGH NJW-RR 2011, 1519 Rn. 9; OLG Köln NJW-RR 2006, 520 (521); LG Dortmund NJW-RR 2019, 208 Rn. 5; *Elzer* ZMR 2006, 85 (90)). Die bei der Auswahl einzuhaltenden Ermessensgrenzen (zum Verwalter → § 26 Rn. 74 ff.) und die jeweiligen Prüfsteine ergeben sich aus der Funktion der Versammlung (→ § 23 Rn. 11; LG Dortmund NJW-RR 2019, 208 Rn. 5).

19 Versammlungsort und Versammlungsstätte müssen danach so beschaffen sein, dass eine ordnungsmäßige Durchführung gewährleistet (KG ZMR 1997, 487 (488); LG Dortmund NJW-RR 2019, 208 Rn. 5), allen Wohnungseigentümern die Teilnahme möglich (OLG Hamm OLGR 2001, 375 (376); FGPrax 2001, 64; LG Dortmund NJW-RR 2019, 208 Rn. 5) und grundsätzlich Barrierefreiheit hergestellt ist. Ferner muss gegen Verstöße gegen den Grundsatz der Nichtöffentlichkeit (→ Rn. 32) Vorsorge getroffen sein (LG Dortmund NJW-RR 2019, 208 Rn. 5). Versammlungsort und Versammlungsstätte müssen verkehrsüblich zu erreichen sein (BGH NJW 2002, 1647 unter III. 4. b); OLG Köln OLGR 2005, 1; BayObLGZ 1987, 219). Dies schließt die Erreichbarkeit mit öffentlichen Nahverkehrsmitteln ein, sofern sie vorhanden sind.

20 **b) Zumutbarkeit.** Versammlungsort und Versammlungsstätte sind jeweils am Grundsatz der **Zumutbarkeit** (BGH NJW 2002, 1647 unter III. 4. b; OLG Frankfurt a. M. OLGZ 1982, 418; s. a. BGH DStR 2016, 1121 Rn. 25) zu messen. Die Versammlungsstätte selbst muss einen störungsfreien Ablauf gewährleisten, den gesetzlichen Bestimmungen entsprechen und akzeptabel sein. Dies ist ua nicht der Fall, wenn sie von der Größe her nicht die Teilnahme aller Wohnungseigentümer zulässt, nicht den Grundsatz der Nichtöffentlichkeit (→ Rn. 32) wahren kann, als Ort zu laut oder ein ordnungsmäßiger, gesetzlicher Ablauf der Versammlung dort nicht gewährleistet ist. Den Wohnungseigentümern ist es für eine begrenzte Zeit und zur Einsparung von Versammlungskosten zumutbar, gewisse Unbequemlichkeiten in Kauf zu nehmen (OLG Düsseldorf WuM 1993, 305; *Gottschalg* NZM 1998, 825). **Beispiele:**

- **Hygiene- und/oder Infektionsschutz:** Eine Versammlungsstätte ist ungeeignet, wenn dort dem Hygiene- und/oder Infektionsschutz nicht oder nicht ausreichend oder nur unter großen Schwierigkeiten genügt werden kann. Ferner ist sie ungeeignet, wenn sie in einem Risikogebiet mit hohen Infektionszahlen liegt.
- **Waschküche:** Eine Waschküche als Versammlungsort kann bei strittigen Punkten, bei der eine Diskussion gegebenenfalls zu erwarten ist, unzumutbar sein (LG Dortmund NJW-RR 2019, 208 Rn. 5). Was gilt, ist aber eine Frage des Einzelfalls (OLG Düsseldorf WuM 1993, 305; LG Dortmund NJW-RR 2019, 208 Rn. 5).
- **Wohnung:** Bestehen zwischen einem Wohnungseigentümer und dem Verwalter erhebliche Differenzen, kann die Wohnung des Verwalters ein unzumutbarer Ort sein (AG Büdingen ZWE 2014, 284; s. a. BGH DStR 2016, 1121 Rn. 26). Ähnlich wird es bei der Wohnung eines Wohnungseigentümers liegen (s. a. AG Oberhausen ZMR 2012, 60).
- **Wohnwagen:** Sind in kleineren Wohnungseigentumsanlagen im Versammlungsvorfeld zwischen einigen Wohnungseigentümern bereits Reibereien aufgetreten und Weiterungen nicht auszuschließen, kann die Wahl eines Wohnwagens als Versammlungsstätte ermessensfehlerhaft sein (OLG Hamm NJW-RR 2001, 516 (517).

c) **Ortsbezug.** Nach hM ist entsprechend § 121 Abs. 5 Satz 1 AktG grundsätzlich darauf zu achten, dass der Versammlungsort einen **örtlichen** Bezug zur Wohnungseigentumsanlage hat (OLG Köln NJW-RR 2006, 520 (521); AG Strausberg ZWE 2009, 182 (186)). **Stellungnahme.** Dem ist zu folgen, soweit es um eine Wohnungseigentumsanlage geht, in der das Sondereigentum überwiegend von seinen Eigentümern bewohnt wird. Handelt es sich hingegen um eine Wohnungseigentumsanlage, bei der die Mehrheit der Wohnungseigentümer außerhalb des Ortes der Wohnungseigentumsanlage wohnt, kann aber auch anderes gelten (aA OLG Köln NJW-RR 2006, 520 (521)). Wenn kein Wohnungseigentümer – oder nur sehr wenige – in der Wohnungseigentumsanlage wohnt, kann tatsächlich jeder Ort bestimmt werden, der sachgerecht ist. Dies ist der Ort, an dem die meisten Wohnungseigentümer wohnen oder den alle Wohnungseigentümer am leichtesten unter vertretbaren Kosten erreichen können; im Zweifel ist das der Verwaltersitz. Ferner sollte dann, wenn der Kreis der Wohnungseigentümer überschaubar ist, auch ein Ort gewählt werden dürfen, von dem von vornherein feststeht, dass er die Teilnahme nicht erschwert, weil ihn die Wohnungseigentümer leichter als den Sitz der Wohnungseigentumsanlage erreichen können (s. a. BGH DStR 2016, 1121 Rn. 24). Etwas anderes kann schließlich gelten, wenn die Versammlung mehrfach beanstandungslos an einem auswärtigen Ort abgehalten wurde und die Interessen der Wohnungseigentümer hierdurch nicht oder allenfalls marginal berührt sind (OLG Hamm NJW-RR 2007, 161). Im Übrigen dürften wechselnde Versammlungsorte zulässig sein, um auswärtigen Wohnungseigentümern den Zugang wenigstens zu erleichtern. 21

III. Versammlungstag und Versammlungszeit

22 **1. Grundsätze.** Welcher Versammlungstag und welche Versammlungszeit zu wählen sind, bestimmen originär die Wohnungseigentümer (s. a. LG Karlsruhe ZWE 2014, 93). Treffen die Wohnungseigentümer keine Regelung, hat der Einberufende Ermessen (s. a. → § 26 Rn. 74 ff. für den Verwalter; LG Berlin ZMR 2013, 457; *Gottschalg* NZM 2009, 529). Bei der Terminierung ist zu beachten, dass die Teilnahmemöglichkeit der Wohnungseigentümer ein **zentrales** Recht ist, das durch eine „unzeitige" Terminbestimmung nicht verkürzt oder gar vereitelt werden darf LG Karlsruhe ZWE 2014, 93; *Gottschalg* NZM 2009, 529). Abwägung und Entscheidung müssen sich jeweils an den **Besonderheiten** der Wohnungseigentumsanlage und den Belangen der Wohnungseigentümer ausrichten und können im Einzelfall sehr stark voneinander abweichen.

23 Eine für jede Wohnungseigentumsanlage geltende Uhrzeit, wann eine Versammlung zu beginnen hätte, gibt es ebenso wenig wie „den" Tag, an dem üblicherweise eine Versammlung abzuhalten ist. Im „Normalfall", sollte die regelmäßige Versammlung allerdings spätestens bis zum 31.6. nach 18.00 Uhr an einem Werktag einberufen werden, der nicht Feiertag ist und außerhalb der Schulferien im betreffenden Bundesland liegt. Sind Versammlungstag und/oder Versammlungszeit ermessensfehlerhaft (→ § 26 Rn. 74 ff.) bestimmt, sind die auf der Versammlung gefassten Beschlüsse aus formellen Gründen anfechtbar, wenn nicht ausgeschlossen werden kann, dass sich der Fehler auf die Beschlussfassung ausgewirkt hat (→ § 44 Rn. 115).

24 **2. Prüfsteine im „ABC".** Bei der Abwägung, welcher Tag und welche Zeit angemessen sind, sind ua folgende Punkte miteinander abzuwägen und in einen angemessenen Ausgleich zueinander zu bringen:

25
- **Arbeitszeiten.** Der Einladende muss die gewöhnlichen Arbeitszeiten beachten.
- **Andere Veranstaltungen.** Die Frage, ob der gewählte Zeitpunkt mit anderen Veranstaltungen kollidiert, ist zu beantworten.
- **Anzahl.** Die Anzahl der zu besprechenden Punkte (OLG Köln ZMR 2005, 77), aber auch die Anzahl der Wohnungseigentümer. In allen Wohnungseigentumsanlagen ist der Ladende verpflichtet, zu versuchen, jedem Miteigentümer in zumutbarer Weise eine Versammlungsteilnahme zu ermöglichen (s. a. LG München I NZM 2005, 591).
- **Dauer.** Die voraussichtliche Dauer der Versammlung.
- **Dringlichkeit.** Ist die Behandlung von Punkten dringlich, stehen etwa Schulferien, aber auch andere Prüfsteine einer Einberufung nicht entgegen (BayObLG ZWE 2002, 526 (527)).
- **Gesetzliche oder kirchliche Feiertage.** In die Abwägung sind gesetzliche oder kirchliche Feiertage einzubeziehen (AG München ZMR 2019, 154 (155)). Die Frage, ob an Sonntagen und gesetzlichen sowie kirchlichen Feiertagen in zumutbarer Weise Versammlungen abgehalten werden können, ist umstritten (OLG Schleswig NJW-RR 1987, 1362; LG Lübeck NJW-RR 1986, 813; LG Darmstadt BB 1981, 72 zum GmbH-Recht). **Stellungnahme.** Richtig ist es, nach den regionalen Gepflo-

genheiten zu schauen und auf die Religionsausübung angemessen Rücksicht zu nehmen (BayObLG MDR 1987, 937; OLG Stuttgart NJW-RR 1986, 315; AG München ZMR 2019, 154 (155)). Auf die Religionszugehörigkeit kommt es nicht an. Jede Religion verdient den gleichen Respekt.

- **Schulferien.** Die Frage, ob Schulferien herrschen (LG Karlsruhe ZWE 2014, 93; LG Itzehoe IMR 2017, 1027 – nur online; LG München I ZWE 2013, 139 (141); AG München ZMR 2019, 154 (155)).
- **Wohnort der Wohnungseigentümer.** Die Frage, ob das Sondereigentum selbstgenutzt oder vermietet ist oder es sich um „Ferienwohnungen" handelt. Die Fragen, ob die Wohnungseigentümer vor Ort ansässig sind und wie der gewählte Versammlungsort zu erreichen ist.
- **Wünsche.** Bitten der Wohnungseigentümer, soweit sie berechtigte Belange geltend machen.

IV. Eröffnung und Schluss

Die Versammlung beginnt nach Ermessen (→ § 26 Rn. 74 ff.) des Ver- 26
sammlungsleiters mit einer formellen Eröffnung und ist beendet, wenn der Versammlungsleiter sie formell wieder schließt. Die Versammlung ist zu schließen, wenn nach Ansicht der Mehrheit der Teilnahme- und Stimmberechtigten sämtliche Punkte vollständig erörtert und alle Beschlüsse verkündet und festgestellt sind. Ein Recht, die Versammlung der Eigentümer gegen den Willen der Wohnungseigentümer zu schließen, steht dem Versammlungsleiter nicht zu (s. a. BGH NZG 2015, 1227 Rn. 32). Er kann aber über etwa erforderlich werdende Maßnahmen wie eine Vertagung, eine Verschiebung des Beginns auf eine andere Uhrzeit, eine Unterbrechung, eine Verlegung des Versammlungsortes, eine Ergänzung oder Änderung der Tagesordnung etc. eine Entscheidung der Wohnungseigentümer herbeiführen (s. a. BGH NZG 2015, 1227 Rn. 32).

Eine Versammlung kann nur vorübergehend geschlossen und auf den 27
bereits in der Ladung bestimmten weiteren Tag verlegt (vertagt) werden (→ Rn. 29). Verlässt der Versammlungsleiter die Versammlung, nachdem **sämtliche** Punkte der Tagesordnung abgehandelt worden sind, **ohne** die Versammlung aber formell zu schließen, ist sie mit dem Weggang dennoch still (schlüssig) beendet (BayObLG NZM 1998, 1010). Dies gilt auch dann, wenn alle Wohnungseigentümer bleiben. Beschlüsse können in diesem Falle allerdings gefasst werden, wenn die Wohnungseigentümer einen anderen Versammlungsleiter aus dem Teilnehmerkreis bestimmen.

V. Unterbrechung

Die Wohnungseigentümer können durch eine Geschäftsordnungsmaßnah- 28
me (→ Rn. 125), der Versammlungsleiter kraft seiner Versammlungsleitung (→ Rn. 110 ff.) – wenn die Wohnungseigentümer nichts anderes bestimmen – anordnen, dass eine Versammlung zeitweise **unterbrochen** wird (BGH NJW 2017, 666 Rn. 13 und Rn. 16). Dies kommt zB für eine „Raucherpause" (OLG Köln NZM 2000, 1017; LG Dortmund NZM 2014, 870

(871)), zur „Abkühlung" der Gemüter, aber auch zur Absprache einiger Wohnungseigentümer untereinander (BGH NJW 2017, 666 Rn. 13) in Betracht. Die Unterbrechung ist auf einen **vor** der Unterbrechung bestimmten Zeitraum zu begrenzen (BGH NJW 2017, 666 Rn. 19). Die Entscheidung muss – wie stets – frei von Ermessensfehlern getroffen werden (zum Verwalter → § 26 Rn. 74 ff.; allgemein → § 18 Rn. 35 ff.). Ein Ermessensfehler führt ggf. dazu, dass im Anschluss an die Unterbrechung gefasste Beschlüsse anfechtbar, aber nicht nichtig sind (BGH NJW 2017, 666 Rn. 20).

VI. Absage/Verlegung

29 Der Einladende ist berechtigt, eine bereits anberaumte, aber noch nicht aufgerufene (eine zustande gekommene Versammlung kann nur vertagt werden) Versammlung wieder abzusagen oder zu verlegen/vertagen (BGH NJW-RR 2011, 1519 Rn. 6 und Rn. 9; s. a. BGH NZG 2015, 1227 Rn. 22, KG ZMR 2004, 144 (145)). Auch eine unberechtigte Absage oder Verschiebung ist aus Gründen der Rechtssicherheit und des Vertrauensschutzes hinzunehmen (OLG Hamm OLGZ 1981, 24 (25); *Merle* ZMR 1980, 225 (226)). Haben alle Wohnungseigentümer gemeinsam zur Versammlung geladen, muss sie grundsätzlich auch von allen Wohnungseigentümern wieder abgesagt/verlegt werden. Die Absage/Verlegung nur durch einen Wohnungseigentümer ist rechtlich daher bedeutungslos (BGH NJW-RR 2011, 1519 Rn. 9). Eine Grenze ist erreicht, wenn sich die Wohnungseigentümer bereits versammelt haben (BGH NZG 2015, 1227 Rn. 30).

VII. Vertagung

30 Ein Gegenstand kann durch Beschluss mit dem Ziel vertagt werden, auf einer anderen Versammlung besprochen zu werden (LG München I BeckRS 2019, 32952 Rn. 17). Jeder Wohnungseigentümer hat nach § 19 Abs. 1 WEG freilich grundsätzlich einen Anspruch darauf, dass die ihm mitgeteilte Tagesordnung „abgearbeitet" wird (→ § 23 Rn. 88). Eine Vertagung/Absetzung bedarf daher eines sachlichen Grundes. Dieser liegt vor allem vor, wenn auf Grund des Informationsstandes eine abschließende Beschlussfassung nicht oder noch nicht möglich erscheint. Ferner kann ein Gegenstand vertagt werden, wenn er unter einem Ladungsmangel (→ Rn. 104) leidet. Jeder Wohnungseigentümer kann jederzeit einen Antrag auf Vertagung stellen (BGH NJW 1989, 1090 unter II. 2. c) aa).

31 Im Einzelfall ist auch eine vollständige Vertagung der bereits zustande gekommenen Versammlung möglich. Für eine Vertagung müssen die Wohnungseigentümer beschließen, sich auf einen anderen Tag zu vertagen. Der Verwalter hat hingegen nicht das Recht, die ordnungsmäßig einberufene und zusammengetretene Versammlung wieder „aufzulösen" (KG KGR 1999, 250 (252); NJW-RR 1989, 16 (17)).

VIII. Grundsatz der Nichtöffentlichkeit

1. Inhalt und Sinn und Zweck. Die Versammlungen der Wohnungseigentümer sind nach hM grundsätzlich nicht öffentlich (BGH NJW 1993, 1329 unter III. 2; OLG Köln NJW 2009, 3245; OLG Hamburg ZMR 2007, 550 (551); *Schmid* ZWE 2012, 480). An den Versammlungen dürfen daher nur die dazu Berechtigten (→ § 23 Rn. 62 ff.) teilnehmen. Die Rechtsprechung leitet diesen Grundsatz der Nichtöffentlichkeit aus dem Wortlaut „Versammlung der Wohnungseigentümer" sowie aus den Erwägungen ab, dass die Gesamtheit der Wohnungseigentümer ein schutzwürdiges Interesse daran habe, fremden Einfluss von der Versammlung fernzuhalten (OLG Köln ZWE 2009, 139; OLG Hamburg ZMR 2007, 550), einen ungestörten Ablauf der Versammlung zu sichern und – auch – einer Verbreitung ihrer Angelegenheiten in der Öffentlichkeit vorzubeugen (BGH NJW 1987, 650 unter III. 2. c); OLG Hamburg ZMR 2007, 550; OLG Hamm FGPrax 2007, 71). Die Wohnungseigentümer sollen in ihrer Versammlung auftretende Meinungsverschiedenheiten allein unter sich austragen (OLG Köln ZWE 2009, 139). Außenstehende Dritte sollen nicht auf den Ablauf der Versammlung und dadurch womöglich auf die Meinungsbildung der Wohnungseigentümer Einfluss nehmen können (OLG Hamm FGPrax 2007, 71; BayObLG NJW-RR 2004, 1312). Der Grundsatz bezweckt also nicht, jedenfalls allenfalls nachrangig, Beratung und Beschlussfassung geheim zu halten (BayObLG BayObLGR 2002, 352; aA *Armbrüster/Roguhn* ZWE 2016, 105 (106)). Der Grundsatz ist auch kein Schutz der Minderheit (*Armbrüster/Roguhn* ZWE 2016, 105 (110); aA *Sauren* ZWE 2007, 21 (25)). 32

2. Beschlusskompetenz. Es besteht keine Beschlusskompetenz, über die Frage der Teilnahmeberechtigung und damit über den Grundsatz der Nichtöffentlichkeit zu entscheiden (→ § 23 Rn. 64). 33

3. Verstöße. Gegen den Grundsatz der Nichtöffentlichkeit wird beispielsweise verstoßen, wenn eine Versammlung in einer öffentlichen ungeschützten Gaststätte stattfindet, in der sich weitere Gäste aufhalten (OLG Frankfurt a. M. NJW 1995, 3395), wenn ein nicht teilnahmeberechtigter Dritter anwesend ist (OLG Frankfurt a. M. OLGR 2005, 736 (739); *Sauren* ZWE 2007, 21 (24); *Briesemeister* AnwZert MietR 19/2009) oder wenn eine Versammlung mehrerer Wohnungseigentumsanlagen gemeinsam abgehalten wird. Wird gegen den Grundsatz der Nichtöffentlichkeit verstoßen, macht das Beschlüsse aus formellen Gründen anfechtbar (AG Bremen-Blumenthal ZWE 2014, 227; AG Halle (Saale) jurisPR-MietR 10/2011; *Scheff/Schmidt* MDR 2010, 186 (190); *Briesemeister* AnwZert MietR 19/2009), nicht aber unwirksam (BGH NJW 2009, 2132 Rn. 29; OLG Hamburg ZMR 2007, 550). Auf eine „Rüge" kommt es nicht an (→ § 23 Rn. 65). 34

4. Elektronische Kommunikation. Nimmt ein Wohnungseigentümer im Wege der elektronischen Kommunikation an einer Versammlung teil (→ § 23 Rn. 31 ff.), ändert sich am Grundsatz der Nichtöffentlichkeit nichts. In diesem Falle muss allerdings nicht der Versammlungsleiter, sondern müssen die Wohnungseigentümer, die nicht an der Präsenzversammlung teilnehmen, für die Einhaltung sorgen (→ § 23 Rn. 39). 35

D. Einberufung durch die Gemeinschaft der Wohnungseigentümer (§ 24 Abs. 1 und Abs. 2 WEG)

I. Allgemeines

36 **1. Überblick.** Die Versammlung ist grundsätzlich von der Gemeinschaft der Wohnungseigentümer einzuberufen (BR-Drs. 168/20, 63). Denn alle Pflichten im Rahmen der Verwaltung des gemeinschaftlichen Eigentums sind nach § 18 Abs. 1 WEG Pflichten der Gemeinschaft der Wohnungseigentümer (→ § 18 Rn. 12). Das gilt auch dann, wenn sich die betreffende Vorschrift, wie § 24 WEG es tut, ihrem Wortlaut nach an den Verwalter richtet. Insoweit ist in § 24 Abs. 1 WEG lediglich die Organzuständigkeit bestimmt (BR-Drs. 168/20, 63).

37 **2. Zuständiges Organ: Verwalter. a) Überblick.** § 24 Abs. 1 WEG weist die Erfüllung der Einberufungspflicht im Rahmen der internen Zuständigkeitsverteilung zwischen den Organen der Gemeinschaft der Wohnungseigentümer dem Verwalter zu. Die Wohnungseigentümer müssen die Pflicht also nicht nach § 9b Abs. 1 Satz 2 WEG erfüllen, auch dann nicht, wenn die Gemeinschaft der Wohnungseigentümer keinen Verwalter hat. Der jeweilige Verwalter muss die Einberufungspflicht erfüllen, bis sein Amt endet. Auf das Vorhandensein eines Verwaltervertrags (→ § 26 Rn. 197 ff.) kommt es nicht an (BayObLG WE 1988, 205 (206)). Hat ein Wohnungseigentümer den Bestellungsbeschluss angefochten, ändert sich nichts (BayObLG ZWE 2003, 95; OLG Hamburg ZMR 2000, 478 (479)). Die Pflicht des Verwalters endet erst, wenn der Bestellungsbeschluss durch rechtskräftiges Urteil für ungültig oder unwirksam erklärt wird (OLG Hamm WE 1993, 111 (112); BayObLG NJW-RR 1991, 531 (532)). Setzt der Verwalter einen Termin zu spät an, liegt darin eine ungebührliche Verzögerung, die einer pflichtwidrigen Weigerung iSv § 24 Abs. 3 Var. 2 WEG gleich kommt (OLG Düsseldorf NZM 2004, 110; OLG Hamm OLGZ 1981, 24 (28)). Leistet der Verwalter einem wiederholten Verlangen nicht Folge, rechtfertigt dies seine Abberufung. Weigert sich der Verwalter pflichtwidrig, eine Versammlung mit dem TOP „Abberufung des Verwalters und Beendigung des Verwaltervertrags“ einzuberufen, kann er keine Vergütung nach dem Zeitpunkt mehr verlangen, an dem die Versammlung hätte stattfinden können (OLG München ZMR 2006, 719 (720)).

38 **b) Mitarbeiter.** Der Verwalter kann die Versammlung selbst oder durch einen seiner Mitarbeiter einberufen (OLG Köln ZMR 2003, 380 (381); → § 26 Rn. 25). Notwendig, aber auch ausreichend ist, dass der Mitarbeiter vom Verwalter mit der Ladung beauftragt ist (LG Flensburg NJW-RR 1999, 596).

39 **c) Einberufung durch „Nicht-mehr-Verwalter“.** Ist der Verwalter noch im Zeitpunkt der Ladung, aber nicht mehr zum Zeitpunkt der Versammlung im Amt, ist die Ladung ordnungsmäßig (OLG Köln NZM 1998, 920). Ein nicht wirksam bestellter, nicht mehr bestellter (BayObLG NJW-

RR 1992, 910; OLG Stuttgart NJW-RR 1986, 315) oder vor der Einladung abberufener Verwalter ist hingegen nicht zur Einberufung berechtigt; auch dann nicht, wenn auf der Versammlung über seine erneute Bestellung beschlossen werden soll (OLG Köln NZM 1998, 920) oder der Vorsitzende des Verwaltungsbeirates mit der Ladung einverstanden war (BayObLG NJW-RR 1992, 910 (911)). Werden auf einer vom „Nicht-mehr-Verwalter" einberufenen Versammlung Beschlüsse festgestellt und verkündet, leiden diese unter einem formellen Beschlussmangel (→ § 23 Rn. 58) und sind anfechtbar (OLG Köln OLGR 1998, 241; OLG Hamm WE 1993, 24 (25); KG OLGZ 1990, 421 BayObLG WuM 1990, 235).

d) Auswirkungen der gerichtlichen Abberufung. Wird die Bestellung des Verwalters gerichtlich für unwirksam erklärt, berührt dies nicht rückwirkend seine Pflicht, Versammlungen einzuberufen, und macht Beschlüsse, die auf der durch diesen Verwalter einberufenen Versammlung gefasst worden sind, nicht formell ordnungswidrig (KG ZWE 2009, 330; OLG Hamm FGPrax 2007, 71; OLG Hamburg ZMR 2006, 791 (793)). Die fortbestehende Wirksamkeit der Einberufung lässt sich mit dem in § 47 FamFG zum Ausdruck kommenden allgemeinen Rechtsgedanken begründen (BGH NJW 2020, 988 Rn. 10; OLG Hamm FGPrax 2007, 71; NZM 1999, 229 (230); BayObLG NJW-RR 1991, 531 (532)). **40**

3. Erzwingung einer Einberufung. Ist die Gemeinschaft der Wohnungseigentümer verpflichtet, eine Versammlung der Wohnungseigentümer einzuberufen, kann sie von jedem Wohnungseigentümer unabhängig vom Quorum des § 24 Abs. 2 WEG und ohne Vorbefassung der anderen Wohnungseigentümer auf eine Einberufung verklagt werden (zum alten Recht OLG Hamm NJW 1973, 2300 (2301); LG Koblenz ZWE 2019, 46; AG Bonn ZMR 2011, 755; *Schultzky* MietRB 2018, 155 (158); *Skauradszun* ZWE 2016, 61). Bei besonderer Dringlichkeit kann die Gemeinschaft der Wohnungseigentümer im Wege einstweiliger Verfügung in Anspruch genommen werden (zum alten Recht LG Koblenz ZWE 2019, 46). Anspruchsgrundlage/Verfügungsanspruch ist § 18 Abs. 2 Nr. 1 WEG. Für den Verfügungsgrund muss glaubhaft gemacht werden, dass die Abhaltung einer Versammlung keinen Aufschub erlaubt. Für die Klage besteht ungeachtet der Möglichkeit der Einberufung der Versammlung durch den Verwaltungsbeirat oder durch einen ermächtigten Wohnungseigentümer stets ein Rechtsschutzbedürfnis (s. a. LG Koblenz ZWE 2019, 46). **41**

Der Verwalter kann nicht verklagt werden. Eine Vornahmeklage ist nicht möglich. **42**

II. Einberufungsgründe

1. Allgemeines. Ob es Gründe gibt, eine Versammlung einzuberufen, steht grundsätzlich im Ermessen des Verwalters (→ § 26 Rn. 74 ff.; OLG Düsseldorf NZM 2004, 110; *Schultzky* MietRB 2018, 155 (156)). Das Ermessen ist allerdings gesetzlich begrenzt (→ Rn. 44). Ferner gibt es Gründe, die eine Einberufung als zwingend erscheinen lassen (→ Rn. 45), und können die Wohnungseigentümer Regelungen treffen (→ Rn. 47) bzw. eine **43**

Einberufung verlangen (→ Rn. 48). Beruft der Verwalter ermessenfehlerhaft eine Versammlung ein, ohne dass eine Einberufung objektiv erforderlich ist, ist das pflichtwidrig und der Verwalter schuldet nach §§ 280, 241 BGB Schadenersatz (OLG Hamm OLGZ 1981, 24 (26)). Eine einberufene Versammlung ist zwar unabhängig davon wirksam, ob eine Versammlung „erforderlich", ob ein Zusammentreffen ordnungsmäßig oder ermessensfehlerhaft war (BayObLGZ 1985, 57 (60); OLG Hamm OLGZ 1981, 24 (26)). Der Einberufende „darf" eine Versammlung aber nur dann einberufen, wenn dies objektiv erforderlich ist.

44 **2. Das Gesetz (§ 24 Abs. 1, Abs. 2 WEG). a) Einmal jährlich.** Das Ermessen des Verwalters (→ § 26 Rn. 74 ff.) wird durch § 24 Abs. 1 WEG begrenzt. Danach ist die Versammlung mindestens einmal im Jahr einzuberufen. Etwas anderes gilt, soweit einer Einberufung gesetzliche Bestimmungen entgegenstehen. Dies ist beispielsweise in Zeiten einer Pandemie oder Epidemie vorstellbar. Ferner gilt im Einzelfall etwas anderes, wenn die Versammlungsteilnehmer aus Gebieten mit hohen Infektionszahlen kämen oder die Altersstruktur der Wohnungseigentümer oder ihre Zusammensetzung ganz ausnahmsweise keine Versammlung erlauben.

45 **b) Interessen der Gemeinschaft und der Wohnungseigentümer.** Soweit die Interessen der Gemeinschaft der Wohnungseigentümer oder die der Wohnungseigentümer die Einberufung einer Versammlung nach § 19 Abs. 1 WEG gebieten, muss der Verwalter die Versammlung der Wohnungseigentümer ebenfalls zwingend einberufen (OLG Hamm DWE 1987, 54).

46 Dies ist etwa der Fall, wenn die Gemeinschaft der Wohnungseigentümer weiteres Gemeinschaftsvermögen benötigt OLG Köln NJW-RR 2004, 733 (734); *Schultzky* MietRB 2018, 155 (156)), über eine Klage oder ein Rechtsmittel/einen Rechtsbehelf der Gemeinschaft der Wohnungseigentümer zu befinden ist, ein plötzlicher Erhaltungsbedarf besteht (*Schultzky* MietRB 2018, 155 (156); *Drasdo* PiG 61, 63 (101)), ein Sachverständigengutachten über eine unaufschiebbare Erhaltungsmaßnahme eintrifft und die Maßnahme dadurch entscheidungsreif wird (*Schultzky* MietRB 2018, 155 (156)), oder von einem Wohnungseigentümer – nicht völlig grundlos – schwerwiegende Pflichtverletzungen des Verwalters angeführt werden, die nicht längere Zeit ungeklärt im Raum stehen dürfen (OLG Köln NJW-RR 2004, 733 (734)). Eine Ermessensreduzierung (→ § 26 Rn. 74 ff.) ist auch anzunehmen, wenn sich ein Gläubiger der Gemeinschaft der Wohnungseigentümer deren Anspruch gegen die Eigentümer gem. § 19 Abs. 1 WEG auf Fassung der für die Geltendmachung von Sozialansprüchen (Hausgeld) notwendigen Beschlüsse hat pfänden und zur Einziehung (Durchsetzung) überweisen lassen.

47 **c) Gewillkürte Einberufungsgründe (§ 24 Abs. 2 Var. 1 WEG).** Nach § 24 Abs. 2 Var. 1 WEG ist eine Versammlung ferner einzuberufen, soweit dies eine Vereinbarung bestimmt. Entsprechendes gilt, wenn durch Beschluss der Termin der nächsten Versammlung allgemein festgelegt ist. Der Verwalter ist an solche Vereinbarungen und Beschlüsse gebunden (BayObLG BayObLGR 2005, 318). Einer Aufnahme in den Verwaltervertrag

bedarf es nicht (*Schultzky* MietRB 2018, 155 (156); *Elzer* ZMR 2006, 85 (88)). Ferner können die Wohnungseigentümer den Verwalter konkret anweisen (→ § 27 Rn. 76), wann er einberufen soll.

3. Einberufungsverlangen (§ 24 Abs. 2 Var. 2 WEG). a) Allgemeines. Die Versammlung der Wohnungseigentümer ist von der Gemeinschaft der Wohnungseigentümer gem. § 24 Abs. 2 Var. 2 WEG ferner dann einzuberufen, wenn dies in Textform (→ Rn. 50) unter Angabe des Zweckes und der Gründe von mehr als einem Viertel der Wohnungseigentümer verlangt wird. Sinn und Zweck ist der Schutz der Minderheit, vor allem das Recht auf Beschlussfassung (LG Koblenz ZWE 2019, 46 Rn. 26). **48**

Das Einberufungsverlangen darf nicht rechtsmissbräuchlich ausgeübt werden (OLG Celle OLGR 2003, 419 (422); BayObLG WE 1991, 358 (359)) und muss daher auf die Behandlung solcher Gegenstände gerichtet sein, für die eine Beschlusskompetenz (→ § 23 Rn. 3 ff.) besteht und die eine Beschlussfassung erfordern. Des Weiteren darf das Einberufungsverlangen nicht auf die Herbeiführung eines gesetzes- oder vereinbarungswidrigen Beschlusses gerichtet sein. Ein Rechtsmissbrauch kann ferner vorliegen, wenn eine Angelegenheit Gegenstand sein soll, mit der sich die Wohnungseigentümer bereits befasst haben (OLG Celle OLGR 2003, 419 (422)), oder wenn den die Einberufung verlangenden Wohnungseigentümern ohne weiteres ein Zuwarten bis zur nächstfolgenden Versammlung zugemutet werden kann. **49**

b) Textform. Das Einberufungsverlangen bedarf der Textform iSv § 126b BGB. Es muss danach in einer Urkunde oder auf andere zur dauerhaften Wiedergabe in Schriftzeichen geeignete Weise abgegeben werden, die Person des Erklärenden nennen und den Abschluss der Erklärung durch Nachbildung der Namensunterschrift oder anders erkennbar machen. Von § 126b BGB werden neben der stets ausreichenden schriftlichen Verkörperung auf Papier auch digitalisierte Inhalte erfasst, welche auf einem Speichermedium enthalten sind und sich in Schriftzeichen darstellen lassen. Die Wohnungseigentümer können etwas anderes vereinbaren (LG Hamburg ZWE 2011, 95 (96)). **50**

c) Adressat. Adressat des Einberufungsverlangens ist die Gemeinschaft der Wohnungseigentümer (→ Rn. 36). Für diese handelt als Organ der Verwalter (→ Rn. 37). **51**

d) Notwendiges Quorum. Das Einberufungsverlangen muss von mehr als einem Viertel der Wohnungseigentümer – bezogen auf den Zugang des Einberufungsverlangens (LG Koblenz ZWE 2019, 46 Rn. 40; AG Offenbach ZMR 2015, 638) – gestellt werden. Das Quorum knüpft an die Anzahl der Wohnungseigentümer (LG Koblenz ZWE 2019, 46 Rn. 32; *Schultzky* MietRB 2018, 155 (156); Staudinger/*Häublein* § 24 Rn. 50), nicht an Stimmrechte (*Skauradszun* ZWE 2016, 61 (63)) oder Miteigentumsanteile an (BayObLG DWE 1984, 59 (60); OLG Hamm NJW 1973, 2300 (2301); *Briesemeister* NZM 2000, 992 (995)). **52**

Steht ein Wohnungs- oder Teileigentum Mehreren zu, zählen sie entsprechend § 25 Abs. 2 Satz 2 WEG als ein **einziger** Wohnungseigentümer (LG Koblenz ZWE 2019, 46 Rn. 32; *Schultzky* MietRB 2018, 155 (156)) – **53** der sie sowieso sind (→ § 9a Rn. 6). Ein Einberufungsverlangen kann auch von einem vom Stimmrecht ausgeschlossenen Wohnungseigentümer gestellt werden. Ein Wohnungseigentümer kann sein Verlangen bis zur Ladung des Verwalters widerrufen (LG Koblenz ZWE 2019, 46 Rn. 42; aA AG Offenbach ZMR 2015, 638 (639)). Widerruft ein Wohnungseigentümer nach der Ladung, steht es im Ermessen des Verwalters, die Versammlung abzusagen. Klagt ein Wohnungseigentümer auf Einberufung (→ Rn. 41), muss das Quorum noch am Schluss der mündlichen Verhandlung vorliegen (LG Koblenz ZWE 2019, 46 Rn. 40).

54 **e) Angabe des Zweckes und der Gründe.** „Zweck" iSv § 24 Abs. 2 WEG ist der Gegenstand iSv § 23 Abs. 2 WEG, den die Versammlung haben soll. Die Antragsteller können dem Einberufungsverlangen einen Entwurf für die Tagesordnung beifügen. Ausreichend ist aber auch eine abstrakte Beschreibung der Beschlussgegenstände. „Grund" iSv § 24 Abs. 2 WEG ist die besondere Eilbedürftigkeit, die es nicht erlaubt, die nächste ordentliche Versammlung abzuwarten. Fehlt es einem Einberufungsverlangen an der Angabe von Gründen, ist der Verwalter nicht verpflichtet, eine Versammlung einzuberufen.

55 **f) Prüfungsrecht des Verwalters.** Der Verwalter muss ein Einberufungsverlangen zeitnah namens der Gemeinschaft der Wohnungseigentümer „bescheiden". Er darf und muss dazu die formellen Fragen prüfen, ob die erforderliche Anzahl von Wohnungseigentümern das Begehren gestellt hat (→ Rn. 52), ob die Textform eingehalten ist (→ Rn. 50) und ob die Antragsteller Gegenstände für die Versammlung sowie einen Grund für die Eilbedürftigkeit benannt haben (→ Rn. 54).

56 Eine Prüfung danach, ob die angegebenen Gründe aus Sicht eines objektiven Dritten die Abhaltung einer Versammlung rechtfertigen, darf der Verwalter grundsätzlich hingegen nicht anstellen (OLG München NZM 2006, 631; BayObLG NJW-RR 2003, 874 (875)). Etwas anderes gilt nur in Missbrauchsfällen (*Schultzky* MietRB 2018, 155 (156); Staudinger/*Häublein* § 24 Rn. 59), wenn etwa über einen Gegenstand ein Beschluss gefasst werden soll, für den es keine Beschlusskompetenz (→ § 23 Rn. 3 ff.) gibt (*Schultzky* MietRB 2018, 155 (156), oder Gegenstand der Versammlung eine Angelegenheit sein soll, mit der sich die Wohnungseigentümer bereits befasst haben, es aber keine tatsächlichen oder rechtlichen Änderungen und auch keine Rechtsprechungsänderung gibt (OLG Celle OLGR 2003, 419 (422)).

57 **g) Einberufungsfrist.** Die Gemeinschaft der Wohnungseigentümer hat einem Einberufungsverlangen, soweit die formellen Voraussetzungen vorliegen, unverzüglich iSv § 121 Abs. 1 Satz 1 BGB zu entsprechen (OLG Düsseldorf NZM 2004, 110; LG Hamburg ZWE 2011, 95 (96)). Für den genauen Zeitpunkt steht dem Verwalter allerdings Ermessen (→ § 26 Rn. 74 ff.) zu (LG Koblenz ZWE 2019, 46 Rn. 30). Bei seiner Abwägung muss er das Interesse sämtlicher Wohnungseigentümer berücksichtigen, sich angemessen vorzubereiten. Von den Verlangenden selbst gesetzte Fristen braucht er nicht zu unterschreiten. Außerdem ist die Mindestfrist des § 24 Abs. 4 Satz 2 WEG zu beachten. In der Regel wird eine auf Grund eines

Einberufungsverlangens stattfindende Versammlung innerhalb sechs Wochen abzuhalten sein (zum alten Recht BayObLG NJW-RR 2003, 874 (875); LG Koblenz ZWE 2019, 46 Rn. 30; LG München I ZWE 2013, 139 (140)). Wenn es um die Abberufung des Verwalters wegen angeblicher Pflichtwidrigkeit und Neubestellung geht, ist ein Verwalter sogar gehalten, einen sehr zeitnahen Termin festzulegen und die Einladungen dafür schnell zu versenden (OLG München ZMR 2006, 719 (720); OLG Düsseldorf NZM 2004, 110). Das Ermessen ist in der Regel überschritten, wenn trotz objektiver Dringlichkeit die Versammlung erst mehr als zweieinhalb Monate nach dem Einberufungsverlangen stattfindet (BayObLG NJW-RR 2003, 874 (875); WE 1992, 51 (52); ZWE 2019, 46 Rn. 30).

h) Verstöße. Kommt die Gemeinschaft der Wohnungseigentümer einem berechtigten Einberufungsverlangen nicht nach, kann sie Schadenersatz schulden. Für Verstöße des Verwalters muss sie einstehen. Für das Verhältnis zwischen Gemeinschaft der Wohnungseigentümer und dem Verwalter → § 26 Rn. 382 ff. 58

III. Fehlender Einberufungsgrund

Wird eine Versammlung einberufen, ohne dass ein Einberufungsgrund vorliegt, kann die Gemeinschaft der Wohnungseigentümer Schadenersatz schulden. Im Verhältnis zur Gemeinschaft der Wohnungseigentümer kann der Verwalter Schadenersatz schulden (*Schultzky* MietRB 2018, 155 (158); → § 26 Rn. 382 ff.). Zum Verwaltervertrag als Vertrag mit Schutzwirkung für die Wohnungseigentümer → § 26 Rn. 210. 59

IV. Einberufung ist verboten

Im Einzelfall ist es vorstellbar, dass es der Gemeinschaft der Wohnungseigentümer beispielsweise wegen Maßnahmen des Infektionsschutzes in Zeiten einer Pandemie nicht erlaubt ist, eine Versammlung einzuberufen. Setzt der Verwalter in diesem Falle dennoch eine Versammlung an, ist er zum Schadenersatz verpflichtet. Die auf einer solchen Versammlung gefassten Beschlüsse sind anfechtbar, allerdings nicht nichtig. 60

E. Einberufung durch Verwaltungsbeirat oder ermächtigten Wohnungseigentümer (§ 24 Abs. 3 WEG)

I. Überblick

Fehlt ein Verwalter oder weigert er sich pflichtwidrig, die Versammlung der Wohnungseigentümer für die Gemeinschaft der Wohnungseigentümer einzuberufen (→ Rn. 37), darf gem. § 24 Abs. 3 WEG der Verwaltungsbeirat (→ Rn. 65) oder ein dazu ermächtigter Wohnungseigentümer (→ Rn. 67) diese einberufen. Als „Minus" zur Einberufung darf der Vorsitzende des Verwaltungsbeirats oder sein Vertreter bzw. der ermächtigte Wohnungseigentümer die Tagesordnung ergänzen (→ § 23 Rn. 95). Weder der Verwaltungsbeirat noch der entsprechend ermächtigte Wohnungseigen- 61 tümer handeln in diesem Falle als ein Organ der Gemeinschaft der Wohnungseigentümer.

II. Tatbestandsvoraussetzungen

62 **1. Fehlender Verwalter.** Ein Verwalter fehlt aus **rechtlichen** Gründen, wenn keiner bestellt wurde (→ § 26 Rn. 78 ff.), die Amtszeit abgelaufen ist (BGH NZM 2011, 515 Rn. 7; → § 26 Rn. 79), das Amt niederlegt ist (→ § 26 Rn. 81), er abberufen (→ § 26 Rn. 145 ff.), tot oder insolvent (→ § 26 Rn. 16), geschäftsunfähig oder beschränkt geschäftsfähig (geworden) ist. Nimmt der Verwalter Pflichten nicht nur vorübergehend und schuldhaft nicht wahr, fehlt er aus **tatsächlichen** Gründen. Ein Verwalter fehlt auch dann aus tatsächlichen Gründen, wenn er seine Aufgaben wegen einer schweren Erkrankung oder länger andauernder Abwesenheit nicht wahrnehmen kann (LG Düsseldorf ZMR 2011, 898 (899)).

63 **2. Verwalter verweigert pflichtwidrig die Einberufung.** Ein Verwalter weigert sich pflichtwidrig, wenn er einem ihm bekannten Einberufungsverlangen (→ Rn. 48) nicht (OLG Köln NZM 2004, 305; OLG Hamm ZMR 1997, 49 (50)) oder zu „spät" nachkommt (OLG Düsseldorf NZM 2004, 110; → Rn. 57), oder wenn sein Ermessen (→ § 26 Rn. 74 ff.), eine Versammlung einzuberufen, auf null reduziert ist. Weigert sich der Verwalter hingegen, zu einem ungeeigneten Zeitpunkt einzuberufen, ist dies nicht zu beanstanden (BayObLG ZWE 2002, 526 (527)).

III. Rechtsfolgen

64 **1. Überblick.** Liegen die Tatbestandsvoraussetzungen vor, kann der Vorsitzende des Verwaltungsbeirats oder sein Vertreter (→ Rn. 65), aber auch ein zur Einberufung ermächtigter Wohnungseigentümer (→ Rn. 67) die Versammlung einberufen.

65 **2. Verwaltungsbeiräte.** Falls ein Verwaltungsbeirat bestellt ist, darf dessen Vorsitzender oder sein Vertreter die Versammlung einberufen. Ein Vorrang des einen oder anderen besteht von Gesetzes wegen nicht (aA Bärmann/*Merle* § 24 Rn. 25). Die Einladung durch einen einzelnen einfachen Verwaltungsbeirat stellt hingegen einen Einberufungsmangel dar (LG Zwickau ZMR 2002, 307 (308); AG Siegburg ZMR 2007, 736).

66 Hat der Verwaltungsbeirat keinen Vorsitzenden (→ § 29 Rn. 66) oder berufen alle Verwaltungsbeiräte gemeinsam ein, leiden die auf dieser Versammlung gefassten Beschlüsse nicht an einem Einberufungsmangel (OLG Köln NJW-RR 2000, 1616; OLG Zweibrücken NZM 1999, 858). Diese Ladung stellt gegenüber der Einladung durch den Vorsitzenden oder dessen Vertreter ein unschädliches „Mehr" dar. Nach anderer, aber abzulehnender Ansicht ist es sogar vorstellbar, dass zwei der drei Verwaltungsbeiräte einladen (aA Bärmann/*Merle* § 24 Rn. 25a; s. a. *Skauradszun* ZWE 2016, 61 (62)). Das Argument, es wäre eine bloße Förmelei, wenn zunächst der Vorsitzende gewählt werden müsste, überzeugt nicht: Ist es so leicht, können die Verwaltungsbeiräte entsprechend verfahren.

3. Ermächtigung eines Wohnungseigentümers. a) Überblick. Die Wohnungseigentümer können gem. § 24 Abs. 3 WEG durch Beschluss einen Wohnungseigentümer ermächtigen, die Versammlung einzuberufen. Diese Möglichkeit beruht auf dem Gesetz zur Förderung der Elektromobilität und zur Modernisierung des Wohnungseigentumsgesetzes und zur Änderung von kosten- und grundbuchrechtlichen Vorschriften vom 16.10.2020. Diese Einberufungsermächtigung soll es den Wohnungseigentümern erleichtern, die Versammlung selbst einzuberufen, wenn der Verwalter fehlt oder sich pflichtwidrig weigert, die Versammlung einzuberufen (zum alten Recht *Schultzky* MietRB 2018, 155 (157); *Skauradszun* ZWE 2016, 61 (62)). 67

b) Voraussetzungen und Dauer. Die Wohnungseigentümer können jederzeit ohne konkreten Anlass durch Beschluss, aber auch durch eine Vereinbarung einen Wohnungseigentümer zur Einberufung einer Versammlung ermächtigen. Die Ermächtigung kann jedes Jahr erneut beschlossen, aber auch dauerhaft erteilt und jederzeit widerrufen werden. Die Ermächtigung endet, wenn der Wohnungseigentümer aus der Wohnungseigentümergemeinschaft ausscheidet. 68

c) Kosten. Die Wohnungseigentümer können in einem Vertrag, der zwischen der Gemeinschaft der Wohnungseigentümer und dem Ermächtigten zu schließen wäre, regeln, ob und in welcher Höhe der ermächtigte Wohnungseigentümer eine Vergütung und eine Kostenerstattung für die Ladung beanspruchen kann. Der Vertrag ist ein Vertrag mit Schutzwirkung für die Wohnungseigentümer. 69

Besteht kein Vertrag, kann der Ermächtigte entsprechend § 670 BGB Aufwendungsersatz verlangen, hingegen grundsätzlich nicht entsprechend §§ 675, 612 BGB Vergütung. Als Beauftragter kann er ferner nach § 669 BGB grundsätzlich Vorschuss verlangen, sofern sein Auftrag es zulässt, den Zeitraum bis zur Zahlung des Vorschusses abzuwarten. Zur Zahlung von Aufwendungsersatz und Vorschuss ist die Gemeinschaft der Wohnungseigentümer verpflichtet. Daneben haften ihm die Wohnungseigentümer aus § 9a Abs. 4 Satz 1 WEG. 70

d) Person. Der Ermächtigte muss ein Wohnungseigentümer der konkreten Wohnungseigentumsanlage sein. Das Zahlwort „einen" schließt eine Ermächtigung mehrerer Wohnungseigentümer nicht aus. Ferner ist sogar vorstellbar, dass alle Wohnungseigentümer ermächtigt sind. Dann ist aber jeweils zu bestimmen, ob sie Gesamtvertreter sind und was unter ihnen gelten soll. Der Gesetzeswortlaut „Wohnungseigentümer" schließt die Ermächtigung eines Dritten hingegen aus. 71

e) Verhältnis zum Einberufungsrecht des Verwaltungsbeirats. Das Einberufungsrecht des Ermächtigten und das des Verwaltungsbeirats – wenn es einen gibt – stehen nebeneinander. 72

f) Pflicht zur Erteilung einer Einberufungsermächtigung. aa) Überblick. Eine Pflicht, eine Einberufungsermächtigung zu beschließen, und ein damit korrespondierender Anspruch bestehen wegen des Ermessens der Wohnungseigentümer nicht. Dass sich der Verwalter pflichtwidrig weigert, eine 73

Versammlung einzuberufen, ist eine Ausnahme. Ferner mag es einen Verwaltungsbeirat oder andere Gründe geben, einem Wohnungseigentümer nicht das Recht zu geben, zu laden.

74 **bb) Beschlussersetzungsklage.** Eine Beschlussersetzungsklage nach § 44 Abs. 1 Satz 2 WEG muss daher, grundsätzlich und anders als vom Gesetzgeber erwartet (BR-Drs. 168/20, 80), erfolglos bleiben. Auf eine Einberufungsermächtigung besteht jedenfalls in aller Regel kein Anspruch, da sie nicht iSd Gesetzes „notwendig" ist (→ § 44 Rn. 200). Für eine Beschlussersetzungsklage gibt es in der Regel auch kein Rechtsschutzbedürfnis, da stets die Gemeinschaft der Wohnungseigentümer auf Einberufung einer Versammlung verklagt werden kann. Gibt es von vornherein keinen Wohnungseigentümer, der sich ermächtigen lassen will, ist eine Beschlussersetzungsklage auch aus diesem Grunde in Ermangelung eines Rechtsschutzbedürfnisses unzulässig.

IV. Art und Weise der Einberufung

75 Für die Art und Weise und die Formalien der Einberufung durch den Verwaltungsbeirat und einen ermächtigten Wohnungseigentümer gelten die Ausführungen der Gemeinschaft der Wohnungseigentümer entsprechend → Rn. 41 ff. Weder der Verwaltungsbeirat noch der ermächtigte Wohnungseigentümer werden allerdings in der Regel die Anforderungen erfüllen können. Sie werden schon nicht über die Daten der Wohnungseigentümer verfügen.

V. Klage auf Einberufung

76 Der Verwaltungsbeiratsvorsitzende oder sein Vertreter können nicht verklagt werden, zu laden (AG Dortmund ZMR 2019, 800 = BeckRS 2019, 13175 Rn. 13; *Schultzky* MietRB 2018, 155 (158); Staudinger/*Häublein* § 24 Rn. 69; aA AG Charlottenburg ZMR 2010, 76; *Kahlen* GE 1986, 298). Sie haben jeweils ein subsidiäres Einberufungsrecht, keine -pflicht (§ 24 Abs. 3 WEG: „kann"). Für einen ermächtigten Wohnungseigentümer gilt nichts anderes. Möglich ist hingegen eine Klage gegen die Gemeinschaft der Wohnungseigentümer auf Einberufung → Rn. 41.

F. Einberufungen durch Wohnungseigentümer

I. Alle Wohnungseigentümer

77 Eine Versammlung kann stets durch alle Eigentümer (spontan oder verabredet) gemeinsam einberufen werden (BGH NJW-RR 2011, 1519 Rn. 4; OLG München IMR 2016, 291; OLG Frankfurt a. M. OLGR 2005, 95 (96); *Suilmann* AnwZert MietR 7/2009). Diese seltene Ausnahme findet ihren Grund darin, dass die Wohnungseigentümer vorrangig dazu berufen sind, ihre Angelegenheiten selbst zu regeln (OLG Köln ZMR 2003, 380 (381)).

II. Einzelne Wohnungseigentümer

1. Selbsteinberufungsrecht. Ein einzelner Wohnungseigentümer oder eine Mehrheit von Wohnungseigentümern hat ohne eine Ermächtigung iSv § 24 Abs. 3 WEG (→ Rn. 67) und wenn nichts anderes vereinbart ist ((OLG Frankfurt a. M. OLGR 2005, 95 (96); OLG Hamm OLGR 1992, 194 (195)) kein Einberufungsrecht (OLG Celle MDR 2000, 1428 (1429); BayObLG NJW 1970, 1136 (1137)). Unklar ist allerdings, ob aus § 18 Abs. 3 WEG ein Notgeschäftsführungsrecht folgen kann (dazu *Elzer* ZfIR 2011, 461 (463); *Suilmann* AnwZert MietR 7/2009). Dass eine Maßnahme der Gefahrenabwehr gerade in der Ladung zu einer Versammlung besteht, ist fraglich (*Elzer* ZfIR 2011, 461 (463); aA Staudinger/*Lehmann-Richter* § 21 Rn. 64). Da eine einstweilige Verfügung schnell erreicht werden kann und eine gerichtliche Prüfung unter wenigstens potenzieller Beteiligung der anderen Wohnungseigentümer ermöglicht (→ Rn. 80), ein „Alleinregiment" eines Wohnungseigentümers also hindert, dürfte ein Notgeschäftsführungsrecht allenfalls im Ausnahmefall vorliegen, in der Regel aber zu verneinen sein. 78

2. Gerichtliche Ermächtigung. a) Klage. Jeder Wohnungseigentümer hat, sofern es eine ordnungsmäßige Verwaltung erfordert, nach § 18 Abs. 2 Nr. 1 WEG einen Anspruch auf Einberufung einer Versammlung der Eigentümer (AG Charlottenburg GE 2009, 1135). Entspricht die Gemeinschaft der Wohnungseigentümer diesem Anspruch nicht und ist auch kein Wohnungseigentümer nach § 24 Abs. 3 WEG ermächtigt (→ Rn. 67), kann jeder Wohnungseigentümer in einem Verfahren nach § 44 Abs. 1 Satz 2 WEG (OLG Zweibrücken ZWE 2010, 464; LG München I ZMR 2013, 748; AG Pinneberg ZMR 2016, 498; AG Hamburg-Blankenese ZMR 2008, 918 (919); *Suilmann* AnwZert MietR 7/2009) gegen die Gemeinschaft der Wohnungseigentümer auf seine „Ermächtigung" zu einer Ladung klagen (LG Frankfurt a. M. ZWE 2014, 142; *Schultzky* MietRB 2018, 155 (158); *Elzer* ZfIR 2011, 761 (762); AnwZert MietR 17/2011). Die Möglichkeit des § 24 Abs. 3 WEG steht dem nicht entgegen. Sie ist wegen ihrer Dauer ein stärkerer Eingriff in die Selbstautonomie der Wohnungseigentümer und grundsätzlich nicht notwendig; schon gar nicht im einstweiligen Rechtsschutz. 79

b) Einstweiliger Rechtsschutz. Das Recht auf Einberufung entsteht allerdings erst mit Rechtskraft eines Beschlussersetzungsurteils (→ § 44 Rn. 211). Ist eine Einberufung eilig, kann daher nach §§ 935, 940 ZPO eine Regelungsverfügung verlangt werden (LG Hamburg ZWE 2018, 37; *Hügel/Elzer* NZM 2009, 457 (467); → Vor §§ 43 ff. WEG Rn. 53). Antragsgegner ist auch hier die Gemeinschaft der Wohnungseigentümer. Voraussetzung ist allerdings, dass für diesen Weg ein Rechtsschutzbedürfnis besteht. Dieses ist zu verneinen, wenn die Gemeinschaft der Wohnungseigentümer im Wege einstweiliger Verfügung zur Einberufung verpflichtet werden kann (→ Rn. 41; *Elzer* AnwZert MietR 17/2011). 80

c) Erschöpfung. Eine gerichtliche Ermächtigung zur Einberufung ist erschöpft, wenn die Versammlung gesetzesgemäß und nach den Bestim- 81 mungen der Wohnungseigentümer einberufen und durchgeführt worden ist (s. a. BGH NJW 2018, 52 Rn. 68). Die Ermächtigung ist noch nicht verbraucht, wenn der ermächtigte Wohnungseigentümer die fehlerhafte Einberufung einer ersten Versammlung zu verantworten hat. Es wäre ein bloßer Formalismus, wenn der Wohnungseigentümer erneut eine inhaltlich identische Ermächtigung beantragen müsste, um eine weitere, nicht an formalen Einberufungsmängeln leidende Versammlung mit denselben Tagesordnungspunkten einberufen und durchführen zu können (s. a. BGH NJW 2018, 52 Rn. 68). Für eine zeitliche Begrenzung der Ermächtigung sind die Umstände des jeweiligen Einzelfalls maßgebend (s. a. BGH NJW 2018, 52 Rn. 71).

G. Einberufung durch Nichtberechtigte (Unbefugte)

I. Potenziell in Frage kommenden Person

82 Ruft ein Nichtberechtigter die Versammlung der Eigentümer ein, sind auf dieser Versammlung gefasste Beschlüsse anfechtbar, nach hM aber nicht nichtig (OLG Hamm BeckRS 2009, 09611; BayObLG ZMR 2005, 559 (560); OLG Zweibrücken ZMR 2004, 63 (64); OLG Köln WuM 1996, 246; LG Berlin GE 2015, 983; LG Köln ZWE 2013, 38). Diese Auffassung steht zwar im Widerspruch zu § 241 Nr. 1 AktG und ebenso zur allgemeinen Ansicht im Recht der GmbH (BGH NZG 2014, 945 Rn. 12; NJW 1983, 1677). Die dortige Rechtsauffassung kann aber auch nicht übertragen werden (*Röll* FS Schippel, 271; s. a. *Abramenko* ZWE 2005, 25 ff.). Hierfür spricht va, dass § 24 Abs. 1 bis 3 WEG wenigstens teilweise abdingbar sind (→ Rn. 121).

83 Notwendig ist allerdings entsprechend § 241 Nr. 1 AktG, dass aus Gründen des Vertrauensschutzes die Ladung zu einer Versammlung der Eigentümer von einer wenigstens potenziell für eine Ladung in Frage kommenden Person ausgesprochen wird (*Skauradszun* ZWE 2016, 61 (62); *Seuß* WE 1995, 7). Lädt zB ein Verwalter, obwohl er nicht mehr oder – wegen Nichtigkeit des Bestellungsbeschlusses –nicht dazu berufen ist, sind alle auf der entsprechenden Versammlung gefassten Beschlüsse wegen dieses formalen Mangels nur anfechtbar (*Abramenko* ZWE 2005, 25 (28)). Auch dann, wenn eine Versammlung von dem Vorsitzenden des Verwaltungsbeirats nach § 24 Abs. 3 WEG einberufen wird, obwohl die Voraussetzungen dafür nicht vorliegen, handelt es sich gleichwohl um eine Versammlung der Wohnungseigentümer, so dass die dort gefassten Beschlüsse nicht von vornherein unwirksam sind (BayObLG ZWE 2002, 526; *Abramenko* ZWE 2005, 25 (29)).

84 Der Ladungsmangel wird im Übrigen geheilt, wenn in der Versammlung sämtliche Eigentümer anwesend sind und die fehlerhafte Einberufung trotz ihrer Kenntnis des Mangels durch ihre Teilnahme zumindest stillschweigend genehmigen (LG Hamburg ZWE 2017, 323 Rn. 15; *Schultzky* MietRB 2018, 155 (159)).

II. Beliebiger Dritter

Beruft ein Dritter ein, der in keiner Beziehung zu den Wohnungseigentümern steht, etwa der Rechtsanwalt eines Wohnungseigentümers (aA *Skauradszun* ZWE 2016, 61 (62)) oder ein Zwangsverwalter, muss etwas anderes gelten. In einer durch eine solche Person einberufenen Versammlung können keine Beschlüsse gefasst werden (OLG Hamm NJW-RR 2008, 250 (251); BayObLG MDR 1982, 323; AG Bonn ZMR 2018, 872; *Seuß* WE 1995, 260; s. a. BGH NJW 1983, 1677); dennoch gefasste Beschlüsse sind „Nichtbeschlüsse" (AG Bonn ZWE 2019, 95 Rn. 11; s. a. RGZ 75, 239 (242); 92, 409 (412); → Vor §§ 23 ff. WEG Rn. 70). **85**

Gleiches gilt, wenn ein Wohnungseigentümer lädt, ohne zugleich eine ihn zur Ladung ermächtigende gerichtliche Entscheidung oder eine Regelung der Wohnungseigentümer vorweisen zu können (s. a. *Abramenko* ZWE 2005, 25 (30); aA BayObLG MietRB 2004, 351 (352); LG Berlin GE 2015, 983; *Skauradszun* ZWE 2016, 61 (62)). **86**

III. Klage auf Unterlassung

Beruft ein Nichtberechtigter eine Versammlung ein, hat jeder Wohnungseigentümer, aber auch der Verwalter einen Unterlassungsanspruch (*Schultzky* MietRB 2018, 155 (158)). Dasselbe gilt, wenn es an einem Einberufungsgrund fehlt (*Schultzky* MietRB 2018, 155 (158)), denn auch dann ist der Ladende nicht zu einer Ladung berechtigt. Der Anspruch auf Unterlassung kann im Wege der einstweiligen Verfügung durchgesetzt werden (→ Vor §§ 43 ff. Rn. 46 „Versammlung"). **87**

H. Form, Inhalt und Frist der Einberufung (§ 24 Abs. 4 WEG)

I. Textform

Die Versammlung der Eigentümer ist nach § 24 Abs. 4 Satz 1 WEG in Textform (§ 126b BGB) einzuberufen, sofern keine strengere Form vereinbart ist. Grundsätzlich zulässig ist es damit, die Versammlung durch eine Fotokopie, durch ein Fax, ein Computerfax, ein Telegramm, eine E-Mail oder auf ähnliche Weise einzuberufen. Wird gegen die Textform verstoßen, macht dies einen Beschluss aus formellen Gründen anfechtbar. **88**

Welche der Textform genügende Verkörperung der Einberufende wählt, unterliegt seinem Ermessen (→ § 26 Rn. 74 ff.). Die Ermessensgrenzen folgen aus der Art der Wohnungseigentumsanlage und der Zusammensetzung der Wohnungseigentümer, also vor allem deren Alter, Bildungsstand, Einkommen und üblichen Gewohnheiten. Für die Auswahlentscheidung wesentlich ist, ob die Wohnungseigentümer mit der gewählten Übertragungsart rechnen mussten und hierfür dem Einladenden ihr „Einverständnis" erklärt haben (s. a. *Häublein* ZMR 2004, 723 (724)). Ein Beschluss, der verpflichten soll, die für eine bestimmte elektronische Ladung erforderlichen elektronischen Kommunikationseinrichtungen zu schaffen, ist nichtig (*Mankowski* **89**

ZMR 2002, 481 (489)). Hierfür gibt es keine Beschlusskompetenz (→ § 23 Rn. 8 „Versammlung").

II. Einberufungsfrist (§ 24 Abs. 4 Satz 2 WEG)

90 **1. Überblick.** Die Einberufungsfrist soll gem. § 24 Abs. 4 Satz 2 WEG grundsätzlich mindestens drei Wochen betragen. Zu Vereinbarungen, die andere Fristen bestimmen, → § 10 Rn. 45 ff. Es liegt nahe, dass Vereinbarungen, die eine längere Frist anordnen, Bestand haben. Im seltenen Einzelfall kann es das Rücksichtnahmegebot (→ § 10 Rn. 7) erfordern, die Einberufungsfrist zu verlängern (OLG Karlsruhe ZMR 2006, 795 (796)). Ist zulässigerweise (OLG Dresden ZMR 2009, 301; BayObLG WuM 2005, 148; *Hügel/Elzer* NZM 2009, 457 (467)) eine kürzere oder längere Einberufungsfrist vereinbart worden, ist der Verwalter unter Beachtung von § 47 WEG ohne weiteres daran gebunden (*Elzer* ZMR 2006, 85 (88); *Bub* NZM 2001, 502 (505)). Durch den Verwaltervertrag kann die Einberufungsfrist nicht verlängert oder verkürzt werden (→ § 26 Rn. 346; OLG Dresden ZMR 2009, 301).

91 **2. Besondere Dringlichkeit.** Eine „besondere" Dringlichkeit liegt vor, wenn einerseits die gesetzliche Mindestfrist nicht eingehalten werden kann und andererseits der Verwalter ohne Beteiligung der Wohnungseigentümer nicht nach § 27 Abs. 1 WEG handlungsfähig wäre – ihm also nicht bereits das Gesetz oder eine Vereinbarung oder ein Beschluss eine Handlungs- und Vertretungsmacht einräumt. Ob eine besondere Dringlichkeit anzunehmen ist, ist objektiv und nicht nach Einschätzung des Verwalters zu beurteilen (OLG Frankfurt a. M. OLGZ 1982, 418).

92 Die Fristverkürzung darf die Wohnungseigentümer nicht unzumutbar in der Ausübung ihrer Versammlungsrechte (→ § 23 Rn. 48 ff.) behindern (LG Düsseldorf NZM 2013, 795; LG München I MietRB 2011, 256) und muss der jeweiligen Dringlichkeit angepasst sein. Auf einer als dringlich einberufenen Versammlung darf nur über die dringenden Tagesordnungspunkte abgestimmt werden. Ratsam und im Einzelfall sogar zwingend ist, dass der Ladende den Grund, der die Verkürzung der gesetzlichen Einberufungsfrist rechtfertigt, benennt (s. a. LG Düsseldorf NZM 2013, 795).

93 **3. Berechnung der Frist.** Die Einberufungsfrist ist ab dem Tag zu berechnen, an dem das Einberufungsschreiben dem letzten der Einzuladenden zugeht (*Elzer* ZMR 2009, 7 (9)). Wird ein weiterer Punkt in die Tagesordnung aufgenommen, gilt die Einberufungsfrist auch für die Ergänzung (LG Hamburg ZWE 2017, 183 (185)). Für die Berechnung im Einzelnen gelten §§ 187 Abs. 1, 188 Abs. 2 BGB (LG Hamburg ZWE 2017, 183). § 193 BGB, der den nächsten Werktag als Fristende bestimmt, ist allerdings nicht anzuwenden (*Kümmel* MietRB 2004, 328).

94 **4. Zugang.** Die Absendung der Ladung reicht für ihren Zugang nicht aus, wenn nichts anderes vereinbart ist (OLG Hamburg ZMR 2006, 704 (705); OLG Frankfurt a. M. OLGR 2005, 423 (425)); ein Beschluss wäre nichtig (*Merle* ZWE 2001, 196). Für den Zugang ist nach den allgemeinen Reglungen vielmehr auf den tatsächlichen Zugang beim letzten Eigentümer

abzustellen (s. a. LG Hamburg ZWE 2017, 183), nach aA hingegen auf den Tag, an dem das Einberufungsschreiben mit allen erforderlichen Bestandteilen dem letzten der Einzuberufenden „nach den gewöhnlichen Umständen“ zugeht (*Bernhard/Bub* FD-MietR 2007, 241252). Ist der Wohnungseigentümer unerreichbar, bestehen die Möglichkeiten einer Zustellung nach §§ 191 ff. ZPO oder einer Abwesenheitspflegschaft nach § 1911 BGB. Bei mehreren Eigentümern eines Wohnungseigentums muss die Ladung nach hM sämtlichen zugehen.

Eine Ladung gilt erst dann als „zugegangen“, wenn sie derart in den Machtbereich des Empfängers gelangt ist, dass die Möglichkeit der Kenntnisnahme besteht und unter gewöhnlichen Verhältnissen mit einer Kenntnisnahme zu rechnen ist (BGH NJW 2014, 1010 Rn. 8; NJW-RR 2011, 1184 Rn. 15). Die Beweislast für den Zugang (und dessen Rechtzeitigkeit) obliegt dem, der sich darauf beruft. Den Klagenden trifft insoweit jedoch eine sekundäre Darlegungslast, die sich nicht nur darauf bezieht, wann er das Einladungsschreiben erhalten hat, sondern auch darauf, dass und ggf. durch wen er den Briefkasten auf etwaige eingegangene Briefsendungen kontrolliert hat und dass sich das Einladungsschreiben nicht darin befand (LG Hamburg ZWE 2017, 183). 95

III. Inhalt der Einberufung

1. Überblick. Die Einladung muss wenigstens den Ladenden mit Adresse nennen, ferner die Versammlungsstätte und den Versammlungszeitpunkt (BayObLG ZMR 2005, 801) sowie sämtliche Beschlussgegenstände in nach § 23 Abs. 2 WEG ordnungsmäßiger Art und Weise (→ § 23 Rn. 76). Ein Hinweis auf eine Vertretungsmöglichkeit oder einen Stimmrechtsausschluss ist ebenso sinnvoll wie die Angabe der voraussichtlichen Versammlungsdauer, aber nicht zwingend. 96

2. Unterlagen. a) Überblick. Eine ordnungsmäßige Beschlussfassung kann es im Einzelfall erfordern, mit der Einladung und unabhängig von der Bezeichnung des Gegenstandes der Beschlussfassung (→ § 23 Rn. 78 ff.) zusätzlich eine Unterlage zur Verfügung zu stellen. Diese Unterlage hat das Ziel, den Wohnungseigentümern eine inhaltliche Befassung mit dem Beschlussgegenstand zu ermöglichen (BGH BeckRS 2020, 8761 Rn. 11; NJW-RR 2012, 343 Rn. 12), jedenfalls zu erleichtern. Was gilt, ist ua die Frage nach der Komplexität des Beschlussgegenstandes, der Frage, inwieweit ein Bedürfnis der Wohnungseigentümer anzuerkennen ist, sich umfassend anhand von konkreten Unterlagen vor der Versammlung ein Bild zu machen, und der Frage, inwieweit die Wohnungseigentümer vom Beschlussgegenstand bereits ein Bild haben, beispielsweise durch eine Vorbefassung in früheren Versammlungen. Ferner ist es möglich, dass bereits ein Dritter den Wohnungseigentümern die Unterlage zur Verfügung gestellt hatte. Die Prüfsteine zeigen auf, dass die Frage in der Regel nicht abstrakt, sondern nur im Einzelfall beantwortet werden kann (BGH BeckRS 2020, 8761 Rn. 11). Im Zweifel sollte man eine Übersendung von Unterlagen für notwendig erachten, da den Wohnungseigentümern eine intensive Auseinandersetzung mit 97 diesen in aller Regel in der Versammlung selbst nicht möglich, jedenfalls nicht zumutbar ist.

98 **b) Umfang.** Bedürfen die Wohnungseigentümer einer Unterlage zum Verständnis des Beschlussgegenstandes, muss ihnen diese selbst zur Verfügung gestellt werden. Geht es um die Sichtung von verschiedenen Angeboten, ist allerdings auch vorstellbar, einen Vergleichsspiegel zu erstellen, in dem die wichtigsten Vertragsgegenstände tabellarisch aufgeführt werden, und den Wohnungseigentümern im Übrigen die Möglichkeit zu geben, die Unterlage im Verwalterbüro zu studieren. Die Übersendung der Unterlage oder eines Vergleichsspiegels ist als Anhang zu einer E-Mail möglich (LG Frankfurt a. M ZWE 2017, 48).

99 **c) Zeitpunkt.** Zu welchem Zeitpunkt eine Unterlage selbst oder der Vergleichsspiegel den Wohnungseigentümern zur Verfügung zu stellen ist, ist wieder eine Frage des Einzelfalls. Im Grundsatz ist die Frist des § 24 Abs. 4 Satz 2 WEG maßgeblich. Denn die Ladungsfrist beschreibt den Zeitraum den der Gesetzgeber als notwendig erachtet, sich auf eine Versammlung vorzubereiten. Im Ausnahmefall und abhängig vom jeweiligen Beschlussgegenstand kann aber auch etwas anderes gelten (s. a. LG Frankfurt a. M. BeckRS 2020, 5983 Rn. 9).

100 **d) Beispiele.** Im Grundsatz ist es für jede Unterlage vorstellbar, dass sie den Wohnungseigentümern zur Verfügung zu stellen ist. In Betracht kommen beispielsweise Angebote jeglicher Art, Baubeschreibungen, Gerichtsentscheidungen (LG Frankfurt a. M. ZWE 2017, 48), Gutachten, Leistungsverzeichnisse, Lichtbilder, Verträge oder ihre Entwürfe. Als Unterlagen, die den Wohnungseigentümern stets zu übersenden sind, werden bislang angesehen: die Gesamtabrechnung und die einen Wohnungseigentümer betreffende Einzelabrechnung als Zahlenwerk (BGH BeckRS 2020, 8761 Rn. 11; LG Frankfurt a. M. BeckRS 2020, 5983 Rn. 7; LG München I ZWE 2010, 138; LG Itzehoe ZWE 2008, 445; s. a. BGH NJW-RR 2012, 343 Rn. 12), der Wirtschaftsplan und der jeweilige Einzelwirtschaftsplan eines Wohnungseigentümers als Zahlenwerk (BGH BeckRS 2020, 8761 Rn. 11; LG Frankfurt a. M. BeckRS 2020, 5983 Rn. 7; LG Frankfurt a. M. NZM 2019, 65 Rn. 25; 2018, 757 Rn. 10; s. a. BGH NJW-RR 2012, 343 Rn. 12), Unterlagen zu einer Sonderumlage, der Verwaltervertrag im Entwurf bzw. ein Vergleichsspiegel (BGH BeckRS 2020, 8761 Rn. 10; NZM 2011, 515 Rn. 12; LG Köln ZMR 2013, 379).

101 **e) Verstöße.** Werden den Wohnungseigentümern Unterlagen nicht innerhalb der dazu notwendigen Frist zur Verfügung gestellt, kann ein dennoch gefasster Beschluss allein aus diesem Grunde mangelhaft sein (BGH BeckRS 2020, 8761 Rn. 4; LG Frankfurt a. M. NZM 2018, 757 Rn. 10; ZWE 2017, 48).

IV. Adresse

102 Die Ladung muss an die dem Ladenden bekannte (Wohn-)Adresse oder an eine ihm vom Wohnungseigentümer genannte Ladungsadresse gehen (BGH

NJW 2013, 3098 Rn. 18). Für den Zugang der Ladung ist es mithin nicht ausreichend, wenn der Einladende eine falsche Ladungsadresse gewählt hat (LG Magdeburg NJW-RR 1997, 969)

Zeigt ein Wohnungseigentümer seine (ggf. neue) Adresse nicht an, führt diese Obliegenheitsverletzung für ihn dazu, dass er gleichwohl gefasste Beschlüsse nicht anfechten kann (BGH NJW 2013, 3098 Rn. 18). Eine Vereinbarung, wonach die Einberufung durch die Absendung an die Anschrift, die dem Verwalter von dem Wohnungseigentümer zuletzt mitgeteilt worden ist, erfolgt, ist wirksam (OLG Frankfurt a. M. OLGR 2005, 423 (425)). Die Darlegungs- und Beweislast, dem Einladenden seine ladungsfähige Adresse mitgeteilt zu haben, trifft den Wohnungseigentümer. Auch dann, wenn ein Wohnungseigentümer mehrmals unter einer falschen Anschrift Schreiben zugesandt bekommen hat, ohne die falsche Anschrift zu rügen, kann er sich auf eine mangelnde Ladung berufen, wenn er das Ladungsschreiben tatsächlich nicht erhalten hat (LG Mönchengladbach ZMR 2002, 788). 103

V. Ladungsmängel

Ein Ladungsmangel führt entgegen § 241 Nr. 1 AktG grundsätzlich nur zu einem formellen Beschlussmangel (→ § 23 Rn. 157). Etwas anderes gilt, wenn der Ladungsmangel einer Nichtladung gleichkommt (s. a. BGH DStR 2016, 1121 Rn. 21; 2006, 715 Rn. 9). So liegt es, wenn eine Ladung dem Wohnungseigentümer seine Teilnahme in einer Weise erschwert, die der Verhinderung seiner Teilnahme gleichsteht (s. a. BGH DStR 2016, 1121 Rn. 21; 2006, 715 Rn. 13). 104

I. Vorsitz in der Versammlung (§ 24 Abs. 5)

I. Versammlungsleiter

1. Verwalter. Den Vorsitz in der Versammlung führt nach § 24 Abs. 5 Fall 1 WEG grundsätzlich der Verwalter. Der Verwalter kann die Versammlungsleitung einem Mitarbeiter (→ § 26 Rn. 25), nicht aber einem beliebigen Dritten übertragen (*Elzer* MietRB 2006, 12). Wenn die Eigentümer gegen die Versammlungsleitung durch einen Dritten keine Einwände erheben, kann hierin eine Geschäftsordnungsmaßnahme (→ Rn. 125) liegen (*Elzer* MietRB 2006, 12), zB wenn die Wohnungseigentümer gegen die Leitung der Versammlung durch den Ehemann der Verwalterin in deren Gegenwart keine Einwendungen erheben (BayObLG ZMR 2001, 826). 105

2. Gekorene Versammlungsleiter (§ 24 Abs. 5 Fall 2 WEG). 106
a) Überblick. Es kann vereinbart, gem. § 24 Abs. 5 Fall 2 WEG aber auch beschlossen werden, dass ein Dritter die Versammlung leiten und ihr vorstehen soll. Besitzt der Versammlungsleiter ein Stimmrecht, unterliegt er bei der Abstimmung über diesen Antrag keinem Stimmverbot (s. a. BGH NJW 2010, 3027 Rn. 14 für das GmbH-Recht). Dem gekorenen Versammlungsleiter stehen die gleichen Rechte zu, wie sie auch dem Verwalter als Vorsitzenden zustehen. Missbraucht ein regelmäßig zum Versammlungsleiter

gewillkürt Bestellter seine Rechte, kann die Beschlusskompetenz des § 24 Abs. 5 Var. 2 WEG dennoch nicht eingeschränkt werden (→ § 23 Rn. 8 „Versammlung"; KG NZM 2003, 325).

107 Wird der Missbrauch der Befugnisse als Versammlungsleiter festgestellt und besteht Wiederholungsgefahr, kann hingegen – auch im Wege des einstweiligen Rechtsschutzes gem. §§ 935 ff. ZPO – das zeitlich begrenzte Verbot ausgesprochen werden, Versammlungen in einem bestimmten Zeitraum zu leiten. Einfacher erscheint es, vorbeugend nicht ein Verbot gegen einen bestimmten Wohnungseigentümer auszusprechen, sondern für einen bestimmten Zeitraum positiv die Versammlungsleitung etwa durch den Verwalter anzuordnen.

108 **b) Gericht.** Können sich die Wohnungseigentümer nicht auf einen Versammlungsleiter einigen, besteht aber Einigkeit, dass der Verwalter es nicht sein soll – oder gibt es keinen Verwalter – kann das Gericht nach § 44 Abs. 1 Satz 2 WEG, aber auch im Wege einstweiliger Verfügung eine von mehreren benannten Personen mit ihrer Zustimmung zum Versammlungsleiter bestimmen.

109 **3. Unbefugte.** Leitet ein Unbefugter die Versammlung, sind die von dem Unbefugten festgestellten Beschlüsse anfechtbar, aber nicht nichtig (OLG München ZMR 2005, 728 (729); *Elzer* MietRB 2006, 12).

II. Inhalt der Versammlungsleitung

110 **1. Grundsätze. a) Überblick.** Die Versammlung ist gem. § 18 Abs. 2 Nr. 1 WEG so zu leiten, wie es den Vereinbarungen und Beschlüssen der Wohnungseigentümer (BGH NJW-RR 2019, 1102 Rn. 6) und, soweit solche nicht bestehen, dem Interesse der Gesamtheit der Wohnungseigentümer nach billigem Ermessen entspricht. Ferner muss der Versammlungsleiter das öffentliche Recht beachten. Insoweit kommt beispielsweise das Infektionsschutzgesetz oder kommen Verordnungen der Länder in Betracht. Es ist etwa vorstellbar, dass der Verwalter für die Einhaltung der Regelungen für einen Mindestabstand der Teilnehmer, für eine Desinfektion oder andere Hygienemaßnahmen oder für eine Mund-Nasen-Bedeckung Sorge zu tragen hat. Vorstellbar ist auch die Installation von transparenten Abtrennungen zum Schutz der Versammlungsteilnehmer, Maßnahmen zur regelmäßige Belüftung/Reinigung der Versammlungsräume und die regelmäßige und in kurzen Abständen durchzuführende Reinigung aller häufig berührten Flächen (Türklinken und -griffe, Handläufe, Tastaturen, Touchscreens, Armaturen). Ferner ist es möglich, dass der Verwalter nach öffentlichen Regelungen gehalten ist, Namen und Adressen und/oder E-Mail-Adressen der Teilnehmenden, seiner Mitarbeiter und anderen Personen, etwa Kellnern, in ein Verzeichnis aufzunehmen.

111 Aufgabe des Versammlungsleiters ist es, für eine geordnete, gesetzmäßige, reibungslose, ordnungsmäßige, sachgerechte, effiziente und zügige Erledigung der Versammlungsgegenstände zu sorgen (BGH NJW 2019, 993 Rn. 62; KG ZWE 2001, 75 (76); s. a. BGH NJW 2019, 669 Rn. 47). Er darf nicht kraft seiner Funktion Einfluss auf den Inhalt der Entscheidungen

nehmen (BGH NJW 2019, 993 Rn. 62) und muss also die Versammlungsleitung fair, unparteiisch, nach rechtsstaatlichen und demokratischen Prinzipien und am Gebot der Sachdienlichkeit orientieren (BGH NJW 2019, 669 Rn. 54).

Insbesondere ist auf die Beachtung des Grundrechts auf rechtliches Gehör zu achten (s. a. → § 23 Rn. 56) und sind der Gleichbehandlungsgrundsatz (→ § 23 Rn. 161; BGH NJW 2019, 669 Rn. 54) sowie das Erforderlichkeits- und Verhältnismäßigkeitsprinzip zu wahren (BGH NJW 2019, 669 Rn. 54; *Bub* WE 1987, 68; *Becker* Versammlung der Eigentümer, 71). Auf welche Art und Weise der Versammlungsleiter seinen Aufgaben gerecht wird, obliegt seinem Ermessen (s. a. → § 26 Rn. 74 ff.). Allerdings können ihn die Wohnungseigentümer jederzeit anweisen (→ § 27 Rn. 81 ff.). 112

b) Einzelheiten. Der Versammlungsleiter muss nach billigem Ermessen (s. a. → § 26 Rn. 74 ff.) ua für folgende Punkte Sorge tragen: 113

- Dass die Versammlung formell eröffnet, ordentlich durchgeführt, ggf. zeitweise unterbrochen und formell geschlossen wird. 114
- Dass die Teilnahme- und Stimmberechtigung der Anwesenden geprüft werden.
- Dass die Tagesordnungspunkte grundsätzlich unter Einhaltung der Tagesordnung (→ § 23 Rn. 88) ohne Unterbrechung (→ Rn. 28) zur Beschlussfassung gebracht werden.
- Dass alle Beschlussanträge bestimmt und sachgerecht formuliert sind (→ § 23 Rn. 140 ff.).
- Dass über sämtliche Beschlussgegenstände durch ein geeignetes Verfahren abgestimmt wird (BGH NJW-RR 2019, 1102 Rn. 6), also klar ist, welcher Abstimmungsmodus anzuwenden ist, insbesondere die Reihenfolge der Abstimmungsfragen. Der Verwalter darf auch bestimmen, welches Wahlverfahren durchgeführt werden soll, zB wenn es mehrere Vertragsangebote oder mehrere Bewerber um ein Amt gibt. In Betracht kommt insoweit etwa, dass jeder Wohnungseigentümer bei einer nacheinander erfolgenden Abstimmung über die einzelnen Bewerber insgesamt nur eine Ja-Stimme vergeben kann. Möglich ist allerdings auch, dass die Wohnungseigentümer von ihrem Stimmrecht in jedem Wahlgang unabhängig von ihrem vorangegangenen Stimmverhalten Gebrauch machen können (BGH NJW-RR 2019, 1102 Rn. 6).
- Dass sämtliche Beschlüsse festgestellt und verkündet werden (→ Vor §§ 23 ff. Rn. 20 ff.).
- Dass die Stimmabgaben ggf. namentlich dokumentiert sind.
- Dass die Versammlung ggf. vertagt wird (→ Rn. 30).
- Dass ggf. Regelungen zum Rauchen getroffen werden (LG Dortmund ZWE 2014, 127) – oder der Verwalter selbst solche trifft.
- Dass der Hygiene- und Infektionsschutz eingehalten werden.

2. Diskussionsleitung. Der Versammlungsleiter hat dafür zu sorgen, dass alle Tagesordnungspunkte erschöpfend erörtert und diskutiert werden (Diskussionsleitung); hierzu gehören etwa die Erteilung des Wortes und das 115

Aufrufen der Redner etc. Er hat ferner darauf zu achten, dass grundsätzlich jedem Wohnungseigentümer ein angemessenes Rederecht gewährt wird (zu den Einzelheiten → § 23 Rn. 56).

116 **3. Ordnungsrecht (Hausrecht). a) Überblick.** Der Versammlungsleiter ist in Bezug auf die Versammlung der Inhaber des Ordnungsrechts (*Abramenko* MietRB 2020, 184 ff.; Bärmann/Seuß/*Wolicki* § 43 Rn. 127). Ihm steht dieses so lange zu, wie die Wohnungseigentümer es nicht selbst ausüben und ihm keine Weisung (→ § 27 Rn. 81) erteilen (aA *Sauren* ZWE 2007, 21).

117 **b) Inhalt. aa) Überblick.** Der Versammlungsleiter muss alles Notwendige für einen ruhigen, sachlich orientierten und störungsfreien Ablauf der Versammlung unternehmen (→ Rn. 115 zur Diskussionsleitung und zur Erteilung des Rederechts). Er hat daher das Recht, beispielsweise betrunkene, mutmaßlich infektiös erkrankte, unbekleidete, störende oder gewaltbereite Wohnungseigentümer von der Teilnahme an der Versammlung auszuschließen. Der Störer muss vor einem Ausschluss zur Unterlassung des störenden Verhaltens aufgefordert werden (*Abramenko* MietRB 2020, 184 (188)). Ferner ist naheliegend, ihn grundsätzlich durch einen Ordnungsruf gleichsam abzumahnen (*Abramenko* MietRB 2020, 184 (188)).

118 **bb) Vorübergehender oder dauerhafter Ausschluss von der Versammlung.** Ob ein Wohnungseigentümer vorübergehend oder dauerhaft von der Versammlung auszuschließen ist, ist eine Frage des Einzelfalls. Der dauerhafte Ausschluss ist die ultima ratio (*Abramenko* MietRB 2020, 184 (188)). Grundsätzlich ist es anzustreben, den Störer nur vorübergehend von der Versammlung auszuschließen und ihn nach einer nach einer „Läuterungsphase" vor der Tür („cooling-off") zur Versammlung wieder zuzulassen (*Schmid* NJW 2011, 1841 (1842)). Vorstellbar ist auch, die Versammlung zur Abkühlung der Gemüter zu unterbrechen (*Abramenko* MietRB 2020, 184 (190). Zu erwägen ist ferner, ob die Versammlung vertagt werden muss. Ein dauerhafter Ausschluss eines Wohnungseigentümers von der Versammlung ist nur dann statthaft, wenn auf andere Weise die geordnete Durchführung einer Versammlung nicht gewährleistet werden kann, beispielsweise wenn ein Wohnungseigentümer nachhaltig und trotz Androhung des Ausschlusses die Versammlung weiterhin in erheblicher Weise stört (BGH NJW 2011, 679 Rn. 8). Ist ein Wohnungseigentümer mit der Entscheidung des Versammlungsleiters nicht einverstanden, kann er die Versammlung anrufen, und bitten, die vom Versammlungsleiter ergriffene Ordnungsmaßnahmen zu korrigieren (*Abramenko* MietRB 2020, 184 (186)).

119 **cc) Hygiene- und Infektionsschutz.** In Zeiten einer Pandemie oder Epidemie ist der Versammlungsleiter als berechtigt anzusehen, bei Versammlungsteilnehmern kontaktlos oder mit ihrem Einverständnis mit einem Körperkontakt Fieber zu messen. Ferner hat der Versammlungsleiter das Recht, Wohnungseigentümer, die beispielsweise nicht bereit sind, Vorschriften des Hygiene- und Infektionsschutzes zu beachten, etwa das Tragen einer Mund-Nasen-Bedeckung (→ § 19 Rn. 50 ff.) oder einen gesetzlich vorgeschriebenen oder von den Wohnungseigentümern bestimmten

Mindestabstand (→ § 19 Rn. 50 ff.) einzuhalten, von der Versammlung vorübergehend und/oder dauerhaft auszuschließen. Waren die Wohnungseigentümer allerdings nicht der Lage, sich auf solche Maßnahmen angemessen vorzubereiten, ist die Versammlung zu vertagen. So liegt es noch nicht, wenn mit der Ladung solche Maßnahmen nicht angekündigt waren, sofern sie gesetzlich gefordert oder allgemein von den Wohnungseigentümern bestimmt sind.

4. Rechtsschutz. Entschließungen oder Maßnahmen der Versammlungsleitung sind als Geschäftsordnungsmaßnahmen nicht selbständig anfechtbar (OLG Köln NJW 2000, 3580; → Rn. 132). Ist eine Versammlung völlig ungeordnet, können aber die dort gefassten Beschlüsse aus diesem Grunde aber anfechtbar sein (OLG Celle OLGR 2004, 600 (601); BayObLG NZM 1998, 634). Ein Beschluss kann auch anfechtbar sein, wenn der Versammlungsleiter im Übermaß oder nicht sachgerecht vom Ordnungsrecht Gebrauch gemacht hat (*Abramenko* MietRB 2020, 184 (190)). 120

III. Aufzeichnungen (Tonträger)

1. Schriftführer. Die Wohnungseigentümer können sich zur Sicherung der Ergebnisse eines Schriftführers bedienen (BayObLG ZMR 2005, 211 (212)). Der Versammlungsleiter kann zur Vorbereitung seiner Niederschrift die dafür vorgesehenen Inhalte auf einen „Tonträger" diktieren (*Deckert* WE 1986, 78 (80)). 121

2. Mitschnitt. Redebeiträge oder den Ablauf der Versammlung kann der Versammlungsleiter hingegen nur aufnehmen, soweit die Wohnungseigentümer damit einverstanden sind (BGH NJW 1994, 3094 unter I. zur AG; OLG Karlsruhe NJW-RR 1998, 1116 zur Gesellschafterversammlung). Vor einer Aufnahme muss der Versammlungsleiter auf seine Absicht hinweisen und ein Einverständnis jedes Eigentümers einholen, will er eine Strafbarkeit nach § 201 StGB verhindern. 122

3. Elektronische Kommunikation. Ist beschlossen, dass Wohnungseigentümer an einer Präsenzversammlung auch ohne Anwesenheit an deren Ort teilnehmen und sämtliche oder einzelne ihrer Versammlungsrechte ganz oder teilweise im Wege elektronischer Kommunikation ausüben können (→ § 23 Rn. 31 ff.), hat der einzelne Wohnungseigentümer kein Recht, die elektronische Kommunikation aufzuzeichnen. Heimliche Tonband- oder Bildaufnahmen sind unzulässig. 123

IV. Geschäftsordnung, Geschäftsordnungsmaßnahmen und -beschlüsse

1. Begriff der Geschäftsordnung. Treffen die Wohnungseigentümer Bestimmungen zum äußeren Ablauf der Versammlung, handelt es sich um Geschäftsordnungsbestimmungen (dazu *Greiner* ZWE 2016, 297 ff; *Elzer* MietRB 2011, 64 ff.; *Bub* WE 1987, 68 ff.). Geschäftsordnungsbestimmungen, die für eine Vielzahl von Versammlungen gelten sollen, sind in ihrer Gesamtheit eine Geschäftsordnung (*Greiner* ZWE 2016, 297 (302)). Die 124

„Schöpfung“ einer Geschäftsordnung als Ganzes ist Folge einer Vereinbarung oder eines Beschlusses. Eine vereinbarte Geschäftsordnungsbestimmung kann nach § 10 Abs. 2 WEG „angegriffen“ und durch eine Vereinbarung geändert werden. Ein Beschluss zur Geschäftsordnung ist hingegen wie jeder Beschluss angreifbar (BayObLG NZM 2002, 616; OLG Düsseldorf NJW-RR 1995, 1294; LG Frankfurt a. M. ZWE 2014, 408; *Greiner* ZWE 2016, 297 (302)).

125 **2. Geschäftsordnungsmaßnahmen.** **a) Begriff.** Treffen die Wohnungseigentümer nur für eine konkrete Versammlung eine Anordnung zu deren Ablauf („Ad-hoc-Bestimmung“), die sich mit der Versammlung erschöpft – mag sie sich auch auf in der Versammlung gefasste Beschlüsse auswirken –, liegt eine hier sogenannte Geschäftsordnungsmaßnahme vor. Auch der Versammlungsleiter kann kraft seiner Leitungsmacht eine solche Geschäftsordnungsmaßnahme treffen. Geschäftsordnungsmaßnahmen der Wohnungseigentümer gehen seinen Anordnungen freilich vor (s. a. OLG Düsseldorf NZM 2007, 569).

126 **b) Einordnung.** Nach hM handelt es sich bei einer Geschäftsordnungsmaßnahme um einen „Geschäftsordnungs-„ bzw. „Verfahrensbeschluss“ (*Greiner* ZWE 2016, 297 (299); Staudinger/*Häublein* § 24 Rn. 109). **Stellungnahme.** Der Einordnung einer Geschäftsordnungsmaßnahme als Beschluss iSd § 19 Abs. 1 WEG ist nicht zu folgen. Denn die Wohnungseigentümer treffen durch eine Geschäftsordnungsmaßnahme keine Verwaltungsanordnung zum gemeinschaftlichen Eigentum oder zum Gemeinschaftsvermögen. Es geht um eine bloß das Verfahren der Versammlung oder die Fassung eines Beschlusses regelnde Anordnung niederer Art, die dem eigentlichen Beschluss oder den Beschlüssen vorausgeht oder allein dem Ablauf der Versammlung gewidmet ist (LG Dortmund ZWE 2015, 371 (374)).

127 Ungeachtet des semantischen Unterschieds und der dogmatischen Einordnung ist es jedenfalls unstrittig, dass Geschäftsordnungsmaßnahmen nach § 23 Abs. 2 WEG weder angekündigt werden müssen noch können (→ § 23 Rn. 84), dass Geschäftsordnungsmaßnahmen nicht festgestellt und verkündet werden müssen (→ Vor §§ 23 ff. Rn. 20 ff.), dass Geschäftsordnungsmaßnahmen stillschweigend (OLG Frankfurt a. M. OLGR 2005, 736 (739); LG Karlsruhe ZMR 2013, 469) und auch vom Versammlungsleiter getroffen werden können (→ Rn. 125), dass Geschäftsordnungsmaßnahmen grundsätzlich keinen Platz in der Niederschrift haben (→ Rn. 174) und dass Geschäftsordnungsmaßnahmen schließlich auch nicht angreifbar sind (→ Rn. 132). Bei einem Beschluss wäre jeder Punkt im Prinzip undenkbar.

128 **c) Entstehung.** Zum einen kann der Versammlungsleiter im Rahmen seiner Versammlungsleitung jederzeit zu jeder den Ablauf der Versammlung betreffenden Frage eine Geschäftsordnungsmaßnahme treffen. Zum anderen können aber auch die Wohnungseigentümer über eine Geschäftsordnungsmaßnahme wie über einen Beschlussgegenstand abstimmen. Notwendig, aber auch ausreichend ist insoweit nach ganz hM das Erreichen einer einfachen Mehrheit (OLG Hamm ZMR 1985, 1205). Es ist in der Regel dabei angemessen, dass für die Abstimmung über eine Geschäftsordnungsmaßnahme dieselben Stimmrechtsprinzipien wie stets gelten (LG Berlin WuM 1989, 203; *Müller* ZWE 2000, 237 (243)); die Wohnungseigentümer können nach hier vertretener Ansicht jederzeit aber auch etwas anderes bestimmen. Über Geschäftsordnungsmaßnahmen ist – aus der Natur der Sache – sofort und vor den Sachanträgen mehrheitlich abzustimmen (OLG Köln NJW 2000, 3580; *Greiner* ZWE 2016, 297 (299); *Müller* ZWE 2000, 237 (243)). Findet sich eine Mehrheit, ist die Regelung dem weiteren Ablauf unmittelbar zugrunde zu legen.

Jeder Teilnahmeberechtigte kann jederzeit Vorschläge für Geschäftsordnungsmaßnahmen unterbreiten (*Bub/Bernhard* FD-MietR 2008, 249471). **129**

d) Inhalte. Inhalt einer Geschäftsordnungsmaßnahme sind in der Regel Bestimmungen zur äußeren Ordnung des Versammlungsablaufes. In Betracht kommen ua: **130**

- Regelungen zum Inhalt der Tagesordnung einer Versammlung und zum Ablauf des Aufrufs der Tagesordnungspunkte; **131**
- Regelungen zur Eröffnung, Unterbrechung (→ Rn. 28), Vertagung, Beendigung einer Versammlung;
- Bestimmung des Versammlungsleiters;
- Bestimmung des Führers der Niederschrift;
- Bestimmungen zu Teilnahme- und Anwesenheits-, Antrags-, Frage- und Rederechten;
- Bestimmungen zu Fragen des Hausrechts;
- Bestimmungen des Essens und des Trinkens;
- Bestimmungen zum Rauchen;
- ein Handyverbot;
- Bestimmungen zur Diskussionsleitung;
- Bestimmungen zu Abstimmungsmodi und -verfahren.

e) Angreifbarkeit. aa) Überblick. Eine Geschäftsordnungsmaßnahme ist als eine bloße Zwischenentscheidung, die der eigentlichen Entscheidung (= einem Beschluss, selten einer in einer Versammlung getroffenen – schuldrechtlichen – Vereinbarung) vorausgeht und keine Entscheidung nach § 19 Abs. 1 WEG enthält, grundsätzlich wie andere Bestimmungen zu einem Verfahren unanfechtbar (OLG Schleswig ZMR 2006, 721; OLG München NZM 2005, 825 (827); KG FGPrax 2003, 113; LG Lüneburg ZMR 2019, 220 (221); LG Dortmund ZWE 2015, 371 (374)). Nur im seltenen Einzelfall kann ein Feststellungsinteresse iSv § 256 ZPO daran bestehen, die Zulässigkeit einer Geschäftsordnungsmaßnahme später klären zu lassen. Dieses ist vor allem der Fall, wenn eine Wiederholung der Geschäftsordnungsmaßnahme droht (KG FGPrax 2003, 113; BayObLG NJW-RR 1996, 254). **132**

bb) Auf Geschäftsordnungsmaßnahme beruhender Beschluss. Ein Beschluss, der auf Grund einer nicht ordnungsmäßigen Geschäftsordnungsmaßnahme an einem formellen und/oder materiellen Beschlussmangel leidet, ist anfechtbar (OLG Schleswig ZMR 2006, 721; OLG München NZM 2005, 825 (827)). **133**

134 **3. Geschäftsordnungsbeschlüsse.** Treffen die Wohnungseigentümer in einer Versammlung Anordnungen für die aktuelle Versammlung, aber auch für sämtliche weiteren Versammlungen, handelt es sich um einen Geschäftsordnungsbeschluss (OLG München FGPrax 2007, 21). Dieser ergänzt die Geschäftsordnung oder – soweit eine Beschlusskompetenz besteht (→ § 23 Rn. 3 ff.) – ändert sie ab.

135 Geschäftsordnungsbeschlüsse sind zB Regelungen zu den „Einberufungsmodalitäten", etwa wann die Versammlung stattfinden soll, die Anordnung, wo stets der Ort der Versammlung sein soll, welche Versammlungsstätte stets zu wählen ist oder zu welcher Versammlungszeit stets einberufen werden soll (*Greiner* ZWE 2016, 297 (303)), aber auch ein andauerndes Rauchverbot (LG Dortmund NZM 2014, 870), das Gebot einen Mindestabstand einzuhalten (→ § 19 Rn. 50 ff.), das Gebot eine Mund-Nasen-Bedeckung zu tragen (→ § 19 Rn. 50 ff.) oder eine Redezeitbeschränkung (→ § 23 Rn. 57 ff.) für jede Versammlung (LG Frankfurt a. M. ZWE 2014, 408; *Greiner* ZWE 2016, 297 (304)

J. Niederschrift (§ 24 Abs. 6)

I. Sinn und Zweck

136 Über die „gefassten" Beschlüsse ist gem. § 24 Abs. 6 Satz 1 WEG eine Niederschrift (auch Protokoll genannt) von der Gemeinschaft der Wohnungseigentümer aufzunehmen. Sie dient dazu, die Inhalte der Beschlüsse für die Zukunft zu „sichern" (*Becker* ZWE 2016, 2; ZMR 2006, 489) und die Wohnungseigentümer, die an der Versammlung nicht teilgenommen haben, über deren Inhalte zu unterrichten (BayObLG BayObLGR 2004, 75; LG Hamburg ZMR 2011, 664 (665); *Becker* ZWE 2016, 2).

II. Inhalt (§ 24 Abs. 6 Satz 1 WEG)

137 **1. Beschlüsse.** Nach § 24 Abs. 6 Satz 1 WEG sind nur die Beschlüsse (→ Vor §§ 23 ff. Rn. 1 ff.) der Wohnungseigentümer, mithin ihr genauer Wortlaut, zu beurkunden. „Beschluss" idS sind auch anfechtbare und nichtige Entscheidungen (*Becker* ZWE 2016, 2 (4)). Bloße Geschäftsordnungsmaßnahmen (→ Rn. 125) sind allerdings kein Beschluss (aA *Becker* ZWE 2016, 2 (4)).

138 **2. Weiteres. a) Überblick.** Ein über § 24 Abs. 6 Satz 1 WEG hinausgehendes Protokollierungsgebot – und also eine Beurkundungspflicht – ist für weitere Versammlungsinhalte und Informationen zur Versammlung aus § 18 Abs. 2 Nr. 1 WEG herzuleiten (s. a. *Becker* ZWE 2016, 2 (4)). Nach Sinn und Zweck des § 18 Abs. 2 Nr. 1 WEG sind nämlich auch solche Umstände der Versammlung der Wohnungseigentümer zu beurkunden, die zur Beurteilung der Wirksamkeit eines Beschlusses und seines ordnungsmäßigen Zustandekommens von essenzieller Bedeutung sind. Zu diesen Umständen gehören beispielsweise der Tag und der Ort der Versammlung, die Anzahl der „Ja-„ und „Nein-Stimmen" sowie der Enthaltungen, die

Beschlussfeststellung und -verkündung und manchmal die Angabe, wer für und gegen einen Beschluss gestimmt hat. Dies gilt zum einen für Beschlüsse, bei denen vorstellbar ist, dass ein Wohnungseigentümer, der nicht mit „Ja" stimmt, der Gemeinschaft der Wohnungseigentümer Schadenersatz schulden kann. Zum anderen gilt es wegen der Kostenregelungen in § 21 Abs. 2 und Abs. 3 WEG für Beschlüsse nach § 20 Abs. 1 WEG. Nimmt ein Beschluss auf eine Anlage Bezug und ist er nur bestimmt (→ § 23 Rn. 140), wenn die Anlage zweifelsfrei identifiziert werden kann, ist auch die Anlage ein Muss-Inhalt der Niederschrift und muss mit ihr fest verbunden werden (*Becker* ZWE 2016, 2 (5)). Ob auch darüber hinaus weitere Inhalte gesichert werden sollen, können die Wohnungseigentümer im Wege des Beschlusses oder durch eine Vereinbarung (BayObLG ZMR 2004, 443 (444); *Becker* ZWE 2016, 2 (4)) bestimmen.

b) Einzelheiten. Sinnvoll und zum Teil zwingend sind nach dem → Rn. 138 vorgestellten Maßstab ua folgende Angaben in der Niederschrift: **139**

- Name der Gemeinschaft der Wohnungseigentümer; **140**
- Angaben zur Ladungsfrist;
- Angaben zum Versammlungsort, zum Versammlungstag (Datum und Wochentag) und zur Versammlungsstätte;
- Angaben zur Versammlungszeit (Anfang, Dauer, Ende „formeller Abschluss");
- Angaben zum Versammlungsleiter;
- Angaben zu den Namen und Daten der Teilnehmer, jedenfalls bei Beschlüssen nach § 19 Abs. 1 Fall 1 WEG (Erhaltungsbeschlüsse) und nach § 20 Abs. 1 WEG;
- Angaben, wie das Abstimmungsergebnis ermittelt wurde, etwa „Ja- und Nein-Stimmen", das Subtraktions- oder das Additionsverfahren, durch den Einsatz von Stimmzählern oder EDV;
- Angaben zur Art der Abstimmung entsprechend § 130 Abs. 2 Satz 1 AktG, also die Beschreibung, wie der Beschluss selbst in der Versammlung zustande gekommen ist, dh in welcher Weise, ob mündlich, schriftlich, durch Handerheben oder mittels welcher sonstigen Betätigung abgestimmt worden ist (s. a. BGH NJW 2018, 52 Rn. 22) – wobei die Art der Abstimmung allein mit der Angabe einer „offenen Abstimmung" nicht ausreichend beschrieben ist, da „offen" in verschiedener Weise abgestimmt werden kann, nämlich ua durch Zuruf, durch Handerheben oder durch andere Gesten (s. a. BGH NJW 2018, 52 Rn. 23);
- Angaben zum Beschlussantrag und entsprechend § 130 Abs. 2 Satz 1 AktG den jeweils für oder gegen einen bestimmten Beschlussantrag abgegebenen Stimmen (s. a BGH NJW 2018, 52 Rn. 46) sowie die Enthaltungen – jeweils mit Namen;
- Angaben zur Feststellung und Verkündung eines Abstimmungsergebnisses für einen Beschlussantrag;
- Angaben zum Ablauf der Versammlung, zB zu Ordnungsmaßnahmen wie der Kürzung oder dem Entzug des Rederechts;
- Angaben zu der Frage, warum ein eigentlich Stimmberechtigter vom Stimmrecht ausgeschlossen wurde.

141 **3. Beurkundung von Informationen und Erwägungen.** Die Niederschrift kann ferner darüber berichten, dass der Verwalter über etwas informiert hat, etwa zu einem Darlehensbeschluss (→ § 28 Rn. 16; BGH NJW 2015, 3651 Rn. 47). Aus dieser Möglichkeit kann allerdings nicht geschlossen werden, dass die Niederschrift über Informationen und Erwägungen berichten müsste. Ein Beschluss ist mithin nicht bereits dann erfolgreich anfechtbar, wenn weder in der Niederschrift noch in der Einladung zur Versammlung niedergelegt ist, welche maßgeblichen Erwägungen die Wohnungseigentümer dem Beschluss zugrunde gelegt haben (aA LG Dortmund ZMR 2018, 60).

142 Will das Gericht die Ordnungsmäßigkeit eines Beschlusses prüfen sowie die Frage, ob Ermessensfehler vorliegen, muss die klagende Partei daher entsprechend vortragen und streitige Behauptungen mit den üblichen Beweismitteln beweisen (aA LG Dortmund ZMR 2018, 60 (61)). Bei einer Ermessensentscheidung bedarf es mithin in der Niederschrift auch keiner „kurzen, stichpunktartigen Information über die wesentlichen Argumente für oder gegen die Durchführung einer Maßnahme“ (aA LG Dortmund ZMR 2018, 60 (61)).

143 **4. Ermessen des Versammlungsleiters.** Beurkundet die Gemeinschaft der Wohnungseigentümer, für die der Verwalter handelt, oder ein anderer Versammlungsleiter über den gesetzlich vorgeschriebenen und den von den Wohnungseigentümern bestimmten Inhalt hinaus von sich aus Gegenstände nach seinem Ermessen (s. a. → § 26 Rn. 74 ff.), ist dies grundsätzlich nicht zu beanstanden (OLG Hamm OLGZ 1989, 314 (315); BayObLG WuM 1990, 173; LG Hamburg ZMR 2011, 664 (665)). Ermessensfehlerhaft ist es allerdings, wenn der Verwalter, sofern er zB Diskussionsbeiträge in die Niederschrift aufnimmt, diese nur einseitig zugunsten oder zulasten bestimmter Wohnungseigentümer wiedergibt. Auch beleidigende Äußerungen sind ebenso wie Wertungen nicht zu beurkunden (LG Hamburg ZMR 2011, 664 (665)).

144 **5. Genehmigung durch Wohnungseigentümer.** Die „Genehmigung“ einer Niederschrift durch Beschluss entspricht keiner ordnungsmäßigen Verwaltung – sofern nicht etwas anderes vereinbart ist (BayObLG NJW-RR 1989, 1168 (1170)). Denn die Genehmigung könnte den unzutreffenden Eindruck erwecken, die Unrichtigkeit der Niederschrift könne nach dem Beschluss nicht mehr geltend gemacht werden (BayObLG NJW-RR 1987, 1363). Der Gesamtheit der Wohnungseigentümer obliegt weder Abfassung noch Berichtigung der Niederschrift (BayObLG NJW-RR 2002, 1667).

III. Formerfordernisse

145 **1. Allgemeines.** Aus dem Gesetzeswortlaut kann mittelbar geschlossen werden, dass die Niederschrift „schriftlich“ sein muss (*Becker* ZWE 2016, 2 (5)). Außerdem muss sie „unterschrieben“ werden. Eine rein digitale Form scheidet damit aus: eine „digitale Signatur“ ist keine Unterschrift. Die Wohnungseigentümer können für die Niederschrift „Formerfordernisse“ vereinbaren.

2. Unterschriften (§ 24 Abs. 6 Satz 2 WEG). a) Überblick. Die Niederschrift ist von dem Vorsitzenden der Versammlung und einem Wohnungseigentümer und, falls ein Verwaltungsbeirat bestellt ist, auch von dessen Vorsitzendem oder seinem Vertreter zu unterschreiben. Ist der Verwalter der Vorsitzende gewesen, handelte er als Organ der Gemeinschaft der Wohnungseigentümer. 146

b) Sinn und Zweck. Sinn und Zweck der Unterschriften besteht darin, dass die Unterschreibenden mit ihrer Unterschrift die Verantwortung für die Richtigkeit der beurkundeten Tatsachen übernehmen und dies mit ihrer Unterschrift bestätigen (BGH NJW 2001, 3339 unter III. 3. a) aa); OLG Hamm ZWE 2013, 215 (216)). Dass die die Niederschrift Unterschreibenden an der Versammlung teilgenommen haben, ist danach logisch zwingend. Verantwortung für Vollständigkeit und Richtigkeit übernehmen kann nur derjenige, der in der Versammlung anwesend war (OLG Hamm ZWE 2013, 215 (216); OLG München NJW 2008, 156 (157); LG Hamburg ZMR 2019, 436 (437); *Becker* ZWE 2016, 2 (5); s. a. OLG München ZWE 2016, 331 Rn. 17). Gegenüber dem Grundbuchamt muss diese Teilnahme allerdings nicht in Form des § 29 GBO nachgewiesen werden (OLG München ZWE 2016, 331 Rn. 17). 147

c) Unterschreibende. aa) Überblick. Sofern nichts anderes vereinbart ist, haben gem. § 24 Abs. 6 Satz 2 WEG der Vorsitzende der Versammlung, ein Wohnungseigentümer und, falls ein Verwaltungsbeirat bestellt ist, der Vorsitzende oder sein Vertreter zu unterschreiben. Eine Vertretung ist möglich (*Hügel* MittBayNot 2016, 111 (114)). ZB kann ein Wohnungseigentümer bei seiner Unterschrift durch seinen gesetzlichen oder gewillkürten Vertreter vertreten werden (ob die Vertretungsmacht die Unterschrift umfasst, ist Frage der Auslegung). Eine etwaige Vollmacht ist zur Niederschrift zu nehmen. 148

bb) Vorsitzender der Versammlung. Den Vorsitz in der Versammlung führt, sofern diese nichts anderes beschließt, der Verwalter als Organ der Gemeinschaft der Wohnungseigentümer. Wechselt der Vorsitz während der Versammlung, haben entweder beide Vorsitzenden die Niederschrift gemeinsam zu erstellen oder zu unterzeichnen, oder jeder von ihnen hat eine Teilniederschrift zu erstellen und diese zu unterzeichnen. 149

cc) Wohnungseigentümer. „Wohnungseigentümer" iSd § 24 Abs. 6 Satz 2 WEG ist auch der werdende Wohnungseigentümer (KG ZWE 2018, 397 Rn. 17). Steht ein Wohnungseigentum im Miteigentum, müssen beide Teilhaber unterschreiben (aA DNotI-Report 2018, 113), wenn nicht der eine Wohnungseigentümer den anderen vertritt. Ein bloßer Teilhaber (→ § 9a Rn. 5) ist nicht der vom Gesetz verlangte Wohnungseigentümer. 150

dd) Verwaltungsbeirat. Der Wortlaut von § 24 Abs. 6 Satz 2 WEG verlangt die Unterschrift des Vorsitzenden des Verwaltungsbeirats oder seines Vertreters (OLG München ZWE 2016, 331 Rn. 10; KG ZWE 2015, 173 Rn. 11). Damit wird einem möglichen Kompetenzstreit der Verwaltungsbeiräte die Grundlage entzogen. Das kann insbesondere dann von Bedeutung sein, wenn keine Einigkeit über den Inhalt der Niederschrift besteht (KG 151

ZWE 2015, 173 Rn. 11). Das „irgendein" Verwaltungsbeirat unterschreibt, genügt also nicht (OLG München ZWE 2016, 331 Rn. 11). Hat der Verwaltungsbeirat keinen Vorsitzenden – und damit auch keinen Stellvertreter –, müssen alle Verwaltungsbeiräte unterschreiben. Dies stellt ein unschädliches „Mehr" dar (aA KG ZWE 2018, 263 Rn. 9: kein Verwaltungsbeirat muss unterschreiben).

152 **ee) Personenidentität.** Das Gesetz geht davon aus, dass drei verschiedene Personen mit ihrer Unterschrift die Gewähr für die Richtigkeit der Niederschrift übernehmen und damit erklären, für das Beurkundete einstehen zu wollen (*Hügel* MittBayNot 2016, 111 (114)). Nach vielen Stimmten soll es allerdings auch möglich sein, dass eine Person für mehrere Personen unterschreibt (OLG Hamm ZWE 2013, 215 (216)) oder eine Person mehrmals unterschreibt, sofern sie mehrere „Funktionen" in der Versammlung innehatte (*Heggen* RNotZ 2010, 455). So soll es vorstellbar sein, dass ein Wohnungseigentümer als „Wohnungseigentümer" und als „Verwaltungsbeirat" unterschreibt, sofern der Unterschreibende seine „Doppelfunktion" klarstellt (OLG Düsseldorf ZWE 2010, 182); nach anderen Ansichten bedarf es nicht einmal dieser Klarstellung (OLG Hamm WuM 2011, 535; *Becker* ZWE 2016, 2 (5); *Heggen* RNotZ 2010, 455 (456)). Ist der Beiratsvorsitzende zugleich Versammlungsvorsitzender, soll es ferner genügen, wenn er und ein Wohnungseigentümer die Niederschrift unterschreiben; jedenfalls dann, wenn keine Anhaltspunkte bestehen, dass ein stellvertretender Verwaltungsbeiratsvorsitzender gewählt ist und an der Versammlung teilgenommen hat (LG Lübeck Rpfleger 1991, 309). Unterschreiben drei Personen als „Verwaltungsbeirat" und der Verwalter als Versammlungsvorsitzender, soll auch das ausreichen (OLG Hamm WuM 2011, 535).

153 **Stellungnahme.** Die hM überzeugt vor dem Hintergrund der Funktion und des Verlangens dreier Unterschriften von drei Personen, die der Funktion nach umschrieben sind, nicht (OLG Hamm BeckRS 2020, 11651 Rn. 9; KG ZWE 2015, 173 (174/175); *Hügel* MittBayNot 2016, 111 (115); *Elzer* MietRB 2013, 178). Das Gesetz orientiert sich erkennbar an dem Prinzip, dass mehrere verschiedene Personen für die Niederschrift einstehen. Diesen Zweck verfehlte man, wenn bei der Unterzeichnung eine Vertretung Mehrerer durch eine einzige Person möglich wäre (s. a. BGH NJW 2012, 2512 Rn. 21; LG Frankfurt a. M. ZMR 2020, 325). Aus diesem Grunde kann zB der Vorsitzende des Verwaltungsbeirates nicht zugleich in dieser Funktion und als Wohnungseigentümer die Niederschrift unterschreiben (KG ZWE 2015, 173 (174/175)).

154 **d) Zeitpunkt.** Die Unterschriften können jederzeit geleistet (OLG München ZWE 2016, 331; *Becker* ZWE 2016, 2 (5); *Hogenschurz* JurisPR-MietR 17/2011; *Heggen* RNotZ 2010, 455 (456); s. a. BGH NJW 2012, 2512 Rn. 23; aA OLG Düsseldorf ZWE 2010, 182) und auch nachgeholt werden.

155 **e) Grundbuchrecht.** Zum Grundbuchrecht → § 26 Rn. 175 ff.

156 **f) Fehlende Unterschrift.** Wird die Niederschrift nicht oder nicht von den in § 24 Abs. 6 Satz 2 WEG genannten Personen unterzeichnet, so führt dies weder zur Nichtigkeit noch zur Anfechtbarkeit der in der Versammlung

gefassten Beschlüsse (OLG Hamm ZWE 2013, 215 (216); LG Berlin ZMR 2018, 847). Eine Unterschrift kann auch nicht erzwungen werden (aA *Becker* ZWE 2016, 2 (6)). Sieht sich einer der zur Unterschrift „Verpflichteten" nach seinem Gewissen nicht in der Lage, zu unterschreiben, ist dieses hinzunehmen. Eine Niederschrift bleibt Niederschrift, selbst wenn sie nur eine Unterschrift trägt. Fehlende Unterschriften, Unklarheiten, Dunkelheiten und Widersprüche haben immer nur Einfluss auf den Beweiswert der Niederschrift (→ Rn. 168).

3. Erstellungsfrist. Die Niederschrift ist gem. § 24 Abs. 6 Satz 1 WEG **157**
unverzüglich iSv § 121 Abs. 1 BGB zu erstellen.

IV. Verfasser der Niederschrift

Aus § 24 Abs. 6 Satz 2 WEG ergibt sich mittelbar, dass der Vorsitzende **158**
der Versammlung die Niederschrift zu führen hat (AG Kassel ZMR 2004, 711 (712)). Handelt der Verwalter, handelt er als Organ der Gemeinschaft der Wohnungseigentümer. Die Wohnungseigentümer sind befugt, im Wege eines Beschlusses im Einzelfall etwas anderes zu beschließen oder generell etwas anderes zu vereinbaren. Andere Vorsitzende handeln nicht für die Gemeinschaft der Wohnungseigentümer und sind nicht deren Organe.

V. Versendung der Niederschrift

Soweit der Verwalter auf Grund einer Bestimmung der Wohnungseigen- **159**
tümer oder des Verwaltervertrags zur Versendung einer Niederschrift verpflichtet ist, hat dies mindestens eine Woche vor Ablauf der Anfechtungsfrist zu geschehen (BayObLG ZWE 2002, 220 (221)). Fehlt es an einer Bestimmung, bedarf es von Gesetzes wegen keiner Versendung (LG Dortmund ZWE 2015, 40 (43); BayObLG NJW-RR 1989, 656; *Becker* ZWE 2016, 2 (6)). Eine Versendungspflicht kann auch nicht aus einer „Übung" hergeleitet werden. Ein „Gewohnheitsrecht" wegen mehrfacher Übung kann es nicht geben (aA BayObLG NJW-RR 1989, 656; *Kümmel* MietRB 2003, 58). Ist nichts anderes bestimmt, können die Wohnungseigentümer daher darauf verwiesen werden, Einsicht zu nehmen. Nimmt man ungeachtet dessen eine Pflicht zur Versendung der Niederschrift an, besteht jedenfalls keine Pflicht, diese unverzüglich, jedenfalls vor Ablauf der Anfechtungsfrist zu versenden (*Brych* DWE 2011, 84).

VI. Berichtigung der Niederschrift

1. Überblick. Enthält eine Niederschrift – vor allem, aber nicht nur – **160**
Auslassungen, Fehler, Unrichtigkeiten, Ungenauigkeiten, ist sie unvollständig, beurkundet sie unverhältnismäßig viel Überflüssiges oder weist sie unzulässige Inhalte auf, kann sie ohne zeitliche Beschränkung (s. a. BGH NJW 2018, 52 Rn. 34) berichtigt werden (BayObLG ZMR 2004, 443 (444)).

2. Anspruch auf Berichtigung. a) Überblick. Wird ein Wohnungs- **161**
eigentümer durch den Inhalt der Niederschrift rechtswidrig beeinträchtigt oder wird eine rechtlich erhebliche Erklärung falsch wiedergegeben, besteht

für ihn ggf. aus §§ 1004 Abs. 1 Satz 1, 823 Abs. 1 BGB (BayObLG WuM 1990, 173; KG MDR 1989, 742), jedenfalls aber nach § 18 Abs. 2 Nr. 1 WEG ein Anspruch auf Berichtigung (KG MDR 1989, 742; OLG Hamm OLGZ 1989, 314 (315); LG Hamburg ZMR 2011, 664 (665); *Becker* ZWE 2016, 2 (7); ZMR 2006, 489). Aus einer nicht ordnungsmäßigen Niederschrift können ferner Schadenersatzansprüche erwachsen. Vor einer Berichtigung ist es möglich, aber nicht zwingend, die Wohnungseigentümer anzuhören (*Abramenko* ZMR 2003, 245 (247)).

162 **b) Anspruchsgegner.** Der Berichtigungsanspruch richtet sich gegen die Personen, die mit ihrer Unterschrift für die Richtigkeit der Niederschrift einzustehen haben und im Nachhinein die Berichtigung verweigern (BayObLG NJW-RR 2002, 1667). Dies kann die Gemeinschaft der Wohnungseigentümer sein, da der Verwalter für sie als Organ die Niederschrift erstellt, gegebenenfalls ein Wohnungseigentümer und/oder der Vorsitzende des Verwaltungsbeirats oder sein Vertreter. Diese handeln für sich. Sie sind kein Organ der Gemeinschaft der Wohnungseigentümer. Die Wohnungseigentümer in ihrer Gesamtheit sind für eine Korrektur unzuständig (BayObLG NJW-RR 2002, 1667; AG Kassel ZMR 2004, 711 (712)).

163 **c) Klage auf Berichtigung. aa) Überblick.** Erfüllen die Verpflichteten den Berichtigungsanspruch nicht freiwillig, können sie in einem Verfahren nach § 43 Abs. 2 Nr. 1, Nr. 3 WEG auf „Berichtigung" in Anspruch genommen werden (BayObLG NJW-RR 2002, 1667; OLG Hamm OLGZ 1985, 147 (148); *Becker* ZMR 2006, 489; *Abramenko* ZMR 2003, 245 (247)). Ist ein Unterschreibender freiwillig bereit, die Niederschrift zu berichtigen, die anderen aber nicht, ist die Berichtigungsklage allerdings nur gegen diese zu richten (LG Stuttgart NZM 2015, 790).

164 Die Klage auf Berichtigung setzt wie jede Klage ein Rechtsschutzinteresse voraus (LG Frankfurt a. M. ZWE 2018, 137 Rn. 3; ZMR 2017, 261; LG Stuttgart NZM 2015, 790). Dieses ist gegeben, wenn sich die Rechtsposition des Klägers durch die begehrte Änderung verbessern oder zumindest rechtlich erheblich verändern würde (LG Frankfurt a. M. ZWE 2018, 137 Rn. 3; LG Stuttgart NZM 2015, 790; LG Dresden ZWE 2014, 54; *Greiner* IMR 2017, 283). Ein Rechtsschutzbedürfnis kann daher fehlen, wenn der Kläger behauptet, die Anzahl der beurkundeten „Ja-Stimmen" sei falsch, sich dieser Fehler bei einer Korrektur aber nicht auswirken kann (BayObLG WuM 1991, 310 (311)). Ein Rechtsschutzinteresse wird ferner verneint, wenn wegen „Bagatellen" inhaltlicher oder formeller Art (KG MDR 1989, 742) oder wegen Meinungsäußerungen (AG Halle BeckRS 2010, 21217) Berichtigung begehrt wird, oder die Niederschrift den Ablauf der Versammlung oder Diskussion zwar nicht einwandfrei wiedergibt, dies aber jedenfalls ohne eine Auswirkung für die Auslegung von Beschlüssen bleibt. Wenn der Protokollant von sich aus im Laufe des Verfahrens berichtigt, entfällt das Rechtsschutzbedürfnis nachträglich.

165 **bb) Klagefrist (§ 45 WEG).** Geht es bei der Berichtigung um die Frage, ob ein Beschluss gefasst wurde und ggf. mit welchem Inhalt, wird diskutiert, ob § 45 Satz 1 WEG entsprechend anwendbar ist. Dazu → § 45 Rn. 3.

3. Ausführung der Berichtigung. Die Berichtigung ist in der Niederschrift selbst, auf einem besonderen, mit der Niederschrift zu verbindenden Blatt oder analog § 44a Abs. 2 Satz 1 BeurkG in einem zu unterschreibenden Nachtragsvermerk niederzulegen. Es ist ferner zulässig, die Richtigstellung durch eine neue Niederschrift vorzunehmen (s. a. BGH NJW 2018, 52 Rn. 32). **166**

VII. Aufbewahrung der Niederschriften

Niederschriften sind von der Gemeinschaft der Wohnungseigentümer in Textform (§ 126b BGB) aufzubewahren. Beschlüsse nach § 16 Abs. 2 Satz 2 WEG und § 21 Abs. 5 Satz 1 WEG sind dabei hervorzuheben. Für die Einzelheiten → § 25 Rn. 135 ff. **167**

VIII. Beweismittel

Zur Niederschrift als Beweismittel → Vor §§ 43 ff. Rn. 33. **168**

K. Beschluss-Sammlung

I. Entstehungsgeschichte

§ 24 Abs. 7 und Abs. 8 WEG sind mWv 1.7.2007 in das WEG eingefügt worden. Der Gesetzgeber hatte mit dem Gesetz zur Förderung der Elektromobilität und zur Modernisierung des Wohnungseigentumsgesetzes und zur Änderung von kosten- und grundbuchrechtlichen Vorschriften vom 16.10.2020 zunächst geplant, diese Bestimmungen durch einen § 25 Abs. 5 WEG-E zu ersetzen. Danach sollten nur noch Niederschriften über Beschlüsse und Urteile in Verfahren nach § 44 Abs. 1 WEG in Textform aufbewahrt werden, wobei Beschlüsse nach § 16 Abs. 2 Satz 2 WEG und § 21 Abs. 5 Satz 1 WEG sowie diesbezügliche Urteile hervorgehoben werden sollten. Das bisherige „Konzept" und die umfassende Sammlung aller Entscheidungen in Bezug auf eine Wohnungseigentumsanlage hätten sich nicht bewährt (BR-Drs. 168/20, 41; aA *Hinz* ZMR 2020, 264 (270)). Erwerber würden vergleichsweise selten die Beschluss-Sammlung einsehen (BR-Drs. 168/20, 41). Hinzu komme, dass viele Beschluss-Sammlungen zwischenzeitlich bereits einen so großen Umfang angenommen hätten, dass die Gefahr bestehe, bedeutsame Beschlüsse auch bei einer Einsichtnahme zu übersehen. **169**

Auf Initiative des Rechtsausschusses ist es indes bei den bisherigen Bestimmungen geblieben. Nach Ansicht des Rechtsausschusses hat sich die Beschluss-Sammlung in ihrer gegenwärtigen Form doch bewährt und soll deshalb beibehalten werden (BT-Drs. 19/22634, 45 – Vorabfassung). **170**

II. Sinn und Zweck; Allgemeines

Die Beschluss-Sammlung, die Teil des Gemeinschaftsvermögen ist (→ § 9a Rn. 142), dient der Publizität der auch gegen Sonderrechtsnachfolger wirkenden Beschlüsse (BGH NZM 2016, 553 Rn. 10). Sie ermöglicht es vor allem einem (möglichen) Erwerber eines Wohnungseigentumsrechts, sich **171** vor einem möglichen Kauf umfassend über die aktuelle Beschlusslage und alle wichtigen gerichtlichen Entscheidungen zu unterrichten. Daneben haben aber auch die Wohnungseigentümer und der Verwalter ein lebendiges Interesse an den Inhalten der Beschluss-Sammlung. Ob ein Beschluss ist die Beschluss-Sammlung aufgenommen worden ist, spielt für seine Entstehung keine Rolle (BGH NZM 2016, 553 Rn. 10).

172 Vor dem 1.7.2007 ergangene Beschlüsse und gerichtliche Entscheidung sind von Gesetzes wegen nicht zu sammeln. Ist eine nachträgliche Sammlung möglich, ist sie allerdings gem. § 18 Abs. 2 WEG erzwingbar (*Merle* GE 2007, 636; aA Jennißen/*Schultzky* § 24 Rn. 174). Wird die Beschluss-Sammlung elektronisch geführt, muss sichergestellt sein, dass jederzeit Zugriff auf die Daten besteht, zB durch einen Ausdruck. Dem Verwalter steht an der Beschluss-Sammlung kein Zurückbehaltungsrecht zu.

III. Inhalt

173 **1. Beschlüsse (§ 24 Abs. 7 Satz 2 Nr. 1 und Nr. 2 WEG). a) Der eigentliche Beschluss. aa) Grundsatz.** Zu beurkunden sind nicht der Beschlussantrag und das darauf ergangene Ergebnis, sondern der verkündete und damit grundsätzlich entstandene Beschluss. Dazu muss der Versammlungsleiter in der Regel den Beschlussantrag umformulieren. Ob ein Beschluss angefochten wurde, ist für die Frage seiner Eintragung unerheblich. Seine Anfechtung ist allerdings anzumerken (→ Rn. 182 ff.). Keine Rolle spielt ferner, ob ein Beschluss nicht ordnungsmäßig ist. Zu beurkunden sind sowohl die positiven als auch die negativen Beschlüsse. Eine Differenzierung danach, ob ein negativer Beschluss „von Bedeutung" ist oder nicht, kann vom Führer der Beschluss-Sammlung nicht geleistet werden und verbietet sich bereits aus diesem Grunde (aA *Merle* GE 2007, 636 (637)). Die Niederschrift zur Beschluss-Sammlung zu nehmen, reicht nicht (AG Essen ZMR 2016, 148).

174 **bb) Nichtbeschlüsse, nichtige Beschlüsse und Geschäftsordnungsmaßnahmen.** Nichtbeschlüsse (LG Hamburg NJW 2012, 1884) und nichtige Beschlüsse (Jennißen/*Schultzky* § 24 Rn. 175) sind nicht aufzunehmen. Ist streitig, ob ein Beschluss nichtig ist, sollte der Beschluss allerdings aufgenommen werden. In einer Anmerkung sollten dann die Zweifel an seiner Wirksamkeit beurkundet werden. Nicht aufzunehmen sind ferner Entscheidungen zu Geschäftsordnungsmaßnahmen (→ Rn. 125; *Greiner* ZWE 2016, 297 (302); Jennißen/*Schultzky* § 24 Rn. 177; Staudinger/*Häublein* § 24 Rn. 268; aA *Merle* ZWE 2007, 272 (276)). Etwas anderes gilt nach § 24 Abs. 7 Satz 2 Nr. 1 WEG, wenn sich in einer Geschäftsordnungsmaßnahme ein Geschäftsordnungsbeschluss (→ Rn. 134) „versteckt".

175 **b) Beschluss-Anlagen.** Jedenfalls bei Beschlüssen, die die Gemeinschaftsordnung aufgrund einer gesetzlichen oder vereinbarten Öffnungsklausel ändern, sind die Schriftstücke, auf die der Beschluss Bezug nimmt (→ § 23 Rn. 142), in die Beschluss-Sammlung oder einer Anlage zu dieser aufzunehmen (BGH NZM 2016, 553 Rn. 10). Nach Sinn und Zweck sind allerdings sämtliche Anlagen, auf die ein Beschluss Bezug nimmt, aufzuneh-

men (→ § 23 Rn. 42; *Hogenschurz* MietRB 2018, 91 (92)). Entsprechendes gilt für durch einen Beschluss genehmigte Gegenstände, etwa den Verwaltervertrag, aber auch für einen Wirtschaftsplan und die Einzelwirtschaftspläne sowie eine Abrechnung und die Einzelabrechnungen als Grundlage der Beschlüsse nach § 28 Abs. 1 Satz 1, Abs. 2 Satz 1 WEG.

2. Gerichtsentscheidungen (§ 24 Abs. 7 Satz 2 Nr. 3 WEG). Zu beurkunden ist grundsätzlich die Formel sämtlicher gerichtlicher Entscheidungen iSv § 313 Abs. 1 Nr. 4 ZPO mit Angabe ihres Datums. Zur Urteilsformel gehören die Entscheidung zur Hauptsache und die zu den Nebenentscheidungen (zu den Kosten und zur vorläufigen Vollstreckbarkeit). „Entscheidung" ist auch eine Klageabweisung. Das Gesetz fordert bei einer klageabweisenden Entscheidung nicht, neben der Urteilsformel den Klageantrag aufzunehmen (aA *Merle* GE 2007, 636 (638)), da vor allem bei den wichtigen Anfechtungsklagen bereits der Beschluss Inhalt der Beschluss-Sammlung ist. 176

Es spricht nichts dagegen, aus Gründen der Übersichtlichkeit den Klageantrag als Anmerkung einzutragen. Dass das Gesetz von „Urteils"formel spricht, ist untechnisch zu verstehen. Einzutragen sind daher auch Kostenfestsetzungsbeschlüsse sowie Beschlüsse nach §§ 91a, 269 Abs. 4, 516, 522, 887, 888, 890 ZPO. Diese Entscheidungen sind keine reinen Kostenbeschlüsse, sondern in besonderer Weise verfahrensbeendigend oder streitentscheidend. Ferner gehören hierher Vollstreckungsbescheide oder Beschlussverfügungen nach §§ 935, 922 ZPO oder Beschlussarreste nach §§ 916, 922 ZPO. Keine gerichtliche Entscheidung ist die gerichtliche Feststellung nach § 278 Abs. 6 Satz 2 ZPO, oder sonstige Beschlüsse, die einen Rechtsstreit nicht entscheiden, sondern den Verfahrensfortgang fördern. 177

Neben der Entscheidung sind das erkennende Gericht (mit seinem Namen und Aktenzeichen) sowie die Parteien (mit Namen und Adresse, jedenfalls aber klar und unmissverständlich identifizierbar) zu verzeichnen. Nach Sinn und Zweck (→ Rn. 171) nicht einzutragen sind Entscheidungen in Verfahren nach § 43 Abs. 2 Nr. 1 WEG zwischen zwei Wohnungseigentümern und ebenso in einem Verfahren eines Wohnungseigentümers gegen den Verwalter, wenn die Interessen der anderen Wohnungseigentümer nicht berührt werden. Hierfür spricht, dass die Eintragung jedenfalls sogleich wieder nach § 24 Abs. 7 Satz 6 WEG gelöscht werden könnte (*Merle* ZWE 2007, 272 (276)). Für Entscheidungen nach § 43 Abs. 1 Satz 1 WEG gilt diese Erwägung nicht, da die Wohnungseigentümer neben der Gemeinschaft der Wohnungseigentümer nach § 9a Abs. 4 Satz 1 WEG haften. 178

Noch nicht entschieden ist, ob es für eine Gerichtsentscheidung auf ihre Rechtskraft ankommt (so *Elzer* MietRB 2007, 329 (331); *Sauren* ZWE 2005, 147) oder ob bereits ihr Erlass reicht (für Erlass ua *Deckert/Kappus* NZM 2007, 745 (74); Jennißen/*Schultzky* § 24 Rn. 184; Bärmann/*Merle* § 24 Rn. 175). Gegen den Erlass spricht, dass gerichtliche Entscheidungen die Wohnungseigentümer erst mit Eintritt der Rechtskraft binden. Für den Erlasszeitpunkt spricht vor allem § 24 Abs. 7 Satz 4 WEG. 179

3. Prozessvergleiche. Prozessvergleiche sind nicht in die Beschluss-Sammlung aufzunehmen (*Drasdo* ZMR 2007, 501 (503); Jennißen/*Schultzky* 180

§ 24 Rn. 185; Staudinger/*Häublein* § 24 Rn. 267; aA LG Hamburg ZMR 2015, 47; *Bielefeld* DWE 2007, 20; Bärmann/*Merle* § 24 Rn. 178). Weder außergerichtliche noch gerichtliche Vergleiche (Prozessvergleiche) sind „gerichtliche" Entscheidungen. Vergleiche der Wohnungseigentümer untereinander oder mit Dritten sind Verträge und allenfalls, aber nicht einmal stets, Vereinbarung iSv § 10 Abs. 1 Satz 2 WEG. Vorstellbar ist allerdings, dass ein Prozessvergleich ausnahmsweise auch (zugleich) als Beschluss zu verstehen ist oder durch einen Beschluss bestätigt wird. Dann ist ein Prozessvergleich allerdings als „Beschluss" nach § 24 Abs. 7 Satz 2 Nr. 1 oder Nr. 2 WEG in die Beschluss-Sammlung aufzunehmen.

IV. Fortlaufende Eintragung und Nummerierung (§ 24 Abs. 7 Satz 3 WEG)

181 Beschlüsse und gerichtliche Entscheidungen sind gem. § 24 Abs. 7 Satz 3 WEG historisch (zeitlich) fortlaufend einzutragen und zu nummerieren. Sinn und Zweck ist es, die Vollständigkeit der Beschluss-Sammlung zu überprüfen (LG Hamburg NJW 2012, 1884). Die Nummern sind in der Reihenfolge der Verkündung der Beschlüsse und gerichtlichen Entscheidung zu vergeben. Die Nummerierung darf nicht jährlich neu beginnen. Auch eine Nummerierung nach „Kreisen", „Sachgebieten", „Gruppen", „Themen" usw. ist keine fortlaufende Nummerierung. Vorstellbar ist allerdings, innerhalb der Sammlung – vor allem in großen Wohnungseigentumsanlagen – nach bestimmten Gruppen zu trennen, sofern nur sichergestellt ist, dass jeder neu eingetragene Beschluss eine fortlaufende Nummerierung erhält.

V. Anmerkungen und Löschungen (§ 24 Abs. 7 Satz 4–6 WEG)

182 **1. Anfechtung und Aufhebung (§ 24 Abs. 7 Satz 4 WEG).** Sind ein Beschluss oder eine gerichtliche Entscheidung angefochten oder aufgehoben, so ist dies gem. § 24 Abs. 7 Satz 4 WEG anzumerken, sofern keine Löschung (→ Rn. 185) in Betracht kommt. Die Anmerkung dient der Aktualität. Der in die Sammlung Einsichtnehmende soll erkennen können, was ihn nicht mehr oder ggf. künftig nicht bindet. Anfechtung meint bei einem Beschluss ein Verfahren nach §§ 43 Abs. 2 Nr. 4, 44 Abs. 1 WEG. Dieses Verfahren muss keine Anfechtungsklage sein, es kann sich auch um eine Feststellungsklage handeln (→ § 44 Rn. 5 ff.). Eine gerichtliche Entscheidung wird durch ein ordentliches Rechtsmittel, aber auch durch eine Gehörsrüge angefochten. Aufhebung meint bei einem Beschluss einen Zweitbeschluss, eine Vereinbarung oder eine rechtskräftige gerichtliche Entscheidung.

183 Eine gerichtliche Entscheidung wird durch ein Rechtsmittelgericht, ggf. aber auch durch ein Wiederaufnahmeverfahren aufgehoben. Eine Aufhebung kommt auch durch eine Entscheidung der Wohnungseigentümer in Betracht. Das ist der Fall, wenn es sich um eine Entscheidung nach § 44 Abs. 1 Satz 2 WEG handelt. Als „Inhalt" einer Anmerkung reicht der Eintrag aus, dass ein Beschluss oder eine gerichtliche Entscheidung angefochten/aufgehoben ist. Wer Anfechtender oder Rechtsmittelführer ist, muss nicht eingetragen werden. Die Anmerkung selbst – etwa „angefochten mit Klage vom …“ oder „aufgehoben durch (Zweit-)Beschluss vom …“ – ist unmittelbar beim Beschluss oder (bei einem Rechtsmittel) der gerichtlichen Entscheidung anzubringen.

Dem Führer der Beschluss-Sammlung ist es von Gesetzes wegen nicht untersagt, weitere Anmerkungen anzubringen. Solange und soweit die Übersichtlichkeit der Sammlung darunter nicht leidet, kann zB vermerkt werden, dass ein Beschluss mittlerweile bestandskräftig (→ § 23 Rn. 105) ist. Ferner kann etwa über den konsensualen Ausgang eines Rechtsstreits, etwa von einem Vergleich, berichtet werden. **184**

2. Löschungen (§ 24 Abs. 7 Satz 5, 6 WEG). Sind ein Beschluss oder eine gerichtliche Entscheidung aufgehoben, kann gem. § 24 Abs. 7 Satz 5 WEG nach Ermessen (→ § 26 Rn. 74 ff.) von einer Anmerkung abgesehen und die Eintragung vollständig gelöscht werden, um einer „Unübersichtlichkeit“ der Sammlung vorbeugen. Zur Löschung kann bei einer Sammlung in Papierform der Text der Eintragung durchgestrichen und die Löschung mit einem entsprechenden Hinweis – etwa „gelöscht am …“ – vermerkt werden. Bei einer Sammlung in elektronischer Form kann der Text vollständig entfernt werden. Neben der laufenden Nummer, die bestehen bleiben muss, ist die Löschung zu vermerken. Da es sich um eine Kann-Vorschrift handelt, ist es zulässig, von einer Löschung ganz abzusehen – was sich empfiehlt. **185**

Eine Eintragung kann gem. § 24 Abs. 7 Satz 6 WEG ferner dann gelöscht werden, wenn sie aus einem anderen Grund für die Wohnungseigentümer keine Bedeutung mehr hat (nachträgliche Bedeutungslosigkeit). Auch diese Möglichkeit soll einer Unübersichtlichkeit der Beschluss-Sammlung vorbeugen (BT-Drs. 16/887, 34). In diesem Sinne „keine Bedeutung“ hat eine Eintragung etwa, wenn der ihr zu Grunde liegende Beschluss durch eine spätere Regelung überholt ist oder, wenn er sich durch Zeitablauf erledigt hat. Für die Beurteilung kommt es maßgeblich auf die Umstände des Einzelfalles nach billigem Ermessen (BT-Drs. 16/887, 34) des die Sammlung Führenden an. Eine „anfängliche Bedeutungslosigkeit“ ist nicht vorstellbar (aA Bärmann/*Merle* § 24 Rn. 185). **186**

VI. Unverzüglich (§ 24 Abs. 7 Satz 7 WEG)

Eintragungen, Vermerke und Löschungen iSv § 24 Abs. 7 Satz 3 bis Satz 5 WEG sind nach § 24 Abs. 7 Satz 6 WEG unverzüglich (§ 121 Abs. 1 Satz 1 BGB) zu erledigen und mit einem Datum zu versehen. **187**

Was als „unverzüglich“ anzusehen ist, ist immer noch streitig. Nach einigen muss grundsätzlich am nächsten Tag eingetragen werden (*Merle* ZWE 2007, 272 (274)), nach anderen maximal in drei Tagen (LG Karlsruhe ZWE 2013, 36 (37); s. a. LG München I NJW 2008, 1823), spätestens nach einer Woche (LG Berlin ZWE 2010, 224 (225)) oder nach drei Wochen (*Deckert/Kappus* NZM 2007, 752 (754)). **Stellungnahme.** Nach hier vertretener Ansicht ist zu unterscheiden. Welcher Zeitraum als „unverzüglich“ anzusehen ist, muss sich ua am Ablauf einer Versammlung, der Anzahl der zu beurkundenden Beschlüsse, ihrem Umfang, dem Wochentag und dem **188**

Schluss einer Versammlung, der Person des Verwalters (professionellen Verwaltern wird man kürzere Zeiträume als ehrenamtlichen Verwaltern zumuten können), dem Informationsbedürfnis, dem Umfang einer gerichtlichen Entscheidung und anderem messen lassen. Danach kann eine Eintragung am Tag nach einer Beschlussfassung, aber auch nach einer Woche ordnungsmäßig sein. Um einerseits die Anforderungen an den Verwalter, vor allem den professionellen, nicht zu überspannen, andererseits aber auch dem gesetzlich geschützten Informationsinteresse gerecht zu werden, sollten Eintragungen, Vermerke und Löschungen im Zweifel und in der Regel drei Werktage nach ihrem Anlass in der Beschluss-Sammlung umgesetzt sein. Eine Anfechtungsklage ist ebenso wie die fehlende oder streitige Beurkundung in der Niederschrift kein Grund, eine Beurkundung hinauszuzögern.

VII. Einsichtnahme (§ 24 Abs. 7 Satz 8 WEG)

189 Einem Wohnungseigentümer ist nach § 24 Abs. 7 Satz 8 WEG auf sein mündliches, schriftliches oder auf andere Weise vorgetragenes Verlangen Einsicht in die Beschluss-Sammlung zu geben. Die Ausführungen zu Verwaltungsunterlagen gelten insoweit entsprechend (→ § 18 Rn. 143 ff.). Einem Dritten, den ein Wohnungseigentümer ermächtigt hat, ist nach § 24 Abs. 7 Satz 8 WEG auf sein Verlangen Einsicht in die Beschluss-Sammlung zu geben.

190 Eines berechtigten Interesses bedarf es – wie auch sonst – nicht (LG Hamburg ZMR 2016, 561; aA LG Hamburg ZWE 2012, 283 (285)). Ohne Ermächtigung ist nach hM nach Wortlaut des Gesetzes keine Einsicht zu gewähren. Weigert sich der Führer der Beschluss-Sammlung, eine verlangte Einsichtnahme zu gewähren, kann er nach § 43 Abs. 2 Nr. 1 oder Nr. 3 WEG bzw. – wenn ein Dritter die Sammlung zulässigerweise führt – analog dieser Vorschriften auf Gewährung der Einsichtnahme verklagt werden. Im Einzelfall ist auch eine einstweilige Verfügung (Regelungsverfügung) nach §§ 935, 940 ZPO möglich. Die Vollstreckung findet nach § 888 ZPO statt.

VIII. Sonstiges

191 **1. Form.** § 24 Abs. 7 WEG sieht davon ab, das äußere Erscheinungsbild der Beschluss-Sammlung vorzuschreiben. Einzel- und Streitfragen sind daher unter Berücksichtigung von Sinn und Zweck (→ Rn. 171) zu lösen. Die Beschluss-Sammlung kann nach diesen Maßstäben in schriftlicher Form, etwa als Stehordner, aber auch in elektronischer Form angelegt werden. Notwendig, aber auch ausreichend ist nach beiden Wegen, dass eine ungehinderte Einsicht – etwa durch einen Ausdruck – ermöglicht wird. Welchen „Weg“ die Wohnungseigentümer bestimmten, ist Frage ihres billigen Ermessens, subsidiär des Verwalters (→ § 26 Rn. 74 ff.).

192 Nach Ansicht des BGH kann zur Beschluss-Sammlung eine Anlage angelegt werden (BGH NZM 2016, 553 Rn. 10). In dieser sollen Beschluss-Anlagen (→ Rn. 175) gesammelt werden können. Eine solche Anlage – die wohl auch wieder etwa als Stehordner, aber auch in elektronischer Form

angelegt werden kann – rät sich nicht. Jedenfalls muss die Beschluss-Sammlung auf die Anlage verweisen. Diese Verweisung darf nicht beliebig sein.

2. Guter Glaube. Der „gute Glaube" in einen ggf. unrichtig, unvollständig oder verfälscht eingetragenen Beschluss oder eine Entscheidung ist nicht geschützt (*Drasdo* ZMR 2007, 501 (502); *Merle* ZWE 2007, 272). Auch der Glaube, dass die Beschluss-Sammlung vollständig ist, ist nicht geschützt. 193

3. Beschluss-Sammlung als Beweismittel. Zur Beschluss-Sammlung als Beweismittel → Vor §§ 43 ff. Rn. 35. 194

IX. Führung der Sammlung (§ 24 Abs. 8 WEG)

1. Durch Verwalter (§ 24 Abs. 8 Satz 1 WEG). a) Überblick. Die Beschluss-Sammlung ist – ist nichts anderes vereinbart – gem. § 24 Abs. 8 Satz 1 WEG vom aktuellen Verwalter als Organ der Gemeinschaft der Wohnungseigentümer zu führen (→ § 18 Rn. 12). Eine Eintragung darf nicht von der „Mitarbeit" Dritter abhängig gemacht werden. Auch dann, wenn über den Wortlaut eines Beschlusses Streit besteht, muss die Eintragung des Wortlauts, den der Verwalter für zutreffend hält, umgesetzt werden. 195

Das Merkmal „führen" umfasst alle mit der Anlegung der Sammlung, den Eintragungen, der Aktualisierung, der Löschung und der Einsichtnahme verbundenen Maßnahmen. Der Verwalter muss die nach § 24 Abs. 7 Satz 2 bis Satz 6 WEG notwendigen Eintragungen, Vermerke und Löschungen unverzüglich (→ Rn. 187) erledigen und mit einem Datum versehen. Der Verwalter handelt pflichtwidrig, wenn er etwas zu spät, gar nicht, falsch oder verfälscht aufnimmt oder nicht ordnungsmäßig im Zusammenhang mit der Sammlung handelt, zB zu Unrecht eine Einsichtnahme verweigert. Im Falle eines Verwalterwechsels ist der neue Verwalter ohne Sondervergütung bzw. einen Aufwendungsersatzanspruch nicht verpflichtet, Fehler seines Vorgängers auszumerzen und Einträge nachzuholen (AG Schöneberg ZWE 2015, 142; aA LG Berlin ZWE 2017, 95). 196

Beschließen die Wohnungseigentümer eine rückwirkende Führung der Beschluss-Sammlung, hat der Verwalter einen Anspruch auf angemessene Honorierung. Zu Vergütungsfragen im Zusammenhang mit der Beschluss-Sammlung s. im Übrigen *Reichert* ZWE 2007, 388 (391). 197

b) Schadenersatz (§ 280 Abs. 1 Satz 1 BGB). Sind ein Beschluss oder eine Entscheidung unvollständig, falsch oder gar nicht eingetragen, verletzt der Verwalter ggf. seine vertraglichen, vor allem aber seine gesetzlichen Amtspflichten und macht sich schadenersatzpflichtig. Eine Schadenersatzpflicht kann ihren Grund auch darin haben, dass der Verwalter grundlos eine Einsichtnahme in die Beschluss-Sammlung verweigert. Anspruchsberechtigt sind die Gemeinschaft der Wohnungseigentümer (*Merle* GE 2007, 636; Jennißen/*Schultzky* § 24 Rn. 205) sowie ggf. aus dem Verwaltervertrag, der Vertrag mit Schutzwirkungen für die Wohnungseigentümer ist (→ § 26 Rn. 210), und nach dem der Verwalter im Einzelfall auch zur pflichtgemä- 198 ßen Führung der Beschluss-Sammlung verpflichtet sein kann, die Wohnungseigentümer.

199 Eine Haftung gegenüber einem Erwerber, der Einsicht in die Beschluss-Sammlung nimmt, scheidet hingegen aus, weil der Verwalter zur Führung der Beschluss-Sammlung Dritten gegenüber nicht verpflichtet ist (*Merle* GE 2007, 636; Jennißen/*Schultzky* § 24 Rn. 205). Ggf. kann aber der verkaufende Wohnungseigentümer wegen eines Rechtsmangels in Anspruch genommen werden. Ob sich ein Verkäufer insoweit ein Fehlverhalten des Verwalters „anrechnen" lassen muss, ist allerdings zweifelhaft. Auf der Sekundärebene, zB beim Rücktritt, mag dies anders sein.

200 **2. Führung durch Dritte § 24 Abs. 8 Satz 2 WEG. a) Vorsitzender der Versammlung.** Sofern die Wohnungseigentümer keinen Verwalter bestellt haben, ist nach § 24 Abs. 8 Satz 2 Hs. 1 WEG grundsätzlich der Vorsitzende der Versammlung der Eigentümer iSv § 24 Abs. 5 WEG verpflichtet, die Beschluss-Sammlung zu führen. Hat ein Dritter nur die Versammlung geleitet, gibt es aber einen Verwalter, so muss dieser die Beschluss-Sammlung führen.

201 Das Gesetz bestimmt nicht, ob der Vorsitzende der Versammlung nur verpflichtet ist, die Beschlüsse zu sammeln, die in der von ihm geleiteten Versammlung getroffen wurden, oder ob er darüber hinaus auch dafür zuständig ist, schriftliche Beschlüsse, sämtliche gerichtliche Entscheidungen und Beschlüsse, die in anderen Versammlungen gefasst worden sind, zu sammeln. Da sich die Funktion des gekorenen Versammlungsleiters grundsätzlich auf eine einzige Versammlung beschränkt, liegt es nahe anzunehmen, dass er auch nur die Beschlüsse dieser Versammlung sammeln muss (aA Jennißen/*Schultzky* § 24 Rn. 171: Vorsitzende ist verpflichtet, schriftliche Beschlüsse, sämtliche gerichtliche Entscheidungen und Beschlüsse, die in anderen Eigentümerversammlungen gefasst worden sind, zu sammeln). Ungeregelt ist ferner, welche Rechte und Möglichkeiten der Vorsitzende besitzt, eine ggf. bereits geführte Sammlung zu erhalten und dann zu vervollständigen. Nahe liegt es, ihm insoweit als Annex einen Herausgabeanspruch einzuräumen.

202 **b) Andere Dritte.** Den Wohnungseigentümern steht es frei, gem. § 24 Abs. 8 Satz 2 Hs. 2 WEG durch Beschluss eine andere Person für die Führung der Beschluss-Sammlung zu „bestellen" und damit für ihn ein privates Amt mit Amtspflichten zu schaffen. Der andere kann ein Wohnungseigentümer, aber auch jeder Dritte (*Merle* ZWE 2007, 272 (273); Jennißen/*Schultzky* § 24 Rn. 205) sein, soweit er an der Versammlung teilnehmen darf. Die Bestellung ist grundsätzlich nur für den Zeitraum möglich, in dem ein Verwalter fehlt (→ Rn. 61). Wollen die Wohnungseigentümer dauerhaft eine andere Person mit der Führung der Beschluss-Sammlung betrauen, bedarf es einer Vereinbarung. Ein diese Kompetenz dauerhaft verlagernder Beschluss wäre nichtig.

203 **c) Schadenersatz.** Der Vorsitzende der Versammlung oder ein Dritter sind – wie der Verwalter (→ § 26 Rn. 4) – jeweils Träger eines privaten Amtes und schulden bei einer Pflichtverletzung ihrer daraus erwachsenden

Pflichten nach § 280 Abs. 1 Satz 1 BGB Schadenersatz. Ferner kommt ein Anspruch aus einem ggf. mit der Gemeinschaft der Wohnungseigentümer geschlossenen Geschäftsbesorgungsvertrag als Vertrag mit Schutzwirkung für die Wohnungseigentümer in Betracht.

X. Berichtigung

Der Verwalter oder ein anderer Verfasser der Sammlung hat ohne Bindung an Fristen das Recht, Beurkundungsfehler (Schreibfehler, Löschung unzulässiger oder Ergänzung unvollständiger oder unzutreffender Einträge) selbständig zu korrigieren. Die Wohnungseigentümer – auch in ihrer Gesamtheit – sind für eine Korrektur hingegen unzuständig (→ Rn. 62 entsprechend; Jennißen/*Schultzky* § 24 Rn. 202). Ist eine Eintragung falsch, besitzt jeder Wohnungseigentümer einen aus § 18 Abs. 2 WEG folgenden Anspruch auf Berichtigung. Erfüllt der Verpflichtete einen Berichtigungsanspruch nicht freiwillig, kann jeder Berechtigte diesen gerichtlich in einem Verfahren nach § 43 Abs. 2 Nr. 1 und Nr. 3 WEG auf „Berichtigung" in Anspruch nehmen. **204**

Im Berichtigungsverfahren hat das Gericht zu klären, ob eine Tatsache unrichtig oder zu Unrecht beurkundet worden ist. Es hat dazu etwa als Vorfrage einen richtigen Beschlussinhalt festzustellen; ggf. ist Beweis zu erheben. Der Berichtigungsvermerk des Unterzeichnenden kann entsprechend § 894 Abs. 1 Satz 1 ZPO durch eine rechtskräftige gerichtliche Entscheidung ersetzt werden, die den Unterzeichner – bei einem „Wechsel", zB einem Verwalterwechsel, ist der verpflichtet, der unterschrieben hat (AG Schöneberg GE 2014, 1015 (1016), ggf. also der „Altverwalter" – zur Berichtigung verpflichtet. Hat der Führer der Beschluss-Sammlung zu Unrecht eine Berichtigung vorgenommen, kann sich ein Wohnungseigentümer auch hiergegen vor dem Wohnungseigentumsgericht wehren. Der Anspruch auf „Rücknahme" folgt aus § 18 Abs. 2 WEG. **205**

L. Abdingbarkeit

Absatz 1 ist bereits nach dem Gesetzeswortlaut („mindestens") jedenfalls teilweise abdingbar. Vollständig auf eine Versammlung kann nach hM allerdings ebenso nicht verzichtet werden, wie eine Anordnung, nur alle 10 Jahre zusammenzukommen, nichtig wäre. Absatz 2 ist nach hM wenigstens teilweise abdingbar (LG Hamburg ZWE 2011, 95 (96)). Auch das Minderheitenrecht ist einschränkbar (*Skauradszun* ZWE 2016, 61 (63); *Schmid* NJW 2011, 1841 (1842)). Wie das Minderheitenrecht, so ist auch das Einberufungsrecht des Verwaltungsbeirates nach Absatz 3 einschränkbar. **206**

Die Absätze 4, 5 und 6 sind jeweils vollständig abdingbar. Für die Beschluss-Sammlung ist davon auszugehen, dass ihre Führung als solche nicht disponibel ist. Allerdings können selbstverständlich zur Aufbewahrung und zur Durchführung der Führung Bestimmung getroffen werden. **207**

Beschlussfassung

25 (1) **Bei der Beschlussfassung entscheidet die Mehrheit der abgegebenen Stimmen.**

(2) [1]**Jeder Wohnungseigentümer hat eine Stimme.** [2]**Steht ein Wohnungseigentum mehreren gemeinschaftlich zu, so können sie das Stimmrecht nur einheitlich ausüben.**

(3) **Vollmachten bedürfen zu ihrer Gültigkeit der Textform.**

(4) **Ein Wohnungseigentümer ist nicht stimmberechtigt, wenn die Beschlußfassung die Vornahme eines auf die Verwaltung des gemeinschaftlichen Eigentums bezüglichen Rechtsgeschäfts mit ihm oder die Einleitung oder Erledigung eines Rechtsstreits gegen ihn betrifft oder wenn er nach § 17 rechtskräftig verurteilt ist.**

Literatur: *Abramenko,* Prüfung von Stimmrechtsvollmachten, ZWE 2016, 399; *Armbrüster/Witsch,* Ausschluss und Missbrauch des Stimmrechts bei Beschlussfassungen von Wohnungseigentümern, NZG 2018, 361; *Becker,* Die Teilnahme an der Versammlung der Wohnungseigentümer (1996); *Bornheimer,* Das Stimmrecht im Wohnungseigentumsrecht (1993); *Brych,* Die nicht beschlussfähige Eigentümerversammlung, DWE 2011, 84; *Drasdo,* Die Stimmrechtsmajorisierung im Wohnungseigentum, NJW-Spezial 2013, 225; *Elzer,* Aktuelles zur Eigentümerversammlung, ZMR 2009, 7; *Elzer,* Die Vertretung eines Wohnungseigentümers in der WEG-Versammlung – Checkliste zu Vollmachtserteilung und Vertreterklauseln, MietRB 2010, 29; *Elzer,* Die Vertretung eines Wohnungseigentümers in der WEG-Versammlung, GE 2010, 455; *Füllbeck,* WEG-Reform 2020: Die „Wiedergeburt" der Beschlusssammlung und Pflicht zur Eintragung von Beschlüssen, ZMR 2020, 383; *Gottschalg,* Stimmrechtsausschluss in der Eigentümerversammlung NZM 2012, 271; *Gottschalg,* Stimmrechtsfragen in der Wohnungseigentümerversammlung, NZM 2005, 88; *Häublein,* Die Vertretung von Wohnungseigentümern durch den Verwalter in der Versammlung, ZWE 2012, 1; *Häublein,* Vertretung in der Wohnungseigentümerversammlung: Erteilung einer Untervollmacht durch einen selbst nicht teilnahmeberechtigten Bevollmächtigten, ZMR 2012, 849; *Häublein,* Stimmverbot des bevollmächtigten Wohnungseigentumsverwalters bei seiner Abwahl aus wichtigem Grund, ZWE 2012, 312; *Hogenschurz,* Grenzen für die Vertretung des Wohnungseigentümers durch mehrere Bevollmächtigte in der Wohnungseigentümerversammlung, AnwZert MietR 14/2012; *Jacoby,* Das private Amt, 2007; *Jennißen/Intveen,* Anwaltliche Teilnahme an der Wohnungseigentümerversammlung, NJW 2007, 2881; *Kefferpütz,* Stimmrechtsschranken im Wohnungseigentumsrecht (1994); *Kümmel,* Stimmrechtsausschlüsse in der Wohnungseigentümerversammlung, MietRB 2004, 249; *Kümmel,* Zur Vertretung der Wohnungseigentümer in der Versammlung, ZWE 2000, 292; *Lehmann-Richter,* Zur Zurückweisung eines Stellvertreters in der Eigentümerversammlung, ZMR 2007, 741; *Lotz-Störmer,* Stimmrechtsausübung und Stimmrechtsbeschränkung im Wohnungseigentumsrecht (1993); *Lüke,* Prüfung von Stimmrechtsvollmachten, ZWE 2012, 193; *Lüke,* Das – beschränkte – Vertretungsverbot in der Gemeinschaftsordnung, PiG 42 (1993), 217; *Mediger,* Die Vermehrung von Stimmrechten nach § 25 II WEG, NZM 2011, 137; *Merle,* Zur Vertretung beim gemeinschaftlichen Stimmrecht, ZWE 2007, 125; *Merle,* Das Stimmrecht des Verwalters, WE 1987, 35; *Münstermann-Schlichtmann,* Stimmrechts- und Vollmachtverbote des Verwalters oder seiner Angestellten, WE 1998, 412; *Pauly,* Stimmrechtsausschluss im Wohnungseigentumsrecht – Überblick und Tendenzen, ZMR 2013, 13; *Prüfer,* Stimmrecht des Nießbrauchers, ZWE 2002, 258; *Scheff/Schmidt,* Vertretung der Wohnungseigentümer und Teilnahmerechte Dritter, MDR 2010, 186; *Schießer,* Kein Stimmrecht dinglich Berechtigter in der Wohnungseigentümergemeinschaft, ZMR 2004, 5; *Wendel,* Rechtsfolgen missbräuchlicher Stimmrechtsausübung, ZWE 2002, 545; *Wenzel,* Die Ehegattenvertretung in der Wohnungseigentümerversammlung, NZM 2005, 402.

Übersicht

A. Entstehungsgeschichte

Die Bestimmung des § 25 WEG stand von Anfang an im Gesetz. Sie blieb bis zum Jahr 2020 unverändert. Erst das Gesetz zur Förderung der Elektromobilität und zur Modernisierung des Wohnungseigentumsgesetzes und zur Änderung von kosten- und grundbuchrechtlichen Vorschriften vom 16.10.2020 hat sie stark umgeformt. Es hat ihre amtliche Überschrift von „Mehrheitsbeschluß“ zu „Beschlussfassung“ geändert, um deutlich zu machen, dass § 25 WEG nur die Vorgaben für die Beschlussfassung regelt, nicht aber umfassend die Voraussetzungen und Rechtsfolgen eines Beschlusses (BR-Drs. 168/20, 80). Ferner hat es ihren Absatz 1 neu gefasst, den Absatz 3 neu eingeführt und in Absatz 4 die bisherigen Wörter „der anderen Wohnungseigentümer“ gestrichen und die Angabe „§ 18“ durch die Angabe „§ 17“ ersetzt. Die vormaligen Absätze 3 und 4 zur Frage, wann eine Versammlung beschlussfähig ist, hat es schließlich ersatzlos gestrichen. 1

B. Sinn und Zweck

§ 25 Abs. 1 WEG regelt, welcher Stimmenmehrheit es bedarf, um einen Beschluss zu fassen, und wie man die Mehrheit berechnet. § 25 Abs. 2 WEG bestimmt, welches Stimmrecht einem Wohnungseigentümer von Gesetzes wegen bei einer Beschlussfassung zukommt. § 25 Abs. 3 WEG ordnet an, welcher Form eine Stimmrechtsvollmacht bedarf, und § 25 Abs. 4 WEG, wann ein Wohnungseigentümer bei einer Beschlussfassung vom Stimmrecht ausgeschlossen ist. 2

C. Beschlussfassung (§ 25 Abs. 1 WEG)

I. Sinn und Zweck

Der sprachlich an § 32 Abs. 1 Satz 3 BGB und § 47 Abs. 1 GmbHG und also bewusst an das Recht der Körperschaften angelehnte § 25 Abs. 1 WEG 3 stellt klar, welche Mehrheit an Ja-Stimmen ein Beschlussantrag erreichen muss (siehe demgegenüber zB § 119 HGB). Zum anderen stellt er klar, dass Stimmenthaltungen für die Berechnung der Mehrheit unerheblich sind (BR-Drs. 168/20, 81).

II. Anwendungsbereich

4 § 25 Abs. 1 WEG ist originär auf die vom WEG selbst genannten Beschlüsse anwendbar, sofern eine Vereinbarung nichts anderes bestimmt. Daneben ist § 25 Abs. 1 WEG aber auch für solche Beschlüsse anwendbar, die auf einer Öffnungsklausel (→ § 10 Rn. 166 ff.) fußen, sofern die Öffnungsklausel nichts anderes bestimmt (→ Vor §§ 23 ff. Rn. 29), etwa ein abweichendes Stimmrechtsprinzip oder ein anderes Quorum.

III. Notwendige Mehrheit

5 Bei einer Beschlussfassung kommt es gem. § 25 Abs. 1 WEG auf die „Mehrheit" an. Das WEG kennt mithin anders als das frühere Recht (vgl. §§ 16 Abs. 4, 18 Abs. 3, 22 Abs. 1 und Abs. 2 WEG aF) keine besonderen Mehrheiten. Ausreichend ist immer eine einfache Mehrheit. Dies gilt auch für § 20 Abs. 1 WEG. Dort besteht allerdings die Besonderheit, dass dann, wenn die Mehrheit des § 21 Abs. 2 Nr. 1 WEG erreicht wird, alle Wohnungseigentümer die Kosten zu tragen haben. Die Wohnungseigentümer können jeweils etwas anderes vereinbaren.

IV. Berechnung der Mehrheit

6 **1. Überblick.** Die Mehrheit der Stimmen bestimmt sich gem. § 25 Abs. 2 Satz 1 WEG nach Köpfen, sofern kein anderes Stimmrechtsprinzip vereinbart ist (→ Rn. 21 ff.). Bei der Berechnung der Stimmenmehrheit kommt es nach § 25 Abs. 1 WEG nur auf die abgegebenen Stimmen an. Als „abgegeben" sind Ja- und Nein-Stimmen, nicht aber Stimmenthaltungen anzusehen. Stimmenthaltungen gelten als nicht abgegebene Stimmen und sind also nicht mitzuzählen (BGH NJW-RR 2019, 1102 Rn. 8; NJW 1989, 1090 unter II. 2. c); OLG Hamm ZWE 2008, 465 (468); BR-Drs. 168/20, 81). Der Stimmenthaltung steht die Nichtteilnahme an der Abstimmung gleich.

7 Bei der Auszählung der für und gegen einen konkreten Beschlussantrag abgegebenen Stimmen ist für die Feststellung, ob die stets erforderliche einfache Beschlussmehrheit erreicht worden ist, allein zu prüfen, ob mehr Ja-Stimmen als Nein-Stimmen für einen Beschlussantrag abgegeben worden sind. Beispiel: Bei 20 Stimmberechtigten müssen grundsätzlich 11 Wohnungseigentümer für einen Beschlussantrag mit „Ja" stimmen. Enthalten sich von 20 Stimmberechtigten allerdings 18 Wohnungseigentümer und stimmen die anderen 2 mit „Ja", ist auch ein positiver Beschluss gefasst worden, sogar einstimmig.

Ergibt die Auszählung der Stimmen eine Stimmengleichheit oder überwiegen die Nein-Stimmen, ist ein Antrag abgelehnt worden. Dann spricht man von einem „Negativbeschluss" (65). 8

2. Subtraktionsmethode. a) Grundsatz. Fehlt es an einer Regelung zur Stimmauszählung und haben die Wohnungseigentümer nichts anderes bestimmt, kann sich der Versammlungsleiter der „Subtraktionsmethode" bedienen (BGH NJW 2002, 3629 unter III. 1; BayObLG BayObLGR 2005, 211). In diesem Falle ist nach der Abstimmung über zwei von drei – auf Zustimmung, Ablehnung oder Enthaltung gerichteten – Abstimmungsfragen die Zahl der noch nicht abgegebenen Stimmen als Ergebnis der dritten Abstimmungsfrage zu werten. 9

b) Voraussetzungen. Voraussetzung für den Einsatz der Subtraktionsmethode ist, dass die Gesamtzahl der Versammlungsteilnehmer für den jeweiligen Abstimmungsgang zuverlässig etwa aus dem Teilnehmerverzeichnis und einer hierneben geführten Präsenzliste entnommen werden kann (AG Dortmund NZM 2010, 750; OLG Hamm OLGR 2004, 49 (50) zum Aktienrecht). Durch die Subtraktionsmethode kann das tatsächliche Abstimmungsergebnis ferner nur dann hinreichend verlässlich ermittelt werden, wenn für den Zeitpunkt der jeweiligen Abstimmung die Anzahl der anwesenden und vertretenen Wohnungseigentümer und – bei Abweichung vom Kopfprinzip – auch deren Stimmkraft feststeht. Besonderer organisatorischer Maßnahmen zur exakten Feststellung des Mehrheitswillens, also der Feststellung der anwesenden und vertretenen Wohnungseigentümer und deren Stimmkraft sowie der genauen Zahl der abgegebenen Ja- und Nein-Stimmen und der Enthaltungen, bedarf es nur dann nicht, wenn eindeutige Verhältnisse und klare Mehrheiten vorliegen (BayObLG BayObLGR 2005, 211). 10

3. Zählfehler. Verzählt sich der Versammlungsleiter oder der Initiator eines schriftlichen Beschlusses und liegt tatsächlich keine Mehrheit für einen Beschlussantrag vor, ist das nach hM ein formeller Beschlussmangel (→ § 23 Rn. 157). Dieser soll die Entstehung eines positiven Beschlusses nicht hindern (BGH NJW 2009, 2132 Rn. 29; OLG München ZMR 2007, 480 (481); LG Köln ZMR 2010, 313 (314); LG München I ZMR 2008, 915 (916); s. a. BGH DStR 2014, 2470 Rn. 8; aA AG Hamburg ZMR 2010, 560; *Derleder* ZWE 2008, 253 (258); *Elzer* ZWE 2007, 167 (171)). Der positive Beschluss soll ferner nur für ungültig erklärt werden können, wenn sich bei korrekter Ermittlung des Abstimmungsergebnisses für den zu Grunde liegenden Beschlussantrag nicht die erforderliche Mehrheit gefunden hätte (BGH NJW 2012, 3372 Rn. 12). Hat sich der Verwalter verzählt, handelt er allerdings pflichtwidrig und kann auf Schadenersatz in Anspruch genommen werden, sofern er schuldhaft handelt (→ § 26 Rn. 382 ff.). Ist ein Dritter verantwortlich, kann nichts anderes gelten (aA OLG Düsseldorf ZMR 2006, 140). 11

Ein bloßer Zählfehler soll auch dann vorliegen, wenn nur bestimmte Wohnungseigentümer stimmberechtigt sind, der Versammlungsleiter aber alle Wohnungseigentümer als stimmberechtigt ansieht (BGH NJW-RR 2020, 959 Rn. 14). 12

V. Beschlussfähigkeit der Versammlung

13 **1. Gesetz.** An die Beschlussfähigkeit der Versammlung der Wohnungseigentümer stellt das WEG keine besonderen Anforderungen. Das geltende Recht kennt keine § 25 Abs. 3 und 4 WEG aF vergleichbaren Bestimmungen (dazu Vorauflage § 25 Rn. 47 ff.). Wie im Recht der Körperschaften ist mithin jede Versammlung der Wohnungseigentümer beschlussfähig. Notwendig, aber auch ausreichend ist ungeachtet des geltenden Stimmrechtsprinzips, dass nur ein Wohnungseigentümer zur Versammlung der Wohnungseigentümer erschienen ist oder dort vertreten wird.

14 **2. Vereinbarung. a) Allgemeines.** Die Wohnungseigentümer können zur Beschlussfähigkeit der Versammlung etwas anderes vereinbaren (BGH NJW 2016, 568 Rn. 22; OLG Frankfurt a. M. ZWE 2007, 84; OLG München ZMR 2006, 231 (232)) und ein Quorum einführen. Altvereinbarungen, die das anordnen, sind nach § 47 Satz 2 WEG in der Regel insoweit allerdings nicht anzuwenden, wenn sich aus ihnen nicht ein anderer Wille ergibt (§ 47 Satz 1 WEG).

15 **b) Berechnung.** Für die Berechnung ist grundsätzlich auf die Stimmberechtigung der erschienenen Wohnungseigentümer abzustellen. Erschienen ist, wer entweder selbst anwesend oder wer ordnungsmäßig vertreten ist (OLG Karlsruhe ZMR 2003, 289; *Jennißen* ZWE 2016, 8 (9)). Halten mehrere Personen ein Wohnungseigentum in Bruchteilsgemeinschaft, Erbengemeinschaft, Gütergemeinschaft oder als Gesellschafter eine Innen-GbR, sind sie bei der Berechnung ein Wohnungseigentümer.

16 Knüpft die Vereinbarung an die Miteigentumsanteile an, ist grundsätzlich der im Grundbuch eingetragene zahlenmäßige Wert der jeweiligen Miteigentumsanteile maßgebend. Die Beschlussfähigkeit ist nach der Höhe der Miteigentumsanteile sämtlicher Wohnungseigentümer zu berechnen (s. a. BayObLG ZMR 2003, 519 (520); OLG Düsseldorf MDR 1992, 374; OLG Frankfurt a. M. OLGZ 1989, 429). Nach aA ist für die Berechnung nur auf die Höhe der Miteigentumsanteile der stimmberechtigten Wohnungseigentümer abzustellen (*Häublein* FS Seuß, 2007, 125 (139)).

17 **c) Wiederholungsversammlung.** Ist die Versammlung der Wohnungseigentümer nicht beschlussfähig oder hält der Versammlungsleiter sie jedenfalls für beschlussunfähig, ist eine Wiederholungsversammlung einzuberufen. Was dort gilt und ob eine Eventualversammlung möglich ist, also die sofortige Anberaumung einer Versammlung für den Fall, dass die zunächst anberaumte Versammlung nicht beschlussfähig ist, muss vereinbart werden (OLG München MittBayNot 2018, 452 Rn. 21). Ohne Vereinbarung darf eine Wiederholungsversammlung erst dann einberufen werden, wenn die Beschlussunfähigkeit der Erstversammlung festgestellt ist. Ohne Vereinbarung ist also eine Eventualversammlung unzulässig und führt zur Anfechtbarkeit, nicht aber Nichtigkeit der gefassten Beschlüsse (OLG München MittBayNot 2018, 452 Rn. 21).

18 **d) Verstöße.** Fassen die Wohnungseigentümer ungeachtet fehlender Beschlussfähigkeit Beschlüsse, sind diese anfechtbar, nach hM aber nicht nichtig

(BGH ZWE 2016, 176 Rn. 19; NJW 2009, 2132 Rn. 28; 2002, 3704 unter III. 3. e) aa; NJW-RR 1989, 347 unter 2. a; OLG München MittBayNot 2018, 452 Rn. 17). Nichts anderes gilt, wenn die Versammlung beschlussunfähig war, weil die Prüfung von Vollmachten dazu benutzt worden ist, Personen von der Abstimmung fernzuhalten (BGH NJW 2009, 2132 Rn. 29). Verlässt ein Wohnungseigentümer die Versammlung „vorzeitig" oder kommt er bewusst nicht zur Versammlung, kann er die Beschlussunfähigkeit der Versammlung herbeiführen (AG Neumarkt ZWE 2015, 425; aA für „extreme Sonderfälle" *Jennißen* ZWE 2016, 8 (14)). Liegt es so (= nicht Kommen oder Gehen), ist es einem Wohnungseigentümer dennoch nicht verwehrt, sich im Rahmen einer Anfechtungsklage auf die fehlende Beschlussfähigkeit der Versammlung zu berufen (AG Neumarkt ZWE 2015, 425; aA *Bub/Bernhard* FD-MietR 2015, 372199; *Armbrüster* ZWE 2002, 333 (440)).

D. Stimmrecht

I. Überblick

Das Stimmrecht eines Wohnungseigentümers gehört nach hM zum „Kernbereich elementarer Mitgliedschaftsrechte" (BGH NJW-RR 2019, 909 Rn. 17; NJW 2018, 552 Rn. 9; NZM 2014, 275 Rn. 10; NJW 2011, 679 Rn. 10; zur Kritik an dieser „Kernbereichslehre" → § 23 Rn. 133 und → § 10 Rn. 60 ff.). Das Stimmrecht könne daher nicht allgemein ausgeschlossen werden (BGH NJW 2002, 1647 unter III. 3. b) bb); 1989, 1087 unter II. 2. a; grundlegend NJW 1987, 650 unter III. 2. b) bb); BayObLGZ 1965, 34 (42)). Ein „stimmrechtsloses" Wohnungseigentum sei nicht vorstellbar (OLG Hamm DWE 1990, 70 (72); *Bub* FS Seuß, 2007, 53 (60)). Ein Wohnungseigentümer sei ferner nicht in der Lage, seine Stellung als Teilhaber iSv §§ 741 ff. BGB zwar beizubehalten, das ihm nach § 25 Abs. 2 Satz 1 WEG zustehende Stimmrecht als Miteigentümer und/oder als Zwangsmitglied der Gemeinschaft der Wohnungseigentümer (BGH NJW 2017, 2752 Rn. 33) jedoch einem anderen vollständig als eigenes Recht zu übertragen und damit iSv § 717 Satz 1 BGB „abzuspalten" (BGH NJW 2002, 1647 unter III. 3. b) bb); KG OLGZ 1979, 290; *Armbrüster* FS Wenzel, 2005, 85 (93). 19

Das Stimmrecht soll nach hM allerdings durch eine Vereinbarung eingeschränkt werden können (BGH NZM 2014, 275 Rn. 10; NJW 2012, 72 Rn. 10; 2011, 679 Rn. 8). Solche Einschränkungen kämen ausnahmsweise und unter eng begrenzten Voraussetzungen in Betracht (BGH NJW-RR 2019, 909 Rn. 17; ZfIR 2017, 709 Rn. 9). Nicht nur, aber vor allem in einer Mehrhausanlage (§ 9a Rn. 53 ff.) kann nach einer Vereinbarung bestimmt werden, dass nur bestimmte Wohnungs- oder Teileigentümer zu bestimmten Gegenständen stimmberechtigt sind (BGH NJW-RR 2012, 1291 Rn. 10; *Elzer* notar 2016, 201 (205)). Eine Vereinbarungsgrenze soll sich daraus ergeben, dass eine eingeschränkte Entscheidungsmacht nur so weit gehen könne, wie die übrigen Wohnungseigentümer nicht von dieser 20

Angelegenheit „essenziell" betroffen seien (→ § 10 Rn. 62 zur hier vertretenen Ansicht). Nach diesen Grundsätzen soll zB ein Wohnungseigentümer, der mit der Zahlung von Hausgeld in Verzug ist, weder von der Versammlung ausgeschlossen werden können noch soll ihm das Stimmrecht entzogen werden können (BGH NZM 2017, 42 Rn. 16; NJW 2011, 679 Rn. 8 ff; *Gottschalg* NZM 2012, 271 (272).

II. Stimmrechtsprinzipien

21 § 25 Abs. 2 Satz 1 WEG ordnet als gesetzliches Stimmrechtsprinzip das Kopfstimmrecht an. Nach diesem Stimmrechtsprinzip besitzt jeder Wohnungseigentümer ohne Rücksicht auf die Größe seines Miteigentumsanteils oder die Anzahl der von ihm gehaltenen Wohnungs- oder Teileigentumsrechte eine Stimme. Das Kopfstimmrecht ist abdingbar (BGH NJW 2015, 3371 Rn. 11; 2012, 2650 Rn. 18; 2012, 921 Rn. 8). Es ist anderen Stimmrechtsprinzipen auch nicht generell überlegen (BGH NJW 2015, 3371 Rn. 13; 2012, 921 Rn. 12; *Derleder* ZWE 2008, 253 (256); *Hügel/Elzer* NZM 2009, 457 (463)).

22 Die Wohnungseigentümer können zB das Objektstimmrecht vereinbaren. In diesem Falle bestimmt sich das Stimmrecht nicht nach Köpfen, sondern nach der Anzahl der jeweiligen Wohnungseigentumsrechte (BGH NJW 2012, 921 Rn. 4; 2002, 3704 unter III. 3. b). Die mit dem Objektprinzip verbundene Gefahr einer „Majorisierung" (→ Rn. 130) macht es nicht unzulässig (BGH NJW 2018, 552 Rn. 12; 2015, 3371 Rn. 13). Denn durch die Möglichkeit der Anfechtung besteht grundsätzlich ausreichender Schutz vor missbräuchlicher Stimmrechtsabgabe (BGH NJW 2015, 3371 Rn. 13; 2012, 921 Rn. 12; grundlegend NJW 2002, 3704 unter III. 3. b).

23 Die Wohnungseigentümer können ferner ein Wert- oder Anteilsstimmrecht vereinbaren. In diesem Falle bestimmt sich das Stimmrecht entsprechend § 745 Abs. 1 Satz 2 BGB und den allgemeinen Regelungen nach Größe oder Anzahl der im Grundbuch gem. § 47 GBO eingetragenen Miteigentumsanteile (BGH NJW 2012, 921 Rn. 4). Das Wertprinzip kann auch in einer Gemeinschaft mit nur zwei Wohnungseigentumsrechten vereinbart werden (BayObLG NJW-RR 1997, 1305; BayObLGZ 1986, 10 (12)).

24 In kleinen Wohnungseigentümergemeinschaften finden sich als Vetorecht auch Vereinbarungen, wonach gegen die Stimme des (früheren) Alleineigentümers kein Beschluss gefasst werden kann, solange ihm noch eine Wohnung gehört (BayObLG NJW-RR 1997, 1305; OLG Oldenburg NJW-RR 1997, 775 (776); *Abramenko* MietRB 2011, 96).

III. Stimmrechtsinhaber

25 **1. Wohnungseigentümer. a) Grundsatz.** Originäre Stimmrechtsinhaber sind die „Wohnungseigentümer" (zum Begriff → § 9a Rn. 2 ff.). Jedem Wohnungseigentümer steht grundsätzlich eine Stimme zu, § 25 Abs. 2 Satz 1 WEG. Werden von einer Maßnahme nur bestimmte Wohnungseigentümer berührt, ändert das an ihrem Stimmrecht nichts. Es gibt kein „Betroffenheitsstimmrecht" (→ Vor §§ 23 ff. Rn. 86).

b) Sonderfälle im „ABC“. 26

- **Betreute (geschäftsfähig).** Ist ein Wohnungseigentümer, der betreut wird, geschäftsfähig, so können sowohl er als auch sein Betreuer abstimmen. Bei einem Dissens ist in der Regel die Erklärung des Betreuten vorrangig. Die Alternative, die Stimmausübung wegen Perplexität nicht zu zählen, hat angesichts der Bedeutung des Stimmrechtes weniger Kraft.
- **Geschäftsunfähige.** Ist ein volljähriger Wohnungseigentümer nicht geschäftsfähig, wird das Stimmrecht durch seinen gesetzlichen Vertreter, in der Regel durch den Betreuer gem. §§ 1896, 1902 BGB, ausgeübt. Es sind aber auch gewillkürte Vertreter vorstellbar.
- **Gesellschaften.** Für eine GmbH ist deren Geschäftsführer stimmberechtigt (§ 35 GmbHG), für eine Aktiengesellschaft der Vorstand (§ 78 AktG). Die GmbH & Co. KG wird durch den Geschäftsführer der Komplementär-GmbH vertreten. Für OHG und KG stimmen die vertretungsberechtigten Gesellschafter ab. Sind mehrere gesetzliche Vertreter nur gemeinsam vertretungsberechtigt (Gesamtvertretung), zB mehrere Liquidatoren (KG NZM 2003, 901 (902)), müssen sie auch das Stimmrecht einheitlich ausüben. Die Stimme einer rechtsfähigen Personengesellschaft (etwa einer Außen-Gesellschaft bürgerlichen Rechts, OHG, KG) wird durch den oder die vertretungsberechtigten Gesellschafter, ggf. aber auch durch alle Gesellschafter, vertreten.
- **Kinder/Minderjährige.** Für Kinder sind grundsätzlich die Eltern gemeinsam gem. § 1629 Abs. 1 Satz 2 BGB gesetzliche Vertreter und zur Stimmrechtsausübung berufen; in Betracht kommen aber auch Vormünder (§ 1793 BGB) oder Pfleger (§§ 1909 ff. BGB).
- **Kommunen/Städte.** Steht ein Wohnungseigentum im Eigentum einer Kommune oder Stadt, wird diese in der Regel vom Bürgermeister oder einem Direktor vertreten.
- **Sondereigentumsloser Miteigentümer.** Der sondereigentumslose Miteigentümer (→ § 10 Rn. 25) ist Wohnungseigentümer und daher stimmberechtigt (BGH NZM 2019, 480 Rn. 23; OLG Frankfurt a. M. ZWE 2007, 84; OLG Hamm NZM 2006, 142; LG München I ZWE 2017, 325; aA OLG Naumburg NJOZ 2005, 335 (336)). Etwas anderes gilt auch dann nicht, wenn die sondereigentumslosen Miteigentumsanteile nicht (mehr) zum Vollrecht erstarken können (LG München I ZWE 2017, 325; OLG Naumburg NJOZ 2005, 335 (336)).
- **Teileigentümer.** Der Begriff „der Wohnungseigentümer“ umfasst den Teileigentümer (OLG Hamm WuM 2007, 477).
- **Gemeinschaft der Wohnungseigentümer.** Ist die Gemeinschaft der Wohnungseigentümer selbst Wohnungseigentümer, ruht nach hM ihr Stimmrecht (OLG Hamm DNotZ 2010, 130 (134); *Armbrüster* NZG 2017, 441 (448); *Hügel/Elzer* NZM 2009, 457 (459); *Basty* ZWE 2009, 253; s. a. *Häublein* FS Seuß, 2007, 125 (139); aA *Bonifacio* ZMR 2009, 257 (260); *Jennißen* NZM 2006, 205).
- **Werdender Wohnungseigentümer.** Ein werdender Wohnungseigentümer (→ § 8 Rn. 68 ff.) ist unabhängig davon, ob das Kopf-, das Objekt- oder das Wertstimmrecht anzuwenden ist, stimmberechtigt (BGH NJW 2012, 2650 Rn. 18; 2008, 2639 Rn. 16). Das Stimmrecht des werdenden

Wohnungseigentümers kann der noch im Grundbuch eingetragene Veräußerer weder einschränken noch „widerrufen" (BayObLG ZMR 1998, 101 (102)). Denn der veräußernde ehemalige Alleineigentümer hat in Bezug auf das veräußerte Wohnungseigentum kein Stimmrecht mehr (BGH NJW 2012, 2650 Rn. 18). Der werdende Wohnungseigentümer „verdrängt" nach hM dieses Stimmrecht, was dogmatisch als teleologische Reduktion des § 25 Abs. 2 Satz 1 WEG zu interpretieren ist. Tritt der werdende Wohnungseigentümer allerdings vom Bauträgervertrag zurück und ist der Rücktritt wirksam, fehlt es an den Voraussetzungen eines werdenden Wohnungseigentümers (→ § 8 Rn. 68 ff.) und der Bauträger ist wieder stimmberechtigt. Die Frage der Wirksamkeit des Rücktritts ist dabei stets zu klären (*Dötsch* jurisPR-MietR 20/2018; aA LG Koblenz ZMR 2018, 437 = BeckRS 2017, 147806 Rn. 29; s. a. für den Hausgeldprozess LG Nürnberg-Fürth BeckRS 2010, 22123, *Elzer* MietRB 2011, 153 und *Briesemeister* ZMR 2011, 513).

27 **2. Miteigentümer (§ 25 Abs. 2 Satz 2 WEG). a) Allgemeines.** Steht ein Wohnungseigentum mehreren gemeinschaftlich (§§ 741 ff. BGB) zu, ist nach hM jeder von ihnen „Wohnungseigentümer" (BGH DNotZ 2012, 769 Rn. 11; OLG Nürnberg ZWE 2011, 419; *Mediger* NZM 2011, 137 (140); → § 9a Rn. 5) und daher grundsätzlich stimmberechtigt. § 25 Abs. 2 Satz 2 WEG ordnet für die Miteigentümer eines Wohnungseigentums entsprechend § 18 Abs. 1 GmbHG (KG RNotZ 2018, 174 Rn. 10) allerdings an, dass sie in der Versammlung nur eine Stimme haben (s. a. OLG Dresden OLGR 2006, 249 (250); OLG Düsseldorf ZMR 2004, 696 (697)), und ferner, dass sie ihr Stimmrecht nur einheitlich ausüben können (OLG Frankfurt a. M. MietRB 2007, 96; AG Nürnberg ZMR 2006, 83).

28 Diesen Beschränkungen liegt der Gedanke zugrunde, dass bei mitberechtigten Eigentümern eine übereinstimmende Interessenlage besteht und deshalb auch nur eine einheitliche Stimmausübung sachgerecht ist (BGH NJW 2002, 1647 unter III. 3. b) ff; KG RNotZ 2018, 174 Rn. 7). Sinn und Zweck der abdingbaren Vorschrift des § 25 Abs. 2 Satz 2 WEG ist es ferner, die anderen Wohnungseigentümer vor ungleichartigen (gespaltenen) Stimmabgaben zu schützen und im Interesse der Rechtsklarheit einen problemlosen Ablauf der Versammlung zu gewährleisten (KG RNotZ 2018, 174 Rn. 7; *Gottschalg* NZM 2005, 88 (90)). Miteigentümer haben bei Geltung des Kopfprinzips auch dann nur eine Stimme, wenn sie mehrere Wohnungseigentumsrechte haben (Rn. 35).

29 Auf Personenhandelsgesellschaften (OHG, KG), die gem. § 124 Abs. 1 HGB selbständig Eigentum erwerben können, und auf rechtsfähige Außengesellschaften bürgerlichen Rechts ist § 25 Abs. 2 Satz 2 WEG nicht anwendbar, auch nicht entsprechend. Auch wenn die Gemeinschaft der Wohnungseigentümer Wohnungseigentum erwirbt, ist der Anwendungsbereich nicht eröffnet.

30 **b) Ausübung des Stimmrechts.** Zur Ausübung des Stimmrechtes müssen sich die Mitberechtigten nach den für ihr jeweiliges Innenverhältnis geltenden Vorschriften verständigen (KG RNotZ 2018, 174 Rn. 8; OLG

Dresden OLGR 2006, 249 (250); OLG Düsseldorf ZMR 2004, 53). Etwa bei der BGB-Gemeinschaft gilt § 745 BGB, bei der Erbengemeinschaft §§ 2038 Abs. 1, Abs. 2, 745 BGB (*Eichhorn* ZfIR 2017, 221 (227)), bei der Gütergemeinschaft subsidiär § 1421 Satz 2 BGB. Können sich die Mitberechtigten über die Ausübung ihrer gemeinsamen Stimme nicht einigen, entfällt ihr Stimmrecht (KG RNotZ 2018, 174 Rn. 7; OLG Rostock BeckRS 2005, 12220; OLG Köln NJW-RR 1986, 698; OLG Celle NJW 1958, 305).

Ist ein Mitberechtigter gem. § 25 Abs. 4 WEG von der Abstimmung ausgeschlossen (→ Rn. 96), kann dies wegen des Grundsatzes der Einheitlichkeit auch gegen die anderen Mitberechtigten wirken (OLG Oldenburg NZM 1998, 39; BayObLG MDR 1993, 344; AG Emmendingen ZMR 1984, 101); etwas anderes gilt aber, sofern die anderen, vom Stimmrecht nicht ausgeschlossenen Miteigentümer im Innenverhältnis die Stimmrechtsbildung maßgeblich beherrschen (*Pauly* ZMR 2013, 13 (15)). 31

c) Vertretung. Ein Miteigentümer kann den oder die anderen Miteigentümer vertreten (LG München I ZWE 2012, 99; allgemein zur Vertretung → Rn. 64). Eine Vollmacht folgt allerdings noch nicht aus einem Beschluss nach § 745 Abs. 1 BGB (aA *Merle* FS Seuß, 2007, 193 (198)). Zwar wird ua für die Erbengemeinschaft angenommen, dass die Mehrheit die Minderheit nach außen auf Grund eines Beschlusses vertreten kann (BGHZ 56, 47 (50); *Jacoby,* Das private Amt, 112 ff.). Dies gilt aber nicht für eine Stimmrechtsausübung. Die nicht erschienenen Mitinhaber erwecken grundsätzlich auch nicht den Anschein einer Ermächtigung des anwesenden Mitinhabers; dies würde die Interessen der insoweit schützenswerten abwesenden Mitberechtigten verletzen (aA OLG Rostock BeckRS 2005, 12220; *Merle* FS Seuß, 2007, 193 (202/203)). 32

Der Vorsitzende der Versammlung, aber auch jeder Wohnungseigentümer darf die Stimmrechtsausübung eines nur Mitberechtigten prüfen. Der Vorsitzende der Versammlung ist ferner berechtigt, einen Miteigentümer jederzeit – nicht nur bei Zweifeln (aA BayObLG ZMR 1994, 338) – zurückweisen, sofern der allein abstimmende Mitberechtigte für den Miteigentümer keine Vollmachtsurkunde in Textform vorlegen kann (*Ott* MietRB 2007, 42 (43); *Kümmel* ZWE 2000, 292 (293)). 33

d) Ehegatten. Für Ehegatten gelten gegenüber anderen Mitberechtigten keine Besonderheiten. Nach aA sollen Ehegatten hingegen auch ohne ausdrückliche Regelung jeweils einzeln berechtigt sein, das gem. § 25 Abs. 2 Satz 2 WEG gemeinschaftliche Stimmrecht ihres Wohnungseigentums wahrzunehmen (BayObLG ZMR 2002, 61 (62); OLG Frankfurt a. M. OLGR 1997, 28; LG München I ZWE 2012, 99). Diese abzulehnende Auffassung widerspricht freilich §§ 164 ff. BGB und findet im Recht der Ehe keine Rechtfertigung. 34

e) Miteigentümer als Mitberechtigter mehrerer Rechtsgemeinschaften. Grundsätzlich steht jeder Miteigentümergemeinschaft, die nicht personenidentisch mit den Eigentümern eines anderen Wohnungseigentums ist, ein eigenes Stimmrecht zu (OLG Dresden ZMR 2005, 894; OLG 35

Frankfurt ZMR 1997, 156; LG Frankfurt a. M. WuM 2020, 176 = BeckRS 2020, 1583 Rn. 11).

36 Beispiel: Halten die Eheleute A und B in Bruchteilsgemeinschaft insgesamt drei Wohnungseigentumsrechte, steht ihnen beim Kopfstimmrecht nur eine Stimme zu (OLG Dresden ZMR 2005, 894 (895); OLG Düsseldorf ZMR 2004, 696 (697)); AG Hamburg-St. Georg ZMR 2006, 81; aA *Mediger* NZM 2011, 137 (142); ohne Stellungnahme BGH NJW 2018, 552 Rn. 8). Halten die Eheleute A und B in Bruchteilsgemeinschaft hingegen ein Wohnungseigentum und werden die anderen zwei Wohnungseigentumsrechte von einer aus A und B gebildeten Außen-GbR gehalten, gibt es zwei Stimmen (aA *Happ* WE 2005, 181; *Bassenge* FS Seuß, 1987, 33 (38)). Halten A und B in Bruchteilsgemeinschaft zwar drei Wohnungseigentumsrechte, sind aber C bei einem Wohnungseigentum und D bei dem anderen Wohnungseigentum jeweils weitere Miteigentümer, gibt es drei Stimmrechte. Dasselbe gilt, wenn verschiedene Rechtsträger Eigentümer mehrerer Wohnungseigentumsrechte sind (OLG Düsseldorf ZMR 2004, 696 (697); KG ZWE 2000, 313 (314)).

37 Etwas Abweichendes gilt nicht, wenn ein Wohnungseigentümer zusätzlich an einer Gemeinschaft mehrheitlich beteiligt ist (OLG Dresden ZMR 2005, 894 (895); aA LG Hamburg ZMR 2008, 827).

38 **3. Zweiterwerber.** Ein Zweiterwerber (→ § 8 Rn. 76) hat kein Stimmrecht (BGH NJW 1989, 1087). Der Veräußerer kann ihn allerdings bevollmächtigen, sein Stimmrecht auszuüben. Ist der Zweiterwerber durch eine Vormerkung abgesichert, soll die Ermächtigung in der Regel sogar tatsächlich vermutet werden können (KG ZWE 2005, 107; ZMR 1994, 524 (525)). **Stellungnahme.** Dem ist nicht zu folgen (*Abramenko* ZWE 2016, 399 (402)). Eine Vormerkung ist keine Voraussetzung für die Annahme einer Ermächtigung (KG ZWE 2005, 107). Im Übrigen gibt es einen Rechtssatz, der er erlaubte, eine Vertretungsmacht zu vermuten, nicht.

39 **4. Stimmberechtigte Dritte (Parteien kraft Amtes). a) Insolvenzverwalter. aa) Grundsatz.** Ist über das Vermögen eines Wohnungseigentümers das Insolvenzverfahren eröffnet worden, ist nicht der insolvente Wohnungseigentümer, sondern nach §§ 35, 80 InsO grundsätzlich der Insolvenzverwalter stimmberechtigt (KG DNotZ 1989, 152; *Vallender* NZI 2004, 401 (403)), jedenfalls soweit der Beschlussgegenstand, wie dies regelmäßig der Fall ist, die Vermögenssphäre betrifft (zum Gesellschaftsrecht BGH NJW-RR 2018, 39 Rn. 15; NZG 2011, 902 Rn. 7). Bei Geltung des Objektprinzips hat der Insolvenzverwalter jeweils eine Stimme für jedes von ihm verwaltete Objekt.

40 **bb) Freigabe eines Wohnungseigentumsrechts.** Hat der Insolvenzverwalter ein Wohnungseigentumsrecht freigegeben (BGH NJW 2013, 3518 Rn. 11), ist wieder der Wohnungseigentümer verfügungsbefugt und auch stimmberechtigt. Sind einige Wohnungseigentumsrechte freigegeben, andere aber nicht, hängt das Stimmrecht des Insolvenzverwalters davon ab, welches Stimmrechtsprinzip gilt (→ Rn. 21). Gilt das gesetzliche Kopfprinzip, sind der Wohnungseigentümer und der Insolvenzverwalter entsprechend § 25

Abs. 2 Satz 2 WEG gemeinsam stimmberechtigt (s. a. KG OLGZ 1989, 423 zum Zwangsverwalter). Bei Geltung des Objektprinzips hat der Insolvenzverwalter jeweils eine Stimme für jedes von ihm verwaltete Objekt.

b) Zwangsverwalter. Ist über ein Wohnungseigentum gem. § 146 Abs. 1 ZVG die Zwangsverwaltung angeordnet worden, wird dem Wohnungseigentümer gem. § 148 Abs. 2 ZVG das Recht zur Verwaltung und Nutzung des Wohnungseigentums entzogen. Das Stimmrecht des Wohnungseigentümers einer zwangsverwalteten Wohnung steht deshalb grundsätzlich dem Zwangsverwalter zu (LG Berlin ZMR 2009, 474 (475); *Drasdo* ZWE 2006, 68 (74)). Eine „Spaltung" ergibt sich allerdings ausnahmsweise, soweit der Zweck der Zwangsverwaltung die Stimmabgabe des Zwangsverwalters nicht erfordert (KG ZMR 2006, 221; 1999, 509 (510); offen BayObLGZ 1991, 93 (97); unklar OLG Hamm WuM 1991, 218; s. a. BGH NJW-RR 2018, 39 Rn. 15 zum Gesellschaftsrecht). Im Allgemeinen besteht eine rechtliche Vermutung, dass alle Beschlussgegenstände die Zwangsverwaltung berühren (BayObLG ZMR 1999, 121 (122)). Geht es allerdings zB um eine Benutzungsregelung, etwa die Hausordnung und zB die Farbe des Treppenhausanstrichs, ist ein Stimmrecht des Wohnungseigentümers vorstellbar (aA LG Berlin ZMR 2009, 474 (475)). **41**

Die rechtskräftige Verurteilung eines Wohnungseigentümers nach § 17 WEG wirkt sich nicht auf das Stimmrecht des Zwangsverwalters aus (BayObLG ZMR 1999, 121 (122)). Erfasst die Zwangsverwaltung nur einen Teil der Wohnungseigentumsrechte eines Wohnungseigentümers, hängt das Stimmrecht des Zwangsverwalters davon ab, welches Stimmrechtsprinzip gilt. Gilt das gesetzliche Kopfprinzip, sind der Wohnungseigentümer und der Zwangsverwalter entsprechend § 25 Abs. 2 Satz 2 WEG gemeinsam stimmberechtigt (KG OLGZ 1989, 423). Bei Geltung des Objektprinzips hat der Zwangsverwalter jeweils eine Stimme für jedes von ihm verwaltete Objekt. Bei Geltung des Wertprinzips richtet sich die Stimmkraft nach Höhe der vom Zwangsverwalter verwalteten Miteigentumsanteile. Ist ein Zwangsverwalter für mehrere natürliche oder juristische Personen eingesetzt, steht ihm, solange er sämtliche Wohnungseigentumsrechte vertritt, beim Kopfstimmrecht für jede Person ein Stimmrecht zu (KG ZMR 2005, 148 (149)). Für Objekt- und Wertstimmrecht gelten keine Besonderheiten. Das Stimmrecht richtet sich nach der Anzahl der Objekte oder Miteigentumsanteile. **42**

c) Nachlassverwalter und Testamentsvollstrecker. Nachlassverwalter und Testamentsvollstrecker (dazu ua AG Essen NJW-RR 1996, 79; *Hügel* ZWE 2006, 174 (178)) üben das Stimmrecht für das zum Nachlass gehörende Wohnungseigentumsrecht in eigenem Namen und aus eigenem Recht aus (BGH NZG 2014, 945 Rn. 14; *Kefferpütz,* Stimmrechtsschranken im Wohnungseigentumsrecht, 120). Dies ergibt sich für die Nachlassverwaltung aus § 1984 Abs. 1 BGB, für die Testamentsvollstreckung aus § 2205 BGB. Nachlassverwalter und Testamentsvollstrecker verdrängen die Erben in der Ausübung des Stimmrechtes als Teil ihrer umfassenden Befugnis zur Verwaltung des Nachlasses, es sei denn, ihnen sind durch §§ 2205 Satz 3, 2206 BGB und etwaige Anordnungen des Erblassers Grenzen gesetzt (BGH NZG 2014, 945 Rn. 22). **43**

44 **5. Dinglich und schuldrechtlich Berechtigte. a) Dinglich Berechtigte.** Die Belastung des Wohnungseigentums, etwa mit einem Nießbrauch, lässt das Stimmrecht eines Wohnungseigentümers unberührt (BGH NJW 2015, 2968 Rn. 8; 2002, 1647). Der Wohnungseigentümer muss sein Stimmrecht weder allgemein noch in einzelnen Angelegenheiten gemeinsam mit dem Nießbraucher ausüben. Der Wohnungseigentümer kann aus dem internen Begleit-Schuldverhältnis zum Nießbraucher allerdings verpflichtet sein, bei der Stimmabgabe dessen Interessen zu berücksichtigen, nach dessen Weisung zu handeln oder ihm sogar eine Stimmrechtsvollmacht zu erteilen (BGH NJW 2002, 1647).

45 Auch einem Wohnungsberechtigten iSv § 1093 BGB steht kein Stimmrecht zu (BayObLG ZMR 1998, 708 (710)), selbst dann, wenn er im Innenverhältnis gegenüber dem Wohnungseigentümer zur Kostentragung verpflichtet ist (OLG Hamburg ZMR 2003, 701 (702)). Der Wohnungseigentümer ist allenfalls gehalten, sein Stimmrecht in Abstimmung und im Einvernehmen mit dem Wohnungsberechtigten auszuüben. Entsprechendes gilt für Dauerwohnberechtigte iSd § 31 WEG (*Gottschalg* NZM 2005, 88 (91); *Schießer* ZMR 2004, 5 (9)). Schließlich haben auch Grundschuld- und Hypothekengläubiger kein eigenes Stimmrecht. Ihre dingliche Rechtsbeziehung beschränkt sich im Wesentlichen auf die Vollstreckungsmöglichkeiten nach § 1147 BGB.

46 **b) Schuldrechtlich Berechtigte.** Schuldrechtlich Berechtigten – zB Mietern oder Pächtern – steht kein eigenes Stimmrecht zu. Sie können indes auf Grund ihrer Rechte im Innenverhältnis zum Wohnungseigentümer auf dessen Abstimmung ggf. Einfluss nehmen.

IV. Stimmrechtsausübung

47 **1. Grundsätze.** Eine Stimmabgabe ist eine einseitige empfangsbedürftige Willenserklärung (BGH NJW 2012, 3372 Rn. 5; 2002, 3629 unter III. 1. b) aa). Sie ist als Zustimmung, Ablehnung oder Enthaltung (Neutralität) darauf gerichtet, auf die Entscheidung, einen Beschlussantrag (→ Vor §§ 23 ff. Rn. 12) anzunehmen oder abzulehnen, einzuwirken (OLG Jena OLGR 2006, 720; BayObLG ZWE 2000, 270). Empfänger der Einzelstimmen iSv § 130 BGB ist der Versammlungsleiter (BGH NJW 2012, 3372 Rn. 5; 2002, 3629 unter III. 1. b) aa); *Elzer* ZMR 2009, 7 (11)). Die in der Versammlung der Eigentümer unter Anwesenden abgegebene Stimme wird entsprechend § 130 Abs. 1 Satz 1 BGB wirksam, wenn der Versammlungsleiter sie zur Ermittlung des Abstimmungsergebnisses zur Kenntnis nimmt (BGH NJW 2012, 3372 Rn. 5; 1989, 1729 unter 4. b). Handelt es sich um eine in Form von Stimmzetteln verkörperte Willenserklärung unter Anwesenden, liegt ein Zugang vor, wenn sie durch Übergabe in den Herrschaftsbereich des Versammlungsleiters als Empfänger gelangt (BGH NJW 2012, 3372 Rn. 5).

48 Als Willenserklärung unterliegt eine Stimmabgabe den allgemeinen zivilrechtlichen Regeln für Willenserklärungen (*Bub* FS Merle, 2000, 119 (120); *Armbrüster* ZWE 2000, 455 (456)), insbesondere den Vorschriften über die Geschäftsfähigkeit gem. §§ 105 ff. BGB und denen über die Anfechtbarkeit nach §§ 119 ff. BGB (grundlegend BGH NJW 2002, 3629 unter III. 1. b)

aa). Ist eine Stimmabgabe unklar, kann sie ggf. gem. §§ 133, 151 BGB ausgelegt werden. Eine Stimmabgabe muss unbedingt sein (OLG Düsseldorf OLGR 2002, 438 (439); BayObLG MDR 1995, 569; *Mediger* AnwZert MietR 14/2018; aA BayObLG NJOZ 2002, 1053 (1054)). Das folgt aus dem Wesen der Abstimmung, die Klarheit schaffen soll. Die Unzulässigkeit der bedingten Zustimmung lässt sich ferner aus dem BGB-Vorbehalt gegen einen Schwebezustand bei Willenserklärungen ableiten, deren Rechtswirkungen vom Willen des Adressaten unabhängig ist (vgl. §§ 107, 111, 180 BGB).

Ein Wohnungseigentümer kann sich durch einen Stimmbindungsvertrag schuldrechtlich verpflichten, sein Stimmrecht in bestimmter Weise auszuüben (BGH NJW 2009, 669 Rn. 12 zum Gesellschaftsrecht). Verstößt der Abstimmende bei seiner Stimmrechtsausübung gegen eine solche Bindung, ist dies für die Bewertung der Stimmabgabe in der Versammlung der Eigentümer freilich bedeutungslos (OLG Frankfurt a. M. OLGR 2005, 423 (427)). 49

2. Einzelheiten. a) Allgemeines. Die Art und Weise, wie das Stimmrecht auszuüben ist, können die Wohnungseigentümer vereinbaren, wenn es hieran fehlt, aber auch beschließen (BGH NJW 2002, 3629 unter III. 1. b) cc). Fehlt es daran, bestimmt der Versammlungsleiter, was gilt. Die Wohnungseigentümer können ihre Willenserklärungen etwa durch Zuruf, Handzeichen oder mittels Stimmkarten (BGH NJW 2012, 3372 Rn. 5) und damit öffentlich erklären. Eine geheime Wahl (vgl. AG Nürnberg ZMR 2019, 378) ist möglich, setzt aber voraus, dass es später nicht auf die Person des Abstimmenden ankommt, was zB bei einer Abstimmung so sein kann, bei der sich an ein bestimmtes Stimmverhalten Schadenersatzansprüche knüpfen (→ § 18 Rn. 87). Ist keine Anordnung getroffen, hat der Versammlungsleiter einen geeigneten Weg vorzuschlagen, insbesondere in welcher Reihenfolge die Fragen nach Zustimmung, Ablehnung und Enthaltung gestellt werden (BGH NJW 2002, 3629 unter III. 1. b) cc); BayObLG ZMR 2002, 851 (852)), und was gilt, wenn mehrere Gegenstände zur Wahl stehen. 50

b) Widerruf. Nach hM kann die Stimmabgabe unter Bezugnahme auf § 130 Abs. 1 Satz 1 BGB nach ihrem Zugang bei dem Versammlungsleiter nicht mehr widerrufen werden (BGH NJW 2012, 3372 Rn. 8). Hat ein Wohnungseigentümer sich geirrt, kann er seine Stimmabgabe allerdings anfechten. Möglich ist es auch, erneut abzustimmen. 51

c) Blockwahl und Sammelabstimmung. Nach hM sind Blockwahlen (→ § 29 Rn. 16) ebenso wie Sammelabstimmungen (→ Rn. 112; eine gemeinsame Abstimmung über mehrere Beschlussanträge) zulässig, wenn kein anwesender Eigentümer „Einwände" gegen dieses Verfahren erhebt (→ § 29 Rn. 16; vgl. auch § 120 Abs. 1 Satz 2 AktG). 52

d) Kombinierte Beschlussfassung (Sukzessivbeschluss). Es ist vorstellbar, nach einer Vereinbarung das Stimmrecht im Wege eines Sukzessivbeschlusses oder einer sog. „kombinierten Beschlussfassung" auszuüben (KG NJW-RR 1989, 329; *Prüfer,* Schriftliche Beschlüsse, gespaltene Jahresabrechnungen, 138; allgemein BGH NJW 2006, 2044 Rn. 10). Darunter versteht 53 man, dass die in einer Versammlung abgegebenen Stimmen mit Stimmen, die außerhalb der Versammlung abgegeben werden, zusammengefasst werden.

54 **e) Delegiertenversammlung (Vertreterversammlung).** Wohnungseigentümer können vereinbaren, sich bei der Stimmrechtsausübung durch „Delegierte" vertreten zu lassen (aA *Bub* ZWE 2000, 194 (197)). Voraussetzung ist, dass die den Delegierten als Vertretern gegebenen Vollmachten das Stimmrecht der Wohnungseigentümer nicht unzulässig verdrängen. Behalten sich die Wohnungseigentümer aber das Recht vor, Weisungen zu erteilen, und sind die Vollmachten frei widerruflich, entspricht die Möglichkeit einer Delegiertenversammlung ohne weiteres dem in §§ 164 ff. BGB angelegten Vertretungsprinzip. Die Vereinbarung, Delegierte zu entsenden, empfiehlt sich freilich nicht. Ein Vertreter wird wegen gegenläufiger Interessen zum Teil nicht „Diener" mehrerer Wohnungseigentümer sein können (LG München I ZWE 2011, 139). In der Regel wird auch unklar bleiben, wie der Vertreter zu handeln hat, wenn sich Weisungen mehrerer von ihm Vertretener widersprechen. Eine Delegiertenversammlung ist jedenfalls unzulässig und dort getroffene Beschlüsse nichtig, wenn die Delegierten gar keine Vertreter sind und die Wünsche der Wohnungseigentümer auch nur „berücksichtigen" müssen (LG München I ZWE 2011, 139).

55 **f) Stimmrechtsausübung und Schadenersatz.** Grundsätzlich kommt ein Anspruch der Gemeinschaft der Wohnungseigentümer auf Schadenersatz gegen einen Wohnungseigentümer wegen einer positiven oder negativen Stimmrechtsausübung nicht in Betracht (*Elzer* ZMR 2006, 957 (958); offen gelassen von KG ZWE 2002, 37). So liegt es bei schuldhafter Verletzung der Treuepflicht (→ § 10 Rn. 7 ff.), bei einem Verstoß gegen einen Unterlassungstitel (s. a. *Elzer* ZMR 2006, 957 (958)).

56 **g) Vorbeugende Stimmrechtsbeschränkungen.** Um eine nicht den Regeln entsprechende Stimmrechtsausübung zu verhindern, kann ein Wohnungseigentümer nach §§ 1004 Abs. 1 Satz 2 BGB, 18 Abs. 2 Nr. 1 WEG im Einzelfall auf Unterlassung in Anspruch genommen werden. Auch nach §§ 935, 940 ZPO sind Einwirkungen auf die Stimmrechtsausübung vorstellbar (→ Vor §§ 43 ff. Rn. 46).

57 **3. Gespaltenes Abstimmungsverhalten.** Ist das Objektstimmrecht vereinbart, ist es vorstellbar, dass ein Eigentümer mehrerer Wohnungseigentumsrechte bezogen auf jedes anders abstimmt (Staudinger/*Häublein* § 25 Rn. 79; aA Bärmann/*Merle* § 25 Rn. 97). Denn jedes Wohnungseigentumsrecht vermittelt ihm eine von den anderen Wohnungseigentumsrechten unabhängige Stimme. Ein Wohnungseigentümer kann zB selbst oder durch seinen Vertreter für das Wohnungseigentumsrecht 1 mit ja stimmen lassen und selbst für das Wohnungseigentumsrecht 2 mit nein stimmen. Aber auch beim Wertprinzip ist es möglich, dass ein Wohnungseigentümer „gespalten abstimmt", zB mit 20/1000 mit ja und mit den weiteren 50/1000 mit nein. Denn es ist auch hier nicht erkennbar, dass es wohnungseigentumsrechtliche Grundsätze gibt, die gegen dieses gespaltene Abstimmungsverhalten sprä-

chen. Ist ein Wohnungseigentümer Vertreter, ist auch er berechtigt, jeweils anders abzustimmen.

58 Steht ein Wohnungseigentumsrecht mehreren Teilhabern gemeinschaftlich zu (→ Rn. 27 ff.), ist es auch hier vorstellbar, dass beim Objektstimmrecht auch die Teilhaber für jedes Objekt anders abstimmen. Und auch beim Wertprinzip (→ Rn. 22) ist es möglich, dass die Teilhaber „gespalten abstimmen", zB mit 20/1000 mit ja und mit den weiteren 50/1000 mit nein (→ Rn. 36).

V. Vermehrung und Verminderung von Stimmrechten

59 **1. Veräußerung.** Veräußert ein Wohnungseigentümer, dem mehrere Wohnungseigentumsrechte gehören, eines davon, kommt es beim Kopfstimmrecht (→ Rn. 21) zu einer Vermehrung der Stimmrechte (BGH NJW 2018, 552 Rn. 6; 2012, 2434 Rn. 10; OLG München NZM 2007, 45). Denn mit der Veräußerung eines von mehreren Wohnungseigentumsrechten müssen die anderen Wohnungseigentümer jederzeit rechnen. Dies gilt auch dann, wenn die Veräußerung an nahe Angehörige mit dem Ziele vorgenommen wird, sich die Ausübung weiterer Stimmrechte zu sichern (BGH NJW 2018, 552 Rn. 6; OLG München NZM 2007, 45), oder wenn an eine vom Wohnungseigentümer beherrschte Gesellschaft veräußert wird (BGH NJW 2018, 552 Rn. 7). Zu einem möglichen Stimmrechtsmissbrauch in diesem Falle → Rn. 124 ff.

60 **2. Unterteilung.** Durch eine Unterteilung (→ § 8 Rn. 41 ff.) werden die bestehenden Stimmrechte nicht berührt. Teilt ein Wohnungseigentümer sein Wohnungseigentum nachträglich auf und veräußert die neu geschaffenen Wohnungseigentumsrechte an verschiedene Dritte, entstehen – ist nichts anderes vereinbart – bei Geltung des Kopfstimmrechts (→ Rn. 21) keine weiteren Stimmrechte (BGH NJW 2012, 2434 Rn. 8/9; 1979, 870 unter III. 2. c). Auch bei Vereinbarung des Objektstimmrechts (→ Rn. 22) führt eine Unterteilung im Fall der Veräußerung zu keiner Stimmrechtsvermehrung (BGH NJW 2004, 3413 unter III. 4. a). Das zuvor auf das ungeteilte Wohnungseigentumsrecht entfallende Stimmrecht ist entsprechend der Zahl der neu entstandenen Wohnungseigentumsrechte nach Bruchteilen aufgespalten und diesen zugewiesen (BGH NJW 2012, 2434 Rn. 8; 2004, 3413 unter III. 4. a). Sind zB zwei Wohnungseigentumsrechte entstanden, steht jedem Eigentümer ein einzeln auszuübendes halbes Stimmrecht zu. Gilt das Wertstimmrecht (→ Rn. 23) richtet sich das Stimmrecht nach der Größe der jeweiligen Miteigentumsanteile. Zur mittelbaren Einwirkung auf Umlagevereinbarungen durch eine Unterteilung → § 16 Rn. 73.

61 **3. Vereinigung.** Eine rechtliche Vereinigung (→ § 8 Rn. 55) führt in Bezug auf das Stimmrecht zu keiner Beeinträchtigung der anderen Wohnungseigentümer. Während beim Kopf- oder Wertprinzip die Anzahl der Stimmen von der Vereinigung nicht berührt wird, fallen beim Objektprinzip eine oder mehrere Stimmen weg (AG Dortmund ZMR 2019, 800 = BeckRS 2019, 13175 Rn. 12). Dieser Umstand wirkt sich aber auf die bestehenden Stimmrechte vorteilhaft im Sinne einer Verstärkung der

Stimmkraft aus. Zur mittelbaren Einwirkung auf Umlagevereinbarungen durch eine Vereinigung → § 16 Rn. 73.

62 **4. Vereinbarung.** Die Wohnungseigentümer können eine Vermehrung oder Verminderung von Stimmrechten vereinbaren. So kann beispielsweise bestimmt werden, dass jeder Wohnungseigentümer mehrere Stimmrechte hat. Ferner kann zB vereinbart werden, dass jeder Miteigentümer eines Wohnungs- oder Teileigentums ein Stimmrecht hat. Ggf. kann eine solche Vereinbarung unter Umständen auch so ausgelegt werden, dass Bezugspunkt des Miteigentums das gemeinschaftliche Eigentum ist und ferner, dass alle Miteigentümer eines Wohnungseigentums dann insgesamt nur ein Stimmrecht haben. Anderenfalls bestünde die Gefahr einer völlig disproportionalen Stimmgewichtung, die zudem von den Miteigentümern willkürlich durch Veräußerung an weitere Bruchteilseigentümer herbeigeführt werden könnte (so LG Bremen ZMR 2004, 535).

VI. Streit über Stimmrecht

63 Besteht Streit, ob einer Person in der Versammlung der Wohnungseigentümer ein Stimmrecht zusteht, kann gem. § 43 Abs. 2 Nr. 1 WEG auf Feststellung geklagt werden, dass die Person (nicht) stimmberechtigt ist (OLG Hamm NZM 2006, 142; vgl. auch BGH ZMR 2019, 616 zu „Geisterwohnungen"). Ein Beschluss kann hingegen nicht gefasst werden. Insoweit besteht keine Beschlusskompetenz → § 23 Rn. 8 „Versammlung".

E. Vertretung

I. Allgemeines

64 Die Teilnahme an der Versammlung der Wohnungseigentümer ist ebenso wie die Ausübung des Frage-, Rede-, Antrags- oder Stimmrechtes kein höchstpersönliches Recht. Jeder Wohnungseigentümer besitzt daher das Recht, sich als Eigentümer eines Wohnungseigentums durch eine oder sogar durch mehrere Personen (BGH NJW 2012, 2512 Rn. 10; 1993, 1329 unter III. 1; 1987, 650 unter III. 2. a) in der Versammlung der Wohnungseigentümer vertreten zu lassen (BGH NJW-RR 2019, 1354 Rn. 8). Stehen mehrere Wohnungseigentumsrechte im Eigentum eines Wohnungseigentümers und gilt das Objektstimmrecht (→ Rn. 22), kann der Wohnungseigentümer für jedes „Objekt" einen oder mehrere Vertreter bestimmen (AG Niebüll ZMR 2011, 912). Diese Rechte können nicht durch einen Beschluss (*Abramenko* ZWE 2016, 399 (400)), aber auch durch eine Vereinbarung nicht vollständig ausgeschlossen werden (*Abramenko* ZWE 2016, 399 (400); *Jennißen/Intveen* NJW 2007, 2881 (2882)).

65 Umgekehrt können die Wohnungseigentümer zwar vereinbaren, sich bei der Stimmrechtsausübung durch Delegierte vertreten zu lassen (→ Vor §§ 23 ff. WEG Rn. 53). Entsprechende Vollmachten dürfen ihr Stimmrecht aber nicht unzulässig verdrängen. Ein Wohnungseigentümer kann analog § 108 Abs. 3 AktG auch einen Stimmboten entsenden (*Lüke* ZWE 2012,

193 (194); *Häublein* ZWE 2012, 1 (5)). Jedenfalls kann ein Wohnungseigentümer seinen „Vertreter" anweisen, wie er in den einzelnen Fragen abzustimmen hat. Der Vertreter nimmt die Rechte des Wohnungseigentümers wahr, soweit diese bestehen. Nimmt anstelle des Vertreters der Vertretene selbst an der Versammlung teil, wird der Vertreter grundsätzlich zum Dritten mit der Folge, dass er die Versammlung verlassen muss, wenn er nicht als „Berater" handeln darf (LG Karlsruhe NJW-RR 2016, 208; LG Köln ZMR 2013, 378; *Scheff/Schmidt* MDR 2010, 186 (187)). Etwas anderes gilt, wenn der Vertretene nicht als Wohnungseigentümer, sondern als Verwalter an der Versammlung teilnimmt (aA LG Karlsruhe NJW-RR 2016, 208): denn der Verwalter hat ein eigenes Teilnahmerecht an der Versammlung (→ § 23 Rn. 65).

Als Vertreter kommt – soweit keine Vertreterklausel besteht (→ Rn. 82) – **66** grundsätzlich jeder Dritte in Betracht. Etwas anderes gilt im Ergebnis, wenn der Dritte – wäre er Wohnungseigentümer – einem Stimmverbot unterläge (→ Rn. 93 ff.). Neben einer Einzelvertretung ist eine Gruppenvertretung – die Vertretung mehrerer Wohnungseigentümer – (*Wenzel* NZM 2005, 402) oder die Vertretung eines Wohnungseigentümers durch mehrere Vertreter zulässig. In der Praxis ist es Übung, dass der Verwalter einem Wohnungseigentümer von sich aus anbietet, im Falle der Verhinderung für ihn sein Stimmrecht als sein Vertreter wahrzunehmen (LG Dessau-Roßlau ZMR 2009, 794). So ein Fall kann etwa vorliegen, wenn der Verwalter mit der Ladung auf sich ausgestellte Blankovollmachten versendet und auf die Möglichkeit einer Vertretung durch sich hinweist. Ist die Beifügung so zu deuten, dass der Verwalter dem jeweiligen Wohnungseigentümer das Angebot macht, darf er – wenn der Wohnungseigentümer sein Angebot annimmt – den Vertrag nicht zur „Unzeit" kündigen und dem Wohnungseigentümer unmittelbar vor der Versammlung eine Vertretung verweigern (AG Merseburg ZMR 2008, 741). Der Verwalter sollte zu Beginn der Versammlung der Eigentümer ausdrücklich bekannt geben, ob Vertreter handeln und für welche Wohnungseigentümer. Für die Bekanntgabe genügt es allerdings nach hM auch, dass der Versammlungsleiter feststellt, dass 1000/1000stel der Wohnungseigentümer anwesend oder vertreten sind (OLG München ZWE 2011, 262).

II. Erteilung der Vollmacht

1. Allgemeines. Nach § 167 Abs. 1 BGB ist eine Stimmrechtsvollmacht **67** durch eine individuelle Erklärung gegenüber dem zu Bevollmächtigenden oder dem Dritten, gegenüber dem die Vertretung stattfinden soll, zu erteilen. Daneben ist vorstellbar, dass die Wohnungseigentümer vereinbaren, dass das Stimmrecht eines Wohnungs- und/oder Teileigentümers, der nicht anwesend oder anderweitig vertreten ist, vom Verwalter ausgeübt wird (OLG Düsseldorf ZMR 2003, 766 (767); OLG Frankfurt a. M. OLGZ 1986, 45; „automatisierte Vollmacht").

Der Vollmachtgeber muss dem Vertreter – wenn nichts anderes vereinbart **68** ist (→ Rn. 75) – zum Nachweis seiner Vertretungsmacht keine schriftliche Vollmacht erteilen. Die Ausstellung einer Vollmachtsurkunde bietet sich allerdings sehr an, da der Vertreter in der Versammlung der Eigentümer seine Vertretungsmacht nachweisen können muss. Die Erteilung der Vollmacht ist allerdings, da Textform genügt (72), noch während der Versammlung möglich, zB per E-Mail oder anderer elektronischer Nachricht (BR-Drs. 168/20, 81).

69 **2. Umfang. a) Überblick.** Eine Stimmrechtsvollmacht kann für jede (Generalvollmacht) oder nur eine Versammlung, für jeden Beschlussgegenstand, nur für bestimmte Gegenstände oder nur für einen Gegenstand erteilt werden (BayObLGZ 1984, 15 (19); OLG Köln ZMR 2004, 21). Der Vertretene kann dem Vertreter ferner eine Weisung erteilen, wie er abstimmen soll. Der Umfang der Vertretungsmacht kann in zeitlicher und sachlicher Hinsicht begrenzt sein. Wird die Vollmacht nur für eine einzige Versammlung erteilt, erstreckt sie sich im Zweifel auch nur auf die in der Einladung aufgeführten Tagesordnungspunkte (*Wenzel* NZM 2005, 402). Eine Vollmacht umfasst regelmäßig nicht nur das Recht zur Stimmabgabe, sondern auch zur Ausübung der anderen Rechte des vertretenen Wohnungseigentümers, insbesondere dessen Rede- und Antragsrechtes. Eine Stimmrechtsvollmacht kann den Vertreter berechtigen, auch eine Untervollmacht zu erteilen (OLG Karlsruhe ZMR 2003, 289; LG Köln ZMR 2013, 218).

70 **b) Untervollmacht.** Ob der Vertreter eine Untervollmacht erteilen darf, ist eine Frage der Auslegung der (Haupt-)Vollmacht (BayObLG ZMR 2003, 283 (284); LG Köln ZuR 2013, 218). Maßgeblich ist, ob ein Interesse an der persönlichen Wahrnehmung der Vollmacht besteht (OLG Frankfurt a. M. OLGR 2005, 143 (146)). Ist für die Stimmabgabe des Vertreters eine schriftliche Vollmacht erforderlich, ist eine Untervollmacht nur möglich, wenn sich die Zulässigkeit zur Unterbevollmächtigung aus der Vollmachtsurkunde ergibt (OLG Frankfurt a. M. OLGR 2005, 143 (146)). Für oder gegen die Zulässigkeit der Erteilung einer Untervollmacht spricht keine rechtliche oder tatsächliche Vermutung (BayObLG ZMR 2003, 283 (284)).

71 Der Hauptvertreter darf keine Untervollmacht erteilen, wenn sie dem Ziel dient, einen Stimmrechtsausschluss zu umgehen und über den Umweg der Unterbevollmächtigung eine Erweiterung eigener Vertretungsmacht zu ermöglichen (OLG Zweibrücken OLGR 1998, 377 (379)). Der Unterbevollmächtigte tritt nicht als Vertreter des Vertreters, sondern als Vertreter des Hauptvollmachtgebers auf. Wenn dem Vertreter eine Stimmrechtsvollmacht mit einer Weisung für die Ausübung des Stimmrechtes erteilt ist, bindet die Weisung deshalb auch einen Unterbevollmächtigten (BayObLG ZMR 2003, 283 (285)).

72 **3. Form (§ 25 Abs. 3 WEG). a) Überblick.** Eine Stimmrechtsvollmacht bedarf, ist nichts anderes vereinbart (→ Rn. 75), nach § 25 Abs. 3 WEG in Anlehnung an § 47 Abs. 3 GmbHG der Textform (§ 126b BGB). § 25 Abs. 3 WEG geht insoweit § 174 Satz 1 BGB als Sondervorschrift vor (BR-Drs. 168/20, 81). Eine in Textform vorgelegte Vollmacht kann daher im geltenden Recht nicht (mehr) nach § 174 Satz 1 BGB zurückgewiesen werden. Gibt es eine formgerechte Vollmacht, liegt sie in der Versammlung aber nicht vor, reicht das nicht. Eine Stimmrechtsvollmacht in fremder

Sprache ist möglich, aber unzureichend, wenn keine Übersetzung vorliegt und keiner der Anwesenden für sie sorgen kann.

b) Textform (§ 126b BGB). Das Gebot der „Textform" bedeutet, dass eine Stimmrechtsvollmacht in einer Urkunde oder auf eine andere zur dauerhaften Wiedergabe in Schriftzeichen geeignete Weise abgegeben, die Person des Erklärenden genannt und der Abschluss der Erklärung durch Nachbildung der Namensunterschrift oder anders erkennbar gemacht werden muss. Dieser Anforderung genügen die Schriftform und eine notarielle Beurkundung. Ausreichend ist beispielsweise aber auch ein Fax oder eine E-Mail, selbst eine SMS. Eine mündliche Erteilung ist hingegen unzureichend. Eine Inkenntnissetzung des Verwalters durch den ihm von der Stimme her bekannten Eigentümer am Telefon ist beispielsweise nicht denkbar. 73

c) Mängel. Einer Stimmrechtsvollmacht, der es an der erforderlichen Form fehlt, zB eine mündlich erteilte, fehlt nicht nur die Legitimationsfunktion (so aber LG Berlin GmbHR 1996, 50 (55) zu § 47 Abs. 3 GmbHG), sondern sie ist nach § 125 Satz 1 BGB unwirksam (*Becker/Schneider* ZfIR 2020, 281 (301); s. a. BGH NJW 1968, 743 unter II. 2. zu § 47 Abs. 3 GmbHG; BeckOK GmbHG/*Schindler* § 47 Rn. 86.1). Die Stimmabgabe des Stimmrechtsvertreters ist nicht zu berücksichtigen. Dem Stimmrechtsvertreter ist auch kein Teilnahmerecht einzuräumen. Etwas anderes kann allerdings nach § 242 BGB gelten, wenn nämlich ein Wohnungseigentümer in der Versammlung formlos eine Vollmacht erteilt und anschließend niemand der Stimmabgabe widerspricht oder wenn sämtlichen Wohnungseigentümern das Bestehen der Vollmacht bekannt ist und niemand der Stimmabgabe widerspricht (BGH NJW 1968, 743 unter II. 2. zu § 47 Abs. 3 GmbHG). 74

d) Vereinbarung. aa) Überblick. Die Wohnungseigentümer können für eine Vertretungsvollmacht eine strengere Form vereinbaren (OLG München ZMR 2008, 236; OLG Düsseldorf ZMR 2006, 56 (57)). Von der Schriftform nicht erfasst sind allerdings gesetzliche Vertreter oder Verwaltungsbefugte (*Abramenko* ZWE 2016, 399 (402)). Auch Vertreter kraft Amtes, zB ein Insolvenz- oder Zwangsverwalter, bedürfen keiner schriftlichen Vollmacht; auch nicht nach § 174 BGB (*Jacoby,* Das private Amt, 235/236). 75

Die Vereinbarung, dass sich jeder Wohnungseigentümer mittels schriftlicher Vollmacht vertreten lassen muss, kann nach einer Auslegung ferner im Einzelfall nicht den Fall erfassen, dass ein Wohnungseigentum mehreren Personen gemeinschaftlich zusteht (offen LG München I ZWE 2012, 99 (100)). Im Zweifel ist allerdings auch für Miteigentümer eine schriftliche Vollmacht zu verlangen. Dies liegt ua daran, dass die Teilhaber eines Wohnungseigentums keine Wohnungseigentümer sind → § 9a Rn. 6. Es geht daher auch um den Nachweis, ob ein Teilhaber für alle abstimmen darf. Bevollmächtigen die Miteigentümer einen Dritten, muss jeder der Miteigentümer dem Dritten für sich eine Vollmacht erteilen, es sei denn, der Vollmachtgeber vertritt den anderen Miteigentümer, was wieder durch eine schriftliche Vollmacht nachzuweisen ist (aA OLG Düsseldorf ZMR 2006, 56 (57); OLG Rostock BeckRS 2005, 12220). 76

77 **bb) Vorlage im Original.** Ist eine Vertretung ausnahmsweise unter Beachtung von § 47 WEG nur mit schriftlicher Vollmacht zulässig, ist deren Vorlage im Original erforderlich, und zwar – auch bei so genannter Dauervollmacht – in jeder Versammlung (OLG München NZM 2008, 92; BayObLGZ 1984, 15 (19)). Sieht eine Vereinbarung vor, dass eine Vollmacht „schriftlich" iSv § 126 BGB zu erteilen und zu den „Akten" zu übergeben ist, wird diese Regelung in der Regel dahin auszulegen sein, dass nicht nur der Nachweis, sondern die körperliche Übergabe der Vollmacht als Anlage der Niederschrift materielle Voraussetzung für die Ausübung der Stimmrechte ist (OLG München ZMR 2006, 231 (232); *Lehmann-Richter* ZMR 2007, 741 (746)).

78 **4. Prüfungsrecht. a) Überblick.** Tritt in der Versammlung ein Vertreter auf, besitzen der Verwalter, ist er Versammlungsleiter (§ 24 Rn. 105), die anderen Wohnungseigentümer (OLG München NZM 2008, 92) und natürlich auch die Verwaltungsbeiräte (OLG München ZWE 2008, 58) ein jeweils eigenes Prüfungsrecht. Wird dieses Recht nicht gewährt, soll allein darin ein Beschlussmangel liegen (LG Lüneburg ZMR 2019, 220; LG Frankfurt a. M. NJW 2015, 1767). Ob das Verlangen nach (erneuter) Vorlage einer Vollmacht zur Prüfung rechtsmissbräuchlich ist, ist Frage des Einzelfalles (BayObLGZ 1984, 15 (23)). Haben Wohnungseigentümer eine einer Vereinbarung widersprechende Vertretung über mehrere Jahre hingenommen, kann hiervon nur abgewichen werden, wenn gewährleistet ist, dass der betroffene Wohnungseigentümer rechtzeitig für seine ordnungsmäßige Vertretung sorgen kann. Entsprechendes gilt für die Zurückweisung eines Vertreters mangels Vorlage einer schriftlichen Vollmacht (LG Mainz ZWE 2011, 462).

79 **b) Zurückweisung.** Kann ein Vertreter seine Vertretungsmacht nicht nachweisen oder kann er eine nach einer Vereinbarung notwendige schriftliche Vollmacht in der Versammlung nicht vorweisen, kann ihn der Versammlungsleiter (OLG Schleswig ZWE 2018, 185 Rn. 18; OLG München NZM 2008, 92; LG Landau ZWE 2014, 136; aA LG Bremen ZMR 2018, 614), und wenn eine Schriftform vereinbart ist jeder Wohnungseigentümer (LG Mainz ZWE 2011, 462; *Scheff/Schmidt* MDR 2010, 187 (190)) zurückweisen (OLG München NZM 2008, 92; BayObLGZ 1984, 15 (18); *Elzer* ZMR 2009, 7 (11)). Die Zurückweisung hat zur Folge, dass die vom Vertreter wahrgenommenen Stimmen bei der Beschlussfassung nicht mitgezählt werden (BayObLGZ 1984, 15 (18)).

80 Lässt der Versammlungsleiter einen zurückgewiesenen Vertreter ohne Vorlage der Vollmacht dennoch abstimmen, sind vom Vertreter mit gefasste Beschlüsse anfechtbar (OLG München NZM 2008, 92). Wird ein Vertreter nicht zurückgewiesen, ist die von ihm abgegebene Stimme wirksam, wenn er Vertretungsmacht besaß (LG Mainz ZWE 2011, 462).

81 **5. Prozessuales.** Kündigt der Verwalter einem Wohnungseigentümer an, seinen Vertreter nicht (mehr) zur Versammlung zuzulassen, kann ein Wohnungseigentümer gegen die Gemeinschaft der Wohnungseigentümer auf Feststellung des Teilnahmerechtes seines Vertreters klagen (s. a. LG Bremen

ZMR 2018, 614). Anders ist es, wenn die anderen Wohnungseigentümer das Teilnahmerecht in Abrede stellen. Dann ist die Klage gegen die das Teilnahmerecht bestreitenden Wohnungseigentümer zu erheben.

III. Vertreterklauseln

1. Allgemeines. Die Befugnis, sich durch jeden Dritten vertreten zu lassen (→ Rn. 64), kann durch eine Vereinbarung beschränkt werden (BGH NJW-RR 2019, 1354 Rn. 9; NJW 2012, 2512 Rn. 11; 1993, 1329 unter III. 1; grundlegend NJW 1987, 650 unter III. 2); unzulässig ist es nur, die Möglichkeiten einer Vertretung gänzlich auszuschließen oder auf die Person des Verwalters zu beschränken (*Jennißen/Intveen* NJW 2007, 2881 (2882); aA *Drasdo* ZMR 1995, 145; s. a. BGH NJW 1987, 650 unter III. 2. b) aa). 82

Eine solche Vertreterklausel will andere als die Berechtigten vornehmlich von der aktiven Beteiligung an der Versammlung, mithin der Abgabe von Erklärungen oder einer Antragstellung, ausschließen. Sie bezweckt vor allem, die Versammlungen von gemeinschaftsfremden Einwirkungen freizuhalten und den Kreis der Vertretungsberechtigten auf Personen zu beschränken, die entweder mit der Verwaltung des gemeinschaftlichen Eigentums betraut sind (Verwalter), als Wohnungseigentümer bereits an der Versammlung teilnehmen dürfen oder dem vertretenen Wohnungseigentümer besonders nahestehen (BGH NJW-RR 2019, 1354 Rn. 9; NJW 1987, 650 unter III. 2. c). Verschickt der Verwalter mit der Einladung Stimmrechtsvollmachten, muss er nicht darauf hinweisen, dass nach einer Vereinbarung nur ein bestimmter Personenkreis bevollmächtigt werden darf (KG ZMR 2005, 567). 83

In der Praxis werden drei Arten von Vertretungsbeschränkungen bevorzugt: funktions- (Verwalter, Verwaltungsbeirat), gemeinschafts- (andere Wohnungseigentümer) und personenbezogene (Familienangehörige und Ehegatten). 84

2. Anwendungsbereich. Eine Vertretungsbeschränkung ist nach ihrem Sinn und Zweck nicht in allen Fällen einer Vertretung anwendbar. Überblick zu den wichtigsten Praxisfällen: 85

- **Gesetzliche Vertreter.** Eine Vertretungsbeschränkung gilt nicht für den gesetzlichen Vertreter eines Wohnungseigentümers (AG Essen NJW-RR 1996, 79). 86
- **Juristische Personen.** Eine Vertretungsbeschränkung gilt auch für juristische Personen (BGH NJW-RR 2019, 1354 Rn. 9; *Elzer* GE 2010, 455 (458)). Eine solche Person ist aber befugt, sich nicht nur durch ihre organschaftlichen Vertreter, sondern auch durch einen ihrer Mitarbeiter vertreten zu lassen (BGH NJW-RR 2019, 1354 Rn. 10; *Elzer* GE 2010, 455 (458)). Ebenso wie es einer natürlichen Person verwehrt ist, sich durch einen beliebigen Dritten oder den Mitarbeiter eines von ihm beauftragten Verwaltungsunternehmens vertreten zu lassen, kann sich eine juristische Person freilich nicht durch einen Mitarbeiter eines beliebigen anderen Unternehmens vertreten lassen. Eine juristische Person kann sich allerdings dann durch einen Mitarbeiter einer zu demselben Konzern gehörenden (weiteren) Tochtergesellschaft vertreten lassen, wenn diese für die Ver-

waltung des Wohnungseigentums zuständig ist (BGH NJW-RR 2019, 1354 Rn. 15) – selbst dann, wenn die Vertretung auf Verwandte in gerader Linie beschränkt ist (BGH NJW-RR 2019, 1354 Rn. 13).
- **Kommunen und Städte.** Es gelten die Ausführungen zur juristischen Person entsprechend.
- **Nießbraucher.** Streitig ist, was bei einem vom Wohnungseigentümer zur Vertretung ermächtigten Nießbraucher gilt. Nach herrschender und zu folgender Meinung unterfällt ein Nießbraucher einer Vertreterklausel (OLG Hamburg ZMR 2003, 701; *Armbrüster* DNotZ 1999, 562 (578); aA *F. Schmidt* MittBayNot 2002, 188 (189); *Prüfer* ZWE 2002, 258 (259); DNotI-Report 2015, 140). Soll etwas anderes gelten, muss das vereinbart werden.
- **Parteien kraft Amtes.** Eine Vertretungsbeschränkung gilt nicht für Parteien kraft Amtes.
- **Verbände.** Es gelten die Ausführungen zur juristischen Person entsprechend.

87 **3. Auslegung und Treu und Glauben.** Eine ungenaue Vertreterklausel ist – ist sie nicht wegen Unbestimmtheit unanwendbar – streng (*Elzer* MietRB 2006, 11; *Wenzel* NZM 2005, 402 (403)) und eng (BayObLGZ 1981, 220 (224)) auszulegen. Etwa eine personenbezogene Vertretungsbeschränkung kann es im Einzelfall einem Wohnungseigentümer dennoch erlauben, sich auch durch einen Lebenspartner jenseits von § 1 Abs. 1 Satz 1 LPartG vertreten zu lassen (OLG Köln NZM 2004, 656; *Wenzel* NZM 2005, 402 (405); aA BayObLG NJW-RR 1997, 463). Allerdings ist nicht jede Person als Lebenspartner idS anzusehen. Es bedarf vielmehr einer gewissen „Verfestigung". Jedenfalls wenn die Partnerschaft unstreitig ist und die Partner Kinder haben, sollte man von einem Lebenspartner idS ausgehen (OLG Köln NZM 2004, 656). Aber auch ohne Kinder wird man eine Person im Einzelfall als Lebenspartner ansehen müssen.

88 Im Einzelfall ist es den anderen Wohnungseigentümern auf Grund besonderer Umstände nach Treu und Glauben (§ 242 BGB) ferner verwehrt, sich auf eine Vertreterklausel zu berufen (OLG Hamburg ZMR 2007, 477 (478); OLG Karlsruhe OLGZ 1976, 273 (275); ohne Stellungnahme BGH NJW 1987, 650 unter III. 2. c). Ob dem so ist, kann in der Regel erst in der Versammlung der Eigentümer geprüft werden (KG ZMR 1994, 524 (525)). Etwa auf eine Vereinbarung, dass sich ein Wohnungseigentümer nur durch seinen Ehegatten, den Verwalter oder einen anderen Wohnungseigentümer vertreten lassen kann, dürfen sich die anderen Wohnungseigentümer dann nicht berufen, wenn der Ehegatte zur Vertretung aus gesundheitlichen Gründen nicht in der Lage, der Wohnungseigentümer mit den übrigen Wohnungseigentümern völlig zerstritten und erst unmittelbar vor der Versammlung ein neuer Verwalter bestellt worden ist, den der – verhinderte – Eigentümer (noch) nicht kennt (OLG Düsseldorf OLGR 1999, 196 (197)).

89 Eine Vertreterklausel ist im Übrigen nicht anzuwenden, wenn der durch sie beschränkte Wohnungseigentümer im Ausland lebt, nicht verheiratet ist, es sich um eine kleine Wohnungseigentumsanlage handelt, die anderen Wohnungseigentümer mit dem Verwalter „identisch" und die Eigentümer

schließlich zerstritten sind (AG Hamburg-Wandsbek ZMR 2006, 237; für einen im EU-Ausland lebenden Wohnungseigentümer vgl. OLG Karlsruhe ZMR 2006, 795 (796)). Entsprechendes gilt, wenn die Wohnungseigentümer über mehrere Jahre die Vertretung durch Dritte hingenommen haben, obwohl dies – was bekannt war – gegen eine Vertreterklausel verstieß (OLG Köln NJW 2005, 908; OLG Hamm ZMR 2003, 51 (52)). Die Wohnungseigentümer dürfen ihre Handhabung nur in einer Weise „ändern", die gewährleistet, dass der betroffene Wohnungseigentümer rechtzeitig für seine ordnungsgemäße Vertretung sorgen kann.

4. Verstöße. Ist eine Person wegen einer Vertreterklausel nicht berechtigt **90** gewesen, einen Wohnungseigentümer zu vertreten, ist ein mit ihrer Stimme zustande gekommener Beschluss anfechtbar, aber nicht nichtig (BGH NJW 2009, 2132 Rn. 29). Umgekehrt ist auch der unrechtmäßige Ausschluss eines Vertreters, der alle Anforderungen erfüllt hat, nur anfechtbar (BGH NJW 2009, 2132 Rn. 29). Zu den Ausnahmen → § 23 Rn. 14.

IV. Pflichtverstöße des Vertreters

Macht ein Vertreter von seinem Vertretungsrecht keinen Gebrauch oder **91** übt er das von ihm repräsentierte Stimmrecht anders als mit dem Vertretenen besprochen aus, sind hierauf beruhende Beschlüsse grundsätzlich weder anfechtbar noch nichtig (KG ZMR 1998, 658 (659); 1997, 254 (255); aA *Briesemeister* FS Bub, 2007, 18 (33)). Etwas anderes gilt, wenn der Vertreter keine allgemeine Vollmacht hat, sondern durch die Weisungen gebunden ist. Gibt der Vertreter in diesem Falle eine andere als die ihm angewiesene Stimme ab, überschreitet er seine Vollmacht mit der Folge, dass er keine Vollmacht hat (*Abramenko* ZWE 2016, 399 (408)). Wurde seine Stimme gezählt, liegt ein Zählfehler vor (→ Rn. 11).

V. Ermächtigungen

Die Ermächtigung eines Dritten zur Stimmrechtsausübung im eigenen **92** Namen analog § 129 Abs. 3 Satz 1 AktG ist unzulässig. Das Gemeinschaftsverhältnis erlaubt eine Stimmabgabe durch „Strohmänner" nicht, s. a. → Rn. 19.

F. Stimmrechtsausschlüsse

I. Die Stimmrechtsverbote des § 25 Abs. 4 WEG

1. Sinn und Zweck. § 25 Abs. 4 WEG fingiert für die von ihm genann- **93** ten Fälle eine Interessenkollision bei der Willensbildung der Gemeinschaft der Wohnungseigentümer bzw. der Wohnungseigentümer (starre Stimmrechtsschranke). Er will so verhindern, dass sich eine Stimmabgabe vorrangig an einem Eigen- und nicht an dem Interesse der Gesamtheit der Wohnungseigentümer und damit am Interesse der Gemeinschaft der Wohnungseigentümer orientiert.

94 § 25 Abs. 4 WEG will Wohnungseigentümer andererseits auch nicht schlechthin daran hindern, trotz eines Interessenkonfliktes an Entscheidungen über die Verwaltung des gemeinschaftlichen Eigentums mitzuwirken (BGH NJW 2002, 3704 unter III. 3. c) ee) (1)). Er sieht als Sondervorschrift zu § 181 BGB daher kein allgemeines Stimmverbot bei jedweden Interessenkollisionen vor, sondern beschränkt den Ausschluss des Stimmrechtes auf bestimmte, besonders schwerwiegende Fälle (BGH ZWE 2017, 220 Rn. 17; NZM 2014, 275 Rn. 10). Durch die enumerative Aufzählung der Stimmverbote bringt das Gesetz ferner den Grundsatz zum Ausdruck, dass das Stimmrecht jenseits der dort bestimmten Fälle und unabhängig von der jeweiligen Interessenlage bestehen bleiben soll, auch wenn bei einer Beschlussfassung im Einzelfall erhebliche Sonderinteressen betroffen sein können (BayObLG ZMR 2005, 561 (562); 1998, 173 (174)). Näheverhältnisse, insbesondere Verwandtschaftsverhältnisse, führen also grundsätzlich zu keinem Stimmverbot (BGH NZG 2018, 1226 Rn. 27; OLG Saarbrücken FGPrax 1998, 18; LG Frankfurt (Oder) ZWE 2013, 174 (175); *Kümmel* MietRB 2004, 249 (250)).

95 **2. Vornahme eines Rechtsgeschäftes (§ 25 Abs. 4 Fall 1 WEG). a) Überblick.** Ebenso wie § 47 Abs. 4 Satz 2 GmbHG oder § 136 Abs. 1 AktG enthält § 25 Abs. 4 Fall 1 WEG ein Verbot des In-sich-Geschäftes (OLG Zweibrücken OLGR 1998, 377 (378)). Dieses Rechtsgeschäft kann zB ein Kauf-, Dienst- oder Werkvertrag sein. Auch die Abnahme einer Werkleistung ist allerdings ein Rechtsgeschäft idS (*Bub/von der Osten* FD-MietR 2011, 318928; *Thode* ZfBR 1999, 116). Zu den Rechtsgeschäften gehören ferner einseitige oder rechtsgeschäftsähnliche Handlungen (BGH NJW-RR 2011, 1117 Rn. 14), etwa eine Abmahnung. Nimmt ein Wohnungseigentümer hingegen „mitgliedschaftliche" Rechte und Interessen wahr, greift § 25 Abs. 4 Fall 1 WEG nicht (KG MDR 1994, 687; LG Berlin GE 2008, 1203; s. a. BGH NJW-RR 2011, 1117 Rn. 15). Zur Unterscheidung ist danach zu fragen, wo bei der Interessenswahrnehmung der Schwerpunkt liegt (BGH NJW 2002, 3704 unter III. 3. c) ee) (1)). Maßgeblich ist dabei der Beschlussgegenstand.

96 **b) Persönlicher Anwendungsbereich. aa) Überblick.** Es muss sich um ein Rechtsgeschäft mit einem Wohnungseigentümer handeln (zu Miteigentümern → Rn. 31; zu Angehörigen → Rn. 94; zu Insolvenzverwaltern und ähnlichen Dritten → Rn. 94). Der Anwendungsbereich ist allerdings auch für Rechtsgeschäfte mit Dritten eröffnet, aus denen ein Wohnungseigentümer eigene Rechte „ableiten" kann.

97 Sind freilich alle Wohnungseigentümer gleichermaßen betroffen, ist § 25 Abs. 4 Fall 1 WEG nach seinem Sinn und Zweck nicht anwendbar (*Armbrüster/Witsch* NZG 2018, 361 (366)). Ferner ist § 25 Abs. 4 Fall 1 WEG bei Beschlüssen der Ein-Personen-Gemeinschaft nicht anwendbar. Ein Stimmverbot scheidet grundsätzlich aus, weil ein Interessengegensatz zwischen dem abstimmenden Wohnungseigentümer und anderen Wohnungseigentümern oder der Gemeinschaft der Wohnungseigentümer nicht besteht (s. a. BGH NZG 2011, 950; *Hügel/Klepsch* NZG 2005, 905 (908)). Eine Beschlussfassung wäre in der Ein-Personen-Gemeinschaft sonst auch

kaum möglich (*Hügel/Klepsch* NZG 2005, 905 (908). Ist der Alleineigentümer allerdings Verwalter, kann er sich nach Sinn und Zweck entsprechend § 181 BGB nicht entlasten (s. a. *Zöllner* Die Schranken mitgliedschaftlicher Stimmrechtsmacht bei den privatrechtlichen Personenverbänden, 184).

bb) Entsprechende Anwendung. § 25 Abs. 4 Fall 1 WEG kann im Einzelfall entsprechend angewandt werden (BGH ZWE 2017, 220 Rn. 17). Bei einer solchen Analogie ist zwar Zurückhaltung geboten BGH ZWE 2017, 220 Rn. 17). Eine entsprechende Anwendung kommt aber bei einer personellen und wirtschaftlichen Verflechtung von Wohnungseigentümer und (künftigem) Vertragspartner der Gemeinschaft der Wohnungseigentümer in Betracht (BGH ZWE 2017, 220 Rn. 19). Der stimmberechtigte Wohnungseigentümer muss dabei mit dem Dritten wirtschaftlich so eng verbunden sein, dass sein persönliches Interesse mit dem des Dritten im Ergebnis „völlig gleichgesetzt" werden kann (OLG Frankfurt a. M. OLGR 2005, 378 (379); OLG Düsseldorf FGPrax 1999, 10; BayObLG MDR 1993, 344). 98

Entscheidend ist insoweit, ob sich der Wohnungseigentümer bei wirtschaftlicher Betrachtung in demselben Interessenkonflikt befindet, der bestünde, wenn er selbst Vertragspartner werden sollte. Der Wohnungseigentümer muss über eine solche Verflechtung auf Nachfrage zB in der Versammlung oder dem Verwalter Auskunft erteilen (BGH ZWE 2017, 220 Rn. 31). Bleiben seine Aussagen unklar/vage, ist er vom Stimmrecht ausgeschlossen. Überblick: 99

- § 25 Abs. 4 Fall 1 WEG ist entsprechend anzuwenden, wenn der Wohnungseigentümer eine natürliche Person und Alleingesellschafter der Gesellschaft ist oder wenn er diese beherrscht (BGH ZWE 2017, 220 Rn. 20; OLG Oldenburg, ZMR 1998, 195 (196)). 100
- § 25 Abs. 4 Fall 1 WEG ist entsprechend für Geschäfte anzuwenden, aus denen ein Wohnungseigentümer eigene Rechte „ableiten" kann, zB aus einem Vertrag zugunsten Dritter, einer Bürgschaft zu Gunsten des Wohnungseigentümers oder einem Kommissionsgeschäft (LG Frankfurt (Oder) ZWE 2013, 174).
- § 25 Abs. 4 Fall 1 WEG ist entsprechend anzuwenden, wenn der Wohnungseigentümer eine rechtsfähige Personen- oder Kapitalgesellschaft ist, und Vertragspartner ein Gesellschafter oder das Mitglied eines Organs dieser Gesellschaft werden soll, der bzw. das auf die Meinungsbildung in der Gesellschaft entscheidenden Einfluss hat (BGH ZWE 2017, 220 Rn. 20 und Rn. 31; OLG Karlsruhe, ZMR 1998, 408; LG Frankfurt (Oder) ZWE 2013, 174 (175)).
- § 25 Abs. 4 Fall 1 WEG ist ferner in Anlehnung an § 34 BGB, § 43 GenG, § 47 Abs. 4 Satz 2 GmbHG entsprechend anzuwenden, wenn das Rechtsgeschäft mit einem – formal betrachtet – Dritten (va: GmbH, AG, GbR, OHG, KG) geschlossen werden soll, und der Wohnungseigentümer an dem Dritten mehrheitlich beteiligt und dort Geschäftsführer oder geschäftsführender Gesellschafter ist (BGH ZWE 2017, 220 Rn. 32).

- Offen ist, ob eine Gleichsetzung der Interessen von Wohnungseigentümer und Gesellschaft auch in anderen Konstellationen gerechtfertigt ist, etwa wenn der Wohnungseigentümer nur Geschäftsführer der Komplementärin der KG, an der KG über den Kommanditanteil hinaus aber nicht (mittelbar) beteiligt wäre (dafür LG Berlin ZMR 2001, 310 (312)) oder wenn der Wohnungseigentümer nur an der KG und/oder deren Komplementärin beteiligt, aber nicht Geschäftsführer der Komplementärin oder selbst Komplementär ist (s. a. *Armbrüster/Witsch* NZG 2018, 361 (366)).

101 **c) Sachlicher Anwendungsbereich. aa) Überblick.** Beim sachlichen Anwendungsbereich ist danach zu unterscheiden, ob der Wohnungseigentümer bloß private Sonderinteressen oder ob er im Schwerpunkt mitgliedschaftliche Rechte und Interessen verfolgt.

102 **bb) Private Sonderinteressen.** Im Schwerpunkt bloß private Sonderinteressen sind anzunehmen und führen nach § 25 Abs. 4 Fall 1 WEG zu einem Stimmrechtsauschluss, wenn:

103 • darüber beschlossen werden soll, ob mit dem betroffenen Wohnungseigentümer ein Vertrag, zB ein Kauf- oder Werkvertrag, abgeschlossen werden soll;
- einem Wohnungseigentümer von der Gemeinschaft der Wohnungseigentümer gemeinschaftliches Eigentum vermietet werden soll;
- ein deklaratorisches Schuldanerkenntnis der Wohnungseigentümer zugunsten eines Wohnungseigentümers, mit dem eine bereits bestehende Schuld im Wege eines Schuldbestätigungsvertrages zwar nicht neu begründet, aber bestätigt werden soll (KG ZMR 2005, 570 (571));
- es um die Einräumung von Sonderrechten für einen Wohnungseigentümer geht;
- Beschlüsse über Mahnungen (§ 286 BGB) sowie Fristsetzungen gefasst werden sollen.

Überwiegend private Sonderinteressen sind auch bei Abschluss, Änderung oder Aufhebung (Kündigung) des Verwaltervertrages mit einem Wohnungseigentümer-Verwalter anzunehmen (OLG Hamm ZMR 2008, 60; OLG Düsseldorf ZMR 2002, 143 (144); aA *Merle,* Bestellung und Abberufung des Verwalters nach § 26 WEG, 1977, 34; *Kefferpütz,* Stimmrechtsschranken im Wohnungseigentumsrecht, 72). Zur Frage, was gilt, wenn im Rahmen einer einheitlichen Beschlussfassung sowohl über Be- und Anstellung oder Abberufung und Vertragsschluss/Kündigung des Verwaltervertrags entschieden wird.

104 **cc) Im Schwerpunkt „mitgliedschaftliche" Rechte und Interessen.** Ein Wohnungseigentümer verfolgt nach hM im Schwerpunkt „mitgliedschaftliche" Rechte und Interessen (= Rechte und Interessen als Teilhaber des gemeinschaftlichen Eigentums) und ist ungeachtet des § 25 Abs. 4 Fall 1 WEG stimmbefugt, wenn es um so genannte „körperschaftliche Sozialakte" geht. Im Gesellschaftsrecht werden darunter die Bestellung und die Abberufung von Geschäftsführern einschließlich der Beschlussfassung über die dazugehörigen Regelungen der Bezüge und Anstellungsbedingungen, die Ge-

nehmigung von Anteilsübertragungen, die freiwillige Einziehung oder die Nachfolge eines ausscheidenden Gesellschafters verstanden (BGH NZG 2011, 902 Rn. 15). Bei solchen Beschlüssen ist dem Wohnungseigentümer die Mitwirkung nicht schon zu versagen, wenn der Beschlussinhalt zugleich auf seinen persönlichen Rechtskreis einwirkt. So liegt es etwa, wenn:

- es um seine eigene Bestellung zum Verwalter (OLG Hamm ZMR 2008, 60; OLG Celle OLGR 2002, 75 (77)) oder zum Verwaltungsbeirat (OLG Köln MietRB 2006, 322) oder seine „normale" (Regelfall seit Abschaffung des § 26 Abs. 1 Satz 3 WEG aF) Abberufung als Verwalter oder seine Abwahl als Verwaltungsbeirat geht (OLG Düsseldorf FGPrax 1999, 10; OLG Zweibrücken ZMR 1986, 369 (370)); **105**
- beschlossen werden soll, wie sein Sondereigentum benutzt werden darf (BayObLG ZMR 2005, 561 (562));
- es um Vorschüsse zur Kostentragung oder um die Einforderung von Nachschüssen oder die Anpassung der beschlossenen Vorschüsse geht (BayObLG WE 1996, 234 (236); *Münstermann-Schlichtmann* WE 1998, 412 (413)).
- Auch wenn im Rahmen einer einheitlichen Beschlussfassung sowohl über Be- und Anstellung oder Abberufung und Vertragsschluss/Kündigung des Verwaltervertrags entschieden wird, besitzt der vom Stimmrecht eigentlich Ausgeschlossene ein Stimmrecht (BGH NJW 2002, 3704 unter III. 3. c) ee); OLG Karlsruhe ZMR 2008, 408).
- Etwas anderes gilt aber, wenn mit ein und demselben Beschluss über eine Beendigung des Verwalteramtes und des bestehenden Vertragsverhältnisses aus wichtigem Grund abgestimmt wird (BGH NJW 2002, 3704 unter III. 3. c) ee)).
  - Der betroffene Wohnungseigentümer unterliegt hier bereits dann einem vom Versammlungsleiter zu beachtenden Stimmverbot, wenn über die Kündigung des Anstellungsverhältnisses aus wichtigem Grund entschieden werden soll – sofern ein wichtiger Grund wenigstens substanziiert bzw. schlüssig oder nachvollziehbar behauptet ist (ohne Stellungnahme BGH NZG 2017, 700 Rn. 14); der wichtige Grund muss also nicht objektiv vorliegen, darf aber auch nicht ohne Angabe nur behauptet werden. Denn dem Versammlungsleiter ist eine materielle Prüfung des wichtigen Grunds weder zumutbar noch möglich.
  - Kommt es zu einer gerichtlichen Überprüfung der Wirksamkeit des Beschlusses, ist hingegen darauf abzustellen, ob tatsächlich ein wichtiger Grund im Zeitpunkt der Beschlussfassung vorlag oder nicht (s. a. BGH NZG 2017, 700 Rn. 14). Das Vorliegen des wichtigen Grunds hat im Rechtsstreit dabei derjenige darzulegen und zu beweisen, der sich darauf beruft.

d) Entlastung. Ein Wohnungseigentümer ist gem. § 25 Abs. 4 Fall 1 WEG bzw. entsprechend dieser Bestimmung (*Häublein* MietRB 2020, 220 (222)) auch beim Beschluss über seine Entlastung als Verwalter (→ § 28 Rn. 357) oder als Verwaltungsbeirat (→ § 29 Rn. 98) vom Stimmrecht ausgeschlossen (OLG Karlsruhe ZMR 2008, 408; OLG Düsseldorf ZWE 2001, 557). Der Stimmrechtsausschluss umfasst die Ausübung von Stimmrechts- **106**

vollmachten (BayObLG NZM 2003, 204; OLG Zweibrücken ZWE 2002, 283 (284); *Häublein* MietRB 2020, 220 (222)). Ist der Beschluss mit weiteren Abstimmungspunkten verbunden, erstreckt sich der Stimmrechtsausschluss auch darauf (OLG Zweibrücken ZWE 2002, 283 (284)). Ein Wohnungseigentümer kann sich ferner nicht vertreten lassen (OLG Zweibrücken ZWE 2002, 283 (284); BayObLG NJW-RR 1987, 595 (596)).

107 **3. Einleitung/Erledigung eines Rechtsstreites (§ 25 Abs. 4 Fall 2 WEG). a) Sinn und Zweck.** § 25 Abs. 4 Fall 2 WEG trägt dem Grundsatz Rechnung, dass niemand als „Richter in eigener Sache" tätig werden kann (zum Gesellschaftsrecht BGH NJW 2019, 157 Rn. 26; NZG 2010, 1022 Rn. 13). Er erfasst die Fälle, in denen die – sonst legitime – Verfolgung privater Sonderinteressen als nicht mehr erträglich erscheint (BGH NJW 2012, 72 Rn. 10). Es soll verhindert werden, dass der Prozessgegner auf das „Ob" und „Wie" einer gegen ihn gerichteten Prozessführung Einfluss nehmen kann (BGH NZM 2014, 275 Rn. 11; NJW 2012, 72 Rn. 11). Steht das Stimmrecht nicht dem Wohnungseigentümer zu, sondern einem Dritten, ist dieser vom Stimmrecht nach Sinn und Zweck nicht ausgeschlossen (→ Rn. 113 ff.).

108 **b) Persönlicher und sachlicher Anwendungsbereich.** Es muss sich grundsätzlich um einen Rechtsstreit zwischen der Gemeinschaft der Wohnungseigentümer und einem Wohnungseigentümer handeln (s. a. BGH NJW 2018, 552 Rn. 11; NZM 2014, 275 Rn. 9). Zwar lässt der Wortlaut auch einen Rechtsstreit zu, an dem nur die Wohnungseigentümer beteiligt sind. Insoweit ist aber keine Beschlusskompetenz ersichtlich. Vorstellbar ist allerdings, dass ein Wohnungseigentümer neben der Gemeinschaft der Wohnungseigentümer als Partei steht. Der Begriff „Rechtsstreit" ist weit auszulegen. Ihm unterfallen sämtliche streitigen Zivilverfahren sowie die WEG-Streitigkeiten ihrem vollen Umfang nach von der Einleitung, über den Inhalt bis hin zur Beendigung – also auch ein (Prozess-)Vergleich oder eine Klagerücknahme (BGH NZM 2014, 275 Rn. 11; NJW 2012, 72 Rn. 11).

109 Der betroffene Wohnungseigentümer (zu Miteigentümern → Rn. 31) muss im beabsichtigten Rechtsstreit Beklagter, Antragsgegner oder – entgegen dem Wortlaut, aber nach Sinn und Zweck, der Entstehung und der Systematik – Schuldner bzw. Kläger, Antragsteller oder Gläubiger (BGH NZM 2014, 275 Rn. 14) sein – wobei es nicht darauf ankommt, ob er „als Wohnungseigentümer" oder in einer anderen Funktion, etwa als Verwaltungsbeirat oder Verwalter, in Anspruch genommen werden soll. Von § 25 Abs. 4 Fall 2 WEG umfasst werden auch Vorbereitungsmaßnahmen wie Beschlüsse zu Fristsetzungen, Mahnungen, die Einholung eines Gutachtens (AG Landsberg IMR 2011, 425), die Erhebung einer Sonderumlage, das Mahnverfahren, der einstweilige Rechtsschutz (§§ 916 ff., 935 ff. ZPO), ein Schiedsgerichtsverfahren oder die Einschaltung eines Rechtsanwaltes (OLG Köln ZMR 2004, 299 (300)). § 25 Abs. 4 Fall 2 WEG ist weiter einschlägig, wenn es um eine Maßnahme zur Vorbereitung der Zwangsvollstreckung geht (BayObLG ZMR 2001, 826).

110 Wird darüber beschlossen, einen Rechtsstreit gegen einen Wohnungseigentümer und einen Dritten anzustrengen, ist der betroffene Wohnungs-

eigentümer vom Stimmrecht auch ausgeschlossen, soweit der Dritte verklagt werden soll (BayObLG NJW-RR 1998, 231). Soll ein Rechtsstreit gleichzeitig gegen mehrere Wohnungseigentümer eingeleitet werden, sind sämtliche Streitgenossen vom Stimmverbot bei der Beschlussfassung betroffen; auf die Frage, ob die zu Verklagenden als Gesamtschuldner haften, kommt es nicht an (LG München I NJW-RR 2011, 374). Nicht erfasst sind hingegen Abstimmungen über Gegenstände, die kein verfahrensrechtliches Verhalten betreffen (BGH NJW 2012, 72 Rn. 12), selbst dann, wenn der nicht auf verfahrensrechtliche Maßnahmen bezogene Beschluss Auswirkungen auf den Rechtsstreit hat oder haben kann (BGH NJW 2012, 72 Rn. 12).

4. Rechtskräftige Verurteilung (§ 25 Abs. 4 Fall 3 WEG). Ein Wohnungseigentümer ist gem. § 25 Abs. 4 Fall 3 WEG nicht stimmberechtigt, wenn er rechtskräftig verurteilt ist, sein Wohnungseigentum zu veräußern (→ § 17). Die Besonderheit dieses Stimmrechtsauschlusses ist, dass der betroffene Wohnungseigentümer bei allen Beschlussfassungen nicht mitstimmen darf, einerlei welchen Inhaltes und welchen Gegenstandes. Maßgeblich ist die formelle Rechtskraft, § 705 ZPO. Steht das Stimmrecht nicht dem Wohnungseigentümer zu, sondern einem Dritten, ist dieser vom Stimmrecht nach Sinn und Zweck nicht ausgeschlossen (→ Rn. 113). Lautet das Veräußerungsurteil nicht auf Veräußerung eines Wohnungseigentums, sondern auf Veräußerung eines Miteigentumsanteils (→ § 17 Rn. 3), ist der (andere) Miteigentümer nicht vom Stimmrecht ausgeschlossen. 111

5. Sammelabstimmung. Wird über mehrere Gegenstände gemeinsam beschlossen (→ Rn. 52) und ist ein Wohnungseigentümer nur zu einem Punkt vom Stimmrecht ausgeschlossen, erstreckt sich der Stimmrechtsausschluss auch auf die anderen Punkte des Beschlussantrages (OLG Köln NZM 2007, 334; OLG Zweibrücken ZWE 2002, 283 (284)). Innerhalb ein und desselben Abstimmungsvorgangs ist eine Aufspaltung nach unterschiedlichen Abstimmungsinhalten ausgeschlossen. 112

6. Vertretung und Stimmrechtsausschluss. a) Stimmrechtsverbote in der Person des Vertretenen. Ist ein Stimmberechtigter von einem Stimmverbot betroffen, kann er entsprechend § 47 Abs. 4 Satz 1 GmbHG keinen „Treuhänder" einschalten oder sich bei einer Abstimmung vertreten lassen. Ein vom Stimmrecht Ausgeschlossener kann nicht mehr Rechte übertragen, als ihm selbst zustehen (BGH NZM 2014, 275 Rn. 18; BayObLG ZMR 2002, 527 (528); OLG Düsseldorf ZMR 2002, 143 (144); OLG Zweibrücken NZM 1998, 671; OLG Frankfurt a. M. OLGZ 1983, 175). 113

b) Stimmrechtsverbote in der Person des Vertreters. Ein vom Stimmrecht ausgeschlossener Wohnungseigentümer kann entsprechend § 25 Abs. 4 WEG einen Wohnungseigentümer, der nicht vom Stimmrecht ausgeschlossen ist, nicht vertreten (OLG Zweibrücken NZM 2002, 345; BayObLG ZMR 2002, 527 (528); OLG Düsseldorf ZMR 2002, 143 (144); aA OLG München ZWE 2010, 461). Der von der Vertretung ausgeschlossene Wohnungseigentümer kann auch keine Untervollmacht (→ Rn. 70) erteilen (BGH NJW 2009, 2300 Rn. 34; LG Frankfurt a. M. NJW-RR 1988, 596). 114

Anders soll es nach hM sein, wenn er den Untervertreter nicht anweist (OLG Schleswig NZM 2006, 822 (824); OLG Karlsruhe ZMR 2003, 289; OLG Zweibrücken NZM 1998, 671 (672); BayObLG NZM 1998, 668 (669); *Häublein* ZWE 2012, 1 (15)). **Stellungnahme.** Die hM überzeugt nicht. Der Untervertreter ist auch ohne Anweisung nicht „frei".

115 **c) Verwalter als Stellvertreter.** Der Verwalter ist weder durch § 25 Abs. 4 WEG noch durch § 181 BGB gehindert, als Stellvertreter am Beschluss über seine (erneute) Be- (OLG Hamm NJW-RR 2007, 161; OLG Hamburg ZMR 2001, 997 (998)) oder seine Abberufung (OLG München ZWE 2010, 461) mitzuwirken. Dies gilt auch dann, wenn mit dem Beschluss zugleich über den Abschluss des Verwaltervertrags abgestimmt wird. Bei einer Abberufung aus wichtigem Grund (vgl. § 26 Abs. 1 Satz 3 WEG aF) gilt hingegen anderes (LG Saarbrücken ZWE 2009, 49). Ein Stimmverbot folgt hier aus dem in §§ 712 Abs. 1, 737 BGB, §§ 117, 127, 140 HGB enthaltenen allgemeinen Rechtsgedanken, wonach niemand über Maßnahmen gegen sich aus wichtigem Grund mitentscheiden können soll (*Bub/von der Osten* FD-MietR 2010, 309335; LG Köln ZMR 2016, 907; aA OLG München ZWE 2010, 461).

116 Von der isolierten Abstimmung über den Verwaltervertrag ist der Verwalter sowohl als Wohnungseigentümer (OLG Düsseldorf FGPrax 1999, 10) als auch als Stellvertreter (§ 181 BGB) ausgeschlossen (aA KG ZMR 2009, 709; Bärmann/*Merle* § 25 Rn. 151). Der Verwalter ist ferner daran gehindert, als Vertreter eines stimmberechtigten Wohnungseigentümers an der Abstimmung über seine Entlastung (→ § 28 Rn. 357) teilzunehmen (OLG Karlsruhe ZMR 2003, 289; OLG Zweibrücken OLGR 1998, 377 (378)).

117 **7. Ein Verband ist Wohnungseigentümer.** Ist ein Verband Wohnungseigentümer (vor allem eine AG, GmbH, aber auch eine GbR, OHG oder KG – dort kommt es auf den Komplementär an), kann es zu Problemen kommen, wenn nicht der Verband, aber eines seiner Mitglieder oder sein Vertreter – wäre er selbst Wohnungseigentümer – vom Stimmrecht ausgeschlossen wäre.

118 Es bietet sich hier an, wie folgt zu unterscheiden: Ist das Mitglied oder der Vertreter allein (der einzige Gesellschafter, der einzige Geschäftsführer, der einzige Vorstand etc), ist auch der Verband – der selbst nicht vom Stimmrecht ausgeschlossen wäre – vom Stimmrecht ausgeschlossen (im Ausnahmefall, nämlich wenn die Verbandsversammlung das handelnde Organ angewiesen hat, kommt es auf die Verbandsversammlung an). Hat der Verband hingegen mehrere Mitglieder oder Vertreter (zB mehrere Gesellschafter, Geschäftsführer, Vorstände, geschäftsführende Gesellschafter etc), kommt es darauf an, ob das Mitglied oder der Vertreter den Willen des Gesamtorgans rechtlich beherrscht (s. a. OLG Karlsruhe NZG 2001, 30; OLG Brandenburg NJW-RR 2001, 1185). Entsprechendes gilt, wenn der vom Stimmrecht Ausgeschlossene auf den Willen des Gesamtorgans einen ungewöhnlichen („krassen") persönlichen Einfluss hat (BGH NJW 1962, 864 unter A. I.).

119 Zum Fall, dass das Mitglied oder der Vertreter Wohnungseigentümer ist („wirtschaftliche Verflechtung"), → Rn. 100.

8. Rechtsfolgen. Ein Wohnungseigentümer, der von einem Stimmverbot betroffen ist, darf nicht mitstimmen. Dies wirkt sich bei der Berechnung der Beschlussfähigkeit aus, sofern diese vereinbart ist. Nimmt ein vom Stimmrecht Ausgeschlossener dennoch an der Abstimmung teil, ist seine Stimme nicht zu zählen. Ausgeschlossen ist allerdings stets nur das Stimmrecht. Nicht betroffen sind also ua das Teilnahmerecht (BayObLG NZM 2002, 615; AG Nürnberg ZMR 2006, 83), das Recht, sich an der Aussprache zu beteiligen, das Recht, einen Antrag zu stellen und/oder das Recht, einen Beschluss anzufechten (*Kümmel* MietRB 2004, 249 (251)). 120

Gilt in einer Wohnungseigentumsanlage das Objektstimmrecht (→ Rn. 22), ist der Eigentümer mehrerer Stimmrechte insgesamt vom Stimmrecht ausgeschlossen, auch wenn sich das Stimmverbot sachlich nur auf ein Wohnungseigentumsrecht bezieht (LG Berlin ZMR 2019, 535 = BeckRS 2018, 40309 Rn. 14). Denn das Gesetz differenziert nicht danach, welche Wohnungseigentumsrechte betroffen sind, sondern stellt auf die Person des Eigentümers ab (LG Berlin ZMR 2019, 535 = BeckRS 2018, 40309 Rn. 14). 121

9. „Fernwirkungen“. Einen Insolvenz- oder Zwangsverwalter oder ähnliche Dritte trifft nicht das Stimmrechtsverbot des vom Stimmrecht ausgeschlossenen Wohnungseigentümers (*Kefferpütz,* Stimmrechtsschranken im Wohnungseigentumsrecht, 118 ff.). Ist der vom Stimmrecht ausgeschlossene Wohnungseigentümer Verwaltungsbeirat und sind Verwaltungsbeiräten Aufgaben der Versammlung der Eigentümer durch Vereinbarung übertragen worden, ist der Wohnungseigentümer bei einer Abstimmung innerhalb des Beirats analog § 25 Abs. 4 WEG vom Stimmrecht ausgeschlossen. Das Stimmverbot eines Verbandes kann im Einzelfall nach einer Abwägung seine Gesellschafter oder Organe „infizieren“. 122

10. Verstöße. Zählt der Versammlungsleiter vorsätzlich oder versehentlich eine ausgeschlossene Stimme bei der Berechnung der Stimmenmehrheit mit, ist der von ihm festgestellte und verkündete Beschluss wegen eines Zählfehlers (→ Rn. 11) nach hM (nur) anfechtbar. Eine gegen § 25 Abs. 4 WEG verstoßende Stimmabgabe ist zwar nichtig und bei der Stimmenauszählung nicht mitzuzählen (BGH ZWE 2017, 220 Rn. 33; NJW 1988, 1844 unter 3. zur GmbH). Sie führt aber nicht zur Nichtigkeit des Beschlusses (BGH NJW 2002, 3704 unter III. 3. e) aa); OLG Düsseldorf OLGR 1998, 109; LG Dresden ZMR 2007, 492). Der Beschluss ist für ungültig zu erklären, wenn sich die Stimmabgabe auf das Beschlussergebnis ausgewirkt hat (BGH ZWE 2017, 220 Rn. 33; OLG Hamburg OLGR 200, 137 (139); OLG Köln OLGR 2002, 53 (54)). 123

II. Stimmrechtsmissbrauch (Majorisierung)

1. Überblick. Ein Wohnungseigentümer kann nach der ihm gegenüber den anderen Wohnungseigentümern (→ § 10 Rn. 7) bzw. gegenüber der Gemeinschaft der Wohnungseigentümer (→ § 10 Rn. 8) obliegenden Treuepflicht im Einzelfall gehalten sein, in bestimmter Weise abzustimmen (allgemein BGH NJW 2010, 65 Rn. 23; 1987, 189 unter II. 1.). Stimmt ein 124

Wohnungseigentümer entgegen dieser Bindung ab, „missbraucht" er sein Stimmrecht mit der Folge, dass seine Stimme unwirksam ist (→ Rn. 133).

125 Mit der Annahme eines solchen Stimmrechtsmissbrauchs sind besonders gelagerte Ausnahmefälle beschrieben (BGH NJW 2018, 552 Rn. 19). Die Annahme, ein Beschluss sei nicht nur anfechtbar, sondern die auf ihn bezogene Stimmabgabe sei bereits nichtig, muss eine seltene sein. Sie muss vor allem solche Fälle betreffen, in denen eine Anfechtung nicht abgewartet werden kann und eine Kontrolle bereits im Rahmen der Abstimmung stattfinden muss.

126 In Praxis und Theorie kommt ein Missbrauch des Stimmrechts in der Regel nur in den Blick, wenn eine Person oder eine kleine, fest zusammengefügte Gruppe von Wohnungseigentümern die anderen durch ihr Stimmenübergewicht beherrscht und die Mehrheit zur Durchsetzung eigennütziger, sachlich nicht gerechtfertigter oder gesetzwidriger Ziele nutzt, und wird dann im Wohnungseigentumsrecht unter dem Stichwort „Majorisierung" diskutiert (→ Rn. 130). Die Frage eines Stimmrechtsausschlusses aus Treuegesichtspunkten ist freilich eine allgemeine und kann auch einen Wohnungseigentümer betreffen, der keine Mehrheit hat (→ Rn. 127; s. a. BGH NJW 1995, 1739 unter A. I. 1.).

127 **2. Voraussetzungen eines Stimmrechtsmissbrauchs.** Wie Wohnungseigentümer abstimmen, ob sie einem Beschlussantrag zustimmen, ihn ablehnen oder sich der Stimme enthalten, obliegt grundsätzlich ihrer freien Entscheidung. Es gilt der Grundsatz der Privatautonomie (s. a. *Hennrichs* NZG 2015, 41). In besonders gelagerten Einzelfällen können sich aus dem Gesichtspunkt der Treuepflicht (→ Rn. 124; → § 10 Rn. 7) allerdings Stimmpflichten ergeben. Wohnungseigentümer sind als Miteigentümer sowie auf Grund ihrer Mitgliedschaft in der Gemeinschaft der Wohnungseigentümer gehalten, die Interessen der Miteigentümer und der Gemeinschaft zu wahren und sie nicht zu schädigen. Die Treuepflicht kann sich, bezogen auf die Ausübung des Stimmrechts, im Einzelfall zu einer Stimmpflicht „verdichten". Dabei sind die Interessen der Beteiligten gegeneinander abzuwägen. Im Rahmen dieser Interessenabwägung wiederum kommt es ua darauf an, ob die Beteiligten rechtlich schutzwürdige Interessen geltend machen können und welches relative Gewicht diese schutzwürdigen Interessen im Einzelfall haben (s. a. *Hennrichs* AcP 195, 1995, 221 (250)).

128 Dass ein Wohnungseigentümer zu seinen Gunsten, zugunsten eines Angehörigen oder eines ihm Verbundenen abstimmt, reicht nicht. Bloße Näheverhältnisse, insbesondere Verwandtschaftsverhältnisse, führen zu keinem Stimmverbot (BGH NJW 2003, 2314 unter II. 2. a); LG Frankfurt (Oder) ZWE 2013, 174). Ferner reicht es nicht, dass der Beschluss zu seinem „Vorteil" ist, dem Wohnungseigentümer etwa eine Genehmigung erteilt wird.

129 Notwendig ist, dass der Wohnungseigentümer sich oder anderen einen Vorteil schafft, der nach Treu und Glauben nicht hinzunehmen ist, oder dass der Wohnungseigentümer sich einer Maßnahme entgegenstellt, die nach einem objektiven Maßstab verlangt werden kann. So liegt es, wenn die Sachlage objektiv eine bestimmte Maßnahme zwingend gebietet, also die zu beschließende Maßnahme zur Erhaltung des Geschaffenen oder zur Vermeidung von Verlusten dringend geboten ist, und dem Wohnungseigentümer die Zustimmung zumutbar ist (s. a. BGH NJW 2016, 2739 Rn. 16). Für die Frage, wann es so liegt, kann ua an § 10 Abs. 2 WEG angeknüpft werden (schwerwiegende Gründe, Berücksichtigung aller Umstände des Einzelfalles, Rechte und Interessen der anderen Wohnungseigentümer, Unbilligkeit), dem derselbe Regelungskonflikt zu Grunde liegt.

3. „Majorisierung“. Die Frage des Stimmrechtsmissbrauchs wird häufig im Zusammenhang mit der Stimmrechtsausübung eines „Mehrheitseigentümers“ gestellt. Für die Annahme einer Majorisierung bedarf es auf Seiten des Majorisierenden zum einen einer Mehrheit der Stimmen. Zum Stimmenübergewicht müssen dann weitere Umstände hinzutreten, die sich als Verstoß gegen die Pflicht zur Rücksichtnahme auf die Interessen der Gesamtheit der Wohnungseigentümer und damit gegen die Grundsätze ordnungsmäßiger Verwaltung darstellen (BGH NJW 2018, 552 Rn. 15; 2002, 3704 unter III. 3. e) bb); OLG Karlsruhe ZMR 2008, 408; OLG München ZMR 2006, 950 (952); LG Frankfurt (Oder) ZWE 2013, 174). **130**

Zur Ermittlung dieser Umstände ist die Lage sorgfältig zu ermitteln und sind alle Prüfsteine umfassend miteinander abzuwägen. Da eine Majorisierung nur im Einzelfall festgestellt werden kann, wirkt sie sich weder generell auf die Stimmrechte aus (BayObLG ZMR 2006, 139) noch kann ihr durch eine gerichtlich zu verfügende Beschränkung der Stimmrechtsausübung für die Zukunft oder durch eine generelle Begrenzung der Stimmrechte auf 25% (OLG Düsseldorf WE 1984, 120) oder einen anderen Höchstsatz begegnet werden (KG NJW-RR 1987, 268). **131**

Weitere Umstände können zB vorliegen, wenn sich der Mehrheitseigentümer „unangemessene“ Vorteile verschafft (BGH NZM 2012, 275 Rn. 22; NJW 2002, 3704 unter III. 3. e) aa) oder ein persönlich ungeeigneter Verwalter gewählt wird (BGH NJW 2012, 1884 Rn. 10; NZM 2012, 275 Rn. 22). Eine Majorisierung ist vor allem bei Vereinbarung eines Objekt- oder Wertstimmrechtes (→ Rn. 23) möglich (BGH NJW 2002, 3704 unter III. 3. e) aa); LG Saarbrücken ZWE 2013, 90), aber nicht zwingend: eine „Regel“, wann eine Majorisierung vorliegt, ist weder allgemein noch begrifflich darstellbar (LG Berlin GE 2008, 1203). **132**

4. Rechtsfolge. a) Unwirksamkeit der Stimme. Unter Missbrauch des Stimmrechts abgegebene Stimmen sind unwirksam (BGH NJW 2002, 3704 unter III. 3. e) aa); 1991, 846 unter 2; LG Mainz ZWE 2011, 462; AG Viersen NZM 2013, 688; *Becker* ZWE 2012, 297 (298); s. a. BGH NJW 2016, 2739 Rn. 17). Verkennt der Versammlungsleiter die Unwirksamkeit, liegt also ein Zählfehler vor (→ Rn. 11), ist der entsprechende Beschluss anfechtbar (→ Rn. 123). Der von rechtsmissbräuchlich (= unwirksam) ausgeübten Stimmen getragene Beschluss ist dann im Wege fristgerechter Anfechtung für ungültig zu erklären (BGH NZM 2012, 116 Rn. 12; NJW 2002, 3704 unter III. 3. e) aa). Haben sich die unwirksamen Stimmen auf das Ergebnis allerdings nicht ausgewirkt, hat die Anfechtung keinen Erfolg. **133**

b) Unwirksamkeit des Beschlusses. Verfolgt ein beherrschender Wohnungseigentümer in sachwidriger Weise eigene Zwecke auf Kosten der **134**

anderen Wohnungseigentümer, soll die Ausnutzung seiner Stimmenmehrheit im Einzelfall auch gem. § 138 Abs. 1 BGB zur Nichtigkeit des entsprechenden Beschlusses führen können (OLG Schleswig NZM 2006, 384 (385)). **Stellungnahme.** Dem ist nicht zu folgen. Eine treuwidrig abgegebene Stimme führt nicht dazu, dass der von ihr getragene Beschluss nichtig ist (BGH NZM 2012, 275 Rn. 21).

G. Aufbewahrung der Verwaltungsunterlagen

I. Begriff

135 Die Verwaltungsunterlagen (→ § 18 Rn. 153) sind von der Gemeinschaft der Wohnungseigentümer aufzubewahren (zum alten Recht *Bub* ZWE 2018, 297 (302); *Röll* WE 1998, 336) und angemessen zu schützen. Für die Gemeinschaft der Wohnungseigentümer handelt der Verwalter. Mit Beendigung des Verwaltervertrages hat der bis dahin Bestellte der Gemeinschaft der Wohnungseigentümer die Verwaltungsunterlagen gem. §§ 667, 675 BGB herauszugeben (→ § 26 Rn. 364). Die Herausgabe in Form eines bestimmten Mediums, führt nicht dazu, dass der Anspruch auf Herausgabe der Unterlagen in Form eines anderen Mediums entfällt (→ § 26 Rn. 364). Gegenüber dem Anspruch auf Herausgabe steht dem früheren Träger des Verwalteramtes kein Zurückbehaltungsrecht, etwa wegen Vergütungsansprüchen, zu.

II. Art und Weise

136 **1. Überblick.** Die Verwaltungsunterlagen sind im Original aufzubewahren (s. a. KG BeckRS 2010, 8460; LG Hamburg BeckRS 2020, 7329 Rn. 20; LG Kempten BeckRS 2016, 20368, LG Freiburg NJW-RR 2011, 1096). Sind die Originalbelege nicht mehr umfassend vorhanden, muss die Gemeinschaft der Wohnungseigentümer im Einzelnen darlegen und benennen, wo solche noch vorhanden sind und diese vorlegen (s. a. LG Hamburg BeckRS 2020, 7329 Rn. 20). Alternativ ist eine Speicherung entsprechend § 25 Abs. 5 Satz 1 WEG bzw. § 257 Abs. 3 HGB, § 147 Abs. 2 AO als Wiedergabe auf einem Bildträger oder auf anderen Datenträgern möglich. Es muss dann sichergestellt sein, dass die Wiedergabe oder die Daten mit den empfangenen Briefen und den Buchungsbelegen bildlich und mit den anderen Unterlagen inhaltlich übereinstimmen (s. a. LG Hamburg BeckRS 2020, 7329 Rn. 20; aA LG Freiburg NJW-RR 2011, 1096). Außerdem müssen die Verwaltungsunterlagen während der Dauer der Aufbewahrungsfrist (→ Rn. 138) jederzeit verfügbar sein, unverzüglich lesbar gemacht und maschinell ausgewertet werden können (s. a. LG Berlin ZMR 2019, 122).

137 **2. Einwirkungen.** Die Wohnungseigentümer können über die Art und Weise der Aufbewahrung durch Beschluss Weisung erteilen (allgemein → § 27 Rn. 81). Es besteht ferner eine Beschlusskompetenz (→ § 23 Rn. 3 ff.) für die Regelung, dass für die Verwaltungsunterlagen ein Raum angemietet oder geliehen wird.

III. Aufbewahrungsfrist

1. Grundsatz. Eine Reihe von Verwaltungsunterlagen ist grundsätzlich dauerhaft aufzubewahren (*Greiner* ZMR 2018, 131 (134)). Etwa die Teilungserklärung und die Gemeinschaftsordnung, Niederschriften und Urteile nach § 25 Abs. 5 Satz 1 WEG, aber auch Pläne, Anleitungen, laufende Verträge, Policen etc dürfen nicht vernichtet werden (AG Bad Segeberg BeckRS 2011, 27907; AG Königstein NZM 2000, 876). 138

Briefe, Rechnungen, Kontoauszüge, Belege und ähnliche Unterlagen sind hingegen analog § 147 Abs. 3 AO jedenfalls solange aufzubewahren, wie die Wohnungseigentümer oder die Gemeinschaft der Wohnungseigentümer an der Aufbewahrung noch ein Interesse hat (*Greiner* ZMR 2018, 131 (134)). Dieses Interesse besteht nach hM in der Regel 6 Jahre (Korrespondenz) bzw. für Wirtschaftspläne und Abrechnungen 10 Jahre (OLG München NJW-RR 2008, 1182 (1185); AG Königstein NZM 2000, 876; AG München DWE 1990, 40). Sofern die Gemeinschaft der Wohnungseigentümer eigene Arbeitnehmer beschäftigt, sind die Lohnkonten nach § 41 Abs. 1 Satz 6 EStG bis zum Ablauf des 6. Kalenderjahres, das auf die zuletzt gebuchte Lohnzahlung folgt, aufzubewahren. 139

Die Aufbewahrungsfristen beginnen jeweils am Schluss des Kalenderjahres, in dem die Verwaltungsunterlagen ins Eigentum der Gemeinschaft der Wohnungseigentümer gelangt sind. 140

2. Einwirkungen. Die Wohnungseigentümer können eine Aufbewahrungsfrist vereinbaren, sofern Verwaltungsunterlagen nicht dauerhaft aufbewahrt werden müssen. Ferner können die Wohnungseigentümer die Aufbewahrungsfrist durch Beschluss verlängern. Ein Beschluss, die Verwaltungsunterlagen vorzeitig zu vernichten, ist möglich (*Greiner* ZMR 2018, 131 (134); aA OLG München NJW-RR 2008, 1182 (1185); AG Bad Segeberg BeckRS 2011, 27907), aber anfechtbar (AG Königstein NZM 2000, 876). Der Beschluss wird in der Regel keiner ordnungsmäßigen Verwaltung entsprechen. 141

IV. Verstöße

Werden die Verwaltungsunterlagen vom Verwalter nicht ordnungsmäßig verwaltet, verletzt er seine Amtspflichten und schuldet ggf. Schadenersatz (→ § 26 Rn. 382 ff.). 142

H. Abdingbarkeit

Während die ersten drei Absätze im Wege der Vereinbarung abdingbar sind (für Abs. 2 vgl. BGH NJW 2015, 3371 Rn. 12), stellt der durch Absatz 4 bestimmte Stimmrechtsausschluss nach herrschender Lehre zwingendes Recht dar (*Pauly* ZMR 2013, 13 (17); *Bub* FS Seuß, 53 (60); aA KG ZMR 2005, 570 (571); differenzierend *Kefferpütz*, Stimmrechtsschranken im Wohnungseigentumsrecht, 229 ff.). Die Frage, ob eine der in § 25 Abs. 4 WEG benannten Interessenskollisionen vorliegt, könne nicht in das Anfech- 143 tungsverfahren mit der Gefahr verlagert werden, dass ein unangefochtener Beschluss bestandskräftig wird (s. a. BGH NJW 1989, 2694 unter I. 2. c) für § 47 Abs. 4 GmbHG). Eine Vereinbarung, die einen Wohnungseigentümer, der mit der Zahlung von Hausgeld in Verzug ist, von der Teilnahme an der Versammlung der Eigentümer ausschließt, soll ebenso wie eine, die ihm wegen Zahlungsrückständen das Stimmrecht entzieht, nichtig sein (dazu → Rn. 19).

Bestellung und Abberufung des Verwalters

26 (1) **Über die Bestellung und Abberufung des Verwalters beschließen die Wohnungseigentümer.**

(2) [1] **Die Bestellung kann auf höchstens fünf Jahre vorgenommen werden, im Fall der ersten Bestellung nach der Begründung von Wohnungseigentum aber auf höchstens drei Jahre.** [2] **Die wiederholte Bestellung ist zulässig; sie bedarf eines erneuten Beschlusses der Wohnungseigentümer, der frühestens ein Jahr vor Ablauf der Bestellungszeit gefasst werden kann.**

(3) [1] **Der Verwalter kann jederzeit abberufen werden.** [2] **Ein Vertrag mit dem Verwalter endet spätestens sechs Monate nach dessen Abberufung.**

(4) **Soweit die Verwaltereigenschaft durch eine öffentlich beglaubigte Urkunde nachgewiesen werden muss, genügt die Vorlage einer Niederschrift über den Bestellungsbeschluss, bei der die Unterschriften der in § 24 Absatz 6 bezeichneten Personen öffentlich beglaubigt sind.**

(5) **Abweichungen von den Absätzen 1 bis 3 sind nicht zulässig.**

Literatur (zur älteren Literatur siehe Vorauflage): *Abramenko,* Der Ehrschutz des Verwalters, ZfIR 2018, 649; *Abramenko,* Die gerichtliche Verwalterbestellung ohne Anrufung der Versammlung der Eigentümer, ZMR 2009, 429; *Armbrüster,* Verbände als Verwalter nach dem WEG, NZM 2012, 369; *Becker,* Umwandlung von Verwaltungsunternehmen – Kontinuität im Verwalteramt, FS *Merle,* 2010, 51; *Böhringer,* Notarielle Unterschriftsbeglaubigung bei WEG-Beschlüssen, DNotZ 2016, 831; *Brink,* Datenschutz und Datensicherheit beim Verwalterwechsel, ZWE 2014, 149; *Casser,* Nachwirkende Pflichten des ausgeschiedenen Verwalters, ZWE 2014, 157; *Dötsch,* Die Ordnungsverfügung gegen den Wohnungseigentumsverwalter, NZM 2020, 121; *Drasdo,* Die Wohnungseigentumsverwaltung bei alten- und pflegegerechten Wohnformen, NZM 2020, 129; *Drasdo,* Die Änderungen der MaBV – und was nun?, ZfIR 2018, 263; *Elzer,* Abnahme des gemeinschaftlichen Eigentums durch den Verwalter, ZWE 2017, 112; *Heinemann,* Die Geltung der Makler- und Bauträgerverordnung (MaBV) für Wohnungseigentumsverwalter, AnwZert MietR 20/2018; *Heinemann,* Berufszulassungsregelungen für gewerbliche Wohnungseigentumsverwalter, MietRB 2016, 117; *Jacoby,* Die Stellung des Verwalters, ZWE 2019, 20; *Jacoby/Lehmann-Richter/Weiler,* Die AGB-Kontrolle der Verwaltervergütung im Spiegel der höchstrichterlichen Rechtsprechung zu Bankentgelten, ZMR 2018, 181; *Jacoby,* Verbraucherschutz – Widerrufsrecht bei Verwalterverträgen, ZWE 2016, 68; *Jacoby,* Die Inhaltskontrolle des Verwaltervertrags, FS Derleder, 2015, 235; *Jacoby,* Das private Amt, 2007; *Kopp,* Die Rechtsnachfolge bei Verschmelzung einer Verwaltergesellschaft, ZWE 2014, 244; *Lüke,* Die Insolvenz des Verwaltungsunternehmens, FS Seuß, 2007, 165; *Martini,* Die Fortbildungspflicht des Wohnungseigentumsverwalters nach § 15b MaBV, AnwZert

MietR 3/2020; *Merle,* Bestellung und Abberufung des Verwalters nach § 26 WEG, 1977; *Ott,* Ausgewählte Probleme der Verwalterbestellung und des Abschlusses eines Verwaltervertrages, ZWE 2016, 159; *Pauly,* Die Amtsniederlegung des Verwalters – ein stiefmütterlich behandeltes Problem des Wohnungseigentumsrechts, ZMR 2018, 737; *Rüdiger,* Baurechtliche Ordnungsverfügungen in der WEG, ZfIR 2019, 469; *Sauren,* AGB-Kontrolle des Verwaltervertrags und Infektion des Bestellungsbeschlusses, NZM 2018, 272; *Scheuer,* Aufgaben des neuen Verwalters nach Übernahme der Verwaltung, ZWE 2014, 152; *Schmid,* Gesellschaften als Wohnungseigentumsverwalter, NZG 2012, 134; *Schultzky,* Die höchstpersönliche Aufgabenerfüllung durch den Verwalter, MietRB 2015, 379; *Serr,* Übergang der WEG-Verwalterstellung bei Umwandlungen ZWE 2016, 307; *Sommer,* Probleme des Wechsels in der Unternehmensform, insbesondere Übernahmen von Verwaltungsunternehmen, ZWE 2017, 203; *Suilmann,* Die Vergütung des Verwalters, MietRB 2018, 251; *Suilmann,* Mangelhafte Ersthersteilung – Was kommt auf den Verwalter zu?, ZWE 2017, 61; *Suilmann,* Zur Wiederbestellung des amtierenden Verwalters, ZWE 2011, 315; *Wicke/Menzel,* Der Amtsübergang bei Umstrukturierung des WEG-Verwalters, MittBayNot 2009, 203; *Zajonz/Nachtwey,* Auswirkungen der Verschmelzung einer GmbH auf ihre Stellung als WEG-Verwalter, ZfIR 2008, 701; *Zschieschack,* Die gerichtliche Kontrolle der Verwaltervergütung, ZMR 2018, 160.

Übersicht

A. Entstehungsgeschichte

1 Die Bestimmung findet sich schon immer im Gesetz. Sie hatte zunächst zwei Absätze. Absatz 1 entspricht dem heutigen Absatz 1. Absatz 2 räumte dem Gericht ursprünglich eine ausdrückliche Kompetenz ein, auf Antrag eines Wohnungseigentümers oder eines Dritten einen Notverwalter zu bestellen. Das Gesetz zur Änderung des Wohnungseigentumsgesetzes und der Verordnung über das Erbbaurecht vom 30.7.1973 (BGBl. I 910) formte § 26 WEG dann stark um (zu den Gründen vgl. BT-Drs. 7/62, 7 und 8). Es fügte Absatz 1 drei weitere Sätze zu. Ferner fügte es zwei weitere Absätze ins Gesetz ein, wobei der ehemalige Absatz 2 zum Absatz 3 wurde. Die damals neu entstandenen Sätze 2 und 4 des Absatzes 1 stimmen im Kern mit den heutigen Sätzen 1 und 2 des Absatzes 2 überein. Die Absätze 2 und 4 entsprechen den heutigen Absätzen 2 und 4. Absatz 1 Satz 3 ordnete an, dass die Abberufung des Verwalters auf das Vorliegen eines wichtigen Grundes beschränkt werden kann. Das Gesetz zur Förderung der Elektromobilität

und zur Modernisierung des Wohnungseigentumsgesetzes und zur Änderung von kosten- und grundbuchrechtlichen Vorschriften vom 16.10.2020 hat diesen Satz gestrichen. Ein berechtigtes Interesse, die Abberufung des Verwalters als Organ der Gemeinschaft der Wohnungseigentümer zu beschränken, sei nicht ersichtlich (BT-Drs. 168/20, 82). Ferner hat dieses Gesetz Absatz 1 Satz 4, eine Regelung zur Beschlusssammlung, gestrichen. Diese war durch das Gesetz zur Änderung des Wohnungseigentumsgesetzes und anderer Gesetze vom 26.3.2007 (BGBl. I 370) eingefügt worden. Dieses Gesetz hatte im Übrigen Absatz 3 gestrichen, die Regelung zum Notverwalter, und angeordnet, dass im Falle der ersten Bestellung nach der Begründung von Wohnungseigentum der Verwalter auf höchstens drei Jahre bestellt werden kann. Der Rechtsausschuss des Bundestages hat § 26 Abs. 3 und Abs. 5 WEG geformt und die übrigen Bestimmungen teilweise neu nummeriert (vgl. BT-Drs. 19/22634).

B. Sinn und Zweck

2 Absatz 1 WEG regelt, wer über Bestellung und Abberufung der Person des Verwalters beschließt. Um die Wohnungseigentümer zu schützen, begrenzt Absatz 2 Satz 1 die Bestellungszeit des jeweiligen Amtsträgers. Absatz 5 verbietet Beschränkungen der Bestellung oder Abberufung. Absatz 2 Satz 2 trifft Bestimmungen zu einer wiederholten Bestellung. Absatz 3 regelt die Abberufung des Verwalters und die damit zusammenhängende Beendigung des Verwaltervertrags. Absatz 4 erleichtert es, das Amt nachzuweisen, wenn gesetzliche oder gewillkürte Vorschriften einen Nachweis durch eine öffentlich beglaubigte Urkunde verlangen. Absatz 5 schützt die Absätze 1–3 gegen Abweichungen

C. Dogmatische Grundlagen

I. Überblick

3 Es ist zwischen Bestellung bzw. Abberufung einer Person zum Verwalter einerseits und einem daneben ggf. bestehenden Verwaltervertrag, mithin der Anstellung bzw. der Kündigung dieses Vertrags, andererseits zu unterscheiden (BGH NJW 2012, 3175 Rn. 12; 1997, 2106 unter II. 1. a); Trennungstheorie im „weiteren" Sinne). Das eine bedingt nicht das andere: Es gibt zum Verwalter bestellte Personen, die nicht angestellt sind, und angestellte „Nicht-Verwalter". Dies entspricht dem übrigen Verbandsrecht. Zur Trennungstheorie im „engeren" Sinne → Rn. 377.

II. Organ und Amtsträger

4 **1. Überblick.** Wird eine Person zum „Verwalter" bestellt, wird sie Organ der Gemeinschaft der Wohnungseigentümer, wird Träger eines (privaten) Amtes und rückt in eine Amtsstellung ein (BGH NJW 2018, 3305 Rn. 26; *Jacoby* FS Derleder, 2015, 235 (237); *Jacoby* Das private Amt, § 14). Daneben

wird sie von Gesetzes wegen nach § 9b Abs. 1 Satz 1 WEG Vertreter der Gemeinschaft der Wohnungseigentümer. Im Rahmen seiner Amtsstellung unterliegt der jeweilige Amtsträger den gesetzlichen und gewillkürten Pflichten seines konkreten, durch die Wohnungseigentümer gestalteten Verwalteramtes und hat umgekehrt dessen gesetzliche Rechte. Die Amtsstellung beruht allein auf der Bestellung, nicht auf einem ggf. daneben geschlossenen Verwaltervertrag (*Hadding* ZWE 2012, 61 (62)). Einer „Bevollmächtigung" oder „Ermächtigung" des Amtsträgers bedarf es nicht (*Hadding* ZWE 2012, 61 (62)). Die Erfüllung der Pflichten kann von Gesetzes wegen nach § 18 Abs. 1 WEG nur die Gemeinschaft der Wohnungseigentümer verlangen.

2. Grundsatz der Einheitlichkeit der Verwaltung. a) Ein Verwalter. Aus § 26 Abs. 1 WEG („der Verwalter") bzw. § 9b Abs. 1 Satz 1WEG („den Verwalter") folgt, dass stets nur eine einzige Person Amtsinhaber sein und zum Verwalter bestellt werden kann (BGH NJW 1989, 2059 unter III.; OLG München NZM 2008, 92 (93); LG Hamburg ZMR 2012, 889 (890)). Die jeweilige Person ist für das gesamte gemeinschaftliche Eigentum einer Wohnungseigentumsanlage zuständig. Die Wohnungseigentümer können nach § 27 Abs. 2 WEG etwas anderes bestimmen. Eine Mehrheit von Personen kann nur dann Amtsinhaber sein, wenn die Mehrheit als rechtlich selbständige Einheit handlungsfähig ist, zB als OHG oder KG. Bestimmen die Wohnungseigentümer durch Beschluss oder Vereinbarung dennoch mehrere Personen, ist die Bestimmung nichtig und keine Person ist Amtsinhaber (BGH NJW 2012, 3232 Rn. 11; KG NZM 2016, 322 (323)). **5**

Die Bestellung eines „Stellvertreters" für die Person des Verwalters ist nicht möglich (KG NZM 2016, 322 (323)). Ein Beschluss, durch den gleichzeitig ein Verwalter und sein Stellvertreter bestellt werden, kann aber hinsichtlich der Bestellung des (Haupt-)Verwalters wirksam sein (KG NZM 2016, 322 (323)). Berufen die Wohnungseigentümer einen Amtsträger ab und bestellen sie einen anderen, ist die Bestellung des zweiten Amtsträgers von Anfang an unwirksam, wenn ein Wohnungseigentümer erfolgreich gegen die Abberufung des ursprünglichen Amtsträgers vorgeht (OLG Zweibrücken NJOZ 2003, 739 (741)). **6**

b) Mehrere Wohnungseigentumsanlagen. Einen gemeinsamen Verwalter für zwei Wohnungseigentumsanlagen kann es nicht geben (OLG Hamm ZMR 2005, 721); möglich ist nur ein identischer Verwalter. Die Ernennung eines „Teilverwalters" für eine „Untergemeinschaft" ist auch nach § 27 Abs. 2 WEG nicht vorstellbar (LG Hamburg ZMR 2012, 889 (890); LG Düsseldorf NZM 2010, 288). **7**

c) Mehrhausanlagen. Selbst in Mehrhausanlagen (→ § 9a Rn. 53 ff.) kann immer nur eine Person zum Verwalter bestellt werden (BayObLG WE 1996, 150; LG Nürnberg-Fürth ZMR 2010, 315). Vorstellbar und praktisch häufig ist hingegen der Fall, dass nach einer Vereinbarung innerhalb einer Wohnungseigentumsanlage neben einer Gesamtversammlung Versammlungen der Bewohner eines von mehreren Häusern abgehalten werden (→ § 23 Rn. 8 ff.) und dort zB hausbezogene Wirtschaftspläne und Abrechnungen (→ § 28 Rn. 351) vorzulegen sind (BGH NZM 2012, 766 Rn. 10). In **8**

diesen Fällen gibt es zwar nicht mehrere Wohnungseigentumsanlagen, der Verwalter agiert gegenüber den Bewohnern der jeweiligen Häuser aber tatsächlich so, als seien diese Eigentümer teilweise getrennter Wohnungseigentumsanlagen.

9 **3. Beginn und Ende der Amtsstellung. a) Beginn. aa) Überblick.** Die Amtsstellung des jeweiligen Amtsträgers (dazu allgemein *Jacoby* Das private Amt, § 14 B.) beginnt, wenn die Wohnungseigentümer sich für eine Person als Amtsträger entschieden haben (→ Rn. 10) und dieser die Wahl annimmt (→ Rn. 12). Für die Frage der Amtsstellung und also der Bestellung ist der etwaige Abschluss eines Verwaltervertrags unerheblich (aA die früher vertretene Vertragstheorie, zB BayObLGZ 1974, 305 (307); OLG Köln WE 1990, 171). Ein Verwalter kann nicht vor Entstehung der Gemeinschaft der Wohnungseigentümer (→ § 9a Rn. 32 ff.) bestellt werden.

10 **bb) Bestellungsbeschluss.** Damit eine Person Verwalter werden kann, bedarf es eines Beschlusses der Wohnungseigentümer, eine bestimmte Person zum Verwalter zu bestellen. Diese Bestimmung ist häufig, aber nicht zwingend mit den Entscheidungen verbunden, für welchen Zeitraum die Bestellung gewollt ist und ab wann die Person ihr Amt antreten soll, zB mit Ablauf der Bestellungszeit des bislang Bestellten (BGH NJW-RR 1995, 780 unter III. 2). Eine Bestimmung, dass die Amtsstellung mit rückwirkender Kraft beginnen soll, ist nicht möglich (AG Bonn ZWE 2010, 292 (293)); sie ist aber mit Wirkung ex nunc als wirksam anzusehen.

11 Erklären die Wohnungseigentümer nichts dazu, wann die Amtszeit beginnen soll, soll diese im Zweifel mit sofortiger Wirkung beginnen. In der Bestellung einer Person zum Amtsträger liegt dann im Einzelfall zugleich die Abberufung eines bislang bestellten Amtsträgers (→ Rn. 153). Die Bestandskraft (→ § 23 Rn. 169) des Bestellungsbeschlusses ist für die Begründung des Amtes bedeutungslos (aA OLG Köln NZM 2006, 25 (26); OLG München OLGR 2006, 326). Die Entscheidungen der Wohnungseigentümer müssen der in Aussicht genommenen Person mitgeteilt werden.

12 **cc) Annahme durch den Gewählten.** Die gewählte Person muss gegenüber der Gemeinschaft der Wohnungseigentümer erklären, das Amt zu dem von den Wohnungseigentümern bestimmten Zeitpunkt übernehmen zu wollen (BayObLG NJWE-MietR 1997, 182 (183)). Denn nach allgemeinen Grundsätzen muss sich niemand gegen seinen Willen ein Amt aufdrängen lassen. Die „Annahme" kann mündlich, schriftlich oder durch Aufnahme der Tätigkeit schlüssig erklärt werden.

13 Durch die Annahme der Bestellung wird kein Vertrag geschlossen. Die allgemeinen Regeln für die Abgabe von Willenserklärungen sind für die Erklärung des Annehmenden indessen entsprechend anwendbar. Die als Verwalter vorgesehene Person kann im Übrigen bereits vor ihrer Bestellung ihr Einverständnis mit der Übernahme des Amtes erklären. Dann beginnt die Amtsstellung sofort mit der Bestellung oder dem dort ggf. bestimmten Datum. Auf die tatsächliche Aufnahme der Amtsgeschäfte durch die bestellte Person oder eine gesonderte „Verpflichtung zur Aufnahme" kommt es nicht an (*Hügel/Elzer,* Das neue WEG-Recht, § 12 Rn. 7). Dem Amtsinhaber

steht es nicht frei, auf diese Weise über seine Pflichtenstellung zu entscheiden. Für den Beginn der Amtsstellung ist entgegen der früher vertretenen „Vertragstheorie" (vgl. etwa OLG Hamburg ZWE 2002, 133 (134); OLG Köln WE 1990, 171 (172); BayObLGZ 1974, 305 (309)) ferner der etwaige Abschluss eines Verwaltervertrags bedeutungslos (*Elzer* ZMR 2004, 229 (230); *Wenzel* ZWE 2001, 510 (513); *Striewski* ZWE 2001, 8 (10)).

b) Ende. aa) Ende der Gemeinschaft; Ablauf der Bestellungszeit; Abberufung. Die Amtsstellung eines Verwalters endet, wenn es keine Gemeinschaft der Wohnungseigentümer mehr gibt (s. a. *Göhmann* RNotZ 2012, 251 (262); → § 9a Rn. 37). Ferner endet die Amtsstellung, wenn die Bestellungszeit des Amtsinhabers abläuft (dazu → Rn. 125 ff.), oder wenn sich zB durch gerichtliche Klärung herausstellt, dass der zuvor bestellte Amtsträger weiterhin bestellt ist und die Bestellung einer anderen Person ins Leere ging. Die Amtsstellung endet ferner mit einer ausdrücklichen Abberufung des amtierenden Verwalters oder einer schlüssigen Abberufung durch Bestellung eines anderen Amtsträgers (LG Köln ZMR 2013, 379; → Rn. 153). 14

Einer „Annahme" der Abberufungsentscheidung durch den Amtsinhaber bedarf es nicht (BayObLG NJW-RR 2003, 517; unklar BGH NZG 2012, 1027 Rn. 17 zum Vorstand: „... mit der Aufhebung ihrer Bestellung einverstanden waren"). Die Abberufungsentscheidung ist wie die Mitteilung der Wahlentscheidung (→ Rn. 11) keine Willenserklärung, die gegenüber dem vormals Bestellten erklärt werden oder ihm zugehen müsste (aA BGH NJW 2002, 3240 unter III. 2. a) aa); 1989, 1087 unter B. 2; KG NZM 2004, 913 (914); OLG Zweibrücken ZMR 2004, 63). Die Abberufungsentscheidung ist die Willensbildung, sich von einem Amtsträger zu lösen. Auf eine Mitwirkung des Amtsträgers kommt es anders als für die Bestellung, der er zustimmen muss, nicht an. Auch auf die Bestandskraft des Abberufungsbeschlusses kommt es nicht an. Wird der Abberufungsbeschluss angefochten und erklärt ein Gericht ihn für ungültig, endete die Amtszeit nicht. Für die Geschäftsführung und Vertretungsmacht des bisher Bestellten gelten dann → Rn. 111 und → Rn. 112 entsprechend. 15

bb) Tod, Verlust der Rechtsfähigkeit, Insolvenz. Die Amtsstellung endet bei natürlichen Personen mit dem Tod (OLG München NJW-RR 2008, 1397; BayObLG NZM 2002, 346 (348)), bei allen anderen mit Verlust der Rechtsfähigkeit (BayObLGZ 1990, 173 (176); 1987, 54 (57); *Schultzky* MietRB 2015, 379 (380); *Wicke/Menzel* MittBayNot 2009, 203 (204)) oder Untergang der Identität. 16

Mit der bloßen Eröffnung des Insolvenzverfahrens über das Vermögen des Amtsträgers endet die Amtsstellung hingegen nicht (LG Mainz ZWE 2011, 462 (465); *Schultzky* MietRB 2015, 379 (380); *Göhmann* RNotZ 2012, 251 (262); *Lüke* FS Seuß, 2007, 165 (170)). Durch Eröffnung des Insolvenzverfahrens geht zwar das Recht des Schuldners, das zur Insolvenzmasse gehörende Vermögen zu verwalten und über es zu verfügen, auf den Insolvenzverwalter über. Aus höchstpersönlichen, nicht übertragbaren Rechtsmachtstellungen wird der Schuldner aber durch die Eröffnung des Insolvenzverfahrens nicht verdrängt (Braun/*Kroth* InsO § 80 Rn. 10). Wegen der 17

Höchstpersönlichkeit der Amtsstellung bleibt der Amtsinhaber mithin ungeachtet von § 80 InsO Verwalter. Die Wohnungseigentümer werden die Insolvenz freilich idR zum Anlass nehmen, den insolventen Amtsinhaber abzubestellen und den Verwaltervertrag fristlos zu kündigen (s. a. *Lüke* FS Seuß, 2007, 165 (170)).

18 **cc) Wechsel auf Gesellschafter- oder Geschäftsführungsebene.** Etwaige Wechsel auf Gesellschafter- oder Geschäftsführungsebene des Verwalters berühren die Identität der entsprechenden Person nicht und führen nicht zur Beendigung der Amtsstellung (OLG Düsseldorf NJW-RR 1990, 1299; BayObLG NJW 1988, 1170). Dies gilt unabhängig davon, ob eine Personen- oder Kapitalgesellschaft Verwalter ist (*Göhmann* RNotZ 2012, 251 (261)). Etwas anderes gilt nach bislang hM, der aber nicht gefolgt werden sollte, wenn bei einer Personengesellschaft der Austritt oder Wegfall des vorletzten Mitgesellschafters einen Rechtsform- und damit einen Identitätswechsel zur Folge hat. Ein auf die Geschäftsführung unmittelbar einwirkender Wechsel auf Gesellschafter- oder Geschäftsführungsebene berechtigt die Wohnungseigentümer in der Regel allerdings ohne weiteres und ohne Angabe von Gründen, den Verwalter abzuberufen und den Verwaltervertrag zu kündigen.

19 **dd) Umwandlungen.** Zum Einfluss der Umwandlung einer Gesellschaft auf ihre Amtsstellung siehe im Zusammenhang → Rn. 29 ff.

20 **ee) Niederlegung der Amtsstellung. (1) Überblick.** Der jeweilige Amtsinhaber ist nach hM berechtigt, seine Amtsstellung durch eine einseitige, formlos mögliche, nicht widerrufliche Willenserklärung niederzulegen und sie damit sofort (BGH NJW 1997, 130 unter II. 2. a) zu beenden (OLG München NZM 2005, 750 (751); LG Karlsruhe ZWE 2013, 180; AG Wiesloch NJW-RR 2011, 1581 (1582); *F. Schmidt* ZWE 2006, 29; *Bogen* ZWE 2002, 153; s. a. BGH NJW 2013, 1535 Rn. 6). Das Recht, das Amt niederzulegen, kann nicht „verwirkt" werden und erfordert keinen wichtigen Grund (BayObLG NJW-RR 2000, 156 (158); *Bogen* ZWE 2002, 153 (157); s. a. BGH NJW 1980, 2415 unter 2). Dieses findet seine Begründung darin, dass ein Amtsträger gegen seinen Willen weder bestellt (→ Rn. 12) noch am Amt festgehalten werden kann (Jennißen/*Jennißen* § 26 Rn. 166). Wohnungseigentümer können das Recht zur Niederlegung aus diesem Grunde auch nicht nach § 10 Abs. 1 Satz 2 WEG einschränken (aA *Drabek* PiG 54, 211 (228)). Legt ein Amtsträger sein Amt zur „Unzeit" nieder und kann er für eine sofortige Niederlegung keine Gründe darlegen, kann darin im Einzelfall eine Verletzung seiner Amtspflichten liegen, die ihn nach §§ 241 Abs. 2, 280 Abs. 1 Satz 1 BGB zum Schadenersatz verpflichtet, sofern den Wohnungseigentümern oder der Gemeinschaft der Wohnungseigentümer durch die der Niederlegung folgende verwalterlose Zeit ein Schaden entsteht (*Göhmann* RNotZ 2012, 251 (262)).

21 **(2) Erklärungsempfänger.** Die Niederlegung muss gegenüber der Gemeinschaft der Wohnungseigentümer erklärt werden (LG Karlsruhe ZWE 2013, 180). Diese wird nach § 9b Abs. 2 WEG vom Beiratsvorsitzenden oder von den Wohnungseigentümern vertreten. Entsprechend § 170

Abs. 3 ZPO reicht die Erklärung gegenüber einem Wohnungseigentümer (LG Karlsruhe ZWE 2013, 180; AG Wiesloch NJW-RR 2011, 1581 (1582)).

(3) Verwaltervertrag. Erklärt der Amtsträger, sein Amt niederzulegen, wird darin in der Regel zugleich seine außerordentliche Kündigung des Verwaltervertrags liegen (BayObLG NJW-RR 2000, 156 (158); *Pauly* ZMR 2018, 737 (739); *Gottschalk* FS Wenzel, 2005, 159 (167); ohne Stellungnahme LG Stuttgart BeckRS 2017, 148170 Rn. 19). Eine Kündigung des Verwaltervertrags ist aber nicht zwingend und auch keine Voraussetzung der Niederlegung. Die Anstellung kann ggf. aufrechterhalten bleiben (vgl. BGH NJW 1980, 2415 unter 2.; 1978, 1435 unter 2). 22

4. Höchstpersönlichkeit. a) Überblick. Das Amt des Verwalters muss nach hM vom Bestellten nach Sinn und Zweck, der besonderen Natur des Amtes sowie in Analogie zu §§ 664 Abs. 1 Satz 1, 613 Satz 1, 2218 Abs. 1 BGB sowie anderen Ämtern höchstpersönlich wahrgenommen werden (exemplarisch OLG München ZWE 2014, 169; NJW-RR 2008, 1397; OLG Hamm ZMR 2004, 702; FGPrax 1996, 218; BayObLGZ 1975, 327 (329); LG Karlsruhe MietRB 2012, 358). 23

Stellungnahme. Dem ist nicht zuzustimmen (s. a. *Schultzky* MietRB 2015, 379; *Armbrüster* NZM 2012, 369 (374), *Wicke/Menzel* MittBayNot 2009, 203 (206), *Zajonz/Nachtwey* ZfIR 2008, 701 (707) und *Becker* FS Merle, 2010, 51 ff., die den Gesichtspunkt der Höchstpersönlichkeit allerdings vor allem für juristische Personen und rechtsfähige Personengesellschaften aufgegeben haben). Das Verbandsrecht zieht aus dem Grundsatz der Höchstpersönlichkeit – anders als es im Wohnungseigentumsrecht seit jeher vertreten wird (→ Rn. 43) – den Schluss, dass eine juristische Person oder eine rechtsfähige Personengesellschaft nicht Geschäftsführer (§ 6 Abs. 2 GmbHG), Vorstand (§ 76 Abs. 3 AktG) oder Insolvenzverwalter (§ 56 Abs. 1 InsO) sein kann; Entsprechendes gilt beispielsweise für Zwangsverwalter (§ 1 Abs. 2 ZwangsverwalterVO). Mit dem Verbandsrecht wäre daher anzunehmen, dass nach Entdeckung der Gemeinschaft der Wohnungseigentümer als Rechtsträgerin und angesichts ihres Bedürfnisses nach einer Handlungsorganisation juristische Personen oder Personengesellschaften als Amtsinhaber des Verwalteramtes absolut ungeeignet sind (s. a. BGH NJW 2013, 3374 Rn. 4). Dieser Ansatz würde freilich der Realität und praktischen Bedürfnissen nicht gerecht. In der Praxis werden sogar in der Regel juristische Personen zum Verwalter bestellt. Die Aufgaben des „Verwalters“ werden dort von zahlreichen Personen ausgeübt. „Kernaufgaben“, die nur den Organen zukämen, etwa die Leitung der Versammlung oder die Erstellung der Abrechnung, gibt es nicht und wären bei größeren Verwaltern zahlreichen verwalteten Einheiten auch gar nicht leistbar. Im Wohnungseigentumsrecht findet daher gewohnheitsrechtlich eine Höchstpersönlichkeit nicht statt. Für eine Höchstpersönlichkeit lassen sich keine ausreichenden Gründe nennen. Ein ausgeprägtes Vertrauensverhältnis zwischen den Wohnungseigentümern und dem Verwalter ist nicht erkennbar. Legen Wohnungseigentümer hierauf wert, können sie eine natürliche Person bestellen und eine höchstpersönliche Wahrnehmung im Verwaltervertrag vereinbaren. 24

Wer – wie hier – auf den Grundsatz der Höchstpersönlichkeit verzichtet, muss freilich die Möglichkeit geben, zB bei einem Wechsel der Geschäftsführung oder der maßgeblichen Gesellschafter oder bei einer Umstrukturierung, zu prüfen, ob das der Bestellung zugrundeliegende normale Vertrauen weiter gewährt werden kann.

25 **b) Einschaltung von Hilfspersonen. aa) Grundsatz.** Ein Amtsträger kann sein Amt weder ganz noch teilweise einem Dritten „übertragen" (BGH NZM 2014, 312 Rn. 11; KG NZM 2002, 389 (390); BayObLG NJW-RR 1997, 1443 (1444); LG Frankfurt a. M. ZWE 2013, 30 (31); LG Karlsruhe MietRB 2012, 358). Ein auf diese Wirkung geschlossener Vertrag ist auf eine von Anfang an objektiv unmögliche Leistung gerichtet und kann nicht vollzogen werden (§ 275 Abs. 1 BGB); die Pflicht zur Gegenleistung erlischt nach § 326 Abs. 1 BGB (*Schultzky* MietRB 2015, 379 (381)). Der jeweilige Amtsträger kann auch nicht „ermächtigt" werden, das Amt zu übertragen (OLG Schleswig WE 1997, 388 (389); OLG Hamm WuM 1991, 218 (220)). Eine „Zustimmung" der Wohnungseigentümer zu einer Übertragung des Amtes durch den Amtsträger – die in den Raum gestellt wird (exemplarisch *Armbrüster* NZM 2012, 369 (373)) – ist nicht vorstellbar. Soll es zu einem Wechsel des Amtsträgers kommen, müssen die Wohnungseigentümer vielmehr selbst eine andere Person ins Amt berufen. Diese Entscheidung ist nicht übertragbar.

26 **bb) Erfüllungsgehilfen.** Von einer Übertragung des Amtes ist die Einschaltung anderer Personen (Amts-Erfüllungsgehilfen) zur Erfüllung der Amtspflichten zu unterscheiden. Zu einer Einschaltung von Amts-Erfüllungsgehilfen ist jeder Amtsinhaber berechtigt (OLG München ZMR 2005, 728 (729); KG NZM 2002, 389 (390); BayObLG WuM 2001, 44; LG Karlsruhe MietRB 2012, 358). Ist zB eine juristische Person Verwalter, kann diese durch eine allgemein vertretungsberechtigte Person, aber auch durch einen Prokuristen oder durch einen rechtsgeschäftlich bestellten Vertreter handeln (OLG München ZMR 2005, 728 (729); BayObLG ZMR 2004, 131; OLG Schleswig MDR 1997, 821 (823)).

27 Ob eine Übertragung oder eine bloße Einschaltung vorliegt, bemisst sich daran, ob die Pflicht insgesamt oder in einem Teilbereich mit der Folge übergehen soll, dass der ursprünglich Bestellte aus seiner Rechts- und Pflichtenstellung ausscheidet und die Verantwortlichkeit ganz auf den Substituten übergeht (s. a. OLG Köln MittRhNotK 2000, 393 und *Jennißen/Schmidt,* Der WEG-Verwalter, A. Rn. 53). Eine Übertragung liegt damit vor, wenn der Amtsinhaber die gesamte Verwaltertätigkeit auf eine andere Person zur eigenverantwortlichen Wahrnehmung (BayObLGZ 1990, 173 (176); KG NZM 2002, 389 (390)) oder wesentliche einzelne Bereiche der Verwaltertätigkeit überträgt (OLG Köln MittRhNotK 2000, 393; BayObLG NJW-RR 1997, 1443 (1444)).

28 Wesentlich idS sind freilich weder die Leitung der Versammlung der Wohnungseigentümer (*Schüller* GE 2012, 1679 (1682); aA *Schultzky* MietRB 2015, 379 (383) für natürliche Personen) noch die Erstellung des Wirtschaftsplans (*Schultzky* MietRB 2015, 379 (382)) und der Abrechnung hierüber in allen Teilen (*Schultzky* MietRB 2015, 379 (382)), noch die Repräsen-

tation der Gemeinschaft der Wohnungseigentümer (aA OLG Karlsruhe NJW-RR 2009, 882 (883)). Unwesentlich ist auch eine Vertretung bei der Zustimmung nach § 12 Abs. 1 WEG (OLG Köln MittRhNotK 2000, 393). Schaltet der Verwalter Dritte im eigenen Namen zur Erfüllung seiner Amtspflichten ein, muss er für diese entsprechend § 278 BGB einstehen (OLG Karlsruhe NJW-RR 2009, 882; OLG München ZMR 2006, 883; OLG Frankfurt a. M. NZM 2005, 951) und kann für diese wegen eigenen Verschuldens entsprechend § 831 BGB haften (*Gottschalk,* Die Haftung von Verwalter und Beirat, Rn. 92; Bärmann/*Merle/Becker* § 27 Rn. 343).

c) Umwandlungen. aa) Überblick. Ist der Verwalter eine Gesellschaft mit Sitz im Inland, kann diese Gesellschaft nach § 1 UmwG umgewandelt werden. Streitig ist, welche Folgen die Umwandlung für die Amtsstellung sowie für den Verwaltervertrag hat (vgl. ua *Serr* ZWE 2016, 307; *Armbrüster* NZM 2012, 368 (369); *Wicke/Menzel* MittBayNot 2009, 203; *Zajonz/Nachtwey* ZfIR 2008, 701; *Lüke* ZfIR 2002, 469; *Becker* FS Merle, 2010, 51); eine Frage der „Höchstpersönlichkeit" ist dieses nicht (→ Rn. 23). 29

bb) Verschmelzungen (§§ 2 ff. UmwG). Ist bei einer Verschmelzung aufnehmender Rechtsträger der bisherige Verwalter, lässt dies die Verwalterstellung unberührt (AG Bad Homburg NZM 2012, 201; *Armbrüster* NZM 2012, 368 (373); *Serr* ZWE 2016, 307 (310); *Rapp* ZfIR 2001, 754 (755); *Göhmann* RNotZ 2012, 251 (263); *Jennißen/Schmidt,* WEG-Verwalter, A. Rn. 63). Dies gilt aber auch im umgekehrten Fall (BGH NZM 2014, 312 Rn. 16; aA LG Landau/Pfalz ZMR 2013, 745 (747); LG Frankfurt a. M. NZG 2012, 1107; AG Bad Homburg NZM 2012, 201; AG Frankenthal/Pfalz ZMR 2012, 826). 30

cc) Spaltungen (§§ 123 ff. UmwG). Gliedert ein Rechtsträger aus seinem Vermögen einen Teil aus und überträgt ihn auf einen von ihm gegründeten neuen Rechtsträger gegen Gewährung von Anteilen oder Mitgliedschaften dieses Rechtsträgers an den übertragenden Rechtsträger (Ausgliederung), soll das Amt nicht übergehen (OLG München ZWE 2014, 169; BayObLG ZWE 2001, 492 (494); aA *Schultzky* MietRB 2015, 379 (382)); ohne Stellungnahme von BGH NZM 2014, 312 Rn. 20). Wohnungseigentümer hätten ein schutzwürdiges Interesse daran, keinen Verwalter „aufgedrängt" zu bekommen, den sie sich nicht ausgewählt haben (OLG München ZWE 2014, 169; OLG Köln NZM 2006, 591 (592); BeckRS 2003, 30329023). Der Untergang lasse sich ferner aus §§ 675, 613 BGB sowie §§ 168, 673 BGB herleiten (OLG Düsseldorf MDR 1990, 925; BayObLGZ 1987, 54 (57)). Die Verwalterbestellung sei geprägt durch das Vertrauen in die Person des Vertragspartners. Solches müsse nicht gleichermaßen einer juristischen Person entgegengebracht werden, selbst wenn deren organschaftliche Vertreter und Angestellte mit denen im früheren einzelkaufmännischen Geschäft identisch sind. 31

Stellungnahme. Dieser Sichtweise ist nicht zu folgen (wie hier *Serr* ZWE 2016, 307 (310); *Heckschen* GmbHR 2015, 897 (909); GWR 2014, 238). Der Hinweis auf das BGB trägt jeweils nicht, weil nicht das Amt, sondern der Verwaltervertrag in den Blick genommen wird. Richtig ist, dass 32

Wohnungseigentümer dem neuen Unternehmensträger nicht trauen müssen – wenn zB dessen wirtschaftliche Leistungskraft unklar ist.

33 **dd) Ausgliederungen (§§ 152 ff. UmwG).** Gliedert ein Einzelkaufmann (BayObLG NZM 2002, 346 (348)), dessen Firma im Handelsregister eingetragen ist, sein Unternehmen oder Teile derselben aus seinem Vermögen in eine Personenhandels-, Kapitalgesellschaft oder eingetragene Genossenschaft nach §§ 152 ff. UmwG aus, soll das Amt nicht auf das neue Unternehmen übergehen. Die Wohnungseigentümer verlören dadurch ihren Einfluss auf die Person des Verwalters. Eine Mitwirkungsmöglichkeit bei der Auswechslung von Gesellschaftern und Geschäftsführern der juristischen Person hätten sie nicht (BayObLG NZM 2002, 346 (348)). Da die Wohnungseigentümer diese Möglichkeiten bei einer juristischen Person nie haben, ist auch dem nicht zu folgen (s. a. *Rapp* ZfIR 2001, 754). Zwar müssen die Wohnungseigentümer dem neuen Unternehmensträger nicht trauen – wenn zB dessen wirtschaftliche Leistungskraft unklar ist.

34 **ee) Formwechsel (§§ 190 ff. UmwG).** Bei einer Umstrukturierung eines als Gesellschaft organisierten Verwalterunternehmens geht das Amt des Verwalters nicht unter. Das Amt besteht bei einem Formwechsel vielmehr weiter (*Armbrüster* NZM 2012, 369 (373); *Becker* FS Merle, 2010, 51 (53); → Rn. 31), zB bei Übergang einer GmbH in eine AG. Auch bei Beendigung einer Kommanditgesellschaft durch Übertragung des Gesellschaftsanteils der einzigen Kommanditistin, geht das Amt auf den Komplementär über (aA BayObLGZ 1987, 54; *Göhmann* RNotZ 2012, 251 (262)).

35 **ff) Abgrenzungen und weitere Fälle.** Keine Umwandlung ist der bloße Wechsel des Anteilseigners – er berührt die Verwalterstellung nicht (*Schmid* NZG 2012, 134 (136); *Wicke/Menzel* MittBayNot 2009, 203 (204); aA AG Münster ZWE 2017, 186). Keine Umwandlung ist ferner die Veräußerung eines Unternehmens zwischen natürlichen Personen. Hier bleibt das Amt beim Bestellten (BayObLGZ 1990, 28 (30)). Die Amtsstellung geht auch dann nicht unter, wenn einer GmbH das Vermögen einer zum Verwalter bestellten KG anwächst, egal ob eine natürliche Person Komplementärin war (aA OLG Düsseldorf NJW-RR 1990, 1299) oder nicht (aA BayObLGZ 1987, 54).

36 **5. Eignung des Amtsträgers. a) Allgemeines.** Das WEG selbst richtet an die Befähigung der Person, die das Amt des Verwalters wahrnimmt, keine besonderen Anforderungen und verlangt ua keinen Sachkundenachweis. Diese Zurückhaltung ist so gewollt. Denn es soll den Wohnungseigentümern überlassen bleiben, welche Person sie als Verwalter für geeignet halten. Besondere Qualifikationsanforderungen hinderten nach Ansicht des Gesetzgebers die Möglichkeit, einen geeigneten Verwalter aus den eigenen Reihen der Wohnungseigentümer auszuwählen (BT-Drs. 17/10216, 5/6). Im Gesetz zur Einführung einer Berufszulassungsregelung für gewerbliche Immobilienmakler und Verwalter von Wohnungseigentum (siehe BT-Drs. 18/10190 und BT-Drs. 18/12831) ist ua aus diesem Grunde auf Vorschlag des Ausschusses für Wirtschaft und Energie der in § 34c GewO zunächst vorgesehene Sachkundenachweis wieder fallen gelassen worden.

Das WEG kennt seit 2020 allerdings den zertifizierten Verwalter (dazu näher unter § 26a WEG). Wenn kein Wohnungseigentümer widerspricht oder bestimmte Ausnahmetatbestände erfüllt sind (→ § 19 Rn. 175 ff.), können die Wohnungseigentümer freilich auch einen nicht zertifizierten Verwalter bestellen. Ein solcher Verwalter sollte gewisse Anforderungen erfüllen, die im Folgenden beschrieben werden. Aber auch wenn die Wohnungseigentümer zwischen mehreren zertifizierten Verwaltern auswählen, können die nachstehend beschriebenen Prüfsteine – oder zumindest einige davon – eine Hilfe darstellen. 37

b) Prüfsteine. Gilt es für Wohnungseigentümer und/oder das Gericht zu prüfen, ob eine Person zum Verwalter geeignet ist, ist eine Reihe von Prüfsteinen „abzuarbeiten" und miteinander in einen angemessenen Ausgleich zu bringen. 38

aa) Fachliche Eignung. Grundsätzlich sollten – außer in eigentümerverwalteten „Kleinstanlagen" – nur Personen zum Verwalter bestellt werden, die über eine zum Verwalterberuf passende Ausbildung (LG Düsseldorf ZWE 2014, 87 (88); LG Hamburg ZWE 2012, 288 (289); unzutreffend daher LG Stuttgart NZM 2015, 703 und *Kapries* ZMR 2014, 856 (857)) und grundsätzlich einschlägige Berufserfahrung (LG Düsseldorf ZWE 2014, 87 (88)) verfügen (arg. § 34c Abs. 2a GewO). Bei Wohnungseigentumsanlagen ab einer bestimmten Größe muss man in der Regel verlangen können, dass die Verwaltung von einer gewerblichen externen Verwaltung durchgeführt wird, deren Mitarbeiter über die berufliche Qualifikation und Erfahrung bei der Verwaltung von Wohnungseigentum verfügen (LG Hamburg ZWE 2012, 288 (289)). Selbst von einem professionellen Verwalter können allerdings keine rechtlichen Spezialkenntnisse verlangt werden, über die in der Regel nur ein Volljurist verfügt (LG Hamburg ZMR 2012, 889 (892); LG Karlsruhe NZM 2012, 279; LG Berlin NZM 2009, 551 (553)). Der Umstand, dass eine Person bisher nur Erfahrungen mit der Verwaltung eigener Immobilien hatte, spricht allein nicht gegen ihre Eignung (BGH NJW 2012, 2040 Rn. 13). Legt eine Person den Entwurf eines Verwaltervertrags vor, bei dem gleich mehrere Bestimmungen unwirksam sind, spricht das gegen seine Eignung (aA LG Köln ZWE 2019, 283 Rn. 33). Zur Weiterbildung und zur Weiterbildungspflicht → Rn. 53 ff. 39

bb) Menschliche Eignung. Weiterer Prüfstein ist die menschliche Eignung der Person eines Verwalters, also die Frage, ob eine Person nach ihren natürlichen Anlagen angemessen qualifiziert ist. Die Funktionsfähigkeit einer Wohnungseigentümergemeinschaft hängt entscheidend davon ab, ob der Verwalter seine ihm zugewiesenen Aufgaben professionell, vertrauenswürdig und mit der erforderlichen Sensibilität für die oft widerstreitenden Interessen der Wohnungseigentümer erfüllt. Zweifel können hier bestehen, wenn sich zB der Bauträger zulässigerweise (BGH NJW 2013, 3360 Rn. 8) zum Verwalter bestellt/bestellen lässt (OLG Köln WuM 1997, 696 (697); s. a. OLG München ZMR 2009, 629). 40

cc) Finanzielle Eignung. Eine weitere, sehr wichtige Frage ist, ob die in Aussicht genommene Person über die für eine Verwaltung notwendigen 41 finanziellen Mittel verfügt und ausreichende Sicherheiten stellen kann (BGH NJW 2012, 3175 Rn. 20; LG Dortmund NJW-RR 2017, 1160 Rn. 18; LG Frankfurt a. M. ZMR 2014, 305 (306)). Eine Person, deren Vermögenslage schlecht ist, bietet in der Regel keine hinreichende Gewähr dafür, dass sie auf Dauer einen ordnungsmäßigen Geschäftsbetrieb aufrechterhalten und ihrer Aufgabe als Verwalter gerecht werden, insbesondere die ihr anvertrauten Gelder getreu verwalten wird (BGH NJW 2012, 3175 Rn. 20). Schließlich ist auf ausreichende Versicherungen zu achten, etwa Berufshaftpflichtversicherung (→ Rn. 49) sowie Vertrauensschaden-Versicherung sowie Betriebs- und Vermögensschadenversicherung.

42 **dd) Weitere Eignungskriterien.** Dass ein Verwalter am Ort bzw. in der Nähe der Wohnungseigentumsanlage seinen Sitz hat, mag für die Rechte der Wohnungseigentümer hilfreich und im Einzelfall sogar zwingend sein, spricht aber unter Beachtung von Art. 12 Abs. 1 Satz 1 GG nicht gegen seine Eignung. Auch dass eine Person vorbestraft ist, macht sie nicht per se ungeeignet. Etwa eine getilgte Vorstrafe kann daher auch nicht dafür herangezogen werden, eine Person als ungeeignet anzusehen (KG NJW-RR 1989, 842; s. aber → Rn. 103). Der Bewerber für ein Verwalteramt muss getilgte Vorstrafen im Vorstellungsgespräch daher auch nicht offenbaren.

43 **c) Person des Amtsträgers.** Auf Basis der → Rn. 36 ff. geschilderten Grundlagen kann grundsätzlich jede natürliche, nach hM aber auch jede juristische, unbeschränkt geschäftsfähige Person – auch eine Unternehmergesellschaft (BGH NJW 2012, 3175 Rn. 13; LG Karlsruhe ZWE 2016, 334) – das Amt eines Verwalters wahrnehmen (BGH NJW 1989, 2059 unter III.; *Zajonz/Nachtwey* ZfIR 2008, 701). Ebenso geeignet sind nach hM Personengesellschaften wie die OHG oder eine KG (BGH NJW 2006, 2189 Rn. 12; BayObLGZ 1987, 54 (56); *Hügel* ZWE 2003, 323 (327)); dies gilt indes nicht, wenn es sich nur um eine bloße Vorgesellschaft handelt oder eine Personengesellschaft (noch) nicht ins Handelsregister eingetragen ist (*Schmid* NZG 2012, 134 (135); Jennißen/*Jennißen* § 26 Rn. 4).

44 Eine Außengesellschaft bürgerlichen Rechts nach §§ 705 ff. BGB (GbR) soll hingegen ungeeignet sein, das Amt wahrzunehmen (BGH NJW 2009, 2449 Rn. 11; 2006, 2189 Rn. 7; aA *Armbrüster* NZM 2012, 369 (370); *Niedenführ* LMK 2006, 178161). Für eine GbR werde kein Register geführt. Ferner werde bei einer GbR das Vertrauen in die Gesellschaftereigenschaft und die im Gesellschaftsvertrag vereinbarten Vertretungsregelungen von der Rechtsordnung nicht geschützt. Werde dennoch eine GbR bestellt, sei der entsprechende Beschluss nichtig (BGH NJW 2006, 2189 Rn. 18; 1989, 2059 unter III.). Ob dem zu folgen ist, kann grundsätzlich ungeklärt bleiben (*Hügel* ZWE 2003, 327). In der Regel erfordert die Verwaltung gemeinschaftlichen Eigentums mit Blick auf §§ 27, 28 WEG einen in kaufmännischer Weise eingerichteten Geschäftsbetrieb, sodass eine nicht ins Handelsregister eingetragene GbR nach § 105 Abs. 1 HGB tatsächlich OHG ist (*Hügel* ZWE 2003, 327).

45 **d) Bestellung ungeeigneter Personen.** Wird eine ungeeignete Person bestellt, widerspricht die Bestellung einer ordnungsmäßigen Verwaltung und

ist anfechtbar. Eine Ordnungswidrigkeit liegt besonders nahe, wenn ein Wohnungseigentümer ein Stimmenübergewicht hat und allein mit seinen Stimmen einen Bewerber „durchdrückt" („Majorisierung"; → Rn. 91 und allgemein → § 25 Rn. 130). Wird ausnahmsweise eine absolut untaugliche Person bestellt, zB nach hM eine GbR oder mehrere geeignete Personen gemeinsam (→ Rn. 44), soll die Bestellung sogar unwirksam sein. Auch deren Handlungen sollen dann für die Gemeinschaft der Wohnungseigentümer unwirksam sein (*Armbrüster* NZM 2012, 369 (371)).

6. Erlaubnis nach § 34c Abs. 1 Satz 1 Nr. 4 GewO. a) Überblick. aa) Grundsätze. Die meisten Personen, die das Amt des Verwalters ausüben wollen, bedürfen nach § 34c Abs. 1 Satz 1 Nr. 4 GewO der Erlaubnis der zuständigen Behörde. Eine Erlaubnis brauchen nämlich die Personen, die gewerbsmäßig handeln. Gewerbsmäßig ist die Tätigkeit des Verwalters dann, wenn sie selbständig ausgeübt wird, auf Gewinnerzielung gerichtet und auf eine gewisse Dauer angelegt ist, also nicht nur gelegentlich ausgeübt wird (BT-Drs. 18/10190, 15). Verfügt eine als Verwalter in Aussicht genommene Person nicht, noch nicht oder nicht mehr über diese Erlaubnis, ist sie ungeeignet und ihre Bestellung nicht ordnungsmäßig (LG Nürnberg-Fürth MietRB 2020, 276; *Heinemann* AnwZert MietR 20/2018; *ders.* MietRB 2016, 117 (123)), allerdings nicht nichtig. Verliert der Verwalter seine gewerberechtliche Erlaubnis, so besteht nach § 18 Abs. 2 WEG ein Anspruch auf dessen Abberufung (*Heinemann* AnwZert MietR 20/2018). 46

bb) Zuverlässigkeit. Die Erlaubnis ist nach § 34c Abs. 2 GewO zu versagen, wenn Tatsachen die Annahme rechtfertigen, dass der Antragsteller oder eine der mit der Leitung des Betriebs oder einer Zweigniederlassung beauftragte Person die für den Gewerbebetrieb erforderliche Zuverlässigkeit nicht besitzt; die erforderliche Zuverlässigkeit besitzt in der Regel nicht, wer in den letzten fünf Jahren vor Stellung des Antrags wegen eines Verbrechens oder wegen Diebstahls, Unterschlagung, Erpressung, Betrugs, Untreue, Geldwäsche, Urkundenfälschung, Hehlerei, Wuchers oder einer Insolvenzstraftat rechtskräftig verurteilt worden ist. 47

cc) Geordnete Vermögensverhältnisse. Ferner ist die Erlaubnis zu versagen, wenn der Antragsteller in ungeordneten Vermögensverhältnissen lebt. Dies ist in der Regel der Fall, wenn über das Vermögen des Antragstellers das Insolvenzverfahren eröffnet worden oder er in das vom Vollstreckungsgericht zu führende Verzeichnis (§ 26 Abs. 2 InsO, § 882b ZPO) eingetragen ist. 48

dd) Berufshaftpflichtversicherung. (1) Überblick. Weiter muss der Antragsteller eine Berufshaftpflichtversicherung nachweisen. Diese deckt im Grunde die im Beruf entstehenden Risiken, nicht aber private Haftpflichtfälle. Rechtsgrundlagen des Berufshaftpflichtversicherungsvertrags sind neben §§ 100 ff., 113 ff. VVG und dem Versicherungsschein idR die Allgemeinen Versicherungsbedingungen des betreffenden Versicherers. Versichert ist die gesetzliche Haftpflicht des Verwalters aus der im Versicherungsdokument bezeichneten Berufstätigkeit. Die Versicherung bezieht sich insbesondere auf Vermögensschäden. Für die Auslegung kann auf Schrifttum und Rechtspre- 49 chung zu den §§ 10 Abs. 3 bis 5, 11 ImmVermV, den §§ 9 Abs. 3 bis 5, 10 FinVermV und den §§ 9 Abs. 3 bis 5, 10 VersVermV zurückgegriffen werden, da sich diese Vorschriften entsprechen (*Heinemann* AnwZert MietR 20/2018).

50 **(2) Einzelheiten.** Die Versicherung muss nach § 15 MaBV bei einem im Inland zum Geschäftsbetrieb zugelassenen Versicherungsunternehmen abgeschlossen werden. Die Mindestversicherungssumme beträgt 500.000 EUR für jeden Versicherungsfall und 1.000.000 EUR für alle Versicherungsfälle eines Jahres. Der Versicherungsvertrag muss Deckung für die sich aus der gewerblichen Tätigkeit als Wohnimmobilienverwalter ergebenden Haftpflichtgefahren für Vermögensschäden gewähren. Der Versicherungsvertrag muss sich auch auf solche Vermögensschäden erstrecken, für die der Versicherungspflichtige nach § 278 BGB oder § 831 BGB einzustehen hat, soweit die Erfüllungsgehilfen oder Verrichtungsgehilfen nicht selbst zum Abschluss einer solchen Berufshaftpflichtversicherung verpflichtet sind. Ist der Gewerbetreibende in einer oder mehreren Personenhandelsgesellschaften als geschäftsführender Gesellschafter tätig, so muss für die jeweilige Personenhandelsgesellschaft jeweils ein Versicherungsvertrag abgeschlossen werden; der Versicherungsvertrag kann auch die Tätigkeit des Gewerbetreibenden abdecken.

51 Der Versicherungsvertrag hat Versicherungsschutz für jede einzelne Pflichtverletzung zu gewähren, die gesetzliche Haftpflichtansprüche privatrechtlichen Inhaltes gegen den Versicherungspflichtigen zur Folge haben könnte. Dabei kann vereinbart werden, dass sämtliche Pflichtverletzungen bei Erledigung einer einheitlichen Verwaltung von Wohnimmobilien als ein Versicherungsfall gelten, sofern die betreffenden Angelegenheiten in einem rechtlichen oder wirtschaftlichen Zusammenhang stehen. Von der Versicherung kann die Haftung für Ersatzansprüche wegen wissentlicher Pflichtverletzung ausgeschlossen werden. Weitere Ausschlüsse sind nur insoweit zulässig, als sie marktüblich sind und dem Zweck der Berufshaftpflichtversicherung nicht zuwiderlaufen.

52 **ee) Sachkundenachweis.** Ein Sachkundenachweises, also ein Nachweis der fachlichen Eignung, ist gewerberechtlich nicht erforderlich. Das ändert wohnungseigentumsrechtlich freilich nichts.

53 **b) Weiterbildung. aa) Überblick.** Ein gewerbsmäßig handelnder Verwalter ist nach § 34c Abs. 2a GewO verpflichtet, sich in einem Umfang von 20 Stunden innerhalb eines Zeitraums von drei Jahren weiterzubilden. Für den gewerbsmäßigen Verwalter ist es ausreichend, wenn der Weiterbildungsnachweis durch eine im Hinblick auf eine ordnungsmäßige Wahrnehmung der erlaubnispflichtigen Tätigkeit angemessene Zahl von ihm beschäftigter natürlicher Personen erbracht wird, denen die Aufsicht über die direkt bei der Verwaltung mitwirkenden Personen übertragen ist und die den Gewerbetreibenden vertreten dürfen. Mit der Weiterbildungspflicht soll sichergestellt werden, dass der gewerbsmäßige Verwalter und seine Beschäftigten über die für die Ausübung des erlaubnispflichtigen Gewerbes erforderliche Sachkenntnis verfügen und das erforderliche Fachwissen zB im Bereich der Rechtsprechung zum WEG aktuell gehalten wird (BT-Drs. 18/12831).

bb) Einzelheiten. Nach § 34c Abs. 2a GewO iVm § 15b MaBV muss sich der Verwalter fachlich entsprechend seiner ausgeübten Tätigkeit weiterbilden. Die inhaltlichen Anforderungen an die Weiterbildung sind an den Vorgaben der Anlage 1 zu § 15b MaBV auszurichten. Die Weiterbildung kann in Präsenzform, in einem begleiteten Selbststudium, durch betriebsinterne Maßnahmen des Gewerbetreibenden oder in einer anderen geeigneten Form erfolgen. Bei Weiterbildungsmaßnahmen in einem begleiteten Selbststudium ist eine nachweisbare Lernerfolgskontrolle durch den Anbieter der Weiterbildung erforderlich. Der Anbieter der Weiterbildung muss sicherstellen, dass die in Anlage 2 zu § 15b MaBV aufgeführten Anforderungen an die Qualität der Weiterbildungsmaßnahme eingehalten werden. Der Erwerb eines Ausbildungsabschlusses als Immobilienkaufmann oder Immobilienkauffrau oder eines Weiterbildungsabschlusses als Geprüfter Immobilienfachwirt oder Geprüfte Immobilienfachwirtin gilt als Weiterbildung. 54

c) MaBV. Nach § 1 Abs. 2 MaBV muss der gewerbsmäßige Verwalter einerseits § 9 MaBV beachten. Danach muss er der zuständigen Behörde die jeweils mit der Leitung des Betriebs oder einer Zweigniederlassung beauftragten Personen unverzüglich anzeigen. Dies gilt bei juristischen Personen auch für die nach Gesetz, Satzung oder Gesellschaftsvertrag jeweils zur Vertretung berufenen Personen. In der Anzeige sind Name, Geburtsname, sofern er vom Namen abweicht, Vornamen, Staatsangehörigkeit, Geburtstag, Geburtsort und Anschrift der betreffenden Personen anzugeben. Ferner ist der gewerbsmäßige Verwalter § 11 MaBV unterworfen. Danach hat er der Gemeinschaft der Wohnungseigentümer in Textform und in deutscher Sprache bestimmte Angaben mitzuteilen, soweit sie im Einzelfall in Betracht kommen. Daneben hat der Verwalter die nach allgemeinen Vorschriften bestehenden Informationspflichten zu beachten, zB nach § 5, 6 TMG, nach der DL-InfoV oder nach §§ 37a, 125a, 177a HGB, § 7 Abs. 5 PartGG, § 35a Abs. 1 GmbHG, § 80 Abs. 1 AktG (*Heinemann* AnwZert MietR 20/2018). 55

7. Rechte und Pflichten des Amtsträgers. a) Überblick. Der Amtsinhaber muss die Interessen der Gemeinschaft der Wohnungseigentümer wahren (BGH NZM 2011, 454 Rn. 21). Er darf diese nicht eigenen Interessen unterordnen und muss den ausdrücklich erklärten oder jedenfalls erkennbaren Willen der Gemeinschaft der Wohnungseigentümer beachten (OLG Frankfurt a. M. NJW-RR 1988, 1169 (1170); BayObLGZ 1972, 139 (142)), zB bei der Durchführung von Beschlüssen (BGH NZM 2011, 454 Rn. 21). Der jeweilige Inhaber des Verwalteramtes muss aber vor allem die ausdrücklichen gesetzlichen Pflichten erfüllen, bzw. erwachsen ihm die im Gesetz genannten Rechte. Zu den gesetzlichen Aufgaben zählen die in §§ 24 Abs. 1, Abs. 4 bis Abs. 8, 27 Abs. 1, 28 Abs. 1 Satz 2, Abs. 2 Satz 2, Abs. 3, 44 Abs. 2 Satz 2 WEG benannten. Weitere gesetzliche Pflichten können vor allem aus Vorschriften des öffentlichen Rechts folgen, zB nach § 18 Abs. 2 Satz 1 ZensG oder § 9 Abs. 1 Satz 4 des Rundfunkbeitragsstaatsvertrags. Der Verwalter muss für die Gemeinschaft der Wohnungseigentümer außerdem Steuererklärungen abgeben und erstellen, nicht aber für die Wohnungseigentümer als Inhaber des gemeinschaftlichen Eigentums (zum alten Recht 56

BFH BeckRS 2018, 34111 Rn. 52). Ferner obliegt dem Verwalter der Datenschutz für die Gemeinschaft der Wohnungseigentümer.

57 **b) Legalitätspflicht.** Der Amtsinhaber muss dafür Sorge tragen, dass die Gemeinschaft der Wohnungseigentümer rechtmäßig handelt und die gesetzlichen Pflichten, vor allem öffentlich-rechtliche Pflichten, die an das gemeinschaftliche Eigentum knüpfen, erfüllt (allgemein BSG AG 2020, 180 Rn. 34; BGH NZG 2019, 939 Rn. 10; NJW 2017, 578 Rn. 51; 2012, 3439 Rn. 22; 2010, 3458 Rn. 29; 1997, 130 unter II. 2; aA *Schmidt* ZWE 2016, 385 (390)). Diese Pflicht ist – wie im sonstigen Gesellschaftsrecht auch – als Legalitätspflicht zu verstehen (skeptisch Staudinger/*Jacoby* § 26 Rn. 209); zur Beschlussdurchführung in diesem Zusammenhang → § 27 Rn. 91.

58 Die Legalitätspflicht umfasst zum einen die Pflicht, für die Legalität des Handelns der Gemeinschaft der Wohnungseigentümer Sorge zu tragen (BGH NJW 2010, 3458 Rn. 29). Zum anderen begründet die Legalitätspflicht die Pflicht zur Loyalität gegenüber den übrigen Organen der Gemeinschaft der Wohnungseigentümer (BGH NJW 2010, 3458 Rn. 29). Dies bedeutet insbesondere, dass das Geschäftsleitungsorgan durch Information und Beratung dafür zu sorgen hat, dass die anderen Organe die ihnen zugewiesenen Aufgaben erfüllen können (BGH NJW 2010, 3458 Rn. 29). Verstöße gegen die Legalitätspflicht können im Verhältnis zur Gemeinschaft der Wohnungseigentümer selbst nicht mit dem Vorbringen gerechtfertigt werden, sie lägen in deren Interesse (s. a. BGH NJW 2010, 3458 Rn. 29).

59 **c) Neutralität.** Der Amtsinhaber muss gegenüber den Wohnungseigentümern Neutralität wahren (BGH NJW 2017, 666 Rn. 18; 2013, 3098 Rn. 15; LG Berlin ZWE 2019, 86 Rn. 23; LG Itzehoe ZMR 2018, 436 = BeckRS 2018, 3298 Rn. 16 und Rn. 20). Er muss daher zB die Versammlung der Wohnungseigentümer fair und neutral leiten, sämtlichen Wohnungseigentümern grundsätzlich gleich begegnen und diese soweit wie möglich „respektvoll" behandeln (OLG Frankfurt a. M. NJW-RR 1988, 1169 (1170)).

60 **d) Bestimmungen der Wohnungseigentümer. aa) Überblick.** Die Wohnungseigentümer können weitere Pflichten bestimmen, etwa die, nach § 12 WEG einer Veräußerung zuzustimmen. Insoweit ist streitig, ob es der Zustimmung des Verwalters, zB in einem Verwaltervertrag, bedarf. Einige Stimmen vertreten, der Verwalter sei bereits kraft Gesetzes an die jeweilige Ausgestaltung des Verwalteramtes gebunden (*Slomian* ZfIR 2012, 732 (733); *Merle* ZWE 2001, 145 (148)). Andere differenzieren danach, wann eine erweiternde Vereinbarung geschlossen wurde (*Skauradszun* ZWE 2008, 419 (420); *Haas,* Haftung des Verwalters einer Wohnungseigentümergemeinschaft, 2007, 58). Dem Verwalter ist es nach diesen Stimmen zuzumuten, einen bei der Bestellung erweiterten Pflichtenkatalog zu schultern. Eine spätere Erweiterung sei hingegen nicht mehr zumutbar. Andere gehen davon aus, der Verwalter müsse sich Vereinbarungen, die für das Amt weitere Pflichten schaffen, stets vertraglich unterwerfen (*Jennißen* ZWE 2018, 18 (20); *Bub* NZM 2001, 502 (505); *Gottschalg,* Die Haftung von Verwalter und Beirat, Rn. 27; Jennißen/*Heinemann* § 27 Rn. 61; s. a. BGH

NJW 1996, 1216 unter III. 2. b): „übernimmt der Verwalter …vertraglich die Pflicht").

61 **Stellungnahme.** Zu folgen ist den Stimmen, die den Amtsträger an sämtliche Vereinbarungen (Bärmann/*Merle/Becker* § 26 Rn. 134; allgemein *Jacoby,* Das private Amt, § 14 A. II. 2.), aber auch an sämtliche Beschlüsse gebunden sehen, sofern es nicht um eine „Realhandlung" geht, etwa die Pflicht, eine Glühbirne auszutauschen, einen Brief in den Briefkasten zu werfen, den Rasen zu mähen oder das Treppenhaus zu reinigen (→ § 23 Rn. 8 „Realhandlung"). Entsprechendes könnte auch unter den Wohnungseigentümern nicht vereinbart werden. Bei den Weiterungen geht es nicht um eine vertragliche Bindung, sondern um die jeweilige Ausgestaltung des Amtes. Ist der Amtsinhaber nicht bereit, zusätzlich/nachträglich gewillkürte Pflichten zu tragen, kann er Übernahme oder Fortführung des Amtes ablehnen und einen etwaigen Verwaltervertrag aus wichtigem Grund kündigen oder versuchen, aus Anlass der Erweiterung seiner gesetzlichen Pflichten seine vertraglichen Rechte, vor allem die ihm geschuldete Vergütung, ändern zu lassen. Allein diese Betrachtungsweise entspricht den Vorgaben des Verbandsrechts. Auch die dortigen Amtsinhaber haben die Satzung bzw. den Gesellschaftsvertrag als Ausfluss der organschaftlichen Treuepflicht zu beachten (*Drasdo* NZM 2001, 923 (925)). Haben die Wohnungseigentümer die Pflichten oder Rechte des Amtes erweitert, gilt die Erweiterung grundsätzlich für jeden Verwalter (BayObLG FGPrax 1997, 19; KG NJW-RR 1991, 1363; 1989, 657), es sei denn, etwas anderes wäre bestimmt.

62 **bb) Einzelne Pflichten.** Als gewillkürte Pflichten kommen jeweils unter Beachtung von § 47 WEG ua die folgenden in den Blick:

63
- Nach einer Vereinbarung die Bestimmung des Inhaltes einer Vereinbarung der Wohnungseigentümer, etwa ein anderer Umlageschlüssel (→ § 16 Rn. 120; aA *Jennißen* ZWE 2017, 116 (117));
- Nach einer Vereinbarung die Bestimmung einer Vereinbarung;
- Nach einer Vereinbarung die Zustimmung nach § 12 Abs. 1 WEG zu einer Veräußerung (BGH NJW 2012, 3232 Rn. 13; NZM 2011, 719 Rn. 6; dagegen aber NJW 1996, 1216 unter III. 2. b): vertraglich);
- Nach einer Vereinbarung die Zustimmung zu einer abweichenden Benutzung (grundlegend BGH NJW 1962, 1613 unter II. 3; s. a. NZM 2012, 687 Rn. 11), etwa zur Benutzung eines Wohnungseigentums zur Ausübung eines Gewerbebetriebs oder Berufs (so im Fall BGH NJW 2019, 1673);
- Nach einer Vereinbarung die Zustimmung zu einer Vermietung, Verpachtung oder sonstigen Gebrauchsüberlassung (so im Fall BGH NJW 2019, 1673);
- Nach einer Vereinbarung die Überwachung von Gebrauchsbestimmungen;
- Nach einer Vereinbarung die Verteilung der Gebrauchsrechte an Kellern oder die Zuweisung von Stellplätzen (das Tun des Verwalters ist jeweils kein Beschluss der Wohnungseigentümer, vgl. BGH NJW 2014, 1879 Rn. 16);

- Nach einer Vereinbarung die Bestimmung der Inhalte einer Hausordnung (→ § 19 Rn. 43); das Tun des Verwalters ist kein Beschluss der Wohnungseigentümer, vgl. auch BGH NJW 2014, 1879 Rn. 16;
- Nach einer Vereinbarung die Auswahl eines Versicherers;
- Nach einer Vereinbarung die Zustimmung zu einer baulichen Veränderung iSv § 20 WEG;
- Nach einer Vereinbarung die Abhaltung von Versammlungen für „Untergemeinschaften" (BGH NJW-RR 2012, 1291 Rn. 10);
- Nach einer Vereinbarung die Erstellung „hausbezogener" Wirtschaftspläne und Abrechnungen (BGH NJW-RR 2012, 1291 Rn. 10 → § 28 Rn. 351).

64 **cc) Gestaltung der Pflichtenübertragung.** Ordnen die Wohnungseigentümer an, dass der jeweilige Amtsträger weitere Pflichten zu erfüllen hat, sind verschiedene Gestaltungen möglich. Es ist eine möglich, dass der jeweilige Amtsträger als Stellvertreter der Gemeinschaft der Wohnungseigentümer handelt (BGH NJW 2013, 299 Rn. 13; 2012, 3232 Rn. 13). Dies bedeutet, dass neben dem Verwalter als Vertreter auch die Gemeinschaft der Wohnungseigentümer als Vertretene die Pflicht erfüllen kann (BGH NZM 2017, 328 Rn. 25; NJW 1996, 1216 unter III. 2. A; *Hogenschurz* MietRB 2017, 148 (149)). Es ist aber auch eine Gestaltung möglich, dass dem jeweiligen Amtsträger die entsprechende Pflicht als eigene übertragen ist. Liegt es so, sind wieder verschiedene Formungen möglich. Nach der entsprechenden Regelung können die Gemeinschaft der Wohnungseigentümer und daneben auch der jeweilige Amtsträger berechtigt sein, die mit der Pflicht verbundenen Fragen zu klären und die Pflicht zu erfüllen (BGH NJW 1996, 1216 unter III. 2. a). Die Rechtswahrnehmung durch den Verwalter ist in diesen Fällen eine Art „Vorschalterfordernis" (Riecke/Schmid/*Abramenko* § 27 Rn. 4). Die Pflichten können dem jeweiligen Amtsträger aber auch in der Weise auferlegt sein, dass nur er berechtigt sein soll (BGH NJW-RR 2011, 1453 Rn. 9; KG ZMR 1998, 657; *Hogenschurz* MietRB 2017, 148 (149); *Abramenko* MietRB 2012, 218; → § 12 Rn. 39). Was gilt, ist wieder eine Frage des Einzelfalls. In der Regel und im Zweifel wird man annehmen müssen, dass die Gemeinschaft der Wohnungseigentümer weiterhin auch selbst berechtigt sein soll, die Frage zu klären (BGH NJW 1996, 1216 unter III. 2. a); KG ZMR 1998, 657; BayObLG WE 1992, 195 (196); für § 22 WEG siehe OLG Köln ZMR 2004, 146; BayObLG ZWE 2000, 217; OLG Düsseldorf NJW-RR 1997, 1103; LG Hamburg ZWE 2016, 229 (230); LG München I ZWE 2011, 423; *Elzer* ZMR 2006, 733 (735); ZMR 2005, 882 (883)).

65 **e) Amtsende.** Mit dem Ende der Amtsstellung haben grundsätzlich sämtliche verwaltungsbezogenen Handlungen zu unterbleiben. Allerdings bestehen einige Pflichten auch nach dem Ende der Amtszeit fort. So ist der Amtsinhaber nach hM zB im Innenverhältnis nachwirkend verpflichtet, die Abrechnungen zu erstellen, die in seiner Amtszeit fällig geworden sind. Herausgabe zB der Verwaltungsunterlagen gem. §§ 675, 667 BGB oder Rechenschaft nach § 666 BGB schuldet der Verwalter hingegen nur als Geschäftsbesorger bzw. Auftragnehmer (dazu → Rn. 364).

8. Zurechnung von Wissen des Amtsträgers. Die Gemeinschaft der Wohnungseigentümer muss sich das Wissen des jeweiligen Trägers des Verwalteramtes zurechnen lassen, welches dieser bei der Wahrnehmung seiner gesetzlichen oder vereinbarten Rechte und Pflichten erlangt (s. a. BGH NJW 2014, 1294 Rn. 18; 2014, 2861 Rn. 13; OLG München NZM 2007, 526 (527)). Eine Zurechnung des Verwalterwissens zu den Wohnungseigentümern, zB beim Verkauf eines Wohnungseigentums, kommt hingegen grundsätzlich nicht in Betracht (BGH NJW 2014, 2861 Rn. 17; 2003, 589 unter II. 2. b). Auch eine analoge Anwendung der Grundsätze der Wissenszurechnung nach § 166 Abs. 1 BGB ist nicht vorstellbar, weil die „Institutionen" des Wohnungseigentumsgesetzes in den persönlichen Angelegenheiten eines Wohnungseigentümers rechtlich und organisatorisch selbständige Dritte sind, so dass auch eine Wissenszurechnung unter dem Gesichtspunkt der Pflicht zur ordnungsmäßig organisierten Kommunikation ausscheidet (BGH NJW-RR 1997, 270 unter II. 1). Anders liegt es allerdings, wenn die Gemeinschaft der Wohnungseigentümer, vertreten durch den Verwalter, nach § 9a Abs. 2 WEG für die Wohnungseigentümer Rechte ausübt oder Pflichten wahrnimmt. 66

III. Faktische Amtsträger (Verwalter)

1. Grundfälle. Personen können in manchen Belangen als Amtsträger angesprochen werden, obwohl sie es nicht sind („faktische" Verwalter; „Scheinverwalter"). Dieses kommt vor allem in Betracht, wenn eine Person als Amtsträger auftritt und die Pflichten und Rechte eines Amtsinhabers für sich beansprucht, obwohl ihre Amtszeit als Amtsträger abgelaufen ist (LG Hamburg NZM 2009, 708; AG Chemnitz IMR 2010, 532; *Bonifacio* ZWE 2012, 206 (208)), wenn der Amtsträger abberufen wurde oder sein Amt niedergelegt hat oder dann, wenn die Bestellung einer Person zum Amtsträger unwirksam ist (OLG Köln NJW-RR 2005, 1096; KG NJW-RR 1991, 1363) oder für ungültig erklärt wurde. 67

2. Verwaltungstätigkeit ohne Bestellung. Als faktischer Verwalter ist auch die Person anzusprechen, die, ohne jemals zum Verwalter bestellt worden zu sein, die Geschäfte der Gemeinschaft der Wohnungseigentümer und der Wohnungseigentümer „wie ein Verwalter" führt (OLG München NZM 2008, 215; OLG Düsseldorf NZM 1999, 269; KG OLGZ 1981, 304). Für die Annahme, dass eine Person in diesem Falle faktischer Verwalter ist, ist es notwendig, aber auch ausreichend, dass der Betreffende in maßgeblichem Umfang Geschäftsführungsfunktionen übernommen hat, wie sie nach §§ 24 Abs. 1, 27 Abs. 1 WEG für den Verwalter kennzeichnend sind, zB die Versammlung der Wohnungseigentümer einberuft (AG Wangen ZMR 2008, 580). 68

Dieser Annahme steht es nicht entgegen, dass neben dem faktischen Verwalter in begrenztem Maße eine Geschäftsführung durch einen bestellten Verwalter weiterläuft. Entscheidend kann allein eine materielle Betrachtung sein, die auf Grund einer Gesamtschau darauf abstellt, ob der Betreffende die Geschicke durch eigenes, auch nach außen hervortretendes, üblicherweise dem Verwalter zuzurechnendes Handeln maßgeblich in die Hand genom- 69 men hat. Eine völlige Verdrängung des bestellten Verwalters ist dazu nicht erforderlich (s. a. BGH NZG 2005, 816 unter I. 1; grundlegend NJW 1988, 1789 (1790)). Ausschlaggebend ist mithin, ob das von der jeweiligen Person in Anspruch genommene Recht oder die ihn treffende Pflicht in einem inneren Zusammenhang steht mit der Verwaltung des gemeinschaftlichen Eigentums. Es genügt, dass eine Person mit Wissen und Billigung der Wohnungseigentümer Verwaltergeschäfte geführt hat, selbst wenn sie nicht förmlich zum Verwalter bestellt war (KG OLGZ 1981, 304).

70 **3. Pflichtenstellung und Haftung.** Ist eine Person als faktischer Verwalter anzusehen, haftet sie grundsätzlich wie ein Amtsträger (→ Rn. 4 ff.). Ferner kann sie im Einzelfall verpflichtet sein, die Pflichten wahrzunehmen, bis ein Amtsträger bestellt ist (*Haentjens* IMR 2010, 532; aA AG Chemnitz IMR 2010, 532). Neben einem Amtsverhältnis wird zwischen dem faktischen Amtsträger und der Gemeinschaft der Wohnungseigentümer häufig wenigstens ein Auftrag anzunehmen sein, sodass in der Regel sogar §§ 662 ff. BGB anwendbar sind (OLG Hamm NJW-RR 2008, 250 (251)).

71 **4. Wirksamkeit von Amtshandlungen.** Ist eine Person als faktischer Verwalter anzusehen, ist sie in Bezug auf die Amtsgeschäfte (zur Vertretung gilt → Rn. 112 entsprechend) grundsätzlich so zu behandeln, als sei sie nie Verwalter gewesen (siehe auch *Hoeck-Eisenbach* MietRB 2015, 347 (348 ff.)). Überblick:

72
- **Abrechnung und Wirtschaftsplan:** Dass ein faktischer Verwalter die entsprechenden Entwürfe vorlegt, macht diese nicht unwirksam und ist grundsätzlich unerheblich.
- **Geschäftsführung:** Dass ein faktischer Verwalter die Geschäfte führt, ist grundsätzlich unerheblich und macht die Geschäftsführer nicht unwirksam.
- **Versammlung:** Ruft ein Nichtberechtigter die Versammlung ein, sind auf dieser Versammlung gefasste Beschlüsse anfechtbar, aber nicht nichtig (→ § 24 Rn. 83).
- **Zustimmung nach § 12 WEG:** Die Zustimmung des faktischen Verwalters nach § 12 Abs. 1 WEG ist wirkungslos (BGH NJW 2006, 2189 Rn. 18) – außerdem geht es um Vertretung (→ Rn. 112).

73 **5. Vertretung.** Zur Vertretung gilt → Rn. 112 entsprechend. Ermächtigen die Wohnungseigentümer „den Verwalter", kann darin im Einzelfall eine Ermächtigung der entsprechenden Person zu sehen sein (BGH NJW 2009, 2449).

IV. Ermessen

74 **1. Allgemeines.** Das Gesetz bindet die Amtsausübung des Verwalters nicht im Detail. Es legt vor allem Entscheidungen im Zusammenhang mit Vorbereitung und Durchführung der Versammlung (s. a. BGH NJW-RR 2019, 1102 Rn. 6; NZM 2018, 615 Rn. 62; NJW 2017, 666 Rn. 13; LG Dortmund NZM 2019, 100 Rn. 5), aber auch seine Geschäftsführung nach § 27 Abs. 1 WEG, die Erstellung von Abrechnung und Wirtschaftsplan

und seine weiteren Aufgaben in sein Ermessen. Dass es sich hierbei jeweils wirklich um „Ermessen" handelt, obwohl das Gesetz diesen Begriff nicht benutzt, ergibt sich mittelbar aus § 18 Abs. 2 Nr. 1 WEG. Soweit die Verwaltung nach dem Gesetz oder aufgrund einer Vereinbarung dem Verwalter übertragen worden ist, können die Eigentümer daher auch von ihm eine Verwaltung nach „billigem Ermessen" verlangen (*Elzer* ZMR 2006, 85 (87)).

2. Grenzen. a) Gesetz: pflichtgemäße Ausübung. Nach dem Gesetz muss der Verwalter sein Ermessen pflichtgemäß und also nach Sinn und Zweck der Norm ausüben, die ihm Handlungsspielräume gewährt (BGH NJW-RR 2019, 1102 Rn. 6; NZM 2018, 615 Rn. 62; NJW 2017, 666 Rn. 16; *Elzer* ZMR 2006, 85 (88)). § 18 Abs. 2 Nr. 1 WEG beschreibt diese Zwecke allgemein: Die Verwaltung muss dem Interesse der Gesamtheit der Wohnungseigentümer nach billigem Ermessen entsprechen. Andere Zwecke nennt etwa § 27 WEG. Danach kann der Verwalter selbst nur tätig werden, wenn eine Entscheidung eine untergeordnete Bedeutung hat und nicht zu erheblichen Verpflichtungen führtU. Die Maßnahme eines Verwalters ist deshalb, abstrakt betrachtet, dann pflichtgemäß, wenn der von ihm gewählte Einsatz des Mittels für das Interesse der Gesamtheit der Wohnungseigentümer geeignet, erforderlich und zur Erreichung des Zieles angemessen ist (Verhältnismäßigkeitsgrundsatz). 75

b) Weisung der Wohnungseigentümer. Der Verwalter ist bei seiner Ermessensausübung ferner Vereinbarungen und Beschlüssen der Wohnungseigentümer unterworfen und also an Weisungen gebunden (→ § 27 Rn. 81). Er kann sich diesen Regelungen nicht wegen seines ggf. überlegenen Wissens entgegenstellen. Dies wird zB deutlich, wenn der Verwalter erkennt, dass ein angefochtener Beschluss evident ordnungswidrig ist und seiner Einschätzung nach nicht durchgeführt werden sollte. Denn nach § 27 WEG hat der Verwalter auch angefochtene Beschlüsse sofort und ohne schuldhaftes Zögern durchzuführen (→ § 27 Rn. 87). 76

3. Ermessensausübung und -fehler. Der Verwalter hat in der konkreten Entscheidungssituation alle verfügbaren Informationsquellen tatsächlicher und rechtlicher Art auszuschöpfen und auf dieser Grundlage die Vor- und Nachteile der bestehenden Handlungsoptionen sorgfältig abzuschätzen und den erkennbaren Risiken Rechnung zu tragen (s. a. BGH NJW 2017, 666 Rn. 16 und – für den Geschäftsführer – NJW 2008, 3361 Rn. 11). Für die etwaigen Ermessensfehler und ihre Überprüfung gilt nichts anderes, als für das Ermessen der Wohnungseigentümer. Insoweit ist auf die dortigen Ausführungen zu verweisen, die entsprechend gelten (→ § 18 Rn. 35 ff.). So muss zB auch der Verwalter dort, wo er allein tätig werden kann, Angebote einholen (s. a. AG Hamburg BeckRS 2016, 122909 Rn. 20). 77

D. Bestellungsbeschluss (§ 26 Abs. 1 Satz 1 Fall 1 WEG)

I. Grundlagen

78 Über die Bestellung einer Person zum Verwalter können die Wohnungseigentümer gem. § 26 Abs. 1 WEG beschließen. Dieser Bestellungsbeschluss kann nach § 26 Abs. 5 WEG nicht ausgeschlossen werden. Er setzt keinen Verwaltervertrag voraus (→ Rn. 377), kann allerdings ordnungsmäßiger Verwaltung widersprechen, wenn zum Verwaltervertrag noch keine ausreichende Willensbildung stattgefunden hat (→ Rn. 93). Der Bestellungsbeschluss ist kein „Hoheitsakt" oder ein an die Öffentlichkeit gerichteter, bedingungsfeindlicher Rechtsgestaltungsakt, sondern ein korporationsrechtliches Rechtsgeschäft. Eine Person kann daher, liegt kein Verstoß gegen § 26 Abs. 5 WEG vor, unter einer auflösenden Bedingung zum Verwalter bestellt werden (aA BayObLG NJW-RR 1992, 802). Ein Grund, den Bestellungsbeschluss als bedingungsfeindlich anzusehen, ist nicht erkennbar (*Jennißen/Schmidt,* Der WEG-Verwalter, A. Rn. 114). Auch bei einer auflösenden Bedingung steht bis zu ihrem Eintritt fest, wer Verwalter ist. Ein Bedürfnis für eine auflösende Bedingung ist indes in der Regel nicht erkennbar, auch nicht für den Fall, dass ein neuer Verwalter bestellt wird, während ein Wohnungseigentümer gegen die Abberufung des bisherigen Verwalters vorgeht (aA *Jennißen/Schmidt,* Der WEG-Verwalter, A. Rn. 118). Stellt sich heraus, dass die Abberufung unwirksam war, ist die Bestellung des neuen Verwalters von selbst unwirksam, weil es immer nur einen Amtsträger geben kann (→ Rn. 5). Etwas anderes gilt im Ergebnis aber auch nicht für eine aufschiebende Bedingung (aA KG OLGZ 1976, 266 unter Berufung auf OLG Celle NJW 1969, 326 und BayObLGZ 1969, 33 (36) für den Vereinsvorstand), sofern dabei nicht gegen § 26 Abs. 5 WEG verstoßen wird.

II. Einzelheiten

79 **1. Überblick.** Die Wohnungseigentümer müssen über drei Fragen beschließen: welche Person zum Verwalter bestellt werden soll, wie lange die Bestellung andauern (OLG Brandenburg ZMR 2008, 386; → Rn. 29) und wann die Amtszeit anfangen soll. Ordnen sie eine kürzere als eine fünfjährige Bestellungszeit an, kann bereits im Bestellungsbeschluss entsprechend § 84 Abs. 1 Satz 4 AktG vorgesehen werden, dass sich eine eigentlich endende Amtszeit jeweils zB um ein Jahr verlängert, sofern dadurch die gesamte Amtszeit entsprechend § 26 Abs. 2 Satz 1 WEG nicht mehr als fünf Jahre beträgt.

80 **2. Ladung.** Soll eine Person in einer Versammlung zum Verwalter bestellt werden, ist dieser Gegenstand gem. § 23 Abs. 2 WEG bei der Ladung zu bezeichnen („TOP __: Bestellung eines Verwalters"). Die – schlechtere – Bezeichnung „TOP___: Neuwahl der Hausverwaltung" ist in der Regel aber auch ausreichend und deckt sowohl eine Wiederbestellung (→ Rn. 135 ff.) als auch den Abschluss eines Verwaltervertrags (→ Rn. 197) ab (OLG München NJW-RR 2008, 1182 (1183); BayObLG ZMR 2000,

858); umgekehrt gilt nichts anderes. Mit der Ladung sind den Wohnungseigentümern für einen Vergleich der in Frage kommenden Amtsträger etwaige, bereits vorliegende Vertragsangebote zuzusenden (→ Rn. 81; BGH NZM 2011, 515 Rn. 12; LG Köln NZM 2013, 585).

3. Angebote für einen Verwaltervertrag. Soll eine Person erstmals zum Verwalter bestellt werden und soll mit ihr ein Verwaltervertrag geschlossen werden, sind vor der Bestellung von den Bewerbern Angebote einzuholen (BGH BeckRS 2020, 8761 Rn. 9; NJW 2015, 1378 Rn. 10; 2012, 3175 Rn. 10; NZM 2011, 515 Rn. 12). Dadurch soll gewährleistet werden, dass die Wohnungseigentümer ihre Entscheidung über die Verwalterbestellung auf einer hinreichend fundierten Tatsachengrundlage treffen können (BGH BeckRS 2020, 8761 Rn. 9; NJW 2012, 3175 Rn. 8; *Küttner* AnwZert MietR 14/2019). Dem ist zuzustimmen. Bei der Auswahl, welche Person geeignet ist, geht es allerdings nicht nur darum, Angebote miteinander zu vergleichen, sondern um die Eignung. Es geht mithin um die Person des Verwalters, und darum, über welche Sach- und Rechtskunde, welche Versicherungen, welches Vermögen, welches Wesen, welche Ausbildung, welche Verbandsmitgliedschaft usw. die in Aussicht genommene Person verfügt. 81

4. Abstimmung. Grundsätzlich gilt § 25 Abs. 1 WEG. Die relative Mehrheit für einen Bewerber ist allerdings nicht ausreichend, wenn mehr als zwei Kandidaten zur Wahl stehen (BGH NJW-RR 2019, 1102 Rn. 8; *Elzer* ZMR 2014, 104 (105). In diesem Fall muss nämlich die Anzahl der Ja-Stimmen für einen Kandidaten die Anzahl sämtlicher Ja-Stimmen für sämtliche anderen Kandidaten übersteigen (BGH NJW-RR 2019, 1102 Rn. 8; BayObLG ZMR 2004, 125 (126)). Die Abstimmung über jeden Einzelnen ist ein Teilakt eines als eine Einheit zu betrachtenden Verfahrens. In aller Regel kann erst nach Durchführung aller Wahlgänge festgestellt werden, ob ein und welcher der Bewerber die erforderliche Mehrheit erhalten hat. Etwas anderes gilt nur dann, wenn ein Bewerber in einem Wahlgang bereits die absolute Mehrheit erzielt hat und weitere Wahlgänge folglich an dem Ergebnis nichts mehr ändern können (BGH NJW-RR 2019, 1102 Rn. 11). Es kann ein geringeres, wegen § 26 Abs. 5 WEG aber kein höheres Quorum vereinbart werden. Bei der Abstimmung hat jeder Wohnungseigentümer ein Stimmrecht, auch wenn es um seine eigene Bestellung zum Verwalter geht (→ § 25 Rn. 105; BGH NJW 2002, 3704 unter II. 3. c) bb); OLG Hamm ZMR 2008, 60). Dies gilt selbst dann, wenn die Wohnungseigentümer zugleich über den Abschluss des Verwaltervertrags (→ Rn. 197) abstimmen (→ § 25 Rn. 105). Es gilt das gesetzliche oder ein davon abweichend vereinbartes Stimmrechtsprinzip (→ Rn. 195). 82

5. Ordnungsmäßigkeit. a) Allgemeines. aa) Überblick. Der Bestellungsbeschluss ist am Maßstab einer ordnungsmäßigen Verwaltung iSv § 18 Abs. 2 Nr. 1 WEG zu messen (BGH NJW 2020, 988 Rn. 15; 2012, 3175 Rn. 7; *Elzer* ZMR 2001, 418; dazu → § 18 Rn. 54 ff.). 83

bb) Person. Bei der Frage, welche Person zum Verwalter bestellt wird, besteht ein Ermessen (BGH NJW 2012, 3175 Rn. 8; *Elzer* ZMR 2001, 418 84

(423)). Ein Bestellungsbeschluss widerspricht daher nur dann einer ordnungsmäßigen Verwaltung, wenn die Auswahl der zu bestellenden Person ermessensfehlerhaft war. Dies ist der Fall, wenn eine unfähige und damit ungeeignete (→ Rn. 36 ff.) Person zum Verwalter bestellt wurde (LG Frankfurt a. M. BeckRS 2018, 4854 Rn. 3). Es ist zB nicht ordnungsmäßig, ein Unternehmen zum Verwalter zu bestellen, das nicht über die dazu notwendigen finanziellen Mittel verfügt und auch keine ausreichenden Sicherheiten stellen kann (→ Rn. 41; BGH NJW 2012, 3175 Rn. 20; OLG Stuttgart OLGZ 1977, 433 (435)). Ein Bestellungsbeschluss entspricht auch dann nicht dem Maßstab einer ordnungsmäßigen Verwaltung, wenn es objektiv nicht vertretbar erscheint, einen Verwalter ungeachtet der gegen ihn sprechenden Umstände zu bestellen (BGH NJW 2012, 3175 Rn. 7). Hiermit ist eine Ermessensreduzierung auf null gemeint (allgemein → § 18 Rn. 44). Sind die gegen den Verwalter sprechenden Gründe hingegen nicht zwingend, können sich die Wohnungseigentümer auch für eine Person aussprechen, gegen die man Vorbehalte haben kann.

85 **cc) „Wichtiger Grund".** Ein Bestellungsbeschluss ist nach bislang hM vor allem dann nicht ordnungsmäßig, wenn ein „wichtiger Grund" gegen den zu Bestellenden spricht (BGH NJW 2012, 2040 Rn. 12; 2012, 3175 Rn. 7; aA *Ott* ZMR 2007, 584 (586)) und keine Gründe erkennbar sind, ihn dennoch zu bestellen. Wann ein solcher Grund vorliegt, soll sich in Anlehnung an § 26 Abs. 1 Satz 3 WEG aF nach den für die Abberufung des Verwalters aus wichtigem Grund geltenden Grundsätzen bestimmen (BGH NJW 2012, 3175 Rn. 7).

86 **Stellungnahme.** Dem ist grundsätzlich zu folgen. Allerdings darf man den Abberufungs- und den Bestellungsbeschluss als zu unterscheidende Vorgänge nicht vermischen und sich nicht den Blick für ihre wesentlichen Unterschiede verstellen (*Elzer* ZMR 2001, 418 (419)). Denn der Abberufungsbeschluss hat im Schwerpunkt eine konkrete Verfehlung des Verwalters in der Vergangenheit zum Gegenstand. Beim Bestellungsbeschluss muss hingegen beurteilt werden, ob eine erst in der Zukunft wirkende Entscheidung ordnungsmäßiger Verwaltung entspricht. Hieraus folgt, dass man nie ohne weiteres an die Rechtsprechung zu § 26 Abs. 1 Satz 3 WEG aF anknüpfen konnte. Zu beachten ist ferner, dass sich die Mehrheit der Wohnungseigentümer mit der Bestellung **für** eine bestimmte Person als Verwalter ausgesprochen hat. Für die Beurteilung, ob ein gegen die Bestellung sprechender wichtiger Grund vorliegt, sind daher **strengere** Maßstäbe anzulegen als bei der Abberufung nach dem früher geltenden Recht. Denn es darf nicht ohne zwingenden Grund in die Mehrheitsentscheidung der Wohnungseigentümer eingegriffen werden (LG Berlin ZWE 2019, 86 Rn. 23; LG Frankfurt a. M. BeckRS 2018, 4854 Rn. 3; LG München I ZMR 2018, 72 (73)).

87 Ein „wichtiger" Grund zur Abberufung eines Amtsträgers ist nach bisheriger allgemeiner Ansicht gegeben, wenn den Wohnungseigentümern unter Beachtung aller Umstände nach Treu und Glauben eine weitere Zusammenarbeit nicht mehr zuzumuten ist, insbesondere durch diese Umstände das erforderliche Vertrauensverhältnis zerstört ist (BGH NJW 2012, 2040 Rn. 7; 2002, 3240 unter III. 3. a). Eines Verschuldens bedarf es nicht; es ist

aber bei der Abwägung im Einzelfall zu berücksichtigen. Dieser wohl auf das OLG Oldenburg (MDR 1970, 761) und das BayObLG (BayObLGZ 1972, 139 (140)) zurückgehende Definitionsversuch greift wesentliche Aspekte auf, ist aber ungenügend. Dass den Wohnungseigentümern nicht zuzumuten ist, einen Amtsträger weiterhin im Amt zu belassen, ist nicht der Abberufungsgrund, sondern die Folge der Unfähigkeit des Verwalters zu einer ordnungsmäßigen Geschäftsführung (fachliche und/oder menschliche Eignung) oder einer erheblichen (iSv „grob“) Pflichtverletzung des Verwalters.

Stellungnahme. Nach hier vertretener Ansicht ist vor allem an die Amts- 88
pflichten des Verwalters anzuknüpfen. Ein wichtiger Grund zur Abberufung des Amtsträgers ist neben seiner „Nichteignung“ vor allem dann gegeben, wenn er Amtspflichten in erheblicher, wesentlicher und damit schwerwiegender (vgl. BGH NJW 2002, 3240 unter III. 3. a) bb) Weise verletzt (s. a. BayObLGZ 1972, 139 (140)). Ein wichtiger Grund kann im Einzelfall allerdings auch dann vorliegen, wenn ein Amtsträger geeignet ist und seine Pflichten nicht verletzt. Dies ist zB der Fall, wenn eine juristische Person oder eine Personengesellschaft das Amt innehat und es bei ihr zu einem Wechsel der Geschäftsführung oder der Gesellschafter oder einer Umstrukturierung kommt. Hierin liegt keine Amtspflichtverletzung. Dennoch sind die Wohnungseigentümer berechtigt, zu prüfen, ob das der Bestellung zugrundeliegende Vertrauen weiter gewährt werden kann. Ist das zu verneinen, besteht ein Grund zur Abberufung. Ferner besteht ein wichtiger Grund zur Abberufung ohne Amtspflichtverletzung, wenn über das Vermögen eines Amtsträgers das Insolvenzverfahren eröffnet wird oder der Amtsträger im Übrigen in Vermögensverfall gerät (OLG Oldenburg ZMR 2007, 306; AG Wedding ZMR 2009, 881; s. a. BGH NJW 2012, 3175 Rn. 20). Als ungeeignet erweist sich auch die Person, die den Entwurf eines Verwaltervertrages vorlegt, bei dem mehrere Bestimmungen unwirksam sind (aA LG Köln ZWE 2019, 283).

dd) Prüfung im Einzelnen. Geht man den hier befürworteten Weg, so 89
ist zu prüfen, ob sich der Amtsträger als „unfähig“ erwiesen hat, ob er also ungeeignet ist. Geht es hingegen um eine Pflichtverletzung, ist in einem ersten Schritt eine gesetzliche oder vereinbarte, eine vertraglich versprochene oder allgemeine Amtspflicht festzustellen. In einem zweiten Schritt ist zu prüfen, ob der Amtsträger diese Pflicht verletzt hat. Die bloße Befürchtung, es liege eine Verletzung vor, genügt nicht, auch nicht bei einem „Bauträgerverwalter“ (OLG Köln WuM 1997, 697). In einem dritten Schritt ist im Rahmen einer Gesamtabwägung zu untersuchen, welche Schwere die Pflichtverletzung erreicht.

Verstößt der Verwalter gegen Kernpflichten („Kardinalpflichten“), liegt in 90
der Regel ein wichtiger Grund vor. Dies gilt umso mehr, wenn die Pflichtverletzung schuldhaft geschieht. Ob eine Amtspflichtverletzung nur gegenüber einem Wohnungseigentümer (OLG Rostock ZMR 2010, 223) oder gegenüber einigen oder allen Wohnungseigentümern bzw. gegenüber der Gemeinschaft der Wohnungseigentümer vorliegt, ist unerheblich. Bagatellen, zB kleine Fristversäumnisse oder unwichtige Fehler der Abrechnung, ein-

fache, auf den Verwalter zurückgehende Spannungen (OLG München NJW-RR 2007, 595), kleine Verfahrensfehler, versehentlich falsche Auskünfte (OLG München NZM 2006, 593) oder „kleinere" Fehler – zumal in der Anfangszeit der Amtszeit – begründen in der Regel hingegen für sich genommen keinen wichtigen Grund, wenn der Amtsinhaber im Übrigen seine Aufgabe im Wesentlichen ordnungsmäßig erfüllt. Eine Vielzahl „kleiner" Fehler kann hingegen einen wichtigen Grund abgegeben (BGH NJW 2002, 324 unter III. 3. a). Das Interesse des Amtsinhabers, sein Amt „zu behalten", ist stets unerheblich.

91 **b) Majorisierung.** Verfügt ein Wohnungseigentümer über ein beherrschendes Stimmenübergewicht, muss bei einer von seinen Stimmen getragenen Verwalterbestellung geprüft werden, ob ein Rechtsmissbrauch vorliegt (OLG Düsseldorf ZMR 1995, 604; *Drasdo* ZfIR 2013, 279 (281); s. a. → § 25 Rn. 130). Dies gilt in besonderem Maße für Zweiergemeinschaften (→ § 9a Rn. 46), bei denen ein wichtiger Grund gegen die Bestellung eines Wohnungseigentümers zum Verwalter dann vorliegt, wenn bereits im Zeitpunkt der Bestellung Interessengegensätze offenkundig sind und deshalb von vornherein nicht mit der Begründung eines unbelasteten, für die Tätigkeit des Verwalters aber erforderlichen Vertrauensverhältnisses zum anderen Wohnungseigentümer zu rechnen ist (BayObLG ZMR 2002, 525 (526); LG Karlsruhe ZWE 2010, 376).

92 Allein in einer durch den Mehrheitseigentümer durchgesetzten (Wieder-) Wahl eines bestimmten Verwalters ist freilich noch kein Verstoß gegen die ordnungsmäßige Verwaltung zu sehen (*Drasdo* ZfIR 2013, 279 (281)). Die Stimmrechtsausübung eines Mehrheitseigentümers unterliegt zwar einer strengen Missbrauchskontrolle (→ § 25 Rn. 130 ff.), ist für sich genommen aber noch kein Anlass, eine Bestellung als nicht ordnungsmäßig einzustufen (BayObLG WuM 1994, 570; *Bader* WE 1990, 118 (122)). Ein Verstoß ist vielmehr im Einzelfall aus der konkreten Ausübung des Stimmrechtes herzuleiten (BayObLG ZMR 2000, 846 (848); OLG Düsseldorf ZMR 1999, 581). Ein möglicher, aber nicht notwendiger Grund, die konkrete Ausübung eines Stimmrechtes als nicht ordnungsmäßig anzusehen, ist etwa, dass der vom Mehrheitseigentümer Gewollte persönlich und/oder fachlich ungeeignet ist (→ Rn. 36 ff.). Vorstellbar ist auch, dass der Mehrheitseigentümer sein Stimmrecht missbraucht, indem er zwar einen grundsätzlich geeigneten Verwalter wählt, die Umstände der Wahl die Stimmrechtsausübung aber dennoch anfechtbar machen. Dies wäre zu bejahen, wenn der Mehrheitseigentümer einen der Gemeinschaft unbekannten Kandidaten erst in der Versammlung der Eigentümer vorschlägt, so dass die anderen Wohnungseigentümer keine ausreichende Möglichkeit haben, sich von diesem ein „Bild" zu machen (OLG Karlsruhe Justiz 1983, 412).

93 **c) Verwaltervertrag. aa) Überblick.** Ungeachtet der Trennung von Amt und Verwaltervertrag (→ Rn. 377), soll auch der Verwaltervertrag, der mit der zu bestellenden Person geschlossen werden soll, für die Ordnungsmäßigkeit des Bestellungsbeschlusses eine Rolle spielen. Denn die Auswahl einer Person zum Verwalter werde inhaltlich wesentlich auch durch den von ihm angebotenen Verwaltervertrag bestimmt. Beachte ein Bestellungs-

beschluss diese Abhängigkeit nicht, entspreche er keiner ordnungsmäßigen Verwaltung (BGH NJW 2020, 988 Rn. 15; 2015, 1378 Rn. 9). Ferner müssten bei der Prüfung der Ordnungsmäßigkeit des Bestellungsbeschlusses gewisse Inhalte des Verwaltervertrags geprüft werden.

Die Wohnungseigentümer könnten beide Beschlüsse zusammenfassen. Es 94
sei aber auch nicht zu beanstanden, wenn die Wohnungseigentümer über die Bestellung einerseits und über den Abschluss des Verwaltervertrags andererseits unter getrennten Tagesordnungspunkten befänden (BGH NJW 2020, 988 Rn. 15). Notwendig, aber auch ausreichend sei es, wenn beide Beschlüsse in derselben Versammlung gefasst und dabei in der Versammlung jedenfalls die Eckpunkte des Verwaltervertrags festgelegt würden (BGH NJW 2020, 988 Rn. 15; 2015, 1378 Rn. 9 ff.; 2012, 3175 Rn. 12). Folge einer getrennten Beschlussfassung sei, dass die Frage, ob das Verfahren und die Auswahl der Person des Verwalters den Grundsätzen ordnungsmäßiger Verwaltung entsprechen, nur im Rahmen einer Anfechtung des Bestellungsbeschlusses zu prüfen sei, hingegen die Frage, ob das Verfahren und die beschlossenen Vorgaben für den Inhalt des abzuschließenden Verwaltervertrags den Grundsätzen ordnungsmäßiger Verwaltung entsprechen, nur im Rahmen einer Anfechtung des Beschlusses zu prüfen sei, mit dem die Wohnungseigentümer nach § 9b Abs. 2 WEG Personen bestimmten, welche die Gemeinschaft der Wohnungseigentümer beim Vertragsschluss vertreten sollen – Ermächtigungsbeschluss (BGH NJW 2020, 988 Rn. 15; 2012, 3175 Rn. 12).

Eine getrennte Beschlussfassung soll ferner dazu führen, dass der Bestel- 95
lungsbeschluss, ein Genehmigungsbeschluss (→ Rn. 213) oder ein Ermächtigungsbeschluss (→ Rn. 229) nicht allein deshalb für ungültig erklärt werden könnten, weil der jeweils andere für ungültig zu erklären sei (BGH NJW 2020, 988 Rn. 40). Denn die getrennte Beschlussfassung führe dazu, dass die Beschlüsse eigenständig zu behandeln seien und in ihrem Bestand von dem Schicksal des jeweils anderen nicht berührt werden. Das schließe die Anwendung von § 139 BGB aus (BGH NJW 2020, 988 Rn. 40). Daraus folge aber nicht, dass die Ungültigkeit des einen Beschlusses für den jeweils anderen Beschluss gänzlich ohne Folgen bliebe. Es widerspreche nämlich den Grundsätzen ordnungsmäßiger Verwaltung, wenn der wirksam bestellte Verwalter auf Dauer ohne Verwaltervertrag bliebe oder umgekehrt der wirksam abgeschlossene Verwaltervertrag bestehen bliebe, ohne dass der Verwalter die Organstellung als Verwalter erlangte und seinen Vertrag erfüllen könnte. Jeder Wohnungseigentümer könne deshalb nach § 18 Abs. 2 Nr. 1 WEG verlangen, dass die wirksam zum Verwalter bestellte Person abberufen werde, wenn es nicht gelinge, mit ihr einen Verwaltervertrag abzuschließen, und dass der wirksame Verwaltervertrag aus wichtigem Grund gekündigt werde, wenn es nicht gelinge, die Person in die vorgesehene Organstellung zu berufen (BGH NJW 2020, 988 Rn. 41).

bb) Wichtigste Vertragselemente. Nach hM müssen bereits beim oder 96
mit dem Bestellungsbeschluss die wichtigsten Vertragselemente festgelegt sein (BGH NJW 2020, 988 Rn. 15; 2015, 1378 Rn. 9; aA *Merle* ZWE 2012, 328 (328); Staudinger/*Jacoby* § 26 Rn. 30). Dies seien die Vertragslaufzeit und die Vergütung (BGH NJW 2020, 988 Rn. 16; 2015, 1378

Rn. 9). Fehle es an diesen Festlegungen, sei der Bestellungsbeschluss nicht ordnungsmäßig.

97 **cc) Wiederholung der gesetzlichen Pflichten.** Nach Ansicht des BGH muss der Verwaltervertrag weiter sicherstellen, dass die Vertragspartei zu allen Leistungen verpflichtet wird, welche die ihr mit dem gesondert zu überprüfenden Bestellungsbeschluss übertragene Organstellung als Verwalter mit sich bringt (BGH NJW 2020, 988 Rn. 19). Fehle es an diesen Festlegungen, sei der Bestellungsbeschluss nicht ordnungsmäßig.

98 **dd) Vergütungshöhe.** Ein Bestellungsbeschluss soll weiter nicht ordnungsmäßig sein, wenn die Verwaltervergütung nicht dem Gebot der Wirtschaftlichkeit genügt (BGH NJW 2020, 988 Rn. 30). Dieses Gebot sei noch nicht verletzt, wenn die vorgesehene Verwaltervergütung über den „üblichen" Sätzen liege. Denn die Wohnungseigentümer müssten nicht die Person zum Verwalter bestellen, die im Entwurf ihres Verwaltervertrags das preisgünstigste Angebot abgegeben habe (BGH NJW 2015, 1378 Rn. 10; 2012, 3175 Rn. 11; LG Hamburg ZMR 2012, 133). Die Wohnungseigentümer dürften zB einen Verwalter, mit dem sie gut zurechtkommen, auch dann weiterbestellen, wenn er für seine Leistungen eine höhere Vergütung verlangt als eine andere Person (BGH NJW 2020, 988 Rn. 30; 2012, 3175 Rn. 11; NZM 2011, 515 Rn. 13; LG Köln ZMR 2012, 575). Eine deutliche Überschreitung der üblichen Verwaltervergütung werde den Grundsätzen ordnungsmäßiger Verwaltung regelmäßig indessen nur dann genügen, wenn sie auf Sachgründen beruhe, deren Gewicht den Umfang der Überschreitung rechtfertige (BGH NJW 2020, 988 Rn. 30).

99 Für die Frage, was „üblich" ist, soll es darauf ankommen, welche Vergütung für eine nach Art, Güte und Umfang gleiche Leistung nach allgemeiner Auffassung der beteiligten Kreise am Ort der Leistung gewährt wird (BGH NJW 2006, 2472 Rn. 14). Eine angemessene Höhe könne daher je nach Alter, Art, Größe und Ausstattung des zu verwaltenden gemeinschaftlichen Eigentums sehr unterschiedlich sein. Stets komme es auf die konkreten Umstände, insbesondere die Größe und den baulichen Zustand der Wohnungseigentumsanlage, die Anzahl der Wohnungs- und Teileigentumsrechte, die gesetzlichen und besonderen Verwalterpflichten an (BGH NJW 1993, 1924 unter III. 3; BayObLG WuM 1996, 490; LG Karlsruhe BeckRS 2010, 17796; *Ott* ZWE 2016, 159 (162)).

100 **ee) Grund- und Sondervergütung.** Gewährt die Gemeinschaft der Wohnungseigentümer dem Verwalter für genau bestimmte abstrakte Leistungen einen pauschalen (Grund-)Vergütungsanteil und für andere tatsächlich anfallende Leistungen einen konkret benannten Vergütungsanteil, soll dies keiner ordnungsmäßigen Vergütung entsprechen, wenn die mit dem konkret benannten Vergütungsanteil abzugeltenden Leistungen bereits Gegenstand des pauschalen (Grund-)Vergütungsanteils sind (BGH NJW 2012, 1152 Rn. 6).

101 **ff) Interessen der Gesamtheit der Wohnungseigentümer.** Der Verwaltervertrag müsse sich in seiner Ausgestaltung im Übrigen sowohl bei den wirtschaftlich relevanten als auch bei den übrigen Bestimmungen in den

durch das Gebot der Wirtschaftlichkeit und durch die Interessen der Gesamtheit der Wohnungseigentümer bestimmten Grenzen halten (BGH NJW 2020, 988 Rn. 19).

gg) Stellungnahme. Diese Rechtsprechung ist insgesamt und in allen Punkten (→ Rn. 93 ff.) abzulehnen. Sie vermengt unzulässig und ohne triftigen Grund den Bestellungsbeschluss und seine Ordnungsmäßigkeit mit der Frage, ob der mit dem Kandidaten abzuschließende Verwaltervertrag ordnungsmäßiger Verwaltung entspricht. Diese Fragen sind streng zu unterscheiden. Es gibt auch keinen Grund für die Annahme, ein Verwalter brauche einen Vertrag. 102

d) Beispiele für Ordnungswidrigkeit. Die Bestellung einer Person zum Verwalter wurde beispielsweise als nicht mehr ordnungsmäßig angesehen, wenn ihr Sitz von der Wohnungseigentumsanlage zu weit entfernt lag (OLG Düsseldorf DWE 1990, 116 = BeckRS 1989, 31007103: rund 600 Km; s. aber LG Köln ZWE 2019, 283 – 75 Km – und LG Lüneburg ZWE 2014, 278 – 280 Km), dem Bestellten „fundierte Rechtskenntnisse" und „praktische Verwaltungserfahrung" fehlten (BayObLG WuM 1989, 264 (265); LG Stuttgart DWE 1994, 101), in der Person des zu Bestellenden Umstände begründet waren, die gegen seine gewerbliche Zuverlässigkeit sprachen, oder der Bestellte Dienste als Verkaufsmakler anbot, obwohl Veräußerungen seiner Zustimmung nach § 12 WEG bedurften. 103

In der Regel wurde bislang aber an das Vorliegen eines „wichtigen Grundes" für die Abberufung eines Verwalters angeknüpft (→ Rn. 147). Die entsprechende Rechtsprechung war schwer überschaubar, naturgemäß einzelfallgeprägt und wenig geformt. Knüpft man nach dem hier vertretenen System vor allem an Eignung und an Amtspflichten an, kann man wichtige Abberufungsgründe wie folgt „sichtbar" machen – wobei im Einzelfall die Schwere der Pflichtverletzung zu betrachten ist (s. a. *Jennißen/Schmidt,* Der WEG-Verwalter, A. Rn. 832 ff.). Überblick: 104

- Verletzung allgemeiner Amtspflichten: 105
  - Vermögensverfall (OLG Oldenburg ZMR 2007, 306; AG Wedding ZMR 2009, 881) oder Insolvenz (OLG Stuttgart OLGZ 1977, 433; LG Hamburg ZMR 2014, 310);
  - nachhaltige Zerstörung des Vertrauensverhältnisses, zB durch Beleidigungen (OLG Köln FGPrax 2007, 214; LG Lüneburg ZMR 2012, 133) oder das Verschweigen von Provisionen im Zusammenhang mit der Verwaltung des gemeinschaftlichen Vermögens oder des Verwaltungsvermögens (OLG Düsseldorf NZM 1998, 487 (488); *Armbrüster* ZWE 2012, 201 (203));
  - Nichtzusammenarbeit oder nachhaltig gestörtes Verhältnis zu den Verwaltungsbeiräten (OLG Köln ZMR 2007, 717; BayObLG ZMR 2002, 774; OLG Frankfurt a. M. NJW-RR 1989, 31);
  - Missachtung von Weisungen (OLG Frankfurt a. M. NJW-RR 1988, 1169 (1170); OLG Düsseldorf NZM 1998, 487;
  - Nichtumsetzung gerichtlicher Entscheidungen (OLG Köln ZMR 2009, 311; AG München ZMR 2009, 646);

- pflichtwidriger Umgang mit anvertrautem Vermögen (OLG Köln ZMR 2008, 904, OLG Düsseldorf WE 1997, 426 (427); s. aber auch BayObLG WuM 1990, 464 (465));
- Lügen (KG NJW-RR 1994, 402) oder Verschweigen unerlaubter Handlungen (OLG Köln NJOZ 2008, 3411 (3412)) oder nicht getilgter Vorstrafen (KG WuM 1993, 761);
- unberechtigte Verweigerung einer Auskunft zur Verwaltung oder unberechtigte Verweigerung der Einsichtnahme in Verwaltungsunterlagen (BayObLG WuM 1990, 464 (466));
- Mängel bei der Verwaltung der Verwaltungsunterlagen;
- Missachtung des Willens (BayObLGZ 1972, 139 (143); LG Freiburg NJW 1968, 1973) oder der Interessen der Wohnungseigentümer (OLG Hamburg ZMR 2003, 127);
- unerlaubte Handlungen, wie Beleidigungen, Unterschlagungen, Veruntreuungen, Tätlichkeiten (OLG Köln ZMR 2008, 734; OLG Celle NZM 1999, 841; BayObLG NJW-RR 1998, 1022; LG Mönchengladbach ZMR 2007, 565), die sich nicht gegen die Wohnungseigentümer oder gegen die Gemeinschaft der Wohnungseigentümer richten müssen (BayObLG NJW-RR 1998, 1022); dabei reicht ein bloßer Verdacht nicht aus; die Abberufung ist jedoch berechtigt, wenn der Verwalter angeklagt wird oder die Straftat zugibt (OLG Hamm NZM 1999, 229 (230));
- Verletzung von Aufklärungs- und Beratungspflichten (OLG Oldenburg ZMR 2007, 306; OLG Frankfurt a. M. OLGZ 1993, 63 (64)), zB wegen mangelnder Liquidität (OLG Köln WuM 2000, 269);
- unzulässige Übertragung der Amtspflichten (BayObLG NJW-RR 1997, 1443);
- „menschliche" Mängel, zB die grundlose Stellung von Strafanzeigen gegen einen Wohnungseigentümer (OLG Düsseldorf NZM 1998, 517);
- Verstöße gegen die Neutralitätspflicht (OLG Rostock ZMR 2010, 223; OLG Köln NZM 1999, 126; LG Berlin ZWE 2019, 36 Rn. 23; LG Itzehoe ZMR 2018, 436 = BeckRS 2018, 3298 Rn. 16; LG Lüneburg ZMR 2012, 133);
- Interessenkonflikt mit seiner gewerblichen Tätigkeit als Immobilienmakler bei der Erteilung der Zustimmung gem. § 12 WEG (BayObLG FGPrax 1997, 176 (177); LG München I NJW-RR 1997, 335; zum Provisionsanspruch BGH NJW 1991, 168 unter 2); anders soll es sein, wenn der Verwalter nur makelt (LG Berlin BeckRS 2018, 24093 Rn. 25);
- Verschweigen erheblicher Vermittlungsprovisionen an den Verwalter beim Abschluss von Verträgen, zB Versicherungsverträgen (OLG Düsseldorf NJW-RR 1998, 1023); anders soll es liegen, wenn der Verwalter zwar Immobilienmakler ist, aber erklärt, die Objekte der von ihm verwalteten Wohnungseigentumsanlage aus seiner Maklertätigkeit auszuklammern (BayObLG NZM 2001, 104);
- falsche Informationen, etwa zur Höhe der Einlagensicherung der Erhaltungsrücklage, sind im Einzelfall abzuwägen (OLG München NZM 2006, 593);

– kollusives Zusammenwirken mit Bauträger; dass die Person der Bauträger war, soll freilich grundsätzlich unschädlich sein (OLG München ZMR 2009, 629; OLG Köln WuM 1997, 696 (697).

- Amtspflichtverletzungen im Zusammenhang mit der Versammlung der Wohnungseigentümer: 106
  – unterbliebene Einberufung (BGH NJW 2002, 3240 unter III. 3. a) bb); BayObLG NJW-RR 1999, 1390 (1391));
  – Missachtung eines berechtigten Einberufungsverlangens (OLG Frankfurt a. M. OLGR 2006, 136 (138); OLG Düsseldorf NZM 1998, 487; LG Düsseldorf ZWE 2012, 328 (329));
  – Missachtung von Anträgen zur Tagesordnung (OLG Frankfurt a. M. NJW-RR 1988, 1170)
  – Vorlage unbestimmter Beschlüsse (OLG Oldenburg ZMR 2007, 307);
  – schuldhafte Nichtladung von Wohnungseigentümern;
  – pflichtwidrige Leitung der Versammlung, zB Unterbindung berechtigter Redebeiträge oder unberechtigter Ausschluss von Personen;
  – Erstellung falscher, unvollständiger oder verfälschter Niederschriften (BayObLG NJW-RR 2004, 445; WuM 1991, 310 (311)) und/oder deren zu späte Vorlage;
  – Durchführung der Versammlung an unzumutbaren Orten und/oder zu unangebrachten Zeiten (OLG Hamm NJW-RR 2001, 517);
  – Nichtverkündung von nicht nichtigen und nicht ordnungswidrigen Beschlüssen (AG Hamburg-Blankenese ZMR 2008, 1004);
  – geringfügige Verfahrensfehler reichen nicht.
- Amtspflichtverletzungen im Zusammenhang mit der Geschäftsführung: 107
  – Nichtdurchführung von Beschlüssen (ist der Verwalter zB verpflichtet, eine Versicherung abzuschließen, kann ein wichtiger Abberufungsgrund darin erblickt werden, dass er es über Monate hinweg versäumt, für einen ausreichenden Gebäudeversicherungsschutz zu sorgen (OLG Düsseldorf NZM 2005, 828 (829)).
  – keine Trennung eingenommener Gelder (OLG Rostock ZMR 2010, 223; BayObLG WuM 1996, 116 (118));
  – eigenmächtige Entnahme von Geldern aus der Erhaltungsrückstellung (OLG Düsseldorf WuM 1997, 572);
  – unzureichendes Hausgeldinkasso (OLG Köln ZMR 1999, 789; OLG Karlsruhe NZM 1998, 768);
  – dass der Verwalter die Erhaltungsrückstellung unzulässig angelegt hat, soll im Einzelfall nicht genügen (OLG Brandenburg FGPrax 2002, 101 (102));
  – unzureichende Informationen gem. § 27 Abs. 1 Nr. 7 WEG aF (AG Bonn ZWE 2010, 292).
- Amtspflichtverletzungen im Zusammenhang mit der Vertretungsmacht: 108
  – eigenmächtige Vertragsabschlüsse (OLG München ZWE 2006, 360; BayObLG WuM 1990, 464; AG München ZMR 2009, 646).
- Amtspflichtverletzungen im Zusammenhang mit Wirtschaftsplan und Abrechnung: 109
  – Gebrauch falscher Umlageschlüssel (OLG Hamm ZMR 2008, 66; OLG Düsseldorf ZMR 2006, 294; OLG Köln NZM 1999, 128);

- verspätete Vorlage des Wirtschaftsplans und/oder der Abrechnung (OLG Düsseldorf NZM 1998, 768 (769); LG Berlin ZWE 2019, 86 Rn. 24);
- falsche Abrechnung (LG Düsseldorf ZWE 2011, 49), ggf. trotz gerichtlicher Hinweise (OLG Düsseldorf ZMR 2006, 144);
- Nichtvorlage der Abrechnung und/oder von Wirtschaftsplänen (OLG München ZMR 2007, 807);
- keine Führung von Zahlungs- und Buchungsbelegen (LG Freiburg, Rpfleger 1968, 93 (94)).

110 **6. Anfechtbarkeit. a) Überblick.** Nach §§ 43 Abs. 2 Nr. 4, 44 Abs. 1 Satz 1 WEG kann jeder Wohnungseigentümer einen Bestellungsbeschluss anfechten. Die Klage hat Erfolg, wenn der Bestellungsbeschluss unter formellen Mängeln leidet (*Ott* ZMR 2007, 584 (585)), die Auswahlentscheidung ermessensfehlerhaft war oder die Bestellung keiner ordnungsmäßigen Verwaltung entsprach. Ein „wichtiger Grund" ist ausreichend, aber nicht notwendig (*Ott* ZMR 2007, 584 (587); aA LG München I ZMR 2018, 72 (73)). Bei der Prüfung ist das Selbstorganisationsrecht der Wohnungseigentümer (→ § 18 Rn. 35 ff.) zu wahren. Die Wohnungseigentumsgerichte sind nicht befugt, ihre eigene Wertung an die Stelle der Wertung der Wohnungseigentümer zu setzen. Eine eigene gerichtliche Prognoseentscheidung ist nicht geboten (*Elzer* ZMR 2001, 418 (422)). Für die Frage, ob eine Bestellung fehlerhaft war, kommt es allein darauf an, ob der geltend gemachte Umstand im Zeitpunkt der Beschlussfassung vorlag (→ § 44 Rn. 161).

111 **b) Folgen einer erfolgreichen Anfechtung. aa) Geschäftsführung.** Hat eine Anfechtungsklage Erfolg, ist der Bestellungsbeschluss mit Rechtskraft der Entscheidung von Anfang an (ex tunc) ungültig (BGH NJW 2020, 988 Rn. 9; 2007, 2776 Rn. 7; 1997, 2106 unter II. 1. a). Die Geschäftsführung des bis zur Rechtskraft der Entscheidung tätigen Amtsträgers ist bis zu diesem Zeitpunkt freilich als wirksam anzusehen (BGH NJW 2007, 2776 Rn. 9; 1997, 2106 unter II. 1. a); OLG Köln NZM 2004, 625 (626); BayObLG ZMR 2004, 600), zB seine im Zusammenhang mit einer Versammlung der Wohnungseigentümer entfalteten Tätigkeiten (OLG Brandenburg ZMR 2008, 386; OLG Hamm NJW-RR 1992, 722; BayObLG NJW-RR 1991, 531 (532)) oder eine von ihm nach § 28 Abs. 2 WEG erstellte Abrechnung. Der Amtsträger ist vom Zeitpunkt seiner Bestellung an berechtigt und verpflichtet, Beschlüsse auszuführen, Finanzen zu verwalten und Zustellungen und Willenserklärungen entgegenzunehmen (BGH NJW 2007, 2776 Rn. 8). Auch während des Verfahrens über die Anfechtung seiner Bestellung darf der Verwalter seine Tätigkeit nicht ruhen lassen. Der Amtsträger behält ferner etwaige Vergütungsansprüche (BGH NJW 1997, 2106 unter II. 1. a); OLG München NZM 2006, 631).

112 **bb) Vertretung.** Etwas anderes gilt nach hM auch nicht für die Vertretungsmacht (BGH NJW 2020, 988 Rn. 10; 2007, 2776 Rn. 9; aA *Heinemann* MietRB 2014, 188 (189); *Schmid* IMR 2014, 183; DWE 2010, 6; *Klimesch* ZMR 2009, 807 (808)). Auf die Aufhebung des Bestellungsbeschlusses sei die Bestimmung des § 47 FamFG entsprechend anzuwenden (BGH NJW 2020, 988 Rn. 10). Das gelte auch für die durch einen Ermäch-

tigungsbeschluss begründete Vollmacht der ermächtigten Wohnungseigentümer, den Verwaltervertrag abzuschließen. Folge dessen sei, dass der Verwaltervertrag mit der Aufhebung des Bestellungsbeschlusses nicht rückwirkend unwirksam, sondern für die Zukunft beendet werde (BGH NJW 2020, 988 Rn. 10; 2007, 2776 Rn. 9). **Stellungnahme.** Dieser Sichtweise ist im aktuellen Recht zu folgen. Nach § 9b Abs. 1 Satz 1 WEG vertritt der Verwalter die Gemeinschaft der Wohnungseigentümer, wenn auch beim Abschluss eines Grundstückskauf- oder Darlehensvertrags nur aufgrund eines Beschlusses der Wohnungseigentümer. Die Wohnungseigentümer sind nach § 9b Abs. 1 Satz 3 WEG ferner nicht befugt, die Vertretungsmacht einzuschränken. Darauf darf der Rechtsverkehr vertrauen. Eine Vollmachtsurkunde ist mit Ausnahme eines Grundstückskauf- oder Darlehensvertrags nicht mehr erforderlich.

7. Nichtigkeit. Ist der Bestellungsbeschluss ausnahmsweise nichtig **113**
(→ § 23 Rn. 121 ff.), ist der Bestellte nur faktischer Verwalter oder Scheinverwalter (*Hoeck-Eisenbach* MietRB 2015, 347 (348)). Er ist in Bezug auf seine Amtsgeschäfte und seine Vertretung so zu behandeln, als sei er nie Verwalter gewesen. Im Einzelnen → Rn. 67 ff.

III. Bestellung in der Gemeinschaftsordnung

Die Wohnungseigentümer können eine Person nicht im Wege der Ver- **114**
einbarung zum Verwalter bestellen. Hierin läge nach § 26 Abs. 5 WEG eine nichtige Beschränkung. Es ist daher zB nicht möglich, dass die Wohnungseigentümer in ihren Erwerbsverträgen als Erwerber gegenüber dem Bauträger einem Vorschlag, wer Verwalter sein soll, zustimmen (aA KG ZWE 2012, 96). Hierin liegt auch kein schriftlicher Beschluss.

Etwas anderes soll nach bislang hM für den aufteilenden Eigentümer nach **115**
§§ 8 Abs. 2 Satz 1, 5 Abs. 4 Satz 1 WEG gelten. Dieser soll in der Gemeinschaftsordnung den ersten Verwalter für drei Jahre benennen/bestellen können (BGH NJW 2013, 3360 Rn. 8; 2012, 3232 Rn. 11), zB sich selbst (BayObLGZ 1974, 305 (311)), eine ihm rechtlich und/oder wirtschaftlich verbundene Person (BGH NJW 2013, 3360 Rn. 8) oder einen Dritten. **Stellungnahme.** Dieser Sichtweise ist im aktuellen Recht nicht mehr zu folgen (*Becker/Schneider* ZfIR 2020, 281 (320); so schon zum alten Recht *Ott* ZWE 2016, 159 (160); *Drasdo* RNotZ 2008, 88; *Deckert* FS Bub, 2007, 37). Die Gemeinschaft der Wohnungseigentümer entsteht gem. § 9a Abs. 1 Satz 2 WEG auch im Falle des § 8 WEG bereits mit Anlegung der Wohnungsgrundbücher. In diesem Falle entsteht eine Ein-Personen-Gemeinschaft (→ § 9a; BR-Drs. 168/20, 46). Diese kann auch ohne Verwalter problemlos Beschlüsse fassen (→ § 23 Rn. 14 ff.). Ferner kann der Aufteiler die Gemeinschaft der Wohnungseigentümer nach § 9a Abs. 1 Satz 2 WEG vertreten und er kann in deren Namen jegliche Verträge schließen. Sieht der Aufteiler dafür einen Bedarf, kann er in einer formlosen Universalversammlung (→ § 23 Rn. 29) jederzeit durch Beschluss einen Verwalter bestellen (BR-Drs. 168/20, 47).

IV. Bestellung durch Dritte

116 Wohnungseigentümer müssen grundsätzlich selbst über eine Bestellung entscheiden. Sie können die Entscheidung weder durch Beschluss noch durch Vereinbarung auf Dritte übertragen (LG Lübeck Rpfleger 1985, 232), zB auf die Verwaltungsbeiräte oder den Bauträger. Entsprechende Entscheidungen sind nichtig (KG ZWE 2012, 426; OLG Schleswig MDR 1997, 821; *Jennißen/Schmidt,* Der WEG-Verwalter, A. Rn. 95). Aus demselben Grund kann sich der bestellte Verwalter auch nicht die Befugnis vorbehalten, seine Verwalterstellung auf einen Dritten zu übertragen (→ Rn. 25) oder seinen Nachfolger zu benennen. Auch ein „Zustimmungsvorbehalt" zugunsten des Bauträgers oder von Finanzierungsbanken ist nichtig, verstößt er doch gegen das Verbot des § 26 Abs. 5 WEG.

V. Beschlussersetzungsklage

117 **1. Möglichkeit.** § 18 Abs. 2 Nr. 1 WEG gibt jedem Wohnungseigentümer einen Anspruch auf Bestellung einer geeigneten Person zum Verwalter, der im Wege der Beschlussersetzungsklage nach § 44 Abs. 1 Satz 2 WEG gegen die Gemeinschaft der Wohnungseigentümer nach Vorbefassung der Wohnungseigentümer eingeklagt werden kann (→ § 44 Rn. 186 ff.; BGH NJW 2018, 3305 Rn. 23; 2011, 3025 Rn. 11; OLG Düsseldorf NZM 2008, 452; LG Hamburg ZMR 2012, 889 (890)). Dies gilt auch in einer Zweiergemeinschaft (LG Frankfurt a. M. ZWE 2017, 231). Die Bestellung eines Verwalters entspricht stets ordnungsmäßiger Verwaltung (s. a. BGH NZM 2019, 630 Rn. 17: „jedenfalls in einer größeren Wohnungseigentumsanlage"; aA *Heinemann* MietRB 2013, 224 (225); ohne Stellungnahme LG Frankfurt a. M. ZWE 2017, 231). Dies ist aus den Bestimmungen abzuleiten, die wie §§ 9b Abs. 1 Satz 1, 24, 27 Abs. 1, 28 WEG einen Verwalter voraussetzen, und ist jedenfalls Gewohnheitsrecht und folgt jetzt auch aus § 19 Abs. 2 Nr. 6 WEG.

118 **2. Gegenstand des Beschlussersetzungsurteils. a) Bestellung.** Gegenstand des Beschlussersetzungsurteils sind die Person des Verwalters sowie die Bestellungsdauer. Ist zur Bestellungsdauer nichts bestimmt, ist der Amtsträger auf fünf Jahre bestellt. Ohne einen dahingehenden Antrag kann das Gericht nach § 308 ZPO die gesetzlichen und gewillkürten Rechte und Pflichten des Verwalteramtes nicht verändern.

119 **b) Verwaltervertrag.** Die zu bestellende Person wird in der Regel Vorstellungen zu einem Verwaltervertrag, vor allem zu einer etwaigen Vergütung haben und diese dem Gericht auch mitteilen (*Briesemeister* NZM 2009, 64 (66)). Eine Befugnis des Gerichtes, zwischen der Gemeinschaft der Wohnungseigentümer und dem zu Bestellenden ohne eine dahingehende zulässige und begründete Klage (§ 308 ZPO) nach eigenem Ermessen zusätzlich einen Verwaltervertrag zu schließen, ist entgegen der wohl hM (aA BGH NJW 2017, 2766 Rn. 15; 1980, 2466 unter II. 2; *Schmid* DWE 2009, 85 (87); *Briesemeister* NZM 2009, 64 (65); *Bonifacio* MietRB 2007, 218) aber nicht zu erkennen. Eine solche, auch auf §§ 18 Abs. 2 Nr. 1, 44 Abs. 1

Satz 2 WEG zu stützende Klage auf einen Abschluss eines Verwaltervertrags ist zwar möglich, kommt aber erst dann in Betracht, wenn eine dahingehende Beschlussfassung nach Bestellung eines Verwalters erfolglos geblieben ist oder ausnahmsweise bereits bei der Bestellung deutlich ist und feststeht, dass eine Befassung der Wohnungseigentümer mit dieser Frage nicht erfolgreich sein wird.

c) Rechtsfolgen. Die Bestellung wird mit Rechtskraft des Urteils (BayObLG ZMR 1997, 93; LG Hamburg ZMR 2012, 889 (892)) und Zustimmung der zu bestellenden Person wirksam. Der gerichtlich bestellte Verwalter hat in jeder Hinsicht die gleiche Stellung wie eine von den Wohnungseigentümern bestellte Person (BGH NJW 1993, 1924 unter III. 1. b) aa); *Elzer* ZMR 2004, 229 (233)). Die Wohnungseigentümer sind jederzeit berechtigt, nach § 26 Abs. 1 WEG eine andere Person zu bestellen (OLG Frankfurt a. M. NJW-RR 1993, 845; BayObLG NJW-RR 1989, 461). Ein Beschluss, den gerichtlich bestellten Verwalter abzuberufen, zugleich aber keine andere Person zu bestellen, ist in der Regel allerdings rechtsmissbräuchlich und daher nach § 138 BGB nichtig. 120

VI. Einstweilige Verfügung

1. Überblick. Eine Person kann auch durch eine einstweilige Verfügung nach §§ 935, 940 ZPO (→ allgemein Vor §§ 43 ff. WEG Rn. 46 ff.) zum Verwalter bestellt werden (BGH NJW 2018, 3305 Rn. 23; NZM 2014, 312 Rn. 19; NJW 2011, 3025 Rn. 11), sofern die Gemeinschaft der Wohnungseigentümer keinen Verwalter hat (LG Hamburg ZMR 2009, 69 (70)). 121

2. Verfügungsanspruch. Ein Verfügungsanspruch folgt aus § 18 Abs. 2 Nr. 1 WEG. Jeder Wohnungseigentümer hat danach einen Anspruch auf Bestellung einer Person zum Verwalter. Das Ermessen, eine Person zu bestellen, ist – wie aus § 19 Abs. 2 Nr. 6 WEG mittelbar folgt – immer und stets auf null reduziert. 122

3. Verfügungsgrund. Ob ein Verfügungsgrund besteht, ist nach hM eine Frage des Einzelfalls. Denn der Umstand, dass die Gemeinschaft der Wohnungseigentümer keinen Verwalter hat, ist nach hM noch kein Verfügungsgrund (LG Hamburg ZMR 2017, 833; LG Berlin ZMR 2012, 569 = BeckRS 2012, 15098). Ein Verfügungsgrund soll aber vorliegen, wenn die Wohnungseigentümer nicht selbst Abhilfe schaffen können oder wollen (LG Köln BeckRS 2011, 20237) und durch die gerichtliche Bestellung ein Wohnungseigentümer (oder ein Dritter) vor Schaden bewahrt werden kann (OLG Düsseldorf NZM 2008, 452 (453)). Ferner soll ein Verfügungsgrund gegeben sein, wenn die Abrechnung über den Wirtschaftsplan ansteht, ein Wirtschaftsplan zu beschließen ist oder dringend Mittel benötigt werden (LG Stuttgart ZMR 2009, 148). Auch eine Zerstrittenheit der Wohnungseigentümer reicht in der Regel aus. Jedoch ist sie für die Annahme eines dringenden sachlichen Bedürfnisses unzureichend, wenn trotz der Zerstrittenheit konkret und ernstlich damit zu rechnen ist, dass in einer Versammlung der Wohnungseigentümer ein Verwalter bestellt werden kann (OLG Düsseldorf NZM 2008, 452; OLG Köln NZM 2003, 801 (811)). 123

124 **4. Verwaltervertrag.** Vor Befassung der Wohnungseigentümer kann weder der Verwaltervertrag noch der Inhalt des Verwaltervertrags geregelt werden.

VII. Bestellungszeitraum (§ 26 Abs. 2 Satz 1 WEG)

125 **1. Bestimmung durch die Wohnungseigentümer.** Die Wohnungseigentümer können gemeinsam mit dem Bestellungsbeschluss anordnen, wie lange eine Person das Verwalteramt ausüben soll. Zwingend ist eine solche Bestimmung nicht. Enthält ein Bestellungsbeschluss keine Regelung zum Bestellungszeitraum, liegt eine Bestellung auf unbestimmte Zeit vor, begrenzt durch die jeweiligen Fristen des § 26 Abs. 2 Satz 1 WEG (*Merle* ZWE 2012, 327 (328); *Jennißen/Schmidt,* Der WEG-Verwalter, A. Rn. 108). Nach Ablauf der maximalen Bestellungszeit ist das Amt von Gesetzes wegen beendet. Maßgeblich für die Berechnung der jeweiligen Fristen ist der rechtliche Beginn der Amtszeit des Verwalters.

126 **2. Gesetzliche Grenzen. a) Überblick.** Nach § 26 Abs. 2 Satz 1 WEG kann eine Person auf höchstens fünf Jahre zum Verwalter bestellt werden, im Falle der ersten Bestellung nach der Begründung von Wohnungseigentum nur auf höchstens drei Jahre.

127 **b) Fünf Jahre (§ 26 Abs. 2 Satz 1 Fall 1 WEG).** Die 1973 durch das Gesetz zur Änderung des Wohnungseigentumsgesetzes und der Verordnung über das Erbbaurecht vom 30.7.1973 (BGBl. I 910) in § 26 Abs. 2 Satz 1 Fall 1 WEG eingeführte Einschränkung der Privatautonomie und die Möglichkeit, einen Verwalter für höchstens fünf Jahre zu bestellen (→ Rn. 1), lehnt sich an das Vorbild in § 84 Abs. 1 Satz 1 AktG an, der für das Verhältnis zwischen Vorstand und Aktiengesellschaft das Amt des Vorstandes gleichfalls auf eine Höchstdauer von fünf Jahren begrenzt. Die Begrenzung soll im Kern sicherstellen, dass sich die Wohnungseigentümer zumindest alle fünf Jahre mit der Fortführung der Verwaltertätigkeit verantwortlich befassen (BT-Drs. 7/62, 5 ff.; s. a. BGH NZG 2012, 1027 Rn. 25).

128 Dem Wortlaut des § 26 Abs. 2 Satz 1 Fall 1 WEG steht es nicht entgegen, eine Person zeitlich mehr als ein Jahr vor Ablauf der Bestellungszeit mit sofortiger Wirkung erneut zum Verwalter zu bestellen (BGH NJW-RR 1995, 780 (781); OLG Zweibrücken ZMR 2005, 908; OLG Hamm OLGZ 1990, 191; *Drasdo* ZfIR 2013, 279 (281); aA *Ott* ZMR 2007, 54 (58)). Denn in diesem Vorgehen liegt eine Abberufung im Verbund mit einer nachfolgenden Wiederbestellung (BGH NZG 2012, 1027 Rn. 25). Sinn und Zweck des § 26 Abs. 2 Satz 1 Fall 1 WEG stehen diesem Vorgehen nicht entgegen (BGH NZG 2012, 1027 Rn. 26). Indem der Amtsträger ab diesem Zeitpunkt für fünf Jahre neu bestellt wird, ist die Bindungsfrist sogar noch kürzer, als es die gesetzliche Regelung für den Fall, dass die bisherige Bestellung nicht vorzeitig endet, als äußerste Grenze zulässt.

129 **c) Drei Jahre (§ 26 Abs. 2 Satz 1 Fall 2 WEG).** § 26 Abs. 2 Satz 1 Fall 2 WEG ist eine vom Rechtsausschuss des Bundestages vorgeschlagene Regelung, die durch das Gesetz zur Änderung des Wohnungseigentumsgesetzes und anderer Gesetze vom 26.3.2007 (BGBl. I 370) ins Gesetz eingefügt

worden ist (→ Rn. 1). Die Bestimmung will der Gefahr begegnen, dass der Erstverwalter wegen des Gleichlaufs der normalen Bestellungshöchstdauer von fünf Jahren mit der Frist für die Verjährung von Mängelansprüchen bei neu errichteten Eigentumswohnungen (§ 634a Abs. 1 Nr. 2 BGB) einem Interessenkonflikt unterliegt (BT-Drs. 16/3843, 26).

Ein solcher Interessenkonflikt liegt nahe, da Erstverwalter häufig bereits **130** vom Aufteiler bestellt werden, der Aufteiler in jungen Gemeinschaften aber jedenfalls in der Versammlung der Eigentümer häufig noch über eine Mehrheit der Stimmen bei der Abstimmung über die Bestellung verfügt. „Erstverwalter" ist der erste nach Entstehung einer wenigstens werdenden Gemeinschaft von Wohnungseigentümern bestellte Amtsträger (LG Hamburg BeckRS 2015, 05838). Die Formulierung „nach der Begründung von Wohnungseigentum" ist im Falle einer Teilungserklärung als „nach der Entstehung einer (zumindest werdenden) Wohnungseigentümergemeinschaft" zu verstehen (LG Hamburg BeckRS 2015, 05838).

Hatte der Aufteiler den Erstverwalter unter Geltung des alten Rechts noch **131** in der Gemeinschaftsordnung bestimmt, wird dieser in der ersten Versammlung der Eigentümer mit den Stimmen des Aufteilers abgewählt und mit den Stimmen des Aufteilers, der noch die Mehrheit der Stimmen innehat, als „technisch" zweiter Verwalter bestimmt, ist § 26 Abs. 2 Satz 1 Fall 2 WEG nach seinem Sinn und Zweck und entgegen dem Wortlaut analog anzuwenden (*Drasdo* ZfIR 2013, 279 (280)). Jedenfalls sollte man aber unter dem Gesichtspunkt der Umgehung solche Bestellungen bei einer Anfechtung besonders genau prüfen. Im Zweifel entsprechen sie nicht ordnungsmäßiger Verwaltung. Wird der erste Verwalter nur für einen kurzen Zeitraum von wenigen Monaten bestellt, liegen die Voraussetzungen des § 26 Abs. 2 Satz 1 Fall 2 WEG nicht vor (*Drasdo* ZfIR 2013, 279 (280)). Die Bestellung kann aber Anlass geben, den Beschluss besonders gründlich zu prüfen (*Drasdo* ZfIR 2013, 279 (280)).

Die von § 26 Abs. 2 Satz 1 Fall 2 WEG angenommene Interessenskollision **132** ist nur bei einem vom Alleineigentümer bestimmten Verwalter vorstellbar. Die Gefahr besteht hingegen nicht, wenn Wohnungseigentum durch einen Teilungsvertrag begründet worden ist. Nach seinem Wortlaut ist § 26 Abs. 1 Satz 2 Fall 2 WEG zwar auch in diesem Falle anwendbar. Weil der Gesetzgeber diesen seltenen Fall offensichtlich übersehen hat, sollte man den zu weit geratenen Wortlaut insoweit nach seinem in den Materialien zum Ausdruck gekommenen Sinn und Zweck teleologisch reduzieren (*Hügel/Elzer,* Das neue WEG-Recht, § 12 Rn. 4).

3. Verstöße. Eine Verwalterbestellung, die über die gesetzlichen Höchst- **133** dauern hinausgeht, ist hinsichtlich des übersteigenden Teiles gem. § 134 BGB nichtig, im Übrigen aber gültig (BT-Drs. 19/22634, 45 – Vorabfassung; OLG München NZM 2007, 647 (648); KG NZM 1999, 255; ZMR 1987, 277; LG Hamburg BeckRS 2015, 05838; *Drasdo* ZfIR 2013, 279 (280); aA *Jennißen/Schmidt,* Der WEG-Verwalter, A. Rn. 109).

Der Verwalter, der für einen längeren Zeitraum als fünf bzw. drei Jahre **134** bestellt worden ist, soll wenigstens für den gesetzlich zulässigen Zeitraum von fünf/drei Jahren bestellt sein (OLG München NZM 2007, 647 (648);

LG Köln Mitt. RhNotk 1984, 121; *Bub* ZdWBay 1992, 577 (580)). Um dies klarzustellen, hat das Gesetz zur Förderung der Elektromobilität und zur Modernisierung des Wohnungseigentumsgesetzes und zur Änderung von kosten- und grundbuchrechtlichen Vorschriften vom 16.10.2020 bei § 26 Abs. 2 Satz 1 WEG das Wort „darf“ zum Wort „kann“ umgestellt (BR-Drs. 168/20, 82).

E. Wiederbestellungsbeschluss (§ 26 Abs. 2 Satz 2 WEG)

I. Überblick

135 Nach § 26 Abs. 2 Satz 2 Hs. 1 WEG ist es zulässig, eine Person erneut zum Verwalter zu bestellen. Ein Grund, einen Amtsträger regelmäßig auszuwechseln, ist auch nicht erkennbar. Wenn es möglich und vertretbar ist, sollte sogar Kontinuität in der Ausübung des Verwalteramtes angestrebt werden. Bestellen die Wohnungseigentümer eine Person erneut, müssen sie abermals mit den zu § 26 Abs. 1 Satz 1 WEG erörterten Maßgaben (→ Rn. 79 ff.) über die Frage der Bestellung, die Frage der Bestellungszeit und des Beginns der Bestellung beschließen (dazu → Rn. 125 ff.). Die Wiederbestellung wird in der Regel mit dem Ende der vorhergehenden Bestellung beginnen. Ist hingegen ein früherer Zeitpunkt angeordnet, wird in der Wiederbestellung zugleich eine Abberufung liegen (→ Rn. 153).

II. Zeitpunkt der Beschlussfassung (§ 26 Abs. 2 Satz 2 Hs. 2 WEG)

136 **1. Grundsatz.** Ein Wiederbestellungsbeschluss darf nach § 26 Abs. 2 Satz 2 Hs. 2 WEG frühestens ein Jahr vor Ablauf der Bestellungszeit gefasst werden. Sinn und Zweck von § 26 Abs. 2 Satz 2 Hs. 2 WEG ist es, zu verhindern, dass durch eine baldige Verlängerung der Bestellungszeit der Normzweck des § 26 Abs. 2 Satz 1 WEG unterlaufen wird (BGH NJW-RR 1995, 780 unter III. 2).

137 Es wäre zB gesetzeswidrig, wenn etwa ein Verwalter im zweiten Jahr seiner fünfjährigen Bestellungszeit mit Wirkung zum Zeitpunkt des Ablaufs dieser Bestellungszeit erneut auf die Dauer von fünf Jahren bestellt würde, mithin eine Bindung über zehn Jahre eintreten würde (BGH NJW-RR 1995, 780 unter III. 2; *Merle* Bestellung und Abberufung des Verwalters nach § 26 WEG, 70). Ein gegen § 26 Abs. 2 Satz 2 Hs. 2 WEG verstoßender Beschluss ist gem. § 134 BGB vollständig nichtig (OLG Frankfurt a. M. OLGR 2006, 46; OLG Zweibrücken FGPrax 2004, 273).

138 **2. Ausnahmen.** Nach Sinn und Zweck des § 26 Abs. 2 Satz 2 Hs. 2 WEG ist es unproblematisch, eine Person mehr als ein Jahr vor Ablauf der Bestellungszeit erneut mit Ablauf der vorhergehenden Bestellungszeit zum Verwalter zu bestellen, wenn mit Erst- und Folgebestellung der Höchstzeitraum von sechs Jahren (§ 26 Abs. 2 Satz 1 WEG + ein Jahr) nicht überschritten ist (LG Itzehoe ZWE 2012, 145; *Jennißen/Schmidt,* Der WEG-Verwalter, A. Rn. 112). Möglich ist ferner die Bestimmung, eine Person für

zB zwei Jahre zu bestellen und zugleich unter Beachtung von § 26 Abs. 2 Satz 1 WEG zu beschließen, dass eine Bestellung auch in Folgejahren angeordnet ist.

III. Ordnungsmäßigkeit

1. Überblick. Für die Frage der Ordnungsmäßigkeit eines Wiederbestellungsbeschlusses ist an die Darstellung → Rn. 83 ff. zur Ordnungsmäßigkeit eines Bestellungsbeschlusses anzuknüpfen. Für den Wiederbestellungsbeschluss kommt es darauf an, ob sich die bislang bestellte Person im Amt bewährt hat. Vor allem dieses besondere Moment unterscheidet die Wieder- von einer Erstbestellung. **139**

2. Angebote. Nach herrschender, hier nicht vertretener Ansicht ist es für die Ordnungsmäßigkeit eines Wiederbestellungsbeschlusses nicht erforderlich, vor der Beschlussfassung Angebote anderer Personen einzuholen (BGH NJW 2015, 1378 Rn. 11; NZM 2011, 515 Rn. 13). Etwas anderes soll nur dann gelten, wenn sich der Sachverhalt verändert hat (BGH NZM 2011, 515 Rn. 13; LG Frankfurt a. M. ZWE 2018, 327 Rn. 6; LG Itzehoe ZMR 2018, 259 (261)). So soll es liegen, wenn: **140**

- Der Amtsinhaber seine Pflichten „nicht mehr so effizient" wahrnimmt, wie dies bisher der Fall war (BGH NZM 2011, 515 Rn. 13; LG Hamburg ZWE 2017, 183 (184)). **141**
- Sich das Verhältnis zwischen dem bislang Bestellten und den Wohnungseigentümern „aus anderen Gründen verschlechtert" hat (BGH NZM 2011, 515 Rn. 13; LG Hamburg ZWE 2017, 183 (184)).
- Der Verwaltervertrag geändert werden soll (LG Itzehoe ZMR 2018, 259 (261).
- Der bislang Bestellte seine Rechtsform geändert hat (LG Frankfurt a. M. ZWE 2018, 327 Rn. 7).
- Anhaltspunkte dafür bestehen, dass die vom bislang Bestellten angebotenen Leistungen von anderen Personen spürbar günstiger angeboten werden (BGH NZM 2011, 515 Rn. 13; LG Hamburg ZWE 2017, 183 (184)). Dieser Punkt zeigt, dass es für eine fehlerfreie Ermessensentscheidung mehr als nahe liegt, sich über Alternativen Gedanken zu machen und stets weitere Angebote einzuholen sind: man kann ihn grundsätzlich nur durch weitere Angebote klären.

IV. Anfechtung

Siehe zunächst → Rn. 110 zum Bestellungsbeschluss. Es ist nach hM möglich, einen Wiederbestellungsbeschluss allein unter dem Gesichtspunkt zu überprüfen, ob die persönliche und fachliche Eignung des Bestellten in der Vergangenheit den Interessen angemessen Rechnung getragen hat (KG ZMR 2007, 801; BayObLG NZM 2001, 104 (105)). Nach der hier vertretenen Auffassung muss die Prüfung zusätzlich auf die Zukunft hin orientiert durchgeführt werden (BayObLG BeckRS 2005, 01582 Rn. 11; *Elzer* ZMR 2001, 418 (422); Jennißen/*Jennißen* § 26 Rn. 63). Denn es geht beim Wiederbestellungsbeschluss nicht darum zu prüfen, ob das Verwalterverhal- **142** ten in der Vergangenheit ordnungsmäßiger Verwaltung entsprochen hat. Zu untersuchen ist vielmehr, welche Person am besten künftig einem geordneten Zusammenleben bzw. dem Interesse der Gesamtheit der Wohnungseigentümer nach billigem Ermessen dienen wird (BayObLG BeckRS 2005, 01582 Rn. 11).

V. Verwaltervertrag

143 **1. Beschluss über die Fortsetzung des Verwaltervertrags.** Ein Beschluss über die Fortsetzung des Verwaltervertrags kann im Einzelfall zugleich als Wiederbestellungsbeschluss ausgelegt werden (OLG Schleswig ZWE 2007, 51 (54); *Jennißen/Schmidt,* Der WEG-Verwalter, A. Rn. 113). So liegt es, wenn die Wohnungseigentümer den Wiederbestellungsbeschluss wollten und ihnen der Unterschied von An- und Bestellung bewusst war. Ferner muss der Amtsträger die Bestellung annehmen.

144 **2. Wiederbestellungsbeschluss.** In einem Wiederbestellungsbeschluss liegt hingegen keine Verlängerung des Verwaltervertrags (aA LG Landau/Pfalz ZMR 2012, 295). Bestellung und Anstellung sind zu trennen (→ Rn. 3). Zwar kann ein Wiederbestellungsbeschluss im Einzelfall dahin ausgelegt werden, dass die Wohnungseigentümer den Verwaltervertrag verlängern wollten, wenn ihnen der Unterschied von An- und Bestellung bewusst war. Der Vertragsschluss als Folge der Willensbildung müsste aber noch zwischen den Vertragsparteien vollzogen werden (→ Rn. 214).

F. Abberufungsbeschluss (§ 26 Abs. 3 Satz 1 WEG)

I. Überblick

145 Wie Be- und Anstellung zu trennen sind, so sind auch die Abberufung eines Amtsträgers aus seinem Amt und die Beendigung seines Verwaltervertrags zu unterscheiden. Eine Person kann als Verwalter abberufen werden, ohne den Verwaltervertrag zu beenden. Umgekehrt kann der Verwaltervertrag beendet werden, ohne den Amtsträger abzuberufen (OLG Düsseldorf ZWE 2007, 458).

II. Abberufungsgründe

146 **1. Grundsatz.** Ein Amtsträger kann aus jedem beliebigen Grund abberufen werden. Ein berechtigtes Interesse, die Abberufung des Verwalters als Organ der Gemeinschaft der Wohnungseigentümer zu beschränken, ist nicht ersichtlich (BR-Drs. 168/20, 82). Die Wohnungseigentümer haben stets die Möglichkeit, sich von einem Amtsträger zu trennen, wenn sie das Vertrauen in ihn verloren haben.

147 **2. Wichtiger Grund. a) Überblick.** § 26 Abs. 1 Satz 3 WEG aF, der es erlaubte, die Abberufung des Verwalters auf das Vorliegen eines wichtigen Grundes zu beschränken, ist vom Gesetz zur Förderung der Elektromobilität und zur Modernisierung des Wohnungseigentumsgesetzes und zur Änderung

von kosten- und grundbuchrechtlichen Vorschriften vom 16.10.2020 aufgehoben worden (→ Rn. 1). Ein berechtigtes Interesse, die Abberufung des Verwalters als Organ der Gemeinschaft der Wohnungseigentümer zu beschränken, sei nicht ersichtlich (BR-Drs. 168/20, 82). Die Wohnungseigentümer sollten stets die Möglichkeit haben, sich von einem Verwalter zu trennen, wenn sie das Vertrauen in ihn verloren haben (BR-Drs. 168/20, 82). Zugleich werde damit der oft als sehr belastend empfundene Streit vermieden, ob die Voraussetzungen für eine Abberufung vorliegen (BR-Drs. 168/20, 25).

b) Übergangsprobleme. aa) Vereinbarungen. Soweit die Wohnungseigentümer vor dem 1.12.2020 vereinbart haben, eine Abberufung solle nur aus wichtigem Grund möglich sein, sind solche Vereinbarungen nach § 47 WEG grundsätzlich nicht mehr anwendbar. Neue Vereinbarungen wären nach § 26 Abs. 5 WEG hingegen gem. § 134 BGB nichtig. **148**

bb) Beschlüsse. Hatten die Wohnungseigentümer beschlossen, eine Abberufung solle nur aus wichtigem Grund möglich sein (dazu Vorauflage → § 26 Rn. 96), ist der Beschluss nicht mehr anwendbar (→ § 48 Rn. 23). Für neue Beschlüsse besteht nach § 26 Abs. 5 WEG hingegen keine Beschlusskompetenz. **149**

cc) Verwaltervertrag. Hatten die Gemeinschaft der Wohnungseigentümer und der Verwalter die Beschränkung der Abberufung auf das Vorliegen eines wichtigen Grundes im Verwaltervertrag geregelt, ging die Regelung stets ins Leere (dazu Vorauflage → § 26 Rn. 96). Hat die Gemeinschaft der Wohnungseigentümer dem jeweiligen Amtsträger Zusagen gemacht, ist es eine Frage des Einzelfalls, ob sie nach § 280 Abs. 1 BGB bei einer Verletzung zu Schadenersatz verpflichtet ist. Dabei ist zu berücksichtigen, dass die Gemeinschaft der Wohnungseigentümer die Streichung des § 26 Abs. 1 Satz 3 WEG aF nicht zu vertreten hat. In Verwalterverträgen, die nach dem 1.12.2020 geschlossen worden sind, wäre eine entsprechende Regelung nach § 26 Abs. 5 WEG nichtig. **150**

dd) Bestellung auf bestimmte Zeit. Ist eine Person nur auf eine bestimmte Zeit zum Verwalter bestellt worden (→ Rn. 29), nahm die hM entgegen der hier vertretenen Ansicht (dazu Vorauflage → § 26 Rn. 96) bislang an, damit sei schlüssig zugleich die Beschränkung der Abberufung auf das Vorliegen eines wichtigen Grundes vereinbart (BGH NJW 2012, 1884 Rn. 5; LG Hamburg ZMR 2014, 310). Diese Sichtweise ist im aktuellen Recht nicht mehr vertretbar. In einer solchen Regelung läge ein Verstoß gegen § 26 Abs. 5 WEG. **151**

III. Einzelheiten zum Abberufungsbeschluss

1. Beschlussfassung. a) Überblick. Über die Abberufung müssen die Wohnungseigentümer gem. § 26 Abs. 3 Satz 1 WEG beschließen. Eine bloße Erklärung zB der Verwaltungsbeiräte ist unerheblich (BayObLGZ 1965, 34 (41)). Die Ausführungen zum Bestellungs- (→ Rn. 78 ff.) und zum Wiederbestellungsbeschluss (→ Rn. 135 ff.) zur Ladung, zur Abstimmung **152**

und zum Ermessen gelten grundsätzlich entsprechend. Zur Gültigkeit eines Abberufungsbeschlusses genügt die schlagwortartige Bezeichnung des Beschlussgegenstandes bei der Einberufung der Versammlung der Wohnungseigentümer, wenn den Wohnungseigentümern aus einem früheren Verfahren die dem Amtsträger vorgeworfenen Verfehlungen bekannt sind (OLG Zweibrücken ZMR 2004, 63); zum Stimmrecht → § 25 Rn. 103 ff.

153 **b) Schlüssiger Abberufungsbeschluss.** Ein schlüssiger Abberufungsbeschluss liegt darin, dass Wohnungseigentümer eine andere Person zum Verwalter bestellen (OLG München NZM 2008, 92 (93); OLG Hamm ZWE 2008, 182 (184); BayObLG NJW-RR 2003, 517; LG Karlsruhe BeckRS 2011, 14577); andernfalls gäbe es zwei Verwalter, was nicht gewollt und rechtlich unzulässig ist.

154 **2. Ordnungsmäßigkeit.** Ein Abberufungsbeschluss muss ordnungsmäßiger Verwaltung iSv § 18 Abs. 2 Nr. 1 WEG entsprechen. Vor allem die Willensbildung der Wohnungseigentümer und ihre Ermessensentscheidung, ob der Amtsträger abberufen werden soll, müssen formell und materiell fehlerfrei zustande gekommen sein. Eines Abberufungsgrundes bedarf es nicht. Die Gemeinschaft der Wohnungseigentümer kann sich grundsätzlich jederzeit von einem Amtsträger aus jedem beliebigen Grund lösen (Rn. 147).

155 **3. Abmahnung und Analogie zu §§ 626 Abs. 2, 314 BGB.** Nach bislang sogar wohl hM muss dem Abberufungsbeschluss jedenfalls bei weniger schwerwiegenden oder einmaligen Pflichtverletzungen eine Abmahnung vorausgehen (BGH NJW 2002, 3240 unter III. 3. a) dd); OLG Düsseldorf ZMR 2006, 463 (465); 2004, 53 (54); LG Düsseldorf ZWE 2011, 49; *Jennißen/Schmidt,* Der WEG-Verwalter, A. Rn. 828; Jennißen/*Jennißen* § 26 Rn. 145 für „wiederholte Schlechtleistungen"; ohne Stellungnahme LG Hamburg ZMR 2012, 465 (468)).

156 **Stellungnahme.** Dieser Ansicht ist nicht zu folgen (so auch LG Berlin ZWE 2017, 95; LG Hamburg ZMR 2014, 310; LG Karlsruhe ZWE 2013, 36 (37); offen *Reichert* MietRB 2015, 249 (250)); für die Abberufung des Vorstands *Ziemons* FD-HGR 2007, 239759). Das Gesetz stellt diese Voraussetzung für die Abberufung nicht auf, dem übrigen Verbandsrecht ist sie für die Abberufung unbekannt – und selbst für den Anstellungsvertrag etwa des Vorstandes oder Geschäftsführers wird sie abgelehnt (BGH NJW-RR 2007, 1520, allerdings unter Verweisung darauf, dass der organschaftliche Vertreter Arbeitgeberfunktionen wahrnimmt; → Rn. 351 zum Verwaltervertrag). Warum im Wohnungseigentumsrecht etwas anderes gelten muss, wird von den Befürwortern nicht begründet. Eine solche Begründung kann auch nicht geboten werden. Das Erfordernis verstieße gegen § 26 Abs. 1 Satz 3 WEG. Eine Abmahnung ist, wie § 314 Abs. 2 Satz 1 BGB zeigt, allenfalls bei Vertragsverletzungen angemessen. Verlangt man ungeachtet dessen eine Abmahnung, kann diese beschlossen (so war es im Fall LG Nürnberg-Fürth ZMR 2009, 483), aber auch von jedem Wohnungseigentümer individuell ausgesprochen werden (*Abramenko* ZWE 2012, 250 (251); aA *Jennißen/Schmidt,* Der WEG-Verwalter, A. Rn. 828; Jennißen/*Jennißen* § 26

Rn. 145). Eine Abmahnung ist außerdem jedenfalls dann entbehrlich, wenn das Vertrauensverhältnis zum Amtsinhaber zerstört ist (LG Hamburg ZMR 2012, 465 (468)).

Eine andere Frage ist, ob über eine Abberufung in einer angemessenen Frist nach Kenntnis sämtlicher Wohnungseigentümer entschieden werden muss. Auch diese Frage ist zu verneinen (aA hM KG GE 2009, 1053; OLG Köln ZMR 2007, 717 (718); BayObLG NZM 2000, 341 (342); LG Düsseldorf ZWE 2011, 49; AG Bonn ZWE 2010, 292 (293); *Reichert* MietRB 2015, 249 (250); Jennißen/*Jennißen* § 26 Rn. 144). Denn die Bestimmung des § 626 Abs. 2 BGB ist auf die Abberufung als Organisationsakt der Wohnungseigentümer unter sich nicht anwendbar (LG Hamburg ZMR 2014, 310). Etwas anderes gilt auch nicht für § 314 Abs. 3 BGB (aA LG Hamburg ZMR 2014, 310; *Reichert* MietRB 2015, 249 (250)). Die Berufung einer Person in ein Amt ist kein Dauerschuldverhältnis. Einem Dauerschuldverhältnis liegt ein Vertrag zu Grunde – was bei der Bestellung in ein Amt gerade nicht der Fall ist. Es geht um das Amt, auf das der Verwalter kein subjektives Recht hat. **157**

4. Anspruch auf einen Abberufungsbeschluss. a) Überblick. Ein Wohnungseigentümer kann nach § 18 Abs. 2 Nr. 1 WEG im Einzelfall verlangen, dass der Amtsträger abberufen wird (BGH NJW 2012, 1884 Rn. 6; 2011, 3025 Rn. 11; OLG Düsseldorf NZM 2002, 487 (488)). Voraussetzung für diesen Anspruch ist, dass allein ein Abberufungsbeschluss dem Interesse der Gesamtheit der Wohnungseigentümer nach billigem Ermessen und damit ordnungsmäßiger Verwaltung entspricht (BGH NJW 2012, 1884 Rn. 6 und Rn. 9; OLG Rostock NJOZ 2011, 21 (22)). **158**

Es bedarf mithin für die Ermessensentscheidung, den aktuellen Verwalter abzuberufen, einer Reduktion auf null (→ § 18 Rn. 44). So liegt es, wenn gegen die Person des Verwalters eine schwerwiegende Amtspflichtverletzung (→ Rn. 382 ff.) ins Feld geführt werden kann und wenn es allein als ermessensfehlerfrei anzusehen ist (→ § 18 Rn. 40 ff.), die Person aus diesem Grunde abzubestellen. Das ist der Fall, wenn die Mehrheit der Wohnungseigentümer aus der Sicht eines vernünftigen Dritten gegen ihre eigenen Interessen handelt, wenn sie den Verwalter nicht abberuft. **159**

b) Wichtiger Grund. Ein Anspruch auf einen Abberufungsbeschluss ist noch nicht gegeben, wenn gegen die Person des Amtsträgers iSd alten Rechts ein wichtiger Grund vorliegt (aA OLG Düsseldorf NZM 2002, 487 (488)). Liegt ein wichtiger Grund vor, wird das Ermessen der Wohnungseigentümer, einen Amtsträger abzuberufen, zwar häufig auf null reduziert sein. Ein wichtiger Grund indiziert gleichsam die Schlussfolgerung, dass nur die Ausübung des Abberufungsrechtes ordnungsmäßiger Verwaltung entsprechen kann (OLG Hamm NZM 2004, 504 (506)). Ferner berechtigt ein wichtiger Grund die Mehrheit der Wohnungseigentümer, einen Amtsträger abzuberufen. **160**

Hält die Mehrheit der Wohnungseigentümer indessen am Amtsträger ungeachtet erheblicher Mängel seiner Arbeit oder seiner Person und damit trotz eines wichtigen Grundes fest, ist die Mehrheit grundsätzlich nicht verpflichtet, diesen abzuberufen (BGH NJW 2012, 3175 Rn. 8; 2012, 1884 **161**

Rn. 9; OLG Schleswig NJOZ 2007, 2399 (2400); OLG Celle NZM 1999, 841). Die Aufrechterhaltung der Bestellung eines Verwalters durch die Mehrheit widerspricht erst dann den Grundsätzen ordnungsmäßiger Verwaltung, wenn es objektiv nicht mehr als vertretbar erscheint, einen Amtsträger ungeachtet der gegen ihn sprechenden Umstände nicht abzubestellen (BGH NJW 2012, 3175 Rn. 8; 2012, 1884 Rn. 9; OLG Schleswig NJOZ 2007, 2399 (2400); OLG Celle NZM 1999, 841; LG Itzehoe ZMR 2018, 436 = BeckRS 2018, 3298 Rn. 15).

162 Die Anforderungen, gegen den Willen der Mehrheit der Wohnungseigentümer einen Amtsträger abzuberufen, sind mithin höher als die Anforderungen, die gelten, wenn die Mehrheit der Wohnungseigentümer sich gegen einen Amtsträger stellt (BayObLG ZMR 2005, 561; OLG Hamburg ZMR 2005, 71, 72; OLG Köln NZM 1999, 128; LG Frankfurt a. M. ZWE 2014, 403; LG Hamburg ZMR 2011, 661; LG Köln ZMR 2011, 669; *Elzer* ZMR 2001, 421).

IV. Beschlussersetzungsklage

163 **1. Überblick.** Hat ein Wohnungseigentümer einen Anspruch auf Abberufung eines Amtsträgers, kann er im Wege der Beschlussersetzungsklage nach § 44 Abs. 1 Satz 2 WEG auf einen Abberufungsbeschluss klagen. Die Beschlussersetzungsklage setzt voraus, dass der klagende Wohnungseigentümer zuvor einen entsprechenden Antrag auf einer Versammlung der Wohnungseigentümer gestellt hat (OLG Oldenburg ZMR 2007, 306), sofern es sich bei einem solchen Antrag nicht um eine bloße Förmelei handelt (→ Vor §§ 43 Rn. 9; BayObLG ZMR 2004, 840; OLG Düsseldorf NJW-RR 1999, 163; OLG Celle NZM 1999, 841), zB bei klaren Mehrheitsverhältnissen (OLG Hamm NZM 2004, 504 (506); OLG Düsseldorf NZM 1998, 517).

164 **2. Ermessensreduktion.** Da den Wohnungseigentümern bei der Frage, ob ein Grund „wichtig" ist, ein Ermessen zusteht (BGH NJW 2012, 3175 Rn. 8; 2012, 1884 Rn. 9), hat die Beschlussersetzungsklage nur bei einer Ermessensreduktion auf null Erfolg. Haben sich Wohnungseigentümer in Kenntnis von Mängeln mehrheitlich für eine Person ausgesprochen und diese zum Verwalter bestellt, kann das Gericht diese Person mithin nur abberufen, wenn die Ablehnung der Abberufung aus objektiver Sicht nicht mehr als vertretbar erscheint (s. a. BGH NJW 2012, 1884 Rn. 10).

165 Dies ist der Fall, wenn die Mehrheit aus der Sicht eines vernünftigen Dritten gegen ihre eigenen Interessen handelt, weil sie – etwa aus Bequemlichkeit – massive Pflichtverletzungen tolerieren will; auch eine Majorisierung (→ Rn. 91) kann Anlass für eine kritische Würdigung der Beweggründe sein (BGH NJW 2012, 1884 Rn. 10; 2012, 921 Rn. 12). Ob die Voraussetzungen für einen solchen Anspruch bestehen, hat der Tatrichter in umfassender Würdigung aller Umstände festzustellen. Die „Hürde", einen Verwalter gerichtlich abberufen zu lassen, ist mithin höher als die, welche die Wohnungseigentümer bei Abberufung der Person des Verwalters nehmen müssen (BayObLG ZMR 05, 561; OLG Hamburg ZMR 2005, 71 (72); LG Hamburg ZMR 2011, 661; LG Köln ZMR 2011, 669).

V. Einstweilige Verfügung

Ein Abberufungsbeschluss kann von einem Wohnungseigentümer nicht im Wege des einstweiligen Rechtsschutzes erwirkt werden. Die entsprechende Entscheidung nähme die Entscheidung über die Hauptsache vorweg (AG Hamburg-Blankenese ZMR 2008, 918; aA *Schmid* DWE 2009, 85 (87)). Dem Amtsinhaber kann als milderes Mittel hingegen geboten werden, seine Amtsgeschäfte bis zur Entscheidung in der Hauptsache ruhen zu lassen (KG GE 1989, 887; OLGZ 1989, 430 (431)), zB seine Verfügungsrechte (AG Hamburg ZMR 2009, 232). Ferner können ihm die Verwalterrechte entzogen werden (KG GE 1989, 887; OLGZ 1989, 430 (431); AG Hamburg ZWE 2011, 55; ZMR 2009, 232). Der Bestellungsbeschluss kann nach §§ 935, 940 ZPO auch ausgesetzt werden (AG Hamburg ZMR 2010, 477 (478)). 166

VI. Folgen eines Abberufungsbeschlusses

1. Anfechtungsklage. Wird der Abberufungsbeschluss von einem Wohnungseigentümer angegriffen, ändert das nichts an seiner Wirksamkeit. Der Abberufungsbeschluss bleibt – vom Fall der Nichtigkeit abgesehen – wirksam, solange er nicht erfolgreich angefochten und für ungültig erklärt ist (BGH NJW 1989, 1087 unter B. 2; → § 23 Rn. 169 ff.). 167

Wird der Abberufungsbeschluss vom Gericht rechtskräftig bestätigt, bleibt der Amtsträger abberufen. Wird der Abberufungsbeschluss hingegen formell rechtskräftig für ungültig erklärt, war der Amtsträger immer im Amt (BGH NJW 1989, 1087 unter A. I; BayObLGZ 1976, 211 (213)). Hatten die Wohnungseigentümer zwischenzeitlich einen anderen Amtsträger bestellt, ist dessen Bestellung daher von Anfang an unwirksam. 168

2. Rechte und Pflichten. Dem wirksam abberufenen Amtsinhaber stehen keine Verwaltungsbefugnisse zu (BGH NJW 1989, 1087 unter B. 2; KG ZMR 1987, 392). Der Abberufungsbeschluss bewirkt die Abberufung aus dem Amt und beendet unmittelbar (ggf. vorübergehend) die Amtsstellung. Einer „Mitteilung" des Abberufungsbeschlusses an den Bestellten bedarf es nicht. Mit dem Abberufungsbeschluss enden grundsätzlich die an das Amt knüpfenden Rechte und Pflichten, nicht aber die Pflicht, noch die Abrechnung zu erstellen, soweit diese Pflicht bereits fällig ist. 169

Nicht aus Anlass der Abberufung, sondern nur wegen Beendigung des Verwaltervertrags ist der Abberufene hingegen verpflichtet, zB nach § 667 BGB die Gelder der Gemeinschaft der Wohnungseigentümer und die Verwaltungsunterlagen (→ § 18 Rn. 155) sofort und vollständig herauszugeben (→ Rn. 364) sowie nach §§ 666, 259 BGB Rechnung zu legen (→ Rn. 373). Von der Abberufung unabhängig ist der Vergütungsanspruch des Verwalters; er richtet sich nach den diesbezüglichen vertraglichen Vereinbarungen (BR-Drs. 168/20, 82). 170

3. Verwaltervertrag (§ 26 Abs. 3 Satz 2 WEG). a) Automatische Beendigung des Verwaltervertrages. Von der Abberufung ist der etwaige Vergütungsanspruch des Bestellten aus einem Verwaltervertrag unabhängig. 171

Was insoweit gilt, richtet sich eigentlich nach den vertraglichen Vereinbarungen (BR-Drs. 168/20, 82). Damit die Wohnungseigentümer nicht durch fortbestehende Vergütungsansprüche von der Abberufung abgehalten werden, sieht § 26 Abs. 3 Satz 2 WEG aber als Spezialregelung gegenüber Absatz 5 vor, dass der Verwaltervertrag spätestens sechs Monate nach der Abberufung endet. Tag der Abberufung ist der letzte Tag der Bestellung und nicht der Tag des Beschlusses. Die Wohnungseigentümer können nach Absatz 5 nichts anderes beschließen, zB die Abberufung am 1.7 mit Wirkung zum 31.12.

172 Die Beendigung tritt kraft Gesetzes ein; einer Kündigung bedarf es nicht (BT-Drs. 19/22634, 46 – Vorabfassung).

173 **b) Kündigung aus wichtigem Grund.** Die Möglichkeit, den Verwaltervertrag mit kürzerer Frist zu kündigen, insbesondere aus wichtigem Grund oder aufgrund einer entsprechenden vertraglichen Vereinbarung, lässt § 26 Abs. 3 Satz 2 WEG unberührt (BT-Drs. 19/22634, 46 – Vorabfassung).

174 In einem Abberufungsbeschluss liegt allerdings noch nicht die Kündigungserklärung des Verwaltervertrags (aA KG NZM 2004, 913 (914); BayObLG ZWE 2000, 72 (74); BayObLGZ 1974, 275 (279); LG Stuttgart ZWE 2018, 457 Rn. 22). In ihm kann allerdings die Willensbildung gesehen werden, (auch) den Verwaltervertrag beenden zu wollen. Die Kündigung muss dann aber noch erklärt werden. Umgekehrt kann in einem Kündigungs- indes ein Abberufungsbeschluss liegen (BayObLG NJW-RR 1999, 1390; LG Stuttgart BeckRS 2017, 148170 Rn. 21). So wird es liegen, wenn den Wohnungseigentümern der Unterschied zwischen Be- und Anstellung bewusst war und sie beide mit einem Beschluss beenden wollten, dies aber nur unvollkommen ausgedrückt haben.

G. Nachweisung des Amtes (§ 26 Abs. 4 WEG)

I. Überblick

175 **1. Grundsatz: Öffentlich beglaubigte Urkunde.** Soweit eine Person ihr Amt als Verwalter durch eine öffentlich beglaubigte Urkunde nachweisen muss, vor allem nach § 29 GBO gegenüber dem Grundbuchamt, muss der Bestellungsakt gem. § 129 Abs. 1 Satz 1 BGB schriftlich abgefasst und die Unterschrift des Erklärenden von einem Notar beglaubigt werden. Die öffentliche Beglaubigung kann durch die notarielle Beurkundung der Erklärung ersetzt werden, § 129 Abs. 2 BGB. Dazu muss der Notar nicht auf der Versammlung anwesend sein; es genügt, wenn die Unterzeichner die Niederschrift später in Anwesenheit des Notars unterzeichnen oder ihre bereits geleisteten Unterschriften auf dem mitgebrachten Original nochmals als ihre eigenen Unterschriften anerkennen, § 40 Abs. 1 BeurkG. Für einen Nachweis genügt es außerdem, wenn etwa dem Grundbuchamt bereits den Anforderungen des § 29 GBO genügende Urkunden vorliegen (OLG Köln OLGZ 1986, 408 (410); BayObLG Rpfleger 1975, 360 (361)).

2. Erleichterungen durch § 26 Abs. 4 WEG. a) Sinn und Zweck. Soweit die „Verwaltereigenschaft" einer Person durch eine öffentlich beglaubigte Urkunde nachgewiesen werden muss, genügt es nach dem durch das Gesetz zur Änderung des Wohnungseigentumsgesetzes und der Verordnung über das Erbbaurecht vom 30.7.1973 (BGBl I S. 910) ins Gesetz eingefügten, auf BayObLGZ 1961, 392 zurückgehenden § 26 Abs. 4 WEG, dass eine Niederschrift vorlegt wird, in welche der Bestellungsbeschluss iSv § 24 Abs. 6 Satz 1 WEG aufgenommen ist, und bei der die nach § 24 Abs. 6 Satz 2 WEG geleisteten Unterschriften nach § 129 BGB öffentlich beglaubigt sind. Sinn und Zweck dieser Regelung ist es, der Person, die zum Verwalter bestellt ist, im Grundbuchverkehr zu erleichtern, ihr Amt nachzuweisen (aA *Böhringer* DNotZ 2016, 831 (832)). Ob der Bestellungsbeschluss ordnungsmäßig war, etwa ob eine Versammlung ordnungsmäßig einberufen wurde, ist zwar nicht unerheblich, muss aber von einem Dritten nicht geprüft werden (OLG Frankfurt a. M. ZWE 2011, 337), sofern nicht deutlich wird, dass die Bestellung nichtig ist. 176

b) Niederschrift. aa) Anzahl. § 26 Abs. 4 WEG geht davon aus, dass eine Niederschrift vorgelegt wird. Mit dem Zahlwort „eine" ist nach hM aber nur der übliche Fall beschrieben, dass sämtliche in § 24 Abs. 6 Satz 2 WEG bezeichneten Personen das Original der Versammlungsniederschrift unterzeichnen (s. a. § 24 Abs. 6 Satz 2 WEG; „die"). Der Sinn und Zweck des § 26 Abs. 4 WEG (→ Rn. 176) ist aber auch dann erfüllt, wenn die beglaubigten Unterschriften auf zwei gleichlautenden Niederschriften geleistet werden (KG ZWE 2018, 264 Rn. 7). Weicht etwa das Schriftbild der Niederschriften voneinander ab, kann allerdings anderes gelten (KG ZWE 2018, 264 Rn. 10). 177

bb) Verwaltereigenschaft. Der Begriff „Verwaltereigenschaft" iSd Gesetzes meint, dass eine Person von den Wohnungseigentümern für eine bestimmte Wohnungseigentumsanlage zum Verwalter des gemeinschaftlichen Eigentums und Organ der Gemeinschaft der Wohnungseigentümer bestellt wurde. Maßgeblicher Zeitpunkt für die „Verwaltereigenschaft" ist derjenige des Zuganges der Zustimmung (OLG München ZWE 2016, 331 Rn. 8). 178

cc) Eigenschaften der Unterzeichner. Dass ein Unterzeichner Versammlungsleiter, Vorsitzender des Verwaltungsbeirates oder Vertreter des Vorsitzenden des Verwaltungsbeirates ist, muss nach hM grundsätzlich nicht in Form des § 29 GBO nachgewiesen werden (KG ZWE 2018, 397 Rn. 18; OLG München ZWE 2016, 331 Rn. 17; OLG Düsseldorf RNotZ 2010, 258; OLG München NZM 2016, 896; aA OLG Hamm FGPrax 2012, 11 für den Verwaltungsbeirat – verlangt wird allerdings nur eine Niederschrift über die Versammlung, in welcher der aktuelle Beirat bestellt wurde; diese Niederschrift müsse nicht der Form des § 29 GBO genügen, noch müsse aus ihr hervorgehen, wer der Vorsitzende und sein Vertreter seien). **Stellungnahme.** Dem ist zuzustimmen. Der Nachweis wäre häufig weder in Form des § 26 Abs. 4 WEG noch in Form des § 29 GBO möglich. Verlangte man ihn, liefe § 26 Abs. 4 WEG häufig leer. 179

180 Etwas anderes gilt, jedenfalls bei Zweifeln, für die Frage, ob ein Unterschreibender Wohnungseigentümer ist (OLG Köln FGPrax 2013, 16 (18); *Heggen* NotBZ 2009, 401 (403)), weil sich dies zwar nicht immer, aber grundsätzlich aus dem Grundbuch ergibt. Dass eine Person bereits „werdender" Wohnungseigentümer ist, soll allerdings selbst bei Zweifeln nicht nachgewiesen werden müssen (KG ZWE 2018, 397 Rn. 19; *Becker* ZWE 2016, 2 (6); *Stöhr* RNotZ 2012, 568 (570)), weil die Besitzübergabe nicht nachweisbar sei (aA OLG Köln FGPrax 2013, 16 (17); *Schneider* ZMR 2012, 984 (985); Staudinger/*Rapp* WEG § 8 Rn. 26).

181 Ferner gilt etwas anderes, wenn sich für das Grundbuchamt aus dem Inhalt des Grundbuchs begründete Zweifel an der Richtigkeit einer Funktionsbezeichnung ergeben (KG ZWE 2018, 397 Rn. 18; OLG München ZWE 2016, 331 Rn. 17; OLG Köln FGPrax 2013, 16 (17)). Muss das Grundbuchamt zB vermuten, dass ein Unterzeichner nicht mehr Verwaltungsbeirat ist, muss die entsprechende Bestellung in Form des § 29 GBO nachgewiesen werden.

182 **c) Bestellung des Verwalters außerhalb der Versammlung.** Wird der Verwalter in der Teilungserklärung oder im Teilungsvertrag (= in der Gemeinschaftsordnung) bestellt (→ Rn. 114), genügt zum Nachweis der Bestellung die Vorlage der öffentlich beglaubigten Teilungserklärung oder des Teilungsvertrags (BayObLG NJW-RR 1991, 978 (979); BayObLGZ 1964, 237 (239)). Ein gerichtlich bestellter Verwalter kann sich durch das Beschlussersetzungsurteil ausweisen. Ein durch einen schriftlichen Beschluss oder von einer Ein-Personen-Gemeinschaft bestellter Verwalter kann die darüber aufgesetzten Niederschriften (§ 23 Rn. 17; § 23 Rn. 119) vorlegen. Gibt es keine Niederschrift, ist die Verwaltereigenschaft durch Vorlage öffentlich beurkundeter oder öffentlich beglaubigter Erklärungen (§ 29 Abs. 1 Satz 1 GBO) sämtlicher Wohnungseigentümer nachzuweisen (OLG Hamm ZWE 2012, 489, 490; KG ZWE 2012, 426; BayObLG NJW-RR 1986, 565).

II. Dauer

183 Ist der Nachweis der wirksamen Verwalterbestellung geführt, kann etwa das Grundbuchamt grundsätzlich vom Fortbestand des Amtes für die vorgesehene Zeit oder bis zum Ablauf der gesetzlichen Höchstfrist ausgehen (BayObLG NJW-RR 1991, 978 (979); OLG Oldenburg Rpfleger 1979, 266). Etwas anderes gilt nur dann, wenn die konkrete Möglichkeit besteht, dass die Verwalterbestellung bei Erklärung der Zustimmung beendet war (BayObLG NJW-RR 1991, 978 (979); LG Wuppertal MittRhNotK 1982, 207 (208)).

III. Analoge Anwendung

184 Über seinen ausdrücklichen Wortlaut hinaus kann § 26 Abs. 4 WEG auch in anderen, gesetzlich nicht geregelten Fällen herangezogen werden, wenn dem Grundbuchamt ein Beschluss nachzuweisen ist (*Abramenko* ZWE 2010, 193 (196); Staudinger/*Jacoby* WEG § 26 Rn. 234). Bestimmt beispielsweise

eine Vereinbarung, dass die Veräußerung eines Sondereigentums auch der Zustimmung des Verwaltungsbeirates bedarf, ist neben der Zustimmung des Verwaltungsbeirates auch die Bestellung der Erklärenden zu Beiratsmitgliedern nachzuweisen.

Dieser Nachweis kann analog § 26 Abs. 4 WEG geführt werden (OLG 185
Hamm FD-MietR 2013, 347665). Entsprechendes gilt, wenn die Rechtsmacht einer Person für ein Handeln für die Gemeinschaft der Wohnungseigentümer nach § 9b Abs. 2 WEG zu belegen ist (KG ZWE 2018, 397 Rn. 13; OLG München NZM 2016, 896 Rn. 15; *Schmidt* ZMR 2013, 501 (509); *Krampen-Lietzke* RNotZ 2013, 575 (588)), zB beim Erwerb von Grundstücken.

H. Abweichungen (§ 26 Abs. 5 WEG)

I. Überblick

§ 26 Abs. 5 WEG, der seine Fassung durch Initiative des Rechtsauschusses 186
des Bundestages erhalten hat (BT-Drs. 19/22634), erklärt „Abweichungen" von den Absätzen 1 bis 3 für unzulässig. Beschlüsse oder Vereinbarungen, die die Bestellung und Abberufung erschweren, sind daher gem. § 134 BGB ebenso (teil-)nichtig wie Verträge (zum alten Recht *Bub* NZM 2001, 502 (504); s. a. BT-Dr 7/62, 8). Vereinbarungen, welche die Bestellung oder Abberufung des Verwalters erleichtern, sind hingegen wirksam (s. a. BT-Drs. VI/3205, 8).

II. Sinn und Zweck

§ 26 Abs. 5 WEG will es verhindern, dass die Wohnungseigentümer selbst 187
oder die Gemeinschaft der Wohnungseigentümer durch Vertrag etwa mit dem Verwalter, mit einzelnen Wohnungseigentümern, mit Bauträgern oder mit Kreditinstituten zur Bestellung oder Abberufung eines bestimmten Verwalters verpflichtet werden kann (s. a. BT-Drs. VI/3205, 8). Ferner sollen Vereinbarungen unzulässig sein, durch die eine Verwalterbestellung oder -abberufung an das Erfordernis von Zustimmungen, insbesondere von Kreditinstituten, geknüpft wird (s. a. BT-Drs. VI/3205, 8).

Durch § 26 Abs. 5 WEG soll mithin ausgeschlossen werden, dass die freie 188
Auswahl der Person des Verwalters unmittelbar oder auch nur mittelbar durch Festlegung bestimmter Bedingungen der Bestellung oder des Verwaltervertrags eingeengt wird (zum alten Recht LG Itzehoe NZM 2012, 569; s. a. BGH NJW 2002, 3704 unter III. 3. b): Zweck ist es, eine Bevormundung der Wohnungseigentümer durch Außenstehende zu verhindern).

III. Abweichungen

„Abweichungen" sind Entscheidungen durch Beschluss oder Verein- 189
barung oder einen Vertrag, etwa den Bauträgervertrag.

IV. Schutzbereich

190 **1. Überblick.** § 26 Abs. 5 WEG schützt die Absätze 1 bis 3, also den Beschluss, mit dem die Wohnungseigentümer über die Bestellung und Abberufung des Verwalters beschließen, die Dauer der Bestellung, die wiederholte Bestellung durch Beschluss und ihren Zeitpunkt, die Möglichkeit, den Verwalter jederzeit abzuberufen und die gesetzliche Anordnung, dass der Verwaltervertrag spätestens sechs Monate nach Abberufung des Verwalters von Gesetzes wegen endet.

191 **2. Bestimmungen der Wohnungseigentümer.** Nach Sinn und Zweck von § 26 Abs. 5 WEG sind beispielsweise die im Folgenden zusammengestellten Entscheidungen der Wohnungseigentümer oder Verträge unwirksam:

192
- Die Vereinbarung, die eine qualifizierte Mehrheit für den Beschluss nach § 26 Abs. 2 Satz 1 WEG bestimmt (OLG München ZWE 2011, 262 (264); BayObLGZ 1985, 57 (61)).
- Die Vereinbarung, nach der nur eine bestimmte Person (OLG Düsseldorf ZMR 2008, 472) oder Personengruppen oder nur Wohnungseigentümer (BayObLG NJW-RR 1995, 271), ein Wohnungsunternehmen oder der Haus- und Grundbesitzerverein zum Verwalter bestellt werden können (OLG Bremen Rpfleger 1980, 68).
- Die Vereinbarung, welche die Entscheidung, wer zum Verwalter bestellt wird, Dritten erlaubt (BayObLG NJW-RR 1994, 784).
- Die Vereinbarung, nach der die Person, die zum Verwalter bestellt werden soll, nur eine bestimmte Vergütung erhalten kann (KG NJW-RR 1994, 402).
- Die Vereinbarung, dass der Abberufungsbeschluss bestandskräftig sein muss (KG OLGZ 1978, 178 (181)).
- Die Vereinbarung oder der Beschluss, welche oder welcher die Bestellungsdauer begrenzt (OLG Düsseldorf ZMR 2008, 472; LG Itzehoe ZWE 2012, 145).

193 **3. Verträge.** Im Verwaltervertrag kann zu einer Wiederbestellung einer Person zum Verwalter nichts bestimmt noch kann diese dort wirksam angeordnet werden (AG Kerpen WuM 1998, 507).

194 Nach § 26 Abs. 5 WEG müsste auch die Vereinbarung zwischen der Gemeinschaft der Wohnungseigentümer und dem Verwalter unwirksam sein, dass der Verwaltervertrag iSv § 620 Abs. 3 BGB eine bestimmte Laufzeit haben soll. Denn ein unzulässiger Druck kann auch dadurch ausgeübt werden, dass die Gemeinschaft der Wohnungseigentümer einen Verwaltervertrag schließt, dessen Laufzeit über die Bestellungsdauer hinausgeht. Hierdurch wird ein faktischer Zwang geschaffen, den konkreten Verwalter nicht abzuberufen oder ihn erneut zu bestellen (BGH NJW 2002, 3240 unter III. 4. b) cc) (1)). Aus § 26 Abs. 5 WEG müsste daher folgen, dass eine vertragliche Bindung an den Verwalter nicht über die Bestellungszeit hinausgehen darf (BGH NJW 2002, 3240 unter III. 4. b) cc) (1); vgl. auch BT-Drs. VI/3205, 8). § 26 Abs. 3 Satz 2 WEG sieht zu Gunsten der Verwalter aber

eine dem § 26 Abs. 5 WEG vorgehende Spezialregelung vor. Diese Bestimmung setzt eine bestimmte Restlaufzeit voraus.

4. Negativbeispiele. In der Vereinbarung, mit der das Kopfprinzip zugunsten des Objekt- oder des Wertprinzips abbedungen wird, liegt hingegen keine Abweichung iSv § 26 Abs. 5 WEG (BGH NJW 2012, 921 Rn. 7; 2002, 3704; aA *Merle* ZWE 2009, 15 (19)). Auch Vereinbarungen, welche die Pflichten und Rechte des Amtes erweitern und/oder einschränken, verstoßen nicht gegen § 26 Abs. 5 WEG (Bärmann/*Merle*/*Becker* § 26 Rn. 100; aA *Bub* NZM 2001, 502 (505c); *J. Schmidt* PiG 59, 163 (173)). Dies ergibt sich mittelbar aus § 27 Abs. 2 WEG. 195

V. Entsprechende Anwendung

Entsprechend § 26 Abs. 5 WEG sind auch solche Verträge und Vereinbarungen nichtig, mit denen sich Wohnungseigentümer verpflichten, einen bestimmten Verwalter zu bestellen, in denen Dritten gegenüber einer Bestellung ein „Vetorecht" eingeräumt ist oder die eine Vergütung des Verwalters ausschließen (s. a. OLG Frankfurt a. M. NJW-RR 1993, 845). Ferner sind Gestaltungen, die die Entscheidung über die Bestellung oder Abberufung des Verwalters mit finanziellen Nachteilen verknüpfen, nichtig. Die Wohnungseigentümer können daher zB nicht beschließen, dem Verwalter im Falle seiner Abberufung eine unangemessen hohe Abfindung oder die vertraglichen Bezüge für die maximale Bestellungsdauer fortzubezahlen. 196

I. Verwaltervertrag

I. Überblick

1. Allgemeines. a) Form. Der Verwaltervertrag bedarf keiner besonderen Form. Er kann mündlich oder schriftlich geschlossen werden. Die Erklärungen der Vertragsparteien können auch auf schlüssige Weise abgegeben werden (BGH NJW 1997, 2106 unter II. 1. a); OLG Hamm ZWE 2008, 470 (473)). Ob ein Verhalten des Verwalters und/oder der Gemeinschaft der Wohnungseigentümer als Willenserklärung zu werten ist, bestimmt sich nach den für die Auslegung von Willenserklärungen geltenden Maßstäben. Eine einseitig gebliebene Vorstellung genügt nicht, auch wenn sie der Gegenseite bekannt ist. Erforderlich ist weiter, dass die Gegenseite darauf in irgendeiner Form zustimmend reagiert. 197

Trotz fehlenden Erklärungsbewusstseins kann allerdings eine schlüssige Willenserklärung vorliegen, wenn der Erklärende bei Anwendung der im Verkehr erforderlichen Sorgfalt hätte erkennen und vermeiden können, dass seine Äußerung nach Treu und Glauben und der Verkehrssitte als Willenserklärung aufgefasst werden durfte, und wenn der Empfänger sie auch tatsächlich so verstanden hat. 198

b) Verbrauchervertrag. aa) Überblick. Wird der Verwaltervertrag zwischen einem Unternehmer (§ 14 Abs. 1 BGB) und der Gemeinschaft der 199

Wohnungseigentümer geschlossen, liegt nach hM ein Verbrauchervertrag iSv § 310 Abs. 3 BGB vor, da die Gemeinschaft der Wohnungseigentümer zu Unrecht als Verbraucherin angesehen wird (→ § 9a Rn. 41 ff.). Aus diesem Grunde ist in der Regel etwa § 1 Abs. 1 Satz 1 PAngV anwendbar, wonach der Unternehmer die Preise anzugeben hat, die einschließlich der Umsatzsteuer und sonstiger Preisbestandteile zu zahlen sind (*Jacoby* ZWE 2016, 68 (69)). Ferner ist ggf. § 309 Nr. 9 Buchstabe b) BGB zu berücksichtigen (→ Rn. 206).

200 **bb) Außerhalb von Geschäftsräumen geschlossener Vertrag.** Vor allem aber sind bei einem Verbrauchervertrag §§ 312 ff. BGB anwendbar (dazu ua *Becker* NZM 2016, 249 ff., *Jacoby* ZWE 2016, 68 ff., *Horst* DWE 2016, 4 (9), *Papendick* AnwZert MietR 21/2015). Die Voraussetzungen des § 312b Abs. 1 Nr. 1 BGB sind erfüllt, wenn der Verwaltervertrag anlässlich der Versammlung unmittelbar zwischen den Wohnungseigentümern oder dem/den ermächtigten Wohnungseigentümer(n) einerseits und andererseits dem Unternehmer geschlossen wird und die Versammlung nicht in den Geschäftsräumen des Verwalters, sondern an einem sonstigen Ort stattfindet (*Jacoby* ZWE 2016, 68 (70); aA aus teleologischen Gründen *Becker* NZM 2016, 249 (253); *Lehmann-Richter* ZfIR 2015, 445 (446)).

201 Nach § 312b Abs. 1 Nr. 2 BGB kommt es nicht darauf an, ob auch der Verwalter seine Vertragserklärung dort abgibt. Für die Qualifizierung als Geschäftsräume des Unternehmers genügt es nicht, dass der Unternehmer als Verwalter den Versammlungsort im eigenen Namen anmietet und zu seinen Geschäftsräumen erklärt (*Jacoby* ZWE 2016, 68 (70)).

202 **cc) Verbraucherwiderruf.** Liegen die Voraussetzungen des § 312b Abs. 1 Nr. 1 BGB vor, steht der Gemeinschaft der Wohnungseigentümer nach §§ 321g, 355 BGB ein Widerrufsrecht zu. Die Widerrufsfrist beginnt nicht, bevor der Unternehmer die Anforderungen des § 356 Abs. 3 Satz 1 BGB erfüllt hat, kann aber erloschen sein. Zu belehren ist der Wohnungseigentümer oder sind die Wohnungseigentümer, welche die Gemeinschaft der Wohnungseigentümer beim Vertragsschluss nach § 9b Abs. 1 Satz 2, Abs. 2 WEG vertreten (*Jacoby* ZWE 2016, 68 (72)). Ob widerrufen werden soll, müssen die Wohnungseigentümer nach § 19 Abs. 1 WEG beschließen. Das Widerrufsrecht muss dann nach § 9b Abs. 1, Abs. 2 WEG ausgeübt werden. Die Folgen des Widerrufs regelt § 357 BGB.

203 **c) Rechtsnatur.** Der Verwaltervertrag ist in der Regel ein entgeltlicher Geschäftsbesorgungsvertrag iSv §§ 675 ff., 611 ff. BGB (BGH NJW 2020, 988 Rn. 34; 2018, 1969 Rn. 15; NZM 2011, 454 Rn. 18; NJW 2002, 3240 (3244); NJW-RR 1993, 1227 (1288)) mit teilweise dienstvertraglichem, teilweise werkvertraglichem Charakter (OLG Oldenburg BeckRS 2019, 41931 Rn. 26). Auch ohne eine ausdrückliche Honorarvereinbarung wird sich die Vergütungspflicht regelmäßig aus den Begleitumständen des Vertragsschlusses ergeben (§ 612 Abs. 1 BGB). Soll der vertraglich gebundene Verwalter ausnahmsweise keine Vergütung erhalten, handelt es sich um einen Auftrag (BayObLG NJW 1958, 1824; *Gottschalk* NZM 2009, 217; *Merle,* Verwalter, 75).

d) Umwandlung. Im Fall einer Umwandlung eines Verwaltungsunternehmens (→ Rn. 29 ff.) geht der Verwaltervertrag auf den neuen Rechtsträger über (grundlegend BGH NZM 2014, 312). 204

2. Vertragsparteien. Der Verwaltervertrag wird zwischen der Person, die das Amt des Verwalters ausüben will, und der Gemeinschaft der Wohnungseigentümer geschlossen (BGH NJW 2014, 1447 Rn. 8; 2012, 1152 Rn. 9; *Jacoby* FS Derleder, 2015, 235 (238)). Wird ein Wohnungseigentümer im Verwaltervertrag zu einer Handlung verpflichtet, ohne Vertragspartner zu sein, ist die Regelung daher als Vertrag zu seinen Lasten nichtig (BGH NJW 2012, 1152 Rn. 9). Wollte ein Wohnungseigentümer eine weitere Vertragspartei sein, müsste er sich selbst neben der Gemeinschaft der Wohnungseigentümer klar und eindeutig auch persönlich verpflichten (BGH NJW 2012, 3719 Rn. 13). 205

3. Laufzeit. a) Gesetzliche Grenzen. Der Verwaltervertrag kann nach hM entsprechend § 26 Abs. 2 Satz 1 WEG eine feste Laufzeit von bis zu fünf bzw. drei Jahren haben (BGH NJW 2002, 3240 unter III. 4. b) cc) (1). In Allgemeinen Geschäftsbedingungen ist nach § 309 Nr. 9 Buchstabe a) BGB zwar bei einem Vertragsverhältnis, das die regelmäßige Erbringung von Dienstleistungen durch den Verwender zum Gegenstand hat, eine Klausel, die eine Vertragslaufzeit von länger als zwei Jahren bestimmt, unwirksam. Der Verwaltervertrag unterfällt dieser Bestimmung nach hM aber nicht (BGH NJW 2002, 3240 unter III. 4. b) cc); aA *Jacoby* ZWE 2016, 68 (70)). 206

b) Verbindung zur Laufzeit der Bestellung. aa) Gleitklausel. Die Gemeinschaft der Wohnungseigentümer und die Person, die das Amt des Verwalters bekleiden will, können vereinbaren, dass der Verwaltervertrag automatisch mit dem Ende der Bestellung ex nunc enden soll (LG Frankfurt a. M. NJOZ 2019, 1412 Rn. 12; zur GmbH siehe BGH NJW 1999, 3263 unter II. 2). Eine solche „Gleitklausel" ist auch dann wirksam, wenn der Verwaltervertrag noch im Vertrauen auf § 26 Abs. 1 Satz 3 WEG aF geschlossen wurde. 207

Denn auch dann, wenn die Laufzeit nicht ausdrücklich an die Bestellungszeit gebunden ist, wird der Verwaltervertrag häufig so lange geschlossen sein sollen, wie die Bestellung andauert (s. a. OLG München NJW-RR 2008, 1397; OLG Zweibrücken ZMR 2004, 63 (66); BayObLG ZWE 2000, 72). Der Wille, dass Bestellung und Vertrag gemeinsam enden, ist grundsätzlich das Ergebnis einer sachnahen Auslegung (LG Düsseldorf ZMR 2011, 898 (899). Wie es liegt, ist allerdings stets eine Frage der Auslegung. 208

bb) Auflösende Bedingung. Der Verwaltervertrag wird zum Teil unter der (stillschweigenden) auflösenden Bedingung geschlossen, dass der Bestellungsbeschluss nicht nichtig ist und nicht für ungültig erklärt wird (OLG Zweibrücken NJOZ 2003, 739 (742); *Horst* DWE 2016, 4 (5)). 209

4. Verhältnis zu den Wohnungseigentümern. a) Vertrag mit Schutzwirkung für die Wohnungseigentümer. Nach der bisherigen Rechtsprechung ist der Verwaltervertrag ein Vertrag mit Schutzwirkung für die Wohnungseigentümer (BGH WuM 2020, 522 Rn. 9; NJW-RR 2020, 210

68 Rn. 7; NZM 2017, 42 Rn. 9; s. a. NJW 2018, 3305 Rn. 39). Ein Wohnungseigentümer kann daher vom Verwalter Schadenersatz verlangen, wenn dieser seine Pflichten verletzt und der Wohnungs- als Sondereigentümer einen Schaden erleidet, beispielsweise, wenn der Mieter eines Wohnungseigentümers wegen einer verspäteten Beschlussdurchführung berechtigt ist, die Miete zu mindern.

211 **Stellungnahme:** Es ist nicht erkennbar, dass das WEMoG an dieser Rechtslage etwas geändert hat (s. a. § 43 Abs. 2 Nr. 3 WEG und BT-Drs. 19/22634, 47 – Vorabfassung). Die Voraussetzungen für einen Vertrag mit Schutzwirkung für die Wohnungseigentümer (dazu etwa BGH NJW 2018, 1537 Rn. 17; 2008, 2245 Rn. 27) liegen weiterhin vor. Die Einbeziehung Dritter (= die Wohnungseigentümer) in den Schutzbereich eines Vertrags (= des Verwaltervertrags) wird nämlich auch dann bejaht, wenn der Gläubiger (= die Gemeinschaft der Wohnungseigentümer) an deren Schutz ein besonderes Interesse hat, Inhalt und Zweck des Vertrags erkennen lassen, dass diesem Interesse Rechnung getragen werden soll, und die Parteien den Willen haben, zugunsten dieser Dritten eine Schutzpflicht des Schuldners zu begründen (BGH NJW 2018, 1537 Rn. 17; NJW-RR 2017, 888 Rn. 16). Auch Sinn und Zweck des Verwaltervertrags und die erkennbaren Auswirkungen der vertragsgemäßen Leistung auf die Wohnungseigentümer und ihr Eigentum erfordern unter Berücksichtigung von Treu und Glauben ihre Einbeziehung. Die Gemeinschaft der Wohnungseigentümer kann, dem jeweiligen Verwalter erkennbar, redlicherweise damit rechnen, dass die ihr geschuldete Obhut und Fürsorge in gleichem Maße auch den Wohnungseigentümern entgegengebracht wird. Dies folgt schon daraus, dass das gemeinschaftliche Eigentum verwaltet wird, das den Wohnungseigentümern gehört. Der Anspruch des Wohnungseigentümers aus dem Verwaltervertrag ist nicht subsidiär gegenüber dem Anspruch gegen die Gemeinschaft der Wohnungseigentümer aus § 31 BGB. Etwas anderes wäre nur am Annehmen, wenn man die Amtspflichten als drittschützend annehmen würde (s. a. → Rn. 382).

212 **b) Vertrag zugunsten der Wohnungseigentümer.** Ein Verwaltervertrag kann von der Gemeinschaft der Wohnungseigentümer und dem Verwalter als Vertrag zugunsten der Wohnungseigentümer ausgestaltet werden (s. a. KG ZMR 2010, 467 (468); OLG München NJW 2007, 227 (228); LG Itzehoe ZMR 2016, 395 (396); *Abramenko* ZMR 2006, 6 (9)).

II. Zustandekommen

213 **1. Willensbildung der Wohnungseigentümer.** Über die Frage, ob ein Vertrag zwischen der Gemeinschaft der Wohnungseigentümer und dem Verwalter geschlossen werden soll und mit welchen Inhalten, ist nach § 19 Abs. 1 WEG zu beschließen (KG ZMR 2009, 709; OLG Hamburg ZMR 2003, 776; LG Frankfurt a. M. ZWE 2014, 183). Der Wohnungseigentümer, mit dem ein Verwaltervertrag geschlossen werden soll, ist bei der Willensbildung vom Stimmrecht ausgeschlossen und kann sich auch nicht vertreten lassen (→ § 25 Rn. 95 ff.).

2. Vertragsschluss. a) Allgemeines. Der Verwaltervertrag kommt durch Angebot und Annahme zustande, wobei die DL-InfoV, ua deren §§ 2 und 4, zu beachten sind. Die Gemeinschaft der Wohnungseigentümer kann nach hM die Vertragserklärung des Verwalters „durch" Beschluss annehmen (BGH NJW 2020, 988 Rn. 22; aA OLG Hamm NJW-RR 1993, 845 (846); BayObLG NJW-RR 1987, 1039 (1040); *Abramenko* ZWE 2010, 193 (196); *Greiner* ZWE 2008, 454 (455)). 214

Stellungnahme. Dieser Ansicht ist nicht zu folgen (*Jacoby* ZWE 2016, 68 (69); *Jacoby* FS Merle, 2010, 181 (185); *Hügel* ZMR 2008, 1 (3)). Ein Beschluss, der die Grundlage für ein Rechtsgeschäft bildet, wird mit seinem Zustandekommen nicht zugleich mit Außenwirkung „umgesetzt" (aA BGH NJW 2017, 2766 Rn. 15), auch dann nicht, wenn der außenstehende Dritte als potenzieller Empfänger der Erklärung zugegen ist (aA BGH NJW-RR 2003, 1196 unter II. 1. und NJW 1998, 1492 unter 1. a) jeweils zur GmbH). Dieser Auffassung steht grundsätzlich entgegen, dass Verträge nach §§ 145 ff. BGB durch Willenserklärungen zustande kommen (*Jacoby* ZWE 2016, 68 (69)); grundlegend *Jacoby,* Das private Amt, § 15 B. I. 4). Auch wenn der Antrag zum Abschluss des Vertrags von der Gemeinschaft der Wohnungseigentümer ausgeht, liegt er daher zB nicht im Bestellungsbeschluss (aA BayObLG NJWE-MietR 1997, 182 (183); WE 1991, 223). Aus dem gleichen Grunde kann auch in der erneuten Bestellung eines Verwalters durch Beschluss nicht zusätzlich eine schlüssige Verlängerung eines Verwaltervertrags gesehen werden (aA BayObLG WE 1991, 223). In der Verkündung des Beschlussergebnisses zur Genehmigung eines Verwaltervertrags kann hingegen kumulativ die schlüssige Erklärung eines Angebots oder einer Annahme liegen, wenn der Versammlungsleiter die Gemeinschaft der Wohnungseigentümer vertreten kann und will (s. a. *Jacoby* ZWE 2016, 68 (69)). 215

b) Vertretung der Gemeinschaft der Wohnungseigentümer. Die Gemeinschaft der Wohnungseigentümer handelt beim Vertragsschluss durch ihre Handlungsorganisation (*Hügel* ZMR 2008, 1 (3); *Jacoby* ZWE 2008, 327). Die Gemeinschaft der Wohnungseigentümer wird durch den Altverwalter oder nach § 9b Abs. 1 Satz 2, Abs. 2 WEG durch den Verwaltungsbeiratsvorsitzenden oder einige oder einen Wohnungseigentümer, etwa einen Verwaltungsbeirat (OLG München NJW-RR 2008, 1182 (1183)), vertreten. Es ist ferner möglich, den neuen Verwalter nach § 9b Abs. 2 WEG als Vertreter zu bestimmen. 216

c) Wiederbestellungsbeschluss. In einem Bestellungs- oder Wiederbestellungsbeschluss liegt weder ein Vertragsschluss noch die Verlängerung des bestehenden Verwaltervertrags. 217

3. Vertragsänderungen. Für Vertragsänderungen gelten → Rn. 214 ff. entsprechend. Ein bloßer Beschluss der Wohnungseigentümer zum Willen der Gemeinschaft der Wohnungseigentümer reicht also nicht aus (*Gottschalg* ZWE 2002, 200 (203); NZM 2000, 473 (475)). 218

4. Anfechtung eines Genehmigungsbeschlusses. a) Überblick. Jeder Wohnungseigentümer kann nach § 18 Abs. 2 Nr. 1 WEG verlangen, dass sich die Beschlussfassung zum Verwaltervertrag im Rahmen ordnungsmäßi- 219 ger Verwaltung hält. Der Genehmigungsbeschluss kann daher nach §§ 43 Abs. 2 Nr. 4, 44 Abs. 1 Satz 1 WEG angefochten und auf seine Ordnungsmäßigkeit hin überprüft werden (BGH NJW 1993, 1924 unter III. 3; LG Frankfurt a. M. ZWE 2014, 183).

220 **b) Ordnungsmäßigkeit. aa) Formelle Mängel.** Vom Gericht ist einerseits zu prüfen, ob der Genehmigungsbeschluss formell einwandfrei zustande gekommen ist (→ § 23 Rn. 157 ff.). Ein formeller Mangel liegt beispielsweise darin, dass keine ausreichende Anzahl von Angeboten vorlag (→ Rn. 81).

221 **bb) Materielle Mängel.** Andererseits ist vom Gericht zu prüfen, ob der Inhalt des abzuschließenden Verwaltervertrags materiell vertretbar ist (s. a. BGH NJW 2020, 988 Rn. 15; 2012, 3175 Rn. 12). Dies ist nur dann der Fall, wenn die Wohnungseigentümer die Ermessensgrenzen nicht überschritten haben (BGH NJW 2020, 988 Rn. 17). Das Ermessen ist dabei nach hM nicht nur durch die allgemeinen Grenzen der Vertragsfreiheit beschränkt (BGH NJW 2020, 988 Rn. 19), also die §§ 134, 138, 242 BGB. Der abzuschließende Verwaltervertrag muss vielmehr auch sicherstellen, dass die entsprechende Person zu allen Leistungen verpflichtet wird, welche die ihm mit dem gesondert zu überprüfenden Bestellungsbeschluss (→ Rn. 78) übertragene Organstellung als Verwalter mit sich bringt.

222 **cc) Vergütung. (1) Überblick.** Auch die Verwaltervergütung als besonders wichtiger Vertragsbestandteil soll nach hM nach Höhe und Ausgestaltung den Grundsätzen einer ordnungsmäßigen Verwaltung entsprechen müssen (→ Rn. 98). Dies sei nur der Fall, wenn sie dem Gebot der Wirtschaftlichkeit genügt (BGH NJW 2020, 988 Rn. 30).

223 **(2) Vergütungsstruktur.** Die Vertragsparteien können neben einer Grundvergütung eine Vergütung für besondere Leistungen vereinbaren (→ Rn. 316). Unter dem Gesichtspunkt der ordnungsmäßigen Verwaltung soll allerdings eine solche Aufspaltung eine klare und transparente Abgrenzung erfordern. Abzugrenzen seien die gesetzlich geschuldeten oder im Einzelfall vereinbarten Aufgaben, die von der Grundvergütung erfasst sein sollen, von denen, die gesondert zu vergüten seien (BGH NJW 2020, 988 Rn. 35). Ferner müsse bei den Aufgaben, die in jeder Wohnungseigentumsanlage „laufend" anfielen, der tatsächliche Gesamtumfang der Vergütung erkennbar sein. Dieses wohnungseigentumsrechtliche Erfordernis werde einer Aufteilung der Vergütung für laufende Tätigkeiten in aller Regel entgegenstehen.

224 **dd) AGB-Kontrolle.** Ob der Verwaltervertrag Vertragsbestimmungen enthält, die einer AGB-Kontrolle nicht standhalten würden, ist nach hM keine Frage der Ordnungsmäßigkeit (BGH NJW 2020, 988 Rn. 20). Eine AGB-Kontrolle finde bei der Anwendung des Verwaltervertrags im Verhältnis zwischen der Gemeinschaft der Wohnungseigentümer und dem Verwalter statt (BGH NJW 2020, 988 Rn. 23).

225 **c) Erklärung des Genehmigungsbeschlusses für ungültig. aa) Verwaltervertrag.** Das Gericht soll den Genehmigungsbeschluss nur dann für

insgesamt ungültig erklären können, wenn anzunehmen ist, dass er in Ansehung der „verbliebenen Vertragsbestimmungen“ nicht gefasst worden wäre (BGH NJW 2020, 988 Rn. 44; OLG München NJW-RR 2008, 1182 (1183); *Zschieschack* ZMR 2018, 160 (161); *Sauren* NZM 2018, 272 (274); aA AG Reutlingen NZM 2013, 127 (128)).

Hiervon sei auszugehen, wenn der Verwalter an dem Abschluss des Verwaltervertrags ohne die beanstandeten Bestimmungen erkennbar kein Interesse habe (BGH NJW 2020, 988 Rn. 44). Zwar komme eine teilweise Aufrechterhaltung eines Beschlusses nach § 139 BGB (→ § 44 Rn. 167) regelmäßig nur dann in Betracht, wenn nach dem tatsächlichen oder hypothetischen Parteiwillen zweifelsfrei davon auszugehen sei, dass der Beschluss auch als Teilregelung gefasst worden wäre (BGH NJW 2020, 988 Rn. 44). Das werde bei einem Genehmigungsbeschluss aber regelmäßig der Fall sein. Etwa der Fortfall einzelner Vergütungsbestandteile sei für die Gemeinschaft der Wohnungseigentümer vorteilhaft. Und auch der Verwalter werde an der Durchführung des Verwaltervertrags interessiert sein (BGH NJW 2020, 988 Rn. 44). 226

Anders liege es, wenn beispielsweise der Fortfall einzelner Vergütungsbestandteile das Vergütungsgefüge in einer Weise aus der Balance bringe, dass anzunehmen sei, der Verwalter wolle den veränderten Vertrag nicht abschließen (BGH NJW 2020, 988 Rn. 44). Seien nämlich nach einer Gesamtwürdigung nicht nur Nebenpunkte des Verwaltervertrags unwirksam bzw. anfechtbar, sondern auch zentrale Aufgaben und Pflichten berührt, sei nicht anzunehmen, dass der Verwaltervertrag auch ohne die zu beanstandenden Klauseln gebilligt worden wäre (LG Frankfurt a. M. ZWE 2018, 38 Rn. 19; LG Hamburg ZWE 2015, 461). 227

bb) Bestellungsbeschluss. Auf den Bestellungs- hat die Ungültigerklärung des Genehmigungsbeschlusses keine unmittelbaren Auswirkungen (*Sauren* NZM 2018, 272 (274); s. a. *Zschieschack* ZMR 2018, 160 (162)). Es soll allerdings den Grundsätzen ordnungsmäßiger Verwaltung widersprechen, wenn der wirksam bestellte Verwalter auf Dauer ohne Verwaltervertrag bliebe oder umgekehrt der wirksam abgeschlossene Verwaltervertrag bestehen bliebe, ohne dass der Verwalter die Organstellung als Verwalter erlangte und seinen Vertrag erfüllen könnte (BGH NJW 2020, 988 Rn. 41). Jeder Wohnungseigentümer könne deshalb nach § 18 Abs. 2 Nr. 1 WEG verlangen, dass der wirksam bestellte Verwalter abberufen wird, wenn es nicht gelinge, mit ihm einen Verwaltervertrag abzuschließen, und dass der wirksame Verwaltervertrag aus wichtigem Grund gekündigt wird, wenn es nicht gelinge, den Verwalter in die vorgesehene Organstellung zu berufen (BGH NJW 2020, 988 Rn. 44). **Stellungnahme.** Dieser Ansicht ist nicht zuzustimmen (→ Rn. 377). 228

5. Ermächtigungsbeschluss (§ 9b Abs. 2 WEG). Auch der Ermächtigungsbeschluss nach § 9b Abs. 2 Fall 2 WEG kann nach §§ 43 Abs. 2 Nr. 4, 44 Abs. 1 Satz 1 WEG angefochten und auf seine Ordnungsmäßigkeit hin überprüft werden (BGH NJW 2020, 988 Rn. 15). Insoweit gelten die Ausführungen → Rn. 219 entsprechend. Wird der Ermächtigungsbeschluss für ungültig erklärt, entfällt nachträglich die Vertretungsmacht der die Ge- 229 meinschaft der Wohnungseigentümer beim Vertragsschluss vertretenden Person oder Personen (BGH BeckRS 2020, 7544 Rn. 7; NJW 2020, 988 Rn. 9). Es gelten dann die Ausführungen → Rn. 112 entsprechend (BGH BeckRS 2020, 7544 Rn. 7; NJW 2020, 988 Rn. 10).

230–299 *Nicht belegt.*

300 **6. Unerkannte Unwirksamkeit.** Ist ein Verwaltervertrag abgeschlossen worden, leidet dieser aber an einem eigenen Nichtigkeits- oder Unwirksamkeitsgrund, sind die Vorschriften über die Geschäftsführung ohne Auftrag (§§ 677 ff. BGB) anzuwenden. Nimmt eine Person in Unkenntnis der Tatsache, dass der Verwaltervertrag zB in Ermangelung einer Vertretungsmacht unwirksam ist, das Amt des Verwalters wahr, steht ihr mithin nach § 670 BGB ein Anspruch auf Aufwendungsersatz (in Höhe der üblichen Vergütung zu (BGH NJW-RR 1989, 970 unter II. 2. d). Dass sich die Person zur Übernahme der von ihr erbrachten Leistungen für verpflichtet gehalten hat, hindert nicht die Annahme, dass sie zugleich ein Geschäft für Dritte besorgt hat (BGH NJW-RR 1989, 970 unter II. 2. a).

III. Inhalte

301 **1. Allgemeines. a) Grundsatz. aa) Mindestinhalt.** Der Verwaltervertrag regelt das Außenrechtsverhältnis zwischen der Gemeinschaft der Wohnungseigentümer und dem konkreten Träger des Verwalteramtes (*Jacoby* FS Derleder, 2015, 235 (240)). Was sein Inhalt ist, können und müssen die Vertragsparteien unter Beachtung der Grenzen der Vertragsmacht bestimmen (s. a. *Jacoby* FS Derleder, 2015, 235 (238)). Mindestinhalt (essentialia negotii) sind Regelungen zu den Vertragsparteien, zur Vertragsdauer (Beginn, Ende und Beendigungsmöglichkeiten) und zur Vergütung (Höhe, Zusammensetzung). Ist nichts Besonderes bestimmt, folgen vertragliche Pflichten ferner aus §§ 675, 611 ff. BGB, insbesondere aus §§ 665 bis 667 BGB, Rechte hingegen aus § 670 BGB.

302 **bb) Weitere Inhalte.** In manchen Verwalterverträgen werden die Amtspflichten des Verwalteramtes wiederholt und in der Regel statisch zusätzlich zu Vertragspflichten erklärt. Nach der neueren Rechtsprechung scheint eine solche Wiederholung sogar zwingend zu sein (→ Rn. 97). Ferner werden in vielen Verwalterverträgen die Amtspflichten ausgestaltet, zB wie der Wirtschaftsplan (§ 28 Abs. 1 Satz 2 WEG) oder die Abrechnung über diesen (§ 28 Abs. 2 Satz 2 WEG) zu gestalten sind, oder wann und wie zu laden ist. Häufig werden auch weitere Rechte und Pflichten für die Vertragsparteien angeordnet, zB zum Datenschutz, zum Abschluss von Versicherungen oder ein Gerichtstand. Zum Teil wird der Amtsinhaber im Verwaltervertrag zur Erinnerung ferner der Bestimmung des § 18 Abs. 2 Nr. 1 WEG „unterworfen" oder es finden sich Regelungen zum Verschulden, zur Haftung und zur Verjährung oder Schiedsklauseln.

303 **cc) In Sonderheit: Verkehrssicherungspflichten.** Der Verwalter kann im Verwaltervertrag als Vertrag zu Gunsten der Wohnungseigentümer versprechen, deren Verkehrssicherungspflichten wahrzunehmen. Ferner kann er

versprechen, die von der Gemeinschaft der Wohnungseigentümer für die Wohnungseigentümer wahrzunehmenden Verkehrssicherungspflichten auszuüben. Liegt es so, muss ihm jeweils auch die Rechtsmacht eingeräumt sein, im Einzelfall in das gemeinschaftliche Eigentum einzugreifen. Das Versprechen, Verkehrssicherungspflichten wahrzunehmen, liegt entgegen der wohl hM noch nicht darin, dass der Verwalter nach dem Vertrag „alles tun muss, was zu einer ordnungsmäßigen Verwaltung notwendig ist" (LG Hamburg ZMR 2016, 655; aA BayObLG NJW-RR 2005, 100; OLG Karlsruhe WuM 2009, 256; OLG München NJW 2006, 1293; LG Saarbrücken ZWE 2017, 51). Denn zu einer ordnungsmäßigen Verwaltung gehört es grundsätzlich gerade nicht, dass der Verwalter die Verkehrssicherungspflichten wahrnimmt.

b) Änderungen. Die Vertragsparteien sind gem. § 311 Abs. 1 BGB 304
befugt, im Laufe der Vertragszeit die Vertragspflichten und -rechte, etwa zur Höhe oder zum Umfang der Vergütung, durch Konsens der Vertragsparteien im Wege der Vertragsänderung, nicht aber durch einseitige Bestimmung der Wohnungseigentümer namens der Gemeinschaft der Wohnungseigentümer zu ändern (AG Hamburg DWE 1987, 140; *Gottschalg* ZWE 2002, 200 (203)). Einen Anlass zur Änderung geben zB neue, gewillkürte Amtspflichten.

c) Grenzen der Vertragsmacht. Die Inhalte des Verwaltervertrags müs- 305
sen dem allgemeinen Recht genügen (zB §§ 134, 138, 242 BGB), dürfen nicht gegen Grundsätze des Wohnungseigentumsrechts (OLG Düsseldorf NJW-RR 1998, 13), zB das durch §§ 18 ff. WEG vorgegebene Kompetenzgefüge, oder vereinbarte oder wirksam beschlossene Anordnungen der Wohnungseigentümer verstoßen (*Drasdo* NZM 2001, 923 (927)) und müssen einer Kontrolle nach §§ 305 ff. BGB standhalten (→ Rn. 328 ff.). Jeder Wohnungseigentümer kann ferner nach § 18 Abs. 2 Nr. 1 WEG verlangen, dass sich die Beschlussfassung über den Verwaltervertrag im Rahmen ordnungsmäßiger Verwaltung hält (→ Rn. 93).

2. Vergütung. a) Überblick. aa) Allgemeines. Die Gemeinschaft der 306
Wohnungseigentümer muss den Vergütungsanspruch erfüllen. Neben ihr haften die Wohnungseigentümer nach § 9a Abs. 4 Satz 1 Hs. 1 WEG. Fehlt ausnahmsweise eine Bestimmung zur Vergütungshöhe, kann der Verwalter nach § 612 Abs. 2 BGB ein marktübliches Honorar verlangen (KG ZMR 2004, 460; BayObLG FGPrax 1997, 136; *Slomian* ZfIR 2012, 732 (733)).

bb) Art und Höhe. Die Gemeinschaft der Wohnungseigentümer und 307
der konkrete Amtsinhaber können in den Grenzen der §§ 134, 138 BGB (zu § 138 BGB vgl. *Suilmann* MietRB 2018, 251 (252)) die Art und Höhe der Vergütung frei aushandeln (OLG Düsseldorf NZM 1998, 770 (771)). Auf Seiten der Gemeinschaft der Wohnungseigentümer ist dabei § 18 Abs. 2 Nr. 1 WEG zu beachten (→ Rn. 93 ff.). Jedenfalls eine zu hohe Vergütung kann sich nach diesem Maßstab nach hM als nicht ordnungsmäßig erweisen (→ Rn. 98). Die Wohnungseigentümer können weder vereinbaren noch beschließen, dass der jeweilige Verwalter keine Vergütung oder nur eine außergewöhnlich niedrige, unveränderliche Vergütung erhält, die kein ge-

werblich tätiger Verwalter anerkennen kann. Eine solche Bestimmung machte die Bestellung eines professionellen Verwalters praktisch unmöglich und verstieße jeweils gegen § 26 Abs. 5 WEG (→ Rn. 186 ff.).

308 **cc) Umlage nach „Einheiten".** Der Verwaltungsaufwand des Verwalters hängt in der Regel nicht vom Wert oder der Größe eines Wohnungs- oder Teileigentums ab. Aus diesem Grunde wird die Vergütung häufig nach der Anzahl der verwalteten Wohnungseigentums- und/oder Teileigentumsrechte („Einheiten") berechnet (BGH NJW 2007, 1869 Rn. 33; *Pießkalla/Reichart* ZWE 2009, 728 (729)). Zum Teil wird dabei nach Wohn- und Teileigentum und ggf. einzelnen Räumen gestaffelt. In Bezug auf den Begriff „Einheiten" gilt dann die Anzahl der Wohnungsgrundbücher. Die Vergütung sinkt daher durch eine rechtliche Vereinigung von Wohnungseigentumsrechten durch Zuschreibung oder Zusammenlegung weitergehend AG Aachen ZMR 2009, 717). Die Vergütung steigt hingegen, wenn ein Wohnungseigentümer sein Wohnungseigentumsrecht rechtlich unterteilt. Im Innenverhältnis gilt als Umlageschlüssel in Bezug auf die Verwaltervergütung die Bestimmung des § 16 Abs. 2 Satz 1 WEG. Die Wohnungseigentümer können etwas anderes vereinbaren oder beschließen.

309 **dd) Umsatzsteuer.** Der Verwalter kann von der Gemeinschaft der Wohnungseigentümer Umsatzsteuer verlangen, wenn dies im Verwaltervertrag ausdrücklich vereinbart wurde (§ 1 Abs. 1 Satz 1 PangV). Fehlt es hieran, gilt das vereinbarte Honorar als Bruttohonorar (BGH NJW 1991, 2484 unter II. 2. b) aa); 1973, 755 unter II.).

310 **ee) Veränderungen der Vergütungshöhe.** Die Vereinbarung einer Wertsicherungsklausel ist nach § 1 Abs. 1 PreisklG unzulässig (AG Reutlingen NZM 2013, 127 (128)). Zulässig sind hingegen Staffelvereinbarungen, Spannungs- und Leistungsvorbehaltsklauseln (*Jacoby* FS Derleder, 2015, 235 (245)). Zulässig ist auch die Verabredung, bei Eintritt von bestimmten Bedingungen über eine Vergütungsanpassung in „Gespräche" einzutreten (AG Saarbrücken ZMR 2009, 560).

311 Soll die Vergütung im Übrigen verändert werden, gelten → Rn. 214 ff. entsprechend. Soll der Verwalter eine (weitere) Vergütung erhalten, die ihm die Gemeinschaft der Wohnungseigentümer noch nicht im Verwaltervertrag versprochen und mit ihm vereinbart hat, müssen die Wohnungseigentümer daher zunächst eine Vertragsänderung beschließen. Dann muss sich der Verwalter mit der Änderung einverstanden erklären. Im Anschluss daran muss die Vertragsänderung ausdrücklich oder schlüssig durchgeführt werden (aA LG Dortmund ZMR 2016, 642).

312 **b) Vergütung und Schlechterfüllung.** Erfüllt der Amtsinhaber seine Verwalterpflichten mangelhaft, lässt der Mangel seinen vertraglichen Vergütungsanspruch nicht entfallen (OLG München NZM 2006, 631) und hat auf seine Vergütung keinen Einfluss. Die Schlechterfüllung kann aber zu einem Schadenersatzanspruch der Gemeinschaft der Wohnungseigentümer führen, mit dem diese aufrechnen kann (BayObLG NJWE-MietR 1997, 162; s. a. KG OLGZ 1990, 61 (64)).

c) Fälligkeit der Vergütung. Ist die Vergütung nach Zeitabschnitten bemessen, ist sie nach dem Ablauf der einzelnen Zeitabschnitte zu entrichten. Ist zB eine monatliche Vergütung geschuldet, tritt die Fälligkeit am ersten Tag des Monats ein. Fehlt es an einer solchen Vereinbarung, ist die Vergütung gem. § 614 Satz 1 BGB „nach der Leistung der Dienste" zu entrichten (OLG Hamm NJW-RR 1993, 845, 846). Hiervon ist anlog § 28 Abs. 2 Satz 1 WEG nach Ablauf des Kalenderjahres auszugehen (s. a. *Gottschalg* NZM 2009, 217 (220)). 313

d) Vergütungsstrukturen. aa) Überblick. Die Gemeinschaft der Wohnungseigentümer und der Amtsinhaber sind in der Ausgestaltung der Vergütung grundsätzlich frei (BGH NJW 2020, 988 Rn. 34). Der Amtsinhaber kann seine Leistung zu einem Pauschalpreis anbieten oder seine Vergütung in Preisbestandteile oder Teilentgelte aufteilen (BGH NJW 2020, 988 Rn. 34). Der Verwaltervertrag unterscheidet sich in dieser Hinsicht nicht von anderen (Geschäftsbesorgungs-)Verträgen. Die gesetzliche Festlegung der Aufgaben eines Verwalters steht der Befugnis zur Vereinbarung von Teilentgelten nicht entgegen. Das WEG legt nur fest, welche Aufgaben einem Verwalter als Organ obliegen. Eine Entscheidung darüber, ob diese Aufgaben pauschal, nach einzelnen Aufgaben oder nach einzelnen Aufgabengruppen zu vergüten sind, liegt darin nicht (BGH NJW 2020, 988 Rn. 34). 314

bb) Pauschalvergütung. Die Vertragsparteien können eine Pauschalvergütung für sämtliche Leistungen des Amtsinhabers vereinbaren (BGH NJW 2020, 988 Rn. 35; BayObLG WuM 1996, 490; *Pießkalla/Reichart* ZWE 2009, 728 (729)). Erweist sich diese Pauschalvergütung als unzulänglich, können die Gemeinschaft der Wohnungseigentümer und der Verwalter eine Änderung vereinbaren (→ Rn. 310). Kommt es zu keiner Einigung, kommt grundsätzlich eine Kündigung in Betracht. 315

cc) Aufspaltung der Vergütung. (1) Überblick. Die Vertragsparteien können neben einer Grundvergütung eine Vergütung für besondere Leistungen vereinbaren (BGH NJW 2020, 988 Rn. 35; AG Düsseldorf ZMR 2017, 96; *Greiner* NZM 2013, 481 (490)). Nicht nur unter dem Gesichtspunkt der Ordnungsmäßigkeit (Rn. 98 ff.), sondern auch unter dem Gesichtspunkt der Transparenz erfordert eine solche Aufspaltung allerdings eine klare Abgrenzung derjenigen gesetzlich geschuldeten oder im Einzelfall vereinbarten Aufgaben, die von der Grundvergütung erfasst sein sollen, von denen, die gesondert zu vergüten sein sollen (BGH NJW 2020, 988 Rn. 35). Es muss also eindeutig bestimmt sein, welche vertraglich versprochenen Leistungen bereits mit dem pauschalen (Grund-)Vergütungsanteil abgegolten sein sollen (*Greiner* NZM 2013, 481 (490)). Ferner muss für die Gemeinschaft der Wohnungseigentümer bei den Aufgaben, die in jeder Wohnungseigentumsanlage regelmäßig anfallen, der tatsächliche Gesamtumfang wenigstens der jährlichen und annähernd der monatlichen Vergütung erkennbar sein (s. a. BGH NJW 2020, 988 Rn. 35). 316

Die notwendige Klarheit ist noch nicht erreicht ist, wenn nicht benannt ist, welche vertraglich versprochenen Leistungen mit dem pauschalen 317

(Grund-)Vergütungsanteil abgegolten sein sollen. Ferner reicht es nicht, zur Beschreibung auf die gesetzlichen Pflichten des Verwalters abzuheben. Denn auch die konkret benannten Vergütungsanteile beziehen sich in aller Regel auf Amtspflichten (Beispiele: Bauüberwachung; Beschlussdurchführung; Durchführung von Versammlungen; Geltendmachung von Vertragsmängeln; Hausgeldinkasso). Kommt es zu Überschneidungen zwischen dem allgemeinen und pauschalen Grundvergütungsanteil und einem konkret benannten Vergütungsanteil, werden konkret benannte Vergütungsanteile einer Prüfung nach § 307 Abs. 1 Satz 2, Satz 1 BGB häufig nicht standhalten, da dann die Bestimmung, welche Leistung (allein) dem konkret benannten Vergütungsanteil unterfällt, nicht klar und verständlich vereinbart ist (*Greiner* NZM 2013, 481 (490)). Die Vergütungsvereinbarung ist dann teilweise unwirksam (s. a. LG Hanau ZMR 2010, 398; AG Saarbrücken ZMR 2009, 560), was allerdings keinen Einfluss auf den Gesamtvertrag hat (§ 306 Abs. 1 BGB).

318 **(2) Sondervergütungen im „ABC“.** In der Praxis werden ua für folgende Gegenstände als konkret benannter Vergütungsanteil Sondervergütungen verabredet:

319 • **Allgemein:**
  – Eine Sondervergütung für die Amtsübernahme. Diese ist in der Regel nach § 307 Abs. 1 Satz 2, Satz 1 BGB unwirksam, wenn nicht im Einzelnen und hinreichend bestimmt geklärt ist, dass die Leistung nicht dem pauschalen (Grund-)Vergütungsanteil unterfällt (→ Rn. 341). Ferner ist bedenklich, dass der Verwalter eine Leistung entgolten haben will, die im Wesentlichen in seinem Interesse steht (→ Rn. 333).
  – Eine Sondervergütung für unerledigt gebliebene Aufgaben des Vorverwalters (KG NJW-RR 1993, 529). Diese ist unbedenklich, da es sich in der Regel um einen gesonderten Werkvertrag handelt (LG Berlin ZWE 2017, 95).
  – Eine Sondervergütung für Mehraufwand wegen eines Eigentümerwechsels. Nach einigen Stimmen soll diese unwirksam sein (LG Dortmund ZWE 2017, 96). Tatsächlich ist zu unterscheiden: Die Sondervergütung ist nach § 307 Abs. 1 Satz 2, Satz 1 BGB nur dann unwirksam, wenn nicht im Einzelnen und hinreichend bestimmt geklärt ist, dass die Leistung nicht dem pauschalen (Grund-)Vergütungsanteil unterfällt (→ Rn. 341).
  – Eine Sondervergütung für die Zustimmung zu Veräußerungen nach § 12 WEG. Diese ist zulässig.
  – Eine Sondervergütung für im Einzelnen benannte Dienst- oder Werkleistungen jenseits des WEG. Dies ist zulässig, zB für Architektenleistungen.

• **Verwaltung (§§ 18, 19 WEG):**
  – Eine Sondervergütung für die Abwicklung von Versicherungsschäden. Diese Sondervergütung ist nach § 307 Abs. 1 Satz 2, Satz 1 BGB in der Regel unwirksam, wenn nicht im Einzelnen und hinreichend bestimmt geklärt ist, dass die Leistung nicht dem pauschalen (Grund-)Vergütungsanteil unterfällt (→ Rn. 341).

– Eine Sondervergütung für Mehraufwand im Zusammenhang mit einer Nichtteilnahme an einem Lastschriftverfahren. Diese ist nach manchen Stimmen unwirksam (LG Dortmund ZWE 2017, 96). Dies Sichtweise ist möglich, aber nicht zwingend: Diese Sondervergütung ist nach § 307 Abs. 1 Satz 2, Satz 1 BGB nur dann unwirksam, wenn nicht im Einzelnen und hinreichend bestimmt geklärt ist, dass die Leistung nicht dem pauschalen (Grund-)Vergütungsanteil unterfällt (→ Rn. 341).

• **Versammlung (§§ 23 bis 25 WEG):**

– Eine Sondervergütung für die Abhaltung „außerordentlicher" Versammlungen. Diese ist möglich, aber unwirksam, wenn sie auch für den Fall vereinbart ist, dass der Verwalter die Einberufung wegen einer Amtspflichtverletzung zu vertreten hat (OLG München NZM 2009, 548 (549); KG ZMR 2008, 476; OLG Düsseldorf NZM 2006, 936 (937)).

– Eine Sondervergütung für die Durchführung eines schriftlichen Beschlusses. Diese soll unwirksam sein (AG Hamburg-Blankenese ZMR 2010, 896). Tatsächlich ist zu unterscheiden: Diese Sondervergütung ist nach § 307 Abs. 1 Satz 2, Satz 1 BGB in der Regel unwirksam, wenn nicht im Einzelnen und hinreichend bestimmt geklärt ist, dass die Leistung nicht dem pauschalen (Grund-)Vergütungsanteil unterfällt (→ Rn. 341).

– Eine Sondervergütung für die Versendung von Niederschriften (Kopie und Porto).

– Führen der Beschluss-Sammlung. Diese Sondervergütung ist nach § 307 Abs. 1 Satz 2, Satz 1 BGB in der Regel unwirksam, wenn nicht im Einzelnen und hinreichend bestimmt geklärt ist, dass die Leistung nicht dem pauschalen (Grund-)Vergütungsanteil unterfällt (→ Rn. 341).

• **Aufgaben und Befugnisse des Verwalters (§ 27 WEG):**

– Eine Sondervergütung für die Überwachung baulicher Maßnahmen soll möglich sein (BGH NZM 2011, 454 Rn. 31; OLG Köln NZM 2001, 470; OLG Hamm NZM 2001, 49 (52); LG Berlin ZMR 2018, 846; LG Dortmund ZWE 2017, 96). Bemessungsgrundlage ist häufig die „Nettoauftragssumme" oder sind die „abgerechneten Netto-Baukosten" (LG Berlin ZMR 2018, 846), idR 1,5% bis 5% davon (LG Berlin ZMR 2018, 846). Diese Sondervergütung ist nach § 307 Abs. 1 Satz 2, Satz 1 BGB unwirksam, wenn nicht im Einzelnen und hinreichend bestimmt geklärt ist, dass die Leistung nicht dem pauschalen (Grund-)Vergütungsanteil unterfällt (→ Rn. 341). Wird für „Regieaufwand" eine Sondervergütung verlangt, kann der Begriff – und was er umfasst – intransparent sein (→ Rn. 339 ff.). Entsprechendes gilt, wenn es um die Begriffe „größere Bauarbeiten" oder „Sonderarbeiten" geht. Erforderlich ist eine genaue Tätigkeitsbeschreibung (aA AG Düsseldorf ZMR 2017, 96).

– Eine Sondervergütung für die Geltendmachung von Baumängeln soll zum Teil unwirksam sein (LG Dortmund ZWE 2017, 96; AG Frankfurt a. M. IMR 2016, 78). Tatsächlich ist zu unterscheiden: Diese Sondervergütung ist nach § 307 Abs. 1 Satz 2, Satz 1 BGB unwirksam, wenn nicht im Einzelnen und hinreichend bestimmt geklärt ist, dass die Leistung nicht dem pauschalen (Grund-)Vergütungsanteil unterfällt

(→ Rn. 341). Für eine Sondervergütung zur Durchführung von Erhaltungsmaßnahmen (dazu ua LG Dortmund ZWE 2017, 96; AG Frankfurt a. M. IMR 2016, 78), gilt nichts anderes.

– Eine Sondervergütung für die Anforderung oder Anmahnung von Zahlungen soll unwirksam sein (LG Dortmund ZWE 2017, 96 (98); AG Reutlingen ZWE 2016, 421; s. a. LG Frankfurt a. M. ZWE 2018, 38 Rn. 14). Entsprechendes gilt für die Erhebung einer Sonderumlage (LG Frankfurt a. M. ZWE 2018, 38 Rn. 17). Tatsächlich ist zu unterscheiden: Die Sondervergütung ist nach § 307 Abs. 1 Satz 2, Satz 1 BGB nur dann unwirksam bzw. nicht ordnungsmäßig, wenn nicht im Einzelnen und hinreichend bestimmt geklärt ist, dass die Leistung nicht dem pauschalen (Grund-)Vergütungsanteil unterfällt (→ Rn. 341). Entsprechendes gilt für eine Sondervergütung für die Betreuung von Sonderumlagen (aA LG Hanau ZMR 2010, 398). „Sondervergütungen" sind jedenfalls möglich für die Führung und/oder Begleitung von Hausgeldprozessen.

– Eine Sondervergütung für die Unterrichtung der Wohnungseigentümer nach § 44 Abs. 2 Satz 2 WEG soll unwirksam sein (LG Dortmund ZWE 2017, 96). Tatsächlich ist zu unterscheiden: Die Sondervergütung ist nach § 307 Abs. 1 Satz 2, Satz 1 BGB nur dann unwirksam, wenn nicht im Einzelnen und hinreichend bestimmt geklärt, dass die Leistung nicht dem pauschalen (Grund-)Vergütungsanteil unterfällt (→ Rn. 341).

– Eine Sondervergütung für die aktive Durchführung gerichtlicher Verfahren (LG Gera IMR 2016, 205), vor allem für Hausgeldprozesse (BGH NJW 2012, 1152 Rn. 6; 1993, 1924 unter III. 3) soll möglich sein (AG Hamburg-Blankenese ZMR 2010, 896); ein Verstoß gegen das RDG liege in dieser Prozessführung nicht (BGH NJW 2012, 1152 Rn. 6). Die Sondervergütung für die Durchführung gerichtlicher Verfahren soll der Verwalter auch verdient haben, wenn er den Prozess nicht selbst führt, sondern einen Rechtsanwalt beauftragt (LG Gera IMR 2016, 205). Etwas anderes soll für Passivprozesse gelten (LG München I ZMR 2012, 578). Tatsächlich ist insoweit zu unterscheiden: Die Sondervergütung ist nach § 307 Abs. 1 Satz 2, Satz 1 BGB nur dann unwirksam, wenn nicht im Einzelnen und hinreichend bestimmt geklärt ist, dass die Leistung nicht dem pauschalen (Grund-)Vergütungsanteil unterfällt (→ Rn. 341).

• **Wirtschaftsplan und Abrechnung (§ 28 WEG):**

– Eine Sondervergütung für die Bescheinigung für haushaltsnahe Dienstleistungen soll möglich sein (KG ZMR 2009, 709; LG Bremen NZM 2009, 750). Tatsächlich ist zu unterscheiden: Die Sondervergütung ist nach § 307 Abs. 1 Satz 2, Satz 1 BGB nur dann unwirksam, wenn nicht im Einzelnen und hinreichend bestimmt geklärt ist, dass die Leistung nicht dem pauschalen (Grund-)Vergütungsanteil unterfällt (→ Rn. 341).

– Eine Sondervergütung für die Erstellung von Kopien soll möglich sein (→ Rn. 343).

320 **(3) Kostenfestsetzung.** Zu den nach § 103 Abs. 1 ZPO im Kostenfestsetzungsverfahren einer Anfechtungsklage (§§ 43 Abs. 2 Nr. 4, 44 Abs. 1 Satz 1 WEG) festzusetzenden Kosten, die nach den Vorschriften der §§ 91 ff. ZPO erstattungsfähig sind, gehört nach hM eine Sondervergütung für die

Begleitung gerichtlicher Verfahren, welche die Gemeinschaft der Wohnungseigentümer im Verwaltervertrag vereinbart hat, soweit es um den Zeitaufwand geht, den der Verwalter auf die Wahrnehmung der Gerichtstermine verwandt hat (BGH NJW 2014, 3247 Rn. 7; AG Nürnberg ZMR 2017, 202).

dd) Einzelvergütungen. Die Vertragsparteien können für sämtliche 321
Leistungen des Verwalters jeweils einzeln eine Vergütung festlegen. Wird in diesem Falle vergessen, für eine Leistung eine Vergütungshöhe zu bestimmen, gilt § 612 BGB. Im Übrigen muss auch hier transparent werden, was die Gemeinschaft der Wohnungseigentümer monatlich und jährlich als Vergütung voraussichtlich zahlen muss.

e) Erfüllung. Ein Verwalter darf seine fälligen Vergütungsansprüche von 322
den Konten der Gemeinschaft der Wohnungseigentümer abbuchen, sofern ihm der Verwaltervertrag das erlaubt (BGH NJW-RR 2020, 393 Rn. 9; NJW 1997, 2106 unter IV.). Ein Eingriff in die Erhaltungsrückstellung ist ihm insoweit allerdings nicht erlaubt (OLG Düsseldorf NZM 2005, 628), auch nicht nach seiner Abberufung (aA OLG Hamm ZWE 2008, 182).

f) Ordnungsmäßigkeit und AGB-Prüfung. Die Vergütungszusagen 323
der Gemeinschaft der Wohnungseigentümer müssen einer ordnungsmäßigen Verwaltung entsprechen (→ 98 ff.) und einer AGB-Prüfung standhalten (→ 332).

g) Abberufung. Der Vergütungsanspruch geht mit einer Abberufung des 324
Amtsinhabers nicht unter. Wird der Amtsinhaber abberufen, wird aber der Verwaltervertrag (noch) nicht gekündigt und endet der Verwaltervertrag auch nicht automatisch mit der Abberufung (→ Rn. 171), behält der ehemalige Amtsinhaber als Vertragspartei seinen Anspruch auf Vergütung, § 326 Abs. 2 Satz 1 BGB. Seine ersparten Aufwendungen iSd §§ 615 Satz 2, 326 Abs. 2 Satz 2 BGB können nach manchen Stimmen auf 20 % des Honorars geschätzt werden (OLG Hamburg ZMR 2005, 974 (975); OLG Köln OLGR 1994, 318) nach anderen Ansichten auf 45 % (KG ZMR 1994, 579); näher liegt ein noch höherer Anteil. § 326 Abs. 1 Satz 1 Hs. 1 BGB ist nicht anwendbar.

Nach der Abberufung hat der ehemalige Amtsinhaber seinen Leistungs- 325
willen anzuzeigen und seine Dienste anzubieten, um die Gemeinschaft der Wohnungseigentümer nach §§ 293 ff., 615 Satz 1 BGB in Verzug zu setzen – in der Regel nach § 295 BGB wörtlich (BGH NJW-RR 1997, 537 unter II. für den Geschäftsführer). Ein solches Angebot ist nur dann nicht erforderlich, wenn die Gemeinschaft der Wohnungseigentümer erkennen lässt, sie sei unter keinen Umständen bereit, die Leistungen des bisherigen Amtsinhabers anzunehmen (BGH NJW 2001, 287 unter 1). Erklärt der Amtsinhaber, nicht weiter zur Leistung bereit zu sein, verliert er seinen Vergütungsanspruch (s. a. Fritsch ZMR 2005, 829 (833)). Der Vergütungsanspruch soll ferner gem. § 242 BGB untergehen können, wenn der bisherige Amtsinhaber längere Zeit nicht zu erkennen gibt, am Fortbestand des Verwaltervertrags festhalten zu wollen (OLG Düsseldorf ZMR 2004, 691: 3 ½ Jahre).

326 **3. Aufwendungsersatzanspruch.** Grundsätzlich steht einem Verwalter entsprechend §§ 675, 670 BGB neben einer Vergütung ein Aufwendungsersatzanspruch zu (BGH NZM 2011, 454 Rn. 18; BayObLG ZMR 2004, 932; NJWE-MietR 1996, 276). Es gehört zum gesetzlichen Leitbild eines auf eine Geschäftsbesorgung gerichteten Dienstvertrags, dass die Kosten aus der Ausführung solcher Verträge nicht von dem Beauftragten, sondern von dem Auftraggeber zu tragen sind, in dessen Interesse die Geschäftsbesorgung erfolgt (BGH NZM 2011, 454 Rn. 18). §§ 670, 675 BGB gewähren indes einen Aufwendungsersatzanspruch und keinen Anspruch auf eine (zusätzliche) Vergütung (BGH NJW 2011, 1726 Rn. 22).

327 Zu ersetzen sind freiwillige Vermögensopfer des Verwalters im Interesse der Gemeinschaft der Wohnungseigentümer oder der Wohnungseigentümer, die er zur Ausführung des Auftrags, in dessen Folge oder zur Erreichung des Zweckes der Besorgung erbracht hat (BGH NJW 1989, 1284 unter II. 2. a); 1960, 1568 unter II.). Kein solches Vermögensopfer sind seine Arbeitszeit, seine Arbeitskraft, entgangene Verdienstmöglichkeiten (BGH NJW-RR 1988, 745 unter 1), seine Unkosten, die nicht durch die konkrete Geschäftsbesorgung ausgelöst worden sind, anteilige Kosten aus der Nutzung eigener Räume oder seine allgemeinen Geschäftsunkosten. Keine Aufwendungen sind in der Regel ferner die Kosten, für die der Verwalter bereits eine (ggf. pauschale) Vergütung erlangt.

328 **4. AGB-Kontrolle. a) Allgemeines.** Gibt ein Verwalter als Unternehmer den Inhalt des Verwaltervertrags vor, handelt es sich um einen Formularvertrag, weshalb die §§ 305 ff. BGB einschlägig sind (BGH NJW 2020, 988 Rn. 21; *Jacoby* FS Derleder, 2015, 235 (238); FS Merle, 2010, 181 (186)). Ein anderes Bild ergäbe sich, wenn die Gemeinschaft der Wohnungseigentümer selbst iSv § 310 Abs. 1 Satz 1 BGB Unternehmerin wäre, was nach hM aber nicht der Fall ist (→ § 9a Rn. 41; BGH NJW 2020, 988 Rn. 21; NZG 2017, 696 Rn. 33; *Vogel* ZWE 2015, 15 (17)). Der Umstand, dass einzelne Vertragsbestimmungen, zB die Höhe der Grundvergütung, individuell verhandelt werden, schließt die Qualifizierung des übrigen Vertrags als allgemeine Geschäftsbedingungen nicht aus (*Pießkalla/Reichart* NZM 2009, 728). Erwächst ein Ermächtigungs- und/oder Genehmigungsbeschluss zum Verwaltervertrag in Bestandskraft, hindert das nicht die Inhaltskontrolle (KG ZMR 2008, 476 (477)).

329 Im Zusammenhang mit der Prüfung von Vertragsbestimmungen sprechen Gerichte häufig die Frage einer ordnungsmäßigen Verwaltung an. Zwischen den Vertragsparteien spielt der Maßstab der Ordnungsmäßigkeit indes keine Rolle. Dieser Maßstab ist an Beschlüsse anzulegen und beantwortet die Frage, ob diese erfolgreich anfechtbar sind. Für Vertragsbestimmungen ist nach §§ 305 ff. BGB hingegen zu fragen, ob sie die Gemeinschaft der Wohnungseigentümer als Vertragspartnerin unangemessen benachteiligen.

330 Zu fragen ist, ob die Allgemeinen Geschäftsbedingungen des Verwenders die Gemeinschaft der Wohnungseigentümer entgegen den Geboten von Treu und Glauben unangemessen benachteiligen. Wenn Gerichte prüfen, ob (auch) die Wohnungseigentümer unangemessen benachteiligt werden (etwa

OLG München NJW 2007, 227 (228)), ist dies problematisch. Die Interessen der Wohnungseigentümer sind als „Drittinteresse" grundsätzlich unbeachtlich (BGH NJW 1982, 178 unter II. 3a) bb); *Elzer* AnwZert MietR 16/ 2010). Da der Verwaltervertrag aber Vertrag mit Schutzwirkung für die Wohnungseigentümer ist (→ Rn. 210), sollte man auch deren Interessen bei einer Benachteiligungsprüfung angemessen einbeziehen (s. a. BGH NJW 1989, 2750 unter II. 1. a): Belange von Mitreisenden; Graf von Westphalen/ *Lehmann-Richter,* Vertragsrecht und AGB-Klauselwerke, Verwaltervertrag für Wohnungseigentum Rn. 15; aA wohl *Sauren* NZM 2018, 272).

b) Einzelne Klauseln. 331

- Klauseln, die Verwaltungskompetenz der Wohnungseigentümer ganz oder teilweise auf den Verwalter übertragen, sind mit Blick auf § 27 Abs. 2 WEG nicht nach § 307 Abs. 2 Nr. 1 BGB nichtig (aA zum alten Recht *Jacoby* FS Derleder, 2015, 235 (245); differenzierend LG Frankfurt a. M. ZWE 2018, 38 Rn. 10).
- Klauseln, die gegen Vereinbarungen der Wohnungseigentümer oder gegen das Gesetz verstoßen, etwa, dass der Verwalter zwingend die Versammlung leitet (KG NZM 2003, 325), sind nach § 307 Abs. 2 Nr. 1 AGB unwirksam (*Jacoby* FS Derleder, 2015, 235 (240)).
- Eine Befreiung von § 181 BGB ist nicht gem. § 307 Abs. 1, Abs. 2 Nr. 2 BGB nichtig (zum alten Recht aA OLG München NZM 2009, 548 (549); OLG Düsseldorf NZM 2006, 936 (937); LG Frankfurt a. M. ZWE 2018, 38 Rn. 8).
- Die Möglichkeit, umfassend Untervollmacht zu erteilen, ist gem. § 307 Abs. 1, Abs. 2 Nr. 2 BGB nichtig (OLG München NZM 2009, 548 (549); LG Frankfurt a. M. ZWE 2018, 38 Rn. 12; Graf von Westphalen/*Lehmann-Richter,* Vertragsrecht und AGB-Klauselwerke Rn. 35).
- Entlastungsklauseln müssen § 307 Abs. 1 Satz 2 BGB beachten.
- Eine Klausel zur beliebigen einseitigen Erhöhung der Verwaltervergütung („Der Verwalter ist berechtigt, die Verwaltergebühren jährlich höchstens einmal der Verwaltungskostenentwicklung anzupassen") ist gem. § 307 Abs. 1 Satz 1 BGB unwirksam (OLG Düsseldorf NZM 2005, 628).
- Haftungsausschlüsse müssen § 309 Nr. 7 BGB beachten (BGH NJW-RR 2020, 68 Rn. 29; *Vogel* ZWE 2015, 15 (18); allgemein BGH NJW 2013, 2502 Rn. 20). Wird also nicht zwischen der uneinschränkbaren Haftung für Personenschäden sowie den Fällen des groben Verschuldens einerseits und der eher einschränkbaren Haftung für Vermögensschäden andererseits differenziert, ist im Regelfall die gesamte Klausel unwirksam (BGH NJW-RR 2020, 68 Rn. 29; *Vogel* ZWE 2015, 15 (18)). Ferner soll darauf zu achten sein, dass eine Haftungsklausel nicht die „Kardinalpflichten" des Verwalters erfasst (OLG Frankfurt a. M. ZWE 2008, 470 (478); *Vogel* ZWE 2015, 15 (18)); *Furmans* NZM 2004, 201; *Gottschalg* DWE 2003, 41).
- Verjährungsklauseln müssen §§ 309 Nr. 7, 202 Abs. 1 BGB beachten (BGH NJW-RR 2020, 68 Rn. 32; OLG München NJW 2007, 227; *Vogel* ZWE 2015, 15 (21); allgemein BGH NJW-RR 2009, 1416 Rn. 20).

- Kommt es aus Gründen, die der konkrete Verwalter zu vertreten hat, zu einer weiteren Versammlung der Wohnungseigentümer, kann er für deren Organisation und Abhaltung keine weitere Vergütung beanspruchen. Eine entsprechende Vertragsklausel muss daher eine entsprechende Einschränkung der Zusatzvergütungspflicht für den Fall schuldhaften Verwalterhandelns vorsehen (OLG München NZM 2009, 548 (559); OLG Düsseldorf NZM 2006, 936 (937); LG Dresden ZMR 2016, 388 (389)); fehlt es daran, ist die Klausel nichtig.
- Zum Teil finden sich in Verwalterverträgen salvatorische Klauseln. Nach diesen soll, wenn ein Teil oder einzelne Bestimmungen des Vertrags ungültig oder nichtig sein sollten, der übrige Teil bestehen bleiben und der ungültige oder nichtige Teil durch die zulässige Regelung ersetzt werden, die dem Zweck und der Absicht des nichtigen bzw. ungültigen Teils am nächsten kommt. Derartige Klauseln sind wegen Verstoßes gegen § 306 Abs. 2 BGB gemäß § 307 Abs. 1 Satz 1 BGB unwirksam (BGH NJW-RR 2020, 68 Rn. 31; NJW 2015, 1952 Rn. 45; LG Frankfurt a. M. ZWE 2018, 38).

332 **c) Höhe der Vergütung. aa) Überblick.** § 307 Abs. 3 Satz 1 BGB beschränkt die Inhaltskontrolle auf Vertragsbestimmungen, durch die von Rechtsvorschriften abweichende oder diese ergänzende Regelungen vereinbart werden (stRspr, exemplarisch BGH NJOZ 2019, 136 Rn. 21; ZIP 2018, 1934 Rn. 14). Hierunter fallen weder Vorschriften über den Preis der vertraglichen Hauptleistung noch Klauseln über das Entgelt für eine rechtlich nicht geregelte zusätzlich angebotene Sonderleistung (Preishauptabreden, → Rn. 336).

333 Preisnebenabreden (→ Rn. 338), die keine echte (Gegen-)Leistung zum Gegenstand haben, sondern mit denen der Klauselverwender seine Betriebskosten, seinen Aufwand für die Erfüllung gesetzlich oder nebenvertraglich begründeter eigener Pflichten oder seinen Aufwand für sonstige Tätigkeiten auf den Kunden abwälzt, die der Verwender im eigenen Interesse erbringt, sind hingegen einer Inhaltskontrolle unterworfen (stRspr, exemplarisch BGH NJOZ 2019, 136 Rn. 21; ZIP 2018, 1934 Rn. 15; NJW 2017, 2986 Rn. 23).

334 Ob eine Vertragsbestimmung eine kontrollfähige Preisnebenabrede oder eine kontrollfreie Preisabrede enthält, ist durch Auslegung zu ermitteln (stRspr, exemplarisch BGH NJOZ 2019, 136 Rn. 22). Diese hat sich nach dem objektiven Inhalt und typischen Sinn der in Rede stehenden Klausel einheitlich danach zu richten, wie ihr Wortlaut von verständigen und redlichen Vertragspartnern unter Abwägung der Interessen der regelmäßig beteiligten Verkehrskreise verstanden wird (BGH NJW 2017, 2986 Rn. 23; 2014, 2420 Rn. 25). Zweifel bei der Auslegung gehen nach der Vorschrift des § 305c Abs. 2 BGB, die auch im unternehmerischen Geschäftsverkehr gilt (BGH NJW 2017, 2986 Rn. 23; 2015, 3025 Rn. 31), zulasten des Klauselverwenders.

335 Ausgehend von diesen allgemeinen Grundsätzen kann eine von einem konkreten Verwalter verlangte Vergütung grundsätzlich nicht inhaltlich nach §§ 305 ff. BGB geprüft werden (BGH NJW 2020, 988 Rn. 29;

Suilmann MietRB 2018, 251 (253); *Jacoby/Lehmann-Richter/Weiler* ZMR 2018, 181 (185); Staudinger/*Jacoby* § 26 Rn. 173). Denn die Vergütung ist eine Bestimmung über den Preis der vertraglichen Hauptleistung oder Entgelt für eine rechtlich nicht geregelte, zusätzlich angebotene Sonderleistung. Die Höhe der Verwaltervergütung kann mithin mit Blick auf die Bestimmungen der §§ 305 ff. BGB grundsätzlich frei bestimmt werden. Die Aufteilung in eine Grundvergütung und einzelne Sondervergütungstatbestände ändert daran nichts (*Jacoby/Lehmann-Richter/Weiler* ZMR 2018, 181 (185).

bb) Kontrollfreie Preisabreden. Keiner Inhaltskontrolle unterliegt danach als Hauptleistungspflicht (BGH NJW 2020, 988 Rn. 29; *Jacoby/Lehmann-Richter/Weiler* ZMR 2018, 181 (185)) eine vom Verwalter verlangte Vergütung in Bezug auf seine geschriebenen und ungeschriebenen gesetzlichen Pflichten sowie in Bezug auf Pflichten, welche die Wohnungseigentümer bestimmt haben, etwa wenn sie eine Zustimmung des Verwalters bei einer Veräußerungsbeschränkung anordnen (*Jacoby/Lehmann-Richter/Weiler* ZMR 2018, 181 (185)) oder eine Bescheinigung nach § 35a EStG bestimmen (*Jacoby/Lehmann-Richter/Weiler* ZMR 2018, 181 (185)). Auch Sondervergütungen müssen sich nicht nach §§ 305 ff. BGB in einem angemessenen Rahmen halten und den voraussichtlichen zusätzlichen besonderen Zeit- und Arbeitsaufwand im Einzelfall berücksichtigen. 336

Soweit es teilweise heißt, die Vergütung müsse in einem sachgerechten Verhältnis zu den Amts- und Vertragspflichten eines Verwalters als Leitbild stehen, überzeugt diese Prämisse nicht (*Pießkalla/Reichart* ZWE 2009, 728 (731); *Furmans* NZM 2004, 201 (204)). Dieses Verhältnis ist hingegen für die Prüfung der Ordnungsmäßigkeit des Genehmigungs- (→ Rn. 220 ff.) und Ermächtigungsbeschlusses (→ Rn. 229) von Bedeutung. 337

cc) Kontrollfähige Preisnebenabreden. Eine Vergütung, die sich der Verwalter für Tätigkeiten im eigenen Interesse versprechen lässt, unterliegt hingegen jeweils einer Inhaltskontrolle (BGH NJW 2020, 988 Rn. 29; *Jacoby/Lehmann-Richter/Weiler* ZMR 2018, 181 (185)). Als Preisnebenabrede sind nach § 307 BGB zB Vertragsbestimmungen unwirksam, mit denen sich der Verwalter ein Entgelt versprechen lässt für die Einarbeitung in die Verwaltungsunterlagen (*Jacoby/Lehmann-Richter/Weiler* ZMR 2018, 181 (186); aA LG Dortmund BeckRS 2016, 122731 Rn. 9 ff.), die Anlegung von Datensätzen, in Bezug auf einen Eigentümerwechsel oder für die eigene Versicherung. 338

dd) Transparenzgebot. (1) Überblick. Alle Vergütungsregelungen müssen sich nach § 307 Abs. 3 Satz 2 BGB allerdings an § 307 Abs. 1 Satz 2 BGB, dem Transparenzgebot, messen lassen (BGH NJW 2020, 988 Rn. 35; KG ZMR 2008, 476 = BeckRS 2008, 11985; *Suilmann* MietRB 2018, 251 (253/254); *Jacoby/Lehmann-Richter/Weiler* ZMR 2018, 181 (186); Staudinger/*Jacoby* § 26 Rn. 173). Das Transparenzgebot verpflichtet den Verwender allgemeiner Geschäftsbedingungen nach Treu und Glauben, den Regelungsgehalt einer Vertragsbestimmung möglichst klar und überschaubar darzustellen (BGH NJW 2014, 924 Rn. 23). Zudem verlangt das aus dem Trans- 339 parenzgebot abgeleitete Bestimmtheitsgebot, dass die Klausel die wirtschaftlichen Nachteile und Belastungen soweit erkennen lässt, wie dies nach den Umständen gefordert werden kann (BGH NJW 2018, 1811 Rn. 11). Der Verwender muss die tatbestandlichen Voraussetzungen und die Rechtsfolgen so genau beschreiben, dass für seine Kunden kein ungerechtfertigter Beurteilungsspielraum entsteht. Die Beschreibung muss für den anderen Vertragsteil nachprüfbar und darf nicht irreführend sein.

340 Dabei ist auf die Erwartungen und Erkenntnismöglichkeiten eines durchschnittlichen Vertragspartners des Verwenders im Zeitpunkt des Vertragsschlusses abzustellen (BGH BeckRS 2018, 18297; NJW 2014, 924 Rn. 23). Freilich darf das Transparenzgebot den AGB-Verwender auch nicht überfordern und will ihn nicht zwingen, jede Regelung in Allgemeinen Geschäftsbedingungen gleichsam mit einem umfassenden Kommentar zu versehen (BGH BeckRS 2018, 18297). Der Verwender soll zwar verpflichtet sein, bei der Formulierung von vornherein auf die Verständnismöglichkeiten des Durchschnittskunden Rücksicht zu nehmen und, wenn das ohne unangemessene Ausweitung des Textumfangs möglich ist, zwischen mehreren möglichen Klauselfassungen diejenige zu wählen, bei der die kundenbelastende Wirkung einer Regelung nicht unterdrückt, sondern deutlich gemacht wird. Notwendigerweise generalisierende Allgemeine Geschäftsbedingungen müssen aber keinen solchen Grad an Konkretisierung erreichen, dass alle Eventualitäten erfasst sind (BGH BeckRS 2018, 18297; NJW 2014, 924 Rn. 37).

341 **(2) Anwendung auf den Verwaltervertrag.** Haben die Gemeinschaft der Wohnungseigentümer und der konkrete Verwalter eine Grundvergütung vereinbart, muss für ein Entgelt für Leistungen klar sein, wofür dieses geschuldet sein soll, und muss klar sein, mit welchen Belastungen die Gemeinschaft der Wohnungseigentümer zu rechnen hat. Ferner muss jede Sondervergütung deutlich und verständlich herausgehoben werden (LG Hanau ZMR 2010, 398). Beispiele für Fälle, bei denen nach diesem Maßstab Intransparenz anzunehmen ist:

342
- Eine Vertragsregelung, dass „über die normale Verwaltertätigkeit hinausgehende Leistungen gesondert honoriert werden" (*Suilmann* MietRB 2018, 251 (253/254)). Sie lässt weder erkennen, für welche konkrete Leistung eine Vergütung verlangt werden kann, noch bestimmt sie die Höhe der zusätzlichen Vergütung.
- Eine Vertragsregelung, die eine besondere Vergütung für den Fall einer „Mitwirkung an baulichen Veränderungen, Großinstandhaltung, Versicherungs- und Gewährleistungsvorgängen und Reparaturen" vorsieht (*Suilmann* MietRB 2018, 251 (254)). Ihr kann weder entnommen werden, wann eine die Vergütung auslösende „Mitwirkung" angenommen werden kann noch was unter einer „Großinstandhaltung" zu verstehen ist.
- Wenn Vergütungen für Baumaßnahmen in Konkurrenz zu Vergütungsregelungen für zusätzliche Versammlungen stehen (AG Düsseldorf ZMR 2017, 97 (98); Staudinger/*Jacoby* § 26 Rn. 177).
- Probleme können sich ferner ergeben, wenn sich der Inhalt von in Bezug genommenen Bestimmungen, etwa solche des RVG oder der HOAI, aus

dem Vertragsformular nicht ergibt (aA Staudinger/*Jacoby* § 26 Rn. 175), oder aus dem Verhältnis der Vergütungsregelungen zueinander (Staudinger/*Jacoby* § 26 Rn. 177).
- Eine Klausel, wonach Verwaltergebühren der allgemeinen Verwaltungskostenentwicklung angepasst werden können, soll nach § 307 Abs. 1 Satz 1 BGB ungültig sein (OLG Düsseldorf NZM 2005, 628), es sei denn, die Wohnungseigentümer hätten eine entsprechende Klausel unter sich vereinbart (OLG München NZM 2009, 548 (551)).
- Eine Vertragsregelung, die eine pauschale Sondervergütung für den Fall der „Veranlassung von Klageverfahren bei Zahlungsrückstand, zahlbar vom säumigen Eigentümer“ entstehen lässt, ist hingegen transparent (aA OLG Düsseldorf NZM 2003, 119 (129): unklar sei nicht nur, wann ein „Zahlungsrückstand“ gegeben sei und ob Rückstände jeder Art und Höhe ausreichend seien, sondern insbesondere auch, unter welchen Umständen eine Säumnis vorliege).

ee) Sondervergütungen im „Rechtsprechungs-ABC“: 343
- **Gerichtsverfahren:** Für die Durchführung gerichtlicher Verfahren soll eine Vergütung bis zur Höhe des RVG möglich sein (BGH NJW 1993, 1924), oder als Stundenentgelt (LG Gera IMR 2016, 205). Gibt der Verwalter das Verfahren an einen Rechtsanawalt ab und/oder unterstützt er diesen (LG Gera IMR 2016, 205; AG Nürnberg ZMR 2008, 750), sollen pauschal 100 EUR zzgl. Mehrwertsteuer zu hoch sein (LG München I ZWE 2010, 219 (220); aA AG Bonn ZWE 2018, 370 Rn 14: 200 EUR).
- **Haushaltsnahe Dienstleistungen:** Für die Bescheinigung für haushaltsnahe Dienstleistungen werden 10 EUR bis 25 EUR zugebilligt (LG Düsseldorf NZM 2008, 453; AG Neuss NZM 2007, 736).
- **Kopien:** Für Kopien sollen für die ersten 50 Kopien nur zwischen 0,05 EUR bis zu 0,50 EUR, danach nur 0,15 EUR je Kopie verlangt werden können (BayObLG NJW 2003, 1328; OLG Hamm NZM 2001, 49 (51); s. a. OLG München NJW-RR 2008, 321).
- **Lastschrift:** Für die Bearbeitung von Zahlungen, die nicht per Lastschrift eingezogen werden, sollen 2,50 EUR pro Wohnungseigentum und Monat noch angemessen sein (OLG Düsseldorf ZMR 1999, 192; KG NJW-RR 1994, 1543; s. a. LG Karlsruhe BeckRS 2010, 17796).
- **Mahnungen:** Für Mahnungen werden in der Regel bis zu 15 EUR pro Mahnung als pauschale Vergütung als angemessen angesehen (LG Düsseldorf NZM 1999, 267; AG Düsseldorf ZMR 2008, 80; s. a. LG München I ZWE 2010, 219 (220); s. a. LG Frankfurt a. M. ZWE 2018, 38 Rn. 14 für 20 EUR und die Problematik der wiederholten Mahnung – allerdings im Rahmen einer Prüfung der Ordnungsmäßigkeit). Eine Pauschale von 60 EUR unabhängig von der Höhe der Forderung soll überzogen sein (BayObLG NJW-RR 1988, 847).
- **Veräußerungszustimmung:** Für eine Veräußerungszustimmung iSv § 12 WEG werden in der Regel zwischen 100 und 300 EUR zugebilligt (OLG Hamm NZM 2001, 49 (52); KG NJW-RR 1989, 975).

- **Versammlung:** Für die Abhaltung außerordentlicher Versammlungen werden Spannen von 150 bis 500 EUR oder Preise per Wohnungseigentum von bis zu 22 EUR genannt (BSI Verwalter-Vergütungen in Deutschland, Studie 2010). Vgl. auch LG Frankfurt a. M. ZWE 2018, 38 Rn. 18 für den 1,5-fachen Betrag der Monatsvergütung – allerdings im Rahmen einer Prüfung der Ordnungsmäßigkeit.

344 **d) Folgen einer AGB-Widrigkeit.** Ist eine Klausel ganz oder teilweise nicht Vertragsbestandteil geworden, so bleibt der Vertrag nach § 306 Abs. 1 BGB im Übrigen wirksam.

IV. Regelungen zu und von den Wohnungseigentümern

345 **1. Regelungen gegenüber den Wohnungseigentümern.** Im Verwaltervertrag können ohne deren Mitwirkung keine Verpflichtungen zu Lasten der Wohnungseigentümer vorgesehen werden (*Jacoby* FS Derleder, 2015, 235 (240/241)). Sie wären als Verpflichtungen zu Lasten Dritter nichtig (BGH NJW 2012, 1152 Rn. 9; AG Reutlingen ZWE 2016, 421 (422)). Verpflichtungen der Wohnungseigentümer gegenüber dem Verwalter können nur durch eine Vereinbarung begründet werden (*Jacoby* FS Derleder, 2015, 235 (240); aA zum alten Recht etwa OLG München ZWE 2009, 27 (30); LG München I ZWE 2011, 42). Im Verwaltervertrag können auch keine Regelungen der Wohnungseigentümer im Verhältnis zum Verwalter getroffen werden (*Jacoby* FS Derleder, 2015, 235 (240)).

346 **2. Regelungen der Wohnungseigentümer.** Der Verwaltervertrag ist auch kein Ort für Bestimmungen der Wohnungseigentümer iSv § 10 Abs. 1 Satz 2 WEG (OLG Dresden ZMR 2009, 301; KG ZMR 2010, 136; OLG Hamm NZM 2001, 49 (52); 2000, 505; *Jacoby* FS Derleder, 2015, 235 (240 und 242)); FS Merle, 2010, 181 (189)). Soll eine solche Regelung wirksam sein, müssen die Wohnungseigentümer sie selbst vereinbaren oder – sofern eine Beschlusskompetenz besteht – sie beschließen. In einem Genehmigungsbeschluss (→ Rn. 213 ff.) kann nicht „schlüssig" zugleich ein Beschluss für solche Regelungen liegen. Es fehlt insoweit bereits an einer Transparenz (BGH NJW-RR 2018, 1162 Arne. 18; aA *Schmid* ZfIR 2014, 589 (590); *Suilmann* ZWE 2008, 113(114)), aber auch an Feststellung und Verkündung dieser Entscheidung.

347 Für Zugangsfiktionen iSv § 308 Nr. 6 BGB, Regelungen über Verzugszinsen bei unpünktlicher Hausgeldzahlung, die Ladungsfrist zur Versammlung der Wohnungseigentümer oder eine Vertretung der Wohnungseigentümer durch den Verwalter (vgl. etwa bei OLG München NJW 2009, 548 (550); KG ZMR 2008, 476 (477)) ist daher eine AGB-Kontrolle grundsätzlich weder geboten noch möglich (*Elzer* AnwZert MietR 16/2010; Graf von Westphalen/*Lehmann-Richter,* Vertragsrecht und AGB-Klauselwerke Rn. 10).

V. Kündigung des Verwaltervertrags

1. Überblick. Der Verwalter oder die Gemeinschaft der Wohnungseigentümer können den Verwaltervertrag nach §§ 620 ff. BGB kündigen (BGH NJW 2002, 3240 unter III. 1; OLG Hamburg ZMR 2005, 974 (975); LG Frankfurt a. M. ZMR 2018, 250) – wobei § 625 BGB zu beachten ist. Die Kündigung kann auch dann ausgesprochen werden, wenn die angestellte Person (noch) Verwalter ist (OLG Düsseldorf ZWE 2007, 458 (459)) – und das auch bleiben soll. Die Kündigung des Verwaltervertrags ist von der Abberufung zu unterscheiden (BGH NJW 2002, 3240 unter III. 4; BayObLGZ 1998, 310 (312); 1972, 139 (140)). 348

Eine Kündigungs- kann schlüssig in der Abberufungserklärung enthalten sein (BayObLG ZMR 2004, 923; OLG Düsseldorf ZMR 2004, 691), nicht aber im Abberufungsbeschluss (→ Rn. 339; aA Jennißen/*Jennißen* § 26 Rn. 168). Die Bestimmung des § 174 Satz 1 BGB ist anwendbar (LG Frankfurt a. M. ZMR 2018, 250 (251)). Die ordentliche Kündigung ist in der Regel nach § 621 Nr. 3 BGB spätestens am 15. eines Monats für den Schluss des Kalendermonats zulässig. 349

2. Fristlose Kündigung aus wichtigem Grund. a) Überblick. Wird für den Verwaltervertrag eine feste Laufzeit vereinbart, bedarf es für seine Kündigung eines wichtigen Grundes. 350

b) Wichtiger Grund. aa) Begriff des wichtigen Grundes. (1) Grundsätze. Ein wichtiger Grund ist entsprechend § 626 Abs. 1 BGB anzunehmen, wenn Tatsachen vorliegen, auf Grund derer der Gemeinschaft der Wohnungseigentümer unter Berücksichtigung aller Umstände des Einzelfalls und unter Abwägung der Interessen beider Vertragsteile die Fortsetzung des Dienstverhältnisses bis zum Ablauf der Kündigungsfrist oder bis zu der vereinbarten Beendigung des Dienstverhältnisses nicht zugemutet werden kann. Läge ein wichtiger Grund für eine Abberufung vor, dann berechtigt dieser grundsätzlich auch zur fristlosen Kündigung des Verwaltervertrags aus wichtigem Grund (BayObLG ZMR 2004, 602; WuM 1993, 762 (763)). 351

Für die Frage, ob ein wichtiger Grund vorliegt, gelten daher grundsätzlich die gleichen Maßstäbe wie bei einer Abberufung des Verwalters (BGH NJW 2002, 3240 unter III. 4a; BayObLG NJW-RR 2000, 676 (677); OLG Düsseldorf DWE 1981, 25; LG Stuttgart BeckRS 2017, 148170 Rn. 19). Hat die Gemeinschaft der Wohnungseigentümer oder ein Wohnungseigentümer, dessen Verhalten sich die Gemeinschaft nach § 166 BGB zurechnen lassen muss, die Kündigung des Verwalters veranlasst, ist die Gemeinschaft der Wohnungseigentümer nach § 628 Abs. 2 BGB zum Ersatz des durch die Aufhebung des Dienstverhältnisses entstehenden Schadens verpflichtet. 352

(2) Veränderung auf Ebene der Gesellschafter, der Gesellschaft oder der Organe einer Gesellschaft. Ein wichtiger Grund ist häufig anzunehmen, wenn eine juristische Person oder eine Personengesellschaft das Verwalteramt innehat und es bei ihr zu einem Wechsel der Geschäftsführung oder der Gesellschafter oder einer Umstrukturierung kommt (→ Rn. 8 ff.; *Serr* ZWE 2016, 307 (312)). Dies wird häufig auch so vereinbart und kann auch das Ergebnis einer Auslegung sein (*Serr* ZWE 2016, 353

307 (312)). Eine Verschmelzung ist für sich genommen kein wichtiger Grund iSv § 314 Abs. 1 BGB (BGH NZM 2014, 312 Rn. 28).

354 Es reicht aber aus, wenn die Wohnungseigentümer auf Grund der Umstrukturierung mit konkreten nachteiligen Änderungen in der Zusammenarbeit rechnen müssen, die nicht ganz unerheblich sind. Daran fehlt es in der Regel zwar, wenn die sachliche Betreuung aus Kundensicht im Wesentlichen unverändert bleibt (BGH NZM 2014, 312 Rn. 16). Es reicht häufig aber aus, wenn der Geschäftsführer und/oder die Gesellschafter sich ändern (s. a. *Serr* ZWE 2016, 307 (312)). Im Einzelfall reicht es auch aus, wenn sich nur der Sachbearbeiter durch die Verschmelzung ändert (*Elzer* MietRB 2014, 142 (143); kritisch *Kopp* ZWE 2014, 244 (247)).

355 **bb) Abmahnung.** Die Gemeinschaft der Wohnungseigentümer muss den Verwalter vor einer Kündigung des Verwaltervertrags aus wichtigem Grund nicht abmahnen (s. a. LG Frankfurt a. M. ZMR 2018, 250 (253)). Denn der Verwalter ist Organ der Gemeinschaft der Wohnungseigentümer. Auch vor Ausspruch der außerordentlichen Kündigung des Dienstverhältnisses mit einem organschaftlichen Vertreter einer Kapitalgesellschaft bedarf es keiner Abmahnung (BGH NJW-RR 2007, 1520; NZG 2002, 46 (47)).

356 Der Amtsinhaber bedarf grundsätzlich keiner Hinweise, dass er die Gesetze und die Bestimmungen der Wohnungseigentümer zu achten und seine organschaftlichen Pflichten ordnungsgemäß zu erfüllen hat. Eine Abmahnung ist aber jedenfalls entbehrlich, wenn das Vertrauensverhältnis zerstört ist (LG Hamburg ZMR 2012, 465 (468)). Reicht hingegen bereits eine Abmahnung aus, um einen Missstand zu beheben, liegt schon kein wichtiger Grund vor.

357 **cc) Kündigungsfrist.** Über eine Kündigung ist nach § 19 Abs. 1 WEG zu beschließen. Weil eine solche Beschlussfassung bei einer großen Wohnungseigentumsanlage innerhalb von zwei Wochen in der Regel nicht möglich ist, ist etwa der Gedanke des § 626 Abs. 2 BGB nicht anzuwenden (LG Frankfurt a. M. ZMR 2018, 250 (252); LG Stuttgart ZWE 2018, 457 Rn. 21). Eine fristlose Kündigung aus wichtigem Grund muss allerdings entsprechend § 314 Abs. 3 BGB binnen einer angemessenen Frist ausgesprochen werden (OLG Schleswig ZMR 2007, 729; OLG Hamburg ZMR 2005, 974 (975); BayObLG NZM 1999, 844 (845); OLG Frankfurt a. M. NJW 1975, 545; LG Frankfurt a. M. ZMR 2018, 250 (252); LG Stuttgart ZWE 2018, 457 Rn. 21). Für die Frage der „angemessen kurzen" Frist ist maßgebend, wie schnell eine Beschlussfassung nach den konkreten Umständen zu erreichen ist (BayObLG NZM 1999, 844 (845)) und wie anschließend die Kündigung erklärt werden kann.

358 Die Frist beginnt mit dem Zeitpunkt, in dem die Gemeinschaft der Wohnungseigentümer von den für die Kündigung maßgebenden Tatsachen Kenntnis erlangt hat (OLG Frankfurt a. M. NJW-RR 1988, 1169 (1170); aA Jennißen/*Jennißen* § 26 Rn. 160 nach dessen Ansicht die Frist erst nach der Beschlussfassung, den Verwaltervertrag zu kündigen, zu laufen beginnt). Für das Wissen ist auf die Wohnungseigentümer abzustellen. Denn das Wissen der Wohnungseigentümer muss sich die Gemeinschaft der Wohnungseigentümer entsprechend § 31 BGB zurechnen lassen.

3. Abberufungsbeschluss. a) Grundsatz. Berufen die Wohnungseigentümer eine Person als Verwalter ab, liegt allein im Abberufungsbeschluss, nicht zugleich eine Kündigung des Verwaltervertrags aus wichtigem Grund. Es bedarf stets einer Kündigungserklärung, die nicht in der Abberufungsentscheidung liegt, ggf. aber schlüssig in der Mitteilung der Abberufungserklärung. Ob der Kündigungs- hingegen als Abberufungsbeschluss ausgelegt werden kann, ist eine Frage des Einzelfalls. **359**

b) § 26 Abs. 3 Satz 2 WEG. § 26 Abs. 3 Satz 2 WEG ordnet allerdings an, dass der Verwaltervertrag spätestens sechs Monate nach der Abberufung kraft Gesetzes endet (→ Rn. 171). **360**

4. Anfechtung der Bestellung. Wird der Bestellungsbeschluss rechtskräftig für ungültig erklärt, wird ein aus Anlass der Bestellung geschlossener Verwaltervertrag nicht unwirksam (BGH NJW 1997, 2106 unter II. 1. a); OLG München NZM 2006, 631; LG Frankfurt a. M. NJOZ 2019, 1412 Rn. 9; ZMR 2018, 250 (251)). Es dürfte also § 26 Abs. 3 Satz 2 WEG entsprechend anwendbar sein. **361**

5. Tod. Mit dem Tod des Verwalters erlischt gem. §§ 675, 673 Satz 1 BGB im Zweifel der Auftrag und endet mithin von Gesetzes wegen der Verwaltervertrag (BayObLG NZM 2002, 346 (348)). **362**

6. Nachvertragliche Pflichten. a) Überblick. Nach Beendigung des Verwaltervertrags bestehen nachwirkende Pflichten (BGH NJW 2018, 1969 Rn. 15). Mit dem Ende des Verwaltervertrags schuldet der ehemalige Amtsinhaber vor allem die Herausgabe der Verwaltungsunterlagen (→ Rn. 364) und ggf. eine Rechnungslegung (→ Rn. 373). Daneben schuldet er nachwirkend ggf. noch Information und Auskunft gem. § 666 BGB. Schließlich muss der ehemalige Amtsinhaber bereits fällige, aber unerledigte Aufgaben erfüllen und seine bisherige Tätigkeit abwickeln (OLG Frankfurt a. M. WuM 1999, 61), zB abrechnen (→ § 28 Rn. 107 ff.). **363**

b) Herausgabe der Verwaltungsunterlagen. aa) Überblick. Mit Beendigung des Verwalteramtes hat der bis dahin Bestellte entsprechende §§ 667, 675 BGB der Gemeinschaft der Wohnungseigentümer (BGH NJW 2018, 1969 Rn. 19; OLG Frankfurt a. M. ZMR 2013, 647 (648); OLG Hamburg ZMR 2008, 148; OLG München NZM 2006, 349; LG Itzehoe ZMR 2015, 54) alles, was er zur Ausführung seiner Verwaltertätigkeit erlangt hat, herauszugeben (BGH NJW 2016, 3536 Rn. 30; 1997, 2106 unter II. 2. a); OLG Hamburg ZMR 2008, 148 (150); OLG Frankfurt a. M. WuM 1999, 61; LG Frankfurt a. M. ZWE 2019, 289 Rn. 9). Die Herausgabe von Unterlagen in Form eines bestimmten Mediums führt nicht dazu, dass der Anspruch auf Herausgabe der Unterlagen in Form eines anderen Mediums entfällt (LG Itzehoe ZMR 2015, 54). Gegenüber dem Anspruch auf Herausgabe steht dem früheren Verwalter kein Zurückbehaltungsrecht etwa wegen Vergütungsansprüchen zu (OLG Hamm ZMR 2007, 982). Auch der Erbe des Verwalters muss herausgeben. Ihn trifft aber keine Pflicht, nicht mehr vorhandene Unterlagen wiederzubeschaffen (LG Düsseldorf ZMR 2013, 213). **364**

365 **bb) Umfang.** Zum Erlangten gehören einerseits im Eigentum der Gemeinschaft der Wohnungseigentümer stehende, aber auf Konten des Verwalters liegende Gelder bzw. Barmittel (BayObLG ZWE 2000, 187 (188)). Zum Erlangten gehören andererseits die Verwaltungsunterlagen (→ § 18 Rn. 155). Es sind auch die Verwaltungsunterlagen herausgeben, die aus der Geschäftsbesorgung entstanden sind (BayObLG ZMR 2001, 819; WuM 1996, 661), zB selbst angelegte Akten, sonstige Unterlagen und auch Dateien (BGH NJW-RR 2004, 1290 unter II. 1.; LG Itzehoe ZMR 2015, 54).

366 Der Verwalter, der zugleich Bauträger war, muss ferner entsprechend §§ 650u, 650n BGB die Bauunterlagen herausgeben, soweit sie die Errichtung der Wohnungseigentumsanlage betreffen und insbesondere für Gewährleistungs- und sonstige Ansprüche gegenüber den am Bau Beteiligten von Bedeutung sind (s. a. BayObLG ZMR 2001, 819; OLG Hamm NJW-RR 1988, 268).

367 **cc) Herausgabeklage. (1) Überblick.** Kommt die bislang als Verwalter tätige Person ihrer Pflicht zur Herausgabe nicht nach, muss die Gemeinschaft der Wohnungseigentümer auf Herausgabe klagen. Die gerichtliche Geltendmachung des Herausgabeanspruchs setzt nach bislang hM einen Beschluss voraus (OLG Hamburg ZMR 2008, 148 (150)).

368 **(2) Klageantrag.** Die Verwaltungsunterlagen können und müssen dabei im Klageantrag nicht zwingend im Einzelnen bezeichnet werden, da ein diesbezüglicher Vollstreckungstitel gem. § 888 ZPO vollstreckt wird (OLG Hamburg ZMR 2008, 148 (150); OLG Frankfurt a. M. WuM 1999, 61; BayObLG WuM 1988, 323; aA LG Frankfurt a. M. BeckRS 2018, 37321 Rn. 6: die herauszugebenden Gegenstände sind nach § 883 ZPO konkret zu bezeichnen, was ggf. ein Vorgehen im Wege der Stufenklage erforderlich mache); eine Konkretisierung ist nur dann unerlässlich, wenn nicht die Herausgabe aller Verwaltungsunterlagen, sondern nur aller zur Verwaltung erforderlichen Unterlagen verlangt wird (OLG Hamburg ZMR 2008, 148 (150)).

369 **(3) Einwände.** Der Verwalter kann dem Anspruch auch nicht entgegenhalten, die Herausgabe sei unmöglich, da er die verlangten Unterlagen nicht mehr im Besitz habe. Der Vortrag, nicht mehr im Besitz der Unterlagen zu sein, also eine entlastende Unmöglichkeit darzutun, ist nicht hinreichend, jedenfalls nicht, wenn feststeht, dass der Verwalter im Besitz der Unterlagen war (OLG Hamm ZMR 2007, 982).

370 **(4) Beweis.** Nach bislang hM kann ein Schuldner ohne Beweisaufnahme zur Leistung verurteilt werden, wenn die Unmöglichkeit zwischen den Parteien streitig ist, sie aber in jedem Fall von dem Schuldner zu vertreten wäre (*Kohler* AcP 205, 2005, 93 ff.; *Kaiser* MDR 2004, 311 ff.; *Schur* NJW 2002, 2518 ff.; offen gelassen von BGH NJW 2010, 1068 Rn. 22). Besteht über den Umfang der Mittel Streit, muss die Gemeinschaft der Wohnungseigentümer darlegen und beweisen, was der Verwalter erlangt hat (BayObLG NZM 2000, 245 (246)). Der ehemalige Verwalter muss hingegen beweisen, was er mit dem Geld unternommen hat (BayObLG NZM 1999, 1148).

dd) Einstweilige Verfügung. Da der neue Verwalter ebenso wie die Gemeinschaft der Wohnungseigentümer sofort vor allem auf die Verwaltungsunterlagen angewiesen ist, kann die Herausgabeklage mit einem Antrag auf Erlass einer einstweiligen Verfügung nach §§ 935, 940 ZPO flankiert werden. Zwar kann wegen des Verbotes der Vorwegnahme der Hauptsache in der Regel keine endgültige Herausgabe verlangt werden (LG Itzehoe ZMR 2015, 54; aA AG Wiesloch NZM 2012, 122). Es kann aber jedenfalls beantragt werden, dass der Verwalter die Unterlagen für die Dauer von zB sechs Wochen an die Gemeinschaft der Wohnungseigentümer zwecks Einsichtnahme zu übergeben hat (AG Kehlheim ZMR 2008, 83). Etwas anderes gilt, wenn es ohne eine Herausgabe zu nicht auf andere Weise abwendbaren Nachteilen käme und die Verweisung auf die Durchführung eines Hauptsacheverfahrens praktisch der Verweigerung von Rechtsschutz gleichkäme (OLG Jena NJW-RR 2012, 862, 863; LG Itzehoe ZMR 2015, 54). 371

ee) Schadenersatz. Hat der Verwalter die Herausgabeunmöglichkeit zu vertreten, haftet er auf Schadenersatz (§§ 280 Abs. 1, Abs. 3, 283, 249 BGB). 372

c) Rechnungslegung. Nach §§ 666, 259 BGB ist der ehemalige Verwalter mit Beendigung des Verwaltervertrags ohne weiteres stets zur Rechnungslegung nebst Vorlage der üblichen Belege verpflichtet (BGH NJW 2018, 1969 Rn. 16 und Rn. 19; OLG München NJW-RR 2008, 322; BayObLG ZWE 2000, 187). Dieser Anspruch ist umfänglich und also nicht auf solche Unterlagen beschränkt, welche die Gemeinschaft der Wohnungseigentümer zur Prüfung der gegenseitigen Ansprüche benötigt. Es sind sämtliche Unterlagen und Konten erfasst, in denen Vorgänge betreffend die Wohnungseigentumsanlage gebucht sind (OLG Hamm NZM 2008, 850; BayObLG NJWE-MietR 1997, 14). 373

Hatte der ehemalige Verwalter bereits die Verwaltungsunterlagen herausgegeben (→ Rn. 364), kann er dennoch nicht geltend machen, keine Rechnung mehr legen zu können (BGH NJW 2018, 1969 Rn. 16). Der Anspruch auf Rechnungslegung wird nicht dadurch eingeschränkt, dass der Schuldner die (Original-)Belege weggegeben oder sonst verloren hat. Vielmehr muss der Schuldner in diesen Fällen von den Empfängern der Belege Kopien anfordern oder sich sonst um den Ersatz derselben bemühen (BGH NJW 2016, 3536 Rn. 30). 374

7. Rechte mit Ende des Verwaltervertrags. Nach Beendigung des Verwaltervertrags kann der ausgeschiedene Verwalter nach § 670 BGB ggf. Ersatz von Aufwendungen verlangen (AG Calw IMR 2012, 1079). Nahm der Verwalter an, dass der Verwaltervertrag nicht beendet sei, können ihm auch Ansprüche aus Geschäftsführung ohne Auftrag gem. §§ 670, 683 BGB zustehen, selbst dann, wenn er subjektiv wegen der angenommenen vertraglichen Verpflichtung (auch) ein eigenes Geschäft geführt hat (AG Calw IMR 2012, 1079). Falls der ausgeschiedene Verwalter Pflichten eines Verwalters erfüllt hat, kann ihm ferner ggf. nach §§ 812 ff. BGB ein Anspruch auf Ersatz des Wertes dieser Leistungen zustehen (*Reichert* ZWE 2005, 173 (177)). 375

376 Der ausgeschiedene Verwalter hat ein Recht auf Einsicht in die dem neuen Verwalter herausgegebenen Unterlagen, soweit er daran ein berechtigtes Interesse hat, etwa zur Erfüllung der ihm noch obliegenden Abrechnungs- oder Rechnungslegungspflichten (BGH NJW 2018, 1969 Rn. 16) oder zur Abwehr gegen ihn gerichteter Ansprüche.

J. Vertragslose Verwalter (Trennungstheorie im engeren Sinne)

I. Überblick

377 Die Bestellung einer Person zum Verwalter einer Wohnungseigentumsanlage ist keine rechtliche Bedingung für den Abschluss eines Verwaltervertrags (aA BGH NJW 2020, 988 Rn. 41). Es ist daher sowohl vorstellbar, eine Person zum Verwalter zu bestellen, ohne mit ihr einen Verwaltervertrag abzuschließen, wie es möglich ist, mit einer nicht zum Verwalter bestellten Person zu kontrahieren (LG Frankfurt a. M. NJOZ 2019, 1412 Rn. 8 f.).

II. Folgen

378 Schließt eine zum Verwalter bestellte Person keinen Verwaltervertrag mit der Gemeinschaft der Wohnungseigentümer, was vor allem bei Selbstverwaltungen vorstellbar ist, hat sie zB dennoch einen Anspruch auf Ersatz ihrer Aufwendungen entsprechend den Vorschriften über die Geschäftsführung ohne Auftrag (BGH NJW 1997, 2106 unter II. 1. a); OLG Frankfurt a. M. ZWE 2011, 361 (362); LG München I ZWE 2017, 234; s. a. *Striewski* ZWE 2001, 8 (11)). Bei einem professionellen Fremdverwalter folgt aus § 670 BGB ein Anspruch auf Vergütung, weil seine Dienste entsprechend §§ 1835 Abs. 3, 2221 BGB zu seinem Beruf gehören (OLG Frankfurt a. M. ZWE 2011, 361 (362); *Pießkalla/Reichart* ZWE 2009, 728 (729); *Ott* ZWE 2016, 159 (161); aA *Striewski* ZWE 2001, 8 (12)).

379 Da professionelle Anbieter Verwaltertätigkeiten nur gegen Entgelt erbringen, können sie nach § 612 BGB ein marktübliches Honorar verlangen (BGH NJW 2015, 1378 Rn. 12; LG München I ZWE 2017, 234; Staudinger/*Jacoby* § 26 Rn. 26). Eine unentgeltliche Tätigkeit einer zum Verwalter bestellten Person entspräche nicht dem gesetzlichen Leitbild (*Ott* ZWE 2016, 159 (161); aA *Striewski* ZWE 2001, 8 (12)). Weitere Rechte und Pflichten des „anstellungslosen Verwalters" folgen aus §§ 662 ff. BGB.

K. Haftung

I. Überblick

380 Eine Haftung des Trägers des Verwalteramtes kommt gegenüber der Gemeinschaft der Wohnungseigentümer als gesetzliche aus seinem Amtsverhältnis (→ Rn. 4 ff.) und als vertragliche aus dem Verwaltervertrag (→ Rn. 197 ff.) in Betracht. Gegenüber Dritten ist eine Haftung der Ge-

meinschaft der Wohnungseigentümer für ihr Organ „Verwalter" (§ 31 BGB) als Organhaftung (→ Rn. 403) in den Blick zu nehmen.

Neben diesen Ansprüchen können im Einzelfall Schadenersatzansprüche gegen den Träger des Verwalteramtes aus unerlaubter Handlung (§§ 823 ff. BGB) bestehen, zB nach § 266 StGB wegen Untreue (BGH NJW 1996, 65; BayObLG NZM 2002, 350); zur öffentlich-rechtlichen Haftung eines Amtsinhabers → Rn. 409. Zum Strafrecht → Rn. 414. **381**

II. Haftung aus Amtsverhältnis (Amtsträgerhaftung)

1. Allgemeines. Als Amtsträger haftet der Inhaber des Verwalteramtes bei einer Verletzung seiner ua aus §§ 24, 27 und 28 WEG folgenden gesetzlichen bzw. von den Wohnungseigentümern gewillkürt bestimmten Amtspflichten entsprechend § 43 Abs. 2 GmbHG, § 34 Abs. 2 Satz 1 GenG, § 93 Abs. 2 Satz 1 AktG der Gemeinschaft der Wohnungseigentümer für einen Schaden (*Jennißen/Schmidt,* Der WEG-Verwalter, A. Rn. 715; allgemein *Jacoby,* Das private Amt, § 16). Andere nennen §§ 280, 286, 249 ff. BGB (*Skauradszun* ZWE 2008, 419 (420); *Häublein* ZWE 2008, 80; *Haas,* Haftung des Verwalters einer Wohnungseigentümergemeinschaft, 2007, 73). Vorstellbar ist, diese Haftung als eine zu Gunsten des Wohnungseigentümer zu stellen (→ Rn. 211). **382**

Die Haftung des Amtsträgers endet nicht mit der rechtlichen Beendigung der Amtsstellung, zB dem Ablauf der Bestellungszeit, sondern erst, wenn der Amtsträger seine Funktion tatsächlich nicht mehr ausübt und nicht mehr ausüben muss. Der Amtsinhaber muss für das Verschulden seiner Erfüllungsgehilfen einstehen. Einem gewerblichen Verwalter müssen seine Verpflichtungen bekannt sein (OLG Frankfurt a. M. NZM 2005, 951). Für „Amateurverwalter" kann grundsätzlich aber nichts anderes gelten. **383**

2. Tatbestandsvoraussetzungen. a) Amtspflichtverletzung. Die Haftung eines Amtsinhabers kommt für jede Pflichtverletzung im Zusammenhang mit seinen gesetzlichen und gewillkürten Amtspflichten in Betracht (*Gottschalk,* Die Haftung von Verwalter und Beirat, Rn. 80; Jennißen/*Heinemann* § 27 Rn. 168). **384**

b) Verschulden. Die Haftung wegen einer Amtspflichtverletzung setzt ein Verschulden voraus (*Gottschalk,* Die Haftung von Verwalter und Beirat, Rn. 81). Der jeweilige Amtsinhaber hat nach § 276 Abs. 1 BGB Vorsatz und Fahrlässigkeit zu vertreten (OLG München ZWE 2007, 100 (102); LG Berlin ZWE 2019, 135 Rn. 35; NZM 2018, 874 Rn. 19), wenn eine strengere oder mildere Haftung nicht bestimmt ist. **385**

Verschuldensmaßstab ist in Anlehnung an § 43 Abs. 1 GmbHG, § 93 Abs. 1 Satz 1 AktG die Sorgfalt, die ein durchschnittlicher, ordentlicher und gewissenhafter Verwalter bei der zu erfüllenden Aufgabe aufgewandt hätte (OLG Oldenburg ZMR 2008, 238; OLG München ZWE 2007, 100 (102); OLG Düsseldorf ZMR 1997, 491; LG Berlin ZWE 2019, 135 Rn. 35; LG München I ZWE 2014, 185; *Furmans* NZM 2004, 201 (202)). Ein gewerblich tätiger Verwalter schuldet eine Leistung, die den kaufmännischen, rechtlich-organisatorischen und technischen Aufgabenbereich der Verwaltung **386** umfassend abdeckt (BGH NJW 1996, 1216 unter III. 2. b; LG Berlin ZWE 2019, 135 Rn. 35; NZM 2018, 874 Rn. 19). Er muss seine Kenntnisse im Wege der Fortbildung aktualisieren (LG Berlin ZWE 2019, 135 Rn. 35; NZM 2018, 874 Rn. 19). Ist der Amtsinhaber Kaufmann, hat er für die Sorgfalt eines ordentlichen Kaufmanns einzustehen, § 347 HGB. Soweit ein Amtsinhaber über besondere Sachkunde verfügt, hat er sich auch daran messen zu lassen (BayObLG ZMR 1990, 65 (67); LG Berlin ZWE 2019, 135 Rn. 35; LG Köln ZMR 2011, 502 (503); *Furmans* NZM 2004, 201 (202)).

387 Bei einer unentgeltlichen Verwaltertätigkeit ist der Verschuldensmaßstab nicht reduziert (OLG München ZWE 2007, 100 (102); *Schultz* ZWE 2009, 161 (163); *Gottschalk,* Die Haftung von Verwalter und Beirat, Rn. 84), wenn auch bei einem so genannten „Amateur-Verwalter", der das Amt aus Gefälligkeit übernommen hat, im Einzelfall geringere Sorgfaltsanforderungen gestellt werden können, als dies bei einem professionellen, im Regelfall kaufmännisch geschulten Hausverwalter der Fall sein mag (OLG München ZWE 2007, 100 (102); LG Stuttgart ZMR 2015, 807; LG München I ZWE 2015, 57 (58); 2010, 415). Eine im Verwaltervertrag vereinbarte Haftungserleichterung für die vertraglichen Pflichten ist für die Haftung aus dem Amtsverhältnis grundsätzlich unbeachtlich (aA *Haas,* Haftung des Verwalters einer Wohnungseigentümergemeinschaft, 2007, 131; *Jennißen/Schmidt,* Der WEG-Verwalter, A. Rn. 724) und könnte im Verwaltervertrag zu Lasten der Wohnungseigentümer auch gar nicht vereinbart werden.

388 **c) Kausalität.** Für die Schadenersatzpflicht kommt es auf die Feststellung der Ursächlichkeit einer konkreten Pflichtverletzung (LG Hamburg ZMR 2016, 799; Jennißen/*Heinemann* § 27 Rn. 171) und nicht auf hypothetische Erwägungen an (OLG Düsseldorf NZM 1998, 721 (722)). Eine Unterlassung, zB eine mangelnde Information oder eine nicht erteilte Warnung, ist nur dann für einen Erfolg kausal, wenn pflichtgemäßes Handeln den Schaden mit Sicherheit verhindert hätte. Die bloße Möglichkeit oder eine gewisse Wahrscheinlichkeit hierfür genügt nicht (BGH NJW 1984, 432 unter II. 3. bb); OLG Karlsruhe NJW-RR 2000, 614; LG Hamburg ZMR 2011, 499).

389 **d) Entlastung.** Einer Haftung kann im Einzelfall die dem Amtsträger erteilte Entlastung (→ § 28 Rn. 365) entgegenstehen.

390 **3. Einzelfälle.** Die folgenden Fälle sind beispielhaft für etwaige, eine Haftung ggf. auslösende Amtspflichtverletzungen. Ob ein Schadenersatzanspruch tatsächlich zu bejahen ist, ist eine Frage des Einzelfalls, des Inhalts und der Reichweite der jeweiligen Amtspflicht und der Tatbestandsvoraussetzungen:

391 • Pflichtverletzungen im Zusammenhang mit einer **Zustimmung nach § 12 WEG** (s. a. *Häublein* FS Derleder, 2015, 175 (185/186)):
  – Verweigerung zu Unrecht oder verzögerte Zustimmung (→ § 12 Rn. 76 ff.; BGH NJW-RR 2020, 393 Rn. 13; OLG Brandenburg NZM 2009, 623; OLG Düsseldorf ZMR 2005, 971). Zustimmung, obwohl erkennbar ein wichtiger Grund für die Versagung der Zustimmung vorliegt OLG Düsseldorf ZMR 2005, 971 (972); OLG Hamburg

ZMR 2004, 850 (851); *Abramenko* MietRB 2012, 218). Nicht ausreichend ist, dass die Beurteilung der Sache zweifelhaft ist und sowohl für die Erteilung als auch für die Versagung der Zustimmung gute Gründe sprechen (BGH NJW-RR 2020, 393 Rn. 14). Die Entscheidung muss offensichtlich unvertretbar und nicht nachvollziehbar sein (BGH NJW-RR 2020, 393 Rn. 14). Der Verwalter ist grundsätzlich nicht verpflichtet, eine Weisung der Wohnungseigentümer darüber einzuholen, ob er die Zustimmung erteilen oder versagen soll (BGH NJW-RR 2020, 393 Rn. 15);
- Zustimmung ohne Nachweis der Verwaltereigenschaft in Form des § 29 GBO (OLG Düsseldorf ZMR 2003, 956 (957)).

• Pflichtverletzungen im Zusammenhang mit der **Versammlung** (s. a. *Gottschalk,* Die Haftung von Verwalter und Beirat, Rn. 93 ff.): 392
- keine Ladung (BayObLG NJW-RR 1998, 519 (520));
- falscher Versammlungsort (OLG Hamm OLGZ 1990, 57; AG Hannover ZMR 2007, 315 (316));
- Nichteinberufung einer außerordentlichen Versammlung (LG Hamburg ZWE 2017, 48);
- Veranlassung formeller Beschlussmängel:
  - Verweigerung der Einsichtnahme in die Verwaltungsunterlagen (→ § 18 Abs. 4 WEG; AG Kassel ZMR 2011, 423);
  - unzureichende Tagesordnung (AG Düsseldorf ZMR 2008, 917), etwa unzureichende Bezeichnung der Beschlussgegenstände (LG Nürnberg-Fürth ZWE 2011, 227 (228));
  - Ladungsfehler (OLG München ZMR 2006, 954 (955));
  - unzureichender Versammlungsort (OLG Köln ZMR 2006, 384);
  - Verstoß gegen den Grundsatz der Nichtöffentlichkeit (AG Mettmann ZMR 2009, 959 (960));
  - Ausschluss eines berechtigt an der Versammlung Teilnehmenden (OLG Köln NZM 2004, 793);
  - nicht hinreichend bestimmter Formulierungsvorschlag für einen Beschluss, der zur Unbestimmtheit führt (LG Konstanz ZMR 2008, 326 (331); → § 23 Rn. 40 ff.);
  - Fehler bei der Stimmenauszählung (AG Neuss ZMR 2008, 487);
  - unzureichende Leitung der Versammlung der Eigentümer (BGH ZMR 1998, 171 (173); 1997, 531 (534));
  - unzulässige Zurückweisung von Stimmrechtsvollmachten (AG Hannover NJW-Spezial 2008, 643);
  - Nichteinholung einer ausreichenden Anzahl von Angeboten (LG Berlin NZM 2018, 874 Rn. 9);
- Fehler bei der Verkündung:
  - allgemein (LG Konstanz NJW 2008, 593; LG Köln WE 2008, 126; AG Berlin/Tempelhof-Kreuzberg ZMR 2008, 997);
  - Nichterkennen, dass ein vereinbartes Stimmenquorum nicht erreicht ist (*Bonifacio* DWE 2011, 9 (16); *Elzer* ZWE 2007, 165; *Kümmel* ZWE 2006, 278 (281); *Häublein* NJW 2005, 1466 (1468), aA *J.-H. Schmidt* FS Merle, 2010, 329 (341));

– ehrverletzende Äußerungen in der Niederschrift (OLG Frankfurt a. M. ZWE 2006, 235; OLG Köln NZM 2000, 284);
– Pflichtverletzungen im Zusammenhang mit der Führung der Beschluss-Sammlung.

393 • Pflichtverletzungen im Zusammenhang mit der **Geschäftsführung** und **Vertretung:**
– keine unverzügliche Durchführung von Beschlüssen nach § 27 Abs. 1 WEG (BGH NJW 2018, 3305 Rn. 26 und Rn. 29; WuM 2012, 399 Rn. 8; NJW 2012, 2955 Rn. 19; NZM 2011, 454 Rn. 20; LG Hamburg ZWE 2017, 48); die Durchführung nicht nichtiger Beschlüsse ist stets pflichtgemäß (BGH WuM 2012, 399 Rn. 9), die Durchführung nichtiger Beschlüsse oder eines Nichtbeschlusses hingegen pflichtwidrig (*Gottschalg* ZWE 2003, 225 (227); *Sauren* PiG 59, 209 (210)), aber ggf. schuldlos; hat der Verwalter einen nur anfechtbaren Beschluss durchgeführt, kommt eine Haftung unter keinem Aspekt in Betracht (*Wenzel* WE 1998, 455 (456)).
– Verletzung der nach § 27 Abs. 1 WEG bestehenden Prüfungs-, Kontroll-, Überwachungs-, Hinweis- und Informationspflichten (BGH V ZR 141/19 Rn. 27; NJW 2018, 3305 Rn. 7; BayObLG NZM 2003, 31 (32); 1998, 583; OLG Düsseldorf NJW-RR 2002, 1592; LG Hamburg ZMR 2016, 799; LG München I ZWE 2016, 282; LG Köln ZWE 2011, 375; LG Hamburg ZMR 2011, 499; 2011, 502; *Vandenhouten* ZWE 2012, 237; *Gottschalk,* Die Haftung von Verwalter und Beirat, Rn. 167 ff.);
– Kein Hinweis auf abgelaufene Eichfristen (BayObLG NJW-RR 1999, 1243; OLG München ZWE 2011, 126);
– Überschreitung der Notkompetenzen nach § 27 Abs. 1 WEG (OLG Hamm WuM 2011, 594 (595); LG Nürnberg-Fürth ZMR 2011, 327 (328));
– kein ordnungsmäßiges Hausgeldinkasso nach § 27 Abs. 1 WEG, zB
  – fehlende Hausgeldbeschlüsse (BayObLG NJW-RR 1998, 519 (520));
  – kein Gebrauch machen von Einzugsermächtigung (AG Köln ZMR 2016, 496);
  – Nichtanforderung fälliger Hausgelder;
  – Verjährenlassen von Hausgeldforderungen (OLG München ZMR 2007, 478; AG Köln ZMR 2016, 496),
  – Einzug nicht fälliger Hausgelder;
  – verzögerte Titulierung von Forderungen (AG Idstein NZM 2003, 983);
  – Inkasso bereits erfüllter bzw. verjährter Ansprüche (KG NJW 2006, 1529);
  – Vorgehen gegen falschen Schuldner;
  – fehlender Hinweis auf die Möglichkeit eines Zwangsversteigerungsverfahrens (BGH NJW 2018, 1613 Rn. 11);
  – fehlender Hinweis auf die Möglichkeit, dem Versteigerungsverfahren eines Dritten beizutreten (BGH NJW 2018, 1613 Rn. 11);
  – wenn der Verwalter eine Anmeldung nach § 45 Abs. 3 ZVG unterlässt und der Gemeinschaft der Wohnungseigentümer dadurch ein Schaden entsteht, weil die Hausgelder gegen den säumigen Wohnungseigentü-

mer nicht mehr beigetrieben werden können (BGH NJW 2018, 1613 Rn. 6 ff.; LG Köln ZWE 2014, 135 (136)).
- Erfüllung von Ansprüchen, die mangelbehaftet sind (OLG Düsseldorf NJWE-MietR 1997, 208; KG WE 1993 197) oder denen Gegenrechte entgegenstehen;
- im Einzelfall Verletzung von Verkehrssicherungspflichten;
- fehlende Information der Wohnungseigentümer, zB zum Ablauf der Verjährung (BGH V ZR 141/19 Rn. 27; BayObLG NZM 2003, 31 (32); 2001, 388; OLG Düsseldorf NJW-RR 2002, 1592 (1593); AG Hamburg-St. Georg ZMR 2013, 388), über Gutachten (LG Hamburg ZMR 2011, 499 (501)), über Fördermöglichkeiten (LG Mönchengladbach NZM 2007, 416; *Slomian* ZWE 2017, 199 (200); aA AG Oberhausen ZWE 2013, 463) oder falsche Mitteilungen (OLG München ZWE 2011, 126);
- fehlerhafte Auskünfte (BGH NJW 1992, 182 (183); OLG München ZWE 2011, 126);
- unterlassenes Einholen von Vergleichsangeboten (BayObLG NZM 2002, 564 (565));
- unberechtigte Herausgabe von Geldern, zB im Zusammenhang mit einer Rechnung (KG ZMR 2010, 467 (468)) oder Steuern (BayObLG NJW-RR 1998, 519) oder Mängeln des Sondereigentums;
- Vertragsschlüsse ohne Ermächtigung (KG ZWE 2002, 226; OLG Celle NZM 2002, 169);
- Klagen ohne Ermächtigung (OLG Düsseldorf NJW-RR 2007, 86);
- Führen eines Treuhandkontos.

• Pflichtverletzungen im Zusammenhang mit **Abrechnung und Wirtschaftsplan** (*Gottschalk,* Die Haftung von Verwalter und Beirat, Rn. 183 ff.): **394**
- keine Abrechnung oder kein Wirtschaftsplan LG Dortmund ZMR 2018, 784 (786));
- inhaltlich fehlerhafte (OLG Düsseldorf ZMR 2006, 293 (295); BayObLGZ 1975, 369; LG Berlin ZWE 2019, 135 Rn. 35; LG Dessau-Roßlau ZMR 2010, 471 (472); LG Konstanz ZWE 2008, 353 (354); MietRB 2008, 147; AG Wedding ZWE 2018, 87) oder zu spät vorgelegte Abrechnung über den Wirtschaftsplan (BayObLG NJW-RR 1998, 519 (520));
- keine Rechnungslegung (OLG München NJW-RR 2008, 322; BayObLG ZWE 2000, 187);
- Verletzung der Pflicht zur ordnungsmäßigen Buchführung (BayObLG NJW-RR 1988, 18 (19)).

4. Beschluss/Weisungen. Analog § 93 Abs. 4 Satz 1 AktG haftet der Verwalter nicht aus dem Amtsverhältnis, wenn seine Handlung auf einem formell und materiell ordnungsmäßigen Beschluss nach § 19 Abs. 1 WEG beruht und die Wohnungseigentümer vom Verwalter ausreichend informiert waren. Auch wenn die Wohnungseigentümer dem Verwalter durch Beschluss eine Weisung erteilt haben (→ § 27 Rn. 81), kommt eine Amtspflichtverletzung grundsätzlich nicht in Betracht. Anders ist es nur, wenn die **395**

Weisung erkennbar nicht ordnungsmäßig war. Dies ist zB der Fall, wenn die Wohnungseigentümer den Verwalter anweisen, einen positiven Beschluss festzustellen und zu verkünden, obwohl die für den Beschluss notwendige Mehrheit für alle erkennbar nicht erreicht ist.

396 **5. Geltendmachung.** Schadenersatzansprüche der Gemeinschaft der Wohnungseigentümer sind, sofern ein anderer Verwalter fehlt, nach § 9b Abs. 1 Satz 2, Abs. 2 WEG, ansonsten nach Beschluss der Wohnungseigentümer durch den neuen Amtsinhaber geltend zu machen. Beschließen die Wohnungseigentümer, keinen Schadenersatz zu verlangen, kann ein Wohnungseigentümer gegen diese Entscheidung vorgehen und beantragen, ihn nach § 44 Abs. 1 Satz 2 WEG in Verbindung mit § 9b Abs. 2 WEG zum Vertreter der Gemeinschaft der Wohnungseigentümer zu machen. Dieser Klage ist in der Regel stattzugeben. Wohnungseigentümer sind zwar berechtigt, auf (Schadenersatz-)Ansprüche der Gemeinschaft der Wohnungseigentümer gegenüber dem Verwalter zu verzichten oder diese zu erlassen.

397 In aller Regel soll es aber dem Interesse der Gesamtheit der Wohnungseigentümer und der Gemeinschaft der Wohnungseigentümer entsprechen, selbst in zweifelhaften Fällen durch eine gerichtliche Entscheidung klären zu lassen, ob ein (früherer) Verwalter seine Pflichten bei der Verwaltung des gemeinschaftlichen Eigentums verletzt hat (BayObLG WuM 2004, 736; 1994, 572). So soll es jedenfalls liegen, wenn der Vorwurf nicht nur naheliegend, sondern offensichtlich schlüssig dargelegt ist und „begründet erscheint" (OLG Hamm NJW-RR 2004, 805; OLG Düsseldorf NJW-RR 2000, 381; LG Koblenz ZWE 2018, 461 Rn. 27; LG Itzehoe ZWE 2015, 417).

III. Vertragliche Haftung

398 **1. Allgemeines.** Ein Schadenersatzanspruch wegen vertraglicher Haftung des Amtsträgers ist gem. § 280 Abs. 1 Satz 1 BGB zu bejahen, wenn die zum Verwalter bestellte Person schuldhaft ihre Pflichten aus dem Verwaltervertrag nicht erfüllt (Pflichtverletzung) und daraus kausal ein Schaden erwächst (LG Hamburg ZWE 2017, 48). Der jeweilige Amtsinhaber, auch der nicht professionell handelnde, hat gem. § 276 Abs. 1 BGB Vorsatz und jede Art von Fahrlässigkeit zu vertreten (LG Hamburg ZWE 2017, 48), sofern nicht zulässigerweise und unter Beachtung von § 309 Nr. 7 BGB für die vertragliche Haftung eine strengere oder mildere Haftung bestimmt ist.

399 Vertraglicher Verschuldensmaßstab ist grundsätzlich die Sorgfalt des Amtsträgers. Gem. § 278 BGB muss der Verwalter für das Handeln Dritter einstehen. Der Durchsetzung von Schadenersatzansprüchen kann im Einzelfall eine Entlastung (→ § 28 Rn. 365 ff.) entgegenstehen. Zu Weisungen der Wohnungseigentümer (→ § 27 Rn. 81) gilt → Rn. 395 entsprechend.

400 **2. Berechtigte.** Bei einer Pflichtwidrigkeit im Rahmen des Verwaltervertrags schuldet der Verwalter der Gemeinschaft der Wohnungseigentümer als seinem Vertragspartner nach §§ 280 Abs. 1 Satz 1, 286, 249 ff. BGB iVm

dem Verwaltervertrag Schadenersatz (KG ZWE 2010, 183; OLG München ZMR 2007, 814).

Der Verwalter kann ferner einem einzelnen Wohnungseigentümer aus dem Verwaltervertrag Schadenersatz schulden. So liegt es, wenn die Gemeinschaft der Wohnungseigentümer und der Verwalter den Verwaltervertrag auch zu Gunsten der Wohnungseigentümer geschlossen haben. So kann es aber auch liegen, wenn man – wie hier – den Verwaltervertrag als Vertrag mit Schutzwirkung für die Wohnungseigentümer ansieht (→ Rn. 210). **401**

3. Geltendmachung. Zur Geltendmachung der Schadenersatzansprüche gilt → Rn. 396 entsprechend. Der einzelne Wohnungseigentümer kann seine Schadenersatzansprüche selbst durchsetzen. **402**

IV. Haftung der Gemeinschaft der Wohnungseigentümer

Der Verwalter ist das Organ der Gemeinschaft der Wohnungseigentümer. Fügt er einem Wohnungseigentümer oder einem Dritten durch eine in Ausführung der ihm zustehenden Verrichtungen begangene, zum Schadenersatz verpflichtende Handlung einen Schaden zu, ist nach § 31 BGB die Gemeinschaft der Wohnungseigentümer für den Schaden verantwortlich (zum alten Recht BGH NJW 2012, 2955 Rn. 18; 2011, 1361 Rn. 10; *Dötsch* ZWE 2017, 80 (81); *Hadding* ZWE 2012, 61 (62)). Voraussetzung ist jeweils, dass es sich um organschaftliches Verhalten des jeweiligen Amtsträgers im Rahmen seiner Organrechte und/oder Organpflichten für die Gemeinschaft der Wohnungseigentümer handelt. **403**

Eine Haftung der Gemeinschaft der Wohnungseigentümer zu Gunsten der Wohnungseigentümer oder eines Dritten kommt beispielsweise in Betracht, wenn: **404**

- Der Verwalter einen Beschluss nicht oder zu spät durchführt. **405**
- Der Verwalter bei einer Beschlussausführung Fehler macht.
- Der Verwalter die ihm obliegenden Verkehrssicherungspflichten nicht ausführt.
- Der Verwalter pflichtwidrig/eigenmächtig Arbeiten am gemeinschaftlichen Eigentum durchführt bzw. durchführen lässt.
- Der Verwalter einen Vertrag namens der Gemeinschaft der Wohnungseigentümer ohne eine Ermächtigung hierzu schließt (AG München ZWE 2017, 98 (99)).
- Der Verwalter einen erkennbar ungeeigneten Vertragspartner aussucht, soweit er das nach § 27 Abs. 1, Abs. 2 WEG kann.
- Der Verwalter einen der Gemeinschaft der Wohnungseigentümer ungünstigen Vertrag schließt, soweit er das nach § 27 Abs. 1, Abs. 2 WEG kann.
- Der Verwalter im Rahmen eines von der Gemeinschaft der Wohnungseigentümer geschlossenen Vertragsverhältnisses dem Dritten einen Schaden zufügt, zB falsche Auskunft erteilt; hier sind auch Ansprüche aus §§ 311 Abs. 2, 241 Abs. 2 BGB oder deliktische Ansprüche denkbar.
- Soweit die Gemeinschaft der Wohnungseigentümer nach § 9a Abs. 2 WEG handelt.

V. Außenhaftung (Eigenhaftung gegenüber Dritten)

406 Eine Außenhaftung des Verwalters ist in verschiedenen Konstellationen vorstellbar, wobei die Grundlagen im Einzelnen streitig und noch nicht gesichert sind. Überblick:

407
- Nach gefestigter Rechtsprechung haftet ein Geschäftsführer gegenüber Dritten persönlich, wenn ihm eine über die Organstellung hinausgehende Garantenstellung zukommt, die ihn zum Schutz Außenstehender vor der Gefährdung oder Verletzung ihrer durch § 823 Abs. 1 BGB geschützten Rechte verpflichtet (BGH NJW 2016, 2110 Rn. 12; GRUR 2016, 257 Rn. 111). Eine solche Garantenstellung kann sich beim Geschäftsführer aus einer mit dessen Zuständigkeit für die Organisation und Leitung und der daraus erwachsenden persönlichen Einflussnahme auf die Gefahrenabwehr und -steuerung verbundenen persönlichen Verantwortung für fremde absolut geschützte Rechte ergeben. Es liegt nicht fern, diese Haftung auf den Amtsinhaber des Verwalteramtes zu erstrecken.
- Im Einzelfall kann der Amtsinhaber Dritten aus Delikt nach §§ 823, 826 BGB haften, wobei die Amtspflichten des Verwalters allerdings nicht als Schutzgesetze iSv § 823 Abs. 2 BGB anzusehen sind. Eine Außenhaftung kann zB zu bejahen sein, wenn der Verwalter ihm selbst obliegende Verkehrssicherungspflichten verletzt.
- Eine Außenhaftung kommt gem. §§ 280 Abs. 1, 311 Abs. 3 BGB in Betracht, wenn der Amtsinhaber persönliches Vertrauen ein Anspruch genommen hat (BGH NZG 2012, 1303 Rn. 32; 2008, 661 Rn. 12).
- Dritte können gegen den Verwalter im Übrigen natürlich Ansprüche geltend machen, wenn er ausnahmsweise im eigenen Namen Verträge geschlossen hat (so zB bei OLG Saarbrücken NZM 2007, 249).

L. Versicherungen

408 Will sich der Verwalter versichern, hat er das selbst zu organisieren (in der Haus- und Grundbesitzerhaftpflichtversicherung ist er allerdings mitversichert). Der Inhalt und Abschluss einer Versicherung für den Verwalter ist kein Gegenstand der Verwaltung des gemeinschaftlichen Eigentums. In Frage kommen ua eine Berufshaftpflichtversicherung (→ Rn. 49), eine Vermögensschaden-Haftpflichtversicherung (*Armbrüster* ZWE 2010, 117 (119)), eine Vertrauensschadens- oder eine Sachversicherung.

M. Der Verwalter als öffentlich-rechtlicher „Störer"

I. Überblick

409 Der Träger des Verwalteramtes wird im öffentlichen Recht in Bezug auf den allgemeinen Zustand des gemeinschaftlichen Eigentums als ein möglicher „Störer" (Störer iSd Verwaltungs- bzw. Polizeirechts sind Personen, die für eine Beeinträchtigung der öffentlichen Sicherheit und Ordnung durch ein gefährliches Handeln – Handlungsstörer – oder für den gefahrbringenden

Zustand einer Sache – Zustandsstörer – verantwortlich sind) angesehen (OVG Münster NVwZ-RR 2016, 807 Rn. 4; ZWE 2011, 166; NJW 2009, 3528; VGH Mannheim NJW 1974, 74; VG Hannover ZWE 2018, 380 Rn. 22; VG Bayreuth ZMR 2014, 329; *Rüdiger* ZfIR 2019, 469 (474); s. a. *Dötsch* NZM 2020, 121).

Stellungnahme: Dem ist grundsätzlich zu folgen (aA *Lehmann-Richter* ZWE 2012, 105 (108/109)). Der Verwalter kann von Gesetzes wegen nach § 27 Abs. 1 WEG in das gemeinschaftliche Eigentum eingreifen, ohne die Wohnungseigentümer einschalten zu müssen (etwas anderes gilt nur, wenn die Wohnungseigentümer ein „Nichttun" beschlossen haben). Es ist daher vorstellbar, dass eine Behörde den Verwalter als Notgeschäftsführer, also in Bereichen, in denen er nicht nur handeln kann, sondern von Gesetzes wegen handeln muss, als Zustands- und auch als Handlungsstörer kraft Unterlassens in Anspruch nimmt. Ferner kann der Verwalter Störer sein, zB wenn er die Verbrauchswerte von Messgeräten verwenden will. Dem Verwalter kann dann untersagt werden, Messwerte nicht geeichter Wärme- und Kaltwasserzähler für die thermische Energie und Volumen zu verwenden. **410**

II. Voraussetzung und Duldungsverfügung

Einzige Voraussetzung ist, dass der Verwalter nach § 27 Abs. 1 WEG in das gemeinschaftliche Eigentum eingreifen darf (OVG Saarland NZM 2014, 913; *Rüdiger* ZfIR 2019, 469 (474/475); *Hogenschurz* MietRB 2018, 369 (370); *Lehmann-Richter* ZWE 2012, 105 (108); aA OVG Münster ZWE 2011, 166 (167); NJW 2009, 3528; VG Bayreuth ZMR 2014, 329; VG Hannover ZWE 2018, 380 Rn. 22). Eine Behörde kann weder durch einen Verwaltungsakt noch durch eine Duldungsverfügung insoweit Entscheidungsbefugnisse der Wohnungseigentümer (das „ob" und das „wie" einer Erhaltungsmaßnahme) auf einen Verwalter „verlagern". **411**

Eine an die Wohnungseigentümer gerichtete Duldungsverfügung ist daher nur im Bereich des § 27 Abs. 1 WEG oder dann möglich, wenn es der Sache nach nichts zu entscheiden gibt. Gibt es aus Sicht der Behörde auf Seiten des „Störers" hingegen die Möglichkeit, den Verwaltungsakt auf verschiedene Weise auszuführen, ist der Verwaltungsakt an die Gemeinschaft der Wohnungseigentümer zu adressieren. **412**

III. Störerauswahl

Dass der Verwalter als „Störer" anzusehen ist, sagt allerdings nichts darüber aus, ob er nach einer sachgerechten, ermessensfehlerfreien „Störerauswahl" auch in Anspruch zu nehmen ist (s. a. *Dötsch* NZM 2020, 121 (127); *Rüdiger* ZfIR 2019, 469 (476)). Neben dem Verwalter ist stets auch die Gemeinschaft der Wohnungseigentümer „Störer" und wohl auch die Wohnungseigentümer. Wägt man ab, spricht in der Regel alles dafür, die Gemeinschaft der Wohnungseigentümer als Störerin in Anspruch zu nehmen (s. a. *Rüdiger* ZfIR 2019, 469 (474)). Denn es ist nach § 18 Abs. 1 WEG allein an ihr, das gemeinschaftliche Eigentum zu verwalten. **413**

N. Strafrecht

414 Verletzt der Inhaber des Verwaltersamtes seine gesetzlichen oder vertraglichen Pflichten, kommt im Einzelfall eine Strafbarkeit ua nach §§ 185 ff., 201, 223 Abs. 1, 246 Abs. 2, 263 Abs. 1, 266 Abs. 1, 267 Abs. 1 StGB in Betracht. Nennt der Verwalter einen Wohnungseigentümer „Querulant" kann darin zB eine Beleidigung liegen (s. a. AG Tostedt ZWE 2013, 27). Nimmt der Verwalter die Gespräche in der Versammlung ohne Zustimmung der Wohnungseigentümer auf, kann er die Vertraulichkeit des Wortes verletzen (→ § 24 Rn. 123). Ein strafbares Verhalten des Verwalters begründet stets Schadenersatzansprüche (→ Rn. 382 ff.) – auch dann, wenn ihm Entlastung erteilt worden ist (→ § 28 Rn. 357 ff.). Ferner führt es nicht zwingend, aber in der Regel dazu, dass sich eine Person durch Begehung einer Straftat als für das Amt des Verwalters ungeeignet erweist.

O. Prozessuales

415 Für sämtliche Fragen im Zusammenhang mit der Be- oder Anstellung des Verwalters bzw. seiner Abberufung oder der Kündigung des Verwaltervertrags ist – auch im Verhältnis zum ehemaligen oder „faktischen" Verwalter – nach § 43 Abs. 2 Nr. 3 WEG das Wohnungseigentumsgericht zuständig. Der Amtsträger ist nicht befugt, den Beschluss, ihn aus dem Amt abzuberufen, nach §§ 43 Abs. 2 Nr. 4, 44 Abs. 1 Satz 1 WEG anzufechten. Ihm steht es allerdings wegen behaupteter Vergütungsansprüche frei, auf Feststellung zu klagen, dass der Verwaltervertrag nicht zu einem bestimmten Zeitpunkt beendet ist.

P. Abbedingung

416 Kein Absatz des § 26 WEG ist abdingbar. Für Absatz 1 bis 3 folgt dies aus § 26 Abs. 5; Absatz 4 ist öffentliches Recht.

Zertifizierter Verwalter

26a (1) **Als zertifizierter Verwalter darf sich bezeichnen, wer vor einer Industrie- und Handelskammer durch eine Prüfung nachgewiesen hat, dass er über die für die Tätigkeit als Verwalter notwendigen rechtlichen, kaufmännischen und technischen Kenntnisse verfügt.**

(2) [1] **Das Bundesministerium der Justiz und für Verbraucherschutz wird ermächtigt, durch Rechtsverordnung nähere Bestimmungen über die Prüfung zum zertifizierten Verwalter zu erlassen.** [2] **In der Rechtsverordnung nach Satz 1 können insbesondere festgelegt werden:**

1. nähere Bestimmungen zu Inhalt und Verfahren der Prüfung;
2. Bestimmungen über das zu erteilende Zertifikat;
3. Voraussetzungen, unter denen sich juristische Personen und Personengesellschaften als zertifizierte Verwalter bezeichnen dürfen;
4. Bestimmungen, wonach Personen aufgrund anderweitiger Qualifikationen von der Prüfung befreit sind, insbesondere weil sie die Befähigung zum Richteramt, einen Hochschulabschluss mit immobilienwirtschaftlichem Schwerpunkt, eine abgeschlossene Berufsausbildung zum Immobilienkaufmann oder zur Immobilienkauffrau oder einen vergleichbaren Berufsabschluss besitzen.

Übersicht

A. Gesetzgebungsgeschichte

1 Die Bestimmung ist vom Rechtsausschuss des deutschen Bundestages in das Gesetz zur Förderung der Elektromobilität und zur Modernisierung des Wohnungseigentumsgesetzes und zur Änderung von kosten- und grundbuchrechtlichen Vorschriften (Wohnungseigentumsmodernisierungsgesetz – WEMoG) aufgenommen worden (BT-Drs. 19/22634, 46 – Vorabfassung). Sie steht der Sache nach für den Sachkundenachweis (dazu *Kaßler* ZWE 2020, 354 (356); *Herresthal* ZWE 2020, 169 (173); Elzer ZRP 2018, 148 (150)). Dass es jetzt eine „Zertifizierung" und keinen „Sachkundenachweis" gibt, ist dem Umstand geschuldet, dass das BMWi die „Herrin" der Gewerbeordnung ist, und dieses Ministerium dem Sachkundenachweis ablehnend gegenüberstand.

B. Sinn und Zweck

2 Nach § 19 Abs. 2 Nr. 6 WEG gehört zur ordnungsmäßigen Verwaltung des gemeinschaftlichen Eigentums die Bestellung eines zertifizierten Verwalters. § 26a WEG regelt die Voraussetzungen, unter denen sich eine Person als zertifizierter Verwalter bezeichnen darf. § 48 Abs. 4 Satz 2 WEG enthält insoweit eine Fiktion (→ Rn. 6).

C. Begriff des zertifizierten Verwalters (§ 26a Abs. 1 WEG)

I. Überblick

3 § 26a Abs. 1 WEG definiert den zertifizierten Verwalter als eine Person, die vor einer Industrie- und Handelskammer durch eine Prüfung nachgewiesen hat, dass sie über die für die Tätigkeit als Verwalter notwendigen rechtlichen, kaufmännischen und technischen Kenntnisse verfügt.

II. Verordnungsermächtigung

4 Das Bundesministerium der Justiz und für Verbraucherschutz ist nach § 26a Abs. 2 Satz 1 WEG ermächtigt, durch Rechtsverordnung nähere Bestimmungen über die Prüfung zum zertifizierten Verwalter zu erlassen. In der Rechtsverordnung können nach § 26a Abs. 2 Satz 2 WEG insbesondere festgelegt werden: nähere Bestimmungen zu Inhalt und Verfahren der Prüfung, Bestimmungen über das zu erteilende Zertifikat, Voraussetzungen, unter denen sich juristische Personen und Personengesellschaften als zertifizierte Verwalter bezeichnen dürfen und Bestimmungen, wonach Personen aufgrund anderweitiger Qualifikationen von der Prüfung befreit sind, insbesondere weil sie die Befähigung zum Richteramt, einen Hochschulabschluss mit immobilienwirtschaftlichem Schwerpunkt, eine abgeschlossene Berufsausbildung zum Immobilienkaufmann oder zur Immobilienkauffrau oder einen vergleichbaren Berufsabschluss besitzen. Diese Aufzählung ist nicht abschließend.

5 Es ist davon auszugehen, dass bei § 26a Abs. 2 Satz 2 Nr. 3 WEG inhaltlich an die entsprechende Regelung zur Fortbildungspflicht in § 34c Abs. 2a Satz 1 GewO angeknüpft werden kann (BT-Drs. 19/22634, 46 – Vorabfassung). Diese Regelung stellt auf die Personen ab, die unmittelbar bei der Verwaltungstätigkeit mitwirken. Dementsprechend müssten Personen, die allein untergeordnete Tätigkeiten ausführen (etwa im Sekretariat oder als Hausmeister), keine Prüfung ablegen, damit sich die juristische Person oder Personengesellschaft, bei der sie beschäftigt sind, als zertifizierter Verwalter bezeichnen darf.

III. Fiktion für Altverwalter (§ 48 Abs. 4 Satz 2 WEG)

6 Eine Person, die am 1.12.2020 Verwalter einer Gemeinschaft der Wohnungseigentümer war, gilt gegenüber den Wohnungseigentümern dieser Gemeinschaft der Wohnungseigentümer bis zum 1.6.2024 als zertifizierter Verwalter. Für andere Wohnungseigentumsanlagen gilt dies nicht.

IV. Gewerberechtliche Anforderungen

7 § 26a Abs. 1 WEG stellt keine gewerberechtlichen Anforderungen auf (BT-Drs. 19/22634, 46 – Vorabfassung). Die Zertifizierung ist insbesondere keine Voraussetzung für die Erteilung der Erlaubnis nach § 34c GewO. Die Tätigkeit als Verwalter ist deshalb auch dann gewerberechtlich zulässig, wenn

der Verwalter über kein Zertifikat verfügt (BT-Drs. 19/22634, 46 – Vorabfassung).

D. Anspruch auf zertifizierten Verwalter

I. Überblick

Jeder Wohnungseigentümer hat nach § 19 Abs. 2 Nr. 6 WEG grundsätzlich einen Anspruch darauf, dass ein zertifizierter Verwalter bestellt wird (zu den Einzelheiten und Ausnahmen → 19 Rn. 174). **8**

II. Ausnahme

Verlangt kein Wohnungseigentümer die Bestellung eines zertifizierten Verwalters oder liegen ausnahmsweise die Merkmale des § 19 Abs. 2 Nr. 6 WEG vor (→ § 19 Rn. 175), besteht kein Anspruch. **9**

III. Übergangsbestimmung

§ 19 Abs. 2 Nr. 6 WEG ist nach § 48 Abs. 4 Satz 1 WEG erst am 1.12.2022 anwendbar, um die Entwicklung und Umsetzung der notwendigen Zertifizierungsverfahren zu ermöglichen. **10**

E. Abdingbarkeit

§ 26a WEG ist nicht abdingbar. **11**

Aufgaben und Befugnisse des Verwalters

27 (1) **Der Verwalter ist gegenüber der Gemeinschaft der Wohnungseigentümer berechtigt und verpflichtet, die Maßnahmen ordnungsmäßiger Verwaltung zu treffen, die**

1. **untergeordnete Bedeutung haben und nicht zu erheblichen Verpflichtungen führen oder**
2. **die zur Wahrung einer Frist oder zur Abwendung eines Nachteils erforderlich sind.**

(2) **Die Wohnungseigentümer können die Rechte und Pflichten nach Absatz 1 durch Beschluss einschränken oder erweitern.**

Literatur (zur älteren Literatur siehe § 27 der Vorauflage): *Abramenko,* Die Eintragung von Beschlüssen in das Grundbuch nach dem WEMoG, ZMR 2020, 453; *Elzer,* Änderungsvorschläge zum Wohnungseigentumsmodernisierungsgesetz (WEMoG), AnwZert MietR 13/2020; *Häublein,* Aussetzung der Beschlussdurchführung durch den Verwalter bis zum Ablauf der Anfechtungsfrist – Geht das und wenn ja, wie?, ZWE 2020, 311; *Herresthal,* Abschlussbericht der Bund-Länder-Arbeitsgruppe zur WEG-Reform – Grundlage der Modernisierung des Wohnungseigentumsrechts, ZWE 2020, 169; *Kaßler,* Anhörung zur WEG-Reform im Deutschen Bundestag: Regierungskoalition sieht noch Änderungsbedarf, ZWE 2020, 354; *Wilsch,* Der Referentenentwurf zur Modernisierung des Wohnungseigentumsgesetzes (WEModG) aus grundbuchamtlicher Sicht, FGPrax 2020, 1.

Übersicht

A. Entstehungsgeschichte

1 § 27 WEG hatte ursprünglich fünf Absätze und widmete sich den Aufgaben und Befugnissen des Verwalters (siehe näher BR-Drs. 75/51). Absatz 1 hatte die Aufgabe, zu bestimmen, welche Geschäftsführung der Verwalter schuldet. Absatz 2 räumte ihm namens und im Verhältnis zu den Wohnungseigentümern die notwendige Vertretungsmacht ein. Absatz 3 schützte die Rechte des Verwalters, Absatz 4 traf Bestimmungen zur Verwaltung der im Eigentum der Wohnungseigentümer stehenden Mittel, Absatz 5 gab ein Recht auf eine Vollmachtsurkunde.

2 Das Gesetz zur Änderung des Wohnungseigentumsgesetzes und anderer Gesetze vom 26.3.2007 (BGBl. I 370) griff hart in dieses System ein. Durch

die Entdeckung der Gemeinschaft der Wohnungseigentümer als rechtsfähigen Verband war es nämlich notwendig geworden, auch die Aufgaben und Befugnisse des Verwalters für diesen Verband sowie seine insoweit bestehende Vertretungsmacht näher zu regeln. Dies gelang, indem man dem ursprünglichen Absatz 2 in den Absatz 1 integrierte und bestimmte, dass der Verwalter bei seinen Aufgaben sowohl gegenüber den Wohnungseigentümern als auch gegenüber der Gemeinschaft der Wohnungseigentümer berechtigt und verpflichtet ist. Absatz 2 regelte die Vertretungsmacht des Verwalters nur für die Wohnungseigentümer, Absatz 3 im Kern die Vertretungsmacht des Verwalters für die Gemeinschaft der Wohnungseigentümer (diese Regelung gehörte technisch zu § 10 Abs. 6 WEG). Die Absätze 3 bis 5 wurden zu den Absätzen 4 bis 6.

Seine heutige Fassung erhielt § 27 WEG durch das Gesetz zur Förderung der Elektromobilität und zur Modernisierung des Wohnungseigentumsgesetzes und zur Änderung von kosten- und grundbuchrechtlichen Vorschriften (Wohnungseigentumsmodernisierungsgesetz – WEMoG) vom 16.10.2020. Er soll zum einen in seinem Absatz 1 eine Aussage zur Geschäftsführung des Verwalters treffen, vor allem in der Nummer 1 (s. a. BT-Drs. 19/22634, 47 – Vorabfassung; BR-Drs. 168/20, 84: „In der Regel sind jedenfalls diejenigen Maßnahmen, deren Erledigung der geltende § 27 Absatz 1 Nummer 2, 4, 5 und 6 dem Verwalter zuweist, von Nummer 1 erfasst"). Diese Absicht ist missglückt, da sich im Gesetzestext – anders als bei der Nummer 2 WEG – kein Hinweis zur Geschäftsführung findet (*Elzer* AnwZert MietR 13/2020; s. a. *Becker/Schneider* ZfIR 2020, 281 (303)). Denn Ziel der Nummer 1 ist es, zu bestimmen, wann der Verwalter eine Entscheidung treffen kann, die ansonsten die Wohnungseigentümer nach § 19 Abs. 1 WEG treffen müssten. Besonders umstritten war, wie man hier eine Abgrenzung findet. Während im Referentenentwurf darauf abgestellt wurde, was „die gewöhnliche Verwaltung des gemeinschaftlichen Eigentums mit sich bringt", wurde im Regierungsentwurf vorgeschlagen, die Entscheidungsmacht des Verwalters davon abhängig zu machen, dass„eine Beschlussfassung durch die Wohnungseigentümer nicht geboten ist" (BR-Drs. 168/20, 84). Die jetzt geltende Fassung ist auf Initiative des Rechtsausschusses des Bundestages geschaffen worden, der den Wortlaut für zu unbestimmt hielt (BT-Drs. 19/22634, 47 – Vorabfassung). Auch diese Fassung lässt allerdings mehr Fragen offen als Antworten geboten werden. 3

Die bislang in den Absätzen 2 und 3 geregelte Vertretungsmacht des Verwalters ist auf die Gemeinschaft der Wohnungseigentümer beschränkt worden und findet sich nun in § 9b Abs. 1 WEG. Absatz 4 findet sich ansatzweise in Absatz 2 und ermöglicht Wohnungseigentümern, umfassend in die Rechte des Verwalters einzugreifen und erlaubt ihnen außerdem, durch Beschluss die bestehenden Pflichten des Verwalters auszugestalten. Für Absatz 5 Satz 1 gibt es bereits seit 2007 grundsätzlich keine Notwendigkeit mehr, da der Verwalter die Mittel der Gemeinschaft der Wohnungseigentümer verwaltet (Absatz 5 Satz 2 ist jetzt Gegenstand von Absatz 2). Absatz 6 hätte einen Anwendungsbereich für Grundstückskaufverträge und den Abschluss von Darlehensverträgen gehabt. Er ist dennoch, ggf. versehentlich, aufgegeben worden. 4

B. Sinn, Zweck und Inhalt

I. Grundlegende Entscheidungsbefugnisse

5 § 27 WEG soll die grundlegenden Entscheidungsbefugnisse des Verwalters im „Innenverhältnis" – also zu den Wohnungseigentümern – regeln (BR-Drs. 168/20, 83; s. a. BT-Drs. 19/22634, 47 – Vorabfassung). Er soll die Bereiche bestimmen, wo der Verwalter Entscheidungen für die Gemeinschaft der Wohnungseigentümer treffen kann und soll (→ Rn. 3), nicht aber für die Wohnungseigentümer (*Becker/Schneider* ZfIR 2020, 281 (303)). Zu diesen Entscheidungsbefugnissen, auf die die Wohnungseigentümer nach § 27 Abs. 2 WEG umfassend einwirken können (→ Rn. 70 ff.), finden sich rudimentäre Angaben in § 27 Abs. 1 Nr. 1 und Nr. 2 WEG. Die Vertretungsmacht ist insoweit in § 9b Abs. 1 WEG festgelegt.

II. Grundlegende Aufgaben und Pflichten

6 Daneben soll § 27 WEG nach dem Willen des Gesetzgebers auch bestimmen, welche grundlegenden Aufgaben der Verwalter schuldet (→ Rn. 3; BR-Drs. 168/20, 85; BT-Drs. 19/22634, 47 – Vorabfassung). Zu diesen Aufgaben finden sich in § 27 Abs. 1 WEG indes – anders als bislang in § 27 WEG (wenn auch nicht vollständig) – nur wenige Angaben in der Nummer 2. Das Gesetz verzichtet bewusst darauf, die Aufgaben im Einzelnen aufzuzählen. Eine sachgerechte Beschreibung könne nicht losgelöst von einer konkreten Wohnungseigentumsanlage erfolgen (BR-Drs. 168/20, 83). Die in der Praxis zu beobachtende Vielgestaltigkeit der Anlagen und ihre unterschiedlichen Anforderungen an eine effiziente Verwaltung verlangten eine gesetzliche Verteilung der Zuständigkeiten, die dem Einzelfall gerecht werde (BR-Drs. 168/20, 83). Die Beschlussempfehlung des Rechtsausschusses des Bundestages hat an diesem System nichts geändert, zählt aber ganz bewusst auf, welche Aufgaben vor allem gemeint sind (BT-Drs. 19/22634, 47 – Vorabfassung).

III. Beschlusskompetenz

7 § 27 Abs. 2 WEG gibt den Wohnungseigentümern eine Beschlusskompetenz, die gesetzlichen Aufgaben des Verwalters nach Absatz 1 zu erweitern und/oder einzuschränken. Unter diesem Vorbehalt stehen sämtliche aus § 27 Abs. 1 WEG fließenden Aufgaben, Rechte und Pflichten.

IV. Weitere Bereiche

8 § 27 WEG trifft keine Aussage, ob und wieweit der jeweilige Inhaber der Verwaltersamtes die Gemeinschaft der Wohnungseigentümer aktiv und/oder passiv vertreten kann und/oder darf oder muss. Diese Bestimmung trifft § 9b Abs. 1 Satz 1 WEG und für den Abschluss eines Grundstückskauf- oder Darlehensvertrags ein Beschluss der Wohnungseigentümer nach § 19 Abs. 1 WEG. Ferner trifft § 27 WEG keine Aussagen beispielsweise dazu, welches

Wissen des Verwalters sich die Gemeinschaft der Wohnungseigentümer zurechnen lassen muss oder inwieweit der Verwalter für sie Besitz ausübt. § 27 sagt auch nichts dazu, wie der Verwalter gerade als Organ der Gemeinschaft der Wohnungseigentümer handelt. Auch regelt § 27 WEG nicht die aus dem Verwaltervertrag fließenden Rechtsbeziehungen zur Gemeinschaft der Wohnungseigentümer oder zu den Wohnungseigentümern. Er steht deshalb auch der Einordnung des Verwaltervertrags als Vertrag mit Schutzwirkung zugunsten der Wohnungseigentümer nicht entgegen (BT-Drs. 19/22634, 47 – Vorabfassung). Soweit die Voraussetzungen dieses Rechtsinstituts vorliegen, kann ein geschädigter Wohnungseigentümer daher vertraglichen Schadenersatz vom Verwalter verlangen (→ § 26 Rn. 56; BT-Drs. 19/22634, 47 – Vorabfassung).

C. Grundsätze

I. Geschäftsführung

Nach § 27 Abs. 1 WEG ist der jeweilige Amtsträger (→ § 26 Rn. 4) als **9**
Verwalter gegenüber der Gemeinschaft der Wohnungseigentümer zu den in den Nummern 1 und 2 genannten Maßnahmen berechtigt, aber auch verpflichtet, und also zu einer Geschäftsführung im Wege der Willensbildung. Die in § 27 Abs. 1 WEG genannten Pflichten sind Amtspflichten (→ § 26 Rn. 46), die der Verwalter als Organ der Gemeinschaft der Wohnungseigentümer teilweise anstelle der Wohnungseigentümer wahrnimmt. Zur Handlung eigentlich berufen ist jeweils die Gemeinschaft der Wohnungseigentümer. Sie nimmt die Pflichten aber durch den Verwalter als ihrem Organ wahr. § 27 Abs. 1 WEG trifft hingegen keine Bestimmungen zur Vertretungsmacht des Verwalters, im Namen der Gemeinschaft der Wohnungseigentümer zu handeln. Die Vertretungsmacht folgt stets allein aus § 9b Abs. 1 WEG oder bei Grundstückskaufverträge und Darlehensverträgen aus einem Beschluss.

Der Verwalter hat bei seiner Geschäftsführung stets ein Ermessen zum **10**
„wie" (→ § 26 Rn. 74 ff.). Er darf aber nicht machen, „was er will". Denn er ist bei seiner Ermessensausübung neben dem Gesetz den Vereinbarungen und Beschlüssen unterworfen (siehe § 18 Abs. 2 WEG) und wenigstens insoweit „gefesselt" (→ § 26 Rn. 75). Ferner ergeben sich Ermessensschranken vor allem aus den Umständen. Nach dem Gesetz muss der Verwalter sein Ermessen pflichtgemäß und also nach Sinn und Zweck der Norm ausüben, die ihm Handlungsspielräume gewährt. § 18 Abs. 2 WEG beschreibt diese Zwecke allgemein: Die Verwaltung des Verwalters muss dem Interesse der Gesamtheit der Wohnungseigentümer nach billigem Ermessen entsprechen. Eine Maßnahme des Verwalters ist deshalb – abstrakt betrachtet – dann pflichtgemäß, wenn der von ihm gewählte Einsatz des Mittels für das Interesse der Gesamtheit der Wohnungseigentümer geeignet, erforderlich und zur Erreichung des Zieles angemessen ist (Verhältnismäßigkeitsgrundsatz). Der Verwalter kann sich durch die Wohnungseigentümer anweisen lassen, wie er die Geschäfte führen soll (→ Rn. 81 ff.; → § 26 Rn. 76).

II. Durchsetzung der Amtspflichten

11 Die Gemeinschaft der Wohnungseigentümer hat einen Anspruch darauf, dass der Verwalter das Gesetz sowie die Vereinbarungen und Beschlüsse der Wohnungseigentümer beachtet und seine Amtspflichten wahrnimmt. Erfüllt ein Amtsträger diese Pflicht nicht, kann die Gemeinschaft der Wohnungseigentümer ihn im Wege der Vornahmeklage auf Erfüllung gerichtlich in Anspruch nehmen und/oder eine einstweilige Verfügung erwirken (s. a. OLG Frankfurt a. M. OLGZ 1980, 78 (79); *Jacoby* ZWE 2017, 149 (153)). Es ist zB vorstellbar, dass die Gemeinschaft die Unterlassung bestimmter Handlungen oder die Abgabe von Willenserklärungen verlangt. Vor allem die Klage auf Vorlage des Wirtschaftsplans oder der Jahresabrechnung dürften praktisch relevant sein. Der einzelne Wohnungseigentümer kann vom Verwalter hingegen keine Erfüllung verlangen. Eine „actio pro socio" für die Gemeinschaft der Wohnungseigentümer kommt jedenfalls grundsätzlich nicht in Betracht (s. a. → § 9a Rn. 34). Findet der einzelne Wohnungseigentümer für eine Einwirkung auf den Verwalter keine Mehrheit, kann er nach dieser Vorbefassung versuchen, einen entsprechenden Beschluss im Wege der Beschlussersetzungsklage nach §§ 18 Abs. 2 Nr. 1, 44 Abs. 1 Satz 2 WEG zu erwirken. Im seltenen Einzelfall ist vorstellbar, dass das Ermessen der Wohnungseigentümer, gegen den Verwalter vorzugehen, auf null reduziert ist. Häufig dürfte es näher liegen, den Verwalter abzuberufen. Gegebenenfalls ist die Beschlussersetzungsklage in diesem Sinne auszulegen.

III. Haftung

12 Erfüllt der Verwalter seine aus § 27 Abs. 1 WEG folgenden Amtspflichten nicht, nicht vollständig, zu spät oder mangelhaft, haftet er der Gemeinschaft der Wohnungseigentümer nach §§ 280 ff. BGB auf Schadenersatz (*Becker/Schneider* ZfIR 2020, 281 (304)), nicht aber den Wohnungseigentümern (dazu im Einzelnen → § 26 Rn. 382 ff.). Eine Haftung kommt nicht nur, aber vor allem in Bezug auf Verträge in Betracht, für deren Abschluss der Verwalter eine Vertretungsmacht nach § 9b Abs. 1 WEG hat, die er aber im Innenverhältnis nicht schließen durfte, wenn also rechtliches „Können" und „Dürfen" auseinanderfallen, oder wenn eine Entscheidung des Verwalters fehlerhaft wahr, zB die Auswahl der falschen Vertragspartei oder ein falsches Vertragsprogramm. Nicht ausreichend ist allerdings, dass die Beurteilung der Sache zweifelhaft ist. Die Einschätzungen des Verwalters unterliegen einem Beurteilungsspielraum (BGH BeckRS 2020, 15562 Rn. 29; NJW-RR 2020, 393 Rn. 14). Die Grenzen des Beurteilungsspielraums sind erst überschritten, wenn eine Entscheidung des Verwalters offensichtlich unvertretbar und nicht nachvollziehbar ist. Für eine etwaige Pflichtverletzung haftet dann die Gemeinschaft der Wohnungseigentümer den Wohnungseigentümern. Sie kann dann den Verwalter als Regress in Anspruch nehmen, sofern dafür die Voraussetzungen nach §§ 280 ff. BGB vorliegen. Hat der Verwalter nicht nur eine Amtspflicht verletzt, sondern auch eine Vertragsverletzung begangen, kann er einem Wohnungseigentümer unmittelbar haften, wenn dieser an seinem Sondereigentum einen Schaden erlitten hat (→ § 26 Rn. 401; → § 26 Rn. 210).

IV. Verwalter fehlt

Wer die in § 27 Abs. 1 WEG beschriebenen Aufgaben, aber auch sonst die dem Verwalter nach §§ 23 ff. WEG obliegenden Pflichten erfüllen muss, wenn ein Verwalter fehlt, bestimmt das Gesetz nicht, folgt aber wenigstens mittelbar aus § 9b Abs. 1 Satz 2 WEG. Die in § 27 Abs. 1 WEG beschriebenen Aufgaben sind dann in Auswirkung von § 18 Abs. 2 WEG von den Wohnungseigentümern gemeinschaftlich zu erfüllen. Die Wohnungseigentümer handeln insoweit als Organ der Gemeinschaft der Wohnungseigentümer. Auf ein solches Handeln hat jeder Wohnungseigentümer nach § 18 Abs. 2 WEG einen Anspruch und kann dieses Tun einklagen (s. a. BGH MDR 2017, 695 Rn. 15). Verletzen die Wohnungseigentümer ihre Pflicht, ist ein hieraus folgender Schadenersatzanspruch von der Gemeinschaft der Wohnungseigentümer zu erfüllen (s. a. BGH MDR 2017, 695 Rn. 14). 13

D. Entscheidungsbefugnisse des Verwalters – Willensbildungskompetenz (§ 27 Abs. 1 WEG)

I. Überblick

1. Allgemeines. Der Verwalter ist als Organ gegenüber der Gemeinschaft der Wohnungseigentümer einerseits berechtigt, aber auch verpflichtet, selbständig die Maßnahmen ordnungsmäßiger Verwaltung (→ Rn. 15) zu treffen, die eine bloß untergeordnete Bedeutung haben und nicht zu erheblichen Verpflichtungen der Wohnungseigentümer führen (→ Rn. 19). Gemeint ist die Willensbildung der Gemeinschaft der Wohnungseigentümer, die grundsätzlich die Wohnungseigentümer schulden. Die Willensbildung wird sich idR auf Verträge beziehen, beispielsweise auf die Auswahl des Vertragspartners und dessen Leistungsprogramm, umfasst aber auch die Entscheidung, auf welche Art und Weise der Vertragspartner sich in Bezug auf das gemeinschaftliche Eigentum zu verhalten hat, zum Beispiel wie eine Hecke beschnitten werden soll. Der Vorschlag, zur Klarheit an Verträge mit Bezug auf die Betriebs-, Erhaltungs- und Verwaltungskosten anzuknüpfen und diese näher zu benennen (*Elzer* AnwZert MietR 13/2020), wurde nicht aufgegriffen. Andererseits geht es um Maßnahmen ordnungsmäßiger Verwaltung (§ 18 Abs. 2 WEG), die keine bloß untergeordnete Bedeutung haben, aber zur Wahrung einer Frist oder zur Abwendung eines Nachteils erforderlich sind. 14

2. Ordnungsmäßig. Der Begriff „ordnungsmäßig" verweist auf § 18 Abs. 2 WEG. Der Verwalter ist danach nur befugt, solche Maßnahmen selbständig zu treffen, die die dem Interesse der Gesamtheit der Wohnungseigentümer nach billigem Ermessen und, soweit solche bestehen, den gesetzlichen Regelungen, Vereinbarungen und Beschlüssen entsprechen. Liegt es anders, fehlt ihm zwar keine Kompetenz zu handeln. Er überschreitet aber den Bereich, in der er Handeln soll. Haben die Wohnungseigentümer ihn angewiesen, so zu handeln (→ Rn. 81), oder ihm dieses Handeln nach Absatz 2 übertragen, ist seine Handlung rechtmäßig, auch wenn das Tun im 15

Verhältnis der Wohnungseigentümer oder der Wohnungseigentümer zur Gemeinschaft der Wohnungseigentümer ordnungswidrig sein kann.

16 **3. Entscheidung der Wohnungseigentümer.** Liegen die Voraussetzungen des § 27 Abs. WEG nicht vor, bedarf es einer Entscheidung der Wohnungseigentümer durch einen auf § 19 Abs. 1 WEG fußenden Beschluss (BR-Drs. 168/20, 83). Die entsprechende Entscheidung muss dann der Verwalter vollziehen (→ Rn. 87 ff.; BR-Drs. 168/20, 83). Die Wohnungseigentümer haben nach § 27 Abs. 2 WEG allerdings auch die Beschlusskompetenz, das Gefüge, welche Stelle welche Entscheidung zu treffen hat und ihrem Umfang, beliebig zu verändern (→ Rn. 70 ff.). Ferner können Sie zu § 27 Abs. 1 WEG Vereinbarungen treffen.

17 **4. Überschreitungen.** Überschreitet der Verwalter seine Rechte aus § 27 Abs. 1 WEG (s. a. → Rn. 15) setzt er einen Anlass für seine Abberufung. Eine schuldhafte Überschreitung wird häufig außerdem einen Grund sein, den Verwaltervertrag aus wichtigem Grund zu kündigen. Da der Verwalter stets eine Weisung oder eigene Entscheidung der Wohnungseigentümer herbeiführen kann, fällt ihm insoweit bereits einfache Fahrlässigkeit zur Last.

II. Vertragsentscheidungen (§ 27 Abs. 1 Nr. 1 WEG)

18 **1. Überblick.** Der Verwalter ist nach § 27 Abs. 1 Nr. 1 WEG befugt, ohne einen Beschluss der Wohnungseigentümer Vertragsentscheidungen von bloß untergeordneter Bedeutung zu treffen, mit denen außerdem keine erheblichen Verpflichtungen einhergehen dürfen. Es entscheidet insoweit über das „Ob" einer Maßnahme, ihre Inhalte und also das „Wie", wer ggf. vertraglich zu welcher Leistung verpflichtet wird und wie eine etwaige Verbindlichkeit der Gemeinschaft der Wohnungseigentümer mit welchen Mitteln erfüllt wird.

19 **2. Unerheblich und untergeordnet.** Ob eine Verpflichtung für die Wohnungseigentümer „erheblich" oder unerheblich ist und/oder eine Maßnahme eine „untergeordnete" oder eine größere Bedeutung hat, entzieht sich einer Definition. Allerdings hat eine Entscheidung, die zu einer erheblichen Verpflichtung führt, niemals eine bloß „untergeordnete" Bedeutung. Umgekehrt muss dies aber nicht der Fall sein (dazu näher → Rn. 68). Die Antwort, was gilt, hängt jeweils von der Sichtweise eines durchschnittlichen Wohnungseigentümers in der konkreten Wohnungseigentumsanlage ab (s. a. BT-Drs. 19/22634, 47 – Vorabfassung). Maßgeblich ist bei einer Verpflichtung nicht die absolute Höhe der finanziellen Verpflichtung, sondern ob derjenige Teil der Verpflichtung, für den der einzelne Wohnungseigentümer nach § 9a Abs. 4 WEG einstehen muss, so bedeutsam ist, dass eine vorherige Beschlussfassung geboten ist (s. a. BT-Drs. 19/22634, 47 – Vorabfassung). Das Volumen des Wirtschaftsplans mag hier einen gewissen Anhalt geben, ist aber nur ein Faktor. Daneben ist auch bedeutsam, über welche Mittel ein Wohnungseigentümer verfügt. Ferner muss die konkrete Entscheidung stets auch daraufhin befragt werden, ob sie für die Wohnungseigentümer maßgeblich und mithin nicht nur „untergeordnet" ist (dazu näher → Rn. 68). Stets ist bei der Prüfung eine Einzelfallbetrachtung und ein Blick auf eine

konkrete Wohnungseigentumsanlage erforderlich, die allerdings an Bedeutung verlieren kann, je konkreter die Wohnungseigentümer bereits von der Möglichkeit Gebrauch gemacht haben, Rechte und Pflichten des Verwalters nach Absatz 2 durch Beschluss einzuschränken oder zu erweitern (s. a. BT-Drs. 19/22634, 47 – Vorabfassung). Mit der Größe der Wohnungseigentumsanlage wächst idR im Übrigen der Kreis der Maßnahmen, die der Verwalter eigenverantwortlich treffen kann, aber auch muss (s. a. BT-Drs. 19/22634, 47 – Vorabfassung). Als „Daumenregel" für die Praxis mag man vor allem Gemeinschaften mit über 50 Wohnungseigentümern als solche ansehen können, in denen der Verwalter grundsätzlich freier handeln kann und muss.

3. Durchführung. Ist es nach § 27 Abs. 1, Abs. 2 WEG oder nach einer Vereinbarung am Verwalter, für die Gemeinschaft der Wohnungseigentümer einen Willen zu bilden, unterliegt er demselben „Willensbildungsprogramm", welches für die Wohnungseigentümer gilt. Dies bedeutet nicht nur, dass seine Entscheidungen nach § 18 Abs. 2 WEG dem Interesse der Gesamtheit der Wohnungseigentümer nach billigem Ermessen (ordnungsmäßige Verwaltung und Benutzung) und, soweit solche bestehen, den gesetzlichen Regelungen sowie Vereinbarungen und Beschlüssen entsprechen müssen. Dies bedeutet zB auch, dass er das Wirtschaftlichkeitsgebot beachten muss (→ § 18 Rn. 49) und dass er eine ermessensfehlerfreie Entscheidung zu treffen hat (s. a. → § 26 Rn. 74 ff.). Aus diesem Grunde muss der Verwalter beispielsweise – so wie es auch die Wohnungseigentümer müssen (→ § 18 Rn. 32) – eine Vertragsentscheidung grundsätzlich durch die Einholung von Angeboten absichern. 20

4. Beispiele für übliche Maßnahmen von untergeordneter Bedeutung. a) Überblick. Welche Entscheidungen in einer konkreten Wohnungseigentumsanlage von bloß untergeordneter Bedeutung sind und zu keinen erheblichen Verpflichtungen der einzelnen Wohnungseigentümer führen, ist zwar – wie ausgeführt (→ Rn. 14 ff.) – eine Frage des Einzelfalls und nicht abstrakt zu beantworten. Dennoch lassen sich bestimmte Entscheidungen beschreiben, die idR diese Eigenschaften erfüllen werden. Ob es in einem konkreten Fall anders liegt, und ob dem Verwalter mehr oder weniger Willensbildungskompetenz zukommt, ist damit nicht gesagt. Ferner muss immer beachtet werden, dass die Wohnungseigentümer durch eine Vereinbarung und/oder nach § 27 Abs. 2 WEG etwas anderes bestimmt haben können. Die Bestimmungen sind vorrangig. Außerdem können sie als Anhalt und Auslegungsgegenstand dafür dienen, welche Maßnahmen die Wohnungseigentümer einer konkreten Wohnungseigentumsanlage als untergeordnet ansehen wollen. 21

b) Einwirkungen auf Verträge. Ist der konkrete Verwalter sogar als befugt anzusehen, über einen Vertragsschluss zu entscheiden, ist er als „Minus" hierzu befugt, grundsätzlich in jeder Weise auf den Vertrag einwirken und der Vertragspartei der Gemeinschaft der Wohnungseigentümer zB Anweisungen erteilen, den Vertrag zu kündigen oder Absprachen zum Vertragsentgelt treffen. Es ist auch vorstellbar, dass der Verwalter einen Vertrag 22 nicht bewirken darf, aber er als berechtigt anzusehen ist, auf den bereits bestehenden Vertrag einzuwirken. Denn eine Einwirkung kann unerheblich sein und keine Verpflichtungen auslösen, was aber für den Vertragsschluss nicht gelten muss. So liegt es nahe, dass der Verwalter zB auf Versorgungs- (→ Rn. 31) oder Wartungsverträge (→ Rn. 29 ff.) einwirken, diese aber ggf. nicht schließen darf.

23 **c) Werkverträge. aa) Erhaltung (Instandhaltung und Instandsetzung).** Nach dem zuletzt geäußerten Willen des Gesetzgebers soll der Verwalter nach § 27 Abs. 1 Nr. 1 WEG nur berechtigt und verpflichtet sein, „kleinere" Reparaturen zu erledigen (BT-Drs. 19/22634, 47 – Vorabfassung). Diese Formulierung steht im Gegensatz zur Regierungsbegründung, nach welcher der Verwalter noch einschränkungslos befugt sein sollte „Reparaturen" zu erledigen (BR-Drs. 168/20, 84). Maßgeblich ist daher, welche Verpflichtung der Wohnungseigentümer im Zusammenhang mit einer Erhaltung des gemeinschaftlichen Eigentums als „klein" anzusehen ist.

24 IdR dürften hierzu beispielsweise zählen: die Reparatur kaputter Fensterscheiben (BT-Drs. 19/22634, 47 – Vorabfassung), die Entfernung eines Graffito (BT-Drs. 19/22634, 47 – Vorabfassung), die Entscheidung, einen defekten Leuchtkörper auszutauschen und seine Neuanschaffung (s. a. BT-Drs. 19/22634, 47), die Entscheidung, eine abgestorbene Pflanze auszutauschen und eine neue zu erwerben, die Reparatur der Außen- und Innenbeleuchtung oder eines Handlaufs. Es ist auch am Verwalter, entsprechende Werkleistungen technisch und rechtlich abzunehmen. Ferner ist der Verwalter grundsätzlich als berechtigt anzusehen, im Vorfeld einer Erhaltungsmaßnahme mit Dritten Verträge über Angebote zu schließen, soweit diese nur bereit sind, gegen ein Entgelt ein Angebot abzugeben. Nicht mehr als „klein" anzusehen sein dürften etwa umfassende Reparaturen der Fassade, des Daches, der Heizungsanlage oder des Belags eines Weges.

25 **bb) Bauliche Veränderungen.** Geht es um einen Vertrag, der eine bauliche Veränderung zum Gegenstand hat, bedarf es grundsätzlich einer Entscheidung der Wohnungseigentümer nach § 20 Abs. 1 WEG. Allerdings ist der Verwalter auch hier als berechtigt anzusehen, im Vorfeld eigenständig Angebote einzuholen (→ Rn. 23) oder mit einem Sachverständigen zur Erstellung eines Leistungsprogramms Abreden zu treffen (→ Rn. 26).

26 **d) Dienstverträge. aa) Sachverständige.** Als eine Maßnahme von nur untergeordneter Bedeutung, mit der keine erheblichen Verpflichtungen einhergehen, wird idR der Abschluss eines Vertrages mit einem Sachverständigen anzusehen sein, der sich zum baulichen Zustand des gemeinschaftlichen Eigentums äußern soll und der einer Beschlussfassung der Wohnungseigentümer, wie die Immobilie zu erhalten oder baulich zu verändern ist, vorausgeht (zum alten Recht s. OLG Frankfurt a. M. ZWE 2009, 359 (365); OLG Hamm WE 1997, 354 (355); *Suilmann* ZWE 2017, 61 (65); *Jacoby* ZWE 2019, 20 (23)).

27 **bb) Hausmeister und Pflege der Außenanlagen.** Als eine Maßnahme von nur untergeordneter Bedeutung mit der keine erheblichen Verpflichtungen einhergehen, wird häufig, nicht aber immer der Abschluss eines

Vertrages mit einem Hausmeister anzusehen sein. Anders liegt es zB dann, wenn die Kosten fünfstellig sind. Auch wenn dem Hausmeister eine Wohnung angedient oder ihm umfassend die Verkehrssicherungspflichten in Bezug auf das gemeinschaftliche Eigentum übertragen sein sollen, kann etwas anderes gelten.

cc) Pflege der Außenanlagen. Als eine Maßnahme von nur untergeordneter Bedeutung mit der keine erheblichen Verpflichtungen einhergehen, wird idR auch der Abschluss eines Vertrages mit einem Unternehmen anzusehen sein, das sich gärtnerisch um die Außenflächen kümmern soll. In vielen Fällen werden die Kosten aber auch zu erheblichen Verpflichtungen führen. 28

dd) Wartungsverträge. Als eine Maßnahme von nur untergeordneter Bedeutung mit der keine erheblichen Verpflichtungen einhergehen, wird zum Teil der Abschluss eines Vertrages mit einem Unternehmen anzusehen sein, das die technische Gebäudeausstattung wartet, etwa die Brandmeldeanlage, die Heizungsanlage (Wärmedienstleistungsverträge), die Messgeräte und zwar Eichung (*Lindner* ZWE 2015, 442 (445)) und/oder Austausch, den Personenaufzug, die Rauchwarnmelder oder die Trinkwasserversorgung, beispielsweise in Bezug auf Legionellen. Ferner Verträge zur Wartung von Wassermengenreglern (§ 2 Nr. 2 BetrKV), zur Wartung der Etagenheizungen und Gaseinzelfeuerstätten (§ 2 Nr. 4 BetrKV), der Warmwassergeräte (§ 2 Nr. 5 BetrKV) oder der Dachrinnen (s. a. BGH NZM 2004, 417 unter II. 1. a). Es kommt freilich stets auf den Einzelfall an. Es ist mithin vorstellbar und durchaus Praxis, dass auch diese Verträge zu ganz erheblichen Verpflichtungen führen. Dann bedarf es einer Entscheidung der Wohnungseigentümer. 29

ee) Verwaltervertrag. Über den Verwaltervertrag und seine Inhalte haben stets die Wohnungseigentümer zu entscheiden. 30

e) Versorgungsverträge. Als eine Maßnahme von nur untergeordneter Bedeutung mit der keine erheblichen Verpflichtungen einhergehen wird im Einzelfall der Abschluss eines Versorgungsvertrages der Wohnungseigentumsanlage, etwa mit Gas, Strom oder Wasser im beschränkten Umfang anzusehen sein (BT-Drs. 19/22634, 47 – Vorabfassung; s. a. BR-Drs. 168/20, 84, wo es allerdings an der Einschränkung „beschränkter Umfang" fehlt). IdR werden diese Verträge aber zu erheblichen Verpflichtungen führen, da ein „beschränkter Umfang" häufig nicht anzunehmen ist. Hier ist etwa maßgeblich, ob und wann sich die Gemeinschaft der Wohnungseigentümer vom Vertrag mit welchen Nachteilen wieder lösen kann. Beispielsweise über einen langjährigen Contracting-Vertrag haben idR die Wohnungseigentümer zu bestimmen. 31

f) Anwaltsverträge. aa) Überblick. Der Verwalter ist nach § 27 Abs. 1 Nr. 1 WEG grundsätzlich, jedenfalls aber im Einzelfall berechtigt, mit einem Rechtsanwalt einen Anwaltsvertrag zu Gunsten der Gemeinschaft der Wohnungseigentümer zu schließen. Zu denken ist hier etwa an einen Vertrag im 32

Zusammenhang mit einer Beschlussklage oder zur Verteidigung der Gemeinschaft der Wohnungseigentümer.

33 **bb) Streitwertvereinbarung.** Ferner ist der Verwalter nach § 27 Abs. 1 Nr. 1 WEG grundsätzlich, jedenfalls aber im Einzelfall entsprechend § 27 Abs. 3 Satz 1 Nr. 6, Abs. 2 Nr. 4 WEG aF berechtigt, mit einem Rechtsanwalt eine Streitwertvereinbarung zu treffen. Müsste der Verwalter die Wohnungseigentümer jeweils für eine Streitwertvereinbarung einschalten, käme es zu den Verzögerungen und Unklarheiten. Schließlich liegt es nahe, dass ein Verwalter, wenn er nach § 27 Abs. 1 Nr. 2 und/oder Nr. 1 WEG einen Rechtsanwalt beauftragen darf, mit diesem als „Annex" auch eine Streitwertvereinbarung treffen darf.

34 Inhalt der Streitwertvereinbarung darf es entsprechend § 27 Abs. 2 Nr. 4, Abs. 3 Satz 1 Nr. 6 WEG aF jedenfalls sein, dass sich die Gebühren nach einem höheren als dem gesetzlichen Streitwert, höchstens aber nach einem gem. § 49 Abs. 1 Satz 1 GKG bestimmten Streitwert bemessen. Die Streitwertvereinbarung muss § 3a Abs. 1 Satz 1 RVG genügen. Sie bedarf daher wenigstens der Textform (§ 126b BGB), muss also in einer Urkunde oder auf andere zur dauerhaften Wiedergabe in Schriftzeichen geeignete Weise abgegeben werden, die Person des Erklärenden nennen und der Abschluss der Erklärung muss durch Nachbildung der Namensunterschrift oder anders erkennbar gemacht werden. Die Streitwertvereinbarung muss nach § 3a Abs. 1 Satz 2 RVG als Vergütungsvereinbarung oder in vergleichbarer Weise bezeichnet werden, von anderen Vereinbarungen mit Ausnahme der Auftragserteilung deutlich abgesetzt sein und darf nicht in der Vollmacht enthalten sein. Sie hat einen Hinweis darauf zu enthalten, dass die gegnerische Partei, ein Verfahrensbeteiligter oder die Staatskasse im Falle der Kostenerstattung regelmäßig nicht mehr als die gesetzliche Vergütung erstatten muss.

35 Zur Abrede einer Haftungsbegrenzung iSv § 51a BRAO gibt das Gesetz dem Verwalter keine Handlungsmacht.

36 **g) Mietverträge.** Als eine Maßnahme von nur untergeordneter Bedeutung mit der keine erheblichen Verpflichtungen einhergehen, werden in der Regel Mietverträge stehen, die im Zusammenhang mit der Organisation der Versammlung stehen. Dies kann zB die Anmietung eines Raumes oder einer die Anmietung Anlage zur Ermöglichung einer Online-Teilnahme (s. a. → § 23 Rn. 42) sein. Der Verwalter ist nach § 27 Abs. 1 Nr. 1 WEG grundsätzlich ferner als berechtigt anzusehen, in Bezug auf das gemeinschaftliche Eigentum, etwa einen Stellplatz, eine Außenfläche, die Fassade, einen Raum oder einer im gemeinschaftlichen Eigentum stehenden Wohnung mit Wohnungseigentümern oder Dritten einen Mietvertrag abzuschließen und auf diesen Vertrag einzuwirken. Ferner wird man ihn als berechtigt ansehen können, einen Mietvertrag etwa über Wärmemessgeräte abzuschließen (s. a. LG Hamburg ZMR 2017, 918). Hier ist etwa abzuwägen, ob der Kauf für die Wohnungseigentümer wirtschaftlicher ist.

37 **h) Bankverträge. aa) Überblick.** Nach § 27 Abs. 1 Nr. 1 WEG ist der Verwalter grundsätzlich berechtigt, im Namen der Gemeinschaft der Woh-

nungseigentümer mit einer Bank nach Maßgabe der Wohnungseigentümer einen Bankvertrag als Rahmenvertrag zur Eröffnung eines (Depot-)Kontos zu schließen (s. a. BT-Drs. 16/887, 71) bzw. einen solchen Vertrag zu kündigen. Der Verwalter ist nach § 27 Abs. 1 Nr. 1 WEG ferner berechtigt, der Bank Aufträge im Namen der Gemeinschaft zu erteilen, zB für eine Überweisung. Die Bank zu bestimmen, ist Aufgabe der Wohnungseigentümer; subsidiär aber auch eine des Verwalters.

bb) Darlehensverträge. Aus § 9b Abs. 1 Satz 1 WEG folgt mittelbar auch, dass eine Berechtigung für den Abschluss eines Darlehensvertrages iSv § 488 Abs. 1 Satz 1 BGB nach § 27 Abs. 1 Nr. 1 WEG nicht besteht. Für solche Verträge bedarf es immer, auch für einen Überziehungskredit, wenigstens einmal einer grundsätzlichen Entscheidung der Wohnungseigentümer (→ § 9b Rn. 10 ff.). 38

cc) Anlagegeschäfte. Der Verwalter ist grundsätzlich als berechtigt anzusehen, dass Gemeinschaftsvermögen im gebotenen Rahmen angemessen anzulegen (→ Rn. 161 ff.) 39

i) Grundstücke. Der Verwalter ist – auch mit Blick auf § 9b Abs. 1 WEG – von Gesetzes wegen grundsätzlich nicht als berechtigt anzusehen, über den Abschluss von Grundstückskaufverträgen eine Entscheidung zu treffen oder auf diese Verträge einzuwirken (→ § 9b Rn. 6 ff.), etwa durch eine Belastung. 40

k) Versicherungsverträge. aa) Überblick. Ob der Verwalter von Gesetzes wegen die Pflicht hat, die in § 19 Abs. 2 Nr. 3 WEG genannten Versicherungen ohne Befassung der Wohnungseigentümer neu abzuschließen, ist noch unsicher, aber möglich und wird hier bejaht (s. a. zum alten Recht LG Berlin VersR 1986, 698; LG Essen VersR 1979, 80; *Armbrüster* ZWE 2012, 201). Fehlt ein Versicherungsschutz völlig, wird der Verwalter jedenfalls nach § 27 Abs. 1 Nr. 2 WEG im Einzelfall verpflichtet sein, zumindest für eine vorläufige Deckung zu sorgen. Andere Versicherungen (→ § 19 Rn. 122), wird er hingegen grundsätzlich nicht allein schließen können. 41

Erhält der Verwalter vom Versicherer eine Provision, ist er verpflichtet, hierüber Auskunft zu erteilen und sie auszukehren (LG Köln WuM 1993, 712 (713); *Plaßmann* ZfIR 2012, 206 (210)). Verschweigt der Verwalter, dass er Provisionen erhalten hat, kann dies ein Grund für die Abberufung sein (*Armbrüster* ZWE 2012, 201 (203)). 42

bb) Beschlussdurchführung. Haben sich die Wohnungseigentümer durch Vereinbarung oder Beschluss auf eine Versicherung, einen Versicherer und die Bedingungen festgelegt, hat der Verwalter diesen Beschluss nach § 27 Abs. 1 Nr. 1 WEG durch einen Vertragsschluss namens der Gemeinschaft der Wohnungseigentümer auszuführen/umzusetzen (*Dötsch* ZMR 2014, 170 (171); *Greiner* NZM 2013, 481 (483)). 43

cc) Verwaltervertrag. Bestimmt eine Vereinbarung, dass der Verwalter eine Versicherung nach eigenem Ermessen (→ § 26 Rn. 74 ff.) abschließen soll, kann ein Anlass, ihn abzuberufen, darin gesehen werden, dass er es über 44

Monate hinweg versäumt, für einen ausreichenden Versicherungsschutz zu sorgen (OLG Düsseldorf NZM 2005, 828 (829)). In einem solchen Falle dürfte auch ein Grund für die Kündigung des Verwaltervertrages aus wichtigem Grund vorliegen.

III. Notgeschäftsführung und Nachteilsabwendung (§ 27 Abs. 1 Nr. 2 WEG)

45 **1. Sinn und Zweck und Überblick.** § 27 Abs. 1 Nr. 2 WEG erfasst die Maßnahmen, über die nach § 19 Abs. 1 WEG eigentlich die Wohnungseigentümer entscheiden müssten, die aber eine rasche Entscheidung verlangen, um einen Nachteil zu verhindern, und daher vom Verwalter durchzuführen sind (BR-Drs. 168/20, 84). In Parallele zu § 18 Abs. 3 WEG (→ § 18 Rn. 123 ff.; BGH NJW 2016, 1310 Rn. 7; *Bub* ZWE 2009, 245 (249)) gibt § 27 Abs. 1 Nr. 2 WEG dem Verwalter für das gemeinschaftliche Eigentum mithin für die Gemeinschaft der Wohnungseigentümer ein Notgeschäftsführungsrecht bzw. legt ihm eine solche auf (BGH NZM 2011, 454 Rn. 25). Der Verwalter hat nach § 27 Abs. 1 Nr. 2 WEG ein umfassendes Notgeschäftsführungsrecht, solange die Wohnungseigentümer nicht selbst in der Lage sind ihre Beschlusskompetenz auszuüben (*Elzer* MietRB 2020, 149 (153)). Nach Ansicht des BGH kann ein Notgeschäftsführungsrecht ferner aus §§ 670, 257 BGB folgen (BGH NZM 11, 454 Rn. 26). Ein solches Recht würde indes durch § 27 Abs. 1 Nr. 2 WEG als Spezialnorm verdrängt werden (*Elzer* ZWE 2011, 207 (209)). Die Vertretungsmacht folgt auch hier aus § 9b Abs. 1 Satz 1 WEG.

46 Für das Gemeinschaftsvermögen gilt § 27 Abs. 1 Nr. 2 WEG nach § 9a Abs. 3 WEG entsprechend.

47 Handelt der Verwalter gegen den erklärten Willen der Wohnungseigentümer, hat er von Gesetzes wegen dennoch eine Vertretungsmacht (§ 9b Abs. 1 WEG), bewegt sich im Innenverhältnis aber im Verbotenen und macht sich schadenersatzpflichtig (s. a. BayObLG ZMR 2001, 822; KG NJW-RR 1991, 273).

48 **2. Nachteil. a) Überblick.** Der Nachteil iSv § 27 Abs. 1 Nr. 2 WEG kann ein rechtlicher oder ein tatsächlicher sein (BR-Drs. 168/20, 84). Die Wahrung einer Frist ist nur deshalb im Gesetz genannt, weil es sich um den praktisch häufigsten Fall handelt, in dem ein Rechtsnachteil verhindert werden soll.

49 **b) Dringende Erhaltungsmaßnahmen. aa) Überblick.** Ein typischer tatsächlicher Nachteil besteht dann, wenn das gemeinschaftliche Eigentum dringend zu erhalten ist. § 27 Abs. 1 Nr. 2 WEG erfasst insoweit die umfassende Organisation dringender Erhaltungsmaßnahmen nebst der Auswahl des Vertragspartners und der Entscheidung zum Vertragsschluss sowie der Auswahl des Finanzierungsweges, soweit eine Erhaltungsmaßnahme nicht bereits unter § 27 Abs. 1 Nr. 1 WEG fällt (→ Rn. 23).

50 **bb) Dringend.** Dringend sind Fälle, die nicht zu § 27 Abs. 1 Nr. 1 WEG gehören (→ Rn. 23) und wegen ihrer objektiven Eilbedürftigkeit eine vor-

herige, ggf. iSv § 24 Abs. 4 Satz 2 WEG dringende Einberufung einer Versammlung und die Befassung der Wohnungseigentümer mit „ob" und „wie" einer Erhaltungsmaßnahme nicht mehr zulassen (OLG Hamm ZWE 2011, 415 (416); LG Berlin BeckRS 2018, 4096 Rn. 12; LG Frankfurt a. M. ZWE 2016, 275; LG Frankfurt (Oder) ZWE 2013, 219; LG München I ZWE 2011, 42; *Elzer* ZWE 2012, 163 (164)).

Wegen der Primärzuständigkeit der Wohnungseigentümer muss der Verwalter auch in eilbedürftigen Fällen möglichst einen Beschluss herbeiführen – ggf. auch unter Verkürzung der Ladungsfrist (BayObLG NZM 2004, 390; LG Berlin BeckRS 2018, 4096 Rn. 12; LG Frankfurt (Oder) ZWE 2013, 219); dabei ist die Größe der Wohnungseigentümergemeinschaft zu beachten (BayObLG NZM 2004, 390; ZMR 1997, 325). Entscheidend ist stets, ob die Erhaltung des gemeinschaftlichen Eigentums gefährdet wäre, wenn nicht sofort gehandelt würde (BayObLG NJWE-MietR 1997, 163; LG Frankfurt a. M. ZWE 2016, 275; *Schmid* NJW 2012, 2545). Zu fragen ist also, ob die (weitere) Erhaltung des gemeinschaftlichen Eigentums oder Menschen gefährdet wären, wenn nicht umgehend gehandelt würde (BayObLG ZMR 1997, 325). 51

Bisherige Beispiele für solche eher seltenen Fälle – meist durch Zufall oder höhere Gewalt verursacht – sind etwa ein Gasleck (LG Frankfurt a. M. ZWE 2016, 275), ein Leitungsbruch (OLG Hamm NJW-RR 1989, 331), der Ausfall der Heizungsanlage im Winter (LG Berlin BeckRS 2018, 4096 Rn. 12), ein Brand (LG Berlin BeckRS 2018, 4096 Rn. 12) oder eine Explosion (LG Berlin BeckRS 2018, 4096 Rn. 12), die Schäden verursachen, denen man sofort entgegentreten muss, die Verstopfung einer Versorgungs- oder Abwasserleitung, eine Überschwemmung oder das (teilweise) abgedeckte/beschädigte Dach. 52

Haben die Wohnungseigentümer die Frage bereits entschieden und/oder den Verwalter angewiesen, wie er handeln soll (→ Rn. 81 ff.), kann der Amtsträger von dieser Bestimmung im Innenverhältnis nicht mehr abweichen. 53

cc) Umfang. § 27 Abs. 1 Nr. 2 WEG deckt nach Ermessen des Verwalters (→ § 26 Rn. 74 ff.) solche Maßnahmen, die im Rahmen einer ordnungsmäßigen Verwaltung iSv § 18 Abs. 2 WEG eine Gefahrenlage für das gemeinschaftliche Eigentum (BGH NZM 2011, 454 Rn. 25) beseitigen, nicht aber solche, die der dauerhaften Behebung der Schadenursache dienen (BGH NJW 2016, 1310 Rn. 7; NZM 2011, 454 Rn. 27; LG München I ZWE 2011, 42). § 27 Abs. 1 Nr. 2 WEG erlaubt mithin nur Sicherungsmaßnahmen, die aber auch im Abriss einer einsturzgefährdeten Mauer, provisorischen Eindeckung des Daches oder im Auspumpen des überfluteten Kellers bestehen können. Muss der Verwalter oder ein von diesem eingeschalteter Dritter zur Erhaltung des gemeinschaftlichen Eigentums im Einzelfall Sondereigentum betreten und/oder in dieses eingreifen, sind solche Maßnahmen durch § 14 Abs. 1 Nr. 2 WEG gedeckt. 54

c) Dringende Verträge und eilige Entscheidungen im Übrigen. Der Verwalter hat nach § 27 Abs. 1 Nr. 2 WEG auch jenseits gerade der Erhaltung des gemeinschaftlichen Eigentums ein umfassendes Notgeschäftsfüh- 55 rungsrecht, solange die Wohnungseigentümer nicht selbst in der Lage sind, ihre Beschlusskompetenzen auszuüben (s. a. *Zehelein/Elzer* § 5 Rn. 58). So kann es etwa in Zeiten einer Pandemie sein (*Zehelein/Elzer* § 5 Rn. 58). Zu beachten ist allerdings, dass es sich insoweit um eine Sondersituation handelt. Wenn die Wohnungseigentümer mit einer Angelegenheit wieder befasst werden können oder wenn eine Angelegenheit objektiv nicht eilig ist, hat der Verwalter selbstverständlich die Befassung der Wohnungseigentümer abzuwarten (*Zehelein/Elzer* § 5 Rn. 58).

56 **d) Wahrung einer Frist. aa) Überblick.** Zur Wahrung einer Frist iSv § 27 Abs. 1 Nr. 2 WEG darf und muss der Verwalter das Erforderliche tun. IdR reicht es hierfür, den Wohnungseigentümern den drohenden Ablauf einer Frist vor Augen zu führen und ihnen im Rahmen einer Versammlung anheim zu stellen, das Notwendige selbst zu tun. Reicht die Zeit ausnahmsweise aber nicht, kann der Verwalter das Notwendige selbst veranlassen, alle Erklärungen abgeben und auch eine Klage erheben (s. a. OLG Hamm ZMR 2008, 228). Dass der Verwalter den drohenden Eintritt des Nachteils (auch) zu vertreten hat, steht § 27 Abs. 1 Nr. 2 WEG nicht entgegen.

57 **bb) Gegenstand.** Fristen iSv § 27 Abs. 1 Nr. 2 WEG sind sämtliche materiellen und prozessualen Fristen. Beispiele sind die Frist nach § 276 Abs. 1 Satz 1 ZPO und Rechtsmittelfristen (Berufung, Revision, Einspruch, Beschwerde, Widerspruch), im Einzelfall aber auch Kündigungs- oder Verjährungs- (OLG Düsseldorf ZMR 1994, 521), Anfechtungs- oder vereinbarte Fristen (*Schmid* ZWE 2010, 305).

58 **cc) Rechtsstreitigkeiten.** Der Verwalter ist nach § 27 Abs. 1 Nr. 2 WEG im Einzelfall befugt, im Namen der Gemeinschaft der Wohnungseigentümer einen Prozess zu initiieren, soweit eine Befassung der Wohnungseigentümer aufgrund der einzuhaltenden Fristen nicht möglich ist (BR-Drs. 168/20, 84). Zur Abwendung eines sonstigen Rechtsnachteils kann der jeweils im Amt befindliche Verwalter zB ein Eilverfahren nach §§ 916, 935 ff. ZPO betreiben (s. a. AG Augsburg IMR 2012, 296; AG Wiesloch ZWE 2011, 290). Weiter kommen im Einzelfall Eilanträge im Zwangsvollstreckungsrecht oder nach § 80 Abs. 5 VwGO (OVG Lüneburg BauR 1986, 684) in Betracht. Auch eine einstweilige Verfügung zur Herausgabe der Verwaltungsunterlagen gegen den Altverwalter (→ § 26 Rn. 364) kann durch den Verwalter erhoben werden (AG Wiesloch ZWE 2011, 290).

59 Voraussetzung ist auch hier, dass Handlungen gerade des Verwalters erforderlich sind. Dieses ist nur dann der Fall, wenn die Wohnungseigentümer ausnahmsweise nicht selbst nach § 19 Abs. 1 WEG durch Beschluss oder durch eine Vereinbarung handeln können. Dass diese Voraussetzung etwa bei einem Grundbuchberichtigungsanspruch vorliegen könnte, ist kaum vorstellbar (aA OLG Karlsruhe Justiz 1973, 307); er unterfällt aber ggf. § 27 Abs. 1 Nr. 1 WEG. Entsprechendes gilt für ein Verfahren nach §§ 485 ff. ZPO (aA BGH NJW 1981, 282 unter II. 1. a); BayObLGZ 1976, 211 (213)), für das Betreiben der Zwangsverwaltung (aA OLG Hamburg OLGZ 1993, 431) oder die Inanspruchnahme eines Gewährleistungsbürgen (aA

OLG Düsseldorf NJW-RR 1993, 470). Solche Maßnahmen können aber im Einzelfall § 27 Abs. 1 Nr. 1 WEG unterfallen.

Der Verwalter hat nach § 27 Abs. 1 Nr. 2 WEG zugleich die Geschäftsführungsaufgabe, im Namen der Gemeinschaft der Wohnungseigentümer einen gegen diese gem. § 43 Abs. 1 Satz 1, Abs. 2 Nr. 2 WEG gerichteten Rechtsstreit im Erkenntnis- und Vollstreckungsverfahren zu führen oder durch einen Rechtsanwalt führen zu lassen. Denn die Wahrnehmung der Interessen der Gemeinschaft der Wohnungseigentümer gehört zur ordnungsmäßigen Erfüllung der Aufgaben des Verwalters, zu der er nicht nur berechtigt, sondern auch verpflichtet ist (BGH NZM 2014, 275 Rn. 15; NJW-RR 2012, 460 Rn. 22). 60

e) Legalitätspflicht. Im Rahmen des § 27 Abs. 1 Nr. 2 WEG kann der Verwalter im Einzelfall wegen seiner Legalitätspflicht (→ § 26 Rn. 57) verpflichtet sein, eine Störung der öffentlichen Sicherheit oder Ordnung abzuwenden (OVG Saarlouis NJW-RR 2015, 10; OVG Berlin NJW-RR 1991, 597; VG Bayreuth ZMR 2014, 329). So liegt es bei Gefahr in Verzug (OVG Saarlouis NZM 2014, 913), nicht aber, wenn es um die Erfüllung von Prüfpflichten für sicherheitstechnische, im gemeinschaftlichen Eigentum stehende Einrichtungen geht (aA VG Bayreuth ZMR 2014, 329). Solche Maßnahmen können im Einzelfall aber § 27 Abs. 1 Nr. 1 WEG unterfallen. 61

f) Verkehrssicherungspflicht. Im Einzelfall kann der Verwalter nach § 27 Abs. 1 Nr. 2 WEG verpflichtet sein, bei Gefahr im Verzug die vom gemeinschaftlichen Eigentum ausgehenden Gefahren abzuwenden und insoweit anstelle der originär Verpflichteten zu handeln (→ Rn. 183; → Rn. 121). 62

g) Schutz des Sondereigentums. Eine Maßnahme zur Erhaltung des gemeinschaftlichen Eigentums ist ordnungsmäßig, wenn sie so durchgeführt wird, dass – soweit möglich – Schäden am Sondereigentum vermieden werden (BGH NZM 2011, 454 Rn. 26). Der Verwalter ist daher entsprechend § 27 Abs. 1 Nr. 2 WEG und gem. §§ 683 Satz 1, 680 BGB berechtigt, die Maßnahmen zu ergreifen, die zur Abwehr eines durch Arbeiten am gemeinschaftlichen Eigentum unmittelbar drohenden Schadens am Sondereigentum notwendig sind. 63

IV. Benutzungsregelungen

1. Überblick. Jeder Wohnungseigentümer kann nach § 18 Abs. 2 Nr. 2 WEG von der Gemeinschaft der Wohnungseigentümer eine Benutzung des gemeinschaftlichen Eigentums und des Sondereigentums verlangen, die dem Interesse der Gesamtheit der Wohnungseigentümer nach billigem Ermessen (ordnungsmäßige Verwaltung und Benutzung) und, soweit solche bestehen, den gesetzlichen Regelungen, Vereinbarungen und Beschlüssen entspricht. 64

2. Grundsatz. Ist im Hinblick auf Benutzungsregelungen etwas zu unternehmen, betreibt zum Beispiel ein Mieter in Räumen, die im Sondereigentum stehen, und in denen nach einer Vereinbarung nur ein Laden erlaubt ist, ein Restaurant, müssen hierüber die Wohnungseigentümer nach § 19 Abs. 1 65

WEG eine Entscheidung fällen. Diese Bestimmung muss der Verwalter angemessen begleiten und vorbereiten. Ferner liegt es in seinem Ermessen, ob er nach der Benachrichtigung durch einen Wohnungseigentümer, der auf einen Verstoß gegen eine Benutzungsregelung aufmerksam macht, zeitnah eine Versammlung einberufen oder den Punkt auf die nächste ordentliche Versammlung nimmt. Sein Ermessen muss sich insoweit von der Dringlichkeit der Unterlassung leiten lassen. Es ist es auch Pflicht und Aufgabe des Verwalters, ein Verhalten, das gegen die vereinbarten und/oder beschlossenen Benutzungsregelung der Wohnungseigentümer verstößt, als Organ der Gemeinschaft der Wohnungseigentümer zeitnah abzumahnen. Dies dient einerseits einem eventuellen Unterlassungsverfahren, und andererseits der Vorbereitung einer Entziehung nach § 17 WEG.

66 **3. Ausnahme.** Besteht in Bezug auf eine Benutzungsregelung ausnahmsweise Gefahr im Verzug, beispielsweise wegen des Brandschutzes, liegt also ein Fall der Notgeschäftsführung vor, ist der Verwalter nach § 27 Abs. 1 Nr. 2 WEG berechtigt, die notwendigen Entscheidungen selbst zu treffen.

67 **4. Inhalt einer Benutzungsregelung.** Der Verwalter ist in keinem Falle ohne Ermächtigung befugt, eigenständig den Inhalt einer Benutzungsregelung zu bestimmen, etwa Konkretisierungen der Hausordnung. Nur im Rahmen der Abhaltung der Versammlung gilt anderes (zu den Einzelheiten → § 24 Rn. 110).

V. Entscheidungen ohne erhebliche Verpflichtungen

68 Im Einzelfall muss bei laufenden Verträgen entschieden werden, ob zB ein Baum zu fällen ist, welche Farbe die Fassade erhalten soll, ob eine Hecke geschnitten wird, ob gestaltend auf einen Vertragsinhalt eingewirkt wird, zB eine Kündigung, oder ob der Vertragspartner angewiesen wird. Diese Entscheidungen können für die Wohnungseigentümer eine Bedeutung haben, müssen aber nicht unbedingt zu (weiteren) erheblichen Verpflichtungen führen. In anderen Fällen kann sogar ein Vertragsschluss selbst mit keinen erheblichen Verpflichtungen verbunden, aber dennoch bedeutsam sein. So mag es zB bei der Vermietung von Flächen (→ Rn. 36), bei Versorgungsverträgen (→ Rn. 31) oder bei Versicherungsverträgen (→ Rn. 41) liegen. In diesen Lagen führt dann bereits die Erheblichkeit der Maßnahme dazu, dass der Verwalter nicht allein entscheiden kann und kommt es auf die Erheblichkeit der Verpflichtung nicht mehr an.

VI. Umlageschlüssel

69 Der Verwalter hat nach § 27 Abs. 1 Nr. 1 WEG entgegen den dazu gemachten Vorschlägen (*Elzer* AnwZert MietR 13/2020) keine Befugnis, anstelle der Wohnungseigentümer einen Umlageschlüssel für die Betriebs- und/oder Verwaltungskosten oder eine bauliche Veränderung zu bestimmen. Die Wohnungseigentümer sind auch nicht befugt, ihm insoweit Rechte zu geben. Denn die Entscheidungen nach §§ 16 Abs. 2, 21 Abs. 5 WEG sind keine nach § 27 Abs. 1 WEG, für die das Gesetz allein eine Beschlusskompetenz einräumt.

E. Erweiterungen und Einschränkungen (§ 27 Abs. 2 WEG)

I. Überblick

§ 27 Abs. 2 WEG gibt den Wohnungseigentümern – teilweise entsprechend § 27 Abs. 3 Satz 1 Nr. 7 WEG aF (dieser ließ nur die Übertragung der Vertretungsmacht zu) – die Möglichkeit, durch Beschluss ihre eigenen Aufgaben und Befugnisse auf den Verwalter zu übertragen. Er gibt ihnen abweichend von § 27 Abs. 4 WEG aF (*Abramenko* ZWE 2020, 253 (260)) eine Beschlusskompetenz, die gesetzlichen Aufgaben und Befugnisse des Verwalters nach Absatz 1 zu beschränken (s. a. BR-Drs. 168/20, 84). Die Wohnungseigentümer haben damit die Möglichkeit, diejenigen Maßnahmen zu definieren, deren Erledigung sie in die Verantwortung des Verwalters legen wollen bzw. die sie sich selbst vorbehalten wollen. 70

II. Einzelheiten

1. Entziehung. Die Wohnungseigentümer haben eine Beschlusskompetenz, dem Verwalter sämtliche ihm nach § 27 Abs. 1 WEG eingeräumten Berechtigungen und auferlegten Pflichten zu entziehen. Diese Kompetenz betrifft nicht die Rechte und Pflichten aus anderen Bestimmungen, etwa aus §§ 24, 28 WEG oder die weiteren Organpflichten und -rechte des Verwalters. Denn § 27 Abs. 2 WEG bezieht sich ausdrücklich nur auf die Rechte und Pflichten nach Absatz 1. 71

2. Einschränkungen. Die Wohnungseigentümer sind befugt, die Rechte und Pflichten des Verwalters aus § 27 Abs. 1 WEG beliebig und ohne Einhaltung irgendwelcher Grenzen einzuschränken. Beispiele: 72

- **Bindung an Zustimmung:** Die Wohnungseigentümer sind befugt, sämtliche oder einzelne dem Verwalter nach § 27 Abs. 1 WEG obliegenden Maßnahmen an ihre Zustimmung, die Zustimmung eines Dritten oder zB die mehrheitliche Zustimmung der Verwaltungsbeiräte oder des Vorsitzenden des Verwaltungsbeirats zu binden (BR-Drs. 168/20, 84; BT-Drs. 19/22634, 47 – Vorabfassung). 73
- **Maßnahmen.** Die Wohnungseigentümer sind befugt, jede einzelne Maßnahme daraufhin zu überprüfen, ob sie selbst oder der Verwalter über sie entscheiden können soll.
- **Maßnahmenkataloge.** Die Wohnungseigentümer sind befugt, ganze Maßnahmenkataloge zu bestimmen und detailliert anzuordnen, welche Maßnahmen für sie eine untergeordnete Bedeutung haben und welche nicht (BR-Drs. 168/20, 84; BT-Drs. 19/22634, 47 – Vorabfassung).
- **Wertgrenzen.** Die Wohnungseigentümer sind befugt, Wertgrenzen zu bestimmen (BR-Drs. 168/20, 84; BT-Drs. 19/22634, 47 – Vorabfassung) und damit zu konkretisieren, welche Verpflichtungen sie selbst als erheblich ansehen wollen.

74 **3. Erweiterungen. a) Begriff.** „Erweiterung" meint, dass die Wohnungseigentümer durch Beschluss oder Vereinbarung anordnen, dass Entscheidungen, die das Gesetz ihnen vorbehält und die sie nach § 19 Abs. 1 WEG treffen müssten, vom Verwalter getroffen werden dürfen.

75 **b) Gegenstand.** Um welche Entscheidungen es sich handelt, ist unerheblich. Das Gesetz bestimmt keine Grenzen. Vorstellbar ist daher, dass die Wohnungseigentümer dem Verwalter innerhalb der allgemeinen Beschlussgrenzen (→ § 23 Rn. 121 ff.) sämtliche Entscheidungen, die sie selbst in der Versammlung treffen müssten, übergeben.

76 **c) Wege der Entziehung, Erweiterung und/oder Einschränkung. aa) Vereinbarung.** Die Wohnungseigentümer können nach § 27 Abs. 2 WEG eine Entziehung, Erweiterung und/oder Einschränkung beschließen. Aus diesem Grund können sie, wie allgemein in Beschlussangelegenheiten (→ § 10 Rn. 13), hierzu auch eine Vereinbarung treffen (s. a. BGH NJW 2012, 2797 Rn. 10; *Jacoby* ZWE 2012, 418 (421)). Die Vereinbarung kommt wie jeder andere Vertrag zustande und bedarf für die Wirkungen des § 10 Abs. 3 WEG der Verdinglichung. Eine Vereinbarung, nach der „der Verwalter" ermächtigt ist, gilt grundsätzlich nicht nur für den ersten, sondern für den jeweils aktuellen Verwalter (LG Dortmund IMR 2017, 154).

77 Eine solche Vereinbarung sperrt nicht die Beschlusskompetenz nach § 27 Abs. 2 WEG und ist also immer unter dem Vorbehalt eines abweichenden Beschlusses zu sehen. Dies gilt auch dann, wenn sie diese Öffnung gegen den Beschluss nicht ausdrücklich klarstellt.

78 **bb) Beschluss.** Ferner haben die Wohnungseigentümer nach § 27 Abs. 2 WEG eine Beschlusskompetenz, über eine Entziehung, Erweiterung und/oder Einschränkung zu beschließen. Der Beschluss nach § 27 Abs. 2 WEG bedarf nach § 25 Abs. 1 WEG einer einfachen Mehrheit.

79 **cc) Verwaltervertrag.** Im Verwaltervertrag kann eine Entscheidung über eine Entziehung, Erweiterung und/oder Einschränkung nicht getroffen werden (aA wohl *Becker/Schneider* ZfIR 2020, 281 (303)). Im Verwaltervertrag kann diese Entscheidung – die nach § 27 Abs. 2 WEG durch Beschluss (soweit möglich) oder Vereinbarung zu treffen ist – nur dokumentiert werden.

80 Im Genehmigungsbeschluss über den Verwaltervertrag (LG Frankfurt a. M. ZWE 2017, 320 Rn. 7: „Verwaltervertrag muss beschlossen werden") kann allerdings eine beschlussweise Ermächtigung liegen, soweit der Verwaltervertrag eine Ermächtigung enthält (s. a. *Schmid* ZfIR 2014, 589 (590); ZWE 2010, 305 (307)). So liegt es, wenn den Wohnungseigentümern, die mit „Ja" gestimmt haben, beim Genehmigungsbeschluss über den Verwaltervertrag bewusst ist, dass sie zugleich nach § 27 Abs. 2 WEG eine Erweiterung der Verwalterbefugnisse nach § 27 Abs. 1 WEG beschließen. Nur so ist die erforderliche Transparenz gewährleistet und die Regelung durch Einsicht in die Beschluss-Sammlung klar ersichtlich (s. a. BGH NJW-RR 2018, 1162 Rn. 18). Fehlt es hieran, billigen die Wohnungseigentümer mit dem Genehmigungsbeschluss gegenüber dem Verwaltervertrag zwar dessen Inhalte, erteilen dem Verwalter aber keine Entscheidungsmacht. Ein Indiz

ist, wenn der Genehmigungsbeschluss in die Beschluss-Sammlung aufgenommen wurde. Ein weiteres Indiz ist eine in der Niederschrift dokumentierte Diskussion, welche Rechte der Verwalter im Einzelnen für die Gemeinschaft der Wohnungseigentümer haben soll.

III. Weisungen der Wohnungseigentümer

Die Wohnungseigentümer sind als „Minus“ nach §§ 19 Abs. 1, 27 Abs. 2 WEG jederzeit befugt, dem Verwalter für alle Maßnahmen, die er selbständig wahrnehmen darf, eine Weisung zu erteilen (s. a. BGH NJW 2020, 1134 Rn. 10; NJW-RR 2020, 393 Rn. 15; NJW 2018, 3305 Rn. 28; NZM 2014, 275 Rn. 15; NJW 2013, 3098 Rn. 15). **81**

Sie können den Verwalter zB anweisen, wann er das gemeinschaftliche Eigentum begehen oder wie er die Versammlung leiten oder wie er eine unklare/unbestimmte Vereinbarung verstehen soll. Ebenso können die Wohnungseigentümer stets bestimmen, mit wem die Gemeinschaft der Wohnungseigentümer mit Bezug auf das gemeinschaftliche Eigentum Verträge schließt und zu welchen Konditionen (s. a. *Merle* ZWE 2010, 2 (6)). **82**

Schließlich können die Wohnungseigentümer den Verwalter auch stets anweisen, auf welche Art und Weise er die Gemeinschaft der Wohnungseigentümer vertreten (*Schmid* ZWE 2010, 305 (306)) oder wie er Beschlüsse durchführen soll (BGH NJW 2018, 3305 Rn. 28). **83**

IV. Reichweite

Ein auf Grundlage von § 27 Abs. 2 WEG gefasster Beschluss betrifft stets nur das Innenverhältnis; die Vertretungsmacht des Verwalters ist aus Gründen der Rechtssicherheit nach § 9b Abs. 1 Satz 3 WEG unbeschränkbar (BR-Drs. 168/20, 84). **84**

F. Aufgaben und Pflichten des Verwalters iSv § 27 Abs. 1 WEG

I. Überblick

Wie bereits im Zusammenhang mit der Entstehungsgeschichte der Bestimmung ausgeführt (→ Rn. 3), soll § 27 WEG neben der Antwort auf die Frage, welche Willensbildungskompetenz beim Verwalter liegt (dazu im Einzelnen → Rn. 14 ff.), auch eine Aussage zur Geschäftsführung des Verwalters treffen (*Becker/Schneider* ZfIR 2020, 281 (303); *Elzer* AnwZert MietR 13/2020). Die im Folgenden beispielhaft dargestellten Aufgaben werden dabei teilweise wenigstens in den Materialien im Gesetz zur Förderung der Elektromobilität und zur Modernisierung des Wohnungseigentumsgesetzes und zur Änderung von kosten- und grundbuchrechtlichen Vorschriften (Wohnungseigentumsmodernisierungsgesetz – WEMoG) genannt (vgl. BT-Drs. 19/22634, 47 – Vorabfassung; BR-Drs. 168/20, 84). Im Übrigen entsprechen sie dem traditionellen Bild, welche Aufgaben und Pflichten auf einem WEG-Verwalter ruhen. **85**

86 Die Wohnungseigentümer haben auch insoweit die Möglichkeit und wie bislang auch, durch eine Vereinbarung oder einen auf § 27 Abs. 2 WEG beruhenden Beschluss auf das „Programm“ nach § 27 Abs. 1 WEG einzuwirken und es zu erweitern oder einzuschränken. Was daher für eine konkrete Wohnungseigentumsanlage gilt, ist immer auch nach den dortigen Bestimmungen und im Einzelfall zu klären. Der nachfolgende Überblick ist unter diesem Vorbehalt zu sehen (s. a. BT-Drs. 19/22634, 47 – Vorabfassung).

II. Beschlussdurchführung

87 **1. Überblick.** Es gibt Beschlüsse, die ohne weiteres die Rechtslage gestalten und keiner Durchführung bedürfen, zB die Bestimmung, dass es nach 20.00 Uhr nicht mehr erlaubt ist, Musikanlagen lauter als „Zimmerlautstärke“ zu betreiben. IdR müssen Beschlüsse indes durchgeführt (ausgeführt) werden. Diese Durchführungsaufgabe ist nach § 27 Abs. 1 Nr. 1 WEG grundsätzlich eine Amtspflicht des Verwalters (BR-Drs. 168/20, 83; *Elzer* AnwZert MietR 13/2020). Der jeweilige Amtsträger (BGH NJW 2018, 3305 Rn. 15; NZM 2016, 523 Rn. 16) muss daher nach § 27 Abs. 1 Nr. 1 WEG von Amts wegen jeden nicht für ungültig erklärten oder von Anfang an nichtigen Beschluss (→ Rn. 91), aber auch jede wirksame Vereinbarung (BT-Drs. 19/22634, 47 – Vorabfassung) zeitnah (LG Frankfurt a. M. ZMR 2010, 787), idR sogar iSv § 121 Abs. 1 Satz 1 BGB unverzüglich (BGH NJW 2018, 3305 Rn. 31; NZM 2011, 454 Rn. 20; aA *Schmid* ZMR 2013, 93), durchführen (BGH NZM 2016, 169 Rn. 31).

88 Zwar ist es eine Frage ordnungsmäßiger Verwaltung, wann eine Maßnahme getroffen wird. Haben die Wohnungseigentümer einen Beschluss gefasst und nicht beschlossen, dass er später oder bei Eintritt einer Bedingung durchzuführen ist (→ Rn. 91), steht aber fest, dass allein seine sofortige Durchführung ordnungsmäßiger Verwaltung entspricht. Auf die Bestandskraft (→ § 23 Rn. 169) kommt es nicht an (unklar BGH NJW 2012, 2955 Rn. 20; WuM 2012, 399 Rn. 9). Unerheblich ist auch, ob der durchzuführende Beschluss angefochten wurde (BGH NJW 1996, 1216 unter III. 2. a); LG München I ZMR 2014, 396; BayObLG WE 1991, 198 (199)). Solange Beschlüsse nicht nichtig, nicht aufgehoben und nicht rechtskräftig für ungültig erklärt worden sind, sind sie gültig und durchzuführen (BGH ZWE 2014, 265 Rn. 6).

89 Der Verwalter ist nicht befugt, der Entscheidung der Wohnungseigentümer – selbst dann, wenn sie ihm oder „jedermann“ als „falsch“ erscheint – sein Ermessen (→ § 26 Rn. 74 ff.) entgegenzustellen und danach zunächst von einer Durchführung abzusehen (s. a. BGH BeckRS 2020, 15562 Rn. 25). Denn dem Verwalter ist anders als dem Geschäftsführer, dem jedenfalls das Schrifttum zubilligt, nach seinem Ermessen über die Ausführung von Beschlüssen zu entscheiden (*Noack* Der Betrieb 2014, 1851 (1854)), eine Abwägung, was gilt, grundsätzlich nicht erlaubt (BGH NJW 2018, 3305 Rn. 31; aA *Schmid* ZMR 2013, 93 (94); die von ihm genannten Prüfsteine sind solche, welche die Wohnungseigentümer abwägen müssen). Von sich aus darf der Verwalter daher eine Beschlussdurchführung, zB

angesichts einer Anfechtung, zur Vermeidung eines Schadens der Gemeinschaft der Wohnungseigentümer und/oder der Wohnungseigentümer nicht hinauszögern– es sei denn, es bestünde Gefahr im Verzug (LG Hamburg ZMR 2013, 131 (132)).

2. Nichtdurchführung. Ein Beschluss ist in einigen Fällen allerdings nicht durchzuführen. Übersicht: **90**

- **Beschluss:** Ein Beschluss ist nicht durchzuführen, wenn beschlossen ist, dass er bis zu einem bestimmten Zeitpunkt (idR seine Bestandskraft, → § 23 Rn. 169) nicht durchgeführt werden soll (BayObLG FGPrax 2005, 14). Diese Entscheidung, einen Beschluss zunächst nicht durchzuführen, können die Wohnungseigentümer treffen (LG Hamburg ZMR 2013, 131 (132); *Häublein* ZWE 2020, 311). Beispiel: Der Verwalter soll vorstehenden Beschluss erst und auch nur dann ausführen, wenn dieser bestandskräftig ist. Von der Bestandskraft hat der Verwalter auszugehen, wenn ihm kein Wohnungseigentümer zwei Wochen nach Ablauf der Anfechtungsfrist (ein Monat ab dem morgigen Tag) die bei Gericht eingebrachte Anfechtung des Beschlusses angezeigt hat. Für den Fall einer rechtzeitigen Anfechtung soll der Verwalter innerhalb von … eine weitere Versammlung einberufen (s. a. *Häublein* ZWE 2020, 311 (312)). Ferner ist eine Anordnung gem. §§ 935, 940 ZPO möglich (→ Vor §§ 43 ff. Rn. 46). **91**
- **Bestimmtheit:** Durchführbar sind nur in sich klare Bestimmungen: auch unbestimmte Beschlüsse (→ § 23 Rn. 140) sind daher undurchführbar. Der Verwalter ist nach § 27 Abs. 1 Nr. 1 WEG nicht befugt, einem unbestimmten Beschluss einen (durchführbaren) Inhalt zu geben und ihn erst bestimmt zu machen (*Jacoby* ZWE 2012, 418 (419)).
- **Fehlende Mittel:** Ein Verwalter kann die Durchführung eines Beschlusses verweigern, wenn ihm die nötigen Mittel zur Durchführung nicht bereitgestellt werden (BGH NZM 2011, 454 Rn. 20; LG Hamburg ZWE 2018, 361 Rn. 8; s. a. BGH NJW 2018, 1309 Rn. 27; NJW 2015, 613 Rn. 8: Die Erteilung von Aufträgen entspricht nur dann ordnungsmäßiger Verwaltung, wenn die Aufbringung der Mittel gesichert ist; enger *Jacoby* ZWE 2019, 20 (22)). Dieses kommt vor allem bei Erhaltungsmaßnahmen für das gemeinschaftliche Eigentum, aber auch bei Kaufverträgen, zB Öl, in Betracht.
- **Legalitätspflicht:** Ob der Verwalter eine Beschlussdurchführung auch unter Hinweis auf seine Legalitätspflicht (→ § 26 Rn. 57) verweigern darf, ist offen. Nach hier vertretener Auffassung ist er zur Umsetzung eines Beschlusses nicht verpflichtet, wenn die Umsetzung einen Verstoß gegen geltendes Recht zur Folge hätte (s. a. *Jacoby* ZWE 2019, 20 (22); *Dietz-Vellmer* NZG 2014, 721; *Noack* Der Betrieb 2014, 1851 (1853)): Dem Legalitätsprinzip ist zwar nicht bei bloß ordnungswidrigen (*Jacoby* ZWE 2019, 20 (21)), wohl aber bei gesetzeswidrigen Beschlüssen Vorrang einzuräumen. Erwächst ein gesetzeswidriger Beschluss allerdings in Bestandskraft (→ § 23 Rn. 169), ist auch er durchzuführen.
- **Ungültigkeit/Nichtigkeit:** Ein Beschluss ist nicht (mehr) durchzuführen, wenn er rechtskräftig nach § 23 Abs. 4 Satz 2 WEG für ungültig erklärt ist oder, wenn er „erkennbar" nichtig ist (BGH NJW 1996, 1216 unter III. 2.

a); BayObLG FGPrax 1995, 231; WuM 1990, 366; LG Berlin BeckRS 2018, 4096 Rn. 26; AG München BeckRS 2019, 1136 Rn. 19).

92 Führt der Verwalter zu Unrecht einen Beschluss nicht, nicht vollständig oder fehlerhaft durch, verletzt er seine Amts- und ggf. seine Vertragspflichten.

93 **3. Art und Weise der Durchführung.** Beschlüsse sind ihrem Inhalt entsprechend und gemäß den begleitenden ausdrücklichen Anordnungen und Weisungen der Wohnungseigentümer (→ Rn. 81 ff.), im Übrigen nach dem Interesse und dem Willen der Wohnungseigentümer durchzuführen, wie sie sich vor allem aus etwaigen Unterlagen, der Niederschrift (§ 24 Abs. 6 Satz 1 WEG) und dem Inhalt des Beschlusses ergeben können (BGH NZM 2011, 454 Rn. 21).

94 **4. Real- und geschäftsähnliche Handlungen.** Zulässiger Inhalt eines Beschlusses kann keine – untechnisch gemeint – „Realhandlung" (= ein Eigenhandeln) des Verwalters sein, auch wenn sie auf das gemeinschaftliche Eigentum bezogen ist, etwa eine Glühbirne auszutauschen, einen Brief in den Briefkasten zu werfen, den Rasen zu mähen oder das Treppenhaus zu reinigen.

95 Hierfür besteht keine Beschlusskompetenz (→ § 23 Rn. 8 „Realhandlung"). Ob der Verwalter dennoch freiwillig handelt, ist eine andere Frage. Die Wohnungseigentümer können den Verwalter hingegen durch Beschluss anweisen, wie er eine Handlung, die er von Gesetzes wegen oder aufgrund eines Vertrages in Bezug auf das gemeinschaftliche Eigentum oder das Gemeinschaftsvermögen schuldet, im Einzelnen ausführen soll (→ Rn. 81 ff.), zB wann er das gemeinschaftliche Eigentum begehen oder wie er die Versammlung leiten oder wie er eine unklare/unbestimmte Vereinbarung verstehen soll. Die Wohnungseigentümer können ferner beschließen, dass der Verwalter eine geschäftsähnliche Handlung – vor allem Mahnungen – vornehmen oder mit einem Dritten einen Vertrag schließen soll.

96 **5. Vertretungsmacht.** Bedarf der Verwalter zu einer Beschlussdurchführung einer Vertretungsmacht, folgt diese aus § 9b Abs. 1 WEG.

III. Sorge für die Einhaltung der Hausordnung

97 Der Verwalter hat nach § 27 Abs. 1 Nr. 1 WEG für die Einhaltung der Hausordnung (zum Begriff und zu Inhalten der Hausordnung → § 19 Rn. 39 ff.) zu sorgen (→ s. a. Rn. 65). Es macht keinen Unterschied, ob die Regelung beschlossen oder vereinbart ist. Bei Verstößen Dritter, die einem Wohnungseigentümer zuzurechnen sind, muss der Verwalter Maßnahmen gegen den Wohnungseigentümer, nicht gegen den Dritten ergreifen.

98 Etwa bei einem Verstoß des Mieters sind von Gesetzes wegen nur Maßnahmen gegenüber dem Vermieter geboten (aA *Schmid* ZfIR 2013, 718 (719); NJW 2013, 2145 (2147); *Schmidt* ZMR 2006, 325 (329)) – was rechtlich nicht ausschließt, auch Mieter an ihre Pflichten und die Grenzen ihres Gebrauchs nach §§ 14 Abs. 1 Nr. 1, 19 Abs. 1 und Abs. 2 Nr. 1 WEG, §§ 906, 1004 BGB zu erinnern.

Die Sorge für die Einhaltung der Hausordnung geschieht vor allem durch Maßnahmen tatsächlicher Art (OLG Saarbrücken NZM 1999, 621; BayObLGZ 1972, 94) – etwa durch Information/Aufklärung über die Inhalte der Hausordnung (*Elzer* ZMR 2006, 733 (739)) sowie die Inhalte von §§ 13 Abs. 1, 14 Abs. 1 Nr. 1, 19 Abs. 1, Abs. 2 Nr. 1 WEG, §§ 906, 1004 BGB, durch Hinweise nach stichprobenartigen Prüfungen, durch Aufforderungen und durch Abmahnungen, durch Rundschreiben oder Aushänge, durch Verbotsschilder (BayObLG MDR 1981, 937) und durch die Vorbereitung von Maßnahmen (Formulierung Beschlussentwurf; Aufnahme auf die Tagesordnung der nächsten Versammlung der Eigentümer, Information der Wohnungseigentümer über Verstoß). **99**

Tätig werden sollte der Verwalter insbesondere bei Hausordnungsverstößen, welche die Rechte einzelner oder mehrerer Eigentümer, das ordnungsmäßige Verwalten oder das gemeinschaftliche Eigentum als solches beeinträchtigen (*Deckert* PiG 15, 117 (130)). Bei originär „nachbarrechtlichen" Streitigkeiten liegt hingegen näher, vorrangig darauf hinzuweisen, diese selbst zu erledigen. Jedenfalls muss der Verwalter insoweit Zurückhaltung wahren: auch bei § 27 Abs. 1 Nr. 1 WEG ist seine Neutralitätspflicht zu beachten (→ § 26 Rn. 59). **100**

Die Durchsetzung einer Hausordnungsregelung, zB des Verbots der Hundehaltung, kann im Einzelfall gegen Treu und Glauben (§ 242 BGB) verstoßen. Die Anwendung der Grundsätze von Treu und Glauben in diesem Zusammenhang setzt eine sorgfältige Abwägung der Interessen voraus. In Zweifelsfällen ist der Verwalter befugt, eine Weisung (→ Rn. 81 ff.) einzuholen (BGH BeckRS 2020, 15562 Rn. 27 und Rn. 31; NJW 1996, 1216 unter III. 2. b). Die in die Hausordnung aufgenommene Verpflichtung des Verwalters, „grobe Verstöße gegen die Hausordnung" gerichtlich zu ahnden, ist nichtig. Die Regelung lässt schon nicht mit der erforderlichen Bestimmtheit erkennen, wann ein grober Verstoß vorliegt und was unter einer gerichtlichen Ahndung im Einzelnen zu verstehen ist (BayObLG ZMR 2002, 527 (528)). **101**

Bedarf der Verwalter einer Vertretungsmacht, folgt sie aus § 9b Abs. 1 WEG. **102**

IV. Erhaltungsmanagement

1. Überblick. Im Grundsatz obliegt es den Wohnungseigentümern und nicht dem Verwalter, nach § 19 Abs. 1, Abs. 2 Nr. 2 WEG über „Ob" und „Wie" der Erhaltung des gemeinschaftlichen Eigentums zu entscheiden (OLG Frankfurt a. M. ZWE 2009, 359 (365); OLG Düsseldorf ZWE 2007, 92 (95); LG Hamburg ZWE 2017, 48). Etwas anderes gilt, wenn die Wohnungseigentümer dies vereinbart haben (OLG München NZM 2009, 548 (550)), wenn sie etwas anderes nach § 27 Abs. 2 WEG beschlossen haben, wenn es sich um eine dringende Erhaltungsmaßnahme handelt (→ Rn. 49 ff.) oder wenn es sich um eine „kleine" Erhaltungsmaßnahme handelt (→ Rn. 23 ff.) **103**

Liegt keine Ausnahme vor, ist es Aufgabe des Verwalters als Organ der Gemeinschaft der Wohnungseigentümer, grundlegende Eigentümerpflich- **104** ten/-obliegenheiten im Vorfeld einer Erhaltungsentscheidung zu erfüllen (s. a. BR-Drs. 168/20, 84). Entsprechendes gilt für Gegenstände des Gemeinschaftsvermögens (§ 9a Abs. 3 WEG). Die Entscheidungskompetenz selbst liegt also bei den Wohnungseigentümern. Den Verwalter trifft hingegen ein Erhaltungsmanagement. Lehnen es die Wohnungseigentümer ab, auf Grund des Erhaltungsmanagements Maßnahmen zu ergreifen, darf der Verwalter nicht an ihrer Stelle handeln (OLG Frankfurt a. M. ZWE 2009, 359 (365)).

105 **2. Einzelheiten. a) Überblick.** Der Verwalter schuldet nach § 27 Abs. 1 Nr. 1 WEG vor allem die Feststellung des baulichen Zustandes des gemeinschaftlichen Eigentums (→ Rn. 106), die Information der Wohnungseigentümer hiervon (→ Rn. 111), die Hinwirkung auf eine sachgerechte Beschlussfassung (→ Rn. 113 ff.), die Führung einer Instandsetzungsplanung (→ Rn. 119) und eine Baubetreuung (→ Rn. 116). Diese Aufgaben kann man als „Managementaufgaben" bezeichnen (OLG Frankfurt a. M. ZWE 2011, 359 (361); OLG Düsseldorf ZWE 2007, 92 (94); BayObLG NZM 2004, 390). Nach Ansicht der Verwaltungsgerichte folgt aus § 27 Abs. 1 Nr. 1 WEG ferner eine Pflicht zur Beseitigung einer Störung der öffentlichen Sicherheit oder Ordnung (→ Rn. 120). Schließlich meinen manche, aus § 27 Abs. 1 Nr. 1 WEG folgten sogar Verkehrssicherungspflichten des Verwalters (→ Rn. 121).

106 **b) Feststellung des Zustandes des gemeinschaftlichen Eigentums. aa) Überblick.** Der Verwalter muss nach § 27 Abs. 1 Nr. 1 WEG regelmäßig die Wohnungseigentumsanlage selbst – oder durch geeignete, in seinem Namen tätig werdende Hilfskräfte (LG Köln ZWE 2011, 375) – begehen, um die für eine Erhaltung des gemeinschaftlichen Eigentums erforderlichen Maßnahmen festzustellen (BGH DNotZ 2020, 190 Rn. 9; NJW 2018, 2550 Rn. 77; OLG München ZWE 2009, 27 (30); BayObLG NZM 1999, 840; LG Köln ZMR 2011, 502; LG Hamburg ZMR 2011, 502). Notwendig ist wenigstens eine Begehung im Jahr – sinnvoll und pflichtgemäß sind mehrere, vor allem bei älteren Wohnungseigentumsanlage oder solchen in „gefahrträchtigen" Lagen.

107 Bei besonderen Anlässen – etwa Naturereignisse oder Gesetze – muss unverzüglich gesichtet werden. Hinweisen ist nachzugehen, insbesondere eines Wohnungseigentümers (OLG München NZM 2008, 895), des Hausmeisters oder auch von Handwerkern, die bei Wartungs- und Reparaturarbeiten die Notwendigkeit von Instandsetzungsarbeiten erkannt haben (LG Köln ZWE 2011, 375 (376)), aber auch eines Mieters oder anderer Dritter. Bei seiner Begehung muss der Verwalter sämtliche Teile des gemeinschaftlichen Eigentums sichten. Dabei entdeckten Feuchtigkeitsproblemen ist – soweit tatsächlich und/oder rechtlich möglich – nachzugehen (OLG München ZWE 2007, 100; LG München I NZM 2013, 517). Dies gilt auch dann, wenn sie im „Bereich" des Sondereigentums auftreten, idR in der Wohnung eines Wohnungseigentümers, aber nicht ausgeschlossen ist, dass ihre Ursache im gemeinschaftlichen Eigentum liegt (OLG München ZWE 2007, 100; LG Hamburg ZWE 2017, 48; ZWE 2014, 412; LG München I BeckRS 2013, 07169).

Bei seiner Sichtung muss der Verwalter allerdings nicht die Ursache eines Mangels ermitteln. Notwendig, aber auch ausreichend ist eine „Schadenaufnahme". Nur wenn Feststellungen ergeben, dass Gefahr im Verzug ist und eine Maßnahme keinen Aufschub bis zu einer Entscheidung der Wohnungseigentümer verträgt, muss der Verwalter nach § 27 Abs. 1 Nr. 2 WEG sofort das Notwendige in die Wege leiten. Kann der Verwalter gemeinschaftliches Eigentum aus tatsächlichen Gründen nicht selbst auf Mängel hin sichten/kontrollieren, zB idR das Dach (OLG Zweibrücken NJW-RR 1991, 1301; zu weit BGH NJW 1993, 1782 unter II. 2), Fallrohre (KG NZM 1999, 131) oder andere, nicht leicht erreichbare Bauteile (zB Abwasserleitungen), aber auch gemeinschaftliches Eigentum im Bereich des Sondereigentums, muss er auf diesen Umstand hinweisen und zB auf eine Kontrolle durch Dritte hinwirken (*Suilmann* ZWE 2017, 61 (65)). 108

bb) Messgeräte und Eichung. Zur Sichtung des Zustandes des gemeinschaftlichen Eigentums gehört die Frage, ob Verbrauchsmessgeräte noch geeicht sind (OLG Celle MietRB 2003, 74; *Lindner* ZWE 2015, 442 (445); *Pfeifer* GE 2015, 103 (105)), damit die Wohnungseigentümer gem. § 19 Abs. 1, Abs. 2 Nr. 2 WEG das Entsprechende beschließen können (BayObLG NZM 2001, 1144; *Pfeifer* GE 2015, 103 (105)). Die Sichtung ist ferner notwendig für die Klärung, ob ein Umlageschlüssel „Verbrauch" im Rahmen der Abrechnung überhaupt umgesetzt werden kann. Aus der Überwachungspflicht folgt, dass der Verwalter die Wohnungseigentümer rechtzeitig über den Ablauf der Eichfrist zu unterrichten und über den Austausch oder die Eichung beschließen zu lassen hat (*Lindner* ZWE 2015, 442 (445)). Ferner folgt aus der Überwachungspflicht die Plicht des Verwalters, die Wohnungseigentümer über die Möglichkeit eines Wartungsvertrages zu informieren und bei Wunsch der Wohnungseigentümer entsprechende Angebote einzuholen. 109

Hat die Gemeinschaft der Wohnungseigentümer mit einem Messdienstleister einen Wartungsvertrag geschlossen, gehört es zu den Aufgaben des Verwalters dessen Arbeiten stichprobenartig zu kontrollieren. Ferner bedarf es im Rahmen des Vertragsmanagements des Verwalters (→ Rn. 175). Hinweise an die Wohnungseigentümer auf Ablauf eines Messdienstvertrages, einer regelmäßigen Überprüfung der Vertragskonditionen und einer Überprüfung der Messdienstverträge auf Gesetzesänderungen und aktuelle Rechtsprechung. Gibt es in einer Wohnungseigentumsanlage ungeeichte Messgeräte, kann die Ordnungsbehörde dem Verwalter im Übrigen untersagen, die Messwerte der nicht geeichten Wärme- und Kaltwasserzähler für Abrechnungen oder Betriebskostenabrechnungen zu verwenden. 110

c) Information der Wohnungseigentümer. Hat der Verwalter auf Grund einer Begehung oder aus anderen Gründen einen Schaden des gemeinschaftlichen Eigentums ermittelt, muss er die Wohnungseigentümer ggf. in einer außerordentlichen Versammlung, wenn die Sache Zeit hat hingegen in der nächsten Versammlung vom ermittelten Instandhaltungs- und Instandsetzungsbedarf umfassend informieren (BGH DNotZ 2020, 190 Rn. 9 und Rn. 31; siehe ferner ua BGH NJW 2018, 2550 Rn. 77; OLG 111

Frankfurt a. M. ZWE 2011, 359 (361); OLG München NZM 2008, 895; OLG Düsseldorf ZMR 2007, 56; OLG Köln NJW-RR 2006, 89).

112 Zur nach § 27 Abs. 1 Nr. 1 WEG geschuldeten Information gehören auch präventive Maßnahmen, zB der Hinweis auf eine (nicht mehr ausreichende) Versicherung, idR aber keine Unterrichtung, auf welche Weise dem erkannten Erhaltungsbedarf entgegen zu treten ist (wohl aber der Vorschlag, den Umfang/die Ursache einer Beschädigung etwa durch einen Sachverständigen ermitteln zu lassen). Informiert der Verwalter falsch, haftet er auf Schadenersatz, wenn auf Grund der unrichtigen Darstellung ein für die Eigentümer nachteiliger Beschluss gefasst wird (→ § 26 Rn. 382 ff.).

113 **d) Hinwirkung auf sachgerechte Beschlussfassung.** Die Aufgabe zu entscheiden, was und in welchem Umfange was zu unternehmen ist, ist grundsätzlich Sache der Wohnungseigentümer (s. a. zum alten Recht BGH DNotZ 2020, 190 Rn. 9; BayObLG ZWE 2005, 81; *Hügel* ZMR 2008, 1 (6)). Den Verwalter treffen aber Aufgaben im Umfeld eines Beschlusses. Denn der Verwalter muss nach § 27 Abs. 1 Nr. 1 WEG auf Entscheidungen im Zusammenhang mit dem gemeinschaftlichen Eigentum hinwirken, soweit diese notwendig sind (BGH DNotZ 2020, 190 Rn. 9; NJW 2018, 2550 Rn. 77; OLG Frankfurt a. M. ZWE 2009, 359; LG Berlin BeckRS 2018, 4096 Rn. 6 ff.).

114 Da die Wohnungseigentümer zumeist nicht über (technisches) Fachwissen verfügen und ihnen nicht sämtliche baulichen und rechtlichen Verhältnisse des gemeinschaftlichen Eigentums bekannt sind, muss der Verwalter als Organ zur Vorbereitung der Beschlussfassung über Maßnahmen der Instandhaltung und Instandsetzung die verschiedenen Handlungsoptionen aufzeigen (BGH DNotZ 2020, 190 Rn. 10). Überblick:

115
- Bevor die Wohnungseigentümer beschließen, muss der Verwalter den Wohnungseigentümern über die Mängel des gemeinschaftlichen Eigentums (→ Rn. 106) berichten.
- Bevor die Wohnungseigentümer beschließen, muss der Verwalter den Wohnungseigentümern Informationen zu sämtlichen einschlägigen Gesetzen geben. Zu diesen Gesetzen gehören etwa
  - die EnEV (etwa § 9 EnEV);
  - das BGB (etwa §§ 648, 648a BGB);
  - die Baustellenverordnung (ua Sicherheits- und Gesundheitskoordinator).
- Bevor die Wohnungseigentümer beschließen, muss der Verwalter als Organ den Wohnungseigentümern Informationen zum WEG geben (LG Berlin BeckRS 2018, 4096 Rn. 7), beispielsweise.
  - zu erreichende Beschlussmehrheiten;
  - Ordnungsmäßigkeit einer Maßnahme;
  - Hinweisen zur Finanzierung (Mittel der Rückstellung, Sonderumlage, Darlehensvertrag);
  - zum Umlageschlüssel.
- Informationen zu etwaigen Fördermöglichkeiten.
- Damit die Wohnungseigentümer sachgerecht entscheiden und einen Mangel beurteilen können, ist es idR erforderlich, dass der Verwalter als Organ für klar erkannte Mängel inhaltlich vergleichbare und aussagekräftige An-

gebote zur Behebung einholt (BayObLG ZMR 2004, 606 (607); BayObLG ZMR 2004, 927; OLG Hamm ZMR 2003, 51 (53); LG Hamburg ZWE 2012, 285; für einen Sonderfall OLG München NZM 2009, 821).
- Damit die Wohnungseigentümer sachgerecht entscheiden und einen Mangel beurteilen können, sind vor einer Beschlussfassung der erforderliche Umfang und der zur Mangelbeseitigung erforderliche Aufwand zu ermitteln (BGH NJW 2018, 1749 Rn. 14).
- Weiter ist es jedenfalls sachgerecht, wenn auch nicht zwingend, wenn der Verwalter eine Bauherrenhaftpflichtversicherung anregt (dazu *Dötsch* NZM 2014, 296 ff.).

e) „Baubetreuung". Hat die Gemeinschaft der Wohnungseigentümer mit einem Werkunternehmer oder Dritten einen Vertrag zur Erhaltung und/oder baulichen Veränderung des gemeinschaftlichen Eigentums geschlossen, gehört die Betreuung dieser Arbeiten zum Kreis der Verwalterpflichten nach § 27 Abs. 1 Nr. 1 WEG (s. a. OLG Köln NZM 2001, 470; OLG Düsseldorf ZMR 1997, 490). Überblick: **116**

- Der Verwalter nimmt das Interesse der Gemeinschaft der Wohnungseigentümer gegenüber den ausführenden Firmen und dem bauleitenden Architekten oder Ingenieur, wenn es ihn gibt, gleichsam „wie ein Bauherr" wahr (BGH DNotZ 2020, 190 Rn. 16; NZM 2011, 454 Rn. 31; OLG Frankfurt a. M. ZMR 2009, 620 (621); LG München I ZWE 2016, 282). Eine echte Baubetreuung und Prüfung zB des Aufmaßes unterfallen § 27 Abs. 1 Nr. 1 WEG allerdings nicht (OLG Köln NZM 2001, 470; OLG Düsseldorf NZM 1999, 267 (269)). **117**
- Der Verwalter hat sich so zu verhalten, wie sich ein Eigentümer ohne Verschulden gegen sich selbst zu verhalten hätte (LG München I ZWE 2016, 282; LG Hamburg ZMR 2013, 988). Der Verwalter hat daher ua sorgfältig zu prüfen, ob die vertraglich geschuldeten Leistungen dem Umfange nach erbracht wurden (BGH DNotZ 2020, 190 Rn. 16) und Abschlags- oder Schlusszahlungen gerechtfertigt sind (BGH DNotZ 2020, 190 Rn. 16); für ihn erkennbare Mängel muss er hierbei berücksichtigen (BGH DNotZ 2020, 190 Rn. 16).
- Rechnungen sind sachlich und rechnerisch zu prüfen (LG München I ZWE 2016, 282) – wenn nicht ein Fachunternehmen damit beauftragt worden ist –; berechtigte Einwendungen sind zu erheben (OLG Frankfurt a. M. ZMR 2009, 620 (621); OLG Düsseldorf ZMR 1997, 380); bei Abschlagsrechnungen ist der in Rechnung gestellte Leistungsstand zu kontrollieren (OLG Frankfurt a. M. ZMR 2009, 620 (621); KG OLGZ 1994, 35).
- Der Verwalter ist verpflichtet, auf die vollständige Durchführung beschlossener und beauftragter Instandsetzungsarbeiten hinzuwirken, wenn sich ergibt, dass Teile des Auftrags unerledigt geblieben sind (BGH DNotZ 2020, 190 Rn. 16; NJW 2018, 3305 Rn. 7). Das ist auch der Fall, wenn die Instandsetzungsarbeiten mangelhaft durchgeführt worden sind.
- Auf den drohenden, dem Verwalter bekannten Ablauf von Gewährleistungsansprüchen (Verjährung) ist hinzuweisen.
- Zu einer tatsächlichen und rechtlichen Abnahme ist der Verwalter nach § 27 Abs. 1 Nr. 1 WEG berechtigt.

118 **f) Bauträgerfälle.** Zeichnet sich ab, dass der Bauträger einer Einstandspflicht nicht nachkommen wird, hat der Verwalter die Wohnungseigentümer zu informieren, dass die Einschaltung einer auf das Baurecht spezialisierten Rechtsanwaltskanzlei sinnvoll sein kann (*Suilmann* ZWE 2017, 61 (65)). Das Pflichtenprogramm des Verwalters ist im Übrigen kein anderes, wenn er ein „Bauträgerverwalter" ist (BGH DNotZ 2020, 190 Rn. 11), wenn er also mit dem Bauträger identisch, von ihm eingesetzt, mit ihm verbunden oder von ihm abhängig ist.

119 **g) Instandsetzungsplanung.** Der Verwalter muss nach § 27 Abs. 1 Nr. 1 WEG eine Prognose anstehender Maßnahmen im Sinne einer Bedarfsermittlung erstellen und in diesem Rahmen einen Sanierungsplan/Instandsetzungsplan erstellen und führen (s. a. BGH NJW 2012, 1724 Rn. 5). Einen verbindlichen Sanierungsplan/Instandsetzungsplan müssen hingegen die Wohnungseigentümer bestimmen (BGH NJW 2012, 1724 Rn. 5).

120 **h) Störung der öffentlichen Sicherheit oder Ordnung.** Nach der Rechtsprechung der Verwaltungsgerichte ergibt sich aus § 27 Abs. 1 Nr. 2 WEG, dass der Verwalter bei einer vom gemeinschaftlichen Eigentum ausgehenden Störung persönlich als Störer in Anspruch genommen werden kann (→ § 26 Rn. 409). **Stellungnahme.** Dem ist nicht zu folgen (s. a. → § 26 Rn. 410). Der Verwalter kann nur nach § 27 Abs. 1 Nr. 1 WEG im Einzelfall und bei Gefahr im Verzug verpflichtet sein, eine Legalitätspflicht (→ § 26 Rn. 57) zu erfüllen.

121 **i) Verkehrssicherungspflichten.** Teilweise wird vertreten, (auch) aus § 27 Abs. 1 Nr. 1 WEG folgten für den Verwalter Verkehrssicherungspflichten (etwa VGH München NZM 2006, 595; → Rn. 62). Daneben ist zu beachten, dass der Verwalter über § 27 Abs. 1 Nr. 1 WEG hinausgehend dann für die Verkehrssicherungspflichten Sorge tragen muss, wenn er ihre Wahrnehmung im Verwaltervertrag als gewillkürte Pflicht im Einzelfall versprochen hat (→ § 26 Rn. 303); s. a. → § 18 Rn. 32

V. Hausgeldinkasso

122 **1. Überblick.** Der Verwalter hat nach § 27 Abs. 1 Nr. 1 WEG die Lasten- und Kostenbeiträge, Tilgungsbeträge und Hypothekenzinsen anzufordern, in Empfang zu nehmen und abzuführen (s. a. BR-Drs. 168/20, 84; BT-Drs. 19/22634, 47 – Vorabfassung).

123 Die Kostenbeiträge sind vor allem laufende und rückständige Zahlungen der Wohnungseigentümer für die Erhaltung, für die sonstige Verwaltung, für den gemeinschaftlichen Gebrauch des gemeinschaftlichen Eigentums, aber auch laufende und rückständige „Strafzahlungen" für Mahnungen oder vertraglich versprochene Zahlungen zB aus einem Kostenvertrag.

124 Lastenbeiträge sind vor allem Zahlungen der Wohnungseigentümer zur Erschließung. Lasten sind auch Hypotheken- oder Grundschuldzinsen. Tilgungsbeträge fallen an, wenn die Gemeinschaft der Wohnungseigentümer einen Darlehnsvertrag iSv § 488 Abs. 1 Satz 1 BGB geschlossen hat.

2. Anforderung. a) Überblick. Lasten- und Kostenbeiträge, Tilgungsbeträge und Hypothekenzinsen sind vom Verwalter selbständig im Rahmen eines ordnungsmäßigen Hausgeldinkassos unverzüglich nach Fälligkeit namens der Gemeinschaft der Wohnungseigentümer als Gläubigerin anzufordern. Eine gegen einen Beschluss gerichtete Anfechtungsklage ändert nichts daran, dass die Hausgelder, die nach § 28 Abs. 1 Satz 1, Abs. 2 Satz 1 WEG geschuldet werden, weiterhin zu zahlen (→ § 23 Rn. 163) und daher anzufordern sind. Diese Rechtslage ändert sich erst dann, wenn ein Gericht den entsprechenden Beschluss rechtskräftig für ungültig erklärt (→ § 23 Rn. 165) oder ausgesetzt (→ Vor §§ 43 ff. Rn. 46) hat. **125**

„Anforderung" meint alle notwendigen, geeigneten und erforderlichen außergerichtlichen (BGH NJW 2010, 2814 Rn. 10), aber auch gerichtlichen Tätigkeiten (s. a. BT-Dr. 19/22634, 47 – Vorabfassung). Gemeint sind ua Zahlungsaufforderungen und Mahnungen. Ist auf Grundlage von § 28 Abs. 3 WEG das Lastschriftverfahren bestimmt (→ § 28 Rn. 209), muss der Verwalter zu Gunsten der Gemeinschaft der Wohnungseigentümer das Notwendige im Rahmen des SEPA-Lastschriftmandats unternehmen. Einer Anforderung bedarf es nicht, wenn ein Wohnungseigentümer aus anderen Gründen sein Hausgeld freiwillig entrichtet. **126**

Ferner kann der Verwalter die Forderungen der Gemeinschaft der Wohnungseigentümer bei Dritten geltend machen. Auch ist er verpflichtet, als Organ Forderungen der Gemeinschaft der Wohnungseigentümer bei einer Zwangsversteigerung anzumelden (BGH NJW 2018, 1613 Rn. 8; LG Köln ZWE 2014, 135 (136); s. a. → § 18 Rn. 32). **127**

Der Verwalter ist zur Ausübung eines Zurückbehaltungsrechtes gegenüber einem Wohnungseigentümer berechtigt (zum alten Recht BGH NJW 2005, 2622 unter II. 2. b). **128**

b) Einschaltung Dritter. Der Verwalter ist grundsätzlich nicht befugt, außergerichtlich Dritte im Namen der Gemeinschaft der Wohnungseigentümer zu beauftragen (zum alten Recht BGH NJW 2018, 1613 Rn. 11; BayObLG ZMR 2003, 947; OLG Düsseldorf NZM 2001, 290 (292); AG Frankenthal IMR 2017, 154). Denn das Hausgeldinkasso muss er eigenständig als Organ und ohne Hilfe durchführen. Im begründeten Einzelfall kann etwas anderes gelten. **129**

Etwas anderes gilt ferner, wenn der Verwalter zur Einschaltung eines Dritten nach § 27 Abs. 2 WEG ermächtigt ist (s. a. BGH NJW 2018, 1613 Rn. 11). Liegt es so und ist der Verwalter ein gewerblicher, soll die Gemeinschaft der Wohnungseigentümer aus Schadenminderungsgründen allerdings dennoch gehalten sein, in einfach gelagerten Fällen eine außergerichtliche Geltendmachung nicht – kostenverursachend – durch Dritte betreiben zu lassen (AG Bremen ZMR 2016, 145). **Stellungnahme.** Dem ist nicht zu folgen. Zur Beitreibung einer Entgeltforderung ist regelmäßig selbst in einfach gelagerten Fällen nach Verzugseintritt die Beauftragung eines Rechtsanwalts erforderlich und zweckmäßig (BGH NJW 2015, 3793 Rn. 9). **130**

c) Hausgeldklage und Zwangsvollstreckung. § 27 Abs. 1 Nr. 1 WEG berechtigt den Verwalter von Gesetzes wegen grundsätzlich, gegen einen Hausgeldschuldner ein gerichtliches Mahnverfahren und/oder eine **131**

Hausgeldklage zu führen (BR-Drs. 168/20, 84; BT-Drs. 19/22634, 47 – Vorabfassung) und dafür einen Rechtsanwalt einzuschalten. Er darf also anstelle der Wohnungseigentümer entscheiden, dass und wann und mit welchen Mitteln geklagt wird. Ein Beschluss, Hausgeldansprüche geltend zu machen, ist dahingehend auszulegen, dass er auch die gerichtliche Geltendmachung umfasst (s. a. LG Aurich ZMR 2017, 663). Ist der Verwalter bereits zur gerichtlichen Betreibung ermächtigt worden, umfasst seine Ermächtigung auch die normale Zwangsvollstreckung (nicht: Entziehungsklage und Durchsetzung, nicht Versorgungssperre), sodass es einer besonderen Ermächtigung nicht bedarf.

132 Auch für die Durchführung der Zwangsvollstreckung eines Hausgeldtitels im Namen der Gemeinschaft der Wohnungseigentümer muss der Verwalter grundsätzlich nicht ermächtigt werden (zum alten Recht BGH NJW 2018, 1613 Rn. 11). Er ist ferner berechtigt und verpflichtet, die gem. § 10 Abs. 1 Nr. 2 ZVG bevorrechtigten Hausgeldansprüche der Gemeinschaft der Wohnungseigentümer im Zwangsversteigerungsverfahren nach § 45 Abs. 3 ZVG anzumelden (BGH NJW 2018, 1613 Rn. 8).

133 **d) Anerkenntnis, Verzicht und Erlass.** Der Verwalter ist grundsätzlich berechtigt, im Namen der Gemeinschaft der Wohnungseigentümer Forderungen, die sich gegen diese richten, anzuerkennen (zum alten Recht BayObLG ZWE 2001, 593; *Bub* ZWE 2018, 297 (301)), sie unstreitig zu stellen (zum alten Recht *Bub* ZWE 2018, 297 (301)), auf Forderungen der Gemeinschaft der Wohnungseigentümer zu verzichten (zum alten Recht BayObLG ZMR 2004, 840; BayObLGZ 1998, 284; *Deckert* ZWE 2006, 318 (319)) oder einem Wohnungseigentümer eine Verbindlichkeit gegenüber der Gemeinschaft der Wohnungseigentümer erlassen.

134 **e) Stundung.** Der Verwalter ist von Gesetzes wegen grundsätzlich berechtigt, im Namen der Gemeinschaft der Wohnungseigentümer Stundungen oder Ratenzahlungen zu gewähren (zum alten Recht BayObLG ZMR 2005, 134).

135 **3. Empfangnahme. aa) Überblick.** Nach § 27 Abs. 1 Nr. 1 WEG hat der Verwalter sämtliche mit Bezug auf das gemeinschaftliche Eigentum oder mit Bezug auf die Gemeinschaft der Wohnungseigentümer bzw. deren Gemeinschaftsvermögen von einem Wohnungseigentümer oder von einem Dritten gezahlte Gelder in Empfang zu nehmen. „Empfangnahme" bedeutet, dass der Verwalter das freiwillig von einem Wohnungseigentümer gezahlte oder von ihm oder einem Dritten beigetriebene Hausgeld dem Konto der Gemeinschaft der Wohnungseigentümer zuführen muss.

136 Gläubigerin der jeweiligen Leistung ist die Gemeinschaft der Wohnungseigentümer (§ 9a Abs. 3 WEG). Mit der Empfangnahme durch den Verwalter als ihrem Vertreter ist eine ihr gegenüber bestehende Schuld iSv § 362 Abs. 1 BGB erfüllt (Empfangszuständigkeit). Aus der Vertretungsmacht des Verwalters folgt, dass eine Leistung an diesen schuldbefreiend wirkt, auch dann, wenn sie nicht auf einem für die Gemeinschaft der Wohnungseigentümer eingerichteten Konto, sondern auf einem (Treuhand-)Konto des Verwalters eingeht (OLG München NZM 2008, 653; OLG Köln ZMR 2008,

71; OLG Saarbrücken OLGZ 1988, 45 (47); aA Staudinger/*Jacoby* § 27 Rn. 81).

Zahlt ein Wohnungseigentümer hingegen an einen Gläubiger der Gemeinschaft der Wohnungseigentümer, hat er nach § 362 Abs. 2 BGB noch nicht erfüllt. Der jeweilige Wohnungseigentümer kann aber ggf. mit der Zahlung gegenüber einem Anspruch der Gemeinschaft der Wohnungseigentümer aufrechnen. 137

bb) Abnahme. § 27 Abs. 1 Nr. 1 WEG erlaubt dem Verwalter nach bislang hM, eine Werkleistung technisch und rechtlich abzunehmen (zum alten Recht KG OLGZ 1994, 35; Staudinger/*Jacoby* § 27 Rn. 90). Dem ist im aktuellen Recht zuzustimmen. 138

cc) Gestaltungsrechte. Der Verwalter ist nach § 27 Abs. 1 Nr. 1 WEG grundsätzlich befugt, Gestaltungsrechte (Rücktritt, Kündigung, Minderung) auszuüben. 139

4. Abführung von Tilgungen und Zinsen. Weitere Aufgabe des Verwalters nach § 27 Abs. 1 Nr. 1 WEG ist es, eine gegenüber einem Dritten bestehende Schuld der Gemeinschaft der Wohnungseigentümer, zB die auf ein Darlehn der Gemeinschaft der Wohnungseigentümer geschuldeten Tilgungsbeiträge und Zinsen, „abzuführen". Der Verwalter ist mithin mit anderen Worten verpflichtet, berechtigte und fällige unstreitige Forderungen Dritter iSv § 362 Abs. 1 BGB zu erfüllen. 140

5. Buchhaltung. Der Verwalter ist der Gemeinschaft der Wohnungseigentümer zu einer ordnungsmäßigen Buchhaltung verpflichtet (im Einzelnen → § 28 Rn. 367 ff.). 141

6. Vertretungsmacht. Soweit der Verwalter einer Vertretungsmacht bedarf, räumt ihm diese § 9b Abs. 1 WEG ein. 142

VI. Bewirkung von Zahlungen und Leistungen

1. Allgemeines. Nach § 27 Abs. 1 Nr. 1 WEG ist der jeweilige Verwalter gegenüber der Gemeinschaft der Wohnungseigentümer berechtigt und verpflichtet, alle Zahlungen und Leistungen zu bewirken (→ Rn. 147) und entgegenzunehmen (→ Rn. 153), die mit der laufenden Verwaltung des gemeinschaftlichen Eigentums (→ Rn. 144) und/oder des Gemeinschaftsvermögens (§ 9a Abs. 3 WEG) zusammenhängen (s. a. BR-Drs. 168/20, 84). § 27 Abs. 1 Nr. 1 WEG soll die Abwicklung gemeinschaftlicher Verpflichtungen der Wohnungseigentümer erleichtern (s. a. BGH NJW 1977, 44 unter 5. b). 143

2. Laufende Verwaltung des gemeinschaftlichen Eigentums. Gemeint sind die im Laufe eines Wirtschaftsjahres üblichen Zahlungen und Leistungen. Das sind die Zahlungen und Leistungen, welche die Wohnungseigentümer in ihre Willensentscheidungen bereits abstrakt aufgenommen haben, vor allem wenn im Wirtschaftsplan entsprechende Kostenpositionen aufgenommen worden waren. 144

145 Gedacht ist vor allem die Bezahlung von Rechnungen aus Verträgen, welche die Wohnungseigentümer kennen und beschlossen haben, zB aus einem Werk- (Instandsetzung und/oder Instandhaltung des gemeinschaftlichen Eigentums), Dienst- (Hausmeister, Schneereinigung, Gartenarbeiten), Versicherungs-, Kauf- (Öl, Gas, Strom, Putzmittel) oder Darlehensvertrag, aber auch öffentlich-rechtliche Ansprüche, zB gemeinschaftsbezogene Lastenbeiträge, Gebühren (Müll, Schornsteinfeger, Straßenreinigung), oder Honorar- und Aufwendungsersatzansprüche des Verwalters.

146 Etwas anderes gilt grundsätzlich für den Wohnungseigentümern am Anfang eines Kalenderjahres unbekannte Verbindlichkeiten, etwa aus gesetzlichen Schuldverhältnissen, vor allem Ansprüche nach §§ 667 ff., 812 ff., 823 ff., 985 ff. BGB, oder Aufopferungsansprüche (s. a. BGH NJW 2016, 1310 Rn. 31).

147 **3. Bewirken. a) Überblick.** Der Verwalter muss gem. § 27 Abs. 1 Nr. 1 WEG als Amtspflicht sämtliche bestehenden (OLG Hamm ZMR 1997, 377 (379)) Geldverpflichtungen der Gemeinschaft der Wohnungseigentümer, die mit der laufenden Verwaltung des gemeinschaftlichen Eigentums zusammenhängen, gegenüber Dritten iSv § 362 Abs. 1 BGB bewirken, also erfüllen.

148 Bevor der Verwalter hingegen nicht laufende Verbindlichkeiten oder Abgaben bewirken kann, müssen ihn die Wohnungseigentümer grundsätzlich durch Beschluss anweisen, dass er die Forderung erfüllen soll. Der Verwalter verletzt seine Amtspflichten und schuldet mithin Schadenersatz – ist ein Schaden entstanden –, wenn er eigenmächtig Verbindlichkeiten erfüllt, zB behauptete, streitige Aufwendungs- oder Schadenersatz- oder Aufopferungsansprüche (s. a. LG München I ZWE 2014, 185) und die Wohnungseigentümer dieses Tun nicht genehmigen.

149 **b) Vorherige Prüfungen und Gegenrechte.** Vor einer „Bewirkung" muss der Verwalter jeweils prüfen, ob der behauptete Anspruch dem Grunde nach besteht, ob er der Höhe nach berechtigt ist und ob er zurzeit vom Dritten geltend gemacht werden kann (LG München I ZWE 2014, 185).

150 Bei Werkleistungen muss zB das Aufmaß stimmen, bei Dienstleistungen ist zu prüfen, ob die Leistung wie geschuldet erbracht wurde. Bei einer Bewirkung muss der Verwalter ferner etwaige Gegenrechte der Gemeinschaft der Wohnungseigentümer beachten, zB die Möglichkeit aufzurechnen oder Zurückbehaltungsrechte geltend zu machen (OLG Frankfurt a. M. ZMR 2009, 621) oder sich auf Verjährung zu berufen.

151 In diesem Rahmen kann der Verwalter zur Vorbereitung der Durchsetzung von Ansprüchen der Gemeinschaft der Wohnungseigentümer auch berechtigt/verpflichtet sein, einem Dritten zur Nacherfüllung eine Frist zu setzen oder Mängel zu rügen (OLG Frankfurt a. M. ZMR 2009, 621; KG OLGZ 1994, 35; BayObLG WE 1988, 31). Der Verwalter schuldet aus diesem Grunde Schadenersatz, wenn er für erkennbar mangelhafte Werkleistungen ohne Weisung der Wohnungseigentümer Zahlungen erbringt.

152 **c) Mittel zur Erfüllung.** Woher der Verwalter die Mittel für die Erfüllung einer Verbindlichkeit nimmt, kann er grundsätzlich selbst bestimmen.

Ist nichts Besonderes angeordnet, zB eine Sonderrückstellung, eine Sonderumlage, oder ein Darlehen, sind Betriebs- und/oder Verwaltungskosten mit den dafür generierten Hausgeldern zu erfüllen, Erhaltungskosten hingegen mit den Mitteln der Erhaltungsrücklage. Reichen die vorhandenen Mittel nicht, muss der Verwalter eine Versammlung mit dem Ziel einberufen, weitere Mittel zu generieren.

4. Entgegennahme. a) Zahlungen. Nach § 27 Abs. 1 Nr. 1 WEG ent- **153**
gegenzunehmende Zahlungen sind etwa eine Miete (OLG Köln DWE 1988, 106), Zinsen, Pacht, Schadenersatz- oder Versicherungszahlungen (LG Köln RuS 1984, 200). Wenn der Verwalter Zahlungen Dritter entgegennimmt, muss er diese nach § 368 Satz 1 BGB namens der Gemeinschaft der Wohnungseigentümer quittieren (OLG München NZM 2011, 282 (283); BayObLG NJW-RR 1995, 852).

Der Verwalter muss auch eine „Hausgeldschuldenfreiheitsbescheinigung" **154**
erteilen (*Elzer* PiG 93, 173 (181); aA *Häublein* ZMR 2011, 848). Eine Löschungsbewilligung iSd der GBO darf der Verwalter hingegen wohl nicht ohne Rücksprache mit den Wohnungseigentümern erteilen (zum alten Recht KG FD-MietR 2013, 351993; OLG München NZM 2011, 282 (283); LG Köln ZWE 2011, 289 (290)).

b) Leistungen. Bei entgegenzunehmenden Leistungen handelt es sich **155**
um sämtliche Leistungen Dritter an die Gemeinschaft der Wohnungseigentümer. Gemeint sind zB Öllieferungen, nach hM aber auch eine Werkleistung, sodass der Verwalter nach § 27 Abs. 1 Nr. 1 WEG als berechtigt angesehen wird, eine der Gemeinschaft der Wohnungseigentümer erbrachte Werkleistung tatsächlich abzunehmen (KG OLGZ 1994, 35), aber auch rechtlich abzunehmen. Etwas anderes gilt grundsätzlich für die Werkleistung des Bauträgers iSv § 8 WEG. Diese wird gegenüber den Wohnungseigentümern als Erwerbern erbracht.

5. Vertretungsmacht. Soweit der Verwalter einer Vertretungsmacht be- **156**
darf, räumt ihm diese § 9b Abs. 1 WEG ein.

VII. Verwaltung des Gemeinschaftsvermögens

1. Überblick. Nach § 27 Abs. 1 Nr. 1 WEG hat der Verwalter die einge- **157**
nommenen baren oder unbaren Gelder zu verwalten (s. a. BR-Drs. 168/20, 84). Hierher gehört vor allem das Hausgeld, die Erhaltungsrücklage, Mieten und Zinsen sowie Kontoguthaben oder Wertpapiere. Eingenommene Gelder sind vom Verwaltervermögen gesondert zu halten.

2. Verwaltung. Der Begriff „Verwaltung" ist umfassend zu verstehen. **158**
Der Verwalter muss die von ihm verwalteten Gelder sorgfältig und transparent intern führen und ordnungsmäßig verbuchen. In diesem Rahmen muss der Verwalter grundsätzlich jederzeit iSv § 259 BGB über ihm anvertraute Gelder Rechnung legen können. Der Verwalter ist in diesem Rahmen zu einer ordnungsmäßigen Buchführung verpflichtet (→ § 28 Rn. 367 ff.), die von jedem Wohnungseigentümer ohne besondere buchhalterische Kenntnisse nachgeprüft werden können muss.

159 Ferner ist der Verwalter nach § 27 Abs. 1 Nr. 1 WEG berechtigt, aber auch verpflichtet, im Namen der Gemeinschaft der Wohnungseigentümer über die eingenommenen Gelder grundsätzlich selbständig zu verfügen, zB Gelder vom Konto abzuheben und Zahlungen zu bewirken bzw. Überweisungsaufträge zu erteilen (→ Rn. 37).

160 **3. Kontoeinrichtung.** Der Verwalter muss zur Verwaltung der eingenommenen Gelder idR im Namen der Gemeinschaft der Wohnungseigentümer ein Konto einrichten (→ Rn. 37) und die Mittel der Gemeinschaft der Wohnungseigentümer und ggf. solche der Wohnungseigentümer dort ansammeln (lassen).

161 **4. Anlage von Geldern.** § 27 Abs. 1 Nr. 1 WEG fordert den Verwalter dazu auf, sofern die Wohnungseigentümer keine eigene Bestimmung treffen, nach billigem Ermessen darüber zu entscheiden, dass und ggf. wie eingenommene Gelder angelegt werden (→ Rn. 39; OLG Düsseldorf FGPrax 1996, 51; BayObLG NJW-RR 1995, 530 (531); AG Köln ZMR 2001, 748; *Jennißen* ZWE 2014, 199 (200); Drasdo ZWE 2011, 388; *Daute* NZM 2006, 86; aA zum alten Recht LG Dortmund BeckRS 2018, 31981 Rn. 19).

162 Geldbeträge, die nach den Planungen nicht in naher Zukunft benötigt werden und einen gewissen „Sockel" überschreiten, sind nach § 18 Abs. 2 WEG grundsätzlich verzinslich anzulegen (BayObLG NJW-RR 1995, 530 (531); DWE 1983, 123; *Jennißen* ZWE 2014, 199 (200); aA LG Bonn DWE 1985, 127). Die Wahl, auf welche Weise Zinsen erwirtschaftet werden, muss ihrerseits ordnungsmäßiger Verwaltung entsprechen. IdR entspricht nur die „bestmögliche Anlageform" einer ordnungsmäßigen Verwaltung (OLG Düsseldorf FGPrax 1996, 51).

163 Was für eine Anlageform die bestmögliche und ermessensfehlerfreie Anlageform ist, hängt ua von der Höhe der Mittel ab. Maßgebend für eine Anlagedauer sind Zeit- und Kostenschätzungen. Es kann sich anbieten, Mittel teils kurz-, teils mittelfristig anzulegen. In Frage kommen vor allem Spar- (OLG Celle NZM 2004, 426; *Brych* FS Seuß 1987, 65; aA OLG Düsseldorf FGPrax 1996, 51; offen gelassen von BGH NJW 2002, 3240 unter III. 3. a) cc), Tages- und Festgeldkonten oder Bundesschatzbriefe (OLG Celle NZM 2004, 426; OLG Düsseldorf FGPrax 1996, 51; BayObLG NJW-RR 1995, 530). Was gilt, ist Frage des Einzelfalls, zB des Standortes der Bank oder der Einlagensicherung (s. a. *Häublein* AnwZert MietR 14/2013; *Daute* NZM 2006, 86) bzw. der Frage, wann mit einer Erhaltungsmaßnahme zu rechnen ist und wann die Gelder benötigt werden (*Jennißen* ZWE 2014, 199 (201)). Riskante („spekulative") und unsachgemäße Anlageformen, wie (festverzinsliche) Aktien, Aktienfonds, Fondsbeteiligungen oder Bausparverträge (OLG Düsseldorf ZMR 2001, 303; aA OLG Celle NZM 2004, 426), widersprechen ua wegen der Möglichkeit des Totalverlustes idR ordnungsmäßiger Verwaltung (*Jennißen* ZWE 2014, 199 (201); s. a. OLG Celle NZM 2004, 426; OLG Düsseldorf FGPrax 1996, 51; aA wohl *Häublein* AnwZert MietR 14/2013). Entsprechendes gilt für Anteile an Immobilienfonds (aA *Daute* NZM 2006, 86 (88)). Etwas anderes gilt, wenn sämtliche Wohnungseigentümer mit der Anlageform einverstanden sind.

5. Absonderung. a) Überblick. Die vom Verwalter jeweils verwalteten Gelder sind nach § 9a Abs. 3 WEG Eigentum der Gemeinschaft der Wohnungseigentümer (→ § 9a Rn. 140). Damit es zu keiner Vermischung des Gemeinschaftsvermögens bzw. – bei Bargeld – zu keiner Vermengung nach § 948 Abs. 1 BGB mit dem Vermögen des Verwalters kommt und um die Gemeinschaft der Wohnungseigentümer davor zu schützen, dass Gläubiger des jeweiligen Amtsträgers auf das Gemeinschaftsvermögen zugreifen, ist der Verwalter verpflichtet ist, sämtliche eingenommenen Gelder – gleich aus welcher „Quelle" – von seinem und dem Vermögen Dritter – zB anderer Gemeinschaften oder eines Wohnungseigentümers, für den eine Sondereigentumsverwaltung vereinbart ist – gesondert zu halten. 164

b) Umsetzung. Bargeld und Wertpapiere des Gemeinschaftsvermögens sind getrennt von Geldscheinen und Wertpapieren des Amtsträgers aufzubewahren. Bargeld ist damit in einer gesonderten Kasse aufzubewahren. Unbares Geld ist auf Konten aufzubewahren, die im Namen der Gemeinschaft der Wohnungseigentümer eröffnet sind. Die Gelder der Gemeinschaft der Wohnungseigentümer müssen nicht nach ihrer jeweiligen Zweckbestimmung getrennt werden. 165

Etwa für die Erhaltungsrücklage bedarf es keines eigenen Kontos (KG NJW-RR 1987, 1160). Notwendig, aber auch ausreichend ist, die Rückstellungsmittel im Rahmen der Buchhaltung getrennt zu verbuchen. 166

Ein Eigenkonto ist – auch als unechtes oder echtes Treuhandkonto – stets unzulässig (LG Frankfurt a. M. ZMR 2018, 250 (251); LG Saarbrücken ZWE 2018, 275 Rn. 16; LG Hamburg ZMR 2016, 223). 167

6. Vertretungsmacht. Soweit der Verwalter einer Vertretungsmacht bedarf, räumt ihm diese § 9b Abs. 1 WEG ein. 168

VIII. Zustellungen und Erklärungen gegenüber der Gemeinschaft der Wohnungseigentümer

1. Überblick. Erklärungen der Wohnungseigentümer und Dritter gegenüber der Gemeinschaft der Wohnungseigentümer und Zustellungen sind nach § 9b Abs. 1 Satz 1 WEG gegenüber dem Verwalter zu bewirken. 169

Unter den Begriff „Zustellungen" fallen sämtliche außergerichtlichen und gerichtlichen Zustellungen. Bei der Bekanntgabe eines Verwaltungsaktes soll es reichen, dass die Verfügung zwar an die persönliche Anschrift des Verwalters zugestellt wird, sich aber aus dem Inhalt des Verwaltungsaktes sicher entnehmen lässt, dass die Gemeinschaft der Wohnungseigentümer als Inhaltsadressat der in der Verfügung ausgesprochenen Pflichten in Anspruch genommen werden soll (VGH München BeckRS 2019, 17728 Rn. 28). 170

Eine vom Verwalter für die Gemeinschaft der Wohnungseigentümer entgegen genommene (= zugegangene) Willenserklärung wirkt nach § 164 Abs. 1 Satz 1, Abs. 3 BGB unmittelbar für und gegen diese. § 9b Abs. 1 Satz 1 WEG erlaubt dem Verwalter ferner, namens der Gemeinschaft der Wohnungseigentümer Willenserklärungen abzugeben oder Zustellungen zu bewirken. 171

172 **2. Benachrichtigung der Wohnungseigentümer.** Der Verwalter muss die Wohnungseigentümer im Einzelfall von den ihm gegenüber abgegebenen Willenserklärungen und/oder Zustellungen eine Nachricht geben. Diese Pflicht ist eine Amtspflicht, auf die §§ 675, 666 BGB nicht unmittelbar anwendbar sind. Die Pflicht besteht auch dann, wenn kein Verwaltervertrag besteht. Auf welche Art und Weise der Verwalter informiert, ist seine Sache (s. a. BGH NJW 1981, 282 unter II. 1. c).

173 Er kann es sachgerecht mündlich auf einer Versammlung tun (BGH WuM 2017, 423 Rn. 14) – wenn dort alle Wohnungseigentümer anwesend sind – per E-Mail (BGH WuM 2017, 423 Rn. 14; LG Frankfurt a. M. ZWE 2017, 48) oder durch Versendung von Rundschreiben (BGH NJW 1981, 282 unter II. 1. c). Auch ein Aushang ist ausreichend, wenn sichergestellt ist, dass wirklich alle Wohnungseigentümer – und nur diese – vom Inhalt Kenntnis erlangen. Erscheint es geboten, eine Abschrift des zugestellten Schriftstücks zu übermitteln, kann und muss der Verwalter solche Abschriften herstellen lassen (BGH NJW 1981, 282 unter II. 1. c).

174 **3. Zustellungen und Erklärungen gegenüber den Wohnungseigentümern.** Für Zustellungen und Erklärungen gegenüber den Wohnungseigentümern räumt das Gesetz dem Verwalter keine Vertretungsmacht ein und gibt ihm keine Aufgaben (s. a. *Becker/Schneider* ZfIR 2020, 281 (303)). Allerdings kann die Gemeinschaft der Wohnungseigentümer nach § 9a Abs. 2 WEG – für die die Verwalter handelt – für den Empfang zuständig sein, etwa bei Erklärungen und/oder Zustellungen von Behörden gegenüber den Wohnungseigentümern als Eigentümern des gemeinschaftlichen Eigentums (aA *Becker/Schneider* ZfIR 2020, 281 (303)), zB ein Bescheid über Grundbesitzabgaben (aA OVG Lüneburg ZWE 2010, 426; VG Düsseldorf ZMR 2010, 327).

IX. Vertragsmanagement

175 Der jeweilige Amtsinhaber ist als Organ der Gemeinschaft der Wohnungseigentümer verpflichtet, sämtliche Verträge der Gemeinschaft der Wohnungseigentümer (s. a. → Rn. 21 ff.), zB Dienstleistungsverträge, Gasverträge, Stromverträge, Versicherungsverträge oder Wartungsverträge, einer regelmäßigen Überprüfung der Vertragskonditionen und einer Überprüfung auf Gesetzesänderungen, auf aktuelle Rechtsprechung und konkurrierende Angebote zu unterziehen (s. a. → § 18 Rn. 32). Ferner ist zu klären, ob es eines Vertrages noch bedarf oder ob ein neuer zu schließen ist.

176 § 27 Abs. 1 Nr. 1 WEG verlangt es vom Verwalter ferner zu prüfen, ob die erforderlichen Versicherungen abgeschlossen und inhaltlich ausreichend sind (*Dötsch* NZM 2018, 353 (355)). Während des Laufs einer Versicherung muss der Verwalter dem Versicherer die ihm bekannten Umstände anzeigen, die für die Übernahme des Risikos durch den Versicherer oder im Übrigen erheblich sind (*Armbrüster* ZWE 2012, 201 (202)). Ferner muss der Verwalter ein Auge auf die Versicherungssumme und ihre Angemessenheit haben, die Prämien bedienen (*Armbrüster* ZWE 2012, 201 (203)) und dem Versicherer nachträgliche Gefahrerhöhungen anzeigen (*Armbrüster* ZWE 2012, 201 (203)). Bei allen anderen Dauerverträgen muss der Verwalter zB auf Ände-

rungen der AGB, Änderungen des Preisgefüges oder gesetzliche Änderungen achten.

X. Organisation und Leitung der Versammlung

Nach §§ 27 Abs. 1 Nr. 1, 23 bis 25 WEG ist es die Pflicht des Verwalters **177** als Organ, die Versammlung der Wohnungseigentümer ordnungsmäßig vorzubereiten, durchzuführen und nachzubereiten. Hierzu gehört auch die Abfassung einer Niederschrift und die Führung der Beschluss-Sammlung. Die Einzelheiten der jeweiligen Pflichten sind der jeweiligen Kommentierung zu entnehmen.

XI. Finanzwesen

1. Wirtschaftsplan, Abrechnung und Vermögensbericht. Nach **178** §§ 27 Abs. 1 Nr. 1, 28 WEG ist es die Pflicht des Verwalters als Organ, Wirtschaftsplan, Jahresabrechnung und Vermögensbericht zu erstellen und den Wohnungseigentümern vorzulegen. Die Einzelheiten der Pflichten sind der jeweiligen Kommentierung zu entnehmen.

2. Liquiditätsprobleme. Der jeweilige Amtsinhaber hat als Organ die **179** Pflicht, zu geordneten finanziellen Verhältnissen der Gemeinschaft der Wohnungseigentümer beizutragen (→ § 18 Rn. 32).

XII. Eigentümerliste

Die Gemeinschaft der Wohnungseigentümer ist zur Führung einer Eigen- **180** tümerliste und Auskunft hierüber verpflichtet (→ § 18 Rn. 32). Als Organ ist es Aufgabe des Verwalters im Innenverhältnis diese Pflicht zu erfüllen.

XIII. Angebote

Die Gemeinschaft der Wohnungseigentümer ist verpflichtet, Vertrags- **181** angebote einzuholen, um den Wohnungseigentümern die Ausübung ihres Ermessens zu ermöglichen (im Einzelnen → § 18 Rn. 32). Als Organ ist es Aufgabe des Verwalters im Innenverhältnis diese Pflicht zu erfüllen.

XIV. Neutralität

Der Verwalter muss als Amtsinhaber und Organ der Gemeinschaft der **182** Wohnungseigentümer stets Neutralität wahren (→ § 26 Rn. 59; → Rn. 100).

XV. Verkehrssicherungspflichten

Die Verkehrssicherungspflichten im Zusammenhang mit dem gemein- **183** schaftlichen Eigentum ruhen von Gesetzes wegen auf allen Wohnungseigentümern und werden idR nach § 9a Abs. 2 WEG von der Gemeinschaft der Wohnungseigentümer „erfüllt", also organisiert (→ § 9a Rn. 73; → § 9a Rn. 100; → § 18 Rn. 32; s. a. BGH NJW 2012, 1724 Rn. 12). Der Verwalter ist bereits insoweit Organ und muss das Notwendige organisieren.

Daneben bestehen in Eilfällen Pflichten aus § 27 Abs. 1 Nr. 2 WEG (OVG Saarlouis NZM 2014, 913; *Wenzel* ZWE 2009, 57 (60)). Als weitere Organ-Verkehrssicherungspflicht ist ferner die Kontroll-, Hinweis- und Organisationspflicht des Verwalters nach § 27 Abs. 1 Nr. 1 WEG (→ Rn. 108) anzusehen (LG Hamburg ZWE 2017, 183 (184/185); *Wenzel* ZWE 2009, 57 (60)). In diesem Zusammenhang muss der jeweilige Amtsinhaber als Organ der Gemeinschaft der Wohnungseigentümer die Wohnungseigentümer zB über ihre Pflichten als Gebäudeeigentümer informieren, beispielsweise über gesetzliche Anforderungen für Bauteile.

184 Weitere Pflichten – vor allem Handlungspflichten, als Organ selbst etwas zu unternehmen – folgen aus § 27 Abs. 1 Nr. 1 WEG hingegen nicht (LG Hamburg ZMR 2016, 655; *Wenzel* ZWE 2009, 57 (59); aA BGH NJW 1993, 1782 unter II. 1; OLG Zweibrücken WE 1995, 26; OLG Frankfurt a. M. OLGZ 1982, 16 (17)). Denn dem Verwalter obliegt nach § 27 Abs. 1 Nr. 1 WEG – etwas anderes kann vertraglich vereinbart werden (→ § 26 Rn. 303) – bis auf kleinere Erhaltungsmaßnahmen (→ Rn. 23) nicht die selbständige Durchführung der notwendigen Erhaltungsmaßnahme als solcher. Der Verwalter ist von Gesetzes wegen nicht in der Lage, eigenmächtig umfassend in die Gebäudesubstanz einzugreifen und entsprechende Verträge namens der Gemeinschaft der Wohnungseigentümer zu schließen. Der Verwalter ist auch nicht befugt, Maßnahmen gegen den erklärten Willen der Mehrheit der Wohnungseigentümer zu treffen.

XVI. „Technik“

185 Der Verwalter ist als Organ nach § 27 Abs. 1 WEG für den technisch und/oder rechtlich ordentlichen Zustand der technischen Gebäudeausstattung verantwortlich. Er muss die Wohnungseigentümer insoweit als Organ der Gemeinschaft der Wohnungseigentümer ua über Mängel oder Rechtsänderungen informieren und sachgerechte Entscheidungen herbeiführen. Ferner muss er die Technik regelmäßig prüfen oder prüfen lassen.

186 Nichts anderes gilt, wenn es in der Wohnungseigentumsanlage zB Anlagen zur Nutzung der Sonne (Solarthermie; Fotovoltaik) gibt, ein Blockheizkraftwerk, Lademöglichkeiten iSv § 20 Abs. 2 Satz 1 Nr. 2, Einrichtungen für den Gebrauch durch Menschen mit Behinderungen, Mehrfachparkeranlagen im gemeinschaftlichen Eigentum, Spielplätze, Stellplätze im gemeinschaftlichen Eigentum usw.

XVII. Eintragung von Beschlüssen und „Altbeschlüssen“

187 **1. Beschlüsse aufgrund einer Vereinbarung.** Nach § 5 Abs. 4 Satz 1 WEG können Beschlüsse, die aufgrund einer Vereinbarung gefasst oder solche Beschlüsse, die nach § 44 Abs. 1 WEG ersetzt werden, durch Eintragung im Grundbuch zum Inhalt des Sondereigentums gemacht werden (→ § 5 Rn. 61 ff.). Nach § 10 Abs. 3 Satz 1 WEG ist die Eintragung notwendig, damit diese Beschlüsse auch gegen Sondernachfolger wirken (→ § 5 Rn. 65 ff.). Die Aufgabe, diese Eintragung zu bewirken, ist nach § 7 Abs. 2 Satz 2 WEG eine der Gemeinschaft der Wohnungseigentümer (s. a. *Wilsch*

FGPrax 2020, 1), die durch den Verwalter nach §§ 9b Abs. 1 Satz 1, 27 Abs. 1 Nr. 1 WEG handelt (s. a. *Abramenko* ZMR 2020, 453 (455)).

2. Altbeschlüsse. Beschlüsse, die auf einer Vereinbarung beruhen, die vor dem 1.12.2020 gefasst oder nach § 21 Abs. 8 WEG aF ersetzt wurden und die keine Haftung begründet haben („Altbeschlüsse"), wirken gegen bestimmte Sondernachfolger nur dann, wenn sie bis zum 31.12.2025 in das Grundbuch eingetragen worden sind. Es ist eine originäre Aufgabe des Verwalters die Wohnungseigentümer auf diese Rechtslage hinzuweisen und eine Entscheidung dazu einzuholen, ob existierende Altbeschlüsse eingetragen werden sollen. Eine Pflicht, die Eintragung zu bewirken, trifft ihn hingegen nicht. **188**

XVIII. Eintragung von Altvereinbarungen und Haftungsbeschlüssen

Veräußerungsbeschränkungen (§ 12 WEG), Vereinbarungen zur Haftung von Sondernachfolgern für Geldschulden sowie Beschlüsse aufgrund einer Öffnungsklausel, die eine Haftung anordnen, sind nach § 7 Abs. 3 Satz 2 WEG ausdrücklich im Wohnungsgrundbuch oder Teileigentumsgrundbuch einzutragen (→ § 7 Rn. 11 ff.). Die Eintragung von Vereinbarungen und Beschlüssen, die vor dem 1.12.2020 getroffen oder gefasst wurden (Altvereinbarungen und Haftungsbeschlüsse), erfolgt nur auf Antrag (→ § 7 Rn. 14 ff.). Die Aufgabe, diese Eintragung zu bewirken, ist nach § 48 Abs. 3 Satz WEG eine der Gemeinschaft der Wohnungseigentümer, für die nach §§ 9b Abs. 1 Satz 1, 27 Abs. 1 Nr. 1 WEG der Verwalter handelt. **189**

XIX. Verwaltungsunterlagen

Den Verwalter trifft als Organ der Gemeinschaft der Wohnungseigentümer die Aufgabe, die Verwaltungsunterlagen zu verwalten und in diese Einsicht zu gewähren. Zu den Einzelheiten → § 18 Rn. 143 ff. **190**

G. Prozessuales

Droht der Verwalter seine Befugnisse evident zu überschreiten, kann er im seltenen Einzelfall vorbeugend auf Unterlassung in Anspruch genommen werden, auch im Wege der einstweiligen Verfügung. **191**

H. Abdingbarkeit

§ 27 Abs. 1 WEG ist abdingbar, da die Wohnungseigentümer bereits etwas anderes beschließen können. § 27 Abs. 2 WEG ist hingegen nach seinem Sinn und Zweck immer beschlussoffen (→ Rn. 77). **192**

Wirtschaftsplan, Jahresabrechnung, Vermögensbericht

28 (1) [1] **Die Wohnungseigentümer beschließen über die Vorschüsse zur Kostentragung und zu den nach § 19 Absatz 2 Nummer 4 oder durch Beschluss vorgesehenen Rücklagen.** [2] **Zu diesem Zweck hat der Verwalter jeweils für ein Kalenderjahr einen Wirtschaftsplan aufzustellen, der darüber hinaus die voraussichtlichen Einnahmen und Ausgaben enthält.**

(2) [1] **Nach Ablauf des Kalenderjahres beschließen die Wohnungseigentümer über die Einforderung von Nachschüssen oder die Anpassung der beschlossenen Vorschüsse.** [2] **Zu diesem Zweck hat der Verwalter eine Abrechnung über den Wirtschaftsplan (Jahresabrechnung) aufzustellen, die darüber hinaus die Einnahmen und Ausgaben enthält.**

(3) **Die Wohnungseigentümer können beschließen, wann Forderungen fällig werden und wie sie zu erfüllen sind.**

(4) [1] **Der Verwalter hat nach Ablauf eines Kalenderjahres einen Vermögensbericht zu erstellen, der den Stand der in Absatz 1 Satz 1 bezeichneten Rücklagen und eine Aufstellung des wesentlichen Gemeinschaftsvermögens enthält.** [2] **Der Vermögensbericht ist jedem Wohnungseigentümer zur Verfügung zu stellen.**

Literatur (zur älteren Literatur siehe Vorauflage): *Elzer,* Forderungsmanagement für WEG-Verwalter, 2020; *Zschieschack,* Die Auswirkungen der Ungültigerklärung von Finanzierungsbeschlüssen auf das Abrechnungssystem der WEG, ZMR 2020, 171.

Übersicht

A. Entstehungsgeschichte

1 § 28 WEG stand von Anfang an im Gesetz. Er blieb bis zum Jahr 2020 unverändert. Das Gesetz zur Förderung der Elektromobilität und zur Modernisierung des Wohnungseigentumsgesetzes und zur Änderung von kosten- und grundbuchrechtlichen Vorschriften vom 16.10.2020 hat ihn dann stark umgeformt. Mit der Neufassung wurden mehrere Ziele verfolgt (BR-Drs. 168/20, 84). Die wesentlichen Inhalte der Bestimmungen zur Jahresabrechnung und zum Wirtschaftsplan sollen jetzt bereits dem Wortlaut des Gesetzes entnommen werden können. Ferner sollen die Zahl der Streitigkeiten über den Wirtschaftsplan und die Jahresabrechnung verringert und die Kenntnis der Wohnungseigentümer über die wirtschaftliche Lage der Gemeinschaft der Wohnungseigentümer durch einen Vermögensbericht gestärkt werden. Die zentralen Änderungen bestehen darin, dass Absatz 1 Satz 1 und Absatz 2 Satz 1 genau sagen, was ihr Beschlussgegenstand ist, aber auch darin, dass nicht mehr der Verwalter, sondern nach § 18 Abs. 1 WEG die Gemeinschaft der Wohnungseigentümer verpflichtet ist, den Wirtschaftsplan und die Jahresabrechnung vorzulegen. Das WEMoG hat ferner die amtliche Überschrift geändert, und dort die weitere Pflicht der Gemeinschaft der Wohnungseigentümer benannt, einen Vermögensbericht zu erstellen. Der frühere Absatz 2, nach dem der Verwalter das Hausgeld von den Wohnungseigentümern abzurufen hatte, ist ersatzlos entfallen. Der Absatz 1 ist zergliedert worden. Absatz 1 Satz 2 regelt jetzt eine Beschlussvorbereitung, Absatz 1 Satz 1 den Beschlussgegenstand. Dieser ist auf die Zahlungspflicht reduziert worden, sodass es keinen Beschlussmangel mehr darstellt, wenn nur der Wirtschaftsplan nicht ordnungsmäßig ist. Ferner findet sich in Absatz 1 Satz 1 jetzt der Hinweis, dass die Wohnungseigentümer berechtigt sind, neben der Erhaltungsrücklage durch Beschluss weitere Rücklagen zu bilden. Der frühere Absatz 3 ist nunmehr der Absatz 2. Absatz 2 Satz 2 regelt die Beschlussvorbereitung, Absatz 2 Satz 1 den Beschlussgegenstand. Absatz 3 entspricht teilweise § 21 Abs. 7 WEG aF (→ Rn. 219). Er war im WEMoG zunächst als § 19 Abs. 3 Satz 1 WEG vorgesehen (BR-Drs. 168/20, 66). Seinen jetzigen Platz hat er aus systematischen Gründen durch den Rechtsausschuss des Bundestages erhalten (vgl. BT-Drs. 19/22634, 47 – Vorabfassung). Absatz 4 zum Vermögensbericht ist neu, die Idee ist es nicht (Vorauflage → § 28 Rn. 111).

B. Sinn und Zweck

§ 28 Abs. 1 Satz 1 WEG gibt eine Beschlusskompetenz für Vorschüsse. 2
§ 28 Abs. 1 Satz 2 WEG ordnet an, dass die Gemeinschaft der Wohnungseigentümer dazu einen Wirtschaftsplan aufzustellen hat. § 28 Abs. 2 Satz 1 WEG gibt eine Beschlusskompetenz für Nachschüsse und/oder die Anpassung der Vorschüsse. § 28 Abs. 1 Satz 2 WEG ordnet an, dass die Gemeinschaft der Wohnungseigentümer dazu eine Jahresabrechnung aufzustellen hat. Absatz 3 trifft Regelungen für einen Vermögensbericht. Die durch § 28 bewirkte Trennung zwischen den Zahlenwerken und den Beschlüssen, die Zahlungspflichten begründen, zielt darauf, dass unnötige Anfechtungsstreitigkeiten vermieden werden und die Liquidität der Gemeinschaft der Wohnungseigentümer nicht dadurch gefährdet wird, dass Zahlungspflichten aus formalen Gründen gerichtlich aufgehoben werden (BT-Drs. 19/22634, 43 – Vorabfassung. Der Anspruch der Wohnungseigentümer auf einen korrekten Wirtschaftsplan und eine korrekte Jahresabrechnung stellt § 28 nicht in Frage (BT-Drs. 19/22634, 43 – Vorabfassung). Jeder einzelne Wohnungseigentümer kann diesen Anspruch gerichtlich durchsetzen, nämlich im Wege der Leistungsklage gegen die Gemeinschaft der Wohnungseigentümer (BT-Drs. 19/22634, 43 – Vorabfassung).

C. Dogmatische Grundlagen

I. Anspruch auf Vor- und/oder Nachschuss

1. Beschluss. Ein Wohnungseigentümer schuldet einen Vor- und/oder 3
Nachschuss zur Kostentragung nicht nach § 16 Abs. 2 Satz 1 WEG. Diese Vorschrift beschreibt nur, wer die Kosten zu tragen hat. Für einen Anspruch bedarf eines Beschlusses nach § 28 Abs. 1 Satz 1 WEG oder nach § 28 Abs. 2 Satz 1 WEG.

2. Bindung. Ein nicht nichtiger Beschluss nach § 28 Abs. 1 Satz 1, 4
Abs. 2 Satz 1 WEG ist ungeachtet etwaiger Mängel solange gültig, wie er nicht nach §§ 43 Abs. 2 Nr. 4, 44 Abs. 1 Satz 1, 23 Abs. 4 Satz 2 WEG für ungültig erklärt worden ist (→ § 23 Rn. 163 f.). Das Gericht, das über einen Vor- und/oder Nachschuss zu entscheiden hat, ist mithin an einen Beschluss nach § 28 Abs. 1 Satz 1, Abs. 2 Satz 1 WEG gebunden und darf die Vorfrage, ob dieser ordnungsmäßig ist, nicht selbstständig (ohne Rücksicht auf eine Anfechtungsklage) entscheiden. Bis zu einer Ungültigerklärung muss das Gericht von einem Vor- und/oder Nachschuss ausgehen und diesen zusprechen (BGH NZM 2020, 755 Rn. 27; ZWE 2014, 265 Rn. 6; 2011, 403 unter II. B. 3. a) aa). Das Gericht ist nicht befugt, die auf einen Beschluss nach § 28 Abs. 1 Satz 1, Abs. 2 Satz 1 WEG gestützte Zahlungsklage gem. § 148 ZPO auszusetzen (→ § 23 Rn. 164).

II. Anspruch auf Finanzausstattung

5 Jeder Wohnungseigentümer hat aus § 18 Abs. 2 Nr. 1 WEG einen Anspruch auf Aufstellung eines Wirtschaftsplans und einen Beschluss nach § 28 Abs. 1 Satz 1 WEG (BT-Drs. 19/22634, zum alten Recht BGH NZM 2019, 374 Rn. 16), einen Anspruch auf Aufstellung einer Jahresabrechnung über diesen und einen Beschluss nach § 28 Abs. 2 Satz 1 WEG (BayObLG NJW-RR 1990, 659 (660)) und damit einen Anspruch, dass ausreichend hohe Mittel zur Bewirtschaftung der Wohnungseigentumsanlage angesammelt werden (BGH NJW-RR 2017, 844 Rn. 15). Die Kehrseite dieser Ansprüche ist, dass sich jeder Wohnungseigentümer an der Ansammlung ausreichend hoher Mittel durch seine „Ja-Stimme" zu einem Beschluss nach § 28 Abs. 1 Satz 1, Abs. 2 Satz 1 WEG beteiligen muss und sich pflichtwidrig verhält, wenn er schuldhaft an diesen Beschlussfassungen nicht teilnimmt, sofern diese ordnungsmäßig sind. Er verhält sich ferner pflichtwidrig, wenn die Gemeinschaft der Wohnungseigentümer Mittel benötigt, und er nicht dazu beiträgt, dass ein Beschluss nach § 28 Abs. 1 Satz 1, Abs. 2 Satz 1 WEG überhaupt gefasst werden kann. Verletzt ein Wohnungseigentümer diese Pflichten, schuldet er der Gemeinschaft der Wohnungseigentümer Schadenersatz (BGH NJW-RR 2017, 844 Rn. 14).

6 Sind Wohnungseigentümer vorübergehend nicht in der Lage, sich an der Finanzausstattung der Gemeinschaft der Wohnungseigentümer zu beteiligen, sind von den anderen Wohnungseigentümern so lange erhöhte (→ Rn. 39) Vor- und/oder Nachschüsse zu beschließen und zu leisten, bis die Gemeinschaft der Wohnungseigentümer wieder über ausreichende Finanzmittel verfügt (BGH NJW 2015, 3651 Rn. 17).

7 Fehlen der Gemeinschaft der Wohnungseigentümer Mittel oder droht das, muss der Verwalter eine Versammlung der Wohnungseigentümer mit dem Ziel einberufen, einen Beschluss nach § 28 Abs. 1 Satz 1 WEG oder einen Darlehensbeschluss zu fassen (BGH NJW-RR 2017, 844 Rn. 15; OLG Köln ZMR 1999, 789).

III. (Verbraucher-)Darlehensvertrag

8 **1. Überblick zum Darlehensbeschluss.** Ein weiteres Finanzierungsinstrument zB für eine Erhaltungsmaßnahme, die Schließung einer Liquiditätslücke, für den Erwerb eines Grundstücks oder eines Wohnungs- oder Teileigentumsrechts Mittel aufzubringen, besteht darin, dass die Gemeinschaft der Wohnungseigentümer einen Verbraucherdarlehensvertrag schließt (BGH NJW 2015, 3651 Rn. 30). Dieser Vertrag kann ein sinnvolles und manchmal sogar ein zwingend notwendiges Finanzierungsinstrument sein (BGH NJW 2015, 3651 Rn. 14).

9 Für den auf einen solchen Verbraucherdarlehensvertrag gerichteten Darlehensbeschluss besteht eine Beschlusskompetenz (BGH NJW 2015, 3651 Rn. 10; 2012, 3719 Rn. 7). Der Darlehensbeschluss kann nach § 16 Abs. 2 Satz 2 WEG vorsehen, dass sich einzelne Wohnungseigentümer an Tilgung und Zins (→ Rn. 8) nicht beteiligen müssen und von den Kreditkosten sowie – durch entsprechende Vereinbarung mit dem Kreditinstitut – von der

quotalen Haftung des § 9a Abs. 4 Satz 1 WEG befreit sind (BGH NJW 2015, 3651 Rn. 29 und Rn. 31). Liegt es so, können diese Wohnungseigentümer dennoch nicht von etwaigen Nachschusspflichten bei Fehlen liquider Mittel der Gemeinschaft der Wohnungseigentümer befreit werden (BGH NJW 2015, 3651 Rn. 32).

2. Mehrheit. Der Darlehensbeschluss bedarf nach §§ 19 Abs. 1, 25 Abs. 1 WEG einer einfachen Mehrheit. Die Wohnungseigentümer können etwas anderes vereinbaren. 10

3. Ordnungsmäßige Verwaltung. a) Überblick. Der Darlehensbeschluss muss einer ordnungsmäßigen Verwaltung entsprechen (→ § 18 Rn. 54 ff.). Für die Prüfung sind die mit einer Darlehensaufnahme einhergehenden Belastungen und Risiken den Vor- und Nachteilen einer Finanzierung durch einen Vorschuss in Form einer Sonderumlage (→ Rn. 81 ff.) gegenüberzustellen. Selbst ein auf Aufnahme eines langfristigen, hohen Kredits gerichteter Verbraucherdarlehensvertrag kann danach ordnungsmäßiger Verwaltung entsprechen (BGH NJW 2015, 3651 Rn. 13 ff.). Hier ist allerdings Zurückhaltung geboten. 11

b) Gegenstand. Gegenstand der Prüfung der Ordnungsmäßigkeit müssen ua die folgenden Punkte sein: 12

- Die Höhe des bzw. des nicht zu überschreitenden Zinssatzes. 13
- Der Anlass für den Verbraucherdarlehensvertrag (BGH NJW 2015, 3651 Rn. 20).
- Die Möglichkeit, die notwendigen Mittel durch Rückgriff auf eine Rücklage und/oder Erhebung einer Sonderumlage aufzubringen (BGH NJW 2015, 3651 Rn. 21). Eine Darlehensfinanzierung wird insbesondere in Betracht kommen, wenn die Erhebung einer Sonderumlage die einzelnen Wohnungseigentümer finanziell stark belasten oder gar die Leistungsfähigkeit einkommensschwächerer Wohnungseigentümer überfordern würde (BGH NJW 2015, 3651 Rn. 23).
- Die Höhe des Geldbetrags, den der Darlehensgeber zur Verfügung stellen soll, im Verhältnis zu der Anzahl der Wohnungseigentümer der entsprechenden Wohnungseigentumsanlage (BGH NJW 2015, 3651 Rn. 24).
- Die Bedingungen des Verbraucherdarlehensvertrags, insbesondere die Höhe der nach § 488 Abs. 1 Satz 2 BGB geschuldeten Zinsen und die Höhe etwaiger Zusatzkosten (BGH NJW 2015, 3651 Rn. 27).
- Die Laufzeit des Verbraucherdarlehensvertrags. Um eine dauerhafte Verschuldung der Gemeinschaft der Wohnungseigentümer mit den damit verbundenen Risiken für die Gläubiger und für die Wohnungseigentümer zu vermeiden, muss die Rückzahlung in der Regel so angelegt sein, dass der Geldbetrag am Ende der Laufzeit zurückgezahlt ist, in der Regel also in 10 Jahren (BGH NJW 2015, 3651 Rn. 27).
- Die Frage, ob die Gemeinschaft der Wohnungseigentümer für eine Maßnahme staatliche Fördermittel erhält, die bei einer späteren Ausführung nicht mehr (sicher) zur Verfügung stünden (BGH NJW 2015, 3651 Rn. 22).

14 **c) Bestimmtheit des Darlehensbeschlusses.** Der Darlehensbeschluss muss für seine Ordnungsmäßigkeit hinreichend bestimmt sein (allgemein zur Bestimmtheit → § 23 Rn. 40 ff.). Um dieses Ziel zu erreichen, sind ua folgende Bestimmungen notwendig (siehe dazu auch BGH NJW 2015, 3651 Rn. 34; s. a. *Dietrich* ZWE 2017, 3 ff.):

15 • Informationen iSd § 491a BGB; jedenfalls muss der Darlehensbeschluss die wesentlichen Rahmenbedingungen des Verbraucherdarlehensvertrags festlegen.
• Der Darlehensbeschluss muss Angaben über die zu finanzierende Maßnahme enthalten (= über Anlass und Zweck des Abschlusses des Verbraucherdarlehensvertrags.
• Die Höhe des Geldbetrags iSv § 488 Abs. 1 Satz 1 BGB.
• Die Laufzeit des Verbraucherdarlehensvertrags.
• Die Höhe des bzw. des nicht zu überschreitenden Zinssatzes.
• Ferner muss der Darlehensbeschluss erkennen lassen, dass die Tilgungsraten so bestimmt sind, dass der Geldbetrag iSv § 488 Abs. 1 Satz 1 BGB am Ende der Laufzeit des Verbraucherdarlehensvertrags getilgt ist, oder ob eine Anschlussfinanzierung erforderlich ist.

16 **d) Information der Wohnungseigentümer.** Vor einem Darlehensbeschluss muss die Gemeinschaft der Wohnungseigentümer die Wohnungseigentümer über die im Innenverhältnis gegebenenfalls wegen Hausgeldausfällen bestehende Nachschusspflicht der zahlungsfähigen Wohnungseigentümer informieren (→ § 18 Rn. 32). Dies gilt auch für die Wohnungseigentümer, die von einer etwaigen „Abwendungsbefugnis" Gebrauch gemacht haben (→ Rn. 9). Denn die Wohnungseigentümer dürfen nicht dem Irrtum unterliegen, dass sie unter allen Umständen nur für einen ihrem Miteigentumsanteil entsprechenden Anteil an Zins- und Tilgungsleistungen für das Darlehen haften (BGH NJW 2015, 3651 Rn. 35). Die entsprechende Unterrichtung ist nach hM in der Niederschrift zu dokumentieren (BGH NJW 2015, 3651 Rn. 35).

17 Vor dem Darlehensbeschluss bietet es sich an, dass die Gemeinschaft der Wohnungseigentümer die Wohnungseigentümer ferner über ihre aktuelle wirtschaftliche Situation, insbesondere über etwaige Hausgeldausfälle, informiert (BGH NJW 2015, 3651 Rn. 36). Eine Offenlegung der wirtschaftlichen Verhältnisse jedes Wohnungseigentümers ist nicht erforderlich.

18 **4. Aufbringung von Tilgung und Zins (Annuität).** Tilgung und Zins werden über nach § 28 Abs. 1 Satz 1 WEG begründete Vorschüsse refinanziert (dazu ua *Jennißen* ZWE 2017, 116 (122)); *Dötsch* MietRB 2014, 27 ff.; *Drasdo* NZM 2014, 289 (295); *Schultheis/Casser* ZMR 2013, 788). Es handelt sich um eine Kostenposition im Wirtschaftsplan (BGH NJW 2015, 3651 Rn. 15) und später um einen Teil der Nachschüsse iSv § 28 Abs. 2 Satz 1 WEG. Tilgung und Zins können daneben das Ziel von Vorschüssen für eine Sonderumlage sein (BGH NJW 2015, 3651 Rn. 15). Zum Umlageschlüssel → § 16 Rn. 35.

D. Der Wirtschaftsplan (§ 28 Abs. 1 Satz 2 WEG)

I. Sinn und Zweck

Die Wohnungseigentümer beschließen nach § 28 Abs. 1 Satz 1 WEG über die Vorschüsse zur Kostentragung (→ § 16 Rn. 29) und zu den Rücklagen (→ § 19 Rn. 135; § 19 Rn. 163 ff.). Um die Vorschüsse (→ Rn. 61 ff.) zu berechnen und vorzubereiten (BR-Drs. 168/20, 85), ist ein Wirtschaftsplan aufzustellen. Hierauf besteht ein Anspruch (→ Rn. 3; BT-Drs. 19/22634, 43 – Vorabfassung). Der Wirtschaftsplan muss die Höhe der anteilmäßigen Verpflichtung der Wohnungseigentümer zur Kostentragung und zu den Rücklagen prognostisch benennen (OLG Hamm ZMR 2009, 58) und ist damit Grundlage für die Bemessung der Vorschüsse (BGH NJW-RR 2013, 1234 Rn. 13). Der Wirtschaftsplan selbst begründet keine Ansprüche. 19

II. Ersteller

1. Überblick. Nach § 18 Abs. 1 WEG ist die Gemeinschaft der Wohnungseigentümer verpflichtet, den Wirtschaftsplan als Zahlenwerk aufzustellen (BR-Drs. 168/20, 63). Zwar benennt § 28 Abs. 1 Satz 2 WEG den Verwalter. Dies meint aber nur die Organzuständigkeit (BR-Drs. 168/20, 63). 20

2. Organzuständigkeit. a) Verwalter. aa) Überblick. Die Aufstellung des Wirtschaftsplans ist eine Organpflicht des Verwalters. Verpflichtet ist der jeweilige Amtsinhaber. Eine Vornahmeklage mit dem Ziel, diese Organhandlung zu erzwingen, ist, wie nach altem Recht (BayObLG NJW-RR 1990, 659 (660); KG NJW 1972, 2093: § 888 ZPO; s. a. BGH NJW 2016, 3536 Rn. 34), vorstellbar. Legt der Verwalter pflichtwidrig keinen oder einen mangelhaften Wirtschaftsplan vor, kann die Gemeinschaft der Wohnungseigentümer ihn aber auch abberufen und nach §§ 280, 281 Abs. 1 Satz 1 BGB Schadenersatz verlangen. 21

bb) Verwalterwechsel. (1) Organpflicht. Im Falle eines Verwalterwechsels trifft die Organpflicht den neuen Verwalter. Der neue Verwalter kann sich nicht darauf berufen, dass die Pflicht bereits in der Amtszeit seines Vorgängers entstanden sei. Den ehemaligen Verwalter treffen keine nachwirkenden Organpflichten. 22

(2) Vertragsschuld. Der Altverwalter kann die Erstellung des Wirtschaftsplans weiter vertraglich schulden. Was gilt, müssen die Vertragsparteien vereinbaren. Fehlt es an einer ausdrücklichen Vereinbarung, sind die Verwalterverträge auszulegen. Insoweit dürfte es regelmäßig den Interessen der Gemeinschaft der Wohnungseigentümer und der betroffenen Verwalter entsprechen, dass die Pflicht zur Erstellung des Wirtschaftsplans den Verwalter trifft, der im Zeitpunkt der Entstehung der Vorlagepflicht des Wirtschaftsplans (→ Rn. 27) das zuständige Organ war. Es gilt → Rn. 105 ff. entsprechend. 23

24 **b) Wohnungseigentümer.** Hat die Gemeinschaft der Wohnungseigentümer keinen Verwalter, trifft die Pflicht zur Aufstellung nicht die Wohnungseigentümer. § 28 Abs. 1 Satz 2 WEG regelt die Organpflicht abschließend. Die Wohnungseigentümer müssen einen (neuen) Verwalter bestellen oder einen Dritten namens der Gemeinschaft der Wohnungseigentümer beauftragen.

25 **3. Erfüllung.** Der Anspruch auf Aufstellung eines Wirtschaftsplans ist iSv § 362 Abs. 1 BGB erfüllt, wenn der Plan mangelfrei ist. Wird eine unzureichende Leistung erbracht, tritt (teilweise) keine Erfüllung ein. Die Wohnungseigentümer können einen mangelhaften Wirtschaftsplan für die Gemeinschaft der Wohnungseigentümer als Leistung ablehnen, ohne in Gläubigerverzug zu geraten. Nehmen die Wohnungseigentümer einen mangelhaften Wirtschaftsplan als Erfüllung an, sind sie dafür beweispflichtig, dass er nicht ordnungsmäßig war (§ 363 BGB). Verweigern die Wohnungseigentümer die Annahme, tritt auch dann keine Erfüllung ein, wenn die Annahmeverweigerung unberechtigt war. Fehlen Teile, sind diese zu ergänzen – selbst dann, wenn der Beschluss nach § 28 Abs. 1 Satz 1 WEG bestandskräftig ist.

26 Legt die Gemeinschaft der Wohnungseigentümer keinen Wirtschaftsplan vor, soll nach bislang hM eine Beschlussersetzungsklage möglich sein (KG NJW-RR 1992, 1298; 1991, 463; Riecke/Schmid/*Abramenko* § 28 Rn. 8). **Stellungnahme.** Dieser Ansicht ist nicht zu folgen. § 44 Abs. 1 Satz 2 WEG ermöglicht wie bislang eine gerichtliche Entscheidung nur, wenn eine notwendige Beschlussfassung unterbleibt. Der Wirtschaftsplan als Zahlenwerk ist kein Beschluss.

III. Aufstellungsfragen

27 **1. Entstehung der Vorlagepflicht.** Die Vorlagepflicht entsteht am 1.1. des dem Kalenderjahr vorgehenden Jahres. Mit Ablauf des Kalenderjahres endet die Pflicht und entsteht die zur Aufstellung einer Jahresabrechnung (BGH NJW 2016, 3536 Rn. 33; OLG Hamm ZMR 2009, 60; OLG Schleswig FGPrax 2001, 184; LG Berlin GE 2009, 1465 (1468)). Haben sich gegenüber dem Vorjahr keine wesentlichen Veränderungen ergeben, kann der Verwalter den Wohnungseigentümern für die Gemeinschaft der Wohnungseigentümer vorschlagen, die Vorschüsse aufgrund des bisherigen Wirtschaftsplans zu beschließen. Sind die Wohnungseigentümer damit einverstanden, bedarf es keines neuen Plans.

28 **2. Fälligkeit.** Haben die Wohnungseigentümer keinen Zeitpunkt bestimmt, wann die Gemeinschaft der Wohnungseigentümer den Wirtschaftsplan vorzulegen hat, ist die Frage der Fälligkeit nach § 271 Abs. 1 BGB den Umständen zu entnehmen. Nach hM muss der Verwalter nach diesem Maßstab den Wohnungseigentümern den Wirtschaftsplan auf einer in den ersten 6 Monaten des Kalenderjahres abgehaltenen Versammlung mit Wirkung zum Anfang des bereits angebrochenen Jahres vorlegen (OLG Hamburg OLGZ 1988, 299 (300); s. a. BGH NJW 2010, 2654 Rn. 16). Zur Begründung wird angeführt, anknüpfend an das abgelaufene Kalenderjahr und eine

zeitnahe Betrachtung der laufenden Kosten ließen sich die Ansätze für das bereits angebrochene Kalenderjahr besonders gut bemessen. Auch ermögliche dieser Weg, die Verbindung der Beschlussfassung über Vor- und Nachschüsse.

Stellungnahme. Dieser Ansicht ist nicht zu folgen. Mit dem Wirtschaftsplan sollen Hausgeld- und Rücklagenansprüche der Gemeinschaft der Wohnungseigentümer für das nachfolgende Kalenderjahr begründet werden. Es entspricht daher allein ordnungsmäßiger Verwaltung, ihn vor dem Kalenderjahr aufzustellen (*Casser* ZWE 2014, 157; *Riecke* WuM 1989, 3189; s. a. BayObLG NJW-RR 1990, 659 (660) und *Greiner* ZWE 2019, 295 (296)). Die Argumente der hM sprechen nicht gegen diese Ansicht. Die Ansätze des Wirtschaftsplans sind eine Prognose und ihre Höhe auch im laufenden Kalenderjahr selbst noch unklar. Zweier Versammlungen bedarf es auch nicht, da die Vorschüsse in der Versammlung des Vorjahres beschlossen werden können. 29

Etwas anderes gilt nur dann, wenn die Gemeinschaft der Wohnungseigentümer im Laufe eines Jahres entsteht. Dann bedarf es eines Plans für das laufende und das künftige Kalenderjahr. Ferner dann, wenn der Beschluss gem. § 28 Abs. 1 Satz 1 WEG nach § 23 Abs. 4 Satz 2 WEG durch rechtskräftiges Urteil vor Ablauf des Kalenderjahres für ungültig erklärt ist, weil die Vorbereitung mangelhaft war (s. a. BGH NJW 2014, 2197 Rn. 21). 30

3. Zeitraum des Wirtschaftsplans (§ 28 Abs. 1 Satz 2 WEG). Die Gemeinschaft der Wohnungseigentümer hat den Wirtschaftsplan für ein Kalenderjahr aufzustellen. Wird er abweichend aufgestellt, muss er umgestellt werden (OLG München NZM 2009, 821; Jennißen/*Jennißen* § 28 Rn. 47). Eine Beschlusskompetenz, diesen Zeitraum zu verschieben, besteht nicht. Die Wohnungseigentümer können etwas anderes vereinbaren. Entsteht die Gemeinschaft der Wohnungseigentümer im Laufe eines Jahres, ist der Wirtschaftsplan für das bereits angebrochene Kalenderjahr bis zum Ende dieses Jahres aufzustellen und zudem einer für das nächste Jahr. 31

Die Pflicht, für jedes Jahr einen Wirtschaftsplan aufzustellen, besteht auch dann, wenn ein Beschluss nach § 28 Abs. 1 Satz 1 WEG für mehrere Jahre oder bis zur nächsten Beschlussfassung fortgelten soll (BR-Drs. 168/20, 85). Der jährlich vorzulegende Wirtschaftsplan soll die Wohnungseigentümer in die Lage versetzen, einen neuen Beschluss zu den Vorschüssen zu fassen bzw. einen bereits gefassten Beschluss abzuändern (BR-Drs. 168/20, 85). 32

4. Form. Formale Regelungen für die Aufstellung des Wirtschaftsplans bestehen nicht (s. a. *Bassenge* PiG 21, 93 (97)). Er kann in jeder beliebigen Form aufgestellt werden. Eine schriftliche Fixierung ist in der Regel allerdings zwingend. §§ 238 ff. HGB, insbesondere die Vorschriften über die Aufstellung einer Bilanz und einer Gewinn- und Verlustrechnung sind nicht anwendbar (BGH NJW-RR 2013, 1234 Rn. 12). Geboten ist lediglich eine für den Wohnungseigentümer nachvollziehbare Darstellung, die sich an der Funktion des Wirtschaftsplans (→ Rn. 19) ausrichtet (BGH NJW-RR 2013, 1234 Rn. 12). Die Wohnungseigentümer können etwas Abweichendes vereinbaren (→ Rn. 375). Es ist zB möglich, dass bei einer Mehrhausanlage (→ § 9a Rn. 53 ff.) angeordnet ist, Untergemeinschaften zu bilden, inner- 33 halb derer bestimmte Kosten nur auf die Mitglieder der jeweiligen Untergemeinschaft nach dem Verhältnis ihrer daran bestehenden Miteigentumsanteile oder Kopfteile aufzuteilen sind. Ferner sind getrennte Rücklagen für jede Untergemeinschaft vorstellbar.

34 **5. Gesamt- und Einzelwirtschaftsplan.** Rechtsprechung und Praxis unterscheiden bislang zwischen Gesamt- und Einzelwirtschaftsplan (BGH NJW-RR 2013, 1234 Rn. 8; NJW 2005, 2061 unter IV). Dieses Konzept ist auch im reformierten Recht richtig.

35 Denn der Wirtschaftsplan dient zum einen der Berechnung der Vorschüsse zur Kostentragung und zu den Rücklagen. Für jedes Wohnungs- und Teileigentumsrecht ist ein Zahlenwerk vorzulegen – auch dann, wenn eine Person Eigentümer mehrerer Wohnungseigentumsrechte ist (LG Dortmund ZMR 2016, 221; LG Hamburg ZWE 2015, 220). Diese Berechnungen und die erläuternden Angaben (Kostenpositionen und Umlageschlüssel) sind die Einzelwirtschaftspläne.

36 Zum anderen muss der Wirtschaftsplan die voraussichtlichen Einnahmen und Ausgaben der Gemeinschaft der Wohnungseigentümer benennen. Diese Angaben bilden den Gesamtwirtschaftsplan.

37 Notwendig, aber auch ausreichend ist ein Gesamtplan (s. a. BGH NJW-RR 2013, 1234 Rn. 8).

38 **6. Geordnete Zusammenstellung der Kostenpositionen.** Der Wirtschaftsplan muss eine geordnete Zusammenstellung der Kostenpositionen (= Gegenstände) enthalten, auf die im Laufe des Kalenderjahres Zahlungen zu entrichten sind (Ausgaben) oder auf die Einnahmen zu erwarten sind. Eine bestimmte Aufgliederung der Kostenpositionen ist nicht vorgeschrieben (OLG Karlsruhe NJOZ 2003, 427; OLG Stuttgart WE 1990, 106). Sie müssen aber für jeden Wohnungseigentümer verständlich und in zumutbarer Weise nachprüfbar sein (→ Rn. 42). Wirtschaftsplan und Abrechnung müssen dieselben Kostenpositionen zur Beschreibung der Einnahmen und Ausgaben einsetzen.

39 **7. Schätzung von Einnahmen und Ausgaben.** Der Verwalter hat die voraussichtlichen Einnahmen und Ausgaben zu schätzen (BGH NJW-RR 2013, 1234 Rn. 9). Bei der Schätzung besteht ein Ermessen (BayObLG NJW-RR 2002, 1093 (1095); 2000, 17 (18); KG NZM 1991, 188; LG München I ZMR 2012, 394). Dieses ist weit und erlaubt großzügige Ansätze (KG NJW-RR 1995, 397; LG München I ZWE 2017, 325). Ist ein Zahlungsausfall zu erwarten, ist er bei der Schätzung zu berücksichtigen und der Bemessung zu Grunde zu legen (BGH NJW 2015, 3651 Rn. 17; KG ZMR 2008, 67). Ganz „außergewöhnliche", nach den bisherigen Erfahrungen nicht zu erwartende Einnahmen oder Ausgaben dürfen freilich nicht berücksichtigt werden.

40 Ein Wirtschaftsplan ist mangelhaft, wenn er zu wesentlich überhöhten Vorschüssen oder zu erheblichen Nachschüssen führt (BayObLG NJW-RR 2002, 1093 (1095); NZM 1998, 334).

IV. Inhalte

1. Allgemeines. Der Wirtschaftsplan muss die nach § 28 Abs. 1 Satz 1 WEG zu beschließenden Zahlungspflichten der einzelnen Wohnungseigentümer beschreiben, also die jeweiligen Vorschüsse zur Kostentragung und zu den Rücklagen – die Einzelwirtschaftspläne (BR-Drs. 168/20, 85). Ferner muss der Wirtschaftsplan die voraussichtlichen Gesamteinnahmen und Gesamtausgaben der Gemeinschaft der Wohnungseigentümer enthalten – den Gesamtwirtschaftsplan (BR-Drs. 168/20, 85). 41

2. Gesamtwirtschaftsplan (Einnahmen und Ausgaben). a) Überblick. In den Wirtschaftsplan sind nach § 28 Abs. 1 Satz 2 WEG in übersichtlicher und nachprüfbarer Weise (BGH NJW-RR 2013, 1234 Rn. 8) berechnet auf ein Kalenderjahr die voraussichtlichen Einnahmen und Ausgaben der Gemeinschaft der Wohnungseigentümer bei der Verwaltung des gemeinschaftlichen Eigentums und ihre wahrscheinliche Höhe einzustellen (BGH NJW 2015, 930 Rn. 26; NJW-RR 2013, 1234 Rn. 8; s. a. BayObLG NJW-RR 2000, 17 (18); 1990, 720). Den voraussichtlichen Einnahmen sind die erwarteten Ausgaben gegenüberzustellen (LG Dortmund ZWE 2017, 270 (271)). 42

Die in der Regel negative Differenz zwischen Einnahmen und Ausgaben ist der Betrag, der durch die Vorschüsse aufgebracht werden muss (*Elzer* IMR 2013, 373). **Beispiel:** Werden 5.000 EUR Einnahmen und 50.000 EUR Ausgaben erwartet, sind 45.000 EUR nach den Umlageschlüsseln auf die Wohnungseigentümer umzulegen. Einnahmen idS sind damit nicht die erst zu errechnenden Vorschüsse (→ Rn. 61 ff.). Zwar lässt sich vertreten, dass der „Differenzbetrag" (im Beispiel 45.000 EUR) die Angabe ist, welche Vorschüsse als Einnahmen erwartet werden. Diese „Einnahme" ist aber offensichtlich nicht die vom Gesetz gemeinte (*Elzer* IMR 2013, 373). 43

Die Höhe der Kostenpositionen ergibt sich durch eine Schätzung der Einnahmen und Ausgaben, anhand der Werte der Vorjahre, der aktuellen Gesetze und der Erfahrungen des Verwalters (→ Rn. 39). Die Höhe fällt in der Regel regional, aber auch von Wohnungseigentumsanlage zu Wohnungseigentumsanlage unterschiedlich aus. Aus dem Sinn und Zweck des Wirtschaftsplans ergibt sich, dass er die Einnahmen und Ausgaben nach Möglichkeit vollständig enthalten muss. Strittige Forderungen und Verbindlichkeiten sind einzustellen, wenn ernsthaft damit zu rechnen ist, dass die Gemeinschaft der Wohnungseigentümer diese verlangen oder dafür berechtigt in Anspruch genommen werden kann (BGH NJW 2005, 2061 unter III. 1.). Ein Wirtschaftsplan, der zu erwartende Einnahmen oder Ausgaben außer Betracht lässt und damit zu wesentlich überhöhten Vorschüssen und/oder zu erheblichen Nachschüssen führt, widerspricht einer ordnungsmäßigen Verwaltung (BayObLGZ 1986, 263 (269)). 44

b) Einnahmen. Ob Ansprüche oder Rechte der Gemeinschaft der Wohnungseigentümer in den Wirtschaftsplan auf der Einnahmeseite aufzunehmen sind, hängt davon ab, ob damit gerechnet werden kann, dass auf sie im Laufe des Kalenderjahres zur Bestreitung der Ausgaben zurückgegriffen werden kann. Einnahmen idS sind vor allem: 45

46 • Die nach § 28 Abs. 1 Satz 1 WEG geschuldeten rückständigen Vorschüsse früherer Kalenderjahre.
• Aktuelle und/oder rückständige Nachschüsse.
• Vorschusszahlungen auf Sonderumlagen.
• Versicherungsleistungen.
• Darlehensvaluta.
• Früchte iSv § 16 Abs. 1 WEG (BayObLGZ 1986, 263 (269)), etwa Mieten.
• Schadenersatzleistungen (OLG München NZM 2009, 821 (822); OLG Köln ZMR 2008, 818).
• Die hM zählt zu den Einnahmen ferner die Summe der für das zu beplanende Wirtschaftsjahr zu leistenden Vorschüsse (BGH NJW-RR 2013, 1234 Rn. 9). Diese Aussage ist aber wenigstens missverständlich. Der BGH räumt daher auch ein, dass sich die Vorschüsse nur durch Schätzung der voraussichtlichen Ausgaben und der voraussichtlichen Erträge, die nicht aus den Vorschüssen bestünden, ermitteln lasse. Ferner meint er nicht, dass die Vorschüsse ausdrücklich als erwartete Einnahmen bezeichnet werden müssen. Vielmehr soll es ausreichend sein, wenn sich aus dem „Gesamtzusammenhang" ergibt, dass die durch die sonstigen Vermögenszuflüsse nicht gedeckten voraussichtlichen Ausgaben durch Vorschüsse aufgebracht werden sollen (BGH NJW-RR 2013, 1234 Rn. 9).
• Zinsen sind eine Einnahme, wenn sie umgelegt werden sollen. Sie sind gesondert darzustellen, wenn sie Teil einer Rücklage bleiben sollen, da sie dann nicht der Bewirtschaftung zur Verfügung stehen.

47 **c) Ausgaben.** Ob Verbindlichkeiten der Gemeinschaft der Wohnungseigentümer in den Wirtschaftsplan auf der Ausgabenseite aufzunehmen sind, hängt davon ab, ob damit gerechnet werden kann, dass insoweit voraussichtlich Kosten entstehen werden. Die Ausgaben müssen gleichsam feststehen oder jedenfalls im kommenden Kalenderjahr zu erwarten sein (BGH NJW 2015, 930 Rn. 26). Fehlen dagegen Anhaltspunkte dafür, dass es zu Kosten kommen wird, ist ein Ansatz hierfür nicht gerechtfertigt (BGH NJW 2015, 930 Rn. 26).

48 Ist die Höhe der Kosten bekannt, ist dieser Wert anzusetzen. Ist die Höhe nicht bekannt, können die Vorjahre, Statistiken, Vergleichswerte oder Kostenangebote der Prognose dienen. Fehlt es auch hieran, muss billig geschätzt werden (BGH NJW-RR 2013, 1234 Rn. 8).

49 Voraussichtliche Ausgaben sind ua:

50 • Lasten des gemeinschaftlichen Eigentums (→ § 16 Rn. 38 ff.).
• Die Ausgaben für eine Erhaltungsmaßnahme (→ § 16 Rn. 37).
• Die Ausgaben für eine bauliche Veränderung (→ § 21).
• Verwaltungskosten (→ § 16 Rn. 31 ff.).
• Die Kosten des gemeinschaftlichen Gebrauchs = Betriebskosten (→ § 16 Rn. 33 ff.).
• Die Bedienung der Forderungen Dritter, die im Laufe des Jahres voraussichtlich anfallen werden (BayObLG NJW-RR 2000, 17), zB eines Werkunternehmers oder eines Sachverständigen;

- Abgaben der Gemeinschaft der Wohnungseigentümer und der Wohnungseigentümer, soweit diese § 9a Abs. 2 WEG unterfallen.
- Darlehenszinsen (→ Rn. 18).
- Die Früchte des gemeinschaftlichen Eigentums, die zur Ausschüttung an die Wohnungseigentümer bestimmt sind (BayObLGZ 1973, 78 (79)).

d) Vorschüsse auf Rücklagen. Vorschüsse auf Rücklagen sind weder eine Einnahme noch eine Ausgabe iSd Gesetzes (aA *Brückner* GE 2013, 31 (32)). Denn die Vorschüsse auf eine Rücklage stehen der Gemeinschaft der Wohnungseigentümer für die laufende Bewirtschaftung der Wohnungseigentumsanlage nicht zur Verfügung. Die Vorschüsse auf Rücklagen sind daher im Rahmen des Wirtschaftsplans gesondert darzustellen (*Blankenstein* ZWE 2010, 318 (325)). Die Beitragsleistung ist sowohl im Gesamtwirtschaftsplan als auch in den Einzelwirtschaftsplänen aufzuführen. 51

3. Einzelwirtschaftsplan (Vorschüsse zur Kostentragung). a) Überblick. Der Wirtschaftsplan muss für den Beschluss nach § 28 Abs. 1 Satz 1 WEG die anteilmäßige Verpflichtung eines Wohnung- oder Teileigentums zur Kostentragung in einem Betrag nennen – das Hausgeld (BayObLG NJW-RR 1990, 720 (721); 1988, 272). Der Betrag und die erläuternden Angaben (Kostenpositionen und Umlageschlüssel) sind der Einzelwirtschaftsplan. Ohne die Angabe ist der Beschluss nach § 28 Abs. 1 Satz 1 WEG der Sache nach unmöglich. 52

Die bloße Angabe eines oder mehrerer Umlageschlüssel bei den jeweiligen Kostenpositionen (→ Rn. 54) des Wirtschaftsplans mit der Aufforderung, sich die anteilmäßige Verpflichtung selbst auszurechnen, genügt nicht (BayObLG NJW-RR 1990, 720 (721)). Etwas anderes gilt auch nicht, wenn das Hausgeld – was selten der Fall sein wird – durch „wenige und einfache Rechenvorgänge“ zweifelsfrei festgestellt werden kann (aA BayObLG NJW-RR 1990, 720 (721)). 53

b) Umlageschlüssel. Die Vorschüsse sind anhand der gesetzlichen (§§ 16 Abs. 2 Satz 1, 21 Abs. 1 bis Abs. 3 WEG), gewillkürten (§§ 16 Abs. 2 Satz 2, 21 Abs. 5 Satz 1 WEG) oder gerichtlich bestimmten Umlageschlüssel zu berechnen (LG München I ZMR 2012, 394; AG Köln ZWE 2019, 502 Rn. 27). Durch den gemäß § 28 Abs. 1 Satz 1 WEG gefassten Beschluss über die Vorschüsse können Umlageschlüssel nicht geändert werden. Wollen die Wohnungseigentümer von einer Beschlusskompetenz zur Änderung der Umlageschlüssel Gebrauch machen, muss dieses gesondert beschlossen werden (→ § 16 Rn. 56 ff.). Werden im Wirtschaftsplan versehentlich oder absichtlich falsche Umlageschlüssel gewählt, hat der Fehler keine Auswirkungen auf die Jahresabrechnung. Die Jahresabrechnung muss sich stets der geltenden Umlageschlüssel bedienen. 54

Sind dem Verwalter die Umlageschlüssel unbekannt, muss er nach § 16 Abs. 2 Satz 1 WEG verfahren (OLG Hamm ZMR 2009, 58). Für die Heizkosten ist unter Anwendung des geltenden Umlageschlüssels das Nutzerverhalten des Vorjahres zu nehmen (LG München I ZMR 2012, 394). Ist dieses unbekannt, ist subsidiär mit § 16 Abs. 2 Satz 1 WEG zu rechnen. Bei 55

Unklarheiten kann der Verwalter die Wohnungseigentümer um Weisung bitten (→ § 27 Rn. 81).

56 **c) Berechnung für jedes Wohnungs- und/oder Teileigentumsrecht.** Die Ausgaben und Einnahmen sind auf jedes Wohnungs- und/oder Teileigentumsrecht umzulegen. Umzulegen ist auch auf ein Wohnungs- und/oder Teileigentumsrecht, von dessen Eigentümer kein Hausgeld erwartet werden kann (BGH NJW-RR 2013, 1234 Rn. 15). Liegt es so, ist der zu erwartende Ausfall von Anfang an ausgabenerhöhend zu berücksichtigen und muss sich aus dem Gesamtwirtschaftsplan ergeben (BGH NJW-RR 2013, 1234 Rn. 15; KG ZMR 2008, 67; BayObLG MDR 1986, 1031.

57 **4. Rücklagen.** Der Wirtschaftsplan muss als dritten Teil die anteilmäßige Verpflichtung der Wohnungseigentümer zu den Rücklagen in einem Betrag nennen (BGH NJW-RR 2013, 1234 Rn. 8). Die Berechnung ist anhand der gesetzlichen (§§ 16 Abs. 2 Satz 1, 21 Abs. 1 bis Abs. 3 WEG), gewillkürten (§§ 16 Abs. 2 Satz 2, 21 Abs. 5 Satz 1 WEG) oder gerichtlich bestimmten Umlageschlüssel vorzunehmen.

58 Mit dem Beschluss sind die entsprechenden Forderungen der Gemeinschaft der Wohnungseigentümer zweckgebunden (→ § 19 Rn. 141). Bedient ein Wohnungseigentümer eine Forderung nach § 28 Abs. 1 Satz 1 WEG, sind die Mittel daher mit Eingang auf dem Verwaltungskonto als Mittel der jeweiligen Rücklage zu buchen. Zahlungen auf eine Rücklage sind eine Einnahme der Gemeinschaft der Wohnungseigentümer (BGH NJW 2010, 2127 Rn. 12). Die Verlagerung auf ein anderes Konto ist keine Ausgabe (BGH NJW 2010, 2127 Rn. 12). Zur Bemessung der Höhe der Beitragsleistung auf eine Rücklage → § 19 Rn. 150 ff.

59 **5. Sonstiges.** Im Gesamtwirtschaftsplan müssen die auf die einzelnen Wohnungseigentümer entfallenden Vorschüsse nicht mitgeteilt werden. Ebenso müssen die Einzelwirtschaftspläne nicht die auf die anderen Wohnungseigentümer entfallenden Vorschüsse enthalten. (BGH NJW-RR 2013, 1234 Rn. 15). Ferner bedarf es keiner Liste, aus der sich ergibt, welche Vorschüsse jeder einzelne Wohnungseigentümer jährlich und monatlich zu zahlen hat (BGH NJW-RR 2013, 1234 Rn. 12). Der Wirtschaftsplan muss auch keine „Vermögensübersicht" enthalten. Auch die voraussichtliche Rücklagenentwicklung muss nicht beplant werden.

V. Angriff

60 Die Wohnungseigentümer beschließen nicht über den Wirtschaftsplan (BR-Drs. 168/20, 85). Er kann daher auch nicht angegriffen werden. Ist er mangelhaft, muss er nacherfüllt werden.

E. Vorschüsse (§ 28 Abs. 1 Satz 1 WEG)

I. Gegenstand

Nach § 28 Abs. 1 Satz 1 WEG beschließen die Wohnungseigentümer über die Vorschüsse zur Kostentragung der Gemeinschaft der Wohnungseigentümer und zu von ihnen bestimmten Rücklagen. Gegenstand des Beschlusses ist nicht das Zahlenwerk, sondern sind allein die Vorschüsse (BR-Drs. 168/20, 85). Das zugrundeliegende Zahlenwerk, aus dem die Vorschüsse errechnet werden, dient nur der Beschlussvorbereitung (BR-Drs. 168/20, 85). Der Begriff „Vorschuss" ist eher unglücklich gewählt, da die Vorschüsse zwar in die Jahresabrechnung einzustellen sind, dort aber nur die Nachschüsse errechnet werden. **61**

II. Zahlungspflicht

1. Überblick. Der Beschluss nach § 28 Abs. 1 Satz 1 WEG setzt die Pflicht der Wohnungseigentümer um, die Kosten der Gemeinschaft der Wohnungseigentümer zu tragen (BGH NJW 2012, 2648 Rn. 18; NJW-RR 2012, 217 Rn. 9; *Becker/Schneider* ZfIR 2020, 281 (304)). Vor der Beschlussfassung fehlt es nicht nur an der Fälligkeit der Forderung, sondern an der Forderung selbst. **62**

2. Dauer. Wie lange die Wohnungseigentümer verpflichtet sein sollen, nach § 28 Abs. 1 Satz 1 WEG Vorschüsse zu leisten, muss der Beschluss bestimmen. Möglich, aber nicht zwingend ist die Begrenzung auf ein Kalenderjahr. Liegt es so, können Zahlungsansprüche nur für das entsprechende Jahr auf den Beschluss gestützt werden (OLG Düsseldorf NJW-RR 2003, 1595 (1596); BayObLG NJOZ 2003, 419). In diesem begrenzten zeitlichen Sinne ist der Beschluss auszulegen, wenn er keine Fortgeltung erkennen lasst. **63**

Die Wohnungseigentümer können auch bestimmen, dass die Vorschüsse bis zum nächsten Beschluss nach § 28 Abs. 1 Satz 1 WEG zu leisten sind (BR-Drs. 168/20, 85). Die Gemeinschaft der Wohnungseigentümer wird dadurch nicht von der Pflicht entbunden, auch für das folgende Kalenderjahr einen Wirtschaftsplan aufzustellen (s. a. BGH NJW-RR 2019, 843 Rn. 15). Einer Befristung bedarf es nicht (s. a. BGH NJW-RR 2019, 843 Rn. 14). Eine abstrakt-generelle Regelung des Inhalts, dass jeder Beschluss nach § 28 Abs. 1 Satz 1 WEG bis zu einem neuen Beschluss fortgelten soll, können die Wohnungseigentümer vereinbaren, aber nicht beschließen (s. a. BGH NJW-RR 2019, 843 Rn. 8). **64**

III. Prüfungen

Der Wirtschaftsplan soll nach § 29 Abs. 2 Satz 2 WEG vom Verwaltungsbeirat geprüft und mit dessen Stellungnahme versehen werden, bevor die Wohnungseigentümer Vorschüsse beschließen (→ § 29 Rn. 46). Ferner ist jeder einzelne Wohnungseigentümer berechtigt, vor der Beschlussfassung die Ansätze durch Einsichtnahme in die Verwaltungsunterlagen zu prüfen **65**

(→ Rn. 18 Rn. 143). Außerdem kann jeder Wohnungseigentümer Auskunft verlangen (→ Rn. 175). Zur Prüfung des Wirtschaftsplans sind jedem Wohnungseigentümer bereits mit der Ladung zur Versammlung der Gesamt- und sein Einzelwirtschaftsplan zu übersenden (→ § 23 Rn. 100).

IV. Ladung zur Versammlung

66 Zur Bezeichnung iSv § 23 Abs. 2 WEG genügt in das Schlagwort „Beschluss über den Wirtschaftsplan für das Jahr …“.

V. Abstimmung und Mehrheit

67 Abstimmungsberechtigt sind sämtliche Wohnungseigentümer, auch in Mehrhausanlagen (→ § 9a Rn. 53 ff.) mit hausbezogenen Wirtschaftsplänen (→ Rn. 351). Die Wohnungseigentümer können etwas anderes vereinbaren.

VI. Bestimmtheit

68 **1. Benennung der Vorschusshöhe.** Der Beschluss muss für jeden Wohnungseigentümer in einem Betrag festlegen, welchen Vorschuss zur Kostentragung und welchen Vorschuss zu den Rücklagen er der Gemeinschaft der Wohnungseigentümer zahlen muss. Bloße Errechenbarkeit reicht ua mit Blick auf die klageweise Durchsetzung nicht aus. Die Beträge müssen sich aus dem Wirtschaftsplan ergeben. Die Wohnungseigentümer können die im Wirtschaftsplan vorgeschlagenen Kostenpositionen und ihre jeweilige Höhe vor dem Beschluss nach § 28 Abs. 1 Satz 1 WEG allerdings ändern (BGH NJW 2005, 2061 unter IV. 3; KG NJW-RR 1990, 396; LG Frankfurt a. M. ZMR 2018, 430 (431); LG München I ZMR 2010, 554).

69 **2. Bezugnahme auf das Zahlenwerk.** Nach bislang hM genügt es, dass der Beschluss nach § 28 Abs. 1 Satz 1 WEG zur Bestimmung, welcher Wohnungseigentümer welche Vorschüsse schuldet, auf den Wirtschaftsplan Bezug nimmt. Es sei nicht erforderlich, in den Beschluss den Wirtschaftsplan selbst, sei es auch nur mit den Gesamteinnahmen und -ausgaben, aufzunehmen (BayObLG NZM 2000, 683). Etwas anderes gelte nur dann, wenn mehrere Wirtschaftspläne vorgelegt worden seien. **Stellungnahme.** Dem ist nicht (mehr) zu folgen. Ist der Bezugspunkt eines Beschlusses nicht eindeutig, klar, transparent und wiederherstellbar, muss der Beschluss nach § 28 Abs. 1 Satz 1 WEG ins Leere gehen. Er muss daher identifizierbar auf einen konkret benannten Gesamtwirtschaftsplan und die Einzelwirtschaftspläne Bezug nehmen. Diese sind der Niederschrift als Anlage beizufügen.

VII. Zweitbeschluss

70 Hat ein Gericht den Beschluss aus formalen Gründen für ungültig erklärt oder bestehen Zweifel an seiner Wirksamkeit, können die Wohnungseigentümer inhaltsgleich erneut beschließen (BGH NJW 2014, 2197 Rn. 21; *Jacoby* ZWE 2011, 61 (64)). Die Wirkung dieses Beschlusses besteht – im Falle von Zweifeln an der Wirksamkeit des Erstbeschlusses – in der Auf-

hebung des ersten Beschlusses, da ansonsten zwei Anspruchsgrundlagen bestünden (s. a. → Vor §§ 23 ff. WEG Rn. 61).

VIII. Fälligkeit

Die Forderungen der Gemeinschaft der Wohnungseigentümer aus dem Beschluss sind nach § 271 Abs. 1 BGB sofort fällig. Die Wohnungseigentümer können einen anderen Zeitpunkt vereinbaren oder nach Absatz 3 beschließen. 71

IX. Auswirkungen auf Ausgaben

Sind im Wirtschaftsplan bestimmte Ausgaben als Kostenpositionen genannt, haben die Wohnungseigentümer nicht iS einer Zweckbindung beschlossen, die Vorschüsse gerade für diese Kostenpositionen zu verwenden. Etwas anderes gilt zwar für die einer Rücklage zuzuführenden Mittel (→ Rn. 58); diese dienen aber auch nicht der laufenden Bewirtschaftung. Der Verwalter ist also nicht an die Ansätze des Wirtschaftsplans gebunden. Beispiel: Sind für Öl 5.000 EUR eingeplant, werden aber 7.000 EUR benötigt und stehen diese auch zur Verfügung, kann der Verwalter den Kaufvertrag trotz des geringeren prognostizierten Ansatzes erfüllen. 72

X. Verhältnis des Wirtschaftsplans zur Abrechnung

Verpflichtungen eines Wohnungseigentümers aus einem Beschluss nach § 28 Abs. 1 Satz 1 WEG werden durch den Beschluss nach § 28 Abs. 2 Satz 1 WEG nicht berührt (BGH NJW 2014, 2197 Rn. 20; NJW-RR 2012, 217 Rn. 12). Die Vorschüsse werden aber durch die Höhe der Nachschüsse begrenzt (→ Rn. 270). 73

XI. Anfechtung

1. Ordnungsmäßigkeit. Der Beschluss nach § 28 Abs. 1 Satz 1 WEG ist nach § 43 Abs. 2 Nr. 4, 44 Abs. 1 Satz 1 WEG erfolgreich anfechtbar, wenn er keiner ordnungsmäßigen Verwaltung iSv § 18 Abs. 2 Nr. 1 WEG entspricht. Dies ist der Fall, wenn: 74

- Die Kosten und/oder Rücklagen nicht nach den zutreffenden Umlageschlüsseln oder in einer unzutreffenden Höhe auf die Wohnungseigentümer umlegt wurden. 75
- Vorschüsse auf bestimmte Kosten und/oder Rücklagen vergessen wurden.
- Der Beschluss formell nicht ordnungsmäßig zustande gekommen ist.

Kein Mangel des Beschlusses ist es, wenn bloß im Zahlenwerk (→ Rn. 19 ff.) Fehler gemacht wurden, die sich nicht auf die Höhe der Vorschüsse auswirken. Ferner ist es für den Beschluss unerheblich, wenn das Zahlenwerk unverständlich ist. Gab es keinen Wirtschaftsplan, beschließen die Wohnungseigentümer aber dennoch über Vorschüsse, macht auch dies den Beschluss nicht fehlerhaft (BR-Drs. 168/20, 85). Allerdings dürfte es ausgeschlossen sein, Vorschüsse ohne Zahlenwerk zu berechnen. Ein Beschluss, der Vorschüsse verlangt, ohne dass diese plausibel berechnet werden könnten, wäre jedenfalls nicht ordnungsmäßig.

76 **2. Umfang.** Inwieweit der Beschluss vom Gericht zu überprüfen ist, bestimmt der Klageantrag. Er kann sich nach hM auf bestimmte Vorschüsse, bestimmte Kostenpositionen und/oder bestimmte Umlageschlüssel beziehen. Werden die Vorschüsse insgesamt angefochten, sind sie aber nur in Bezug auf einzelne Kostenpositionen fehlerhaft, zB wenn ein Umlageschlüssel unzutreffend ist, ist es möglich, den Beschluss nur im entsprechenden Umfang für ungültig zu erklären (BGH NJW 2012, 2648 Rn. 18; aA Jennißen/*Jennißen* § 28 Rn. 70); die Klage ist dann im Übrigen zurückzuweisen. Ferner ist es vorstellbar, dass der Beschluss zu ergänzen ist. Dies ist der Fall, wenn Vorschüsse auf bestimmte Kosten und/oder Rücklagen vergessen wurden, der Beschluss im Übrigen aber nicht zu beanstanden ist.

77 **3. Wirkung der Ungültigerklärung.** Wird der Beschluss teilweise oder insgesamt für ungültig erklärt, entfallen die Zahlungspflichten der Wohnungseigentümer (OLG Hamburg ZMR 2008, 149), sofern nicht ein früherer Beschluss fortgilt (LG Hamburg ZMR 2011, 996). Ein Wohnungseigentümer, der seine Verbindlichkeit bereits erfüllt hat, kann nach der rechtkräftigen Entscheidung, die den Beschluss für ungültig erklärt, nach §§ 812 ff. BGB allerdings keine Rückzahlung verlangen (→ Rn. 313).

78 **4. Prozessuales.** Die Darlegungs- und Beweislast, dass der Beschluss keiner ordnungsmäßigen Verwaltung entspricht, trägt die klagende Partei.

XII. Gläubiger und Schuldner

79 Aus dem Beschluss nach § 28 Abs. 1 Satz 1 WEG wird die Gemeinschaft der Wohnungseigentümer berechtigt. Verpflichtet ist der jeweilige Eigentümer eines Wohnungseigentums- und/oder Teileigentumsrechts (→ Rn. 253). Gegen einen ehemaligen Wohnungseigentümer oder gegen irgendeine andere Person können nach § 28 Abs. 1 Satz 1 WEG keine Ansprüche begründet werden. In die Erhebung der Vorschüsse ist auch derjenige Wohnungseigentümer anteilig einzubeziehen, über dessen Vermögen (Nachlass) das Insolvenzverfahren eröffnet (BGH NJW 1989, 3018 unter 1. b), aber noch nicht beendet worden ist.

XIII. Beschlussersetzungsklage

80 Kommt ein Beschluss über die Vorschüsse nicht zustande, kann jeder Wohnungseigentümer nach § 18 Abs. 2 Nr. 1, 44 Abs. 1 Satz 2 WEG gegen die Gemeinschaft der Wohnungseigentümer eine Beschlussersetzungsklage erheben. Hierzu muss er dem Gericht den Wirtschaftsplan vorlegen. Gibt es keinen, muss er dem Gericht Schätzungsgrundlagen mitteilen.

F. Sonderumlagen (Vorschüsse ohne Wirtschaftsplan)

I. Überblick

Die Wohnungseigentümer können nach § 28 Abs. 1 Satz 1 WEG auch ohne Wirtschaftsplan die Pflicht beschließen, an die Gemeinschaft der Wohnungseigentümer Vorschüsse zu zahlen (BR-Drs. 168/20, 85). Die Möglichkeit einer solchen „Sonderumlage“ ist seit langem allgemein anerkannt (siehe nur BGH NJW 2018, 2044 Rn. 6; 2015, 3651 Rn. 15; 2014, 2197 Rn. 19; ZWE 2011, 403 unter II. B. 3. a) aa); 1989, 3018 unter 1. a). Obwohl die Vorschriften über die Verteilung der Kosten auf der Grundlage von Wirtschaftsplänen und Abrechnungen grundsätzlich abdingbar sind (→ Rn. 375), sind die Wohnungseigentümer allerdings nicht befugt, eine von Wirtschaftsplänen und Abrechnungen unabhängige Umlage der Kosten für viele Jahre nur durch Sonderumlagen zu beschließen (BGH NZM 2012, 30 Rn. 52). Ein entsprechender Beschluss wäre nichtig. 81

II. Zwecke

1. Überblick. Für Sinn und Zweck von Vorschüssen ohne Wirtschaftsplan ist zu unterscheiden. Zum einen gibt es Ausfallsonderumlagen. Diese sind veranlasst, wenn die Vorschüsse gemäß dem Wirtschaftsplan nicht reichen, die laufenden Ausgaben für die Kosten zu bestreiten (BGH NJW 1989, 3018 unter 1. a); → Rn. 83). Zum anderen kommen Sonderumlagen zur Finanzierung von Erhaltungs- und/oder Baumaßnahmen in Betracht (s. a. *Mundt* NZM 2007, 864 (866); → Rn. 84). 82

2. Nachtragshaushalt. Eine Sonderumlage kann im Laufe des Wirtschaftsjahres beschlossen werden, wenn die Ansätze des Wirtschaftsplans unrichtig waren, durch neue Tatsachen überholt werden oder wenn er aus anderen Gründen nicht durchgeführt werden konnte (BGH NJW-RR 2017, 844 Rn. 16; NJW 2015, 3651 Rn. 15; 2014, 2197 Rn. 19; NZM 2012, 275 Rn. 15; NJW 1989, 3018 unter 1. a) und sich ein konkreter, anderweitig nicht zu deckender Liquiditätsengpass ergibt, dessen Behebung nicht bis zu nächsten regelmäßigen Vorschüssen aufgeschoben werden kann. Die über die Sonderumlage aufbrachten Mittel ergänzen dann die zunächst bestimmten Vorschüsse im Wege eines Nachtragshaushalts (BGH NJW 2018, 2044 Rn. 13; 2015, 3651 Rn. 15; NZM 2012, 275 Rn. 15; s. a. BR-Drs. 168/ 20, 85). Bei der Aufstellung dieser Sonderumlage gelten die Ausführungen zum Wirtschaftsplan entsprechend, soweit es um die Kosten geht. 83

3. Erhaltungs- und/oder Baumaßnahmen. Zur Finanzierung von Erhaltungs- und/oder Baumaßnahmen kann eine Erhaltungs- und/oder Baurücklage angesammelt werden. Ist diese Rücklage nicht vorhanden oder nicht ausreichend, muss sie bei einer anstehenden Erhaltungs- und/oder Baumaßnahme ergänzt werden. Die Vervollständigung oder Erstausstattung der Rücklage ist im Wege eines Darlehens (→ Rn. 8) oder durch eine Sonderumlage möglich (s. a. *Mundt* NZM 2007, 864 (866)). Besteht eine 84

Rücklage, haben die Wohnungseigentümer die Wahl, ob sie (nur) Mittel aus dieser einsetzen oder (gegebenenfalls ergänzend) eine Sonderumlage beschließen. Denn es besteht kein Anspruch darauf, eine Rücklage einzusetzen und/oder auszuschöpfen (BayObLG ZMR 2003, 694; OLG Köln NZM 1998, 878; aA *Kahlen* ZMR 2005, 340 (341)). Die Erhebung einer Sonderumlage kann nach billigem Ermessen sogar dann ordnungsmäßig sein, wenn die Rücklage für die Finanzierung ausreichend wäre (BayObLG ZMR 2003, 694). Bei der Aufstellung dieser Sonderumlage gelten die Ausführungen zum Wirtschaftsplan entsprechend, soweit es um Rücklagen geht.

85 **4. Zweckbindung.** Haben die Wohnungseigentümer Vorschüsse als Sonderumlage bestimmt, sind diese Mittel zweckgebunden (*Mundt* NZM 2007, 864 (869)). Die Zweckbestimmung kann ausdrücklich, aber auch konkludent getroffen worden sein. Die Wohnungseigentümer haben die Möglichkeit, die Vorschüsse durch Beschluss für andere Zwecke umzuwidmen (KG ZMR 2005, 309; *Einsiedler* ZMR 2009, 573 (574)). Der Verwalter hat diese Befugnis nicht (*Elzer* MietRB 2006, 141 (143)). Gläubiger der Gemeinschaft der Wohnungseigentümer sind an einen Sonderumlagenzweck nicht gebunden.

III. Der Sonderumlagenbeschluss

86 **1. Überblick.** Über die Vorschüsse für eine Sonderumlage muss nach § 28 Abs. 1 Satz 1 WEG beschlossen werden (zum alten Recht BGH ZWE 2011, 403 unter 3. a) aa); BayObLG NZM 2003, 66; *Elzer* MietRB 2006, 141 ff.). Um § 23 Abs. 2 WEG zu genügen, reicht die Bezeichnung „Sonderumlage" und die Nennung des Zwecks (BGH NZM 2012, 275 Rn. 10). Im Einzelfall ist es für einen ordnungsmäßigen Beschluss allerdings erforderlich, den Wohnungseigentümern unabhängig von der ausreichenden Bezeichnung des Gegenstands der Beschlussfassung in der Einladung eine Unterlage zur Verfügung zu stellen, um ihnen eine inhaltliche Befassung mit dem Beschlussgegenstand zu ermöglichen (BGH NZM 2012, 275 Rn. 12).

87 **2. Ordnungsmäßigkeit.** Der Sonderumlagenbeschluss muss einer ordnungsmäßigen Verwaltung entsprechen (BGH NZM 2012, 275 Rn. 15). Dies ist materiell der Fall, wenn es auf Grund eines akuten, nachträglich aufgetretenen oder erkannten Finanzbedarfs notwendig ist, zusätzliche Einnahmen zu erzielen. Die Billigung einer Sonderumlage widerspricht ordnungsmäßiger Verwaltung, wenn es ausreichend ist, den durch sie zu deckenden Finanzbedarf durch Vorschüsse auf einen Wirtschaftsplan aufzubringen, eine Rücklage einzusetzen oder ein Darlehen aufzunehmen. Ferner muss der Sonderumlagenbeschluss formell ordnungsmäßig zustande kommen.

88 **3. Inhalte. a) Überblick.** Der Sonderumlagenbeschluss muss bestimmen, welche Gesamtsumme aufzubringen ist und welcher Vorschussbetrag auf welchen Wohnungseigentümer entfällt. Zur Fälligkeit kann der Sonderumlagenbeschluss sich äußern, er muss es aber nicht. Ist der Sonderumlagenbeschluss wegen eines fehlenden Elements zu unbestimmt (→ § 23

Rn. 140 ff.), so ist er nichtig (OLG München FGPrax 2007, 20 (21); LG Koblenz ZWE 2017, 374; LG Hamburg ZWE 2015, 185 (187)).

b) Gesamtsumme. Der Sonderumlagenbeschluss muss bestimmen, welche Gesamtsumme durch Vorschüsse aufzubringen ist. Bei der Bemessung ihrer Höhe besteht Ermessen (BGH NZM 2012, 275 Rn. 15; BayObLG NJW-RR 1998, 1096; KG ZMR 1997, 154). Dieses müssen die Wohnungseigentümer an dem Zweck ausrichten, der mit der Sonderumlage verfolgt wird, und an dem dafür bestehenden Kapitalbedarf (LG München I ZMR 2011, 239 (240)). Den erforderlichen Umlagebetrag können sie großzügig bemessen (BGH NZM 2012, 275 Rn. 15; KG NJW-RR 1995, 397; LG München I ZMR 2011, 239 (240)). Zu erwartende Zahlungsausfälle sind bereits bei der Bemessung einzupreisen (BGH NZM 2012, 275 Rn. 15; NJW 1989, 3018 unter 1. b). 89

c) Anteilmäßige Beitragsverpflichtung und Umlageschlüssel. Der Sonderumlagenbeschluss muss aus Gründen der Transparenz und Bestimmtheit (→ § 23 Rn. 140 ff.) und entsprechend § 28 Abs. 1 Satz 1 WEG die anteilmäßige Beitragsverpflichtung jedes einzelnen Wohnungseigentümers unter Nennung des gesetzlichen, gewillkürten oder gerichtlich bestimmten Umlageschlüssels enthalten (BGH NJW 1989, 3018 unter 1. b; LG Hamburg ZWE 2015, 185 (187); ohne Stellungnahme BGH NZM 2018, 401 Rn. 8). Die Angabe der anteilmäßigen Beitragsverpflichtung soll nach bislang hM allerdings entbehrlich sein, wenn der geschuldete Vorschuss ohne weiteres errechenbar ist (OLG Hamm ZMR 2009, 61 (62); OLG Braunschweig ZMR 2006, 787). Eine Errechenbarkeit soll anzunehmen sein, wenn der Sonderumlagenbeschluss den Umlageschlüssel bezeichnet, mit dem die Vorschüsse zu errechnen sind, oder wenn der Umlageschlüssel „klar" ist. Errechenbarkeit soll hingegen nicht vorliegen, wenn im Sonderumlagenbeschluss die Kosten nach anteiligen Wohn- und Nutzflächen verteilt sind, die Flächen aber streitig sind. Nicht ausreichend soll es ferner sein, wenn es heißt, es würden die „geltenden" Umlageschlüssel angewendet werden. 90

Stellungnahme: Der Sonderumlagenbeschluss muss für jeden Wohnungseigentümer in einem Betrag festlegen, welchen Vorschuss er der Gemeinschaft der Wohnungseigentümer zahlen muss. Errechenbarkeit reicht ua mit Blick auf die klageweise Durchsetzung nicht aus. 91

d) Fälligkeit. Nach Absatz 3 kann bestimmt werden, wann die Vorschüsse fällig sind (BGH NJW 2018, 2044 Rn. 21). Fehlt es hieran, gilt § 271 Abs. 1 BGB (zum alten Recht BGH NJW 2018, 2044 Rn. 20). 92

4. Gläubiger und Schuldner. Aus dem Sonderumlagenbeschluss wird die Gemeinschaft der Wohnungseigentümer berechtigt (→ Rn. 315; BGH NJW 2018, 2044 Rn. 6). Verpflichtet sind nach hM die jeweiligen Hausgeldschuldner bei Fälligkeit des aus dem Sonderumlagenbeschluss geschuldeten Vorschusses (BGH NJW 2018, 2044 Rn. 12). Ist ein Sonderumlagenbeschluss noch vor einem Eigentümerwechsel gefasst worden und ist die Fälligstellung auf einen späteren Zeitpunkt angeordnet, trifft die Zahlungspflicht nach hM also vollständig den neuen Wohnungseigentümer (BGH 93

NJW 2018, 2044 Rn. 12; OLG Karlsruhe ZMR 2005, 310; OLG Köln NZM 2002, 351; aA *Wenzel* ZWE 2005, 277 (279)).

94 In die Erhebung der Vorschüsse für eine Sonderumlage ist auch derjenige Wohnungseigentümer anteilig einzubeziehen, über dessen Vermögen (Nachlass) das Insolvenzverfahren eröffnet (BGH NJW 1989, 3018 unter 1. b), aber noch nicht beendet worden ist. Handelt es sich bei der Sonderumlage um „Bedarf für die Unterkunft" iSv § 22 SGB II, kann der Hausgeldschuldner – nicht die Gemeinschaft der Wohnungseigentümer – gegebenenfalls vom Träger der Grundsicherung Zahlung verlangen (BSG BeckRS 2015, 65733).

95 **5. Folgen.** Nach dem Sonderumlagenbeschluss steht der Gemeinschaft der Wohnungseigentümer ein Anspruch auf Zahlung der jeweiligen Vorschüsse zu, solange der Beschluss nicht nichtig, gerichtlich rechtskräftig für ungültig erklärt oder aufgehoben worden ist.

96 **6. Zweitbeschluss.** Hat ein Gericht den Beschluss aus formalen Gründen für ungültig erklärt oder bestehen Zweifel an seiner Wirksamkeit, können die Wohnungseigentümer inhaltsgleich erneut beschließen (BGH NJW 2014, 2197 Rn. 21; *Jacoby* ZWE 2011, 61 (64)). Die Wirkung dieses Beschlusses besteht – im Falle von Zweifeln an der Wirksamkeit des Erstbeschlusses – in der Aufhebung des ersten Beschlusses (s. a. → Vor §§ 23 ff. Rn. 61).

97 **7. Anfechtung.** Ein Sonderumlagenbeschluss kann nach §§ 43 Abs. 2 Nr. 4, 44 Abs. 1 Satz 1 WEG angegriffen werden. Für die Anfechtung gelten die Ausführungen → Rn. 74 ff. entsprechend. Eine Anfechtung kann sich nach hM nicht allein gegen die Höhe der Vorschüsse wenden (BGH ZWE 2013, 47 Rn. 9; LG Hamburg ZWE 2012, 51 (53); aA LG München I ZWE 2012, 50; *Elzer* FD-ZVR 2012, 340162). Der Angriff ist zB erfolgreich, wenn der falsche Umlageschlüssel genutzt wurde oder der Sonderumlagen-Zweck nicht überzeugt.

IV. Abrechnung der Sonderumlage

98 **1. Grundsatz.** Die Vorschüsse und die mit der Sonderumlage bestrittenen Ausgaben sind in die Jahresabrechnung aufzunehmen. Eine separate Jahresabrechnung ist nicht ordnungsmäßig (KG NZM 2005, 344; aA *Drasdo* ZMR 1998, 407; *Köhler* ZMR 1998, 380). Bei der Abrechnung ist zwischen Ausfallsonderumlagen (→ Rn. 83) und solchen zur Finanzierung von Erhaltungs- und/oder Baumaßnahmen" (→ Rn. 84) zu unterscheiden. Wurde zur Errechnung der Sonderumlage versehentlich oder absichtlich der falsche Umlageschlüssel gewählt, hat dieses – wie beim Wirtschaftsplan – auf die Jahresabrechnung keine Auswirkungen.

99 **2. Ergänzung des Wirtschaftsplans („Ausfallsonderumlage").** Ist der Grund für eine Sonderumlage eine nachträgliche Erhöhung des Hausgeldes (→ Rn. 83), müssen die auf sie geleisteten Vorschüsse wie das im Übrigen gezahlte Hausgeld in die nachfolgende Jahresabrechnung als Einnahme

eingestellt und umgelegt werden (KG NZM 2005, 344; *Mundt* NZM 2007, 864 (865)).

3. Erhaltungs- und Baumaßnahmen. Waren die Vorschüsse für eine Erhaltungs- oder Baumaßnahme gewidmet (→ Rn. 84), haben sie die entsprechende Rücklage erhöht (*Drasdo* NZM 2010, 211 (221)) und sind wie diese abzurechnen. Auch bei Erhaltungs- oder Baumaßnahmen, die sich über mehrere Jahre hinziehen, sind die Vorschüsse also nicht wieder auszukehren, sondern bestimmungsgemäß einzusetzen und über die Rücklage abzurechnen (*Häublein* ZWE 2010, 237 (243); s. a. *Dötsch* ZWE 2018, 61 (63)). Nach anderer Ansicht sind die in den Folgejahren geplanten Erhaltungs- oder Baumaßnahmen, die mit der Sonderumlage bezahlt werden sollen, in den Einzelabrechnungen umzulegen (*Jennißen* ZWE 2017, 116 (122)). In der Gesamtabrechnung sei die Bezahlung der Reparaturkosten als Ausgabe (Geldabfluss) darzustellen. Dies überzeugt jeweils nicht und verkennt das Wesen der Sonderumlage zur Finanzierung von „Baumaßnahmen". 100

G. Jahresabrechnung (§ 28 Abs. 2 Satz 2 WEG)

I. Sinn und Zweck

Die Wohnungseigentümer beschließen nach § 28 Abs. 2 Satz 2 WEG über die Einforderung von Nachschüssen oder die Anpassung der beschlossenen Vorschüsse. Um die Nachschüsse oder die Anpassung der beschlossenen Vorschüsse zu berechnen und vorzubereiten (BR-Drs. 168/20, 86), ist als Zahlenwerk eine Jahresabrechnung aufzustellen (BGH NJW 2018, 942 Rn. 7; NZM 2014, 436 Rn. 20; NJW 2012, 2797 Rn. 20). Anhand des in ihr enthaltenen Zahlenwerks wird der Beitragsanspruch der Gemeinschaft der Wohnungseigentümer überprüft und in Form eines Nachzahlungs- oder Erstattungsanspruchs korrigiert (BGH NJW 2012, 2797 Rn. 23; *Jacoby* ZWE 2011, 61 (63)). Die in der Jahresabrechnung jeweils dargestellten Ansprüche folgen also nicht aus der Jahresabrechnung selbst, sondern allein aus dem Beschluss nach § 28 Abs. 2 Satz 1 WEG. Dieser ist auch ohne Jahresabrechnung möglich (*Drasdo* NZM 2015, 882 (884)). 101

Die Jahresabrechnung ist ferner eine Rechnungslegung der Gemeinschaft der Wohnungseigentümer iSv § 259 BGB (BGH NJW 2016, 3536 Rn. 23; OLG München NZM 2007, 734 (735); LG München I NZM 2009, 822; *Bub* ZWE 297 (299); *Drasdo* ZMR 2018, 135; NZM 2015, 882 (884); s. a. BGH NJW 2018, 1969 Rn. 18). Das WEG nennt als Ziel der Jahresabrechnung zwar keine „Rechnungslegung". Im deutschen Recht werden aber allgemein für das Gemeinte unterschiedliche Begriffe gebraucht, ohne dass sich hieraus grundsätzlich Unterschiede ergeben (so heißt es zB in § 666 BGB „Rechenschaft ablegen", in § 740 BGB „Rechenschaft verlangen", in § 1667 Abs. 1 Satz 1 BGB „Rechnung legen" und in § 87c Abs. 1 HGB „abzurechnen"). Die Jahresabrechnung als turnusmäßige Rechnungslegung bezweckt eine anlasslose Kontrolle des Verwalters als zuständiges Organ nach Ablauf spätestens eines Jahres. Die Jahresabrechnung muss den Wohnungs- 102 eigentümern aus diesem Grunde aufzeigen, welche Ausgaben und welche Einnahmen es im Abrechnungszeitraum nach Behauptung des Verwalters gab (BGH NJW 2014, 145 Rn. 6; 2010, 2127 Rn. 17). Die Wohnungseigentümer werden auf diese Weise zusammen mit dem Vermögensbericht (→ Rn. 233) in die Lage versetzt, die Vermögenslage der Gemeinschaft der Wohnungseigentümer zu erfassen und daraufhin zu überprüfen, was mit den Mitteln geschehen ist (BGH NJW 2014, 145 Rn. 6; NZM 2012, 812 Rn. 7; NJW 2011, 1346 Rn. 6; 2010, 2127 Rn. 17). Soweit die Jahresabrechnung Rechnungslegung ist, kann man die Bestimmung des § 259 BGB sinngemäß heranziehen.

103 Im Übrigen dient die Jahresabrechnung den Wohnungseigentümern teilweise für ihre Steuererklärung, und ein vermietender Wohnungseigentümer wird leichter in die Lage versetzt, seine Jahresabrechnung zu erstellen. Diese Punkte sind kein Zweck der Abrechnung. Es bietet sich aber an, sie „miterledigen".

II. Ersteller

104 **1. Überblick.** Nach § 18 Abs. 1 WEG ist die Gemeinschaft der Wohnungseigentümer verpflichtet, abzurechnen und ein Zahlenwerk zu erstellen. Zwar benennt § 28 Abs. 2 Satz 2 WEG den Verwalter. Dies meint aber nur die Organzuständigkeit. Rechnet die Gemeinschaft nicht ab, ist keine Beschlussersetzungsklage möglich. § 44 Abs. 1 Satz 2 WEG ermöglicht eine gerichtliche Entscheidung nur, wenn eine notwendige Beschlussfassung unterbleibt. Die Abrechnung als Zahlenwerk ist kein Beschluss.

105 **2. Organzuständigkeit. a) Verwalter. aa) Überblick.** Die Pflicht abzurechnen ist eine Organpflicht des Verwalters. Verpflichtet ist der jeweilige Amtsinhaber. Da es eine Organpflicht ist, kann sich das neue Organ nicht darauf berufen, dass die Pflicht bereits in der Amtszeit seines Vorgängers entstanden oder von der Gemeinschaft der Wohnungseigentümer bereits zu erfüllen gewesen sei. Eine Vornahmeklage mit dem Ziel, die Organhandlung zu erzwingen, ist, wie im alten Recht, vorstellbar (BGH NJW 2016, 3536; aA *Greiner* ZWE 2016, 409 (411)). Anders als die mietrechtliche Abrechnung über die Betriebskosten (BGH NJW 2006, 2706 Rn. 9) handelt es sich mit Blick auf den Inhalt „Rechnungslegung" (→ Rn. 102) nicht mehr um eine (teilweise) nicht vertretbare Handlung (s. a. BGH NJW 2016, 3536 Rn. 17). Denn es geht um eine Rechnungslegung der Gemeinschaft der Wohnungseigentümer und nicht um eine des Organs. Rechnet der Verwalter nicht oder mangelhaft ab, kann die Gemeinschaft der Wohnungseigentümer ihn abberufen und nach §§ 280, 281 Abs. 1 Satz 1 BGB Schadenersatz verlangen.

106 **bb) Verwalterwechsel. (1) Organpflicht.** Im Falle eines Verwalterwechsels trifft die Organpflicht den neuen Verwalter. Den ehemaligen Verwalter treffen keine nachwirkenden Organpflichten.

107 **(2) Vertragsschuld.** Der Altverwalter kann die Erstellung der Jahresabrechnung vertraglich schulden. Was gilt, müssen die Vertragsparteien vereinbaren. Fehlt es an einer ausdrücklichen Vereinbarung, sind die Verwalterverträge auszulegen. Insoweit dürfte es regelmäßig den Interessen der Gemeinschaft der Wohnungseigentümer und der betroffenen Verwalter entsprechen, dass die Pflicht zur Erstellung der Jahresabrechnung den Verwalter trifft, der er im Zeitpunkt der Entstehung der Abrechnungspflicht (→ Rn. 112) das zuständige Organ war.

Dem steht die Beendigung des Verwaltervertrags nicht entgegen (BGH NJW 2018, 1969 Rn. 15). Es entspricht allgemeiner Ansicht, dass nach Beendigung des Verwaltervertrags nachwirkende Pflichten bestehen können (BGH NJW 2018, 1969 Rn. 15). Zu einer solchen zählt die Erstellung der Jahresabrechnung, wenn der darauf gerichtete Anspruch der Wohnungseigentümer in der Amtszeit des Verwalters entstanden war (BGH NJW 2018, 1969 Rn. 15). Eine zusätzliche Vergütung kann der ausgeschiedene Verwalter dafür nicht verlangen, es sei denn, es ist etwas anderes vereinbart. Dem Verwalter wird durch das Ausscheiden aus dem Amt die Erstellung der Jahresabrechnung für das abgelaufene Wirtschaftsjahr auch nicht unmöglich (§ 275 Abs. 1 Fall 1 BGB). Soweit er die Verwaltungsunterlagen inzwischen an den neuen Verwalter herausgegeben hat, steht ihm ein Einsichtsrecht zu (BGH NJW 2018, 1969 Rn. 16). Dieses erfasst auch die für die Abrechnung erforderlichen Unterlagen und Belege, die im Zeitpunkt des Ausscheidens aus dem Verwalteramt noch nicht vorlagen, sondern erst später dem neuen Verwalter zur Verfügung stehen. 108

b) Wohnungseigentümer. Hat die Gemeinschaft der Wohnungseigentümer keinen Verwalter, trifft die Abrechnungspflicht nicht die Wohnungseigentümer. § 28 Abs. 2 Satz 2 WEG regelt die Organpflicht abschließend. Die Wohnungseigentümer müssen einen (neuen) Verwalter bestellen oder einen Dritten namens der Gemeinschaft der Wohnungseigentümer beauftragen. 109

3. Erfüllung. Den Anspruch auf eine Jahresabrechnung ist iSv § 362 Abs. 1 BGB erfüllt, wenn die Jahresabrechnung mangelfrei ist (AG München ZWE 2017, 291). Der Anspruch ist also noch nicht erfüllt, wenn der Verwalter nur eine den „formellen Anforderungen" genügende Jahresabrechnung vorlegt (BayObLG ZWE 2000, 38 (40); aA OLG München NZM 2007, 292 (794); OLG Hamm NZM 1998, 875 (876)). Der Entwurf muss vielmehr auch inhaltlich richtig sein (LG Berlin ZWE 2019, 135 Rn. 30; Bärmann/*Becker* WEG § 28 Rn. 108; ohne Stellungnahme LG München I ZWE 2017, 286). 110

Es besteht keine Beschlusskompetenz, über diese Frage zu entscheiden und den Anspruch eines Wohnungseigentümers, eine mangelfreie Jahresabrechnung zu verlangen, auszuschließen. Die Wohnungseigentümer können eine mangelhafte Jahresabrechnung für die Gemeinschaft der Wohnungseigentümer als Leistung ablehnen, ohne in Gläubigerverzug zu geraten. Nehmen sie indes eine mangelhafte Jahresabrechnung als Erfüllung an, sind sie dafür beweispflichtig, dass die Leistung nicht ordnungsgemäß war (§ 363 BGB). Fehlen bloß Teile, zB die Einzelabrechnungen, sind diese zu ergänzen (LG Hamburg ZMR 2016, 223 (224)) – selbst dann, wenn die „Rumpfabrechnung" bestandskräftig ist (*Schmid* MDR 2012, 1321 (1322)). 111

Der Anspruch auf eine Jahresabrechnung kann nicht verjähren.

III. Aufstellungsfragen

112 **1. Entstehung der Abrechnungspflicht.** Wann die Abrechnungspflicht entsteht, ist streitig. Für die Entstehung zum Jahreswechsel (31.12) spricht, dass die Wohnungseigentümer ein berechtigtes Interesse daran haben können, dass der Verwalter, der in einem Kalenderjahr die Verwaltung geführt hat, für dieses Kalenderjahr die Jahresabrechnung aufstellt. Für die Entstehung zum Jahresbeginn (1.1) spricht, dass die Wohnungseigentümer gem. § 28 Abs. 2 Satz 1 WEG nach Ablauf des Kalenderjahres über die Einforderung von Nachschüssen oder die Anpassung der beschlossenen Vorschüsse beschließen.

113 **Stellungnahme:** Die Abrechnungspflicht entsteht im Regelfall am 31.12 um 23.59,59 Uhr (für einen unterjährigen Wechsel gilt Entsprechendes), sollte aber die Person treffen, deren Amt am 1.1 um 00.00 Uhr beginnt. Zwar ist die Gesamtabrechnung mittelbar auch ein Rechenschaftsbericht des ehemaligen Verwalters. Ferner spricht die Bestimmung des § 188 BGB für den 31.12 um 23.59,59 Uhr. Für eine Entstehung der Abrechnungspflicht am 1.1 sprechen aber vor allem praktische Gründe – und Gerechtigkeitserwägungen. Zum einen sind die Verwaltungsunterlagen in der Regel in der Hand des neuen Organs. Es kann die Unterlagen des früheren Verwalters auswerten und die Ergebnisse geordnet darstellen (BGH NJW 2016, 3536 Rn. 26). Ferner hat der neue Verwalter in der Regel seine Vergütung ab dem 1.1 unter Einbeziehung der Erstellung der Jahresabrechnung berechnet. Schließlich wäre es ein Fremdkörper, dass der abbestellte und gekündigte Ex-Verwalter noch Monate nach seinem Amtsende Pflichten erfüllen müsste. Dass bei einem Verwalterwechsel der neue Amtsinhaber nicht dafür einstehen muss, dass die im Abrechnungszeitraum angefallenen Einnahmen und Ausgaben vollständig und richtig erfasst sind (BGH NJW 2016, 3536 Rn. 26), ist hinzunehmen und bedeutet auch keine Schutzlücke. Denn die Gemeinschaft der Wohnungseigentümer kann vom früheren Verwalter die Rechnungslegung bis zum Zeitpunkt seines Ausscheidens und damit eine Erklärung zur Vollständigkeit und Richtigkeit der während seiner Verwaltung angefallenen Unterlagen verlangen (BGH NJW 2016, 3536 Rn. 26).

114 **2. Fälligkeit der Abrechnung.** Haben die Wohnungseigentümer keinen Zeitpunkt bestimmt, wann der Verwalter für die Gemeinschaft der Wohnungseigentümer die Abrechnung vorzulegen hat, ist die Frage der Fälligkeit nach § 271 Abs. 1 BGB den Umständen zu entnehmen. Welche Einnahmen und Ausgaben es gab, muss die Gemeinschaft der Wohnungseigentümer anhand der Buchhaltung bereits in den ersten Tagen des dem abzurechnenden Wirtschaftsjahr folgenden Jahres wissen. Wie hoch die Ausgaben für die Versorgung genau waren (Gas, Strom, Wasser, Wärme) steht indes in der Regel erst im Laufe der ersten Monate des Folgejahres fest. Die Rechtsprechung billigt es daher, wenn die Jahresabrechnung entsprechend § 264 Abs. 1 HGB spätestens im zweiten Quartal des Folgejahres vorgelegt wird (BGH NZM 2017, 216 Rn. 37; OLG Celle ZMR 2005, 718; BayObLG WE 1991, 223; ohne Stellungnahme BGH NJW 2018, 1969 Rn. 10; aA OLG Zweibrücken FGPrax 2007, 263: erstes Quartal). Ist ausnahmsweise

auch im zweiten Quartal ohne Verschulden der Gemeinschaft der Wohnungseigentümer unbekannt, wie hoch die Versorgungskosten waren, ist die Jahresabrechnung unverzüglich nach deren Ermittlung vorzulegen. Fehlen zu einem von den Wohnungseigentümern festgelegten Zeitpunkt noch Informationen, muss der Verwalter – ist nichts anderes bestimmt – eine Rumpfabrechnung vorlegen.

3. Abrechnungszeitraum. a) Grundsatz. Der Abrechnungszeitraum muss grundsätzlich dem Zeitraum des jeweiligen Kalenderjahres entsprechen (LG Konstanz ZMR 2008, 328), darf aber – zB für eine gegebenenfalls notwendige Umstellung, bei Neubauten, neuen Wohnungseigentumsanlagen und gegebenenfalls auch bei einem unterjährigen Verwalterwechsel – diesen ausnahmsweise auch über- oder unterschreiten (OLG München NZM 2009, 821; LG München I ZWE 2009, 218). Abrechnungen für einzelne Quartale sind – auch in ihrer Addition" – keine Jahresabrechnung (OLG Düsseldorf NJW-RR 2007, 594). 115

b) Ausnahmen. Etwas Besonderes gilt, wenn im Laufe eines Jahres eine Gemeinschaft der Wohnungseigentümer entsteht. In diese Jahresabrechnung dürfen nur die Ausgaben und Einnahmen eingestellt werden, die aus der Zeit nach Entstehung der Wohnungseigentümergemeinschaft stammen. Enthält die Jahresabrechnung dennoch Kostenpositionen vor ihrer Entstehung, ist die Jahresabrechnung mangelhaft (OLG Köln NZM 2003, 806 (807); KG NJW-RR 1992, 1168). Bei „maßnahmebezogenen" Einnahmen und Ausgaben soll es im Einzelfall zulässig sein, über mehrere Jahre abzurechnen (KG ZMR 2008, 69; NJW-RR 2004, 588 (589); LG Itzehoe ZMR 2009, 144; LG Köln ZMR 1998, 376). **Stellungnahme.** Dem ist nicht zu folgen (wie hier *Müller* ZWE 2011, 200 (201)). Die Lösung solcher Fragen muss innerhalb der jährlichen Jahresabrechnung gefunden werden. Eine Sonderumlage zur Finanzierung von Erhaltungsmaßnahmen ist zB der Erhaltungsrücklage zuzuweisen (→ Rn. 84) und muss daher nicht „ausgekehrt" werden, sondern ist mit der Jahresabrechnung abzurechnen. 116

4. Form. Eine Jahresabrechnung muss in der Regel schriftlich fixiert erteilt werden, bedarf aber keiner Unterschrift (KG NJW-RR 1996, 526 (527)). Nach der Rechtsprechung ist eine geordnete und übersichtliche „Einnahmen- und Ausgabenrechnung" vorzulegen (BGH NJW 2018, 942 Rn. 7; 2010, 2127 Rn. 10). Sinnvoll ist weiter ein „Kopf". Dieser muss Informationen geben zum Ersteller, zum Erstellungsdatum, zum Abrechnungszeitraum und zum Bezugsobjekt. 117

Die Wohnungseigentümer können eine Jahresabrechnung auf Grundlage der doppelten Buchführung (Doppik) vereinbaren, nach hM aber nicht beschließen (BayObLG NZM 2000, 873 (875); NJW-RR 1993, 1166; OLG Zweibrücken NZM 1999, 276) – was überzeugt, da die turnusmäßige Rechnungslegung gesetzlich angeordnet ist.

5. Gesamt- und Einzelabrechnungen. Rechtsprechung und Schrifttum unterscheiden bislang die Gesamtabrechnung von den Einzelabrechnungen. Dieses Konzept ist auch nach dem reformierten Recht richtig. Denn die Jahresabrechnung als Zahlenwerk dient zum einen der Berechnung der 118

Nachschüsse und/oder der Anpassung der beschlossenen Vorschüsse. Für jedes Wohnungseigentumsrecht ist wegen des Bezuges auf die „Einheit" ein Zahlenwerk vorzulegen – auch dann, wenn eine Person Eigentümer mehrerer Wohnungseigentumsrechte ist. Diese Berechnungen sind die Einzelabrechnungen. Zum anderen muss die Jahresabrechnung die Einnahmen und Ausgaben der Gemeinschaft der Wohnungseigentümer enthalten. Dies ist die Gesamtabrechnung.

119 **6. Kostenpositionen und Saldierung. a) Überblick.** Eine bestimmte Aufgliederung der Kostenpositionen schreibt das Gesetz nicht vor (s. a. OLG Karlsruhe NJOZ 2003, 427; OLG Stuttgart WE 1990, 106). Die Kostenpositionen müssen aber für jeden Wohnungseigentümer verständlich und in zumutbarer Weise nachprüfbar sein (→ Rn. 122). Ferner ist es notwendig, dass der Wohnungseigentümer die Einnahmen und Ausgaben bereits aus der Jahresabrechnung klar ersehen und überprüfen kann, so dass die Einsichtnahme in dafür vorliegende Belege nur noch zur Kontrolle und zur Behebung von Zweifeln erforderlich ist (→ Rn. 122; s. a. BGH ZWE 2017, 43 Rn. 16; NJW 2009, 3575 Rn. 6). Die bloße Angabe von Globalbeträgen für mehrere Kostenpositionen genügt dieser Forderung nicht (aA LG München I ZMR 2016, 143). Im Übrigen müssen Kostenpositionen, an denen Wohnungseigentümer unterschiedlich beteiligt sind, gesondert ausgewiesen werden.

120 **b) Kostenarten.** Am besten werden sämtliche angesetzten Kostenarten einzeln dargestellt (s. a. LG Dortmund ZMR 2016, 221 für die Kostenposition „Sonstiges"). Jedenfalls ist entsprechend den Betriebskostenarten in § 2 der BetrKV zu differenzieren (s. a. Staudinger/*Häublein* § 28 Rn. 55; BGH WuM 2017, 205 Rn. 4; NZM 2009, 698 Rn. 17), wobei eine weitere Aufschlüsselung nach einzelnen Kosten innerhalb einer Kostenposition nicht erforderlich ist (s. a. BGH WuM 2017, 205 Rn. 4). Eine Zusammenfassung der in verschiedenen Ziffern des Betriebskostenkatalogs genannten Kostenpositionen ist grundsätzlich unzulässig (s. a. BGH WuM 2017, 205 Rn. 5; NJW 2011, 143 Rn. 41).

121 **c) Zusammenfassung mehrerer Kostenpositionen.** Die Zusammenfassung mehrerer Kostenpositionen, etwa Allgemein- und Betriebsstrom (BGH ZWE 2017, 43 Rn. 16), ist in der Regel unverständlich und nicht ordnungsmäßig (LG Dortmund ZMR 2016, 221; aA LG Frankfurt a. M. ZMR 2019, 433 = BeckRS 2018, 39918 Rn. 3; LG München I ZMR 2016, 143), da sie eine Nachprüfung wenigstens erschwert (LG Lübeck ZMR 2011, 747). Nur im Einzelfall soll es zulässig sein, „eng zusammenhängende" Kosten in einer Summe und in einer Kostenposition zusammenzufassen (s. a. OLG Karlsruhe NJOZ 2003, 427). So soll es bei Versicherungen (s. a. BGH NJW 2009, 3575 Rn. 7) oder bei Frisch- und Abwasser sein (BGH WuM 2017, 205 Rn. 5; NZM 2009, 698 Rn. 19), sofern auch die Berechnung der Abwasserkosten an den Frischwasserverbrauch geknüpft ist. Keinesfalls dürfen Einnahmen und Ausgaben saldiert werden (OLG Hamm ZMR 2001, 1001; aA LG Frankfurt a. M. ZMR 2019, 433 = BeckRS 2018, 39918 Rn. 3).

7. Verständlichkeit. Die Jahresabrechnung und ihre jeweiligen Bestandteile/Ergänzungen müssen für einen durchschnittlichen Wohnungseigentümer (ein im Wohnungseigentumsrecht „vorgebildeter Laie“) ohne Hinzuziehung fachlicher Unterstützung verständlich sein (BGH NJW 2018, 942 Rn. 7; 2014, 145 Rn. 6; 2012, 2648 Rn. 20; 2012, 1434 Rn. 16; NZM 2012, 812 Rn. 7; NJW 2010, 2127 Rn. 10; LG Dortmund ZMR 2016, 221). Dieser Anforderung genügt eine Jahresabrechnung ua dann, wenn sie die tatsächlichen Einnahmen und Kosten ausweist (BGH NJW 2018, 942 Rn. 7; 2014, 145 Rn. 6; 2012, 1434 Rn. 16; 2010, 2127 Rn. 10) und Ausgaben und Einnahmen grundsätzlich nicht zusammengefasst werden (aA LG München I ZMR 2016, 143). Ferner ist zu verlangen, dass die Einnahmen vollständig dargestellt sind, die in den Einzelabrechnungen genutzten Umlageschlüssel selbsterklärend sind oder – fehlt es hieran – erklärt werden. An einer Verständlichkeit fehlt es ferner, wenn man sich für das Verständnis der Jahresabrechnung Zusatzinformationen beschaffen muss. Eine Erläuterung im Vorfeld der Jahresabrechnung reicht nicht (LG Dortmund ZMR 2016, 221). Ist eine Jahresabrechnung unverständlich, ist der Anspruch nachzuerfüllen. 122

IV. Inhalt der Jahresabrechnung

1. Allgemeines. Die Jahresabrechnung muss zum einen die nach § 28 Abs. 2 Satz 1 WEG zu beschließenden Zahlungspflichten enthalten, also die einzufordernden Nachschüsse bzw. die Anpassung der beschlossenen Vorschüsse (BR-Drs. 168/20, 86). Zum anderen muss die Jahresabrechnung die Einnahmen und Ausgaben enthalten (BR-Drs. 168/20, 86). Diese sind auf jedes Wohnungs- und/oder Teileigentumsrecht umzulegen. Die Einzelabrechnungen sind einheits- bzw. objektbezogen (= bezogen auf ein Wohnungseigentumsrecht) und nicht wohnungseigentümerbezogen (= der Eigentümer ist von nachrangigem Interesse). Eine falsche Adressierung ist unerheblich (BGH NJW-RR 2012, 217 Rn. 12; NJW 1994, 2950 unter III. 5a). 123

Sind sämtliche tatsächlichen Einnahmen und Ausgaben vollständig in die Jahresabrechnung aufgenommen, stimmt deren Differenz mit der Differenz der Anfangs- und Endbestände der im Vermögensplan genannten Bankkonten und gegebenenfalls der Barkasse überein (LG Berlin ZWE 2019, 86 Rn. 12). Geht die Kontrollrechnung auf, soll dies die Richtigkeit der Jahresabrechnung indizieren (OLG Hamm NJOZ 2001, 1400 (1401); ZMR 1997, 251 (253); BayObLG ZMR 2000, 238; LG Berlin ZWE 2019, 86 Rn. 12; LG Frankfurt a. M. ZWE 2014, 137; LG München I ZWE 2009, 218 (222)). Aus der Kontrollrechnung ergibt sich freilich nicht, ob Mittel zu Unrecht ausgegeben wurden. Ferner gehören zu den Einnahmen und Ausgaben auch solche, die anderen Wirtschaftsjahren zuzuordnen sind. 124

2. Gesamtabrechnung (Einnahmen und Ausgaben). a) Überblick. Die Gesamtabrechnung ist eine periodische Rechnungslegung. Sie ist keine handelsrechtliche Bilanz über das Gemeinschaftsvermögen oder über das gemeinschaftliche Eigentum und keine Gewinn- und Verlustrechnung über Vermögen (OLG Hamm ZMR 2008, 60; OLG Düsseldorf ZMR 2006, 125

217; OLG Saarbrücken NJW-RR 2006, 732; BayObLG NJW-RR 2004, 1603). Handelsrechtliche Grundsätze zur Buchführung sind daher grundsätzlich unerheblich. Denn es geht nicht darum, Erfolg oder Misserfolg eines Wirtschaftsjahres zu ermitteln, sondern allein darum, zu erkennen, was mit den Mitteln der Gemeinschaft der Wohnungseigentümer geschehen ist.

126 Ist nichts anderes bestimmt, ist in der Gesamtabrechnung entsprechend § 259 Abs. 1 BGB über sämtliche tatsächlichen Einnahmen und Ausgaben nach dem Abflussprinzip im Einzelnen zu berichten (OLG Celle OLGR 2000, 137; LG Dortmund ZMR 2016, 221). Einnahmen und Ausgaben dürfen nicht saldiert werden (→ Rn. 119). Auch Rechnungsabgrenzungen (Zu- und Abflüsse, die in einer Periode erfolgen, aber einer anderen Periode zugeordnet werden müssen), zB für Kalt- und Abwasser, Nach- und Rückzahlungen sind nicht vorzunehmen (OLG Schleswig ZMR 2008, 667; OLG Saarbrücken NJW-RR 2006, 732; BayObLG ZWE 2000, 407 (408); LG Dortmund ZWE 2018, 270 Rn. 6; LG Düsseldorf ZMR 2011, 987; LG Berlin GE 2010, 493; aA LG München I ZWE 2009, 218 (222)). Unerheblich ist daher zB, ob der Rechtsgrund für eine Zahlung in der betreffenden Rechnungsperiode gelegt wurde oder ob tatsächliche Auswirkungen auch spätere Jahre betreffen können. Rechnungsabgrenzungen sind im Übrigen weder für die Rechnungslegung noch für die Berechnung der Nachzahlungen/Guthaben sinnvoll und sollten auch nicht vereinbart werden. Besonderheiten gelten für Kosten für Wärme und Warmwasser (→ Rn. 149 ff.).

127 **b) Einnahmen.** Zu den Einnahmen gehören vor allem das Hausgeld (LG München I ZWE 2016, 182) – auch das aus Vorjahren (BayObLG WuM 1993, 92; LG Dortmund ZMR 2016, 221) – Mieten, Pachteinnahmen, Entgelte und sonstige Zahlungen, zB einer Versicherung. Auch Zinsen sind Einnahmen (LG Dortmund ZMR 2016, 221). Sie können entstehen, wenn ein Wohnungseigentümer oder ein Dritter sich mit der Bedienung einer Forderung der Gemeinschaft der Wohnungseigentümer im Verzug befindet. Sind die Einnahmen nicht vollständig angegeben, ist die Jahresabrechnung nicht ordnungsmäßig (LG Frankfurt a. M. ZWE 2014, 137; LG Berlin ZMR 2013, 918). Ob die Einnahmen an die Wohnungseigentümer „ausgekehrt“ werden oder wie sonst mit ihnen umzugehen ist, haben die Wohnungseigentümer – in der Regel nach Vorschlag des Verwalters – zu beschließen (LG Frankfurt a. M. ZWE 2018, 272 Rn. 12).

128 **c) Ausgaben. aa) Allgemeines.** Die Gesamtabrechnung muss sämtliche Ausgaben vollständig berichten. Ob eine Ausgabe einer Leistung diente, die den Wohnungseigentümern im Abrechnungsjahr zu Gute kam, ist ebenso unerheblich wie ihre Berechtigung. Es ist uninteressant, ob ein Rechtsgrund für eine Ausgabe in der betreffenden Rechnungsperiode gelegt wurde oder ob tatsächliche Auswirkungen auch frühere oder spätere Jahre betreffen können. Denn die Jahresabrechnung hat stets sämtliche Veränderungen im Bestand der gemeinschaftlichen Gelder so auszuweisen, wie sie im Abrechnungszeitraum (Wirtschaftsjahr) tatsächlich erfolgt sind (BGH NJW 2012, 1434 Rn. 11; 2010, 2127 Rn. 17). Zu den Ausgaben gehören ua:

- Lasten des gemeinschaftlichen Eigentums (→ § 16 Rn. 38 ff.). 129
- Die Ausgaben für eine Erhaltungsmaßnahme (→ § 16 Rn. 37). Diese sind allerdings bei der Entwicklung der Erhaltungsrücklage darzustellen (→ Rn. 238 ff.).
- Die Ausgaben für eine bauliche Veränderung (→ § 21).
- Verwaltungskosten (→ § 16 Rn. 31 ff.).
- Die Kosten der Wohnungseigentümer als Teilhaber einer anderen Gemeinschaft nach Bruchteilen.
- Die Kosten des gemeinschaftlichen Gebrauchs (→ § 16 Rn. 33 ff.).
- Die Bedienung der Forderungen Dritter, die im Laufe des Jahres anfallen sind.
- Abgaben, etwa Grunderwerbs-, Grund-, Umsatz- (→ Rn. 120) oder Bauabzugssteuer (*Hügel* ZWE 2002, 163 (164) oder Gebühren.
- Darlehenszinsen (→ Rn. 18).
- Zinsausgaben, die Gemeinschaft der Wohnungseigentümer aus dem verspäteten Ausgleich ihrer Verbindlichkeiten hat, zB verspätet gezahlter Werklohn oder verspätet gezahlte Verwaltervergütung oder auch die verspätete Auskehrung des Guthabens eines Wohnungseigentümers. Es ist möglich, in der Gesamtabrechnung Nettozinsen darzustellen und daneben – an einem anderen Ort der Gesamtabrechnung – die für einen Wohnungseigentümer notwendigen Angaben zu den Bruttozinsen, der Abgeltungsteuer und dem Solidaritätszuschlag darzustellen. Alternativ ist es möglich, die Bruttozinsen mit den notwendigen Angaben am „Anfallort" als Einnahme darzustellen, auch wenn der Bruttobetrag nicht in vollem Umfang eine Einnahme ist, und zugleich die Abgeltungsteuer und den Solidaritätszuschlag als Ausgaben darzustellen (*Sauren* NZM 2015, 809 (810); *Elzer* ZWE 2011, 112 (114); aA LG München I ZWE 2009, 218 (221); *Niedenführ* NZM 1999, 640 (646)).

bb) Unberechtigte Ausgaben. Als Ausgabe einzustellen sind auch solche Ausgaben, die der Verwalter unberechtigterweise aus Mitteln die Gemeinschaft der Wohnungseigentümer getätigt hat (BGH NJW 2015, 930 Rn. 23; 2011, 2202 Rn. 16; 2011, 1346 Rn. 6). Zu diesen Ausgaben gehören ua Erhaltungskosten für das Sondereigentum oder Vertragsentgelte oder -zahlungen, die der Verwalter nicht erfüllen durfte. 130

Als Umlageschlüssel für unberechtigte Ausgaben ist grundsätzlich § 16 Abs. 2 Satz 1 WEG anzuwenden (aA LG Hamburg ZWE 2018, 136 Rn. 18). Ebenso ist mit einem etwaigen Schadenersatz als spätere Einnahme und Korrektiv der unberechtigten Ausgaben zu verfahren. 131

d) Einnahmen und Ausgaben in Bezug auf eine Rücklage. Zahlungen auf eine Rücklage sind ihrem Wesen nach keine Einnahme der Gemeinschaft der Wohnungseigentümer (BGH NJW 2010, 2127 Rn. 15). Zuführungen in eine und Entnahmen aus einer Rücklage sind nur im Vermögensbericht darzustellen. An der Rechtslage ändert sich nichts, wenn Zahlungen auf einem allgemeinen Konto zur Gemeinschaft der Wohnungseigentümer eingehen und von dort entsprechend ihrer Zweckbestimmung auf ein davon getrenntes Rücklagenkonto weitergeleitet/umgebucht wer- 132 den. Denn das ist ein interner, bei Fehlen eines besonderen Rücklagenkontos sogar ein bloß buchungstechnischer Vorgang (BGH NJW 2010, 2127 Rn. 15; *Ott* ZWE 2007, 508 (509)). Zur Mitteilung der Ausgaben aus steuerlichen Gründen → Rn. 171.

133 **3. Nachschüsse/Anpassung der Vorschüsse (Einzelabrechnungen). a) Nachschüsse (Unterdeckung). aa) Überblick.** Die Jahresabrechnung muss in einem Betrag ausweisen, welchen Nachschuss ein Wohnungseigentümer zu zahlen hat – die „Abrechnungsspitze" (zum alten Recht *Casser/Schultheis* ZMR 2011, 85 (88); aA *Spielbauer* ZWE 2011, 149 (151); *Drasdo* ZMR 2010, 831 (833)). Dieser Nachschuss steht neben der Gesamtabrechnung und ist nicht aus dieser „abzuleiten" (*Casser/Schultheis* ZMR 2012, 375; *Häublein* ZWE 2010, 237; *Drasdo* NZM 2010, 681 (682); grundlegend *Drasdo* ZWE 2002, 166; aA OLG Düsseldorf ZWE 2007, 452; BayObLG NZM 2000, 280; LG Dessau-Roßlau ZMR 2010, 471; *Spielbauer* ZWE 2011, 149). Die Kostenpositionen für Ausgaben und Einnahmen müssen zwar in Gesamt- und Einzelabrechnung hinsichtlich der Bezeichnung und der Beträge übereinstimmen (OLG Düsseldorf NJW-RR 2007, 594). In den Einzelabrechnungen umzulegen sind aber nur solche Kostenpositionen (Einnahmen und Ausgaben), an denen ein Wohnungs- oder Teileigentum auch für das jeweils abgerechnete Jahr zu beteiligen ist (*Jennißen/Kümmel/Schmidt* ZMR 2012, 758 (759)). Dieses ist – bezogen auf das abgelaufene Wirtschaftsjahr – ua für folgende Kostenpositionen nicht der Fall:

134
- Eingenommene Beträge auf und Zahlungen aus Rücklagen.
- Leistungen einer Versicherung, wenn der Schaden bereits abgerechnet und auf die Wohnungseigentümer umgelegt ist (*Drasdo* NZM 2005, 721 (722)).
- Gezahltes oder beigetriebenes Hausgeld für Vorjahre (BGH NJW 2014, 145 Rn. 9; *Drasdo* NZM 2011, 658; *Häublein* ZWE 2010, 237 (242); *Blankenstein* ZWE 2010, 318 (323); *Jennißen* ZWE 2002, 19 (20)) oder nachfolgende Wirtschaftsperioden (Drasdo NZM 2011, 658 (659)), zB auf Grund einer Leistungsbestimmung (*Jacoby* DWE 2010, 120), sofern es nicht bereits eine Deckungssonderumlage gab; auf das rückständige Hausgeld entfallende Zinsen sind hingegen stets eine Einnahme des Wirtschaftsjahres und zu berücksichtigen (BGH NJW 2014, 145 Rn. 7); Entsprechendes gilt für Prozesskosten.

135 **bb) Begriff des Nachschusses.** Nachschuss ist der anteilig auf ein Wohnungs- oder Teileigentumsrecht umgelegte Betrag, um den die mit dem Wirtschaftsplan beschlossenen (Soll-)Vorschüsse hinter den tatsächlichen Ausgaben nach Saldierung mit umzulegenden Einnahmen zurückbleiben (BGH NJW-RR 2017, 844 Rn. 6; NJW 2014, 2197 Rn. 20; 2012, 2797 Rn. 20; 2012, 2796 Rn. 7; NZM 2012, 159 Rn. 12).

136 Zu den Einnahmen kann der auf ein Wohnungs- oder ein Teileigentumsrecht entfallende Anteil einer Schadenersatzzahlung, der Anteil einer zurückgeführten Deckungsausfallsonderumlage oder der Anteil an Mieten gehören. Zu den für die Berechnung zu berücksichtigenden Ausgaben gehören auch unberechtigte Ausgaben (BGH NJW 2013, 3098 Rn. 24; 2011, 1346

Rn. 7). Nicht zu den Ausgaben und (Soll-)Vorschüssen gehören die Zahlungen aus der Erhaltungsrücklage (*Spielbauer* ZWE 2011, 149 (151)). Sind im Wirtschaftsjahr Ausfallsonderumlagen beschlossen worden (→ Rn. 83), erhöhen diese die Soll-Vorschüsse (*Drasdo* ZMR 2010, 831 (833)). Galt eine Sonderumlage hingegen der Finanzierung von Erhaltungs- und/oder Baumaßnahmen (→ Rn. 84), findet die Einzelabrechnung im Rahmen der Jahresabrechnung der entsprechenden Rücklage statt.

cc) Soll-Vorschüsse. Zu rechnen ist nach Soll-Vorschüssen (LG Dortmund ZMR 2017, 423 (424)). Beispiel: Waren als Vorschuss 4.800 EUR geschuldet (Soll), sind auf ein Wohnungs- oder Teileigentumsrecht aber Ist-Ausgaben in Höhe von 5.200 EUR entfallen, ist als Nachschuss (Abrechnungsspitze) ein Betrag von 400 EUR ausweisen. 137

Dies gilt auch dann, wenn nur 4.000 EUR gezahlt worden waren. Die verbleibenden 800 EUR sind bereits als Vorschuss begründet und allein auf Grundlage des Beschlusses nach § 28 Abs. 1 Satz 1 WEG beizutreiben. Beim Nachschuss darf dieser Betrag nicht auftauchen, weil bereits begründete Forderungen nicht über die Jahresabrechnung neu begründet werden dürfen. Wird anders verfahren, ist der Beschlussteil, mit dem die Ansprüche auf Zahlung der Vorschüsse neu begründet werden sollen, nichtig (BGH BeckRS 2020, 4096 Rn. 6). 138

dd) Umlageschlüssel. Die Nachschüsse sind anhand der gesetzlichen (§§ 16 Abs. 2 Satz 1, 21 Abs. 1 bis Abs. 3 WEG), gewillkürten (§§ 16 Abs. 2 Satz 2, 21 Abs. 5 Satz 1 WEG) oder gerichtlich bestimmten Umlageschlüssel zu berechnen (BGH NJW 2011, 1346 Rn. 9). Wird ein unzutreffender Umlageschlüssel zu Grunde gelegt, ist die Jahresabrechnung nicht ordnungsmäßig und der nach § 28 Abs. 2 Satz 1 WEG gefasste Beschluss anfechtbar, aber nicht nichtig. Wird der Beschluss bestandskräftig, ist der unzutreffende Umlageschlüssel einmalig maßgebend. 139

Wird bei der Verteilung der Kosten ein unzutreffender Umlageschlüssel eingesetzt, ändert das die Bestimmungen der Wohnungseigentümer nicht. Die Jahresabrechnung als Zahlenwerk ist kein Ort, einen Umlageschlüssel zu ändern. In Bezug auf den Beschluss nach § 28 Abs. 2 Satz 1 WEG gilt nichts anderes. Bei den Vorschüssen und späteren Jahresabrechnungen sind also wieder die geltenden Umlageschlüssel einzusetzen. Wollen die Wohnungseigentümer anlässlich der Jahresabrechnung und/oder des Beschlusses nach § 28 Abs. 2 Satz 1 WEG einen oder mehreren Umlageschlüssel ändern, muss dies ein weiterer Gegenstand ihrer Versammlung und eines gesonderten Beschlusses sein. Eine entsprechende Änderung wird wegen des Verbots rückwirkender Beschlüsse grundsätzlich allerdings nicht möglich sein (→ § 16 Rn. 64 ff.). 140

Für die Frage, welcher Umlageschlüssel zu verwenden ist, ist es unerheblich, welche Umlageschlüssel für die Berechnung der Vorschüsse eingesetzt wurden. Sind dort Fehler unterlaufen, dürfen diese nicht in der Jahresabrechnung fortgesetzt werden. Etwas anderes gilt nur, wenn zusammen mit dem Beschluss nach § 28 Abs. 1 Satz 1 WEG die geltenden Umlageschlüssel mit einem weiteren Beschluss geändert worden waren. 141

142 **ee) Keine Vorschüsse.** Wenn es ausnahmsweise keine Vorschüsse gab, sind als Nachschuss sämtliche Ausgaben und Einnahmen entsprechend den Ausführungen → Rn. 125 ff. umzulegen. So ist zu verfahren, wenn es nie einen Wirtschaftsplan gab. So ist aber auch zu verfahren, wenn der Beschluss nach § 28 Abs. 1 Satz 1 WEG für ungültig erklärt wurde und noch nicht abgerechnet ist oder der Beschluss erneut ordnungsmäßig gefasst wird. In diesem Falle dienen die Einzelabrechnung und der Beschluss nach § 28 Abs. 2 Satz 1 WEG der Begründung sämtlicher (oder anteiliger) gegen ein Wohnungs- und/ oder Teileigentum gerichteter Ansprüche für das abzurechnende Wirtschaftsjahr (OLG München ZMR 2009, 630; OLG Köln ZWE 2008, 242 (244); LG Saarbrücken ZMR 2009, 953 (954)).

143 **b) Anpassung der Vorschüsse (Überdeckung).** Eine Überdeckung ist anhand der Ist-Zahlungen zu berechnen. Für den Fall einer Überdeckung ist über die Anpassung der beschlossenen Vorschüsse und nicht über Rückzahlungen zu beschließen (BR-Drs. 168/20, 86). Insbesondere im Fall der Veräußerung soll der Erwerber keinen Rückzahlungsanspruch erwerben, wenn der Veräußerer die Vorschüsse nicht gezahlt hat (BR-Drs. 168/20, 86).

144 Gibt es eine Überdeckung, etwa weil die Vorschüsse zu hoch prognostiziert waren, müssen die Wohnungseigentümer beschließen, wie damit unter Berücksichtigung der geltenden Umlageschlüssel verfahren werden soll. Die Gemeinschaft der Wohnungseigentümer ist zB berechtigt, gegenüber einer Überdeckung aufzurechnen (aA LG Berlin ZMR 2018, 536 (537)). Die Mittel können hingegen nicht einfach einer Rücklage zugeführt oder zur Deckung der laufenden Kosten verwendet werden (BGH NJW 2014, 145 Rn. 15; 2012, 2797 Rn. 16). Dies zeigt folgendes Beispiel: Von 10 Wohnungseigentümern haben 9 ihr Hausgeld nur unvollkommen bedient. Dies reicht aber, da das Hausgeld zu hoch prognostiziert war. Es kann nicht sein, dass der zehnte Wohnungseigentümer durch den Beschluss gleichsam ein Sonderopfer erbringt. Die Wohnungseigentümer können nur – gesondert – beschließen, weitere Mittel im Wege einer Sonderumlage zu generieren und mit diesem Anspruch gegen den Anspruch der Wohnungseigentümer aus Guthaben – gibt es diese – aufzurechnen. Auf diesem Wege erfährt kein Wohnungseigentümer einen Nachteil durch ein Sonderopfer.

145 **4. Ansprüche gegen einen Wohnungseigentümer.** Hat die Gemeinschaft der Wohnungseigentümer Mittel für ein Sondereigentum verwendet und hat sie gegen einen Wohnungseigentümer einen gesetzlichen „Ersatzanspruch" oder vertragliche Ansprüche, ist für diese Ansprüche kein Platz in der Errechnung des Nachschusses (LG Hamburg ZWE 2018, 181 Rn. 24; Staudinger/*Häublein* § 28 Rn. 128; *Jacoby* ZWE 2018, 149 (151); aA OLG Hamburg ZMR 2009, 781; OLG Hamm ZWE 2009, 441; LG Hamburg ZWE 2018, 136 Rn. 18, wenn die Zuordnung zu einem Sondereigentum oder Sondernutzungsrecht „unzweifelhaft" ist). Ansprüche etwa aus §§ 280 Abs. 1 Satz 1, 677 ff., 812 ff., 823 ff. BGB sind gesondert zu verfolgen.

146 Nach Ansicht des BGH ist es zwar möglich, Ersatzansprüche gegen einen Wohnungseigentümer jedenfalls dann in den Beschluss nach § 28 Abs. 2

Satz 1 WEG aufzunehmen, wenn der Anspruch tituliert ist oder sonst feststeht, etwa weil er von dem betreffenden Wohnungseigentümer anerkannt worden ist (BGH NJW 2011, 1346 Rn. 9). Auch dieser Sichtweise ist aber nicht zu folgen (*Schultzky* ZWE 2018, 198 (202)). Gegenstand der Jahresabrechnung ist die Erfassung der Ausgaben und Einnahmen des abgelaufenen Wirtschaftsjahres und die Verteilung auf die Wohnungseigentümer. Ersatzansprüche gegen einen Wohnungseigentümer sind weder eine Ausgabe noch eine Einnahme. Sie gehören ihrer Art nach generell nicht zu den Bestandteilen einer Jahresabrechnung (s. a. BGH NJW 2012, 2796 Rn. 9). Die Aufnahme von Ersatzansprüchen gegen einen Wohnungseigentümer in die Jahresabrechnung hat die Nichtigkeit des darauf bezogenen Teils des Beschlusses zur Folge (s. a. BGH NJW 2012, 2796 Rn. 9; NZM 2012, 30 Rn. 52).

5. Stand und Entwicklungen des Gemeinschaftsvermögens. In der Jahresabrechnung ist nicht über den Stand der Rücklagen und über das Gemeinschaftsvermögen zu berichten. Die entsprechenden Informationen sind Gegenstand des Vermögensberichts (→ Rn. 238). Der Vermögensbericht kann allerdings Teil der Jahresabrechnung sein (→ Rn. 246). 147

6. Hausgeldforderungen/Übersicht der Abrechnungsergebnisse. 148 Die Jahresabrechnung muss keine Übersicht über die offenen Nachschüsse geben (zum alten Recht BGH NJW 2018, 942 Rn. 9; 2012, 2796 Rn. 6; LG Dortmund ZWE 2017, 270). Die Informationen zu diesen Forderungen sind ein Gegenstand des Vermögensberichts. Die Jahresabrechnung muss auch keine Übersicht über die Abrechnungsergebnisse aller Wohnungseigentumsrechte bieten (BGH NJW 2018, 942 Rn. 11). Diese Übersicht, nämlich was ein Wohnungseigentümer berechnet nach Soll-Zahlungen schuldet, hat keinen Aussagewert.

7. Umlage der Kosten für Wärme und Warmwasser. a) Allgemeines. aa) Keine gesonderte Heizkostenabrechnung. 149 Als eine Ausgabe sind die Kosten der Versorgung mit Wärme und Warmwasser in der Jahresabrechnung umzulegen. Eine Umlage neben der Jahresabrechnung wäre nicht möglich (LG München NZM 2012, 568). Eine Trennung wäre ua mit § 28 Abs. 2 Satz 2 WEG unvereinbar, der eine Jahresabrechnung verlangt. Eine Aufteilung hätte überdies zur Folge, dass kein Gesamtsaldo ausgewiesen werden würde, der das Gesamtergebnis des Wirtschaftsjahres insgesamt und den Nachschuss für den einzelnen Wohnungseigentümer ausweist. Ungeachtet dessen spricht natürlich – vor allem aus Gründen der Transparenz – nichts dagegen, zusätzlich und neben der Jahresabrechnung eine Heizkostenabrechnung vorzulegen bzw. die Heizkostenabrechnung vorzulegen, die das Abrechnungsunternehmen erstellt hat.

bb) Anwendung der HeizkostenV. 150 Bei der Erstellung der Jahresabrechnung und Umlage der Kosten für Wärme und Warmwasser sind die Vorgaben der HeizkostenV zu beachten. Nur eine den Anforderungen der HeizkostenV genügende Jahresabrechnung entspricht den Grundsätzen ordnungsmäßiger Verwaltung (BGH ZWE 2020, 246 Rn. 8; NJW 2018, 3717 Rn. 16; ZWE 2017, 43 Rn. 13; NJW 2012, 1434 Rn. 9; 2010, 3298

Rn. 15). Jeder Wohnungseigentümer kann daher nach § 18 Abs. 2 Nr. 1 WEG verlangen, dass die HeizkostenV angewendet wird (OLG München ZMR 2007, 1001; OLG Köln NZM 2005, 20; AG Düsseldorf ZWE 2011, 379 (380)), soweit nicht nach § 11 HeizkostenV eine Ausnahme gilt.

151 **cc) Abbedingung.** Die durch die HeizkostenV erreichte verbrauchsabhängige Jahresabrechnung soll dem jeweiligen Nutzer den Zusammenhang zwischen dem individuellen Verbrauch und den daraus resultierenden Kosten bewusstmachen (BGH ZWE 2017, 43 Rn. 16; NJW-RR 2015, 457 Rn. 21) und dadurch Energie einsparen (BGH ZWE 2017, 43 Rn. 16).

152 Wegen dieses Zwecks haben die Wohnungseigentümer keine Kompetenz, durch eine Vereinbarung etwas von § 3 Satz 1 HeizkostenV Abweichendes zu bestimmen oder die HeizkostenV abzubedingen (BGH ZWE 2017, 43 Rn. 13; NJW 2012, 1434 Rn. 9). Ein Beschluss, der eine verbrauchsabhängige Umlage nach Maßgabe der HeizkostenV ablehnt, wäre nach § 134 BGB iVm § 3 HeizkostenV nichtig (OLG Hamm NJW-RR 1995, 465 (466); aA AG Duisburg DWE 1989, 35).

153 Dies gilt auch in einer Wohnungseigentumsanlage mit nur zwei Wohnungseigentumsrechten, wenn eine der Wohnungen vermietet ist, die andere hingegen von dem Wohnungseigentümer selbst bewohnt wird (OLG München ZMR 2007, 1001; OLG Düsseldorf NZM 2004, 554). Anders liegt es nur, wenn beide Wohnungseigentumsrechte einem Wohnungseigentümer gehören. Denn dann gibt es gar keine Wohnungseigentumsanlage und kein Wohnungseigentum, sondern er handelt sich schlicht um ein Doppelhaus im Alleineigentum einer Person. Bewohnt der Hauseigentümer in diesem Falle eine der beiden Wohnungen des Mietshauses, muss der Vermieter die HeizkostenV nach § 2 HeizkostenV nicht anwenden.

154 **dd) Umlageschlüssel.** Zu den für die Umlage jeweils anzuwendenden Umlageschlüsseln → § 16 Rn. 97 ff. Eine Jahresabrechnung, der Verbrauchsdaten zu Grunde liegen, die mit nicht geeichten Messgeräten ermittelt wurden, ist nicht ordnungsmäßig (BayObLG ZMR 2005, 969; BayObLGZ 1998, 97 (99)).

155 **b) Darstellung.** Die Kosten für Wärme und Warmwasser sind vollständig in die Gesamtabrechnung nach dem Abflussprinzip als Ausgaben einzustellen (LG Düsseldorf BeckRS 2017, 146507 Rn. 11). Die von § 6 Abs. 1 Satz 1 HeizkostenV verlangte verbrauchsabhängige Umlage auf die jeweiligen Einheiten (= Nutzer) findet in den jeweiligen Einzelabrechnungen statt. Dabei ist bei den Brennstoffen zu unterscheiden.

156 • Die Kosten für die verbrauchten Brennstoffe sind nach dem Umlageschlüssel in den jeweiligen Einzelabrechnungen umzulegen, der von den Wohnungseigentümern nach Maßgabe der HeizkostenV für die Umlage der Kosten des Betriebs zentraler Heizungsanlagen und zentraler Warmwasserversorgungsanlagen oder der eigenständig gewerblichen Lieferung von Wärme und Warmwasser bestimmt wurde (→ § 16 Rn. 97 ff.).

157 • Die Kosten vor allem für die noch nicht verbrauchten Brennstoffe sind hingegen nach hM nach dem dafür bestimmten Umlageschlüssel oder sub-

sidiär nach § 16 Abs. 2 WEG umzulegen (BGH BeckRS 2020, 4096 Rn. 4 NJW 2012, 1434 Rn. 17; LG Köln ZWE 2017, 282; kritisch *Jennißen/Kümmel/Schmidt* ZMR 2012, 758 (761)). **Stellungnahme.** Der hM ist zu folgen. Denn die Alternativen (vgl. etwa *Casser/Schultheis* ZMR 2012, 375 (376): „Zwischenfinanzierung über die Rücklage") überzeugt nicht. Werden Kosten für erworbene, aber nicht verbrauchte Brennstoffe in den Einzelabrechnungen nicht verteilt – wozu kein Anlass besteht – muss die Abweichung der Einzel- von der Gesamtabrechnung verständlich erläutert werden (BGH NJW 2012, 1434 Rn. 16). Was mit den Einnahmen für diese Brennstoffe im nächsten Abrechnungsjahr gilt, müssen die Wohnungseigentümer klären. Möglich ist, sie an die Wohnungseigentümer nach dem maßgeblichen Schlüssel als „Pseudoeinnahme" wieder umzulegen (LG Frankfurt a. M. BeckRS 2020, 14985 Rn. 6; *Jennißen/Kümmel/Schmidt* ZMR 2012, 758 (761)) und auszukehren (LG Frankfurt a. M. BeckRS 2020, 14985 Rn. 6; *Casser* ZWE 2018, 117 (120); *Jennißen* MietRB 2014, 82; *Casser/Schultheis* ZMR 2012, 375 (376); *Drasdo* NZM 2010, 681 (683); *Häublein* ZWE 2010, 237 (245)), gegebenenfalls in „Verrechnung", obwohl durch dieses Vorgehen mit dem Prinzip, einer einfachen Einnahmen-Ausgaben-Rechnung gebrochen wird und eine „Abgrenzung" vorliegt (LG Frankfurt a. M. BeckRS 2020, 14985 Rn. 6). Möglich und besser ist es daher, die Einnahme der Erhaltungs- (*Jennißen* MietRB 2014, 82; *Drasdo* NZM 2010, 681 (683); *Häublein* ZWE 2010, 237 (245)) oder der Liquiditätsrücklage zuzuschlagen. Der bevorratete Brennstoff ist in der Jahresabrechnung des Kaufjahres nicht anzugeben, denn es handelt sich nicht um einen Geldfluss in dem betreffenden Jahr. Dies wäre systemwidrig, weil auch andere angeschaffte Gegenstände dort nicht aufgeführt werden (LG Köln ZWE 2017, 282). Der Ölbestand ist für die Wohnungseigentümer aus der Heizkostenabrechnung im Vergleich mit dem in der Gesamtabrechnung dargestellten Aufwand für den Einkauf von Brennstoffen erkennbar und damit nachvollziehbar (LG Köln ZWE 2017, 282; AG Bremen ZMR 2014, 316).

- Haben die Wohnungseigentümer Heizöl, Gas oder Fernwärme in der **158** Abrechnungsperiode zwar verbraucht, aber innerhalb dieser Periode nicht bezahlt, sind Rechnungsabgrenzungsposten entsprechend den im Vorjahr geleisteten Zahlungen für den Verbrauch im Abrechnungsjahr und entsprechend den im Abrechnungsjahr für den Verbrauch im Folgejahr geleisteten Zahlungen zu bilden (BayObLG NJOZ 2002, 1523 (1525); OLG Hamm ZWE 2001 446 (450); LG Düsseldorf BeckRS 2017, 146507 Rn. 18). Denn insoweit handelt es sich um Kosten des Betriebs der Heizung im Sinne des § 7 Abs. 2 HeizkostenV, die unabhängig vom Zeitpunkt der Zahlung gerade für den Zeitraum abzurechnen sind, für den die Kosten angefallen sind.

c) Abrechnungsmängel. Die Umlage der Kosten für Wärme und **159** Warmwasser ist ua dann nicht ordnungsmäßig, wenn:

- Die Jahresabrechnung die Vorgaben der HeizkostenV nicht beachtet **160** (→ Rn. 112a).

- Der Betriebsstrom zusammen mit dem Allgemeinstrom abgerechnet wird (→ § 16 Rn. 68).
- Die Jahresabrechnung unzutreffende Umlageschlüssel zu Grunde legt (zu den anzuwendenden Umlageschlüsseln → § 16 Rn. 84 ff.). Legt eine Jahresabrechnung einen falschen Umlageschlüssel zu Grunde, ist sie nicht ordnungsmäßig (OLG Düsseldorf NJW-RR 2007, 960; BayObLG ZMR 1988, 349; LG Lübeck ZMR 2011, 747). Auch dann, wenn der Verwalter einen von ihm gewählten, aber nicht von den Wohnungseigentümern bestimmten Umlageschlüssel oder Modus zu Grunde legt, ist die Jahresabrechnung nicht ordnungsmäßig (LG München I ZMR 2016, 232 für § 7 Abs. 1 Satz 3 HeizkostenV). Etwas anderes gilt im Ausnahmefall, wenn sich das Ermessen der Wohnungseigentümer für einen Umlageschlüssel auf gerade den verengt hätte, den der Verwalter gebraucht hat.

161 **8. Andere verbrauchs- oder verursachungsabhängige Kosten.** Für Kosten, die wie die Kosten der Versorgung mit Wärme und Warmwasser unter den Wohnungseigentümern verbrauchs- oder verursachungsabhängig ermittelt und nach den Messungen/Zählungen zu verteilen sind (→ § 16 Rn. 77), etwa Allgemeinstromkosten, Kosten der Müllbeseitigung (→ § 16 Rn. 63 „Straßenreinigung und Müllbeseitigung"), Kalt- und/oder Abwasserkosten oder Kanalbenutzungsgebühren (OLG Köln BeckRS 2005, 00042), gelten die Ausführungen → Rn. 155 ff. entsprechend (*Sauren* NZM 2017, 667 (669); *Casser/Schultheis* ZMR 2012, 375; s. a. *Niedenführ* ZWE 2018, 68 ff. und *Häublein* ZWE 2011, 1 (3)).

162 Wenn etwa Kalt- und Abwasser nach Verbrauch abzurechnen sind, muss in der Jahresabrechnung zwischen dem individuellen Verbrauch und dem Verbrauch für Gemeinschaftszwecke unterschieden werden (BayObLG NJOZ 2002, 1523 (1525)). Werden Verbrauchskosten des Abrechnungsjahres nicht auch in diesem Jahr bezahlt, müssen im Übrigen „Abgrenzungsposten" gebildet und in der Jahresabrechnung ausgewiesen werden (BayObLG NJOZ 2002, 1523 (1525); OLG Hamm ZWE 2001, 446 (450)).

163 **9. „Anlagen" zur Abrechnung. a) Überblick.** Mit der Jahresabrechnung muss die Gemeinschaft der Wohnungseigentümer nach hM eine Reihe von Angaben machen und „Bescheinigungen" erteilen.

164 **b) Umsatzsteuer.** Die Umsatzsteuer für Leistungen der Gemeinschaft der Wohnungseigentümer an Wohnungseigentümer ist gesondert auszuweisen, soweit hierfür eine Umsatzsteuerpflicht besteht. Dies ist zB bei der Vermietung eines Teileigentums an einen Gewerbetreibenden der Fall.

165 Grundsätzlich steuerfrei sind hingegen Leistungen, die die Gemeinschaft der Wohnungseigentümer an die Wohnungs- und Teileigentümer erbringt, soweit die Leistungen in der Überlassung des gemeinschaftlichen Eigentums zum Gebrauch, seiner Instandhaltung, Instandsetzung und sonstigen Verwaltung sowie der Lieferung von Wärme und ähnlichen Gegenständen bestehen, insbesondere der Lieferung von Wärme (Heizung) und Wasser, Waschküchen- und Waschmaschinenbenutzung, Verwaltungsgebühren (Entschädigung für den Verwalter), Hausmeisterlohn, Instandhaltung und Instandsetzung des gemeinschaftlichen Eigentums, Flurbeleuchtung, Schorn-

steinreinigung, Feuer- und Haftpflichtversicherung, Müllabfuhr, Straßenreinigung und Entwässerung (§ 4 Nr. 13 UStG).

Der Gemeinschaft der Wohnungseigentümer kann allerdings einen Umsatz, der nach § 4 Nr. 13 UStG steuerfrei ist, als steuerpflichtig behandeln, wenn der Umsatz an einen anderen Unternehmer für dessen Unternehmen ausgeführt wird. Bei einem solchen Verzicht auf Steuerfreiheit ist der Unternehmer berechtigt, Vorsteuer zu ziehen (Vorsteuerbeträge, die sowohl auf diese Umsätze als auch auf die steuerfreien Umsätze entfallen, sind nach § 15 Abs. 4 oder 5 UStG in einen abziehbaren und einen nicht abziehbaren Anteil aufzuteilen, BStBl. I 1987, 228). Der Verzicht auf Steuerfreiheit ist durch einen Beschluss zu erklären. Auf den Beschluss soll ein Anspruch bestehen, wenn der Unternehmer verbindlich erklärt, alle zusätzlichen Kosten und Haftungsrisiken zu übernehmen (BayObLG NJW-RR 1997, 79 (80); OLG Hamm NJW-RR 1992, 1232). 166

Besteht eine Umsatzsteuerpflicht, ist nach § 14 UStG gemeinsam mit der Jahresabrechnung die auf ein Wohnungs- und/oder Teileigentum entfallende Umsatzsteuer ausweisen (BayObLG NJW-RR 1997, 79 (80); OLG Hamm NJW-RR 1992, 1232). Zu den Aufgaben des Verwalters gehört es dann ua auch, die Umsatzsteuererklärungen beim Finanzamt einzureichen und die Steuer fristgerecht abzuführen (§ 18 UStG). 167

c) Rücklagen. Weiter ist anzugeben, welcher rechnerische „Anteil" an den Abflüssen aus den Rücklagen, etwa aus der Erhaltungsrücklage (→ § 19 Rn. 135), bemessen nach Höhe der Miteigentumsanteile, auf die Wohnungseigentumsrechte entfallen. 168

Wenn ein Wohnungseigentümer ein Wohnungseigentum zur Erzielung von Einkünften aus Vermietung und Verpachtung nutzt, sind nach der Rechtsprechung die von ihm in eine Rücklage eingezahlten Beträge erst mit deren Verbrauch durch die Gemeinschaft der Wohnungseigentümer als Werbungskosten abziehbar (BFH NJW-RR 2012, 527 Rn. 14). Sie sind zwar mit der Zahlung beim Eigentümer „abgeflossen" (§ 11 Abs. 2 EStG), gehören aber aus „steuerrechtlicher Sicht" nach wie vor zu seinem Vermögensbereich (BFH NJW-RR 2012, 527 Rn. 14). 169

Ob daneben – mit Blick auf die Grunderwerbssteuer – auch anzugeben ist, welchen rechnerischen „Anteil" ein Wohnungseigentümer an der Erhaltungsrücklage hat, ist angesichts der vermögensrechtlichen Zuordnung der Erhaltungsrücklage (→ § 9a Rn. 140) unsicher. Zurzeit gilt allerdings noch, dass ein gezahltes Entgelt für den Erwerb eines in der Erhaltungsrücklage angesammelten Guthabens beim rechtsgeschäftlichen Erwerb eines Wohnungseigentums kein Entgelt für den Erwerb eines Grundstücks ist und nicht zur Gegenleistung gehört (BFH DStR 2016, 1108 Rn. 20). 170

d) Sonstiges. Mit der Jahresabrechnung sind ferner die Aufwendungen für haushaltsnahe Dienstleistungen (§ 35a EStG) und Handwerkerleistungen mitzuteilen (*Drasdo* ZWE 2016, 238 (242)). Schließlich ist anzugeben, welche Steuern die Gemeinschaft der Wohnungseigentümer auf Zinseinnahmen gezahlt hat (*Häublein* ZMR 2011, 578 (579); *Schlüter* ZWE 2008, 460 (461)) und welche Zinsen auf einen Wohnungseigentümer „rechnerisch entfallen" sind, vor allem, aber nicht nur solche auf die Erhaltungsrücklage, und die 171 davon von der Bank einbehaltene und an das Finanzamt abgeführte Abgeltungsteuer (→ Rn. 129).

172 **10. Vermietung. a) Überblick.** Der vermietende Wohnungs- als Sondereigentümer oder der Vermieter des gemeinschaftlichen Eigentums können mit einem Mieter nach § 556 Abs. 1 BGB vereinbaren, dass dieser die Betriebskosten zu tragen hat. Insoweit liegt es für den Vermieter gegebenenfalls nahe, für die Erstellung der von ihm geschuldeten Abrechnung über die Betriebskosten auf die Jahresabrechnung zurückzugreifen.

173 Dieser Weg ist aber versperrt (*Elzer* ZMR 2019, 825 ff.). Die Jahresabrechnung ist keine Abrechnung über die Betriebskosten (*Elzer* ZMR 2019, 825 (832)). Sie enthält stets auch nicht auf den Mieter umlagefähige Kosten, vor allem – aber nicht nur – die Kosten der Verwaltung und der Erhaltung des gemeinschaftlichen Eigentums sowie den Beitrag des Wohnungseigentümers zur Erhaltungsrücklage (Siehe nur BGH NJW 2016, 2254 Rn. 12). Ferner ist es möglich, dass die Umlageschlüssel im Verhältnis des Vermieters zur Gemeinschaft der Wohnungseigentümer und im Verhältnis zwischen Vermieter und Mieter nicht identisch sind und die Abrechnungszeiträume voneinander abweichen. Weiter enthält die Jahresabrechnung nicht die Vorauszahlungen des Mieters. Und schließlich ist zu beachten, dass es Betriebskosten gibt, die kein Bestandteil der Jahresabrechnung sind, zB die Grundsteuer. Es ist daher nicht möglich, die Jahresabrechnung dem Mieter als die nach § 556 Abs. 3 Satz 1 BGB geschuldete Betriebskostenabrechnung vorzulegen (AG Berlin-Mitte WuM 2015, 158).

174 Es ist nicht einmal möglich, die Betriebskosten- aus der Jahresabrechnung „abzuleiten" (*Becker* WuM 2013, 73; *Beyer* WuM 2013, 77). Die Jahresabrechnung kann für den vermietenden Wohnungseigentümer allerdings eine Art „Steinbruch" sein, bei dem er sich für die Erstellung der Abrechnung über die Betriebskosten bedienen kann. Soweit der Verwalter erläutert oder darauf hinweist, welche Ausgaben im Falle einer Vermietung grundsätzlich als Betriebskosten auf den Mieter umgelegt werden können, handelt es sich um eine Erleichterung für den vermietenden Wohnungseigentümer ohne weitergehende rechtliche Folgen (*Beyer* jurisPR-MietR 6/2017).

175 **b) Aufgliederung der Abrechnung.** Der vermietende Sondereigentümer soll verlangen können, dass die Einnahmen und Ausgaben – soweit diese umlagefähig sind – in der Gesamtabrechnung so aufgegliedert werden (→ Rn. 119), dass er imstande ist, daraus die Betriebskostenabrechnung für seinen Mieter zu erstellen (BGH NJW 1982, 573 unter I. 2a) bb; aA wohl Staudinger/*Häublein* § 28 Rn. 55).

176 Der Verwalter muss die Einnahmen und Ausgaben innerhalb der Gesamt- und Einzelabrechnung jedenfalls so weit aufschlüsseln, dass sich ihre Berechtigung und die Frage, ob sie auf den Mieter umzulegen sind, durch die einzelnen Wohnungseigentümer ohne besondere Fachkenntnisse überprüfen lässt. Inwieweit Kostenpositionen zusammengefasst werden dürfen, ist dabei eine Frage des Einzelfalls (→ Rn. 121).

177 Soll etwas anderes gelten, müssen die Wohnungseigentümer durch Vereinbarung oder Beschluss bestimmen, dass sich aus der Jahresabrechnung bei allen umlagefähigen – insbesondere den verbrauchsabhängigen – Betriebs-

kosten eine der Mietrechtslage gemäße Betriebskostenabrechnung ableiten lässt. Dazu können zB gehören die Mitteilung – zumindest die beweiskräftige Feststellung – der Zählerstände von Strom-, Gas- und Wasseruhren zum Beginn und zum Ende eines Abrechnungsjahres sowie die zu dieser Zeit berechneten Einzelpreise.

c) Verspätete Jahresabrechnung. Erstellt die Gemeinschaft der Wohnungseigentümer die Jahresabrechnung nach Ablauf des Erstellungszeitraums oder legt sie keine vor, kann der vermietende Sondereigentümer die Überschreitung der gesetzlichen Ausschlussfristen im Mietrecht nicht damit begründen, es fehle noch an einer Jahresabrechnung (BGH NZM 2017, 216 Rn. 17). Ein Beschluss gem. § 28 Abs. 2 Satz 1 WEG ist keine Voraussetzung für die Betriebskostenabrechnung des Vermieters (BGH ZMR 2017, 630 = BeckRS 2017, 108485 Rn. 3; NZM 2017, 216 Rn. 20). Gegenstand des Beschlusses sind nur die Nachschüsse oder Anpassungen (→ Rn. 191). Die Kenntnis des Wohnungseigentümers von ihrer Höhe ist für seine Betriebskostenabrechnung unerheblich. **178**

Der vermietende Wohnungseigentümer hat die verspätete Geltendmachung einer Nachforderung aus einer Jahresabrechnung auch dann zu vertreten, wenn ihm die Grundlagen für eine rechtzeitige Heizkostenabrechnung fehlten, weil über diese ein WEG-Rechtsstreit, auch für den fraglichen Zeitraum, anhängig war, in dem ein gerichtliches Sachverständigengutachten eingeholt wurde (aA LG München I WuM 2018, 427 = BeckRS 2018, 7759 Rn. 16). **179**

d) Einwendungsausschluss nach § 556 Abs. 3 Satz 6 BGB. Legt der vermietende Wohnungseigentümer nicht umlagefähige Kosten (ua: Verwaltung, Erhaltung, Rücklagen) auf den Mieter um, gilt der Einwendungsausschluss nach § 556 Abs. 3 Satz 6 BGB auch für solche Kosten, die in der Wohnraummiete generell nicht umgelegt werden können (BGH NJW 2016, 2254 Rn. 12). **180**

Der vermietende Wohnungseigentümer ist nach hM mit Rücksicht auf Treu und Glauben (§ 242 BGB) allerdings daran gehindert ist, sich auf diesen Einwendungsausschluss zu berufen, wenn er sich in seinem Abrechnungsschreiben auf die beigefügte WEG-Abrechnung bezieht und die genannten Kostenpositionen darin ausdrücklich als nicht umlagefähig bezeichnet sind (BGH NJW 2016, 2254 Rn. 12). **181**

e) Verschulden des Verwalters. Bei der Frage, ob der vermietende Sondereigentümer trotz Ablaufs des Abrechnungszeitraums Betriebskosten nachfordern kann (§ 556 Abs. 3 Satz 3 BGB), muss er sich ein etwaiges Verschulden des Verwalters nicht zurechnen lassen. Der Verwalter ist kein Erfüllungsgehilfe eines vermietenden Wohnungseigentümers in Bezug auf dessen mietvertragliche Pflichten, etwa hinsichtlich der Jahresabrechnung der Betriebskosten (BGH NZM 2017, 216 Rn. 42). **182**

f) Vermieterwechsel und Betriebskostenabrechnung. Ist bei Eigentumsübergang eines Wohnungseigentums die Betriebskostenabrechnung fällig, ist für die Betriebskostenabrechnung der frühere Wohnungseigentümer als Vermieter zuständig (BGH NJW 2004, 851 unter II. 2). Für die bei **183**

Eigentumsübergang laufende und spätere Abrechnungsperioden ist hingegen der neue Wohnungseigentümer verantwortlich (BGH NJW 2004, 851 Rn. 16; 2004, 851 unter II. 1; NZM 2001, 158 unter 3b) cc).

184 Wird das Wohnungseigentum nach Mietende und nach einem Auszug des Mieters erworben/gekauft, so ist für die Betriebskostenabrechnung der beim Auszug laufenden Abrechnungsperiode der alte Vermieter zuständig (BGH NZM 2007, 441 Rn. 13). Was im „Innenverhältnis" zwischen dem bisherigen und dem neuen Wohnungseigentümer gilt – bestehen keine besonderen Vereinbarungen – kann eine Frage von § 241 Abs. 2 BGB sein (BGH NZM 2001, 158 unter 4.).

185 Vor dem Eigentumswechsel entstandene und fällig gewordene Ansprüche aus der Betriebskostenabrechnung bleiben beim bisherigen Vermieter (BGH NZM 2007, 441 Rn. 13), danach fällig werdende Forderungen stehen dem Erwerber zu (BGH NJW 1989, 451 unter II. 2b).

186 **g) Umlageschlüssel.** Der für die umlagefähigen Betriebskosten in einer Wohnungseigentumsanlage geltende gesetzliche oder gewillkürte Umlageschlüssel muss zwar nicht, kann aber nach § 556a Abs. 3 BGB als für die Mietvertragsparteien grundsätzlich bindend vereinbart werden.

187 Stimmen der im Mietvertrag vereinbarte und der für den Vermieter geltende Umlageschlüssel nicht (mehr) überein, schuldet der vermietende Wohnungseigentümer dennoch eine Betriebskostenabrechnung, welcher der zwischen den Mietvertragsparteien vereinbarte Umlageschlüssel zugrunde gelegt ist. Um die vertraglich geschuldete Betriebskostenabrechnung zu erstellen, muss der Vermieter gegebenenfalls die vorliegende Jahresabrechnung umrechnen. Ist in einem Mietvertrag die Wohnfläche als Abrechnungsmaßstab vereinbart oder sind die Betriebskosten nach § 556a Abs. 1 Satz 1 BGB nach der Wohnfläche umzulegen, ist deshalb eine Betriebskostenabrechnung, die sich an einem anderen Maßstab orientiert, zB den Miteigentumsanteilen, fehlerhaft. § 556a Abs. 1 Satz 1 BGB erlaubt es den Mietvertragsparteien – soweit es sich nicht um verbrauchs- oder verursachungsabhängige Kosten handelt (§ 556a Abs. 1 Satz 2 BGB) – auch die Höhe der Miteigentumsanteile als Umlageschlüssel zu vereinbaren (BGH NJW 2009, 283 Rn. 28). Die Vereinbarung ist allerdings in Ausnahmefällen fragwürdig und kann den Mieter benachteiligen (Langenberg NZM 2004, 361 (362); s. a. LG München I ZMR 2003, 431; AG Köln MietRB 2003, 61). Der Umlageschlüssel „Miteigentum" soll aus sich heraus verständlich sein und bedarf nach hM keiner Erläuterung (BGH NJW 2009, 283 Rn. 28).

188 **h) Belegeinsicht.** Zur Erstellung der Abrechnung über die Betriebskosten muss der Vermieter in die entsprechenden Belege der Gemeinschaft der Wohnungseigentümer nach § 18 Abs. 4 WEG Einsicht nehmen. Nach der Ermittlung des Zahlenwerks muss der vermietende Wohnungseigentümer die Kosten in einem ersten Schritt anhand der in der Wohnungseigentumsanlage geltenden Umlageschlüssel auf sich selbst umlegen. In einem zweiten Schritt muss er die umlagefähigen Kostenpositionen anhand der im Mietvertrag vereinbarten Umlageschlüssel auf den Mieter umlegen.

189 Dem Mieter steht gegenüber der Nachforderung des Vermieters ein Zurückbehaltungsrecht nach § 273 Abs. 1 BGB zu, solange der Vermieter ihm

keine Überprüfung der Abrechnung ermöglicht hat. Auch im Übrigen dürfte der Mieter ein Belegprüfungs- und Belegeinsichtsrecht haben. Der vermietende Wohnungseigentümer muss ihm insoweit nicht nur Einsicht in die in seinen Händen befindlichen Belege gewähren, sondern auch in die vom Verwalter verwalteten Belege, die im Eigentum der Gemeinschaft der Wohnungseigentümer stehen. Ein Recht, in die entsprechenden Beschlüsse Einsicht zu nehmen, hat der Mieter nach hM nicht; dem ist wegen § 556a Abs. 3 BGB nicht zu folgen.

Damit der Mieter Einsicht nehmen kann, muss der Vermieter seinen 190
Mieter bevollmächtigen, sein Einsichtsrecht wahrzunehmen. Auf diese Vollmacht hat der Mieter einen Anspruch. Umgekehrt kann der Vermieter in der Regel verlangen, dass der Mieter von der Bevollmächtigung Gebrauch macht. Es wäre vom Mieter treuwidrig, den Vermieter vor größere Mühen bei der Besorgung der Unterlagen zu stellen, wenn es ihm ein Leichtes ist, den Verwalter aufzusuchen und Einsicht zu nehmen. Ort der Einsichtnahme ist – wenn vertraglich nichts vereinbart ist – der Sitz des Vermieters bzw. der Sitz des Verwalters.

H. Nachschüsse/Vorschussanpassung (§ 28 Abs. 2 Satz 1 WEG)

I. Gegenstand

Nach § 28 Abs. 2 Satz 1 WEG beschließen die Wohnungseigentümer 191
über die Einforderung von Nachschüssen oder die Anpassung beschlossener Vorschüsse. Der Streit, ob Gegenstand des Beschlusses (nur) die Höhe der Nachschüsse oder auch das zugrunde liegende Zahlenwerk ist (im Einzelnen *Jacoby* ZWE 2011, 61 ff.) hat sich mit der Reform von § 28 WEG (→ Rn. 1) erledigt: Beschlussgegenstand sind nur Zahlungspflichten, die zum Ausgleich einer Unter- und/oder Überdeckung aus dem Wirtschaftsplan erforderlich sind (BR-Drs. 168/20, 86).

Das dem Beschluss zugrunde liegende Zahlenwerk, aus dem die Nach- 192
schüsse oder die Anpassung der Vorschüsse errechnet werden, dient nur der Beschlussvorbereitung (BR-Drs. 168/20, 86). Kein Gegenstand des Beschlusses sind ferner die in der Jahresabrechnung verwendeten Umlageschlüssel. Weichen diese absichtlich oder versehentlich von den geltenden Umlageschlüsseln ab, liegt darin keine Änderung. Auch die Entlastung des Verwalters ist kein Gegenstand des Beschlusses. Schließlich sind auch Verbindlichkeiten der Wohnungseigentümer aus früheren Jahresabrechnungen, Mitteilungen des Verwalters und/oder ein Status (BGH NJW 2014, 145 Rn. 16) kein Gegenstand des Beschlusses.

II. Prüfungen

Die Jahresabrechnung soll, bevor die Wohnungseigentümer Nachschüsse 193
und/oder die Anpassung der beschlossenen Vorschüsse beschließen, nach § 29 Abs. 2 Satz 2 WEG vom Verwaltungsbeirat geprüft und mit dessen Stellungnahme versehen werden (→ § 29 Rn. 46). Ferner ist jeder Woh-

nungseigentümer berechtigt, vor der Beschlussfassung die Ansätze durch Einsichtnahme in die Verwaltungsunterlagen zu prüfen (→ § 18 Rn. 143). Außerdem kann jeder Wohnungseigentümer Auskunft verlangen (→ § 18 Rn. 175). Zur Prüfung der Jahresabrechnung sind jedem Wohnungseigentümer bereits mit der Ladung zur Versammlung die Gesamt- und seine Einzelabrechnung zu übersenden (→ § 23 Rn. 100).

III. Zahlungspflicht

194 Der Beschluss nach § 28 Abs. 2 Satz 1 WEG setzt die Pflicht der Wohnungseigentümer um, die Kosten der Gemeinschaft der Wohnungseigentümer zu tragen (BGH NJW 2012, 2648 Rn. 18; NJW-RR 2012, 217 Rn. 9; *Becker/Schneider* ZfIR 2020, 281 (304)). Ferner setzt er die Pflicht der Gemeinschaft der Wohnungseigentümer um, Überdeckungen zu beseitigen. Vor der Beschlussfassung fehlt es nicht nur an der Fälligkeit der Forderung, sondern an der Forderung selbst.

IV. Ladung zur Versammlung

195 Zur Bezeichnung iSv § 23 Abs. 2 WEG genügt in Bezug auf die Jahresabrechnung das Schlagwort „Beschluss über die Jahresabrechnung für das Jahr …".

V. Abstimmung und Mehrheit

196 Abstimmungsberechtigt sind sämtliche Wohnungseigentümer, auch in Mehrhausanlagen (→ § 9a Rn. 53 ff.) mit hausbezogenen Jahresabrechnungen (→ Rn. 351). Die Wohnungseigentümer können etwas anderes vereinbaren.

VI. Bestimmtheit

197 **1. Benennung der Vorschusshöhe.** Der Beschluss muss für jeden Wohnungseigentümer in einem Betrag festlegen, welchen Nachschuss er zahlen soll und/oder wie die beschlossenen Vorschüsse angepasst werden. Bloße Errechenbarkeit reicht ua mit Blick auf die klageweise Durchsetzung nicht aus. Die Beträge werden sich aus der Jahresabrechnung ergeben. Die Wohnungseigentümer sind allerdings befugt, die Ansätze/Vorschläge der Jahresabrechnung zu ändern (LG München I ZMR 2016, 232). Ob die Änderung ordnungsmäßig ist, entscheidet sich ua auch danach, ob sie den Wohnungseigentümern in der ihnen zur Verfügung stehenden Prüfungszeit nach Umfang und Auswirkungen noch überschaubar war (LG München I ZMR 2016, 232).

198 **2. Bezugnahme auf das Zahlenwerk.** Ein Beschluss nach § 28 Abs. 2 Satz 1 WEG muss bestimmt genug gefasst werden (→ § 18 Rn. 140). Diese Forderung ist erfüllt, wenn er für jeden Wohnungseigentümer einen Betrag nennt, zB in einer Tabelle. Es ist aber ausreichend, auf eine Anlage Bezug zu nehmen, nämlich auf die Einzeljahresabrechnungen.

Diese Bezugnahme muss präzise sein und die Anlage genau benennen, beispielsweise durch das Datum der Einzeljahresabrechnungen (*Greiner* ZWE 2019, 295 (296)). Die hM lässt es allerdings ausreichen, das Jahr der Einzeljahresabrechnung, dem diese gelten soll, zu nennen, jedenfalls wenn es keine Änderungen gab (LG Frankfurt a. M. NZM 2019, 65 Rn. 11; LG Stuttgart ZMR 2018, 451; LG Dortmund ZWE 2017, 455 Rn. 28 – wenn die Abrechnung mit der Ladung übersendet worden ist; s. a. KG ZMR 2008, 67; BayObLG WE 1994, 153 (154)). **Stellungnahme.** Der hM ist nicht zu folgen. Ein hinreichend bestimmter Beschluss muss auf eine der Niederschrift beigefügte Unterlage verweisen oder zumindest die Anlage genau bezeichnen (LG Gera ZMR 2015, 481; AG Dieburg ZWE 2019, 144; AG Dortmund ZWE 2016, 231). Ist der Bezugspunkt nicht klar, muss eine Verweisung ins Leere gehen. Beim Beschluss nach § 28 Abs. 2 Satz 1 WEG ist daher identifizierbar auf konkrete Abrechnungen Bezug zu nehmen. Diese sind ferner der Niederschrift als Anlage beizufügen. 199

VII. Zweitbeschluss

Hat ein Gericht den Beschluss aus formalen Gründen für ungültig erklärt oder bestehen Zweifel an seiner Wirksamkeit, können die Wohnungseigentümer inhaltsgleich erneut beschließen (BGH NJW 2014, 2197 Rn. 21; *Jacoby* ZWE 2011, 61 (64)). Die Wirkung dieses Beschlusses besteht – im Falle von Zweifeln an der Wirksamkeit des Erstbeschlusses – in der Aufhebung des ersten Beschlusses, da ansonsten zwei Anspruchsgrundlagen bestünden (→ Vor §§ 23 ff. Rn. 61). 200

VIII. Fälligkeit

Die Forderungen der Gemeinschaft der Wohnungseigentümer aus dem Beschluss sind nach § 271 Abs. 1 BGB sofort fällig. Die Wohnungseigentümer können einen anderen Zeitpunkt vereinbaren oder nach Absatz 3 beschließen. 201

IX. Verhältnis des Wirtschaftsplans zur Abrechnung

1. Grundsatz. Von dem Beschluss nach § 28 Abs. 2 Satz 1 WEG bleiben Ansprüche aus einem Beschluss nach § 28 Abs. 1 Satz 1 WEG unberührt. Dies gilt insbesondere für die in dem Wirtschaftsplan des abzurechnenden Jahres beschlossenen Vorschüsse (BGH NJW 2012, 2797 Rn. 20) und unabhängig davon, ob zwischenzeitlich ein Eigentümerwechsel stattgefunden hat. 202

2. Bestätigung/Verstärkung. Nach der bisherigen Rechtsprechung „bestätigt" und „verstärkt" der Beschluss nach § 28 Abs. 2 Satz 1 WEG allerdings bereits nach § 28 Abs. 1 Satz 1 WEG begründete Ansprüche (BGH NJW 2014, 2197 Rn. 20; 2012, 2797 Rn. 24; 2010, 2127 Rn. 13). Aus dieser bestätigenden, rechtsverstärkenden Wirkung folge kein zusätzlicher Schuldgrund in Form eines Schuldanerkenntnisses oder eines Abrechnungsvertrags entsprechend § 782 BGB (BGH NJW 2012, 2797 Rn. 24). 203

Stellungnahme. Dieser Sichtweise ist nicht (mehr) zu folgen. Gibt es Ansprüche nach § 28 Abs. 1 Satz 1 WEG, so hat der Beschluss nach § 28 Abs. 2 Satz 1 WEG weder eine „bestätigende" noch eine „verstärkende" Wirkung. Er hat insoweit schlicht keine Wirkung. Der Beschluss nach § 28 Abs. 2 Satz 1 WEG führt zu keiner Verdoppelung des Rechtsgrundes für rückständige Ansprüche idS, dass diese sowohl auf Grund des Beschlusses nach § 28 Abs. 1 Satz 1 WEG als auch auf Grund des Beschlusses nach § 28 Abs. 2 Satz 1 WEG geschuldet wären (BGH NJW 2014, 2197 Rn. 20; 2012, 2797 Rn. 22; *Jacoby* ZWE 2011, 61 (63); *Schultzky* ZMR 2008, 757 (759)). Der Beschluss nach § 28 Abs. 2 Satz 1 WEG kann nur eine begrenzende Wirkung haben. Dieses ist der Fall, wenn sich aus der Jahresabrechnung ergibt, dass die anteilige Verpflichtung eines Wohnungseigentümers bereits übererfüllt ist. Auf diese Wirkung kann sich der aktuelle Wohnungseigentümer berufen, sofern er Hausgeld nach dem Einzelwirtschaftsplan schuldig geblieben ist (LG Saarbücken ZWE 2018, 275 Rn. 13; *Demharter* ZWE 2002, 294 (295)).

X. Anfechtung und Ergänzung

204 **1. Ordnungsmäßigkeit.** Der Beschluss nach § 28 Abs. 2 Satz 1 WEG ist nach § 43 Abs. 2 Nr. 4, 44 Abs. 1 Satz 1 WEG erfolgreich anfechtbar, wenn er keiner ordnungsmäßigen Verwaltung iSv § 18 Abs. 2 Nr. 1 WEG entspricht. Dies ist der Fall, wenn:

205
- Die Kosten und/oder Rücklagen nach unzutreffenden Umlageschlüsseln umgelegt wurden (BGH NJW 2018, 3717 Rn. 15; 2007, 1869 Rn. 13; OLG München ZWE 2009, 27 (29)).
- Die Kosten und/oder Rücklagen in einer unzutreffenden Höhe auf die Wohnungseigentümer umlegt wurden, beispielsweise wenn Ausgaben und/oder Einnahmen vergessen wurden (BayObLG NJW-RR 1992, 1169; LG Dortmund ZMR 2020, 213; LG Rostock ZMR 2017, 835; LG Frankfurt a. M. ZWE 2016, 332 (333); LG München I ZWE 2016, 182; LG Berlin ZMR 2013, 918). Ein Wohnungseigentümer kann beispielsweise geltend machen, mehr Hausgeld gezahlt zu haben.
- Die Umlage der Kosten auf die Wohnungseigentümer nicht den Anforderungen der HeizkostenV genügt (BGH ZWE 2020, 246 Rn. 8; NJW 2018, 3717 Rn. 15).
- Ferner ist der Beschluss mangelhaft, wenn er formell nicht ordnungsmäßig zustande gekommen ist.

206 Kein Mangel des Beschlusses ist es hingegen, wenn im Zahlenwerk (→ Rn. 101 ff.) Fehler gemacht wurden, die sich aber nicht auf die Höhe der Nachschüsse und/oder der Anpassung der Vorschüsse auswirken. Neutral sind zB grundsätzlich zwei Fehler, die sich aufheben. Einen Mangel stellt es auch nicht dar, wenn vom Verwalter zu Unrecht getätigte Ausgaben auf die Wohnungseigentümer umgelegt werden. Solche Ausgaben gehören in die Jahresabrechnung und sind auf die Wohnungseigentümer umzulegen (→ Rn. 130). Unproblematisch ist es auch, wenn die Verwaltungsbeiräte im Rahmen einer Stellungnahme nach § 29 Abs. 2 Satz 2 WEG Zweifel geäußert hatten, denen die Wohnungseigentümer nicht nachgehen (→ § 29

Rn. 50; OLG München ZWE 2011, 262), wenn die Verwaltungsbeiräte die Jahresabrechnung nicht geprüft haben (→ § 29 Rn. 52) oder der Beschluss mit einem „Korrekturvorbehalt" versehen ist, dass Korrekturen gegebenenfalls später vorzunehmen sind (aA LG München I MietRB 2017, 140). Unerheblich ist es ferner, wenn:

- die Jahresabrechnung unverständlich ist (zum alten Recht LG München I ZWE 2016, 182); 207
- die Jahresabrechnung unschlüssig ist (zum alten Recht LG München I ZMR 2018, 445 = BeckRS 2017, 147807 Rn. 6);
- in der Jahresabrechnung Zinsen falsch dargestellt sind (zum alten Recht LG München I ZMR 2009, 398);
- im Vermögensbericht Zahlungen auf die Erhaltungsrücklage falsch dargestellt sind (zum alten Recht BGH NJW 2011, 2202 Rn. 18; LG Frankfurt a. M. ZWE 2016, 332 (333));
- im Vermögensbericht der Kontoanfangsbestand plus Einnahmen minus Ausgaben nicht der Kontoendbestand ist und die Differenz auch nicht nachvollziehbar erläutert wird (LG München I ZMR 2018, 445 = BeckRS 2017, 147807 Rn. 6) oder wenn die Kontostände zu Jahresbeginn und -ende nicht angegeben werden (→ Rn. 107; BGH ZWE 2020, 246 Rn. 21; LG Frankfurt a. M. NJW-RR 2018, 1168 Rn. 6).

Gab es keine Jahresabrechnung, fassen die Wohnungseigentümer aber 208 dennoch einen Beschluss nach § 28 Abs. 2 Satz 1 WEG, liegt hierin noch kein Beschlussmangel (BR-Drs. 168/20, 86). Allerdings dürfte es ausgeschlossen sein, Nachschüsse und/oder die Anpassung der Vorschüsse ohne Zahlenwerk zu berechnen. So ein Beschluss wäre jedenfalls nicht ordnungsmäßig.

Betrifft ein Fehler nur „Kleinstbeträge", soll die Ungültigerklärung nach 209 Treu und Glauben (§ 242 BGB) nicht verlangt werden können (BayObLG NJW-RR 1997, 716; AG Saarbrücken ZMR 2013, 153 (155)). **Stellungnahme.** Diese Ansicht überzeugt nicht (→ § 44 Rn. 110). Es lässt sich schon nicht klären, was „Kleinstbeträge" sind. Weil eine Beschlussanfechtung dem Interesse aller Wohnungseigentümer an einer ordnungsmäßigen Verwaltung dient, kann es auf die Höhe eines Einzelinteresses aber auch gar nicht ankommen. Darüber hinaus würde ein Abstellen auf bestimmte, nicht näher quantifizierte Beträge zu nicht hinnehmbaren Verzerrungen führen (→ § 44 Rn. 110).

2. Nichtigkeit. Der Beschluss ist nichtig, soweit er Verbindlichkeiten 210 früherer Jahre nicht bloß informatorisch einbezieht, sondern (erneut) begründen will (BGH BeckRS 2020, 4096 Rn. 6; NJW 2013, 1003 Rn. 13; LG Frankfurt a. M. ZWE 2019, 142 Rn. 6). Die Nichtigkeitsfolge soll allerdings nur für den davon betroffenen Teil der Gesamt- bzw. Einzelabrechnung eintreten (BGH BeckRS 2020, 4096 Rn. 6; NJW 2013, 1003 Rn. 13; 2012, 2796 Rn. 13; 2012, 2648 Rn. 15). **Stellungnahme.** Dieser Sichtweise ist zu folgen – soweit der verbleibende Beschlussteil aufrechterhalten werden kann (LG Frankfurt a. M. ZWE 2019, 142 Rn. 10).

211 **3. Umfang der Anfechtung.** Inwieweit der Beschluss zu überprüfen ist, bestimmt der Klageantrag. Denn dem Kläger ist es nach hM möglich, nur einen rechnerisch selbständigen und abgrenzbaren Teil des Beschlusses anzugreifen (BGH ZWE 2020, 246 Rn. 5; 2013, 47 Rn. 9; NJW 2011, 2202 Rn. 18; 2010, 2127 Rn. 6; 2007, 1869 Rn. 12; s. a. allgemein → Vor §§ 23 ff. WEG Rn. 50). Bleibt auch nach einem entsprechenden Hinweis gem. § 139 Abs. 1 ZPO und einer Auslegung des Klageantrags (→ § 44 Rn. 158) unklar, welchen Abrechnungsteil der Kläger angreift, ist allerdings der gesamte Beschluss Streitgegenstand.

212 Die Einschränkung „rechnerisch selbständiger und abgrenzbarer Teil" – und damit eine teilweise Ungültigerklärung (→ § 44 Rn. 165 ff.) – setzt zweierlei voraus. Der unbeanstandet gebliebene Teil muss allein Bestand haben können. Und es muss anzunehmen sein, dass die Wohnungseigentümer den unbeanstandet gebliebenen Teil so beschlossen hätten (BGH NJW 2012, 2648 Rn. 15). So kann es beispielsweise in Bezug auf eine Kostenposition liegen (LG Frankfurt a. M. ZMR 2016, 559; ZWE 2015, 409), etwa die Aufnahme von Kosten, die nicht in die Jahresabrechnung hätten aufgenommen werden dürfen, oder die Nicht-Aufnahme von Kosten.

213 Hat der klagende Wohnungseigentümer zulässigerweise nur einen Teil des Beschlusses angegriffen, bleibt der Beschluss von der Anfechtung im Übrigen unberührt. Im Falle des Erfolgs der Anfechtungsklage ist also nicht erneut über die gesamten Nachschüsse, sondern nur über die für ungültig erklärten Teile zu beschließen (BGH NJW 2010, 2127 Rn. 18; 2007, 1869 Rn. 12; OLG Schleswig ZWE 2008, 42; OLG Hamm NZM 1998, 923; KG NJW-RR 1996, 526).

214 **4. Prozessuales.** Die Darlegungs- und Beweislast, dass der Beschluss keiner ordnungsmäßigen Verwaltung entspricht, trägt die klagende Partei (LG Düsseldorf ZMR 2014, 903). Fühlt sich ein Wohnungseigentümer zu Unrecht mit Ausgaben belastet, muss er diese nennen und darlegen, warum sie nach einem anderen Umlageschlüssel umzulegen gewesen wären. Ein Vortrag zu einzelnen Rechnungen und Belegen ist dazu nicht erforderlich (aA LG Düsseldorf ZMR 2014, 903).

215 **5. Rückzahlung.** Ein Wohnungseigentümer, der den von ihm geschuldeten Nachschuss erfüllt hat, kann nach der rechtskräftigen Entscheidung, die den nach § 28 Abs. 2 Satz 1 WEG gefassten Beschluss für ungültig erklärt, nach §§ 812 ff. BGB grundsätzlich keine Rückzahlung verlangen (→ Rn. 313).

XI. Gläubiger und Schuldner

216 Aus dem Beschluss nach § 28 Abs. 2 Satz 1 WEG wird die Gemeinschaft der Wohnungseigentümer berechtigt und – bei einer Überdeckung – verpflichtet. Verpflichtet ist der jeweilige Eigentümer eines Wohnungseigentums (→ Rn. 253). Gegen einen ehemaligen Wohnungseigentümer oder gegen irgendeine andere Person können nach § 28 Abs. 2 Satz 1 WEG keine Ansprüche begründet werden. § 28 Abs. 2 Satz 1 WEG ermöglicht es nicht, bereits begründete Ansprüche erneut zu begründen (BGH BeckRS 2020, 4096 Rn. 6; NJW 2013, 1003 Rn. 13; 2012, 2796 Rn. 11).

In die Erhebung der Nachschüsse ist auch derjenige Wohnungseigentümer anteilig einzubeziehen, über dessen Vermögen (Nachlass) das Insolvenzverfahren eröffnet (BGH NJW 1989, 3018 unter 1. b), aber noch nicht beendet worden ist. 217

XII. Beschlussersetzungsklage

Kommt kein Beschluss nicht zustande, kann jeder Wohnungseigentümer nach § 18 Abs. 2 Nr. 1, 44 Abs. 1 Satz 2 WEG gegen die Gemeinschaft der Wohnungseigentümer eine Beschlussersetzungsklage erheben. Hierzu muss er dem Gericht die Jahresabrechnung vorlegen. Gibt es keine, muss er Schätzungsgrundlagen mitteilen. 218

I. Hausgeldbeschlüsse (§ 28 Abs. 3 WEG)

I. Sinn und Zweck

§ 28 Abs. 3 WEG ist an § 21 Abs. 7 WEG aF angelehnt (Vorauflage → § 21 Rn. 133 ff.), aber anders formuliert und erheblich enger als die Vorschrift des alten Rechts. Denn der Gesetzgeber hat bewusst darauf verzichtet, die Beschlusskompetenz für Kosten für einen besonderen Verwaltungsaufwand und für eine besondere Nutzung des gemeinschaftlichen Eigentums aus § 21 Abs. 7 WEG aF ins neue Recht zu übernehmen (BR-Drs. 168/20, 66). Soweit aufgrund des Gebrauchs oder anderer Maßnahmen konkrete Kosten anfallen, könne über deren Verteilung bereits aufgrund von § 16 Abs. 2 Satz 2 WEG beschlossen werden. Wenn aber keine konkreten Kosten anfallen, sei es nicht angemessen, einen zulässigen Gebrauch finanziell zu sanktionieren (BR-Drs. 168/20, 66). § 28 Abs. 3 WEG bezweckt im Übrigen wie § 21 Abs. 7 WEG aF eine Erleichterung der Verwaltung der Gemeinschaft der Wohnungseigentümer (s. a. BT-Drs. 16/887, 27). 219

II. Tatbestandsvoraussetzungen

Der Beschluss nach § 28 Abs. 3 WEG muss bestimmen, wann eine Geldforderung fällig wird und/oder wie sie zu erfüllen ist. Geldforderung idS ist jeder auf Zahlung einer Geldsumme gerichtete Anspruch. Nach Sinn und Zweck muss es eine Forderung der Gemeinschaft der Wohnungseigentümer gegen einen Wohnungseigentümer sein. Gleichgültig ist, auf welchem Rechtsgrund der Anspruch beruht. In der Regel wird es sich um einen Anspruch aus § 28 Abs. 1 Satz 1, Abs. 2 Satz 1 WEG handeln. 220

III. Rechtsfolge

1. Überblick. Beschlüsse nach § 28 Abs. 3 WEG sind Beschlüsse nach § 19 Abs. 1 WEG und daher nach § 25 Abs. 1 WEG zu fassen. Stimmberechtigt ist jeder Wohnungseigentümer. Wie andere Beschlüsse auch, müssen sie ordnungsmäßiger Verwaltung entsprechen. Ferner müssen sie „bestimmt“ gefasst sein und müssen den Gleichbehandlungsgrundsatz beachten. 221

IV. Fälligkeit (§ 28 Abs. 3 Fall 1 WEG)

222 **1. Überblick.** Zahlungsansprüche nach § 28 Abs. 1 Satz 1, Abs. 2 Satz 1 WEG sind nach § 271 Abs. 1 BGB fällig. Dass die entsprechenden Beschlüsse angefochten worden sind, ändert nichts an der Fälligkeit der durch sie begründeten Ansprüche. Hiervon abweichend kann nach § 28 Abs. 3 Fall 1 WEG allgemein und abstrakt beschlossen werden, wann eine gegen einen Wohnungseigentümer gerichtete Forderung der Gemeinschaft der Wohnungseigentümer zu bezahlen und zu entgelten ist (BGH NJW 2018, 2044 Rn. 21; LG Köln ZMR 2019, 631).

223 **2. Verfall- oder eine Vorfälligkeitsklausel. a) Überblick.** Die Wohnungseigentümer können nach § 28 Abs. 3 Fall 1 WEG vor allem eine Verfall- oder eine Vorfälligkeitsklausel beschließen (LG Lüneburg ZWE 2016, 53; LG Köln ZWE 2014, 414; LG München I ZWE 2013, 224 (225)).

224 **b) Verfallklausel.** Eine Verfallklausel hat zum Inhalt, dass das in der entsprechenden Wirtschaftsperiode zu zahlende Hausgeld zu Beginn des Wirtschaftsjahres insgesamt fällig wird, den Wohnungseigentümern jedoch die Möglichkeit monatlicher Teilzahlungen eingeräumt wird, solange sie nicht mit einem näher bestimmten Teilbetrag (zB zwei Monatsraten) in Rückstand geraten. Bei einer Verfallklausel werden die Hausgelder also zwar insgesamt zu Beginn des Wirtschaftsjahres oder unmittelbar mit Beschluss nach § 28 Abs. 1 Satz 1 WEG fällig, die Gemeinschaft der Wohnungseigentümer stundet das Hausgeld jedoch so lange, wie ein Wohnungseigentümer mit nicht mehr als einer näher bestimmten Teilzahlung in Verzug gerät. Bei Verzug mit mehr als dieser Teilzahlung verfällt der Stundungsvorteil und der noch offene Betrag ist zur Zahlung fällig.

225 **c) Vorfälligkeitsklausel.** Bei einer Vorfälligkeitsklausel wird das Hausgeld für das Wirtschaftsjahr nicht auf einmal zu Jahresbeginn mit gleichzeitiger Stundung fällig, sondern in monatlichen Teilbeträgen. Allerdings tritt bei einem näher qualifizierten Zahlungsverzug (zB zwei Monatsraten) Fälligkeit für den gesamten noch offenen Jahresbeitrag ein („Strafcharakter").

226 Eine solche Klausel bereitet mit Blick auf die Fälligkeitstheorie (→ Rn. 255) Probleme, wenn es unterjährig zu einem Eigentümerwechsel oder einer Anordnung von Zwangs- oder Insolvenzverwaltung kommt. Um dem zu begegnen, kann man entsprechende Bedingungen in die Vorfälligkeitsklausel aufnehmen („Wechselt während des Wirtschaftsjahres das Eigentum an einem Wohnungseigentum, lebt die monatliche Zahlungsverpflichtung für den Sondernachfolger wieder auf; der Rechtsvorgänger ist für diesen Fall verpflichtet, die Hausgelder bis zum Monat seines Ausscheidens zu zahlen. Die monatliche Zahlungspflicht lebt auch dann wieder auf, wenn während des Wirtschaftsjahres das Zwangsverwaltungs- oder das Insolvenzverfahren eröffnet wird"). Diese Bedingung ist aus Sicht des Wohnungseigentumsrechtes unbedenklich (LG Köln ZWE 2014, 414). Problematisch ist hingegen, ob die Bedingung auch „insolvenzfest" ist. Sie könnte als vorsätzliche Gläubigerbenachteiligung nach §§ 143 Abs. 1, 129 Abs. 1, 133 Abs. 1 InsO der Insolvenzanfechtung unterliegen (*Jacoby* ZWE 2010, 57

(59)). Es ist anzunehmen, dass Bedingung und Vorfälligkeitsklausel eine Einheit bilden und einen legitimen und keinesfalls die Gläubiger benachteiligenden Zweck haben (*Jacoby* KTS 2009, 3 (21)).

V. Erfüllung (§ 28 Abs. 3 Fall 2 WEG)

1. Überblick. Schuldet ein Wohnungseigentümer der Gemeinschaft der 227
Wohnungseigentümer die Erfüllung einer Geldforderung, ist er berechtigt und verpflichtet, seine Verbindlichkeit in bar zu begleichen (§ 362 Abs. 1 BGB), mithin durch Übereignung einer entsprechenden Anzahl gesetzlicher Zahlungsmittel. Da sich Barzahlungen nicht anbieten, gibt § 28 Abs. 3 Fall 2 WEG den Wohnungseigentümern eine Kompetenz, im Wege des Beschlusses den Weg zu regeln, wie ein Wohnungseigentümer gegen ihn gerichtete Hausgeldansprüche der Gemeinschaft der Wohnungseigentümer erfüllt und erfüllen darf und wie mit Verbindlichkeiten der Gemeinschaft der Wohnungseigentümer gegenüber einem Wohnungseigentümer verfahren wird.

2. Buchgeld/Daueraufträge. Die Wohnungseigentümer können nach 228
§ 28 Abs. 3 Fall 2 WEG beschließen, dass ein Wohnungseigentümer seine Schulden auch im Wege des Buchgeldes (= Geldforderungen gegen Kreditinstitute) erfüllen darf/muss. Ergänzend kann die Einrichtung von Daueraufträgen beschlossen werden.

3. SEPA-(Basis-)Lastschriftverfahren. Es kann nach § 28 Abs. 3 Fall 2 229
WEG ferner beschlossen werden, dass die Wohnungseigentümer am SEPA-(Basis-)Lastschriftverfahren teilnehmen müssen (LG Köln NZM 2015, 671 (673)). Streitig ist, ob die Teilnahme nur für gleichbleibende, regelmäßig zu leistende Beträge bestimmt werden kann (so *Derleder* ZMR 2008, 10, 12). Ein schutzwürdiges Interesse des Wohnungseigentümers daran, dass sein Konto nur wegen gleichbleibender, regelmäßig zu leistender Beträge belastet wird, ist freilich nicht erkennbar (*H. Müller* ZWE 2008, 278 (282); Elzer/Fritsch/Meier/*Fritsch* § 2 Rn. 421). Auch wenn es sich um außergewöhnliche Zahlungen handelt (Nachforderungen oder Sonderumlagen), muss die Abbuchung nicht mit einer Frist angekündigt werden, die ausreichend Zeit lässt, die Forderung zu prüfen (Jennißen/*Heinemann* § 21 Rn. 113).

Solange ein SEPA-(Basis-)Lastschriftverfahren vereinbart oder nach § 28 230
Abs. 3 Fall 2 WEG beschlossen worden ist, ist die Hausgeld- eine Holschuld (BGH NZM 2016, 445 Rn. 11; NJW 2010, 3510 Rn. 26). Der Hausgeldschuldner hat das aus seiner Sicht zur Erfüllung Erforderliche getan, wenn er dafür sorgt, dass ausreichend Deckung auf seinem Konto vorhanden ist (BGH NJW 2010, 3510 Rn. 26; 2008, 3348 Rn. 24). Die Gemeinschaft der Wohnungseigentümer ist daher grundsätzlich verpflichtet, von der Ermächtigung zum Einzug rechtzeitig Gebrauch zu machen (BGH NJW 1984, 871; BGHZ 69, 361 (366/367)). Die Gemeinschaft der Wohnungseigentümer kann die Lastschriftabrede grundsätzlich jederzeit (BGH NJW 1984, 871 unter 3. a) kündigen, jedenfalls aber, wenn ein sachlicher Grund besteht und die berechtigten Interessen des Hausgeldschuldners an dem Fortbestand der Lastschriftabrede dem Interesse der Gemeinschaft der Wohnungseigentümer, sich von der Lastschriftabrede zu lösen, nicht entgegenstehen (BGH NZM

2016, 445 Rn. 12). So liegt es etwa, wenn ein Wohnungseigentümer meint, mit einer streitigen Forderung gegen Hausgeld aufrechnen zu können, und daraus weitere Konflikte drohen (BGH NZM 2016, 445 Rn. 12).

231 Der Verwalter ist nach § 27 Abs. 1 WEG von Gesetzes wegen berechtigt zu entscheiden, die Lastschriftabrede zu kündigen.

232 **4. Zahlungsabwicklung.** Im Übrigen kann nach § 28 Abs. 3 Fall 2 WEG die Zahlungsabwicklung der Gemeinschaft der Wohnungseigentümer an die einzelnen Wohnungseigentümer und umgekehrt geregelt werden. Es kann etwa die Möglichkeit der Aufrechnung mit weiteren Anforderungen verbunden oder verboten (*Abramenko* ZWE 2012, 386), Verrechnungen beschlossen (OLG Hamm ZWE 2011, 414 (415)) oder Sammelüberweisungen verboten werden.

J. Vermögensbericht (§ 28 Abs. 4 WEG)

I. Sinn und Zweck

233 Der Vermögensbericht iSv § 28 Abs. 4 WEG verfolgt das Ziel, den Wohnungseigentümern ein möglichst genaues Bild über die wirtschaftliche Lage der Gemeinschaft der Wohnungseigentümer zu geben (BR-Drs. 168/20, 86).

II. Zeitpunkt der Aufstellung

234 Die Gemeinschaft der Wohnungseigentümer hat den Vermögensbericht nach Ablauf eines Kalenderjahres zu erstellen.

III. Inhalt

235 **1. Rücklagen. a) Überblick.** Der Vermögensbericht muss den Stand der Erhaltungsrücklage (→ § 19 Rn. 135 ff.) und etwaiger durch Beschluss vorgesehener Rücklagen (→ § 19 Rn. 163 ff.) enthalten.

236 **b) Ist-Stand der Rücklagen.** Anzugeben ist nach den Gesetzesmaterialien der Ist-Stand des tatsächlich vorhandenen Vermögens, das für die Erhaltung bzw. für andere Zwecke reserviert ist (BR-Drs. 168/20, 86; zum alten Recht BGH NJW 2014, 145 Rn. 16; 2010, 2127 Rn. 10 und Rn. 17; LG Düsseldorf ZMR 2017, 181). Für das „Ist" kann der jeweilige Wohnungseigentümer nach oder – im Einzelfall – entsprechend § 366 Abs. 1 BGB (*Häublein* ZWE 2010, 237 (244)) eine Tilgungszweckbestimmung treffen; ansonsten sind §§ 366 Abs. 2, 367 BGB anwendbar (*Drasdo* NZM 2010, 217 (224); *Jennißen* ZMR 2010, 304; aA *Becker* ZWE 2010, 229 (231)). Im Einzelfall kann eine andere Tilgungsreihenfolge vereinbart (*Merle* ZWE 2011, 237 (238)) oder – für künftige Zahlungen – beschlossen werden.

237 **c) Soll-Stand.** Ordnungsmäßiger Verwaltung entspricht ferner aus Gründen der Transparenz die informatorische Angabe, welche Vorschüsse welcher Rücklage zugeführt werden sollten („Soll"). Nach Ansicht des Gesetzgebers müssen Rücklagenforderungen der Gemeinschaft der Wohnungs-

eigentümer oder zur Liquiditätssicherung aus einer Rücklage umgewidmete Mittel zwar nicht angegeben werden (BR-Drs. 168/20, 86). Ordnungsmäßiger Verwaltung entspricht es aber, wenn auch diese Positionen im Vermögensbericht angegeben werden (s. a. BR-Drs. 168/20, 87). Sie führen zu weiterer Transparenz und erfüllen damit den Sinn und Zweck des Vermögensberichts. Für das „Soll" kann man den Gesamtrückstand „anonymisiert" darstellen oder – besser – die Säumigen unter Ausweis des entsprechenden Einzelrückstands namentlich bezeichnen (*Blankenstein* ZWE 2010, 318 (319); *Köhler* MietRB 2010, 217 (219)).

d) Entwicklung. Im Übrigen ist die Entwicklung der Rücklagen darzustellen. „Entwicklung" meint eine Angabe sämtlicher Einnahmen und sämtlicher Ausgaben und ihrer tatsächlichen Zwecke, auch dann, wenn die Mittel der Erhaltungsrücklage für andere Zwecke, zB für Liquiditätsengpässe zur Bestreitung laufender Ausgaben, verwendet wurden (LG Düsseldorf ZMR 2017, 181; *Först* ZWE 2010, 302 (306)). Es ist also darzustellen, welche Mittel die Gemeinschaft der Wohnungseigentümer zur Erfüllung welcher Forderungen eingesetzt hat. 238

2. Wesentliches Gemeinschaftsvermögen. a) Überblick. Der Vermögensbericht muss das wesentliche Gemeinschaftsvermögen benennen. Unwesentlich sollen Vermögensgegenstände sein, die für die wirtschaftliche Lage der Gemeinschaft unerheblich sind, beispielsweise ein Rasenmäher. Eine betragsmäßige Grenze sieht das Gesetz nicht vor; sie hängt insbesondere von der Größe der Wohnungseigentümergemeinschaft und der Wohnungseigentumsanlage ab (BR-Drs. 168/20, 87). 239

b) Begriff. Zum wesentlichen Gemeinschaftsvermögen gehören insbesondere (BR-Drs. 168/20, 87): 240

- sämtliche Forderungen der Gemeinschaft der Wohnungseigentümer gegen einzelne Wohnungseigentümer;
- sämtliche Forderungen der Gemeinschaft der Wohnungseigentümer gegen Dritte;
- sämtliche Verbindlichkeiten (vor allem Bankdarlehen);
- sonstige Vermögensgegenstände, beispielsweise Brennstoffvorräte.

c) Stichtag. Stichtag ist jeweils der Ablauf des Kalenderjahres. 241

d) Darstellung. Das Gemeinschaftsvermögen ist von der Gemeinschaft der Wohnungseigentümer aufzustellen, also zu benennen (BR-Drs. 168/20, 87). Die einzelnen Vermögensgegenstände müssen dazu nicht bewertet werden; Geldforderungen und -verbindlichkeiten sind mithin allein betragsmäßig anzugeben (BR-Drs. 168/20, 87). 242

3. Stand und Entwicklung sämtlicher Bankkonten. Der Vermögensbericht muss über Stand und Entwicklung sämtlicher von der Gemeinschaft der Wohnungseigentümer zu Beginn und am Ende des Abrechnungszeitraums gehaltenen Konten berichten (BGH ZWE 2020, 246 Rn. 21; NJW 2003, 3554 unter III. 2a) aa); LG Düsseldorf ZMR 2017, 181; LG München I ZWE 2009, 218 (222)). 243

244 Teilt der Vermögensbericht Stand und Entwicklung der Bankkonten nicht mit, ist er grundsätzlich nicht ordnungsmäßig (BGH ZWE 2020, 246 Rn. 21; LG Frankfurt a. M. ZWE 2014, 137; LG München I ZWE 212, 140; LG Hamburg ZWE 2011, 129; LG Nürnberg-Fürth ZMR 2009, 74).

IV. Zurverfügungstellung (§ 28 Abs. 4 Satz 2 WEG)

245 Der Vermögensbericht ist jedem Wohnungseigentümer zur Verfügung zu stellen. Auf welche Art und Weise das geschieht, gibt das Gesetz bewusst nicht vor (BR-Drs. 168/20, 87).

246 Es ist daher vorstellbar und sachgerecht, dass der Vermögensbericht ein Teil der Jahresabrechnung ist. Denn er dient dazu, das Zahlenwerk zu plausibilisieren und zu überprüfen. Vorstellbar ist aber auch, den Vermögensbericht separat zu erstellen und ihn den Wohnungseigentümern per Post oder per E-Mail zusammen mit der Jahresabrechnung zu übersenden. Möglich soll es aber auch sein, ihn auf eine Internetseite einzustellen (BR-Drs. 168/20, 87).

247 Die Wohnungseigentümer können nach § 19 Abs. 1 WEG über die Art der Zurverfügungstellung beschließen oder sie vereinbaren.

V. Nichterstellung oder Mängel

248 Erfüllt die Gemeinschaft der Wohnungseigentümer den Anspruch der Wohnungseigentümer aus § 28 Abs. 4 WEG nicht oder mangelhaft, hat jeder Wohnungseigentümer einen Anspruch gegen sie, dass ihm der Vermögensbericht erstmals oder berichtigt zur Verfügung gestellt wird (BR-Drs. 168/20, 87). Die Beschlüsse nach § 28 Abs. 1 Satz 1, Abs. 2 Satz 1 WEG sind allerdings auch dann mangelfrei, wenn es an einem Vermögensbericht fehlt (BR-Drs. 168/20, 87).

K. Hausgeldinkasso und Hausgeldschuldner

I. Allgemeines

249 **1. Fälligkeit.** Wann ein Vor- und/oder Nachschuss (= Hausgeld) fällig ist, können die Wohnungseigentümer durch einen auf Absatz 3 gestützten Beschluss oder durch eine Vereinbarung bestimmen. Fehlt es an einer Bestimmung, werden die Ansprüche aus § 28 Abs. 1 Satz 1, Abs. 2 Satz 1 WEG nach § 271 BGB sofort fällig.

250 **2. Verjährung.** Die Ansprüche auf Zahlung von Hausgeld verjähren nach § 195 BGB grundsätzlich in 3 Jahren (BGH NJW 2012, 2797 Rn. 18; OLG Hamm ZMR 2011, 656). Die Verjährungsfrist beginnt am Ende des Jahres, in dem das jeweilige Hausgeld fällig war, § 199 Abs. 1 BGB (BGH NJW 2012, 2797 Rn. 18). Der Beschluss nach § 28 Abs. 2 Satz 1 WEG führt nicht zu einem Neubeginn der Ansprüche aus § 28 Abs. 1 Satz 1 WEG (BGH NJW 2012, 2797 Rn. 19). Werden die Ansprüche aus § 28 Abs. 1

Satz 1 WEG nochmals nach § 28 Abs. 2 Satz 1 WEG beschlossen, ändert das nichts am Lauf der Verjährung (BGH NJW 2012, 2797 Rn. 17). Der Lauf der Verjährung beginnt nach § 199 Abs. 1 BGB mit dem Schluss des Jahres, in dem der Hausgeldanspruch entstanden ist (Entstehung) und die Gemeinschaft der Wohnungseigentümer von den den Anspruch begründenden Umständen und der Person des Schuldners Kenntnis erlangt oder ohne grobe Fahrlässigkeit erlangen müsste (Kenntnis).

Ohne Rücksicht auf die Kenntnis oder grob fahrlässige Unkenntnis verjähren Hausgeldansprüche in 10 Jahren von ihrer Entstehung an, § 199 Abs. 4 BGB. Unter dem Zeitpunkt der erstmaligen Entstehung eines Hausgeldanspruchs ist der Zeitpunkt zu verstehen, in welchem er von der Gemeinschaft der Wohnungseigentümer erstmalig geltend gemacht und notfalls im Wege der Hausgeldklage (→ Rn. 316 ff.) durchgesetzt werden kann (BGH NJW-RR 2000, 647 (648)). Dies ist der Fall, nachdem gem. § 28 Abs. 1 Satz 1 und/oder Abs. 2 Satz 1 WEG ein Hausgeldbeschluss ergangen ist. Für die Kenntnis kommt es auf die Kenntnis des Verwalters an (OLG Hamm ZWE 2009, 328; OLG München NJW-RR 2007, 1097; s. a. BGH NZM 2014, 355 Rn. 18). Im Einzelfall darf sich ein Hausgeldschuldner nach Treu und Glauben (§ 242 BGB) auf dessen Kenntnis aber nicht berufen. Dies ist der Fall, wenn der Verwalter mit dem Hausgeldschuldner bewusst zum Nachteil der Gemeinschaft der Wohnungseigentümer zusammengewirkt hat (BGH NZM 2014, 355 Rn. 20; OLG Hamm ZWE 2009, 328; OLG München NJW-RR 2007, 1097). Hat die Gemeinschaft der Wohnungseigentümer keinen Verwalter, kommt es auf die Kenntnis der Wohnungseigentümer an. 251

3. Zinsen. Die Gemeinschaft der Wohnungseigentümer kann auf rückständiges Hausgeld Zinsen verlangen. Ein Wohnungseigentümer gerät in Verzug, wenn er nicht zahlt, obwohl die Zahlung fällig ist und entweder der Termin für die Zahlung kalendermäßig bestimmt ist, wie es für das Hausgeld üblich ist, oder er gemahnt wurde und er das Unterbleiben rechtzeitiger Zahlung zu vertreten hat (§ 286 BGB). Der Verzugszinssatz beträgt für das Jahr fünf Prozentpunkte über dem jeweiligen Basiszinssatz (§ 288 BGB). Der Anspruch soll auch dann bestehen, wenn der Hausgeldanspruch durch Ungültigerklärung des entsprechenden Beschlusses wegfällt (NZM 2020, 755 Rn. 27; LG Düsseldorf ZWE 2017, 319 (320)). Der Schuldgrund und damit der Verzug des säumigen Wohnungseigentümers entfalle erst durch den Eintritt der Rechtskraft des Urteils. **Stellungnahme.** Diese Ansicht überzeugt nicht. Mit der Haupt- ist auch die Zinsforderung untergegangen. 252

II. Hausgeldschuldner

1. Wohnungseigentümer. a) Überblick. Der Anspruch aus einem Beschluss nach § 28 Abs. 1 Satz 1, Abs. 2 Satz 1 WEG richtet sich – mittelbar – gegen eine Person, den Hausgeldschuldner. Tatsächlich haben die Wohnungseigentümer aber keine Beschlusskompetenz, irgendeine Person als Hausgeldschuldner zu bestimmen. Ein entsprechender Beschluss wäre nichtig. Die Wohnungseigentümer können nur die Höhe der Vor- und/oder Nachschüsse bestimmen, die nach den geltenden Umlageschlüsseln auf ein 253 ganz bestimmtes Wohnungseigentum entfallen. Welche Person dann dieses Hausgeld schuldet, bestimmt das Sachenrecht. Hausgeldschuldner ist danach der jeweilige (Mit-)Eigentümer eines Wohnungseigentums. Die Rechtsprechung beschreibt diese sachenrechtliche Umsetzung der Hausgeldverpflichtung der Sache nach zutreffend damit, der Beschluss nach § 28 Abs. 1 Satz 1, Abs. 2 Satz 1 WEG sei „einheits"-, nicht personenbezogen (BGH NJW 1999, 3713 unter III. 2; LG Köln ZMR 2011, 827) – wobei der Begriff „Einheit" verkürzend das Sondereigentum eines Wohnungseigentums meint (besser ist der Begriff „wohnungseigentumsbezogen").

254 Unschädlich ist es nach dieser Sichtweise, wenn etwa im Einzelwirtschaftsplan oder in einer Einzeljahresabrechnung keine konkrete Person steht oder wenn statt des aktuellen Wohnungseigentümers noch sein Vorgänger oder irgendeine andere falsche Person genannt wird. Denn nicht der jeweilige Aufschrieb ist von Bedeutung, sondern allein die Frage, welches Wohnungseigentum von einem Beschluss betroffen ist. Aus diesem sachenrechtlichen Verständnis folgt ua auch, dass das aus dem Einzelwirtschaftsplan oder der Einzeljahresabrechnung geschuldete Hausgeld, das nach einer Eigentumsumschreibung in Bezug auf ein Wohnungseigentum geschuldet wird, allein sein neuer Eigentümer leisten muss (BGH NJW 1999, 3713 unter III. 2).

255 **b) Person des Hausgeldschuldners. aa) „Fälligkeitstheorie": die hM.** Für die Person des jeweiligen Hausgeldschuldners kommt es nach ganz hM darauf an, wer bei Fälligkeit (→ Rn. 222) der aus einem Beschluss nach § 28 Abs. 1 Satz 1, Abs. 2 Satz 1 WEG begründeten Ansprüche aktuell Eigentümer oder Miteigentümer eines Wohnungseigentums ist („Fälligkeitstheorie"; BGH NZM 2020, 755 Rn. 24; NJW 2018, 2044 Rn. 8; NJW-RR 2012 Rn. 9; NJW 2008, 2639 Rn. 7; 1999, 3713 unter III. 4. c) ee); grundlegend 1988, 1910 unter II. 2. e); LG München I ZMR 2018, 797 (798)). Dies ist in der Regel, wer als (Mit-)Eigentümer im Grundbuch eingetragen und als „Wohnungseigentümer" anzusehen ist (→ § 9a Rn. 2) und auch dann, wenn der im Grundbuch Eingetragene das Wohnungseigentum treuhänderisch innehat (OLG Düsseldorf ZMR 2002, 70 (71); *Hügel* MietRB 2006, 106 (107)). Wird ein Wohnungseigentum allerdings durch Erbfall (→ Rn. 257 ff.) oder durch Zuschlag in der Zwangsversteigerung gem. § 90 Abs. 1 ZVG außerhalb des Grundbuchs erworben, ist der Entsprechende ab dem Erwerb (Mit-)Eigentümer und daher als dieser zur Zahlung des Hausgeldes verpflichtet, auch wenn er noch nicht als Wohnungseigentümer im Grundbuch eingetragen ist. Der noch nicht in das Grundbuch eingetragene Erwerber, der „seine" Wohnung (= das Sondereigentum) bereits nutzt, also faktisch in die Wohnungseigentümergemeinschaft eingegliedert ist, schuldet – ist er nicht „werdender Wohnungseigentümer" (→ Rn. 260) – kein Hausgeld (BGH NJW 2008, 2639 Rn. 7).

256 **bb) Anknüpfung an die Entstehung einer Hausgeldforderung: Minderansicht.** Nach hier vertretener Ansicht liegt es näher, für die Bestimmung der Person des Hausgeldschuldners nicht auf die Fälligkeit einer Hausgeldforderung, sondern auf ihre Entstehung abzustellen (im Einzelnen *Elzer* ZWE 2018, 153 (156 ff.)). Ist eine Schuld bereits entstanden, lässt sich nämlich nicht mehr erklären, dass ihr Schuldner durch eine verzögerte Fäl-

ligkeit ausgewechselt wird. Eine solche Wirkung kommt der Fälligkeit nicht zu (BGH NJW 2018, 1969 Rn. 12). Denn der Begriff der „Fälligkeit" bestimmt nicht den Schuldner, sondern nur, wann der bereits bestimmte Schuldner leisten muss (BGH NJW 2018, 1969 Rn. 12; 2007, 1581 Rn. 16). Sachgründe, die eine andere Sichtweise geböten, werden von der hM nicht geltend gemacht. Der Hinweis, die hier vertrete Sichtweise sei, wenn es auch Ausnahme gebe (behauptet werden §§ 103, 566, 1108 BGB) grundsätzlich für allgemeine schuldrechtliche Rechtsgeschäfte zutreffend (*Hamdorf* ZWE 2019, 149 (152)), ist entlarvend: ein Grund, warum eine Ausnahme zu machen wäre, wird nicht genannt.

c) Erbfall. aa) Hausgeld ist bei Erbfall bereits fällig. Schuldet bereits der Erblasser ganz oder teilweise Hausgeld, war dieses mithin bereits vor dem Erbfall fällig, geht die Hausgeldverbindlichkeit nach §§ 1922 Abs. 1, 1967 Abs. 1 BGB unmittelbar mit dem Erbfall auf seinen Erben (oder die Miterben) als Verpflichtung über. Der Erbe hat nach §§ 1975 ff. BGB allerdings die Möglichkeit, durch entsprechenden Antrag (§§ 1980, 1981 BGB) die Haftung für diese Ansprüche auf den Nachlass durch Nachlassverwaltung (§§ 1977 bis 1988 BGB) oder Nachlassinsolvenz (§§ 1975 bis 1980 BGB, §§ 316, 320 InsO) zu beschränken (OLG Köln NJW-RR 1992, 460). Dadurch tritt rückwirkend eine „Vermögenssonderung" zwischen dem Nachlass und dem restlichen Vermögen des Erben ein. Die Folge ist, dass der Erbe nicht mehr mit seinem sonstigen Vermögen, sondern nur noch mit dem separierten Vermögen haftet (*Elzer* FamRZ 2013, 1476 (1478)). Nachlassverbindlichkeit sind ferner die Hausgelder, die während der Dauer einer Testamentsvollstreckung fällig werden, wenn ein Testamentsvollstrecker für den Erben mit Nachlassmitteln ein Wohnungseigentum erworben hat (BGH NZM 2012, 90 Rn. 7). Soweit der Nachlass ausreichend ist, wird damit neben dem Eigentümer auch der Testamentsvollstrecker zum Hausgeldschuldner (→ Rn. 260). 257

bb) Hausgeld wird nach Erbfall fällig. Wenn Hausgeld erst nach dem Erbfall fällig wird, kann die Hausgeldschuld keine des nicht mehr existenten Erblassers sein. In diesem Falle ist maßgeblich, ob dem Erben das Halten der Wohnung (= Behalten des Wohnungseigentums) als ein Handeln bei der Verwaltung des Nachlasses zugerechnet werden kann (BGH NJW 2019, 988 Rn. 6; ZWE 2013, 372 Rn. 16; s. a. NZM 2017, 638 Rn. 13). Für die Zurechnung kommt es auf die (ausdrückliche oder schlüssige) Annahme der Erbschaft oder den Ablauf der Ausschlagungsfrist des § 1944 Abs. 1 BGB an. Für die Gemeinschaft der Wohnungseigentümer kommt es danach zunächst darauf an, ob der (erste) Erbe die Erbschaft (wenigstens schlüssig oder kraft gesetzlicher Fiktion) annimmt. Schlägt er sie aus, gilt der Anfall nach § 1953 Abs. 1 BGB an ihn als nicht erfolgt und die Erbschaft fällt als mit dem Erbfall erfolgt demjenigen an, welcher berufen sein würde, wenn der Ausschlagende zur Zeit des Erbfalls nicht gelebt hätte (§ 1953 Abs. 2 BGB). Gibt es keinen Berufenen, erbt das Land oder der Bund (§ 1936 BGB) – die jeweils nicht ausschlagen können –, und sind die nach dem Erbfall fällig werdenden oder durch Beschluss begründeten Hausgeldschulden in aller Regel Nachlassverbindlichkeiten (BGH NJW 2019, 988 Rn. 6). Eigenverbindlichkeiten sind 258 sie nur, wenn eindeutige Anhaltspunkte dafür vorliegen, dass der Fiskus das Wohnungseigentum für eigene Zwecke gebrauchen und oder nutzen möchte (BGH NJW 2019, 988 Rn. 6).

259 **cc) Vor- und Nacherbschaft.** Bei Vorerbschaft ist der Vorerbe der Hausgeldschuldner (*Eichhorn* ZfIR 2017, 221 (228)), nach Eintritt des Nacherbfalls hingegen der Nacherbe. Die Zahlung von Hausgeld ist Schuld des Vorerben, nach § 2124 Abs. 1 BGB auch dann, wenn es Erhaltungsmaßnahmen dient. Auch eine Sonderumlage für eine bauliche Veränderung hat der Vorerbe zu erfüllen. Er hat aber nach § 2125 Abs. 1 BGB einen Aufwendungsersatzanspruch. Für außerordentliche Lasten gilt hingegen § 2126 BGB. Diese Schuld, zB eine Sonderumlage für einen Hausgeldausfall, muss der Nacherbe erfüllen.

d) Sonderfälle.

260 • **Bucheigentümer:**
  – Eine Person, die lediglich Bucheigentümer und damit zu Unrecht im Wohnungsgrundbuch eingetragen ist, ist kein Wohnungseigentümer (→ § 9a Rn. 52) und schuldet weder das Hausgeld (BGH NJW 2012, 3232 Rn. 8; 1994, 3352 unter III. 1. c; OLG Stuttgart NZM 2005, 426) noch haftet sie dafür. Gem. § 891 BGB wird zwar vermutet, dass der Bucheigentümer als Kostenschuldner zu gelten hat. Der Bucheigentümer kann aber die Vermutung widerlegen.
  – Für den Hausgeldprozess wird insoweit die unzutreffende Ansicht vertreten, es sei von der Wirksamkeit des Erwerbsvertrags auszugehen, soweit für die Nichtigkeit desselben keine weitergehenden Anhaltspunkte als die diesbezüglichen bestrittenen Tatsachenbehauptungen, zB hinsichtlich eines sittenwidrig überhöhten Kaufpreises, vorhanden seien (LG Nürnberg-Fürth NZM 2011, 283 (284)).
  – Im Einzelfall soll sich der Bucheigentümer nach § 242 BGB nicht darauf berufen können, nicht zu schulden (OLG Dresden ZWE 2010, 188; OLG Stuttgart ZMR 2005, 983). Dem ist aber auch nicht zu folgen: eine Nichtschuld kann nicht durch bloßes Zuwarten zu einer Schuld werden.
  – Der Bucheigentümer kann etwaig gezahltes Hausgeld von der Gemeinschaft der Wohnungseigentümer nach §§ 812 ff. BGB zurückverlangen (KG ZWE 2001, 440 (441)).

• **Ehemaliger Wohnungseigentümer:**
  – Ein ehemaliger Wohnungseigentümer ist nach hM für die Forderungen Verpflichteter, die während seiner Eintragung im Wohnungsgrundbuch als Wohnungseigentümer fällig geworden sind. Siehe im Einzelnen → Rn. 263 ff.
  – Haben die Wohnungseigentümer eine Haftungsklausel vereinbart, schuldet der Sondernachfolger kumulativ neben dem ehemaligen Wohnungseigentümer.

• **Inhaber isolierter Miteigentumsanteile:** Der Inhaber isolierter Miteigentumsanteile ist Wohnungseigentümer und schuldet Hausgeld (OLG Hamm ZMR 2007, 213 (214); s. a. BGH BeckRS 2020, 19740 Rn. 9; NJW 2011, 3237 Rn. 17).

- **Testamentsvollstrecker:** Während der Testamentsvollstreckung ist der Testamentsvollstrecker der Hausgeldschuldner (LG Hamburg ZMR 2019, 366 (367)).
- **Mehrere Inhaber eines Wohnungseigentums:** Mehrere Inhaber eines Wohnungseigentums. schulden nach hM das Hausgeld gemeinsam und gem. § 421 BGB als Gesamtschuldner (OLG Köln RNotZ 2015, 288; LG Saarbrücken ZWE 2010, 416). Eine gesamtschuldnerische Schuld gilt etwa für:
  - Miteigentümer eines Wohnungseigentums nach Bruchteilen (OLG Köln RNotZ 2015, 288; OLG München MittBayNot 2013, 247), zB Eheleute;
  - Mitglieder von Gesamthandsgemeinschaften, etwa einer Innen-GbR (OLG Stuttgart NJW-RR 2005, 812);
  - eine Erbengemeinschaft, zu deren Vermögen ein Wohnungseigentum gehört (*Eichhorn* ZfIR 2017, 221 (227); *Bub/von der Osten* FD-MietR 2010, 305393).
- **Nießbrauch:** Besteht an einem Wohnungseigentum ein Nießbrauch, schuldet der Wohnungseigentümer das Hausgeld, nicht der Nießbraucher (BGH Rpfleger 1979, 58 unter 2.); Entsprechendes gilt bei einem Dauerwohn- oder Dauernutzungsrecht sowie bei einem Wohnungsberechtigten iSv § 1093 BGB.
- **Personengesellschaft ist Wohnungseigentümerin:**
  - Für Beitragsschulden einer Personengesellschaft gilt § 128 HGB (BayObLGZ 1988, 368). Ist eine OHG Wohnungseigentümerin, haften nach § 128 Satz 1 HGB ihre Gesellschafter für ihre Verbindlichkeiten als Gesamtschuldner persönlich und nach Maßgabe von § 160 HGB.
  - Ist eine KG Wohnungseigentümerin, sind §§ 171, 172, 161, 160 HGB zu beachten.
  - Ist eine Gesellschaft bürgerlichen Rechts (§ 705 BGB) Wohnungseigentümerin, haften für ihre Verbindlichkeiten entsprechend § 128 Satz 1 HGB iVm § 736 Abs. 2 BGB ihre Gesellschafter als Gesamtschuldner persönlich (BGH BeckRS 2020, 19740 Rn. 8; NJW-RR 2016, 463 Rn. 6; NZG 2016, 221 Rn. 34). Die Nachhaftung des Gesellschafters, die zum Zeitpunkt seines Ausscheidens Wohnungseigentümerin ist, erstreckt sich auf das Hausgeld, welches sich auf nach seinem Ausscheiden von den Wohnungseigentümern gefassten Beschlüssen beruhen; auch insoweit handelt es sich um Altverbindlichkeiten iSv § 160 Abs. 1 Satz 1 HGB. Denn die Rechtsgrundlage für die Beitragsverbindlichkeiten der GbR ist bereits mit dem Erwerb des Wohnungseigentums gelegt (BGH BeckRS 2020, 19740 Rn. 17). Die Frist des § 160 I 2 HGB beginnt mit der positiven Kenntnis des Verwalters von dem Ausscheiden des Gesellschafters aus der GbR (BGH BeckRS 2020, 19740 Rn. 28).
  - Eine Hausgeldklage unterfällt jeweils § 43 Abs. 2 Nr. 2 WEG.
- **Werdender Wohnungseigentümer:**
  - Der werdende Wohnungseigentümer (→ § 8 Rn. 68 ff.) ist nach hM Hausgeldschuldner (BGH NJW 2018, 1613 Rn. 18; 2015, 2877 Rn. 5) und schuldet das Hausgeld, das nach Begründung seiner Stellung als „werdender" Wohnungseigentümer fällig geworden ist (→ Rn. 222 ff.).

- An seiner Schuld ändert sich nichts, wenn sein Anspruch auf Auflassung gepfändet wurde (AG Leipzig ZMR 2009, 155).
- Der im Grundbuch als Eigentümer eingetragene Veräußerer – in der Regel der Bauträger – schuldet ab dem Zeitpunkt, in dem ein Erwerber als werdender Wohnungseigentümer anzusehen ist, kein Hausgeld mehr (BGH NJW 2018, 1613 Rn. 18; 2015, 2877 Rn. 5; aA *Drasdo* NZI 2009, 823 (824); *Elzer* ZMR 2007, 714 (715)).

• **Zweiterwerber:** Wer ein Wohnungseigentum von einem Wohnungseigentümer erwirbt, schuldet das Hausgeld erst nach Erlangung des Eigentums. Dies gilt auch dann, wenn ein Wohnungseigentümer sein Wohnungseigentum unterteilt (LG München I ZMR 2018, 797 (800)).

261 **e) Gemeinschaft der Wohnungseigentümer.** Ist die Gemeinschaft der Wohnungseigentümer Wohnungseigentümerin (→ § 9a Rn. 2), ist auch sie ein Hausgeldschuldner (*Hügel/Elzer* NZM 2009, 457 (459); *Häublein* FS Seuß, 2007, 125 (140); s. a. *Abramenko* MietRB 2010, 125 ff.; ZWE 2010, 193 ff.). Die Ausgaben und Einnahmen sind auch auf sie umzulegen. Das Hausgeld ist allerdings auf die Wohnungseigentümer als ihre Mitglieder nach Maßgabe des einschlägigen Umlageschlüssels – in der Regel § 16 Abs. 2 Satz 1 WEG entsprechend – umzulegen (OLG Hamm NJW 2010, 3586; FGPrax 2010, 12 (13); *Hügel/Elzer* NZM 2009, 457 (459); s. a. *Abramenko* ZWE 2010, 193 (200)). Sinnvoll erscheint, die Hausgeldverpflichtung der Gemeinschaft der Wohnungseigentümer zunächst durch Aufstellen eines entsprechenden Einzelwirtschaftsplans und Aufnahme in die Jahresabrechnung bzw. Erstellen einer Einzelabrechnung festzustellen, jedoch den entsprechenden Saldo als Verwaltungsaufwand nach dem geltenden Umlageschlüssel in den Einzelwirtschaftsplänen und den Einzelabrechnungen sogleich auf die (übrigen) Wohnungseigentümer umzulegen (OLG Hamm NZM 2009, 914). Die Wohnungseigentümer können etwas anderes bestimmen.

262 **f) Ansprüche gegen Dritte.** Im Einzelfall hat ein Wohnungseigentümer gegen einen Dritten, zB gegen den Träger der Grundsicherung iSv § 6 SGB II einen Anspruch auf Zahlung von Hausgeld (BSGE 117, 186 Rn. 17).

263 **2. Eigentümerwechsel. a) Überblick.** Unter Zugrundelegung der „Fälligkeitstheorie“ (→ Rn. 255) schuldet allein die Person bei einem Eigentümerwechsel das Hausgeld, die bei Fälligkeit der Hausgeldforderung als Wohnungseigentümer anzusehen ist. Wird ein Wohnungseigentum veräußert, können die Vertragsparteien im Wege eines echten Vertrags zu Gunsten der Gemeinschaft der Wohnungseigentümer (§ 328 Abs. 1 BGB) allerdings vereinbaren, dass der Käufer das Hausgeld neben dem Verkäufer schuldet (BGH NJW 2015, 2877 Rn. 21).

264 **b) Hausgeld fällig vor Erlangung des Status „Wohnungseigentümer“. aa) Grundsatz.** Hausgeld, das vor der Eintragung eines Wohnungseigentümers im Wohnungsgrundbuch bereits fällig geworden ist, schuldet er nicht (BGH NJW 2018, 2044 Rn. 8; NJW-RR 2012, 217 Rn. 9; NJW 1994, 2950 unter III. 3; 1987, 1638 unter 2). Ein gegen diesen Grundsatz

verstoßender Beschluss wäre nichtig (BGH NJW 2012, 2796 Rn. 11; 1999, 3713). Ein Beschluss kann Verbindlichkeiten nur für und gegen die bei Beschlussfassung aktuellen Wohnungseigentümer, nicht aber für deren Rechtsvorgänger oder Dritte begründen, denn sonst läge insoweit ein – unzulässiger – Gesamtakt zu Lasten Dritter vor (BGH BeckRS 2020, 19740 Rn. 25; NJW-RR 2012, 217 Rn. 9). Auch das erworbene Wohnungseigentum haftet nicht für die Hausgeldschulden des Rechtsvorgängers (BGH NJW 2013, 3515 Rn. 8; dazu *Schneider* ZWE 2014, 61 ff.).

bb) Vereinbarung: Haftungsklausel. (1) Überblick. Die Wohnungseigentümer können nach §§ 10 Abs. 1 Satz 2, 5 Abs. 4 Satz 1 WEG vereinbaren, dass der rechtsgeschäftliche Erwerber für in der Person seines Rechtsvorgängers bereits entstandene und fällige Zahlungsrückstände gemeinsam mit diesem gesamtschuldnerisch haftet (BGH NJW 2012, 2797 Rn. 11; 1994, 2950 unter III. 3). Eine solche Haftungsklausel ist auch möglich, wenn der Rechtsvorgänger der ehemalige Alleineigentümer ist (OLG Frankfurt a. M. OLGZ 1980, 420). **265**

Im Fall einer Haftungsklausel schuldet der Erwerber unmittelbar mit seiner Eintragung im Grundbuch; es geht nicht um eine Haftung. Einer (weiteren) schuldrechtlichen Übernahme bedarf es nicht (BGH NJW 1994, 2950 unter III. 4. b) mwN). Ist die Haftung des Erwerbers für Hausgeldschulden vereinbart, kann ein bestehender Hausgeldtitel gegen den Rechtsvorgänger auf ihn gem. §§ 325, 727 ZPO umgeschrieben werden (*Becker* MietRB 2014, 282 ff.). Der Voreigentümer und der Sondernachfolger können für ihr Verhältnis untereinander Abweichendes vereinbaren (BGH NJW 1989, 2697 unter III. 1. a); 1988, 1910). **266**

(2) Zwangsversteigerung. Eine Haftungsklausel, die auch die Person, die ein Wohnungseigentum im Wege der Zwangsversteigerung durch Zuschlag erwirbt, in die Haftung für Altverbindlichkeiten nähme, verstieße gegen § 56 Satz 2 ZVG und wäre gem. § 134 BGB nichtig (BGH NJW 1987, 1638 unter 4; KG ZMR 2003, 292 (293)). Auch ein Beschluss über eine Haftungsklausel wäre nichtig (BGH NJW 2012, 2797 Rn. 11; NZM 2012, 159 Rn. 10). Was gilt, wenn eine Öffnungsklausel besteht, ist offen. Zwar wurde ein Haftungsbeschluss schon für wirksam erachtet (AG Charlottenburg MittBayNot 2010, 45). Es wäre aber vorstellbar, gegen diese Sichtweise das Belastungsverbot ins Feld zu führen (→ § 23 Rn. 8 „Belastungsverbot“). **267**

c) Hausgeld fällig nach Erlangung des Status „Wohnungseigentümer“. aa) Überblick. Soweit Hausgeld fällig wird, nachdem ein Sondernachfolger bereits sachenrechtlich (→ Rn. 253) Wohnungseigentümer geworden ist, schuldet er das Hausgeld nach hM grundsätzlich wie jeder andere Wohnungseigentümer (BGH NJW-RR 2012, 217 Rn. 9). Im Einzelnen ist allerdings zu unterscheiden. **268**

bb) Vorschüsse (§ 28 Abs. 1 Satz 1 WEG). (1) Überblick. Ein Sondernachfolger ist an den Beschluss über die Vorschüsse gebunden, der sein Wohnungseigentum betrifft. Dieser Beschluss ist nicht personen-, sondern wohnungseigentumsbezogen (→ Rn. 253). Soweit die aus dem Beschluss **269**

nach § 28 Abs. 1 Satz 1 WEG geschuldeten Zahlungen noch vor der Eigentumsumschreibung im Wohnungsgrundbuch fällig werden (→ Rn. 222 ff.), schuldet hingegen der Rechtsvorgänger die Vorschüsse (BGH NJW 2018, 2044 Rn. 8; 1999, 3713 unter III. 4. c) ee). Der Beschluss nach § 28 Abs. 2 Satz 1 WEG ändert daran nichts.

270 **(2) Begrenzung.** Der Beschluss nach § 28 Abs. 2 Satz 1 WEG wird der Höhe nach durch den Beschluss nach § 28 Abs. 1 Satz 1 WEG begrenzt (BayObLG ZMR 2000, 780 (782); LG Frankfurt a. M. ZWE 2019, 141 Rn. 13; LG Köln ZWE 2014, 135 (136); LG Dortmund ZWE 2014, 365). Ergibt sich aus dem Beschluss nach § 28 Abs. 2 Satz 1 WEG – bezogen auf das Kalenderjahr – ein geringerer Schuldsaldo, begrenzt dieser Forderungen auf Grund des Beschlusses nach § 28 Abs. 1 Satz 1 WEG (OLG Zweibrücken ZMR 2003, 135 (136); BayObLG ZMR 2000, 780 (782); LG Frankfurt a. M. ZWE 2019, 141 Rn. 13; LG Dortmund ZWE 2014, 365; LG Köln ZWE 2014, 135 (136)). Geschuldet ist dann nur, was auf Grund des Beschlusses nach § 28 Abs. 2 Satz 1 WEG auf das Wohnungseigentum entfällt und noch nicht erfüllt ist (OLG Zweibrücken ZMR 2003, 135 (136); LG Frankfurt a. M. ZWE 2019, 141 Rn. 13; LG Dortmund ZWE 2014, 365).

271 **cc) Nachschüsse (§ 28 Abs. 2 Satz 1 WEG). (1) Überblick.** Der Sondernachfolger schuldet aus dem Beschluss nach § 28 Abs. 2 Satz 1 WEG nur die Nachschüsse (OLG Frankfurt a. M. NZM 2006, 519; ZMR 2005, 145; LG München I ZWE 2011, 233). Etwas anderes gilt, wenn es keinen Beschluss nach § 28 Abs. 1 Satz 1 WEG gab. In diesem Falle schuldet der Sondernachfolger das gesamte Hausgeld (OLG Köln ZMR 2008, 478 (480)). Der Erwerber schuldet ferner die Vorschüsse früherer Jahre, sofern der Beschluss gem. § 28 Abs. 2 Satz 1 WEG nach dem Eigentumserwerb gefasst worden ist (BGH NJW 1999, 3713 unter III. 4. c) ee). Beschließen die Wohnungseigentümer entgegen diesen Grundsätzen mit dem Willen, dass der Erwerber aus dem Beschluss nach § 28 Abs. 2 Satz 1 WEG auch für die offenen Vorschüsse seines Rechtsvorgängers haften soll, ist der Beschluss nichtig.

272 **(2) Fälligkeit.** Beschließen die Wohnungseigentümer nach § 28 Abs. 2 Satz 1 WEG, stunden sie aber die Schuld, zB indem sie die Zahlungsansprüche erst für einen Zeitraum von zwei Monaten nach Beschlussfassung „fällig“ stellen, und kommt es in diesem Zeitraum zu einem Eigentümerwechsel, schuldet nach hM der neue Wohnungseigentümer (→ Rn. 255).

273 **(3) Heiz- und Warmwasserkosten.** Bei Heiz- und Warmwasserkosten müssen im Einzelfall ausnahmsweise zwei Einzeljahresabrechnungen erstellt werden. Nach § 6 HeizkostenV sind die Heiz- und Warmwasserkosten zwingend – teilweise – auf der Grundlage der Verbrauchserfassung nach Maßgabe der §§ 7 bis 9 HeizkostenV auf die einzelnen Nutzer zu verteilen. Soweit in den Nachschüssen Kosten enthalten sind, die der Veräußerer noch durch seinen Verbrauch verursacht hat, können diese nicht dem Erwerber auferlegt werden (*Jennißen* Verwalterabrechnung Rn. 811; Jennißen/*Jennißen* WEG § 16 Rn. 180). Dieses Denken setzt eine Zwischenablesung für den

Zeitpunkt des Nutzerwechsels voraus (*Elzer* ZWE 2018, 153 (157)) – wie es § 9b Abs. 1 HeizkostenV aber auch vorsieht (dazu *Casser* ZWE 2018, 117 (118)). Ferner bindet der Beschluss nach § 28 Abs. 2 Satz 1 WEG ausnahmsweise auch einen ehemaligen Wohnungseigentümer, der diesen allerdings auch teilweise anfechten kann.

dd) Sonderumlagen. Vorschüsse auf eine nach Eigentumsumschreibung beschlossene oder fällig werdende Sonderumlage schuldet nur der Sondernachfolger. Dies gilt nach hM auch dann, wenn der Beschluss noch vor einem Eigentümerwechsel gefasst worden war, die Forderungen aber erst später fällig sein sollen (BGH NJW 2018, 2044 Rn. 8; 1999, 3713 unter III. 4. c) ee); OLG Karlsruhe ZMR 2005, 310; LG Saarbrücken NJW-RR 2009, 1167 (1168); aA *Wenzel* ZWE 2005, 277 (279)) 274

d) Außenhaftung. Der Sondernachfolger haftet nach § 9a Abs. 4 Satz 1 WEG nach außen nur für solche Forderungen, die während seiner Zugehörigkeit zur Gemeinschaft der Wohnungseigentümer entstanden oder während dieses Zeitraums fällig geworden sind (→ Rn. 255). 275

3. Wohnungseigentum ist zwangsverwaltet. a) Allgemeines. Decken die Erträge das laufende Hausgeld nicht, hat der Zwangsverwalter zu beantragen, dem betreibenden Gläubiger die Zahlung eines Vorschusses aufzugeben. Reichen die Einnahmen aus dem zwangsverwalteten Wohnungseigentum nicht für die in § 155 Abs. 1 ZVG genannten Ansprüche aus, muss ein die Zwangsverwaltung betreibender Dritter für die Hausgelder Kostenvorschüsse an den Zwangsverwalter leisten (BGH NJW 2010, 1003 Rn. 9). Der Zwangsverwalter haftet der Gemeinschaft der Wohnungseigentümer iSv § 154 Satz 1 ZVG (BGH NZM 2009, 243 Rn. 5) und diese kann daher etwa Schadenersatzansprüche wegen fehlerhafter Abführung seiner Einnahmen oder zB mangelnder Versicherung haben. 276

b) Laufendes Hausgeld. Die Anordnung der Zwangsverwaltung (näher dazu → Rn. 382 ff.) für ein Wohnungseigentum hat nach § 156 Abs. 1 Satz 2 ZVG zur Folge, dass der Zwangsverwalter die Vor- und/oder Nachschüsse zahlen muss, die nach Anordnung der Zwangsverwaltung fällig werden (BGH NJW 2012, 1293 Rn. 12). Denn die Bewirtschaftungskosten einer Wohnungseigentumsanlage sind Kosten der Verwaltung iSv § 155 Abs. 1 ZVG (BGH NJW 2012, 1293 Rn. 12; 2010, 1003 Rn. 11). Nicht zu den vorweg zu bestreitenden Ausgaben der Verwaltung gehören hingegen die bereits vor der Beschlagnahme fällig gewordenen Vor- und/oder Nachschüsse (BGH NJW 2012, 1293 Rn. 12). Haben die Wohnungseigentümer Nachschüsse beschlossen, stunden sie aber die Schuld, zB indem sie die Zahlungsansprüche erst für einen Zeitraum von zwei Monaten nach Beschlussfassung „fällig" stellen, und kommt es in diesem Zeitraum zur Zwangsverwaltung, schuldet der Zwangsverwalter die Nachschüsse. 277

c) Sonderumlagen. aa) Erhaltungsmaßnahme und bauliche Maßnahmen. Vorschüsse auf Sonderumlagen, die während des Zwangsverwaltungsverfahrens beschlossen werden, zB zum Zweck der Finanzierung von Erhaltungsmaßnahmen oder anderer baulicher Maßnahmen (→ Rn. 84), 278 stellen „Ausgaben der Verwaltung“ iSv § 155 Abs. 1 ZVG dar; auch sie dienen dazu, das Grundstück in seinem wirtschaftlichen Bestand zu erhalten (BGH NZM 2009, 243 Rn. 20; *Keller* ZfIR 2010, 301 (306)).

279 **bb) Hausgeldausfälle und Nachschüsse.** Ob der Zwangsverwalter hingegen auch Vorschüsse schuldet, durch die Hausgeldausfälle nachfinanziert werden, die aus den beschlagnahmten Objekten herrühren, ist ebenso streitig wie die Frage, ob Nachschüsse „laufende wiederkehrende Leistungen“ und vom Zwangsverwalter nach § 156 Abs. 1 Satz 2 ZVG zu begleichen sind (*Alff* ZWE 2010, 105 (115); *Schmidberger* ZfIR 2010, 1; *Schneider* ZfIR 2008, 161 (169)).

280 Eine Zahlungspflicht des Zwangsverwalters wird vor allem mit Hinweis auf § 155 Abs. 2 Satz 2 ZVG verneint (*Schneider* NZM 2008, 919 (920); *Wedekind* ZfIR 2007, 704 (705); offen gelassen von BGH NZM 2009, 243 Rn. 20), aber auch bejaht (AG Reutlingen ZMR 2010, 156; AG Kiel NZM 2009, 671; *Alff* ZWE 2010, 105 (115); *Schmidberger* ZWE 2009, 336 (337) für die Salden). **Stellungnahme:** Nach hier vertretener Meinung muss sich der Zwangsverwalter auch an einer Sonderumlage für Hausgeldausfälle beteiligen sowie die Nachschüsse erfüllen (s. a. *Alff/Hintzen* Rpfleger 2008, 165 (173)). Dass diese Ansprüche der Gemeinschaft der Wohnungseigentümer nicht „laufend“ sind, ist dem Zufall der Anordnung geschuldet.

281 **d) Wohnungseigentümer.** Im Falle einer Zwangsverwaltung schuldet neben dem Zwangsverwalter weiterhin als Gesamtschuldner auch der Wohnungseigentümer Vor- und/oder Nachschüsse (BGH NJW-RR 2008, 679 Rn. 7; OLG Köln ZMR 2008, 988; OLG München FGPrax 2007, 20). Im Gegensatz zum Zwangsverwalter ist die Schuld eines Wohnungseigentümers umfassend und auch nicht auf (eventuelle) Mieten beschränkt. Die Schuld bezieht sich auf das gesamte Vermögen des Wohnungseigentümers. In Höhe der tatsächlich erfolgten Leistungen des Zwangsverwalters wird der Wohnungseigentümer von seiner Zahlungspflicht allerdings frei.

282 **4. Wohnungseigentum wird vom Insolvenzverwalter verwaltet. a) Allgemeines.** Ist über das Vermögen eines Wohnungseigentümers das Insolvenzverfahren eröffnet worden (dazu ua *Suilmann* ZWE 2010, 385; *Lüke* ZWE 2010, 62; *Leithaus* ZWE 2006, 119), geht das Recht des Wohnungseigentümers als Schuldner, das zur Insolvenzmasse gehörende Vermögen zu verwalten und darüber zu verfügen, nach § 80 Abs. 1 InsO auf einen Insolvenzverwalter über. Diese Verwaltungszuständigkeit hat Auswirkungen ua auf die zu erteilenden Auskünfte, das Recht, vom Verwalter Informationen zu verlangen und in die Verwaltungsunterlagen Einsicht zu nehmen, die Ladung zur Versammlung und das Teilnahme-, Rede- und Antragsrecht sowie das Stimmrecht sowie die Pflicht, Hausgeld zu zahlen.

283 **b) Hausgeld. aa) Überblick.** Ob und gegebenenfalls in welcher Höhe und Reichweite ein Insolvenzverwalter anstelle des Wohnungseigentümers Hausgeld schuldet, ist streitig (ausführlich dazu *Lüke* ZWE 2010, 62 ff.; *Vallender* VIA 2010, 65 ff.). Zu unterscheiden sind verschiedene Forderungsgruppen.

bb) Bis zur Eröffnung des Insolvenzverfahrens begründete Hausgeldforderungen. Das gegenüber einem Wohnungseigentümer bis zur Eröffnung des Insolvenzverfahrens begründete und fällige Hausgeld ist nach § 38 InsO einfache Insolvenzforderung (BGH NJW 2011, 3098 Rn. 8; 1994, 1866 unter II. 2. a); bereits begründete, aber noch nicht fällige Hausgeldansprüche gelten mit Insolvenzeröffnung als fällig (§ 41 InsO). Vor Insolvenzeröffnung fällig gewordene/begründete und nicht beglichene Hausgelder sind damit nach Maßgabe der Vorschriften für das Insolvenzverfahren (§§ 87, 174 ff. InsO) geltend zu machen. Haben die Wohnungseigentümer allerdings vor Eröffnung des Insolvenzverfahrens Nachschüsse beschlossen, stunden sie aber die Schuld, zB indem sie die Nachschüsse erst für einen Zeitraum von zwei Monaten nach Beschlussfassung „fällig" stellen, und kommt es in diesem Zeitraum zur Insolvenzeröffnung, schuldet nach hM der Insolvenzverwalter die Erfüllung. 284

cc) Nach Eröffnung des Insolvenzverfahrens begründete Hausgeldforderungen. Nach Insolvenzeröffnung entstehende und fällig werdende Vor- und/oder Nachschüsse sind iSv § 55 Abs. 1 Nr. 1 InsO Masseverbindlichkeiten (BGH NJW 2019, 988 Rn. 17; OLG Köln NZI 2008, 377). Sie sind daher vom Insolvenzverwalter gem. § 53 InsO aus der Insolvenzmasse vorweg zu berichtigen (BGH NJW 2011, 3098 Rn. 10; KG ZMR 2000, 60 (61)). 285

Auch die anteilige Verpflichtung eines Wohnungseigentümers zur Zahlung einer nach Insolvenzeröffnung beschlossenen Deckungsausfallsonderumlage ist auf dem Boden der Fälligkeitstheorie (→ Rn. 255) Masseverbindlichkeit. Diese Einordnung ist für Sonderumlagen, die einen anderen Zweck als den Ausfall von Vorschüssen haben (→ Rn. 83), unstreitig (BGH NJW 2009, 1674 Rn. 20; OLG München NJW-RR 2007, 1025). Für Deckungsausfallsonderumlagen kann nichts anderes gelten (BGH NJW 1989, 3018 unter 1. d); aA *Wenzel* ZWE 2005, 277 (280); *Vallender* VIA 2010, 65 (66)). Der Beschluss nach § 28 Abs. 1 Satz 1 WEG begründet erstmals eine Schuld sämtlicher Wohnungseigentümer. Die früher vom IX. Zivilsenat vertretene Ansicht, die Wohnungseigentümer könnten nicht Insolvenzforderungen durch Beschluss teilweise in eine Masseforderung „umwandeln", weil dieses zu einer unangemessenen Benachteiligung anderer Insolvenzgläubiger führe und die Insolvenzmasse für die zu erfüllende anteilige Verpflichtung keine äquivalente Gegenleistung erhalte (in diese Richtung etwa BGH NJW 2009, 1674 Rn. 20; NJW-RR 2002, 1198 unter III. 3. d) aa), ist überholt. 286

c) Freigabe eines Wohnungseigentums. Der Insolvenzverwalter kann das Wohnungseigentum „freigeben" (BGH NJW 2019, 988 Rn. 17; *Lüke* ZWE 2010, 62 (66); allgemein zur Freigabe etwa *Haberzettl* NZI 2017, 474 ff.). Die Freigabe ist eine einseitige, formfreie (BGH ZInsO 2018, 1369 = BeckRS 2018, 5523 Rn. 3), empfangsbedürftige, konstitutiv wirkende Willenserklärung gegenüber dem Insolvenzschuldner (KG NZM 2002, 528), einen zur Insolvenzmasse zählenden Gegenstand, etwa ein Wohnungseigentum (oder mehrere) aus dem Haftungsverband der Insolvenzmasse und damit aus dem Insolvenzbeschlag zu lösen (*Haberzettl* NZI 2017, 474). Die Freiga- 287 be wird mit Zugang der Erklärung beim Schuldner wirksam (LG Kassel ZIP 2007, 2370).

288 Eine Freigabe überführt einen zur Masse gehörenden Vermögensgegenstand in das insolvenzfreie Vermögen des Schuldners, der damit wieder in vollem Umfang in seine Rechte eintritt. Gibt der Insolvenzverwalter ein Wohnungseigentum aus der Insolvenzmasse frei, schuldet mithin wieder (allein) der Wohnungseigentümer Vor- und/oder Nachschüsse (BGH NJW 2019, 988 Rn. 17; KG NZM 2004, 383 (384); LG Berlin ZMR 2008, 244). Der Insolvenzverwalter schuldet allerdings diejenigen Vor- und Nachschüsse, die während der Dauer der Insolvenzverstrickung des Wohnungseigentums fällig werden (BGH NJW 2019, 988 Rn. 17; LG Kassel ZIP 2007, 2370). Denn die Freigabe von Vermögensgegenständen aus der Insolvenzmasse wirkt nur für die Zukunft (LG Kassel ZIP 2007, 2370).

289 Unterlässt der Insolvenzverwalter eine Freigabe, schuldet er der Gemeinschaft der Wohnungseigentümer weder aus § 61 InsO noch aus § 60 InsO Schadenersatz. Es besteht keine Pflicht zur Freigabe (BGH NZM 2011, 783 Rn. 5; LG Stuttgart NZM 2008, 532; *Lüke* ZWE 2010, 62 (66); aA OLG Düsseldorf NZM 2007, 47).

290 **d) Masseunzulänglichkeit.** Sind die Kosten des Insolvenzverfahrens gedeckt, reicht die Insolvenzmasse jedoch nicht aus, um die fälligen sonstigen Masseverbindlichkeiten – ua Vor- und/oder Nachschüsse – zu erfüllen, hat der Insolvenzverwalter dem Insolvenzgericht nach § 208 InsO anzuzeigen, dass Masseunzulänglichkeit vorliegt. Gleiches gilt, wenn die Masse voraussichtlich nicht ausreichen wird, um die bestehenden sonstigen Masseverbindlichkeiten im Zeitpunkt der Fälligkeit zu erfüllen.

291 Der Insolvenzverwalter hat in diesem Fall die Masseverbindlichkeiten nach der in § 209 InsO genannten Rangordnung zu berichtigen. Zeigt der Insolvenzverwalter Masseunzulänglichkeit an, kann die Gemeinschaft der Wohnungseigentümer die Vorschüsse, die vor Anzeige der Masseunzulänglichkeit fällig geworden sind (Altmasseverbindlichkeiten), weder einklagen noch wegen dieser Ansprüche in die Masse vollstrecken (BGH NJW 2011, 3098 Rn. 7). Vor- und/oder Nachschüsse, die nach der Anzeige der Masseunzulänglichkeit fällig werden, sind Neumasseverbindlichkeiten (OLG Düsseldorf NZI 2007, 50; AG Neukölln ZMR 2005, 659).

292 **e) Absonderung.** Die Gemeinschaft der Wohnungseigentümer ist für die vor Eröffnung des Insolvenzverfahrens fällig gewordenen, unerfüllt gebliebenen Vor- und/oder Nachschüsse teilweise zu einer Absonderung berechtigt (BGH NJW 2013, 3515 Rn. 7; NJW-RR 2009, 923 Rn. 7; *Hügel/Elzer* NZM 2009, 457 (472)). Hat sie vor der Insolvenzeröffnung noch keinen Zahlungstitel erwirkt, kann sie analog 1147 BGB den Insolvenzverwalter wegen der dem Vorrecht unterfallenden Ansprüche auf Duldung der Zwangsversteigerung in Anspruch nehmen (BGH NJW 2013, 3515 Rn. 7; 2011, 3098 Rn. 24).

293 Für § 10 Abs. 1 Nr. 5 ZVG unterfallende Vor- und/oder Nachschüsse besteht ein Absonderungsrecht, wenn das Wohnungseigentum des Hausgeldschuldners zugunsten der Gemeinschaft der Wohnungseigentümer in einem Zwangsversteigerungs- oder Zwangsverwaltungsverfahren zum Zeitpunkt der Eröffnung des Insolvenzverfahrens bereits beschlagnahmt war (BGH NJW-RR 2009, 923 Rn. 6; *Ganter* NZI 2010, 361 (366)). Die Gemeinschaft der Wohnungseigentümer muss daher bis zu diesem Zeitpunkt die Beschlagnahme des Grundstücks bewirkt haben, indem sie die Anordnung der Zwangsversteigerung bzw. Zwangsverwaltung selbst erwirkt hat (§§ 20, 146 Abs. 1 ZVG) oder einem laufenden Verfahren beigetreten ist (§§ 27, 151 Abs. 2 ZVG). Für die gem. § 10 Abs. 1 Nr. 2 ZVG privilegierten Hausgeldansprüche besteht hingegen von Gesetzes wegen ein Absonderungsrecht (BGH NJW 2013, 3515 Rn. 24; 2011, 3098 Rn. 23; NJW-RR 2009, 923 Rn. 7; *Alff* ZWE 2010, 105 (112); *Schneider* ZMR 2009, 165 (170)). Für die nach Eröffnung des Insolvenzverfahrens fällig gewordenen Vor- und/oder Nachschüsse soll dies nach hM hingegen nicht gelten (BGH NJW 2011, 3098 Rn. 8) – was nicht überzeugt.

Wenn ein absonderungsberechtigter Gläubiger oder der Insolvenzverwal- **294**
ter oder die Gemeinschaft der Wohnungseigentümer wegen eines zur Absonderung berechtigenden Anspruchs ein Zwangsversteigerungsverfahren betreibt, kann die Gemeinschaft der Wohnungseigentümer ihre nach § 10 Abs. 1 Nr. 2 ZVG privilegierten Ansprüche in dem bereits laufenden Verfahren anmelden, ohne dass für diese ein (Zahlungs-) Titel erforderlich ist (BGH NJW 2011, 3098 Rn. 19). Im Übrigen kann die Gemeinschaft der Wohnungseigentümer trotz der eröffneten Insolvenz die Zwangsversteigerung betreiben (BGH NJW 2011, 3098 Rn. 19). Bei freihändiger Veräußerung des Wohnungseigentums durch den Insolvenzverwalter geht das Absonderungsrecht unter und setzt sich als Recht zur Befriedigung am Veräußerungserlös fort (LG Landau/Pfalz ZMR 2012, 813).

5. Verteidigung des Hausgeldschuldners. a) Überblick. Der Haus- **295**
geldschuldner kann sich gegen eine Hausgeldforderung im Wesentlichen im Wege der Aufrechnung (→ Rn. 296), der Zurückbehaltung (→ Rn. 306), der Einrede der Anfechtbarkeit (→ Rn. 310) und der Einrede der Verjährung (→ Rn. 309) verteidigen (s. a. *Elzer* Forderungsmanagement für WEG-Verwalter, 9.4.4). Ferner kann er einwenden, die eingeklagten Vor- und/oder Nachschüsse bereits iSv § 362 BGB erfüllt zu haben. Fehlt eine Tilgungszweckbestimmung, gilt § 367 Abs. 1 BGB. Im Übrigen kann er einwenden, mehr Vorschüsse gezahlt zu haben, als in den Nachschüssen berücksichtigt worden ist. Der Beschluss nach § 28 Abs. 2 Satz 1 WEG vernichtet diesen Anspruch nicht und schließt die Einwendung nicht aus. Das Zahlenwerk wird nicht beschlossen.

b) Aufrechnung. aa) Grundsatz. Über die gesetzlich oder vertraglich **296**
ausdrücklich geregelten Fälle hinaus ist eine Aufrechnung verboten, wenn nach dem besonderen Inhalt des zwischen den Parteien begründeten Schuldverhältnisses der Ausschluss als stillschweigend vereinbart angesehen werden muss (§ 157 BGB) oder wenn die Natur der Rechtsbeziehung oder der Zweck der geschuldeten Leistung eine Erfüllung im Wege der Aufrechnung als mit Treu und Glauben unvereinbar (§ 242 BGB) erscheinen lassen (BGH NJW 2011, 2351 Rn. 27).

So liegt es im Wohnungseigentumsrecht (LG München I ZMR 2009, 638 **297**
(639)). Ein Wohnungseigentümer kann daher gegenüber Vor- und/oder

Nachschüssen grundsätzlich nicht aufrechnen (BGH NZM 2020, 755 Rn. 32; NZM 2016, 445 Rn. 15; OLG Hamm ZMR 2009, 937; OLG München NJW-RR 2007, 735; LG Frankfurt a. M. ZWE 2019, 84 Rn. 22; LG Berlin NZM 2019, 101 Rn. 6). Die Beschränkung wird etwa aus dem Umstand hergeleitet, dass die Forderungen der Gemeinschaft der Wohnungseigentümer ihrer Natur nach im Interesse einer geordneten Verwaltung und zur Vermeidung von Unzuträglichkeiten und Schäden einer raschen Verwirklichung bedürften (OLG Frankfurt NJW-RR 2006, 1603 (1605); BayObLGZ 1977, 67 (71)). Die Durchsetzbarkeit von Hausgeldforderungen solle nicht durch umfangreiche Beweisaufnahmen verzögert werden können.

298 Das Verbot der Aufrechnung gegenüber Hausgeldansprüchen der Gemeinschaft der Wohnungseigentümer soll ferner aus den zwischen den Wohnungseigentümern bestehenden besonderen Schutz- und Treuepflichten (→ § 10 Rn. 7) folgen. Da die Gemeinschaft der Wohnungseigentümer zur Erhaltung ihrer Liquidität auf die pünktliche Zahlung des fälligen Hausgeldes angewiesen ist, dürfe diese durch die Auseinandersetzung mit Gegenansprüchen nicht gefährdet werden (OLG Köln OLGR Köln 2004, 322).

299 Möglich ist allerdings eine Widerklage. Bei dieser droht keine Prozessverzögerung oder Illiquidität, da gem. § 301 ZPO über die Hausgeldklage vorab durch Teilurteil entschieden werden kann.

300 **bb) Ausnahmen. (1) Anerkannte, unbestrittene oder rechtskräftig festgestellte Gegenforderungen.** In Anlehnung an § 309 Nr. 3 BGB sind Ausnahmen für anerkannte, unbestrittene oder rechtskräftig festgestellte Gegenforderungen des Hausgeldschuldners gegen die Gemeinschaft der Wohnungseigentümer zu machen (BGH NZM 2016, 445 Rn. 15; OLG Hamburg ZMR 2006, 791 (794); OLG Köln OLGR Köln 2004, 322; BayObLG ZMR 2005, 214 (215); LG Frankfurt a. M. BeckRS 2018, 30535 Rn. 22).

301 **(2) Notgeschäftsführung.** Den anerkannten, unbestrittenen oder rechtskräftig festgestellten Gegenforderungen sind Ansprüche des Hausgeldschuldners aus Notgeschäftsführung gem. § 18 Abs. 3 WEG, insbesondere unstreitige Erstattungsansprüche wegen der Bezahlung von Verbindlichkeiten der Gemeinschaft der Wohnungseigentümer gegenüber Versorgungsunternehmen (OLG Hamm ZWE 2009, 369; KG ZMR 2004, 618 (619); BayObLG NZM 1998, 918; LG Frankfurt a. M. BeckRS 2018, 30535 Rn. 22; offen gelassen von BGH NZM 2016, 445 Rn. 15), sowie Ansprüche aus §§ 670, 680, 683, 812 ff. BGB (Geschäftsführung ohne Auftrag) gleich zu stellen (OLG Brandenburg IMR 2008, 59; OLG München NJW-RR 2007, 735; offen gelassen von BGH NZM 2016, 445 Rn. 15).

302 **(3) Weitere Fälle.** Etwas anderes kann auch dann gelten, wenn die Gegenforderung infolge eines pflichtwidrigen Verhaltens der Gemeinschaft der Wohnungseigentümer, vor allem ihrer Organe, entstanden ist (*Elzer* ZMR 2005, 730 (733)).

303 Für Forderungen aus § 14 Abs. 3 WEG soll das Aufrechnungsverbot hingegen gelten (OLG München NJW-RR 2007, 735 = ZMR 2007, 397 (398); LG Frankfurt a. M. ZMR 1989, 271; LG München I ZMR 2009, 638

(639)). **Stellungnahme.** Diese Einschränkung überzeugt nicht, da zwischen einem Anspruch aus § 14 Abs. 3 WEG und den Ansprüchen aus § 18 Abs. 3 und Abs. 2 WEG kein substanzieller Unterschied gemacht werden kann.

cc) Vereinbarungen. Durch eine Vereinbarung kann das bereits nach allgemeinen Erwägungen geltende Aufrechnungsverbot näher geregelt und ausgestaltet werden (KG ZMR 2004, 618 (619)). Sind etwa in einer Vereinbarung als Ausnahmen von dem grundsätzlichen Verbot der Aufrechnung gegen Hausgeldforderungen nur unbestrittene oder rechtskräftig festgestellte Ansprüche genannt, sind andere Gegenforderungen – wie Ansprüche aus Notgeschäftsführung – von der Aufrechnung ausgeschlossen (KG ZMR 2004, 618 (619)). 304

dd) Ehemaliger Wohnungseigentümer. Gegenüber ehemaligen Wohnungseigentümern soll nichts anderes gelten (LG Frankfurt a. M. BeckRS 2018, 30535 Rn. 26). 305

c) Zurückbehaltungsrecht (§ 273 BGB). Gegenüber dem Anspruch auf Zahlung von Vor- und Nachschüssen ist aus denselben Gründen wie bei der Aufrechnung (→ Rn. 296 ff.) jedes Zurückbehaltungsrecht grundsätzlich ausgeschlossen (BGH NZM 2020, 755 Rn. 32; OLG München ZMR 2006, 881 (882); 2006, 647; OLG Köln OLGR 2004, 322; LG Hamburg BeckRS 2015, 05838; s. a. BGH NJW 2012, 2797 Rn. 15). 306

Ein Hausgeldschuldner kann ein Zurückbehaltungsrecht auch nicht darauf stützen, dass der gesetzliche oder vereinbarte Umlageschlüssel grob unbillig sei und deshalb gegen die übrigen Wohnungseigentümer ein Anspruch auf Abänderung des Umlageschlüssels bestehe (*Elzer* ZMR 2005, 730 (733)). Ferner kann er nicht einwenden, der Verwalter führe ein Treuhandkonto (AG Dortmund BeckRS 2019, 10646 Rn. 5; *Kappus* NJW-Spezial 2018, 483; aA LG Saarbrücken ZWE 2018, 275 Rn. 16; LG Hamburg ZWE 2016, 38 (40); 2014, 413). Aus der Vertretungsmacht des Verwalters folgt, dass eine Leistung an diesen schuldbefreiend wirkt, auch dann, wenn sie nicht auf einem für die Gemeinschaft der Wohnungseigentümer eingerichteten Konto, sondern auf einem (Treuhand-)Konto des Verwalters eingeht (AG Dortmund ZWE 2019, 423 Rn. 5). 307

Ein Zurückbehaltungsrecht kann im Wege der Vereinbarung zur Klarstellung ausgeschlossen werden (BayObLG ZWE 2001, 485). 308

d) Einrede der Verjährung (§ 214 Abs. 1 BGB). Der Hausgeldschuldner kann einredeweise geltend machen, die Hausgeldforderung sei verjährt (zur Verjährung → Rn. 250). Etwas anderes gilt, wenn der Hausgeldschuldner mit dem Verwalter bewusst zum Nachteil der Gemeinschaft der Wohnungseigentümer zusammenwirkt (→ Rn. 251). So liegt es gegebenenfalls auch, wenn es für den Beginn der Verjährung auf die Kenntnis des Wohnungseigentümers ankommt. Die unter den Wohnungseigentümern bestehende Treuepflicht kann es umgekehrt gebieten, den Einwand der Verjährung nicht geltend zu machen. 309

e) „Einrede der Anfechtbarkeit". Gegen den Anspruch auf Hausgeld kann nicht geltend gemacht werden, der entsprechende Beschluss sei ange- 310 fochten (LG Frankfurt a. M. ZWE 2015, 427) oder anfechtbar bzw. nicht ordnungsmäßig (→ § 23 Rn. 163; OLG Frankfurt a. M. ZMR 2007, 291 (293); 2006, 873 (874); KG NZM 2005, 425; AG Köln ZMR 2016, 496). Einwendungen gegen das formelle Zustandekommen und den sachlichen Inhalt des zu Grunde liegenden Beschlusses sind unerheblich (BayObLG ZWE 2001, 593 (594); 2000, 128). Das Prozessgericht, das über eine sich aus dem Beschluss ergebende Forderung zu entscheiden hat, ist an den Beschluss nach § 28 Abs. 1 Satz 1 WEG und/oder § 28 Abs. 2 Satz 1 WEG gebunden. Es darf die Vorfrage, ob der Beschluss für ungültig zu erklären wäre, nicht selbstständig (ohne Rücksicht auf eine Anfechtungsklage) entscheiden, sondern hat bis zu einer etwaigen Ungültigerklärung von dem sich aus dem Beschluss ergebenden Anspruch auszugehen.

311 Etwas anderes gilt für nichtige Beschlüsse.

312 **f) „Einrede der Gestaltbarkeit/Anpassungsanspruch“.** Gegen den Anspruch auf Hausgeld kann nicht geltend gemacht werden, der beklagte Hausgeldschuldner habe einen Anspruch auf Änderung eines Umlageschlüssels. Ein solcher Anpassungsanspruch kann dem Zahlungsanspruch der Gemeinschaft der Wohnungseigentümer nicht einredeweise entgegengehalten werden (LG Berlin NZM 2019, 101 Rn. 5; s. a. BGH NZM 2018, 754 Rn. 17). Zudem kann eine Änderung nur für die Zukunft, nicht aber für die Vergangenheit verlangt werden (LG Berlin NZM 2019, 101 Rn. 5). Auch eine Widerklage ist in Ermangelung von Gegenseitigkeit ausgeschlossen.

313 **6. Rückforderungsansprüche (§§ 812 ff. BGB).** Zahlt ein Wohnungseigentümer mehr Vor- und/oder Nachschüsse als er schuldet, kann er seine Überzahlungen nach §§ 812 ff. kondizieren (BGH NZM 2020, 755 Rn. 24). Anders soll es nach hM sein, wenn der Beschluss nach § 28 Abs. 1 Satz 1 WEG und/oder § 28 Abs. 2 Satz 1 WEG ganz oder teilweise rechtskräftig für ungültig erklärt wird. Die Beschlüsse hätten einen „Vorrang“ (BGH NZM 2020, 755 Rn. 23). Der Wohnungseigentümer habe gegen die Gemeinschaft der Wohnungseigentümer nur einen Anspruch auf Erstellung einer neuen Jahresabrechnung für das betroffene Jahr (BGH NZM 2020, 755 Rn. 23; OLG Hamm, NJW-RR 2005, 238 (240); OLG Köln ZMR 2007, 642; KG NJW-RR 1999, 92; aA LG München I ZMR 2019, 995 = BeckRS 2018, 45365 Rn. 45; LG Frankfurt a. M. NZM 2019, 545 Rn. 14; *Zschieschack* ZMR 2020, 171; *Merle* ZWE 2014, 89 (90); im Einzelnen *Elzer* ZMR 2014, 259 ff.). Von den übrigen Wohnungseigentümern könne er die Beschlussfassung hierüber verlangen (BGH NZM 2020, 755 Rn. 23), was ggf. mit der Beschlussersetzungsklage durchzusetzen ist (BGH NZM 2020, 755 Rn. 25). Dieses „System“ gelte auch dann, wenn zwischen der Zahlung und der erneuten Beschlussfassung ein Wohnungseigentum seinen Eigentümer gewechselt hat (BGH NZM 2020, 755 Rn. 23). Die Erfüllung eines Bereicherungsanspruchs aus Mitteln der Gemeinschaft der Wohnungseigentümer könne erst und nur dann verlangt werden, wenn ein Beschluss nach § 28 Abs. 1 Satz 1, Abs. 2 Satz 1 WEG für den entsprechenden Wohnungseigentümer ein Guthaben ausweise (s. a. OLG Hamm NJW-RR 1999, 93).

III. Schadenersatz

314 Durch Nichtzahlung des Hausgeldes verletzt ein Wohnungseigentümer nicht seine Pflichten aus dem Gemeinschaftsverhältnis (BGH NJW-RR 2017, 844 Rn. 9).

IV. Hausgeldgläubiger

315 Gläubigerin des Hausgeldes ist die Gemeinschaft der Wohnungseigentümer (BGH NJW-RR 2017, 844 Rn. 7; NZM 2016, 446 Rn. 4; NJW 2012, 2797 Rn. 16; 2007, 1353 Rn. 6). Sie kann, sofern die Wohnungseigentümer diese Entscheidung fällen, einem Wohnungseigentümer seine Schulden ganz oder teilweise nach § 397 BGB erlassen. Eine Kompetenz des Verwalters besteht hierzu nicht. Ein Erlass kommt nur als Ausnahme vor, wenn er nämlich für die Gemeinschaft der Wohnungseigentümer vorteilhaft ist. Dies kann der Fall sein, wenn ein zahlungsunfähiger Schuldner wenigstens Teilzahlungen anbietet und selbst diese nach §§ 850 ff. ZPO im Vollstreckungsverfahren nicht durchsetzbar wären (OLG Hamburg ZMR 2008, 152 (153); 2008, 225 (226)).

V. Hausgeldklage

316 **1. Überblick.** Zur Durchsetzung der Ansprüche aus § 28 Abs. 1 Satz 1, Abs. 2 Satz 1 WEG kann mit dem Ziel eines Vollstreckungsbescheids ein Mahnverfahren betrieben werden. Die Gemeinschaft der Wohnungseigentümer kann ferner einen Hausgeldschuldner in einem Verfahren nach § 43 Abs. 2 Nr. 2 WEG vor dem Wohnungseigentumsgericht auf Zahlung in Anspruch nehmen (Hausgeldklage). Ob ein Wohnungseigentümer auf rückständiges Hausgeld verklagt wird, kann nach § 27 Abs. 1 WEG der Verwalter entscheiden (→ § 27 Rn. 131). Die Wohnungseigentümer können nach § 27 Abs. 2 WEG etwas anderes bestimmen.

317 **2. Vertretung der Gemeinschaft der Wohnungseigentümer.** Die außergerichtliche und/oder gerichtliche Geltendmachung und Entgegennahme des Hausgeldes namens der Gemeinschaft der Wohnungseigentümer ist Sache des Verwalters. Will der Verwalter selbst für die Gemeinschaft der Wohnungseigentümer erstinstanzlich auftreten, steht § 79 ZPO dem nicht entgegen. Zweitinstanzlich muss ein Rechtsanwalt eingeschaltet werden, ist der Verwalter nicht selbst postulationsfähig. Eine Standschaft ist grundsätzlich jeweils ausgeschlossen. Der einzelne Wohnungseigentümer ist nach bislang hM anders als ein Gesellschafter nach den Grundsätzen der gesellschaftsrechtlichen actio pro socio (Gesellschafterklage) zur Geltendmachung des Hausgeldes im eigenen Namen nicht befugt (BGH NJW-RR 2017, 844 Rn. 8). Auch § 744 Abs. 2 BGB ist nicht entsprechend anwendbar. **Stellungnahme.** Es ist kein ausreichender Grund erkennbar, einem Wohnungseigentümer eine Gesellschafterklage für Sozialansprüche zu verweigern. Dies gilt vor allem, aber nicht nur in einer Zweiergemeinschaft (s. a. → § 27 Rn. 11).

318 **3. Prozessuale Fragen.** Als Prozesshindernis für eine Hausgeldklage kann ein „Vorschalt- oder Güteverfahren" (→ Vor §§ 43 ff. WEG Rn. 18) oder eine Schiedsvereinbarung (→ Vor §§ 43 ff. WEG Rn. 19) zu beachten sein. Die Gemeinschaft der Wohnungseigentümer ist berechtigt, sich bei einer Klage des Gemeinschaftsvermögens zu bedienen. Sie muss darlegen und beweisen, dass der Beklagte Hausgeldschuldner ist und einen fälligen Hausgeldanspruch nicht erfüllt hat. Zu den Einwänden des Hausgeldschuldners → Rn. 295 ff.

319 Mahnverfahren werden nach § 689 Abs. 1 Satz 1 ZPO sachlich vor dem AG durchgeführt. Die örtliche Zuständigkeit für eine Hausgeldklage bestimmt § 43 Abs. 1 Satz 1 WEG. Die sachliche Zuständigkeit für eine Hausgeldklage richtet sich nach § 23 Nr. 2 Buchstabe c) GVG. Sollte ein Land von der Ermächtigung nach § 15a Abs. 1 EGZPO Gebrauch gemacht und ein obligatorisches Güteverfahren eingeführt haben – was zurzeit nicht der Fall ist –, kann bis zu einem bestimmten Streitwert (meist 750,00 EUR) eine solche Hausgeldklage nach landesrechtlichen Vorschriften solange unzulässig sein, wie ein obligatorisches Güteverfahren nicht durchlaufen wurde (*Lüke* ZfIR 2007, 657 (660)).

320 Eine Klage auf künftige Hausgeldzahlungen ist unter den Voraussetzungen der §§ 257 ff. ZPO zulässig (LG Hamburg ZMR 2019, 366 (367); LG München I ZWE 2018, 447 Rn. 16). Obsiegt die Gemeinschaft der Wohnungseigentümer, muss der Hausgeldschuldner auf Grund eines Beschlusses des Rechtspflegers ihr die verauslagten Kosten erstatten. Dieser Anspruch ist – wird er nicht freiwillig erfüllt – nicht „über" Nachschüsse zu realisieren, indem dem Hausgeldschuldner die Prozesskosten in die Einzelabrechnung „eingestellt" werden, sondern muss gesondert verfolgt werden. Forderungen aus § 28 Abs. 1 Satz 1 WEG und aus § 28 Abs. 2 Satz 1 WEG stellen unterschiedliche Streitgegenstände dar, so dass eine Anspruchsänderung nur im Wege der Klageänderung möglich ist (LG Frankfurt a. M. ZWE 2019, 142 Rn. 11).

321 Hausgeldansprüche können im Urkundenprozess geltend gemacht werden (LG Frankfurt a. M. ZMR 2020, 142 = BeckRS 2019, 31880 Rn. 8; *Elzer* Forderungsmanagement für WEG-Verwalter, 9.4.6).

VI. Insolvenzanfechtung

322 Die Zahlung eines Hausgeldschuldners kann nach §§ 143 Abs. 1, 129 ff. InsO der Insolvenzanfechtung unterliegen. Was hier gilt, ist eine Frage des Einzelfalls. Die Zahlung des laufend geschuldeten Hausgeldes ist wegen des Rechts auf abgesonderte Befriedigung aus § 49 InsO iVm § 10 Abs. 1 Nr. 2 ZVG für diese Ansprüche allerdings nicht gläubigerbenachteiligend. In Anlehnung an § 286 Abs. 3 BGB liegt ferner wohl ein Bargeschäft (§ 142 InsO) vor, wenn das Hausgeld binnen eines Zeitraums von 30 Tagen nach Fälligkeit bezahlt wird (BGH NJW 2015, 1109 Rn. 71). Gleichwertige Gegenleistung iSd Vorschrift sind die Verwaltung des gemeinschaftlichen Eigentums oder die Energie- oder Wasserversorgung, sofern diese zentral geliefert werden und Vorauszahlungen im Rahmen des Hausgeldes erbracht werden.

Für rückständige Ansprüche, insbesondere für Nachschüsse, besteht in den Grenzen des § 10 Abs. 1 Nr. 2 Satz 2 ZVG im eröffneten Insolvenzverfahren ebenfalls ein Recht auf abgesonderte Befriedigung nach § 49 InsO. Auch diese Ansprüche können im Eröffnungsverfahren befriedigt werden. Gleiches gilt für die Zahlung einer während des Eröffnungsverfahrens fälligen Sonderumlage, die innerhalb der Grenzen des § 10 Abs. 1 Nr. 2 ZVG ein Absonderungsrecht genießt. Die Gemeinschaft der Wohnungseigentümer muss sich das im Zusammenhang mit der Verwaltertätigkeit erlangte Wissen zurechnen lassen (LG Hamburg ZMR 2017, 762; *Dötsch* jurisPR-MietR 21/2017). 323

L. Durchsetzung der Hausgeldansprüche

I. Überblick

Zahlt der Hausgeldschuldner das von ihm jeweils geschuldete Hausgeld nicht freiwillig, muss die Gemeinschaft der Wohnungseigentümer gegen ihn in der Regel mit dem Ziel eines Hausgeldtitels klagen (→ Rn. 316) und den Titel im Wege der Zwangsvollstreckung durchsetzen (→ Rn. 325). Neben diesem „klassischen" Weg werden eine Reihe weiterer „Druckmittel" diskutiert. 324

II. Zwangsvollstreckung

1. Überblick. Zur Durchsetzung ihrer titulierten Ansprüche kann die Gemeinschaft der Wohnungseigentümer gegen den Hausgeldschuldner die Zwangsvollstreckung betreiben. Neben der stets möglichen, aber in der Regel wenig aussichtsreichen Mobiliarzwangsvollstreckung nach §§ 802a ff. ZPO kommen als Wege der Immobiliarzwangsvollstreckung nach § 864 ff. ZPO eine Sicherungshypothek, eingetragen als Zwangshypothek (→ Rn. 326), die Zwangsverwaltung (→ Rn. 328) oder gem. § 10 Abs. 3, Abs. 1 Nr. 2 und/oder Nr. 5 ZVG eine Zwangsversteigerung (→ Rn. 334) in Betracht. Die Gemeinschaft der Wohnungseigentümer kann sich nach § 27 ZVG ferner der Zwangsvollstreckung eines Dritten anschließen (*Elzer* Forderungsmanagement für WEG-Verwalter, 12.3.2). 325

2. Zwangshypothek. Eine Zwangshypothek bietet der Gemeinschaft der Wohnungseigentümer eine dingliche Sicherheit, indem das Wohnungseigentum des Hausgeldschuldners in Höhe der Forderung an die Gemeinschaft der Wohnungseigentümer verpfändet wird. Eine Sicherungshypothek erfasst alle titulierten Ansprüche und ist nicht begrenzt auf Beträge in Höhe von nicht mehr als 5 % des nach § 74a Abs. 5 ZVG festgesetzten Wertes. 326

Der Antrag, wegen Hausgeldansprüchen eine Zwangshypothek einzutragen, die ein Vorrecht nach § 10 Abs. 1 Nr. 2 ZVG genießen, kann nicht unter Hinweis auf ein angeblich fehlendes Rechtsschutzbedürfnis (entsprechend § 54 GBO) versagt werden (LG Düsseldorf NJW 2008, 3150; *Schneider* ZMR 2008, 820; *Elzer* Forderungsmanagement für WEG-Verwalter, 327

9.4.6; aA AG Duisburg NZM 2008, 937; AG Neuss NZM 2008, 691). Ein „Verbot der Doppelsicherung" – unabhängig davon, inwieweit man ein solches annimmt – steht der unbeschränkten Eintragung einer Zwangshypothek zwar nicht entgegen (OLG Stuttgart NZM 2011, 335; OLG Dresden ZWE 2011, 365 (366); OLG Frankfurt a. M. ZWE 2011, 88; aA *Zeiser* Rpfleger 2008, 58; *Böhringer* NotBZ 2008, 179 (184)). Die Gemeinschaft der Wohnungseigentümer kann ihre Forderung aber auch bedingt eintragen lassen (BGH NZM 2012, 176 Rn. 6).

328 **3. Zwangsverwaltung.** Eine Zwangsverwaltung ist sowohl bei vermietetem als auch bei selbst genutztem Wohnungs-/Teileigentum zulässig. Die Zwangsverwaltung bezieht sich dabei immer auf ein bestimmtes Wohnungs-/Teileigentum. Die Gemeinschaft der Wohnungseigentümer kann zur gleichen Zeit die Zwangsversteigerung (→ Rn. 334) und die Zwangsverwaltung betreiben.

329 Voraussetzung eines erfolgreichen Antrags auf Zwangsverwaltung ist, dass die Gemeinschaft der Wohnungseigentümer gegen den Hausgeldschuldner über einen zugestellten Titel verfügt. Die Zwangsverwaltung eines Wohnungseigentums aus einem Titel gegen einen bloß werdenden Wohnungseigentümer kann nicht angeordnet werden (BGH NZM 2009, 912 Rn. 4).

330 Bei der Zwangsverwaltung bleibt der Hausgeldschuldner Eigentümer des Wohnungseigentums. Gem. § 148 Abs. 2 ZVG wird ihm durch die Anordnung der Zwangsverwaltung indes (zeitweise) die Verwaltung und Nutzung seines Sondereigentums entzogen. Anstelle des Wohnungseigentümers wird der Zwangsverwalter für die Verwaltung zuständig. Nicht mehr der Wohnungseigentümer, sondern der Zwangsverwalter hat nach § 152 Abs. 1 Hs. 1 ZVG also das Recht und die Pflicht, alle Handlungen vorzunehmen, die erforderlich sind, um das Grundstück in seinem wirtschaftlichen Bestand zu erhalten und ordnungsmäßig zu benutzen (*Elzer* Forderungsmanagement für WEG-Verwalter, 12.2).

331 Der Zwangsverwalter tritt nicht – wie es der Wortlaut des § 148 Abs. 2 ZVG nahe legt (dieser ist im Lichte des § 152 Abs. 1 Hs. 1 ZVG zu lesen und zu weit geraten) – umfassend an die Stelle des Hausgeldschuldners. Dies geschieht nur, soweit dies sich ausdrücklich aus seinem Pflichtenkreis heraus ergibt (BGH NJW 2012, 1293 Rn. 12). „Erforderlich" ist es zB, das Sondereigentum zu reparieren, einen Versicherungsschutz einzurichten (§ 9 Abs. 3 ZwVwV), Vorauszahlungen und Betriebskosten abzurechnen, die steuerlichen Pflichten zu erfüllen und – aus Sicht der Gemeinschaft der Wohnungseigentümer vor allem – nach Abzug der Verfahrens- und Verwaltungskosten die Erträge (= Miete oder Pacht) an die Gemeinschaft der Wohnungseigentümer zu ihrer Befriedigung abzuführen, sofern solche erzielt werden. Die Ausgaben, die zur ordnungsmäßigen Durchführung der Zwangsverwaltung erforderlich sind, hat der Zwangsverwalter gem. § 155 Abs. 1 ZVG ohne Teilungsplan und Anordnung des Vollstreckungsgerichts aus den Nutzungen des Grundstücks vorweg zu bestreiten.

332 Ist eine Handlung ausnahmsweise nicht erforderlich, steht die Verwaltung dem Zwangsverwalter nicht zu. Hieraus folgt wohnungseigentumsrechtlich ua Folgendes:

- **Versammlung der Eigentümer:** Der Zwangsverwalter hat in der Versammlung ein Teilnahme-, Rede- und Antragsrecht unabhängig von der Tagesordnung oder dem zu besprechenden Punkt. Der Zwangsverwalter übt ferner fast in allen Fällen das Stimmrecht des Wohnungseigentümers aus, sein Stimmrecht ist gleichsam zu vermuten (→ § 25 Rn. 41). Liegt ein Beschlussgegenstand allerdings ausnahmsweise außerhalb des Aufgabenbereichs des Zwangsverwalters und des Zwecks der Zwangsverwaltung (nicht iSv § 152 Abs. 1 ZVG „erforderlich"), ist der Wohnungseigentümer stimmberechtigt (→ § 25 Rn. 41). Auch der Wohnungseigentümer ist daher für solche Beschlussgegenstände zu laden (→ § 24 Rn. 41). 333
- **Einsichtsrechte:** Der Zwangsverwalter darf die Einsichtsrechte des Wohnungseigentümers (→ § 18 Rn. 143 ff.) ausüben.
- **Vereinbarungen:** Ein Zwangsverwalter kann anstelle eines Wohnungseigentümers eine Vereinbarung treffen, soweit der Gegenstand seiner Verwaltung unterfällt.
- **WEG-Klagen:** Der Zwangsverwalter ist klagebefugt, soweit der angefochtene Beschluss die Zwangsverwaltung berührt. Durch die Anordnung der Zwangsverwaltung geht die aktive und passive Prozessführungsbefugnis hinsichtlich aller zur Zwangsverwaltung gehörenden Rechte und Pflichten auf den Zwangsverwalter über (BGH NJW 1992, 2487 unter II. 1). Wird die Zwangsverwaltung wegen Zuschlags in der Zwangsversteigerung aufgehoben, so ist der Zwangsverwalter berechtigt, anhängige Prozesse über Nutzungen aus der Zeit seiner Amtstätigkeit fortzuführen (BGH NJW-RR 1993, 442; 1990, 1213 unter II. 1). Endet das Zwangsverwaltungsverfahren hingegen wegen Antragsrücknahme, so bedarf es einer fortdauernden Tätigkeit des Zwangsverwalters im Außenverhältnis anders als bei der Verfahrensbeendigung aufgrund des Zuschlagsbeschlusses nicht mehr, so dass der Zwangsverwalter ohne Ermächtigung und Aufhebungsbeschluss von ihm eingeleitete Zahlungsprozesse wegen beschlagnahmter Ansprüche nicht mehr fortführen kann (BGH NJW-RR 2003, 1419; aA AG Neustadt/Rübenberge BeckRS 2016, 18705). Der Zwangsverwalter ist nicht befugt, einen vom Wohnungseigentümer geführten Prozess bei fehlendem Zusammenhang mit seinem Aufgabenbereich und/oder mit dem Zweck der Zwangsverwaltung zurückzunehmen (KG NJW-RR 1987, 77).

4. Zwangsversteigerung. a) Gemeinschaft der Wohnungseigentümer. Die Gemeinschaft der Wohnungseigentümer kann wegen des Hausgeldes aus § 10 Abs. 1 Nr. 5 ZVG die Zwangsversteigerung des Wohnungseigentums des Hausgeldschuldners betreiben (*Elzer* Forderungsmanagement für WEG-Verwalter, 12.3). Daneben gewährt § 10 Abs. 1 Nr. 2 ZVG zwar kein dingliches (BGH NJW 2018, 1613 Rn. 18; NJW 2014, 2445 Rn. 15; 2013, 3515 Rn. 4; aA *Schneider* ZMR 2014, 185), aber jedenfalls ein schuldrechtliches Recht zur Befriedigung aus dem Wohnungseigentum des Hausgeldschuldners. Aus dem schuldrechtlichen Charakter folgt aber nicht, dass eine Auflassungsvormerkung Schutz vor der aus § 10 Abs. 1 Nr. 2 ZVG betriebenen Zwangsversteigerung bietet (BGH NJW 2014, 2445 Rn. 15). Ansprüche der Gemeinschaft der Wohnungseigentümer, welche die Zwangsversteigerung aus der Rangklasse 2 des § 10 Abs. 1 ZVG betreibt, 334 sind gegenüber einer Auflassungsvormerkung stets vorrangig. Diese ist nicht im geringsten Gebot zu berücksichtigen und erlischt mit dem Zuschlag; erwirbt der Vormerkungsberechtigte nach der Beschlagnahme das Eigentum, ist das Verfahren fortzusetzen und nicht gemäß § 28 Abs. 1 Satz 1 ZVG einzustellen. Bevorrechtigt sind fällige Nachschüsse, fällige Vorschüsse, die Kosten der dinglichen Rechtsverfolgung iSv § 10 Abs. 2 ZVG (*Suilmann* NotBZ 2010, 365 (366)), Verzugszinsen nach § 288 BGB und Titelbeschaffungskosten (die Verfahrenskosten einer Hausgeldklage sollen allerdings, wenn allein ihretwegen die Zwangsversteigerung beantragt wird, keine privilegierte Forderung sein, LG Berlin ZMR 2010, 629). Vertragliche Ansprüche und ebenso deliktische Ansprüche gegen den schuldenden Wohnungseigentümer fallen nicht unter § 10 Abs. 1 Nr. 2 ZVG. Ferner gehören hierher nicht Ansprüche wegen anderer Wohnungseigentumsrechte des schuldenden Wohnungseigentümers (Objektbezug; *Suilmann* NotBZ 2010, 365 (366)). Nach § 10 Abs. 1 Nr. 2 Satz 2 ZVG erfasst werden:

335
- Die laufenden (§ 13 Abs. 1 ZVG) Beträge bis längstens einen Tag vor dem Zuschlag sowie rückständige Beträge aus dem gesamten Beschlagnahmejahr. Die Abgrenzung der laufenden von den rückständigen Beträgen richtet sich nach § 13 Abs. 1 ZVG. Danach sind laufende Beträge der letzte vor der Beschlagnahme fällig gewordene Betrag sowie die später fällig werdenden Beträge. Die älteren Beträge sind Rückstände (BGH NJW 2011, 3098 Rn. 31). Welches das maßgebliche Jahr der Beschlagnahme ist, bestimmt sich außerhalb eines Insolvenzverfahrens nach § 22 Abs. 1 ZVG (BGH NJW 2018, 1613 Rn. 22; 2011, 3098 Rn. 31; 2011, 528 Rn. 6). Beschlagnahmejahr ist danach das Jahr, in dem der Beschluss über die Anordnung der Zwangsversteigerung dem Schuldner zugestellt wird oder in dem das Ersuchen um die Eintragung des Versteigerungsvermerks dem Grundbuchamt zugeht, sofern auf das Ersuchen die Eintragung demnächst erfolgt. § 167 ZPO ist nicht entsprechend anwendbar (BGH NJW 2011, 528 Rn. 7). Anders liegt es, wenn vor diesem Zeitpunkt das Insolvenzverfahren eröffnet wird; dann ist unter der Beschlagnahme iSv 10 Abs. 1 Nr. 2 ZVG die Insolvenzeröffnung zu verstehen (BGH NJW 2018, 1613 Rn. 22; 2011, 3098 Rn. 34).
- Rückständige Beträge aus den beiden Kalenderjahren vor der Beschlagnahme. Streitig ist, ob für die Bestimmung der unter § 10 Abs. 1 Nr. 2 Satz 2 ZVG fallenden Rückstände darauf abzustellen ist, ob sie in dem dort genannten Zeitraum fällig geworden sind, oder darauf, ob sie sich auf den dort genannten Zeitraum beziehen. In diesem Zusammenhang ist weiter streitig, ob Ansprüche aus Jahren vor diesem Zeitraum, die erst in den beiden Kalenderjahren vor der Beschlagnahme fällig gestellt wurden, § 10 Abs. 1 Nr. 2 ZVG unterfallen (bejahend *Suilmann* NotBZ 2010, 365 (366); *Alff* ZWE 2010, 105 (106)). Der BGH hat diese Frage bislang offengelassen (BGH NJW 2011, 3098 Rn. 32).
- Für den Insolvenzfall ist unter der Beschlagnahme iSv §§ 10 Abs. 1 Nr. 2 Satz 2, 13 Abs. 1 ZVG die Insolvenzeröffnung zu verstehen, sofern das Sondereigentum nicht schon vorher nach §§ 20, 22 ZVG beschlagnahmt worden ist (BGH NJW 2011, 3098 Rn. 34).

Die Möglichkeit nach § 10 Abs. 3, Abs. 1 Nr. 2 ZVG bevorrechtigt zu vollstrecken, wird durch § 10 Abs. 1 Nr. 2 Satz 3 ZVG begrenzt. Das Vorrecht ist danach beschränkt auf 5 % des festgesetzten Verkehrswertes (§ 74a Abs. 5 ZVG) einschließlich aller Kosten, Zinsen und sonstigen Nebenleistungen. Bei einer notwendigen Anpassung des Verkehrswertes im laufenden Verfahren an eine Veränderung der tatsächlichen Verhältnisse ist der Wert zur Zeit des Zuschlags entscheidend (*Alff* ZWE 2010, 105 (107)). Ist der Höchstbetrag bei Antragstellung noch nicht ausgeschöpft (was bereits deshalb nahe liegt, weil zu diesem Zeitpunkt der Verkehrswert regelmäßig nicht bekannt ist), ist streitig, ob es für weitere in die Rangklasse 2 fallende Ansprüche eines weiteren Titels bedarf (bejahend *Derleder* ZWE 2008, 13 (17); verneinend *Schneider* ZfIR 2008, 161 (163)). Meldet die Gemeinschaft der Wohnungseigentümer viele, den Höchstwert übersteigende Forderungen an, unterfallen die den Höchstwert übersteigenden Beträge § 10 Abs. 1 Nr. 5 ZVG. Berichtigt der Hausgeldschuldner seine Schulden teilweise nach Antragstellung, dürfte dies an der Zulässigkeit des Antrags der Gemeinschaft der Wohnungseigentümer nichts ändern, bis ihre Forderungen vollständig beglichen sind (*Bräuer/Oppitz* ZWE 2007, 326 (329); *Hügel/Elzer,* Das neue WEG-Recht, § 15 Rn. 15). § 10 Abs. 1 Nr. 2 ZVG kennt noch hier nicht darzustellende Spezialprobleme. Zu nennen sind zB Rangverschiebungen, gerichtliche Kosten, die 5 %-Obergrenze bei Versteigerung mehrerer Objekte im Gesamtausgebot (zu allem *Alff* ZWE 2010, 105 (109)). 336

Andere dinglich gesicherte Gläubiger des Hausgeldschuldners sind in der Regel berechtigt, die Gemeinschaft der Wohnungseigentümer nach § 268 BGB abzulösen (BGH NZM 2012, 771 Rn. 8; 2010, 324 Rn. 10). Die Zahlung an die Gerichtskasse und die nachfolgende Auskehrung des Geldes gem. § 268 Abs. 3 Satz 1 BGB führt zum einen zu einem Übergang der Forderungen der Gemeinschaft der Wohnungseigentümer gegen den Hausgeldschuldner. Nach den Regelungen in §§ 401, 412 BGB geht aber vor allem das Vorrecht der Zuordnung der Ansprüche in die Rangklasse 2 des § 10 Abs. 1 ZVG ebenfalls auf den ablösenden Gläubiger über (BGH NZM 2012, 771 Rn. 9; 2010, 324 Rn. 10). Die Gemeinschaft der Wohnungseigentümer kann damit in dem von ihr bislang betriebenen Verfahren wegen gegebenenfalls anderer aus dem Titel vollstreckbarer, nicht § 10 Abs. 1 Nr. 2 ZVG unterfallender Forderungen, nur nach § 10 Abs. 1 Nr. 5 ZVG vorgehen. Ob die Rechtslage ebenso zu beurteilen ist, wenn nach der Beendigung des Verfahrens ein neues Zwangsversteigerungsverfahren anhängig wird (bejahend *Alff/Hintzen* Rpfleger 2008, 165 (170); verneinend *Hügel/Elzer,* Das neue WEG-Recht, § 15 Rn. 38), ist noch ungeklärt. Die vom Schuldner in einem Zwangsversteigerungsverfahren gezahlten Hausgelder vermindern – im Unterschied zu den Zahlungen ablösungsberechtigter Dritter nach § 268 BGB – nicht den Höchstbetrag nach § 10 Abs. 1 Nr. 2 Satz 3 ZVG, bis zu dem die Hausgeldansprüche der Gemeinschaft der Wohnungseigentümer aus der Rangklasse 2 zu befriedigen sind (BGH NZM 2012, 771 Rn. 11). 337

b) Dritte. Betreibt die Gemeinschaft der Wohnungseigentümer selbst oder ein Dritter die Zwangsversteigerung eines Wohnungseigentums, kann 338 die Gemeinschaft der Wohnungseigentümer gem. § 27 Abs. 1 Satz 1 ZVG diesem Verfahren nach dessen Anordnung bis zum Schluss der Versteigerung beitreten und dort ihre (gegebenenfalls weiteren, in einer anderen Rangklasse liegenden) nach § 10 Abs. 1 Nr. 2 ZVG bevorrechtigten Forderungen oder Forderungen nach § 10 Abs. 1 Nr. 5 ZVG gem. § 45 Abs. 3 Satz 1 ZVG anmelden (BGH NJW 2018, 1613 Rn. 10; 2009, 2066 Rn. 4; *Schneider* ZMR 2014, 185).

III. Versorgungssperre

339 **1. Überblick.** Zahlt ein Wohnungseigentümer kein Hausgeld, ist die Gemeinschaft der Wohnungseigentümer berechtigt, den Säumigen von einem Leistungsbezug auszuschließen (BGH NZM 2005, 626 unter II. 2. a); OVG Berlin-Brandenburg ZWE 2013, 234; OLG Frankfurt a. M. NJW-RR 2006, 1673). Grundlage dieses Rechts ist § 273 BGB (BGH NZM 2005, 626 unter II. 2. a); OVG Berlin-Brandenburg ZWE 2013, 234). Die Konnexität (Wechselbezüglichkeit) der zurückgehaltenen Leistung mit der Verpflichtung, zu deren Durchsetzung das Zurückbehaltungsrecht ausgeübt wird, folgt aus der für alle Wohnungseigentümer bestehenden Berechtigung zur Teilhabe an den gemeinschaftlichen Leistungen und der damit korrespondierenden Pflicht zur Erfüllung der jedem Mitglied der Gemeinschaft gegenüber der Gemeinschaft der Wohnungseigentümer bestehenden Verpflichtungen (BGH NZM 2005, 626 unter II. 2. a).

340 Dass gegebenenfalls zusätzlich ein Entziehungsgrund nach § 17 WEG vorliegt, schließt die Möglichkeit einer Versorgungssperre nicht aus (OLG Dresden ZMR 2008, 14). Denn § 17 WEG enthält keine abschließende Regelung (OLG Celle NJW-RR 1991, 1118). Auch die Bestimmung des § 149 ZVG steht einer Versorgungssperre nicht entgegen. Dieser Vorschrift kann nicht entnommen werden, dass ein Wohnungseigentümer seit Anordnung der Zwangsverwaltung berechtigt ist, mietfrei in der zwangsverwalteten Wohnung zu wohnen und lediglich die laufenden Versorgungskosten zu zahlen. Was § 149 ZVG für die Zwangsverwaltung selbst genutzter Wohnungseigentumsrechte bzw. des Sondereigentums bedeutet, ist zwar noch nicht vollständig geklärt (*Walke* ZfIR 2006, 606 (610); *Hintzen* Rpfleger 2006, 57 (64)). § 149 ZVG regelt aber jedenfalls nur das Verhältnis zum die Zwangsverwaltung betreibenden Gläubiger, nicht aber das Verhältnis der Wohnungseigentümer untereinander. Diese Beziehungen unterliegen anderen Regeln (OLG Dresden ZMR 2008, 140). Eine Versorgungssperre kann auch verhängt werden, wenn das Wohnungseigentum von einem Nutzer auf Grund eines dinglichen Wohnrechts genutzt wird (KG GE 2010, 483).

341 **2. Beschluss. a) Überblick.** Die Ausübung eines Zurückbehaltungsrechts ist ein Druck- und Sicherungsmittel und geht über die dem Verwalter eingeräumten Befugnisse zur Anforderung laufender und rückständiger Zahlungen hinaus. Sie bedarf daher eines (gegebenenfalls allgemeinen) Beschlusses (BGH NZM 2005, 626 unter II. 2. b); *Kümmel/v. Seldeneck* GE 2002, 1045; *Armbrüster* WE 1999, 14 (17)). Wie stets ist darauf zu achten, dass dieser formell ordnungsmäßig nach § 23 Abs. 2 WEG angekündigt (→ § 23 Rn. 75 ff.) und bestimmt genug (→ § 23 Rn. 140) gefasst wird.

b) Ordnungs- und Verhältnismäßigkeit. Die Bedeutung der zurückbehaltenen Versorgungsleistungen und die Pflicht der Wohnungseigentümer untereinander bzw. der Gemeinschaft der Wohnungseigentümer zu einem Wohnungseigentümer zur Rücksichtnahme, führt dazu, dass ein Zurückbehaltungsbeschluss nur bei einem erheblichen Rückstand des betroffenen Wohnungseigentümers ordnungsmäßig ist. Als erheblich ist ein Rückstand mit mehr als sechs Monatsbeträgen (= das für ein 1/2 Jahr geschuldete Hausgeld) anzusehen (BGH NZM 2005, 626 unter II. 2. b); OVG Berlin-Brandenburg ZWE 2013, 234). Die Ansprüche der Gemeinschaft der Wohnungseigentümer müssen außerdem fällig sein und zweifelsfrei bestehen (OLG Frankfurt a. M. NJW-RR 2006, 1673; OLG München NJW-RR 2005, 598). Im Einzelfall kann eine Versorgungssperre unverhältnismäßig sein – etwa bei einer Gesundheitsgefährdung oder wegen des Alters des Wohnungseigentümers oder seines Mieters (dazu *Gaier* ZWE 2004, 109 (115)). 342

3. Vollzug. a) Überblick. Der Vollzug des Zurückbehaltungsbeschlusses muss vom Verwalter angedroht werden (BGH NZM 2005, 626 unter II. 2. b); OVG Berlin-Brandenburg ZWE 2013, 234; LG München I ZMR 2011, 326; *Gaier* ZWE 2004, 109 (115)), sofern um den Vollzug nicht prozessiert wird. Es reicht, dass im Zurückbehaltungsbeschluss vorgesehen ist, dass eine Abmahnung zB vier Wochen vor der tatsächlichen Verhängung der Versorgungssperre ausgesprochen werden soll. 343

b) Betreten der Wohnung. Ist ein Zurückbehaltungsbeschluss gefasst worden, ist ein Wohnungseigentümer nach § 14 Abs. 1 Nr. 2 WEG verpflichtet, das Betreten seiner Wohnung dulden, damit die Versorgungsleitungen abgesperrt werden können. Liegt ein Duldungstitel vor, ist der Zutritt zur Wohnung als notwendiges Durchgangsstadium Bestandteil seiner Duldungsverpflichtung. Der Gerichtsvollzieher ist zum Eindringen in die Wohnung ohne besondere richterliche Anordnung befugt, wenn dort titelgemäß Handlungen vorzunehmen sind, die der Schuldner zu dulden hat. Eines separaten Durchsuchungsbeschlusses bedarf es nicht, da der Zutritt für eine Versorgungssperre keine Durchsuchung ist (*Scheidacker* NZM 2010, 103 (110)). Das Verlangen muss die Gemeinschaft der Wohnungseigentümer durchsetzen. 344

c) Vermietetes Sondereigentum. Dem Vollzug eine Versorgungssperre steht nicht entgegen, dass der Wohnungseigentümer sein Sondereigentum vermietet hat (KG ZWE 2002, 182 (183); NJW-RR 2001, 456 (457); OLG Hamm OLGZ 1994, 269 (273); *Scholz* NZM 2008, 387 (388); *Börstinghaus* MietRB 2007, 209 (212)). Denn der Mieter wird nicht im Besitz gestört (BGH NJW 2009, 1947 Rn. 20 und Rn. 35; OVG Berlin-Brandenburg ZWE 2013, 234 (235)). Der Mieter muss den Zutritt zur Wohnung und das Abstellen der dort befindlichen Versorgungsanlagen nicht entsprechend § 14 Abs. 1 Nr. 2 WEG dulden (BGH NJW 2015, 2968 Rn. 12). Gegen ihn kommen aber Ansprüche aus § 1004 BGB in Betracht (BGH NJW 2015, 2968 Rn. 13). 345

346 **d) Abwendung des Vollzugs durch Teilzahlungen.** Durch Teilzahlungen in Höhe der auf die Versorgungsleistungen entfallenden Beträge kann das Zurückbehaltungsrecht der Gemeinschaft der Wohnungseigentümer nicht abgewendet werden. Denn der Hausgeldschuldner kann nicht iSd § 366 BGB Zahlungsbestimmungen dahin treffen, dass er eine Geldsumme nur auf bestimmte Rechnungsposten, etwa anteilig für bestimmte Betriebskosten, zahlen will (KG ZMR 2005, 905).

347 **4. Aufhebung und Dauer der Versorgungssperre.** Die Versorgungssperre ist aufzuheben, wenn der säumige Wohnungseigentümer den Hausgeldrückstand ausgeglichen hat oder jedenfalls so viel, dass der Rückstand nicht mehr erheblich ist (→ Rn. 342). Die Versorgungssperre ist ferner aufzuheben, wenn es einen neuen Eigentümer des entsprechenden Wohnungseigentums gibt und der Nachfolger die Hausgeldrückstände nicht schuldet und dafür auch nicht haftet. Eine Ordnungsbehörde kann gegenüber jedem Wohnungseigentümer im Übrigen anordnen, die Versorgung wiederherzustellen (OVG Berlin-Brandenburg ZWE 2013, 234; VG Berlin ZWE 2012, 338).

348 **5. Direktbezug von Versorgungsleistungen.** Wenn eine Versorgungsleistung auf Grund direkter Verträge zwischen dem Wohnungseigentümer und einem Versorger stattfindet, kann die Gemeinschaft der Wohnungseigentümer keine eigene Leistung zurückbehalten (*Bonifacio* ZMR 2012, 332; *Suilmann* ZWE 2012, 111 (113)). Nach anderer Ansicht ist in diesem Fall eine Versorgungssperre möglich, wenn und soweit die Stromlieferung über eine im gemeinschaftlichen Eigentum stehende Leitungsanlage abgewickelt wird (LG München ZMR 2011, 326; Bärmann/*Becker* § 28 Rn. 84), allerdings nicht im Verhältnis zu einem Mieter (AG Bremen ZWE 2011, 187). **Stellungnahme.** Diese Sichtweise überzeugt nicht, da die Gemeinschaft der Wohnungseigentümer nicht Eigentümerin des gemeinschaftlichen Eigentums ist.

IV. Unterwerfung unter die sofortige Zwangsvollstreckung

349 In Erwerbsverträgen zum Kauf eines Wohnungseigentums sowie in einer Vereinbarung (dazu) kann die Verpflichtung vorgesehen sein, dass sich ein Wohnungseigentümer wegen des Hausgeldes der sofortigen Vollstreckung unterwirft und der Verwalter berechtigt ist, sich wegen der zwischenzeitlich mehrheitlich beschlossenen monatlichen Beitragsforderungen eine vollstreckbare Ausfertigung erteilen zu lassen und dann auch von ihr Gebrauch machen darf (KG ZMR 2004, 618 (620); 1997, 664 (665); OLG Celle NJW 1955, 953; *Grziwotz* MietRB 2012, 158 (159); *Häublein* ZWE 2004, 48 (57); umfassend *Wolfsteiner* FS Wenzel, 2005, 59 (63)). Ebenso wie in einem Urteil muss die Unterwerfungssumme dabei genau bestimmt oder jedenfalls bestimmbar sein (KG ZMR 2004, 618 (620); *Wolfsteiner* FS Wenzel, 2005, 59 (64)).

350 Vorzugswürdig und zulässig ist ferner die Vereinbarung einer Pflicht jedes Wohnungseigentümers, eine Unterwerfungserklärung abzugeben (KG ZMR 1997, 664 (665)). Erfüllt ein Wohnungseigentümer seine Verpflichtung, eine Urkunde über die Unterwerfung zu errichten, nicht freiwillig, ist die Ver-

pflichtung zur Abgabe einer Unterwerfungserklärung von der Gemeinschaft der Wohnungseigentümer einzuklagen. Für eine solche Klage dürfte es in der Regel freilich an einem Rechtsschutzbedürfnis fehlen, weil die Gemeinschaft der Wohnungseigentümer gleich auf Zahlung der offenen Beträge klagen kann (*Wolfsteiner* FS Wenzel, 2005, 59 (61); KG ZMR 1997, 664 (665)).

M. Besondere Gemeinschaften

I. Mehrhausanlagen

1. Überblick. Für eine Mehrhausanlage (→ § 9a Rn. 52 ff.) gelten für die Aufbringung der notwendigen Mittel grundsätzlich keine Besonderheiten. Es bedarf vor allem nur eines Wirtschaftsplans und einer Jahresabrechnung hierüber, nach denen sämtliche Wohnungseigentümer nach § 28 Abs. 1 Satz 1, Abs. 2 Satz 1 WEG Vor- und/oder Nachschüsse zu beschließen haben (OLG Zweibrücken NZM 2005, 751). Erhaltungs- und anderen Rücklagen können im Zahlenwerk des Wirtschaftsplans und der Jahresabrechnung auf Untergemeinschaften aufgeteilt werden. Eigentümer der Rücklagen sind aber trotzdem die Mitglieder der Gesamtgemeinschaft der Wohnungseigentümer und nicht nur die „Mitglieder" von Untergemeinschaften. Die Wohnungseigentümer sind befugt, etwas Abweichendes zu vereinbaren. Vorstellbar ist va, der Eigenheit einer Mehrhausanlage durch besondere Umlageschlüssel zu genügen und diese nach § 28 Abs. 1 Satz 1, Abs. 2 Satz 1 WEG umzusetzen, oder Rücklagen anzuordnen die nur für bestimmte Bauteile oder Zwecke einiger Wohnungseigentümer angesammelt werden. Ferner ist es möglich – wenn auch sinnfrei –, ausdrücklich oder schlüssig separate hausbezogene Wirtschaftspläne und Abrechnungen anzuordnen (BGH NJW-RR 2012, 1291 Rn. 10). ZB ist die Bestimmung möglich, für bestimmte Kosten „Untergemeinschaften" zu bilden, innerhalb derer die Kosten auf die Mitglieder der jeweiligen Untergemeinschaft nach dem Verhältnis ihrer daran bestehenden Miteigentumsanteile oder Kopfteile aufzuteilen sind. Für Rücklagen kann man das auch anordnen. Solche Kosten können die Reinigung einer Tiefgarage, Müllkosten oder die Pflege der Außenanlagen sein: welche Kosten „separat" umzulegen sind und was Maßstab ist (Möglichkeit des Gebrauchs? Tatsächlicher Gebrauch?), muss die Vereinbarung bestimmen. Liegt es so, hat der Verwalter im Ergebnis hausbezogene Wirtschaftspläne und Abrechnungen aufzustellen und den Wohnungseigentümern, die den „Untergemeinschaften" angehören, in der Gesamtversammlung oder in gegebenenfalls zusätzlich vereinbarten Unterversammlungen zur Beschlussfassung nach § 28 Abs. 1 Satz 1, Abs. 2 Satz 1 WEG vorzulegen (BGH NJW-RR 2012, 1291 Rn. 10; BayObLG NJOZ 2004, 636 (641); NZM 2001, 771). 351

2. Wirtschaftsplan. Sind hausbezogene Wirtschaftspläne zu erstellen, können mehrere Wirtschaftspläne erstellt werden, nämlich ein Gesamtwirtschaftsplan und hausbezogene Wirtschaftspläne. Alternativ ist es möglich, innerhalb eines Wirtschaftsplans die voraussichtlichen Ausgaben nach solchen, die der „Gesamtgemeinschaft" entstehen, und solchen, die nur einer 352

„Untergemeinschaft" zuzuordnen sind (KG ZMR 2008, 67), zu unterteilen. Auch die Einnahmen, insbesondere die Hausgeldzahlungen der Wohnungseigentümer, sind dann entsprechend nach Untergemeinschaften zu untergliedern.

353 **3. Abrechnung.** Sind hausbezogene Abrechnungen zu erstellen, können mehrere Abrechnungen erstellt werden, nämlich eine Gesamtabrechnung und hausbezogene Abrechnungen. Alternativ ist es möglich, im Rahmen der Einzelabrechnungen die unterschiedlichen Umlageschlüssel nach Anteilen an der Gesamtgemeinschaft einerseits und an den Untergemeinschaften andererseits zu berücksichtigen (KG ZMR 2008, 67).

354 **4. Beschluss.** Ist nichts anderes vereinbart, können die Wohnungseigentümer, die einer „Untergemeinschaft" angehören, in einer Versammlung ihrer „Untergemeinschaft" nach § 28 Abs. 1 Satz 1, Abs. 2 Satz 1 WEG nur über „ihre" Kostenpositionen bzw. Einnahmen und Ausgaben beschließen, nicht aber über die Kostenpositionen, die das Grundstück, mehrere Gebäude oder gemeinschaftliche Anlagen betreffen (BGH NJW-RR 2012, 1291 Rn. 12; OLG Köln NZM 2005, 550). Wirtschaftspläne und Abrechnungen enthalten nämlich notwendigerweise auch solche Kosten, weshalb, auch wenn es sich um eine Mehrhausanlage handelt, grundsätzlich alle Wohnungseigentümer zur Beschlussfassung über diese berufen sind (BGH NJW-RR 2012, 1291 Rn. 12).

II. Zweiergemeinschaften

355 Für Zweiergemeinschaften (→ § 9a Rn. 46) gelten keine Besonderheiten. Die Verpflichtung eines Wohnungseigentümers, sich an den Kosten der Gemeinschaft der Wohnungseigentümer zu beteiligen, kann auch bei diesen nur durch einen Beschluss nach § 28 Abs. 1 Satz 1, Abs. 2 Satz 1 WEG begründet werden (LG Frankfurt a. M. NJW 2015, 2592; ohne Stellungnahme BGH ZMR 2019, 419 = BeckRS 2018, 40661 Rn. 22).

356 Wenn kein Verwalter bestellt ist, wenn die Zweiergemeinschaft zerstritten ist und ein Beschluss wegen Parität nicht zustande kommt, kann nach bislang hM aus praktischen Gründen eine Begleichung gemeinschaftlicher Kosten und Lasten ausnahmsweise in der Weise durchgeführt werden, dass ein Wohnungseigentümer in „Vorlage" tritt und anschließend vom anderen Wohnungseigentümer Erstattung verlangt (OLG Karlsruhe ZMR 2007, 138; LG Dortmund ZWE 2017, 182; LG München I ZMR 2009, 638; s. a. LG Hamburg ZMR 2010, 551; offen gelassen von LG Frankfurt a. M. NJW 2015, 2592 (2593)). Folgt man dem, wofür es aber keinen Anlass gibt (ohne Stellungnahme BGH ZMR 2019, 419 = BeckRS 2018, 40661 Rn. 22), folgt der Erstattungsanspruch aus § 683, 670 BGB (LG Dortmund ZWE 2017, 182) oder aus § 812 Abs. 1 Satz 1 Fall 1 BGB (OLG Karlsruhe ZMR 2007, 138; BayObLG NZM 2002, 609 (610); LG Berlin FD-MietR 2011, 315032). Voraussetzung ist dann ferner, dass der Wohnungseigentümer, der Aufwendungsersatz verlangt, die einzelnen Ausgaben substanziiert darlegt und nötigenfalls beweist (LG Dortmund ZWE 2017, 182; allgemein BGH NJW-RR 2009, 1667 Rn. 14).

N. Entlastung des Verwalters

I. Begriff

Die „Entlastung" eines Verwalters ist erstens die Billigung seiner Amtsführung für einen bestimmten Zeitraum als dem Gesetz, der Gemeinschaftsordnung und seinen vertraglichen Pflichten entsprechend und als zweckmäßig (BGH NJW 2003, 3124 unter III. 2. a) bb). Zweitens wird dem Amtsträger für die künftige Verwaltertätigkeit Vertrauen ausgesprochen (BGH NZM 2016, 472 Rn. 10; NJW 2003, 3124 unter III. 2. a) bb). Mit der Entlastung eines Verwalters ist drittens die Folge eines negativen Schuldanerkenntnisses (§ 397 Abs. 2 BGB) verbunden (BGH NJW 2018, 2550 Rn. 65; 2011, 1346 Rn. 8; NZM 2011, 489 Rn. 10). Da die Entlastung typischerweise in der Annahme gefasst wird, dass Ansprüche gegen den Verwalter nicht bestehen, zielt er nicht auf die Wirkungen eines negativen Schuldanerkenntnisses; diese sind vielmehr lediglich Folge der geschilderten Vertrauenskundgabe. **357**

II. Anspruch auf Entlastung

Der Verwalter kann keine Entlastung verlangen und hat mithin keinen Anspruch darauf (BGH NJW 2003, 3124 unter III. 2. a) cc). Eine dennoch erteilte Entlastung kann allerdings ordnungsmäßiger Verwaltung entsprechen. Die Wohnungseigentümer können etwas anderes vereinbaren. **358**

III. Entlastungsbeschluss

1. Überblick. Dem Verwalter wird durch einen Beschluss nach § 19 Abs. 1 WEG Entlastung erteilt, der auf diese Wirkung zielt. Die Beschluss nach § 28 Abs. 2 Satz 1 WEG ist nicht so zu verstehen (BGH NJW 2011, 2660 Rn. 18; grundlegend NJW 2011, 1346 Rn. 8). Dies folgt schon daraus, dass die Jahresabrechnung und damit die Nachschüsse gegebenenfalls auch Ausgaben enthalten, die der Verwalter nicht veranlassen durfte (→ Rn. 130), sowie aus dem Transparenzgebot. **359**

2. Mehrheit. Eine besondere Mehrheit ist für den Entlastungsbeschluss nicht erforderlich – auch dann nicht, wenn „aus guten Gründen" auf Ansprüche verzichtet wird. Zum Stimmrecht → § 25 Rn. 106 ff. **360**

3. Ordnungsmäßigkeit. Ein Entlastungsbeschluss entspricht ordnungsmäßiger Verwaltung, wenn keine Schadenersatzansprüche absehbar sind (BGH NJW 2010, 2654 Rn. 17). Er widerspricht ihr hingegen, wenn gegen den Verwalter Ansprüche in Betracht kommen und kein Grund ersichtlich ist, auf diese Ansprüche zu verzichten (BGH NJW 2010, 2127 Rn. 19; LG Frankfurt a. M. ZWE 2018, 272 Rn. 16). **361**

Eine Entlastung ist insbesondere ordnungswidrig, wenn der Verwalter eine fehlerhafte Jahresabrechnung (BGH NJW 2010, 2127 Rn. 19) oder einen mangelhaften Wirtschaftsplan vorgelegt hat (BGH NJW 2010, 2654 Rn. 17) und dadurch die Beschlüsse nach § 28 Abs. 1 Satz 1, § 28 Abs. 2 Satz 1 **362**

WEG mangelhaft sind, oder wenn ein tatsächliches Verhalten gebilligt wird, das einen schwerwiegenden und eindeutigen Gesetzesverstoß oder einen Verstoß gegen die Bestimmungen der Wohnungseigentümer darstellt (s. a. BGH NZG 2013, 339 zum Gesellschaftsrecht). Die Wohnungseigentümer dürfen den Verwalter trotz Möglichkeit einer Haftung allerdings namens der Gemeinschaft der Wohnungseigentümer entlasten, wenn aus besonderen Gründen ein Anlass besteht, auf ihre möglichen Ansprüche zu verzichten („Verzeihungsermessen"; BGH NJW 2003, 3124 unter III. 2. b); AG Hamburg ZMR 2015, 811).

363 Im Prozess trägt nach den allgemeinen Beweislastgrundsätzen der Wohnungseigentümer, der den Entlastungsbeschluss angreift, die Feststellungslast für die Gründe, die der Ordnungsmäßigkeit entgegenstehen sollen (OLG Karlsruhe NZM 2000, 298; Frankfurt a. M. ZWE 2018, 272 Rn. 16).

IV. Entlastender

364 Die Entlastung wird nur für Ansprüche der Gemeinschaft der Wohnungseigentümer erteilt (*Schmid* ZWE 2009, 377 (378)), hingegen nicht für Ansprüche der Wohnungseigentümer, welche die Gemeinschaft der Wohnungseigentümer nach § 9a Abs. 2 WEG zu verfolgen hat. Eine Beschlusskompetenz (→ § 23 Rn. 3 ff.), im Namen eines Wohnungseigentümers eine Entlastung zu erteilen und ihm damit individuelle Ersatzansprüche zu nehmen, besteht nicht (BGH NJW-RR 2020, 68 Rn. 35; NJW 2018, 2550 Rn. 65). Dies gilt für Ansprüche in Bezug auf das Sondereigentum (BGH NJW-RR 2020, 68 Rn. 35; NJW 2018, 2550 Rn. 65), aber auch solche in Bezug auf das gemeinschaftliche Eigentum (aA *Häublein* MietRB 2020, 220 (223): „andernfalls wäre die Befreiungswirkung weitestgehend entwertet und das damit verfolgte Ziel in Frage gestellt).

V. Umfang der Entlastung

365 Das negative Schuldanerkenntnis erfasst vor allem etwaige, nicht aus einer Straftat herrührende (OLG Celle NJW-RR 1991, 979) Ersatzansprüche der Gemeinschaft der Wohnungseigentümer gegen den Verwalter aus §§ 280, 812 ff., 823 ff. BGB, soweit sie den Wohnungseigentümern bekannt oder für sie bei sorgfältiger Prüfung der Vorlagen und Berichte erkennbar waren (BGH NZM 2003, 764 unter III. 2. a) bb; s. a. NZG 2013, 780 Rn. 21; kritisch *Häublein* MietRB 2020, 220 (223): „Formulierung sorgfältige Prüfung sei problematisch); zur Wissenszurechnung → § 9a Rn. 62 und → § 29 Rn. 8.

366 Gerichte und Schrifttum unterscheiden zum Teil, auf welche Art und Weise die Entlastung beschlossen wurde. Man meint, in der Regel betreffe eine gesondert beschlossene Entlastung die gesamte Tätigkeit des Verwalters, also nicht nur einzelne Tätigkeiten, in Bezug auf die gemeinschaftliche Verwaltung bis zur Beschlussfassung. Etwas anderes gelte, wenn dem Verwalter im Zusammenhang mit der Erläuterung der Jahresabrechnung eine Entlastung erteilt werde. Dann beschränke sich die Entlastung auf das Verwalterhandeln, das in der Jahresabrechnung seinen Niederschlag gefunden habe

(BayObLG NZM 2001, 388 (389)). **Stellungnahme.** Dem ist in dieser Art und Weise nicht zu folgen. Welche Ansprüche von einer Entlastung umfasst sein sollen, ist das Ergebnis des durch Auslegung zu ermittelnden Willens des Entlastenden (BayObLG ZWE 2000, 352 (353)). Dass dieser Wille durch die Reihenfolge der Tagesordnung ermittelbar ist, liegt fern.

O. Buchführung (Rechnungswesen)

I. Überblick

Die Gemeinschaft der Wohnungseigentümer ist zu einer ordnungsmäßigen Buchführung verpflichtet (BayObLG NJWE-MietR 1997, 14; NJW-RR 1988, 18 (19); BayObLGZ 1985, 63 (65); *Bub* ZWE 2018, 297 (302); *Sauren* ZMR 2015, 341). Denn ohne Buchführung kann sie ihre Aufgaben nicht erfüllen, insbesondere nicht den Wirtschaftsplan aufstellen und über diesen abrechnen. Auch die Informationsrechte der Wohnungseigentümer sowie eine Rechnungslegung wären ohne eine ordnungsmäßige Buchführung unmöglich. 367

II. Ziel

Eine Buchführung muss die ordnungsmäßige Verwaltung des Gemeinschaftsvermögens ermöglichen. Es muss jederzeit Klarheit ua über die Höhe des Gemeinschaftsvermögens, die Höhe der Rücklagen, die Verpflichtungen Dritter und der Wohnungseigentümer und die Forderungen Dritter gegenüber der Gemeinschaft der Wohnungseigentümer und damit über die aktuelle wirtschaftliche Situation bestehen (BGH NJW 2015, 3651 Rn. 36). Aus der Buchführung müssen sich jederzeit der Wirtschaftsplan und die Jahresabrechnung über den Wirtschaftsplan entwickeln lassen (OLG Oldenburg ZMR 2008, 238). Ferner muss der Verwalter jederzeit über die Forderungen gegen Wohnungseigentümer berichten können (BGH NJW 2015, 3651 Rn. 36). 368

III. Inhalt

1. Formelle und materielle Grundsätze. Die Gemeinschaft der Wohnungseigentümer muss die formellen und materiellen Grundsätze der ordnungsmäßigen Buchführung einhalten, d. h. sie muss die allgemeinen Buchhaltungsgrundsätze beachten (*Sauren* ZMR 2015, 341). Die Eintragungen in Büchern und die sonst erforderlichen Aufzeichnungen müssen daher vollständig, richtig, zeitgerecht (BayObLGZ 1985, 63 (65)) und geordnet vorgenommen werden (§ 239 Abs. 2 HGB). Die Buchhaltung muss von jedem Wohnungseigentümer ohne besondere buchhalterische Kenntnisse nachgeprüft werden können (BGH NJW 2014, 145 Rn. 9 und 11; BayObLG NJW-RR 1988, 18) – eine Forderung, die über § 238 Abs. 1 Satz 2 HGB deutlich hinausgeht. 369

2. Dokumentations- und Belegprinzip. Des Weiteren muss die Buchführung dem Dokumentations- und Belegprinzip genügen (OLG Schleswig 370

ZMR 2008, 665). Jeder Buchung muss ein schriftlicher Beleg als Nachweis des Geschäftsvorfalls zugrunde liegen (OLG Oldenburg ZMR 2008, 238). Die Anforderungen an den Inhalt der Belege sind nach dem Einzelfall zu bemessen. Der Beleg muss aber seine Funktion als dokumentarisches Bindeglied zwischen dem Geschäftsvorfall und der Buchung erfüllen können. Folglich muss der Beleg in der Regel insbesondere den konkreten Geschäftsvorfall, den Bezug zu der betroffenen Wohnungseigentumsanlage sowie die Höhe der jeweiligen Forderung, einschließlich der zu ihrer Nachvollziehbarkeit erforderlichen Angaben, enthalten (OLG Oldenburg ZMR 2008, 238).

371 **3. Buchhaltungskonten nach einem Kontenplan.** Zur ordnungsmäßigen Buchführung gehört es, Buchhaltungskonten nach einem Kontenplan zu führen. Für jede Kostenart und jedes Wohnungseigentum ist ein Konto einzurichten. Die Hausgeldkonten können im Vermögensbericht dargestellt werden. Dies ist aber nicht zwingend. Ferner sind die Hausgeldkonten kein Bestandteil der Jahresabrechnung (BGH NJW 2014, 145 Rn. 9 und 11).

372 **4. Sonstiges und Teilzahlungen.** Die Buchhaltung muss zeitnah durchgeführt werden (BayObLGZ 1985, 63 (65)). Bei Zahlungen auf Vor- und/oder Nachschüsse ist – gegebenenfalls entsprechend *Häublein* ZWE 2010, 237 (244)) – § 366 BGB anwendbar (LG München I ZWE 2010, 229; *Becker* ZWE 2010, 231 (232)).

373 Bedient ein Wohnungseigentümer die Vor- und/oder Nachschüsse nur teilweise und weist der Verwalter diese Teilzahlung nicht wegen § 266 BGB zurück, ist die Teilzahlung nach § 366 Abs. 2 BGB zunächst auf die anteilmäßige Verpflichtung zur Kostentragung und nur, wenn die Teilzahlung die Betriebs- und Verwaltungskosten übersteigt, auf die Beitragsleistung zu Rücklagen anzurechnen (*Först* ZWE 2018, 302 (304)). Die Zahlungen sind im Verhältnis zur Schuld auf Rücklagen der „lästigere" Teil iSd § 366 Abs. 2 BGB. Dem Hausgeldschuldner droht nur wegen der Kosten die unmittelbare Inanspruchnahme aus § 9a Abs. 4 Satz 1 WEG. Möglich ist es jedenfalls, zu beschließen, eine künftige Teilzahlung vorrangig auf die anteilmäßige Verpflichtung der Wohnungseigentümer zur Lasten- und Kostentragung zu verrechnen.

IV. Verstöße

374 Ist eine Buchhaltung nicht ordnungsmäßig, verletzt der Verwalter seine Pflichten und schuldet im Einzelfall Schadenersatz (→ § 26 Rn. 382 ff.).

P. Abdingbarkeit

I. Grundsatz

375 Die Wohnungseigentümer können von § 28 Abs. 1, 2 WEG etwas Abweichendes vereinbaren (BayObLG ZMR 2005, 384; NZM 1999, 1058; *Häublein* ZWE 2019, 280 (282)). Auch § 28 Abs. 3 WEG und § 28 Abs. 4 WEG sind jeweils abdingbar. Die Wohnungseigentümer sind nach den Strukturprinzipien des Wohnungseigentums aber nicht befugt, eine von

Wirtschaftsplänen und Abrechnungen gänzlich unabhängige Umlage der Kosten anzuordnen (BGH NZM 2012, 30 Rn. 52; aA BayObLG NJW-RR 2006, 20 (22): § 28 WEG ist insgesamt abdingbar). Für die Umlage der Kosten für Wärme und Warmwasser folgt das schon aus der HeizkostenV (→ Rn. 150). Im Übrigen gilt aber nichts anderes. Stets bedarf es also einer Grundlage für die Bemessung der anteiligen Kostentragung der Wohnungseigentümer jenseits von § 16 Abs. 2 Satz 1 WEG oder § 748 BGB; etwas anderes gilt auch nicht in Kleinstgemeinschaften (aA Jennißen/*Jennißen* § 28 Rn. 34). Zu Zweiergemeinschaften → Rn. 355.

II. Beispiele für abweichende Vereinbarungen

1. Übersicht. 376

- Eine Vereinbarung kann als Wirtschaftsjahr abweichend vom grundsätzlich geltenden Kalenderjahr einen anderen Zeitraum anordnen (→ Rn. 31; LG Köln ZWE 2015, 43 (44)).
- Eine Vereinbarung kann anordnen, dass eine Jahresabrechnung grundsätzlich als Bilanz zu erstellen ist (→ Rn. 33).
- Eine Vereinbarung kann hausbezogene Abrechnungen und Wirtschaftspläne anordnen (→ Rn. 352; → Rn. 353).
- Eine Vereinbarung kann anordnen, dass nur einige Wohnungseigentümer stimmberechtigt sind (allgemein → § 25 Rn. 20), zB nur die jeweiligen Verwaltungsbeiräte (OLG Hamm ZMR 2008, 63; *Strecker* ZWE 2004, 228 (233); aA Jennißen/*Jennißen* § 28 Rn. 143).
- Eine Vereinbarung kann eine Erwerberhaftung anordnen (→ Rn. 265).
- Eine Vereinbarung kann ein Aufrechnungsverbot anordnen oder – umgekehrt – die Aufrechnung erleichtern.

2. Unter einer Bedingung vereinbarte Ja-Stimmen. Es ist streitig, ob 377 vereinbart werden kann, dass die Beschlüsse nach § 28 Abs. 1 Satz 1, Abs. 2 Satz 1 WEG als gefasst gelten, wenn die Wohnungseigentümer nicht innerhalb einer gewissen Frist nach Absendung oder Zugang des jeweiligen Zahlenwerks widersprechen. Nach hier vertretener Ansicht ist eine solche Vereinbarung dahin auszulegen, dass Schweigen ausnahmsweise ausdrücklich als Zustimmung zu einem schriftlichen Beschluss iSv § 23 Abs. 3 WEG vereinbart ist. Eine solche Vereinbarung ist möglich; § 23 Abs. 3 WEG ist abdingbar (→ § 23 Rn. 175; offen gelassen von BGH NJW 1991, 97 unter III. 1). Es handelt sich bei dieser Konstruktion im Ergebnis um einen schriftlichen Beschluss, der vom Verwalter festzustellen und zu verkünden ist. Die Wohnungseigentümer haben die Möglichkeit, diesen Beschluss in der Versammlung durch einen anderen Beschluss (Zweitbeschluss) zu ersetzen (BGH NJW 1991, 97 unter III. 1).

Eine Auslegung, wonach eine solche Vereinbarung die Verbindlichkeit 378 nicht von einem Beschluss, sondern von „Widersprüchen" des Wohnungseigentümers abhängig macht, überzeugt nicht (aA OLG Hamm OLGZ 1982, 20 (26)). Dann wäre ein Wohnungseigentümer nicht an einen Beschluss, sondern eine Zustimmung gebunden; dieser Mechanismus ist dem WEG unbekannt. Ferner wäre eine Jahresabrechnung nur für die Wohnungseigentümer verbindlich, die ihr nicht fristgerecht widersprechen – was nicht überzeugt und in der Praxis zu kaum überwindbaren Problemen führen würde (*Schnauder* WE 1991, 144 (148)).

III. Beschlüsse

379 Soweit nicht der Anwendungsbereich des Absatz 3 eröffnet ist, können die Wohnungseigentümer nichts zu § 28 Abs. 1, Abs. 2 WEG dauerhaft Abweichendes beschließen (BGH NJW 2005, 2061 unter IV. 1).

Verwaltungsbeirat

29 (1) [1]**Wohnungseigentümer können durch Beschluss zum Mitglied des Verwaltungsbeirats bestellt werden.** [2]**Hat der Verwaltungsbeirat mehrere Mitglieder, ist ein Vorsitzender und ein Stellvertreter zu bestimmen.** [3]**Der Verwaltungsbeirat wird von dem Vorsitzenden nach Bedarf einberufen.**

(2) [1]**Der Verwaltungsbeirat unterstützt und überwacht den Verwalter bei der Durchführung seiner Aufgaben.** [2]**Der Wirtschaftsplan und die Jahresabrechnung sollen, bevor die Beschlüsse nach § 28 Absatz 1 Satz 1 und Absatz 2 Satz 1 gefasst werden, vom Verwaltungsbeirat geprüft und mit dessen Stellungnahme versehen werden.**

(3) **Sind Mitglieder des Verwaltungsbeirats unentgeltlich tätig, haben sie nur Vorsatz und grobe Fahrlässigkeit zu vertreten.**

Literatur (zur älteren Literatur siehe Vorauflage): *Drasdo,* Der Verwaltungsbeirat nach dem WEG, 2011; *Häublein,* Die Entlastung des Verwaltungsbeirats und ihre Folgen, MietRB 2020, 220; *Hogenschurz,* Zur Zurechnung von Wissen des Verwaltungsbeirats gemäß § 29 WEG, ZfIR 2016, 820; *Hogenschurz,* Verwalter und Verwaltungsbeirat – Teil I: Einrichtung eines Verwaltungsbeirats, MietRB 2014, 220; *Hogenschurz,* Verwalter und Verwaltungsbeirat – Teil II: Aufgaben des Verwaltungsbeirats, MietRB 2014, 247; *Hogenschurz,* Verwalter und Verwaltungsbeirat – Teil III: Haftung und Versicherung des Verwaltungsbeirats, MietRB 2014, 279; *Kappus,* WEG-Reform: Ein modernes Konzept für den Verwaltungsbeirat, NZM 2019, 804; *Kappus,* Kummerkasten, Kontrollorgan, Friedensstifter: Der Verwaltungsbeirat, NZM 2017, 663; *Wolicki,* Die Entlastung des Verwaltungsbeirates oder wie schlau müssen Beiräte sein?, ZWE 2019, 354.

Übersicht

A. Entstehungsgeschichte

1 § 29 WEG regelt die Grundlagen zum Verwaltungsbeirat, ist dabei aber bewusst rudimentär (BR-Drs. 75/51, 24). Er findet sich von Anfang an im Gesetz. Seine heutige Fassung ist die Folge der Umformung durch das

Gesetz zur Förderung der Elektromobilität und zur Modernisierung des Wohnungseigentumsgesetzes und zur Änderung von kosten- und grundbuchrechtlichen Vorschriften vom 16.10.2020. Dieses Gesetz hat die früheren Absätze 1 und 4 und die Absätze 2 und 3 zusammengefasst, aus ihnen den Absatz 1 bzw. Absatz 2 gemacht, diese jeweils leicht modernisiert und bisherige Probleme abgeräumt. Ohne Beispiel im alten Recht ist hingegen in Anlehnung an §§ 31a, 31b BGB der Absatz 3 zur Frage, für welches Verschulden der Wohnungseigentümer einstehen muss, der unentgeltlich im Verwaltungsbeirat mitwirkt. Sämtliche aktuellen Änderungen sollen die Tätigkeit im Verwaltungsbeirat attraktiver machen, um dadurch mehr Wohnungseigentümer zur Übernahme dieser Tätigkeit zu bewegen (BR-Drs. 168/20, 28, 87 und 88). Ob dies gelingt, ist zweifelhaft (*Hogenschurz* ZWE 2020, 49). Die Pflicht der Verwaltungsbeiräte, den Verwalter zu überwachen, ist auf Initiative des Rechtsausschusses ins Gesetz eingefügt worden (BT-Drs. 19/22634).

B. Sinn und Zweck

Absatz 1 regelt in seinem Satz 1, wie Verwaltungsbeiräte bestellt werden 2
können und in seinem Satz 2, wie sich der Verwaltungsbeirat zusammensetzt. In seinem Satz 3 trifft er eine Bestimmung zur inneren Organisation des Verwaltungsbeirates. Absatz 2 nennt einige der Pflichten der Verwaltungsbeiräte. Absatz 3 ist eine Bestimmung zur Begrenzung der Haftung eines Verwaltungsbeirates.

C. Dogmatische Grundlagen

I. Einrichtung eines Verwaltungsbeirates

Ob Wohnungseigentümer für ihre Wohnungseigentumsanlage einen Ver- 3
waltungsbeirat einrichten, steht nach § 29 Abs. 1 Satz 1 WEG („können") in ihrem Ermessen (BGH NJW 2010, 3168 Rn. 8) und ist eine Frage ordnungsmäßiger Verwaltung iSv § 18 Abs. 2 Nr. 1 WEG. Die Entscheidung zur Einrichtung eines Verwaltungsbeirates durch Vereinbarung oder Beschluss („Institutionalisierung") ist dogmatisch zwar von der Vereinbarung oder dem Beschluss, eine konkrete Person zum Verwaltungsbeirat zu bestimmen, zu unterscheiden. Die Wahl bestimmter Personen zu Verwaltungsbeiräten ist mittelbar aber zugleich als Beschluss anzusehen, einen Verwaltungsbeirat einzurichten (BayObLG NZM 1999, 857). Der eingerichtete Verwaltungsbeirat hat anders als die Verwaltungsbeiräte keine eigene Rechtspersönlichkeit (OLG Düsseldorf NZM 1998, 36 (37)).

II. Verwaltungsbeirat als Verwaltungsstelle

1. Verwaltungsbeiräte. Der BGH spricht in Bezug auf die Rechtspositi- 4
on der Verwaltungsbeiräte zwar von Organpflichten und -rechten (BGH NJW-RR 2019, 589 Rn. 10). Diese Formulierung darf nach hier vertretener

Ansicht aber nicht darüber hinwegtäuschen, dass die Verwaltungsbeiräte in der Regel kein Organ iSd BGB oder iSd Verbandsrechts sind (vgl. auch *Schmid* ZWE 2010, 8 (9); Jennißen/*Schmidt,* Der WEG-Verwalter, B. Rn. 7 und Rn. 67: „abstrakte Funktionseinheit der Verbandsorganisation"). Die Verwaltungsbeiräte nehmen zwar vor allem zur Entlastung der Gesamtheit der Wohnungseigentümer bestimmte Angelegenheiten wahr. Diese können aber grundsätzlich auch von jedem anderen Wohnungseigentümer und ohne besonderes „Mandat" wahrgenommen werden. Anders ist es nach § 95 Abs. 2 (→ Rn. 58), § 24 Abs. 3 (→ § 24 Rn. 65) und § 24 Abs. 6 (→ § 24 Rn. 151).

5 **2. Verwaltungsbeirat.** Der Verwaltungsbeirat in seiner Gesamtheit wird vom heutigen Gesetzgeber als „Kontrollorgan" (BT-Drs. 168/20, 25) bzw. als ein den Verwalter unterstützendes Organ (BT-Drs. 168/20, 63) beschrieben. Dies entspricht der hM (BGH NZM 2019, 341 Rn. 10; NJW 2018, 2550 Rn. 66; 2005, 2061 unter III. 5. c; *Lehmann-Richter* ZWE 2011, 439 (440); *Jennißen/Schmidt,* Der WEG-Verwalter, B. Rn. 1; Jennißen/*Hogenschurz* § 29 Rn. 31). **Stellungnahme.** Dieser Begrifflichkeit ist nicht zu folgen, jedenfalls nicht technisch zu verstehen. Der Verwaltungsbeirat ist kein Teil der Handlungsorganisation der Gemeinschaft der Wohnungseigentümer. Das Gesetz weist dem Verwaltungsbeirat als Gesamtbild keine Aufgaben der Gemeinschaft der Wohnungseigentümer zu. Auch ein Rahmen des § 29 Abs. 2 WEG kann der Verwaltungsbeirat nicht als Organ der Gemeinschaft der Wohnungseigentümer verstanden werden (s. a. *Elzer* PiG 93, 173 (179); *Schmid* ZWE 2010, 8 (10)). Denn die Verwaltungsbeiräte nehmen insoweit weder gegenüber den Wohnungseigentümern noch gegenüber Dritten Rechte der Gemeinschaft der Wohnungseigentümer wahr noch üben sie deren Pflichten gegenüber Dritten oder den Wohnungseigentümern aus. Der „Verwaltungsbeirat" vertritt die Wohnungseigentümer umgekehrt auch nicht gegenüber der Gemeinschaft der Wohnungseigentümer.

III. Stellung der Verwaltungsbeiräte

6 **1. Amtsstellung.** Wird ein Wohnungseigentümer zum Verwaltungsbeirat bestellt, wird er Träger eines (privaten) Amtes (Bärmann/Pick/*Dötsch* § 29 Rn. 24). Als solcher unterliegt der jeweilige Wohnungseigentümer den gesetzlichen Pflichten eines „Verwaltungsbeirates" und hat umgekehrt dessen gesetzliche Rechte. Das Amt muss vom Bestellten höchstpersönlich ausgeübt werden (*Armbrüster* ZWE 2001, 355 (359)) und kann, ist nichts anderes vereinbart, nicht auf eine andere Person übertragen oder von einem Vertreter, etwa einem „Ersatzmitglied", wahrgenommen werden (*Kümmel* NZM 2003, 30; *Bub* ZWE 2002, 7 (17)). Das Amt ist auch nicht „vererblich" (BayObLGZ 1988, 212 (214); *Armbrüster* ZWE 2001, 412).

7 **2. Schuldrechtliche Beziehung.** Die Verwaltungsbeiräte begegnen der Gemeinschaft der Wohnungseigentümer und den Wohnungseigentümern neben ihrer Amtsstellung zusätzlich stets in einer schuldrechtlichen Beziehung (Bärmann/Pick/*Dötsch* § 29 Rn. 25). Wie beim Verwalter ist nämlich bei den Verwaltungsbeiräten zwischen ihrer organschaftlichen Bestellung

und einer daneben bestehenden schuldrechtlichen Beziehung zu unterscheiden (Riecke/Schmid/*Abramenko* § 29 Rn. 5). Dieses schuldrechtliche Rechtsverhältnis ist in der Regel ein Auftrag iSd §§ 662 ff. BGB (BayObLG NJW-RR 2000, 13 (15); 1991, 1360). Als Beauftragte nehmen die Verwaltungsbeiräte im Rahmen ihrer gesetzlichen Aufgaben Rechte der Gemeinschaft der Wohnungseigentümer oder der Wohnungseigentümer wahr. Vorstellbar ist allerdings auch ein Geschäftsbesorgungsvertrag als Folge eines Beiratsvertrags (→ Rn. 88).

IV. Wissenszurechnung

Die Gemeinschaft der Wohnungseigentümer muss sich nach § 166 BGB **8**
das Wissen der Verwaltungsbeiräte zurechnen lassen, soweit diese für sie als Organe tätig werden (→ Rn. 4; → Rn. 5). Die Wohnungseigentümer müssen sich hingegen ein Wissen der Verwaltungsbeiräte nicht zurechnen lassen (*Hogenschurz* ZfIR 2016, 820 (820); *Schmid* ZWE 2010, 8 (9); Bärmann/*Becker* § 29 Rn. 119b; aA KG WuM 2010, 79; OLG Düsseldorf NZM 2002, 264; OLG Köln NZM 2001, 862; LG Krefeld NJOZ 2018, 776 Rn. 31). Etwa für die Verjährung von Schadenersatzansprüchen gegen den Verwalter oder gegen einen Wohnungseigentümer kann nicht auf die Kenntnis oder grob fahrlässige Unkenntnis (§ 199 Abs. 1 Nr. 2 BGB) eines Verwaltungsbeirates – ist er Wohnungseigentümer – abgestellt werden (*Hogenschurz* ZfIR 2016, 820 (820)). Werden den Verwaltungsbeiräten hingegen Pflichten der Wohnungseigentümer übertragen und werden die Wohnungseigentümer in diesem Pflichtenkreis vertreten, gilt nach §§ 164 ff. BGB natürlich anderes (*Schmid* ZWE 2010, 8 (10); Jennißen/*Hogenschurz* § 29 Rn. 31).

D. Bestellung (§ 29 Abs. 1 WEG)

I. Bestellungsbeschluss (§ 29 Abs. 1 Satz 1, Satz 2 WEG)

1. Überblick. Nach § 29 Abs. 1 Satz 1 WEG können Wohnungseigentü- **9**
mer durch Beschluss zum Verwaltungsbeirat bestellt werden. Bestimmen die Wohnungseigentümer mehrere Wohnungseigentümer zu Verwaltungsbeiräten, können sie nach § 29 Abs. 1 Satz 2 WEG auch beschließen, wer von diesen Vorsitzender und wer dessen Stellvertreter ist. Ein Zwang hierzu besteht allerdings nicht.

Eine Person kann nicht gegen ihren Willen zum Verwaltungsbeirat bestellt **10**
werden (BGH NJW-RR 2019, 589 Rn. 10; *Hogenschurz* MietRB 2014, 220 (221)). Gegen seinen Willen kann niemand in ein Amt bestellt werden (BGH NJW 2010, 3168 Rn. 7). Der Bestellte muss einer Bestellung daher immer zustimmen, sie also nach § 18 Abs. 1 WEG gegenüber der Gemeinschaft der Wohnungseigentümer annehmen.

2. Anzahl der Verwaltungsbeiräte (§ 29 Abs. 1 Satz 1, Satz 2 11
WEG). a) Überblick. Nach § 29 Abs. 1 Satz 2 WEG aF waren drei Verwaltungsbeiräte zu bestellen. Wurden mehr oder weniger Verwaltungsbeiräte bestellt, entsprach diese Bestimmung nur dann einer ordnungsmäßigen

Verwaltung, wenn eine abweichende Anzahl vereinbart war oder eine Öffnungsklausel einen entsprechenden Beschluss erlaubte. Fehlte es an einer Vereinbarung und/oder Öffnungsklausel, war ein Beschluss, mit dem mehr oder weniger Verwaltungsbeiräte bestellt wurden, nach hM rechtsfehlerhaft und daher anfechtbar (BGH NJW 2010, 3168 Rn. 3; LG Dresden ZWE 2014, 54 (56); AG Dresden ZMR 2019, 226 (227); AG Erfurt ZWE 2015, 277). Nach Ansicht des Gesetzgebers wurde diese Rechtslage dem Bedürfnis der Praxis nicht gerecht, die Zahl der Beiratsmitglieder flexibel durch Beschluss festlegen zu können (BT-Drs. 168/120, 87). § 29 Abs. 1 Satz 1 WEG sieht daher vor, dass die Wohnungseigentümer über die Zahl der Verwaltungsbeiräte beschließen können. Die Anzahl ist dabei nach oben hin nicht begrenzt und nur eine Frage der Ordnungsmäßigkeit.

12 **b) Ein Verwaltungsbeirat.** Die Wohnungseigentümer sind nach § 29 Abs. 1 Satz 1 WEG berechtigt, nur einen Wohnungseigentümer zum Verwaltungsbeirat zu bestellen (BT-Drs. 168/120, 87). Dieser Wohnungseigentümer ist dann automatisch der Vorsitzende des Verwaltungsbeirates (→ Rn. 66).

13 **c) Mehrere Verwaltungsbeiräte.** Bestimmen die Wohnungseigentümer mehrere Wohnungseigentümer zu Verwaltungsbeiräten, sind nach § 29 Abs. 1 Satz 2 WEG ein Vorsitzender und ein Stellvertreter zu bestimmen. Diese Frage können die Wohnungseigentümer selbst durch Beschluss entscheiden (→ Rn. 66). Fassen die Wohnungseigentümer diesen Beschluss allerdings nicht, können auch die Verwaltungsbeiräte die notwendige Bestimmung treffen (→ Rn. 66).

14 **d) Veränderungen.** Stirbt ein Verwaltungsbeirat oder steht er aus anderen Gründen nicht mehr als Verwaltungsbeirat zur Verfügung, setzt sich der Verwaltungsbeirat bis zu einer etwaigen Nachbestellung aus den verbleibenden Verwaltungsbeiräten zusammen (BayObLG NZM 2001, 990 (991); BayObLGZ 1988, 212 (214)) und bleibt weiterhin funktionsfähig (*Armbrüster* ZWE 2001, 412 (413); *Dippel/Wolicki* NZM 1999, 603 (604); aA zum alten Recht *Drasdo* Der Verwaltungsbeirat nach dem WEG, Rn. 122). Anders als etwa der Aufsichtsrat, hat der Verwaltungsbeirat keine Kompetenzen, die es erforderlich machten, seinen Fortbestand von einer bestimmten Anzahl von Wohnungseigentümern abhängig zu machen (*Dippel/Wolicki* NZM 1999, 603 (604)). Entsprechendes gilt, wenn mehrere Verwaltungsbeiräte ausscheiden (OLG München NJW-RR 2005, 1470 (1471)). Der letzte verbliebene Verwaltungsbeirat ist dann stets Vorsitzender des Verwaltungsbeirates (OLG München NJW-RR 2005, 1470 (1471)).

15 **3. Formelle Fragen. a) Überblick.** Über die Bestellung eines Wohnungseigentümers zum Verwaltungsbeirat beschließen die Wohnungseigentümer gem. § 29 Abs. 1 Satz 1 WEG nach §§ 19 Abs. 1, 25 Abs. 1 WEG (*Elzer* ZMR 2014, 104; aA *Drasdo* ZMR 2005, 596). Auch der Wohnungseigentümer ist stimmberechtigt, um dessen Bestellung es geht (→ § 25 Rn. 105).

b) Blockwahl. Nach hM ist es zulässig, beim Bestellungsbeschluss mehrere Kandidaten für den Verwaltungsbeirat auf einer gemeinsamen Liste im Wege von Blockwahlen zu bestellen (OLG München NJOZ 2007, 4891 (4893); OLG Hamburg ZMR 2005, 395; LG Schweinfurt WuM 1997, 641). Kritisch hieran ist, dass Blockwahlen gegen die auch im Wohnungseigentumsrecht geltenden demokratischen Prinzipien verstoßen und von der den §§ 23 ff. WEG zugrunde liegenden Einzelabstimmung als Leitmodell abweichen (LG Düsseldorf NZM 2004, 468; *Drasdo* ZMR 2005, 596 (597)). Bei einer Blockwahl kann ferner die unterschiedliche Akzeptanz zu den einzelnen Kandidaten nicht zum Ausdruck kommen. Eine Blockwahl ist daher nur dann zulässig, wenn kein anwesender Eigentümer Einwände gegen dieses Wahlverfahren erhebt (KG ZMR 2004, 775; *Hogenschurz* MietRB 2014, 220 (221); *Armbrüster* ZWE 2001, 355 (358)). 16

4. Materielle Fragen. a) Eignung. An die Eignung eines als Verwaltungsbeirat zu Bestellenden sind nicht die gleichen, strengen Anforderungen zu stellen wie an die Eignung der Person des Verwalters (OLG Frankfurt a. M. NJW-RR 2001, 1669; OLG Köln NJW-RR 2000, 88). Notwendig, aber ausreichend ist, dass der Bestellte die dem Verwaltungsbeirat auferlegten Pflichten im Wesentlichen erfüllen kann. Vor diesem Hintergrund besonders geeignet sind beispielsweise Buchhalter, Wirtschaftsprüfer, Steuerberater, Architekten, Ingenieure, Rechtsanwälte oder Wohnungseigentümer mit Kenntnissen in diesen Berufen. Ausreichend ist, wenn der entsprechende Wohnungseigentümer geschäftsfähig ist, lesen und schreiben kann und die Grundrechenarten beherrscht (*Wolicki* ZWE 2019, 354). Ob er der deutschen Sprache mächtig sein muss, kommt auf die Zusammensetzung der Wohnungseigentümergemeinschaft und damit auf den Einzelfall an (*Wolicki* ZWE 2019, 354). Es gäbe daher keine Grundlage für eine Forderung, dass ein Verwaltungsbeirat über Kenntnisse von Abrechnungstechnik oder Buchhaltung verfügen bzw. juristische Grundkenntnisse mitbringen müsste (*Wolicki* ZWE 2019, 354 (355)). 17

Dass ein Wohnungseigentümer mit einem anderen Wohnungseigentümer „in Streit lebt" (vgl. OLG Köln NJW-RR 2000, 88) oder in seiner Person die Voraussetzungen für eine Entziehung seines Wohnungseigentums vorliegen, nimmt ihm nicht von vornherein die Eignung, Verwaltungsbeirat zu werden (LG Baden-Baden ZMR 2009, 473). Bei Zwistigkeiten in der Gemeinschaft (zB Mietpoolmanager und Selbstnutzer) reicht es in der Regel auch nicht aus, wenn bei der überstimmten Minderheit das Vertrauen in die persönliche Eignung fehlt. Die Verfolgung eigener Interessen oder die einer Mehrheitsgruppe ist auch nicht ausreichend, um die Qualifikation als Verwaltungsbeirat auszuschließen (KG ZMR 2004, 775). 18

b) Person. aa) Wohnungseigentümer. Aus § 29 Abs. 1 Satz 1 WEG („Wohnungseigentümer") folgt, dass die Verwaltungsbeiräte Wohnungseigentümer (→ § 9a Rn. 2) sein müssen (AG Köln ZMR 2017, 436 (437)). 19

Für das Amt des Verwaltungsbeirates ist es dabei nach Sinn und Zweck ausreichend, dass der Amtsinhaber werdender Wohnungseigentümer (BGH BeckRS 2020, 7544 Rn. 18), bloßer Miteigentümer oder Treuhänder ist (Riecke/Schmid/*Abramenko* § 29 Rn. 31). Ein Amtsträger wie der Testa- 20 mentsvollstrecker, Zwangs- oder Insolvenzverwalter ist hingegen zwar in den meisten Belangen als „Wohnungseigentümer" anzusehen (s. a. BGH NZG 2014, 945 Rn. 14). Für das auf Dauer angelegte Amt des Verwaltungsbeirates ist er aber in der Regel ungeeignet (aA *Deckert* DWE 2005, 12 (13); Jennißen/*Hogenschurz* § 29 Rn. 8).

21 Ist eine juristische Person oder eine Personengesellschaft Wohnungseigentümer, ist sie „Wohnungseigentümer" und kann nach § 29 Abs. 1 Satz 1 WEG zum Verwaltungsbeirat bestellt werden (*Kümmel* NZM 2003, 303; *Häublein* ZMR 2003, 233 (238); aA *F. Schmidt* ZWE 2011, 297 (303); *Hogenschurz* MietRB 2014, 220 (222); Bärmann/Pick/*Dötsch* § § 29 Rn. 14). § 100 Abs. 1 Satz 1 AktG ist in Ermangelung einer Regelungslücke nicht entsprechend anwendbar. Auch aus dem Umstand, dass die Tätigkeit des Amtsträgers eine höchstpersönliche ist (→ Rn. 6), folgt nichts anderes (*Kümmel* NZM 2003, 303).

22 Der gesetzliche Vertreter eines Wohnungseigentümers wie etwa seine Eltern, bei Erwachsenen ein Betreuer oder der Vorstand oder Geschäftsführer einer juristischen Person, ist kein Wohnungseigentümer. Die hM hält ihn zu Unrecht dennoch für geeignet (BGH BeckRS 2020, 7544 Rn. 18; OLG Frankfurt a. M. OLGZ 1986, 432; AG Pinneberg ZMR 2018, 463; *Hogenschurz* MietRB 2014, 220 (222); *Deckert* DWE 2005, 12 (13)). Nicht bestellt werden kann hingegen der Gesellschafter eines Wohnungseigentümers (aA F. *Schmidt* ZWE 2011, 297 (304)).

23 **bb) Nichtwohnungseigentümer.** Wird ein Nichtwohnungseigentümer zum Verwaltungsbeirat bestellt, entspricht seine Wahl keiner ordnungsmäßigen Verwaltung (BayObLG ZMR 1993, 128; OLG Düsseldorf NJW-RR 1991, 594; LG Karlsruhe ZWE 2009, 168). Streitig ist, ob so ein Beschluss nur anfechtbar (*Deckert* DWE 2005, 12 (13); F. *Schmidt* ZWE 2004, 18; *Wenzel* ZWE 2001, 226 (233)), oder angesichts der „ewigen" Bestellungsdauer (→ Rn. 29; BGH NJW-RR 2019, 589 Rn. 10) sogar nichtig ist (*Elzer* ZMR 2009, 411; F. *Schmidt* ZWE 2004, 18 (29)).

24 **cc) Verwalter.** Die Bestellung des Verwalters zum Verwaltungsbeirat ist, auch wenn er Wohnungseigentümer ist, wegen der offensichtlichen Interessenskollision und wegen der Unmöglichkeit der Aufgabenerfüllung nach Sinn und Zweck nichtig (OLG Zweibrücken OLGZ 1983, 438; LG Frankfurt a. M. ZMR 2016, 128). Zum Verwaltungsbeirat kann auch nicht der Alleingeschäftsführer einer mit der Verwaltung betrauten GmbH bestellt werden (OLG Köln OLGZ 1983, 438; *Hogenschurz* MietRB 2014, 220 (222)). Ungeeignet sein soll schließlich ein Wohnungseigentümer, der den Verwalter früher entgeltlich beraten hat (LG Frankfurt a. M. ZMR 2016, 128).

25 **5. Ersatzbeiräte.** So wie es auch in § 101 Abs. 3 Satz 2 AktG bestimmt ist, können die Wohnungseigentümer mit der Bestellung der Verwaltungsbeiräte oder später Ersatzbeiräte wählen (AG Hannover ZMR 2007, 405). Die Bestellung zum Ersatzbeirat ist eine Bestellung unter der aufschiebenden Bedingung (§ 158 Abs. 1 BGB), dass irgendein Verwaltungsbeirat oder ein bestimmter Verwaltungsbeirat aus dem Verwaltungsbeirat ausscheidet oder

dass ein Verwaltungsbeirat dauerhaft verhindert ist, sein Amt auszuüben (Bärmann/*Merle/Becker* § 29 Rn. 23).

26 **6. Anfechtung des Bestellungsbeschlusses.** Im Rahmen einer Anfechtungsklage nach § 44 Abs. 1 Satz 1 WEG gegen einen Bestellungsbeschluss nach § 29 Abs. 1 Satz 1 WEG ist ua zu prüfen, ob die Wahl der konkreten Person zum Verwaltungsbeirat ordnungsmäßiger Verwaltung entspricht, insbesondere ob sie ermessensfehlerfrei ist (OLG Frankfurt a. M. NJW-RR 2001, 1669), und ob die Wohnungseigentümer bei der Wahl keine Formfehler begangen haben. Ein Bestellungsbeschluss ist vor allem nicht ordnungsmäßig, wenn der Bestellte für das Amt eines Verwaltungsbeirates ungeeignet ist (dazu → Rn. 17 ff.).

27 Eine Beiratswahl widerspricht ferner den Grundsätzen ordnungsmäßiger Verwaltung, wenn ein wichtiger Grund gegen die Person des Gewählten spricht (KG ZMR 2004, 775; BayObLG NJOZ 2003, 726; OLG Köln NJW-RR 2000, 88). Ein solcher wichtiger Grund liegt vor, wenn unter Berücksichtigung aller Umstände eine Zusammenarbeit mit dem Verwaltungsbeirat unzumutbar und das erforderliche Vertrauensverhältnis von vornherein nicht zu erwarten ist (BayObLG NJOZ 2003, 726 (727)). Ob ein wichtiger Grund besteht, ist insbesondere an den einem Verwaltungsbeirat obliegenden Aufgaben und seiner Eignung dazu zu messen (OLG Frankfurt a. M. NJW-RR 2001, 1669).

II. Bestellung durch Gericht

28 Können sich die Wohnungseigentümer auf keine Person(en) als Verwaltungsbeirat verständigen, findet ein entsprechender Antrag daher keine Mehrheit oder wäre der Antrag unnütze Förmelei, kann im Einzelfall, zB bei großen Gemeinschaften, trotz des Wortlauts des § 29 Abs. 1 Satz 1 WEG („können“) eine Pflicht bestehen, Verwaltungsbeiräte – und damit ggf. zugleich den Verwaltungsbeirat (→ Rn. 3) – zu bestellen. In diesen Fällen kann gestützt auf § 18 Abs. 2 Nr. 1 WEG nach § 44 Abs. 1 Satz 2 WEG auf einen Verwaltungsbeirat geklagt werden (Bärmann/*Merle/Becker* § 29 Rn. 8; aA OLG Düsseldorf NJW-RR 1991, 594; *Bub* ZWE 2002, 7 (11)). Der Antrag hat Erfolg, wenn ausnahmsweise allein die Bestellung eines Verwaltungsbeirates (bzw. der konkret benannten Person) ordnungsmäßiger Verwaltung entspricht (→ § 18 Abs. 2) und wenn sich ein Wohnungseigentümer findet, der das Amt übernehmen will (→ Rn. 10). Gibt es von vornherein keinen Wohnungseigentümer, der sich bestellen lassen will, ist eine Klage in Ermangelung eines Rechtsschutzbedürfnisses allerdings unzulässig.

III. Bestellungsdauer

29 **1. Allgemeines.** Die Wohnungseigentümer können einen Verwaltungsbeirat jederzeit abberufen und eine andere Person bestellen (BGH NJW-RR 2019, 589 Rn. 10). Die Wohnungseigentümer sind ferner berechtigt, die Amtsdauer der Verwaltungsbeiräte durch Beschluss zu begrenzen und sie beispielsweise entsprechend der maximalen Bestellungsdauer des Verwalters für fünf Jahre zu bestellen (KG FGPrax 1997, 173). Ist eine bestimmte

Amtszeit nicht vorgesehen, ist eine Bestellung unbegrenzt (BGH NJW-RR 2019, 589 Rn. 10; OLG München NJOZ 2007, 4891 (4893); OLG Köln NZM 2000, 193; *Hogenschurz* MietRB 2014, 220 (222)).

30 **2. Beendigungsgründe. a) Überblick.** Die Tätigkeit im Verwaltungsbeirat ist beendet, wenn eine Bestellungszeit bestimmt und diese abgelaufen ist, wenn beschlossen ist, einen Verwaltungsbeirat abzubestellen (→ Rn. 29), wenn an seiner statt ein anderer bestellt wird oder wenn ein Bestellungsbeschluss durch rechtskräftiges Urteil für ungültig erklärt wird. Die Tätigkeit ist nach Sinn und Zweck ferner beendet, wenn ein Verwaltungsbeirat geschäftsunfähig (→ Rn. 30) wird. Auch wenn ein Verwaltungsbeirat zum Verwalter bestellt wird, endet nach Sinn und Zweck sein Amt als Verwaltungsbeirat (→ Rn. 24).

31 **b) Niederlegung.** Jeder Verwaltungsbeirat ist befugt, von seinem Amt (→ Rn. 6) zurückzutreten und es durch Erklärung gegenüber der Gemeinschaft der Wohnungseigentümer (*Hogenschurz* MietRB 2014, 220 (223); aA *Jennißen/Schmidt,* Der WEG-Verwalter, B. Rn. 143: gegenüber Versammlung) und also nach § 9b Abs. 1 Satz 1 WEG gegenüber dem Verwalter niederzulegen (KG ZMR 1997, 544 (545); *Armbrüster* ZWE 2001, 412 (413)). Geschieht dies zur Unzeit, kann ein Verwaltungsbeirat im Einzelfall nach § 671 Abs. 2 Satz 1 BGB Schadenersatz schulden. Verbindet den Verwaltungsbeirat mit der Gemeinschaft der Wohnungseigentümer ein Beiratsvertrag (→ Rn. 88), muss auch dieser gegenüber dem Verwalter gekündigt werden. Eine Kündigungsfrist ist nicht einzuhalten, wenn die Niederlegung berechtigt ist.

32 **c) Ausscheiden aus der Wohnungseigentümergemeinschaft.** Mit dem freiwilligen oder unfreiwilligen (§ 17 WEG) endgültigen Ausscheiden eines Verwaltungsbeirates aus der Wohnungseigentümergemeinschaft endet nach Sinn und Zweck sowie Eignung (→ Rn. 17 ff.) auch sein Amt (BayObLG NZM 2001, 990 (991); *Elzer* ZMR 2009, 411 (412)). Man kann davon ausgehen, dass die Bestellung in der Regel schlüssig entsprechend auflösend bedingt war. Wird dieser Wohnungseigentümer erneut Wohnungseigentümer, wird er nicht automatisch auch wieder Verwaltungsbeirat (BayObLGZ 1992, 336 (340)).

E. Abberufung (§ 29 Abs. 1 WEG)

I. Durch Beschluss

33 **1. Überblick.** Die Wohnungseigentümer sind befugt, die Verwaltungsbeiräte oder den gesamten Verwaltungsbeirat jederzeit entsprechend § 671 Abs. 1 BGB nach freiem Ermessen durch Beschluss abzuberufen (OLG München NJOZ 2007, 4891 (4893); OLG Hamm NZM 1999, 227 (229)). Eine Verpflichtung, mit der Abberufung andere Wohnungseigentümer zu Verwaltungsbeiräten zu bestellen, besteht nicht (*Brych* PiG 32, 39 (45)). Die Abberufung bedarf keiner Angabe von Gründen. Der Abberufungsbeschluss bewirkt die Abberufung aus dem Amt → Rn. 6 und beendet unmittelbar die

Rechtsstellung (OLG Hamm NJW-RR 1997, 1232 (1233)); einer „Mitteilung“ an den Bestellten bedarf es nicht (aA Bärmann/*Merle/Becker* § 29 Rn. 28: es bedarf des Zuganges der Erklärung). In der Bestellung eines komplett neuen Verwaltungsbeirates liegt in der Regel zugleich schlüssig die Abberufung der bisherigen Verwaltungsbeiräte (OLG München NJOZ 2007, 4891 (4893/4994); LG Nürnberg-Fürth ZMR 2001, 746). Anders liegt es zB bei einer Nachbestellung, wenn zB von ursprünglich drei Verwaltungsbeiräten nur noch zwei vorhanden sind.

2. Wichtiger Grund. Wohnungseigentümer können unter sich vereinbaren, nach § 19 Abs. 1 WEG aber auch beschließen, dass die jeweiligen Verwaltungsbeiräte nur aus einem wichtigen Grund abberufen werden können (OLG Hamm NZM 1999, 227 (228)). In einem etwaigen Beiratsvertrag (→ Rn. 88) kann diese Bestimmung nicht getroffen werden, da dieser zwischen der Gemeinschaft der Wohnungseigentümer und den Verwaltungsbeiräten geschlossen wird (→ Rn. 88). In der bloßen Vereinbarung einer Bestellungsdauer liegt keine schlüssige Bestimmung eines wichtigen Grundes (aA *Jennißen/Schmidt,* Der WEG-Verwalter, B. Rn. 137; Riecke/Schmid/*Abramenko* § 29 Rn. 10). Ist die Abberufung auf wichtige Gründe beschränkt, ist sie möglich, wenn unter Berücksichtigung aller Umstände eine Zusammenarbeit mit dem Verwaltungsbeirat unzumutbar ist, weil das erforderliche Vertrauensverhältnis entfallen ist (BayObLG WE 1991, 226 (227)). 34

3. Anfechtung. Die Anfechtung hat Erfolg, wenn die Abberufung nicht ordnungsmäßiger Verwaltung entspricht. Bei der Prüfung sind das Selbstorganisationsrecht (→ § 18 Rn. 35) sowie das Ermessen der Wohnungseigentümer zu beachten. In der Regel wird sich ein Verwaltungsbeirat nur gegen Willkür wenden (s. a. *Armbrüster* ZWE 2001, 413) oder geltend machen können, dass behauptete Abberufungsgründe nicht vorliegen. 35

II. Durch das Gericht

Das Wohnungseigentumsgericht kann die Verwaltungsbeiräte in einem Verfahren nach § 44 Abs. 1 Satz 2 WEG abberufen. Voraussetzung ist – es sei denn, dieses wäre Förmelei (im Einzelnen → Vor §§ 43 ff. Rn. 9) –, dass ein Wohnungseigentümer zunächst auf einer Versammlung der Wohnungseigentümer beantragt, den entsprechenden Verwaltungsbeirat abzuberufen (OLG München NZM 2007, 132). Die Klage hat Erfolg, wenn in der Person des Verwaltungsbeirates schwerwiegende Gründe vorliegen, die sein Verbleiben im Amt als nicht ordnungsmäßig erscheinen lassen (OLG München NZM 2007, 132). 36

F. Pflichten des Verwaltungsbeirates (§ 29 Abs. 2 WEG)

I. Allgemeines

Jeder Verwaltungsbeirat schuldet als Amtsträger (→ Rn. 6) die ihm obliegenden gesetzlichen Pflichten. Kommt ein Verwaltungsbeirat diesen Pflichten nicht nach, kann die Gemeinschaft der Wohnungseigentümer Erfüllung 37 verlangen und auf diese auch klagen (Bärmann/*Merle/Becker* § 29 Rn. 51; aA KG ZMR 1997, 544).

II. Unterstützung des Verwalters (§ 29 Abs. 2 Satz 1 Fall 1 WEG)

38 **1. Überblick.** Der Verwaltungsbeirat soll den Verwalter bei der Durchführung seiner Aufgaben unterstützen. Der Begriff „Unterstützung" gibt dem Verwaltungsbeirat weder eigene Entscheidungskompetenzen noch Durchführungspflichten (BGH NJW 2018, 3305 Rn. 16). Eine Unterstützung des Verwalters kommt zB bei der Begehung der Wohnungseigentumsanlage, bei der Feststellung von Baumängeln, bei der Einholung von Angeboten, bei der Vorbereitung der Versammlung der Wohnungseigentümer oder bei der Information der Wohnungseigentümer in Betracht.

39 Vorstellbar und rechtlich zulässig ist es, dass der Verwalter ihm gewährte Unterstützungen nicht annimmt. Eine Unterstützung ist in der Regel nämlich nur auf Anforderung des Verwalters, jedenfalls aber allein im Einvernehmen mit diesem möglich (BayObLG NJW 1972, 1377).

40 Ist eine Unterstützung nicht (mehr) möglich, kann darin ein (wichtiger) Grund für die Abbestellung des Verwalters und die fristlose Kündigung des Verwaltervertrags liegen. Um zu prüfen, ob dem so ist, bedarf es einer Interessenabwägung. Hat der Verwaltungsbeirat das Zerwürfnis in vorwerfbarer Weise herbeigeführt, liegt grundsätzlich kein wichtiger Grund vor (BayObLG ZMR 1999, 269). Umgekehrt ist es nicht am Verwalter, sich über die Arbeitsweise des Verwaltungsbeirates und der Verwaltungsbeiräte negativ zu äußern oder etwa dessen Abwahl zu betreiben. Eine Tätigkeit des Verwalters, die auf eine Kritik an den Verwaltungsbeiräten und ihre Abwahl gerichtet ist, stellt daher einen Grund für dessen Abberufung dar (OLG Frankfurt a. M. ZMR 1988, 348).

41 **2. Einwirkungen.** § 29 Abs. 2 Satz 1 Fall 1 WEG verlangt es nicht, dass ein Verwaltungsbeirat auf den Verwalter im Sinne eines Wohnungseigentümers einwirkt, wenn der Verwalter seine Pflichten verletzt (aA BGH NJW 2018, 3305 Rn. 23).

III. Überwachung des Verwalters (§ 29 Abs. 2 Satz 1 Fall 2 WEG)

42 **1. Überblick.** Die Pflicht der Verwaltungsbeiräte, den Verwalter zu überwachen, ist auf Initiative des Rechtsausschusses ins Gesetz eingefügt worden. Dadurch soll der gestiegenen Bedeutung der Rolle des Verwaltungsbeirats Rechnung getragen werden (BT-Drs. 19/22634, 48 – Vorabfassung). Denn er sei auch dazu berufen, die Gemeinschaft der Wohnungseigentümer gegenüber dem Verwalter zu vertreten (§ 9b Abs. 2 WEG), insbesondere wenn es darum gehe, Ansprüche gegen diesen durchzusetzen. Hierbei handelt es sich allerdings nur um eine symbolische und unnötige Gesetzgebung. Denn § 29 Abs. 2 Satz 1 Fall 2 WEG verleiht den Verwaltungsbeiräten nicht das Recht, sich die Kompetenzen des Verwalters anzueignen (BT-Drs. 19/22634, 48 – Vorabfassung) und gibt auch keine anderen Rechte.

2. Ausgestaltung. § 29 Abs. 2 Satz 1 Fall 2 WEG regelt nicht, welche Pflichten die Verwaltungsbeiräte außer der Pflicht, die Gemeinschaft der Wohnungseigentümer zu vertreten, haben. Nach hier vertretener Ansicht ändert sich gegenüber dem bisherigen Recht nichts. Es reicht daher aus, wenn die Verwaltungsbeiräte regelmäßig Kontakt zum Verwalter halten, mit ihm die Versammlung abstimmen und die Buchhaltung, die Wirtschaftspläne und Abrechnungen kontrollieren sowie darauf achten, dass der Verwalter die Gemeinschaft der Wohnungseigentümer angemessen vertritt und seine Organpflichten wahrnimmt. 43

Stellen die Verwaltungsbeiräte Mängel fest, haben sie die Wohnungseigentümer zu informieren. Das Recht, selbst die Initiative zu ergreifen und den Verwalter zB ohne Mandat der Wohnungseigentümer zu verklagen, haben die Verwaltungsbeiräte nicht. Ohne Mandat können sie auch den Verwaltervertrag nicht kündigen. Die Abberufung des Verwalters muss sowieso beschlossenen werden. Die Verwaltungsbeiräte sind indes befugt, den Verwalter abzumahnen. 44

IV. Stellungnahmen und Prüfungen (§ 29 Abs. 2 Satz 2 WEG)

1. Überblick. Nach § 29 Abs. 2 Satz 2 WEG sollen die Verwaltungsbeiräte den Wirtschaftsplan und die Jahresabrechnung prüfen und mit einer Stellungnahme versehen, bevor die Beschlüsse nach § 28 Abs. 1 Satz 1 und Abs. 2 Satz 1 WEG gefasst werden. Anders als nach § 29 Abs. 3 WEG aF gilt dies nicht für Rechnungslegungen und Kostenanschläge. Soweit Rechnungen und Kostenanschläge als Grundlage für die Erstellung des Wirtschaftsplans oder der Jahresabrechnung dienen, sind sie zwar unverändert Gegenstand der Prüfung (BT-Drs. 168/20, 88). Eine darüberhinausgehende Prüfung durch den Verwaltungsbeirat sei aber zum einen praktisch nicht von Relevanz (BT-Drs. 168/20, 88). Zum anderen könnte sie nach Ansicht des Gesetzgebers zu einer Überlastung des Verwaltungsbeirates mit der Konsequenz führen, interessierte Wohnungseigentümer von einer Mitgliedschaft im Beirat abzuschrecken (BT-Drs. 168/20, 88). Diese Sichtweise ist vertretbar. Denn jeder Wohnungseigentümer kann nach § 18 Abs. 4 WEG ohnehin alle Rechnungen und Kostenanschläge einsehen und den anderen Wohnungseigentümern hierüber berichten. 45

2. Prüfungen. a) Überblick. Die Verwaltungsbeiräte müssen als gesetzliche Pflicht (aA *Stein/Schröder* WE 1994, 323) den Wirtschaftsplan und die Einzelwirtschaftspläne, die Abrechnung über den Wirtschaftsplan sowie die jeweiligen Einzeljahresabrechnungen prüfen. Die Prüfung findet grundsätzlich am Geschäftssitz des Verwalters statt. 46

b) Gegenstand. Gegenstand der Prüfung sind die Abrechnungen selbst, aber auch Belege (Rechnungen, Quittungen, Kontoauszüge, Heizkostenabrechnung, Buchungsbelege, Schriftverkehr) und Buchhaltungsunterlagen des Verwalters (Buchungskonten, Buchungslisten, Saldenaufstellungen). Beim Wirtschaftsplan sind Ansätze und Vollständigkeit zu sichten. Zur Prüfung der Abrechnung gehören ua die Klärung der Vollständigkeit und der Nutzung der richtigen Umlageschlüssel, eine rechnerische Schlüssig- 47 keitsprüfung (LG Düsseldorf ZWE 2014, 407) sowie eine Überprüfung der sachlichen und rechnerischen Richtigkeit der Kostenpositionen der Abrechnung mit stichprobenartiger Belegprüfung (OLG München NZM 2007, 488; OLG Düsseldorf NZM 1998, 36).

48 **c) Umfang.** Bei der Jahresabrechnung sind vor allem die rechnerische Nachvollziehbarkeit, die Umlageschlüssel, die Konten- und Kontenbelege und die Kontenführung zu prüfen. Bei Ausgaben ist neben der Schlüssigkeit die Berechtigung zu prüfen. Eine vollständige Prüfung der Jahresabrechnung, vor allem eine Prüfung jedes Beleges für jede behauptete Ausgabe, schuldet ein Verwaltungsbeirat nicht. Notwendig, aber auch ausreichend sind angemessene Stichproben. Bei der Belegprüfung ist zu untersuchen, ob der Beleg die Gemeinschaft der Wohnungseigentümer betrifft, die abgeflossenen Mittel geschlossenen Verträgen zuzuordnen sind und/oder gefassten Beschlüssen entsprechen und der richtigen Kostenart zugeordnet werden (*Stein/Schröder* WE 1994, 321 (323)). Für den Wirtschaftsplan gilt das alles entsprechend. Zusätzlich ist die Vollständigkeit der Kostenpositionen zu prüfen, um Sonderumlagen oder Abrechnungsspitzen zu vermeiden.

49 **d) Hinzuziehung Dritter.** Die Verwaltungsbeiräte dürfen sich für die ihnen obliegende Prüfung fachkundiger Hilfe bedienen, zB durch Hinzuziehung von Wirtschaftsprüfern oder vereidigten Buchprüfern. Die Kosten sind von der Gemeinschaft der Wohnungseigentümer zu begleichen, wenn dies so beschlossen ist.

50 **3. Stellungnahmen der Verwaltungsbeiräte.** Die Stellungnahme der Verwaltungsbeiräte, also ihre Mitteilung des Ergebnisses der Prüfung und ein Rat bzw. eine Information an die Gemeinschaft der Wohnungseigentümer, ob Wirtschaftsplan und/oder Jahresabrechnung ordnungsmäßig sind oder Fehler aufweisen, kann nach hM noch in der Versammlung der Wohnungseigentümer und auch mündlich abgegeben werden (BayObLG DWE 1984, 30). Liegt die Stellungnahme indes, was vorzugswürdig ist, bereits bei der Einberufung der Versammlung vor, hat der Verwalter sie mit dem Einladungsschreiben zu versenden.

51 Äußert der Verwaltungsbeirat auf Grund einer Prüfung „Zweifel" oder beanstandet er Punkte, müssen die Wohnungseigentümer diese Einschätzung bei ihrer jeweiligen Entscheidung, zB bei der Genehmigung des Wirtschaftsplans und der Einzelwirtschaftspläne, beachten und die Kritik in ihre Ermessensentscheidung einbeziehen. Ein Zwang, Zweifeln nachzugehen, besteht aber in der Regel nicht (OLG München ZMR 2011, 738).

52 **4. Fehler.** Kommen die Verwaltungsbeiräte ihren Aufgaben nicht nach, kann dies Schadenersatzansprüche begründen (BayObLG NJW-RR 1991, 1361). Kommt der Verwaltungsbeirat seinen Prüfungs- und/oder Stellungnahmeaufgaben nicht nach, gibt allein die Untätigkeit allerdings keinen Anfechtungsgrund ab (→ § 28 Rn. 206; LG Berlin ZMR 2013, 735 (736)). Allein mit Blick auf eine fehlende Prüfung/Stellungnahme kann ein Beschluss nach § 28 Abs. 1 Satz 1, Abs. 2 Satz 1 WEG nicht für ungültig erklärt werden (BayObLG NJW-RR 2004, 443 (444); KG NJW-RR 2003, 1596; LG Berlin ZMR 2013, 735 (736)). Es handelt sich sowohl bei § 29

Abs. 2 Satz 2 WEG als auch bei einer entsprechenden Vereinbarung um eine Sollvorschrift, deren Nichtbeachtung einen Beschluss zwar im Einzelfall – etwa wegen Ermessensausfalls –, aber nicht notwendigerweise ungültig macht (LG Baden-Baden ZMR 2009, 473).

V. Aufgaben für die Versammlung (§ 24 Abs. 3, Abs. 6 WEG)

Zu den Aufgaben der Verwaltungsbeiräte siehe im Zusammenhang mit der Versammlung der Eigentümer → § 24 Rn. 61 ff. 53

VI. Informationspflichten

1. Auskünfte. Die Verwaltungsbeiräte sind Beauftragte (→ Rn. 7), bei einem Beiratsvertrag (→ Rn. 88) Geschäftsbesorger iSv §§ 675, 612 BGB. Die Verwaltungsbeiräte schulden daher nach § 666 BGB Auskunft. Haben die Gemeinschaft der Wohnungseigentümer und die Verwaltungsbeiräte einen Beiratsvertrag (→ Rn. 88) geschlossen, kann die Gemeinschaft der Wohnungseigentümer aus dem Vertrag Auskunft verlangen. Ferner müssen die Verwaltungsbeiräte jedenfalls als Amtsträger (→ Rn. 6) Auskunft geben. Macht die Gemeinschaft der Wohnungseigentümer von ihrem Auskunftsrecht keinen Gebrauch, kann nach hM ein einzelner Wohnungseigentümer den Auskunftsanspruch geltend machen, wenn ihn die Wohnungseigentümer hierzu durch Beschluss – der ggf. nach § 18 Abs. 2 Nr. 1 WEG gerichtlich erzwungen werden muss – ermächtigt haben (BayObLG ZMR 1994, 575 (576); NJW 1972, 1377; *Bub* ZWE 2002, 7 (15); Riecke/Schmid/*Abramenko* § 29 Rn. 16). Gem. § 242 BGB (*Bub* ZWE 2002, 7 (15); Riecke/Schmid/*Abramenko* § 29 Rn. 16) soll nach bislang hM ferner ein Individualanspruch bestehen, wenn sich das Auskunftsverlangen auf Angelegenheiten bezieht, die ausschließlich einen Wohnungseigentümer betreffen (BayObLG NJW 1972, 1377; *Bub* ZWE 2002, 7 (15)). 54

2. Einsichtnahmen. Verfügt der Verwaltungsbeirat über Unterlagen, sind es nach § 9a Abs. 3 WEG im Eigentum der Gemeinschaft der Wohnungseigentümer stehende Verwaltungsunterlagen (→ § 18 Rn. 154). Jeder Wohnungseigentümer hat daher das Recht, diese Unterlagen nach § 18 Abs. 4 WEG einzusehen (→ § 18 Rn. 143 ff.). Die Unterlagen können bei den Verwaltungsbeiräten oder beim Verwalter aufbewahrt werden. Werden sie vom Verwalter aufbewahrt, muss er die Einsichtnahme gewähren (offen gelassen von BGH NJW 2011, 1137 Rn. 12). 55

3. Selbstinformation. Die Verwaltungsbeiräte haben keine Pflicht, sich über aktuelle Gesetze oder die Rechtsprechung zu informieren oder sonst wie fortzubilden (LG Düsseldorf ZWE 2014, 407; *Wolicki* ZWE 2019, 354 (355)). Die notwendige Selbstinformation ist allerdings ein Merkmal der Eignung eines Verwaltungsbeirates 56

VII. Herausgabe

Erhält ein Verwaltungsbeirat eine Verwaltungsunterlage oder anderes Gemeinschaftsvermögen oder kommt er auf andere Weise in ihren Besitz, muss 57 er diesen nach § 667 BGB im Original herauszugeben (OLG Hamm NJW-RR 1997, 1232 (1233)). Die Verpflichtung besteht gegenüber der Gemeinschaft der Wohnungseigentümer.

VIII. Vertretung der Gemeinschaft der Wohnungseigentümer gegenüber dem Verwalter (§ 9b Abs. 2 WEG)

58 Nach § 9b Abs. 2 WEG ist der Vorsitzende des Verwaltungsbeirats der geborene Vertreter der Gemeinschaft der Wohnungseigentümer gegenüber dem Verwalter und ihr Organ. Ob der Vorsitzende des Verwaltungsbeirats die Wohnungseigentümer vertreten soll, müssen diese durch Beschluss bestimmen. Der Vorsitzende hat insoweit kein Recht, kann zB nicht entscheiden, den Verwaltervertrag zu kündigen. § 27 Abs. 1 WEG ist nicht analog anwendbar.

IX. Gewillkürte Rechte und Pflichten

59 **1. Wege der Begründung. a) Vereinbarung nach § 10 Abs. 2 Satz 2 WEG.** Die Wohnungseigentümer können vereinbaren, dass die Verwaltungsbeiräte über §§ 9b Abs. 2, 24 Abs. 3, 29 Abs. 2 WEG hinaus weitere Pflichten wahrnehmen sollen (OLG Celle NJW 2007, 2781; LG Itzehoe ZMR 2014, 915). Die Grenzen dieser Vertragsfreiheit liegen da, wo das Gesetz eine zwingende Aufgabenverteilung vornimmt (*F. Schmidt* ZWE 2001, 137). Eine Vereinbarung muss vor allem die zwingenden gesetzlichen Bestimmungen und die unentziehbaren Rechte der Wohnungseigentümer und der Gemeinschaft der Wohnungseigentümer beachten (→ § 10 Rn. 50 ff. und → § 18 Rn. 121 ff.). Verstößt eine Vereinbarung gegen diese Grenzen, ist sie gem. § 134 BGB nichtig.

60 **b) Beschluss.** Ein Beschluss ist geeignet, Verwaltungsbeiräten eine Weisung zu erteilen und die gesetzlichen Pflichten der Verwaltungsbeiräte zu konkretisieren (s. a. → § 27 Rn. 81 zum Verwalter). Ferner können die Verwaltungsbeiräte nach § 9b Abs. 2 WEG durch Beschluss zu Vertretern der Gemeinschaft der Wohnungseigentümer gegenüber dem Verwalter gemacht werden. Ein Beschluss kann den Verwaltungsbeiräten im Übrigen aber weder allgemein (KG FGPrax 2003, 260 (261); AG Neuss ZWE 2012, 333) noch im Einzelfall Verwaltungsrechte übertragen (s. a. LG Itzehoe ZMR 2014, 915; *Bub/Bernhard* FO-MietR 2015, 365014). § 27 Abs. 2 WEG ist nicht analog anwendbar.

61 **c) Beiratsvertrag.** In einem Beiratsvertrag (→ Rn. 88) können den Verwaltungsbeiräten Pflichten übertragen werden. Ferner können dort Rechte begründet werden. Der Beiratsvertrag ist allerdings – ebenso wie der Verwaltervertrag – kein Ort, Bestimmungen für das Verhältnis der Wohnungseigentümer untereinander iSv § 10 Abs. 1 Satz 2 WEG zu treffen.

62 **2. Einzelne Pflichten. a) Anstellung des Verwalters.** Der Verwaltungsbeirat als Ganzes oder ein einzelner Verwaltungsbeirat kann im Vorfeld einer Versammlung der Wohnungseigentümer Angebote von Personen einholen, die das Amt des Verwalters anstreben, und eine Vorauswahl an

geeigneten Personen treffen. Ein „Sichten und Ordnen" entspricht ordnungsmäßiger Verwaltung. Die Verwaltungsbeiräte können ferner gebeten werden, gemeinsam mit dem Verwalter die Inhalte des Verwaltervertrags vor einem Vertragsschluss auszuhandeln und der Gemeinschaft der Wohnungseigentümer das Ergebnis vorzustellen. Die Verwaltungsbeiräte können durch Beschluss nach § 9b Abs. 2 WEG oder Vereinbarung ferner dazu bestimmt werden, den Verwaltervertrag in Vertretung für die Gemeinschaft der Wohnungseigentümer zu schließen.

Sollen die Verwaltungsbeiräte hingegen befugt sein, die Inhalte des Verwaltervertrags ohne weitere Rücksprache auszuhandeln und auf dieser Grundlage den Vertrag im Namen der Gemeinschaft der Wohnungseigentümer zu schließen, muss dieses vereinbart werden (OLG Düsseldorf NZM 1998, 36; *F. Schmidt* ZWE 2001, 137 (140); aA OLG Köln NJW 1991, 1302 (1303)). Wird anders beschlossen, verstößt der Beschluss gegen § 18 Abs. 2 Nr. 1 WEG, soll aber in der Regel nicht nichtig sein (OLG Hamm NZM 2001, 49 (51); OLG Köln NJW 1991, 1302). Die Rechtsmacht der Verwaltungsbeiräte muss sich im Übrigen jeweils an der erteilten Vollmacht messen lassen und ist in der Regel auf das beschränkt, was ordnungsmäßiger Verwaltung entspricht. 63

b) Zustimmungen. Die Wohnungseigentümer können vereinbaren oder beschließen, dass es für eine Verwaltungsmaßnahme (→ § 18 Rn. 8) oder Verwaltungsentscheidung (→ § 18 Rn. 7) der Zustimmung des Verwaltungsbeirates bedarf. Beispielsweise können Verfügungen des Verwalters über Gelder von der Zustimmung der Verwaltungsbeiräte abhängig gemacht werden. Verbreitet sind ferner Bestimmungen, dass sich der Verwalter mit dem Verwaltungsbeirat „ins Benehmen" setzen soll, Verträge nur mit dessen Zustimmung schließen darf oder dass der Verwalter Klagen nur nach Rücksprache mit dem Verwaltungsbeirat führen soll (BayObLGZ 1988, 212; OLG Zweibrücken NJW-RR 1987, 1366 (1367)). In solchen und vergleichbaren Fällen reicht es nicht aus, dass ein einziger Verwaltungsbeirat seine Zustimmung erklärt (BayObLG NZM 2002, 529). Es bedarf vielmehr entweder eines Beschlusses des Verwaltungsbeirates oder der Zustimmung sämtlicher Verwaltungsbeiräte (BayObLGZ 1988, 212). Eine solche Zustimmung kann allerdings auch sukzessive ausgesprochen werden. Ferner kann sie als Genehmigung nachträglich erteilt werden (BayObLGZ 1988, 212 (214)). 64

G. Organisation (§ 29 Abs. 1 Satz 2 und Satz 3 WEG)

I. Überblick (§ 29 Abs. 1 Satz 2 WEG)

Der Verwaltungsbeirat besteht nach § 29 Abs. 1 Satz 1 WEG aus beliebig vielen Verwaltungsbeiräten. §§ 29 Abs. 1 Satz 2, 24 Abs. 3, Abs. 6 Satz 2 WEG gehen davon aus, dass wenigstens einer „Vorsitzender", einer „Stellvertreter" des Vorsitzenden und einer „einfacher" Verwaltungsbeirat ist. Das Gesetz hebt den Vorsitzenden des Verwaltungsbeirates und seinen Stellver- 65 treter in §§ 29 Abs. 1 Satz 2 und Satz 3, 24 Abs. 3, Abs. 6 Satz 2 WEG besonders hervor.

II. Vorsitzender und Stellvertreter

66 Welcher der Verwaltungsbeiräte „Vorsitzender" und wer „Stellvertreter" ist, können die Wohnungseigentümer durch Beschluss bei der Wahl der Verwaltungsbeiräte oder später bestimmen (OLG München NZI 2016, 746 (747); BT-Drs. 168/120, 87). Fehlt es hieran, kann der Verwaltungsbeirat selbst die Personen auf jede Art und Weise bestimmen (OLG München NZI 2016, 746 (747); NJW-RR 2005, 1470 (1471); BT-Drs. 168/120, 87). Handeln alle Verwaltungsbeiräte gemeinsam, handeln denklogisch immer auch der Vorsitzende und der Stellvertreter, selbst wenn eine Bestimmung nicht erfolgt ist. Gibt es nur einen Verwaltungsbeirat, ist dieser Vorsitzender (OLG München NJW-RR 2005, 1470 (1471); BT-Drs. 168/120, 87).

67 Kommen keine Bestimmungen zustande, kann nach §§ 18 Abs. 2 Nr. 1, 44 Abs. 1 Satz 2 WEG auf einen Vorsitzenden und einen Stellvertreter geklagt werden.

III. Binnenorganisation (§ 29 Abs. 1 Satz 3 WEG)

68 **1. Überblick.** Die Wohnungseigentümer können vereinbaren oder beschließen, was in Bezug auf die Binnenorganisation des Verwaltungsbeirates gelten soll. Fehlt es hieran, können die Verwaltungsbeiräte selbst die entsprechenden Fragen regeln. Die Regelungen sind jeweils die Geschäftsordnung des Verwaltungsbeirates.

69 **2. Einladung.** Der Verwaltungsbeirat wird vom Vorsitzenden (→ Rn. 66) nach Bedarf einberufen, § 29 Abs. 1 Satz 3 WEG. Wann ein „Bedarf" besteht, ist Frage des Einzelfalls. Weigert sich der Vorsitzende oder ist er verhindert, ist analog § 110 AktG, § 24 Abs. 3 WEG grundsätzlich sein Stellvertreter, aber auch jeder andere Verwaltungsbeirat berechtigt, den Verwaltungsbeirat einzuberufen. Zu laden ist jeder Verwaltungsbeirat.

70 Eine Einladung kann in jeder erdenklichen Form ausgesprochen werden, sofern sichergestellt ist, dass sie die Verwaltungsbeiräte erreicht. Ist nichts bestimmt, ist die Ladungsfrist angemessen und unter Berücksichtigung der Interessen der anderen Verwaltungsbeiräte zu wählen. Den Ort, an dem der Verwaltungsbeirat ggf. zusammenkommt, bestimmt in der Regel der Vorsitzende oder sein Stellvertreter. Als Versammlungsstätte kommt jede in Betracht. Sie sollte allerdings „nichtöffentlich" (→ § 24 Rn. 32) sein.

71 Bei der Anberaumung einer Sitzung des Verwaltungsbeirates ist auf die Belange der Verwaltungsbeiräte und ihre zeitlichen Möglichkeiten angemessen Rücksicht zu nehmen. Im Einzelfall kann ein Verwaltungsbeirat die Verlegung einer Sitzung verlangen, an der er nicht teilnehmen könnte. Das Datum, an dem der Verwaltungsbeirat zusammenkommt, sollte gesetzlich geschützte Feiertage, Schulferien oder bspw. Tage mit besonderen Veranstaltungen meiden. Ist nichts bestimmt, sollte die Sitzung nicht vor 18.00 Uhr an einem Wochentag einberufen werden.

3. Die Sitzungen des Verwaltungsbeirates. a) Überblick. Die Verwaltungsbeiräte kommen in der Praxis in der persönlich zusammen. Möglich ist auch eine Telefonkonferenz oder ein virtuelles Zusammenkommen (s. a. BT-Drs. 19/22634, 43 – Vorabfassung). Denn § 29 WEG spricht – anders als die Regelung für die Wohnungseigentümerversammlung in § 23 WEG – nicht von einer „Versammlung" der Verwaltungsbeiräte, die zwingend als Präsenzversammlung durchgeführt werden muss. Es obliegt deshalb den Verwaltungsbeiräten über die Form ihrer Zusammenkunft zu entscheiden. 72

b) Sitzungsleitung. Der Vorsitzende (→ Rn. 66) leitet die Sitzungen. Ist nichts Besonderes bestimmt, ist der Verwaltungsbeirat stets und unabhängig von der Anzahl der Verwaltungsbeiräte entscheidungsfähig. An den Sitzungen darf jeder Verwaltungsbeirat teilnehmen, Anträge stellen, reden und über Beschlussanträge abstimmen. 73

c) Niederschriften. Der Verwaltungsbeirat muss nicht – auch nicht entsprechend § 24 Abs. 6 WEG – über seine Sitzungen Niederschriften führen. War ein Verwaltungsbeirat verhindert, an einer Sitzung teilzunehmen, besitzt er indes einen Anspruch gegen die anderen Verwaltungsbeiräte, darüber informiert zu werden, welche Punkte auf welche Weise bei der Sitzung behandelt wurden. 74

d) Teilnahme Dritter. Dritte können an den Sitzungen des Verwaltungsbeirates teilnehmen, sofern die Wohnungseigentümer dieses durch Vereinbarung erlaubt haben. Der Verwalter darf teilnehmen, sofern die Verwaltungsbeiräte ihm dieses mehrheitlich gestatten (*Jennißen/Schmidt,* Der WEG-Verwalter, B. Rn. 73). 75

4. Beschlussfassung im Verwaltungsbeirat. Da der Verwaltungsbeirat ein „Kollegialorgan" ist, kann er über seine Willensbildung Beschlüsse fassen. Beschlüsse können in einer Versammlung gefasst werden (BayObLGZ 1988, 212 (214)), aber auch schriftlich oder mündlich (s. a. BayObLGZ 1988, 212 (214)). Bei den Abstimmungen hat grundsätzlich jeder Verwaltungsbeirat ein Stimmrecht. Es kann durch Zuruf, mit Handzeichen, mit Karten, geheim oder auf andere Weise abgestimmt werden (*Gottschalg* FS Bub, 2007, 73 (85)). Jeder Beschluss bedarf grundsätzlich analog §§ 19 Abs. 1, 25 Abs. 1 WEG einer einfachen Mehrheit (OLG Düsseldorf BeckRS 2019, 26329 Rn. 28; OLG Zweibrücken NJW-RR 1987, 1366 (1367)). Eine Enthaltung gilt auch hier nicht als Nein-Stimme. Bei Stimmengleichheit ist anzunehmen, dass ein Beschlussantrag abgelehnt ist. Bei einem schriftlichen Beschluss müssen alle Verwaltungsbeiräte mit Ja stimmen. Etwas anderes kann bestimmt werden. Regelt eine Geschäftsordnung nichts zur Beschlussfassung, gilt das Kopfstimmrecht. Das Kopfstimmrecht gilt auch dann, wenn für Versammlungen der Wohnungseigentümer ein anderes Stimmrechtsprinzip vereinbart ist. Bei Abstimmungen, von denen ein Verwaltungsbeirat persönlich betroffen ist, sollte sein Stimmrecht in entsprechender Anwendung des § 25 Abs. 4 WEG ruhen. 76

Verstößt ein Beschluss gegen eine gesetzliche Vorschrift, eine Vereinbarung oder einen Beschluss der Wohnungseigentümer oder ist er auf andere 77

Weise nicht ordnungsmäßig, ist er nichtig (OLG Hamm ZMR 2008, 63; s. a. BGH NJW 2016, 1236 Rn. 21 und NZG 2012, 1027 Rn. 10 zum Aufsichtsrat). Beschlüsse des Verwaltungsbeirates sind nicht nach §§ 43 Abs. 2 Nr. 4, 44 Abs. 1 Satz 1 WEG anfechtbar (OLG Hamm ZMR 2008, 63; *Gottschalg* FS Bub, 2007, 73 (85)), unterliegen aber nach § 256 Abs. 1 ZPO gerichtlicher Nachprüfung im Wege der Feststellung. Ein Verwaltungsbeirat hat dabei stets ein rechtliches Interesse an der Feststellung, dass im Verwaltungsbeirat gefasste Beschlüsse wirksam sind. Das gilt sowohl für Beschlüsse, an denen er selbst mitgewirkt hat und bei denen er überstimmt worden ist, als auch für Beschlüsse, die schon vor seiner Amtszeit gefasst worden sind, aber noch während seiner Amtszeit Wirkung entfalten (BGH NZG 2012, 1027 Rn. 12 zum Aufsichtsrat).

IV. Sonderausschüsse

78 Wie der Aufsichtsrat einer Aktiengesellschaft, so ist auch der Verwaltungsbeirat berechtigt, Ausschüsse zu bilden, etwa einen „Bauausschuss" (OLG NZM 2005, 588 (589); OLG Frankfurt a. M. OLGZ 1988, 188 (189)) oder einen „Rechnungsprüfungsausschuss" (s. a. BGH NJW 2010, 3168 Rn. 8). Die Bestimmung der Anzahl der Verwaltungsbeiräte, die einem solchen Ausschuss angehören, muss den Grundsätzen ordnungsmäßiger Verwaltung entsprechen.

H. Gesetzliche Rechte der Verwaltungsbeiräte

I. Information

79 Die Verwaltungsbeiräte haben grundsätzlich die gleichen Rechte auf Einsicht, zB in Vollmachten (OLG München ZMR 2008, 657 (658)), auf Auskunft, auf Gleichbehandlung (→ § 23 Rn. 161), auf Teilhabe usw. wie jeder andere Wohnungseigentümer auch. Besonderheiten folgen im Wesentlichen nur aus § 24 Abs. 3 und Abs. 6 WEG bzw. aus den Vereinbarungen und Beschlüssen der Wohnungseigentümer. Allerdings ist anzunehmen, dass der Verwalter jedem Verwaltungsbeirat ohne Weiteres Auskunft schuldet, jedenfalls im Zusammenhang mit den Aufgaben nach § 29 Abs. 2 WEG (*Elzer* ZfIR 2010, 293 (294); *Bub* WE 1993, 3 (10)).

II. Aufwendungsersatz

80 **1. Grundlagen.** Jeder Verwaltungsbeirat hat als Beauftragter (→ Rn. 7) nach §§ 662, 670 BGB und neben einer etwaigen Vergütung (s. a. § 277 FamFG; → Rn. 90) grundsätzlich einen Anspruch auf einen Aufwendungsersatz (OLG Schleswig NZM 2005, 588; BayObLG NZM 1999, 865; AG München ZWE 2017, 419 Rn. 27; AG Hattingen ZWE 2014, 373; AG Hamburg-Wandsbek ZMR 2008, 335).

81 Die Aufwendungen müssen nachweisbar im konkreten Einzelfall entstanden sein (BGH NJW-RR 2016, 1387 Rn. 17; NJW-RR 2016, 1385 Rn. 29). Schuldner des Aufwendungsersatzanspruchs ist die Gemeinschaft der Wohnungseigentümer (AG Hamburg-Wandsbek ZMR 2008, 335; Riecke/Schmid/*Abramenko* § 29 Rn. 15). Daneben kommt die Haftung eines Wohnungseigentümers nach § 9a Abs. 4 Satz 1 WEG nicht in Betracht (→ § 9a Rn. 149 ff.). Gläubiger ist der einzelne Verwaltungsbeirat (*Schmid* ZfIR 2009, 721 (725)).

2. Tatbestandsvoraussetzungen. a) Begriff der Aufwendung. Aufwendungen sind freiwillige Vermögensopfer, die der Verwaltungsbeirat zur Erreichung des Auftrags- oder Geschäftsbesorgungszweckes oder für die Interessen der Gemeinschaft der Wohnungseigentümer oder der Wohnungseigentümer erbringt (BGH NJW-RR 2016, 1387 Rn. 17). Zu den ersatzfähigen Aufwendungen werden auch solche Vermögensopfer gezählt, die notwendige Folge der Geschäftsführung sind also in einem untrennbaren Zusammenhang mit der Ausführung des Auftrags stehen (BGH NJW-RR 2016, 1387 Rn. 17). Solche Vermögensopfer entstehen dem Beauftragten aus Auslagen in Geld, der Verwendung eigener Gegenstände, der Eingehung von Verbindlichkeiten sowie aus der Stellung von Sicherheit. 82

b) Erforderlichkeit. Ob eine Aufwendung nach den Umständen „erforderlich" war, ist nach einem subjektiv-objektiven Maßstab zu beurteilen und danach anzunehmen, wenn der Beauftragte (freiwillige) Vermögensopfer erbringt, die nach seinem verständigen Ermessen zur Verfolgung des Auftragszweckes geeignet sind, notwendig erscheinen und in einem angemessenen Verhältnis zur Bedeutung der Geschäftsführung für den Geschäftsherrn stehen (BGH MDR 2012, 1050 Rn. 21). Bei objektiv fehlender Notwendigkeit der Aufwendungen ist eine andere Beurteilung des Beauftragten nur dann im Sinne des § 670 BGB gerechtfertigt, wenn er sie nach sorgfältiger, nach den Umständen des Falles gebotener Prüfung trifft (BGH MDR 2012, 1050). 83

Für die Frage der Erforderlichkeit ist ua beachtlich, ob die Aufgaben des Verwaltungsbeirates gegenüber den gesetzlichen Aufgaben erweitert sind (→ Rn. 59 ff.), wie groß die Wohnungseigentümergemeinschaft ist und in welchem Ausmaß Mittel über das Hausgeld aufgebracht werden. 84

Erforderlich können beispielsweise die Kosten für den Besuch eines Seminars, für Bücher, für Kopien, für Fahrten oder für die Beschaffung von Urkunden sein (BayObLG DWE 1983, 123). 85

3. Rechtsfolge. a) Grundsatz. Verauslagtes Geld ist nach § 256 Satz 1 BGB in Höhe der aufgewendeten Beträge zu erstatten (BGH NJW-RR 2016, 1387 Rn. 17). Verbrauchte Sachen sind gem. § 256 Satz 1 BGB mit ihrem Verkehrswert in Geld zu ersetzen. Von fälligen Verbindlichkeiten ist der Beauftragte nach § 257 Satz 1 BGB zu befreien; für nachfällige Verbindlichkeiten hat der Auftraggeber nach § 257 Satz 2 BGB Sicherheit zu leisten. Eine Kompetenz, den gesetzlichen Anspruch auf diesen Aufwendungsersatz durch Beschluss nach § 19 Abs. 1 WEG auszuschließen, gibt es nicht. Die Verwaltungsbeiräte können individuell auf den Anspruch verzichten, zB im Beiratsvertrag. 86

87 **b) Pauschale.** Der Aufwendungsersatzanspruch kann nach hM von der Gemeinschaft der Wohnungseigentümer aus Zweckmäßigkeitsgründen durch eine Pauschale abgegolten werden (OLG Schleswig NZM 2005, 588; BayObLG NZM 1999, 862 (865); AG Hattingen ZWE 2014, 373). **Stellungnahme.** Dem ist nicht zu folgen. Denn eine Pauschale ist kein Aufwendungsersatz, sondern im Ergebnis und in der Regel eine verkappte Vergütung. Diese kann zwar gewährt werden, was in den nachgewiesenen Fällen wohl auch immer der Fall war (s. a. *Kappus* NZM 2019, 804 (811) und NZM 2017, 663 (666), der Pauschalen zu Recht unter „Vergütung" darstellt). Diese Pauschale führt allerdings dazu, dass § 29 Abs. 3 WEG nicht anwendbar ist.

I. Beiratsvertrag

I. Überblick

88 Der Gemeinschaft der Wohnungseigentümer und die Verwaltungsbeiräte können einen Beiratsvertrag schließen und dort ua die Pflichten und Rechte der Verwaltungsbeiräte als Amtsträger ausgestalten sowie weitere Pflichten und Rechte begründen (*Schmid* ZWE 2010, 8 (9); *Abramenko* ZWE 2006, 273 (276)). Der Beiratsvertrag ist auch im aktuellen Recht grundsätzlich ein Vertrag mit Schutzwirkung für die Wohnungseigentümer, kann aber auch ausdrücklich gem. § 328 BGB Vertrag zugunsten der Wohnungseigentümer sein. Ist im Beiratsvertrag ein Entgelt vereinbart, wird er als Geschäftsbesorgungsvertrag iSv § 675 BGB angesehen (LG Nürnberg-Fürth ZMR 2001, 746; *Gottschalg* NZM 2004, 81 (82)).

89 Über den Abschluss eines Beiratsvertrags müssen die Wohnungseigentümer beschließen. Ein Wohnungseigentümer ist bei der Abstimmung über den Beiratsvertrag mit sich gem. § 25 Abs. 4 WEG vom Stimmrecht ausgeschlossen und kann einem Dritten auch keine Vollmacht erteilen, ihn zu vertreten. Ist ein Beiratsvertrag gewollt, wird die Gemeinschaft der Wohnungseigentümer beim Vertragsschluss vom Verwalter oder den Wohnungseigentümern vertreten (§ 9b WEG).

II. Entgelt

90 Im Beiratsvertrag wird den Verwaltungsbeiräten in der Regel über die ihnen sowieso zustehenden Aufwendungsersatzansprüche hinaus (→ Rn. 80 ff.) eine Vergütung versprochen. Das kann auch eine Pauschale sein (→ Rn. 87). Ist die Höhe nicht bestimmt, ist gem. §§ 675, 611, 612 Abs. 2 BGB die übliche als vereinbart anzusehen. Liegt es so, ist § 29 Abs. 3 WEG nicht anwendbar (→ Rn. 95). Einkünfte als Verwaltungsbeirat unterfallen § 18 Abs. 1 Nr. 3 EStG (FG Köln EFG 1995, 255).

III. Kündigung

91 Der Beiratsvertrag kann grundsätzlich jederzeit von der Gemeinschaft der Wohnungseigentümer oder dem jeweiligen Verwaltungsbeirat gem.

§ 671 Abs. 1 BGB gekündigt werden. Wird ein Verwaltungsbeirat abbestellt, liegt darin in der Regel eine konkludente, indes noch auszuführende Kündigung des Beiratsvertrags (LG Nürnberg-Fürth ZMR 2001, 746). Eine Kündigung zur Unzeit kann gem. § 671 Abs. 2 BGB zum Schadenersatz verpflichten. Auch beim Verwaltungsbeirat ist allerdings zwischen Bestellung und Abberufung einerseits sowie Abschluss und Kündigung des Beiratsvertrags zu unterscheiden. Deshalb hindert es die Abwahl eines Verwaltungsbeirates nicht, wenn ein Beiratsvertrag in der Form eines Geschäftsbesorgungsvertrags weiter besteht (LG Nürnberg-Fürth ZMR 2001, 746).

J. Haftung (§ 29 Abs. 3 WEG)

I. Überblick

Die Verwaltungsbeiräte schulden als Amtsträger und ggf. als Vertragspartei eines Beiratsvertrags (→ Rn. 88) gem. § 280 Abs. 1 Satz 1 BGB als Gesamtschuldner (§§ 421 Satz 1, 425 BGB) für eine gesetzliche oder vertragliche Pflichtwidrigkeit Schadenersatz (KG ZMR 2004, 458; OLG Düsseldorf NZM 1998, 36 (37)). Beruht ein Schaden auf einer unerlaubten Handlung, sind §§ 830 Abs. 1 und 840 Abs. 1 BGB anwendbar (*Gottschalg* ZWE 2001, 185 (190)). Gläubigerin kann die Gemeinschaft der Wohnungseigentümer sein, aber auch ein Dritter, etwa der Verwalter, und jeder Wohnungseigentümer. Geht es um einen behaupteten Schaden eines Wohnungseigentümers, kann er diesen selbständig verfolgen, da die Verwaltungsbeiräte auch Amtsträger im Verhältnis zu den Wohnungseigentümern sind. Der jeweilige Verwaltungsbeirat haftet gem. § 425 BGB für eigenes Verschulden. Sind innerhalb des Verwaltungsbeirates Aufgaben verteilt, trifft die „abgebenden" Verwaltungsbeiräte eine Aufsichtspflicht. 92

II. Haftungsmaßstab

1. Überblick. Nach § 29 Abs. 3 WEG haben die Verwaltungsbeiräte im Falle eines gegen sie gerichteten Schadenersatzanspruchs nur Vorsatz und grobe Fahrlässigkeit zu vertreten, wenn sie unentgeltlich tätig werden. Damit soll die Bereitschaft gefördert werden, sich unentgeltlich als Verwaltungsbeirat zu engagieren (BR-Drs. 168/20, 88). Dieser Haftungsmaßstab gilt gegenüber der Gemeinschaft der Wohnungseigentümer, gegenüber den Wohnungseigentümern und gegenüber jedem Dritten. § 29 Abs. 3 WEG unterscheidet insoweit nicht. 93

Die Bestimmung des § 708 BGB ist nicht entsprechend anwendbar (*Elzer/Riecke* ZMR 2012, 171; *Merle* DWE 1984, 2 (4); *Gottschalg,* Die Haftung von Verwalter und Beirat, Rn. 434; offen gelassen von OLG Düsseldorf NZM 1998, 36 (37)). Als Sorgfaltsmaßstab ist daher das Wissen ordentlicher, interessierter und gewissenhafter, ehrenamtlich tätiger Prüfer heranzuziehen (s. a. *Wolicki* ZWE 2019, 354 (356): durchschnittlich zahlenbegabten Wohnungseigentümer). Haben die Wohnungseigentümer bewusst einen Wirt- 94 schaftsprüfer oder Buchhalter zum Verwaltungsbeirat bestellt, müssen sich diese ihre besonderen Kenntnisse ggf. haftungserschwerend anrechnen lassen.

95 **2. Beiratsvertrag.** Hat ein Verwaltungsbeirat mit der Gemeinschaft der Wohnungseigentümer einen Beiratsvertrag geschlossen und sich ein Entgelt für seine Tätigkeit versprechen lassen, das kann auch eine Pauschale sein (→ Rn. 87), muss er für jedes Verschulden einstehen (BayObLG NZM 2000, 48 (51); 1999, 504 (505); OLG Düsseldorf NZM 1998, 36 (37)). Dieser Haftungsmaßstab gilt gegenüber der Gemeinschaft der Wohnungseigentümer, gegenüber jedem Wohnungseigentümer und gegenüber jedem Dritten. § 29 Abs. 3 WEG unterscheidet insoweit nicht.

96 Bei einer entgeltlichen Tätigkeit ist der Fachwissensstand eines ordentlichen Kaufmanns der Grundstücks- und Wohnungswirtschaft als Kriterium anzulegen (*Brych* WE 1990, 44). Im Rahmen der Frage, was als fahrlässig anzusehen ist, kann Sonderwissen eine Rolle spielen. Die Wohnungseigentümer können etwas anderes bestimmen.

III. Haftung der Gemeinschaft für Verwaltungsbeiräte

97 Treten die Verwaltungsbeiräte gegenüber Dritten, zB dem Verwalter, im Pflichtenkreis der Gemeinschaft der Wohnungseigentümer auf, kommt eine Haftung der Gemeinschaft der Wohnungseigentümer für die Verwaltungsbeiräte nach § 31 BGB in Betracht (zum alten Recht *Lehmann-Richter* ZWE 2011, 439 (440); *Bub* ZWE 2002, 7 (18); *Drasdo* ZWE 2001, 522 (524)). Fügt ein Verwaltungsbeirat im Pflichtenkreis der Gemeinschaft der Wohnungseigentümer einem Wohnungseigentümer einen Schaden zu, gilt nichts anderes (zum alten Recht OLG Düsseldorf NZM 1999, 573 (575)).

K. Entlastung

98 Die Gemeinschaft der Wohnungseigentümer kann die Verwaltungsbeiräte durch Beschluss (zum Stimmrecht → § 25 Rn. 106) nach billigem Ermessen entlasten (BGH NJW 2018, 2550 Rn. 65; 2010, 2654 Rn. 17; 2010, 2127 Rn. 19; missverständlich BGH NJW-RR 2019, 589 Rn. 9: „negatives Schuldanerkenntnis der Wohnungseigentümer"). Ein Wohnungseigentümer kann sich wegen seiner Ansprüche nur individuell erklären (BGH NJW-RR 2020, 68 Rn. 35; NJW 2018, 2550 Rn. 65). Verwaltungsbeiräte haben einen Anspruch auf Entlastung, wenn dieser Anspruch vereinbart ist. Ohne eine Vereinbarung ist eine Entlastung nicht erzwingbar (OLG Düsseldorf ZMR 1996, 622; *Häublein,* MietRB 2020, 220 (221)); zu Inhalt und Wirkungen einer Entlastung → § 28 Rn. 357 ff.

99 Die Entlastung muss iSv § 18 Abs. 2 Nr. 1 WEG ordnungsmäßig sein (BGH NJW 2010, 2127 Rn. 19). Eine Entlastung ist nicht ordnungsmäßig, wenn Ansprüche gegen einen Verwaltungsbeirat in Betracht kommen und kein Grund ersichtlich ist, auf diese Ansprüche zu verzichten. Dieser Fall ist insbesondere dann anzunehmen, wenn die von den Verwaltungsbeiräten geprüfte Abrechnung fehlerhaft ist und geändert werden muss (BGH NJW

2010, 2654 Rn. 17; 2010, 2127 Rn. 19; BayObLG NJW-RR 1991, 1360; s. a. *Schmid* ZMR 2010, 67). Nach h. M. ist ein Wohnungseigentümer bei der Abstimmung über eine Entlastung entsprechend § 25 Abs. 5 WEG vom Stimmrecht ausgeschlossen, wenn er selbst Verwaltungsbeirat ist und es um seine eigene Entlastung geht.

L. Versicherung der Verwaltungsbeiräte

Die Wohnungseigentümer können nach § 19 Abs. 1 WEG eine Versicherung der Verwaltungsbeiräte durch die Gemeinschaft der Wohnungseigentümer und auf deren Kosten beschließen. Eine solche Versicherung entspricht in der Regel ordnungsmäßiger Verwaltung (KG NZM 2004, 743; *Scheuer* ZWE 2012, 115 (118); *Armbrüster* ZWE 2010, 117 (121); *Häublein* ZMR 2003, 223 (240); aA AG Hamburg-Wandsbek ZMR 2008, 335; AG Linz am Rhein ZMR 2003, 459; *Köhler* ZMR 2002, 891 (892)). Kosten für eine privat abgeschlossene Vermögensschadenhaftpflichtversicherung gehören zu den Aufwendungen nach § 670 BGB, die die Gemeinschaft der Wohnungseigentümer dem jeweiligen Verwaltungsbeirat zu ersetzen hat (aA AG Hamburg-Wandsbek ZMR 2008, 335). **100**

M. Verfahrensrecht

Streitigkeiten über Rechte und Pflichten der Verwaltungsbeiräte unterfallen § 43 Abs. 2 Nr. 1 WEG. Diese Bestimmung ist entsprechend anzuwenden, wenn ein Nichtwohnungseigentümer Verwaltungsbeirat ist (BayObLG NJW 1972, 1377). **101**

N. Abdingbarkeit

§ 29 WEG ist durch eine Vereinbarung iSv § 10 Abs. 1 Satz 2 WEG in allen Teilen abdingbar (BGH NJW 2010, 3168 Rn. 5; BayObLG ZMR 1994, 69), wobei § 47 WEG zu beachten ist. Die Wohnungseigentümer können etwa die Anzahl der Verwaltungsbeiräte vereinbaren (BGH NJW 2010, 3168 Rn. 5; OLG München NZI 2016, 746 (747)), die Bestellung eines Verwaltungsbeirates ausschließen (BayObLG NZM 2004, 587; WuM 1994, 45) oder für den Beschluss nach § 29 Abs. 1 Satz 1 WEG Allstimmigkeit (→ Vor §§ 23 ff. WEG Rn. 73) verlangen (BayObLG ZMR 2005, 380). **102**

Streitig ist, was gilt, wenn nach einer Vereinbarung für die Bestellung eines Wohnungseigentümers zum Verwaltungsbeirat sämtliche Stimmen erforderlich sind. Nach einer Ansicht ist ein Beschluss, der gegen diese Bestimmung verstößt, anfechtbar (BayObLG NJW-RR 2002, 1092 (1093)). Nach einer anderen Ansicht ist der entsprechende Beschluss nichtig (AG München ZMR 2010, 811). **103**

Abschnitt 5. Wohnungserbbaurecht

Wohnungserbbaurecht

30 (1) **Steht ein Erbbaurecht mehreren gemeinschaftlich nach Bruchteilen zu, so können die Anteile in der Weise beschränkt werden, daß jedem der Mitberechtigten das Sondereigentum an einer bestimmten Wohnung oder an nicht zu Wohnzwecken dienenden bestimmten Räumen in einem auf Grund des Erbbaurechts errichteten oder zu errichtenden Gebäude eingeräumt wird (Wohnungserbbaurecht, Teilerbbaurecht).**

(2) **Ein Erbbauberechtigter kann das Erbbaurecht in entsprechender Anwendung des § 8 teilen.**

(3) [1] **Für jeden Anteil wird von Amts wegen ein besonderes Erbbaugrundbuchblatt angelegt (Wohnungserbbaugrundbuch, Teilerbbaugrundbuch).** [2] **Im übrigen gelten für das Wohnungserbbaurecht (Teilerbbaurecht) die Vorschriften über das Wohnungseigentum (Teileigentum) entsprechend.**

Literatur: *Fröhler,* Risiken bei Zwangsversteigerungen wegen Hausgeldrückständen in Wohnungs- und Teilerbbaurechten, notar 2011, 221; *Rapp,* Zur Möglichkeit der Umwandlung eines Wohnungserbbaurechts in Wohnungseigentum, MittBayNot 1999, 376; *Rethmeier,* Rechtsfragen des Wohnungserbbaurechts, MittRhNotK 1993, 145; *Schneider,* Aktuelle Fragen zur Gemeinschaft der Wohnungserbbauberechtigten, ZfIR 2018, 589; *Schneider,* Das neue WEG – Handlungsbedarf für Erbbaurechtsherausgeber, ZfIR 2007, 168; *Theus,* Das Wohnungs- und Teilerbbaurecht in der notariellen Praxis, RNotZ 2019, 573.

I. Normzweck

1 Das Wohnungserbbaurecht stellt eine Kombination zweier Rechtsinstitute dar, nämlich des Erbbaurechts einerseits und des Wohnungseigentums andererseits (*Theus* RNotZ 2019, 574). Nach § 30 WEG kann Wohnungseigentum an einem Erbbaurecht in gleicher Weise wie an einem Grundstück durch Vertrag (Abs. 1) oder durch einseitige Teilungserklärung (Abs. 2) begründet werden. Abs. 3 ordnet für das Wohnungserbbaurecht auch in grundbuchrechtlicher Sicht die gleiche Behandlung wie für Wohnungseigentum an.

II. Wohnungserbbaurecht

1a **1. Begriff, Inhalt.** Ein Wohnungserbbaurecht ist das Sondereigentum an einer bestimmten Wohnung in einem aufgrund des Erbbaurechts errichteten oder noch zu errichtendem Gebäude in Verbindung mit dem Bruchteil an dem gemeinschaftlichen Erbbaurecht, zu dem es gehört (*Schneider* ZfIR 2018, 590). Für Teilerbbaurechte gilt diese Definition entsprechend mit dem Unterschied, dass es sich um nicht zu Wohnzwecken dienende Räume handelt. Im Gegensatz zum Wohnungseigentum zählt beim Wohnungserbbaurecht das Grundstück nicht zum gemeinschaftlichen Eigentum. Die Mitberechtigung am Erbbaurecht bezieht sich auf dessen gesamten dinglichen Inhalt. Hierzu gehört das Eigentum an dem aufgrund des Erbbaurechtes errichteten Bauwerks (§ 12 Abs. 1 ErbbauRG). Aus diesem Grund besteht zwischen dem Sondereigentum eines Wohnungseigentümers und dem Sondereigentum eines Wohnungserbbauberechtigten kein qualitativer Unterschied. Zum dinglichen Inhalt eines Erbbaurechtes zählt auch eine dem Erbbauberechtigten eingeräumte Nutzungsbefugnis an unbebauten Teilen des Grundstücks. Daran steht sämtlichen Wohnungserbbauberechtigten ein Mitgebrauchsrecht (§ 16 Abs. 1 Satz 3 WEG) zu (ausf. *Theus* RNotZ 2019, 575).

2. Begründung. Die **vertragliche** Einräumung von Sondereigentum am Erbbaurecht gem. § 30 Abs. 1 WEG entspricht § 3 WEG und setzt Bruchteilsmiteigentum am Erbbaurecht voraus, ggf. ist dieses zunächst zu bilden (→ § 3 Rn. 5). Auch wenn ein Erbbaurecht wegen § 11 Abs. 1 ErbbauRG an sich formlos begründet werden kann, bedarf die vertragliche Begründung von Wohnungserbbaurechten – ebenso wie deren Aufhebung – auf Grund des klaren Wortlautes von § 30 Abs. 3 Satz. 2 iVm § 4 Abs. 2 WEG der Form der **Auflassung** (Palandt/*Wicke* § 30 Rn. 1; aA *Theus RNotZ 2019, 582;* Weitnauer/*Mansel* § 30 Rn. 14; MüKoBGB/*Engelhardt* § 30 Rn. 5; Bauer/v. Oefele/*Maaß* GBO AT VI Rn. 269). Insoweit gelten für das Wohnungserbbaurecht strengere Formvorschriften als für das Erbbaurecht. Im Übrigen gelten die Erläuterungen für die vertragliche Begründung von Wohnungseigentum entsprechend, → § 3 Rn. 8 ff. 2

Die **einseitige Aufteilung** des Erbbaurechtes gem. § 30 Abs. 2 WEG entspricht § 8 WEG. Aus diesem Grund kann auf die Ausführungen zu § 8 WEG verwiesen werden, → § 8 Rn. 3 ff. 3

Auf Grund des § 1 Abs. 4 WEG kann nur **ein** Erbbaurecht geteilt werden. Ein **Gesamterbbaurecht** über mehrere Grundstücke stellt eine einheitliche Berechtigung dar und kann deshalb aufgeteilt werden (BayObLG Rpfleger 1989, 503; *Demharter* DNotZ 1986, 457; Staudinger/*Rapp* § 30 Rn. 15; zweifelnd Weitnauer/*Mansel* § 30 Rn. 21). Teilbar ist auch ein **Untererbbaurecht** (Staudinger/*Rapp* § 30 Rn. 15; Weitnauer/*Mansel* § 30 Rn. 20). 4

3. Erbbauzins. Auch wenn in der Teilungsurkunde der Gesamterbbauzins auf die neu gebildeten Wohnungserbbaurechte verteilt wird, bewirkt dies nicht eine Beschränkung des Erbbauzinses auf die jeweiligen Erbbaurechte im vereinbarten Verteilungsverhältnis. Die Begründung von Wohnungserbbaurechten führt stattdessen gem. §§ 9 Abs. 1 ErbbauRG, 1108 Abs. 2 BGB zu einer dinglichen Gesamthaft und einer persönlicher Gesamtschuld aller Wohnungserbbauberechtigter. Eine Aufteilung mit Außenwirkung gegenüber dem Grundstückseigentümer kann nur durch einen dahingehenden Vertrag mit diesem erreicht werden (OLG München ZWE 2016, 18). Alternativ kann in die Gemeinschaftsordnung eine Verpflichtung der Wohnungserbbauberechtigten aufgenommen werden, dem Verwalter die Befugnis zur Einziehung des Erbbauzinses und zur Abführung an den Grundstückseigentümer zu erteilen (OLG München ZWE 2016, 18), bzw. eine Vereinbarung getroffen werden, dass der anteilige Erbbauzins wie eine privatrechtliche Last des gemeinschaftlichen Eigentums iSv § 16 Abs. 2 WEG unter den Wohnungserbbauberechtigten zu behandeln ist (Staudinger/*Rapp* § 30 Rn. 12). 4a

5 **4. Zustimmung des Grundstückseigentümers.** Das Bestehen einer Verfügungsbeschränkung nach § 5 ErbbauRG macht die Zustimmung des Grundstückseigentümers zur Bestellung des Wohnungserbbaurechtes sowohl bei einer einseitigen Teilung nach § 8 WEG als auch bei der vertraglichen Einräumung nach § 3 WEG nicht erforderlich (BayObLG Rpfleger 1978, 375; LG Augsburg MittBayNot 1979, 68; *Theus* RNotZ 2019, 583; Staudinger/*Rapp* § 30 Rn. 17; Bauer/v. Oefele/*Maaß* GBO AT VI Rn. 271; aA für vertragliche Begründung *Ingenstau/Hustedt* § 1 ErbbauRG Rn. 116). Ein Zustimmungserfordernis zur Aufteilung kann im Erbbaurechtsvertrag nicht mit dinglicher Wirkung vereinbart werden (OLG Celle Rpfleger 1981, 22; Staudinger/*Rapp* § 30 Rn. 17). Etwas anders gilt, wenn die durch die Aufteilung des Erbbaurechtes entstehende Gesamtschuld aller Wohnungserbbauberechtigten beseitigt und auf die entstandenen Wohnungserbbaurechte verteilt werden soll. Dies erfordert einen sachenrechtlichen Vertrag mit dem Grundstückseigentümer und die Zustimmung der am Grundstück Realberechtigten (OLG München ZWE 2016, 18).

6 **5. Erlöschen.** Mit Erlöschen des Erbbaurechtes durch Zeitablauf (§ 27 ErbbauRG) erlöschen auch die Sondereigentumsrechte. Dem Wohnungserbbauberechtigten steht stattdessen ein Anteil an der Entschädigungsforderung zu (RGRK/*Augustin* § 30 Rn. 30).

III. Anwendbare Vorschriften

7 Für das Rechtsverhältnis zwischen Grundstückseigentümer und Wohnungserbbauberechtigtem gilt das ErbbauRG, das Wohnungserbbaurecht tritt an die Stelle des Erbbaurechtes. Verfügungen sind in gleicher Weise wie über das Erbbaurecht möglich, soweit das WEG keine Besonderheiten enthält (ausf. Staudinger/*Rapp* § 30 Rn. 5 ff.). Für das Rechtsverhältnis der Wohnungserbbauberechtigten untereinander gelten gem. § 30 Abs. 3 Satz 2 WEG die Vorschriften des WEG. Es bestehen damit für das Rechtverhältnis von Wohnungserbbauberechtigten untereinander keine Besonderheiten im Vergleich zu Wohnungseigentümern. Die Gemeinschaft der Wohnungserbbauberechtigten ist daher ebenso wie die Wohnungseigentümergemeinschaft als rechtsfähig anzusehen (*Schneider* ZfIR 2018, 590). Der Erwerb des mit dem aufgeteilten Erbbaurecht belasteten Grundstücks durch die Wohnungserbbauberechtigungsgemeinschaft als Verband ist grundsätzlich ebenfalls zulässig (ausführlich hierzu *Schneider* ZfIR 2018, 592; ZMR 2016, 482). Es gelten die Aussagen zum Immobilienerwerb durch die Wohnungseigentümergemeinschaft als Verband entsprechend (→ § 9a Rn. 78 ff.).

Nicht möglich ist die Begründung von Sondereigentum an Grundstücksflächen bei der Begründung von Wohnungserbbaurechten gem. § 30 WEG, weil das Grundstück ausschließlich im Eigentum des Grundstückseigentümers steht und aus diesem Grund daran kein Sondereigentum begründet werden kann. Als Gestaltungsmittel kann hier nur auf Sondernutzungsrechte zurückgegriffen werden (*Becker/Schneider* ZfIR 2020, 286).

Teil 2. Dauerwohnrecht

Begriffsbestimmungen

§ 31 (1) [1] **Ein Grundstück kann in der Weise belastet werden, daß derjenige, zu dessen Gunsten die Belastung erfolgt, berechtigt ist, unter Ausschluß des Eigentümers eine bestimmte Wohnung in einem auf dem Grundstück errichteten oder zu errichtenden Gebäude zu bewohnen oder in anderer Weise zu nutzen (Dauerwohnrecht).** [2] **Das Dauerwohnrecht kann auf einen außerhalb des Gebäudes liegenden Teil des Grundstücks erstreckt werden, sofern die Wohnung wirtschaftlich die Hauptsache bleibt.**

(2) **Ein Grundstück kann in der Weise belastet werden, daß derjenige, zu dessen Gunsten die Belastung erfolgt, berechtigt ist, unter Ausschluß des Eigentümers nicht zu Wohnzwecken dienende bestimmte Räume in einem auf dem Grundstück errichteten oder zu errichtenden Gebäude zu nutzen (Dauernutzungsrecht).**

(3) **Für das Dauernutzungsrecht gelten die Vorschriften über das Dauerwohnrecht entsprechend.**

Literatur: *Diester,* Kann ein Dauerwohnrecht auf die Lebensdauer des Berechtigten befristet werden?, NJW 1963, 183; *Hilmes/Krüger,* Das Schattensein des Dauernutzungsrechts, ZfIR 2009, 184; *Huperz,* Das Dauerwohnrecht unter besonderer Berücksichtigung der Gemeinsamkeiten und Unterschiede zum (Wohnraum-)Mietverhältnis, 2010; *Lehmann;* Dauerwohn- und Dauernutzungsrechte nach dem WEG, RNotZ 2011, 1; *Lotter,* Aktuelle Fragen des Dauerwohnrechts, MittBayNot 1999, 354; *Maaß/Opreè,* Die dingliche Sicherung des Mieters, ZNotP 1997, 8; *Mayer,* Zur Störfallvorsorge beim Dauerwohnrecht: Heimfallanspruch bei Tod des Berechtigten oder Veräußerung des Rechts, DNotZ 2003, 908; *Mayer,* Dauerwohnrecht statt Wohnungsrecht – unentdeckte Gestaltungsmöglichkeiten beim Übergabevertrag, ZNotP 2000, 354; *Rethmeier,* Rechtsfragen des Wohnungserbbaurechts, MittRhNotK 1993, 145; *Schmidt,* Dauerwohnrecht und Dauernutzungsrecht für mehrere Personen, WEZ 1987, 119.

I. Normzweck

Ziel des Gesetzgebers bei Einführung des Dauerwohnrechtes war der Schutz von Personen, die dem Grundstückseigentümer zur Errichtung des Gebäudes Baukostenzuschüsse gewährt hatten, sowie die Ermöglichung von genossenschaftlichen Rechtsgestaltungen (ausf. Weitnauer/*Mansel* Vor § 31). Das Dauerwohnrecht ist dem Wohnungsrecht gem. § 1093 BGB nachgebildet und unterscheidet sich von diesem im Wesentlichen dadurch, dass es veräußerlich und vererblich ist und weitergehende Nutzungen erlaubt (BGH NZM 2019, 438 Rn. 8; NZM 2012, 311). In der Praxis hat dieses Rechtsinstitut allerdings nur wenig Verbreitung gefunden. § 31 WEG enthält die für das Dauerwohnrecht wesentlichen Begriffsbestimmungen. 1

II. Dauerwohn-/Dauernutzungsrecht

2 **1. Begriff.** Das **Dauerwohnrecht** wird in § 31 Abs. 1 WEG in sinngemäßer Anwendung des § 1093 BGB als Belastung eines Grundstücks bezeichnet, wonach der Berechtigte eine bestimmte Wohnung in einem auf dem Grundstück errichteten oder erst zu errichtenden Gebäude bewohnen oder in anderer Weise nutzen darf. Wird das gleiche Recht an nicht zu Wohnzwecken bestimmten Räumen begründet, so handelt es sich um ein **Dauernutzungsrecht** (§ 31 Abs. 2 WEG). Die Abgrenzung entspricht der von Wohn- und Teileigentum in § 1 Abs. 2 WEG (→ § 1 Rn. 12). Beide Rechte unterscheiden sich somit in der Zweckbestimmung der ihnen unterliegenden Räume, nicht in der rechtlichen Behandlung (§ 31 Abs. 3 WEG). Im Folgenden wird daher nur vom Dauerwohnrecht gesprochen.

3 Das Dauerwohnrecht kann sich auf das gesamte Gebäude (LG Münster DNotZ 1953, 148), mehrere Räume oder nur einen Raum (Palandt/*Wicke* § 31 Rn. 3) des Gebäudes beziehen und auf einen außerhalb des Gebäudes befindlichen Teil des Grundstücks (zB Garten, Stellplatz) erstreckt werden, sofern die Wohnung wirtschaftlich die Hauptsache bleibt (§ 31 Abs. 1 Satz 2 WEG).

4 **2. Wesen.** Das Dauerwohnrecht ist eine **besondere Form der Dienstbarkeit** (OLG München ZWE 2016, 337; OLG München ZWE 2013, 323). Es ähnelt dem Wohnungsrecht nach § 1093 BGB, ist aber abweichend von einer beschränkten persönlichen Dienstbarkeit nach § 33 Abs. 1 WEG veräußerlich und vererblich und erlaubt weitergehende Nutzungen (BGH NZM 2012, 311; OLG München ZWE 2016, 337). Es ist ein dingliches, aber kein grundstücksgleiches Recht (BGH NZM 2019, 438 Rn. 8; NZM 2012, 311 Rn. 7; OLG München ZWE 2016, 337; OLG München ZWE 2013, 323). Eine Umdeutung kommt daher nur in Ausnahmefällen in Betracht (BGH NJW 1963, 339). Eine Befristung ist möglich (§ 41 WEG), nicht aber eine Bedingung (→ § 33 Rn. 3). Die Vorschriften des schuldrechtlichen Miet- und Pachtrechts sind auf Grund der grundlegend verschiedenen Rechtsnatur auf das dingliche Dauerwohnrecht nicht anwendbar (BGH NJW 1969, 1850; LG Frankfurt NZM 2000, 877). Die Regelungen in den § 31 ff. WEG gehen als speziellere Vorschriften dem § 1093 BGB vor, überlagern ihn aber nicht vollständig (OLG München ZWE 2016, 337).

5 **3. Belastungsgegenstand.** Belastungsgegenstand ist grundsätzlich das gesamte Grundstück (OLG München ZWE 2013, 323). Es kommen aber auch Wohnungseigentum (BGH DB 1979, 545; OLG Hamburg ZMR 2004, 616), Erbbaurechte (OLG München ZWE 2016, 337) bzw. Wohnungserbbaurechte (§ 42 WEG), nicht aber gewöhnliche Miteigentumsanteile (BayObLGZ 1957, 102) in Betracht. Auch die Belastung eines Sondernutzungsrechtes mit einem Dauerwohnrecht ist ausgeschlossen, da dieses kein dingliches Recht ist (OLG Hamburg ZMR 2004, 616). Ein Gesamtrecht an mehreren Belastungsgegenständen ist zulässig (LG Hildesheim NJW 1960, 49; MüKoBGB/*Engelhardt* § 31 Rn. 5; Palandt/*Wicke* § 31 Rn. 3).

6 **4. Berechtigter.** Berechtigte können natürliche oder juristische Personen sein. Möglich ist auch – ohne Nachweis eines Bedürfnisses hierzu – ein

Eigentümerdauerwohnrecht, welches dem Eigentümer zusteht (BayObLG DNotZ 1998, 374; Weitnauer/*Mansel* Vor § 31 Rn. 3). Das Recht kann für eine Bruchteilsgemeinschaft (BGH NJW 1995, 2637) oder Gesamthandsgemeinschaft (OLG München ZfIR 2008, 727; BayObLG MittBayNot 1997, 289) bestellt werden, ebenso für Gesamtgläubiger iSv § 428 BGB (Staudinger/*Spiegelberger* § 31 Rn. 38; Palandt/Wicke § 31 Rn. 4; aA Weitnauer/*Mansel* § 31 Rn. 8).

5. Bestellung. Zur Bestellung des Dauerwohnrechts als dinglichem Recht ist die **formlose Einigung** sowie die Eintragung in Abteilung II des Grundbuchs erforderlich (§ 873 BGB). Wegen § 29 GBO bedarf die Eintragungsbewilligung des Grundstückseigentümers der öffentlichen Beglaubigung. Das **schuldrechtliche Grundgeschäft** (zB kauf- oder mietähnliches Verhältnis) unterliegt ebenfalls keiner Formvorschrift (BGH WM 1984, 142; Staudinger/*Spiegelberger* § 31 Rn. 45). Zwischen Eigentümer und Dauerwohnberechtigtem entsteht kein Gemeinschaftsverhältnis, sondern nur ein **gesetzliches Schuldverhältnis** (Staudinger/*Spiegelberger* § 31 Rn. 44). 7

6. Erlöschen. Das Dauerwohnrecht endet durch Ablauf der vereinbarten Frist sowie durch Aufgabe nach § 875 BGB. Bei Vereinbarung eines Heimfallrechtes bedarf die Aufgabe der Zustimmung des Grundstückseigentümers (MüKoBGB/*Engelhardt* § 31 Rn. 8; Weitnauer/*Mansel* § 31 Rn. 9). Fehlt es hingegen an einem Heimfallrecht, bedarf es für die Aufgabe keiner Zustimmung des Grundstückseigentümers (Staudinger/*Spiegelberger* § 31 Rn. 49; Weitnauer/*Mansel* § 31 Rn. 9). Zudem erlischt das Dauerwohnrecht durch Zuschlag in der **Zwangsversteigerung,** wenn nicht bereits vorher das Bestehenbleiben nach § 39 WEG vereinbart oder wenn es nicht in das geringste Gebot aufgenommen (§ 91 ZVG) worden ist. Die **Zerstörung des Gebäudes** beendet das Dauerwohnrecht **nicht** (Bärmann/*Schneider* § 31 Rn. 91). 8

Voraussetzungen der Eintragung

32 (1) **Das Dauerwohnrecht soll nur bestellt werden, wenn die Wohnung in sich abgeschlossen ist.**

(2) [1] **Zur näheren Bezeichnung des Gegenstandes und des Inhalts des Dauerwohnrechts kann auf die Eintragungsbewilligung Bezug genommen werden.** [2] **Der Eintragungsbewilligung sind als Anlagen beizufügen:**

1. **eine von der Baubehörde mit Unterschrift und Siegel oder Stempel versehene Bauzeichnung, aus der die Aufteilung des Gebäudes sowie die Lage und Größe der dem Dauerwohnrecht unterliegenden Gebäude- und Grundstücksteile ersichtlich ist (Aufteilungsplan); alle zu demselben Dauerwohnrecht gehörenden Einzelräume sind mit der jeweils gleichen Nummer zu kennzeichnen;**
2. **eine Bescheinigung der Baubehörde, daß die Voraussetzungen des Absatzes 1 vorliegen.**

³Wenn in der Eintragungsbewilligung für die einzelnen Dauerwohnrechte Nummern angegeben werden, sollen sie mit denen des Aufteilungsplans übereinstimmen.

(3) **Das Grundbuchamt soll die Eintragung des Dauerwohnrechts ablehnen, wenn über die in § 33 Abs. 4 Nr. 1 bis 4 bezeichneten Angelegenheiten, über die Voraussetzungen des Heimfallanspruchs (§ 36 Abs. 1) und über die Entschädigung beim Heimfall (§ 36 Abs. 4) keine Vereinbarungen getroffen sind.**

I. Normzweck

1 § 32 Abs. 1 WEG normiert die Notwendigkeit der Abgeschlossenheit, die Abs. 2 und 3 enthalten grundbuchrechtliche Vorschriften.

II. Abgeschlossenheit

2 Die Bestellung eines Dauerwohnrechtes setzt nach § 32 Abs. 1 WEG **eine** abgeschlossene Wohnung voraus. Die Vorschrift entspricht § 3 Abs. 2 Satz 1 WEG. Deshalb wird auf die dortigen Erläuterungen verwiesen (→ § 3 Rn. 34 ff.). Da es sich um eine Sollvorschrift handelt, berührt ein Verstoß gegen die Norm die Wirksamkeit des Rechtes nicht. Eine Abgeschlossenheitsbescheinigung ist entbehrlich, wenn das Dauerwohnrecht am ganzen Gebäude bestellt wird (→ Rn. 6).

III. Eintragungsbewilligung

3 Die Eintragung im Grundbuch setzt neben dem Antrag (§ 13 GBO) die Bewilligung des Eigentümers (§ 19 GBO) in der Form des § 29 GBO voraus. Hinsichtlich der Bezugnahme auf die Eintragungsbewilligung und die beizufügenden Anlagen (Aufteilungsplan, Abgeschlossenheitsbescheinigung) entspricht § 32 Abs. 2 WEG den Bestimmungen des § 7 Abs. 3 und 4 WEG. Es gelten grundsätzlich die dortigen Ausführungen (→ § 7 Rn. 26 ff.), jedoch führen die Besonderheiten des Dauerwohnrechts zu folgenden **Abweichungen.**

4 **1. Aufteilungsplan.** Die in § 7 Abs. 4 geregelten Anforderungen an den Aufteilungsplan tragen dem sachen- und grundbuchrechtlichen Bestimmtheitsgrundsatz Rechnung, der verlangt, dass Inhalt und Umfang dinglicher Rechte zweifelsfrei und eindeutig bestimmt sind. Diese Abgrenzung spielt bei der Begründung eines Dauerwohnrechtes keine Rolle (OLG München ZWE 2013, 323; BayObLG DNotZ 1998, 374). Zudem muss beim Wohnungseigentum das gesamte Gebäude in gemeinschaftliches Eigentum und Sondereigentum aufgeteilt werden, während das Dauerwohnrecht auch nur an einer von mehreren Wohnungen begründet werden kann; der Abgrenzung von anderen Wohnungen kommt in diesem Fall beim Dauerwohnrecht keine Bedeutung zu. Die Fassung des für die Bauzeichnung beim Wohnungseigentum maßgebenden § 7 Absatz 4 Satz 1 Nr. 1 WEG unterscheidet sich deshalb auch entsprechend von der des § 32 Absatz 2 Satz 2 Nr. 1 WEG (BayObLG DNotZ 1998, 374).

5 Der mit § 32 Absatz 2 Satz 2 Nr. 1 WEG verfolgte Zweck ist, den Umfang des dinglichen Rechtes eindeutig und zweifelsfrei zu bestimmen. Dazu genügt es, wenn bei mehreren Gebäuden auf dem belasteten Grundstück in einem Grundstücksplan das Gebäude gekennzeichnet ist, in dem sich die von dem Dauerwohnrecht umfassten Räume befinden. Nicht erforderlich sind Pläne für das gesamte Gebäude (*Mayer* DNotZ 2003, 910). Erstreckt sich das Dauerwohnrecht auch auf außerhalb des Gebäudes liegende Grundstücksteile, zB einen Garten, müssen sich auch deren Lage und Größe aus dem Plan ergeben (OLG München ZWE 2013, 323). Außerdem ist, wenn sich die von dem Dauerwohnrecht umfassten Räume in einem von mehreren Stockwerken eines Gebäudes befinden, ein Stockwerksplan erforderlich. Aus ihm muss sich die Lage der Räume und ihre Abgrenzung zu anderen Räumen auf dem Stockwerk ergeben; dabei genügt es, wenn die von dem Dauerwohnrecht umfassten Räume in ihrer äußeren Umgrenzung kenntlich gemacht sind. Die weiteren auf dem Stockwerk befindlichen Wohnungen und Räume brauchen aus dem Stockwerksplan nicht ersichtlich zu sein (BayObLG DNotZ 1998, 374; s. auch *Lotter* MittBayNot 1999, 354).

6 **2. Abgeschlossenheitsbescheinigung.** Eine Abgeschlossenheitsbescheinigung ist **nicht** erforderlich, wenn sich das Dauerwohnrecht auf das gesamte Gebäude erstreckt (LG Münster DNotZ 1953, 148; Staudinger/*Spiegelberger* § 32 Rn. 10).

IV. Prüfungsrecht des Grundbuchamtes

7 Das Grundbuchamt ist nach § 32 Abs. 3 WEG angehalten, die Eintragung des Dauerwohnrechtes nur vorzunehmen, wenn über die in § 33 Abs. 4 Nr. 1 bis 4 WEG bezeichneten Angelegenheiten, über die Voraussetzungen des Heimfallanspruchs nach § 36 Abs. 1 WEG sowie über die auf Grund § 36 Abs. 4 WEG zu gewährende Entschädigung beim Heimfall eine Vereinbarung getroffen worden ist. Bei **Nichtbeachtung** entsteht das Dauerwohnrecht dennoch, da es sich um eine reine verfahrensrechtliche Sollvorschrift handelt (Weitnauer/*Mansel* § 32 Rn. 8). Das Grundbuchamt kann den Nachweis der Vereinbarungen verlangen, eine **Pflicht zur materiellrechtlichen Prüfung** besteht jedoch **nicht** (Bärmann/*Schneider* § 32 Rn. 17; Weitnauer/*Mansel* § 32 Rn. 7; Palandt/*Wicke* § 32 Rn. 2; iErg aber str.; aA OLG Düsseldorf DNotZ 1978, 354). Die erforderliche Einigung zwischen den Vertragsbeteiligten ist vom Grundbuchamt nicht zu überprüfen, da § 20 GBO nicht anwendbar ist (Weitnauer/*Mansel* § 32 Rn. 7; Staudinger/*Spiegelberger* § 32 Rn. 24; aA OLG Düsseldorf DNotZ 1978, 354). Sofern eine Prüfung erfolgt, erstreckt sie sich nicht auf die Angemessenheit oder Zweckmäßigkeit der getroffenen Vereinbarungen (Staudinger/*Spiegelberger* § 32 Rn. 24).

Inhalt des Dauerwohnrechts

33 (1) [1]**Das Dauerwohnrecht ist veräußerlich und vererblich.** [2]**Es kann nicht unter einer Bedingung bestellt werden.**

(2) **Auf das Dauerwohnrecht sind, soweit nicht etwas anderes vereinbart ist, die Vorschriften des § 14 entsprechend anzuwenden.**

(3) **Der Berechtigte kann die zum gemeinschaftlichen Gebrauch bestimmten Teile, Anlagen und Einrichtungen des Gebäudes und Grundstücks mitbenutzen, soweit nichts anderes vereinbart ist.**

(4) **Als Inhalt des Dauerwohnrechts können Vereinbarungen getroffen werden über:**

1. **Art und Umfang der Nutzungen;**
2. **Instandhaltung und Instandsetzung der dem Dauerwohnrecht unterliegenden Gebäudeteile;**
3. **die Pflicht des Berechtigten zur Tragung öffentlicher oder privatrechtlicher Lasten des Grundstücks;**
4. **die Versicherung des Gebäudes und seinen Wiederaufbau im Falle der Zerstörung;**
5. **das Recht des Eigentümers, bei Vorliegen bestimmter Voraussetzungen Sicherheitsleistung zu verlangen.**

Übersicht

I. Normzweck

1 Der in § 31 WEG allgemein umschriebene Inhalt des Dauerwohnrechtes wird durch § 33 WEG ergänzt. § 33 Abs. 1 WEG soll die Verkehrsfähigkeit des Dauerwohnrechtes ermöglichen (OLG München ZWE 2016, 337).

II. Gesetzlicher Inhalt

2 **1. Veräußerlichkeit und Vererblichkeit.** Das Dauerwohnrecht ist nach § 33 Abs. 1 WEG veräußerlich und vererblich. Ein **Ausschluss** der Veräußerlichkeit oder der Vererbbarkeit ist **unwirksam** (Bärmann/*Schneider* § 33 Rn. 36, 60), da hierdurch die Verkehrsfähigkeit des Dauerwohnrechtes beeinträchtigt wäre. Möglich ist aber eine Einschränkung nach § 35 WEG. Die dingliche Übertragung des Dauerwohnrechtes erfolgt nach § 873 BGB, die Einigung sowie der schuldrechtliche Vertrag sind formfrei. Ein Dauerwohnrecht kann gem. § 1273 BGB als Recht **verpfändet** und mit einem **Nießbrauch** belastet werden, nicht aber mit einer Dienstbarkeit, einem Vorkaufsrecht, einer Reallast oder Grundpfandrechten, da es sich nicht um ein grundstücksgleiches Recht handelt (BGH NZM 2019, 438 Rn. 26; Staudinger/*Spiegelberger* § 33 Rn. 13). Zur Sicherung des Rechtes auf Übertragung kann eine **Vormerkung** eingetragen werden.

2. Bedingungsfeindlichkeit. Das Dauerwohnrecht darf weder unter eine auflösende noch unter eine aufschiebende Bedingung gestellt werden (§ 33 Abs. 1 Satz 2 WEG), jedoch mit einer **Befristung** versehen werden. Eine Befristung mit ungewissem Endtermin stellt keine unzulässige Bedingung oder einen unzulässigen Ausschluss der Vererblichkeit dar. Aus diesem Grund kann ein Dauerwohnrecht wirksam auf **Lebenszeit des Berechtigten** bestellt werden. Die Begrenzung eines Rechtes auf die Lebensdauer einer Person stellt nämlich keine Bedingung, sondern eine Zeitbestimmung („dies certus an incertus quando") dar (OLG Celle ZWE 2014, 207; OLG Hamm NZM 2012, 318; Palandt/*Wicke* § 33 Rn. 2; *Mayer* DNotZ 2003, 930; aA OLG Neustadt NJW 1961, 1974; *Böttcher* MittBayNot 1993, 129). 3

3. Erhaltungspflicht. Nach § 33 Abs. 2 WEG gilt für das Dauerwohnrecht, soweit nicht andere Vereinbarungen bestehen, § 14 WEG entsprechend. Der Berechtigte hat insbesondere die dem Dauerwohnrecht unterliegenden Gebäudeteile instand zu halten und pfleglich zu benutzen sowie auf andere Hausbewohner Rücksicht zu nehmen. Im Einzelnen wird auf die Erläuterungen zu § 14 WEG (→ § 14 Rn. 60) verwiesen. Streitig ist, ob diese Verpflichtung den Berechtigten nur gegenüber dem Grundstückseigentümer (so Palandt/*Wicke* § 33 Rn. 3) oder auch gegenüber anderen Berechtigten trifft (so Weitnauer/*Mansel* § 33 Rn. 4; Bärmann/*Schneider* § 33 Rn. 80). Hierzu sind iÜ auch Vereinbarungen mit dinglicher Wirkung nach § 33 Abs. 4 WEG möglich. 4

4. Mitbenutzungsrecht. Der Dauerwohnberechtigte hat gem. § 33 Abs. 3 WEG wie bei § 1093 Abs. 3 BGB das Recht, die zum gemeinschaftlichen Gebrauch bestimmten Teile, Anlagen und Einrichtungen mitzubenutzen. Maßgeblich hierfür ist die Verkehrsüblichkeit. Regelmäßig zählen hierzu das Treppenhaus, Hofraum, Waschküche, Trockenboden, Garten, Fahrradkeller, gemeinschaftliche Heizanlage etc, soweit etwas anderes nicht vereinbart ist (BGH NZM 2012, 311). 5

III. Dingliche Inhaltsvereinbarung

Nach § 33 Abs. 4 Nr. 1 bis 5 WEG können über den gesetzlichen Inhalt hinaus bestimmte Vereinbarungen zum Inhalt des Dauerwohnrechtes gemacht werden. Diese haben jedoch nur dann **dingliche Wirkung,** wenn sie durch **Einigung und Eintragung** (Bezugnahme nach § 32 Abs. 2 Satz 1 WEG genügt) zum Rechtsinhalt gemacht worden sind; ansonsten haben sie nur schuldrechtliche Wirkung. Abgesehen von den in den §§ 33 Abs. 2 bis 4, 35, 36, 39, 40 Abs. 2, 41 Abs. 2 WEG aufgeführten Abreden sind zusätzliche, weitere Vereinbarungen (insbes. zB **Entgelt**) möglich, können jedoch nicht zum Inhalt des dinglichen Rechtes gemacht werden. Im Einzelnen sieht das WEG in § 33 Abs. 4 folgende potentiell dingliche Inhaltsvereinbarungen für das Dauerwohnrecht vor. 6

Nr. 1: Nach dieser Bestimmung können als Inhalt des Dauerwohnrechtes Vereinbarungen über **Art und Umfang der Nutzung** getroffen werden. Zu den Nutzungen gehören gem. § 100 BGB die Vorteile, welche der 7

Gebrauch des Rechtes gewährt. Aus diesem Grund sind auch beschränkende Regelungen zu Inhalt und Umfang des zulässigen Gebrauchs und der dadurch begrenzten Nutzziehung zulässig (OLG München ZWE 2016, 337). So ist eine Beschränkung der Nutzung auf bestimmte Zwecke möglich (zB nur als Wohnung). Ebenso kann der Ausschluss unerwünschter Nutzungsarten (zB keine gewerbliche Nutzung; Ausschluss der Vermietung) festgelegt oder die Nutzung von bestimmten Voraussetzungen (zB Vermietung nur mit Zustimmung des Eigentümers) abhängig gemacht werden (MüKoBGB/*Engelhardt* § 33 Rn. 6; Erman/*Grziwotz* § 33 Rn. 6). Im Rahmen der Zulässigkeit von Nutzungsgeboten oder Nutzungsverboten bewegt sich die Vereinbarung einer Belastungsbeschränkung (→ § 35 Rn. 2a). Fehlt eine besondere Vereinbarung, so ist eine Nutzung in beliebiger Weise im Rahmen der Grundsätze des § 14 WEG zulässig. Zulässig ist es auch, einen – gem. § 35 Satz 1 WEG nicht möglichen (→ § 35 Rn. 2a) – Zustimmungsvorbehalt für die Belastung mit beschränkten dinglichen Rechten zum Inhalt des Dauerwohnrechtes zu machen (BGH NZM 2019, 438).

8 Nr. 2: Durch Vereinbarungen über **Instandhaltung und Instandsetzung** der dem Dauerwohnrecht unterliegenden **Gebäudeteile** sind Ergänzungen zu § 33 Abs. 2 iVm. § 14 WEG möglich, wie beispielsweise die Übernahme auch außergewöhnlicher Ausbesserungen.

9 Nr. 3: Durch Vereinbarung kann die Pflicht des Berechtigten zur **Tragung öffentlicher oder privatrechtlicher Lasten** des Grundstücks begründet werden. Eine solche Vereinbarung betrifft allerdings nur das **Innenverhältnis** zwischen Eigentümer und Berechtigtem, hat also keine Außenwirkung gegenüber Dritten (Weitnauer/*Mansel* § 33 Rn. 14; Staudinger/*Spiegelberger* § 33 Rn. 33).

10 Nr. 4: Zum Inhalt des Dauerwohnrechtes kann auch die **Versicherung des Gebäudes** und sein **Wiederaufbau** im Falle der Zerstörung gemacht werden. Bei Fehlen einer solchen – dringend anzuratenden – Vereinbarung besteht grundsätzlich keine Verpflichtung des Eigentümers zum Wiederaufbau (Palandt/*Wicke* WEG § 33 Rn. 5; aA Bärmann/*Schneider* § 31 Rn. 91). Diese Verpflichtung kann bedingt (zB Zahlung der Versicherungssumme) getroffen werden.

11 Nr. 5: Eine **Sicherheitsleistung** kann nur verlangt werden, wenn dies vereinbart ist, § 1051 BGB ist ohne Vereinbarung nicht analog anwendbar (Weitnauer/*Mansel* § 33 Rn. 16).

Ansprüche des Eigentümers und der Dauerwohnberechtigten

34 (1) **Auf die Ersatzansprüche des Eigentümers wegen Veränderungen oder Verschlechterungen sowie auf die Ansprüche der Dauerwohnberechtigten auf Ersatz von Verwendungen oder auf Gestattung der Wegnahme einer Einrichtung sind die §§ 1049, 1057 des Bürgerlichen Gesetzbuches entsprechend anzuwenden.**

(2) **Wird das Dauerwohnrecht beeinträchtigt, so sind auf die Ansprüche des Berechtigten die für die Ansprüche aus dem Eigentum geltenden Vorschriften entsprechend anzuwenden.**

I. Normzweck

Die Vorschrift ist den Vorschriften des BGB über den Nießbrauch nachgebildet. 1

II. Ansprüche des Eigentümers

Als Anspruchsgrundlage für Ersatzansprüche des Eigentümers wegen Veränderung oder Verschlechterung kommen die schuldrechtlichen Vereinbarungen im Rahmen der Bestellung des Dauerwohnrechtes oder unerlaubte Handlung in Betracht (*Bärmann/Schneider* § 34 Rn. 5). **Normale Wertminderungen** sind nicht auszugleichen (NK/*Heinemann* § 34 Rn. 3; Erman/*Grziwotz* § 34 Rn. 1). Die sechsmonatige Verjährungsfrist des § 1057 BGB gilt auch für Schadenersatzansprüche aus unerlaubter Handlung (Staudinger/*Spiegelberger* § 34 Rn. 5; Palandt/*Wicke* WEG § 34 Rn. 1). 2

III. Ansprüche des Berechtigten

Für Verwendungen und die Wegnahme von Einrichtungen kommt wegen Abs. 1 § 1049 BGB zur Anwendung, soweit eine anderweitige Vereinbarung zwischen den Beteiligten nicht getroffen wurde (Staudinger/*Spiegelberger* § 34 Rn. 2). Die Ansprüche unterliegen nach § 1057 BGB der sechsmonatigen Verjährung. Bei Beeinträchtigungen des Dauerwohnrechtes wird der Dauerwohnberechtigte dem Nießbraucher (§ 1065 BGB) gleichgestellt. 3

Veräußerungsbeschränkung

35 **[1] Als Inhalt des Dauerwohnrechts kann vereinbart werden, daß der Berechtigte zur Veräußerung des Dauerwohnrechts der Zustimmung des Eigentümers oder eines Dritten bedarf. [2] Die Vorschriften des § 12 gelten in diesem Falle entsprechend.**

I. Normzweck

Die Möglichkeit der Vereinbarung einer Veräußerungsbeschränkung soll den Erbbauberechtigten vor den Gefahren schützen, die mit der nach § 33 Abs. 1 Satz 1 WEG grundsätzlich vorgesehenen freien Veräußerlichkeit des Rechtes verbunden sind (OLG München ZWE 2016, 337), insbesondere dem spekulativen Verkauf dieses Rechtes (BGH NZM 2019, 438 Rn. 23). 1

II. Veräußerungsbeschränkung

Als Inhalt des Dauerwohnrechts kann eine Veräußerungsbeschränkung vereinbart werden. § 35 WEG ist wie § 12 Abs. 1 WEG der entsprechenden Vorschrift des § 35 Abs. 1 ErbbauRG nachgebildet (BGH NZM 2019, 438 Rn. 17; OLG München ZWE 2016, 337). Die Vorschrift des § 12 WEG gilt bei vereinbartem Zustimmungserfordernis entsprechend (§ 35 Satz 2 WEG), insbesondere kann die Zustimmung nur aus wichtigem Grund versagt werden. Als Ausnahmevorschrift zum Grundsatz der freien Verfügungsmöglichkeit über Wohnungseigentum ist § 35 WEG eng auszulegen (OLG 2

München ZWE 2016, 337). Es gelten im Übrigen die Ausführungen zu § 12 WEG entsprechend.

2a Eine **Belastungsbeschränkung** kann ebenso wie beim Wohnungseigentum (→ § 12 Rn. 20) in Form einer Inhaltsbeschränkung vereinbart und durch Eintragung im Grundbuch zum Inhalt des Dauerwohnrechtes gemacht werden (BGH NZM 2019, 438; OLG München ZWE 2016, 337; Timme/*Munzig* § 35 Rn. 14, 19; aA Bärmann/*Schneider* § 35 Rn. 5). Solche Einschränkungen lassen sich allerdings nicht über § 35 WEG begründen, da diese Vorschrift nur Beschränkungen im Zuge einer Veräußerung ermöglicht, jedoch enthält § 33 Abs. 4 Nr. 1 WEG eine geeignete Rechtsgrundlage für eine solche Vereinbarung (BGH NZM 2019, 438; → § 33 Rn. 7). Zulässig ist es daher, beispielsweise die Belastung eines Dauerwohnrechtes mit einem **Nießbrauch** von einer Zustimmung abhängig zu machen (BGH NZM 2019, 438; OLG München ZWE 2016, 337). Auch ohne ausdrücklich vereinbartes Zustimmungserfordernis für diesen Fall ist bei bestehender Veräußerungsbeschränkung die Bestellung eines Nießbrauchs nur mit Zustimmung des Berechtigten zulässig (OLG München ZWE 2016, 337).

III. Dingliche Wirkung

3 Die Bindung von Sonderrechtsnachfolgern an eine Veräußerungsbeschränkung tritt erst ein mit ausdrücklicher Eintragung im Grundbuch. Eine Bezugnahme auf die Eintragungsbewilligung bei der Eintragung genügt für die Entstehung nicht. Zwar ordnet § 7 Abs. 3 Satz 2 WEG nur die ausdrückliche Eintragung von Veräußerungsbeschränkungen gem. § 12 WEG an und schweigt insoweit zu § 35 WEG. Da sich jedoch aus der Gesetzesbegründung ergibt, dass der Gesetzgeber schon nach bisheriger Rechtslage von einer ausdrücklichen Eintragungspflicht bei Veräußerungsbeschränkungen gem. § 12 WEG ausgeht (BT-Drs. 19/19369 S. 2) und insoweit für § 35 WEG nichts anders gelten kann und zudem davon auszugehen ist, dass die Veräußerungsbeschränkungen nach § 12 WEG und § 35 WEG nicht unterschiedlich behandelt werden sollten, ist auch bei Veräußerungsbeschränkungen gem. § 35 WEG von einer konstitutiven Eintragungspflicht auszugehen. Es gelten die diesbezüglichen Ausführungen zu § 12 WEG (→ § 12 Rn. 14).

Heimfallanspruch

36 (1) [1] **Als Inhalt des Dauerwohnrechts kann vereinbart werden, daß der Berechtigte verpflichtet ist, das Dauerwohnrecht beim Eintritt bestimmter Voraussetzungen auf den Grundstückseigentümer oder einen von diesem zu bezeichnenden Dritten zu übertragen (Heimfallanspruch).** [2] **Der Heimfallanspruch kann nicht von dem Eigentum an dem Grundstück getrennt werden.**

(2) **Bezieht sich das Dauerwohnrecht auf Räume, die dem Mieterschutz unterliegen, so kann der Eigentümer von dem Heimfall-**

anspruch nur Gebrauch machen, wenn ein Grund vorliegt, aus dem ein Vermieter die Aufhebung des Mietverhältnisses verlangen oder kündigen kann.

(3) **Der Heimfallanspruch verjährt in sechs Monaten von dem Zeitpunkt an, in dem der Eigentümer von dem Eintritt der Voraussetzungen Kenntnis erlangt, ohne Rücksicht auf diese Kenntnis in zwei Jahren von dem Eintritt der Voraussetzungen an.**

(4) [1] **Als Inhalt des Dauerwohnrechts kann vereinbart werden, daß der Eigentümer dem Berechtigten eine Entschädigung zu gewähren hat, wenn er von dem Heimfallanspruch Gebrauch macht.** [2] **Als Inhalt des Dauerwohnrechts können Vereinbarungen über die Berechnung oder Höhe der Entschädigung oder die Art ihrer Zahlung getroffen werden.**

I. Normzweck

1 Als Reaktionsmöglichkeit des Grundstückseigentümers auf bestimmte Ereignisse oder Verhaltensweisen des Berechtigten gestattet § 36 WEG in Anlehnung an die Regelungen im ErbbauRG die Vereinbarung eines Heimfallrechtes.

II. Heimfallanspruch

2 Heimfallanspruch bedeutet das Recht des Grundstückseigentümers, beim Eintritt bestimmter Voraussetzungen die Übertragung des Dauerwohnrechtes an sich selbst oder einen von ihm bestimmten Dritten zu verlangen. Der Heimfall hat nicht das Erlöschen des Dauerwohnrechtes zur Folge. Es handelt sich um einen **subjektiv-dinglichen Anspruch,** der nicht vom Grundstückseigentum getrennt werden (§ 36 Abs. 1 Satz 2 WEG) und über den – als wesentlicher Grundstücksbestandteil – nicht selbständig verfügt werden kann. Dinglicher Inhalt des Dauerwohnrechtes wird er durch Einigung und Eintragung im Grundbuch.

3 Der Heimfallanspruch **verjährt** in **sechs Monaten** von dem Zeitpunkt an, in dem der Eigentümer von dem Eintritt der Voraussetzungen Kenntnis erlangt, ohne Rücksicht auf diese Kenntnis in **zwei Jahren** von dem Eintritt der Voraussetzungen an. Für die Verjährung des Anspruchs gelten auf Grund § 36 Abs. 3 WEG die allgemeinen Vorschriften des BGB über die Verjährung mit Ausnahme von § 201 BGB.

III. Heimfallgründe

4 Die Heimfallgründe sind **frei vereinbar.** § 36 Absatz 1 WEG schließt jedoch einen voraussetzungslosen Heimfall aus und bestimmt in Konkretisierung des sachenrechtlichen Bestimmtheitsgrundsatzes, dass nur bei Eintritt bestimmter, genau zu vereinbarender Voraussetzungen ein Heimfallanspruch begründet werden kann (*Mayer* DNotZ 2003, 911). Ein völlig voraussetzungsloses Heimfallrecht (zB jederzeitiges Verlangen des Eigentümers) ist somit unzulässig (LG Oldenburg NJW 1979, 383; *Bärmann/Schneider* § 36

Rn. 47). Mögliche Gründe sind beispielsweise Tod des Berechtigten oder Eigentümers, Unterlassen der Instandhaltung, Zahlungsverzug des Berechtigten oder Zweckentfremdung von Räumen (ausf. Darstellung möglicher Gründe bei Bärmann/*Schneider* § 36 Rn. 48 ff.). **Unzulässig** ist wegen Verstoßes gegen § 33 Abs. 1 Satz 1 WEG ein Heimfallanspruch für jeden Fall der Veräußerung (Staudinger/*Spiegelberger* § 36 Rn. 7; Bärmann/*Schneider* § 36 Rn. 68; aA *Mayer* DNotZ 2003, 924: generell zulässig). In Ausnahmefällen ist bei schweren Pflichtverletzungen des Berechtigten auch ohne Vereinbarung ein Heimfallanspruch als letztes Mittel denkbar (Palandt/*Wicke* WEG § 36 Rn. 1; Bärmann/*Schneider* § 36 Rn. 77; aA MüKoBGB/*Engelhardt* § 36 Rn. 3).

IV. Mietrechtlicher Schutz

5 Eine **Ausübungsbeschränkung** (Palandt/*Wicke* WEG § 36 Rn. 2), nicht aber eine Beschränkung der grundsätzlichen Vereinbarkeit des Heimfallrechtes ist in § 36 Abs. 2 WEG für den Fall enthalten, dass Wohnräume herausgegeben werden müssen, die – ein Mietverhältnis zwischen Eigentümer und Berechtigtem unterstellt – dem Mieterschutz unterliegen. Auch wenn das Mieterschutzgesetz, auf welches das WEG hier Bezug nahm, kein geltendes Recht mehr ist, soll nach hM Abs. 2 auf die an die Stelle des Mieterschutzgesetzes getretenen Kündigungsvorschriften des BGB entsprechende Anwendung finden (so Weitnauer/*Mansel* § 36 Rn. 6; Staudinger/*Spiegelberger* § 36 Rn. 11; Erman/*Grziwotz* § 36 Rn. 1). § 36 Abs. 2 WEG nimmt nach Sinn und Zweck auf die bei In-Kraft-Treten des Wohnungseigentumsgesetzes bestehenden Mieterschutzvorschriften Bezug. Einen „Mieterschutz" iS des § 36 Abs. 2 WEG gibt es indes nicht mehr. Die geltenden mietrechtlichen Bestimmungen sind mit den früheren Mieterschutzvorschriften nicht vergleichbar. Die früheren Mieterschutzvorschriften nahmen im Übrigen Wohnungen, die frei finanziert und nach dem 31.12.1949 bezugsfertig wurden, von ihrem Anwendungsbereich gerade aus. Eine (dynamische) Verweisung auf irgendwelche mieterschützende Vorschriften irgendeines Inhaltes ist nicht anzuerkennen. § 36 Abs. 2 WEG hat daher keinen Inhalt mehr (*Mayer* DNotZ 2003, 930).

V. Ausübung

6 Die Ausübung bedarf **keiner** besonderen **Form.** Ein entstandener Anspruch ist in der Regel auch dann noch durchsetzbar, wenn die verletzte Vertragspflicht nachgeholt ist (BGH NJW-RR 1988, 715). Der Heimfallanspruch besitzt die Wirkung einer Vormerkung (*Mayer* DNotZ 2003, 928; Bärmann/*Schneider* § 36 Rn. 21; Staudinger/*Spiegelberger* § 36 Rn. 14; aA Palandt/*Wicke* WEG § 36 Rn. 2). Dieser Vormerkungsschutz besteht bereits mit Vorliegen der Heimfalllage (Staudinger/*Spiegelberger* § 36 Rn. 14), nicht erst mit der Geltendmachung des Heimfallanspruchs (Bärmann/*Schneider* § 36 Rn. 30).

VI. Entschädigung

Eine Entschädigungspflicht des Eigentümers ist gesetzlich nur bei langfristigen Dauerwohnrechten (§ 41 Abs. 1 und 3 WEG) vorgeschrieben, sonst nur bei Vorliegen einer Vereinbarung, die wegen § 36 Abs. 4 WEG zum dinglichen Inhalt gemacht werden kann. Im Hinblick auf **Baukostenzuschüsse** und **sonstige Vorausleistungen,** die im Zeitpunkt des Heimfalls noch nicht abgegolten sind, kann hierdurch eine Entschädigungsvereinbarung nebst Abrede über Art und Höhe getroffen werden (BayObLG DNotZ 1960, 596). Im Gegensatz zu § 32 ErbbauRG muss die Entschädigung nicht angemessen sein. Der Anspruch entsteht mit Erfüllung des Heimfallanspruchs (BGH NJW 1990, 2067). 7

Vermietung

37 (1) **Hat der Dauerwohnberechtigte die dem Dauerwohnrecht unterliegenden Gebäude- oder Grundstücksteile vermietet oder verpachtet, so erlischt das Miet- oder Pachtverhältnis, wenn das Dauerwohnrecht erlischt.**

(2) **Macht der Eigentümer von seinem Heimfallanspruch Gebrauch, so tritt er oder derjenige, auf den das Dauerwohnrecht zu übertragen ist, in das Miet- oder Pachtverhältnis ein; die Vorschriften der §§ 566 bis 566e des Bürgerlichen Gesetzbuches gelten entsprechend.**

(3) [1] **Absatz 2 gilt entsprechend, wenn das Dauerwohnrecht veräußert wird.** [2] **Wird das Dauerwohnrecht im Wege der Zwangsvollstreckung veräußert, so steht dem Erwerber ein Kündigungsrecht in entsprechender Anwendung des § 57a des Gesetzes über die Zwangsversteigerung und Zwangsverwaltung zu.**

Bei Erlöschen des Dauerwohnrechtes, gleich aus welchem Grund, erlischt ein zwischen dem Dauerwohnberechtigten und Mieter/Pächter abgeschlossener Miet-/Pachtvertrag (§ 37 Abs. 1 WEG). Der Herausgabeanspruch beruht auf § 985 BGB. Eine Haftung des Vermieters kann bei treuwidrigem Verhalten entspr. § 536 Abs. 3 BGB oder aus § 826 BGB begründet sein (Palandt/*Wicke* WEG § 37 Rn. 2; Bärmann/*Schneider* § 37 Rn. 8). Nicht anwendbar ist § 37 WEG, wenn der Miet- oder Pachtvertrag bei Begründung des Dauerwohnrechtes schon bestand. In einem solchen Fall tritt der Dauerwohnberechtigte gemäß §§ 567, 581 Abs. 2 BGB in diesen Vertrag ein (Weitnauer/*Mansel* § 37 Rn. 7; Niedenführ/Vandenhouten/*Vandenhouten* § 37 Rn. 2). 1

Wird dagegen das Dauerwohnrecht veräußert oder ein Heimfallrecht ausgeübt, gelten die Bestimmungen der §§ 566 bis 566e BGB entspr. (§ 37 Abs. 2, 3 WEG). Erfolgt die Veräußerung im Wege der Zwangsvollstreckung, hat der Erwerber in entsprechender Anwendung von § 57a ZVG unter den Einschränkungen der §§ 57c, 57d ZVG ein gesetzliches Kündi- 2 gungsrecht (Weitnauer/*Mansel* § 37 Rn. 6; Niedenführ/Vandenhouten/*Vandenhouten* § 37 Rn. 11).

Eintritt in das Rechtsverhältnis

38 (1) **Wird das Dauerwohnrecht veräußert, so tritt der Erwerber an Stelle des Veräußerers in die sich während der Dauer seiner Berechtigung aus dem Rechtsverhältnis zu dem Eigentümer ergebenden Verpflichtungen ein.**

(2) [1] **Wird das Grundstück veräußert, so tritt der Erwerber an Stelle des Veräußerers in die sich während der Dauer seines Eigentums aus dem Rechtsverhältnis zu dem Dauerwohnberechtigten ergebenden Rechte ein.** [2] **Das gleiche gilt für den Erwerb auf Grund Zuschlages in der Zwangsversteigerung, wenn das Dauerwohnrecht durch den Zuschlag nicht erlischt.**

I. Normzweck

1 Die Vorschrift behandelt die Rechtsstellung des Erwerbers des Dauerwohnrechtes bzw des Grundstücks im Falle der Veräußerung.

II. Allgemeines

2 Wird das Dauerwohnrecht **veräußert,** tritt der Erwerber nach § 38 Abs. 1 WEG an Stelle des Veräußerers in die sich während der Dauer seiner Berechtigung aus dem Rechtsverhältnis zu dem Eigentümer ergebenden Verpflichtungen ein. Im umgekehrten Fall der Grundstücksveräußerung tritt der Erwerber nach § 38 Abs. 2 WEG an Stelle des Veräußerers in die sich während der Dauer seines Eigentums aus dem Rechtsverhältnis zu dem Dauerwohnberechtigten ergebenden Rechte ein. Das Gleiche gilt für den Erwerb auf Grund Zuschlages in der **Zwangsversteigerung,** wenn das Dauerwohnrecht durch den Zuschlag nicht erlischt.

3 Über den Wortlaut hinaus tritt der jeweilige Erwerber (auch bei Grundstückserwerb durch Zwangsversteigerung bei Nichterlöschen) **in vollem Umfang** in alle Rechte und Verpflichtungen des Rechtsvorgängers aus dem **schuldrechtlichen** Grundgeschäft ein (BGH NZM 2012, 311; Staudinger/*Spiegelberger* § 38 Rn. 11; Palandt/*Wicke* § 38 Rn. 2; Weitnauer/*Mansel* § 38 Rn. 7; aA Bärmann/*Schneider* § 38 Rn. 12). Ein gutgläubiger Erwerber ist nicht geschützt (Staudinger/*Spiegelberger* § 38 Rn. 5). Die Eintrittswirkung des § 38 WEG erstreckt sich **nicht** auf Vereinbarungen, die durch Eintragung im Grundbuch hätten **„verdinglicht"** werden können (Weitnauer/*Mansel* § 38 Rn. 5; Bärmann/*Schneider* § 38 Rn. 17; 2; aA Staudinger/*Spiegelberger* § 38 Rn. 6). Ansonsten liefe der Zwang zur Verdinglichung (§ 32 Abs. 3 WEG) ins Leere, die Verdinglichung wäre sogar weitgehend ohne Bedeutung.

III. Übertragungswirkung

Mit Übertragung tritt der Erwerber kraft Gesetzes in die Rechte und Pflichten des insoweit freiwerdenden Vorberechtigten ein. § 418 BGB gilt entspr. (Weitnauer/*Mansel* § 38 Rn. 8), der Erwerber haftet aber nicht für Rückstände. 4

Zwangsversteigerung

39 (1) **Als Inhalt des Dauerwohnrechts kann vereinbart werden, daß das Dauerwohnrecht im Falle der Zwangsversteigerung des Grundstücks abweichend von § 44 des Gesetzes über die Zwangsversteigerung und Zwangsverwaltung auch dann bestehen bleiben soll, wenn der Gläubiger einer dem Dauerwohnrecht im Range vorgehenden oder gleichstehenden Hypothek, Grundschuld, Rentenschuld oder Reallast die Zwangsversteigerung in das Grundstück betreibt.**

(2) **Eine Vereinbarung gemäß Absatz 1 bedarf zu ihrer Wirksamkeit der Zustimmung derjenigen, denen eine dem Dauerwohnrecht im Range vorgehende oder gleichstehende Hypothek, Grundschuld, Rentenschuld oder Reallast zusteht.**

(3) **Eine Vereinbarung gemäß Absatz 1 ist nur wirksam für den Fall, daß der Dauerwohnberechtigte im Zeitpunkt der Feststellung der Versteigerungsbedingungen seine fälligen Zahlungsverpflichtungen gegenüber dem Eigentümer erfüllt hat; in Ergänzung einer Vereinbarung nach Absatz 1 kann vereinbart werden, daß das Fortbestehen des Dauerwohnrechts vom Vorliegen weiterer Voraussetzungen abhängig ist.**

I. Normzweck

Das Dauerwohnrecht, das in einem Rangverhältnis (§ 879 BGB) zu anderen eingetragenen Rechten steht, erlischt in der Zwangsversteigerung (§ 91 ZVG), wenn es nicht in das geringste Gebot fällt. § 39 WEG gestattet eine Vereinbarung zwischen Grundstückseigentümer und Dauerwohnberechtigtem des Inhaltes, diese Rechtsfolge zu vermeiden. Hierzu ist jedoch die Zustimmung der betreffenden Gläubiger notwendig (§ 39 Abs. 2 WEG). 1

II. Vereinbarung über das Bestehen bleiben

Die Vereinbarung hat **keine Wirkung,** sofern Gläubiger der Rangklasse 1 bis 3 des § 10 ZVG die Zwangsversteigerung betreiben (Bärmann/*Schneider* § 39 Rn. 43). Sie ist zudem nur wirksam, wenn der Dauerwohnberechtigte seinen fälligen Zahlungsverpflichtungen nachgekommen ist (§ 39 Abs. 3 WEG). Dinglicher Rechtsinhalt wird die Vereinbarung durch Einigung und Eintragung im Grundbuch, die hier **nicht** durch **Bezugnahme** iSv § 32 Abs. 2 Satz 1 WEG möglich ist (Weitnauer/*Mansel* § 39 Rn. 13; aA Bärmann/*Schneider* § 39 Rn. 50; Palandt/*Wicke* WEG § 39 Rn. 2). Sie ist so- 2 wohl beim Dauerwohnrecht als auch bei den betroffenen Rechten in Abteilung II und III zu vermerken (Staudinger/*Spiegelberger* § 39 Rn. 8).

Haftung des Entgelts

40 (1) [1]**Hypotheken, Grundschulden, Rentenschulden und Reallasten, die dem Dauerwohnrecht im Range vorgehen oder gleichstehen, sowie öffentliche Lasten, die in wiederkehrenden Leistungen bestehen, erstrecken sich auf den Anspruch auf das Entgelt für das Dauerwohnrecht in gleicher Weise wie auf eine Mietforderung, soweit nicht in Absatz 2 etwas Abweichendes bestimmt ist.** [2]**Im übrigen sind die für Mietforderungen geltenden Vorschriften nicht entsprechend anzuwenden.**

(2) [1]**Als Inhalt des Dauerwohnrechts kann vereinbart werden, daß Verfügungen über den Anspruch auf das Entgelt, wenn es in wiederkehrenden Leistungen ausbedungen ist, gegenüber dem Gläubiger einer dem Dauerwohnrecht im Range vorgehenden oder gleichstehenden Hypothek, Grundschuld, Rentenschuld oder Reallast wirksam sind.** [2]**Für eine solche Vereinbarung gilt § 39 Abs. 2 entsprechend.**

I. Normzweck

1 Da der Anspruch auf Entgelt für das Dauerwohnrecht keine Miet- oder Pachtzinsforderung iS zahlreicher Haftungsvorschriften ist (§§ 573 bis 575, 1123 BGB, §§ 57a ff. ZVG), trifft § 40 WEG eine Sonderregelung hinsichtlich der Haftung.

II. Grundregel

2 Der Entgeltanspruch unterliegt nach § 40 Abs. 1 Satz 2 WEG nicht den Vorschriften über Mietforderungen. Zahlungen, auch Vorauszahlungen, oder sonstige Verfügungen des Dauerwohnberechtigten wirken daher befreiend gegenüber rechtsgeschäftlichen Grundstückserwerbern oder Erstehern in der Zwangsversteigerung (Palandt/*Wicke* WEG § 40 Rn. 1).

III. Ausnahme

3 Eine Ausnahme von dieser Grundregel enthält § 40 Abs. 1 Satz 1 WEG. Danach erstrecken sich Hypotheken, Grundschulden, Rentenschulden und Reallasten, die dem Dauerwohnrecht im Range vorgehen oder gleichstehen, sowie öffentliche Lasten, die in wiederkehrenden Leistungen bestehen, auf die Entgeltforderung wie auf eine Mietforderung, sofern keine abweichende Vereinbarung nach § 40 Abs. 2 WEG, die allerdings der Zustimmung der betroffenen Gläubiger bedarf, getroffen wurde. Die §§ 1123, 1124 BGB sind entspr. anzuwenden, Vorausverfügungen sind nach § 1124 BGB Gläubigern gegenüber wirksam (Staudinger/*Spiegelberger* § 40 Rn. 9).

Besondere Vorschriften für langfristige Dauerwohnrechte

41 (1) **Für Dauerwohnrechte, die zeitlich unbegrenzt oder für einen Zeitraum von mehr als zehn Jahren eingeräumt sind, gelten die besonderen Vorschriften der Absätze 2 und 3.**

(2) **Der Eigentümer ist, sofern nicht etwas anderes vereinbart ist, dem Dauerwohnberechtigten gegenüber verpflichtet, eine dem Dauerwohnrecht im Range vorgehende oder gleichstehende Hypothek löschen zu lassen für den Fall, daß sie sich mit dem Eigentum in einer Person vereinigt, und die Eintragung einer entsprechenden Löschungsvormerkung in das Grundbuch zu bewilligen.**

(3) **Der Eigentümer ist verpflichtet, dem Dauerwohnberechtigten eine angemessene Entschädigung zu gewähren, wenn er von dem Heimfallanspruch Gebrauch macht.**

I. Normzweck

§ 41 WEG enthält für Dauerwohnrechte, die zeitlich unbegrenzt oder für einen Zeitraum von mehr als zehn Jahren eingeräumt sind, auf Grund ihrer Nähe zum Eigentum Sondervorschriften. **1**

II. Löschungspflicht

Um den Dauerwohnberechtigten in den Genuss der meist mit seinen Leistungen vorgenommenen Tilgung von Fremdkapital zu bringen und sein Recht allmählich in die erste Rangstelle einrücken zu lassen, enthält § 41 Abs. 2 WEG zum einen die **Verpflichtung zur Löschung** der dem Dauerwohnrecht im Rang vorgehenden oder gleichstehenden Hypotheken. Diese Löschungspflicht ist **gesetzlicher Inhalt** des Dauerwohnrechtes, kann aber **abbedungen** werden (Erman/*Grziwotz* § 41 Rn. 2). Sie gilt auch für Grund- und Rentenschulden (Weitnauer/*Mansel* § 41 Rn. 2; Erman/*Grziwotz* § 41 Rn. 2). Zur Wirkung gegen Dritte ist auf Grund § 41 Abs. 2 WEG die Eintragung einer Löschungsvormerkung im Grundbuch erforderlich (Bärmann/*Schneider* § 41 Rn. 14). **2**

III. Entschädigungspflicht

Der Grundstückseigentümer ist nach der **unabdingbaren** (BGH NJW 1960, 1621; Weitnauer/*Mansel* § 41 Rn. 3; aA OLG Celle NJW 1960, 2293) Bestimmung des § 41 Abs. 3 WEG verpflichtet, dem Dauerwohnberechtigten eine angemessene **Entschädigung** zu gewähren, wenn er von dem Heimfallanspruch Gebrauch macht. Hinsichtlich der Modalitäten wie der Berechnung und der Fälligkeit kann allerdings eine angemessene Vereinbarung getroffen werden (§ 36 Abs. 4 Satz 2 WEG; MüKoBGB/*Engelhardt* § 41 Rn. 3). Für die Höhe der Entschädigung sind insbesondere das Entgelt und die Aufwendungen des Berechtigten, Nutzungsdauer und Verbesserung bzw. Verschlechterung des dem Dauerwohnrecht unterliegenden Gegenstandes maßgebend (Palandt/*Wicke* WEG § 41 Rn. 3). **3**

Belastung eines Erbbaurechts

42 (1) **Die Vorschriften der §§ 31 bis 41 gelten für die Belastung eines Erbbaurechts mit einem Dauerwohnrecht entsprechend.**

(2) **Beim Heimfall des Erbbaurechts bleibt das Dauerwohnrecht bestehen.**

I. Normzweck

1 Die Vorschrift hat in § 41 Abs. 1 WEG nur klarstellende Bedeutung und enthält in Abs. 2 eine Sondervorschrift für den Heimfall des Erbbaurechts.

II. Belastung eines Erbbaurechts

2 Belastungsgegenstand für ein Dauerwohnrecht kann auch ein Erbbaurecht sein, es gelten dann die §§ 31 bis 41 WEG entsprechend. Es kann als Inhalt des Erbbaurechts vereinbart werden, dass die Belastung des Erbbaurechts mit einem Dauerwohnrecht der Zustimmung des Grundstückseigentümers bedarf (Palandt/*Wicke* § 42 Rn. 1; NK/*Heinemann* § 42 Rn. 2; Bärmann/*Schneider* § 42 Rn. 10; aA Weitnauer/*Mansel* § 42 Rn. 4).

III. Heimfall des Erbbaurechts

3 In Abweichung von § 33 ErbbauRG bestimmt § 42 Abs. 2 WEG, dass das Dauerwohnrecht beim Heimfall des Erbbaurechts bestehen bleibt. Abs. 2 ist **abdingbar** (NK/*Heinemann* § 42 Rn. 2; Staudinger/*Spiegelberger* § 42 Rn. 6). Erlischt hingegen das Erbbaurecht, erlischt auch das Dauerwohnrecht, § 29 ErbbauRG findet hierbei keine Anwendung (Staudinger/*Spiegelberger* § 42 Rn. 7). Die vertragliche Aufhebung des Erbbaurechts bedarf wegen § 876 BGB der Zustimmung des Dauerwohnberechtigten.

Teil 3. Verfahrensvorschriften

Vor §§ 43 ff. WEG

Literatur: *Abramenko,* Probleme des einstweiligen Rechtsschutzes in Wohnungseigentumssachen, AnwZert MietR 6/2010; *Bantlin,* Die Klagebefugnis des Wohnungseigentümers, NVwZ 2018, 1838; *Bonifacio,* Zur Erledigung der wohnungseigentumsrechtlichen Anfechtungsklage, ZMR 2010, 163 ff.; *Brändle,* Die Rechtsmittelbeschwer im Immobilien- und Wohnungseigentumsrecht, ZAP 2020, 31; *Brändle,* Die Rechtsprechung des BGH zur Beschwer in Wohnungseigentumssachen, ZfIR 2017, 553; *Brückner,* Nichtzulassungsbeschwerde in Wohnungseigentumssachen: Eine erste Bilanz, NJW 2017, 3185; *Dötsch,* Wohnungseigentümer und Verwalter im Prozess, NZM 2015, 473; *Dötsch,* Der Vergleich in WEG-Sachen, NZM 2013, 625; *Drabek,* Verpflichtung zur Durchführung eines Schlichtungsverfahrens in Wohnungseigentumssachen, AnwZert MietR 9/2011; *Drasdo,* Der Wert der Beschwer in wohnungseigentumsrechtlichen Verfahren, NZM 2019, 327; *Drasdo,* Die Saldoklage im Wohnungseigentumsrecht, NJW-Spezial 2019, 161; *Einsiedler,* Der Gebührenstreitwert in Wohnungseigentumssachen, ZMR 2008, 765; *Elzer,* Der richtige Klageantrag im WEG-Recht, MietRB 2011, 299; *Elzer,* Gewillkürte Prozessstandschaft des WEG-Verwalters für die Wohnungseigentümergemeinschaft, DNotZ 2011, 486; *Elzer,* Schiedsvereinbarungen im Wohnungseigentumsrecht: Ein Update, ZWE 2010, 442; *Elzer,* Vergemeinschaftung gemäß § 10 Abs. 6 Satz 3 Alt. 2 WEG und Prozessführungsbefugnis, AnwZert MietR 2/2010; *Elzer,* Die Genehmigung eines Prozessvergleichs im Wohnungseigentumsrecht, ZMR 2009, 649; *Elzer,* Individuelle Rechtsdurchsetzung und Vergemeinschaftung von Unterlassungsansprüchen gegen Wohnungseigentümer, AnwZert MietR 3/2008; *Graf,* Der Wohnungseigentümerwechsel im Zivilprozessrecht, FS Riecke, 2019, 119; *Hartmann,* Verfahrensrechtliche Probleme der wohnungseigentumsrechtlichen Beschlussanfechtungsklage, Ein streitiges Verfahren der freiwilligen Gerichtsbarkeit unter dem Dach der ZPO, 2016; *Hogenschurz,* Die zentrale Berufungs- und Beschwerdezuständigkeit in Wohnungseigentumssachen, NJW 2015, 1990; *Hogenschurz,* Das zuständige Berufungs- und Beschwerdegericht in Wohnungseigentumssachen gemäß § 72 Abs. 2 GVG, AnwZert MietR 24/2010; *Hogenschurz,* Das ZPO-Verfahren als Paradigmenwechsel für die Darlegungs- und Beweislast in Wohnungseigentumssachen, AnwZert MietR 14/2010; *Karkmann,* WEG: Die Bruchteilseigentümergemeinschaft im Prozess, AnwZert MietR 8/2018; *Lehmann-Richter,* Gerichtliche Zuständigkeitskonflikte in Wohnungseigentumssachen, MietRB 2019, 284; *Martius/Mischke,* Die Vernehmung des Wohnungseigentümers, ZAP Fach 7, 967; *Pauli,* Das gerichtliche Beweisverfahren bei binnenrechtlichen Streitigkeiten der Wohnungseigentümer, ZMR 2018, 558; *Schmid,* Die einstweilige Verfügung in Wohnungseigentumssachen, DWE 2009, 85; *Schmidt,* Mediation bei Streitigkeiten im Wohnungseigentumsrecht und Nachbarrecht, ZWE 2009, 432; *Schultzky,* Obligatorisches Schlichtungsverfahren in Wohnungseigentumssachen, AnwZert MietR 8/2018; *Schwartze,* Konzentration der Verfahren in Wohnungseigentumssachen am Ort der Liegenschaft auch bei Zahlungsklagen gegen Wohnungseigentümer im Ausland, ZWE 2019, 480.

Übersicht

A. Allgemeines

I. Einführung

1 In WEG-Streitigkeiten, also denjenigen Verfahren, die § 43 Abs. 2 WEG unterfallen (→ § 43 Rn. 47 ff.), ist die ZPO anzuwenden. Die WEG-Streitigkeiten befassen sich mit Problemen des Miteigentums am gemeinschaftlichen Eigentum und seiner Verwaltung durch die Wohnungseigentümer, mit der Benutzung des Sondereigentums, den Vereinbarungen und Beschlüssen der Wohnungseigentümer, aber auch mit dem Verwalter und der Gemeinschaft der Wohnungseigentümer. Den WEG-Streitigkeiten liegen grundsätzlich die materiellen WEG-Normen und Anspruchsnormen (etwa §§ 10 Abs. 2, 14 Abs. 1 und Abs. 2, 15 oder 18 Abs. 1 WEG) zu Grunde. Dies ist aber nie ausschließlich der Fall. Regelmäßig geht es ua auch um die §§ 31, 164 ff., 241 Abs. 2, 242, 278, 280, 677 ff., 741 ff., 812 ff., 854 ff., 906 ff. BGB, oder etwa den § 1004 Abs. 1 BGB für Unterlassungs- und/oder Beseitigungsklagen.

2 Die prozessuale Besonderheit ggü. der ZPO sind die in § 44 Abs. 1 WEG legal definierten „Beschlussklagen" (→ § 43 Rn. 69; → § 44 Rn. 3 ff.), zu denen auch die früher in § 21 Abs. 8 WEG aF geregelte Beschlussersetzungsklage gehört, und der Umgang mit ihnen. § 44 Abs. 2 WEG bestimmt für die Beschlussklagen nämlich, wer der Beklagte ist (→ § 44 Rn. 35),

ordnet die aus § 27 Abs. 1 Nr. 7 WEG aF übernommene Pflicht des Verwalters an, den Wohnungseigentümern die Erhebung einer Beschlussklage unverzüglich bekannt zu machen (→ § 44 Rn. 44 ff.), sowie die im Grundsatz § 47 WEG aF entnommene Pflicht der Gerichte, mehrere Prozesse in Beschlussklagen zur gleichzeitigen Verhandlung und Entscheidung zu verbinden (→ § 44 Rn. 57). Eine weitere Besonderheit für die Beschlussklagen besteht darin, dass ein Urteil für und gegen alle Wohnungseigentümer „wirkt", auch wenn sie nicht Partei des Rechtsstreits waren (→ § 44 Rn. 72). Mit § 44 Abs. 4 WEG ist eine Sonderregelung gegenüber § 91 Abs. 1 Satz 1 ZPO für die durch eine Streithilfe (Nebenintervention) auf Beklagtenseite verursachten Kosten geschaffen worden (→ § 44 Rn. 95). § 45 WEG bestimmt schließlich, wie es früher § 46 Abs. 1 Satz 2 und Satz 3 WEG aF angeordnet haben, wann eine Anfechtungsklage (§ 44 Abs. 1 Fall 1 WEG) erhoben und wann sie begründet werden muss (→ § 45 Rn. 4 ff.).

II. Begriff des Wohnungseigentümers

3 Weil sich das Verfahrensrecht ausdrücklich keinen eigenen Wohnungseigentümerbegriff gegeben hat, ist zur Bestimmung dessen, welche Person iSd Verfahrensrechts „Wohnungseigentümer" ist, grundsätzlich an die allgemeinen Regelungen anzuknüpfen (→ § 9a Rn. 2 ff.). „Wohnungseigentümer" iSd Verfahrensrechts kann allerdings auch eine Person sein, die bereits vor Rechtshängigkeit einer WEG-Streitigkeit aus der Wohnungseigentümergemeinschaft ausgeschieden ist (→ § 43 Rn. 53; BGH BeckRS 2019, 37819 Rn. 8; grundlegend BGH NJW 2002, 3709) oder nach Rechtshängigkeit ausscheidet (BGH BeckRS 2019, 38140 Rn. 21).

4 Ein werdender Wohnungseigentümer (→ § 8 Rn. 68 ff.) ist Wohnungseigentümer iSd des Verfahrensrechts und besitzt die Rechte und Pflichten wie jeder andere Wohnungseigentümer (*Elzer* AnwZert MietR 17/2008; allgemein BGH NJW 2008, 2639 Rn. 12). Der Zweiterwerber – der Erwerber der ein Sondereigentum nach Entstehung einer Wohnungseigentümergemeinschaft von einem anderen Wohnungseigentümer, nicht aber vom Bauträger/Alleineigentümer erwirbt – kann hingegen Rechte nach § 43 Abs. 2 WEG originär erst wahrnehmen, wenn er im Grundbuch in Abteilung I eingetragen ist. Der veräußernde Wohnungseigentümer kann den Zweiterwerber allerdings zur Wahrnehmung seiner prozessualen Rechte (auch still) ermächtigen (KG NJW-RR 2004, 878 (879); ZMR 1994, 524 (525)). Ferner ist natürlich § 265 Abs. 1 ZPO anwendbar.

III. Besondere Sachurteilsvoraussetzungen

5 **1. Rechtsschutzbedürfnis. a) Allgemeines.** Eine Klage ist nur zulässig, wenn für sie ein Rechtsschutzbedürfnis (= das berechtigte Interesse des Klägers an der Inanspruchnahme des Zivilgerichts) besteht (exemplarisch BGH NJW 2015, 3713 Rn. 8). In der Regel hat der Kläger eines wohnungseigentumsrechtlichen Verfahrens – auch der einer Beschlussklage (dazu → § 44 Rn. 3 ff.) – ein solches Rechtsschutzbedürfnis.

b) Regelungsstreitigkeiten. aa) Überblick. Strebt ein Wohnungseigentümer gegen den Willen der anderen einen Beschluss an oder meint ein Wohnungseigentümer, es bedürfe einer Vereinbarung oder der Veränderung der sachrechtlichen Grundlagen, kann er hierauf in einem Regelungsstreit klagen: Einen Anspruch auf eine Vereinbarung gibt § 10 Abs. 2 WEG, der im Wege einer Leistungsklage zu verfolgen ist (BR-Drs. 168/20, 93), einen Anspruch auf einen Beschluss, der im Wege der Gestaltungsklage zu verfolgen ist, gibt § 44 Abs. 1 Satz 2 WEG mit der Beschlussersetzungsklage (→ § 44 Rn. 186 ff.). Einen Anspruch auf Veränderung der sachenrechtlichen Grundlagen gibt schließlich § 242 BGB iVm dem Gemeinschaftsverhältnis der Wohnungseigentümer (→ § 10 Rn. 7). Auch dieser Anspruch ist im Wege einer Leistungsklage zu verfolgen. 6

bb) Grundsatz der Vorbefassung. (1) Beschlussersetzungsklage (§ 44 Abs. 1 Satz 2 WEG). Der Kläger muss vor Erhebung einer Beschlussersetzungsklage im Rahmen des Möglichen und Zumutbaren alles versucht haben, eine Entscheidung der Wohnungseigentümer selbst zu erreichen. Bevor ein Wohnungseigentümer das WEG-Gericht in Anspruch nimmt, vor allem um eine Regelung wegen der Benutzung (§ 18 Abs. 2 Nr. 2 WEG) oder der Früchte des gemeinschaftlichen Eigentums und des Gemeinschaftsvermögens oder des Sondereigentums (§§ 13 Abs. 1, 16 Abs. 1 Satz 1 WEG), wegen der Kosten (§ 16 Abs. 2 WEG) oder wegen der Verwaltung des gemeinschaftlichen Eigentums (§§ 18, 19 WEG) zu erreichen, müssen er und die anderen Wohnungseigentümer grundsätzlich **selbst** versuchen, in Wahrnehmung ihres Selbstorganisationsrechts (→ § 18 Rn. 35) eine angemessene Lösung des Problems zu finden (stRspr, exemplarisch BGH NJW-RR 2019, 909 Rn. 13; NJW 2018, 1749 Rn. 14). Ein Rechtsschutzbedürfnis besteht daher in der Regel **nicht,** wenn der klagende Wohnungseigentümer **ohne** vorherige Einschaltung der anderen Wohnungseigentümer und ohne Versuch einer **eigenen** Regelung sogleich das Gericht mit seinem Begehren befasst (stRspr., exemplarisch BGH NZM 2019, 480 Rn. 13; NJW 2010, 2129 Rn. 14). Die **Vorbefassung** wird in der Regel in einer Versammlung zu suchen sein. Allerdings ist auch ein schriftlicher Beschluss nach § 23 Abs. 3 WEG vorstellbar. Ferner ist es als ausreichend anzusehen, wenn ein Wohnungseigentümer sämtliche anderen Wohnungseigentümer anspricht und diese vorab signalisieren, dem Begehrten nicht zuzustimmen. Der Grundsatz der Vorbefassung gilt im Übrigen auch in einer **Zweiergemeinschaft** (→ § 9a Rn. 46; BGH NZM 2019, 788 Rn. 15; LG Frankfurt a. M. ZMR 2010, 396). Allerdings kann es insbesondere hier eine „Förmelei" (→ Rn. 9) sein, auf einer Vorbefassung zu bestehen (LG Frankfurt a. M. ZMR 2010, 396). 7

(2) Klage auf eine Vereinbarung (§ 10 Abs. 2 WEG). Strebt ein Wohnungseigentümer im Wege der Klage nach § 10 Abs. 2 WEG eine Vereinbarung an, soll eine Vorbefassung der anderen Wohnungseigentümer nach zurzeit hM entbehrlich sein (BGH NZM 2019, 480 Rn. 13; NJW 2010, 2129 Rn. 17; aA LG Itzehoe ZWE 2017, 263). **Stellungnahme.** Der hM ist nicht zuzustimmen. Auch dann, wenn eine Vereinbarung angestrebt wird, muss ein Wohnungseigentümer vor einer gerichtlichen Befassung den 8

Versuch unternehmen, gemeinsam mit den anderen Wohnungseigentümern eine Lösung zu suchen. Eine gerichtliche Ersetzung von Entscheidungen der zunächst zur Regelung berufenen Wohnungseigentümer ist auch in diesem Falle als letztes Mittel subsidiär (OLG Celle OLGR 2006, 698; KG ZMR 1999, 509 (510)). Das Selbstorganisationsrecht der Wohnungseigentümer würde durch eine gerichtliche Entscheidung ohne Vorbefassung verletzt (s. a. OLG Celle OLGR 2006, 698; OLG Hamm NJW-RR 2004, 805 (806); KG ZMR 1999, 509 (510)).

9 **(3) Förmelei.** Ein Rechtsschutzbedürfnis besteht ausnahmsweise allerdings auch ohne eine Vorbefassung der anderen Wohnungseigentümer, wenn dem Kläger der Versuch einer Vorbefassung **unzumutbar** war oder der Versuch, etwa auf Grund der Mehrheitsverhältnisse, erkennbar aussichtslos und daher bloße „Förmelei" wäre (stRspr, exemplarisch BGH NJW 2017, 64 Rn. 8; 2015, 613 Rn. 7). Dies soll zB der Fall sein, wenn die übrigen Wohnungseigentümer auf ein Schreiben mit der Bitte um Einberufung einer außerordentlichen Versammlung nicht reagiert haben (BGH NJW 2012, 1884 Rn. 8); ferner bei tiefgreifender Zerstrittenheit der Wohnungseigentümer und Stimmengleichheit (BGH NJW 2017, 64 Rn. 8). Anders verhält es sich aber schon dann, wenn etwa auf Grund des Fehlverhaltens des Versammlungsleiters eine ordnungsmäßige, eine Diskussion aller stimmberechtigten Eigentümer ermöglichende Versammlung nicht stattgefunden hat, jedoch aus einer gewissen zeitlichen Verzögerung keine ernstlichen Nachteile zu befürchten sind und dem klagenden Wohnungseigentümer deshalb eine nochmalige Befassung der anderen Wohnungseigentümer zugemutet werden konnte (KG NJW-RR 1989, 976). Selbst aus einer Beschlussablehnung kann in der Regel noch nicht abgeleitet werden, die Wohnungseigentümer würden einem anderen Antrag als gerade dem abgelehnten ebenfalls nicht zustimmen (BGH NJW 2010, 2129 Rn. 15; LG Frankfurt a. M. NZM 2020, 290 Rn. 8 zur Höhe eines Betrages).

10 **2. Prozessführungsbefugnis. a) Grundsatz.** Die prozessuale Geltendmachung eines Anspruchs setzt voraus, dass der Kläger im konkreten Fall prozessführungsbefugt ist (prozessführungsbefugt ist, wer ein behauptetes Recht als eigenes in Anspruch nimmt bzw. gegen wen eine Rechtspflicht als eigene geltend gemacht wird oder wem kraft Gesetzes, kraft Hoheitsaktes oder kraft besonderen Verwaltungs- und Verfügungsrechts die Befugnis zur Verfolgung fremder Rechte zusteht). Grundsätzlich prozessführungsbefugt ist ein Wohnungseigentümer, der eigene Rechte im eigenen Namen geltend macht.

11 **b) Einheitliche Rechtsverfolgung erforderlich (§ 9a Abs. 2 WEG).** Soweit für das Recht eines Wohnungseigentümers eine einheitliche Rechtsverfolgung iSv von § 9a Abs. 2 WEG erforderlich ist, ist allerdings **allein** die Gemeinschaft der Wohnungseigentümer als Prozessstandschafterin prozessführungsbefugt (BGH NJW 2016, 53 Rn. 6; 2015, 2874 Rn. 7). Bleibt die Gemeinschaft der Wohnungseigentümer in diesem Falle untätig, kann jeder Wohnungseigentümer nach § 18 Abs. 2 WEG verlangen, dass die Gemein-

schaft der Wohnungseigentümer tätig wird und hierauf nach § 44 Abs. 1 Satz 2 WEG klagen. So liegt es allerdings noch nicht, wenn das Sondereigentum über das in § 14 Abs. 1 Nr. 2 WEG bestimmte Maß hinaus beeinträchtigt ist (BGH NJW 2015, 1020 Rn. 19). Das Sondereigentum darf allerdings nicht nur deshalb beeinträchtigt sein, weil das gemeinschaftliche Eigentum beeinträchtigt ist (*Schmid* ZWE 2015, 203, 206). Dass etwa der Verkehrswert des Sondereigentums sinkt oder dessen Vermietbarkeit erschwert wird, soll daher nicht ausreichen (BGH NJW 2015, 1020 Rn. 19). Nicht erforderlich ist hingegen, dass Geruchs- und Lärmbelästigungen einen Wohnungseigentümer in besonderem Maße treffen müssten (aA LG München I ZMR 2017, 263; *Schultzky* MietRB 2020, 59, 60). Ebenso ist nicht erforderlich, dass die Störung „unmittelbar und ausschließlich" das Sondereigentum des klagenden Wohnungseigentümers betrifft (aA LG München ZMR 2017, 263).

3. Prozessstandschaft. a) Prozessstandschaft des Verwalters. Der Verwalter besitzt – wie ein Geschäftsführer oder ein Vorstand – grundsätzlich **kein** eigenes schutzwürdiges Interesse, als Prozessstandschafter die Rechte geltend zu machen, die der Gemeinschaft der Wohnungseigentümer als Recht oder zur Ausführung zugeordnet sind (BGH NZM 2012, 30 Rn. 6; grundlegend NJW 2011, 1361 Rn. 8 ff.). Etwas anderes kann ausnahmsweise gelten. Das notwendige eigene schutzwürdige Interesse des Verwalters kann allerdings **nicht** aus dessen Rechts- und Pflichtenstellung nach § 27 Abs. 1 WEG hergeleitet werden (BGH NJW 2011, 1361 Rn. 9). Die Befugnis des Verwalters, Rechte der Gemeinschaft der Wohnungseigentümer in eigenem Namen geltend zu machen, kann aber im begründeten Einzelfall aus **anderen** Gründen in Betracht gezogen werden (BGH NZM 2014, 81 Rn. 9). So wird ein eigenes schutzwürdiges Interesse des Verwalters an der Durchsetzung von Rechten der Gemeinschaft der Wohnungseigentümer ggf. dann gegeben sein, wenn sich der Verwalter der Gemeinschaft der Wohnungseigentümer ggü. schadenersatzpflichtig gemacht hat (→ § 26 Rn. 382 ff.) und diese ihn vor diesem Hintergrund zur Schadenminimierung ermächtigt, auf eigene Kosten einen (zweifelhaften) Anspruch der Gemeinschaft der Wohnungseigentümer gegen Dritte durchzusetzen (BGH NJW 2011, 1361 Rn. 15). 12

Der Verwalter kann auch für einen Wohnungseigentümer als Standschafter auftreten (*Dötsch* ZfIR 2011, 419 (420)). Ein Interesse des Verwalters, die Rechte eines Wohnungseigentümers durchzusetzen, folgt ua aus seiner Pflicht, die ihm nach § 27 Abs. 1 WEG obliegenden Aufgaben ordnungsmäßig und reibungslos zu erfüllen (BGH NJW 1988, 1910; BayObLG ZWE 2001, 418; NJW-RR 1998, 519). 13

b) Prozessstandschaft eines Wohnungseigentümers. Ein Wohnungseigentümer kann für einen anderen Wohnungseigentümer eine Prozessstandschaft ausüben. Aber auch für die Gemeinschaft der Wohnungseigentümer ist eine Prozessstandschaft eines Wohnungseigentümers grundsätzlich vorstellbar (BGH NZM 2016, 363 Rn. 4; NJW 2015, 2874 Rn. 7; 2015, 2425 Rn. 7; 2014, 1090 Rn. 18; NZM 2014, 81 Rn. 9; NJW 2011, 1361 Rn. 15). Selbst dann, wenn es um ein Recht geht, dass eine einheitliche 14

Rechtsverfolgung iSv § 9a Abs. 2 WEG erfordert, kommt nach hM eine solche Prozessstandschaft in Betracht (BGH NZM 2016, 363 Rn. 4; NJW 2015, 2874 Rn. 7; 2015, 2425 Rn. 7). Der Wohnungseigentümer bedarf dazu erstens einer ausdrücklichen Ermächtigung (stRspr, exemplarisch BGH NJW-RR 2018, 719 Rn. 28; NJW 2017, 487 Rn. 27; NJW 2014, 1090 Rn. 18). Und zweitens bedarf es eines schutzwürdigen Eigeninteresses des Wohnungseigentümers (stRspr, exemplarisch BGH NJW-RR 2018, 719 Rn. 28; NJW 2017, 487 Rn. 27). Dieses Eigeninteresse ist häufig nicht zu erkennen (*Elzer* DNotZ 2011, 486, 487), kann aber vorliegen, wenn die anderen Wohnungseigentümer wegen der damit verbundenen Kosten die Gemeinschaft der Wohnungseigentümer nicht vertreten sehen wollen, ein Wohnungseigentümer aber bereit ist, selbst die Kosten und das Risiko zu tragen. In diesem Falle kann das Recht dem Wohnungseigentümer, der klagen will, allerdings auch abgetreten werden (§§ 398 ff. BGB).

15 **c) Prozessstandschaft der Gemeinschaft der Wohnungseigentümer.** Die Gemeinschaft der Wohnungseigentümer ist in der Regel gem. § 9a Abs. 2 WEG jeweils gesetzliche Prozessstandschafterin (→ Rn. 63). Eine Prozessstandschaft kann aber auch in Betracht kommen, soweit ihr ein Wohnungseigentümer für Angelegenheiten seines Sondereigentums eine Ermächtigung erteilt (s. a. BGH NJW 2007, 1952 Rn. 24).

IV. Obligatorische Einigungsverfahren

16 Nach § 15a Abs. 1 Satz 1 EGZPO kann durch Landesgesetz bestimmt werden, dass die Erhebung bestimmter Klagen erst zulässig ist, nachdem eine durch die Landesjustizverwaltung eingerichtete oder anerkannte Gütestelle versucht hat, die Streitigkeit **einvernehmlich** beizulegen (dazu etwa *Schultzky* AnwZert MietR 8/2018). Soweit ein Land von der Möglichkeit des § 15a Abs. 1 Satz 1 EGZPO Gebrauch gemacht hat, ist in § 43 WEG unterfallenden Verfahren vor einer Klageerhebung nach Maßgabe des jeweiligen Landesgesetzes ggf. ein Einigungsversuch zu durchlaufen (AG Düsseldorf ZWE 2011, 142). In den Fällen des § 15a Abs. 1 Satz 1 Nr. 2 und Nr. 3 EGZPO entfällt ein nach dem Landesgesetz bestehendes Schlichtungserfordernis nicht deshalb, weil der schlichtungsbedürftige Antrag im Rechtsstreit mit einem nicht schlichtungsbedürftigen Klageantrag **verbunden** wird (BGH NZM 2009, 629 Rn. 10). Hinsichtlich des schlichtungsbedürftigen Antrags ist die Klage als unzulässig abzuweisen, wenn kein Schlichtungsverfahren durchgeführt wurde (BGH NZM 2009, 629 Rn. 7). Ein Einigungsversuch unter den Wohnungseigentümern, zwischen diesen und der Gemeinschaft der Wohnungseigentümer oder ggü. Dritten – etwa zwischen zwei Wohnungseigentümergemeinschaften (AG Düsseldorf ZWE 2011, 142; *Drabek* AnwZert MietR 9/2011; aA *Skrobek* ZMR 2010, 890 (891)) – kann für die in § 15a EGZPO genannten Streitigkeiten vorgeschrieben sein.

17 Für das Wohnungseigentumsrecht relevant ist die Möglichkeit eines Schlichtungsverfahrens in vermögensrechtlichen Streitigkeiten über Ansprüche, die 750 EUR nicht übersteigen, und in Streitigkeiten über nachbarrechtliche Ansprüche. Überblick:

- **§ 15a Abs. 1 Satz 1 Nr. 1 EGZPO.** Wird bei einer Hausgeldklage von der Möglichkeit eines Mahn- oder Urkundsverfahrens Gebrauch gemacht, ist § 15a Abs. 1 EGZPO für die ggf. spätere Durchführung des streitigen Verfahrens nicht mehr anzuwenden. Für Anfechtungsklagen kommt ein obligatorisches Einigungsverfahren nach § 15a Abs. 2 Nr. 1 EGZPO nicht in Betracht, da diese gem. § 45 Satz 1 WEG binnen einer gesetzlichen Frist zu erheben sind.
- **§ 15a Abs. 1 Satz 1 Nr. 2 EGZPO.** Ob § 15a Abs. 1 Satz 1 Nr. 2 EGZPO unter Wohnungseigentümern – etwa wegen Geräuschen – anwendbar ist streitig (verneinend LG Frankfurt a. M. ZMR 2018, 619 = BeckRS 2018, 4155 Rn. 12; AG München DW 2020, Nr. 4, 71; *Schultzky* AnwZert MietR 8/2018; *Drabek* AnwZert MietR 9/2011; bejahend LG Saarbrücken BeckRS 2020, 10100 Rn. 12 ff.; LG Dortmund NJW-RR 2017, 1292 Rn. 3; BeckRS 2017, 124391 Rn. 11 ff.). **Stellungnahme.** Für das Verhältnis der Wohnungseigentümer untereinander gilt § 14 Abs. 1 Nr. 2 WEG (*Schultzky* AnwZert MietR 8/2018). Eine Analogie zu §§ 904 ff. BGB scheidet mangels Regelungslücke aus (*Schultzky* AnwZert MietR 8/2018).

V. Vorschalt- oder Güteverfahren

Die Wohnungseigentümer können – **außer** für Anfechtungsklagen (LG München I ZWE 2013, 185; AG Merseburg ZMR 2008, 747 (748); aA OLG Zweibrücken ZMR 1996, 63; BayObLG WE 1992, 57; Rpfleger 1983, 14) – als Prozesshindernis ein „Vorschalt- oder Güteverfahren“ vereinbaren. Beispiel: („Streitigkeiten… sind vor der Einleitung gerichtlicher Schritte dem … vorzutragen“). Dieses Verfahren kann zB bei den Verwaltungsbeiräten (OLG Frankfurt a. M. NZM 2008, 290; BayObLG NJW-RR 1996, 910; KG NJW-RR 1994, 401), beim Verwalter (BayObLG NJW-RR 1991, 850) oder bei der Versammlung (BayObLG NJW-RR 1990, 1105 (1106)) angesiedelt sein. Die Durchführung eines solchen Vorschaltverfahrens ist auch dann nicht entbehrlich, wenn die Wohnungseigentümer in der Versammlung bereits mit dem Gegenstand befasst waren (OLG Frankfurt a. M. NZM 2008, 290 (291)). Die Wohnungseigentümer können diese Frage auch nicht „an sich ziehen“; dies wäre kein Ersatz für das vorgeschriebene Vorschaltverfahren (OLG Frankfurt a. M. NZM 2008, 290 (291); BayObLG NJW-RR 1996, 910). Durch eine Vorschaltklausel darf die Anrufung der Gerichte allerdings nicht unangemessen erschwert werden (BayObLG NJW-RR 1990, 1105, 1106; BayObLGZ 1973, 1). Erhebt ein Wohnungseigentümer ungeachtet eines Vorschaltverfahrens Klage, ist diese unzulässig, solange das Verfahren nicht durchgeführt (und erfolglos geblieben) ist (OLG Frankfurt a. M. NZM 2008, 290; BayObLG NJW-RR 1996, 910; NJW-RR 1991, 850); § 1031 ZPO gilt nicht – auch nicht entsprechend (OLG Frankfurt a. M. NZM 2008, 290 (291); BayObLG NJW-RR 1996, 910). 18

VI. Schiedsvereinbarungen

19 Die Wohnungseigentümer können unter sich – ggf. aber auch mit dem Verwalter – zur Klärung ihrer Streitigkeiten ein Schiedsverfahren iSv §§ 1025 ff. ZPO vereinbaren (OLG München BeckRS 2018, 3356; BayObLGZ 1973, 1; *Elzer* ZWE 2010, 442 ff.; einführend *Elzer/Kern* MietRB 2010, 148 ff.). Von der hM werden sämtliche Verfahren des § 43 Abs. 2 WEG ohne Unterscheidung als schiedsfähig angesehen. Diese Ansicht ist allerdings zu allgemein. Nach § 1030 Abs. 1 Satz 1 ZPO sind nur vermögensrechtliche Ansprüche schiedsfähig. Für nichtvermögensrechtliche Ansprüche hat eine Schiedsvereinbarung nur insoweit „rechtliche Wirkung", als die Parteien berechtigt sind, über den Gegenstand des Streits einen Vergleich zu schließen, § 1030 Abs. 1 Satz 2 ZPO. Im Einzelnen ist nach den Streitgegenständen des § 43 Abs. 2 WEG zu unterscheiden (dazu *Elzer* ZWE 2010, 442 (443)); zu Beschlussklagen → § 44 Rn. 119.

VII. Mediation

20 Die Wohnungseigentümer können als gewillkürtes Prozesshindernis – oder auch begleitend zu einem ordentlichen Verfahren – eine Mediation vereinbaren (*Schmidt* ZWE 2009, 432 ff.; *Reiß-Fechter* FS Bub, 2007, 185 ff.; *Allmayer-Beck* ZKM 2003, 260 ff.; *Heller/Schulz* WuM 2002, 659 ff.). Ist die Mediation als Vorschalt- oder Güteverfahren vorgesehen, gilt das dazu Ausgeführte entsprechend (→ Rn. 16).

VIII. Typische Klageanträge

21 Bei einer Klage in einer WEG-Streitigkeit kommen als den Antrag prägende Anspruchsnormen neben den allgemeinen Bestimmungen des BGB wie §§ 280, 677 ff., 812 ff., 985 ff. BGB die Bestimmungen der §§ 10 Abs. 2, 14, 15, 16 Abs. 2 iVm 28 Abs. 1, Abs. 2 und § 18 Abs. 2 und Abs. 4 WEG in den Blick. Mögliche Anträge lauten danach ua:

- Klage eines Wohnungseigentümers auf eine Vereinbarung nach § 10 Abs. 2 WEG grundsätzlich gegen alle anderen Wohnungseigentümer: „Die Beklagten werden verurteilt, einer Vereinbarung mit folgendem Inhalt zuzustimmen: …".
- Klage eines Dritten gegen die Gemeinschaft der Wohnungseigentümer und die Wohnungseigentümer nach § 14 Abs. 1 Nr. 1 WEG: „Die Beklagten werden wie Gesamtschuldner verurteilt, an den Kläger 1.000 EUR nebst Zinsen iHv 5 Prozentpunkten über dem jeweiligen Basiszinssatz zu zahlen. Die Beklagte zu 1) wird darüber hinaus verurteilt, an den Kläger weitere 9.000 EUR nebst Zinsen iHv 5 Prozentpunkten über dem jeweiligen Basiszinssatz zu zahlen".
- Klage eines Wohnungseigentümers nach § 14 Abs. 2 Nr. 1 WEG – oder der Gemeinschaft der Wohnungseigentümer nach § 14 Abs. 1 Nr. 1 WEG – auf Unterlassung einer Störung gegen einen störenden Wohnungseigentümer: „Der Beklagte wird verurteilt, es zu unterlassen, durch eine Geräuschentwicklung über 35 Dezibel (A) am Tag und 25 Dezibel (A) in der

Nacht der zu seinem Teileigentum gehörenden Klimaanlage den Kläger in der Nutzung seines Wohnungseigentums zu stören".

- Gegen einen störenden Wohnungseigentümer gerichtete, auf § 14 Abs. 1 Nr. 1 WEG gestützte Klage auf Unterlassung einer verbotenen, aber nicht störenden Benutzung: „Der Beklagte wird verurteilt, es zu unterlassen, die Kellerräume seines Wohnungseigentums Nr. ... Y.-Straße Nr. ..., ... (PLZ, Ort), eingetragen im Grundbuch von ..., als Wohn- und Schlafräume zu gebrauchen und zu nutzen".
- Klage der Gemeinschaft der Wohnungseigentümer auf Hausgeld gegen mehrere Miteigentümer: „Die Beklagten werden als Gesamtschuldner verpflichtet, an die Klägerin als Beiträge zu den Lasten und Kosten des gemeinschaftlichen Eigentums EUR ... nebst Zinsen iHv 5 Prozentpunkten über dem jeweiligen Basiszinssatz hieraus seit Klagezustellung zu bezahlen".
- Klage der Gemeinschaft der Wohnungseigentümer auf Entziehung gegen einen Wohnungseigentümer: „Der Beklagte wird verurteilt, sein in der Wohnungseigentumsanlage Y.-Straße Nr. ..., ... (PLZ, Ort), gelegenes Wohnungseigentum mit der Nr. ..., bestehend aus einem 13/1.000stel Miteigentumsanteil, verbunden mit dem Sondereigentum an der Wohnung Obergeschoss links, im Aufteilungsplan bezeichnet mit Nr. ..., eingetragen im Grundbuch des Amtsgerichts (...), Blatt (...), zu veräußern".
- Klage auf Beseitigung einer baulichen Veränderung gegen einen Wohnungseigentümer, der diese errichtet hat: „Der Beklagte wird verurteilt, ... vollständig zu entfernen".
- Klage eines Wohnungseigentümers gegen die Gemeinschaft der Wohnungseigentümer auf Erzwingung eines Beschlusses nach § 44 Abs. 1 Satz 2 WEG: „Das Gericht ersetzt fogenden Beschluss ...".
- Klage eines Wohnungseigentümers gegen einen Beschluss, hilfsweise auf Feststellung der Nichtigkeit: „Der Beschluss ... (Inhalt), gefasst auf der Versammlung vom ... zu Tagesordnungspunkt ... der Eigentümerversammlung vom ... – Nr. ... der Beschluss-Sammlung der ... wird für ungültig erklärt, hilfsweise, es wird festgestellt, dass der Beschluss ... gefasst auf der Eigentümerversammlung vom ... zu Tagesordnungspunkt ... der Eigentümerversammlung vom ... – Nr. ... der Beschluss-Sammlung der ... nichtig ist".
- Klage eines Wohnungseigentümers auf Feststellung eines Beschlusses: „Es wird festgestellt, dass zu Tagesordnungspunkt ... der Eigentümerversammlung vom ... – Nr. ... der Beschluss-Sammlung folgender Beschluss gefasst worden ist: ...".
- Klage der Gemeinschaft der Wohnungseigentümer auf Herausgabe gegen den alten Verwalter: „Der Beklagte wird verpflichtet, sämtliche Verwalterunterlagen betreffend die Wohnungseigentumsanlage X.-Straße Nr. ... in Z.-Stadt im Original an die Klägerin herauszugeben, insbesondere
  – die Liste mit Namen und Anschriften aller Wohnungseigentümer;
  – alle Versammlungsniederschriften mit Eigentümerbeschlüssen nebst Einberufungsschreiben;
  – Jahresgesamt- und Einzelabrechnungen;

– Hausgeldkonten und etwaige Gelder der Gemeinschaft;
– Wirtschaftspläne;
– Kontoauszüge und sonstige Unterlagen für das Konto der Wohnungseigentümergemeinschaft bei … (Name des Kreditinstituts) Nr. …;
– Rechnungen, Überweisungsträger, sonstige Belege;
– die Beschluss-Sammlung;
– alle sonstigen aus der Verwaltung der Wohnungseigentumsanlage herrührenden Unterlagen;
• und Rechnung zu legen".

B. Kosten

I. Grundsätze

22 Bei der Kostenentscheidung in einem Rechtsstreit iSv § 43 Abs. 2 WEG ist grundsätzlich nach §§ 91 ff. ZPO zu verfahren. Beauftragt der Verwalter zB einen Rechtsanwalt an dem Ort, wo er seinen Sitz hat, sind zB die für eine Hausgeldklage gegen einen auswärtigen Wohnungseigentümer entstehenden Mehrkosten für die Prozessführung notwendige Kosten der Rechtsverfolgung iSd § 91 Abs. 2 Satz 1 Hs. 2 ZPO (LG Aurich NJW-RR 2011, 1029). Neben §§ 91 und 92 ZPO sind vor allem auch §§ 93 ZPO, 96 ZPO, 100 ZPO und 101 ZPO anwendbar. Ist die Gemeinschaft der Wohnungseigentümer beklagt, ist die Unterrichtung der Wohnungseigentümer freilich eine interne Angelegenheit. Eine Besonderheit stellt § 44 Abs. 4 WEG dar. Danach gelten die durch eine Nebenintervention (§ 66 ZPO) verursachten Kosten dann als notwendig zur zweckentsprechenden Rechtsverteidigung im Sinne des § 91 Abs. 1 Satz 1 ZPO, wenn die Nebenintervention „geboten" war (→ § 44 Rn. 101).

II. Erledigung der Hauptsache

23 **1. Allgemeines.** Wie jedes andere ZPO-Verfahren, kann sich eine WEG-Sache in der Hauptsache erledigen – auch eine Anfechtungsklage (AG Hamburg ZMR 2011, 758 (759); *Bonifacio* ZMR 2010, 163 ff.). Die Kostenentscheidung ist in diesem Falle nach § 91a ZPO zu fällen, wenn die Parteien des Rechtsstreits diesen in der Hauptsache für erledigt erklären. Die einseitig gebliebene Erledigungserklärung ist als Antrag auf Feststellung der Erledigung auszulegen (stRspr, exemplarisch BGH BeckRS 2020, 4241 Rn. 6). Keine Erledigung tritt mit der bloßen Durchführung eines Beschlusses ein.

24 **2. Zweitbeschlüsse.** Eine Erledigung kommt vor allem bei Zweitbeschlüssen (→ Vor §§ ff. 23 Rn. 51) in Betracht, mit denen ein Erstbeschluss aufgehoben wird (eine vollständige oder teilweise Erledigung kann eintreten mit einer Änderung oder Bestätigung des Erstbeschlusses). Mit der Bestandskraft (→ § 23 Rn. 169) eines Zweitbeschlusses (BGH DNotZ 2003, 43; NJW 2001, 3339; 1994, 3230) oder dann, wenn eine Anfechtung gegen den Zweitbeschluss rechtskräftig zurückgewiesen wurde, verliert eine gegen

den Erstbeschluss gerichtete Anfechtungsklage ihr Rechtsschutzbedürfnis (→ § 44 Rn. 110) und ist – wird sie nicht für erledigt erklärt – als unzulässig abzuweisen.

3. Anfechtung der Verwalterbestellung. Eine Anfechtungsklage gegen die (Wieder-)Bestellung einer Person zum Verwalter ist nach hM in der Hauptsache iSv § 91a ZPO erledigt, wenn der Zeitraum, für den der Verwalter gewählt worden war, abgelaufen ist (OLG Köln NZM 2004, 625 (626); NJOZ 2004, 643; LG Dortmund ZWE 2017, 4222; LG Frankfurt a. M. BeckRS 2017, 136064; ZMR 2016, 979). **Stellungnahme.** Der hM ist nicht zu folgen. Denn die Ungültigerklärung des Bestellungsbeschlusses wirkt sich aus (s. a. OLG Frankfurt a. M. ZWE 2008, 481; OLG Köln ZMR 2006, 471; LG Hamburg ZWE 2011, 130). Die Abberufung des Verwalters führt nach hM zwar nicht zum Fortfall der Vertretungsmacht für die Vergangenheit (→ 26 Rn. 112). Sie kann aber ggf. die Vergütungsansprüche des Verwalters berühren (LG München I ZMR 2012, 819). Hat ein Wohnungseigentümer nach § 44 Abs. 1 Satz 2 WEG darauf geklagt, den Verwalter abzuberufen, erledigt sich dieser Antrag mit Ablauf der Bestellungszeit oder einem anderen Beendigungsgrund (OLG Köln ZMR 2006, 471). Dies gilt auch dann, wenn der Amtsträger erneut bestellt wird (OLG Köln NZM 1998, 959). 25

4. Ungültigerklärung. Erledigt sich eine Klage, etwa eine Hausgeldklage, weil der der Klage zu Grunde liegende Beschluss vom Gericht rechtskräftig ex tunc (→ § 23 Rn. 165) für ungültig erklärt wird, muss dennoch der Beklagte die Kosten des Rechtsstreits tragen, wenn er nur die fehlende Ordnungsmäßigkeit des Beschlusses gerügt hatte (LG Frankfurt a. M. ZWE 2015, 427; *Elzer* IMR 2015, 434). Wie bei der Aufrechnung ist nicht auf die Wirkung der gerichtlichen Ungültigerklärung, sondern auf ihren Zeitpunkt abzustellen (*Elzer* IMR 2015, 434). Sähe man es anders, müsste die Gemeinschaft der Wohnungseigentümer wegen des Kostenrisikos von Klagen **absehen,** sofern der Genehmigungsbeschluss angefochten ist. Dann aber hätten Anfechtungsklagen eine – indessen nicht gewollte – aufschiebende Wirkung (dazu → § 23 Rn. 163). 26

III. Klagezurückhaltung aus Kostengesichtspunkten

1. Grundsatz. Der Kostenerstattungsanspruch ist nicht unbeschränkt. Jede Prozesspartei ist nach dem Kostenschonungsgebot vielmehr gehalten, die Kosten ihrer Prozessführung so niedrig zu halten, wie sich dies mit der Wahrung ihrer berechtigten Belange vereinbaren lässt (stRspr, exemplarisch BGH NZM 2010, 789 Rn. 9; NJW 2007, 2257 Rn. 12). Hieraus folgt aber nicht, dass ein Wohnungseigentümer gehalten wäre, von der Erhebung einer Klage deshalb abzusehen, weil bereits die erfolgreiche Klage eines anderen Eigentümers nach § 44 Abs. 3 WEG ggü. allen Wohnungseigentümern Rechtskraft bewirken würde. 27

2. Einschränkungen. Aus der Befugnis jedes Wohnungseigentümers, einen Rechtsanwalt auszuwählen und mit der Wahrnehmung seiner Interessen zu beauftragen, folgt nicht, dass die Gemeinschaft der Wohnungseigen- 28 tümer Mehrkosten zu erstatten hat, die darin ihren Grund finden, dass ein Rechtsanwalt, der von einer Mehrzahl von Wohnungseigentümern zur klageweisen Anfechtung desselben Beschlusses beauftragt worden ist, für jeden seiner Auftraggeber getrennt Klage erhebt (BGH NZM 2010, 789 Rn. 10). Die rechtzeitig mit demselben Ziel erhobenen Klagen muss das Gericht gem. § 44 Abs. 2 Satz 3 WEG miteinander verbinden. Mit der gesetzlich gebotenen Verbindung entsteht dieselbe Situation wie bei einer anfänglichen subjektiven Klagehäufung. Zur zweckentsprechenden Rechtsverfolgung sind im Falle der Beauftragung desselben Rechtsanwaltes durch eine Mehrheit von Anfechtungsklägern aber nur folgende Kosten notwendig (BGH NZM 2010, 789 Rn. 14): eine Verfahrensgebühr des Rechtsanwaltes, die Mehrvertretungsgebühr und die bei Erhebung einer einheitlichen Klage für alle von demselben Rechtsanwalt vertretenen Kläger vorzuschießenden Gerichtskosten.

29 **3. Weitgehend identische Lebenssachverhalte.** Auch ein Erstattungsverlangen für Mehrkosten, die darauf beruhen, dass die Gemeinschaft der Wohnungseigentümer in engem zeitlichen Zusammenhang mit weitgehend gleichlautenden Begründungen aus einem weitgehend identischen Lebenssachverhalt ohne sachlichen Grund in getrennten Prozessen gegen den- oder dieselben Wohnungseigentümer vorgegangen ist, ist rechtsmissbräuchlich (BGH NZM 2013, 238 Rn. 9). Ein sachlicher Grund kann zB darin liegen, dass auf Grund konkreter Umstände mit unterschiedlichen Einwänden gegen die Einzelforderungen zu rechnen ist (BGH NZM 2013, 238 Rn. 9).

IV. Kostenfestsetzung

30 **1. Überblick.** Über den Antrag, die Kosten des Rechtsstreits festzusetzen, entscheidet nach § 104 Abs. 1 Satz 1 ZPO, § 21 Nr. 1 RPflG der Rechtspfleger nach Anhörung der Gegenseite durch Beschluss. Dieser Kostenfestsetzungsbeschluss ist stets kurz, jedenfalls aber bei Absetzungen oder umstrittenen Ansätzen zu begründen. Die mit dem Verwalter im Verwaltervertrag vereinbarte Sondervergütung für die gerichtliche Vertretung (→ § 26 Rn. 319 „Aufgaben und Befugnisse des Verwalters") kann im Kostenfestsetzungsverfahren eines Verfahrens der Wohnungseigentümer untereinander **nicht** festgesetzt werden, da der Verwalter die Vergütung von der Gemeinschaft der Wohnungseigentümer erhält (BGH NJW 2012, 1152 Rn. 9; unzutreffend BGH NJW 2014, 3247 für den Gerichtstermin). Vertritt der Verwalter die Gemeinschaft der Wohnungseigentümer, sind als Teil des **prozessualen Kostenerstattungsanspruchs** die für die Wahrnehmung von Gerichtsterminen und die Anreise zu diesen entstehenden Kosten erstattungsfähig (BGH NJW 2014, 3247 Rn. 6). Die Vorbereitung auf den Gerichtstermin, die Durchsicht von Unterlagen, die schriftliche Erwiderung und die Information der Wohnungseigentümer sind nach § 91 Abs. 1 Satz 1 ZPO hingegen nicht erstattungsfähig (BGH NJW 2014, 3247 Rn. 10). Im Übrigen kann die Gemeinschaft der Wohnungseigentümer gegen den unterlegenen Wohnungseigentümer einen materiell-rechtlichen Kostenerstattungsanspruch haben. Dieser – sollte er ausnahmsweise einmal gegeben sein

– ist im Kostenfestsetzungsverfahren aber nicht zu berücksichtigen (BGH NJW 2014, 3247 Rn. 14).

2. Rechtsmittel. Gegen die Kostenentscheidung kann nach §§ 104 Abs. 3 Satz 1 ZPO, 11 Abs. 1 RPflG die sofortige Beschwerde nach §§ 567 ff. ZPO geführt werden. Dieser Beschwerde kann der Rechtspfleger nach § 572 Abs. 1 Satz 1 Hs. 1 ZPO nach Anhörung der Gegenseite abhelfen. Andernfalls ist die Beschwerde nach § 572 Abs. 1 Satz 1 Hs. 2 ZPO unverzüglich vorzulegen. Das Beschwerdegericht hat nach § 572 Abs. 2 Satz 1 ZPO von Amts wegen zu prüfen, ob die Beschwerde an sich statthaft und ob sie in der gesetzlichen Form und Frist eingelegt ist. Mangelt es an einem dieser Erfordernisse, ist die Beschwerde als unzulässig zu verwerfen. Erachtet das Beschwerdegericht die Beschwerde für begründet, kann es gem. § 572 Abs. 3 ZPO selbst entscheiden oder dem Gericht oder dem Vorsitzenden, von dem die beschwerende Entscheidung erlassen worden war, die erforderliche Anordnung übertragen. Die Entscheidung über die Beschwerde ergeht durch Beschluss. Gegen die Entscheidung des Beschwerdegerichtes ist nach § 574 Abs. 1 Nr. 2 ZPO die Rechtsbeschwerde statthaft, wenn das Beschwerdegericht sie in dem Beschluss zugelassen hat. Für die Entscheidung über die sofortige weitere Beschwerde ist dann der BGH zuständig. Wird der Beschwerdewert des § 567 Abs. 2 ZPO nicht erreicht (200 EUR), findet binnen der für die sofortige Beschwerde geltenden Frist nach §§ 567 Abs. 2 ZPO, 11 Abs. 2 Satz 1 RPflG die befristete Erinnerung statt. Der Rechtspfleger kann dieser Erinnerung nach § 11 Abs. 2 Satz 2 RPflG abhelfen. Erinnerungen, denen er nicht abhilft, legt er dem Richter zur abschließenden Entscheidung vor. Ein Rechtsbehelf gegen die Entscheidung des Richters ist nicht vorgesehen, allenfalls eine Gehörsrüge nach § 321a ZPO. Wird ein Rechtsmittel trotz Nichterreichens der Mindestbeschwer an die nächste Instanz weitergeleitet, ist die Sache an das Ausgangsgericht zur Entscheidung zurückzugeben. Auf die Erinnerung sind nach § 11 Abs. 2 Satz 4 RPflG im Übrigen die Vorschriften über die Beschwerde sinngemäß anzuwenden. 31

C. Beweisrecht

I. Allgemeines

Im Grundsatz gelten in wohnungseigentumsrechtlichen Streitigkeiten die allgemeinen und besonderen Vorschriften über die Beweisaufnahme der §§ 355 ff. ZPO. In einem Verfahren zwischen der Gemeinschaft der Wohnungseigentümer und einem Wohnungseigentümer kann ein anderer Wohnungseigentümer Zeuge sein. Einer Vernehmung als Zeuge steht nicht der Umstand entgegen, dass ein Wohnungseigentümer nach § 9b Abs. 1 Satz 2 WEG potenziell zur Vertretung der Gemeinschaft der Wohnungseigentümer (mit)berechtigt ist (AG Lichtenberg ZMR 2008, 576; *Dötsch* NZM 2015, 473 (475)). Etwas anderes gilt, wenn es keinen Verwalter gibt oder dieser zu einer Vertretung nicht berechtigt ist (*Dötsch* NZM 2015, 473 (475); zweifelnd zum alten Recht *Martius/Mischke,* ZAP Fach 7, 431 (433)). Der Ver- 32 walter scheidet als Zeuge aus, soweit er in Belangen der Gemeinschaft der Wohnungseigentümer befragt werden soll. Ist eine Person nicht mehr Verwalter, kann sie freilich Zeuge sein.

II. Niederschrift

33 **1. Die Ansicht der herrschenden Meinung.** Die hM ordnet Niederschriften über eine Versammlung der Eigentümer als eine Urkunde iSd §§ 415 ff. ZPO, sogar als eine Privaturkunde iSv § 416 ZPO ein (BGH NJW 1997, 2956; OLG München ZWE 2016, 331 Rn. 10; ZWE 2006, 456; BayObLG ZMR 2002, 848 (850); *Becker* ZWE 2016, 2; differenzierend *Bonifacio* ZMR 2006, 583 (584)). Ihr kommt damit ein Beweiswert zu. Anders soll es allerdings dann sein, wenn die Niederschrift nur vom Versammlungsleiter unterschrieben wurde (BGH NJW 1997, 2956; BayObLG WuM 1990, 173 (174); *Abramenko* ZMR 2003, 245; s. a. *Becker* ZWE 2016, 2 (5)). Ferner soll ein Beweiswert fehlen, wenn ein Unterschreibender vorprozessual die Niederschrift korrigieren wollte oder die Niederschrift bereits einen Berichtigungsvermerk trägt (*Becker* ZWE 2016, 2 (3)), einer der Unterschreibenden nicht an der Versammlung teilgenommen hat (*Becker* ZWE 2016, 2 (3)), die Niederschrift widersprüchlich ist (*Becker* ZWE 2016, 2 (3)) oder einer oder alle der Unterschreibenden offensichtlich nicht „neutral" waren, zB wenn der Mehrheitseigentümer es regelmäßig durchsetzt, dass er oder ein ihm Vertrauter die Eigentümerversammlung leitet (*Becker* ZMR 2006, 489 (493)). Die in der Niederschrift liegende Beweiserleichterung kann auch dadurch aufgehoben sein, dass in der Beschluss-Sammlung etwas anderes beurkundet ist (*Becker* ZWE 2016, 2 (3)). Wenn sich die Beurkundungen der Niederschrift und der Beschluss-Sammlung widersprechen, etwa dadurch, dass in der Beschluss-Sammlung beurkundet wird, ein Beschluss sei gefasst worden, in der Niederschrift hingegen festgehalten ist, dass der Beschluss nicht gefasst worden ist, kommt keiner dieser Beurkundungen ein höherer Beweiswert zu. Behauptet eine Partei, dass die Niederschrift falsch, verfälscht, unvollständig oder unrichtig ist, und erschöpft sich hierin ihr Begehren, muss sie darlegen und beweisen, dass der Erfahrungssatz der Vollständigkeit und Richtigkeit der Niederschrift in dem konkreten Fall nicht anwendbar ist. Ist der Niederschrift nicht zu entnehmen, ob ein Beschluss festgestellt und verkündet wurde, soll das kein Beweis für die Tatsache sein, dass ein Beschluss nicht zustande gekommen ist (BGH NJW 2001, 3339 (3342); BayObLG BayObLGR 2005, 61 (62)).

34 **2. Erfahrungssatz der Vollständigkeit und Richtigkeit.** Die beweisrechtliche Einordnung der hM ist fraglich. Eine Niederschrift ist keine Privaturkunde. Es gibt keine „Aussteller". Die Niederschrift enthält auch – jedenfalls in der Regel – keine „Erklärungen" iSv § 416 ZPO. Der Ansicht, dass ihr damit kein Beweiswert zukomme, ist aber auch nicht zu folgen (aA OLG Köln OLGZ 1979, 282; *Bonifacio* ZMR 2006, 583 (587); s. a. BayObLG BayObLGR 2004, 75; ZMR 2002, 848 (850)). Auf die Niederschrift kann nämlich der Erfahrungssatz der Vollständigkeit und Richtigkeit einer Urkunde angewendet werden (*Becker* ZWE 2016, 2; aA *Bonifacio* ZMR

2006, 583 (587)). Die Partei, die sich auf außerhalb der Urkunde liegende Umstände – etwa zum Nachweis eines vom Urkundentext abweichenden übereinstimmenden Willens der Beteiligten – beruft, trifft danach die Darlegungs- und Beweislast für deren Vorliegen (BGH NJW 2002, 3164 unter II. 1. b); MDR 1991, 628 (629)). Näher liegt allerdings, keine Umkehr der objektiven Beweislast anzunehmen, sondern den „tatsächlichen Vermutungen" nur eine Bedeutung bei der Beweiswürdigung zuzumessen (*Elzer* JR 2006, 447; *Mayer/Mayer* ZZP 105, 287 (291)).

III. Beschluss-Sammlung

Die Beschluss-Sammlung ist ggf. Privaturkunde iSv § 416 ZPO. Diese **35** Einordnung rechtfertigt es indes nicht, die Beweisregel des § 416 ZPO oder eine andere gesetzliche Beweisregel anzuwenden. Auf die Beschluss-Sammlung kann als Beweiserleichterung aber der Erfahrungssatz der Vollständigkeit und Richtigkeit einer Urkunde angewandt werden. Insoweit genießt die Beschluss-Sammlung auch eine „negative Publizität" iSv § 314 ZPO. Wird in ihr mithin ein Beschluss nicht beurkundet, ist dies jedenfalls ein Hinweis darauf, dass es diesen Beschluss auch nicht gibt. Der Erfahrungssatz ist erschüttert, wenn etwa die Niederschrift einen anderen Beschlussinhalt oder keinen Beschluss fixiert. Wird ein Beschlussinhalt in der Niederschrift und in der Beschluss-Sammlung verschieden beurkundet, kann in der Regel keiner von diesen noch ein Beweiswert zugemessen werden. Dass der Niederschrift ein höherer Beweiswert zukommt, nämlich, weil sie mehrere Unterschriften trägt, ist nicht überzeugend (aA *Sauren* ZfIR 2009, 152 (161)).

IV. Beweislast im Wohnungseigentumsrecht

Die Beweislast entscheidet über die Frage, wer für eine rechtserhebliche **36** und beweisbedürftige Tatsache Beweis anbieten muss. In der Regel hat derjenige, der aus einer ihm günstigen Norm Rechte herleitet, deren tatsächliche Voraussetzungen darzulegen und zu beweisen (BGH NJW 2005, 3494; 2005, 2395 (2396); 1992, 683; 1991, 1052; LG München I BeckRS 2019, 25060 Rn. 35; zur Beweislast im WEG ausführlich *Dötsch/Hogenschurz* NZM 2010, 297 ff.). Grundsätzlich muss danach der Kläger auch in WEG-Streitigkeiten die Tatsachen darlegen und nachweisen, mit denen er ihm günstige Normen ausfüllen will (*Dötsch/Hogenschurz* NZM 2010, 297 (299)). Das sind die anspruchsbegründenden Tatsachen, zB das Abstimmungsergebnis (LG München I NJW-Spezial 2009, 531). Der Beklagte hingegen muss die Tatsachen nachweisen, die den Eintritt der dem Kläger günstigen Rechtswirkung verhindern oder diese Wirkung später vernichten oder hemmen. Dies sind Einwendungen oder Einreden gegen den Anspruch. Die Regel lautet also: Der Kläger trägt die Beweislast für die rechtsbegründenden, der Beklagte für die rechtsvernichtenden, rechtshindernden, rechtshemmenden Tatbestandsmerkmale (Normentheorie). Besonderheiten gelten allerdings bei formellen Beschlussmängeln (→ § 44 Rn. 114).

D. Einstweiliger Rechtsschutz (Eilverfahren)

I. Allgemeines

37 Wie in jedem anderen der ZPO unterworfenen Verfahren kommt auch in WEG-Streitigkeiten einstweiliger Rechtsschutz nach §§ 916 ff. ZPO in Betracht (zu Einführung etwa *Abramenko* AnwZert MietR 6/2010; *Schmid* DWE 2009, 85 ff.; *Briesemeister* NZM 2009, 64 ff.). Wegen ihrer unterschiedlichen Zielrichtung schließen sich Arrest und einstweilige Verfügung dabei grundsätzlich gegenseitig aus. Ein Antragsteller kann allerdings für Ansprüche, die in eine Geldforderung übergehen können, wählen, wie er vorgeht. Für solche Ansprüche kann er sogar beide Institute nutzen. Streitgegenstand ist jeweils der Anspruch auf Sicherung. Dies soll nach hM auch für die Leistungsverfügung gelten. Konsequenz dieses Verständnisses ist es vor allem, dass der Streitwert durch Schätzung des Gerichts nach § 3 ZPO auf einen Bruchteil des Hauptsachestreitwertes festgesetzt wird (näher § 44 Rn. 129). Eine Kompetenz, einstweilige Maßnahmen zu treffen, folgt nicht aus § 44 Abs. 1 Satz 2 WEG (*Schmid* DWE 2009, 85 (86); *Merle* ZWE 2008, 9 (12)).

II. Parteien der Eilverfahren

38 Antragsgegner/Beklagter können neben der Gemeinschaft der Wohnungseigentümer nach § 43 Abs. 2 Nr. 2 und Nr. 4 WEG einzelne oder sämtliche Wohnungseigentümer oder – geht es etwa um die Ausführung eines Beschlusses – der Verwalter sein.

III. Örtliche Zuständigkeit

39 Örtlich zuständig ist das Gericht der Hauptsache, §§ 919, 937, 943 ZPO (→ § 43 Rn. 12), also grundsätzlich das nach § 43 WEG zuständige Amtsgericht. Für die Anordnung des Arrestes ist nach § 919 ZPO allerdings auch das Amtsgericht zuständig, in dessen Bezirk der mit Arrest zu belegende Gegenstand oder die in ihrer persönlichen Freiheit zu beschränkende Person sich befindet (*Abramenko* AnwZert MietR 6/2010). § 919 ZPO ist auch in WEG-Streitigkeiten als Spezialvorschrift anzusehen (*Abramenko* AnwZert MietR 6/2010).

IV. Arrest

40 Der Arrest nach den Vorschriften der §§ 916 ff. ZPO dient der Sicherung der Zwangsvollstreckung (§ 916 Abs. 1 ZPO). Er dient nicht der Befriedigung eines Gläubigers (BGH MDR 1993, 578; 1984, 383). In WEG-Sachen kommt ein Arrest daher vor allem gegen einen Wohnungseigentümer, der Hausgeld im weiteren Sinne schuldet (Hausgeld, Abrechnungsspitze, Sonderumlage), in Betracht (s. a. OLG Hamburg WuM 1999, 598; *Hees* ZMR 2001, 14). Die Voraussetzungen für § 917 ZPO werden in der Regel allerdings nicht vorliegen.

V. Einstweilige Verfügungen

1. Allgemeines. Soll in einem § 43 Abs. 2 WEG unterliegenden Verfahren ein streitiges Rechtsverhältnis vorläufig geregelt werden, kommt eine einstweilige Verfügung nach §§ 935 ff. ZPO in Betracht (zu einem Baustopp per einstweiliger Verfügung vgl. *Schmid* NZBau 2010, 290 ff.). Wie auch sonst, bedarf es eines Verfügungsanspruchs und eines Verfügungsgrundes (exemplarisch LG München I ZWE 2017, 234). Eine einstweilige Verfügung kommt nicht (mehr) in Betracht, wenn die Anfechtungs- oder die Begründungsfrist für die Anfechtung nach § 45 WEG versäumt ist, da dann der Beschluss nicht mehr für ungültig erklärt werden kann. **41**

2. Verfügungsanspruch. Verfügungsanspruch kann jeder auf individuelle Leistung – jedoch nicht auf eine Geldzahlung – gerichtete Anspruch sein, zB Ansprüche auf Herausgabe, Duldungen und Unterlassungen, Vornahme von Handlungen. Ferner die Notwendigkeit einer Regelung zur Abwehr von Nachteilen. Zu sichernder Anspruch ist in der Regel der Anspruch auf ordnungsmäßige Verwaltung nach § 18 Abs. 2 WEG (s. a. LG München I ZWE 2017, 234). In Betracht komm aber auch zB ein Anspruch aus § 1004 Abs. 1 BGB. **42**

3. Verfügungsgrund. Verfügungsgrund ist die Gefahr, dass nach objektiver Beurteilung eines verständigen, gewissenhaft prüfenden Menschen zu besorgen ist, dass durch eine Veränderung des bestehenden Zustands die Verwirklichung des Rechts einer Partei vereitelt oder wesentlich erschwert werden könnte, oder dass die Verfügung zur Abwendung wesentlicher Nachteile oder zur Verhinderung drohender Gewalt oder aus anderen Gründen nötig erscheint (dazu LG München I ZMR 2009, 146), oder eine vorläufige Befriedigung des Antragstellers angemessen erscheint, um eine Notlage oder schwere Nachteile abzuwenden. Ein Verfügungsgrund entfällt, wenn der Antragsteller die beanstandete Verhaltensweise oder Zustände zu lange erträgt (OLG Hamm NJW-RR 2007, 108; KG NJW-RR 2001, 1201 (1202)). **43**

4. Sicherungsverfügung. Die Sicherungsverfügung ist in § 935 ZPO geregelt. Sie bietet sich vor allem zur Sicherung von Unterlassungs- und Herausgabeansprüchen der Wohnungseigentümer oder der Gemeinschaft der Wohnungseigentümer an, zB für die Herausgabe der der Gemeinschaft der Wohnungseigentümer zustehenden Verwaltungsunterlagen oder die Flankierung eines Anspruchs auf Unterlassung von Lärm oder zur Abwehr anderer Immissionen. **44**

5. Regelungsverfügung. a) Überblick. Soll ein streitiges Rechtsverhältnis vorläufig geregelt werden, bietet das Gesetz als besondere Form der einstweiligen Verfügung die Regelungsverfügung an, §§ 935, 940 ZPO. Diese Verfügung hat in WEG-Streitigkeiten die **größte** Bedeutung. Ihre Voraussetzung ist, dass zur Abwendung einer Gefährdung der Gläubigerinteressen eine vorläufige Sicherung im Eilverfahren notwendig ist, wobei die schutzwürdigen Interessen beider Seiten im Rahmen des gerichtlichen Beurteilungsspielraums gegeneinander abzuwägen sind. **45**

46 **b) Beispiele.** Durch eine Regelungsverfügung können in WEG- Streitigkeiten ua geregelt werden:

- Die Ablesung der Verbrauchszähler, zB wenn sich diese im räumlichen Bereich des Sondereigentums befinden.
- Beschluss (der Antrag ist entsprechend § 44 Abs. 2 Satz 1 WEG gegen die Gemeinschaft der Wohnungseigentümer zu richten):
  - Die vorläufige Aufhebung der Bindungswirkung eines Beschlusses (LG München I ZWE 2017, 234; LG Köln ZWE 2016, 190; LG Hamburg ZMR 2015, 43; 2011, 661 (662); LG Frankfurt a. M. ZWE 2010, 279; *Schmid* ZMR 2013, 93 (94))).
  - Die Vollziehung eines Beschlusses – etwa für die Zeit eines schwebenden Anfechtungsverfahrens – kann ausgesetzt werden, wenn dem Anfechtenden bei Abwägung der widerstreitenden Belange unter Würdigung des prinzipiellen Vorranges der gesetzlichen Wirksamkeitsanordnung ein Abwarten einer rechtskräftigen Hauptsacheentscheidung nicht zumutbar ist (LG München I ZWE 2017, 234). Es muss also glaubhaft gemacht sein, dass im konkreten Einzelfall ausnahmsweise die Interessen des anfechtenden Wohnungseigentümers die Interessen der Gemeinschaft der Wohnungseigentümer und damit der anderen Wohnungseigentümer überwiegen. Denn dem aus § 23 Abs. 4 Satz 2 WEG abzuleitenden „Vollziehungsinteresse" kommt dabei nach ganz hM **grundsätzlich** ein größeres Gewicht zu als dem Aussetzungsinteresse (LG München I ZWE 2017, 234; ZMR 2014, 396; LG Köln ZMR 2016, 139; LG Hamburg ZMR 2015, 43; aA *Weber* FS Stürner, 2013, 613 (618 ff.)). Das Interesse eines anfechtenden Wohnungseigentümers kann zB überwiegen, wenn:
  - ihm ein weiteres Zuwarten wegen drohender irreversibler Schäden nicht mehr zugemutet werden kann;
  - ein wesentlicher Nachteil droht (sehr weitgehend LG München I ZWE 2017, 234);
  - bei unstreitiger Sachlage und gefestigter Rechtsprechung die Rechtswidrigkeit des Beschlusses derart offenkundig ist, dass es hierfür nicht erst der umfassenden Prüfung durch ein Hauptsacheverfahren bedarf (LG München I ZWE 2017, 234; ZMR 2014, 396; LG Köln ZMR 2016, 139; ZMR 2011, 827; LG Hamburg ZMR 2015, 43).
  - Kann ein Verfügungsgrund nicht festgestellt werden, ist der Antragsteller auf den grundsätzlich möglichen Folgenbeseitigungsanspruch (→ Vor §§ 23 ff. WEG Rn. 39 ff.) zu verweisen.
  - Die Entscheidung kann sich darauf beschränken, zu untersagen, Maßnahmen zu beginnen bzw. fortzuführen.
- Ein Bauverbot (AG Hamburg-Blankenese ZMR 2010, 408 (409)).
- **Eigentümerliste:**
  - Die Herausgabe einer Eigentümerliste kann angeordnet werden, wenn sich der Verwalter erkennbar einer Herausgabe widersetzt (LG Stuttgart ZMR 2009, 77);
  - zur Verpflichtung des Verwalters zur Herausgabe → § 26 Rn. 364.
- Eigentümerversammlung → Versammlung.
- Die vorläufige Sicherung oder Regelung einer Benutzung.

- **Versammlung** (Eigentümerversammlung):
  - Einer Person kann die Einberufung einer Versammlung erlaubt werden (→ § 24 Rn. 79).
  - Einer Person kann die Einberufung einer Versammlung untersagt werden (OLG Zweibrücken NZM 2011, 79; LG München I IMR 2017, 426; *Briesemeister* NZM 2009, 64; *Schmid* DWE 2009, 85 (86)), zB wenn der ehemalige Verwalter einlädt (aA LG München I IMR 2015, 172).
  - Einer Person kann zeitlich begrenzt verboten werden, Versammlungen in einem Zeitraum, etwa für die Dauer eines Jahres, zu leiten.
  - Die Abhaltung einer Versammlung kann untersagt werden (KG NJW 1987, 386 (387); AG Hamburg ZMR 2010, 477; AG Wangen ZMR 2008, 580), zB wenn die Einberufung durch einen Unberechtigten droht (AG Hamburg ZMR 2010, 477; AG Niebüll ZMR 2009, 82). Der gegen die Durchführung mangelhafter Beschlüsse gerichtete einstweilige Rechtsschutz besitzt gegenüber dem einstweiligen Rechtsschutz zur Verhinderung mangelhafter Beschlüsse zwar einen Vorrang (vgl. OLG München NZG 2007, 152 (153); *Dötsch* jurisPR-MietR 4/2016; *Kort* NZG 2007, 169 (170)). Vorstellbar und nach Art. 19 Abs. 4 GG geboten ist im Einzelfall aber auch ein vorbeugender Rechtsschutz gegen noch zu fassende Beschlüsse. Dieses ist der Fall, wenn bereits vor der Versammlung klar ist, dass alle dort zu treffenden Maßnahmen rechtswidrig sein werden. Der Verfügungsanspruch folgt aus der Pflicht, keinen materiell unwirksamen Beschluss herbeizuführen.
  - Einwirkungen auf die Stimmrechtsausübung sind vorstellbar, wenn – was in der Regel nicht der Fall ist – ein Wohnungseigentümer ein bestimmtes Abstimmungsverhalten schuldet, etwa auf Grund eines Stimmbindungsvertrags (*Elzer* ZMR 2006, 957). Maßnahmen des einstweiligen Rechtsschutzes, die sich auf das Abstimmungsverhalten beziehen, kommen allerdings nur unter **besonderen** Umständen und strenger Prüfung ihrer Erforderlichkeit in Betracht (OLG Hamburg NJW 1992, 186 (187)). Der Erlass einer einstweiligen Verfügung ist nur möglich, wenn anderenfalls wirksamer Rechtsschutz versagt bliebe, wobei als Prüfsteine die besondere Schutzbedürftigkeit des Antragstellers und die Eindeutigkeit der Rechtslage angeführt werden (OLG München NZG 2007, 152 (153); OLG Düsseldorf NZG 2005, 633). Ergänzend hat eine Prüfung stattzufinden, ob die begehrte einstweilige Verfügung am Gebot des „geringst" möglichen Eingriffs scheitert (OLG München NZG 2007, 152 (153); OLG Stuttgart GmbHR 1997, 312 (313)). Voraussetzung für den Erlass der Verfügung ist zum einen, dass bereits zum Zeitpunkt des Titelerlasses eine andere als die vom Antragsteller für richtig erachtete Stimmrechtsausübung **feststeht,** aber fehlerhaft wäre. Ein also nur für möglich erachteter Stimmrechtsverstoß kann nicht vorbeugend verhindert werden. Etwa eine drohende Majorisierung (→ § 25 Rn. 130) kann nur **repressiv** durch Anfechtung „abgewendet", aber nicht präventiv durch eine Klage verhindert werden. Voraussetzung ist zum anderen, dass ein Rechtsschutz gegen den ggf. mangelhaften Beschluss nicht ausreicht. Eine einstweilige Verfügung kann schließlich nur ergehen,

wenn glaubhaft gemacht ist, dass ein vom Stimmrecht Ausgeschlossener in der einberufenen Versammlung ohne gerichtliches Eingreifen abstimmen wird und der Versammlungsleiter diese Stimmen berücksichtigen wird.

- **Verwalter:**
  - Die Bestellung eines Verwalters (→ § 26 Rn. 101) oder die Aussetzung eines Bestellungsbeschlusses (AG Hamburg ZMR 2010, 477 (478)) können bestimmt werden. Bei einem verwalterlosen Zustand – also nicht bei einem bloßen Streit über die Abberufung – ist ein Verfügungsgrund (→ Rn. 43) in der Regel anzunehmen (*Briesemeister* NZM 2009, 64 (67); aA LG Hamburg ZWE 2018, 37; LG Berlin ZMR 2012, 569). Ein Verfügungsgrund liegt jedenfalls vor, wenn ein Wohnungseigentümer oder ein Dritter vor einem Schaden bewahrt werden kann (OLG Düsseldorf NZM 2008, 452 (453)), wenn eine Abrechnung ansteht, ein Wirtschaftsplan zu beschließen ist oder dringend Mittel benötigt werden (LG Stuttgart ZMR 2009, 148). Zerstrittenheit der Wohnungseigentümer als solche reicht in der Regel nicht aus. Jedoch ist es für die Annahme eines dringenden sachlichen Bedürfnisses ausreichend, wenn trotz der Zerstrittenheit konkret und ernstlich damit zu rechnen ist, dass in einer Versammlung der Eigentümer, die von einem hierzu ermächtigten Eigentümer einberufen worden ist, ein Verwalter bestellt werden kann (OLG Düsseldorf NZM 2008, 452 (453); OLG Köln NZM 2003, 801 (811)). Nicht regelbar ist die Abberufung des Verwalters (→ § 26 Rn. 166).
  - Nach hM ist ferner der Inhalt des Verwaltervertrags vor Befassung der Wohnungseigentümer regelbar (LG Karlsruhe IMR 2013, 111; *Schmid* DWE 2009, 85 (87); *Briesemeister* NZM 2009, 64 (68); *Bonifacio* MietRB 2007, 218; s. a. BGH NJW 2017, 2766 Rn. 15).
- **Verwaltungsunterlagen:**
  - Die Gemeinschaft der Wohnungseigentümer als Eigentümerin der Verwalterunterlagen (→ § 9a Rn. 142) kann deren Herausgabe vom früheren Verwalter verlangen (AG Kelheim ZMR 2008, 83).
  - Die befristete Einsichtnahme in die Verwalterunterlagen kann geregelt werden.

47 **6. Leistungsverfügung.** Im Einzelfall kommt auch eine Leistungsverfügung in Betracht. Sie ist zulässig, wenn der Antragsteller darlegt und glaubhaft macht, dass er so dringend auf die sofortige Erfüllung seines Leistungsanspruchs angewiesen ist und sonst so erhebliche wirtschaftliche Nachteile erleiden würde, dass ihm ein Zuwarten oder eine Verweisung auf die spätere Geltendmachung von Schadenersatzansprüchen nach Wegfall des ursprünglichen Erfüllungsanspruchs nicht zumutbar ist (exemplarisch etwa OLG Köln MDR 2005, 290 (291); OLG Düsseldorf NJW-RR 1996, 123 (129)).

48 Eine Leistungsverfügung ist zB vorstellbar, wenn ein Unterlassungs- und/oder Beseitigungsanspruch wegen der drohenden Verletzung eines absoluten Rechts geltend gemacht wird. Eine Leistungsverfügung kommt ferner bei Abschlagszahlungen auf eine Sonderumlage oder auf ausstehende Hausgelder oder zur Sicherung von Versorgungsleistungen in Betracht.

E. Prozessvergleiche

Die Parteien können in einer WEG-Sache grundsätzlich einen Vergleich (Prozessvergleich) iSv § 794 Abs. 1 Nr. 1 ZPO schließen (BGH BeckRS 2019, 38140 Rn. 13; *Dötsch* NZM 2013, 625 ff.; *Elzer* ZMR 2009, 649 ff.). Seine prozessualen Wirkungen liegen in der unmittelbaren Prozessbeendigung und in der Vollstreckbarkeit übernommener Leistungspflichten. Ein Prozessvergleich bindet nur die am Abschluss beteiligten Parteien, es sei denn, dass seine Regelung als Vereinbarung über §§ 10 Abs. 3, 5 Abs. 4 WEG verdinglicht oder – soweit zulässig – ein inhaltsgleicher Beschluss gefasst wird (BayObLGZ 1990, 15 (18); *Häublein* ZMR 2001, 165 (166)) – wenn hierzu eine Beschlusskompetenz besteht (BGH BeckRS 2019, 38140 Rn. 14; KG ZMR 2005, 224 (225)). Ein Prozessvergleich ist nur wirksam, wenn die Wohnungseigentümer und ggf. eine andere Partei über den Streitgegenstand „verfügen" können (BGH BeckRS 2019, 38140 Rn. 14). Eine in einem Vergleich liegende Vereinbarung kann nur wieder durch eine Vereinbarung geändert werden (OLG Frankfurt a. M. IMR 2009, 1010 – nur online). Ein Vergleich kann nicht durch „Rücktritt" beseitigt werden (BayObLG NZM 1999, 861). Die Auslegung eines Prozessvergleichs ist Sache des Tatrichters; sie kann vom Rechtsmittelgericht nur auf Rechtsfehler überprüft werden (BayObLG WE 1992, 180). **49**

F. Zwangsvollstreckungsrechtliche Besonderheiten

I. Allgemeines

Der Antrag, eine Zwangshypothek einzutragen wegen Ansprüchen der Gemeinschaft der Wohnungseigentümer gegen einen Wohnungseigentümer für Forderungen, die ein Vorrecht nach § 10 Abs. 1 Nr. 2 ZVG genießen, kann nicht unter Hinweis auf ein angeblich fehlendes Rechtsschutzbedürfnis (entsprechend § 54 GBO) als unzulässig verworfen werden (BGH NZM 2012, 176 Rn. 6). Für die Gemeinschaft der Wohnungseigentümer gibt nach § 9b Abs. 1 Satz 1WEG der Verwalter oder geben nach § 9b Abs. 1 Satz 2 WEG die Wohnungseigentümer die eidesstattliche Versicherung ab. Für Rechtsmittel in Zwangsvollstreckungsverfahren gegen einen in einem Verfahren nach § 43 Abs. 2 Nr. 1 bis 4 WEG erlassenen Titel ist ggf. das nach § 72 Abs. 2 GVG zuständige Landgericht zuständig. Zur Zwangsvollstreckung in ein Sondernutzungsrecht → § 10 Rn. 164. **50**

II. § 885 ZPO

Hat der Schuldner eine unbewegliche Sache herauszugeben, zu überlassen oder zu räumen, so hat der Gerichtsvollzieher den Schuldner aus dem Besitz zu setzen und den Gläubiger in den Besitz einzuweisen. Hierher gehört vor allem die Herausgabe von Räumen (OLG Köln ZWE 2000, 491). **51**

III. § 887 ZPO

52 Erfüllt der Schuldner die Verpflichtung nicht, eine Handlung vorzunehmen, deren Vornahme durch einen Dritten erfolgen kann, kann der Gläubiger von dem Prozessgericht des ersten Rechtszuges auf Antrag ermächtigt werden, auf Kosten des Schuldners die Handlung vornehmen zu lassen. Der Gläubiger kann zugleich beantragen, den Schuldner zur Vorauszahlung der Kosten zu verurteilen, die durch die Vornahme der Handlung entstehen werden, unbeschadet des Rechts auf eine Nachforderung, wenn die Vornahme der Handlung einen größeren Kostenaufwand verursacht.

53 Hierher gehören nach hM zB:

- Erzwingung baulicher Veränderungen (zB Einbau von Trittschallschutz);
- Erzwingung von Arbeiten zu Gunsten des gemeinschaftlichen Eigentums (OLG Köln OLGR 1999, 62);
- Erzwingung einer Rückbauverpflichtung (OLG Frankfurt a. M. NZM 2008, 210; BayObLG ZflR 2000, 404), sofern das Sondereigentum nicht vermietet oder der Mieter einverstanden ist (sonst § 888 ZPO);
- Erstellung eines Wirtschaftsplans gegen die Gemeinschaft der Wohnungseigentümer.

IV. § 888 ZPO

54 Wenn eine Handlung durch einen Dritten nicht vorgenommen werden kann und sie ausschließlich von dem Willen des Schuldners abhängt, kann das Prozessgericht des ersten Rechtszuges auf Antrag erkennen, dass der Schuldner zur Vornahme der Handlung durch Zwangsgeld und für den Fall, dass dieses nicht beigetrieben werden kann, durch Zwangshaft oder durch Zwangshaft anzuhalten sei.

55 Hierzu gehören zB:

- Auskunftserteilung (LG Saarbrücken ZMR 2010, 402 (403); s. a. BGH NJW 2009, 2308 Rn. 20; MDR 1986, 657);
- Erzwingung von Zugang zu einem Sondereigentum;
- Erzwingung einer Jahresabrechnung nach § 28 Abs. 2 Satz 2 WEG gegen die Gemeinschaft der Wohnungseigentümer;
- Erzwingung einer Rechnungslegung gegen die Gemeinschaft der Wohnungseigentümer (BGH NJW 2016, 3536 Rn. 17);
- Erzwingung eines Vermögensberichts gegen die Gemeinschaft der Wohnungseigentümer nach § 28 Abs. 3 WEG;
- Erzwingung einer Einwirkung eines Wohnungseigentümers auf seinen unwilligen Mieter (BayObLG ZWE 2000, 303; NJW-RR 1989, 462; LG Hamburg ZMR 2005, 79);
- Gewährung von Einsicht in die Verwaltungsunterlagen gegen die Gemeinschaft der Wohnungseigentümer (BayObLG WE 1997, 432);
- Herausgabe von Verwaltungsunterlagen (OLG Hamburg ZMR 2008, 148 (150); OLGZ 1987, 188; OLG Frankfurt a. M. WuM 1999, 61; BayObLGZ 1975, 327 (329); KG NJW 1972, 2093). Steht fest, dass der frühere Verwalter bestimmte Unterlagen in Besitz hatte, so kann er sich

ggü. einem Herausgabeverlangen nicht dadurch erfolgreich verteidigen, den fortbestehenden Besitz pauschal in Abrede zu stellen iVm der Erklärung, weitere Angaben über den Verbleib der Unterlagen nicht machen zu können. Ggü. dem Anspruch auf Herausgabe von Verwaltungsunterlagen steht dem früheren Verwalter auch kein Zurückbehaltungsrecht wegen Vergütungsansprüchen zu (OLG Hamm ZMR 2007, 982); die Verwaltungsunterlagen müssen nicht zwingend im Einzelnen bezeichnet werden (OLG Hamburg ZMR 2008, 148 (150)).

V. § 890 ZPO

Handelt der Schuldner der Verpflichtung zuwider, eine Handlung zu **56** unterlassen oder die Vornahme einer Handlung zu dulden, kann das Prozessgericht des ersten Rechtszuges ihn auf Antrag des Gläubigers wegen jeder Zuwiderhandlung zu einem Ordnungsgeld und für den Fall, dass dieses nicht beigetrieben werden kann, zur Ordnungshaft oder zur Ordnungshaft bis zu sechs Monaten verurteilen. Hierher gehören zB die Unterlassung einer Störung (BGH NJW 1996, 714 unter 2. c); OLG Düsseldorf ZMR 2003, 349; BayObLG ZMR 2001, 51 (53); LG Nürnberg-Fürth ZMR 2010, 401 (402); aA OLG Köln OLGR 2000, 438: § 888 ZPO) oder eine Duldung (OLG Köln ZMR 2003, 706 (707)). Ist nicht klar, ob es sich um einen Unterlassungsanspruch oder eine unvertretbare Handlung handelt, ist ggf. ein Hilfsantrag nach § 888 ZPO zu stellen.

VI. Zwangsvollstreckung in das Gemeinschaftsvermögen (§ 9a Abs. 3 WEG)

1. Gemeinschaftsvermögen. Eine Zwangsvollstreckung in das Gemein- **57** schaftsvermögen ist nur aus einem gegen die Gemeinschaft der Wohnungseigentümer gerichteten Titel möglich (BFH DStR 2016, 1108 Rn. 16). Ein Titel gegen den einzelnen Wohnungseigentümer reicht also nicht aus (BFH DStR 2016, 1108 Rn. 16).

2. Mitgliedschaft. Die Mitgliedschaft eines Wohnungseigentümers in der **58** Gemeinschaft der Wohnungseigentümer kann für sich allein nicht Gegenstand einer gesonderten Zwangsversteigerung sein (BFH DStR 2016, 1108 Rn. 18).

G. Prozesskostenhilfe

Sowohl die Wohnungseigentümer als auch die Gemeinschaft der Woh- **59** nungseigentümer (BGH NJW-RR 2019, 723 Rn. 6; NJW 2010, 2814 Rn. 6) können unter den Voraussetzungen der §§ 114 ff. ZPO Prozesskostenhilfe erhalten. Der Gemeinschaft der Wohnungseigentümer kann Prozesskostenhilfe als parteifähiger Vereinigung (§ 50 Abs. 1 ZPO) iSd § 116 Satz 1 Nr. 2 ZPO allerdings nur unter den dort zusätzlich genannten Voraussetzungen gewährt werden (BGH NJW-RR 2019, 723 Rn. 6; NJW

2010, 2814 Rn. 6). Das setzt neben der gem. § 114 ZPO erforderlichen Erfolgsaussicht der Rechtsverfolgung oder Rechtsverteidigung und dem Fehlen von Mutwillen voraus, dass weder die Gemeinschaft der Wohnungseigentümer noch die wirtschaftlich Beteiligten – die Wohnungseigentümer – die Kosten aufbringen können (BGH NJW-RR 2019, 723 Rn. 11; LG Berlin NZM 2007, 493; *Benjamin* ZfIR 2010, 781 (782)). Verfügt die Gemeinschaft der Wohnungseigentümer nicht über ausreichende Mittel, müssen die Wohnungseigentümer diese aufbringen, etwa durch eine Sonderumlage oder indem beschlossen wird, dass die Gemeinschaft der Wohnungseigentümer einen Verbraucherdarlehensvertrag schließt (→ § 28 Rn. 8 ff.). Kann die Gemeinschaft der Wohnungseigentümer allerdings darlegen, dass ihr ein Kredit in der erforderlichen Höhe nicht gewährt würde und keiner der Wohnungseigentümer in der Lage ist, die Kosten des Rechtsstreits aufzubringen, liegen die Bewilligungsvoraussetzungen vor (BGH NJW-RR 2019, 723 Rn. 14). Nicht ausreichend wäre es hingegen, wenn lediglich einzelne Wohnungseigentümer nicht zur Vorschussleistung in der Lage sein sollten (BGH NJW-RR 2019, 723 85 Rn. 14), weil ein aus Zahlungsausfällen einzelner Wohnungseigentümer resultierender Fehlbetrag durch eine ergänzende Sonderumlage geschlossen werden könnte und ggf. geschlossen werden müsste. Darüber hinaus darf Prozesskostenhilfe nur bewilligt werden, wenn die Unterlassung der Rechtsverfolgung oder Rechtsverteidigung dem allgemeinen Interesse zuwiderlaufen würde. Die Rechtsverfolgung liegt dabei jedenfalls dann im allgemeinen Interesse, wenn weder die Gemeinschaft der Wohnungseigentümer noch sämtliche Mitglieder die Kosten aufbringen können (BGH NJW 2010, 2814 Rn. 11).

H. Rechtsanwaltsgebühren

60 Die Rechtsanwaltsgebühren für eine WEG-Streitigkeit unterscheiden sich grundsätzlich nicht von einem „normalen“ Zivilprozess und bestimmen sich nach dem RVG iVm seinem Vergütungsverzeichnis – VV (Anl. 1 zu § 2 Abs. 2 RVG). Für das Einleiten einer Klage entsteht eine 1,3 Verfahrensgebühr gem. VV 3100 RVG, § 13 RVG, für die mündliche Verhandlung eine 1,2 Terminsgebühr nach VV 3104 RVG, § 13 RVG und im Falle eines Vergleichsabschlusses eine 1,0 Einigungsgebühr gem. VV 1003 RVG, § 13 RVG. Für die Berufung zum LG entsteht eine erhöhte 1,6 Verfahrensgebühr gem. VV 3200 RVG, § 13 RVG, die Terminsgebühr entsteht in Höhe 1,2 gem. VV 3202 RVG, § 13 RVG. Eine Mehrvertretungsgebühr (Erhöhungsgebühr nach Nr. 1008 VV RVG: Erhöhung der normalen Prozess- oder Geschäftsgebühr um 0,3 pro weiteren Auftraggeber auf höchstens 2,0 Gesamtgebühr) fällt an, wenn ein Rechtsanwalt ausnahmsweise nicht die Gemeinschaft der Wohnungseigentümer, sondern mehrere Wohnungseigentümer vertritt. Zum Gebührenstreitwert (→ § 44 Rn. 127 ff.).

I. Verfahrensrecht der Gemeinschaft der Wohnungseigentümer

I. Parteifähigkeit

61 Die Gemeinschaft der Wohnungseigentümer ist in Anlehnung an § 124 Abs. 1 HGB, gem. § 9a Abs. 1 Satz 1 WEG sowohl ggü. Dritten als auch ggü. den Wohnungseigentümern parteifähig, § 50 Abs. 1 ZPO (*Elzer* ZAP 2007, 325). Die Gemeinschaft der Wohnungseigentümer kann als solche klagen und auch verklagt werden, ohne dass es auf den aktuellen „Mitgliederbestand" ankommt. Eigentümerwechsel während des Rechtsstreits haben auf einen Prozess der Gemeinschaft der Wohnungseigentümer keinen Einfluss. Im Verwaltungsgerichtsverfahren besitzt die Gemeinschaft der Wohnungseigentümer Beteiligtenfähigkeit nach § 61 VwGO (exemplarisch BVerwG NZM 2019, 826 Rn. 12).

II. Prozessfähigkeit

62 Die Gemeinschaft der Wohnungseigentümer ist geschäftsfähig und daher nach § 51 Abs. 1 ZPO durch ihre Vertreter auch prozessfähig. Sie handelt vor Gericht durch ihre Handlungsorganisation. Wird die Gemeinschaft der Wohnungseigentümer verklagt, wird sie nach § 9b Abs. 1 Satz 1 WEG gesetzlich grundsätzlich durch den Verwalter vertreten. Ist der Bauträger Verwalter, ist er bei einer Klage gegen sich selbst allerdings nicht in der Lage, die Gemeinschaft der Wohnungseigentümer zu vertreten (OLG Stuttgart NJW-RR 2015, 1226). Will die Gemeinschaft der Wohnungseigentümer klagen, ist es nicht anders. In der Regel wird hier aber ein Beschluss nach § 27 Abs. 2 WEG gefasst werden.

III. Prozessführungsbefugnis; Prozessstandschaft

63 Soweit die Gemeinschaft der Wohnungseigentümer in einem Prozess keine eigenen Rechte und Pflichten wahrnimmt (§ 9a Abs. 1 Satz 1 WEG), sondern nach § 9a Abs. 2 WEG Rechte der Wohnungseigentümer, die eine einheitliche Rechtsverfolgung erfordern, ist sie gesetzlicher (ggf. passiver) Prozessstandschafter der Wohnungseigentümer (BGH NJW 2016, 1575 Rn. 17; 2015, 1020 Rn. 7; 2011, 1351 Rn. 8; 2010, 93 Rn. 13). Die Gemeinschaft der Wohnungseigentümer kann ferner für einen oder mehrere Wohnungseigentümer als gewillkürter Prozessstandschafter auftreten.

IV. Gerichtsstand und Schiedsvertrag

64 Die Gemeinschaft der Wohnungseigentümer hat nach § 43 Abs. 1 Satz 1 WEG ihren allgemeinen Gerichtsstand bei dem Gericht, in dessen Bezirk das Grundstück liegt (→ § 43 Rn. 3). Für Streitigkeiten über die Rechte und Pflichten zwischen der Gemeinschaft der Wohnungseigentümer und Wohnungseigentümern ist gem. § 43 Abs. 2 Nr. 2 WEG iVm § 23 Nr. 2 Buch-

stabe c) GVG das AG ausschließlich sachlich und örtlich zuständig, in dessen Bezirk das Grundstück liegt. Für gegen die Gemeinschaft der Wohnungseigentümer gerichtete Klagen Dritter ist danach zu unterscheiden, ob die Wertgrenze des § 23 Nr. 1 GVG erreicht wird, oder ob § 71 Abs. 1 GVG einschlägig ist. Die Entscheidungen über Berufungen und Beschwerden gegen die erstinstanzlichen Entscheidungen der Amtsgerichte in Verfahren nach § 43 Abs. 2 WEG obliegt grundsätzlich dem Landgericht. Eine Gerichtsstandsvereinbarung zwischen einem Gläubiger und der Gemeinschaft der Wohnungseigentümer ist in einem Passivprozess gem. § 40 Abs. 2 Satz 1 Nr. 2 ZPO unzulässig. Der von der Gemeinschaft der Wohnungseigentümer geschlossene Schiedsvertrag bindet aber nicht nur diese, sondern auch einen anteilig haftenden Wohnungseigentümer.

V. Rechtskraft

65 Die Rechtskraft von Entscheidungen zwischen den Wohnungseigentümern wirkt nach § 325 ZPO für und gegen die Gemeinschaft der Wohnungseigentümer, soweit das Verfahren Fragen behandelt hat, für welche die Gemeinschaft der Wohnungseigentümer zuständig ist (*Briesemeister* ZWE 2006, 15 (18)). Auch ein von der Gemeinschaft der Wohnungseigentümer für die Wohnungseigentümer erstrittenes Urteil entfaltet gegen diese Rechtskraft (BGH NJW 2015, 1020 Rn. 7; 1979, 924 (925)). Ein gegen die Gemeinschaft der Wohnungseigentümer ergangenes Urteil wirkt gegen jeden Wohnungseigentümer (s. a. BGH MDR 1998, 1240 (1241) für § 128 HGB), grundsätzlich nicht aber gegen einen bereits ausgeschiedenen (BGH NJW 1966, 499). Dies kommt vor allem nach § 9a Abs. 2 WEG in Betracht, wenn die Gemeinschaft der Wohnungseigentümer jeweils als gesetzlicher passiver Prozessstandschafter (→ Rn. 63) handelt (BGH NJW 2015, 1020 Rn. 16). Das Urteil nimmt dem Wohnungseigentümer die Einwendungen, die der Gemeinschaft der Wohnungseigentümer durch das Urteil abgesprochen worden sind. Umgekehrt kann sich ein Wohnungseigentümer ggü. dem Gläubiger wegen der Akzessorietät seiner Haftung auf ein zu Gunsten der Gemeinschaft der Wohnungseigentümer ergangenes Urteil berufen. Ein im Verfahren eines Gläubigers der Gemeinschaft der Wohnungseigentümer gegen einen Wohnungseigentümer ergangenes Urteil wirkt hingegen weder für noch gegen die Gemeinschaft der Wohnungseigentümer.

VI. Weitere Fragen

66 Zu den Kosten eines Rechtsstreits der Gemeinschaft der Wohnungseigentümer → § 16 Rn. 32. Die Gemeinschaft der Wohnungseigentümer muss, wenn sie klagt oder verklagt wird, nach § 9a Abs. 1 Satz 3 WEG die Bezeichnung „Gemeinschaft der Wohnungseigentümer" oder „Wohnungseigentümergemeinschaft" gefolgt von der bestimmten Angabe des gemeinschaftlichen Grundstücks führen, zB nach der postalischen Anschrift oder nach der Grundbucheintragung (→ § 9a Rn. 40). Die Gemeinschaft der Wohnungseigentümer und die Wohnungseigentümer sind verschiedene Prozessparteien. Im Prozess der Gemeinschaft der Wohnungseigentümer gegen

Dritte können die Wohnungseigentümer als Zeugen gehört werden. Werden die Gemeinschaft der Wohnungseigentümer und ein Wohnungseigentümer gemeinsam verklagt, sind sie einfache Streitgenossen iSd § 59 ZPO (so für § 128 HGB BGH NJW 1988, 2113; 1970, 1740). Dies gilt auch dann, wenn der Wohnungseigentümer sich nicht mit persönlichen Einwendungen verteidigt. Die für die Stellung der Streitgenossen im Verfahren wesentliche Entscheidung, ob notwendige oder einfache Streitgenossenschaft vorliegt, darf nicht von den Zufälligkeiten der Prozessführung, nämlich davon abhängen, ob ein Wohnungseigentümer sich im Einzelfall mit persönlichen Einwendungen verteidigt oder nicht. Gründe der Rechtssicherheit und Klarheit gebieten es vielmehr, nur eine einfache Streitgenossenschaft anzunehmen (BGH NJW 1988, 2113; 1970, 1740). Aus der notwendigen Trennung der Klagen gegen die Gemeinschaft der Wohnungseigentümer und gegen den Wohnungseigentümer folgt, dass ein persönlich verklagter Wohnungseigentümer nicht die Einrede der anderweitigen Rechtshängigkeit (§ 261 Abs. 3 Nr. 1 ZPO) erheben kann, weil bereits ein Prozess gegen die Gemeinschaft der Wohnungseigentümer anhängig ist. Jeder Wohnungseigentümer kann der Gemeinschaft der Wohnungseigentümer oder deren Prozessgegner als Streithelfer beitreten.

Ergeht ein der Leistungsklage stattgebendes Urteil gegen die Gemeinschaft **67** der Wohnungseigentümer und einen Wohnungseigentümer, so werden sie – obwohl kein Fall der Gesamtschuld vorliegt – anteilig „als wären sie Gesamtschuldner" verurteilt. Die Kostenfolge richtet sich nach § 100 Abs. 4 ZPO. Die Klage gegen die Gemeinschaft der Wohnungseigentümer und gegen die Wohnungseigentümer wegen einer Verbindlichkeit kann getrennt erhoben oder miteinander verbunden werden. Wer klagt oder verklagt wird, oder wer für wen welche Prozesshandlungen mit Wirkung für welche Partei vornimmt, ist stets klarzustellen, kann aber im Wege der Auslegung ermittelt werden. Die Gemeinschaft der Wohnungseigentümer und Wohnungseigentümer können gegeneinander prozessieren, zB bei einer Hausgeldklage, oder wenn die Gemeinschaft der Wohnungseigentümer als gesetzlicher Prozessstandschafter der Eigentümer auftritt, etwa bei einer Unterlassungsklage gem. 1004 Abs. 1 Satz 2 BGB, oder in einem Verfahren nach § 43 Abs. 2 Nr. 2 WEG.

J. Selbständiges Beweisverfahren

I. Grundlagen und Zuständigkeit

In WEG-Streitigkeiten (→ § 43 Rn. 47 ff.) ist ein selbständiges Beweis- **68** verfahren nach §§ 485 ff. ZPO möglich (*Pauli* ZMR 2018, 558 ff.). Ist ein Rechtsstreit anhängig, ist der Antrag nach § 486 Abs. 1 ZPO bei dem Prozessgericht zu stellen. Ist ein Rechtsstreit noch nicht anhängig, ist der Antrag nach § 486 Abs. 2 Satz 1 ZPO bei dem Gericht zu stellen, das nach dem Vortrag des Antragstellers zur Entscheidung in der Hauptsache berufen wäre. Dies ist das nach § 43 WEG zuständige Amtsgericht. In Fällen dringender Gefahr kann der Antrag nach § 486 Abs. 3 ZPO allerdings auch bei dem Amtsgericht gestellt werden, in dessen Bezirk die zu vernehmende oder zu begutachtende Person sich aufhält oder die in Augenschein zu nehmende oder zu begutachtende Sache sich befindet. Nach Ansicht des BGH müssen sowohl die anderen Wohnungseigentümer als auch die Gemeinschaft der Wohnungseigentümer es nicht dulden, dass im Rahmen der Beweisaufnahme das gemeinschaftliche Eigentum geöffnet wird (BGH NJW 2013, 2687 Rn. 7).

II. Sondereigentum

69 Sofern es um Mängel des Sondereigentums geht, wird das selbständige Beweisverfahren von dem jeweiligen Wohnungseigentümer betrieben werden, um dessen Sondereigentum es geht. Möglich soll es nach hM allerdings auch sein, dass die Gemeinschaft der Wohnungseigentümer in gewillkürter Prozessstandschaft (hierzu bedarf es einer Ermächtigung; ein Beschluss ist in Ermangelung einer Beschlusskompetenz nicht ausreichend) für einen Wohnungseigentümer wegen Mängeln des Sondereigentums auftritt, etwa wenn sie das Verfahren auch wegen Mängeln des gemeinschaftlichen Eigentums betreibt (OLG Karlsruhe NZM 2010, 129). Der Sondereigentümer könne diesem Verfahren als Streithelfer beitreten, sofern der Beitritt nicht ausnahmsweise unzulässig bedingt sei (OLG Karlsruhe NZM 2010, 129).

III. Gemeinschaftliches Eigentum

70 **1. Überblick.** Wegen Mängeln des gemeinschaftlichen Eigentums ist zwischen einem selbständigen Beweisverfahren gegen den Bauträger (→ Rn. 71) und einem selbständigen Beweisverfahren im Laufe des „Lebens" einer Wohnungseigentümergemeinschaft (→ Rn. 72 ff.) zu unterscheiden.

71 **2. Selbständiges Beweisverfahren gegen Bauträger.** Der Wohnungseigentümer als Erwerber konnte nach der hM zum alten Recht gegen den Bauträger ohne besondere Ermächtigung ein selbständiges Beweisverfahren zur Feststellung von Mängeln am gemeinschaftlichen Eigentum einleiten (BGH NJW 2014, 3518 Rn. 22; WM 1979, 1364; s. a. BGH NJW 2013, 2687), selbst wenn es sich um ein „gemeinschaftsbezogenes" Mängelrecht handelte (BGH NJW 2014, 3518 Rn. 22; NJW 1991, 2480). Nach § 9a Abs. 2 WEG erfordert die Geltendmachung sämtlicher Mängelrechte in Bezug auf das gemeinschaftliche Eigentum indes eine einheitliche Rechtsverfolgung. Ein selbständiges Beweisverfahren gegen Bauträger kann daher nur von der Gemeinschaft der Wohnungseigentümer geführt werden (s. a. BGH NJW 2014, 3518 Rn. 17 zum alten Recht).

72 **3. Selbständiges Beweisverfahren gegen Werkunternehmer.** Für ein selbständiges Beweisverfahren gegen einen Werkunternehmer bestehen keine Besonderheiten. Antragsteller kann allein die Gemeinschaft der Wohnungseigentümer sein (§ 9a Abs. 1 Satz 1 WEG).

73 **4. Selbständiges Beweisverfahren unter den Wohnungseigentümern.** Die Durchführung eines gegen die übrigen Wohnungseigentümer gerichteten selbständigen Beweisverfahrens über Mängel am gemeinschaftlichen Eigentum ist möglich. Es setzt nach hM nicht voraus, dass der antrag-

stellende Wohnungseigentümer sich zuvor um einen Beschluss bemüht hat, dass die Gemeinschaft der Wohnungseigentümer ein Sachverständigengutachten zu den behaupteten Mängeln einholt (BGH BeckRS 2018, 4987 Rn. 1; BeckRS 2018, 5175 Rn. 1; grundlegend NJW 2018, 1749 Rn. 5).

Dieses Vorgehen ist freilich – außer zur Beweissicherung (LG Stuttgart Justiz 2000, 88) – nicht sinnvoll. Da sich die Wohnungseigentümer nach ihrem Ermessen gegen eine Erhaltungsmaßnahme und jedenfalls auf Grundlage eines weiteren Gutachtens für ganz andere Maßnahmen entscheiden können, sollten die anderen Wohnungseigentümer stets mit der Frage, ob und wie das gemeinschaftliche Eigentum zu erhalten ist, vorbefasst werden. Allein dieses Vorgehen sichert, dass die Gemeinschaft der Wohnungseigentümer die Kosten eines etwaigen Gutachtens trägt. Für das selbständige Beweisverfahren ist nämlich gem. § 22 Abs. 1 GKG allein der Antragsteller Kostenschuldner, wenn die Antragsgegner keine eigenen Anträge stellen (BGH NJW 2018, 1749 Rn. 19). Eine Kostenentscheidung ergeht grundsätzlich nicht; die Kosten des selbständigen Beweisverfahrens sind vielmehr Kosten des anschließenden Rechtsstreits. Einen solchen Rechtsstreit können die übrigen Wohnungseigentümer indes vermeiden, indem sie eine nach der Beweisaufnahme erforderliche Maßnahme rechtzeitig umsetzen. Kommt es nicht zu einem Hauptsacheverfahren, können die anderen Wohnungseigentümer etwaige, ihnen in dem selbständigen Beweisverfahren entstandene außergerichtliche Kosten, zB für die Vertretung durch einen Rechtsanwalt, unter den Voraussetzungen des § 494a Abs. 2 Satz 1 ZPO von dem antragstellenden Wohnungseigentümer erstattet verlangen (BGH NJW 2018, 1749 Rn. 19). Dieser kann seinerseits, wenn er die Hauptsacheklage nicht erhebt, die Kosten des selbständigen Beweisverfahrens hingegen nur erstattet verlangen, wenn hierfür eine materiell-rechtliche Anspruchsgrundlage besteht (BGH NJW 2018, 1749 Rn. 19). Daran wird es aber regelmäßig fehlen, wenn der Wohnungseigentümer vor der Durchführung des gegen die übrigen Wohnungseigentümer gerichteten selbständigen Beweisverfahrens keinen Beschluss über die Einholung eines Sachverständigengutachtens herbeigeführt hat. Ohne eine solche Befassung wird ein materieller Anspruch auf Erstattung der Kosten des selbständigen Beweisverfahrens grundsätzlich nicht in Betracht kommen (BGH NJW 2018, 1749 Rn. 19). **74**

K. Öffentliches Recht

Die Beeinträchtigung der im Sondereigentum stehenden Gebäudeteile **75** kann nur der jeweilige Wohnungseigentümer verfolgen (VGH München ZWE 2013, 100; ZMR 2009, 722 (723); *Elzer* NVwZ 2013, 1625 (1626)). Ob das Sondereigentum beeinträchtigt ist, ist Frage des Einzelfalls und zB zu bejahen, sofern der Behörde bei ihrer Entscheidung über die Baugenehmigung auch der Schutz der nachbarlichen Interessen des „Sondereigentums" aufgetragen ist, aber auch bei positiven und negativen Immissionen und anderen Fällen. Die Beeinträchtigung des gemeinschaftlichen Eigentums erfordert hingegen nach § 9a Abs. 2 WEG eine einheitliche Rechtsverfolgung.

L. Abdingbarkeit

76 Die §§ 43 bis 45 WEG sind als Verfahrensrecht öffentliches Recht. § 10 Abs. 1 WEG öffnet dieses Recht nicht der Privatautonomie der Wohnungseigentümer. Eine Abdingbarkeit dieser Vorschriften – zB die Verlängerung der Anfechtungsfrist – kommt daher nicht in Betracht (*Schultzky* ZMR 2011, 521 (522); *Bergerhoff* NZM 2007, 425 (431)).

Zuständigkeit

43 (1) [1] **Die Gemeinschaft der Wohnungseigentümer hat ihren allgemeinen Gerichtsstand bei dem Gericht, in dessen Bezirk das Grundstück liegt.** [2] **Bei diesem Gericht kann auch die Klage gegen Wohnungseigentümer im Fall des § 9a Absatz 4 Satz 1 erhoben werden.**

(2) **Das Gericht, in dessen Bezirk das Grundstück liegt, ist ausschließlich zuständig für**

1. **Streitigkeiten über die Rechte und Pflichten der Wohnungseigentümer untereinander,**
2. **Streitigkeiten über die Rechte und Pflichten zwischen der Gemeinschaft der Wohnungseigentümer und Wohnungseigentümern,**
3. **Streitigkeiten über die Rechte und Pflichten des Verwalters einschließlich solcher über Ansprüche eines Wohnungseigentümers gegen den Verwalter sowie**
4. **Beschlussklagen gemäß § 44.**

Literatur: *Roth,* Die Zuständigkeit in „sonstigen Familiensachen“ mit wohnungseigentumsrechtlicher Fragestellung, NJW 2017, 689

Übersicht

A. Gesetzgebungsgeschichte

1 Die aktuelle Fassung des § 43 WEG beruht auf dem Gesetz zur Änderung des Wohnungseigentumsgesetzes und anderer Gesetze v 26.3.2007 (BGBl. I, 370) und dem Gesetz zur Förderung der Elektromobilität und zur Modernisierung des Wohnungseigentumsgesetzes und zur Änderung von kosten- und grundbuchrechtlichen Vorschriften (WEMoG) v. 16.10.2020. Das WEMoG hat § 43 Abs. 1 WEG eingeführt, § 43 Abs. 2 Nr. 1 WEG (= § 43 Nr. 1 WEG aF) sprachlich vereinfacht und leicht erweitert, § 43 Abs. 2 Nr. 4 WEG (= § 43 Nr. 4 WEG aF) neu gefasst und § 43 Nr. 5 WEG aF und § 43 Nr. 6 WEG aF aufgehoben. Die aktuelle Fassung von § 43 Abs. 2 Nr. 3 WEG beruht auf der Initiative des Rechtsausschusses (BT-Drs. 19/22634).

B. Sinn und Zweck

2 Der Sinn und Zweck des § 43 Abs. 1 WEG besteht darin, für die Gemeinschaft der Wohnungseigentümer den allgemeinen Gerichtsstand zu bestimmen und für Klagen gegen Personen, die nach § 9a Abs. 4 Satz 1 WEG haften, einen besonderen Gerichtsstand anzuordnen. § 43 Abs. 2 WEG ist hingegen zum einen eine Vorschrift zur Bestimmung der örtlichen Zuständigkeit. Zum anderen regelt sie, welche Streitigkeiten als WEG-Streitigkeiten anzusehen sind. An die Bestimmung knüpfen zB §§ 23 Nr. 2 Buchstabe c), 72 Abs. 2 GVG an.

C. Allgemeiner Gerichtsstand der Gemeinschaft der Wohnungseigentümer (§ 43 Abs. 1 Satz 1 WEG)

3 Der allgemeine Gerichtsstand der Gemeinschaft der Wohnungseigentümer wäre grundsätzlich nach § 17 Abs. 1 ZPO zu bestimmen. Ginge man so vor, könnte indessen streitig werden, ob es auf die Belegenheit des Grundstücks oder nach § 17 Abs. 1 Satz 2 ZPO auf den Sitz des (jeweiligen) Verwalters ankommt. Mit dem Ziel, einen Streit hierüber nicht erst aufkommen zu lassen, ist § 43 Abs. 1 Satz 1 WEG in das WEG eingefügt worden. Er ist damit eine Spezialvorschrift, die den §§ 12 ff. ZPO bei der Bestimmung des allgemeinen Gerichtsstandes der Gemeinschaft der Wohnungseigentümer vorgeht. Als Anknüpfungspunkt für die Bestimmung des allgemeinen Gerichtsstandes der Gemeinschaft der Wohnungseigentümer ordnet er die Belegenheit des Grundstücks an. „Grundstück" idS ist das Grundstück nach § 1 Abs. 5 WEG (→ § 1 Rn. 33).

D. Besonderer Gerichtsstand für Haftungsklagen (§ 43 Abs. 1 Satz 2 WEG)

I. Sinn und Zweck

4 Der allgemeine Gerichtsstand eines Wohnungseigentümers ist nach den §§ 12ff. ZPO zu bestimmen. Bei natürlichen Personen ist § 13 ZPO anwendbar, bei juristischen Personen und anderen Verbänden, die verklagt werden können, § 17 Abs. 1 Satz 1 ZPO. Will ein Gläubiger einen Wohnungseigentümer nach § 9a Abs. 4 Satz 1 WEG neben der Gemeinschaft der Wohnungseigentümer verklagen, wäre es daher vorstellbar, dass die Gerichtsstände für die Gemeinschaft der Wohnungseigentümer und die beklagten Wohnungseigentümer auseinanderfallen.

5 Um einem Gläubiger (das kann im Einzelfall auch ein Wohnungseigentümer sein) zu ermöglichen, die Gemeinschaft der Wohnungseigentümer und die neben ihr haftenden Wohnungseigentümer an einem Ort zu verklagen und damit seine Klage zu erleichtern, indem kein Verfahren nach § 36 Abs. 1 Nr. 3 ZPO notwendig wird, bestimmt § 43 Abs. 1 Satz 2 WEG einen **besonderen** Gerichtsstand (BR-Drs. 168/20, 90) für auf § 9a Abs. 4 Satz 1 WEG gestützte Haftungsklagen gegen Wohnungseigentümer oder ehemalige Wohnungseigentümer.

II. Tatbestandsvoraussetzungen

6 § 43 Abs. 1 Satz 2 WEG ist anwendbar, wenn ein Gläubiger nach § 9a Abs. 4 Satz 1 WEG gegen einen Wohnungseigentümer neben der Gemeinschaft der Wohnungseigentümer vorgeht oder wenn der Gläubiger **nur** gegen einen oder mehrere Wohnungseigentümer nach § 9a Abs. 4 Satz 1 WEG vorgeht, also auf eine Klage gegen die Gemeinschaft der Wohnungseigentümer (ggf. zunächst) verzichtet.

7 Notwendig, aber auch ausreichend ist wie bei anderen Gerichtsständen auch, dass der Gläubiger eine Haftung nach § 9a Abs. 4 Satz 1 WEG **schlüssig behauptet** (BGH NJW-RR 2010, 1554 Rn. 8; 2008, 516 Rn. 14; BayObLG BeckRS 2020, 434 Rn. 30). Ob die in Anspruch genommene Person tatsächlich für die Verbindlichkeiten der Gemeinschaft der Wohnungseigentümer haftet, ist eine Frage der Begründetheit und als doppelrelevante Tatsache grundsätzlich als wahr zu unterstellen (BGH NJW-RR 2010, 1554 Rn. 8). Erweist sich die Behauptung, dass ein Wohnungseigentümer nach § 9a Abs. 4 Satz 1 WEG haftet, letztlich als unwahr, ist die Klage nicht unzulässig, sondern (ggf. insoweit) unbegründet (BGH NJW-RR 2010, 1554 Rn. 8).

III. Rechtsfolge

8 Liegen die Tatbestandsvoraussetzungen vor (→ Rn. 6), hat der Gläubiger die Wahl, ob er den Wohnungseigentümer oder ehemaligen Wohnungseigentümer an seinem allgemeinen Gerichtsstand verklagt oder am Haftungs-

gerichtsstand des § 43 Abs. 1 Satz 2 WEG. Die Zuständigkeit nach § 43 Abs. 1 Satz 2 WEG ist nicht ausschließlich (BR-Drs. 168/20, 91).

E. Zuständigkeiten in WEG-Streitigkeiten

I. Örtliche Zuständigkeit

9 **1. Klagen Dritter.** Will ein Gläubiger die Gemeinschaft der Wohnungseigentümer verklagen, ist das Gericht örtlich zuständig, in dessen Bezirk das Grundstück liegt.

10 Bei diesem Gericht kann nach § 43 Abs. 1 Satz 2 WEG auch die Klage gegen Wohnungseigentümer oder ehemalige Wohnungseigentümer im Fall des § 9a Absatz 4 Satz 1 WEG erhoben werden (→ Rn. 8). Dieser Gläubiger kann einen mithaftenden Wohnungseigentümer oder einen mithaftenden ehemaligen Wohnungseigentümer aber auch an dessen allgemeinem Gerichtsstand verklagen (→ Rn. 8). Für **sämtliche** anderen Klagen eines Dritten gegen einen Wohnungseigentümer ist das Gericht zuständig, an dem der Wohnungseigentümer seinen **allgemeinen** Gerichtsstand hat. Dies gilt auch dann, wenn sich die Klage auf das Sondereigentum eines Wohnungseigentümers bezieht, etwa das Sondereigentum betreffende Vergütungsansprüche eines Sondereigentumsverwalters, Vergütungsansprüche eines Rechtsanwalts in einer WEG-Sache (zum früheren Recht AG Idstein ZMR 2019, 809) oder den Auflassungsanspruch aus einem Kaufvertrag mit einem Wohnungseigentümer, aber auch Werk- oder Dienstverträge mit einem Wohnungseigentümer in Bezug auf das Sondereigentum oder Versorgerverträge. Ferner liegt so die Klage eines Grundstückseigentümers gegen den oder die Wohnungserbbauberechtigten.

11 **2. Binnenstreitigkeiten (§ 43 Abs. 2 Nr. 1 bis Nr. 4 WEG).** Für eine Binnenstreitigkeit, also einen Rechtsstreit, der § 43 Abs. 2 WEG unterfällt („WEG-Streitigkeit"; → Rn. 47), ist das Gericht örtlich ausschließlich zuständig, in dessen Bezirk das Grundstück liegt. Für Verfahren, die Bezug auf eine WEG-Streitigkeit haben, kann das entsprechend gelten. Überblick:

12 • **Arrest:** Für die Anordnung des Arrestes ist nach § 919 ZPO sowohl das Gericht der Hauptsache als auch das Amtsgericht zuständig, in dessen Bezirk sich der mit dem Arrest zu belegende Gegenstand oder die in ihrer persönlichen Freiheit zu beschränkende Person befindet. Als Gericht der Hauptsache ist nach § 943 Abs. 1 ZPO das Gericht des ersten Rechtszuges und, wenn die Hauptsache in der Berufungsinstanz anhängig ist, das Berufungsgericht anzusehen. „Hauptsache" ist der prozessual geltend gemachte oder zukünftig geltend zu machende Anspruch. Will also zB die Gemeinschaft der Wohnungseigentümer gegen einen Wohnungseigentümer nach § 43 Abs. 2 Nr. 2 WEG einen Arrest durchsetzen, ist das nach § 43 Abs. 2 WEG bestimmte Gericht zuständig. Diese Zuständigkeit ist aber nicht ausschließlich. Zuständig ist auch das Gericht in dessen Bezirk sich der mit Arrest zu belegende Gegenstand oder die in ihrer persönlichen Freiheit zu beschränkende Person befindet (→ Vor §§ 43 ff. Rn. 39).

- **Einstweilige Verfügungen:** Für den Erlass einstweiliger Verfügungen ist nach § 937 Abs. 1 ZPO das Gericht der Hauptsache zuständig. Als „Gericht der Hauptsache" ist nach § 943 Abs. 1 ZPO das Gericht des ersten Rechtszuges und, wenn die Hauptsache in der Berufungsinstanz anhängig ist, das Berufungsgericht anzusehen. „Hauptsache" ist der prozessual geltend gemachte oder zukünftig geltend zu machende Anspruch. Will also zB ein Wohnungseigentümer einen Anspruch geltend machen, der § 43 Abs. 2 Nr. 1 WEG unterfällt, ist das nach § 43 Abs. 2 WEG bestimmte Gericht zuständig.
- **Objektive Klagehäufung.** Ist nur einer von mehreren Streitgegenständen eine WEG-Streitigkeit, ist der andere Streitgegenstand nach § 145 ZPO abzutrennen (*Lehmann-Richter* MietRB 2019, 284 (285)). So kann es zB liegen, wenn ein Wohnungseigentümer von einem anderen Wohnungseigentümer ein Unterlassen verlangt und daneben einen Kaufpreis einklagt. Kommt es zu keiner Trennung, ist allerdings § 72 Abs. 2 GVG anwendbar (→ Rn. 40).
- **Selbständige Beweisverfahren (§§ 485 ff. ZPO).** Ist ein Rechtsstreit anhängig, so ist der Antrag nach § 486 Abs. 1 ZPO bei dem Prozessgericht zu stellen. Ist ein Rechtsstreit noch nicht anhängig, so ist der Antrag nach § 486 Abs. 2 Satz 1 ZPO bei dem Gericht zu stellen, das nach dem Vortrag des Antragstellers zur Entscheidung in der Hauptsache nach § 43 Abs. 2 WEG berufen wäre. In Fällen dringender Gefahr kann der Antrag nach § 486 Abs. 3 ZPO auch bei dem Amtsgericht gestellt werden, in dessen Bezirk sich die zu vernehmende oder zu begutachtende Person aufhält oder sich die in Augenschein zu nehmende oder zu begutachtende Sache befindet.
- **Subjektive Klagehäufung.** Richtet sich die Klage gegen einen Wohnungseigentümer und seinen Mieter, ist die Klage gegen den Mieter nach § 145 ZPO abzutrennen (*Lehmann-Richter* MietRB 2019, 284 (285)). Möglich ist aber auch eine Bestimmung entsprechend § 36 Abs. 1 Nr. 3 ZPO (→ Rn. 25). Kommt es zu keiner Trennung, ist allerdings § 72 Abs. 2 GVG anwendbar (→ Rn. 40).
- **Zwangsvollstreckungsverfahren.** Als Vollstreckungsgericht ist nach §§ 764 Abs. 2, 802 ZPO, sofern nicht das Gesetz ein anderes Amtsgericht bezeichnet, das Amtsgericht ausschließlich als örtlich zuständig anzusehen, in dessen Bezirk das Vollstreckungsverfahren stattfinden soll oder stattgefunden hat.

Nach § 513 Abs. 2 ZPO könnte eine Berufung allerdings nicht darauf gestützt werden, dass ein Amtsgericht seine örtliche Zuständigkeit zu Unrecht angenommen hat. Hat eine allgemeine Abteilung eines örtlich zuständigen Amtsgerichts anstelle der an sich zuständigen WEG-Abteilung eine WEG-Streitigkeit entschieden, wäre auch dies unschädlich und auch nicht selbständig angreifbar (*Niedenführ* NJW 2008, 1768 (1769)).

II. Sachliche Zuständigkeit

1. Klagen Dritter. Verklagt ein Dritter die Gemeinschaft der Wohnungs- 13
eigentümer oder einen Wohnungseigentümer, gelten die allgemeinen Be-

stimmungen. Streitigkeiten über Ansprüche, deren Gegenstand an Geld oder Geldeswert die Summe von fünftausend EUR nicht übersteigt, sind nach § 23 Nr. 1 GVG mithin den Amtsgerichten zugewiesen. Eine ausschließliche sachliche Zuständigkeit besteht nicht. Ein Gerichtsstand kann vereinbart oder durch rügeloses Verhandeln begründet werden, § 40 ZPO. Für Streitigkeiten über Ansprüche, deren Gegenstand an Geld oder Geldeswert die Summe von fünftausend EUR übersteigt, sind gem. § 71 Abs. 1 GVG die Landgerichte zuständig.

14 **2. Binnenstreitigkeiten (§ 43 Abs. 2 Nr. 1 bis Nr. 4 WEG).** Die sachliche Zuständigkeit für die WEG-Streitigkeiten iSv § 43 Abs. 2 WEG bestimmt § 23 Nr. 2 Buchstabe c) GVG. Danach umfasst die Zuständigkeit der Amtsgerichte in bürgerlichen Rechtsstreitigkeiten ohne Rücksicht auf den Wert des Streitgegenstandes Streitigkeiten nach § 43 Abs. 2 Nr. 1 bis Nr. 4 WEG. Diese Zuständigkeit ist ausschließlich. Die Wohnungseigentümer können die Zuständigkeit des Landgerichts also weder vereinbaren noch durch rügelose Verhandlung begründen.

III. Internationale Zuständigkeit

15 **1. Überblick.** Die allgemeine Sachentscheidungsvoraussetzung der internationalen Zuständigkeit regelt, ob eine Streitigkeit mit Auslandsbezug die Zuständigkeit deutscher Gerichte in ihrer Gesamtheit begründet oder ob Gerichte in einem anderen Staat zuständig sind. Sie ist jederzeit von Amts wegen zu prüfen (stRspr, exemplarisch BGH NJW 2019, 2780 Rn. 14; 2019, 76 Rn. 20).

16 **2. Grundsatz.** Grundsätzlich ist das nach § 43 Abs. 1 oder Abs. 2 WEG örtlich zuständige WEG-Gericht im Zweifel **auch international** zuständig. Denn die örtliche Zuständigkeit indiziert regelmäßig die internationale Zuständigkeit – Doppelfunktionalität der örtlichen Zuständigkeitsnormen (stRspr, exemplarisch BGH NJW 2011, 2056 Rn. 13). Ein im Ausland wohnender Eigentümer eines im Inland gelegenen Wohnungseigentums kann daher grundsätzlich nur vor dem nach § 43 WEG zuständigen Gericht klagen oder verklagt werden.

17 **3. Vorrangiges Recht.** Die Regeln des autonomen deutschen Rechts sind allerdings nur anzuwenden, wenn die internationale Zuständigkeit nicht durch vorrangige Bestimmungen in internationalen Vereinbarungen oder im Unionsrecht geregelt wird (BGH NJW 2013, 2597 Rn. 13; 2011, 2056 Rn. 13). Im Wohnungseigentumsrecht ist vor allem die Brüssel Ia-VO zu beachten. Überblick:

- **Hoheitsgebiet eines EU-Mitgliedstaates:** Hat der beklagte Wohnungseigentümer seinen allgemeinen Gerichtsstand im Hoheitsgebiet eines EU-Mitgliedstaates, bestimmt sich die internationale Zuständigkeit nach der Brüssel Ia-VO. Für **Beschlussklagen** iSv § 44 Abs. 1 WEG ergibt sich aus § 24 Nr. 2 Brüssel Ia-VO eine Zuständigkeit des nach § 43 Abs. 1 WEG bestimmten Gerichts. Für **Beseitigungs- und Schadenersatzklagen,** die auf eine Eigentumsverletzung gestützt werden, folgt aus § 7 Nr. 2 Brüssel

Ia-VO eine Zuständigkeit des nach § 43 Abs. 2 WEG bestimmten Gerichts (BGH NJW 2008, 3502 Rn. 5). Für **Hausgeldklagen** ergibt sich aus § 7 Nr. 1 Buchstabe a) Brüssel Ia-VO eine Zuständigkeit des nach § 43 Abs. 2 WEG bestimmten Gerichts. Denn eine Hausgeldschuld betrifft iS der Brüssel Ia-VO einen Vertrag oder Ansprüche aus einem Vertrag (EuGH NJW 2019, 2991 Rn. 30; *Schwartze* ZWE 2019, 480 (483); *Mankowski* ZMR 2019, 565 (567)).

- **Hoheitsgebiet eines Nicht-EU-Mitgliedstaates:** Im Verhältnis zu Island, Norwegen und zur Schweiz ist das Luganer Übereinkommen über die gerichtliche Zuständigkeit und die Anerkennung und Vollstreckung von Entscheidungen in Zivil- und Handelssachen vom 30.10.2007 (LugÜ) anzuwenden. Im Übrigen sind ggf. andere völkerrechtliche Abkommen anzuwenden. Fehlt ein völkerrechtliches Abkommen, so richtet sich die internationale Zuständigkeit nach → Rn. 16.

IV. Zuständigkeitsstreitigkeiten

1. Innerhalb eines Amtsgerichts. a) Allgemeines. Die Abteilung für Wohnungseigentumssachen ist kein gesetzlich bestimmter besonderer Spruchkörper (OLG München NZM 2008, 777 (778)). Es ist daher allein Sache des Präsidiums, wie es nach § 21e Abs. 1 Satz 1 GVG die Richtergeschäftsaufgaben hinsichtlich der WEG-Sachen und der sonstigen streitigen Zivilsachen verteilt und ob es überhaupt eine spezielle Sachgebietszuständigkeit für WEG-Sachen vorsieht, was bei größeren Amtsgerichten im Hinblick auf die erforderlichen Spezialkenntnisse sinnvoll, aber nicht vorgeschrieben ist (OLG München NZM 2008, 777 (778); *Niedenführ* NJW 2008, 1768 (1769)). 18

b) Streitigkeiten zwischen zwei Abteilungen des Amtsgerichts. 19
Wenn sich eine zunächst mit der Angelegenheit befasste Abteilung nach der internen Geschäftsverteilung nicht für zuständig hält, hat sie das Verfahren an die zuständige Abteilung abzugeben (*Lehmann-Richter* MietRB 2019, 284), anderenfalls die Sachbearbeitung aufzunehmen. „Anträge" oder besser „Anregungen" der Parteien sind dafür nicht erforderlich und haben auch keine verfahrensgestaltende Funktion. Die Entscheidung darüber, ob eine Sache an das Wohnungseigentumsgericht oder eine Zivilabteilung desselben Gerichts abzugeben ist, ist von Amts wegen zu treffen. Lehnt die allgemeine Zivilabteilung einen „Antrag" auf Abgabe an das Wohnungseigentumsgericht desselben Amtsgerichts ab (oder umgekehrt), ist dieser Beschluss unanfechtbar (BGH MDR 2004, 698 unter II. 2; *Hügel/Elzer,* Das neue WEG-Recht, § 13 Rn. 30). Streiten zwei Abteilungen des Amtsgerichts über die Frage, ob eine WEG–Streitigkeit iSv § 43 Abs. 2 WEG vorliegt, hat diesen Zuständigkeitsstreit nicht das übergeordnete Gericht analog § 36 Abs. 1 Nr. 6 ZPO zu entscheiden, sondern das Präsidium des Amtsgerichts (*Lehmann-Richter* MietRB 2019, 284 (285); aA BayObLG BayObLGR 2003, 243; OLG Dresden OLGR 2001, 108). Dessen Entscheidung ist nicht anfechtbar (*Lehmann-Richter* MietRB 2019, 284 (285)). Ist das Urteil des Amtsgerichts nach § 511 ZPO nicht anfechtbar, kann die zu Unrecht an-

genommene Zuständigkeit mit der Verfassungsbeschwerde gerügt werden (BVerfG NJW 2014, 3147).

20 **2. Innerhalb eines Landgerichts.** Streiten eine Kammer des Landgerichts und die „WEG-Kammer" des Landgerichts über die Frage, wer zuständig ist, gelten die Ausführungen in → Rn. 19 entsprechend.

21 **3. Streitigkeiten zwischen verschiedenen Gerichten. a) Erste Instanz.** Wird eine WEG-Sache vor einem örtlich unzuständigen Amtsgericht oder vor einem Landgericht erhoben, kann dieses Gericht den Rechtsstreit gem. § 281 ZPO auf Antrag an das nach § 43 Abs. 2 WEG zuständige Amtsgericht verweisen.

22 **b) Zweite Instanz (Rechtsmittel). aa) Grundsatz.** Wird ein Rechtsmittel bei einem allgemeinen Landgericht und nicht bei dem nach § 72 Abs. 2 GVG zuständigen gemeinsamen Berufungs- und Beschwerdegericht eingelegt, kann von den Parteien formlos Abgabe an das funktionell zuständige Landgericht angeregt werden. Die Bestimmung des § 281 ZPO ist hingegen nicht unmittelbar und grundsätzlich auch nicht entsprechend anwendbar (BGH NZM 2016, 168 Rn. 12; 2014, 669 Rn. 8).

23 **bb) Ausnahme.** Etwas anderes soll gelten, wenn für eine Fallgruppe erstens noch nicht höchstrichterlich geklärt ist, ob sie als WEG-Streitigkeit anzusehen ist, und wenn man zweitens über die Beantwortung dieser Frage mit guten Gründen unterschiedlicher Auffassung sein kann (BGH NZM 2017, 262 Rn. 15; NZM 2016, 168 Rn. 12). Für die Verweisung bedarf es in diesem Falle – wie stets – eines Antrags (BGH NZM 2017, 262 Rn. 16; NJW 2015, 2968 Rn. 9), auf den das Gericht allerdings hinzuweisen hat (BGH NZM 2017, 262 Rn. 16; NJW 2015, 2968 Rn. 10). Die Antragstellung kann im Revisionsverfahren nachgeholt werden (BGH NZM 2017, 262 Rn. 16; NJW 2015, 2968 Rn. 10).

V. Zuständigkeitsbestimmungen nach § 36 Abs. 1 Nr. 3 ZPO

24 **1. Überblick.** Fällt bei Streitgenossen die örtliche oder die sachliche Zuständigkeit auseinander, kann das zuständige Gericht auf Antrag direkt bzw. entsprechend § 36 Abs. 1 Nr. 3 ZPO vom Oberlandesgericht bestimmt werden (BGH NZM 2014, 669 Rn. 5; NJW-RR 2011, 589 Rn. 12; OLG Hamm NZM 2016, 823; OLG München NZM 2008, 777 (778)). Die Bestimmung eines gemeinsam zuständigen Gerichts soll allerdings nicht möglich sein, wenn gegen den Beklagten einerseits in seiner Eigenschaft als Verwalter Ansprüche nach dem WEG und andererseits in seiner Eigenschaft als Bauträger werkvertragliche Ansprüche geltend gemacht werden (OLG Frankfurt a. M. NZM 2015, 751 Rn. 6). **Stellungnahme.** Es ist nicht sinnvoll, einerseits vor dem Landgericht gegen den Bauträger als Bauträger zu klagen und vor dem WEG-Gericht dann gegen den Bauträger als Verwalter.

25 **2. Mögliche Anwendungsfälle.**

- **Klage gegen die Gemeinschaft der Wohnungseigentümer und Wohnungseigentümer:** Verklagt ein Dritter die Gemeinschaft der Wohnungseigentümer und einen Wohnungseigentümer gemeinschaftlich, verlangt er zB von der Gemeinschaft der Wohnungseigentümer 12.000 EUR und von einem Wohnungseigentümer nach § 9a Abs. 4 Satz 1 WEG 1.000 EUR, kann die **sachliche** Zuständigkeit auseinanderfallen.

- **Klage gegen einen Wohnungseigentümer und seinen Mieter bei Benutzungsstörungen und Eingriffen in das gemeinschaftliche Eigentum.** Die Klage gegen den Wohnungseigentümer unterfällt § 43 Abs. 2 Nr. 1 oder Nr. 2 WEG. Örtlich ausschließlich zuständig ist danach das Amtsgericht, in dessen Bezirk das Grundstück liegt. Für die Klage gegen den Mieter ist hingegen nach § 29a Abs. 1 ZPO das Amtsgericht ausschließlich zuständig, in dessen Bezirk sich die Räume befinden. Im Ergebnis ist danach stets dasselbe Amtsgericht örtlich zuständig. Für die sachliche Zuständigkeit gilt nach § 23 Nr. 2a) und c) GVG nichts anderes. Hat ein Amtsgericht indes nach seinem Geschäftsverteilungsplan (§ 21e Abs. 1 Satz 1 GVG) „WEG-Abteilungen" eingerichtet, fallen die Klagen innerhalb des Amtsgerichts auseinander – wenn die „WEG-Abteilung" nicht ausnahmsweise auch Mietsachen bearbeitet und ferner nicht zufällig auch für den Mieter des Wohnungseigentums zuständig ist. Hat ein Amtsgericht darauf verzichtet, „WEG-Abteilungen" einzurichten, wird die Klage bei derselben Abteilung anhängig werden, wenn die Klage gegen Wohnungseigentümer und Mieter in derselben Klageschrift erhoben wird. Gibt es zwei Klageschriften, kommt es darauf an, nach welchem „System" das Amtsgericht die eingehenden Sachen organisiert. Dass in diesem Falle die Klagen denselben Richter erreichen, dürfte – werden sie nicht nach § 147 ZPO verbunden oder ist das Amtsgericht „klein" – selten sein. Strebt der Kläger mit Blick auf § 72 Abs. 2 GVG (→ Rn. 38 ff.) an, dass die Klagen von **demselben** Richter entschieden werden und will er es dabei nicht auf den Zufall ankommen lassen, kann nach § 36 Abs. 1 Nr. 3 ZPO eine Zuständigkeitsbestimmung getroffen werden (BGH NZM 2014, 669 Rn. 5; NJW-RR 2011, 589 Rn. 13; OLG Frankfurt a. M. NZM 2015, 751 Rn. 8; OLG München NZM 2008, 777 (778)).
- **Weitere Fälle.** Die sachliche Zuständigkeit kann ferner auseinanderfallen, wenn neben dem (ehemaligen) Wohnungseigentümer ein Handwerker verklagt ist. Und die sachliche Zuständigkeit kann auch in einem Verfahren nach § 43 Abs. 2 Nr. 3 WEG auseinanderfallen. So liegt es zB, wenn neben dem Verwalter ein Dritter auf Schadenersatz in Anspruch genommen wird (so im Verfahren BGH NJW-RR 2011, 589).

3. Grenzen. Im Rahmen eines Verfahrens nach § 36 ZPO kann einem 26
Amtsgericht nicht vorgegeben werden, wem die Bearbeitung einer Klage obliegt, die in Richtung gegen einen Streitgenossen eine WEG-Sache und in Richtung gegen einen anderen Streitgenossen eine sonstige streitige Zivilsache ist (OLG München NZM 2008, 777 (778)). Denn über einen etwa entstehenden gerichtsinternen Zuständigkeitsstreit hat nicht das übergeordnete Gericht analog § 36 Abs. 1 Nr. 6 ZPO zu entscheiden, sondern das Präsidium des Amtsgerichts (→ Rn. 18).

VI. Rechtsmittel

27 **1. Berufung. a) Allgemeines.** Sämtliche Berufungen in WEG-Streitigkeiten sind nach § 72 Abs. 1 Satz 1 GVG funktionell den Landgerichten zugewiesen. Die jeweilige örtliche Zuständigkeit folgt aus § 72 Abs. 2 GVG (→ Rn. 38 ff.). Die Zulässigkeit und Statthaftigkeit der Berufung ist als Sachurteilsvoraussetzung unabhängig von den Anträgen der Parteien vom Landgericht von Amts wegen zu prüfen (BGH NJW 2011, 926 Rn. 7; 2008, 218 Rn. 8).

28 **b) Statthaftigkeit und Zulässigkeit einer Berufung. aa) Allgemeines. (1) Berufungsfrist.** Eine Berufung in einer WEG-Streitigkeit ist – wie jede andere Berufung – binnen eines Monats einzulegen. Die Berufungsfrist beginnt mit der Zustellung des in vollständiger Form abgefassten Urteils, spätestens aber mit dem Ablauf von fünf Monaten nach der Verkündung (§ 517 ZPO). Die Berufung kann fristwahrend nur bei dem nach § 72 Abs. 2 GVG zuständigen Berufungsgericht eingelegt werden (BGH NZM 2014, 669 Rn. 8; NJW 2014, 2503 Rn. 8; NZM 2010, 445 Rn. 8). Die beim zuständigen Berufungsgericht eingelegte Berufung ist daher als unzulässig zu verwerfen, wenn sie dort – nach Abgabe durch das zunächst angerufene Gericht – verspätet eingeht (BGH NJW-RR 2012, 1359 Rn. 15; 2010, 445 Rn. 9). Etwas anderes soll gelten, wenn die Frage, ob eine Streitigkeit im Sinne der genannten Regelungen vorliegt, für bestimmte Fallgruppen noch nicht höchstrichterlich geklärt ist und man über deren Beantwortung mit guten Gründen unterschiedlicher Auffassung sein kann. Dann gilt ausnahmsweise § 281 ZPO (→ Rn. 23). Da es sich bei klagenden Wohnungseigentümern einer Anfechtungsklage (→ § 44 Rn. 139) um notwendige Streitgenossen handelt (→ § 44 Rn. 50), genügt es für eine fristgemäße Einlegung der Berufung, dass allein ein Streitgenosse diese einlegt. Seine Streitgenossen werden dadurch zwar nicht zu Rechtsmittelführern. Sie sind aber gem. § 62 Abs. 2 ZPO hinzuzuziehen – nach Ansicht des BGH sogar als Partei (BGH NJW 2016, 716 Rn. 10; 2015, 3651 Rn. 7). Der nicht (rechtzeitig) handelnde Streitgenosse muss zu Terminen geladen werden (§ 63 ZPO) und kann selbst Prozesshandlungen vornehmen. Auch in der Berufung ist er als „Partei" zu vernehmen. Da der untätige Streitgenosse aber nicht zum Rechtsmittelkläger wird, ist er an den Antrag oder zB eine Rechtsmittelrücknahme durch den tätigen Streitgenossen gebunden. Letzterer hat freilich auch allein die Kosten des Rechtsmittelverfahrens bei Erfolglosigkeit nach § 97 ZPO zu tragen.

29 Verpasst die klagende Partei wegen Unkenntnis einer abweichenden landesrechtlichen Zuständigkeitsregelung (→ Rn. 39) die einmonatige Berufungsfrist (§ 517 ZPO), ist ihre Versäumung grundsätzlich **nicht** iSv § 233 Satz 1 ZPO **unverschuldet.** Denn an den mit der Berufungseinlegung betrauten Rechtsanwalt sind für die Ermittlung des zuständigen Rechtsmittelgerichts hohe Sorgfaltsanforderungen zu stellen. Bei einer bundesrechtlichen Zuständigkeitsregelung, die abweichende Regelungen durch das Landesrecht zulässt, umfasst die Prüfung auch die Frage, ob das betreffende Land hiervon Gebrauch gemacht hat. Eine Wiedereinsetzung in den vorigen Stand

kommt daher grundsätzlich nicht in Betracht (BGH NJW 2014, 2503 Rn. 9; WuM 2010, 592 Rn. 5; NZM 2010, 445 Rn. 11). Selbst dann, wenn eine Klage in dem erstinstanzlichen Urteil fälschlich als „Wohnungseigentumssache" bezeichnet ist, darf sich der Rechtsanwalt bei Einlegung der Berufung nicht darauf verlassen, dass die besondere Rechtsmittelzuständigkeit gem. § 72 Abs. 2 GVG eingreift, und ist die Versäumung der Berufungsfrist auch in diesem Falle verschuldet (BGH NJW 2011, 3306 Rn. 8).

Ein Rechtsanwalt unterliegt in aller Regel hingegen dann einem unver- **30**
schuldeten Rechtsirrtum, wenn er die Berufung in einer Wohnungseigentumssache aufgrund einer **unrichtigen Rechtsmittelbelehrung** nicht bei dem nach § 72 Abs. 2 GVG zuständigen Berufungsgericht, sondern bei dem für allgemeine Zivilsachen zuständigen Berufungsgericht einlegt (BGH BeckRS 2020, 4809Rn. 12; NJW 2017, 3002 Rn. 13); dies gilt selbst für einen Fachanwalt im Miet- und Wohnungseigentumsrecht (BGH NZM 2018, 43 Rn. 15).

(2) Berufungsbegründung. Ferner muss die Berufung begründet wer- **31**
den (§ 520 Abs. 1 ZPO). Die Frist hierzu beträgt zwei Monate und beginnt mit der Zustellung des in vollständiger Form abgefassten Urteils, spätestens aber mit Ablauf von fünf Monaten nach der Verkündung (§ 520 Abs. 2 Satz 1 ZPO). Nach § 520 Abs. 3 Satz 2 Nr. 1 ZPO muss die Berufungsbegründung die Erklärung enthalten, ob und inwieweit das Urteil angefochten wird und welche Abänderungen des Urteils beantragt werden (Berufungsanträge). Die Berufung kann darauf gestützt werden, dass die angegriffene Entscheidung auf einer Rechtsverletzung iSd § 546 ZPO beruht oder nach § 529 ZPO zugrunde zu legende Tatsachen eine andere Entscheidung rechtfertigen. Wird die Berufung darauf gestützt, die angefochtene Entscheidung beruhe auf einer Rechtsverletzung, müssen nach § 520 Abs. 3 Satz 2 Nr. 2 ZPO die Umstände bezeichnet werden, aus denen sich die Rechtsverletzung und deren Erheblichkeit für die angefochtene Entscheidung ergeben sollen. Zugeschnitten auf den Streitfall und aus sich heraus verständlich sind dazu diejenigen Punkte rechtlicher Art darzulegen, die als unzutreffend beurteilt angesehen werden. Ferner sind die Gründe anzugeben, aus denen sich die Fehlerhaftigkeit jener Punkte und deren Erheblichkeit für die angefochtene Entscheidung herleiten lassen. In der Berufungsbegründungsschrift ist aus sich heraus und verständlich anzugeben, welche bestimmten Punkte des angefochtenen Urteils der Berufungskläger bekämpft und welche tatsächlichen oder rechtlichen Gründe der Berufungskläger ihnen im Einzelnen entgegensetzt. Dazu reicht es nicht, den Vortrag erster Instanz zu wiederholen oder auf diesen sogar nur zu verweisen (stRspr, BGH NJW 2018, 386 Rn. 11; NJW-RR 2015, 511 Rn. 7). Die Berufungsbegründung muss auf den konkreten Streitfall „zugeschnitten" sein (BGH BeckRS 2020, 3531 Rn. 5; BeckRS 2016, 00920 Rn. 7). Es verbieten sich daher formelhafte Wendungen, die bloße Bezeichnung einer angeblich verletzten oder zu Unrecht außer Acht gelassenen Norm, Textbausteine, die weitgehend andere Rechtsstreitigkeiten betreffen (BGH NJW-RR 2008, 1308 Rn. 12) oder allgemeine Redewendungen wie „Rechtsauffassung fehlerhaft" (stRspr, BGH BeckRS 2020, 3531 Rn. 5; NJW 2013, 174 Rn. 10). Schließlich muss

deutlich werden, dass die Berufungsbegründung gerade dem angegriffenen Urteil gilt. Hat das Erstgericht die Abweisung der Klage hinsichtlich eines prozessualen Anspruchs auf mehrere voneinander unabhängige, selbständig tragende rechtliche Erwägungen gestützt, muss die Berufungsbegründung das Urteil in allen diesen Punkten angreifen und für jede der mehreren Erwägungen darlegen, warum sie die Entscheidung nicht tragen (BGH NZI 2018, 325 Rn. 7; NJW-RR 2015, 511 Rn. 8). Bei einem teilbaren Streitgegenstand oder bei mehreren Streitgegenständen muss sich die Berufungsbegründung grundsätzlich auf alle Teile des Urteils erstrecken, hinsichtlich derer eine Änderung beantragt wird (BGH NJW 2015, 3040 Rn. 11; NJW-RR 2007, 414 Rn. 10). Enthält die Berufungsbegründung immerhin zu einem Punkt eine § 520 Abs. 3 Satz 2 Nr. 2 ZPO genügende Begründung, ist sie insgesamt zulässig, wenn dies geeignet ist, der angegriffenen Entscheidung insgesamt die Grundlage zu entziehen (BGH NZI 2018, 325 Rn. 7; NJW-RR 2012, 440 Rn. 7). Wird die Berufung darauf gestützt, die nach § 529 ZPO zugrunde zu legenden Tatsachen rechtfertigten eine andere Entscheidung, sind gem. § 520 Abs. 3 Satz 2 Nr. 3 ZPO konkrete Anhaltspunkte zu bezeichnen, die Zweifel an der Richtigkeit und Vollständigkeit der Tatsachenfeststellungen im angefochtenen Urteil begründen und deshalb eine erneute Feststellung gebieten. Der Berufungsführer muss für die Bezeichnung Anhaltspunkte mitteilen und begründen, warum keine Bindung an die festgestellten Tatsachen bestehen soll. Solche Anhaltspunkte können sich insbes. aus Verfahrensfehlern ergeben, die bei der Feststellung des Sachverhalts unterlaufen sind. Anhaltspunkte bestehen ua dann, wenn Feststellungen beurkundeten Zeugenaussagen widersprechen (bei Parteiaussagen und Urkunden kann nichts anderes gelten), und dann, wenn es für die Glaubwürdigkeit der Zeugen auf deren persönlichen Eindruck ankommt und die erste Instanz diese nicht erörtert (BGH NJW 2014, 2797 Rn. 16). Gelingt es dem Berufungsführer, seine Zweifel zu formulieren, ist es am Berufungsgericht, von Amts wegen seinen eigenen Zweifeln an der Richtigkeit und Vollständigkeit der entscheidungserheblichen Feststellungen nachzugehen (BGH NJW 2005, 1583 unter II. 2). Zweifel liegen vor, wenn aus der für das Berufungsgericht gebotenen Sicht eine gewisse – nicht notwendig überwiegende – Wahrscheinlichkeit dafür besteht, dass im Fall der Beweiserhebung die erstinstanzliche Feststellung keinen Bestand haben wird, sich also deren Unrichtigkeit herausstellt. Ist dies der Fall, obliegt dem Berufungsgericht die Kontrolle der tatsächlichen Entscheidungsgrundlage des erstinstanzlichen Urteils im Fall eines zulässigen Rechtsmittels ungeachtet einer entsprechenden Berufungsrüge (BGH NJW 2014, 2797 Rn. 10). Die Berufungsbegründung kann ausnahmsweise auch dadurch geboten werden, dass auf andere Schriftsätze, zB solche im Prozesskostenhilfeverfahren, Bezug genommen wird. Dies ist möglich, wenn die anderen Schriftsätze von einem beim Berufungsgericht zugelassenen Rechtsanwalt unterzeichnet sind und inhaltlich den Anforderungen der Berufungsbegründung gerecht werden. Dafür ist nicht erforderlich, dass innerhalb der Begründungsfrist ausdrücklich auf solche Schriftsätze verwiesen wird, wenn sich eine entsprechende Bezugnahme aus den Begleitumständen und aus dem Zusammenhang ergibt (BGH NJW 2008, 1740 Rn. 11). Ob die Ausführungen schlüssig, hinreichend substanziiert und rechtlich haltbar sind, ist allerdings jeweils unerheblich (stRspr, exemplarisch BGH BeckRS 2020, 3531 Rn. 5; NJW 2012, 3581 Rn. 8; NZM 2012 Rn. 7; NJOZ 2011, 1633 Rn. 10).

bb) Beschwer und Berufungszulassung. (1) Überblick. Die Berufung ist weiter nur dann zulässig, wenn der Wert des Beschwerdegegenstandes 600 EUR übersteigt oder das Gericht des ersten Rechtszuges die Berufung im Urteil zugelassen hat, § 511 Abs. 2 ZPO. 32

(2) Berechnung der Beschwer. Für die Frage, wie die Beschwer zu ermitteln ist (zu Einzelfällen etwa *Drasdo* NZM 2019, 327 ff.; *Brändle* ZAP 2020, 31; ZfIR 2017, 553 ff.; *Brückner* NJW 2017, 3185 (3186 ff.); *Zschieschack* NZM 2016, 20 (21 ff.)), kommt es darauf an, worüber rechtskräftig entschieden werden sollte und worüber tatsächlich entschieden worden ist, mithin auf den Umfang der prozessualen Rechtskraftwirkung, die das Urteil haben würde, wenn es nicht angefochten werden könnte (BGH NZM 2012, 422 Rn. 10; 2011, 716 Rn. 7). Maßgebend für die Beschwer des Berufungsklägers (oder Widerklägers) ist sein individuelles vermögenswertes Interesse an der Änderung der angefochtenen Entscheidung (BGH NZM 2017, 529 Rn. 4; 2017, 635 Rn. 3; ZWE 2017, 101 Rn. 2; NZM 2015, 940 Rn. 11; ZWE 2015, 337 Rn. 8; NZM 2013, 682 Rn. 7). Ergibt der Vergleich der in der Klage aufgestellten Rechtsbehauptung mit dem Inhalt der ergangenen Entscheidung, dass dem Kläger das zuerkannt worden ist, was er begehrt hat, fehlt ihm ein schutzwürdiges Interesse an der Abänderung der Entscheidung in der Rechtsmittelinstanz (BGH NZM 2011, 716 Rn. 7). Stellt der Kläger mehrere Anträge, ist seine Beschwer nach § 39 GKG durch eine Addition der Werte zu errechnen. Ohne Bedeutung sind die Erfolgsaussichten des Rechtsmittels (BGH NZM 2015, 940 Rn. 12; 2013, 682 Rn. 7). 33

Die Beschwer ist vom Zuständigkeits- und Gebührenstreitwert (→ § 44 Rn. 127 ff.) zu **unterscheiden** (BGH NZM 2017, 528 Rn. 3; NZM 2012, 838 Rn. 4) und entspricht diesen in der Regel nicht (BGH NZM 2017, 528 Rn. 3; ZWE 2017, 101 Rn. 2). Das Änderungsinteresse des Rechtsmittelführers erhöht oder ermäßigt sich also nicht dadurch, dass bei der Bemessung des Zuständigkeits- und Gebührenstreitwertes auch eine Reihe anderer Eigenschaften zu berücksichtigen ist (BGH ZWE 2017, 101 Rn. 2). Der Wert der Beschwer ist keiner Erhöhung nach § 49 GKG zugänglich. 34

(3) Ausgesuchte Einzelfälle im „ABC". 35

- Die Beschwer der Gemeinschaft der Wohnungseigentümer, die einen für ungültig erklärten Beschluss nach § 28 Abs. 1 Satz 1, Abs. 2 Satz 1 WEG mit dem Ziel der Aufrechterhaltung verteidigt, bemisst sich nach dem Nennbetrag ohne den auf den Anfechtungskläger entfallenden Anteil (BGH BeckRS 2017, 111682 Rn. 4). Die Beschwer des klagenden Wohnungseigentümers im umgekehrten Fall, wenn also die Anfechtungsklage gegen den Beschluss über die Genehmigung der Abrechnung oder des Wirtschaftsplans abgewiesen wird, bestimmt sich nach dem Anteil des Anfechtungsklägers an dem Gesamtergebnis (BGH BeckRS 2017, 111682 Rn. 4; NZM 2016, 472 Rn. 8; NJW-RR 2015, 1492 Rn. 11; NJW 2014, 3383 Rn. 10; NZM 2012, 812 Rn. 8) – und zwar auch dann, wenn der klagende Wohnungseigentümer (nur) formale Fehler bemängelt (BGH BeckRS 2017, 111682 Rn. 4). Stehen nur **einzelne** Kostenpositionen im Streit, bemisst sich die Beschwer jeweils daran (BGH ZWE 2015, 466 Rn. 11).

- Das Interesse des Klägers an der vorzeitigen **Abberufung des Verwalters** ist nach hM anhand seines Anteils an der restlichen Verwaltervergütung zu bemessen (BGH NZM 2017, 635 Rn. 5; NJW 2012, 1884 Rn. 20). Gegen diese Ansicht spricht, dass es in der Regel um das Amt und nicht um die Vergütung geht.
- Die Beschwer des zur **Erteilung der Auskunft** verurteilten Beklagten richtet sich nach seinem Interesse, die Auskunft **nicht** erteilen zu müssen. Dabei ist im Wesentlichen darauf abzustellen, welchen Aufwand an Zeit und Kosten die Erteilung der Auskunft erfordert und ob die verurteilte Partei ein schützenswertes Interesse daran hat, bestimmte Tatsachen vor dem Gegner geheim zu halten (BGH GRUR 2014, 908 Rn. 7; ZEV 2012, 270 Rn. 7). Für die Wertbemessung bei der Erfüllung einer Auskunftspflicht durch die verurteilte Partei selbst sind grundsätzlich die Vorschriften des Justizvergütungs- und Entschädigungsgesetzes (JVEG) heranzuziehen (BGH BeckRS 2014, 15809 Rn. 6; ErbR 2013, 154 Rn. 14). Muss sich die Partei bei der Auskunftserteilung und Rechnungslegung fremder Hilfe bedienen, ist auf die Kosten abzustellen, die die Einschaltung einer Hilfsperson verursacht. Diese Kosten entsprechen dem Wert des Beschwerdegegenstandes und sind vom Gericht nach freiem Ermessen festzusetzen (§ 3 Hs. 1 ZPO).
- Der Wert einer **Beseitigungsklage** wird allgemein durch das Interesse der klagenden Partei an der Beseitigung bestimmt. Dieses bemisst sich bei der **Störung von Grundeigentum** grundsätzlich nach dem **Wertverlust,** den das Wohnungseigentum des Klagenden durch die Störung erleidet (BGH MDR 2018, 1396 Rn. 7; BeckRS 2017, 113627 Rn. 5). Der für die Beseitigung der Störung erforderliche Kostenaufwand ist für die Bemessung der Beschwer eines in seinem Eigentum gestörten Klägers dagegen grundsätzlich unerheblich und auch nicht dem Wert der Beschwer hinzuzurechnen (BGH MDR 2018, 1396 Rn. 7). Diese Kosten können nur mittelbar für die Bestimmung der Beschwer von Bedeutung sein, wenn sich aus ihnen ein Anhaltspunkt für die Wertminderung der Sache durch die Störung ergibt (BGH MDR 2018, 1396 Rn. 7). Etwas anderes gilt, wenn sich die Störung nach Art bzw. Umfang nicht in einer Wertminderung der Sache niederschlägt. In diesem Falle sind **ausnahmsweise** die Kosten maßgeblich, die dem Eigentümer durch die Störung entstehen und die ohne diese nicht angefallen wären (BGH MDR 2018, 1396 Rn. 10).
- Kämpft der Rechtsmittelführer gegen seine Verurteilung zur **Beseitigung einer baulichen Veränderung,** bemisst sich seine Beschwer grundsätzlich nach den Kosten einer Ersatzvornahme des Abrisses, die ihm im Falle des Unterliegens drohen (BGH BeckRS 2018, 37872 Rn. 2; ZWE 2017, 101 Rn. 3; NJW-RR 2015, 337 Rn. 3; LG Dortmund BeckRS 2017, 149361 Rn. 38). Ob der Wert höher anzusetzen ist, wenn das Interesse am Erhalt des Bauwerkes die Kosten eines Abrisses übersteigt, ist unklar (s. a. BGH BeckRS 2018, 37872 Rn. 4; ZWE 2017, 101 Rn. 3). Die mit der

Errichtung eines anderen Bauwerkes verbundenen Kosten sind unmaßgeblich. Als lediglich mittelbare wirtschaftliche Folge der Verurteilung bleiben sie bei der Bemessung der Beschwer außer Betracht (BGH BeckRS 2018, 37872 Rn. 4; GE 2015, 252 Rn. 4; NJW-RR 2015, 336 Rn. 5).

- Bei der Abweisung einer Klage auf **Unterlassung einer Eigentumsstörung** ist auf das Interesse des Klägers an der Unterlassung dieser Störung abzustellen und dieses nach § 3 ZPO zu bestimmen (BGH WuM 2019, 349 Rn. 6).
- Bei der Anfechtung eines Beschlusses über eine **Instandsetzungsmaßnahme,** die der klagende Wohnungseigentümer als optische Beeinträchtigung des gemeinschaftlichen Eigentums ansieht, können die auf den Kläger entfallenden Kosten der Maßnahme als Hilfsmittel für die Schätzung der klägerischen Beschwer dienen (BGH BeckRS 2018, 15658 Rn. 10). Wird nach dem Vortrag des Klägers das gesamte Gebäude optisch erheblich verändert, ist im Regelfall zu dem Kostenanteil ein Wert von etwa 1.000 EUR hinzuzurechnen, der dem ideellen Interesse an der Gebäudegestaltung Rechnung trägt (BGH BeckRS 2018, 15658 Rn. 10).
- Das Interesse an der **Entlastung oder Nichtentlastung** des Verwalters bestimmt sich nach den möglichen Ansprüchen gegen diesen sowie nach dem Wert, den die mit der Entlastung verbundene Bekräftigung der vertrauensvollen Zusammenarbeit hat (BGH BeckRS 2017, 112033 Rn. 8; NZM 2016, 472 Rn. 11).
- **Nebenforderungen** sind bei der Ermittlung der Beschwer entsprechend § 43 GKG, § 4 ZPO nicht zu berücksichtigen (BGH BeckRS 2016, 12557 Rn. 6).
- Geht es um den Streit, **Rauchwarnmelder** anzuschaffen, ist für die Beschwer zu fragen, wie hoch der Anteil des Rechtsmittelführers an den Anschaffungskosten ist (LG Düsseldorf ZWE 2016, 48).
- Will ein Wohnungseigentümer, dass gegen den Verwalter **Schadenersatzansprüche** durchgesetzt werden, bemisst sich sein Interesse nach seinem – im Zweifel nach Miteigentumsanteilen zu bestimmenden – Anteil an der Schadenersatzforderung (BGH NZM 2017, 529 Rn. 4). Dies überzeugt nicht, da es um die Ansprüche der Gemeinschaft der Wohnungseigentümer geht. Etwas anderes gilt nur, wenn der Wohnungseigentümer **eigene** Schadenersatzansprüche behauptet.
- Die Beschwer einer zur **Unterlassung** verurteilten Partei richtet sich danach, in welcher Weise sich das ausgesprochene Verbot zu ihrem Nachteil auswirkt. Maßgeblich sind die Nachteile, die ihr aus der Erfüllung des Unterlassungsanspruchs entstehen. Außer Betracht bleiben dabei die Nachteile, die nicht mit der Befolgung des Unterlassungsgebots, sondern mit einer Zuwiderhandlung – etwa durch die Festsetzung eines Ordnungsgeldes oder durch die Bestellung einer Sicherheit – verbunden sind (BGH MDR 2016, 847 Rn. 10).
- Hat der Verwalter einen Vertrag geschlossen, ohne dazu **berechtigt** zu sein, besteht das Interesse eines Wohnungseigentümers, eine Kostenmehrbelastung abzuwehren, in seinem Anteil an den Mehrkosten (BGH NZM 2017, 529 Rn. 4). Dies überzeugt **nicht,** da es um die Kostenbelastung der Gemeinschaft der Wohnungseigentümer geht.

- Greift ein Wohnungseigentümer einen Beschluss an, durch den der Verwalter zur gerichtlichen Geltendmachung einer Forderung gegen ihn ermächtigt worden ist, bestimmt sich der Wert seiner Beschwer nach hM grundsätzlich nach dem Nennbetrag der Forderung (BGH NZM 2016, 799 Rn. 12). Das überzeugt **nicht.** Der Wohnungseigentümer greift die Willensbildung der Gemeinschaft der Wohnungseigentümer an und will diese „lahm" legen. Die Willensbildung ist nicht mit dem Nennbetrag der Forderung identisch. Diese bestimmt nur den Wert der Klage gegen den Wohnungseigentümer, nicht aber seiner gegen die Willensbildung gerichteten Anfechtungsklage.
- Das wirtschaftliche Interesse des klagenden Wohnungseigentümers, der erfolglos einen Beschluss über die Entlastung der Verwaltungsbeiräte angefochten hat, bemisst sich nach dem regelmäßig mit 500 EUR anzusetzenden Wert, den die künftige vertrauensvolle Zusammenarbeit mit dem Verwaltungsbeirat hat, zuzüglich des klägerischen Anteils an etwaigen Ersatzansprüchen gegen den Verwaltungsbeirat, auf welche die Anfechtung des Entlastungsbeschlusses gestützt wird (BGH BeckRS 2017, 112033 Rn. 10).
- Wird ein Beschluss für ungültig erklärt, der Zahlungsansprüche eines Wohnungseigentümers gegen die Gemeinschaft der Wohnungseigentümer **verneint,** ist der Nennbetrag dieser Ansprüche für die Beschwer maßgeblich (BGH BeckRS 2013, 11873 Rn. 9; aA *Elzer* FD-ZVR 2013, 348411).
- Wird der Klage durch Grundurteil oder nur nach einem Hilfsantrag entsprochen, ist auf den sachlichen Gehalt der Entscheidung abzustellen, soweit er der Rechtskraft fähig ist. Für die Ermittlung der Beschwer des Beklagten kommt es auf die Beeinträchtigung des Beklagten in seinen Rechtspositionen durch das angefochtene Urteil an (BGH WuM 2014, 427 Rn. 10; NJW-RR 2007, 765 Rn. 6).
- Das Interesse eines Wohnungseigentümers, der erreichen will, dass die Zustimmung zur Veräußerung des Wohnungseigentums erteilt wird, ist in der Regel auf 20 % des Verkaufspreises zu schätzen (BGH NJW-RR 2019, 272 Rn. 3; NZM 2018, 824 Rn. 3). Dies gilt – bezogen auf das Meistgebot – auch dann, wenn ein Wohnungseigentümer oder Gläubiger (BGH NJW-RR 2014, 710 Rn. 6) die Zustimmung erreichen will (BGH NJW-RR 2019, 272 Rn. 4).

36 **(4) Zulassung der Berufung.** Die Entscheidung des Amtsgerichts über die Zulassung der Berufung – an die das Landgericht gebunden ist, § 511 Abs. 4 Satz 2 ZPO – ist nach § 511 Abs. 4 Satz 1 ZPO grundsätzlich ihm vorbehalten. Die Berufung ist vom Amtsgericht zuzulassen, wenn die Rechtssache grundsätzliche Bedeutung hat oder die Fortbildung des Rechts oder die Sicherung einer einheitlichen Rechtsprechung eine Entscheidung des Landgerichts erfordert und die Partei durch das Urteil mit nicht mehr als 600 EUR beschwert ist. Hat keine Partei die Zulassung beantragt, ist eine ausdrückliche Entscheidung entbehrlich; das Schweigen im Urteil bedeutet in der Regel Nichtzulassung (BGH NJW 2011, 2974 Rn. 14; 2011, 926 Rn. 15). Die Zulassung kann nach hM auf einzelne Beschlussmängel be-

schränkt werden (BGH NJW 2015, 3371 Rn. 7). **Stellungnahme.** Diese Ansicht ist abzulehnen, wenn es sich um einen einzigen Beschlussgegenstand handelt. Ihr ist hingegen zu folgen, wenn es zwei oder mehrere Beschlussgegenstände sind (→ Vor §§ 23 ff. Rn. 50).

Wenn das Amtsgericht für eine Zulassung keine Veranlassung gesehen hat, weil es nämlich von einer 600 EUR übersteigenden Beschwer der unterlegenen Partei ausgegangen ist, ist vorstellbar, dass das Landgericht diese Frage anders beurteilt. Liegt es so, muss das Landgericht die Entscheidung über die Zulassung der Berufung nachholen (BGH ZWE 2012, 334 Rn. 12; NZM 2012, 812 Rn. 9). In dieser Fallgestaltung kann dem Schweigen des erstinstanzlichen Urteils über die Zulassung des Rechtsmittels auch nicht entnommen werden, das erstinstanzliche Gericht habe die Berufung nicht zugelassen. Eine unterbliebene Entscheidung über die Zulassung der Berufung ist im Rechtsbeschwerdeverfahren nachzuholen, wenn die getroffenen Feststellungen eine solche Entscheidung erlauben (BGH NZM 2012, 812 Rn. 12). 37

c) Örtliche Zuständigkeit (§ 72 Abs. 2 GVG). aa) Überblick und Sinn und Zweck. In Streitigkeiten nach § 43 Abs. 2 Nr. 1 bis 4 WEG ist nach § 72 Abs. 2 Satz 1 GVG grundsätzlich das für den Sitz des Oberlandesgerichts zuständige Landgericht gemeinsames Berufungs- und Beschwerdegericht für den Bezirk des Oberlandesgerichts, in dem das Amtsgericht seinen Sitz hat (zu dieser Regelung im Einzelnen *Hogenschurz* NJW 2015, 1990; AnwZert MietR 24/2010). Mit dieser örtlichen Konzentration der zweitinstanzlichen Sachen sollte und soll weiterhin eine Qualitätssteigerung der Berufungsentscheidungen und die Herausbildung einer gleichmäßigen Revisionszulassungspraxis erreicht werden (BT-Drs. 16/3843, 29). Dieses Ziel ist bislang nur unzureichend erreicht worden. 38

bb) Abweichende landesrechtliche Bestimmungen. Die Landesregierungen sind durch § 72 Abs. 2 Satz 2 GVG ermächtigt worden, selbst oder durch ihre Landesjustizverwaltungen anstelle des nach § 72 Abs. 2 Satz 1 GVG zuständigen Gerichts ein anderes Landgericht im Bezirk des Oberlandesgerichts zu bestimmen. Von dieser Möglichkeit haben sechs Länder Gebrauch gemacht. Überblick: 39

Land	**OLG-Bezirk**	**Landgericht**
Baden-Württemberg (auf § 4 Abs. 1 BW-AGGVG (Gesetz zur Ausführung des Gerichtsverfassungsgesetzes und von Verfahrensgesetzen der ordentlichen Gerichtsbarkeit vom 16.12.1975, GBl. 868, zuletzt geändert durch Gesetz vom 7.3.2006, GBl 77, mit weiteren Änderungen vom 14.3.2006) gestützter Erlass des Justizministeriums vom 20.2.2007)	OLG Karlsruhe	LG Karlsruhe
	OLG Stuttgart	LG Stuttgart

Land	**OLG-Bezirk**	**Landgericht**
Bayern	OLG Bamberg OLG München OLG Nürnberg	LG Bamberg LG München I LG Nürnberg-Fürth
Berlin	KG	LG Berlin
Brandenburg (Verordnung über gerichtliche Zuständigkeiten und Zuständigkeitskonzentrationen (Gerichtszuständigkeits-Verordnung – GerZV) vom 2. September 2014 (GVBl II Nr 162), zuletzt geändert durch Artikel 1 der Verordnung vom 26.11.2018 (GVBl II Nr. 89, S 158). § 3 (Zuständigkeitskonzentration in Streitigkeiten nach dem Wohnungseigentumsgesetz): Das Landgericht Frankfurt/Oder ist in Streitigkeiten nach § 43 Nummer 1 bis 4 und 6 des Wohnungseigentumsgesetzes gemeinsames Berufungs- und Beschwerdegericht für den Bezirk des Brandenburgischen Oberlandesgerichts.	OLG Brandenburg	LG Frankfurt (Oder)
Bremen	OLG Bremen	LG Bremen
Hamburg	OLG Hamburg	LG Hamburg
Hessen	OLG Frankfurt a. M.	LG Frankfurt a. M.
Mecklenburg-Vorpommern	OLG Rostock	LG Rostock
Niedersachsen (Verordnung zur Regelung von Zuständigkeiten in der Gerichtsbarkeit und der Justizverwaltung (ZustVO-Justiz) vom 18.12.2009 (Nds. GVBl S 506, ber. Nds. GVBl 2010 S 283), zuletzt geändert durch Art 1 ÄndVO vom 1.2.2010 (Nds. GVBl. Satz 39). § 10 (Streitigkeiten nach dem Wohnungseigentumsgesetz): Abweichend von § 72 Abs. 2 S 1 des Gerichtsverfassungsgesetzes ist in Streitigkeiten nach	OLG Braunschweig	LG Braunschweig

Land	OLG-Bezirk	Landgericht
§ 43 Nrn. 1 bis 4 und 6 des Wohnungseigentumsgesetzes für den Oberlandesgerichtsbezirk Oldenburg das Landgericht Aurich gemeinsames Berufungs- und Beschwerdegericht.)		
	OLG Celle	LG Lüneburg
	OLG Oldenburg	LG Aurich
Nordrhein-Westfalen	OLG Hamm	LG Dortmund
	OLG Düsseldorf	LG Düsseldorf
	OLG Köln	LG Köln
Rheinland-Pfalz (Landesverordnung zur Bestimmung des gemeinsamen Berufungs- und Beschwerdegerichts in Streitigkeiten nach § 43 Nr 1 bis 4 und 6 des Wohnungseigentumsgesetzes für den Bezirk des Pfälzischen Oberlandesgerichts Zweibrücken vom 22.8.2007. § 1: In Streitigkeiten nach § 43 Nr 1 bis 4 und 6 des Wohnungseigentumsgesetzes ist das Landgericht Landau in der Pfalz gemeinsames Berufungs- und Beschwerdegericht für den Bezirk des Pfälzischen Oberlandesgerichts Zweibrücken. Dies gilt auch für die in § 119 Abs. 1 Nr 1 Buchst. b und c des Gerichtsverfassungsgesetzes genannten Sachen)	OLG Koblenz	LG Koblenz
	OLG Zweibrücken	LG Landau
Saarland	OLG Saarbrücken	LG Saarbrücken
Sachsen	OLG Dresden	LG Dresden
Sachsen-Anhalt (Verordnung zur Bestimmung des gemeinsamen Berufungs- und Beschwerdegerichts in Streitigkeiten nach § 43 Nrn. 1 bis 4 und 6 des Wohnungseigentumsgesetzes vom 2.7.2007 (GVBl LSA 2007, S 212).	OLG Naumburg	LG Dessau-Roßlau

Land	OLG-Bezirk	Landgericht
§ 1: In Streitigkeiten nach § 43 Nr 1 bis 4 und 6 des Wohnungseigentumsgesetzes ist das Landgericht Dessau-Roßlau gemeinsames Berufungs- und Beschwerdegericht für den Bezirk des Oberlandesgerichts Naumburg)		
Schleswig-Holstein (Landesverordnung zur Bestimmung von Zuständigkeiten in der Justiz (Justizzuständigkeitsverordnung – JZVO) vom 15. November 2019 (GVOBl 2019, 546, 548). § 24: Als gemeinsames Berufungs- und Beschwerdegericht für den Bezirk des Schleswig-Holsteinischen Oberlandesgerichts für Streitigkeiten nach § 43 Nr 1 bis 4 und 6 des Wohnungseigentumsgesetzes wird das Landgericht Itzehoe bestimmt)	OLG Schleswig	LG Itzehoe
Thüringen	OLG Jena	LG Gera

40 **cc) WEG-Streitigkeiten.** Das nach § 72 Abs. 1 GVG zuständige Landgericht ist – wie sich aus § 72 Abs. 2 Satz 1 GVG ergibt – zuständig für Berufungen gegen amtsgerichtliche Entscheidungen in WEG-Streitigkeiten. Maßgeblich ist die objektive Rechtslage (*Hogenschurz* NJW 2015, 1990 (1992)). Die in § 72 Abs. 2 GVG vorgesehene Zuständigkeitskonzentration tritt unabhängig davon ein, ob in erster Instanz der nach dem Geschäftsverteilungsplan für diese Streitigkeiten zuständige Amtsrichter entschieden hat (BGH BeckRS 2019, 37819 Rn. 9; NJW-RR 2016, 255 Rn. 10). § 72 Abs. 2 Satz 1 GVG ist mithin anwendbar, wenn gegen ein Urteil des Amtsgerichts in einer WEG-Streitigkeit eine **Berufung** eingelegt wird. Dies gilt aus Gründen der Rechtsmittelklarheit (*Elzer* ZWE 2020, 303) auch dann, wenn das Amtsgericht in einem Urteil über mehrere in **objektiver Klagehäufung** (§ 260 ZPO) geltend gemachte Ansprüche entschieden hat, wenn nur ein einziger der Ansprüche eine WEG-Streitigkeit ist (BGH BeckRS 2020, 4809 Rn. 8; LG Kleve ZWE 2018, 229 Rn. 13; aA *Lehmann-Richter* MietRB 2019, 284 (287)). Ein Urteil iSv § 72 Abs. 2 Satz 1 GVG ist auch ein Urteil, das in einem Verfahren im **einstweiligen Rechts-**

schutz (→ Vor §§ 43 ff. WEG Rn. 37 ff.) ergangen ist (*Hogenschurz* NJW 2015, 1990 (1992)). § 72 Abs. 2 Satz 1 GVG unterfällt ferner die Berufung gegen die Entscheidung eines Amtsgerichts über eine **Vollstreckungsgegenklage** gegen das Urteil in einer WEG-Streitigkeit, selbst wenn sie sich nur gegen einen daraufhin ergangenen Kostenfestsetzungsbeschluss richtet (BGH NJW 2009, 1282 Rn. 9; *Hogenschurz* NJW 2015, 1990 (1992)). Liegt im Verhältnis nur zu einem Beklagten eine WEG-Streitigkeit vor **(subjektive Klagehäufung),** zB bei einer Klage gegen einen Wohnungseigentümer und seinen Mieter, ist § 72 Abs. 2 Satz 1 GVG anwendbar, wenn die Entscheidung erster Instanz **beide Streitgenossen** betrifft (BGH BeckRS 2020, 4809 Rn. 8; NJW-RR 2014, 1107 Rn. 5). Dass über ein Urteil zwei verschiedene Berufungsgerichte entscheiden, ist offensichtlich nicht sinnvoll (*Elzer* ZfIR 2014, 702 (704)). Ist der Mieter Berufungsführer oder Berufungsbeklagter, gilt nichts anderes (BGH NJW-RR 2014, 1107 Rn. 7). Nicht entschieden ist bislang der Fall, dass der vermietende Wohnungseigentümer bereits vor der Entscheidung in erster Instanz ausgeschieden ist (BGH NJW-RR 2014, 1107 Rn. 7). Nach hier vertretener Ansicht gilt dann nichts anderes (*Elzer* ZfIR 2014, 702 (704); *Hogenschurz* AnwZertMietR 24/2010; aA Staudinger/*Lehmann-Richter* Einleitung § 43 Rn. 14). Wird gegen den Mieter und den vermietenden Wohnungseigentümer vorgegangen, geht es nämlich grundsätzlich um die WEG-Fragen der Benutzung und baulicher Maßnahmen. Diese Fragen zu beantworten, ist Aufgabe der WEG-Konzentrationsgerichte. Im Übrigen ist § 72 Abs. 2 Satz 1 GVG auch für den Streit um die Frage anwendbar, ob eine auf einen **Prozessvergleich** gestützte Regelung zu erfüllen ist, zB eine auf den Vergleich gestützte Vertragsstrafe verwirkt ist (BGH NJW 2010, 1818 Rn. 7; LG Kassel NJW-RR 2011, 304).

d) Anschlussberufung. Eine Anschlussberufung ist stets – auch in Verfahren nach § 44 WEG (zum alten Recht BGH NJW 2010, 1819; OLG Köln ZMR 2010, 136) – zulässig (LG Hamburg ZMR 2011, 664 (666)). Die Anfechtungsfrist beschränkt im Interesse der Rechtssicherheit zwar das Recht zur Anfechtung. Ihr Ablauf führt aber nur zur Unanfechtbarkeit getroffener Beschlüsse. Damit hat der Ablauf verfahrensrechtlicher Fristen **nichts** zu tun (BGH NJW 2010, 1819 Rn. 11; *Jacoby* ZMR 2005, 321 (322)). Eine Anschlussberufung setzt keine Beschwer voraus (BGH NJW 2008, 1953 Rn. 24). **41**

2. Beschwerden und sofortige Beschwerden. Neben den Berufungen sind sämtliche Beschwerden und sofortigen Beschwerden in WEG-Streitigkeiten (→ Rn. 47 ff.) nach § 72 Abs. 1 Satz 1 GVG funktionell den Landgerichten zugewiesen. Die jeweilige örtliche Zuständigkeit folgt aus § 72 Abs. 2 GVG (→ Rn. 38 ff.). Zulässigkeit und Statthaftigkeit sind von Amts wegen zu prüfen und in der Regel an §§ 567 ff. ZPO zu messen. **42**

Eine sofortige Beschwerde in einer WEG-Streitigkeit ist zB vorstellbar gegen den Nichterlass einer einstweiligen Verfügung, aber auch im Zwangsvollstreckungsverfahren, soweit dort die Entscheidung dem **Prozessgericht** zugewiesen ist – also etwa bei der Vollstreckung von vertretbaren oder unvertretbaren Handlungen oder Unterlassungstiteln, §§ 887 ff. **43**

ZPO (OLG Oldenburg NJW 2009, 859 (860); *Schmid* ZfIR 2011, 733 (739)). Bei Entscheidungen des **Vollstreckungsgerichts** soll das nach hM allerdings nicht gelten (OLG Karlsruhe NJW-RR 2009, 596; LG Kassel NJW-RR 2011, 304; *Hogenschurz* NJW 2015, 1990 (1992)). § 72 Abs. 2 Satz 1 GVG ist hingegen wieder anwendbar für die sofortige Beschwerde **eines Mieters** nach § 793 ZPO gegen ein Ordnungsgeld (§ 890 Abs. 1 Satz 1 ZPO), sofern sich das zu vollstreckende Unterlassungsgebot sowohl gegen ihn als Mieter als auch gegen den vermietenden Wohnungseigentümer als Streitgenossen richtet (LG Frankfurt a. M. ZWE 2019, 331; näher *Elzer* FD-ZVR 2019, 417899). § 72 Abs. 2 Satz 1 GVG ist schließlich auch für eine **Streitwertbeschwerde** nach § 68 Abs. 1 Satz 1 GKG gegen eine Entscheidung erster Instanz anwendbar (LG Frankfurt a. M. WuM 2020, 119; LG Wiesbaden ZMR 2013, 565); für Streitwertbeschwerden gegen eine Festsetzung des Landgerichts sind die Oberlandesgerichte zuständig.

44 **3. Revision.** Die Berufungsentscheidungen können mit der Revision angegriffen werden. Als Revisionsgericht zuständig ist nach § 133 GVG der BGH. Zulässigkeitsvoraussetzung ist, dass die Revision vom Berufungsgericht gem. § 543 Abs. 1 Nr. 1 ZPO zugelassen worden ist. Fehlt es hieran, kann nach § 544 Abs. 1 Satz 1 ZPO Nichtzulassungsbeschwerde erhoben werden. Gem. § 544 Abs. 2 Nr. 1 ZPO ist eine Nichtzulassungsbeschwerde allerdings nur dann zulässig, wenn der Wert der Beschwer (→ Rn. 32 ff.) 20.000 EUR übersteigt – es sei denn, das Berufungsgericht hat die Berufung als unzulässig verworfen (§ 544 Abs. 2 Nr. 2 ZPO). Um dem Revisionsgericht die Prüfung dieser Zulässigkeitsvoraussetzung zu ermöglichen, muss der Beschwerdeführer innerhalb der Begründungsfrist darlegen und glaubhaft machen, dass er mit der beabsichtigten Revision das Berufungsurteil in einem Umfang, der die Wertgrenze übersteigt, abändern lassen will (BGH NZM 2017, 528 Rn. 3).

45 **4. Rechtsbeschwerden.** In sämtlichen WEG-Verfahren sind Rechtsbeschwerden zum BGH zulässig, wenn dies im Gesetz ausdrücklich bestimmt ist oder nach Zulassung durch das jeweilige Landgericht.

VII. Sonstige Familiensachen (§ 266 FamFG)

46 Eine sonstige Familiensache iSv § 266 Abs. 1 Nr. 3 FamFG „betrifft" das Wohnungseigentumsrecht, wenn es sich um eine Streitigkeit nach § 43 WEG handelt oder eine „bedeutsame Vorfrage" aus dem Bereich des Wohnungseigentumsrechts streitentscheidend ist (BGH NZM 2015, 863 Rn. 21, dort falsch entschieden, da ein Fall des § 43 Abs. 2 Nr. 2 WEG vorlag). Liegt eine „bedeutsame Vorfrage" vor, ändert das im Übrigen nichts daran, dass eine WEG-Sache nur vorliegt, wenn ein Fall des § 43 Abs. 2 WEG anzunehmen ist. Richtig ist es daher, allein auf § 43 Abs. 2 WEG abzustellen (*Roth* NJW 2017, 689 (693); *Heinemann* NZFam 2015, 1070).

F. Die einzelnen WEG-Streitigkeiten (§ 43 Abs. 2 WEG)

I. Überblick

1. Weites Verständnis. Der Bestimmung des § 43 Abs. 2 WEG liegt **insgesamt** das Bestreben zu Grunde, so weit als möglich sämtliche Streitfälle innerhalb einer Wohnungseigentümergemeinschaft ein und denselben Verfahren zu unterstellen (BGH NJW-RR 2011, 589 Rn. 11; NJW 2009, 1282 Rn. 9). Die jeweilige Zuständigkeitszuweisung in § 43 Abs. 2 WEG ist daher **weit** auszulegen, um die Gefahr sich widersprechender oder unzutreffender Entscheidungen zu verringern und darüber hinaus sicherzustellen, dass mit spezieller Sachkunde ausgestattete Wohnungseigentumsgerichte bei allen gemeinschaftsbezogenen Streitgegenständen entscheiden (stRspr, für § 43 Abs. 2 Nr. 1 WEG vgl. BGH BeckRS 2019, 37819 Rn. 6; NZM 2016, 322 Rn. 5; NJW-RR 2014, 13 Rn. 4; **allgemein** NJW 2009, 1282 Rn. 9). 47

Für diese Sichtweise spricht neben der Bestimmung des § 72 Abs. 2 Satz 1 GVG auch, dass nur mit einer umfassenden Zuständigkeit der Wohnungseigentumsgerichte ein effizienter Rechtsschutz verbunden ist (s. a. BGH NZM 2014, 669 Rn. 5). Die Konzentration aller sich aus dem Gemeinschaftsverhältnis ergebender Streitfragen auf ein mit dieser Rechtsmaterie vertrautes Gericht vermeidet nicht nur ein unwirtschaftliches Nebeneinander mehrerer Verfahren zu identischen Rechtsfragen bei verschiedenen Gerichten. Es verringert auch die Gefahr sich widersprechender oder unzutreffender Entscheidungen. Mit der umfassenden Entscheidungskompetenz der Wohnungseigentumsgerichte ist zudem wegen § 43 Abs. 2 WEG eine sachgerechte lokale Konzentration der Streitigkeiten vor dem für die jeweilige Wohnungseigentumsanlage zuständigen Gericht verbunden – was bei Zuständigkeit der allgemeinen Abteilungen allenfalls über eine erweiternde Auslegung des § 29 Abs. 1 ZPO erreicht werden könnte. Etwas anderes sollte nur dort gelten, wo es zivilprozessuale Grundsätze notwendig machen, eine Zuordnung zu § 43 Abs. 2WEG zu überprüfen. 48

2. Sachbezogene Prüfung. Maßgebend für die Frage, ob eine Wohnungseigentums- oder eine allgemeine Zivilsache vorliegt, ist grundsätzlich die Klagebegründung (sachbezogene Prüfung). Indiz für die Zuständigkeit des Wohnungseigentumsgerichts ist dabei nicht die in Bezug genommene Anspruchsgrundlage, aus der die Ansprüche hergeleitet werden, sondern **allein** der Umstand, ob das in Anspruch genommene Recht oder die behauptete Pflicht in einem **inneren Zusammenhang** mit einer Angelegenheit steht, die aus dem Gemeinschaftsverhältnis der Wohnungseigentümer erwachsen ist (für § 43 Abs. 2 Nr. 1 WEG vgl. BGH BeckRS 2019, 37819 Rn. 6; NZM 2017, 262 Rn. 7; NJW 2014, 1879 Rn. 7). Die behauptete Zuständigkeit muss sich hieraus schlüssig ergeben (BGH NJW 1996, 3012; BayObLG ZMR 2003, 588 (589)). Danach können zB auch Klagen, die sich auf § 280 BGB, §§ 677 ff. BGB, §§ 812 ff. BGB, §§ 823 ff. BGB, § 985 BGB, §§ 987 ff. BGB oder § 1004 Abs. 1 Satz 1 BGB stützen, WEG-Strei- 49 tigkeiten sein. Ob der Zusammenhang besteht, ist jeweils eine Frage der Begründetheit und als doppelrelevante Tatsache grundsätzlich als wahr zu unterstellen (BGH NJW-RR 2010, 1554 Rn. 8). Erweist sich die schlüssige Behauptung letztlich als unwahr, ist die Klage nicht unzulässig, sondern (ggf. insoweit) unbegründet (BGH NJW-RR 2010, 1554 Rn. 8).

II. WEG-Streitigkeiten iSv § 43 Abs. 2 Nr. 1 WEG

50 **1. Anwendungsbereich.** Nach § 43 Abs. 2 Nr. 1 WEG ist das Wohnungseigentumsgericht zuständig für Streitigkeiten über die Rechte und Pflichten der Wohnungseigentümer untereinander. Grob betrachtet geht es um Klagen im Zusammenhang mit §§ 10 bis 29 WEG.

51 **2. Sachlicher Anwendungsbereich. a) Überblick.** Sachliche Voraussetzung des § 43 Abs. 2 Nr. 1 WEG ist, dass es sich um eine Streitigkeit über die Rechte und Pflichten der Wohnungseigentümer untereinander handelt. Aus welcher Norm diese Rechte und Pflichten folgen, ist bedeutungslos. Für die Anwendung des § 43 Abs. 2 Nr. 1 WEG kommt es **nicht** auf die Rechtsgrundlage an, aus der ein Anspruch hergeleitet wird (→ Rn. 49; BGH BeckRS 2019, 37819 Rn. 6; NJW 2015, 2968 Rn. 6; 2010, 1818 Rn. 7). Maßgeblich ist vielmehr, ob die Forderung, um deren Durchsetzung oder sanktionsrechtliche Absicherung es geht, in einem **inneren** Zusammenhang mit den Rechten und Pflichten der Wohnungseigentümer als Wohnungseigentümer steht (→ Rn. 49; BGH BeckRS 2019, 37819 Rn. 6; NJW 2015, 2968 Rn. 6; 2010, 1818 Rn. 7). Wird ein in der Gemeinschaft der Wohnungseigentümer wurzelnder Anspruch an einen Dritten **abgetreten,** ändert dies nichts (BGH NJW 2015, 2968 Rn. 6; OLG München NZM 2006, 61; KG WuM 1984, 308 (310)). Nicht ausreichend ist hingegen, dass ein Dritter „statt des Wohnungseigentümers" in Anspruch genommen wird (BGH NJW 2015, 2968 Rn. 7). Auch dann, wenn ein Streit zwischen Wohnungseigentümern auf einer **Sonderrechtsbeziehung** beruht, zB einem Kauf-, Werk- oder Dienstvertrag, sind die allgemeinen Gerichte zuständig (BGH NJW-RR 1986, 1335; OLG München ZWE 2011, 261).

52 **b) Allein- und Sondereigentum.** Streitigkeiten von Wohnungseigentümern untereinander wegen der Beschädigung von Allein- oder Sondereigentum unterfallen grundsätzlich nicht § 43 Abs. 2 Nr. 1 WEG (ohne Stellungnahme BGH NZM 2016, 363 Rn. 5). Anders ist es, wenn die Rechte und Pflichten der Wohnungseigentümer als Wohnungseigentümer betroffen sind. So ist es zB, wenn ein Wohnungseigentümer bei der Ausübung seines Notgeschäftsführungsrechts aus § 18 Abs. 3 WEG fremdes Sondereigentum beschädigt hat.

53 **3. Kläger.** Kläger ist grundsätzlich ein Wohnungseigentümer, mehrere Wohnungseigentümer, ein ehemaliger Wohnungseigentümer (BGH BeckRS 2019, 37819 Rn. 8; BeckRS 2012, 14185 Rn. 3) oder – mit Ausnahme des Beklagten – sämtliche Wohnungseigentümer. Anstelle eines Wohnungseigentümers kann auch ein Standschafter klagen (→ § 44 Rn. 29). Nimmt die Gemeinschaft der Wohnungseigentümer Rechte und Pflichten der Woh-

nungseigentümer nach § 9a Abs. 2 WEG wahr, ist auch sie Wohnungseigentümer idS. Es handelt sich auch dann um eine Streitigkeit nach § 43 Abs. 2 Nr. 1 WEG, wenn ein unter diese Vorschrift fallendes Recht von einem Rechtsnachfolger geltend gemacht wird (BGH NJW-RR 2014, 710 Rn. 6). Gleiches gilt bei einem selbständigen Antragsrecht, zB des Gläubigers eines Wohnungseigentümers bei der Ausübung des Zustimmungsrechts nach § 12 Abs. 1 WEG (BGH NZM 2016, 322 Rn. 5; NJW-RR 2014, 710 Rn. 6).

4. Beklagter. Beklagter kann ein Wohnungseigentümer sein, mehrere 54 Wohnungseigentümer oder mit Ausnahme des Klägers sämtliche Wohnungseigentümer. Beklagter kann auch ein ehemaliger Wohnungseigentümer sein, soweit die Grundlage der Auseinandersetzung die Rechte und Pflichten der Wohnungseigentümer als Wohnungseigentümer sind (BGH NZM 2016, 363 Rn. 6). Nimmt die Gemeinschaft der Wohnungseigentümer Rechte und Pflichten der Wohnungseigentümer nach § 9a Abs. 2 WEG wahr, ist auch sie Wohnungseigentümer idS. Im Einzelfall kann auch ein Dritter Beklagter sein, zB ein Zessionar (BGH NJW 2015, 2968 Rn. 6) oder ein Insolvenzverwalter (BGH NJW 2015, 2968 Rn. 6). Die Verschiebung der Rechtszuständigkeit vom Wohnungseigentümer auf den Dritten bei der Abtretung bzw. die Verlagerung der Prozessführungsbefugnis ändert an dem einmal gegebenen Gemeinschaftsbezug nichts (BGH NJW 2015, 2968 Rn. 6). Kein möglicher Beklagter ist allerdings ein „Drittnutzer", etwa ein Mieter eines Sondereigentums oder ein Nießbraucher.

5. Einzelne Verfahren. Viele im alten Recht noch § 43 Nr. 1 WEG aF 55 unterfallende Streitigkeiten, sind im aktuellen Recht als Beschlussersetzungsklage gem. §§ 43 Abs. 2 Nr. 4, 44 Abs. 1 Satz 2 WEG zu verstehen. Das hat die Folge, dass sie gegen die Gemeinschaft der Wohnungseigentümer zu richten sind (§ 44 Abs. 2 Satz 1 WEG). So ist es immer, wenn das Ziel ein Beschluss der Wohnungseigentümer ist. Etwa die Klage gegen die anderen Wohnungseigentümer auf Zustimmung nach § 12 Abs. 1 WEG ist im aktuellen Recht eine Beschlussersetzungsklage und gegen die Gemeinschaft der Wohnungseigentümer zu richten (zum alten Recht BGH NJW-RR 2014, 710 Rn. 5; BayObLGZ 1977, 40). Dies gilt auch dann, wenn die Erteilung eigentlich Sache des Verwalters ist, die Wohnungseigentümer die Entscheidung aber an sich gezogen und beschlossen haben, sie zu verweigern, oder wenn die Wohnungseigentümer ihre Entscheidung in der Form einer Anweisung an den Verwalter getroffen haben, die Zustimmung zu verweigern. Als Streitigkeiten nach § 43 Abs. 2 Nr. 1 WEG kommen ua aber noch in Betracht:

- Streitigkeiten um die sachenrechtlichen Grundlagen des Wohnungseigentums (BR-Drs. 168/20, 91; aA zum alten Recht BGH NJW 2015, 3171 Rn. 8; NJW-RR 2014, 903 Rn. 13; 2014, 452 Rn. 6). Diese Deutung ergibt sich aus dem Umstand, dass einschränkende Wörter aus § 43 Nr. 1 WEG aF, nämlich „sich aus der Gemeinschaft der Wohnungseigentümer und aus der Verwaltung des gemeinschaftlichen Eigentums ergebenden", bewusst nicht in § 43 Abs. 2 Nr. 1 WEG übernommen wurden (BR-Drs.

168/20, 91). § 43 Abs. 2 Nr. 1 WEG unterfällt damit zB die Frage der Zugehörigkeit bestimmter Räume und/oder Flächen (§ 3 Abs. 1 Satz 2 WEG) zum Sondereigentum eines Miteigentümers (zum alten Recht vgl. BGH NJW 1995, 2851; 1979, 2391; OLG Hamm BeckRS 2018, 28957 Rn. 32; KG ZMR 2010, 705; BayObLG ZMR 1998, 583; BayObLG NJW-RR 1991, 1356) oder der Streit um die Herausgabe von Sondereigentum (zum alten Recht vgl. BGH NJW 2015, 3171 Rn. 8; NJW 1995, 2851; OLG Hamm BeckRS 2018, 28957 Rn. 36).

- Wenn ein Wohnungseigentümer gegen einen anderen Wohnungseigentümer einen Anspruch auf Beseitigung der konkreten Beeinträchtigung seines Sondereigentums geltend macht.
- Die Geltendmachung von Schadenersatzansprüchen aufgrund einer behaupteten Verletzung der zwischen den Wohnungseigentümern bestehenden Treue- und Rücksichtnahmepflichten (BGH ZWE 2012, 334), sofern ausnahmsweise ein Wohnungseigentümer der Beklagte ist und nicht die Gemeinschaft der Wohnungseigentümer.
- Wenn zwischen den Wohnungseigentümern ausnahmsweise eine Verpflichtung besteht, gemeinschaftliches Eigentum in Sondereigentum umzuwidmen (KG NZM 2008, 47; OLG Schleswig OLGR 2006, 432 (433); ZMR 2006, 73; aA OLG Saarbrücken OLGR 2005, 282 (283); KG ZMR 1998, 368 (369); s. a. *Hügel* MietRB 2005, 151 (152)), oder wenn die Raumgrenzen zu verändern sind.
- Die Klärung der Frage, ob eine Vereinbarung nach § 10 Abs. 2 WEG zu ändern ist, wenn keine Öffnungsklausel besteht (OLG München ZWE 2006, 39).
- Streitigkeiten über die Auslegung (Umfang, Inhalt, Reichweite) einer – ggf. verdinglichten – Vereinbarung.
- Entscheidungen über die Einräumung von Mitgebrauch des gemeinschaftlichen Eigentums nach § 16 Abs. 1 Satz 2 WEG.
- Streitigkeiten über den Geltungsbereich eines eingetragenen Sondernutzungsrechts (BGH NJW 2011, 384 Rn. 5; 1990, 1112; LG München I ZMR 2016, 139); etwas anderes soll – zu Unrecht – gelten, wenn Wohnungseigentümer auf Grund eines mit dem Bauträger abgeschlossenen Vertrags verpflichtet sind, einen Teil ihres Sondernutzungsrechts aufzugeben (OLG Zweibrücken FGPrax 2002, 56).
- Die Klärung einer zulässigen Benutzung des gemeinschaftlichen Eigentums (BGH NZM 2016, 168 Rn. 9) – auch soweit es einem Sondernutzungsrecht unterliegt (BGH NZM 2016, 363 Rn. 5; NJW 1990, 1112) – und des Sondereigentums. Hierher gehören auch entsprechende Unterlassungs- und Beseitigungsansprüche gegen einen (ggf. vermietenden) Wohnungseigentümer aus § 1004 Abs. 1 Satz 1 BGB.
- Ggf. die Klärung zwischen zwei Wohnungseigentümern, wie sich ein Wohnungseigentümer an den Kosten des gemeinschaftlichen Eigentums beteiligen muss.
- Die Klärung, wie sich ein Wohnungseigentümer an den Kosten und Lasten des Sondereigentums beteiligen muss, soweit Kosten und Lasten gemeinsam abgerechnet werden. Beruht der Streit auf einer Sonderrechtsbezie-

hung der Wohnungseigentümer untereinander, sind allerdings die allgemeinen Gerichte zuständig (OLG München ZWE 2011, 261).

- Die Klärung, ob der geltende Umlageschlüssel nach § 16 Abs. 2 WEG zu ändern ist bzw. ob eine Änderung ordnungsmäßig ist. Die Klage auf Änderung ist allerdings eine Beschlussersetzungsklage und unterfällt §§ 43 Abs. 2 Nr. 4, 44 Abs. 1 Satz 2 WEG.
- Streitigkeiten um Bestand der Umlageschlüssel (BayObLG NZM 2003, 52; OLG Karlsruhe NJW-RR 1987, 975) – auch wenn hierbei inzident über die sachenrechtliche Vorfrage der Änderung von Miteigentumsanteilen zu befinden ist (KG WE 1998, 469; BayObLG ZMR 1985, 132). Die Klage auf Änderung ist allerdings eine Beschlussersetzungsklage und unterfällt §§ 43 Abs. 2 Nr. 4, 44 Abs. 1 Satz 2 WEG.
- Wenn die Aufhebung der Bruchteilseigentümergemeinschaft vereinbart ist und sich ein Wohnungseigentümer weigert, daran teilzunehmen (BayObLG WuM 1999, 231 (232); BayObLGZ 1979, 414 (418)). Davon zu unterscheiden sind die Ansprüche, die sich aus der Aufhebung der Gemeinschaft, vor allem gem. §§ 752 ff. ZPO, ergeben können: Für diese ist eine normale Zivilabteilung zuständig. Sie können erst erfolgreich geltend gemacht werden, nachdem die Verpflichtung zur Aufhebung rechtskräftig ausgesprochen worden ist (BayObLG WuM 1999, 231 (232)).
- Die Klärung der ordnungsmäßigen Verwaltung des gemeinschaftlichen Eigentums; hierzu gehören sämtliche Fragen der §§ 18 bis 29 WEG, insbesondere die auf § 18 Abs. 2 WEG gestützten Klagen, soweit die Klage nicht auf Änderung des Bestehenden gerichtet ist (diese Klage ist eine Beschlussersetzungsklage und unterfällt §§ 43 Abs. 2 Nr. 4, 44 Abs. 1 Satz 2 WEG),
  - etwa der Streit um die Rechte und Pflichten aus einer Hausordnung;
  - der Streit um eine Versicherung;
  - der Streit um die ordnungsmäßige Erhaltung des gemeinschaftlichen Eigentums;
  - die Entscheidung über den Streit über die Zulässigkeit baulicher Veränderungen (BayObLG BayObLGZ 1975, 179), über den Inhalt und die Wirksamkeit von Benutzungsregelungen und über Möglichkeit und Umfang der Benutzung gemeinschaftlichen Eigentums sowie hiergegen gerichtete Unterlassungsansprüche;
  - etwa die gemeinsame Einberufung einer Versammlung (OLG Zweibrücken ZWE 2010, 464);
  - ein Streit unter den Wohnungseigentümern über die Rechte und Pflichten des Verwalters;
  - Klagen über die Rechte und Pflichten des Verwaltungsbeirats;
- Ansprüche wegen ehrverletzender Äußerungen (BGH NZM 2017, 262 Rn. 13; OLG Frankfurt a. M. NJW-RR 2007, 162), es sei denn, ein Zusammenhang mit dem Gemeinschaftsverhältnis der Wohnungseigentümer ist offensichtlich nicht gegeben.
- Eine Klage auf Schadenersatz, zB wegen unerlaubter Handlung zwischen zwei Miteigentümern im Zusammenhang mit dem Gemeinschaftsverhältnis, unabhängig von der Anspruchsgrundlage (BGH NJW-RR 1991, 907).

- Streitigkeiten wegen der Auslegung (Inhalt, Reichweite, Bedeutung etc) eines Beschlusses, sofern kein Fall des § 43 Abs. 2 Nr. 4 WEG vorliegt.
- Streitigkeiten zur Eigentümerversammlung.
- Rechtsstreitigkeiten über ein Dauerwohnrecht.
- Ein Streit zwischen den Wohnungseigentümern im Rahmen der Zwangsvollstreckung wegen des Umfangs, des Inhalts oder der Wirkung eines Titels oder eines Teils des Titels, zB nach §§ 766, 767, 887, 888, 890 ZPO, der in einem WEG-Verfahren erlassen wurde.

56 Nach der Rechtsprechung bzw. nach Sinn und Zweck unterfallen zB folgende Streitigkeiten nicht § 43 Abs. 2 Nr. 1 WEG:

- Solche vor Entstehung der Gemeinschaft von Wohnungseigentümern (LG Hamburg ZMR 2020, 229), zB zwischen den Teilhabern einer Bruchteilsgemeinschaft (BayObLG NJW-RR 1995, 589), oder nach der Aufhebung der Gemeinschaft der Wohnungseigentümer.
- Der Streit zwischen den Miteigentümern eines Wohnungseigentums (BGH NJW 2014, 1879 Rn. 9), es sei denn, die Miteigentümer stritten um eine Benutzungsvereinbarung zum Miteigentum bei einem Mehrfachparker (BGH NJW 2014, 1879 Rn. 13 ff.), egal ob diese auf § 745 Abs. 2 BGB oder auf § 10 Abs. 1 WEG beruht (BGH NJW 2014, 1879 Rn. 14).
- Solche zwischen dem verkaufenden Wohnungseigentümer und seinem Sondernachfolger aus dem Kaufvertrag bzw. zwischen dem Bauträger und dem Erwerber (BGH NJW 1974, 1552).
- Streit mit einer anderen Wohnungseigentümergemeinschaft um die Benutzung eines gemeinsamen Treppenhauses (OLG Hamm ZMR 2006, 879);
- Wenn sich die Wohnungseigentümer „wie Dritte" gegenüberstehen (BGH NJW 1974, 1552; BayObLG NZM 1998, 516; WuM 1996, 359), zB aus „normalen" Verträgen zwischen Wohnungseigentümern (BGH NJW-RR 1986, 1335).
- Grundsätzlich Rechtsstreitigkeiten von Wohnungseigentümern untereinander wegen der Beschädigung von Allein- oder Sondereigentum (ohne Stellungnahme BGH NJW-RR 2016, 587 Rn. 5).
- Die Klage gegen einen Nießbraucher (BGH NJW 2015, 2968 Rn. 7).
- Die Klage gegen einen Mieter (BGH NJW 2015, 2968 Rn. 7; 2011, 3306 Rn. 4).

III. WEG-Streitigkeiten iSv § 43 Abs. 2 Nr. 2 WEG

57 **1. Anwendungsbereich.** Nach § 43 Abs. 2 Nr. 2 WEG sind Streitigkeiten über die Rechte und Pflichten zwischen der Gemeinschaft der Wohnungseigentümer und Wohnungseigentümern Wohnungseigentumssachen, soweit sich diese als Gemeinschaft und Wohnungseigentümer und nicht im Rahmen einer **vertraglichen Sonderrechtsbeziehung** als Dritte gegenüberstehen, zB wenn die Gemeinschaft der Wohnungseigentümer gemeinschaftliches Eigentum vermietet und vom mietenden Wohnungseigentümer Miete verlangt. Nimmt die Gemeinschaft der Wohnungseigentümer Ansprüche der Wohnungseigentümer gegen einen Wohnungseigentümer nach § 9a Abs. 2 WEG wahr (zB Unterlassungsansprüche), die – würden sie die Wohnungseigentümer wahrnehmen – § 43 Abs. 2 Nr. 1 WEG unterfallen würden, ist – ohne sachlichen Unterschied – § 43 Abs. 2 Nr. 1 WEG einschlägig (ohne Stellungnahme BGH NZM 2016, 363 Rn. 4). Hierher gehören auch Ansprüche auf Entziehung eines Wohnungseigentums nach § 17 Abs. 1 WEG (ohne Stellungnahme BGH NZM 2014, 247 Rn. 7).

2. Kläger. Kläger kann die Gemeinschaft der Wohnungseigentümer sein. 58
Kläger können aber auch die Wohnungseigentümer oder einzelne von ihnen sein. Anstelle eines Wohnungseigentümers kann ein Standschafter klagen (→ § 44 Rn. 29).

3. Beklagter. Beklagte können die Gemeinschaft der Wohnungseigentü- 59
mer sein, die Wohnungseigentümer oder einzelne von ihnen – zB in einem Hausgeldverfahren. Beklagter kann auch ein ehemaliger Wohnungseigentümer (BGH NZM 2016, 322 Rn. 5) oder der an seine Stelle getretene Insolvenz- oder Zwangsverwalter sein (BGH NJW 2002, 3709). Dies ist der Fall, wenn es um Ansprüche geht, die im Zusammenhang mit dem ehemaligen Wohnungseigentum stehen, zB noch nicht bediente Hausgeldansprüche. Die Rechte und Pflichten des Wohnungseigentümers, die aus der Verwaltung des gemeinschaftlichen Eigentums entstanden sind, wirken fort und sind davon unabhängig, ob die Person noch Wohnungseigentümer ist (OLG München NZM 2006, 61). Schließlich kann auch der Gesellschafter eines Wohnungseigentümers Beklagter sein (→ Rn. 60; BGH NZM 2016, 322 Rn. 6).

4. Einzelne Verfahren. Als Streitigkeiten über die Rechte und Pflichten 60
zwischen der Gemeinschaft der Wohnungseigentümer und Wohnungseigentümern iSv § 43 Abs. 2 Nr. 2 WEG kommen zB in Betracht:

- Ansprüche eines Wohnungseigentümers nach § 14 Abs. 3 WEG.
- Eine Entziehungsklage nach § 17 Abs. 1 WEG (zum alten Recht BGH NJW-RR 2014, 452 Rn. 4; 2014, 13 Rn. 4; OLG Köln ZWE 2010, 461).
- Sämtliche Klagen im Zusammenhang mit der Verwaltung des gemeinschaftlichen Eigentums nach § 18 Abs. 1, Abs. 2 WEG, soweit die Gemeinschaft der Wohnungseigentümer nicht gegen den Verwalter klagt.
- Schadenersatzansprüche eines Wohnungseigentümers gegen die Gemeinschaft der Wohnungseigentümer aus § 280 BGB, zB wegen der Verletzung von Organpflichten oder dann, wenn die Gemeinschaft der Wohnungseigentümer ihre Pflichten nach § 18 Abs. 1, Abs. 2 WEG verletzt.
- Ansprüche eines Wohnungseigentümers aus einer Notgeschäftsführung nach § 18 Abs. 3 WEG.
- Schadenersatzansprüche der Gemeinschaft der Wohnungseigentümer gegen einen Wohnungseigentümer wegen Verletzung seiner Pflichten.
- Klagen im Zusammenhang mit Vertragsstrafen.
- Die Verpflichtung eines Wohnungseigentümers, Vor- und/oder Nachschüsse nach § 28 Abs. 1 Satz 1, Abs. 2 Satz 1 WEG zu leisten (BGH NZM 2010, 445 Rn. 10).

- Die Klage gegen den Gesellschafter einer Personengesellschaft oder gegen einen ausgeschiedenen Gesellschafter nach § 160 HGB oder § 736 Abs. 2 BGB (BGH NZM 2016, 322 Rn. 6), wenn er gem. § 128 HGB oder analog dieser Bestimmung für Vor- und/oder Nachschüsse einstehen muss (→ § 28 Rn. 260; BGH NZM 2016, 322 Rn. 6).
- Die Klage gegen den, der für einen Vor- und/oder Nachschuss bürgt, dafür garantiert oder eine Patronatserklärung abgegeben hat oder der Schuld beigetreten ist (*Elzer* MietRB 2016, 106). Zwar ist die Haftung oder die Schuld keine, die aus dem Gesetz folgt. Und richtig ist, dass sich auch Fragen stellen werden, ob der Vertrag wirksam ist und den Vor- und/oder Nachschuss erfasst. Auch bei der Haftung des Gesellschafters sind aber Fragen jenseits des WEG zu lösen, zB wenn der Gesellschafter bestreitet, Gesellschafter zu sein, oder einwendet, seine Haftung habe ein Ende gefunden. Auch der Hinweis auf § 29a ZPO, der Ansprüche des Vermieters auf Grund eines selbständigen Gewähr-, Garantie- oder Bürgschaftsvertrags gegen einen Dritten nicht erfassen soll (BGH MDR 2004, 769), überzeugt nicht, da § 29a ZPO nicht weit und vor allem nicht gegenstandsbezogen zu verstehen ist.
- Der Streit um eine Nutzungsentschädigung oder um Aufwendungsersatz.
- Der Streit, welche Rechte und Pflichten die Gemeinschaft der Wohnungseigentümer wahrzunehmen hat, zB der Streit über die von der Gemeinschaft der Wohnungseigentümer wahrzunehmende Verwaltung des gemeinschaftlichen Eigentums, etwa Verkehrssicherungspflichten.
- Der Streit um eine Versorgungssperre.
- Aufwendungsersatzansprüche eines Wohnungseigentümers aus § 670 BGB.

IV. WEG-Streitigkeiten iSv § 43 Abs. 2 Nr. 3 WEG

61 **1. Anwendungsbereich.** Nach § 43 Abs. 2 Nr. 3 WEG ist das Wohnungseigentumsgericht zuständig für Streitigkeiten über die Rechte und Pflichten des Verwalters. Ausschlaggebend ist, ob das Recht oder die ihn treffende Pflicht in einem inneren Zusammenhang mit der ihm als Organ übertragenen (Mit-)Verwaltung des gemeinschaftlichen Eigentums steht (BGH NJW 1980, 2466 unter I. 5. a); 1976, 239 unter 2. a); 1976, 239 unter I. 2. a; grundlegend NJW 1972, 1318 unter II. 2. b). Ob es sich bei den Rechten und Pflichten um solche handelt, die an das Amt des Verwalters, seine Organstellung und/oder an den Verwaltervertrag anknüpfen, ist unerheblich. Unerheblich ist ferner, in welcher Norm das Recht oder die Pflicht des Verwalters geregelt ist. Es muss sich jeweils um keine wohnungseigentumsrechtliche handeln, sondern kann auch zB aus dem BGB oder dem öffentlichen Recht stammen.

62 Klagt die Gemeinschaft der Wohnungseigentümer, so ist § 215 VVG anzuwenden (aA LG Potsdam VersR 2015, 338).

63 **2. Kläger.** Kläger können der jetzige Verwalter, der ehemalige Verwalter, die Gemeinschaft der Wohnungseigentümer, oder – aus dem Verwaltervertrag als Vertrag mit Schutzwirkung für die Wohnungseigentümer – die

Wohnungseigentümer oder einzelne Wohnungseigentümer sein (s. a. BT-Drs. 19/22634, 48 – Vorabfassung). Anstelle eines Wohnungseigentümers kann auch ein Standschafter klagen (→ § 44 Rn. 29). Handelt es sich um einen Anspruch nach § 9a Abs. 2 WEG, kann nur die Gemeinschaft der Wohnungseigentümer Kläger sein; dem einzelnen Wohnungseigentümer fehlt die Prozessführungsbefugnis (→ Vor §§ 43 ff. Rn. 11).

3. Beklagter. „Verwalter" iSd § 43 Abs. 2 Nr. 3 WEG ist die aktuell nach § 26 Abs. 1 Satz 1 WEG zum Verwalter bestellte Person. „Verwalter" iSd § 43 Abs. 2 Nr. 3 WEG kann aber auch **64**

- der Geschäftsführer der Verwalter-GmbH (KG NZM 2006, 61; AG Hannover ZMR 2007, 75; aA LG Krefeld ZMR 2007, 74), **65**
- der persönlich haftende Gesellschafter einer Verwalter-OHG oder Verwalter-KG sein (BayObLG NJW-RR 1987, 1368),
- ein (früherer) „faktischer" (OLG Köln NJW-RR 2005, 1096; KG NJW-RR 1991, 1363; OLGZ 1981, 304; s. a. → § 26 Rn. 67 ff.) oder
- ein „Scheinverwalter" sein.
- Ansprüche gegen einen früheren Verwalter sind nach § 43 Abs. 2 Nr. 3 WEG zu verfolgen, wenn sie ihre Grundlage in der früheren Verwaltertätigkeit haben oder mit der Abwicklung der Verwaltung zusammenhängen (BGH ZWE 2011, 405 unter III. 2. a); NZM 2011, 409 Rn. 7; NJW 1972, 1318 unter II. 1. d).

4. Einzelne Verfahren. Als wohnungseigentumsrechtliche Streitigkeiten über die Rechte und Pflichten des Verwalters bei der Verwaltung des gemeinschaftlichen Eigentums iSv § 43 Abs. 2 Nr. 3 WEG kommen ua in Betracht: **66**

- Streitigkeiten um die Vertretungsmacht des Verwalters.
- Streitigkeiten um Abschluss, Beendigung und Inhalt des Verwaltervertrags:
  - Ansprüche aus dem Verwaltervertrag, zB Vergütungs- und Aufwendungsersatzansprüche (BGH NJW 1980, 2466 unter I. 5a; BayObLG WE 1997, 76), sofern diese nicht nach Ablauf der Bestellungszeit auf Bitten des neuen Verwalters angefallen sind (OLG Köln NZM 2002, 749);
  - Streitigkeiten über Ansprüche „aus dem Verwaltervertrag" (BGH NJW-RR 2011, 589 Rn. 11) wegen des Umfanges und des Inhaltes der Verwalteraufgaben, wegen des Bestehens eines Verwaltervertrags oder der Wirksamkeit der Verwalterbestellung, sofern es sich nicht um eine Beschlussanfechtung nach § 43 Abs. 2 Nr. 4 WEG handelt.
- Streitigkeiten im Zusammenhang mit der Bestellung und Abberufung des Verwalters, sofern der Streit nicht, wie in der Regel, § 43 Abs. 2 Nr. 4 WEG als Anfechtungs- oder Beschlussersetzungsklage unterfällt.
- Schadenersatzsprüche der Gemeinschaft der Wohnungseigentümer und/oder der Wohnungseigentümer aus § 280 BGB, auch wenn sich diese Ansprüche zugleich aus unerlaubter Handlung herleiten lassen (BGH NJW 1972, 1318 unter II. 2. c), oder wenn es um die Haftung des Verwalters wegen freiwillig übernommener weiterer Aufgaben geht (BGH NJW-RR 2011, 589 Rn. 9).

- Schadenersatzsprüche eines Wohnungseigentümers wegen einer Verletzung des Verwaltervertrags (→ § 26 Rn. 210; → § 26 Rn. 401).
- Streitigkeiten um die ordnungsmäßige Verwaltung und/oder Benutzung iSv § 18 Abs. 2 WEG, sofern die Klage nicht – wie in der Regel – nach §§ 18 Abs. 1, 43 Abs. 2 Nr. 2 WEG gegen die Gemeinschaft der Wohnungseigentümer zu richten ist, etwa:
  - die Einsichtsgewährung in Verwaltungsunterlagen nach § 18 Abs. 4 WEG (OLG Frankfurt a. M. OLGZ 1979, 138) oder eine Auskunftserteilung (BayObLG NJW 1972, 1377);
  - die Einberufung der Versammlung (BayObLG WuM 1992, 450) oder Fragen im Zusammenhang mit der Versammlung;
  - die Berichtigung der Niederschrift (BayObLGZ 1982, 447; aA *Bub/v. d. Osten* FD-MietR 2009, 276851);
  - die Durchführung von Beschlüssen;
  - die Sorgetragung für die Einhaltung der Hausordnung;
  - Ansprüche gegen den Verwalter in Bezug auf Wirtschaftsplan und/oder Jahresabrechnung;
  - die Herausgabe von Unterlagen (BGH NJW 2018, 164 Rn. 7; OLG München NJW-RR 2006, 1024; BayObLG BayObLGZ 1969, 211);
  - eine Rechnungslegung gem. §§ 666, 675 BGB;
  - Streit über eine Gewerbeausübung.
- Die Erteilung einer Veräußerungszustimmung nach § 12 WEG, sofern eine Vereinbarung die Erteilung durch den Verwalter bestimmt und die Wohnungseigentümer die Entscheidung nicht an sich gezogen und beschlossen haben, sie zu verweigern, oder wenn die Wohnungseigentümer ihre Entscheidung, die Zustimmung zu verweigern, in der Form einer Weisung (s. a. → § 27 Rn. 81) an den Verwalter getroffen haben (BGH NZM 2011, 719 Rn. 9/10.
- Ansprüche des Verwalters wegen ehrverletzender Äußerungen von Wohnungseigentümern (BayObLG ZWE 2001, 319; *Abramenko* ZfIR 2018, 645 (646); s. a. BGH NZM 2017, 262; aA OLG Düsseldorf ZWE 2001, 164 (165)) und ebenso eines Wohnungseigentümers wegen entsprechender Äußerungen des Verwalters, es sei denn, ein Zusammenhang mit dem Gemeinschaftsverhältnis der Wohnungseigentümer ist offensichtlich nicht gegeben (OLG München ZMR 2008, 735); nicht aber unter dem jetzigen und einem ehemaligen Verwalter (*Derleder* ZWE 2001, 312).

67 Die „Zivilabteilung" ist hingegen etwa für folgende Sachen zuständig:

- Für Streitigkeiten zwischen der Gemeinschaft der Wohnungseigentümer oder den Wohnungseigentümern und dem Verwalter aus der Zeit vor Beginn seines Amtes. Etwa ein Streit zwischen Wohnungseigentümern und dem später zum Verwalter bestellten Baubetreuer über die Verwendung des Gemeinschaftsvermögens zur Deckung angeblicher Grundstückserwerbskosten ist jedenfalls dann nicht nach § 43 Abs. 2 Nr. 3 WEG, sondern vor der Zivilabteilung auszutragen, wenn die Gelder dem Baubetreuer anvertraut worden waren und er sie auch verwendet hat, bevor eine Wohnungseigentümergemeinschaft gebildet oder tatsächlich vollzogen war (BGH NJW 1976, 239 unter I. 2. a).

- Für Streitigkeiten zwischen einem Sondereigentümer und dem Verwalter als Verwalter des Sondereigentums (BayObLG DWE 1995, 118); etwas anderes gilt, wenn diese Frage nur Nebenfrage ist, zB wenn der Verwalter zu Unrecht Gelder für die Sondereigentumsverwaltung an sich genommen hat.
- Für Streitigkeiten zwischen einem früheren Verwalter und dem nunmehrigen Verwalter wegen Widerrufs und Unterlassung von Behauptungen (OLG München ZMR 2006, 156).

V. WEG-Streitigkeiten iSv § 43 Abs. 2 Nr. 4 WEG

1. Beschlussklagen (§ 44 Abs. 1 WEG). Unter § 43 Abs. 2 Nr. 4 WEG fallen die Beschlussklagen iSv § 44 Abs. 1 WEG. Dazu im Einzelnen → § 44 Rn. 3 ff. Beschlüsse, die zwar von Wohnungseigentümern gefällt werden, sich aber nicht auf das Wohnungseigentum als Ganzes, sondern nur auf ein zufällig allen Wohnungseigentümer in Miteigentum gehörendes Sondereigentum beziehen, fallen nicht unter § 43 Abs. 2 Nr. 4 WEG. **68**

Für Entscheidungen über Streitigkeiten der Teilhaber einer Bruchteilsgemeinschaft in Bezug auf das ihr gehörende Teileigentum sind die Prozessgerichte zuständig (BayObLG NJW-RR 588 (589); LG Frankfurt a. M. BeckRS BeckRS 2020, 4874 Rn. 10). **69**

2. Feststellungsklagen. Im Übrigen unterfallen § 43 Abs. 2 Nr. 4 WEG Feststellungsklagen mit Bezug auf Beschlüsse, zB dass und ggf. mit welchem Inhalt ein Beschluss gefällt oder nicht gefällt wurde (→ § 44 Rn. 5). **70**

Beschlussklagen

44 (1) [1]**Das Gericht kann auf Klage eines Wohnungseigentümers einen Beschluss für ungültig erklären (Anfechtungsklage) oder seine Nichtigkeit feststellen (Nichtigkeitsklage).** [2]**Unterbleibt eine notwendige Beschlussfassung, kann das Gericht auf Klage eines Wohnungseigentümers den Beschluss fassen (Beschlussersetzungsklage).**

(2) [1]**Die Klagen sind gegen die Gemeinschaft der Wohnungseigentümer zu richten.** [2]**Der Verwalter hat den Wohnungseigentümern die Erhebung einer Klage unverzüglich bekannt zu machen.** [3]**Mehrere Prozesse sind zur gleichzeitigen Verhandlung und Entscheidung zu verbinden.**

(3) **Das Urteil wirkt für und gegen alle Wohnungseigentümer, auch wenn sie nicht Partei sind**

(4) **Die durch eine Nebenintervention verursachten Kosten gelten nur dann als notwendig zur zweckentsprechenden Rechtsverteidigung im Sinne des § 91 der Zivilprozessordnung, wenn die Nebenintervention geboten war.**

Literatur (zur älteren Literatur siehe Vorauflage bei §§ 21, 46, 47, 48, 50): *Abramenko,* Die Beschlussanfechtung durch alle Eigentümer, ZMR 2008, 689; *Becker,*

Die Anfechtungsklage des Mitberechtigten am Wohnungseigentum, ZWE 2008, 405; *Becker,* Die Feststellung des Inhalts fehlerhaft protokollierter Eigentümerbeschlüsse, ZMR 2006, 489; *Briesemeister,* Das Nachschieben von Anfechtungsgründen nach Ablauf der Begründungsfrist, ZMR 2008, 253; *Dötsch,* Wann ist die Zustellung der Beschlussmängelklage (§ 46 WEG) noch „demnächst" i. S. d. § 167, AnwZert MietR 12/2012; *Dötsch,* Beschlussanfechtung durch sämtliche Eigentümer, AnwZert MietR 5/2009; *Dötsch/Hogenschurz,* Darlegungs- und Beweislast, Wohnungseigentumsrecht, NZM 2010, 298; *Drasdo,* Tod oder Insolvenz eines Sondereigentümers –Verfahrensfortführung bei Beschlussanfechtungsklagen, ZMR 2014, 426; *Elzer,* Die Rückwirkung der Zustellung in der wohnungseigentumsrechtlichen Rechtsprechung des BGH, MietRB 2012, 179; *Elzer/Kern,* Geeignetheit von Schiedsverfahren bei Beschlussanfechtungen, MietRB 2010, 148; *Häublein,* Beschlussanfechtungsbefugnis bei zwangsverwaltetem Wohnungseigentum, ZfIR 2005, 337; *Hogenschurz,* Prozessuale Fragen der Beschlussersetzungsklage – Teil I, MietRB 2020, 251; *Jacoby,* Zehn Jahre WEG-Anfechtungsverfahren nach der ZPO – fG-Relikte, ZPO-Anomalien, Reformvorschläge, ZMR 2018, 393; *Jacoby,* Zur verfahrensrechtlichen Behandlung der mehrfachen Anfechtung eines Wohnungseigentümerbeschlusses, ZMR 2003, 591; *Lieder,* Reform des gesellschaftsrechtlichen Beschlussmängelrechts, NZG 2018, 1321; *Löke,* Divergierende Entscheidungen im Beschlussanfechtungsverfahren, ZMR 2003, 722; *Riechmann,* Die Anfechtung von Beschlüssen der Untergemeinschaft, IMR 2017, 345; *Schmid,* Falscher Wohnungseigentümer verklagt und Urteil rechtskräftig – Was dann?, ZWE 2013, 193; *Schmid,* Zwang zur Anfechtung von Wohnungseigentümerbeschlüssen?, NZM 2008, 185; *Suilmann,* Beschlussmängelverfahren nach § 43 Abs. 1 Nr. 4 WEG – Zum Verhältnis von Beschlussanfechtungs- und Nichtigkeitsfeststellungsanträgen, ZWE 2001, 402; *Suilmann,* Das Beschlussmängelverfahren im Wohnungseigentumsrecht, 1998; *Zwickel,* Alternative Streitbeilegung im Beschlussanfechtungsverfahren, NZM 2014, 18;

Übersicht

A. Gesetzgebungsgeschichte

1 § 44 WEG beruht auf dem Gesetz zur Förderung der Elektromobilität und zur Modernisierung des Wohnungseigentumsgesetzes und zur Änderung von kosten- und grundbuchrechtlichen Vorschriften (WEMoG) v. 16.10.2020. Anders als § 46 WEG aF bestimmt er in seinem ersten Absatz ausdrücklich, dass nicht nur die Anfechtungsklage, sondern auch die Nichtigkeitsfeststellungklage und die Beschlussersetzungsklage (§ 21 Abs. 8 WEG aF) jeweils Beschlussklagen iSv § 43 Abs. 2 Nr. 4 WEG sind (für andere Feststellungsklagen im Zusammenhang mit Beschlüssen gilt nichts anderes; → Rn. 3 ff.). Bei den Beschlussersetzungsklagen, die zu Recht als Verfahrensnormen ihren Platz im Verfahrensrecht (wieder-)erhalten haben (vgl. § 43 Abs. 2 WEG idF bis zum 30.6.2007), streicht er ggü. dem bisherigen Recht heraus, dass ihr Ziel keine Vereinbarung sein kann. § 44 WEG ändert § 46 Abs. 1 Satz 1 WEG aF im Übrigen gleich mehrfach ab. Zum einen sind nach § 44 Abs. 2 Satz 1 WEG Beschlussklagen nunmehr gegen die Gemeinschaft der Wohnungseigentümer als Prozessstandschafterin zu richten. Zum anderen ist das in § 46 Abs. 1 Satz 1 WEG aF vorgesehene Anfechtungsrecht des Verwalters entfallen. § 46 Abs. 1 Satz 2 und Satz 3 WEG aF sind – ohne Änderung in der Sache – in § 45 WEG verlagert worden. § 44 Abs. 2 Satz 2 WEG ist aus § 27 Abs. 1 Nr. 7 WEG aF ins Prozessrecht übernommen worden, ist allerdings keine Verfahrensnorm und daher deplatziert. Neu ist die Anknüpfung an die Erhebung der Klage, also die Zustellung der Klageschrift (§ 253 Abs. 1 ZPO). § 44 Abs. 2 Satz 3 WEG entspricht § 47 WEG aF § 44 Abs. 3 WEG stimmt im Kern mit § 48 Abs. 3 WEG aF überein. § 44 Abs. 4 WEG knüpft schließlich an den Sinn und Zweck von § 50 WEG aF an.

B. Sinn und Zweck

2 § 44 Abs. 1 WEG definiert, welche Klagen als Beschlussklagen iSv § 43 Abs. 2 Nr. 4 WEG anzusehen sind, und bestimmt, was jeweils Inhalt einer solchen Klage und damit des Urteilsausspruchs sein kann. § 44 Abs. 2 Satz 1 WEG regelt, gegen wen eine Beschlussklage zu erheben ist, § 44 Abs. 2 Satz 2 WEG ordnet eine Informationspflicht an und § 44 Abs. 2 Satz 3 WEG regelt, was gilt, wenn mehrere Wohnungseigentümer Beschlussklagen erhoben haben. § 44 Abs. 3 WEG ist eine Spezialvorschrift zur Rechtskraftwirkung eines Urteils ggü. einer Beschlussklage. § 44 Abs. 4 WEG schränkt in seinem Anwendungsbereich die Bestimmung des § 91 Abs. 1 Satz 1 ZPO ein.

C. Die Beschlussklagen (§ 44 Abs. 1 WEG)

I. Anwendungsbereich

3 Als eine „Beschlussklage" iSv § 43 Abs. 2 Nr. 4 WEG sind nach § 44 Abs. 1 WEG drei Klagen zu verstehen, die sich jeweils mit einem Beschluss

der Wohnungseigentümer befassen, den diese in einer Versammlung oder schriftlich gefasst haben. Es sind die Klage eines Wohnungseigentümers, einen Beschluss vom Gericht nach § 23 Abs. 4 Satz 2 WEG für ungültig erklären zu lassen (Anfechtungsklage), die Klage nach § 256 Abs. 1 ZPO auf Feststellung der Nichtigkeit eines Beschlusses (Nichtigkeitsklage), und die Klage eines Wohnungseigentümers, dass das Gericht anstelle der dazu berufenen Wohnungseigentümer einen Beschluss fasst (Beschlussersetzungsklage). Kein Beschluss der Wohnungseigentümer iSd § 44 Abs. 1 WEG ist ein Beschluss der Verwaltungsbeiräte oder der Beschluss der Miteigentümer eines Wohnungs- und/oder Teileigentums (→ § 43 Rn. 69; LG Frankfurt a. M. BeckRS 2020, 4874 Rn. 10).

II. Entsprechende Anwendung

1. Überblick. § 44 Abs. 1 WEG unterfallen in einer entsprechenden Anwendung auch von ihm nicht genannte andere Gestaltungs- oder Feststellungsklagen, die sich mit Wirksamkeit oder Inhalt eines Beschlusses im Übrigen beschäftigen. 4

2. Klage auf Feststellung und Verkündung eines Beschlusses („Beschlussfeststellungsklage"). a) Überblick. Handelt der Versammlungsleiter treuwidrig, verzählt er sich oder ist er zB in Bezug auf die Stimmkraft, auf die Vertretung oder wegen einer Stimmberechtigung unsicher, und stellt er daher ungeachtet einer Abstimmung einen positiven Beschluss nicht fest und verkündet ihn nicht, kann ein Wohnungseigentümer den Antrag stellen, dass anstelle des Versammlungsleiters das Gericht den Beschluss feststellt und verkündet (→ Vor §§ 23 ff. Rn. 27). Auch diese Klage ist entsprechend bzw. reziprok § 44 Abs. 2 Satz 1 WEG gegen die Gemeinschaft der Wohnungseigentümer zu richten (s. a. zum alten Recht LG Itzehoe ZMR 2016, 565 (566)). Hat der Versammlungsleiter im Übrigen zwar keinen positiven, aber zu Unrecht einen negativen Beschluss verkündet, kann dieser im Wege der objektiven Klagehäufung mit der Anfechtungs- oder Nichtigkeitsklage bekämpft werden. Neben der Beschlussklage gegen diesen Negativbeschluss kann dann beantragt werden, dass das Gericht das zutreffende Beschlussergebnis feststellt und verkündet (BGH NJW 2002, 3704 unter III. 1. b) aa); NJW 1986, 2051 unter 1. zum Gesellschaftsrecht; OLG Düsseldorf NZM 2009, 162; KG WuM 1990, 323; OLG Hamm OLGZ 1979, 296 (298)); *Becker* ZWE 2006, 157 (160)). Fehlt ein solcher Antrag, ist auszulegen, ob eine Anfechtungsklage ggf. auch idS zu verstehen ist (OLG Düsseldorf WuM 2008, 570 (571); BayObLG FGPrax 2005, 106). 5

b) Gegenstand. aa) Beschluss. Gegenstand der Klage ist jedenfalls die Feststellung und Verkündung, ob die Wohnungseigentümer einen konkreten positiven Beschluss gefasst haben. 6

bb) Ordnungsmäßigkeit. Streitig ist, ob neben der Feststellung und Verkündung des Beschlusses zugleich die Ordnungsmäßigkeit des zu schaffenden Beschlusses Streitgegenstand ist (dazu etwa *Riecke* WE 2004, 34 (39); *Deckert* ZMR 2003, 153 (158); *Müller* NZM 2003, 222 (225)). Die hM macht geltend, die Prozessökonomie spreche für die Einbeziehung der Ordnungs- 7 mäßigkeit als weiteren Streitgegenstand (OLG München NJW-RR 2007, 594; LG Hamburg ZMR 2011, 822 (823); *Becker* ZWE 2006, 157 (161); *Abramenko* ZMR 2004, 789 (792)). Es reiche prozessual, wenn die beklagte Partei der beantragten positiven Beschlussfeststellung unter Hinweis auf Anfechtungsgründe widerspricht, einen Klageabweisungsantrag stellt und dann die Anfechtungsgründe in den Prozess einführt. Nicht erforderlich sei es, dass einer der Beklagten eine gesonderte Klage auf Ungültigerklärung des (noch in Geltung zu setzenden) Beschlusses erhebt. Diese Vorgehensweise entspreche der Handhabung positiver Beschlussfeststellungsklagen im Gesellschaftsrecht (BGH NJW 1986, 2051 unter 1.; 1980, 1465 unter II. 3. e). Vereinzelt wird auch geltend gemacht, die Beschlussfeststellungs- sei der Beschlussersetzungsklage zuzuordnen (Staudinger/*Lehmann-Richter* § 46 Rn. 246). Die Frage, ob die Ordnungsmäßigkeit eines Beschlusses Voraussetzung für die Begründetheit der Klage sei, sei zu bejahen, da ein rechtswidriger Beschluss nicht erforderlich iSd Vorschrift sei. Eine Gegenansicht führt dagegen an, die rechtskräftige Feststellung des Beschlussergebnisses durch das Gericht ersetze die unterbliebene Feststellung des Versammlungsleiters und runde den Tatbestand für das Entstehen eines Beschlusses ab (AG Hamburg-Blankenese ZMR 2008, 1001; AG Neukölln ZMR 2005, 317 (318)). Vor der rechtskräftigen Entscheidung des Gerichts gebe es keinen Beschluss. Das dem Gericht dargelegte und ggf. bewiesene Abstimmungsergebnis auf einen Beschlussantrag könne man nicht als schwebend unwirksamen Beschluss begreifen (*Bub* FS Seuß, 2007, 52 (69)). Es handele sich vielmehr um einen Nichtbeschluss (→ Vor §§ 23 ff. Rn. 70). Man könne allenfalls darüber nachdenken, dass es für eine Gestaltungsklage kein Rechtsschutzbedürfnis gibt, wenn ihr Ergebnis ein ordnungswidriger Beschluss wäre. Diese Überlegung sei aber angesichts des § 23 Abs. 4 WEG und der Funktion des Gerichts im Rahmen einer Beschlussfeststellungsklage nicht durchgreifend. Das WEG akzeptiere ordnungswidrige Beschlüsse. Auch dem Versammlungsleiter sei es verwehrt, rechtswidrige Beschlüsse nicht zu perfektionieren.

8 **Stellungnahme.** Zu folgen ist der Ansicht, dass die Ordnungsmäßigkeit des nicht festgestellten Beschlusses grundsätzlich kein Streitgegenstand einer Beschlussfeststellungsklage ist. Für eine Prüfung bedürfte es nach § 308 Abs. 1 Satz 1 ZPO eines Antrags. Etwaige Anfechtungsgründe sind nicht von Amts wegen zu berücksichtigen (*Elzer* ZMR 2008, 1004 (1005)). Die Beschlussfeststellungsklage ist auch kein Sonderfall der Beschlussersetzungsklage. Denn bei der Beschlussfeststellungsklage fasst das Gericht nicht den Beschluss und bestimmt nicht seinen Inhalt. Für die Sichtweise der hM gibt es jedenfalls keinen Bedarf. Möglich ist nämlich die Streithilfe auf Seiten der Gemeinschaft der Wohnungseigentümer. Im Wege der Widerklage kann der Streithelfer die Anfechtbarkeit eines positiven Beschlussergebnisses zur Entscheidung stellen (BGH NJW 1980, 1465 unter II. 2. e). Wer der Gegenansicht folgt, muss bei der Tenorierung jedenfalls klarstellen, dass ein „wirksamer" Beschluss gefasst wurde (AG Hamburg-Blankenese ZMR 2008, 1001; *Riecke* WE 2004, 34 (39)).

9 **cc) Hinweis (§ 139 ZPO).** Erkennt das Gericht, dass ein von ihm festgestellter Beschluss seiner Ansicht nach nicht ordnungsmäßig ist, kann und

muss es hierauf nach allen Meinungen gem. § 139 ZPO hinweisen. Allein dies dürfte in der Mehrzahl der Fälle für eine Klärung sorgen (AG Neukölln ZMR 2005, 317 (318)).

c) Klageantrag. Die Klage ist wie die Beschlussersetzungsklage eine Gestaltungsklage, da das Gericht die Rechtslage nicht bloß feststellt, sondern den Beschluss konstitutiv begründet (*Elzer* MietRB 2007, 72; aA LG Itzehoe ZMR 2016, 565 (566)). Die Rechtsordnung kennt auch in anderen Zusammenhängen solche „gestaltende Feststellungsklagen", zB nach § 8 PrKG (*Gerber* NZM 2008, 152 (154 Fn. 12)) oder nach §§ 1599 ff. BGB (vgl. BGH NJW 1999, 1632 unter 2.). 10

d) Klagefrist. Die Klage kann nach bislang hM ohne Bindung an eine Frist erhoben werden (BGH NJW 2001, 3339 unter III. 3. cc) (3). **Stellungnahme.** Wie nach der ganz hM im Aktienrecht (BGH NJW 1980, 1465 unter II. 3c), sollte § 45 Satz 1 WEG entsprechend angewendet werden (s. a. KG NJW-RR 1991, 214; LG Hamburg ZMR 2012, 217; *Niedenführ* NJW 2008, 1768 (1771)). Eine zeitlich unbeschränkte Zulassung der Feststellungsklage könnte zu größter Rechtsunsicherheit führen (BGH NJW 1980, 1465 unter II. 3c; RGZ 142, 123 (128)). 11

e) Begründetheit. Voraussetzung für eine richterliche Gestaltung ist, dass alle Erfordernisse eines wirksamen Beschlusses gegeben sind (dazu → Vor §§ 23 ff. Rn. 10 ff.). Die Darlegungs- und Beweislast liegt beim Kläger. 12

f) Rechtsfolge. Das Urteil ersetzt die unterbliebene Feststellung und Verkündung des Versammlungsleiters und rundet so den Tatbestand für das Entstehen eines Beschlusses ab (BGH NJW 2001, 3339 unter III. 3. a) cc) (3); BayObLG ZMR 2004, 125 (126)). Mit Rechtskraft iSv § 705 ZPO entsteht wie bei der Beschlussersetzungsklage ein Beschluss der Wohnungseigentümer (*Bub* FS Seuß, 2007, 53 (69); *Gottschalg* ZWE 2005, 32 (36); *Wenzel* ZWE 2000, 382 (385)). 13

3. Klage, ein (beurkundeter) Beschluss sei nicht oder nicht mit diesem Inhalt gefasst worden. Ein Wohnungseigentümer kann bei einem Streit entsprechend § 44 Abs. 2 Satz 1 WEG gegen die Gemeinschaft der Wohnungseigentümer nach § 256 Abs. 1 ZPO auf die Feststellung klagen, ein nach dem Wortlaut der Niederschrift gefasster Beschluss sei nicht oder anders als beurkundet von den Wohnungseigentümern gefasst worden (KG NJW-RR 1991, 213 (214); BayObLG WE 1989, 183; OLG Hamm OLGZ 1979, 296 (298); OLG Köln OLGZ 1979, 282 (283); AG Wiesbaden ZMR 2008, 165 (166)); ohne Stellungnahme OLG München ZWE 2006, 456; BayObLGZ 1999, 149 (153)). Die → Rn. 5 ff. gelten entsprechend. 14

4. Klage auf Feststellung eines Beschlussinhalts. Ein Wohnungseigentümer kann – besteht Streit – nach § 256 Abs. 1 ZPO eine Feststellungsklage erheben, was Inhalt eines Beschlusses ist. Die Klage unterfällt wie eine Klage auf Berichtigung der Niederschrift (→ § 24 Rn. 163) nicht § 44 Abs. 1 WEG und damit auch nicht § 45 WEG (Bärmann/*Roth* § 46 Rn. 22; *Becker* ZWE 2016, 2 (8); ZMR 2006, 489 (491); aA OLG Hamm OLGZ 1985, 147 (148); OLG Köln OLGZ 1979, 282 (285)). Das Urteil wirkt also nur 15 zwischen den Parteien des Rechtsstreits (s. a. BGH NJW 2015, 3234 Rn 20). Den anderen Wohnungseigentümern oder der Gemeinschaft der Wohnungseigentümer kann allerdings der Streit verkündet werden.

16 **5. Klage auf Feststellung der Gültigkeit eines Beschlusses.** Für die Feststellungsklage eines Wohnungseigentümers gegen einen anderen Wohnungseigentümer in Bezug auf die behauptete Wirksamkeit eines Beschlusses fehlt es wegen der Nichtigkeitsklage als Sondernorm an einem Feststellungsinteresse (aA zum alten Recht wohl OLG Celle NJW 1958, 307). Stets muss der, der die Wirksamkeit bestreitet, also die Nichtigkeitsklage erheben. Nur dann ist auch § 44 Abs. 3 WEG anzuwenden.

17 **6. Klage auf eine Vereinbarung (§ 10 Abs. 2 WEG).** Auf die Klage eines Wohnungseigentümers auf eine vom Gesetz abweichende Vereinbarung nach § 10 Abs. 2 WEG sind § 44 Abs. 2 bis 4 WEG nicht entsprechend anzuwenden. Die Gründe, die den Gesetzgeber zu der Regelung bewogen haben, dass Beschlussklagen gegen die Gemeinschaft der Wohnungseigentümer zu erheben sind (siehe BR-Drs. 168/20, 93), gelten zwar auch für die Klagen auf eine Verwaltungsvereinbarung. Auch dort gibt es grundsätzlich eine Vielzahl von Beteiligten. Und auch bei den Klagen auf eine Verwaltungsvereinbarung führt es häufig zu Irritationen bei den Wohnungseigentümern, wenn gegebenenfalls auch diejenigen Wohnungseigentümer verklagt werden müssen, die für die Vereinbarung sind. Es wäre nach § 18 Abs. 1 WEG auch dogmatisch konsistent, Klagen auf eine Vereinbarung gegen die Gemeinschaft der Wohnungseigentümer zu richten. Die Klage gegen unbekannte Miteigentümer ist im Übrigen praktisch nicht leicht zu führen. Zwar kann man annehmen, dass die Gemeinschaft der Wohnungseigentümer einem Wohnungseigentümer verpflichtet ist, ihm seine Miteigentümer mit Namen und Adressen mitzuteilen. Es fehlt im aktuellen Recht aber an einer § 45 WEG aF vergleichbaren Norm, sodass die Klage jedem Wohnungseigentümer zuzustellen ist. Ferner sind §§ 44, 50 WEG aF gestrichen worden. Die Klage auf eine Verwaltungsvereinbarung ist indessen eine Leistungsklage (BR-Drs. 168/20, 93), die auf § 894 ZPO, also auf Willenserklärungen der Wohnungseigentümer zielt. Die Gemeinschaft der Wohnungseigentümer scheidet damit als Beklagte aus. Anders wäre es nur, wenn man, wie bei § 10 Abs. 6 Satz 3 WEG aF, bei den Pflichten (BGH NJW 2016, 1735 Rn. 24), für die Zwangsvollstreckung eine Passivstandschaft für möglich hielte, oder bei § 10 Abs. 2 WEG jedenfalls auch Gestaltungsklagen oder gestaltende Leistungsklagen erlaubte.

III. Die Parteien der Beschlussklagen

18 **1. Kläger (§ 44 Abs. 1 Satz 1 WEG). a) Wohnungseigentümer. aa) Allgemeines.** Nach § 44 Abs. 1 WEG sind die aktuellen – ggf. werdenden (BGH NJW-RR 2017, 1042 Rn. 6; LG Koblenz BeckRS 2017, 147806 Rn. 14) – Wohnungseigentümer klagebefugt, nicht aber Zweiterwerber (LG Rostock ZMR 2014, 315). Ein nach Beschlussfassung, aber noch vor Ablauf der Klagefrist in das Grundbuch Eingetragener ist Wohnungseigentümer idS (KG NJW-RR 1995, 148; OLG Frankfurt a. M. NJW-

RR 1992, 1170). Dass ein Wohnungseigentümer für einen bestimmten Beschlussgegenstand vom Stimmrecht von Gesetzes wegen oder nach einer Vereinbarung ausgeschlossen war, ändert nichts (BayObLG NJW 1993, 603 (604); OLG Frankfurt a. M. OLGZ 1992, 439; LG Frankfurt a. M. NZM 2012, 120 (121)). Es ist auch nicht erforderlich, dass der klagende Wohnungseigentümer durch den Beschluss persönlich betroffen ist oder sonst Nachteile erleidet.

bb) Notwendige Streitgenossen. (1) Überblick. Mehrere Wohnungseigentümer, die eine Beschlussklage erheben oder deren Beschlussklagen nach § 44 Abs. 2 Satz 3 WEG miteinander verbunden worden sind, sind notwendige Streitgenossen (BGH NJW 2009, 2132 Rn. 20). Daraus folgt nach § 62 Abs. 1 ZPO, dass wenn ein Termin oder eine Frist nur von einzelnen Streitgenossen versäumt wird, die säumigen Streitgenossen als durch die nicht säumigen vertreten anzusehen sind. Allerdings bleiben die Streitgenossen auch in den Fällen des § 62 ZPO selbständige Streitparteien in jeweils besonderen Prozessrechtsverhältnissen zum gemeinsamen Gegner (BGH NJW 1996, 1060 unter II. 4.). Die notwendige Streitgenossenschaft ändert aber nichts daran, dass die einzelnen Streitgenossen ihren jeweiligen Prozess selbständig führen und Prozesshandlungen grundsätzlich nur mit Wirkung für ihr jeweiliges Prozessrechtsverhältnis vornehmen können (*Suilmann* AnwZert MietR 7/2017). Ob die Prozesshandlung eines Streitgenossen oder gegenüber einem Streitgenossen Wirkung auch im Verhältnis zu den anderen Streitgenossen entfaltet, ist daher eine Frage des einzelnen Regelungsproblems, die differenzierend unter Berücksichtigung des Zwecks der notwendigen Streitgenossenschaft und des Grundsatzes der Selbständigkeit der Streitgenossen zu beurteilen ist (BGH NJW 1996, 1060 unter II. 4). 19

Widersprüchlichen Vortrag kann und muss das Gericht frei würdigen. Jeder Kläger ist insbesondere berechtigt, die von ihm erhobene Klage ohne Zustimmung seiner Streitgenossen zurückzunehmen, BGH NJW 2009, 2132 Rn. 22). Ebenso ist jeder Streitgenosse selbständig zur Einlegung von Rechtsmitteln berechtigt. 20

(2) Anfechtungs- und Begründungsfrist. Die Anfechtungs- und Begründungsfrist nach § 45 Satz 1 WEG gehören nach hM zB nicht zu den prozessualen Fristen iSd § 62 Abs. 1 ZPO (BGH NJW 2009, 2132 Rn. 21), sondern werden jeweils als materiell-rechtliche Ausschlussfristen verstanden (→ § 44 Rn. 5 und → § 44 Rn. 39). Sie werden also nur gewahrt, wenn der Anfechtungskläger die Anfechtungsklage selbst rechtzeitig erhebt (BGH NJW 2009, 2132 Rn. 21). Anfechtungsgründe, die nur der Kläger, der seine Klage zurücknimmt, rechtzeitig geltend gemacht hat, sind in dem weiteren Verfahren daher nicht mehr zu prüfen (BGH NJW 2009, 2132 Rn. 22). Die verbleibenden Kläger können sich diese Gründe später auch nicht mehr zu eigen machen. 21

cc) Ausscheiden eines Wohnungseigentümers. Ein Wohnungseigentümer verliert seine Klagebefugnis nicht, wenn er während des Verfahrens aus der Gemeinschaft der Wohnungseigentümer ausscheidet (BGH NJW 2002, 3709 unter III. 3). Ein ehemaliger Wohnungseigentümer kann einen 22 vor seinem Ausscheiden gefassten, ihn aber weiterhin betreffenden Beschluss daher zB anfechten oder ihn für nichtig erklären lassen (s. a. BGH NZG 2013, 664 Rn. 10). Ein Wohnungseigentümer, der einen Beschluss mit der Nichtigkeits- und/oder Anfechtungsklage angegriffen hat, kann den Rechtsstreit nach § 265 ZPO auch nach der Veräußerung seines Wohnungseigentums fortsetzen. Notwendig, aber auch ausreichend ist, dass er an der entsprechenden Beschlussklage noch ein rechtliches Interesse hat (KG ZWE 2000, 274 (275); BayObLG ZMR 1998, 447; OLG Karlsruhe OLGZ 1985, 133 (139); LG Hamburg ZMR 2011, 585). Wird nach dem Ausscheiden eines Wohnungseigentümers ein Beschluss gefasst, so bindet dieser den Ausgeschieden allerdings nicht (→ § 23 Rn. 163; → Vor §§ 23 ff. Rn. 33 ff.). Mangels rechtlicher Bindung fehlt ihm daher insoweit die Klagebefugnis (OLG Zweibrücken ZMR 2007, 398).

23 **dd) Miteigentümer.** Nach ganz hM kann der Miteigentümer eines Wohnungseigentums selbstständig eine Beschlussklage erheben. Unklar ist indes immer noch, woraus diese Klagebefugnis folgt. Jedenfalls der BGH sieht jeden Bruchteilseigentümer auch als einen Wohnungseigentümer an (→ § 9a Rn. 5). Folgt man dem, bedarf es keiner Herleitung des Klagerechts und kann der Bruchteilseigentümer als „Wohnungseigentümer" iSd § 44 Abs. 1 WEG klagen. Nach der hM (OLG Frankfurt a. M. NZM 2007, 490; KG NJW-RR 1994, 278; BayObLG NJW-RR 1991, 215 (216); LG München I ZWE 2012, 142; AG München ZMR 2010, 325 (326); *Karkmann* AnwZert MietR 8/2018) folgt die Klagebefugnis allerdings nicht aus § 44 Abs. 1 WEG. Sie verweist vielmehr darauf, dass Gemeinschafter grundsätzlich nur befugt seien, das ihnen gemeinsam zustehende Klagerecht auch gemeinsam auszuüben. Stehe ein Anspruch mehreren Teilhabern gemeinsam zu, liege die Aktivlegitimation bei allen Teilhabern gemeinsam. Der einzelne Teilhaber könne aber bei allen Ansprüchen aus dem Miteigentum der Gemeinschaft nach § 10 Abs. 1 WEG iVm § 1011 BGB prozessführungsbefugt sein und zB in der Regel auf Herausgabe, Unterlassung oder Schadenersatz, nach § 10 Abs. 1 WEG iVm § 432 BGB bei gemeinschaftlichen Ansprüchen auf unteilbare Leistungen und bei gemeinschaftlichen Ansprüchen auf so genannte rechtlich unteilbare Leistungen klagen. Der klagende Mitberechtigte übe das allen Mitberechtigten zustehende Recht für alle Mitberechtigte aus und sei bei Ausübung des Rechts damit als Prozessstandschafter der Mitberechtigten anzusehen (BGH NJW 1981, 1097 unter II. 1; LG München I ZWE 2012, 142).

24 Ist die Klage erfolgreich, ergreift die Gestaltungswirkung die anderen Mitberechtigten. Im Falle der Klageabweisung ist nach der hM zu unterscheiden. Waren die anderen Mitberechtigten mit der Prozessführung einverstanden und haben sie das auch erklärt, wirkt das Urteil auch für und gegen sie (BGH NJW 1993, 3072 unter 2. b). Etwas anderes soll hingegen gelten, wenn ein Einverständnis fehlte oder wenn der Mitberechtigte nur die auf sämtlichen Berechtigten ruhende Klagebefugnis als Notbefugnis wahrgenommen hatte (BGH NJW 1981, 1097 unter II. 1).

25 **ee) Mehrhausanlagen.** Ist in einer Mehrhausanlage (→ § 9a Rn. 53 ff.) vereinbart worden, dass nur einige Wohnungseigentümer für bestimmte

Gegenstände ein Stimmrecht besitzen (manche meinen, dass ein beschränktes Stimmrecht neben einer Vereinbarung auch Folge einer „Betroffenheit“ sein könne, vgl. etwa OLG München FGPrax 2007, 74 (76); OLG Düsseldorf OLGR 2005, 525 (526); OLG Zweibrücken OLGR 2004, 585 (586)), ändert dies nichts daran, dass jeder Wohnungseigentümer eine Beschlussklage erheben kann (*Abramenko* ZWE 2011, 159 (162)). Diese Folge lässt sich damit begründen, dass eine Vereinbarung, die das Stimmrecht auf einige Wohnungseigentümer beschränkt, dogmatisch als negative Öffnungsklausel zu sehen ist. Eine solche ändert nichts daran, dass jeder Wohnungseigentümer berechtigt ist, die auf ihr fußenden Beschlüsse anzufechten. Im Einzelfall ist allerdings vorstellbar, dass einem Wohnungseigentümer das Rechtsschutzbedürfnis für eine Beschlussklage fehlt (→ Rn. 104). Treffen die Wohnungseigentümer eines Hauses einer Mehrhausanlage „unter sich“ einen Beschluss, zB als gemeinsame Sondernutzungsberechtigte, handelt es sich um einen solchen nach § 745 BGB. Dieser Beschluss ist nach § 44 Abs. 1 WEG nicht anfechtbar (s. a. BR-Drs. 168/20, 92).

ff) Miterben. Für Miterben folgt die Klagebefugnis aus § 2038 Abs. 1 BGB (BayObLG NZM 1999, 286; LG Bremen DWE 1989, 32 (34); *Eichhorn* ZfIR 2017, 221 (227)), nach anderen aus § 2039 Abs. 1 BGB (*Becker* ZWE 2008, 405 (406)). 26

gg) Gesellschaften bürgerlichen Rechts (GbR). Ist eine rechtsfähige GbR Wohnungseigentümerin, ist diese klagebefugt, nicht aber ihre Gesellschafter. Eine Klagebefugnis für einen Gesellschafter kommt allein in Notfällen analog § 744 Abs. 2 BGB in Betracht (BGH NJW 1955, 1027). Auch bei einer Innengesellschaft ist der einzelne Gesellschafter außer in Notfällen wegen § 709 BGB allein nicht klagebefugt (aA *Becker* ZWE 2008, 405 (407)). Klagebefugt sind hier nur sämtliche Gesellschafter, es sei denn, etwas anderes wäre zwischen den Gesellschaftern bestimmt. 27

hh) Parteien kraft Amtes. Gesetzliche Verwalter eines Wohnungseigentums sind klagebefugt (BGH NJW 2002, 3709 unter III. 1 für den Insolvenzverwalter; s. a. BGH NZG 2014, 945 Rn. 14, NJW 1989, 2694 unter I. 1. zum Testamentsvollstrecker). Gesetzliche Verwalter sind zB der Insolvenz- (LG Düsseldorf ZWE 2012, 337; AG Charlottenburg ZMR 2010, 644), Zwangs- (BayObLG NJW-RR 1991, 723 (724); KG WuM 1990, 324; LG Berlin ZMR 2009, 474 (475)) oder Nachlassverwalter. Die Klagebefugnis dieser Dritten verdrängt die der Wohnungseigentümer des verwalteten Wohnungseigentums, soweit es nicht um ein Recht geht, dessen Verletzung auch der Eigentümer (noch) geltend machen kann und dieses Recht nicht von der Verwaltungsbefugnis des Dritten umfasst ist (BGH NJW 1989, 2694 unter I. 1. zum Testamentsvollstrecker; KG ZMR 2007, 801 (802); *Häublein* ZfIR 2005, 337; aA LG Düsseldorf ZWE 2012, 337). 28

ii) Dritte. Ein Wohnungseigentümer kann einen Dritten grundsätzlich ermächtigen, als gewillkürter Prozessstandschafter seine prozessualen Rechte wahrzunehmen (BGH NZM 2016, 322 Rn. 5; NJW-RR 2012, 1359 Rn. 9; zu den Anforderungen an die Ermächtigung → Vor §§ 43 ff. Rn. 4; zur Klagefrist → § 45 Rn. 21). Vor allem der veräußernde Wohnungseigen- 29 tümer kann den Erwerber zur Wahrnehmung seiner prozessualen Rechte (auch still) ermächtigen (KG NJW-RR 2004, 878; OLG Celle ZWE 2001, 34; BayObLG NJW-RR 2000, 1324). Eine Vormerkung ist keine Voraussetzung für die Annahme einer solchen Ermächtigung (KG NJW-RR 2004, 878 (879)). Die Prozessstandschaft muss allerdings bis zum Ablauf der Klagefrist offengelegt werden (KG NJW-RR 1995, 147; 2004, 878 (879); OLG Celle ZWE 2001, 34; LG Hamburg ZMR 2013, 826; LG Berlin ZMR 2012, 119; s. a. BGH NJW 1994, 2549 unter II. 2. b aa). Eine Offenlegung der Ermächtigung ist nur entbehrlich, wenn für alle Parteien eindeutig klar, also offensichtlich ist, welches Recht eingeklagt wird (LG Hamburg ZMR 2013, 826; BGH NJW 1980, 2461 unter 2; 1999, 3707 unter II. 4). Der Eigentumserwerb durch Umschreibung im Grundbuch nach Ablauf der Anfechtungsfrist heilt die zunächst fehlende Prozessführungsbefugnis aus eigenem Recht nicht (KG NJW-RR 2004, 878 (879)).

30 Verfügt ein Dritter über keine Ermächtigung, ist er nicht klagebefugt. Etwa Mietern steht daher auf Grund ihrer bloß schuldrechtlichen Beziehungen kein originäres Klagerecht zu, auch wenn sie von einem Beschluss „betroffen" sind. Auch für dinglich Berechtigte wie Grundpfandrechtsgläubiger oder Nießbraucher (LG Dortmund BeckRS 2019, 32082 Rn. 3) gilt nichts anderes (BGH NJW 2015, 2968 Rn. 8; OLG Düsseldorf ZMR 2005, 469; BayObLG ZMR 1998, 709; LG Hamburg ZMR 2013, 826).

31 **jj) Sämtliche Wohnungseigentümer erheben eine Beschlussklage.** Erheben sämtliche Wohnungseigentümer eine Beschlussklage oder kommt es dazu nach § 44 Abs. 2 Satz 3 WEG, bleiben die Klagen jeweils zulässig (zur Anfechtungsklage *Dötsch* AnwZert MietR 5/2009; *Abramenko* ZMR 2008, 689 (690); aA AG Reutlingen ZMR 2018, 887; AG Bingen am Rhein ZMR 2008, 739 (740); *Greiner* ZMR 2018, 887; *Bonifacio* ZMR 2007, 592 (594); s. a. BGH NJW-RR 1999, 1152 unter II.). Sähe man diese Frage anders, erwüchse ein angefochtener Beschluss zB in Bestandskraft (→ § 23 Rn. 169) – was eine Anfechtungsklage gerade verhindern soll (s. a. *Jacoby* ZMR 2018, 393 (396)).

32 In einer (ggf. nach Verbindung) gemeinsamen Klageerhebung kann auch kein Zweitbeschluss, der den angefochtenen Beschluss aufhebt, gesehen werden (aA *Greiner* ZMR 2018, 887 (888)); *Bonifacio* ZMR 2010, 163 (168)). Für einen Beschluss fehlte es an den notwendigen Tatbestandsmerkmalen Feststellung und Verkündung. Es liegt ferner nicht automatisch ein Anerkenntnis vor (aA *Bonifacio* ZMR 2010, 163 (168)). In der Klageerhebung durch sämtliche Wohnungseigentümer kann in manchen Fällen allerdings eine still geschlossene Vereinbarung gesehen werden, mit welcher der Beschluss aufgehoben wird (s. a. *Greiner* ZMR 2018, 887). Liegt der Fall so, kann gegen die Gemeinschaft der Wohnungseigentümer im selben Prozess auf Feststellung dieser Wirkung geklagt werden. Im Übrigen wird in einem solchen Fall die Gemeinschaft der Wohnungseigentümer idR aktiv anerkennen, da die Wohnungseigentümer dieses erklären können.

33 **b) Verwalter.** Der Verwalter ist als Wohnungseigentümer, nicht aber als Organ nach § 44 Abs. 1 WEG befugt, eine Beschlussklage zu führen. Er kann anders als nach § 46 Abs. 1 Satz 1 WEG aF keine Anfechtungsklage

erheben. Der Gesetzgeber sieht selbst in Bezug auf einen Beschluss, mit dem die Wohnungseigentümer eine Person als Verwalter abberufen haben, für eine Anfechtungsklage keinen ausreichenden Bedarf mehr (BR-Drs. 168/20, 92). Der jeweilige Verwalter ist auch nicht analog § 245 Nr. 5 AktG zur Anfechtung befugt, wenn er durch die Ausführung eines Beschlusses eine strafbare Handlung oder eine Ordnungswidrigkeit begehen oder wenn er ersatzpflichtig werden würde. Denn in diesen Fällen ist er schon aus materiell-rechtlichen Gründen nicht zur Beschlussdurchführung verpflichtet (→ § 27 Rn. 91; BR-Drs. 168/20, 92).

c) Gemeinschaft der Wohnungseigentümer. Die Gemeinschaft der Wohnungseigentümer ist klagebefugt, soweit sie Eigentümerin eines Wohnungseigentums in einer ihr fremden Wohnungseigentumsanlage ist. Soweit sie hingegen Eigentümerin eines Wohnungseigentums in der von ihr verwalteten Wohnungseigentumsanlage ist, soll sie nach hM nicht klagebefugt sein (*Armbrüster* NZG 2017, 441 (448); *Häublein* FS Seuß, 2007, 125 (136, 139)). 34

2. Beklagte (§ 44 Abs. 2 Satz 1 WEG). a) Überblick und Sinn und Zweck. Beschlussklagen sind nach § 44 Abs. 2 Satz 1 WEG und entsprechend § 246 Abs. 2 Satz 1 AktG gegen die Gemeinschaft der Wohnungseigentümer als gesetzliche Prozessstandschafterin (*Jacoby* ZMR 2018, 393 (394)) zu richten und nach § 9b Abs. 1 WEG ihrem Vertreter zuzustellen. Dies gilt auch in Wohnungseigentumsanlagen mit nur zwei Wohnungseigentümern. Diese Prozessstandschaft soll die Beschlussklagen leichter handhabbar machen und der Gefahr vorbeugen, dass ein Wohnungseigentümer die falsche Partei verklagt (BR-Drs. 168/20, 93). Ferner soll Irritationen entgegengewirkt werden, die darin bestünden, dass auch diejenigen Wohnungseigentümer zu verklagen seien, die gegen den Beschluss gestimmt hätten (BR-Drs. 168/20, 93). Dieses Konzept sei aber vor allem „dogmatisch konsistent“. Denn der Gemeinschaft der Wohnungseigentümer sei nach § 18 Abs. 1 WEG materiell-rechtlich die Verwaltung des gemeinschaftlichen Eigentums zugewiesen. 35

b) Vertretung der Gemeinschaft der Wohnungseigentümer. aa) Verwalter. (1) Grundsatz. Die Gemeinschaft der Wohnungseigentümer wird nach § 9b Abs. 1 Satz 1 WEG vom Verwalter vertreten. Dies gilt grundsätzlich auch dann, wenn der Bestellungsbeschluss oder ein anderer Beschluss angegriffen ist, der seine Rechte und Pflichten betrifft oder zB verlangt, dass die Gemeinschaft der Wohnungseigentümer von ihm Schadensersatz verlangen soll. Zwar gilt der in § 181 BGB enthaltene Rechtsgrundsatz auch im Prozess (BGH NJW 1996, 658; MüKoBGB/*Schubert* BGB § 181 Rn. 21). Der Verwalter ist aber nicht der Kläger und steht daher auch dann, wenn es um sein Interesse geht, nicht auf beiden Seiten. Anders ist es allerdings, wenn der Verwalter selbst auch Wohnungseigentümer und der Kläger ist. Ferner ist es wohl auch dann anders, wenn der Kläger dem Verwalter eng verbunden ist, zB der Geschäftsführer der Verwalter-GmbH oder deren Mehrheitsgesellschafter. Insgesamt gilt → § 25 Rn. 100 entsprechend. 36

37 **(2) Umfang.** Der Verwalter kann grundsätzlich alle prozessualen Erklärungen für die Gemeinschaft der Wohnungseigentümer abgeben, zB eine Widerklage erheben, und ist auch befugt, für die Gemeinschaft der Wohnungseigentümer einen Rechtsanwalt zu beauftragen (zum alten Recht BGH BeckRS 2019, 38140 Rn. 12; NJW 2013, 3098 Rn. 13). Der Verwalter kann ferner darauf verzichten, falsche Behauptungen eines Wohnungseigentümers zu bestreiten, kann für die Gemeinschaft der Wohnungseigentümer Tatsachen zugestehen (§ 288 ZPO), kann die Säumnis der Gemeinschaft der Wohnungseigentümer herbeiführen und er kann sich entscheiden, für die Gemeinschaft der Wohnungseigentümer ein Rechtsmittel nicht einzulegen oder dieses zurücknehmen (zur AG siehe nur Bork ZIP 1992, 1205 (1207); MüKoAktG/Hüffer/Schäfer AktG § 246 Rn. 28).

38 **(3) Wirksamkeit des Beschlusses; Entstehung eines Beschlusses.** Der Verwalter ist allerdings nicht berechtigt, im Verein mit dem klagenden Wohnungseigentümer über die Wirksamkeit eines Beschlusses zu befinden, ihn abzuändern oder ihn zur Entstehung zu bringen. Denn der Verwalter hat nach §§ 9b Abs. 1, 27 Abs. 1 WEG keine materiell-rechtlichen Befugnis, über die Wirksamkeit eines Beschlusses zu disponieren (die Frage ist im Gesellschaftsrecht hoch streitig, vgl. etwa OLG München NJW-RR 1997, 988; LG Koblenz GmbHR 2004, 260; *Bork* ZIP 1992, 1205; *Schwab* Das Prozessrecht gesellschaftsinterner Streitigkeiten, 552 ff.). Diese Befugnis liegt allein bei der Gesamtheit der Wohnungseigentümer (zum Gesellschaftsrecht BGH NJW 1996, 1753 unter II. 5; OLG Jena NZG 2006, 467 (468). Nur die Wohnungseigentümer können Beschlüsse fassen, mit denen sie den Verwalter auch anweisen können. Der Verwalter kann sich ohne einen entsprechenden Beschluss der Wohnungseigentümer weder zu dem angefochtenen Beschluss vergleichen (zur AG Spindler/Stilz/Dörr AktG § 246 Rn. 50) noch eine Beschlussklage anerkennen. Jedenfalls könnte ein auf Seiten der Gemeinschaft der Wohnungseigentümer beigetretener Wohnungseigentümer einem Vergleich oder einem Anerkenntnis aber widersprechen (BGH NJW 2008, 1889 Rn. 8 und NJW-RR 1993, 1253 unter III.; OLG Düsseldorf BeckRS 2018, 34266 Rn. 48).

39 **bb) Wohnungseigentümer (kupierte Gesamtvertretung).** Hat die Gemeinschaft der Wohnungseigentümer keinen Verwalter oder ist dieser ausnahmsweise entsprechend § 181 BGB als Vertreter der Gemeinschaft der Wohnungseigentümer ausgeschlossen (→ Rn. 36), so vertreten nach § 9b Abs. 1 Satz 2 WEG sämtliche Wohnungseigentümer die Gemeinschaft der Wohnungseigentümer als Gesamtvertreter (→ § 9b Rn. 17). Diese Anordnung ist vor allem im Rahmen des § 44 Abs. 1 Satz 1 WEG allerdings problematisch. Da die klagende Partei (ein Wohnungseigentümer oder mehrere) als einer der geborenen Gesamtvertreter von einer Mitbestimmung offensichtlich ausgeschlossen ist (RGZ 47, 16; OLG München NJW-RR 2015, 33 (35)) und die anderen Wohnungseigentümer wohl nicht, was möglich wäre, für eine Vertretung ermächtigen wird (dazu etwa MüKoBGB/*Schubert* § 181 Rn. 12), fehlt es für eine Willensbildung stets an einem notwendigen Gesamtvertreter. Entweder ist daher für die verwalterlose Gemeinschaft der Wohnungseigentümer nach § 57 Abs. 1 ZPO stets ein

Prozesspfleger zu bestellen. Oder man ist der Ansicht, dass der Wegfall eines vertretungsberechtigten Wohnungseigentümers an dieser Stelle dazu führt, dass nunmehr die übrigen Wohnungseigentümer allein Gesamtvertretungsmacht haben (siehe dazu ua BGH WM 1983, 60; NJW 1964, 1624). **Stellungnahme.** Die zweite Ansicht einer hier so genannten kupierten Gesamtvertretung ist praxisnah und daher vorzugswürdig. Bei der Frage, welche Wohnungseigentümer zu einer kupierten Gesamtvertretung berufen sind, kann es im Übrigen sowohl zu Beginn einer Beschlussklage als auch später (auch mehrfach) zu Änderungen kommen. Der erste Fall liegt vor, wenn Beschlussklagen miteinander verbunden werden. Der zweite Fall, wenn einer von mehreren Beschlussklägern seine Klage oder sein Rechtsmittel zurücknimmt oder sich Klage oder Rechtsmittel anderweitig erledigen.

Vertreten die Wohnungseigentümer im Rahmen einer kupierten Gesamt- 40
vertretung die Gemeinschaft der Wohnungseigentümer, können die Wohnungseigentümer anders als der Verwalter (→ Rn. 37) für diese jede Erklärung abgeben und sich namens der Gemeinschaft der Wohnungseigentümer auch vergleichen oder anerkennen. Gemeinsam mit dem Kläger sind nämlich alle Wohnungseigentümer beteiligt.

c) Berichtigung des Passivrubrums. Erhebt ein Wohnungseigentümer 41
eine Beschlussklage, sagt er aber nicht, gegen wen sich die Klage richtet, ist durch Auslegung zu ermitteln, wer Beklagter sein soll. Grundsätzlich ist hier davon auszugehen, dass der klagende Wohnungseigentümer die Gemeinschaft der Wohnungseigentümer verklagen will (s. a. BGH NZM 2013, 237 Rn. 5). Dem Kläger „rechtlichen Unsinn als gewollt zu unterstellen, wird der gerichtlichen Fürsorgepflicht nicht gerecht" (*Schuschke* NZM 2009, 417 (421)). Richtet sich daher eine Beschlussklage zB nach dem Aktivrubrum nur gegen einige der Wohnungseigentümer oder die Wohnungseigentümer, ist aber erkennbar, dass die Gemeinschaft der Wohnungseigentümer verklagt sein soll, ist das Rubrum von Amts wegen entsprechend § 319 ZPO zu berichtigen (s. a. OLG Karlsruhe NZM 2008, 651; LG Düsseldorf ZMR 2009, 67; AG Ahrensburg ZMR 2009, 78; AG Hamburg – St. Georg ZMR 2008, 742 (743)).

Richtet sich eine Beschlussklage gegen die anderen Wohnungseigentümer, 42
ist hingegen zu unterscheiden, ob die Gemeinschaft der Wohnungseigentümer nur aus Nachlässigkeit falsch bezeichnet worden ist oder ob tatsächlich die falsche Partei verklagt wurde (s. a. *Schuschke* NZM 2009, 417 (419)). Prüfsteine sind die in der Begründung gewählten Bezeichnungen, Singular/Plural, eine Mitglieder-/Eigentümerliste oder die Ankündigung ihrer Vorlage (LG Hamburg ZMR 2010, 64). Fehlt es an aussagekräftigen Anzeichen, sind die anderen Wohnungseigentümer verklagt (s. a. BGH NJW 2010, 446 Rn. 9) und es bedarf, ist die Klage nicht verfristet, eines Beklagtenwechsels.

IV. Bekanntgabe der Beschlussklage (§ 44 Abs. 2 Satz 2 WEG)

1. Überblick und Sinn und Zweck. Nach § 44 Abs. 2 Satz 2 WEG 43
und entsprechend § 27 Abs. 1 Nr. 7 WEG a. F. bzw. § 246 Abs. 4 Satz 1 AktG ist den (anderen) Wohnungseigentümern die Erhebung einer Be-

schlussklage unverzüglich bekannt zu machen. Diese Bekanntgabe soll es den Wohnungseigentümern mit Blick auf die Wirkung eines Urteils in einer Beschlussklage nach § 44 Abs. 3 WEG (→ Rn. 72 ff.) ermöglichen, sich als Streithelfer der klagenden Partei oder der Gemeinschaft der Wohnungseigentümer an der Beschlussklage zu beteiligen (BR-Drs. 168/20, 93).

44 **2. Verpflichteter. a) Gemeinschaft der Wohnungseigentümer.** Nach dem Wortlaut des § 44 Abs. 2 Satz 2 WEG schuldet der Verwalter den Wohnungseigentümern eine Bekanntgabe. Nach dem Konzept des reformierten WEG gibt es indessen keine Pflichten des Verwalters gegenüber den Wohnungseigentümern (BR-Drs. 168/20, 63; → § 18 Rn. 12). Nach Sinn und Zweck und vor allem aus systematischen Überlegungen ist daher – wie auch zB in §§ 18 Abs. 4, 24 Abs. 1, 28 Abs. 1 und Abs. 2 WEG und anders als nach § 246 Abs. 4 Satz 1 AktG – die Gemeinschaft der Wohnungseigentümer verpflichtet, die, durch den Verwalter als ihrem Organ handelt.

45 **b) Verwalterlose Wohnungseigentumsanlagen.** Gibt es in einer Wohnungseigentumsanlage keinen Verwalter, folgt aus dem Wortlaut des § 44 Abs. 2 Satz 2 WEG, der als zum Handeln verpflichtetes Organ gerade den Verwalter nennt und damit die Wohnungseigentümer bewusst ausnimmt, dass für den grundsätzlich zufällig bestimmten Wohnungseigentümer, dem das Gericht nach § 170 Abs. 3 ZPO eine Beschlussklage zustellen würde, keine Pflicht bestünde, mit Ausnahme des oder der klagenden Wohnungseigentümer die anderen Gesamtvertreter der Gemeinschaft der Wohnungseigentümer zu benachrichtigen.

46 Da dann aber der Sinn und Zweck des § 44 Abs. 2 Satz 2 WEG leer liefe (→ Rn. 43), ist in diesem Falle nach einer sachnahen Auslegung stets das Gericht als verpflichtet anzusehen, von § 170 Abs. 3 ZPO keinen Gebrauch zu machen und die Beschlussklage allen Wohnungseigentümern mit Ausnahme des oder der klagenden Wohnungseigentümer zuzustellen (*Hinz* ZMR 2020, 374 (380); vgl. auch BR-Drs. 168/20, 94).

47 **c) Gericht.** Erkennt ein Gericht, dass die Gemeinschaft der Wohnungseigentümer ihren Pflichten nicht nachgekommen ist, muss es dafür Sorge tragen, dass der Anspruch der Wohnungseigentümer auf rechtliches Gehör nicht verletzt wird, und daher die Wohnungseigentümer von der Beschlussklage informieren (BVerfG NJW 1982, 1635; BGH NJW 1986, 2051 unter 1.). So liegt es auch, wenn die Beschlussklage keinem Verwalter zugestellt werden könnte (→ Rn. 46).

48 **3. Adressat der Bekanntgabe.** Die Pflicht, von der Beschlussklage Nachricht zu geben, gilt gegenüber sämtlichen (werdenden) Wohnungseigentümern. Sie gilt aber auch gegenüber ausgeschiedenen, also ehemaligen Wohnungseigentümern, soweit es sich um einen Rechtsstreit handelt, der den Zeitraum ihrer Zugehörigkeit zur Gemeinschaft der Wohnungseigentümer betrifft und noch Wirkungen für sie haben kann (s. a. BGH BeckRS 2019, 38140 Rn. 21). Die Gemeinschaft der Wohnungseigentümer muss nach Sinn und Zweck (→ Rn. 43) allerdings nicht den klagenden Wohnungseigentümer selbst informieren. Eine Information ist ferner unnötig,

wenn ausnahmsweise sämtliche Wohnungseigentümer Kläger sind (→ Rn. 31).

4. Betroffene Verfahren; entsprechende Anwendung. Die Gemeinschaft der Wohnungseigentümer ist verpflichtet, darüber zu unterrichten, dass eine Beschlussklage iSv § 44 Abs. 1 WEG erhoben worden ist. Für den Antrag eines Wohnungseigentümers auf Erlass einer einstweiligen Verfügung im Zusammenhang mit einer Beschlussklage, wenn diese also die Hauptsache ist oder wäre, oder für die Rechtsmittelverfahren, soweit die Gemeinschaft der Wohnungseigentümer Beklagte ist, gilt das entsprechend. Ferner besteht die Bekanntgabepflicht für die genannten Klagen, soweit sich diese gegen die Gemeinschaft der Wohnungseigentümer richten. 49

Für Klagen nach § 43 Abs. 2 Nr. 1 bis Nr. 3 WEG oder ein arbeits-, finanz-, sozial-, verfassungs- oder zB verwaltungsgerichtliches Verfahren besteht hingegen keine Bekanntgabepflicht – auch keine entsprechende. § 44 Abs. 2 Satz 2 WEG ist insoweit nicht analogiefähig. Dem Gesetzgeber waren die Diskussionen um § 27 Abs. 1 Nr. 7 WEG aF bekannt. Seine Stellung im Gesetz, die Gesetzgebungsgeschichte und der Wortlaut sind eindeutig. 50

5. Zeitpunkt der Unterrichtung. Die Wohnungseigentümer sind unverzüglich (§ 121 Abs. 1 Satz 1 BGB: ohne schuldhaftes Zögern) nach Zustellung der Beschlussklage (§ 253 Abs. 1 ZPO) an die Gemeinschaft der Wohnungseigentümer zu informieren. Die Wohnungseigentümer müssen die Gelegenheit haben, dem klagenden Wohnungseigentümer oder der Gemeinschaft der Wohnungseigentümer noch vor dem ersten Termin beizutreten. 51

6. Art und Weise der Unterrichtung. Die Gemeinschaft der Wohnungseigentümer muss die Wohnungseigentümer von der Tatsache, dass eine Beschlussklage erhoben worden ist, unterrichten. Eine Verpflichtung, den Wohnungseigentümern die Beschlussklage selbst nebst deren Anlagen zukommen zu lassen, besteht nicht (BR-Drs. 168/20, 94; zum früheren Recht BGH NJW 2009, 2135 Rn. 16). Die Wohnungseigentümer sind auch nicht vom Ort und Zeit einer Verhandlung zu benachrichtigen, wenn sich dies in einer Bekanntgabe auch anbietet. Eine Vervielfältigung und Übersendung von Schriftstücken ist nicht notwendig, da jeder Wohnungseigentümer nach § 18 Abs. 4 WEG von der Gemeinschaft der Wohnungseigentümer Einsicht in die Verwaltungsunterlagen verlangen und sich damit umfassend informieren kann. 52

Auf welche Art und Weise die Wohnungseigentümer informiert werden, ist Sache der Gemeinschaft der Eigentümer (s. a. BGH NJW-RR 2018, 970 Rn. 24; NJW 1981, 282. Die Wohnungseigentümer können diese insoweit angewiesen. Der Verwalter kann die Wohnungseigentümer etwa per E-Mail (BGH NJW-RR 2018, 970 Rn. 24; NJW 2009, 2135 Rn. 11; LG Frankfurt a. M. ZWE 2017, 48), mündlich auf einer Versammlung (BGH NJW-RR 2018, 970 Rn. 24; NJW 2009, 2135 Rn. 11) oder durch Versendung von Rundschreiben (BGH NJW-RR 2018, 970 Rn. 24) benachrichtigen. Der 53

Aushang an einem „schwarzen Brett“ oder eine Mitteilung auf einer Homepage genügt für eine ausreichende Information nicht.

54 Über spätere Zustellstücke muss die Gemeinschaft der Wohnungseigentümer nicht mehr berichten. Insoweit kann sich ein Wohnungseigentümer eine Benachrichtigung durch eine Streithilfe (→ Rn. 88) sichern. Denn dem streitgenössischen Streithelfer müssen vom Gericht alle Entscheidungen, auch die Urteile, zugestellt werden (Stein/Jonas/*Jacoby* ZPO § 69 Rn. 14).

55 **7. Kostentragungspflicht des Klägers.** Die Unterrichtung der Wohnungseigentümer ist eine Sache der Gemeinschaft der Wohnungseigentümer. Die Kosten für diese Unterrichtung sind nicht iSv § 91 Abs. 1 Satz 1 ZPO notwendig und können zB nicht auf den unterlegenen Kläger „abgewälzt“ werden (BGH NJW 2014, 3247 Rn. 10; 2009, 2135 Rn. 11).

56 **8. Mängel.** Informiert die Gemeinschaft der Wohnungseigentümer einen oder mehrere Wohnungseigentümer oder alle Wohnungseigentümer nicht, verletzt sie ihre Pflichten und schuldet ggf. Schadenersatz. Wird ein Wohnungseigentümer weder unverzüglich noch später informiert und erfährt er auch nicht aus anderen Gründen von einer Beschlussklage, ist ferner wohl § 44 Abs. 3 WEG nicht anwendbar (→ Rn. 72).

V. Prozessverbindung (§ 44 Abs. 2 Satz 3 WEG)

57 **1. Sinn und Zweck.** Die Gültig- oder Ungültigkeit, die Nichtigkeit oder der Inhalt eines Beschlusses kann durch mehrere Wohnungseigentümer in verschiedenen Verfahren zum Gegenstand einer Beschlussklage gemacht werden. Ungeachtet desselben Streitgegenstandes (→ Rn. 141 ff.) ist es etwa zulässig, dass gegen einen Beschluss mehrere Anfechtungsklagen und/oder Nichtigkeitsklagen erhoben werden (OLG Schleswig NZM 2005, 588 (590); OLG Zweibrücken WE 1989, 105). Stellen mehrere Wohnungseigentümer einen Beschluss zur gerichtlichen Überprüfung oder verlangen sie eine Beschlussersetzung, darf es freilich nicht zu divergierenden Entscheidungen kommen (*Löke* ZMR 2003, 722 (723)). Denn die Entscheidung über denselben Beschluss kann jeweils nur einheitlich ergehen (BGH NJW 2009, 2132 Rn. 22). Und auch ein Teilurteil hinsichtlich einzelner Streitgenossen wäre unzulässig (BGH NJW 2009, 2132 Rn. 22). Nach § 44 Abs. 2 Satz 3 WEG sind deshalb entsprechend § 47 WEG aF und ähnlich wie es § 246 Abs. 3 Satz 2 AktG anordnet, mehrere Prozesse, in denen es um Erklärung oder Feststellung der (Un-)Gültigkeit desselben Beschlusses oder Beschlussteils oder um eine Beschlussersetzung geht, zur gleichzeitigen Verhandlung und Entscheidung in Abweichung von dem sonst dem Gericht nach § 147 ZPO zugebilligten Entscheidungsspielraum zwingend zu verbinden (BGH NJW 2013, 65 Rn. 10). Die jeweiligen Parteien können diese Verbindung nicht beantragen, aber anregen.

58 **2. Anwendungsbereich.** § 44 Abs. 2 Satz 3 WEG ist auf sämtliche Beschlussklagen anwendbar, also nicht nur für Anfechtungs- und Nichtigkeitsklagen (BR-Drs. 168/20, 94). Denn auch für mehrere Beschlussersetzungsklagen besteht ein Bedürfnis, diese miteinander zu verbinden, um abweichende Entscheidungen über denselben Streitgegenstand zu vermeiden. Für

WEG-Streitigkeiten nach § 43 Abs. 2 Nr. 1 bis Nr. 3 WEG besteht hingegen eine Möglichkeit, nicht aber eine Pflicht, diese miteinander zu verbinden.

3. Verbindungsvoraussetzungen. Nach § 44 Abs. 2 Satz 3 WEG sind „mehrere Prozesse" zur gleichzeitigen Verhandlung und Entscheidung zu verbinden. Gemeint sind mehrere Rechtsstreitigkeiten, die denselben Beschluss und also denselben Streitgegenstand betreffen (BR-Drs. 168/20, 94). Daher ist auch eine Feststellungsklage, die geltend macht, ein Beschluss sei mit anderem Inhalt oder gar nicht gefasst worden (→ Rn. 14) mit einer Anfechtungs- oder anderen Feststellungsklage zu verbinden. Für ein Verfahren des einstweiligen Rechtsschutzes, bei dem eine Beschlussklage die Hauptsache wäre, gilt nichts anderes. Auf die Zulässigkeit der Beschlussklagen kommt es jeweils nicht an (Staudinger/*Lehmann-Richter* § 47 Rn. 24; *Derleder* FS Merle, 2010, 111 (119)). 59

Hat ein Wohnungseigentümer nur einen Teil eines einheitlichen Beschlusses angefochten (→ Rn. 149), handelt es sich nur insoweit um denselben Streitgegenstand und muss von Gesetzes wegen auch nur teilweise verbunden werden (aA Staudinger/*Lehmann-Richter* § 47 Rn. 14). Eine Verbindung kann sogar unterbleiben, wenn sich die andere Beschlussklage gegen einen anderen Beschlussteil wendet (Riecke/Schmid/*Abramenko* § 47 Rn. 3). Eine Verbindung nach Ermessen des Gerichts (§ 147 ZPO) wäre allerdings auch nicht unzulässig und ggf. sogar sinnvoll, zB dann, wenn derselbe Mangel allen Beschlüssen zu eigen ist, zB ein Ladungsmangel, und eine Trennung damit prozessunökonomisch wäre. 60

Wenn in (zunächst) getrennten Verfahren derselbe Beschluss, darüber hinaus aber auch in einem der Verfahren ein anderer Beschluss oder anderer Beschlussteil (→ Vor §§ 23 ff. Rn. 50) angegriffen werden, müssen die Verfahren nur insoweit verbunden werden, wie sie kongruent sind, also die klagenden Parteien denselben Beschluss oder Beschlussteil angreifen (LG Nürnberg-Fürth ZMR 2020, 148 = BeckRS 2019, 30070 Rn. 43; s. a. AG Hamburg-Harburg ZMR 2008, 919 (920)). Soweit Klagen nicht identisch sind, kann der inkongruente Angriff nach § 145 ZPO abgetrennt werden (LG Nürnberg-Fürth ZMR 2020, 148 = BeckRS 2019, 30070 Rn. 43). Ein Zwang besteht aber nicht. 61

4. Verbindungsgericht. Das Verbindungsgericht kann ein Gericht der ersten, aber auch der zweiten Instanz (BGH NJW 2013, 65 Rn. 13) sein. Befindet sich eines der Parallelverfahren bereits in der Berufungsinstanz, muss freilich instanzenübergreifend (→ Rn. 65) miteinander verbunden werden (BGH NJW 2013, 65 Rn. 10). Führend ist das Verfahren, über das das Berufungsgericht zu entscheiden hat. 62

5. Durchführung der Verbindung. a) Überblick. Die Prozesse müssen nach Gewährung rechtlichen Gehörs (Art. 103 Abs. 1 GG) zur gleichzeitigen Verhandlung und Entscheidung verbunden werden. Die Verbindung ergeht durch einen Beschluss, der wenigstens kurz zu begründen ist. Tenor: „Das Verfahren ___ und das Verfahren ___ werden miteinander verbunden. Es führt das Verfahren ___". Verbunden wird meistens auf das 63 zeitlich zuerst eingegangene Verfahren (dieses trägt in der Regel das kleinere Aktenzeichen).

64 **b) Spruchkörperübergreifende Prozessverbindung.** Eine spruchkörperübergreifende Prozessverbindung ist unter Wahrung des Anspruchs auf den gesetzlichen Richter (Art. 101 Abs. 1 Satz 2 GG) möglich, wenn der Geschäftsverteilungsplan des Gerichts hierzu die erforderlichen Regelungen enthält (BAG NZA 2016, 1352 Rn. 22). Zur Sicherung der Rechtsstaatlichkeit ist es zB erforderlich, dass der Geschäftsverteilungsplan des Gerichts zumindest Regelungen darüber enthält, welcher Spruchkörper berufen ist, eine Entscheidung zu treffen, soweit die übrigen Voraussetzungen vorliegen (BAG NZA 2016, 1352 Rn. 24). Der Spruchkörper, der für das aufnehmende Verfahren und damit auch für den Verbindungsbeschluss zuständig ist, hat die Parteien aller zur Verbindung vorgesehenen Prozesse zu dem beabsichtigten Verbindungsbeschluss anzuhören und ihnen Gelegenheit zur Stellungnahme zu geben (BAG NZA 2016, 1352 Rn. 20); eine Zustimmung der Parteien hierzu ist nicht erforderlich (BAG NZA 2016, 1352 Rn. 21).

65 **c) Instanzenübergreifende Prozessverbindung.** Instanzenübergreifend ist – was möglich ist (→ Rn. 62) – zu verbinden, wenn der eine Prozess noch in der ersten Instanz, der andere aber bereits im Rechtsmittelrechtszug anhängig ist. Zuständig für die Verbindung ist das Berufungsgericht, durch dessen Entscheidung das erstinstanzliche Verfahren in die Berufungsinstanz „heraufgezogen" wird (→ Rn. 62).

66 **6. Anfechtbarkeit.** Der Verbindungsbeschluss ist unanfechtbar. Unterbleibt eine – ggf. von den Parteien angeregte – Verbindung, kann diese ausdrückliche oder stille Entscheidung – die der Sache nach Beschluss ist – allerdings nach §§ 567 ff. ZPO angegriffen werden.

67 **7. Wirkungen. a) Überblick.** Mit der Prozessverbindung werden die miteinander verbundenen Prozesse zu einem einheitlichen Verfahren. Dieses wird gemeinsam verhandelt und es wird zB gemeinsam Beweis erhoben. Bereits eingetretene Prozesshandlungen gelten fort. Eine in einem der jetzt verbundenen Verfahren vor der Verbindung durchgeführte Beweisaufnahme ist zu wiederholen, soweit dass aus Gründen des rechtlichen Gehörs geboten ist (Musielak/*Stadler* ZPO § 147 Rn. 4). Die Verbindung nötigt keinen Kläger aus Kostengründen, das Mandatsverhältnis zu seinem Rechtsanwalt zu beenden und an dessen Stelle einen Rechtsanwalt zu beauftragen, der einen oder mehrere andere Kläger vertritt.

68 **b) Notwendige Streitgenossen.** Wie nach § 47 Satz 2 WEG aF bewirkt eine Prozessverbindung, dass die Kläger der vorher selbständigen Prozesse iSd § 62 Abs. 1 Alt. 1 ZPO als prozessual notwendige Streitgenossen anzusehen sind (BGH NJW 2009, 2132 Rn. 21), für welche die allgemeinen Vorschriften der §§ 59 bis 63 ZPO gelten (*Bonifacio* ZMR 2007, 592 (595)).

69 **8. Unterbliebene Verbindung.** Unterbleibt unter Verstoß gegen § 44 Abs. 2 Satz 3 WEG eine Prozessverbindung, tritt in den weiteren Verfahren wegen einer nachträglich eingetretenen Unzulässigkeit (wegen entgegenstehender subjektiver oder objektiver Rechtskraft, §§ 325 Abs. 1, 322 Abs. 1

ZPO) Erledigung der Hauptsache ein, wenn nur in einem Verfahren der Klageantrag rechtskräftig zurückgewiesen ist (BGH NJW 2013, 65 Rn. 12; OLG München ZMR 2007, 396; OLG Köln NZM 2007, 602). Etwas anderes sollte gelten, wenn das rechtskräftige Verfahren wegen Ablaufs der Anfechtungsfrist abgewiesen wird (BayObLG ZMR 2004, 604) oder wenn dort gegen den Kläger ein Versäumnisurteil erlassen wurde. In diesen Fällen hat eine inhaltliche Arbeit des Gerichts mit dem Beschluss nicht stattgefunden (s. a. BGH NJW 2013, 65 Rn. 12). Werden divergierende Entscheidungen rechtskräftig, ist die spätere Entscheidung auf Antrag im Wege des Restitutionsverfahrens gem. § 580 Nr. 7a ZPO aufzuheben (*Elzer* ZAP 2007, 833 (838); *Löke* ZMR 2003, 722 (727)).

9. Gebühren und Kosten. Die bis zur Verbindung in jedem einzelnen Verfahren nach dem jeweiligen Streitwert berechneten allgemeinen Gebühren bleiben bestehen (OLG Koblenz NZG 2005, 817 (818); OLG Oldenburg JurBüro 2003, 322). Denn die Beschlussklagen verschiedener Kläger sind bis zu ihrer Verbindung selbständige gebührenrechtliche Angelegenheiten iSv § 15 Abs. 1 und Abs. 2 RVG. Nur im Einzelfall kann eine Verbindung dazu führen, dass bestimmte anwaltliche Gebühren nicht mehr iSv § 91 Abs. 1 Satz 1 ZPO notwendig sind, nämlich dann, wenn ein Rechtsanwalt mehrere Wohnungseigentümer vertritt. Durch die Verbindung werden keine Gerichtsgebühren ausgelöst. Nach einer Verfahrensverbindung ist allerdings ggf. ein neuer Gebührenstreitwert festzusetzen (§ 39 GKG). Rechtsanwälte haben die Wahl, ob sie die Gebühren aus den vorher getrennten Verfahren liquidieren oder aus dem (ggf. höheren) Gebührenstreitwert des verbundenen Verfahrens (BGH NJW-RR 2010, 1697 Rn. 18). Werden mehrere Verfahren zu einem neuen Verfahren verbunden, richten sich die danach entstehenden Gebühren nach dem Streitwert der bisherigen (jetzt verbundenen) Verfahren (OLG Koblenz NZG 2005, 817 (818)). 70

Für die verbundenen Verfahren ist nur eine einheitliche Kostenentscheidung zu treffen (BayObLG NJW 1967, 986). 71

VI. Urteilswirkungen (§ 44 Abs. 3 WEG)

1. Sinn und Zweck. Streitgegenstand einer Beschlussklage ist im Kern die Gestaltung in Bezug auf einen Beschluss: Dieser soll für ungültig erklärt, er soll durch das Gericht erschaffen oder seine Nichtigkeit soll festgestellt werden. Im Rahmen einer Anfechtungsklage hat das Gericht den zur Überprüfung gestellten Beschluss außerdem nicht nur auf Anfechtungs-, sondern stets auch auf Nichtigkeitsgründe zu untersuchen. Im Rahmen einer Feststellungsklage (→ Rn. 7) steht nach hM ferner auch die Ordnungsmäßigkeit eines Beschlusses auf dem Prüfstand. § 44 Abs. 3 WEG erstreckt als Sondervorschrift ggü. § 325 Abs. 1 ZPO die subjektive Rechtskraft in einer Beschlussklage auf alle Wohnungseigentümer, die nicht geklagt haben, und damit über § 325 Abs. 1 ZPO auch auf deren Sondernachfolger (BR-Drs. 168/20, 94). Dies dient dem Rechtsfrieden, der Rechtssicherheit und der Prozessökonomie. 72

73 **2. Anwendungsbereich. a) Überblick.** § 44 Abs. 3 WEG ist anders als die §§ 10 Abs. 4 Satz 1, 48 Abs. 3 WEG aF nur auf Beschlussklagen anzuwenden. Für einen gerichtlichen Vergleich nach § 794 ZPO im Rahmen einer Beschlussklage hat er also keine Bedeutung. Und auch für Urteile in WEG-Streitigkeiten nach § 43 Abs. 2 Nr. 1 bis Nr. 3 WEG ist er nicht – auch nicht analog – anwendbar (BR-Drs. 168/20, 94).

74 **b) Begriff des Urteils.** § 44 Abs. 3 WEG ist ohne Unterscheidung auf das „Urteil" und damit sowohl auf ein Urteil anwendbar, dass einer Beschlussklage stattgibt, als auch auf ein Urteil, dass eine Beschlussklage abweist (BR-Drs. 168/20, 94). Ob es sich um ein Versäumnisurteil handelt, ist unerheblich (zum alten Recht BGH NJW-RR 2018, 522 Rn. 15). Der Gemeinschaft der Wohnungseigentümer steht es im Übrigen frei, keinen Antrag auf Erlass eines Versäumnisurteils zu stellen. „Urteil" iSd § 44 Abs. 3 WEG ist auch eine Entscheidung über eine Beschlussklage durch Beschluss nach §§ 91a, 522 ZPO, 552a ZPO oder ein Arrestbeschluss oder eine Beschlussverfügung nach §§ 922 Abs. 1, 936 ZPO. Notwendig, aber auch ausreichend ist, dass die Entscheidung Rechtskraftwirkungen äußert und urteilsersetzend ist.

75 **3. Tatbestandsvoraussetzungen. a) Urteil in einer Beschlussklage.** Ausdrückliche Tatbestandsvoraussetzung ist ein Urteil in einer Beschlussklage, welches die Beschlussklage abweist oder ihr stattgibt.

76 **b) Kenntnis von Beschlussklage und Möglichkeit der Streithilfe.** Nach allgemeinen Überlegungen ist es eine weitere, ungeschriebene Voraussetzung, dass dem entsprechenden Wohnungseigentümer die Beschlussklage nach § 44 Abs. 2 Satz 2 WEG bekanntgegeben ist oder er auf andere Weise von der Beschlussklage so erfahren hat, dass er sich daran als Streithelfer beteiligten konnte (ggf. ist bei einer nicht unverzüglichen Bekanntgabe nach § 156 Abs. 2 Nr. 1 ZPO eine Wiedereröffnung der mündlichen Verhandlung geboten). Erfährt ein Wohnungseigentümer erst nach Rechtskraft von einer Beschlussklage, muss er von der Rechtskraft dieser Entscheidung unberührt bleiben (s. a. BGH NJW-RR 2014, 903 Rn. 11) und die Rechtskraft erfasst ihn nicht. Wer dem nicht folgt, müsste erwägen, dass dieser Wohnungseigentümer noch ein Rechtsmittel einlegen kann (so etwa *Rensen* NZG 2011, 569 (571) für einen Gesellschafter), oder ihm entsprechend § 579 Abs. 1 Nr. 4 ZPO erlauben, das Anfechtungsurteil im Wege der Nichtigkeitsklage anzugreifen (*Schwab* Das Prozessrecht gesellschaftsinterner Streitigkeiten, 322 f.).

77 **4. Wirkungen. a) Überblick.** Nach § 44 Abs. 3 WEG wirkt das Urteil in einer Beschlussklage für und gegen alle Wohnungseigentümer, auch wenn sie nicht Partei sind. Damit ist auch ein Wohnungseigentümer, der kein Kläger einer Beschlussklage war, der materiellen Rechtskraft (§ 322 ZPO) eines Urteils in einer Beschlussklage unterworfen und kann sich auf die Rechtskraft berufen, so als sei er selbst Kläger gewesen. Gegen den Verwalter wirkt das Urteil nicht. Will man Verwalter an die Rechtskraft binden, bedarf er einer Streitverkündung (→ § 18 Rn. 91). Eine Streitverkündung ist wegen Wegfalls von § 48 Abs. 3 WEG aF in der Regel zwingend, wenn eine zum Schadenersatz führende Pflichtverletzung des Verwalters im Raum steht.

b) Stattgebende Beschlussurteile. aa) Grundsatz. Wird einer Beschlussklage stattgegeben, wirkt das Urteil für alle Wohnungseigentümer. Wird also einer Anfechtungsklage stattgegeben, ist der Beschluss für alle Wohnungseigentümer nach § 23 Abs. 4 Satz 2 WEG für ungültig erklärt. Ferner steht – sofern der Beschluss nicht wegen formeller Fehler für unwirksam erklärt worden ist – fest, dass der Beschluss nicht ordnungsmäßiger Verwaltung iSv § 18 Abs. 2 WEG entsprach (BGH NJW 2018, 2550 Rn. 29). Handelte es sich um einen Negativbeschluss, steht außerdem rechtskräftig fest, dass eine Handlungspflicht bestanden hatte (BGH NJW 2018, 2550 Rn. 29) und also die Wohnungseigentümer, die gegen den Beschluss gestimmt oder sich an der Beschlussfassung nicht beteiligt haben, ihre Mitwirkungspflicht an einer Beschlussfassung (→ § 18 Rn. 87) verletzt hatten. Denn die Ablehnung einer beantragten Maßnahme kann nur dann ordnungsmäßiger Verwaltung entsprechen, wenn eine Pflicht zum Handeln nicht besteht (BGH NZM 2018, 615 Rn. 29). Wird einer Nichtigkeitsklage stattgegeben, ist für alle Wohnungseigentümer festgestellt, dass der Beschluss nichtig ist. 78

bb) Beschlussersetzungsklagen. (1) Grundsatz. Hat das Gericht auf eine Beschlussersetzungsklage anstelle der Wohnungseigentümer einen Beschluss gefasst, bindet dieser den Kläger und die Gemeinschaft der Wohnungseigentümer, aber auch die aktuellen Wohnungseigentümer und nach § 325 Abs. 1 ZPO grundsätzlich auch ihre Rechtsnachfolger. 79

(2) Beschlusskompetenz beruht auf einer Öffnungsklausel. Etwas anderes gilt ausnahmsweise, soweit die Beschlusskompetenz der Wohnungseigentümer bloß auf einer Öffnungsklausel beruht. Beschlüssen, die auf dieser Grundlage beruhen, gesteht § 10 Abs. 3 Satz 1 WEG, der § 44 Abs. 3 WEG nach Willen des Gesetzgebers als Spezialvorschrift vorgeht (BR-Drs. 168/20, 94), eine Wirkung gegen den Sondernachfolger nämlich nur dann zu, wenn sie als Inhalt des Sondereigentums im Grundbuch eingetragen worden sind. Zur Begründung wird angegeben, die Gestaltungswirkung eines Urteils beschränke sich auf den Eintritt der Gestaltung im Moment der Rechtskraft. Eine spätere Veränderung dieser Wirkung durch das materielle Recht (= § 10 Abs. 3 Satz 1 WEG) werde dadurch nicht ausgeschlossen (BR-Drs. 168/20, 94). 80

c) Abweisung einer Beschlussklage als unbegründet. aa) Grundsatz. Wird eine Beschlussklage durch Urteil (zum Begriff → Rn. 75) ab- oder zurückgewiesen oder als unzulässig verworfen, wirkt auch dieses Urteil für alle Wohnungseigentümer. 81

bb) Anfechtungsklagen. Wird eine Anfechtungsklage durch Urteil (zum Begriff → Rn. 75) etwa wegen der Versäumung der Klagefrist des § 45 Satz 1 WEG oder aus anderen Gründen als unbegründet ab- oder zurückgewiesen oder als unzulässig verworfen, kann in Bezug auf den Beschluss grundsätzlich auch keine Nichtigkeitsklage mehr erhoben werden. Das geltende Recht kennt zwar keine dem § 48 Abs. 4 WEG aF entsprechende Vorschrift. Die Urteilswirkungen bestimmen sich aber nach der allgemeinen Streitgegenstandslehre (BR-Drs. 168/20, 89; BT-Drs. 16/887, 82

40; *Jacoby* ZMR 2018, 393 (400)). Anfechtungs- und Nichtigkeitsklage teilen denselben Streitgegenstand (→ Rn. 146). Sie verfolgen dasselbe materielle Ziel, nämlich die richterliche Klärung der Nichtigkeit des Gesellschafterbeschlusses mit Wirkung für und gegen jedermann (BGH NZG 2019, 269 Rn. 68 zur GmbH). Dementsprechend erstreckt sich die Rechtskraft eines auf eine Nichtigkeits- oder Anfechtungsklage hin ergehenden Urteils auch unabhängig von der Formulierung des Klageantrags sowohl auf die Beurteilung von Nichtigkeits- als auch von Anfechtungsgründen aufgrund des vorgetragenen Sachverhalts. Wird eine dieser Klagen rechtskräftig abgewiesen, ist die Erhebung einer weiteren Klage mit identischem Streitgegenstand – gleichgültig in welcher Form – unzulässig (BGH NZG 2019, 269 Rn. 68 zur GmbH). Anders liegt es nur dann, wenn sich der Wohnungseigentümer zur Begründung seiner Nichtigkeitsklage auf Beschlussmängelgründe aufgrund eines Lebenssachverhaltes beruft, der nicht bereits Gegenstand des Vorprozesses war (BGH NZG 2019, 269 Rn. 69). Der Streitgegenstand der aktienrechtlichen Anfechtungs- und Nichtigkeitsklage wird dabei durch die jeweils geltend gemachten Beschlussmängelgründe als Teil des zu Grunde liegenden Lebenssachverhaltes bestimmt (BGH NZG 2011, 506 Rn. 10). Die Sachverhalte, die zu verschiedenen Anfechtungs- oder Nichtigkeitsgründen vorgetragen sind, sind abtrennbare Teile des Streitstoffs.

83 **cc) Nichtigkeitsklage.** Wird eine Nichtigkeitsklage als unbegründet ab- oder als unzulässig zurückgewiesen oder verworfen, kann die klagende Partei wegen Ablaufs der Fristen der Anfechtungsklage (§ 45 Satz 1 WEG) keine Anfechtungsklage mehr erheben.

84 **d) Grundsätze zur Rechtskraft.** In Rechtskraft erwachsen die im Hinblick auf den Streitgegenstand ausgesprochenen Rechtsfolgen (stRspr, exemplarisch BGH NJW 2017, 893 Rn. 13; NJW-RR 2008, 1397 Rn. 19), nicht jedoch die einzelnen Tatsachen, präjudiziellen Rechtsverhältnisse und sonstigen Vorfragen, aus welchen das Gericht diese Rechtsfolge abgeleitet hat (BGH NJW 2017, 893 Rn. 13; NJW-RR 2013, 757 Rn. 6). Die rechtskräftige Feststellung einer Rechtsfolge enthält hingegen zugleich die Feststellung, dass das kontradiktorische Gegenteil nicht gegeben ist (BGH NJW 2018, 2550 Rn. 32; 2017, 893 Rn. 17). Bei einer Anfechtungsklage ist Streitgegenstand nur die Gültigkeit des jeweils in Rede stehenden Beschlusses. Zur Gültigkeit des angegriffenen Beschlusses angestellte Erwägungen werden von der Rechtskraft nicht erfasst (BGH NJW 2013, 2271 Rn. 17). Zu deren abschließender Klärung steht den Parteien die nicht an ein besonderes Feststellungsinteresse anknüpfende Zwischenfeststellungsklage (§ 256 Abs. 2 ZPO) und im Übrigen die Feststellungsklage (§ 256 Abs. 1 ZPO) offen (BGH NJW-RR 2008, 1397 Rn. 19; Elzer FD-ZVR 2017, 386892). Überblick:

85 • **Erfolglose Anfechtungsklage gegen positiven Beschluss:** Bei einer erfolglosen Anfechtungsklage erwächst die Gültigkeit eines in Rede stehenden Beschlusses in Rechtskraft (BGH NJW 2013, 2271 Rn. 17; 2003, 3476).

- **Erfolgreiche Anfechtungsklage gegen positiven Beschluss:** Nach einer erfolgreichen Anfechtungsklage steht – sofern der Beschluss nicht wegen formeller Fehler für unwirksam erklärt worden ist – unter den Wohnungseigentümern als Folge der Rechtskraft fest, dass der Beschluss nicht ordnungsmäßiger Verwaltung entsprach (BGH BeckRS 2020, 7544 Rn. 7; NJW 2018, 2550 Rn. 29; 2011, 2660 Rn. 16).
- **Erfolglose Anfechtungsklage gegen Negativbeschluss:** Richtet sich die Anfechtungsklage gegen einen Negativbeschluss, steht bei einer erfolglosen Anfechtungsklage fest, dass die Entscheidung, keinen Beschluss zu fassen, ordnungsmäßiger Verwaltung entsprach (BGH BeckRS 2020, 10856 Rn. 2).
- **Erfolgreiche Anfechtungsklage gegen Negativbeschluss:** Nach einer erfolgreichen Anfechtungsklage gegen einen negativen Beschluss (→ Vor §§ 23 ff. Rn. 65), steht rechtskräftig fest, dass eine Handlungspflicht der Wohnungseigentümer besteht (→ Vor §§ 23 ff. Rn. 69). In der Entscheidung hierüber erschöpft sich die Rechtskraftwirkung.

5. Änderung. Die rechtskräftige Gerichtsentscheidung über eine Beschlussklage kann weder durch einen Beschluss (OLG Hamm ZMR 2001, 654; BayObLG NJW-RR 1994, 1424 (1425); aA KG NJW-RR 1996, 779) noch durch eine schuldrechtliche oder dingliche Vereinbarung geändert werden. Über eine rechtskräftige Gerichtsentscheidung können die Wohnungseigentümer nicht disponieren. 86

Den Wohnungseigentümern steht es allerdings frei, über eine schon durch Beschluss geregelte, gemeinschaftliche Angelegenheit erneut zu beschließen (→ Vor §§ 23 ff. Rn. 51 ff.). Die Rechtskraft einer gerichtlichen Entscheidung steht dieser erneuten Beschlussfassung nicht entgegen, da sich die materielle Rechtskraft der Entscheidung nur auf den konkreten Beschluss erstreckt. Ein inhaltsgleicher Zweitbeschluss, der nicht zur Vermeidung formaler Fehler gefasst wurde, widerspricht allerdings ordnungsmäßiger Verwaltung, wenn er allein in der Hoffnung gefasst wird, bei seiner Wiederholung werde ein Wohnungseigentümer nunmehr die Anfechtungsfrist versäumen oder auf Grund psychischer oder finanzieller Erschöpfung auf die Anfechtung verzichten (→ Vor §§ 23 ff. Rn. 62). 87

VII. Streithilfe – Nebenintervention (§§ 66 ff. ZPO)

1. Überblick. Erhebt ein Wohnungseigentümer gegen die Gemeinschaft der Wohnungseigentümer eine Beschlussklage, kann ein Dritter, vor allem ein anderer potenzieller Kläger (→ Rn. 18 ff.), ihm oder der Gemeinschaft der Wohnungseigentümer nach §§ 66 ff. ZPO als Streithelfer beitreten. Der Beitritt erfolgt nach § 70 ZPO durch Einreichung eines Schriftsatzes bei dem Prozessgericht und, wenn er mit der Einlegung eines Rechtsmittels verbunden wird, durch Einreichung eines Schriftsatzes bei dem Rechtsmittelgericht. Der Schriftsatz muss die Parteien und den Rechtsstreit bezeichnen, den Interventionsgrund angeben und die Erklärung des Beitritts enthalten. Nach § 70 Abs. 2 ZPO gelten im Übrigen die allgemeinen Vorschriften über die vorbereitenden Schriftsätze. 88

89 Gem. § 68 ZPO wird der Streithelfer im Verhältnis zu der Hauptpartei mit bestimmten Behauptungen nicht gehört. Mit Blick auf § 44 Abs. 3 WEG dürfte dieser Bestimmung in der Regel aber keine Bedeutung zukommen. Zwar kommt eine Bindungswirkung nach § 68 ZPO nicht nur dem Entscheidungsausspruch zu, sondern auch den tatsächlichen und rechtlichen Grundlagen, auf denen das Urteil im Vorprozess beruht (etwas anderes gilt für überschießende Feststellungen). Der BGH lehnt aber eine Interventionswirkung zulasten der Hauptpartei grundsätzlich ab (BGH NJW 2019, 1748 Rn. 28; 2015, 1824 Rn. 7). Das Schrifttum geht hierüber freilich teilweise weit hinaus (dazu etwa Stein/Jonas/Jacoby§ 68 Rn. 20 und *Jacoby* Musterprozessvertrag, 2000, 27).

90 **2. Zulässigkeit. a) Voraussetzungen (§ 66 Abs. 1 ZPO). aa) Andere Personen.** Voraussetzung einer Streithilfe ist eine anhängige Beschlussklage zwischen „anderen" Personen. Ein Miteigentümer eines Wohnungseigentums ist eine solche andere Person und kann daher seinem klagenden Miteigentümer (s. a. Stein/Jonas/*Jacoby* ZPO § 66 Rn. 31), aber auch der Gemeinschaft der Wohnungseigentümer beitreten. Ein Wohnungseigentümer kann ferner einer Partei Kraft Amtes beitreten, denn auch diese ist iSd § 66 ZPO eine „andere" Person. Ein klagender Wohnungseigentümer selbst kann dem anderen Kläger, nicht aber der Gemeinschaft der Wohnungseigentümer beitreten.

91 **bb) Interventionsgrund.** Ferner muss ein Interventionsgrund bestehen. Dieser Interventionsgrund besteht in dem rechtlichen Interesse des Streithelfers am Obsiegen der unterstützten Partei. Der auf Klägerseite beitretende potenzielle Kläger (→ Rn. 18 ff.) kann sein Interventionsinteresse allein damit begründen, dass ein stattgebendes Anfechtungsurteil gem. § 44 Abs. 3 WEG ihm gegenüber Rechtskraft- und Gestaltungswirkung entfaltet (BGH NZG 2008, 630 Rn. 8; 2007, 675 Rn. 10; *Elzer* ZWE 2012, 119 (120)). Mit der gleichen Erwägung kann aber auch der auf Seiten der verklagten Gemeinschaft der Wohnungseigentümer beitretende potenzielle Kläger sein Interventionsinteresse begründen (BGH NJW 2008, 1889 Rn. 10 zur GmbH; OLG Nürnberg MDR 2009, 1401 zur AG). Für das Interventionsinteresse ist im Übrigen unerheblich, ob der Streithelfer in der Versammlung erschienen ist oder ob er einen Widerspruch gegen den Beschluss hat protokollieren lassen.

92 **b) Frist (§ 66 Abs. 2 ZPO).** Ein Beitritt ist nach § 66 Abs. 2 ZPO *in jeder Lage des Rechtsstreits* möglich, dh ab Anhängigkeit und bis zur rechtskräftigen Entscheidung. § 246 Abs. 4 Satz 2 AktG ist eine Sondervorschrift, ist nicht analogiefähig und würde ohnehin nicht zu Lasten des auf Seiten der beklagten Gesellschaft beitretenden Streithelfers gelten (BGH NZG 2009, 948 Rn. 8).

93 **c) Entscheidung.** Über die Zulässigkeit der Streithilfe ist – besteht Streit, ist § 295 ZPO anwendbar – gem. § 71 ZPO durch Zwischenurteil zu entscheiden. Die Entscheidung kann mit dem Schlussurteil verbunden werden.

3. Stellung: Streitgenössischer Streithelfer. Ein Wohnungseigentümer als Streithelfer ist wegen der §§ 48 Abs. 3 WEG, 69 ZPO iSd § 61 ZPO als streitgenössischer Streithelfer anzusehen (s. a. BGH BeckRS 2019, 30364 Rn. 8; MDR 2014, 1356 Rn. 6). Dies verschafft dem Streithelfer eine besondere Stellung. Kurzüberblick: 94

- **Anerkenntnis.** Als Streitgenosse der Hauptpartei kann ein Wohnungseigentümer einem von der Gemeinschaft der Wohnungseigentümer erklärten Anerkenntnis widersprechen (BGH NJW 2008, 1889 Rn. 8 zur GmbH) – haben die Wohnungseigentümer die Gemeinschaft der Wohnungseigentümer vertreten (→ Rn. 40).
- **Angriffs- und Verteidigungsmittel.** Als Streitgenosse der Hauptpartei ist ein Wohnungseigentümer befugt, auch gegen den Widerspruch der von ihm unterstützten Partei für diese Angriffs- und Verteidigungsmittel vorzubringen (BGH NJOZ 2017, 568 Rn. 14; NJW 2008, 1889 Rn. 10).
- **Klage-, Rechtsmittelrücknahme.** Der streitgenössische Streithelfer des Klägers kann das Verfahren im Falle der Klage-, Rechtsmitttelrücknahme nicht selbständig fortführen. Der Streithelfer kann aber durch seinen Widerspruch die Rechtsmittelrücknahme der Hauptpartei verhindern.
- **Prozesshandlungen.** Als Streitgenosse der Hauptpartei ist ein Wohnungseigentümer befugt, für diesen Prozesshandlungen vorzunehmen (BGH NJOZ 2017, 568 Rn. 14; NJW 2008, 1889 Rn. 10) und denen der Hauptpartei, zB einem Geständnis, zu widersprechen (Stein/Jonas/*Jacoby* ZPO § 69 Rn. 10).
- **Rechtsmittel.** Als streitgenössischer Streithelfer kann ein Wohnungseigentümer ein Rechtsmittel selbständig auch nach einem Rechtsmittelverzicht der Hauptpartei für diese (BGH NJOZ 2017, 568 Rn. 19) einlegen (BGH NJOZ 2017, 568 Rn. 17; NZV 2012, 125 Rn. 4; NJW 2008, 1889 Rn. 10). Bei der streitgenössischen Streithilfe beginnt die Frist für ein Rechtsmittel mit der Zustellung der Entscheidung an den Streithelfer und nicht bereits mit der früheren Zustellung an die Hauptpartei (BGH NJW 2001, 1355 unter II.; NJW-RR 1997, 919 unter 1. b).
- **Unterbrechung.** In der Person des Streithelfers bestehende Unterbrechungsgründe (§§ 239, 240 ZPO) wirken auf den Rechtsstreit ein.
- **Versäumnis.** Durch seine Anwesenheit im Termin verhindert der streitgenössische Streithelfer die Säumnislage.
- **Zeuge.** Als Streitgenosse der Hauptpartei kann der Streithelfer nur als Partei, nicht als Zeuge vernommen werden (Stein/Jonas/*Jacoby* ZPO § 69 Rn. 15).

4. Durch eine Streithilfe verursachte Kosten. a) Überblick. Ob der Streithelfer Ersatz seiner außergerichtlichen Kosten beanspruchen kann, ist eigenständig und unabhängig von der gegenüber der unterstützten Hauptpartei zu treffenden Kostenentscheidung nach seinem persönlichen Obsiegen und Unterliegen im Verhältnis zum Gegner zu beurteilen (BGH NZG 2009, 948 Rn. 12). Erklärt ein Streithelfer seinen Beitritt zu mehreren Beschlussklagen, die denselben Beschluss betreffen, und wird diesen Beschlussklagen, ohne die Verfahren zuvor nach § 44 Abs. 2 Satz 3 WEG zu verbinden, 95 stattgegeben, kann der Streithelfer grundsätzlich in jedem der Verfahren seine jeweiligen Prozesskosten ersetzt verlangen.

96 **b) Klagerücknahme.** Nimmt der klagende Wohnungseigentümer, zB im Rahmen eines Vergleichs, die Klage zurück, hat er – vorbehaltlich § 269 Abs. 3 Satz 2 Hs. 2 ZPO – die außergerichtlichen Kosten der auf Seiten der Gemeinschaft der Wohnungseigentümer beigetretenen, am Vergleich nicht beteiligten Streithelfer gem. § 269 Abs. 3 Satz 2 Hs. 1 ZPO zu tragen (BGH NZG 2010, 1066 Rn. 9).

97 **c) Prozessvergleich.** Beenden die Hauptparteien eine Beschlussklage (unmittelbar) durch einen Prozessvergleich, der eine Kostenregelung nur für die Hauptparteien enthält, können der Hauptpartei die außergerichtlichen Kosten eines als Streithelfer auf Seiten der anderen Partei beigetretenen Wohnungseigentümers nicht auferlegt werden (BGH MDR 2014, 1356 Rn. 8).

98 **d) Beschlussklage wird abgewiesen (§ 44 Abs. 4 WEG). aa) Sinn und Zweck.** Wird eine Beschlussklage abgewiesen, wären die notwendigen Kosten der Streithilfe auf Seiten der beklagten Gemeinschaft der Wohnungseigentümer nach den allgemeinen Vorschriften der ZPO von der Klägerseite zu erstatten. Daraus könnte sich ein erhebliches Kostenrisiko ergeben. Um diesem zu begegnen, beschränkt § 44 Abs. 4 WEG den Kostenerstattungsanspruch des Streithelfers. § 44 Abs. 4 WEG soll also verhindern, dass das Kostenrisiko abwehrende Wirkungen entfaltet und einen Wohnungseigentümer von der Erhebung einer Beschlussklage abhält. Die Vorschrift verfolgt damit denselben Zweck wie § 50 WEG aF (dazu Vorauflage § 50 Rn. 1).

99 **bb) Anwendungsbereich.** § 44 Abs. 4 WEG gilt nur für den Wohnungseigentümer, der der Gemeinschaft der Wohnungseigentümer als Streithelfer beigetreten ist (BR-Drs. 168/20, 94). Denn nach seinem Wortlaut ist § 44 Abs. 4 WEG nur für die Rechtsverteidigung anwendbar. Auch dann, wenn die Gemeinschaft der Wohnungseigentümer eine Widerklage erhebt, ist § 44 Abs. 4 WEG daher nicht anwendbar.

100 **cc) Tatbestandsvoraussetzungen (Gebotenheit). (1) Überblick.** § 44 Abs. 4 WEG sieht vor, dass die Kosten einer Streithilfe auf Beklagtenseite nur dann zu erstatten sind, wenn die Streithilfe „geboten" war. Der Begriff „Gebotenheit" ist dabei wie nach § 50 WEG aF zu verstehen (BR-Drs. 168/20, 95).

101 Eine Streithilfe auf Seiten der Gemeinschaft der Wohnungseigentümer ist danach geboten, wenn die Rechtsverteidigung aus Sicht eines verständigen Wohnungseigentümers ausnahmsweise nicht allein der Gemeinschaft der Wohnungseigentümer überlassen werden kann (BR-Drs. 168/20, 95). So kann es zB im Einzelfall liegen, wenn die Interessen der Wohnungseigentümer sehr unterschiedlich (s. a. LG Hamburg ZMR 2014, 1011; *Tank* MietRB 2018, 380 (382)) oder die Kosten oder die Haftung innerhalb der Wohnungseigentümer verschieden sind (*Drasdo* ZMR 2008, 266 (268)). Anders wird es idR sein, wenn dem Streithelfer an einem Erfolg der Anfechtungsklage gelegen ist (dann kann er dem Kläger beitreten), eine

Sache besonders schwierig ist, die Wohnungseigentümer zerstritten sind oder der Streithelfer das gleiche Ziel, aber bloß eine andere Rechtsauffassung vertritt als die übrigen Wohnungseigentümer (BGH NJW 2011, 3165 Rn. 7).

(2) Instanzielle Betrachtung. Die Frage einer „Gebotenheit" ist für jede Instanz gesondert zu prüfen (s. a. LG München I BeckRS 2019, 32953 Rn. 6; LG Karlsruhe ZWE 2018, 226 Rn. 11). Es ist zB vorstellbar, dass eine Streithilfe in erster Instanz noch geboten war, nicht aber mehr in der Beschwerde, in der Berufung oder in einem anderen Rechtsmittel. 102

dd) Rechtsfolge. War eine Streithilfe auf Seiten der Gemeinschaft der Wohnungseigentümer geboten (→ Rn. 100), sind die außergerichtlichen Kosten des Streithelfers notwendige Kosten iSv § 91 Abs. 1 Satz 1 ZPO. Fehlt es an einer Gebotenheit, sind die Kosten nicht erstattungsfähig. 103

VIII. Rechtsschutzbedürfnis

1. Einführung. Eine Beschlussklage dient stets nicht nur dem persönlichen Interesse des klagenden Wohnungseigentümers oder dem Minderheitenschutz (→ § 23 Rn. 152). Sie dient dem Interesse sämtlicher Wohnungseigentümer an einer ordnungsmäßigen Verwaltung iSv § 18 Abs. 2 WEG. Jeder Wohnungseigentümer kann zB gegen einen Beschluss auch dann vorgehen, wenn er durch den Beschlussinhalt selbst keinen persönlichen Nachteil erleidet (*Suilmann* Beschlussmängelverfahren, 114). Für die Klagebefugnis genügt daher grundsätzlich das Interesse eines Wohnungseigentümers, eine ordnungsmäßige Verwaltung zu erreichen (BGH NJW 2018, 552 Rn. 4; OLG München ZWE 2011, 262; LG Hamburg ZMR 2011, 319). Das Rechtsschutzbedürfnis etwa eines anfechtenden Wohnungseigentümers ist grundsätzlich gegeben und während des Anfechtungsverfahrens in der Regel nicht zu prüfen (BGH NZM 2011, 551 Rn. 16; NJW 2010, 2129 Rn. 13). Kein Fall des Rechtsschutzbedürfnisses ist der Missbrauch des Klagerechts (→ Rn. 122). 104

2. Negativbeschlüsse. Auch für die Anfechtung eines Negativbeschlusses (→ Vor §§ 23 ff. Rn. 65 ff.) besteht nach hM grundsätzlich ein Rechtsschutzbedürfnis (BGH NJW 2015, 3713 Rn. 8; NJW 2012, 1722 Rn. 5; 2011, 2660 Rn. 18). Dieses folge zwar nicht daraus, dass ein Negativbeschluss den Kläger in seinen Rechten beeinträchtige. Ein Negativbeschluss entfalte gegen eine erneute Beschlussfassung über denselben Gegenstand keine Sperrwirkung (→ Vor §§ 23 ff. Rn. 68). Ein Rechtsschutzbedürfnis folge in der Regel aber daraus, dass ein Wohnungseigentümer durch einen Negativbeschluss in seinem Recht auf ordnungsmäßige Verwaltung des gemeinschaftlichen Eigentums aus § 18 Abs. 2 WEG – das auch bei Negativbeschlüssen Platz greife (→ Vor §§ 23 ff. Rn. 66) – verletzt werde. 105

3. Mehrhausanlagen. In einer Mehrhausanlage (→ § 9a Rn. 53 ff.) kann einem Wohnungseigentümer ein Rechtsschutzbedürfnis für solche Gegenstände fehlen, für die auf Grund einer Vereinbarung andere Wohnungseigentümer eine Beschlusskompetenz besitzen (BayObLG DNotZ 1985, 106

414 (416); *Häublein* NZM 2003, 787 (792); *Göken,* Mehrhausanlage, 119). Dieses ist zB vorstellbar, wenn der Wohnungseigentümer von der Regelung in keiner Weise betroffen ist, etwa von einer Gebrauchsregelung (LG Frankfurt a. M. BeckRS 2018, 9675 Rn. 10). Etwas anderes gilt immer, wenn der Wohnungseigentümer nach § 9a Abs. 4 Satz 1 WEG für Verbindlichkeiten der Gemeinschaft der Wohnungseigentümer haften müsste (LG Frankfurt a. M. BeckRS 2018, 9675 Rn. 10; s. a. BGH NJW 2018, 1309 Rn. 9).

107 **4. Vollzug. a) Überblick.** Ist ein Beschluss bereits durchgeführt worden, ist für das Rechtsschutzbedürfnis zu unterscheiden. Analog den allgemeinen verfahrensrechtlichen Bestimmungen, die die Erledigung eines Angriffs gegen eine Entscheidung behandeln, ist Rechtsschutz zu gewähren, wenn der Kläger an der Fortführung des Rechtsstreits ein rechtlich schützenswertes Interesse geltend machen kann. Nahe liegt, wie im Rahmen des § 113 Abs. 1 Satz 4 VwGO Rehabilitierungs-, Wiederholungsvorbeugungs-, Schadenersatz- und/oder Freistellungsinteressen anzuerkennen.

108 **b) Folgenbeseitigung.** Wohnungseigentumsrechtlich steht vor allem der Folgenbeseitigungsanspruch eines Wohnungseigentümers (→ Vor §§ 23 ff. Rn. 39 ff.) im Vordergrund. Der erfolgreich klagende Wohnungseigentümer besitzt grundsätzlich einen Anspruch darauf, dass die Situation hergestellt wird, die ohne Ausführung des aufgehobenen Beschlusses bestehen würde (status quo ante), sofern er durch die geänderte Lage einen „Nachteil" hat. Die Vollziehung eines Beschlusses lässt vor diesem Hintergrund das Rechtsschutzbedürfnis grundsätzlich nicht entfallen (BGH NJW 2015, 3713 Rn. 8; WuM 2012, 402 Rn. 13). Etwas anderes gilt, wenn ein weiteres Tätigwerden nicht mehr in Betracht kommt, der Kläger auf eine Rückgängigmachung verzichtet oder diese zB wegen eines unverhältnismäßigen Aufwandes ausgeschlossen ist (AG Düsseldorf ZMR 2010, 234 (235)). Wenn der Kläger nicht auf eine Folgenbeseitigung abzielt, sondern nur die eigene Belastung mit Kosten verhindern bzw. Schadenersatzansprüche vorbereiten will, entfällt das Rechtsschutzbedürfnis nicht (BGH NJW 2011, 2660 Rn. 12 ff.).

109 **c) Feststellung der Rechtswidrigkeit.** Ein Rechtschutzbedürfnis ist bei dem Vollzug eines Beschlusses oder dann, wenn § 47 FamFG entsprechend anwendbar ist (BGH BeckRS 2020, 7544 Rn. 7; NJW 2020, 988 Rn. 10), ferner anzuerkennen, wenn Folgeprozesse in Betracht kommen. Ein bestandskräftiger Beschluss schlösse in diesen Fällen nämlich den Einwand aus, die Beschlussfassung habe nicht ordnungsmäßiger Verwaltung entsprochen. Nach einer erfolgreichen Anfechtungsklage steht unter den Wohnungseigentümern als Folge der Rechtskraft hingegen fest, dass der Beschluss nicht ordnungsmäßig war (BGH BeckRS 2020, 7544 Rn. 7; NJW 2020, 988 Rn. 11; 2018, 2550 Rn. 29).

110 **5. Weitere Einzelfälle.**

- **„Altruismus"; „Schikane":** Haben Beschlüsse für einen Wohnungseigentümer nur Vorteile, besitzt er kein Rechtsschutzbedürfnis, diese zu bekämpfen (AG Salzgitter ZMR 2010, 650). Entsprechendes gilt, wenn eine Anfechtung nur der Schikane diente und gegen § 226 BGB verstieße (s. a. OLG München ZWE 2011, 262).

- **Beschluss verneint Anspruch gegen die Gemeinschaft der Wohnungseigentümer.** Lehnt ein Wohnungseigentümer einen Beschluss über ein gegen die Gemeinschaft der Wohnungseigentümer gerichtetes Zahlungsbegehren ab, besteht regelmäßig das Rechtsschutzbedürfnis für eine Beschlussklage (BGH NJW 2015, 3713 Rn. 10). Im Rahmen der Begründetheit einer solchen Klage soll zu prüfen sein, ob im Zeitpunkt der Beschlussfassung allein die freiwillige Erfüllung des Anspruchs ordnungsmäßiger Verwaltung entsprochen hätte; dies sei nur dann anzunehmen, wenn der Anspruch offenkundig und ohne jeden vernünftigen Zweifel begründet war (BGH NJW 2015, 3713 Rn. 10).
- **Geringfügiger Fehler:** Fehlerhafte Beschlüsse können auch dann angegriffen werden, wenn sich der Fehler nur geringfügig auf den klagenden Wohnungseigentümer auswirkt (OLG München ZWE 2011, 262; *Bub/von der Osten* FD-MietR 2011, 317148; aA BayObLG NJW-RR 1997, 716; AG Saarbrücken ZMR 2013, 153 (155)). Weil eine Beschlussklage dem Interesse der Gemeinschaft aller Wohnungseigentümer an einer ordnungsmäßigen Verwaltung dient, kann es auf die Höhe eines Einzelinteresses nicht ankommen. Darüber hinaus würde ein Abstellen auf bestimmte, nicht näher quantifizierte Beträge zu nicht hinnehmbaren Verzerrungen führen (OLG München ZWE 2011, 262). Die Klagebefugnis würde nämlich dann davon abhängen, in welchem Umfang ein Wohnungseigentümer fehlerhaft mit den Kosten belastet wurde.
- **Herbeiführung der Beschlussunfähigkeit einer Versammlung.** Ist ein Wohnungseigentümer bewusst nicht zur Versammlung gekommen oder hat er sie verlassen, um Beschlussunfähigkeit herbeizuführen (dies ist bei einer Vereinbarung möglich, → § 25 Rn. 14), ist er dennoch berechtigt, ggf. gefasste Beschlüsse anzufechten (→ § 25 Rn. 18).
- **Objektiv sinnlose Klagen:** Das Rechtschutzinteresse für eine Beschlussklage kann bei objektiv sinnlosen Klagen fehlen. Dieses sind Ausnahmefälle, bei denen der Kläger kein schutzwürdiges Interesse an der Beschlussklage haben kann (dazu LG Köln ZWE 2011, 136). Es besteht in der Regel etwa kein Rechtsschutzinteresse dafür, einen Beschluss anzufechten, der es den Wohnungseigentümern bloß bis zu einem bestimmten Zeitpunkt ermöglicht, zu einem Beratungsgegenstand Stellung zu nehmen (etwas anderes kann gelten, wenn mit der Fristversäumung ein Nachteil verbunden ist), oder dafür, die Anweisung an einen Verwalter, ein schriftliches Umlaufverfahren iSv § 23 Abs. 3 WEG in Gang zu setzen, anzufechten (OLG München ZMR 2007, 304 (305)).
- **Verwalterbestellung:** Das Rechtsschutzbedürfnis für die Anfechtung eines Beschlusses, mit dem ein Verwalter bestellt wird, kann entfallen (OLG Frankfurt a. M. OLGR 2005, 28; OLG Hamm ZMR 1999, 280 (281); KG NJW-RR 1990, 153; LG Frankfurt a. M. ZWE 2018, 142 Rn. 16). So soll es auch liegen können, wenn ein Wohnungseigentümer einen Negativbeschluss über die Abbestellung angreift und der Bestellungszeitraum abläuft (LG Frankfurt a. M. ZWE 2019, 292 Rn. 8). Ein Rechtsschutzbedürfnis besteht allerdings, wenn der Genehmigungsbeschluss zum Verwaltervertrag und der Bestellungsbeschluss jeweils angefochten sind und der Kläger die Anfechtungsklage gegen den Beschluss über den Abschluss

des Verwaltervertrags für erledigt erklärt hat. Dadurch wird dieser Beschluss zwar bestandskräftig (→ § 23 Rn. 169), das Rechtsschutzinteresse an der Anfechtung des Beschlusses über die Bestellung entfällt aber nicht (BGH NJW 2012, 3175 Rn. 5). Auch wenn der Beschluss identisch ist mit dem, der den Verwaltervertrag beendet, besteht in der Regel ein Rechtsschutzbedürfnis (OLG München ZMR 2006, 472; LG Hamburg ZWE 2011, 95 (96)).

- **Wirtschaftsplan:** Das Rechtsschutzbedürfnis für die gerichtliche Klärung der Gültigkeit eines Wirtschaftsplans entfällt, wenn ein bestandskräftiger (→ § 23 Rn. 169) Genehmigungsbeschluss der Abrechnung für das Wirtschaftsjahr vorliegt und der anfechtende Wohnungseigentümer sämtliche nach dem Wirtschaftsplan von ihm geschuldete Hausgeldvorauszahlungen geleistet hat (BayObLG NZM 2002, 623). Entsprechendes soll gelten, wenn für das Wirtschaftsjahr eine Abrechnung beschlossen worden ist, zwischen dem Beschluss über den Wirtschaftsplan und der Abrechnung kein Eigentümerwechsel stattgefunden hat und weder ein Insolvenzverfahren eröffnet noch eine Zwangsverwaltung angeordnet wurde (BayObLG NJW-RR 1997, 715 (717); BayObLGZ 1986, 128 (131)). Dies ist aber nur richtig, wenn der anfechtende Wohnungseigentümer sämtliche nach dem Wirtschaftsplan von ihm geschuldete Hausgeldzahlungen geleistet hat.
- **Wohnungseigentümer stimmt Beschluss zu:** Das Rechtsschutzbedürfnis für den Angriff gegen einen Beschluss besteht – anders als im Aktienrecht (dazu BGH NZG 2010, 943 Rn. 37) grundsätzlich auch für den Wohnungseigentümer, der dem Beschluss, den er angreift, selbst zugestimmt hat (BGH NJW 2012, 2578 Rn. 9; OLG München ZMR 2007, 304 (305); LG Hamburg ZMR 2016, 484; LG Dortmund ZMR 2013, 555) oder dessen Stimmrecht ruhte. Dieses gilt vor allem, aber nicht nur für schriftliche Beschlüsse. Ein Angriff kann allerdings im Einzelfall rechtsmissbräuchlich oder wegen widersprüchlichen Verhaltens unbegründet sein, wenn ein Wohnungseigentümer dem Beschluss in Kenntnis des nunmehr geltend gemachten Verfahrensmangels zugestimmt hat (BGH NZM 2019, 630 Rn. 13; OLG Karlsruhe ZMR 2003, 290 (291); BayObLG NJW-RR 1992, 910; LG Hamburg ZMR 2016, 983 = BeckRS 2016, 110459). Ein Rechtsmissbrauch liegt aber noch nicht vor, wenn der Kläger bloß den Anschein erweckt hat, er „billige" den Beschluss (aA OLG Saarbrücken NJW-RR 2002, 1237).
- **Zweitbeschluss:** Das Rechtsschutzbedürfnis für eine Anfechtung entfällt nicht ohne weiteres, wenn die Wohnungseigentümer einen Zweitbeschluss gefasst haben (BGH NJW 2013, 2271 Rn. 22; KG MietRB 2010, 45). Das Rechtsschutzbedürfnis entfällt grundsätzlich erst mit Bestandskraft (→ § 23 Rn. 102) eines den angefochtenen Beschluss **ersetzenden** oder **bestätigenden** Zweitbeschlusses (BGH NJW 2015, 3713 Rn. 8; 2011, 2660 Rn. 16; 2002, 3704 (3705)) oder wenn eine Anfechtung gegen den Zweitbeschluss rechtskräftig zurückgewiesen wurde, nicht aber, solange Auswirkungen der Beschlussanfechtung auf Folgeprozesse der Wohnungseigentümer untereinander, gegen den Verwalter oder gegen Dritte **nicht sicher auszuschließen sind** (BGH NJW 2011, 2660 Rn. 16); im Zweifel besteht ein Bedürfnis.

IX. Beweis und Beweislast

1. Grundsatz. Für die Beschlussklagen gilt der allgemeine Grundsatz (→ Vor §§ 43 ff. Rn. 32), dass jede Partei die ihr günstigen Haupt- und Hilfstatsachen zu beweisen hat (BGH NJW 2015, 3519 Rn. 19; NZM 2013, 193 Rn. 20; LG Frankfurt a. M. ZMR 2020, 48; LG München I ZWE 2020, 91 Rn. 35; *Hogenschurz* AnwZert MietR 12/2010; *Hügel/Elzer,* Das neue WEG-Recht, § 13 Rn. 181). Den Kläger trifft daher zB die Darlegungs- und Beweislast sowohl hinsichtlich der Anfechtungsbefugnis als auch hinsichtlich des Anfechtungsgrundes, auf den er seine Klage stützen will (BGH NZM 2013, 193 Rn. 20; LG Frankfurt a. M. ZMR 2020, 48; LG München I ZWE 2020, 91 Rn. 35; zur Beschlussmängelklage im Aktienrecht vgl. ua BGH NJW-RR 2006, 1110 Rn. 21; NJW 1978, 1316 unter I. 4. a). Die Anforderungen an die Substanziierung bemessen sich insbesondere an den dem klagenden Wohnungseigentümer im Vorfeld überlassenen Unterlagen (BGH NZM 2013, 193 Rn. 20). 111

2. Grundsatz der größeren Tatsachennähe. Jedenfalls für die Beschlussmängelklage im Aktienrecht soll es nach verbreiteter Ansicht vor allem, aber nicht nur bei Verfahrensverstößen nach dem „Grundsatz der größeren Tatsachennähe" für den Kläger Beweiserleichterungen geben, wenn es um Umstände geht, die sich in der Sphäre oder im Wahrnehmungsbereich der Gesellschaft abgespielt haben (OLG Stuttgart OLGR 2009, 103). Angesichts der Schwierigkeit, einen Beschlussmangel zu beweisen, sowie der Tatsache, dass die Gesellschaft über alle zur Klärung erforderlichen Unterlagen und Informationen verfügt, kann es deren Sache sein, die für die angefochtene Entscheidung maßgebenden Gründe im Einzelnen darzulegen, die der Anfechtungskläger dann ggf. zu widerlegen hat (BGH NJW 1978, 1316 (1317)); ggf. obliegt der beklagten Gesellschaft nach § 138 Abs. 2 ZPO auch eine sekundäre Darlegungslast, wenn nämlich der primär darlegungspflichtige Kläger substanziiert ernsthafte Anhaltspunkte für die behauptete Tatsache aus dem Wahrnehmungsbereich der Gesellschaft vorträgt und es ihr zumutbar ist, zu diesen Umständen, die sie kennt oder kennen muss, nähere Angaben zu machen. 112

Übernähme man diese Überlegungen für die Beschlussklagen (ablehnend *Hogenschurz* AnwZert MietR 12/2010), könnte der Grundsatz der größeren Tatsachennähe dazu führen, dass – jedenfalls im Einzelfall – zunächst die Gemeinschaft der Wohnungseigentümer die formelle und materielle Ordnungsmäßigkeit eines Beschlusses darlegen müsste und es erst dann am Kläger wäre, diesen Vortrag zu widerlegen (s, a. BGH NZM 2013, 193 Rn. 20). Ferner wäre vorstellbar, dass die Gemeinschaft der Wohnungseigentümer nur dann den Vortrag des Klägers beachtlich bestreitet, wenn sie auf Behauptungen des Klägers substanziiert, das heißt mit näheren Angaben, erwidert. Eine solche Pflicht besteht jedoch nicht schlechthin. 113

3. Formelle Beschlussmängel. a) Grundsatz. Für die gerichtliche Prüfung eines formellen Beschlussmangels ist nach überwiegender Ansicht zu fragen, ob er sich auf das Abstimmungsergebnis ausgewirkt hat (exemplarisch BGH NJW 2018, 552 Rn. 22; NJW 2011, 679 Rn. 10; LG Mün- 114 chen I ZMR 2019, 297 (299); LG Köln ZMR 2013, 378). Anders als im Gesellschaftsrecht (→ Rn. 118) kommt es mithin grundsätzlich auf Kausalitätserwägungen an (BGH NJW 2011, 3026 Rn. 11; 2011, 679 Rn. 10; 2002, 1647 (1651)).

115 Nach der Rechtsprechung gilt die „Vermutung" (der Erfahrungssatz), dass ein Beschluss auf einem formellen Mangel (→ § 23 Rn. 157) beruht (KG ZMR 2006, 794 (795); OLG Köln OLGR Köln 1996, 209 (210); LG Frankfurt a.M. NJOZ 2016, 6; LG Karlsruhe ZWE 2014, 93 (94); LG München I ZMR 2012, 819; LG Berlin ZMR 2013, 457). Von der Ursächlichkeit eines formellen Beschlussmangels ist daher so lange auszugehen, bis der Beweis des Gegenteils zweifelsfrei erbracht ist (BGH NJW 2002, 1647 (1651); BayObLG ZMR 2004, 766 (767); KG ZMR 1999, 426 (428)). Beruft sich die Gemeinschaft der Wohnungseigentümer darauf, dass nur ein formeller Beschlussmangel vorliege und dieser unbeachtlich sei, hat also sie diese Tatsachen darzulegen und zu beweisen (OLG Hamm OLGR 1992, 194 (195); LG München I ZWE 2016, 42; ZMR 2012, 819; LG Karlsruhe NZM 2016, 104; ZWE 2014, 93 (94); LG Berlin ZMR 2013, 457; aA *Bonifacio* NZM 2011, 10 (12); *Dötsch/Hogenschurz* NZM 2010, 297 (300/301)). Wenn in diesem Falle unter Anlegung eines strengen Maßstabs bei tatrichterlicher Würdigung mit Sicherheit festgestellt werden kann, dass der Beschluss bei ordnungsmäßiger Handhabung genauso gefasst worden wäre, bleibt eine Anfechtung wegen eines formellen Mangels erfolglos (BGH NJW 2011, 679 Rn. 10; 2002, 1647 unter III. 4. c); BayObLG ZMR 2004, 766 (767); LG München I ZMR 2019, 297 (299); ZWE 2016, 42; LG Karlsruhe NZM 2016, 104; ZWE 2014, 93 (94)).

116 Durfte ein Wohnungseigentümer nicht mitstimmen, kann man klären, wie die Abstimmung ohne seine Stimme ausgefallen wäre (LG München I ZMR 2019, 297 (299)). Wurde ein Wohnungseigentümer versehentlich nicht geladen, muss hingegen ausgeschlossen werden, dass er auf den Diskussionsverlauf und das Abstimmungsverhalten in der Eigentümergemeinschaft Einfluss hätte nehmen können (OLG Köln MDR 2001, 326). Unerheblichkeit kann ferner anzunehmen sein, wenn der Anfechtende den Inhalt der gefassten Beschlüsse sachlich gar nicht angreift und die Anfechtungsgegner an einer entgegenstehenden Rechtsansicht festhalten. Zur Schlüssigkeit der Anfechtungsklage soll der klagende Wohnungseigentümer bei einem Ladungsmangel vortragen müssen, dass er an der Versammlung teilgenommen hätte, wenn ihm die Ladung innerhalb der Einberufungsfrist zugegangen wäre, und er nur wegen des zB verspäteten Zuganges des Einladungsschreibens daran gehindert gewesen sei (LG Hamburg ZWE 2017, 183 (184)).

117 **b) Kernbereich elementarer Mitgliedschaftsrechte.** Etwas Besonderes soll bei schwerwiegenden Eingriffen in den Kernbereich elementarer „Mitgliedschaftsrechte" (→ § 23 Rn. 133 ff.) gelten, die dazu führen, dass das Teilnahme- und Mitwirkungsrecht eines Wohnungseigentümers in „gravierender" Weise ausgehebelt wird (→ § 23 Rn. 74; BGH BeckRS 2020, 7544 Rn. 18; NZM 2017, 42 Rn. 17; NJW 2011, 679 Rn. 10). Ein solcher Eingriff soll etwa beim Entzug des Stimmrechts und dem Ausschluss von der

Versammlung der Eigentümer vorliegen können (BGH BeckRS 2020, 7544 Rn. 18; NZM 2017, 42 Rn. 17; NJW 2011, 679 Rn. 10; s. a. LG München I ZMR 2019, 297 (299)). Hier ist also nicht (mehr) zu fragen, ob die gefassten Beschlüsse auch bei einer Mitwirkung des (ausgeschlossenen) Mitglieds die erforderliche Mehrheit gefunden hätten; allein der Mangel reicht für die erfolgreiche Anfechtung (BGH BeckRS 2020, 7544 Rn. 18; NZM 2017, 42 Rn. 17).

Im Vereins- und Gesellschaftsrecht wird bei formellen Mängeln hingegen **118**
auf die Relevanz des Verfahrensfehlers für die Ausübung der Mitwirkungsrechte durch ein objektiv urteilendes Verbandsmitglied abgestellt (BGH NJW 2019, 669 Rn. 38; NZG 2019, 269 Rn. 61; NJW 2018, 52 Rn. 74). Maßgebend sei die „Relevanz" des Verfahrensverstoßes für das Mitgliedschafts- bzw. Mitwirkungsrecht des Aktionärs im Sinne eines dem Beschluss anhaftenden Legitimationsdefizits, das bei einer wertenden, am Schutzzweck der verletzten Norm orientierten Betrachtung die Rechtsfolge der Anfechtbarkeit rechtfertige. Hieran knüpft neuerdings auch der V. Zivilsenat an. Nach ihm scheidet eine Ungültigerklärung von Beschlüssen in der Regel zwar auf dem Boden einer Kausalitätsfrage und Beruhensvermutung aus, wenn feststeht, dass sich ein Beschlussmangel auf das Abstimmungsergebnis nicht ausgewirkt hat (BGH NJW 2011, 679 Rn. 10). Anders verhalte es sich jedoch bei schwerwiegenden Eingriffen in den Kernbereich elementarer Mitgliedschaftsrechte, die dazu führen, dass das Teilnahme- und Mitwirkungsrecht eines Wohnungseigentümers in gravierender Weise ausgehebelt wird.

X. Schiedsfähigkeit

Eine Beschlussklage ist – wie auch andere WEG-Streitigkeiten – als **119**
grundsätzlich schiedsfähig anzusehen (*Zwickel* NZM 2014, 18 (19); *Elzer/Kern* MietRB 2010, 148 ff.; s. a. OLG München BeckRS 2018, 3356 Rn. 44; *Reiß-Fechter* FS Seuß, 2007, 223 (228)). Voraussetzung ist, dass das schiedsgerichtliche Verfahren in einer dem Rechtsschutz durch staatliche Gerichte gleichwertigen Weise ausgestaltet ist (LG München I ZMR 2011, 166 (167); AG München I ZMR 2010, 649; *Zwickel* NZM 2014, 18 (19); *Elzer* ZWE 2011, 442 (444)). An die Schiedsklausel sind daher vor allem die folgenden Anforderungen zu stellen (sind die Anforderungen nicht oder nur unzureichend erfüllt, ist eine Klausel unwirksam und die staatlichen Gerichte zur Entscheidung berufen, LG München I ZMR 2011, 166 (167); *Elzer/Kern* MietRB 2010, 148 ff.; s. a. AG München ZMR 2010, 649):

- die Klausel kann nur – auch nachträglich – vereinbart werden; eine Klausel **120**
  nach §§ 8 Abs. 2, 5 Abs. 4 Satz 1 WEG unterliegt einer besonderen Prüfung nach § 242 BGB;
- sämtliche Wohnungseigentümer müssen im Verfahren ausreichende Mitwirkungsrechte haben;
- sämtliche Beschlussmängelstreitigkeiten müssen bei einem Schiedsgericht konzentriert werden (LG München I ZMR 2011, 166 (167); AG München ZMR 2010, 649);
- § 44 Abs. 2 Satz 2 WEG ist anzuordnen;

- eine Anfechtungsfrist zum Schiedsgericht sollte nicht mehr als einen Monat betragen; eine Begründungsfrist ist aber nicht erforderlich;
- die Wirkungen des § 44 Abs. 3 WEG sind anzuordnen.

XI. Unterbrechung des Verfahrens

121 Die Regelungen zur Unterbrechung des Verfahrens durch Tod, Verlust der Prozessfähigkeit oder durch Insolvenzverfahren (§§ 239 ZPO ff.) sind auf die Beschlussklagen anzuwenden (*Drasdo* ZMR 2014, 426 ff.). Anlass für eine teleologische Reduktion gibt es grundsätzlich nicht. Stirbt zB der klagende Wohnungseigentümer oder wird über sein Vermögen das Insolvenzverfahren eröffnet (LG Düsseldorf ZWE 2011, 375; AG Duisburg-Hamborn ZMR 2011, 671 (672); *Bergerhoff* NZM 2007, 425 (431)), ist das entsprechende Anfechtungsverfahren unterbrochen (s. a. BGH NZG 2018, 32 Rn. 15; aA LG Stuttgart NZI 2016, 326 (327)). Etwas anderes kann allerdings nach § 246 ZPO gelten. Prozessbevollmächtigter iSv § 246 Abs. 1 ZPO ist dabei auch der Verwalter (*Bergerhoff* AnwZert MietR 3/2014). Ferner kommt es im Falle einer Insolvenz des klagenden Wohnungseigentümers dann zu keiner Unterbrechung, wenn die Beschlussklage entweder keine Veränderung der Masse bewirken kann oder darauf abzielt, die Insolvenzmasse zu vergrößern (LG Stuttgart NZI 2016, 326, 327; s. a. BGH NZG 2018, 32 Rn. 15; NZI 2011, 809 Rn. 9).

XII. Beschlussklagen: Rechtsmissbrauch und Verwirkung

122 Die Erhebung einer Beschlussklage kann im Einzelfall rechtsmissbräuchlich sein (BGH NZM 2019, 630 Rn. 13). Dies ist entsprechend dem Gedanken des § 226 BGB dann der Fall, wenn die klagende Partei die Beschlussklage zur Verfolgung wohnungseigentumsfremder oder wohnungseigentumsfeindlicher Ziele einsetzt (BGH NZM 2019, 630 Rn. 13). Ein Missbrauch des Klagerechts liegt ferner vor, wenn der Kläger mit der Klage die Gerichte als Teil der Staatsgewalt unnütz oder gar unlauter bemüht oder ein gesetzlich vorgesehenes Verfahren zur Verfolgung zweckwidriger und insoweit nicht schutzwürdiger Ziele ausnutzt (BGH NJW 1978, 2031 unter II. 2. a). An die Bejahung dieser Voraussetzungen sind allerdings strenge Anforderungen zu stellen, weil es nach hM um einen Eingriff in den Kernbereich elementarer Mitgliedschaftsrechte (→ § 10 Rn. 60) des betroffenen Wohnungseigentümers geht (BGH NZM 2019, 630 Rn. 14). Für die Annahme eines Rechtsmissbrauchs genügt es deshalb nicht, wenn der Wohnungseigentümer Beschlussklagen nicht oder nicht nachvollziehbar begründet oder von seinen Rechten in großem Umfang, etwa durch die Erhebung zahlreicher Beschlussklagen, Gebrauch macht (BGH NZM 2019, 630 Rn. 14). Es kommt auch nicht darauf an, ob die Klagen im Ergebnis Erfolg haben (BGH NZM 2019, 630 Rn. 14). Ein Rechtsmissbrauch kann selbst bei „bloß" querulatorischen Beschlussklagen grundsätzlich nicht angenommen werden (BGH NZM 2019, 630 Rn. 14). Das gilt selbst dann, wenn sie einen Umfang angenommen haben, der einem Sondernachfolger auch ohne Nachfrage offenzulegen wäre (BGH NZM 2019, 630 Rn. 14). Anders liegt es zB dann, wenn eine Beschlussklage der Herbeiführung eines verwalterlosen Zustands dient und nach Intensität und Umfang ihrer Instrumentalisierung den übrigen Wohnungseigentümern nicht mehr zuzumuten ist, oder wenn ein Wohnungseigentümer eine Beschlussklage mit dem Ziel erhebt, die Gemeinschaft der Wohnungseigentümer in grob eigennütziger Weise zu einer Leistung zu veranlassen, auf die er keinen Anspruch hat und billigerweise auch nicht erheben kann. Steht ein Missbrauch fest, lässt dieses die materiell-rechtliche Anfechtungsbefugnis entfallen, so dass die Klage als unbegründet abgewiesen werden muss.

Die Befugnis, eine Beschlussklage zu erheben, kann nach § 242 BGB außerdem verwirkt werden (allgemein BVerfGE 32, 305 unter II. 2. b) = BeckRS 1972, 30421760) – mit der Folge, dass eine gleichwohl erhobene Klage unzulässig ist (BGH NJW 2012, 2578 Rn. 9; BAG NZA 2011, 854 Rn. 13; LG Düsseldorf ZMR 2013, 459 (460); LG Köln NZM 2008, 896). Der bloße Zeitablauf genügt hierfür allerdings nicht (BGH NJW 2012, 2578 Rn. 9). Für die Annahme einer Verwirkung müssen besondere Umstände hinzutreten, die eine Inanspruchnahme des Gerichtsschutzes als treuwidrig erscheinen lassen (BGH NJW 2012, 2578 Rn. 9). Ein Klagebegehren ist danach verwirkt, wenn der Anspruchsteller die Klage erst nach Ablauf eines längeren Zeitraums erhebt (Zeitmoment) und dadurch ein Vertrauenstatbestand beim Anspruchsgegner geschaffen wird, dass er gerichtlich nicht mehr belangt werde (LG Düsseldorf ZMR 2013, 459 (461)). Hierbei muss das Erfordernis des Vertrauensschutzes das Interesse des Berechtigten an der sachlichen Prüfung des von ihm behaupteten Anspruchs derart überwiegen, dass dem Gegner die Einlassung auf die nicht innerhalb angemessener Frist erhobene Klage nicht mehr zumutbar ist (Umstandsmoment). 123

Durch die Annahme einer prozessualen Verwirkung darf der Weg zu den Gerichten nicht in unzumutbarer, aus Sachgründen nicht zu rechtfertigender Weise erschwert werden (BVerfGE 32, 305). Das ist bei den an das Zeit- und Umstandsmoment zu stellenden Anforderungen zu berücksichtigen (BAG NZA 2011, 854 Rn. 13). 124

XIII. Einwirkungen auf den Streitgegenstand

Inwieweit die Gemeinschaft der Wohnungseigentümer durch eine Erklärung auf einen Beschluss einwirken kann, ist unklar. Insoweit lohnt ein Blick in das allgemeine Verbands- und Beschlussmängelrecht. Ist ein Verband beklagt (vor allem die AG und GmbH), kann er nach hM prozessual darauf verzichten, die Tatsachen des Klägers zu bestreiten; der Verband soll die Tatsachen sogar zugestehen können (§ 288 ZPO). Der Verband soll ferner säumig sein können und befugt sein, ein Rechtsmittel nicht einzulegen oder dieses zurücknehmen. Ein Verband soll auf der anderen Seite im Rahmen einer Beschlussmängelklage aber nicht befugt sein, diese durch einen Prozessvergleich zu vernichten. Ein Verband soll nämlich nicht über den Streitgegenstand verfügen können (BGH NJW 1996, 1753 unter II 5; OLG Jena NZG 2006, 467 (468)). Der als Passivpartei fungierende Verband soll nach einhelliger Ansicht nicht dazu berechtigt sein, im Verein mit dem klagenden 125

Mitglied über die Wirksamkeit des Beschlusses zu befinden oder ihn abzuändern; diese Befugnis liege allein bei der Gesamtheit der Verbandsmitglieder (siehe auch BGH NJW 1996, 175 unter II 5). Ob der Verband die Klage dann auch nicht anerkennen kann, ist allerdings streitig (verneinend exemplarisch OLG München NJW-RR 1997, 988; LG Koblenz GmbHR 2004, 260; offen gelassen von BGH NJW-RR 1993, 1253 unter III; OLG Jena NZG 2006, 467 (468); bejahend beispielhaft OLG Düsseldorf BeckRS 2018, 34266 Rn. 48; *Bork* ZIP 1992, 1205 ff.). **Stellungnahme.** Da ein Wohnungseigentümer der Gemeinschaft der Wohnungseigentümer beitreten und das Anerkenntnis verhindern kann, spricht nichts gegen die Möglichkeit der Gemeinschaft, anzuerkennen. Die Verbandsmitglieder können den Verband im Übrigen durch Beschluss anweisen, in bestimmter Weise zu verfahren, oder ermächtigen, eigenständig zu entscheiden. Ferner können in einem Vergleich natürlich Fragen geregelt werden, die den Beschluss als solches unberührt lassen. Es liegt nahe, alle diese Grundsätze in Wohnungseigentumsrecht jeweils zu übertragen. Siehe dazu näher → 38, 39, 40.

XIV. Mehrere Kläger

126 Nach bislang hM muss das Urteil in einer Beschlussklage bei mehreren Klägern nicht einheitlich ausfallen (BGH NJW 2016, 716 Rn. 10; 2009, 2132 Rn. 22; dazu *Derleder* FS Merle, 2010, 111 (120)). Etwa Kläger, welche die Klage- oder Begründungsfrist versäumt haben, sollen mit ihrer Klage als unbegründet abgewiesen werden können, während andere mit ihrer rechtzeitigen Klage durchdringen (BGH NJW 2016, 716 Rn. 10; NJW 2009, 2132 Rn. 22).

XV. Gebührenstreitwert

127 **1. Überblick.** Für WEG-Streitigkeiten (→ § 43 Rn. 47), auch für Eilverfahren in WEG-Streitigkeiten nach §§ 916 ff. ZPO, gelten grundsätzlich über § 48 Abs. 1 Satz 1 GKG die ZPO-Wertvorschriften. Eine kostenrechtliche Besonderheit besteht allerdings für die Beschlussklagen (→ Rn. 130). Der Rechtsmittelstreitwert ist nach §§ 3 ff. ZPO zu ermitteln (→ § 43 Rn. 33). Zusätzlich anwendbar sind §§ 39 ff. GKG, zB § 39 GKG bei objektiver oder subjektiver Klagehäufung.

128 **2. WEG-Streitigkeiten iSv § 43 Abs. 2 Nr. 1 bis Nr. 3 WEG. a) Allgemeines.** Ist die Klage in einer der WEG-Streitigkeiten iSv § 43 Abs. 2 Nr. 1 bis Nr. 3 WEG beziffert, ist – wie stets (Hartmann/Toussaint/*Elzer* § 48 Anh. I § 3 ZPO Rn. 4) – dieser Wert maßgeblich (LG Frankfurt a. M. ZMR 2019, 62; *Dötsch* IMR 2019, 41). Klagt zB die Gemeinschaft der Wohnungseigentümer rückständiges Hausgeld und/oder den aus einer Abrechnung geschuldeten Saldo ein, wird allein hierdurch der Gebührenstreitwert bestimmt. Andere bezifferte Klagen sind vor allem Schadenersatzklagen gegen einen Verwalter, einen Wohnungseigentümer oder gegen die Gemeinschaft der Wohnungseigentümer.

b) Überblick im „ABC". 129

- **Arrest:** → „Einstweilige Verfügung".
- **Bauliche Veränderung:** → „Beseitigung". → Rn. 138.
- **Beseitigung:** Wird nach § 1004 Abs. 1 Satz 1 BGB die Beseitigung einer baulichen Veränderung verlangt, bemisst sich das Gesamtinteresse am ideellen, ggf. aber auch wirtschaftlichen Interesse, den ursprünglichen Zustand wiederherzustellen (BGH NJW-RR 2017, 912 Rn. 7; NJW-RR 2017, 584 Rn. 5). Ferner geht es um das Interesse durch eine optische und/oder Substanzbeeinträchtigung (BGH BeckRS 2006, 06829 Rn. 8). Das Beklagteninteresse bemisst sich am Interesse, keinen Rückbau vornehmen zu müssen (BGH NJW-RR 2017, 912 Rn. 7; NJW-RR 2017, 584 Rn. 5). Die genannten Interessen der Parteien sind nicht identisch, da sie eine unterschiedliche Zielrichtung haben (BGH NJW-RR 2017, 584 Rn. 5). Bei der Klage auf Entfernung einer Parabolantenne ist das Interesse des klagenden Wohnungseigentümers bzw. der Wohnungseigentümer vertreten durch die Gemeinschaft der Wohnungseigentümer an der Durchsetzung des Beseitigungsanspruchs nach dem Wertverlust, den das Gebäude durch eine optische und/oder Substanzbeeinträchtigung des Hauses erleidet, zu ermitteln (AG Wedding IMR 2010, 258: dort 300 EUR). Für das Beklagteninteresse geht es darum, mit der Satellitenschüssel zusätzliche TV-Programme zu empfangen (LG Erfurt GE 2001, 1467: dort 2.500 EUR) sowie um die Rückbaukosten (s. a. Lehmann-Richter IMR 2010, 258; AnwZert MietR 16/2010).
- **Betreten von Sondereigentum:** Soll nach § 14 Abs. 1 Nr. 2 WEG das Betreten von Sondereigentum erzwungen werden, geht es beim Gesamtinteresse um das mit dem Betreten verfolgte Interesse, zB eine Erhaltungsmaßnahme und ihre Nichtdurchführung (= zu befürchtende Schäden), Beim Beklagteninteresse ist an das Interesse an einem „Nichtbetreten" anzuknüpfen, ggf. an den anteiligen Kosten der befürchteten Maßnahme.
- **Ehrschutz:** → „Nichtvermögensrechtliche Streitigkeiten". Als Ausgangswert kann ein Wert von 5.000 EUR angesetzt werden (Hartmann/Toussaint/*Elzer* GKG § 48 Rn. 11; *Abramenko* ZfIR 2018, 645). Der Wert kann, wenn das Gericht die Ehrverletzung als besonders schwerwiegend ansieht, aber natürlich auch höher angesetzt werden (*Abramenko* ZfIR 2018, 645). Zu berücksichtigen ist ferner, dass der Antrag auf Unterlassung ehrverletzender Handlungen gegenüber mehreren Adressaten den Streitwert erhöht (*Abramenko* ZfIR 2018, 645).
- **Eigentümerliste:** Verlangt ein Wohnungseigentümer oder ein Dritter Auskunft zu seinen Miteigentümern, richtet sich das Klägerinteresse idR nach einem Bruchteil des Geschäftswertes des Verfahrens, dessen Durchführung die Liste dienen soll (LG Frankfurt a. M. ZWE 2014, 57; LG Erfurt NZM 2000, 519). Das Gesamtinteresse ist nach den Kosten für die Erstellung der Liste zu bemessen. Ein Geheimhaltungsinteresse gibt es nicht.
- **Eigentümerversammlung:** Bei der Klage eines Wohnungseigentümers auf Einberufung der Eigentümerversammlung soll der hälftige Wert des Tagesordnungspunktes, über den nach dem Willen des Wohnungseigentümers entschieden werden soll, maßgeblich sein (BayObLG ZMR 1998,

299). Dem ist eher nicht zu folgen (LG Frankfurt a. M. ZWE 2016, 292). Denn streitwertbestimmend ist die Frage, ob eine Eigentümerversammlung mit einem entsprechenden Tagesordnungspunkt einzuberufen ist; der begehrte Beschluss selbst ist nicht streitgegenständlich. Geht es um die Erzwingung der Teilnahme eines Dritten an einer Eigentümerversammlung, soll das Interesse 1.000 EUR betragen (AG Hamburg BeckRS 2012, 06113).

- **Einsichtnahme:** → „Verwaltungsunterlagen".
- **Einstweilige Verfügung:** Regelmäßig entsprechend § 41 Abs. 2 FamGKG 1/2 des Wertes des Hauptsacheverfahrens (AG Hamburg ZMR 2009, 232; Hartmann/Toussaint/*Elzer* GKG § 48 Anh. I § 3 ZPO Rn. 11 „Einstweilige Verfügung"). § 53 I Nr. 1 GKG ist nicht anwendbar.
- **Entziehung:** Bei einer Entziehungsklage ist für das Gesamtinteresse, aber auch für das Beklagteninteresse der Wert des Sonder- oder Teileigentums maßgeblich (BGH NJW 2006, 3428; OLG Köln NZM 2011, 553; OLG Rostock ZMR 2006, 476; s. a. *Heinemann* MietRB 2008, 90 ff.).
- **Hausgeld:** → Rn. 128.
- **Hausmeister:** Verlangt ein Wohnungseigentümer, dem Hausmeister solle gekündigt werden, bemisst sich das Gesamtinteresse nach der Höhe der Hausmeistervergütung für den Zeitraum, über den der Hausmeister ohne die vorliegend abgelehnte Kündigung weiter tätig wird (LG Nürnberg-Fürth ZWE 2010, 281). Das Klägerinteresse bemisst sich am Anteil des Klägers an der Vergütung.
- **Herausgabe:** Geht es um eine Herausgabe ist nach § 6 ZPO grundsätzlich der Wert der Sache maßgeblich; → „Verwaltungsunterlagen".
- **Immissionen (Unterlassung):** Nimmt ein Wohnungseigentümer einen anderen Wohnungseigentümer oder dessen Mieter auf Unterlassung von Immissionen in Anspruch, bemisst sich der Wert grundsätzlich nach der Wertminderung, die das Wohnungseigentum der klagenden Partei infolge der behaupteten Immissionen erleidet (BGH BeckRS 2017, 122319 Rn. 3; BeckRS 2009, 20307 Rn. 3).
- **Nebenforderungen:** Nebenforderungen sind nach § 43 Abs. 1 GKG nicht zu berücksichtigen (BGH BeckRS 2016, 12557 Rn. 6).
- **Nichtvermögensrechtliche Streitigkeiten:** Die Wertbemessung bei Ansprüchen nichtvermögensrechtlicher Art ist nach § 48 Abs. 2, Abs. 3 GKG vorzunehmen (LG Hamburg ZMR 2011, 664).
- **Niederschrift:** Beim Streit um die Berichtigung bestimmt sich das Gesamtinteresse, aber auch das Klägerinteresse am wirtschaftlichen Interesse an der Berichtigung, nicht nur an den Kosten der Berichtigung (BayObLG WE 1997, 117 = BeckRS 1996, 31048272; LG Hamburg ZMR 2011, 664: 750 EUR; aA OLG Frankfurt a. M. ZWE 2018, 280 Rn. 17 und Rn. 19). Zur Einsichtnahme → „Verwaltungsunterlagen".
- **Prostitution:** Das Gesamtinteresse bei einer Klage auf Unterlassung der Prostitution richtet sich an den Nachteilen der anderen Wohnungseigentümer durch den Gebrauch für Zwecke der Prostitution aus, das Beklagteninteresse an den erzielbaren Mieteinnahmen (s. a. LG Dresden WuM 2015, 705; Kappus NJW-Spezial 2016, 67). Nach aA, die nicht zutrifft, können pauschal 250 EUR je Wohnungseigentumsrecht angesetzt werden (OLG

Karlsruhe NZM 2000, 194) oder pauschal 15.000 EUR (OLG Frankfurt a. M. WuM 1990, 452).

- **Protokoll:** → „Niederschrift".
- **Rauchwarnmelder:** Geht es um den Streit, Rauchwarnmelder anzuschaffen, sind für das Gesamtinteresse idR die Anschaffungskosten anzusetzen (LG Düsseldorf ZWE 2016, 48), für das Klägerinteresse sein Anteil daran, ggf. auch sein Interesse, bereits eingebaute Rauchwarnmelder behalten zu dürfen. Geht es um die jährlichen Wartungskosten, ist für das Gesamtinteresse entsprechend § 9 ZPO der 3 1/2-fache Wert der Belastung anzusetzen (LG Düsseldorf ZWE 2016, 48), für das Klägerinteresse sein Anteil daran.
- **Selbständiges Beweisverfahren:** Der Streitwert des selbständigen Beweisverfahrens ist mit dem Hauptsachewert oder mit dem Teil des Hauptsachewertes anzusetzen, auf den sich die Beweiserhebung bezieht (BGH NJW 2004, 3488 unter III 2; OLG Karlsruhe JurBüro 2016, 368; OLG Koblenz BauR 2015, 313; aA OLG Rostock NJW-RR 1993, 1086). Das Gericht hat nach Einholung des Gutachtens den „richtigen" Hauptsachewert, bezogen auf den Zeitpunkt der Verfahrenseinleitung und das Interesse des Antragstellers festzusetzen (BGH NJW 2004, 3488 unter III 3; OLG Köln NJOZ 2017, 1402 Rn. 11; OLG Düsseldorf BauR 2016, 882; OLG Stuttgart BauR 2015, 1023; OLG Frankfurt a. M. NJW 2010, 1822). Richtet sich das Beweisverfahren auf die Feststellung von Mängeln oder Schäden und die Kosten ihrer Beseitigung, sind idR auch die Beseitigungskosten, die der Sachverständige festgestellt hat, streitwertbestimmend. Enthalten sie allerdings „Ohnehin-„ oder „Sowieso-Kosten", von denen der Antragsteller von Anfang an erkennen lässt, dass er diese im Hauptsacheverfahren nicht mitverfolgen will, sind diese bei der Streitwertbestimmung abzuziehen (OLG Karlsruhe BauR 2015, 1019; OLG Rostock JurBüro 2008, 369; OLG Köln BauR 2005, 1806; aA zu Recht LG Karlsruhe BeckRS 2019, 31720 Rn. 12). Eine Anrechnung des Vorteils „neu für alt" ist zu erwägen, wenn durch die Mangelbeseitigung eine deutlich verlängerte Nutzungsdauer entsteht, der Mangel sich verhältnismäßig spät auswirkt und der Auftraggeber bis dahin keine Gebrauchsnachteile hinnehmen musste.
- **Unterlassung:** Beim Streit um Unterlassung geht es beim Gesamtinteresse um das Interesse, wenn der beklagte Wohnungseigentümer sein Verhalten unterlässt, für den beklagten Wohnungseigentümer hingegen darum, sein Verhalten fortsetzen zu dürfen (Hartmann/Toussaint/*Elzer* GKG § 48 Anh. I § 3 ZPO Rn. 11 „Unterlassung"). Geht es um Unterlassung eines Gebrauchs/einer Nutzung, richtet sich das Gesamtinteresse auf die Abwehr der zu schätzenden Wertminderung ihres Wohnungseigentums, die durch das Verhalten der beklagten Partei herbeigeführt wird, dessen Unterlassen begehrt wird (BGH BeckRS 2012, 08271 Rn. 7; OLG München BeckRS 2018, 3971 Rn. 18). Das Interesse des auf Unterlassung in Anspruch Genommenen richtet sich nach seinem Vorteil an der Fortsetzung des Gebrauchs/der Nutzung – etwa in Form eines Mehrerlöses bei der Vermietung – aus (s. a. BayObLG NZM 2001, 150; ZMR 2000, 777). Häufig werden – niedrige – „Pauschalen" von 1.000 EUR bis 1.500 EUR ange-

setzt, etwa beim Verbot der Haustierhaltung (OLG Karlsruhe WE 1988, 97) oder bei Lärm (LG Bonn JurBüro 2001). → Rn. 138 „Benutzung".

- **Veräußerungszustimmung:** Das Interesse des Wohnungseigentümers, der auf Erteilung der Zustimmung zur Veräußerung des Wohnungs- bzw. Teileigentums nach § 12 Abs. 3 WEG klagt, beträgt idR 20% des Verkaufspreises des Wohnungs- bzw. Teileigentums (BGH NZM 2019, 178 Rn. 3; NZM 2018, 824 Rn. 4; NJW-RR 2018, 775 Rn. 4). Beim Interesse der anderen Wohnungseigentümer geht es hingegen darum, einen „ungeeigneten" Miteigentümer abzuwehren. Auch dieses Interesse entspricht nicht dem Verkehrswert oder Verkaufspreis und ist – geht es um die wirtschaftliche Kraft des Erwerbers – mit 3 1/2 des einjährigen Hausgeldes anzusetzen (aA BGH NZM 2018, 824 Rn. 4: weitere 20% des Verkaufspreises des Wohnungs- bzw. Teileigentums). Wird ein Wohnungseigentum zwangsversteigert, gilt nichts anderes (BGH NZM 2019, 178 Rn. 5).
- **Versammlung:** → „Eigentümerversammlung".
- **Verwaltungsunterlagen:** Für eine Einsichtnahme sollen 150 EUR je „Jahrgang" anzusetzen sein (OLG Karlsruhe Die Justiz 1970, 301). **Stellungnahme.** Richtig ist es hingegen, das Interesse des Einsichtnehmenden an der Einsichtnahme als Ausgangspunkt zu wählen (s. a. LG Hamburg ZMR 2016, 561, 562). Für die andere Seite geht es um das Interesse an einer „Nichteinsichtnahme". Im Rahmen eines Herausgabeverlangens ist für die Wertfestsetzung in der Regel das objektive Interesse an der Herausgabe maßgeblich. Bei der Wertfestsetzung ist zu berücksichtigen, wie groß die Gefahr eines wirtschaftlichen Schadens durch die unterbliebene Herausgabe ist (KG ZMR 2011, 655): ohne Herausgabe ist eine ordnungsmäßige Verwaltungsarbeit nicht möglich; → „Herausgabe".

130 **3. Beschlussklagen (§ 49 GKG). a) Allgemeines und Sinn und Zweck.** Nach § 49 Satz 1 GKG ist der Gebührenstreitwert für Beschlussklagen (§ 44 Abs. 1 WEG) mit Blick auf § 44 Abs. 3 WEG (→ Rn. 72) auf das Interesse aller Wohnungseigentümer an der Entscheidung festzusetzen. Er darf nach § 49 Satz 2 GKG, der § 49a Abs. 1 Satz 2 Alternative 2 und Satz 3 GKG entspricht, allerdings den siebeneinhalbfachen Wert des Interesses des Klägers und der auf seiner Seite Beigetretenen sowie den Verkehrswert ihres Wohnungseigentums nicht übersteigen (Wertobergrenze). Diese Deckelung soll, wie auch bislang (dazu OLG Frankfurt a. M. NZM 2019, 446 Rn. 18; BT-Drs. 16/887, 41 und 76), der aus dem Rechtsstaatsprinzip folgenden Justizgewährungspflicht dienen (s.a. BVerfG NJW 1992, 1673). Es soll vermieden werden, dass ein (bezogen auf das wirtschaftliche Interesse des Klägers) unverhältnismäßig hohes Kostenrisiko entsteht (BGH NJW-RR 2019, 462 Rn. 5; *Fölsch* MDR 2019, 335 (336)). Eine weitere Begrenzung als die, die durch § 49 Satz 2 GKG erreicht wird, ist nach hM weder geboten noch erforderlich (BGH NZM 2015, 530 Rn. 11; aA *Elzer* NZM 2008, 432 (434) für den Einzelfall mit Hinweis auf den Justizgewährungsanspruch). Der Wert ist auf Initiative des Rechtsausschusses höher als bislang, um den Wegfall der Mehrvertretungsgebühr zu kompensieren (BT-Drs. 19/22634, 49 – Vorabfassung).

b) Anwendungsbereich. § 49 GKG gilt für die Beschlussklagen und ist über § 23 Abs. 1 Satz 1 und Satz 3 RVG auch auf die Bestimmung des Gegenstandswerts anzuwenden. Insoweit ist er iVm § 47 Satz 1 GKG auch für die Ermittlung des Gebührenstreitwertes in Rechtsmittelverfahren anwendbar (BGH NJW-RR 2019, 462 Rn. 5; NJW-RR 2018, 775 Rn. 3; OLG München ZWE 2019, 230 Rn. 12). 131

c) Zeitpunkt für die Wertberechnung. Für die Wertberechnung ist – wie stets – nach § 40 GKG der Zeitpunkt der Antragstellung maßgebend, die den Rechtszug einleitet (s. a. LG Hamburg ZMR 2016, 561; LG Berlin ZMR 2016, 557). Beschränkt der Kläger die Beschlussklage etwa in der Klagebegründung, ändert das also nichts mehr (LG Berlin ZMR 2016, 557). 132

d) Verwalterbefugnisse. Der teilweise niedrige Gebührenstreitwert kann es im Einzelfall dem klagenden Wohnungseigentümer oder der Gemeinschaft der Wohnungseigentümer erschweren, einen Rechtsanwalt zu finden. § 27 Abs. 1 Nr. 1 WEG räumt dem Verwalter daher wie bislang nach § 27 Abs. 3 Satz 1 Nr. 6 WEG aF die gesetzliche Befugnis ein, mit einem Rechtsanwalt einen höheren als den gesetzlichen Streitwert, begrenzt auf den nach § 49 Satz 1 GKG zu ermittelnden, zu vereinbaren (→ § 27 Rn. 33). 133

e) Berechnung des Streitwertes im Einzelnen. aa) Überblick. Um den Gebührenstreitwert zu ermitteln, muss man in einem ersten Schritt drei Einzelwerte ermitteln. Es sind dies: Das Interesse aller Wohnungseigentümer an der Entscheidung (Gesamtinteresse), das Interesse des Klägers und der auf seiner Seite Beigetretenen (§ 66 Abs. 1 ZPO) an der Entscheidung und der Verkehrswert des Wohnungseigentums des Klägers und der auf seiner Seite Beigetretenen (Klägerinteresse). In einem zweiten Schritt ist dann anhand der so ermittelten Werte zu bestimmen, ob das Klägerinteresse hinter dem Gesamtinteresse zurückbleibt und deshalb den Gebührenstreitwert bestimmt, und der Verkehrswert als Grenze einzusetzen. 134

bb) Ermittlungen im Einzelnen. Die Bewertung des Gesamtinteresses bzw. der jeweiligen Interessen richtet sich nach den allgemeinen Regelungen, gem. § 48 Abs. 1 Satz 1 GKG also nach den für die Zuständigkeit des Prozessgerichts oder die Zulässigkeit des Rechtsmittels geltenden Vorschriften der §§ 3, 6–9 ZPO (OLG München ZWE 2019, 230 Rn. 18; OLG Stuttgart ZWE 2012, 502 (503); OLG Koblenz ZWE 2011, 92). Auszugehen ist vom Vortrag der Parteien (Hartmann/Toussaint/*Elzer* GKG § 48 Anh. I § 3 ZPO Rn. 6). 135

Für die Ermittlung des Gesamtinteresses sind die gegenläufigen Interessen auf Kläger- und auf Beklagtenseite grundsätzlich zu addieren (BGH NJW-RR 2017, 912 Rn. 7; 2017, 584 Rn. 5). Anders ist es, wenn das wirtschaftliche Interesse der beiden Seiten identisch ist (BGH NJW-RR 2018, 1358 Rn. 4). Haben mehrere Wohnungseigentümer eine Beschlussklage erhoben, sind die Interessen der Kläger zu addieren (BGH MDR 2019, 767 Rn. 9). Für die Bemessung sind auch die Verkehrswerte mehrerer Wohnungseigentumsrechte desselben Klägers zusammenzurechnen (BGH NJW-RR 2019, 462 Rn. 5). Auch wenn mehrere Wohnungseigentümer 136 klagen, sind die Verkehrswerte ihrer Wohnungseigentumsrechte zu addieren (BGH NJW-RR 2019, 462 Rn. 6). Den Verkehrswert muss das Gericht schätzen, da eine sachverständige Begutachtung im Rahmen der Streitwertfestsetzung grundsätzlich nicht in Betracht kommt (BGH NJW-RR 2019, 462 Rn. 6).

137 **cc) Überblick zum Wert der beteiligten Interessen im „ABC".** Bei den nachfolgenden, beispielhaft aufgezählten Interessen und ihrem Wert ist zu beachten, dass diese nur Anhaltspunkte und im Einzelfall zu korrigieren sind. Die Entscheidungen befreien das Gericht nicht von der Ausübung des eigenen Ermessens und der sorgfältigen Betrachtung des jeweiligen Einzelfalls. Werte werden idR nur dort genannt, wo die Rechtsprechung diese grundsätzlich ohne weitere Prüfung annimmt. Ferner muss beachtet werden, dass es um mehrere Interessen geht, nämlich: das Gesamt- und das Klägerinteresse.

138 • **Anfechtung eines Beschlusses (Allgemeines):** Bei der Anfechtung von Beschlüssen ist für die Ermittlung der jeweiligen Interessen grundsätzlich der Gegenstand des angefochtenen Beschlusses maßgeblich (OLG Celle ZWE 2011, 147; BayObLG NZM 2001, 246; KG ZMR 1997, 492 (493)). Auf die Art der geltend gemachten Beschlussmängel kommt es nicht an (BGH NJW-RR 2019, 462 Rn. 3). Geht es also um formelle Mängel, ist kein „Abschlag" zu machen. Weichen die Interessen der Wohnungseigentümer voneinander ab, ist idR § 49 Satz 2 GKG streitwertbegrenzend. Bei einer Blankettanfechtung (= Blindanfechtung sämtlicher angenommener Beschlüsse einer Versammlung) ist der anfechtende Wohnungseigentümer bei anschließender Rücknahme seiner Klage kostentechnisch nicht privilegiert. Denn auch in diesem Fall richtet sich der Streitwert in voller Höhe nach seinem Interesse an der Anfechtung der angenommenen Beschlussgegenstände sowie am Interesse der beklagten Wohnungseigentümer (LG Hamburg IMR 2011, 127).
• **Bauliche Veränderung:** → „Anfechtung eines Beschlusses". Bei der Anfechtung eines Beschlusses nach § 22 Abs. 1 WEG bestimmt sich das Klägerinteresse nach seinem Interesse, eine (befürchtete) wirtschaftliche und/oder optische Beeinträchtigung (LG Stuttgart ZMR 2016, 573; AG Rottenburg BeckRS 2015, 118735) oder Immissionen, zB Schatten oder Geräusche abzuwehren. Das Gesamtinteresse muss sich am wirtschaftlichen und/oder ideellen Interesse an der baulichen Veränderung bemessen.
• **Bäume:** → „Anfechtung eines Beschlusses". Bei Anfechtung eines Beschlusses über das Fällen von Bäumen bestimmt sich das Klägerinteresse am immateriellen Interesse an der Erhaltung, an seinem Anteil an den Baumfäll-Kosten, ggf. den Kosten für eine Wiederbepflanzung und ggf. an einem Risikozuschlag für das Gelingen der Ersatzpflanzung (s. a. OLG Celle IMR 2011, 170). Das Gesamtinteresse muss sich am Interesse an der Entfernung bemessen.
• **Benutzung (Gebrauch):** → „Anfechtung eines Beschlusses". Wird über die Zulässigkeit einer Benutzung gestritten, geht es idR einerseits um die Vorteile, die ein Gebrauch einem Wohnungseigentümer gewährt, und anderseits um die Nachteile, die die anderen Wohnungseigentümer von

diesem Gebrauch haben. → „Beschlussersetzung“; → „Genehmigung“; → Rn. 129 „Unterlassung“.

- **Beauftragung eines Rechtsanwalts:** → „Anfechtung eines Beschlusses“. Ist Gegenstand eines von einem Wohnungseigentümer angegriffenen Beschlusses die Beauftragung eines Rechtsanwalts, ist für das Gesamtinteresse das voraussichtliche Honorar des Rechtsanwaltes anzusetzen, für das Interesse des klagenden Wohnungseigentümers hingegen sein Anteil daran. Nach aA bemisst sich das Interesse nach dem Streitgegenstand des Prozesses, den der Rechtsanwalt führen soll, zB der Betrag einer Forderung (LG Hamburg ZMR 2015, 994 = BeckRS 2016, 00073).
- **Beschlussersetzung:**
  - **Bauliche Veränderung.** Will ein Wohnungseigentümer zu seinen Gunsten eine bauliche Veränderung nach §§ 18 Abs. 2, 44 Abs. 1 Satz 2 WEG erzwingen, geht es um sein ideelles und wirtschaftliches Interesse an der baulichen Veränderung, das Gesamtinteresse bemisst sich hingegen an dem Interesse, die optische Beeinträchtigung bzw. einen Substanzeingriff abzuwehren.
  - **Benutzung.** Verlangt ein Wohnungseigentümer die Zustimmung zu einer Vermietung oder deren Genehmigung, ist sein Interesse in Anlehnung an § 9 ZPO mit dem dreieinhalbfachen Wert der konkret erzielbaren Jahresmiete zu bemessen (OLG München ZWE 2019, 230 Rn. 15).
  - **Darlehen.** Soll ein Beschluss über eine Darlehensaufnahme erzwungen werden, geht es für das Gesamtinteresse, aber auch für das Klägerinteresse um die aufzubringenden Mittel.
  - **Erhaltungsmaßnahmen.** Begehrt ein Wohnungseigentümer nach § 44 Abs. 1 Satz 2 WEG eine Beschlussersetzung, so bestimmt sich das Gesamtinteresse bei einer Erhaltungsmaßnahme grundsätzlich nach den Gesamtkosten der in Aussicht genommenen Reparatur (KG ZMR 2019, 893 = BeckRS 2019, 16377 Rn. 9). Das Interesse des Klägers entspricht hingegen – wie bei einer Anfechtungsklage gegen eine Erhaltungsmaßnahme – grundsätzlich der Höhe der auf ihn anteilig entfallenden Kosten (KG ZMR 2019, 893 = BeckRS 2019, 16377 Rn. 9). Das Interesse kann durch andere Einflüsse mitbestimmt werden. Insoweit kommen va eine Wertminderung in Betracht, die das Wohnungseigentum des klagenden Wohnungseigentümers durch die Nichtdurchführung der angestrebten Erhaltungsmaßnahme erleidet, ein Vermögenschaden, etwa eine Mietminderung, oder eine optische Beeinträchtigung (KG ZMR 2019, 893 = BeckRS 2019, 16377 Rn. 10).
  - **Kosten.** Klagt ein Wohnungseigentümer, ist die Klage beziffert und der Streitwert richtet sich nach dem Antrag (→ Rn. 128; LG Stuttgart ZMR 2020, 234).
  - **Rechnungslegung.** Das Interesse eines Wohnungseigentümers, eine Rechnungslegung zu erzwingen, bemisst sich an seinem Interesse an der erwünschten Rechnungslegung, das Beklagteninteresse am Interesse, die Rechnungslegung abzuwehren. Nach aA kommt es auf den finanziellen Aufwand für die Rechnungslegung an (OLG Köln JurBüro 2007, 488). Diesen gibt es für die beklagten Wohnungseigentümer aber nicht.

– **Umlageschlüssel.** Klagt ein Wohnungseigentümer auf Änderung eines Umlageschlüssels, ist für sein Interesse entsprechend § 9 Satz 1 ZPO der 3 1/2-fache Wert des einjährigen Betrages zu Grunde zu legen, den der Kläger bezogen auf sein Wohnungseigentum anstrebt (s. a. KG NZM 2014, 756; BayObLG ZMR 1998, 792; aA LG München I ZWE 2014, 186). Das Gesamtinteresse ist der 3 1/2-fache des einjährigen Betrages bezogen auf alle Wohnungseigentumsrechte.

- **Darlehensaufnahme:** → „Anfechtung eines Beschlusses". Greift ein Wohnungseigentümer den Beschluss an, dass die Gemeinschaft der Wohnungseigentümer einen Darlehensvertrag schließen soll, ist für sein Interesse maßgeblich, was er an Zins und Tilgung leisten müsste (OLG Frankfurt a. M. BeckRS 2019, 6420 Rn. 13; LG Frankfurt a. M. ZWE 2019, 187 Rn. 8; LG Düsseldorf BeckRS 2013, 18541). Für das Gesamtinteresse geht es um die Mittel, die mit dem Darlehen aufgebracht werden sollen.
- **Erhaltungsmaßnahmen (Instandsetzung und Instandhaltung):** → „Anfechtung eines Beschlusses". Bei Erhaltungsmaßnahmen sind für das Gesamtinteresse die gesamten Baukosten anzusetzen (BayObLG ZMR 2001, 128; NJW-RR 1989, 80; LG Frankfurt a. M. ZWE 2019, 187 Rn. 6). Für den klagenden Wohnungseigentümer geht es hingegen um die Kosten, die für ihn anfallen würden, erwüchse der angefochtene Beschluss in Bestandskraft (LG Frankfurt a. M. ZWE 2019, 187 Rn. 6). Behauptet der Kläger, der Instandhaltungsbedarf sei mit einem geringeren Kostenaufwand zu beseitigen, ist auf den Betrag abzustellen, der nach Auffassung des Klägers insgesamt eingespart werden kann (BayObLG WuM 1998, 314). Will ein Wohnungseigentümer eine Erhaltungsmaßnahme erzwingen, geht es um eine → „Beschlussersetzung".
- **Entziehung:** → „Anfechtung eines Beschlusses". Steht ein Entziehungsbeschluss im Streit, sind die Interessen am Behalten des Wohnungseigentums und am Ausscheiden des betroffenen Wohnungseigentümers aus der Wohnungseigentümergemeinschaft zu bemessen. IdR werden für das Gesamtinteresse, aber auch für das Klägerinteresse 20 % des Verkehrswertes des betroffenen Wohnungseigentums für angemessen gehalten (BGH ZWE 2011, 359 (361); OLG Rostock NZM 2009, 489; OLG Köln WuM 1998, 307). Geht ein Wohnungseigentümer gegen einen Abmahnbeschluss vor (dazu BGH WuM 2019, 471), besteht sein Interesse darin, die Voraussetzung für eine Entziehungsklage zu bekämpfen. Dieses Klägerinteresse kann wie das Gesamtinteresse nicht pauschal ermittelt werden (KG 16.1.2020 – 24 W 3/20; aA LG Bremen WuM 1999, 599).
- **Jahresabrechnung (Abrechnung):** → „Anfechtung eines Beschlusses". Wendet sich ein Wohnungseigentümer gegen den Beschluss nach § 28 Abs. 2 Satz 1 WEG, ist für die Ermittlung der Interessen ua zu prüfen, ob sich der klagende Wohnungseigentümer wirksam gegen den von ihm zu leistenden Nachschuss, gegen alle Nachschüsse oder nur gegen den Ansatz einzelner Kostenpositionen wendet (BGH NJW-RR 2017, 913 Rn. 2). Richtet der klagende Wohnungseigentümer die Anfechtungsklage gegen alle Nachschüsse, bemisst sich das Interesse der Parteien gem. § 49 GKG grundsätzlich nach dem hälftigen Nennbetrag (BGH NJW-RR 2019, 462

Rn. 3; OLG Hamm IMR 2019, 345). Der „Additionsmethode“, die das Interesse des Anfechtungsklägers, das sich auf den Betrag seiner Einzelabrechnung bezieht, und das Interesse der Beklagten, nämlich die Aufrechterhaltung der Nachschüsse insgesamt, addiert und davon 100% nimmt (*Bünnecke/Wessel* ZMR 2017, 958), ist an dieser Stelle anders als sonst nicht zu folgen. Denn der auf das Einzelinteresse des klagenden Wohnungseigentümers entfallende Einzelbetrag ist im Nennbetrag bereits enthalten (OLG Hamm IMR 2019, 345). Dieses „Gesamtinteresse“ bestimmt allerdings nicht unbedingt den Streitwert, da die Grenzen des § 49 Satz 2 GKG zu beachten sind (BGH NJW-RR 2019, 462 Rn. 3; NJW-RR 2017, 913 Rn. 2 und Rn. 11). Wendet sich der klagende Wohnungseigentümer gegen eine streitige Kostenposition, ist grundsätzlich der Wert dieser Kostenposition maßgeblich (BGH NJW-RR 2015, 1492 Rn. 17; KG ZWE 2016, 380 Rn. 9) – grundsätzlich in voller Höhe (KG ZWE 2016, 380 Rn. 13; LG Hamburg BeckRS 2018, 36383 Rn. 5). Anders liegt es aber, wenn die klagende Partei ihre Beanstandungen weiter einschränkt und sich mit ihrer Klage nicht grundsätzlich gegen die Pflicht wendet, Kosten für die entsprechende Position zu tragen, sondern nur einen oder mehrere Berechnungsfaktoren für unzutreffend hält und meint, auf sie seien für die Position bei ordnungsmäßiger Berechnung weniger Kosten umzulegen. So liegt es etwa, wenn die Partei rügt, die Kosten seien nach einem falschen Umlageschlüssel umgelegt worden (LG Frankfurt (Oder) v. 23.10.2017 – 16 T 76/17, Rn. 10 – juris), oder wenn die Klagepartei geltend macht, der Erhaltungsrücklage fehlten Beträge, sei es, weil sie nicht eingezogen, sei es, weil sie falsch zugeordnet worden seien. Maßgeblich wäre auch dann nicht der Gesamtfehlbetrag, sondern nur der Anteil des Klägers an diesem Fehlbetrag (BGH NJW-RR 2012, 1103 Rn. 8). Macht der Anfechtungskläger formelle Mängel des Beschlusses geltend, steht wieder der Gesamtwert im Streit (BGH NJW-RR 2019, 462 Rn. 3; NZM 2017, 530 Rn. 11). Wird um die Erstellung der Jahresabrechnung gestritten, geht es um die voraussichtlichen Kosten hierfür. Die Kosten richten sich nach den Umständen des Einzelfalls, insbesondere nach der Größe der Wohnungseigentumsanlage und den Kosten des Erstellers (LG München I ZWE 2019, 185 Rn. 26; LG Koblenz ZWE 2014, 192). Zu berücksichtigen ist auch das Rechenschaftsinteresse (LG München I ZWE 2019, 185 Rn. 26). Die Kosten sind ggf. nach § 287 ZPO zu schätzen (*Drasdo* NJW-Spezial 2009, 753; *Ott* IMR 2009, 367; aA OLG Frankfurt a. M. MietRB 2009, 324; *Suilmann* MietRB 2009, 324). Abzustellen ist auf die Vergütung des Verwalters (LG München I ZWE 2019, 185 Rn. 25). Hiervon sollen 20% bis 25% anzusetzen sein, da es um die Erfüllung einer Hauptleistungspflicht gehe (LG München I ZWE 2019, 185 Rn. 25).

- **Kostenverteilungsschlüssel:** → „Umlageschlüssel“.
- **Negativbeschluss:** → „Anfechtung eines Beschlusses“. Die Anfechtung eines Negativbeschlusses (→ Vor §§ 23 ff. Rn. 65) gebietet einen deutlichen Abschlag ggü. dem Streitwert einer „normalen“ Anfechtungsklage (OLG Köln ZWE 2010, 275: 50%). **Stellungnahme.** Nach hier ver-

tretener Ansicht reicht ein „Erinnerungswert" von zB 5.000 EUR. Wird ein Negativbeschluss angefochten und gleichzeitig im Wege der → „Beschlussersetzungsklage" die Verpflichtung zur Vornahme der abgelehnten Maßnahme verlangt, handelt es sich um eine wirtschaftliche Identität (Hartmann/Toussaint/*Elzer* GKG § 48 Anh. III § 5 ZPO Rn. 2), die eine Zusammenrechnung der Streitwerte für die Anträge nicht rechtfertigt (KG BeckRS 2019, 16375 Rn. 7; OLG Celle ZWE 2010, 190; LG Hamburg BeckRS 2014, 10235).

- **Rechnungslegung:** → „Beschlussersetzung".
- **Sanierungsmaßnahmen:** → „Erhaltungsmaßnahmen".
- **Sonderumlage:** → „Anfechtung eines Beschlusses". Geht es um den Beschluss, mit dem die Wohnungseigentümer nach § 28 Abs. 1 Satz 1 WEG Vorschüsse bestimmen, gelten dieselben Grundsätze wie bei der → „Jahresabrechnung". Maßgeblich ist, was der Wohnungseigentümer leisten müsste (LG Frankfurt a. M. ZWE 2019, 187 Rn. 9). Für das Gesamtinteresse ist auf die Summe der Vorschüsse abzustellen. Soll ein Beschluss nach § 28 Abs. 1 Satz 1 WEG erzwungen werden (→ „Beschlussersetzung"), geht es für das Gesamtinteresse, aber auch für das Klägerinteresse um die aufzubringenden Mittel.
- **Umlageschlüssel:** → „Beschlussersetzung".
- **Vertrag:** → „Anfechtung eines Beschlusses". Geht ein Wohnungseigentümer gegen einen Beschluss vor, dass die Gemeinschaft der Wohnungseigentümer einen Vertrag schließen soll, besteht das Interesse des klagenden Wohnungseigentümers idR darin, nicht an den Kosten beteiligt zu werden. Dabei ist der Rechtsgedanke des § 9 ZPO heranzuziehen, wonach der 3 1/2-fache Jahreswert die Obergrenze des Gesamtinteresses bildet (LG Frankfurt a. M WuM 2017, 238), und der Anteil des klagenden Wohnungseigentümers hieran sein Interesse darstellt.
  Vermietung: Beim Streit um die Vermietung gemeinschaftlichen Eigentums ist idR für das Gesamtinteresse § 8 ZPO entsprechend anzuwenden (aA BayObLG WuM 1993, 494: die Höhe des einjährigen Mietwertes bzw. des einjährigen Erhöhungsbetrages), für den klagenden Wohnungseigentümer sein Anteil hieran, vor allem aber sein Interesse, den Gebrauch des gemeinschaftlichen Eigentums fortsetzen zu können.
- **Versorgungssperre:** → „Anfechtung eines Beschlusses". Für das Gesamtinteresse geht es um das Hausgeld, das der entsprechende Wohnungseigentümer nicht zahlt. Es ist also § 9 ZPO entsprechend anzuwenden. Für den klagenden Wohnungseigentümer geht es um das wirtschaftliche Interesse, weiterhin mit Gas, Strom, Wärme und Wasser versorgt zu werden. Nach aA sind pauschal 5.000 EUR anzusetzen (LG München I ZWE 2011, 186), oder das auf 1/3 herabgesetzte Interesse der Gemeinschaft der Wohnungseigentümer (LG Dessau-Roßlau BeckRS 2011, 12744).
- **Verwalter:** → „Anfechtung eines Beschlusses"; → „Beschlussersetzung".
  - **Abberufung.** Streiten die Wohnungseigentümer um die Abberufung einer Person vom Verwalteramt, ist nach hM das Gesamtinteresse anhand der in der restlichen Vertragslaufzeit anfallenden Verwaltervergütung zu schätzen (BGH NJW 2016, 3104 Rn. 4; NJW 2012, 1884 Rn. 18; LG

Hamburg ZMR 2017, 1005). Das Interesse des klagenden Wohnungseigentümers sei hingegen nach seinem Anteil an der zugrunde zu legenden Verwaltervergütung zu bestimmen (BGH BeckRS 2018, 7875 Rn. 6; BeckRS 2018, 4066 Rn. 1; NJW 2016, 3104 Rn. 4; NJW 2012, 1884 Rn. 20). Werde daneben auch die Bestellung eines namentlich bezeichneten neuen Verwalters erstrebt, seien bei der Festsetzung des Gegenstandswertes beide Anträge zu berücksichtigen. Es sei aber nur das die Abberufung überschießende Interesse an der Bestellung eines neuen Verwalters zu ermitteln. Werde das jeweilige Interesse anhand der Vergütungsansprüche des Verwalters geschätzt, seien die Laufzeiten des Alt- und Neuvertrags derart zu berücksichtigen, dass bei sich überschneidenden Zeiträumen nur der jeweils höhere Honoraranspruch angesetzt wird (BGH NJW 2016, 3104 Rn. 5). **Stellungnahme.** Diese Rechtsprechung überzeugt nicht. Hält ein Wohnungseigentümer den Beschluss über eine Verwalterbestellung für nicht ordnungsmäßig, geht es nicht um den vom klagenden Wohnungseigentümer ggf. zu tragenden Anteil der Verwaltervergütung (das ist eine Frage der Anstellung und des Verwaltervertrags), sondern um die Person des Verwalters (LG München I NZM 2009, 625; Elzer NZM 2008, 432 (434)). Etwa im Fall BGH BeckRS 2018, 7875 wendete sich der klagende Mehrheitseigentümer gegen einen Verwalter, der ihm nicht genehm war. Ebenso wie bei den beklagten Wohnungseigentümern ging es also offensichtlich nicht um die Verwaltervergütung. Auch wenn der Verwalter gegen seine Abbestellung klagt, geht es nicht um die Verwaltervergütung: Geht es nur um die Abberufung eines Geschäftsführers und nicht auch zusätzlich um die Beendigung des Geschäftsführer-Dienstverhältnisses, richtet sich der Wert nach dem Interesse des Geschäftsführers, weiterhin Geschäftsführer zu sein und damit die Lenkungs- und Leitungsmacht in der Hand zu behalten (BGH DStR 2009, 1656; NJW-RR 1995, 1502). Etwas anderes gilt nur, wenn ein Wohnungseigentümer sich gerade (und nur) gegen die Höhe des gemäß dem Verwaltervertrag zu zahlenden Honorars wendet. Nur in diesem Falle – Anfechtung der Anstellung wegen für nicht ordnungsmäßig erachteter Vertragsregelungen – ist das klägerische Interesse das künftige Honorar und dessen Höhe. Wird die Anstellung des Verwalters angegriffen (= Beschluss über den Verwaltervertrag), ist die Vergütung maßgebend, die dem Verwalter für die vorgesehene Laufzeit des Vertrags noch zustünde (OLG Zweibrücken ZMR 2010, 141). Diese Ausführungen gelten entsprechend, wenn ein Wohnungseigentümer im Wege der Beschlussersetzung auf einen Verwalter klagt. Es ist hier allerdings an die auf die gesamte Vertragslaufzeit entfallende Verwaltervergütung anzuknüpfen (BGH NJW 2016, 3104 Rn. 4).

- **Ehre.** → „Ehrschutz".
- **Entlastung.** Geht es um den Beschluss, mit dem der Verwalter entlastet wird, ist bei der Bemessung der Interessen der Wert von Forderungen gegen den Verwalter zu berücksichtigen, wenn die Entlastung wegen solcher verweigert wird oder verweigert werden soll (BGH BeckRS 2017, 112033 Rn. 8 zur Beschwer; NZM 2016, 472 Rn. 10; NZM

2011, 489 Rn. 10). Zu berücksichtigen ist aber auch der Zweck, den die Entlastung des Verwalters neben der Verzichtswirkung hat (BGH NZM 2016, 472 Rn. 10; 2011, 489 Rn. 10). Sind keine Forderungen bekannt, bestimmt sich der Wert nach dem Wert, den die neben etwaigen Forderungen zu berücksichtigende vertrauensvolle Zusammenarbeit hat. Fehlen besondere Anhaltspunkte für einen höheren Wert, soll ein Wert von 1.000 EUR sachgerecht erscheinen (BGH NZM 2016, 472 Rn. 10; NJW 2011, 489 Rn. 12; OLG Köln ZWE 2016, 143; LG Frankfurt a. M. ZWE 2015, 285 (286)). Das Interesse der Wohnungseigentümer an der vertrauensvollen Zusammenarbeit mit dem Verwalter ist nicht teilbar und bei allen Wohnungseigentümern dasselbe. Anders kann es ausnahmsweise liegen, wenn der anfechtende Wohnungseigentümer eine weitere gute Zusammenarbeit mit dem Verwalter ausdrücklich nicht in Zweifel zieht (BGH NZM 2016, 472 Rn. 12). Beim Streit um die Höhe der Verwaltervergütung ist die Differenz zwischen den Ansätzen beider Seiten maßgeblich (BayObLG WE 1989, 181).

- **Verwaltungsbeirat:** → „Anfechtung eines Beschlusses". Geht ein Wohnungseigentümer gegen den Beschluss vor, mit dem eine Person zum Verwaltungsbeirat bestellt worden ist, geht der BGH – im Ergebnis – für die Bemessung seines Interesses, aber auch des Gesamtinteresses pro Verwaltungsbeirat von 250 EUR aus (BGH NZM 2019, 341 Rn. 12). Nach aA soll pro Verwaltungsbeirat ein Betrag von 1.000 EUR angemessen sein, jedenfalls dann, wenn den Verwaltungsbeiräten eine pauschale Aufwandsentschädigung von 200 EUR im Jahr gewährt wird (OLG Köln Rpfleger 1972, 261; LG Frankfurt a. M. BeckRS 2018, 3977 Rn. 4; LG Dresden ZWE 2014, 54 (57); LG Nürnberg-Fürth ZMR 2012, 207). Nach noch aA sind 3.000 EUR anzusetzen (Merle ZWE 2009, 168 (169)). Für die Anfechtung der Bestellung eines Ersatzmitglieds soll ein Gesamtinteresse von 500 EUR angemessen sein (LG Frankfurt a. M. BeckRS 2018, 3977 Rn. 4); legt man den BGH zu Grunde, können es nicht mehr als 250 EUR sein (s. a. → Rn. 129 „nichtvermögensrechtliche Streitigkeit"). **Stellungnahme.** Richtig ist eine Einzelfallbetrachtung. Geht es um den Beschluss, mit dem die Verwaltungsbeiräte entlastet werden, ist bei der Bemessung der Wert von Forderungen gegen die Verwaltungsbeiräte zu berücksichtigen, wenn die Entlastung wegen solcher verweigert wird oder verweigert werden soll (BGH NZM 2017, 531 Rn. 10 zur Beschwer). Zu berücksichtigen ist aber auch der Zweck, den die Entlastung des Verwaltungsbeirats neben der Verzichtswirkung hat (BGH NZM 2017, 531 Rn. 10 zur Beschwer). Sind keine Forderungen bekannt, bestimmt sich der Wert nach dem Wert, den die neben etwaigen Forderungen zu berücksichtigende vertrauensvolle Zusammenarbeit hat. Fehlen besondere Anhaltspunkte für einen höheren Wert, soll ein Wert von 500 EUR sachgerecht erscheinen (BGH NZM 2019, 341 Rn. 8 und NZM 2017, 531 Rn. 10 zur Beschwer).
- **Wirtschaftsplan:** → „Anfechtung eines Beschlusses". Geht es um den Beschluss nach § 28 Abs. 1 Satz 1 WEG gelten dieselben Grundsätze wie bei der → „Jahresabrechnung" (BayObLG ZMR 2001, 566; Dötsch IMR

2016, 41). Werden also nach dem Klageantrag alle Vorschüsse angegriffen, ist der Streitwert danach zu bemessen (LG Itzehoe ZMR 2019, 368 (369)). Erstellung: → „Jahresabrechnung", dort „Erstellung".

D. Die Anfechtungsklage (§ 44 Abs. 1 Satz 1 Fall 1)

I. Sinn und Zweck und Überblick

Auch dann, wenn ein Beschluss nicht ordnungsmäßig und also mangelhaft **139** ist, bindet er, ist er nicht nichtig, nach seiner Rechtsnatur und nach den allgemeinen Grundsätzen alle ihm Unterworfenen (→ § 23 Rn. 151). Diese Bindung muss bekämpft und vernichtet werden können. Das Instrument hierzu ist als Beschlussmängel- die Anfechtungsklage. Durch sie kann ein Beschluss nach §§ 43 Abs. 2 Nr. 4, 44 Abs. 1 Satz 1 Fall 1 WEG angefochten und durch rechtskräftiges Urteil (Anfechtungsurteil) ex tunc (von Anfang an) vom Gericht für ungültig erklärt werden (BGH Urt. v. 10.7.2020 – V ZR 178/19 Rn. 12). Prüfungsmaßstab ist nach § 18 Abs. 2 WEG grundsätzlich die Frage, ob der angegriffene Beschluss den Vereinbarungen und Beschlüssen und, soweit solche nicht bestehen, dem Interesse der Gesamtheit der Wohnungseigentümer nach billigem Ermessen entspricht. Zu den allgemeinen Fragen, etwa den Parteien der Anfechtungsklage, → Rn. 18. Zur Zuständigkeit → § 43 Rn. 9 ff.

II. Klage- und Begründungsfrist

Die Anfechtungsklage muss der konkrete Anfechtungskläger nach § 45 **140** Satz 1 WEG innerhalb eines Monats nach der Beschlussfassung erheben und innerhalb zweier Monate nach der Beschlussfassung begründen. Zu den Einzelheiten → § 45 Rn. 1 ff.

III. Streitgegenstand

1. Überblick. Das Gericht kann nach § 44 Abs. 1 Satz 1 Fall 1 WEG auf **141** Klage eines Wohnungseigentümers einen Beschluss (oder mehrere) für ungültig erklären.

2. Beschluss. a) Überblick. Ein Beschluss ist nach hM ein mehrseitiges **142** Rechtsgeschäft in der besonderen Form eines Gesamtaktes, durch den mehrere gleichgerichtete Willenserklärungen gebündelt werden und der auf Herbeiführung eines rechtlichen Erfolges gerichtet ist (→ Vor §§ 23 ff. Rn. 1 ff). Angreifbar sind positive, aber auch negative Beschlüsse (→ Rn. 65) sowie grundsätzlich auch Beschlüsse, die sich erledigt haben. Selbst deklaratorische (überflüssige) Beschlüsse (BGH NJW 2010, 933 Rn. 13) sowie solche, die Feststellungen zum Verständnis bestehender Regelungen treffen (s. a. BGH NZG 2014, 820 Rn. 8), sofern nicht ohnehin etwas geregelt werden soll, können angegriffen werden.

143 **b) Nicht- oder Scheinbeschluss.** Ein bloßer Nicht- oder Scheinbeschluss (→ Vor §§ 23 ff. Rn. 70 ff.) kann nach § 44 Abs. 1 Satz 1 WEG allerdings nicht angegriffen werden. Wird ein Nichtbeschluss angefochten, ist die Klage allerdings ggf. als Beschlussersetzungsklage (→ Rn. 186) auszulegen (BayObLG ZWE 2002, 214 (216); 2002, 75). Die Anfechtungsklage gegen einen Nichtbeschluss kann ferner ggf. in eine Feststellungsklage (→ Rn. 4 ff.) umgedeutet werden, dass es keinen Beschluss gibt (OLG München ZWE 2006, 456).

144 **c) Geschäftsordnungsbeschluss.** Haben die Wohnungseigentümer in der Versammlung eine Regelung zum Ablauf und Inhalt der konkreten Versammlung getroffen („Geschäftsordnungsbeschluss"), ist diese Bestimmung nach hM zwar „Beschluss" (→ § 24 Rn. 144). Ein Geschäftsordnungsbeschluss ist aber nicht anfechtbar (OLG Schleswig ZMR 2006, 721 (722); OLG München NZM 2005, 825 (827); KG FGPrax 2003, 113 (114)). Der Grund hierfür liegt darin, dass die Wirksamkeit einer Geschäftsordnungsregelung mit Beendigung der Versammlung aufhört. Die Aufhebung eines solchen Beschlusses ginge ins Leere, für seine Anfechtung besteht mithin kein Rechtsschutzbedürfnis. Eine Anfechtbarkeit ist auch dann nicht gegeben, wenn es sich bei der Geschäftsordnungsbestimmung um eine „grundsätzliche" Frage handelt, zB die Frage, ob geraucht werden darf. Möglich ist in diesem Falle aber eine nicht fristgebundene Feststellungsklage (BGH NJW 1993, 1929; KG FGPrax 2003, 113 (114); BayObLG NJW-RR 1996, 254).

145 Leidet ein „normaler" Beschluss wegen einer Geschäftsordnungsregelung an einem formellen Beschlussmangel, ist nicht die Geschäftsordnungsregelung, hingegen der Beschluss, der unter dem Mangel leidet, anfechtbar (OLG Schleswig ZMR 2006, 721 (722); OLG München NZM 2005, 825 (827); *Elzer* MietRB 2006, 73). Haben die Wohnungseigentümer in der Versammlung ausnahmsweise etwas beschlossen, was nicht nur in einer ablaufenden, sondern in jeder Versammlung gelten soll, versteckt sich im „Kleid" des Geschäftsordnungsbeschlusses ein „normaler" Verwaltungsbeschluss, der ohne weiteres anfechtbar ist (KG ZMR 2003, 599 (600); BayObLG NJW-RR 1996, 254; OLG Düsseldorf NJW-RR 1995, 1294).

146 **d) Nichtige Beschlüsse.** Auch ein nichtiger Beschluss kann angefochten werden (exemplarisch LG Hamburg ZMR 2016, 484). Streitgegenstand einer Anfechtungs- als Beschlussmängelklage ist nach hM nämlich immer auch die Frage, ob der angegriffene Beschluss ggf. sogar nichtig ist (stRspr, etwa BGH NJW 2013, 65 Rn. 8; 2009, 3655 Rn. 19). Auf denselben Lebenssachverhalt gestützte Anfechtungs- und Nichtigkeitsgründe betreffen nach hM insoweit keine unterschiedlichen Streitgegenstände, weil Anfechtungs- und Nichtigkeitsklage materiell dasselbe Ziel verfolgen und einen einheitlichen Streitgegenstand haben (BGH NJW-RR 2018, 522 Rn. 14; NJW 2013, 65 Rn. 8; NZM 2011, 716 Rn. 9): die Vernichtung eines konkreten Beschlusses. Das Wohnungseigentumsgericht hat daher bereits bei einer Anfechtungsklage den angefochtenen Beschluss von Amts wegen auch auf Nichtigkeitsgründe hin zu prüfen (stRspr, etwa BGH NJW 2009, 2132 Rn. 24; 2009, 999 Rn. 17; zu den Nichtigkeitsgründen → § 23 Rn. 121 ff.).

Eine Unterscheidung von Anfechtungs- und Nichtigkeitsklage ist allerdings wichtig, wenn zumindest eine der Fristen des § 45 Satz 1 WEG versäumt worden ist. Die entsprechende Klage kann dann nur noch Erfolg haben, wenn der Beschluss nach § 23 Abs. 4 Satz 1 WEG nichtig ist (BGH NJW 2009, 3655 Rn. 19). Sind die Fristen dagegen gewahrt, braucht lediglich geprüft zu werden, ob ein Rechtsverstoß vorliegt, der den Bestand des angefochtenen Beschlusses berührt. Ob der Rechtsfehler als Nichtigkeits- oder als Anfechtungsgrund zu qualifizieren ist, spielt keine Rolle (BGH NJW 2009, 3655 Rn. 19). Ebenso wenig muss das Gericht Beweis über einen Nichtigkeitsgrund erheben, wenn bereits feststeht, dass ein anderer Rechtsverstoß unter dem Blickwinkel der Anfechtung durchgreift (BGH NJW 2009, 3655 Rn. 19; *Dötsch* ZMR 2008, 433 (435)). Die Klärung auch des Nichtigkeitsgrundes kann der Kläger in derartigen Fällen nur bei Vorliegen eines besonderen rechtlichen Interesses iSv § 256 Abs. 1 ZPO erzwingen (BGH NJW 2009, 3655 Rn. 19); für die Anwendung des § 256 Abs. 2 ZPO ist in solchen Konstellationen kein Raum (BGH NJW 2009, 3655 Rn. 19). **147**

Haben mehrere Wohnungseigentümer sowohl Nichtigkeits- als auch Anfechtungsklage gegen einen Beschluss erhoben, ist ein Teilurteil, das sich auf die Nichtigkeitsklage bzw. die Anfechtungsklage oder auf einen Teil der Klage beschränkt, unzulässig (zum Gesellschaftsrecht BGH NJW 1999, 1638). **148**

e) Beschlussteile (Teilanfechtungen). Ein Beschluss kann – sofern er teilbar ist (→ Vor §§ 23 ff. Rn. 50) – von einem Wohnungseigentümer auch nur teilweise angegriffen werden (→ Rn. 158). Die Folge einer zulässigen Beschränkung ist, dass sich die gerichtliche Prüfung auf die geltend gemachten Mängel beschränkt (→ Rn. 165). **149**

IV. Einzelheiten zur Klage

1. Überblick. Das Gericht hat einer Anfechtungsklage stattzugeben, wenn der angegriffene, aber entstandene (→ Vor §§ 23 ff. Rn. 10 ff.) Beschluss aus formellen (→ § 23 Rn. 157 ff.) oder materiellen Gründen (→ § 23 Rn. 160) nicht ordnungsmäßig (→ § 18 Rn. 62; → § 18 Rn. 103 ff.) oder nichtig (→ § 23 Rn. 121 ff.) ist, den Geleichbehandlungsgrundsatz verletzt (→ § 23 Rn. 161) oder ermessensfehlerhaft (→ § 18 Rn. 35 ff.) ist. Ferner ist der Anfechtungsklage stattzugeben, wenn es den Wohnungseigentümern an einer Beschlusskompetenz fehlte (→ § 23 Rn. 3 ff.). **150**

2. Klageantrag. a) Überblick. Zu den allgemeinen Fragen der Anfechtungsklage siehe zunächst → Vor §§ 43 ff. Rn. 1 ff. und → Rn. 3 ff. Nach § 253 Abs. 2 Nr. 2 ZPO muss der Kläger einen bestimmten Antrag stellen. Ein Klageantrag ist grundsätzlich dann bestimmt, wenn er den erhobenen Anspruch konkret bezeichnet, dadurch den Rahmen der gerichtlichen Entscheidungsbefugnis (§ 308 ZPO) absteckt, Inhalt und Umfang der materiellen Rechtskraft der begehrten Entscheidung (§ 322 ZPO) erkennen lässt, das Risiko eines Unterliegens des Klägers nicht durch vermeidbare Ungenauigkeit auf den Beklagten abwälzt und schließlich eine Zwangsvollstreckung **151**

aus dem Urteil – die es bei der Anfechtungsklage hinsichtlich der Gestaltung nicht geben kann – ohne eine Fortsetzung des Streits im Vollstreckungsverfahren erwarten lässt (stRspr, exemplarisch BGH NJW 2016, 708 Rn. 8; 2013, 1367 Rn. 12).

152 Die Verwendung auslegungsbedürftiger Begriffe kommt in Betracht, wenn einerseits für den Kläger eine weitere Konkretisierung nicht möglich oder zumutbar ist, andererseits für die Parteien kein Zweifel an ihrem Inhalt besteht, so dass die Reichweite von Antrag und Urteil feststeht (BGH NJW 2016, 708 Rn. 8; BeckRS 2013, 11764 Rn. 20).

153 Für die Anfechtungsklage bedeutet das, dass der klagende Wohnungseigentümer innerhalb der Klagefrist mitteilen muss, gegen welchen wann wo gefassten Beschluss (BGH NZM 2015, 218 Rn. 9; NJW 2010, 446 Rn. 15) er sich in welchem Umfang wenden will. Auf Grund der Klageschrift muss innerhalb der Klagefrist feststehen, welche konkretisierbar bezeichneten Beschlüsse angegriffen werden (*Dötsch* ZMR 2008, 433 (436)) – mithin muss der Streitgegenstand klar sein (→ Rn. 134 ff.) und es muss erkennbar werden, inwieweit (ganz oder teilweise, → Rn. 158) das Gericht gestalten und/oder was es für nichtig erklären soll. Im Einzelfall kann dazu ein Schlagwort reichen („Abrechnung und Einzelabrechnungen"; „Entlastung des Verwalters"), die Angabe, um welchen Tagesordnungspunkt es geht, oder um welche Nummer in der Beschluss-Sammlung es sich handelt. Für die Herstellung der Bestimmtheit muss der klagende Wohnungseigentümer umgekehrt im Antrag aber weder die Niederschrift noch einen Auszug aus der Beschluss-Sammlung in Bezug nehmen noch nennen, welcher Tagesordnungspunkt der angegriffene Beschluss (wohl) gewesen ist – auch wenn das sehr hilfreich ist.

154 **b) Auslegung.** Ist der Klageantrag im Einzelfall nicht deutlich genug gefasst oder greift er zu kurz, sind seine Reichweite und sein Umfang– wie alle Prozesshandlungen und -erklärungen – durch Ausübung der materiellen Prozessleitung gem. § 139 Abs. 1 Satz 2 ZPO aufzuklären (BGH ZWE 2013, 47 Rn. 12; NJW-RR 2010, 70 Rn. 5) oder vom Gericht entsprechend §§ 133, 157 BGB (BGH NJW-RR 1994, 568) unter Berücksichtigung seines Inhalts und der vom Kläger gegebenen Begründung auszulegen. Für die Auslegung von Klageanträgen ist nicht der Wortlaut, sondern der erklärte Wille entscheidend, wie er aus der Klagebegründung, den sonstigen Begleitumständen und nicht zuletzt der Interessenlage hervorgeht (stRspr, exemplarisch BGH NJW 2016, 2181 Rn. 18). § 308 Abs. 1 ZPO steht einer solchen Auslegung nicht entgegen (BGH ZWE 2015, 143 Rn. 9; NJW 2013, 3089 Rn. 20; ZWE 2013, 47 Rn. 12). Denn die Auslegung dient gerade der Feststellung des Beantragten.

155 Im Zweifel gilt, was nach den Maßstäben der Rechtsordnung vernünftig ist und der recht verstandenen Interessenlage entspricht (stRspr, exemplarisch BGH ZWE 2017, 233 Rn. 5; NJW 2016, 2181 Rn. 18; NZM 2015, 218 Rn. 9; NJW 2013, 1744 Rn. 23). Dies steht in aller Regel einer Auslegung des Klageantrags entgegen, die zu einer Unwirksamkeit der Prozesshandlung, zB wegen Unbestimmtheit des Klageantrags und in der Folge zu der Versäumung einer Ausschlussfrist, führt (BGH ZWE 2017, 233

Rn. 5; BeckRS 2013, 19859 Rn. 3). Die Auslegung des klägerischen Antrags kann auch noch das Revisionsgericht vornehmen (BGH NJW 2016, 2181 Rn. 18). Wenn sich das Rechtsschutzziel des Klägers auch durch Auslegung nicht eindeutig ermitteln lässt, gehen die verbleibenden Unklarheiten allerdings zu seinen Lasten (BGH NZM 2015, 218 Rn. 9). Nach diesen Maßstäben gilt ua:

- Eine in unzulässiger Weise beschränkte Anfechtungsklage ist im Zweifel grundsätzlich als Anfechtung des ganzen Beschlusses auszulegen (BGH ZWE 2013, 47 Rn. 11). Diese Fallgruppe meint die Anfechtung eines Beschlussteils (→ Vor §§ 23 ff. WEG Rn. 50), wenn sich entsprechend § 139 BGB (→ Rn. 167) ergibt, dass die Anfechtung nur des Beschlussteils nicht möglich ist. Vorrangig ist ein Hinweis des Gerichts (§ 139 Abs. 1 ZPO) und eine Umstellung des Klageantrags. Diese ist ungeachtet von § 45 Satz 1 WEG in diesem Falle möglich. 156
- Bei einer Vorratsanfechtung (→ Rn. 157) soll im Einzelfall eine Auslegung möglich sein, die zu einer Unwirksamkeit der Prozesshandlung (zB wegen Unbestimmtheit des Klageantrags) und in der Folge zu der Versäumung der Anfechtungsfrist führt (BGH ZWE 2017, 233 Rn. 6). Zu berücksichtigen sei nämlich, dass eine Vorratsanfechtung deutlich mehr Kosten verursache als die Anfechtung nur einzelner Beschlüsse. Diese zusätzlichen Kosten könnten, auch wenn die Klage später auf einzelne Beschlüsse beschränkt und im Übrigen zurückgenommen werde, erheblich sein. Gebe ein Wohnungseigentümer in einer Anfechtungsklage zu erkennen, dass er die Klage auf einen (noch unbestimmten) Teil der in der Versammlung gefassten Beschlüsse beschränken wolle, verstehe es sich daher nicht von selbst, dass nur eine Auslegung der Klage als Vorratsanfechtung in Betracht komme. Denkbar sei auch, dass dies wegen der damit verbundenen Kosten nicht dem Willen des Klägers entspreche, er vielmehr – vor die Wahl gestellt – die Versäumung der Ausschlussfrist des § 45 Satz 1 WEG (als Folge der unklaren Fassung seiner Klage) als das geringere Übel ansehen würde – zumal es ihm dann immer noch möglich sei, die Nichtigkeit der ihm missfallenden Beschlüsse geltend zu machen.
- Ein als Verpflichtungsantrag formuliertes Klagebegehren kann im Einzelfall als Beschlussersetzungsklage verstanden werden (BGH NJW 2016, 2181 Rn. 19). Dass der Klageantrag keinen konkreten Beschlussinhalt wiedergibt, soll unerheblich sein. Ausreichend für die Bestimmtheit des Klageantrags ist die Angabe des Rechtsschutzzieles, weil bei der Beschlussersetzung das Gericht das grundsätzlich den Wohnungseigentümern zustehende Ermessen ausübt (BGH NJW 2016, 2181 Rn. 19; 2013, 2271 Rn. 23).
- Eine in unzulässiger Weise beschränkte Anfechtungsklage ist im Zweifel als Anfechtung des ganzen Beschlusses auszulegen (→ Rn. 158).

3. Vorratsanfechtung. Eine Vorratsanfechtung – darunter versteht man die Anfechtung aller in einer Versammlung gefassten Beschlüsse (der Kläger nennt also nicht die angegriffenen Beschlüsse, sondern eine Versammlung und macht alle dort gefassten Beschlüsse zum Gegenstand der Anfechtungsklage) – ist nach hM bestimmt genug (BGH ZWE 2017, 233 Rn. 6; LG Stuttgart DWE 2013, 167; LG Karlsruhe ZMR 2010, 715; zum fG-Ver- 157 fahren vgl. BayObLG NZM 2001, 143; OLG Köln NZM 1998, 970 (971)). **Stellungnahme.** Dem ist nicht zu folgen (s. a. *Briesemeister* ZMR 2008, 253 (255)). Mit einer Vorratsanfechtung werden keine konkreten Beschlüsse angegriffen, solche jedenfalls nicht im Einzelnen benannt. Der Klagegegenstand ist zwar bestimmbar, aber zunächst unbestimmt. Der Kläger schießt ins „Blaue" und klagt gegen Gegenstände, die er abstrakt damit benennt, sie seien (wohl) in einer Versammlung gefasst worden. Eine reine Vermutung: Die Versammlung kann aufgehoben (so bei LG Karlsruhe ZMR 2010, 715) oder vertagt worden sein; ferner können dem Kläger bekannte Beschlussanträge dort keine Mehrheit gefunden haben (so bei LG Stuttgart DWE 2013, 167). Ein Bedarf, eine „Bestimmbarkeit" durch spätere Klarstellung, welche Beschlüsse die Wohnungseigentümer gefasst haben – und damit unter Geltung der ZPO eine Billigung einer Vorratsanfechtung – anzuerkennen, ist ferner angesichts der vom Verwalter zeitnah zu erstellenden Niederschrift auch nicht erkennbar. Dem klagenden Wohnungseigentümer ist mithin eine Konkretisierung möglich und zumutbar (fehlen ausnahmsweise Niederschrift und/oder Beschluss-Sammlung, kann der Weg über § 45 Satz 2 WEG gegangen werden).

158 **4. Teilanfechtung.** Ein Beschluss kann – sofern er teilbar ist (→ Vor §§ 23 ff. Rn. 50) – von einem Wohnungseigentümer auch nur teilweise angefochten werden (→ Rn. 153; BGH ZWE 2013, 47 Rn. 9; NJW 2010, 2127 Rn. 6). Sollen zB nur einzelne Positionen der Vorschüsse angefochten werden, muss dies allerdings aus der Klageschrift deutlich werden. Eine Begrenzung des Streitgegenstandes in der Anfechtungsbegründung ist nur noch im Wege der Teilklagerücknahme möglich (LG Frankfurt a. M. BeckRS 2020, 6046 Rn. 4). Ist unklar, ob ein Beschluss nur teilweise angegriffen wird, ist der gesamte Beschluss Streitgegenstand (OLG München ZMR 2006, 949; LG Frankfurt a. M. BeckRS 2020, 6046 Rn. 4). Auch eine in unzulässiger Weise beschränkte Anfechtungsklage ist im Zweifel als Anfechtung des ganzen Beschlusses auszulegen (→ Rn. 156). Vorrangig ist ein Hinweis des Gerichts (§ 139 Abs. 1 ZPO) und eine Umstellung des Klageantrags; diese ist ungeachtet von § 45 Satz 1 WEG in diesem Falle möglich (→ Rn. 167).

159 **5. Begründetheit einer Anfechtungsklage.** Eine statthafte und zulässige Anfechtungsklage ist begründet, wenn der angegriffene, aber entstandene Beschluss nicht ordnungsmäßig iSv § 18 Abs. 2 WEG ist (→ § 18 Rn. 62; → § 18 Rn. 103 ff.). Dies ist der Fall, wenn Momente vorliegen, die der Ordnungsmäßigkeit eines Beschlusses entgegenstehen (Unwirksamkeitsgründe; → § 23 Rn. 134 ff.). Der Klagende kann einen Unwirksamkeitsgrund allerdings nur geltend machen, wenn er anfechtungsbefugt ist (→ Rn. 18) und die Klagefrist (→ § 45 Rn. 14) sowie die Klagebegründungsfrist (→ § 45 Rn. 38 ff.) nicht verpasst hat.

160 Die Klage ist ferner begründet, wenn es für den angegriffenen Beschluss keine Kompetenz gab (→ § 23 Rn. 3 ff.) oder der Beschluss aus anderen Gründen nichtig ist (→ § 23 Rn. 121 ff.). Zur Beweislast → Rn. 111 und → Vor §§ 43 ff. Rn. 32 ff.

V. Das Anfechtungsurteil

1. Prüfung der Ordnungsmäßigkeit. Bei der Prüfung der Ordnungsmäßigkeit eines Beschlusses ist nach hM auf den Kenntnisstand der beschließenden Wohnungseigentümer – also idR auf den in der Versammlung – abzustellen (BGH NJW 2012, 2040 Rn. 13; OLG Köln MietRB 2007, 150; BayObLG MietRB 2005, 208; KG ZMR 2005, 470; LG Frankfurt a. M. BeckRS 2020, 6043 Rn. 9; AG Blankenese BeckRS 2019, 21639 Rn. 51; ohne Stellungnahme BGH NZM 2018, 611 Rn. 28). Nach aA kommt es hingegen auf den Kenntnisstand zum Zeitpunkt der letzten mündlichen Tatsachenverhandlung (LG Hamburg ZMR 2010, 64; AG Hamburg ZMR 2011, 758; Staudinger/*Lehmann-Richter* WEG § 21 Rn. 103) oder auf den Kenntnisstand an, den ein besonnener Wohnungseigentümer unter Ausschöpfung aller zu diesem Zeitpunkt zugänglichen Erkenntnisquellen ermittelt haben kann (LG Itzehoe ZWE 2016, 420). **Stellungnahme.** Zu folgen ist der hM. Spätere Erkenntnisse über die Angemessenheit der Verwaltungsmaßnahme können weder eine ursprünglich ordnungsmäßige Maßnahme als ordnungswidrig erscheinen lassen noch umgekehrt eine zunächst ordnungswidrig erscheinende Maßnahme angesichts der weiteren tatsächlichen Entwicklung ordnungsmäßig werden lassen (LG Frankfurt a. M. BeckRS 2020, 6043 Rn. 10). Ändern sich die für die Beschlussfassung maßgeblichen Umstände, müssen sich zunächst die Wohnungseigentümer mit dem neuen Sachverhalt befassen (Grundsatz der Vorbefassung, → Vor §§ 43 ff. Rn. 7). Etwas anderes gilt, wenn der Kenntnisstand der Wohnungseigentümer fehlerhaft unvollkommen war. Denn dann war der Beschluss ermessensfehlerhaft (→ § 18 Rn. 35) und mithin von Anfang an nicht ordnungsmäßig (LG Frankfurt a. M. BeckRS 2020, 6043 Rn. 12). 161

2. Tenor. a) Grundsätze. Der Tenor des Anfechtungsurteils muss klar, einfach, kurz und bestimmt sein und grundsätzlich den ganzen Streitgegenstand (→ Rn. 141 ff.) umfassen. Sofern die Klage unbegründet ist, muss er auf „Klageabweisung" lauten („Die Klage wird abgewiesen"). Dabei darf nicht offengelassen werden, ob die Klage als unzulässig oder als unbegründet abgewiesen wird (BGH NJW 2009, 999 Rn. 6). Wird die Klage- oder Klagebegründungsfrist versäumt, ist eine Anfechtungsklage als unbegründet abzuweisen (→ § 45 Rn. 5; → § 45 Rn. 38). 162

Ist die Klage hingegen begründet (→ Rn. 159), ist der konkrete Beschluss grundsätzlich vollständig (→ Rn. 165) für ungültig zu erklären. Beispiel: „Der Beschluss ___ [Gegenstand + Inhalt], TOP ___ der Versammlung vom ___ der Gemeinschaft der Wohnungseigentümer ___ [Angabe des gemeinschaftlichen Grundstücks], Nr. ___ der Beschluss-Sammlung, wird für ungültig erklärt)". 163

Hat der Kläger im Hauptantrag eine Anfechtungsklage, hilfsweise aber eine Nichtigkeitsklage erhoben, ist – wenn nur der Hilfsantrag erfolgreich ist – die Klage nicht im Übrigen abzuweisen. Im umgekehrten Fall soll hingegen die Klage mit der Folge des § 92 Abs. 1 ZPO im Übrigen abgewiesen werden (*Derleder* FS Merle, 2010, 111 (118)). 164

165 **b) Teilweise Ungültigerklärung. aa) Überblick.** Sofern ein Beschluss teilbar ist (→ Vor §§ 23 ff. Rn. 50) und ein Mangel nur Teile des Beschlusses erfasst, oder sofern nur ein Beschlussteil nichtig ist (→ § 23 Rn. 121 ff.), ist es – abhängig vom Klageantrag (§ 308 ZPO) und dessen Auslegung (→ Rn. 154) – vorstellbar, einen Beschluss nur teilweise für ungültig zu erklären oder nur für bestimmte Teile festzustellen, dass sie nichtig sind (stRspr, siehe nur BGH NJW 2019, 2083 Rn. 27; NJW-RR 2017, 462 Rn. 26; LG Frankfurt a. M. BeckRS 2020, 5983 Rn. 14).

166 Eine unzulässig beschränkte Anfechtungsklage soll im Zweifel grundsätzlich als Anfechtung des ganzen Beschlusses auszulegen sein. Vorrangig ist ein Hinweis des Gerichts (§ 139 Abs. 1 ZPO) und eine Umstellung des Klageantrags. Die Klageerweiterung ist ungeachtet von § 44 Abs. 1 Satz 1 WEG stets möglich, da die Nichtigkeit des anderen Beschlussteils von Gesetzes wegen aus § 139 BGB folgt und ein Fall des § 264 Nr. 2 ZPO vorliegt.

167 **bb) Voraussetzungen.** Die Möglichkeit, einen Beschluss nur teilweise für ungültig zu erklären, setzt entsprechend § 139 BGB die Überzeugung des Gerichts voraus, dass nach dem tatsächlichen oder hypothetischen Willen der Wohnungseigentümer zweifelsfrei davon auszugehen ist, dass diese den Beschluss auch als Teilregelung gefasst hätten (stRspr, BGH BeckRS 2020, 13131 Rn. 16; BeckRS 2020, 10168 Rn. 13; NJW 2020, 988 Rn. 44; 2019, 2083 Rn. 29; NJW-RR 2017, 462 Rn. 26). Bei dieser Voraussetzung ist Zurückhaltung geboten (BGH NJW 2015, 549 Rn. 21). Dem Gericht steht kein Gestaltungsermessen zu (→ Rn. 171). Die Voraussetzung ist daher nur erfüllt, wenn anzunehmen ist, dass die Wohnungseigentümer bei Kenntnis der Teilnichtigkeit das objektiv Vernünftige gewollt hätten (BGH NJW 2012, 2648 Rn. 13), und sie ist nicht erfüllt, wenn der unbeanstandet gebliebene Teil allein keinen Bestand haben kann und nicht anzunehmen ist, dass die Wohnungseigentümer ihn so beschlossen hätten (BGH NJW 2012, 2648 Rn. 15). Das gilt umso mehr, als sich Wohnungseigentümer gegen eine teilweise Aufrechterhaltung durch das Gericht letztlich nicht wehren können (BGH NJW 2015, 549 Rn. 21). Soweit der BGH als weitere Voraussetzung anführt, § 139 BGB sei nur dann entsprechend anwendbar, wenn ein Beschluss „nicht lediglich interne Wirkung entfalte", sondern „auf die Begründung, Änderung oder Aufhebung rechtlicher Befugnisse oder Pflichten" gerichtet sei (BGH NJW 2012, 2648 Rn. 10; 1998, 3713 unter III. 3), ist unklar, wie sich diese Fälle unterscheiden und ob die Unterscheidung wirklich etwas zur Anwendung des § 139 BGB sagt.

168 **cc) Tenor.** Wird ein Beschluss nur teilweise für ungültig erklärt, muss der Umfang der Ungültigkeit aus dem Tenor eindeutig zu erkennen sein (BayObLG ZMR 2005, 969). Es bietet sich etwa eine „soweit-Tenorierung" an, zB: „Der Beschluss … (Gegenstand + Inhalt) zu TOP (…) der Versammlung vom … wird für ungültig erklärt, soweit (…)". Seine Bindungswirkung (→ Vor §§ 23 ff. WEG Rn. 4; → § 23 Rn. 163) bleibt dann im Übrigen unberührt, so dass die Wohnungseigentümer zB nicht erneut, sondern nur noch ergänzend über die für ungültig erklärten Teile zu beschließen haben.

c) Kosten. Die Kostenentscheidung ergeht nach §§ 91 ff. ZPO. Wird ein Beschluss entgegen dem Klageantrag nur teilweise für ungültig erklärt, sind die Kosten nach § 92 Abs. 1 ZPO gegeneinander aufzuheben oder verhältnismäßig zu teilen. 169

Eine Möglichkeit wie nach § 49 Abs. 2 WEG aF, dem Verwalter die Kosten aufzuerlegen, kennt das aktuelle Recht nicht. Will der einzelne Wohnungseigentümer, der nach § 16 Abs. 2 Satz 1 WEG anteilig die Kosten der Gemeinschaft der Wohnungseigentümer tragen musste, vom Verwalter Schadenersatz verlangen, ist hierfür nach § 9a Abs. 2 WEG die Gemeinschaft der Wohnungseigentümer zuständig s. a. BGH NJW 2019, 3446 Rn. 19). Hat der Verwalter allerdings seine Vertragspflichten verletzt, ist die Pflicht eines Wohnungseigentümers, anteilig die Prozesskosten zu tragen, ein Schaden, den der Wohnungseigentümer nach den Grundsätzen des Vertrags mit Schutzwirkung selbständig gegen den Verwalter verfolgen kann (→ § 26 Rn. 210; → § 26 Rn. 401). 170

3. Keine inhaltliche Änderung. Dem Gericht ist grundsätzlich nur die Ungültigerklärung eines Beschlusses möglich (BGH NJW 2015, 549 Rn. 21; ZWE 2013, 47 Rn. 9; NJW 2012, 2648 Rn. 9; BayObLG ZMR 2005, 132). Es ist ihm hingegen nicht erlaubt, die im Beschluss getroffene Regelung inhaltlich zu ändern, oder durch ihm geeignet erscheinende andere Maßnahmen zu ergänzen oder zu ersetzen (BGH ZWE 2013, 47 Rn. 9; BayObLG ZMR 2005, 132; LG Hamburg ZMR 2016, 484 (486); ZMR 2015, 784). Nur dann, wenn die Anfechtung im Wege objektiver Klagehäufung nach § 260 ZPO mit einer Beschlussersetzungsklage verbunden ist, kommt eine (ergänzende) gestaltende Regelung des Gerichts und neben der Ungültigerklärung eine andere, den für ungültig erklärten Beschluss ersetzende Bestimmung in Betracht. 171

4. Mehrere Kläger. Haben mehrere Wohnungseigentümer einen Beschluss angefochten, kann kein Teilurteil gegen einen von ihnen erlassen werden (BGH NJW 2009, 2132 Rn. 22). Es ist mit Blick auf § 44 Abs. 3 WEG auch nicht möglich, die Klage eines Wohnungseigentümers als unbegründet abzuweisen, auf die andere aber den Beschluss für ungültig zu erklären. Nach hM soll es allerdings dann anders sein, wenn die Klage eines Wohnungseigentümers abgewiesen wird, weil er eine der Fristen des § 45 Satz 1 WEG schuldhaft versäumt hat (BGH NJW 2009, 2132 Rn. 22). **Stellungnahme.** Dem ist nicht zu folgen. Die Klagen gegen einen Beschluss haben denselben Streitgegenstand. Die Entscheidung über eine Anfechtungsklage kann daher nur einheitlich ergehen. § 44 Abs. 3 WEG erlaubt nur eine einheitliche Entscheidung (*Jacoby* ZMR 2018, 393 (395/398)). 172

5. Nichtige Beschlüsse. Hält das Gericht einen als mangelhaft angegriffenen Beschluss für (sogar) nichtig (zu den Nichtigkeitsgründen → § 23 Rn. 121 ff.), ist es nicht an § 308 Abs. 1 Satz 1 ZPO gebunden und kann ohne Antragsänderung auch auf Nichtigkeit erkennen (stRspr, exemplarisch BGH NJW 2011, 2202 Rn. 13; 2011, 679 Rn. 5; 2009, 3655 Rn. 19). Voraussetzung ist allerdings, dass der Kläger die zur Nichtigkeit des ange- 173 fochtenen Beschlusses führenden Tatsachen selbst in den Prozess einführt oder sich die von Dritten oder vom Gericht nachgenannten Gründe wenigstens hilfsweise zu eigen macht und so in das Verfahren einführt. Liegt neben Nichtigkeit auch ein Anfechtungsgrund vor, kann das WEG-Gericht die Frage, ob ein Anfechtungs- oder ein Nichtigkeitsgrund durchgreift, offenlassen und den Beschluss für ungültig erklären (BGH NJW 2009, 3655 Rn. 5). Ein solcher Tenor bringt nicht nur das Entscheidende zum Ausdruck, dass nämlich der bezeichnete Beschluss keine Rechtswirkungen entfaltet, sondern er deckt auch die Konstellation der Nichtigkeit mit ab, weil er keine Festlegung dazu enthält, ob der Ausspruch des Gerichts konstitutiv oder deklaratorisch wirkt (BGH NJW 2009, 3655 Rn. 5).

E. Die Nichtigkeitsklage (§ 44 Abs. 1 Satz 1 Fall 2 WEG)

I. Sinn und Zweck und Überblick

174 Besteht Streit über die Wirksamkeit eines Beschlusses, muss eine Möglichkeit bestehen, diese Frage gerichtlich klären zu lassen. Diese Möglichkeit bieten §§ 43 Abs. 2 Nr. 4, 44 Abs. 1 Satz 1 Fall 2 WEG mit der Nichtigkeitsklage. Das Gericht kann danach auf Klage eines Wohnungseigentümers feststellen, dass ein Beschluss nichtig ist. Bei der Nichtigkeitsklage handelt sich um eine § 256 Abs. 1 ZPO unterfallende Feststellungsklage, die auf ein Nichtigkeitsurteil zielt. Da die Nichtigkeit allerdings von Anfang an eintritt und nicht erst durch Geltendmachung in einem gerichtlichen Verfahren, hat das Nichtigkeitsurteil zwar eine deklaratorische Bedeutung (BGH NJW 2012, 2578 Rn. 9), gestaltet aber nichts und hat auch sonst grundsätzlich keine materiellen Folgen.

175 Das Recht zur Erhebung einer Nichtigkeitsklage steht jedem Wohnungseigentümer zu (→ § 9a Rn. 2; BGH NJW 2012, 2578 Rn. 9). Für die Frage des Rechtsschutzinteresses des Nichtigkeitsklägers ist es bedeutungslos, ob er für oder gegen den Beschluss gestimmt hat oder an der Beschlussfassung nicht beteiligt war (→ Rn. 104 ff.; BGH NJW 2012, 2578 Rn. 9). Zu den allgemeinen Fragen, etwa den Parteien der Nichtigkeitsklage, → Rn. 18 ff. Zur Zuständigkeit → § 43 Rn. 9 ff.

II. Klagefrist

176 § 45 Satz 1 WEG ist auf die Nichtigkeitsklage nicht anzuwenden (BGH NJW 2016, 2177 Rn. 18; 2011, 3237 Rn. 33). Das längere „Nichtgeltendmachen" eines allen Wohnungseigentümern bekannten Beschlussmangels kann die Lage aber ggf. ändern (ohne Stellungnahme BGH NJW 2012, 2578 Rn. 15). Denn die Wohnungseigentümer sind mit Rücksicht auf ihre Treuepflicht untereinander gehalten, sich in angemessener Zeit auf die Nichtigkeit eines Beschlusses zu berufen. Fehlt es hieran, kann man einen Beschlussmangel im begründeten Einzelfall ausnahmsweise als „geheilt" ansehen.

III. Streitgegenstand

Der Streitgegenstand einer Nichtigkeitsklage ist die behauptete Unwirksamkeit eines Beschlusses. Dieser Streitgegenstand ist mit dem einer Anfechtungsklage gegen denselben Beschluss, die auf seine Beschlussmängel zielt, aber auch Nichtigkeitsgründe erfasst, identisch (→ Rn. 146). **177**

IV. Nichtigkeitsgründe

1. Überblick. Ein Beschluss ist nichtig, wenn er gegen Vorschriften des WEG verstößt, auf deren Einhaltung nicht „verzichtet" werden kann (→ § 23 Rn. 123). Nichtigkeit kann sich auch daraus ergeben, dass ein Beschluss seinem Inhalt nach gegen andere zwingende Vorschriften (→ § 23 Rn. 124 ff.) oder gegen die guten Sitten (→ § 23 Rn. 131) verstößt, das Gesetz oder eine Vereinbarung dauerhaft ändern will (→ § 23 Rn. 127 ff.), in den „Kernbereich des Wohnungseigentums" eingreift (→ § 23 Rn. 133), gegen unverletzliche Strukturprinzipien verstößt (→ § 23 Rn. 138), zu unbestimmt ist (→ § 23 Rn. 140 ff.) oder die Grenzen der Beschlusskompetenz überschreitet (→ § 23 Rn. 3 ff.). Die Wohnungseigentümer sind nicht befugt, weitere Nichtigkeitsgründe zu vereinbaren (aA *Becker* ZWE 2002, 341 (343)). Sind sie bestrebt, an einen Beschluss besondere Anforderungen zu stellen, können sie indes Entstehungsgründe benennen (→ Vor §§ 23 ff. Rn. 29). **178**

2. Kenntnisstand. Ob ein Beschluss nichtig ist, beurteilt sich nach dem Zeitpunkt seiner Entstehung. Ob er zu einem anderen Zeitpunkt als wirksam angesehen werden könnte, ist belanglos. **179**

V. Einzelheiten zur Klage

1. Überblick. a) Allgemeines. Zur Nichtigkeitsklage siehe zunächst → Rn. 3 ff. und die entsprechenden Ausführungen zur Anfechtungsklage → Rn. 139 ff. **180**

b) Feststellungsinteresse. Die Nichtigkeitsklage erfordert keinen besonderen Nachweis des Feststellungsinteresses. Denn das Interesse des Wohnungseigentümers an der Feststellung der Nichtigkeit eines Beschlusses ergibt sich aus seiner Zugehörigkeit zur Wohnungseigentümergemeinschaft (s. a. BGH NJW 1965, 1378 unter II.). Das für die Nichtigkeitsklage nach § 256 Abs. 1 ZPO notwendige Feststellungsinteresse ist, wie das Rechtsschutzbedürfnis bei der Anfechtungsklage, also grundsätzlich indiziert. Etwas anderes kann ausnahmsweise gelten, wenn die Klärung der Nichtigkeit folgenlos bliebe. Das auch für die Nichtigkeitsklage erforderliche Rechtsschutzbedürfnis (BGH NJW 1956, 1753 unter I.) kann zB entfallen, wenn ein mit einem Mangel behafteter Beschluss erneuert wird, ohne dass der Mangel auch dem neuen Beschluss anhaftet (BGH NJW 1956, 1753 unter I.). **181**

c) Klageantrag. Der Klageantrag kann zB lauten: „Festzustellen, dass der Beschluss zu TOP (…) der Eigentümerversammlung vom (…) der Gemein- **182**

schaft der Wohnungseigentümer (…) [Angabe des gemeinschaftlichen Grundstücks] nichtig ist."

183 **2. Begründetheit einer Nichtigkeitsklage.** Das Gericht gibt einer statthaften und zulässigen Nichtigkeitsklage statt, wenn der vom Kläger angegriffene, aber entstandene Beschluss nichtig ist.

VI. Das Nichtigkeitsurteil

184 **1. Überblick.** Zum Nichtigkeitsurteil siehe zunächst die entsprechend anwendbaren Ausführungen zum Anfechtungsurteil → Rn. 161 ff. Das Gericht hat bei der Nichtigkeitsklage einen Beschluss grundsätzlich nur auf Nichtigkeitsgründe hin zu überprüfen. Etwas anderes kann gelten, wenn der Kläger die Klagefrist des § 45 Satz 1 WEG gewahrt und die die Anfechtbarkeit begründenden Mängel innerhalb der Begründungsfrist ihrem Kern nach mitgeteilt hat. Dann ist nach Hinweis gem. § 139 ZPO zu klären, ob die Nichtigkeits- in eine Anfechtungsklage auszulegen ist.

185 **2. Tenor.** Es ergeht in der Hauptsache ein Feststellungsurteil: „Es wird festgestellt, dass der Beschluss zu TOP (…) der Eigentümerversammlung vom (…) der Gemeinschaft der Wohnungseigentümer (…) [Angabe des gemeinschaftlichen Grundstücks] nichtig ist". Zu den Kosten gilt → Rn. 169 entsprechend.

F. Die Beschlussersetzungsklage (§ 44 Abs. 1 Satz 2 WEG)

I. Sinn und Zweck und Überblick

186 Soweit die Verwaltung des gemeinschaftlichen Eigentums und die Benutzung des gemeinschaftlichen Eigentums und des Sondereigentums nicht durch eine Vereinbarung der Wohnungseigentümer geregelt sind und der Verwalter nicht nach § 27 Abs. 1 WEG allein handeln kann, beschließen die Wohnungseigentümer nach § 19 Abs. 1 WEG über eine ordnungsmäßige Verwaltung und Benutzung. Kommt es zu keinem Beschluss, ist er aber notwendig, bedarf es einer Klage, einen Beschluss subsidiär durch das Gericht fassen zu lassen. Diese Klage ist die in § 44 Abs. 1 Satz 2 WEG geregelte, im Wesentlichen dem § 21 Abs. 8 WEG aF entsprechende Beschlussersetzungsklage, die ua auch das Gebot des Art. 19 Abs. 4 GG umsetzt. Sie ist eine Gestaltungsklage (BGH NJW-RR 2018, 522 Rn. 10; NZM 2016, 523 Rn. 19; NJW 2013, 2271 Rn. 21). Zu den allgemeinen Fragen, etwa den Parteien der Beschlussersetzungsklage, → Rn. 18 ff. Zur Zuständigkeit → § 43 Rn. 9.

II. Klagefrist

187 § 45 Satz 1 WEG ist auf eine Beschlussersetzungsklage nicht anwendbar. Macht der Kläger längere Zeit einen notwendigen Beschluss nicht geltend, kann das im Einzelfall aber ggf. dazu führen, dass das Rechtsschutzbedürfnis

für die Erhebung einer Beschlussersetzungsklage zu verneinen ist. Ferner kann der Zeitablauf ein Indiz gegen die Notwendigkeit des Beschlusses sein.

III. Anwendungsbereich

1. Beschlüsse. § 44 Abs. 1 Satz 2 WEG ermöglicht es dem Gericht, anstelle der Wohnungseigentümer einen notwendigen Beschluss zu fassen. Möglich ist jede denkbare Entscheidung in Bezug auf die Verwaltung des gemeinschaftlichen Eigentums oder die Benutzung des gemeinschaftlichen Eigentums und/oder des Sondereigentums, die durch Beschluss zu fassen ist. Ist nach § 27 Abs. 1 WEG eine Beschlussfassung durch die Wohnungseigentümer selbst nicht geboten, kann die Beschlussersetzungsklage darauf gerichtet werden, dass die Gemeinschaft der Wohnungseigentümer auf den Verwalter einwirkt, seine Pflichten zu erfüllen. Im Übrigen können die Wohnungseigentümer im Anwendungsbereich des § 27 Abs. 1 WEG aber auch immer selbst Beschlüsse fassen. Geht es zB darum, einen Beschluss durchzuführen, eine Abrechnung oder einen Wirtschaftsplan vorzulegen oder eine Versammlung einzuberufen, kann die Beschlussersetzungsklage nur auf den Beschluss gerichtet werden, dass die Gemeinschaft der Wohnungseigentümer auf den Verwalter außergerichtlich und gerichtlich einwirkt, seine Pflichten zu erfüllen. 188

2. Vereinbarungen. Anders als noch nach § 21 Abs. 8 WEG aF (dazu BGH NZM 2019, 480 Rn. 11; ZWE 2017, 224 Rn. 30; NJW 2017, 64 Rn. 26), kann das Ziel einer Beschlussersetzungsklage keine Vereinbarung der Wohnungseigentümer sein (BR-Drs. 168/20, 93). Der Gesetzgeber hat mit § 44 Abs. 1 Satz 2 WEG allein die Möglichkeit schaffen wollen, eine Beschlussersetzung herbeizuführen. Stets geht es um das in § 23 Abs. 1 WEG vorgesehene Ergebnis der bloß kollektiven Willensbildung der Wohnungseigentümer (so schon BGH NZM 2018, 611 Rn. 6). Erstrebt ein Wohnungseigentümer eine Vereinbarung, muss er die Klage daher auf § 10 Abs. 2 WEG stützen. Ein solcher Anspruch ist – genauso wie ein Anspruch auf Anpassung eines sonstigen Vertrags (etwa nach § 313 Abs. 1 BGB) – allerdings im Wege der Leistungsklage zu verfolgen. Die Beschlussersetzungsklage ist ggf. als eine solche Klage auszulegen. 189

3. Durchführungsbestimmung. Das Gericht ist nicht befugt, von Amts wegen eine neben dem angestrebten Beschluss liegende „Durchführungsbestimmung" zu treffen. Für eine solche Bestimmung bedarf es eines Antrags auf Erlass einer einstweiligen Verfügung oder eines Antrags auf einen weiteren Beschluss. Im Einzelfall ist die Formulierung des Rechtsschutzziels so auszulegen (→ Rn. 197). 190

IV. Einzelheiten zur Klage

1. Allgemeines. Zur Beschlussersetzungsklage siehe zunächst → Rn. 3 ff. und die entsprechenden Ausführungen zur Anfechtungsklage → Rn. 139 ff. Die Beschlussersetzungsklage ist statthaft, wenn die Klage auf einen Beschluss abzielt (→ Rn. 188). 191

192 **2. Besondere Sachurteilsvoraussetzungen. a) Vorbefassung der anderen Wohnungseigentümer.** Eine besondere Sachurteilsvoraussetzung der Beschlussersetzungsklage besteht darin, dass der Kläger vor ihrer Erhebung versucht haben muss, eine Entscheidung der Wohnungseigentümer über den nach seiner Behauptung notwendigen Beschluss selbst herbeizuführen. Fehlt es hieran, fehlt für die Klage grundsätzlich das Rechtsschutzbedürfnis (→ Vor §§ 43 ff. Rn. 7). Wäre die Vorbefassung der anderen Wohnungseigentümer allerdings eine Förmelei, gilt dies nicht (→ Vor §§ 43 ff. Rn. 9). Der Kläger muss hierzu in der Klage Angaben machen und muss mitteilen, aus welchen tatsächlichen Gründen eine Beschlussfassung der Wohnungseigentümer zum Gegenstand seiner Gestaltungsklage unterblieben ist (LG Dortmund ZWE 2016, 32 (33)).

193 **b) Herbeischaffung der Ermessensgrundlagen.** Eine besondere Sachurteilsvoraussetzung, die eine Ausprägung des Beibringungsgrundsatzes darstellt, ist die folgende: Der Kläger muss dem Gericht – ggf. nach Hinweis gem. § 139 ZPO – eine ausreichende tatsächliche „Schätzgrundlage" für eine richterliche Ermessensentscheidung verschaffen (LG Frankfurt a. M. ZWE 2020, 56 Rn. 13; LG Dortmund ZWE 2016, 32), wenn er nicht Anspruch auf einen konkreten Beschluss hat (→ Rn. 201). Denn im ZPO-Verfahren obliegt es der klagenden Partei, den Prozessstoff darzustellen. Ihm ist eine Amtsermittlung grundsätzlich unbekannt. Muss das Gericht nach § 44 Abs. 1 Satz 2 WEG ein Ermessen ausüben, ist es mithin am Kläger, die für diese Ermessensentscheidung erforderlichen Tatsachen beizubringen (LG Dortmund ZMR 2017, 259; ZWE 2017, 143).

194 Der Kläger muss die Ermessensentscheidung so vorbereiten, als wären die Wohnungseigentümer selbst mit dem Gegenstand befasst. Ihn entlastet nicht, dass es in der Versammlung grundsätzlich Aufgabe der Gemeinschaft der Wohnungseigentümer wäre, die entsprechenden Informationen zu geben oder zu organisieren. Ein die gerichtliche Ermessensentscheidung vorbereitender Vortrag des Klägers ist nur entbehrlich, wenn auch die Wohnungseigentümer ihn nicht benötigen würden. Im Einzelfall kann ferner die Gemeinschaft der Wohnungseigentümer nach den Grundsätzen der sekundären Darlegungslast weiteren Vortrag schulden. Kommt der klagende Wohnungseigentümer seinen Pflichten auch nach Hinweis (§ 139 ZPO) und einer angemessenen Fristsetzung entsprechend § 356 ZPO nicht nach, ist die Klage in Ermangelung eines dann nicht mehr bestehenden Rechtsschutzbedürfnisses zu verwerfen (so auch LG Hamburg ZMR 2016, 724), jedenfalls aber als unbegründet abzuweisen. Beispiele (geht es nicht nur um einen bloßen Grundlagenbeschluss):

195 • **Bauliche Veränderung nach § 20 Abs. 2 Satz 1 WEG.** Geht es um einen Anspruch auf bauliche Veränderung nach § 20 Abs. 2 WEG, muss der Kläger im Einzelnen darlegen, wie sich das gemeinschaftliche Eigentum konkret verändern soll. Es genügt also nicht, wenn im Klageantrag die begehrte bauliche Veränderung zwar bezeichnet wird, zur möglichen Art und Weise ihrer Durchführung aber keine ausreichenden Angaben gemacht werden (anders BR-Drs. 168/20, 68). Zu den Mitteln muss er sich wegen § 21 Abs. 1 WEG nicht äußern.

- **Bauliche Veränderung nach § 20 Abs. 3 WEG.** Bei dem Anspruch aus § 20 Abs. 3 WEG muss keine Ermessensentscheidung vorbereitet werden.
- **Umlageschlüssel.** Richtet sich die Klage auf Änderung des geltenden Umlageschlüssels, muss der Kläger die Kostenpositionen benennen, um die es geht, und anführen, welche Umlageschlüssel in Frage kommen.
- **Vertrag.** Ist das Ziel der richterlichen Gestaltung ein Vertragsschluss, muss der klagende Wohnungseigentümer eine ausreichende Anzahl vergleichbarer Angebote (s. a. → § 18 Rn. 32) darlegen bzw. den Willen des Dritten, mit der Gemeinschaft der Wohnungseigentümer zu kontrahieren (LG Hamburg ZMR 2016, 724; LG Dortmund ZMR 2016, 387; s. a. LG Frankfurt a. M. ZWE 2020, 56 Rn. 10). Ferner muss er sich dazu äußern, wo die Mittel herkommen sollen.
- **Verwalter.** Geht es um die Bestellung einer Person zum Verwalter (→ § 26 Rn. 117 ff.), müssen Personen vorgeschlagen und muss dargelegt werden, dass diese bereit sind, sich bestellen zu lassen (LG Frankfurt a. M. ZWE 2020, 56 Rn. 13; LG Hamburg ZMR 2016, 724; LG Dortmund ZMR 2016, 387 (388)); ferner sind dem Gericht nach hM die jeweiligen Konditionen des Verwaltervertrags vorzustellen (LG Frankfurt a. M. ZWE 2020, 56 Rn. 13; LG Dortmund ZMR 2016, 387 (388)).

3. Beschlussersetzungsantrag. a) Überblick. Die Beschlussersetzungs- **196**
klage ist eine Gestaltungsklage (Vor §§ 43 WEG Rn. 6), für die nach § 308 Abs. 1 ZPO ein Klageantrag erforderlich ist. Das Gericht darf nicht von Amts wegen nach § 44 Abs. 1 Satz 2 WEG verfahren (BGH NZM 2016, 523 Rn. 17; LG München I ZMR 2017, 925; *Elzer* AnwZert MietR 8/2010). Bei der Formulierung des Klageantrags ist zu beachten, dass das Beschlussersetzungsurteil nicht die zur Annahme eines Beschlussantrags fehlenden Stimmen ergänzt, sondern selbst regelt, was gilt. Er ist daher darauf zu richten, dass das Gericht im Wege der Gestaltung anstelle der Wohnungseigentümer einen Beschluss fasst. Ein auf Zustimmung zu einem Beschlussantrag (oder auf Zustimmung der übrigen Wohnungseigentümer zu der Durchführung einer bestimmten Maßnahme) gerichteter Klageantrag ist daher regelmäßig als Gestaltungsantrag iSv § 44 Abs. 1 Satz 2 WEG auszulegen (BGH NZM 2018, 611 Rn. 6; 2016, 523 Rn. 18 und Rn. 19); jedenfalls muss das Gericht insoweit von § 139 ZPO Gebrauch machen.

b) Angabe des Rechtsschutzzieles. Bei der Formulierung des Beschlus- **197**
sersetzungsantrags genügt die Angabe eines Rechtsschutzzieles (stRspr, exemplarisch BGH ZWE 2017, 224 Rn. 11; NJW 2017, 64 Rn. 7; NZM 2016, 523 Rn. 19; NJW 2013, 2271 Rn. 23), also die Schilderung des groben Beschlussinhalts, auf den die Beschlussersetzungsklage zielt. Beispiel: „Das Gericht soll für die Gemeinschaft der Wohnungseigentümer (genaue Nennung) eine Person ab dem (Nennung des Datums) zum Verwalter bestellen“. Oder: „Das Gericht soll für die Außenanlagen [oder Stellplätze] der Wohnungseigentumsanlage (genaue Nennung) eine Benutzungsregelung schaffen“. Der Kläger kann den angestrebten Beschluss allerdings auch beispielhaft nennen und ausformulieren. Er sollte dabei aber klarstellen, dass die

Ausformulierung exemplarisch ist. Jede Ausformulierung ist grundsätzlich so verstehen; ggf. ist vom Gericht nachzufragen (§ 139 ZPO).

198 **4. Begründetheit einer Beschlussersetzungsklage (Notwendigkeit). a) Überblick.** Das Gericht gibt einer zulässigen Beschlussersetzungsklage statt, wenn der vom Kläger begehrte Beschluss iSd Gesetzes „notwendig" ist. Ein Beschluss ist notwendig, wenn der Kläger einen Anspruch auf den Beschluss hat (BR-Drs. 168/20, 92). Für den Beschluss kommen alle Gegenstände in Betracht, die einer ordnungsmäßigen Verwaltung oder Benutzung entsprechen. Maßgeblicher Zeitpunkt für die Beurteilung der Notwendigkeit einer Entscheidung ist derjenige der letzten mündlichen Verhandlung (→ Rn. 204).

199 **b) Beschlusskompetenz.** Die Wohnungseigentümer müssen für den Beschluss, den der Kläger anstrebt, eine Beschlusskompetenz haben. Diese kann auf dem Gesetz oder einer Vereinbarung, also einer Öffnungsklausel beruhen.

200 **c) Anspruch auf einen Beschluss (Notwendigkeit). aa) Allgemeines.** Ein Wohnungseigentümer hat auf einen Beschluss einen Anspruch, wenn sein Gegenstand noch nicht durch Gesetz, Vereinbarung oder Beschluss geregelt ist, seine Fassung aber ordnungsmäßiger Verwaltung entspricht und er zum Zeitpunkt der mündlichen Verhandlung zwingend ansteht. Entsprechendes gilt, wenn es um andere Maßnahmen geht, die in der Verantwortung der Gemeinschaft der Wohnungseigentümer stehen, zB die Durchsetzung von Schadenersatzansprüchen. Besteht Ermessen, den Beschluss erst zu einem späteren Zeitpunkt zu fassen, ist die Klage als derzeit unbegründet abzuweisen. Fraglich kann sein, ob die Wohnungseigentümer durch einen nicht ordnungsmäßigen Beschluss den Anspruch des klagenden Wohnungseigentümers bereits erfüllt und ihr Selbstorganisationsrecht angemessen ausgeübt haben. Siehe dazu im Zusammenhang → § 18 Rn. 35.

201 **bb) Kein Wohnungseigentümerermessen.** Ein Anspruch auf einen Beschluss ist in seltenen Fällen vorstellbar, wenn die Wohnungseigentümer kein Ermessen haben, ihn nicht zu fassen. Der Gesetzgeber hat insoweit zB auf einen Beschluss nach § 20 Abs. 3 WEG hingewiesen (BR-Drs. 168/20, 92).

202 **cc) Wohnungseigentümerermessen.** Ein Anspruch auf einen Beschluss ist weiter vorstellbar, wenn die Wohnungseigentümer für einen Beschluss zwar ein Ermessen haben, sich ihr Entschließungs- und auch ihr Auswahlermessen aber ausnahmsweise bereits auf einen konkreten Beschlussinhalt verengt haben. Ein Anspruch auf einen Beschluss ist vor allem aber dann vorstellbar, wenn sich zwar das Entschließungsermessen der Wohnungseigentümer (→ § 18 Rn. 36), eine Entscheidung zu treffen, bereits auf ein Tun verengt hat (→ § 18 Rn. 45; LG Hamburg ZMR 2016, 134 (135); s. a. *Bonifacio* MDR 2007, 868 (870)), nicht aber ihr Auswahlermessen (→ § 18 Rn. 46). Dieser Fall ist in Praxis und Theorie der häufigste. Denn das Ermessen der Wohnungseigentümer (→ § 18 Rn. 35 ff.) ist jedenfalls beim Auswahlermessen (→ § 18 Rn. 36) in aller Regel nicht auf null reduziert

(→ § 18 Rn. 46). In der Regel kommt eine ganze Reihe von möglichen Entscheidungen in Betracht, die jede für sich ermessensfehlerfrei wären.

V. Das Beschlussersetzungsurteil

1. Überblick. Das Ziel der Beschlussersetzungsklage ist ein vom Gericht für die Wohnungseigentümer und an ihrer Stelle gefasster Beschluss. Nicht möglich ist es daher zB, den Kläger etwa in dringenden Fällen zu einer Art Ersatzvornahme und dazu zu ermächtigen, auf Kosten der Gemeinschaft der Wohnungseigentümer notwendige Arbeiten selbst durchzuführen (aA LG Berlin ZWE 2019, 499 Rn. 22). Ein Beschlussersetzungsurteil ist, wie ausgeführt, nur möglich, wenn die Wohnungseigentümer für den Gegenstand eine Beschlusskompetenz haben (→ Rn. 199; → § 23 Rn. 388). Fasst das Gericht anstelle der Wohnungseigentümer einen Beschluss, ist darauf zu achten, dass dieser Beschluss ordnungsmäßig (→ § 18 Rn. 62; → § 18 Rn. 103), nicht nichtig und auch nicht aus anderen Gründen (→ § 23 Rn. 152 ff.) anfechtbar ist (s. a. LG Koblenz ZWE 2017, 374). Die angeordnete Maßnahme muss die Verhältnisse der Wohnungseigentümer sorgfältig einbeziehen, zB ihre finanziellen Möglichkeiten angemessen berücksichtigen. Beachtet das Gericht nicht, dass den Wohnungseigentümern eine Beschlusskompetenz fehlt, führt das allerdings nicht zur Wirkungslosigkeit des Urteils und steht auch dem Eintritt der Rechtskraft (§ 322 Abs. 1 ZPO) nicht entgegen (BGH NJW-RR 2018, 522 Rn. 13). Der entsprechende Fehler kann nur im Rechtsmittelverfahren eingewendet werden (BGH NZM 2018, 401 Rn. 13). Für andere Beschlussmängel gilt dies entsprechend. Erweist sich der gerichtlich ersetzte Beschluss als undurchführbar, ist streitig ob eine Beschlusskompetenz besteht, den gerichtlichen Beschluss durch einen Beschluss der Wohnungseigentümer auszulegen (*Hogenschurz* NZM 2018, 733 (735); *Drasdo* NJW-Spezial 2018, 254 (255); allgemein § 23 Rn. 8). 203

2. Maßgeblicher Zeitpunkt. Für das Beschlussersetzungsurteil kommt es darauf an, ob der geltend gemachte Anspruch im Zeitpunkt der letzten mündlichen Tatsachenverhandlung besteht. Ob schon bei der Ablehnung des Beschlussantrags und der grundsätzlich notwendigen Vorbefassung der Wohnungseigentümer (Vor §§ 43 WEG Rn. 7) iSd Gesetzes eine Notwendigkeit (→ Rn. 198 ff.) bestand, ist also unerheblich (BGH NZM 2018, 611 Rn. 26). Erkennt die Gemeinschaft der Wohnungseigentümer bzw. die hinter ihr stehenden Wohnungseigentümer im Laufe des Rechtsstreits, dass der Kläger einen Anspruch hat, können die Wohnungseigentümer den entsprechenden Beschluss fassen und so eine Erledigung der Hauptsache herbeiführen (zu den Kosten → Rn. 212). 204

3. Gestaltungsmöglichkeiten. a) Überblick. Das Gericht ist bei der Fassung des Beschlusses nicht frei. Es hat diesen vielmehr so zu treffen, wie ihn die dazu eigentlich berufenen Wohnungseigentümer treffen müssten. Ob das Gericht für den Inhalt eines Beschlusses insoweit ein Ermessen hat, bestimmt sich nach materiellem Recht, nämlich danach, ob den Wohnungseigentümern selbst bei der Beschlussfassung ein Ermessen zustünde (BR-Drs. 205

168/20, 93). Das Gericht hat die durch einen notwendigen Beschluss festzulegende Regelung nach denselben Maßstäben zu treffen, wie sie das Gesetz den Wohnungseigentümern vorgibt (BGH NJW-RR 2018, 522 Rn. 10; NJW 2017, 64 Rn. 22; LG Frankfurt a. M. ZWE 2020, 56 Rn. 13).

206 **b) Konkreter Beschluss.** Müssten die Wohnungseigentümer ausnahmsweise einen konkreten Beschluss fassen, weil der klagende Wohnungseigentümer auf diesen von Gesetzes wegen (→ Rn. 200) oder nach einer Reduzierung des Ermessens der Wohnungseigentümer auf null (→ Rn. 201) einen Anspruch hat, kann auch das Gericht nur diesen Beschluss fassen. Ein Ermessen, diesen nicht oder anders zu fassen, besteht nicht.

207 **c) Irgendein Beschluss. aa) Überblick.** Müssten die Wohnungseigentümer zwar einen Beschluss fassen, wären sie aber bei dessen Ausgestaltung nach ihrem Ermessen frei, hat auch das Gericht ein Ermessen, wie es den Beschluss im Einzelnen fasst (BGH NJW 2017, 64 Rn. 22; LG Berlin ZWE 2014, 455 (457)). Von diesem Ermessen muss das Gericht wie die Wohnungseigentümer selbst fehlerfrei Gebrauch machen. Ferner ist zu beachten, dass es in der Regel um eine ganze Reihe von Auswahlentscheidungen und ein darauf bezogenes Ermessen geht. Zielt die Beschlussersetzungsklage beispielsweise auf einen Vertrag, ist ua zu klären, wer der Vertragspartner sein und was der genaue Vertragsinhalt sein soll und wo die Mittel herkommen sollen. Was hier jeweils gilt, ist eine Frage des Einzelfalls. Das Gericht ist insoweit nicht an vom Kläger geäußerte Vorschläge, Vorstellungen und Anregungen gebunden. Allerdings muss der Kläger die Ermessensentscheidung grundsätzlich umfassend vorbereiten (→ Rn. 193 ff.). Etwas anderes gilt bei bloßen Grundlagenbeschlüssen.

208 **bb) Zurückhaltung.** Bei der Ausübung richterlichen Ermessen und der Intensität des richterlichen Eingriffs ist das Selbstorganisationsrecht der Wohnungseigentümer zu wahren und ist darauf zu achten, dass eine Klage auf richterliche Beschlussfassung subsidiär ist (LG Frankfurt a. M. ZWE 2020, 56 Rn. 7). Da eine Beschlussersetzung das Selbstorganisationsrecht der Wohnungseigentümer beschneidet, darf sie stets nur soweit gehen, als dies zur Gewährleistung eines effektiven Rechtsschutzes unbedingt notwendig ist (stRspr, BGH NJW 2018, 552 Rn. 13; NZM 2018, 615 Rn. 124; NJW 2017, 64 Rn. 31; NZM 2016, 523 Rn. 21; 2013, 582 Rn. 31). Bei der Bestimmung zum „wie" eines Beschlusses ist mithin immer zu prüfen, ob und ggf. auf welche Weise es den Wohnungseigentümern ermöglicht werden kann, ganz oder teilweise noch selbst in eigener Regie eine (weitere) Entscheidung zu treffen (BGH NZM 2016, 523 Rn. 21; NJW 2016, 473 Rn. 32; 2013, 2271 Rn. 31; LG Hamburg ZWE 2016, 36). Zu klären ist, inwieweit der Richter auch das „wie" einer Ermessensentscheidung noch in den Händen der Wohnungseigentümer lassen kann (LG Hamburg ZWE 2019, 82 Rn. 14).

209 Das Gericht kann sich nach diesen Maßgaben etwa darauf beschränken, bloß die zur Ermittlung des Erhaltungsbedarfs erforderlichen Maßnahmen – etwa die Einholung eines Sachverständigengutachtens – durch Beschluss

anzuordnen (LG Berlin ZWE 2019, 499 Rn. 22; *Hogenschurz* NZM 2019, 611 (616)). Es kann im begründeten Einzelfall aber auch weitergehende Anordnungen treffen. Als Grundlage für weitere Maßnahmen kann es beispielsweise die Art und Weise einer Erhaltungsmaßnahme durch einen Grundlagenbeschluss bestimmen (BGH NZM 2013, 582 Rn. 31; LG Berlin ZWE 2019, 499 Rn. 22) und zugleich zwar Hinweise für die weiteren erforderlichen Schritte geben (Auswahl des Fachunternehmens; Finanzierung der Maßnahme), diese aber den Wohnungseigentümern überlassen (LG Berlin ZWE 2019, 499 Rn. 22). Überblick zu ausgesuchten Einzelfällen:

- **Benutzungsregelung:** Haben die Wohnungseigentümer eine erforderliche Benutzungsregelung zB zur Benutzung des Treppenhauses, zu Tieren, zu Musik oder zum Rauchen nicht getroffen, muss das Gericht hierzu eine Regelung bestimmen. Sind mehrere Benutzungsregelungen gleichermaßen möglich, kann das Gericht den Wohnungseigentümern diese aber auch nennen und den Wohnungseigentümern aufgeben, unter ihnen auszuwählen. **210**
- **Erhaltung.** Geht es um eine Erhaltungsmaßnahme, ist diese anzuordnen. Dies geht aber nur vollständig, wenn klar ist, was zu tun ist. Dann muss der Mangel feststehen und ebenso der Weg, ihn zu beheben, sowie die Frage, wo die Mittel für die Maßnahme herkommen. Im Regelfall wird daher anzuordnen sein, ein Gutachten und darauf basierend Angebote (→ § 18 Rn. 32) einzuholen sowie die Wohnungseigentümer zu verpflichten, sich nach ihrem Ermessen für das „beste" Angebot und die Mittel dafür zu entscheiden. Im Einzelfall mag es auch vorstellbar sein, die durchzuführenden Arbeiten „in ihren wesentlichen Umrissen und Schritten" im Beschluss zu umschreiben und den Wohnungseigentümern im Übrigen nichts vorzugeben (BGH NJW 2013, 2271 Rn. 31). Im begründeten Einzelfall mag es auch genügen, wenn das Gericht die entscheidende Richtung vorgibt (BGH NJW 2013, 2271 Rn. 31), zB, dass eine noch zu beschließende Maßnahme „DIN-gerecht" sein muss.
- **Gesetzliche Anforderung.** Geht es um die Erfüllung einer gesetzlichen Anforderung, für die mehrere Möglichkeiten bestehen, kann den Wohnungseigentümern ggf. nur aufgegeben werden, dieser Anforderung auf einem der möglichen Wege nachzukommen (BGH NZM 2016, 523 Rn. 21).
- **Vertrag.** Geht es um einen Vertrag, müssen entsprechende Vertragsangebote vorliegen. Fehlt es hieran, kann dem Verwalter nur aufgegeben werden, diese einzuholen und sie den Wohnungseigentümern zur Abstimmung zu stellen.
- **Verwalter.** Geht es um die Bestellung einer Person zum Verwalter, muss der klagende Wohnungseigentümer mehrere Personen benennen, die bereit sind, das Verwalteramt zu übernehmen (→ § 26 Rn. 12). Von diesen Personen muss das Gericht nach seinem Ermessen aufgrund ihm vorliegender Angebote (= Entwürfe von Verwalterverträgen; → Rn. 195) auswählen. Entscheidend für die Auswahl ist, ob der in Aussicht genommene Verwalter geeignet ist (→ § 26 Rn. 36), seiner Aufgabe gerecht wird und ob die Wohnungseigentümer mit ihm auch im Alltag gut zurechtkommen

(BGH NZM 2011, 515 Rn. 13). Es reicht, wenn ein Verwalter für 5 Jahre bestellt wird. Für die Regelung der Einzelheiten der Bestellungszeit oder gar der Inhalte des Verwaltervertrags gibt es keinen Anlass, solange die Wohnungseigentümer insoweit ihr Selbstorganisationsrecht nicht wahrgenommen haben. Ab der Möglichkeit (§ 48 Rn. 6) ist in der Regel ein zertifizierter Verwalter auszuwählen. Zu den prozessualen Einzelheiten s. a. → § 26 Rn. 177 ff.

211 **4. Eintritt der Gestaltungswirkung.** Die gerichtliche Gestaltung legt erst mit Eintritt der Rechtskraft Art und Weise der zu veranlassenden Maßnahmen fest (BGH NJW-RR 2018, 522 Rn. 12; NJW 2013, 2271 Rn. 21). Es bietet sich daher ggf. an, eine Beschlussersetzungsklage mit einem Antrag nach §§ 935 ff. ZPO zu flankieren (s. a. BGH NJW 2011, 3025 Rn. 8).

212 **5. Kosten des Rechtsstreits.** Eine § 49 Abs. 1 WEG aF entsprechende Regelung kennt das aktuelle Recht nicht. Die Kosten sollten danach verteilt werden, inwieweit das Rechtsschutzziel des Klägers Erfolg hatte. Hat ein Wohnungseigentümer einen Anspruch auf einen konkreten Beschluss (→ Rn. 206), ist die Kostengrundentscheidung daher in der Regel nach § 91 Abs. 1 Satz 1 ZPO zu treffen. Ist hingegen eine Ermessensentscheidung zu treffen, ist § 92 Abs. 2 Nr. 2 ZPO entsprechend anzuwenden (BR-Drs. 168/20, 90). Vorstellbar und im Einzelfall sinnvoll ist es dann, dass das Gericht für außergerichtliche und gerichtliche Kosten differenziert und zB nur die Gerichtskosten einer Partei auferlegt (s. a. *Schmid* DWE 2011, 114 (116)). Vorstellbar ist auch eine Kostenteilung oder eine Kostenaufhebung entsprechend § 92 Abs. 1 Satz 1 ZPO.

VI. Rechtsschutz

213 Die Wirkungen des Gestaltungsurteils ergeben sich aus § 44 Abs. 3 WEG und im Übrigen aus den allgemeinen zivilprozessualen Bestimmungen über die Wirkungen des Urteils (BGH NJW-RR 2018, 522 Rn. 12; *Suilmann* ZWE 2016, 451 (452)). Will sich ein Wohnungseigentümer gegen das Ergebnis einer Beschlussersetzungsklage wehren, muss er die verfahrensrechtlich vorgesehenen Rechtsmittel erheben (BGH NJW-RR 2018, 522 Rn. 12), kann aber keine Anfechtungsklage erheben (BGH NJW-RR 2018, 522 Rn. 12).

VII. Änderungen

214 Das Beschlussersetzungsurteil führt der Sache nach zu einem *Beschluss* iSv § 19 Abs. 1 WEG (BGH NZM 2018, 611 Rn. 6). Die Entscheidung ist mithin zwar nicht selbst „Beschluss", führt aber zusammen mit dem Antrag zu diesem (AG Hamburg-St. Georg ZMR 2013, 926; *Elzer* AnwZert MietR 8/2010). Die Wohnungseigentümer sind befugt, diesen Beschluss durch (Zweit-)Beschluss oder Vereinbarung wieder zu ändern (OLG Frankfurt a. M. NZM 2009, 440; AG Hamburg-St. Georg ZMR 2013, 926), allerdings nicht, ihn ersatzlos außer Kraft zu setzen (OLG Frankfurt a. M. NZM 2009, 440; KG NJW-RR 1996, 779 (780); *Elzer* AnwZert MietR 8/2010), ohne

zugleich eine eigenständige Regelung zu treffen (*Suilmann* ZWE 2016, 451 (452)). Etwas anderes gilt, soweit das Gericht entschieden hat, dass die Wohnungseigentümer handeln müssen. Ein „Nichthandeln“ ist insoweit nicht beschließbar.

G. Einstweiliger Rechtsschutz (§§ 935 ZPO ff.)

Die Durchführung einer Beschlussklage hat keinen Suspensiveffekt (BayObLG NJW-RR 1998, 1386; KG OLGZ 1978, 178 (180), LG München I GE 2008, 1503). Der Verwalter ist gem. § 27 Abs. 1 WEG vielmehr verpflichtet, auch angegriffene Beschlüsse durchzuführen (→ § 27 Rn. 89). Um dies zu hindern, kann ein Anfechtungskläger den Erlass einer einstweiligen Verfügung nach §§ 935, 940 ZPO (Regelungsverfügung) beantragen (→ Vor §§ 43 ff. Rn. 46). **215**

Ihr Gegenstand ist es zB, den Beschluss für die Dauer des Hauptsacheverfahrens seiner Bindungswirkungen (→ § 23 Rn. 163; → Vor §§ 23 ff. Rn. 4) zu berauben. Beklagte ist auch hier jeweils die Gemeinschaft der Wohnungseigentümer (→ Vor §§ 43 ff. WEG Rn. 38). **216**

Eine einstweilige Verfügung kommt in Bezug auf eine Anfechtungsklage allerdings nicht (mehr) in Betracht, wenn die Anfechtungs- oder die Begründungsfrist versäumt ist, da dann der Beschluss nicht mehr für ungültig erklärt werden kann (AG Wernigerode ZMR 2008, 88; *Schmid* NZBau 2010, 290 (291); *Abramenko* AnwZert MietR 6/2010; *Bonifacio* ZMR 2007, 592). Etwas anderes gilt, wenn der Beschluss nichtig ist (*Schmid* NZBau 2010, 290 (291)). Wird ggü. einem Beschluss eine einstweilige Verfügung erlassen, läuft aber die Anfechtungsfrist ungenutzt ab, kann die Verfügung wegen veränderter Umstände auf Antrag aufgehoben werden. **217**

H. Rechtsmittel

Zu den Rechtsmitteln → § 43 Rn. 27 ff. **218**

I. Kosten

Die notwendigen Kosten einer Beschlussklage hat nach § 91 Abs. 1 Satz 1 ZPO grundsätzlich die unterlegene Partei zu tragen. Wird der angefochtene Beschluss entgegen dem Klageantrag nur teilweise für ungültig erklärt, sind die Kosten nach § 92 Abs. 1 ZPO gegeneinander aufzuheben oder verhältnismäßig zu teilen. Unterliegt der Anfechtungskläger, sind ihm nach § 91 Abs. 1 Satz 1 ZPO die Kosten des Rechtsstreits aufzuerlegen. Unterliegt nur ein Kläger, weil seine Gründe nicht maßgeblich sind, sind die Kosten nach § 92 ZPO zu verteilen; § 100 ZPO ist dann entsprechend anwendbar. Zu den Kosten des Streithelfers → Rn. 88 ff. Zu den Kosten der Beschlussersetzungsklage → Rn. 212. **219**

Fristen der Anfechtungsklage

45 **[1]Die Anfechtungsklage muss innerhalb eines Monats nach der Beschlussfassung erhoben und innerhalb zweier Monate nach der Beschlussfassung begründet werden. [2]Die §§ 233 bis 238 der Zivilprozessordnung gelten entsprechend.**

Literatur: *Abramenko,* Die Bedeutung der Monatsfrist nach § 23 Abs. 4 Satz 2 WEG für die Berichtigung von Niederschriften über Wohnungseigentümerversammlungen, ZMR 2003, 326; *Becker,* Die Feststellung des Inhalts fehlerhaft protokollierter Eigentümerbeschlüsse, ZMR 2006, 489; *Dötsch,* Genügt ein Prozesskostenhilfeantrag zur Wahrung der Anfechtungsfrist nach WEG?, NZM 2008, 309; *Dötsch,* Anfechtungsbegründungsfrist i. S. d. § 46 Abs. 1 Satz 2 WEG – Gebot einschränkender Auslegung?, ZMR 2008, 433; *Drasdo,* Wiedereinsetzung nach versäumter Beschlussanfechtungsfrist, NZM 2016, 809.

Übersicht

A. Entstehungsgeschichte

1 § 45 WEG beruht auf dem Gesetz zur Förderung der Elektromobilität und zur Modernisierung des Wohnungseigentumsgesetzes und zur Änderung von kosten- und grundbuchrechtlichen Vorschriften (WEMoG) v. 16.10.2020. Er entspricht wörtlich § 46 Abs. 1 Satz 2 und Satz 3 WEG aF.

B. Sinn und Zweck

2 § 45 Satz 1 Hs. 1 WEG bestimmt, bis wann eine Anfechtungsklage erhoben sein muss. § 45 Satz 1 Hs. 2 WEG ordnet hingegen an, bis wann der Anfechtungskläger die Anfechtungsklage begründen muss. § 45 Satz 2 WEG ermöglicht für die materiell zu verstehenden Anfechtung- und Begründungsfristen die Anwendung der §§ 233 bis 238 ZPO.

C. Anwendungsbereich

3 § 45 WEG ist unmittelbar nur auf die Anfechtungsklage (§ 44 Abs. 1 Satz 1 WEG) anzuwenden. Für die anderen Beschlussklagen ist er nicht, auch nicht entsprechend anwendbar (→ § 44 Rn. 176; → § 44 Rn. 187). Auch auf die Klage auf Feststellung und Verkündung eines Beschlusses – Beschlussfeststellungsklage – ist § 45 WEG nach bislang hM nicht anwendbar (→ § 44 Rn. 12, dort auch zur Kritik an dieser Sichtweise). § 45 WEG soll ferner nicht auf die Klage, ein (beurkundeter) Beschluss sei (nicht) gefasst worden, anwendbar sein (→ § 44 Rn. 11) und auch nicht auf die Klage auf Feststellung eines Beschlussinhalts (§ 44 Rn. 15). Nach der wohl noch hM ist § 45 WEG hingegen entsprechend auf die Klage auf Berichtigung einer Niederschrift anwendbar (KG NJW-RR 1991, 213; BayObLG WE 1989, 183; OLG Hamm OLGZ 1979, 298; 1985, 147; OLG Köln OLGZ 1979, 282.; OLG Celle NJW 1958, 307; offengelassen von OLG München ZWE 2006, 456; BayObLGZ 1999, 149 (153); BayObLG NJW-RR 1996, 524). Hierfür spreche neben dem Schutz des Vertrauens in das protokollierte Beschlussergebnis – also dem Aspekt der Rechtssicherheit – eine der Beschlussanfechtung vergleichbare Interessenlage. In beiden Fällen sei der Inhalt des Beschlusses in seiner protokollierten Fassung Gegenstand des Streits.

Stellungnahme. Zu folgen ist der Minderansicht (*Häublein* ZWE 2009, 33 (34); *Becker* ZWE 2008, 487; *Abramenko* ZMR 2003, 326 (328)). Wenn man den Unterzeichnern der Niederschrift auch nach Ablauf der Monatsfrist das Recht zubilligt, diese zu berichtigen, kann es dem einzelnen Wohnungseigentümer nach Ablauf der Frist nicht verwehrt sein, einen von der Niederschrift abweichenden Beschlussinhalt geltend zu machen. Es fehlt auch an einer vergleichbaren Interessenlage und einer entsprechenden Schutzbedürftigkeit.

D. Klagefrist (§ 45 Satz 1 WEG)

I. Sinn und Zweck und Rechtscharakter

4 Mit der Klagefrist soll nach hM erreicht werden, dass die übrigen Wohnungseigentümer möglichst rasch Klarheit darüber erlangen, welcher Beschluss aus welchen Gründen angefochten werden soll (BGH ZWE 2017, 99 Rn. 16; NJW 2011, 2050 Rn. 9; 2011, 2050 Rn. 9; 2010, 2132 Rn. 11; 2010, 446 Rn. 16; 2009, 2132 Rn. 13; grundlegend NJW 2009, 999 Rn. 20). Der Sinn der Klagefrist liegt nach hier vertretener Ansicht hingegen vor allem in der Rechtssicherheit (s. a. *Dötsch* ZMR 2008, 433 (436); *Briesemeister* ZMR 2008, 253 (255); *Elzer* ZWE 2007, 165 (173)). Die Wohnungseigentümer und die einem Beschluss Unterworfenen sollen rasch wissen, ob und gegebenenfalls in welchem Umfang die von ihnen gefassten Beschlüsse in ihrem Bestand bedroht sind. Eine Entscheidung der Wohnungseigentümer soll durch den Ablauf der Anfechtungsfrist ferner „gerichtsfest" gemacht werden (Zweitbeschlüsse sind aber weiterhin möglich). Es soll also verhindert werden, dass ein Wohnungseigentümer oder gegebenenfalls auch einmal ein Dritter noch nach längerer Zeit mit Erfolg vor Gericht den Einwand erheben kann, ein Beschluss sei in Wahrheit nicht ordnungsmäßig (KG ZMR 1997, 254 (255); *Elzer* ZWE 2007, 165 (174)). Insoweit hat die Anfechtungsfrist vor allem auch den Zweck, rechtswidrige, aber nicht nichtige Beschlüsse zu schützen (*Kümmel* ZWE 2006, 278 (280)).

5 Die Klagefrist wird von der ganz hM als rein materiell-rechtliche Frist verstanden (BGH NJW 2011, 2202 Rn. 18; 2011, 2050 Rn. 8; 2009, 2132 Rn. 21; grundlegend NJW 2009, 999 Rn. 7).

II. Wahrung der Klagefrist

6 **1. Anfechtungsklage.** Die Klagefrist wird durch Erhebung (→ Rn. 7) einer ordnungsmäßigen (→ Rn. 9) Anfechtungsklage gewahrt. Der Antrag auf Erlass einer einstweiligen Verfügung mit dem Ziel, die Gültigkeit des angefochtenen Beschlusses vorläufig außer Kraft zu setzen (→ Vor §§ 43 ff. Rn. 46 ff.; → § 44 Rn. 215 ff.), wahrt die Klagefrist daher nicht. Auch ein selbständiges Beweisverfahren, bei dem die Hauptsache eine Anfechtungsklage wäre, ist keine Anfechtungsklage iSv § 45 Satz 1 WEG. Zum Gesuch auf Prozesskostenhilfe → Rn. 25.

2. Zustellung der Klage (Erhebung). a) Überblick. Die Anfechtungsklage ist nach § 253 Abs. 1 ZPO durch Zustellung eines Schriftsatzes – Klageschrift – an die Gemeinschaft der Wohnungseigentümer zu erheben, § 44 Abs. 2 Satz 1 WEG. Die Klage ist nach § 9b Abs. 1 Satz 1 WEG dem Verwalter zuzustellen. Hat die Gemeinschaft der Wohnungseigentümer keinen Verwalter, wird sie nach § 9b Abs. 1 Satz 2 WEG von den Wohnungseigentümern gemeinschaftlich vertreten, die Klage ist also diesen zuzustellen. Nach § 170 Abs. 3 ZPO genügt die Zustellung an einen von ihnen (dazu → § 44 Rn. 7). Durch die Erhebung der Klage wird nach § 261 Abs. 1 ZPO die Rechtshängigkeit der Anfechtungsklage begründet. Bei welchem Amtsgericht die Anfechtungsklage anhängig ist, ist für die rechtzeitige Erhebung der Anfechtungsklage unerheblich (BGH NJW 1998, 3648 unter III. 3; OLG Hamm ZMR 2005, 806; OLG Zweibrücken FGPrax 2002, 246; AG Konstanz ZMR 2008, 493 (494)). Denn es kommt für die Wahrung der Anfechtungsfrist allein auf ihre Erhebung, also Zustellung bei der Gemeinschaft der Wohnungseigentümer an, nicht auf die Anhängigkeit. 7

b) Rückwirkung der Zustellung (§ 167 ZPO). aa) Allgemeines. Eine Anfechtungsklage wird in aller Regel nicht einen Monat nach der Beschlussfassung zugestellt sein können. Eine fristgemäße Zustellung ist sogar ausgeschlossen, wenn der klagende Wohnungseigentümer – zulässigerweise (BGH NJW 1972, 1948) – die Klagefrist ausschöpft und die Anfechtungsklage erst am Ende der Monatsfrist bei Gericht anhängig macht. Um diesem Problem zu begegnen, hat der Gesetzgeber den § 167 ZPO geschaffen. Soll durch eine Zustellung die Klagefrist gewahrt werden, tritt diese Wirkung danach bereits mit Eingang der Klage ein, wenn die Zustellung nur „demnächst" erfolgt (allgemein BGH NJW 2015, 2666 Rn. 4 ff.; ZWE 2015, 375 Rn. 5 ff; ZMR 2012, 643 Rn. 7; NZM 2012, 351 Rn. 6; 2011, 752 Rn. 6; NJW 2011, 2050 Rn. 12; 2009, 999 Rn. 15). 8

bb) „Demnächst". Der Begriff „demnächst" ist ohne eine absolute zeitliche Grenze im Wege einer wertenden Betrachtung auszulegen (stRspr, exemplarisch BGH ZMR 2012, 643 Rn. 9; NZM 2012, 351 Rn. 7). Ferner muss die Rückwirkung dem Empfänger zumutbar sein – was etwa der Fall ist, wenn kein Ersatzzustellungsvertreter bestellt ist (BGH NZM 2011, 752 Rn. 7). Bei der wertenden Betrachtung ist wichtig, dass es keine absolute zeitliche Grenze gibt, nach deren Überschreitung eine Zustellung nicht mehr als „demnächst" anzusehen ist – vor allem keine „14-Tage-Frist" (unklar BGH NJW-RR 2016, 650 Rn. 12). Dieses gilt auch dann, wenn es zu mehrmonatigen Verzögerungen kommt. Zu unterscheiden sind vom Gericht und von der klagenden Partei veranlasste Zustellverzögerungen. 9

cc) Zustellungsverzögerung ist vom Gericht zu vertreten. Ist eine Zustellungsverzögerung vom Gericht zu vertreten und hat sie ihre Ursache allein im Bereich des Gerichtes, ist die Länge der Verzögerung für die Frage einer demnächstigen Zustellung unbeachtlich (BGH NZM 2011, 752 Rn. 6; NJW 2006, 3206 Rn. 17). Dieses ist zB der Fall, wenn das Gericht die Zustellung der Klage „aus prozessökonomischen Gründen" zurückstellt (BGH NZM 2011, 752 Rn. 8), eine Akte „verfächert" oder andere Fehler 10 begeht. Auch Verzögerungen, die aus einer Zustellung an die Wohnungseigentümer selbst herrühren, können in Anwendung von § 167 ZPO dem Kläger nicht zugerechnet werden.

11 **dd) Zustellungsverzögerung ist von klagender Partei zu vertreten. (1) Überblick.** Wird die Klage auf Grund eines Verschuldens der klagenden Partei zu spät zugestellt, sind bereits kurze Verzögerungen beachtlich und führen dazu, die Voraussetzung „demnächst" zu verneinen. Von der klagenden Partei veranlasste Verzögerungen sollen nur dann unschädlich sein, wenn sich die Zustellung um zwei Wochen oder „geringfügig darüber" verzögert (BGH NJW-RR 2018, 970 Rn. 36; NJW 2015, 2666 Rn. 6; ZMR 2012, 643 Rn. 7; NZM 2012, 351 Rn. 7; grundlegend NJW 2009, 999 Rn. 16). Wenn eine Klage bereits vor Ablauf der Klagefrist eingereicht, aber erst nach ihrem Ablauf zugestellt wird, ist die Frist dennoch erst mit Ablauf der Klagefrist zu berechnen (BGH NJW-RR 2019, 976 Rn. 13; 2018, 461 Rn. 6). Welcher Zeitraum „geringfügig" ist, ist einer bewertenden Auslegung zugänglich, die sich am Einzelfall orientieren muss. Die Rechtsprechung hat eine Zeitspanne von weiteren vier oder fünf Tagen mehrfach als nicht mehr geringfügig bewertet (BGH VersR 1983, 661 (663); WM 1972, 1129). Wegen der weit reichenden Konsequenzen, die eine Versäumung der Monatsfrist für den Kläger hätte, sollte kein zu strenger Maßstab angelegt werden. Verzögerungen der Zustellung durch unnötige Rückfragen bzw. durch „Statuierung überobligatorischer Mitwirkungspflichten" seitens des Gerichts sind dem Kläger nicht anzulasten (BGH NJW-RR 1992, 470; NJW 1984, 242; LG Nürnberg-Fürth ZMR 2008, 737 (738)).

12 **(2) Adressen und Namen im Falle des § 9b Abs. 1 Satz 2 WEG.** Der klagende Wohnungseigentümer hat eine Zustellungsverzögerung vor allem dann zu vertreten, wenn er in der Klage keinen einzigen Wohnungseigentümer ausreichend mit Namen und Adresse benennt, obwohl es – wie er weiß – keinen Verwalter gibt.

13 **(3) Gebühr im Allgemeinen (§ 12 GKG).** Die klagende Partei muss die Gebühr im Allgemeinen nach Eingang der Aufforderung des Gerichts zeitnah einzahlen, am besten innerhalb der „14-Tage-Frist" (→ Rn. 11 + 1 Woche (BGH NZM 2018, 173 Rn. 8). Dabei ist zu beachten, dass es für die Einhaltung der Frist nicht auf den Zeitpunkt der Einzahlung, sondern auf den Eingang der Zahlung auf dem Konto der Justizkasse ankommt. Die bloße Weiterleitung einer Vorschussanforderung an eine Rechtsschutzversicherung reicht keinesfalls (LG München I NJW-RR 2011, 1384).

14 Bei der Berechnung des angemessenen Zeitraums kommt es nicht auf die Zeitspanne zwischen der Aufforderung zur Einzahlung der Gerichtskosten und deren Eingang bei der Gerichtskasse, sondern darauf an, um wie viele Tage sich der für die Zustellung der Klage ohnehin erforderliche Zeitraum infolge der Nachlässigkeit des Klägers verzögert hat (stRspr, exemplarisch BGH NJW-RR 2019, 976 Rn. 7; NZM 2018, 173 Rn. 5; NJW-RR 2016, 650 Rn. 12; NJW 2015, 2666 Rn. 6). Der Partei ist in zur Einzahlung der Gebühr im Allgemeinen in der Regel eine Erledigungsfrist von einer Woche zuzugestehen (BGH NJW-RR 2019, 976 Rn. 9). Der Zeitraum kann sich nach den Umständen des Einzelfalls angemessen verlängern (BGH NJW-RR 2019, 976 Rn. 7; 2018, 461 Rn. 9). Wurde die Gebühr im Allgemeinen verfahrenswidrig nicht von der klagenden Partei selbst, sondern über deren Rechtsanwalt angefordert (BGH ZMR 2012, 643 Rn. 13; NZM 2012, 351 Rn. 11), ist die damit einhergehende, unschädliche Verzögerung im Allgemeinen mit drei Werktagen zu veranschlagen (BGH NJW 2015, 2666 Rn. 8). Auch Wochenend- und Feiertage sowie Heiligabend und Silvester sind nicht mitzuzählen (BGH NJW 2015, 2666 Rn. 9; ZMR 2012, 643 Rn. 12). Ähnliches muss gelten, wenn der Kläger Schwierigkeiten hat, die Gebühr im Allgemeinen aufzubringen oder seine Rechtsschutzversicherung, die rechtzeitig angefragt werden muss, nur zögerlich arbeitet, oder wenn der Kläger aus anderen, nachvollziehbaren unverschuldeten Gründen nicht in der Lage war, zu zahlen.

Der Anfechtungskläger muss die Gebühr im Allgemeinen nicht selbst berechnen und einzahlen (stRspr, exemplarisch BGH NJW 2017, 2623 Rn. 18; NJW 2016, 568 Rn. 13). Er soll sich allerdings bei dem Gericht nach den Ursachen erkundigen müssen, wenn er nicht aufgefordert wird, die Gebühr für das Verfahren im Allgemeinen einzuzahlen (stRspr, BGH NJW 2016, 568 Rn. 13; 2009, 984 Rn. 18). Unklar ist, wann dieser Zeitpunkt des Nachfragens gekommen ist (BGH NJW 2016, 568 Rn. 13; 1978, 215 unter 1a). Etwa nach BGH NJW 2016, 568 Rn. 13 ist ein Tätigwerden jedenfalls vor Ablauf von 3 Wochen nach Einreichung der Klage bzw. innerhalb von 3 Wochen nach Ablauf der durch die Klage zu wahrenden Frist ausreichend. BGH NJW 2017, 2623 Rn. 18 meint, ein Zeitraum von genau fünf Wochen „dürfte noch knapp innerhalb jenes Zeitraums liegen", der noch keine Nachfrageobliegenheit begründet. Nach BGH NJW-RR 2004, 1575 unter II 3, soll die Frist „grundsätzlich" nicht vor Ablauf von einem Monat beginnen. Schädlich werde das Unterlassen einer Nachfrage allerdings nicht vor Ablauf von weiteren 2 Wochen. Nach BGH NJW-RR 2015, 125 Rn. 16 beträgt die Frist längstens 6 Wochen. 15

(4) Streitwertanfrage. Für die Beantwortung einer Streitwertanfrage einschließlich deren Einganges bei Gericht ist ein Zeitraum von jedenfalls einer Woche zu veranschlagen (BGH NJW-RR 2016, 650 Rn. 13). Eine Zustellung ist danach nicht mehr „demnächst", wenn mehr als 21 Tage oder „geringfügig mehr" Tage verstrichen sind. 16

(5) Keine Nachfragepflicht. Hat die klagende Partei alle von ihr geforderten Mitwirkungshandlungen für eine ordnungsgemäße Klagezustellung erbracht, insbesondere die Gebühr im Allgemeinen (→ Rn. 13) eingezahlt und eine prozessual ordnungsgemäße und vollständige Klageschrift eingereicht (→ Rn. 19 ff.), sind sie und ihr Prozessbevollmächtigter im Weiteren nicht mehr gehalten, das gerichtliche Vorgehen zu kontrollieren und durch Nachfragen auf die beschleunigte Zustellung hinzuwirken. Nachfragen sind dann jedenfalls für eine „demnächstige" Zustellung nicht mehr angezeigt. 17

3. Ordnungsmäßige Klageerhebung. a) Überblick. Die Klagefrist wird nach ihrem Sinn und Zweck (→ Rn. 2) nur durch eine ordnungs- 18 mäßige Klageerhebung gewahrt (AG Charlottenburg NZM 2008, 534). Was dazu erforderlich ist, bestimmt sich nach dem Verfahrensrecht (BGH NJW 2010, 446 Rn. 13).

19 **b) Klageschrift. aa) Allgemeines.** Die Erhebung der Anfechtungsklage setzt nach hM die Einreichung einer Klageschrift voraus, die den Anforderungen des § 253 Abs. 2 ZPO genügt (BGH NJW 2010, 446 Rn. 13). Gem. § 253 Abs. 2 ZPO müssen also die Parteien und das Amtsgericht bezeichnet werden, es müssen der Gegenstand und der Grund des erhobenen Anspruchs angegeben werden und es bedarf eines bestimmten Antrags. Auf die Bezeichnung des entsprechenden Schriftsatzes als „Anfechtungsklage" oder „Klageschrift" kommt es nicht an. Eine Klagebegründung ist möglich, aber nicht erforderlich. Diese muss erst mit Ablauf der Klagebegründungsfrist geboten werden (→ Rn. 40).

20 **bb) Parteien. (1) Klage des Anfechtungsberechtigten.** Die Klagefrist wird nur durch eine Klage eines Anfechtungsberechtigten gewahrt. Kommt es von Gesetzes wegen zu einem Klägerwechsel, tritt der gesetzliche Prozessstandschafter, zB der Insolvenzverwalter oder der Zwangsverwalter, in die Stellung des Anfechtungsklägers ein. Die Klagefrist bleibt durch dessen Klageerhebung gewahrt. Im Falle eines gewillkürten Klägerwechsels kann die Wahrung der Klagefrist durch den ehemaligen Kläger für die Einhaltung der Klagefrist in der Person des neuen Klägers nichts bewirken (OLG Frankfurt a. M. WE 1989, 70; OLG Zweibrücken NJW-RR 1989, 657).

21 **(2) Prozessstandschaft.** Wird die Anfechtungsklage durch einen Prozessstandschafter eingereicht, ist die Klagefrist nach hM nur gewahrt, wenn der Standschafter innerhalb der Anfechtungsfrist deutlich macht, dass er das gerichtliche Verfahren nicht aus eigenem Recht, sondern für den Anfechtungsbefugten durchführt (KG ZMR 2004, 460 (462); NJW-RR 1995, 147; OLG Celle ZWE 2001, 34; LG Hamburg ZWE 2015, 224 (226); LG Berlin ZMR 2012, 119). Da bis zur Offenlegung davon auszugehen sei, dass der Prozessstandschafter ein eigenes Recht geltend macht, werde der Zweck des § 45 Satz 1 WEG (→ Rn. 2) nur erreicht, wenn die Klage fristgemäß gerade durch den Anfechtungsberechtigten oder von einer hierzu ermächtigten und ersichtlich als Prozessstandschafter auftretenden Person erhoben werde (LG Hamburg ZWE 2015, 224 (226)). Bei einer Offenlegung nach Fristablauf könnten allerdings Nichtigkeitsgründe berücksichtigt werden.

22 **(3) Beklagter.** Die Klage muss sich gegen die Gemeinschaft der Wohnungseigentümer erhoben werden. Sie muss nach § 9a Abs. 1 Satz 3 WEG als „Gemeinschaft der Wohnungseigentümer" oder „Wohnungseigentümergemeinschaft" bezeichnet werden. Ferner bedarf es der bestimmten Angabe des gemeinschaftlichen Grundstücks (→ § 9a Rn. 40). Weiter ist der Vertreter der Gemeinschaft der Wohnungseigentümer zu nennen, also der Verwalter (§ 9b Abs. 1 Satz 1 WEG) oder die anderen Wohnungseigentümer (§ 9b Abs. 1 Satz 2 WEG), wenn es keinen Verwalter gibt. Bei den anderen Wohnungseigentümern bedarf es der Angabe des vollständigen Namens und der ladungsfähigen Adresse. Werden nur einige Wohnungseigentümer oder wird nur einer genannt, dürfte das mit Blick auf § 170 Abs. 3 ZPO reichen,

die Anfechtungsfrist zu wahren. Die Klagefrist wird nicht durch eine gegen einen Dritten gerichtete Klage gewahrt. Nach Ansicht des BGH zum alten Recht galt etwas Anderes, wenn versehentlich statt der Wohnungseigentümer die Gemeinschaft der Wohnungseigentümer verklagt wurde (BGH NZM 2010, 46 Rn. 8). Da diese Ausnahme mit § 44 WEG aF begründet wurde (BGH NZM 2010, 46 Rn. 8), ist sie obsolet und nicht auf den Fall übertragbar, wenn die Wohnungseigentümer verklagt werden. Gegebenenfalls ist dann im seltenen Einzelfall § 45 Satz 2 WEG anwendbar.

cc) Antrag. Ferner muss der Anfechtungskläger mitteilen, gegen welchen 23
Beschluss aus welcher Versammlung er sich wenden will (BGH NJW-RR 2015, 583 Rn. 9; im Einzelnen → § 44 Rn. 151 ff.). Eine „technisch" zutreffende Formulierung des Anfechtungsantrags („... für ungültig zu erklären") ist nicht erforderlich. Notwendig, aber auch ausreichend ist, dass mit dem Klageantrag das Rechtsschutzziel zum Ausdruck gebracht wird, eine verbindliche Klärung der Gültigkeit des zur Überprüfung gestellten Beschlusses herbeizuführen (BGH NJW 2010, 446 Rn. 7; 2009, 3655 Rn. 20). Diese Anforderung erfüllt zB auch ein Antrag nach § 44 Abs. 1 Satz 1 Fall 2 WEG, die „Nichtigkeit eines Beschlusses festzustellen". Denn auch bei einer Anfechtungsklage darf die Auslegung – wie allgemein im Prozessrecht – nicht am buchstäblichen Sinn des Ausdruckes haften, sondern hat den wirklichen Willen der Partei zu erforschen (BVerfG NJW 2014, 291 Rn. 17; Elzer FD-ZVR 2019, 414538. Es ist der Grundsatz zu beachten, dass im Zweifel dasjenige gewollt ist, was nach den Maßstäben der Rechtsordnung vernünftig ist und der wohlverstandenen Interessenlage entspricht (→ § 44 Rn. 155). Nur wenn sich das Rechtsschutzziel auch durch Auslegung nicht eindeutig ermitteln lässt, gehen die verbleibenden Unklarheiten zu Lasten der klagenden Partei (BGH NJW-RR 2015, 583 Rn. 9). Eine Vorratsanfechtung (→ § 44 Rn. 157) lässt grundsätzlich offen, welcher Beschluss angefochten sein soll und reicht daher nicht aus (Staudinger/*Lehmann-Richter* § 46 Rn. 145). Der Klagegegenstand ist zwar bestimmbar, aber (zunächst) unbestimmt. Der Kläger schießt ins „Blaue" und klagt gegen Gegenstände, die er abstrakt damit benennt, sie seien (wohl) in einer Versammlung gefasst worden. Ein Bedarf, eine „Bestimmbarkeit" durch spätere Klarstellung, welche Beschlüsse die Wohnungseigentümer gefasst haben, anzuerkennen, ist angesichts der vom Verwalter unverzüglich zu erstellenden Niederschrift auch nicht erkennbar. Dem klagenden Wohnungseigentümer ist eine Konkretisierung möglich und zumutbar.

dd) Unterschrift. Schließlich muss die Anfechtungsklage bis zum Ablauf 24
der Anfechtungsfrist ordnungsmäßig unterschrieben sein (§§ 253 Abs. 4, 130 Nr. 6 ZPO).

4. Prozesskostenhilfe. Da die Klagefrist materiell-rechtlich verstanden 25
wird (→ Rn. 5), kann ein Prozesskostenhilfegesuch diese nicht wahren (AG Stuttgart WuM 2018, 233; *Niedenführ* FS Merle, 2010, 263 (271); *Bonifacio* ZMR 2007, 592 (593); differenzierend *Dötsch* NZM 2008, 309 (311)). Problemen ist durch die nach § 45 Satz 2 WEG für anwendbar erklärten Vorschriften über die Wiedereinsetzung in den vorigen Stand zu begegnen

(→ Rn. 33 ff.; *Niedenführ* FS Merle, 2010, 263 (271); *Dötsch* NZM 2008, 309 (310)).

26 **5. Amtswegige Prüfung.** Das Gericht hat die Einhaltung der Klagefrist anhand der aus der Akte und dem Antrag ersichtlichen Tatsachen von Amts wegen zu prüfen (*Dötsch* ZMR 2008, 433 (436)). Ein einredeweises „Berufen" auf den Ablauf der Frist durch die Gemeinschaft der Wohnungseigentümer ist nicht erforderlich. Ein rügeloses Einlassen (§ 295 ZPO) der Gemeinschaft der Wohnungseigentümer ist wegen des materiell-rechtlichen Charakters der Frist unschädlich.

III. Berechnung im Einzelnen

27 **1. Überblick.** Die Monatsfrist des § 45 Satz 1 Hs. 1 WEG beginnt mit dem Tag der Beschlussfassung zu laufen (BayObLG NJW-RR 1989, 656; OLG Hamm OLGZ 1985, 147; LG Bonn ZMR 2003, 784).

28 **2. Tag der Beschlussfassung. a) Beschlussfassung.** Ein Beschluss kommt mit Feststellung und Verkündung des Beschlussergebnisses zustande. Ohne Verkündung gibt es keinen Beschluss (→ Vor §§ 23 ff. Rn. 20 ff.) und läuft keine Anfechtungsfrist (aA Staudinger/*Lehmann-Richter* § 46 Rn. 138).

29 **b) Versammlung.** Tag der Beschlussfassung ist bei einem Beschluss, der in einer Versammlung gefasst wurde, das Datum der Versammlung. Der Fristbeginn ist nicht davon abhängig, wann ein Wohnungseigentümer Kenntnis von den in der Versammlung gefassten Beschlüssen nimmt, ob er an der Versammlung teilgenommen, wann ihn die Niederschrift über die Versammlung erreicht hat und ob es eine gibt. Da jeder Wohnungseigentümer damit rechnen muss, dass auf einer Versammlung Beschlüsse gefasst werden, muss er sich bei Nichtteilnahme selbst Kenntnis vom Ergebnis der Versammlung verschaffen, wenn er nicht eine Fristversäumung riskieren will (BayObLG ZMR 2005, 559).

30 **c) Schriftliche Beschlüsse.** Auch ein Beschluss im schriftlichen Verfahren nach § 23 Abs. 3 WEG kommt mit seiner Feststellung und einer an alle Wohnungseigentümer gerichteten Mitteilung des Beschlussergebnisses zustande (→ § 23 Rn. 117). Der BGH beschreibt als Verkündungszeitpunkt (= Tag der Beschlussfassung) den Tag, an dem mit der Kenntnisnahme der Beschlussfeststellung durch die Wohnungseigentümer nach den gewöhnlichen Umständen gerechnet werden kann (→ § 23 Rn. 118).

31 Die Ungenauigkeit und Unklarheit des Begriffs „gewöhnliche Umstände" sollte dahin aufgelöst werden, dass die Anfechtungsfrist mit der Mitteilung an den letzten Wohnungseigentümer beginnt: in der Regel weiß kein Wohnungseigentümer und weiß das Gericht nicht, wann mit einer Kenntnisnahme üblicherweise zu rechnen war.

32 **d) Bedingte Beschlüsse.** Ist ein Beschluss bedingt (→ Vor §§ 23 ff. Rn. 49), ist der Tag der Beschlussfassung der Eintritt der Bedingung (aA *Jennißen* NJW 1998, 2253 (2256); Staudinger/*Lehmann-Richter* § 46

Rn. 138). Denn erst mit Bedingungseintritt – zu dem es nicht kommen muss – ist der Beschluss iSd Gesetzes „gefasst".

3. Monatsfrist. Die Monatsfrist berechnet sich nach den allgemeinen Vorschriften, also nach §§ 186 ff. BGB. Die Frist endet gem. § 188 Abs. 2 BGB mit Ablauf des Monatstages, der dem Tage der Beschlussfassung (→ Rn. 29) entspricht. Fällt das Fristende auf einen Samstag, Sonn- oder Feiertag, endet die Frist nach § 193 BGB am ersten darauf folgenden Werktag (Staudinger/*Lehmann-Richter* § 46 Rn 139). Der Sonnabend ist kein Werktag. Wird ein Beschluss an einem 2.2. gefasst, läuft die Anfechtungsfrist am 2.3. ab, wenn kein Fall des § 193 BGB vorliegt; ist Tag der Beschlussfassung der 1.4., läuft die Frist am 2.5. ab. 33

IV. Mehrere Kläger

Die Einhaltung der Anfechtungsfrist ist für jeden Anfechtungskläger selbständig zu beurteilen (LG Köln NZM 2008, 896). Ein Beitritt zum Anfechtungsverfahren eines anderen Wohnungseigentümers nach Fristablauf wahrt die Klagefrist für den Beitretenden nicht (OLG Frankfurt a. M. WE 1989, 171). 34

Verpasst einer von mehreren Klägern die Klagefrist, ist seine Klage nach hM als unbegründet abzuweisen und es können ihm die Kosten auferlegt werden (BGH NJW 2009, 2132 Rn. 22). Diese Sichtweise überzeugt allerdings nicht. 35

V. Fristverlängerung

Das Gericht kann die Klagefrist nicht verlängern (BGH NJW 2009, 3655 Rn. 8). Die Einstufung der Klagefrist als materiell-rechtliche Frist (→ Rn. 5) führt dazu, dass auch § 224 ZPO nicht anwendbar ist (*Dötsch* ZMR 2008, 433 (437); ohne Stellungnahme BGH NJW 2009, 3655 Rn. 9). Selbst eine Analogie zu den für die Rechtsmittelbegründungsfristen geltenden Vorschriften scheidet aus, weil keine planwidrige Gesetzeslücke vorliegt (BGH NJW 2009, 3655 Rn. 10). Die Klagefrist kann schließlich auch nicht durch eine Vereinbarung zwischen dem Klagenden und der Gemeinschaft der Wohnungseigentümer verlängert werden (BayObLG MDR 1981, 499; *Bergerhoff* NZM 2007, 425 (427); *Hügel/Elzer,* Das neue WEG-Recht, § 13 Rn. 129). 36

VI. Schuldhafte Versäumung

Versäumt der Kläger schuldhaft die Klagefrist, geht das Anfechtungsrecht – soweit keine Wiedereinsetzung erfolgt – unter (*Briesemeister* ZMR 2008, 253 (255)) und die Klage ist als unbegründet abzuweisen (BGH NJW 2009, 999 Rn. 7; LG Bamberg ZMR 2017, 81; LG Hamburg ZWE 2011, 133 (134)). Tenor: („Die Klage wird abgewiesen"). 37

E. Klagebegründungsfrist (§ 45 Satz 1 WEG)

I. Sinn und Zweck und Rechtscharakter

38 Das Gesetz räumt dem Kläger durch § 45 Satz 1 Hs. 2 WEG die Möglichkeit ein, die Klage binnen der materiellen Ausschlussfrist zunächst nur zu erheben (§ 253 Abs. 1 ZPO) und erst später, nämlich binnen zweier Monate nach Beschlussfassung, zu begründen (Klagebegründungsfrist). Nach hM sichert diese Klagebegründungsfrist den zeitnahen Eintritt der Bestandskraft (→ § 23 Rn. 161) anfechtbarer Beschlüsse und gewährleistet über die Herstellung von Rechtssicherheit und Rechtsklarheit die ordnungsmäßige Verwaltung des gemeinschaftlichen Eigentums (BGH NJW 2009, 3655 Rn. 14). Ihr Zweck bestehe darin, dass für die Wohnungseigentümer und für den zur Ausführung von Beschlüssen berufenen Verwalter zumindest im Hinblick auf Anfechtungsgründe alsbald Klarheit darüber hergestellt wird, ob, in welchem Umfang und auf Grund welcher tatsächlichen Grundlage gefasste Beschlüsse einer gerichtlichen Überprüfung unterzogen werden (stRspr, BGH ZWE 2017, 99 Rn. 16; NJW 2012, 1434 Rn. 5; 2009, 3655 Rn. 14; 2009, 2132 Rn. 13; 2009, 999 Rn. 20).

39 Die Klagebegründungsfrist ist nach hM wie die Anfechtungsfrist eine materiell-rechtliche Ausschlussfrist, keine besondere Sachurteilsvoraussetzung und also keine prozessuale Frist (BGH NJW 2011, 2050 Rn. 8; grundlegend NJW 2009, 999 Rn. 7). Wird eine Anfechtungsklage nicht oder nicht ausreichend begründet, ist sie daher nach hM „als unbegründet" abzuweisen (BGH NJW 2009, 2132 Rn. 22; 2009, 999 Rn. 7).

II. Wahrung der Klagebegründungsfrist

40 **1. Einreichung eines Klagebegründungschriftsatzes.** Die Klagebegründungsfrist wird durch Einreichung eines Klagebegründungschriftsatzes gewahrt, der den Anforderungen des § 130 ZPO entspricht. Zur Wahrung der Klagebegründungsfrist muss der Klagebegründungschriftsatz nach § 130 Nr. 6 ZPO grundsätzlich unterschrieben sein (LG Bamberg ZMR 2017, 81; LG Hamburg ZMR 2008, 414 (415)). Es reicht aber natürlich auch ein elektronisches Dokument (§ 130a ZPO), das § 130a Abs. 3 ZPO entspricht. Dieses Dokument ist nach § 130a Abs. 5 Satz 1 ZPO eingegangen, sobald es auf der für den Empfang bestimmten Einrichtung des Gerichts gespeichert ist. Ferner ist die Abgabe einer Erklärung nach § 129a ZPO ausreichend. Die Klagebegründungsfrist ist aber nur gewahrt, wenn das Protokoll beim zuständigen Amtsgericht rechtzeitig eingeht (§ 129a Abs. 2 Satz 2 ZPO). Der bloße Antrag auf Erlass einer einstweiligen Verfügung mit dem Ziel, die Gültigkeit des angefochtenen Beschlusses vorläufig außer Kraft zu setzen (→ Vor §§ 43 ff. Rn. 46 ff.; → § 44 Rn. 213 ff.), ist kein ausreichender Klagebegründungschriftsatz und wahrt die Klagebegründungsfrist nicht. Auch ein Schriftsatz in einem selbständigen Beweisverfahren, bei dem die Hauptsache eine Anfechtungsklage wäre, ist kein Klagebegründungschriftsatz. Zu einem Gesuch auf Prozesskostenhilfe → Rn. 25 entsprechend.

2. Angabe des Anspruchsgrundes iSv § 253 Abs. 2 Nr. 2 ZPO. a) Überblick. Der Klagebegründungschriftsatz muss bestimmten inhaltlichen Mindestanforderungen genügen. Denn nach § 45 Satz 1 Hs. 2 WEG muss der Kläger begründen, warum er einen Beschluss angreift. Die vom Gesetz verlangte Begründung entspricht einer „nachgelieferten" Angabe des Anspruchsgrundes nach § 253 Abs. 2 Nr. 2 ZPO. Dem Gesetz ist freilich nicht zu entnehmen, wann eine Klage iSv § 45 Satz 1 WEG als ausreichend „begründet" anzusehen ist, welches Maß die Begründung in der Klageschrift also erreichen muss (AG Bonn ZMR 2008, 245 (246)). Die daher durch eine Auslegung zu gewinnende Sichtweise, wann eine Begründung vorliegt, sollte nicht zu streng gehandhabt werden (*Hügel/Elzer,* Das neue WEG-Recht, § 13 Rn. 157). Was gefordert werden muss, ist außerdem stets eine Frage des Einzelfalls. Zur Auslegung kann gegebenenfalls auf die zu § 520 Abs. 3 ZPO ergangene Rechtsprechung zurückgegriffen werden (AG Bonn ZMR 2008, 245 (246); *Hügel/Elzer,* Das neue WEG-Recht, § 13 Rn. 157). 41

b) Kerndarstellung. Der Kläger muss konkret darlegen, warum seiner Meinung nach der von ihm angegriffene Beschluss nicht ordnungsmäßig ist (LG Hamburg ZMR 2008, 414; AG Bonn ZMR 2008, 245 (246); *Elzer* NJW 2009, 2098 (2100)). Notwendig ist eine einzelfallbezogene und auf den Streitfall zugeschnittene Begründung, anhand derer das Gericht erkennen kann, aus welchen Gründen der angefochtene Beschluss ungültig sein soll (LG Hamburg ZWE 2011, 133 (134); 2011, 132; *Elzer* NJW 2009, 2098 (2100)). Der Kläger muss dazu in der Regel sämtliche ernsthaft in Betracht kommenden formellen und/oder materiellen Beschlussmängel jedenfalls ihrem wesentlichen tatsächlichen Kern nach (BGH ZWE 2017, 99 Rn. 16; NJW 2012, 1434 Rn. 5; 2011, 2202 Rn. 18; grundlegend NJW 2009, 999 Rn. 10 und Rn. 20) selbst und nicht unter Verweisung auf Anlagen, etwa die Niederschrift, auf- und ausführen (BGH ZWE 2017, 99 Rn. 16; LG München I ZWE 2020, 91 Rn. 31). 42

Eine Substanziierung im Einzelnen ist nicht erforderlich (BGH ZWE 2017, 99 Rn. 16; NJW 2012, 1434 Rn. 5; 2009, 2132 Rn. 13). Die Beschreibung eines Beschlussmangels darf sich freilich nicht in Worthülsen und Wertungen erschöpfen (*Elzer* NJW 2009, 2098 (2100); ZMR 2009, 256 (257)). Nicht ausreichend ist ferner der blasse Vortrag, ein Beschuss sei „nicht ordnungsgemäß" oder „rechtswidrig" (LG Hamburg ZMR 2012, 126; ZWE 2011, 132 (133); AG Bonn ZMR 2008, 245 (246); *Briesemeister* ZMR 2008, 253 (254)). Ein Kläger kann sich die von anderen Klägern geltend gemachten Anfechtungsgründe nach Ablauf der Klagebegründungsfrist nicht mehr zu eigen machen (BGH NJW 2009, 2132 Rn. 22). 43

c) „Nachschieben" einer Begründung; weitere Anfechtungsgründe. aa) Bloße Substanziierung. Wenn der Kläger seine Klage in einem Anfechtungsverfahren zunächst nicht ausreichend begründet hat, kann er die bislang eingebrachten Gründe weiter substanziieren. Notwendig, aber auch ausreichend ist es, dass der Kläger den Anfechtungsgrund seinem wesentlichen tatsächlichen Kern nach – nicht in der rechtlichen Begründung – innerhalb der Begründungsfrist vorträgt. Eine vertiefende Substanziierung 44 der innerhalb der Begründungsfrist vorgetragenen Gründe ist auch nach Fristablauf ohne weiteres denkbar (*Bergerhoff* NZM 2007, 425 (4289).

45 **bb) Nachschieben weiterer Anfechtungsgründe.** Ein Nachschieben weiterer Anfechtungsgründe, die gegebenenfalls auch geeignet sind aufzuzeigen, dass der angefochtene Beschluss nicht ordnungsmäßig ist, ist nach hM hingegen nicht möglich (stRspr, exemplarisch BGH NJW 2011, 2202 Rn. 18; 2009, 3655 Rn. 12; 2009, 2132 Rn. 22; 2009, 999 Rn. 10; LG Itzehoe ZWE 2017, 277 (278); LG Köln ZWE 2015, 43; LG München I ZMR 2013, 659 (660)). Ein solches „Nachschieben" ist anzunehmen, wenn sich der Lebenssachverhalt, auf den die Anfechtungsklage gestützt wird, zumindest in seinem wesentlichen Kern nicht bereits aus den innerhalb der Begründungsfrist eingegangenen Schriftsätzen selbst ergibt (BGH NJW 2009, 2132 Rn. 22; 2009, 999 Rn. 10); dass sich der Lebenssachverhalt aus den der Klage beigefügten Anlagen ergibt, zB einer Abrechnung, genügt nicht (BGH NJW 2011, 2202 Rn. 18; 2009, 999 Rn. 19).

46 **Stellungnahme.** Die – prozessökonomische – hM überzeugt in ihrer Herleitung nicht (*Elzer* NJW 2009, 2098 (2099); *Briesemeister* AnwZert MietR 5/2008; *Bonifacio* ZMR 2007, 592 (593)). Ein weiterer Anfechtungsgrund ist kein neuer Klagegrund (*Elzer* NJW 2009, 2098 (2099); *Bonifacio* ZMR 2007, 592 (593); s. a. *Bub* FS Merle, 2010, 89 (99)). Aber auch aus Gründen der Rechtssicherheit und Rechtsklarheit sollte es dem Kläger nicht versagt sein, weitere Klagegründe erst zu einem späteren Zeitpunkt zu präsentieren (*Dötsch* ZMR 2008, 433 (439); *Briesemeister* ZMR 2008, 253 (257)). Die Frage, ob der Kläger noch zu einem späteren Zeitpunkt weitere Anfechtungsgründe anbieten kann, sollte vielmehr allein eine der Präklusion nach §§ 282, 296, 296a ZPO sein.

47 **d) „Unstreitig stellen".** Die Gemeinschaft der Wohnungseigentümer kann auf dem Boden der hM einen verspätet in den Prozess eingebrachten Anfechtungsgrund nicht „unstreitig" stellen. Für die Frage, ob (auch) insoweit ein Anerkenntnis möglich ist, → § 44 Rn. 38.

48 **3. Amtswegige Prüfung.** Das Gericht hat die Einhaltung der Klagebegründungsfrist von Amts wegen zu prüfen. Ein einredeweises „Berufen" auf den Ablauf der Frist durch die Gemeinschaft der Wohnungseigentümer ist also nicht erforderlich. Ein rügeloses Einlassen (§ 295 ZPO) der Gemeinschaft der Wohnungseigentümer ist wegen des materiell-rechtlichen Charakters der Klagebegründungsfrist unschädlich.

III. Berechnung im Einzelnen

49 Die Klagebegründungsfrist errechnet sich wie die Klagefrist (dazu im Einzelnen → Rn. 27 ff.). Zum Tag der Beschlussfassung → Rn. 28. Maßgebender Zeitpunkt für die Wahrung der Klagebegründungsfrist ist der rechtzeitige Eingang einer ordnungsmäßigen Klagebegründung (→ Rn. 40 ff.) bei einem Amtsgericht. Ist dieses nicht zuständig, ist es ausreichend, wenn dieses den Rechtsstreit nach § 281 ZPO verweist. Genügend ist es aber auch, dass das Amtsgericht die Sache formlos an das zuständige WEG-Gericht abgibt (aA

BGH NJW 1984, 1559 für den Sonderfall der Abgabe vor Rechtshängigkeit) oder dass das zuständige Amtsgericht erst nach § 36 ZPO bestimmt wird.

IV. Mehrere Kläger

Die Einhaltung der Klagebegründungsfrist ist für jeden Anfechtungskläger selbständig zu beurteilen. Mehrere Anfechtungskläger sind zwar notwendige Streitgenossen (→ § 44 Rn. 19). Vorstellbar wäre daher, den einen durch den anderen nach § 62 Abs. 1 ZPO als vertreten anzusehen. Dies wäre aber nur möglich, wenn man die Klagebegründungsfrist als prozessuale Frist verstünde – was die hM indes ablehnt (→ Rn. 39). Ferner könnte man erwägen, § 62 ZPO wenigstens analog auf materielle Fristen anzuwenden. Auch dies lehnt die hM ab (BGH NJW 2009, 2132 Rn. 21; aA *Derleder* FS Merle, 2010, 111 (123)). Ein Beitritt zum Anfechtungsverfahren eines anderen Wohnungseigentümers nach Fristablauf wahrt die Klagebegründungsfrist für den Beitretenden nicht (s. a. OLG Frankfurt a. M. WE 1989, 171). Verpasst einer von mehreren Klägern die Klagebegründungsfrist, ist seine Klage nach hM als unbegründet abzuweisen und es können ihm die Kosten auferlegt werden (BGH NJW 2009, 2132 Rn. 22). Diese Sichtweise überzeugt allerdings nicht. **50**

V. Fristverlängerung

Das Gericht kann die Klagebegründungsfrist nicht verlängern (BGH NJW 2009, 3655 Rn. 8). Die Klagebegründungsfrist soll wegen ihres materiellrechtlichen Charakters (→ Rn. 39) auch nicht analog § 520 Abs. 2 Satz 2 ZPO verlängert werden können (BGH NJW 2009, 3655 Rn. 16). Auch eine Verlängerung nach § 224 Abs. 2 ZPO soll nicht möglich sein (AG Wernigerode ZMR 2008, 88; *Briesemeister* AnwZert MietR 5/2008; s. a. → Rn. 36). **51**

VI. Schuldhafte Versäumung

Versäumt der Kläger schuldhaft die Klagebegründungsfrist, geht das Anfechtungsrecht – soweit keine Wiedereinsetzung erfolgt – unter und die Klage ist als unbegründet abzuweisen (BGH NJW 2009, 999 Rn. 7; LG Bamberg ZMR 2017, 81; LG Hamburg ZWE 2011, 133 (134)), soweit keine Nichtigkeitsgründe vorliegen **52**

F. Wiedereinsetzung in den vorigen Stand (§ 45 Satz 2 WEG)

I. Anwendungsbereich

Nach § 45 Satz 2 WEG sind §§ 233 bis 238 ZPO entsprechend auf die Versäumung der Klagefrist und die Versäumung der Klagebegründungsfrist anzuwenden (s. a. BGH NJW 2009, 3655 Rn. 15; OLG Hamm ZWE 2009, 226). Hat der Kläger einen Anfechtungsgrund nicht erkannt, ist § 45 Satz 2 WEG analog anzuwenden (LG Nürnberg-Fürth ZMR 2009, 317 (318); *Elzer* NJW 2009, 2098 (2100); *Suilmann* MietRB 2009, 134 (135)). **53**

II. Einzelheiten

54 Wiedereinsetzung ist grundsätzlich zu gewähren, wenn der Anfechtende ohne sein Verschulden verhindert war, die Anfechtungs- oder Begründungsfrist einzuhalten, und er innerhalb von zwei Wochen ab Beseitigung des Hindernisses einen Antrag stellt (§§ 233 Satz 1, 234 Abs. 1 Satz 1 ZPO); § 234 Abs. 1 Satz 2 ZPO ist nicht entsprechend anzuwenden (ohne Stellungnahme BGH NJW 2015, 3519 Rn. 16). Der Antrag muss nicht förmlich gestellt werden (OLG Hamm ZMR 1999, 199 (200)). Etwa in der verspäteten Einreichung einer Anfechtungsklage kann ein Wiedereinsetzungsantrag erblickt werden, wenn sämtliche eine Wiedereinsetzung begründenden Tatsachen, aus denen die Gründe für die unverschuldete Fristversäumung zumindest erkennbar sind, aktenkundig sind und die Datenangabe in der Klageschrift erkennen lässt, dass sie verspätet eingereicht worden ist (BGH NJW-RR 1993, 1091 unter 2. a); OLG Hamm ZMR 1999, 199 (200); LG Bonn ZMR 2003, 784). Ein konkludenter (schlüssiger) Wille des Anfechtungsklägers, dass der durch die Fristversäumung eingetretene Nachteil beseitigt und das Verfahren durchgeführt werden solle, ist allerdings zu verneinen, wenn er seinen Antrag für rechtzeitig gestellt hält oder sich über die Notwendigkeit einer Fristwahrung keine Gedanken gemacht hat. Hat der Anfechtungskläger die Anfechtungsklage erhoben bzw. die Anfechtungsklage begründet, kann ihm nach § 236 Abs. 2 Satz 2 Hs. 2 ZPO Wiedereinsetzung auch ohne Antrag gewährt werden. Die 2-Wochen-Frist beginnt mit dem Tag, an dem das Hindernis behoben ist (BGH BeckRS 2020, 4809 Rn. 15), dh ab Kenntnis bzw. Kennenmüssen der Nichtrechtzeitigkeit der Anfechtung (BGH NJW-RR 2005, 76 unter 1.). Die Vereinbarung der Wohnungseigentümer „für die Ordnungsmäßigkeit der Einberufung genügt die Absendung an die Anschrift, die dem Verwalter von dem Wohnungseigentümer zuletzt mitgeteilt worden ist“ schließt die Wiedereinsetzung in den vorigen Stand nicht aus, wenn es dem Wohnungseigentümer gelingt, glaubhaft zu machen, dass er die Einladung nicht erhalten hat (OLG Hamm ZWE 2009, 226).

55 Der Antragsteller muss die Tatsachen, die eine Wiedereinsetzung begründen, darlegen und glaubhaft (§ 294 ZPO) machen. Nimmt der Anfechtungskläger seine Klage auf den Hinweis des Gerichtes, die Anfechtungsfrist sei wegen fehlender Unterschrift nicht gewahrt, nach § 269 ZPO zurück, kann ihm für eine erneute Anfechtungsklage keine Wiedereinsetzung in den vorigen Stand gewährt werden (OLG Hamm NJW-RR 2003, 1232). Nach Ablauf eines Jahres, vom Ende der versäumten Anfechtungsfrist an gerechnet, kann Wiedereinsetzung nicht mehr beantragt werden, selbst wenn bis zu diesem Zeitpunkt weder die Einladung zur Eigentümerversammlung noch die Niederschrift bekannt gegeben worden sind (KG NZM 1999, 569).

III. Überblick zu einigen wichtigen WEG-Entscheidungen

56 Zur Frage der Wiedereinsetzung im Wohnungseigentumsrecht sind ua folgende Entscheidungen ergangen oder Punkte wichtig gewesen:

- **Arbeitsbelastung:** Mit dem bloßen Hinweis auf eine überdurchschnittliche Arbeitsbelastung kann ein fehlendes Verschulden nicht hinreichend dargelegt werden (BayObLG NJW-RR 2003, 1665).
- **Auskünfte:** Unrichtige Auskünfte des Verwalters über die Wirksamkeit eines Beschlusses, etwa zu einer baulichen Veränderung, können im Einzelfall die Wiedereinsetzung wegen unverschuldeter Verhinderung der Anfechtungsfrist rechtfertigen (BayObLG ZMR 2001, 292 (293)).
- **Kenntnis von Beschluss:** Muss der Wohnungseigentümer nach der Ladung zur Versammlung mit einer Beschlussfassung rechnen, kann ihm keine Wiedereinsetzung gewährt werden (AG Halle/Saale ZMR 2011, 329). Ein Wohnungseigentümer, der trotz ordnungsmäßiger Einladung an einer Eigentümerversammlung nicht teilgenommen hat, muss sich rechtzeitig vor Ablauf der Anfechtungsfrist danach erkundigen, welche Beschlüsse gefasst worden sind – wozu ihm §§ 18 Abs. 4, 24 Abs. 6, 25 Abs. 5 WEG eine rechtliche Handhabe bietet (s. a. OLG Hamm ZMR 1999, 199 (200); KG ZMR 1997, 254 (256); OLG Düsseldorf NJW-RR 1995, 464). Unterlässt der Wohnungseigentümer die gebotene Erkundigung, ist die Versäumung der Anfechtungsfrist nicht unverschuldet. Etwas Anderes kann ausnahmsweise gelten, wenn der Kläger nicht damit zu rechnen brauchte, dass auf der Eigentümerversammlung Beschlüsse gefasst werden, die seine Belange oder Interessen beeinträchtigen (OLG Düsseldorf ZMR 1995, 220 (221); BayObLG NJW 1989, 656). Eine Wiedereinsetzung ist auch vorstellbar, wenn der anfechtende Wohnungseigentümer nicht zur Eigentümerversammlung geladen wurde und deshalb von ihr und den dort gefassten Beschlüssen keine Kenntnis erlangt hat (BayObLGZ 1998, 145 (151); LG Berlin ZMR 2001, 738; *Häublein* NZM 2003, 785 (792)). Verschuldet ist die Fristversäumnis hingegen, wenn der Wohnungseigentümer nicht geladen worden ist, weil er pflichtwidrig seine neue Adresse nicht mitgeteilt hatte.
- **Irrtum:** Ein Rechtsirrtum gibt – auch bei einer nicht juristisch geschulten Partei – grundsätzlich keinen Wiedereinsetzungsgrund ab (LG Hamburg ZMR 2008, 414). Von jedem Wohnungseigentümer ist zu erwarten, dass er sich rechtzeitig über gerichtliche Fristen und andere rechtliche Erfordernisse erkundigt.
- **Niederschrift:** Ein objektives Hindernis für die Fristwahrung kann es darstellen, wenn die Niederschrift iSv § 24 Abs. 6 WEG nicht innerhalb der Frist des § 45 Satz 1 WEG vorliegt (BayObLG ZMR 2003, 435; KG NZM 2002, 168). Dies gilt grundsätzlich nicht mehr. Die Nichtvorlage der Niederschrift ist in der Regel unerheblich, wenn der Wohnungseigentümer in der Versammlung anwesend war oder vertreten wurde (die Kenntnis eines Vertreters ist einem anfechtenden Wohnungseigentümer zuzurechnen, BayObLG ZMR 2001, 292 (293); LG Köln DWE 1986, 20). Er bedarf dann nicht des Schutzes eines Wiedereinsetzungsantrags (BayObLG ZMR 2004, 212 (213)). Auch die bloß verspätete Zusendung einer Niederschrift kann eine Versäumung grundsätzlich nicht entschuldigen. Dies findet seinen Grund darin, dass der Verwalter vorbehaltlich einer anderweitigen Regelung zur Übersendung einer Niederschrift gar nicht verpflichtet ist (BayObLG ZMR 2003, 435). Es ist vielmehr Sache des

anfechtungswilligen Wohnungseigentümers, sich durch Einsicht in die Niederschrift iSv § 24 Abs. 6 WEG Kenntnis über die gefassten Beschlüsse zu verschaffen (BayObLG ZMR 2003, 435; 2003, 360 (361); KG NZM 2002, 168). Eine Wiedereinsetzung in den vorigen Stand kann daher nicht bewilligt werden, wenn der Eigentümer unter Beigabe der Tagesordnung zur Versammlung geladen wurde und die Möglichkeit bestand, innerhalb der Anfechtungsfrist die Niederschrift einzusehen (BayObLG ZMR 2005, 559 (560)).

- **Prozesskostenhilfe:** Während des Bewilligungsverfahrens ist der Anfechtungskläger unverschuldet an der Wahrung der Anfechtungs-, aber auch der Begründungsfrist gehindert, wenn er auf die Bewilligung vertrauen darf. Voraussetzung hierfür ist, dass der Anfechtungskläger bis zum Ablauf der entsprechenden Frist einen den gesetzlichen Anforderungen entsprechenden Antrag auf Prozesskostenhilfe eingereicht und alles in seinen Kräften Stehende getan hat, damit über den Antrag ohne Verzögerung sachlich entschieden werden kann, und er deshalb vernünftigerweise nicht mit einer Verweigerung der Prozesskostenhilfe mangels Bedürftigkeit rechnen musste (stRspr, exemplarisch BGH NJW 2017, 1179 Rn. 2; 2015, 1312 Rn. 2). Der Anfechtungskläger muss also innerhalb der Klage- oder Klagebegründungsfrist das Prozesskostenhilfegesuch, die von ihm unterschriebene Erklärung über seine persönlichen und wirtschaftlichen Verhältnisse und sämtliche für die Beurteilung dieser Verhältnisse erforderlichen Belege beim Amtsgericht vorlegen (§ 117 Abs. 2 Satz 1 ZPO). Die zweiwöchige Wiedereinsetzungsfrist läuft ab dem Tag der Zustellung des Prozesskostenhilfebeschlusses (BGH NJW 2011, 153 Rn 9) bzw. dem Zugang eines Hinweises auf nicht ausräumbare Bedenken gegen die Bedürftigkeit (BGH NJW-RR 2010, 424 Rn 5).
- **Zwangsversteigerung:** Wiedereinsetzung in den vorigen Stand wegen Versäumung der Anfechtungsfrist kann nicht gewährt werden, wenn sich der Ersteher in der Zwangsversteigerung nicht um die Beschlusslage der Eigentümergemeinschaft, insbesondere darum, ob im Zeitpunkt des Zuschlags noch Anfechtungsfristen liefen, kümmert (LG Frankfurt a. M. ZMR 1991, 193).
- **Zugangsfiktion:** Eine Vereinbarung „für die Ordnungsmäßigkeit der Einberufung genügt die Absendung an die Anschrift, die dem Verwalter von dem Wohnungseigentümer zuletzt mitgeteilt worden ist" schließt die Wiedereinsetzung nicht aus, wenn es dem Wohnungseigentümer gelingt, glaubhaft zu machen, dass er die Einladung zu der Eigentümerversammlung nicht erhalten hat (OLG Hamm ZWE 2009, 226).

Teil 4. Ergänzende Bestimmungen

Veräußerung ohne Zustimmung

46 **[1]Fehlt eine nach § 12 erforderliche Zustimmung, so sind die Veräußerung und das zugrundeliegende Verpflichtungsgeschäft unbeschadet der sonstigen Voraussetzungen wirksam, wenn die Eintragung der Veräußerung oder einer Auflassungsvormerkung in das Grundbuch vor dem 15. Januar 1994 erfolgt ist und es sich um die erstmalige Veräußerung dieses Wohnungseigentums nach seiner Begründung handelt, es sei denn, daß eine rechtskräftige gerichtliche Entscheidung entgegensteht. [2]Das Fehlen der Zustimmung steht in diesen Fällen dem Eintritt der Rechtsfolgen des § 878 des Bürgerlichen Gesetzbuchs nicht entgegen. [3]Die Sätze 1 und 2 gelten entsprechend in den Fällen der §§ 30 und 35 des Wohnungseigentumsgesetzes.**

Literatur: *Pause,* Das Gesetz zur Heilung des Erwerbs von Wohnungseigentum, NJW 1994, 501; *F. Schmidt,* Heilung möglich? – Gedanken zum Beschluss des BGH vom 21.2.1991, WE 1991, 280.

A. Normzweck

Im früheren Recht wurde überwiegend angenommen, dass der teilende Eigentümer auch nach Entstehung einer (werdenden) Wohnungseigentümergemeinschaft iSv §§ 10 Abs. 1 Satz 1 WEG, 741 ff., 1008 ff. BGB für eine Veräußerung keiner vereinbarten Veräußerungszustimmung iSv § 12 Abs. 1 WEG bedarf (BayObLG NJW-RR 1987, 270; DNotZ 1984, 559; OLG Frankfurt a. M. NJW-RR 1989, 207; OLG Hamburg OLGZ 1982, 53). Der BGH entschied Anfang 1991 demgegenüber, dass nach Entstehung einer (werdenden) Wohnungseigentümergemeinschaft auch der teilende Eigentümer einer Veräußerungszustimmung bedarf (BGH NJW 1991, 1613). Durch diese Sichtweise war voraussichtlich eine erhebliche Anzahl von Veräußerungen in Ermangelung einer Zustimmung nach § 12 Abs. 1 WEG gem. § 12 Abs. 3 Satz 1 WEG (schwebend) unwirksam. Ein Weg zur Lösung bestand darin, die jeweiligen Zustimmungen nachzuholen. Der Gesetzgeber entschied sich freilich durch das Gesetz zur Heilung des Erwerbs von Wohnungseigentum vom 3.1.1994, BGBl. I 66, für die in § 61 Satz 1 WEG genannten Fälle, mWv 15.1.1994 § 12 Abs. 3 WEG außer Kraft zu setzen, die unwirksamen Veräußerungsfälle mithin von Gesetzes wegen rückwirkend zu heilen (BT-Drs. 12/3961, 4). 1

B. Anwendungsbereich (§ 46 Satz 1, Satz 3 WEG)

I. Teilung nach § 8 WEG

2 Obwohl § 46 WEG seinem Wortlaut nach sowohl für die vertragliche Einräumung von Sondereigentum (§ 3 WEG) als auch für die Teilung (§ 8 WEG) gilt, ist er sowohl nach der historischen Auslegung (BT-Drs. 12/ 3961, 4; s. a. BayObLG NJW-RR 1987, 270) als auch nach Sinn und Zweck und dem Anlass seiner Entstehung nur auf Teilungen gem. § 8 WEG anwendbar (KG NJW 1995, 62 (63); aA *Pause* NJW 1994, 501 (502); ohne Stellungnahme BGH NJW 2012, 3232 Rn. 19).

II. Wohnungserbbau- und Dauerwohnrechte

3 Nach § 46 Satz 3 WEG gelten § 46 Satz 1 und Satz 2 WEG entsprechend, wenn vor dem 15.1.1994 ein Wohnungserbbaurecht (§ 30 WEG) oder ein Dauerwohnrecht (§ 5 WEG) veräußert wurde und dort jeweils eine Veräußerungszustimmung iSv. § 12 Abs. 1 WEG vereinbart ist.

C. Wirkungen

I. § 46 Satz 1 WEG (Außerkraftsetzung vereinbarter Veräußerungszustimmung)

4 § 46 Satz 1 WEG beseitigt für die in ihm beschriebenen Fälle mWv 15.1.1994 das nach § 12 Abs. 1 WEG eigentlich bestehende Erfordernis der Zustimmung. Die übrigen Voraussetzungen für die Wirksamkeit der Veräußerung eines Wohnungseigentums und des zugrunde liegenden Rechtsgeschäftes bleiben hingegen unberührt.

II. § 46 Satz 2 WEG (Schutz gegenüber nachträglichen Verfügungsbeschränkungen)

5 § 46 Satz 2 WEG bestimmt, dass für die Fälle des § 46 Satz 1 WEG die Bestimmung des § 878 BGB anzuwenden ist, obwohl die Veräußerung (schwebend) unwirksam war. Ohne diese Anordnung wäre § 878 BGB nicht anwendbar und wären Erwerber nicht ggü. nachträglichen Verfügungsbeschränkungen des Veräußerers (zB Veräußerungsverbote nach §§ 136, 135 BGB, § 938 Abs. 2 ZPO) geschützt.

Auslegung von Altvereinbarungen

47 **[1] Vereinbarungen, die vor dem 1. Dezember 2020 getroffen wurden und die von solchen Vorschriften dieses Gesetzes abweichen, die durch das Wohnungseigentumsmodernisierungsgesetz vom 16. Oktober 2020 (BGBl. I S. 2187) geändert wurden, stehen der Anwendung dieser Vorschriften in der vom 1. Dezember 2020**

an geltenden Fassung nicht entgegen, soweit sich aus der Vereinbarung nicht ein anderer Wille ergibt. [2]Ein solcher Wille ist in der Regel nicht anzunehmen.

I. Normzweck

Durch das WEMoG wurde die Grundstruktur sowie zahlreiche Vorschrif- 1
ten des WEG verändert. § 47 WEG will sicherstellen, dass die nun geltenden Vorschriften des WEG grundsätzlich auch in den Gemeinschaften gelten, in denen Wohnungseigentum vor Inkrafttreten der Änderungen begründet worden ist (BT-Drs. 19/18791 S. 84).

II. Inhalt der Vorschrift

Die Vorschrift ordnet an, dass Vereinbarungen, die vor Inkrafttreten der Änderungen getroffen wurden, der Anwendung der geänderten Vorschriften nur dann entgegenstehen, wenn sich ein entsprechender Wille aus der Vereinbarung mit hinreichender Deutlichkeit ergibt. Dies ist nur dann anzunehmen, wenn sich aus der Vereinbarung der Wille ergibt, dass die Vereinbarung auch gegenüber künftigen Gesetzesänderungen Vorrang genießen soll. Eine ausführliche Darstellung zur Frage der Auslegung von Altvereinbarungen findet sich bei → § 10 Rn. 45 ff.

Übergangsvorschriften

48 (1) [1]**§ 5 Absatz 4, § 7 Absatz 2 und § 10 Absatz 3 in der vom 1. Dezember 2020 an geltenden Fassung gelten auch für solche Beschlüsse, die vor diesem Zeitpunkt gefasst oder durch gerichtliche Entscheidung ersetzt wurden. [2]Abweichend davon bestimmt sich die Wirksamkeit eines Beschlusses im Sinne des Satzes 1 gegen den Sondernachfolger eines Wohnungseigentümers nach § 10 Absatz 4 in der vor dem 1. Dezember 2020 geltenden Fassung, wenn die Sondernachfolge bis zum 31. Dezember 2025 eintritt. [3]Jeder Wohnungseigentümer kann bis zum 31. Dezember 2025 verlangen, dass ein Beschluss im Sinne des Satzes 1 erneut gefasst wird; § 204 Absatz 1 Nummer 1 des Bürgerlichen Gesetzbuchs gilt entsprechend.**

(2) **§ 5 Absatz 4 Satz 3 gilt in der vor dem 1. Dezember 2020 geltenden Fassung weiter für Vereinbarungen und Beschlüsse, die vor diesem Zeitpunkt getroffen oder gefasst wurden, und zu denen vor dem 1. Dezember 2020 alle Zustimmungen erteilt wurden, die nach den bis zu diesem Zeitpunkt geltenden Vorschriften erforderlich waren.**

(3) [1]**§ 7 Absatz 3 Satz 2 gilt auch für Vereinbarungen und Beschlüsse, die vor dem 1. Dezember 2020 getroffen oder gefasst wurden. [2]Ist eine Vereinbarung oder ein Beschluss im Sinne des Satzes 1 entgegen der Vorgabe des § 7 Absatz 3 Satz 2 nicht ausdrücklich im Grundbuch eingetragen, erfolgt die ausdrückliche Eintragung in**

allen Wohnungsgrundbüchern nur auf Antrag eines Wohnungseigentümers oder der Gemeinschaft der Wohnungseigentümer. [3]Ist die Haftung von Sondernachfolgern für Geldschulden entgegen der Vorgabe des § 7 Absatz 3 Satz 2 nicht ausdrücklich im Grundbuch eingetragen, lässt dies die Wirkung gegen den Sondernachfolger eines Wohnungseigentümers unberührt, wenn die Sondernachfolge bis zum 31. Dezember 2025 eintritt.

(4) **[1]§ 19 Absatz 2 Nummer 6 ist ab dem 1. Dezember 2022 anwendbar. [2]Eine Person, die am 1. Dezember 2020 Verwalter einer Gemeinschaft der Wohnungseigentümer war, gilt gegenüber den Wohnungseigentümern dieser Gemeinschaft der Wohnungseigentümer bis zum 1. Dezember 2024 als zertifizierter Verwalter.**

(5) **Für die bereits vor dem 1. Dezember 2020 bei Gericht anhängigen Verfahren sind die Vorschriften des dritten Teils dieses Gesetzes in ihrer bis dahin geltenden Fassung weiter anzuwenden.**

Literatur: *Bergerhoff,* Übergangsrechtliche Probleme in wohnungseigentumsrechtlichen „Altverfahren", NZM 2007, 553; *Briesemeister,* Auswahl der anwendbaren Prozessordnung bei Klageerweiterungen?, GE 2009, 97; *Schmid,* WEG-Reform: Wann gilt altes – wann gilt neues Recht?, ZMR 2008, 181.

Übersicht

A. Entstehungsgeschichte

1 Die Bestimmung ist durch das Gesetz zur Förderung der Elektromobilität und zur Modernisierung des Wohnungseigentumsgesetzes und zur Änderung von kosten- und grundbuchrechtlichen Vorschriften vom 16.10.2020 ins WEG eingefügt worden und an die Stelle der bisherigen Übergangsvorschrift in § 62 WEG aF getreten.

B. Sinn und Zweck

2 § 48 WEG enthält Übergangsvorschriften für den Umgang mit bestimmten neuen Regelungen, die erst mit dem WEMoG in das Wohnungseigentumsrecht eingeführt wurden.

C. § 48 Abs. 1 WEG

3 § 48 Abs. 1 Satz 1 WEG trifft eine Anordnung für Beschlüsse, die eine Vereinbarung aufheben oder ändern, aber vor Inkrafttreten des Gesetzes zur Förderung der Elektromobilität und zur Modernisierung des Wohnungseigentumsgesetzes und zur Änderung von kosten- und grundbuchrechtlichen Vorschriften vom 16.10.2020 gefasst oder durch gerichtliche Entscheidung nach § 21 Abs. 8 WEG aF ersetzt wurden. Satz 2 gibt einen Anspruch auf Neufassung eines solchen Beschlusses und regelt eine Frage der Verjährung. Eine Kommentierung hierzu findet sich bei → § 7 Rn. 76 ff. Zu den Aufgaben des Verwalters → § 28 Rn. 187 ff.

D. § 48 Abs. 2 WEG

4 § 48 Abs. 2 WEG bestimmt, dass § 5 Abs. 4 Satz 3 WEG aF, wonach bei der Begründung eines Sondernutzungsrechts die Zustimmung des Dritten nicht erforderlich war, wenn durch die Vereinbarung gleichzeitig das zu seinen Gunsten belastete Wohnungseigentum mit einem Sondernutzungsrecht verbunden wurde (dazu Vorauflage → § 5 Rn. 50 ff.), für Vereinbarungen und Beschlüsse, die vor dem 1.12.2020 getroffen oder gefasst wurden, und zu denen vor dem 1.12.2020 alle Zustimmungen erteilt wurden, die am 1.12.2020 erforderlich waren, anwendbar bleibt. Er verhindert damit, dass Vereinbarungen oder Beschlüsse, die vor dem 1.12.2020 bereits wirksam geworden sind, nachträglich schwebend unwirksam werden (→ § 5 Rn. 78).

E. § 48 Abs. 3 WEG

5 § 48 Abs. 3 WEG ist eine Vorschrift zu § 7 Abs. 3 Satz 2 WEG, der erst durch das Gesetz zur Förderung der Elektromobilität und zur Modernisierung des Wohnungseigentumsgesetzes und zur Änderung von kosten- und grundbuchrechtlichen Vorschriften vom 16.10.2020 ins WEG eingefügt

wurde. Er bestimmt den Umgang mit Veräußerungszustimmungen gem. § 12 WEG und Erwerberhaftungen, die entgegen § 7 Abs. 3 Satz 2 WEG nicht ausdrücklich im Grundbuch eingetragen wurden. Der Umgang mit solchen Altfällen ist kommentiert bei → § 7 Rn. 11 ff. Zu den Aufgaben des Verwalters → § 28 Rn. 189.

F. § 48 Abs. 4 WEG

6 § 48 Abs. 4 Satz 1 WEG bestimmt, dass ein Wohnungseigentümer einen Anspruch auf einen zertifizierten Verwalter iSv § 26a Abs. 1 WEG erst ab dem 1.12.2024 hat. Zu den Einzelheiten → § 19 Rn. 172 ff.

7 § 48 Abs. 4 Satz 2 WEG fingiert, dass eine natürliche oder juristische Person, die am 1.12.2020 Verwalter einer Gemeinschaft der Wohnungseigentümer war, gegenüber den Wohnungseigentümern dieser Gemeinschaft der Wohnungseigentümer bis zum 1.12.2024 als zertifizierter Verwalter. Zu den Einzelheiten → § 19 Rn. 172 ff.

G. WEG-Verfahrensrecht (§ 48 Abs. 5 WEG)

I. Sinn und Zweck

8 § 48 Abs. 5 WEG regelt, ab wann §§ 43 bis 45 WEG anwendbar sind. Er bestimmt dazu, dass für die am 1.12.2020 bei Gericht anhängigen Verfahren weiter die §§ 43 bis 50 WEG aF anzuwenden sind. §§ 43 bis 45 WEG sind mithin nur für Rechtstreitigkeiten anwendbar, die am oder nach dem 1.12.2020 anhängig werden.

II. Tatbestandsvoraussetzungen

9 **1. Verfahren.** Der Begriff „Verfahren“ iSd § 48 Abs. 4 WEG bezeichnet die gesamte gerichtliche Tätigkeit in einer Sache (BGH NJW 2011, 386 Rn. 10; NZG 2010, 347 Rn. 8). Bei Einlegung entsprechender Rechtsmittel umfasst er sämtliche Instanzen.

10 **2. Anhängigkeit.** Ein Verfahren ist iSd § 48 Abs. 5 WEG „anhängig“, wenn eine Klageschrift bei Gericht eingegangen ist. Auf welchem Weg diese Klageschrift das Gericht erreicht hat und in welcher Form, ist unerheblich. Ferner ist bedeutungslos, ob der entsprechende Schriftsatz alle Förmlichkeiten wahrt. Es muss allerdings eine Klageschrift sein. Ein bereits vor dem 1.12.2020 anhängiges selbständiges Beweisverfahren in einer WEG-Streitigkeit, ist daher zB nicht genügend (LG Duisburg NJW-RR 2011, 302). Entsprechendes gilt für der Klage vorausgegangene PKH-Anträge oder einen Antrag auf Erlass einstweiligen Rechtschutzes.

III. Änderungen des Streitgegenstandes

11 **1. § 264 ZPO.** Unterfällt eine Klageänderung dem § 264 ZPO, liegt formal gesehen keine Klageänderung vor. Anwendbar ist damit altes Verfahrensrecht.

2. § 263 ZPO. Unterfällt eine Änderung dem § 263 ZPO, ändert sich durch die Klageänderung die Rechtsnatur des bereits durch den anderen Antrag eingeleiteten (Alt-)Verfahrens nicht. Auch dieses Verfahren ist mithin trotz der Klageänderung einheitlich unter altem Verfahrensrecht zu behandeln (BGH NJW 2011, 386 Rn. 11; OLG München NZM 2009, 246; LG Nürnberg-Fürth ZMR 2009, 77). Wird der neue Antrag vom Gericht allerdings nach § 145 ZPO abgetrennt, gilt für diesen Antrag ab diesem Zeitpunkt neues Verfahrensrecht (OLG Hamm NJW-RR 2013, 459). 12

IV. Widerklagen

Erhebt die beklagte Partei bei einem Verfahren, bei dem altes Verfahrensrecht anwendbar ist, eine Widerklage, ist insgesamt altes Verfahrensrecht anwendbar (aA für den Übergang FGG/ZPO OLG Hamm NZM 2013, 274). Wird die Widerklage hingegen nach § 145 ZPO abgetrennt, ist insoweit neues Verfahrensrecht anwendbar (OLG Hamm NZM 2013, 274). 13

V. Vorausgehende Mahnverfahren

Ging einer WEG-Streitigkeit ein Mahnverfahren voraus, kommt es für die Frage, ob altes oder neues Recht anzuwenden ist, darauf an, wann die Akte beim Streitgericht eingegangen ist (OLG Hamm NZM 2010, 169; LG München I NZM 2010, 326; s. a. BGH NJW 2009, 1213 Rn. 17). Die Fiktionen in §§ 696 Abs. 1 Satz 4, 700 Abs. 3 Satz 2 ZPO sind nicht anwendbar. 14

VI. Klagen nach §§ 767, 771 ZPO gegen „Alt-Titel"

Mit einem Rechtsmittel im Rahmen der Zwangsvollstreckung (§§ 767, 771 ZPO) wird nicht das Verfahren, das zum Vollstreckungstitel geführt hat, fortgesetzt, sondern ein eigenständiger und neuer Rechtsstreit eingeleitet (BGH NJW 2009, 1282 Rn. 11). Ziel etwa der Klage nach § 767 ZPO ist der Anspruch, dass die Zwangsvollstreckung aus einem Titel unzulässig ist, nicht die Aufhebung des Titels oder die Feststellung, dass der titulierte Anspruch nicht oder nicht mehr bestehe. 15

Wendet sich jemand nach dem 1.12.2020 im Rahmen der Zwangsvollstreckung gegen einen Titel, der vor dem 1.12.2020 ergangen ist, unterliegt dieses Verfahren daher neuem Recht, sodass auch § 72 Abs. 2 GVG anzuwenden ist (BGH NJW 2009, 1282 Rn. 11; ohne Stellungnahme NJW 2012, 1207 Rn. 5). 16

H. Materielles Recht des WEG

I. Grundsatz

1. Überblick. Für die Anwendung der ab dem 1.12.2020 neuen materiell-rechtlichen Vorschriften fehlt jenseits von § 48 Abs. 1 bis 4 WEG eine Übergangsvorschrift. Die ab dem 1.12.2020 geltenden Bestimmungen sind daher im Grundsatz auch auf noch nicht abgeschlossene Sachverhalte an- 17 zuwenden (BGH NJW 2010, 932 Rn. 15; 2009, 2521 Rn. 14; 2009, 999 Rn. 12). Auch auf bereits laufende Verfahren sind damit zB die mWv 1.12.2020 geänderten/neu eingeführten §§ 13, 14, 15, 16, 17, 18 Abs. 1, Abs. 2, 19, 20, 21, 22, 27, 28 anwendbar. Diese Verfahren sind im Einzelfall ggf. für erledigt zu erklären, ggf. bedarf es eines Parteiwechsels.

18 **2. Beschlusskompetenzen. a) Neue Beschlusskompetenzen.** Die neuen materiell-rechtlichen Regelungen dürfen allerdings nicht rückwirkend bei der Beurteilung von Beschlüssen angewandt werden, die vor dem 1.12.2020 gefasst wurden (BGH NZM 2018, 905 Rn. 23; NJW 2009, 999 Rn. 12). Denn die Gültigkeit solcher Beschlüsse ist auf Grundlage der im Zeitpunkt der Beschlussfassung geltenden Rechtslage zu beurteilen (BGH NJW 2009, 999 Rn. 12; *Schmid* ZMR 2008, 181 (182); *Bergerhoff* NZM 2007, 553).

19 Soweit daher das WEG den Wohnungseigentümern durch §§ 16 Abs. 2 Satz 2, 20 Abs. 1, 21 Abs. 5 Satz 1, 23 Abs. 1 Satz 2, 24 Abs. 3 WEG gegenüber dem bisher Geltenden weitere Beschlusskompetenzen einräumt, können die Wohnungseigentümer von diesen neuen Kompetenzen erst seit dem 1.12.2020 Gebrauch machen. Die Beschlusskompetenzen dürfen nicht rückwirkend bei der Beurteilung von Beschlüssen angewandt werden, die vor dem 1.12.2020 gefasst wurden und bei denen es diese Kompetenz nicht gab (BGH NZM 2018, 905 Rn. 23; NJW 2009, 999 Rn. 12; *Becker/Schneider* ZfIR 2020, 281 (297)). Ein in Ermangelung einer Beschlusskompetenz nichtiger Beschluss bleibt damit nichtig (OLG Köln ZMR 2008, 815 (817); AG Wiesbaden ZMR 2008, 163 (164); *Schmid* ZMR 2008, 181 (182)). Den Wohnungseigentümern steht es frei, das Gewollte nunmehr wirksam zu beschließen (OLG Hamm ZMR 2008, 156 (159)).

20 **b) Alte Beschlusskompetenzen.** Wenn die Wohnungseigentümer Beschlüsse auf der Grundlage von Beschlusskompetenzen gefasst haben, die ihnen das bis zum 30.11.2020 geltende WEG eingeräumt hatte, die aber nicht mehr bestehen, können Maßnahmen darauf nicht mehr gestützt werden.

21 Soweit die Beschlüsse die Rechtsgrundlage für bereits bestehende Rechtsgeschäfte oder Realhandlungen bilden, ändert sich allerdings nichts. Insoweit gilt der Grundsatz, dass für die Wirksamkeit eines Rechtsgeschäftes die bei seinem Abschluss bestehenden Regeln und Umstände maßgeblich sind, weil Wirksamkeitshindernisse von den Parteien nur in diesem Zeitpunkt beachtet werden können. Beispiel: Hat ein Wohnungseigentümer auf Grund einer Umzugskostenpauschale nach § 21 Abs. 7 WEG a. F. der Gemeinschaft der Wohnungseigentümer ein Entgelt bezahlt, ist für diese Zahlung der Rechtsgrund nicht entfallen (*Becker/Schneider* ZfIR 2020, 281 (298)).

22 Soweit die Beschlüsse bereits gefasst worden waren, auf ihnen aber noch keine Maßnahme fußt, ist das WEG in seiner geltenden Fassung hingegen jeweils als ein gesetzliches Verbot zu verstehen (BR-Drs. 168/20, 49; aA *Becker/Schneider* ZfIR 2020, 281 (298)). Beispiel: Haben die Wohnungseigentümer im Jahr 2017 eine Umzugskostenpauschale beschlossen, kann diese ab dem 1.12.2020 nicht mehr verlangt werden, sofern sich ihre Tatbestandsvoraussetzungen erst nach dem 1.12.2020 verwirklichen. Überblick:

- Auf Beschlüsse, mit denen die Wohnungseigentümer Rechte und/oder Pflichten vergemeinschaftet und der Gemeinschaft der Wohnungseigentümer zur Ausführung/Ausübung nach § 10 Abs. 6 Satz 3 Hs. 2 WEG aF zugewiesen haben, können keine weiteren Maßnahmen gestützt werden (BR-Drs. 168/20, 49). Ggf. ist allerdings § 265 ZPO anwendbar (s.a. BGH BeckRS 2020, 19458 Rn. 12). Ferner ist möglich, dass das Recht oder die Pflicht jetzt § 9a Abs. 2 Fall 1 unterfallen. Zum Bauträgerrecht → § 9a Rn. 135a. 23
- Auf Beschlüsse, mit denen die Wohnungseigentümer im Einzelfall zur Instandhaltung oder Instandsetzung oder zu baulichen Veränderungen oder Aufwendungen nach § 16 Abs. 4 Satz 1 WEG a. F. die Kostenverteilung abweichend von Absatz 2 geregelt haben, können keine weiteren Maßnahmen gestützt werden. Entsprechende Beschlüsse sind zwar nach § 16 Abs. 2 Satz 2 WEG der Sache nach möglich, müssen aber dennoch neu gefasst werden (vgl. auch BR-Drs. 168/20, 66).
- Auf Beschlüsse nach § 21 Abs. 7 WEG aF, mit denen die Wohnungseigentümer Regelungen über die Kosten für eine besondere Nutzung des gemeinschaftlichen Eigentums oder für einen besonderen Verwaltungsaufwand getroffen haben, können keine weiteren Maßnahmen gestützt werden. Entsprechende Beschlüsse sind zwar nach § 16 Abs. 2 Satz 2 WEG der Sache nach möglich, müssen aber dennoch neu gefasst werden (BR-Drs. 168/20, 66).
- Beschlüsse iSv § 26 Abs. 1 Satz 5 WEG aF, mit denen die Wohnungseigentümer die Abberufung eines Verwalters auf einen wichtigen Grund eingeengt haben, sind nicht mehr anwendbar.
- Auf Beschlüsse nach § 27 Abs. 2 Nr. 3 WEG aF, mit denen die Wohnungseigentümer den Verwalter zur Vertretung der Gemeinschaft der Wohnungseigentümer ermächtigt haben, können keine weiteren Maßnahmen gestützt werden. Bei einer laufenden Klage ist diese ggf. für erledigt zu erklären oder es muss zu einem Parteiwechsel kommen.
- Auf Beschlüsse nach § 27 Abs. 3 Satz 3 WEG aF, mit denen die Wohnungseigentümer einen oder mehrere Wohnungseigentümer zur Vertretung der Gemeinschaft der Wohnungseigentümer ermächtigt haben (BR-Drs. 168/20, 52), können keine weiteren Maßnahmen gestützt werden. Bei einer laufenden Klage ist diese ggf. für erledigt zu erklären oder es muss zu einem Parteiwechsel kommen.
- Auf Beschlüsse nach § 45 Abs. 2 Satz 1 WEG aF, mit denen die Wohnungseigentümer einen Ersatzzustellungsvertreter sowie dessen Vertreter bestellt haben, können keine weiteren Maßnahmen gestützt werden.
- Nicht betroffen sind allerdings Beschlüsse nach § 22 Abs. 2 WEG. Denn die entsprechende Beschlusskompetenz besteht unverändert in § 20 Abs. 1 WEG weiter.

Überleitung bestehender Rechtsverhältnisse

49 (1) **Werden Rechtsverhältnisse, mit denen ein Rechtserfolg bezweckt wird, der den durch dieses Gesetz geschaffenen Rechtsformen entspricht, in solche Rechtsformen umgewandelt, so**

ist als Geschäftswert für die Berechnung der hierdurch veranlassten Gebühren der Gerichte und Notare im Falle des Wohnungseigentums ein Fünfundzwanzigstel des Einheitswertes des Grundstückes, im Falle des Dauerwohnrechtes ein Fünfundzwanzigstel des Wertes des Rechtes anzunehmen.

(2) **Durch Landesgesetz können Vorschriften zur Überleitung bestehender, auf Landesrecht beruhender Rechtsverhältnisse in die durch dieses Gesetz geschaffenen Rechtsformen getroffen werden.**

A. Normzweck

1 § 49 Abs. 1 WEG schafft einen gebührenrechtlichen Anreiz zur Überleitung der dem Wohnungseigentum, Wohnungserbbau- und Dauerwohnrecht ähnlichen Rechtsverhältnisse in die Rechtsformen des WEG (BGH NJW 1958, 1289; BayObLGZ 1957, 168 (172)). § 49 Abs. 2 WEG enthält eine Öffnungsklausel.

B. Anwendungsbereich

2 § 49 WEG gilt für alle den Sachenrechten „Wohnungseigentum", „Wohnungserbbaurecht" und „Dauerwohnrecht" ähnlichen Rechtsverhältnisse. Er ist damit vor allem für echtes und unechtes Stockwerkseigentum landesrechtlicher Art anwendbar (BayObLGZ 1957, 168 (172)). Ferner ist § 49 für neuere Rechtsformen passend. Einfache Miteigentumsverhältnisse iSd §§ 741 ff., 1008 ff. BGB fallen nicht unter § 49 WEG (BayObLGZ 1957, 168 (172)).

C. Öffnungsklausel (§ 49 Abs. 2 WEG)

3 § 49 Abs. 2 WEG enthält eine Öffnungsklausel. Von dieser haben die Länder Baden-Württemberg (Ausführungsgesetz zum BGB vom 26.11.1974, GesBl. 498) und Hessen (Gesetz zur Überleitung des Stockwerkseigentums vom 6.1.1962, GVBl. 17) Gebrauch gemacht.

4 Im Saarland ist das WEG mit dem Ablauf des 5.7.1959 in Kraft getreten. Wohnungseigentums- und Dauerwohnrechte, die noch unter Geltung des saarländischen WEG begründet wurden, sind nach den bisherigen Vorschriften bestehen geblieben. Sie können allerdings kostenprivilegiert in die entsprechenden Rechte nach dem WEG des Bundes überführt werden (§ 3 Abschn. II Nr. 1b) des Gesetzes zur Einführung von Bundesrecht im Saarland v. 30.6.1959 – BGBl. I 313).

Anhang

I. Synopse alt – neu

alt	neu
Gesetz über das Wohnungseigentum und das Dauerwohnrecht) Gesetz vom 15.3.1951 **WEG**	Entwurf eines Gesetzes zur Förderung der Elektromobilität und zur Modernisierung des Wohnungseigentumsgesetzes und zur Änderung von kosten- und grundbuchrechtlichen Vorschriften (Wohnungseigentumsmodernisierungsgesetz – **WEMoG**
Erster Teil: Wohnungseigentum Begriffsbestimmungen	Teil 1 Wohnungseigentum Abschnitt 1 Begriffsbestimmungen
	§ 1 Absatz 5 **Gemeinschaftliches Eigentum im Sinne dieses Gesetzes sind das Grundstück und das Gebäude, soweit sie nicht im Sondereigentum oder im Eigentum eines Dritten stehen.**
§ 3 Abs. 1 Das Miteigentum (§ 1008 des Bürgerlichen Gesetzbuches) an einem Grundstück kann durch Vertrag der Miteigentümer in der Weise beschränkt werden, daß jedem der Miteigentümer abweichend von § 93 des Bürgerlichen Gesetzbuches das ***Sonder***eigentum an einer bestimmten Wohnung oder an nicht zu Wohnzwecken dienenden bestimmten Räumen in einem auf dem Grundstück errichteten oder zu errichtenden Gebäude eingeräumt wird.	§ 3 Abs. 1 Das Miteigentum (§ 1008 des Bürgerlichen Gesetzbuches) an einem Grundstück kann durch Vertrag der Miteigentümer in der Weise beschränkt werden, dass jedem der Miteigentümer abweichend von § 93 des Bürgerlichen Gesetzbuches das **Eigentum** an einer bestimmten Wohnung oder an nicht zu Wohnzwecken dienenden bestimmten Räumen in einem auf dem Grundstück errichteten oder zu errichtenden Gebäude **(„Sondereigentum“)** eingeräumt wird. **Stellplätze gelten als Räume im Sinne des Satzes 1.** **§ 3 Abs. 2**

alt	neu
	Das Sondereigentum kann auf einen außerhalb des Gebäudes liegenden Teil des Grundstücks erstreckt werden, es sei denn, die Wohnung oder die nicht zu Wohnzwecken dienenden Räume bleiben dadurch wirtschaftlich nicht die Hauptsache. **§ 3 Abs. 3** **Sondereigentum soll nur eingeräumt werden, wenn die Wohnungen oder sonstigen Räume in sich abgeschlossen sind und Stellplätze sowie außerhalb des Gebäudes liegende Teile des Grundstücks durch Maßangaben im Aufteilungsplan bestimmt sind.**
§ 5 Abs. 1 Gegenstand des Sondereigentums sind die gemäß § 3 Abs. 1 bestimmten Räume sowie die zu diesen Räumen gehörenden Bestandteile des Gebäudes, die verändert, beseitigt oder eingefügt werden können, ohne daß dadurch das gemeinschaftliche Eigentum oder ein auf Sondereigentum beruhendes Recht eines anderen Wohnungseigentümers über das *nach § 14 zulässige* Maß hinaus beeinträchtigt oder die äußere Gestaltung des Gebäudes verändert wird.	§ 5 Abs. 1 Gegenstand des Sondereigentums sind die gemäß § 3 Abs. 1 **Satz 1** bestimmten Räume sowie die zu diesen Räumen gehörenden Bestandteile des Gebäudes, die verändert, beseitigt oder eingefügt werden können, ohne dass dadurch das gemeinschaftliche Eigentum oder ein auf Sondereigentum beruhendes Recht eines anderen Wohnungseigentümers über das **bei einem geordneten Zusammenleben unvermeidliche** Maß hinaus beeinträchtigt oder die äußere Gestaltung des Gebäudes verändert wird. **Soweit sich das Sondereigentum auf außerhalb des Gebäudes liegende Teile des Grundstücks erstreckt, gilt § 94 des Bürgerlichen Gesetzbuchs entsprechend.**
§ 5 Abs. 2 Teile des Gebäudes, die für dessen Bestand oder Sicherheit erforderlich sind, sowie Anlagen und Einrichtungen, die dem gemeinschaftlichen Gebrauch der Wohnungseigentümer	§ 5 Abs. 2 Teile des Gebäudes, die für dessen Bestand oder Sicherheit erforderlich sind, sowie Anlagen und Einrichtungen, die dem gemeinschaftlichen Gebrauch der Wohnungseigentümer

alt	neu
dienen, sind nicht Gegenstand des Sondereigentums, selbst wenn sie sich im Bereich der im Sondereigentum stehenden Räume befinden.	dienen, sind nicht Gegenstand des Sondereigentums, selbst wenn sie sich im Bereich der im Sondereigentum stehenden Räume **oder Teile des Grundstücks** befinden.
§ 5 Abs. 4 Vereinbarungen über das Verhältnis der Wohnungseigentümer untereinander können nach den Vorschriften des *2. und 3. Abschnittes* zum Inhalt des Sondereigentums gemacht werden. Ist das Wohnungseigentum mit der Hypothek, Grund- oder Rentenschuld oder der Reallast eines Dritten belastet, so ist dessen nach anderen Rechtsvorschriften notwendige Zustimmung *zu der Vereinbarung* nur erforderlich, wenn ein Sondernutzungsrecht begründet oder ein mit dem Wohnungseigentum verbundenes Sondernutzungsrecht aufgehoben, geändert oder übertragen wird. Bei der Begründung eines *Sondernutzungsrechts ist die Zustimmung des Dritten nicht erforderlich, wenn durch die Vereinbarung gleichzeitig das zu seinen Gunsten belastete Wohnungseigentum mit einem Sondernutzungsrecht verbunden wird.*	§ 5 Abs. 4 Vereinbarungen über das Verhältnis der Wohnungseigentümer untereinander **und Beschlüsse aufgrund einer solchen Vereinbarung** können nach den Vorschriften des **Abschnitts 4** zum Inhalt des Sondereigentums gemacht werden. Ist das Wohnungseigentum mit der Hypothek, Grund- oder Rentenschuld oder der Reallast eines Dritten belastet, so ist dessen nach anderen Rechtsvorschriften notwendige Zustimmung nur erforderlich, wenn ein Sondernutzungsrecht begründet oder ein mit dem Wohnungseigentum verbundenes Sondernutzungsrecht aufgehoben, geändert oder übertragen wird.
	§ 7 Abs. 2 Zur Eintragung eines Beschlusses im Sinne des § 5 Absatz 4 Satz 1 bedarf es der Bewilligungen der Wohnungseigentümer nicht, wenn der Beschluss durch eine Niederschrift, bei der die Unterschriften der in § 24 Absatz 6 bezeichneten Personen öffentlich beglaubigt sind, oder durch ein Urteil in einem Verfahren nach § 44 Absatz 1 Satz 2 nachgewiesen ist. Antragsberechtigt ist auch die

alt	neu
	Gemeinschaft der Wohnungseigentümer.
§ 7 Abs. 3 Zur näheren Bezeichnung des Gegenstandes und des Inhalts des Sondereigentums kann auf die Eintragungsbewilligung Bezug genommen werden.	§ 7 Abs. 3 Zur näheren Bezeichnung des Gegenstandes und des Inhalts des Sondereigentums kann auf die Eintragungsbewilligung **oder einen Nachweis gemäß Absatz 2 Satz 1** Bezug genommen werden. **Veräußerungsbeschränkungen (§ 12) und die Haftung von Sondernachfolgern für Geldschulden sind jedoch ausdrücklich einzutragen.**
§ 7 Abs. 4 Der Eintragungsbewilligung sind als Anlagen beizufügen: 1. eine von der Baubehörde mit Unterschrift und Siegel oder Stempel versehene Bauzeichnung, aus der die Aufteilung des Gebäudes sowie die Lage und Größe der im Sondereigentum und der im gemeinschaftlichen Eigentum stehenden Gebäudeteile ersichtlich ist (Aufteilungsplan); alle zu demselben Wohnungseigentum gehörenden Einzelräume sind mit der jeweils gleichen Nummer zu kennzeichnen; 2. eine Bescheinigung der Baubehörde, daß die Voraussetzungen des § 3 Abs. 2 vorliegen.	§ 7 Abs. 4 Der Eintragungsbewilligung sind als Anlagen beizufügen: 1. **eine von der Baubehörde mit Unterschrift und Siegel oder Stempel versehene Bauzeichnung, aus der die Aufteilung des Gebäudes und des Grundstücks sowie die Lage und Größe der im Sondereigentum und der im gemeinschaftlichen Eigentum stehenden Teile des Gebäudes und des Grundstücks ersichtlich ist (Aufteilungsplan); alle zu demselben Wohnungseigentum gehörenden Einzelräume und Teile des Grundstücks sind mit der jeweils gleichen Nummer zu kennzeichnen;** 2. eine Bescheinigung der Baubehörde, dass die Voraussetzungen des § 3 Abs. **3** vorliegen.
Wenn in der Eintragungsbewilligung für die einzelnen Sondereigentumsrechte Nummern angegeben werden, sollen sie mit denen des Aufteilungsplanes übereinstimmen.	Wenn in der Eintragungsbewilligung für die einzelnen Sondereigentumsrechte Nummern angegeben werden, sollen sie mit denen des Aufteilungsplanes übereinstimmen.

alt	neu
Die Landesregierungen können durch Rechtsverordnung bestimmen, dass und in welchen Fällen der Aufteilungsplan (Satz 1 Nr. 1) und die Abgeschlossenheit (Satz 1 Nr. 2) von einem öffentlich bestellten oder anerkannten Sachverständigen für das Bauwesen statt von der Baubehörde ausgefertigt und bescheinigt werden. *Werden diese Aufgaben von dem Sachverständigen wahrgenommen, so gelten die Bestimmungen der Allgemeinen Verwaltungsvorschrift für die Ausstellung von Bescheinigungen gemäß § 7 Abs. 4 Nr. 2 und § 32 Abs. 2 Nr. 2 des Wohnungseigentumsgesetzes vom 19. März 1974 (BAnz. Nr. 58 vom 23. März 1974). entsprechend.* *In diesem Fall bedürfen die Anlagen nicht der Form des § 29 der Grundbuchordnung.* *Die Landesregierungen können die Ermächtigung durch Rechtsverordnung auf die Landesbauverwaltungen übertragen.*	Die Landesregierungen können durch Rechtsverordnung bestimmen, dass und in welchen Fällen der Aufteilungsplan (Satz 1 Nr. 1) und die Abgeschlossenheit (Satz 1 Nr. 2) von einem öffentlich bestellten oder anerkannten Sachverständigen für das Bauwesen statt von der Baubehörde ausgefertigt und bescheinigt werden.
§ 8 Abs. 1 Der Eigentümer eines Grundstücks kann durch Erklärung gegenüber dem Grundbuchamt das Eigentum an dem Grundstück in Miteigentumsanteile in der Weise teilen, daß mit jedem Anteil *das Sondereigentum an einer bestimmten Wohnung oder an nicht zu Wohnzwecken dienenden bestimmten Räumen in einem auf dem Grundstück errichteten oder zu errichtenden Gebäude* verbunden ist.	§ 8 Abs. 1 Der Eigentümer eines Grundstücks kann durch Erklärung gegenüber dem Grundbuchamt das Eigentum an dem Grundstück in Miteigentumsanteile in der Weise teilen, dass mit jedem Anteil **Sondereigentum** verbunden ist.
§ 8 Abs. 2 Im Falle des Absatzes 1 gelten *die Vorschriften des § 3 Abs. 2 und der §§ 5, 6, § 7 Abs. 1, 3 bis 5* entsprechend. *Die Teilung wird mit der Anlegung der Wohnungsgrundbücher wirksam.*	§ 8 Abs. 2 Im Falle des Absatzes 1 gelten **§ 3 Absatz 1 Satz 2, Absatz 2 und 3, § 4 Absatz 2 Satz 2 sowie die §§ 5 bis 7** entsprechend.

alt	neu
	§ 8 Abs. 3 **Wer einen Anspruch auf Übertragung von Wohnungseigentum gegen den teilenden Eigentümer hat, der durch Vormerkung im Grundbuch gesichert ist, gilt gegenüber der Gemeinschaft der Wohnungseigentümer und den anderen Wohnungseigentümern anstelle des teilenden Eigentümers als Wohnungseigentümer, sobald ihm der Besitz an den zum Sondereigentum gehörenden Räumen übergeben wurde.**
§ 9 Abs. 1 Die Wohnungsgrundbücher werden geschlossen: 1. von Amts wegen, wenn die Sondereigentumsrechte gemäß § 4 aufgehoben werden; *2. auf Antrag sämtlicher Wohnungseigentümer, wenn alle Sondereigentumsrechte durch völlige Zerstörung des Gebäudes gegenstandslos geworden sind und der Nachweis hierfür durch eine Bescheinigung der Baubehörde erbracht ist;* *3.* auf Antrag des Eigentümers, wenn sich sämtliche Wohnungseigentumsrechte in einer Person vereinigen.	§ 9 Abs. 1 Die Wohnungsgrundbücher werden geschlossen: 1. von Amts wegen, wenn die Sondereigentumsrechte gemäß § 4 aufgehoben werden; **2.** auf Antrag des Eigentümers, wenn sich sämtliche Wohnungseigentumsrechte in einer Person vereinigen.
	Abschnitt 3 **Rechtsfähige Gemeinschaft der Wohnungseigentümer** **§ 9a** **Gemeinschaft der Wohnungseigentümer** **§ 9a Abs. 1** **Die Gemeinschaft der Wohnungseigentümer kann Rechte erwerben und Verbindlichkeiten eingehen, vor Gericht klagen und verklagt werden. Die Gemeinschaft der Wohnungseigen-**

alt	neu
	tümer entsteht mit Anlegung der Wohnungsgrundbücher; dies gilt auch im Fall des § 8. Sie führt die Bezeichnung „Gemeinschaft der Wohnungseigentümer" oder „Wohnungseigentümergemeinschaft" gefolgt von der bestimmten Angabe des gemeinschaftlichen Grundstücks. **§ 9a Abs. 2** **Die Gemeinschaft der Wohnungseigentümer übt die sich aus dem gemeinschaftlichen Eigentum ergebenden Rechte sowie solche Rechte der Wohnungseigentümer aus, die eine einheitliche Rechtsverfolgung erfordern, und nimmt die entsprechenden Pflichten der Wohnungseigentümer wahr.** **§ 9a Abs. 3** **Für das Vermögen der Gemeinschaft der Wohnungseigentümer (Gemeinschaftsvermögen) gelten § 18, § 19 Absatz 1 und § 27 entsprechend.** **§ 9a Abs. 4** **Jeder Wohnungseigentümer haftet einem Gläubiger nach dem Verhältnis seines Miteigentumsanteils (§ 16 Absatz 1 Satz 2) für Verbindlichkeiten der Gemeinschaft der Wohnungseigentümer, die während seiner Zugehörigkeit entstanden oder während dieses Zeitraums fällig geworden sind; für die Haftung nach Veräußerung des Wohnungseigentums ist § 160 des Handelsgesetzbuchs entsprechend anzuwenden. Er kann gegenüber einem Gläubiger neben den in seiner Person begründeten auch die der Gemeinschaft der Wohnungseigentümer zustehenden Einwendungen und Einreden**

alt	neu
	geltend machen, nicht aber seine Einwendungen und Einreden gegenüber der Gemeinschaft der Wohnungseigentümer. Für die Einrede der Anfechtbarkeit und Aufrechenbarkeit ist § 770 des Bürgerlichen Gesetzbuchs entsprechend anzuwenden. **§ 9a Abs. 5** **Ein Insolvenzverfahren über das Gemeinschaftsvermögen findet nicht statt.**
	§ 9b **Vertretung** **(1) Die Gemeinschaft der Wohnungseigentümer wird durch den Verwalter gerichtlich und außergerichtlich vertreten, beim Abschluss eines Grundstückskauf- oder Darlehensvertrags aber nur aufgrund eines Beschlusses der Wohnungseigentümer. Hat die Gemeinschaft der Wohnungseigentümer keinen Verwalter, wird sie durch die Wohnungseigentümer gemeinschaftlich vertreten. Eine Beschränkung des Umfangs der Vertretungsmacht ist Dritten gegenüber unwirksam.** **(2) Dem Verwalter gegenüber vertritt der Vorsitzende des Verwaltungsbeirats oder ein durch Beschluss dazu ermächtigter Wohnungseigentümer beschließen über die Vertretung der Gemeinschaft der Wohnungseigentümer gegenüber dem Verwalter.“**
2. Abschnitt *Gemeinschaft der Wohnungseigentümer*	**Abschnitt 4** **Rechtsverhältnis der Wohnungseigentümer untereinander und zur Gemeinschaft der Wohnungseigentümer**

alt	neu
§ 10 Abs. 1 *Inhaber der Rechte und Pflichten nach den Vorschriften dieses Gesetzes, insbesondere des Sondereigentums und des gemeinschaftlichen Eigentums, sind die Wohnungseigentümer, soweit nicht etwas anderes ausdrücklich bestimmt ist.*	-
§ 10 Abs. 2 Das Verhältnis der Wohnungseigentümer untereinander bestimmt sich nach den Vorschriften dieses Gesetzes und, soweit dieses Gesetz keine besonderen Bestimmungen enthält, nach den Vorschriften des Bürgerlichen Gesetzbuches über die Gemeinschaft. Die Wohnungseigentümer können von den Vorschriften dieses Gesetzes abweichende Vereinbarungen treffen, soweit nicht etwas anderes ausdrücklich bestimmt ist.	§ 10 Abs. 1 Das Verhältnis der Wohnungseigentümer untereinander **und zur Gemeinschaft der Wohnungseigentümer** bestimmt sich nach den Vorschriften dieses Gesetzes und, soweit dieses Gesetz keine besonderen Bestimmungen enthält, nach den Vorschriften des Bürgerlichen Gesetzbuches über die Gemeinschaft. Die Wohnungseigentümer können von den Vorschriften dieses Gesetzes abweichende Vereinbarungen treffen, soweit nicht etwas anderes ausdrücklich bestimmt ist.
§ 10 Abs. 2 Satz 3 Jeder Wohnungseigentümer kann eine vom Gesetz abweichende Vereinbarung oder die Anpassung einer Vereinbarung verlangen, soweit ein Festhalten an der geltenden Regelung aus schwerwiegenden Gründen unter Berücksichtigung aller Umstände des Einzelfalles, insbesondere der Rechte und Interessen der anderen Wohnungseigentümer, unbillig erscheint.	§ 10 Abs. 2 Jeder Wohnungseigentümer kann eine vom Gesetz abweichende Vereinbarung oder die Anpassung einer Vereinbarung verlangen, soweit ein Festhalten an der geltenden Regelung aus schwerwiegenden Gründen unter Berücksichtigung aller Umstände des Einzelfalles, insbesondere der Rechte und Interessen der anderen Wohnungseigentümer, unbillig erscheint
§ 10 Abs. 3 Vereinbarungen, durch die die Wohnungseigentümer ihr Verhältnis untereinander in Ergänzung oder Abweichung von Vorschriften dieses Gesetzes regeln, *sowie die Abänderung oder Aufhebung solcher Vereinbarungen* wirken gegen den Sondernachfolger eines Wohnungseigentümers nur, wenn sie als Inhalt des Sondereigen-	§ 10 Abs. 3 Vereinbarungen, durch die die Wohnungseigentümer ihr Verhältnis untereinander in Ergänzung oder Abweichung von Vorschriften dieses Gesetzes regeln, **die Abänderung oder Aufhebung solcher Vereinbarungen sowie Beschlüsse, die aufgrund einer Vereinbarung gefasst werden,** wirken gegen den Sondernachfolger eines Wohnungs-

alt	neu
tums im Grundbuch eingetragen sind.	eigentümers nur, wenn sie als Inhalt des Sondereigentums im Grundbuch eingetragen sind.
§ 10 Abs. 4 *Beschlüsse der Wohnungseigentümer gemäß § 23 und gerichtliche Entscheidungen in einem Rechtsstreit gemäß § 43 bedürfen zu ihrer Wirksamkeit gegen den Sondernachfolger eines Wohnungseigentümers nicht der Eintragung in das Grundbuch.* *Dies gilt auch für die gemäß § 23 Abs. 1 aufgrund einer Vereinbarung gefassten Beschlüsse, die vom Gesetz abweichen oder eine Vereinbarung ändern.*	(§ 10 Abs. 3 letzter Satz) **Im Übrigen bedürfen Beschlüsse zu ihrer Wirksamkeit gegen den Sondernachfolger eines Wohnungseigentümers nicht der Eintragung in das Grundbuch.**
§ 10 Abs. 5 *Rechtshandlungen in Angelegenheiten, über die nach diesem Gesetz oder nach einer Vereinbarung der Wohnungseigentümer durch Stimmenmehrheit beschlossen werden kann, wirken, wenn sie auf Grund eines mit solcher Mehrheit gefaßten Beschlusses vorgenommen werden, auch für und gegen die Wohnungseigentümer, die gegen den Beschluß gestimmt oder an der Beschlußfassung nicht mitgewirkt haben.*	
§ 10 Abs. 6 *Die Gemeinschaft der Wohnungseigentümer kann im Rahmen der gesamten Verwaltung des gemeinschaftlichen Eigentums gegenüber Dritten und Wohnungseigentümern selbst Rechte erwerben und Pflichten eingehen.* *Sie ist Inhaberin der als Gemeinschaft gesetzlich begründeten und rechtsgeschäftlich erworbenen Rechte und Pflichten.* *Sie übt die gemeinschaftsbezogenen Rechte der Wohnungseigentümer aus und nimmt die gemeinschaftsbezogenen Pflichten der Wohnungseigentümer wahr, ebenso sonstige Rechte und Pflichten der Wohnungseigentümer, soweit diese ge-*	**§ 9a Abs. 1** Die Gemeinschaft der Wohnungseigentümer kann Rechte erwerben und Verbindlichkeiten eingehen, **§ 9a Abs. 2** Die Gemeinschaft der Wohnungseigentümer übt die sich aus dem gemeinschaftlichen Eigentum ergebenden Rechte sowie solche Rechte der Wohnungseigentümer aus, die eine einheitliche Rechtsverfolgung erfordern, und nimmt die entsprechenden Pflichten der Wohnungseigentümer wahr. **§ 9a Abs. 1 Satz 3** Sie führt die Bezeichnung „Gemeinschaft der Wohnungseigentümer“

alt	**neu**
meinschaftlich geltend gemacht werden können oder zu erfüllen sind. *Die Gemeinschaft muss die Bezeichnung „Wohnungseigentümergemeinschaft“ gefolgt von der bestimmten Angabe des gemeinschaftlichen Grundstücks führen.* *Sie kann vor Gericht klagen und verklagt werden.*	oder „Wohnungseigentümergemeinschaft“ gefolgt von der bestimmten Angabe des gemeinschaftlichen Grundstücks. **§ 9a Abs. 1 Satz 1, 2. Halbs.** Die Gemeinschaft der Wohnungseigentümer kann vor Gericht klagen und verklagt werden.
§ 10 Abs. 7 *Das Verwaltungsvermögen gehört der Gemeinschaft der Wohnungseigentümer. 2Es besteht aus den im Rahmen der gesamten Verwaltung des gemeinschaftlichen Eigentums gesetzlich begründeten und rechtsgeschäftlich erworbenen Sachen und Rechten sowie den entstandenen Verbindlichkeiten. 3Zu dem Verwaltungsvermögen gehören insbesondere die Ansprüche und Befugnisse aus Rechtsverhältnissen mit Dritten und mit Wohnungseigentümern sowie die eingenommenen Gelder. 4Vereinigen sich sämtliche Wohnungseigentumsrechte in einer Person, geht das Verwaltungsvermögen auf den Eigentümer des Grundstücks über.*	**§ 9a Abs. 3** Für das Vermögen der Gemeinschaft der Wohnungseigentümer **(Gemeinschaftsvermögen)** gelten § 18, § 19 Absatz 1 und § 27 entsprechend.
§ 10 Abs. 8 *Jeder Wohnungseigentümer haftet einem Gläubiger nach dem Verhältnis seines Miteigentumsanteils (§ 16 Abs. 1 Satz 2) für Verbindlichkeiten der Gemeinschaft der Wohnungseigentümer, die während seiner Zugehörigkeit zur Gemeinschaft entstanden oder während dieses Zeitraums fällig geworden sind; für die Haftung nach Veräußerung des Wohnungseigentums ist § 160 des Handelsgesetzbuches entsprechend anzuwenden. Er kann gegenüber einem Gläubiger neben den in seiner Person begründeten auch die der Gemeinschaft zustehenden Einwendungen und Einreden geltend machen, nicht aber seine Einwendungen und Einreden gegenüber der Gemeinschaft.*	**§ 9a Abs. 4** Jeder Wohnungseigentümer haftet einem Gläubiger nach dem Verhältnis seines Miteigentumsanteils (§ 16 Absatz 1 Satz 2) für Verbindlichkeiten der Gemeinschaft der Wohnungseigentümer, die während seiner Zugehörigkeit entstanden oder während dieses Zeitraums fällig geworden sind; für die Haftung nach Veräußerung des Wohnungseigentums ist § 160 des Handelsgesetzbuchs entsprechend anzuwenden. Er kann gegenüber einem Gläubiger neben den in seiner Person begründeten auch die der Gemeinschaft der Wohnungseigentümer zustehenden Einwendungen und Einreden geltend machen, nicht aber seine Ein-

alt	neu
Für die Einrede der Anfechtbarkeit und Aufrechenbarkeit ist § 770 des Bürgerlichen Gesetzbuches entsprechend anzuwenden. *Die Haftung eines Wohnungseigentümers gegenüber der Gemeinschaft wegen nicht ordnungsmäßiger Verwaltung bestimmt sich nach Satz 1.*	wendungen und Einreden gegenüber der Gemeinschaft der Wohnungseigentümer. Für die Einrede der Anfechtbarkeit und Aufrechenbarkeit ist § 770 des Bürgerlichen Gesetzbuchs entsprechend anzuwenden.
§ 11 *Unauflöslichkeit* der Gemeinschaft	§ 11 **Aufhebung** der Gemeinschaft
§ 11 Abs. 3 Ein Insolvenzverfahren über das Verwaltungsvermögen der Gemeinschaft findet nicht statt.	**§ 9a Abs. 4 letzter Satz Ein Insolvenzverfahren über das Gemeinschaftsvermögen findet nicht statt.**
§ 12 Abs. 4 Die Wohnungseigentümer können *durch Stimmenmehrheit* beschließen, dass eine Veräußerungsbeschränkung gemäß Absatz 1 aufgehoben wird. Diese Befugnis kann durch Vereinbarung der Wohnungseigentümer nicht eingeschränkt oder ausgeschlossen werden. Ist ein Beschluss gemäß Satz 1 gefasst, kann die Veräußerungsbeschränkung im Grundbuch gelöscht werden. Der Bewilligung gemäß § 19 der Grundbuchordnung bedarf es nicht, wenn der Beschluss gemäß Satz 1 nachgewiesen wird. Für diesen Nachweis ist § 26 Abs. 3 entsprechend anzuwenden.	§ 12 Abs. 4 Die Wohnungseigentümer können beschließen, dass eine Veräußerungsbeschränkung gemäß Absatz 1 aufgehoben wird. Ist ein Beschluss gemäß Satz 1 gefasst, kann die Veräußerungsbeschränkung im Grundbuch gelöscht werden. **§ 7 Absatz 2 gilt entsprechend.**
§ 13 Rechte des Wohnungseigentümers	§ 13 Rechte des Wohnungseigentümers **aus dem Sondereigentum**
§ 13 Abs. 1 Jeder Wohnungseigentümer kann, soweit nicht das Gesetz *oder Rechte Dritter* entgegenstehen, *mit den im* Sondereigentum *stehenden Gebäudeteilen* nach Belieben verfahren, ins-	§ 13 Abs. 1 Jeder Wohnungseigentümer kann, soweit nicht das Gesetz entgegensteht, mit seinem Sondereigentum nach Belieben verfahren,

alt	neu
besondere diese bewohnen, vermieten, verpachten oder in sonstiger Weise nutzen, und andere von Einwirkungen ausschließen.	insbesondere dieses bewohnen, vermieten, verpachten oder in sonstiger Weise nutzen, und andere von Einwirkungen ausschließen.
§ 13 Abs. 2 *Jeder Wohnungseigentümer ist zum Mitgebrauch des gemeinschaftlichen Eigentums nach Maßgabe der §§ 14, 15 berechtigt. 2An den sonstigen Nutzungen des gemeinschaftlichen Eigentums gebührt jedem Wohnungseigentümer ein Anteil nach Maßgabe des § 16.*	§ 13 Abs. 2 **Für Maßnahmen, die über die ordnungsmäßige Instandhaltung und Instandsetzung (Erhaltung) des Sondereigentums hinausgehen, gilt § 20 mit der Maßgabe entsprechend, dass es keiner Gestattung bedarf, soweit keinem der anderen Wohnungseigentümer über das bei einem geordneten Zusammenleben unvermeidliche Maß hinaus ein Nachteil erwächst.**
§ 14 Pflichten des Wohnungseigentümers	§ 14 Pflichten des Wohnungseigentümers
Jeder Wohnungseigentümer ist verpflichtet:	§ 14 Abs. 1 Jeder Wohnungseigentümer ist **gegenüber der Gemeinschaft der Wohnungseigentümer** verpflichtet,
§ 14 Nr. 1 die im Sondereigentum stehenden Gebäudeteile so instand zu halten und von diesen sowie von dem gemeinschaftlichen Eigentum nur in solcher Weise Gebrauch zu machen, daß dadurch keinem der anderen Wohnungseigentümer über das bei einem geordneten Zusammenleben unvermeidliche Maß hinaus ein Nachteil erwächst;	§ 14 Abs. 1 **1. die gesetzlichen Regelungen, Vereinbarungen und Beschlüsse einzuhalten und**
§ 14 Nr. 2 für die Einhaltung der in Nummer 1 bezeichneten Pflichten durch Personen zu sorgen, die seinem Hausstand oder Geschäftsbetrieb angehören oder denen er sonst die Benutzung der in Sonder- oder Miteigentum stehenden Grundstücks- oder Gebäudeteile überläßt;	**Zu den Pflichten Dritter vgl. § 15**

alt	neu
§ 14 Nr. 3 Einwirkungen auf die im Sondereigentum stehenden Gebäudeteile und das gemeinschaftliche Eigentum zu dulden, soweit sie auf einem nach Nummer 1, 2 zulässigen Gebrauch beruhen;	
§ 14 Nr. 4 *das Betreten und die Benutzung der im Sondereigentum stehenden Gebäudeteile zu gestatten, soweit dies zur Instandhaltung und Instandsetzung des gemeinschaftlichen Eigentums erforderlich ist;*	§ 14 Abs. 1 **2. das Betreten seines Sondereigentums und andere Einwirkungen auf dieses und das gemeinschaftliche Eigentum zu dulden, die den Vereinbarungen oder Beschlüssen entsprechen oder, wenn keine entsprechenden Vereinbarungen oder Beschlüsse bestehen, aus denen ihm über das bei einem geordneten Zusammenleben unvermeidliche Maß hinaus kein Nachteil erwächst.**
§ 14 Nr. 4 letzter Hs *der hierdurch entstehende Schaden ist zu ersetzen.*	§ 14 Abs. 3 **Hat der Wohnungseigentümer eine Einwirkung zu dulden, die über das zumutbare Maß hinausgeht, kann er einen angemessenen Ausgleich in Geld verlangen.**
	§ 14 Abs. 2 **Jeder Wohnungseigentümer ist gegenüber den übrigen Wohnungseigentümern verpflichtet,** **1. deren Sondereigentum nicht über das in Absatz 1 Nummer 2 bestimmte Maß hinaus zu beeinträchtigten und** **2. Einwirkungen nach Maßgabe des Absatzes 1 Nummer 2 zu dulden.**
	§ 15 Pflichten Dritter **Wer Wohnungseigentum gebraucht, ohne Wohnungseigentümer zu sein, hat gegenüber der Gemeinschaft der Wohnungs-**

alt	neu
	eigentümer und anderen Wohnungseigentümern zu dulden: **1. die Erhaltung des gemeinschaftlichen Eigentums und des Sondereigentums, die ihm rechtzeitig angekündigt wurde; § 555a Absatz 2 des Bürgerlichen Gesetzbuchs gilt entsprechend;** **2. Maßnahmen, die über die Erhaltung hinausgehen, die spätestens drei Monate vor ihrem Beginn in Textform angekündigt wurden; § 555c Absatz 1 Satz 2 Nummer 1 und 2, Absatz 2 bis 4 und § 555d Absatz 2 bis 5 des Bürgerlichen Gesetzbuchs gelten entsprechend.**
§ 15 Gebrauchsregelung *(1) Die Wohnungseigentümer können den Gebrauch des Sondereigentums und des gemeinschaftlichen Eigentums durch Vereinbarung regeln.* *(2) Soweit nicht eine Vereinbarung nach Absatz 1 entgegensteht, können die Wohnungseigentümer durch Stimmenmehrheit einen der Beschaffenheit der im Sondereigentum stehenden Gebäudeteile und des gemeinschaftlichen Eigentums entsprechenden ordnungsmäßigen Gebrauch beschließen.*	
§ 15 Abs. 3 *Jeder Wohnungseigentümer kann einen Gebrauch der im Sondereigentum stehenden Gebäudeteile und des gemeinschaftlichen Eigentums verlangen, der dem Gesetz, den Vereinbarungen und Beschlüssen und, soweit sich die Regelung hieraus nicht ergibt, dem Interesse der Gesamtheit der Wohnungseigentümer nach billigem Ermessen entspricht.*	§ 16 Abs. 1 letzter Satz **Jeder Wohnungseigentümer ist zum Mitgebrauch des gemeinschaftlichen Eigentums nach Maßgabe des § 14 berechtigt.**

alt	neu
§ 16 Nutzungen, *Lasten und* Kosten	§ 16 **Nutzungen und Kosten**
§ 16 Abs. 1 Jedem Wohnungseigentümer gebührt ein seinem Anteil entsprechender Bruchteil der *Nutzungen des gemeinschaftlichen Eigentums.* Der Anteil bestimmt sich nach dem gemäß § 47 der Grundbuchordnung im Grundbuch eingetragenen Verhältnis der Miteigentumsanteile.	§ 16 Abs. 1 Jedem Wohnungseigentümer gebührt ein seinem Anteil entsprechender Bruchteil der **Früchte des gemeinschaftlichen Eigentums und des Gemeinschaftsvermögens.** Der Anteil bestimmt sich nach dem gemäß § 47 der Grundbuchordnung im Grundbuch eingetragenen Verhältnis der Miteigentumsanteile.
§ 16 Abs. 2 *Jeder Wohnungseigentümer ist den anderen Wohnungseigentümern gegenüber verpflichtet, die Lasten des gemeinschaftlichen Eigentums sowie die Kosten der Instandhaltung, Instandsetzung, sonstigen Verwaltung und eines gemeinschaftlichen Gebrauchs des gemeinschaftlichen Eigentums nach dem Verhältnis seines Anteils (Absatz 1 Satz 2) zu tragen.*	§ 16 Abs. 2 Satz 1 **Die Kosten der Gemeinschaft der Wohnungseigentümer, insbesondere der Verwaltung und des gemeinschaftlichen Gebrauchs des gemeinschaftlichen Eigentums, hat jeder Wohnungseigentümer nach dem Verhältnis seines Anteils (Absatz 1 Satz 2) zu tragen.**
§ 16 Abs. 3 *Die Wohnungseigentümer können abweichend von Absatz 2 durch Stimmenmehrheit beschließen, dass die Betriebskosten des gemeinschaftlichen Eigentums oder des Sondereigentums im Sinne des § 556 Abs. 1 des Bürgerlichen Gesetzbuches, die nicht unmittelbar gegenüber Dritten abgerechnet werden, und die Kosten der Verwaltung nach Verbrauch oder Verursachung erfasst und nach diesem oder nach einem anderen Maßstab verteilt werden, soweit dies ordnungsmäßiger Verwaltung entspricht.*	§ 16 Abs. 2 Satz 2 **Die Wohnungseigentümer können für einzelne Kosten oder bestimmte Arten von Kosten eine von Satz 1 oder von einer Vereinbarung abweichende Verteilung beschließen.**
§ 16 Abs. 4 – Abs. 8 entfallen *Die Wohnungseigentümer können im Einzelfall … oder zu baulichen Veränderungen oder Aufwendungen im Sinne des § 22 Abs. 1 und 2 durch Beschluss die Kostenverteilung abweichend von Absatz 2 regeln, wenn der abweichende Maßstab dem Gebrauch oder der*	§ 16 Abs. 3 **Für die Kosten und Nutzungen bei baulichen Veränderungen gilt § 21.** § 21 **Nutzungen und Kosten bei baulichen Veränderungen** § 21 Abs. 1 **Die Kosten einer baulichen Veränderung, die einem**

alt	neu
Möglichkeit des Gebrauchs durch die Wohnungseigentümer Rechnung trägt.	**Wohnungseigentümer gestattet oder die auf sein Verlangen nach § 20 Absatz 2 durch die Gemeinschaft der Wohnungseigentümer durchgeführt wurden, hat dieser Wohnungseigentümer zu tragen. Nur ihm gebühren die Nutzungen.** § 21 Abs. 2 **Vorbehaltlich des Absatzes 1 haben alle Wohnungseigentümer die Kosten einer baulichen Veränderung nach dem Verhältnis ihrer Anteile (§ 16 Absatz 1 Satz 2) zu tragen,** 1. die **mit mehr als zwei Dritteln der abgegebenen Stimmen und der Hälfte aller Miteigentumsanteile beschlossen wurde, es sei denn, die bauliche Veränderung** ist **mit unverhältnismäßigen Kosten verbunden,** oder 2. **deren Kosten sich innerhalb eines angemessenen Zeitraums amortisieren.** **Für die Nutzungen gilt § 16 Absatz 1.** § 21 Abs. 3 **Die Kosten anderer als der in den Absätzen 1 und 2 bezeichneten baulichen Veränderungen haben die Wohnungseigentümer, die sie beschlossen haben, nach dem Verhältnis ihrer Anteile (§ 16 Absatz 1 Satz 2) zu tragen. Ihnen gebühren die Nutzungen entsprechend § 16 Absatz 1.** § 21 Abs. 4 **Ein Wohnungseigentümer, der nicht berechtigt ist, Nutzungen zu ziehen, kann verlangen, dass ihm dies nach billigem Ermessen gegen angemessenen Ausgleich gestattet wird. Für seine Betei-**

alt	neu
	ligung an den Nutzungen und Kosten gilt Absatz 3 entsprechend. § 21 Abs. 5 **Die Wohnungseigentümer können eine abweichende Verteilung der Kosten und Nutzungen beschließen. Durch einen solchen Beschluss dürfen einem Wohnungseigentümer, der nach den vorstehenden Absätzen Kosten nicht zu tragen hat, keine Kosten auferlegt werden.**
§ 17 Im Falle der Aufhebung der Gemeinschaft bestimmt sich der Anteil der Miteigentümer nach dem Verhältnis des Wertes ihrer Wohnungseigentumsrechte zur Zeit der Aufhebung der Gemeinschaft. Hat sich der Wert eines Miteigentumsanteils durch Maßnahmen verändert, deren Kosten der Wohnungseigentümer nicht getragen hat, so bleibt eine solche Veränderung bei der Berechnung des Wertes dieses Anteils außer Betracht.	§ 11 Abs. 3 Im Fall der Aufhebung der Gemeinschaft bestimmt sich der Anteil der Miteigentümer nach dem Verhältnis des Wertes ihrer Wohnungseigentumsrechte zur Zeit der Aufhebung der Gemeinschaft. Hat sich der Wert eines Miteigentumsanteils durch Maßnahmen verändert, deren Kosten der Wohnungseigentümer nicht getragen hat, so bleibt eine solche Veränderung bei der Berechnung des Wertes dieses Anteils außer Betracht.
§ 18 Entziehung des Wohnungseigentums	§ 17 Entziehung des Wohnungseigentums
§ 18 Abs. 1 Hat ein Wohnungseigentümer sich einer so schweren Verletzung der ihm gegenüber anderen Wohnungseigentümern obliegenden Verpflichtungen schuldig gemacht, daß diesen die Fortsetzung der Gemeinschaft mit ihm nicht mehr zugemutet werden kann, so *können die anderen Wohnungseigentümer* von ihm die Veräußerung seines Wohnungseigentums verlangen. *Die Ausübung des Entziehungsrechts steht der Gemeinschaft der Wohnungseigentümer zu, soweit es sich nicht um*	§ 17 Abs. 1 Hat ein Wohnungseigentümer sich einer so schweren Verletzung der ihm gegenüber anderen Wohnungseigentümern **oder der Gemeinschaft der Wohnungseigentümer** obliegenden Verpflichtungen schuldig gemacht, dass diesen die Fortsetzung der Gemeinschaft mit ihm nicht mehr zugemutet werden kann, so **kann die Gemeinschaft der Wohnungseigentümer** von ihm die Veräußerung seines Wohnungseigentums verlangen.

alt	neu
eine Gemeinschaft handelt, die nur aus zwei Wohnungseigentümern besteht.	
§ 18 Abs. 2 Die Voraussetzungen des Absatzes 1 liegen insbesondere vor, wenn *1.* der Wohnungseigentümer trotz Abmahnung wiederholt gröblich gegen die ihm nach § 14 obliegenden Pflichten verstößt; *2. der Wohnungseigentümer sich mit der Erfüllung seiner Verpflichtungen zur Lasten- und Kostentragung (§ 16 Abs. 2) in Höhe eines Betrages, der drei vom Hundert des Einheitswertes seines Wohnungseigentums übersteigt, länger als drei Monate in Verzug befindet; in diesem Fall steht § 30 der Abgabenordnung einer Mitteilung des Einheitswerts an die Gemeinschaft der Wohnungseigentümer oder, soweit die Gemeinschaft nur aus zwei Wohnungseigentümern besteht, an den anderen Wohnungseigentümer nicht entgegen.*	§ 17 Abs. 2 Die Voraussetzungen des Absatzes 1 liegen insbesondere vor, wenn der Wohnungseigentümer trotz Abmahnung wiederholt gröblich gegen die ihm nach § 14 **Absatz 1 und 2** obliegenden Pflichten verstößt.
§ 18 Abs. 3 *Über das Verlangen nach Absatz 1 beschließen die Wohnungseigentümer durch Stimmenmehrheit. Der Beschluß bedarf einer Mehrheit von mehr als der Hälfte der stimmberechtigten Wohnungseigentümer. 3Die Vorschriften des § 25 Abs. 3, 4 sind in diesem Falle nicht anzuwenden.*	
§ 18 Abs. 4 Der in Absatz 1 bestimmte Anspruch kann durch Vereinbarung der Wohnungseigentümer nicht eingeschränkt oder ausgeschlossen werden.	§ 17 Abs. 3 Der in Absatz 1 bestimmte Anspruch kann durch Vereinbarung der Wohnungseigentümer nicht eingeschränkt oder ausgeschlossen werden.
§ 19 Abs. 1 Das Urteil, durch das ein Wohnungseigentümer zur Veräußerung seines Wohnungseigentums verurteilt wird, berechtigt *jeden Miteigentümer* zur Zwangsvollstreckung entspre-	§ 17 Abs. 4 **Das Urteil, durch das ein Wohnungseigentümer zur Veräußerung seines Wohnungseigentums verurteilt wird, berechtigt zur Zwangsvollstreckung entspre-**

alt	neu
chend den Vorschriften des Ersten Abschnitts des Gesetzes über die Zwangsversteigerung und die Zwangsverwaltung.	**chend den Vorschriften des Ersten Abschnitts des Gesetzes über die Zwangsversteigerung und die Zwangsverwaltung.** **Das Gleiche gilt für Schuldtitel im Sinne des § 794 der Zivilprozessordnung, durch die sich der Wohnungseigentümer zur Veräußerung seines Wohnungseigentums verpflichtet**
§ 19 Abs. 1 Satz 2 *Die Ausübung dieses Rechts steht der Gemeinschaft der Wohnungseigentümer zu, soweit es sich nicht um eine Gemeinschaft handelt, die nur aus zwei Wohnungseigentümern besteht.*	
§ 20 *Gliederung der* Verwaltung	§ 18 Verwaltung **und Benutzung**
§ 20 Abs. 1 Die Verwaltung des gemeinschaftlichen Eigentums obliegt *den Wohnungseigentümern nach Maßgabe der §§ 21 bis 25 und dem Verwalter nach Maßgabe der §§ 26 bis 28, im Falle der Bestellung eines Verwaltungsbeirats auch diesem nach Maßgabe des § 29.*	§ 18 Abs. 1 Die Verwaltung des gemeinschaftlichen Eigentums obliegt **der Gemeinschaft der Wohnungseigentümer.**
§ 20 Abs. 2 *Die Bestellung eines Verwalters kann nicht ausgeschlossen werden.*	-
§ 21 Abs. 1 Soweit nicht in diesem Gesetz oder durch Vereinbarung der Wohnungseigentümer etwas anderes bestimmt ist, steht die Verwaltung des gemeinschaftlichen Eigentums den Wohnungseigentümern gemeinschaftlich zu.	< s. § 18 Abs. 1>
§ 21 Abs. 2 Jeder Wohnungseigentümer ist berechtigt, ohne Zustimmung der anderen Wohnungseigentümer die Maßnahmen zu treffen, die zur Abwendung eines dem gemeinschaftli-	§ 18 **Abs. 3** Jeder Wohnungseigentümer ist berechtigt, ohne Zustimmung der anderen Wohnungseigentümer die Maßnahmen zu treffen, die zur Abwendung eines dem gemeinschaftli-

alt	**neu**
chen Eigentum unmittelbar drohenden Schadens notwendig sind.	chen Eigentum unmittelbar drohenden Schadens notwendig sind.
<§§ 675, 666 BGB>	§ 18 **Abs. 4** **Jeder Wohnungseigentümer kann von der Gemeinschaft der Wohnungseigentümer Einsicht in die Verwaltungsunterlagen verlangen.**
§ 21 Abs. 3 Soweit die Verwaltung des gemeinschaftlichen Eigentums nicht durch Vereinbarung der Wohnungseigentümer geregelt *ist, können die Wohnungseigentümer eine der Beschaffenheit des gemeinschaftlichen Eigentums entsprechende ordnungsmäßige Verwaltung durch Stimmenmehrheit beschließen.*	§ 19 Abs. 1 Soweit die Verwaltung des gemeinschaftlichen Eigentums **und die Benutzung des gemeinschaftlichen Eigentums und des Sondereigentums** nicht durch Vereinbarung der Wohnungseigentümer geregelt **sind, beschließen die Wohnungseigentümer eine ordnungsmäßige Verwaltung und Benutzung.**
§ 21 Abs. 4 *Jeder Wohnungseigentümer kann eine Verwaltung verlangen, die den Vereinbarungen und Beschlüssen und, soweit solche nicht bestehen,* *dem Interesse der Gesamtheit der Wohnungseigentümer nach billigem Ermessen entspricht.*	§ 18 Abs. 2 **Jeder Wohnungseigentümer kann von der Gemeinschaft der Wohnungseigentümer** **1. eine Verwaltung des gemeinschaftlichen Eigentums sowie** **2. eine Benutzung des gemeinschaftlichen Eigentums und des Sondereigentums** **verlangen, die dem Interesse der Gesamtheit der Wohnungseigentümer nach billigem Ermessen (ordnungsmäßige Verwaltung und Benutzung) und, soweit solche bestehen, den gesetzlichen Regelungen, Vereinbarungen und Beschlüssen entsprechen.**
	§ 19 **Regelung der Verwaltung und Benutzung durch Beschluss**
§ 21 Abs. 5 *Zu einer ordnungsmäßigen, dem Interesse der Gesamtheit der Wohnungseigentümer entsprechenden Verwaltung gehört insbesondere:*	§ 19 Abs. 2 **Zur ordnungsmäßigen Verwaltung und Benutzung gehören insbesondere** 1. die Aufstellung einer Hausordnung,

alt	neu
1. die Aufstellung einer Hausordnung; 2. die ordnungsmäßige *Instandhaltung und Instandsetzung* des gemeinschaftlichen Eigentums; 3. *die Feuerversicherung* des gemeinschaftlichen Eigentums zum Neuwert *sowie die angemessene Versicherung* der Wohnungseigentümer gegen Haus- und Grundbesitzerhaftpflicht; 4. die Ansammlung einer angemessenen *Instandhaltungsrückstellung;* *5. die Aufstellung eines Wirtschaftsplans (§ 28);*	2. die ordnungsmäßige **Erhaltung** des gemeinschaftlichen Eigentums, 3. **die angemessene Versicherung** des gemeinschaftlichen Eigentums zum Neuwert sowie der Wohnungseigentümer gegen Haus- und Grundbesitzerhaftpflicht, 4. die Ansammlung einer angemessenen **Erhaltungsrücklage,** **5. die Festsetzung von Vorschüssen nach § 28 Absatz 1 Satz 1 sowie** **6. die Bestellung eines zertifizierten Verwalters nach § 26a, es sei denn, es bestehen weniger als neun Sondereigentumsrechte, ein Wohnungseigentümer wurde zum Verwalter bestellt und weniger als ein Drittel der Wohnungseigentümer (§ 25 Absatz 2) verlangt die Bestellung eines zertifizierten Verwalters.**
§ 21 Abs. 5 *Nr. 6. die Duldung aller Maßnahmen, die zur Herstellung einer Fernsprechteilnehmereinrichtung, einer Rundfunkempfangsanlage oder eines Energieversorgungsanschlusses zugunsten eines Wohnungseigentümers erforderlich sind.*	§ 20 Abs. 2 **Jeder Wohnungseigentümer kann angemessene bauliche Veränderungen verlangen, die** **1. dem Gebrauch durch Menschen mit Behinderungen** **2. dem Laden elektrisch betriebener Fahrzeuge** **3. dem Einbruchsschutz und** **4. dem Anschluss an ein Telekommunikationsnetz mit sehr hoher Kapazität dienen.** **Über die Durchführung ist im Rahmen ordnungsmäßiger Verwaltung zu beschließen.**
§ 21 Abs. 6 *Der Wohnungseigentümer, zu dessen Gunsten eine Maßnahme der in Absatz 5 Nr. 6 bezeichneten Art getroffen*	Der Wohnungseigentümer, zu dessen Gunsten eine Maßnahme der in Absatz 5 Nr. 6 bezeichneten Art getroffen wird, ist zum Ersatz des hier-

alt	neu
wird, ist zum Ersatz des hierdurch entstehenden Schadens verpflichtet.	durch entstehenden Schadens verpflichtet.
§ 21 Abs. 7 *Die Wohnungseigentümer können die Regelung der Art und Weise von Zahlungen, der Fälligkeit und der Folgen des Verzugs sowie der Kosten für eine besondere Nutzung des gemeinschaftlichen Eigentums oder für einen besonderen Verwaltungsaufwand mit Stimmenmehrheit beschließen.*	-
§ 21 Abs. 8 Treffen die Wohnungseigentümer eine nach dem Gesetz erforderliche Maßnahme nicht, so kann an ihrer Stelle das Gericht in einem Rechtsstreit gemäß § 43 nach billigem Ermessen entscheiden, soweit sich die Maßnahme nicht aus dem Gesetz, einer Vereinbarung oder einem Beschluss der Wohnungseigentümer ergibt.	<vgl. §§ 44 Abs. 1 Satz 2> **Unterbleibt eine notwendige Beschlussfassung, kann das Gericht auf Klage eines Wohnungseigentümers den Beschluss fassen (Beschlussersetzungsklage)**
§ 22 Besondere Aufwendungen, Wiederaufbau	§ 20 **Bauliche Veränderungen**
§ 22 Abs. 1 Satz 1 *Bauliche Veränderungen und Aufwendungen,* die über die ordnungsmäßige *Instandhaltung oder Instandsetzung des gemeinschaftlichen Eigentums hinausgehen,* können beschlossen *oder verlangt* werden, *wenn jeder Wohnungseigentümer zustimmt, dessen Rechte durch die Maßnahmen über das in § 14 Nr. 1 bestimmte Maß hinaus beeinträchtigt werden.*	§ 20 Abs. 1 **Maßnahmen,** die über die ordnungsmäßige **Erhaltung des gemeinschaftlichen Eigentums hinausgehen (bauliche Veränderungen),** können beschlossen **oder einem Wohnungseigentümer durch Beschluss gestattet** werden.
§ 22 Abs. 1 Satz 2 *Die Zustimmung ist nicht erforderlich, soweit die Rechte eines Wohnungseigentümers nicht in der in Satz 1 bezeichneten Weise beeinträchtigt werden.*	§ 20 Abs. 3 **Unbeschadet des Absatzes 2 kann jeder Wohnungseigentümer verlangen, dass ihm eine bauliche Veränderung gestattet wird, wenn alle Wohnungseigentümer, deren Rechte durch die bauliche Veränderung über das bei einem**

alt	neu
	geordneten Zusammenleben unvermeidliche Maß hinaus beeinträchtigt werden, einverstanden sind.
§ 22 Abs. 2 *Maßnahmen gemäß Absatz 1 Satz 1, die der Modernisierung entsprechend § 555b Nummer 1 bis 5 des Bürgerlichen Gesetzbuches oder der Anpassung des gemeinschaftlichen Eigentums an den Stand der Technik dienen, die Eigenart der Wohnanlage nicht ändern und keinen Wohnungseigentümer gegenüber anderen unbillig beeinträchtigen, können abweichend von Absatz 1 durch eine Mehrheit von drei Viertel aller stimmberechtigten Wohnungseigentümer im Sinne des § 25 Abs. 2 und mehr als der Hälfte aller Miteigentumsanteile beschlossen werden. Die Befugnis im Sinne des Satzes 1 kann durch Vereinbarung der Wohnungseigentümer nicht eingeschränkt oder ausgeschlossen werden.*	§ 20 Abs. 4 **Bauliche Veränderungen, die die Wohnanlage grundlegend umgestalten oder einen Wohnungseigentümer ohne sein Einverständnis gegenüber anderen unbillig benachteiligen, dürfen nicht beschlossen und gestattet werden; sie können auch nicht verlangt werden.**
§ 22 Abs. 3 *Für Maßnahmen der modernisierenden Instandsetzung im Sinne des § 21 Abs. 5 Nr. 2 verbleibt es bei den Vorschriften des § 21 Abs. 3 und 4.*	
§ 22 Abs. 4 Ist das Gebäude zu mehr als der Hälfte seines Wertes zerstört und ist der Schaden nicht durch eine Versicherung oder in anderer Weise gedeckt, so kann der Wiederaufbau nicht *gemäß § 21 Abs. 3* beschlossen oder *gemäß § 21 Abs. 4* verlangt werden.	§ 22 **Wiederaufbau** Ist das Gebäude zu mehr als der Hälfte seines Wertes zerstört und ist der Schaden nicht durch eine Versicherung oder in anderer Weise gedeckt, so kann der Wiederaufbau nicht beschlossen oder verlangt werden.
§ 23 Wohnungseigentümerversammlung	§ 23 Wohnungseigentümerversammlung
§ 23 Abs. 1 Angelegenheiten, über die nach diesem Gesetz oder nach einer Vereinbarung der Wohnungseigentümer die Wohnungseigentümer durch Be-	§ 23 Abs. 1 Angelegenheiten, über die nach diesem Gesetz oder nach einer Vereinbarung der Wohnungseigentümer die Wohnungseigentümer durch Be-

alt	neu
schluß entscheiden können, werden durch Beschlußfassung in einer Versammlung der Wohnungseigentümer geordnet.	schluss entscheiden können, werden durch Beschlussfassung in einer Versammlung der Wohnungseigentümer geordnet. **Die Wohnungseigentümer können beschließen, dass Wohnungseigentümer an der Versammlung auch ohne Anwesenheit an deren Ort teilnehmen und sämtliche oder einzelne ihrer Rechte ganz oder teilweise im Wege elektronischer Kommunikation ausüben können.**
§ 23 Abs. 2	§ 23 Abs. 2 – unverändert
§ 23 Abs. 3 Auch ohne Versammlung ist ein Beschluß gültig, wenn alle Wohnungseigentümer ihre Zustimmung zu diesem Beschluß schriftlich erklären.	§ 23 Abs. 3 Auch ohne Versammlung ist ein Beschluss gültig, wenn alle Wohnungseigentümer ihre Zustimmung zu diesem Beschluss **in Textform** erklären. **Die Wohnungseigentümer können beschließen, dass für einen einzelnen Gegenstand die Mehrheit der abgegebenen Stimmen genügt.**
§ 23 Abs. 4	§ 23 Abs. 4 – unverändert
§ 24 Einberufung, Vorsitz, Niederschrift	§ 24 Einberufung, Vorsitz, Niederschrift
§ 24 Abs. 1	§ 24 Abs. 1 – unverändert
§ 24 Abs. 2 Die Versammlung der Wohnungseigentümer muß von dem Verwalter in den durch Vereinbarung der Wohnungseigentümer bestimmten Fällen, im übrigen dann einberufen werden, wenn dies *schriftlich* unter Angabe des Zweckes und der Gründe von mehr als einem Viertel der Wohnungseigentümer verlangt wird.	§ 24 Abs. 2 Die Versammlung der Wohnungseigentümer muss von dem Verwalter in den durch Vereinbarung der Wohnungseigentümer bestimmten Fällen, im übrigen dann einberufen werden, wenn dies **in Textform** unter Angabe des Zweckes und der Gründe von mehr als einem Viertel der Wohnungseigentümer verlangt wird.
§ 24 Abs. 3 Fehlt ein Verwalter oder weigert er sich pflichtwidrig, die Versammlung	§ 24 Abs. 3 Fehlt ein Verwalter oder weigert er sich pflichtwidrig, die Versammlung

alt	neu
der Wohnungseigentümer einzuberufen, so kann die Versammlung auch, *falls ein Verwaltungsbeirat bestellt ist, von dessen Vorsitzenden oder seinem Vertreter* einberufen werden.	der Wohnungseigentümer einzuberufen, so kann die Versammlung auch **durch den Vorsitzenden des Verwaltungsbeirats, dessen Vertreter oder einen durch Beschluss ermächtigten Wohnungseigentümer** einberufen werden.
§ 24 Abs. 4 Die Einberufung erfolgt in Textform. Die Frist der Einberufung soll, sofern nicht ein Fall besonderer Dringlichkeit vorliegt, mindestens *zwei* Wochen betragen.	§ 24 Abs. 4 Die Einberufung erfolgt in Textform. Die Frist der Einberufung soll, sofern nicht ein Fall besonderer Dringlichkeit vorliegt, mindestens **drei** Wochen betragen.
§ 24 Abs. 5	§ 24 Abs. 5 – unverändert
§ 24 Abs. 6 Über die in der Versammlung gefaßten Beschlüsse ist eine Niederschrift aufzunehmen. Die Niederschrift ist von dem Vorsitzenden und einem Wohnungseigentümer und, falls ein Verwaltungsbeirat bestellt ist, auch von dessen Vorsitzenden oder seinem Vertreter zu unterschreiben. *Jeder Wohnungseigentümer ist berechtigt, die Niederschriften einzusehen.*	§ 24 Abs. 6 Über die in der Versammlung gefassten Beschlüsse ist **unverzüglich** eine Niederschrift aufzunehmen. Die Niederschrift ist von dem Vorsitzenden und einem Wohnungseigentümer und, falls ein Verwaltungsbeirat bestellt ist, auch von dessen Vorsitzenden oder seinem Vertreter zu unterschreiben.
§ 25 *Mehrheitsbeschluß*	§ 25 **Beschlussfassung, Beschlusssammlung**
§ 25 Abs. 1 *Für die Beschlußfassung in Angelegenheiten, über die die Wohnungseigentümer durch Stimmenmehrheit beschließen, gelten die Vorschriften der Absätze 2 bis 5.*	§ 25 Abs. 1 **Bei der Beschlussfassung entscheidet die Mehrheit der abgegebenen Stimmen.**
§ 25 Abs. 2	§ 25 Abs. 2 – unverändert
§ 25 Abs. 3 *Die Versammlung ist nur beschlußfähig, wenn die erschienenen stimmberechtigten Wohnungseigentümer mehr als die Hälfte der Miteigentumsanteile, berechnet nach der im Grundbuch eingetragenen Größe dieser Anteile, vertreten.*	§ 25 Abs. 3 **Vollmachten bedürfen zu ihrer Gültigkeit der Textform**

alt	**neu**
§ 25 Abs. 4 *Ist eine Versammlung nicht gemäß Absatz 3 beschlußfähig, so beruft der Verwalter eine neue Versammlung mit dem gleichen Gegenstand ein. Diese Versammlung ist ohne Rücksicht auf die Höhe der vertretenen Anteile beschlußfähig; hierauf ist bei der Einberufung hinzuweisen.*	
§ 25 Abs. 5 Ein Wohnungseigentümer ist nicht stimmberechtigt, wenn die Beschlußfassung die Vornahme eines auf die Verwaltung des gemeinschaftlichen Eigentums bezüglichen Rechtsgeschäfts mit ihm oder die Einleitung oder Erledigung eines Rechtsstreits *der anderen Wohnungseigentümer* gegen ihn betrifft oder wenn er nach § *18* rechtskräftig verurteilt ist.	§ 25 Abs. 4 Ein Wohnungseigentümer ist nicht stimmberechtigt, wenn die Beschlussfassung die Vornahme eines auf die Verwaltung des gemeinschaftlichen Eigentums bezüglichen Rechtsgeschäfts mit ihm oder die Einleitung oder Erledigung eines Rechtsstreits gegen ihn betrifft oder wenn er nach § **17** rechtskräftig verurteilt ist.
§ 26 Bestellung und Abberufung des Verwalters	§ 26 Bestellung und Abberufung des Verwalters
§ 26 Abs. 1 Über die Bestellung und Abberufung des Verwalters beschließen die Wohnungseigentümer *mit Stimmenmehrheit.* Die Bestellung *darf* auf höchstens fünf Jahre vorgenommen werden, im Falle der ersten Bestellung nach der Begründung von Wohnungseigentum aber auf höchstens drei Jahre. *Die Abberufung des Verwalters kann auf das Vorliegen eines wichtigen Grundes beschränkt werden. Ein wichtiger Grund liegt regelmäßig vor, wenn der Verwalter die Beschluss-Sammlung nicht ordnungsmäßig führt.* *Andere* Beschränkungen der Bestellung oder Abberufung des Verwalters sind nicht zulässig.	§ 26 Abs. 1 Über die Bestellung und Abberufung des Verwalters beschließen die Wohnungseigentümer.

alt	neu
§ 26 Abs. 2 Die wiederholte Bestellung ist zulässig; sie bedarf eines erneuten Beschlusses der Wohnungseigentümer, der frühestens ein Jahr vor Ablauf der Bestellungszeit gefaßt werden kann.	§ 26 Abs. 2 **Die Bestellung kann auf höchstens fünf Jahre vorgenommen werden, im Fall der ersten Bestellung nach der Begründung von Wohnungseigentum aber auf höchstens drei Jahre.** Die wiederholte Bestellung ist zulässig; sie bedarf eines erneuten Beschlusses der Wohnungseigentümer, der frühestens ein Jahr vor Ablauf der Bestellungszeit gefasst werden kann.
§ 26 Abs. 3 Soweit die Verwaltereigenschaft durch eine öffentlich beglaubigte Urkunde nachgewiesen werden muß, genügt die Vorlage einer Niederschrift über den Bestellungsbeschluß, bei der die Unterschriften der in § 24 Abs. 6 bezeichneten Personen öffentlich beglaubigt sind.	**Der Verwalter kann jederzeit abberufen werden. Ein Vertrag mit dem Verwalter endet spätestens sechs Monate nach dessen Abberufung.**
	§ 26 Abs. 4 Soweit die Verwaltereigenschaft durch eine öffentlich beglaubigte Urkunde nachgewiesen werden muss, genügt die Vorlage einer Niederschrift über den Bestellungsbeschluss, bei der die Unterschriften der in § 24 Absatz 6 bezeichneten Personen öffentlich beglaubigt sind.
	§ 26 Abs. 5 Abweichungen von den Absätzen 1 bis 3 sind nicht zulässig.
<§ 26a wurde komplett neu gefasst>	**§ 26a Zertifizierter Verwalter**
	§ 26a Abs. 1 Als zertifizierter Verwalter darf sich bezeichnen, wer vor einer Industrie- und Handelskammer durch eine Prüfung nachgewiesen hat, dass er über die für die Tätigkeit als Verwalter notwendigen rechtlichen, kaufmän-

alt	neu
	nischen und technischen Kenntnisse verfügt.
	§ 26a Abs. 2 **Das Bundesministerium der Justiz und für Verbraucherschutz wird ermächtigt, durch Rechtsverordnung nähere Bestimmungen über die Prüfung zum zertifizierten Verwalter zu erlassen. In der Rechtsverordnung nach Satz 1 können insbesondere festgelegt werden:** **1. nähere Bestimmungen zu Inhalt und Verfahren der Prüfung;** **2. Bestimmungen über das zu erteilende Zertifikat;** **3. Voraussetzungen, unter denen sich juristische Personen und Personengesellschaften als zertifizierte Verwalter bezeichnen dürfen;** **Bestimmungen, wonach Personen aufgrund anderweitiger Qualifikationen von der Prüfung befreit sind, insbesondere weil sie die Befähigung zum Richteramt, einen Hochschulabschluss mit immobilienwirtschaftlichem Schwerpunkt, eine abgeschlossene Berufsausbildung zum Immobilienkaufmann oder zur Immobilienkauffrau oder einen vergleichbaren Berufsabschluss besitzen.**
§ 27 Aufgaben und Befugnisse des Verwalters	**§ 27 Aufgaben und Befugnisse des Verwalters**
<§ 27 wurde komplett neu gefasst>	**§ 27 Abs. 1 Der Verwalter ist gegenüber der Gemeinschaft der Wohnungseigentümer berechtigt und verpflichtet, die Maßnahmen ordnungsmäßiger Verwaltung zu treffen, die**

alt	neu
	1. untergeordnete Bedeutung haben und nicht **zu erheblichen Verpflichtungen führen oder** **2. die zur Wahrung einer Frist oder zur Abwendung eines Nachteils erforderlich sind.**
§ 27 Abs. 1 Nr. 7 Der Verwalter ist … verpflichtet, die Wohnungseigentümer unverzüglich darüber zu unterrichten, dass ein Rechtsstreit gemäß § 43 anhängig ist.	§ 44 Abs. 2 Satz 2 Der Verwalter hat den Wohnungseigentümern die Erhebung einer Klage unverzüglich bekannt zu machen.
§ 27 Abs. 4 *Die dem Verwalter nach den Absätzen 1 bis 3 zustehenden Aufgaben und Befugnisse können durch Vereinbarung der Wohnungseigentümer nicht eingeschränkt oder ausgeschlossen werden.*	§ 27 Abs. 2 **Die Wohnungseigentümer können die Rechte und Pflichten nach Absatz 1 durch Beschluss einschränken oder erweitern.**
§ 28 Wirtschaftsplan, *Rechnungslegung*	§ 28 Wirtschaftsplan, **Jahresabrechnung, Vermögensbericht**
§ 28 Abs. 1 Der Verwalter hat jeweils für ein Kalenderjahr einen Wirtschaftsplan aufzustellen. Der Wirtschaftsplan enthält: 1. die voraussichtlichen Einnahmen und Ausgaben bei der Verwaltung des gemeinschaftlichen Eigentums; 2. die anteilmäßige Verpflichtung der Wohnungseigentümer zur Lasten- und Kostentragung; 3. die Beitragsleistung der Wohnungseigentümer zu der in § 21 Abs. 5 Nr. 4 vorgesehenen Instandhaltungsrückstellung.	§ 28 Abs. 1 **Die Wohnungseigentümer beschließen über die Vorschüsse zur Kostentragung und zu den nach § 19 Absatz 2 Nummer 4 oder durch Beschluss vorgesehenen Rücklagen. Zu diesem Zweck hat der Verwalter jeweils für ein Kalenderjahr einen Wirtschaftsplan aufzustellen, der darüber hinaus die voraussichtlichen Einnahmen und Ausgaben enthält.**
§ 28 Abs. 2 *Die Wohnungseigentümer sind verpflichtet, nach Abruf durch den Verwalter dem beschlossenen Wirtschaftsplan entsprechende Vorschüsse zu leisten.*	Nach Ablauf des Kalenderjahres beschließen die Wohnungseigentümer über die Einforderung von Nachschüssen oder die Anpassung der beschlossenen Vorschüsse. Zu diesem Zweck hat der Verwalter eine Ab-

alt	neu
	rechnung über den Wirtschaftsplan (Jahresabrechnung) aufzustellen, die darüber hinaus die Einnahmen und Ausgaben enthält.
§ 28 Abs. 3 *Der Verwalter hat nach Ablauf des Kalenderjahres eine Abrechnung aufzustellen.*	§ 28 Abs. 2 Satz 2 **Zu diesem Zweck hat der Verwalter eine Abrechnung über den Wirtschaftsplan (Jahresabrechnung) aufzustellen, die darüber hinaus die Einnahmen und Ausgaben enthält.**
	§ 28 Abs. 3 **Die Wohnungseigentümer können beschließen, wann Forderungen fällig werden und wie sie zu erfüllen sind.**
§ 28 Abs. 4 *Die Wohnungseigentümer können durch Mehrheitsbeschluß jederzeit von dem Verwalter Rechnungslegung verlangen.*	§ 28 Abs. 4 **Der Verwalter hat nach Ablauf eines Kalenderjahres einen Vermögensbericht zu erstellen, der den Stand der in Absatz 1 Satz 1 bezeichneten Rücklagen und eine Aufstellung des wesentlichen Gemeinschaftsvermögens enthält. Der Vermögensbericht ist jedem Wohnungseigentümer zur Verfügung zu stellen.**
§ 28 Abs. 5 *Über den Wirtschaftsplan, die Abrechnung und die Rechnungslegung des Verwalters beschließen die Wohnungseigentümer durch Stimmenmehrheit.*	§ 28 Abs. 2 Satz 1 **Nach Ablauf des Kalenderjahres beschließen die Wohnungseigentümer über die Einforderung von Nachschüssen oder die Anpassung der beschlossenen Vorschüsse.**
§ 29 Verwaltungsbeirat	§ 29 Verwaltungsbeirat
§ 29 Abs. 1 *Die Wohnungseigentümer können durch Stimmenmehrheit die Bestellung eines Verwaltungsbeirats beschließen. Der Verwaltungsbeirat besteht aus einem Wohnungseigentümer als Vorsitzenden und zwei weiteren Wohnungseigentümern als Beisitzern.*	§ 29 Abs. 1 **Wohnungseigentümer können durch Beschluss zum Mitglied des Verwaltungsbeirats bestellt werden. Hat der Verwaltungsbeirat mehrere Mitglieder, ist ein Vorsitzender und ein Stellvertreter zu bestimmen.**

alt	neu
§ 29 Abs. 2 Der Verwaltungsbeirat unterstützt den Verwalter bei der Durchführung seiner Aufgaben.	§ 29 Abs. 2 Satz 1 Der Verwaltungsbeirat unterstützt **und überwacht** den Verwalter bei der Durchführung seiner Aufgaben.
§ 29 Abs. 3 Der Wirtschaftsplan, *die Abrechnung über den Wirtschaftsplan, Rechnungslegungen und Kostenanschläge* sollen, bevor *über sie die Wohnungseigentümerversammlung beschließt,* vom Verwaltungsbeirat geprüft und mit dessen Stellungnahme versehen werden.	§ 29 Abs. 2 Satz 2 Der Wirtschaftsplan **und die Jahresabrechnung** sollen, bevor **die Beschlüsse nach § 28 Absatz 1 Satz 1 und Absatz 2 Satz 1 gefasst werden,** vom Verwaltungsbeirat geprüft und mit dessen Stellungnahme versehen werden.
§ 29 Abs. 4 Der Verwaltungsbeirat wird von dem Vorsitzenden nach Bedarf einberufen.	§ 29 Abs. 1 letzter Satz Der Verwaltungsbeirat wird von dem Vorsitzenden nach Bedarf einberufen.
-	§ 29 Abs. 3 **Sind Mitglieder des Verwaltungsbeirats unentgeltlich tätig, haben sie nur Vorsatz und grobe Fahrlässigkeit zu vertreten.**
§ 30	§ 30 Wohnungserbbaurecht
§ 32 Absatz 2 Satz 4–7 werden aufgehoben	Der bisherige 4. Abschnitt wird Abschnitt 5. Der II. Teil wird Teil 2
III. Teil	**Teil 3** Verfahrensvorschriften
§ 43 Zuständigkeit	§ 43 Zuständigkeit
	§ 43 Abs. 1 Die Gemeinschaft der Wohnungseigentümer hat ihren allgemeinen Gerichtsstand bei dem Gericht, in dessen Bezirk das Grundstück liegt. Bei diesem Gericht kann auch die Klage gegen Wohnungseigentümer im Fall des § 9a Absatz 4 Satz 1 erhoben werden.
§ 43 Das Gericht, in dessen Bezirk das Grundstück liegt, ist ausschließlich zuständig für	§ 43 Abs. 2 Das Gericht, in dessen Bezirk das Grundstück liegt, ist ausschließlich zuständig für

alt	neu
1. Streitigkeiten über die *sich aus der Gemeinschaft der Wohnungseigentümer und aus der Verwaltung des gemeinschaftlichen Eigentums ergebenden* Rechte und Pflichten der Wohnungseigentümer untereinander; 2. Streitigkeiten über die Rechte und Pflichten zwischen der Gemeinschaft der Wohnungseigentümer und Wohnungseigentümern; 3. Streitigkeiten über die Rechte und Pflichten des Verwalters *bei der Verwaltung des gemeinschaftlichen Eigentums;* 4. Streitigkeiten über die Gültigkeit von Beschlüssen der Wohnungseigentümer; 5. Klagen Dritter, die sich gegen die Gemeinschaft der Wohnungseigentümer oder gegen Wohnungseigentümer richten und sich auf das gemeinschaftliche Eigentum, seine Verwaltung oder das Sondereigentum beziehen; 6. Mahnverfahren, wenn die Gemeinschaft der Wohnungseigentümer Antragstellerin ist. Insoweit ist § 689 Abs. 2 der Zivilprozessordnung nicht anzuwenden.	1. Streitigkeiten über die Rechte und Pflichten der Wohnungseigentümer untereinander, 2. Streitigkeiten über die Rechte und Pflichten zwischen der Gemeinschaft der Wohnungseigentümer und Wohnungseigentümern, 3. Streitigkeiten über die Rechte und Pflichten des Verwalters **einschließlich solcher über Ansprüche eines Wohnungseigentümers gegen den Verwalter sowie** 4. Beschlussklagen gemäß § 44.
§ 44 Bezeichnung der Wohnungseigentümer in der Klageschrift – entfällt –	
§ 45 Zustellung – entfällt –	
§ 46 Anfechtungsklage	§ 44 Beschlussklagen
§ 46 Abs. 1 Satz 1 *Die Klage eines oder mehrerer Wohnungseigentümer auf Erklärung der Ungültigkeit eines Beschlusses der Wohnungseigentümer ist gegen die übrigen Wohnungseigentümer*	§ 44 Abs. 2 Satz 1 Die Klagen sind gegen die Gemeinschaft der Wohnungseigentümer zu richten. ….

alt	neu
und die Klage des Verwalters ist gegen die Wohnungseigentümer zu richten.	–
§ 46 Abs. 1 Satz 2 *Sie* muss innerhalb eines Monats nach der Beschlussfassung erhoben und innerhalb zweier Monate nach der Beschlussfassung begründet werden. Die §§ 233 bis 238 der Zivilprozessordnung gelten entsprechend.	§ 45 Fristen der Anfechtungsklage **Die Anfechtungsklage** muss innerhalb eines Monats nach der Beschlussfassung erhoben und innerhalb zweier Monate nach der Beschlussfassung begründet werden. Die §§ 233 bis 238 der Zivilprozessordnung gelten entsprechend.
§ 46 Abs. 2 *Hat der Kläger erkennbar eine Tatsache übersehen, aus der sich ergibt, dass der Beschluss nichtig ist, so hat das Gericht darauf hinzuweisen.*	<war noch als § 45 Abs. 2 im ReferentenEntw>
§ 47 *Prozessverbindung*	
§ 47 *Mehrere Prozesse, in denen Klagen auf Erklärung oder Feststellung der Ungültigkeit desselben Beschlusses der Wohnungseigentümer erhoben werden, sind zur gleichzeitigen Verhandlung und Entscheidung zu verbinden.* *Die Verbindung bewirkt, dass die Kläger der vorher selbständigen Prozesse als Streitgenossen anzusehen sind.*	§ 44 Abs. 2 Satz 3 **Mehrere Prozesse sind zur gleichzeitigen Verhandlung und Entscheidung zu verbinden.**
§ 48 Beiladung, Wirkung des Urteils	
§ 48 Abs. 1 Richtet sich die Klage eines Wohnungseigentümers, der in einem Rechtsstreit gemäß § 43 Nr. 1 oder Nr. 3 einen ihm allein zustehenden Anspruch geltend macht, nur gegen einen oder einzelne Wohnungseigentümer oder nur gegen den Verwalter, so sind die übrigen Wohnungseigentümer beizuladen, es sei denn, dass ihre rechtlichen Interessen erkennbar nicht betroffen sind. Soweit in einem Rechtsstreit gemäß § 43 Nr. 3 oder Nr. 4 der Verwalter	

alt	neu
nicht Partei ist, ist er ebenfalls beizuladen.	
§ 48 Abs. 2 Die Beiladung erfolgt durch Zustellung der Klageschrift, der die Verfügungen des Vorsitzenden beizufügen sind. Die Beigeladenen können der einen oder anderen Partei zu deren Unterstützung beitreten. 3Veräußert ein beigeladener Wohnungseigentümer während des Prozesses sein Wohnungseigentum, ist § 265 Abs. 2 der Zivilprozessordnung entsprechend anzuwenden.	
§ 48 Abs. 3 *Über die in § 325 der Zivilprozessordnung angeordneten Wirkungen hinaus wirkt das rechtskräftige Urteil auch für und gegen alle beigeladenen Wohnungseigentümer und ihre Rechtsnachfolger sowie den beigeladenen Verwalter.*	§ 44 Abs. 3 **Das Urteil wirkt für und gegen alle Wohnungseigentümer, auch wenn sie nicht Partei sind.**
Abs. 4 Wird durch das Urteil eine Anfechtungsklage als unbegründet abgewiesen, so kann auch nicht mehr geltend gemacht werden, der Beschluss sei nichtig.	< war noch als § 45 Abs. 3 im ReferentenEntw>

II. Synopse neu – alt

neu	**alt**
Entwurf eines Gesetzes zur Förderung der Elektromobilität und zur Modernisierung des Wohnungseigentumsgesetzes und zur Änderung von kosten- und grundbuchrechtlichen Vorschriften (Wohnungseigentumsmodernisierungsgesetz – **WEMoG,** BT-Drucks 19/18791. BR-Drucks 168/20)	Gesetz über das Wohnungseigentum und das Dauerwohnrecht) Gesetz vom 15.3.1951 **WEG**
Teil 1 Wohnungseigentum Abschnitt 1 Begriffsbestimmungen	Erster Teil: Wohnungseigentum Begriffsbestimmungen
§ 1 Absatz 5 **Gemeinschaftliches Eigentum im Sinne dieses Gesetzes sind das Grundstück und das Gebäude, soweit sie nicht im Sondereigentum oder im Eigentum eines Dritten stehen.**	
§ 3 Abs. 1 Das Miteigentum (§ 1008 des Bürgerlichen Gesetzbuches) an einem Grundstück kann durch Vertrag der Miteigentümer in der Weise beschränkt werden, dass jedem der Miteigentümer abweichend von § 93 des Bürgerlichen Gesetzbuches das **Eigentum** an einer bestimmten Wohnung oder an nicht zu Wohnzwecken dienenden bestimmten Räumen in einem auf dem Grundstück errichteten oder zu errichtenden Gebäude **(„Sondereigentum“)** eingeräumt wird. **Stellplätze gelten als Räume im Sinne des Satzes 1.** **§ 3 Abs. 2** **Das Sondereigentum kann auf einen außerhalb des Gebäudes liegenden Teil des Grundstücks erstreckt werden, es sei denn, die Wohnung oder die nicht zu**	§ 3 Abs. 1 Das Miteigentum (§ 1008 des Bürgerlichen Gesetzbuches) an einem Grundstück kann durch Vertrag der Miteigentümer in der Weise beschränkt werden, daß jedem der Miteigentümer abweichend von § 93 des Bürgerlichen Gesetzbuches das ***Sonder***eigentum an einer bestimmten Wohnung oder an nicht zu Wohnzwecken dienenden bestimmten Räumen in einem auf dem Grundstück errichteten oder zu errichtenden Gebäude eingeräumt wird.

neu	alt
Wohnzwecken dienenden Räume bleiben dadurch wirtschaftlich nicht die Hauptsache. **§ 3 Abs. 3** **Sondereigentum soll nur eingeräumt werden, wenn die Wohnungen oder sonstigen Räume in sich abgeschlossen sind und Stellplätze sowie außerhalb des Gebäudes liegende Teile des Grundstücks durch Maßangaben im Aufteilungsplan bestimmt sind.**	
§ 5 Abs. 1 Gegenstand des Sondereigentums sind die gemäß § 3 Abs. 1 **Satz 1** bestimmten Räume sowie die zu diesen Räumen gehörenden Bestandteile des Gebäudes, die verändert, beseitigt oder eingefügt werden können, ohne dass dadurch das gemeinschaftliche Eigentum oder ein auf Sondereigentum beruhendes Recht eines anderen Wohnungseigentümers über das **bei einem geordneten Zusammenleben unvermeidliche** Maß hinaus beeinträchtigt oder die äußere Gestaltung des Gebäudes verändert wird. **Soweit sich das Sondereigentum auf außerhalb des Gebäudes liegende Teile des Grundstücks erstreckt, gilt § 94 des Bürgerlichen Gesetzbuchs entsprechend.**	§ 5 Abs. 1 Gegenstand des Sondereigentums sind die gemäß § 3 Abs. 1 bestimmten Räume sowie die zu diesen Räumen gehörenden Bestandteile des Gebäudes, die verändert, beseitigt oder eingefügt werden können, ohne daß dadurch das gemeinschaftliche Eigentum oder ein auf Sondereigentum beruhendes Recht eines anderen Wohnungseigentümers über das *nach § 14 zulässige* Maß hinaus beeinträchtigt oder die äußere Gestaltung des Gebäudes verändert wird.
§ 5 Abs. 2 Teile des Gebäudes, die für dessen Bestand oder Sicherheit erforderlich sind, sowie Anlagen und Einrichtungen, die dem gemeinschaftlichen Gebrauch der Wohnungseigentümer dienen, sind nicht Gegenstand des Sondereigentums, selbst wenn sie sich im Bereich der im Sondereigentum stehenden Räume **oder Teile des Grundstücks** befinden.	§ 5 Abs. 2 Teile des Gebäudes, die für dessen Bestand oder Sicherheit erforderlich sind, sowie Anlagen und Einrichtungen, die dem gemeinschaftlichen Gebrauch der Wohnungseigentümer dienen, sind nicht Gegenstand des Sondereigentums, selbst wenn sie sich im Bereich der im Sondereigentum stehenden Räume befinden.

neu	**alt**
§ 5 Abs. 4 Vereinbarungen über das Verhältnis der Wohnungseigentümer untereinander **und Beschlüsse aufgrund einer solchen Vereinbarung** können nach den Vorschriften des **Abschnitts 4** zum Inhalt des Sondereigentums gemacht werden. Ist das Wohnungseigentum mit der Hypothek, Grund- oder Rentenschuld oder der Reallast eines Dritten belastet, so ist dessen nach anderen Rechtsvorschriften notwendige Zustimmung nur erforderlich, wenn ein Sondernutzungsrecht begründet oder ein mit dem Wohnungseigentum verbundenes Sondernutzungsrecht aufgehoben, geändert oder übertragen wird.	§ 5 Abs. 4 Vereinbarungen über das Verhältnis der Wohnungseigentümer untereinander können nach den Vorschriften des *2. und 3. Abschnittes* zum Inhalt des Sondereigentums gemacht werden. Ist das Wohnungseigentum mit der Hypothek, Grund- oder Rentenschuld oder der Reallast eines Dritten belastet, so ist dessen nach anderen Rechtsvorschriften notwendige Zustimmung *zu der Vereinbarung* nur erforderlich, wenn ein Sondernutzungsrecht begründet oder ein mit dem Wohnungseigentum verbundenes Sondernutzungsrecht aufgehoben, geändert oder übertragen wird. Bei der Begründung eines *Sondernutzungsrechts ist die Zustimmung des Dritten nicht erforderlich, wenn durch die Vereinbarung gleichzeitig das zu seinen Gunsten belastete Wohnungseigentum mit einem Sondernutzungsrecht verbunden wird.*
§ 7 Abs. 2 Zur Eintragung eines Beschlusses im Sinne des § 5 Absatz 4 Satz 1 bedarf es der Bewilligungen der Wohnungseigentümer nicht, wenn der Beschluss durch eine Niederschrift, bei der die Unterschriften der in § 24 Absatz 6 bezeichneten Personen öffentlich beglaubigt sind, oder durch ein Urteil in einem Verfahren nach § 44 Absatz 1 Satz 2 nachgewiesen ist. Antragsberechtigt ist auch die Gemeinschaft der Wohnungseigentümer.	
§ 7 Abs. 3 Zur näheren Bezeichnung des Gegenstandes und des Inhalts des Sondereigentums kann auf die Eintragungsbewilligung **oder einen Nachweis gemäß Absatz 2 Satz 1** Bezug genommen werden.	§ 7 Abs. 3 Zur näheren Bezeichnung des Gegenstandes und des Inhalts des Sondereigentums kann auf die Eintragungsbewilligung Bezug genommen werden.

neu	alt
Veräußerungsbeschränkungen (§ 12) und die Haftung von Sondernachfolgern für Geldschulden sind jedoch ausdrücklich einzutragen.	
§ 7 Abs. 4 Der Eintragungsbewilligung sind als Anlagen beizufügen: **1. eine von der Baubehörde mit Unterschrift und Siegel oder Stempel versehene Bauzeichnung, aus der die Aufteilung des Gebäudes und des Grundstücks sowie die Lage und Größe der im Sondereigentum und der im gemeinschaftlichen Eigentum stehenden Teile des Gebäudes und des Grundstücks ersichtlich ist (Aufteilungsplan); alle zu demselben Wohnungseigentum gehörenden Einzelräume und Teile des Grundstücks sind mit der jeweils gleichen Nummer zu kennzeichnen;** 2. eine Bescheinigung der Baubehörde, dass die Voraussetzungen des § 3 Abs. **3** vorliegen. Wenn in der Eintragungsbewilligung für die einzelnen Sondereigentumsrechte Nummern angegeben werden, sollen sie mit denen des Aufteilungsplanes übereinstimmen. Die Landesregierungen können durch Rechtsverordnung bestimmen, dass und in welchen Fällen der Aufteilungsplan (Satz 1 Nr. 1) und die Abgeschlossenheit (Satz 1 Nr. 2) von einem öffentlich bestellten oder anerkannten Sachverständigen für das Bauwesen statt von der Baubehörde ausgefertigt und bescheinigt werden.	§ 7 Abs. 4 Der Eintragungsbewilligung sind als Anlagen beizufügen: 1. eine von der Baubehörde mit Unterschrift und Siegel oder Stempel versehene Bauzeichnung, aus der die Aufteilung des Gebäudes sowie die Lage und Größe der im Sondereigentum und der im gemeinschaftlichen Eigentum stehenden Gebäudeteile ersichtlich ist (Aufteilungsplan); alle zu demselben Wohnungseigentum gehörenden Einzelräume sind mit der jeweils gleichen Nummer zu kennzeichnen; 2. eine Bescheinigung der Baubehörde, daß die Voraussetzungen des § 3 Abs. 2 vorliegen. Wenn in der Eintragungsbewilligung für die einzelnen Sondereigentumsrechte Nummern angegeben werden, sollen sie mit denen des Aufteilungsplanes übereinstimmen. Die Landesregierungen können durch Rechtsverordnung bestimmen, dass und in welchen Fällen der Aufteilungsplan (Satz 1 Nr. 1) und die Abgeschlossenheit (Satz 1 Nr. 2) von einem öffentlich bestellten oder anerkannten Sachverständigen für das Bauwesen statt von der Baubehörde ausgefertigt und bescheinigt werden. *Werden diese Aufgaben von dem Sachverständigen wahrgenommen, so gelten die Bestimmungen der Allgemeinen Verwaltungsvorschrift für die Ausstellung von Bescheinigungen gemäß § 7 Abs. 4 Nr. 2 und § 32 Abs. 2 Nr. 2 des*

neu	alt
	Wohnungseigentumsgesetzes vom 19. März 1974 (BAnz. Nr. 58 vom 23. März 1974). entsprechend. *In diesem Fall bedürfen die Anlagen nicht der Form des § 29 der Grundbuchordnung.* *Die Landesregierungen können die Ermächtigung durch Rechtsverordnung auf die Landesbauverwaltungen übertragen.*
§ 8 Abs. 1 Der Eigentümer eines Grundstücks kann durch Erklärung gegenüber dem Grundbuchamt das Eigentum an dem Grundstück in Miteigentumsanteile in der Weise teilen, dass mit jedem Anteil **Sondereigentum** verbunden ist.	§ 8 Abs. 1 Der Eigentümer eines Grundstücks kann durch Erklärung gegenüber dem Grundbuchamt das Eigentum an dem Grundstück in Miteigentumsanteile in der Weise teilen, daß mit jedem Anteil *das Sondereigentum an einer bestimmten Wohnung oder an nicht zu Wohnzwecken dienenden bestimmten Räumen in einem auf dem Grundstück errichteten oder zu errichtenden Gebäude* verbunden ist.
§ 8 Abs. 2 Im Falle des Absatzes 1 gelten **§ 3 Absatz 1 Satz 2, Absatz 2 und 3, § 4 Absatz 2 Satz 2 sowie die §§ 5 bis 7** entsprechend.	§ 8 Abs. 2 Im Falle des Absatzes 1 gelten *die Vorschriften des § 3 Abs. 2 und der §§ 5, 6, § 7 Abs. 1, 3 bis 5* entsprechend. *Die Teilung wird mit der Anlegung der Wohnungsgrundbücher wirksam.*
§ 8 Abs. 3 Wer einen Anspruch auf Übertragung von Wohnungseigentum gegen den teilenden Eigentümer hat, der durch Vormerkung im Grundbuch gesichert ist, gilt gegenüber der Gemeinschaft der Wohnungseigentümer und den anderen Wohnungseigentümern anstelle des teilenden Eigentümers als Wohnungseigentümer, sobald ihm der Besitz an den zum Sondereigentum gehörenden Räumen übergeben wurde.	

neu	alt
§ 9 Abs. 1 Die Wohnungsgrundbücher werden geschlossen: 1. von Amts wegen, wenn die Sondereigentumsrechte gemäß § 4 aufgehoben werden; 2. auf Antrag des Eigentümers, wenn sich sämtliche Wohnungseigentumsrechte in einer Person vereinigen.	§ 9 Abs. 1 Die Wohnungsgrundbücher werden geschlossen: 1. von Amts wegen, wenn die Sondereigentumsrechte gemäß § 4 aufgehoben werden; *2. auf Antrag sämtlicher Wohnungseigentümer, wenn alle Sondereigentumsrechte durch völlige Zerstörung des Gebäudes gegenstandslos geworden sind und der Nachweis hierfür durch eine Bescheinigung der Baubehörde erbracht ist;* 3. auf Antrag des Eigentümers, wenn sich sämtliche Wohnungseigentumsrechte in einer Person vereinigen.
Abschnitt 3 **Rechtsfähige Gemeinschaft der Wohnungseigentümer** **§ 9a** **Gemeinschaft der Wohnungseigentümer** **§ 9a Abs. 1** **Die Gemeinschaft der Wohnungseigentümer kann Rechte erwerben und Verbindlichkeiten eingehen, vor Gericht klagen und verklagt werden. Die Gemeinschaft der Wohnungseigentümer entsteht mit Anlegung der Wohnungsgrundbücher; dies gilt auch im Fall des § 8. Sie führt die Bezeichnung „Gemeinschaft der Wohnungseigentümer“ oder „Wohnungseigentümergemeinschaft“ gefolgt von der bestimmten Angabe des gemeinschaftlichen Grundstücks.** **§ 9a Abs. 2** **Die Gemeinschaft der Wohnungseigentümer übt die sich aus dem gemeinschaftlichen Eigentum ergebenden Rechte so-**	

neu	alt
wie solche Rechte der Wohnungseigentümer aus, die eine einheitliche Rechtsverfolgung erfordern, und nimmt die entsprechenden Pflichten der Wohnungseigentümer wahr. § 9a Abs. 3 Für das Vermögen der Gemeinschaft der Wohnungseigentümer (Gemeinschaftsvermögen) gelten § 18, § 19 Absatz 1 und § 27 entsprechend. § 9a Abs. 4 Jeder Wohnungseigentümer haftet einem Gläubiger nach dem Verhältnis seines Miteigentumsanteils (§ 16 Absatz 1 Satz 2) für Verbindlichkeiten der Gemeinschaft der Wohnungseigentümer, die während seiner Zugehörigkeit entstanden oder während dieses Zeitraums fällig geworden sind; für die Haftung nach Veräußerung des Wohnungseigentums ist § 160 des Handelsgesetzbuchs entsprechend anzuwenden. Er kann gegenüber einem Gläubiger neben den in seiner Person begründeten auch die der Gemeinschaft der Wohnungseigentümer zustehenden Einwendungen und Einreden geltend machen, nicht aber seine Einwendungen und Einreden gegenüber der Gemeinschaft der Wohnungseigentümer. Für die Einrede der Anfechtbarkeit und Aufrechenbarkeit ist § 770 des Bürgerlichen Gesetzbuchs entsprechend anzuwenden. § 9a Abs. 5 Ein Insolvenzverfahren über das Gemeinschaftsvermögen findet nicht statt.	

neu	alt
§ 9b **Vertretung** **(1) Die Gemeinschaft der Wohnungseigentümer wird durch den Verwalter gerichtlich und außergerichtlich vertreten, beim Abschluss eines Grundstückskauf- oder Darlehensvertrags aber nur aufgrund eines Beschlusses der Wohnungseigentümer. Hat die Gemeinschaft der Wohnungseigentümer keinen Verwalter, wird sie durch die Wohnungseigentümer gemeinschaftlich vertreten. Eine Beschränkung des Umfangs der Vertretungsmacht ist Dritten gegenüber unwirksam.** **(2) Dem Verwalter gegenüber vertritt der Vorsitzende des Verwaltungsbeirats oder ein durch Beschluss dazu ermächtigter Wohnungseigentümer beschließen über die Vertretung der Gemeinschaft der Wohnungseigentümer gegenüber dem Verwalter.“**	
Abschnitt 4 **Rechtsverhältnis der Wohnungseigentümer untereinander und zur Gemeinschaft der Wohnungseigentümer**	*2. Abschnitt* *Gemeinschaft der Wohnungseigentümer*
-	§ 10 Abs. 1 *Inhaber der Rechte und Pflichten nach den Vorschriften dieses Gesetzes, insbesondere des Sondereigentums und des gemeinschaftlichen Eigentums, sind die Wohnungseigentümer, soweit nicht etwas anderes ausdrücklich bestimmt ist.*
§ 10 Abs. 1 Das Verhältnis der Wohnungseigentümer untereinander **und zur Gemeinschaft der Wohnungseigentümer** bestimmt sich nach den Vor-	§ 10 Abs. 2 Das Verhältnis der Wohnungseigentümer untereinander bestimmt sich nach den Vorschriften dieses Gesetzes und, soweit dieses Gesetz keine

neu	alt
schriften dieses Gesetzes und, soweit dieses Gesetz keine besonderen Bestimmungen enthält, nach den Vorschriften des Bürgerlichen Gesetzbuches über die Gemeinschaft. Die Wohnungseigentümer können von den Vorschriften dieses Gesetzes abweichende Vereinbarungen treffen, soweit nicht etwas anderes ausdrücklich bestimmt ist.	besonderen Bestimmungen enthält, nach den Vorschriften des Bürgerlichen Gesetzbuches über die Gemeinschaft. Die Wohnungseigentümer können von den Vorschriften dieses Gesetzes abweichende Vereinbarungen treffen, soweit nicht etwas anderes ausdrücklich bestimmt ist.
§ 10 Abs. 2 Jeder Wohnungseigentümer kann eine vom Gesetz abweichende Vereinbarung oder die Anpassung einer Vereinbarung verlangen, soweit ein Festhalten an der geltenden Regelung aus schwerwiegenden Gründen unter Berücksichtigung aller Umstände des Einzelfalles, insbesondere der Rechte und Interessen der anderen Wohnungseigentümer, unbillig erscheint	§ 10 Abs. 2 Satz 3 Jeder Wohnungseigentümer kann eine vom Gesetz abweichende Vereinbarung oder die Anpassung einer Vereinbarung verlangen, soweit ein Festhalten an der geltenden Regelung aus schwerwiegenden Gründen unter Berücksichtigung aller Umstände des Einzelfalles, insbesondere der Rechte und Interessen der anderen Wohnungseigentümer, unbillig erscheint.
§ 10 Abs. 3 Vereinbarungen, durch die die Wohnungseigentümer ihr Verhältnis untereinander in Ergänzung oder Abweichung von Vorschriften dieses Gesetzes regeln, **die Abänderung oder Aufhebung solcher Vereinbarungen sowie Beschlüsse, die aufgrund einer Vereinbarung gefasst werden,** wirken gegen den Sondernachfolger eines Wohnungseigentümers nur, wenn sie als Inhalt des Sondereigentums im Grundbuch eingetragen sind.	§ 10 Abs. 3 Vereinbarungen, durch die die Wohnungseigentümer ihr Verhältnis untereinander in Ergänzung oder Abweichung von Vorschriften dieses Gesetzes regeln, *sowie die Abänderung oder Aufhebung solcher Vereinbarungen* wirken gegen den Sondernachfolger eines Wohnungseigentümers nur, wenn sie als Inhalt des Sondereigentums im Grundbuch eingetragen sind.
(§ 10 Abs. 3 letzter Satz) **Im Übrigen bedürfen Beschlüsse zu ihrer Wirksamkeit gegen den Sondernachfolger eines Wohnungseigentümers nicht der Eintragung in das Grundbuch.**	§ 10 Abs. 4 *Beschlüsse der Wohnungseigentümer gemäß § 23 und gerichtliche Entscheidungen in einem Rechtsstreit gemäß § 43 bedürfen zu ihrer Wirksamkeit gegen den Sondernachfolger eines Wohnungseigentümers nicht der Eintragung in das Grundbuch.*

neu	alt
	Dies gilt auch für die gemäß § 23 Abs. 1 aufgrund einer Vereinbarung gefassten Beschlüsse, die vom Gesetz abweichen oder eine Vereinbarung ändern.
	§ 10 Abs. 5 *Rechtshandlungen in Angelegenheiten, über die nach diesem Gesetz oder nach einer Vereinbarung der Wohnungseigentümer durch Stimmenmehrheit beschlossen werden kann, wirken, wenn sie auf Grund eines mit solcher Mehrheit gefaßten Beschlusses vorgenommen werden, auch für und gegen die Wohnungseigentümer, die gegen den Beschluß gestimmt oder an der Beschlußfassung nicht mitgewirkt haben.*
§ 9a Abs. 1 Die Gemeinschaft der Wohnungseigentümer kann Rechte erwerben und Verbindlichkeiten eingehen, **§ 9a Abs. 2** Die Gemeinschaft der Wohnungseigentümer übt die sich aus dem gemeinschaftlichen Eigentum ergebenden Rechte sowie solche Rechte der Wohnungseigentümer aus, die eine einheitliche Rechtsverfolgung erfordern, und nimmt die entsprechenden Pflichten der Wohnungseigentümer wahr. **§ 9a Abs. 1 Satz 3** Sie führt die Bezeichnung „Gemeinschaft der Wohnungseigentümer" oder „Wohnungseigentümergemeinschaft" gefolgt von der bestimmten Angabe des gemeinschaftlichen Grundstücks. **§ 9a Abs. 1 Satz 1, 2. Halbs.** Die Gemeinschaft der Wohnungseigentümer kann vor Gericht klagen und verklagt werden.	§ 10 Abs. 6 *Die Gemeinschaft der Wohnungseigentümer kann im Rahmen der gesamten Verwaltung des gemeinschaftlichen Eigentums gegenüber Dritten und Wohnungseigentümern selbst Rechte erwerben und Pflichten eingehen.* *Sie ist Inhaberin der als Gemeinschaft gesetzlich begründeten und rechtsgeschäftlich erworbenen Rechte und Pflichten.* *Sie übt die gemeinschaftsbezogenen Rechte der Wohnungseigentümer aus und nimmt die gemeinschaftsbezogenen Pflichten der Wohnungseigentümer wahr, ebenso sonstige Rechte und Pflichten der Wohnungseigentümer, soweit diese gemeinschaftlich geltend gemacht werden können oder zu erfüllen sind.* *Die Gemeinschaft muss die Bezeichnung „Wohnungseigentümergemeinschaft" gefolgt von der bestimmten Angabe des gemeinschaftlichen Grundstücks führen.* *Sie kann vor Gericht klagen und verklagt werden.*
§ 9a Abs. 3 Für das Vermögen der Gemeinschaft der Wohnungseigentümer **(Ge-**	§ 10 Abs. 7 *Das Verwaltungsvermögen gehört der Gemeinschaft der Wohnungseigentümer.*

neu	alt
meinschaftsvermögen) gelten § 18, § 19 Absatz 1 und § 27 entsprechend.	*[2] Es besteht aus den im Rahmen der gesamten Verwaltung des gemeinschaftlichen Eigentums gesetzlich begründeten und rechtsgeschäftlich erworbenen Sachen und Rechten sowie den entstandenen Verbindlichkeiten. [3] Zu dem Verwaltungsvermögen gehören insbesondere die Ansprüche und Befugnisse aus Rechtsverhältnissen mit Dritten und mit Wohnungseigentümern sowie die eingenommenen Gelder. [4] Vereinigen sich sämtliche Wohnungseigentumsrechte in einer Person, geht das Verwaltungsvermögen auf den Eigentümer des Grundstücks über.*
§ 9a Abs. 4 Jeder Wohnungseigentümer haftet einem Gläubiger nach dem Verhältnis seines Miteigentumsanteils (§ 16 Absatz 1 Satz 2) für Verbindlichkeiten der Gemeinschaft der Wohnungseigentümer, die während seiner Zugehörigkeit entstanden oder während dieses Zeitraums fällig geworden sind; für die Haftung nach Veräußerung des Wohnungseigentums ist § 160 des Handelsgesetzbuchs entsprechend anzuwenden. Er kann gegenüber einem Gläubiger neben den in seiner Person begründeten auch die der Gemeinschaft der Wohnungseigentümer zustehenden Einwendungen und Einreden geltend machen, nicht aber seine Einwendungen und Einreden gegenüber der Gemeinschaft der Wohnungseigentümer. Für die Einrede der Anfechtbarkeit und Aufrechenbarkeit ist § 770 des Bürgerlichen Gesetzbuchs entsprechend anzuwenden.	*§ 10 Abs. 8* *Jeder Wohnungseigentümer haftet einem Gläubiger nach dem Verhältnis seines Miteigentumsanteils (§ 16 Abs. 1 Satz 2) für Verbindlichkeiten der Gemeinschaft der Wohnungseigentümer, die während seiner Zugehörigkeit zur Gemeinschaft entstanden oder während dieses Zeitraums fällig geworden sind; für die Haftung nach Veräußerung des Wohnungseigentums ist § 160 des Handelsgesetzbuches entsprechend anzuwenden.* *Er kann gegenüber einem Gläubiger neben den in seiner Person begründeten auch die der Gemeinschaft zustehenden Einwendungen und Einreden geltend machen, nicht aber seine Einwendungen und Einreden gegenüber der Gemeinschaft.* *Für die Einrede der Anfechtbarkeit und Aufrechenbarkeit ist § 770 des Bürgerlichen Gesetzbuches entsprechend anzuwenden.* *Die Haftung eines Wohnungseigentümers gegenüber der Gemeinschaft wegen nicht ordnungsmäßiger Verwaltung bestimmt sich nach Satz 1.*
§ 11 **Aufhebung** der Gemeinschaft	§ 11 *Unauflöslichkeit* der Gemeinschaft

neu	alt
§ 9a Abs. 4 letzter Satz **Ein Insolvenzverfahren über das Gemeinschaftsvermögen findet nicht statt.**	§ 11 Abs. 3 Ein Insolvenzverfahren über das Verwaltungsvermögen der Gemeinschaft findet nicht statt.
§ 12 Abs. 4 Die Wohnungseigentümer können beschließen, dass eine Veräußerungsbeschränkung gemäß Absatz 1 aufgehoben wird. Ist ein Beschluss gemäß Satz 1 gefasst, kann die Veräußerungsbeschränkung im Grundbuch gelöscht werden. **§ 7 Absatz 2 gilt entsprechend.**	§ 12 Abs. 4 Die Wohnungseigentümer können *durch Stimmenmehrheit* beschließen, dass eine Veräußerungsbeschränkung gemäß Absatz 1 aufgehoben wird. Diese Befugnis kann durch Vereinbarung der Wohnungseigentümer nicht eingeschränkt oder ausgeschlossen werden. Ist ein Beschluss gemäß Satz 1 gefasst, kann die Veräußerungsbeschränkung im Grundbuch gelöscht werden. Der Bewilligung gemäß § 19 der Grundbuchordnung bedarf es nicht, wenn der Beschluss gemäß Satz 1 nachgewiesen wird. Für diesen Nachweis ist § 26 Abs. 3 entsprechend anzuwenden.
§ 13 Rechte des Wohnungseigentümers **aus dem Sondereigentum**	§ 13 Rechte des Wohnungseigentümers
§ 13 Abs. 1 Jeder Wohnungseigentümer kann, soweit nicht das Gesetz entgegensteht, mit seinem Sondereigentum nach Belieben verfahren, insbesondere dieses bewohnen, vermieten, verpachten oder in sonstiger Weise nutzen, und andere von Einwirkungen ausschließen.	§ 13 Abs. 1 Jeder Wohnungseigentümer kann, soweit nicht das Gesetz *oder Rechte Dritter* entgegenstehen, *mit den im* Sondereigentum *stehenden Gebäudeteilen* nach Belieben verfahren, insbesondere diese bewohnen, vermieten, verpachten oder in sonstiger Weise nutzen, und andere von Einwirkungen ausschließen.
§ 13 Abs. 2 **Für Maßnahmen, die über die ordnungsmäßige Instandhaltung und Instandsetzung (Erhaltung) des Sondereigentums hinausgehen, gilt § 20 mit der Maßgabe**	§ 13 Abs. 2 *Jeder Wohnungseigentümer ist zum Mitgebrauch des gemeinschaftlichen Eigentums nach Maßgabe der §§ 14, 15 berechtigt. 2An den sonstigen Nutzungen des gemeinschaftlichen Eigentums gebührt*

neu	alt
entsprechend, dass es keiner Gestattung bedarf, soweit keinem der anderen Wohnungseigentümer über das bei einem geordneten Zusammenleben unvermeidliche Maß hinaus ein Nachteil erwächst.	*jedem Wohnungseigentümer ein Anteil nach Maßgabe des § 16.*
§ 14 Pflichten des Wohnungseigentümers	§ 14 Pflichten des Wohnungseigentümers
§ 14 Abs. 1 Jeder Wohnungseigentümer ist **gegenüber der Gemeinschaft der Wohnungseigentümer** verpflichtet,	Jeder Wohnungseigentümer ist verpflichtet:
§ 14 Abs. 1 **1. die gesetzlichen Regelungen, Vereinbarungen und Beschlüsse einzuhalten und**	§ 14 Nr. 1 die im Sondereigentum stehenden Gebäudeteile so instand zu halten und von diesen sowie von dem gemeinschaftlichen Eigentum nur in solcher Weise Gebrauch zu machen, daß dadurch keinem der anderen Wohnungseigentümer über das bei einem geordneten Zusammenleben unvermeidliche Maß hinaus ein Nachteil erwächst;
Zu den Pflichten Dritter vgl. § 15	§ 14 Nr. 2 für die Einhaltung der in Nummer 1 bezeichneten Pflichten durch Personen zu sorgen, die seinem Hausstand oder Geschäftsbetrieb angehören oder denen er sonst die Benutzung der in Sonder- oder Miteigentum stehenden Grundstücks- oder Gebäudeteile überläßt;
	§ 14 Nr. 3 Einwirkungen auf die im Sondereigentum stehenden Gebäudeteile und das gemeinschaftliche Eigentum zu dulden, soweit sie auf einem nach Nummer 1, 2 zulässigen Gebrauch beruhen;
§ 14 Abs. 1 **2. das Betreten seines Sondereigentums und andere Einwir-**	§ 14 Nr. 4 *das Betreten und die Benutzung der im Sondereigentum stehenden Gebäudeteile*

neu	alt
kungen auf dieses und das gemeinschaftliche Eigentum zu dulden, die den Vereinbarungen oder Beschlüssen entsprechen oder, wenn keine entsprechenden Vereinbarungen oder Beschlüsse bestehen, aus denen ihm über das bei einem geordneten Zusammenleben unvermeidliche Maß hinaus kein Nachteil erwächst.	*zu gestatten, soweit dies zur Instandhaltung und Instandsetzung des gemeinschaftlichen Eigentums erforderlich ist;*
§ 14 Abs. 3 **Hat der Wohnungseigentümer eine Einwirkung zu dulden, die über das zumutbare Maß hinausgeht, kann er einen angemessenen Ausgleich in Geld verlangen.**	§ 14 Nr. 4 letzter Hs *der hierdurch entstehende Schaden ist zu ersetzen.*
§ 14 Abs. 2 **Jeder Wohnungseigentümer ist gegenüber den übrigen Wohnungseigentümern verpflichtet,** **1. deren Sondereigentum nicht über das in Absatz 1 Nummer 2 bestimmte Maß hinaus zu beeinträchtigen und** **2. Einwirkungen nach Maßgabe des Absatzes 1 Nummer 2 zu dulden.**	
§ 15 Pflichten Dritter **Wer Wohnungseigentum gebraucht, ohne Wohnungseigentümer zu sein, hat gegenüber der Gemeinschaft der Wohnungseigentümer und anderen Wohnungseigentümern zu dulden:** **1. die Erhaltung des gemeinschaftlichen Eigentums und des Sondereigentums, die ihm rechtzeitig angekündigt wurde; § 555a Absatz 2 des Bürgerlichen Gesetzbuchs gilt entsprechend;**	

neu	alt
2. Maßnahmen, die über die Erhaltung hinausgehen, die spätestens drei Monate vor ihrem Beginn in Textform angekündigt wurden; § 555c Absatz 1 Satz 2 Nummer 1 und 2, Absatz 2 bis 4 und § 555d Absatz 2 bis 5 des Bürgerlichen Gesetzbuchs gelten entsprechend.	
	§ 15 Gebrauchsregelung *(1) Die Wohnungseigentümer können den Gebrauch des Sondereigentums und des gemeinschaftlichen Eigentums durch Vereinbarung regeln.* *(2) Soweit nicht eine Vereinbarung nach Absatz 1 entgegensteht, können die Wohnungseigentümer durch Stimmenmehrheit einen der Beschaffenheit der im Sondereigentum stehenden Gebäudeteile und des gemeinschaftlichen Eigentums entsprechenden ordnungsmäßigen Gebrauch beschließen.*
§ 16 Abs. 1 letzter Satz **Jeder Wohnungseigentümer ist zum Mitgebrauch des gemeinschaftlichen Eigentums nach Maßgabe des § 14 berechtigt.**	§ 15 Abs. 3 *Jeder Wohnungseigentümer kann einen Gebrauch der im Sondereigentum stehenden Gebäudeteile und des gemeinschaftlichen Eigentums verlangen, der dem Gesetz, den Vereinbarungen und Beschlüssen und, soweit sich die Regelung hieraus nicht ergibt, dem Interesse der Gesamtheit der Wohnungseigentümer nach billigem Ermessen entspricht.*
§ 16 Nutzungen und Kosten	§ 16 Nutzungen, *Lasten und* Kosten
§ 16 Abs. 1 Jedem Wohnungseigentümer gebührt ein seinem Anteil entsprechender Bruchteil der **Früchte des gemeinschaftlichen Eigentums und des Gemeinschaftsvermögens.** Der Anteil bestimmt sich nach dem gemäß § 47 der Grundbuchordnung	§ 16 Abs. 1 Jedem Wohnungseigentümer gebührt ein seinem Anteil entsprechender Bruchteil der *Nutzungen des gemeinschaftlichen Eigentums.* Der Anteil bestimmt sich nach dem gemäß § 47 der Grundbuchordnung im Grundbuch eingetragenen Verhältnis der Miteigentumsanteile.

neu	alt
im Grundbuch eingetragenen Verhältnis der Miteigentumsanteile.	
§ 16 Abs. 2 Satz 1 **Die Kosten der Gemeinschaft der Wohnungseigentümer, insbesondere der Verwaltung und des gemeinschaftlichen Gebrauchs des gemeinschaftlichen Eigentums, hat jeder Wohnungseigentümer nach dem Verhältnis seines Anteils (Absatz 1 Satz 2) zu tragen.**	§ 16 Abs. 2 *Jeder Wohnungseigentümer ist den anderen Wohnungseigentümern gegenüber verpflichtet, die Lasten des gemeinschaftlichen Eigentums sowie die Kosten der Instandhaltung, Instandsetzung, sonstigen Verwaltung und eines gemeinschaftlichen Gebrauchs des gemeinschaftlichen Eigentums nach dem Verhältnis seines Anteils (Absatz 1 Satz 2) zu tragen.*
§ 16 Abs. 2 Satz 2 **Die Wohnungseigentümer können für einzelne Kosten oder bestimmte Arten von Kosten eine von Satz 1 oder von einer Vereinbarung abweichende Verteilung beschließen.**	§ 16 Abs. 3 *Die Wohnungseigentümer können abweichend von Absatz 2 durch Stimmenmehrheit beschließen, dass die Betriebskosten des gemeinschaftlichen Eigentums oder des Sondereigentums im Sinne des § 556 Abs. 1 des Bürgerlichen Gesetzbuches, die nicht unmittelbar gegenüber Dritten abgerechnet werden, und die Kosten der Verwaltung nach Verbrauch oder Verursachung erfasst und nach diesem oder nach einem anderen Maßstab verteilt werden, soweit dies ordnungsmäßiger Verwaltung entspricht.*
§ 16 Abs. 3 **Für die Kosten und Nutzungen bei baulichen Veränderungen gilt § 21.** § 21 **Nutzungen und Kosten bei baulichen Veränderungen** § 21 Abs. 1 **Die Kosten einer baulichen Veränderung, die einem Wohnungseigentümer gestattet oder die auf sein Verlangen nach § 20 Absatz 2 durch die Gemeinschaft der Wohnungseigentümer durchgeführt wurden, hat dieser Wohnungseigentümer zu tragen. Nur ihm gebühren die Nutzungen.**	§ 16 Abs. 4 – Abs. 8 entfallen *Die Wohnungseigentümer können im Einzelfall … oder zu baulichen Veränderungen oder Aufwendungen im Sinne des § 22 Abs. 1 und 2 durch Beschluss die Kostenverteilung abweichend von Absatz 2 regeln, wenn der abweichende Maßstab dem Gebrauch oder der Möglichkeit des Gebrauchs durch die Wohnungseigentümer Rechnung trägt.* ……..

neu	alt
§ 21 Abs. 2 **Vorbehaltlich des Absatzes 1 haben alle Wohnungseigentümer die Kosten einer baulichen Veränderung nach dem Verhältnis ihrer Anteile (§ 16 Absatz 1 Satz 2) zu tragen,** **1.** die **mit mehr als zwei Dritteln der abgegebenen Stimmen und der Hälfte aller Miteigentumsanteile beschlossen wurde, es sei denn, die bauliche Veränderung** ist **mit unverhältnismäßigen Kosten verbunden,** oder **2. deren Kosten sich innerhalb eines angemessenen Zeitraums amortisieren.** **Für die Nutzungen gilt § 16 Absatz 1.** § 21 Abs. 3 **Die Kosten anderer als der in den Absätzen 1 und 2 bezeichneten baulichen Veränderungen haben die Wohnungseigentümer, die sie beschlossen haben, nach dem Verhältnis ihrer Anteile (§ 16 Absatz 1 Satz 2) zu tragen. Ihnen gebühren die Nutzungen entsprechend § 16 Absatz 1.** § 21 Abs. 4 **Ein Wohnungseigentümer, der nicht berechtigt ist, Nutzungen zu ziehen, kann verlangen, dass ihm dies nach billigem Ermessen gegen angemessenen Ausgleich gestattet wird. Für seine Beteiligung an den Nutzungen und Kosten gilt Absatz 3 entsprechend.** § 21 Abs. 5 **Die Wohnungseigentümer können eine abweichende Verteilung der Kosten und Nutzungen beschließen. Durch einen solchen**	

neu	alt
Beschluss dürfen einem Wohnungseigentümer, der nach den vorstehenden Absätzen Kosten nicht zu tragen hat, keine Kosten auferlegt werden.	
§ 11 Abs. 3 Im Fall der Aufhebung der Gemeinschaft bestimmt sich der Anteil der Miteigentümer nach dem Verhältnis des Wertes ihrer Wohnungseigentumsrechte zur Zeit der Aufhebung der Gemeinschaft. Hat sich der Wert eines Miteigentumsanteils durch Maßnahmen verändert, deren Kosten der Wohnungseigentümer nicht getragen hat, so bleibt eine solche Veränderung bei der Berechnung des Wertes dieses Anteils außer Betracht.	§ 17 Im Falle der Aufhebung der Gemeinschaft bestimmt sich der Anteil der Miteigentümer nach dem Verhältnis des Wertes ihrer Wohnungseigentumsrechte zur Zeit der Aufhebung der Gemeinschaft. Hat sich der Wert eines Miteigentumsanteils durch Maßnahmen verändert, deren Kosten der Wohnungseigentümer nicht getragen hat, so bleibt eine solche Veränderung bei der Berechnung des Wertes dieses Anteils außer Betracht.
§ 17 Entziehung des Wohnungseigentums	§ 18 Entziehung des Wohnungseigentums
§ 17 Abs. 1 Hat ein Wohnungseigentümer sich einer so schweren Verletzung der ihm gegenüber anderen Wohnungseigentümern **oder der Gemeinschaft der Wohnungseigentümer** obliegenden Verpflichtungen schuldig gemacht, dass diesen die Fortsetzung der Gemeinschaft mit ihm nicht mehr zugemutet werden kann, so **kann die Gemeinschaft der Wohnungseigentümer** von ihm die Veräußerung seines Wohnungseigentums verlangen.	§ 18 Abs. 1 Hat ein Wohnungseigentümer sich einer so schweren Verletzung der ihm gegenüber anderen Wohnungseigentümern obliegenden Verpflichtungen schuldig gemacht, daß diesen die Fortsetzung der Gemeinschaft mit ihm nicht mehr zugemutet werden kann, so *können die anderen Wohnungseigentümer* von ihm die Veräußerung seines Wohnungseigentums verlangen. *Die Ausübung des Entziehungsrechts steht der Gemeinschaft der Wohnungseigentümer zu, soweit es sich nicht um eine Gemeinschaft handelt, die nur aus zwei Wohnungseigentümern besteht.*
§ 17 Abs. 2 Die Voraussetzungen des Absatzes 1 liegen insbesondere vor, wenn der Wohnungseigentümer trotz Abmahnung wiederholt gröblich gegen die ihm nach § 14 **Absatz 1 und 2** obliegenden Pflichten verstößt.	§ 18 Abs. 2 Die Voraussetzungen des Absatzes 1 liegen insbesondere vor, wenn *1.* der Wohnungseigentümer trotz Abmahnung wiederholt gröblich gegen die ihm nach § 14 obliegenden Pflichten verstößt;

neu	alt
	2. *der Wohnungseigentümer sich mit der Erfüllung seiner Verpflichtungen zur Lasten- und Kostentragung (§ 16 Abs. 2) in Höhe eines Betrages, der drei vom Hundert des Einheitswertes seines Wohnungseigentums übersteigt, länger als drei Monate in Verzug befindet; in diesem Fall steht § 30 der Abgabenordnung einer Mitteilung des Einheitswerts an die Gemeinschaft der Wohnungseigentümer oder, soweit die Gemeinschaft nur aus zwei Wohnungseigentümern besteht, an den anderen Wohnungseigentümer nicht entgegen.*
	§ 18 Abs. 3 *Über das Verlangen nach Absatz 1 beschließen die Wohnungseigentümer durch Stimmenmehrheit. Der Beschluß bedarf einer Mehrheit von mehr als der Hälfte der stimmberechtigten Wohnungseigentümer. 3Die Vorschriften des § 25 Abs. 3, 4 sind in diesem Falle nicht anzuwenden.*
§ 17 Abs. 3 Der in Absatz 1 bestimmte Anspruch kann durch Vereinbarung der Wohnungseigentümer nicht eingeschränkt oder ausgeschlossen werden.	§ 18 Abs. 4 Der in Absatz 1 bestimmte Anspruch kann durch Vereinbarung der Wohnungseigentümer nicht eingeschränkt oder ausgeschlossen werden.
§ 17 Abs. 4 **Das Urteil, durch das ein Wohnungseigentümer zur Veräußerung seines Wohnungseigentums verurteilt wird, berechtigt zur Zwangsvollstreckung entsprechend den Vorschriften des Ersten Abschnitts des Gesetzes über die Zwangsversteigerung und die Zwangsverwaltung.** **Das Gleiche gilt für Schuldtitel im Sinne des § 794 der Zivilprozessordnung, durch die sich der Wohnungseigentümer zur Veräußerung seines Wohnungseigentums verpflichtet**	§ 19 Abs. 1 Das Urteil, durch das ein Wohnungseigentümer zur Veräußerung seines Wohnungseigentums verurteilt wird, berechtigt *jeden Miteigentümer* zur Zwangsvollstreckung entsprechend den Vorschriften des Ersten Abschnitts des Gesetzes über die Zwangsversteigerung und die Zwangsverwaltung.

neu	alt
	§ 19 Abs. 1 Satz 2 *Die Ausübung dieses Rechts steht der Gemeinschaft der Wohnungseigentümer zu, soweit es sich nicht um eine Gemeinschaft handelt, die nur aus zwei Wohnungseigentümern besteht.*
§ 18 Verwaltung **und Benutzung**	§ 20 *Gliederung der* Verwaltung
§ 18 Abs. 1 Die Verwaltung des gemeinschaftlichen Eigentums obliegt **der Gemeinschaft der Wohnungseigentümer.**	§ 20 Abs. 1 Die Verwaltung des gemeinschaftlichen Eigentums obliegt *den Wohnungseigentümern nach Maßgabe der §§ 21 bis 25 und dem Verwalter nach Maßgabe der §§ 26 bis 28, im Falle der Bestellung eines Verwaltungsbeirats auch diesem nach Maßgabe des § 29.*
-	§ 20 Abs. 2 *Die Bestellung eines Verwalters kann nicht ausgeschlossen werden.*
< s. § 18 Abs. 1>	§ 21 Abs. 1 Soweit nicht in diesem Gesetz oder durch Vereinbarung der Wohnungseigentümer etwas anderes bestimmt ist, steht die Verwaltung des gemeinschaftlichen Eigentums den Wohnungseigentümern gemeinschaftlich zu.
§ 18 Abs. 3 Jeder Wohnungseigentümer ist berechtigt, ohne Zustimmung der anderen Wohnungseigentümer die Maßnahmen zu treffen, die zur Abwendung eines dem gemeinschaftlichen Eigentum unmittelbar drohenden Schadens notwendig sind.	§ 21 Abs. 2 Jeder Wohnungseigentümer ist berechtigt, ohne Zustimmung der anderen Wohnungseigentümer die Maßnahmen zu treffen, die zur Abwendung eines dem gemeinschaftlichen Eigentum unmittelbar drohenden Schadens notwendig sind.
§ 18 Abs. 4 **Jeder Wohnungseigentümer kann von der Gemeinschaft der Wohnungseigentümer Einsicht in die Verwaltungsunterlagen verlangen.**	<§§ 675, 666 BGB>

neu	alt
§ 19 Abs. 1 Soweit die Verwaltung des gemeinschaftlichen Eigentums **und die Benutzung des gemeinschaftlichen Eigentums und des Sondereigentums** nicht durch Vereinbarung der Wohnungseigentümer geregelt **sind, beschließen die Wohnungseigentümer eine ordnungsmäßige Verwaltung und Benutzung.**	§ 21 Abs. 3 Soweit die Verwaltung des gemeinschaftlichen Eigentums nicht durch Vereinbarung der Wohnungseigentümer geregelt *ist, können die Wohnungseigentümer eine der Beschaffenheit des gemeinschaftlichen Eigentums entsprechende ordnungsmäßige Verwaltung durch Stimmenmehrheit beschließen.*
§ 18 Abs. 2 **Jeder Wohnungseigentümer kann von der Gemeinschaft der Wohnungseigentümer** **1. eine Verwaltung des gemeinschaftlichen Eigentums sowie** **2. eine Benutzung des gemeinschaftlichen Eigentums und des Sondereigentums** **verlangen, die dem Interesse der Gesamtheit der Wohnungseigentümer nach billigem Ermessen (ordnungsmäßige Verwaltung und Benutzung) und, soweit solche bestehen, den gesetzlichen Regelungen, Vereinbarungen und Beschlüssen entsprechen.**	§ 21 Abs. 4 *Jeder Wohnungseigentümer kann eine Verwaltung verlangen, die den Vereinbarungen und Beschlüssen und, soweit solche nicht bestehen,* *dem Interesse der Gesamtheit der Wohnungseigentümer nach billigem Ermessen entspricht.*
§ 19 **Regelung der Verwaltung und Benutzung durch Beschluss**	
§ 19 Abs. 2 **Zur ordnungsmäßigen Verwaltung und Benutzung gehören insbesondere** 1. die Aufstellung einer Hausordnung, 2. die ordnungsmäßige **Erhaltung** des gemeinschaftlichen Eigentums, 3. **die angemessene Versicherung** des gemeinschaftlichen Eigentums zum Neuwert sowie der Wohnungseigentümer gegen	§ 21 Abs. 5 *Zu einer ordnungsmäßigen, dem Interesse der Gesamtheit der Wohnungseigentümer entsprechenden Verwaltung gehört insbesondere:* 1. die Aufstellung einer Hausordnung; 2. die ordnungsmäßige *Instandhaltung und Instandsetzung* des gemeinschaftlichen Eigentums; 3. *die Feuerversicherung* des gemeinschaftlichen Eigentums zum Neuwert *sowie die angemessene Versicherung* der Wohnungseigentümer

neu	**alt**
Haus- und Grundbesitzerhaftpflicht, 4. die Ansammlung einer angemessenen **Erhaltungsrücklage,** **5. die Festsetzung von Vorschüssen nach § 28 Absatz 1 Satz 1 sowie** **6. die Bestellung eines zertifizierten Verwalters nach § 26a, es sei denn, es bestehen weniger als neun Sondereigentumsrechte, ein Wohnungseigentümer wurde zum Verwalter bestellt und weniger als ein Drittel der Wohnungseigentümer (§ 25 Absatz 2) verlangt die Bestellung eines zertifizierten Verwalters.**	gegen Haus- und Grundbesitzerhaftpflicht; 4. die Ansammlung einer angemessenen *Instandhaltungsrückstellung;* *5. die Aufstellung eines Wirtschaftsplans (§ 28);*
§ 20 Abs. 2 **Jeder Wohnungseigentümer kann angemessene bauliche Veränderungen verlangen, die** **1. dem Gebrauch durch Menschen mit Behinderungen** **2. dem Laden elektrisch betriebener Fahrzeuge** **3. dem Einbruchsschutz und** **4. dem Anschluss an ein Telekommunikationsnetz mit sehr hoher Kapazität dienen.** **Über die Durchführung ist im Rahmen ordnungsmäßiger Verwaltung zu beschließen.**	§ 21 Abs. 5 *Nr. 6. die Duldung aller Maßnahmen, die zur Herstellung einer Fernsprechteilnehmereinrichtung, einer Rundfunkempfangsanlage oder eines Energieversorgungsanschlusses zugunsten eines Wohnungseigentümers erforderlich sind.*
Der Wohnungseigentümer, zu dessen Gunsten eine Maßnahme der in Absatz 5 Nr. 6 bezeichneten Art getroffen wird, ist zum Ersatz des hierdurch entstehenden Schadens verpflichtet.	§ 21 Abs. 6 *Der Wohnungseigentümer, zu dessen Gunsten eine Maßnahme der in Absatz 5 Nr. 6 bezeichneten Art getroffen wird, ist zum Ersatz des hierdurch entstehenden Schadens verpflichtet.*
-	§ 21 Abs. 7 *Die Wohnungseigentümer können die Regelung der Art und Weise von Zahlungen, der Fälligkeit und der Folgen des*

neu	alt
	Verzugs sowie der Kosten für eine besondere Nutzung des gemeinschaftlichen Eigentums oder für einen besonderen Verwaltungsaufwand mit Stimmenmehrheit beschließen.
<vgl. §§ 44 Abs. 1 Satz 2> **Unterbleibt eine notwendige Beschlussfassung, kann das Gericht auf Klage eines Wohnungseigentümers den Beschluss fassen (Beschlussersetzungsklage)**	§ 21 Abs. 8 Treffen die Wohnungseigentümer eine nach dem Gesetz erforderliche Maßnahme nicht, so kann an ihrer Stelle das Gericht in einem Rechtsstreit gemäß § 43 nach billigem Ermessen entscheiden, soweit sich die Maßnahme nicht aus dem Gesetz, einer Vereinbarung oder einem Beschluss der Wohnungseigentümer ergibt.
§ 20 Bauliche Veränderungen	§ 22 Besondere Aufwendungen, Wiederaufbau
§ 20 Abs. 1 **Maßnahmen,** die über die ordnungsmäßige **Erhaltung des gemeinschaftlichen Eigentums hinausgehen (bauliche Veränderungen),** können beschlossen **oder einem Wohnungseigentümer durch Beschluss gestattet** werden.	§ 22 Abs. 1 Satz 1 *Bauliche Veränderungen und Aufwendungen,* die über die ordnungsmäßige *Instandhaltung oder Instandsetzung des gemeinschaftlichen Eigentums hinausgehen,* können beschlossen *oder verlangt* werden, *wenn jeder Wohnungseigentümer zustimmt, dessen Rechte durch die Maßnahmen über das in § 14 Nr. 1 bestimmte Maß hinaus beeinträchtigt werden.*
§ 20 Abs. 3 **Unbeschadet des Absatzes 2 kann jeder Wohnungseigentümer verlangen, dass ihm eine bauliche Veränderung gestattet wird, wenn alle Wohnungseigentümer, deren Rechte durch die bauliche Veränderung über das bei einem geordneten Zusammenleben unvermeidliche Maß hinaus beeinträchtigt werden, einverstanden sind.**	§ 22 Abs. 1 Satz 2 *Die Zustimmung ist nicht erforderlich, soweit die Rechte eines Wohnungseigentümers nicht in der in Satz 1 bezeichneten Weise beeinträchtigt werden.*

neu	alt
§ 20 Abs. 4 **Bauliche Veränderungen, die die Wohnanlage grundlegend umgestalten oder einen Wohnungseigentümer ohne sein Einverständnis gegenüber anderen unbillig benachteiligen, dürfen nicht beschlossen und gestattet werden; sie können auch nicht verlangt werden.**	§ 22 Abs. 2 *Maßnahmen gemäß Absatz 1 Satz 1, die der Modernisierung entsprechend § 555b Nummer 1 bis 5 des Bürgerlichen Gesetzbuches oder der Anpassung des gemeinschaftlichen Eigentums an den Stand der Technik dienen, die Eigenart der Wohnanlage nicht ändern und keinen Wohnungseigentümer gegenüber anderen unbillig beeinträchtigen, können abweichend von Absatz 1 durch eine Mehrheit von drei Viertel aller stimmberechtigten Wohnungseigentümer im Sinne des § 25 Abs. 2 und mehr als der Hälfte aller Miteigentumsanteile beschlossen werden. Die Befugnis im Sinne des Satzes 1 kann durch Vereinbarung der Wohnungseigentümer nicht eingeschränkt oder ausgeschlossen werden.*
	§ 22 Abs. 3 *Für Maßnahmen der modernisierenden Instandsetzung im Sinne des § 21 Abs. 5 Nr. 2 verbleibt es bei den Vorschriften des § 21 Abs. 3 und 4.*
§ 22 Wiederaufbau Ist das Gebäude zu mehr als der Hälfte seines Wertes zerstört und ist der Schaden nicht durch eine Versicherung oder in anderer Weise gedeckt, so kann der Wiederaufbau nicht beschlossen oder verlangt werden.	§ 22 Abs. 4 Ist das Gebäude zu mehr als der Hälfte seines Wertes zerstört und ist der Schaden nicht durch eine Versicherung oder in anderer Weise gedeckt, so kann der Wiederaufbau nicht *gemäß § 21 Abs. 3* beschlossen oder *gemäß § 21 Abs. 4* verlangt werden.
§ 23 Wohnungseigentümerversammlung	§ 23 Wohnungseigentümerversammlung
§ 23 Abs. 1 Angelegenheiten, über die nach diesem Gesetz oder nach einer Vereinbarung der Wohnungseigentümer die Wohnungseigentümer durch Beschluss entscheiden können, werden durch Beschlussfassung in einer Versammlung der Wohnungseigentümer geordnet.	§ 23 Abs. 1 Angelegenheiten, über die nach diesem Gesetz oder nach einer Vereinbarung der Wohnungseigentümer die Wohnungseigentümer durch Beschluß entscheiden können, werden durch Beschlußfassung in einer Versammlung der Wohnungseigentümer geordnet.

neu	alt
Die Wohnungseigentümer können beschließen, dass Wohnungseigentümer an der Versammlung auch ohne Anwesenheit an deren Ort teilnehmen und sämtliche oder einzelne ihrer Rechte ganz oder teilweise im Wege elektronischer Kommunikation ausüben können.	
§ 23 Abs. 2 – unverändert	§ 23 Abs. 2
§ 23 Abs. 3 Auch ohne Versammlung ist ein Beschluss gültig, wenn alle Wohnungseigentümer ihre Zustimmung zu diesem Beschluss **in Textform** erklären. **Die Wohnungseigentümer können beschließen, dass für einen einzelnen Gegenstand die Mehrheit der abgegebenen Stimmen genügt.**	§ 23 Abs. 3 Auch ohne Versammlung ist ein Beschluß gültig, wenn alle Wohnungseigentümer ihre Zustimmung zu diesem Beschluß schriftlich erklären.
§ 23 Abs. 4 – unverändert	§ 23 Abs. 4
§ 24 Einberufung, Vorsitz, Niederschrift	§ 24 Einberufung, Vorsitz, Niederschrift
§ 24 Abs. 1 – unverändert	§ 24 Abs. 1
§ 24 Abs. 2 Die Versammlung der Wohnungseigentümer muss von dem Verwalter in den durch Vereinbarung der Wohnungseigentümer bestimmten Fällen, im übrigen dann einberufen werden, wenn dies **in Textform** unter Angabe des Zweckes und der Gründe von mehr als einem Viertel der Wohnungseigentümer verlangt wird.	§ 24 Abs. 2 Die Versammlung der Wohnungseigentümer muß von dem Verwalter in den durch Vereinbarung der Wohnungseigentümer bestimmten Fällen, im übrigen dann einberufen werden, wenn dies *schriftlich* unter Angabe des Zweckes und der Gründe von mehr als einem Viertel der Wohnungseigentümer verlangt wird.
§ 24 Abs. 3 Fehlt ein Verwalter oder weigert er sich pflichtwidrig, die Versammlung der Wohnungseigentümer einzuberufen, so kann die Versammlung auch **durch den Vorsitzenden des Verwaltungsbeirats, dessen Ver-**	§ 24 Abs. 3 Fehlt ein Verwalter oder weigert er sich pflichtwidrig, die Versammlung der Wohnungseigentümer einzuberufen, so kann die Versammlung auch, *falls ein Verwaltungsbeirat bestellt*

neu	alt
treter oder einen durch Beschluss ermächtigten Wohnungseigentümer einberufen werden.	*ist, von dessen Vorsitzenden oder seinem Vertreter* einberufen werden.
§ 24 Abs. 4 Die Einberufung erfolgt in Textform. Die Frist der Einberufung soll, sofern nicht ein Fall besonderer Dringlichkeit vorliegt, mindestens **drei** Wochen betragen.	§ 24 Abs. 4 Die Einberufung erfolgt in Textform. Die Frist der Einberufung soll, sofern nicht ein Fall besonderer Dringlichkeit vorliegt, mindestens *zwei* Wochen betragen.
§ 24 Abs. 5 – unverändert	§ 24 Abs. 5
§ 24 Abs. 6 Über die in der Versammlung gefassten Beschlüsse ist **unverzüglich** eine Niederschrift aufzunehmen. Die Niederschrift ist von dem Vorsitzenden und einem Wohnungseigentümer und, falls ein Verwaltungsbeirat bestellt ist, auch von dessen Vorsitzenden oder seinem Vertreter zu unterschreiben.	§ 24 Abs. 6 Über die in der Versammlung gefaßten Beschlüsse ist eine Niederschrift aufzunehmen. Die Niederschrift ist von dem Vorsitzenden und einem Wohnungseigentümer und, falls ein Verwaltungsbeirat bestellt ist, auch von dessen Vorsitzenden oder seinem Vertreter zu unterschreiben. *Jeder Wohnungseigentümer ist berechtigt, die Niederschriften einzusehen.*
§ 25 **Beschlussfassung, Beschlusssammlung**	§ 25 *Mehrheitsbeschluß*
§ 25 Abs. 1 **Bei der Beschlussfassung entscheidet die Mehrheit der abgegebenen Stimmen.**	§ 25 Abs. 1 *Für die Beschlußfassung in Angelegenheiten, über die die Wohnungseigentümer durch Stimmenmehrheit beschließen, gelten die Vorschriften der Absätze 2 bis 5.*
§ 25 Abs. 2 – unverändert	§ 25 Abs. 2
§ 25 Abs. 3 **Vollmachten bedürfen zu ihrer Gültigkeit der Textform**	§ 25 Abs. 3 *Die Versammlung ist nur beschlußfähig, wenn die erschienenen stimmberechtigten Wohnungseigentümer mehr als die Hälfte der Miteigentumsanteile, berechnet nach der im Grundbuch eingetragenen Größe dieser Anteile, vertreten.*
	§ 25 Abs. 4 *Ist eine Versammlung nicht gemäß Absatz 3 beschlußfähig, so beruft der Verwalter eine neue Versammlung mit dem gleichen Gegenstand ein. Diese Ver-*

neu	**alt**
	sammlung ist ohne Rücksicht auf die Höhe der vertretenen Anteile beschlußfähig; hierauf ist bei der Einberufung hinzuweisen.
§ 25 Abs. 4 Ein Wohnungseigentümer ist nicht stimmberechtigt, wenn die Beschlussfassung die Vornahme eines auf die Verwaltung des gemeinschaftlichen Eigentums bezüglichen Rechtsgeschäfts mit ihm oder die Einleitung oder Erledigung eines Rechtsstreits gegen ihn betrifft oder wenn er nach § **17** rechtskräftig verurteilt ist.	§ 25 Abs. 5 Ein Wohnungseigentümer ist nicht stimmberechtigt, wenn die Beschlußfassung die Vornahme eines auf die Verwaltung des gemeinschaftlichen Eigentums bezüglichen Rechtsgeschäfts mit ihm oder die Einleitung oder Erledigung eines Rechtsstreits *der anderen Wohnungseigentümer* gegen ihn betrifft oder wenn er nach § *18* rechtskräftig verurteilt ist.
§ 26 Bestellung und Abberufung des Verwalters	§ 26 Bestellung und Abberufung des Verwalters
§ 26 Abs. 1 Über die Bestellung und Abberufung des Verwalters beschließen die Wohnungseigentümer.	§ 26 Abs. 1 Über die Bestellung und Abberufung des Verwalters beschließen die Wohnungseigentümer *mit Stimmenmehrheit.* Die Bestellung *darf* auf höchstens fünf Jahre vorgenommen werden, im Falle der ersten Bestellung nach der Begründung von Wohnungseigentum aber auf höchstens drei Jahre. *Die Abberufung des Verwalters kann auf das Vorliegen eines wichtigen Grundes beschränkt werden. Ein wichtiger Grund liegt regelmäßig vor, wenn der Verwalter die Beschluss-Sammlung nicht ordnungsmäßig führt.* *Andere* Beschränkungen der Bestellung oder Abberufung des Verwalters sind nicht zulässig.
§ 26 Abs. 2 **Die Bestellung kann auf höchstens fünf Jahre vorgenommen werden, im Fall der ersten Bestellung nach der Begründung von Wohnungseigentum aber auf höchstens drei Jahre.** Die wieder-	§ 26 Abs. 2 Die wiederholte Bestellung ist zulässig; sie bedarf eines erneuten Beschlusses der Wohnungseigentümer, der frühestens ein Jahr vor Ablauf der Bestellungszeit gefaßt werden kann.

neu	alt
holte Bestellung ist zulässig; sie bedarf eines erneuten Beschlusses der Wohnungseigentümer, der frühestens ein Jahr vor Ablauf der Bestellungszeit gefasst werden kann.	
Der Verwalter kann jederzeit abberufen werden. Ein Vertrag mit dem Verwalter endet spätestens sechs Monate nach dessen Abberufung.	§ 26 Abs. 3 Soweit die Verwaltereigenschaft durch eine öffentlich beglaubigte Urkunde nachgewiesen werden muß, genügt die Vorlage einer Niederschrift über den Bestellungsbeschluß, bei der die Unterschriften der in § 24 Abs. 6 bezeichneten Personen öffentlich beglaubigt sind.
§ 26 Abs. 4 **Soweit die Verwaltereigenschaft durch eine öffentlich beglaubigte Urkunde nachgewiesen werden muss, genügt die Vorlage einer Niederschrift über den Bestellungsbeschluss, bei der die Unterschriften der in § 24 Absatz 6 bezeichneten Personen öffentlich beglaubigt sind.**	
§ 26 Abs. 5 **Abweichungen von den Absätzen 1 bis 3 sind nicht zulässig.**	
§ 26a Zertifizierter Verwalter	<§ 26a wurde komplett neu gefasst>
§ 26a Abs. 1 **Als zertifizierter Verwalter darf sich bezeichnen, wer vor einer Industrie- und Handelskammer durch eine Prüfung nachgewiesen hat, dass er über die für die Tätigkeit als Verwalter notwendigen rechtlichen, kaufmännischen und technischen Kenntnisse verfügt.**	
§ 26a Abs. 2 **Das Bundesministerium der Justiz und für Verbraucherschutz wird ermächtigt, durch Rechtsverordnung nähere Bestimmun-**	

Anhang

neu	alt
gen über die Prüfung zum zertifizierten Verwalter zu erlassen. In der Rechtsverordnung nach Satz 1 können insbesondere festgelegt werden: 1. nähere Bestimmungen zu Inhalt und Verfahren der Prüfung; 2. Bestimmungen über das zu erteilende Zertifikat; 3. Voraussetzungen, unter denen sich juristische Personen und Personengesellschaften als zertifizierte Verwalter bezeichnen dürfen; Bestimmungen, wonach Personen aufgrund anderweitiger Qualifikationen von der Prüfung befreit sind, insbesondere weil sie die Befähigung zum Richteramt, einen Hochschulabschluss mit immobilienwirtschaftlichem Schwerpunkt, eine abgeschlossene Berufsausbildung zum Immobilienkaufmann oder zur Immobilienkauffrau oder einen vergleichbaren Berufsabschluss besitzen.	
§ 27 Aufgaben und Befugnisse des Verwalters	§ 27 Aufgaben und Befugnisse des Verwalters
§ 27 Abs. 1 Der Verwalter ist gegenüber der Gemeinschaft der Wohnungseigentümer berechtigt und verpflichtet, die Maßnahmen ordnungsmäßiger Verwaltung zu treffen, die 1. untergeordnete Bedeutung haben und nicht zu erheblichen Verpflichtungen führen oder 2. die zur Wahrung einer Frist oder zur Abwendung eines Nachteils erforderlich sind.	<§ 27 wurde komplett neu gefasst>

neu	alt
§ 44 Abs. 2 Satz 2 Der Verwalter hat den Wohnungseigentümern die Erhebung einer Klage unverzüglich bekannt zu machen.	§ 27 Abs. 1 Nr. 7 Der Verwalter ist … verpflichtet, die Wohnungseigentümer unverzüglich darüber zu unterrichten, dass ein Rechtsstreit gemäß § 43 anhängig ist.
§ 27 Abs. 2 **Die Wohnungseigentümer können die Rechte und Pflichten nach Absatz 1 durch Beschluss einschränken oder erweitern.**	§ 27 Abs. 4 *Die dem Verwalter nach den Absätzen 1 bis 3 zustehenden Aufgaben und Befugnisse können durch Vereinbarung der Wohnungseigentümer nicht eingeschränkt oder ausgeschlossen werden.*
§ 28 Wirtschaftsplan, **Jahresabrechnung, Vermögensbericht**	§ 28 Wirtschaftsplan, *Rechnungslegung*
§ 28 Abs. 1 **Die Wohnungseigentümer beschließen über die Vorschüsse zur Kostentragung und zu den nach § 19 Absatz 2 Nummer 4 oder durch Beschluss vorgesehenen Rücklagen. Zu diesem Zweck hat der Verwalter jeweils für ein Kalenderjahr einen Wirtschaftsplan aufzustellen, der darüber hinaus die voraussichtlichen Einnahmen und Ausgaben enthält.**	§ 28 Abs. 1 Der Verwalter hat jeweils für ein Kalenderjahr einen Wirtschaftsplan aufzustellen. Der Wirtschaftsplan enthält: 1. die voraussichtlichen Einnahmen und Ausgaben bei der Verwaltung des gemeinschaftlichen Eigentums; 2. die anteilmäßige Verpflichtung der Wohnungseigentümer zur Lasten- und Kostentragung; 3. die Beitragsleistung der Wohnungseigentümer zu der in § 21 Abs. 5 Nr. 4 vorgesehenen Instandhaltungsrückstellung.
Nach Ablauf des Kalenderjahres beschließen die Wohnungseigentümer über die Einforderung von Nachschüssen oder die Anpassung der beschlossenen Vorschüsse. Zu diesem Zweck hat der Verwalter eine Abrechnung über den Wirtschaftsplan (Jahresabrechnung) aufzustellen, die darüber hinaus die Einnahmen und Ausgaben enthält.	§ 28 Abs. 2 *Die Wohnungseigentümer sind verpflichtet, nach Abruf durch den Verwalter dem beschlossenen Wirtschaftsplan entsprechende Vorschüsse zu leisten.*
§ 28 Abs. 2 Satz 2 **Zu diesem Zweck hat der Verwalter eine Abrechnung über**	§ 28 Abs. 3

neu	alt
den Wirtschaftsplan (Jahresabrechnung) aufzustellen, die darüber hinaus die Einnahmen und Ausgaben enthält.	*Der Verwalter hat nach Ablauf des Kalenderjahres eine Abrechnung aufzustellen.*
§ 28 Abs. 3 **Die Wohnungseigentümer können beschließen, wann Forderungen fällig werden und wie sie zu erfüllen sind.**	
§ 28 Abs. 4 **Der Verwalter hat nach Ablauf eines Kalenderjahres einen Vermögensbericht zu erstellen, der den Stand der in Absatz 1 Satz 1 bezeichneten Rücklagen und eine Aufstellung des wesentlichen Gemeinschaftsvermögens enthält. Der Vermögensbericht ist jedem Wohnungseigentümer zur Verfügung zu stellen.**	§ 28 Abs. 4 *Die Wohnungseigentümer können durch Mehrheitsbeschluß jederzeit von dem Verwalter Rechnungslegung verlangen.*
§ 28 Abs. 2 Satz 1 **Nach Ablauf des Kalenderjahres beschließen die Wohnungseigentümer über die Einforderung von Nachschüssen oder die Anpassung der beschlossenen Vorschüsse.**	§ 28 Abs. 5 *Über den Wirtschaftsplan, die Abrechnung und die Rechnungslegung des Verwalters beschließen die Wohnungseigentümer durch Stimmenmehrheit.*
§ 29 Verwaltungsbeirat	§ 29 Verwaltungsbeirat
§ 29 Abs. 1 **Wohnungseigentümer können durch Beschluss zum Mitglied des Verwaltungsbeirats bestellt werden. Hat der Verwaltungsbeirat mehrere Mitglieder, ist ein Vorsitzender und ein Stellvertreter zu bestimmen.**	§ 29 Abs. 1 *Die Wohnungseigentümer können durch Stimmenmehrheit die Bestellung eines Verwaltungsbeirats beschließen. Der Verwaltungsbeirat besteht aus einem Wohnungseigentümer als Vorsitzenden und zwei weiteren Wohnungseigentümern als Beisitzern.*
§ 29 Abs. 2 Satz 1 Der Verwaltungsbeirat unterstützt **und überwacht** den Verwalter bei der Durchführung seiner Aufgaben.	§ 29 Abs. 2 Der Verwaltungsbeirat unterstützt den Verwalter bei der Durchführung seiner Aufgaben.

neu	alt
§ 29 Abs. 2 Satz 2 Der Wirtschaftsplan **und die Jahresabrechnung** sollen, bevor **die Beschlüsse nach § 28 Absatz 1 Satz 1 und Absatz 2 Satz 1 gefasst werden,** vom Verwaltungsbeirat geprüft und mit dessen Stellungnahme versehen werden.	§ 29 Abs. 3 Der Wirtschaftsplan, *die Abrechnung über den Wirtschaftsplan, Rechnungslegungen und Kostenanschläge* sollen, bevor *über sie die Wohnungseigentümerversammlung beschließt,* vom Verwaltungsbeirat geprüft und mit dessen Stellungnahme versehen werden.
§ 29 Abs. 1 letzter Satz Der Verwaltungsbeirat wird von dem Vorsitzenden nach Bedarf einberufen.	§ 29 Abs. 4 Der Verwaltungsbeirat wird von dem Vorsitzenden nach Bedarf einberufen.
§ 29 Abs. 3 **Sind Mitglieder des Verwaltungsbeirats unentgeltlich tätig, haben sie nur Vorsatz und grobe Fahrlässigkeit zu vertreten.**	-
§ 30 Wohnungserbbaurecht	§ 30
Der bisherige 4. Abschnitt wird Abschnitt 5. Der II. Teil wird Teil 2	§ 32 Absatz 2 Satz 4–7 werden aufgehoben
Teil 3 Verfahrensvorschriften	III. Teil

III. COVID-19-Pandemie

1 Im Folgenden werden ab „ABC“ die wichtigsten Auswirkungen der COVID-19-Pandemie auf das Wohnungseigentumsrecht aufgezeigt. Stets müssen die aktuellen öffentlich-rechtlichen Entwicklungen zu Rate gezogen werden (siehe dazu ua https://lexcorona.de).

2 **Belegeinsicht:** Haben die Gemeinschaft der Wohnungseigentümer und der Verwalter keine Vereinbarung getroffen, wo eine Einsichtnahme zu gewähren ist, kann ein Wohnungseigentümer eine Einsichtnahme in die Verwaltungsunterlagen (→ § 18 Rn. 143 ff.) grundsätzlich nur im Verwalterbüro verlangen. Die Einschränkungen aufgrund der jeweiligen landesrechtlichen Corona-Verordnungen und örtlicher, kommunaler Regelungen dürften der Einsichtnahme in der Regel nicht entgegenstehen. Ist es im Einzelfall anders und kommt eine Einsichtnahme wegen der aktuellen Rechtslage vor Ort nicht in Betracht, liegen die Voraussetzungen vor, nach denen ein Wohnungseigentümer eine Einsichtnahme ausnahmsweise außerhalb der Geschäftsräume verlangen kann. Der Verwalter ist dann verpflichtet, dem Wohnungseigentümer Kopien bzw. einen Ausdruck aller Belege zu übersenden, derer der Wohnungseigentümer bedarf.

3 **Benutzung (Gebrauch):** Aus Anlass der COVID-19-Pandemie ist eine Reihe von Gebrauchs- und Nutzungsregelungen vorstellbar (→ § 19 Rn. 11 ff.). Bei keiner ist zum jetzigen Zeitpunkt gesichert, dass sie abstrakt oder konkret ordnungsmäßiger Verwaltung entspricht. Insoweit muss Rechtsprechung abgewartet werden. Beispiele für Benutzungs- und/oder Gebrauchsregelungen sind:

- Der Beschluss, wie viele Personen einen Aufzug gleichzeitig benutzen dürfen.
- Der Beschluss, welches von mehreren Treppenhäusern zu gebrauchen ist.
- Der Beschluss, dass beispielsweise im Bereich des gemeinschaftlichen Eigentums ein Mindestabstand einzuhalten sind.
- Der Beschluss, dass im Personenaufzug und im Treppenhaus Mund-Nasen-Masken zu tragen sind.
- Der Beschluss, dass man im Treppenhaus nicht grüßen, nicht singen und sich nicht unterhalten darf.
- Der Beschluss, dass Außenflächen oder ein im gemeinschaftlichen Eigentum stehendes Schwimmbad gesperrt sind.
- Der Beschluss, wie Außenflächen gebraucht werden dürfen.
- Der Beschluss, dass in bestimmten Bereichen Desinfektionsmittel einzusetzen sind, zB bei Klinken oder Handläufen.

4 **Bescheinigung nach § 35a EstG:** Für die Einkommensteuererklärung 2019 reicht die Jahresabrechnung 2018.

5 **Beschluss (schriftlich):** Auch ohne Versammlung ist ein Beschluss nach § 23 Abs. 3 Satz 1 WEG gültig, wenn alle Wohnungseigentümer ihre Zustimmung zu diesem Beschluss schriftlich erklären. Gegenstand des Beschlusses kann jede Maßnahme sein, für die es eine Beschlusskompetenz gibt. Auf den schriftlichen Beschluss kann zurückgegriffen werden, solange Präsenz-

versammlungen erschwert oder nicht möglich sind. Zu den Einzelheiten → § 23 Rn. 96 ff.

Bestellung des Verwalters: Nach § 6 Abs. 1 COVMG bleibt eine Person auch ohne einen Beschluss der Wohnungseigentümer nach § 26 Abs. 1 WEG weiterhin Verwalter der entsprechenden Wohnungseigentumsanlage (→ Anhang IV). 6

Betriebskostenabrechnung: Dass es vorübergehend ggf. zu keinen Beschlüssen nach § 28 Abs. 2 Satz 1 WEG kommen wird, ist für vermietende Wohnungseigentümer bedeutungslos und hat vor allem auf die Frist des § 556 Abs. 3 S. 1 Hs. 1, S. 2 BGB keinen Einfluss. Die Jahresabrechnung ist keine Abrechnung über die Betriebskosten. Die Jahresabrechnung kann für den vermietenden Wohnungseigentümer allerdings eine Art „Steinbruch" sein, bei dem er sich für die Erstellung der Abrechnung über die Betriebskosten bedienen kann. Insoweit kann er auf den Verwalter zugehen. Denn, wie es auch in den Materialien zum COVMG heißt, soweit die Jahresabrechnung als Zahlenwerk insbesondere für steuerliche Zwecke erforderlich ist, ist sie den Wohnungseigentümern schon vor einem Beschluss zur Verfügung zu stellen. Für die Abrechnung über die Betriebskosten gilt nichts anderes. Der vermietende Wohnungseigentümer ist in Bezug auf die Abrechnung über die Betriebskosten auf den Beschluss nach § 28 Abs. 2 Satz 1 WEG nicht angewiesen und muss auch dann innerhalb der Frist des § 556 Abs. 3 S. 2 BGB abrechnen und diese Abrechnung dem Mieter mitteilen, wenn ein Beschluss nicht oder noch nicht gefasst ist. 7

Datenschutz: Der Verwalter ist nach Art. 6 Abs. 1 Buchst. c) DS-GVO (Erfüllung einer rechtlichen Verpflichtung) berechtigt und verpflichtet, nach § 16 Abs. 2 S. 2 und S. 3 Infektionsschutzgesetz den Beauftragten der zuständigen Behörde und des Gesundheitsamtes das Grundstück, Räume, Anlagen, Einrichtungen sowie sonstige Gegenstände zugänglich zu machen und Auskünfte zu erteilen. Nach Art. 6 Abs. 1 Buchst. d) DS-GVO (Schutz der lebenswichtigen Interessen einer anderen natürlichen Person) ist der Verwalter im besonders gelagerten Einzelfall außerdem wohl auch berechtigt, auf Corona-Fälle in der Wohnungseigentumsanlage unter Nennung des Namens hinzuweisen, zB wenn sich die Person gegenüber dem Schutz Dritter völlig uneinsichtig zeigt. 8

Einkommensteuererklärung: Für die Einkommensteuererklärung kann der Wohnungseigentümer den Verwalter fragen, welche Mittel aus der Erhaltungsrücklage entnommen wurden. 9

Erhaltung (dringend): Nach § 27 Abs. 1 Nr. 2 WEG kann der Verwalter in dringenden Fällen sonstige zur Erhaltung des gemeinschaftlichen Eigentums erforderliche Maßnahmen treffen. In diesem Sinne „dringend" sind Fälle, die wegen ihrer objektiven Eilbedürftigkeit eine vorherige, gegebenenfalls iSv § 24 Abs. 4 Satz 2 WEG dringende Einberufung einer Versammlung und die Befassung der Wohnungseigentümer mit „Ob" und „Wie" einer Erhaltungsmaßnahme nicht mehr zulassen. § 27 Abs. 1 Nr. 2 WEG deckt nach Ermessen des Verwalters nur solche Maßnahmen ab, die im Rahmen einer ordnungsmäßigen Verwaltung eine Gefahrenlage für das gemeinschaftliche Eigentum beseitigen, grundsätzlich nicht aber solche, die der dauerhaften Behebung der Schadensursache dienen. § 27 Abs. 1 Nr. 3 10

WEG erlaubt mithin in der Regel nur Sicherungsmaßnahmen. Hier ist aber eine Abwägung im Einzelfall notwendig. Könnte es, wie jetzt, eine längere Zeit nicht zu Versammlungen kommen, wird sich der Handlungsspielraum der Verwalter notwendig erweitern. Siehe im Übrigen → § 27 Rn. 45 ff.

11 **Erhaltung (laufend):** Nach § 27 Abs. 1 Nr. 1 WEG darf der Verwalter die laufenden Maßnahmen der erforderlichen ordnungsmäßigen Instandhaltung und Instandsetzung treffen (→ § 27 Rn. 23 ff.).

12 **E-Mail-Verteiler:** Der Verwalter ist berechtigt, E-Mail-Verteiler einzurichten. Wichtig ist, dass alle, die sich dieser Medien bedienen, mit einem Informationsaustausch und/oder Diskurs an diesem Ort einverstanden sind.

13 **Gerichtsverfahren (laufend):** Für laufende Gerichtsverfahren gelten § 27 Abs. 2 Nr. 2, Abs. 3 S. 1 Nr. 2 WEG aF. Danach ist der Verwalter bei Klagen, bei denen die Wohnungseigentümer oder die Gemeinschaft der Wohnungseigentümer die Beklagten sind (Passivprozesse), berechtigt, diese im Erkenntnis- und Vollstreckungsverfahren zu führen. § 27 Abs. 2 Nr. 2 WEG a. F. begründet für Passivprozesse eine umfassende und im Außenverhältnis uneingeschränkte gesetzliche Vertretungsbefugnis des Verwalters. Für § 27 Abs. 3 Satz 1 Nr. 2 WEG aF kann nichts anderes gelten. Anders ist es im Grundsatz für Aktivprozesse, wobei es sich praktisch nur um solche namens der Gemeinschaft der Wohnungseigentümer handeln kann. Hier kann der Verwalter nämlich nur etwas unternehmen, wenn eine Frist zu wahren ist oder ein sonstiger Rechtsnachteil abgewendet werden soll.

14 **Hausgeld:** Art. 240 § 1 EGBGB ist auf das Verhältnis zwischen einem Wohnungseigentümer und/oder Teileigentümer und der Gemeinschaft der Wohnungseigentümer nicht anwendbar (→ Anhang IV Rn. 50 ff.).

15 **Infektionsschutz:** Der Verwalter muss dafür Sorge tragen, dass durch Schreiben oder eine E-Mail, aber auch durch Aushänge im Gebäude, auf die elementaren Regeln (Abstandhalten, Händewaschen, Kontakt vermeiden usw) und die aktuellen Bundes- und Landesbestimmungen hingewiesen wird. Hausmeister und Dienstleister, zB für die Außenanlagen oder die Reinigung des Treppenhauses, sind entsprechend anzuweisen, unter anderem beispielsweise die Handläufe und Knäufe besonders zu reinigen. Was im Detail gilt, ist mit den Dienstleistern zu besprechen. Im Einzelfall wird auch zu prüfen sein, vorübergehend die Frequenz und Intensität der Hausreinigung zu erhöhen. Es ist möglich und vorstellbar, dass der Verwalter auch die Wohnungseigentümer anspricht und sie motiviert, vorübergehend auf freiwilliger Basis für eine besondere Reinigung der entsprechenden Stellen zu sorgen. Ein Beschluss wäre insoweit allerdings nicht möglich, da es sich um eine tätige Mithilfe handeln würde, für die keine Beschlusskompetenz besteht. Es ist nicht zu beanstanden und auch hinzunehmen, wenn einzelne Wohnungseigentümer zu solchen Maßnahmen nicht bereit sind. Zu einem Infektionsschutz im Übrigen ist der Verwalter nicht verpflichtet. Er muss also nur die aktuellen Gesetze umsetzen sowie den behördlichen Anforderungen Folge leisten und beispielsweise – soweit landesrechtlich vorgesehen – Spielplätze oder andere Flächen sperren. Aktiv ist hingegen zurzeit nichts zu unternehmen. Kommt es in einer Wohnungseigentumsanlage wegen der Coronapandemie zu Todesfällen, ist es grundsätzlich die Aufgabe der Angehörigen und der Behörden, das Notwendige zu veranlassen. Aufgabe des

Verwalters ist es, diese Schritte angemessen zu begleiten und zu fördern. Wird einem Verwalter ein Todesfall bekannt, sollte er, soweit möglich und soweit Adressen bekannt sind und unter Wahrung des Datenschutzes bekannt sein dürfen, die Angehörigen und die Behörden unterrichten.

Jahresabrechnung: Kommt es zu keiner Versammlung, können Woh- 16
nungseigentümer, die Informationen für ihre Abrechnungen oder für das Finanzamt benötigen, sich diese beim Verwalter beschaffen.

Liquidität: Benötigt die Gemeinschaft der Wohnungseigentümer Liqui- 17
dität, ist dem Verwalter wegen § 9b Abs. 1 Satz 1 WEG auch als Notmaßnahme nach § 27 Abs. 1 Nr. 2 WEG der Abschluss eines Darlehensvertrages in der erforderlichen Höhe nicht möglich.

Mahnverfahren: Zur raschen Erlangung von Liquidität ist stets ein 18
Mahnverfahren oder eine Hausgeldklage möglich.

Messenger-Dienste: Der Verwalter kann Messenger-Dienste einsetzen. 19
Es ist ratsam, europäische oder deutsche Messenger-Dienste zu nutzen. Es gibt mittlerweile eine Reihe von Apps, die den datenschutzrechtlichen Anforderungen nahezu gerecht werden. Es können grundsätzlich alle Fragen ausgetauscht werden. Soweit ein Wohnungseigentümer an einem solchen Diskurs nicht teilnehmen möchte oder nicht kann, ist das – sofern nichts anderes vereinbart ist – zu respektieren und kann auch nicht anders beschlossen werden. Soweit der Verwalter in den sozialen Medien Informationen zur Verfügung stellt, muss er den Datenschutz beachten und grundsätzlich personenbezogene Daten schwärzen, soweit die davon betroffenen Wohnungseigentümer ihm keine Ermächtigung erteilt haben, anders zu verfahren.

Öffentliches Recht: Der jeweilige Träger des Verwalteramts wird im 20
öffentlichen Recht in Bezug auf den allgemeinen Zustand des gemeinschaftlichen Eigentums als ein möglicher Störer angesehen. Denn der Verwalter kann nach § 27 Abs. 1 Nr. 2 und/oder Nr. 1 WEG in das gemeinschaftliche Eigentum eingreifen, ohne die Wohnungseigentümer einschalten zu müssen. Ferner ist es vorstellbar, dass die Wohnungseigentümer dem Verwalter Verwaltungskompetenz nach § 27 Abs. 2 WEG übertragen haben. Es ist daher möglich, dass eine Behörde im Zusammenhang mit der COVID-19-Pandemie den Verwalter als Zustands- und auch als Handlungsstörer kraft Unterlassens in Anspruch nimmt.

Stundung: Der Verwalter ist berechtigt, im Namen der Gemeinschaft 21
einem Wohnungseigentümer eine Stundung zu gewähren. Bei Abschluss einer Ratenzahlungsvereinbarung, der eine Stundung zu Grunde liegt, ist Vorsicht geboten. Die mit der Vereinbarung verbundene Stundung entfällt nicht ohne weiteres. In jedem Fall ist es richtig, eine Vorfälligkeitsklausel für den Fall der Nichtzahlung aufzunehmen.

Versammlung: 22

- **Überblick:** Aufgrund der durch die COVID-19-Pandemie ausgelösten Situation ist die Durchführung von Versammlungen zum Teil nur eingeschränkt und teilweise nicht möglich. Die Situation kann sich zum „Ob" einer Versammlung und zum „Wie" von Landkreis zu Landkreis unterscheiden. Ferner dürfte die Zulässigkeit in der Regel von der Größe der

Wohnungseigentümergemeinschaft abhängen. Während es bei kleinen Gemeinschaften keine oder wenige Probleme geben wird, erscheinen Versammlungen für große Wohnungseigentümergemeinschaften noch längere Zeit kaum so durchführbar, wie es das Gesetz vorsieht.

- Beraumt der Verwalter eine Versammlung an, obwohl das öffentliche Recht diese nicht zulässt, sind alle dort gefassten Beschlüsse jedenfalls anfechtbar. Kein Wohnungseigentümer ist gezwungen, zu einer solchen Versammlung zu erscheinen. Ist eine Versammlung möglich, obliegt es dem Ermessen des Verwalters, wann, wo, zu welchem Zeitpunkt, zu welchem Ort und zu welcher Stätte die Versammlung einberufen wird. Eine Besonderheit ist, dass das Ermessen bei der jeweiligen Auswahl sich zurzeit auch vom öffentlichen Recht leiten lassen muss.
- **Öffentliches Recht:** Die Pflicht, für die Einhaltung des öffentlichen Rechtes während der Versammlung zu sorgen, ist ein Teil der Versammlungsleitung und Aufgabe des Verwalters. Ihm obliegt es zB, für den Mindestabstand zwischen den Teilnehmern zu sorgen und auch auf die Hygiene zu achten. Was im Einzelnen gilt, ist eine Frage des Infektionsschutzes und der aktuellen Bestimmungen.
- **Online-Teilnahme:** Siehe dazu § 23 Rn. 31 ff.
- **Versammlungsleitung:** Am Verwalter ist es zu entscheiden, ob eine Versammlung aus hygienischen Gründen unterbrochen, verlegt oder vertagt wird. Die Wohnungseigentümer sind berechtigt, ihm durch Beschluss Weisungen zu erteilen, und können Beschlüsse zur Geschäftsordnung fassen. Insoweit gelten die allgemeinen Regelungen. Die Wohnungseigentümer haben entsprechend ihrem Recht, das Rauchen zu erlauben oder zu verbieten oder Regelungen zum Essen, Trinken und zum Gebrauch von Handys zu treffen, eine Kompetenz, das Tragen von Mund-Nasen-Masken zu beschließen. Auch der Verwalter ist im Rahmen seines Hausrechts berechtigt, diese Anordnung zu treffen. Ist ein Wohnungseigentümer nicht bereit, sich dieser Maßnahme zu unterwerfen, ist als ultima ratio vorstellbar, ihn von der Versammlung zu entfernen. Problematisch ist allerdings, wenn diese Maßnahmen vor der Versammlung nicht als Möglichkeit angekündigt worden waren und der Verwalter auch keine Mund-Nasen-Masken bereithält. Insoweit muss die Versammlung gegebenenfalls unterbrochen oder vertagt werden. Sie fortzusetzen, ohne einem Wohnungseigentümer die Möglichkeit zu geben, eine Mund-Nasen-Maske kurzfristig zu beschaffen, dürfte alle Beschlüsse wenigstens anfechtbar machen.
- **Versammlungsstätte:** Der Verwalter muss eine Versammlungsstätte wählen, die es ermöglicht, dass der notwendige Mindestabstand zwischen den Versammlungsteilnehmern und den Mitarbeitern des Verwalters sowie die weiteren Hygienemaßnahmen wie das Händewaschen und eine Desinfektion eingehalten werden können. Bestimmt der Verwalter eine ungeeignete Versammlungsstätte, dürfte kein Wohnungseigentümer verpflichtet sein, an der Versammlung teilzunehmen, und dürften, wenn Wohnungseigentümer wegen der Ungeeignetheit der Versammlungsstätte der Versammlung ferngeblieben sind, dennoch gefasste Beschlüsse keiner ordnungsmäßigen Verwaltung entsprechen, und zwar nicht nichtig, aber anfechtbar sein.

– **Verzeichnisse:** Es ist möglich, dass der Verwalter nach öffentlichen Regelungen gehalten ist, Namen und Adressen und/oder E-Mail-Adressen der Teilnehmenden, seiner Mitarbeiter und anderer Personen, etwa Kellner, in ein Verzeichnis aufzunehmen.

Verwaltervertrag: § 6 COVMG äußert sich nicht, was für den Verwaltervertrag gilt. Nach seinem Sinn und Zweck wird man annehmen müssen, dass auch er nicht endet und sich nach einer ergänzenden Vertragsauslegung jedenfalls bis zum Ende der Bestellung fortsetzt (→ Anhang IV Rn. 7). Der konkrete Verwalter sollte sich dennoch bemühen, rasch für Klarheit zu sorgen. Ferner muss er an die Wohnungseigentümer herantreten, wenn er Änderungen des Verwaltervertrages wünscht, zB Sondervergütungen wegen der COVID-19-Pandemie, aber auch andere Änderungen. **23**

Video-Kommunikation: Im Einzelfall kommt eine Video-Kommunikation in Betracht. Der Verwalter sollte auch hier darauf achten, dass bei der Auswahl des Anbieters die gesetzlichen Vorgaben und deren Einhaltung transparent für den Nutzer dargestellt sind. Weiterhin ist zu klären, ob der Anbieter die Regeln in Bezug auf Privacy Shield und die Standardschutzklauseln (SCC) einhält und sich diesen unterstellt. Sobald ein Videokonferenz-Tool eingesetzt wird, ist zwischen dem Anbieter und dem Unternehmen ein Auftragsverarbeitungsvertrag iSd Art. 28 DS-GVO zu schließen. Viele Anbieter halten einen entsprechenden Vertrag vor. Allerdings muss der Verwalter aktiv den Vertrag anfordern und entsprechend ausfüllen und übersenden. Die Informationspflichten (Datenschutzhinweise) sind dann entsprechend anzupassen. **24**

Wirtschaftsplan: Nach § 28 Abs. 1 Satz 2 WEG hat der Verwalter jeweils für ein Kalenderjahr einen Wirtschaftsplan aufzustellen. Die für das Jahr 2019 beschlossenen Wirtschaftspläne endeten damit regelmäßig mit Ablauf des 31.12.2019. Etwas anderes gilt, wenn die Wohnungseigentümer im Jahr 2019 bereits einen Wirtschaftsplan für das Jahr 2020 mit Wirkung zum 1.1. beschlossen haben. Und etwas anderes gilt, wenn die Wohnungseigentümer beschlossen haben, dass der für das Jahr 2019 aufgestellte Wirtschaftsplan fortgelten soll, bis über einen neuen Wirtschaftsplan beschlossen worden ist. Für den Fall, dass die Wohnungseigentümer keine Fortgeltung beschlossen haben, fingiert § 6 Abs. 2 COVMG, dass der zuletzt von den Wohnungseigentümern durch Beschluss gem. § 28 Abs. 5 WEG genehmigte Wirtschaftsplan – das muss nicht unbedingt ein Wirtschaftsplan des Jahres 2019 sein – bis zum Beschluss eines neuen Wirtschaftsplans fortgilt (→ Anhang IV Rn. 8 ff.). **25**

IV. Kommentierung zu § 6 COVMG

Gesetz über Maßnahmen im Gesellschafts-, Genossenschafts-, Vereins-, Stiftungs- und Wohnungseigentumsrecht zur Bekämpfung der Auswirkungen der COVID-19-Pandemie

vom 27. März 2020
(BGBl. I S. 569, 570)

Wohnungseigentümergemeinschaften

6 (1) **Der zuletzt bestellte Verwalter im Sinne des Wohnungseigentumsgesetzes bleibt bis zu seiner Abberufung oder bis zur Bestellung eines neuen Verwalters im Amt.**

(2) **Der zuletzt von den Wohnungseigentümern beschlossene Wirtschaftsplan gilt bis zum Beschluss eines neuen Wirtschaftsplans fort.**

Literatur: *Elzer,* COVID 19-Pandemie und Wohnungseigentumsrecht, MietRB 2020, 149; *Elzer,* Auswirkungen der Coronapandemie im Wohnungseigentumsrecht, Die Eigentumswohnung, Ausgabe 4/2020; *Fritsch,* WEG-Verwaltung während der COVID-19-Pandemie, ZMR 2020, 458; *Hofele,* Corona und die Folgen für Miet- und Pachtverhältnisse sowie für Wohnungseigentümergemeinschaften, NWB 2020, 1065; *Hogenschurz,* Die Verwaltung von Wohnungseigentum in Zeiten der „Corona"-Pandemie, MDR 2020, 534; *Zehelein,* Die Betriebskostenverteilung bei vermietetem Sondereigentum nach dem Gesetzentwurf zum Wohnungseigentumsmodernisierungsgesetz – WEModG, ZMR 2020, 272; Zschieschack, Sonderregelungen für Wohnungseigentümergemeinschaften zur Abmilderung der Folgen der COVID19-Pandemie, ZWE 2020, 165.

Übersicht

A. Entstehungsgeschichte

1 Die COVID-19-Pandemie hat in der Bundesrepublik Deutschland zu ganz erheblichen Einschränkungen in allen Bereichen des Privat- und des Wirtschaftslebens geführt. Der Gesetzgeber hat aus diesem Anlass am 27.3.2020 (BGBl. I 569) das Gesetz über Maßnahmen im Gesellschafts-, Genossenschafts-, Vereins-, Stiftungs- und Wohnungseigentumsrecht zur Bekämpfung der Auswirkungen der COVID-19-Pandemie (COVMG) erlassen. Das COVMG geht davon aus, dass bei größeren Wohnungseigentümergemeinschaften eine Zusammenkunft der Wohnungseigentümer häufig schon aufgrund behördlicher Anordnungen nicht gestattet ist (BT-Drs. 19/18110, 30). Ferner vermuten seine Schöpfer, dass vielerorts keine geeigneten Räumlichkeiten zur Verfügung stünden. Zudem sei es vorstellbar, dass es den Wohnungseigentümern wegen der damit verbundenen Gesundheitsgefährdung nicht zumutbar sei, an einer Versammlung der Wohnungseigentümer teilzunehmen.

B. Sinn und Zweck

2 Der Gesetzgeber geht davon aus, dass es vielfach jedenfalls im Jahr 2020, gegebenenfalls aber auch später, nicht möglich sein wird, Versammlungen durchzuführen (BT-Drs. 19/18110, 30). Um diesem Problem zu begegnen, bestimmt § 6 Abs. 1 COVMG zwei Sonderregelungen. Absatz 1 will erreichen, dass die Gemeinschaft der Wohnungseigentümer nicht verwalterlos wird. Absatz 2 will hingegen dafür sorgen, dass die Gemeinschaft der Wohnungseigentümer über ausreichend Liquidität verfügt.

C. Weiterbestellung des Verwalters (§ 6 Abs. 1 COVMG)

I. Bestellungszeit lief am 28.3.2020 oder später ab

3 Nach § 6 Abs. 1 COVMG bleibt der „zuletzt bestellte Verwalter" bis zu seiner Abberufung oder bis zur Bestellung eines neuen Verwalters im Amt. Dies meint die Verwalter, deren Bestellungszeit nach dem 1.4.2020 abläuft. Das COVMG zwingt diese Person freilich nicht, das Verwalteramt auszuüben. Sie ist daher berechtigt ihr Amt niederzulegen (→ § 26 Rn. 20). Außerdem sind natürlich die Wohnungseigentümer nicht daran gehindert, etwas anderes durch Beschluss zu bestimmen.

II. Bestellungszeit lief vor dem 28.3.2020 ab

4 § 6 Abs. 1 COVMG soll nach den Gesetzesmaterialen auch den Fall erfassen, dass die Amtszeit des konkreten Verwalters zum Zeitpunkt des Inkrafttretens der Vorschrift bereits abgelaufen war (BT-Drs. 19/18110, 31).

5 Ist es in den Jahren vor 2020 oder bis zum 27.3.2020 unabsichtlich zu einem solchen Bestellungsende gekommen, liegt diese Parallelität nahe. Die

Wohnungseigentümer und die vormals zum Verwalter bestellte Person werden wollen, dass „alles beim Alten bleibt“ und der faktische wieder zum richtigen Verwalter wird. So muss es aber nicht sein. Zu denken ist etwa an den Fall, dass eine Person ihr Amt bewusst niedergelegt hatte, an den Fall, dass die Wohnungseigentümer eine Person nicht mehr als Verwalter wollten und die Bestellung daher bewusst haben auslaufen lassen oder den Fall, dass die Wohnungseigentümer keinen Verwalter mehr wollten. Für wenigstens diese drei Fälle ist es sehr fraglich, ob die zuletzt bestellte Person durch das COVMG dennoch zum Träger des Verwalteramts geworden ist. Außerdem ist dogmatisch zweifelhaft, ob es möglich ist, eine Person gegen ihren Willen durch das COVMG in ein Amt zu heben. Denn eine Person muss gegenüber der Gemeinschaft der Wohnungseigentümer immer erklären, das Amt zu dem von den Wohnungseigentümern bestimmten Zeitpunkt übernehmen zu wollen.

6 § 6 Abs. 1 COVMG führt nach hM nicht dazu, dass der Verwalter, dessen Bestellung vor dem 28.3.2020 beendet war, mit Inkrafttreten des COVMG rückwirkend als bestellt anzusehen ist. Eine vor dem Inkrafttreten des COVMG erteilte Zustimmung iSv § 12 Abs. 1 WEG muss daher erneut erklärt werden (OLG Hamburg BeckRS 2020, 24847 Rn. 6). Entsprechendes müsste dann für die Geschäftsführung des wiederbestellten Verwalters gelten, aber auch für Vertragsabschlüsse.

III. Verwaltervertrag

7 § 6 COVMG äußert sich nicht dazu, was für den Verwaltervertrag gilt. Nach seinem Sinn und Zweck wird man annehmen müssen, dass auch er nicht endete und sich nach einer ergänzenden Vertragsauslegung jedenfalls bis zum Ende der Bestellung fortsetzt (*Hogenschurz* MDR 2020, 534 (536); *Elzer* MietRB 2020, 149 (151); aA *Zschieschack* ZWE 2020, 165 (167)).

D. Weitergeltung von Wirtschaftsplänen (§ 6 Abs. 2 COVMG)

8 Die für das Jahr 2019 beschlossenen Wirtschaftspläne endeten regelmäßig mit Ablauf des 31.12.2019. Etwas anderes galt, wenn die Wohnungseigentümer im Jahr 2019 einen Wirtschaftsplan für das Jahr 2020 mit Wirkung zum 1.1 aufgestellt hatten. Und etwas anderes galt, wenn die Wohnungseigentümer beschlossen hatten, dass der für das Jahr 2019 aufgestellte Wirtschaftsplan, fortgelten soll, bis über einen neuen Wirtschaftsplan beschlossen worden ist. Liegt es jeweils so, hat § 6 Abs. 2 COVMG keinen Anwendungsbereich.

9 Anders war es aber, wenn die Fortgeltung von den Wohnungseigentümern nicht beschlossen worden war. Denn dann schulden die Wohnungseigentümer der Gemeinschaft der Wohnungseigentümer kein Hausgeld für das laufende Wirtschaftsjahr. Für diesen Fall fingiert § 6 Abs. 2 COVMG, dass der zuletzt von den Wohnungseigentümern durch Beschluss gem. § 28 Abs. 5 WEG aF genehmigte Wirtschaftsplan – das muss nicht unbedingt ein

Plan des Jahres 2019 sein – bis zum Beschluss eines neuen Wirtschaftsplans fort gilt. Das bedeutet, dass ein Wohnungseigentümer auch für Januar bis März 2020, ggf. aber auch für das Jahr 2019, rückwirkend Hausgeld schuldet. Eine vereinbarte oder generell beschlossene Verfallklausel greift aber erst, wenn der Wohnungseigentümer nach Inkrafttreten mit der vorgesehenen Mindestzahl monatlicher Raten in Verzug gerät.

E. Hausgeld

I. Überblick

Das COVFAG hat mWv 1.4.2020 den Art. 240 in das EGBGB eingefügt. **10**
Nach Art. 240 § 1 Abs. 1 EGBGB hat ein Verbraucher das Recht, Leistungen zur Erfüllung eines Anspruchs, der im Zusammenhang mit einem Verbrauchervertrag steht, der ein Dauerschuldverhältnis ist und vor dem 8.3.2020 geschlossen wurde, bis zum 30.6.2020 zu verweigern, wenn dem Verbraucher infolge von Umständen, die auf die Ausbreitung der Infektionen mit dem SARS-CoV-2-Virus (COVID-19-Pandemie) zurückzuführen sind, die Erbringung der Leistung ohne Gefährdung seines angemessenen Lebensunterhalts oder des angemessenen Lebensunterhalts seiner unterhaltsberechtigten Angehörigen nicht möglich wäre.

Das Leistungsverweigerungsrecht besteht in Bezug auf alle wesentlichen **11**
Dauerschuldverhältnisse. Wesentliche Dauerschuldverhältnisse sind solche, die zur Eindeckung mit Leistungen der angemessenen Daseinsvorsorge erforderlich sind. Nach Art. 240 § 1 Abs. 2 EGBGB ist hingegen ein Kleinstunternehmen berechtigt, Leistungen zur Erfüllung eines Anspruchs, der im Zusammenhang mit einem Vertrag steht, der ein Dauerschuldverhältnis ist und vor dem 8.3.2020 geschlossen wurde, bis zum 30.6.2020 zu verweigern, wenn infolge von Umständen, die auf die COVID-19-Pandemie zurückzuführen sind, wenn infolge von Umständen, die auf die COVID-19-Pandemie zurückzuführen sind, das Unternehmen die Leistung nicht erbringen kann oder dem Unternehmen die Erbringung der Leistung ohne Gefährdung der wirtschaftlichen Grundlagen seines Das Leistungsverweigerungsrecht besteht in Bezug auf alle wesentlichen Dauerschuldverhältnisse. Wesentliche Dauerschuldverhältnisse sind solche, die zur Eindeckung mit Leistungen zur angemessenen Fortsetzung seines Erwerbsbetriebs erforderlich sind.

II. Innenverhältnis

Die Regelungen des Art. 240 § 1 EGBGB sind auf das Verhältnis zwi- **12**
schen einem Wohnungseigentümer und/oder Teileigentümer und der Gemeinschaft der Wohnungseigentümer nicht anwendbar. Zwar kann ein Wohnungseigentümer ein Verbraucher sein. Einen Wohnungseigentümer und die Gemeinschaft der Wohnungseigentümer verbindet aber schon kein Verbrauchervertrag (Zehelein/*Elzer* § 5 Rn. 12). Der EuGH versteht das von einem Wohnungseigentümer geschuldete Hausgeld zwar als eine Ver-

tragsschuld (EuGH NJW 2019, 2991 Rn. 30). Dies gilt aber nur für den Anwendungsbereich von Art. 7 Nr. 1 lit. a Brüssel Ia-VO.

13 Jedenfalls aber handelt es sich bei der Verpflichtung das Hausgeld zu zahlen um kein wesentliches Dauerschuldverhältnis iSv Art. 240 § 1 EGBGB. Dies sind nur solche Dauerschuldverhältnisse, die zur Eindeckung mit Leistungen der Daseinsvorsorge erforderlich sind (Zehelein/*Elzer* § 5 Rn. 12). Hierzu zählen etwa Pflichtversicherungen, Verträge über die Lieferung von Strom und Gas oder über Telekommunikationsdienste, soweit zivilrechtlich geregelt auch Verträge über die Wasserver- und -entsorgung. Und für einen Teileigentümer ist vorstellbar, dass er ein Kleinstunternehmen iSv Art. 240 § 1 Abs. 2 EGBGB ist. Auch hier fehlt es aber an einem wesentlichen Dauerschuldverhältnis iSd Gesetzes. Wesentlich sind nämlich nur solche Dauerschuldverhältnisse, die zur Eindeckung mit Leistungen zur angemessenen Fortsetzung seines Erwerbsbetriebs erforderlich sind, etwa Pflichtversicherungen, Verträge über die Lieferung von Strom und Gas oder über Telekommunikationsdienste, soweit zivilrechtlich geregelt auch Verträge über die Wasserver- und -entsorgung zu solchen Leistungen.

III. Außenverhältnis

14 Die Regelungen des Art. 240 § 1 EGBGB dürften auch nicht im Verhältnis der Gemeinschaft der Wohnungseigentümer zu einem Dritten anwendbar sein. Zwar soll die Gemeinschaft der Wohnungseigentümer nach der Rechtsprechung des BGH im Interesse des Verbraucherschutzes der in ihr zusammengeschlossenen, nicht gewerblich handelnden natürlichen Personen dann einem Verbraucher gem. § 13 BGB gleichzustellen sein, wenn ihr wenigstens ein Verbraucher angehört und sie ein Rechtsgeschäft zu einem Zweck abschließt, der weder einer gewerblichen noch einer selbständigen beruflichen Tätigkeit dient. Der Gemeinschaft der Wohnungseigentümer dürfte die Erbringung der Leistung aber ohne Gefährdung ihres angemessenen „Lebensunterhalts" jederzeit möglich sein. Denn im Innenverhältnis haften ihr die Wohnungseigentümer unbeschränkt. Für Darlehensverträge, die Art. 240 § 3 EGBGB unterfallen, dürfte nichts anderes gelten.

IV. Analogie zu Art. 240 § 2 EGBGB

15 Die Bestimmung des Art. 240 § 2 EGBGB kann auf die Verpflichtung, Hausgeld zu zahlen, nicht entsprechend angewendet werden. Die Voraussetzungen einer Analogie, eine planwidrige Regelungslücke und eine vergleichbare Interessenlage, sind nicht erkennbar.

V. Wegfall der Geschäftsgrundlage (§ 313 BGB)

16 Im Verhältnis zwischen einem Wohnungseigentümer und/oder Teileigentümer und der Gemeinschaft der Wohnungseigentümer ist in Bezug auf die Pflicht, das Hausgeld zu zahlen, nicht vorstellbar, dass die Geschäftsgrundlage iSv § 313 BGB (dazu im Einzelnen Zehelein/*Streyl*→ § 7 Rn. 1 ff.) weggefallen ist. Die Verpflichtung, Hausgeld zu zahlen, ist schon kein Entgelt für die Überlassung von Räumlichkeiten.

F. Geltungszeitraum

§ 7 COVMG trifft für seinen § 6 keine Übergangsregelung. Nach Art. 6 Abs. 2 COVFAG soll hingegen das ganze COVMG am 31.12.2021 außer Kraft treten. Danach könnten die Fiktionen des § 6 COVMG an diesem Tag enden. Es ist indessen nach Sinn und Zweck des COVMG anzunehmen, dass die Regelungen des § 6 COVMG erst dann enden, wenn die Wohnungseigentümer durch Beschluss etwas anderes bestimmen (*Zschieschack* ZWE 2020, 165 (167)). **17**

Die nach § 6 Abs. 1 COVMG von Gesetzes wegen bestellten Verwalter sind mithin nicht im Jahr 2020, nicht im Jahr 2021 und auch nicht später zwingend erneut zu bestellen. Die Bestellung dauert entsprechend § 26 Abs. 2 S. 1 WEG fünf Jahre. Die Wohnungseigentümer sind daher auch nicht gezwungen, im Jahr 2021 Wirtschaftspläne für 2022 zu beschließen. Die Wohnungseigentümer sind aber natürlich berechtigt, jeweils etwas anderes durch Beschluss zu bestimmen. **18**

Sachregister

Die fett gedruckten Zahlen bezeichnen die Paragraphen,
die mageren beziehen sich auf die Randnummern.